DICCIONARIO PORRUA

DE LA

LENGUA ESPAÑOLA

DICCIONARIO PORRUA

DE LA

LENGUA ESPAÑOLA

preparado por

ANTONIO RALUY POUDEVIDA

Catedrático de la Escuela Normal Superior de México.
Profesor de Lengua y Literatura Españolas y Latinas.

revisado por

FRANCISCO MONTERDE

Director de la Academia Mexicana de
la Lengua, correspondiente de la Española

Contiene las palabras básicas del Idioma, con
abundantes mexicanismos y americanismos,
tecnicismos, verbos y notas ortográficas.

55a. EDICION

EDITORIAL PORRÚA®

AV. REPÚBLICA ARGENTINA, 15
MÉXICO, 2016

Primera edición: 1969

ISBN 978 970 – 07 – 6541 – 5

IMPRESO EN MÉXICO
PRINTED IN MEXICO

PRESENTACION

La EDITORIAL PORRUA, S. A. me encomendó que redactara y formara un Diccionario manual de tipo escolar a nivel de Enseñanza Secundaria y Preparatoria, que ve hoy la luz, con el mejor deseo de que pueda ser útil a nuestros jóvenes estudiantes y también al público en general.

No es un simple vocabulario, pues su extensión es mucho mayor; tampoco un diccionario enciclopédico, sino, como su título indica, un diccionario de consulta rápida, lo más completo posible en cuanto a las voces básicas del idioma y a las técnicas de uso más frecuente.

Especial atención han merecido los mexicanismos, por ser éstos el patrimonio o dote que aportó la cultura autóctona a la europea hispánica. Además de estos mexicanismos, se han incluido gran número de americanismos, tanto en acepciones distintas de las peninsulares en los vocablos, como en palabras de uso exclusivo en América.

Inútil decir que he puesto a contribución mis mejores conocimientos a esta obra para que fuera digna del mundo estudiantil, al que he consagrado los mejores años de mi vida académica, mundo del que tanto esperamos nosotros al retransmitirle la antorcha del saber que tan brillantemente recibimos de nuestros antecesores.

Especial mención de agradecimiento he de hacer en favor del ilustre Director de la Academia Mexicana de la Lengua, correspondiente de la Española, Dr. Don Francisco Monterde, quien se ha tomado la molestia de revisar el Diccionario y a quien debo el haber recogido en la obra acertadísimas observaciones.

Lic. Antonio Raluy Poudevida

ABREVIATURAS MAS FRECUENTES

adj. adjetivo

adv. adverbio

amb. ambiguo.

americ. americanismo

art. artículo

com. común a los dos géneros

conj. conjunción

defec. defectivo (verbo)

f. femenino (substantivo)

ger. gerundio

impers. impersonal (verbo)

interj. interjección

intr. intransitivo (verbo)

m. masculino (substantivo)

partic. participio

pl. plural

prep. preposición

pron. pronombre

r. reflexivo (verbo)

rec. recíproco (verbo)

s. substantivo

tr. transitivo (verbo)

NOTAS ORTOGRAFICAS

NORMAS DE ACENTUACION

ACENTUACION PROSODICA. Toda palabra castellana de dos o más sílabas tiene una que recibe mayor fuerza de voz: se llama **sílaba tónica.** Si la sílaba que la recibe es la última del vocablo, se llama **aguda** (esperaré, comedor, Andrés); si la sílaba tónica es la penúltima de la palabra, se llama **grave o llana** (virgen, espera, lunes, lápiz); si la sílaba tónica es la antepenúltima del vocablo, se llama **esdrújula** (México, espérame, máquina); si la sílaba tónica es anterior a la esdrújula, se llama la palabra **sobresdrújula** (cántanosla, perdónaselo, bébetela).

Si la palabra es compuesta, se atiende sólo al último componente para clasificar la palabra: girasol (aguda), vicecónsul (grave), afroasiático (esdrújula). Los adverbios terminados en **-mente** reciben el acento prosódico en el primer componente y en el segundo y éste siempre es grave; son palabras de doble acentuación prosódica.

Ocurre, a veces, que en una sílaba hay dos vocales y entonces se dice que forman **diptongo.** Estos pueden ser, según la Academia: -ai-, -au-, -ia-, -ua-, -ei-, -eu-, -ie-, -ue-, -oi-, -ou-, -ui-, -iu-, -io-, -uo-. En estos casos, la vocal débil -i- o -u- deben ser siempre átonas, esto es, sin acento prosódico. También ocurre que en una palabra haya tres vocales, entonces se dice que forman **triptongo,** los cuales sólo pueden ser -iai-, -iei-, -uai-, -uei-, -uau-. Ejemplos: aire, causa, ciencia, cuando, pleito, deuda, miedo, pueblo, heroico, bou, atención, perpetuo, ruiseñor, ciudad; apreciáis, diferenciéis, averiguáis, buey, Cuauhtémoc.

ACENTUACION ORTOGRAFICA. Esta acentuación consiste en una rayita o tilde que marca la sílaba tónica en los casos siguientes:
1º cuando la palabra aguda termina en vocal, -n- o -s-: Jesús, Panamá, religion.
2º cuando la palabra es grave y termina en consonante que no sea -n- o -s-: López, azúcar, árbol; pero no: martes, verdugo, marchaban;
3º cuando la palabra sea esdrújula o sobresdrújula: ráfaga, cálculo, dímelo, guárdatela;
4º cuando figure un triptongo verbal, se acentuará la vocal fuerte: averigüéis, despreciéis. La -i- seguida de diptongo y -s- final también se acentuará: partíais, comíais;
5º cuando las vocales débiles -i-, -u- fuesen tónicas y se encontraran con otra vocal. Se exceptúan los infinitivos de verbo y la combinación -ui- que sólo se acentuará cuando sea esdrújula o aguda. Ejemplos: Raúl, país, ataúd; sonreir, desoir; huida, jesuítico, huí, casuística.
6º en las palabras compuestas sólo se acentúa el último componente, si le corresponde como simple: decimoséptimo, comicolírico, francotirador. Pero los adverbios en **-mente** toman acento en el primer componente, si le corresponde como simple: ágilmente, cándidamente; pero no se acentuarán: marcialmente, tontamente. Las palabras unidas por medio de guión se considerarán cada una como simple y se acentuarán o no según les corresponda: helénico-romano, físico-químico, franco-español;
7º las palabras latinas o de otras lenguas se acentuarán con arreglo a las normas castellanas, excepto los nombres propios de persona: París, déficit, memorándum, Wagner, Müller, Valéry;
8º cuando la conjunción o pueda confundirse con un cero: 4 ó 5, 10 ó 100; pero no: cuatro o cinco, diez o ciento.
Notas: a) Los plurales de toda palabra conservan los acentos en la misma sílaba que los singulares, excepto: regimenes y caracteres.
b) Hay palabras de acentuación ambigua, pero la Academia prefiere las que figuran en primer lugar:

áloe — aloe	gladíolo — gladiolo
alveolo — alvéolo	bimano — bímano
anémona — anemona	conclave — cónclave
endósmosis — endosmosis	disentería — disenteria
dominó — dómino	ósmosis — osmosis

NOTAS ORTOGRAFICAS

dinamo — dínamo
égida — egida
elixir — elíxir
medula — médula
metamorfosis — metamórfosis
omóplato — omoplato

pentagrama — pentágrama
período — periodo
vaguido — váguido
varice — várice
y algunos más.

Son también de acentuación indistinta los terminados en -mancia o -mancía y en -iaco o -íaco: nigromancia o nigromancía, cardiaco o cardíaco.

Decretó también la Academia que los monosílabos **fue, fui, dio** y **vio** no se acentuaran en lo sucesivo.

ACENTUACION DIACRITICA. El acento diacrítico es una modalidad del acento ortográfico que se emplea para distinguir palabras que se escriben con las mismas letras, pero que tienen un valor y significación gramatical distintos. Para su uso se fijan las normas siguientes:

1ª Los pronombres personales **mí, tú, él** lo llevarán para distinguirse de los adjetivos posesivos **mi, tu** y del artículo **el**, respectivamente. Por ejemplo: Supe que hablaron de mí; tu no eres malo ni él tampoco. Mi ambición es llegar a ser útil; estoy seguro de que fue tu hermano quien habló; el pobre hombre estaba en la miseria.

2ª Los demostrativos **este, ese, aquel**, con sus respectivos femeninos y plurales se acentuarán cuando sean pronombres, pero no cuando sean adjetivos. Los demostrativos neutros nunca se acentúan. Ejemplos: Llegaron a Madrid el conde y el duque; éste, malherido; aquél a punto de muerte. Sin acento: En este mundo traidor nada es verdad ni mentira. Y digo esto para que lo entiendas

3ª Las palabras: **que, como, cuando, donde, cuanto, cual, quien, cuyo, cuan**, se acentuarán cuando sean interrogativas, admirativas o se pronuncien con énfasis. Por ejemplo: ¡Qué mal lo haces! ¿Quién vino? No quiso decirnos qué fue lo que ocurrió.

4ª Son muchas las parejas de vocablos que deberían acentuarse diacríticamente, pero ni la Academia ni el uso autorizan la acentuación de todas. Las principales parejas, con y sin acento, son:

más (adverbio de cantidad)
vé (del verbo ir)
dí (del verbo decir)
sé (del verbo ser o saber)
sí (adverbio de afirmación)
té (nombre)
dé (del verbo dar)
aún (si equivale a todavía)
sólo (si equivale a solamente)

mas (conjunción adversativa)
ve (del verbo ver)
di (del verbo dar)
se (pronombre)
si (nombre o conjunción condicional)
te (pronombre personal)
de (preposición)
aun (con otros significados)
solo (nombre o adjetivo).

USO CORRECTO DE LETRAS DUDOSAS

La etimología, la costumbre, los vicios y los modismos hacen que deban darse algunas normas sobre el uso de algunas letras que tienen el mismo sonido, sonidos semejantes o que son mudas.

USO DE LA -B- y DE LA -V-. Estas letras fonéticamente se confunden; por ello, se escribirán con **b**:

1º Siempre antes de consonante y después de -m-: flexible, objeto; embajada, cambio.

2º Al final de sílaba o de palabra: absolver, obcecado, Jacob, rob.

3º Las palabras terminadas en -bundo-, -bunda- y -bilidad: moribundo, furibunda, amabilidad, posibilidad. Se exceptúa: movilidad.

4º Las palabras que empiezan con bi-, bis o biz (con sentido de dos) y las que comiencen con bien- o ben-, bea-, bibli-, bur- o bus-: bicolor, bisnieto, bizcocho, bienestar, bíblico, beatitud, burla, buscar.

5º Todos los copretéritos (pretéritos imperfectos de la Academia) de los verbos de la primera conjugación (infinitivo en -ar) y el del verbo ir: andaba, acababa, danzábamos; iba, ibas, iba, íbamos, ibais, iban.

IV

NOTAS ORTOGRAFICAS

6º Los verbos terminados en -aber, -eber, -bir: saber, beber, cohibir; en todos sus tiempos. Se exceptúan: precaver, hervir, servir y vivir.

7º Las palabras que tienen -b- en su origen o las procedentes de una -p- latina: bondad, belicoso; lobo, obispo.

8º Los derivados y compuestos de las palabras que se escriben con -b-: monosílabo, silabario, silabeo, bisílaba, etc., de sílaba.

Se escriben con v:

1º Siempre después de -b- y de -n-: obvio, envidia.

2º Después de las sílabas: ad-, di-, cla-, jo-, le-, lla-, lle-, llo-, sal-, cal-, cur-, val-: adverbio, diversión, clave, joven, leva, llave, llevar, llovizna, salvador, calvo, curvo, valija. Se exceptúa: dibujo, jobo, lebeche, curbaril y algunas otras.

3º Los adjetivos (no los substantivos) terminados en: -ava, -ave, -avo, -eva, -eve, -evo, -iva, -ive, -ivo: brava, suave, centavo, nueva, leve, longevo, caritativa, fugitivo. Se exceptúan: árabe, sílaba y caribe, con sus compuestos y derivados.

4º Los vocablos terminados en -viro o -ívoro, con sus femeninos y plurales: carnívoro, decenviro. Se exceptúa: víbora.

5º Las palabras compuestas que principian con vice-, villa-, villar-, pre-, pri-, pro-: vicecónsul, villano, villarsita, Villarcayo, prevenir, privar, provocar. Se exceptúan: prebenda, preboste, probidad, probar, con sus derivados y compuestos.

6º Los presentes de indicativo, imperativo y subjuntivo del verbo ir y los pretéritos de indicativo y derivados de los verbos estar, andar y tener, con sus compuestos y derivados: voy, vé, vayamos; estuve, anduvo, tuvimos.

7º Los más de los verbos terminados en -ervar, -evar, -olver, -over: enervar, nevar, volver, remover.

8º Las palabras derivadas de otra con -v-: vegetación, vegetativo, de vegetal; intervenir, venidero, devenir, de venir.

USO DE LA -C-. Se escriben con c:

1º Las palabras en que el sonido de -k-, o sea -c- fuerte, forme sílaba con -a-, -o-, -u-: casa, abanico, báscula.

2º Delante de consonante y al fin de palabra: acceso, claro, frac, cinc, cromo.

3º Las palabras terminadas en -ción que procedan de primitivos terminados en -to: atento — atención, electo — elección, inserto — inserción.

4º Las palabras derivadas de otras que posean -t-: grato — gracia, parte — parcial, Egipto — egipcio.

5º Las palabras derivadas que tengan -ce-, -ci- procedentes de primitivos sin -c-: mano — manecita, carne — carnicería.

6º Las palabras terminadas en -cia-, -cie-, -ácea-, -áceo: acacia, especie, rosácea, cardiáceo. Se exceptúan: Asia, Rusia, Indonesia, etc.

7º Los diminutivos terminados en -cito, -cillo, -cico, con sus femeninos y plurales: nuevecito, cabecita, pececillo, huevecico.

8º Los verbos terminados en -cer, -cir y -ciar: cocer, balbucir, desahuciar. Hay algunas excepciones: coser (con hilo), asir, extasiarse.

9º La primera persona del pretérito de indicativo y todo el presente de subjuntivo de los verbos terminados en -zar: de comenzar, comencé, comience, etc.; de empezar: empecé, empiece, empecemos, etc.

10º Las palabras derivadas de otras que tengan -c- o -z- y los plurales de los substantivos terminados en -z: católico — catolicismo, edificar — edificio; luz — luces, paz — paces, pez — peces.

USO DE LA -S-. Se escribirán con s:

1º Los substantivos terminados en -sión, derivados de primitivos en -so: confeso — confesión, preso — prisión, recluso — reclusión.

2º Los vocablos que empiezan con las sílabas as-, es-, is-, os-, us-: astilla, estudio, isla, ostra, usual. Se exceptúan: azcona, aznacho, azteca, izquierdo.

3º Las sílabas abs, cons, des, dis, obs, pers, subs, sus, trans, tras: abstinencia, desconsuelo, disconforme, obstáculo, substantivo, suspender, transatlántico, traspié.

4º Las palabras terminadas en -ismo, -ista, -simo, -oso, con sus femeninos y plurales: analfabetismo, maquinista, vigésimo, cuirioso.

NOTAS ORTOGRAFICAS

5º Los gentilicios en -es, -ense, -iense: barcelonés, fluminense, jalisciense.

6º En general, los derivados de palabras con -s-: marqués — marquesito; mesa — mesilla, meseta.

7º Las palabras que se escriben con -ps iniciales, se admiten también con -s simplemente: pseudo o seudo, psicología o sicología, psicólogo o sicólogo. Se exceptúa psi (letra griega).

USO DE LA -Z-. Se usa la z:

1º Delante de las vocales a, o, u, para obtener gráficamente el sonido suave de la -c-: zarzuela, zona, zurdo.

2º Los aumentativos en -azo y los diminutivos en -zuelo y -ezno: bastonazo, plazuela, osezno, nietezuelo.

3º Los derivados patronímicos en -ez: de Sancho, Sanchez; de Fernando, Fernández; de Pelayo, Peláez.

4º Los substantivos abstractos terminados en -z, -eza: pequeñez, rapidez, riqueza, grandeza.

5º Las palabras terminadas en -azgo, -izco, -uzco: hallazgo, pellizco, negruzco. Hay algunas excepciones: cisco, pardusco.

6º Muchas de las palabras terminadas en -iza, -izo, -uza: hechizo, caballeriza, lechuza.

7º Las palabras terminadas en -anza y los verbos en -izar: panza, alabanza; izar, rivalizar. Hay algunas excepciones: ansa, Almansa.

8º Las terminaciones de la primera persona del presente de indicativo y todo el presente de subjuntivo de los verbos en -acer, -ocer, -ucir con sus derivados y compuestos: de renacer, renazco, renazcan; de conocer, conozco, conozcamos; de conducir, conduzco, conduzcan.

9º Algunas palabras en que el uso ha conservado la -z- en lugar de -c-: zinc o cinc, zipizape, zelandés, ázimo o ácimo, etc.

USO DE LA -X- Y DE LOS GRUPOS -SC- Y -XC-.

Se escribirá con x:

1º Cuando el sonido -cs- o -gs- esté francamente pronunciado: exacmen, éxito, óxido, exorbitante.

2º En general, cuando se presente el sonido -cs- antes de vocal o de -h-: exhalar, exasperar, exhausto, exacto.

3º Antes de las sílabas -pla, -pli, -plo, -pre, -pri, -pro: explanar, explicación, explorar, exprimir, expropiar.

4º Los compuestos de las preposiciones extra o ex, con significación de fuera de; pero no las palabras con otro sentido: extraordinario (fuera de lo ordinario), expulsar (echar fuera); pero no: estrategia, estrangular, estrafalario.

5º Se usará la preposición latina ex separada y antepuesta a nombres de dignidades o cargos, para indicar que se ha dejado de ser lo que los cargos significan: ex presidente, ex alumno. También, cuando dicha preposición ex signifique procedencia: ex abrupto, ex cátedra, ex libris.

En cuanto al grupo -SC- tendráse en cuenta que se escriben con él las palabras castellanas que lo posean del latín, o en las voces compuestas cuyo primer elemento termine en -s- y el segundo con -c-: discípulo, miscelánea, fascinar, florescencia.

En cuanto al grupo -XC- se escribe en los compuestos del prefijo ex y de voces que empiecen con -c-: exceder, excelsior, excursión.

USO DE LA -G- Y DE LA -J-.

Se escribirán con g:

1º Las palabras en que la -g- tiene sonido suave delante de las vocales a, o, u o de cualquier consonante: gato, gorra, gula; glacial, grito, repugnancia.

2º Todos los vocablos en que aparezca el sonido de -g- delante de las vocales -e- o -i-, pero intercalando una -u- muda: guerra, guisar. Pero si esta -u- debe ser pronunciada se marcará con diéresis: vergüenza, antigüedad, lingüística, argüir.

3º Las palabras que principien con la sílaba geo- o en que aparezca la sílaba -gen-: geografía, geología, gendarme, margen.

4º Los vocablos terminados en -gélico, -génico, -gético, -génito, -géneo, -genio, -genario, -gésimo, -gesimal, -giénico, -ginal, -gíneo, -ginoso,

NOTAS ORTOGRAFICAS

-gismo: angélico, higiénico, apologético, unigénito, homogéneo, ingenio, sexagenario, vigésimo, vigesimal, fotogénico, virginal, virgíneo, ferruginoso, neologismo.

5º Los vocablos terminados en -gia, -gio, -gión, -gional, --gionario, -gioso, -gírico, -gía, -ógica, -ógico: magia, regio, región, regional, legionario, religioso, panegírico, teología, lógica, psicológico.

6º Las palabras terminadas en -ígeno, -ígero: oxígeno, alígero.

7º Los verbos terminados en -ger, -gir, -igerar: proteger, dirigir, aligerar. Se exceptúan: tejer, crujir, desquijerar y brujir.

8º Los que tradicionalmente han conservado la -g- en nombres geográficos y gentilicios: Gibraltar, gibraltareño; Gijón, gijonés.

9º Los vocablos derivados de otros con -g-: legítimo, legislar, legislación, de legal; magia, mágico, de mago.

Se escribirán con j:

1º Las palabras en que entra el sonido fuerte de ja, jo, ju: mortaja, jovial, dijo, judío, justicia.

2º Los vocablos que principien por adj-, eje-, obj-: adjetivo, ejecución, objeto.

3º Las voces terminadas en -je, -jero, -jería: masaje, relojero, relojería. Se exceptúan: ambages, esfinge, falange, laringe y alguna más.

4º Todas las formas de los verbos cuyo infinitivo tenga -j- y aquéllas de los verbos cuyos infinitivos no tengan -g-: tejer, tejeremos, tejíamos, etc.; conducir, conduje, condujese, etc.; de traer, trajeron, trajiste, trajeran, etc.

5º Las palabras que en su origen tuvieron -x- intervocálica, o la sílaba -li: fijo, de **fixu;** prójimo, de **próximu;** mujer, de **mulier;** ajeno, de **alienu;** hijo, de **filiu.**

6º Los compuestos y derivados de palabras cuyos primitivos se escriben con -j-: cajeta, cajita, cajón, cajero, de caja; rojear, rojizo de rojo; ojear, ojeriza, de ojo.

USO DE LA LETRA -H-:

Para su ajustado uso se dan las siguientes reglas:

1º Se escribirán con -h- las palabras que la tuvieron en su origen: habitación, heredero, hombre, etc. Se exceptúan: España, asta, aborrecer, invernal, que la tuvieron en latín.

2º Las palabras que, en general, corresponden al castellano viejo, catalán, gallego y latín, escritas con -f- inicial: hacer, hambre, hembra, hierro, hoja, hormiga, etc.

3º Los vocablos: oquedad, orfandad, osamenta, óvalo, dice la Academia, se escriben sin -h- porque no la tienen en su origen. Pero huérfano, hueco, hueso y huevo la llevan tan sólo por preceder al diptongo -ue-, según regla ortográfica adoptada en lo antiguo con el único fin de indicar que la -u- debía pronunciarse como vocal y distinguirla de la -v- consonante que también se escribía -u-.

4º Según dicha regla, llevan -h- las palabras que tengan el diptongo -ue- y los diptongos -ie-, -ia-, -ui-: hueco, hierro, hiato, huida.

5º Los vocablos que principien con los sonidos idr-, ipe-, ipo-, osp-, horr-, hum-, holg-: hidrografía, hipérbole, hipoteca, hospital, horrible, humanidad, holgazán. Se exceptúan: umbrío y sus derivados, umbilical y Olga.

6º Las palabras compuestas que principien por hemi- (mitad), hepta- (siete), hecto- (ciento), hexa- (seis): hemiciclo, heptaedro, hectogramo, hexámetro. Si las palabras no tienen el sentido indicado en el paréntesis, no rige la regla: eminencia, ectoparásito, examen.

7º Los verbos siguientes y sus diferentes tiempos: haber, hacer, habilitar, habitar, hablar, halagar, hartar, heder, helar, henchir, heredar, herir, hermanar, hervir, hilar, holgar, humear, hurtar y algunos otros. Nótese la diferencia en la escritura del verbo hacer, hecho y la del verbo echar, echó.

8º Los compuestos y derivados de palabras que tengan -h-: hablador, habladuría, hablista, de hablar; halagador, halagar, halagüeño, de halago

9º Téngase en cuenta que la letra -a-, cuando es preposición no lleva -h-, pero cuando es flexión de los verbos haber o hacer, debe llevarla: voy a casa, lo mataron a palos; ha sufrido un desengaño, ha tiempo que te lo dije, no ha lugar a la demanda.

10º Algunas interjecciones se escriben con -h-; otras, no: ¡ah!, ¡eh!, ¡bah!, ¡hola!, ¡huy!, ¡ay!, ¡ea!

NOTAS ORTOGRAFICAS

11º Algunas palabras admiten escribirse con -h- o sin ella, según acepta la Academia, pero da preferencia a las escritas en primer lugar:

alhelí o alelí	héjira, égira o hégira
arpa o harpa	hiedra o yedra
barahúnda o baraúnda	hierba o yerba
desharrapado o desarrapado	hogaño u ogaño
¡uf! o ¡huf!	ológrafo u hológrafo
ujier o hujier	sabihondo o sabiondo, etc.

Nota: Nunca debe escribirse con -h- ciertos nombres propios, como hacen algunas malaconsejadas personas que escriben Esther, Ruth, Martha, etc., en lugar de Ester, Rut, Marta, etc. Igualmente debe condenarse la forma de escribir the o thé, como en Thé danzante; debiéndose escribir Té danzante, con acento diacrítico, pues no es pronombre sino la bebida en infusión.

USO DE LAS LETRAS -I-, -Y-, -LL-.

Se tendrá en cuenta que el sonido de la -i- se escribirá con -i- latina; pero será substituida por la -y-:

1º Cuando es conjunción: Pedro y Juan; cielo y tierra.

2º Cuando en fin de palabra es vocal átona: ley, rey, convoy, muy.

3º En principio de sílaba, como consonante: yegua, coyote, yugular.

4º Los plurales de las palabras terminadas en -ay, -ey, -oy: ley-leyes, rey-reyes, ¡ay!-ayes, maguey-magueyes.

5º En algunos tiempos y personas de los verbos terminados en -uir: construir, huir, rehuir, destruir, recluir, etc., como: construyo, rehuyes, destruyó, recluyera, instruya.

Se escribirán con ll:

1º La mayor parte de los substantivos terminados en -alla, -ella, -ello, -illa, -illo: valla, cabello, estrella, villa, pillo.

2º Palabras procedentes de otra con -l-: de clavel, clavellina; de doncel, doncella; de aquel, aquellos; de rótula, rodilla.

3º Los verbos que tengan -ll- en su infinitivo la conservan en sus diferentes tiempos y personas: callo, calla, callamos, de callar; hallas, hallabas, hallar, de hallar. Pero si los infinitivos no tienen -ll-, se escribirán siempre con -y-: cayó, cayeron, cayera, de caer; haya, hayamos, hayan, de haber; voy, vayamos, vaya, de ir.

USO DE LA -M- Y DE LA -N-.

Se escribe con m:

1º Siempre antes de las consonantes -b- y -p-: ambición, hombruno, importar, imperio.

2º En algunas palabras latinas, de uso en castellano, va al fin de vocablo: máximum, quórum, álbum, ídem.

Se escriben con n:

1º Cuando dicho sonido va delante de consonante, excepto -b- y -p-: inmenso, envolver, infausto, encima.

2º Se duplica la -n- en voces compuestas y en flexiones verbales a las que siga el pronombre nos: ennegrecer, innovación; dennos, ayudennos.

Nota: la Academia ha admitido la simplificación ortográfica de escribir con sola -n- las palabras que etimológicamente piden -mn-: nemotecnia por mnemotecnia, nemotécnica por mnemotécnica.

USO DE LA -R- Y DE LA -RR-.

El uso de estas letras se ajusta a lo siguiente:

1º La -rr- tiene siempre sonido fuerte y sólo se usa entre vocales: ferrocarril, correr, arroz.

2º Las voces compuestas cuyo segundo elemento comienza con -r- y el primero termina en vocal también se escribirá con -rr-: contrarréplica, vicerrector, prorrata.

3º Aunque la -r- tenga sonido fuerte, nunca se duplica al principio de palabra ni después de consonante: rábano, república, recado; Enrique, israelita, honra. En otros casos tiene sonido suave: cerebro, parecer.

ESCRITURA DE LOS NUMEROS

La escritura de los números ofrece, a veces, alguna dificultad; por ello se dan algunas normas:

1º Por regla general, los números se escriben usando una sola palabra hasta treinta; pasando este número se escribirán con palabras separadas, excepto las centenas que se escribirán unidas: ocho, dieciocho, veintiocho, treinta y ocho, novecientos noventa y nueve.

2º Los números uno y ciento sufren apócope delante de substantivos o adjetivos; en los demás casos guardan su forma completa: cien soldados, cien mil pesos, un hombre; no pudo el niño contar hasta ciento, los vecinos muertos eran más de ciento, apostó ciento contra uno, sólo quedó uno.

3º Los números ordinales se emplean para la numeración seriada, con la terminación -ésimo a partir del vigésimo: primero, quinto, décimo, vigésimo, decimotercero, trigésimo segundo.

4º Dada la forma excesivamente culta de los ordinales, no se les suele emplear más allá de ciento, prefiriéndose entonces los numerales. Así no suele decirse: ocupaba el noningentésimo nonagésimo nono lugar; sino simplemente: ocupaba el lugar novecientos noventa y nueve.

5º Para el orden de los monarcas, papas, grandes duques, etc., se utilizan los ordinales hasta diez, el once indistintamente, y del doce en adelante se usan los cardinales: Felipe Segundo, Paulo Sexto, Alfonso Once, Undécimo u Onceno, León Trece, Juan Veintitrés.

6º En la escritura de estos numerales, sean ordinales o cardinales, es mejor emplear la numeración romana, conforme al uso y tradición: Felipe II, Paulo VI, Alfonso XI, León XIII, Juan XXIII.

7º Los capítulos de una obra, los artículos de los códigos, reglamentos, leyes, etc. y el de los siglos, suelen determinarse del mismo modo que lo dicho anteriormente; Capítulo IV (cuarto), Siglo XII (doce), Artículo 123 (y no centésimo vigésimo tercero).

A

a *f.* Primera letra de nuestro abecedario y de casi todos los alfabetos.

a *prep.* Indica: dirección, lugar, tiempo, modo, precio, comparación, sucesión, condición. Como prefijo, acción y efecto.

ab *prep.* Preposición latina que significa desde, por, a causa de, respecto de, después. Prefijo que expresa separación,- exceso, alejamiento.

ababol *m.* Amapola. Persona distraída, abobada.

abaca *m.* Planta musácea de Filipinas. Fibra obtenida de dicha planta.

abacería *f.* Tienda de comestibles.

abacial *adj.* Relativo o perteneciente al abad, a la abadesa o a la abadía.

ábaco *m.* Tablero para contar. Armario para utensilios de mesa. Parte superior del capitel de una columna, en forma de tablero. Parte del balaustre donde se apoya el pasamanos. Moldura de un esquinazo.

abacote *m.* Doble corona sin adornos de los antiguos reyes normandos. Báculo del gran maestre de los Templarios.

abacto *m.* Aborto provocado.

abad *m.* Título del superior de algunos monasterios. Hermano mayor de algunas cofradías. Cura o beneficiado. *F.* Abadesa.

abada o **bada** *f.* Rinoceronte.

abadejo *m.* Bacalao. Pájaro reyezuelo. Cantárida.

abadengo *adj.* Relativo o perteneciente a la dignidad, jurisdicción o bienes de un abad o de una abadía.

abadía *f.* Monasterio o cenobio gobernado por un abad. Territorio, jurisdicción, bienes o rentas del abad o abadesa. Casa del curato.

abafo *adj.* Sin teñir.

abajeño-a *adj. y s.* En México, oriundo de las costas o tierras bajas.

abajo *adv.* Hacia o en parte o lugar inferior. Interjección de desaprobación.

abalanzar *tr.* Igualar la balanza. Lanzar o impeler violentamente. Decir o ejecutar algo inconsideradamente.

abaldonar *tr.* Envilecer, afrentar, ofender.

abalear *tr.* Separar el grano de la paja, después de aventado. Dar balazos.

abalorio *m.* Cuentecilla de vidrio agujereado.

abalsamar *tr.* Dar a un líquido las cualidades del bálsamo.

aballar *tr., intr. y r.* Dejar un cuerpo el lugar que ocupa. Conducir. Rebajar el tono de un color. Aba-

llada, dícese de una bóveda rebajada.

abanderado-a *m.* Persona que lleva la bandera. Alférez. Decíase de la persona que mantenía tropas a su costa.

abanderar *tr.* Matricular o registrar un buque bajo la bandera de un Estado, proveyéndolo de documentos que lo acrediten.

abandonar *tr.* Dejar o desamparar a una persona o cosa. Desistir. *R.* Entregarse, decaer, rendirse. Descuidar intereses, obligaciones, aseo o compostura personales.

abandono *m.* Acción de abandonar o abandonarse. Descuido, desaliño, renuncia, cesión.

abanicar *tr. y r.* Hacer aire con el abanico. Dar sablazos. Estar inactivo.

abanico *m.* Instrumento para dar o darse aire. Costillaje de las fraguas y fuelles Escalón triangular. Pabellón recogido y plegado.

abaniqueo *m.* Acción de abanicar o abanicarse. Oscilación, vaivén. bamboleo.

abano *m.* Abanico de techo.

abanto-a *adj.* Toro espantadizo. Ave rapaz semejante al buitre, tímida y perezosa. Persona aturdida, torpe e insegura.

abaratar *tr.* Disminuir o bajar el precio de una cosa.

abarca *f.* Calzado rústico de cuero crudo o de caucho. Zueco, almadreña.

abarcar *tr.* Ceñir con brazos o manos Contener, rodear, comprender muchas cosas a un tiempo. En México, acaparar.

abarraganado-a *adj.* Amancebado.

abarrancar *tr.* Hacer barrancos. En forma o lleno de barrancos. Meterse en negocios o lances de difícil salida.

abarrotar *tr.* Apretar con barrotes. Llenar o atestar una tienda o almacén con mercancías. *R. americ.* Estropearse una mercancía por su abundancia.

abarrote *m.* Cuña para apretar la estiba. *Americ.* Tienda de comestibles. Abacería. *Pl.* Artículos de comercio: cacao, conservas, aceite, papel, galletas, etc.

abastecer *tr. y r.* Proveer de bastimentos o de algo necesario.

abasto *m.* Provisión de bastimentos y especialmente de víveres. Abundancia.

abatanar *tr.* Batir o golpear; maltratar.

abate *m.* Eclesiástico de órdenes menores. Presbítero extranjero. Clérigo refinado y cortesano.

abatimiento *m.* Humillación, bajeza. Postración. Levantamiento de algún peso en las construcciones.

abatir *tr.* Derribar, derrocar. Hacer que baje una cosa. Tumbar.

1

Desarmar. Humillar. Bajar, descender el ave de rapiña. Desviarse un buque de su rumbo, por acción del viento o de una corriente.

abaxial *adj.* Situado fuera de su eje.

abazón *m.* Bolsa que tienen dentro de la boca algunos animales para conservar los alimentos antes de masticarlos. Buche.

abdicar *tr.* Ceder o renunciar a la soberanía, a dignidad o empleo. Abandonar creencias, opiniones, derechos, etc.

abditivo-a *adj.* Que puede esconderse fácilmente. Lugar propio para ocultarse.

abdomen *m.* Cavidad del cuerpo animal que contiene los órganos principales del aparato digestivo y del genitourinario. Vientre, barriga.

abducción *f.* Movimiento de separación de un órgano de su plano medio o sagital. Silogismo en que la mayor es evidente, la menor probable y la conclusión menos creíble o demostrable.

abecedario *m.* Lista de letras de un idioma, en especial del castellano.

abedul *m.* Arbol betuláceo maderable e industrial.

abeja *f.* Insecto himenóptero productor de la cera y de la miel.

abejón *m.* Macho de la abeja maestra. Zángano.

abejorro *m.* Insecto himenóptero velludo que zumba mucho al volar. Insecto coleóptero, roedor de las hojas de las plantas.

aberración *f.* Extravío, equivocación. Anormalidad en la situación de un órgano o tejido. Desvío aparente de los astros. Desviación de la posición verdadera.

abertura *f.* Boca, hendidura, agujero, grieta. Apertura. Diámetro útil de un anteojo.

abeto *m.* Arbol conífero maderable. Oyamel.

abey *m.* Arbol antillano, de las leguminosas; maderable.

abierto-a *adj.* Desembarazado, llano. Dícese de la cuenta no saldada. Circuito interrumpido que impide el paso de la corriente eléctrica. Embarcación sin cubierta. Al aire libre. Sincero, franco.

abigarrado-a *adj.* De varios colores mal combinados. Heterogéneo.

abigeato *m.* Hurto de ganado o bestias.

abigeo *m.* El que hurta ganado o bestias.

abintestato *m.* Procedimiento judicial sobre herencia y adjudicación de bienes del que muere sin testar.

abisal *adj.* Referente a las profundidades del mar.

abismo *m.* Profundidad grande y peligrosa. El infierno. Diferencia grande entre personas o cosas.

abjurar *tr.* Desdecirse con juramento; renunciar solemnemente. Renegar, apostatar.

ablación *f.* Acción de quitar. Fusión del hielo en el extremo de un glaciar. Desaparición de terrenos a consecuencia de la erosión de las aguas. Extirpación de una parte cualquiera del cuerpo.

ablandar *tr.* Poner blando y suave. Mitigar.

ablativo *m.* Caso oracional, complemento circunstancial del verbo.

ablegado *m.* Enviado apostólico.

ablución *f.* Lavatorio. Purificación ritual por medio del agua. Separación de sustancias extrañas a un cuerpo por medio de lavado.

abnegación *f.* Sacrificio de algo en beneficio de una persona, o en servicio de Dios. Desinterés, altruismo, generosidad.

abocar *tr. y r.* Asir con la boca. Acercar, aproximar. Verter el contenido de un recipiente a otro. Reunirse para tratar un negocio.

abocardado-a *adj.* De boca semejante a una trompeta. Agujero de boca ancha.

abocelar *tr.* Abocinar, dar forma de bocel. Ensanchar un arco dándole mayor elevación por una parte que por otra.

abocetar *tr.* Pintar o dibujar sin detalles; esculpir en bruto. Bosquejar, esbozar.

abocinar *tr.* Ensanchar un tubo hacia su boca. Caer de bruces.

abochornar *tr.* Causar bochorno el calor excesivo. Sonrojar o sonrojarse.

abodocarse *r.* En México, salirle a uno bodoques, chichones. Solidificación de un líquido en forma de bolitas o bodoquillos.

abofetear *tr.* Dar de bofetadas. *Rec.* Dárselas varias personas entre sí.

abogacía *f.* Profesión y ejercicio del abogado.

abogado-a *m. y f.* Persona que con legítimo título defiende en juicio, representa, asesora, intercede. Perito en Derecho.

abolengo *m.* Ascendencia, linaje, casta, raza. Patrimonio o herencia de los abuelos.

abolicionismo *m.* Sistema o doctrina de quienes pretenden dejar sin efecto un precepto o costumbre: esclavitud, prostitución, etc.

abolir *tr.* Derogar, suprimir, proscribir, desarraigar.

abolsar *tr. y r.* Hacer o formar bolsas. Plegar la tela al coserla. Afollarse las paredes.

abollar *tr. y r.* Dejar señal o depresión en una cosa rígida. Producir bollos. Cincelar, marcar.

abombar *tr. e intr.* Dar figura convexa. Torcer. *R. americ.* Empezar a corromperse. Dar a la bomba.

abominar *tr.* Condenar y maldecir a personas o cosas por malas o perjudiciales. Aborrecer, tener aversión, detestar.

abonar *tr. y r.* Acreditar o calificar de bueno. Salir por fiador. Mejorar la condición de algo. Dar por cierto y seguro. Echar abono. Adherir o adherirse periódicamente a un servicio, diversión o comodidad. Asentar en el haber·una cantidad.

abonaré *m.* Documento de promesa de pago.

abono *m.* Acción de abonar o abonarse. Fianza, garantía. Sustancia fertilizante de la tierra. Pago parcial en una compra a plazos. Asiento en el haber. Suscripción. Título de crédito.

abordaje *m.* Acción de abordar. Choque de una embarcación con otra. Paso del enemigo de un buque a otro.

abordar *tr.* Llegar una embarcación a otra, chocar con ella. Atracar una nave. Acercarse a alguien para tratar algún asunto. Plantear o emprender un negocio dificultoso o peligroso. Tomar puerto, llegar a una costa.

aborigen *adj.* Originario del país. Primitivo morador. Indígena, nativo.

aborrecer *tr.* Tener aversión. Tenerse mutuo horror. Abandonar el nido, los huevos o las crías. Aburrir, molestar, odiar.

aborregado-a *adj.* Cielo cubierto de nubecillas blancas a modo de vellones de lana. Parecido al borrego. Sumiso.

abortar *intr.* Parir antes de tiempo. Fracasar, malograrse algo. Acabar una enfermedad antes de su término natural.

aborto *m.* Acción de abortar. Expulsión del feto antes de que pueda vivir. Organismo pequeño y desmedrado. Monstruo. Carencia de desarrollo de un órgano vegetal.

abotargado-a *adj.* Semejante a una botarga. Persona cándida e inexperta que sufre por su torpeza. Entumecido, hinchado.

abotonar *tr.* Cerrar, unir o ajustar una prenda con botones. Echar botones las plantas. Espolear y hundir el acicate hasta el botón. Tapar acequias para desviar el curso del agua.

abovedado-a *adj.* Cubierto con bóveda. Corvo, combado, arqueado.

abra *f.* Bahía poco extensa. Abertura entre montañas. Grieta en un terreno. Abertura angular de dos visuales.

abracadabrante *adj.* Misterioso, macabro, maravilloso.

abrasar *tr. y r.* Reducir a brasa. Secar las plantas el calor excesivo. Calentar demasiado. Sentir sequedad o picor por la sed u otras sustancias. Consumir a alguien una pasión.

abrasión *f.* Acción y efecto de raer o desgastar por fricción. Erosión. Acción irritante de los purgantes enérgicos. Ulceración superficial. Desgaste de la sustancia dentaria. Raspado del sarro.

abrasivo-a *adj.* Dícese de la sustancia que limpia o pule por frotamiento o fricción.

abrazar *tr. y r.* Ceñir o estrechar con los brazos. Comprender, contener. Adoptar o seguir un oficio, opinión, sistema, religión.

abrego *m.* Viento sur.

abrevar *tr.* Dar de beber al ganado. Regar o mojar, embeber.

abreviar *tr.* Hacer breve, acortar. Escribir con abreviaturas. Resumir, compendiar.

abreviatura *f.* Representación escrita de una palabra por medio de una o varias de sus letras.

abrigar *tr. y r.* Resguardar del frío. Amparar, auxiliar. Tener ideas, esperanzas, deseos. Resguardar la nave del viento o del mar.

abrigo *m.* Acción de abrigar. Defensa contra el frío. Prenda protegido. Prenda de vestir para abrigarse. Amparo.

abril *m.* Cuarto mes del año. Años de la primera juventud.

abrir *tr.* Descubrir lo cerrado. Separar tapas o puertas. Descorrer el pestillo o cerrojo, levantar la aldaba, desechar la llave. Dejar al descubierto algo. Hacer camino. Comenzar, ir a la cabeza, excitar.

abrochar *tr. y r.* Cerrar, unir o ajustar con broches, botones, etc. Ponerse en guardia.

abrogación *f.* Supresión, anulación o derogación de una ley o privilegio.

abrojo *m.* Planta cigofílea con muchas y fuertes púas, perjudicial a los sembrados. Cardo estrellado; otras leguminosas y cactáceas.

abroquelar *tr.* Escudar, resguardar de un peligro. Cubrir con broquel. Cubrir con cualquier medio de defensa.

abrótano *m.* Planta herbácea compuesta, usadas algunas especies como estimulantes, tónicas y antiespasmódicas.

abrumar *tr.* Agobiar con algún grave peso. Causar gran molestia. Cansar, apesadumbrar.

abrupto-a *adj.* Escarpado, áspero, quebrado, fragoso.

absceso *m.* Acumulación de pus en los tejidos orgánicos.

abscisa *f.* Una de las dos distancias que sirven para fijar la po-

3

sición de un punto con relación a los ejes de las coordenadas.

absición f. Separación de una parte del cuerpo con instrumento cortante. Solución de continuidad con pérdida de materia. Interrupción.

absenta f. Licor aromatizado con esencia de ajenjo.

absentismo m. Costumbre de residir el propietario fuera de la localidad en que radican sus bienes.

ábside m. Nicho abovedado que cubre un recinto de planta semicircular y de bóveda esférica. Nicho. Cala para guardar reliquias.

absidiolo m. Abside menor o secundario.

absolución f. Acción de absolver. Resolución judicial que exime de responsabilidad.

absolutismo m. Sistema de gobierno independiente, ilimitado o absoluto.

absoluto-a adj. Que excluye toda relación. Sin restricciones. Dícese del dominio independiente y del gobierno de un solo individuo o cuerpo sin restricción de ninguna clase.

absolver tr. Liberar de algún cargo u obligación. Remitir los pecados. Dar por libre al reo. Exculpar, perdonar.

absorber tr. Atraer y retener un cuerpo un líquido o gas. Consumir por entero. Atraer, cautivar, embeber.

absorto-a adj. Admirado, pasmado, asombrado.

abstemio-a adj. Que no bebe vino ni otros licores alcohólicos.

abstención f. Acción de abstenerse. Renuncia al ejercicio del sufragio.

abstenerse r. Privarse de algo. No intervenir.

absterger tr. Purificar, limpiar de materias viscosas o pútridas.

abstinencia f. Acción de abstenerse. Virtud de privarse de apetitos; en especial de comer carne por precepto de la Iglesia o por voto especial.

abstracción f. Acción de abstraer o abstraerse. Sangría. Extracción. Separación intelectual de las cualidades de algo para considerarlas aisladamente. Entrega a la reflexión.

absurdo m. Contrario a la razón. Disparate, inoportunidad.

abubilla f. Pájaro insectívoro, vistoso, pero de olor fétido y canto monótono.

abuchear tr. Sisear, reprobar una actuación con murmullos o ruidos, una multitud o un auditorio.

abuela m. Madre del padre o de la madre. Mujer anciana.

abuelo m. Padre del padre o de la madre. Ascendiente, antepasado. Hombre anciano.

abulia f. Falta o pérdida de la voluntad.

abulón m. Molusco gasterópodo, de concha aplanada y oval, perforada, de gran belleza nacarada; comestible.

abultar tr. Aumentar de bulto, de cantidad, intensidad o grado alguna cosa. Exagerar. Intr. Tener o hacer bulto en relieve.

abundar intr. Hallarse en abundancia o en gran cantidad. Ser suficiente. Estar adherido o persistir en una opinión o idea.

¡abur! o ¡agur! interj. ¡Adiós!

aburrimiento m. Cansancio, fastidio, tedio por disgusto o molestia.

abusar intr. Usar mal, excesiva, injusta, impropia o indebidamente de algo. Propasarse deshonestamente con otra persona.

abuso m. Acción de abusar. Excesivo uso de algo. Corruptela.

abyección f. Bajeza, abatimiento, envilecimiento.

abyecto-a adj. Bajo, vil, humillado.

a. C. Abreviatura latina: antes de Cristo.

acá adv. Denota lugar, tiempo; admite preposiciones y comparación. En este lugar.

acabar tr. Terminar, concluir, dar fin. Apurar, consumir. Poner esmero. Matar, morir. Extinguirse. aniquilarse. Con la prep. de, seguida de infinitivo, poco antes.

acabóse m. Ruina, desolación, desastre, colmo.

acacia f. Arbol o arbusto de las leguminosas, de flores olorosas en racimos colgantes; maderable y ornamental.

acachihuite m. Especie de cesto mexicano.

academia f. Sociedad científica, literaria o artística. Local que ocupa. Establecimiento docente. Certamen literario. Junta de profesores y alumnos.

académico-a s. y adj. Dícese del filósofo que sigue la escuela de Platón. Perteneciente o relativo a una academia. Estudios, diplomas o títulos de carácter oficial. Obras de arte ejecutadas con el rigor de las normas clásicas.

acaecer intr. Suceder, efectuarse, ocurrir, acontecer.

acahual m. En México, nombre genérico de la hierba alta y de tallo grueso de que suelen cubrirse los barbechos.

acal m. En México, canoa o, en general, cualquier embarcación.

acalambrarse r. Contraerse los músculos a causa de calambres.

acaloramiento m. Ardor, arrebato de calor. Acceso de pasión violenta. Enfermedad por exceso de calor.

acalote m. En México parte del río limpia de hierbas flotantes.

4

acallar *tr.* Hacer callar. Aplacar, aquietar, sosegar.

acamar *tr.* Hacer la lluvia o el viento que las mieses u otros vegetales se tiendan o recuesten.

acampanado-a *adj.* De figura de campaña.

acampar *intr.* Detenerse y permanecer en despoblado, en pleno campo.

acanalado-a *adj.* De figura larga y abarquillada como las canales. Estriado o con estrías.

acanelado-a *adj.* De color o sabor de canela.

acanillar *tr.* Hacer o figurar vetas en telas u otros objetos.

acantáceo-a *adj.* Que tiene puntas o espinas, o que se parece al acanto.

acantilado-a *adj. y s.* Dícese de la costa cortada verticalmente. Escarpa casi vertical de un terreno. El fondo del mar cuando forma cantiles.

acanto *m.* Planta ornamental herbácea de hojas grandes, rizadas y espinosas. Ornamento del capitel corintio que imita las hojas del acanto.

acantonar *tr.* Distribuir y alojar tropas en sitios o cantones.

acaparar *tr.* Adquirir y retener mercancías en cantidad suficiente para fijar precios en el mercado. Monopolizar. Apoderarse de la amistad o afecto de una persona.

acápite *m.* Párrafo, sangría o aparte en un escrito. Punto y aparte.

acaramelar *tr.* Bañar de azúcar en punto de caramelo. Mostrarse uno muy galante, obsequioso y melifluo.

acarear *tr.* Carear. Hacer cara, arrostrar.

acariciar *tr.* Hacer caricias. Tratar con amor y ternura. Tocar o rozar suavemente. Complacerse en alguna idea o plan.

ácaro *m.* Artrópodo arácnido diminuto; muchos de ellos son parásitos.

acarrear *tr.* Transportar en carro, o de otro modo. Ocasionar, producir daños o desgracias.

acartonado-a *adj.* De consistencia o aspecto de cartón. Persona enjuta y descolorida, pero de buena salud.

acaso *m.* Casualidad, suceso imprevisto. *Adv.* Por casualidad, tal vez, quizá.

acasúchil *m.* En México, la flor de la caña de azúcar y de cierta escrofulariácea.

acatar *tr.* Hacer acto de sumisión. Someterse a una autoridad.

acatarrar *tr. y r.* Resfriar, constipar. Contraer catarro.

acaudalado-a *adj.* Que tiene mucho caudal. Enriquecido.

acaudillar *tr.* Mandar, como jefe, a gente de guerra y, por extensión, un partido, bando, grupo. Guiar, conducir, dirigir.

acceder *intr.* Consentir en lo que se solicita o quiere. Ceder uno en el parecer de otro.

accesible *adj.* Que tiene acceso. De trato fácil.

accesión *f.* Acción de acceder. Unión carnal. Accesorio. Entrada.

accésit *m.* Recompensa inferior, e inmediata a un premio.

acceso *m.* Acción de llegar o acercarse. Entrada o paso a un lugar o al trato de una persona. Ataque o acometimiento de un estado morboso.

accidentado-a *adj.* Que sufrió accidente. Turbado, agitado. Dícese del terreno escabroso, abrupto.

accidental *adj.* No esencial. Casual, contingente. Sustituto en un cargo. Fortuito, temporero, provisional.

accidente *m.* Cualidad no esencial. Suceso eventual que ocasiona un daño. Pasión del ánimo. Contratiempo, casualidad. Modificación estructural de las palabras.

acción *f.* Ejercicio de una potencia. Efecto de hacer. Actitudes, movimientos y gestos de un orador o actor. Movimiento o función de un organismo animal. Derecho de petición en juicio. Participación integrante del capital de una empresa. Fuerza de los agentes físicos. Combate, batalla. Actitud del modelo natural. Ejecución, en general.

accionista *m.* Dueño o poseedor de acciones de una empresa.

acebo *m.* Arbol ilicáceo silvestre de hojas verdes perennes y lustrosas; maderable, y ornamental en Navidad.

acebuche *m.* Olivo silvestre. Persona rústica e inepta.

acecinado-a *adj.* Dícese de la carne salada, ahumada y puesta a secar. Persona enjuta de carnes.

acechanza *f.* Acecho, espionaje, persecución cautelosa.

acedar *tr. y r.* Agriar o agriarse. Alterar por acidez.

acedera *f.* Planta perenne poligonácea condimental.

acedía *f.* Calidad de acedo. Indisposición estomacal por acedarse la comida. Desabrimiento en el trato.

acedo-a *adj.* Acido, agrio. Aspero, desapacible.

acéfalo-a *adj.* Falto de cabeza. Sin jefe o dirección.

aceite *m.* Líquido graso verde amarillento que se saca de la aceituna y, por extensión de otros frutos, de ciertos animales y aun de sustancias minerales.

aceitoso-a *adj.* Que tiene aceite o un jugo craslento semejante a él.

aceituna *f.* Fruto del olivo. Oliva.

aceleración *f.* Acción de acelerar o acelerarse. Premura, celeridad, rapidez. Variación de la velocidad en un tiempo determinado.

acelerador-a *adj.* Que acelera. Mecanismo que permite regular la marcha de un motor. Sustancia que aumenta la velocidad de ciertas reacciones químicas.

acelga *f.* Planta salsolácea de hojas grandes, carnosas y comestibles.

acémila *f.* Mula o macho de carga. Persona resistente al trabajo, o muy bruta.

acemite *m.* Salvado con alguna porción de harina. Potaje de trigo tostado y medio molido.

acendrado-a *adj.* Depurado, purificado. Sin mancha ni defecto.

acento *m.* Mayor fuerza que se da a determinada sílaba de una palabra. Rayita o tilde que se escribe sobre la vocal tónica en las palabras que lo requieren. Inflexión o modulación de voz. Importancia, realce. Signo de mayor intensidad musical.

acentuado-a *adj.* Que tiene acento. Subrayado, señalado.

aceña *f.* Molino harinero de agua. Noria. Azud.

acepción *f.* Sentido o significado en que se toma una palabra o frase.

acepillar *tr.* Alisar con cepillo la madera o los metales. Limpiar, pulir y alisar dando la última mano. En América, lisonjear, adular a alguien.

aceptable *adj.* Capaz o digno de ser aceptado.

aceptación *f.* Acción de aceptar. Aprobación.

aceptar *tr.* Recibir voluntariamente lo que se da, ofrece o encarga. Aprobar. Admitir condiciones. Obligarse por escrito al pago de letras u otros documentos.

acequia *f.* Zanja o canal para conducir agua de riego o para otros fines.

acera *f.* Parte lateral u orilla de la calle para el tránsito de peatones. Vereda. Fila de casas a cada lado de una calle o plaza. Paramento de un muro.

acerar *tr.* Dar al hierro las propiedades del acero; al agua ciertas propiedades con tintura de acero o con acero hecho ascua. Fortalecer, vigorizar.

acerbo-a *adj.* Áspero al gusto. Cruel, riguroso, desapacible.

acerca *adv.* Respecto a, sobre lo tratado.

acercar *tr.* y *r.* Poner cerca o a menor distancia. Aproximar.

acería *f.* Fábrica de acero.

acerico *m.* Almohadilla para clavar en ella agujas o alfileres.

acero *m.* Hierro combinado con carbono. Arma blanca. Espada. Ánimo, brío, denuedo.

acerolo *m.* Árbol rosáceo, de hojas pubescentes, flores blancas y fruto redondo astringente.

acérrimo *adj.* Superlativo de acre. Muy fuerte, vigoroso o tenaz.

acertar *tr.* Dar en el punto. Encontrar, hallar. Dar con lo cierto, Hacer con acierto algo. Atinar.

acertijo *m.* Enigma para entretenerse en acertarlo. Cosa problemática. Adivinanza.

acervo *m.* Montón de cosas menudas. Conjunto de bienes que pertenecen en común a varias personas. Acumulación de sedimentos sueltos, sin consolidar.

acescencia *f.* Tendencia a acidificarse las bebidas alcohólicas. Acidez.

acetábulo *m.* Vinagrera. Cavidad de una pieza en la que encaja otra. Ventosa de los tentáculos del pulpo o de la sanguijuela. Parte de la flor o receptáculo de los hongos, en forma de copa.

acetato *m.* Nombre genérico de las sales del ácido acético o etanoico.

acético-a *adj.* Perteneciente o relativo al vinagre o a sus derivados. Ácido etanoico.

acetileno *m.* Hidrocarburo que arde con gran poder calorífico. Se emplea para el soplete y en la iluminación.

acetona *f.* Sustancia líquida, volátil, de olor penetrante. Usada como disolvente de muchos compuestos orgánicos. Muy inflamable.

acetoso-a *adj.* Perteneciente o relativo al vinagre. Que sabe a vinagre. Ácido.

acetre *m.* Cubeto para sacar agua de las tinajas o aljibes. Calderillo para el agua bendita.

acia *f.* Nombre de las agujas o hebras de hilo con que se hacen suturas quirúrgicas.

aciago-a *adj.* Infausto, desgraciado, de mal agüero.

acíbar *m.* Jugo extraído por maceración de varias especies de áloe. Áloe. Amargura, sinsabor, disgusto.

acibarar *tr.* Echar acíbar en algo. Amargar.

acicalar *tr.* Limpiar, bruñir, pulimentar. *R.* Adornarse, aderezarse y componerse.

acicate *m.* Espuela de una sola punta. Aguijón, estímulo, incentivo.

acícula *f.* Espina quitinosa o córnea de algunos animales.

acicular *adj.* De figura de aguja. Minerales en forma de fibras o cristales delgados, largos y finos.

acidez *f.* Calidad de ácido. Dícese de las tierras con poca cal y exceso de humus.

acidia *f.* Pereza, flojedad.

ácido-a *adj.* Con sabor de agraz o de vinagre. Compuesto hidrogenado en que el hidrógeno puede ser reemplazado por un metal y formar sales.

acidosis *f.* Exceso de sustancias ácidas en el organismo.

acídulo-a *adj.* Ligeramente ácido. Combinación de un ácido con un álcali, que disminuye su acidez.

acierto *m.* Acción de acertar. Habilidad, destreza en lo que se ejecuta. Cordura, prudencia, tino.

ácimo *adj.* Ázimo.

acimut *m.* Angulo formado por el plano vertical que pasa por el centro del cuerpo y el plano del meridiano.

acino *m.* Nombre genérico de las bayas dispuestas en racimo. Cada una de las vesículas o lóbulos de una glándula, o de los alvéolos o vesículas pulmonares.

acion *m.* Correa de que pende el estribo en la silla de montar.

acirate *m.* Loma que se levanta en las heredades y sirve de lindero. Caballón entre dos surcos. Senda que separa dos hileras de árboles.

acitrón *m.* Cidra confitada. En México, biznaga descortezada y confitada.

aclamar *tr.* Dar voces la multitud en honor y aplauso de alguien. Conferir por voz común algún cargo u honor. Suplicar con emoción. Proclamar, aplaudir.

aclarar *tr.* Disipar, volver claro o transparente. Hacer más perceptible la voz. Esclarecer, poner en claro. Purificar un líquido, lavar con agua sola después de enjabonada una cosa. Poner menos adusto el semblante. Disiparse las nubes o la niebla.

aclimatar *tr. y r.* Acostumbrarse a clima diferente al habitual o que algo prevalezca y medre en parte distinta a la original. Cultivar animales o plantas en países de condiciones distintas al de su origen.

acmé *m.* Momento de mayor intensidad de un síntoma. Explosivo poderoso.

acné *m.* Inflamación de las glándulas sebáceas, que origina los barros.

acobardar o **acobardarse** *tr. y r.* Amedrentar, causar miedo. Atemorizar, arredrar, desanimar.

acocil *m.* Crustáceo decápodo de los lagos y ríos mexicanos, semejante al cangrejo de río de Europa.

acocote *m.* Calabaza larga agujereada que se emplea en México para succionar el aguamiel del maguey; también se emplea una umbelífera y una cucurbitácea trepadoras.

acodar *tr. y r.* Dar forma de codo a un tubo, una pletina, etc. Apoyar el codo o los codos. Introducir un vástago o tallo en tierra para que forme raíces.

acodillar *tr.* Doblar formando codo.

acodo *m.* Vástago acodado. Multiplicación de los vegetales por el procedimiento de acodar.

acoger *tr.* Admitir, recibir con benevolencia. Dar refugio o amparo. Proteger. *Intr.* Refugiarse. Aceptar.

acogido-a *adj.* Pobre o desvalido admitido en un establecimiento benéfico. Hospitalizado, refugiado.

acogollar *tr.* Cubrir las plantas para defenderlas de frío o lluvia. Echar cogollos las plantas.

acogotar *tr.* Matar con herida o golpe en el cogote. Sujetar a una persona por el cogote. Dominar, vencer.

acolchar *tr.* Bastear dos telas poniendo entre ellas un material muelle: algodón, estopa, cerda.

acolhua *s. y adj.* Indígena mexicano perteneciente al pueblo nahua que llegó a la meseta central y valle de México, estableciéndose al este del lago de Texcoco.

acólito *m.* Ministro de la Iglesia que ha recibido la superior de las órdenes menores. Monaguillo.

acollar *tr.* Cobijar con tierra el pie de los árboles, vides y otras plantas. Meter estopa en las costuras del buque. Esquilar el cuello de los corderos.

acometer *tr.* Embestir con ímpetu. Emprender, intentar. Venir, dar repentinamente sueño, dolor, etc. Arremeter, agredir.

acomodación *f.* Acción y efecto de acomodar.

acomodado-a *adj.* Conveniente, oportuno. Amigo de la comodidad. Rico, pudiente. Moderado en el precio.

acomodar *tr.* Colocar, poner en lugar conveniente. Amoldar, ajustar a una norma. Concertar, conciliar. *Intr.* Preferir, aplicar. Venir a uno bien o convenirle.

acompañar *tr. y r.* Ir en compañía. Estar una cosa junta o simultánea con otra. Escoltar. Unirse en una persona cualidades o pasiones, situación, etc. Unir una actividad a la de otra persona. Añadir, agregar.

acompasado-a *adj.* Hecho o puesto a compás. Hablar, andar y moverse con reposo y compás. Regular, medido, rítmico.

acompasar *tr.* Compasar.

aconchabarse *r.* Conchabarse.

aconchar *tr.* Dar forma o aspecto de concha. Arrimar a una persona a cualquier parte para defenderla. En México, ponerse a vivir y comer gratis en casa ajena. *R.* Acostarse sobre una banda el buque varado. *Rec.* Abordarse sin violencia dos embarcaciones.

acondicionar *tr.* Dar cierta condición o calidad. Disponer o preparar adecuadamente. *R.* Adquirir cierta condición o calidad.

acongojar *tr.* y *r.* Oprimir, fatigar, afligir.

acónito *m.* Planta vivaz ranunculácea, medicinal y ornamental.

aconsejar *tr.* y *r.* Dar o tomar consejo. Inspirar algo a alguien.

aconsonantar *intr.* Rimar en consonancia. Ser una palabra consonante de otra. Incurrir en consonancia.

acontecer *intr.* Suceder, efectuarse un hecho.

acopar *intr.* Formar copa las plantas. Dar concavidad o convexidad.

acopiar *tr.* Juntar, reunir gran cantidad de algo.

acoplar *tr.* Unir piezas o cuerpos ajustadamente. Unir o parear animales para yunta o tronco. Procurar la unión sexual de los animales. *R.* Unirse personas en desacuerdo. Encariñarse.

acoquinar *tr.* y *r.* Amilanar, acobardar. Amedrentar, intimidar.

acorar *tr.* Afligir, acongojar. *R.* Enfermarse las plantas.

acorazado-a *adj.* Revestido de coraza, blindado. *M.* Buque de guerra de gran desplazamiento, con potente artillería y protegido.

acorazonado-a *adj.* De figura de corazón.

acorcharse *r.* Ponerse fofo y esponjoso como el corcho. Embotarse la sensibilidad de alguna parte del cuerpo.

acordada *f.* Orden de un tribunal al inferior. Comunicación de comprobación de certificaciones. Certificación de aprobación de grados académicos. Plantilla para trazar curvas. Línea geodésica.

acordar *tr.* Determinar de común acuerdo o por mayoría de votos. Traer a la memoria. Resolver. Conciliar, componer. *Intr.* Concordar, convenir. Caer en la cuenta. Afinar. Disponer armónicamente los tonos de un dibujo o pintura.

acorde *adj.* Conforme, concorde. *M.* Conjunto de tres o más sonidos diferentes combinados armónicamente.

acordeón *m.* Instrumento musical a base de lengüetas de metal que vibran por el aire de un fuelle, accionado por el ejecutante al tiempo en que pulsa las teclas.

acordonar *tr.* Ceñir o sujetar con cordones. Formar cordoncillo en el canto de las monedas. Incomunicar con cordón de gentes.

acornado-a *adj.* Animal con cuernos de otro esmalte que el restante del cuerpo. Dícese de la bóveda de paso oblicuo.

acornar o acornear *tr.* Dar cornadas.

acoro *m.* Planta aroidea o arácea de raíz aromática y medicinal.

acorralar *tr.* Encerrar o meter el ganado en el corral. Encerrar en estrechos límites. Dejar confundido y sin respuesta a alguien. Intimidar.

acorrer *tr.* Acudir corriendo. Socorrer, atender o subvenir a alguien o a una necesidad.

acortar *tr.* Disminuir la longitud, duración o cantidad de algo. Encogerse el caballo.

acosar *tr.* Perseguir sin dar tregua ni reposo. Fatigar o importunar con molestias o trabajos. Hacer correr al caballo.

acosijar *tr.* En México, acosar, apretar.

acostar *tr.* y *r.* Tender a alguien para que descanse o duerma. Colocar en posición horizontal. Ladearse. Llegar a la costa. En México y Centroamérica, parir. Tenderse, tumbarse, encamarse.

acostumbrar *tr.* y *r.* Hacer o adquirir costumbre. *Intr.* Tener costumbre de alguna cosa. Habituar, avezar.

acotar *tr.* Poner cotos en los lindes. Reservar. Atestiguar. Aclarar con notas o incisos. Poner números o cotas en los planos topográficos. Cortar las ramas de un árbol por la cruz.

acotiledóneo-a *adj.* Dícese de las plantas sin cotiledones.

acotillo *m.* Martillo grueso de los herreros.

acoyundar *tr.* Uncir o poner la coyunda.

acracia *f.* Estado social y sistema político basados en la negación de autoridad. Anarquía. Estado de debilidad extrema en un enfermo.

acral *adj.* Relativo a una o más extremidades. Situado en el punto más alto. Distal.

acre *adj.* Áspero y picante. *M.* Medida inglesa de superficie, equivalente a 40 áreas y 47 centiáreas.

acrecentar *tr.* y *r.* Aumentar. Mejorar, enriquecer, enaltecer. Echar retoños los árboles.

acrecer *intr.* y *r.* Hacer mayor, aumentar.

acreción *f.* Crecimiento por adición de partículas o capas, o por yuxtaposición. Concreción.

acreditar *tr.* Dar crédito, probar la certeza o realidad de algo. Dar testimonio. Abonar, tomar en cuenta.

acreedor-a *adj.* Que tiene acción y derecho para exigir el cumplimiento de alguna obligación. Mérito para obtener algo. Dícese de las cuentas y saldos que deben anotarse en el haber.

acribillar *tr.* Agujerear como una criba. Hacer muchas heridas o picaduras. Molestar con frecuencia.

acrídido *adj.* Insecto ortóptero cuyo género típico es la langosta.

acriminar *tr.* Acusar de crimen o delito. Imputar culpa o falta grave.

acrimonia *f.* Aspereza, en especial al gusto o al olfato. Agudeza del dolor. Desabrimiento en el carácter o en el trato.

acriollarse *r.* Adquirir un extranjero los usos y costumbres del país americano en que vive.

acrisolar *tr.* Depurar en el crisol. Aclarar algo con testimonios y pruebas. Quitar impurezas.

acritud *f.* Acrimonia.

acrobacia *f.* Ejercicio o profesión de acróbata. Pirueta.

acróbata *com.* Persona que hace habilidades en un trapecio, barra o cuerda. Equilibrista, volatinero, funámbulo.

acromático-a *adj.* Sin color. Incoloro. Que no da coloración, ni descompone los colores y se tiñe con dificultad. Ciego para los colores. Que contiene linina. Aparato o sistema óptico sin aberración cromática o corregido.

ácrono-a *adj.* No sometido a las leyes del tiempo. Sin duración o que sólo dura un instante.

acrópolis *f.* Parte más alta y fortificada de las ciudades griegas. Por antonomasia, la de Atenas.

acróstico *m.* Dícese de la composición métrica cuyas letras iniciales, medias o finales forman un vocablo o una frase.

acroterio *m.* Pretil sobre las cornisas para ocultar la altura del tejado y que suele decorarse con pedestales.

acta *f.* Relación escrita de lo tratado y acordado en una junta. Certificación del resultado de una elección o de un certamen.

actinio *m.* Cuerpo simple radiactivo; símbolo Ac.

actinología *f.* Ciencia que estudia las radiaciones y sus aplicaciones.

actitud *f.* Postura del cuerpo. Disposición de ánimo. Aspecto de un aeroplano en vuelo o en tierra.

actividad *f.* Facultad de obrar. Diligencia, eficacia. Operación u operaciones propias de una persona o entidad. Dinamismo, presteza. Acción.

activo-a *adj.* Que obra o tiene virtud de obrar. Pronto, eficaz. Dícese del funcionario en servicio. Importe total del haber. Vivo, ágil.

acto *m.* Hecho o acción. Realización solemne de algo. Parte principal en que se divide una obra escénica. Disposición legal. Acción que produce una relación jurídica.

actor-a o actriz *adj.* y *s.* Persona que representa en teatro, cine, televisión. Personaje de una obra literaria. Demandante en juicio.

actuación *f.* Acción de actuar. *Pl.* Autos o diligencias de un procedimiento judicial.

actual *adj.* Presente. Que ocurre o se usa en tiempo presente.

actualidad *f.* Tiempo presente. Noticia de sucesos recientes.

actualizar *tr.* Poner en acto. Hacer actual, dar actualidad.

actuar *tr.* Poner en acción. *Intr.* Ejercer actos propios y naturales. Formar autos, proceder judicialmente.

actuario *m.* Auxiliar judicial que da fe en los autos procesales. Especialista en Economía Social, Estadística y Matemáticas relacionadas con la actividad comercial o de seguros.

acuaplano *m.* Plancha lisa de madera, arrastrada por una embarcación y sobre la cual pueden hacerse varios ejercicios. Embarcación deportiva plana, impulsada por un motor exterior, y manejada sólo por un tripulante, en aguas tranquilas.

acuarela *f.* Pintura con colores diluidos en agua. Cuadro pintado con este procedimiento.

acuario *m.* Edificio para la exhibición de animales acuáticos vivos y aun de plantas.

acuartelar *tr.* y *r.* Poner la tropa en cuarteles. Dividir en cuarteles.

acuático-a *adj.* Que vive en el agua. Relativo al agua. Dícese de los tonos verdes que tienen matiz de agua.

acuciar *tr.* Estimular, dar prisa.

acuchillar *tr.* Herir, cortar o matar con el cuchillo y, por extensión, con otras armas. Hender o cortar el aire. Hacer aberturas en los vestidos a modo de cuchilladas. *R.* Reñir con espadas o darse de cuchilladas.

acudir *intr.* Ir al sitio adonde le conviene o es llamado. Venir, presentarse. Ir en socorro. Atender. Recurrir a alguien. Valerse de algo.

acueducto *m.* Conducto artificial para llevar aguas.

ácueo-a *adj.* De agua o parecido a ella. Dícese de los minerales de origen hídrico.

acuerdo *m.* Resolución. Reflexión en la determinación de alguna cosa. Parecer, dictamen, consejo. Convenio, pacto, conformidad, armonía.

acuícola *adj.* Dícese de los organismos que viven o frecuentan el agua y de las formaciones biológicas que existen en este medio.

acuidad *f.* Agudeza, sutileza en el corte de las armas o instrumentos. Viveza del dolor.

9

acular *tr.* Arrimar por detrás. Arrinconar.

acúleo *m.* Aguijón.

acullá *adv.* A la parte opuesta donde uno se encuentra.

acumulador-a *adj.* Que acumula. *M.* Aparato que recibe y almacena energía.

acumular *tr.* Juntar y amontonar. Hacinar, aglomerar, allegar. Unir autos o ejercitar varias acciones juntamente, para que sobre todos se pronuncie una sola sentencia.

acunar *tr.* Mecer al niño en la cuna.

acuñar *tr.* Imprimir y sellar una pieza de metal por medio de cuño o troquel. Troquelar, amonedar. Meter cuñas. Asegurar los carriles a los cojines. Sujetar ruedas, volantes, palancas, etc., con cuñas o chavetas.

acuoso-a *adj.* Abundante en agua o parecido a ella. De mucho jugo. Excesivamente húmedo. Meteoro procedente de la condensación del vapor de agua.

acurrucado-a *adj.* Agazapado, encog.do.

acusación *f.* Acción de acusar o acusarse. Escrito o discurso en que se acusa.

acusar *tr.* Imputar a alguien un delito, culpa, vicio. Denunciar, delatar. Avisar, notificar haber recibido una carta, oficio o comunicación. *R.* Confesar, declararse culpab.e.

acusativo *m.* Caso oracional que indica el complemento directo del verbo transitivo.

acústica *f.* Parte de la Física que trata de la producción, propagación y recepción del sonido.

acústico-a *adj.* Relativo al oído o al sonido. Condiciones que reúne un material, aparato, edificio para la propagación, recepción o amplificación del sonido. Dícese del nervio auditivo.

acutángulo *adj.* Dícese del triángulo que tiene agudos sus tres ángulos.

achacar *tr.* Atribuir, imputar.

achacoso-a *adj.* Que padece achaques o una enfermedad habitual. Enfermo leve. Defectuoso.

achacual *m.* En México, dique.

achaflanar *tr.* Dar a una esquina forma de chaflán. Cortar oblicuamente las extremidades de un cuerpo plano.

achagual *m.* Estancamiento de agua.

achahual *m.* En México, girasol.

achantar *tr.* Asustar, humillar. *R.* Aguantarse, esconderse mientras dura el peligro. Conformarse.

achaparrado-a *adj.* Bajo y extendido. Persona gruesa y baja.

achaque *m.* Indisposición o enfermedad habitual. Indisposición pasajera. Dolencia, alifafe, disculpa, tema.

achatar *tr.* y *r.* Hacer chata una cosa.

achicar *tr.* y *r.* Amenguar el tamaño de algo. Extraer agua de algún depósito. Acortar, disminuir, encoger. Humillarse, acobardarse.

achicopalado-a *adj.* En México, agobiado, afligido, abatido.

achicoria *f.* Planta compuesta, de hojas recortadas comestibles; con su raíz seca, tostada y pulverizada se adultera el café.

achicharrar *tr.* Freír, cocer, asar o tostar hasta que toma sabor a quemado. Calentar demasiado. Abrasarse por exceso de calor.

achichinque *m.* Operario que en las minas traslada a las piletas el agua de los veneros subterráneos. En México, acompañante de un superior y cuyas órdenes sigue ciegamente.

achinado-a *adj. americ.* Que se parece a los chinos o que tiene alguna de sus cualidades. Aplebeyado.

achiote *m.* Arbol o arbusto bixáceo, cuyas semillas se emplean como colorante y condimento. Bija.

achispar o achisparse *tr.* y *r.* Poner o ponerse casi ebria una persona.

achocar *tr.* Tirar a una persona contra la pared. Herir con palo o piedra. Guardar mucho dinero.

acholole *m.* En México, chorro del sobrante del agua de riego.

achuchar *tr.* Aplastar, estrujar con la fuerza de un golpe o peso. Empujar una persona a otra; agredirla violentamente acorralándola. Azuzar.

achularse *r.* Adquirir modales de chulo.

ad *prep.* inseparable. Significa: a.

adagio *m.* Sentencia breve, comúnmente aceptada, de índole moral. Refrán, proverbio, máxima. Ritmo musical lento.

adalid *m.* Caudillo de gente de guerra. Guía y cabeza.

adamado-a *adj.* Dícese del hombre o persona de facciones, talle y modales delicados. Fino, elegante. Mujer vulgar con apariencias de dama. Afeminado, amadamado.

adamascar *tr.* Tejer con adornos de damasco. Incrustar dibujos de oro o plata a estilo de Damasco, sobre acero o hierro.

adámico-a *adj.* Relativo o perteneciente a Adán. Desnudo. Ignorante.

adán *m.* Hombre desaliñado, sucio y haraposo; apático y descuidado.

adaptación *f.* Acción de adaptar o adaptarse. Acomodación de los organismos al medio que pueblan. Poder normal del ojo para acomodarse a la luz. Arreglo de una obra literaria para adaptarla a nuevas formas. Transcripción musical.

adaptar *tr. y r.* Acomodar, ajustar una cosa a otra. Acomodarse, avenirse a circunstancias, condiciones, exigencias, etc.

adaraja *f.* Saliente que se deja en una construcción para continuarla después.

adarga *f.* Escudo de cuero, ovalado o acorazonado.

adarme *m.* Peso de tres tomines, equivalente a 179 centigramos. En México, 1.8 gramos. Cantidad o porción mínima de una cosa.

adarve *m.* Camino detrás del parapeto de una fortificación. Protección, defensa.

adecentar o **adecentarse** *tr. y r.* Poner o ponerse decente.

adecuación *f.* Acción de adecuar o adecuarse. Identidad, en Matemáticas.

adecuado-a *adj.* Apropiado, conveniente a las condiciones de algo. Idea que representa un objeto de modo total y perfecto. Ajustado, oportuno.

adefesio *m.* Despropósito, disparate. Vestido ridículo y extravagante. Persona de exterior disparatado. Esperpento, espantajo.

adehala *f.* Lo que se da de gracia sobre el precio o salario. Gajes.

adehesar *tr.* Hacer dehesa alguna tierra.

adelantado-a *adj.* Precoz, aventajado, superior. *M.* Antiguo gobernador de un reino, provincia o alfoz, en Castilla.

adelantar *tr. y r.* Mover o llevar hacia adelante. Acelerar, apresurar. Anticipar. Ganar la delantera. Correr hacia adelante. Exceder a alguien, aventajar. Progresar en los estudios, robustez, posición. Prevenir un suceso. Anticiparse.

adelante *adv.* Más allá. Hacia la parte opuesta a otra. En lo futuro. *Interj.* Orden o ruego de entrar o seguir hablando, andando, haciendo.

adelanto *m.* Acción de adelantar. Anticipo. Adelantamiento, medro, mejora. Ventaja, perfeccionamiento. Avance.

adelfa *f.* Arbusto apocináceo muy ramoso, de hojas persistentes; ornamental, pero venenoso.

adelgazar *tr. y r.* Poner delgada a una persona o cosa. Purificar. Disminuir, apocar, acortar. *Intr.* Ponerse delgado, enflaquecer. Disminuir su tamaño o espesor las nubes o celajes.

ademán *m.* Movimiento o actitud con que se manifiesta un afecto del ánimo. *Pl.* Modales.

además *adv.* A más de esto o aquello. También, asimismo, igualmente.

ademe *m.* Madero para entibar, asegurar o resguardar obras en subterráneos.

adenalgia *m.* Dolor en una glándula.

adentellar *tr.* Hincar los dientes. Morder o atacar una plancha con agua fuerte. Dejar dientes o adarajas al levantar un muro.

adentrarse *intr.* Penetrar en lo interior. Pasar por dentro.

adentro *adv.* A o en lo interior. *Interj.* Orden o ruego de que alguien entre.

adepto-a *adj.* Afiliado a alguna secta o asociación, especialmente clandestina. Partidario de alguna persona o idea.

aderezar *tr. y r.* Componer, adornar. Guisar. Condimentar o sazonar los manjares. Disponer o preparar. Guiar, dirigir, encaminar.

aderezo *m.* Acción de aderezar o aderezarse. La cosa con que se adereza. Juego de joyas con que se adornan las mujeres. Arreos para ornato y manejo del caballo. Atavío, adorno, condimento, pertrecho.

adestrar *tr.* Adiestrar.

adeudar *tr.* Deber o tener deudas. Satisfacer impuesto o contribución. Cargar, en las cuentas corrientes, las partidas del debe. *Intr.* Emparentar.

adeudo *m.* Deuda. Cantidad a pagar en las aduanas. Asiento en el debe.

adherencia *f.* Acción de adherir. Unión anormal de algunas partes del cuerpo. Enlace, conexión, parentesco. Unión de cuerpos por cohesión. En Pintura, carencia de bulto o relieve.

adherente *adj.* Anexo, unido o pegado. Partidario, adicto. Requisito.

adherir *intr. y r.* Pegarse una cosa con otra. Convenir en un dictamen o partido y abrazarlo. Consentir, aprobar, aceptar.

adhesivo-a *adj.* Capaz de adherirse. Dícese de los emplastos o preparados que se pegan fácil y firmemente a la piel.

adición *f.* Acción de añadir o agregar. Operación de sumar.

adicional *adj.* Dícese de lo que se agrega, adiciona o añade a algo.

adicionar *tr.* Hacer o poner adiciones. Añadir. Sumar.

adicto-a *adj.* Dedicado, muy inclinado, apegado. Unido o agregado a otro para desempeñar algún cargo o ministerio. Adepto, partidario, secuaz.

adiestrar *tr. y r.* Hacer diestro. Enseñar, instruir. Guiar, encaminar. Domar al caballo, haciéndolo obediente. Domesticar animales para ciertos ejercicios.

adietar *tr.* Poner a dieta.

adinamia *f.* Debilidad, falta de fuerza vital. Astenia.

adinerado-a *adj.* Que tiene mucho dinero.

adinerar *tr. y r.* Reducir a dinero los efectos o créditos. Enriquecerse.

¡adiós! *interj.* Exclamación de despedida, de dolor, desesperación.

adiposo-a *adj.* Grasiento, lleno de grasa o gordura. De la naturaleza de la grasa.

adir *tr.* Aceptar, admitir. Sólo se usa este verbo defectivo en la frase jurídica: adir la herencia.

aditamento *m.* Añadidura.

aditivo-a *adj.* Que puede o debe agregarse.

adive *m.* Mamífero carnicero, parecido a la zorra; domesticable.

adivinación *f.* Acción y efecto de adivinar. Arte y don de predecir lo futuro.

adivinanza *f.* Adivinación. Acertijo.

adivinar *tr.* Predecir lo futuro. Descubrir las cosas ocultas, por conjeturas. Acertar con el significado de un enigma. Vaticinar, pronosticar.

adivino-a *adj. y s.* Persona que adivina, que descubre lo oculto o ignorado.

adjetivar *tr.* Aplicar adjetivos. Calificar. Dar al sustantivo valor y forma de adjetivo.

adjetivo *m.* Categoría gramatical que acompaña al sustantivo para calificarlo o determinarlo. *Adj.* Frase equivalente a un adjetivo. Dícese del verbo atributivo. Accesorio, secundario.

adjudicación *f.* Acción de adjudicar o adjudicarse. Distribución y declaración de propiedad de alguna cosa en favor de quien o quienes tienen derecho a ella.

adjudicar *tr. y r.* Declarar y conferir a una persona algo en satisfacción de un derecho. Apropiarse uno alguna cosa.

adjudicatario-a *m. y f.* Persona a quien se adjudica alguna cosa.

adjuntar *tr.* Acompañar, enviar una cosa juntamente con otra.

adjunto-a *adj.* Que va o está unido a otra cosa. Dícese de quien acompaña a otro para entender conjuntamente de algún negocio, cargo o trabajo. *M.* Añadidura.

adjuración *f.* Conjuro o exorcismo. Imprecación o ruego encarecido.

adminículo *m.* Lo que sirve de ayuda o auxilio para una cosa o intento. Objeto que se lleva a prevención en caso de necesidad. Lo que se agrega a la preparación y condimento de un guiso. Hecho o circunstancia que sirve de apoyo o corroboración a una prueba. Adornos alusivos en las medallas. Utensilio, trebejo.

administración *f.* Acción y efecto de administrar. Cargo y oficio del administrador. Gestión de bienes o intereses. Régimen, gobierno, dirección, gerencia.

administrador-a *m. y f.* Que administra. Persona que administra bienes ajenos.

administrar *tr.* Gobernar, regir, cuidar. Servir o ejercer algún ministerio o empleo. Suministrar. Conferir algún sacramento. Aplicar, dar u ordenar algún medicamento. Dirigir, propinar, dar.

administrativo-a *adj.* Relativo o perteneciente a la administración, o que dimana de ella.

admiración *f.* Acción de admirar o admirarse. Signo ortográfico para expresar asombro, sorpresa, pasmo.

admirar *tr. y r.* Causar sorpresa la vista o contemplación de algo extraordinario, asombroso e inesperado. Asombrar, pasmar.

admisión *f.* Acción de admitir. Aceptación, recepción.

admitir *tr.* Recibir o dar entrada. Aceptar, recibir voluntariamente lo que se da, ofrece o encarga. Conceder, consentir, tolerar.

admonición *f.* Amonestación, reconvención. Represión, censura. Reprimenda, advertencia, apercibimiento.

adobar *tr.* Aderezar, arreglar, componer. Guisar. Poner o echar adobo. Curtir las pieles y componerlas para sus usos. Condimentar, sazonar.

adobe *m.* Masa de barro, moldeada en forma de ladrillo y secada al aire.

adobo *m.* Acción y efecto de adobar. Caldo o salsa con que se sazona un manjar. Mezcla de ingredientes para curtir pieles o para dar cuerpo y lustre a las telas. Carne adobada. Aliño, aderezo, condimento.

adocenado-a *adj.* Ordenado por docenas. Vulgar y de muy escaso mérito.

adoctrinar *tr.* Doctrinar. Enseñar, instruir.

adolecer *intr.* Caer enfermo. Padecer alguna enfermedad habitual. Tener o estar sujeto a pasiones, vicios o malas cualidades. Carecer de algo.

adolescencia *f.* Edad que sigue a la niñez, o sea desde la pubertad hasta el completo desarrollo del cuerpo.

adolescente *adj. y s.* Que está en la adolescencia.

adonde *adv.* A qué parte, o a la parte que. Donde.

adonis *m.* Mancebo hermoso, por alusión a Adonís, joven griego, tipo de la belleza masculina.

adopción *f.* Acción de adoptar. Acto jurídico por el que una persona toma como hijo propio al de otras personas.

adoptar *tr.* Recibir como hijo al de otras personas. Recibir o admitir alguna opinión o parecer aprobándola y siguiéndola. Tomar acuerdo, previo examen o deliberación.

adoptivo-a *adj.* Persona adoptada y persona que adopta. Dícese de lo elegido y adoptado.

adoquín *m.* Piedra labrada para empedrar. Bruto, ignorante.

adoración *f.* Acción de adorar. Amor extremado.

adorar *tr.* Reverenciar con sumo respeto. Reverenciar y adorar a Dios con el culto que le es debido. Amar con extremo.

adormecer *tr.* Dar o causar sueño. Acallar, entretener, calmar. *R.* Empezar a dormirse. Entorpecerse, entumecerse. Amodorrar, aletargar.

adormidera *f.* Planta papaverácea, de cuyas cápsulas se extrae el opio; industrial y medicinal.

adormilarse o adormitarse *r.* Dormirse a medias.

adornar *tr. y r.* Engalanar con adornos. Embellecer. Dotar a un ser de perfecciones o virtudes. Enaltecer en una persona dotes o prendas. Ataviar, aderezar.

adorno *m.* Lo que se pone para adornar. Atavío, decorado, aderezo, perifollo.

adosar *tr.* Poner una cosa por su espalda o envés contigua a otra. Arrimar, pegar, apoyar.

adquirir *tr.* Ganar, conseguir con el propio trabajo. Lograr, alcanzar, comprar.

adquisición *f.* Acción y efecto de adquirir. Cosa adquirida. Incorporación al patrimonio de algún bien corporal o incorporal.

adral o adrales *m.* Zarzos o tablas puestos a los lados del carro para que no se caiga el contenido.

adrede *adv.* De propósito; con deliberada intención.

adrenalina *f.* Principio activo u hormón de la medula de las cápsulas suprarrenales; estimulante cardiaco y vasoconstrictor.

adrogar *tr.* Adoptar a una persona no sometida a potestad ajena.

adscribir *tr.* Inscribir, atribuir. Agregar a una persona al servicio de un cuerpo o destino.

adsorción *f.* Atracción por medio de la adherencia.

aduana *f.* Oficina pública para registrar los géneros de importación o exportación y percibir los derechos correspondientes.

aduar *m.* Conjunto de tiendas, chozas o cabañas de beduinos y gitanos.

adúcar *m.* Seda basta que rodea el capullo del gusano de seda.

aducir *tr.* Presentar o alegar razones o pruebas. Exponer, citar, exhibir.

adueñarse *r.* Hacerse dueño de una cosa o apoderarse de ella.

adufe *m.* Pandero morisco. Persona necia.

adular *tr.* Hacer o decir con estudio lo que se cree puede agradar a otro. Lisonjear, halagar.

adulterar *tr.* Viciar, falsificar alguna cosa. *Intr.* Cometer adulterio. Alterar, cambiar, falsear.

adulterio *m.* Ayuntamiento carnal ilegítimo de hombre con mujer, siendo uno de ellos, o los dos, casados. Falsificación, mixtificación.

adulto-a *adj.* Llegado al término de la adolescencia, a su mayor crecimiento o desarrollo, o al mayor grado de perfección.

adunar *tr. y r.* Unir, juntar, unificar.

adusto-a *adj.* Quemado, tostado. Austero, rígido, melancólico.

advección *f.* Traslación de un fluido por movimiento horizontal.

advenedizo-a *adj.* Extranjero, forastero. No natural. Persona de origen humilde que ha llegado a las más altas consideraciones sociales. Arribista, intruso.

advenimiento *m.* Venida o llegada. Ascenso de un pontífice o soberano al trono.

adventicio-a *adj.* Que sobreviene inesperadamente. Casual, accidental. Cono secundario de un volcán. Organo que se desarrolla ocasionalmente.

adverar *tr.* Certificar, asegurar, dar por cierto.

adverbio *m.* Categoría gramatical referida al verbo y, a veces, al adjetivo o a otro adverbio, para modificar su significado.

adversario-a *m. y f.* Persona contraria o enemiga. Antagonista, contrario.

adversativo-a *adj.* Que denota oposición o contrariedad; dícese de las conjunciones, frases u oraciones.

adversidad *f.* Infortunio, calamidad, aflicción. Situación desgraciada.

advertencia *f.* Acción y efecto de advertir. Nota o aviso de algo. Corrección disciplinaria a los funcionarios públicos, por sus faltas. Prevención, amonestación.

advertir *tr. e intr.* Fijar en algo la atención. Observar. Aconsejar, amonestar, prevenir. Percatarse.

adviento *m.* Tiempo desde el primer domingo de los cuatro que preceden a la Natividad de N. S. Jesucristo.

advocación f. Título de un templo, capilla o altar. Título de algunas imágenes santas por razón del pasaje o misterio que representan. Llamamiento.

adyacente adj. Situado en la inmediación o proximidad. Inmediato, contiguo.

aeda m. Primitivo cantor épico anterior a Homero.

aeración f. Introducción de aire en aguas potables o medicinales. Mezcla de aire con el gas en los mecheros.

aéreo-a adj. De aire o perteneciente a él. Sutil. vaporoso.

aerobio-a adj. y s. Microorganismo que vive en el aire o que lo necesita para vivir.

aerobús m. Avión para el transporte de pasajeros.

aerodinámica f. Parte de la Física que estudia el movimiento de los gases.

aerodinámico-a adj. Relativo a la Aerodinámica. Vehículo que ofrece muy poca resistencia al aire.

aeródromo m. Lugar destinado a la maniobra de aeroplanos.

aerofotografía f. Fotografía obtenida desde cualquier nave aérea. Aerofoto.

aerolito m. Fragmento de un bólido que cae sobre la Tierra.

aerómetro m. Aparato para medir la densidad del aire.

aeronauta m. Persona que navega por el aire, tripulando o manejando la nave.

aeronáutica f. Ciencia y arte de la navegación aérea.

aeronave f. Nave aérea. Dirigible.

aeroplano m. Vehículo aéreo más pesado que el aire.

aeropostal adj. Relativo al correo aéreo o por avión.

aeropuerto m. Lugar de parada y arranque de los vehículos aéreos.

aeroscopio m. Aparato para el examen microscópico de las impurezas del aire.

aerosol m. Suspensión de partículas coloidales en un gas.

aerostación f. Sistema de locomoción o navegación aérea con aparatos más ligeros que el aire.

aeróstato m. Cuerpo que flota en el aire. Específicamente, los globos aerostáticos.

aerotropas f. Tropas transportadas por algún vehículo aéreo, lanzadas en paracaídas sobre el punto o puntos escogidos.

aerovía f. Ruta establecida para el vuelo comercial de los aviones.

afabilidad f. Calidad de afable. Amabilidad en el trato y conversación.

afable adj. Agradable en la convesación y trato. Amable, cortés.

afamado-a adj. Que tiene fama y nombre. Famoso, célebre, conocido.

afán m. Trabajo excesivo y congojoso. Anhelo vehemente. Trabajo corporal.

afanador-a adj. Que afana o se afana. En México, persona que se emplea en las faenas más humildes.

afanar intr. Entregarse al trabajo con solicitud congojosa. Trabajar corporalmente. Traer apurado. Atarearse, bregar, empeñarse.

afanoso-a adj. Muy penoso o trabajoso. Que se afana.

afasia f. Supresión total del lenguaje por enfermedad o lesión cerebral.

afear tr. Hacer o poner fea a una persona o cosa. Tachar, vituperar.

afección f. Impresión que hace una cosa al causar alteración o mudanza. Afición, inclinación. Enfermedad. Cambio producido por una causa exterior.

afectación f. Acción de afectar. Falta de sencillez y naturalidad. Carga o vehículo que grava una cosa o derecho.

afectar tr. Perder la sencillez y naturalidad en el trato o ademanes. Fingir. Anexar. Causar impresión. Imponer gravamen. Empeñar, hipotecar. Modificar el valor de una cantidad.

afecto m. Pasión del ánimo; más particularmente amor, cariño. Apego, inclinación. Sentimiento, tendencia.

afectuoso-a adj. Amoroso, cariñoso. Expresivo, vivo.

afeitar tr. Componer o hermosear con afeites. Raer la barba, el bigote u otra parte del cuerpo con navaja o instrumento cortante. Rasurar. Esquilar a una caballería. Recortar e igualar las ramas u hojas de las plantas.

afeite m. Aderezo, compostura. Cosmético.

afelio m. Punto más alejado del Sol en la órbita de un planeta.

afelpar tr. Dar a la tela aspecto de felpa o terciopelo.

afeminado-a adj. Dícese de quien, por sus adornos, acciones, habla, se parece a las mujeres. Que parece de mujer.

afeminar tr. Hacer perder la energía varonil, o inclinar a parecerse a las mujeres. Adamar.

aferente adj. Que atrae. Que conduce estímulos de la periferia al centro.

aféresis f. Supresión de sonidos o letras al principio de vocablo.

aferrar tr. Agarrar o asir fuertemente. Insistir con tenacidad en alguna opinión. Obstinarse. Plegar las velas. Atrapar con el garfio. Asegurar la embarcación en el puerto.

afestonado-a *adj.* Adornado o labrado con festones. En forma de festón.

afgano-a *adj.* Natural o perteneciente a Afganistán, Asia.

afianzar *tr.* Dar fianza. Afirmar o asegurar, apoyar, sostener. Dar garantía. Consolidar.

afición *f.* Inclinación, amor. Pasión por algo. Ahínco. Conjunto de aficionados.

aficionado-a *adj.* y *s.* Persona que cultiva algún arte o deporte sin tenerlos por oficio.

afijo-a *adj.* y *s.* Fijado. Partícula que se antepone, interpone o pospone a la raíz o radical de una palabra. Punto representativo de un número complejo.

afilar *tr.* Sacar filo. Aguzar. Afinar o hacer más sutil. Adelgazarse.

afiliar *tr.* y *r.* Asociar a una persona a una sociedad, corporación, partido. Prohijar, adoptar.

afiligranado-a *adj.* Hecho filigrana. De filigrana o parecido a ella. Dícese de las cosas pequeñas, finas y delicadas.

afilón *m.* Correa para afinar el filo. Chaira para avivar el filo.

afín *adj.* Próximo, contiguo. Que tiene afinidad. *M.* y *f.* Pariente por afinidad. Lindante, análogo; allegado, deudo.

afinación *f.* Acción de afinar o afinarse. Perfeccionamiento del acabado. Templar un instrumento. Entonación correcta de los sonidos.

afinar *tr.* y *r.* Perfeccionar, dar el último punto a una cosa. Hacer fina o cortés a una persona. Purificar los metales. Entonar correctamente los sonidos. Pulir, refinar.

afinidad *f.* Analogía o semejanza de una cosa con otra. Relación entre especies o grupos. Parentesco derivado del matrimonio. Atracción molecular.

afirmación *f.* Acción y efecto de afirmar o afirmarse. Declaración de la verdad.

afirmar *tr.* y *r.* Poner firme, dar firmeza. Asegurar o dar por cierto algo. Establecer firmemente. Asegurarse en algo para estar firme. Ratificarse. Afianzar o consolidar el suelo. Asegurar, aseverar.

afirmativo-a *adj.* Que denota o implica la acción de afirmar o dar por cierto.

aflicción *f.* Efecto de afligir o afligirse. Tristeza, amargura, pena.

afligir *tr.* y *r.* Causar molestia o sufrimiento. En México, golpear a una persona, maltratar. Apenar, angustiar, acongojar.

aflojar *tr.* Disminuir la presión o tirantez. Soltar. Perder la fuerza. Descansar, tomar aliento. Disminuir la fuerza del viento o la tormenta. Desapretar, debilitar, amainar.

aflorar *intr.* Asomar a la superficie un estrato, filón o capa, escollo o islote. *Tr.* Cerner la harina. Cribar los cereales.

afluencia *f.* Acción de afluir. Abundancia. Aflujo de palabras o expresiones.

afluente *adj.* Que afluye. Fecundo, abundante en palabras. *M.* Arroyo o río secundario que desagua en otro principal.

afluir *intr.* Acudir en abundancia. Concurrir en gran número. Desaguar un río o arroyo.

afofar *tr.* y *r.* Poner fofo. Hincharse.

afollar *tr.* Soplar con los fuelles. Plegar en forma de fuelles.

afonía *f.* Falta de voz.

afónico o átono *adj.* Falto de voz o de sonido.

aforar *tr.* Dar o tomar a foro una heredad. Otorgar fueros. Reconocer y valuar mercancías para el pago de derechos. Medir la capacidad de agua de una corriente en un tiempo dado. Calcular la capacidad de un receptáculo.

aforismo *m.* Sentencia breve y doctrinal, como regla a una ciencia o arte. Máxima, axioma, apotegma.

aforrar *tr.* Forrar. Comer y beber bien. *R.* Abrigarse mucho.

a fortiori, expresión adverbial latina: a mayor razón, a mayor abundamiento.

afortunado-a *adj.* Que tiene fortuna o buena suerte. Feliz, rico.

afrancesado-a *adj.* Que gusta de imitar a los franceses. Partidario de sus cosas, ideas o costumbres.

afrecho *m.* Salvado.

afrenta *f.* Vergüenza y deshonor causado por algún hecho o dicho. Dicho o hecho humillante. Deshonra que se sigue por la imposición de ciertas penas. Insulto, agravio, ofensa.

africado-a *adj.* Dícese del sonido o letra cuya articulación consta de una oclusión y una fricación rápidas y sucesivas.

afroamericano-a *adj.* Dícese de los descendientes de los negros africanos traídos como esclavos a América, a su arte y a sus costumbres.

afrodisia *f.* Exageración morbosa del apetito sexual.

afrontar *tr.* e *intr.* Poner una cosa enfrente de otra. Echar en cara. Hacer frente. Arrostrar. Carear.

afta *f.* Úlcera pequeña que se forma en la mucosa de la boca o en el tubo digestivo. En los animales se presenta en la boca, ubres y espacios interdigitales.

afuera *adv.* Fuera del sitio en que uno está. *Pl.* Alrededores de una población. *Interj.* para indicar que dejen libre el paso o se retiren.

afuerita *adv. americ.* Diminutivo de **afuera**. En el exterior pero cerca.

afuste *m.* Armazón de una pieza de artillería. Cureña, montaje, soporte.

agachar *tr.* Inclinar o bajar alguna parte del cuerpo. R. Encogerse. En México, callar maliciosamente.

agalla *f.* Excrecencia en ciertos árboles. Cecidia. Organo de respiración de los peces. *Pl.* Animo esforzado.

agami *m.* Ave zancuda alectórida, fácilmente domesticabie y coralera. Pájaro trompeta.

ágape *m.* Convite de caridad entre los primeros cristianos. Banquete.

agar *m.* Alga. Madera de olor. Colápez índica.

agareno-a *adj.* Descendiente de Agar. Sarraceno, árabe, moro.

agárico-a *adj.* Parecido al hongo. Yesca preparada con ciertos hongos secos.

agarradera *f.* Asa o agarradero. *Pl. americ.* Influencias, amarras.

agarradero *m.* Asa o mango. Amparo, protección. Saliente de un cuerpo.

agarrar *tr.* Asir fuertemente con la mano. Coger, tomar. Hurtar. Asirse o reñir. Adherirse bien el color.

agarrón o **agarrada** *m.* o *f.* Altercado, pendencia, riña.

agarrotar *tr.* Apretar fuertemente con garrote. Estrangular en el patíbulo. Oprimir. R. Ponerse dura una cosa. Entumecerse los dedos por el frío. Ponerse rígidos los miembros del cuerpo.

agasajar *tr.* Tratar con atención expresiva y cariñosa. Halagar con regalos o atenciones. Regalar, festejar.

ágata *f.* Cuarzo criptocristalino, duro, tráslúcido, con fajas o capas concéntricas de distintos colores.

agave *m.* Planta amarilidácea de hojas grandes y carnosas. De algunas especies se saca el aguamiel; de otras, fibras de gran aplicación industrial.

agavillar *tr.* Formar gavillas. Juntar en cuadrillas.

agazapar *tr.* y *r.* Agarrar o prender a alguien. Agacharse hasta tierra al modo de los gazapos perseguidos.

agencia *f.* Diligencia, solicitud. Oficio de agente. Oficina o despacho del agente, sucursal o delegación. *Amerc.* Tren para mudanzas.

agenciar *tr.* Practicar diligencias para el logro de una cosa. Gestionar. R. Conseguir o procurarse algo con diligencia y maña.

agenda *f.* Libro de cosas de lo que debe hacerse. Memorándum.

agente *adj.* y *s.* Que tiene virtud para obrar. Persona o cosa que

produce un efecto. Persona que obra con poder de otro. Acción que modifica las funciones de un organismo. Causa física o química. Vigilante.

agigantar *tr.* Dar proporciones gigantescas.

ágil *adj.* Ligero, pronto, expedito. Diligente, activo, veloz.

agilidad *f.* Calidad de ágil. Soltura, rapidez, viveza.

agio *m.* Beneficio que se obtiene del cambio de moneda. Especulación sobre el alza y baja de los fondos públicos.

agiotaje *m.* Especulación ilícita en los cambios de moneda y otras operaciones en perjuicio de tercero. Comercio usurario. Especulación.

agitación *f.* Acción y efecto de agitarse. Inquietud, turbación.

agitar *tr.* y *r.* Mover frecuente y violentamente. Inquietar, sacudir.

aglomerado-a *adj.* Dícese de los órganos o cosas reunidos en masa compacta.

aglomerar *tr.* Amontonar, juntar. Hacinar, acumular.

aglutinación *f.* Acción y efecto de aglutinar o aglutinarse. Reunión en flóculos o grumos.

aglutinante *adj.* Que aglutina. Dícese de las lenguas en que predomina la aglutinación, o sea la agrupación de palabras por yuxtaposición. Dícese del emplasto que se adhiere firmemente. Material que produce por adherencia una masa sólida de las distintas que la componen.

aglutinar *tr.* Pegar, unir, reunir entre sí.

agminado-a *adj.* Agrupado. Apiñado, arracimado.

agnosticismo *m.* Doctrina que considera la realidad como absoluta y trascendente e incognoscible por naturaleza.

agobiar *tr.* Inclinar la parte superior del cuerpo hacia la tierra. Doblamiento del cuerpo por un peso o carga. Causar gran molestia o fatiga. Rendir, deprimir, abatir.

agolpar *tr.* Juntar de golpe. Venir muchas cosas de golpe.

agonía *f.* Angustia y congoja del moribundo. Pena o aflicción extremada.

agonizar *intr.* Estar el enfermo en la agonía. Extinguirse una cosa. Sufrir angustiosamente.

ágora *f.* Plaza pública de las ciudades griegas. Junta o asamblea popular.

agorar *tr.* Predecir supersticiosamente lo porvenir. Presentir y anunciar desdichas con poco fundamento.

agorero-a *adj.* y *s.* Que adivina por agüeros. Que predice sin fundamento males y desdichas. Augur, adivino, arúspice.

agorgojarse *r.* Criar gorgojo las semillas.

agostadero *m.* Sitio donde agosta el ganado. Tiempo en que agosta. Arar o cavar las tierras en agosto.

agostar *tr. y r.* Secar o abrasar el calor las plantas. Arar o cavar la tierra en agosto. *Intr.* Pastar el ganado durante la seca en rastrojeras o en dehesas.

agostero-a *adj.* Ganado que entra a pacer en los rastrojos. Obrero que trabaja en las eras. Religioso que recoge en agosto la limosna.

agosto *m.* Octavo mes del año; consta de treinta y un días.

agotar *tr.* Extraer todo el líquido del recipiente. Gastar del todo, consumir. Acabar, extenuar.

agracejo *m.* Arbusto berberídeo con bayas rojas y agrias; ornamental y maderable. Uva pequeña que no llega a madurar.

agraciado-a *adj.* Que tiene gracia. De buen parecer. Que alcanzó un premio, galardón o recompensa. Favorecido, guapo.

agraciar *tr.* Aumentar en una persona o cosa gracia y buen parecer. Llenar el alma de la gracia divina.

agradable *adj.* Que produce complacencia o agrado. Deleitoso, grato, sabroso.

agradar *intr.* Complacer, contentar, gustar. Sentir agrado o gusto.

agradecer *tr.* Sentir o mostrar gratitud. Dar gracias. Corresponder al trabajo empleado en conservar o mejorar una cosa.

agrado *m.* Afabilidad. Complacencia. Satisfacción, contentamiento.

agrafe *m.* Grapa con que se mantienen unidos los bordes de una herida.

agramar *tr.* Majar el cáñamo o el lino para separar la fibra. Tundir.

agramilar *tr.* Cortar y raspar los ladrillos para igualarlos. Figurar con pintura hiladas de ladrillos.

agrandar *tr.* Hacer más grande alguna cosa. Aumentar, ampliar, acrecentar.

agrario-a *adj.* Perteneciente o relativo al campo. *M.* Quien en política defiende o representa los intereses de la agricultura. Rural, campestre.

agrarismo *m.* Conjunto de intereses referentes a la explotación agraria. Defensa de los intereses de las clases productoras agrícolas.

agravar *tr. y r.* Aumentar el peso de algo. Oprimir con gravámenes. Hacer más grave o molesto. Recargar, empeorar.

agraviar *tr.* Hacer agravio. Gravar con tributos. Presentar como grave alguna cosa. *R.* Agravarse una enfermedad. Ofenderse o mostrarse resentido. Rendir, agravar, difamar.

agravio *m.* Ofensa en la honra o fama. Humillación, menosprecio, afrenta. Daño o perjuicio.

agraz *m.* Uva sin madurar. Zumo de la misma. Amargura, sinsabor.

agredir *tr.* Acometer a alguien para causarle daño. Arremeter, embestir.

agreement *m.* Palabra inglesa: pacto, acuerdo, convenio.

agregación *f.* Acción y efecto de agregar o agregarse. Conjunto de grupos o de seres con alguna finalidad. Propiedad molecular para resistir la separación.

agregado *m.* Conjunto de cosas homogéneas formando cuerpo. Empleo adscrito a un servicio. Arena y piedra partida, como elementos del hormigón. Agregación, anejo.

agregar *tr.* Unir o juntar. Anexar, acumular.

agremán *m.* Labor de pasamanería en forma de cinta.

agrement *m.* Palabra francesa que significa, en lenguaje diplomático, plácet.

agremiar *tr.* Reunir en gremio.

agresión *f.* Acción y efecto de agredir. Acto contrario al derecho de otro. Acometida, arremetida.

agresivo-a *adj.* Propenso a agredir. Que implica provocación o ataque. Provocador, pendenciero.

agresor-a *adj.* Que comete agresión. Que viola o quebranta el derecho ajeno.

agrestal *adj.* Dícese del vegetal que crece entre las plantas cultivadas.

agreste *adj.* Perteneciente al campo. Campesino. Aspero, inculto, rudo, tosco.

agriar *tr.* Poner agria alguna cosa. Exasperar. Resentirse. Acedar, acidular.

agrícola *adj.* Concerniente a la agricultura y al que la ejerce. Agricultor.

agricultura *f.* Ciencia aplicada al cultivo y mejor aprovechamiento de la tierra y las plantas.

agridulce *adj. y s.* Mezclado de agrio y de dulce.

agriera *f. amerc.* Acedía.

agrietar *tr. y r.* Abrir grietas o hendiduras. Hendir, resquebrajar.

agrifado-a *adj.* Dícese de la representación estilizada en forma de grifo.

agrimensura *f.* Arte de medir tierras.

agringarse *r.* En México, Chile y Argentina comportarse como un gringo o imitarlo.

agrio-a *adj.* Acido. Abrupto. Acre. áspero. Dícese de la escalera o galería subterránea muy empinadas.

agriotimia *f.* Demencia furiosa. Tendencia a ejecutar actos de crueldad.

agrisado-a *adj.* Gríseo. Que tira a gris.

agro *m.* Campo.

agrología *f.* Parte de la Agronomía que estudia las relaciones entre el suelo y las plantas.

agronometría *f.* Parte de la Agronomía que estudia la productibilidad de las tierras de labor.

agronomía *f.* Ciencia de la Agricultura, en toda su amplitud.

agropecuario-a *adj.* Relacionado con la agricultura y la ganadería.

agrotecnia *f.* Parte de la Agricultura que trata de la transformación de los productos agrícolas en otros manufacturados.

agrumar *tr.* y *r.* Hacer que se formen grumos.

agrupación *f.* Acción de agrupar o agruparse. Reunión, asociación, corporación.

agrupar *tr.* y *r.* Reunir en grupo, apiñar. Clasificar, congregar.

agrura *f.* Sabor acre o ácido de algunas cosas. Sensación molesta que causan los alimentos mal digeridos. Hiperclorhidria.

agua *f.* Líquido formado por la combinación de un volumen de oxígeno y dos de hidrógeno. Licor obtenido por infusión, disolución o emulsión de flores, plantas o frutos. Vertiente de un tejado. El mar litoral más cercano. *Pl.* Visos u ondulaciones de algunas telas, plumas, piedras, etc. Manantial de aguas minerales.

aguacal *m.* Lechada de cal, con algo de yeso, para enjalbegar.

aguacate *m.* Árbol americano lauráceo de fruto parecido a una pera, de carne blanda y mantecosa. Fruto de este árbol.

aguacero *m.* Lluvia repentina impetuosa y de poca duración. Sucesos o molestias que en gran cantidad caen sobre una persona. Chaparrón.

aguachinarse *r.* En México, dañarse los cultivos por exceso de agua.

aguachirle *f.* Vino de ínfima calidad. Licor sin sustancia. Cosa baladí.

aguada *f.* Sitio en que hay agua potable. Color diluido en agua. Provisión de agua potable que lleva un buque.

aguadero *m.* Prenda propia para la lluvia. Abrevadero. Sitio en que se lanzan las maderas a los ríos para conducirlas a flote.

aguadija *f.* Humor claro y suelto que se forma en los granos o llagas.

aguado-a *adj.* Que tiene agua. Abstemio. En México y Venezuela, fruta jugosa, pero sin sabor. Mosto y vino al que se ha añadido agua.

aguador-a *adj.* Persona que tiene por oficio llevar o vender agua.

aguaducho *m.* Avenida impetuosa de agua. Puesto en que se vende agua.

aguafiestas *com.* Persona que turba alguna diversión o regocijo.

aguafuerte *f.* Ácido nítrico diluido en agua. Nombre comercial del ácido nítrico. Lámina obtenida por el grabado al ácido nítrico.

aguaite *m.* *americ.* Espera.

aguaje *m.* Aguadero. Aguada. Crecientes grandes del mar. Estela de espuma y agua que deja tras sí una embarcación.

aguamala *f.* Medusa.

aguamanil *m.* Jarro y palangana para lavarse las manos. Jofaina, lavatorio.

aguamanos *m.* Agua para lavar las manos. Aguamanil.

aguamar *m.* Medusa o aguamala.

aguamarina *f.* Berilo transparente, color de mar, muy apreciado en joyería.

aguamiel *f.* Agua mezclada con miel. Jugo o savia sin fermentar de algunas especies de agave. Agua preparada con la caña de azúcar.

aguanieve *f.* Lluvia mezclada con nieve. Dícese del agua procedente del deshielo.

aguanoso-a *adj.* Lleno de agua o demasiado húmedo. Fruto insipido. Persona sin gracia.

aguantar *tr.* Reprimir o contener. Resistir pesos, impulsos o trabajos. Admitir o tolerar a disgusto las molestias. Mantener o sostener algo. Estar a la espera. Capear un temporal.

aguante *m.* Tolerancia, paciencia. Fortaleza o vigor para resistir pesos, impulsos, trabajos. Resignación, perseverancia.

aguapacle *m.* Árbol mexicano de corteza amarilla, empleada para curar la ictericia.

aguapié *m.* Vino muy bajo. Bebida de escaso vlor.

aguar *tr.* y *r.* Mezclar agua con vino u otro licor. Turbar alegrías.

aguardar *tr.* Esperar a que llegue alguien o suceda algo. Dar tiempo al deudor para que pague. Tener que ocurrir algo a alguien. Atender, detenerse.

aguardentoso-a *adj.* Que tiene o parece de aguardiente. De voz áspera y bronca como de quien bebe aguardiente.

aguardiente *m.* Bebida alcohólica que por destilación se obtiene del vino o de otras sustancias. Mezcla de alcohol ordinario con agua.

aguarrás *m.* Aceite volátil de trementina, utilizado en barnices y en terapéutica.

aguatero-a *adj.* En México, lugar donde hay muchas espinas.

aguaturma *f.* Planta herbácea compuesta, de raíz con tubérculos, feculenta y comestible.

aguaviento *m.* Lluvia con viento fuerte.

aguazal *m.* Sitio bajo donde se detiene el agua llovediza.

aguazar *tr. y r.* Encharcarse. Inundar, ahogar.

aguazo *m.* Pintura a la aguada sobre lienzo blanco.

agudeza *f.* Sutileza. Viveza y penetración del dolor. Perspicacia de los sentidos. Dicho agudo. Ligereza, velocidad.

agudizar *tr.* Aguzar, hacer aguda una cosa. Agravar o agravarse. Extremar un problema o asunto.

agudo-a *adj.* Delgado, en el corte o filo de armas o instrumentos. Sutil, perspicaz, penetrante. De sensaciones prontas. De sonido alto. Dícese de las palabras con acento prosódico en la última sílaba.

agüero *m.* Presagio supersticioso. En México, mimo, cariño. Augurio, vaticinio.

aguerrido-a *adj.* Ejercitado en la guerra. Práctico en luchas y trabajos. Experimentado, endurecido, ducho.

aguerrir *tr. defec.* Acostumbrar a la guerra, luchas o trabajos.

aguijada *f.* Vara larga con que se pica a los bueyes o para apoyarse al arar. Picana, ahijada.

aguijar *tr.* Picar con la aguijada. Avivar con la voz. Estimular. Acelerar el paso. Aguijonear, espolear, punzar.

aguijón *m.* Organo punzante de algunos animales. Púa de algunas plantas. Punta de la aguijada. Acicate. Estímulo. Ingenio mordaz. Crítica dura.

aguijonear *tr.* Aguijar. Picar con la aguijada. Estimular. Punzar con el aguijón. Inquietar, atormentar.

águila *f.* Ave rapaz diurna falconiforme, de vista perspicaz, fuerte musculatura y vuelo rapidísimo. Moneda de oro de varias naciones. Persona viva y perspicaz.

aguileño-a *adj.* Dícese del rostro o de la nariz larga y delgada, un poco encorvada como pico de águila.

aguilero-a *adj.* Dícese de las alturas en que hacen sus nidos las águilas.

aguililla *f.* Diminutivo de águila. Cernícalo. Nombre de varias especies de aves rapaces.

aguilón *m.* Brazo de una grúa. Caño cuadrado de barro. Angulo superior de un edificio cubierto a dos aguas.

aguilucho *m.* Pollo del águila.

aguinaldo *m.* Regalo que se da en Navidad, Año Nuevo o Santos Re-

yes, o en alguna otra fiesta u ocasión. *Pl.* Cantos populares de Navidad.

agüista *com.* Dícese de la persona que frecuenta los manantiales de aguas mineromedicinales.

aguja *f.* Varilla puntiaguda con un ojo, para coser, bordar o tejer. Púa de metal para varios usos. Barreta o manecilla del reloj. Varilla para el tocado de las mujeres. Punzón de acero para disparar armas de fuego. Riel movible para desviar trenes o tranvías. Chapitel estrecho y alto. Hoja acicular. Instrumento para invectar unido a la jeringa. Imán móvil. Nombre dado a varios peces, por su forma. Obelisco.

agujazo *m.* Punzada de aguja.

agujerear *tr.* Hacer uno o más agujeros en algo. Horadar, perforar.

agujero *m.* Abertura más o menos redonda en alguna cosa. Orificio de un conducto. Meato, foramen, boca.

agujeta *f.* Correa o cinta con un herrete para atar calzones, zapatos, etc. *Pl.* Dolores en el cuerpo después de un ejercicio extraordinario o violento.

aguosidad *f.* Humor o linfa parecido al agua en lo suelto y claro.

¡agur! o **¡abur!** Interjección de despedida.

agusanarse *r.* Llenarse de gusanos alguna cosa.

agustiniano-a *adj.* Agustino. Perteneciente a la orden o doctrina de San Agustín.

agustino-a *adj.* Religioso o religiosa de la orden de San Agustín.

agutí *m.* Mamífero roedor cávido, peculiar de Centro y Sudamérica. En México, tuza real.

aguzador-a *adj.* Que aguza. Que estimula o incita. Instigador, provocador.

aguzanieves *f.* Pájaro motacílido insectívoro que vive en parajes húmedos.

aguzar *tr.* Hacer o sacar punta o filo. Aguijar, estimular. Despabilar el entendimiento o los sentidos. Amolar, avivar, incitar.

¡ah! Interjección de pena, admiración o sorpresa.

ahebrado-a *adj.* Compuesto de partes en forma de hebras.

ahechar *tr.* Limpiar con harnero o criba el trigo u otras semillas.

ahelear *tr.* Poner amargo como la hiel. *Intr.* Saber a hiel.

aherrojar *tr.* Poner prisiones de hierro. Oprimir, subyugar. Encadenar.

aherrumbrar *tr. y r.* Dar color o sabor de hierro. Llenar de herrumbre.

ahí *adv.* En ese o a ese lugar. En esto o eso.

ahigado-a *adj.* Semejante al higo.

ahijado-a *adj. y s.* Cualquier persona respecto a sus padrinos. Protegido, defendido o garantizado por otro.

ahijar *tr.* Prohijar o adoptar al hijo de otro. Apadrinar. Procrear hijos.

ahilado-a *adj.* Delgado, flaco. Dícese del viento suave y continuo. Dícese de las plantas enfermas por falta de aire, agua o sol.

ahilar *Intr.* Formar hilera. Ir en fila. Andar solícito tras alguna cosa. Adelgazarse por alguna enfermedad. Debilitarse las plantas.

ahincar *tr.* Instar con ahínco. Darse prisa. Apremiar.

ahínco *m.* Eficacia, empeño o diligencia con que se hace o solicita algo. Afán, tesón.

ahitar *tr.* Causar ahíto. *R.* Comer con exceso.

ahíto-a *adj. y s.* Harto de comida o bebida. Cansado o enfadado de algo. Indigestión. Empachado, saciado.

ahoaquáhuitl *m.* En México, encino.

ahogadero-a *adj. y s.* Que ahoga o sofoca. Pera muy áspera. Sitio lleno de gente apretada, oprimida. Que sirve para ahogar o sofocar.

ahogar *tr. y r.* Matar impidiendo la respiración. Apagar o sofocar el fuego. Sumergir algo en el agua. Sentir sofocación. Carecer las plantas de suficiente espacio. Pararse el motor por defectuosa distribución del combustible.

ahogo *m.* Aprieto, congoja. Sofocación. Asma. Apremio, prisa. Estrechez, falta de recursos. Necesidad, opresión, asfixia.

ahoguío *m.* Opresión y fatiga en el pecho. Asma.

ahondar *tr.* Hacer más honda una cavidad o agujero. Excavar. Escudriñar lo más recóndito de un asunto. Penetrar, adentrar, investigar.

ahora *adv.* En este momento, en el tiempo presente. Poco tiempo ha. Dentro de poco. *Conj.* Ora, bien, ya.

ahorcado-a *adj. y s.* Persona ajusticiada en la horca. Persona en apuros.

ahorcar *tr.* Matar colgando a una persona por el cuello. Abandonar los estudios. Apurar a uno hasta el límite.

ahorita *adv. americ.* Conformidad a una petición o encargo. Ahora, poco ha, enseguida.

ahormar *tr.* Ajustar algo a su horma o molde. Poner en razón a alguien.

ahornagarse *r.* Abochornarse o abrasarse la tierra y sus frutos.

ahorquillar *tr.* Afianzar o atravesar con horquillas. Dar figura de horquilla.

ahorrar *tr. y r.* Cercenar y reservar parte del gasto ordinario. Evitar algún trabajo, riesgo o dificultad. Excusar, eludir, atesorar.

ahorro *m.* Acción de ahorrar. Lo que se ahorra. Economía en las actividades productivas o en el consumo.

ahoyar *intr.* Hacer hoyos.

ahuacaquáhuitl *m.* En México, el aguacate.

ahuautle *m.* En México, los huevos comestibles de algunos insectos hemípteros acuáticos. Mosco de los pájaros.

ahuchar *tr.* Guardar en hucha. Atesorar, acumular. Hacer economías.

ahuecar *tr.* Poner hueco o cóncavo. Mullir o ensanchar algo apretado o aplastado. Socavar, ahondar. Hablar con afectación y tono más grave que el natural. *Intr.* Marcharse de una reunión.

ahuehuete *m.* Arbol americano conífero, de madera semejante al ciprés, ornamental y maderable.

ahuesado-a *adj.* Parecido al hueso por su color o dureza.

ahuirón *m.* En México, achicoria.

ahuizote *m.* Mamífero carnicero mustélido acuático de México. Persona que molesta o fatiga en demasía.

ahulado-a *adj. americ.* Dícese de la tela o prenda impermeabilizada.

ahumadero *m.* Lugar donde se ahuma. Horno para ahumar carnes o pescados.

ahumado-a *adj.* De color sombrío. Secado al humo. Renegrido por el humo. *F.* Señal con humo. Cuadro ennegrecido para darle aspecto antiguo.

ahumar *tr.* Poner al humo. Llenar de humo. *Intr.* Echar o despedir humo. *R.* Tomar los guisos sabor a humo. Ennegrecerse con el humo. Enfadarse.

ahusado-a *adj.* De figura de huso.

ahusar *tr. y r.* Dar forma de huso. Irse adelgazando.

ahuyentar *tr.* Hacer huir. Desechar algo que moleste o aflija. Espantar, alejar.

ailanto *m.* Arbol terebintáceo, de hojas compuestas; maderable.

aillo *m.* Agregado social de individuos consanguíneos por línea materna, peculiar de las razas andinas.

aimará o aymará *adj. y s.* Indígena de la región andina peruana. Lengua de dichos indígenas.

aindiado-a *adj.* De color y facciones propias de los indios.

aindiarse *r.* Tomar aspecto, ademanes, modales y usos de los indios.

airado-a *adj.* Iracundo, encolerizado. Irritado, furioso. Depravado.

airar *tr.* y *r.* Irritar, hacer sentir ira. Viciarse, corromperse.

aire *m.* Fluido que forma la atmósfera de la Tierra. Viento. Apariencia o figura de las personas o cosas. Frivolidad o poca importancia de algo. Garbo, brío, gallardía. Canción.

aireación *f.* Acción y efecto de airear. Ventilación. Oxigenación de la sangre en los pulmones. Introducción de aire o gas en algún líquido.

airear *tr.* y *r.* Poner al aire o ventilar. Ponerse al aire para respirar o refrescarse con desahogo. Resfriarse con el aire.

airón *m.* Garza real. Penacho de plumas. Haz luminoso en las puntas de los conductores electrizados.

airoso-a *adj.* Tiempo o sitio de mucho aire. Garboso, gallardo. Dícese de quien lleva a cabo una empresa con lucimiento y éxito.

aislacionismo *m.* Tendencia política a evitar alianzas con otras naciones y a adquirir compromisos internacionales; concretamente, la de EE. UU. e Inglaterra con respecto a los asuntos europeos.

aislador-a *adj.* y *s.* Que aísla. Dícese de los cuerpos malos conductores de la electricidad o del calor, que se usan como soportes de los conductores de éstos.

aislar *tr.* y *r.* Circundar de agua. Dejar algo solo y separado. Retirar o retirarse del contacto o trato con otras personas. Apartar por medio de aisladores. Separar enfermos contagiosos.

¡ajá! Interjección de complacencia o aprobación.

ajada *f.* Salsa de pan, ajos machacados y sal.

ajar *tr.* y *r.* Maltratar o deslucir. Tratar mal para humillar.

ajedrea *f.* Planta labiada muy frondosa y olorosa; ornamental y medicinal.

ajedrez *m.* Juego entre dos personas, con 32 piezas, que se establece sobre un tablero de 64 escaques, hasta dar jaque mate al rey. Conjunto de las piezas de este juego.

ajedrezado-a *adj.* Que forma cuadros de dos colores, como los del tablero del ajedrez.

ajenjo *m.* Planta perenne compuesta; medicinal, muy amarga y algo olorosa. Licor alcohólico preparado con hojas de esta planta. Absenta. Hiel, acíbar. Disgustos y penas.

ajeno-a *adj.* Perteneciente a otro. Extraño. Libre de algo.

ajete *m.* Diminutivo de ajo. Ajo tierno. Salsa de ajo.

ajetrear *tr.* Cansar, fatigarse con trabajos y ocupaciones, o yendo y viniendo de una parte a otra.

ají *m.* Pimiento pequeño y picante.

ajimez *m.* Ventana arqueada dividida en el centro por una columna.

ajipuerro *m.* Puerro silvestre.

ajo *m.* Planta liliácea, cuyos bulbos se emplean como condimento.

ajobar *tr.* Llevar a cuestas.

ajobo *m.* Acción de ajobar. Carga que se lleva encima. Molestia, fatiga.

ajolote *m.* Anfibio urodelo salamándrido de los lagos mexicanos y de EE. UU.

ajonjolí *m.* Planta herbácea sesamácea, de semillas oleaginosas comestibles. Alegría, sésamo.

ajorca *f.* Argolla de adorno de las muñecas, brazos, garganta y tobillos de las mujeres. Brazalete, pulsera, manilla.

ajornalar *tr.* Contratar a jornal.

ajuar *m.* Conjunto de muebles, enseres y ropas de uso común en la casa. Conjunto de muebles, joyas y ropas que aporta la mujer al matrimonio.

ajudiado-a *adj.* Que se parece a los judíos.

ajustador-a *adj.* y *s.* Que ajusta. Operario que ajusta o amolda las piezas, o que distribuye en páginas la composición.

ajustar *tr.* y *r.* Hacer que algo case y venga justo con otro. Conformar, acomodar una cosa a otra. Arreglar, moderar. Pactar o convenir. Reconciliar. Concertar el precio de una cosa. Poner acordes varios instrumentos.

ajusticiar *tr.* Ejecutar al reo de muerte.

al Contracción de la preposición *a* y el artículo *el.*

ala *f.* Parte del cuerpo de algunos animales de que se sirven para volar. Hilera o fila. Parte inferior del sombrero. Alero. Parte u órgano que parece ala. Cada uno de los planos de sustentación de un vehículo aéreo. Parte lateral de un edificio o de un ejército. Costado, lado.

alabamio *m.* Elemento halógeno, de número atómico 85; símbolo Ab o Am.

alabanza *f.* Acción de alabar o alabarse. Expresión con que se alaba. Elogio, encomio, loa.

alabar *tr.* y *r.* Elogiar, celebrar con palabras. Jactarse, vanagloriarse. Ensalzar, realzar, envanecer.

alabarda *f.* Arma ofensiva en forma de lanza con cuchilla de media luna.

alabardado-a *adj.* De figura de alabarda. Dícese de la hoja alargada y triangular con dos lóbulos inferiores.

alabardero m. Soldado armado de alabarda. Guardia de honor de los reyes de España, cuya arma distintiva era la alabarda.

alabastro m. Piedra caliza traslúcida de color blanco lechoso. Vaso sin asas de dicha piedra en que se guardaban los perfumes.

álabe m. Rama combada hacia tierra. Paleta curva de la rueda hidráulica que recibe el impulso del agua.

alabeado-a adj. Dícese de la línea curva y de los polígonos cuyos elementos se hallan situados en distintos planos. Curvado, inclinado, encorvado.

alabear tr. Dar forma alabeada a una superficie. Torcerse o combarse la madera.

alacena f. Hueco en la pared, en forma de armario.

alacrán m. Arácnido con el abdomen muy prolongado y terminado por un gancho perforado, con el cual, picando, introduce una ponzoña irritante. Escorpión.

alacre adj. En México, dispuesto, ágil.

alacridad f. Alegría y presteza de ánimo para hacer alguna cosa.

aladar m. Porción de cabellos a cada lado de la cabeza, que cae sobre cada una de las sienes.

aladierna f. Arbusto ramnáceo perenne con fruto en drupa pequeña.

alado-a adj. Que tiene alas. Ligero, veloz. De figura de ala.

álaga f. Especie de trigo de grano largo y amarillento.

alajú m. Pasta de almendras, nueces o piñones, pan rallado y tostado, especia fina y miel bien cocida.

alalia f. Incapacidad de hablar por parálisis de los órganos fonadores.

alamar m. Presilla y botón, u ojal sobrepuesto, cosido a la orilla del vestido o capa. Cairel, guarnición a manera de fleco. Adorno de oro o de plata en los trajes de luces.

alambicado-a adj. Dado con escasez y poco a poco. Sutil. Afectado, rebuscado.

alambicar tr. Destilar. Examinar atentamente. Sutilizar excesivamente el lenguaje, estilo o conceptos. Reducir todo lo posible el precio.

alambique m. Aparato para destilar.

alambrado-a adj. Dícese de las cosas que tienen red de alambre. Dícese del hilo tieso y fuerte. M. Cerco de alambres.

alambrar tr. Cercar con alambre. Proveer de alambre eléctrico.

alambre m. Hilo metálico. Persona o cosa muy delgada.

alambrera f. Red de alambre. Cobertera de red de alambre.

alameda f. Sitio poblado de álamos. Por extensión, paseo con árboles.

alamín m. Oficial que contrastaba pesas y medidas. Juez de riegos.

álamo m. Árbol salicíneo de madera blanca y ligera muy resistente al agua.

alamparse r. Tener ansiedad por el logro de una cosa.

alancear tr. Dar lanzadas. Herir con lanza. Zaherir.

alano-a adj. Individuo de un pueblo germánico que llegó a España a principios de la Edad Media, donde se fusionó con otros pueblos. Raza de perros que es fama fue llevada a Europa por los alanos; es de gran alzada, fuerte y corpulento. Gran danés.

alantoide adj. En forma de embutido.

alar adj. Referente a las alas. Relativo a la axila. M. Alero, parte inferior del tejado.

alarabí adj. y s. Palabra con que los árabes designan a quienes, sin ser de su raza, viven y se aclimatan entre ellos.

alarbe o alárabe adj. y s. Árabe. Hombre inculto o brutal.

alarde m. Revista de soldados y de armas. Ostentación y gala de algo. Visita del juez a los presos. Relación de las causas de competencia del jurado.

alardear intr. Hacer alarde. Jactarse, alabarse, presumir.

alargamiento m. Acción y efecto de alargar o alargarse.

alargar tr. Dar más longitud a una cosa. Llevar más allá los límites. Estirar, prolongar una cosa. Alejar, desviar. Excederse.

alaria f. Chapa de hierro de los alfareros, para pulir y adornar.

alarido m. Grito de guerra de los moros. Grito lastimero.

alarife m. Arquitecto o maestro de obras. Albañil.

alarma f. Aviso o señal para prepararse a la defensa o al combate. Rebato. Inquietud, sobresalto.

alarmar tr. y r. Dar alarma. Asustar, sobresaltar. Avisar, prevenir.

alarmista com. Persona que hace cundir noticias alarmantes.

alauda f. Alondra.

alazán-a adj. Dícese del color más o menos rojo, o muy parecido al de la canela. Caballo o yegua de dicho color.

alazo m. Golpe que dan las aves con el ala.

alazor m. Planta compuesta, anua, con flores de color azafrán; tintórea y con semillas que sirven para cebar aves.

alba f. Primera luz del día antes de salir el Sol. Vestidura blanca para celebrar los oficios divinos. Madrugada, albada.

albacea m. Persona encargada de velar por el exacto cumplimiento de la voluntad del testador, administrar provisionalmente la herencia y representarla.

albacora f. Breva, primer fruto de la higuera. Pez escómbrido parecido al bonito.

albada f. Alborada.

albahaca f. Planta labiada anual de flores muy aromáticas; ornamental.

albaicín m. Barrio en cuesta.

albanega f. Cofia o red para recoger el cabello o cubrir la cabeza. Manga cónica de red para cazar.

albañal m. Cloaca. Depósito de inmundicias. Canal para dar salida a las aguas negras. Lo repugnante o inmundo.

albañil m. Maestro u oficial de albañilería.

albañilería f. Arte de construir edificios u obras. Obra de ladrillo, piedra, cal, arena, yeso, etc., según los casos.

albar adj. Blanco. M. Terreno de secano.

albarán m. Papel puesto en una casa en señal de que se alquila. Relación duplicada de entrega de mercancías.

albarda f. Pieza principal del aparejo de las caballerías de carga, a manera de almohadas sobre el lomo del animal. En México y Centroamérica, silla de montar de cuero crudo.

albardilla f. Silla para domar potros. Lana tupida que las reses lanares crían en el lomo. Almohadilla para diversos usos. Tejadillo que se pone sobre los muros.

albardín m. Mata esteparia muy parecida al esparto y con las mismas aplicaciones que éste.

albardón m. Especie de silla jineta con perilla saliente. En México, silla de montar, llana y sin borrenes. Porción de la base de una dentadura postiza que tiene menos de 14 dientes.

albarejo m. Trigo candeal de superior calidad.

albarelo m. Seta comestible que nace entre castaños y álamos blancos. Nombre de un bote de cerámica, llamado bote de farmacia.

albaricoque m. Drupa casi redonda asurcada, de almendra amarga; fruto del albaricoquero.

albaricoquero m. Árbol rosáceo de flores más precoces que sus hojas, cuyo fruto es el albaricoque; maderable y frutal.

albarizo-a adj. Blanquecino, dicho de los terrenos. Paño para secar los platos.

albarrada f. Pared de piedra seca. Cerca o valladar de tierra. Reparo.

albarrán adj. Mozo soltero dedicado al servicio agrícola. Decíase del que no tenía casa, domicilio o vecindad.

albarsa f. Canasta en que el pescador lleva su ropa y utensilios del oficio.

albatros m. Ave palmípeda de plumaje blanco, muy voraz y de vuelo prolongado. Alcatraz.

albayalde m. Carbonato básico de plomo; se usa en la preparación de pinturas y en Medicina para emplastos, pomadas, ungüentos. Blanco de plomo.

albazo m. Alborada, acción de guerra al amanecer. En México, festejo con música y canciones celebrado al amanecer.

albear tr. Blanquear. Tirar al blanco.

albedo m. Potencia reflectora de un cuerpo iluminado, especialmente de los astros. En Medicina, superficie de blanco destacado.

albedrío m. Potestad de obrar por reflexión y elección. Voluntad gobernada por el apetito, antojo o capricho. Libertad de ejecutar un acto o no.

albéitar m. Veterinario.

alberca f. Depósito artificial de agua con muros de fábrica.

albérchigo m. Fruto del alberchiguero, de carne recia y jugosa. En México, durazno.

alberchiguero m. Variedad del melocotonero.

albergar tr. Dar albergue u hospedaje. Amparar, defender. Intr. Tomar albergue. Hospedar, cobijar, acoger.

albergue m. Lugar de hospedaje. Cueva donde se recogen los animales, en especial las fieras. Asilo.

albiar m. Variedad de naranjo. Narciso.

albicie f. Blancura.

albigense adj. Natural o perteneciente a la ciudad francesa de Albi. Dícese de ciertos herejes que, en los siglos XII y XIII, condenaban el uso de los sacramentos, el culto externo y la jerarquía eclesiástica. Su centro principal fue Albi.

albinismo m. Calidad de albino. Despigmentación de la piel.

albino-a adj. De piel falta de pigmentación negra u oscura.

albo-a adj. Blanco. En México, caballería de extremidades blancas.

albohol m. Sahumerio. Semilla de la amapola.

albóndiga f. Bola de carne o de pescado y trabada con ralladuras de pan, huevos batidos y especias; se come guisada o frita.

albor m. Albura, blancura perfecta. Luz del alba. Pl. Comienzo de una cosa. Infancia, juventud.

alborada *f.* Tiempo de amanecer o rayar el día. Acción de guerra al amanecer. Composición poética o musical destinada a cantar la mañana. En México, mañanitas.

alborear *intr.* Amanecer o rayar el día. Clarear.

albornoz *m.* Tela de estambre torcido y fuerte a modo de cordoncillo. Capa con capucha de los árabes hecha con esta tela. Bata de baño.

alborotado-a *adj.* Que obra precipitadamente y sin reflexión. Revuelto, enmarañado. Atolondrado, inquieto. Dícese del mar agitado.

alborotar *tr.* y *r.* Inquietar, conmover, perturbar. Amotinar, sublevar. *Intr.* Causar alboroto. Encresparse el mar.

alboroto *m.* Vocerío o estrépito causado por varias personas. Desorden, tumulto. Asonada, motín. Sobresalto, inquietud, zozobra. En México, placer o alegría extraordinarios.

alborozar *tr.* y *r.* Causar gran alegría o gozo.

alborozo *m.* Regocijo, placer o alegría grandes. Gozo, júbilo.

albortante *m.* En México, candelero que se fija en la pared.

albricias *f. pl.* Regalo que se da por alguna buena noticia. El que se da o se pide con motivo de un fausto suceso. Expresión de júbilo.

albufera *f.* Laguna litoral o estero separado del mar por un cordón litoral o restinga abierto por una o más bocas.

albugíneo-a *adj.* Enteramente blanco. De aspecto de clara de huevo.

albugo *m.* Mancha blanca en la córnea o en las uñas.

álbum *m.* Libro en blanco, más o menos lujoso, para coleccionar firmas, fotografías, recuerdos, máximas o pensamientos, timbres, etc.

albumen *m.* Tejido de reserva de las semillas.

albúmina *f.* Proteína incolora, compuesta de carbono, hidrógeno, nitrógeno o azufre, que se encuentra en muchos líquidos y tejidos animales y vegetales. Prótido.

albuminemia *f.* Exceso de albúmina en la sangre.

albuminuria *f.* Presencia de albúmina en la orina.

albur *m.* Contingencia a que se fía el resultado de una empresa. En México, retruécano, equívoco.

albura *f.* Blancura perfecta. Clara del huevo. Capa blanquecina de leño joven, situada debajo de la corteza.

alburno *m.* Albura, capa del tallo de los vegetales.

alca *f.* Género de aves caradriformes de los mares septentrionales.

alcabala *f.* Tributo al fisco por los contratos de compraventa o de permuta. Impuesto, tributo, contribución, en general.

alcacel o alcacer *m.* Cebada verde en hierba.

alcachofa *f.* Planta hortense compuesta, de cabezuela comestible.

alcachofado-a *adj.* De figura de alcachofa. Guisado compuesto con alcachofas.

alcahaz *m.* Jaula grande para encerrar aves.

alcahuete-a *m.* y *f.* Persona que facilita o encubre amores ilícitos. Proxeneta, celestina. Ocultador de cosas robadas o de delincuentes.

alcaide *m.* Guardián de un castillo o fortaleza. Encargado de la custodia y buen orden de una cárcel.

alcaldada *f.* Acción imprudente o inconsiderada de un alcalde abusando de su autoridad. Por extensión, abuso cometido por cualquier autoridad.

alcalde *m.* Presidente municipal. *Fem.* Alcaldesa.

alcaldía *f.* Oficio o cargo de alcalde. Territorio de su jurisdicción. Oficina del alcalde.

alcalescente *adj.* Con tendencia a la alcalinidad.

álcali *m.* Nombre de los hidróxidos metálicos, preferentemente a los de sodio y de potasio. En sentido amplio, la cal, la barita y los carbonatos de sodio y de amonio.

alcalinidad *f.* Calidad de los álcalis, que los contiene, o que participa de sus propiedades.

alcaloide *m.* Nombre de las bases orgánicas de composición compleja, que se elaboran en las plantas o en los animales, dotadas de enérgica acción fisiológica.

alcalosis *f.* Acumulación excesiva de álcali en los líquidos orgánicos.

alcana *f.* Alheña, planta olácea. Planta borraginácea de raíz tintórea.

alcance *m.* Seguimiento, persecución. Acción y efecto de alcanzar. Distancia a que llega el brazo, o un tiro. Saldo deudor. Noticia de última hora. Capacidad o talento. Trascendencia, resultado y consecuencias de una obra.

alcancía *f.* Vasija cerrada y con hendidura para depositar en ella los pequeños ahorros. Hucha.

alcándara *f.* Percha para las aves de cetrería o donde se colgaba la ropa.

alcandora *f.* Hoguera o iluminación que se usaba para hacer señales.

alcanfor *m.* Sustancia cristalina, volátil, de sabor urente, de gran importancia industrial y medicinal. Se obtiene del alcanforero y también químicamente.

alcanforero *m.* Árbol lauráceo de corteza rugosa y madera muy compacta de la que se obtiene por sublimación el alcanfor.

alcantarilla *f.* Puentecillo para que por debajo pasen las aguas u otra vía de comunicación. Acueducto subterráneo para llevar las aguas llovedizas o inmundas. Cloaca.

alcantarillado *m.* Conjunto de alcantarillas. Red de saneamiento o desagüe por medio de alcantarillas.

alcanzar *tr.* Llegar a juntarse con una persona o cosa que va delante. Llegar a tocar o tomar. Percibir con los sentidos. Llegar a cierta edad o tiempo. Tener poder o virtud para alguna cosa. Llegar a igualarse. Caber a uno una parte de algo. Ser suficiente para algún fin.

alcaparra *f.* Arbusto ramoso de tallo espinoso. Botón floral de esta planta usado como condimento y entremés.

alcaparrón *m.* Fruto de la alcaparra; se come encurtido.

alcaraván *m.* Ave caradriforme de patas largas y robustas, de hábitos crepusculares y nocturnos.

alcaravea *f.* Planta umbelífera anua de fruto aromático condimental, usado también en farmacia.

alcarraza *f.* Vasija de arcilla poco cocida para conservar fresca el agua.

alcarria *f.* Terreno alto, raso y de poca hierba.

alcatifa *f.* Tapete o alfombra fina. Broza o relleno que se echa antes de enladrillar o techar.

alcatraz *m.* Pelícano americano. Alcartaz. Cucurucho. Planta arácea con fruto acre, medicinal.

alcaudón *m.* Pájaro carnívoro de cetrería, de pico fuerte dentellado y ganchudo.

alcayata *f.* Escarpia, clavo con cabeza acodillada.

alcazaba *f.* Recinto fortificado dentro de una población murada. Ciudadela.

alcázar *m.* Fortaleza, recinto fortificado. Palacio real. Parte de la cubierta entre el palo mayor y la entrada de la cámara alta o la popa.

alce *m.* Anta, cérvido de los países del Norte.

alcedo, alcedón o **alción** *m.* Martín pescador.

alcidión *m.* Variedad de clavel de hojas festoneadas.

alcista *m.* Persona que juega al alza de valores cotizables.

alcoba *f.* Aposento para dormir.

alcohol *m.* Polvo finísimo para ennegrecerse las mujeres los párpados, pestañas y pelo, a base de negro de humo perfumado. Denominación genérica de los compuestos orgánicos ternarios de carbono, hidrógeno y oxígeno; es un líquido diáfano, incoloro, inflamable y de olor fuerte. Galena.

alcohólico-a *adj.* Que contiene alcohol o se refiere a él. Persona que padece alcoholismo.

alcoholímetro *m.* Aerómetro para medir la cantidad de alcohol en un líquido.

alcoholismo *m.* Abuso de bebidas alcohólicas. Enfermedad ocasionada por tal abuso.

alcoholizar *tr.* Echar alcohol en otro líquido. Tratar con alcohol. *R.* Acostumbrarse a las bebidas alcohólicas.

alcor *m.* Colina o collado.

alcorán o **corán** *m.* Libro sagrado de los mahometanos.

alcornoque *m.* Arbol cupulífero siempre verde, de madera durísima y corteza muy gruesa y fofa llamada corcho. Persona ignorante y zafia.

alcorza *f.* Pasta muy blanca de azúcar y almidón con que se recubren varias especies de dulces y pasteles. Persona muy fina.

alcotán *m.* Ave falcónida rapaz diurna, semejante al halcón.

alcudia *f.* Collado, cerrillo.

alcurnia *f.* Ascendencia, linaje. Abolengo, prosapia.

alcuza *f.* Recipiente para el aceite de uso diario.

aldaba *f.* Pieza metálica en las puertas para llamar con ella. Barreta de metal o travesaño con que se aseguran postigos y puertas. Pieza metálica fija en la pared para atar de ella una caballería.

aldabada *f.* Golpe dado con la aldaba.

aldabilla *f.* Gancho metálico que, al entrar en una hembrilla, cierra puertas, ventanas, cofres, cajas, etc.

aldea *f.* Pueblo de escaso vecindario y, por lo común, sin jurisdicción propia.

aldeano-a *adj. y s.* Natural, perteneciente o relativo a la aldea. Persona inculta, rústica. Lugareño.

aldehído *m.* Cuerpo derivado del alcohol por eliminación de hidrógeno.

aleación *f.* Acción y efecto de alear metales. Fundición obtenida en mezcla íntima de metales.

alear *tr.* Mezclar dos o más metales fundiéndolos. Mover las alas Aspirar a una cosa con afán.

aleccionar *tr.* Instruir, amaestrar, enseñar, adiestrar.

alectrimorfo-a *adj.* Dícese de las aves que se asemejan al gallo o gallina.

aledaño-a *adj.* Confinante, lindante. *Pl.* Confín, término, límite.

alefato *m.* Nombre del alfabeto hebreo.

alegación *f.* Acción de alegar. Escrito en que el demandante fundamenta su derecho. En México, Puerto Rico y Argentina, porfía, disputa, defensa oral.

alegar *tr.* Citar en favor de una opinión, hechos, leyes, disposiciones, dichos, etc. Exponer méritos o servicios para fundar alguna pretensión. Altercar, disputar.

alegato *m.* Escrito de alegaciones. Razonamiento, exposición de méritos o motivos.

alegoría *f.* Ficción consistente en representar una cosa por medio de otra. Obra artística de sentido alegórico. Representación simbólica de ideas abstractas. Metáfora continuada.

alegórico-a *adj.* Perteneciente a la alegoría.

alegrar *tr.* Causar alegría. Avivar, hermosear. *R.* Recibir o sentir alegría. Alborozar, regocijarse.

alegre *adj.* Poseído o lleno de alegría. Que la denota o la ocasiona. Dícese de los colores vivos. Excitado por haber bebido vino u otros licores con exceso. Divertido, jovial, festivo.

alegría *f.* Sentimiento de regocijo y satisfacción. Estado de quien se ha excedido en las bebidas alcohólicas. Ajonjolí.

alegrón *m.* Alegría intensa y repentina. Noticia inesperada y muy favorable. En México, cosecha de cacao recogida de octubre a diciembre.

alejamiento *m.* Acción y efecto de alejar o alejarse.

alejandrino-a *adj.* Natural de Alejandría o perteneciente a dicha ciudad de Egipto. Verso de 14 sílabas dividido en dos hemistiquios.

alejar *tr. y r.* Poner lejos o más lejos. Separar, desviar. En Pintura, dar profundidad a lo lejano; hacer huir los últimos términos.

alelar *tr. y r.* Poner lelo. Aturdir, perturbar los sentidos.

aleluya *m.* Voz hebrea que usa la Iglesia en demostración de júbilo, en especial en tiempos de Pascua. Planta malvácea condimental. Planta oxalídea perenne que florece por Pascua.

alemán-a *adj. y s.* Natural de o perteneciente a Alemania. Idioma alemán. Germano, tudesco, teutón.

alentar *tr.* Animar, infundir aliento. *R.* Excitar, exhortar. *Intr.* Respirar, cobrar aliento.

alepín *m.* Tela muy fina de lana.

alerce *m.* Nombre de varios árboles coníferos subalpinos, ornamentales, maderables y resinosos.

alergia *f.* Extremada sensibilidad del organismo humano para determinadas sustancias, inofensivas para la mayoría de las personas.

alérgico-a *adj.* Relativo a la alergia, de su naturaleza o que la padece.

alero *m.* Parte inferior del tejado que sale fuera de la pared. Ala de los carruajes para preservar de las salpicaduras.

alerón *m.* Parte móvil de las alas de un aeroplano que completa la función del timón.

alerta *adv.* Con vigilancia y atención. *Interj.* para excitar la vigilancia y atención.

alertar *tr.* Poner alerta.

alerto-a *adj.* Cuidadoso, vigilante.

alesnado-a *adj.* Puntiagudo a manera de lesna.

aleta *f.* Membrana externa de los peces con que se ayudan para nadar. Madero corvo para formar la popa de un buque.

aletargar *tr. y r.* Causar letargo o padecerlo. Amodorrar, adormecer.

aletazo *m.* Golpe de ala o de aleta.

aletear *intr.* Mover las alas las aves pero sin echar a volar. Mover las aletas los peces cuando se les saca del agua. Mover los brazos a manera de alas para tomar aliento o cobrar fuerzas.

aleteo *m.* Acción de aletear. Palpitación acelerada y violenta del corazón.

aleucia *f.* Falta de leucocitos en la sangre.

aleurometría *f.* Medición del gluten de la harina.

aleve *adj. y s.* Alevoso. Desleal, infiel, pérfido.

alevín *m.* Cría de pez, o pececillo joven que se echa a los estanques o ríos para repoblarlos.

alevosía *f.* Cautela para asegurar la impunidad del delito; es circunstancia agravante. Traición, perfidia.

alevoso-a *adj.* Que comete alevosía o se hace con ella. Aleve, pérfido.

aleya *f.* Versículo del Corán.

alezo *m.* Sábana con varios dobleces para proteger el lecho de un enfermo y evitar que lo ensucie. Faja ancha de lienzo con que se sujeta el vientre a la mujer que acaba de dar a luz.

alfa *f.* Primera letra del alfabeto griego. Nombre aplicado a la estrella más luminosa de cada constelación.

alfabetizar *tr.* Ordenar alfabéticamente. *Americ.* Enseñar a leer y escribir a los analfabetos.

alfabeto *m.* Serie ordenada de los signos gráficos que representan en cada idioma los sonidos articulados.

alfaide *f.* Marea viva.

alfalfa *f.* Mielga común que se cultiva para forraje. Nombre de varias leguminosas herbáceas para forraje.

alfalfar *m.* Tierra sembrada de alfalfa.

alfaneque m. Ave rapaz, variedad del halcón, que se empleaba en cetrería. Aguililla, cernícalo.

alfanje m. Sable corto y corvo con filo sólo por una parte y por las dos en la punta. En México, el machete de los agricultores.

alfaque m. Banco de arena en la desembocadura de los ríos.

alfaquí m. Doctor o sabio de la ley, entre los mahometanos.

alfar m. Obrador de alfarero. Arcilla.

alfarda f. Adorno que usaban las mujeres. Par de una armadura.

alfarería f. Arte de fabricar vasijas de barro. Alfar. Puesto o tienda en que se venden dichas vasijas. Producto de la industria del alfarero.

alfarero m. Fabricante de productos o vasijas de barro.

afarje m. Artefacto que en los molinos de aceite sirve para moler la aceituna antes de exprimirla en la prensa.

alfayate m. Sastre.

alféizar m. Vuelta que hace la pared en el corte de una puerta o ventana, dejando al descubierto el grueso del muro. Tablilla de reborde a una ventana.

alfeñique m. Pasta de azúcar cocida y estirada en barras delgadas y retorcidas. Persona delicada de cuerpo y complexión. Remilgo, afeite.

alférez m. Oficial abanderado. Subteniente.

alfil m. Pieza grande del juego de ajedrez que se mueve diagonalmente.

alfiler m. Clavillo metálico con más o menos adornos para prender o sujetar. Pl. Dinero para costear el adorno de una persona.

alfilerazo m. Punzada de alfiler. Mirada provocativa. Indirecta, ironía.

alfiletero m. Cañuto para guardar alfileres y agujas.

alfombra f. Tejido más o menos grueso y de varios dibujos y colores con que se cubren los pisos de las habitaciones y pasillos, para abrigo y adorno. Conjunto de cosas que cubren el suelo.

alfombrado-a adj. Cubierto con alfombra. Conjunto de alfombras.

alfombrilla f. Erupción cutánea parecida al sarampión o a la escarlatina.

alfóncigo m. Arbol terebintáceo; se cultiva por sus almendras oleaginosas comestibles y por su resina llamada almáciga.

alforfón m. Planta poligonácea, de flores en racimo y semillas harinosas.

alforja f. Especie de talega con dos grandes bolsas en sus extremos. Provisión de comestibles para el camino. Bolsa, bolsillo.

alfoz amb. Arrabal de algún distrito municipal. Paso estrecho en los montes fragosos o encumbrados.

alga f. Planta acuática criptógama, con tallos en forma de cinta o filamentos, sin fibras ni vasos, pero con clorofila.

algáceo-a adj. Semejante a las algas.

algaida f. Médano.

algalia f. Sustancia untuosa de olor fuerte y sabor acre que se saca de la bolsa del gato de algalia; úsase en Perfumería. Nombre que se da a diversos animales vivérridos del sur de Asia e Indias Orientales. Planta malvácea con semilla de olor almizcleño. Tienta encorvada para operaciones en la vejiga urinaria.

algarabía f. La lengua árabe. Lengua o escritura ininteligible. Gritería confusa, enredo, maraña.

algarada f. Tropa de a caballo que recorría y robaba en tierra enemiga. Vocerío grande, tumulto.

algarroba f. Planta leguminosa anua, de fruto comestible para los animales. Arveja. Fruto del algarrobo.

algarrobo m. Arbol leguminoso de ramas tortuosas y fruto en vainas comestibles; maderable, de hojas y corteza curtientes.

algazara f. Ruido, gritería, bullicio, estrépito.

álgebra f. Parte de las Matemáticas que simplifica y generaliza el cálculo numérico.

algesia f. Sensibilidad al dolor. Hiperestesia.

algidez f. Enfriamiento de las extremidades o de la piel del tronco, con sensación de frío.

álgido-a adj. Muy frío. Culminante, crítico, grave. Glacial.

algo pron. indef. Alguna cosa. Adv. Un poco. Algún tanto.

algodón m. Copo de fibras blandas que reviste las semillas del algodonero. Hilado o tejido hecho de esta fibra. Linón. Manta. Planta malvácea vivaz, cuyo fruto es una cápsula con 15 ó 20 semillas envueltas en una borra muy larga.

algodonero-a adj. Relativo al algodón. M. Nombre genérico de plantas malváceas con fruto en cápsula envuelta por abundante borra de fibras largas que constituye el algodón.

algodonoso-a adj. Recubierto de borra o pelusa. Que contiene o se parece al algodón.

algonquino-a adj. y s. Indígena norteamericano de una de las más importantes familias, de gran dispersión territorial.

algoritmia *f.* Ciencia del cálculo aritmético y algebraico; teoría de los números.

alguacil *m.* Oficial inferior de justicia, ejecutor de las órdenes del tribunal al que sirve.

alguacilillo *m.* Jinete que precede a la cuadrilla en la plaza de toros; recibe del presidente las llaves del toril y queda luego a sus órdenes durante la corrida.

alguate *f.* En México, espina pequeña de algunos frutos y plantas.

alguien *pron.* Significa a persona indeterminada que no se nombra.

algún *adj. indef.* Apócope de alguno; se usa antepuesto a nombres masculinos.

alguno-a *adj. indef.* Aplícase a personas o cosas con respecto a varias o muchas. Ni poco ni mucho. bastante. *Pronom. indef.* Alguien.

alhaja *f.* Joya. Adorno o mueble precioso. Cosa de mucho valor o estima. Persona o animal de mucha valía; a veces, irónicamente.

alhajar *tr.* Adornar con alhajas. Amueblar.

alharaca *f.* Excesiva demostración de algún afecto y por poco motivo.

alhelí o alelí *m.* Planta crucífera olorosa y ornamental.

alheña *f.* Arbusto oleáceo, de flores olorosas en racimo, y hojas tintóreas.

alhóndiga *f.* Casa pública para la compra y venta del trigo u otros granos, comestibles o mercaderías. Pósito.

alhucema *f.* Espliego.

aliado-a *adj.* Persona o país coligado con otro.

aliaga *f.* Aulaga.

alianza *f.* Acción de aliarse dos o más personas, gobiernos o naciones. Pacto o convención. Liga, coalición. Parentesco contraído por casamiento. Anillo nupcial.

aliar *tr. y r.* Ponerse de acuerdo para un fin común. Unirse o coligarse, en virtud de tratado explícito o tácito.

aliaria *f.* Planta crucífera de tallos duros y ramosos y por fruto una vainilla con simientes condimenticias; despide olor a ajo.

alias *adv. latino.* De otro modo, por otro nombre. Apodo.

alible *adj.* Capaz de alimentar. Parte del alimento asimilado por el organismo.

álica *f.* Poleadas o puches de espelta.

alicaído-a *adj.* Caído de alas. Débil, falto de fuerzas. Triste y desanimado. Abatido, mustio.

alicántara *f.* Víbora venenosa, llamada también alicante; en México, zincuate.

alicante *m.* Variedad de turrón, de vid y de vino, propios de esa provincia española.

alicario-a *adj.* Propio de la espelta. Molino o recipiente para la espelta.

alicatado *m.* Obra de azulejos, en especial de estilo árabe.

alicatar *tr.* Azulejar. Cortar o raer los azulejos para darles la forma conveniente.

alicates *m. pl.* Tenacillas de acero.

aliciente *m.* Atractivo o incentivo. Acicate, estímulo.

alicortar *tr.* Cortar las alas. Herir a las aves las alas para impedirles volar. Cortar las alas, pretensiones o vuelos a uno.

alicuanto-a *adj.* Cualquiera de las partes de un todo. Que no divide exactamente un todo. El menor de dos números primos.

alícuota *adj.* Dícese de la parte que divide exactamente un todo.

alidada *f.* Regla fija o móvil con pínula o anteojo en cada extremo de algunos instrumentos topográficos, que sirve para dirigir visuales. Brazo en que va fijo el nonio.

alienación *f.* Acción de alienar o alienarse. Enajenación. Locura.

alienado-a *adj.* Embelesado. Enajenado. Loco, demente, perturbado.

alienígena *adj. y s.* Extranjero.

alienista *adj. y s.* Médico especialista en enfermedades mentales. Psiquiatra.

aliento *m.* Acción y efecto de alentar. Respiración. Vigor del ánimo. Soplo. Emanación, exhalación.

alifafe *m.* Achaque generalmente leve. Tumor sinovial en los corvejones de las caballerías.

aligación *f.* Ligazón, trabazón de una cosa con otra.

aligátor *m.* Caimán o cocodrilo americano.

aligerar *tr.* Hacer ligero o menos pasado. Abreviar, acelerar. Moderar, templar. Apresurar, avivar.

alígero-a *adj.* Alado. Rápido, veloz, muy ligero.

alijar *tr.* Aligerar, aliviar la carga de una embarcación o desembarcarla toda. Transbordar o echar en tierra géneros de contrabando. Separar la borra de la simiente del algodón.

alijar *tr.* Lijar, pulir con lima.

alijo *m.* Acción de alijar. Conjunto de géneros de contrabando.

alimaña *f.* Animal. Irracional. Animal perjudicial a la caza menor.

alimentación *f.* Acción y efecto de alimentar o alimentarse. Conjunto de alimentos o víveres. Nutrición.

alimentador-a *adj. y s.* Que alimenta. Conductor, canal o cauce que transmite energía eléctrica, agua o radiaciones.

alimentar *tr.* y *r.* Dar o tomar alimento. Sustentar. Suministrar a una máquina la materia que necesita para seguir funcionando. Sostener y fomentar ciertos vicios, virtudes, pasiones o afectos. Nutrir. Sostener.

alimenticio-a *adj.* Que alimenta o tiene la propiedad de alimentar.

alimento *m.* Sustancia que nutre el organismo. Sostén, pábulo, fomento. *Pl.* Lo que se suministra a una persona para atender a su subsistencia.

alimón *adv.* Al alimón. Torear dos toreros con el mismo capote, tomando cada uno un extremo de aquél.

alindar *tr.* Poner o señalar los lindes a una heredad. Cuidar del ganado mientras pasta. *Intr.* Lindar.

alindar *tr.* y *r.* Poner lindo o hermoso. Embellecer.

alineación *f.* Acción y efecto de alinear o alinearse. Posición en línea recta. Igualdad que deben tener las líneas de una composición.

alinear *tr.* Poner en línea recta. Disponer los buques en línea de combate.

aliñar *tr.* Aderezar, componer, adornar. Condimentar o sazonar los manjares.

aliquando *adv. latino.* Alguna vez. De vez en cuando. De tarde en tarde.

aliquebrado-a *adj.* Con las alas quebradas. Alicaído, triste, decaído.

alisar *tr.* Poner lisa alguna cosa. Arreglar el cabello ligeramente. Pulir, bruñir, cepillar. Planchar ligeramente la ropa.

alisios *m. pl.* Vientos constantes de la zona tórrida al nordeste o al sudeste, según el hemisferio.

alisma *f.* Planta alismácea de los terrenos pantanosos. Llantén de agua.

alismáceo-a *adj.* Dícese de las plantas monocotiledóneas acuáticas, con rizoma feculento, flores en racimo y frutos secos.

aliso *m.* Arbol betuláceo de terrenos húmedos, de madera para ebanistería.

alistado-a *adj.* Sentado en lista. Listado.

alistar *tr.* y *r.* Inscribir o inscribirse en una lista. Sentar plaza en la milicia. Matricular, enrolar.

alistar *tr.* y *r.* Prevenir, aprontar, aparejar, disponer.

aliteración *f.* Empleo de vocablos en que se repite un mismo sonido.

aliviar *tr.* y *r.* Aligerar, hacer menos pesado. Disminuir o mitigar la enfermedad, las fatigas o aflicciones. Acelerar o alargar el paso. Moderar, templar, atenuar.

alizar *m.* Cinta o friso de azulejos.

aljaba *f.* Caja portátil para flechas.

aljama *f.* Junta de moros o judíos. Mezquita. Sinagoga. Morería o judería.

aljamía *f.* Nombre que daban los árabes a la lengua castellana. Escrito castellano con caracteres arábigos.

aljez *m.* Mineral de yeso.

aljibe *m.* Cisterna. Dícese de la bóveda por arista. Barco que suministra agua o petróleo a otras embarcaciones. Caja para el agua del buque.

aljófar *m.* Perla pequeña de figura irregular. Conjunto de ellas.

alma *f.* Sustancia espiritual que informa y anima el cuerpo humano. Persona, individuo. Parte principal de una cosa. Viveza, espíritu, energía. En las armas de fuego, el hueco del cañón. Anima.

almacén *m.* Edificio en que se guarda toda clase de géneros. Abacería.

almacenaje *m.* Derecho que se paga por guardar mercancías en un almacén o depósito.

almacenamiento *m.* Acción y efecto de almacenar.

almacenar *tr.* Poner o guardar en almacén. Reunir o guardar muchas cosas. Apiñarse, aglomerarse. Acumular, allegar.

almáciga *f.* Resina clara que por incisión se extrae de la corteza de una variedad de lentisco. Engrudo para asegurar los injertos. Sitio donde se siembran las semillas para trasplantarlas después.

almácigo *m.* Lentisco.

almádana o **almádena** *f.* Mazo de hierro con mango largo para romper piedras.

almadía o **armadía** *f.* Canoa o balsa de la India.

almadraba *f.* Pesca de atunes. Red para pescarlos y sitio en que se pescan.

almadreña *f.* Zueco, zapato de madera de una pieza.

almagesto *m.* Antiguo libro de Astronomía.

almagre *m.* Óxido rojo de hierro, más o menos arcilloso. Ocre rojo.

almanaque *m.* Calendario con datos astronómicos, noticias sobre santos, festividades religiosas y civiles, etc.

almarada *f.* Punzón de tres aristas y sin corte. Aguja grande de los alpargateros.

almarjo *m.* Cualquier planta que da barrilla, y la barrilla que de ella se obtiene.

almártaga *f.* Litargirio.

almástica o **almástiga** *f.* Almáciga, resina.

almazara *f.* Molino de aceite. Depósito para conservarlo.

almazarrón *m.* Almagre.

almea /. Danzarina oriental. Azúmbar, planta alismácea. Bálsamo del estoraque.

almeja /. Molusco acéfalo bivalvo de carne comestible.

almena /. Cada uno de los prismas que coronan los muros de las antiguas fortalezas.

almenar m. Pie de hierro donde se clavaban teas para el alumbrado.

almenara /. Fuego en atalayas o torres, para dar aviso de algo. Candelero con varios candiles. Obra en el cauce de un canal para dar salida al agua.

almendra /. Fruto del almendro. Semilla carnosa de cualquier fruto drupáceo.

almendrado-a adj. Adornado con molduras en forma de almendras. De figura de almendra. Pasta hecha con almendras, harina y azúcar o miel.

almendrilla /. Lima rematada en figura de almendra que usan los cerrajeros. Piedra machacada para firmes y conglomerados.

almendro m. Nombre de varios árboles amigdaláceos, con flores más precoces que las hojas y fruto en drupa vellosa, la almendra.

almete m. Pieza de la armadura antigua que cubría la cabeza. Yelmo pequeño.

almez m. Arbol ulmáceo de fruto en drupa astringente; maderable.

almeza /. Fruto del almez, drupa astringente comestible.

almiar m. Pajar al descubierto, pero protegido con ramaje.

almíbar m. Azúcar disuelto en agua y espesado al fuego hasta adquirir consistencia de jarabe. Jugo muy dulce de ciertos frutos.

almibarado-a adj. Cubierto con almíbar. Confitado, azucarado. Excesivamente meloso.

almidón m. Fécula blanca y suave al tacto que se extrae principalmente de las semillas de varios cereales.

almidonar tr. Mojar la ropa blanca en almidón desleído en agua.

almila m. Horno de alfarero.

almilla /. Jubón ajustado al cuerpo.

almimbar m. Púlpito de las mezquitas.

alminar m. Torre de las mezquitas desde cuya altura se convoca a los mahometanos a oración.

almirantazgo m. Alto tribunal o consejo de la armada. Dignidad y jurisdicción del almirante.

almirante m. Oficial general, jefe supremo de la armada.

almirez m. Mortero de metal, pequeño y portátil.

almizcle m. Sustancia odorífera, untuosa, de sabor amargo que se saca de la bolsa del almizclero; usada en Medicina y perfumería.

almizclero m. Animal rumiante que en el vientre tiene una especie de bolsa en que segrega el almizcle.

almo-a adj. Creador, vivificador. Santo, venerable.

almocafre m. Instrumento para escarbar y limpiar la tierra.

almodrote m. Salsa de aceite, ajos, queso y otras cosas. Mezcla.

almófar m. Especie de cofia de malla de la armadura antigua.

almogávar m. Soldado de la milicia antigua, diestro y aguerrido para correrías por tierras enemigas.

almohada /. Colchoncillo para reclinar sobre él la cabeza o para sentarse; su funda.

almohade m. Islamita fanático de los siglos XII y XIII.

almohadilla /. Cojincillo. Relleno de algunos vestidos. Acerico. Resalto de un sillar.

almohadillado-a adj. Que tiene almohadillas. M. Parte saliente del paramento de un muro para recibir adornos o formar tableros.

almohaza /. Instrumento dentado para limpiar las caballerías.

almojarife m. Antiguo oficial recaudador y tesorero del rey.

almoneda /. Venta de bienes en pública subasta, o a bajo precio.

almorávid m. Individuo de una belicosa tribu mora del Atlas.

almorrana /. Tumorcillo sanguíneo en la parte exterior del ano o en la extremidad del intestino recto. Hemorroide.

almorta /. Planta leguminosa anua. Semilla de esta planta. Guija.

almorzada /. Porción de algo que cabe en el hueco de las dos manos juntas. En México, almuerzo.

almorzar intr. Tomar el almuerzo.

almud m. Medida antigua para áridos, de 4.5 a 11 l.

almuecín o **almuédano** m. Mahometano que desde el alminar convoca en voz alta a la oración de los fieles.

almuerzo m. Comida que se toma por la mañana.

alnado-a m. y /. Hijastro, hijastra.

¡aló! Expresión procedente del francés que significa ¡hola! y con la que se suele iniciar una conversación por teléfono, o para llamar la atención o para saludar a alguien.

alocado-a adj. Que tiene cosas de loco o lo parece. Dícese de las acciones que revelan poca cordura. Aturdido, atolondrado, audaz.

alocroísmo m. Cambio de color.

alocución /. Discurso breve dirigido por un superior a sus inferiores, secuaces o súbditos.

alodial adj. Dícese de las heredades o patrimonios libres de toda carga.

30

áloe *m.* Planta liliácea perenne de cuyas hojas se extrae un jugo muy amargo llamado acíbar o áloe.

alógeno-a *adj.* De diferente raza.

aloja *f.* Bebida compuesta de agua, miel y especias. Chicha.

alojado-a *adj. y s* Hospedado. Militar con hospedaje gratuito por disposición de la autoridad. En México, Chile y Ecuador, huésped.

alojamiento *m.* Acción y efecto de alojar o alojarse. Lugar donde se recibe hospedaje. Hospedaje gratuito que se da a la tropa.

alojar *tr. y r.* Hospedar, aposentar. Dar alojamiento a la tropa. Colocar una cosa dentro de otra. Situarse las tropas en algún punto.

alomar *tr.* Arar la tierra de modo que forme lomos. Encogerse el caballo de los lomos.

alón *m.* Ala entera del ave sin las plumas.

alondra *f.* Pájaro aláudido cantor.

alongar *tr. y r.* Alargar, dar mayor longitud a algo. Prolongar, hacer que dure más. Alejar, prorrogar.

alónimo-a *adj.* Dícese de las obras publicadas a nombre de persona distinta del autor. Autor que toma el nombre de otro.

alopatía *f.* Terapéutica cuyos medicamentos producen en el estado sano fenómenos diferentes de los que caracterizan las enfermedades en que se emplean. Al médico que la sigue se llama alópata.

alopecia *f.* Falta anormal de pelo en el cuero cabelludo. Calvicie.

aloque *adj.* De color rojo claro. Dícese del vino tinto claro o de la mixtura de tinto y blanco.

alosa *f.* Sábalo.

alotropía *f.* Variedad de los organismos de presentar dos formas o aspectos muy distintos. Propiedad de algunos cuerpos de presentarse en dos o más formas, de propiedades físicas diferentes.

alpaca *f.* Cuadrúpedo rumiante doméstico de carne comestible. Pelo o paño hecho con su lana. Metal blanco, aleación de cobre, zinc y níquel.

alpargata *f.* Calzado de cáñamo en forma de sandalia.

alpechín *m.* Líquido oscuro y fétido que sale de las aceitunas apiladas.

alpende *m.* Cubierta voladiza de un edificio y, en especial, la sostenida por postes o columnas. Casilla para guardar herramientas.

alpenstock *m.* Bastón puntiagudo de los alpinistas.

alpígeno-a *adj.* Criado en los Alpes u oriundo de ellos.

alpinismo *m.* Deporte consistente en escalar los Alpes u otras altas montañas.

alpino-a *adj.* Perteneciente a los Alpes y, por extensión, a otras montañas. Perteneciente o relativo al alpinismo. Dícese de la fauna y de la flora de los Alpes o de las altas montañas.

alpiste *m.* Planta graminea de semillas menudas abundantes en féculas, que se dan para alimento a los pájaros.

alquería *f.* Casa de campo. Cortijo. granja.

alquibla *f.* Punto hacia donde los mahometanos miran cuando rezan.

alquicel o **alquicer** *m.* Vestidura morisca a modo de capa, comúnmente blanca y de lana.

alquilar *tr.* Dar o tomar en uso y mediante pago alguna cosa por tiempo determinado. *R.* Servir a otro por cierto estipendio.

alquiler *m.* Precio en que se alquila alguna cosa. Arrendamiento.

alquimia *f.* Arte con que se pretendía hallar la piedra filosofal y la panacea universal, a base de investigaciones astrológicas y mágicas.

alquitara *f.* Alambique.

alquitrán *m.* Sustancia untuosa y de olor fuerte que se obtiene por destilación seca de la madera resinosa, de la hulla, turba o lignitos y de algunas pizarras bituminosas. Composición de pez, grasa, resina y aceite.

alrededor *adv.* Situación o dirección que toman personas o cosas para circundar a otra. Cerca, sobre poco más o menos. *M. pl.* Contornos.

alsaciano-a *adj. y s.* Natural o perteneciente a Alsacia. Dialecto germano hablado en dicha región europea.

álsine *f.* Planta cariofílea que crece en los parajes húmedos; se usa en Medicina y para alimentar pajarillos.

alta *f.* Antigua danza cortesana. Orden de dejar el hospital o clínica. Entrada al servicio militar activo y documento que la acredita. Declaración de nuevo contribuyente y documento en que se redacta.

altacimut *m.* Instrumento topográfico para determinar las coordenadas horizontales, altura y acimut.

altamente *adv.* Perfecta o excelentemente, en extremo, en gran manera.

altaneramente *adv.* Con altanería. altivamente.

altanería *f.* Vuelo alto de algunas aves. Caza de aves de alto vuelo. Altivez, soberbia.

altar *m.* Monumento dispuesto para inmolar una víctima y ofrecer el sacrificio. Ara o piedra consagrada.

altavoz *m.* Aparato eléctrico para amplificar el sonido. Altoparlante. Bocina.

altea *f.* Planta de la familia de las malváceas, usadas en Medicina. Malvavisco. Malva real.

alteración *f.* Acción y efecto de alterar o alterarse. Sobresalto. Alboroto, tumulto. Variación, cambio.

alterar *tr.* Cambiar la esencia o forma de alguna cosa. Perturbar, trastornar. Variar, mudar.

altercado *m.* Disputa, riña, pendencia.

alternación *f.* Acción y efecto de alternar.

alternador-a *adj. y s.* Que alterna. Generador eléctrico de corriente alterna.

alternancia *f.* Sustitución natural de especies vegetales por otras, en un suelo inculto. Reproducción animal en que se alternan la generación sexual y la asexual. Cambio en el sentido de una corriente eléctrica alterna.

alternar *tr.* Realizar o distribuir algo por turno y sucesivamente. *Intr.* Hacer o decir algo por turno y sucesivamente. Sucederse unas cosas a otras repetidamente. Funcionar por turno. Cambiar los lugares que ocupan respectivamente los términos medios o los extremos de una proporción.

alternativa *f.* Derecho sobre algo para gozarlo o hacerlo alternando con alguien. Servicio en turno. Opción entre dos cosas. Sistema de proposiciones de las cuales una, por lo menos, es verdadera. Ascensión de un novillero a matador.

alternativo-a *adj.* Que se dice, hace o sucede con alternación. Dícese del cultivo continuo de la tierra en que se suceden vegetales de distinta naturaleza.

alterno-a *adj.* Alternativo. Dícese de las hojas o de otros de sus órganos, insertos en el espacio que media entre dos consecutivos del lado opuesto. Cada uno de los dos ángulos que, a distinto lado de la línea recta, forman con ella otra que la corta.

alteza *f.* Altura, elevación. Excelencia. Tratamiento que se da a los príncipes.

altibajo *m.* Desigualdades o altos y bajos de un terreno. Alternación de bienes y males, prosperidad y adversidad. Golpe de alto a bajo.

altilocuencia *f.* Grandilocuencia.

altillo *m.* Cerrillo; sitio algo elevado.

altímetro *m.* Aparato topográfico para medir alturas. Barómetro aneroide para medir la altura por las variaciones de la presión atmosférica.

altiplanicie *f.* Meseta de mucha extensión y gran altura.

altísimo-a *adj.* Superlativo de alto. *M.* Dícese únicamente de Dios.

altisonante *adj.* De tono elevado y sonoro.

altitud *f.* Altura, elevación.

altivez *f.* Orgullo, soberbia. Engreimiento, altanería.

altivo-a *adj.* Orgulloso, soberbio. Erguido, elevado. Altanero.

altivolo-a *adj.* De vuelo alto. Dícese de las aves que vuelan a gran altura. Planta trepadora.

alto-a *adj.* Levantado, elevado sobre la tierra. De gran estatura o tamaño. Más elevado con relación a un inferior. Crecido. Persona de gran dignidad o representación. Noble, excelente. Profundo, sólido. Caro, subido. *M.* En México y Chile, montón.

alto *m.* Detención o parada de la tropa en marcha. Voz de mando o toque para detener el paso, o para suspender algo.

altoparlante *m.* Altavoz.

altorrelieve *m.* Relieve en que las figuras sobresalen del plano en más de la mitad de su grueso.

altozano *m.* Cerro de poca altura en terreno llano. Lugar más alto o ventilado. En América, atrio de una iglesia. Otero, colina.

altramuz *m.* Planta leguminosa anua, de fruto pubescente en vaina, alimenticia para el ganado. Fibra de dicha planta. Su fruto.

altruismo *m.* Esmero y complacencia en el bien ajeno. Amor al prójimo.

altura *f.* Elevación sobre la tierra. Dimensión de un cuerpo, perpendicular a su base. Cumbre de los montes. Elevación, sublimidad. *Pl.* Cielo. Posición de una nave, por referencia a un punto determinado. Arco vertical que mide la distancia entre un astro y el horizonte. Coyuntura.

alubia *f.* Judía.

alucinación *f.* Ofuscamiento, ceguera, engaño, ilusión. Percepción de un objeto que no esté realmente presente o de un fenómeno no realizado.

alucinar *tr.* Ofuscar, engañar haciendo que se tome una cosa por otra. Confundirse, desvariar.

alud *m.* Gran masa de nieve que se derrumba de los montes con violencia y estrépito. Lo que se desborda impetuosamente.

aluda *f.* Hormiga con alas.

aludir *intr.* Referirse a una persona o cosa sin nombrarla. Hacer referencia.

alumaje *m.* Acción de encender o producir la chispa en un motor de exp.osión.

alumbrado *m.* Conjunto de luces. Sistema de iluminación.

alumbramiento *m.* Acción y efecto de alumbrar. Parto.

alumbrar *tr.* Llenar de luz y claridad. Poner luz o luces. Acompañar con luz. Dar vista al ciego. Disipar la oscuridad y el error. Descubrir aguas subterráneas y sacarlas a la superficie. Ilustrar, enseñar. Dar a luz. *R.* Beber mucho hasta embriagarse.

alumbre *m.* Sulfato doble de alúmina y potasa.

alúmina *f.* Oxido de aluminio.

alumínico-a *adj.* Compuesto que contiene alúmina.

aluminio *m.* Metal blanco argentino, dúctil y maleable; símbolo Al.

alumnado *m.* Conjunto de alumnos.

alumno-a *adj. y s.* Discípulo, con respecto a su maestro, a la materia, clase, escuela, colegio o universidad donde estudia.

alunado-a *adj.* Lunático. Inconstante, versátil.

alusión *f.* Acción de aludir. Cita, mención, indirecta.

aluvial *adj.* De aluvión. Ultimo período de la era cuaternaria o actual.

aluvión *m.* Avenida fuerte de agua. Cantidad de personas o cosas agolpadas. Depósito formado por arrastre, especialmente de las aguas de arcillas, arenas o cantos rodados.

aluzar *tr.* En México, alumbrar, iluminar; embriagar.

álveo *m.* Madre del río o del arroyo. Cauce, lecho. Conducto o canal orgánico.

alveolado-a *adj.* Con depresiones o celdillas semejantes a las de un panal.

alveolar *adj.* Perteneciente, relativo o semejante a los alvéolos. Adorno en forma de alvéolos. Consonante que se pronuncia acercando o aplicando la lengua a los alvéolos de los incisivos superiores.

alvéolo *m.* Celdilla. Acino de una glándula compuesta. Cavidad pequeña de los pulmones. Cavidad en que están engastados los dientes.

alvino-a *adj.* Perteneciente o relativo al bajo vientre.

alvo *m.* El vientre con sus vísceras. Matriz, útero.

alza *f.* Aumento de precio. Pieza de las armas de fuego para regular la elevación de la boca del cañón. Cualquier pieza para levantar un poco algo.

alzacuello *m.* Corbatín del traje eclesiástico.

alzada *f.* Estatura de las caballerías hasta la cruz. Recurso de apelación en lo gubernativo.

alzado-a *adj.* Elevado, alto. Dícese de la persona que quiebra maliciosamente. Ajuste o precio global. Insurgente, rebelde, faccioso. En México, altivo, soberbio. *M.* Diseño en proyección geométrica y vertical. Ordenación de los plie-

gos para formar los ejemplares de una obra.

alzamiento *m.* Acción y efecto de alzar o alzarse. Puja en una subasta. Levantamiento o rebelión. Desaparición furtiva de un deudor.

alzaprima *f.* Palanca. Cuña. Tablilla en la tapa de los instrumentos de arco. Engaño o artificio para derribar o perder a alguien.

alzar *tr. y r.* Levantar. Mover de abajo hacia arriba. Elevar la hostia y el cáliz después de la consagración. Quitar o llevarse algo. Recoger y ocultar algo. Retirar la cosecha. Sobresalir. Quebrar maliciosamente. En América, fugarse. Apelar. Sublevarse.

allá *adv.* En aquel lugar. En otro tiempo.

allanadera *f.* Aparato para alisar y comprimir la superficie de un terreno.

allanamiento *m.* Acción y efecto de allanar o allanarse. Acto de conformarse con una demanda o decisión.

allanar *tr. y r.* Poner llana la superficie de algo. Reducir al nivel del suelo. Vencer alguna dificultad. Pacificar, aquietar. Entrar a la fuerza en casa ajena. Aplanarse, hacerse plano. Venirse abajo un edificio. Nivelar, tranquilizar, amoldarse.

allane *m.* En México, operación agrícola de emparejar las tierras.

allegado-a *adj.* Cercano, próximo. Pariente. Partidario.

allegar *tr. y r.* Recoger, juntar. Arrimar una cosa a otra. Agregar, añadir. Acopiar, almacenar.

allegro *m.* Movimiento musical más lento que presto y menos que andante.

allende *adv.* De la parte de allá. Además. *Prep.* Más allá de.

allí *adv.* En aquel lugar. A aquel lugar. Allá. Entonces.

ama *f.* Cabeza o señora de la casa. Dueña de algo o que tiene uno o más criados. Criada superior o principal de una casa. Nodriza.

amabilidad *f.* Calidad de amable. Cordialidad, benevolencia.

amable *adj.* Digno de ser amado. Afable, complaciente, afectuoso.

amacizar *tr. americ.* Macizar. Apretar, arreciar, dar firmeza.

amachado-a *adj.* Viril, varonil. Hombruna.

amadamado-a *adj.* Amanerado como una dama. Afeminado. Adamado.

amado-a *adj. y s.* Persona amada. Querido, caro, adorado.

amador *s.* Que ama. Amante, galán.

amadrigar *tr.* Meterse en la madriguera. Retraerse. Acoger bien a alguien.

amadrinar *tr.* Apadrinar. *R.* Ser dos personas inseparables. Unir dos caballerías con la correa madrina. *Americ.* Acostumbrar al ganado caballar a ir en tropilla, detrás de la madrina.

amaestrar *tr.* Enseñar o adiestrar. Aleccionar, educar, domesticar.

amagar, *tr.* Disponerse a ejecutar algo próximamente. Amenazar. *Intr.* Estar próximo a sobrevenir. Hacer ademán de favorecer o de causar daño. Empezar a manifestarse alguna enfermedad.

amago *m.* Acción de amagar. Señal o indicio. Amenaza, síntoma, finta.

amainar *tr.* Recoger las velas. *Intr.* Aflojar el viento, la tempestad. Ceder o aflojar en algún deseo, empeño o pasión.

amalgama *f.* Combinación de mercurio con otro u otros metales. Unión o mezcla de cosas contrarias o distintas.

amalgamar *tr.* Combinar mercurio con otro u otros metales. Unir cosas contrarias o distintas.

amamantar *tr.* Dar de mamar. Atetar, lactar.

amán *m.* Paz que piden los moros al rendirse. Ablución usada por los turcos.

amanal *m.* En México, socavón para retener el agua pluvial. Alberca.

amancebado-a *adj. y s.* Persona que tiene trato carnal ilícito con otra de distinto sexo.

amancebarse *r.* Unirse en trato ilícito y habitual un hombre con una mujer. Amigarse, abarraganarse.

amancillar *tr.* Manchar, poner sucia una cosa. Deslustrar la buena fama. Deslucir, afear, ajar.

amanecer *intr.* Empezar el día. Estar donde amanece. Alborear, clarear.

amanerado-a *adj.* Que adolece de amaneramiento. Rebuscado, afectado.

amaneramiento *m.* Acción de amanerarse. Falta de variedad en el estilo.

amanerarse *r.* Dar un artista cierta uniformidad y monotonía a sus obras. Contraer afectación al accionar, hablar, etc.

amanezca *f.* En México, el amanecer. Recursos para el día entre la gente humilde.

amansar *tr. y r.* Hacer manso a un animal, domesticarlo. Sosegar, apaciguar, mitigar. Domar el carácter violento.

amante *adj. y s.* Que ama. Persona que tiene relaciones íntimas no legitimadas con otra. *Pl.* Hombre y mujer que se aman. Devoto, aficionado, cariñoso.

amanteca *m.* Obrero que entre los aztecas se dedicaba a hacer obras de pluma.

amanuense *m.* Persona que escribe al dictado. Escribiente.

amañar *tr.* Componer mañosamente alguna cosa. Adiestrar. *R.* Darse maña.

amaño *m.* Disposición para hacer algo con maña. Traza, artificio. *Pl.* Herramientas o instrumentos. Ardid, treta, astucia.

amapola *f.* Planta papaverácea anua, de corola roja, que nace e infesta los sembrados.

amar *tr.* Tener amor a personas o cosas. Desear, estimar, apreciar. *R.* Quererse mutuamente.

amaraje *m.* Acción y efecto de amarar un hidroavión.

amarantácea *adj. y s.* Planta dicotiledónea centrosperma, quenopodial, de ovario polispermo y fruto en aquenio o baya.

amaranto *m.* Planta amarantácea anua de flores en espiga densa aterciopelada; ornamental.

amarar *intr.* Posarse en el agua un hidroavión.

amarchantarse *r.* *americ.* Hacerse parroquiano de una tienda.

amarescente *adj.* Levemente amargo.

amargado-a *adj.* Que se ha vuelto amargo. Afligido, apesadumbrado.

amargar *intr. y r.* Tener sabor amargo. Comunicar sabor amargo, en sentido propio o figurado. Causar aflicción o disgusto. Disgustar, apenar.

amargo-a *adj.* Que amarga. De sabor desagradable parecido al de la hiel, acíbar, ajenjo, etc. Que tiene o demuestra amargura, aflicción, sinsabor.

amargor *m.* Sabor amargo. Amargura, aflicción, sinsabor.

amargura *f.* Amargor. Aflicción, disgusto, pesadumbre, melancolía.

amarilidácea *f.* Planta monocotiledónea liliiflora, de ovario ínfero trilocular y semillas con albumen.

amarillear *intr.* Mostrar amarillez. Tirar a amarillo. Palidecer.

amarillez *f.* Calidad de amarillo.

amarillo *adj.* De color semejante al del oro, limón, ámbar. Tercer color del espectro solar.

amariposado-a *adj.* De figura de mariposa.

amaro *m.* Planta labiada muy ramosa, flores en verticilo, blancas con viso morado y de olor nauseabundo.

amarra *f.* Todo lo que sirve para atar. Protección, apoyo. Cable para sostener una aeronave. Cuerda o cable para asegurar la embarcación.

amarradero *m.* Poste, pilar o argolla donde se amarra alguna cosa. Sitio donde se amarran los barcos.

amarrado-a *adj.* Atado, seguro. Dícese del estudiante que tiene bien sabida la lección. Agarrado, mezquino.

amarrar *tr.* Atar y asegurar con alguna amarra. Sujetar.

amartelar *tr. y r.* Dar celos. Dar cuidado amoroso. Enamorar. Enamorarse de una persona o cosa.

amartillar *tr.* Martillar. Poner en el disparador un arma de fuego. Asegurar el éxito de un negocio o empresa.

amasadera *f.* Artesa donde se amasa.

amasar *tr.* Formar o hacer masa. Unir, amalgamar. Atesorar bienes o dinero. Friccionar el cuerpo con fines terapéuticos.

amasia *f.* Querida, concubina.

amasiato *m.* En México, Costa Rica y otros países americanos, concubinato.

amasijo *m.* Porción de harina amasada. Acción de amasar. Porción de masa. Mezcla o unión de ideas diferentes que causan confusión. Embrollo, lío.

amastia *f.* Falta de mamas o tetas.

amate *m.* Especie de higuera que abunda en las regiones cálidas de México; su corteza se utilizó por los aztecas para hacer láminas finas a modo de papel.

amateur *m.* Palabra francesa: aficionado. Que ejerce por afición un trabajo, oficio o arte; en el deporte, el que lo practica sin remuneración.

amatista *f.* Cuarzo transparente de color violeta. Se usa como piedra fina.

amatividad *f.* Instinto del amor sexual.

amatorio-a *adj.* Relativo al amor, o que induce a él. Erótico.

amatorralarse *r.* En México, plantas cultivadas que echan renuevos.

amatrerarse *r.* Manifestar la res querencia a las tablas o a un sitio determinado.

amazacotado-a *adj.* Pesado como mazacote. Falto de orden, proporción, gracia y variedad.

amazona *f.* Mujer guerrera de los tiempos fabulosos. Mujer de ánimo varonil. Mujer que monta a caballo, y traje especial para ello.

amazónico-a *adj.* Referente o propio de las amazonas. Relativo al río Amazonas y a su cuenca.

ambages *m. pl.* Rodeos, circunloquios.

ambar *m.* Resina fósil de color amarillo, muy ligera y electrizable. Perfume delicado. El gris, es un producto de origen animal, de olor almizcleño; se emplea en perfumería y como medicamento.

ambarino-a *adj.* Relativo al ámbar. F. Algalia. Resina artificial con

que se imitan los objetos de ámbar.

amberol *m.* En América, benzol.

ambición *f.* Pasión por conseguir poder, dignidades o fama. Codicia, avaricia, ansia.

ambicionar *tr.* Desear ardientemente alguna cosa. Codiciar, anhelar.

ambicioso-a *adj.* Que tiene ambición.

ambidextro-a *adj.* Que usa igualmente la mano derecha que la izquierda.

ambientar *tr.* Ajustar un acto o episodio a las exigencias de tiempo y lugar.

ambiente *m.* Fluido que rodea un cuerpo. Circunstancias que rodean a personas o cosas.

ambigú *m.* Comida generalmente nocturna con manjares calientes o fríos con que se cubre de una vez la mesa. Local donde se sirve, en un edificio destinado a reuniones y espectáculos.

ambigüedad *f.* Calidad de ambiguo. Equívoco, anfibología.

ambiguo-a *adj.* Que puede entenderse de varios modos o admitir distintas interpretaciones. Incierto, dudoso, confuso, anfibológico.

ambisexual *adj.* Hermafrodita.

ámbito *m.* Contorno o perímetro de un espacio o lugar. Espacio entre límites determinados.

ambivalencia *f.* Propiedad de poseer dos tendencias opuestas.

amblar *intr.* Andar moviendo a un tiempo el pie y la mano de un mismo lado.

ambligonio *adj.* Cristal con ángulos obtusos. Obtusángulo.

ambón *m.* Cada uno de los púlpitos a ambos lados del altar mayor.

ambos-as *adj. pl.* Uno y otro, los dos.

ambrosía *f.* Manjar de los dioses que fluía de los cuernos de la cabra Amaltea. Planta anual, de flores en ramillete y fruto con una sola semilla; es de olor suave y gusto agradable. Cosa deleitosa al espíritu. Manjar o bebida suave y delicado.

ambulancia *f.* Coche para conducir heridos o enfermos. Hospital ambulante. Oficina postal en un ferrocarril.

ambulante *adj.* Que va de un lugar a otro sin residencia fija. Relativo a la ambulancia. Empleado de correos encargado de una ambulancia.

ambulatorio-a *adj.* Que sirve para la locomoción o marcha. Aparato que sirve a un enfermo o lisiado para caminar con él.

ambustión *f.* Cauterio, cauterización. Quemadura, escaldadura.

amedrentar *tr.* Infundir miedo, atemorizar. Asustar, arredrar.

amelar *Intr.* Fabricar las abejas su miel.

amelcochar *tr. améric.* Dar a un dulce el punto espeso de la melcocha.

amelgar *tr.* Hacer surcos proporcionalmente para sembrar con igualdad.

amelo *m.* Planta compuesta perenne de flores vistosas; ornamental.

amén. Palabra hebrea: así sea, con que se suelen terminar las oraciones. *M.* Aquiescencia, aprobación. En un instante. *Adv.* Excepto. Además.

amenaza *f.* Acción de amenazar. Dicho y hecho con que se amenaza. Amago, conminación. Delito de amenazar.

amenazar *tr.* Dar a entender que se quiere hacer algún mal a alguien. Indicar, anunciar o presagiar males o desgracias.

amencia *f.* Demencia.

amenguar *tr.* Disminuir, menoscabar. Deshonrar, infamar. Aminorar, reducir.

amenidad *f.* Calidad de ameno. Encanto, variedad, atractivo, gracia.

amenizar *tr.* Hacer ameno un sitio, o una cosa.

ameno-a *adj.* Grato, placentero, deleitable por su frondosidad y hermosura. Dícese de las personas o cosas que deleitan apaciblemente por sus cualidades.

amenorrea *f.* Supresión anormal de la menstruación.

amentácea *f.* Planta con flores en amento. Cupulífera.

amento *m.* Inflorescencia racimosa formada por una espiga con flores unisexuales apétalas.

ameos o **amí** *m.* Planta umbelífera aromática, de fruto oval y comprimido; sus semillas menudas y aromáticas se han empleado en Medicina.

amerengado-a *adj.* Semejante al merengue. Remilgado, melifluo, dulce.

americana *f.* Prenda de vestir semejante a la chaqueta. Habanera.

americanismo *m.* Vocablo, acepción o giro propio y privativo de los americanos, en especial de los de habla castellana. Admiración por las cosas de América.

americanista *m.* Persona que cultiva y estudia las lenguas y antigüedades de América.

americano-a *adj.* y *s.* Natural o perteneciente a América. *Pl.* Dícese de las lenguas habladas por los pueblos indígenas de América.

americio *m.* Cuerpo simple radiactivo; símbolo Am.

amestizado-a *adj.* Que tira a mestizo; semejante a él en color, facciones o hábitos.

ametrallador-a *m.* y *f.* Que ametralla. *F.* Arma automática de fuego, de tiro rápido.

ametrallar *tr.* Disparar metralla contra el enemigo.

ameyal *m.* En México, pozo hecho al lado de una alberca o estanque para filtrar sus aguas. Fuente que surge en tierra llana.

amia *f.* Lamia, tiburón.

amianto *m.* Mineral fibroso y flexible de aspecto sedoso. Es un silicato de cal, alúmina y hierro, con que se fabrican tejidos incombustibles y refractarios al calor.

amiba *f.* Protozoario sarcodario caracterizado por la mutabilidad de su aspecto y movimientos.

amibiasis *f.* Infección causada por amibas.

amicísimo-a *adj.* Superlativo de amigo; muy amigo.

amida *f.* Nombre genérico de los compuestos orgánicos que derivan del amoníaco por sustitución de uno o más átomos de hidrógeno por radicales orgánicos ácidos.

amigabilidad *f.* Disposición natural para contraer amistades.

amigable *adj.* Afable y que convida a la amistad. Amistoso. Conforme con otra cosa.

amígdala *f.* Cada uno de los dos cuerpos glandulosos a uno y otro lado de la entrada de la faringe.

amigdaláceo-a *adj.* Dícese de los árboles o arbustos dicotiledóneos de fruto drupáceo con una almendra por semilla: cerezo, ciruelo, endrino.

amigdalitis *f.* Inflamación de las amígdalas. Tonsilitis.

amigo-a *adj.* y *s.* Que tiene amistad. Que gusta mucho de una cosa. Benéfico, benigno. Tratamiento afectuoso con quienes tenemos amistad, roce o trato.

amiláceo-a *adj.* Que contiene almidón.

amilanar *tr.* y *r.* Causar tal miedo que uno se quede aturdido y sin acción. Hacer caer el ánimo. Abatirse. Intimidar, desanimar.

amillaramiento *m.* Acción y efecto de amillarar. Padrón de los bienes amillarados. Inmuebles en los pueblos donde la Hacienda Pública no ha hecho aún el catastro fiscal.

amillarar *tr.* Regular caudales y granjerías de los vecinos de un pueblo, para repartir entre ellos las contribuciones.

aminoácido *m.* Nombre genérico de los compuestos orgánicos cuyas moléculas contienen carboxilo y amino; forman parte de las proteínas y se producen al hidrolizarse éstas.

aminorar *tr.* Minorar. Reducir, achicar, empequeñecer, disminuir.

amir *m.* Emir, príncipe o caudillo árabe.

amiscle *m.* En México, nutria o perro de agua.

amistad *f.* Afecto personal, puro y desinteresado, que nace y se fortalece con el trato. Afinidad. conexión. *Pl.* Personas con quienes se tiene trato de amigo.

amistar *tr. y r.* Unir en amistad. Reconciliar a los enemistados.

amito *m.* Lienzo cuadrado, con una cruz en medio, que el sacerdote se pone sobre la espalda y hombros, para celebrar la Misa.

amitosis *f.* División celular por simple partición del núcleo y división del citoplasma.

amnesia *f.* Defecto, o pérdida total de la memoria.

amnícola *adj.* Que crece o habita en las riberas de los ríos.

amnios *m.* Membrana en forma de saco cerrado que rodea al embrión o feto de los reptiles, aves y mamíferos y contiene el líquido en que está sumergido.

amnistía *f.* Olvido del delito, que extingue la responsabilidad penal.

amo *m.* Cabeza y señor de la casa o familia. Propietario de algo. El que tiene uno o más criados, respecto de ellos. Mayoral o capataz. Persona que tiene ascendiente o predominio sobre otras. Patrón.

amoblar *tr.* Amueblar.

amodorrar *tr.* Causar modorra. Caer en modorra. Adormecer, aletargarse.

amófilo-a *adj.* Que nace y habita en lugares arenosos.

amohinar *tr. y r.* Causar mohína.

amojamar *tr. y r.* Hacer o hacerse mojama. Acecinarse.

amojonar *tr.* Señalar con mojones los linderos de una propiedad o jurisdicción. Delimitar, deslindar, acotar.

amolada *f.* Acción y efecto de amolar. Molestia, perjuicio.

amolar *tr.* Sacar corte o punta en la muela. Adelgazar, enflaquecer. Fastidiar, incomodar, perjudicar.

amoldar *tr. y r.* Ajustar al molde. Acomodar, reducir a la forma propia o conveniente. Arreglar o ajustar la conducta de alguien a una pauta. Adaptar.

amole *m.* Nombre aplicado en México a varias plantas que presentan algún órgano con propiedades detergentes, usado como sustituto del jabón.

amomo *m.* Nombre de varias plantas zingiberáceas con fruto en cápsula trilocular con muchas semillas aromáticas, acres y estimulantes, usadas en Medicina.

amonedar *tr.* Reducir a moneda algún metal. Dar al papel valor de moneda.

amonestación *f.* Acción y efecto de amonestar. Apercibimiento o corrección disciplinaria. Anuncio o aviso de algo que ha de verificarse.

amonestar *tr.* Hacer presente algo para que se evite, procure o considere. Advertir, prevenir. Publicar en la iglesia los nombres de quienes van a contraer matrimonio, para que se denuncie si alguien conoce algún impedimento.

amoníaco *m.* Gas incoloro, de olor intenso y penetrante y de sabor muy cáustico, compuesto de nitrógeno e hidrógeno; fácilmente licuable.

amonita *f.* Concha fósil en forma espiral, perteneciente a un cefalópodo ya extinguido.

amontillado *adj. y s.* Dícese del vino de Jerez, generoso y pálido.

amontonar *tr. y r.* Poner unas cosas sobre otras sin orden ni concierto. Apiñar a personas o animales. Juntar o reunir cosas en abundancia. Sobrevenir sucesos en corto tiempo. En México, agruparse varios para atacar a alguien.

amor *m.* Afecto por el que se busca un bien verdadero o imaginario y se apetece gozarlo. Pasión que atrae un sexo al otro. Blandura, suavidad. Persona amada. Esmero con que se trabaja una obra, deleitándose en ella. Afición, estimación, cariño, ternura.

amoral *adj.* Dícese de la persona u obras humanas desprovistas de sentido moral.

amoratar *tr. y r.* Ponerse morado. Golpear a alguien causándole moretones.

amorcillo *m.* Diminutivo de amor. Figura de niño con que se representa a Cupido, dios mitológico del amor.

amordazar *tr.* Poner mordaza.

amorecer *tr.* Cubrir el morueco a la oveja. Entrar en celo las ovejas.

amorfo-a *adj.* Sin forma regular o determinada.

amoroso-a *adj.* Que siente amor. Que lo denota o manifiesta. Blando, suave, templado, apacible.

amortajar *tr.* Poner la mortaja al difunto. Cubrir, esconder, envolver.

amortecer *tr., intr. y r.* Amortiguar. Desmayarse, quedar como muerto.

amortiguador *adj. y m.* Que amortigua. Mecanismo hidráulico o de fricción para absorber balanceos, retrocesos, golpes bruscos, oscilaciones, velocidades, etc.

amortiguar *tr. y r.* Dejar como muerto. Hacer menos viva, eficaz, intensa o violenta alguna cosa. Templar, amenguar la viveza de los colores. Moderar, suavizar, atenuar.

amortizar *tr.* Pasar los bienes a manos muertas. Redimir o extinguir el capital de un censo, préstamo o deuda. Recuperar los fondos invertidos en alguna empresa. Suprimir empleos en un cuerpo u oficina. Cancelar, liquidar.

amoscar *tr. y r.* Enfadarse. Molestarse, amostazarse.

amostazar *tr. y r.* Irritar, enojar. Amoscarse, encolerizarse.

amotinar *tr. y r.* Alzar en motín a una multitud. Sublevar, insurreccionar.

amovible *adj.* Que puede quitarse del lugar que ocupa, del puesto o cargo. Inseguro, inestable.

amparar *tr.* Favorecer, proteger, sostener, apoyar. Valerse del favor o protección de alguien. Defenderse, guarecerse, escudarse, cobijarse.

amparo *m.* Acción y efecto de amparar o ampararse. Abrigo o defensa. Protección, auxilio, socorro.

ampelidácea *adj.* Vitácea.

amperaje *m.* Grado de intensidad usado en las redes de distribución de energía eléctrica. Intensidad de corriente que consumen ciertos aparatos.

amperímetro *m.* Aparato para medir en amperios la intensidad de una corriente eléctrica.

amperio *m.* Unidad práctica de intensidad de las corrientes eléctricas: culombio por segundo.

amplectante *adj.* Que abraza, o se engancha en un soporte, como los zarcillos y aguijones de algunas plantas.

amplexión *f.* Acción y efecto de abrazar. Abrazar el cuerpo o una parte para medir su volumen o expansión.

ampliación *f.* Acción y efecto de ampliar. Amplificación, aumento.

ampliador-a *adj.* Que amplía. Lente adicional para cambiar la distancia focal de las lentes de una cámara fotográfica. Aparato para obtener ampliaciones.

ampliar *tr.* Extender, dilatar. Reproducir algo en tamaño mayor. Amplificar, acrecentar, agrandar.

amplificación *f.* Acción y efecto de amplificar. Ampliación, aumento. Aumento de una magnitud física. Desarrollo de una proposición o idea.

amplificar *tr.* Ampliar, extender, dilatar.

amplio-a *adj.* Extenso, espacioso, dilatado. Ancho, vasto, capaz.

amplitud *f.* Extensión, dilatación. Ángulo entre el plano vertical que pasa por la visual dirigida al centro de un astro y el vertical primario. Valor máximo de una corriente eléctrica, o de una desviación de la posición normal.

ampo *m.* Blancura resplandeciente. Copo de nieve.

ampolla *f.* Vejiga en la epidermis. Vasija de cuello largo y angosto y de cuerpo ancho y redondo. Vinajera. Recipiente con un líquido inyectable. Burbuja del agua hirviendo.

ampollar *tr. y r.* Hacer ampollas. Ahuecar.

ampolleta *f.* Diminutivo de ampolla. Reloj de arena.

ámpula *f.* Ampolla. Vejiguilla o utrículo.

ampuloso-a *adj.* Hinchado y redundante. Pomposo, enfático.

ampúlula *f.* Ampolla diminuta.

amputación *f.* Acción y efecto de amputar. Desmoche, poda. Extirpación quirúrgica de un órgano o parte de él.

amputar *tr.* Cortar en derredor o quitar del todo. Suprimir. Cercenar. Cortar y separar enteramente del cuerpo un miembro o parte de él.

amuchachado-a *adj.* De aspecto, acciones o genio de muchacho.

amueblar *tr.* Dotar de muebles.

amuinar *tr.* En México, enojar, desazonar, disgustar.

amular *intr.* Ser estéril. En México, hacerse remolón, testarudo.

amuleto *m.* Objeto portátil al que supersticiosamente se atribuye virtud sobrenatural para alejar algún daño o peligro.

amunicionar *tr.* Municionar.

amura *f.* Parte del buque que empieza a estrecharse para formar la proa.

amurallar *tr.* Murar.

amusgar *tr.* Echar hacia atrás un animal las orejas en ademán de embestir. Recoger la vista para ver mejor.

amusgo o amuzgo *m.* Indígena mexicano que habita en los confines de los Estados de Guerrero y Oaxaca. Lengua integrante de la familia mixteca.

ana *f.* Medida de longitud más o menos larga que el metro, según las comarcas o países.

anabaptista *m.* Individuo de una secta protestante que defiende que no deben ser bautizados los niños antes de llegar al uso de razón y que deben ser rebautizados al llegar a la adolescencia, si fueron bautizados de niños.

anabiosis *f.* Fenómeno por el cual un organismo vuelve a la vida activa después de un período de relativa inamovilidad. Reviviscencia.

anacahuite *m.* Dícese, en México, de ciertos árboles borragináceos maderables y medicinales. Bálsamo pectoral obtenido de la corteza y el fruto de dichos árboles.

anacarado-a *adj.* Nacarado.

anacardiácea *adj.* **Planta** dicotiledónea terebintal con canales resiníferos.

anacardo *m.* **Arbol** anacardiáceo. de flores pequeñas, cuyo pedúnculo se hincha en forma de pera y es comestible; su madera es la caoba o leño de acajú.

anacoluto *m.* Falta de ilación en la construcción de una frase o en el sentido general de la expresión. Aislamiento de una expresión en la construcción sintáctica.

anaconda *f.* Serpiente acuática de gran tamaño de la América tropical.

anacoreta *m.* Persona que vive en lugar solitario, entregada a la oración y a la penitencia. Persona que vive aislada de la sociedad. Ermitaño. eremita.

anacreóntico-a *adj.* Dícese de la composición poética en que, a imitación de las de Anacreonte. se cantan los placeres del amor, del vino u otros análogos, con ligereza y gusto delicado.

anacrónico-a *adj.* Que adolece de anacronismo. Desusado, anticuado.

anacronismo *m.* Error consistente en atribuir un hecho en tiempo anterior o posterior de aquél en que ocurrió. Antigualla. cosa que no está de moda.

ánade *m.* Pato. u otra ave de las mismas características.

anadear *intr.* Andar como los ánades. moviendo las caderas por afectación o por tener las piernas cortas.

anadino-a *m.* y *f.* Anade pequeño.

anadón *m.* Pollo del ánade.

anaerobio *m.* Organismo que puede vivir y desarrollarse sin aire. especialmente sin el oxígeno.

anafe *m.* Hornillo portátil de carbón.

anafilaxis *f.* Hipersensibilidad de un organismo animal a una proteína, después de una primera inyección de la misma.

anáfora *f.* Figura retórica consistente en repetir de propósito palabras o conceptos. Acto de elevar la Hostia.

anagliptografía *f.* Escritura en relieve destinada a los ciegos.

anagrama *m.* Transposición de las letras de una palabra de la que resulta otra palabra distinta.

anahuacense *adj.* y *s.* Dícese del nacido en Anáhuac. Mexicano.

anal *adj.* Perteneciente o relativo al ano.

analco *m.* En México, la parte menor de la población cortada en dos por un río.

analéptico-a *adj.* Dícese del régimen alimenticio destinado a recuperar las fuerzas después de una enfermedad.

anales *m. pl.* Descripción breve de hechos históricos dividida por años.

analfabetismo *m.* Falta de instrucción elemental.

analfabeto-a *adj.* Que no sabe leer. Ignorante, inculto.

analgesia *f.* Falta o supresión del dolor.

analgésico-a *adj.* Perteneciente o relativo a la analgesia. Que alivia el dolor. Que no siente el dolor.

análisis *m.* Distinción y separación de las partes de un todo hasta llegar a conocer sus principios o elementos. Examen crítico de alguna obra, o de las palabras en la oración para determinar la categoría. accidentes y propiedades gramaticales de cada una.

analista *m.* Autor de anales. Que analiza o que psicoanaliza.

analítica *f.* En Aristóteles, la Lógica formal; en Kant, el estudio de las formas del entendimiento. Dícese de la Geometría que estudia las propiedades de las líneas y superficies representadas por medio de ecuaciones.

analizar *tr.* Hacer análisis. Examinar, descomponer.

analogía *f.* Relación de semejanza entre cosas distintas. Proporción, relación, afinidad, correspondencia. Parte de la Gramática que estudia las palabras consideradas aisladamente, en sus accidentes y propiedades.

analógico-a *adj.* Análogo, semejante. Perteneciente a la Analogía.

análogo-a *adj.* Que tiene analogía con otra cosa. Semejante, similar.

anamita *adj.* y *s.* Natural de Anam. en Indochina. Asia.

ananás o ananá *m.* Planta bromeliácea de fruto grande en forma de piña, carnoso, fragante y suculento. Fruto de esta planta. Piña americana.

anapelo *m.* Acónito.

anapesto *m.* Pie de cuatro unidades y de ritmo ascendente, de la poesía griega y latina. de dos sílabas breves y una larga.

anaquel *m.* Cada una de las tablas horizontales de los armarios, alacenas, estanterías. etc. Estante. vasar.

anaranjado-a *adj.* De color semejante al de la naranja; segundo color del espectro solar.

anarquía *f.* Falta de todo gobierno en un Estado. Desorden. confusión por ausencia o flaqueza de la autoridad pública. Desconcierto, barullo.

anarquismo *m.* Doctrina económica, jurídica y política que preconiza una absoluta libertad del individuo y la supresión de la propiedad privada y del Estado.

anarquista *m.* y *adj.* Propio del anarquismo o de la anarquía. Persona que profesa el anarquismo o desea o promueve la anarquía. Acrata, libertario, nihilista.

anastomosis *f.* Unión de partes de órganos ramificados, nervios, venas, vasos sanguíneos, etc.

anata *f.* Renta o emolumentos que rinde al año un beneficio o empleo.

anatema *amb.* Excomunión. Maldición, imprecación.

anatematizar *tr.* Imponer anatema. Maldecir a alguien. Reprobar o condenar por mala a una persona o cosa.

anátido-a *adj. y s.* Ave anseriforme: patos, gansos, mergánsares.

anatomía *f.* Parte de la Biología que estudia la organización y estructura de los seres vivos, desde el punto de vista descriptivo y estático. Disección de las partes de un cuerpo orgánico. Disposición, tamaño, forma y sitio de los miembros externos que componen el cuerpo humano o de los animales.

anatomizar *tr.* Ejecutar la anatomía de algún cuerpo. Analizar, examinar. En Escultura y Pintura, señalar los huesos y músculos, para distinguirlos bien.

anca *f.* Cuarto trasero de un animal. Cadera de una persona.

ancestral *adj.* Relativo a los antepasados. Atávico.

ancianidad *f.* Ultimo período de la vida ordinaria del hombre. Vejez, senectud.

anciano-a *adj. y s.* Persona que tiene muchos años y lo propio de ella. Antiguo. Viejo, longevo, senil.

ancila *f.* Esclava doméstica.

anciroide *adj.* En forma de áncora o gancho.

ancla *f.* Instrumento en forma de arpón doble, para aferrarse al fondo del mar y sujetar la nave.

anclaje *m.* Acción de anclar. Fondeadero. Tributo por fondear en un puerto.

anclar *intr.* Echar anclas. Quedar sujeta la nave por medio del ancla. Fondear.

ancón *m.* Ensenada pequeña en que se puede fondear. En Anatomía. codo. Ménsula para sostener una cornisa.

áncora *f.* Ancla. Pieza del reloj que regula el escape. Amparo. Hierro con que se enlazan las vigas con la obra de fábrica.

ancoraje *m.* Anclaje. Conjunto de áncoras.

ancheta *f.* Porción corta de mercaderías para vender. Negocio pequeño y malo. *Americ.* Ganga. negocio fácil. En México, buhonería.

ancho-a *adj.* Que tiene más o menos anchura. De anchura excesiva. Amplio en demasía. Desembarazado, libre. Orgulloso.

anchoa *f.* Boquerón.

anchova *f.* Anchoa.

anchura *f.* Latitud. Soltura, holgura, desahogo, amplitud.

anchuroso-a *adj.* Muy ancho o espacioso.

andaderas *f. pl.* Mueble para que los niños aprendan a andar sin peligro de caerse.

andadero-a *adj.* Sitio o terreno por el que se puede andar con facilidad. Que anda de una parte a otra sin parar en ninguna o donde debe.

andador-a *adj.* Que anda mucho o con velocidad. Andadero. Persona que lleva avisos. Tirantes o pollera para que los niños aprendan a andar. Andarín, andariego, caminante.

andadura *f.* Acción y efecto de andar. Paso llano del caballo.

andaluz-a *adj. y s.* Natural de Andalucía. Dialecto de dicha región de España.

andaluzada *f.* Exageración que, como habitual, se atribuye a los andaluces.

andamiada *f.* Conjunto de andamios. Andamiaje.

andamio *m.* Armazón de tablones o vigas, para trabajar en alto en las construcciones.

andana *f.* Orden de cosas puestas en línea. Orden de buques fondeados en línea. Batería de cañones de un buque, en cada uno de los costados.

andanada *f.* Descarga cerrada de toda una andana. Gradería cubierta en la plaza de toros. Reprensión agria y severa. Retahila. sarta de tonterías, desvergüenzas o desatinos.

andante *adj.* Que anda. Dícese de la caballería o de ciertos caballeros.

andante *m.* Palabra italiana que en Música indica un movimiento menos lento que el adagio y más que el allegreto.

andanza *f.* Caso, suceso o aventura; fortuna, suerte.

andar *intr.* Ir de un lugar a otro dando pasos. Moverse las cosas para ejecutar sus funciones. Pasar o correr el tiempo. Caminar. marchar. Modo o manera de proceder.

andaraje *m.* Rueda de la noria.

andariego-a *adj.* Andador. que anda mucho y aprisa; o de una parte a otra sin parar en ninguna o donde debe. Vagabundo, trotamundos. errante.

andarín-a *adj.* Persona andadora y, en especial, la que lo es por oficio.

andarivel *m.* Maroma tendida entre las orillas de un río o canal. mediante la cual pueden palmarse las embarcaciones menores. Mecanismo con cesta o cajón que corre por una maroma para pasar ríos u hondonadas. En México, andariego.

andarrios *m.* Aguzanieves.

andas *f. pl.* Tablero sostenido por dos varas paralelas horizontales, para llevar personas, efigies o cosas. Féretro o caja con varas en que se llevan a enterrar los muertos. Angarillas, parihuelas, camilla.

¡**ándele**! En México, expresión con que se aprueba o incita a hacer algo.

andén *m.* Corredor o sitio para andar. Pretil, parapeto. Acera a lo largo de la vía del ferrocarril en las estaciones. Acera de un puente. Muelle, plataforma.

andícola *adj. y s.* Que habita en los Andes.

andino-a *adj.* Natural, relativo o perteneciente a los Andes.

ándito *m.* Corredor o andén que rodea del todo o en gran parte un edificio. Acera de una calle.

andorga *f.* Vientre.

andorrano-a *adj. y s.* Natural o relativo a la República de Andorra, en Europa.

andrajo *m.* Pedazo o jirón de ropa muy usada. Persona o cosa muy despreciable.

andrajoso-a *adj.* Cubierto de andrajos. Desastrado, harapiento.

androceo *m.* Conjunto de estambres de una flor.

androide *adj. y s.* En forma de hombre o parecido a él.

andrómina *f.* Embuste, enredo; fullería, trampa, mentira.

andullo *m.* Hoja larga de tabaco arrollada. Manojo de tabaco. Tabaco preparado para mascar.

andurriales *m. pl.* Paraje extraviado o fuera de camino.

anea *f.* Planta tifácea propia de sitios pantanosos, con flores en espiga maciza y hojas para hacer asientos de sillas, ruedos, etc. Espadaña.

anécdota *f.* Relación breve de algún rasgo o suceso notable o curioso.

anegadizo-a *adj.* Que se anega o inunda con frecuencia. Dícese de la madera que echada en el agua se va al fondo.

anegar *tr. y r.* Ahogar sumergiendo en el agua. Inundar. Abrumar, agobiar.

anejar *tr.* Anexar.

anejo *m.* Anexo. Grupo de población rural incorporado a otro para formar un municipio.

anélido *adj. y s.* Animal de cuerpo segmentado y apéndices no articulados: lombrices, sanguijuelas, etc.

anemia *f.* Pobreza o insuficiencia de sangre o de sus elementos componentes.

anémico-a *adj.* Perteneciente o relativo a la anemia. Que padece anemia.

anemófilo-a *adj.* Dícese del vegetal o de la flor en que la polinización se verifica por medio del viento, que arrastra el polen.

anemómetro *m.* Aparato para medir la velocidad de circulación de un gas.

anémona o **anemone** *f.* Planta ranunculácea herbácea, con flores grandes y vistosas.

anemoscopio *m.* Aparato para observar la dirección del viento. Veleta.

aneroide *adj.* Aparato que mide las presiones mediante una membrana capsular que se deforma por la diferencia entre la presión interior y exterior.

anestesia *f.* Falta o privación general o parcial de la sensibilidad.

anestesiar *tr.* Privar total o parcialmente de la sensibilidad por medio de la anestesia.

anestésico-a *adj.* Perteneciente o relativo a la anestesia; que la produce o causa. Droga que la causa.

anestesiología *f.* Estudio de la anestesia y de los anestésicos.

aneuria *f.* Falta o defecto de energía nerviosa.

aneurisma *amb.* Tumor en una arteria o vena por relajación de sus paredes.

anexar o **anexionar** *tr.* Unir o agregar una cosa a otra, con dependencia de ella.

anexión *f.* Acción y efecto de anexar o anexionar.

anexionismo *m.* Tendencia que favorece y defiende las anexiones, especialmente tratándose de territorios.

anexo-a *adj.* Unido o agregado a otra cosa, con dependencia de ella. Apéndice, tejido u órgano unido al principal.

anfibio-a *adj.* Animal que puede vivir indistintamente en tierra o sumergido en el agua; o que ha vivido en el agua de joven y en tierra ya adulto. Planta que puede crecer en el agua o fuera de ella. Avión que puede aterrizar o acuatizar.

anfibología *f.* Doble sentido o ambigüedad que puede darse a una palabra o expresión.

anfión *m.* Forma larvaria de algunos crustáceos. Opio.

anfisbena *f.* Reptil saurio con escamas yuxtapuestas de modo que puede andar hacia adelante y hacia atrás.

anfiscio-a *adj. y s.* Dícese del habitante de la zona tórrida cuya sombra, al mediodía, mira ya al Norte ya al Sur, según las estaciones.

anfiteatro *m.* Conjunto de asientos instalados en gradas semicirculares, en aulas y teatros. Edificio constituido por dos teatros semicirculares afrontados.

anfitrión *m.* El que tiene convidados a su mesa y los regala con esplendidez.

ánfora *f.* Cántaro de cuello largo y cuerpo ancho, usado por los egipcios, griegos y romanos. En México, urna para las votaciones.

anfótero-a *adj.* Que tiene función doble, dos manifestaciones, dos cualidades, dos causas, etc. Roca formada por acción volcánica e hídrica. Cuerpo que puede funcionar como ácido o como base. Ion neutro.

anfractuosidad *f.* Escabrosidad. Surco o depresión sinuosa que separa las circunvoluciones cerebrales. Rodeo de un camino fragoso.

angarillas *f. pl.* Andas en que se llevan a mano materiales diversos. Armazón para transportar en cabalgaduras materiales delicados. Parihuelas, serón.

ángel *m.* Espíritu celeste. Gracia, simpatía, bondad.

angélical *adj.* Perteneciente o relativo a los ángeles. Parecido a los ángeles por su hermosura, candor o inocencia.

angelito *m.* Diminutivo de ángel. Niño de tierna edad. Irónicamente, dícese de las personas mayores que simulan inocencia.

angelote *m.* Aumentativo de ángel. Figura grande de ángel. Niño gordo y de apacible condición. Persona sencilla y buena.

ángelus *m.* Oración en honor al misterio de la Encarnación que se reza al amanecer, al mediodía y por la tarde.

angevino-a *adj.* Natural o relativo a las regiones francesas de Angers o Anjou. Partidario de la antigua casa soberana de Anjou.

angina *f.* Inflamación del istmo de las fauces y de la faringe. Inflamación y dolor de garganta. Dolor intenso en el cuello o en el tórax que causa sofocación y angustia. De pecho, accesos de dolor con angustia de muerte desde el esternón al hombro, brazo, antebrazo y mano izquierdos.

angiología *f.* Parte de la Anatomía que estudia el sistema vascular.

angiospermo-a *adj.* Dícese de las plantas con semillas dentro de un ovario cerrado.

anglicanismo *m.* Sistema eclesiástico, organización y doctrina de la Iglesia de Inglaterra y de las que están en comunión con ella.

anglicismo *m.* Giro o modo de hablar privativo de la lengua inglesa. Vocablo o giro de esta lengua empleado en otra.

angloamericano-a *adj.* Perteneciente a ingleses y americanos; o del individuo de origen inglés nacido en América. Natural de Estados Unidos.

anglófilo-a *adj.* Amigo y partidario de los ingleses.

anglófobo-a *adj.* Enemigo de Inglaterra y de los ingleses.

anglomanía *f.* Afectación en imitar las costumbres inglesas.

anglosajón-a *adj.* Individuo de los pueblos germanos que invadieron a Inglaterra en el siglo V. Lengua germánica hablada por los anglosajones y de la cual procede el inglés.

angora *adj. y s.* Raza de cabras, conejos y gatos de pelo largo y sedoso.

angosto-a *adj.* Estrecho o reducido.

angostura *f.* Calidad de angosto. Paso estrecho. Tristeza, angustia. Estrechez; apuro, aprieto.

angstrom *m.* Unidad para medir longitudes de onda, equivalente a una diezmillonésima de milímetro.

anguido *adj. y s.* Reptil saurio sin extremidades; sus especies son inofensivas y útiles.

anguila *f.* Pez de agua dulce, de cuerpo alargado y viscoso; desova y se desarrolla en el mar. Persona delgada y escurridiza.

angula *f.* Larva de la anguila, al penetrar en los ríos.

angular *adj.* Perteneciente o relativo al ángulo. De figura de ángulo.

ángulo *m.* Abertura formada por dos líneas que parten de un mismo punto. Divergencia de dos líneas o superficies que se cortan. Esquina o arista. Rincón.

anguloso-a *adj.* Que tiene ángulos o esquinas.

angus *adj. y s.* Raza vacuna mocha y muy lechera.

angustia *f.* Aflicción, congoja. Tristeza, desconsuelo, ansiedad. Opresión en la región epigástrica con malestar general, respiración acelerada y taquicardia.

angustioso-a *adj.* Lleno de angustia; que la causa o que la padece.

anhelar *intr.* Respirar con dificultad. Tener ansia o deseo vehemente. Ansiar, codiciar, apetecer.

anhélito *m.* Respiración corta y fatigosa.

anhelo *m.* Deseo vehemente. Codicia, ambición.

anheloso-a *adj.* Dícese de la respiración frecuente y fatigosa. Que tiene o siente anhelo.

anhidrido *m.* Nombre genérico de los cuerpos resultantes de la eliminación de una o más moléculas de agua; o de una o más moléculas de ácido.

anhidro-a *adj.* Dícese del cuerpo en cuya formación no entra el agua, o que la ha perdido si la tenía.

anidar *intr.* Hacer nidos las aves o vivir en él. Existir algo en una persona o cosa. Morar, abrigar.

anilina *f.* Alcaloide de olor característico que existe en el alquitrán de hulla. Denominación genérica de gran número de colorantes que la tienen como base.

anilla *f.* Anillo de colgaduras o cortinas que puede correrse y descorrerse fácilmente. Aros para ejercicios gimnásticos.

anillar *tr.* Dar forma de anillo. Sujetar con anillos.

anillo *m.* Aro pequeño, de metal u otra materia, más o menos decorado, para adorno de los dedos de las manos. Tejido orgánico de forma anular. Collarino. Moldura que rodea un cuerpo cilíndrico.

ánima *f.* Alma. Alma del purgatorio. Hueco del cañón de una arma de fuego.

animación *f.* Acción y efecto de animar o animarse. Viveza en las acciones, palabras o movimientos. Concurso de gente.

animado-a *adj.* Que posee ánimo, valor. Concurrido, divertido. Alegre, confortado, reanimado.

animadversión *f.* Enemistad, ojeriza. Crítica o advertencia severa. Animosidad, rencor.

animal *m.* Ser orgánico que vive, siente y se mueve por propio impulso. Persona ignorante y necia. *Adj.* Perteneciente o relativo al animal o a la parte sensitiva de un ser viviente.

animalada *f.* Dicho o hecho necio. Borricada. Barbaridad, estupidez.

animálculo *m.* Animal microscópico.

animalucho *m.* Despectivo de animal. Animal de figura desagradable.

animar *tr.* y *r.* Vivificar el alma al cuerpo. Infundir vigor. Excitar a una acción. Dar movimiento, calor y vida. Cobrar ánimo y esfuerzo. Alentar, reanimar; atreverse, decidirse.

ánimo *m.* Alma o espíritu, principio de la actividad humana. Valor, esfuerzo, energía. Intención, voluntad, brío, denuedo.

animosidad *f.* Aversión, ojeriza. Inquina, animadversión, malquerencia.

aniñado-a *adj.* Quien por su aspecto, acciones o genio se parece a los niños.

anión *m.* Ión que va al ánodo o polo positivo de una cuba electrolítica.

aniquilación *f.* o aniquilamiento *m.* Acción y efecto de aniquilar o aniquilarse.

aniquilar *tr.* y *r.* Reducir a la nada. Destruir o arruinar enteramente. Exterminar, arrasar, asolar.

anís *m.* Planta umbelífera anua con frutos aromáticos. Semilla de esta planta. Aguardiente anisado. Toda confitura menuda.

anisado-a *adj.* Que contiene anís o está aderezado con él.

anisar *tr.* Echar anís o espíritu de anís a una cosa. *M.* Tierra sembrada de anís.

anisete *m.* Licor compuesto de aguardiente, azúcar y anís.

anisospermo-a *adj.* Dícese de la planta con semillas de diferente tamaño.

aniversario *m.* Día en que se cumplen años de un suceso. Cumpleaños. Oficio fúnebre al cumplirse el año de fallecimiento de una persona.

ano *m.* Orificio en que acaba el conducto digestivo y por el cual se expele el excremento.

anoche *adv.* En la noche de ayer.

anochecer *intr.* Venir la noche. Estar en algún sitio o situación al empezar la noche.

anodino-a *adj.* Que sirve para calmar el dolor. Insignificante, insubstancial.

ánodo *m.* Conductor, placa o electrodo que se conecta con el polo positivo de un generador de corriente eléctrica.

anofeles *m.* Mosquito transmisor de las fiebres palúdicas.

anomalía *f.* Irregularidad. Rareza, singularidad. Distancia angular de un planeta a su afelio. Desviación de un órgano, organismo, tejido o célula de las características esenciales de su tipo.

anómalo-a *adj.* Irregular, extraño. Discrepante, anormal, raro.

anón *m.* o anoma *f.* Arbol o arbusto de América tropical de varias especies, pero con hojas alternas, flores con tres sépalos y seis pétalos, y frutos carnosos.

anonadar *tr.* y *r.* Aniquilar. Disminuir mucho alguna cosa. Humillar, abatir, exterminar, destruir.

anónimo-a *adj.* y *s.* Obra o escrito sin el nombre del autor. Autor de nombre desconocido. Secreto del autor que oculta su nombre. Carta sin firma.

anorexia *f.* Pérdida o falta de apetito.

anormal *adj.* Dícese de lo que se halla fuera de su natural estado o condición. Persona con desarrollo físico o intelectual inferior al que corresponde a su edad.

anosmia *f.* Falta o supresión del sentido del olfato.

anotación *f.* Acción y efecto de anotar. Apuntación o nota escrita. Comentario o glosa de un libro.

Asiento en el Registro de la Propiedad.

anotar *tr.* Poner notas. Hacer anotación. Apuntar. Observar.

anquilosar *tr.* y *r.* Causar anquilosis. Detenerse una cosa en su progreso. Agarrotarse.

anquilosis *f.* Inamovilidad. Consolidación anormal e inamovilidad de una articulación.

ánsar *m.* Ave palmípeda con plumaje blanco en el abdomen, pico anaranjado dentado en sus bordes. Ganso bravo o salvaje.

ansarino-a *adj.* Perteneciente al ánsar. *M.* Pollo del ánsar.

anseriforme *adj.* En forma de ánsar. Ave carinada de pico con laminillas córneas con una de terminal en el pico: patos, gansos, cisnes, etc.

ansia *f.* Congoja que causa inquietud o agitación violenta. Angustia o aflicción de ánimo. Anhelo. Náuseas.

ansiar *tr.* Desear con ansia. Llenarse de ansia. Anhelar, apetecer.

ansiedad *f.* Estado de inquietud o agitación del ánimo. Angustia que no permite sosiego a ciertos enfermos. Aprensión mental ante un peligro.

ansioso-a *adj.* Con ansias o congojas. Que tiene deseo vehemente de algo.

anta *f.* Nombre de diversas especies de alces de la familia de los cérvidos y aun del tapir. Danta. Ante. Búfalo. Piel de ante adobada y curtida, o de otros animales.

anta *f.* Pilastra embutida en un muro y del que sobresale algo para reforzarlo o adornarlo. Menhir, monumento megalítico lusitano.

antagónico-a *adj.* Que denota o implica antagonismo. Opuesto, contrario.

antagonismo *m.* Contrariedad, rivalidad, oposición tenaz, en especial en doctrinas y opiniones. Oposición en acción fisiológica. Fuerza para equilibrar a otra.

antagonista *com.* Persona o cosa opuesta o contraria a otra. Contrario, enemigo, émulo.

antaño *adv.* En el año anterior al presente. En tiempos pasados.

antártico-a *adj.* Dícese del polo opuesto al ártico, o sea el Polo Sur o Austral. Meridional.

ante *prep.* En presencia de, delante de. En comparación, respecto de. *M.* En México, bizcocho mezclado con dulce de huevo, coco, almendras, etc.

anteado-a *adj.* De color de anta o ante. En México, averiado, que no es posible venderlo.

anteanoche *adv.* En la noche de anteayer.

anteayer *adv.* En el día que precedió inmediatamente al de ayer.

antebrazo *m.* Parte del brazo desde el codo hasta la muñeca.

anteburro *m.* En México, el tapir o danta.

antecámara *f.* Pieza delante de la sala principal.

antecedente *m.* Acción o circunstancia para juzgar hechos posteriores. *Pl.* Lo conducente al mejor conocimiento de algo. Precedente. El primero de los términos de una relación gramatical. Nombre o pronombre al que hacen referencia los pronombres relativos. Primer término de una razón matemática. En Música, tema o sujeto de la fuga.

anteceder *tr.* Preceder.

antecesor *m.* Anterior en tiempo. Antepasado, abuelo o ascendiente. Persona que precedió a otra en algún oficio o dignidad.

anteco-a *adj.* Moradores de la Tierra que están en un mismo meridiano y a igual distancia del Ecuador, pero en hemisferios diferentes.

antecomedor *m.* Pieza contigua al comedor y que le sirve de desahogo.

antedata *f.* Fecha falsa de un documento, anterior a la verdadera.

antedecir *tr.* Predecir.

antediluviano-a *adj.* Anterior al diluvio universal. Antiquísimo.

antefirma *f.* Tratamiento que se pone antes de la firma, o denominación del empleo, dignidad o representación del firmante, al frente de un documento.

antelación *f.* Anticipación con que, en orden al tiempo, sucede una cosa respecto a otra.

antemano *adv.* Con anticipación, anteriormente.

antemeridiano-a *adj.* Anterior al mediodía.

antena *f.* Conductor para recoger o emitir ondas electromagnéticas. Organo sensorial y móvil de la cabeza de los insectos, miriápodos y crustáceos. Entena.

antenombre *m.* Nombre o calificativo que se pone antes del nombre propio.

antenupcial *adj.* Que precede a la boda o se hace antes de ella.

anteojo *m.* Instrumento óptico para ver objetos lejanos. Armazón con cristales verticales para proteger los ojos.

antepalco *m.* Pieza que da ingreso a un palco en los edificios destinados a espectáculos públicos.

antepasado-a *adj.* y *s.* Tiempo anterior a otro ya pasado. Abuelo o ascendiente. Antecesor, progenitor, mayor.

antepecho *m.* Pretil. Parapeto. En México, tablero en la parte alta de las ventanas, para disminuir la abertura de las hojas movibles.

antepenúltimo-a *adj.* Inmediatamente anterior al penúltimo.

anteponer *tr.* Poner delante o antes. Preterir. Sobrepujar, aventajar.

anteportada *f.* Hoja que precede a la portada de un libro.

anteproyecto *m.* Conjunto de trabajos preliminares para redactar un proyecto. Proyecto provisional sujeto a correcciones.

antepuerto *m.* Terreno elevado y escabroso que en las cordilleras precede al puerto. Parte avanzada de un puerto artificial.

antera *f.* Parte del estambre que forma los sacos polínicos, en las plantas fanerógamas.

anteridio *m.* Organo masculino de muchas de las plantas criptógamas.

anterior *adj.* Que precede en lugar o tiempo.

anterioridad *f.* Precedencia temporal de una cosa con respecto a otra.

anteroposterior *adj.* Que se extiende de delante atrás.

anterozoide *m.* Cada una de las células reproductoras masculinas de las plantas.

antes *adv.* Denota prioridad de tiempo o de lugar. *Conj.* adversativa, denota idea de contrariedad y preferencia en el sentido de una oración respecto a otra.

antesala *f.* Pieza delante de la sala o salas principales de una casa.

antesis *f.* Floración. florescencia.

antever *tr.* Prever. Ver con anticipación.

antiaéreo-a *adj.* Que sirve de protección o defensa de los ataques aéreos.

antialcohólico-a *adj.* Dícese del tratamiento que anula o disminuye la afición inmoderada a las bebidas alcohólicas. Que combate el alcoholismo. Que contrarresta los efectos del alcohol.

antibéquico-a *adj.* Que cura o mitiga la tos.

antibiótico-a *adj.* y *s.* Destructor de la vida. Producto bactericida.

anticatalizador-a *adj.* Que retarda la acción de un catalizador.

anticátodo *m.* Conductor metálico frente al cátodo para que choque el flujo de electrones.

anticiclón *m.* Nombre de un máximo de presión barométrica.

anticipación *f.* Acción y efecto de anticipar o anticiparse. Representación anticipada. Nota o notas que se adelantan al lugar de su acorde. Refutación de antemano de una supuesta objeción.

anticipado-a *adj.* Adelantado, prematuro, precoz.

anticipar *tr.* Hacer que ocurra o tenga efecto algo antes de tiempo. Fijar tiempo anterior al regular. Dar dinero antes del tiempo debido. Adelantarse una persona a otra en la ejecución de una cosa. Ocurrir una cosa antes del tiempo normal.

anticipo *m.* Anticipación. Dinero anticipado.

anticlinal *adj.* Plegamiento en que los flancos divergen desde la charnela. Que se inclina en sentido distinto y divergente.

anticoagulante *adj.* Que evita la coagulación.

anticomunista *adj.* y *s.* Opuesto a las doctrinas politicoeconómicas y a la expansión del comunismo.

anticonstitucional *adj.* Contrario a la constitución o ley fundamental de un Estado.

anticorrosivo-a *adj.* Sustancia protectora contra los agentes atmosféricos u otros corrosivos.

anticristo *m.* Enemigo de Cristo y de su Iglesia, cuya venida ocurrirá poco antes de la del fin del Mundo.

anticuado-a *adj.* Que no está en uso mucho tiempo ha. Desusado. viejo.

anticuar *tr.* Hacerse antiguo o anticuado. Dejar de usarse.

anticuario *m.* Dícese de quien hace estudios o profesión del conocimiento de las cosas antiguas. El que las colecciona o negocia con ellas.

anticuerpo *m.* Sustancia que se forma en el organismo animal después de inyectar en él un antígeno y que tiene propiedades específicas contra éste.

antidetonante *adj.* Sustancia que evita las detonaciones en los motores de combustión interna.

antídoto *m.* Contraveneno. Preservativo de algún mal. Medio para no incurrir en algún vicio o falta.

antieconómico-a *adj.* Contrario a la economía.

antiestético-a *adj.* Contrario a la estética, o poco estético.

antifaz *m.* Velo o máscara con que se cubre en parte la cara.

antiflogístico-a *adj.* Que cura o mitiga la inflamación.

antífona *f.* Breve canto o rezo litúrgico antes y después de los salmos y de otros cánticos en las horas canónicas.

antigás *adj.* Dícese de cualquier medio de protección, caretas, vestidos, zapatos, abrigos, contra los ataques con gases tóxicos.

antígeno *adj.* y *s.* Dícese de la sustancia que, al ser introducida en el organismo, origina la formación de anticuerpos: toxinas, fermentos, proteínas, polisacáridos, etc.

antigramatical *adj.* Contrario a las normas de la Gramática.

antigualla *f.* Obra u objeto de arte de remota antigüedad. Noticia de sucesos muy antiguos. Mueble, traje, adorno, etc., fuera de moda.

antigüedad *f.* Calidad de antiguo. Tiempo antiguo. Sucesos, hombres y objetos de lejanos tiempos. Tiempo transcurrido desde el día en que se obtiene un empleo.

antiguo-a *adj.* Que existe desde hace mucho tiempo o que existió o sucedió en tiempo remoto. Antigüedad en un empleo. Remoto, viejo, vetusto.

antihigiénico-a *adj.* Contrario a los preceptos de la Higiene.

antijurídico-a *adj.* Que es contra el Derecho.

antilogaritmo *m.* El número que corresponde a un logaritmo dado.

antilogía *f.* Contradicción más aparente que real entre textos o expresiones. Combinación de síntomas contradictorios, que hacen dudoso el diagnóstico de las enfermedades.

antílope *m.* Mamífero rumiante bóvido, de figura ágil y graciosa, de los que existen muchas especies.

antillano-a *adj.* Natural o perteneciente a cualquiera de las Antillas.

antimagnético-a *adj.* Que no puede imantarse u opone resistencia a la imantación.

antimilitarista *adj.* Contrario al militarismo.

antimonio *m.* Elemento químico, que pulimentado parece plata, muy dilatable; símbolo Sb.

antinomia *f.* Contradicción entre principios racionales o leyes.

antipalúdico-a *adj.* Que cura o previene el paludismo. Antimalárico.

antipapa *m.* El que no está canónicamente elegido papa y pretende ser reconocido como tal, contra el verdadero y legítimo.

antipara *f.* Cancel o biombo para encubrir algo. Polaina que cubre la pierna sólo por delante.

antiparras *f. pl.* Anteojos.

antipatía *f.* Repugnancia instintiva que se siente hacia alguna persona o cosa. Oposición recíproca entre seres inanimados. Repulsión, animosidad.

antipatriótico-a *adj.* Contrario al patriotismo.

antipediculoso-a *adj.* Que destruye los piojos.

antipirético-a *adj.* Que reduce la calentura. Febrífugo.

antipirótico-a *adj.* Bueno contra las quemaduras.

antípoda *adj. y s.* Habitante del globo terrestre diametralmente opuesto a otro. Persona o cosa contraria u opuesta a otra.

antiquísimo-a *adj.* Superlativo de antiguo. Milenario, secular.

antirrábico-a *adj.* Que evita o cura la rabia. Antilísico.

antiscio-a *adj.* Dícese de cada uno de los habitantes de las dos zonas templadas, que por vivir sobre el mismo meridiano y en hemisferios opuestos, proyectan al mediodía su sombra en dirección contraria.

antisemita *adj.* Enemigo de los judíos o contrario a los intereses de la raza judía.

antisepsia *f.* Profilaxis o prevención de los padecimientos infecciosos al destruir los microbios que los causan.

antiséptico-a *adj.* Que destruye los microbios patógenos o impide su desarrollo.

antisubmarino-a *adj.* Que combate los submarinos o se protege de ellos.

antitanque *adj.* Que se usa contra los tanques.

antítesis *f.* Oposición o contrariedad de dos juicios o afirmaciones. Persona enteramente opuesta a otra en sus condiciones a otra. Contraposición de pensamientos.

antitoxina *f.* Anticuerpo que se forma como reacción defensiva contra una toxina y es capaz de neutralizarla.

antitrago *m.* Prominencia de la oreja en la parte inferior del pabellón y opuesta al trago.

antituberculoso-a *adj.* Perteneciente o relativo a los procedimientos e instituciones para combatir la tuberculosis.

antofita *f.* Espermatofita.

antojadizo-a *adj.* Que tiene antojo de algo. Veleidoso, caprichoso.

antojarse *r.* Sentir vehemente deseo de algo. Ofrecerse como probable alguna cosa.

antojo *m.* Deseo vivo y pasajero de alguna cosa, especialmente sugerida por el capricho. *Pl.* Lunares, manchas o tumorcillos que la gente cree producto de antojos no satisfechos.

antología *f.* Colección de trozos selectos de obras literarias. Florilegio.

antónimo-a *adj.* Dícese de las palabras que expresan ideas opuestas o contrarias.

antonomasia *f.* Sinécdoque que consiste en poner el nombre apelativo por el propio o el propio por el apelativo.

antorcha *f.* Hacha, vela o mecha para alumbrar. Lo que sirve de norte y guía para el entendimiento. Tea, hachón.

antracita *f.* Carbón fósil seco que arde con dificultad y sin conglutinarse.

ántrax *m.* Tumor inflamatorio de la piel formando una aglomeración de forúnculos que hace extensa y profunda la zona inflamada.

antro *m.* Caverna, cueva, gruta. Lugar donde se reúne gente miserable o de mal vivir. Cavidad casi cerrada en el organismo.

antropofagia *f.* Costumbre de algunos salvajes de comer carne humana.

antropografía *f.* Rama de la Antropología que trata de la descripción del cuerpo humano y de las razas humanas y pueblos.

antropoide *adj.* Antropomorfo. *Adj.* y *s.* Mamífero primate superior sin cola y catarrino: chimpancé, gorila, orangután y gibón.

antropología *f.* En sentido amplio, ramas del saber que directa o indirectamente se relacionan con el ser y la vida del hombre; pero con menos amplitud, ciencia que trata del hombre y de las razas humanas, a través del tiempo y del espacio, en forma comparativa.

antropometría *f.* Parte de la Antropología que estudia las medidas y relaciones numéricas de las distintas partes del cuerpo humano.

antropomorfismo *m.* Conjunto de creencias y doctrinas que atribuyen a la divinidad figura y cualidades del hombre.

antropomorfo-a *adj.* Dícese de los monos que tienen alguna semejanza corporal con el hombre. Animal u órgano animal semejantes al hombre por su configuración o manera de funcionar. Antropoide.

antropozoico-a *adj.* Dícese del terreno que contiene restos humanos fósiles. Era cuaternaria.

antruejo *m.* Los tres días de carnestolendas o carnaval.

antuvión *m.* Golpe o acontecimiento repentino. El que da un golpe anticipado o se anticipa a quien quiere hacer algún daño o agravio.

anual *adj.* Que sucede o se repite cada año. Que dura un año. Dícese de la planta que nace, fructifica y muere en el espacio de un año.

anualidad *f.* Calidad de anual. Importe anual de una renta o carga.

anuario *m.* Libro o guía que se publica de año en año.

anubado-a o **anubariado-a** *adj.* Nubloso, cubierto de nubes. Nublado, encapotado, nuboso.

anublar *tr.* y *r.* Ocultar las nubes el cielo o la luz de un astro. Obscurecer, empañar, amortiguar. Marchitarse las plantas.

anudar *tr.* y *r.* Hacer nudos. Juntar o reunir en nudo. Continuar lo interrumpido. Atar, ligar.

anuencia *f.* Consentimiento.

anuente *adj.* Que consiente.

anulable *adj.* Que se puede anular.

anular *tr.* Dar por nulo. Incapacitar, desautorizar a uno. Suprimir.

anular *adj.* Perteneciente o relativo al anillo. De figura de anillo. Dícese del cuarto dedo de la mano, a partir del pulgar.

ánulo *m.* Anillo o gradecilla. Astrágalo de los capiteles dóricos griegos. Cualquier órgano o parte en forma anular.

anunciación *f.* Acción y efecto de anunciar. Presagio, mensaje, anuncio. Por antonomasia, el anuncio del misterio de la Encarnación que el arcángel San Gabriel trajo a la Virgen Santísima.

anunciar *tr.* y *r.* Dar noticia, anuncio o aviso de algo. Proclamar, publicar, hacer saber. Pronosticar. Predecir, vaticinar.

anunciativo-a *adj.* Dícese del vocablo o frase que anuncia la oración siguiente.

anuncio *m.* Acción y efecto de anunciar. Palabras o signos con los que se anuncia algo. Pronóstico, presagio, aviso.

anuo-a *adj.* Anual.

anuro-a *adj.* Dícese de los animales sin rabo o cola; en especial de las ranas y sapos.

anverso *m.* Cara principal de las monedas y medallas. Primera página impresa de un pliego.

anzuelo *m.* Arponcillo o garfio que, pendiente de un sedal o alambre y cebado, sirve para pescar. Atractivo, aliciente. Artimaña, trampa.

añacal *m.* El que llevaba el trigo al molino. Tabla en que se lleva el pan al horno.

añada *f.* Tiempo de un año. Cosecha correspondiente a un año.

añadido-a *adj.* Agregado, incorporado. *M.* Postizo.

añadidura *f.* Lo que se añade a algo. Lo que el vendedor añade al peso justo. Aditamento, complemento.

añadir *tr.* Agregar, incorporar una cosa a otra. Aumentar, ampliar. Adicionar, sumar.

añafil *m.* Trompeta recta morisca.

añagaza *f.* Señuelo para cazar aves. Artificio para atraer con engaño. Ardid, treta, espejuelo.

añal *adj.* Anual. Que tiene un año cumplido.

añejar *tr.* y *r.* Hacer añeja alguna cosa. Alterarse algunas cosas con el transcurso del tiempo. Transformarse el vino con el tiempo, mejorándose.

añejo-a *adj.* Dícese de las cosas que tienen uno o más años. Que tiene mucho tiempo.

añicos *m. pl.* Pedazos o trozos pequeños de alguna cosa al romperse.

añil *m.* Arbusto leguminoso perenne, que de sus tallos y hojas se obtiene una materia colorante azul oscura. Esta materia o color. Indigo.

año *m.* Tiempo de una revolución de la Tierra en su órbita alrededor del Sol. Período de doce meses a contar del 1? de enero inclusive, o de un día cualquiera.

añoranza *f.* Soledad, pesar y melancolía por la ausencia, muerte o pérdida de alguna persona o cosa. Nostalgia, saudade.

añorar *tr.* Recordar con pena la ausencia, privación o pérdida de persona o cosa muy querida.

añoso-a *adj.* De muchos años.

añublo *m.* Hongo parásito que ataca los vegetales formando manchas oscuras. Roya, tizón.

aojar *tr.* Hacer mal de ojo. Malograr alguna cosa. Ojear, espantar la caza.

aoristo *m.* Cada uno de ciertos pretéritos indefinidos de la conjugación griega.

aorta *f.* Arteria principal del cuerpo humano de la que se origina todo el sistema arterial, que nace del ventrículo izquierdo del corazón.

aovado-a *adj.* De figura de huevo.

aovar *intr.* Poner huevos las aves u otros animales.

apabullar *tr.* Aplastar. Reducir al silencio. Hundir, acallar.

apacentar *tr.* Dar pasto a los ganados. Instruir, enseñar. Cebar los deseos, sentidos o pasiones.

apacible *adj.* Manso, dulce y agradable en la condición y trato. De buen temple, tranquilo. Bonachón, afable, placentero.

apaciguar *tr.* Poner en paz, sosegar, aquietar. Tranquilizar, pacificar.

apache *adj. y s.* Individuo de la familia india atapascana norteamericana, cruel y sanguinario. Bandido o salteador de París o de otras grandes poblaciones. Dialecto' de la familia atapascana.

apachurrar *tr.* Despachurrar. En México, Cuba y Colombia achaparrar, oprimir.

apadrinar *tr.* Acompañar o asistir como padrino a una persona. Patrocinar, proteger.

apagado-a *adj.* De genio sosegado y apocado. Amortiguado, poco vivo. Lánguido, mortecino. Dícese de las tintas borrosas y débiles.

apagar *tr. y r.* Extinguir el fuego o la luz. Sofocar, reprimir. Rebajar un color demasiado vivo o templar el tono de la luz. Aplacar.

apagón *m.* Extinción repentina y accidental del alumbrado. En México, caballo que arranca a gran velocidad y luego se cansa y afloja la marcha.

apaisado-a *adj.* Que es más ancho que largo.

apalabrar *tr.* Concertar de palabra alguna cosa. Ajustar, pactar.

apalancar *tr.* Levantar o mover alguna cosa con palanca.

apalear *tr.* Dar golpes con palo u otra cosa semejante. Aventar con pala. Sacudir algo con palo o con vara. Vapulear, azotar, fustigar.

apancle *m.* En México, acequia, caño de agua.

apandar *intr. y r.* Pandear o pandearse.

apantallado-a *adj.* En México, tonto, mentecato, apocado.

apantle *m.* En México, acequia, canalito para conducir agua.

apañar *tr.* Coger con la mano. Tomar algo capciosa o ilícitamente. *R.* Darse maña para hacer algo. Adueñarse, hurtar; reparar.

apaño *m.* Compostura, remiendo. Disposición o maña. Manceba.

aparador-a *adj. y s.* Que apara o cose los zapatos. Armario para el servicio de mesa. Taller u obrador. Escaparate. En México, obrero auxiliar en las minas.

aparar *tr.* Acudir con las manos o coger alguna cosa. Preparar una fruta para comerla. Coser los zapatos. Aparejar, disponer, adornar.

aparato *m.* Apresto o prevención para algún fin. Pompa, ostentación. Utensilio. Conjunto de instrumentos para experimentos u operaciones. Conjunto de órganos relacionados anatómica y funcionalmente. Apósito o artificio que se aplica al cuerpo para curar una lesión o corregir un defecto.

aparatoso-a *adj.* Que tiene mucho aparato, pompa u ostentación. Dícese de quien pondera, exagera o abulta una cosa.

aparcar *tr.* Colocar adecuadamente en estacionamientos u otras zonas, carros, material y vehículos de toda clase. En México, estacionarlos.

aparcería *f.* Contrato consensual, oneroso y bilateral por el que varias personas convienen en explotar a la parte tierras y ganados que pertenecen a una de ellas.

aparear *tr.* Ajustar una cosa con otra igualándolas. Constituir parejas. Juntar las hembras con los machos para que críen.

aparecer *intr.* Manifestarse, dejarse ver. Surgir, brotar. Parecer, encontrarse.

aparecido-a *adj. y s.* Espectro de un difunto. Fantasma, espanto.

aparejado-a *adj.* Apto, idóneo. Unido y natural a algún suceso. Dícese del buque listo para hacerse a la mar.

aparejador-a *adj. y s.* Que apareja. Oficial que prepara y dispone los materiales en las construcciones.

aparejar *tr.* y *r.* Preparar, prevenir, disponer. Vestirse con esmero. Poner el aparejo a las caballerías. Poner a un buque su aparejo.

aparejo *m.* Preparación de algo para un fin. Sistema de poleas dispuesto para aumentar la potencia de levantamiento de grandes pesos. Conjunto de aparatos que requiere la fábrica en piedra. Disposición de los ladrillos en un muro. Conjunto de palos, vergas, jarcias y velas de un buque.

aparentar *tr.* Manifestar o dar a entender lo que no es o está. Tener una persona el aspecto correspondiente a su edad. Simular, parecer.

aparente *adj.* Que parece y no es. Conveniente, oportuno. Que aparece y se muestra a la vista. Que tiene determinado aspecto o apariencia. Ilusorio, ficticio, engañoso.

aparición *f.* Acción y efecto de aparecer o aparecerse. Visión de un ser sobrenatural o fantástico.

apariencia *f.* Aspecto exterior de una persona o cosa. Cosa que parece y no es. Término opuesto a realidad.

aparroquiar *tr.* Procurar parroquianos los tenderos o quienes ejercen ciertas profesiones.

apartadero *m.* Lugar para retirarse y dejar paso libre. Lugar en que se apartan los toros para encajonarlos. Vía corta o ramal para apartar vagones u otros vehículos rodantes.

apartado-a *adj.* Retirado, distante. Diferente, distinto. *M.* Aposento de descanso o desahogo en una casa. Conjunto de cartas, periódicos, etc. que se apartan del correo para que los interesados recojan y lugar destinado a ello.

apartamiento *m.* Acción y efecto de **apartar o apartarse. Lugar apartado o retirado. Habitación, vivienda.** Desistimiento de una acción o recurso.

apartar *tr.* y *r.* Separar, desunir, dividir. Quitar a una persona o cosa del lugar donde estaba. Alejar, retirar. Disuadir, hacer desistir.

aparte *adv.* En otro lugar; a distancia, desde lejos. Separadamente, con omisión. *M.* Lo que dice un actor teatral como hablando para sí.

aparvar *tr.* Hacer parva, disponer la mies para trillarla. Reunir.

apasionado-a *adj.* Poseído de alguna pasión o afecto. Partidario de alguien o que gusta de él.

apasionar *tr.* y *r.* Causar o excitar alguna pasión. Atormentar, afligir. Aficionarse con exceso a una persona o cosa.

apaste *m.* En México y Centroamérica, lebrillo hondo de barro y con asas.

apastillado-a *adj.* En México, color blanco con tinte rosado.

apatía *f.* Impasibilidad de ánimo. Dejadez, indolencia, falta de vigor o energía. Desidia, abulia.

apático-a *adj.* Que adolece de apatía. Inaccesible a las pasiones. Abúlico, indolente, impasible.

apatrida o apátrida *adj.* y *s.* Persona que jurídicamente carece de nacionalidad.

apavanar *tr.* En México, emblandecer, mullir, desmenuzar.

apazotar *tr.* En México, cargar de apazote o epazote los guisos. Sembrar un terreno de apazotes o epazotes.

apazote *m.* Pazote, epazote.

apea *f.* Soga con un palo para trabar o maniatar las caballerías.

apeadero *m.* Poyo o sillar en la entrada de las casas, para montar o desmontar de las caballerías. Sitio para apearse los viajeros y descansar. Pequeña estación de ferrocarril, sin apartadero y otros accesorios.

apeador-a *adj.* Que apea. Persona encargada de deslindar términos y demarcaciones de fincas rústicas.

apear o apearse *tr.* Desmontar de una caballería o carruaje. Maniatar las caballerías para que no escapen, o sujetar un vehículo para que no ruede. Deslindar fincas. Cortar un árbol por el pie o derribarlo. Disuadir a alguien de su opinión o dictamen. Sostener provisionalmente alguna construcción. Bajar de su sitio alguna cosa.

apechar *intr.* Apechugar, admitir algo venciendo la repugnancia que causa.

apechugar *intr.* Dar o empujar con el pecho o cerrar pecho con alguno. Admitir, aceptar con repugnancia. Pechar, resignarse, someterse.

apedazar *tr.* Despedazar. Echar pedazos, remendar.

apedrear *tr.* Tirar piedras a una persona o cosa. Matar a pedradas. Caer pedrisco. Perjudicar a las plantas el pedrisco.

apegado-a *adj.* Adicto, adherido, afecto.

apegar o apegarse *tr.* y *r.* Cobrar apego.

apego *m.* Afición o inclinación particular. Adhesión, amistad, simpatía.

apelación *f.* Acción y efecto de apelar. Recurso ante el superior sobre alguna sentencia o resolución.

apelado-a *adj.* Dícese de dos o más caballerías del mismo pelo o color.

apelar *intr.* Recurrir al juez o tribunal superior contra una sentencia o resolución. Recurrir a alguien para algún trabajo o necesidad. Referirse.

apelativo-a *adj.* y *s.* Se dice del nombre que conviene a todos los individuos de la misma especie. *M. americ.* Apellido.

apelmazar *tr.* Hacer una cosa menos esponjada o hueca.

apelotonar *tr.* Formar pelotones.

apellidar *tr.* y *r.* Tener tal nombre o apellido. Nombrar, llamar por apellido.

apellido *m.* Nombre de familia con que se distinguen las personas. Nombre particular de las cosas.

apenar *tr.* y *r.* Causar pena, afligir. Entristecer, angustiar, abatir.

apenas *adv.* Casi no. Luego que, al punto que.

apéndice *m.* Cosa añadida a otra, como parte accesoria o dependiente. Parte que se anade a un libro para ampliarlo, subsanar omisiones, insertar documentos. Extremidad, suplemento. Persona que acompaña de continuo a otra.

apendicectomía *f.* Extirpación quirúrgica del apéndice cecal o vermiforme.

apendicitis *f.* Inflamación del apéndice vermiforme o cecal.

apendicular *adj.* Relativo a cualquiera de los apéndices.

apeo *m.* Acción y efecto de apear. Armazón con que se apea. Documento en que se acredita el deslinde o demarcación.

aperar *tr.* Componer, aderezar. Fabricar carros y aparejos para el cultivo de-los campos. Aparejar una caballería. *Americ.* Proveer, abastecer.

apercibimiento *m.* Acción y efecto de apercibir o apercibirse. Advertencia hecha por la autoridad. Admonición, amonestación. Corrección disciplinaria a un empleado, para avisarlo o advertirlo.

apercibir *tr.* y *r.* Prevenir, preparar lo necesario. Amonestar, advertir. Conminar, avisar, notificar. Galicismo por advertir, darse cuenta.

apercollar *tr.* Coger o asir por el cuello a alguien. Acogotar.

apergaminado-a *adj.* Semejante al pergamino. Dícese de la persona de pocas carnes, seca, enjuta.

apergollar *tr.* En México, detener, encarcelar.

aperitivo-a *adj.* y *s.* Que sirve para abrir el apetito.

apernar *tr.* Asir o agarrar el perro por las piernas alguna res.

apero o **aperos** *m. s.* o *pl.* Conjunto de instrumentos para la labranza o de animales destinados a las faenas agrícolas. Por extensión, con-

junto de instrumentos y herramientas de un oficio cualquiera.

aperrear *tr.* Echar perros para despedazar o matar. Fatigar mucho a una persona. Emperrarse.

apertura *f.* Acción de abrir. Comienzo o principio de cursos, tareas, espectáculos, asambleas, sesiones. Acción de abrir solemnemente un testamento.

apesadumbrar o **apesarar** *tr.* y *r.* Causar pesadumbre, afligir. Atribular, desolar.

apestar *tr.* Causar o comunicar la peste. Corromper, viciar. Fastidiar. *Intr.* Arrojar o comunicar mal olor. *Americ.* Desarrollarse raquíticamente una persona, animal o cosa.

apestoso-a *adj.* Que apesta, fastidia o comunica mal olor.

apétalo-a *adj.* Que carece de pétalos.

apetecer *tr.* Tener gana de algo o desearlo. Querer, codiciar, ambicionar. *Intr.* Gustar, agradar una cosa.

apetencia *f.* Apetito. Deseo de alguna cosa. Ansia, deseo, ambición.

apetito *m.* Impulso para satisfacer alguna necesidad. Gana de comer. Lo que excita el deseo. Afán, hambre, ansia.

apetitoso-a *adj.* Que excita el apetito o deseo. Gustoso, sabroso.

apiadar *tr.* y *r.* Causar o tener piedad. Condolerse, dolerse.

apiario-a *adj.* Semejante a la abeja. *M.* Colmenar.

apical *adj.* Perteneciente a la cima de una cosa. Porción del cuerpo o de un órgano más alejada de su base. Distal. Dícese de la consonante en cuya pronunciación interviene principalmente la punta de la lengua: l, t.

ápice *m.* Extremo superior o punta de una cosa. Parte pequeñísima, punto muy reducido. Lo más arduo o delicado de una cuestión.

apícola *adj.* Perteneciente o relativo a las abejas y a su cultivo.

apicultura *f.* Parte de la Zootecnia que se ocupa del cultivo de las abejas, para aprovechar y beneficiar la cera y la miel.

apilar *tr.* Amontonar, hacer pila o montón. Juntar, apiñar.

apinsionarse *r.* En México, entristecerse, preocuparse.

apiñar *tr.* y *r.* Juntar o agrupar estrechamente. Agrupar, aglomerar.

apio *m.* Planta umbelífera de tallo jugoso y asurcado; aromática y comestible.

apiolar *tr.* Poner pihuela o apea. Matar, quitar la vida. Enlazar la caza.

apipixca o **apipizca** *adj.* *f.* En México, chillona, escandalosa.

apique *m.* *americ.* Perforación vertical en una mina para seguir el filón.

apisonador-a *adj.* y *s.* Que apisona. Artefacto de cabeza muy pesada para consolidar un terreno. Máquina locomóvil con rodillo de gran peso para afirmar un pavimento.

apisonar *tr.* Apretar con pisón o apisonadora.

apitonar *intr.* Echar pitones. Empezar a brotar los árboles. Romper con el pitón, pico o punta, alguna cosa. Repuntarse, enojarse.

aplacar *tr.* Suavizar, mitigar.

aplacible *adj.* Agradable, deleitoso, ameno, apacible.

aplanadera *f.* Instrumento para aplanar el suelo; aplanadora.

aplanador-a *adj.* y *s.* Que aplana. Apisonador. Apisonadora.

aplanar *tr.* Allanar. Dejar pasmado con alguna razón o novedad inesperada. *R.* Venirse al suelo algún edificio. Perder la animación o vigor.

aplastador-a *adj.* y *s.* Que aplasta. Aparato para aplastar granos.

aplastar *tr.* Deformar una cosa por presión o golpe, aplanándola. Dejar a uno sin palabra y confuso.

aplaudir *tr.* Palmotear en señal de aprobación o entusiasmo. Celebrar con demostraciones de aprobación. Aprobar algo por bueno. Ovacionar, loar.

aplazar *tr.* Convocar, citar o llamar para tiempo y sitio señalados. Diferir, retrasar, posponer.

aplebeyar *tr.* y *r.* Envilecer ánimos o modales; hacerlos bajos como los de la ínfima plebe.

aplicación *f.* Acción y efecto de aplicar o aplicarse. Destino que se da a una cosa. Ornamentación sobrepuesta. Afición o asiduidad con que se ejecuta algo, especialmente el estudio. Adaptación, esmero.

aplicar *tr.* y *r.* Poner una cosa en contacto con otra. Emplear principios, procedimientos o cosas para un fin determinado. Referir a un caso particular lo que se ha dicho de otro o en general. Imputar a uno algún dicho o hecho. Poner en ejecución. Dedicarse a algo con esmero y cuidado. Adjudicar bienes o efectos.

aplomado-a *adj.* Que tiene aplomo. Plomizo. Prudente, juicioso.

aplomar *tr.* y *r.* Aumentar la pesantez de una cosa. Desplomarse. Cobrar aplomo. Examinar con la plomada. Poner verticalmente. En México, obrar tardíamente o sin pericia.

aplomo *m.* Gravedad, serenidad. Verticalidad. Mesura, tacto, juicio.

apocado-a *adj.* De poco ánimo. De baja condición. Tímido, pusilánime.

apocalíptico-a *adj.* Perteneciente o relativo al Apocalipsis. Terrorífico, espantoso. Por extensión, profético, fatídico.

apocar *tr.* y *r.* Minorar, reducir a poco. Limitar. Humillar, abatir.

apocináceo-a *adj.* Planta gencianal de jugo lechoso y frutos en dos folículos o drupas; algunas ornamentales y otras, proporcionan caucho.

apócope *m.* Supresión de alguna o algunas letras al final de palabra.

apócrifo-a *adj.* Supuesto, fingido. Dícese de los libros no canónicos. Falso, falsificado, ficticio.

apochinarse *r.* En México, deshilacharse un tejido, una prenda de vestir.

apodar *tr.* y *r.* Tener por bueno o malo. Comparar una cosa con otra para motejarla. Poner apodos.

apoderado-a *adj.* y *s.* Persona con poderes de otro para representarlo. Representante, mandatario, delegado.

apoderar *tr.* y *r.* Dar poder a una persona para que represente. Hacerse dueño de algo, ocuparlo, ponerlo bajo su poder. Arraigarse los vicios o costumbres. Apropiarse, ocupar, usurpar.

apodíctico-a *adj.* Demostrativo, convincente, de necesidad lógica.

apodo *m.* Nombre que se aplica a alguien tomándolo de sus defectos u otra circunstancia. Mote, remoquete, alias, sobrenombre.

ápodo-a *adj.* Desprovisto de pies o patas.

apódosis *f.* Segunda parte de una oración condicional que completa el sentido de la primera o prótasis.

apófisis *f.* Prominencia ósea o de un órgano.

apofonía *f.* Alteración vocálica en una palabra de la misma raíz que otra.

apogeo *m.* Punto en que la Luna se halla a mayor distancia de la Tierra, o de ésta con relación al Sol. Lo sumo de grandeza en gloria, virtud, poder, etc.

apoja *m.* En México, cierto ciervo o venado.

apolillado-a *adj.* Lleno de polillas. En Pintura, estampa, dibujo o plano pegado sobre una tela.

apolillar *tr.* y *r.* Roer, penetrar o destruir la polilla ropas u otras cosas. Envejecer.

apolíneo-a *adj.* Perteneciente o relativo a Apolo. Parecido a Apolo.

apologética *f.* Ciencia que expone las pruebas y fundamentos de la verdad de la religión católica.

apología *f.* Discurso oral o escrito en defensa y alabanza de personas o cosas. Panegírico, loa, elogio.

apólogo *m.* Fábula en que se da una enseñanza útil o moral. Alegoría, ficción, parábola.

apoltronarse *r.* Hacerse poltrón. Emperezarse, abandonarse.

apomazar *tr.* Estregar o alisar con piedra pómez.

aponeurosis *f.* Tejidos tendinoides en forma de cinta, blanco aperlados, de estructura semejante a los tendones.

apoplejía *f.* Congestión o derrame sanguíneo súbito en el cerebro que priva de sentido y movimiento.

aporcador-a *adj.* Que aporca. En México, abeja que anida y fabrica su miel en cavidades que hace en la tierra.

aporcar *tr.* Cubrir con tierra ciertas hortalizas para que se pongan tiernas y blancas. Acollar.

aporrear *tr.* Golpear con porra o palo. Dar golpes, en general. Apalear.

aportación *f.* Acción de aportar. Conducir, contribuir. Lo aportado.

aportar *intr.* Tomar puerto o arribar la nave. *Tr.* Llevar, conducir. Dar o proporcionar. Contribuir a una empresa común. Cooperar.

aporte *m.* Aportación, conjunto de bienes aportados. Participación.

aportillar *tr.* Practicar una abertura en pared o muralla para poder entrar. Romper o abrir cualquier cosa unida. Caerse una parte del muro. Abrir una brecha.

aposcahuarse *r.* En México, oxidarse, enmohecerse.

aposentador-a *adj.* y *s.* Que aposenta. Persona que señala las localidades a los concurrentes a un espectáculo público. Oficial encargado de aposentar la tropa.

aposentar *tr.* y *r.* Dar habitación y hospedaje. Tomar casa, alojarse.

aposento *m.* Cuarto o pieza de una casa. Posada, hospedaje.

aposición *f.* Explicación o precisión de un sustantivo por medio de otro, uniéndose sin conjunción. Crecimiento por yuxtaposición.

apósito *m.* Remedio que se aplica exteriormente y sujetándolo con algo.

aposta *adv.* Adrede, intencionalmente, deliberadamente.

apostadero *m.* Sitio donde hay gente apostada. Puerto o bahía en que se reúnen buques de guerra bajo un solo mando. Departamento marítimo.

apostar *tr.* y *r.* Situar personas en algún lugar con un fin determinado. Jugar dinero en juegos de azar.

apostasía *f.* Acción y efecto de apostatar. Abjuración, renuncia.

apóstata *com.* Persona que apostata o cambia de credo.

apostatar *intr.* Negar la fe cristiana recibida en el Bautismo. Abandonar un partido, cambiar de opinión o doctrina. Abjurar, renegar.

apostilla *f.* Acotación que aclara, interpreta o completa un texto. Glosa.

apóstol *m.* Cada uno de los principales discípulos de Cristo. Propagador de una doctrina. Misionero, evangelizador.

apostolado *m.* Oficio o dedicación de apóstol. Campaña de propaganda en favor de alguna causa o doctrina. Conjunto de apóstoles.

apostólico-a *adj.* Perteneciente o relativo a los apóstoles o al Papa.

apostrofar *tr.* Dirigir apóstrofes. Denostar, injuriar, insultar.

apóstrofe *m.* Palabras dirigidas en un discurso a personas presentes o ausentes, a seres abstractos o a cosas inanimadas. Dicterio.

apóstrofo *m.* Signo ortográfico que indica supresión de una vocal en fin de palabra cuando la siguiente se inicia también con vocal.

apostura *f.* Gentileza, buena disposición en la persona. Adorno, afeite, atavío. Complemento. Pacto o concierto.

apotegma *m.* Dicho breve y sentencioso. Aforismo, proverbio, máxima.

apotema *f.* Perpendicular trazada desde el centro de un polígono regular a uno cualquiera de sus lados. Altura de las caras triangulares de una pirámide regular.

apoteosis *f.* Deificación. Ensalzamiento de una persona con grandes honores y alabanzas. Cuadro final de gran espectáculo en una representación teatral.

apoyar *tr.* Hacer que una cosa descanse sobre otra. Basar, fundar. Patrocinar, ayudar. Sostener alguna opinión o doctrina. *Intr.* Cargar, estribar. *Rec.* Prestarse mutuo apoyo varias personas. Servirse de algo como razón o fundamento. Sostener, proteger, ayudar.

apoyatura *f.* Ornamento melódico a base de notas de adorno.

apoyo *m.* Lo que sirve para apoyar. Protección, auxilio, favor. *Americ.* Última leche del ordeño del ganado vacuno.

apreciable *adj.* Que puede apreciarse, dar precio. Digno de aprecio o estimación. Estimable; perceptible.

apreciación *f.* Acción y efecto de apreciar. Poner precio. Percibir las cualidades de una cosa. Juicio, opinión, evaluación.

apreciar *tr.* Poner precio o tasa. Reconocer el mérito de las personas o cosas. Reducir a cálculo o medida magnitudes, intensidades, etc.

aprecio *m.* Apreciación. Concepto, estima. Consideración, cariño.

aprehender *tr.* Sujetar, asir a una persona o cosa. Tomar posesión. Concebir las especies de las cosas sin hacer juicio de ellas.

apremiar *tr.* Dar prisa. Oprimir, apretar. Compeler, obligar. Imponer apremio o recargo en contribuciones o impuestos por demora en el pago. Apurar, estrechar, acosar.

apremio *m.* Recargo por demora en el pago de contribuciones. Medida del juez para obligar a cumplir.

aprender *tr.* Adquirir conocimientos por medio del estudio o la experiencia. Instruirse, educarse.

aprendiz-a *m. y f.* Persona que aprende algún arte u oficio.

aprendizaje *m.* Acción de aprender. Tiempo que en ello se emplea.

aprensión *f.* Aprehensión. Escrúpulo o recelo en hacer o decir. Idea infundada. Miramiento, reparo.

aprensivo-a *adj.* Persona pusilánime que en todo ve peligros. Receloso, tímido.

apresar *tr.* Asir, hacer presa con garras o colmillos. Tomar por fuerza una nave. Aprisionar. Capturar, detener, arrestar.

aprestar *tr. y r.* Aparejar, disponer lo necesario. Aderezar. Preparar tejidos para que tomen consistencia y parezcan mejores. Arreglar.

apresto *m.* Prevención, preparación para alguna cosa. Ingredientes para aprestar telas. Preparativo.

apresurar *tr. y r.* Dar prisa, acelerar. Activar.

apretado-a *adj.* Arduo, peligroso. Apurado. Estrecho, mezquino. Comprimido.

apretar *tr.* Estrechar contra el pecho. Comprimir. Aguijar, espolear. Reducir a menor volumen. Acosar. Tratar con excesivo rigor. Apiñar.

apretón *m.* Apretadura fuerte y rápida. Acción de obrar con mayor esfuerzo que de ordinario. Acometida violenta. Apretura. Sofocón. Conflicto, apuro.

apretujar *tr.* Apretar mucho o reiteradamente. Oprimirse varias personas en un recinto estrecho.

apretura *f.* Opresión por excesiva concurrencia de gente. Aprieto, apuro. Escasez. Falta de víveres. Apremio, urgencia.

aprieto *m.* Opresión. Conflicto, apuro. Estrechez. Compromiso.

aprisa *adv.* Con celeridad, presteza o prontitud. Veloz, rápidamente.

apriscar *tr.* Recoger el ganado en el aprisco.

aprisco *m.* Paraje donde los pastores recogen el ganado lanar. Redil, ovil.

aprisionar *tr.* Poner en prisión. Poner prisiones. Atar, sujetar.

aproar *intr.* Volver el buque la proa a alguna parte.

aprobación *f.* Acción y efecto de aprobar. Calificación positiva en un examen. Aplauso, asentimiento, beneplácito.

aprobado-a *adj.* Admitido, aceptado. Nota de aptitud en materia de exámenes.

aprobar *tr.* Calificar o dar por bueno. Asentir en opiniones o doctrinas. Declarar hábil o competente. En América, probar.

aprontar *tr.* Prevenir con prontitud. Entregar sin dilación.

apropiado-a *adj.* Proporcionado para el fin a que se destina. Propio.

apropiar *tr. y r.* Hacer propia de alguno una cosa. Aplicar a cada cosa lo que le es propio y conveniente. Hacerse dueño de algo.

apropincuar *tr. y r.* Acercar, aproximarse.

aprovechamiento *m.* Acción y efecto de aprovechar o aprovecharse. Provecho, utilidad, beneficio.

aprovechar *intr.* Servir de provecho. Adelantar en estudios, artes, etc. *Tr.* Emplear útilmente alguna cosa. *R.* Ayudarse o valerse de algo. Usar, auxiliar; prevalerse.

aproximación *f.* Acción y efecto de aproximar o aproximarse. Método de valoración en que los resultados sucesivos se van acercando al valor de una cantidad determinada. Premio a los números anterior y posterior de los principales en la Lotería.

aproximadamente *adv.* Con proximidad, con corta diferencia.

aproximar *tr. y r.* Arrimar, acercar.

áptero-a *adj.* Que carece de alas.

aptitud *f.* Cualidad que hace que un objeto sea apto o adecuado para un fin. Suficiencia para obtener un empleo o cargo o para el ejercicio de un negocio, industria, etc. Competencia, habilidad, destreza.

apto-a *adj.* Idóneo, hábil, a propósito para hacer algo. Competente, preparado, capacitado.

apuesta *f.* Acción y efecto de apostar. Cosa que se apuesta.

apuesto-a *adj.* Ataviado, adornado. De gentil disposición en la persona. Gallardo, garboso. Dícese del nombre en aposición.

apuntación *f.* Apuntamiento. Acción de escribir las notas y demás signos musicales.

apuntado-a *adj.* Que hace puntas por las extremidades. Anotado.

apuntador-a *adj.* Que apunta. *M.* El que va apuntando a los actores teatrales lo que han de decir. Traspunte. El encargado de la puntería.

apuntalar *tr.* Poner puntales. Sostener, afirmar.

apuntamiento *m.* Acción y efecto de apuntar. Nota de recuerdo de algo que se olvidó o que conviene no olvidar. Resumen de los autos que forma el secretario o relator de un tribunal colegiado.

apuntar *tr.* Asestar con una arma. Señalar con el dedo. Señalar con notas. Tomar nota. Hacer apunte o dibujo ligero. Sacar punta. Unir por medio de puntadas. Acción de leer el apuntador. Remendar o zurcir. Señalar o indicar. Insinuar o sugerir. *Intr.* Empezar a manifestarse alguna cosa. En México, entallecerse una raíz o semilla de cereal al aire libre.

apunte *m.* Apuntamiento. Asiento o nota por escrito. Dibujo ligero. Apuntador del teatro y traspunte. Croquis, esbozo, bosquejo.

apuntillar *tr.* Dar la puntilla, rematar con ella. Por extensión, dar el golpe de gracia, rematar.

apuñalar *tr.* Dar de puñaladas.

apuñar *tr.* Asir o sujetar con la mano, cerrándola. Apretar con la mano.

apuñear *tr.* Dar de puñadas.

apuración *f.* Acción y efecto de apurar, apurarse o averiguar a fondo un asunto. Apuro, ahogo, conflicto.

apurado-a *adj.* Pobre, falto de caudal o de lo que necesita. Dificultoso, peligroso. Esmerado, exacto. Presuroso, apresurado. Apretado, escaso, atribulado.

apurar *tr.* Purificar. Santificar. Averiguar la verdad ahincadamente o exponerla sin omisión. Llevar hasta el cabo. Acabar, agotar. Sufrir hasta el extremo. Apremiar, dar prisa. Molestar hasta hacer que se pierda la paciencia. En América, apresurarse.

apure *m.* Acción de purificar los minerales.

apuro *m.* Aprieto, escasez grande. Aflicción, conflicto. En América, prisa, apremio. Necesidad, compromiso, premura.

aquejar *tr.* Afligir, acongojar.

aquel-la-o *pron.* Indica lo que está lejos de la persona que habla y de aquella con quien se habla. *Adj.* que se corresponde con el pronombre. Donaire, gracia.

aquelarre *m.* Conciliábulo de brujas.

aquende *adv.* De la parte de acá; de este lado.

aquenio *m.* Fruto seco indehiscente, como el del alforfón y la lechuga.

aqueo-a *adj.* Natural o perteneciente a Acaya, en Grecia. Por extensión, perteneciente a la Grecia antigua.

aquerenciarse *r.* Tomar querencia a un lugar. Dícese principalmente de los animales.

aquí *adv.* En este lugar. Ahora, en tiempo presente. Entonces, en tal ocasión.

aquiescencia *f.* Asenso, consentimiento. Asentimiento, conformidad.

aquietar *tr.* y *r.* Sosegar, apaciguar. Serenar, tranquilizar.

aquilatar *tr.* Examinar y graduar los quilates o apreciar el mérito de una persona o la verdad de una cosa. Valorar, estimar.

aquilino-a *adj.* Aguileño.

aquilón *m.* Norte, polo ártico. Viento que sopla del Norte. Cierzo.

aquillado-a *adj.* De figura de quilla. Dícese del buque muy largo o de mucha quilla.

aquistar *tr.* Conseguir, adquirir, conquistar.

aquitano-a *adj.* Natural de Aquitania, comarca de la antigua Galia, Francia.

ara *f.* Altar. Piedra consagrada, en el altar.

árabe *adj.* y *s.* Natural o perteneciente a Arabia, Asia. Idioma árabe. Raza de caballos que procede de Arabia.

arabesco *m.* Filigrana. *Pl.* Motivos decorativos basados en elementos geométricos, característicos de los árabes. Arábigo.

arábigo-a o **arábico-a** *adj.* Árabe, perteneciente o relativo a Arabia.

arabismo *m.* Giro o modo de hablar propio y privativo del árabe. Vocablo del árabe empleado en otra lengua.

arabista *com.* Persona que cultiva la lengua y literatura árabes.

arable *adj.* A propósito para ser arado.

aráceo-a *adj.* y *s.* Planta monocotiledónea herbácea, con tubérculos o con rizoma, flores en espádice y por frutos, bayas indehiscentes de albumen carnoso o harinoso.

arácneo-a *adj.* Semejante a la araña.

arácnido *adj.* y *s.* Artrópodo con cefalotórax y abdomen separados: arañas, escorpiones, garrapatas, etc.

arada *f.* Tierra labrada con arado. Porción que en un día puede ser arada.

arado *m.* Instrumento para labrar la tierra abriendo surcos en ella.

arador *m.* Que ara. Arácnido traqueal que produce la sarna.

aragonés-a *adj. y s.* Natural o perteneciente a Aragón, España.

arambel *m.* Colgadura de paño para adorno o cobertura. Andrajo o trapo que cuelga del vestido. Guiñapo, colgajo. Hombre vil, depravado.

arameo-a *adj. y s.* Natural, relativo o perteneciente a Aram, país al norte de Palestina, o sea, Siria. Lengua semítica de dicha región.

arana *f.* Embuste, trampa, estafa.

arancel *m.* Tarifa oficial de derechos aduanales, de ferrocarril, costas judiciales, etc. Tasa, valoración.

arándano *m.* Planta ericácea de fruto en bayas comestibles. Su fruto.

arandela *f.* Pieza en forma de corona circular debajo de una tuerca para repartir la presión. Disco o anillo para evitar el roce en las máquinas o en un candelero alrededor de la vela. En América, cenefa o adorno circular en un vestido. Chorreras o vueltas de la camisola.

araña *f.* Insecto artrópodo con cuatro pares de patas y un par de pedipalpos; hila una tela de caza y forma sus capullos. Candelabro de techo.

arañar *tr.* Rasgar, raspar, herir ligeramente el cutis con las uñas, alfiler o cosa semejante. Hacer rayas superficiales en algo liso. Tañer mal un instrumento de cuerdas. Recoger con mucho afán. Rasguñar.

arañazo *m.* Rasguño en el cutis. Indirecta picante.

arañuela *f.* Planta ranunculácea ornamental, de hermosas flores.

arapajo *adj. y s.* Indígena norteamericano del grupo algonquino.

arar *tr.* Remover la tierra haciendo surcos con el arado.

araucano-a *adj. y s.* Indígena sudamericano de una importante familia chilena. Natural o perteneciente a Arauco. Idioma de los araucanos.

arauoco *adj. y s.* Indígena sudamericano de una importante y extendida familia, cuyo centro de dispersión fue el sur de Venezuela.

aravico *m.* Poeta de los antiguos peruanos.

arbitraje *m.* Acción y facultad de arbitrar. Juicio arbitral. Utilización de diferencias de precio entre dos o más mercados o plazas. Convenio internacional para que un árbitro resuelva diferencias entre Estados.

arbitrar *tr. y r.* Proceder libremente usando el arbitrio. Dar o proponer arbitrios. Allegar, juntar. Ingeniarse. Juzgar como árbitro.

arbitrariedad *f.* Acto de proceder por voluntad y capricho. Despotismo, abuso, desmán.

arbitrario-a *adj.* Que depende del arbitrio. Que incluye arbitrariedad. Injusto, abusivo, despótico.

arbitrio *m.* Facultad de elección y determinación. Autoridad, poder. Medio extraordinario para obtener un fin. Sentencia de juez árbitro. Albedrío.

árbitro *m.* Juez que por vías de equidad y buen sentido, dirime las discordias y diferencias entre partes que se las someten. Persona que cuida de la aplicación del reglamento en juegos o deportes. *Adj.* Dícese de quien puede hacer algo por sí mismo, sin dependencia de otro.

árbol *m.* Planta perenne de tronco leñoso, elevado y ramificado. Eje de diversos artefactos. Palo de un buque.

arbolado-a *adj.* Sitio poblado de árboles. Conjunto de árboles.

arboladura *f.* Acción y efecto de arbolar. Conjunto de árboles y vergas de un buque.

arbolar *tr.* Enarbolar. Poner los árboles a una embarcación. Izar, subir.

arboleda *f.* Sitio poblado de árboles, principalmente el sombrío y ameno. Conjunto de árboles.

arbolista *com.* Persona que cultiva árboles o comercia con ellos.

arborecer *intr.* Hacerse árbol.

arbóreo-a *adj.* Perteneciente o relativo al árbol. Semejante a él.

arborescencia *f.* Calidad de las plantas arborescentes. Semejanza con la forma de un árbol.

arborescente *adj.* Planta que tiene caracteres parecidos a los del árbol.

arboricultura *f.* Cultivo de los árboles y enseñanza del mismo.

arborizar *tr.* Dar figura de árbol. *Intr.* Cultivar árboles.

arbotante *m.* Arco que contrarresta el empuje de otro arco o de una bóveda.

arbustivo-a *adj.* De la naturaleza o cualidades de arbusto. Planta de tallos más o menos leñosos.

arbusto *m.* Planta perenne de tallos leñosos y ramas desde la base.

arca *f.* Caja de tapa llana asegurada con goznes y con cerradura. Caja de caudales. Ataúd.

arcabuz *m.* Arma antigua de fuego, semejante al fusil.

arcada *f.* Conjunto o serie de arcos. Hueco entre dos columnas cubierto por un arco. Ojo de puente. Movimiento del estómago que excita a vómito.

árcade *adj. y s.* Perteneciente o natural de Arcadia, Grecia. Individuo de una academia romana de Poesía y Buenas Letras.

arcaduz *m.* Caño por donde se conduce el agua. Cangilón de noria.

arcaico-a *adj.* Perteneciente o relativo al arcaísmo. Viejo, antiguo. Primera de las épocas en que se divide la historia de la Tierra, anterior a la paleozoica.

arcaísmo *m.* Voz, frase o manera de decir anticuadas. Imitación de las cosas de la antigüedad.

arcaizar *intr.* Usar arcaísmos. *Tr.* Dar carácter de antiguo mediante arcaísmos.

arcángel *m.* Espíritu bienaventurado, perteneciente al octavo coro de los ángeles.

arcano-a *adj.* Secreto, recóndito. *M.* Secreto muy reservado e importante. Persona muy reservada.

arce *m.* Arbol de madera dura, de flores en corimbo o racimo y fruto en dos sámaras unidas.

arcediano *m.* Dignidad en los cabildos de las iglesias metropolitanas. Antiguamente, primero o principal de los diáconos.

arcilla *f.* Roca sedimentaria terrosa, constituida principalmente por un silicato de aluminio hidratado.

arcinar *tr.* En México, hacinar.

arcipreste *m.* Antiguamente, el primero o principal de los presbíteros. Dignidad en los cabildos de las iglesias metropolitanas. Presbítero con jurisdicción sobre curas e iglesias de un territorio determinado.

arco *m.* Porción de línea curva. Fábrica en forma curva que cubre un vano. Arma para disparar flechas. Aro para ceñir y mantener unido. Cintura orgánica. Descarga eléctrica mantenida entre dos conductores próximos. Varilla en que se sujetan tirantes de cerdas para tocar el violín u otros instrumentos de cuerda.

arcón-a *m. y f.* Aumentativo de arca. Arca cuadrilonga grande, montada sobre cuatro pies.

arconte *m.* Magistrado griego que estaba encargado de la administración pública.

arcosolio *m.* Urna sepulcral bajo un arco cavado en la roca.

archicofradía *f.* Cofradía más antigua de mayores privilegios.

archiduque *m.* Duque de autoridad superior a la de otros duques.

archimandrita *m.* Dignidad de la iglesia griega inferior al obispo.

archipiélago *m.* Conjunto de islas. Dícese de lo que es abundante y dificultoso de enumerar.

archivador-a *adj.* Que archiva. *M.* Mueble de oficina para archivar documentos, fichas u otros papeles.

archivar *tr.* Poner y guardar documentos en un archivo. Retirar una cosa en uso. Dar por concluido un asunto.

archivista o **archivero** *m.* Persona encargada de un archivo.

archivo *m.* Lugar en que se custodian documentos públicos o particulares. Conjunto de estos documentos.

archivolta *f.* Molduras que decoran el paramento exterior de un arco.

ardentía *f.* Ardor. Fosforescencia de las aguas del mar producida por organismos microscópicos.

arder *intr.* Estar encendido. Resplandecer. Estar muy agitado. Ser vivas las discordias y guerras. Abrasar. Consumirse, llamear.

ardid *m.* Artificio hábil y mañoso para obtener algún fin. Artimaña, astucia. *Adj.* Mañoso, astuto, sagaz.

ardido-a *adj.* Estropeado por el excesivo calor.

ardiente *adj.* Que arde. Que causa calor. Fervoroso, activo. Ardoroso.

ardilla *f.* Mamífero roedor, de cola peluda poblada y larga.

ardimiento *m.* Valor, intrepidez, denuedo. Brío, bravura, ardor.

ardite *m.* Antigua moneda castellana de escaso valor. Cosa insignificante. Maravedí, fruslería, minucia.

ardor *m.* Calor grande. Brillo, resplandor. Enardecimiento de los afectos y pasiones. Entusiasmo, vehemencia, valentía.

ardoroso-a *adj.* Que tiene ardor. Ardiente, vigoroso, impetuoso.

arduo-a *adj.* Muy difícil. Peligroso, penoso, dificultoso, espinoso

área *f.* Espacio de tierra que ocupa un edificio. Superficie dentro de un perímetro. Medida de superficie que es un cuadrado de diez metros de lado.

areca *f.* Palma asiática de fruto tintóreo.

areito *m.* Danza y canto popular de los antiguos indios de las Antillas y la América Central.

arena *f.* Conjunto de partículas sueltas de piedra y acumuladas en las orillas y fondo del mar y de los ríos. Sitio de combate o lucha. Redondel de la plaza de toros. Concreciones en la vejiga.

arenal *m.* Suelo de arena movediza. Extensión grande de terreno arenoso.

arenga *f.* Discurso de tonos elevados para enardecer los ánimos. Discurso o razonamiento largo, impertinente y enfadoso.

arengar *intr.* Decir en público una arenga.

arenícola *adj. y s.* Dícese de los animales y plantas que viven entre la arena o en cieno arenoso.

arenilla *f.* Arena menuda. Cálculo pequeño. Salitre reducido a granos menudos para fabricar pólvora.

arenisco-a *adj.* Con arena mezclada. *F.* Roca formada por consolidación de arenas.

arenoso-a *adj.* Que tiene arena o abunda en ella. De su naturaleza o cualidades.

arenque *m.* Pez malacopterigio abdominal, de cuerpo comprimido, comestible.

aréola *f.* Aureola. Círculo irisado que rodea a la Luna. Círculo rojizo que limita ciertas pústulas.

areometría *f.* Determinación de la densidad o peso específico de los líquidos mediante el areómetro.

areómetro *m.* Aparato para medir la densidad de los cuerpos, fundándose en el equilibrio de los cuerpos flotantes.

areópago *m.* Grupo de personas graves a quienes se atribuye, las más de las veces irónicamente, autoridad para dictaminar en ciertos asuntos, por alusión al tribunal superior de Grecia que se reunía en la colina de dicho nombre.

arepa *f.* Pan de forma circular que se usa en América, compuesto de maíz salcochado, majado y tamizado, huevos y manteca y cocido al horno.

arete *m.* Diminutivo de aro. Arillo de adorno que llevan las mujeres en el lóbulo de cada una de las orejas.

aretino-a *adj.* Natural de Arezzo. Perteneciente a esta ciudad de Italia.

arga *f.* Fruta americana semejante a la aceituna.

argadijo o **argadillo** *m.* Devanadera. Armazón o fábrica del cuerpo humano o de algunas imágenes. Persona bulliciosa, inquieta y entremetida.

argamandijo *m.* Conjunto de cosas menudas.

argamasa *f.* Mezcla de cal, arena y agua, usada en las obras de albañilería. Hormigón.

argamasilla *f.* Argamasa fina.

árgana *f.* Máquina a modo de grúa para subir cosas de mucho peso. *F. pl.* Especie de angarillas con dos cuévanos o cestos.

arganeo *m.* Argolla en el extremo superior de la caña del ancla.

argelino-a *adj. y s.* Natural de Argel o Argelia. Perteneciente a esta ciudad o región de Africa.

argeniarse *r.* En México, amarillear las plantas, marchitarse las hojas.

argentado-a *adj.* Plateado. Dícese de la voz clara y sonora.

argentar *tr.* Platear. Guarnecer con plata o dar brillo plateado.

argénteo-a *adj.* De plata. Bañado de plata. De brillo o cualidades de la plata.

argentería *f.* Bordadura brillante de plata u oro. Dícese de la expresión más brillante que sólida. Ornato y gala de las obras de ingenio.

argentino-a *adj.* Argénteo. Natural de la República Argentina. Perteneciente a dicha república de Sudamérica. Moneda de oro de dicha República.

argolla *f.* Aro grueso de metal. Especie de gargantilla de adorno. Anilla.

árgoma *f.* Aulaga.

argón *m.* Gas inerte, incoloro, inodoro, que constituye aproximadamente el 1% de la atmósfera; símbolo A.

argonauta *m.* Cada uno de los héroes griegos que fueron a la conquista del vellocinio de oro. Molusco cefalópodo marino, como pulpo pequeño.

argos *m.* Persona muy vigilante, por alusión al gigante Argos quien tenía cien ojos, de los que la mitad estaban siempre abiertos.

argot *m.* Lenguaje especial de ciertas personas de una misma profesión u oficio. Germanía francesa. chisme, murmuración.

argucia *f.* Sutileza, argucia, sofisma. Estratagema, engaño.

argüende *m.* En México, enredo.

argüir *intr.* Sacar en claro. Dejar ver con claridad. Dícese de las cosas que son indicio y prueba de otras. Echar en cara. Acusar. *Intr.* Disputar. Alegar. Argumentar, replicar, objetar.

argumentación *f.* Acción de argumentar. Razonamiento. Serie de argumentos que tienden a la misma conclusión. Manera de presentar los argumentos.

argumentar *tr.* Argüir, sacar en claro. *Intr.* Disputar impugnando; poner argumentos en contra. Objetar, demostrar, exponer.

argumento *m.* Razonamiento para probar o demostrar. Asunto o materia de una obra. La variable independiente de una función que está tabulada.

aria *f.* Composición instrumental o vocal para un instrumento solo o voz.

aricar o **arrejacar** *tr.* Arar muy superficialmente.

aridecer *tr.* Hacer árida alguna cosa.

aridez *f.* Calidad de árido.

árido-a *adj.* Seco, estéril. de poco jugo y humedad. Falto de amenidad. *M. pl.* Dícese de los granos. legumbres y otros frutos secos. Infecundo.

ariete *m.* Máquina antigua de guerra para batir murallas. Medio para combatir alguna cosa.

arilo *m.* Envoltura de ciertas semillas con una excrecencia exterior.

arillo *m.* Aro. Arete. Pieza para bajar el lápiz superior del arco voltaico.

ario-a *adj. y s.* Indoeuropeo.

arísaro *m.* Planta arácea perenne con flores desprovistas de cáliz y corola; vistosa, de mal olor, de su raíz se extrae abundante fécula.

arisco-a *adj.* Aspero, intratable. Irritable, esquivo, adusto.

arista *f.* Filamento áspero que envuelve el grano de trigo y de otras gramíneas. Borde de un sillar, madero. etc. Línea divisoria de las vertientes de una cordillera. Línea resultante de la intersección de dos superficies.

aristarco *m.* Dícese del crítico enterado, pero muy severo; por alusión a Aristarco de Samotracia, gramático alejandrino, muy buen crítico.

aristero *m.* Moldura para adorno y cubierta de aristas o junturas.

aristocracia *f.* Gobierno de notables. Clase noble. Clase que sobresale de las demás.

aristocrático-a *adj.* Perteneciente o relativo a la aristocracia. Fino, distinguido.

aristotelismo *m.* Conjunto de doctrinas y tendencias filosóficas basadas en el pensamiento de Aristóteles o inspiradas en él.

aritmética *f.* Parte de las Matemáticas que estudia la formación y representación de los números, sus propiedades y mutuas relaciones.

arlequín *m.* Gracioso o bufón de algunas compañías de volatines. Tejido de colores variados. Persona ridícula, informal y despreciable. Sorbete de dos o más colores.

arma *f.* Instrumento para ofender o defenderse. Tropas o ejércitos de un Estado. Defensas naturales de los animales. Medios para conseguir algo. Blasones del escudo. Tropa apta para una modalidad determinada de combate.

armada *f.* Conjunto de fuerzas navales de un Estado. Escuadra.

armadía *f.* Conjunto de maderos unidos entre sí para conducirlos fácilmente a flote.

armadijo *m.* Trampa, artificio para cazar. Armazón de palos.

armadillo *m.* Mamífero edentado con armadura de pequeñas placas óseas que le cubre el cuerpo cuando se arrolla; de carne alimenticia.

armado-a *adj.* En disposición, en tono. Hombre con armadura a la antigua. En México, adinerado.

armador-a *adj. y s.* Que arma o junta diversas piezas para formar un artefacto. Quien por su cuenta arma o avía una embarcación. En América, caballo que se planta inopinadamente.

armadura *f.* Conjunto de armas de un guerrero. Conjunto de piezas trabadas para formar un artefacto. Barras de acero incorporadas al hormigón. Esqueleto. Pieza protectora o de sostén. Cada uno de los dos conductores que forman un condensador. Arma ofensiva de algunos animales.

armagnac o armañac *m.* Especie de aguardiente de gran fama, fabricado en el antiguo territorio de Armagnac. Francia.

armamento *m.* Aparato y prevención de todo lo necesario para la guerra. Armadura. Dotación de que va provisto un individuo de tropa.

armar *tr.* Dar armas a alguien. Proveer de armas. Apercibir y aparejar para la guerra. Aprestar ciertas armas para disparar. Juntar varias piezas para componer un artefacto. Sentar una cosa sobre otra. Disponer, fraguar algo. Mover o causar escándalos, pendencias, pleitos. Aviar. *Intr.* Ponerse en disposición de ánimo para lograr algún fin o resistir contrariedades.

armario *m.* Mueble con puertas y anaqueles o perchas para guardar ropas, libros u otros objetos.

armatoste *m.* Máquina o mueble tosco, pesado y mal hecho, más embarazoso que conveniente. Persona corpulenta que para nada sirve.

armazón *f.* Armadura, pieza o conjunto de piezas en que o sobre que se arma alguna cosa. *M.* Esqueleto. Tablazón, montura. *Americ.* Conjunto de escaparates y anaqueles de una tienda.

armella *f.* Anillo metálico con espiga o tornillo para fijarlo.

armenio-a *adj. y s.* Individuo de un pueblo que habita la Armenia, en Asia Occidental.

armenta *f. americ.* Bisonte.

armental *adj.* Relativo al ganado.

armería *f.* Museo de armas. Arte de fabricar armas. Tienda en que se venden. Arte de explicar y describir los escudos de armas.

armero *m.* Fabricante, componedor o vendedor de armas. Encargado de limpiar y custodiar las armas.

Armario o estantería para guardar las armas.

armilar *adj.* Dícese de la esfera formada por varios círculos, que representan los astronómicos y en cuyo centro figura la Tierra. .

armiño *m.* Mamífero mustélido carnívoro de pelo blanco purísimo en invierno, pardo en verano; su piel es muy apreciada por su finura y blancura.

armisticio *m.* Suspensión de hostilidades entre beligerantes.

armón *m.* Carro de dos ruedas al que va enganchada una pieza de artillería.

armonía *f.* Unión de sonidos simultáneos y diferentes, pero acordes. Proporción y correspondencia de unas cosas con otras. Amistad y buena correspondencia. Concordia, acuerdo, euritmia.

armónica *f.* Instrumento musical por percusión de láminas, campanas o cilindros. Pequeño instrumento musical de viento, a base de lengüetas que suenan al soplar o aspirar.

armónico-a *adj.* Perteneciente o relativo a la armonía. Dícese de la asociación de organismos en equilibrio estable, trófico y ecológico.

armonio o **armonium** *m.* Instrumento musical de teclado con fuelle movido con los pies.

armonioso-a *adj.* Sonoro y agradable al oído. Que tiene armonía entre sus partes. Cadencioso.

armonizar *tr.* Poner en armonía. *Intr.* Estar en armonía. Realizar los acordes correspondientes a un bajo dado.

arna *f.* Vaso de colmena.

arnera *f.* Tierra difícil de labrar por su dureza.

arnero *m.* En México y Chile, cernedor, criba, cedazo.

arnés *m.* Conjunto de armas defensivas de acero que se vestían asegurándolas con correas y hebillas. *Pl.* Guarniciones de las caballerías.

árnica *f.* Planta compuesta, de raíz perenne y flores en cabezuela terminal amarilla, empleada en Medicina.

aro *m.* Pieza rígida en forma de circunferencia. Argolla o anillo grande con espigón movible. Servilletero. Cerco de madera o hierro.

aro *m.* Nombre de varias aráceas ornamentales con raíces feculentas.

aroma *f.* Flor del aromo. *M.* Goma, bálsamo, leño o hierba de mucha fragancia. Perfume, olor muy agradable. Fragancia.

aromático-a *adj.* Que posee aroma o perfume. Odorífero, perfumado.

aromatizar *tr.* Dar o comunicar aroma a algo. Perfumar, embalsamar.

aromo *m.* Árbol leguminoso de ramas espinosas, de flores doradas muy fragantes.

arpa *f.* Instrumento musical de cuerdas verticales, para puntear con ambas manos.

arpado-a *adj.* Dícese de los pájaros de canto armonioso.

arpar *tr.* Arañar o rasgar con las uñas. Hacer trizas o pedazos alguna cosa.

arpegio *m.* Resultado de la ejecución sucesiva de las notas de un acorde. Representación gráfica de dichas notas.

arpía *f.* Ave fabulosa, cruel y sucia, con el rostro de mujer y el resto de ave de rapiña. Persona codiciosa, mañosa y artera. Mujer de mala condición. Mujer muy fea y flaca. Furia, basilisco, bruja.

arpillar *tr.* *améric.* Cubrir fardos o cajones con harpillera.

arpista *com.* Persona que, por profesión, toca el arpa. En América, ratero profesional.

arpón *m.* Instrumento formado por un astil de madera armado con punta de hierro para herir o penetrar y por otras dos que hacen presa. En Arquitectura, grapa.

arponero *m.* El que pesca o caza con arpón, o el que los fabrica.

arqueado-a *adj.* En forma de arco. Dícese del caballo que, mientras reposa, tiene las rodillas dobladas.

arquear *tr.* y *r.* Dar figura de arco. *Intr.* Nausear. Encorvar, combar.

arquear *tr.* Medir la cabida de una embarcación. Practicar arqueo.

arqueo *m.* Cabida de una embarcación. Reconocimiento de los caudales que existen en caja.

arqueología *f.* Ciencia que estudia las artes y los monumentos de la antigüedad.

arqueológico-a *adj.* Perteneciente o relativo a la Arqueología. Antiguo, desusado.

arquería *f.* Serie de arcos.

arquero *adj.* y *s.* El que hace arcos o aros. Soldado que peleaba con arco y flechas.

arqueta *f.* Diminutivo de arca. Caseta donde se registra un conducto de agua. Varita con que se mide el líquido que hay en una pipa, tonel, etc. Cofrecillo antiguo.

arquetipo *m.* Modelo original y primario. Prototipo. Antecesor de un grupo de animales o plantas del que se supone proceden los demás.

arquiepiscopal *adj.* Arzobispal.

arquillo *m.* Diminutivo de arco. Arco de instrumento musical. Arco de taladrar.

arquimesa *f.* Mueble con tablero de mesa y varios cajones.

arquitecto *m.* El que profesa o ejerce la Arquitectura.

arquitectura *f.* Arte de proyectar y construir edificios. Construcción en general. Conjunto o perspectiva que presenta un edificio. Estructura básica de algo material o espiritual.

arquitrabe *m.* Parte inferior del cornisamento que descansa sobre el capitel de la columna. Moldura que rodea a una puerta o ventana.

arrabal *m.* Barrio fuera del recinto de la población. Población anexa a otra mayor. Suburbio, barriada.

arrabiado-a *adj.* Airado, colérico, rabioso.

arracada *f.* Arete con adorno colgante. En México, anillo grande suspendido de la oreja, sin colgantillos. Pendiente, aro, zarcillo.

arracimado-a *adj.* En racimo.

arraclán *m.* Arbol ramnáceo de madera flexible que da un carbón muy ligero.

arraigado-a *adj.* Poseedor de bienes raíces. Inveterado, afianzado.

arraigar *Intr.* Echar o criar raíces. Hacerse muy firme. En México, confinar, prohibir a alguien que salga de determinada población. *R.* Establecerse en un lugar adquiriendo bienes, parentesco, relaciones. Enraizar, avecindarse.

arraigo *m.* Acción y efecto de arraigar o arraigarse. Bienes raíces. Acción de asegurar el cumplimiento de una sentencia definitiva.

arralar *intr.* Ralear, hacerse rala una cosa. *Tr.* En México, aclarar las ramas que dan sombra al cafetal.

arramblar *tr.* Dejar los ríos o arroyos cubierto el suelo de arena. Arrasarlo todo. *R.* Quedarse el suelo cubierto de arena.

arrancada *f.* Partida o salida violenta. Acometimiento, embestida. En América, acción de arrancar de raíz.

arrancar *tr.* Sacar de raíz. Sacar con violencia una cosa de su lugar. Obtener con astucia. Hacer arrojar la flema, sollozos, suspiros. *Intr.* Partir de carrera. Salirse de raíz. Desgajarse. Separarse con violencia y gran sentimiento. Traer origen de algo. Iniciar su movimiento una embarcación.

arranchar *tr.* y *r.* En México, acomodarse, alojarse.

arranque *m.* Acción y efecto de arrancar. Impetu de cólera. Prontitud en alguna acción. Ocurrencia inesperada. Pujanza, brío. Inicio o comienzo de una parte o miembro de un organismo; de un arco o de una bóveda.

arrapiezo *m.* Harapo, andrajo. Persona pequeña, de corta edad o de humilde condición. Rapaz, mocoso.

arras *f.* *pl.* Lo que se da como prenda o señal en algún contrato.

arrasado-a *adj.* Destruido. Devastado, asolado, aniquilado.

arrasar *tr.* Allanar la superficie de alguna cosa. Echar por tierra, destruir. Llenar hasta el borde. Llenar o cubrir los ojos de lágrimas. Inundar un buque las olas.

arrastrada *f.* Mujer prostituida, prostituta. En América, acción y efecto de arrastrar.

arrastradero *m.* Camino por donde se arrastran las maderas. En México, garito.

arrastrado-a *adj.* Pobre, desastrado y azaroso; afligido de molestias y privaciones. Pícaro, tunante, bribón, desdichado.

arrastrar *tr.* Llevar por el suelo tirando de algo. Llevar uno tras sí. Impulsar un poder o fuerza irresistible. *Intr.* Llevar en pos, rasando el suelo. *R.* Humillarse vilmente.

arrastre *m.* Acción de arrastrar cosas. En México y Cuba, influencia política y social. Sacar las mulillas el toro o caballo muertos en la lidia.

arrayán *m.* Arbusto mirtáceo oloroso, de flores axilares blancas.

arrayar *tr.* *americ.* Pasar el rasero, rasar.

¡arre! *Interj.* para arrear las bestias.

¡arrea! *Interj.* Pronto, de prisa. ¡Aprieta!

arreada *f.* *americ.* Acto de arrear el ganado que pasta. Reclutamiento para el servicio militar. En México y Argentina, robo de ganado.

arreador *m.* Capataz de trabajadores del campo. Vareador de aceituna. *Americ.* Látigo o zurriago largo para arrear.

arrear *tr.* Estimular a las bestias para que echen a andar, sigan caminando o aviven el paso. Dar prisa, estimular. *Intr.* Ir o caminar de prisa.

arrear *tr.* Poner arreos, adornar, engalanar.

arrebañaderas *f.* *pl.* Ganchos para sacar lo que se cae a los pozos.

arrebañar *tr.* Rebañar.

arrebatadamente *adv.* Precipitada e impetuosamente. Inconsiderada y violentamente.

arrebatado-a *adj.* Precipitado e impetuoso. Inconsiderado y violento. De el color del rostro encendido.

arrebatar *tr.* y *r.* Quitar o tomar algo con violencia y fuerza. Arrastrar tras sí o consigo. Conmoverse poderosamente por alguna pasión o afecto. Enfurecerse. Arrobar el espíritu.

arrebatiña *f.* Acción de recoger arrebatada y presurosamente entre muchos algunas cosas.

arrebato *m.* Arrebatamiento, furor, enajenamiento; éxtasis.

arrebol *m.* Color rojo de las nubes heridas por los rayos del sol. Color encarnado que se ponen las mujeres en el rostro.

arrebolar *tr. y r.* Poner de color de arrebol. Teñir de encarnado. Enrojecer, sonrojarse.

arrebozar *tr. y r.* Rebozar. Ocultar, encubrir. Arracimarse las abejas, las moscas o las hormigas.

arrebujar *tr.* Recoger sin orden ni cuidado. Cubrir bien en la cama. Revolver, enredar.

arreciar *tr.* Dar fuerza y vigor. *Intr.* Cobrar fuerza, vigor o gordura. Irse haciendo cada vez más recia, fuerte o violenta alguna cosa.

arrecife *m.* Calzada, carretera. Banco o bajo formado en el mar por piedras o pólíperos casi a flor de agua. Escollo.

arrecir *tr. y r.* Entumecerse o entorpecerse por el frío.

arrechera *f. americ.* Capricho. Encelamiento.

arrechucho *m.* Ímpetu de cólera, amor u otro afecto. Prontitud excesiva. Indisposición repentina y pasajera.

arredrar *tr. y r.* Apartar, separar. Hacer volver atrás por peligro o temor de algo. Amedrentar, acobardar, intimidar.

arregazar *tr.* Recoger las faldas hacia el regazo. Arremangar.

arreglar *tr. y r.* Reducir o sujetar a regla. Componer, ordenar. Reformar o modificar. Componerse, entenderse mutuamente. En América, castigar. Apañar, aderezar.

arreglo *m.* Acción de arreglar o arreglarse. Regla, orden. Avenencia, conciliación. Reforma o modificación de una obra, para darle aspecto distinto. Acomodo, componenda.

arrejacar *tr.* Dar a los sembrados una labor para romper la costra del terreno.

arrellanarse *r.* Ensancharse y extenderse en el asiento. Repantigarse.

arremangar *tr.* Remangar.

arremeter *tr.* Lanzar al caballo con ímpetu. *Intr.* Acometer con ímpetu y furia. Arrojarse con presteza. Atacar, agredir, abalanzarse.

arremetida *f.* Acción de arremeter. Acometida, embestida, empujón.

arremolinar *tr. y r.* Remolinar, levantar olas, originar un vendaval. Hacer o producir remolinos. Reunir mucha gente alrededor. Amontonarse.

arrendador-a *m. y f.* Persona que da en arrendamiento. Arrendatario.

arrendajo *m.* Ave paseriforme imitadora del canto de otras aves. Remedo o copia imperfecta de algo. Persona que remeda las acciones o palabras de otra.

arrendamiento *m.* Acción de arrendar. Contrato por el cual se arrienda. Precio en que se arrienda. Alquiler, inquilinato.

arrendar *tr.* Ceder o adquirir por precio el goce o aprovechamiento temporal de cosas, obras o servicios. Alquilar, rentar. En México, *intr.*, tomar una dirección; *r.*, regresar.

arrendatario-a *adj.* Que toma en arrendamiento. Inquilino, locatario.

arreo *m.* Atavío, adorno. *Pl.* Guarniciones de las caballerías. Gala.

arrepentimiento *m.* Pesar de haber hecho alguna cosa.

arrepentirse *r.* Pesar que se siente por haber hecho o haber dejado de hacer algo.

arrequesonarse *r.* Cortarse la leche, separándose el suero de la parte crasa.

arrequives *m. pl.* Labores o guarniciones en el borde del vestido. Adornos o atavíos. Circunstancias o requisitos.

arrestar *tr.* Detener, poner preso. *R.* Determinarse o arrojarse a una acción o empresa ardua.

arresto *m.* Acción de arrestar. Detención provisional del presunto reo. Reclusión por tiempo breve. Arrojo, audacia; encierro.

arretranca *f.* En México y Colombia, retranca.

arriano-a *adj.* Hereje sectario de Arrio, quien enseñaba que el Hijo de Dios no es consubstancial al Padre.

arriar *tr.* Bajar velas o banderas. Aflojar o soltar un cabo, cadena, etc.

arriate *m.* Terreno dispuesto, junto a los jardines y patios, para plantas de adorno. Calzada, camino. Enrejado de cañas. Conducto hecho de caños.

arriba *adv.* A lo alto, hacia lo alto, en lo alto, en la parte alta. En lugar anterior. Antes. Exceso indeterminado de una cantidad. Encima, sobre.

¡arriba! *Interj.* para excitar o alentar.

arribar *intr.* Llegar la nave a puerto. Llegar a cualquier paraje. Llegar a conseguir lo que se desea.

arribazón *f.* Afluencia de peces a las costas en determinadas épocas.

arribeño-a *adj. y s.* En América, habitante de tierras altas que va a las costas, o aquel que vive en las proximidades andinas.

arribismo *m.* Afán de alcanzar rápidamente, sin reparar en medios, poder, gloria o fortuna.

arribista *com.* Sujeto con ambiciones desmedidas, carente de escrúpulos y capaz de todo para alcanzar poder, fama o caudal.

arribo. *m.* Llegada.

arriendo *m.* Arrendamiento.

arriero-a *adj. y s.* El que trajina con bestias de carga.

arriesgado-a *adj.* Aventurado, peligroso. Osado, imprudente, temerario.

arriesgar *tr.* Correr un riesgo. Exponer, arriscar.

arrimadero *m.* Cosa en que se puede estribar o a que uno puede arrimarse.

arrimado-a *adj. y s.* Que está próximo o inmediato. En México, parásito, el que vive a costa de otro.

arrimar *tr. y r.* Acercar una cosa a otra tocándose. Abandonar una profesión, oficio, etc. *R.* Apoyarse o estribar sobre alguna cosa. Acogerse a la protección de otro.

arrimo *m.* Acción de arrimar o arrimarse. Apoyo, sostén. Pared medianera. Apego, afición, inclinación.

arrinconado-a *adj.* Apartado, retirado. Desatendido, olvidado, preterido.

arrinconar *tr.* Poner algo en un rincón o lugar retirado. Estrechar hasta que se halle un obstáculo. Privar a alguien del cargo o no hacerle caso. Acosar, postergar, aislar.

arriscado-a *adj.* Lleno de riscos. Atrevido, resuelto. Libre en la apostura o maneras. Temerario, arrojado; listo, dispuesto.

arriscar *tr. y r.* Arriesgar. En América, levantar, doblar hacia arriba, remangar. *R.* Despeñarse las reses por los riscos. Encresparse, enfurecerse. Exponer, aventurar.

arritmia *f.* Falta de ritmo regular. Variación del ritmo normal del latido cardíaco.

arroba *f.* Peso de 25 libras, equivalente a 11.5 Kg.

arrobamiento *m.* Acción de arrobar o arrobarse. Extasis, enajenamiento.

arrobar *tr. y r.* Embelesar. Enajenarse, quedar fuera de sí. Extasiarse.

arrocero-a *adj.* Perteneciente o relativo al arroz. Persona que lo cultiva. Ave ictérida americana, notable por su canto y que frecuenta los arrozales.

arrodillar *tr.* Hacer que uno hinque la rodilla o las rodillas. *Intr.* Ponerse de rodillas.

arrodrigonar *tr.* Poner rodrigones a las vides.

arrogancia *f.* Calidad de arrogante. Altanería, orgullo, valentía.

arrogante *adj.* Altanero, soberbio. Valiente, gallardo, gentil.

arrogar *r.* Adoptar o recibir como hijo al huérfano o al emancipado. *R.* Atribuirse, apropiarse. Intervenir, entremeterse.

arrojado-a *adj.* Resuelto, osado, intrepido. Temerario, impetuoso.

arrojar *tr.* Impeler con violencia; despedir de sí una cosa; hacer que caiga en sitio determinado; hacer salir de algun lugar; deponer a alguien de su empleo; brotar las plantas sus raíces, flores, frutos. Dar de sí como consecuencia o resultado las cuentas, saldos, documentos. Vomitar. Precipitarse, dejarse ir de alto a bajo.

arrojo *m.* Osadía, intrepidez. Decision, arrestos, atrevimiento.

arrollar *tr.* Envolver una cosa en rollo. Llevar rodando. Desbaratar al enemigo. Atropellar, no hacer caso. Vencer, dominar. Confundir a otro. *R. americ.* Recoger las faldas, remangarse los puños.

arropar *tr. y r.* Cubrir o abrigar con ropa. Proveer de ropa. Echar arrope al vino.

arrope *m.* Mosto cocido hasta tener consistencia de jarabe. Jarabe concentrado. En México, nombre de una labor en los campos de caña.

arropea *f.* Grillete. Traba que se pone a las caballerías.

arropía *f.* Melcocha.

arroscado-a *adj.* Enroscado. En forma de rosca.

arrostrar *tr.* Hacer cara, resistir a las calamidades o peligros. Sufrir o tolerar. *R.* Afrontar, desafiar; soportar, aguantar.

arroyo *m.* Caudal corto de agua. Cauce por donde corre. Parte de la calle por donde corren las aguas. Afluencia o corriente de algún líquido.

arroz *m.* Planta gramínea anua de cañas nudosas, hojas largas, flores blancas en panoja terminal y por fruto un grano oval, harinoso y blanco que, descascarado, es alimento de mucho uso. Grano de esta planta.

arrozal *m.* Tierra sembrada de arroz.

arrufianarse *r.* Hacerse rufián, envilecerse y perder todo escrúpulo.

arruga *f.* Pliegue deforme o irregular que se hace en la piel, en la ropa o en cualquier cosa flexible. Rugosidad.

arrugar *tr. y r.* Hacer o aparecer arrugas. Mostrar en el semblante, con alguna arruga o manifestación, ira o enojo. En México, acobardarse, desistir de algo.

arrugia *f.* Excavación subterránea minera. Canal que recoge las aguas de filtración. Mina de oro.

arruinar *tr. y r.* Causar ruina. Destruir, ocasionar grave daño. Aniquilar, devastar, empobrecer.

arrullar *tr.* Adormecer al niño con arrullos. Enamorar el palomo o el tórtolo a la hembra. Enamorar con palabras halagadoras.

arrullo *m.* Canto con que se enamoran las palomas y las tórtolas.

arrumaco *m.* Demostración de cariño con gestos o ademanes. Adorno o atavío estrafalario. Carantoña, embeleco, zalamería.

arrumbar *tr.* Retirar una cosa por inútil. Arrollar a uno en la conversación obligándolo a callar. Arrinconar. Fijar el rumbo.

arrurrú *m. americ.* Palabra con que se enamora a una persona. Cantarcillo monótono con que se adormece a los niños. Susurro o ruido que arrulla. Palabra con que se suele arrullar a los niños en la hamaca.

arrurruz *m.* Almidón nutritivo que se obtiene de los rizomas de algunas plantas amarantáceas.

arsenal *m.* Establecimiento en que se construyen, reparan y conservan las embarcaciones y pertrechos, para equiparlas. Depósito o almacén general de armas y efectos de guerra. Conjunto de noticias, datos, etc., o colección de útiles de una profesión o especialidad.

arseniato *m.* Nombre genérico de las sales de los ácidos arsénicos.

arsénico *m.* Elemento químico con propiedades de metaloide y de metal; símbolo As.

arseniuro *m.* Nombre genérico de los compuestos del arsénico con la mayor parte de los metales.

arsenoterapia o arsenicoterapia *f.* Tratamiento de ciertas enfermedades por medio del arsénico o sus compuestos.

artación *f.* Estrechez de un conducto u orificio natural orgánico.

arte *amb.* Todo lo que se hace por industria y habilidad del hombre. Virtud; disposición e industria para hacer algo. Acto por el cual, mediante lo material o visible, imita o expresa el hombre lo inmaterial o lo invisible copiando o fantaseando. Conjunto de reglas para hacer bien alguna cosa. Cautela, astucia. Artificio o máquina.

artefacto *m.* Obra mecánica hecha según arte. Aparato, máquina, armazón.

artejo *m.* Nudillo. Pieza articulada con otra. Parte de un órgano entre dos articulaciones.

artemisa *f.* Planta compuesta de hojas hendidas, y flores blanco amarillentas en panojas; medicinal y olorosa.

arteria *f.* Vaso membranoso elástico por el que circula la sangre que lanza el corazón al contraerse los ventrículos. Calle principal de una población.

artería *f.* Amaño o astucia. Falsía, engaño.

arterial *adj.* Perteneciente o relativo a las arterias.

arteriografía *f.* Descripción de las arterias. Registro gráfico del pulso arterial. Radiografía de arterias.

arteriosclerosis o arterioesclerosis *f.* Endurecimiento de las arterias por engrosamiento de sus paredes.

artero-a *adj.* Mañoso, astuto. Falso, traidor.

artesa *f.* Cajón que por sus cuatro lados va angostándose hacia el fondo; sirve para amasar el pan o para otros usos.

artesanía *f.* Clase social constituida por los artesanos. Arte u obra de éstos.

artesano-a *m. y f.* Persona que ejercita un arte u oficio meramente mecánico. Artífice.

artesiano-a *adj. y s.* Natural de Artois o perteneciente a esta antigua provincia de Francia. Dícese del pozo excavado en una depresión en la que el agua sale por presión.

artesón *m.* Artesa para fregar. Adorno cuadrado o poligonal en el interior de techos, bóvedas y arcos.

artesonado-a *adj.* Adornado con artesones. Techo con estos adornos.

ártico-a *adj.* Perteneciente, próximo o relativo al Polo Ártico. Septentrional, boreal.

articulación *f.* Acción y efecto de articular o articularse. Unión de dos piezas de una máquina o instrumento. Pronunciación clara y distinta de las palabras. Juntura, coyuntura. Unión de dos o más huesos. Nudo en el tallo de algunas plantas. Posición de los órganos de la voz para pronunciar una letra.

articulado-a *adj.* Que tiene articulaciones. Dícese del animal segmentado. Artrópodo. *M.* Conjunto de pruebas que propone un litigante. Conjunto de artículos de una ley, tratado, reglamento, etc.

articular *adj.* Perteneciente o relativo a las articulaciones. *Tr.* Unir, enlazar. Pronunciar clara y distintamente. Proponer medios de prueba. Dividir en artículos.

articulista *com.* Persona que escribe artículos para periódicos o publicaciones análogas.

artículo *m.* Artejo. Parte en que suelen dividirse algunos escritos. División de un diccionario encabezada con distinta palabra. Disposición numerada de una ley, tratado, escrito, etc. Escrito o comentario inserto en un periódico o publicación. Mercancía o cosa con que se comercia. Porción o segmento que forma una serie articulada. Entrenudo. Categoría gramatical que indica la extensión en que debe tomarse el substantivo al que se antepone. Unión de partes óseas. Articulación.

artífice com. Persona que ejercita alguna arte bella. Que ejecuta científicamente una obra mecánica o aplica a ella alguna de las bellas artes. Que es causa de alguna cosa. Que tiene arte para conseguir algo.

artificial adj. Hecho por mano o arte del hombre. No natural.

artificio m. Arte, primor, ingenio o habilidad con que está hecha alguna cosa. Máquina, aparato, dispositivo. Disimulo, doblez, engaño.

artificioso-a adj. Hecho con artificio. Disimulado, cauteloso. Taimado: afectado.

artilugio m. Aparato o maquinismo artificioso, pero de poca importancia o duración. Argumentación sofística.

artillar tr. Armar de artillería fortalezas o naves.

artillería f. Arte de construir, conservar y usar todas las armas, máquinas y municiones de guerra. Tren de cañones, obuses, morteros y otras máquinas de guerra que tiene una plaza, ejército o buque. Tropas especializadas en el manejo y servicio de ese material.

artillero m. Soldado que sirve en la artillería del ejército o de la armada.

artimaña f. Trampa, artificio para cazar. Astucia, ardid, treta.

artisela f. Tejido fabricado con hilado de seda artificial.

artista adj. y s. Persona que ejercita alguna arte bella. Artífice, actor.

artístico-a adj. Perteneciente o relativo a las artes, especialmente a las bellas.

artolas f. pl. Aparato que se coloca sobre la caballería para que puedan ir sentadas dos personas, o conducidas, heridas o enfermas, a lomo de caballo.

artralgia f. Dolor en una o más articulaciones.

artrítico-a adj. Concerniente a la artritis o a las enfermedades articulares. Que padece artritis.

artritis f. Inflamación de una articulación.

artrópodo m. Animal de simetría bilateral, cuerpo segmentado y patas articuladas.

aruaco m. Indígena sudamericano de la familia chibcha, establecido en el norte de Colombia.

arundíneo-a adj. Perteneciente o relativo a las cañas.

arúspice m. Sacerdote romano que deducía sus augurios del examen de las entrañas de las víctimas.

arvales m. pl. Sacerdotes romanos que oficiaban en las fiestas de purificación de los campos para obtener buena recolección.

arvejo m. Guisante.

arvense adj. Dícese de la planta que crece espontáneamente en los sembrados. Silvestre.

arvícola adj. Que vive en los sembrados.

arvicultura f. Cultivo de plantas en prados naturales. Cultivo de plantas arvenses, principalmente gramíneas.

arzobispal adj. Perteneciente o relativo al arzobispo.

arzobispo m. Obispo de una iglesia metropolitana o que tiene honores de tal.

arzón m. Fuste delantero o trasero de la silla de montar.

as m. Moneda romana de valor de 12 onzas. Carta de la baraja que lleva el número uno, o ficha del dominó con un solo punto. Campeón. Jugador que sobresale.

asa f. Parte sobresaliente de una vasija o cesta para asirla. Asidero.

asadero-a adj. A propósito para asarse. M. Lugar de mucho calor. En México, queso fresco y blando.

asado m. Carne asada.

asador m. Varilla puntiaguda propia para prender lo que quiere asarse. Lugar de la cocina donde está el asador.

asadura f. Conjunto de las entrañas de un animal. Hígado.

asaetar tr. Disparar saetas contra alguien. Herir o matar con saetas. Causar disgustos o molestias. Rec. Molestarse mutuamente con frases irónicas.

asalariado-a adj. y s. Que percibe un salario por su trabajo. Jornalero, obrero. Persona que se sujeta indecorosamente a la voluntad de otra.

asalariar tr. Señalar salario a una persona.

asaltante adj. y s. Que asalta. Atracador, salteador.

asaltar tr. Acometer impetuosamente una plaza o fortaleza. Acometer repentinamente y por sorpresa a las personas. Ocurrir de pronto una enfermedad, la muerte, un pensamiento, etc. Agredir, atacar, acocar.

asalto m. Acción y efecto de asaltar. En México y Cuba, acto de sorprender a los moradores de una casa, con música y canciones. Ataque para ocupar las posiciones del enemigo. Combate simulado al arma blanca. División del tiempo en un combate de boxeo.

asamblea *f.* Reunión numerosa de personas convocadas para algún fin. Cuerpo político deliberante. Toque de reunión en lo militar.

asambleísta *com.* Persona que forma parte de una asamblea.

asapan *m.* En México y América del Norte, ciertas ardillas voladoras.

asar *tr.* Cocer un manjar a fuego directo o con aire calentado. Tostar, abrasar. *R.* Sentir extremado ardor o calor.

ásaro *m.* Planta aristoloquiácea perenne con rizoma rastrero, de olor fuerte y nauseabundo.

asativo-a *adj.* Dícese del cocimiento de alguna cosa en su propio zumo.

asaz *adv.* Bastante, harto, muy.

asbesto *m.* Mineral de fibras duras y rígidas comparables al cristal hilado; sus diversas variedades son formas fibrosas de los anfíboles.

áscari *m.* Soldado marroquí de infantería.

ascárido *m.* Nemátodo parásito intestinal del hombre y de los animales.

ascendencia *f.* Serie de ascendientes o antepasados. Abolengo, estirpe.

ascender *intr.* Subir. Pasar a lugar más alto. Importar una cuenta. Adelantar en empleo o dignidad. Elevar, progresar.

ascendiente *adj.* Que asciende. Sucesión de sonidos del grave al agudo.

ascendiente *com.* Ascendente. Cualquiera de los abuelos de quien desciende una persona. Influencia o predominio moral.

ascensión *f.* Acción y efecto de ascender. Exaltación a una dignidad suprema; por excelencia, la de Cristo a los cielos.

ascensional *adj.* Aplícase al movimiento de un cuerpo hacia arriba, o de la fuerza que produce la ascensión.

ascenso *m.* Promoción a mayor dignidad o empleo. Grado para el adelanto en una carrera o jerarquía. Elevación, progreso, adelanto.

ascensor *m.* Plataforma con movimiento vertical de ascenso y descenso para transportar personas o cosas de un nivel a otro. Montacargas.

asceta *com.* Persona de vida ascética. Anacoreta, eremita, ermitaño.

ascético-a *adj.* Dícese de la persona dedicada a la práctica y ejercicio de la perfección cristiana. Perteneciente o relativo a este ejercicio y práctica.

ascetismo *m.* Profesión de la vida ascética y su doctrina. Teología mística.

ascia *f.* Dícese de los vendajes en espiral.

ascidia *f.* Organo o apéndice de una planta en forma de puchero, de botella, de saco o de urna.

ascio-a *adj.* y *s.* Habitante de la zona tórrida cuyo cuerpo, dos veces al año y a mediodía, no proyecta sombra.

ascitis *f.* Hidropesía o acumulación de líquido seroso en la cavidad abdominal.

asclepiadácea *adj.* y *s.* Planta dicotiledónea genancial, herbácea, arbustiva o arbórea, lactescente, con fruto en folículo con muchas semillas.

asco *m.* Alteración del estómago causada por repugnancias. Impresión desagradable causada por algo que repugna. Esta misma cosa. Náuseas, grima.

ascórbico *adj.* Dícese del ácido cevitamínico antiescorbútico.

ascosidad *f.* Podre o inmundicia que mueve a asco.

ascua *f.* Pedazo de materia sólida y combustible que por la acción del fuego se pone incandescente. Brasa.

aseado-a *adj.* Limpio, curioso. Cuidadoso, aliñado.

asear *tr.* y *r.* Adornar, componer con curiosidad y limpieza.

asechanza *f.* Engaño o artificio para hacer daño a otro. Perfidia, traición.

asechar *tr.* Poner o armar asechanzas. Tramar algo, conspirar contra.

asedar *tr.* Poner suave como la seda.

asediar *tr.* Cercar un punto fortificado para evitar que salga o entre alguien. Importunar sin descanso. Bloquear, sitiar.

asegurado-a *adj.* y *s.* Dícese de la persona que ha contratado un seguro.

asegurador-a *adj.* y *s.* Que asegura. Persona o empresa que asegura riesgos ajenos.

asegurar *tr.* y *r.* Dejar firme y seguro. Imposibilitar la huída o la defensa de alguien. Librar de cuidado o temor. Dejar seguro a alguien de la realidad o certeza de algo. Dar firmeza de una obligación a cumplir. Poner a cubierto una cosa de su pérdida, mediante indemnización, con sujeción a las condiciones pactadas.

asemejar *tr.* Hacer una cosa con semejanza a otra, o representarla. *Intr.* Tener semejanza. *R.* Mostrarse semejante.

asenderear *tr.* Hacer o abrir sendas. Perseguir a alguien haciéndole salir de los caminos y andar fugitivo.

asenso *m.* Acción y efecto de asentir. Asentimiento, aprobación.

asentado-a *adj.* Sentado, juicioso, quieto. Estable, permanente.

asentadura *f.* En México, primer riego dado a la caña de azúcar.

asentamiento *m.* Acción y efecto de asentar o asentarse. Establecimiento. Instalación provisional. Cosa para sentarse. Juicio, cordura. Posición.

asentar *tr. y r.* Sentar. Colocar a alguien en determinado lugar en señal de posesión de algún empleo o cargo. Colocar algo firmemente. Situar, fundar. Dar golpes con tino y violencia. Aplanar apisonando. Presuponer algo. Afirmar, dar por cierto. Ajustar un convenio o tratado. Anotar algo para que conste. *Intr.* Convenir una cosa a otra o a alguien.

asentimiento *m.* Asenso. Consentimiento. Aprobación, conformidad.

asentir *intr.* Admitir como cierto o conveniente. Aprobar, consentir.

aseo *m.* Limpieza, curiosidad. Adorno, compostura.

asepsia *f.* Ausencia de materia infecciosa. Método para impedir acceso de gérmenes nocivos al organismo.

aséptico-a *adj.* Perteneciente o relativo a la asepsia. Sin contaminación ni infección.

asequible *adj.* Que puede conseguirse o alcanzarse. Accesible.

aserción *f.* Acción y efecto de afirmar, asegurar o dar por cierto. Proposición en que se afirma o da por cierta alguna cosa. Afirmación, aserto.

aserradero *m.* Paraje donde se asierra la madera u otra cosa.

aserrado-a *adj.* Que se parece a la sierra.

aserrar *tr.* Serrar.

aserrín *m.* Serrín.

aserruchar *tr. americ.* Cortar o dividir con serrucho.

aserto *m.* Aserción.

asertorio *adj.* Juicio que enuncia una verdad de hecho.

asesar *tr.* Hacer que uno adquiera seso o cordura. *Intr.* Adquirirlo.

asesinar *tr.* Matar alevosamente.

asesinato *m.* Acción y efecto de asesinar. Homicidio en el que concurren determinadas circunstancias.

asesino-a *adj. y s.* Que asesina, homicida. Matón asalariado.

asesor-a *adj. y s.* Que asesora. Letrado consejero.

asesorar *tr.* Dar consejo o dictamen. Orientar, dictaminar.

asesoría *f.* Oficio de asesor; sus estipendios o derechos; su oficina.

asestar *tr.* Dirigir una arma hacia el objeto que se amenaza o se quiere ofender. Dirigir la vista, los anteojos. Descargar contra un objeto el proyectil o golpe. Intentar causar daño. Dar, pegar.

aseveración *f.* Acción y efecto de aseverar. Afirmación, aserción.

aseverar *tr.* Afirmar o asegurar lo que se dice. Ratificar, confirmar.

asexual *adj.* Sin sexo; ambiguo, indeterminado. Dícese de la reproducción que se efectúa sin la intervención de sexos.

asfalto *m.* Betún negro, mezcla de hidrocarburos y algunos derivados oxigenados que forma bases amorfas.

asfixia *f.* Suspensión de la respiración y estado de muerte aparente causada por falta de oxígeno, inhalación de gases venenosos, sumersión, etc.

así *adv.* De esta suerte o manera. Úsase también como enfático. También, igualmente. *Conjun.* Tanto, de igual manera. En consecuencia, por lo cual.

asiático-a *adj. y s.* Natural de Asia. Perteneciente a dicha parte del mundo.

asibilar *tr.* Hacer sibilante el sonido de una letra.

asidero *m.* Parte por donde se ase alguna cosa. Ocasión, pretexto. Asa, agarradero.

asiduidad *f.* Frecuencia, puntualidad o aplicación constante a una cosa.

asiento *m.* Cosa destinada para sentarse en ella. Lugar en un tribunal o junta. Sitio en que está o estuvo fundado un pueblo o edificio. Parte de una vasija, para mantenerla derecha. Poso. Anotación o apuntamiento. Estabilidad, permanencia. Asentaderas. Domicilio, sede.

asignación *f.* Acción y efecto de asignar. Cantidad señalada por sueldo o emolumento. Pensión, salario, crédito.

asignar *tr.* Señalar o fijar lo que corresponde a una persona o cosa. Destinar, conceder, pensionar.

asignatario-a *m. y f.* Persona a quien se asigna la herencia o el legado.

asignatura *f.* Cada una de las materias que se enseñan en un instituto docente, o forman un plan académico de estudios.

asilar *tr.* Albergar en un asilo.

asilo *m.* Lugar de refugio. Establecimiento benéfico en que se recogen menesterosos o se les da alguna asistencia. Amparo, protección.

asimetría *f.* Falta de simetría.

asimilación *f.* Acción y efecto de asimilar o asimilarse. Transformación de las substancias absorbidas o alimentos, en substancia propia de reserva. Norma fonética por la que dos letras o sílabas se hacen de la misma naturaleza o del mismo orden fonético.

asimilar *tr.* Asemejar, comparar. Igualar derechos y honores. *Intr.* Ser semejante una cosa a otra. *R.* Parecerse o asemejarse. Apropiarse los organismos de las substancias necesarias para su conservación o desarrollo. Hacerse un sonido igual a otro.

asimismo *adv.* De éste o del mismo modo. También. Además, igualmente.

asincronismo *m.* Ausencia de concordancia o coincidencia. Falta de simultaneidad.

asíndeton *m.* Omisión de las conjunciones para dar viveza a lo expresado.

asinesia *f.* Torpeza mental; estupidez.

asintáctico-a *adj.* Que no se conforma con las leyes de la sintaxis regular.

asíntota *f.* Línea recta que, prolongada indefinidamente, se acerca de continuo a una curva, sin llegar a encontrarla.

asir *tr.* Tomar o coger con la mano. *R.* Agarrarse de alguna cosa. Tomar pretexto u ocasión. *Rec.* Reñir o contender dos o más personas.

asirio-a *adj. y s.* Natural de Asiria. Perteneciente a este país de Asia antigua. Lengua asiria.

asísmico-a *adj.* Dícese de la región o terreno no sujeto a movimientos sísmicos; también de las construcciones especiales para contrarrestar dichos movimientos.

asistencia *f.* Acción de asistir. Socorro, ayuda. *Pl.* Medios que se dan para que alguien se mantenga. En México, pieza para recibir a personas de confianza. Personas presentes en un acto.

asistente *m.* Soldado de servicio personal a un superior. Persona que asiste a otra. Persona que está presente. Concurrente, espectador.

asistir *tr.* Acompañar a alguien en un acto público. Servir, socorrer, favorecer, ayudar. Atender a enfermos. *Intr.* Concurrir a alguna parte. Estar o hallarse presente.

asistolia *f.* Sístole defectuosa o parcial.

asma *f.* Respiración difícil y anhelosa con estertores sibilantes.

asna *f.* Hembra del asno.

asno *m.* Animal solípedo de orejas largas y cola poblada de cerdas, muy sufrido; empleado como bestia de carga y de tiro.

asociación *f.* **Acción** de asociar o asociarse. Conjunto de asociados para un mismo fin y con personalidad jurídica. Sociedad, corporación. Reunión de organismos que forman una entidad ecológica.

asociar *tr.* Dar a alguien un compañero que ayude. Juntar una cosa con otra y que concurran a un mismo fin. *R.* Juntarse, reunirse. Ingresar en una asociación.

asolar *tr.* Poner por el suelo, arruinar, arrasar. Devastar.

asolar *tr. y r.* Secar los campos o echar a perder sus frutos el calor, la sequía, etc.

asoldar *tr.* Tomar a sueldo, asalariar.

asoleada *f.* *americ.* Insolación.

asolear *tr. y r.* Tener al sol una cosa por algún tiempo. Acalorarse tomando el sol. Ponerse moreno por el sol.

asomar *intr.* Empezar a mostrarse. *Tr.* Sacar o mostrar alguna cosa por una abertura o por detrás de alguna cosa.

asombrar *tr.* Hacer sombra una cosa a otra. Obscurecer un color. *R.* Causar gran admiración. Maravillar, pasmar.

asombro *m.* Acción y efecto de asombrar o asombrarse. Susto, espanto. Admiración grande. Persona o cosa asombrosa. Maravilla, sorpresa, pasmo.

asomo *m.* Acción de asomar o asomarse. Indicio, señal de alguna cosa. Sospecha, presunción.

asonada *f.* Motín, reunión turbulenta. Tumulto, sedición, revuelta.

asonancia *f.* Correspondencia de un sonido con otro, o de una cosa con otra. Identidad de vocales en las terminaciones de dos palabras a contar desde la vocal acentuada. Uso inmotivado de palabras que se corresponden unas con otras.

asonantar *intr.* Estar una palabra en asonancia con otra. Incurrir en el vicio de la asonancia. Rimar vocales tónica y final en el verso.

asonar *intr.* Hacer asonancia o convenir un sonido con otro. Poner en música.

asordar *tr.* Ensordecer con ruidos o voces.

asosegar *tr. y r.* Sosegar o sosegarse.

aspa *f.* Conjunto de dos maderos o palos en forma de X. Cruz giratoria del molino de viento. Brazo de esa cruz. Figura o representación en forma de X. Paleta de hélice.

aspado-a *adj.* Que tiene forma de aspa. Penitente que lleva los brazos extendidos y atados a lo largo de un madero o cosa semejante.

aspar *tr.* Hacer madeja en el aspa. Clavar en aspa a una persona. Mortificar a alguien. Mostrar con quejidos y contorsiones enojo o dolor excesivos.

aspaviento *m.* Demostración excesiva o afectada de espanto, admiración o sentimiento.

aspecto *m.* Apariencia de las personas y objetos a la vista. Semblante.

aspereza *f.* Calidad de áspero. Desigualdad del terreno. Rigidez, rigor.

asperges *m.* Rociadura o aspersión. Hisopo.

asperjar *tr.* Hisopear. Rociar con el hisopo.

aspermo-a *adj.* Dícese de los vegetales que no producen semilla. Que no tiene semen o no produce espermatozoides.

áspero-a *adj.* Desapacible al gusto o al oído. Duro al tacto por su superficie rugosa, desigual. Escabroso. Tiempo desagradable. Falto de afabilidad. Rugoso, desigual, rudo.

asperón *m.* Arenisca de cemento arcilloso o silíceo, empleada en la construcción o en piedras de amolar.

aspérrimo-a *adj.* Superlativo de áspero.

aspersión *f.* Acción y efecto de asperjar.

aspersorio *m.* Instrumento o aparato para asperjar. Dícese en especial de los rociadores contra incendios.

áspid *m.* Víbora muy venenosa. Ofidio venenoso de Egipto.

aspillera *f.* Abertura larga y estrecha en un muro, para disparar contra el enemigo.

aspiración *f.* Acción y efecto de aspirar. Anhelo imperioso de lograr algo. Deseo, afán, ansia. Sonido que resulta del roce del aliento emitido con relativa fuerza. Espacio menor que la pausa, en Música.

aspirador-a *adj. y s.* Que aspira el aire. Aparato eléctrico para extraer líquidos, gases o polvo.

aspirante *adj. y s.* Que aspira. Persona que ha obtenido derecho a ocupar un cargo. Pretendiente, aspirante, candidato.

aspirar *tr.* Atraer el aire exterior a los pulmones. Pretender algún empleo, cargo o dignidad. Pronunciar guturalmente.

aspirina *f.* Nombre comercial del ácido acetilsalicílico; antirreumático y antipirético.

asquear *tr.* Sentir asco de alguna cosa; desecharla, repudiarla.

asquerosidad *f.* Suciedad que mueve a asco.

asqueroso-a *adj.* Que causa o tiene asco. Propenso a tenerlo.

asta *f.* Palo de la lanza, pica, venablo. Lanza o pica. Palo en que se fija la bandera. Cuerno. Mango.

astado-a *adj.* Provisto de astas. Por antonomasia, el toro.

astático-a *adj. y s.* Insensible a un campo magnético.

ástato *m.* Elemento químico; símbolo At.

astenia *f.* Falta de vigor físico.

asterisco *m.* Signo ortográfico en forma de estrellita empleada para llamadas o notas u otros usos convencionales.

asteroide *m.* De figura de estrella. Elemento del sistema solar del grupo de pequeños planetas entre Marte y Júpiter.

astigmatismo *m.* Anormalidad del ojo por difusión de los rayos de luz en la retina. Defecto de las imágenes ópticas debido a que la imagen de un punto no es otro punto sino una superficie.

astil *m.* Mango de un utensilio. Palo de la saeta. Barra horizontal de la que penden los platillos de la balanza. Tallo leñoso, como el de la palmera. Eje córneo de la pluma de ave.

astilla *f.* Fragmento irregular que salta o queda de un objeto de madera que se parte o rompe violentamente. El que salta o resta del pedernal y otros minerales.

astillar *tr.* Hacer astillas. Destrozar, deshacer.

astillero *m.* Establecimiento donde se construyen y reparan buques. Percha para lanzas, picas o astas. En México, lugar del monte en que se hace corte de leña. Arsenal, pértiga.

astilloso-a *adj.* Aplícase a los cuerpos que fácilmente se rompen en astillas.

astracán *m.* Piel de cordero nonato o recién nacido. Tejido que forma rizos en la superficie exterior, como la piel de los corderillos.

astracanada *f.* Bufonada. Pieza teatral disparatada y grotesca.

astrágalo *m.* Tragacanto. Hueso corto entre los dos tobillos. Talo. Cordón en forma de anillo que abraza la columna.

astral *adj.* Perteneciente o relativo a los astros.

astreñir *tr.* Astringir.

astringente *adj.* Que astringe; dícese principalmente de los alimentos y de los remedios. Que mengua la secreción de las mucosas y retrae o endurece los tejidos.

astringir *tr.* Apretar, estrechar, contraer alguna substancia los tejidos orgánicos. Constreñir.

astro *m.* Cualquiera de los cuerpos celestes que pueblan el firmamento. Dícese de la persona muy sobresaliente en alguna cosa.

astrofísica *f.* Parte de la Astronomía que estudia la naturaleza física y química de los astros

astrofotometría *f.* Parte de la Astronomía que estudia la luminosidad de las estrellas.

astrolabio *m.* Antiguo instrumento para medir la altura de los astros sobre el horizonte; se ha sustituido por el sextante.

astrolatría *f.* Adoración de los astros. Sabeísmo.

astrología *f.* Arte adivinatorio para descubrir, mediante la observación de los fenómenos y cuerpos celestes, los destinos del hombre y hasta aquéllos de los pueblos y naciones.

astronauta *com.* Persona que tripula una nave espacial.

astronáutica *f.* Ciencia que estudia la navegación por el espacio interplanetario.

astronomía *f.* Ciencia general de los astros y de las leyes de sus movimientos.

astroso-a *adj.* Infausto, malhadado. Desaseado o desaliñado. Vil, abyecto, despreciable. Sucio, harapiento, andrajoso.

astucia *f.* Calidad de astuto. Ardid, medio empleado hábilmente para el logro de algún intento. Sagacidad, maña.

astur *adj. y s.* Individuo de un pueblo preibérico que habitó en partes de Asturias y León, España.

asturiano-a *adj. y s.* Natural de Asturias. Relativo a esta región española.

astuto-a *adj.* Agudo, hábil para engañar. Que implica astucia. Taimado.

asueto *m.* Vacación breve, en especial la dada a los estudiantes. Descanso.

asumir *tr.* Atraer o tomar para sí. Ocupar, cargar.

asunción *f.* Acción y efecto de asumir. Acto de ser ascendido a alguna muy alta dignidad, por elección o aclamación. Por excelencia, la de ser elevada por Dios la Virgen Santísima al cielo.

asunto *m.* Materia de que se trata. Tema o argumento de una obra. Lo representado por una pintura o escultura. Negocio, motivo, cuestión.

asurar *tr. y r.* Requemar los guisados en la vasija. Abrasar los sembrados el calor.

asurcado-a *adj.* Que tiene surcos o hendiduras.

asuso *adv.* Arriba

asustar *tr. y r.* Dar o causar susto. Espantar, atemorizar.

atabacado-a *adj.* De color de tabaco.

atabal *m.* Instrumento de percusión de caja metálica sobre la que se sujeta el parche. Timbal. Tamborcillo, tamboril.

atabanado-a *adj.* Dícese del caballo o yegua de pelo oscuro y con pintas blancas en los ijares y en el cuello.

atacado-a *adj.* Encogido, irresoluto. Miserable, mezquino. En México, accidentado, privado de sentido.

atacar *tr.* Atar, abrochar. Apretar con el taco. Atestar, atiborrar. Acometer, embestir. Golpear seca y fuertemente. Ejercer acción una substancia sobre otra. Estrechar con argumentos a alguien. Sobrevenir repentinamente el sueño, una enfermedad, plagas, etc.

atacuacharse *r.* En México, arrinconarse. agazaparse.

atadero *m.* Lo que sirve para atar. Parte por donde se ata alguna cosa. Sujeción, servidumbre. *Americ.* Ataderas o ligas.

atadijo *m.* Lío pequeño y mal hecho. Ligadura con muchos nudos.

atadijo *m.* Cinta, correa para atar.

atado-a *adj.* Dícese de la persona que vale poco, o que se embaraza por cualquier cosa. Irresoluto, limitado. Cohibido, coaccionado. *M.* Conjunto de cosas atadas.

atadura *f.* Acción y efecto de atar. Unión o enlace. Ligadura.

ataharre *m.* Banda que rodea los ijares y las ancas de la caballería.

atajada *f. americ.* Acción de atajar, ir o tomar por un atajo; detener a alguien en su acción o impedir el curso de alguna cosa.

atajador-a *adj.* Que ataja. *M.* En México, el que aguija la recua.

atajar *intr.* Ir o tomar por el atajo. *Tr.* Salir al encuentro por algún atajo. Cortar o dividir por medio de algo. Detener a alguien en su acción, o el curso de alguna cosa. Interrumpir.

atajo *m.* Senda por donde se acorta el camino. Procedimiento rápido. Separación o división de algo.

atalaya *f.* Torre en lugar alto para divisar desde ella el campo o mar y dar aviso. Eminencia desde donde se descubre mucho espacio de tierra o mar. *M.* El que atisba o registra desde dicha torre.

atalayar *tr.* Registrar el campo o el mar desde una atalaya. Observar o espiar las acciones de otros.

atanor *m.* Cañería para conducir el agua. Cada uno de los tubos de dicha cañería.

atañer *intr.* Corresponder, tocar o pertenecer. Concernir.

ataque *m.* Acción de atacar, acometer. Acometimiento de algún accidente repentino. Pendencia, disputa. Acción ofensiva por tierra, mar o aire contra el enemigo.

atar *tr.* Juntar o sujetar con ligaduras. Impedir el movimiento. Relacionar, conciliar. *R.* Embarazarse en un negocio o apuro. Ceñirse o reducirse a una cosa o materia.

atarantado-a *ad.* Picado de la tarántula. Inquieto y bullicioso. Aturdido, espantado, ofuscado.

atarantar *tr. y r.* Aturdir o aturdirse.

ataraxia *f.* Tranquilidad o imperturbabilidad del ánimo.

atarazana *f.* Arsenal. Cobertizo de cordelero.

atarazar *tr.* Morder o rasgar con los dientes. Ataracear.

atardecer *m.* Tiempo en que atardece. Ultimo período de la tarde. *Intr.* Tardecer.

atarear *tr.* Señalar tarea. *R.* Entregarse mucho al trabajo.

atarjea *f.* Caja de ladrillo para proteger las cañerías. Conducto que lleva las aguas al sumidero. *Americ.* Caño abierto de mampostería para conducir el agua.

atarugar *tr.* Asegurar un ensamblado con tarugos o cuñas. Tapar con tarugos o tapones. *R.* Atragantarse, atontarse.

atarrajar *tr.* Labrar o hacer molduras con la tarraja.

atasajar *tr.* Hacer tasajos la carne. Tender a alguien sobre una caballería.

atascadero *m.* Lodazal o sitio donde se atasca alguien. Estorbo o embarazo. Barrizal, atolladero; dificultad.

atascado-a *adj. americ.* Tonto, débil de carácter.

atascar *tr.* Tapar con tascos aberturas y hendeduras. Obstruir o cegar algún conducto. Detener, impedir. *R.* Quedarse detenido en un barrizal u obstáculo.

atasco *m.* Impedimento que no permite el paso. Obstrucción.

atascoso *adj.* En México, se dice del lugar o camino que tiene atascaderos.

ataúd *m.* Caja donde se pone el cadáver.

ataujía *f.* Obra de embutido de metales y esmaltes. Labor primorosa.

ataviar *tr. y r.* Componer, asear, adornar. Acicalar, aderezarse.

atavío *m.* Acción de ataviar o ataviarse. Compostura y adorno. Vestido. Objetos de adorno. Acicalamiento, aderezo, perifollos.

atavismo *m.* Semejanza con los abuelos. Herencia de algún carác-

ter o enfermedad, no manifestada en los padres, procedente de algún antepasado. Tendencia de los organismos a volver al tipo original.

átavo *m.* Antecesor remoto o tipo ancestral, del cual se heredan caracteres que estaban latentes en generaciones intermedias.

ataxia *f.* Incoordinación e irregularidad de los movimientos musculares.

ate *m.* En México, dulce de frutas en pasta.

atecate *m.* En México, agua en que la molendera moja las manos cuando prepara tortillas de maíz.

atecomate *m.* En México, vaso para beber agua.

atecorralar *tr.* En México, cercar con albarrada de piedra seca.

atediar *tr. y r.* Causar tedio.

ateísmo *m.* Doctrina que niega la existencia de Dios.

atejonarse *r.* En México, esconderse, ocultarse.

ateiaje *m.* Conjunto de caballerías que tiran de un carruaje. Conjunto de guarniciones de las bestias de tiro.

atemorizar *tr. y r.* Causar temor. Amedrentar, acobardar, asustar.

atemperar *tr.* Moderar, templar. Temperar.

atenacear *tr.* Arrancar con tenazas pedazos de carne. Atormentar cruelmente.

atenazar *tr.* Atenacear. Poner apretados los dientes por la ira o el dolor.

atención *f.* Acción de atender. Demostración de respeto. *Pl.* Negocios, obligaciones.

atender *tr.* Esperar o aguardar. Acoger favorablemente un deseo, ruego o mandato. *Intr.* Aplicar el entendimiento a una cosa. Mirar o cuidar de alguien.

ateneo *m.* Nombre de algunas asociaciones científicas o literarias. Local donde se reúnen.

atener *r.* Arrimarse o adherirse a una persona o cosa, teniéndola por más segura. Ajustarse, sujetarse uno a alguna cosa.

ateniense *adj. y s.* Natural de Atenas. Perteneciente a esta ciudad de Grecia o a la antigua República del mismo nombre.

atenorado-a *adj.* Dícese de la voz parecida a la del tenor y de los instrumentos cuyo sonido tiene timbre parecido.

atentado *m.* Procedimiento abusivo de una autoridad. Abuso o violación cometido contra una persona o sus intereses. Intento criminal contra la vida de una persona. Delito de violencia o resistencia grave contra la autoridad o sus agentes o contra el Estado.

atentar *tr.* Emprender o ejecutar alguna cosa ilícita. *Intr.* Cometer atentado.

atentar *r.* Ir o proceder con tiento o cuidado; contenerse, moderarse.

atentatorio-a *adj.* Con tendencia, intento o realización del atentado.

atento-a *adj.* Con atención. Cortés, comedido. Solícito, fino, afable.

atenuación *f.* Acción y efecto de atenuar o aminorar.

atenuar *tr.* Poner tenue, sutil o delgada alguna cosa. Minorar, disminuir.

ateo-a *adj. y s.* Que niega la existencia de Dios.

atepocate *m.* En México, renacuajo, larva de anfibio.

aterciopelado-a *adj.* Semejante al terciopelo.

aterido-a *adj.* Transido de frío.

aterir *tr. y r.* Pasmar de frío.

aterrar *tr.* Bajar al suelo. Derribar, abatir. Cubrir con tierra. En México, llenar de tierra. *Intr.* Llegar a tierra.

aterrar *tr.* Atemorizar, espantar, amedrentar.

aterrizaje *m.* Acción y efecto de aterrizar. Toma de tierra por una aeronave.

aterrizar *intr.* Descender a tierra el aviador con su aparato.

aterrorizar *tr. y r.* Causar terror.

atesar *tr.* Atiesar.

atesorar *tr.* Reunir y guardar dinero o cosas de valor. Tener buenas cualidades. Ahorrar, acumular.

atestación *f.* Declaración de testigo o de quien afirma algo.

atestado-a *adj.* Henchido, lleno, repleto.

atestado *m.* Instrumento oficial en que consta una atestación.

atestar *tr.* Henchir una cosa hueca. Meter una cosa en otra. Rellenar.

atestar *tr.* Testificar; deponer como testigo.

atestiguar *tr.* Deponer, declarar. afirmar como testigo.

atezado-a *adj.* Que tiene la piel tostada por el sol. De color negro.

atezar *tr.* Poner liso, terso o lustroso. Ennegrecer.

atiborrar *tr.* Llenar por completo alguna cosa con borra. Atestar.

aticismo *m.* Delicadeza y elegancia de los autores atenienses de la edad clásica. Por extensión, de otros autores de diferentes países. Tendencia o locución al modo de los autores atenienses.

ático-a *adj. y s.* Natural de Atica o de Atenas. Perteneciente a este país o a la ciudad de Atenas, o al aticismo.

atiesar *tr. y r.* Poner tiesa una cosa.

atigrado-a *adj.* Manchado como la piel del tigre.

atildado-a *adj.* Pulcro, elegante. Acicalado, compuesto.

atildar *tr.* Poner tildes a las letras. Reparar, censurar. Componer, asear.

atinar *intr.* Encontrar lo que se busca a tiento. Acertar o dar en el blanco. Acertar por conjeturas.

atingencia *f.* Acción y efecto de relacionarse o convenir una cosa con otra. Incumbencia. *Americ.* Tino, acierto.

atiplado-a *adj.* Dícese de la voz o instrumento que tiene características propias de tiple.

atirantar *tr.* Poner tirante. *R.* En México, morirse.

atisbar *tr.* Mirar, observar con cuidado, recatadamente. Espiar.

atisbo *m.* Acción de atisbar. Vislumbre, sospecha, indicio.

atizador-a *adj.* Que atiza. *M.* Instrumento para atizar.

atizar *tr.* Remover el fuego o añadirle combustible para que arda más. Avivar pasiones o discordias. Dar o propinar golpes.

atla *adj. y s.* Indígena mexicano de una subtribu zapoteca.

atlante *m.* Estatua de hombre que sirve de columna. Dícese de la persona que es firme sostén y ayuda de algo pesado y difícil.

atlántico-a *adj.* Perteneciente al monte Atlas. Dícese del mar océano que se extiende desde Europa y Africa hasta las costas orientales de América.

atlas *m.* Colección de mapas geográficos en un volumen. La primera vértebra cervical que sostiene la cabeza.

atleta *com.* Competidor en los juegos públicos. Hombre membrudo y corpulento. Defensor enérgico. Deportista.

atletismo *m.* Afición a los ejercicios del atleta. Conjunto de dichos ejercicios.

atmósfera *f.* Masa gaseosa que envuelve la Tierra. Ambiente moral. Unidad de presión, equivalente a 1033.22 gramos-peso por centímetro cuadrado.

atoar *tr.* Remolcar una embarcación. Cargar un efecto para transportarlo.

atocle *m.* En México, tierra húmeda y fértil, a propósito para cultivar maíz y trigo.

atocha *f.* Esparto, planta gramínea.

atochar *tr.* Llenar algo con esparto u otra cosa.

atole *m.* Bebida muy usada en América, de harina de maíz disuelta en agua o leche y endulzada, hervido todo hasta adquirir consistencia.

atolocate *m.* Renacuajo.

atolón m. Arrecife de coral que encierra una laguna. Isla madrepórica.

atolondrar tr. y r. Aturdir, producir aturdimiento.

atolladero m. Atascadero. Estorbo, embarazo.

atollar intr. Dar en un atolladero. R. Atascarse.

atomicidad f. Mayor o menor capacidad de los átomos para unirse a otros y combinarse con ellos.

atómico-a adj. Relativo o perteneciente al átomo. Dícese de lo que es indivisible.

atomizar tr. Dividir una substancia en partes sumamente pequeñas y dispersas; pulverizar.

átomo m. Partícula material de pequeñez extremada. Elemento constitutivo de la materia, formado por un núcleo y los electrones que lo rodean.

atona f. Oveja que cría un cordero de otra madre.

atonal adj. Dícese de la composición musical sin tonalidad definida.

atonía f. Falta de tono o de vigor; debilidad de los tejidos orgánicos, en especial de los contráctiles.

atónito-a adj. Pasmado o espantado de algo. Estupefacto asombrado, atontado.

átono-a adj. Sin acentuación prosódica. Sin vigor, que sufre atonía.

atontar tr. y r. Aturdir o atolondrar. Alelar.

atorado-a adj. Obstruido, obturado, atascado.

atorar tr. y r. Atascar, obstruir. En México, detener una cosa, impedir que pase adelante. R. Atragantarse.

atormentar tr. y r. Causar dolor o molestia corporal. Dar tormento. Causar aflicción o disgusto. Torturar, angostar.

atornillar tr. Sujetar con tornillos. En México, insistir, comprometer; tratar a alguien con rigor. Molestar, importunar.

atortolar tr. y r. Aturdir, confundir o acobardar. Amedrentar, enamorar.

atorzonarse r. En México, meteorizarse un herbívoro. En México y Colombia, hartarse.

atosigar tr. Emponzoñar con tósigo o veneno. Fatigar u oprimir a alguien, dándole prisa. Intoxicar; angustiar, abrumar.

atotola f. En México, el ave ciconiforme llamada también chupalodo o acacalote. También el pelícano.

atotolli m. En México, la gallina de agua.

atotonilco m. En México, aguas termales.

atóxico-a adj. No venenoso; que no tiene toxicidad.

atrabancar intr. Pasar o saltar de prisa. Hacer algo con prisa y descuido.

atrabiliario-a adj. De genio destemplado y violento. Adusto, irascible.

atrabilis m. Cólera negra y acre.

atracadero m. Paraje en que pueden arrimarse a tierra embarcaciones menores.

atracador m. Salteador, en especial el que obra por sorpresa en las ciudades. Asaltante, pistolero.

atracar tr. Hacer comer y beber con exceso. Hartar. Arrimar un objeto a otro. Aproximarse. Saltear en poblado. En México y Centroamérica, reñir muy cerca. Arrimar unas embarcaciones a otras o a tierra. Abordar.

atracazón f. americ. Atracón, hartazgo.

atracción f. Acción y efecto de atraer. Fuerza para atraer. Simpatía. Fuerza que ejercen entre sí dos entidades físicas y que tiende a aproximarlas. Fuerza de asimilación entre sonidos. Espectáculo que atrae al público.

atraco m. Acción y efecto de atracar, asaltar o saltear en poblado.

atracón m. Acción y efecto de atracar o atracarse de comida y bebida. Hartazgo. En América, riña encarnizada.

atractivo-a adj. Que atrae. Que gana la voluntad. M. Gracia en el semblante, palabras, acciones o costumbres. Seducción, hechizo. Aliciente.

atraer tr. Traer hacia sí. Inclinar la voluntad una persona a otra. Acarrear algo en uno. Cautivar. encantar; provocar.

atragantar tr. Ahogar o producir ahogos por detenerse algo en la garganta. Cortarse o turbarse en la conversación. Atorarse, atascarse.

atraillar tr. Atar con traílla. Dominar, sujetar.

atrancar tr. Asegurar con tranca. Atascar algo con alguna cosa. En México, obstinarse, empeñarse.

atrapar tr. Asir al que huye o va de prisa. Obtener algo difícil de alcanzar. Engañar con maña.

atrás adv. Hacia la parte posterior. A las espaldas. En tiempo pasado. ¡atrás! interj. para mandar retroceder a alguien.

atrasado-a adj. Alcanzado, empeñado. Torpe, poco avisado. Rezagado.

atrasar tr. y r. Retardar. Hacer retroceder. Intr. Marcar el reloj tiempo ya pasado. R. Quedarse atrás.

retrasarse. *Americ.* Perder facultades, volverse torpe.

atraso *m.* Efecto de atrasar o atrasarse. *M. pl.* Pagas o rentas vencidas y no cobradas.

atravesado-a *adj.* Que no mira derecho, algo bizco. Animal cruzado o mestizo. De alma ruin o intención dañada. Avieso, malintencionado; sesgado.

atravesar *tr.* Poner algo de parte a parte. Pasar sobre otro o poner oblicuamente sobre otra cosa. Pasar un cuerpo penetrandolo de parte a parte. Pasar de una parte a otra. Poner delante algo que impida el paso.

atrayente *adj.* Que atrae. Sugestivo, encantador, cautivador.

atreverse *r.* Determinarse a algo arriesgado. Insolentarse, faltar al respeto. Decidirse, osar, aventurarse, arriesgarse.

atrevido-a *adj. y s.* Que se atreve. Hecho o dicho con atrevimiento. Osado; insolente, desvergonzado.

atrevimiento *m.* Acción y efecto de atreverse. Osadía, audacia; descaro.

atribución *f.* Acción y efecto de atribuir. Facultad derivada de un cargo.

atribuir *tr.* Aplicar hechos o cualidades a una persona. Asignar una cosa a alguien como de su competencia. Achacar, imputar.

atribular *tr. y r.* Causar tribulación o padecerla. Acongojar, apesarar.

atributivo-a *adj.* Que tiene virtud de atribuir. Que indica o enuncia un atributo o cualidad.

atributo *m.* Cada una de las cualidades o propiedades de un ser. Símbolo. Denominación del predicado nominal adjetivo.

atrición *f.* Dolor de haber ofendido a Dios. Desgaste por frotación. Excoriación superficial.

atril *m.* Mueble con plano inclinado para sostener libros o papeles abiertos.

atrincherar *tr.* Fortificar una posición militar con trincheras. *R.* Prepararse para hacer frente a la adversidad o a los ataques del adversario.

atrio *m.* Espacio descubierto, por lo común cercado de pórticos, de algunos edificios. Andén delante de algunos templos y palacios. Zaguán. Aurícula del corazón.

atrocidad *f.* Crueldad grande. Exceso, demasía. Dicho o hecho muy necio o temerario. Barbaridad.

atrofia *f.* Falta de desarrollo de un órgano por deficiencia de nutrición.

atrofiar *tr. y r.* Producir o padecer atrofia.

atrojarse *r.* En México, no hallar salida en algún empeño o dificultad. En México y Cuba, fatigarse el caballo excesivamente.

atronar *tr.* Ensordecer con gran ruido a modo de trueno. Aturdir. *R.* Aturdirse con el ruido de los truenos.

atropar *tr.* Juntar gente en tropas o cuadrillas.

atropellar *tr.* Pasar precipitadamente por encima de alguna persona. Derribar o empujar a alguien para abrirse paso. Agraviar empleando violencia o abusando de la fuerza o poder. Ultrajar a alguien de palabra sin dejarle hablar. Proceder sin miramiento a las leyes persiguiendo un intento a cualquier costa. Hacer algo precipitadamente y sin cuidado. *R.* Apresurarse demasiado en obras o palabras.

atropina *f.* Alcaloide obtenido de la belladona, muy venenoso; usado en Medicina para diferentes aplicaciones.

atroz *adj.* Fiero, cruel, inhumano. Enorme, grave.

atruchado-a *adj.* Dícese del hierro colado cuyo grano asemeja a las pintas de la trucha. Aplícase al caballo de capa clara con manchas rojizas.

attrezzo *m.* Conjunto de decorado, moblaje y vestuario necesarios para una representación escénica.

atuendo *m.* Aparato, ostentación. Atavío, vestido.

atufar *tr.* Trastornar con el tufo. *Americ.* Aturdir. Enfadar, enojar. *R.* Recibir o tomar tufo. Avinagrarse o apuntarse el vino.

atún *m.* Pez marino acantopterigio, muy corpulento, emigrante; de carne muy estimada.

aturbonarse *r.* Encapotarse el cielo con nubes espesas y negras cargadas de electricidad, mientras reinan un calor asfixiante y gran calma.

aturdimiento *m.* Perturbación de los sentidos o del entendimiento. Torpeza, falta de serenidad y desembarazo para ejecutar algo. Turbación, desmayo.

aturdir *tr. y r.* Causar aturdimiento. Confundir, desconcertar. Turbar.

aturrullar *tr.* Confundir a uno, turbarle. Desconcertar, desorientar.

atusar *tr.* Recortar e igualar el pelo con tijeras. Alisarlo. *R.* Componerse o adornarse en demasía.

audacia *f.* Osadía, atrevimiento. Intrepidez, arrojo, temeridad; descaro.

audible *adj.* Que se puede oír.

audición *f.* Acción de oír. Sesión para oir música.

audiencia *f.* Acto de oír una autoridad a las personas que exponen, reclaman o solicitan algo. Ocasión para aducir pruebas o razones. Local para celebrar las sesiones. Tribunal de justicia.

audífono *m.* Aparato con que pueden oír los sordos. Auricular.

audímetro *m.* Aparato para medir la agudeza auditiva o audibilidad.

audiofrecuencia *f.* Onda electromagnética que, por su frecuencia, puede producir un sonido perceptible por el oído.

auditivo-a *adj.* Que puede oír. Perteneciente al órgano del oído. *M.* Auricular.

auditor *m.* En México, perito contador, inspector de contabilidad y el que interviene en la gestión de negocios en materia fiscal. Juez militar o naval.

auditorio *m.* Concurso de oyentes. Concurrencia, público. Local para audiciones musicales, conferencias, veladas literarias, etc.

auge *m.* Elevación grande en dignidad o fortuna. Crecimiento, progreso de un negocio o sociedad.

augur *m.* Ministro romano que practicaba oficialmente la adivinación para predecir si los dioses eran o no propicios. Agorero.

augurio *m.* Agüero. Presagio, predicción, vaticinio.

augusto-a *adj.* Dícese de lo que infunde o merece gran respeto y veneración por su majestad y excelencia.

aula *f.* Sala o salón de clase. En Poesía, palacio de un príncipe soberano.

aulaga *f.* Planta leguminosa empleada como pienso.

áulico-a *adj.* Perteneciente a la corte o al palacio. Cortesano, palaciego.

aullar *intr.* Dar aullidos. Imitar la voz de los perros o de los lobos.

aullido *m.* Voz triste y prolongada del perro, del lobo y de otros animales. Voz que, por efecto del dolor, la ira, etc., no se articula con distinción.

aumentar *tr.* Acrecentar. Adelantar o mejorar en algo. Agregar, acrecer.

aumentativo-a *adj.* Que aumenta. Dícese de los vocablos que aumentan su propia significación mediante sufijos especiales.

aumento *m.* Acrecentamiento o extensión de una cosa. Adelantamiento o medro. En México, postdata de una carta. Incremento, avance, ascenso.

aun *adv.* Incluso, también, además, inclusive.

aún *adv.* Todavía.

aunar *tr.* Unir, unificar, armonizar, concordar.

aunque *conj.* que denota oposición; a pesar de, por más que.

aupar *tr. y r.* Levantar o subir a una persona. Ensalzar, enaltecer.

aura *f.* Viento suave y apacible. Aliento, soplo. Favor, aceptación general.

aura *f.* Ave rapaz diurna de plumaje negro con visos verdosos, de olor hediondo; se alimenta de carroña.

áureo-a *adj.* De oro. Parecido al oro o dorado. Ciertas monedas de oro.

aureola o **auréola** *f.* Resplandor, disco o círculo luminoso con que se representa la santidad en las imágenes. Gloria por méritos o virtudes. Nimbo, halo.

aureomicina *f.* Antibiótico muy potente, eficaz contra algunas formas de neumonías e infecciones.

auricalco *m.* Anticuado: cobre, bronce o latón.

aurícula *m.* Porción del oído externo que queda fuera de la cabeza. Oreja, pabellón del oído. Cada una de las dos cavidades del corazón que reciben la sangre de las venas y la impulsan a los ventrículos. Apéndice redondeado.

auricular *adj.* Perteneciente o relativo al oído o a las aurículas del corazón. Dícese del dedo meñique. Pieza del teléfono que se aplica al oído.

aurífero-a *adj.* Que lleva o contiene oro.

auriga *m.* El que gobierna o dirige las caballerías que tiran de un carruaje; por referencia al que guiaba un carro en las carreras romanas de circo. Cochero.

aurora *f.* Luz sonrosada que precede inmediatamente a la salida del Sol. Principios o primeros tiempos de una cosa. Alborada, amanecer; comienzos.

auscultación *f.* Acción y efecto de auscultar.

auscultar *tr.* Escuchar, aplicando el oído a la pared torácica o abdominal con instrumentos apropiados, los sonidos y ruidos que se producen.

ausencia *f.* Acción y efecto de ausentarse o de estar ausente. Falta o privación de algo. Separación, alejamiento.

ausentar *tr.* Hacer que alguien parta o se aleje de un lugar. Hacer desaparecer. *R.* Separarse de una persona o lugar. Marchar, irse.

ausente *adj. y s.* Dícese del que está separado de alguna persona o lugar. Persona de quien se ignora si vive todavía y dónde está.

auspicio *m.* Agüero. Protección, favor. Señales prósperas o adversas de algo futuro.

austeridad *f.* Calidad de austero. Mortificación de los sentidos y pasiones. Rigidez, dureza, acrimonia.

austero-a *adj.* Agrio, astringente al gusto. Retirado, mortificado y penitente. Severo, rígido.

austral *adj.* Perteneciente o relativo al austro; al polo y hemisferio de su nombre. Antártico, meridional. Correspondiente al Sur.

australiano-a *adj.* y *s.* Natural de Australia. Perteneciente a este continente o gran isla de Oceanía.

austríaco-a o **austriaco-a** *adj.* y *s.* Natural de Austria. Perteneciente a esta nación de Europa.

austro *m.* Viento que sopla del Sur. Sur.

autarca *m.* Autócrata.

autarquía *f.* Calidad del ser que no necesita de otro para su propia subsistencia y desarrollo. Tendencia de un Estado a organizarse de tal forma que no tenga que necesitar de otros países para realizar plenamente su vida económica.

autenticidad *f.* Calidad de auténtico.

auténtico-a *adj.* Acreditado de cierto y positivo. Autorizado o legalizado. Fidedigno, real, legítimo.

autillo *m.* Ave rapaz nocturna algo mayor que la lechuza, de color pardo rojizo.

auto *m.* Composición dramática alegórica. Resolución judicial de menor importancia que la sentencia. *Pl.* Conjunto de actuaciones de un proceso judicial. Apócope de automóvil.

autobiografía *f.* Vida de una persona escrita por ella misma.

autobombo *m.* Elogio desmesurado y público que hace uno de sí mismo.

autobús *m.* Omnibus automóvil.

autocar *m.* Autobús.

autoclave *f.* Aparato de cierre hermético para esterilizar los objetos y sustancias empleados en las operaciones quirúrgicas. Caldera en que se efectúan reacciones químicas a presiones superiores a la atmosférica.

autocracia *f.* Sistema de gobierno en que la voluntad de un solo hombre es la suprema ley.

autócrata *com.* Persona que ejerce por sí sola la autoridad suprema de un Estado. Déspota, tirano, dictador.

autocrítica *f.* Crítica de una obra por su mismo autor. Análisis de los propios actos u obras.

autodidáctica *f.* Arte de aprender sin maestro.

autodidacto-a *adj.* y *s.* Que se instruye por sí mismo.

autódromo *m.* Pista para celebrar carreras de automóviles.

autógeno-a *adj.* Que se origina por sí solo. Dícese de la soldadura de metales que se practica fundiendo con el soplete las partes donde debe hacerse la unión.

autogiro *adj.* Que gira por sí solo. Vehículo aéreo que se eleva y aterriza verticalmente.

autógrafo *m.* y *adj.* Dícese de lo escrito por mano de su mismo autor.

autoinducción *f.* Inducción de un circuito sobre sí mismo.

autómata *m.* Aparato que encierra dentro de sí el mecanismo que le imprime determinados movimientos. Máquina que imita la figura y movimientos de un ser animado. Persona que se deja dirigir por otra.

automático-a *adj.* Perteneciente o relativo al autómata. Maquinal o indeliberado. Dícese del movimiento o acción que los órganos o mecanismos realizan sin intervención del que maneja o dirige.

automatismo *m.* Ejecución de actos sin intervención de la voluntad. Serie de fenómenos que presentan una regularidad bien determinada.

automotor *m.* Coche equipado con sus propios motores de propulsión. *Adj.* Dícese de los instrumentos, máquinas o aparatos que ejecutan determinados movimientos sin la intervención directa de una acción exterior.

automóvil *adj.* Sinónimo de automático o automotor. *Adj.* y *s.* Que se mueve por sí mismo. Coche con mecanismo motor que le permite circular por caminos ordinarios sin aplicación de fuerza exterior.

automovilismo *m.* Término aplicable a cuanto se relaciona con el deporte y la industria de los automóviles.

automovilista *adj.* Propio o referente al automóvil. *M.* Persona aficionada o dedicada al automovilismo. Conductor de automóvil.

autónimo-a *adj.* Dícese de las obras en que aparece el verdadero nombre del autor. *M.* Autor que firma con su nombre verdadero.

autonomía *f.* Estado y condición del pueblo que goza de independencia política. Condición del individuo que de nadie depende bajo ciertos conceptos. Potestad de que, dentro del Estado, pueden gozar municipios, provincias u otras entidades para regir intereses propios de su vida interior. Vida propia e independiente de un organismo.

autónomo-a *adj.* Que goza de autonomía. Que tiene vida independiente, o que funciona por sí solo, sin depender de otro órgano o sistema.

autopiano *m.* Piano automático. Pianola.

autopista *f.* Camino especialmente acondicionado para el tránsito veloz de automóviles.

autopolinización *f.* Polinización de una flor con el polen de sus propios estambres.

autopsia *f.* Inspección o examen que uno hace por sí mismo. Examen analítico minucioso. Inspección y disección parcial de un cadáver para investigar la causa de la muerte, naturaleza y extensión de las lesiones originadas por una enfermedad, etc. Necropsia.

autor-a *m. y f.* El que es causa de algo. Inventor. El que ha hecho alguna obra científica, artística o literaria. Persona que interviene en la comisión de un delito ejecutándolo o induciendo directamente a otros a cometerlo. Creador, padre, escritor.

autoridad *f.* Potestad, facultad. Poder de una persona sobre otra que le está subordinada. Persona revestida de algún poder, mando o magistratura. Crédito que se otorga a alguien por su mérito y fama. Imperio, dominio, jurisdicción.

autoritario-a *adj.* Que se funda sólo en la autoridad. Partidario extremado del principio de autoridad. Despótico, tiránico, arbitrario.

autorizar *tr.* Dar a uno autoridad o facultad para hacer alguna cosa. Dar fe el escribano o notario a un documento. Confirmar o comprobar una cosa con autoridad, texto o sentencia de algún autor. Aprobar o abonar. Dar importancia y lustre a una persona o cosa. *R.* Atribuirse uno mismo poder o facultad para algo.

autorretrato *m.* Retrato de una persona hecho por ella misma.

autosugestión *f.* Sugestión que nace espontáneamente de una persona, con independencia exterior.

autovía *f.* Autopista. Automotor.

autumnal *adj.* Otoñal.

auxiliar *adj. y s.* Que auxilia. Prelado que ayuda a un obispo o arzobispo. Funcionario técnico o administrativo subalterno. Profesor sustituto. Dícese del verbo que sirve para ayudar a otro en diversas construcciones gramaticales; especialmente los verbos ser, haber, tener y estar.

auxiliar *tr.* Dar auxilio. Ayudar a bien morir. Amparar, socorrer, apoyar.

auxilio *m.* Acción y efecto de auxiliar. Ayuda, socorro, amparo, protección.

aval *m.* Firma que se escribe al pie de una letra u otro documento de crédito, para garantizar su pago. Escrito de garantía política.

avalar *tr.* Garantizar por medio de aval. Asegurar, afianzar.

avalorar *tr.* Dar valor o precio a alguna cosa. Infundir valor o ánimo.

avalúo *m.* Valuación. Fijación del precio o valor exacto de una cosa o de un servicio.

avance *m.* Acción de avanzar, adelantar, ir hacia delante. Anticipo de dinero. En América, preliminares, anticipos.

avante *adv.* Adelante.

avantrén *m.* Parte delantera de los carruajes de artillería. Juego delantero del arado. Vehículo para el transporte de grandes piezas de madera.

avanzada *f.* Partida de soldados destacada para observar de cerca al enemigo y precaver sorpresas.

avanzar *intr.* Ir o mover hacia adelante. En América, tomar una opinión. En México, tomar, en acción de guerra o de partidas. Adelantar o mejorar en la acción, condición o estado.

avaricia *f.* Afán desordenado de poseer y adquirir riquezas para atesorarlas. Avidez, codicia, tacañería.

avaro-a *adj. y s.* Que siente avaricia. Que reserva, oculta o escatima alguna cosa.

avasallar *tr.* Sujetar, rendir o someter a obediencia. *R.* Hacerse vasallo. Sujetarse o someterse al que tiene poder o valimiento. Sojuzgar, señorear.

avatares *m. pl.* Transformaciones o vaivenes en la fortuna, vida o desarrollo de una persona o pueblo.

ave *f.* Animal vertebrado, ovíparo, con el cuerpo cubierto de plumas, con pico, dos patas y dos alas.

avecinar *tr. y r.* Acercar. Avecindar.

avecindar *tr. y r.* Dar vecindad o admitir entre el número de vecinos. Establecerse en calidad de vecino. Domiciliar, residir, habitar.

avechucho *m.* Ave de figura desagradable. Sujeto despreciable.

avejentar *tr. y r.* Poner a uno viejo sus males u otras causas. En vejecer.

avefría o **ave fría** *f.* Ave zancuda con alas y pico negro, con un moño de plumas en la cabeza.

avellana *f.* Fruto del avellano, casi esférico, de corteza leñosa, con una semilla blanca, aceitosa y de sabor agradable.

avellanar *tr.* Ensanchar un poco los agujeros para que la cabeza de los tornillos quede embutida en la pieza taladrada. Arrugarse y ponerse enjuto a modo de avellana seca.

avellano m. Arbusto cupulífero o betuláceo de hojas aserradas, flores en amentos, cuyo fruto es la avellana.

avemaría f. Oración en honor a la Virgen María. Angelus. Cuenta del rosario.

avena f. Planta gramínea anua, de cañas delgadas y flores en panoja; se cultiva para alimento de las caballerías y otros animales. Grano de esta planta.

avenar tr. Dar salida a las aguas muertas o a la excesiva humedad de los terrenos por medio de zanjas o cañerías.

avenate m. Bebida fresca y pectoral, hecha de avena mondada, cocida en agua y molida.

avenencia f. Convenio, transacción. Conformidad y unión. Concierto, acuerdo.

avenida f. Creciente impetuosa de un río o arroyo. Camino que conduce a un paraje determinado. Calle ancha en una ciudad.

avenir tr. y r. Concordar las partes discordes. Intr. Suceder, efectuarse un hecho. R. Entenderse bien con alguien o con algo.

aventado-a adj. En México, desaplicado, pigre.

aventajado-a adj. Que aventaja a lo ordinario o común. Ventajoso, provechoso.

aventajar tr. Llevar ventaja, exceder. Adelantar, conceder alguna ventaja o preeminencia. Anteponer, preferir. Sobrepujar, superar.

aventar tr. Echar aire a alguna cosa. Echar al viento. Impeler el viento alguna cosa. Echar, expulsar. En México, tirar, arrojar. R. Llenarse de viento.

aventón m. En México, empujón.

aventura f. Acaecimiento o suceso extraño. Casualidad, contingencia. Riesgo, peligro inopinado. Pl. Proezas, hazañas, peligros.

aventurar tr. y r. Arriesgar, poner en peligro. Decir alguna cosa atrevida o de la que se tiene duda o recelo.

aventurero-a adj. y s. Que busca aventuras. Soldado indisciplinado de la antigua milicia. Persona de obscuros o malos antecedentes sin oficio o profesión que trata de escalar en la sociedad un puesto que no le corresponde. En México, dícese del trigo que se siembra en secano. M. En México, mulero a tiempo; eventual.

avergonzar tr. Causar vergüenza. Superar en perfección. R. Tener ver-

güenza o sentirla. Abochornar, sonrojar, afrentar.

avería f. Daño que padecen las mercaderías o géneros. En América, acontecimiento desgraciado. Gasto extraordinario en beneficio del salvamento de una nave o de su carga.

averiar tr. Hacer o causar averías. R. Maltratarse o echarse a perder algo.

averiguar tr. Inquirir la verdad. Indagar, investigar. En México y Centroamérica, andar en disputas o pleitos, discutir.

averno m. Infierno. Lugar para las almas de los muertos, en las religiones gentílicas.

aversión f. Oposición y repugnancia que se tiene hacia una persona o cosa. Animosidad, aborrecimiento.

avestruz m. Ave corredora, la mayor de las conocidas, de patas largas y robustas, de plumaje suelto y flexible.

avezar tr. y r. Acostumbrar, enseñar.

aviación f. Locomoción aérea con aparatos más pesados que el aire. Cuerpo militar que la usa para la guerra.

aviador-a adj. y s. Persona que gobierna o tripula un aparato de aviación. En México, empleado que, sin realizar ningún trabajo, figura en la nómina.

aviar tr. Prevenir o disponer algo para el camino. Aprestar, arreglar. Apresurar y avivar lo que se está haciendo. Proporcionar lo que hace falta. En América, prestar dinero o efectos al labrador, ganadero o minero. Aprontar, suministrar, costear.

avícola adj. Relativo a las aves o a la Avicultura. Dícese del lugar destinado a la cría de las aves domésticas y aprovechamiento de sus productos.

avicultura f. Arte de criar y fomentar la reproducción de las aves domésticas.

avidez f. Ansia, codicia.

ávido-a adj. Ansioso, codicioso.

avieso-a adj. Torcido, fuera de regla. Malo o mal inclinado. Perverso.

avilantez f. Audacia, insolencia.

avilés o abulense adj. y s. Natural de Avila. Relativo a esta ciudad española.

avillanar tr. y r. Hacer que degenere de su nobleza y proceda como villano.

avinado-a adj. Empapado de vino. Semejante al vino. Ebrio.

avinagrar tr. y r. Poner aceda o agria una cosa. Enojarse con frecuencia.

avío m. Prevención. apresto. En América, préstamo. *Pl.* Utensilios para algo.

avión m. Vencejo. Aeroplano; vehículo aereo más pesado que el aire, de sustentación aerodinámica.

avioneta f. Aeroplano pequeño y de escasa potencia.

avisar tr. Dar noticia de algún hecho. Advertir o aconsejar. Prevenir, amonestar, informar.

aviso m. Noticia que se da a alguien. Indicio, señal. Advertencia, consejo. Precaución, cuidado. Prudencia, discreción.

avispa f. Insecto himenóptero, de color amarillo con fajas negras y aguijón con que pica. Persona lista. sagaz.

avispado-a adj. Vivo, despierto, agudo. En América, asustado, temeroso.

avispero m. Panal que fabrican las avispas. Conjunto o multitud de avispas. Negocio enredado y que causa disgustos.

avispón m. Avispa mucho mayor que la común; se alimenta de abejas.

avistar tr. Alcanzar con la vista alguna cosa. *R.* Reunirse algunas personas para tratar algún negocio. Divisar.

avitaminosis f. Carencia o escasez de vitaminas en el organismo.

avituallar tr. Proveer de vituallas. Suministrar, abastecer.

avivar tr. y r. Dar viveza, excitar. Encender, acalorar. Hacer que el fuego arda más. Poner los colores más vivos o subidos. Apresurar, acelerar. Enardecer, atizar, reanimar.

avizor adj. Que vigila o está alerta; que avizora.

avizorar tr. Acechar.

avocar tr. Atraer o llamar a sí un superior un negocio sometido a decisión de un inferior.

avutarda f. Ave zancuda, afín de la grulla, de color pajizo manchado de negro; de carne muy apreciada.

axcán adv. En México, está bien así; ahora.

axe m. En México, insecto hemíptero áptero del que se obtiene una substancia como laca o barniz empleada en el arte popular.

axila f. Espacio entre la porción lateral superior del tórax y la cara interna del brazo. Sobaco. Angulo formado por la articulación de una parte de la planta con el tronco o rama. Porción de ala adherida al cuerpo de las aves.

axiología f. Teoría de los valores.

axioma m. Principio o proposición tan clara y evidente que no necesita demostración.

axiomático-a adj. Incontrovertible, evidente. Irrebatible, indubitable.

axolatarse r. En México, dar fruto degenerado.

axoquen m. En México, ave ciconiforme, llamada también aracuar. Popocha.

¡ay! interj. con que se expresa aflicción o dolor, pena, temor, conmiseración o amenaza.

ayacahuite m. En México, cierto pino de conos rojoamarillentos. Pino cahuite, acahuite.

ayacaste m. En México y Honduras, variedad cultivada de calabaza de fruto pequeño.

ayatar tr. En México, asear el pelo de las caballerías restregándolo.

ayate m. En México, tela rala de hilo de maguey.

ayecote o **ayácote** m. En México, especie de frijol grueso. Yacote, ayocote.

ayer adv. En el día que precedió inmediatamente al de hoy. Poco tiempo ha. En tiempo pasado. *M.* Tiempo pasado.

ayo-a m. y f. Persona encargada de custodiar y cuidar niños y darles educación. Preceptor, institutriz.

ayoguascle m. En México, semilla de calabaza.

ayohuacal m. En México, calabaza comestible.

ayoquitle m. En México, calabacita de huerta.

ayosochiquelite m. En México, la flor comestible del quelite, calabacín cultivado. Ayusochiquelite.

ayote m. En México y Centroamérica, cierta calabaza. En México, el hecho de malograrse una fiesta, un suceso.

ayuda f. Acción y efecto de ayudar. Persona o cosa que ayuda. Lavativa. Enema.

ayudante adj. y s. Que ayuda. Oficial o profesor subalterno. Agregado, auxiliar.

ayudar tr. Prestar cooperación. Auxiliar, socorrer. *R.* Hacer un esfuerzo, poner los medios para el logro de una cosa. Valerse de la cooperación de otro.

ayunar intr. Abstenerse total o parcialmente de comer o beber. Privarse de algún gusto o deleite. Guardar el ayuno eclesiástico.

ayuno m. Acción y efecto de ayunar. No hacer más que una comida al día por penitencia o devoción. *Adj.* Que no ha comido. Privado de algún gusto. Que no tiene noticia de lo que se habla o no lo comprende.

ayuntamiento m. Acción y efecto de ayuntar o ayuntarse. Junta. Corporación que rige los intereses de un municipio. Casa Consistorial. Cópula carnal.

ayuso *adv.* Abajo.

azabache *m.* Variedad de lignito, dura y compacta, de hermoso color negro, susceptible de pulimento, empleada para botones, dijes y otros adornos.

azada *f.* Pala cuadrangular cortante sujeta al astil formando con él ángulo un tanto agudo; de múltiples usos.

azadón *m.* Azada en que la pala es algo curva y más larga que ancha; para rozar y romper tierras duras, cortar raíces, etc.

azafata *f.* Criada al servicio de la reina. Camarera de a bordo, en un barco o avión.

azafrán *m.* Planta iridácea de bulbos sólidos; se la cultiva por sus estigmas en forma de hebras para condimentar y teñir. Estigmas de la flor del cártamo con que se adultera el azafrán verdadero.

azafranar *tr.* Teñir de azafrán. Mezclar azafrán con alguna cosa. *R.* Tomar un color azafranado.

azahar *m.* Flor del naranjo, del limonero o del cidro; pero en especial del naranjo agrio, blanca y muy olorosa. El agua destilada de estas flores se emplea en perfumería y Medicina.

azalea *f.* Arbolito ericáceo, de hojas oblongas y flores hermosas en corimbo.

azanohoriate *m.* Zanahoria confitada. Cumplimiento muy afectado.

azar *m.* Casualidad, caso fortuito. Desgracia imprevista. Acaso, eventualidad.

azararse *r.* Torcerse un asunto o lance por causa imprevista. Sobresaltarse, alarmarse.

azaroso-a *adj.* Que tiene en sí azar o desgracia. Turbado, temeroso. Aventurado, arriesgado, expuesto.

ázimo *adj.* Dícese del pan sin levadura.

azimut *m.* Acimut.

azoado-a *adj.* Que tiene ázoe; dícese principalmente de las aguas.

ázoe *m.* Nombre dado al nitrógeno.

azófar *m.* Latón.

azogar *tr.* Cubrir con azogue alguna cosa. *R.* Contraer la enfermedad producida por la absorción de vapores de azogue. Turbarse y agitarse mucho.

azogue *m.* Mercurio.

azoico-a *adj.* Carente de organismos. Aplícase a las capas o terrenos que no tienen fósiles.

azolar *tr.* Desbastar la madera con azuela.

azolvar *tr. y r.* Cegar o tupir un conducto.

azolve *m.* En México, lodo o basura que obstruye un conducto de agua.

azor *m.* Ave de rapiña falconiforme, aquílida, de vuelo potente, empleada en cetrería.

azorar *tr. y r.* Conturbar, sobresaltar. Irritar, encender, infundir ánimo.

azorrarse *r.* Quedarse como adormecido, por tener la cabeza muy cargada. En México, hacerse el dormido o el muerto, para evitar algo.

azotacalles *com.* Persona ociosa que anda siemp e callejeando.

azotador-a *adj.* Que azota. En América, y especialmente en México oruga de varias mariposas, urticante o que corresponde al grupo de las geómetras.

azotaina *f.* Tunda de azotes.

azotar *tr.* Dar azotes a uno. Dar golpes con la cola o con las alas. Cortar el aire violentamente. *Intr.* En México, caerse. *R. americ.* Vagar, deambular.

azote *m.* Instrumento o látigo con que se azota. Golpe dado con el azote. Embate o golpe repetido del agua o del aire. Aflicción, calamidad, castigo grande.

azotea *f.* Cubierta llana de un edificio, dispuesta para poder andar por ella. Terraza, solana.

azozobrar *tr.* Llenar de zozobra.

azquil *m.* En México, hormiga doméstica pequeña.

aztatl *m.* En México, garza blanca.

azteca *adj. y s.* Individuo perteneciente a la familia nahua central, grupo náhuatl, que predominó en México antes de la dominación española.

azúcar *amb.* Cuerpo sólido, cristalino, de color blanco, de sabor muy dulce, que se extrae de la caña de azúcar, de la remolacha y de otros vegetales.

azucarado-a *adj.* Semejante al azúcar en el gusto. Mezclado o bañado con azúcar. Blando, afable y meloso en las palabras.

azucarar *tr.* Bañar con azúcar. Endulzar con azúcar. Suavizar y endulzar alguna cosa. *R.* Almibararse. En México, cristalizarse el almíbar de las conservas.

azucarero *m.* Persona técnica en la fabricación de azúcar. *Adj.* Perteneciente o relativo al azúcar.

azucarera o **azucarero** *m.* Fábrica en que se elabora el azúcar. *F.* o *m.* Vaso para poner azúcar en la mesa.

azucarillo *m.* Porción de masa esponjosa de almíbar, clara de huevo y zumo de limón.

azucena *f.* Planta liliácea perenne de tallo alto y flores terminales grandes, blancas y muy olorosas; Flor de esta planta.

azud o azuda *f.* Máquina con que se saca agua de los ríos, para regar los campos. Presa hecha en los ríos, para regar y otros usos.

azuela *f.* Herramienta de carpintero para desbastar la madera.

azufaifa *f.* Fruto del azufaifo, drupa elipsoidal, dulce y comestible.

azufaifo *m.* Arbol ramnáceo de tronco tortuoso y ramas espinosas, cuyo fruto es la azufaifa.

azufrado-a *adj.* Sulfuroso. Parecido al azufre en el color. *M.* Empleo del azufre o del anhídrido sulfuroso, para combatir ciertas enfermedades de las plantas y para conservar determinados productos agrícolas.

azufrar *tr.* Echar azufre en alguna cosa. Combinar o mezclar con azufre. Sahumar la ropa con azufre, para blanquearla.

azufre *m.* Elemento simple del grupo de los metaloides, de color amarillo, olor peculiar, quebradizo y ligero; símbolo S.

azufrera *f.* Mina de azufre. Solfatara.

azul *m.* Del color del cielo sin nubes. Quinto color del espectro solar.

azulado-a *adj.* De color azul o que tira a él.

azular *tr.* Dar o teñir de azul.

azulear *tr.* Azular. Revestir de azulejos.

azulejo *m.* Ladrillo pequeño vidriado de varios colores. *Adj.* Azulado, de color azul o que tira a él, en América.

azulete *m.* Viso de color azul que se da a varias prendas de vestir.

azulino-a *adj.* Que tira a azul. *F.* Azul de anilina.

azúmbar *m.* Planta alismácea perenne de hojas acorazonadas y flores blancas en umbela terminal.

azumbre *m.* Medida de capacidad para líquidos, equivalente a 2.016 l.

azur *adj.* Dícese del color heráldico que en pintura se denota con el azul obscuro y en el grabado, por líneas horizontales y espesas. Azul de ultramar. Lapislázuli.

azuzar *tr.* Incitar a los perros para que embistan. Irritar, estimular.

B

b *f.* Segunda letra del abecedario castellano y primera de sus consonantes.

baba *f.* Humor espeso que fluye de la boca de las personas y de los animales. Humor viscoso que segregan algunos animales: babosas, caracoles, gusanos de seda, etc.

Por extensión, otros jugos viscosos vegetales.

babear *intr.* Expeler o echar de sí la baba. Embelesarse contemplando algo.

babel *f.* Lugar donde hay desconcierto y confusión o en que hablan muchos sin entenderse; por alusión a la Torre de Babel donde Dios confundió la lengua de los hombres.

babeo *m.* Acción de babear.

babera *f.* Pieza de la armadura antigua que cubría la boca, barba y quijadas. Disco que grabadores y litógrafos se ponen delante de la boca, a fin de que la tinta no se caliente con el aliento.

babero, babador, **babera** *m.* o *f.* Lienzo que para limpieza se pone a los niños al mamar o comer.

babieca *com.* Persona floja y boba.

babilla *f.* Región de las extremidades de los cuadrúpedos en que el humor sinovial es abundante y parecido a la baba.

bable *m.* Dialecto de los asturianos.

babor *m.* Lado izquierdo de un barco mirando a proa desde la popa.

babosa *f.* Molusco gasterópodo terrestre que segrega por la piel baba abundante.

babosada *f.* En México y Centroamérica, tontería, nimiedad, necedad.

babosear *tr.* Llenar o rociar de baba. *Intr.* Babear. En México, decir tonterías; admirarse por algo insignificante.

baboseo *m.* Acción y efecto de babosear. En México, gestión, trato desacertado.

baboso-a *adj.* Dícese de las personas que echan muchas babas. Enamoradizo. Aplícase a quien no tiene edad o condiciones para lo que hace, dice o intenta. En México y Sudamérica, tonto.

babucha *f.* Zapato ligero y sin tacón. Pantufla. En México, calzado femenino de paño, con punta de cuero.

baca *f.* Sitio en la parte superior de las diligencias y otros vehículos de camino donde se colocan equipajes y otros efectos, protegidos por una cubierta de lona. Esta cubierta. Baya. Metal blanco con brillo semejante al de la perla.

bacal *m.* En México, olote, parte central de la panoja del maíz, donde se implantan los granos.

bacalada *f.* Bacalao curado. Pieza entera de bacalao.

bacalao *m.* Pez gádido con barbilla en la mandíbula inferior; es uno de los más importantes peces comestibles; se conserva salado y prensado.

bacanal *adj.* Perteneciente al dios Baco. *F.* Orgía con mucho desorden y tumulto, por alusión a las fiestas que se celebraban en honor de Baco.

bacante *f.* Sacerdotisa de Baco. Mujer desvergonzada, ebria y lúbrica.

bacará *m.* Juego de naipes muy extendido hoy en día

baceta *f.* Naipes que quedan sin repartir, después de dar a cada jugador los que le corresponden.

bacía *f.* Vasija cóncava, pequeña, para contener líquidos o alimentos. La que usan los barberos para remojar la barba.

bacilar *adj.* Perteneciente o relativo a los bacilos. Que tiene forma de bastoncillo.

bacilo *m.* Bacteria en forma de bastoncillo recto o encorvado.

bacín *m.* Vaso de barro vidriado para recibir excrementos del cuerpo humano. Bacineta para pedir limosna. Hombre despreciable por sus acciones.

bacineta *f.* Bacía pequeña para pedir limosna y otros usos.

bacinete *m.* Pieza de la armadura antigua que cubría la cabeza a modo de yelmo. Pelvis.

bacteria *f.* Organismo vegetal unicelular y microscópico, muy difundido en toda la Naturaleza.

bactericida *adj. y s.* Que mata las bacterias o impide su desarrollo.

bacteriología *f.* Ciencia que estudia las bacterias, sus acciones biológicas y sus aplicaciones a diversas industrias y actividades.

báculo *m.* Bastón o cayado para sostener los viejos o débiles. Alivio, arrimo y consuelo. El que usa el obispo, emblema de su dignidad, se llama báculo pastoral.

bache *m.* Hoyo en el camino, por el mucho tránsito.

bachear *tr.* Arreglar las vías públicas rellenando los baches.

bachicha *f.* Apodo de los italianos en Argentina y Chile. En México, residuo, poso de pulque. Sobras de comidas o bebidas.

bachiller *com.* Persona que ha recibido el primer grado académico; o que ha terminado la enseñanza media. Dícese de quien habla mucho e impertinentemente.

bachillerato *m.* Grado de bachiller. Estudios necesarios para obtenerlo.

bachillería *f.* Locuacidad impertinente. Cosa dicha sin fundamento.

badajada *f.* Golpe del badajo en la campana. Necedad, despropósito.

badajo *m.* Pieza metálica, pendiente en lo interior de las campanas, que al golpearlas las hace sonar. Persona habladora, tonta y necia.

badajocense o **badajoceño** *adj. y s.* Natural de Badajoz. Perteneciente o relativo a esta ciudad española.

badana *f.* Piel curtida de carnero o de oveja.

badea *f.* Sandía o melón de mala calidad. Persona floja. Cosa sin substancia.

badén *m.* Zanja o depresión que forma en el terreno el agua llovediza. Cauce empedrado en una carretera para dar paso a un corto caudal de agua.

badián *m.* Árbol magnoliáceo siempre verde, de hojas lanceoladas, flores blancas y de semillas pequeñas y aromáticas usadas en Medicina y como condimento, con el nombre de anís estrellado.

badiana o **badián** *f.* Fruto del badián.

badil o **badila** *m. o f.* Paleta para mover o recoger la lumbre en las chimeneas y braseros. Barra a que está sujeta la muela en el molino.

badulaque *m.* Antiguo afeite de diversos ingredientes. Persona de poco juicio.

baga *f.* Cápsula que contiene la linaza o semillas del lino.

bagaje *m.* Equipaje militar de un ejército o tropa en marcha. Bestia para conducir dicho equipaje.

bagatela *f.* Cosa de poca substancia y valor. Composición musical corta y de forma libre.

bagazo *m.* Cáscara de la baga al sacarse la semilla o linaza. Residuo de las cosas que se exprimen fuertemente para sacar el licor o zumo.

bagre *m.* Pez malacopterigio abdominal, sin escamas, de hocico obtuso con barbillas. Mujer fea y despreciable. En México, individuo feo; hombre lampiño.

¡bah! *interj.* Denota incredulidad o desdén.

bahía *f.* Entrada considerable de mar en la costa, que puede servir de abrigo a las embarcaciones.

bailable *adj.* Música compuesta para bailar. *M.* Danza en los espectáculos de mímica y baile.

bailar *intr.* Ejecutar ordenadamente determinados movimientos siguiendo una música o ritmo apropiados. Moverse o agitarse una cosa sin salir de un espacio determinado.

bailarín-a *adj. y s.* Que baila. Persona que ejercita o profesa el arte de bailar. Caballo nervioso e inquieto.

baile *m.* Acción de bailar. Danza. Fiesta en que se baila. Espectáculo teatral mixto de mímica y danza.

bailotear *r.* Bailar mucho, y en especial sin gracia ni formalidad.

baja *f.* Disminución del precio, o estimación de una cosa. Acto de cesar una industria o profesión sometida a impuesto. Eliminación de una persona del escalafón o nómina de un cuerpo o sociedad. Cese en el ejercicio de una industria o profesión. Dejar de pertenecer a ella. *Pl.* Pérdidas en el efectivo de una unidad militar.

bajá *m.* Título de honor en Turquía; antiguamente, el que obtenía algún mando superior.

bajacua *f.* En México, tabaco de íntima clase.

bajada *f.* Acción de bajar. Camino o sendero por donde se baja. Descenso.

bajalato *m.* Dignidad de bajá. Territorio de su mando.

bajamar *f.* Momento de la marea en que las aguas ocupan el nivel más bajo. Marea baja.

bajamente *adv.* Con bajeza o abatimiento.

bajar *intr.* Ir de un lugar a otro más bajo. Minorarse o disminuirse una cosa. *Tr.* Poner algo en lugar inferior al que estaba. Rebajar. Inclinar hacia abajo. Abatir, descender, apear.

bajareque *m. americ.* Pared de palos entretejidos con cañas y barro.

bajel *m.* Buque, barco.

bajeza *f.* Hecho o acción indignos. Abatimiento, humillación. Vileza. avilántez.

bajío *m.* Bajo, elevación del fondo del mar, lago o río, que impide flotar a las embarcaciones.

bajista *com.* Persona que juega a la baja en la bolsa.

bajo-a *adj.* De poca altura. Dícese de lo que está en lugar inferior respecto de otras cosas de la misma clase. Inclinado hacia abajo y que mira al suelo. Dícese del color poco vivo. Oro y plata con sobrada liga. Humilde, despreciable. Estilo o lenguaje vulgar, ordinario. De precio poco considerable. *M.* Elevación del fondo del mar, lago o río. La voz masculina más grave. Nota inferior de un acorde.

bajón *m.* Menoscabo notable o disminución en el caudal, salud, facultades intelectuales, etc.

bajorrelieve *m.* Relieve en que las figuras resaltan poco del plano.

bakelita o **baquelita** *f.* Resina sintética, de muchas variedades y aplicaciones.

bala *f.* Proyectil de diversos tamaños, formas y materiales, para cargar las armas de fuego. Confite redondo de azúcar. Fardo apretado de mercancías. Atado de 10 resmas de papel.

balacear *tr. americ.* Balear, tirotear.

balada *f.* Balata. Composición poética en que se refieren sencilla y melancólicamente sucesos legendarios o tradicionales. Composición provenzal de varia rima y que termina con el mismo verso a modo de estribillo. Composición musical de carácter narrativo.

baladí *adj.* De poca substancia y aprecio. Insignificante, insubstancial.

baladro *m.* Grito, alarido, voz espantosa.

baladrón-a *adj.* Fanfarrón, hablador que, siendo cobarde, blasona de valiente.

baladronada *f.* Hecho o dicho propio de baladrones. Fanfarronada, bravata.

baladronar o **baladronear** *intr.* Hacer o decir baladronadas.

bálago *m.* Paja larga de los cereales después de desgranarlos. Espuma crasa del jabón de la cual se hacen bolas.

balaje *m.* Variedad de rubí de clase inferior.

balalaika, **balaica** o **balalaica** *f.* Instrumento músico de forma triangular y con mástil largo de tres cuerdas de tripa, usado por los campesinos rusos.

balance *m.* Movimiento de un cuerpo inclinándose a un lado y a otro. Confrontación del activo y del pasivo, para averiguar el estado de los negocios o del caudal. Estado demostrativo de esta confrontación. Movimiento de una nave de babor a estribor, o al contrario.

balancear *intr. y r.* Dar o hacer balances. Dícese en especial de las naves. Dudar, estar perplejo. *Tr.* Igualar o poner en equilibrio, contrapesar. Mecer, acunar; titubear.

balanceo *m.* Acción y efecto de balancear o balancearse.

balancín *m.* Diminutivo de balanza. Madero paralelo al eje de las ruedas delanteras de un carruaje. Madero que se cuelga de la vara de guardia y a cuyos extremos se enganchan los tirantes de las caballerías. Palo largo que usan los volatineros para mantenerse en equilibrio. Barra para transformar un movimiento alternativo rectilíneo en otro circular continuo. Cada uno de los aros, en la suspensión Cardan. Madero en que se columpian dos personas.

balandra *f.* Embarcación pequeña con cubierta y un solo palo.

balandrán *m.* Vestidura talar ancha y con esclavina que usan los eclesiásticos.

balandro *m.* Embarcación pequeña aparejada de balandra, dotada de lastre en la quilla, para regatas y deportes.

balánido *m.* Fruto en cúpula del castaño y del haya.

bálano o **balano** *m.* Cabeza del miembro viril. Crustáceo cirrípedo marino, bellota de mar.

balanza *f.* Instrumento, basado en las leyes de la palanca, para pesar. Comparación que hace el entendimiento de las cosas o conceptos. En México, balance comercial de pagos. Instrumento para medir la presión de una caldera.

balanzón *m.* Vasija de los plateros para blanquear la plata o el oro. En México, recogedor de granos.

balaquear *intr. americ.* Baladronear.

balar *intr.* Dar balidos.

balastar *tr.* Tender el balasto.

balasto o **balastro** *m.* Capa de piedra machacada que se tiende sobre la explanación de los ferrocarriles para sentar y sujetar las traviesas. Grava gruesa para hacer hormigón. Grava, piedra u otro material para aumentar la estabilidad de una nave sin carga suficiente.

balata *f.* Composición poética para cantarse al son de música de baile. Especie de caucho obtenido del látex. Pieza que cubre la superficie exterior de los frenos y que hace contacto con el tambor de la rueda, al frenar.

balausta *f.* Fruto seco, adherente al cáliz con pericarpio coriáceo, dividido en cavidades irregulares, característico del granado.

balaustrada *f.* Serie u orden de balaustres colocados entre los barandales.

balaustre o **balaústre** *m.* Columnita con molduras usada en serie, como elemento constructivo de balcones, terrazas, galerías, pasamanos. etc.

balay *m. americ.* Cesta de mimbre o de carrizo. Cernedor para el arroz o el café.

balazo *m.* Golpe de bala disparado con arma de fuego. Herida causada por él.

balboa *m.* Moneda de oro de Panamá.

balbucear *intr.* Balbucir.

balbucir *intr.* Hablar o leer con pronunciación dificultosa, tarda y vacilante.

balcarrotas *f. pl.* En México y Colombia, mechones de pelo que los indios dejan colgar a ambos lados de la cara, llevando rapado el resto de la cabeza.

balcón *m.* Hueco abierto desde el suelo de la habitación, con barandilla saliente. Esta barandilla. Miranda.

baldado-a *adj.* Tullido, impedido.

baldadura *f.* Impedimento físico del que está baldado.

baldaquín o **baldaquino** *m.* Especie de dosel o palio de tela de seda. Pabellón que cubre un altar.

baldar *tr. y v.* Impedir o privar una enfermedad o accidente el uso de los miembros o alguno de ellos. Causar gran contrariedad.

balde *m.* Cubo de lona, cuero, madera o metal, para sacar y transportar agua, sobre todo en las embarcaciones.

balde Vocablo castellano usado en modismos adverbiales que denota: sin interés, sin causa, en vano, estar de más. estar ocioso.

baldear *tr.* Regar con baldes. Achicar el agua con baldes.

baldés *m.* Piel de oveja curtida, suave y endeble, usada para guantes.

baldío-a *adj.* Tierra inculta, que ni se labra ni está adehesada. Terreno de dominio público. Yermo. Vano, sin fundamento. Inculto, inútil.

baldón *m.* Oprobio, injuria, palabra afrentosa.

baldosa *f.* Ladrillo que sirve para solar. En México, losa.

baldosín *m.* Baldosa pequeña y fina.

baldragas *m.* Hombre flojo, sin energía.

balduque *m.* Cinta para atar legajos.

balea *f.* Escobón para barrer las eras.

balear *adj. y s.* Natural de las Islas Baleares, España.

balear *tr. americ.* Herir o matar a balazos.

baleárico-a *adj.* Perteneciente a las Islas Baleares.

baleo *m.* Ruedo o felpudo. Aventador, soplillo, mosqueador o abanico.

balero *m.* Molde en forma de tenacillas para fundir balas. En América, boliche. Conjunto de esferas metálicas que se colocan en el interior de un cojinete y que al rodar disminuyen el rozamiento del cojinete.

balido *m.* Voz del carnero, oveja, cabra, gamo y ciervo.

balín *m.* Diminutivo de bala. Bala de fusil o escopeta, de menor calibre que la ordinaria.

balística *f.* Ciencia que estudia el movimiento de las balas o proyectiles y calcula su alcance y dirección.

balitar *intr.* Balar con frecuencia.

balitido *m.* Voz del gamo.

baliza *f.* Señal fija o flotante para indicar bajos, canales o puntos que convenga señalar. Señal que se coloca para indicar la interrupción del tránsito.

balizar m. Sistema de balizas o sitio donde hay muchas.

balma f. Gruta abierta sobre las paredes verticales de una montaña o acantilado.

balneario m. Establecimiento para tomar baños medicinales, o aquel que presta en las playas servicios a los bañistas.

balneografía f. Descripción de la clase de baños y de su aplicación; de los balnearios y de la clase de sus aguas.

balneoterapia f. Tratamiento de enfermedades por medio de baños.

balompié m. Palabra española equivalente a la inglesa *foot ball* o fútbol.

balón m. Pelota grande de viento. Recipiente flexible para contener gases. Recipiente de vidrio con cuello prolongado. Fardo grande de mercancías.

baloncesto m. Traducción castellana de la palabra inglesa *basketball*.

balotaje m. Votación por medio de bolas blancas o negras, usada en congresos, universidades, etc.

balsa f. Plataforma flotante hecha con maderos o tablas, para transporte y salvamento.

balsadera o balsadero f. Paraje en la orilla de un río donde hay balsa en que pasarlo.

balsámico-a adj. Que tiene bálsamo o sus cualidades. Medicamento basado en substancias resinosas naturales.

bálsamo m. Substancia aromática, que contiene aceites esenciales, que por incisión se obtiene de varios árboles. Alivio, consuelo.

balsear tr. Pasar en balsa los ríos.

balsón m. En México, aguas encharcadas por azolve del cauce.

báltico-a adj. Dícese de lo perteneciente o relativo al Mar Báltico. Dícese de las lenguas indoeuropeas que forman el grupo lituano, letón y prusiano antiguo.

baltoeslavo o balticoeslavo s. y adj. Grupo lingüístico formado por los subgrupos báltico y el eslavo.

baluarte m. Obra de fortificación de figura pentagonal que sobresale en el encuentro de dos cortinas de muralla. Amparo y defensa.

balumba f. Bulto de muchas cosas juntas. Conjunto desordenado y excesivo de cosas.

balumoso-a adj. americ. Que abulta mucho.

ballena f. Mamífero acuático cetáceo vivíparo de respiración aérea y de sangre caliente. Lámina córnea y elástica del paladar de la ballena.

ballenato m. Hijuelo de la ballena.

ballenero-a adj. y s. Perteneciente o relativo a la pesca de la ballena. Pescador de ballenas.

ballesta f. Máquina antigua de guerra para arrojar piedras o saetas gruesas. Arma portátil antigua para disparar flechas o bodoques impulsados por la fuerza elástica de un muelle. Armadijo para cazar pájaros. Cada uno de los muelles de suspensión de los coches.

ballestero m. Soldado armado de ballesta. Fabricante de ballestas.

ballet m. Representación coreográfica de mímica y danza. Conjunto de individuos que integran el cuerpo de baile y música de estas representaciones.

ballueca f. Especie de avena que crece en los trigales y los perjudica mucho. Avena loca.

bamba f. Bambarria, acierto casual en el juego de trucos y en el del billar. Casualidad. Canto popular andaluz. En México, cierto baile costeño, muy en boga.

bambalear intr. y r. Bambolear. No estar segura o firme alguna cosa.

bambalina f. Tira de lienzo pintado que cuelga del telar del teatro y decora la parte superior de la escena.

bambarria f. En el juego de trucos y en el del billar, acierto casual. Persona boba o tonta.

bamboche m. Persona rechoncha y de cara abultada y encendida.

bambolear intr. y r. Moverse una persona o cosa a un lado y a otro sin perder el sitio en que está.

bambolla f. Boato, fausto u ostentación excesiva, de más apariencia que realidad.

bambú m. Planta gramínea de diferentes especies, de tallo leñoso; sus cañas aunque ligeras son muy resistentes y con ellas se hacen muebles, armas, vasijas, etc.

bambuco m. Baile popular colombiano y música de dicho baile. Nombre de una leguminosa considerada febrífuga.

banal adj. Vulgar, trivial, sin importancia; es galicismo.

banana f. Fruto del banano, de pulpa blanda y alimenticia.

banano m. Gran planta herbácea perenne, de tallo blando, de flores en racimos pendientes, cuyo fruto es la banana.

banasta f. Cesto grande de mimbre o de madera delgada y entretejida.

banasto m. Banasta redonda.

banca f. Asiento de madera sin respaldo. Cajón de tablas. Comercio consistente principalmente en operaciones de giro, cambio y descuento, en abrir créditos y llevar cuentas corrientes, comprar y vender efectos públicos. Conjunto de bancos y banqueros. En América, banco, asiento de madera.

bancal *m.* Rellano de tierra en las pendientes montañosas, para cultivo. Arena acumulada a la orilla del mar. Tapete o cubierta de un banco.

bancario-a *adj.* Perteneciente o relativo a la banca mercantil.

bancarrota *f.* Quiebra. Cese en el comercio por sobreseer en el pago corriente de las obligaciones y no alcanzar el activo a cubrir el pasivo. Desastre, hundimiento, descrédito de un sistema o doctrina.

banco *m.* Asiento de madera, con o sin respaldo, en que pueden sentarse varias personas. Mesa de trabajo de algunos artesanos. Bajío marino de gran extensión. Conjunto numeroso de peces. Pedestal en que se levanta un cuerpo arquitectónico. Institución de crédito o establecimiento dedicado al tráfico de dinero en todas las formas.

banda *f.* Cinta ancha de colores determinados atravesada sobre el pecho. Faja o lista. Porción de gente armada. Bandada, manada. Lado o paraje alrededor de un cuerpo. Región del espectro luminoso que detiene un filtro de absorción. Agrupación de cornetas o trompetas y tambores militares. Conjunto de instrumentos de viento y de percusión.

bandada *f.* Número crecido de aves que vuelan juntas.

bandaje *m.* Envoltura de la llanta de una rueda de automóvil.

bandazo *m.* Tumbo o balance violento que da una embarcación hacia cualquiera de los dos lados.

bandeja *f.* Fuente o platillo alargado, plano o algo cóncavo, para servir dulces, refrescos y otras cosas.

bandera *f.* Lienzo o tela en recorte cuadrado o cuadrilongo que se fija por un lado a una asta, empleado como insignia o señal; sus colores o escudo indican la nación que representan; la bandera es símbolo de la patria. Gente de tropa que milita bajo un mismo signo.

bandería *f.* Bando o parcialidad.

banderilla *f.* Palo armado de lengüeta de hierro y adornado, que usan los toreros para clavarlo por pares en el cerviguillo de los toros. Dicho picante. Alusión molesta.

banderillazo *m.* En México, petardo, parche o sablazo.

banderillear *tr.* Poner banderillas a los toros.

banderín *m.* Soldado con una banderita en el cañón del fusil para servir de guía. Esta banderita, de color distinto para cada compañía. Oficina para el alistamiento de reclutas voluntarios, llamada banderín de enganche.

banderola *f.* Bandera pequeña con asta usada en la milicia, en topografía y en la marina. Cinta en las lanzas de los soldados de caballería. Ventana larga y angosta en la parte superior de las puertas.

banderola *f.* Correa ancha que cruza por el pecho y la espalda y en su remate lleva un gancho para colgar un arma de fuego.

bandidaje *m.* Bandolerismo.

bando *m.* Mandato solemnemente publicado de orden superior. Solemnidad o acto de publicarlo. Facción, partido o parcialidad. Cardumen o banco de peces.

bandola *f.* Nombre de una especie de laúd antiguo. Armazón provisional que substituye a un palo que el buque pierde por accidente.

bandolerismo *m.* Existencia de bandoleros en una comarca. Violencias y desafueros de los bandoleros.

bandolero-a *adj. y s.* Ladrón salteador de caminos. Bandido, persona perversa y desenfrenada.

bandolina *f.* Mucílago para mantener el pelo sentado después de atusado. En México y Chile, bandola de cuatro cuerdas.

bandurria *f.* Instrumento músico de cuerdas punteadas, semejante a la guitarra y de pequeñas dimensiones.

banjo *m.* Instrumento músico de cuerdas punteadas, con tambor circular de resonancia; usado en las orquestas de jazz.

banquero *m.* Jefe de una casa de banca. Persona que se dedica a negocios bancarios. En el juego de la banca y otros, jugador que lleva el naipe.

banqueta *f.* Asiento de tres o cuatro pies y sin respaldo. Banco corrido y sin respaldo, más o menos adornado. Banquillo muy bajo para poner los pies. Andén de alcantarilla. En algunos sitios de América, acera, orilla de la calle.

banquete *m.* Comida a la que concurren muchas personas para celebrar algún acontecimiento. Comida espléndida.

banquillo *m.* Diminutivo de banco. Asiento para el procesado ante el tribunal.

banquise *f.* Corrupción del primitivo *bank-ice* que se aplica a las grandes extensiones de mar helado.

bantú *adj. y s.* Individuo del más extendido e importante pueblo negro africano, subdividido en gran número de tribus.

bañadera *f. americ.* Baño, tina para bañarse.

bañador-a *adj. y s.* Que baña. *M.* Cajón para bañar algunas cosas. Traje para bañarse.

bañar *tr. y r.* Meter el cuerpo o parte de él en agua o en otro líquido, por limpieza, para refrescarse o con fines medicinales. Sumergir una cosa en un líquido. Tocar algún paraje el agua del mar, de un río o lago. Dar de lleno el sol, la luz o el aire, en alguna cosa. Dar una mano de color transparente sobre algo.

bañero-a *adj.* Persona que cuida o es dueña de los baños. *F.* Pila para bañarse.

bañista *com.* Persona que concurre a tomar baños. Por extensión, agüista.

baño *m.* Acción y efecto de bañar o bañarse. Agua o líquido para bañarse. Pila o bañera. Casa de baños. Capa de otra materia que cubre una cosa. Noción superficial y leve de una materia. Mano de pintura.

bao *m.* Travesaño de consolidación y sostén de la cubierta de un buque o para sostener las cofas.

baptisterio *m.* Sitio donde está la pila bautismal. La misma pila. Capilla en que está situada.

baque *m.* Golpe que da una cosa al caerse. Batacazo.

baqueta *f.* Varilla para atacar las armas de fuego. Junquillo, moldura redondeada y más delgada que el bocel. Palillos para tocar el tambor u otros instrumentos de percusión.

baquetazo *m.* Golpe dado con la baqueta. Caída estrepitosa de alguien.

baquetear *tr.* Dar o ejecutar el castigo de baquetas, o sea correr con la espalda desnuda por entre filas de soldados que azotaban al reo. Atacar el arma de fuego. Incomodar demasiado.

baquiano-a *adj. y s.* Guía práctico para transitar por caminos, trochas y atajos.

báquico-a *adj.* Perteneciente o relativo al dios Baco. Referente a la embriaguez.

bar *m.* Despacho de bebidas, generalmente tomadas de pie, y de manjares ligeros, que las acompañen.

bar *m.* Unidad de presión igual a un millón de dinas sobre un centímetro cuadrado.

barahunda o baraúnda *f.* Ruido y confusión grandes.

baraja *f.* Conjunto de naipes que sirve para juegos variados. Riña, contienda o reyerta entre varias personas.

barajar *tr.* Mezclar los naipes antes de repartirlos. Mezclar unas personas o cosas con otras. *Intr.* Reñir, altercar.

baranda *f.* Borde o cerco de las mesas de billar. Barandilla.

barandal *m.* Listón sobre el que se sientan los balaustres. El que los sujeta por arriba. Barandilla.

barandilla *f.* Antepecho compuesto de balaustres y barandales, para balcones, escaleras, divisiones de piezas, etc|

barata *f.* Baratura. Trueque, cambio. Venta fingida o simulada. En México, venta de efectos a bajo precio con objeto de despacharlos pronto.

baratear *tr.* Dar una cosa por menos del precio ordinario.

baratija *f.* Cosa menuda y de poco valor.

baratillo *m.* Conjunto de cosas de lance o de poco precio. Tienda o puesto en que se venden.

barato-a *adj.* Vendido o comprado a bajo precio. Que se logra con poco esfuerzo. Abundancia, sobra. *Adv.* Por poco precio.

barba *f.* Parte de la cara que está debajo de la boca. Pelo que nace en esta parte de la cara y en los carrillos. Mechón de pelo que cubre la quijada inferior del ganado cabrío. Carúnculas de algunas aves. Filamentos del astil de la pluma del ave. El que hace el papel de anciano en las representaciones teatrales.

barbacana *f.* Obra avanzada y aislada para defender puertas de plazas, cabezas de puente, etc. Saetera o tronera. Abertura estrecha y larga de los muros de sostenimiento. Muro bajo que rodea la plazuela de algunas iglesias.

barbacoa *f.* Zarco que sirve de camastro. Casita sobre árboles o estacas. Tablado tosco donde se guardan granos, frutos, etc. En México, conjunto de palos de madera verde puestos sobre un hoyo a manera de parrilla, usados para asar carne. La carne asada de este modo.

barbada *f.* Quijada inferior de las caballerías. Cadenilla o hierro curvo puesto debajo de la barba de las caballerías, para gobernarlas.

barbado-a *adj.* Que tiene barbas. *M.* Arbol o sarmiento para plantar viñas. Renuevo que brota de las raíces de los árboles o arbustos.

barbar *intr.* Echar barbas el hombre. Criar las abejas. Echar raíces las plantas.

barbaridad /. Calidad de bárbaro. Dicho o hecho necio o temerario. Atrocidad, exceso, demasía.

barbarie /. Rusticidad, incultura. Fiereza, crueldad.

barbarismo m. Vicio de dicción por hablar o escribir incorrectamente. Barbaridad. Imprudencia, inconsideración. Multitud de bárbaros.

barbarizar tr. Adulterar una lengua con barbarismos. Intr. Decir barbaridades.

bárbaro-a adj. y s. Individuo de los pueblos que en el siglo V abatieron el Imperio Romano y se difundieron por la mayor parte de Europa. Arrojado, temerario. Fiero, cruel. Inculto, grosero, tosco.

barbasco m. Residuos de cobre en los hornos de fundición. En América se da este nombre a plantas muy distintas, en la mayoría de los casos venenosas e hipnóticas, empleadas para envenenar las aguas de los ríos, con fines de pesca.

barbato adj. Dícese del cometa cuya cabellera precede al núcleo.

barbear tr. Llegar con la barba a cierta altura. Afeitar la barba o el bigote. En México, adular, obsequiar con fines interesados. Torcer el cuello a una res hasta dar en tierra con el animal. Intr. Trabajar el barbero en su oficio.

barbecho m. Tierra labrantía que no se siembra durante uno o más años. Conjunto de trabajos para preparar la tierra antes de sembrarla.

barbería /. Establecimiento del barbero. Su oficio.

barbero m. El que tiene por oficio afeitar o hacer la barba. Pez acantopterigio de piel muy áspera. En México, adulador.

barbián adj. Desenvuelto, gallardo, arriscado.

barbicano adj. y s. De barba cana.

barbilampiño-a adj. Que tiene poca o ninguna barba.

barbilla /. Punta o remate de la barba. Prolongación fina que constituye el plumón de las aves.

barbitaheño adj. y s. De barba roja o bermeja.

barbitúrico m. Nombre genérico del ácido barbitúrico y sus derivados, débilmente amargos que se emplean como hipnóticos y sedantes.

barbo m. Pez de río con cuatro barbillas en la mandíbula superior; comestible. Cualquier pez silúrido provisto de barbillas alrededor de la boca.

barboquejo m. Cinta que por debajo de la barba sujeta el sombrero o morrión.

barbotear intr. Barbullar, mascullar. Ruido que hacen algunas bes-

tias al comer substancias semisólidas.

bárbula /. Barba o cerda muy pequeña. Barbilla.

barbullar intr. Hablar atropelladamente y a borbotones, metiendo mucha bulla.

barca /. Embarcación pequeña para pescar o traficar en las costas del mar, o para travesar los ríos.

barcada /. Carga que transporta una barca en cada viaje. Viaje de una barca.

barcaje m. Transporte de efectos en una barca. Precio o flete que por él se paga.

barcarola /. Canto popular de los gondoleros venecianos. Composición inspirada en este canto.

barcaza /. Lanchón para transportar carga.

barcelonés-a adj. y s. Natural de Barcelona. Perteneciente o relativo a esta ciudad y provincia española.

barcina /. En México y Andalucía, herpil. Carga o haz grande de paja.

barcino-a adj. Dícese de los animales de pelo blanco y pardo, y a veces, rojizo, como perros, toros y vacas.

barco m. Embarcación. Vehículo que impulsado y dirigido por un artificio adecuado puede transportar por el agua personas y cosas. Barranco poco profundo.

barda /. Arnés o armadura con que se guarnecían el pecho, los costados y las ancas de los caballos. Cubierta de paja, espinos o broza para resguardar las tapias.

bardal m. Barda. Seto o vallado de espinas.

bardana /. Lampazo, de la familia de las compuestas, de raíz aperitiva, diurética y diaforética.

bardar tr. Poner bardas a los vallados, paredes o tapias. Cubrir el caballo con barda. En México, bardear.

bardo m. Poeta de los antiguos celtas. Por extensión, poeta de cualquier época o país.

baremo m. Tabla de cuentas ajustadas. Por extensión, dícese de algunos libros de Aritmética elemental.

barga /. Corriente de agua de un río encajonado en una hoz. Margen escarpada de un río. Roca escarpada que emerge del agua.

bargueño m. Mueble de madera con muchos cajoncitos y gavetas, muy adornado.

baria /. Unidad de presión en el sistema c.g.s., equivalente a una dina actuando sobre una superficie de un centímetro cuadrado.

baria o baria /. En México y Cuba, planta borraginácea, la babaza de cuya corteza sirve para clarificar el azúcar.

baribal *m.* Oso negro americano.

baricentro *m.* Punto de aplicación de la resultante de un sistema de fuerzas. Centro de gravedad.

barillero o varillero *m.* En México, buhonero o gorgotero.

bario *m.* Metal alcalinotérreo, sólido, blanco brillante; símbolo Ba.

barisfera *f.* Supuesta capa interior de la Tierra de materiales muy densos.

barita *f.* Oxido de bario. La solución saturada de hidróxido es el agua de barita, reactivo del gas carbónico.

barítona *adj.* Dícese de la palabra grave o llana.

barítono *m.* Dícese de la voz masculina intermedia entre la de bajo y tenor. Cantante que posee esta voz.

barjuleta *f.* Bolsa grande de tela o cuero que llevan a la espalda los caminantes, con ropa, utensilios o menesteres.

barlovento *m.* Parte de donde viene el viento, con respecto a un punto o lugar determinado.

barniz *m.* Solución resinosa en aceite o acohol usada como protección contra la intemperie y para dar vistosidad por su color y brillo. Baño que se da al barro crudo, loza y porcelana, y que se vitrifica con la cocción. Noción superficial de una facultad o ciencia. Resina líquida natural que preserva las maderas.

barnizar *tr.* Dar barniz a una cosa.

barómetro *m.* Aparato para medir la presión atmosférica.

barón *m.* Título de nobleza, de más o menos preeminencias, según los países.

baronesa *f.* Mujer del barón. Mujer que goza de este título.

baronía *f.* Dignidad de barón. Territorio o lugar sobre el que recae este título o en que ejercía jurisdicción un barón o baronesa.

barquear *tr.* Atravesar en barca un río o lago. *Intr.* Ir en barca.

barquero-a *m. y f.* Persona que gobierna la barca.

barquilla *f.* Cesta ligera colgada de un aerostato donde se sitúan los aeronautas, sus instrumentos y el lastre del globo. Tablita en figura de sector de círculo en cuyo vértice se afirma el cordel de la corredera que mide lo que recorre la nave.

barquillero-a *m. y f.* Persona que hace o vende barquillos. Molde para hacerlos.

barquillo *m.* Hoja delgada de pasta de harina sin levadura, azúcar,

miel o canela generalmente, que en moldes calientes recibía figura de barco y hoy de canuto.

barquinazo *m.* Tumbo o vaivén recio de un carruaje y también vuelco del mismo.

barra *f.* Pieza larga y estrecha de cualquier materia. Palanca de hierro. Pieza transversal que asegura los tableros de una puerta. Rollo de metal sin labrar. Pieza de lanzamiento que se tira desde un sitio determinado. Barandilla que separa al público del tribunal. En América, corporación o colegio de abogados (es anglicismo). Raya perpendicular en el pentagrama separa un compás de otro. Banco de arena. Mostrador de un bar.

barrabás *m.* Persona mala, traviesa y díscola, por alusión al judío indultado con preferencia a Jesús.

barrabasada *f.* Travesura grave, acción atropellada.

barraca *f.* Caseta o albergue tosco. Vivienda rústica.

barracuda *f.* Pez marino muy voraz; peligroso para el hombre y comestible.

barragán *m.* Esforzado, valiente. Compañero.

barragana *f.* Manceba. Concubina.

barranco o barranca *m. o f.* Despeñadero, precipicio. Quiebra profunda que hacen las aguas. Dificultad o embarazo en lo que se intenta o ejecuta.

barrate *m.* Viga pequeña.

barredero-a *adj.* Fácil de ser barrido. Que arrastra o se lleva cuanto encuentra. *F.* Escoba mecánica para barrer las calles.

barredura *f.* Acción de barrer. *Pl.* Desperdicios o inmundicias que se juntan con la escoba.

barrelotodo *m.* Persona que recoge y aprovecha todo.

barreminas *m.* Buque de guerra provisto de detectores para descubrir minas marítimas y hacerlas estallar en el mismo lugar o remolcarlas a playas o sitios seguros.

barrena *f.* Instrumento para taladrar, agujerear peñascos, sondar terrenos, etc.

barrenador-a *adj.* Que barrena. *M.* Obrero encargado de abrir barrenos en las minas. Coleóptero de gran tamaño, cuyas larvas hacen grandes agujeros en los troncos o en los árboles muertos.

barrenar *tr.* Abrir agujeros con barrena o barreno. Desbaratar las pretensiones de alguien. Horadar, taladrar; infringir, atropellar.

barrendero-a *adj. y s.* Persona que tiene por oficio barrer.

barrenero *m.* El que hace o vende barrenas. Barrenador.

barreno *m.* Instrumento de acero para taladrar, mayor que la barrena. Agujero que se hace con él. Agujero relleno de materia explosiva en una roca o en una obra de fábrica, para hacerla volar. Vanidad, presunción.

barreño *m.* Vasija grande y ancha para fregar la loza u otros usos.

barrer *tr.* Quitar con la escoba el polvo o basuras del suelo. No dejar nada de lo que hay en algún sitio; llevárselo todo. Limpiar, desembarazar.

barrera *f.* Especie de valla para atajar un camino, cerrar o cercar un sitio o para fines análogos. Antepecho de madera con que se cierra el redondel de una plaza de toros. Delantera o primera fila de asientos en dichas plazas. Obstáculo, embarazo entre una cosa y otra. Traba, impedimento.

barrera *f.* Terreno donde se obtiene barro de alfarería. Montón de tierra que queda después de sacado el salitre. Escaparate o alacena para guardar barros.

barrero *m.* Alfarero. Barrera, sitio de donde se saca el barro. Barrizal. Terreno salitroso que lamen los ganados cuando se alimentan de pastos dulces.

barreta *f.* Diminutivo de barra. Barra o palanca pequeña. Tira de cuero en el calzado para reforzar la costura. En México, piqueta.

barretear *tr.* Afianzar o asegurar con barras. Reforzar el calzado. En América, abrir zanjas u hoyos con barra.

barretina *f.* Gorro típico catalán.

barriada *f.* Barrio. Parte de un barrio.

barrica *f.* Tonel mediano.

barricada *f.* Reparo a modo de parapeto en las calles, con barricas, carruajes volcados, tablas, piedras del pavimento, etc., para estorbar el paso; de uso más en las revueltas populares que en el arte militar.

barriga *f.* Vientre. Región del cuerpo correspondiente al abdomen. Parte abultada de una vasija. Comba que hace una pared. Panza, trina.

barrigón-a *adj. y s.* Barrigudo. En México, insecto meloido de abdomen muy desarrollado; chochocolito.

barrigudo-a *adj.* Que tiene gran barriga.

barriguera *f.* Correa que se pone en la barriga a las caballerías.

barril *m.* Vasija de madera de varios tamaños y hechuras para conservar y transportar licores y otros géneros. Vaso de barro de gran vientre con agua para beber. Unidad de capacidad para áridos y lí-

quidos muy variable incluso dentro de un mismo país. Tonel, pipa, bocoy, barrica.

barçilada *f.* La cabida de un barril.

barrilaje *m.* En México, barrilamen.

barrilamen *m.* Barrilería, conjunto de barriles.

barrilería *f.* Conjunto de barriles. Taller donde se fabrican. Sitio donde se venden.

barrilete *m.* Diminutivo de barril. Pieza cilíndrica y móvil del revólver donde se ponen los cartuchos. En México, pasante de abogado.

barrilla *f.* Planta salsolácea de tallos lampiños y flores verduscas; crece en terrenos salados y sus cenizas sirven para obtener sosa. Estas mismas cenizas.

barrillar *m.* Sitio poblado de barrilla. Paraje donde se quema.

barrio *m.* Parte o distrito de una población grande. Arrabal. Grupo de casas o aldehuela dependiente de otra población.

barrizal *m.* Sitio o terreno lleno de barro o lodo. Lodazal, cenegal.

barro *m.* Masa de tierra y agua. Lodo. Vasija de la arcilla llamada búcaro. Masa para fabricar objetos de cerámica. Objeto de alfarería, de cerámica tosca y porosa.

barro *m.* Granillo rojizo que sale al rostro, en especial a los que comienzan a tener barba. Dureza que queda en la piel después de curtida. Larvas de las moscas que causan ciertos tumorcillos en el ganado mular y vacuno.

barroco-a *adj.* Dícese del estilo ornamental arquitectónico caracterizado por la profusión de volutas, roleos y otros motivos en que predomina la línea curva; en la Pintura y Escultura, por exceso de movimiento de las figuras y el partido de los paños: en Literatura, obra en que predominan el ornato y la pompa.

barroso-a *adj.* Terreno o sitio con mucho barro. De color de barro; que tira a rojo. Dícese del pelaje del ganado mezclado de pelos negros, blancos y rojos.

barrote *m.* Barra gruesa. Barra con que se aseguran las mesas por debajo. Cada una de las barras verticales que forman la reja. Palo o barra para reforzar o asegurar algo.

barrueco *m.* Perla irregular. Nódulo esferoidal en algunas rocas.

barruntar *tr.* Prever, conjeturar o presentir por alguna señal o indicio.

barrunto *m.* Acción de barruntar. Indicio, noticia. En México y Puerto Rico, viento norte, huracanado, precursor del chubasco.

bartola *adv.* Frase adverbial: tumbarse o echarse a la bartola, es decir, sin ningún cuidado.

bártulos *m. pl.* Enseres que se manejan.

barullo *m.* Confusión, desorden, mezcla de gentes o cosas de varias clases.

basa *f.* Base, fundamento o apoyo principal en que estriba o descansa alguna cosa. Principio de algo. Asiento sobre el que se pone la columna o estatua.

basal *adj.* Relativo o perteneciente a la base. En Biología, fundamental, esencial. Básico.

basalto *m.* Roca volcánica, relativamente moderna, que se extiende en mantos o corrientes lávicas. de color negro o verdoso, de grano fino y muy dura, que al solidificarse se descompone en columnas prismáticas típicas.

basamento *m.* Cuerpo que se pone debajo de la caña de la columna y que comprende la basa y el pedestal.

basar *tr.* Asentar algo sobre una base. Fundar, apoyar.

basáride *m.* Mamífero carnicero, parecido a la comadreja, de piel leonada con ocho anillos negros en la cola; habita en México y vive en las oquedades de las tapias y paredes. Cacomixtle.

basca *f.* Ansia, desazón o inquietud en el estómago cuando se quiere vomitar. Arrechucho o ímpetu colérico o muy precipitado.

bascosidad *f.* Inmundicia, suciedad.

báscula *f.* Aparato para medir pesos grandes colocados sobre un tablero que por combinación de palancas se equilibran con el pilón de un brazo de romana donde está la escala correspondiente. Aparato de cierre de chimeneas. Palanca que mueve el mecanismo que hace sonar la campana de los relojes de pared. Máquina para alzar un puente levadizo.

bascular *adj.* Perteneciente o relativo a la báscula. Que sirve de contrapeso.

base *f.* Fundamento principal en el que se apoya algo. Principal ingrediente de un compuesto. Cimiento, origen. Cantidad fija que ha de elevarse a una potencia dada para que resulte un número determinado. Número que se repite como factor en la potenciación. Basa. Tropa que sirve de referencia a una nueva línea. Compuesto que combinado con los ácidos forma sales.

baseball *m.* Béisbol.

básico-a *adj.* Perteneciente a la base, fundamental. Relativo a una

base o que tiene las propiedades de ésta. Capaz de neutralizar los ácidos. Sal en que predomina la base.

basílica *f.* Edificio que servía, para griegos y romanos, como centro de reunión, contratación o de tribunal. Palacio o casa real. Cada una de las 13 iglesias de Roma, 7 yayores y 6 menores, que se consideran como las primeras de la cristiandad en categoría. Iglesia notable por su antigüedad o magnificencia o que goza de ciertos privilegios.

basilisco *m.* Animal fabuloso al que se atribuía la propiedad de matar con la vista. Saurio iguánido de la fauna tropical americana, cuyos machos poseen una cresta eréctil en el dorso que yerguen cuando se les irrita.

basketball *m.* Juego de pelota de origen americano, entre dos equipos y cuya meta son dos aros de hierro con una red suspendida a tres metros de altura donde se debe meter el balón.

basket *adj. y s.* Raza de perros de patas cortas, de aspecto alargado o de salchicha.

basta *f.* Hilván. Punta o atadura del colchón, para mantener la lana en su lugar. Tela de algodón muy fina y estimada.

basta o basto *f. o m.* Aparejo o albarda de las caballerías de carga.

bastante *adv.* Suficiente. Sin sobra ni falta. No poco. En México, muy.

bastar *intr.* Ser suficiente. Abundar, tener en abundancia. Alcanzar, llenar.

bastarda *f.* Lima de grano fino. Carácter de escritura española.

bastardear *intr.* Degenerar de su naturaleza. Apartarse las personas en sus obras de lo que conviene a su origen. Apartarse de la pureza e institución primitiva.

bastardía *f.* Calidad de bastardo. Dicho o hecho indigno del estado u obligaciones de cada uno.

bastardillo-a *adj.* Letra de imprenta que imita la bastarda, o sea, inclinada a la derecha y rotunda en las curvas.

bastardo-a *adj.* Que degenera de su origen o naturaleza. Dícese del hijo nacido de unión ilícita; antiguamente, del habido fuera de matrimonio, pero de padres conocidos, y especialmente, al adulterino nacido de personaje importante.

bastear *tr.* Echar bastas.

basteza *f.* Grosura, tosquedad.

bastidor *m.* Armazón en que se fijan lienzos para pintar, bordar, u otros usos. Armazón que soporta la caja de un vagón, automóvil, etc. *Pl.* Lo que se trama reservadamente. Decoración lateral del escenario.

bastilla *f.* Doblez que se hace y asegura con puntadas, en el extremo de una tela, para que no se deshilache.

bastillar *tr.* Hacer bastillas en una tela.

bastimento *m.* Embarcación, barco. Provisión para sustento de una ciudad, ejército, etc.

bastión *m.* Pabellón en un ángulo. Baluarte. Castillo con terraza. Defensa preparada con tierra o escombros y un muro de contención.

basto *m.* Aparejo o albarda de las caballerías de carga. Naipe del palo de bastos. En América, piezas de cuero en las que descansa la silla de montar.

basto-a *adj.* Grosero, tosco, sin pulimento, ordinario, burdo.

bastón *m.* Vara para apoyarse al andar. Insignia de mando o autoridad.

bastonazo o bastonada *m. o f.* Golpe dado con el bastón.

bastoncillo *m.* Bastón pequeño. Galón angosto para guarnecer.

bastonera *f.* Mueble para colocar en él paraguas y bastones. La que dirige ciertos bailes.

basura *f.* Inmundicia, suciedad, especialmente la que se recoge barriendo. Desecho o estiércol de las caballerías. Porquería, barreduras.

basureada *f.* En México, recogida de los rastrojos.

basureo *m.* En México, limpia del grano de frijol.

basurero *m.* El que lleva basura al campo o al sitio destinado para echarla. Sitio donde se arroja y amontona la basura.

bata *f.* Ropa talar con mangas, para estar en casa con comodidad.

batacazo *m.* Golpe fuerte y estruendoso que da alguna persona al caerse. Porrazo, trastazo, costalada.

batahola o bataola *f.* Bulla, ruido grande.

batalla *f.* Lid, combate o pelea de un ejército con otro, o de una armada naval con otra. Justa o torneo. Parte de la silla de montar donde descansa el cuerpo del jinete. Distancia de eje a eje, en un carro. Acción, encuentro. Agitación e inquietud interior del ánimo.

batallar *intr.* Pelear, reñir con armas. Disputar, debatir; porfiar y altercar con vehemencia. Fluctuar, vacilar. Lidiar, luchar, pugnar.

batallón *m.* Unidad táctica fundamental de la infantería mandada por un jefe, y compuesta por varias secciones.

batán *m.* Máquina para golpear, desengrasar y encurtir los paños.

Edificio en que funciona esta máquina. Elemento en que va montado el peine que ha de empujar la trama contra el tejido después de cada pasada, en los telares.

batanear *tr.* Sacudir o dar golpes a alguien.

batata *f.* Planta convolvulácea de tallo rastrero, de raíz tuberosa comestible. Camote, papa dulce.

batatazo *m. americ.* Ganancia insospechada.

bátavo-a *s. y adj.* Natural de Batavia, nombre antiguo de Holanda, perteneciente a esta antigua región de Europa.

batazo *m.* Golpe dado con el bate. Porrazo.

bate *m.* Mazo para juegos de pelota y de béisbol. Zapapico con mazo o martillo en el extremo del mango.

batea *f.* Bandeja o azafata de diferentes hechuras y tamaños. Barco pequeño de figura de cajón en los puertos y arsenales. Vagón descubierto, con los bordes muy bajos. En América, pieza plana circular para el lavado de ropa. Artesa para el lavado de minerales.

batear *tr.* Dar a la pelota con el bate.

batel *m.* Bote, barco pequeño. En México, un arbusto tiliáceo textil e industrial.

batelero *m.* Persona que gobierna el batel.

bateo *m.* Bautizo.

batería *f.* Conjunto de piezas de artillería para disparar contra el enemigo. Conjunto de cañones en cada puente o cubierta de los buques mayores. Conjunto de instrumentos de percusión en una banda u orquesta. Fila de luces en el proscenio del teatro. Grupo de generadores eléctricos. Número de piezas o equipos semejantes, agrupados en línea y unidos entre sí.

batial *adj.* Dícese de las profundidades del mar, a mayor hondura que la plataforma continental.

batiboleo *m. americ.* Bulla, jarana.

batida *f.* Acción de batir el monte para que los animales salgan a donde están los cazadores. Reconocimiento para evitar sorpresas por parte de enemigos y malhechores. Acción de batir o acuñar moneda. Persecución, exploración.

batidero *m.* Golpear continuo de una cosa con otra. Lugar donde se bate y golpea. Terreno desigual que hace molesto y difícil el paso de los carruajes.

batido-a *adj.* Dícese del tejido de seda con visos distintos. Camino muy andado y trillado. *M.* Masa de que se hacen hostias y bizcochos. Claras, yemas o huevos batidos. Acción y efecto de batir.

batidor-a *adj.* Que bate. *M.* y *f.* Instrumento para batir. Explorador que reconoce y descubre el campo y el camino para ver si está libre de enemigos. El que levanta la caza en las batidas. El que hace panes de oro o plata para dorar o platear.

batiente *m.* Parte del marco de las puertas en que se detienen y baten cuando se cierran. Lugar donde bate el mar.

batihoja *m.* Batidor de oro o plata. Artífice que bate metales para reducirlos a láminas.

batimetría *f.* Estudio de las profundidades del mar, lagos y ríos.

batín *m.* Bata con haldillas que llega sólo un poco más abajo de la cintura.

batintín *m.* Plancha metálica muy sonora que se toca golpeándola con una bola forrada fija en el extremo de un mango. Gong, tantán.

batir *tr.* Golpear para destruir o derribar; arruinar, echar por tierra. Dar el sol, aire o agua en alguna parte sin estorbo alguno. Mover con ímpetu y fuerza. Mover y revolver hasta que se condense, líquide o disuelva. Martillear hasta reducir a chapa. Derrotar al enemigo. Acuñar moneda. Reconocer, registrar, recorrer terrenos, montes, sotos, bosques, etc. *R.* Combatir, pelear.

batisfera *f.* Aparato esférico capaz de resistir grandes presiones al descender a bastante profundidad en el mar, con hombres y aparatos de experimentación y observación.

batista *f.* Lienzo fino muy delgado.

bato *m.* Hombre tonto, rústico y de pocos alcances.

batochar *tr.* Preparar la mezcla de pelo para la elaboración de sombreros.

batracio *adj.* y *s.* Vertebrado de sangre fría y respiración branquial en la primera edad, pulmonar después y, a veces, con una y otra. Anfibio.

batuda *f.* Serie de saltos que dan los gimnastas por el trampolín unos tras otros.

baturrillo *m.* Mezcla de cosas distintas; de especies inconexas y que no vienen a propósito.

baturro-a *adj.* y *s.* Rústico aragonés. Perteneciente o relativo a él.

batuta *f.* Varilla corta con la que el director de un conjunto musical marca el compás, las entradas de instrumentos y los matices en la ejecución. Por extensión, dirigir una corporación o grupo de personas y determinar la conducta a seguir.

baúl *m.* Cofre, mueble parecido al arca y de mucho fondo.

bauprés *m.* Palo grueso, horizontal o algo inclinado que sobresale de la proa de algunos barcos.

bautismal *adj.* Perteneciente o relativo al bautismo.

bautismo *m.* Sacramento con que se purifica al ser humano del pecado original. Bautizo.

bautizar *tr.* Administrar el sacramento del Bautismo. Poner nombre a una cosa. Mezclar el vino con agua.

bautizo *m.* Acción de bautizar y fiesta con que se solemniza.

bauxita *f.* Oxido hidratado de aluminio.

bauza *f.* Madero sin labrar, de dos a tres metros de longitud.

bávaro-a *adj.* y *s.* Natural de Baviera. Perteneciente a este país de Europa.

baya *f.* Fruto carnoso e indehiscente con semillas rodeadas de materia pulposa: uva, tomate, grosella.

bayadera *f.* Bailarina y cantora de la India.

bayeta *f.* Tela de lana, floja y poco tupida.

bayo-a *adj.* y *s.* De color blanco amarillento. En México, además, cierta especie de frijol nativo.

bayoneta *f.* Arma blanca de acero, con muesca en el mango, para sujetarla a la boca del fusil, pero sin que impida el tiro de éste.

bayonetazo *m.* Golpe dado con la bayoneta. Herida hecha con esta arma.

baza *f.* Número de cartas que en ciertos juegos de naipes recoge el que gana la mano.

bazar *m.* En oriente, mercado público. Tienda en que se venden artículos diversos, por lo general a precio fijo.

bazo-a *adj.* y *s.* De color moreno y que tira a amarillo. *M.* Glándula endocrina de color rojizo, entre el fondo del estómago y el diafragma, organo hematopoyético.

bazofia *f.* Mezcla de heces, sobras o desechos de comida. Cosa soez, sucia y despreciable. Comistrajo, guisote.

bazucar *tr.* Menear o revolver un líquido moviendo la vasija en que está. Traquetear, mover o agitar una cosa de una parte a otra.

be Onomatopeya de la voz del carnero o de la oveja. Balido.

beata *f.* Mujer que viste hábito religioso y vive con recogimiento, ocupándose en obras de virtud. Mujer que frecuenta mucho los templos y se dedica a toda clase de devociones.

beatería *f.* Acción de afectada virtud.

beatificación *f.* Acción de beatificar, grado inferior al de canonización.

beatificar *tr.* Hacer feliz a alguno. Hacer respetable o venerable una cosa. Declarar el Sumo Pontífice que un siervo de Dios goza de la eterna bienaventuranza y se le puede rendir culto.

beatísimo-a *adj.* Superlativo de beato. Muy beato o bienaventurado. Tratamiento que se da al Sumo Pontífice.

beatitud *f.* Bienaventuranza eterna. Tratamiento que se da al Sumo Pontífice.

beato-a *adj. y s.* Feliz o bienaventurado. Persona beatificada por el Papa. Que se ejercita en obras virtuosas y se abstiene de las diversiones comunes. Que afecta virtud. Piadoso, devoto; santurrón, mojigato, gazmoño.

beatón-a *m. y f.* Santurrón, hipócrita.

bebé *m.* Nene, niño pequeño, rorro.

bebedero-a *adj.* Dícese del agua u otro licor que es bueno para beber. *M.* Vaso en que se echa la bebida a los pájaros de jaula. Paraje a donde acuden a beber las aves. Pico saliente de un jarro.

bebedizo *m.* Bebida que se da por medicina. Bebida confeccionada con veneno. Bebida supersticiosa como filtro de amor. *Adj.* Potable.

bebedor-a *adj.* Que bebe. Que abusa de las bebidas alcohólicas.

beber *tr.* Absorber un líquido por la boca. Brindar. Abusar de las bebidas alcohólicas. Leer o asimilar rápidamente algún texto o doctrina.

beberecua *f.* En México, cogorza, borrachera.

bebestible *adj. y s.* Que se puede beber. Potable.

bebible *adj.* Aplícase a los líquidos que no son del todo desagradables al paladar.

bebida *f.* Líquido simple o compuesto que se bebe.

bebido-a *adj.* Que ha bebido en demasía y está casi embriagado. *M.* Bebida.

bebistrajo *m.* Mezcla irregular y extravagante de bebidas. Bebida nauseabunda o muy desagradable.

beborrotear *intr.* Beber a menudo y en poca cantidad.

beca *f.* Insignia que los colegiales llevan sobre el manto. Embozo de capa. Plaza o prebenda de colegial. Pensión concedida por el Estado o por instituciones particulares a estudiantes o profesores,

para cursar estudios o investigar en el país o en el extranjero.

becada *f.* Chocha. Gallineta sorda, agachadiza.

becado o becario *m.* Colegial o seminarista que disfruta una beca.

becar *tr.* Conceder una beca.

becerra *f.* Vaca antes de que cumpla uno o dos años, o poco más.

becerrada *f.* Lidia o corrida de becerros.

becerril *adj.* Perteneciente al becerro.

becerrillo *m.* Diminutivo de becerro. Piel de becerro curtida.

becerro *m.* Toro, desde el destete hasta que cumple un año. Piel de ternero o ternera curtida y dispuesta para varios usos.

becuadro *f.* Signo para anular el efecto del sostenido y del bemol, restableciendo la entonación natural de una nota.

bedegar *m.* Agalla de los rosales, rojiza y musgosa, a la que se atribuyen propiedades medicinales.

bedel *m.* Empleado subalterno que cuida del orden y compostura en las universidades y otras instituciones docentes, y anuncia la hora de entrada y salida de clases.

bedelio *m.* Gomorresina aromática y amarga, usada en preparaciones farmacéuticas de uso externo.

beduino *adj. y s.* Individuo de una raza árabe de semitas puros establecida en el norte de Arabia dedicada al pastoreo y vida nómada. Hombre bárbaro y desaforado.

befa *f.* Expresión grosera e insultante de desprecio. Escarnio, mofa.

befar *intr.* Mover los caballos el befo. Burlar, escarnecer, mofar.

befo-a *adj. y s.* Belfo. De labios abultados y gruesos. Zambo, zancajoso. Especie de mico.

begonia *f.* Planta begoniácea perenne, originaria de América, herbácea, de hojas grandes muy vistosas, flores sin corola; ornamental.

begoniácea *adj. y s.* Planta dicotiledónea arquiclamídea parietal, cuyo tipo es la begonia.

behaviorismo *m.* Anglicismo usado para expresar la doctrina que limita la Psicología al estudio del comportamiento o reacciones externas objetivas del hombre y del animal.

behetría *f.* Población cuyos vecinos. como dueños absolutos de ella. podían recibir por señor a quien quisiesen.

beige *adj. y s.* Del color natural de la lana, amarillento.

beilicato *m.* Gobierno del bey.

béisbol *m.* Juego de pelota entre dos equipos de nueve jugadores cada uno; **gana el** partido el equipo que consigue anotarse más carreras.

bejuco *m.* Nombre de diversas plantas tropicales sarmentosas, de tallos rastreros o arrolladores; se emplean por su flexibilidad y resistencia para toda clase de ligaduras, para jarcias, tejidos muebles, etc.

bel *m.* Unidad de variación de la intensidad del sonido perceptible por el oído.

beldad *f.* Belleza o hermosura, particularmente la de la mujer. Mujer de extraordinaria belleza.

beldar *tr.* Aventar con el bieldo las mieses, legumbres, etc., trilladas, para separar el grano de la paja.

belén *m.* Nacimiento, representación del de Jesucristo en el portal de Belén. Lugar de mucha confusión. La misma confusión.

beleño *m.* Planta solanácea, de hojas anchas hendidas, con flores a lo largo de los tallos y fruto capsular con muchas semillas; se usa en Farmacia.

belfo-a *adj. y s.* Dícese del que tiene más grueso el labio inferior, como suelen tenerlo los caballos. Cualquiera de los dos labios del caballo y otros animales.

belga *adj. y s.* Natural de Bélgica. Perteneciente a esta nación europea.

bélico-a *adj.* Guerrero.

belicoso-a *adj.* Guerrero, marcial. Agresivo, pendenciero.

beligerancia *f.* Calidad de beligerante.

beligerante *adj.* Aplícase a la potencia, nación o Estado que está en guerra con otra potencia, nación o Estado.

belitre *adj. y s.* Pícaro, ruin y de viles costumbres.

beluario *m.* Domador de fieras.

beluga *f.* Mamífero de la familia de los delfines de los mares polares, sin aleta dorsal, del que los esquimales se aprovechan por su carne y grasa.

belvedere *m.* Terraza o mirador cubierto, en lo alto de una casa. Quinta de recreo o casa de campo desde la que se domina una gran extensión.

bellaco-a *adj. y s.* Malo, pícaro, ruin. Astuto, sagaz. Taimado, pillo.

belladona *f.* Planta solanácea de acción calmante, narcótica, venenosa, dilatadora de la pupila del ojo; se utiliza en polvos, extracto, tintura o comprimidos.

bellaquería *f.* Acción o dicho propio de bellacos.

belleza *f.* Propiedad de las personas o cosas que nos hace amar-

las infundiéndonos deleite espiritual, nos atrae hacia ellas y nos causa admiración. Mujer extraordinariamente bella.

bello-a *adj.* Que tiene belleza. Hermoso.

bellota *f.* Fruto de la encina, del roble y otros árboles afines. Bálano o glande. Botón o capullo del clavel sin abrir. Adorno de pasamanería en forma de bellota.

bellotear *intr.* Comer la bellota el ganado de cerda.

bembo-a *adj.* En gran parte del continente americano, se dice de la persona de origen africano. En México, bobo, ingenuo, candoroso.

bemol *m.* Alteración cromática de una nota que hace bajar su entonación en un semitono. Signo que indica esta alteración.

ben o beni Voz semítica que significa hijo y, por extensión, sucesor o descendiente de. A veces se cambia por ibn, con el mismo significado.

bencedrina *f.* Líquido incoloro, vasoconstrictor que se emplea en los estados catarrales y alérgicos y como estimulante nervioso.

benceno *m.* El más elemental de los hidrocarburos aromáticos, disolvente de las grasas, ceras y resinas; se obtiene del alquitrán y del gas de hulla.

bencina *f.* Líquido volátil, incoloro, de olor penetrante, obtenido de la destilación del petróleo crudo; tiene muchas aplicaciones como disolvente y para alimentar los motores de explosión.

bendecir *tr.* Alabar, ensalzar. Colmar de bienes a uno la Providencia. Invocar la bendición divina en favor de alguien. Consagrar algo al culto divino. Formar cruces en el aire con la mano derecha sobre personas y cosas invocando a la Santísima Trinidad.

bendición *f.* Acción y efecto de bendecir. *Pl.* Ceremonias con que se celebra el sacramento del Matrimonio. Abundancia, prosperidad.

bendito-a *adj.* Santo o bienaventurado. Dichoso, feliz. Sencillo de pocos alcances.

benefactor-a *adj. y s.* Bienhechor.

beneficencia *f.* Virtud de hacer el bien. Auxilio o socorro gratuito al indigente o necesitado. Conjunto de instituciones benéficas.

beneficentísimo-a *adj.* Superlativo de benéfico.

beneficiado-a *m. y f.* Persona en beneficio de la cual se celebra algún espectáculo. Presbítero que goza de un beneficio eclesiástico.

beneficiar *tr.* Hacer el bien. Cultivar, mejorar una cosa procurando que fructifique. Extraer de una mina las substancias útiles y someterlas al tratamiento requerido. Conseguir un empleo por dinero. En América, descuartizar una res. Aprovechar, utilizar, favorecer. Obtener u otorgar beneficio.

beneficiario-a *adj.* y *s.* Persona a quien beneficia un contrato de seguro. Persona que disfruta de algún beneficio, que goza de la posesión de algo.

beneficio *m.* Bien que se hace o se recibe. Utilidad, provecho. Labor y cultivo que se da a los árboles, campos, etc. Acción de beneficiar minas o minerales. Derechos y emolumentos de un eclesiástico. Función o espectáculo cuyo producto se concede a una persona física o jurídica. Servicio, merced, ganancia, favor.

beneficioso-a *adj.* Provechoso, útil.

benéfico-a *adj.* Que hace el bien.

benemérito-a *adj.* Digno de galardón.

beneplácito *m.* Aprobación, permiso.

benequén *m.* En México, envoltura en que se vende la cal y medida de capacidad en que se vende, equivalente a un cuartillo aproximadamente.

benevolencia *f.* Simpatía y buena voluntad hacia las personas.

benevolentísimo-a *adj.* Superlativo de benévolo.

benévolo-a *adj.* Que tiene buena voluntad o afecto. Afable, bondadoso.

bengala *f.* Caña de Indias de la que se hacen bastones. Luz, fuego artificial, o fuego indio.

bengalí *adj.* y *s.* Natural de Bengala. Perteneciente a esta región de la India.

benignidad *f.* Calidad de benigno.

benigno-a *adj.* Afable, benévolo, piadoso. Templado, suave, apacible, humano, clemente.

benjamín *m.* Hijo menor, por alusión a Benjamín, hijo último de Jacob.

benjuí *m.* Bálsamo aromático que se obtiene por incisión de la corteza de un árbol lauráceo de las Indias.

bentónico-a *adj.* Perteneciente o relativo al fondo del mar.

bentos *m.* Conjunto de organismos animales y vegetales que viven en el fondo del mar o de los lagos.

beodez *f.* Embriaguez o borrachera.

beodo-a *adj.* y *s.* Embriagado o borracho. Ebrio, bebido, achispado.

béquico-a *adj.* Que mitiga la tos.

berbecí *com. americ.* Persona que se enfada con motivo fútil.

berbén *m.* En México, escorbuto.

berberisco-a, bereber o berberí *adj.* y *s.* Natural de Berbería. Perteneciente a esta región de África.

berbiquí *m.* Instrumento para taladrar que funciona por un rápido movimiento que se da al manubrio.

berengo-a *adj.* y *s.* En México, ingenuo, cándido, bobo.

berenjena *f.* Planta solanácea anua, de hojas grandes aovadas, flores moradas y fruto aovado de pulpa blanca en que están las semillas. Fruto comestible de esta planta.

berenjenal *m.* Sitio plantado de berenjenas. Negocio muy difícil; barullo, confusión, enredo.

bergamota *f.* Variedad de pera muy jugosa y aromática.

bergantín *m.* Buque de dos palos y vela cuadrada o redonda.

beriberi *m.* Enfermedad causada por insuficiencia de vitamina B_1, con rigidez espasmódica de las extremidades inferiores, atrofia muscular, anemia y parálisis.

berilio *m.* Metal blanco, maleable, semejante al magnesio; símbolo Be.

berilo *m.* Silicato de aluminio y berilio. Su variedad verde y transparente es la esmeralda; la de color azul pálido es el aguamarina.

berlina *f.* Coche cerrado, comúnmente de dos asientos. Departamento delantero y cerrado en las diligencias y otros vehículos.

berlinés-a *adj.* y *s.* Natural de Berlín, Alemania. Perteneciente a dicha ciudad.

bermejear *intr.* Mostrar alguna cosa su color bermejo. Tirar a bermejo.

bermejo-a *adj.* Rubio rojizo. En México y Cuba, dícese del ganado vacuno de color pajizo.

bermellón *m.* Forma roja pulverulenta del sulfato de mercurio o cinabrio.

bermudeño-a *adj.* y *s.* Natural de Bermudas. Relativo o perteneciente a esas islas del Atlántico.

bernés-a *adj.* y *s.* Natural de Berna, Suiza. Perteneciente a esta ciudad y cantón de Suiza.

berrear *intr.* Dar berridos. Cantar una persona desentonadamente. Gritar.

berrendo-a *adj.* Manchado de dos colores. Dícese del toro que tiene manchas de color distinto del de la capa. Mamífero rumiante, esbelto, con cuernos de una sola rama anterior.

berrido *m.* Voz del becerro y animales afines. Grito desaforado de persona, o nota alta y desafinada al cantar.

berrín *m.* Persona que se enfada por poco motivo; muchacho que llora mucho y se irrita.

berrincne *m.* Coraje, enojo grande. Rabieta, enfado.

berrinchudo-a *adj. americ.* Que se enoja mucho.

berro *m.* Planta crucífera que crece en lugares aguanosos, con varios tallos con flores pequeñas, cuyas hojas se comen en ensalada; medicinal.

berrocal *m.* Sitio lleno de berruecos. Lugar o cantera donde se explota el granito. Peñascal de piedra berroqueña.

berroqueño-a *adj.* Dícese de la piedra de granito, compacta y dura, usada en obras de cantería. Muy duro y resistente. Insensible, empedernido.

berrueco *m.* Tumorcillo en el iris de los ojos, muy incómodo y de difícil cura. Tolmo granítico.

berza *f.* Variedad de col que no forma repollo.

besalamano *m.* Esquela escrita en tercera persona y sin firma, con la abreviatura B.L.M.

besamela *f.* Salsa blanca de harina, crema de leche y manteca.

besamanos *m.* Acto en que se besaba la mano al soberano u a otra persona de alta jerarquía; o a la autoridad que los representaba. Saludo de algunas personas tocando o acercando la mano derecha a la boca y apartándola varias veces.

besana *f.* Labor de surcos paralelos que se hace con el arado. Primer surco al empezar a arar. Medida agraria catalana, equivalente a 2.187 centiáreas. En México, superficie de tres hectáreas y, por extensión, tierra dispuesta para la siembra.

besar *tr.* Tocar con los labios en señal de amor, amistad o reverencia. Tropezar con otra persona dándose un golpe en la cara o cabeza.

beso *m.* Acción de besar. Golpe violento al tropezar con alguien o algo.

bestezuela *f.* Despectivo de bestia.

bestia *f.* Animal cuadrúpedo, comúnmente de carga. Persona ruda e ignorante.

bestial *adj.* Brutal e irracional. De grandeza extraordinaria o desmesurada.

bestialidad *f.* Brutalidad. Acto de lujuria cometido con una bestia.

bestiario *m.* Hombre que luchaba con las fieras en los circos romanos. Libros de la Edad Media que trataban de animales, reales o imaginarios.

bestión *m.* Bicho o monstruo de uso en la ornamentación arquitectónica.

bestseller *m.* Término inglés creado en EE. UU. y usado internacionalmente para designar los libros que durante un lapso, por lo general de un año, han tenido gran éxito de público y se han vendido más que los otros.

besugo *m.* Pez marino acantopterigio, común en el Mar Cantábrico y apreciable por su carne.

besuquear *tr.* Besar repetidamente.

betabel *f.* En México, la remolacha comestible.

betatrón *m.* Tubo de rayos X que comunica grandes aceleraciones a los electrones.

bético-a *adj. y s.* Natural de la antigua Bética, España. Perteneciente a ella.

betlemita *adj. y* Natural de Belén. Perteneciente a esta ciudad de Tierra Santa.

betónica *f.* Planta labiada de tallo cuadrangular y flores moradas, de hojas y raíces medicinales.

betuláceo-a *adj. y s.* Planta dicotiledónea, árbol o arbusto, de hojas alternas, flores monoicas en amento y fruto de tipo aquenial con semillas sin albumen: abedul, aliso.

betún *m.* Nombre genérico de varios minerales de origen orgánico en los que predominan los hidrocarburos, amorfos, de lustre píceo y olor bituminoso. Mezcla líquida o en pasta de varios ingredientes para lustrar los zapatos.

bey *m.* Gobernador de una ciudad, distrito o región del Imperio Otomano. Se empleó también como título honorífico y lo usó el soberano de Túnez.

bezo *m.* Labio grueso. Labio. Carne que se levanta alrededor de una herida enconada.

bezoar o bezar *m.* Concreción calculosa que se halla en las vías digestivas o urinarias de los rumiantes.

bezote *m.* Adorno o arracada que usaban los indios de América en el labio inferior.

bezudo-a *adj.* Grueso de labios.

biangular *adj.* Que tiene dos ángulos.

bibelot *m.* En francés, ciertos objetos pequeños y artísticos empleados como adornos en mesas, chimeneas, etc.

biberón *m.* Botellita para la lactancia artificial, con un pezón elástico para la succión de la leche.

bíblico-a *adj.* Perteneciente o relativo a la Biblia.

bibliofilia *f.* Pasión por los libros, especialmente por los raros y curiosos.

bibliofilm *m.* Película negativa que contiene la reproducción de un libro.

bibliografía *f.* Descripción, conocimiento de libros, de sus ediciones, etc. Relación de libros o escritos referentes a una materia determinada.

bibliógrafo *m.* Que tiene gran conocimiento de libros, o el que escribe acerca de ellos.

bibliología *f.* Ciencia general del libro en su aspecto histórico y técnico.

bibliomanía *f.* Pasión de tener muchos libros raros o los pertenecientes a un ramo determinado, más por manía que para instruirse.

biblioteca *f.* Local donde se tiene considerable número de libros ordenados convenientemente para su lectura. Conjunto de estos libros.

bibliotecario-a *adj. y s.* Persona que tiene a su cargo el cuidado de una biblioteca.

bibliotecnia *f.* Tratado y estudio de las artes de imprimir, encuadernar y elegir los libros.

biblioteconomía *f.* Arte de conservar, ordenar y administrar una biblioteca.

bical *m.* Salmón macho.

bicameral *adj.* Que tiene dos cámaras. Aplícase al sistema parlamentario de un Estado.

bicarbonato *m.* Nombre genérico de las sales ácidas del ácido carbónico.

bicéfalo-a *adj.* Monstruo con dos cabezas. Bicípite.

bíceps *adj. y s.* De dos cabezas, dos puntas, dos cimas o cabos. Dícese de los músculos pares que tienen por arriba dos porciones o cabezas.

bicicleta *f.* Velocípedo de dos ruedas iguales, la segunda de las cuales es motriz y se acciona por medio de una cadena de transmisión movida por los pedales.

biciclo *m.* Velocípedo de dos ruedas. Bicicleta.

bicípite *adj.* De dos cabezas.

bicoca *f.* Cosa de poca estima y aprecio. Cosa beneficiosa o lucrativa que se obtiene sin gran esfuerzo.

bicolor *adj.* De dos colores.

bicóncavo-a *adj.* Cuerpo que tiene dos superficies cóncavas opuestas.

biconvexo-a *adj.* Cuerpo que tiene dos superficies convexas opuestas.

bicornio-a *adj.* De dos cuernos o dos puntas. Sombrero de dos picos.

bicromía *f.* Impresión en dos colores.

bicúspide *adj.* Que tiene dos cúspides o puntas. Aplícase a la válvula mitral y a los premolares.

bicha *f.* Bicho. Culebra de mal agüero, entre gentes supersticiosas. Figura arquitectónica fantástica, de medio cuerpo arriba de mujer y de pez u otro animal la mitad inferior, entre frutas y follaje.

bicharraco *m.* Despectivo de bicho. Persona muy fea, ridícula o extravagante.

bichero *m.* Asta larga con punta y gancho que sirve en las embarcaciones menores para atracar y desatracar.

bicho *m.* Cualquier sabandija o animal pequeño. Toro de lidia. Animal, especialmente el doméstico. Persona de figura ridícula.

bichoco-a *adj.* En México, desdentado.

bichozno *m.* Quinto nieto, o sea, hijo del cuadrinieto.

bidé *m.* Cubeta alargada sobre la que una persona puede colocarse a horcajadas, para lavarse.

bidente *adj.* De dos dientes. *M.* Palo largo con una cuchilla en forma de media luna. Azada o azadón de dos puntas.

biderivado-a *adj.* Vocablo dos veces derivado, o derivado de derivado.

bidón *m.* Recipiente de hoja de lata o de plancha metálica, de distintas formas y capacidades.

biela *f.* Barra que en las máquinas sirve para transformar el movimiento de vaivén en otro de rotación o viceversa.

bielda *f.* Instrumento agrícola de seis o siete puntas y dos palos atravesados que con las puntas o dientes forman como una rejilla para recoger, cargar y encerrar la paja. Acción de beldar.

bieldo *m.* Instrumento para beldar, algo más sencillo que la bielda.

bien *m.* Aquello que tiene en sí mismo la perfección en su propio género. Utilidad, beneficio. *Adv.* Según es debido, con razón; perfecta o acertadamente. Según se requiere, felizmente. De buena gana, con gusto. Sin inconveniente. Aproximadamente. *M. pl.* Hacienda, riqueza, caudal. Objeto o prestación que satisface una necesidad.

bienal *adj.* Que sucede o repite cada bienio. Que dura un bienio. Dícese de las plantas que viven dos años.

bienamado-a *adj.* Muy querido.

bienandante *adj.* Feliz, dichoso, afortunado.

bienandanza *f.* Felicidad, dicha, fortuna en los sucesos.

bienaventurado-a *adj.* Que goza de Dios en el cielo. Afortunado, feliz. Dícese de la persona muy sencilla o cándida.

bienaventuranza *f.* Vista y posesión de Dios en el cielo. Prosperidad o felicidad humana.

BIENES—BILIS

bienes *m. pl.* Conjunto de cosas y derechos capaces de ser utilizados o de producir un valor.

bienestar *m.* Comodidad, conveniencia, cosas necesarias para vivir a gusto y con descanso. Vida holgada o abastecida de cuanto conduce a pasarlo bien y con tranquilidad.

bienhablado-a *adj.* Que habla cortésmente y sin murmurar.

bienhadado-a *adj.* Afortunado, que tiene buena suerte.

bienhechor-a *adj. y s.* **Persona que hace bien a otra u otras.**

bienintencionado-a *adj.* Que tiene buena intención.

bienio *m.* Período de dos años.

bienquerer *tr.* Querer bien, estimar, apreciar.

bienquistar *tr. y r.* Poner bien a una o varias personas con otra u otras.

bienquisto-a *adi.* De buena fama y generalmente bien estimado.

bienvenida *f.* Venida o llegada feliz. Parabién que se da a alguien por haber llegado con felicidad.

bienvivir *intr.* Vivir con holgura. Vivir honestamente.

bifacial *adj.* Que presenta dos caras o superficies.

bifásico-a *adj.* Dícese de un sistema de dos corrientes alternas, iguales, de un mismo generador y retrasadas, la una respecto a la otra, en un semiperíodo.

bífido-a *adj.* Dividido en dos.

bifilar *adj.* De dos hilos. Dícese del conductor eléctrico de dos hilos y de los circuitos e instalaciones con dos corrientes alternas bifásicas o con dos polos para corriente continua.

bifocal *adi.* Que tiene dos focos.

bifronte *adj.* De dos frentes o dos caras.

bifurcación *f.* Acción y efecto de bifurcarse.

bifurcado-a *adj.* De figura de horquilla. Dícese del tubo de las máquinas de vapor que introduce éste en los cilindros.

bifurcarse *r.* Dividirse en dos ramales, brazos o puntas.

biga *f.* Carro de dos caballos. Tronco de caballos que tiran de él.

bigamia *f.* Estado de un hombre casado con dos mujeres a un mismo tiempo, o de la mujer casada con dos hombres.

bígamo-a *adj. y s.* Que se casa por segunda vez viviendo el primer cónyuge.

bigardía *f.* Burla, fingimiento, disimulación.

bigardo-a *adj. y s.* Vago vicioso. Solía decirse del fraile desenvuelto y de vida libre.

bigeminado-a *adj.* Dícese del vano o arcada divididos por paineles en cuatro compartimientos. Dícese de los órganos pareados.

bignoniáceo-a *adj. y s.* Planta dicotiledónea tubiflora, de flores vistosas y cigomorfas, de fruto capsular y semillas aladas, tropicales. La bignonia es el tipo.

bigornia *f.* Yunque con dos puntas opuestas.

bigote *m.* Pelo que nace en el labio superior.

bigotera *f.* Tira de materia suave con que se cubren los bigotes para que no se descompongan. Bocera que cuando se bebe queda en el labio de arriba.

bigotudo-a *adj.* Que tiene mucho bigote.

bija *f.* Arbol bixáceo americano, de hojas alternas con largos peciolos, de flores rojas y olorosas y fruto carnoso que encierra muchas semillas, de varias aplicaciones. Fruto y semilla de este árbol. Pasta tintórea que se prepara con su semilla.

bilabiado-a *adj.* Se aplica al cáliz o a la corola divididos en dos partes, que por su posición y forma recuerdan las de los labios.

bilabial *adj.* Dícese del sonido y de la letra en cuya pronunciación intervienen los dos labios: *b* y *p*.

bilateral *adj.* Perteneciente a ambos lados. Que presenta dos aspectos. Dícese del animal o de la flor simétricos con relación a un plano. Dícese del contrato en que se conmutan prestaciones recíprocas entre los otorgantes.

bilateralismo *m.* Sistema de comercio exterior bilateral.

bilbaíno-a *adj. y s.* Natural de Bilbao. Perteneciente a esta ciudad española.

bilbilitano-a *adj. y s.* Natural o relativo a la antigua ciudad de Bílbilis o de la moderna Calatayud. Perteneciente a estas dos ciudades españolas.

biliar o **biliario-a** *adi.* Perteneciente o relativo a la bilis.

bilimbique *m.* Nombre popular dado en México a los billetes de banco lanzados durante la revolución constitucionalista.

bilingüe *adi.* Que habla dos lenguas. Escrito en dos idiomas.

bilingüismo *m.* Uso habitual de dos lenguas en una misma región.

bilioso-a *adj.* Abundante de bilis. Que padece biliosidad. Atrabiliario, cascarrabias.

bilirrubina *f.* Pigmento principal de la bilis.

bilis *f.* Humor viscoso, amarillento o verdoso, amargo, segregado por el hígado y que interviene con

98

el jugo pancreático en la digestión, e impide el desarrollo de las bacterias de la putrefacción en el intestino.

bilma *f. americ.* Bizma.

biloco *m.* En México, renacuajo o atepocate.

bill *m.* Palabra inglesa equivalente a *proyecto de ley*; también significa declaración votada por el Parlamento.

billar *m.* Juego de destreza que se ejecuta impulsando con taco bolas de marfil en una mesa forrada de paño. Mesa de este juego o lugar en que se juega.

billarda *f. americ.* Trampa para coger lagartos.

billetaje *m.* Conjunto de billetes de teatro, tranvía, etc. Boletaje.

billete *m.* Carta breve, por lo común. Tarjeta o cédula para entrar u ocupar asiento en alguna parte o para viajar en tren u otro vehículo. Cédula de participación en una rifa o lotería; o que representa cantidades en efectivo. Boleto.

billón *m.* Un millón de millones. En Francia y EE. UU., mil millones.

billonésimo-a *adj.* Cada una de las partes iguales entre sí de un todo dividido en un billón, o la que ocupa el lugar de un billón.

bimano-a *adj. y s.* De dos manos: dícese sólo del hombre.

bimbalete *m.* En México, palo largo y rollizo para sostener tejados y otros usos. Columpio. Artilugio para pozar agua.

bimensual *adj. y s.* Que se hace u ocurre dos veces al mes.

bimestral *adj.* Que sucede o se repite cada bimestre. Que dura un bimestre.

bimestre *m.* Período de dos meses. Renta, sueldo o pensión, etc., que se cobra o paga por cada bimestre.

bimetalismo *m.* Sistema monetario que admite como patrones el oro y la plata, conforme a la relación que la ley establece entre ellos.

bimotor *m.* Avión equipado con dos motores.

binación *f.* Acción de binar, celebrar un sacerdote dos misas en día festivo.

binador-a *adj. y s.* Que bina. Instrumento que sirve para binar o cavar.

binar *tr.* Dar segunda reja a las tierras de labor. Hacer la segunda cava en las viñas. *Intr.* Celebrar un sacerdote dos misas en día festivo.

binario-a *adj.* Compuesto o formado de dos elementos, unidades o guarismos.

binaural *adj.* Dícese de la audición simultánea por los dos oídos.

bingarrote *m.* Aguardiente destilado del binguí que se hace en México, y el mismo binguí o maguey.

binguí *m.* Bebida que en México se extrae del tronco del maguey, asado y fermentado en una vasija que haya tenido pulque.

binocular *adj.* Relativo a los dos ojos. Dícese de la pieza ocular doble.

binóculo *m.* Anteojos con luneta para ambos ojos. Ocular doble.

binomio *m.* Expresión algebraica formada por la suma o diferencia de dos monomios.

binubo-a *adj. y s.* Casado por segunda vez.

binza *f.* Fárfara, telilla de los huevos de las aves por la parte interior del cascarón. Película exterior de la cebolla. Telilla o panículo del cuerpo del animal.

biñuelo *m.* En México y Cuba, buñuelo.

biocenosis *f.* Conjunto de seres vivos que forman una comunidad.

biocinética *f.* Estudio de los movimientos que se producen durante el desarrollo de los animales y plantas.

biocito *m.* Célula viva.

biofilia *f.* Instinto de conservación, amor a la vida.

biofísica *f.* Estudio de los procesos físicos relacionados con la vida.

biografía *f.* Historia de la vida de una persona.

biología *f.* Ciencia que estudia los organismos, o seres vivos.

biólogo-a *m. y f.* Persona que profesa la Biología o de ella tiene especiales conocimientos.

biombo *m.* Mampara de varios bastidores unidos por goznes que se cierra, abre y despliega.

biomecánica *f.* Parte de la Biología que se ocupa de la aplicación de los principios de la Mecánica a los seres vivos.

biometría *f.* Cálculo de la duración probable de la vida. La hemática, cuenta los glóbulos de la sangre y determina la hemoglobina.

biopsia *f.* Examen histológico de una parte del órgano enfermo.

bioquímica *f.* Parte de la Biología o de la Química que estudia los procesos químicos que se efectúan en los seres vivos y que se originan durante su actividad funcional.

biosfera *f.* Totalidad del espacio que ocupan los organismos en el planeta: tierras emergidas, aguas dulces, mares y atmósfera.

biosis *f.* Actividad biológica de un ser vivo. Acción de vivir.

biotaxia *f.* Clasificación metódica de los organismos vivos.

bióxido *m.* Nombre genérico de los compuestos binarios que contienen dos átomos de oxígeno. Dióxido.

bipartido-a *adj.* Partido en dos. Dividido en dos partes o pedazos.

bípedo-a *adj. y s.* De dos pies. De dos pares de pies o patas.

biplano-a *adj. y s.* De dos superficies planas. Aeroplano o planeador con cuatro alas que, dos a dos, forman planos paralelos.

bipolar *adj.* Que tiene dos polos. Relativo a ambos polos.

biriquí *m. americ.* Berbiquí.

birlar *tr.* Matar o derribar de un golpe o disparo. Hurtar, escamotear, robar.

birlibirloque *m.* Expresión para significar en la frase: por arte de birlibirloque, por medios ocultos y extraordinarios.

birlocha *f.* Cometa, papalote.

birlocho *m.* Carruaje ligero y sin cubierta, de cuatro ruedas y cuatro asientos, dos en la testera y dos enfrente y sin portezuelas.

birreta *f.* Solideo encarnado que da el Papa a los cardenales, al tiempo de crearlos.

birrete *m.* Birreta. Gorro con borla de color negro que llevan en los actos judiciales solemnes los magistrados y otros altos funcionarios. Toca o gorro para cubrir o abrigar la cabeza. Bonete.

birria *f.* Zaharrón, moharracho. Mamarracho, adefesio. En México, carne de borrego o de chivo preparada como la barbacoa.

birriondo *adj. y s.* En México, mujeriego, trotacalles.

bis *adv.* Palabra que indica que una cosa debe repetirse o está repetida. *Interj.* para pedir que se repita una cosa. Prefijo que significa dos.

bisabuelo-a *m. y f.* El padre o la madre del abuelo o abuela de una persona.

bisagra *f.* Herraje de dos planchitas unidas con un pasador para facilitar el movimiento giratorio de puertas, tapas, etc.

bisar *tr.* Repetir algo, en especial piezas o trozos musicales.

bisbisar *tr.* Musitar.

bisbiseo *m.* Acción de bisbisar. Murmullo, susurro.

biscocho *m.* En México, pan de dulce.

biscuit *m.* Bizcocho. Objeto de porcelana o loza, propio para adorno.

bisecar *tr.* Dividir en dos partes iguales.

bisección *f.* Acción y efecto de bisecar.

bisector-triz *adj. y s.* Que divide en dos partes iguales. Recta que pasando por el vértice, divide un ángulo en dos iguales.

bisecular *adj.* Que cuenta dos siglos de existencia.

bisel *m.* Corte oblicuo practicado en el borde o en la extremidad de una lámina o plancha.

biselar *tr.* Hacer biseles.

bisemanal *adj.* Que se hace u ocurre dos veces por semana.

bisiesto *adj. y s.* El año que excede al común en un día.

bisílabo-a *adj.* De dos sílabas.

bismuto *m.* Metal blanco plateado que tira algo a rojo y frágil; sus sales se emplean en Medicina; símbolo Bi.

bisnieto-a *m. y f.* Hijo o hija del nieto de una persona.

bisojo-a *adj. y s.* Dícese de la persona que padece estrabismo.

bisonte *m.* Bóvido salvaje de lomo arqueado, cubierto de pelo áspero y con cuernos poco desarrollados.

bisoñé *m.* Peluca que cubre sólo la parte anterior de la cabeza.

bisoño *adj. y s.* Aplícase al soldado o tropa nuevos. Nuevo o inexperto en un oficio o arte. Novel, novato.

bistec *m.* Lonja de carne de vaca, frita o asada a la parrilla. La lonja cruda.

bistorta *f.* Planta poligonácea, de raíz leñosa y retorcida, hojas aovadas y flores en espiga, de rizoma astringente.

bistre *m.* Color de tierra quemada preparado con hollín.

bisturí *m.* Instrumento en forma de pequeño cuchillo, usado en cirugía para cortar tejidos blandos.

bisulco-a *adj.* De pezuñas separadas por un surco medio, como los rumiantes.

bisulfato *m.* Sulfato ácido.

bisulfuro *m.* Compuesto que tiene dos átomos de azufre por uno del otro elemento.

bisutería *f.* Joyería de imitación. Joyería barata.

bita *f.* Poste fuertemente asegurado a la cubierta, para dar vuelta a los cables del ancla cuando se fondea la nave.

bitácora *f.* Especie de caja o armario, fijo a la cubierta e inmediato al timón, en que se coloca la aguja de marear.

biter *m.* Nombre genérico de unos licores amargos, estomacales y aperitivos.

bitoque *m.* Tarugo de madera con que se cierra el agujero o piquera de los toneles. En México, Chile y Colombia, cánula de jeringa. En México, grifo.

bituminoso-a *adj.* Que tiene betún o semejanza con él.

bivalencia /. **Valencia química doble de la del átomo de hidrógeno.**

bivalvo-a *adj.* **Que tiene dos valvas.**

bixácea *adj. y s.* **Planta dicotiledónea que incluye árboles y arbustos con hojas alternas, estípulas caducas, flores hermafroditas axilares y frutos capsulares.**

bizantino-a *adj. y s.* **Natural de Bizancio, hoy Estambul (Constantinopla). Perteneciente a dicha ciudad antigua, en Turquía. Dícese de las discusiones baldías o demasiado sutiles. Arte y literatura que allí se originó.**

bizarría /. **Gallardía, valor. Generosidad, esplendor.**

bizarro-a *adj.* **Valiente, esforzado, animoso y de valor. Generoso, espléndido.**

bizbirindo-a *adj. y s.* **En México, vivaracho.**

bizcar *intr.* **Padecer estrabismo o simularlo. Tr. Guiñar.**

bizco-a *adj. y s.* **Bisojo.**

bizcocho *m.* **Pan sin levadura que se cuece por segunda vez a fin de que se enjuague y dure y con el que se abastecen las embarcaciones. Galleta. Masa de flor de harina, huevos y azúcar cocida al horno. Loza o porcelana después de la primera cochura y antes de barnizarla o esmaltarla.**

bizcorneto-a *adj.* **En México y Colombia, bizco, bisojo.**

bizcotela /. **Bizcocho ligero cubierto con baño de azúcar.**

bizma *m.* **Emplasto confortante.**

bizmar *tr.* **Poner bizmas.**

bizna / **Parte coriácea que separa en dos mitades la semilla de la nuez.**

biznaga /. **En España, planta umbelífera de tallos lisos, hojas hendidas, flores pequeñas y blancas y fruto oval y lampiño. En México, planta cactácea xerofita de tallo corto y sin hojas.**

bizquear *intr.* **Mirar bizco.**

blackout *m.* **Palabra inglesa. Obscurecimiento de una ciudad para la defensa antiaérea. Visión negra, llamada también anopsia de los aviadores.**

blanca /. **Moneda de plata.**

blanco-a *adj* **De color de nieve o leche. Color de la luz solar no descompuesta en los colores del espectro. Dícese de las cosas que tienen un color más claro que otras de la misma especie. Color de la raza europea o caucásica. Objeto más o menos lejano para ejercitarse en el tiro. Hueco o intermedio entre dos cosas. Espacio de los escritos que se deja de llenar. Fin u objetivo de deseos y acciones.**

blancuzco-a *adj.* **Que tira a blanco o es de color blanco sucio.**

blandear *intr.* **Aflojar, ceder. Tr. Hacer que uno mude de parecer o propósito. Blandir.**

blandengue *adj.* **Dícese de la persona blanda y suave.**

blandicia /. **Adulación, halago. Molicie, delicadeza.**

blandir *tr.* **Mover algo con movimiento trémulo o vibratorio. Intr. Moverse con agitación trémula o de un lado a otro.**

blando-a *adj* **Tierno, suave, que cede fácilmente al tacto. Templado. Dulce, benigno. De genio y trato apacible. Dibujo de tintas flojas. Cuerpo fácilmente rayable por otro más duro. Toro que no resiste bien los puyazos.**

blandón *m.* **Hacha de cera de un pabilo. Candelero grande para estas hachas.**

blandura /. **Calidad de blando. Emplasto para que los tumores se ablanden y maduren. Temple del aire que deshace los hielos y nieves. Regalo, deleite. Dulzura, afabilidad. Debilidad de carácter, lenidad. Requiebro.**

blanquear *tr.* **Poner blanca una cosa. Dar cal o yeso diluidos a las paredes, techos, etc. Intr. Mostrar una cosa su blancura. Tirar a blanco. Encanecer, encalar, enjalbegar.**

blanquecer *tr.* **Limpiar y sacar su color al oro, plata y otros metales. Blanquear.**

blanquecino-a *adj.* **Que tira a blanco.**

blanquillo-a *adj. y s.* **Candeal. En México, huevo de gallina.**

blasfemar *intr.* **Decir blasfemias. Maldecir, vituperar. Renegar, jurar.**

blasfemia /. **Palabra injuriosa contra Dios y sus santos. Palabra gravemente injuriosa contra las personas. Reniego, maldición.**

blasfemo-a *adj. y s.* **Que contiene blasfemia. Que dice blasfemia.**

blasón *m.* **Arte de descifrar y explicar los escudos de armas. Cada figura, señal o pieza que se ponen en un escudo. Escudo de armas. Honor.**

blasonado-a *adj.* **Ilustre por sus blasones.**

blasonar *tr.* **Disponer un escudo de armas según las reglas del arte. Intr. Hacer ostentación de algo con alabanza propia. Presumir, jactarse.**

blastocito *m.* **Célula embrionaria indiferenciada o poco diferenciada.**

bledo *m.* **Planta salsolácea anua de tallos rastreros, hojas triangulares, flores en racimos axilares;**

cocida es comestible. Cosa insignificante.

blefárico-a *adj.* Relativo a los párpados.

blenda *f.* Sulfuro de cinc natural.

blénido *adj. y s.* Pez teleósteo acantopterigio, de piel desnuda y mucosa.

blenorragia *f.* Flujo mucoso por inflamación de una membrana, principalmente de la uretra.

blinda *f.* Viga gruesa que con fajinas, zarzos, etc., constituye un cobertizo defensivo. Bastidor de madera que sirve para contener las tierras o fajinas en las trincheras.

blindado-a *adj.* Provisto de blindaje. Acorazado. Camión o tren con blindaje.

blindaje *m.* Cobertizo defensivo hecho con blindas u otros materiales. Conjunto de piezas de hierro o acero con que se protege un buque. Plancha de acero endurecido para proteger armas, vehículos y obras de fortificación.

blindar *tr.* Proteger exteriormente con blindaje. Acorazar, resguardar.

blitzkrieg *f.* Modalidad operativa militar, de concepción germánica, consecutiva de la *guerra total.*

bloc *m.* Libro para apuntes con hojas arrancables. Taco de calendario. Bloque.

blocao *m.* Fortín aislado para albergar una pequeña guarnición de infantería.

blocar *tr.* Evitar, interceptando, un golpe o un tanto del contrario, en los deportes.

blof *m. americ.* Engaño, ficción, exageración.

blofear *tr. americ.* Practicar el blof.

blofista *adj. y s. americ.* Que practica el blof.

blonda *f.* Encaje de seda para guarnecer.

blondo-a *adj.* Rubio.

bloque *m.* Trozo grande de piedra sin labrar. Sillar de hormigón. Aglomerado. Grupo de individuos de opiniones comunes y acción conjunta.

bloquear *tr.* Asediar. Cortar las comunicaciones a un puerto o tramo litoral. Sitiar, incomunicar. Inmovilizar la autoridad una cantidad o crédito, privando a su dueño de disponer de ellos.

bloqueo *m.* Acción de bloquear. Conjunto de medidas para impedir la navegación y el comercio marítimo del adversario.

blusa *f.* Vestidura exterior holgada y con mangas. La que usan las mujeres va sujeta o suelta con la falda.

blusón *m.* Blusa larga hasta más abajo de las rodillas.

boa *f.* Serpiente americana, la mayor de las conocidas, con piel de vistosas y simétricas manchas, no venenosa, pero de mucha fuerza. Prenda de piel o pluma y en forma de culebra que usan las mujeres para abrigo o adorno del cuello.

boarda o **boardilla** *f.* Buharda.

boato *m.* Ostentación en el porte exterior. Fausto, pompa.

bobalicón-a *adj.* Aumentativo de bobo.

bobear *intr.* Hacer o decir boberías. Emplear el tiempo en cosas vanas e inútiles.

bobería *f.* Dicho o hecho necio. Necedad, simpleza.

bóbilis. Palabra usada en la frase: de bóbilis, bóbilis, que significa de balde, sin esfuerzo.

bobina *f.* Carrete. Cilindro o tubo no conductor de la electricidad, en el que se enrolla en hélice un hilo conductor.

bobinadera *f.* Máquina para hacer bobinas o devanar. Devanadora.

bobinar *tr.* Arrollar hilo en espiral para hacer o formar bobinas o carretes.

bobo-a *adj. y s.* De muy corto entendimiento y capacidad. Neciamente candoroso. *M.* El gracioso de teatro.

bobón o **bobonote** *adj.* En México, tonto, menso, pazguato.

bobote *adj. y s.* Aumentativo de bobo.

boca *f.* Abertura anterior del tubo digestivo de los animales. Entrada o salida. Abertura, agujero. Organo de la palabra. Persona o animal a quien se da de comer. Abertura en una escotilla, o de un recipiente.

bocacalle *f.* Entrada o embocadura de una calle.

bocací o **bocacín** *m.* Tela de hilo, de color, algún tanto gorda y basta.

bocadillo *m.* Lienzo delgado y poco fino. Cinta muy angosta. Alimento ligero entre comidas. Panecillo relleno con jamón, anchoas, ternera, etc. En América, dulce, que en unas partes, como México y Honduras, se hace de coco, y en otras, como Cuba, de buniato.

bocado *m.* Porción de alimento que cabe de una vez en la boca. Un poco de comida. Mordedura con los dientes. Pedazo de algo que se arranca con la boca. Parte del freno que entra en la boca de la caballería. Freno. Mordisco, dentellada.

bocal *m.* Jarro o frasco de boca ancha y cuello corto.

bocallave *f.* Ojo de la cerradura.

bocamanga *f.* Parte de la manga más cercana de la muñeca.

bocana *f.* Canal angosto entre una isla y la costa firme. Boca o entrada de un puerto.

bocanada *f.* Cantidad de líquido que se toma de una vez en la boca o se arroja de ella. Porción de humo que se echa al fumar.

bocarada *f.* En América, bocanada.

bocarte *m.* Maza de hierro con que los canteros labran las piedras. Yunque y pisón para pulverizar o triturar piedras duras.

bocaza *f.* Aumentativo de boca. *M.* Dícese del que habla más de lo que aconseja la discreción.

bocel *m.* Moldura lisa de figura cilíndrica.

bocera *f.* Lo que queda en los labios después de comer o beber. Excoriación que se forma en las comisuras de los labios.

boceto *m.* Borrón colorido de los pintores para ensayar efectos de color. Proyecto de una obra escultórica. Esbozo, croquis.

bocina *f.* Cuerno, instrumento músico de viento. Instrumento de metal con ancha embocadura, para hablar de lejos. Pabellón con que se refuerza un sonido. Instrumento que se hace sonar mecánicamente en los automóviles y otros vehículos. Caracola.

bocinazo *m.* Golpe o toque estridente dado con una bocina. Llamada o aviso.

bocio *m.* Hinchazón difusa o nodular de la glándula tiroides, causada por la falta de yodo en la alimentación.

bock *m.* Vaso grande de cerveza.

bocole *m.* En México, tortilla de maíz frita en sebo de vacuno.

bocón-a *adj. y s.* Que habla mucho y echa bravatas. Especie de sardina del Mar de las Antillas, de ojos y boca muy grandes.

bocoy *m.* Barril grande para envase.

bocha *f.* Bola de madera en el juego de bochas. *Pl.* Juego singular o por equipos, consistente en acercar las bolas lo más posible a otra más chica.

boche *m.* Hoyo pequeño que hacen los muchachos en el suelo para sus diferentes juegos.

bochinche *m.* Tumulto, barullo, alboroto, asonada.

bochorno *m.* Aire caliente de estío. Calor sofocante. Encendimiento pasajero del rostro. Desazón por algo que ofende, molesta o avergüenza. Sonrojo, sofocación.

bochornoso-a *adj.* Que causa o da bochorno.

boda *f.* Casamiento y fiesta con que se solemniza.

bodas *f. pl.* Boda. De plata, aniversario 25; de oro, aniversario 50; de diamante, el 60; de brillante, el 75 aniversario.

bode *m.* Macho cabrío.

bodega *f.* Lugar donde se guarda y cría el vino. Cosecha o mucha abundancia de vino en algún lugar. Despensa. Troj o granero. Almacén.

bodegón *m.* Sitio donde se guisan y dan de comer viandas ordinarias. Taberna. Pintura o cuadro donde se representan cosas comestibles, vasijas, cacharros y otros utensilios.

bodeguero *m.* Dueño o encargado de una bodega.

bodigo *m.* Panecillo que se suele llevar a la iglesia, como ofrenda.

bodijo *m.* Boda desigual. Boda sin aparato ni concurrencia.

bodocal *adj. y s.* Dícese de la uva negra de granos gordos y racimos largos y ralos. Vid y veduño de esta especie.

bodoque *m.* Pelota de barro endurecido que se tiraba con ballesta o cerbatana. Reborde de refuerzo de los ojales del colchón. Relieve redondo como adorno de algunos bordados. Persona de cortos alcances. En México, chichón, bollo o hinchazón; también, cosa mal hecha.

bodoquera *f.* Cerbatana. Molde para bodoques.

bodorrio *m.* Bodijo. En México, banquete bullanguero.

bodrio *m.* Sopa que se daba a los pobres en las porterías de algunos conventos. Guiso mal aderezado. Sangre de cerdo mezclada con cebolla para embutir morcillas. Mezcla de cosas mal dispuestas.

bóer *adj. y s.* Labrador o colono de Sudáfrica, de antepasados holandeses.

bofe *m.* Pulmón. Úsase más en plural: los bofes.

bofetada *f.* Golpe en el carrillo con la mano abierta. Sopapo, bofetón.

bofetón *m.* Bofetada dada con fuerza.

boga *f.* Acción de bogar o remar. Buena aceptación, fortuna o felicidad creciente.

bogar *intr.* Remar.

bogavante *m.* Primer remero de cada banco de la galera. Crustáceo marino, semejante al cangrejo de río, de cuerpo liso y coloración viva. Homar, cabrajo, abricanto.

bogotano-a *adj. y s.* Natural de Bogotá. Perteneciente a esta ciudad de Colombia.

bohemia *f.* Vida de bohemio. Conjunto de bohemios.

bohemio-a *adj. y s.* Bohemo. Gitano. Dícese de la persona de costumbres libres y vida irregular y desordenada. Vida y costumbres de esta persona.

bohemo-a o **bohemio-a** *adj. y s.* Natural de Bohemia.

bohío *m.* Cabaña americana, hecha de madera y ramas, cañas o paja, sin más respiradero que la puerta.

bohordo *m.* Junco de la espadaña. Lanza corta arrojadiza. Tallo herbáceo y sin hojas que sostiene las flores y el fruto de algunas plantas: narciso, tulipán, etc.

boicot *m.* Serie de medidas para entorpecer o paralizar el funcionamiento de una empresa a fin de obligarla a ceder a las pretensiones obreras. Por extensión, suspensión de relaciones comerciales, políticas o sociales con una persona, empresa o nación, por su conducta contraria a los deseos de otra, o para forzar a que acepte determinadas condiciones.

boicotear *tr.* Ejercer el boicot contra una persona o entidad.

boíl *m.* Boyera.

boina *f.* Gorra vascongada sin visera, y muy extendida después.

boiquira *f.* Culebra de cascabel.

boira *f.* Niebla.

boj *m.* Arbusto buxáceo de tallos ramosos, hojas persistentes, flores blanquecinas en hacecillos axilares, de madera dura y compacta, muy apreciada.

boje *m.* Boj. En Andalucía y México, bodoque, zoquete, persona boba y torpe.

bojedad *f.* En México, simpleza, bobería, necedad.

bojedal *m.* Sitio poblado de bojes.

bojón *m.* En México, cierta planta borraginácea y otras afines, útil por su madera, fruto, corteza y hojas medicinales.

bol *m.* Redada, lance de red. Jábega y lugar para pescar con jábegas.

bol *m.* Taza grande y sin asas. Ponchera.

bola *f.* Cuerpo esférico de cualquier materia. Juego de tirar lo más lejos posible una bola de hierro. Betún para poner negro y lustroso el calzado. Embuste, mentira. En México, reunión desordenada, barullo, tumulto, revolución.

bolada *f.* Tiro que se hace con la bola. En América, oportunidad, coyuntura. En México, Canarias y Colombia, chiste, ocurrencia.

bolado *m.* Azucarillo.

bolchevique *adj. y s.* Partidario del bolchevismo o bolcheviquismo.

bolchevismo o **bolcheviquismo** *m.* Sistema de gobierno establecido en Rusia por la revolución de 1917; es la tendencia más radical del socialismo ruso.

boldo o **boldú** *m.* Arbolillo de origen chileno de flores blancas en racimos cortos, de fruto comestible y cuyas hojas se emplean en Medicina como colagogas.

boleada *f.* En México, acción y efecto de limpiar el calzado.

boleadoras *f. pl.* Instrumento de dos o tres bolas pesadas sujetas a sendas guascas, que se arroja a los pies o al pescuezo de los animales para aprehenderlos.

bolear *intr.* En los juegos de truco o de billar, jugar por puro pasatiempo. Tirar las bolas apostando a quién las arroja más lejos. En América, reprobar en un examen. Rechazar en una votación. En México, lustrar el calzado.

bolera *f.* Boliche, lugar donde se juega a los bolos. En América, borrachera. Pl. En México, ilusiones vanas.

bolero-a *adj. y s.* Que hace novillos o se huye. Mentiroso, embustero. En México, limpiabotas. Chaquetilla corta de señora. *M.* Baile popular español, en compás de $^3/_4$ y movimiento moderado. Música que acompaña a este baile.

boleta *f.* Cédula de entrada en alguna parte. Libranza para cobrar algo. Cédula que se insacula llevando el nombre de alguien, de algo o un número. En América, cédula judicial.

boletaje *m.* Conjunto de boletas o de boletos.

boletín *m.* Diminutivo de boleta. Libramiento para cobrar dinero. Cédula de subscripción. Periódico científico o artístico, generalmente editado por alguna corporación.

boleto *m.* Billete de viaje, pasaje, entrada o de participación en una rifa.

boliche *m.* Bolita del juego de bochas. Juego de bolos. Juego que se practica mucho en América, consistente en poder derribar diez bolos dispuestos en triángulo, con una bola grande. Lugar donde se practican estos juegos. Juego de ensartar una bola taladrada en un palo puntiagudo. Balero.

bolicho *m.* Red para pescar camarones.

bólido *m.* Meteorito de grandes dimensiones que al atravesar muy oblicuamente la atmósfera se pone incandescente, estalla en el aire y se divide en fragmentos.

bolígrafo *m.* Estilográfica cuya punta termina en una esferita.

bolillo *m.* Palillo torneado para hacer encajes y pasamanería. Horma para aderezar vuelos de encajes o de gasa. Hueso unido al casco de las caballerías. En México, panecillo.

bolina *f.* Sonda, cuerda para medir la profundidad de las aguas. Ruido o bullicio de pendencia o alboroto.

bolista *com.* En México, persona que acostumbra andar metida en bolas o tumultos.

bolívar *m.* Unidad monetaria de Venezuela. Moneda de Bolivia que tiene 10 bolivianos.

bolivariano-a *adj.* Perteneciente o relativo a Simón Bolívar o a su historia, política, etc.

boliviano-a *adj. y s.* Natural de Bolivia. Perteneciente a esta república americana. *M.* Nombre de la unidad monetaria de Bolivia.

bolo *m.* Palo labrado de base plana para tenerse derecho en el suelo. Lance de ciertos juegos de naipes. Hombre de escasa habilidad. Reunión de pocos actores que recorren los pueblos para explotar alguna obra famosa. En México, obsequio que el padrino de un bautizo debe dar a la chiquillería. *Pl.* Juego consistente en poner 9 bolos derechos en tres hileras y derribar cada jugador los que pueda. Píldora grande y algo blanda.

bolón *m.* En México, pelotón, alboroto.

boloñés-a *adj. y s.* Natural de Bolonia. Perteneciente a esta ciudad de Italia.

bolsa *f.* Especie de talega o saco flexible para llevar o guardar algo. Saquillo en que se echa dinero. Las dos cavidades del escroto en que se alojan los testículos. Arruga en el vestido. Lonja, lugar de reunión de mercaderes y comerciantes para sus tratos. Reunión oficial de los que operan con fondos públicos. Dinero de una persona. En América, bolsillo. Pensión, beca.

bolsear *tr.* En México y Centroamérica, quitarle a uno furtivamente algo del bolsillo.

bolsillo *m.* Bolsa, saquillo en que se echa dinero. Saquillo cosido en los vestidos, para meter algunas cosas usuales. Faltriquera, bolso.

bolsín *m.* Bolsa. Reunión de los bolsistas para sus tratos, fuera de las horas y sitio de reglamento. Lugar en que se reúnen.

bolsista *m.* Persona que se dedica a especulaciones bursátiles. En México y Centroamérica, carterista.

bolso *m.* Bolsa, bolsillo. Seno que por el viento se forma en las velas.

bolsón *m.* En América, cartera escolar. En México, cuenca hidrográfica cerrada y desértica.

bollo *m.* Panecillo de harina amasada con huevo, leche, etc. Abolladura. Chichón.

bollón *m.* Clavo de cabeza grande para adorno. Broquelillo o pendiente con sólo un botón.

bomba *f.* Máquina para elevar agua u otro líquido y darle dirección determinada. Pieza hueca de cristal que se pone en las lámparas para que la luz no ofenda la vista. Tubo de metal encorvado que se enchufa con otros, para dar buena afinación. Proyectil esférico de máximo calibre que se disparaba con mortero y por elevación. Proyectil cilíndrico con aletas fijas, para lanzarlo desde un avión. Pieza llena de explosivos y con mecha para producir daños y atentar contra la vida de las personas. Versos o coplas que improvisa el pueblo en sus jaranas. En México y Cuba, sombrero de copa alta. En México, Centroamérica, Perú y Chile, borrachera. Variedad de arroz.

bombacáceas *adj. y s.* Planta dicotiledónea de una familia del orden de las malvales, propia de las regiones intertropicales, generalmente sudamericanas.

bombacho *adj. y s.* Dícese del calzón ancho y abierto por un lado y del pantalón ancho de perniles acampanados abiertos por el costado con botones para cerrarlos.

bombarda *f.* Cañón de gran calibre usado antiguamente. Buque de dos palos armado de morteros en la parte de proa. Instrumento músico, especie de chirimía. Registro del órgano, de sonido fuerte y grave.

bombardear *tr.* Hacer fuego violento y sostenido de artillería, o desde el aire con lanzamiento de bombas de aviación.

bombardeo *m.* Acción de bombardear. Hoy se diferencia el cañoneo, por artillería terrestre o naval, del de acción aérea con bombas adecuadas o bombardeo aéreo.

bombardero *m.* Oficial o soldado de artillería. Avión militar de bombardeo.

bombardino *m.* Cornetín.

bombazo *m.* Golpe que da la bomba al caer. Explosión y estallido de este proyectil. Daño que causa.

bombear *tr.* Disparar bombas de artillería. En América, vigilar los pasos de una expedición. Observar cautelosamente a alguien. Accionar una bomba.

bombeo *m.* Comba, convexidad. Curva convexa de los afirmados de calles, carreteras y caminos que facilita el desagüe, en caso de lluvia.

bombero *m.* El que trabaja con la bomba hidráulica. Encargado de extinguir los incendios, voluntario y libre, o perteneciente al cuerpo destinado a combatir los incendios.

bombicido *adj. y s.* Insecto lepidóptero que incluye la mariposa de la seda y sus larvas.

bombilla *f.* Tubo para sacar líquidos. Lámpara eléctrica de incandescencia. En México, cucharón; también, tubo de cristal de la lámpara de petróleo.

bombillo *m.* Tubo con sifón para evitar el mal olor en las bajadas de aguas pestilentes. Tubo para sacar líquidos. Bomba pequeña de a bordo, principalmente para apagar incendios.

bombo-a *adj.* Aturdido por alguna novedad extraordinaria o por un dolor muy agudo. *M.* Caja cilíndrica o esférica y giratoria, para contener boletas numeradas, cédulas escritas o que han de sacarse a la suerte. Elogio exagerado y ruidoso. Pompa, boato. Tambor de grandes dimensiones usado en las bandas y orquestas.

bombón *m.* Pieza pequeña de chocolate o azúcar; confite, dulce.

bombona *f.* Vasija muy barriguda, de boca estrecha, de bastante capacidad, para transportar ciertos líquidos.

bombonera *f.* Cajita para bombones.

bonachón-a *adj. y s.* De genio dócil, crédulo y amable.

bonaerense *adj. y s.* Natural de Buenos Aires. Perteneciente o relativo a esta ciudad capital de la República Argentina.

bonancible *adj.* Tranquilo, sereno, suave.

bonanza *f.* Tiempo tranquilo o sereno en el mar. Prosperidad.

bonaso *m.* Bisonte europeo.

bonche *m.* En el norte de México, racimo, manojo.

bondad *f.* Calidad de bueno. Natural inclinación a hacer el bien. Blandura y apacibilidad de genio. Benevolencia, benignidad.

bondadoso-a *adj.* Lleno de bondad, de genio apacible. Benévolo, benigno.

bonetada *f.* Cortesía que se hace quitándose el bonete o el sombrero.

bonetazo *m.* Golpe dado con el bonete.

bonete *m.* Especie de gorra de varias hechuras, usada por los eclesiásticos, colegiales y graduados.

bonetería *f.* Oficio de bonetero. Taller donde se fabrican bonetes. Tienda donde se venden. Eu México, mercería.

bongo *m.* Canoa indígena de Centroamérica, corta y de gran cabida.

bonhomía *f.* Hombría de bien. Candidez.

boniato *m.* Batata. También se dice: boñato, buniato, buñiato, moniato, moñato, muniato, muñiato.

bonificar *tr.* Abonar, hacer buena o útil alguna cosa. Admitir pagos a cuenta e inscribirlos en la cuenta corriente. Rebajar, descontar, beneficiar.

bonísimo-a *adj.* Superlativo de bueno.

bonitamente *adv.* Con tiento, maña o disimulo.

bonito *m.* Pez acantopterigio, parecido al atún, de carne muy estimada.

bonito-a *adj.* Diminutivo de bueno. Lindo, agraciado; de cierta proporción y belleza.

bono *m.* Vale. Título de deuda, emitido comúnmente por una tesorería pública.

bonote *m.* Filamento extraído de la corteza del coco.

bon vivant Locución francesa que se aplica al hombre de humor alegre y dado a la buena vida.

bonzo *m.* Sacerdote del culto de Buda en el Asia Oriental.

boñiga *f.* Excremento del ganado vacuno y el semejante de otros animales. Bosta, estiércol.

boqueada *f.* Acción de abrir la boca el que está por morir.

boquear *intr.* Abrir la boca. Estar expirando. Estar una cosa acabándose. *Tr.* Pronunciar una palabra o expresión.

boquerón *m.* Abertura grande. Pez malacopterigio semejante a la sardina; con él se preparan las anchoas que son boquerón en salmuera.

boquete *m.* Entrada angosta. Brecha o abertura hecha en una pared o edificio. Agujero en un papel, tela, etc.

boquetero *m.* En México, empleado de la cárcel que registra a los presos a su entrada al establecimiento. Ladrón que roba con horadación de paredes o muros.

boquiabierto-a *adj.* Que tiene la boca abierta. Que está embobado mirando alguna cosa.

boquilla *f.* Abertura inferior del calzón. Abertura en las acequias para extraer el agua de riego. Tubito para fumar cigarros o cigarrillos. Parte de la pipa que se introduce en la boca. Pieza donde se produce la llama en los aparatos de alumbrado. Pieza hueca de algunos instrumentos de viento y a la que se aplican los labios para producir el sonido.

boquinete-a *adj. y s.* En México, persona de labio leporino.

boquirrubio-a *adj.* Persona inexperta y poco enterada, fácil de engañar. Que sin necesidad ni reserva dice cuanto sabe. *M.* Mozalbete presumido de lindo y enamorado.

boratado-a *adj.* Que tiene ácido bórico o bórax.

borato *m.* Nombre genérico de las sales de los ácidos bóricos.

bórax *m.* Borato de sodio hidratado o tetraborato disódico decahidratado.

borbollar *intr.* Hacer borbollones el agua.

borbollón *m.* Movimiento impetuoso del agua u otro líquido, debido a su presión o a los gases que la empujan. Porción de sangre que sale por las arterias, impulsada por los latidos del corazón.

borborigmo *m.* Sonido que se produce por los gases intestinales.

borboritar o **borbotear** *intr.* Borbollar.

borbotar *intr.* Nacer o hervir el agua impetuosamente o haciendo ruido.

borceguí *m.* Calzado que llega hasta más arriba del tobillo, abierto por delante y que se ajusta por medio de correas o cordones.

borcelana *f.* En México, bacinica.

borcellar *m.* Borde de una vasija o vaso.

borchinche *m.* En México, bochinche.

borda *f.* Vela mayor en las galeras. Canto superior del costado de un buque. Choza.

bordado-a *adj.* Dícese de la pintura hecha con sedas de varios colores, sobre piel o tejido. *M.* Acción y efecto de bordar.

bordadura *f.* Labor de relieve ejecutada en tela o piel, con aguja y diversas clases de hilo. Ornamento. notas de adorno en una melodía.

bordante *m.* En México, huésped o pupilo.

bordar *tr.* Adornar una tela o piel con bordadura. Ejecutar alguna cosa con arte y primor.

borde *m.* Extremo u orilla de alguna cosa. En las vasijas, orilla o labio que tienen alrededor de la boca. Bordo.

bordear *intr.* Andar por la orilla o borde. En México y Chile, aproximarse, llegar. Frisar, acercarse.

bordelés-a *adj.* y *s.* Natural de Burdeos. Perteneciente a esta ciudad de Francia.

bordillo *m.* Encintado, faja o cinta de piedra que forma el borde de una acera, un andén, etc.

bordo *m.* Lado o costado exterior de la nave. En México. reparo. por lo común de céspedes y estacas. que forman los labradores en el campo, con objeto de represar las aguas, ya para formar aguajes, ya para enlamar la tierra.

bordón *m.* Bastón más alto que la estatura de un hombre y en medio unos botones que lo adornan. Verso quebrado que se repite al fin de cada copla. Palabra muy repetida irreflexivamente en la conversación. En los instrumentos de cuerda, la que da los sonidos más graves.

bordonear *intr.* Ir tentando la tierra con el bordón. Dar palos con el bordón. Pulsar el bordón de la guitarra. Andar vagando y pidiendo por no trabajar.

bordonete *m.* *americ.* Lechino que se pone en heridas y llagas.

boreal *adj.* Perteneciente al bóreas o norte.

bóreas *m.* Viento norte.

borgoña *m.* Vino de Borgoña.

borgoñés-a o **borgoñon-a** *adj.* y *s.* Natural de Borgoña. Perteneciente a esta antigua provincia de Francia.

bórico (ácido) *m.* Acido formado por el boro u ortobórico.

borinqueño-a (de Borinquén, antiguo nombre de Puerto Rico). *adj.* y *s.* Puertorriqueño.

borla *f.* Botón formado con hebras, hilos o cordoncillos sujetos por su mitad y sueltos por un cabo. Insignia de doctores universitarios puesta en el birrete; insignia de autoridad y mando, cuando se fija en el bastón.

borlearse *r.* En México, tomar la borla; es decir, graduarse de doctor.

borlote *m.* *americ.* Burlote. En México, algazara.

borne *m.* Extremo de la lanza de justar. Botón o tornillo al que se ajusta un hilo conductor eléctrico.

bornear *tr.* Dar vuelta, revolver, torcer o ladear. Labrar en contorno las columnas. Torcerse la madera, hacer combas. Girar el buque sobre sus amarras estando fondeado. En México, arrojar una bola con efecto rotatorio, para que derribe el mayor número de palos, en el boliche.

borneo *m.* Acción y efecto de bornear o bornearse. Balance o movimiento del cuerpo en el baile.

boro *m.* Metaloide que forma parte del bórax y del ácido bórico; símbolo B.

borona *f.* Mijo. Maíz. En América Central, migaja.

borra *f.* Cordera de un año. Parte más grosera y corta de la lana. Pelo de cabra para rehinchar pelotas, cojines, etc. Pelusa del algodón. Cosas, palabras y expresiones inútiles y sin substancia.

borrachear *intr.* Emborracharse frecuentemente.

borrachera *f.* Efecto de emborracharse. Exceso de comida y bebida en un banquete o función. Disparate grande. Exaltación extremada en el hacer o decir alguna cosa. Embriaguez, papalina, cuete.

borrachez *f.* Embriaguez. Turbación del juicio o de la razón.

borracho-a *adj. y s.* Ebrio. Que se emborracha habitualmente. Poseído o dominado por alguna pasión, especialmente la de ira. Aplicase a algunos frutos y flores de color morado.

borrador *m.* Escrito de primera intención o de planeamiento. Libro de apuntes de los comerciantes y hombres de negocios, para arreglar después sus cuentas.

borradura *f.* Acción y efecto de borrar.

borraginácea *f.* Planta dicotiledónea tubiflora, vellosa, como la borraja.

borrar *tr.* Rayar lo escrito, para que no pueda leerse o para dar a entender que no sirve. Hacer desaparecer por cualquier medio lo escrito, dibujado, etc. Desvanecer, quitar, hacer que desaparezca una cosa.

borrasca *f.* Tempestad, tormenta en el mar. Temporal fuerte que se levanta en tierra. Riesgo o peligro en algún negocio. Orgía. En México, carencia de mineral útil en el criadero.

borregada *f.* Rebaño o número crecido de borregos o corderos.

borrego-a *m. y f.* Cordero o cordera de uno a dos años. Persona sencilla o ignorante. *M.* En México y Centroamérica, noticia falsa.

borrica *f.* Asna. Mujer necia.

borricada *f.* Conjunto o multitud de borricos. Dicho o hecho necio.

borrico *m.* Asno. Persona ruda y de muy poco entendimiento. Burro, pollino, ignorante, torpe.

borricón *m.* Hombre sufrido en demasía.

borrilla *f.* Primer pelo que sale a los corderos. Pelusilla de algunas frutas. Pelusilla que se desprende al tundir los paños.

borriquete *m.* Armazón de tres maderos a modo de trípode que usan los carpinteros para apoyar la madera que labran.

borrón *m.* Gota o mancha de tinta que se hace en el papel. Borrador. Denominación que por modestia dan los autores a sus escritos. Imperfección que desluce o afea. Acción indigna que mancha y obscurece la reputación. Primera invención para un cuadro o pintura.

borronear *tr.* Borrajear. Garrapatear, emborronar.

borroso-a *adj.* Lleno de borra. Que no se distingue con claridad. Confuso.

boruca *f.* Bulla, algazara.

borujo *m.* Masa que resulta del hueso de la aceituna, después de molida y exprimida.

boruquear *tr.* En México, embarullar; armar bullanga.

boruro *m.* Combinación del boro con un metal.

bos *m.* Género de mamíferos rumiantes, tipo de la familia de los bóvidos.

boscaje *m.* Bosque de corta extensión. Cuadro que representa un paraje poblado de árboles, matorrales y animales.

boscoso-a *adj.* Perteneciente al bosque. Paraje en que abundan los bosques.

bosnio-a *adj. y s.* Natural de Bosnia. Perteneciente o relativo a este país de Europa, en Yugoslavia.

bosorola *f.* En México y Costa Rica, heces, residuo o sedimento de un líquido.

bosque *m.* Sitio poblado de árboles y matas.

bosquejar *tr.* Pintar en una superficie las figuras con su colorido, sin definir los contornos. Indicar con vaguedad un concepto o plan. Esbozar.

bosquejo *m.* Traza primera, no definitiva, de una producción del ingenio. Idea vaga de alguna cosa. Boceto, croquis, apunte, proyecto.

bosquimano *adj. y s.* Individuo de un primitivo pueblo africano meridional.

bosta *f.* Excremento del ganado vacuno o del caballar. Boñiga, estiércol.

bostezar *intr.* Inspirar lenta e involuntariamente, abriendo mucho la boca y luego espirar también prolongadamente y con ruido.

boston *m.* Especie de vals de ritmo y compás lento.

bota *f.* Bolsa de piel para el vino. Cuba para guardar líquidos. Calzado que resguarda el pie y parte de la pierna. En México, vasija grande de cuero de buey, para sacar agua de las minas.

botadero *m.* En México y Colombia, atajo por donde se vadea un río.

botado-a *adj. y s.* Muy barato. Expósito. En América, desvergonzado. En México, borracho perdido.

botadura *f.* Acto de echar al agua un buque. Botada.

botagua o **botaguas** *m.* En México, Chile y Puerto Rico, moldura exterior de puertas y ventanas, para defenderlas de las lluvias.

botalón *m.* Palo largo que se saca hacia el exterior de la embarcación.

botamen *m.* Conjunto de botes de una farmacia. Pipería o conjunto de pipas en que se lleva la aguada y otros géneros.

botana *f.* Remiendo en los odres para que no se salga el líquido. Taruguillo que se pone con el mismo objeto en las cubas de vino. Cicatriz de una llaga. Bota o botaina. En México, alimento ligero y variado que suele tomarse con las bebidas aperitivas.

botánica *f.* Parte de la Biología que estudia las plantas.

botánico-a *adj.* Perteneciente o relativo a la Botánica. *M. y f.* Persona que profesa la Botánica o que tiene especiales conocimientos de ella.

botanología *f.* Botánica.

botar *tr.* Arrojar o echar fuera con violencia. Echar al agua un buque después de construido. En América, derrochar, dilapidar. Despedir o cesar a criados o empleados. *Intr.* Saltar y levantarse una cosa. Dar botes el caballo.

botaratada *f.* Dicho o hecho propio de un botarate.

botarate *adj. y s.* Hombre alborotado y de poco juicio. En América, derrochador. Aturdido, tarambana, alocado; despilfarrador.

botarel *m.* Contrafuerte, machón saliente en el paramento de un muro, para fortalecerlo. Madero o maderos cruzados para evitar desprendimientos de tierra en las minas.

botarga *f.* Vestido ridículo de varios colores. El que lo lleva.

botasela o **botasilla** *f.* En los cuerpos de caballería, toque de clarín para que los soldados ensillen los caballos.

bote *m.* Golpe que se da con ciertas armas enastadas, como lanza o pica. Salto del caballo cuando desahoga su alegría o impaciencia, o cuando quiere tirar al jinete. Salto de la pelota al chocar con el suelo. Salto que da la bala de cañón o de obús disparada a rebote.

bote *m.* Vasija pequeña para guardar medicinas, aceites, pomadas, tabaco, etc.

bote *m.* Barco pequeño y sin cubierta, cruzado de tablones para asiento de los que reman.

botella *f.* Vasija de cristal, vidrio o barro cocido, de cuello angosto para contener líquidos. Líquido que cabe en ella.

botellazo *m.* Golpe dado con una botella.

botellón *m.* En México, damajuana. Aumentativo de botella.

botero *m.* El que hace, adereza o vende botas o pellejos para vino, vinagre, aceite, etc. Zapatero o botinero.

botero *m.* Patrón de un bote.

botez *f.* Rudeza, torpeza.

botica *f.* Oficina en que se hacen y despachan medicinas o remedios para enfermedades. Ingrediente, droga. Farmacia.

boticario-a *m. y f.* Profesor o profesora de Farmacia que prepara y expende las medicinas. Farmacéutico.

botija *f.* Vasija de barro mediana, redonda y de cuello corto y angosto.

botijo *m.* Vasija de barro, de vientre abultado, con asa en la parte superior, con boca para recibir el agua y pitón para beber.

botillero *m.* En México, zapatero. Cantinero.

botín *m.* Despojo que se concedía a los soldados como premio de conquistas. Conjunto de armas, provisiones y demás efectos de una plaza o de un ejército vencido. Bienes que se arrebatan y apropian por la violencia.

botín *m.* Calzado de cuero, paño o lienzo, que cubre la parte superior del pie y parte de la pierna a la que se ajusta con botones, hebillas o correas.

botina *f.* Calzado moderno que pasa algo del tobillo.

botiquín *m.* Mueble, caja o maleta para guardar y llevar medicinas a donde convenga. Conjunto de estas medicinas.

boto-a *ad.* Romo, obtuso, sin punta. Rudo o torpe de ingenio o de sentido.

botón *m.* Yema. Pieza pequeña de forma y materia varias que se pone en los vestidos para abrocharlos, asegurarlos o adornarlos. Resalto que se atornilla en algún objeto, para que sirva de tirador, asidero, tope, etc. Pieza en los timbres eléctricos que al oprimirse cierra el circuito. Pieza circular de los instrumentos músicos de pistones que recibe la presión del dedo para funcionar. Parte central de las flores de la familia de las compuestas. En Embriología, esbozo o primordio.

botonadura *f.* Juego de botones para un traje o vestido.

botones *m.* Muchacho que sirve en los hoteles y otros establecimientos para llevar recados o encargos.

botriforme *adj.* Con aspecto de racimo.

botudo *adj.* En México, dícese del ave de corral de patas cubiertas de plumas. Caballería de extremidades blancas.

botuto *m.* Ombligo y cordón umbilical. En las Antillas y otros países americanos, caracol marino que se usa como bocina.

bougainvillea Género de enredaderas leñosas ornamentales de América tropical, con brácteas florales rojas o purpúreas brillantes.

boulevard Palabra francesa: avenida urbana con árboles; bulevar.

bóveda *f.* Obra de fábrica para cubrir el espacio entre dos muros o varios pilares. Habitación labrada sin madera alguna, cuya cubierta o parte superior es de bóveda. Cripta.

bovedilla *f.* Bóveda pequeña entre viga y viga.

bóvido *m.* Mamífero rumiante de cuernos óseos cubiertos por un estuche córneo: toros, bisontes, ovejas, cabras y antílopes.

bovino-a *adj.* Perteneciente al buey o a la vaca; o que posee cualidades del toro o de la vaca. *Adj. y s.* Mamífero rumiante bóvido.

boxear *intr.* Luchar a puñetazos, conforme a reglas especiales.

boxeo *m.* Duelo a puñetazos, conforme a reglas especiales. Pugilato.

bóxer *adj. y s.* Individuo de una sociedad secreta de patriotas chinos que acaudillaron, en 1900, un alzamiento contra los cristianos. Raza de perros de mediano tamaño y pelo corto, del tipo bulldog.

boya *f.* Cuerpo flotante sujeto al fondo del agua, para indicar peligro. Corcho de la red para que no se sumerja.

boyada *f.* Manada de bueyes.

boyante *adj.* Que tiene fortuna o felicidad creciente. Buque que no cala lo suficiente. Toro que da juego fácil y poco empeñado. Que boya o flota.

boyar *intr.* Volver a flotar la embarcación que ha estado en seco.

boyardo *m.* Señor ilustre, antiguo feudatario de Rusia o Transilvania.

boyarín *m.* Boya pequeña de embarcaciones menores y de redes de pesca.

boyera o **boveriza** *f.* Corral o establo para bueyes.

boyero *m.* El que guarda o conduce bueyes.

boy scouts, expresión inglesa. Organización fundada en Inglaterra para formar a los muchachos física, moral y mentalmente, por medio de una vida en el campo y la montaña, principalmente.

bozal *m. y adj.* Negro recién sacado de su país. Bisoño, nuevo e inexperto. Cerril, sin domar. Aparato que se pone en la boca de algunos animales, para que no muerdan, coman, etc.

bozo *m.* Vello que apunta a los jóvenes sobre el labio superior, antes de nacer la barba. Parte exterior de la boca. Bozal sin cogotera y travesaño.

bracear *intr.* Mover repetidamente los brazos. Nadar sacando los brazos. Esforzarse, forcejear.

bracero-a *adj.* Arma que se arrojaba con el brazo. *M.* El que da el brazo a otra persona para que se apoye en él. Peón, jornalero que trabaja en cosas que no requieren arte ni habilidad.

bracitendido-a *adj.* Perezoso, holgazán.

braco-a *adj. y s.* Perro de caza de talla mediana, pelo corto, orejas grandes caídas, fuerte y resistente; parecido al perdiguero. Dícese de la persona con nariz roma y algo levantada.

bráctea *f.* Organo foliar que nace del pedúnculo de las flores de algunas plantas y suele diferir de la hoja verdadera, por su forma, consistencia y color.

bractéola *f.* Bráctea pequeña.

bradicardia *f.* Lentitud anormal de los latidos del corazón.

bradisfigmia *f.* Lentitud del pulso.

braga *f.* Calzón que cubre desde la cintura hasta las rodillas. Cuerda que ciñe un fardo para suspenderlo en el aire. Lienzo que se pone a los niños pequeños debajo del pañal. *Pl.* Prenda interior femenina que cubre desde la cintura hasta el arranque de las piernas, con abertura para el paso de éstas.

bragada *f.* Cara interna del muslo del caballo y de otros animales.

bragado-a *adj.* Dícese de los animales con bragadura de color diferente al resto del cuerpo. Persona resuelta y enérgica. Animoso, bravo, decidido.

bragadura *f.* Entrepiernas del hombre o del animal. Parte de las bragas, calzones o pantalones que da ensanche al juego de los muslos.

bragazas *m.* Hombre que se deja dominar o persuadir con facilidad, especialmente por las mujeres. Calzonazos.

braguero *m.* Aparato o vendaje para contener las hernias. En México, cuerda a modo de cincha que rodea el cuerpo del toro, y de la cual se ase el que lo monta en pelo.

bragueta *f.* Abertura de los calzones o pantalones por delante.

braguetón *m.* Nervio de las bóvedas ojivales de crucería.

brahmán *m.* Individuo de la casta sacerdotal de la India.

brahmanismo *m.* Religión de la India, que reconoce y adora a Brahma como dios supremo.

braidismo *m.* Hipnotismo terapéutico. Estado hipnótico causado por la fijación de los ojos en alguna cosa brillante.

bramadera *f.* Juguete que produce un ruido semejante al del bramido del viento. Instrumento de los pastores, para guiar y llamar al ganado.

bramadero *m.* Poste al cual se amarran en el corral los animales para herrarlos, domesticarlos o matarlos. Sitio al que acuden los animales salvajes en celo.

bramante *m.* Hilo gordo o cordel muy delgado hecho de cáñamo.

bramar *intr.* Dar bramidos. Manifestar con violencia y palabras más o menos articuladas la ira de que uno está poseído. Hacer ruido estrepitoso el mar, el viento, etc., cuando están violentamente agitados.

bramido *m.* Voz del toro y de otros animales salvajes. Grito del hombre cuando está colérico. Ruido grande producido por el mar, el viento, etc., cuando están agitados.

brandy Palabra inglesa: aguardiente de uva semejante al coñac; se usa en diversos países, por la dificultad legal de usar la palabra francesa *cognac*.

branquia *f.* Organo respiratorio de los animales acuáticos.

branquiado-a *adj.* Dícese del animal provisto de branquias.

braquicéfalo-a *adj.* Dícese de la persona o raza en la que el cráneo es casi redondo.

braquilogía *f.* Excesiva brevedad en el discurso o expresión.

brasa *f.* Leña o carbón encendido y pasado del fuego.

brasero *m.* Vasija de metal, honda y con borde, en la que se echa o se hace lumbre para calentarse. En México, hogar.

brasil *m.* Árbol leguminoso tropical y cuya madera es el palo brasil, de madera dura y compacta, de color encendido como brasa.

brasileño-a *adj.* y *s.* Natural del Brasil. Perteneciente a este país sudamericano.

brasilero-a *adj.* y *s. americ.* Brasileño-a.

bravamente *adv.* Con bravura. Bien, perfectamente. Copiosa, abundantemente.

bravata *f.* Amenaza proferida con arrogancia para intimidar a alguien.

braveza *f.* Bravura, fiereza de los brutos; esfuerzo o valentía de las personas. Ímpetu de los elementos.

bravío-a *adj.* Feroz, indómito, salvaje. Dícese de los árboles o plantas silvestres. Que tiene bravura. fiereza. Arisco, cerrero; áspero, fragoso.

bravísimo-a *adj.* Superlativo de bravo. *Interj.* ¡Bravo! ¡Bravísimo!, de aplauso y entusiasmo.

bravo-a *adj.* Valiente, esforzado. Bueno, excelente. Dícese del animal fiero o feroz y también del mar alborotado y embravecido. Áspero, inculto, fragoso. Enojado, violento. Valentón, bizarro.

bravosidad *f.* Gallardía o gentileza. Arrogancia, baladronada.

bravucón-a *adj.* y *s.* Esforzado sólo en la apariencia.

bravura *f.* Fiereza de los brutos. Esfuerzo o valentía de las personas.

braza *f.* Medida de longitud, generalmente usada en la marina con desigual valor según los países, pues la española mide 1.67 m; la inglesa, 1.829 m.

brazada *f.* Movimiento que se hace con los brazos extendiéndolos y recogiéndolos. En México y países la compraventa de mampuesto equivalente a 4.70 metros cúbicos.

brazado *m.* Cantidad de leña, palos, bálago, hierba, etc., que se puede abarcar y llevar de una vez con los brazos.

brazal *m.* Tira de tela que se ciñe al brazo izquierdo por encima del codo y que sirve de distintivo de luto, si es negra. Sangría que se saca de un río o acequia grande para regar. Asa.

brazalete *m.* Aro de adorno que rodea el brazo un poco más arriba de la muñeca. Brazal.

brazo *m.* Miembro del cuerpo que comprende desde el hombro hasta la extremidad de la mano. Parte de este miembro desde el hombro hasta el codo. Cada una de las patas delanteras de los cuadrúpedos. Candelero que sale del cuerpo central y sostiene las luces. Parte del sillón para descansar los brazos. Cada una de las dos mitades de la barra de una balanza y de la que penden los platillos. Pieza de sostén, apoyo o refuerzo de un aparato o herramienta. Valor, esfuerzo, poder. *Pl.* Braceros, jornaleros.

brazuelo *m.* Parte de las patas de los cuadrúpedos, entre el codo y la rodilla. Parte más gruesa del alón de las aves.

brea *f.* Substancia viscosa roja obscura que se obtiene haciendo destilar al fuego la madera de varios árboles coníferos; de diversas aplicaciones industriales. Alquitrán de hulla. Lienzo basto y embreado para cubrir fardos.

break *m.* Palabra inglesa: coche de caballos abierto, con asiento alto para el cochero y bancos detrás. Coche de lujo del ferrocarril para servicios oficiales.

brebaje *m.* Bebida compuesta con ingredientes desagradables al paladar. Potingue, pócima.

brécol *m.* Variedad de col común, de hojas más recortadas y obscuras y que no se apiñan.

brecha *f.* Ruptura o abertura en una muralla o pared, hecha por la artillería u otro ingenio. Abertura hecha en una pared o edificio. Impresión que causa en el ánimo una sugestión, razón o sentimiento. Conglomerado.

brega *f.* Acción y efecto de bregar. Riña o pendencia.

bregar *intr.* Luchar, reñir, forcejear unos con otros. Ajetrearse, agitarse, trabajar afanosamente. Luchar con riesgos y trabajos, para superarlos.

bregma *m.* Vértice de la cabeza, coincidente con el punto de unión de las suturas sagital y coronal.

bren *m.* Salvado.

breña *f.* Despeñadero, terreno abrupto o pantanoso. Maleza, mata, matorral.

bresca *f.* Panal de miel.

brete *m.* Cepo o grillete que se pone a los presos para que no escapen. Aprieto sin refugio o evasiva.

bretón-a *adj. y s.* Natural de Bretaña. Perteneciente a esta antigua provincia de Francia. *M.* Lengua derivada del celta que hablan los bretones.

breva *f.* Primer fruto de la higuera breval, mayor que el higo. Bellota temprana. Cigarro puro algo aplastado y menos apretado que los cilíndricos. Ventaja lograda o poseída por alguien.

breval *adj. y s.* Dícese de la higuera mayor que la común y que da brevas e higos.

breve *adj.* De corta extensión o duración. *M.* Documento pontificio sellado con el Anillo del Pescador, referente al gobierno y disciplina de la Iglesia. *F.* Nota musical con valor de dos redondas. *Adv.* En breve.

brevedad *f.* Corta duración o extensión de una cosa. acción o suceso.

breviario *m.* Libro que contiene el rezo eclesiástico de todo el año. Compendio. Manual.

brevicornio *adj.* Dícese del animal de cuernos cortos.

brezo *m.* Arbusto ericáceo muy ramoso de hojas lampiñas, flores en grupos axilares, de madera dura y raíces gruesas que sirven para hacer carbón de fragua.

briáceo-a *adj.* Referente a los musgos.

brial *m.* Vestido de seda o tela rica que usaban las mujeres y que se ataba a la cintura y bajaba en redondo hasta los pies. Faldón que traían los hombres de armas, desde la cintura hasta encima de las rodillas.

briba *f.* Holgazanería picaresca.

bribón-a *adj. y s.* Haragán, dado a la briba. Pícaro, bellaco, tuno, pillo.

bribonada *f.* Picardía, bellaquería.

bribonear *intr.* Hacer vida de bribón. Hacer bribonadas.

bricbarca *m.* Buque de tres palos sin vergas de cruz en la mesana.

brida *f.* Freno del caballo con las riendas y todo el correaje que sirve para sujetarlo a la cabeza.

bridge *m.* Juego de cartas, con baraja francesa entre cuatro jugadores, dos a dos, que consta de dos partes: subasta y juego.

bridón *m.* Caballo ensillado y enfrenado a la brida. Caballo brioso y arrogante. Brida pequeña.

brigada *f.* Unidad orgánica del ejército, inferior a la división y superior al regimiento. Conjunto de personas reunidas para dedicarse a ciertos trabajos. Cuadrilla, equipo.

brigadier *m.* Oficial general de categoría inmediatamente superior a la del coronel. En México, el brigadier es superior al coronel, e inferior al general de brigada.

brigante *adj. y s.* Revoltoso, rebelde; bandolero.

brillante *adj.* Que brilla. Admirable o sobresaliente. *M.* Talla del diamante.

brillantemente *adv.* De manera brillante, con mucho lucimiento.

brillantina *f.* Percalina lustrosa. Polvo mineral con que se pulen y abrillantan los metales. Pomada o líquido para dar brillo al cabello.

brillar *intr.* Resplandecer, despedir rayos de luz, como las estrellas. Lucir o sobresalir en talento, hermosura, santidad, etc.

brillo *m.* Lustre o resplandor. Lucimiento, gloria. Luminosidad de un foco. Sensación que produce en la retina. Riqueza en armónicos agudos, en una nota musical.

brilloso-a *adj. americ.* Brillante.

brincadero *m.* En México, paraje de los cercados por el que las caballerías entran de un salto en tierras de labor.

brincar *intr.* Dar brincos y saltos. Omitir con cuidado alguna cosa, pasando a otra. Resentirse o alterarse demasiado. Ascender a un sitio superior, sin haber pasado por el intermedio.

brinco *m.* Movimiento que se hace levantando los pies del suelo con ligereza.

brindar *intr.* Manifestar, al ir a beber, el bien que se desea a personas o cosas. Ofrecer a uno alguna cosa, convidarle con ella. Ofrecerse voluntariamente a ejecutar o hacer alguna cosa.

brindis *m.* Acción de brindar. Lo que se dice al brindar.

brío *m.* Pujanza. Espíritu, valor, resolución. Garbo, gallardía.

brioche *m.* Palabra francesa: especie de bollo o pastel de harina de flor, manteca, huevos y azúcar.

briofita *adj. y s.* Planta perteneciente a una subdivisión de las embriofitas asifonógamas, que comprende las hepáticas y los musgos.

briología *f.* Parte de la Botánica que estudia los musgos.

briosamente *adv.* Con brío.

briqueta *f.* Conglomerado de carbón o de otra materia en forma de ladrillo.

brisa *f.* Viento del Nordeste. Airecillo que durante el día viene del mar, y por la noche, de parte de la tierra. Orujo.

briscado-a *adj.* Se dice del hilo de oro o plata, rizado, escarchado o retorcido, a propósito para emplearse entre seda, en el tejido de ciertas telas. *M.* Labor hecha con este hilo.

briscar *tr.* Tejer o hacer labores con hilo briscado.

brístol *adj. y s.* Especie de cartulina satinada empleada en dibujos e impresiones.

británico-a *adj. y s.* Perteneciente a la antigua Britania. Relativo o perteneciente a Inglaterra.

britano-a *adj. y s.* Natural de la antigua Britania. Inglés, natural de Inglaterra. Británico-a.

briza *f.* Niebla, bruma.

brizna *f.* Filamento o partecilla delgada de una cosa, o hebra que tiene en la sutura la vaina de la judía o ejote y de otras legumbres. Menudencia, pequeñez, insignificancia.

broa *f.* Abra o ensenada llena de barras y rompientes.

broca *f.* Carrete dentro de la lanzadera, con hilo para la trama de ciertos tejidos. Herramienta para agujerear metales, tanto a mano como con taladro.

brocado *m.* Guadamecí dorado o plateado. Tela de seda entretejida con oro o plata, con dibujos briscados.

brocal *m.* Antepecho alrededor de la boca de un pozo. Boquilla de la vaina de un arma blanca.

brocatel *adj. y s.* Dícese del mármol con manchas y vetas de diferentes colores. Tejido de cáñamo y seda para tapizar.

bróculi *m.* Brécol.

brocha *f.* Escobilla de cerda para pintar, enjabonarse y otros usos.

brochada *f.* Cada una de las idas y venidas de la brocha al pintar.

broche *m.* Conjunto de dos piezas, una de las cuales engancha o encaja en la otra. Alfiler de adorno.

broma *f.* Bulla, diversión. Chanza, burla.

broma *f.* Guisado que se hace de la avena quebrantada.

bromatología *f.* Ciencia de los alimentos. Nutriología.

bromazo *m.* Aumentativo de broma. Broma pesada.

bromear *intr.* Hacer bromas o chanzas.

bromeliácea *adj. y* Planta monocotiledónea de raíz fibrosa, hojas envainadoras, flores en espiga, racimo o panocha con una bráctea, de frutos carnosos; a ella pertenece la piña de América.

bromista *adj. y s.* Aficionado a dar bromas.

bromo *m.* Metaloide líquido, de color rojo obscuro, de olor fuerte y desagradable, venenoso y destructor de los tejidos orgánicos; símbolo Br.

bromuro *m.* Compuesto binario del bromo.

bronca *f.* Pendencia, riña, disputa. Pelaza o lepazga. Regaño.

broncar *intr.* En México, abandonar la mujer casada el domicilio conyugal.

bronce *m.* Aleación en que domina el cobre como elemento principal; es de gran resistencia al desgaste, pureza de sonido y belleza de color. Estatua o escultura de esta aleación. El cañón de artillería, la campana, el clarín, la moneda de cobre.

broncear *tr.* Dar color de bronce. *R.* Tostarse por efecto del sol.

broncíneo-a *adj.* De bronce o parecido a él.

bronco-a *adj.* Tosco, áspero, sin desbastar. De genio y trato ásperos. En México y Texas, caballo cimarrón, cogido y marcado, pero no domado. Mesteño.

bronconeumonía *f.* Inflamación difusa de los bronquiolos y sus ramificaciones. Broncopulmonía.

bronquial *adj.* Perteneciente o relativo a los bronquios.

bronquiar *tr.* En México, derribar algo que amenaza desplomarse.

bronquio *m.* Cada uno de los dos conductos fibrocartilaginosos en que se bifurca la tráquea. Cualquiera de las ramas en que se subdividen los dos conductos principales de la tráquea.

bronquíolo *m.* Cada uno de los bronquios más delgados en que se subdivide el árbol bronquial.

bronquitis *f.* Inflamación aguda o crónica de la membrana mucosa de los bronquios.

brontosaurio *m.* Reptil fósil del grupo de los dinosaurios gigantescos del período jurásico.

broquel *m.* Escudo pequeño con asa o manija por la parte de adentro. Defensa o amparo.

brótano *m.* Pimpollo, renuevo, tallo, rama.

brotar *intr.* Nacer o salir la planta de la tierra. Nacer o salir en la planta renuevos, hojas, flores, etc. Manar, salir el agua de los manantiales. Salir granos al cutis. Producir, surgir, germinar.

brote *m.* Pimpollo o renuevo de una planta. Acción de brotar, tener principio o empezar a manifestarse alguna cosa.

browning *f.* Pistola automática de 6 y 9 mm de calibre, con cargador en el culatín y muelle de recuperación.

broza *f.* Conjunto de despojos de las plantas. Desecho o desperdicio de alguna cosa. Maleza o espesura en los montes y campos. Cosas inútiles que se expresan. Escoria, hojarasca, matorrales.

bruces *m. pl.* Modo adverbial a. de bruces, que significa: boca abajo.

bruja *f.* Mujer que, según creencia vulgar, tiene pacto con el diablo y por medio de éste hace cosas extraordinarias. Mujer fea y vieja. En México, Cuba y Puerto Rico, tronado, pobre, sin dinero.

brujería *f.* Superstición y engaños en que cree el vulgo que se ejercitan las brujas. Maleficio, magia, hechizo.

brujido *m.* Polvo que resulta del frotamiento de los diamantes.

brujir *tr.* Grujir.

brujo *m.* Hombre supersticioso o embaucador de quien se dice que tiene pacto con el diablo, como las brujas. Hechicero, mago, adivino.

brújula *f.* Barrita imantada que por uno de sus extremos se orienta hacia el polo norte magnético.

brujulear *tr.* Adivinar; descubrir por indicios y conjeturas. Buscar con diligencia y por varios caminos el logro de una pretensión.

bruma *f.* Neblina.

brumoso-a *adj.* Nebuloso. Nublado, confuso, obscuro.

bruno-a *adj.* De color negro, moreno u obscuro.

bruñir *tr.* Acicalar, sacar lustre o brillo a una cosa.

brusco-a *adj.* Áspero, desapacible. Rápido, repentino, pronto. *M.* Planta ornamental liliácea, de tallos ramosos, flores verdosas y fruto en baya; de rizoma medicinal; tallos y frutos comestibles y semillas sucedáneas del café.

bruselense *adj. y s.* Natural de Bruselas. Perteneciente a esta ciudad de Bélgica.

brusquedad *f.* Calidad de brusco. Acción y procedimientos bruscos.

brutal *adj.* Que imita o semeja a los brutos.

brutalidad *f.* Calidad de bruto. Incapacidad o falta de razón, o excesivo desorden de los afectos y pasiones. Acción torpe, grosera o cruel. Grosería, torpeza, bestialidad.

bruto-a *adj.* Necio, incapaz, estólido. Vicioso, torpe. Dícese de las cosas toscas y sin pulimiento. *M.* Animal irracional. Tosco, rudo, grosero.

bruza *f.* Cepillo de cerdas espesas y fuertes para limpiar las caballerías, los moldes de imprenta, etc.

bu *m.* Fantasma imaginario con que se asusta a los niños.

búa *f.* Postilla o tumorcillo que sale en el cuerpo.

buba *f.* Búa. En México, dícese también de los tumorcillos verruciformes que salen en el miembro viril, de origen venéreo.

bubón *m.* Tumefacción purulenta de un ganglio linfático.

bucal *adj.* Perteneciente o relativo a la boca.

bucanero *m.* Primeramente, indio caribe de las Antillas; después, aventurero europeo dedicado al tráfico de carnes; más tarde, a los que se aliaron con los piratas para saquear los dominios españoles en América.

búcaro *m.* Arcilla que al mojarse despide olor agradable. Vasija fina hecha con esta arcilla u otra semejante.

buccino *m.* Caracol marino de concha abocinada, cuya tinta solían emplear los antiguos para mezclarla con las de las púrpuras y múrices, al teñir las telas.

bucear *intr.* Nadar manteniéndose debajo del agua. Trabajar como buzo. Explorar acerca de algún tema o asunto.

buceo *m.* Acción de bucear.

bucle *m.* Rizo helicoidal del cabello.

buco *m.* Macho cabrío.

bucólico-a *adj.* Aplícase al género de poesía que trata de lo concerniente a los pastores o a la vida campestre. Aplícase al poeta que cultiva este género.

buchaca *f.* Hucha. En América, bolsa. En México, tronera de las mesas de billar.

buche *m*. Parte del aparato digestivo donde se acumula el alimento y se reblandece. Estómago. Porción de líquido que cabe en la boca. Arruga que hace un vestido. En México, bocio. Pecho o lugar en que se finge que se guardan los secretos.

búdico-a *adj*. Perteneciente o relativo al budismo.

budín *m*. Dulce que se prepara con bizcocho o pan deshecho en leche y azúcar y frutas secas, cocido todo al baño de María.

budinera *f*. Vasija o cazuela en que se hace el budín.

budión *m*. Pez acantopterigio de labios gruesos y carnosos, de carne bastante apreciada.

budismo *m*. Doctrina fundada en las enseñanzas de Gotama Buda.

budista *adj*. Perteneciente o relativo al budismo. Persona que lo profesa.

budoir, palabra francesa. Sala tocador para las damas.

buen *adj*. Apócope de bueno cuando precede a un substantivo o verbo en infinitivo.

buenamente *adv*. Fácilmente, cómodamente, sin mucha fatiga. Voluntariamente.

buenaventura *f*. Buena suerte, dicha de alguien. Adivinación supersticiosa de la suerte de las personas.

buenazo-a *adj*. y *s*. Aumentativo de bueno. Dícese de la persona inocente y de buenos sentimientos, de carácter blando.

bueno-a *adj*. Que tiene bondad. Util y a propósito. Gustoso, agradable. Grande, que excede de lo común. Sano. Demasiado sencillo. Bastante, suficiente.

buey *m*. Macho vacuno castrado. Carne de este animal.

bufa *f*. Burla, bufonada. En ciertos lugares de México, roca escarpada.

bufadero *m*. Salida del aire por una grieta o hendidura angosta con resoplido especial. Salida de anhídrico carbónico por las grietas de terrenos volcánicos, que produce cierto rumor.

búfalo *m*. Nombre que se da a diversos bóvidos semejantes al toro común. Nombre impropio que con frecuencia se aplica al bisonte americano. El de la India y Masalia es de piel cubierta de pelo ralo, con grandes cuernos rugosos dirigidos hacia atrás.

bufanda *f*. **Prenda con que se envuelve** y abriga el cuello y la parte inferior de la boca.

bufar *intr*. Resoplar con ira y furor el toro y otros animales. Manifestar el hombre el enojo imitando, en cierto modo, a los animales que bufan. En México, abolsarse, ahuecarse.

bufete *m*. Mesa de escribir, con cajones. Estudio o despacho de un abogado. Clientela del abogado.

buffet Palabra francesa: mesa donde se sirven refrescos, en bailes y reuniones. Aparador, credencia. En América, ambigú, comida nocturna, casi siempre.

bufido *m*. Voz del animal que bufa. Expresión o demostración de enojo. Grito descompuesto. Resoplo, bramido.

bufo-a *adj*. Aplícase a lo cómico que raya en grotesco y burdo.

bufón *m*. Chocarrero. Truhán que hace reír. Histrión, mimo.

bufonada *f*. Dicho o hecho propio de bufón. Chanza satírica.

buhardilla *f*. Ventana que se levanta en el tejado de una casa para dar luz a los desvanes o para salir por ella a los tejados. Desván o piso superior construido entre la armadura que sostiene la cubierta. Buharda.

buharro *m*. Ave de rapiña parecida al buho, más pequeña, de plumaje pardo con manchas grises, rojas y negras, plumas en forma de cuernecillos y con pico encorvado desde la base.

buho *m*. Ave rapaz nocturna, de color mezclado de rojo y negro, calzada de plumas y con el pico curvo, ojos grandes en la parte anterior de la cabeza y plumas alzadas en forma de orejas. Persona huraña.

buhonería *f*. Chucherías y baratijas de poca monta que en tienda portátil lleva su dueño a vender por las calles.

buhonero *m*. El que vende o lleva cosas de buhonería. Mercachifle.

buído-a *adj*. Afilado, aguzado, con exclusiva aplicación a las armas blancas. Dícese del estilo incisivo de un escritor. Acanalado o con estrías.

buitre *m*. Ave rapaz falconiforme de cuello desnudo rodeado de un collar de plumas, cuerpo leonado; se alimenta de carnes muertas y vive en bandadas.

buitrón *m*. Arte de pesca en forma de cono prolongado. Cierta red para cazar perdices. Horno de manga usado en América para fundir minerales argentíferos.

buja *f*. En México, buje.

buje *m*. Pieza cilíndrica que guarnece interiormente el cubo de las ruedas de los carruajes, para disminuir el roce con los ejes.

bujería *f*. Mercadería de estaño, hierro, vidrio, etc., de poco valor.

bujía /. Vela de cera blanda, de esperma de ballena o esteárica. Candelero en que se pone. Intensidad de un foco luminoso tomada como unidad. Aparato que se enrosca en la culata del cilindro de un motor de explosión para provocar el encendido de la mezcla.

bula /. Distintivo a modo de medalla que llevaban al cuello los hijos de familias nobles romanas. Documento expedido por la cancillería pontificia, con sello de plomo pendiente de él.

bulario m. Colección de bulas pontificias.

bulbo m. Cebolla. Organo generalmente subterráneo abultado, provisto de abundantes reservas nutritivas. En América, foco o lámpara eléctrica; válvula de un aparato de radio. Protuberancia redondeada parecida al bulbo.

buldog m. Alano o perro de presa. Bulldog. Revólver pequeño y de grueso calibre, de uno o dos tiros. En México, calabaza, güira. Vasija hecha con esta planta. Cántaro para acarrear agua.

bule m. En México, calabaza, güira. Vasija hecha con esta planta. Cántaro para acarrear agua.

bulerías /. pl. Género de cante flamenco en compás a tres tiempos y movimiento vivo. Baile al son de este cante.

bulevar m. Paseo público; avenida ancha con arboleda.

búlgaro-a adj. y s. Natural de Bulgaria. Perteneciente a este país europeo. Lengua que en él se habla.

búlico-a adj. En México y Puerto Rico, dícese del gallo o gallina de color amarillo u obscuro pintado de blanco.

bulimia /. Hambre canina.

bulo m. Noticia falsa propalada con algún fin malévolo.

bulto m. Volumen o tamaño de alguna cosa. Cuerpo que sólo se distingue confusamente. Elevación causada por un tumor o hinchazón. Busto o estatua. Fardo, caja, baúl, maleta. Funda de la almohada. En América, cartapacio, vade. En México, fardo o saco de cinco hectólitros.

bulla /. Gritería o ruido. Concurrencia de mucha gente. Barullo, algazara.

bullabesa /. Sopa provenzal de pescado.

bullanga /. Tumulto, rebullicio.

bulldog m. Perro de pelo corto, cuerpo musculoso y macizo, de gran bravura, cabeza corta y ancha con la mandíbula inferior más larga que la superior.

bullebulle com. Persona inquieta, entremetida y de excesiva viveza.

bullero-a adj. y s. En América, bullicioso, bullanguero.

bulliciero-a adj. americ. Bullicioso, alborotador.

bullicio m. Ruido y rumor que causa la abundancia de gente. Alboroto o tumulto.

bullicioso-a adj. Dícese de lo que causa bullicio o ruido y de aquello en que lo hay.

bullidor-a adj. Que bulle o se *mueve con viveza.

bullir intr. Hervir el agua u otro líquido. Agitarse como agua que hierve. Moverse y agitarse mucho. En México, embromar, dar cantaleta.

bumerang m. Arma arrojadiza de madera dura, curvada o angular, para guerra y caza, y que si no hiere a su víctima vuelve al lugar donde se arrojó.

bungalow, palabra inglesa. Casa sencilla rodeada de galerías, con las habitaciones en un solo piso.

bunio m. Nabo que se deja para simiente.

buñolería /. Tienda en que se hacen y venden buñuelos.

buñuelo m. Masa de harina bien batida y frita en aceite. Cosa mal hecha.

buque m. Barco, nave, navío, embarcación, bajel, nao. Barco con cubierta, propio para navegación de altura. Casco de la nave.

buqué m. Galicismo por ramillete, y por aroma o fragancia de ciertos licores.

burbuja /. Glóbulo lleno de aire u otro gas que se forma en el interior de algún líquido y sale a la superficie del mismo.

burbujear intr. Hacer burbujas.

burdégano m. Híbrido producido por el cruzamiento del caballo y la burra.

burdel adj. Lujurioso, vicioso. M. Mancebía. Lugar en que se falta al decoro, con ruido y confusión.

burdeos m. Vino francés que se cosecha en los viñedos de la Gironda y que tomó su nombre de la capital del departamento.

burdo-a adj. Tosco, basto, grosero.

burel m. Toro.

bureo m. Entretenimiento, diversión.

burga /. Manantial de agua caliente.

burgalés-a adj. y s. Natural de Burgos. Perteneciente a esta ciudad y provincia españolas.

burgo m. Aldea o población muy pequeña, dependiente de otra principal.

burgomaestre m. Primer magistrado municipal de algunas ciudades de Alemania, Suiza, Países Bajos, etc.

burgués-a adj. y s. Natural o habitante de un burgo. Ciudadano de la clase media acomodada u opulenta.

burguesía *f.* Cuerpo o conjunto de burgueses o ciudadanos de las clases acomodadas o ricas.

burlel De color rojo, entre negro y leonado.

buril *m.* Instrumento de acero, prismático y puntiagudo que sirve a los grabadores para abrir y hacer líneas en los metales.

burilar *tr.* Grabar con el buril.

burjaca *f.* Bolsa grande de cuero que usan los peregrinos y los pobres, para meter el pan y otras limosnas.

burla *f.* Acción, ademán o palabras con que se procura poner en ridículo a personas o cosas. Chanza. Engaño.

burladero *m.* Valla de refugio para seguridad de los toreros. Acera aislada en medio de calles o plazas. Especie de hornacina en los túneles.

burlador-a *adj. y s.* Que burla. *M.* Libertino que hace gala de seducir a las mujeres mediante engaños.

burlar *tr. y r.* Chasquear. Engañar; dar a la mentira apariencia de verdad. Frustrar, desvanecer la esperanza, el deseo. *R.* Hacer burla de personas o cosas.

burlesco-a *adj.* Festivo, jocoso, sin formalidad; que implica burla o chanza.

burlete *m.* Cilindro de tela, con estopa o algodón, para impedir la entrada del aire por los intersticios de puertas, balcones o ventanas.

burlón-a *adj. y s.* Inclinado a decir o hacer burlas. Que implica o denota burla. Nombre vulgar de varias especies de pájaros. En México se da este nombre al sinsonte.

buró *m.* Especie de escritorio o papelera con tablero para escribir. En México, mesilla de noche.

burocracia *f.* Clase social que forman los empleados públicos. Influencia excesiva de los empleados públicos en los negocios del Estado.

burócrata *com.* Persona que pertenece a la burocracia.

burra *f.* Asna. Mujer necia, ignorante y negada, o laboriosa y de mucho aguante.

burrada *f.* Manada de burros. Necedad.

burrero *m.* El que tiene o conduce burras para vender la leche de ellas. En México, dueño o arriero de burros.

burriciego-a *adj.* Dícese de la persona que ve poco; o del toro que tiene la vista defectuosa.

burrito *m.* Diminutivo de burro. En México, flequillo.

burro *m.* Asno, animal solípedo. Tabla alargada sobre la que se plancha. Armazón para que se coloque un travesaño a diferentes alturas. Cierto juego de naipes. Persona ruda y de muy poco entendimiento. En México, Cuba y Puerto Rico, escalera de tijera. Borrico, pollino, jumento; tonto, necio.

bursátil *adj.* Concerniente a la bolsa, a las operaciones que en ella se hacen y a los valores cotizables.

burujo *m.* Apelotonamiento. Borujo.

busa *f.* Pava, fuelle grande.

busca *f.* Acción de buscar. Tropel de cazadores, monteros y perros que corre el monte para levantar la caza. En México, provecho secundario que se obtiene de algún empleo o cargo.

buscabulla o **buscabullas** *m. ame.* Pendenciero, provocador.

buscapié *m.* Especie que se suelta para dar a alguien en qué entender, o para rastrear y poner en claro alguna cosa. Indirecta, pulla, alfilerazo.

buscapiés *m.* Cohete sin varilla que, encendido, corre entre los pies de la gente.

buscar *tr.* Inquirir, tratar de hallar o encontrar algo. En América, llamar a alguien, preguntar por él.

buscarruidos *com.* Persona inquieta, provocativa, que mueve alborotos, pendencias y discordias.

buscavidas *com.* Persona excesivamente curiosa en inquirir sobre vidas ajenas. Persona diligente en buscarse lícitamente el modo de vivir.

buscón-a *adj. y s.* Que busca. Persona que hurta rateramente o estafa con socaliña. *F.* Ramera.

bushel *m.* Medida de capacidad para granos usada en EE. UU. (35.2381 litros) y en Inglaterra (36.3677 litros).

busilis *m.* Punto en que estriba una dificultad.

búsqueda *f.* Acción de buscar.

busto *m.* Parte superior del cuerpo humano. Escultura o pintura de la cabeza y parte superior del tórax.

bustróteda o **bustrófedon** *f.* o *m.* Manera de escribir trazando un renglón de izquierda a derecha y el siguiente de derecha a izquierda.

butaca *f.* Silla de brazos con el respaldo inclinado hacia atrás. Luneta de teatro.

butano *m.* Gas combustible y para refrigeración, que se obtiene del petróleo y gas natural.

butifarra *f.* Cierto embutido que se hace principalmente en Cataluña, Baleares y Valencia.

butileno *m.* Nombre de tres hidrocarburos gaseosos de la serie etánica; existen en el gas que se forma por desintegración pirogenada del petróleo.

bútiro *m.* Mantequilla.

buxácea *adj. y s.* Planta dicotiledónea de la que es tipo el boj.

buzo *m.* El que tiene por oficio trabajar enteramente sumergido en el agua, bien conteniendo la respiración, bien protegido por aparatos o trajes adecuados.

buzón *m.* Conducto artificial o canal por donde desaguan los estanques. Abertura o ranura por la que se echan las cartas y papeles para el correo. Caja o receptáculo donde caen. Tapón de cualquier agujero para dar entrada o salida al agua u otro líquido.

C

c *f.* Tercera letra y segunda consonante del abecedario castellano.

¡ca! *interj.* ¡Quia!

cab *m.* palabra inglesa con que se designa el coche de uno o dos asientos, con pescante en la parte alta trasera.

cabal *adj.* Ajustado a peso y medida. Completo, acabado.

cábala *f.* Tradición oral judía que explicaba el sentido de los libros del Antiguo Testamento. Conjetura, suposición. Arte supersticioso judaico con el fin de descubrir el sentido de las Sagradas Escrituras, mediante anagramas, combinaciones y transposiciones de letras. Negociación secreta y artificiosa.

cabalgada *f.* Tropa de gente de a caballo que solía correr el campo. Despojos y presas que hacían.

cabalgadura *f.* Bestia en que se cabalga o se puede cabalgar. Bestia de carga.

cabalgar *intr.* Subir o montar a caballo. Andar o pasear a caballo. *Tr.* Cubrir el caballo u otro animal a su hembra.

cabalgata *f.* Reunión de muchas personas que cabalgan. Grupo de jinetes, y también desfile espectacular de jinetes, carrozas, bandas de música, etc.

cabalista *m.* El que profesa la cábala.

cabalístico-a *adj.* Perteneciente o relativo a la cábala. Misterioso, enigmático.

cabalmente *adv.* Precisa, justa o perfectamente.

caballa *f.* Pez marino escómbrido; verde azulado por encima y plateado por debajo; muy utilizado por su carne. En México, otros peces de la familia de los carángidos.

caballada *f.* Manada de caballos y de caballos y yeguas. En América, animalada.

caballar *adj.* Perteneciente o relativo al caballo, o parecido a él.

caballerango *m.* En México, caballerizo. mozo de mulas.

caballeresco-a *adj.* Propio de caballero. Perteneciente o relativo a la caballería de la Edad Media. Literatura sobre hazañas de antiguos paladines o caballeros andantes.

caballerete *m.* Diminutivo de caballero. Caballero joven, presumido en su traje y acciones. Petimetre, currutaco, lechuguino.

caballería *f.* Animal solípedo que sirve para cabalgar. Cuerpo de soldados montados y material de guerra complementario. Porción cualquiera del mismo cuerpo. Conjunto, multitud de caballeros. Arte y destreza de manejar el caballo. Medida agraria muy variable; en México equivale a 42.795 áreas.

caballeriza *f.* Cuadra o establo para caballos.

caballerizo *m.* El que tiene a su cargo y cuidado una caballeriza y los que sirven en ella.

caballero-a *adj.* Que cabalga, anda o pasea a caballo. Hidalgo de nobleza calificada. El que pertenece a alguna de las antiguas órdenes de caballería. El que se porta con nobleza y generosidad. Persona de alguna consideración o buen porte. Término de cortesía que se aplica a cualquier hombre. Soldado de a caballo.

caballeroso-a *adj.* Propio de caballeros.

caballete *m.* Arista de un tejado. Potro de madera en que se daba tormento. Armazón de madera para sostener un cuadro. En México, masa de roca estéril.

caballista *com.* El que entiende de caballos y monta bien.

caballito *m.* Diminutivo de caballo. En México, paño de lienzo que se coloca a los niños pequeños debajo del pañal. *Pl.* Ejercicio ecuestre en los circos. Tiovivo. Juego de azar en el que se gana o pierde, según sea la casilla numerada donde caiga la rotación de una figura de caballo.

caballo *m.* Animal solípedo de cuello y cola poblados de cerdas largas y abundantes; se domestica fácilmente y es sumamente útil al hombre. Pieza del juego de ajedrez. Figura de una carta en los naipes españoles. Armazón de madera donde se sujeta el tronco que se ha de aserrar.

caballón *m.* Lomo entre surco y surco de la tierra arada, o para dividir las eras de las huertas y plantar hortalizas. Lomo de tierra para contener las aguas o darles dirección en los riegos.

caballuno-a *adj.* Perteneciente o semejante al caballo. *F.* En México, biznaga silvestre.

cabanché *m.* En México, candelecho.

cabaña *f.* Casilla tosca campestre. Cobertizo en parques y jardines. Número considerable de cabezas de ganado. Recua de caballerías. Rancho, choza.

cabañuela *f.* Diminutivo de cabaña. Cálculo que hace el vulgo para pronosticar el tiempo.

cabaret *m.* Palabra francesa, en su origen significó expendio de bebidas alcohólicas. Establecimiento público nocturno donde se bebe y baila.

cabaretera *f.* Mujer que trabaja en un cabaret como cantante o bailarina y alterna con público.

cabe *m.* Golpe de una bola a otra, en el juego de la argolla.

cabe *prep.* Cerca de, junto a.

cabecear *intr.* Mover o inclinar la cabeza repetidamente. Mover la cabeza de un lado a otro. Dar cabezadas o inclinar la cabeza hacia el pecho cuando uno va durmiéndose. Mover los caballos la cabeza reiteradamente de alto a bajo. Moverse una embarcación de proa a popa, bajando y subiendo alternativamente una y otra. Moverse de una parte a otra lo que debiera estar en equilibrio.

cabeceo *m.* Acción y efecto de cabecear. Oscilación de un aparato aéreo alrededor de su eje transversal.

cabecera *f.* Principio o parte principal de alguna cosa. Parte de la cama donde se ponen las almohadas. Asiento principal o más honorífico. Capital de un territorio o distrito.

cabecil *m.* Rodete que se pone en la cabeza para llevar una cosa de peso.

cabecilla *f.* Diminutivo de cabeza. Persona de mal porte, poco juicio o mala conducta. *M.* Jefe de rebeldes en los malhechores.

cabellera *f.* El pelo de la cabeza, especialmente si es largo y tendido sobre la espalda. Peluca. Ráfaga luminosa de un cometa.

cabello *m.* Pelo que nace en la cabeza. Conjunto de todos ellos. Filamentos o barbas de una mazorca de maíz.

cabelludo-a *adj.* De mucho cabello. Fruta o planta cubierta de hebras largas y vellosas.

caber *intr.* Poder contenerse una cosa dentro de otra. Tener lugar o entrada. Ser posible o natural. *Tr.* Tener capacidad. Admitir.

cabero-a *adj.* Último. En México, dícese del caballo que va en el extremo exterior de la cobra. Aplícase también a las vigas que están en los extremos o cabos de los techos, junto a las paredes.

cabestrar *tr.* Echar cabestros a las bestias que andan sueltas. *Intr.* Cazar con buey de cabestrillo.

cabestrillo *m.* Banda o aparato pendiente del hombro para sostener la mano o el brazo lastimado. Cualquier vendaje semejante a él. Dícese del buey que sirve de esconderse a los cazadores.

cabestro *m.* Ramal o cordel que se ata a la cabeza o al cuello de la caballería, para llevarla o asegurarla. Buey manso que lleva cencerro y sirve de guía en las toradas.

cabeza *f.* Parte superior del cuerpo humano y superior o anterior del de muchos animales. Principio o parte extrema de una cosa. Cumbre o cima de un monte o sierra. Manantial, origen, principio. Juicio, talento y capacidad. Capital, población principal de un Estado, provincia o distrito. Superior, jefe, presidente o caudillo de una comunidad, corporación o muchedumbre. Jefe de familia. Línea o líneas que indican el asunto por tratar.

cabezada *f.* Golpe dado con la cabeza, o en la cabeza. Cada movimiento o inclinación que se hace con la cabeza. Acción de cabecear. Correaje que ciñe y sujeta la cabeza de una caballería al que está unido el ramal.

cabezal *m.* Almohada pequeña en que se reclina la cabeza. Almohada larga que ocupa toda la cabecera de la cama. Colchoncillo para dormir junto a la lumbre. En México y Chile, travesaño superior e inferior de las puertas y ventanas. En México, cabezada.

cabezazo *m.* Cabezada, golpe dado con la cabeza.

cabezón-a *adj.* Cabezudo, que tiene grande la cabeza. Terco, obstinado. *M.* Abertura de un ropaje para sacar la cabeza.

cabezonada *f.* Acción propia de persona terca u obstinada.

cabezota *f.* Despectivo de cabeza. Persona de cabeza grande. Persona terca y testaruda. Renacuajo.

cabezudo-a *adj.* Que tiene grande la cabeza. Terco, obstinado. Dícese del vino muy espirituoso. Figura de enano de gran cabeza.

cabezuela /. Harina gruesa, después de sacada la flor. Heces que cría el vino. Persona de poco juicio. Conjunto esférico o globoso de flores con pedúnculo muy corto o sentadas sobre un eje deprimido o ensanchado.

cabida /. Espacio o capacidad que tiene una cosa para contener otra. Extensión superficial de un terreno o heredad.

cábila /. Tribu o poblado de beduinos o bereberes.

cabildear intr. Gestionar con actividad y maña para ganar voluntades en un cuerpo colegiado o corporación.

cabildo m. Cuerpo de eclesiásticos capitulares de una catedral o colegiata. Ayuntamiento. Junta de un cabildo o sitio donde se celebra. Junta de hermanos de una cofradía.

cabillo m. Pezón o rabillo de la hoja o la flor.

cabina /. Camarote. Casilla. Caseta. Compartimento. Locutorio telefónico.

cabizbajo-a adj. Dícese de la persona que tiene la cabeza inclinada hacia abajo, por abatimiento, tristeza o cuidados graves.

cable m. Maroma gruesa. Conjunto de hilos o alambres retorcidos hasta alcanzar el grueso conveniente. Cablegrama.

cablegrafiar tr. Transmitir noticias por cable submarino.

cablegrama m. Telegrama transmitido por cable submarino.

cabo m. Extremo de una cosa. Parte pequeña que resta de alguna cosa. Lengua de tierra que penetra en el mar. Fin, término, remate. Individuo de la clase de tropa inmediatamente inferior al sargento. Hilo, hebra. Patas, hocico y crines del caballo o de la yegua.

cabotaje m. Navegación o tráfico a lo largo de la costa, o sea siguiendo derrota de cabo a cabo. Tráfico marítimo en las costas de un país.

cabra /. Mamífero rumiante, ligero, de pelo corto y áspero, de cuernos huecos, con mechón colgante en la mandíbula inferior. Pez marino acontopterigio comestible.

cabrahigo m. Higuera macho silvestre.

cabreriza /. Choza en que se guarda el hato y se recogen de noche los cabreros.

cabrero m. Pastor de cabras.

cabrestante m. Torno de eje vertical que se emplea para mover grandes pesos.

cabria /. Máquina destinada a levantar pesos, con dos vigas en

ángulo agudo y formando trípode con la tercera, en cuya parte superior hay una polea con el cordón que levanta el peso.

cabrieta /. Especie de escaleta para suspender y engrasar las ruedas de carros y coches.

cabrilla /. Diminutivo de cabra. Pez marino acantopterigio de boca grande con muchos dientes, saltador y de carne blanda e insípida. Olas pequeñas, blancas y espumosas que se levantan en el mar cuando empieza a agitarse.

cabrillear intr. Formarse cabrillas en el mar. Rielar.

cabrio m. Madero paralelo a los pares de una armadura de tejado, para recibir la tablazón. Madero de construcción.

cabrío-a adj. Perteneciente a las cabras. M. Rebaño de cabras.

cabriola /. Brinco en el aire cruzando varias veces los pies en él. Voltereta. Salto del caballo soltando un par de coces en el aire.

cabriolé m. Coche ligero de dos ruedas. Silla volante. Carro con carriles o correderas cerca del techo, para suspender o conducir pesos grandes.

cabrión m. Cuña para calzar la rueda de un carruaje, a fin de que no recule.

cabritilla /. Piel curtida de cualquier animal pequeño: cabrito, cordero, etc.

cabrito m. Cría de la cabra hasta que deja de mamar.

cabro o **cabrón** m. Macho de la cabra. El que consiente el adulterio de su mujer.

cabruno-a adj. Relativo o perteneciente a la cabra.

cabujón m. Piedra preciosa pulimentada y no tallada, de forma convexa.

cábula /. americ. Ardid, maña, traza empleadas para lograr algo.

cabuya /. Nombre aplicado en gran parte de América a varias plantas amarilidáceas. Fibra de la pita y cuerda formada con ella.

caca /. Excremento humano, especialmente el de los niños pequeños. Defecto o vicio. Suciedad. inmundicia, porquería.

cacahuacencle o **cacahuacentli** m. En México, una variedad del maíz.

cacahual m. Terreno poblado de cacaos. Árbol que produce el cacao.

cacahuatal m. americ. Campo donde se cultivan cacahuates.

cacahuate o **cacahuete** m. Planta leguminosa herbácea anual, de fruto subterráneo y semilla oleaginosa, cuyo aceite se emplea como substitutivo del de olivas.

cacahuatero-a *adj. y s.* Persona que cultiva o vende el cacahuate. Relativo al cacahuate.

cácalo *m.* En México, disparate.

cacalote *m.* En México, cuervo. En México y Cuba, disparate.

cacao *m.* Planta esterculiácea de América tropical, de tronco liso, hojas lustrosas aovadas, flores pequeñas y fruto elíptico y aristado, con semillas carnosas que, tosta das, son el principal ingrediente del chocolate. Semilla de este árbol.

cacaotal *m. americ.* Plantío de cacaoteros.

cacaotero *m.* El árbol del cacao.

cacaraña *f.* Cada uno de los hoyos o señales que hay en el rostro de una persona, sean ocasionados o no por las viruelas.

cacarañar *tr. americ.* Ocasionar cacarañas las viruelas. En México, pellizcar una cosa blanda dejándola llena de hoyos semejantes a las cacarañas.

cacarear *intr.* Dar voces repetidas el gallo o la gallina. *Tr.* Ponderar, exagerar con exceso las cosas propias.

cacarizo-a *adj.* En México, cacarañado.

cacaste *m.* En México y Centroamérica, canasta para el transporte de frutas o desechos; cacaxtle.

cacatúa *f.* Ave psitaciforme de pico robusto muy encorvado, de plumas eréctiles en la cabeza, frugívora, adaptable a vivir en cautividad.

cacayal *m.* En México, bosque de corozo o coquito de aceite.

cacera *f.* Zanja o canal de riego.

cacería *f.* Partida de caza. Conjunto de animales muertos en la caza.

cacerola *f.* Vasija cilíndrica de metal, con asas o mango, para cocer o guisar en ella.

cacica *f.* Mujer del cacique. Señora de vasallos en algún pueblo de indios.

cacicazgo o **cacicato** *m.* Dignidad de cacique o cacica. Territorio que poseen. Autoridad o poder del cacique.

cacimba *f.* Hoyo que se hace en la playa, para buscar agua potable. Casimba. En América. Balde.

cacique *m.* Señor de vasallos en algún pueblo de indios. Persona que en un pueblo o comarca ejerce excesiva influencia en asuntos políticos o administrativos. Individuo despótico o mandón.

caciquismo *m.* Vicio orgánico y funcional de ciertos gobiernos y organizaciones políticas y sociales que presupone la confusión de la política y de la administración y la corrupción de ésta y el influjo abusivo de la primera.

cacle *m.* En México, sandalia tosca de cuero. En Cuba, chancleta.

caco *m.* Ladrón que roba con destreza.

cacofonía *f.* Repetición o encuentro de unas mismas letras o sílabas en una expresión. Aliteración. Efecto de la combinación de sonidos discordantes.

cacomite *m.* Planta irídea oriunda de México, de hojas ensiformes, flores hermosas y grandes; su raíz es tuberosa y feculenta, y se come cocida. Otras iridáceas reciben el mismo nombre.

cacomixtle *m.* Carnívoro prociónido de los bosques de México y Texas, de hábitos nocturnos..

cactáceo-a o **cácteo-a** *m.* o *f.* Aplícase a las plantas de la familia del cacto.

cacto *m.* Nombre de diversas plantas vasculares xerófilas, con tallo dividido en una serie de paletas ovaladas, con espinas o pelos y flores olorosas de colores brillantes.

cacumen *m.* Agudeza, perspicacia. Ingenio, penetración. Punta o vértice de los órganos. Apice.

cacha *f.* Cada una de las dos piezas que forman o cubren el mango de las navajas y de algunos cuchillos. Anca de la caza menor. Chete, carrillo de la cara y especialmente el abultado.

cachalote *m.* Cetáceo enorme de los mares gélidos, de cabeza gruesa y ancha; de su cabeza se extrae un aceite de calidad fina.

cachar *tr.* Hacer cachos o pedazos de una cosa. Partir o rajar madera en el sentido de las fibras. Arar la tierra alomada, por entre medio de los lomos.

cachar *tr. americ.* Agarrar, asir. Conseguir, obtener. Comprender.

cacharrería *f.* Tienda de cacharros o loza ordinaria.

cacharro *m.* Vasija tosca. Pedazo útil de vasija.

cachaza *f.* Lentitud y sosiego en el modo de hablar o de obrar. Flema, frialdad de ánimo. Aguardiente de melaza de caña. Espuma e impurezas que quedan al purificar el jugo de la caña de azúcar.

cachazudo-a *adj.* Que tiene cachaza. Flemático, lento, tardo.

cachear *tr.* Registrar a gente sospechosa para quitarles armas que pudieran llevar ocultas.

cachera *f.* Ropa de lana muy tosca y de pelo largo.

cachetada *f.* En Canarias y América, bofetada.

cachete *m.* Golpe que se da con el puño en la cabeza o en la cara. Carrillo de la cara, especialmente el abultado.

cachetero *m.* Especie de puñal corto y agudo con que se remata a las reses. Torero que remata al toro con este instrumento. Puntillero.

cachetina *f.* Riña a cachetes. Zurra de cachetes.

cachicuerno-a *adj.* Aplícase al cuchillo u otra arma con las cachas o mango de cuerno.

cachimba *f. americ.* Cachimbo. Pozo profundo. Ojo de agua, manantial.

cachimbo *m. americ.* Pipa para fumar tabaco de hoja.

cachiporra *f.* Palo con una bola o cabeza abultada en uno de sus extremos.

cachirulero-a *adj. y s.* En México, sastre remendón.

cachirulo *m.* Vasija para guardar licores. Embarcación muy pequeña de tres palos con velas al tercio. Moña, adorno de la divisa de los toros. En México, forro en el interior de los pantalones para montar.

cachivache *m.* Vasija, utensilio, trebejo. Cosa rota y arrinconada. Hombre ridículo, embustero e inútil.

cachizo *m.* Madero grueso serradizo.

cacho *m.* Pedazo pequeño de algo y en especial de pan o de fruta. En América, racimo de bananas. Cuerno.

cachón *m.* Ola que rompe en la playa y hace espuma. Chorro de agua que al caer forma espuma.

cachorón *m.* En México, pantalón y justillo o camisa. Mono.

cachorrillo *m.* Pistola pequeña.

cachorro-a *m. y f.* Perro de poco tiempo. Hijo pequeño de otros mamíferos. Cría, polluelo.

cachucha *f.* Bote o lancha pequeña. Especie de gorra. Danza española parecida al bolero. Canción y tañido de este baile.

cachudo-a *adj.* En México y Ecuador, se dice del animal que tiene cuernos. En México, ceñudo, adusto.

cachunde *f.* Granito de pasta de almizcle, ámbar y cato para fortificar el estómago. Cato, substancia medicinal.

cada *adj.* Una o más personas o cosas separadamente.

cadalso *m.* Tablado que se levanta para algún acto solemne. El que se levanta para la ejecución de la pena de muerte.

cadáver *m.* Cuerpo muerto.

cadavérico-a *adj.* Perteneciente o relativo al cadáver. Desfigurado y pálido como un cadáver.

caddie *m.* Palabra inglesa que, en el juego de golf, designa al muchacho que lleva los palos del jugador.

cadejo *m.* Parte del cabello que se separa para desenredarla y peinarla. Madeja pequeña. Conjunto de hilos para hacer borlas u otra obra de cordonería. En América, guedeja, melena.

cadena *f.* Serie de eslabones enlazados entre sí. Cuerda de galeotes o presidarios encadenados. Piezas unidas para encerrar la boca de un puerto, dársena o río. Sujeción a una pasión u obligación. Continuación de sucesos. Figura de diversas danzas americanas. Esclavitud; sucesión de cosas. Cordillera. Sucesión de átomos unidos como los eslabones de una cadena.

cadenazo *m.* Golpe dado con una cadena.

cadencia *f.* Serie de sonidos o movimientos regulares y medidos. Proporcionada y grata distribución o combinación de acentos, cortes y pausas, así en la prosa como en el verso. Conformidad de los pasos del bailador con la medida indicada por el instrumento. Ritmo, compás, acorde. Sucesión o repetición de sonidos que caracteriza una pieza musical.

cadencioso-a *adj.* Que tiene cadencia. Cadente, rítmico, acompasado.

cadeneta *f.* Labor o randa con hilo o seda en figura de cadena muy delgada. Labor de los encuadernadores en las cabeceras de los libros para firmeza del cosido.

cadenilla *f.* Cadena estrecha como adorno en las guarniciones.

cadera *f.* Cada una de las dos partes salientes de los huesos superiores de la pelvis.

cadete *m.* Alumno de una academia militar.

cadí *m.* Juez, entre los musulmanes.

cadmio *m.* Metal blanco azulado, dúctil y maleable; símbolo Cd.

caducar *intr.* Chochear. Perder su fuerza una ley, testamento, contrato, etc. Extinguirse un derecho, facultad, instancia o recurso. Arruinarse o acabarse una cosa por antigua y gastada. Prescribir, expirar.

caduceo *m.* Vara delgada rodeada de dos serpientes enlazadas, atributo del dios Hermes y, hoy, símbolo del comercio.

caducicórneo *adj.* Con astas caducas, como los cuernos del ciervo.

caducidad *f.* Acción y efecto de caducar. Calidad de caduco.

caduco-a *adj.* Decrépito, muy anciano. Perecedero, poco durable. Dícese de la hoja o fruto que cae al final del período de crecimiento.

caedizo-a *adj.* Que cae fácilmente, que amenaza caerse. Caduco-a.

caer *intr.* Venir abajo por su propio peso. Perder un cuerpo el equilibrio hasta dar en tierra. Desprenderse o separarse una cosa del lugar a que estaba adherida. Venir a dar en una trampa, armadijo o engaño. Perder la prosperidad, fortuna o empleo. Llegar a comprender. Cumplirse algún plazo. Sentar bien o mal. Acercarse al ocaso. Sobrevenir. Dejarse dominar por alguna tentación. Morir en batalla.

café *m.* Bebida hecha o preparada con las semillas del cafeto, tostadas y molidas. Las semillas verdes o tostadas del cafeto. Cafetería. Color que corresponde a la bebida. En México, berrinche, mal rato.

cafeicultura *f.* Parte de la Agricultura correspondiente al cultivo, productos y beneficio del café.

cafeína *f.* Alcaloide del café, el té, la guarana y el mate.

cafeol *m.* Aceite volátil que se forma al tostarse el café y que le da el aroma y el sabor.

cafetal *m.* Sitio poblado de cafetos.

cafetera *f.* Mujer que recolecta la simiente de los cafetales. Mujer que hace o se sirve café. Vasija en que se hace o se sirve café.

cafetería *f.* Establecimiento donde se toma café y otras comidas. Cafetín.

cafeto *m.* Arbusto rubiáceo de hojas opuestas lanceoladas, flores blancas y olorosas, fruto en baya roja, cuya semilla es el café.

cáfila *f.* Conjunto o multitud de gentes, animales o cosas, especialmente las que están en movimiento y van unas tras otras.

cafre *adj. y s.* Individuo de uno de los más importantes grupos de los bantúes meridionales. Bárbaro y cruel. Zafio y rústico.

caftán *m.* Vestimenta a modo de túnica usada por turcos y moros. Sable honorífico, especie de condecoración turca.

cagafierro *m.* Escoria de hierro.

cagar *intr., r. y tr.* Evacuar el vientre. Manchar, deslucir o echar a perder alguna cosa.

cagarria *f.* Colmenilla.

cagarruta *f.* Excremento casi esférico del ganado menor y de ciervos, gamos, corzos, conejos y liebres.

cagatintas *m.* Dícese despectivamente del oficinista.

cagón-a *adj. y s.* Que exonera el vientre muchas veces. Persona medrosa y cobarde.

caguama *f.* Tortuga marina algo mayor que el carey y cuyos huevos son más estimados que los de éste. Materia córnea de esta tortuga.

caguillas *adj. y s.* En México, avaro, tacaño.

cahíta *adj. y s.* Indígena mexicano de una tribu del grupo sonora que comprende los yaquis y los mayos.

caíd *m.* Especie de juez o gobernador en el antiguo reino de Argel y otros países musulmanes.

caída *f.* Acción y efecto de caer. Declive. Parte de una colgadura, tapiz o cortina que pende de alto a bajo. Manera de plegarse o de caer los paños y ropaje. Descenso o disminución de una magnitud física. Ptosis, prolapso. Ruina.

caído *adj.* Participio del verbo caer. Desfallecido, amilanado. *M.* En México, lucro indebido de un funcionario. Postrado, débil; rendido, vencido.

caima *adj. americ.* Desabrido, lerdo, estúpido.

caimán *m.* Reptil saurio propio de los ríos de América, algo más pequeño que el cocodrilo, de hocico obtuso y con las membranas de las patas poco extensas. Persona que con astucia y disimulo procura salir con sus intentos.

caimito *m.* Arbol zapotáceo de las Antillas y América ístmica, de hojas ovales, flores blancas, corteza rojiza y fruto redondo con pulpa azucarada, mucilaginosa y refrescante. Fruto de este árbol.

caique *m.* Barca muy ligera. Esquife al servicio de las galeras.

cairel *m.* Cerco de cabellera postiza. Guarnición de algunas ropas a modo de fleco.

caja *f.* Pieza hueca que sirve para meter o guardar algo, de muchos usos, tamaños y formas. Mueble en que se guarda dinero, alhajas y otros objetos de valor. Ataúd. Parte del coche destinada a las personas. Armazón de los carros, para recibir la carga. Espacio en que se forma la escalera de un edificio. Pieza, sitio o dependencia para recibir y guardar dinero o valores y para hacer pagos. Cavidad orgánica de paredes óseas. Masa de roca estéril en que se halla incrustada una veta o filón. Tambor. Alojamiento de un reloj de pared o de bolsillo.

cajero-a *m. y f.* Persona que en las tesorerías, bancos, casas de comercio, hoteles y establecimientos en general está encargada de la caja. Pared que forma la caja de un acueducto.

cajeta *f.* Diminutivo de caja. En México, Costa Rica y Antillas, caja redonda con tapa que se usa para poner postres y jaleas. También el dulce que contiene. Dulce de leche. Natillas.

cajete *m.* En México y Guatemala, cazuela honda y gruesa sin vidriar. Hoyo para plantar matas que se reproducen por hijos, como el plátano. En México, cráter de ciertos volcanes extinguidos.

cajetero-a *adj. y s.* En México, Costa Rica y Antillas, dícese de quien hace o vende cajeta. En México, quien abre cajetes para siembra.

cajetilla *f.* Paquete de tabaco picado o de cigarrillos.

cajetín *m.* Sello de mano con que se estampan diversas anotaciones en papeles, títulos o valores negociables. Cada una de estas anotaciones. Cada uno de los compartimientos de la caja de imprenta.

cajista *com.* Oficial de imprenta que, juntando y ordenando las letras, compone lo que ha de imprimirse.

cajón *m.* Aumentativo de caja, comúnmente de madera, para guardar y preservar algunas cosas. Receptáculo que se puede sacar y meter en ciertos huecos a los cuales se ajusta, como en algunos muebles. Espacio entre tabla y tabla en los estantes de libros y papeles. Casilla o garita. En América, ataúd, féretro. Comercio, tienda de abacería. En México, tienda en que se vende ropa.

cajonera *f.* Conjunto de cajones en una sacristía, para guardar ornamentos. Cajón cubierto de vidrio empleado como semillero y para resguardar plantas jóvenes.

cajuela *f.* Diminutivo de caja. En México, hueco, especie de arca que queda en algunos coches debajo de los asientos y en la parte trasera de los automóviles.

cal *f.* Oxido de calcio; en contacto con el agua se convierte en cal hidratada o hidróxido cálcico.

cala *f.* Acción y efecto de calar frutas. Pedazo que se ha calado. Supositorio. Parte más baja en el interior de un buque. Tienta del cirujano para reconocer la profundidad de una herida. Ensenada pequeña. Planta aroidea acuática, de hojas radicales de peciolos largos, ornamental.

calabacear *tr. y r.* Dar o darse de calabazadas. Reprobar, suspender, desairar. En México, plantar al novio.

calabacera *f.* Mujer que vende calabazas. Planta cucurbitácea anua, de tallos rastreros muy largos cubiertos de pelo áspero, hojas anchas y flores amarillas; su fruto es la calabaza.

calabacilla *f.* Cohombrillo amargo. Colgante del pendiente o arete en forma de calabacita. En México, la calabacilla hedionda, loca o amarga, la pulpa de cuyo fruto se usa como substitutivo del jabón y su raíz es medicinal.

calabacín *m.* Calabacita cilíndrica de corteza verde y carne blanca. Persona inepta y muy ignorante.

calabaza *f.* Calabacera, planta de la calabaza. Fruto de la calabaza muy vario, en forma, tamaño y color, comestible y con otras muchas aplicaciones. Persona inepta y muy ignorante.

calabazada *f.* Cabezada, golpe dado con la cabeza.

calabazar *m.* Sitio sembrado de calabazas.

calabobos *m.* Lluvia menuda y pertinaz, que al caer suavemente acaba mojando al que la recibe.

calabozo *m.* Lugar seguro donde se encierra a determinados presos. Aposento para incomunicar a un preso.

calabrés-a *adj. y s.* Natural de Calabria. Perteneciente a esta región de Italia. Sombrero de alas anchas y copa cónica, adornado con cintas y plumas, de los calabreses.

calabriada *f.* Mezcla de vinos, especialmente de blanco y tinto. Mezcla de cosas diversas.

calabrote *m.* Cabo grueso de nueve cordones.

calada *f.* Acción y efecto de calar, penetrar un líquido en un cuerpo permeable; sumergir en el agua cualquier objeto. Vuelo rápido del ave de rapiña.

calado *m.* Labor de aguja con que se imita la randa o encaje. Taladro de una materia con sujeción a un dibujo. Encajes o galones de adorno. Profundidad que alcanza en el agua la parte sumergida de un barco. Altura de la superficie del agua sobre el fondo.

calafate *m.* El que calafatea las embarcaciones. Carpintero de ribera. En América, una planta berberidácea cuyas bayas producen una bebida embriagante; su raíz es tónica y su leño, tintóreo.

calafatear *tr.* Rellenar con estopa las junturas de los fondos, cubiertas y costados de una embarcación y recubrirlos luego con brea para impedir la entrada del agua.

calagurritano-a *adj. y s.* Natural de la antigua Calagurris, hoy Calahorra. Perteneciente a esta ciudad española, en la Rioja.

calamaco *m.* Tela de lana delgada y angosta con torcidillo como jerga. En México, frijol.

calamar *m.* Molusco cefalópodo decápodo, de cuerpo fusiforme y aleta caudal a cada lado, segrega un líquido negro o tinta con que enturbia el agua cuando se le persigue.

calambre *m.* Contracción espasmódica, involuntaria y dolorosa, poco durable, de ciertos músculos.

calambur *m.* Palabra francesa: equívoco, juego de palabras, retruécano.

calamidad *f.* Desgracia o infortunio que alcanza a muchas personas.

calamina *f.* Carbonato de cinc, pétreo, blanco o amarillento, rojizo cuando lo tiñe el hierro; mina de la que se extrae generalmente el cinc.

calamita *f.* Piedra imán. Brújula, aguja imantada.

calamitoso-a *adj.* Que causa calamidades o es propio de ellas. Infeliz, desdichado. Desgraciado, funesto, aciago.

cálamo *m.* Especie de flauta antigua. Caña. Pluma para escribir. Base del raquis de la pluma de las aves.

calamoco *m.* Canelón, carámbano que cuelga de las canales.

calamocha *f.* Ocre amarillo de color muy bajo.

calamón *m.* Ave gruiforme de costumbres acuáticas con un ensanchamiento en la cabeza, piscívora. Clavo de cabeza en forma de botón, para tapizar o adornar.

calamorra *f.* Oveja que tiene lana en la cara. Cabeza.

calamorrazo *m.* Golpe en la cabeza.

calandrajo *m.* Pedazo de tela grande, rota y desgarrada que cuelga del vestido. Trapo viejo. Persona ridícula y despreciable.

calandria *f.* Alondra. Pájaro aláudido de canto agradable y que imita el de otras aves, de plumaje pardo. En otras partes, diversas aves reciben el mismo nombre.

calandria *f.* Cilindro hueco giratorio movido por el peso del hombre que entra en él, se emplea para levantar pesos por medio de un torno. Máquina para el acabado y apresto de telas y papel.

calandrio-a *adj.* En México, amarillo.

calanga *f.* Ensenada muy cerrada en la desembocadura de algunos ríos y que sirve de refugio a las embarcaciones.

calaña *f.* Muestra, modelo. Indole, calidad buena o mala de una persona o cosa.

calañés-a *adj.* Dícese de cierto sombrero de ala vuelta hacia arriba y copa baja, con la parte superior más estrecha que la inferior.

calar *tr.* Penetrar un líquido en un cuerpo permeable. Atravesar un instrumento a otro cuerpo de parte a parte. Imitar la labor de encaje o randa. Agujerear la tela o papel, metal u otra materia, haciendo dibujos en ella. Cortar de una fruta un pedazo para probarla. Ponerse un sombrero o gorra muy metido en la cabeza. Inclinar una arma en disposición de herir. Conocer las cualidades o intenciones de una persona. Entrarse, introducirse en una parte. En México, sacar muestra de un fardo. *R.* Mojarse de tal manera que el agua, pasando los vestidos, llegue al cuerpo. Abalanzarse las aves sobre su presa. Sumergir en el agua cualquier objeto. Alcanzar un buque cierta profundidad, por la parte más baja de su casco.

calasancio-a *adj.* Escolapio.

calatino-a o **calatiforme** *adj.* De forma de copa o cestillo.

cálato *m.* Cesto de mimbres o juncos entrelazados, semejante a un cáliz sin el pie.

calatraveño-a *adj. y s.* Natural de Calatrava. Perteneciente o relativo a esta antigua fortaleza y villa de la Mancha o a su campo, España.

calavera *f.* Conjunto de los huesos de la cabeza, unidos, pero sin carne ni piel. En México, aleluyas que en el día de difuntos comentan donosamente las andanzas de los vivientes, como si ya estuvieran muertos.

calaverada *f.* Acción propia de hombre de poco juicio.

calazón *m.* Calado de una nave.

calcáneo *m.* Hueso del tarso en la parte posterior del pie, donde forma el talón.

calcañar *m.* Parte posterior del pie.

calcar *tr.* Sacar copia de un dibujo, inscripción o relieve por contacto del original. Apretar con el pie. Imitar, copiar o reproducir con exactitud y, a veces, servilmente.

calcáreo-a *adj.* Que tiene cal. Tierra o rocas calizas en que predomina el carbonato cálcico.

calce *m.* Llanta, cerco exterior de las ruedas de coches y carros. Añadido de las herramientas gastadas. Cuña para ensanchar el espacio entre dos cuerpos. En México y Guatemala, pie de un documento.

calcedonia *f.* Sílice criptocristalina, variedad del cuarzo; traslúcida y con brillo céreo.

calceta *f.* Media. Grillete que se ponía al forzado.

calcetería *f.* Oficio de calcetero. Tienda de calzas y calcetas.

calcetero *m.* Persona que hace y compone medias y calcetas. Toro

125

de pinta obscura con patas blancas o de color mucho más claro.

calcetín *m.* Diminutivo de calceta. Calceta o media que sólo llega a la mitad de la pantorrilla.

calceto-a *adj.* Ave doméstica calzada. En Mexico, caballería de lomos blancos a partir del casco.

calcificacion *f.* Transformación morbosa de los tejidos, tumores y paredes de los vasos organicos por depositarse en ellos sales de cal.

calcificar *tr.* Producir por medios artificiales carbonato de cal. *R.* Endurecerse un tejido orgánico u otra materia por el depósito de sales de cal.

calcinar *tr.* Reducir a cal viva los minerales calcáreos. Someter al calor minerales para que desprendan las substancias volátiles.

calcio *m.* Metal muy difundido en la Naturaleza, de color blanco de plata, ligero, maleable; símbolo Ca.

calcioterapia *f.* Tratamiento de ciertas enfermedades por medio de sales de calcio.

calciprivia *f.* Privación, carencia o pérdida de calcio por los tejidos o los órganos.

calco *m.* Copia que se obtiene calcando.

calcografía *f.* Arte de estampar con láminas metálicas grabadas. Colección de obras grabadas. Oficina donde se ejecuta dicha estampación.

calcomanía *f.* Procedimiento de pasar por medio de papel a objetos diversos imágenes coloridas preparadas convenientemente. Imagen obtenida por este medio. El papel o cartulina que tiene la figura, antes de transportarla.

calcotipia Procedimiento de grabado en cobre para reproducir en relieve una composición tipográfica.

calculable *adj.* Que puede reducirse a cálculo.

calculador-a *adj. y s.* Que calcula. Ventajoso. Maquina con que se ejecutan mecánicamente operaciones aritméticas o cálculos algebraicos.

calcular *tr.* Hacer cálculos. En la significación de meditar, pensar o reflexionar es galicismo inadmisible.

calculiforme *adj.* De forma de guijarro.

calculista *adj. y s.* Proyectista.

cálculo *m.* Cómputo, cuenta o investigación de algo, por medio de operaciones matemáticas. Concreción anormal de substancias en diversos órganos. Litiasis. Operación o serie de operaciones para obtener un valor o valores, partiendo de otros conocidos.

calda *f.* Acción y efecto de caldear. Introducción de más combustible a los hornos, para aumentar la temperatura. *Pl.* Baños de aguas minerales calientes.

caldear *tr.* Calentar mucho. Hacer astua el hierro, para labrarlo o soldarlo. En México, producir mucho caldo la caña de azúcar. *R.* Enardecerse por algo.

caldeo-a *adj. y s.* Natural de Caldea. Lengua semítica de los caldeos.

caldera *f.* Vasija grande y redonda para poner a calentar o cocer algo. Caja del timbal, de latón o cobre. Aparato para producir gases o vapores; forma el foco caliente de una máquina de vapor. Cráter volcánico de grandes dimensiones.

calderada *f.* Lo que cabe de una vez en una caldera.

calderería *f.* Oficio de calderero o tienda donde se hacen o venden obras de calderero. En los talleres de metalurgia, lugar donde se cortan, forjan, entraman y unen barras y planchas de hierro o acero.

calderero El que hace o vende obras de caldería. En México, obrero encargado del cocimiento y limpia del caldo de guarapo en las calderas, en los ingenios azucareros.

calderilla *f.* Caldera pequeña para llevar el agua bendita. Numerario de metal no precioso.

caldero *m.* Caldera pequeña, de suelo casi esférico y con asa, sujeta a dos argollas de la boca.

calderón *m.* Aumentativo de caldera. Delfín de gran tamaño o cabeza de olla. Signo ortográfico usado antiguamente en vez del párrafo. Signo musical para indicar prolongación de una nota o acorde. Esta pausa.

calderoniano-a *adj.* Propio y característico del escritor Pedro Calderón de la Barca o que tiene semejanza con el estilo de este autor español.

caldo *m.* Líquido que resulta de cocer en agua la vianda. Aderezo de la ensalada. En México, jugo o guarapo de la caña. Jugo vegetal extraido de los frutos. Medio de cultivo de bacterias. En México, flor de muerto.

caldoso-a *adj.* Que tiene mucho caldo.

calducho *m.* Dícese del caldo de poca substancia o mal sazonado.

cale *m.* Apabullo, golpe dado con la mano y sin gran violencia.

calecer *intr.* Ponerse caliente alguna cosa.

calefacción *f.* Acción y efecto de calentar o calentarse. Conjunto de aparatos para calentar un edificio o parte de él.

caleidoscopio *m.* Cilindro con dos o tres espejos que encierra objetos variados que con sus imágenes múltiples originan figuras geométricas vistosas y cambiantes.

calendario *m.* Almanaque. Data. Conjunto de normas destinadas a la división del tiempo en períodos regulares y a fijar la fecha de ocurrencia de un hecho, en relación con un origen determinado; cuadro, impreso o tabla en que se fija.

calendas *f. pl.* En el antiguo cómputo romano y en el eclesiástico, el primer día de cada mes. Epoca o tiempo pasado.

caléndula *f.* Planta compuesta, en especial la llamada clavelón, flamenquilla, flor de muerto, maravilla, marquesita; es medicinal.

calentador-a *adj.* Que calienta. *M.* Utensilio o aparato para calentar. Reloj de bolsillo muy abultado.

calentano-a *adj. y s.* Natural de Tierra Caliente. Perteneciente o relativo a las zonas o territorios americanos así llamados.

calentar *tr. y r.* Hacer subir la temperatura. Avivar o dar calor a una cosa. Azotar, dar golpes. Ponerse riñosas o en celo las bestias. Enfervorizarse en la disputa o porfía.

calentón *m.* Acto de calentarse de prisa o fugazmente.

calentura *f.* Fiebre. Celo de los animales. Delirio alucinatorio.

calenturiento-a *adj.* Dícese del que tiene indicios de calentura.

calepino *m.* Diccionario latino.

calera *f.* Cantera que da la piedra para hacer cal. Horno donde se calcina la piedra caliza. En México, galera o aposento en que se guarda la cal.

calería *f.* Sitio donde se muele y vende la cal.

calesa *f.* Carruaje de dos, a veces de cuatro ruedas, con la caja abierta por delante y capota de vaqueta.

calesera *f.* Chaqueta con adornos a estilo de los caleseros andaluces. Cante popular andaluz que solían entonar los caleseros.

calesero-a *adj. y s.* El que tiene por oficio conducir calesas. Arreo y guarniciones de coches que imitan los de las antiguas calesas.

caleta *f.* Diminutivo de cala, ensenada pequeña.

caletre *m.* Tino, discernimiento, capacidad.

calibrador *m.* Instrumento para calibrar. Tubo cilíndrico por el que se hace correr el proyectil, para apreciar su calibre. Instrumento

para medir el diámetro de una pieza, de un alambre, etc.

calibrar *tr.* Medir o reconocer el calibre de un tubo, de las armas de fuego, de un alambre, chapa, etc. Dar al alambre o proyectil el calibre que se desea. Calcular, estimar la importancia de algo.

calibre *m.* Diámetro interior del cañón de las armas de fuego. Por extensión, diámetro del proyectil o de un alambre. Diámetro de muchos objetos huecos, tubos, cañerías, conductos, etc. Tamaño, calidad. Peso.

calicanto *m.* Mampostería.

calicata *f.* Exploración minera para conocer los minerales que contiene un terreno, o para saber hasta donde llega el terreno firme. Cala.

caliciforme *adj.* De forma de cáliz o copa.

caliche *m.* Nitrato sódico, salitre de sosa o nitro cúbico. Concreción calcárea. Capa calcárea. Maca de las frutas. En México, capa caliza abundante en materias minerales.

calidad *f.* Manera de ser de una persona o cosa. Carácter, genio, índole. Nobleza, alcurnia. Importancia de alguna cosa. *Pl.* Prendas del ánimo.

cálido-a *adj.* Que da calor, que está caliente o excita el ardor. Caluroso. Pintura en que predominan los tonos vivos.

calidoscopio *m.* Caleidoscopio.

calientapiés *m.* Calorífero destinado principalmente a calentar los pies.

calientaplatos *m.* Aparato calorífero para conservar calientes los platos.

caliente *adj.* Que tiene calor. Acalorado, vivo. Cálido.

califa *m.* Título de los príncipes musulmanes que, como sucesores de Mahoma, ejercieron la suprema potestad religiosa y civil.

califato *m.* Dignidad de califa. Tiempo de gobierno de un califa. Territorio gobernado por él. Período histórico en que hubo califas.

calificación *f.* Acción y efecto de calificar. Nota de exámenes.

calificado-a *adj.* Dícese de la persona de autoridad, mérito y respeto. Cosa que tiene todos los requisitos necesarios. Acreditado, señalado.

calificar *tr.* Apreciar o determinar las calidades o circunstancias de una persona o cosa. Expresar o declarar este juicio. Estimar.

calificativo-a *adj.* Que califica. Dícese del adjetivo que expresa alguna cualidad del substantivo.

californiano-a o **californio-a** *adj.* y *s.* Natural de California. Perteneciente o relativo a California.

calígine *f.* Niebla, obscuridad, tenebrosidad.

caliginoso-a *adj.* Denso, obscuro, nebuloso. Suele usarse indebidamente por caluroso, bochornoso.

caligrafía *f.* Arte de escribir con letra muy bien formada y bella.

caligrafiar *tr.* Hacer un escrito con letra hermosa.

calígrafo *m.* Perito en caligrafía.

calimba *f. americ.* Hierro con que se marcan los animales.

calimbar *tr. americ.* Herrar, marcar con hierro encendido los animales.

calina *f.* Enturbiamiento del aire por vapores de agua, acompañado de bochorno.

calistenia *f.* Ejercicio gimnástico conducente al desarrollo y armonía de las fuerzas musculares.

cáliz *m.* Vaso sagrado de oro o plata que sirve en la Misa para consagrar el vino. Copa o vaso. Verticilo floral externo constituido por los sépalos.

caliza *f.* Roca sedimentaria formada de carbonato de calcio, muy abundante en la Naturaleza y usada en construcción.

calizo-a *adj.* Terreno o piedra que tiene cal.

calma *f.* Estado de la atmósfera cuando no hay viento. Cese o suspensión de algunas cosas. Paz, tranquilidad. Cachaza, pachorra. Sosiego, reposo.

calmante *adj.* Que calma. Dícese de los medicamentos que disminuyen o hacen desaparecer el dolor u otro síntoma molesto.

calmar *tr.* Sosegar, adormecer, templar. *Intr.* Estar en calma o tender a ella. Dulcificar, pacificar. Decaer el ímpetu del mar o del viento. Apaciguar.

calmil *m.* En México, tierra sembradía junto a la casa del labrador.

calmo-a *adj.* Dícese del terreno o tierra erial. Que está en descanso. Tierra labrantía en barbecho.

calmoso-a *adj.* Que está en calma. Persona cabezuda, indolente, perezosa.

caló *m.* Lenguaje o dialecto de los gitanos, adoptado en parte por la gente del pueblo bajo.

calofriarse *f.* Sentir calofríos.

calofrío *m.* Escalofrío.

calomel o **calomelanos** *m.* Cloruro mercurioso, empleado como purgante, vermífugo y antisifilítico.

calón *m.* Palo para mantener extendidas las redes. Pértiga para medir la profundidad de un río, canal o puerto.

calonche *m.* Bebida alcohólica hecha con zumo de tuna brava o colorada y azúcar.

calor *m.* Aumento de la temperatura. Temperatura elevada. Ardimiento, actividad. Favor, buena acogida. Lo más fuerte y vivo de una acción. Ardor, entusiasmo, apasionamiento, energía. Celo de los animales.

caloría *f.* Unidad internacional de medida del calor.

caloricidad *f.* Facultad de algunos animales de conservar el calor del cuerpo a una temperatura casi constante.

calorífero *m.* Aparato con que se calientan las habitaciones. *Adj.* Que conduce y propaga el calor.

calorífico-a *adj.* Que produce o distribuye calor.

calorimetría *f.* Medición del calor específico. Parte de la Física que estudia los métodos para medir el calor.

calorímetro *m.* Aparato para medir el calor específico, latente, de reacción o combustión.

calostro *m.* Primera leche que da la hembra, después de parida.

calota *f.* Bóveda craneana.

caloyo *m.* Cordero o cabrito recién nacido. Quinto, soldado mientras recibe instrucción militar.

calpanería *f.* En México, caserío para la peonada de una hacienda.

calpixque *m.* Mayordomo o capataz de una hacienda.

calpulli *m.* Entre los antiguos mexicas, cada una de las partes en que se dividía la tierra para ser cultivada en común. Conjunto de quienes la cultivaban.

caltzontzin *m.* Nombre que daban los antiguos michoacanos a su señor o soberano.

calumet *m.* La llamada pipa de la paz que los indios norteamericanos usan en sus ceremonias.

calumnia *f.* Acusación falsa hecha maliciosamente para causar daño. Impostura.

calumniar *tr.* Atribuir falsa y maliciosamente a alguien palabras, actos o intenciones deshonrosas. Imputar a una persona falsamente la comisión de un delito. Difamar, infamar, deshonrar.

caluroso-a *adj.* Que siente o causa calor. Vivo, ardiente.

calva *f.* Parte de la cabeza de la que se ha caído el pelo. Parte de una piel, felpa u otro tejido que ha perdido el pelo, por el uso. Sitio en los sembrados, plantíos y arboledas donde falta la vegetación correspondiente.

calvario *m.* Vía crucis, camino señalado con cruces. Serie de adversidades y pesadumbres. Amargura, cruz. Cruz de piedra o de hierro, sobre gradas.

calvero m. Paraje sin árboles en lo interior de un bosque. Gredal. Parte desprovista de vegetación y rodeada de ella.

calvicie f. Falta de pelo en la cabeza. Alopecia, atriquia.

calvinismo m. Sistema religioso fundado por Juan Calvino o derivado de éste.

calvo-a adj. y s. Que ha perdido el pelo en la cabeza. Terreno pelado, sin vegetación. Paño, piel o tejido que ha perdido el pelo.

calza f. Prenda de vestir que cubría el muslo y la pierna o sólo el muslo y la mayor parte de él. Liga o cinta con que se señala algún animal. Cuña con que se calza. En México, tira de badana que rodea una pata del gallo de pelea, con una cuerda que lo sujeta a una estaca.

calzada f. Camino empedrado o pavimentado y ancho.

calzadera f. Cuerda de cáñamo para atar y ajustar las barcas. Hierro con que se calza la rueda del carruaje, para que sirva de freno.

calzado m. Todo lo que cubre, protege o adorna el pie y la pierna. Toda clase de zapato, bota, abarca, media o calcetín. Adj. Pájaro con plumas o pelo en las patas. Animal cuya parte inferior de las extremidades tiene color distinto del cuerpo.

calzador m. Instrumento para hacer que el pie entre en el zapato.

calzar tr. y r. Cubrir el pie y, a veces, la pierna, con el calzado. Usar y llevar puestos guantes, espuelas, etc. Poner calces. En México y Guatemala, aporcar.

calzo m. Calce o cuña. Taco en las vías secundarias de los ferrocarriles, para detener o parar los vagones.

calzón m. Aumentativo de calza. Prenda de vestir de hombre que cubre desde la cintura hasta las rodillas. En México, enfermedad de la caña de azúcar causada por falta de riego.

calzonazos m. Hombre flojo y condescendiente.

calzoncillos m. pl. Calzones interiores.

calzoneras f. pl. En México, pantalón abotonado de arriba abajo por ambos costados.

callada f. Silencio o efecto de callar. Intermisión de la fuerza del viento o de la agitación de las olas.

calladamente adv. Con secreto o silencio.

callado-a adj. Silencioso, reservado. Dícese de lo hecho con silencio o reserva. Mudo, discreto, taciturno.

callao m. Guijo, peladilla de río.

callar intr. No hablar, guardar silencio. Cesar de hablar. Cesar de llorar, gritar, cantar, tocar un instrumento músico, de meter bulla o ruido. Abstenerse de manifestar lo que se siente o sabe. Tr. Tener reservada una cosa, no decirla. Omitir, pasar algo en silencio. Enmudecer, silenciar.

calle f. Vía en poblado. Pueblo que depende de otro.

calleja o callejuela f. Despectivo de calle. Calle estrecha y corta.

callejear intr. Andar frecuentemente y sin necesidad de calle en calle.

callejero-a adj. Que gusta de callejear. Perteneciente o relativo a la calle. M. Lista de calles de una ciudad populosa. Registro de domicilios de subscriptores.

callejón m. Aumentativo de calleja. Paso estrecho entre paredes, casas o elevaciones de terreno. Espacio entre la barrera y la contrabarrera de las plazas de toros.

callicida m. Preparado farmacéutico para extirpar los callos.

callista com. Persona que se dedica a cortar o extirpar y curar callos, uñeros y otras dolencias de los pies. Quiropodista.

callo m. Engrosamiento del estrato córneo de la piel, por roce y presión continuadas. Exudado óseo entre los fragmentos de un hueso fracturado. Extremo de la herradura. Pl. Pedazos de estómago de vaca, ternera o carnero que se comen guisados. Derrame sanguíneo en el interior del casco de una caballería.

callosidad f. Dureza menos profunda que la del callo. Pl. Dureza en algunas úlceras crónicas.

calloso-a adj. Que tiene callo, o relativo a él. Dícese del cuerpo laminar que une los hemisferios cerebrales y forma una bóveda a los ventrículos laterales.

cama f. Mueble para dormir y descansar. Plaza para un enfermo en un hospital o sanatorio, o para un alumno interno en un colegio. Mullido de paja u otra materia, para que el ganado descanse y se haga estiércol. Camada. Sitio donde se echan los animales para su descanso. Suelo del carro o carreta. Lecho, tálamo.

camachal m. En México, mandíbula, quijada.

camada f. Conjunto de hijuelos que paren de una vez la coneja, la loba y otros animales. Conjunto o serie de cosas numerables extendidas horizontalmente. Cuadrilla de ladrones o pícaros.

camafeo m. Figura tallada de relieve en una piedra dura y preciosa u otra materia similar. La misma piedra tallada.

camagua adj. americ. Dícese del maíz que empieza a madurar, y también del que madura después de seca la planta.

camal m. Cabestro de cáñamo con que se ata la bestia. Palo con que se suspende por las patas traseras al cerdo muerto.

camaleón m. Saurio de cuerpo comprimido, cola prensil, lengua protáctil y dedos en dos grupos oponibles; de piel granulosa y cambiante de color por causas internas o por las condiciones del ambiente.

camama f. Vulgarismo, por embuste, falsedad, burla.

camándula f. Rosario de uno a tres dieces. Hipocresía, astucia.

camandulear intr. Ostentar falsa o exagerada devoción.

camandulero-a adj. y s. Hipócrita, astuto, embustero y bellaco.

cámara f. Sala o pieza principal de una casa o palacio. Reunión de personas para conferenciar o tratar de un asunto. Cada uno de los cuerpos colegisladores en los gobiernos representativos. Espacio que ocupa la carga de las armas de fuego. Neumático de goma de los automóviles. Alcoba o aposento donde se duerme.

camarada com. Compañero de amistad y confianza.

camaradería f. Amistad cordial que entre sí mantienen los buenos camaradas.

camarera f. Mujer de más respeto entre las que sirven en las casas principales. Criada de fonda, café, balneario, barcos de pasajeros, etc.

camarero m. Oficial de la cámara del Papa. Jefe de cámara del rey. Criado distinguido. Criado de fonda, hotel, barco, etc. Mozo de café, horchatería u otros establecimientos.

camarilla f. Grupo de personas familiares o amigos que subrepticiamente influyen en las decisiones de alguna autoridad.

camarín m. Diminutivo de cámara. Capilla pequeña detrás de un altar, en la que se venera alguna imagen. En los teatros, cuarto donde los actores se visten para salir a la escena. Tocador.

camarlengo m. Cardenal presidente de la Cámara Apostólica y gobernador temporal en sede vacante.

camarón m. Crustáceo marino comestible, de cuerpo comprimido, antenas largas. Quisquilla.

camarote m. Dormitorio en los buques, trenes y aviones.

camastro m. Despectivo de cama. Lecho pobre y sin aliño.

cambalache m. Trueque de objetos de poco valor.

cámbaro m. Crustáceo marino comestible, más ancho que largo. Cangrejo de mar.

cambiante adj. Que cambia. M. Variedad de colores o visos. Cambista.

cambiar tr. Dar, tomar o poner una cosa por otra. Mudar, variar, alterar. Dar o tomar moneda de una especie por su equivalente en otra. Trasladar un sitio a otro. Modificar, transformar. Intr. Virar. Mudar de dirección el viento.

cambiavía m. En México y Cuba, guardagujas.

cambio m. Acción y efecto de cambiar. Dinero menudo de vuelta. Mutación. Mudanza, modificación. Precio de cotización de valores mercantiles. Valor relativo de monedas de países diferentes, o de las distinta especie de un mismo país. Trueque, permuta, canje.

cambista m. Que cambia, da o toma monedas por su equivalente en otra.

camboyano-a adj. y s. Natural de Camboya. Perteneciente o relativo a este país de Asia.

cámbrico-a adj. y s. Período geológico del paleozoico inferior en que se han encontrado los fósiles más remotos.

cambronera f. Arbusto solanáceo de ramas bimbreñas espinosas, hojas cuneiformes, flores axilares y bayas elipsoidales; suele emplearse como seto.

cambujo-a adj. Morcillo. Mestizo de zambaigo e india, de chino e india, según las regiones. Animal o persona de piel muy oscura.

camelar tr. Galantear, requebrar. Seducir, engañar adulando. En México, ver, mirar, acechar, admirar.

camelia f. Arbusto ornamental de hojas perennes de un verde muy vivo, flores bellas pero inodoras. Flor de este arbusto.

camélido adj. y s. Mamífero artiodáctilo rumiante que incluye los camellos, llamas y otros extinguidos, con estómago de tres cámaras con divertículo para el almacenamiento de agua.

camelina f. Planta crucífera oleaginosa, de propiedades medicinales.

camelot m. Palabra francesa: vendedor callejero, de baratijas, periódicos, etc.

camellero m. El que cuida de los camellos o trajina con ellos.

camello *m.* Animal camélido de cuello largo y giba en el dorso, con el labio superior partido; especialmente adaptado para vivir en el desierto.

camellón *m.* Caballón. Artesa para abrevar el ganado vacuno.

cámara *f.* Palabra italiana: cámara. Género de composición musical para instrumentos solistas o pequeños conjuntos. Antiguamente, música para ser ejecutada en los salones.

cameraman *m.* Palabra inglesa: operador de cámara fotográfica, especialmente de cinematógrafo.

camilla *f.* Cama angosta y portátil que se lleva sobre varas, para conducir enfermos o heridos. Mesa con brasero.

camillero *m.* Cada uno de los que transportan la camilla. Soldado práctico en conducir heridos en camilla y hasta en hacerles algunas curas elementales.

caminante *adj.* Que camina. *M.* Viandante, peatón, transéunte, andarín.

caminar *intr.* Ir de viaje. Andar. Seguir su curso las cosas. Recorrer caminando. Marchar, deslizarse. Funcionar un motor.

caminata *f.* Paseo o recorrido largo y fatigoso. Viaje corto hecho por diversión.

camino *m.* Tierra por donde se transita habitualmente. Vía para transitar. Viaje. Medio o arbitrio para hacer o conseguir algo. Tira de estera colocada en las habitaciones y vestíbulos. Carretera, senda, sendero, ruta; procedimiento, manera. Tira de tela, en una mesa.

camión *m.* Carro grande y fuerte para transportar cargas pesadas. En México, autobús.

camionaje *m.* Servicio de transportes hecho con camión. Precio de este servicio.

camioneta *f.* Carro automóvil menor que el camión, para el transporte de mercancías menos pesadas.

camisa *f.* Prenda de vestir interior de tela ligera. Camisola. Telilla de algunos frutos, legumbres y granos. Revestimiento interior de algún artefacto o pieza mecánica. Capa de cal, cuando se enjabelga una pared. Envoltura con agua, aire u otro fluido, para enfriar, calentar o mantener constante la temperatura del contenido.

camisería *f.* Taller en que se confeccionan camisas o tienda donde se expenden.

camiseta *f.* Camisa corta y de mangas anchas. Camisa corta que se pone a raíz de la carne.

camisola *f.* Camisa fina de hombre.

camisón *m.* Camisa larga. En América, camisa de mujer.

camita *adj. y s.* Individuo de un pueblo norafricano, agricultor y ganadero; hoy se encuentra muy mezclado con otros pueblos.

camochayote *m.* En México, la raíz del chayote.

camomila *f.* La manzanilla, planta compuesta. Flor de esta planta.

camón *m.* Trono real portátil. Balcón cerrado cubierto con un tejadillo.

camorra *f.* Riña o pendencia. Trifulca, pelotera, zipizape.

camorrista *adj. y s.* Que fácilmente y por leves causas arma camorras y pendencias.

camotal *m.* Terreno plantado de camotes.

camote *m.* La batata. La palabra, de origen náhuatl, se usa en México, América Central, Perú, Ecuador, Chile, Bolivia e Islas Filipinas. La raíz tuberosa de esta planta. En México, por extensión, el bulbo, tubérculo o raíz tuberosa de cualquier planta.

camotear *intr.* En México, andar vagando, sin acertar con lo que se busca; desconcertar con evasivas.

camotillo *m.* Madera de color violado, veteada de negro. Cúrcuma.

campa *adj.* Dícese de la tierra sin árboles.

campal *adj.* Perteneciente al campo. Dícese de la batalla general y decisiva entre dos ejércitos completos, en terreno en que puede abrazarse el conjunto de maniobras.

campamento *m.* Acción de acampar o acomparse. Lugar en despoblado donde se establecen temporalmente fuerzas del ejército. Tropa acampada. Instalación eventual, en terreno abierto, de personas que van de camino o que se reúnen con algún fin especial; etapa de excursión, observaciones, montería, etc.

campana *f.* Instrumento de metal en forma de copa invertida, que suena herida por el badajo. Cualquier cosa de forma semejante. En México, parte delantera de la silla de montar. Cubierta para proteger a las plantas de las heladas. Ensanchamiento de ciertos instrumentos.

campanada o campanazo *m. o f.* Golpe que da el badajo en la campana. Sonido que produce. Escándalo o novedad ruidosa.

campanario *m.* Torre, espadaña o armadura donde se colocan las campanas. Repique.

campaneo *m.* Toque reiterado de campanas.

campanero m. Artífice que vacía y funde las campanas. El que tiene por oficio tocarlas.

campaniforme adj. De forma de campanas. Repique.

campanilla f. Campana manuable. Burbuja Uvula. Flor cuya corola es de una pieza y de figura de campana, que producen diversas plantas.

campanillazo m. Toque fuerte de la campanilla.

campano m. Cencerro. Esquila.

campante adj. Que campa, que sobresale. Ufano, satisfecho.

campanudo-a adj. Que tiene semejanza con la figura de la campana. Dícese del vocablo de sonido fuerte y lleno, y del lenguaje o estilo hinchado y retumbante. Altisonante, enfático, ampuloso.

campanuláceo-a adj. y s. Dícese de las plantas dicotiledóneas con flores de corola gamopétala y fruto capsular de albumen carnoso.

campaña f. Campo llano sin montes ni aspereza. Conjunto de actos o esfuerzos de índole diversa que se aplican a obtener un fin determinado. Período en que una persona ejerce un cargo o se dedica a ocupaciones determinadas. En América, campo. Período de operaciones de un buque o una escuadra; o de un ejército en operaciones.

campar intr. Sobresalir, aventajar uno a otros; distinguirse entre ellos. Acampar.

campeador adj. y s. Decíase del que sobresalía en el campo con acciones señaladas; se dijo del Cid Ruy Díaz de Vivar, por excelencia.

campear intr. Salir a pacer los animales domésticos, o salir de sus cuevas y andar por el campo los salvajes. Campar. En América, recorrer un terreno para enterarse de la situación, estado o seguridad del ganado. Estar en campaña.

campechana f. En México y Cuba, bebida compuesta de diferentes licores mezclados. En México, pan dulce cubierto con azúcar vidriada.

campechano-a adj. Franco, dispuesto para bromas o diversiones. Dadivoso.

campechano-a adj. y s. Natural de Campeche. Perteneciente o relativo a esta ciudad y Estado de la República Mexicana.

campeche m. En México. árbol leguminoso tintóreo, de cuya madera, llamada palo de Campeche, se obtiene la hematoxilina, materia colorante que se enrojece a la luz.

campeón m. Héroe famoso en armas. El que obtiene la primacía en un campeonato. Defensor esforzado de una causa o doctrina.

campeonato m. Certamen o contienda en que se disputa el premio en ciertos juegos y deportes. Preeminencia o primacía en las luchas deportivas.

campero-a adj. Descubierto en el campo y expuesto a todos los vientos. Dícese del ganado y otros animales cuando duermen en el campo. En América, persona muy práctica en el campo y usos peculiares de las estancias. En México, trote muy suave del caballo.

campesino-a adj. y s. Dícese de lo que es propio del campo o perteneciente a él. El que trabaja la tierra. Labrador.

campestre adj. Propio del campo o perteneciente a él. Campesino.

campiña f. Espacio grande de tierra llana labrantía.

campirano-a adj. En México, campesino; persona entendida en las faenas del campo. Diestro en el manejo del caballo y en domar o sujetar otros animales.

campo m. Terreno extenso en despoblado. Tierra laborable. Sitio para algún desafío o deporte. Extensión o espacio real o imaginario en que cabe o por donde corre o se dilata alguna cosa material o inmaterial. Región donde se encuentra localizada o distribuida una magnitud física. Terreno o comarca ocupados por un ejército durante operaciones de guerra.

camposanto o **campo santo** m. Cementerio de los católicos.

camuesa f. Fruto del camueso, especie de manzana fragante y sabrosa.

camueso m. Variedad del manzano cuya fruta es la camuesa. Hombre muy necio e ignorante.

camuflaje m. Galicismo con que se designan los artificios empleados para enmascarar y evitar que sean localizados objetivos interesantes en la guerra.

camuflar tr. Disfrazar y encubrir algo con engaño.

can m. Perro. Gatillo, percusor de las armas de fuego.

cana f. Cabello que se ha vuelto blanco.

canabináceo-a adj. Planta dicotiledónea urtical, jugosa, con tallo de fibras tenaces, hojas opuestas y fruto en aquenio: cáñamo. lúpulo.

canadiense adj. y s. Natural del Canadá. Perteneciente o relativo a este país de América.

canal m. Cauce artificial por donde se conduce el agua. Parte más profunda y limpia de la entrada de un puerto. Vía por donde circulan los gases y las aguas bajo tierra. Llanura larga y estrecha entre montañas. Teja por donde circula el agua. Artesa para abrevar el ganado vacuno. Res muerta y abierta, sin las tripas y demás despojos. Corte delantero y acanalado de un libro. Estrecho marítimo, natural o artificial. Cauce o ranura en un órgano. Estría.

canalículo m. Canal, conducto o ranura pequeños.

canalizacion f. Acción y efecto de canalizar. Drenaje, en Cirugía. Sistema de obras para la navegación de un río.-

canalizar tr. Abrir canales. Regularizar el cauce o la corriente de un río o arroyo. Aprovechar para el riego o la navegación las aguas corrientes o estancadas. Drenar.

canalón m. Conducto que recibe y vierte el agua de los tejados. Sombrero de teja. Carámbano colgante de los canales de agua.

canalla f. Hombre despreciable y de malos procederes. Gente baja y ruin. Persona ingrata.

canallada f. Acción o dicho propios de un canalla. Ingratitud.

canallesco-a adj. Propio de la canalla o de un canalla.

canana f. Banda o cinto para llevar cartuchos.

cananeo-a adj. y s. Natural de la tierra de Canaán. Perteneciente a este país asiático.

canapé m. Escaño con asiento y respaldo, generalmente acolchados, para sentarse o acostarse. Trozo de pan frito o tostado sobre el que se extienden diversos manjares.

canard m. Palabra francesa: pato. Úsase como sinónimo de noticia falsa.

canario m. Pájaro fringílido originario de las Islas Canarias, el de mejor y más sostenido canto; del que existen muchas especies y variedades.

canario-a adj. y s. Natural de las Islas Canarias. Perteneciente a ellas.

canasta f. Cesto de mimbres ancho de boca. Cierto juego de naipes.

canastilla f. Cestilla de mimbres para objetos menudos de uso doméstico. Ropa que se previene para el niño que ha de nacer.

canasto m. Canasta recogida de boca.

cancán m. Baile ligero parisién y muy extendido a fines del siglo XIX.

cáncana f. Araña gruesa, de patas cortas y color obscuro.

cancel m. Contrapuerta interior. En México, biombo, mampara, persiana.

cancela f. Verjilla que se pone en el umbral de algunas casas, para evitar el paso al público.

cancelar tr. Anular, hacer ineficaz un instrumento público, una inscripción en registro, una nota u obligación vigente. Borrar de la memoria, abolir, derogar.

cáncer m. Tumor maligno, duro o ulceroso, que invade y destruye los tejidos orgánicos animales. Cuarto signo del Zodíaco y constelación zodiacal.

canceración f. Conversión de una lesión en cáncer.

cancerar tr. Producir cáncer. Consumir, enflaquecer, destruir. Mortificar, reprender. R. Padecer de cáncer o degenerar en cancerosa una úlcera o tumor.

cancerbero m. Portero o guarda severo e incorruptible, por alusión al perro Cerbero de tres cabezas que guardaba la puerta de los infiernos.

cancerología f. Suma de conocimientos acerca del cáncer.

canceroso-a adj. y s. Dícese del enfermo de cáncer. De la naturaleza del cáncer. Relativo o perteneciente al cáncer.

cancilla f. Puerta a modo de verja, que cierra los huertos, corrales o jardines.

canciller m. Empleado auxiliar de las embajadas, legaciones, consulados. Magistrado supremo en algunos países. Funcionario de alta jerarquía. Ministro o secretario de Relaciones Exteriores.

cancilleresco-a adj. Perteneciente o relativo a la cancillería. Ajustado al estilo, reglas o fórmulas de cancillería.

cancillería f. Oficio de canciller. Oficina del mismo. Alto centro diplomático en el que se dirige la política exterior.

canción f. Composición poética para ser cantada. Su música. Composición lírica dividida en estancias largas, de versos endecasílabos y heptasílabos, menos la última ma estrofa que es más breve.

cancionero m. Colección de canciones y poesías.

cancionista com. Persona que compone o canta canciones.

cancriforme adj. Semejante al cancro o tejido gangrenoso. Parecido a un crustáceo, especialmente a un cangrejo.

cancro m. Cáncer. Úlcera gangrenosa que no es de naturaleza cancerosa.

cancha f. Local destinado a juego de pelota, peleas de gallos, etc. Hipódromo. Explanada de un frontón. En América, corral o cercado espacioso para depositar objetos.

canchal m. Peñascal o sitio de grandes piedras descubiertas.

cancho m. Peñasco grande. Canchal.

candado m. Cerradura suelta que por medio de armellas se aseguran puertas, ventanas, armarios, maletas, etc.

candar *tr.* Cerrar con llave o de cualquier otro modo.

cande *adj.* Aplícase al azúcar obtenido por evaporación lenta, en cristales grandes, de color vario.

candeal *adj.* Aplícase al trigo de superior calidad y al pan que se hace con su harina.

candela *f.* Vela, cilindro o prisma de cera, sebo u otra materia grasa. Lumbre. Inflorescencia del castaño, encina, alcornoque y otras cupulíferas.

candelabro *m.* Candelero de dos o más brazos que se sustenta sobre su pie o sujeto a la pared. En América, ciertas cactáceas muy altas, los frutos de las cuales se llaman tunas peladas o chulas.

candelecho *m.* Choza sobre estacas desde donde el viñador otea y guarda la viña.

candelero *m.* Utensilio para mantener derecha la vela o candela. Velón. El que hace o vende candelas.

candelilla *f.* Diminutivo de candela. En América, luciérnaga, gusano de luz. En Centroamérica y México, ciertas euforbiáceas que producen la cera industrial o cera de candelilla.

candelizo *m.* Carámbano.

candente *adj.* Dícese del cuerpo, generalmente metal, cuando se enrojece o blanquea por la acción del fuego o calor.

cándidamente *adv.* Sencillamente, con candor.

candidato-a *m. y f.* Persona que pretende alguna dignidad, honor o cargo. Persona propuesta para ello, aunque no lo solicite.

candidatura *f.* Reunión de candidatos a un empleo. Aspiración a él. Papeleta con el nombre inscrito de uno o de varios candidatos. Propuesta de una persona para una dignidad o cargo.

candidez *f.* Calidad de cándido.

cándido-a *adj.* Blanco. Sencillo, sin malicia ni doblez. Simple, poco advertido. Inocente, incauto.

candil *m.* Utensilio para alumbrar. Lamparilla manual de aceite. Punta alta de las cuernas de los venados. En México, araña, especie de candelabro.

candileja *f.* Vaso inferior del candil. Vasito en que se pone aceite u otro combustible para que arda la mecha. *Pl.* Línea de luces en el proscenio del teatro.

candinga *f.* En México, el diablo.

candiota *adj. y s.* Natural de Creta o Candía. Perteneciente a esta isla griega. *F.* Cubeto, barril o vasija para llevar o tener vino u otro licor.

candonga *f.* Chasco o burla con apodos o chanzas continuadas. Mula de tiro.

candongo-a *adj. y s.* Zalamero y astuto. Que tiene maña para huir del trabajo.

candor *m.* Suma blancura. Sinceridad, sencillez y pureza del ánimo. Simplicidad, ingenuidad, inocencia.

candoroso-a *adj.* Que tiene candor.

caneca *f.* Frasco de vidrio o de barro vidriado.

canela *f.* Corteza de las ramas del canelo, quitada la cubierta, de color rojo amarillento, de olor muy aromático y sabor agradable. Cosa muy fina y exquisita.

canelo-a *adj.* De color de canela. *M.* Árbol lauráceo de tronco liso, hojas parecidas a las del laurel, flores terminales blancas y olorosas y por fruto drupas ovales pardo azuladas. La segunda corteza de sus ramas es la canela.

canelón *m.* Canalón. Carámbano largo y puntiagudo que cuelga de las canales cuando se hiela el agua o se derrite la nieve.

canesú *m.* Cuerpo de vestido de mujer, corto y sin mangas. Pieza superior de la camisa o blusa, al que se pegan el cuello, las mangas y el resto de la prenda.

canevá *m.* En México y Cuba, cañamazo.

cangilón *m.* Vaso grande de barro o metal para traer o tener líquidos o para medirlos. Vasija para sacar agua de los pozos y ríos. Vasija de hierro de algunas dragas. En América, carril. Hoyo, bache.

cangreja *adj.* Dícese de la vela de cuchillo, de forma trapezoidal.

cangrejo *m.* Crustáceo decápodo de caparazón corto y ancho, con el primer par de patas modificadas en pinzas grandes; comestible.

canguro *m.* Mamífero marsupial herbívoro, de cabeza pequeña y orejas grandes, patas robustas y cola larga y fuerte. Piel o cuero de estos animales.

caníbal *adj. y s.* Dícese del salvaje de las Antillas, tenido por antropófago. Por extensión, antropófago. Hombre cruel y feroz.

canibalismo *m.* Antropofagia. Ferocidad o inhumanidad. Tendencia de algunos animales a comerse a los de su misma especie y, a veces, a sus propias crías.

canica *f.* Canela silvestre de Cuba. En México, cierto árbol rubiáceo medicinal. Bolita de vidrio, barro u otra materia dura, con que juegan los niños.

canicie *f.* Color cano del pelo.

canícula *f.* Período del año en que son más fuertes los calores.

canicular *adj.* Perteneciente a la canícula. Días que dura la canícula.

cánido *adj. y s.* Mamífero carnívoro digitígrado, sin uñas retráctiles; perro, lobo, chacal y zorro.

canijo-a *adj. y s.* Débil y enfermizo. En México, bobo, mentecato.

canilla *f.* Hueso largo de la pierna o del brazo. Cualquiera de los huesos principales del ala de las aves. Pequeño cañón de una cuba o tinaja para dar salida al líquido. Carrete en que se devana el hilo o la seda. En México, fuerza física.

canillera *f.* Espinillera. En América, flojedad que le viene al gallo de pelea. Cobardía.

canillón o **canilludo** *adj. americ.* Persona de piernas largas.

canino-a *adj.* Relativo o semejante al can o perro. Diente situado entre los incisivos y los premolares. Colmillo.

canje *m.* Cambio, trueque o substitución.

canjear *tr.* Hacer canje. Cambiar, trocar, substituir, permutar.

cano-a *adj.* Que tiene blanco todo o lo más del pelo o de la barba. Anciano. Blanco.

canoa *f.* Embarcación de remo o motor muy estrecha, sin quilla y sin diferencia de forma entre proa y popa. Bote ligero de algunos buques. Cajón oblongo de una pieza.

canódromo *m.* Lugar para carreras de perros.

canon *m.* Regla o precepto. Catálogo de libros sagrados y auténticos de la Iglesia Católica. Registro, matrícula. catálogo. Parte principal de la Misa. Regla de las proporciones de la figura humana. Prestación pecuniaria periódica que grava una concesión gubernativa. Pauta, norma, ejemplar, modelo.

canónico-a *adj.* Con arreglo a los sagrados cánones y demás disposiciones eclesiásticas. Normativo.

canónigo *m.* El que tiene o desempeña un canonjía. El que pertenece con pleno derecho a un cabildo de catedral o colegiata.

canonista *m.* El que profesa el Derecho Canónico o tiene de él especiales conocimientos. Estudiante de cánones.

canonizar *tr.* Declarar solemnemente santo y poner el Papa en el catálogo de ellos a un siervo de Dios, ya beatificado. Aprobar y aplaudir una cosa.

canonjía *f.* Prebenda del canónigo. Empleo de poco trabajo y bastante provecho. Sinecura, momio.

canoro-a *adj.* Dícese del ave de canto grato y melodioso. Por extensión, dícese también de la voz humana, de la poesía y de los instrumentos músicos.

canoso-a *adj.* Que tiene muchas canas. En México, caballo de pelaje obscuro, con algunos pelos blancos.

canotié o **canotier** *m.* Sombrero, generalmente de paja, de copa plana y baja, y de ala rígida.

cansado-a *adj.* Dícese de las cosas que declinan o decaen y de las degeneradas o enervadas. Aplícase a la persona o cosa que produce cansancio.

cansador-a *adj. americ.* Que causa fatiga o cansancio. Que causa molestia.

cansancio *m.* Falta de fuerzas por haberse fatigado. Fatiga, molestia, hastío, tedio.

cansar *tr.* Causar cansancio. Quitar fertilidad a la tierra. Enfadar, molestar. Fatigar, importunar, fastidiar.

cansino-a *adj.* Animal enervado por sus esfuerzos.

cantable *adj.* Que se puede cantar. Parte del libreto de una zarzuela que puede ponerse en música. Trozo de música majestuoso y sencillo.

cantábrico-a *adj.* Perteneciente a Cantabria, antigua región del norte de España.

cántabro-a *adj. y s.* Natural de Cantabria.

cantada *f.* En México, acción y efecto de cantar, o confesar un secreto.

cantador-a *adj. y s.* Persona con habilidad para cantar coplas populares. El que tiene por oficio cantarlas.

cantal *m.* Canto de piedra. Cantizal.

cantalear *intr.* Gorjear, arrullar las palomas.

cantaleta *f.* Ruido y confusión de voces e instrumentos para burlarse de alguien. Canción de mofa. Estribillo. Chasco, zumba.

cantaletear *tr. americ.* Repetir las cosas hasta causar fastidio. En México, dar cantaleta.

cantamisa *f.* En México, acto de cantar un sacerdote la primera misa.

cantamisano *m.* En México, misacantano.

cantante *com.* Cantor y cantora de profesión.

cantar *m.* Copla o breve composición poética puesta en música para cantarse o adaptable a alguno de los aires populares. Especie de caloma que usan los labradores.

cantar *intr.* Formar con la voz sonidos melodiosos y variados. Producir algunos insectos sonidos estridentes. Componer o recitar alguna poesía. Descubrir o confesar lo secreto. Salomar. Ejecutar con un instrumento el canto de una pieza concertante. Emitir voces las aves.

cántara /. Medida de capacidad para líquidos, equivalente a 1.613 centilitros. Cántaro.

cantarela /. Nombre de la prima del violín o de la guitarra.

cantárida /. Insecto coleóptero de cuerpo blando, dañino para las plantas; seco y pulverizado se aplica al polvo como rubefaciente y vesificante, diurético y estimulante de los órganos genitourinarios.

cantarín-a adj. Aficionado con exceso a cantar. Cantante.

cantarilla /. Vasija de barro, sin baño, del tamaño y forma de una jarra ordinaria, y boca redonda.

cántaro m. Vasija grande de barro o metal, angosta de boca, ancha por la barriga y estrecha por el pie, con una o dos asas. Todo el líquido que cabe en un cántaro. Medida de vino de diferente cabida, según las regiones. Arquilla, cajón o urna donde se echan las bolas o cédulas para sortear.

cantata /. Composición lírica destinada al canto. Composición musical para ser cantada en oposición a sonata; hoy se equipara a un oratorio de cortas dimensiones.

cantatriz /. Cantarina. Cantora.

cantazo m. Pedrada o golpe dado con un canto. En América, trago copioso de un licor.

cante m. Cualquier género de canto popular. En Andalucía, acción y efecto de cantar.

canteado-a adj. Dícese de las piedras, ladrillos u otros materiales puestos o asentados de canto.

cantear tr. Labrar los cantos de una tabla, piedra u otro material. Poner de canto los ladrillos.

cantera /. Sitio de donde se saca piedra, greda u otro material para obras. Explotación de la que se obtienen piedras de construcción.

cantería /. Arte de labrar las piedras para la construcción. Obra hecha de piedra labrada. Porción de piedra labrada.

cantero m. El que labra las piedras para las construcciones. Extremo de algunas cosas duras que se puede partir fácilmente.

cántico m. Composición poética de gran elevación y arrebato.

cantidad /. Todo lo que es capaz de aumento o disminución y puede medirse o numerarse. Porción grande de alguna cosa. Porción indeterminada de dinero. Estado de una magnitud. Tiempo que se invierte en la pronunciación de una sílaba.

cantiga o cántiga /. Antigua composición poética destinada al canto. Forma poética musical cantada por los trovadores.

cantil m. Lugar que forma escalón en la costa o en el fondo del mar. En América, borde de un despeñadero.

cantilena /. Cantar, copla, composición poética breve para que se cante. Repetición molesta e importuna de alguna cosa. Cantinela, bordón, estribillo. Melodía principal en una composición musical a varias partes.

cantimplora /. Sifón. Vasija de metal para enfriar el agua, semejante a la garrafa. Frasco aplanado y revestido para llevar la bebida.

cantina /. Sótano para guardar el vino para el consumo de la casa. Puesto público en que se venden bebidas y algunos comestibles. Caja de madera dividida en compartimientos para llevar comida. Mueble para guardar y servir bebidas. En México, taberna.

cantinela /. Cantilena.

cantinero-a com. Persona que cuida de las bebidas. Persona que tiene cantina.

cantizal m. Terreno con muchos cantos y guijarros.

canto m. Acción y efecto de cantar. Arte de cantar. Poema corto del género heroico, o de otro género. Parte en que se divide el poema épico. Conjunto de reglas que rigen la técnica vocal. Voz de las aves.

canto m. Extremidad o lado de cualquier parte o sitio. Extremidad, punta, esquina o remate de alguna cosa. Lado opuesto al filo de un cuchillo o sable. Corte del libro opuesto al lomo. Trozo de piedra. Angulo o comisura en cada lado de los párpados.

cantón m. Esquina. Región, territorio. División administrativa de algunos países. Acantonamiento.

cantonera /. Pieza en la esquina de libros, muebles u otros objetos, como refuerzo o adorno. Rinconera.

cantor-a adj. y s. Que canta, especialmente si lo tiene por oficio. Dícese de los pájaros de canto agradable. Compositor de cánticos. Trovador, poeta.

cantoral m. Libro de coro.

canturrear o canturriar intr. Cantar a media voz.

cánula /. Caña pequeña. Tubo de la jeringa.

caña /. Tallo de las plantas gramíneas, generalmente hueco y nudoso. Canilla del brazo o de la pierna. Parte de la bota que cubre la pierna. Vástago de un remache. Vaso cónico y alto. Medida de vino. En América, caña de azúcar. Parte de la columna entre el capitel y la basa. Fuste.

cañada /. Espacio de tierra entre dos alturas poco distantes entre sí.

Vía para los ganados trashumantes.

cañal *m.* Cañaveral. Cerco de cañas o canal pequeño en los ríos, para pescar. Caño del agua.

cañamar *m.* Sitio sembrado de cáñamo.

cañamazo *m.* Estopa de cáñamo. Tela tosca de cáñamo. Tela rala dispuesta para bordar. La misma tela, después de bordada.

cañamelar *m.* Plantío de cañas de azúcar.

cañamiel *f.* Caña de azúcar.

cáñamo *m.* Planta canabinácea anua, de tallo erguido, áspero, hueco y velloso, hojas lanceoladas y flores verdosas; su simiente es el cañamón. Fibra textil de esta planta o lienzo de la misma. En América, bramante.

cañamón *m.* Simiente del cáñamo, empleado para alimentar pájaros.

cañar *m.* Cañal, cañaveral, cerco de cañas.

cañaveral *m.* Sitio poblado de cañas. Plantío de cañas.

cañaverero *m.* En México, persona perita en el cultivo de cañas de azúcar.

cañería *f.* Conducto de caños por donde se distribuyen las aguas o el gas. Tubería.

cañero *adj.* Que sirve para los trabajos de la caña. Relativo a ésta. En México, trojes en que se deposita la caña en los ingenios.

cañí *m.* Gitano.

cañizar o **cañizal** *m.* Cañaveral.

cañizo *m.* Tejido de cañas y bramante. El timón del trillo.

caño *m.* Tubo corto de metal, vidrio o barro. Albañal. Chorro. Cueva donde se enfría el agua. Galería de mina.

cañón *m.* Pieza hueca y larga a modo de caña. Parte córnea y hueca de la pluma del ave. Lo más recio del pelo de la barba. Parte principal de una arma de fuego, para aprovechar la fuerza expansiva del proyectil y darle dirección. Pieza de artillería de gran longitud y alcance. En México y Perú, camino por barrancas y acantilados en las montañas. Paso estrecho o garganta profunda por donde suelen correr ríos.

cañonazo *m.* Tiro de cañón de artillería. Ruido y estrago que causa. En América, golpe dado con el cañón del fusil. En México, soborno.

cañonear *tr.* Batir a cañonazos.

cañonera *f.* Tronera. Espacio para colocar la artillería. En América, pistolera. Porta para el servicio de la artillería.

cañonero-a *adj. y s.* Dícese del barco o lancha que montan cañones.

Buque de guerra de poco desplazamiento, para hostigar a las naves enemigas, apto para navegar por los ríos y mares de poca profundidad.

cañutero *m.* Alfiletero.

cañutillo *m.* Tubito sutil de vidrio para labores de pasamanería. Hilo de oro o de plata rizado para bordar.

cañuto *m.* Parte intermedia entre nudo y nudo de una caña. Cañón corto y no muy grueso.

caoba *f.* Árbol americano meliáceo, de tronco recto y grueso, hojas compuestas, flores en panoja y fruto capsular; de madera muy estimada por su hermoso aspecto y fácil pulimento.

caolín *m.* Silicato de alúmina hidratado; es una arcilla blanca de gran poder refractario, muy dura; sirve para hacer porcelana, para dar lisura y lustre al papel y para otros usos medicinales.

caos *m.* Estado de confusión y desorden.

caótico-a *adj.* Perteneciente o relativo al caos.

capa *f.* Ropa larga y suelta sin mangas, para usar sobre el vestido. Substancia diversa que se sobrepone en una cosa para protegerla, o bañarla. Porción de algunas cosas extendidas sobre otras. Plumaje que cubre el lomo de las aves. Pretexto con que se encubre un designio. Estrato de la corteza terrestre.

capacete *m.* Pieza de la armadura antigua que cubría y defendía la cabeza.

capacidad *f.* Espacio para contener algo. Extensión de algún sitio o local. Aptitud o suficiencia para comprender alguna cosa. Talento, disposición. Oportunidad, lugar o medio para ejecutar alguna cosa. Inteligencia, preparación.

capacitación *f.* Acción y efecto de capacitar o capacitarse. Aplícase a las escuelas, institutos o cursos en que se adiestra a los alumnos para la práctica de distintas profesiones.

capacitar *tr.* Hacer a uno apto, habilitarlo para algo.

capacho *m.* Espuerta de juncos o mimbres. Espuerta de cuero o de estopa muy recia en que los albañiles llevan la mezcla. Seroncillo de esparto. En México, res vacuna de cuernos caídos.

capar *tr.* Extirpar o inutilizar los órganos genitales. Disminuir o cercenar. En México, cortar el cogollo del maguey.

caparazón *m.* Cubierta que se pone al caballo para tapar la silla y aderezo y la que se pone a las caballerías para protegerlas de la lluvia. Esqueleto torácico de las aves. Cubierta resistente y dura de los crustáceos y quelonios. Serón con el pienso de la caballería.

caparra *f.* Señal o parte del precio que se adelanta en algunos contratos.

caparrón *m.* Botón que sale de la yema de la vid o del árbol. Alubia más corta y gruesa que la común.

caparrosa *f.* Sal compuesta de ácido sulfúrico y de cobre o hierro.

capataz *m.* El que gobierna y vigila cierto número de operarios. Cabecilla, jefe.

capaz *adj.* Que tiene espacio suficiente para recibir o contener en sí otra cosa. Grande, espacioso. Apto, suficiente. De buen talento, instruido, diestro.

capazo *m.* Espuerta grande de esparto o de palma.

capazón *f.* En México, operación de capar los machos en los ganados; operación de capar las plantas de tabaco.

capcioso-a *adj.* Artificioso, engañoso, insidioso.

capea *f.* Acción de capear. Lidia de becerros o novillos por aficionados.

capear *tr.* Despojar a uno de la capa. Hacer suertes con la capa al toro o al novillo. Entretener a uno con engaños o evasivas. Sortear el mal tiempo con adecuadas maniobras.

capelo *m.* Sombrero rojo insignia de los cardenales. Dignidad de cardenal. En México, fanal.

capellán *m.* Eclesiástico. Sacerdote que dice misa en un oratorio privado.

capellanía *f.* Fundación por la que se dejan bienes sujetos al cumplimiento de misas y otras cargas pías.

capellina *f.* Pieza de la armadura que cubría la parte superior de la cabeza. Capuchón para resguardarse del agua y del frío. Vendaje en forma de gorro.

caperuza *f.* Bonete que remata en punta inclinada hacia atrás. Capucha.

capí *m. americ.* Maíz; es palabra quechua.

capialzar *tr.* Levantar un arco o dintel por uno de sus frentes, para formar el derrame volteado sobre una puerta o ventana.

capicúa *m.* Cifra que es igual leída de derecha a izquierda que de izquierda a derecha.

capilar *adj.* Perteneciente o relativo al cabello. Dícese del tubo muy angosto, comparable al cabello o de los vasos muy sutiles del organismo.

capilaridad *f.* Calidad de capilar. Propiedad de los líquidos de elevarse o descender, respecto al nivel exterior, por dentro de tubos capilares o de superficies o láminas muy próximas, o en contacto con las paredes de una vasija.

capiliforme *adj.* De forma capilar. Parecido a un cabello.

capilla *f.* Capucha sujeta al cuello de las capas, gabanes o hábitos. Edificio contiguo a una iglesia o parte integrante de ella, con altar y advocación particular. Cuerpo o comunidad de capellanes dependiente de ella. Oratorio, en las casas particulares. Conjunto de músicos al servicio de una iglesia, casa real o de aristocracia. Agrupación coral independiente.

capillo *m.* Cubierta de lienzo en la cabeza de los niños de pecho. Vestidura blanca que se pone en la cabeza de los niños al bautizarlos.

capirotada *f.* Aderezo para cubrir y rebozar otros manjares. En México, la fosa común del cementerio. Dulce con pan tostado.

capirotazo *m.* Golpe dado con un dedo haciéndolo resbalar sobre la yema del pulgar.

capirote *m.* Dícese de la res vacuna de cabeza de color distinto que el resto del cuerpo. Muceta con capillo que usan los doctores. Caperuza que llevan quienes van en las procesiones de semana santa. Caperuza de las aves de cetrería. Capota plegadiza de algunos carruajes.

capitación *f.* Repartimiento de tributos y contribuciones por cabezas.

capital *m.* Tocante o perteneciente a la cabeza. Aplícase a los pecados o vicios que son cabeza u origen de otros. Población principal o cabeza de un Estado, provincia o distrito. Principal o muy grande. Hacienda, caudal, patrimonio. Letra mayúscula. Cantidad de dinero que se presta, se impone o deja sobre una o varias fincas. Caudal que aporta el marido al matrimonio. Valor permanente de lo que de manera periódica rinde intereses, rentas o frutos. Factor de la producción formado por la riqueza acumulada que se destina, en unión del trabajo y de los agentes naturales, a nueva producción. *Adi.* Pena de muerte.

capitalidad *f.* Calidad de ser una población cabeza o capital de un municipio, distrito, provincia o Estado, y de las costumbres peculiares de ella.

capitalino-a *adj. y s.* Dícese de las entidades y personas radicadas en la ciudad capital de un Estado, y de las costumbres o cosas peculiares de ella.

capitalismo *m.* Sistema económico individualista caracterizado por el predominio del capital; sus factores fundamentales son: adquisición, competencia y racionalización.

capitalista *adj.* Propio del capital o del capitalismo. *Com.* Persona acaudalada, principalmente en dinero o valores. Persona que coopera con su capital a uno o más negocios.

capitalizar *tr.* Fijar el capital que corresponde a un rendimiento o interés. Agregar al capital el importe de los intereses devengados.

capitalmente *adv.* Mortalmente, gravemente. Principalmente.

capitán *m.* Oficial del ejército a quien corresponde el mando de una compañía, escuadrón o batería. El que manda un buque mercante. Genéricamente, caudillo militar. Cabeza de gente forajida, o de grupo deportista.

capitana *f.* Nave en que va embarcado y arbola su insignia el jefe de una escuadra. Mujer cabeza de una tropa. Mujer del capitán.

capitanear *tr.* Mandar tropa haciendo el oficio de capitán. Guiar o conducir a cualquier gente.

capitanía *f.* Empleo de capitán. Compañía mandada por un capitán. Anclaje, tributo por fondear en un puerto. Señorío, dominio o mando sobre una cosa, y territorio sometido al señor.

capitel *m.* Parte superior de la columna que la corona y ornamenta según el orden de arquitectura a que corresponde. Chapitel.

capitolio *m.* Edificio majestuoso y elevado, por alusión al levantado en Roma, en que estaba el templo de Júpiter.

capitoné *adj.* Palabra francesa: acolchado.

capitoso-a *adj.* Dícese del vino que emborracha fácilmente.

capitulación *f.* Concierto o pacto entre dos o más personas, sobre algún negocio importante. Convenio en que se estipula la rendición de un ejército, plaza o punto fortificado. Ajuste, concierto.

capitular *adj.* Perteneciente o relativo a un cabildo secular o eclesiástico, o al capítulo de una orden. *M.* Individuo con voto en cabildo o capítulo.

capitular *intr.* Pactar, hacer algún ajuste o concierto. Entregarse, bajo determinadas condiciones. *Tr.* Hacer a uno capítulos de cargos por excesos o delitos en el ejercicio de un empleo. Rendirse, transigir.

capítulo *m.* Junta general de religiosos o clérigos. Cabildo secular. Cargo que se hace a quien ejerció un empleo. División en libros o escritos, para un mejor orden e inteligencia de la materia. Inflorescencia en cabezuela. Extremo de una antena animal. Cargo, reprensión.

capnias *m.* Jaspe de color gris ahumado.

capolar *tr.* Despedazar, dividir en trozos.

capón *m.* Hombre o animal castrados. Pollo castrado y cebado. Haz de sarmientos.

caporal *m.* El que hace cabeza de alguna gente y la manda. El que tiene a su cargo el ganado que se emplea en la labranza. En América, capataz de una estancia de ganado.

capot *m.* Palabra francesa: cubierta metálica del motor del automóvil.

capota *f.* Cabeza de la cardencha. Tocado femenino de menos lujo que el sombrero. Cubierta plegadiza de algunos carruajes.

capotar *intr.* Dar la vuelta sobre sí mismo un carruaje o un avión inclinando la parte delantera y alzando la trasera.

capotazo *m.* Golpe que se da con la capa o el capote. Suerte del toreo hecha con el capote para ofuscar o detener al toro.

capote *m.* Capa de abrigo con mangas y menor vuelo que la capa. Especie de gabán ceñido al cuerpo y con largos faldones que usan los soldados como abrigo. Capa corta de torero. Ceño, enojo, enfado. En México y Chile, tunda.

capotear *tr.* Capear. Entretener con engaños o evasivas. Evadir mañosamente dificultades y compromisos.

capotillo *m.* Prenda a manera de capote o capa que llega hasta la cintura.

capreolado-a *adj.* Provisto de zarcillos o con ramos o tallos con zarcillos.

capreolar *adj.* Dícese de lo que está retorcido, como los zarcillos de la vid.

capricho *m.* Idea o propósito que uno se forma, sin razón ni motivo. Obra de arte en que se rompe, con cierta gracia o buen gusto, la observancia de las reglas. Antojo.

caprichoso-a o **caprichudo-a** *adj.* Que obra por capricho y lo sigue con tenacidad. Que se hace por capricho.

capsiense *adj.* y *s.* Período prehistórico del paleolítico superior, en el norte de Africa.

cápsula *f.* Cajita cilíndrica de metal con que se cierran herméticamente las botellas. Cilindro que contiene el fulminato de mercurio para ser herido por el percutor. Envoltura fibrosa o membranosa de un órgano. Envoltura insípida y soluble de ciertos medicamentos que se toman por vía bucal.

capsular *arj.* Perteneciente o semejante a la cápsula. Fruto que se presenta en cápsula o cajita.

captación *f.* Acción y efecto de captar. Primer periodo del hipnotismo.

captar *tr.* Traer, atraer, conseguir, lograr algo. Recoger convenientemente las aguas de uno o más manantiales. Comprender algo.

capturar *tr.* Aprehender a una persona que se cree es delincuente. Hacer prisioneros a soldados o tropas enemigas. Apoderarse de convoyes, pertrechos, armas y recursos del contrario.

capucha *f.* Capilla que cubre la cabeza y puede echarse a la espalda. Capucho.

capucho *m.* Pieza del vestido que cubre la cabeza, remata en punta y puede echarse a la espalda.

capuchón *m.* Abrigo, a modo de capuchón, que usan las señoras, sobre todo por la noche. Dominó corto.

capulín *m.* Arbol rosáceo americano de hojas alternas, flores pequeñas y fruto en drupa, de gusto y olor agradables. Otras especies reciben el mismo nombre.

capulina *f. americ.* Fruto del capulín, parecido a la cereza. En México, araña negra muy venenosa. En México, también, dícese de la vida regalada y sin cuidados.

capullo *m.* Envoltura de seda en la que arañas e insectos protegen sus huevos. Envoltura en que los lepidópteos efectúan su crisálida. Botón de las flores. Tela basta hecha de seda de capullos. Prepucio.

capuz *m.* Capucho. Capa o capote antiguo de gala. Chapuz.

caquexia *f.* Decoloración de las partes verdes de los vegetales. Debilidad y enflaquecimiento extremos.

caqui *m.* Tela de algodón o lana de color amarillo ocre a verde gris. Color de esta tela.

car *m.* Extremo inferior y más grueso de la antena.

cara *f.* Parte anterior de la cabeza. Semblante. Fachada o frente de alguna cosa. Superficie de algo. Anverso. Fisonomía, aspecto. Hacia. Cada plano de un ángulo diedro o poliedro. Cada una de las superficies que forman o limitan un poliedro.

caraba *f.* Disloque, acabóse, colmo.

carabao *m.* Rumiante bóvido, de color gris azulado y de cuernos largos; principal bestia de tiro en Filipinas.

carabela *f.* Antigua embarcación ligera, larga y angosta, con una sola cubierta, y tres palos.

carabina *f.* Arma de fuego, portátil, de menor longitud que el fusil. Mosquetón. Mujer de edad que acompaña a una señorita.

carabinero *m.* Soldado que usa carabina destinado, en España, a la persecución del contrabando y vigilancia de costas y fronteras, a ayudar a la percepción de rentas de aduanas.

carabo *m.* Embarcación pequeña de vela y remo, usada por los moros. Insecto coleóptero, grande, que segrega un líquido nauseabundo cuando se le sujeta.

caracol *m.* Molusco gasterópodo de concha en hélice o espiral. Concha de caracol. Pieza cónica del reloj en que se enrosca la cuerda. Rizo aplastado que llevan algunas mujeres en la sien o la frente. En México, camisón o blusa de mujer. Cada una de las vueltas y tornos que el jinete hace dar al caballo.

caracola *f.* Caracol marino grande, de forma cónica, abierto por el vértice que al soplar por él produce un sonido como de trompa.

caracolear *intr.* Hacer caracoles el caballo.

caracolillo *m.* Planta leguminosa sudamericana, de tallos volubles, flores grandes aromáticas y enroscadas en figura de caracol. Clase de café muy estimado, de grano más pequeño y redondo que el común. Caoba con muchas vetas.

carácter *m.* Señal o marca que se imprime, pinta o esculpe en alguna cosa. Signo de escritura o de imprenta. Rastro que se supone deja en el alma alguna cosa conocida o sentida. Indole, condición, rasgos o circunstancias por las que se distingue una cosa. Fuerza y elevación de ánimo, firmeza, energía. Fuerza y originalidad de intención y estilo de las obras artísticas. Aspecto psíquico-moral de la personalidad.

característico-a *arj.* Perteneciente o relativo al carácter. Cualidad que distingue a una persona o cosa de las demás. *M.* y *f.* Actor o actriz que representa papeles de persona de edad. *F.* Cifra que indica la parte entera de un logaritmo.

caracterizado-a *adj.* Distinguido por prendas personales, por categoría social o por oficio público.

caracterizar *tr.* Determinar los atributos peculiares de una persona o cosa. Autorizar a una persona con algún empleo, dignidad u honor. Representar un actor expresivamente su papel, por sus ademanes, dicnos, pintura y vestuario.

caracho-a *adj.* De color violáceo.

¡caracho! *interj.* ¡Caray!

carado-a *adj.* Con los auverbios *bien* o *mal,* que tiene buena o mala cara.

caradrido-a *arj. y s.* Ave limícola: aveírías, chorlitos, zarapitos y otras.

caradura *adj. y s* Desvergonzado, descarado. Instruso.

¡caramba! *interj.* Denota extrañeza o eniado.

carámbano *m.* Pedazo de hielo largo y puntiagudo.

carambola *f.* Lance del juego de billar en que una bola toca a las otras dos. Doble resultado que se alcanza mediante una sola acción.

caramelo *m.* Pasta de azúcar hecho almíbar al fuego y endurecido sin cristalizar al enfriarse.

caramillo *m.* Flauta de caña, instrumento popular de sonido agrio y penetrante. Chirimía. Zampoña. Montón mal hecho. Chisme, enredo, embuste.

caramujo *m.* Pequeño caracol que se adhiere a los fondos de los buques.

carantoña *f.* Mujer que se afeita y compone para ocultar o disimular su fealdad. Halagos y caricias que se hacen para obtener algo. Embeleco, arrumaco.

carapacho *m.* Caparazón de las tortugas, cangrejos y otros animales.

caraqueño-a *adj. y s.* Natural de Caracas. Perteneciente a esta ciudad capital de Venezuela.

carate *m. americ.* Mal del pinto.

caratoso-a *adj. y s. americ.* Que padece carate. Pintoso.

carátula *f.* Careta o mascarilla para cubrir la cara. En América, portada de un libro. En México, esfera de reloj.

caravana *f.* Grupo de gentes que se unen para pasar un desierto. Número grande de viajeros que van juntos. En México y Honduras, cortesía.

caravanero-a *adj. y s.* Conductor de una caravana. En México, persona cumplimentosa, adulona.

¡caray! *interj.* ¡Caramba!

cárbaso *m.* Variedad de lino muy delgado. Vestidura hecha de este lino. Lino, vela de nave.

carbón *m.* Materia sólida combustible que resulta de la combustión o destilación incompleta de la madera o de otros cuerpos. Brasa o ascua una vez apagada. Carboncillo para dibujar.

carbonada *f.* Cantidad de carbón que se echa de una vez a la hornilla. Carne cocida picada y después asada. En Sudamérica, gui-

sado nacional, compuesto de carne desmenuzada, rebanadas de chocios, zapallos, papas y arroz.

carbonar *tr.* Hacer carbón. Pinta. rrajear, delinear, ennegrecer con carbon.

carbonato *m.* Sal del ácido carbónico.

carboncillo *m.* Palillo de carbón para dibujar. Clase de arena de color negro.

carbonear *tr.* Hacer carbón de leña. *Intr.* Cargar carbón en un buque.

carbonera *f.* Pila de leña para carbonear. Lugar donde se hace o guarda carbón.

carbonería *f.* Puesto o almacén donde se vende carbón.

carbonero *adj.* Perteneciente o relativo al carbón. *M.* El que hace o vende carbón.

carbónico-a *adj.* Cualquier combinación o mezcla en que entre el carbono.

carbonífero-a *adj.* Dícese del terreno que contiene carbón. *M.* Período de la era primaria, notable por la riqueza de sus depósitos de origen vegetal y formación de la hulla.

carbonilla *f.* Carbón mineral menudo, como residuo del más grueso. Coque menudo residual.

carbonizar *tr.* Reducir a carbón un cuerpo organico.

carbono *m.* Cuerpo simple sólido, insípido e inodoro que existe en la Naturaleza libre y en combinación y que en estado amorfo constituye, con algunas impurezas, los carbones naturales y artificiales; símbolo C.

carborundo *m.* Carburo de silicio, cristalizado, incoloro que, después del diamante, es la substancia más dura que se conoce; substituto del esmeril.

carbunclo *m.* Carbúnculo Carbunco.

carbunco *m.* Enfermedad infecciosa y mortífera del ganado lanar, vacuno, cabrío y, a veces, caballar, transmisible al hombre, causada por una bacteria aerobia. Antrax.

carbúnculo *m.* Granate o rubí, por suponerse que en la obscuridad lucía como carbón encendido.

carburación *f.* Acción de combinarse el carbono con el hierro para producir acero. Paso de la corriente de aire sobre la gasolina para obtener el mezcla explosiva que, al inflamarse, produce la fuerza impulsora del vehículo.

carburado-a *adj.* Que contiene carbono.

carburador *m.* Aparato para carburar. Depósito metálico en que se mezclan el aire y el combustible volátil para producir la carburación.

carburante *adj. y s.* Que contiene hidrocarburo. *M.* Denominación general de los combustibles empleados en los motores de combustión interna, principalmente la gasolina.

carburar *tr.* Mezclar los gases y el aire atmosférico con carburantes gaseosos, para hacerlos combustibles o detonantes. Combinar o enriquecer el hierro con carbono para obtener la fundición.

carburo *m.* Nombre genérico de los compuestos de carbono con otro elemento, simple o compuesto.

carcacha *f.* En México, vehículo desvencijado.

carcadal *m.* Masa de sedimentos que se acumulan en el fondo de un río.

carcaj o **carcax** *m.* Aljaba. Caja pendiente de un tahalí, para aguantar el extremo de la cruz alzada. En América, funda de cuero en que se lleva el rifle al arzón de la silla.

carcajada *f.* Risa impetuosa y ruidosa.

carcamal *adj. y s.* Persona decrépita y achacosa.

carcarias *m.*

carcasa *f.* Cierta bomba incendiaria. Armazón y envoltura de ciertas máquinas.

cárcava *f.* Barranco en terrenos arcillosos o margosos causado por la erosión. Zanja o foso. Sepultura.

cárcel *f.* Edificio o local para la custodia y seguridad de los presos.

carcelazo *m. amèric.* Encarcelamiento arbitrario.

carcelero-a *m. y f.* Persona que tiene a su cuidado la cárcel.

carcinógeno-a *adj.* Que produce cáncer.

carcinoma *m.* Neoplasma maligno de células epiteliales que invaden rápidamente los tejidos contiguos y los destruyen, o se diseminan por el cuerpo y forman nuevos tumores destructores.

carcoma *f.* Insecto coleóptero pequeño cuya larva roe y taladra la madera. Polvo que produce este insecto después de digerir la madera. Cuidado grave y continuo que mortifica y consume.

carcomer *tr.* Roer la carcoma la madera. Consumir poco a poco una cosa. *R.* Llenarse de carcoma alguna cosa.

carda *f.* Acción y efecto de cardar. Cabeza terminal del tallo de la cardencha. Instrumento o máquina para cardar.

cardado-a *adj.* Peinado con las cardas. *M.* Parte de la hilatura que transforma las fibras textiles en mechas.

cardador *m.* Persona que carda. Miriápodo de cuerpo cilíndrico que se alimenta de substancias en descomposición y se arrolla al verse sorprendido.

cardamomo *m.* Planta cingiberácea medicinal de fruto triangular y correoso; de semillas aromáticas y picantes.

cardar *tr.* Preparar una materia textil con la carda, para el hilado. Sacar suavemente el pelo con la carda a los paños y felpas.

cardán *m.* Dícese de la articulación universal del automóvil.

cardelina *f.* Jilguero.

cardenal *m.* Cada uno de los prelados que componen el Sacro Colegio; son consejeros del Papa y forman el cónclave para la elección de Sumo Pontífice. Pájaro fringílido de América del Norte, de plumaje y pico rojo brillante, con moño en punta, de canto musical agudo. Equimosis.

cardenalato *m.* Dignidad de cardenal.

cardenalicio-a *adj.* Perteneciente al cardenal o prelado del Sacro Colegio.

cardencha *f.* Planta bienal de hojas aserradas y espinosas, flores purpúreas terminales cuyos involucros, largos y rígidos, forman cabezas que se usan para sacar el pelo a los paños en la percha.

cardenillo *m.* Mezcla de acetatos básicos de cobre, empleada como pigmento en cerámica, pinturas y barnices. Materia verdosa o azulada que se forma en los objetos de cobre o sus aleaciones.

cárdeno-a *adj.* De color amoratado. Dícese del toro cuyo pelo tiene mezcla de negro y blanco, y del agua de color opalino.

cardería *f.* Taller en donde se carda la lana. Fábrica de cardas.

cardiáceo-a *adj.* Que tiene forma de corazón.

cardíaco-a o **cardiaco-a** *adj.* Perteneciente o relativo al corazón. Que padece del corazón. Que tiene la propiedad de fortalecer o tonificar el corazón.

cardias *m.* Orificio superior del estómago.

cardillo *m.* Planta compuesta bienal que se cría en sembrados y barbechos, de hojas rizadas y espinosas, sus pencas se comen cocidas, cuando son tiernas.

cardinal *adj.* Principal, fundamental. Dícese del número que sirve de base a una serie coordinada. Dícese del adjetivo numeral que expresa exclusivamente cuántas son las personas o cosas de que se trata.

cardiógrafo *m.* Instrumento que registra los latidos del corazón.

cardiograma *m.* Registro gráfico de los movimientos cardíacos.

cardiología *f.* Estudio del corazón, de sus enfermedades y manera de tratarlas.

cardiólogo *m. y f.* Médico especializado en el estudio y tratamiento de las enfermedades del corazón.

cardiomegalia *f.* Hipertrofia del corazón.

cardiopatía *f.* Cualquier enfermedad del corazón.

cardizal *m.* Sitio en que abundan los cardos y otras hierbas inútiles.

cardo *m.* Planta compuesta anua, de hojas grandes y espinosas y flores azules en cabezuela.

cardonal *m.* En México, asociaciones de cactáceas arborescentes columnares.

cardumen o cardume *m.* Banco, conjunto de peces que en gran número nadan juntos.

carear *tr.* Poner a una o varias personas en presencia de otra u otras, para apurar la verdad de dichos o hechos. Cotejar una cosa con otra. En América, enfrentar dos gallos de pelea.

carecer *intr.* Tener falta de algo.

carena *f.* Reparo y compostura del casco de la nave. Burla y chasco con que se zahiere o reprende. Cresta, quilla o saliente alargados de un órgano.

carenar *tr.* Reparar o componer el casco de la nave.

carencia *f.* Falta o privación de alguna cosa.

careo *m.* Acción y efecto de carear. Confrontación de testigos o acusados que se contradicen en sus declaraciones, para averiguar mejor la verdad.

carestía *f.* Falta o escasez de alguna cosa. Subido precio de las cosas de uso común.

careta *f.* Máscara o mascarilla para cubrir la cara. Mascarilla de alambres con que los colmeneros preservan la cara de las picaduras de las abejas, o con que los que ensayan en esgrima resguardan la cara.

carey *m.* Tortuga de mar con extremidades en forma de paleta y concha del espaldar dividida en placas imbricadas; sus huevos se estiman como manjar excelente. Materia córnea que se saca en chapas delgadas, por debajo de las escamas, susceptible de hermoso pulimento, para embutidos e incrustaciones.

carga *f.* Acción y efecto de cargar. Cosa transportada. Unidad de medida de algunos productos forestales. Medida para granos. Cantidad de explosivo de una arma de fuego o de un barreno o mina. Tribu-

to, imposición, gravamen. Obligación aneja a un estado, empleo u oficio. Cuidados y aflicciones del ánimo. Peso que sustenta una construcción. Potencia eléctrica. Presión hidrostática en el orificio de un depósito. Choque violento y a gran velocidad realizado por una fuerza del ejército. Evolución de gente armada para dispersar o ahuyentar a grupos de revoltosos.

cargadero *m.* Sitio en que se cargan y descargan las mercancías que se transportan. Tragante de los altos hornos.

cargado-a *adj.* Dícese del tiempo o atmósfera bochornosos. Oveja próxima a parir. Fuerte, espeso, saturado.

cargador *m.* El que embarca mercancías para transportarse. Conductor de cargas. Pieza para cargar. En América, mozo de cordel. Accesorio de las armas de fuego que contiene varios cartuchos.

cargamento *m.* Conjunto de mercancías que carga una embarcación.

cargante *adj.* Que carga o molesta.

cargapalito *m.* En México, oruga de los lepidópteros que hace su revestimiento exterior con trozos vegetales.

cargar *tr.* Poner o echar peso sobre una persona o bestia. Poner en un vehículo mercancías para transportarlas. Acopiar con abundancia algunas cosas. Introducir el cartucho en el depósito o en la recámara de una arma de fuego. Aumentar o gravar el peso de una cosa. Incomodar, cansar, molestar. En América, llevar uno consigo una cosa de uso. *Intr.* Inclinarse alguna cosa hacia alguna parte. Tomar sobre sí algún peso. Llevar los árboles fruto en gran abundancia. Estribar o descansar una cosa sobre otra. Admitir el cargo de alguna cantidad. *R.* Echar el cuerpo hacia alguna parte. Aglomerarse y condensarse las nubes. Anotar las partidas en el debe de una cuenta. Poner acento prosódico sobre una vocal o sílaba. Acometer con fuerza y vigor a los enemigos.

cargareme *m.* Documento en que se hace constar el ingreso de alguna cantidad en caja o tesorería.

cargazón *f.* Cargamento. Pesadez en alguna parte del cuerpo. Aglomeración de nubes espesas.

cargo *m.* Acción de cargar. Carga o peso. Conjunto de cantidades de las que uno debe dar razón. Dignidad, empleo u oficio. Obligación de hacer o cumplir alguna cosa. Gobierno, dirección, custodia. Falta que se imputa a alguien.

cargoso-a *adj.* Pesado, grave, molesto, gravoso. En América, cargante, insistente.

cariacontecido-a *adj.* Que muestra en su semblante pena, turbación o sobresalto.

carialegre *adj.* Risueño.

cariar *tr.* y *r.* Corroer, producir caries.

cariátide *f.* Estatua femenina con traje talar, que hace oficio de columna o pilastra. Por extensión, cualquier otra figura humana que hace el mismo oficio.

caribano-a *adj.* y *s.* Caribe, de la antigua costa norte de Sudamérica.

caribe *adj.* Dícese del hombre cruel e inhumano, con alusión a los indios de Caribana. Propio de ellos. Lengua de los caribes.

caribermejo-a *adj.* De tez rojiza.

caribú *m.* Nombre de varios renos de la parte septentrional de Norteamérica y de Groenlandia.

caricatura *f.* Figura ridícula en que se deforman las facciones y el aspecto de algunas personas exagerando sus rasgos.

caricaturesco-a *adj.* Perteneciente o relativo a la caricatura.

caricaturizar *tr.* Representar por medio de caricatura a una persona o cosa.

caricia *f.* Demostración cariñosa rozando suavemente con la mano el rostro de una persona, el cuerpo de un animal, etc. Halago, agasajo.

caridad *f.* Virtud teologal que consiste en amar a Dios sobre todas las cosas y al prójimo como a nosotros mismos, por el amor de Dios. Buena acción hecha al necesitado. Limosna. Tratamiento a los hermanos en religión, en algunas órdenes o cofradías religiosas. Filantropía.

caries *f.* Úlcera de un hueso. La dental es la destrucción y disolución del esmalte y la dentina por bacterias acidógenas. Tizón, hongo parásito.

carilla *f.* Careta, mascarilla. Plana o página.

carillón *m.* Juego de campanas, instalado en una torre o campanario que se hace sonar por medio de un teclado o por un mecanismo de relojería.

carinada *adj.* y *s.* Ave caracterizada por poseer un saliente laminar óseo longitudinal o quilla, en el esternón.

cariño *m.* Inclinación de amor o buen afecto que se siente hacia una persona o cosa. Expresión y señal de este sentimiento. Esmero con que se hace algo.

carioca *adj.* y *s.* Natural de Río de Janeiro, Brasil. Danza brasileña.

cariocarpo *adj.* De fruto parecido a la nuez.

carioquinesis o **cariocinesis** *f.* Proceso de división directa de la célula, llamado también cariomitosis o mitosis.

caritativo-a *adj.* Que ejercita la caridad. Perteneciente o relativo a la caridad. Filantrópico, compasivo, misericordioso.

cariz *m.* Aspecto de la atmósfera. Aspecto de un negocio o reunión.

carlanca *f.* Collar ancho y fuerte erizado de puntas de hierro, que preserva los mastines de las mordeduras de los lobos.

carlanga *f.* En México, pingajo, harapo, guiñapo.

carleta *f.* Lima para desbastar el hierro.

carlinga *f.* Parte del fuselaje del avión que ocupa el piloto y en la que están los puestos de mando.

carlista *adj.* y *s.* Partidario de los derechos que don Carlos María Isidro de Borbón y sus descendientes han alegado a la corona de España.

carmañola *f.* Especie de chaqueta parecida al marsellés y de cuello estrecho. Canción y danza en ronda, en boga durante la Revolución Francesa.

carmen *m.* Verso o composición poética.

carmenar *tr.* Desenredar, desenmarañar y limpiar cabellos, lana o seda. Repelar, tirar del pelo o arrancarlo. Quitar a uno dinero o cosas de valor.

carmesí *adj.* y *s.* Aplícase al color de grana dado por el quermes animal. Polvo del color de la grana quermes. Tela de seda roja.

carmín *m.* Materia de color rojo encendido, que se saca principalmente de la cochinilla. Este mismo color. Rosal silvestre y flor de esta planta.

carminado *m.* Tinta de color sanguíneo.

carminativo-a *adj.* Medicamento que favorece la expulsión de los gases desarrollados en el tubo digestivo.

carnada *f.* Cebo para cazar o pescar. Añagaza, señuelo.

carnadura *f.* Musculatura, robustez, abundancia de carnes. Encarnadura.

carnal *adj.* Perteneciente a la carne. Lascivo o lujurioso. Perteneciente o relativo a la lujuria. Que mira solamente las cosas de este mundo. Pariente colateral en primer grado.

carnaval *m.* Los tres días que preceden al miércoles de ceniza. Fiesta popular que durante ellos se celebra. Reunión alegre y bulliciosa.

carnaza *f.* Cara de las pieles que ha estado en contacto con la carne. Residuo de la descarnadura de las pieles que se aprovecha para fabricar cola. Carnada. Abundancia de carnes en una persona.

carne *f.* Parte blanda o mollar del cuerpo animal. Parte mollar de la fruta. Uno de los tres enemigos del alma, que inclina a la sensualidad y lascivia. Alimento animal en contraposición al pescado. Abastecimiento de la misma al pueblo.

carnear *tr.* En México, herir y matar con arma blanca, en combate o alcance.

carnerada *f.* Rebaño de carneros.

carnero *m.* Mamífero rumiante ovino, de cuernos huecos angulosos y arrollados en espiral, de lana espesa; muy apreciado por su carne y lana.

carnero *m.* Lugar donde se echan los cadáveres. Osario.

carnestolendas *f. pl.* Carnaval.

carnet *m.* Palabra francesa: agenda pequeña de bolsillo. Documentación de uso frecuente.

carnicería o carnecería *f.* Casa o sitio público donde se vende por menor la carne. Destrozo y mortandad grandes.

carnicero-a *adj. y s.* Animal que da muerte a otros para comerlos. Cruel, sanguinario, inhumano. Persona que suele comer mucha carne. Persona que vende carne.

carnívoro-a *adj. y s.* Dícese del animal que se ceba en la carne cruda. Animal que puede alimentarse de carne. Planta que se nutre de insectos.

carnosidad *f.* Carne superflua que crece en una llaga. Carne que sobresale en alguna parte del cuerpo. Gordura extremada.

carnoso-a *adj.* De carne. Que tiene muchas carnes. Dícese de lo que tiene mucho meollo. Tejido vegetal blando y muy jugoso.

caro-a *adj.* Que excede mucho del valor o estimación regular. Amado, querido. *Adv.* de precio subido o alto.

carolingio-a o carlovingio-a *adj.* Perteneciente o relativo a Carlomagno, a su familia y dinastía o a su tiempo.

carona *f.* Pedazo de tela acojinada entre la silla o albarda y el sudadero, para que no se lastimen las caballerías. Parte interior de la albarda.

carota *f.* Zanahoria.

carótida *f.* Cada una de las dos arterias que por uno y otro lado del cuello llevan la sangre a la cabeza.

carozo *m.* Raspa de la panoja o espiga del maíz. Garojo, zuro.

carpa *f.* Pez cipriniforme de agua dulce, de aletas con radios blandos, de grandes escamas, con dos barbillas en la mandíbula. Gajo de uvas. En Sudamérica, toldo de feria. En México, tinglado en que se representan espectáculos populares.

carpanel *adj.* Dícese del arco que consta de varias porciones de circunferencia tangentes entre sí y trazadas desde distintos centros.

carpanta *f.* Hambre violenta. En México, pandilla de gente alegre o maleante.

carpelo *m.* Cada una de las partes distintas que constituyen el ovario o el fruto múltiple de las plantas.

carpeta *f.* Cubierta de tela sobre mesas o arcas, para adorno y limpieza. Cartera para escribir sobre ella y guardar papeles. Cubierta para resguardo y orden de los legajos. Tapete pequeño.

carpetazo *m.* Golpe dado con la carpeta. Paralización arbitraria de una solicitud o expediente. Terminación o desistimiento de un asunto.

carpintería *f.* Taller o tienda del carpintero. Oficio u obra del carpintero.

carpintero *m.* El que por oficio trabaja o labra madera.

carpo *m.* Muñeca o parte de una extremidad superior situada entre el antebrazo y el metacarpo. Grupo de huesos que sostienen la muñeca.

carraca *f.* Instrumento de madera giratorio y con lengüeta que produce ruido seco y desapacible. Antigua nave de transporte, de hasta dos mil toneladas. Sitio en que antiguamente se construían los bajeles. Artefacto o vehículo deteriorado y caduco.

carral *m.* Barril o tonel para acarrear vino.

carraleja *f.* Coleóptero negro con bandas transversales rojas; por compresión suelta una substancia aceitosa; tiene iguales aplicaciones terapéuticas que la cantárida.

carrasca *f.* Encina, generalmente pequeña, o mata de ella.

carrascal *m.* Sitio o monte poblado de carrascas. En América, pedregal.

carraspante *adj.* Áspero, acre.

carraspear *intr.* Sentir o padecer carraspera.

carraspera *f.* Aspereza de la garganta que impide tragar bien la saliva y enronquece la voz.

carrera *f.* Paso rápido del hombre o del animal. Sitio destinado para correr. Curso de los astros. Carretera. Calle que antes fue camino. Serie de calles que ha de recorrer una comitiva. Pugna de velocidad entre personas, a pie, con vehículos o montadas sobre animales. Conjunto de cosas puestas en línea. Camino o curso que sigue uno en sus acciones. Curso o duración de la vida humana. Profesión de las armas, ciencias, letras, etc. Medio o modo de hacer alguna cosa. Línea de puntos que se sueltan en la media o en un tejido análogo.

carrerear *intr.* En México, dar prisa.

carrerista *com.* Persona aficionada o concurrente a las carreras de caballos y la que apuesta en ellas. La que participa en ellas.

carreta *f.* Carro largo, angosto y más bajo que el ordinario, de dos ruedas y, en general, rústico.

carretada *f.* Carga que lleva una carreta o carro. Medida usada en México para vender o comprar cal. Gran cantidad de algo.

carretal *m.* Sillar toscamente desbastado.

carrete *m.* Cilindro taladrado por el eje, con bordes en sus bases, para devanar y mantener arrollados en él hilos, alambres, cordeles o cables. Rueda en que se lleva rodeado el sedal. En México, sombrero de paja. Cilindro en que se enrolla un hilo conductor metálico.

carretear *tr.* Transportar una cosa en carreta o carro. Gobernar una carreta o carro.

carretela *f.* Coche de cuatro asientos, con caja poco profunda y cubierta plegadiza.

carretera *f.* Camino público, ancho y espacioso, dispuesto para carros o automóviles.

carretería *f.* Conjunto de carretas. Ejercicio de carretear. Taller en que se fabrican o reparan carros y carretas.

carretero *adj.* Dícese del camino expedito para el tránsito de coches o de otros carruajes. *M.* El que hace carros o carretas. El que guía los animales que tiran de ellos.

carretilla *f.* Carro pequeño de mano, de una sola rueda en la parte anterior y dos varas en la posterior para asirla. Buscapiés.

carretillero *m.* El que conduce una carretilla. Alumno que contesta las cosas de memoria. En México, pieza de la máquina de coser que lleva el carrete.

carretón *m.* Carro pequeño a modo de cajón abierto, de dos ruedas o cuatro, que puede ser arrastrado por una o dos caballerías.

carric *m.* Gabán o levitón muy holgado, con varias esclavinas sobrepuestas.

carricoche *m.* Carro cubierto cuya caja era la de un coche. Coche viejo y de mala figura.

carricuba *f.* Carro con depósito de agua u otros líquidos.

carril *m.* Huella que dejan en el suelo las ruedas de un carruaje. Surco. Cada una de las barras que sustentan y guían las locomotoras y vagones de un ferrocarril. Camino o parte de una carretera, capaz tan sólo para el paso de un carro o automóvil.

carrillo *m.* Parte carnosa de la cara desde la mejilla hasta lo bajo de la quijada. Garrucha.

carrizal *m.* Sitio poblado de carrizos.

carrizo *m.* Planta graminea de raíz larga y dulce, hojas lanceoladas y flores en panocha; se cría cerca del agua y se aprovechan de ella hojas, tallos y panojas.

carro *m.* Carruaje de dos o cuatro ruedas, con lanza o varas para el tiro. Carga que lleva. Juego del coche sin la caja. Pieza móvil de la máquina de escribir en que va semiarrollado el papel y sobre la que golpean las letras y signos. En América, vehículo en general. Tanque de guerra.

carrocería *f.* Establecimiento en que se construyen, componen y venden carruajes. Parte de los automóviles asentada sobre el bastidor, destinada a las personas.

carrochar *intr.* Poner sus hueveci- llos los insectos.

carromato *m.* Carro grande de dos ruedas con varas para enganchar una caballería o más en reata, con toldo de lienzo y cañas.

carroña *f.* Carne corrompida.

carroza *f.* Coche grande ricamente vestido y adornado. En América, carro fúnebre.

carruaje *m.* Vehículo montado sobre ruedas.

carrusel *m.* Tiovivo.

carta *f.* Papel escrito, ordinariamente cerrado, que una persona envía a otra para comunicarse con ella. Naipe de la baraja. Constitución escrita o código fundamental de un Estado. Mapa. Misiva, epístola.

cartabón *m.* Instrumento en forma de triángulo que se emplea en el dibujo lineal. Regla graduada para medir la longitud del pie. Ángulo que forman en el caballete las dos vertientes de la armadura de un tejado.

cartagenero-a *adj. y s.* Natural de Cartagena. Perteneciente a dicha ciudad española.

cartaginés-a *adj. y s.* Natural de Cartago. Perteneciente a esta antigua ciudad de África. Lengua semítica de Cartago.

cartapacio *m.* Cuaderno para escribir o tomar apuntes. Funda o cartera escolar. En México, carta muy abultada. Expediente.

cartearse *recipr.* Corresponderse por cartas.

cartel *m.* Papel que se fija en lugar público para hacer saber algo. Papel encartonado con escritos en grandes caracteres para enseñar a leer. Pasquín.

cártel o **kártel** *m.* Coalición de industriales para la realización de fines comunes: evitar competencias, fijar precios, condiciones, etc. Trust.

cartela *f.* Pedazo de cartón, madera, etc., a modo de tarjeta para escribir algo. Ménsula a modo de modillón, de más altura que vuelo. Hierro que sostiene un balcón cuando no tiene repisa de albañilería. Mapa adicional insertado en el ángulo de otro mayor.

cartelera *f.* Armazón o tablero adecuado para fijar carteles o anuncios públicos.

cartelero *m.* El que pega carteles en lugares públicos.

cartelista *m.* Artista dedicado especialmente a pintar carteles con sentido decorativo.

carteo *m.* Acción y efecto de cartearse.

cárter *m.* Cubierta de la cadena de la bicicleta. Parte de la caja que envuelve los principales elementos del motor y cuya base se emplea como depósito de aceite para engrase.

cartera *f.* Utensilio de piel, con algunas divisiones y de tamaño para ponerlo en el bolsillo, para llevar billetes o documentos personales. Estuche de mayores proporciones para llevar documentos, valores, etc. Adorno o tira que cubre el bolsillo de algunas prendas de vestir. Empleo de ministro. Bolso, billetera, portafolio, ministerio. Valores o efectos de curso legal, que forman parte del activo de un comerciante, banco o sociedad.

carterista *m.* Ladrón de carteras de bolsillo.

cartero *m.* Repartidor de las cartas del correo.

cartilaginoso-a *adj.* Relativo a los cartílagos. Semejante al cartílago o de su naturaleza. Que contiene cartílago o está formado de él.

cartílago *m.* Tejido conjuntivo denso y firme, homogéneo o fibrilado, y elástico. Ternilla.

cartilla *f.* Cuaderno que contiene las letras del alfabeto y primeros rudimentos para aprender a leer. Tratado breve y elemental de algún oficio o arte.

cartografía *f.* Arte y técnica de representar la superficie terrestre en un plano o mapa. Conjunto o colección de mapas o planos de una región.

cartomancia *f.* Arte supersticioso de adivinar lo futuro por medio de los naipes.

cartón *m.* Conjunto de varias hojas de papel superpuestas y adheridas unas a otras por compresión. Papel grueso. Dibujo o bosquejo en papel grueso, como estudio y modelo.

cartonería *f.* Fábrica en que se hace el cartón. Tienda en que se vende.

cartuchera *f.* Estuche, generalmente de cuero, para llevar los cartuchos de caza o de guerra. Canana.

cartuchería *f.* Conjunto de cartuchos y municiones. Municiones de fusil y ametralladora. Establecimiento donde se cargan y acondicionan los cartuchos.

cartucho *m.* Carga correspondiente a cada tiro de una arma de fuego. Envoltorio cilíndrico de monedas de una misma clase. Bolsa de cartulina para contener dulces, frutas, etc. Cucurucho.

cartuja *f.* Monasterio habitado por cartujos.

cartujo *m.* Religioso perteneciente a la orden monástica fundada por san Bruno. Hombre muy taciturno y retraído.

cartulario *m.* Códice diplomático, o de diplomas, que contiene documentos de cualquier clase referentes a una determinada entidad.

cartulina *f.* Cartón delgado muy terso y fino.

cartusana *f.* Galón de bordes ondulados.

carúncula *f.* Carnosidad de color rojo vivo, eréctil, en la cabeza de algunos animales: pavo, gallo.

carvalledo *m.* Robledal.

casa *f.* Edificio para habitar. Familia. Descendencia o linaje que tiene un mismo apellido y origen. Establecimiento industrial o mercantil. Escaque. Mansión, morada, hogar; comercio; raza.

casabe o **cazabe** *m.* Pan de yuca o mandioca.

casaca *f.* Vestidura ceñida al cuerpo, con mangas y faldones.

casación *f.* Acción de casar o anular.

casadero-a *adj.* Que está en edad de casarse. Núbil.

casal *m.* Casa de campo. Solar o casa solariega.

casalicio *m.* Casa, edificio.

casamata *f.* Bóveda muy resistente en fortificaciones permanentes para cubrir la instalación de piezas de artillería o ametralladoras.

casamentero-a *adj.* y *s.* Que propone una boda o interviene en el ajuste de ella. Dícese de quien con frecuencia entiende en tales negocios, por afición o por interés.

casamiento *m.* Acción y efecto de casar o casarse. Ceremonia nupcial. Contrato legal y solemne entre hombre y mujer para vivir maritalmente. Matrimonio, boda, nupcias.

casar *m.* Conjunto de casas que no llegan a pueblo.

casar *tr.* Anular, abrogar, derogar.

casar *intr. y r.* Contraer matrimonio. Autorizar el sacramento del matrimonio. Unir o juntar una cosa con otra. Hacer que varias cosas hagan juego o se correspondan entre sí.

casateniente *m.* El que tenía casa en un pueblo y era cabeza de familia.

casca *f.* Hollejo de la uva después de pisada y exprimida. Corteza de ciertos árboles usada para curtir. Cáscara.

cascabel *m.* Bolita de metal, hueca, con una estrecha abertura, y que contiene un pedacito de hierro que la hace sonar al moverse. Sonaja.

cascabeleo *m.* Ruido de cascabeles o de voces o risas que lo asemejan.

cascabillo *m.* Cascabel. Cascarilla del grano de trigo o de cebada. Cúpula de la bellota.

cascada *f.* Caída de agua desde cierta altura por rápido desnivel de un cauce.

cascado-a *adj.* Persona o cosa muy gastada o trabajada. Dícese de la voz que carece de sonoridad, fuerza y entonación.

cascajar o **cascajal** *m.* Paraje donde hay mucho cascajo.

cascaje *m.* En México, barrilería, conjunto de envases vacíos.

cascajo *m.* Guijo, fragmentos de piedra o de cosas que se quiebran. Conjunto de frutas secas de cáscara. Vasija rota e inútil. Conjunto de trastos o muebles viejos.

cascalote *m.* Árbol leguminoso americano, alto y grueso, cuyo fruto abunda en tanino.

cascanueces *m.* Instrumento a modo de tenaza para partir nueces. Pájaro córvido y dentirrostro.

cascar *tr.* Quebrantar o hender una cosa quebradiza. Dar a alguien golpes. Charlar.

cáscara *f.* Corteza o cubierta exterior de los huevos, de varias frutas y de otras cosas. Corteza de los árboles.

cascarear *tr.* En Centroamérica, cascar, golpear. En México, andar en negocios poco lucrativos.

cascarilla *f.* Corteza de un árbol americano euforbiáceo, amarga, aromática y medicinal. Quina de Loja o delgada. Laminilla de metal

muy delgada. Blanquete hecho de cáscara de huevo.

cascarón *m.* Cáscara de huevo de cualquier ave.

cascarrabias *m.* Persona que fácilmente se enoja, riñe o demuestra enfado.

casco *m.* Cráneo. Pedazo de vasija o vaso que se rompe. Cada una de las capas gruesas de la cebolla. Copa del sombrero. Pieza de la armadura y de algunos uniformes que cubre y defiende la cabeza. Armazón de la silla de montar. Tonel, pipa o botella para contener líquidos. Uña de las caballerías. Cada uno de los fragmentos en que se dividen al estallar los proyectiles. Cabeza, juicio, talento. Cuerpo de la nave, sin aparejo ni máquinas.

cascote *m.* Fragmento de casas o edificios derribados. Conjunto de escombros usados para otras obras nuevas.

caseificar *tr.* Transformar la leche en queso. Separar la caseína de la leche.

caseína *f.* Substancia albuminoidea de la leche que unida a la manteca forma el queso.

caseoso-a *adj.* Perteneciente o relativo al queso. Semejante a él.

casería *f.* Casa de campo con instalaciones y dependencias. Cortijo, caserío.

caserío *m.* Conjunto de casas.

casero-a *adj.* Que se hace o cría en casa o pertenece a ella. Persona que cuida mucho de su casa, hogareña. *M.* Dueño de una casa que la alquila a otra persona. Administrador de ella. Inquilino.

caserón *m.* Casa muy grande y destartalada.

caseta *f.* Casita de un solo piso. Casilla donde se desnudan los bañistas. Garita de policía.

casetón *m.* Artesón, adorno cuadrado o poligonal de techos, bóvedas y arcos.

casi *adv.* Cerca de, poco menos, aproximadamente, por poco.

casia *f.* Cualquier planta leguminosa espinosa, con hojas compuestas y puntiagudas, flores amarillas aromáticas y semillas negras y duras. Otras plantas reciben el mismo nombre.

casilla *f.* Casa o albergue pequeño y aislado para vigilancia de algún punto. Cada una de las divisiones del papel cuadriculado o de un casillero. Escaque. Caseta, garita, taquilla.

casillero *m.* Mueble con varias divisiones para tener clasificados documentos y otros objetos.

casimir *m.* Tela de lana fina y en punto de tafetán. Otros tejidos similares de lana y algodón o lana y seda. En Mexico, paño, especialmente para traje de hombre.

casino *m.* Casa de recreo; centro de diversión y lectura. Club. Asociación política o de hombres de una misma clase o condicion, con la misma finalidad. Edificio en que se reunen.

casis *m.* Grosellero negro que produce una substancia gelatinosa, remedio para las anginas. Licor sacado de dicha planta.

caso *m.* Suceso, acontecimiento. Casualidad, acaso. Lance, ocasion. Asunto por consultar. Invasión individual de una enfermedad. Ocurrencia, incidente. Accidente gramatical que indica el oficio que ejercen en la oración los substantivos y pronombres.

casona *f.* Casa grande, caserón.

casorio *m.* Casamiento mal concertado, o sin lucimiento.

caspa *f.* Escamilla que se forma a raiz de los cabellos; exfoliación de la capa córnea del cuero cabelludo.

¡cáspita! *interj.* Denota extrañeza o admiración.

casquete *m.* Pieza de la armadura que cubría y defendía el casco de la cabeza. Cubierta de tela, cuero, papel, etc., que se ajusta al casco de la cabeza. Media peluca. En América, peluca. Parte de la superficie de la esfera cortada por un plano que no pasa por su centro.

casquijo *m.* Multitud de piedra menuda para hacer hormigón y, como grava, para afirmar los caminos.

casquillo *m.* Anillo o abrazadera de metal, para reforzar la extremidad de una pieza de madera. Parte metálica del cartucho de cartón. Cartucho metálico vacío. En América, herradura.

casquivano-a *adj.* Atolondrado, de poco juicio. Vanidoso, frívolo.

casta *f.* Generación o linaje. Clase especial de habitantes de un país, sin mezclarse con las demás. Especie o calidad de una cosa. Abolengo, estirpe.

castaña *f.* Fruto del castaño. Fruto de otros muchos árboles. Especie de moño que se hacen las mujeres con la mata de pelos de la cabeza. En México, barril pequeño.

castañar o **castañal** *m.* Sitio poblado de castaños.

castañetazo *m.* Golpe recio con las castañuelas o con los dedos. Chasquido de las coyunturas de los huesos sometidas a esfuerzo.

castañetear *tr.* Tocar las castañuelas. *Intr.* Sonar a uno los dientes de una mandíbula contra la otra.

castaño-a *adj.* Dícese del color de la cascara de la castaña. *M.* Arbol fagaceo o cupulífero de tronco grueso, copa ancha, hojas grandes lanceoladas, flores blancas en amentos y frutos a manera de zurrones espinosos que encierran la castaña.

castañuelas *f. pl.* Instrumento de percusión de madera, formado por dos piezas circulares y cóncavas con cordones para sujetarlas a los dedos del ejecutante.

castellán *m.* Castellano, alcaide o gobernador de un castillo.

castellanizar *tr.* Dar forma castellana a un vocablo de otro idioma.

castellano-a *adj. y s.* Natural de Castilla. Perteneciente a esta región de España. Idioma o lengua oficial de España. Señor de un castillo. Alcaide o gobernador de un castillo.

castellonense *adj. y s.* Natural de Castellón de la Plana. Perteneciente o relativo a esta ciudad y provincia españolas.

casticismo *m.* Amor a lo castizo en costumbres, idioma, usos y modales.

casticista *com.* Purista en el modo de usar el idioma.

castidad *f.* Virtud opuesta a los afectos carnales. Pureza, honestidad.

castigador-a *adj. y s.* Que castiga. Persona enamoradiza y veleidosa.

castigar *tr.* Ejecutar algún castigo en el culpado. Mortificar y afligir. Escarmentar. Corregir o enmendar obras o escritos. Aminorar los gastos. Enamorar con desdenes o con fingida indiferencia. Quitar los resabios a una caballería o a un toro.

castigo *m.* Pena que se impone al que ha cometido delito o falta. Ejemplo, advertencia. Enmienda o corrección de obras o escritos. Punición, condena.

castillo *m.* Lugar fuerte, cercado de murallas, baluartes, fosos y otras fortificaciones. Parte alta o principal de la cubierta de un buque.

castizo-a *adj.* De buen origen casta. Lenguaje muy puro. En México, animal macho muy fecundo.

casto-a *adj.* Puro, honesto, opuesto a la sensualidad. Cosa que conserva la pureza y hermosura originales.

castor *m.* Mamífero roedor de costumbres acuáticas, de piel fina color castaño. Piel de este animal. Paño o fieltro hecho con pelo de este animal.

castóreo *m.* Substancia de olor fuerte y desagradable que secretan dos glándulas del castor; de igual empleo que el almizcle y la algalia, como fijador en la preparación de perfumes.

castra *f.* Acción de castrar. Tiempo en que suele hacerse esta operación.

castrametación *f.* Arte de ordenar los campamentos militares.

castrar *tr.* Capar. Podar. Quitar a las colmenas panales de miel y dejar sólo los suficientes para que las abejas se puedan mantener y fabricar nueva miel.

castrense *adj.* Perteneciente o relativo al ejército o al estado o profesión militar.

casual *adj.* Que sucede por casualidad.

casualidad *f.* Combinación de circunstancias imprevisibles e inevitables. Acaso, azar, eventualidad.

casucha *f.* Casa pequeña y mal construida.

casuística *f.* Parte de la Teología Moral que trata de los casos de conciencia.

casuístico-a *adj.* Perteneciente -o relativo a la Casuística. Dícese de las disposiciones legales que rigen casos especiales y no tienen aplicación genérica. Aplicación de principios éticos a casos específicos. Registro y estudio de casos de enfermedad.

casulla *f.* Vestidura sagrada que el sacerdote se pone sobre las demás para celebrar la Misa.

cata *f.* Acción de catar. Porción que se prueba. En México, Colombia y Chile, calicata.

catabolismo *m.* Fase del metabolismo consistente en la destrucción de tejidos orgánicos o de los alimentos asimilados, por la que el organismo adquiere la energía necesaria para sus funciones y subsistencia.

cataclismo *m.* Trastorno grande de la Tierra producido por el agua. Gran trastorno en el orden social o político. Catástrofe, desastre.

catacumba *f.* Subterráneo usado por los primitivos cristianos para enterrar a sus muertos y celebrar las ceremonias del culto.

catacústica *f.* Estudio de los ecos y resonancias.

catadura *f.* Acción y efecto de catar. Gesto o semblante.

catafalco *m.* Túmulo adornado que se pone en las iglesias para las exequias solemnes.

catalán-a *adj. y s.* Natural de Cataluña. Perteneciente a este antiguo principado y actual región española. Lengua hablada en Cataluña.

catalanismo *m.* Movimiento político tendiente a que se reconozca la personalidad política y administrativa de Cataluña. Expresión, vo-

cablo o giro propio de la lengua catalana.

catalejo *m.* Anteojo de larga vista.

catalepsia *f.* Estado de rigidez muscular, pérdida del conocimiento y de la sensibilidad, enfriamiento, palidez, lentitud de la respiración y del pulso.

catálisis *f.* Modificación de la velocidad de una reacción química motivada por cuerpos que al finalizar la reacción aparecen inalterados.

catalizador *m.* Cuerpo capaz de producir una catálisis.

catalogar *tr.* Apuntar, registrar ordenadamente libros, manuscritos, etc., formando catálogo con ellos.

catálogo *m.* Memoria, inventario o lista de personas, cosas o sucesos puestos en orden.

cataplasma *f.* Tópico de consistencia blanda que se aplica para suministrar calor húmedo y aliviar inflamaciones y dolores.

catapulta *m.* Máquina militar antigua para arrojar piedras o saetas. Máquina para el lanzamiento de aviones desde la plataforma de un navío.

catar *tr.* Probar, gustar alguna cosa para examinar su sabor o sazón. Ver, registrar. Mirar, fijar la vista con atención. Pensar, juzgar.

catarata *f.* Cascada o salto grande de agua producido en el curso de algún río por brusco desnivel de su cauce. Opacidad del cristalino del ojo o de su cápsula o de su humor, que produce ceguera.

catarro *m.* Flujo de las membranas mucosas. Inflamación aguda o crónica de estas membranas y con aumento de secreción. Inflamación de las mucosas de las vías respiratorias superiores.

catarsis *f.* Evacuación que produce efecto de limpieza; aplícase especialmente al intestino. Purificación o depuración de las emociones por medio del arte.

catártico-a *adj.* Purgante. Relativo a la catarsis. *M.* Purgante intermedio entre los laxantes y los drásticos.

catastro *m.* Censo y padrón estadístico de las fincas rústicas y urbanas.

catástrofe *f.* Suceso infausto que altera gravemente el orden regular de las cosas. Desenlace doloroso de un poema dramático.

catavino *m.* Jarrillo para probar el vino de las cubas o tinajas. Pipeta con que se saca vino de una vasija para probarlo.

catazumba *f.* En México, multitud.

cátcher *m.* Palabra inglesa: jugador que en el béisbol recoge la pelota con manopla, cuando el bateador no acierta a rechazarla.

cate *m.* Golpe, bofetada.

catear *tr.* Catar, buscar, procurar. En America, allanar la casa de alguien. En México, registrar.

catecismo *m.* Libro que contiene la explicacion de la doctrina cristiana en forma de dialogo entre maestro y alumno. Obra que, redactada en la misma forma, contiene la exposicion suscinta de alguna ciencia o arte.

catecúmeno-a *m. y f.* Persona que se instruye en la doctrina y misterios de la fe catolica con el fin de recibir el bautismo. Neófito.

catedra *f.* Asiento elevado desde donde el maestro da leccion a sus discipulos. Aula. Empleo y ejercicio del catedratico. Facultad o materia que enseña el catedratico. Dignidad pontificia o episcopal. Capital o matriz donde reside el prelado.

catedral *f.* Iglesia principal en que reside el obispo o arzobispo con su cabildo.

catedrático *m.* El que tiene cátedra para dar enseñanza en ella.

categoria *f.* Diferente manera o clase de ser o predicado que puede afirmarse de cualquier sujeto. Condicion social. Elemento de clasificación en las ciencias. Importancia, clase.

categórico-a *adj.* Dicese del discurso o proposición en que explicita o absolutamente se afirma o niega alguna cosa. Claro y decisivo.

catequismo *m.* Ejercicio de instruir en cosas de religión. Arte de instruir por medio de preguntas y respuestas.

catequista *com.* Persona que instruye a los catecúmenos o ejerce el catequismo.

catequizar *tr.* Instruir en la doctrina de la fe católica. Persuadir a uno a que ejecute o consienta alguna cosa que repugnaba. Incitar, seducir.

caterpilar *m.* Dispositivo para aumentar la potencia de arrastre de un vehículo mediante ruedas que impulsan un par de cadenas o bandas sin fin o de carriles articulados que se adhieren mejor a los terrenos blandos. Oruga.

caterva *f.* Multitud de personas o cosas desordenadas y de poco valor e importancia.

catéter *m.* Sonda de cirujano para diversos usos y de diversas formas.

cateto *m.* Cada uno de los lados que forman el ángulo recto en el triángulo rectángulo.

catetómetro *m.* Instrumento para medir distancias verticales entre dos puntos.

catgut *m.* Palabra inglesa: hebra torcida de la capa submucosa del intestino del carnero, para hacer suturas y ligaduras en los vasos sanguineos.

catilinaria *adj.* Dicese de cada una de las oraciones pronunciadas por Cicerón contra Catilina. *F.* Escrito o discurso vehemente dirigido contra alguna persona. Filípica, invectiva.

catión *m.* El ión de un electrólito que transporta la carga positiva y se mueve hacia el catodo bajo la acción de una diferencia de potencial.

catoche *m.* En México, mal humor, displicencia.

cátodo *m.* Polo negativo de un circuito, de una pila, un acumulador, un tubo de descarga. Punto de potencial más bajo o potencial negativo de un circuito.

catolicidad *f.* Universalidad de la doctrina católica. Conjunto de pueblos católicos.

catolicismo *m.* Comunidad de los que viven en la religión católica. Creencia y doctrina de la Iglesia Católica. Movimiento histórico-cultural inspirado en las creencias y enseñanzas de la Iglesia Católica.

católico *adj. y s.* Universal, dicho de la Iglesia Romana. Que profesa la religión católica. Dicese de la Iglesia regida por Cristo y el Papa, su vicario en la Tierra.

catón *m.* Censor severo, por alusión al romano Marco Porcio Catón por la severidad con que ejerció el cargo. Libro elemental de lectura, en otros tiempos.

catóptrica *f.* Parte de la Física que estudia la reflexión de la luz.

catorrazo *m.* En México, golpe o bofetada.

catre *m.* Cama ligera para una sola persona. Dicese también del de tijera que tiene lecho de tela o de cuerdas entrelazadas, dos largueros y cuatro pies cruzados en aspa.

catrecillo *m.* Silla pequeña de tijera, con asiento de tela y sin respaldo.

catrín-a *m. y f.* En México, petimetre, gomoso; holgazán, vago bien ataviado. *F.* Medida de pulque equivalente aproximadamente a un litro.

cauce *m.* Lecho de los ríos y arroyos. Conducto descubierto de aguas de riego. Alveo, madre, canal.

caución *f.* Prevención, precaución. cautela. Fianza, protección Seguridad personal que se otorga de cumplir lo pactado como garantía o afianzamiento de una obligación.

caucionar *tr.* Dar caución. Precaver cualquier daño o perjuicio.

cauchero *m.* El que busca o trabaja el caucho. Que pertenece o se relaciona con el caucho. Que produce caucho.

caucho *m.* Goma elástica. Substancia compleja que forma parte del látex de muchas plantas, integrada básicamente por hidrocarburos.

cauda *f.* Falda o cola.

caudal *adj.* Perteneciente o relativo a la cola.

caudal *adj.* Caudaloso, de mucha agua. *M.* Hacienda, bienes de cualquier especie y más comúnmente, dinero. Cantidad de agua que mana o corre.

caudaloso-a *adj.* De mucha agua. Acaudalado, de mucho caudal.

caudato-a *adj.* Aplícase al cometa que tiene cola y al soneto con estrambote.

caudillaje *m.* Mando o gobierno de un caudillo. En América caciquismo.

caudillo *m.* El que como cabeza, guía y manda la gente de guerra. Director de algún gremio, comunidad o cuerpo. En México, el segundo jefe de las estancias ganaderas. Capitán, adalid.

caudimano *m.* Mamífero de cola prensil o que la utiliza para hacer sus guaridas.

caula *f. americ.* Treta, engaño, ardid.

caulote *m.* En México y Honduras, árbol esterculiáceo semejante al moral, cuyo mucílago se emplea contra la disentería.

causa *f.* Lo que se considera como fundamento u origen de algo. Motivo o razón. Empresa o doctrina por la que se toma interés. Litigio. Proceso penal.

causahabiente *m.* Persona que ha sucedido o se ha subrogado en el derecho de otra u otras.

causal *adj.* Dícese de la conjunción que se antepone a la oración y explica lo manifestado anteriormente.

causalidad *f.* Causa, origen, principio. Relación de causa y efecto. Ley en virtud de la cual se producen efectos.

causante *adj.* Que causa. *M.* Persona de quien proviene el derecho que alguno tiene. En México, el obligado a pagar una contribución, derecho o gabela.

causar *tr.* Producir la causa su efecto. Ser causa, razón y motivo de que suceda algo. Ser ocasión o darla para que algo suceda. Originar, ocasionar.

cáustica *f.* Superficie envolvente de los rayos reflejados o refractados

que concurren a la formación de una imagen.

causticidad *f.* Calidad de cáustico. Mordacidad, malignidad de lo que se dice o escribe.

cáustico-a *adj.* Dícese de lo que quema y desorganiza los tejidos animales. Mordaz, agresivo. Corrosivo, irónico.

cautela *f.* Precaución y reserva con que se procede. Astucia y maña para engañar.

cauterio *m.* Cauterización. Lo que corrige o ataja eficazmente algún mal. Medio empleado en Cirugía para reducir los tejidos a escara.

cauterizar *tr.* Restañar la sangre, castrar las heridas o curar enfermedades con el cauterio. Corregir con rigor algún vicio.

cautín *m.* Aparato para soldar con estaño.

cautivar *tr.* Aprisionar al enemigo en la guerra privándole de libertad. Ejercer irresistible influjo en el ánimo por medio de atractivo físico o moral. Apresar, embelesar.

cautiverio *m.* Estado de la persona que, aprisionada en la guerra, vive en poder del enemigo. Sujeción penosa.

cautividad *f.* Cautiverio. Estado de algunos animales que se acomodan a vivir bajo el dominio del hombre sin que se reproduzcan.

cautivo-a *adj.* y *s.* Aprisionado en la guerra. Cristiano prisionero de los infieles.

cauto-a *adj.* Que obra con sagacidad o precaución. Precavido, previsor.

cava *f.* Acción de cavar. Foso que circuye una fortaleza. Cueva, hoyo.

cavatina *f.* Composición vocal, de menos extensión que el aria, y de una sola sección y sin repetición.

caverna *f.* Concavidad profunda, subterránea o entre rocas. Hueco de algunos tejidos orgánicos que queda después de evacuar o salir alguna materia.

cavernícola *adj.* y *s.* Que vive en las cavernas. Persona de ideas muy retrógradas. Troglodita.

caviar *m.* Manjar de huevas de esturión frescas y salpresas.

cavidad *f.* Espacio hueco dentro de un cuerpo cualquiera.

cavilar *tr.* Fijar tenazmente la consideración en una cosa con demasiada y vana sutileza.

caviloso-a *adj.* Suspicaz, desconfiado, receloso.

cavitación *f.* Formación de una cavidad detrás de la hélice en movimiento.

cayado *m.* Palo o bastón corvo por la parte superior, usado por los pastores para prender y retener las reses. Báculo pastoral de los obispos.

cayo m. Formación madrepórica que forma arrecifes litorales, islotes, etc., propia del Atlántico tropical.

cayuco m. Embarcación indígena americana de una pieza y más pequeña que la canoa. Persona de cabeza angosta y alargada.

caz m. Canal para tomar y conducir agua.

caza f. Acción de cazar. Captura de animales salvajes. Conjunto de animales cazados. Persecución, alcance y captura o destrucción de una nave marítima o aérea. Avión de combate ligero y agresivo.

cazabe m. Torta hecha con harina de la raíz de la mandioca.

cazador-a adj. y s. Que caza por oficio o por diversión. Animal que por instinto persigue y caza a otros. Prenda parecida a la chaqueta, usada para salir al campo. M. Soldado de una unidad ligera de infantería o de caballería.

cazalla f. Aguardiente seco.

cazar tr. Buscar o seguir a algunos animales para atraparlos o matarlos. Adquirir con destreza alguna cosa difícil o que no se esperaba. Prender, cautivar la voluntad de alguien con halagos y engaños. Sorprender a alguien en algún descuido o error que desearía ocultar.

cazasubmarinos m. Nave ligera de guerra equipada especialmente para combatir a sumergibles.

cazatorpedero m. Nave ligera de guerra equipada especialmente para perseguir torpederos y destruir los artificios que éstos lanzan.

cazcarria f. Lodo o barro que se adhiere y seca a la ropa.

cazo m. Vasija metálica por lo común semiesférica y con mango largo.

cazoleta f. Pieza de hierro o de metal que se pone debajo del puño de la espada o sable para resguardo de la mano.

cazón m. Pez seláceo marino, muy voraz y temible.

cazuela f. Vasija de barro redonda, más ancha que honda, que sirve para guisar y otros usos. Galería alta o paraíso, en el teatro.

cazurro-a adj. De pocas palabras y muy metido en sí.

ceba f. Alimentación abundante que se da al ganado para su engorda. Acción de alimentar los hornos con el combustible necesario.

cebada f. Planta gramínea parecida al trigo, de espigas algo arqueadas y grano ventrudo; sirve de alimento a diversos animales.

cebado-a adj. Que está muy gordo por el cebamiento. En América, dícese de la fiera que, por haber probado carne humana, es más temible.

cebar tr. Dar o echar cebo a los animales para engordarlos o atraerlos. Alimentar o fomentar un afecto o pasión. Poner a las armas el cebo necesario. Encarnizarse, ensañarse.

cebo m. Comida que se da a los animales para engordarlos o atraerlos. Porción de explosivo que se coloca a las armas de fuego para que, al inflamarse estalle la carga. Fomento o pábulo que se da a un afecto o pasión.

cebolla f. Planta liliácea hortense con raíces que nacen de un bulbo esferoidal formado de capas tiernas y jugosas. Cepa o bulbo de esta planta.

cebollar m. Sitio plantado de cebollas.

cebolleta f. Cebolla común que después del invierno se vuelve a plantar y se come tierna. Cebolla pequeña que crece al lado de la ya desarrollada.

cebollina f. La pequeña planta de cebolla, propia para el trasplante.

cebón-a adj. y s. Dícese del animal que está cebado. M. Puerco.

ceboruco m. En México, sitio de rocas puntiagudas.

cebra f. Animal équido perisodáctilo, de pelo amarillento con fajas negras transversales; tiene la gallardía y viveza del caballo.

cebú m. Animal bóvido con giba adiposa sobre el lomo utilizado como bestia de silla y de carga, por su carne y leche.

ceca f. Casa donde se labra moneda.

cecal adj. Perteneciente o relativo al intestino ciego.

cecear intr. Pronunciar la s como c, por vicio o por defecto orgánico.

cecidia f. Agalla.

cecina f. Carne salada, enjuta y seca al aire, al sol o al humo.

ceda f. Cerda.

cedazo m. Instrumento de aro y tela para separar las partes sutiles de las gruesas de algunas cosas. Tamiz, criba, cernidor.

cedente m. Persona que posee una cosa, derecho o acción y la traspasa a otra.

ceder tr. Dar, transferir, traspasar a otro una cosa, acción o derecho. Intr. Rendirse, sujetarse. Mitigar o disminuir su fuerza el viento, la calentura, etc. Disminuir o cesar la resistencia de alguna cosa.

cedilla f. Letra de la antigua escritura española, consistente en una

CEDRIA—CELENTEREO

̰ con una virgulilla debajo ç; sonaba casi *ts.*

cedria *f.* Goma, resina o licor que destila el cedro.

cédride *f.* Fruto del cedro, piña pequeña con escamas muy apretadas.

cedro *m.* Arbol conífero de tronco grueso, ramas horizontales, cuyo fruto es la cédride; su madera, algo más clara que la caoba, es aromática, compacta y de larguísima duración.

cédula *f.* Pedazo de papel o pergamino, para escribir algo en él. Documento en que se reconoce una deuda u otra obligación. Boleta.

cefalalgia *f.* Dolor de cabeza.

cefálico-a *adj.* Perteneciente o relativo a la cabeza. Dirigido hacia la cabeza o situado cerca de ella.

cefalópodo *m.* Molusco marino de cabeza diferenciada provista de tentáculos, casi siempre con ventosas: pulpos, jibias y calamares.

céfiro *m.* Viento suave que sopla de poniente. Viento suave y apacible. Tela de algodón casi transparente.

cegajoso-a *adj.* De ojos cargados y llorosos.

cegar *intr.* Perder enteramente la vista. *Tr.* Quitar la vista a alguien. Ofuscar el entendimiento o la razón. Cerrar o macizar algo que antes estaba hueco. Impedir con estorbos el tránsito por veredas o pasos estrechos.

cegato-a *adj.* Corto de vista, o de vista escasa.

cegesimal *adj. y s.* Sistema métrico, adoptado internacionalmente, que toma por magnitudes fundamentales la longitud, la masa y el tiempo.

ceguedad *f.* Falta o pérdida total de la vista. Alucinación, afecto que ofusca la razón. Ceguera, obcecación.

ceguera *f.* Ceguedad. Oftalmía que ciega al enfermo.

ceiba *f.* Arbol bombáceo de tronco grueso y ceniciento, ramas rojizas y espinosas, hojas palmeadas, flores axilares y frutos cónicos con semillas envueltas en una especie de algodón; de él se aprovecha la madera, las flores y el algodón de sus semillas.

ceja *f.* Parte saliente y curvilínea cubierta de pelo, sobre la cuenca del ojo. Pelo que la cubre. Parte que sobresale un poco de algunas cosas. Banda de nubes que suele haber sobre la cumbre de los montes. Listón en los instrumentos de cuerda, con mástil para apoyar las cuerdas o sujetarlas.

cejador-a *adj.* En México, dícese del animal espantadizo, especialmente al caminar.

cejar *intr.* Retroceder, ciar. Andar hacia atrás las caballerías. Aflojar o ceder en algún negocio, empeño o discusión.

ceijunto-a *adj.* De cejas muy pobladas hacia el entrecejo. Ceñudo.

cejo *m.* Niebla que suele levantarse sobre los ríos y arroyos después de salir el sol.

cejudo-a *adj.* De cejas muy pobladas y largas.

celada *f.* Pieza de la antigua armadura que cubría y defendía la cabeza. Emboscada de gente armada en paraje oculto. Engaño o fraude dispuesto con disimulo. Asechanza, trampa, ardid.

celador-a *adj. y s.* Que cela o vigila. Persona que ejerce vigilancia.

celaje *m.* Aspecto del cielo con nubes tenues y de varios matices. Claraboya o ventana, y la parte superior de ella. Presagio, anuncio.

celar *tr.* Procurar el cumplimiento y observancia de las leyes, reglamentos y otras obligaciones. Recelar. Vigilar a los dependientes o inferiores. Atender con esmero a la persona amada, por tener celos de ella. Velar.

celar *tr.* Encubrir, ocultar, disimular, disfrazar, tapar.

celda *f.* Aposento de religiosos, colegiales, presos. Celdilla de panal.

celdilla *f.* Cavidad que las abejas construyen en los panales o las avispas en los avisperos. Nicho. Célula. Conjunto de pequeñas cavidades en el tejido esponjoso de algunos huesos.

celebérrimo-a *adj.* Superlativo de célebre.

celebrar *tr.* Alabar, aplaudir, encarecer a una persona o cosa. Reverenciar o venerar con culto público los misterios de la religión. Hacer con solemnidad y requisitos indispensables una reunión, junta o espectáculo. Decir Misa. Solemnizar, verificar, ensalzar.

célebre *adj.* Famoso, eminente, ilustre. Que llama la atención por su ingenio, singularidad o extravagancia.

celebridad *f.* Fama, renombre que tiene una persona o cosa. Conjunto de festejos con que se celebra y solemniza algún suceso. Persona famosa.

celemín *m.* Medida para áridos, equivalente a 4.625 mililitros. Medida superficial equivalente a 537 metros cuadrados.

celentéreo *m.* Animal acuático de simetría radial, cuerpo sacciforme, con una sola abertura o boca rodeada de tentáculos, solitario o en colonias: corales, madréporas, medusas, hidras.

154

célere *adj.* Pronto, rápido.

celeridad *f.* Prontitud, rapidez, velocidad. Prisa, ligereza, actividad.

celerímetro *m.* Aparato para medir la velocidad de los carruajes.

celeste *adj.* Perteneciente al cielo. Dícese del registro del órgano que da un sonido dulce y velado. Célico, celestial.

celestial *adj.* Perteneciente al cielo, como mansión de los bienaventurados. Perfecto, delicioso.

celestina *f.* Alcahueta, encubridora, trotaconventos, por alusión al personaje de este nombre en la tragicomedia de Calixto y Melibea.

celíaco-a *adj.* Relativo o perteneciente a la cavidad abdominal.

celibato *m.* Soltería. Estado civil de quien no ha contraido matrimonio.

célibe *adj. y s.* Persona que no ha tomado estado de matrimonio. Soltero.

célico-a *adj.* Celestial, celeste.

celiopatía *f.* Cualquiera enfermedad del vientre.

celo *m.* Impulso íntimo que promueve a las buenas obras. Cuidado del aumento o bien de otras personas o cosas. *Pl.* Sospecha e inquietud de que la persona amada mude su cariño por otra. Epoca de actividad sexual de los animales.

celofán *m.* Papel transparente fabricado con viscosa u otros derivados de la celulosa.

celosía *f.* Enrejado de listoncitos que se pone en las ventanas para que las personas puedan, detrás de él, ver sin ser vistas.

celoso-a *adj.* Que tiene celo o celos. Receloso. En América, excesivamente susceptible. Activo. Desconfiado.

celotex *m.* Cartón de fibra para construcción, preparado con bagazo de caña de azúcar.

celotipia *f.* Pasión de los celos.

celta *adj.* Individuo de una nación que se estableció en parte de la antigua Galia, de las Islas Británicas y de España. Perteneciente a dicha nación. Lengua de la misma.

celtibérico-a o **celtíbero-a** *adj. y s.* Natural de la antigua Celtiberia. Perteneciente a dicho territorio de la España Tarraconense.

célula *f.* Pequeña celda, cavidad o seno. Unidad orgánica funcional de los vegetales y animales. Grupo de comunistas pertenecientes a una misma unidad elemental y básica de su partido.

celular *adj.* Perteneciente o relativo a las células. Dícese del establecimiento carcelario, con celdas para aislar sistemáticamente a los presos. Tejido orgánico compuesto de células yuxtapuestas.

celuloide *m.* Materia termoplástica compuesta de nitrocelulosa y alcanfor; transparente, muy elástica e inflamable.

celulosa *f.* Substancia inerte, principal constituyente de la pared de las células vegetales, madera, lino, papel, algodón, etc.; es un hidrato de carbono, de la misma composición que el algodón.

celute *adj. y s.* En México, fruto todavía verde.

cellisca *f.* Temporal de agua y nieve impelidas fuertemente por el viento.

cementación *f.* Acción y efecto de cementar. Procedimiento para reforzar la cimentación de un edificio. En general, procedimiento de impregnación de una superficie metálica con otra substancia.

cementar *tr.* Calentar una pieza metálica en contacto con otra materia en polvo o en pasta. Fijar en un diente una corona, incrustación, etc., por medio de alguna substancia adhesiva.

cementerio *m.* Terreno descubierto y cercado para enterrar cadáveres. Camposanto, necrópolis. En México, panteón.

cemento *m.* Cal muy hidráulica. Materia con que se cementa una pieza de metal. Masa mineral que une los fragmentos o arenas de que se componen algunas rocas. Todo producto finamente pulverizado de materiales arcillosos y calcáreos que con el agua se endurecen formando una masa maciza. Substancia adhesiva y plástica que se endurece por cristalización. Tejido óseo que envuelve la raíz de los dientes.

cena *f.* Comida que se toma por la noche.

cenáculo *m.* Sala en que Jesucristo celebró la Ultima Cena. Reunión poco numerosa de artistas, literatos, etc.

cenacho *m.* Espuerta de palma o esparto para llevar carne, pescado, frutas, hortalizas, etc.

cenador-a *adj. y s.* Que cena, o que cena con exceso. *M.* Espacio circular que suele haber en los jardines, cercado y con plantas trepadoras, parras o árboles, para descanso o retiro.

cenaduría *f.* En México, fonda o figón donde sirven comidas de noche.

cenagal *m.* Sitio o lugar lleno de cieno. Negocio de difícil salida. Lodazal, barrizal.

cenancle *m.* En México, la mazorca del maíz.

cenar *intr.* Tomar la cena. *Tr.* Comer en la cena tal o cual cosa.

cenceño-a *adj.* Delgado o enjuto.

cencerrada *f.* Ruido desapacible que se hace con cencerros, cuernos, etc., como burla a una persona.

cencerrar *intr.* Tocar o sonar insistentemente cencerros. Tocar un instrumento destemplado o tocarlo sin arreglo a la música. Hacer ruido las aldabas y cerrojos, las puertas y ventanas, los hierros de coches, carros y máquinas, cuando están flojos.

cencerro *m.* Campana pequeña y cilíndrica tosca que se suele atar al pescuezo de las reses.

cencoatl o **cencuate** *m.* En México, culebra no venenosa, de más de un metro de largo y muy pintada.

cendal *m.* Especie de tafetán de seda ligera de muy variados colores. Humeral. Barbas de la pluma.

cenefa *f.* Lista sobrepuesta o tejida en los bordes de las cortinas, doseles, pañuelos, etc. Dibujo de ornamentación a lo largo de los muros, pavimentos y techos. Orla, ribete, viñeta.

cenicero *m.* Espacio debajo de la rejilla del hogar para que en él caiga la ceniza. Sitio donde se recoge o echa la ceniza. Vasija o platillo donde el fumador deja la ceniza del cigarro.

ceniciento-a *adj.* De color de ceniza. Lleno de ceniza. Dícese de la luz o claridad que ilumina la parte obscura del disco lunar, antes y después del novilunio; se debe a la luz reflejada por la Tierra.

cenit *m.* Punto visible al observador de los dos en que la vertical corta a la esfera celeste. El invisible es el nadir. Punto más elevado que alcanza el sol en su movimiento aparente diurno.

ceniza *f.* Polvo gris claro que queda después de una combustión completa, formado por sales alcalinas y térreas, sílice y óxidos metálicos. *Pl.* Reliquias o residuos de un cadáver.

cenizo-a *adj.* Ceniciento, de color de ceniza. Aguafiestas, persona que tiene mala sombra o la causa a los demás.

cenobio *m.* Monasterio. Colonia de organismos unicelulares rodeados de una envoltura o membrana común.

cenobita *com.* Persona que profesa en comunidad la vida monástica, a diferencia del anacoreta o eremita que vive solitario.

cenotafio *m.* Monumento funerario en el que no está el cadáver del personaje a quien se dedica.

cenote *m.* Depósito subterráneo de agua dulce y potable que suele hallarse en Yucatán, México, y otras partes de América. Llámanse también aguadas y afectan la forma de pozos.

cenozoico *m.* Cuarta era en que los geólogos dividen la historia de la Tierra, en que se afirmó el dominio de los mamíferos y de las plantas fanerógamas.

censar *tr.* Formar el censo de una población. Inscribir en las hojas del censo datos de personas o cosas.

censatario *m.* El obligado a pagar los réditos de un censo.

censo *m.* Padrón o lista que los censores romanos hacían de las personas y haciendas. Padrón o lista de la población o riqueza de una nación o pueblo. Registro integrado por los ciudadanos que gozan del derecho de sufragio activo. Contrato que sujeta una finca al pago de un canon anual en favor del censualista.

censor *m.* Persona que examina escritos, libros, comunicaciones y juzga si pueden ser publicados. Interventor de comunicaciones telegráficas, telefónicas o postales, por orden gubernativa o militar. En las academias y otras corporaciones, individuo encargado de velar por la observancia de estatutos, reglamentos y acuerdos. Persona propensa a murmurar y criticar las acciones o cualidades de los demás.

censualista *m.* Persona a cuyo favor se impone o está impuesto un censo.

censura *f.* Dictamen y juicio acerca de una obra o escrito. Corrección o reprobación de alguna cosa. Murmuración, detractación. Oficio de censor.

censurar *tr.* Formar juicio de una obra o de algo. Corregir, reprobar o señalar por mala alguna cosa. Murmurar, vituperar. Criticar, tachar.

centauro *m.* En la mitología griega, monstruo fabuloso mitad hombre y mitad caballo.

centavo-a *adj. y s.* Centésimo, cada una de las cien partes iguales en que se divide un todo. Moneda americana que vale un centésimo de peso.

centella *f.* Rayo, chispa eléctrica. Chispa que se desprende o salta del pedernal herido por el eslabón, o cosa semejante.

centellear o **centellar** *intr.* Despedir rayos de luz indecisos o trémulos o de intensidad y coloración variables. Relumbrar, chispear, fulgurar.

centena *f.* Conjunto de cien unidades o de diez decenas.

centenar *m.* Centena, conjunto de cien unidades. Muy cerca de ciento.

centenario-a *adj.* Perteneciente a la centena. Persona que tiene cien años de edad o poco más o menos. *M.* Tiempo de cien años. Fiesta que se celebra de cien en cien años. Día en que se cumplen una o más centenas de años en algún natalicio, defunción o suceso famoso. Moneda de oro mexicana de 50 pesos.

centeno *m.* Planta graminea anua, parecida al trigo, de tallo delgado y fuerte, hojas planas y estrechas, espiga larga y comprimida con granos de cascabillo áspero terminados en arista, muy alimenticios y con los mismos usos que el trigo.

centesimal *adj.* Dícese de cada uno de los números del uno al noventa y nueve inclusive. Dícese del grado que es la centésima parte del ángulo recto.

centésimo-a *adj.* Que sigue en orden al nonagésimo nono. Cada una de las cien partes iguales en que se divide un todo.

centiárea *f.* Medida de superficie que tiene la centésima parte de una área; es decir, un metro cuadrado.

centígrado-a *adj.* Con escala dividida en cien grados.

centigramo *m.* Peso que es la centésima parte de un gramo.

centilitro *m.* Medida de capacidad que tiene la centésima parte de un litro.

centímetro *m.* Medida de longitud que tiene la centésima parte de un metro.

céntimo-a *adj.* Centésimo. Moneda, real o imaginaria, que vale la centésima parte de la unidad monetaria.

centinela *amb.* Soldado que vela guardando el puesto que se le indica. Persona que está en observación de alguna cosa.

centolla *f.* Crustáceo marino de cuerpo triangular, espinoso, rojizo y cubierto de algas; comestible.

centón *m.* Manta hecha con gran número de piececitas de paño o tela de diversos colores. Obra literaria compuesta enteramente o en gran parte de sentencias o expresiones ajenas.

central *adj.* Perteneciente al centro. Que está en él. *M.* Hacienda importante donde se elabora el azúcar. *F.* Oficina donde están reunidos o centralizados varios servicios públicos. Establecimiento principal, por oposición a sucursal. Capital, matriz, céntrico.

centralismo *m.* Doctrina que preconiza la concentración de todos los elementos de gobierno en el poder central. Tendencia a la centralización.

centralizar *tr.* Reunir varias cosas en un centro común o hacerlas depender de un poder central. Asumir el poder público facultades de organismos locales.

centrar *tr.* Determinar un punto céntrico. Colocar una cosa de modo que su centro coincida con el de otra. Reunir en lugar conveniente proyectiles, rayos de luz, de calor, etc.

céntrico-a *adj.* Central. Aplícase a los sitios más concurridos y populosos de una ciudad.

centrífugo-a *adj.* Que aleja del centro. Eferente.

centrípeto-a *adj.* Que atrae al centro. Aferente.

centro *m.* Punto interior del círculo del cual equidistan los de la circunferencia. Lo más distante de la superficie exterior de una cosa. Lugar de donde parten o a donde convergen acciones particulares coordenadas. Punto de reunión de una sociedad o corporación. Fin a que se aspira. Punto o calle más concurrida de una población. Ciudad populosa a la que acude gente de diferentes regiones. Núcleo, foco, meta, club.

centuplicar *tr.* Hacer cien veces mayor una cosa. Aumentar muchísimo la importancia, cantidad o intensidad de una cosa. Multiplicar una cantidad por ciento.

céntuplo *m.* Producto de multiplicar por 100 una cantidad cualquiera.

centuria *f.* Número de cien años. Compañía de cien soldados, en la antigua Roma.

centurión *m.* Jefe de una centuria, en la milicia romana.

ceñidor *m.* Faja, cinta o correa con que se ciñe el cuerpo por la cintura.

ceñir *tr.* Rodear, ajustar o apretar la cintura. Cerrar o rodear una cosa a otra. Abreviar o reducir a menos. Moderarse en los gastos, palabras, etc. Amoldarse, concretarse a una ocupación o trabajo. Cercar, limitarse, atenerse.

ceño *m.* Demostración de enfado y enojo dejando caer la sobreceja o arrugando la frente. Aspecto amenazador de ciertas cosas. Cerco o aro que cubre alguna cosa.

ceñoso-a *o* **ceñudo-a** *adj.* Que tiene ceño o sobrecejo. Cejijunto, adusto, rígido.

cepa *f.* Parte del tronco de cualquier árbol o planta que está dentro de la tierra y unida a las raíces. Tronco de la vid. Raíz y principio de alguna cosa. Cultivo de bacterias, levaduras y otros micro-organismos del que proceden descendientes de una determinada modalidad. Núcleo de un nublado. Troneo u origen de una familia o linaje.

cepillar *tr.* Acepillar, alisar con cepillo. Pulir. Adular.

cepillo *m.* Cepo, arquilla o caja para limosna. Instrumento para alisar la madera. Utensilio con cerdas para quitar el polvo a la ropa u otros usos.

cepo *m.* Gajo o rama de árbol. Madero grueso en que se fija el yunque u otros instrumentos de herrería. Instrumento para sujetar a un reo, mediante agujeros en donde se fijaba la garganta o pierna. Trampa para cazar lobos y otros animales. Caja o arca para recoger limosnas.

ceporro *m.* Cepa vieja que se arranca para la lumbre. Hombre rudo.

ceptor *m.* Célula, órgano, aparato o centro nervioso periférico que recibe las impresiones exteriores y las transmite a los centros del sistema nervioso central. Receptor.

cera *f.* Substancia producida por las abejas para la construcción del panal. Conjunto de velas o hachas que sirven para alguna función. Cualquier producto mineral o vegetal parecido a la cera de abejas.

cerámica *f.* Arte de fabricar vasijas y otros objetos de barro, loza y porcelana de todas clases y calidades. Conjunto de dichos objetos.

cerbatana *f.* Cañuto para disparar flechas o bodoques soplando con fuerza. Trompetilla para los sordos.

cerca *f.* Vallado, tapia o muro alrededor de una heredad o casa, para su resguardo o división. Valla, empalizada, seto.

cerca *adv.* Próxima o inmediatamente. Ante, casi.

cercado *m.* Huerto, prado u otro sitio rodeado de vallas, cercas, o tapias.

cercanía *f.* Calidad de cercano. *Pl.* Contornos

cercano-a *adj.* Próximo, inmediato.

cercar *tr.* Rodear un sitio con vallado, tapia o muro para cerrarlo, resguardarlo y separarlo de otros. Poner cerco a una ciudad o fortaleza. Rodear mucha gente a una pesona o cosa.

cercenar *tr.* Cortar las extremidades de alguna cosa. Disminuir o acortar.

cerceta *f.* Ave anseriforme, de cuello corto y cola pequeña, de plumaje salpicado de lunares.

cerciorar *tr.* Asegurar a uno la verdad de una cosa. Confirmar, aseverar.

cerco *m.* Lo que ciñe o rodea. Aro. Asedio que pone un ejército, rodeando una ciudad o una plaza. Corillo. Giro o movimiento circular. Aureola que, a veces, presentan el sol o la luna.

cerda *f.* Pelo grueso, duro y largo que tienen las caballerías en la cola y en la cima del cuello. Pelo recio del puerco, jabalí y otros animales. Manojo de lino. Mies segada. Cualquier órgano en forma de pelo, delgado, más o menos rígido. Hembra del cerdo.

cerdo *m.* Puerco, mamífero paquidermo doméstico. Hombre desaliñado y sucio; grosero, sin cortesía ni crianza.

cereal *m.* Dícese de las plantas y semillas farináceas: trigo, centeno, cebada, etc. Son gramíneas que se cultivan por sus frutos en cariópside que tienen gran cantidad de glúcidos, y por su paja.

cerebelo *m.* Porción del encéfalo debajo del cerebro y detrás del puente de Varolio y del bulbo raquídeo, en las fosas occipitales inferiores.

cerebro *m.* Masa nerviosa situada en la parte anterosuperior de la cavidad craneana, la más voluminosa del encéfalo. Cabeza, juicio, talento.

ceremonia *f.* Acción o acto exterior arreglado, por ley o costumbre, para dar culto a las cosas divinas o reverencia y honor a las profanas. Además afectación. Pompa, fausto; afectación.

ceremonial *adj.* Perteneciente o relativo al uso de las ceremonias. *M.* Serie o conjunto de formalidades para cualquier acto público o solemne. Libro, tabla en que figuran los actos por celebrar y la forma de celebrarlos.

ceremonioso-a *adj.* Que observa con puntualidad las ceremonias. Que gusta de ceremonias y cumplimientos exagerados.

céreo-a *adj.* De cera. Relativo o semejante a la cera.

cerería *f.* Casa o tienda donde se trabaja o vende cera.

cereza *f.* Fruto del cerezo: drupa con cabillo largo, casi redonda con un surco lateral, de pulpa muy jugosa, dulce y comestible.

cerezal *m.* Sitio poblado de cerezos.

cerezo *m.* Arbol rosáceo de tronco liso y ramoso, hojas lanceoladas, flores blancas y, por fruto, la cereza.

cerilla *f.* Vela de cera muy delgada y larga. Fósforo, trozo de cerilla, madera o cartón para encender la luz. Cerumen.

cerillo *m.* Cerilla, vela de cera delgada y larga. En Andalucía y México, fósforo.

cerio *m.* Metal de las tierras raras, dúctil y maleable, de color gris de acero; símbolo Ce.

cerne *adj.* Dícese de lo que es sólido y fuerte. *M.* Parte más dura y sana del tronco de los árboles.

cerner *tr.* Separar con el cedazo la harina del salvado o cualquier otra materia reducida a polvo. Observar, examinar. Depurar, afinar los pensamientos y las acciones. En América, colar un líquido. *R.* Mover las aves sus alas manteniéndose en el aire sin apartarse del sitio en que se hallan. Amenazar de cerca algún mal.

cernícalo *m.* Pequeña ave rapaz falcónida, notable por su costumbre de cernerse, de pico y garras fuertes.

cero *m.* Signo aritmético sin valor propio; colocado a la derecha de un número entero decuplica su valor; a la izquierda en nada lo modifica.

cerón *m.* Residuo, escoria o heces de los panales de la cera.

ceroplástica *f.* Arte de modelar la cera.

cerote *m.* Mezcla de pez y cera que usan los zapateros para encerar los hilos con que cosen el calzado.

cerquillo *m.* Círculo o corona formado de cabello en la cabeza de algunos religiosos. En América, flequillo.

cerquita *adv.* Muy cerca; a poca distancia.

cerradero-a *adj.* Aplícase al lugar que se cierra o al instrumento con que se ha de cerrar algo. *M.* Parte de la cerradura en que penetra el pestillo.

cerrado-a *adj.* Incomprensible, oculto y obscuro. Atmósfera muy cargada de nubes. Persona muy callada, o la que es torpe de entendimiento. *F.* En México, calle o callejón sin salida.

cerradura *f.* Cerramiento, acción y efecto de cerrar. Mecanismo para cerrar, a base de uno o más pestillos que se hacen jugar con la llave. Cerrojo.

cerraja *f.* Cerradura, mecanismo para cerrar. Lechuga silvestre. Lechuguilla.

cerrajería *f.* Oficio de cerrajero. Tienda o taller donde se fabrican y venden cerraduras y otros instrumentos de hierro.

cerrajero *m.* Maestro u oficial que hace cerraduras, llaves, candados, cerrojos y otras cosas de hierro.

cerrar *tr.* Hacer que una cosa no pueda verse por dentro. Poner algo delante de lo que estaba abierto. Correr el pestillo, cerrojo, echar la llave. Hacer entrar una pieza a su hueco. Ocultar una cosa por medio de partes que abiertas la dejaban ver. Encojer, doblar o plegar lo que estaba extendido. Concluir ciertas cosas o ponerles término. Dar por terminado y firme un acuerdo. Dar por vencido o concluido un determinado plazo. Embestir o acometer. Cicatrizar una herida. Replegarse o cerrar sus pétalos una flor. Unirse, apiñarse. Disminuir las distancias de una formación o de un impreso.

cerrazón *f.* Obscuridad grande que suele preceder a las tempestades.

cerrero-a *adj.* Que vaga o anda de cerro en cerro, libre y suelto. Cerril. En América, dícese de la persona inculta y brusca. En México y Venezuela, lo que no está dulce o endulzado.

cerril *adj.* Terreno áspero y escabroso. Ganado mular, caballar o vacuno no domado. Grosero, tosco, rústico. Desigual, cerrero, montaraz, arisco.

cerro *m.* Cuello o pescuezo del animal. Espinazo o lomo. Elevación de terreno aislada, de menor altura que el monte.

cerrojazo *m.* Acción de echar el cerrojo recia y bruscamente. Clausura inesperada de alguna asamblea, especialmente política: Cortes, Parlamento.

cerrojo *m.* Barreta de hierro para cerrar y ajustar puertas y ventanas. Chapa, cerradura.

certamen *m.* Desafío, duelo o pelea etre dos o más personas. Función literaria en que se disputa sobre algún asunto. Concurso abierto por las academias u otras instituciones para estimular con premios el cultivo de las ciencias, letras o artes. Justa, torneo.

certero-a *adj.* Diestro y seguro en tirar. Seguro, acertado. Bien informado.

certeza *f.* Conocimiento seguro y claro de alguna cosa. Certidumbre, seguridad.

certidumbre *f.* Certeza. Estado del espíritu con respecto a lo que considera verdadero.

certificación *f.* Acción y efecto de certificar. Instrumento o documento refrendado o firmado por autoridad competente, en que se hace constar un hecho, un traslado de otro documento registrado en otra parte, un asiento, acta, etc.

certificar *tr.* Asegurar, afirmar, dar por cierta alguna cosa. Obtener un resguardo de haber remitido por

correo alguna carta o pieza transportable. ĸ. **Cerciorarse.** Hacer cierta una cosa por medio de instrumento público.
ceruleo-a *adj.* Aplícase al color azul del cielo despejado o de la alta mar.
cerumen *m.* Cera de los oídos.
cerval *adj.* Perteneciente al ciervo. Dícese del miedo extraordinario.
cervantino-a *adj.* Propio y característico de Cervantes como escritor, o que tiene semejanza con las dotes o calidades por que se distinguen sus producciones.
cervantista *adj.* Dedicado al estudio de las obras de Cervantes y cosas que le pertenecen.
cervato *m.* Ciervo menor de seis meses.
cervecería *f.* Fábrica de cerveza. Establecimiento donde se expende.
cervecero-a *adj.* Perteneciente o relativo a la cerveza. Persona que hace cerveza o que tiene cervecería. Quien la bebe con frecuencia.
cerveza *f.* Bebida alcohólica que se obtiene por la fermentación de la cebada germinada o tostada, y aromatizada, especialmente con lúpulo.
cérvido *adj. y s.* Mamífero rumiante de astas caducas, más o menos ramificadas y sólidas: ciervo, alce, reno, etc.
cerviz *f.* Parte posterior del cuello que consta de siete vértebras, de varios músculos y de la piel.
cesante *adj. y s.* Que cesa. Dícese del funcionario público a quien se priva de su empleo, dejándole en algunos casos parte del sueldo.
cesantía *f.* Estado de cesante. Paga de que, a veces, disfruta el cesante. Correctivo por el que se priva al empleado público de su destino.
cesar *intr.* Suspenderse o acabarse una cosa. Dejar de desempeñar algún empleo o cargo. Dejar de hacer lo que se está haciendo.
cesaraugustano-a *adj. y s.* Natural de la antigua Cesaraugusta, hoy Zaragoza. Perteneciente a dicha ciudad española.
cesáreo-a *adj.* Perteneciente al imperio o a la majestad imperial.
cesarismo *m.* Sistema de gobierno por el cual una sola persona asume y ejerce todos los poderes públicos.
cese *m.* Acción y efecto de cesar. Nota de suspensión del pago de la asignación que en la nómina estaba a favor de un individuo.
cesio *m.* Metal blando y dúctil de color blanco argentino. rápidamente oxidable; símbolo Cs.
cesión *f.* Renuncia de alguna cosa, posesión, acción o derecho, que una persona hace a favor de otra. Abandono, abdicación, donación.
cesionario-a *m. y f.* Persona en cuyo favor se hace alguna cesión.
cesionista *com.* Persona que hace cesión de bienes.
césped *m.* Hierba menuda y tupida que cubre el suelo. Espacio cubierto con ella.
cesta *f.* Utensilio tejido con mimbres, juncos o cañas flexibles, para llevar ropa, frutas u otros objetos. Pala cóncava para jugar a la pelota en el frontón.
cestería *f.* Sitio o paraje donde se hacen cestos o cestas. Tienda donse se venden. Arte del cestero.
cesto *m.* Cesta grande y más alta que ancha.
cestodo *m.* Platelminto parásito del intestino de los vertebrados, cuyos segmentos se forman en el estrechamiento anterior del cuerpo, que en la tenia o solitaria acaba con un órgano de fijación llamado escólex.
cesura *f.* Pausa rítmica en un verso; o la que separa los dos hemistiquios de un verso largo. Separación de dos frases musicales dentro de un período.
cetáceo *m.* Mamífero de vida acuática, de cuerpo fusiforme semejante al de los peces, con las extremidades anteriores en forma de aleta.
cetario *m.* Paraje que pueblan la ballena y otros mamíferos vivíparos marinos, para parir y criar sus hijuelos.
cético-a *adj.* Dícese de ciertos compuestos extraídos o derivados de la esperma de la ballena.
cetrería *f.* Arte de criar, domesticar, enseñar y curar las aves apropiadas para la caza de volatería. Esta clase de caza.
cetrino-a *adj.* De color amarillo verdoso. Melancólico y adusto.
cetro *m.* Vara labrada con primor, insignia del poder real o imperial.
ch *f.* **Cuarta letra del abecedario castellano y tercera de sus consonantes.**
chabacanada o **chabacanería** *f.* Falta de arte y buen gusto. Dicho bajo e insubstancial.
chabacano-a *adj.* Sin arte o grosero y de mal gusto. *M.* En México y otros sitios de América, albaricoque.
chablis *m.* Vino blanco, seco y ligero que se cosecha en los viñedos de la zona francesa de Chablis, departamento de Yonne.
chabola *f.* **Choza o caseta en el campo.**
chabrana *f.* Entallado de puertas y ventanas. En México, chambrana.
chacal *m.* En México, la mazorca de maíz cocida y seca; también

nombre que se da a algunos cangrejos de río.

chacal *m.* Carnívoro cánido, más pequeño y cobarde que el lobo, de pelaje amarillento, parecido al zorro por la cola; puede domesticarse.

chacalín *m.* En México, crustáceo de agua dulce; también, cigarra.

chacantana *f.* En México, riña, alboroto, pendencia.

chac mool *m.* Nombre impuesto a la escultura maya de hombre con la cabeza vuelta y las manos sobre el vientre, en semidecúbito dorsal; parece ser destinada a recibir ofrendas.

chacó *m.* Morrión de la caballería ligera, aplicado después a tropas de otras armas.

chacolí *m.* Vino ligero y algo agrio de las provincias vascongadas y en la de Santander.

chacota *f.* Bulla y alegría con chanzas y carcajadas con que se celebra alguna cosa. Burla.

chacra *f.* En América, alquería o granja. Sementera, tierra sembrada.

chacual *m.* En América, especie de taza de cáscara de fruta. En México, cestilla de cuero que los indígenas utilizan para jugar a la pelota.

chacualole *m.* En México, cabello de ángel, dulce de almíbar que se hace con la pulpa del chilacayote.

chacudo *m.* Zopilote. En México, apodo del soldado de línea.

chacueco-a *adj.* En México y Argentina, contrahecho, deforme, torcido.

chachacuate *adj.* En México, cacarizo, picado de viruela.

chachal *m.* En México, conjunto de cosas deshechas o destrozadas.

chachalaca *f.* En México, ave gallinácea de color pardo, blancas las patas y el vientre, ojos rojos y sin plumas cerca de ellos; es muy vocinglera; también, persona muy locuaz.

chachanete *m.* En México, perro ordinario, que no es de raza determinada.

cháchara *f.* Abundancia de palabras inútiles. Conversación frívola. Baratijas. cachivaches.

chacharear *intr.* Hablar mucho y sin substancia. En México, comerciar con baratijas.

chafallar *tr.* Hacer o remendar algo sin arte ni aseo.

chafar *tr.* Aplastar. Arrugar y deslucir la ropa. Deslucir a uno en la conversación, cortándole y dejándole sin tener qué responder. Dejar humillado.

chafarote *m.* Alfanje corto, ancho

y corvo hacia la punta. Sable o espada ancha o muy larga.

chafirete *m.* En México, denominación despectiva de los choferes.

chaflán *m.* Cara que resulta de cortar un sólido por un plano, una esquina o un ángulo diedro. Bisel. Ochava.

chagolla *f.* En México, moneda falsa o muy gastada. Aleación de metales con más cobre que plata.

chagorra *f.* En México, mujer de clase baja.

chaguazal *m.* En México, lluvia.

chagüe *m.* En México y América Central, sementera en terreno húmedo; chagüite, chahüite.

chahuistle *m.* En México, roya; chagüistle, chagüiscle, chahuixtle.

chaina *f.* Gran flauta de caña con cinco agujeros, que se usa en México.

chaira *f.* Cuchilla corta de los zapateros. Cilindro para afilar cuchillas.

chal *m.* Paño de seda o lana que, puesto en los hombros, sirve a las mujeres como abrigo o adorno.

chalado-a *adj.* Enloquecido, alelado. Muy enamorado.

chalán-a *adj. y s.* Negociante en animales, mañoso y persuasivo.

chalana *f.* Embarcación de fondo plano, proa aguda y popa cuadrada, para transporte en parajes de poco fondo.

chalanear *tr.* Tratar negocios con maña y destreza propia de chalanes.

chalate *m.* En México, caballejo matalón.

chalaza *f.* Cordón retorcido de la albúmina del huevo que sostiene la yema. Cordón que sobresale de algunas semillas.

chalchihuite *m.* En México, especie de esmeralda basta de diversos colores y ópaca.

chale *m.* En México, chino.

chaleco *m.* Prenda de vestir de hombre, sin mangas, y que cubre pecho y espalda, por encima de la camisa y debajo de la chaqueta.

chalecón-a *adj.* s. En México, descarado, gorrón, timador.

chalequear *tr.* En México y Argentina, defraudar, estafar.

chalet *m.* Casa de madera y tabique a estilo suizo. Casa de recreo pequeña.

chalina *f.* Corbata de caídas largas y de varias formas.

chalón *m.* En América, mantón y pañuelo doble, usado por la mujer.

chalote *m.* Planta liliácea perenne, de hojas finas alesnadas, flores moradas y muchos bulbos; se cultiva en las huertas y se usa como condimento.

chalupa *f.* Embarcación pequeña con

cubierta y dos palos para velas. Lancha para servicio de los grandes buques. En México, canoa para navegar entre las chinampas. También, torta de maíz, pequeña y ovalada con algún condimento por encima.

chamaco-a *m. y f.* En México, niño, muchacho.

chamagoso-a *adj.* En México, mugriento, astroso; mal pergeñado; deslucido, bajo, vulgar, hablando de cosas.

chamagua *f.* En México, milpa de maíz al comenzar a sazonarse.

chamangay *adj.* En México, perverso.

chamarasca *f.* Leña menuda que da mucha llama y dura poco. Esta llama.

chamarilero-a *m. y f.* Persona que compra y vende trastos viejos.

chamarra *f.* Vestidura de ierga o paño burdo parecida a la zamarra. En México, chaqueta de piel de cordero o de lana.

chamarro *m.* En México, Centroamérica y Chile, manta de tela burda.

chamba *f.* Chiripa, casualidad. En México, empleo, destino, trabajo, negocio.

chambear *intr.* En México, hacer trabajos poco remunerados y accidentales.

chambelán *m.* Camarlengo, gentilhombre de cámara.

chambergo *m.* Sombrero de ala ancha levantada por un lado y sujeta con presilla más o menos adornada.

chambón-a *adj. y s.* De escasa habilidad en el juego o en cualquier arte. Que consigue por chiripa alguna cosa.

chambonada *f.* Desacierto propio del chambon. Ventaja obtenida por chiripa.

chambra *f.* Blusa casera de mujer.

chambrana *f.* Labor o adorno de madera o de piedra que se pone alrededor de puertas, ventanas, chimeneas, etc.

chamiza *f.* En América, charamusca, leña menuda con que se hace fuego en el campo. Hierba silvestre y medicinal gramínea, de hojas anchas, para techumbres de chozas y casas rústicas.

chamizo *m.* Arbol o leño medio quemado o chamuscado. Choza cubierta de chamiza. Tugurio de gente de mal vivir.

chamorro-a *adj. y s.* Que tiene la cabeza esquilada. En México, pantorrilla gruesa; bíceps muy desarrollado.

champaña o champagne *m.* Vino blanco espumoso muy apreciado.

champiñón o champignón *m.* Seta comestible de cultivo.

champú *m.* Jugo de la corteza interna del quillay, árbol chileno, machacada y disuelta en agua, para lavar la cabeza. Loción perfumada y detergente de abundante espuma, para el mismo fin.

champurrado-a *adj.* Licor mezclado con otro. *M.* En México, bebida hecha con atole, chocolate y azúcar. Cosas o asuntos revueltos.

chamuco *m.* En México, diablo, demonio. Especie de pan dulce orlado.

chamuscar *tr.* Quemar algo por la parte exterior. En México, vender a bajo precio.

chamusco *m.* Chamusquina. En México, enfermedad que ataca a la cochinilla del nopal; también, enfermedad micósica del plátano.

chamusquina *f.* Acción y efecto de chamuscar o chamuscarse. Camorra, riña.

chancaca *f. americ.* Azúcar mascabado en panes prismáticos. En México, pan hecho con los residuos del azúcar.

chance *f. americ.* Palabra inglesa: oportunidad, ocasión.

chancear *intr.* Usar de chanzas o bromas.

chancillería *f.* Antiguo tribunal supremo de justicia.

chancla *f.* Zapato viejo, con el talón caído y aplastado por el mucho uso.

chancleta *f.* Chinela sin talón. Persona inepta. En América, niña recién nacida.

chancletear *intr.* Andar en chancletas. En México, bailar, en especial el zapateado.

chanclo *m.* Especie de sandalia o suela gruesa debajo del calzado, para preservarse del lodo o de la humedad. Zapato grande en que entra el pie calzado.

chancro *m.* Ulcera indolora, solitaria, primera lesión de la sífilis.

chancho *m.* Cerdo. *Adj.* Puerco, sucio. Cochino, marrano, tiñoso, vil.

chanchullo *m.* Manejo ilícito para conseguir un fin o para lucrarse. Enjuague. Trampa.

chanfaina *f.* Guisado de bofes picados.

chango-a *adj. y s.* En México, voz cariñosa de muchacho, muchacha; también, mono araña, mico.

chantaje *m.* Amenaza de pública difamación o de daño contra alguien, a fin de obtener dinero u otro provecho.

chantilly *m.* Encaje de Chantilly, Oise, Francia. Cierta clase de crema de pastelería.

chantre *m.* Dignidad eclesiástica,

como cantor principal en el coro de música sacra.

chanza *f.* Dicho festivo y gracioso. Hecho burlesco para recrear o ejercitar el ingenio.

chapa *f.* Hoja o lámina de metal, madera u otra materia. Metal laminado. Seso, formalidad.

chapalear *intr.* Chapotear, sonar el agua batida por los pies o las manos.

chapar o **chapear** *tr.* Cubrir, adornar o guarnecer con chapas. *R.* En América, ponerse colorete en las mejillas. Adquirir buen color natural.

chaparro-a *adj.* En México, persona de baja estatura. *M.* Conseja.

chaparrón *m.* Lluvia recia de corta duración.

chapeado-a *adj.* Cubierto o guarnecido con chapas. En México, persona de muy buen color.

chapetón *m.* En México, rodaja de plata con que se adornan los arneses de montar.

chapín *m.* Chanclo de corcho. En México y Centroamérica, guatemalteco. En México, mocho de los dedos.

chapitel *m.* Remate piramidal de las torres. Capitel. Cono en que descansa la aguja imantada.

chapodar *tr.* Cortar ramas de los árboles para aclararlos. Cercenar. Podar.

chapoleo *m.* En México, corte de la hierba con machete.

chapolero-a *adj. y s.* En México, inconstante en el amor, tornadizo; de carácter variable.

chapopote o **chapapote** *m.* Asfalto más o menos espeso de las Antillas.

chapotear *tr.* Humedecer repetidamente una cosa sin restregarla. *Intr.* Chapalear.

chapucear *tr.* Hacer algo de prisa y mal. En México, engañar, hacer trampas.

chapulín *m.* En México, saltamontes, langosta.

chapurrar *tr.* Hablar con dificultad un idioma extranjero. Mezclar un licor con otro.

chapuza *f.* Obra o labor de poca importancia, obra hecha sin arte y pulidez.

chapuzar *tr.* Meter la cabeza en el agua.

chaqué *m.* Especie de levita con faldones abiertos por delante.

chaqueta *f.* Prenda exterior de vestir, con mangas y sin faldones y que pasa algo de la cintura. Saco, americana.

chaquetear *intr.* Abandonar indebidamente un puesto de peligro. Cam-

biar de opinión o de partido.

chaquira *f.* Grano de aljófar, abalorio o vidrio. En México, abalorio.

chaquiste *m.* Díptero tropical de tamaño diminuto, velludo y negro que ataca principalmente en el crepúsculo con picadura irritante; transmisores algunos, de ciertas enfermedades.

charada *f.* Acertijo que consiste en formar dos o más voces con las sílabas trastocadas o divididas de una voz. Fogata.

charal Pez fisóstomo de pequeño tamaño, de cuerpo comprimido y espinoso; es comestible y abunda en los lagos y lagunas mexicanas.

charamusca *f.* En México, confitura en forma de tirabuzón, hecha de azúcar con otras substancias y acaramelada.

charanagua *m.* En México, bebida de pulque agrio, miel y chile colorado, preparada a fuego lento.

charanda *f.* En México, arcilla rojiza. Agua turbia de este color. Licor o aguardiente de caña.

charanga *f.* Banda formada por instrumentos de madera y de metal, sin instrumentos de percusión. Murga. Fiesta familiar con baile.

charape *m.* En México, bebida fermentada hecha con pulque, panocha, miel, clavo y canela.

charca *f.* Depósito de agua detenida en el terreno.

charco *m.* Agua detenida en un hoyo de la tierra; mucho menor que la charca.

charchina *f.* En México, matalote, caballo ruin; automóvil en mal estado. Vehículo anticuado.

charlar *intr.* Hablar mucho, sin substancia o fuera de propósito. Conversar por mero pasatiempo.

charlatán-a *adj. y s.* Que habla mucho y sin substancia. Hablador indiscreto. Embaidor, especialmente curandero o provectista.

charlatanería *f.* Locuacidad.

charlatanismo *n.* Charlatanería habitual. Fraude y embaucamiento de curanderos y medicastros, para explotar la credulidad de las gentes.

charlestón *m.* Baile moderno de origen negro y de compás de $^4/_4$. que toma el nombre de la ciudad de Charleston, Carolina del Sur, en EE. UU.

charlista *com.* Persona que da charlas literarias en público.

charlotear *intr.* Charlar continuamente.

charnela *f.* Bisagra. Gozne. Porción donde se unen los dos flancos de un pliegue geológico. Articulación de las dos valvas de los moluscos acéfalos.

charol *m.* Barniz muy lustroso y

permanente que se adhiere perfectamente a la superficie a que se aplica. Cuero con este barniz. En América, bandeja barnizada.

charola *f.* En México, bandeja.

chargui o charque *m.* En América, tasajo.

charrán *adj. y s.* Pillo, tunante.

charrasca *f.* Arma arrastradiza. sable. Navaja de muelles. En México, cuchillo del pelado.

charrasqueado-a *m. y f.* En México, herido con arma blanca; o que tiene su cicatriz en lugar visible.

charrear *intr.* Realizar prácticas y ejercicios de charro.

charretera *f.* Divisa militar en forma de pala que se sujeta al hombro y de la que pende un fleco. Jarretera. Albardilla o almohadilla sobre el hombro.

charro-a *adj. y s.* Aldeano de tierras de Salamanca, España. Basto y rústico. Cosa recargada de adornos y de mal gusto. En México, campirano, diestro en la doma y manejo del caballo y el lazo.

chartreuse *m.* Licor que se fabricaba por los cartujos en la Grande-Chartreuse, cerca de Grenoble, Francia, y después por los mismos religiosos en Tarragona, España.

chas *adv.* En México, voz onomatopéyica en el modo adverbial al chas, chas: al contado.

chascar *intr.* Dar chasquidos la madera u otra cosa cuando se abre por sequedad. Separar súbitamente la lengua del paladar produciendo chasquido. *Tr.* Triturar, ronzar algún manjar quebradizo. Engullir.

chascarrillo *m.* Anécdota ligera y picante, cuentecillo agudo o frase de sentido equívoco y gracioso. Agudeza, chiste.

chasco *m.* Burla o engaño que se hace a alguien. Decepción, desengaño.

chasis *m.* Armazón, caja del coche. Bastidor en que se colocan las placas fotográficas o las películas sensibles, donde se obtienen los negativos.

chasquear *tr.* Dar chasco. Faltar a lo prometido. Manejar el látigo o la honda haciéndoles dar chasquidos. *Intr.* Dar chasquidos la madera cuando se abre.'*R.* Frustrar un hecho adverso las esperanzas de alguien. Burlar.

chasquido *m.* Estallido con el látigo o la honda cuando se sacuden en el aire con violencia. Ruido seco y súbito al romperse, rajarse o desgajarse algo.

chatarra *f.* Escoria que deja el mineral de hierro. Hierro viejo.

chato-a *adj.* Que tiene la nariz poco prominente y como aplastada.

Cosa sin relieve o con menos elevación que la normal. *M.* Vaso ancho y bajo.

chauvinista *adj. y s.* Patriotero.

chaval-a *adj. y s.* Joven.

chavea *m.* Rapazuelo, muchacho.

chaveta *f.* Clavo hendido que se remacha separando las dos mitades de su punta. Clavija o pasador de una barra.

chavinda *f.* En México, soga o reata muy resistente hecha con fibra de maguey especial.

chavo *m.* En México, medida superficie equivalente a 350 m².

chayote *m.* Fruto de la chayotera, en forma de pera, de corteza rugosa y espinosa, de carne parecida al pepino y con una sola pepita por semilla: comestible.

chayotera *f.* Planta cucurbitácea americana, trepadora, de flores con cinco pétalos y cáliz acampanado; su fruto es el chayote.

checo-a *adj. y s.* Bohemio de raza eslava. Relativo o perteneciente a él.

checoslovaco-a *adj. y s.* Natural de Checoslovaquia. Perteneciente o relativo a esta nación europea.

cheche *m.* Perdonavidas, fanfarrón, majo. *Adj.* En México, leporino; también, niño consentido. llorón.

chelense *adj. y s.* Período prehistórico del paleolítico inferior; toma su nombre del yacimiento de Chelles, departamento de Sena y Marne, Francia.

chelín *m.* Moneda inglesa de plata, vigésima parte de la libra esterlina.

chelo-a *adj.* En México, pelirrubio, rubio de ojos azules; también, peón de campo.

chencha *adj.* En México, holgazán. Torpe al andar.

chepa *f.* Corcova, joroba.

cheque *m.* Mandato de pago bancario a cargo de la cuenta del librador y que sólo éste puede dar.

chéster *m.* Queso inglés muy estimado, semejante al manchego.

cheviot *m.* Lana muy fina del cordero de Escocia.

chía *f.* Semilla de una especie de salvia que remojada suelta gran cantidad de mucílago, o molida, produce un aceite secante. Bebida que se hace con ella.

chianti *m.* Vino común muy apreciado que se elabora en Toscana, Italia.

chibado-a *adj.* En México, pobre, maltratado, enfermo.

chibera *f.* En México, látigo que usan los cocheros.

chic *m.* Palabra francesa: gracia, originalidad, elegancia.

chica *f.* Cierto baile de negros. Botella pequeña. En México, medida para vender pulque; resultado sorprendente en un deporte y que no se esperaba.

chicana *f.* *americ.* Trampa, argucia, embrollo de abogado.

chicastle *m.* En México, residuos del maíz del que se hace el atole.

chicle *m.* Gomorresina obtenida del chicozapote, parecida al caucho.

chicloso-a *adj. americ.* Glutinoso, pegaioso, de consistencia de chicle.

chico-a *adj.* Pequeño o de poco tamaño. *M.* Niño, muchacho.

chicol *m.* En México, vara larga con gancho para cortar frutas de los árboles.

chicolear *intr.* Decir chicoleos. En México, hacerse cariños dos o más personas.

chicoleo *m.* Dicho o donaire galante.

chicote-a *m. y f.* Persona de poca edad, pero robusta y bien hecha. *M.* Cigarro puro. En América, látigo.

chicozapote *m.* Zapote.

chicha o chiche *f.* Voz infantil para designar la carne. *Pl.* En México, Costa Rica y Antillas, los pechos de la mujer. Bebida alcohólica resultante de la fermentación del maíz en agua azucarada, o con jugo fermentado de manzana, uva, etc., muy usada en Perú y Chile.

chícharo *m.* Guisante. En México, también, criado de baja categoría, muchacho de servicio.

chicharra *f.* Cigarra, insecto hemíptero. Persona muy habladora. Coche destartalado. Juguete o timbre que suena como canto de cigarra.

chicharrón *m.* Residuo de las pellas del cerdo, después de derretida la manteca. Residuo del sebo o manteca de otros animales. Carne o vianda requemada. Persona muy tostada por el sol.

chichicaste *m.* En México, planta acuática. En Guatemala, especie de ortiga silvestre de tallo fibroso utilizado en cordelería: chichicastre, chichicate, chichicaxtli.

chichicuilote *m.* En México, ave zancuda de color gris, pico largo y delgado de diferentes especies; domesticable y comestible.

chichigua *adj.* En México, vaca que cría; alcahuete, protector.

chichiguo-a *adj.* En México, ganado consentidor, manso, rejego.

chichilasa *f.* Hormiga roja, pequeña y muy maligna. En México, mujer hermosa de carácter arisco.

chichinar *tr.* En México, quemar, chamuscar.

chicho-a *adj.* En México, bueno, bonito, aceptable.

chichón *m.* Bulto que, de resultas de un golpe, se hace en la cabeza.

chichonera *f.* Gorro con armadura adecuada para preservar a los niños de golpes en la cabeza.

chifla *f.* Acción y efecto de chiflar. Especie de silbato. En México, mal humor.

chiflado-a *adj. y s.* Loco, perturbado.

chiflar *intr.* Silbar. En México, cantar los pájaros. *Tr.* Hacer burla o escarnio en público. Beber mucho y con presteza. *R.* Perder la energía de las facultades mentales. Tener sorbido el seso por una persona.

chifle *m.* Silbato o reclamo para cazar aves. Recipiente de cuerno.

chiflido *m.* Sonido del chiflo. Silbo que lo imita. Silbido.

chiflón *m. americ.* Viento colado, o corriente sutil de aire. En México, también, canal o caño por donde sale el agua con fuerza; tubo por donde sale el agua del surtidor de una fuente o manguera.

chihuahuense *adj. y s.* Natural de Chihuahua. Perteneciente o relativo a este Estado mexicano.

chihuahueño *adj. y* Perro muy pequeño o perro pelón, chino o mudo. En México, escuintle.

chilaba *f.* Vestidura con capucha que usan los moros.

chilaca *f.* En México, variedad de chile, delgado y largo, poco picante.

chilacate *m.* En México, silbato de carrizo.

chilacayote *m.* En México, variedad de la calabaza común; el fruto de esta planta.

chilaquil *m.* En México, guiso compuesto de tortillas de maíz, despedazadas y cocidas en caldo o salsa de chile, cebolla y queso; sombrero viejo deformado.

chilar *m.* Plantío de chiles.

chilatole *m.* En México, guiso de maíz entero, chile y carne de cerdo.

chilchomole *m.* En México, guiso de chile verde.

chile *m.* En América, ají y otras especies de pimiento y fruto de estas plantas.

chileno-a *adj. y s.* Natural de Chile. Perteneciente o relativo a este país de Sudamérica.

chilepiquín *m.* En México, chiltepiquín; chile pequeño y muy picante.

chilicote *m. americ.* Grillo. Persona de voz chillona.

chilillo *m.* En México, fruto en agraz del cacao.

chilindrina *f.* Cosa de poca importancia. Anécdota ligera, equívoco picante, chiste para amenizar la conversación. En México, cierto pan con granos de azúcar encima.

chilmole *m.* En México, guisado

cuyo principal ingrediente es el chile. Enredo, lío.

chilpotle *m.* En México, chile secado al humo.

chiltepiquín *m.* En México, ají, pimiento de la familia de las solanáceas; persona enérgica y valiente; cascarrabias.

chilla *f.* Instrumento de cazadores para imitar el chillido de algunos animales.

chillar *intr.* Dar chillidos. Imitar con chilla la voz de algunos animales. Chirriar. Resaltar con demasiada viveza los colores o combinarlos mal.

chillido *m.* Sonido inarticulado de la voz, agudo y desapacible.

chillón-a *adj.* Que chilla mucho. Todo sonido agudo y desagradable. Dícese de los colores demasiado vivos o mal combinados. En México, persona descontenta que se queja de todo.

chimal *m.* En México, nombre que se daba a la rodela de los guerreros; cabellera alborotada. Chimolli.

chimar *tr.* En México, molestar, importunar.

chimenea *f.* Conducto para dar salida al humo. Hogar o fogón para guisar o calentarse.

chimicoleo *m.* En México, labor del campo hecha con la azada.

chimiscolear *intr.* En México, callejear, ir de casa en casa metiendo chismes; murmurar en grupo.

chimpancé *m.* Mono antropoide de los bosques ecuatoriales de África.

chimuela *com.* En México, desdentado.

china *f.* Piedra pequeña. Porcelana, especie de loza fina. Tejido de seda o lienzo procedente de China o labrado a su imitación.

chinaca *f.* En México, pobretería, gente desharrapada y miserable.

chinaco-a *m.* y *f.* Soldado liberal mexicano en la Guerra de Reforma que vestía traje típico.

chinacate *m.* En México, gallo o pollo sin plumas; hombre del pueblo; murciélago.

chinahuate *m.* En México, las orugas vellosas de lepidópteros que son urticantes; hombre barbudo.

chinámil *m.* En México, seto de cañas de las casas pobres labriegas.

chinamitla *f.* En México, choza de pajas y tejamaniles.

chinampa *f.* Terreno de poca extensión, en las lagunas vecinas a la ciudad de México, donde se cultivan flores y verduras.

chinampear *intr.* En México, huir el gallo durante la pelea; rehuir o evitar el cumplimiento de una promesa arriesgada.

chinancal *m.* En México, choza de setos y cañas.

chinascle *m.* En México, nido, madriguera, semillero. Chinastle.

chincualear *intr.* En México, andar siempre en diversiones, armar alboroto y bullanga; irritar la piel.

chincualón *m.* En México, préstamo que se hace entre semana al obrero a cuenta de su jornal y paga de la semana.

chinchayote *m.* En México, la raíz alimenticia feculenta del chayote.

chinche *f.* Insecto hemíptero de color rojo obscuro, de cuerpo aplastado, cabeza ancha y corta; es nocturno, fétido y chupa la sangre humana con picadura irritante.

chinchilla *f.* Mamífero roedor sudamericano, de pelaje gris de una finura y suavidad extraordinarias. Piel de este animal.

chinchorrería *f.* Impertinencia, pesadez. Chisme, cuento.

chinchoso-a *adj.* Dícese de la persona molesta y pesada.

chinela *f.* Calzado sin talón, de suela ligera, para estar en casa. Especie de chapín sobre el calzado, para tiempos de lodo.

chinero *m.* Armario o alacena para piezas de porcelana, cristal, etc.

chinesco-a *adj.* Chino, perteneciente a China. Parecido a las cosas de China.

chinita *f.* Diminutivo de china, piedrecita. Palabra de doble intención.

chino *m.* En México, rizo de pelo.

chino-a *adj.* y *s.* Natural de China. Perteneciente a este país de Asia. *M.* La lengua china. En México y Argentina, mujer del pueblo.

chipichipi *m.* En México, llovizna.

chipilo-a *adj.* En México, niño pequeño, el menor de la familia.

chipirón *m.*

chipolín *m.* Pintura al temple barnizada.

chipote *m. americ.* Manotada. En México, chichón en la cabeza.

chippendale *m.* Estilo de muebles inspirado en la sobriedad y la construcción fina, característicos de la época de reina Ana, combinados con nuevas formas más ligeras; toma el nombre de Tomás Chippendale, ebanista inglés.

chipriota *adj.* y *s.* Natural de Chipre. Perteneciente a esta isla del Mediterráneo.

chiquear *tr.* En México y Cuba, mimar, acariciar con exceso. *R.* En México y Cuba, cuidarse, darse buena vida.

chiquero *m.* Zahurda, pocilga. Toril. En México, establo, corral de cerdos, de ovejas, de terneros.

chiquihuite *m.* En México y Guatemala, cesto o canasta sin asas.

chiquillada *f.* Acción propia de chiquillos.

chiquillería *f.* Multitud, concurrencia de chiquillos.

chiquillo-a *adj. y s.* Chico, niño, muchacho.

chiquión-a *adj. y s.* En México y Cuba, mimoso, cariñoso, obsequioso.

chiquitín-a *adj. y s.* Diminutivo de chiquito, niño o niña que no han salido de la infancia.

chira *f.* En México, jirón.

chiribita *f.* Chispa. Partícula o mota que en el interior del ojo ofusca o enturbia la vista.

chiribitil *m.* Desván rincón o escondrijo bajo y estrecho. Pieza o cuarto muy pequeño. Tugurio, cuchitril.

chirigota *f.* Cuchufleta.

chirimbolo *m.* Utensilio, vasija o cosa semejante.

chirimía *f.* Instrumento músico de viento, de tubo cónico de madera, con doble lengüeta en la embocadura.

chirimoya *f.* Fruto del chirimoyo, baya verdosa por fuera y blanca por dentro con pepitas de sabor agradable.

chirimoyo *m.* Arbol anonáceo centroamericano, de tronco ramoso, hojas puntiagudas y flores fragantes, cuyo fruto es la chirimoya.

chirinduyo *m.* En México, el puma o león americano.

chiripa *f.* Casualidad favorable.

chirivía *f.* Planta umbelífera de tallo acanalado, de raíz fusiforme, carnosa y comestible.

chirlar *intr.* Hablar atropelladamente y metiendo ruido.

chirlata *f.* Trozo de madera que completa otro pedazo. Timba de ínfima especie donde sólo se juega moneda chica.

chirle *adj.* Insípido, insubstancial.

chirlo *m.* Herida en la cara, y su señal o cicatriz. En México, desgarrón de la ropa.

chirona *f.* Cárcel.

chirriar *intr.* Dar sonido agudo una cosa al penetrarle un calor intenso. Ludir con ruido el cubo de las ruedas del carro contra los topes del eje. Chillar los pájaros no cantores. Cantar desentonadamente. Rechinar, desafinar.

chirrido *m.* Voz o sonido agudo, desagradable y continuado.

chirrión *m.* Carro fuerte de dos ruedas que chirría mucho al andar. En América, látigo o rebenque de cuero. En México, expresión humorística de asombro.

chirumen *m.*

¡chis! *interj.* ¡Chitón! ¡Silencio!

chisgarabís *m.* Zascandil, mequetrefe.

chisguete *m.* Trago de vino. Chorrillo de un líquido que sale violentamente.

chisme *m.* Noticia verdadera o falsa con que se pretende indisponer a unas personas con otras. Baratija o trasto pequeño.

chismear *intr.* Traer y llevar chismes.

chispa *f.* Partícula encendida que salta de la lumbre, del hierro herido por el pedernal, etc. Diamante pequeño. Gota de lluvia menuda y escasa. Partícula de cualquier cosa. Penetración, viveza de ingenio. Borrachera.

chispar *r.* En México, zafarse, excusarse, desunir.

¡chispas! *interjec.* Denota admiración o extrañeza.

chispazo *m.* Acción de saltar la chispa del fuego. Daño que hace. Suceso que como señal precede al conjunto de otros de mayor importancia. Destello.

chispeado-a *adj.* En México, Argentina y Canarias, España, mojado, salpicado. En México y Chile, achispado, borracho, ebrio.

chispeante *adj.* Que chispea. Dícese del escrito o discurso en que abundan los destellos de ingenio y agudeza.

chispear *intr.* Echar chispas. Relucir o brillar mucho. Llover sólo gotas pequeñas.

chispo-a *adj.* Achispado, bebido. M. Chisguete, trago de vino.

chisporrotear *intr.* Despedir chispas reiteradamente.

chistar *intr.* Prorrumpir en alguna voz o hacer ademán de hablar.

chiste *m.* Dicho agudo y gracioso. Suceso gracioso y festivo. Burla o chanza.

chistera *f.* Cestilla angosta de boca que llevan los pescadores para echar los peces. Cesta para jugar a la pelota. Sombrero de copa alta.

chistosada *f.* En México, chiste de poca gracia y fuera de lugar.

chistoso-a *adj.* Que usa de chistes. Lance o suceso que tiene chiste. Ocurrente, agudo.

chita *f.* Astrágalo, hueso del tarso. Taba. En México, redecilla; una especie de percal.

chitajato *m.* En México, tortilla de elote; pan de maíz nuevo.

chiticallando *adv.* Con mucho silencio, sin meter ruido. Sin escándalo para conseguir lo que se desea.

¡chito! o ¡chitón! *interj.* Se usa para imponer silencio en un peligro.

chiva *f. americ.* Perilla, barba. *Pl.* En México, trastos, trebejos.

chivarras *f. pl.* En México, calzones de cuero peludo de chivo.

chivato *m.* Chivo que pasa de los seis meses y no llega al año.

chivazo *m.* En México, golpe, porrazo.

chivo-a *m. y f.* Cría de la cabra

desde que deja de mamar hasta la edad de la procreación. En México, muchacho travieso; salario, paga en general; préstamo diario hecho al trabajador a cuenta de su salario.

¡cho! *interjec.* ¡So!, para detener a las caballerías.

chocante *adj.* Que choca, gracioso, curioso, sorprendente. En México, fastidioso, empalagoso, antipático.

chocar *intr.* Encontrarse violentamente una cosa con otra. Pelear, combatir. Provocar, enojar a uno. Causar extrañeza o enfado.

chocarrería *f.* Chiste grosero, burdo.

chocil *m.* Cabaña o barranquilla campestre, de ramas y tierra.

choclo *m.* Chanclo.

choclón *adj.* Entremetido. En América, ave que empieza a emplumar.

choclotanda *f.* En México, tamal de elote.

chocolate *m.* Pasta de cacao con azúcar, canela o vainilla. Bebida preparada con ella, desleída y cocida en agua o en leche. Confitura, bombón preparado con ella. Color semejante al de esta pasta.

chocolatería *f.* Casa donde se fabrica, vende o sirve chocolate.

chocolatero-a *adj. y s.* Muy aficionado a tomar chocolate. El que lo labra o. vende. *F.* Vasija para preparar el chocolate.

chocon-a *adj.* En México, antipático, chocante.

chocha *f.* Ave zancuda de pico largo, recto y delgado, de plumaje gris con manchas negras, de carne sabrosa. Becada.

chochear *intr.* Tener las facultades mentales débiles por efecto de la edad. Extremar el cariño a personas y cosas conduciéndose como quien chochea.

chocho *m.* Fruto del altramuz. Canelón, confite con una raja de canela o de acitrón. Meollo del hueso de algunas frutas.

chocho-a *adj.* Que chochea. Lelo de puro cariño.

chochocol *m.* En México, calabazo largo para succionar aguamiel.

chófer o **chofer** *m.* Conductor de un automóvil

chola o **cholla** *f.* Juicio, talento, cabeza, capacidad.

cholo-a *adj. y s. americ.* Dícese del indígena civilizado. Mestizo de europeo e india.

chongo *m.* En México, moño de pelo; postre hecho con leche cuajada; chanza, broma.

chopo *m.* Álamo o álamo negro.

chop suey *m.* Platillo de origen norteamericano servido en los restaurantes chinos; se compone de carne, judías, apio y otras verduras,

con salsa de soja.

choque *m.* Encuentro violento de una cosa con otra. Contienda, riña. Combate de corta duración. Estado de decaimiento súbito.

choquezuela *f.* Rótula, hueso de la rodilla.

choricero-a *adj. y s.* Persona que hace o vende chorizos. *F.* Máquina para hacerlos.

chorizo *m.* Pedazo de tripa llena de carne, por lo común de cerdo, picada y adobada, curado al humo.

chorlito *m.* Nombre de diversas especies de aves caradriiformes, que anidan en el suelo, frecuentan los cursos de agua y son migratorias. Dícese de la persona ligera o de poco juicio.

chorreado-a *adj.* Dícese de la res vacuna de pelo con rayas verticales más obscuras que el resto de la capa. *M.* En México, chocolate espeso hecho en frío.

chorrear *intr.* Caer un líquido formando chorro. Salir el líquido lentamente y goteando. *R.* En México, resbalar un tren sobre sus rieles.

chorrera *f.* Paraje por donde cae una corta porción de agua. Señal por donde el agua ha corrido. Declive de un río por donde el agua corre a gran velocidad. Guarnición de encaje en la abertura de la camisola, por la parte del pecho.

chorrillo *m.* Diminutivo de chorro. Acción continua de recibir o gastar una cosa. En México, diarrea.

chorro *m.* Golpe de un líquido que sale por una parte estrecha con alguna fuerza. Caída sucesiva de cosas iguales y menudas. Escape violento de gases en combustión.

chota *f.* Cabritilla que mama. Ternera.

chotacabras *m.* Nombre de muchas aves de alas largas, pico corto, de plumaje moteado y suave y que gustan de los insectos que acompañan al ganado sobre el que vuelan a poca altura.

chotar *tr.* Antiguamente, mamar. Chupar.

chotear *tr.* En México, abaratar excesivamente una mercancía; echar a perder un negocio o cosa. En México y Antillas, mofarse de una persona o cosa.

choteo *m.* Burla, pitorreo.

chova *f.* Ave parecida al cuervo pero más pequeña, de muchas variedades.

choza *f.* Cabaña de estacas y cubierta de ramas o paja.

chozno-a *m. y f.* Cuarto nieto.

christmas *m.* Palabra inglesa: Navidad.

chubasco *m.* Chaparrón o aguacero con mucho viento. Adversidad transitoria. En América, regaño, reprimenda áspera.

chubasquero *m.* Impermeable.

chucrut o **choucroute** *f.* Palabra francesa: col picada que se hace fermentar en salmuera y en su prop'o jugo.

chuchería *f.* Cosa de poca importancia pero pulida y delicada. Alimento corto, ligero y apetitoso. Bocadillo, golosina; baratija.

chucho *m.* Perro. *Adj. y s.* En México, chismoso, enredador.

chufa *f.* Tubérculo de la raíz de una especie de juncia; con él se elabora una horchata refrescante.

chulapo-a *m. y f.* Chulo, individuo del pueblo bajo de Madrid, España, afectado en el traje y en el modo de producirse.

chulear *tr.* Zumbar o burlar a uno con gracia y chiste. En México, requebrar, piropear.

chulería *f.* Conjunto de chulos. Cierto aire o gracia en las palabras o ademanes. Bravata, desplante.

chuleta *f.* Costilla con su carne, de ternera, carnero o puerco. Bofetada.

chulo-a *adj. y s.* Hecho con chulería. Bonito, apuesto, agraciado. Chulapo. En México, brocha gruesa y sin mango.

chumacera *f.* Pieza con una muesca en que descansa y gira cualquier eje de maquinaria. Cojinete.

chumbera *f.* Higuera chumba, nopal.

chunga *f.* Burla festiva.

chuño o **chuno** *m. americ.* Fécula de la patata o papa. Polvo fino de harina de maíz o de papa. Alimento hecho con este polvo.

chupado-a *adj.* Muy flaco y extenuado.

chupador *m.* Pieza de marfil, pasta o caucho que se da a los niños en su primera dentición, para que chupen y refresquen la boca. Suctorio.

chupar *tr.* Sacar o atraer con los labios el jugo o substancia de una cosa. *Intr.* Embeber los vegetales el agua o la humedad. Absorber. *Tr. americ.* Fumar. *R.* Irse enflaqueciendo o desmedrando. En América, beber con exceso.

chupatintas *m.* Oficinista de poca categoría.

chupete *m.* Pieza de goma elástica en forma de pezón que se pone en el biberón. Chupador.

chupetear *tr. e intr.* Chupar poco y con·frecuencia.

chupetón *m.* Acción y efecto de chupar con fuerza.

chupón-a *adj.* Que chupa. Que saca dinero con astucia y engaño. *M.-* Chupador, chupete. Vástago de los árboles y plantas que chupa la savia y amengua el fruto.

churre *m.* Pringue gruesa y sucia que se escurre de una cosa grasa. Lo que se parece a ella.

churrigueresco-a *adj.* Gusto arquitectónico español demasiado cargado de adornos, adaptación del barroco.

churro *m.* Pasta de buñuelo muy alargada que después de frita se corta en trozos. Chapuza, cosa mal hecha.

churruro *m. americ.* Axila, sobaco.

churrusco *m.* Pedazo de pan demasiado tostado o que se empieza a quemar.

churumbel *m.* Palabra de la jerga gitana: niño.

chusco-a *adj. y s.* Que tiene gracia, donaire y picardía. *M.* Pedazo de pan, mendrugo. En España, pieza de pan que se da al soldado. En América, fiebre palúdica intermitente.

chusma *f.* Conjunto de galeotes. Gente soez; canalla, populacho.

chutar *intr.* Palabra de origen inglés: en el fútbol, dar con el pie al balón para arrojarlo a distancia.

chutla *f.* En México, navaja. Trozo de vidrio cortante y puntiagudo empleado en riña.

chuza *f.* Chuzo. En México, lance en el juego del boliche y en el billar, consistente en derribar todos los palos de una vez.

chuzo *m.* Palo con pincho de hierro para ofender o defenderse.

cía *f.* Nombre aplicado algunas veces al isquion.

cianamida *f.* Amida del ácido ciánico o nitrilo del ácido carbámico; sólido, blanco, cristalino y delicuescente; la cálcica se emplea como abono nitrogenado.

cianhídrico *adj.* Dícese del ácido formado por la combinación del cianógeno con el hidrógeno; vulgalmente se denomina ácido prúsico.

cianofícea *f.* Alga azul.

cianosis *f.* Coloración azul y a veces negruzca o lívida de la piel y de las mucosas.

cianuro *m.* Nombre genérico de las sales del ácido cianhídrico.

ciar *intr.* Andar hacia atrás, retroceder. Remar hacia atrás.

ciático-a *adj.* Perteneciente al isquión. *F.* Afección del nervio del muslo y pierna, con dolor a todo lo largo de su trayecto y mayor en algunos puntos del recorrido.

cibal *adj.* Perteneciente o relativo a la alimentación.

cibera *adj.* Que sirve para cebar. Simiente para mantenimiento y cebo. Residuo de los frutos después de exprimidos.

cibernética *f.* Arte de gobernar. Estudio de la dirección, la regulación y las comunicaciones, en máquinas calculadoras, organismos y actividades económicas.

cíbolo *m.* Bisonte americano.

cicatería *f.* Calidad de cicatero. Mezquindad, avaricia, ruindad, sordidez.

cicatero-a *adj.* y *s.* Ruin, miserable, que escasea lo que debe dar.

cicatriz *f.* Señal que queda en los tejidos orgánicos, después de curada una herida o úlcera. Impresión que queda en el ánimo por algún sentimiento.

cicatrizar *tr.* y *r.* Completar la curación de las llagas o heridas, hasta quedar bien cerradas.

cicerón *m.* Hombre muy elocuente, por alusión a Marco Tulio Cicerón, el más célebre orador romano.

ciclamor *m.* Arbol leguminoso ornamental de tronco y ramas tortuosas, hojas acorazonadas y flores en racimos abundantes.

cíclico-a *adj.* Perteneciente o relativo al ciclo. Dícese de las enfermedades de ciclo definido, de evolución regular y curso casi constante. Composición musical en que un tema principal reaparece en todas las partes. Poetas o literatos que tratan asuntos de un solo período, personaje o asunto.

ciclismo *m.* Deporte de los aficionados a la bicicleta o velocípedo. Ejercicio del ciclista.

ciclista *com.* Persona que practica el ciclismo.

ciclo *m.* Período de tiempo que, acabado, se vuelve a contar. Conjunto de tradiciones épicas concerniente a determinado período de tiempo o a un personaje. Serie de fases por las que pasa un fenómeno físico periódico hasta que se reproduce una fase anterior. Período de tiempo en que se completa el estudio de ciertas materias correspondientes a un plan progresivo educativo. Período determinado de la vida en que se efectúan ciertas transformaciones. Unidad de frecuencia, en Física.

ciclón *m.* Perturbación atmosférica en una zona de bajas presiones que produce vientos huracanados y lluvias abundantes, desplazándose por el movimiento circular del viento.

ciclópeo-a *adj.* Perteneciente o relativo a los cíclopes, gigantes mitológicos con un solo ojo circular en la frente. Dícese de ciertas construcciones muy antiguas basadas en enormes piedras, por lo común, sin argamasa.

ciclorama *m.* Panorama.

ciclostilo *m.* Aparato para la reproducción múltiple de escritos o dibujos.

ciclotrón *m.* Aparato para producir partículas de enorme energía, acelerando su movimiento en un campo electromagnético.

ciconiforme *adj.* y *s.* Ave carinada en cuyo orden se incluyen la cigüeña, el ibis, la espátula, la garza y especies próximas a éstas.

cicuta *f.* Planta umbelífera de tallo rollizo y estriado, de hojas fétidas, flores blancas y semilla negruzca; su zumo es venenoso.

cid *m.* Hombre fuerte y valeroso, por alusión al Cid Campeador, Rodrigo Díaz de Vivar.

cidra *f.* Fruto del cidro, semejante al limón, aunque algo mayor, de corteza gorda sembrada de vejiguillas muy espesas, llenas de aceite volátil de olor muy agradable.

cidro *m.* Arbol rutáceo de tronco liso y ramoso, hojas permanentes y flores encarnadas olorosas; su fruto es la cidra.

ciego-a *adj.* y *s.* Privado de la vista. Poseído con vehemencia de alguna pasión. Ofuscado, alucinado. Dícese de un conducto obstruido. Saco intestinal que constituye el segmento inicial del intestino grueso. Intestino ciego.

cielo *m.* Esfera aparente, azul y diáfana que rodea la Tierra. Parte del espacio que se extiende sobre la Tierra. Clima o temple. La morada de Dios y de los bienaventurados. Dios o su providencia. Parte superior que cubre algunas cosas.

ciempiés *m.* Miriápodo, de cuerpo alargado y aplanado, con numerosos segmentos, cada uno de los cuales tiene un par de patas. Obra o trabajo desatinado e incoherente.

cien *adj.* Apócope de ciento, siempre antes de un substantivo.

ciénaga *f.* Lugar o paraje lleno de cieno o pantanoso. Cenegal, barrizal.

ciencia *f.* Conocimiento cierto de las cosas por sus principios o causas. Cuerpo de doctrina metódicamente formado que constituye una rama del humano saber. Saber o erudición. Habilidad y maestría.

cienmillonésimo-a *adj.* y *s.* Dícese de cada uno de los cien millones de partes iguales en que se divide un todo.

cieno *m.* Lodo blando que forma depósitos en ríos, lagunas o sitios bajos y húmedos. Barro, fango, lodo.

científicamente *adv.* Según los preceptos de una ciencia o arte.

científico-a *adj.* y *s.* Perteneciente a la ciencia o ciencias. Persona que posee alguna ciencia o ciencias.

ciento *adj.* Diez veces diez. Centésimo. Valor numérico que se obtiene añadiendo a 99 unidades una unidad más.

cierre *m.* Acción y efecto de cerrar o cerrarse. Clausura temporal de un establecimiento mercantil. Mecanismo para cerrar.

cierto-a *adj.* Conocido como verdadero, seguro. Un, algún. Sabedor de la verdad de algún hecho. *Adv.* Ciertamente.

cierva *f.* Hembra del ciervo.

ciervo *m.* Mamífero rumiante esbelto, de pelo áspero y corto, de patas largas y cola corta, armado de astas o cuernas estriadas y ramosas que pierde y renueva todos los años; indomesticable.

cierzo *m.* Viento septentrional o del Norte.

cif (abreviatura de las palabras inglesas costo, seguro y flete). Condición del comercio de exportación que significa que todos los gastos hasta el puerto de destino están incluidos en el precio.

cifra *f.* Guarismo. Escritura criptográfica o secreta. Monograma. Abreviatura. Emblema. Suma y compendio.

cifrar *tr.* Escribir en cifra. Compendiar. Concretarse a una cosa.

cigarra *f.* Insecto hemíptero de cabeza gruesa y abdomen cónico, en cuya base tienen los machos un aparato vibrador que, en tiempo de calor, produce un ruido estridente y monótono.

cigarral *m.* En Toledo, España, huerta cercada fuera de la ciudad, con árboles frutales y casa para recreo.

cigarrera *f.* Mujer que hace o vende cigarros. Caja o mueblecillo para cigarros puros. Petaca o estuche para cigarros o tabaco picado.

cigarrillo *m.* Cigarro pequeño de picadura o hebra envuelta en papel de fumar.

cigarro *m.* Rollo de hojas de tabaco para fumar. En América, cigarrillo.

cigarrón *m.* Saltamontes. Perteneciente o relativo a la mejilla o al pómulo.

cigoñal *m.* Aparato para sacar agua de pozos someros.

ciguata *f.* En México y por el vulgo, mujer.

ciaguatera *f.* En México, envenenamiento causado por la ingestión de pescados y mariscos en descomposición.

ciguato-a *adj. y s.* En México y Venezuela, anémico, pálido. En México y Antillas, idiota, simple, tonto.

cigüeña *f.* Ave ciconiforme de cabeza redonda, cuello largo, patas y pico rojos; anida en las torres y árboles elevados. Hierro sujeto a la cabeza de la campana donde se asegura la cuerda para tocarla. Codo para dar movimiento rotatorio a ciertas máquinas.

cigüeñal *m.* Cigoñal. Eje principal de un motor o máquina, con una o varias manivelas que enlazan con las bielas unidas a los pistones.

cilanco *m.* Charco que deja un río en la orilla al retirar sus aguas, o en el fondo cuando se ha secado.

cilantro *m.* Planta umbelífera herbácea, de tallo lampiño, flores rojizas y simiente elipsoidal aromática; medicinal. Culantro.

cilicio *m.* Saco o vestidura áspera para penitencia. Faja de cerdas o de cadenillas con puntas, ceñida al cuerpo para mortificación.

cilindrado-a *m. y f.* Acción y efecto de cilindrar. Operación de apisonar las carreteras. *F.* Volumen de fluido desplazado por el émbolo en una carrera. Volumen en centímetros cúbicos de todos los cilindros de un motor de explosión.

cilindrar *tr.* Comprimir con el cilindro o rodillo.

cilindrero-a *m. y f.* En México, músico callejero que toca el cilindro u organillo.

cilíndrico-a *adj.* Perteneciente o relativo al cilindro. Dícese de la superficie engendrada por una recta que se mueve paralelamente en una misma dirección.

cilindro *m.* Cuerpo limitado por una superficie cilíndrica y dos planos paralelos que cortan a todas las generatrices. Tubo en que se mueve el émbolo de una máquina. En México, instrumento musical automático parecido al organillo. Tambor donde se enrosca la cuerda de un reloj.

cilio *m.* Pestaña. Filamento que produce en algunas células un movimiento vibrátil.

cima *f.* Lo más alto de los montes, cerros y collados. La parte más elevada de los árboles. Fin o complemento de una obra o cosa. Cúspide, cumbre; pináculo, término, remate. Inflorescencia definida cuyo eje principal termina en una flor.

cimacio *m.* Moldura cuyo perfil tiene la figura de una S.

cimarrón-a *adj. y s. americ.* Dícese del animal doméstico que huye al campo y se hace montaraz. Esclavo que huía de la opresión de su amo.

cimbalo *m.* Campana pequeña. Instrumento musical muy antiguo parecido a pequeños platillos.

cimborio o **cimborrio** *m.* Cuerpo cilíndrico que sirve de base a la cúpula y descansa inmediatamente sobre los arcos torales. Cúpula.

cimbra /. Armazón de maderos sobre el que van colocándose las dovelas de una bóveda o arco hasta dejarlos cerrados. Vuelta o curvatura de la superficie interior de un arco o bóveda.

cimbrado-a m. Operación de curvar la madera. Colocación de las cimbras en una obra. Paso de baile en que se dobla rápidamente el cuerpo por la cintura.

cimbrar tr. y r. Mover una vara larga u otra cosa flexible asiéndola por un extremo y vibrándola. Colocar las cimbras en una obra.

cimbreante adj. Flexible, que se cimbra fácilmente.

cimbrear tr. Cimbrar.

cimbrón m. americ. Acción y efecto de vibrar una vara o cosa flexible. En México, cimbronazo, cintarazo.

cimentación /. Acción y efecto de cimentar. Apoyo de una obra sobre el terreno.

cimentar tr. Echar o poner los cimientos de un edificio o fábrica. Fundar. Establecer los principios de algunas cosas. Fundamentar.

cimera /. Parte superior del morrión que se solía adornar con plumas. Adorno sobre la cima del yelmo o celada.

cimero-a adj. Dícese de lo que está en la parte superior y finaliza o remata por lo alto alguna cosa elevada.

cimicida adj. Que mata o extermina las chinches.

cimiento m. Parte del edificio que está debajo de tierra y sobre la que estriba toda la fábrica. Terreno sobre el que descansa un edificio. Cemento. Principio o raíz de alguna cosa.

cimitarra /. Especie de sable corvo usado por turcos y persas.

cinabrio m. Protosulfuro de mercurio, de color rojo y brillo adamantino; la mena más importante del

cinamomo m. Arbol meliáceo de hojas alternas compuestas, flores en racimos axilares y cápsulas del tamaño de garbanzos para cuentas de rosario; de madera dura y aromática.

cinc m. Metal de color blanco azulado, componente del latón, bronce y otras aleaciones y de otras múltiples aplicaciones; símbolo Zn.

cincel m. Herramienta con boca acerada y recta y de doble bisel para labrar a golpes de martillo piedras y metales.

cincelar tr. Labrar, grabar con cin-

cel en piedras o metales.

cinco adj. Cuatro y uno. Quinto. Signo o cifra con que se representa dicho número.

cincografía /. Arte de dibujar o grabar en planchas de cinc.

cincuenta adj. Cinco veces diez. Quincuagésimo. Signo o signos de dicho número.

cincuentena /. Conjunto de cincuenta unidades homogéneas. Cada una de las 50 partes iguales en que se divide un todo.

cincuentenario m. Conmemoración del día en que se cumplen cincuenta años de algún suceso.

cincuentón-a adj. y s. Dícese de la persona que tiene cincuenta años cumplidos.

cincha /. Faja con que se asegura la silla o albarda sobre la cabalgadura. En México, acción de dar cinchazos o cintarazos.

cinchar tr. Asegurar con cinchas o cinchos. En México, cintarear, dar de cintarazos o cinchazos.

cincho m. Faja ancha de cuero u otra materia, con que se suele ceñir y abrigar el estómago. Aro de hierro con que se aseguran y refuerzan barriles, ruedas, etc. En México, cincha.

cinchuelo m. Cincha de adorno que se pone a los caballos cuando se trata de exhibirlos.

cine o cinema m. Apócope de cinematógrafo.

cineasta m. Actor cinematográfico. Persona que interviene destacadamente en cinematografía: director, argumentista, productor, etc.

cinegética /. Arte de la caza.

cinemática /. Dícese de la energía engendrada por un cuerpo en movimiento. Parte de la Mecánica que estudia geométrica y analíticamente los movimientos en sí, prescindiendo de las fuerzas que los producen.

cinematografía /. Arte y técnica de representar el movimiento por medio de la fotografía.

cinematógrafo m. Aparato óptico de proyección que permite dar la impresión de movimiento mediante el paso rápido de una serie de fotografías tomadas a muy pequeños intervalos y que se contemplan en una pantalla adecuada. Local público en donde tienen lugar las exhibiciones con este aparato.

cinemómetro m. Aparato para medir velocidades; úsase en Aeronáutica para determinar la velocidad de la nave aérea.

cinerama m. Cine de visión panorámica sobre pantalla cóncava.

cinerario-a adj. Ceniciento. Destinado a contener cenizas de cadáveres. *F.* Planta bienal compuesta, de flores olorosas y duración prolongada; ornamental.

cinescopio *m.* Tubo o lámpara de rayos catódicos empleado para formar las imágenes en un receptor de televisión.

cinética *f.* Parte de la Dinámica que estudia los movimientos que producen las fuerzas, por contraposición a la Estática, que estudia el equilibrio.

cinetoscopio *m.* Aparato para producir la sensación del movimiento; cinematógrafo primitivo ideado por Edison.

cingalés-a *adj. y s.* Natural de Ceilán. Perteneciente o relativo a esta isla del Océano Indico.

cíngaro-a *adj. y s.* Gitano.

cinglar *tr.* Hacer andar un bote, canoa, etc., con un solo remo puesto a popa.

cingular *adj.* Circular, anular. Que corresponde a un cíngulo.

cíngulo *m.* Cordón para ceñirse el sacerdote el alba. Fascículo de fibras de asociación, en la circunvolución del cuerpo calloso. Clitelo de una lombriz de tierra.

cínico-a *adj.* Impúdico, procaz. Desaseado. Filósofo de la antigüedad que siguió las enseñanzas de Antístenes.

cínife *m.* Denominación de diferentes insectos dípteros, especialmente los picadores. Mosquito, jején.

cinismo *m.* Doctrina de los cínicos. Desvergüenza en defender o practicar acciones o doctrinas vituperables. Afectación de desaseo y grosería. Impudencia, obscenidad descarada.

cinofobia *f.* Temor morboso a los perros.

cinta *f.* Tejido largo y angosto para atar, ceñir o adornar. Por extensión, tira de papel, talco, celuloide u otra materia semejante. Cinto, faja para ajustar la cintura. Tira de metal o tela, para medir distancias cortas.

cintarazo *m.* Golpe que se da de plano con la espada.

cintilar *intr.* Brillar, centellear.

cintillo *m.* Cordoncillo para ceñir la copa de los sombreros. Sortija guarnecida de piedras preciosas. En América, cinta estrecha para el cabello.

cinto *m.* Faja de cuero u otra materia, para ceñir y ajustar la cintura con una sola vuelta. Cíngulo. Tira de cuero ceñida al cuerpo de la que penden el sable o el cuchillo.

cintra *f.* Curvatura de una bóveda o de un arco.

cintura *f.* Parte más estrecha del tronco humano por encima de las caderas. Parte superior de la campana de una chimenea, donde empieza el cañón.

cinturita *m.* En México, el que vive de las mujeres.

cinturón *m.* Cinto o correa con que se sujeta el pantalón a la cintura. Cinto del que se lleva pendiente la espada o el sable. Serie de cosas que circuyen a otra.

cinzolín *adj. y s.* De color violeta rojizo.

cipayo *m.* Soldado indígena de la antigua India Inglesa, encuadrado en regimientos mandados por oficiales ingleses. Nombre que se dio en Cuba y Puerto Rico a los naturales del país que sirvieron en el ejército español.

ciperácea *adj. y s.* Planta monocotiledónea herbácea con rizoma corto, tallos sin nudos, hojas envainadoras, flores en espigas, cariópsides por fruto y semilla con albumen: juncia, castañuela, papiro.

cipipa *f. americ.* La fécula que se extrae de la yuca al prensarla y que sirve para hacer tapioca y casabe.

cipo *m.* Pilastra o trozo de columna, pedestal moldurado o piedra cuadrangular que se erigía en memoria de una persona difunta. Poste para indicar la dirección o distancia en los caminos romanos. Hito, mojón.

ciprés *m.* Arbol conífero de tronco derecho, de copa espesa y cónica, hojas en filas imbricadas y por fruto, agallas casi redondas; su madera es rojiza y olorosa y pasa por incorruptible. Ahuehuete. En México, altar mayor de las catedrales, formado por cuatro altares reunidos.

cipresal *m.* Sitio poblado de cipreses.

ciprinicultura *f.* Parte de la acuicultura que se ocupa del cultivo de las carpas y otros peces de agua dulce.

circe *f.* Mujer astuta y engañosa, por alusión a Circe, hechicera conocedora de los medios para dañar a los mortales.

circense *adj.* Aplícase a los juegos o espectáculos que hacían los romanos en el circo.

circo *m.* Lugar destinado por los romanos para determinados grandes espectáculos. Edificio público con graderías y espacio circular donde se ejecutan diversos ejercicios espectaculares.

circón *m.* Anhídrido circónico silícico de muchos y diversos colores, de brillo extraordinario cuando se talla y pulimenta.

circona *f.* Oxido de circonio, blanco, y de aspecto térreo, usado como materia refractaria, ingrediente de esmaltes.

circonio *m.* Metal raro, forma parte del circón, blanquecino y parecido al hierro fundido; símbolo Zr.

circuir *tr.* Rodear, cercar. Ceñir, circundar.

circuito *m.* Terreno comprendido dentro de un perímetro. Contorno. Conjunto de vías de comunicación que constituyen un itinerario cerrado. Sistema de conductores empalmados por el que pasa una corriente eléctrica.

circulación *f.* Acción de circular. Ordenación del tránsito por las vías urbanas. Movimiento progresivo y regular de un líquido orgánico por un sistema de vasos o conductos. Movimiento ordenado de la riqueza económica. Parte de la Economía Política que estudia estos fenómenos o hechos.

circular *adj.* Perteneciente al círculo. De figura de círculo. *f.* Orden del superior a todos o gran parte de sus subalternos. Carta o aviso dirigido a diversas personas.

circular *intr.* Andar o moverse en derredor. Ir y venir. Pasar algo de uno a otro. Comunicar órdenes, instrucciones, avisos, etc., desde un centro director. Salir de un sitio y regresar por otra vía o conducto. Pasar valores o créditos de una a otra persona mediante venta o cambio.

circulatorio-a *adj.* Perteneciente o relativo a la circulación.

círculo *m.* Area contenida dentro de la circunferencia. Circunferencia. Circuito, distrito, corro. Casino, club. Sociedad de recreo, política, etc.

circumpolar *adj.* Alrededor del polo.

circuncidar *tr.* Cortar circularmente una porción del prepucio, para descubrir el bálano. Cercenar, quitar alguna cosa.

circuncisión *f.* Acción y efecto de circuncidar. Por excelencia, la que se practicó a Jesucristo.

circundar *tr.* Cercar, rodear.

circunferencia *f.* Curva plana y cerrada, cuyos puntos son equidistantes de otro situado en el mismo plano, llamado centro. Contorno de una superficie, territorio, mar, etc. Periferia, círculo.

circunferir *tr.* Circunscribir, limitar.

circunflejo *adj.* Dícese de un acento compuesto de agudo y grave. Tortuoso, indirecto. Dícese de los nervios, arterias, venas y músculos que forman un arco.

circunlocución *f.* Expresión en que se usan más palabras de las necesarias, pero que dan más belleza o energía a la frase.

circunloquio *m.* Rodeo de palabras para dar a entender algo que hubiera podido explicarse más brevemente.

circunnavegación *f.* Acción y efecto de circunnavegar. Viaje de una nave alrededor del mundo.

circunnavegar *tr.* Navegar alrededor. Dar una nave, avión o dirigible, la vuelta al mundo.

circunscribir *tr.* Reducir a ciertos límites o términos alguna cosa. Concretarse, ceñirse a una cosa determinada. Trazar o formar una figura de modo que otra quede dentro de ella, tocando todas las líneas o superficies que la limitan, o teniendo en ellas todos sus vértices.

circunscripción *f.* Acción y efecto de circunscribir. División administrativa, militar, electoral o eclesiástica de un territorio. Distrito, demarcación.

circunscrito-a *adj.* Aplícase a la figura que circunscribe a otra. Se dice principalmente del ángulo y el polígono cuyos lados son tangentes a la circunferencia.

circunspección *f.* Atención, cordura, prudencia. Seriedad, decoro y gravedad en acciones y palabras. Mesura, discreción, cautela.

circunstancia *f.* Accidente de tiempo, lugar, modo, etc., unido a una acción, hecho o dicho. Calidad o requisito.

circunstanciar *tr.* Describir o narrar una cosa con todos sus detalles y circunstancias.

circunstante *adj.* Que está alrededor. Dícese de los que están presentes, asisten o concurren.

circunvalación *f.* Acción de cercar, ceñir o rodear algo. De salir de un sitio y regresar al mismo por distinta vía.

circunvolución *f.* Vuelta o rodeo de alguna cosa. La cerebral, es cada uno de los relieves que presenta la superficie exterior del cerebro, separado de otros por unos surcos llamados anfractuosidades.

cirial *m.* Cada uno de los candeleros altos que llevan los acólitos en algunas funciones religiosas.

cirílico-a *adj.* Aplícase al alfabeto eslavo, cuya invención se atribuye a San Cirilo de Tesalónica.

cirineo *m.* Persona que ayuda a otra en algún empleo o trabajo, por alusión a Simón Cirineo, quien ayudó a Jesús a llevar la cruz en el camino al Calvario.

cirio *m.* Vela de cera de un pabilo, larga y gruesa.

cirquero m. En México, acróbata, volatinero. Empresario de circo.

cirrípedo adj. y s. Crustáceo marino imperfectamente segmentado, con seis pares de apéndices enroscados: percebes, anatifas, bellotas de mar.

cirro m. Zarcillo de las plantas trepadoras. Nube blanca y ligera en forma de barbas de pluma, flecos o filamentos, en las altas regiones de la atmósfera. Apéndice delgado, filamento o pelo de algunos animales.

cirrosis f. Hiperplasia inflamatoria del tejido conjuntivo intersticial hepático, en el que el hígado se presenta granuloso, duro y de color amarillo o rojizo.

cirsotomía f. Extirpación quirúrgica de una várice.

ciruela f. Fruto del ciruelo, de carne dulce y jugosa, que envuelve un hueso leñoso y encierra una almendra amarga.

ciruelo m. Arbol rosáceo frutal, de hojas dentadas, ramos mochos y flores blancas; su fruto es la ciruela.

cirugía f. Parte de la Medicina que tiene por objeto curar las enfermedades por medio de operaciones hechas con las manos o con instrumentos.

cirujano m. El que profesa la Cirugía.

cis prep. inseparable. De la parte o del lado de acá.

cisalpino-a adj. Situado entre los Alpes y Roma.

ciscado-a adj. americ. Atemorizado por el bochorno o la vergüenza. Enojado, picado, sobreexcitado por la ira.

ciscar tr. Ensuciar alguna cosa. R. Soltarse o evacuarse el vientre. En México y Cuba, avergonzarse, abochornarse, picarse.

cisco m. Carbón vegetal menudo. Bullicio, alboroto.

ciscón-a adj. En México, que se pica o enoja muy fácilmente.

cisión f. Cisura o incisión.

cisma m. División o separación entre los individuos de un cuerpo o comunidad. Discordia, desavenencia. Ruptura de la unidad eclesiástica.

cismático-a adj. y s. Que se aparta de su legítima cabeza o superior. Dícese del que introduce cisma o discordia en un pueblo o comunidad.

cisne m. Ave palmípeda anseriforme acuática, de cuello muy largo y flexible, cabeza pequeña y patas cortas, de andar torpe, pero gracioso y elegante al nadar.

cisterna f. Depósito artificial subterráneo de agua llovediza. Recipiente que se instala sobre un vehículo, para transportar líquidos. Depósito de retención de agua. Cavidad que sirve de depósito a algún líquido orgánico.

cistitis f. Inflamación de la vejiga urinaria.

cisura f. Rotura o abertura sutil que se hace en cualquier cosa. Hendidura o surco; en particular, el interlobular del cerebro.

cita f. Señalamiento de día, hora y lugar para verse y hablar dos o más personas. Nota de ley, doctrina, autoridad o instrumento cualquiera que se alega como prueba de lo dicho o referido. Movimiento o llamada del matador al toro, con la muleta, al disponerse a matar.

citación f. Acción de citar. Diligencia por la que se hace saber a persona determinada el llamamiento de un juez, tribunal o autoridad, para que comparezca en el día, hora y lugar señalados.

citar tr. Avisar a uno señalándole día, lugar y hora para tratar de algún negocio. Referir, anotar o señalar los autores, textos o lugares que se alegan en comprobación de lo dicho o referido. Provocar al toro para que embista o acuda a determinado lugar. Hacer saber a una persona el emplazamiento o llamamiento del juez o de otra autoridad.

cítara f. Instrumento músico de cuerdas, parecido a la lira, muy en boga entre los antiguos griegos. Después, especie de laúd periforme de dorso plano y cuello corto que se tañía con los dedos y más tarde, con la púa. Luego, apareció una variedad de cítara con un pequeño teclado aplicado a la tapa superior.

citatorio m. Mandamiento o despacho con que se cita a alguien.

citerior adj. Situado de la parte de acá; en contraposición de lo que está de la parte de allá o ulterior.

citología f. Parte de la Biología que estudia las células.

citrato m. Sal del ácido cítrico.

cítrico-a adj. Perteneciente o relativo al limón. Dícese del ácido que se encuentra en los frutos cítricos y en otros frutos ácidos. Dícese de los frutos y especies del género Citrus: cidro, limonero, limero, mandarino y naranjo.

citricultura f. Parte de la Agricultura que se ocupa del cultivo de los árboles de frutos cítricos.

cítrino-a adj. Dícese de lo que tiene color de limón.

ciudad f. Población, comúnmente grande, que en lo antiguo gozaba de mayores preeminencias que la villa. Conjunto de calles y edificios que la componen.

ciudadanía *f.* Calidad y derecho de ciudadano. Condición jurídica que ostentan las personas con respecto al Estado a que pertenecen.

ciudadano-a *adj.* Perteneciente o relativo a una ciudad. *M.* Habitante de una ciudad como sujeto de derechos políticos y que interviene, ejercitándolos, en el gobierno del país.

ciudadela *f.* Recinto de fortificación permanente en el interior de una plaza, para dominarla o como último refugio de su guarnición.

cívico-a *adj.* Civil. Patriótico. Doméstico. Perteneciente o relativo al civismo.

civil *adj.* Ciudadano, perteneciente o relativo a la ciudad. Sociable, urbano. Aplícase a la persona que no es militar. Perteneciente a las relaciones o intereses privados: estado de las personas, régimen familiar, condición de los bienes y contratos. Dícese de las disposiciones que emanan de las potestades laicas, en oposición a las eclesiásticas y de las referentes a la generalidad de los ciudadanos.

civilidad *f.* Sociabilidad, urbanidad.

civilismo *m.* En América, doctrina política que se opone a la preponderancia militar en el gobierno.

civilista *adj. y s.* Dícese del abogado dedicado preferentemente a asuntos civiles. En América, partidario del civilismo.

civilización *f.* Acción y efecto de civilizar o civilizarse. Conjunto de fenómenos sociales de carácter religioso, moral, estético, político, científico, económico y técnico comunes a una vasta sociedad o a varias sociedades humanas relacionadas entre sí.

civilizar *tr.* Sacar del estado salvaje a pueblos o personas. Educar, ilustrar.

civilmente *adv.* Con civilidad. Conforme o con arreglo al Derecho Civil.

civismo *m.* Celo por las instituciones e intereses de la patria.

cizalla *f.* Instrumento, a modo de tijeras grandes, para cortar en frío las planchas de metal. Cortadura o fragmento de cualquier metal. Especie de guillotina para cortar cartones y cartulinas en pequeños trozos.

cizaña *f.* Planta gramínea anua, de hojas estrechas y flores en espigas terminales, que se cría espontáneamente en los sembrados perjudicándolos. Planta o mala hierba silvestre de crecimiento exuberante. Cualquier cosa que hace daño a otra. Disensión o enemistad.

cizañar *tr.* Sembrar o meter cizaña, disensión o enemistad.

clac *m.* Sombrero de copa alta o de tres picos, plegable.

clacoyo *m.* En México, tortilla frita con frijoles dentro. Sembrado en que se intercalan frijol y maíz.

clachique *m.* En México, pulque sin fermentar; tlachique.

clamar *tr.* Quejarse, dar voces lastimosas, pidiendo favor o ayuda. *Intr.* Emitir la palabra con vehemencia o de manera grave y solemne.

clámide *f.* Capa corta y ligera que usaron los griegos, principalmente para montar a caballo y que después adoptaron los romanos.

clamor *m.* Grito o voz que se profiere con vigor y esfuerzo. Voz lastimera. Toque de campanas por los difuntos.

clamoreo *m.* Clamor repetido o continuado. Ruego continuo e importuno. Vocerío, vocinglería.

clan *m.* Tribu céltica, especialmente de Escocia e Irlanda. Grupo de parientes de vida independiente, que trata de resolver amistosamente las disputas entre sus miembros y que ejerce venganza de sangre con los de fuera.

clanchinchol *m.* En México, cosa de poco valor. Pequeño comercio, tendajón. Tlanchinchol.

clandestinismo *m. americ.* Procedimiento oculto para eludir una ley.

clandestino-a *adj.* Secreto, oculto. Encubierto, ilegal. Dícese del impreso sin pie de imprenta o que lo lleva imaginario o falso; que se publica ilegalmente.

clangor *m.* Sonido de la trompeta o del clarín.

claque *f.* Conjunto de personas que en un teatro aplauden por oficio u obligación. Conjunto de aduladores de un poderoso.

claqueo *m.* Ruido o chasquido producido por la lengua cuando se separa bruscamente del paladar.

clara *f.* Materia blanquecina y transparente que rodea la yema del huevo. Raleza de pelo que deja ver parte de la piel.

claraboya *f.* Ventana abierta en el techo o en la parte alta de las paredes. Tragaluz, lumbrera.

clarear *tr.* Dar claridad. En México, atravesar una cosa de parte a parte. *Intr.* Empezar a amanecer. Irse abriendo y disipando el nublado. *R.* Transparentarse. Descubrir uno involuntariamente sus planes, intenciones o propósitos.

clarete *adj.* Dícese del vino tinto algo claro.

claridad *f.* Calidad de claro. Efecto de la luz al iluminar un espacio de modo que se distinga lo que hay en él. Distinción con que percibimos las sensaciones por medio de los sentidos, y las ideas por medio de la inteligencia. Palabra o frase con que se dice franca y resueltamente algo desagradable. Resplandor, sinceridad.

claridoso-a *adj.* En México y Centroamérica, dícese de quien acostumbra a decir claridades sin rodeos ni rebozo.

clarificar *tr.* Iluminar, alumbrar. Aclarar algo, quitándole impedimentos que lo ofuscan. Poner claro y limpio lo que estaba denso, turbio o espeso.

clarín *m.* Trompeta de sonido agudo. El que la toca.

clarinada *f.* Toque del clarín. Dicho intempestivo o desentonado.

clarinete *m.* Instrumento músico de madera, de tubo cilíndrico, con expansión cónica en el extremo y con perforaciones que se obturan y abren con los dedos o por medio de llaves, con lengüeta en la embocadura.

clarión *m.* Pasta de yeso y greda para dibujar o escribir en los encerados o pizarrones de las escuelas. En México, gis.

clarísimo-a *adj.* Superlativo de claro. Muy ilustre, nobilísimo.

clarividencia *f.* Facultad de comprender y discernir claramente las cosas. Penetración, perspicacia.

claro-a *adj.* Bañado de luz. Que se distingue bien. Limpio, puro, desembarazado. Transparente y terso. Líquidos mezclados no muy espesos. Poco compacto. De color no muy subido. Fácil de comprender. Evidente, manifiesto. Expresado con claridad. Cielo despejado y sin nubes. Ralo. Perspicaz, agudo; ilustre, insigne. *M.* Abertura por donde penetra la luz. Espacio entre palabras. Tiempo de suspensión de un discurso o peroración. Sitio sin árboles en un bosque.

claroscuro *m.* Distribución de luz y sombras, en un cuadro o fotografía. Diseño de un solo color sobre el campo en que se pinta o dibuja.

clascalchiquihuite *m.* En México, canasto en que se depositan las tortillas. Tlascalchiquihuite.

clase *f.* Conjunto de personas del mismo grado, calidad u oficio. Grupos de estudiantes que asisten a sus diferentes aulas. Conjunto de niños que reciben el mismo grado de enseñanza. Aula. Lección que da el maestro a sus alumnos. Cada una de las asignaturas que se estudian. Categoría, género, variedad, condición. Grupo de animales o plantas de categoría superior al orden e inferior al tipo. Conjunto de objetos con caracteres comunes.

clasicismo *m.* Sistema artístico fundado en la imitación de los modelos de la antigüedad clásica.

clásico-a *adj.* Dícese del autor o de la obra que se tiene por modelo digno de imitación en cualquier arte. Principal o notable en algún concepto. Perteneciente al arte de la antigüedad griega o romana y a los que en tiempos modernos lo han imitado. En Música, aplícase a la producción de los grandes compositores del siglo XVIII.

clasificación *f.* Acción y efecto de clasificar. Manera de ordenar los conceptos conforme a ciertas relaciones existentes entre ellos.

clasificar *tr.* Ordenar o disponer por clases. Coordinar, catalogar.

clástico-a *adj.* Frágil, quebradizo. Que causa división. Que puede dividirse.

clatole *m.* En México, plática larga y reservada. Tlatole.

claudicar *intr.* Cojear. Proceder y obrar defectuosa o desarregladamente. Transigir, por las circunstancias, en cosas o asuntos de interés fundamental.

claustral *adj.* Perteneciente o relativo al claustro. Dícese de ciertas órdenes religiosas y de sus individuos.

claustro *m.* Galería que cerca el patio principal de una iglesia o convento. Metafóricamente, el edificio que lo contiene. Junta de profesores de los centros oficiales de enseñanza. Estado monástico. Clausura.

claustrofobia *f.* Sensación de angustia en los espacios cerrados y temor morboso a quedarse en una habitación cerrada.

cláusula *f.* Cada una de las disposiciones de un contrato, tratado, testamento, etc. Conjunto de palabras que forman sentido cabal y completo.

clausura *f.* Recinto interior de un convento reservado a los religiosos. Obligación por parte de los religiosos de no salir de ciertos recintos y prohibición a los seglares de entrar en ellos. Acto solemne con que se terminan o suspenden las deliberaciones de un congreso o asamblea, las clases de un curso, las sesiones de un tribunal, etc. Cierre de un establecimiento.

clausurar *tr.* Cerrar, poner fin a tareas, ejercicios o negocios de cuerpos o establecimientos de todo orden. Terminar, concluir, acabar.

clava *f.* Palo toscamente labrado que va aumentando de diámetro desde la empuñadura hasta el extremo opuesto. Cachiporra, mazo, macana. Extremo en forma de maza de las antenas de ciertos insectos.

clavado-a *adj.* Guarnecido o armado con clavos. Fijo, puntual, ajustado. *M.* En México, salto para zambullirse en el agua, generalmente como lance artístico en el deporte de la natación.

clavar *tr.* Introducir un clavo o cosa puntiaguda en un cuerpo a fuerza de golpes. Asegurar con clavos una cosa en otra. Fijar, parar, poner los sentidos o la atención. Engañar a uno.

clave *m.* Nombre genérico de diversos instrumentos de cuerda y teclado. En México, pianoforte. *F.* Explicación de los signos para escribir en cifra. Nota o explicación que necesitan algunos libros o escritos para su comprensión. Piedra con que se cierra el arco o bóveda. Signo que indica el nombre de las notas y su posición en la escala general de sonidos.

clavel *m.* Planta de tallos nudosos y delgados, hojas largas, muchas flores terminales de cáliz cilíndrico y cinco pétalos rojos, de olor muy agradable. Flor de esta planta.

clavellina *f.* Clavel, principalmente el de flores sencillas. Planta semejante al clavel, pero de tallos, hojas y flores más pequeños.

clavería *f.* En México, oficina de las catedrales que entiende en la recaudación y distribución de las rentas del cabildo.

clavero-a *m.* y *f.* Llavero, persona que custodia las llaves de una plaza, ciudad, iglesia, etc. En México, clavijero, percha.

claveta *f.* Estaquilla o clavo de madera.

clavetear *tr.* Guarnecer o adornar con clavos. Herretear.

clavicémbalo *m.* Instrumento músico de cuerdas y teclado de muy diversas formas, que tuvo por origen la aplicación del teclado al salterio.

clavicordio *m.* Instrumento músico de cuerdas y teclado, originado en la aplicación del teclado al monocordio.

clavícula *f.* Cada uno de los dos huesos situados horizontalmente a cada lado del cuello, entre el esternón y el omóplato.

clavija *f.* Trozo cilíndrico o ligeramente cónico, de madera u otra materia, que se encaja en un taladro hecho en una pieza sólida, para asegurar un ensamblaje. La de madera con oreja se usa en los instrumentos músicos con ástil, para asegurar y arrollar las cuerdas.

Pasador para asegurar tornillos y tuercas.

clavillo *m.* Pasador para sujetar varillas o tijeras. Clavo pequeño.

clavo *m.* Pieza de hierro larga y delgada, con cabeza y punta, que sirve para fijar o asegurar algo. Callo duro y de figura piramidal. Daño o perjuicio que alguien recibe. Lechino. Jaqueca. Timón de navío. En México y Honduras parte de una veta muy rica en metales. Porción de metal nativo.

clazol o **tlazole** *m.* En México, bagazo de la caña, estiércol.

cleidocostal *adj.* Relativo a la clavícula y a las costillas.

clemátide *f.* Planta ranunculácea de tallo rojizo y trepador, hojas opuestas y dentadas y de flores blancas de olor suave; medicinal.

clemencia *f.* Virtud que modera el rigor de la justicia. Misericordia, piedad, indulgencia.

clemente *adj.* Que tiene clemencia.

clepsidra *f.* Reloj de agua.

cleptomanía *f.* Propensión morbosa e irresistible de hurtar objetos aunque el maníaco no los necesite.

clerecía *f.* Conjunto de eclesiásticos que compone el clero. Oficio u ocupación de clérigos.

clericalismo *m.* Nombre que suele darse a la influencia excesiva del clero en los asuntos políticos. Sentimiento de adhesión al clero.

clérigo *m.* El que ha recibido las órdenes sagradas. El que tiene la primera tonsura.

clero *m.* Conjunto de los clérigos, así de órdenes mayores como menores, incluso los de la primera tonsura. Clase sacerdotal en la Iglesia Católica.

cliché *m.* Clisé. Galicismo muy usado.

cliente *com.* Persona que utiliza los servicios de quien ejerce una profesión. Parroquiano, comprador, marchante.

clientela *f.* Conjunto de clientes de una persona o entidad.

clima *m.* Conjunto de condiciones atmosféricas propias de un lugar

climatérico-a *adj.* Aplícase al séptimo o noveno año de la vida de una persona o a sus múltiplos. Relativo a cualquiera de los períodos de la vida considerados como críticos. Dícese del tiempo peligroso por alguna circunstancia. En América, climático o climatológico, relativo al clima.

climático-a *adj.* Perteneciente o relativo al clima.

climatología *f.* Parte de la Metereología que estudia los climas.

climatológico-a *adj.* Perteneciente o

relativo a la Climatología. Perteneciente o relativo a las condiciones propias de cada clima.

clímax *m.* Formación o asociación biológica que alcanza un máximo dentro de un equilibrio estable. Momento de mayor intensidad de un síntoma o de un grupo de síntomas de una enfermedad. Acmé. Gradación retórica. Culminación.

clin *f.*

clínica *f.* Parte práctica de la enseñanza de la Medicina. Departamento de los hospitales destinado a dar esta enseñanza. Consultorio donde concurren varios médicos especialistas. Sanatorio.

clínico-a *adj* Perteneciente a la clínica. *M.* Médico profesor en una clínica.

clinometro *m.* Aparato para medir la inclinación de un buque; o el ángulo de un terreno en declive, el buzamiento de los estratos; o el ángulo de una desviación.

clinoterapia *f.* Tratamiento de una enfermedad mediante el reposo en cama.

clípeo *m.* Escudo circular y abombado que usaron los romanos. Lámina o escudo en la parte media anterior de la cabeza de un insecto.

clíper *m.* Velero fino muy veloz, con velas rectangulares y palos inclinados hacia atrás. Avión veloz transoceánico.

clise *m.* Plancha metálica para reproducir grabados. Placa fotográfica ya impresionada, revelada y fijada. Grabado.

clisis *f.* Lavado de una cavidad o de la sangre. Inyección de líquido en cantidad considerable.

clíster *m.* Ayuda, medicamento líquido que se introduce por el ano.

cloaca *f.* Conducto para las aguas sucias o inmundicias. Lugar donde abundan los vicios humanos. Organo en que desembocan las vías genitales y urinarias y la última porción del aparato digestivo de los anfibios, reptiles, aves y marsupiales.

cloquear *intr.* Dar su voz la gallina clueca. Ponerse clueca un ave de corral.

cloramina *f.* Compuesto de cloro y nitrógeno; antiséptico no tóxico ni irritante.

clorar *tr.* Tratar con cloro para blanquear una materia o esterilizarla.

clorato *m.* Nombre genérico de las sales del ácido clórico.

clorénquima *m.* Tejido vegetal que contiene la clorofila.

clorhídrico-a *adj.* Perteneciente o relativo a las combinaciones del cloro y del hidrógeno.

cloro *m.* Metaloide gaseoso de color verde amarillento y olor sofocante; símbolo Cl.

clorofila *f.* Pigmento verde de las plantas, localizado en los cloroplastos y que determina la fotosíntesis.

cloroformo *m.* Triclorometano, líquido volátil, incoloro, de sabor urente y olor etéreo fuerte; anestésico poderoso, anodino, antiespasmódico y revulsivo.

cloroplasto *m.* Grano protoplasmático que contiene clorofila.

clorosis *f.* Enfermedad de los adolescentes, caracterizada por palidez cetrina y empobrecimiento de la sangre. Disminución o carencia de clorofila en las plantas.

cloruro *m.* Nombre genérico de las sales del ácido clorhídrico.

clown *m.* Palabra inglesa: payaso de circo.

club *m.* Palabra inglesa: sociedad de recreo o deportiva. Junta de individuos de una sociedad política.

clueco-a *adj. y s.* Dícese de la gallina y de otras aves, cuando se echan sobre los huevos para empollarlos. Persona muy débil y así impedida por la vejez.

coa *f.* Palo aguzado y endurecido por el fuego, de que se valían los indios americanos para labrar la tierra.

coacción *f.* Violencia que se hace a una persona, para obligarla a que haga o diga alguna cosa. Coerción, imposición. Empleo de fuerza legítima, para hacer exigibles las obligaciones y preceptos de derecho.

coaccionar *tr.* Violentar, obligar a alguien a hacer una cosa.

coacervar *tr.* Juntar o amontonar.

coacoyul *m.* Molusco gasterópodo de la costa occidental de México, del que los indígenas extraían un colorante parecido a la púrpura.

coactivo-a *adj.* Que tiene fuerza de apremiar u obligar. Coercitivo.

coadjutor-a *m. y f.* Persona que ayuda y acompaña a otra en ciertas cosas. Eclesiástico que ayuda al cura párroco.

coadyuvante *com.* Que coadyuva. Parte que, juntamente con el fiscal o procurador, sostiene la resolución de la administración demandada.

coadyuvar *tr.* Contribuir o ayudar a la consecución de alguna cosa.

coagular *tr. y r.* Cuajar, solidificar lo líquido. Condensar, congelar.

coágulo *m.* Coagulación de la sangre. Grumo de un líquido coagulado. Masa coagulada.

coahuilense *adj. y s.* Natural del Estado mexicano de Coahuila. Perteneciente o relativo a dicho Estado.

coalescencia *f.* Unión, liga, coalición.

coalición *f.* Confederación, liga, unión, Alianza ocasional.

coamil *m.* En México, tierra desmontada utilizada para la sembradura. Sistema de desmonte y siembra a piquete.

coapichar *tr.* En México, obstruir.

coarrendador-a *m. y f.* Persona que juntamente con otra arrienda una cosa.

coartada *f.* Concierto anticipado de un plan destinado a evadir la culpabilidad de un acto delictivo. Justificación, por parte del presunto reo, de su ausencia del lugar del delito.

coartar *tr.* Limitar, restringir, nó conceder enteramente alguna cosa.

coastle *m.* En México, tejido burdo y grueso hecho con las fibras que envuelven el coco.

coatí *m.* Mamífero carnicero americano de hocico prolongado y cola larga, trepador y selvícola. Tejón.

coautor-a *m. y f.* Autor o autora con otro u otros. Cada uno de los que como autores materiales, intelectuales, mediatos y cómplices participan conjuntamente en la realización de un delito.

coba *f.* Embuste gracioso. Halago o adulación fingidos.

cobalto *m.* Metal duro y tenaz, blando argentino, de difícil fusión, de múltiples usos; símbolo Co.

cobarde *adj. y s.* Pusilánime, sin valor ni espíritu. Hecho con cobardía. Miedoso, tímido, timorato.

cobardía *f.* Falta de ánimo y valor. Pusilanimidad, miedo.

cobayo *m.* Conejillo de Indias: mamífero roedor parecido al conejo, de cola corta y gruesa y orejas cortas; se emplea como animal de experimentación.

cobertera *f.* Pieza llana de metal o de barro para tapar ollas, cazuelas, vasijas, etc.

cobertizo *m.* Tejado saledizo. Sitio cubierto ligera o rústicamente, para resguardarse de la intemperie.

cobertor *m.* Colcha. Manta o cobertura de abrigo para la cama. Cobija.

cobertura *f.* Cubierta. Acción de cubrirse. Cantidad de oro o plata que los bancos conservan para garantizar los billetes en circulación.

cobija *f.* Cobertera. Cubierta. Ropa de cama. Ropa de abrigo, en general. En México, manta.

cobijar *tr.* Cubrir o tapar. Albergar u hospedar. Abrigar, acoger.

cobra *f.* Serpiente venenosa que al excitarse ensancha la piel del cuello, con un dibujo que adorna su parte anterior a modo de anteojos. Naja. Aspid de Egipto.

cobranza *f.* Acción y efecto de cobrar. Exacción de caudales o frutos. Acción de cobrar las piezas de caza que se matan.

cobrar *tr.* Percibir la cantidad adeudada. Recuperar. Tomar o sentir ciertos afectos del ánimo. Tirar de las cuerdas o cables e irlos recogiendo. Recaudar, alcanzar. Recoger las reses o piezas que se han herido o muerto en cacería.

cobre *m.* Metal rojizo, brillante, muy maleable y dúctil, buen conductor del calor y de la electricidad; símbolo Cu.

cobrizo-a *adj.* Que contiene cobre. Parecido al cobre por el color.

cobro *m.* Cobranza. Acción de cobrar.

coca *f.* Arbusto del Perú, de madera rojiza, hojas alternas aovadas y flores blanquecinas; entre otros alcaloides contiene cocaína; se administra como tónico nervioso y estimulante muscular.

coca *f.* Baya pequeña y redonda. Parte de un fruto seco capsular y redondeado.

cocada *f.* Dulce compuesto principalmente de la medula del coco. En Sudamérica, amasijo de coca y cal que usan los indios para masticar.

cocaína *f.* Alcaloide cristalizable de las hojas de coca del Perú; es anestésico local, narcótico y midriático, pero es tóxico y su toma habitual causa degeneración moral y física.

cocarda *f.* Escarapela. Adorno de las frontaleras de la brida del caballo.

coccídeo-a *adj.* Concerniente o parecido a la cochinilla.

cocción *f.* Acción y efecto de cocer o cocerse.

cóccix *m.* Hueso de la extremidad inferior de la columna vertebral.

cocear *intr.* Dar o tirar coces. En México, transmitir un arco el empuje de sus dovelas a otro arco, o a pared o estribo.

coceleración *f.* Celebración de la Misa por varios sacerdotes que consagran todos con el mismo pan y el mismo vino.

cocer *tr.* Preparar un manjar manteniéndolo dentro de un líquido en ebullición. Someter ciertas materias a la acción de calor o del fuego. Digerir la comida en el estómago. *Intr.* Hervir o fermentar un líquido.

cocido *m.* Olla, vianda preparada con carne, tocino, legumbres y hortalizas, que se cuece y sazona juntamente. Puchero.

cociente *m.* Resultado que se obtiene dividiendo una cantidad entre otra y que expresa cuántas veces el divisor está contenido en el dividendo.

cocimiento *m.* Cocción. Líquido que resulta de la cocción de hierbas con fines medicinales o higiénicos.

cocina *f.* Pieza de la casa en que se guisa la comida. Utensilio, mueble o aparato en que se guisa. Arte o manera de cada país y de cada cocinero.

cocinero-a *m.* y *f.* Persona que por oficio guisa y aderéza las viandas.

cocktail o **cóctel** *m.* Palabra inglesa: bebida o aperitivo de diversos ingredientes: mezcla de licores, amargos, jugo de fruta, etc., y hielo picado.

coclear *adj.* En forma de espiral. Relativo o perteneciente a la cóclea o caracol del oído.

coco *m.* Fruto de la palmera llamada cocotero, de mesocarpio fibroso y endocarpio muy duro. Capa carnosa y blanca que corresponde al endospermo de la semilla. Dulce o confitura que se hace con ella.

coco *m.* Fantasma que se figura o supone, para meter miedo a los niños.

cocodrilo *m.* Reptil hemidosaurio, de robustas mandíbulas, cabeza plana y cuello corto, de cuerpo cubierto de escamas y escudos con crestas longitudinales; muy voraz y de costumbres acuáticas.

cocol *m.* En México, nombre vulgar del rombo o losange. Panecillo en forma de rombo.

cocoliscle o **cocoliste** En México, cualquiera enfermedad epidémica. Tabardillo o tifus.

coconete *adj.* En México, chiquito, pequeñito.

cócono *m.* En México, pavo común o guajolote.

cócora *com.* Persona molesta e impertinente en demasía.

cocotal *m.* Sitio poblado de cocoteros.

cocotero *m.* Palmera que produce el coco.

coctelera *f.* Vasija para preparar el cocktail o cóctel.

cocuche *adj.* En México, desplumado, pelado.

cocuyo *m.* Insecto coleóptero de la América tropical, con dos círculos verdosos a los lados de la cabeza, por los cuales despide de noche una luz azulada.

cochambre *m.* Cosa puerca, grasienta y de mal olor. Mugre, suciedad.

coche *m.* Carruaje de cuatro ruedas. Automóvil de pocos asientos y de uso privado o de alquiler.

Vagón para el transporte de viajeros.

cochecillo *m.* Diminutivo de coche. Cuna portátil montada sobre ruedas. Sillón con ruedas para los inválidos.

cochera *f.* Establecimiento donde se alquilan o se encierran coches. *Adj.* Dícese de la puerta por donde pueden entrar y salir coches.

cochero *m.* El que por oficio gobierna los caballos o mulas que tiran del coche. Constelación del Auriga.

cochevira *f.* Manteca de puerco.

cochinada *f.* Porquería, suciedad. Acción indecorosa, baja, grosera.

cochinilla *f.* Insecto hemíptero homóptero pequeño, muy prolífico, que chupa los jugos de las plantas y que produce la laca y la cera de China. Polvo rojo, llamado carmín o grana. Crustáceo terrestre, segmentado, de forma aovada y de patas cortas, que se enrolla en forma de bola cuando se le toca.

cochinillo *m.* Cochino o cerdo de leche.

cochino-a *m.* y *f.* Puerco. Cerdo. Persona muy sucia y desaseada.

cochipilotl *m.* En México, capullo del gusano de seda.

cochitril o **cuchitril** *m.* Pocilga. Habitación pequeña y desaseada.

cochote *m.* En México, el perico o loro grande.

cochura *f.* Cocción. Masa de pan para cocer. Transformación de la pasta moldeada de un ladrillo, vasija o porcelana en cuerpo resistente, duradero y estable por su cocción en el horno.

codal *adj.* Que consta de un codo. Que tiene medida o figura de codo. *M.* Pieza de la armadura antigua que cubría y defendía el codo. Mugrón de la vid. Cada uno de los brazos de un nivel de albañil.

codazo *m.* Golpe dado con el codo. En México, aviso secreto.

codear *intr.* Mover los codos, o dar golpes con ellos. *R.* Tratarse de igual a igual.

codeína *f.* Eter metílico de la morfina; alcaloide, asociado en el opio con la morfina, de efecto menos intenso que ésta; hipnótico débil, inhibe el efecto de la tos.

codeo *m.* Acción y efecto de codear o codearse. En América, socaliña, sablazo.

codera *f.* Adorno en los codos de algunos chaquetones. Pieza de remiendo en la parte que cubre el codo.

codeso *m.* Mata de la familia de las leguminosas, de hojas compuestas, flores amariposadas y en las vainas del fruto semillas arriñonadas.

codeudor-a *m.* y *f.* Persona que con otra u otras participa al contraer una deuda.

códice *m.* Libro manuscrito de cierta antigüedad y de importancia histórica o literaria. Documento pintado por artistas indígenas mexicanos sobre papel del país, telas o piel de venado.

codicia *f.* Apetito desordenado de riquezas. Deseo vehemente de algunas cosas buenas. Avaricia, ambición, ansia.

codiciar *tr.* Desear con ansia las riquezas u otras cosas. Anhelar, ansiar.

codicilo *m.* Instrumento con que se podían y solían dar disposiciones de última voluntad.

codificación *f.* Acción y efecto de codificar. Colección sistemática y ordenada de leyes de una misma clase, reunidas en un solo cuerpo.

codificar *tr.* Hacer o formar un cuerpo de leyes. metódico y sistemático.

código *m.* Cuerpo de leyes dispuestas según un plan metódico y sistemático. Recopilación de las leyes o estatutos de un país. Conjunto de reglas o preceptos sobre cualquier materia.

codillo *m.* En los cuadrúpedos, coyuntura del brazo próxima al pecho. Parte comprendida desde esta coyuntura hasta la rodilla. Codo, trozo de cañón para variar la dirección recta de las cañerías o tuberías. Estribo.

codo *m.* Ángulo que forma el antebrazo con el brazo y, en particular, el saliente posterior que corresponde a la apófisis del cúbito. Parte de la manga que corresponde a dicha parte del brazo. Codillo, en los cuadrúpedos. Medida lineal que se tomó de la distancia que media desde el codo a la extremidad de la mano. En México, tacaño, agarrado, cicatero. Accesorio de tubería empleado para unir dos tubos en ángulo recto.

codocho-a *m.* y *f.* En México y entre la gente del campo, indígena.

codoñate *m.* Dulce de membrillo.

codorniz *f.* Ave gallinácea emigratoria de alas puntiagudas, cola corta, de pico obscuro y las cejas blancas; de carne muy estimada.

coeducación *f.* Educación conjunta de jóvenes de uno y otro sexos.

coeficiente *adj.* Que juntamente con otra cosa produce un efecto. *M.* Factor que escrito a la izquierda inmediatamente antes de un monomio, hace oficio de multiplicador; si se refiere a un polinomio, se encierra éste dentro de un paréntesis. En una fórmula química,

número de veces que se ha de repetir ésta.

coercer *tr.* Contener, refrenar, sujetar.

coercible *adj.* Que puede ser coercido. Gas que puede ser liquidado por presión.

coercitivo-a *adj.* Que coerce. Propiedad del acero de mantener su imantación cuando cesa la acción imanente.

coetáneo-a *adj.* y *s.* Que viven o que coinciden en una misma edad o tiempo.

coexistencia *f.* Existencia de una cosa a la vez que otra.

cofa *f.* Meseta en el cuello del palo de un navío.

cofia *f.* Red de seda o de hilo para recoger el pelo de la cabeza. Gorra para abrigar y adornar la cabeza. Cubierta membranosa que envuelve algunas semillas.

cofiador *m.* Fiador con otro, o compañero en la fianza.

cofrade *com.* Persona que pertenece a una cofradía.

cofradía *f.* Hermandad devota para ejercitarse en obras de piedad. Gremio, compañía o unión de gentes para un fin determinado.

cofre *m.* Mueble parecido al arca, de tapa convexa y forrado interiormente, para guardar dinero, documentos, etc.

cogedor *m.* Pala para recoger la basura, carbón, ceniza. etc. Recogedor.

coger *tr.* Asir, agarrar, tomar. Recibir en sí alguna cosa. Recoger o juntar cosas, granos, frutos del campo, etc. Ocupar cierto espacio. Hallar, encontrar. Sorprender en un descuido. Sobrevenir, alcanzar. Herir o enganchar el toro a una persona con los cuernos. En muchas partes de América, tener cópula carnal. *Intr.* Caber. Ir hacia un sitio determinado.

cogida *f.* Cosecha de frutos. Acto de coger el toro a alguien. En América, coito. En México, Puerto Rico y partes de España, ardid, engaño.

cogitabilidad *f.* Facultad de pensar.

cogitabundo-a *adj.* Muy pensativo.

cognación *f.* Parentesco de consanguinidad por la línea femenina entre los descendientes de un tronco común. Por extensión, cualquier parentesco.

cogolla o **cogulla** *f.* Hábito o ropa de monjes. Capucha del hábito.

cogollo *m.* Lo interior y más apretado de algunas hortalizas. En México y Cuba, por antonomasia, el de la caña de azúcar. Brote de los vegetales.

cogorza *f.* Borrachera, es vulgarismo.

cogotazo *m.* Golpe dado en el cogote con la mano abierta.

cogote *m.* Parte superior y posterior del cuello.

cogujada *f.* Especie de alondra con moño o penacho en la cabeza, que anida comúnmente en los sembrados.

cogullada *f.* Papada del puerco.

cohabitar *tr.* Habitar juntamente con otro u otros. Hacer vida marital el hombre y la mujer.

cohechar *tr.* Sobornar, corromper con dádivas a un funcionario público.

cohecho *m.* Acción y efecto de cohechar o dejarse cohechar. Oferta y aceptación, en su caso, de dádiva a funcionario público, en consideración a su empleo.

coheredero-a *m. y f.* Heredero juntamente con otro u otros.

coherencia *f.* Conexión, relación o unión de unas cosas con otras. Propiedad de los cuerpos de unirse fuertemente por contacto.

cohermano-a *m. y f.* Primo hermano. Medio hermano. Hermanastro. Cofrade.

cohesión *f.* Acción y efecto de reunirse o adherirse las cosas entre sí o la materia de que están formadas. Enlace, conexión íntima de una cosa con otra. Unión íntima entre las moléculas de un cuerpo y fuerza que las une.

cohesor *m.* Aparato para recoger señales eléctricas a distancia.

cohete *m.* Tubo cargado de explosivos que se lanza a lo alto dándole fuego por un orificio abierto en su parte inferior. En México, nombre popular de la pistola; o de la lonja de carne del muslo de la res vacuna; barreno.

cohetería *f.* Conjunto de cohetes. Casa donde se fabrican o venden cohetes.

cohibir *tr.* Refrenar, reprimir, contener.

cohombro *m.* Planta hortense variedad del pepino, cuyo fruto es largo y torcido.

cohonestar *tr.* Dar apariencia o visos de buena a una acción.

cohorte *f.* Unidad táctica de la legión romana, correspondiente al batallón actual. Conjunto, serie. Muchedumbre de personas.

coima *f.* Manceba.

coime *m.* El que cuida un garito y presta con usura a los jugadores. Mozo de billar.

coincidir *intr.* Convenir una cosa con otra. Ocurrir dos o más cosas a un mismo tiempo; convenir en el modo, ocasión u otras circunstancias. Ajustarse una cosa con otra, confundirse con ella. Concu-

rrir simultáneamente dos o más personas en un mismo lugar.

coito *m.* Ayuntamiento carnal del hombre con la mujer. Unión sexual del macho con la hembra, en los animales.

cojear *intr.* Andar con el cuerpo inclinado por no poder apoyar con igualdad ambos pies. Moverse una mesa o mueble por tener desigual alguna pata o por desigualdad del piso. Renguear o renquear. Adolecer de algún defecto.

cojera *f.* Accidente que impide andar con regularidad.

cojijoso-a *adj.* Que se queja o resiente por causa ligera.

cojín *m.* Almohadón para sentarse, arrodillarse o apoyar sobre él alguna parte del cuerpo.

cojinete *m.* Almohadilla. Pieza con que se sujetan los carriles a las traviesas del ferrocarril. Soporte para mantener un eje con posición correcta que le permita girar.

cojo-a *adj. y s.* Dícese de la persona o animal que cojea. Dícese del pie o pierna enfermo de donde proviene el cojear, o del banco o mesa cuando balancean.

cok o **coke** *m.* Coque.

col *f.* Planta crucífera hortense, de hojas radicales muy anchas de pencas gruesas, con inflorescencia en el extremo de un bohordo y de semillas menudas; se cultivan muchas variedades.

cola *f.* Extremidad posterior o apéndice del cuerpo y de la columna vertebral de algunos animales. Tendón distal de un músculo. Porción prolongada de algunas ropas talares y que, comúnmente se lleva arrastrando. Punta o extremidad posterior de alguna cosa, por oposición a cabeza. Apéndice luminoso de los cometas. Hilera de personas que esperan turno. Fin, final.

cola *f.* Pasta fuerte, gelatinosa, translúcida y pegajosa que sirve para pegar.

colaborador-a *adj.* Que colabora. *M. y f.* Compañero en la formación de una obra, especialmetne literaria. Persona que escribe habitualmente en un periódico sin pertenecer a la plantilla de redactores.

colaborar *intr.* Trabajar con otra u otras personas. Cooperar, contribuir.

colación *f.* Cotejo de una cosa con otra. Acto de conferir un grado universitario. Pequeña refacción que se toma por la noche en los días de ayuno. Porción de dulces, frutas u otras cosas de comer que se obsequia el día de Nochebuena. En México, mezcla de confites diversos, para la piñata.

colacionar *tr.* Cotejar. Traer a colación y partición.

colactáneo-a *m. y f.* Hermano de leche.

colada *f.* Acción y efecto de colar. Ropa colada. Lejía en que se cuela la ropa. Man:o de lava fundida o consolidada.

coladera *f.* Cedacillo para licores. En México, sumidero con agujeros.

coladero *m.* Manga, cedazo, paño, cesto o vasija en que se cuela un líquido. Tina o cesta para colar la ropa. Centro docente donde es fácir aprobar cualquier asignatura.

coladizo-a *adj.* Que penetra o se cuela fácilmente por dondequiera. Engañoso, artero, sutil.

colador *m.* Coladero, utensilio para colar líquidos. Tamiz, cedazo, filtro.

coladura *f.* Acción y efecto de colar líquidos. Error por decir inconveniencias, torpezas, desaciertos, pifias, planchas. En México, lo que queda después de colar la masa de maíz o arroz para hacer atole.

colagogo-a *adj. y s.* Que estimula la evacuación de la vesícula biliar y aumenta el ingreso de bilis en el intestino.

colambre *f.* Corambre. En México, odre.

colapso *m.* Postración repentina de las fuerzas vitales. Reducción o paralización de las actividades económicas de un país, por causas circunstanciales.

colar *tr.* Otorgar un grado universitario.

colar *tr.* Pasar un líquido por un colador. Blanquear la ropa después de lavada. Beber vino. R. Introducirse sin permiso o a escondidas en alguna parte. Decir inconveniencias o embustes.

colateral *adj.* Dícese de las cosas que están a uno y otro lado de otra principal. Dícese del pariente que no lo es por línea recta.

colazo *m. americ.* Coleada, sacudida de la cola de un animal.

colcha *f.* Cobertura de cama, para adorno y abrigo.

colchón *m.* Saco rectangular relleno de lana, pluma u otra cosa elástica, cosido por todos lados y de tamaño proporcionado para acostarse sobre él.

colchoneta *f.* Cojín largo y delgado que se pone sobre la cama o encima del asiento de un sofá, banco u otro mueble semejante.

cold cream *m.* Expresión inglesa para significar el afeite protector de la piel, compuesto de esperma de ballena, cera blanca y aceite de almendras.

coleada *f.* Sacudida de la cola de los peces y otros animales. En América, acto de derribar una res tirándola de la cola.

coleadero *m.* En México y Venezuela, colear toros. Lugar en que se colea.

colear *intr.* Mover con frecuencia la cola. Moverse en zigzag los vagones del tren. Preparar los gallos para la pelea. *Tr.* Sujetar una res por la cola. En México, Honduras y Venezuela, coger el jinete la cola al toro que huye y derribarlo.

colección *f.* Conjunto de cosas de una misma clase.

coleccionar *tr.* Formar colección.

coleccionador-a o **coleccionista** *com.* Persona que colecciona.

colecistitis *f.* Inflamación de la vesícula biliar.

colecta *f.* Repartimiento de una contribución o tributo que se cobra por vecindario. Recaudación de donativos. Oración conjunta en la Misa.

colectar *tr.* Recaudar. Reunir donativos.

colectivamente *adv.* En común, conjuntamente.

colectividad *f.* Conjunto de personas reunidas para un fin. Comunidad, corporación.

colectivismo *m.* Doctrina económica partidaria de un sistema de producción y distribución colectivo, dirigida por el Estado.

colectivizar *tr.* Transformar evolutiva o coactivamente lo individual en colectivo.

colectivo-a *adj.* Que recoge o reúne. Dícese del nombre singular que expresa un número de cosas de la misma especie.

colector-a *m.* o *f.* El que recoge o colecciona. Canal que recoge aguas. Anillo en una dinamo o motor para recoger la energía eléctrica o entregarla.

colega *com.* Compañero en un colegio, iglesia, corporación o ejercicio profesional.

colegiado-a *adj.* Dícese del individuo que pertenece a algún colegio. Dícese del cuerpo constituido en colegio.

colegial *adj. y s.* Perteneciente al colegio. El que tiene beca o plaza en un colegio. El que asiste a un colegio. Mancebo inexperto y tímido.

colegiala *f.* Alumna con plaza en un colegio o que asiste a él.

colegiarse *r.* Reunirse en colegio los individuos de una misma profesión o clase.

colegiata *f.* Iglesia que sin ser sede episcopal, se compone de abad y canónigos seculares.

colegio *m.* Comunidad de personas dedicadas a la enseñanza. Edificio en que se imparte. Casa de enseñanza para jóvenes. Sociedad o corporación de personas de la misma dignidad o profesión.

colegir *tr.* Juntar cosas sueltas. Inferir, deducir una cosa de otra.

colegislador-a *adj.* Dícese del cuerpo que concurre con otro para la formación de las leyes.

coleóptero *m.* Insecto de boca masticadora, cuerpo quitinizado, con las alas de los dos pares diferenciadas, llamadas élitros las del primer par que encierran las del segundo.

cólera *f.* Bilis. Ira, enojo. Coraje, furia, rabia. *M.* Enfermedad aguda e infecciosa, que se manifiesta con vómitos, copiosas evacuaciones alvinas, supresión de la orina, etc.

colérico-a *adj.* Perteneciente a la cólera. Que se deja llevar por ella. Atacado de cólera.

colesterol *m.* Substancia grasa que existe normalmente en la sangre, en la bilis y en otros humores y cristalizada, en los cálculos biliares.

coleta *f.* Mechón de adorno en la parte posterior de la cabeza. Cabello trenzado que desde la cabeza cae sobre la espalda. Adición breve. En México, mahón.

coleto *m.* Vestidura de piel que cubre el cuerpo, ciñéndolo hasta la cintura. Cuerpo humano. Interior de una persona.

colgadero-a *adj.* A propósito para colgarse o guardarse. *M.* Garfio o instrumento para colgar de él alguna cosa.

colgado-a *adj.* Dícese de la persona burlada o frustrada en sus esperanzas o deseos. Contingente, incierto.

colgadura *f.* Conjunto de tapices o telas con que se cubren y adornan paredes, balcones, etc.

colgajo *m.* Cosa despreciable que cuelga. Racimo de frutas para conservar. Pingajo, harapo.

colgar *tr.* Suspender una cosa de otra sin que llegue al suelo. Adornar con tapices o telas. Imputar, achacar. Ahorcar. En América, suspender a un alumno. *Intr.* Estar en el aire suspendida una cosa. Depender de otro. En México, retrasarse voluntariamente en un trabajo.

colibrí *m.* Pájaro troquílido americano, de tamaño muy pequeño, afín a los vencejos; se alimenta de pequeños insectos, néctar, etc.

cólico *m.* Acceso doloroso localizado en los intestinos, con violentos retortijones, ansiedad, sudores y vómitos. *Adj.* Perteneciente al intestino colon.

colicuar *tr.* Derretir, desleír o hacer líquidas a la vez dos o más substancias sólidas o crasas.

coliflor *f.* Variedad de la col que al entallecerse echa diversas cabezuelas o grumitos blancos.

coligación *f.* Acción y efecto de coligarse. Unión, trabazón de unas cosas con otras.

coligarse *r.* Unirse, confederarse unos con otros para algún fin. Asociarse.

colilla *f.* Resto de un cigarro que se tira.

colimación *f.* Orientación del rayo visual en una dirección determinada.

colín *adj.* Aplícase al caballo de poca cola. En México, ave gallinácea muy parecida a la codorniz.

colina *f.* Elevación natural de terreno, menor que una montaña. Collado, cerro.

colindante *adj.* Que colinda. Dícese de los campos o edificios contiguos entre sí. Dícese también de los propietarios de dichas fincas, o de los términos municipales limítrofes unos de otros.

colindar *intr.* Lindar entre sí dos o más fincas.

colipava *f.* Raza de palomas con remeras tan desarrolladas que semejan la cola de un pavo real.

colirio *m.* Medicamento que se emplea en las enfermedades de los ojos.

coliseo *m.* Teatro o sala de espectáculos de alguna importancia. Anfiteatro de origen romano.

colisión *f.* Choque de dos cuerpos. Rozadura por ludir o rozarse una cosa con otra. Oposición o pugna de ideas, intereses o personas.

colista *f.* *americ.* Que no se despega de otro o que va adonde no le invitan.

colitis *f.* Inflamación del intestino colon.

colmado-a *adj.* Abundante, completo. *M.* Figón o tienda donde se sirven comidas, especialmente mariscos. En algunas partes, tienda de comestibles.

colmar *tr.* Llenar a toda capacidad. Dar con abundancia.

colmena *f.* Lugar en que las abejas fabrican la miel. Caja o recipiente para albergarlas. En México, abeja.

colmenar *m.* Paraje o lugar donde están las colmenas.

colmenero-a *adj.* Aplícase al oso que roba la miel de las colmenas. *M.* y *f.* Persona que tiene o cuida colmenas.

colmenilla *f.* Diminutivo de colmena. Hongo de sombrerete en forma de piña; es comestible; en México, pancita.

colmillo *m.* Diente agudo y fuerte, entre el segundo incisivo y el premolar. Cada uno de los dos incisivos prolongados en forma de cuerno que tienen los elefantes en la mandíbula superior. Cada uno de los dientes venenosos de las serpientes.

colmo *m.* Lo que rebasa el borde de los vasos. Complemento o término de algo.

colocación *f.* Acción y efecto de colocar o colocarse. Situación. Empleo o destino. Acomodo, ocupación.

colocar *tr.* Poner a una persona o cosa en su debido lugar. Acomodar a alguien en un empleo o estado.

colocutor-a *m.* y *f.* Persona que habla con otra. Cada una de las que toman parte en un coloquio o conversación.

colodión *m.* Líquido espeso, pegajoso, solución de piroxilina en éter sulfúrico y alcohol, que al evaporarse forma una película contráctil, usado en las placas fotográficas y en Cirugía.

colodra *f.* Vasija de madera en forma de barreño, para la ordeña de cabras, ovejas y vacas. Medida para la venta de vino al por menor. Cuerna.

colodrillo *m.* Parte posterior de la cabeza.

colofón *m.* Anotación al final de los libros que expresa el nombre del impresor, lugar y fecha de la impresión u otras circunstancias. Final o término de alguna cosa o asunto.

colofonia *f.* Residuo de la destilación de la trementina; es una resina sólida, traslúcida, muy quebradiza.

cologaritmo *m.* Logaritmo del número recíproco.

coloide *adj.* Que tiene la apariencia de la cola o de la goma. Dícese de la substancia que no es difusible ni dializable o que lo es en muy escasa proporción.

colombiano-a *adj.* y *s.* Natural de Colombia. Perteneciente a esta República de América.

colombino-a *adj.* Perteneciente o relativo a Cristóbal Colón o a su familia.

colombio *m.* Metal raro unido en pequeña cantidad a las aleaciones de acero ricas en cromo, les da cualidades de acero inoxidable; símbolo Cb.

colombofilia *f.* Afición a la cría de palomas.

colon *m.* Porción del intestino grueso comprendida entre el ciego y el recto.

colonia *f.* Conjunto de personas que van de un país a otro para poblarlo, cultivarlo o residir en él. País o lugar donde se establecen. Territorio de fuera de la nación que lo hizo suyo. Barrio nuevo de una ciudad. Agrupación de microorganismos producida en un medio de cultivo, por multiplicación de una célula inicial.

colonial *adj.* Perteneciente a la colonia. Ultramarino, traído de allende el mar.

colonización *f.* Acción y efecto de colonizar. Acto por el que un número de súbditos de un Estado se traslada o es enviado a poblar o repoblar un territorio conquistado o sometido. Admisión de extranjeros en territorio propio.

colonizar *tr.* Formar o establecer colonia en un país. Fijar en un terreno la morada de sus cultivadores.

colono *m.* El que habita en una colonia. Labrador que cultiva una heredad por arrendamiento y suele vivir en ella.

coloquio *m.* Conferencia o plática entre dos o más personas. Composición literaria dialogada. En México, forma escénica popular en que suele haber cantos y danzas.

color *m.* Impresión que los rayos de luz reflejados producen en la retina. Substancia preparada para pintar. Colorido. Pretexto o motivo para hacer algo sin derecho. Cualidad que distingue un estilo.

coloración *f.* Acción y efecto de colorar. Dar color artificial a células o tejidos orgánicos. Pretexto, motivo.

colorado-a *adj.* Que tiene color. De color más o menos rojo.

colorante *adj.* Que colora. *M.* Substancia o reactivo para teñir.

colorar *tr.* Dar color o teñir alguna cosa.

colorear *tr.* Colorar. Pretextar algún motivo para hacer algo poco justo; cohonestarlo después de hecho. *Intr.* Mostrar una cosa el color que en sí tiene. Tirar a colorado. Tomar algunos frutos su color encarnado de madurez.

colorete *m.* Arrebol, color encarnado que se ponen las mujeres en las mejillas.

colorido *m.* Grado de intensidad de los colores de una pintura. Color.

colorín *m.* Color vivo y sobresaliente, en comparación con otros.

colorir *tr.* Dar color. Colorear. Tener o tomar color una cosa naturalmente.

colorismo *m.* Tendencia de algunos artistas a dar exagerada preferencia al color sobre el dibujo. Propensión a recargar el estilo con calificativos vigorosos.

colosal *adj.* Perteneciente o relativo al coloso. De estatura mayor que la natural. Extraordinario, gigantesco, enorme.

coloso *m.* Estatua gigantesca. Persona que por sus cualidades sobresale muchísimo. Titán, gigante.

colote *m.* En México, canasto y también, troje para conservar el maíz.

colpopatía *f.* Cualquier enfermedad de la vagina.

cólquico *m.* Planta herbácea liliácea de hojas lanceoladas, flores tubulares y frutos capsulares; su bulbo se usa en Medicina.

colubriforme *adj.* De forma de serpiente o culebra. Reptil ofidio de colmillos sólidos no venenosos.

coludir *intr.* Pactar en daño de tercero.

colúmbido-a *adj. y s.* Ave de una familia que comprende las palomas y las tórtolas.

columbrar *tr.* Divisar, ver desde lejos una cosa, sin distinguirla bien. Conjeturar por indicios una cosa.

columna *f.* Soporte cilíndrico compuesto de basa, fuste y capitel, para sostener techumbres u otras partes de fábrica o para adornar edificios o muebles. Serie de cosas ordenadas unas sobre otras. Persona o cosa que sirve de apoyo o protección. Línea o fila de buques de una escuadra. Orden o formación de tropas de poco frente en relación con el fondo. División vertical en una página.

columnata *f.* Serie de columnas que sostienen o adornan un edificio.

columnista *m.* En América, periodista que tiene a su cargo una columna de la prensa diaria.

columpiar *tr.* Impeler al que está puesto en un columpio. Mover el cuerpo de un lado a otro cuando se anda. Contonear.

columpio *m.* Asiento pendiente de una armazón de hierro o madera el cual puede mecerse por impulso propio o ajeno.

colusión *f.* Convenio o pacto en perjuicio de tercero.

colutorio *m.* Enjuagatorio medicinal.

colza *f.* Especie de col que se cultiva a fin de extraer de sus semillas un aceite para condimentación y alumbrado.

collado *m.* Altura natural de terreno menos elevada que el monte. Depresión suave entre colinas.

collar *m.* Adorno femenil que ciñe o rodea el cuello. Insignia de algunas magistraturas y órdenes de caballería. Aro que ciñe el pescuezo de algunos animales domésticos. En México y Cuba, collera,

arreo. Anillo que abraza una pieza circular sujetándola pero sin impedirle girar.

collera *f.* Collar relleno de borra o paja, para las caballerías o bueyes.

collón-a *adj. y s.* Cobarde, pusilánime.

coma *f.* Signo ortográfico para indicar división de frases. Signo aritmético para separar los números enteros, de las fracciones o decimales. Diferencia, en la gama musical, entre un tono mayor y uno menor.

coma *m.* Sopor intenso, con pérdida del conocimiento, del que no puede despertar el sujeto.

comadrazgo *m.* Parentesco espiritual que contraen la madre de la criatura y la madrina de ésta.

comadre *f.* Partera. Mujer que ha sacado de pila a una criatura con respecto a la madre de ésta. Vecina y amiga de más trato y confianza.

comadreja *f.* Mamífero carnívoro mustélido, de cuerpo largo, delgado y flexible, activo, valiente y sanguinario. Piel y pelo de este animal.

comadrona *f.* Comadre. Partera.

comal *m.* Disco de barro o de metal, delgado y sin rebordes, que se usa en México y Centroamérica para cocer las tortillas de maíz.

comandancia *f.* Empleo de comandante. Demarcación sujeta a un comandante. Edificio, cuartel o departamento donde se hallan las oficinas del comandante.

comandante *m.* Jefe militar de categoría comprendida entre el capitán y el teniente coronel. Militar en funciones de dicho cargo.

comandita *f.* Sociedad mercantil en que hay dos clases de socios: los comanditarios con responsabilidad limitada y los directivos que dirigen solos las operaciones.

comanditar *tr.* Aportar los fondos necesarios para una empresa comercial o industrial, sin contraer obligación mercantil alguna.

comando *m.* Mando militar. Combatiente militar apto para actuar solo o en pequeñas partidas y efectuar operaciones rápidas.

comarca *f.* División de territorio que comprende varias poblaciones. Región.

comarcano-a *adj.* Cercano, inmediato. Dícese de las poblaciones, campos, tierras, etc.

comatoso-a *adj.* Perteneciente o relativo al coma.

comba *f.* Inflexión de algunos cuerpos sólidos al encorvarse. Juego de saltar la cuerda niños y niñas.

combalacharse r. Confabularse dos o más personas para algún fin.

combar tr. Torcer, encorvar una cosa. Arquear, doblar.

combate m. Pelea, batalla entre personas o animales. Lucha interior del ánimo. Contradicción, pugna. Contienda. Acción táctica que ejecutan las tropas en lucha con el enemigo.

combatiente adj. Que combate. M. Cada uno de los soldados del ejército. Contendiente, luchador.

combatir intr. Pelear. Tr. Acometer, embestir, batir. Contradecir, impugnar. Agitar el ánimo las pasiones o afectos.

combatividad f. Inclinación natural a la lucha.

combés m. Espacio descubierto, ámbito. Espacio en la cubierta superior de un buque, desde el palo mayor hasta el castillo de proa.

combinación f. Acción y efecto de combinar o combinarse. Unión de dos cosas en el mismo sujeto. Grupo que puede formarse con determinado número de elementos.

combinar tr. Unir cosas que formen un compuesto o agregado. Concertar cosas o intenciones diversas. Unir dos o más cuerpos en proporciones determinadas para formar un compuesto cuyas propiedades sean distintas de las de los componentes.

comburente adj. Substancia que provoca la combustión o que la activa.

combustible m. Que puede arder. Que arde con facilidad. Dícese del cuerpo susceptible de combinarse directamente con el oxígeno u otro comburente. Materia que sirve de alimento al fuego de una caldera, horno, fragua, etc.

combustión f. Acción y efecto de arder o quemar. En Química, combinación de un combustible con un comburente.

comedero-a adj. Que se puede comer, comestible. M. Vasija o cajón donde se echa la comida a los animales.

comedia f. Composición escénica de enredo y desenlace feliz. Poema dramático de cualquier género. Género cómico. Teatro. Suceso capaz de mover a risa. Farsa.

comediante m. y f. Actor, actriz. Persona que para algún fin aparenta lo que no siente.

comedimiento m. Cortesía, moderación, urbanidad.

comediógrafo m. Escritor de comedias.

comedirse r. Arreglarse, moderarse, contenerse. En América, anticiparse a hacer alguna cortesía o servicio sin que se pida.

comedor-a adj. Que come mucho. M. Pieza de la casa destinada para comer. Establecimiento donde se sirven comidas.

comején m. Insecto isóptero que vive en colonias y en parajes húmedos de los climas cálidos; penetra para roerlas en toda clase de materias: cuero, lienzo, papel. Hormiga blanca.

comendador m. Caballero que tiene alguna encomienda. Que tiene dignidad superior a la de caballero, pero inferior a la de gran cruz.

comendatorio-a adj. Dícese de los papeles o cartas de recomendación.

comensal com. Persona que vive a la mesa y a expensas de otra, como familiar o dependiente. Persona que come en una misma mesa junto con otras.

comensalismo m. Condición de ciertos animales de vivir sobre otros o con otros animales para obtener de ellos parte del alimento que éstos destinan para sí.

comentar tr. Explanar el contenido de un escrito para que se entienda mejor. Hacer comentarios. Explicar, interpretar, desarrollar.

comentario m. Explicación o desarrollo de un texto. Historia breve. Explicación, glosa. Conversación sobre personas o sucesos de la vida ordinaria.

comenzar tr. Empezar, dar principio a una cosa. Intr. Tener una cosa principio. Iniciar, emprender, incoar.

comer tr. Masticar el alimento para deglutirlo. Tomar alimento. Tomar la comida principal del día. Gastar, desbaratar los bienes. En ciertos juegos, ganar una pieza al contrario. Hablar confusamente. Poner la luz desvaído algún color.

comercial adj. Perteneciente o relativo al comercio.

comerciante adj. y s. Que comercia. Persona a quien son aplicables las leyes mercantiles. Negociante, mercader, traficante.

comerciar intr. Negociar comprando y vendiendo o permutando géneros. Tener trato unas personas con otras. Traficar, especular; tratar, frecuentar.

comercio m. Negociación que se hace comprando, vendiendo o permutando mercancías. Comunicación y trato entre personas o pueblos. Conjunto de comerciantes. Trato secreto entre dos personas de distinto sexo. Tienda o establecimiento comercial. Conjunto de operaciones de carácter lucrativo sobre cambio y distribución de mercancías, capitales y servicios.

comestible adj. Que se puede comer. Todo género de mantenimiento.

cometa *m.* Astro del sistema solar, formado por un núcleo envuelto por una atmósfera o cabellera y una cola. *F.* Juguete o instrumento de observación, de armazón plana y muy ligera, sobre la que se extiende un papel o tela, sujeto por medio de un hilo y que se eleva por acción combinada de empuje y viento.

cometer *tr.* Poner a alguien en cargo y cuidado de algún negocio. Caer, incurrir en error, falta, culpa o yerro. Usar figuras retóricas o licencias gramaticales. Encomendar, comisionar; incidir; emplear. Dar comisión mercantil.

cometido *m.* Comisión, encargo. Incumbencia, obligación moral.

comezón *f.* Picazón que se sufre en el cuerpo. Desazón interior por deseo o apetito de algo, mientras no se logra.

comicastro *m.* Cómico malo.

comicios *m.* Reuniones y actos electorales. En la antigua Roma, asamblea legal del pueblo.

cómico-a *adj.* Perteneciente o relativo a la comedia. Aplícase al actor que representa papeles jocosos. Capaz de divertir o de provocar la risa. Divertido, chusco, chistoso.

comida *f.* Alimento en general. Alimento, que se toma en horas determinadas. Alimento principal del día. Acción de comer. Vianda, manjar, sustento.

comidilla *f.* Gusto o complacencia en las cosas del genio o inclinación de cada persona. Tema preferido de murmuración.

comienzo *m.* Principio, origen y raíz de una cosa. Punto de partida.

comilón-a *adj. y s.* Que come mucho o desordenadamente. Glotón, tragón. *F.* Comida abundante y diversa.

comillas *f.* Signo ortográfico en que se encierran citas, frases textuales, ejemplos, en forma de pequeñas comas altas.

comino *m.* Planta umbelífera herbácea, de tallo acanalado, hojas divididas en lacinias, flores pequeñas y frutos en aquenio. Semilla de esta planta usada en Medicina y para condimento. Cosa de poco valor o importancia.

comisaría *f.* Empleo del comisario. Su oficina.

comisario *m.* El que tiene poder y facultad para ejecutar alguna orden o entender en algún negocio. Jefe de Policía; grado superior al de inspector.

comisión *f.* Acción de cometer. Orden y facultad que da una persona a otra para que ejecute algún encargo o entienda en algún negocio. Mandato conferido al comisionista.

comisionar *tr.* Dar comisión a una o más personas para entender en algún negocio o encargo. Facultar, encargar, delegar.

comisionista *com.* Persona a quien se emplea para desempeñar comisiones mercantiles.

comiso *m.* Pena de perdimiento de la cosa en que incurre el que comercia en géneros prohibidos. Cosa decomisada. Pena accesoria de privación o pérdida de los instrumentos o efectos del delito.

comistrajo *m.* Mezcla irregular y extravagante de manjares. Guisote.

comisura *f.* Punto de unión de ciertas partes similares del cuerpo: labios, párpados. Sutura de los huesos del cráneo por medio de dientecillos a manera de sierra.

comité *m.* Comisión, conjunto de individuos encargados de algún asunto. Grupo de personas que llevan la dirección de determinados trabajos de índole política o social.

comitiva *f.* Acompañamiento, gente que va acompañando a alguien. Cortejo.

como *adv.* De qué modo o manera; del modo o la manera que. Denota encarecimiento, equivalencia, semejanza o igualdad, a fin de que. *M.* Palabra con que se designa el enlace de dos razones en una proporción.

¡cómo! *interj.* Denota extrañeza o enfado.

cómoda *f.* Mueble con tablero y cajones para guardar ropa.

comodato *m.* Contrato de préstamo, unilateral y gratuito por el cual una persona entrega a otra una cosa no fungible, para que la use y la devuelva pasado cierto tiempo.

comodidad *f.* Calidad de cómodo. Conveniencia, copia de lo necesario para vivir a gusto y con descanso. Buena disposición de las cosas para el uso que se ha de hacer de ellas. Ventaja, oportunidad. Utilidad, interés.

comodín *m.* Lo que se hace servir para fines diversos. Pretexto poco justificado. Naipe para cualquier lance favorable. *M.* En México y Puerto Rico, regalón, comodón.

cómodo-a *adj.* Conveniente, oportuno, fácil, ventajoso.

comodón-a *adj. y s.* Dícese del que es amante de la comodidad y regalo.

comodoro *m.* Nombre que se da en algunos países al capitán de navío cuando manda más de tres buques o al capitán aviador cuando manda más de tres naves aéreas. De cualquier manera.

compacto-a *adj.* Dícese de los cuerpos de textura apretada y poco porosa. Sólido, macizo, apiñado.

compadecer *tr.* Compartir, sentir o dolerse de la desgracia ajena. Venir bien una cosa con otra. Conformarse o unirse. Condolerse, apiadarse, compaginarse.

compadraje *m.* Concierto de varias personas para alabarse o ayudarse mutuamente; tómase en mal sentido.

compadrazgo *m.* Parentesco que contrae con los padres de una criatura el padrino que la saca de pila o asiste a la confirmación.

compadre *m.* Llámanse así recíprocamente el padre de una criatura y su padrino y la madre y la madrina al padrino.

compaginar *tr.* Poner en orden cosas que tienen conexión o relación mútua. *R.* Conformarse bien una cosa con otra. Armonizar, compadecerse.

compañerismo *m.* Vínculo entre compañeros. Armonía y buena correspondencia entre ellos.

compañero-a *m. y f.* Persona que se acompaña con otra para algún fin. Cada uno de los individuos que componen los cabildos, colegios, comunidades, etc. Cada uno de los jugadores que se unen o que tienen o corren la misma suerte. Camarada, colega, amigo.

compañía *f.* Efecto de acompañar. Persona o personas que acompañan a otra u otras. Cuerpo de actores para representar en un teatro. Sociedad de comerciantes, hombres de negocios o accionistas que aportan capitales para el desarrollo de una empresa comercial, industrial, financiera, etc. Unidad militar orgánica y administrativa al mando de un capitán.

comparación *f.* Acción y efecto de comparar.

comparar *tr.* Fijar la atención para descubrir las relaciones entre dos o más objetos o estimar sus diferencias. Cotejar, confrontar.

comparativo-a *adj.* Dícese de lo que compara o sirve para hacer comparación. Dícese del adjetivo que denota comparación y de la conjunción que expresa el resultado de una comparación.

comparecer *intr.* Presentarse uno ante otro personalmente o por poder, en virtud de llamamiento, mostrándose parte en algún negocio. Personarse, avistarse.

comparsa *f.* Conjunto de personas que en las representaciones tea-

trales figuran pero no hablan o sólo dan gritos o dicen algunas palabras. Conjunto de personas que en los días de carnaval o en regocijos públicos van vestidas de análoga manera.

compartimiento o **compartimento** *m.* Acción y efecto de compartir. Cada una de las partes que resultan de compartir un todo. Departamento de un vehículo, caja, casa, etc.

compartir *tr.* Repartir, dividir, distribuir las cosas en partes. Participar en alguna cosa.

compás *m.* Instrumento para trazar curvas regulares y medir distancias. Brújula. Ritmo o cadencia de una pieza musical.

compasión *f.* Sentimiento de ternura y lástima por los males de alguien. Piedad, misericordia, conmiseración.

compasivo-a *adj.* Que tiene compasión. Que fácilmente se conmueve.

compatible *adj.* Que tiene aptitud o proporción para unirse o concurrir en un mismo lugar o asunto. Dícese del sistema de ecuaciones que admiten un número finito de soluciones.

compatriota *com.* Persona de la misma patria que otra. Conciudadano, paisano.

compeler *tr.* Obligar a hacer lo que no se quiere. Constreñir, forzar.

compendiar *tr.* Reducir a compendio.

compendio *m.* Breve y sumaria exposición de lo más substancial de una materia. Resumen, epítome.

compenetrarse *rec.* Penetrar recíprocamente las partículas de una substancia entre las de otra. Identificarse en ideas y sentimientos. *R.* Comprender algo a fondo.

compensación *f.* Acción y efecto de compensar. Indemnización entregada por el causante de heridas o muerte al herido o a sus herederos. Resarcimiento, reparación. Extinción de obligaciones cuando dos o más personas son recíprocamente deudoras y acreedoras. Artificio para que un aparato o sistema no altere su longitud por cambios de temperatura.

compensar *tr.* Igualar en opuesto sentido el efecto de una cosa con el de otra. Resarcir un daño causado.

competencia *f.* Disputa o contienda. Rivalidad. Incumbencia. Aptitud, idoneidad. Competición, lucha; capacidad, suficiencia; obligación; potestad.

competente *adj.* Bastante, debido, adecuado. Dícese de la persona a quien incumbe o compete alguna cosa. Apto, idóneo, bien preparado.

competer *intr.* Pertenecer, tocar o incumbir a uno alguna cosa. Corresponder.

competir *intr.* Contender dos o más personas en la aspiración a una misma cosa. Igualar una cosa a otra análoga. Rivalizar, disputar.

compilar *tr.* Allegar o reunir en una obra partes, extractos o materias de otros libros o documentos. Coleccionar, recopilar.

compinche *com.* Amigo, camarada.

complacencia *f.* Satisfacción, placer y contento que resulta de alguna cosa. Agrado.

complacer *tr.* Acceder a lo que otro desea. *R.* Alegrarse y tener satisfacción en alguna cosa.

complectivo-a *adj.* Que abraza o rodea.

complejo-a *adj.* Dícese de lo que se compone de elementos diversos. *M.* Conjunto o unión de dos o más cosas. Número compuesto de varios concretos de distinta especie, pero del mismo género. Conjunto de fenómenos patológicos que concurren al mismo efecto total. Preocupación.

complementar *tr.* Dar complemento a una cosa. Añadir a una cantidad lo que le falta para tener determinado valor. Completar.

complementario-a *adj.* Que sirve para completar o perfeccionar alguna cosa. Dícese del valor en que es necesario incrementar una cantidad para que tome el de otra. Se dice que lo son dos ángulos o dos arcos cuando, sumados, completan un ángulo recto o un cuadrante.

complemento *m.* Cosa, cualidad o circunstancia que se añade a otra cosa para que resulte íntegra o perfecta. Suplemento.

completar *tr.* Integrar, hacer cabal una cosa. Hacerla perfecta en su clase. En México, igualar a otro en alguna cualidad. Complementar.

completo-a *adj.* Lleno, cabal. Acabado, perfecto. Entero, exacto.

complexión *f.* Constitución orgánica que determina el grado de fuerza y vitalidad de cada individuo. Temperamento, índole.

complicar *tr.* Mezclar, unir cosas entre sí diversas. Enredar, dificultar. Enmarañar, hacer de difícil comprensión.

cómplice *com.* Persona que coopera a la ejecución de un delito.

complot *m.* Palabra francesa: confabulación entre dos o más personas contra otra u otras. Trama, intriga. Conspiración, maquinación.

complutense *adj.* Natural de Alcalá de Henares, la antigua *Complutum.* Perteneciente a esta antigua ciudad española.

componedor-a *m.* y *f.* Persona que compone. En América, castrador. En México y Chile, cirujano de huesos. Regla para componer un renglón de imprenta.

componenda *f.* Arreglo o transacción censurable o inmoral. Convenio o pacto ilícito. Chanchullo, enjuague.

componente *adj.* Que compone o entra en la composición de un todo. *F.* Cada una de las fuerzas que forman un sistema. *M.* Cada uno de los cuerpos simples que forman un compuesto. Integrante.

componer *tr.* Formar de varias cosas una. Aderezar o preparar una cosa con varios ingredientes. Ordenar lo desordenado o reparar lo descompuesto y roto. Adornar, ataviar. Ajustar y concordar. Moderar, templar. Producir o hacer una obra artística. Restaurar, restablecer.

comportamiento *m.* Conducta, porte o maneras. Reacción de una persona, como resultado de su propia experiencia individual.

comportar *tr.* Sufrir, tolerar. *R.* Portarse, conducirse.

composición *f.* Acción y efecto de componer. Convenio entre dos o más personas. Compostura, circunspección. Obra científica o artística. Trabajo, producción. Dictado para una traducción. Procedimiento gramatical para formar nuevos vocablos, a base de dos o más de simples. Conjunto de líneas, galeradas y páginas, antes de la imposición.

compositor *adj.* y *s.* Que compone. Que hace composiciones musicales.

compostelano-a *adj.* y *s.* Natural de Santiago de Compostela. Perteneciente o relativo a esta ciudad española.

compostura *f.* Construcción y hechura de un todo que consta de varias partes. Reparo de algo descompuesto, maltratado o roto. Aseo, aliño de una persona o cosa. Mezcla o preparación con que se adultera algo. Ajuste, convenio. Modestia, circunspección.

compota *f.* con agua y azúcar y también con canela, vainilla y vino.

compra *f.* Acción y efecto de comprar. Conjunto de comestibles que se compran. Cosa comprada.

comprar *tr.* Adquirir algo por dinero. Sobornar.

compraventa *f.* Contrato consensual, conmutativo y oneroso por el cual una persona se obliga a entregar y transmitir el dominio de algo, por un precio cierto en dinero o signo que lo represente.

comprender *tr.* Abrazar, ceñir o rodear una cosa. Contener, incluir en sí alguna cosa. Entender, alcanzar, penetrar. Saber, conocer; abarcar, encerrar.

comprensión *f.* Acción de comprender. Facultad, capacidad para entender y penetrar las cosas. Conjunto de caracteres que pertenecen a un concepto.

comprensivo-a *adj.* Que tiene facultad o capacidad para comprender o entender. Que comprende, contiene e incluye. Tolerante.

compresa *f.* Trozo de gasa, lienzo o algodón impregnado de agua o líquido medicinal que se aplica a una parte lesionada o enferma, debajo del vendaje.

compresión *f.* Acción y efecto de comprimir. Efecto de reducir el volumen o dimensiones de un cuerpo sometiéndolo a acciones exteriores.

compresor-a *adj.* Que comprime. *M.* Aparato que suministra al combustible de los motores de explosión aire comprimido, para facilitar la combustión. Aparato para comprimir los gases, a presión superior a la atmosférica.

comprimido-a *adj. y s.* Oprimido, apretado. Estrechado lateralmente. Pastilla pequeña obtenida por compresión de sus ingredientes previamente reducidos a polvo.

comprimir *tr.* Oprimir, apretar, estrechar, reducir a menor volumen. Reprimir y contener. Prensar, estrujar.

comprobar *tr.* Verificar, confirmar una cosa, cotejándola o probándola.

comprometer *tr.* Poner de común acuerdo diferencias y pleitos en manos de un tercero para que resuelva. Exponer a alguien, ponerlo a riesgo de una acción o caso aventurado. Constituir a uno en una obligación, hacerlo responsable.

compromiso *m.* Delegación que para proveer ciertos cargos hacen los electores en uno o más de ellos, para que designen al que haya de nombrarse. Obligación* contraída, palabra dada. Dificultad, empeño. Esponsales. Aprieto, conflicto. Contrato por el que dos o más personas someten sus diferencias al conocimiento o a la resolución de otra u otras.

compuerta *f.* Media puerta, a manera de antepecho para resguardar la entrada y no reducir la luz del día. Tablero que se desliza sobre montantes. Puerta giratoria o deslizadora, para dar entrada o salida al agua en los canales.

compuesta *adj.* Dícese de la inflorescencia que contiene muchas florecitas insertas sobre un receptáculo común.

compulsar *tr.* Examinar dos o más documentos, cotejándolos o comprobándolos entre sí.

compulsión *f.* Efecto de compeler y compelerse. Apremio y fuerza que se hace por mandato de la autoridad, sobre alguien compeliéndole a que ejecute alguna cosa. Impulso irresistible a ejecutar algo irracional o contrario a la voluntad del que la ejecuta.

compunción *f.* Sentimiento o dolor de haber cometido un pecado. Sentimiento que causa el dolor ajeno. Contrición, arrepentimiento.

compungir *tr.* Mover a compunción. Remorderle a una la conciencia.

compurgar *tr.* En México, cumplir el reo la pena que se le impuso.

computar *tr.* Contar o calcular una cosa por números, años, tiempos, edades.

comulgar *tr.* Dar la sagrada comunión. *Intr.* Recibirla. Participar en determinadas creencias u opiniones de otras personas.

común *adj.* Dícese de lo que pertenece o se extiende a varios. Corriente, recibido y admitido de todos o de la mayor parte. Ordinario, vulgar, frecuente y muy sabido. Bajo, de inferior clase. *M.* Todo el pueblo. Generalidad de personas. Retrete. En México, asentaderas, nalgas. Manido, usual, mediocre.

comunal *adj.* Común. Mediano, regular. *M.* Todo el pueblo.

comunicación *f.* Acción y efecto de comunicar o comunicarse. Trato, correspondencia entre dos o más personas. Unión entre ciertas cosas. Escrito en que se comunica algo oficialmente. *Pl.* Correos, telégrafos, teléfonos, carreteras, ferrocarriles, etc.

comunicado-a *adj.* Manifiesto. *M.* Escrito para que se publique. En México, encargo que el testador deja a su albacea.

comunicar *tr.* Hacer partícipe a otro de lo que uno tiene. Descubrir, manifestar, hacer saber alguna cosa. Conservar, tratar con alguien. Tener correspondencia o paso unas cosas con otras.

comunicativo-a *adj.* Que tiene propensión a comunicar a otro lo que posee. Fácil y de trato accesible.

comunidad *f.* Calidad de común o general. Común de algún pueblo o Estado. Congregación de personas que viven bajo constituciones y reglas. Corporación, asociación. Relación jurídica de copropiedad de bienes.

comunión *f.* Participación en lo común. Trato de unas personas con otras. Acto de comulgar. Congregación de personas que profesan la misma fe. Partido político.

comunismo m. Organización social basada en la comunidad de bienes, y doctrina que la propugna. Fenómeno que determina la asociación de ciertos animales en colonias o sociedades.

con prep. Significa medio, modo, instrumento para hacer alguna cosa; en compañía de.

conato m. Empeño y esfuerzo en la ejecución de algo. Propensión, tendencia, propósito. Acto y delito que se empezó y no llegó a consumarse.

concadenar o **concatenar** tr. Unir o enlazar unas especies con otras.

cóncavo-a adj. Que tiene, con respecto al que mira, la superficie más deprimida en el centro que por las orillas.

concavoconvexo adj. Con una de sus superficies cóncava y la otra convexa.

concebir intr. Quedar preñada la hembra. Formar idea, hacer concepto de una cosa, comprenderla. Comenzar a sentir alguna pasión o afecto.

conceder tr. Dar, otorgar, hacer merced y gracia de algo. Asentir, convenir. Acordar, conferir, obsequiar.

concejal m. Individuo de un concejo o ayuntamiento.

concejo m. Ayuntamiento, corporación municipal. Municipio. Sesión de una corporación municipal.

concelebrar tr. Celebrar en unión de otro u otros.

concentración f. Acción y efecto de concentrar o concentrarse. Cantidad de una magnitud física acumulada en una región del espacio. Disminución de disolvente en una solución o disolución.

concentrar tr. Reunir en un centro o punto lo que estaba separado. Centralizar, congregar, agrupar. Aumentar la proporción entre la materia disuelta y el líquido de una disolución.

concéntrico-a adj. Dícese de las figuras y de los sólidos que tienen un mismo centro.

concepción f. Acción y efecto de concebir. Por excelencia, la de la Virgen Madre de Dios. Fecundación del óvulo. Toda operación del pensamiento que se aplica a un objeto.

conceptismo m. Corriente literaria española que consiste en respetar la lengua tradicional, pero con exposición alambicada de conceptos, mediante acertijos, antítesis, sutilezas y asociaciones inesperadas de ideas.

concepto m. Idea concebida o for-

mada por el entendimiento. Pensamiento expresado. Opinión, juicio. Agudeza, dicho ingenioso. Crédito en que se tiene a una persona. Noción, conocimiento; estima.

conceptuar tr. Formar concepto de una cosa. Juzgar, estimar, apreciar.

conceptuoso-a adj. Sentencioso, agudo, lleno de conceptos.

concernir intr. Atañer. Referirse.

concertar tr. Componer, arreglar las partes de una cosa. Ajustar, tratar del precio. Pactar, tratar un negocio. Traer a identidad propósitos o intenciones diferentes. Acordar entre sí voces o instrumentos músicos. Cotejar. Intr. Concordar, convenir una cosa con otra. Concordar en los accidentes gramaticales dos o más palabras variables.

concertina f. Especie de acordeón perfeccionado, de forma exagonal.

concertista com. Ejecutante en un concierto.

concesión f. Acción y efecto de conceder. Otorgamiento gubernamental a favor de particulares o de empresas, de disfrutes, aprovechamientos de dominio público. Privilegio, licencia.

conciencia f. Conocimiento interior del bien y del mal. Conocimiento reflexivo de las cosas. Conocimiento conjunto y unitario que una persona tiene de los distintos hechos de su vida.

concienzudo-a adj. Dícese del que es de estrecha y recta conciencia. Lo que se hace según ella. Que hace las cosas con estudio, atención y detenimiento. Esmerado, cuidadoso, minucioso.

concierto m. Buen orden de las cosas. Armonía, acuerdo, conformidad. Ajuste o convenio entre dos o más personas, para regular ciertas relaciones jurídicas. Audición musical.

conciliábulo m. Concilio no convocado por autoridad legítima. Junta para tratar de algo que se supone o es ilícito.

conciliar adj. Perteneciente a los concilios. M. Persona que asiste a un concilio.

concilio m. Junta o congreso para tratar algo. Asamblea de eclesiásticos para deliberar y decidir sobre cuestiones de fe, moral o disciplina.

concisión f. Brevedad en el modo de expresar los conceptos atinada y exactamente, con el menor número de palabras posible.

conciso-a adj. Que tiene concisión. Lacónico, sucinto, compendioso.

concitar tr. Conmover, instigar a uno contra otro, o excitar inquietudes y sediciones.

conclave o **cónclave** *m.* Junta o congreso de gentes que se reúnen para tratar algún asunto. Por antonomasia, lugar en donde los cardenales se reúnen y encierran para elegir Sumo Pontífice. La misma junta o reunión.

concluir *tr.* Acabar o finalizar una cosa. Determinar y resolver sobre lo que se ha tratado. Inferir, deducir una cosa de otra. Rematar una obra.

conclusión *f.* Acción y efecto de concluir o concluirse. Fin y terminación de una cosa. Resolución final. Proposición que se defiende en las escuelas. Remate, término. epílogo.

concluyente *adj.* Que concluye o convence. Terminante, irrebatible, decisivo.

concomitancia *f.* Acción y efecto de concomitar. Reunión de dos fenómenos físicos en un mismo punto. Concurrencia de síntomas accesorios con los esenciales de una enfermedad. Coexistencia, concordancia.

concomitar *tr.* Acompañar una cosa a otra, u obrar juntamente con ella.

concordancia *f.* Correspondencia o conformidad de una cosa con otra. Conformidad o correspondencia de accidentes gramaticales entre dos o más vocablos variables. Justa proporción de las voces que suenan juntas.

concordar *tr.* Poner de acuerdo lo que no lo está. *Intr.* Convenir una cosa con otra. Formar concordancia.

concordato *m.* Tratado entre un Estado y la Santa Sede.

concordia *f.* Conformidad, unión. Ajuste o convenio entre personas que contienden o litigan. Unión, anillo o sortija compuestos de dos. Paz, amistad.

concreción *f.* Acumulación de partículas que forman masas. Conglomerado duro que se forma en alguna cavidad, conducto o tejido orgánico. Cálculo.

concretar *tr.* Combinar, concordar especies o cosas. Reducir una materia o tratado a lo más esencial. Esperar, solidificar. *R.* Reducirse a un tema. Sintetizar, ceñirse, circunscribirse.

concreto-a *adj.* Condensado. Dícese de lo que sufre concreción. En América, hormigón. Opuesto a abstracto. Dícese del número que expresa cantidad de especie determinada.

concubina *f.* Mujer que vive y cohabita con un hombre que no es su esposo. En México, amasia.

concubinato *m.* Unión ilegítima de un hombre y una mujer libres que hacen vida común sin celebrar matrimonio. En México, amasiato.

conculcar *tr.* Hollar. Infringir.

concuñado-a o **concuño-a** de una persona respecto del cónyuge de otra persona hermana de aquélla.

concupiscencia *f.* Apetito y deseo de bienes terrenos. Apetito desordenado de placeres deshonestos. Sensualidad, lascivia; avidez. Deseo egoísta vivo.

concurrencia *f.* Junta de varias personas en un lugar. Concurso de sucesos o cosas en un mismo tiempo. Reunión, público, asistentes. Asistencia, ayuda, influjo. Competencia comercial regida por la ley de la oferta y la demanda.

concurrir *intr.* Juntarse en un mismo lugar o tiempo diferentes personas, sucesos o cosas. Contribuir con una cantidad a determinado fin. Convenir con otro en un parecer o dictamen. Tomar parte en un concurso. Asistir a un acto.

concursar *tr.* Acudir a una oposición o concurso. Declarar el estado de insolvencia, transitoria o definitiva, de una persona que tiene diversos acreedores.

concurso *m.* Cantidad grande de gente reunida en un mismo lugar. Reunión simultánea de sucesos, circunstancias o cosas diferentes. Asistencia y ayuda. Oposición por méritos a una prebenda, cátedra, premio, etc. El de acreedores, es la situación jurídica de un deudor no comerciante cuyo activo es inferior a su pasivo. Certamen.

concusión *f.* Conmoción violenta, sacudimiento. Exacción arbitraria hecha por un funcionario público en provecho propio.

concha *f.* Caparazón o cubierta caliza que protege el cuerpo de los moluscos y algunos otros animales. Animal que vive en la concha o la lleva. Ostra. Carey. Mueble para ocultar al apuntador y reflejar la voz de éste hacia los actores teatrales. Ensenada pequeña. Recipiente cóncavo.

conchabar *tr.* Unir, juntar, asociar. *R.* Unirse dos o más personas para algún fin; tómase, por lo común, en mala forma.

conchero *m.* Depósito prehistórico de conchas y otros restos de moluscos y peces.

conchudo-a *adj.* Dícese del animal cubierto de conchas. Astuto, cauteloso. En América, lento, flemático, indolente. Egoísta.

condado *m.* Dignidad honorífica de conde. Territorio en que el conde ejercía su señorío.

condal *adj.* Perteneciente al conde o a su dignidad. Aplícase especialmente a la ciudad de Barcelona, España, sede de antiguos condes soberanos.

conde *m.* Antiguo título nobiliario. Gobernador de una comarca o territorio, en los primeros siglos de la Edad Media; en lo militar era categoría inferior a la de duque.

condecorar *tr.* Ilustrar a uno; darle honores, cruces, veneras u otras insignias de honor y distinción.

condena *f.* Pronunciamiento de la autoridad pública al establecer sanciones, obligaciones o decretar la forma de hacer efectiva la obligación impuesta. Testimonio de este pronunciamiento. Extensión y grado de la pena impuesta.

condenación *f.* Acción y efecto de condenar o condenarse. Por antonomasia, la eterna. Condena, castigo.

condenar *tr.* Pronunciar el juez sentencia imponiendo al reo la pena correspondiente, o dictando fallo que no sea absolutorio. Reprobar una doctrina u opinión. Desaprobar una cosa. Clausurar o incomunicar una habitación, puerta, ventana, pasadizo, etc. *R.* Culparse a sí mismo, confesarse culpable. Incurrir en la pena eterna. Sentenciar, castigar.

condensación *f.* Acción y efecto de condensar o condensarse. Aumento de densidad. Acumulación de cargas eléctricas en un conductor. Paso de un vapor al estado líquido.

condensador-a *adj.* Que condensa. *M.* Recipiente para condensar vapores. Compresor de gases.

condensar *tr.* Reducir una cosa a menor volumen. Reducir a menor extensión un escrito o discurso sin quitarle nada de lo esencial. Espesar, concentrar.

condesa *f.* Mujer del conde, o la que por sí heredó u obtuvo un condado.

condescendencia *f.* Acción y efecto de condescender. Complacencia, tolerancia.

condescender *intr.* Acomodarse por bondad al gusto y voluntad de otro.

condestable *m.* Antiguamente, primera dignidad en la milicia. Alto dignatario. Oficial de la policía norteamericana; cargo militar originalmente.

condición *f.* Indole, naturaleza o propiedad de las cosas. Carácter o genio de los hombres. Estado o situación en que se halla una persona. Calidad de nacimiento o estado. Calidad o circunstancia con

que se hace o promete una cosa. Circunstancia necesaria para que un hecho pueda tener lugar.

condicional *adj.* Que incluye una condición o requisito. Que depende de una condición.

condicionar *intr.* Convenir una cosa con otra. Hacer depender una cosa de alguna condición.

condigno-a *adj.* Dícese de lo que coresponde a otra cosa o se sigue naturalmente de ella.

cóndilo *m.* Eminencia redondeada, en la extremidad de un hueso, que forma articulación encajonando en el hueco de otro.

condimentar *tr.* Sazonar los manjares. Dar sabor agradable.

condimento *m.* Lo que sirve para sazonar la comida y darle buen sabor.

condiscípulo-a *m.* y *f.* Persona, con relación a otra u otras, con las que estudia o ha estudiado.

condoche o **condocho** *m.* En México, tortilla de maíz, pequeña y gruesa, con una concavidad en el centro.

condolencia *f.* Participación en el pesar ajeno. Pésame.

condolerse *r.* Compadecerse de lo que otro siente o padece.

condominio *m.* Dominio de una cosa que pertenece en común a dos o más personas, cada una de las cuales posee una parte de ella. Sistema de gobierno mixto de dos potencias.

condonación *f.* Acción y efecto de condonar. Renuncia gratuita que de una cosa o de un derecho hace una persona, en favor de otra u otras.

condonar *tr.* Perdonar o remitir una pena de muerte o una deuda.

cóndor o **condor** *m.* Ave falconiforme de gran tamaño que habita en las partes más elevadas de los Andes; de cabeza y cuello desnudos, con carúnculas en forma de cresta y barbas; suele alimentarse preferentemente de carroña.

condotiero *m.* Nombre del general o cabeza de soldados mercenarios italianos, aplicado luego a los de otros países.

condral *adj.* Relativo o perteneciente a un cartílago.

condritis *f.* Inflamación de un cartílago.

conducción *f.* Acción y efecto de conducir, llevar o guiar alguna cosa. Ajuste hecho por precio y salario. Conjunto de conductos dispuestos para el paso de un fluido. Arrendamiento.

conducir *tr.* Llevar, transportar de una parte a otra. Guiar o dirigir hacia un paraje o sitio. Dirigir un negocio. Concertar por precio o salario. R. Manejarse, portarse, proceder de una u otra manera. *intr.* Convenir, ser a propósito para algún fin.

conducta *f.* Conducción. Moneda cargada sobre recua o carros. Gobierno, mando. Manera cómo las personas gobiernan su vida y dirigen sus acciones. Iguala médica.

conductibilidad *f.* Propiedad de poder conducir. Propiedad del sistema nervioso de transmitir la corriente nerviosa. Propiedad de conducir o transmitir cargas eléctricas o energía radiante.

conducto *m.* Canal para dar paso y salida a las aguas u otras cosas. Cada uno de los tubos o canales organizados que sirven a las funciones fisiológicas. Persona por quien se dirige un negocio o pretensión, o de quien se tiene noticia de algo. Intermediario. Caño, vía.

conductor-a *adj. y s.* Que conduce. Que transmite impulsos o estímulos, calor o electricidad. Persona, al parecer sana, que transmite una enfermedad hereditaria.

condumio *m.* Manjar que se come con pan. En México, dulce, golosina.

conectar *tr.* Combinar con el movimiento de una máquina el de un aparato dependiente de ella. En América, poner en contacto, unir. Empalmar o unir conductores.

conectivo-a *adj.* Que une, ligando partes en un mismo aparato o sistema. Conjuntivo.

conejera *f.* Madriguera donde se crían conejos. Sótano o lugar estrecho donde se recogen muchas personas.

conejo *m.* Mamífero roedor, de orejas tan largas como la cabeza, de patas anteriores más cortas que las posteriores y de cola corta; vive domesticado y hay de él muchas variedades.

conexión *f.* Enlace, concatenación de una cosa con otra. Unión de dos conductores eléctricos. *Pl.* Amistades.

conexo-a *adj.* Cosa enlazada o relacionada con otra. Dícese de los delitos que por su relación deben ser objeto de un mismo proceso.

confabulación *f.* Acción y efecto de confabular o confabularse. Conspiración, conjura.

confabular *intr.* Conferir, tratar una cosa entre dos o más personas. R. Ponerse de acuerdo dos o más personas sobre un negocio en que no son ellas solas las interesadas.

confeccionar *tr.* Hacer, preparar, acabar alguna obra. Preparar medicamentos.

confederación *f.* Alianza, unión o pacto entre personas, naciones o Estados. Conjunto de personas o de Estados aliados. Federación, coalición.

conferencia *f.* Reunión entre personas para tratar de algún asunto o negocio. Disertación pública sobre algún punto doctrinal. Reunión o congreso de representantes de Estados para tratar asuntos internacionales.

conferenciante o conferencista *com.* Persona que diserta en público sobre algún punto doctrinal.

conferir *tr.* Conceder, asignar dignidades, empleos, facultades o derechos. Cotejar y comparar una cosa con otra. Conferenciar.

confesar *tr.* Manifestar hechos, ideas o sentimientos. Reconocer y declarar por la fuerza de la razón o por otro motivo lo que de otro modo no reconocería o declararía. Declarar el penitente al confesor, en el sacramento de la penitencia, los pecados cometidos. Oír el confesor al penitente. Declarar el reo o el litigante ante el juez.

confesión *f.* Declaración que uno hace de lo que sabe. Profesión de fe. Declaración formal de las creencias o principios religiosos. Grupo de personas que profesan una determinada creencia religiosa. Declaración de los pecados al confesor. Declaración del litigante o del reo en el juicio.

confeso-a *adj.* Que ha confesado su delito o culpa. Judío convertido. Monje lego, donado.

confesionario *m.* Lugar en que el sacerdote oye las confesiones de los penitentes.

confesor *m.* Cristiano que profesa la fe de Jesucristo, y está pronto a dar la vida por ella. Sacerdote que confiesa a los penitentes.

confeti *m. pl.* Pedacitos de papel de distintos colores que se arrojan las personas unas a otras, en ciertas fiestas.

confiable *adj.* Dícese de la persona en quien se puede confiar.

confiado-a *adj.* Crédulo, imprevisor. Presumido, satisfecho de sí mismo. Ingenuo, tranquilo, seguro.

confianza *f.* Esperanza firme en una persona o cosa. Ánimo y aliento para obrar. Presunción y vana opinión de sí mismo. Familiaridad en el trato. Fe, tranquilidad, llaneza, jactancia.

confiar *intr.* Esperar con firmeza y seguridad. Encargar o poner al cuidado de alguien un negocio u otra cosa. Depositar en alguien, sin más seguridad que la buena fe, la hacienda, un secreto u otra cosa. Dar esperanza a uno de que conseguirá lo que desea.

confidencia *f.* Confianza. Revelación secreta, noticia reservada.

confidencial *adj.* Que se hace o dice en confianza o seguridad recíproca.

confidente-a *adj.* Fiel, seguro, de confianza. Persona a quien otra fía cosas reservadas. Persona que sirve de espía y trae noticias de lo que pasa. *M.* Canapé de dos asientos.

configuración *f.* Disposición de las partes que componen un cuerpo y le dan su peculiar figura. Forma, estructura, aspecto.

confín *m.* Confinante. *M.* Término o raya que divide poblaciones. Estados y señala los límites de cada uno. Último término a que alcanza la vista.

confinar *tr.* Lindar, estar contiguo o inmediato. Desterrar a uno señalándole un paraje determinado del que no pueda salir en cierto tiempo. Recluir.

confirmación *f.* Acción y efecto de confirmar. Nueva prueba de la verdad de un suceso o cosa. Sacramento por el que, quien ha recibido la fe del bautismo, se confirma y corrobora en ella. Revalidación de un acto jurídico.

confirmar *tr.* Corroborar la verdad o probabilidad de una cosa. Revalidar lo ya probado. Dar mayor firmeza o seguridad. Administrar el sacramento de la confirmación. Ratificar, robustecer. Revalidar un acto jurídico.

confiscar *tr.* Privar a uno de sus bienes y aplicarlos al fisco.

confitar *tr.* Cubrir con baño de azúcar las frutas o semillas preparadas para este fin. Cocer las frutas en almíbar. Endulzar.

confite *m.* Dulce pequeño. Píldora.

confitería *f.* Casa donde se hacen los dulces. Tienda donde se venden. Arte o industria de hacerlos.

confitillo *m.* En México, piedra en grano para los pisos, mezclada con cemento. Tequezquite que se recoge en algunos lagos mexicanos.

confitura *f.* Fruta u otra cosa confitada.

conflagración *f.* Incendio. Perturbación repentina y violenta de pueblos o naciones.

conflicto *m.* Lo más recio de un combate. Punto incierto del resultado de una pelea. Combate y angustia de ánimo. Apuro, situación de difícil salida. Presencia de deseos o tendencias opuestas.

confluencia *f.* Acción de confluir. Lugar donde confluyen los ríos o los caminos, tubos, canales o conductos.

confluir *intr.* Juntarse dos o más ríos, caminos, tubos, canales o conductos. Concurrir en un sitio mucha gente. Converger, desembocar.

conformación *f.* Colocación, distribución de las partes que forman una cosa. Figura, forma, estructura.

conformar *tr.* Ajustar, concordar una cosa con otra. *Intr.* Convenir en opiniones una persona con otra. *R.* Sujetarse voluntariamente a hacer o sufrir algo por lo que siente repugnancia. Adaptarse, acomodarse, avenirse.

conforme *adj.* Igual, correspondiente, proporcionado. Acorde. Resignado y paciente en las adversidades. *Adv.* Con arreglo a, al tenor de, según, de acuerdo con.

conformidad *f.* Semejanza. Igualdad, correspondencia de una cosa con otra. Unión y concordia entre personas. Tolerancia y sufrimiento en las adversidades. Resignación.

conformismo *m.* Acción y efecto de conformarse. Conformidad. Predisposición a seguir o imitar cualquier ejemplo.

confort *m.* Palabra francesa: comodidad.

confortar *tr.* Dar vigor y fuerza. Animar, alentar, consolar al afligido.

confraternidad *f.* Hermandad, relación de parentesco entre hermanos. Amistad íntima, unión de voluntades.

confrontar *tr.* Carear una persona con otra. Cotejar. *Intr.* Confinar. Estar o ponerse una persona o cosa frente a otra. Comparar, lindar. Enfrentar.

confundir *tr.* Mezclar cosas diversas de modo que las partes de una se incorporen a las de la otra. Barajar confusamente diferentes cosas. Equivocar, perturbar algo. Humillar, avergonzar. Turbar a alguien de modo que no acierte o atine a explicarse.

confusión *f.* Falta de orden, concierto y claridad. Perplejidad, turbación de ánimo. Abatimiento, humillación. Afrenta. Reunión en un mismo sujeto del crédito y la deuda.

confutar *tr.* Impugnar convincentemente la opinión contraria.

conga *f.* Baile popular de origen afrocubano, muy popularizado.

congelar *tr.* Helar un líquido. Inmovilizar cuentas bancarias y evitar la libre disponibilidad de sus saldos. Evitar al aumento de rentas por alquiler. Sufrir una lesión causada por el frío.

congénere *adj.* Del mismo género, de un mismo origen.

congeniar *intr.* Tener las personas genio, carácter o inclinaciones que concuerden fácilmente.

congénito-a *adj.* Que se engendra con otra cosa. Connatural y como nacido con uno.

congestión *f.* Acumulación excesiva de sangre en alguna parte del cuerpo.

congestionar *tr.* Producir congestión. Causar obstrucción.

conglomerar *tr.* Aglomerar. Agruparse fragmentos o corpúsculos en una masa compacta.

conglutinar *tr.* y *r.* Aglutinar. Agruparse fragmentos o corpúsculos por medio de substancias viscosas, en una masa compacta.

congo *m.* En América, hoja de tabaco obtenida de la segunda cosecha. En México y Cuba, cada uno de los huesos mayores de las piernas posteriores del cerdo.

congoja *f.* Desmayo, fatiga, angustia y aflicción del ánimo.

congoleño-a o congolés-a Natural del Congo. Perteneciente o relativo a esta región del Africa Ecuatorial.

congraciar *tr.* y *r.* Conseguir la benevolencia o el afecto de alguien. Volver a la perdida gracia de alguien. Hacer propicio.

congratular *tr.* Manifestar alegría y satisfacción a la persona a quien le ha acaecido un suceso feliz.

congregación *f.* Junta para tratar de negocios. Reunión de muchos monasterios de una misma orden bajo la dirección de un superior general. Cofradía. Cuerpo o comunidad de sacerdotes seculares. Junta de cardenales y prelados para el despacho de asuntos. Capítulo, junta.

congregar *tr.* y *r.* Juntar, reunir, agrupar.

congreso *m.* Junta de personas para deliberar sobre algún negocio; más comúnmente para tratar asuntos de gobierno o ajustar paces. Edificio donde los diputados se reúnen. Asamblea nacional, en algunos países.

congrio *m.* Pez marino malacopterigio, parecido a la anguila, de gran tamaño, sin escamas; comestible.

congruencia *f.* Conveniencia, oportunidad. Conformidad entre el fallo y las pretensiones formuladas en el juicio.

conhortar *tr.* Consolar, reconfortar.

cónico-a *adj.* Perteneciente al cono. De forma de cono. *F.* Curva obtenida cortando un cono circular recto por un plano que no pase por el vértice.

conífero-a *adj.* Arbol o arbusto cuyos frutos son conos o piñas: pino, abeto, ciprés.

conjetura *f.* Juicio probable que se forma por las señales que se ven u observan. Hipótesis, presunción, sospecha, suposición.

conjugación *f.* Reproducción sexual. Acción y efecto de conjugar. Conjunto ordenado de las diversas formas que toma el verbo para expresar su significación. Unión de las moléculas de dos compuestos.

conjugar *tr.* Poner o decir en forma ordenada las diversas formas de un verbo.

conjunción *f.* Junta, unión. Situación relativa de dos astros cuando tienen la misma longitud. Accesión de una cosa mueble a otra de la misma naturaleza perteneciente a distinto dueño. Categoría gramatical que une vocablos, frases u oraciones.

conjuntiva *f.* Membrana mucosa que tapiza interiormente los párpados.

conjuntivitis *f.* Inflamación de la conjuntiva.

conjunto-a *adj.* Unido o contiguo a otra cosa. Mezclado. Aliado, unido a otro. *M.* Agregado de varias cosas. Reunión de varias unidades. Totalidad. Grupo.

conjuración *f.* Concierto o acuerdo contra el Estado, el jefe del mismo u otra autoridad. Trama, intriga.

conjurado *adj.* y *s.* Que entra en una conjuración.

conjurar *intr.* Ligarse a otro mediante juramento. Conspirar contra alguien. *Tr.* Juramentar, tomar juramento. Rogar encarecidamente, pedir con instancia. Impedir, evitar, alejar un daño o peligro.

conjuro *m.* Imprecación supersticiosa. Ruego encarecido.

conllevar *tr.* Ayudar a alguien en sus trabajos; sufrirle el genio o las impertinencias. Ejercitar la paciencia. Sobrellevar, aguantar.

conmemoración *f.* Memoria o recuerdo que se hace de una persona o cosa.

conmensurable *adj.* Sujeto a medida o valuación. Cantidad que tenga con otra una medida común.

conmigo Ablativo singular del pronombre personal de primera persona.

conmilitón *m.* Soldado compañero de otro. Compañero de penas y fatigas.

conminar *tr.* Amenazar. Intimar la autoridad un mandato bajo apercibimiento de corrección o pena determinada.

conminatorio-a *adj.* Dícese del mandato que incluye amenaza de alguna pena y del juramento con que se conmina a una persona. *F.* Orden con amenaza.

conminuta *adj.* Dícese de la fractura que divide un hueso en varios fragmentos, algunos de pequeño tamaño.

conmiseración *f.* Compasión que uno tiene del mal de otro.

conmoción *f.* Movimiento o perturbación violenta del ánimo o del cuerpo. Tumulto, levantamiento. Movimiento sísmico muy perceptible. Sacudida, emoción.

conmover *tr.* Perturbar, inquietar, mover fuertemente o con eficacia. Enternecer. Emocionar, conturbar.

conmutación *f.* Trueque, cambio o permuta. Mudanza, canje. Paso de la corriente eléctrica de una línea a otra. Retruécano.

conmutador *adj. y s.* Que conmuta. Aparato para variar, invertir o interrumpir la corriente eléctrica.

conmutar *tr.* Trocar, cambiar, permutar una cosa por otra. Canjear, mudar.

conmutatriz *adj. y s.* Máquina que transforma la corriente eléctrica en continua y recíprocamente.

connatural *adj.* Propio o conforme a la naturaleza del ser viviente.

connivencia *f.* Tolerancia del superior acerca de las transgresiones que cometen sus súbditos contra las leyes o reglas. Confabulación. Complicidad.

connotado-a *adj.* Que connota. En América, eminente, ilustre, distinguido.

connotar *tr.* Hacer relación. Significar una palabra dos ideas, una accesoria y otra principal.

connubio *m.* Matrimonio. Unión estrecha.

cono *m.* Flor y fruto de las coníferas. Montaña o cúmulo en forma cónica. Cono volcánico. Sólido limitado por una superficie cónica y por un plano que forma su base. Superficie cónica.

conocer *tr.* Averiguar por la inteligencia la naturaleza, cualidades y relaciones de las cosas. Entender, saber. Tener trato con alguien. Presumir lo que puede suceder. Entender en un asunto con facultad legítima para ello. Tener el hombre acto carnal con la mujer. Reconocer.

conocido-a *adj.* Distinguido, ilustre. Persona con quien se tiene trato, pero no amistad.

conocimiento *m.* Acción y efecto de conocer. Entendimiento, inteligencia. Sentido, facultad de sentir o percibir. Documento que identifica a una persona. *Pl.* Ciencia, sabiduría.

conque *conj.* Indica consecuencia.

natural de lo que acaba de decirse; pues, por lo tanto, por tanto, en consecuencia, de manera que.

conquista *f.* Acción y efecto de conquistar. Cosa conquistada. Adquisición por medio de la violencia o de la guerra de un territorio libre o independiente o integrante de otro Estado.

conquistar *tr.* Adquirir o ganar a fuerza de armas un Estado, ciudad o provincia. Ganar la voluntad de una persona o atraerla a su partido. Enamorar.

consabido-a *adj.* Aplícase a la persona o cosa ya referida anteriormente, sin necesidad de nombrarla.

consagrar *tr.* Hacer sagrada a una persona o cosa. Pronunciar las palabras de la transubstaciación en sacerdote en la Misa. Dedicar, ofrecer a Dios. Dedicar con eficacia y ardor una persona o cosa a determinado fin.

consanguíneo-a *adj.* Dícese de la persona que tiene parentesco de consanguinidad con otra. Hermanos de padre solamente.

cansanguinidad *f.* Unión, por parentesco natural, de varias personas que descienden de un mismo tronco.

consciente *adj.* Que siente, piensa, quiere y obra con cabal conocimiento.

conscripción *f.* Alistamiento. En América, reclutamiento para el reemplazo del ejército.

conscripto *m. americ.* Quinto, recluta. Mozo ingresado en las fuerzas armadas, procedente de la conscripción.

consecución *f.* Acción y efecto de conseguir. Sucesión inmediata.

consecuencia *f.* Hecho que se sigue o resulta de otro. Correspondencia entre la conducta de un individuo y los principios que profesa. Proposición que se deduce de otra.

consecuente *adj.* Que sigue en orden respecto de una cosa. Persona cuya conducta guarda correspondencia con sus principios. *M.* Proposición que se deduce de otra llamada antecedente. Segundo término de una razón algebraica o aritmética, o de una relación gramatical.

consecutivo-a *adj.* Que se sigue inmediatamente a otra cosa.

conseguir *tr.* Alcanzar, obtener, lograr lo que se pretende o desea.

conseja *f.* Cuento, fábula o patraña ridículos y de sabor antiguo. Conciliábulo.

consejero-a *m. y f.* Persona que aconseja, o que tiene plaza en algún consejo. Lo que sirve de advertencia para la conducta de la vida. Mentor, guía.

consejo m. Parecer o dictamen que se da o toma para hacer o no hacer una cosa. Acuerdo, resolución premeditada. Junta superior para administrar, gobernar, dirigir o informar.

consenso m. Consentimiento; en especial el de todas las personas que componen una corporación.

consentido-a adj. Que consiente. Dícese del marido que sufre la afrenta que le hace su mujer. Dícese de la persona mimada con exceso.

consentimiento m. Acción y efecto de consentir. Acto de la voluntad que implica la determinación de una persona con respecto a un fin. Anuencia.

consentir tr. Permitir una cosa o condescender en que se haga. Creer, tener por cierto. Ser compatible, admitir, sufrir. Mimar con sobrada indulgencia.

conserje m. El que tiene a su cuidado la custodia, limpieza y llaves de un establecimiento público.

conserva f. Substancia alimenticia preparada para que se conserve. Compañía de buques para auxiliarse o defenderse mutuamente: más comúnmente cuando los escolta algún buque de guerra.

conservador-a adj. y s. Que conserva. Que profesa doctrinas políticas que mantienen la continuidad de la tradición nacional. M. El que cuida con mayor representación que los conserjes un establecimiento y sus bienes, derechos o privilegios.

conservar tr. Mantener una cosa o cuidar de su permanencia. Continuar la práctica de costumbres, virtudes y tradiciones. Guardar con cuidado. Hacer conservas.

conservatorio m. Establecimiento costeado por el Estado con objeto de fomentar y enseñar ciertas artes. Escuela pública de Música.

consevero-a Perteneciente o relativo al arte de hacer conservas. M. y f. Persona que tiene por oficio hacer conservas o que sabe hacerlas.

considerable adj. Digno de consideración. Grande, cuantioso.

consideración f. Acción y efecto de considerar. Asunto o materia para meditar o considerar. Urbanidad, respeto.

considerar tr. Pensar, meditar, reflexionar una cosa con atención y cuidado. Tratar a una persona con urbanidad y respeto. Juzgar, estimar.

consigna f. Orden que se da al que manda un puesto y que éste ordena observar al centinela. Advertencia, instrucción u orden para cumplirse estrictamente.

consignación f. Acción y efecto de consignar. Depósito de dinero o efectos. En México, formal entrega que hace un funcionario público a la autoridad competente de un detenido o acusado, para que se le instruya proceso. Depósito formal de la cosa debida. Destino de un buque, mercancía o cargamento.

consignar tr. Destinar un paraje o sitio para poner en él alguna cosa. Asentar por escrito opiniones, doctrinas, hechos, etc. Entregar, poner en manos de otro dinero o efectos. Enviar mercancías a un corresponsal. Depositar judicialmente una cantidad a reserva de discutir la deuda.

consigo pron. Ablativo singular y plural de la forma reflexiva se, si.

consiguiente adj. Que depende y se deduce de otras cosas. M. Consecuencia.

consistencia f. Duración, estabilidad, solidez. Trabazón, coherencia entre las partículas de una masa. Dureza, resistencia.

consistir intr. Estribar, estar fundada una cosa en otra. Ser efecto de una causa. Estar una cosa encerrada en otra. Descansar, apoyar, residir.

consistorio m. Junta del Papa con los cardenales. Corporación municipal. Casa en que reside o se reúne esta corporación.

consocio-a m. y f. Socio con respecto a otro u otros.

consola f. Mesa arrimada o sujeta a la pared, para adorno o sostener adornos o aparatos.

consolar tr. Aliviar la pena o aflicción de alguien. Animar, dulcificar.

consolidar tr. Dar solidez a una cosa. Liquidar una deuda flotante para convertirla en fija o perpetua. Reunir, volver a juntar lo roto o quebrado, de modo que quede firme. Afianzar más y más una cosa. Reunirse un sujeto atributos de un dominio antes disgregado. Afirmar una construcción.

consomé m. Palabra francesa: caldo de gran valor nutritivo.

consonancia f. Combinación de sonidos simultáneos de efecto agradable. Identidad de sonidos en la terminación de dos palabras desde la vocal acentuada. Uso inmotivado de esta rima. Relación de igualdad o conformidad de algunas cosas entre sí.

consonante f. Voz con respecto a otra de la misma consonancia. Sonido articulado que a su paso por la boca encuentra un obstáculo. Que tiene relación de igualdad o conformidad con otra cosa de la que es correspondiente o correlativa. *Adj.* Que forma consonancia.

consonantismo *m.* Sistema de consonantes de una lengua.

consonar *intr.* Aconsonantar. Tener algunas cosas igualdad, conformidad o relación entre sí. Formar consonancia.

consorcio *m.* Participación de una misma suerte con otro u otros. Unión o compañía de los que viven juntos; aplícase principalmente a la sociedad conyugal. Asociación de empresarios de una misma rama.

consorte *com.* Persona compañera o partícipe en la misma suerte con otras. Marido respecto a la mujer y mujer respecto al marido. Personas que litigan juntas, o que juntamente son responsables de un delito.

conspicuo-a *adj.* Ilustre, visible, sobresaliente. Insigne, distinguido.

conspiración *f.* Acción y efecto de conspirar, uniéndose varios contra alguien para hacerle daño. Trama, complot. Concierto de varias personas para la ejecución de un delito.

conspirar *intr.* Unirse algunos contra su superior o contra un particular para causarle daño. Concurrir varias cosas a un mismo fin.

constancia *f.* Acción y efecto de hacer constar alguna cosa. Firmeza y perseverancia en las resoluciones y en los propósitos. Certeza de algún hecho o dicho. Testimonio, documento probatorio. Persistencia, tenacidad; comprobante.

constante *adj.* Que consta o tiene constancia. Persistente, durable. Perseverante, tenaz, continuo. Cantidad o valor que permanece fijo.

constantinopolitano-a *adj. y s.* Natural de Constantinopla. Perteneciente a esta ciudad de Turquía Europea.

constar *intr.* Ser cierta y manifiesta una cosa. Tener un todo determinadas partes. Tener los versos la medida y acentuación correspondientes.

constatar *tr.* Galicismo, por comprobar, patentizar, manifestar, cotejar.

constelación *f.* Conjunto de estrellas que permanece inmutable. Conjunto de factores que producen determinado efecto. Complejo de ideas en la mente del individuo.

consternar *tr.* Conturbar mucho y abatir el ánimo. Afligir, trastornar, apesadumbrar.

constipación *f.* Catarro, resfriado, coriza. Estreñimiento.

constipar *tr.* Cerrar y apretar los poros impidiendo la transpiración. *R.* Acatarrarse, resfriarse.

constitución *f.* Acción y efecto de constituir. Esencia, calidad, manera de ser de una cosa. Forma o sistema de gobierno. Ordenanza con que se gobierna una corporación. Complexión, naturaleza. Ley fundamental de un Estado.

constitucional *adj.* Perteneciente a la constitución de un Estado. Adicto a ella. Propio de la constitución de un individuo. Dícese de la enfermedad orgánica, para diferenciarla de la funcional.

constituir *tr.* Formar, componer. Hacer que una cosa sea de cierta calidad o condición. Establecer, ordenar. Declararse instalado un cuerpo, institución, etc. Presentarse personalmente en algún lugar.

constituyente *adj.* Que constituye, establece u ordena. Dícese de las Cortes o Asambleas convocadas para elaborar o reformar la Constitución de un Estado, y de los diputados o asambleístas que las integran.

constreñimiento *m.* Acción y efecto de constreñir. Apremio para que se haga o ejecute algo.

constreñir *tr.* Obligar o compeler por fuerza a que se haga o ejecute alguna cosa. Apremiar, forzar, presionar.

constricción *f.* Encogimiento.

construcción *f.* Acción y efecto de construir. Arte de construir. Obra construida. Edificio, fábrica. Ordenamiento a que se han de someter las palabras en la oración gramatical.

construir *tr.* Fabricar, erigir, edificar una cosa. Obrar, levantar. Ordenar las palabras con arreglo a las normas de construcción.

consubstancial De la misma substancia y esencia con otro.

consuelda *f.* Hierba borraginácea vellosa, de tallo grueso, hojas pecioladas, flores en forma de embudo en racimos colgantes y rizoma mucilaginoso usado en Medicina.

consuelo *m.* Descanso y alivio de una pena, molestia o fatiga. Gozo, alegría.

consuetudinario-a *adj.* Dícese de lo que es de costumbre. Usual, acostumbrado, habitual.

cónsul *m.* Cada uno de los dos magistrados romanos que ejercían la suprema autoridad. Persona autorizada en una población del extranjero, para proteger las personas e intereses de la nación que lo nombra.

consulta *f.* Acción y efecto de consultar. Parecer o dictamen que se pide o da acerca de alguna cosa. Conferencia entre profesionales. Junta, consejo.

consultar *tr*. Tratar y discurrir con una o varias personas sobre algún asunto. Pedir parecer, dictamen o consejo. Dictaminar. Aconsejarse, asesorarse.

consultor-a *adj.* y *s.* Que da su parecer, consultado sobre algún asunto.

consultorio *m.* Establecimiento privado donde se despachan informes o consultas sobre materias técnicas. Institución médica adonde acuden los enfermos para su alivio.

consumación *f.* Acción y efecto de consumar. Extinción, acabamiento total. Realización de todos los actos precisos para la comisión de un delito.

consumar *tr.* Llevar a cabo del todo una cosa. Acabar, concluir. Dar cumplimiento a un acto jurídico perfecto.

consumido-a *adj.* Que se ha terminado, acabado del todo. Flaco, extenuado, macilento. Afligido y apurado por poco motivo. Extenuado.

consumir *tr.* Destruir, extinguir. Gastar comestibles u otros géneros. Agotar.

consumo *m.* Gasto de las cosas que con el uso se extinguen o destruyen. Impuesto municipal sobre los comestibles introducidos en una población.

consunción *f.* Acción y efecto de consumir o consumirse. Extenuación. Agotamiento, debilidad.

consuno Palabra que con la preposición *de* forma el modo adverbial *de consuno*, juntamente, en unión, de común acuerdo, unidos.

contabilidad *f.* Aptitud de las cosas para reducirse a cuenta o cálculo. Sistema de llevar la cuenta y razón de los hechos ocurridos en un negocio.

contabilizar *tr.* Apuntar una partida o cantidad en los libros de cuentas

contacto *m.* Acción y efecto de tocarse dos o más cosas. Unión que cierra un circuito eléctrico. En México, enchufe.

contador-a *adj.* Que cuenta. El que tiene por oficio o profesión llevar la cuenta y razón de la entrada y salida de caudales, con los justificantes correspondientes. Aparato para medir el volumen de un fluido que circula por un circuito en un tiempo determinado.

contaduría *f.* Oficio de contador. Su oficina. Administración de un espectáculo público donde se expenden los billetes con anticipa-ción y sobreprecio.

contagiar *tr.* Comunicar una enfermedad a otros. Pervertir con el mal ejemplo. Contaminar, depravar, dañar.

contagio *m.* Transmisión por contacto de una enfermedad específica. Germen de esta enfermedad. La misma enfermedad. Perversión por mal ejemplo o por mala doctrina.

contaminar *tr.* Ensuciar, contagiar, inficionar. Corromper, viciar o alterar un texto. Pervertir, corromper.

contante *adj.* Que cuenta. Aplícase al dinero efectivo.

contar *tr.* Numerar o computar. Referir un suceso. Poner en cuenta. Poner a uno en el número, clase u opinión que le corresponde. Calcular; narrar.

contemplar *tr.* Examinar con atención una cosa. Complacer a una persona. Considerar, juzgar.

contemplativo-a *adj.* Perteneciente a la contemplación. Que acostumbra meditar. Que suele complacer a otros. Muy dado a la contemplación de las cosas divinas.

contemporáneo-a *adj.* Existente al mismo tiempo que otra persona o cosa. Coetáneo, coexistente, actual, moderno.

contemporizar *intr.* Acomodarse al gusto o dictamen ajeno. Allanarse, avenirse, adaptarse, transigir.

contención *f.* Acción y efecto de contener. Contienda. Litigio. Acción de mantener reducida una hernia, fractura o luxación. Freno.

contencioso-a *adj* Persona que por costumbre disputa o contradice a los demás. Dícese de la materia sobre la que se contiende en juicio.

contender *intr.* Lidiar, pelear. Disputar, debatir con calor y vehemencia. Litigar, pleitear.

contener *tr.* Llevar o encerrar dentro de sí una cosa a otra. Reprimir o suspender el movimiento o impulso de algo. Reprimir o moderar una pasión. Detener, frenar.

contenido-a *adj.* Que se conduce con moderación. *M.* Lo que se contiene dentro de una cosa.

contentar *tr.* Satisfacer el gusto o aspiraciones de alguien; darle contento. En América, reconciliar; reanudar las amistades. *R.* Darse por contento.

contento-a *adj.* Alegre, satisfecho. *M.* Alegría, satisfacción. Regocijo.

conteta *f.* Pieza de metal o hueso al extremo de un bastón, paraguas, etc.

conterráneo-a o coterráneo-a *adj.* Natural de la misma tierra que otro. Paisano, compatriota.

contestación *f.* Acción y efecto de contestar. Altercado o disputa. Respuesta, réplica; debate, controversia. Réplica.

contestar *tr.* Responder. Comprobar o confirmar. *Intr.* Convenir una cosa con otra. Replicar.

contexto *m.* Estructura de una obra o tejido. Enredo o maraña de cosas que se enlazan o entretejen. Contenido textual. Serie o hilo de un discurso, historia o narración.

contextura *f.* Compaginación y unión de las partes que componen un todo. Contexto. Configuración corporal del hombre.

contienda *f.* Pelea, disputa, altercado, riña, lucha.

contigo *pron.* Ablativo singular del pronombre personal de segunda persona.

contiguo-a *adj.* Que está tocando a otra cosa. Inmediato, adyacente, lindante.

continencia *f.* Virtud que modera las pasiones del ánimo. Abstinencia de los placeres sensuales. Acción de contener. Frugalidad; castidad.

continental *adj.* Relativo a los países de un continente.

continente *adj.* Que contiene. Dícese da la persona que practica la continencia. *M.* Cosa que contiene a otra. Semblante, actitud y compostura del cuerpo. Gran extensión emergida de la corteza terrestre.

contingencia *f.* Posibilidad de que una cosa suceda o no suceda. Riesgo. Probabilidad. eventualidad.

contingente *i.* Que puede suceder o no suceder. *M.* Cuota. Fijación del cupo de una mercancía que se puede importar en un período dado. Tropa que concurre a formar o completar un ejército. Posible, no necesario.

continuar *tr.* Proseguir lo comenzado. *Intr.* Durar, permanecer. *R.* Seguir.

continuidad *f.* Unión que tienen entre sí las partes de lo continuo. Sucesión gradual del valor de una magnitud física.

continuo-a *adj.* Que dura o se extiende sin interrupción. Dícese de las cosas que tienen unión entre sí. Perseverante en una acción.

contlapacharse *r.* En México, asociarse, confabularse.

contonearse *r.* Hacer movimientos afectados al andar.

contornear *tr.* Dar vueltas alrededor de un sitio. Perfilar, hacer los contornos de una figura.

contorno *m.* Conjunto de líneas que limitan una figura. Perfil, perímetro. Superficie que limita un espacio. Canto de una moneda o medalla. Territorio que rodea un lugar o población.

contorsión *f.* Actitud forzada, movimiento irregular que precede o sigue a un dolor repentino. Ademán grotesco, gesticulación ridícula.

contorsionista *com.* Persona que ejecuta contorsiones difíciles en los circos.

contra *prep.* Denota oposición y contrariedad, enfrente, hacia. Dificultad.

contraalmirante *m.* Oficial general de la armada, inferior al vicealmirante.

contraataque *m.* Reacción ofensiva contra el avance del enemigo.

contrabajo *m.* Instrumento músico de cuerda que da sonidos muy graves. Persona que lo toca. Voz más grave que el bajo. Persona que tiene esta voz.

contrabalancear *tr.* Lograr el equilibrio de los dos platillos de la balanza. Contrapesar, equilibrar.

contrabando *m.* Comercio o producción de géneros prohibidos a productores y comerciantes particulares. Géneros o mercancías prohibidos. Acción o intento de fabricar o introducir fraudulentamente dichos géneros o exportarlos.

contrabarrera *f.* Segunda fila de asientos en los tendidos de las plazas de toros.

contracción *f.* Acción y efecto de contraer o contraerse. Reducción o unión de dos palabras en una, cuando la primera acaba y la segunda comienza con vocal. Disminución de longitud. Acortamiento más o menos brusco de un músculo.

contraconceptivo *m.* Substancia o artificio con que se evita la concepción. Anticonceptivo.

contráctil *adj.* Capaz de contraerse con facilidad.

contractual *adj.* Procedente o derivado de un contrato.

contradanza *f.* Danza en compás de $2/4$ ó $6/8$, derivada de la danza campesina inglesa. La cuadrilla es una serie de contradanzas. Música de la misma.

contradecir *tr.* Decir lo contrario de lo que otro afirma, o negar lo que se da por cierto. Oponerse.

contradicción *f.* Acción y efecto de contradecir o contradecirse. Afirmación y negación que recíprocamente se destruyen. Contrariedad. oposición. Contrasentido.

contradictorio-a *adj.* Que tiene contradicción con otra cosa. Opuesto, antagónico. Que implica contradicción.

contraer *tr.* Estrechar, juntar una cosa con otra. Adquirir o caer en vicios, deudas, obligaciones. *R.* Reducirse; encogerse un nervio o músculo.

contraespionaje *m.* Acción para contrarrestar el espionaje, con toda clase de medidas que impidan la actuación y eficacia de éste.

contrafigura *f.* Persona o maniquí con aspecto muy parecido a un personaje. *M.* Doble.

contrafuerte *m.* Correa donde se afianza la cincha. Machón para fortalecer un muro. Botarel. Cordillera secundaria que arranca del flanco de la principal.

contrahacer *tr.* Hacer una cosa tan parecida a otra que con dificultad se distingan. Imitar, remedar.

contrahaz *f.* Revés de las ropas o cosas semejantes.

contrahecho-a *adj.* De cuerpo torcido o curvado. Deforme.

contraindicación *f.* Enfermedad o trastorno que veda o hace peligrosa la prescripción de determinado medicamento.

contralor *m.* Interventor, que controla las cuentas, en especial presupuestarias.

contralto *m.* La voz femenina más grave. *Com.* Persona que tiene esta voz.

contraluz *f.* Aspecto de las cosas vistas desde el lado opuesto a la luz.

contramaestre *m.* Jefe de uno o más talleres o tajos de obra. Oficial que dirige la marinería, al mando de un oficial de guerra.

contramarcha *f.* Retroceso en el camino que se lleva. Cambio de rumbo. Dirección contraria a la que se llevaba.

contraofensiva *f.* Reacción ofensiva de gran alcance, después de detener un ataque.

contraorden *f.* Orden que revoca otra anterior.

contrapartida *f.* Asiento para corregir algún error en la contabilidad.

contrapeso *m.* Peso que iguale o equilibre a otro. Balancín del volatinero.

contraponer *tr.* Comparar o cotejar. Oponer.

contraposición *f.* Acción y efecto de contraponer o contraponerse. Antagonismo, oposición.

contraprobar *tr.* Verificar, con pruebas distintas el resultado de otra prueba. Aducir pruebas en contrario.

contraproducente *adj.* Dícese del dicho o acto cuyos efectos son opuestos a la intención con que se dijo o realizó.

contraproyecto *m.* Proyecto diferente de otro determinado.

contrapuerta *f.* Portón que separa el zaguán del resto de la casa. Puerta situada inmediatamente detrás de otra.

contrapunto *m.* Arte de combinar melodías diversas que deben ejecutarse simultáneamente.

contrariar *tr.* Contradecir, resistir las intenciones ajenas y procurar que no se cumplan. Entorpecer, dificultar, impedir; incomodar, disgustar.

contrariedad *f.* Oposición que tiene una cosa con otra. Acción que impide o retarda el logro de un deseo. Contratiempo. Oposición entre conceptos.

contrario-a *adj.* Opuesto o repugnante a una cosa. Que daña o perjudica. *M.* Impedimento. Persona enemistada con otra, o que le sigue pleito. Que lucha, contiende o está en oposición a otra. Emulo, adversario, oponente.

contrarreforma *f.* Movimiento opuesto a una reforma; en especial la que tuvo lugar para contener y contrarrestar al protestantismo, en el siglo XVI.

contrarréplica *f.* Contestación dada a una réplica.

contrarrestar *tr.* Resistir, hacer frente y oposición. Desafiar, oponerse.

contrarrevolución *f.* La revolución opuesta a otra anterior.

contrasentido *m.* Sentido contrario al natural de las palabras o expresiones. Deducción opuesta a lo que arrojan los antecedentes.

contraseña *f.* Seña reservada para entenderse ciertas personas entre sí.

contrastar *tr.* Resistir, hacer frente. Comprobar y fijar la ley, peso y valor de las monedas o de otros objetos de oro o plata y sellarlos. Comprobar la exactitud de pesas y medidas para que estén ajustadas a la ley. *Intr.* Diferenciarse dos cosas al compararlas.

contraste *m.* Acción y efecto de contrastar. Oposición, diferencia notable entre personas o cosas. Que ejerce el oficio de contrastar y oficina donde se contrasta. Disparidad, discrepancia.

contrata *f.* Obligación firmada con que las partes aseguran los contratos celebrados. Contrato con el gobierno para ejecutar una obra material o prestar un servicio por precio determinado.

contratar *tr.* Pactar, convenir, celebrar contratos y contratas. Ajustar a una persona por convenio a prestar algún servicio o ejecutar una cosa.

contratiempo *m.* Accidente inesperado y perjudicial. Contrariedad.

contrato *m.* Pacto o convenio entre partes que se obligan sobre materia o cosa determinada.

contratorpedero *m.* Buque de guerra pequeño y rápido para protección y exploración. Destructor, cazatorpedero.

contravención *f.* Acción y efecto de contravenir. Transgresión, quebrantamiento, violación o infracción leve de la ley.

contraveneno *m.* Medicamento o agente que contrarresta o neutraliza los efectos de un veneno. Antídoto.

contravenir *tr.* Obrar en contra de lo mandado.

contraventana *f.* Puerta que interiormente cierra sobre la vidriera. Puerta de refuerzo de ventanas y vidrieras.

contrayente *adj. y s.* Que contrae. Aplícase casi únicamente a la persona que contrae matrimonio.

contribución *f.* Acción y efecto de contribuir. Cantidad que se paga para algún fin o que se impone para las cargas del Estado. Impuesto, tributo.

contribuir *tr.* Dar o pagar la cuota de un impuesto. Aportar voluntariamente una cantidad para algún fin. Ayudar con otros al logro de algo.

contribuyente *adj. y s.* Que contribuye. Que paga contribución al Estado.

contrición *f.* Dolor y pesar de haber ofendido a Dios por ser quien es.

contrincante *m.* Que forma parte de un trinca en las oposiciones. Quien pretende una cosa en competencia con otro u otros.

contristar *tr.* Afligir, entristecer. Apenar, acongojar, desconsolar.

contrito-a *adj.* Que siente contrición. Compungido, arrepentido, afligido, apesadumbrado.

control *m.* Acción y efecto de controlar. Marca en algunos documentos bancarios. Visto bueno. En América, libro de cuentas y razón. Es galicismo, por dominio, intervención, cómputo.

controversia *f.* Discusión larga y reiterada, en especial sobre religión. Polémica.

controvertir *intr.* Discutir extensa y detenidamente sobre una materia.

contubernio *m.* Habitación con otra persona. Cohabitación ilícita. Alianza vituperable.

contumacia *f.* Tenacidad y dureza en mantener un error. Obstinación.

contumaz *adj.* Rebelde, porfiado y tenaz en mantener un error. Materia propia para retener y propagar los gérmenes de un contagio.

contumelia *f.* Oprobio, injuria u ofensa dicha a una persona en su cara.

contundente *adj.* Instrumento y acto que producen contusión. Que produce contusión. Que produce gran impresión en el ánimo, convenciéndolo. Concluyente, convincente.

contundir *tr.* Magullar, golpear.

conturbar *tr.* Alterar, turbar, inquietar. Conmover, agitar, desasosegar. Apenar.

contusión *f.* Daño causado por golpe que no causa herida exterior, pero con extravasación de sangre.

convalecencia *f.* Acción y efecto de convalecer. Estado del convaleciente. Período de restablecimiento, después de una enfermedad. Casa u hospital para convalecer los enfermos.

convalecer *intr.* Recuperar las fuerzas perdidas por enfermedad. Salir del estado de postración o peligro.

convalidar *tr.* Confirmar, revalidar lo ya aprobado.

convección *f.* Propagación del calor por el movimiento de elementos materiales. Corriente de ascenso que se produce en un fluido cuando se caldea en su parte inferior.

convencer *tr.* Persuadir con razones o pruebas eficaces.

convención *f.* Ajuste o concierto entre dos o más personas. Asamblea de representantes de un país que asume todos los poderes. En América, reunión general política para proclamar candidatos o resolver otros asuntos.

convencional *adj.* Perteneciente al convenio o pacto. Que resulta o se establece en virtud de precedentes o de costumbre.

convenenciero-a *adj. y s.* En México, muy amigo de su regalo.

conveniencia *f.* Correlación y conformidad entre cosas distintas. Utilidad, provecho. Ajuste, concierto y convenio. Comodidad. Haberes, bienes.

conveniente *adj.* Util, oportuno, provechoso. Conforme. Beneficioso, ventajoso.

convenio *m.* Ajuste, convención. Transacción, avenencia. Acuerdo, compromiso.

convenir *intr.* Ser de un mismo parecer. Juntarse varias personas en un mismo lugar. Pertenecer. Importar, ser a propósito. Coincidir dos o más voluntades causando obligación mutua.

convento *m.* Casa o monasterio en que vive una comunidad religiosa.

conventual *adj.* Perteneciente al convento. *M.* Religioso que reside en un convento o es individuo de una comunidad. Que parece de convento.

converger o convergir *intr.* Dirigirse dos o más líneas y unirse en un punto. Concurrir al mismo fin dictámenes, opiniones o ideas.

conversar *intr.* Hablar una o varias personas con otra u otras. Vivir, habitar en compañía de otros. Tratar, tener amistad unas personas con otras.

conversión *f.* Acción y efecto de convertir o convertirse. Mutación de una cosa en otra. Mudanza de mala vida a buena. Cambio, transmutación. Transformación de una clase de deuda en otra. Cambio de frente y dirección de la tropa.

converso-a *adj.* Dícese del judío o moro que abraza el catolicismo. Lego, sin órdenes religiosas o que no es de coro.

conversor *m.* Máquina o motor que transforma un movimiento de rotación en otro de traslación o viceversa.

convertidor *m.* Transformador que convierte una corriente alterna en otra continua o recíprocamente. Horno giratorio para la obtención de aceros.

convertir *tr.* Mudar una cosa en otra. Llevar al seno de una religión a quien vive fuera de ella, o traerlo a la práctica de buenas costumbres.

convexo-a *adj.* Con la superficie más prominente en el medio y que decrece hacia los bordes o extremos, con respecto al que mira.

convicción *f.* Convencimiento. Seguridad. Certidumbre.

convicto-a *adj.* Dícese del reo a quien legalmente se ha probado su delito, aunque no lo haya confesado.

convidar *tr.* Rogar una persona a otra u otras a que la acompañen a comer, a una función, paseo, etc. Mover, incitar. Ofrecerse voluntariamente para algo. Invitar, brindar.

convincente *adj.* Que convence. Persuasivo, terminante, concluyente.

convite *m.* Acción y efecto de convidar. Función o comida a la que uno es convidado. Invitación, festín.

convivir *intr.* Vivir en compañía de otro u otros.

convocar *tr.* Citar, llamar a varias personas para que concurran a lugar o acto determinado.

convocatoria *f.* Anuncio o escrito con que se convoca.

convolvulácea *adj.* y *s.* Planta de una familia de las dicotiledóneas, de hojas alternas, corola en forma de tubo o campana y semillas con albumen mucilaginoso: batata, maravilla, cuscuta.

convoy *m.* Escolta o guardia para protección y resguardo. Conjunto de buques, carruajes o efectos escoltados. Séquito, acompañamiento; tren.

convoyar *tr.* Escoltar lo que se conduce de una parte a otra.

convulsión *f.* Contracción violenta de los músculos. Agitación de agrupaciones que trastorna la vida colectiva. Sacudida por efecto de un terremoto.

convulso-a *adj.* Atacado de convulsiones. Excitado.

cónyuge *com.* Consorte, el marido con respecto a la mujer y la mujer con respecto al marido.

coñac o cognac *m.* Aguardiente muy estimado de graduación elevada; toma el nombre de una población del departamento francés de Charente.

coolí o culí *m.* Jornalero anamita, chino o asiático de las colonias europeas o el que trabaja fuera del país.

cooperación *f.* Acción y efecto de cooperar. Acción simultánea de varios agentes que obran juntos y producen idéntico efecto.

cooperar *intr.* Obrar juntamente con otro u otros para un mismo fin. Colaborar, auxiliar, coadyuvar.

cooperativa *f.* Asociación mutualista para fomentar los intereses económicos de sus miembros, sin finalidad lucrativa.

cooperativismo *m.* Movimiento social que propugna la extensión y desarrollo de las cooperativas, como reacción contra el liberalismo económico.

coopositor-a *m.* y *f.* Persona que con otra u otras concurre a las oposiciones a una prebenda, cátedra, etc.

coordenado-a *adj.* Aplícase a las líneas que sirven para determinar la posición de un punto, y a los ejes y planos a que se refieren aquellas líneas.

coordinación *f.* Acción y efecto de coordinar o coordinarse. Disposición armónica de los órganos constitutivos de un ser vivo. Procedimiento gramatical de enlazar y relacionar vocablos u oraciones independientes, por medio de conjunciones.

coordinar *tr.* Disponer cosas metódicamente.

copa *f.* Vaso con pie, para beber. Líquido que cabe en él. Conjunto de ramas y hojas que forma la parte superior de un árbol. Parte hueca del sombrero que entra en la cabeza. Premio que se concede en algunas competencias deportivas.

copal *adj. y s.* Resina exudada de diversos árboles tropicales; se usa para la fabricación de barnices y plásticos.

copali *m.* En México antiguo, resina de copal; actualmente, la que se usa o puede usarse como incienso.

copar *tr.* Conseguir en una elección todos los puestos. Sorprender y cortar la retirada a una fuerza militar y hacerla prisionera. Cercar a un jugador.

copayero o **copaiba** *m.* Arbol leguminoso sudamericano, de hojas alternas, flores blancas en espigas axilares; de su tronco se obtiene un bálsamo medicinal.

copear *intr.* Vender por copas las bebidas. Tomar copas.

copero *m.* El que por oficio traía la copa y daba de beber a su señor. Mueble para poner las copas en que se sirven licores.

copete *m.* Diminutivo de copo. Pelo levantado sobre la frente. Penacho de algunas aves. Crín que cae sobre la frente del caballo. Atrevimiento, osadía.

copetudo-a *adj.* Que tiene copete. El que hace vanidad de su nacimiento o de otras circunstancias, o se ufana de su posición.

copia *f.* Muchedumbre o abundancia de cosas. Reproducción de un escrito. Texto musical tomado de un impreso o manuscrito. Reproducción. Imitación, calco. Duplicado.

copiador-a *adj.* Que copia. Libro para copiar la correspondencia mercantil.

copiar *tr.* Escribir en una parte lo escrito en otra. Escribir lo que dice otro. Sacar copia. Imitar la Naturaleza en las obras artísticas. Imitar o remedar a una persona. Reproducir, transcribir. Calcar.

copinar *tr.* En México, desollar animales sacando entera la piel. Derribar.

copioso-a *adj.* Abundante, numeroso, cuantioso. Considerable, exuberante.

copista *com.* Persona que se dedica a copiar escritos o cuadros ajenos.

copla *f.* Combinación métrica o estrofa. Composición poética a base de versos breves, que sirve de letra en las canciones populares. Pareja. Abundancia.

coplero-a *m. y f.* Persona que vende coplas, jácaras, romances y otras poesías. Mal poeta.

copo *m.* Mechón o porción de cáñamo, lino, lana, algodón u otra materia en disposición de hilarse. Porción de nieve trabada. Grumo o coágulo. Acción de copar.

copón *m.* Aumentativo de copa. Copa grande en que se guardan las hostias consagradas.

coporístico-a *adj.* Que se utiliza para curar los callos de los pies.

copra *f.* Carne del coco partida en trozos y desecada, de la que se extrae el aceite de coco.

coprófago-a *adj. y s.* Que come excremento, como algunos insectos.

copto-a *adj. y s.* Cristiano de Egipto.

cópula *f.* Atadura, ligamento. Unión, coito. Término que une el predicado con el sujeto.

copularse *r.* Unirse o juntarse carnalmente.

copulativo-a *adj.* Que ata, liga y junta una cosa con otra.

copyright *m.* Palabra inglesa: derechos a la propiedad literaria de una obra.

coque *m.* Carbón procedente de la combustión incompleta o de la destilación de la hulla.

coqueta *adj. y s.* Dícese de la mujer que por vanidad procura agradar a los hombres. Tocador.

coquetear *intr.* Tratar de agradar por mera vanidad y con medios estudiados.

coquetón o **coqueto** *m.* Gracioso, atractivo. Hombre que procura agradar a las mujeres.

coquito *m.* Ademán o gesto que se hace al niño para que se ría. Coco tierno.

coracero *m.* Soldado de caballería armado de coraza.

coracoide *adj.* En forma de pico de cuervo.

coraje *m.* Impetuosa decisión y esfuerzo del ánimo; valor. Irritación, ira.

corajina *f.* Arrebato de ira.

coral *m.* Secreción caliza arborescente producida por pólipos coloniales. Colonia de estos pólipos. *Adj.* Perteneciente al coro.

coralífero-a *adj.* Fondo del mar, roca, isla que tiene corales.

coralillo *m.* Serpiente delgada con anillos rojos, amarillos y negros dispuestos alternativamente; muy venenosa.

corambre *f.* Conjunto de cueros o pellejos. Cuero, odre.

corana *f.* Hoz que usan algunos indios de América.

coraza *f.* Armadura que protege el pecho y la espalda. Nombre genérico de los blindajes metálicos. Cubierta dura de tortugas y galápagos. Protección.

corazón *m.* Organo impulsor de la sangre que forma parte del aparato circulatorio. Animo, valor, espíritu. Voluntad, amor. Medio o centro de una cosa.

corazonada *f.* Impulso espontáneo que mueve a ejecutar algo arriesgado y difícil. Presentimiento.

corbata *f.* Trozo de seda o de lienzo fino que, como adorno o abrigo, se pone alrededor del cuello. Banda o cinta, insignia de honor de un cuerpo militar, que se ata en las banderas o estandartes.

corbatin *m.* Corbata corta de lazo.

corbeta *f.* Antigua nave de guerra de tres palos, más pequeña que la fragata. Modernamente, nave de guerra muy rápida para exploración y seguridad, o usada como buque de instrucción.

corcel *m.* Caballo ligero de mucha alzada y de estampa arrogante.

corcova *f.* Curvatura anómala de la columna vertebral, del pecho o de ambos.

corcovado-a *adj. y s.* Que tiene una o más corcovas. Jorobado, giboso.

corcovo *m.* Salto que dan algunos animales encorvando el lomo. Falta de rectitud, torcimiento.

corchea *f.* Nota musical cuyo valor es de $^1/_8$ en el compás de $^4/_4$.

corchete *m.* Broche metálico, compuesto de macho y hembra para abrochar alguna cosa. Signo ortográfico, llamado también abrazadera o llave. Ministro inferior de justicia encargado de prender a los delincuentes. Alguacil.

corcho *m.* Tejido elástico, correoso e impermeable del alcornoque. Tapón de este tejido suberoso. Cajas, tablas y otros utensilios de la misma materia.

cordaje *m.* Conjunto de cuerdas y cables. Jarcia de una embarcación.

cordal *adj. y s.* Dícese de la muela del juicio, o tercer molar verdadero.

cordel *m.* Cuerda delgada. Cuerda de los albañiles para alinear.

cordeleria *f.* Oficio de cordelero. Sitio donde se hacen cordeles y otras obras de cáñamo. Tienda donde se venden.

cordera *f.* Hija de la oveja que no pasa de un año. Mujer mansa y dócil.

cordero *m.* Hijo de la oveja que no pasa de un año. Piel adobada de este animal. Hombre dócil y humilde. Cordero de Dios, Jesucristo.

cordial *adj.* Que fortalece el corazón. Afectuoso, de corazón. Dícese de la bebida que conforta a los enfermos.

cordialidad *f.* Calidad de cordial o afectuoso. Franqueza, sinceridad. Afabilidad, benevolencia, llaneza.

cordillera *f.* Serie continua de montañas.

córdoba *m.* Unidad monetaria de Nicaragua.

cordobán *m.* Piel curtida de cabra

o de macho cabrío o de otros animales.

cordobés-a *adj. y s.* Natural de Córdoba. Perteneciente a cualquiera de las ciudades que llevan este nombre. Sombrero de ala ancha y rígida, usado entre toreros y aficionados.

cordón *m.* Cuerda cilíndrica. Cuerda con que se ciñen el hábito los religiosos de algunas órdenes. Conjunto de hombres colocados de distancia en distancia, para cortar una comunicación y cerrar el paso.

cordoncillo *m.* Lista o raya angosta y abultada de algunas telas. Labor en el canto de las monedas. Resalto en la juntura de algunas semillas.

cordonear *tr.* En México, empezar a brotar las plantas recién nacidas en las líneas de sembrado.

cordubense *adj. y s.* Cordobés.

cordura *f.* Prudencia, juicio. Discreción, tino, circunspección.

corea *f.* Danza acompañada de canto. Enfermedad nerviosa convulsiva. Baile de San Vito.

coreano-a *adj. y s.* Natural de Corea. Perteneciente o relativo a este país asiático.

corear *tr.* Componer música para ser cantada acompañada de coros. Asentir sumisamente al parecer ajeno. Unirse a un coro.

coreografía *f.* Arte de componer bailes. Conjunto de danzas, ordenación general de un ballet. Arte de la danza.

coreuta *m.* Miembro del coro en el teatro griego.

coriáceo-a *adj.* Perteneciente o parecido al cuero. Duro.

corifeo *m.* El que guiaba el coro de las tragedias clásicas. El que es seguido por otros en una opinión, secta o partido.

corimbo *m.* Adorno que sobresale de un edificio o de un buque. Inflorescencia convexa o casi aplanada que florece del margen hacia el interior, como la de las crucíferas.

corindón *m.* Sesquióxido de aluminio que sigue al diamante en dureza; presenta muchas variedades que constituyen piedras finas de gran valor: zafiro, amatista, rubí, topacio, esmeralda oriental.

corista *m.* Religioso destinado al coro, o que lo frecuenta. Cantante en un coro.

coriza *f.* Inflamación catarral aguda de la mucosa nasal. Romadizo, resfrío.

cornada *f.* Golpe dado por un animal con la punta del cuerno o de los cuernos. Herida que causa.

cornalina *f.* Ágata roja o rojiza.

cornalón adj. Dícese del toro de cuernos muy grandes. Aumentativo de cornada.

cornamenta f. Cuernos de algunos cuadrúpedos.

cornamusa f. Nombre italiano de la gaita. Pieza para amarrar cabos.

córnea f. Membrana discoidal transparente engastada en la abertura anterior de la esclerótica.

cornear tr. Acornear. En América, faltar la mujer a la fidelidad conyugal.

corneja f. Ave estrigiforme, rapaz nocturna, con cuernecillos de plumas en la cabeza. Buharro.

cornejo m. Arbusto muy ramoso, de hojas opuestas, flores blancas y por fruto drupas carnosas; de madera muy dura.

córneo-a adj. De cuerno o parecido a él por la dureza.

corneta f. Instrumento músico de viento de tubo cónico, mayor que el clarín. Persona que la toca. Cuerno de los porqueros.

cornetín m. Instrumento músico de metal, parecido a la trompeta, pero de tubo más ancho. Persona que lo toca.

cornezuelo m. Hongo en forma de cuerno o espolón de gallo que se cría en la espiga del centeno e impide la fecundación del grano.

cornigacho-a adj. Dícese del toro o vaca con cuernos ligeramente inclinados hacia abajo.

cornijal m. Punta, ángulo o esquina de colchón, edificio, heredad, etc. Lienzo con que el sacerdote se enjuaga las manos en el lavatorio de la Misa.

cornisa f. Coronamiento de molduras o cuerpos voladizos que sirve de remate a otro cuerpo.

cornisamento o cornisamiento m. Conjunto de molduras que coronan un edificio o un orden de arquitectura.

cornucopia f. Vaso en figura de cuerno rebosante de frutas y flores, símbolo de la abundancia. Espejo de marco tallado, con uno o más brazos para poner bujías cuya luz reverbere en el mismo espejo.

cornudo-a adj. Que tiene cuernos. M. Dícese del marido cuya mujer ha faltado a la fidelidad conyugal.

cornúpeta adj. y s. Dícese del animal que embiste con los cuernos.

coro m. Conjunto de personas que cantan juntas. Rezo y canto de las horas canónicas. Lugar destinado para ello en las iglesias. Orden de espíritus angélicos. Conjunto de voces de un grupo de cantantes. Corporación para fomentar el canto coral.

corografía f. Descripción de un país, región o comarca.

coroides f. Membrana vascular pardo oscura, entre la retina y la esclerótica.

corojo o corozo m. En México, una palmácea de raíz fibrosa, tallo recto, hojas acanaladas, flores en racimo y fruto en drupa ovoide, de la que se utilizan ramas, frutos y semillas.

corola f. Verticilo floral situado entre el cáliz y el androceo, formado por los pétalos.

corolario m. Proposición que, sin necesidad de prueba particular, se deduce fácilmente de lo demostrado antes. Consecuencia, resultado, secuela.

corona f. Cerco de ramas o flores naturales o imitadas, o de metal precioso con que se ciñe la cabeza, símbolo honorífico o de dignidad. Aureola. Coronilla. Rosario de siete dieces. Dignidad real. Honor, esplendor. Premio, galardón. Porción del diente que sobresale de la encía y está cubierta por el esmalte. Porción de plano comprendida entre dos circunferencias concéntricas. Moneda de algunos países. Remate, cima.

coronación f. Acto de coronar o coronarse. Coronamiento, fin de una obra. Adorno de remate de un edificio.

coronar tr. Poner la corona en la cabeza de los reyes cuando entran a reinar. Perfeccionar, completar una obra. Dejar ver el feto la cabeza en el momento del parto.

coronario-a adj. Perteneciente a la corona. Que rodea en forma de corona, como ciertas arterias y venas del corazón y del estómago. De figura de corona.

coronel m. Jefe militar que manda un regimiento.

coronilla f. Parte más eminente de la cabeza. Tonsura eclesiástica.

corpachón o corpanchón m. Aumentativo de cuerpo. Cuerpo de ave despojado de la pechuga y piernas.

corpiño m. Almilla o jubón sin mangas.

corporación f. Cuerpo, comunidad, Sociedad, institución. Persona jurídica o colectiva de carácter político, administrativo, militar, eclesiástico, civil, social, etc.

corporal adj. Perteneciente al cuerpo. M. Lienzo que se extiende encima del ara del altar para depositar sobre él la hostia y el cáliz.

corporativo-a adj. Perteneciente o relativo a una corporación.

corpóreo-a adj. Que tiene cuerpo, Corporal.

corpulencia f. Grandeza y magnitud de un cuerpo natural o artificial.

corpúsculo *m.* Cuerpo muy pequeño. Célula, molécula, partícula. Elemento anatómico diminuto.

corral *m.* Sitio cerrado y descubierto para los más diversos usos y donde se suelen criar aves domésticas. Aprisco, redil. Cercado para encerrar la pesca.

corralón *m.* Aumentativo de corral. En América, almacén de maderas, barracón.

correa *f.* Tira de cuero. Flexibilidad y extensión de algo correoso. Aguante, resistencia, paciencia.

correaje *m.* Conjunto de correas.

corrección *f.* Acción y efecto de corregir, subsanar o enmendar. Calidad de correcto. Finura, gentileza. Reprensión o censura de una falta o defecto. Alteración en los escritos para quitarles defectos o errores. Enmienda, correctivo.

correccional *adj.* Que conduce a la corrección. *M.* Establecimiento penitenciario destinado al cumplimiento de penas de prisión o de presidio que tienden a la enmienda del condenado.

correctivo-a *adj. y s.* Medicamento que corrige la acción violenta de otro o que quita el mal olor o sabor de un preparado. Que corrige, atenúa o subsana.

correcto-a *adj.* Libre de errores o defectos; conforme a las reglas. De conformidad con las normas de buena educación.

corrector-a *adj. y s* Que corrige. Encargado de corregir pruebas de imprenta.

corredera *f.* Ranura o carril por donde resbala una pieza. Sitio para correr caballos. Tabla o postigo corredizo para abrir o cerrar. Cucaracha. Aparato para medir la velocidad de un barco.

corredizo-a *adj.* Que se desata o se corre con facilidad.

corredor-a *adj.* Que corre mucho. *M.* Persona que interviene en ajustes, compras y ventas de cualquier género de cosas. Pasillo. Galería alrededor del patio. En México, cazador que levanta las piezas hacia donde están los tiradores. Ave veloz.

corregible *adj.* Capaz de corrección.

corregidor-a *adj.* Que corrige. *M.* Antiguo magistrado judicial. Alcalde de nombramiento real en algunas poblaciones importantes.

corregidora *f.* Mujer del corregidor.

corregir *tr.* Enmendar lo errado. Advertir, reprender. Moderar la actividad de una cosa. *R.* Enmendarse, mejorar de conducta.

correhuela *f.* Diminutivo de correa. Planta convolvulácea de tallos rastreros, hojas alternas, flores acampanadas y raíz de jugo lechoso.

correlación *f.* Analogía o relación recíproca entre dos o más cosas.

correligionario-a *adj. y s.* Que profesa la misma religión que otro, o tiene la misma opinión política.

correlón-a *adj. americ.* Que corre mucho. En México y Colombia, cobarde, que huye.

correntón-a *adj.* Amigo de corretear. Festivo, chancero. *M.* En México y Puerto Rico, corriente de agua impetuosa.

correo *m.* Servicio público para el transporte de la correspondencia. *Pl.* Casa en que se recibe y despacha la correspondencia. La misma correspondencia.

correograma *m.* Mensaje urgente urbano, transmitido por el servicio de Correos.

correoso-a *adj.* Que fácilmente se doblega y extiende sin romperse. Que ofrece dificultad en la masticación.

correr *intr.* Caminar con velocidad. Moverse los fluidos progresivamente. Soplar o dominar los vientos. Ir, pasar, extenderse de una parte a otra. Ir devengándose las pagas. Transcurrir el tiempo. Partir de ligero para ejecutar algo. *Tr.* Perseguir, acosar. Echar o tender, recoger o levantar velos, cortinas, etc. Estar expuesto a determinadas contingencias. Recorrer. Avergonzar y confundir. Propagarse una noticia. Huir, escapar.

correría *f.* Hostilidad de guerra talando o saqueando un país. Excursión, viaje corto.

correspondencia *f.* Acción y efecto de corresponder o corresponderse. Trato entre comerciantes. Conjunto de cartas o pliegos del correo. Traducción de una palabra a otra lengua. Relación mutua entre figuras geométricas. Reciprocidad.

corresponder *intr.* Pagar proporcionalmente afectos, beneficios o agasajos. Tocar o pertenecer. Tener proporción una cosa con otra. *R.* Comunicarse por escrito. Amarse recíprocamente.

correspondiente *adj.* Proporcionado, oportuno. Que tiene correspondencia con una persona o corporación. Dícese de los ángulos no adyacentes a un mismo lado formados por una secante con dos rectas, uno entre ellas y otro fuera.

corresponsal *adj. y s.* Correspondiente. *M.* Redactor foráneo de un periódico.

corretaje *m.* Gestión y estipendio de un corredor de comercio.

       Andar de calle en

calle o de casa en casa. Correr para entretenerse. En América, acosar, perseguir a alguien.

correvedile o **correveidile** com. Persona que lleva y trae cuentos y chismes. Enredador.

corrido-a adj. Que excede un poco del peso o medida. Continuo, seguido. Avergonzado, confundido. Persona de mundo experimentada y astuta. En América, romance popular que se canta o recita. F. Carrera.

corriente adj. Que corre. Tiempo que va transcurriendo. Cierto, sabido. Que no tiene impedimento. Autorizado por el uso o por la costumbre. Dícese del estilo fluido y fácil. F. Movimiento de traslación continuado de un fluido en dirección determinada. Curso de algunas cosas. Adv. Conforme.

corrillo m. Corro donde se juntan algunas personas para hablar, separadas del resto del concurso.

corrimiento m. Acción y efecto de correr o correrse. Fluxión de humores orgánicos. Vergüenza, empacho. Traslado de estratos por empuje geológico.

corro m. Cerco que forma la gente para hablar o solazarse. Espacio que incluye. Espacio circular.

corroborar tr. Vivificar y dar mayores fuerzas. Dar nueva fuerza a una opinión, argumento o razón. Robustecer, reforzar.

corroer tr. Desgastar lentamente como rayendo. Sentir los efectos del remordimiento. Minar, consumir, roer.

corromper tr. Alterar y trastocar la forma de alguna cosa. Echar a perder, depravar. Sobornar, cohechar. Pervertir, seducir. Engañar, prostituir.

corrosión f. Acción y efecto de corroer o corroerse. Acción mecánica de las aguas y de las partículas que arrastra. Acción química disolvente de las aguas en un terreno. Destrucción lenta de un tejido orgánico.

corrugar tr. Arrugar.

corrupción f. Acción y efecto de corromper o corromperse. Vicio o abuso en las cosas no materiales. Perversión, depravación.

corruptela f. Corrupción. Mala costumbre o abuso ilegal.

corruptible adj. Que puede corromperse.

corsario-a adj. Embarcación armada en corso. M. El que manda dicha embarcación. Pirata.

corsé m. Cotilla interior que usan las mujeres para ajustarse el cuerpo.

corsetería f. Fábrica de corsés y tienda donde se venden.

corso m. Campaña de los buques mercantes, con patente de su gobierno, para perseguir a los piratas o a las embarcaciones enemigas.

corso-a adj. y s. Natural de Córcega. Perteneciente a esta isla del Mediterráneo.

corta f. Acción de cortar árboles, arbustos o cañas.

cortacésped m. Máquina para cortar el cesped de un jardín.

cortacircuito m. Aparato que interrumpe automáticamente un circuito, cuando la intensidad de la corriente eléctrica es excesiva o peligrosa.

cortadillo-a adj. Moneda cortada que no tiene figura circular. M. Vaso para beber, tan ancho de arriba como de abajo. Medida casera para líquidos, equivalente a una copa, más o menos.

cortador-a adj. Que corta. M. Carnicero. Diente incisivo. El que en las zapaterías, sastrerías, etc., corta los trajes o piezas.

cortadura f. Separación hecha con instrumento cortante. Paso entre montañas. Zanja o foso de defensa. Pl. Recortes.

cortafrío m. Cincel fuerte para cortar hierro a golpes de martillo.

cortapisa f. Adorno y gracia con que se dice una cosa. Condición o restricción con que se concede o se posee una cosa.

cortaplumas m. Navaja pequeña con que se cortaban las plumas del ave y hoy tiene múltiples usos.

cortar tr. Dividir o separar con instrumento cortante. Hender un fluido o líquido. Dividir en dos secciones. Dividir la baraja. Ser penetrante el frío o el aire. Atajar o impedir el curso de las cosas. Castrar las colmenas. Interrumpir una conversación o plática. En México y Argentina, separarse del conjunto en una marcha o carrera. R. Turbarse. Separarse la parte mantecosa de la serosa en la leche, natillas, etc.

cortaviento m. Aparato delantero de un vehículo para cortar el aire. Parabrisa.

corte m. Filo de un instrumento. Arte de cortar las piezas que requiere la hechura de un vestido, calzado, etc. Cantidad de tela suficiente para un vestido u otra prenda. Alce de la baraja. Cuchillada, lesión u herida producida por el filo de arma blanca. Sesgo, rumbo. En México y Cuba, lugar donde se cortan maderas, cañas o árboles u otras plantas. Supresión de parte de una composición.

corte f. Población donde habitualmente reside el rey. Conjunto de la familia y comitiva del rey. **Séquito**, comitiva. **Establo**, aprisco.

Corral. Tribunal de Justicia, en América. *Pl.* Cámaras legislativas. Parlamento.

cortedad *f.* Pequeñez y corta extensión de una cosa. Falta o escasez de talento, valor, instrucción., etc. Encogimiento, poquedad de ánimo. Timidez.

cortejar *tr.* Asistir, acompañar a alguien. Galantear a una mujer.

cortejo *m.* Acción de cortejar. Personas que forman un acompañamiento. Comitiva, séquito. Fineza. regalo.

cortés *adj.* Atento, comedido, afable, urbano.

cortesanía *f.* Atención, urbanidad, comedimiento. Fineza, gentileza.

cortesano-a *adj.* Perteneciente a la corte. *M.* Palaciego. *F.* Mujer de mala vida, pero elegante y de talento.

cortesía *f.* Demostración o expresión de respeto o afecto que tiene una persona a otra. Regalo, dádiva. Gracia o merced.

corteza *f.* Parte exterior del árbol que lo cubre. Parte exterior y dura de algunos frutos y otras cosas. Rusticidad.

cortical *adj.* Relativo o perteneciente a la corteza. Capa externa que rodea ciertos órganos.

cortijo *m.* Posesión de tierra y casa de labor.

cortina *f.* Paño grande y colgante con que se cubren y adornan puertas, ventanas, camas y otras cosas. Lo que encubre, separa y oculta algo. Lienzo de muralla entre dos baluartes. Línea de tiradores en orden de combate.

cortinaje *m.* Conjunto o juego de cortinas.

cortisona *f.* Hormona aislada de la corteza de las glándulas suprarrenales, usada en el tratamiento de la artritis reumática.

corto-a *adj.* Que no tiene la extensión que le corresponde. Menor de lo debido. De poca duración, estimación o cantidad. Escaso o defectuoso. Que no alcanza al punto de su destino. De escaso talento o instrucción. Insuficiente, menguado, limitado. Hueso sin medula amarilla.

cortocircuito *m.* Contacto directo entre dos polos o terminales de un circuito eléctrico que se produce y corta la línea.

cortón *m.* Insecto ortóptero semejante al grillo, muy dañino para las raíces de las plantas que corta al hacer sus galerías.

coruco *m.* En México, piojillo de las aves de corral.

coruñés-a *adj. y s.* Natural de La Coruña. Perteneciente a esta ciudad española.

coruscante *adj.* Que resplandece. Brillante, esplendoroso, radiante.

corva *f.* Parte de la pierna opuesta a la rodilla por donde se dobla y encorva. En México, miedo.

corvadura *f.* Parte por donde se tuerce, dobla o encorva una cosa. Curvatura. Parte curva del arco o de la bóveda.

corvejón *m.* Articulación entre la pierna y la caña de los cuadrúpedos. Espolón de una ave.

corveta *f.* Movimiento del caballo obligándole a ir sobre las piernas con los brazos en el aire.

corvino-a *adj.* Perteneciente o parecido al cuervo. *F.* Pez acantopterigio marino, de cabeza obtusa, boca muy dentada; de carne muy apreciada.

corvo-a *adj.* Arqueado o combado. Dícese del caballo con los remos delanteros arqueados.

corzo-a *m. y f.* Mamífero rumiante cérvido con astas erectas y cilíndricas, pequeñas, verrugosas y ahorquilladas, muy ágil y elegante.

cosa *f.* Todo lo que tiene entidad, corporal o espiritual, natural o artificial, real o abstracta. Todo lo distinto al hombre y a sus actos. Objeto.

cosaco *m.* Soldado raso de tropa ligera de la caballería rusa.

coscoja *f.* Arbol cupulífero achaparrado semejante a la encina. Hoja seca de la carrasca o encina.

coscojo *m.* Agalla producida por el quermes en la coscoja.

coscomate *m.* En México troje cerrado de barro y zacate para conservar el maíz.

coscorrón *m.* Golpe en la cabeza, sin sangre ni dolor.

cosecante *f.* Razón de la hipotenusa al cateto opuesto a un ángulo agudo, en un triángulo rectángulo.

cosecha *f.* Conjunto de frutos que se recogen de la tierra. Temporada en que se recogen. Conjunto de cosas no materiales.

cosechar *intr.* Hacer la cosecha.

coselete *m.* Coraza ligera de la antigua armadura. Tórax de los insectos.

coseno *m.* Razón de la abscisa del extremo del arco al radio. En un **triángulo rectángulo, el coseno de un ángulo agudo es la razón del cateto adyacente a la hipotenusa.**

coser *tr.* Unir con hilo pedazos de **tela u otra materia. Hacer labor de aguja. Unir los bordes de una herida con puntos de sutura. Unir estrechamente.**

cosijo *m.* En México y Perú, persona criada por otra como hijo. Sujeto que molesta.

cosmético-a *adj.* Dícese de las con fecciones hechas para hermosear la tez o el pelo. *F.* Arte de con servar o aumentar la belleza fí sica del cuerpo humano.

cósmico-a *adj.* Perteneciente al cos mos.

cosmogonía *f.* Ciencia o sistema de la génesis del Universo.

cosmografía *f.* Descripción astro nómica del mundo. Astronomía des criptiva

cosmología *f.* Ciencia de la cons titución del Universo y las leyes generales que lo rigen.

cosmopolita *adj.* Dícese de la per sona que considera a todo el mun do como patria suya. Común a to dos los países o a los más de ellos. Organismo aclimatado a todos los países. Integrado por elementos de todas las partes del mundo.

cosmos *m.* Mundo, conjunto de la creación.

coso *m.* Plaza o lugar cercado, donde se lidian toros o se ejecu tan otras fiestas públicas. Calle principal en algunas poblaciones.

cosquillas *f. pl.* Sensación en al guna parte del cuerpo tocado li geramente por otra persona y que provoca involuntariamente la risa.

cosquillear *tr.* Hacer cosquillas. Pi carle a uno la curiosidad, avivár sele el deseo, darle comezón. Im pacientar con algún medio. Reirse.

cosquilloso-a *adj.* Que siente mu cho las cosquillas. Muy delicado de genio y que se ofende con po co motivo.

costa *f.* Cantidad que se da o pa ga por una cosa. Gasto de manu tención. *Pl.* Conjunto de gastos que origina un proceso judicial. Orilla del mar. Línea o zona de contacto entre el mar y la tierra.

costado *m.* Cada una de las dos partes laterales del cuerpo huma no. Lado. En México, andén del ferrocarril. Banda, flanco.

costal *adj.* Perteneciente a las cos tillas. *M.* Saco grande de tela or dinaria.

costalada *f.* Golpe que uno da al caer de espaldas o de costado.

costalera *f.* En México, conjunto de costales.

costalgia *f.* Dolor en las costillas.

costanero-a *adj.* Que está en cues ta. Perteneciente o relativo a la costa.

costar *intr.* Ser comprada o adqui rida una cosa por determinado precio. Causar una cosa cuidado o desvelo.

costarricense o **costarriqueño-a** *adj.* y *s.* Natural de Costa Rica. Perte neciente a esta república de Amé rica.

coste *m.* cantidad que se da o se paga por una cosa. Precio, costo.

costear *tr.* Hacer el gasto o la cos ta. *R.* Producir una cosa lo sufi ciente para cubrir los gastos que ocasiona. *Intr.* Ir navegando sin perder de vista la costa.

costeño-a *adj.* Costanero. Cercano, terreno pendiente. Costa, orilla del mar.

costilla *f.* Cada uno de los 24 hue sos largos y encorvados, dispuestos en 12 pares y que forman con el esternón la armazón ósea del tó rax. Nerviación del ala de un in secto. Cosa de figura de costilla. Mujer propia. Cuaderna de un bu que.

costillar o **costillaje** *m.* Conjunto de costillas. Parte del cuerpo en la cual están.

costo *m.* Costa, precio.

costoso-a *adj.* Que cuesta mucho y es de gran precio. Que acarrea da ño o sentimiento. Caro, oneroso.

costra *f.* Cubierta exterior que se endurece o seca sobre una cosa húmeda o blanda. Postilla que se forma en las heridas.

costumbre *f.* Hábito adquirido por la repetición de actos de la mis ma especie. Práctica con fuerza de precepto. Lo que se hace más comúnmente. *Pl.* Conjunto de cua lidades y usos que forman el ca rácter distintivo de una persona o nación.

costumbrista *adj.* Relativo a las cos tumbres. Persona que en literatu ra cultiva la pintura de las cos tumbres.

costura *f.* Acción de coser. Labor que está cosiéndose y se halla sin acabar. Serie de puntadas que une dos piezas cosidas.

costurera *f.* Mujer que tiene por oficio coser, o cortar y coser ro pa blanca. La que cose de sas trería.

costurero *m.* Mesita, con cajón y almohadilla para la costura.

costurón *m.* Costura grosera. Ci catriz muy visible de una herida o llaga.

cota *f.* Arma defensiva del cuer po; de cuero, de mallas, etc. Jubón. *F.* Cuota. Número que indica la altura de un punto. Acotación. Es ta misma altura.

cotangente *f.* Razón de la abs cisa a la ordenada del extremo del arco. La de un ángulo agudo de un triángulo rectángulo es la razón del cateto adyacente al ca teto opuesto.

cotarro *m.* Recinto en que se da albergue por la noche a los po bres y vagabundos. Lugar de reunión amistosa. Ladera de un barranco.

cotejar *tr.* Confrontar una cosa con otra u otras. Compararlas teniéndolas a la vista.

cotense *m.* En México y Chile, tela grosera de cáñamo.

cotidiano-a *adj.* Diario, de todos los días.

cotiledón *m.* Organo embrionario seminal de las plantas fanerógamas que almacena substancias nutritivas para el embrión.

cotillón *m.* Baile de sociedad con figuras, en compás de vals.

cotización *f.* Acción y efecto de cotizar. Tipo de cambio de los títulos, valores y acciones en la Bolsa y el que rige para las diferentes monedas nacionales en el mercado de cambio. Precio en mercado de productos agrícolas o manufacturados.

cotizar *tr.* Publicar en la Bolsa y en alta voz el precio de acciones y valores de curso público.

coto *m.* Terreno acotado. Mojón. Término, límite. Hito, cercado.

cotón *m.* Tela de algodón estampada.

cotona *f.* En México y otros países americanos, camisa de trabajo que usan los hombres; también, en México, chaqueta de gamuza.

cotorra *f.* Ave americana psitaciforme, con mejillas cubiertas de pluma y de colores en que predomina el verde. Urraca. Persona habladora.

cotorrear *intr.* Hablar con exceso.

cotorro *m.* En Argentina y Uruguay, albergue nocturno de mendigos y vagabundos. Cotarro.

cotufa *f.* Tubérculo de la raíz de la aguaturma, que se come cocido. Golosina, gollería.

coturno *m.* Calzado grecorromano de lujo. Calzado de suela muy gruesa de corcho, usado en las tragedias antiguas.

covacha *f.* Cueva pequeña. En México y Puerto Rico, aposento bajo la escalera, como habitación del portero. En México, parte de algunos carruajes donde se colocan los bagages, cubiertos y sujetos.

covachuela *f.* Oficina pública. Ministerio.

cow-boy *m.* Caballista empleado en los ranchos del oeste de Estados Unidos.

coxal *adj.* Relativo o perteneciente a la cadera.

coyol *m.* En México y América Central, palmera de cuyo tronco, provisto de espinas, se extrae una bebida agradable que fermenta rápidamente, con fruto de pulpa amarillenta y cuesco durísimo con que

se hacen varios adornos.

coyote *m.* Mamífero carnívoro cánido, muy dañino para la volatería. El que se dedica a coyotear.

coyotear *intr.* En México, operar en corretaje: comprar, vender, actuar como agente intermediario en negocios administrativos o judiciales.

coyunda *f.* Correa o soga con que se uncen los bueyes al yugo. Correa para atar las abarcas. Unión conyugal. Sujeción o dominio.

coyuntura *f.* Articulación movible de dos huesos. Oportunidad, ocasión.

coz *f.* Sacudimiento violento de las bestias con alguna de las patas. Golpe que dan. Golpe que da una persona con el pie hacia atrás. Retroceso o golpe que da un arma de fuego al dispararse. Palabra injuriosa o grosera.

crabrón *m.* Avispón.

crac *m.* Quiebra comercial.

crampón *m.* Armadura de clavos o puntas, usada por los alpinistas para andar por la nieve o por los glaciares.

cran *m.* Muesca de las letras de imprenta.

craneal *adj.* Perteneciente o relativo al craneo.

cráneo *m.* Caja ósea en que están contenidos el encéfalo y los principales órganos de los sentidos y que sostiene las mandíbulas.

crápula *f.* Embriaguez o borrachera. Disipación, libertinaje. Persona entregada al vicio. Libertino, vicioso, licencioso.

crascitar *intr.* Graznar el cuervo.

crasitud *f.* Gordura. Calidad de craso.

craso-a *adj.* Grueso, gordo, espeso. Dícese del error, ignorancia, engaño o disparate indisculpable.

crasuláceo-a *adj. y s.* Dícese de hierbas y arbustos de hojas carnosas, flores en cima y con semillas de albumen carnoso.

cráter *m.* Orificio por donde el volcán arroja al exterior sus materiales.

craza *f.* Crisol en que se funden el oro y la plata para amonedarlos.

creación *f.* Acto de criar o sacar Dios una cosa de la nada. Conjunto de las cosas creadas. Institución de nuevos cargos o dignidades. Obra artística de gran mérito. Establecimiento de algo nuevo. Producción, invención.

creador-a *adj. y s.* Dícese propiamente de Dios, que sacó todas las cosas de la nada. Que crea, establece o funda.

crear *tr.* Criar, producir algo de nada; dar ser a lo que antes no lo tenía. Instituir un nuevo empleo o dignidad. Nombrar a una persona para un alto cargo, por lo común eclesiástico y vitalicio. Producir algo nuevo.

crecer *intr.* Tomar aumento insensiblemente los cuerpos naturales. Tomar alguien mayor importancia o atrevimiento.

creces *f. pl.* Aumento, ventaja, exceso en algunas cosas.

crecida *f.* Aumento de agua que toman los ríos y arroyos, por las muchas lluvias o por derretirse la nieve. Avenida, creciente, riada.

crecimiento *m.* Acción y efecto de crecer. Aumento del valor intrínseco de la moneda. Desarrollo, incremento, progreso.

credencial *adj.* Que acredita. **F.** Documento oficial acreditativo de un nombramiento o derecho.

crédito *m.* Asenso. Derecho de recibir alguna cosa de otra. Apoyo, abono. Reputación, fama, autoridad. Opinión de solvencia.

credo *m.* Conjunto de doctrinas comunes a una colectividad.

crédulo-a *adj.* Que cree ligera o fácilmente.

creencia *f.* Firme asentimiento y conformidad con alguna cosa. Completo crédito a un hecho o noticia. Religión, secta. Fe, convicción.

creer *tr.* Tener por cierta una cosa. Tener fe. Estar persuadido de una cosa, o tenerla por verosímil o probable. Suponer, figurarse.

creíble *adj.* Que puede o merece ser creído.

crema *f.* Nata de la leche. Natillas espesas tostadas por encima. Confección cosmética de consistencia de la nata de la leche. Pomada. Nombre de ciertos licores. Lo más selecto y distinguido. Diéresis.

cremación *f.* Acción de quemar. Incineración.

cremallera *f.* Barra metálica con dientes para engranar con un piñón y convertir un movimiento circular en rectilíneo o viceversa. Cierre metálico en ciertas prendas de vestir. Cierre relámpago, zípper.

crematorio-a *adj.* Relativo a la cremación de los cadáveres y materias deletéreas.

crémor *m.* Bitartrato potásico, llamado también crema de tártaro; empléase como purgante salino y en polvos para hornear.

cremoso-a *adj.* Que contiene crema o que presenta su aspecto o consistencia.

crencha *f.* Raya que divide el cabello en dos partes, y cada una de éstas.

creofagia *f.* Uso de la carne como alimento.

creolina *f.* Líquido espeso, negruzco, preparado con aceite de alquitrán de hulla y jabones resinosos, que se emplea como desinfectante.

creosota *f.* Líquido oleoso, incoloro y transparente, obtenido por destilación de alquitrán de madera, ingrediente de mezclas contra dolores de muelas. Otro, obtenido del alquitrán de hulla, se emplea para impregnar maderas y obtener su conservación.

crepé *m.* Crespón, tela de tejido transparente y muy ligero. Añadido, pelo postizo.

crepitación *f.* Acción y efecto de crepitar. Chisporroteo. Ruido por roce de articulaciones, huesos fracturados, del aire en los pulmones.

crepitar *intr.* Hacer ruido semejante a los chasquidos de la leña que arde.

crepuscular *adj.* Perteneciente o relativo al crepúsculo. Dícese del insecto que vuela a la hora del crepúsculo.

crepúsculo *m.* Claridad desde que raya el día hasta que sale el Sol, y desde que éste se pone hasta que es de noche. Tiempo que dura esta claridad.

cresa *f.* Huevos que pone la reina de las abejas. Huevecillos que ponen las moscas sobre la carne. Larvas de ciertos insectos dípteros.

creso *m.* Dícese del que tiene grandes riquezas, por alusión a Creso, rey de Lidia, poseedor de fabulosas riquezas.

crespo-a *adj.* Ensortijado o rizado. Estilo artificioso, obscuro y difícil. **M.** Rizo, mechón de pelo natural o artificial, en forma de sortija o bucle.

crespón *m.* Gasa en que la urdimbre está más retorcida que la trama.

cresta *f.* Carnosidad o carúncula de la cabeza de algunas aves, ordinariamente más desarrollada en el macho. Cumbre peñascosa de una montaña. Cima de una ola.

crestería *f.* Adorno de labores caladas en el estilo arquitectónico ojival. Alineación de cumbres o cimas abruptas de una montaña o cordillera.

crestomatía *f.* Colección de escritos selectos para la enseñanza.

creta *f.* Carbonato de cal terroso. Roca caliza, terrosa, granujienta o pulverulenta, blanquecina, formada por restos de diversos organismos marinos.

cretáceo-a *adj. y s.* Gredoso. Que contiene creta. Período de la era secundaria caracterizado por la formación de la creta, que le da nombre.

cretinismo *m.* Enfermedad por insuficiencia de función de la glándula tiroides, con retardo en el desarrollo físico y mental.

cretona *f.* Tela, comúnmente de algodón, blanca o estampada.

creyente *adj. y s.* Persona que cree. Fiel, devoto.

cría *f.* Acción y efecto de criar a los hombres o a los animales. Niño o animal mientras se está criando. Conjunto de hijos de un animal.

criadero-a *adj.* Fecundo en criar. *M.* Lugar destinado para que se críen animales o vegetales. Yacimiento mineral.

criadilla *f.* Testículo. Patata, cada uno de los tubérculos de esta planta.

criado-a *adj.* Dícese de la persona de buena o mala crianza, con los adverbios *bien* o *mal. M. y f.* Persona que sirve, especialmente en una casa, por un salario.

criador-a *adj.* Que cría. Que nutre y alimenta. *M.* Dios, como hacedor de todas las cosas. *F.* Nodriza.

crianza *f.* Acción y efecto de criar. La que se recibe de las madres o nodrizas durante la lactancia. Epoca de lactancia. Urbanidad, cortesía.

criar *tr.* Crear. Producir. Nutrir y alimentar a un niño. Cuidar y cebar a los animales. Instruir, educar y dirigir.

criatura *f.* Toda cosa criada. Niño recién nacido o de poco tiempo. Feto antes de nacer. Hechura, persona respecto de otra a quien debe su empleo, dignidad o fortuna.

criba *f.* Cerco con tela para cribar. Arnero, tamiz, cedazo.

cribar *tr.* Limpiar semillas por medio de la criba. Pasar semillas o minerales por la criba, para separar las partes menudas.

cric *m.* Gato, máquina para levantar grandes pesos a poca altura.

cricoides *m.* Cartílago anular que forma la parte inferior y posterior de la laringe.

cricquet *m.* Juego de pelota de mucho parecido con el béisbol. Uno de los deportes nacionales de Inglaterra.

crimen *m.* Delito grave.

criminal *adj.* Perteneciente al crimen, o que de él toma origen. Dícese de las leyes, instituciones o acciones destinadas a perseguir y castigar los crímenes. *M.* Que ha cometido o procurado cometer un crimen.

crin *f.* Cerdas que tienen algunos animales en la parte superior del cuello.

crinoideo *adj.* Semejante al lirio.

crinolina *f.* Tejido de cerda para confeccionar corbatines, gorras, etc. En México, suerte que ejecuta el lazador conservando en el aire la lazada en figura de círculo hasta el momento de arrojarla.

criollo-a *adj. y s.* Dícese del hijo de padres europeos nacido en cualquiera otra parte del mundo. Negro nacido en América. Americanos descendientes de europeos. Cosa o costumbre propia de los países americanos.

cripta *f.* Lugar subterráneo donde se celebraban funciones religiosas y se entierra a los muertos. Piso subterráneo de una iglesia destinado al culto. Excavación orgánica de profundidad superior al orificio de entrada. Folículo.

criptógama *adj. y s.* Planta sin flores ni semillas. Grupo opuesto a fanerógama.

criptografía *f.* Arte de escribir con clave secreta o de un modo enigmático.

criptograma *m.* Documento cifrado.

criptón *m.* Gas raro que existe en la atmósfera, incoloro, inodoro e inerte; símbolo Kr.

crisálida *f.* Ninfa de los insectos, especialmente las mariposas.

crisantemo o **crisantema** *m. o f.* Planta compuesta perenne de tallos casi leñosos, hojas alternas con senos muy profundos, cabezuela pedunculada con abundantes flores de colores variados; ornamental. Flor de esta planta.

crisis *f.* Mutación considerable de una enfermedad, con mejora o agravación del enfermo. Paroxismo doloroso de ciertas enfermedades. Momento decisivo de un negocio grave. Riesgo, peligro, angustia. Trastornos periódicos y bruscos en el sistema económico.

crisma *amb.* Aceite y bálsamo que consagran los obispos el Jueves Santo, para los bautismos.

crisol *m.* Vaso para fundir alguna materia a temperatura muy elevada. Prueba o cosa para depurar otra.

crispar *tr. y r.* Causar contracción repentina y pasajera en un tejido orgánico contráctil.

cristal *m.* Vidrio incoloro y muy transparente, silicato de potasio y plomo, susceptible de colorearse. Tela de lana delgada y algo lustrosa. Espejo. Agua.

cristalería *f.* Establecimiento donde se fabrican o venden objetos de cristal. Conjunto de estos objetos.

cristalino-a *adj.* Parecido al cristal. Claro, diáfano. *M.* Organo sólido y transparente, en forma de lente biconvexa, entre el iris y el cuerpo vítreo del ojo.

cristalizar *intr.* Tomar ciertas substancias la forma cristalina. Tomar forma clara y precisa ideas, sentimientos o deseos. *Tr.* Hacer tomar forma cristalina.

cristalografía *f.* Ciencia que estudia los cristales geométrica, física y químicamente.

cristianar *tr.* Bautizar, administrar el sacramento del Bautismo.

cristiandad *f.* Conjunto de fieles que profesan la religión cristiana.

cristianismo *m.* Religión cristiana. Conjunto de fieles cristianos. Bautizo. Religión fundada por Cristo.

cristiano-a *adj. y s.* Perteneciente a la religión de Cristo y arreglado a ella. Que profesa la fe de Cristo, que recibió en el Bautismo. Hermano o prójimo. Persona o alma viviente. Vino aguado.

criterio *m.* Norma para conocer la verdad. Juicio o discernimiento.

crítica *f.* Arte de juzgar de la verdad, bondad y belleza de las cosas. Juicio, censura. Conjunto de opiniones sobre cualquier asunto. Murmuración.

criticar *tr.* Juzgar las cosas, fundándose en los principios de la ciencia o en las reglas del arte. Censurar las acciones y conducta ajenas. Murmurar.

crítico-a *adj.* Perteneciente a la crítica. Momento o punto más apropiado para algo. *M.* El que juzga según las reglas de la crítica.

criticón-a *adj. y s.* Que todo lo censura y moteja.

croar *intr.* Cantar la rana.

croata *adj. y s.* Natural de Croacia. Perteneciente a esta región yugoslava, en Europa.

crochet *m.* Palabra francesa: labor de aguja de gancho.

cromañón o cromagnón *adj. y s.* Raza humana prehistórica del paleolítico inferior; toma el nombre de Cro-Magnón, caverna del departamento francés de la Dordoña, donde se encontraron restos de esta raza.

cromar *tr.* Dar un baño de cromo a los objetos metálicos para hacerlos inoxidables. Tratar con cromo o con sus sales.

cromático-a *adj.* Relativo o perteneciente al color. Sistema músico que procede por semitonos. Cristal o instrumento que presenta irisados los objetos.

cromatina *f.* Substancia del núcleo celular que se tiñe intensamente con los colorantes histológicos.

cromatismo *m.* Calidad de cromático. Coloración anormal de las plantas o de otras partes orgánicas.

Percepción alucinatoria de luces de colores.

crómlec *m.* Monumento megalítico formado por menhires agrupados en círculos o hileras.

cromo *m.* Metal blanco argentino, muy duro y quebradizo, resistente a la oxidación; símbolo Cr.

cromolitografía *f.* Arte de litografiar en varios colores. Estampa obtenida por este medio.

cromosfera *f.* Envoltura o atmósfera que envuelve la superficie solar o fotosfera.

cromosoma *m.* Porción microscópica individualizada de cromatina que reside en el núcleo celular.

cromotipia *f.* Impresión en colores. Obra hecha por este procedimiento.

crona *f.* En México, tercer corte que se hace del tabaco en las plantaciones.

crónica *f.* Historia en que se observa el orden de los tiempos. Artículo literario sobre temas de actualidad.

crónico-a *adj.* Aplícase a las enfermedades largas o dolencias habituales. Dícese de los vicios, cuando son inveterados. Que viene de tiempo atrás.

cronicón *m.* Breve narración histórica por el orden de los tiempos. Autor de una crónica o el que tiene por oficio escribirla.

cronología *f.* Manera de computar los tiempos. Serie de personas o sucesos históricos por orden de fechas. Ciencia de determinar el orden y fechas de los sucesos históricos.

cronómetro *m.* Reloj de precisión.

croqueta *f.* Fritura ovalada de carne muy picada, con leche y rebozada.

croquis *m.* Diseño ligero hecho a ojo. Esbozo, bosquejo, tanteo.

cross-country *m.* Palabra inglesa para designar el deporte de la carrera a pie.

crótalo *m.* Especie de castañuelas antiguas de los griegos. Serpiente venenosa americana, con unos como anillos en la cola que suenan al moverse. Serpiente de cascabel.

crotón *m.* Ricino.

croupier *m.* Palabra francesa: auxiliar del banquero en una casa de juego.

cruce *m.* Acción de cruzar o cruzarse. Atravesar una cosa sobre otra en forma de cruz. Atravesar. Punto donde se cortan mutuamente dos líneas. Contacto entre dos conductores de circuitos diferentes.

crucero *m.* Encrucijada. Espacio en que se cruzan la nave mayor de una iglesia y la que la atraviesa. Excursión en buque de recreo. El que lleva la cruz en ceremonias religiosas. Tipo de buque de guerra de gran velocidad y largo radio de acción.

cruceta *f.* Cada una de las aspas que resultan de la intersección de dos series de líneas paralelas. En México y Chile, torniquete para que las personas pasen una a una. En México, angarilla o aparejo de palo.

crucial *adj.* En forma de cruz. Esencial, trascendental. Atormentador.

crucífera *f.* Planta dicotiledónea bienal o perenne, con flores de cuatro sépalos y cuatro pétalos dispuestos en cruz.

crucificar *tr.* Fijar o clavar en una cruz a una persona. Incomodar gravemente a alguien.

crucifijo *m.* Efigie o imagen de Cristo crucificado.

crucigrama *m.* Pasatiempo consistente en llenar los huecos de un dibujo con letras que, leídas vertical u horizontalmente, formen determinadas palabras.

cruda *f.* En México y Guatemala, malestar que queda después de una borrachera.

crudelísimo-a *adj.* Muy cruel.

crudeza *f.* Calidad de las cosas que no tienen la suavidad o sazón necesaria. Rigor, aspereza. Rudeza, rigidez, severidad.

crudo-a *adj.* Que no está cocido o no lo está hasta lo conveniente. Fruta que no está en sazón. Cosa o materia no preparada o curada. Tiempo frío y destemplado. En México, amodorrado o entorpecido después de una borrachera.

cruel *adj.* Que se deleita en hacer mal a un ser viviente. Que se complace en los padecimientos ajenos. Insufrible, excesivo. Sangriento, duro.

crueldad *f.* Inhumanidad, fiereza de ánimo, impiedad. Acción cruel.

cruento-a *adj.* Sangriento.

crujía *f.* Tránsito que da acceso a las piezas que hay a los lados. Sala larga de hospital en que hay camas a uno y otro lado y a veces en medio. Paso cerrado desde el coro de algunas catedrales hasta el presbiterio. Corredor, pasillo. Espacio entre dos muros de carga.

crujir *intr.* Hacer ciertos ruidos algunos cuerpos, cuando luden unos con otros o se rompen. En México, sentir mucho frío.

crup *m.* Enfermedad de la laringe en los niños, con espasmos, respiración difícil y ruidosa, tos ronca. Difteria laríngea. Garrotillo.

crural *adj.* Perteneciente o relativo al muslo. Femoral.

crustáceo-a *adj.* Que tiene costra. Dícese de las plantas incrustantes. Liquen que vive sobre las piedras. Artrópodo de respiración branquial, y cuerpo revestido de una capa quitinosa de gran espesor y aspecto de costra.

cruz *f.* Figura formada de dos líneas que se cortan perpendicularmente. Patíbulo formado por un madero vertical y otro, más corto, atravesado en la parte superior, en que se clavaban o sujetaban las manos y pies de los condenados. Insignia y señal de cristiano y de muchas órdenes religiosas, militares y civiles. Parte más alta del lomo animal. Parte del árbol en que termina el tronco y comienzan las ramas. Trenca. Señal de fallecimiento. Peso o carga. Condecoración en forma de cruz. Reverso de las monedas.

cruza *f. améric.* En América, cruzamiento de dos razas o variedades de animales domésticos o de plantas cultivadas.

cruzada *f.* Encrucijada. Campaña, conjunto de actos o esfuerzos que se aplican a conseguir un fin determinado.

cruzado-a *adj.* Dícese del que tomaba la insignia de la cruz alistándose para alguna Cruzada. Caballero que trae la cruz de una orden militar. Animal nacido de progenitores de distintas castas.

cruzamiento *m.* Método genético en que se utilizan como reproductores individuos de distintas variedades o razas. Acción de cruzar.

cruzeiro *m.* Unidad monetaria de Brasil.

cteniforme *adj.* Que tiene la forma de un peine.

cu *m.* Templo de los antiguos mexicanos.

cuacamotli *m.* En México, la yuca.

cuaco *m.* Harina de la raíz de la yuca. En México, rocín, caballo.

cuaderna *f.* Cada una de las piezas curvas cuya base encaja en la quilla del buque formando el costillar del barco. Conjunto de estas piezas.

cuadernillo *m.* Conjunto de cinco pliegos de papel. Añalejo.

cuaderno *m.* Conjunto de pliegos de papel doblados y cosidos a modo de libro para escribir.

cuadra *f.* Sala o pieza espaciosa. Caballeriza. Sala en que duermen muchos. Cuarta parte de una milla. En América, manzana de casas. Parte de calle entre dos bocacalles.

cuadradillo *m.* Regla prismática para rayar el papel. Azúcar de pilón partido en piececitas cuadradas.

CUADRADO-A—CUALQUIERA

cuadrado-a *adj.* Aplícase a la figura plana cerrada por cuatro líneas rectas iguales que forman otros tantos ángulos rectos. Cuerpo prismático de sección cuadrada. Perfecto, cabal. *M.* Cuadradillo. Producto de multiplicar uno cantidad por sí misma.

cuadragésimo-a *adj.* Que sigue inmediatamente al trigésimo nono. Cada uno de las 40 partes iguales en que se divide un todo.

cuadrangular *adj.* Que tiene o forma cuatro ángulos.

cuadrángulo-a *adj.* Que tiene cuatro ángulos.

cuadrante *adj.* Que cuadra. *M.* En México, oficina de la sacristía donde se registran bautismos, matrimonios y defunciones. Cuarta parte del círculo o de la circunferencia comprendida por dos radios perpendiculares entre sí. Reloj solar trazado en un plano. Cuarto de círculo graduado para medir ángulos.

cuadrar *tr.* Dar figura de cuadro o de cuadrado. *Intr.* Conformarse o ajustarse una cosa con otra. Agradar o convenir una cosa con el intento o deseo. En América, parecer, sentar bien o mal una cosa en una persona. En México, gustar, agradar. *R.* Quedarse parada una persona con los pies en escuadra. *Tr.* Elevar un número a la segunda potencia. Encontrar un cuadrado equivalente a una figura dada. Cuadricular.

cuadrático-a *adj.* Perteneciente o relativo al cuadrado. Tetragonal. Dícese de la ecuación de segundo grado.

cuadratura *f.* Acción y efecto de cuadrar una figura geométrica.

cuadrícula *f.* Conjunto de cuadros que resultan de cortarse perpendicularmente dos series de rectas paralelas, a igual distancia unas de otras.

cuadrienio *m.* Tiempo y espacio de cuatro años.

cuadriga *f.* Tiro de cuatro caballos enganchados de frente. Vehículo tirado por estos caballos.

cuadrigémino-a *adj.* Que consta o tiene cuatro partes. Cada uno de los cuatro hermanos nacidos de un mismo parto.

cuadrilátero *m.* Que tiene cuatro lados. Polígono de cuatro lados.

cuadrilongo-a *adj. y s.* Rectángulo, paralelogramo. Picadero.

cuadrilla *f.* Reunión de personas para ciertos oficios o fines. Baile de salón que por lo general se ejecuta entre cuatro parejas cruzadas. Conjunto de lidiadores bajo la dirección de un espada. Con-currencia de más de tres malhechores armados para la comisión de un delito.

cuadrivio *m.* Paraje donde concurren cuatro sendas o caminos. Conjunto de las cuatro artes matemáticas: Aritmética, Música, Geometría y Astronomía.

cuadro *m.* Rectángulo. Lienzo, lámina de pintura. Marco que rodea, ciñe o guarnece alguna cosa. Parte de tierra labrada en los jardines. Partes en que se dividen los actos de ciertos poemas dramáticos, con cambio de escena. Descripción de un espectáculo o suceso, viva y animadamente. Formación de la infantería en forma de cuadrilátero. Conjunto de jefes, oficiales y clases de un batallón o regimiento.

cuadrumano *adj. y s.* Primate de manos y pies prensiles: los monos.

cuadrúpedo-a *adj.* Aplícase al animal de cuatro patas.

cuádruple o cuádruplo *adj.* Que contiene un número cuatro veces exactamente. Serie de cuatro cosas iguales o semejantes.

cuadruplicar *tr.* Multiplicar por cuatro una cantidad.

cuajar *m.* Última de las cuatro cavidades del estómago de los rumiantes. Abomaso.

cuajar *tr.* Unir y trabar las partes de un líquido para convertirlo en sólido. Coagular. Recargar de adornos una cosa. *Intr.* Lograrse, tener efecto una cosa.

cuajarón *m.* Porción de sangre o de otro líquido que se ha cuajado.

cuajiote *m.* Nombre que se da a diversas plantas burseráceas mexicanas de las que se extrae una goma usada en Medicina.

cuajo *m.* Materia contenida en el cuajar de los rumiantes que aún no pacen y sirve para cuajar la leche. Substancia con que se cuaja un líquido. Cuajar. En México, charla ociosa y entretenida; horas de recreo en los colegios; mentira inofensiva.

cual *pron.* relativo. Que. A veces denota semejanza. Otras veces equivale a un pronombre indeterminado. A veces también es ponderativo.

cualesquier *pron.* Plural del indeterminado cualquier.

cualesquiera *pron.* Plural del indeterminado cualquiera.

cualidad *f.* Carácter o circunstancia, natural o adquirida, que distingue a las personas o cosas. Calidad.

cualquier *pron.* Cualquiera, cuando se antepone al nombre.

cualquiera *pron.* Denota una persona indeterminada, alguno, sea el que fuere.

219

cuamil *m.* En México, huerta con árboles.

cuan *adv.* Se usa para encarecer la significación de una categoría gramatical, excepto del verbo. Correlativo de tan, con idea de comparación.

cuando *adv.* En el tiempo, en el punto, en la ocasión en que. En qué tiempo. *Conj.* adversativa: aunque; continuativa: puesto que; distributiva: unas veces, otras veces.

cuantía *f.* Cantidad. Porción grande de una cosa. Suma de cualidades. Valor de la materia litigiosa.

cuantioso-a *adj.* Grande en cantidad o número.

cuanto-a *adj.* Que incluye cantidad indeterminada; correlativo de tanto; expresa ponderación. *Pron.* Todo lo que. *Adv.* Todo lo que. Hasta qué punto, qué cantidad.

cuapascle *adj.* En México, de color leonado obscuro. Cuapastle. *M.* Nombre genérico de toda hierba parásita que crece sobre los árboles y las piedras.

cuáquero-a *adj.* y *s.* Individuo perteneciente a una secta religiosa, originaria de Inglaterra, que rechaza todo culto externo, no admite jerarquía eclesiástica; se niega a prestar juramento, a fabricar y llevar armas y ayuda a los desvalidos, sin distinción alguna.

cuarenta *adj.* Cuatro veces diez. Cuadragésimo.

cuarentena *f.* Conjunto de 40 unidades. Tiempo de cuarenta días, meses o años. Suspensión del asenso por espacio de algún tiempo. Período de aislamiento de los enfermos, antes por 40 días, o de las naves sospechosas de infección.

cuaresma *f.* Tiempo de 46 días que, desde el miércoles de ceniza inclusive, precede a la festividad de la Resurrección del Señor y en que debe ayunarse.

cuarta *f.* Cada una de las cuatro partes en que se divide un todo. Palmo. En México, látigo.

cuartago *m.* Caballo de mediano cuerpo. Jaca.

cuartana *f.* Calentura intermitente en que el período febril se presenta cada cuatro días.

cuartear *tr.* Partir o dividir una cosa en cuatro partes, o en más o en menos. Descuartizar. *R.* Henderse, rajarse, agrietarse.

cuartel *m.* Cuarta. Distrito o término urbano. Cuadro de jardín. Edificio destinado para alojamiento de la tropa. Buen trato que se ofrece a los vencidos. Cada una de las cuatro partes de un escudo dividido en cruz.

cuartelada o cuartelazo *f.* o *m.* Pronunciamiento militar.

cuarteo *m.* Acción de cuartear o cuartearse. Rápido movimiento del cuerpo para evitar un golpe o un atropello.

cuarterón-a *adj.* y *s.* Nacido en América de mestizo y española o de español y mestiza. Hijo de mulata y blanco o de blanca y mulato. *M.* Cuarta. Cuarta parte de una libra. Cuadro entre los cercos y peinazos de las puertas y ventanas.

cuarteta *f.* Redondilla. Combinación métrica de cuatro versos octosílabos rimados.

cuarteto o cuartete *m.* Combinación métrica de cuatro versos endecasílabos rimados. Composición musical para cuatro instrumentos solistas, o para cuatro voces.

cuartilla *f.* Cuarta parte de un pliego de papel. Parte que media entre los menudillos y la corona del casco de las caballerías. Nombre de diversas medidas antiguas de capacidad y de peso. Hoja de papel.

cuarto-a *adj.* Que sigue inmediatamente al tercero. Dícese de cada una de las cuatro partes iguales en que se divide un todo. *M.* Parte de una casa destinada a una familia. Habitación o aposento. Cada una de las cuatro partes de un vestido. Cada una de las cuatro partes en que se divide la hora. Dinero, moneda corriente. Cuarta parte de una lunación. Tiempo de vigilancia de una centinela. Moneda antigua de cobre.

cuarzo *m.* Sílice anhídrida cristalizada en prismas hexagonales, muy resistente a las altas temperaturas y de gran dureza.

cuasia *f.* Nombre genérico de los leños de diferentes arbustos de América tropical utilizados en Medicina por el principio amargo que contienen, como tónico y vermífugo.

cuatatán *m.* En México y refiriéndose a caballos, matalote.

cuate *adj.* y *s.* En México, cada uno de los dos o más hermanos nacidos de un parto, gemelo; igual o semejante; compadre, amigo íntimo.

cuatequil *m.* En México, maíz.

cuaternario-a *adj.* Que consta de cuatro unidades, números o elementos. Última etapa en que se divide la historia de la Tierra, o antropozoica por aparecer en ella el hombre.

cuatezón-a *adj.* y *s.* En México, animal que debiendo tener cuernos carece de ellos; dícese de la persona que se pela al rape. Amigote.

cuatralbo-a *adj.* Animal doméstico con las cuatro extremidades calzadas de otro color. En América, nombre que se aplica al cuarterón de mestizo o hijo de padres mestizos y blancos.

cuatrero-a *adj. y s.* Ladrón que roba o hurta bestias. En México, persona que dice disparates.

cuatro *adj.* Tres y uno. Cuarto. Composición que se canta a cuatro voces. En México, disparate; ardid o trampa.

cuatrocientos-as *adj.* Cuatro veces ciento.

cuatrapear *intr.* Andar a gatas o a cuatro pies.

cuaxcle o cuaxtle *m.* En México, manta para las caballerías.

cuba *f.* Recipiente de madera para contener líquidos. Líquido que cabe en él. Persona que bebe mucho vino o de vientre muy abultado. Tonel, pipa; borracho.

cubano-a *adj. y s.* Natural de Cuba. Relativo o perteneciente a esta república americana.

cubería *f.* Arte u oficio del cubero. Taller o tienda del cubero.

cubeta *f.* Diminutivo de cuba. Herrada de tablas endebles. Cuba manual de los aguadores. Recipiente rectangular muy usado en cirugía, química y fotografía. En México, balde.

cubicar *tr.* Elevar un número a la tercera potencia. Medir el volumen de un cuerpo o la capacidad de un hueco en unidades cúbicas.

cúbico-a *adj.* Perteneciente al cubo. En forma de cubo geométrico o parecido a él.

cubículo *m.* Aposento, alcoba. Cuarto individual para investigación, en universidades e institutos.

cubierta *f.* Lo que se pone encima de algo para tapar o resguardar. Sobre de carta, tarjeta, etc. Forro de papel del libro en rústica: Pretexto, simulación. En México, vaina de arma blanca. Parte exterior del bandaje de las ruedas del automóvil, motocicleta o bicicleta. Parte exterior de una techumbre. Suelo de las estancias de un navío.

cubierto-a *adj.* Tapado. *M.* Servicio de mesa para cada comensal. Plato o bandeja para el pan o las viandas. Comida que se sirve por precio determinado. Cubierta.

cubil *m.* Guarida de los animales, especialmente fieras. Cauce de las aguas corrientes. Cueva, madriguera.

cubilete *m.* Vaso cónico usado como molde de cocineros y pasteleros. Su contenido. Vaso angosto y hondo para manejar los dados.

cubismo *m.* Escuela artística que se esfuerza en conseguir la tercera dimensión a base de figuras geométricas, especialmente cubos.

cubital *adj.* Relativo o perteneciente al codo o al cúbito. Que tiene un codo de longitud.

cúbito *m.* El más largo de los dos huesos del antebrazo, que se articula con el húmero.

cubo *m.* Vaso en figura de cono truncado, con asa en la circunferencia mayor. Pieza central en que se encajan los rayos de las ruedas de los carruajes. Cuenco, balde. Torreón circular de las fortalezas antiguas. Tercera potencia de un número. Sólido regular limitado por seis cuadrados iguales.

cuboides *m.* Hueso del tarso delante del calcáneo, de forma de cubo.

cubrecama *m.* Colcha, cobertor. Sobrecama.

cubremantel *m.* Mantel fino y adornado que cubre la mesa del comedor.

cubrir *tr.* Ocultar y tapar una cosa con otra. Ocultar y disimular una cosa con arte. Juntarse el macho con la hembra para fecundarla. *R.* Ponerse el sombrero, la gorra, etc. Pagar o satisfacer una deuda, gastos, etc. Cautelarse de un riesgo, responsabilidad o perjuicio. Techar. Defender.

cucaña *f.* Palo largo untado de jabón o de grasa, por el que se ha de trepar para recoger un premio colocado a su remate. Lo que se consigue con poco trabajo a costa ajena.

cucarda *f.* Escarapela. Pieza de adorno a los dos lados de la brida.

cucayo *m.* En México, cocuyo o cucuyo.

cuclillas Modismo adverbial: en cuclillas, o sea con el cuerpo doblado y sentado sobre los talones o cerca del suelo.

cuco *m.* Pulido, mono. Taimado, astuto. Pájaro de costumbres arborícolas que deja sus huevos en el nido de otras aves para que los empollen; en su canto repite la sílaba *cu*.

cucaracha *f.* En México, paloma enana.

cucular *adj.* De figura de capucha.

cuculiche *m.* En México, el piojillo o coruco de las gallinas.

cucumeráceo-a *adj.* Parecido al cohombro.

cucurbitácea *adj. y s.* Planta dicotiledónea herbácea y fruto en pepónide; comestible y oficinal, cuyo tipo es la calabaza.

cucurucho *m.* Papel o cartón enrollado en forma cónica, para confites o cosas menudas. En México, cierta clase de alcatraz.

cuchara *f.* Instrumento de extremo cóncavo y con mango, para llevar a la boca cosas líquidas, blandas o menudas. Cucharón grande y de mango muy alargado. En México y otros puntos de América, llana de albañil; él mísmo. En México, ladrón, ratero.

cucharada *f.* Porción que cabe en una cuchara.

cucharear *tr.* Sacar con cuchara. En México, escaldufar.

cucharilla *f.* Diminutivo de cuchara.

cucharón *m.* Cacillo con mango; cuchara grande que sirve para repartir ciertos manjares en la mesa.

cuché *adj.* Dícese del papel muy satinado y brillante.

cuchichear *intr.* Hablar en voz baja, o al oído de alguien.

cuchilla *f.* Cuchillo de hoja muy ancha de hierro acerado y de un solo corte. En México, faja de terreno más angosta por uno de sus extremos que por el otro.

cuchillada *f.* Golpe o herida de cuchillo, espada o arma de corte. Abertura en los vestidos, para verse por ella otra tela de distinto color.

cuchillo *m.* Instrumento con hoja acerada, de un solo corte y con mango. Añadidura triangular que se echa en los vestidos para darles mayor vuelo.

cuchipanda *f.* Comida que toman juntas y regocijadamente varias personas. En México, juerga.

cuchitril o **cochitril** *m.* Habitación estrecha y desaseada.

cucho-a *adj. y s.* En México, que tiene labio leporino.

cuchufleta *f.* Dicho o palabras de zumba o chanza. En México, abalorio, baratija.

¡cuela! *interj.* En México, ¡largo de aquí! ¡Vete!

cuelga *f.* Conjunto de hilos de uvas, peras, manzanas, etc., que se cuelgan para conservarlas en el invierno. Regalo o fineza que se da a uno en el día de su cumpleaños o del onomástico.

cuellierguido-a *adj.* Tieso y levantado de cuello.

cuello *m.* Parte del cuerpo que une la cabeza con el tronco. Parte superior y más angosta de una vasija. Parte del vestido que cubre el pescuezo.

cuenca *f.* Hortera o escudilla de los peregrinos o mendigos. Cavidad en que está cada uno de los ojos. Territorio rodeado de alturas, cuyas aguas fluyen a un mismo río, lago o mar. Zona minera.

cuencano-a *adj. y s.* Natural de Cuenca. Perteneciente a esta ciudad de la República del Ecuador.

cuenco *m.* Vaso de barro sin borde o labio. Concavidad, parte o sitio cóncavo.

cuenta *f.* Acción y efecto de contar. Cálculo u operación aritmética. Escrito en que constan varias partidas que al final se suman o restan. Razón de alguna cosa. Bolita para llevar el número de las oraciones del rosario, o de cualquier cosa en serie o sarta. Cuidado, incumbencia.

cuentacorrentista *com.* Persona que tiene cuenta corriente en un banco.

cuentachiles *m.* En México, tacaño.

cuentagotas *m.* Utensilio para verter un líquido gota a gota.

cuentahilos *m.* Lente para observar tejidos.

cuentakilómetros *m.* Contador que registra las revoluciones de las ruedas de un vehículo e indica así los kilómetros recorridos.

cuentista *adj. y s.* Que tiene la costumbre de llevar cuentos o chismes de una parte a otra. *Com.* Que narra o escribe cuentos.

cuento *m.* Relación de un suceso, o de algo falso o de pura invención. Fábula o conseja. Cómputo. Chisme o enredo. Historieta, patraña, ljo.

cuerda *f.* Conjunto de hilos torcidos que forman un solo cuerpo más o menos grueso, largo y flexible. Hilo que por su vibración produce sonidos. Cadenita para comunicar el movimiento a un reloj. Muelle del mismo. Conjunto de penados atados que van a cumplir condena. Soga, maroma, resorte. Línea recta tirada de un punto a otro de un arco en una curva. Grupo de cantantes que forman un coro.

cuerdo-a *adj. y s.* Que está en su juicio. Prudente, que reflexiona antes de determinar. Formal, reflexivo, sesudo.

cuereada *f.* En México y otros puntos de América, cueriza, azotaina.

cueriza *f.* En América, azotaina, paliza.

cuerna *f.* Vaso rústico de cuerno de res vacuna. Cuerno macizo. Cornamenta. Trompeta de hechura semejante al cuerno.

cuerno *m.* Prolongación ósea que tienen algunos animales en la región frontal. Antena, apéndice cefálico de un artrópodo. Instrumento músico de viento de forma corva, de sonido como de trompa. Cada una de las dos puntas que se ven en la Luna en creciente o mente. Asta, cuerna.

cuero *m.* Pellejo que cubre la carne de los animales. El pellejo curtido. En México y otros puntos de América, látigo, correa. En México, mujer joven y hermosa.

cuerpo *m.* Todo lo que tiene extension limitada y es apreciable por los sentidos. Materia orgánica que constituye las diferentes partes del hombre y del animal. Tronco. Talle y disposición personal. Colección de leyes. Espesor, grueso. Conjunto de personas o cosas, de determinada categoría. Cadáver. Tamaño de los caracteres de imprenta.

cuervo m. Pájaro omnívoro de plumaje negro, pico cónico y grueso; fue objeto de veneración y de muchas supersticiones.

cuesco m. Hueso de la fruta. En México, coscorrón.

cuescomate m. En México, especie de troje de barro crudo, en forma de tinaja.

cuesta f. Terreno en pendiente. Repecho, subida, declive.

cuestación f. Petición o demanda de limosnas para un fin piadoso o benéfico.

cuestión f. Pregunta que se hace o propone para averiguar la verdad. Gresca, riña. Punto o materia dudosos o discutibles.

cuestionable adj. Dudoso, problemático y que se puede disputar o controvertir.

cuestionar tr. Controvertir un punto dudoso. Disputar, contender.

cuestionario m. Libro de cuestiones. Lista de cuestiones que se proponen.

cueto m. Sitio alto y defendido. Colina de forma cónica y aislada.

cueva f. Cavidad subterránea, natural o artificial. Sótano. Caverna.

cuévano m. Cesto grande y hondo tejido de mimbres. Cesto a manera de mochila.

cuezo m. Artesilla de madera en que amasan el yeso los albañiles.

cuidado m. Solicitud y atención para hacer algo. Recelo, temor. Negocio o dependencia a cargo de uno. Interj. que denota aviso por algún peligro.

cuidadoso-a adj. Solícito y diligente en ejecutar algo con exactitud.

cuidar tr. Poner diligencia, atención y solicitud en la ejecución de algo. Asistir, conservar. Mirar uno por su salud.

cuijal m. En México, tierra cubierta de cactáceas y otras plantas semejantes.

cuijote m. En México, palo usado para construir chozas, vallas, etc.

cuita f. Trabajo, aflicción, desventura.

cuitado-a adj. Afligido, desventurado. Apocado, de poca resolución y ánimo.

cuitla f. En México, excremento de aves de corral.

culantrillo m. Nombre vulgar de varias especies de helechos, en especial el que crece en las paredes de los pozos y lugares muy húmedos; su infusión es medicinal.

culantro m. Cilantro.

culata f. Anca. Parte posterior de la caja de la escopeta, pistola o fusil. Cámara del cilindro en que se encuentran las válvulas, en los motores de combustión interna.

culatada o **culatazo** f. o m. Golpe dado con la culata o que da la culata al tiempo de disparar el arma. En México, patada.

culebra f. Reptil ofidio de cabeza aplanada, boca grande y piel simétricamente pintada con colores diversos. En México, cinturón hueco apropiado para llevar dinero en él.

culebrear intr. Andar formando eses y pasándose de un lado a otro.

culebrina f. Pieza antigua de artillería, larga y de poco calibre. Meteoro eléctrico y luminoso con apariencia de línea ondulada.

culebrón m. Aumentativo de culebra. Hombre astuto y solapado. Mujer intrigante y de mala reputación. En México, Cuba y Ecuador, pieza teatral disparatada.

culeco-a En América. persona muy casera. Clueco.

culebe m. En México, apuro, aprieto; trabajo, dolor.

culero-a adj. Perezoso. M. Bolsa de lienzo que se pone a los niños en la parte posterior, para su limpieza. En América, sodomita.

culiciforme adj. Semejante al mosquito.

culinario-a adj. Perteneciente o relativo a la cocina.

culmen m. Cumbre, cima, punto más elevado de una cosa. Parte superior o apical de un órgano.

culminar intr. Llegar una cosa a la posición más elevada. Pasar un astro por el meridiano superior del observador.

culo m. Parte posterior o asentaderas del hombre. Ancas del animal. Ano. Extremidad posterior o interior de una cosa. Porción escasa de líquido que queda en el fondo de un vaso. Asiento del vaso.

culombio m. Unidad práctica de cantidad de electricidad.

culpa f. Falta más o menos grave, cometida voluntariamente o por descuido.

culpabilidad f. Calidad de culpable. Responsabilidad por una culpa.

culpable adj. Dícese de quien tiene culpa. M. Delincuente, responsable de un delito.

culpar tr. Atribuir la culpa. Acusar, inculpar, achacar.

culteranismo m. Escuela literaria

que aspiraba a crear una lengua poética culta, elegante y distinta a la popular. Cultismo, gongorismo.

cultismo m. Palabra culta o erudita.

cultivar tr. Dar a la tierra y a las plantas las labores necesarias para que fructifiquen. Mantener y estrechar la amistad o el trato. Desenvolver y ejercitar las facultades, las artes, etc. Mantener vivos diversos organismos.

culto-a adj. Dotado de las calidades que provienen de la cultura. M. Veneración de Dios y de los santos. Admiración afectuosa. Instruido, docto, erudito.

cultura f. Cultivo. Acción y efecto de cultivar el cuerpo y el espíritu. Conjunto de conocimientos necesarios en cualquier persona ilustrada.

cumbre f. Cima de un monte. La mayor elevación o último grado a que puede llegar una cosa. Cúspide, pináculo.

cúmel m. Aguardiente de fuerte graduación alcohólica, a base de comino, común en Alemania y Rusia.

cumpleaños m. Aniversario del nacimiento de una persona.

cumplido-a adj. Completo, lleno, cabal. Acabado, perfecto. Exacto en el cumplimiento de las atenciones sociales. M. Acción obsequiosa o de urbanidad.

cumplimentar tr. Dar parabién o hacer visita de cumplimiento con motivo de algún acontecimiento. Poner en ejecución las órdenes superiores.

cumplimiento m. Acción y efecto de cumplir o cumplirse. Cumplido. Perfección en el modo de obrar. Fineza, halago, atención, cortesía.

cumplir tr. Ejecutar, llevar a efecto. Remediar a uno y proveerle de lo que le falta. Llegar a una determinada edad. Intr. Hacer lo que se debe o a lo que se está obligado. Ser tiempo en que termina una obligación o plazo. Convenir, importar. R. Verificarse, realizarse. Terminarse.

cúmulo m. Montón. Junta o suma de muchas cosas. Nube blanca, redondeada o apelotonada.

cuna f. Camita para niños. Inclusa. Patria o lugar de nacimiento. Familia o linaje. Origen o principio.

cundir intr. Extenderse una cosa hacia todas partes. Propagarse o multiplicarse una cosa. Dar mucho de sí una cosa; aumentar su volumen.

cunear tr. Acunar. R. Moverse de un lado a otro, balancearse.

cuneiforme adj. De figura de cuña. Cualquiera de los tres huesos del tarso, entre el escafoides y los tres primeros metatarsianos.

cuneta f. Zanja de desagüe a los lados de un camino.

cunicultura f. Arte de criar conejos para aprovechar su carne y sus productos.

cuña f. Pieza de madera o metal en ángulo diedro muy agudo para hender, ajustar o calzar. Recomendación, influencia. Cada uno de los tres huesos cuneiformes del tarso.

cuñado-a m. y f. Hermano o hermana del marido respecto de su mujer, y hermano o hermana de la mujer respecto del marido.

cuñete m. Cubeto o barril pequeño para líquidos, o para envasar aceitunas.

cuño m. Troquel para sellar monedas, medallas y otras cosas análogas. Impresión que deja.

cuota f. Parte o porción fija asignada a cada contribuyente, en una contribución o reparto.

cupé m. Berlina. Automóvil cerrado de cubierta rígida y un solo asiento para dos o tres personas.

cuplé m. Palabra francesa: canción ligera o frívola.

cupletista f. Tiple ligera que canta canciones frívolas.

cupo m. Cuota. En México, cabida de una cosa. Parte del contingente anual que incluye el número de mozos que han de prestar servicio militar.

cupón m. Parte de un documento de crédito que periódicamente se corta para presentarla al cobro de los intereses vencidos.

cuprífero adj. Que contiene cobre.

cúpula f. Construcción hemisférica, elipsoidal o parabólica que suele cubrir todo un edificio o parte de él. Fruto de las cupulíferas. Domo. Torre blindada de algunos buques de guerra.

cupulífero-a adj. Dícese de los árboles o arbustos dicotiledóneos de frutos indehiscentes con semilla sin albumen y cubierta por un involucro a manera de copa: castaño, encina.

cura m. Sacerdote. F. Curación, tratamiento a que se somete un enfermo o un herido.

curable adj. Que se puede curar.

curación f. Acción y efecto de curar o curarse. Tratamiento para combatir una enfermedad. Aplicación de algún medicamento a una región enferma.

curado-a adj. Se dice de las cosas sometidas a operaciones de acabado o de conservación: carne, pescado, tabaco, pulque, etc. Endurecido, seco, curtido.

curador adj. y s. Que tiene cuidado de alguna cosa. Que cura. M. y f. Persona que cuida de los bienes y negocios de un menor o de un incapaz. En E.U., encargado de un museo.

curandero-a adj. y s. Persona que hace de médico sin serlo. Charlatán o embaucador que vende o suministra hierbas y otros medicamentos y ejecuta actos misteriosos que dice son curativos.

curar tr. Aplicar remedios a un enfermo. Preparar carnes y pescados para que se conserven. Curtir y preparar pieles. Beneficiar hilos o lienzos para que se blanqueen. Remediar un mal. Intr. Sanar. R. En México y Guatemala, tomar licor después de una borrachera.

curare m. Substancia vegetal resinosa y amarga que usan los indios americanos para emponzoñar armas de caza y de guerra.

curativo-a adj. Dícese de lo que sirve para curar.

curato m. Cargo espiritual del cura de almas. Parroquia.

curculiónido adj. y s. Insecto coleóptero que comprende los gorgojos

cúrcuma f. Rizoma parecido al jengibre de las cingiberáceas, empleado como colorante amarillo.

curdo-a adj. y s. Natural del Curdistán o Kurdistán. Perteneciente a esta región de Turquía asiática.

cureña f. Armazón sobre ruedas o correderas donde se monta el cañón de artillería.

curia f. Tribunal donde se tratan los negocios contenciosos. Conjunto de abogados y empleados de la administración de justicia. Cuidado, esmero.

curialesco-a adj. Propio o peculiar de la curia; suele tomarse en mal sentido.

curie m. Unidad de emanación radiactiva.

curio m. Elemento químico radiactivo; símbolo Cm.

curiosear intr. Ocuparse en averiguar lo que otros hacen o dicen. Fisgonear.

curiosidad f. Deseo de saber y averiguar alguna cosa. Vicio de inquirir lo que no debiera importar. Aseo, limpieza. Cuidado de hacer algo con primor. Cosa curiosa o primorosa.

curioso-a adj. y s. Que tiene curiosidad o que la excita. Limpio y aseado. Que trata una cosa con cuidado y diligencia.

curling m. Deporte que consiste en lanzar sobre el hielo piedras o masas de hierro y, con auxilio de una escoba, hacerlas llegar a una meta dada; es de origen escocés y se juega entre dos equipos de cuatro jugadores.

currículum vitae m. Locución latina: curso de la vida. Biografía resumida. Reseña de las actividades personales, de las obras escritas, etc.

curro-a adj. Majo. M. y f. En México y Cuba, persona nacida en Andalucía.

curruca f. Nombre de numerosos pájaros cantores, afines a los tordos.

currutaco-a adj. y s. Muy afectado en el uso riguroso de las modas. Acicalado en exceso.

cursar tr. Frecuentar un paraje o hacer con frecuencia alguna cosa. Estudiar una materia en una universidad o en otro establecimiento de enseñanza. Dar curso a una solicitud, expediente, etc.

cursi adj. Dícese de la persona que presume de fina y elegante sin serlo. Ridículo, de mal gusto.

cursillo m. En las universidades, curso de poca duración. Breve serie de conferencias acerca de una materia dada.

cursivo-a adj. Dícese de la letra manuscrita que se liga mucho para escribir de prisa. Letra inclinada.

curso m. Dirección o carrera. Tiempo señalado en cada año para asistir a clases. Serie de informes, consultas, etc., que precede a la resolución de un expediente. Serie o continuación. Circulación. Camino, trayecto; método. Desenvolvimiento natural de una enfermedad. Evolución.

cursor m. Pieza pequeña que se desliza a lo largo de otra mayor. Corredera.

curtido-a adj. Adobado, aderezado. En México, el que soporta reprimendas o castigos. M. Cuero preparado, adobado.

curtiente adj. y s. Substancia que sirve para curtir.

curtir tr. Adobar, aderezar las pieles. Endurecer o tostar el sol o el aire la piel de quienes andan a la intemperie. Acostumbrar a uno a la vida dura y a las inclemencias del tiempo.

curul f. En México, escaño que ocupan diputados y senadores.

curva f. Línea curva, la que no es recta en ninguna de sus porciones.

curvatura f. Desvío de la dirección recta.

curvilíneo-a adj. Que se compone de líneas curvas. Que se dirige en línea curva. Dícese del ángulo formado por dos curvas que se cortan.

curvo-a *adj* Que se va apartando constantemente de la dirección recta. Dícese de la superficie que no es plana.

cusancle o cushantle *m*. En México, las faldas de la mujer que se emplean para llevar algo; lienzo en que se llevan envueltas algunas cosas.

cuscuta *f*. Planta parásita de tallos filiformes sin hojas, flores sonrosadas y simiente redonda; vive sobre la alfalfa, el cáñamo, etc.

cúspide *f*. Cumbre puntiaguda de los montes. Remate superior de alguna cosa. Apogeo. Cima, cresta, pináculo, vértice.

custodia *f*. Acción y efecto de custodiar. Persona o escolta encargada de custodiar a un preso. Pieza rica de orfebrería, montada sobre un pie y destinada a ostentar el viril con la hostia consagrada. Tabernáculo.

custodiar *tr*. Guardar con cuidado y vigilancia alguna cosa.

custodio *adj*. El que custodia. Angel de la guarda.

cutáneo-a *adj*. Perteneciente al cutis, a la piel o a la cutícula.

cutícola *adj*. Que habita en la piel, como ciertas larvas.

cutícula *f*. Tegumento segregado por las células de la epidermis o por la superficie exterior del cuerpo. Epidermis queratinizada.

cutis *m*. Piel que cubre el cuerpo humano, en especial la del rostro.

cuyo-a *pron*. relativo. De quien.

cuzco-a *adj*. Dícese del color negro desteñido. En México, goloso, y también, entremetido.

D

d *f*. Quinta letra del abecedario castellano y cuarta de sus consonantes.

dable *adj*. Hacedero, posible. Factible, realizable.

daca *m*. Contracción del verbo dar y del *adv*. acá: dame acá, da acá.

da capo *adv*. Expresión italiana: desde el signo; indicación que una composición o un fragmento musical debe repetirse desde el principio o desde el signo.

dacriorrea *f*. Flujo excesivo y morboso de lágrimas.

dactilografía *f*. Descripción científica de anillos y piedras preciosas grabados.

dactilografía *f*. Mecanografía. Estudio de las impresiones o huellas dactilares.

dactilolalia *f*. Arte de entenderse con los signos de los dedos.

dactiloscopia *f* Sistema de identificación personal por las huellas dactilares.

dadaísmo *m*. Movimiento artístico caracterizado por la negativa de valores y afirmación arbitraria del yo.

dádiva *f*. Cosa que se da graciosamente. Obsequio. merced, don.

dadivoso-a *adj*. Liberal. generoso. propenso a hacer dádivas. Desprendido, desinteresado.

dado *m*. Cubo de hueso, marfil u otra materia, en cuyas caras hay señalados puntos del uno al seis, para varios juegos de fortuna o de azar. Pieza cúbica para dar apoyo a tornillos, ejes, etc. Pedestal de la columna.

dado-a *adj*. Propenso, inclinado. Lo que se da en la conciencia o se halla presente en ella.

daga *f*. Arma blanca de hoja corta de uno o varios cortes. con guarnición para cubrir el puño.

daguerrotipo *m* Arte de fijar en chapas metálicas las imágenes recogidas con la cámara obscura. Aparato que se emplea en este arte y placa obtenida.

dala *f*. Canal de desagüe del agua extraída por la bomba. En México, viga de cemento armado o de concreto, para refuerzo de una pared o muro.

dalia *f*. Planta compuesta anua de origen mexicano, de tallo herbáceo, hojas opuestas y cabezuelas terminales muy vistosas y ornamentales. Flor de esta planta.

dálmata *adj. y s*. Natural de Dalmacia. Perteneciente a esta región adriática. Lengua, ya desaparecida, de esta región.

dalmática *f*. Túnica blanca con mangas anchas y cortas de origen dálmata. Vestidura sagrada de esta forma y la usada por los reyes de armas y maceros.

daltonismo *m*. Defecto de la vista consistente en no percibir determinados colores o en confundir unos con otros.

dalla, dalle o dallo *f. o m*. Guadaña, hoz.

dama *f* Mujer noble o de calidad. Actriz principal. En el juego de damas. pieza que llega a la primera línea del contrario. Reina, pieza del ajedrez. *Pl*. Juego en tablero de 64 escaques o más y 24 piezas o más.

damajuana *f* Vasija o frasco de figura semejante a la de la castaña. Arbol americano corpulento cuya corteza es aprovechada para vestidos y esteras por los indios. Malvácea de fibras parecidas al yute; también damajagua.

damasceno-a *adj. y s*. Natural de Damasco. Perteneciente a esta ciudad siria.

damasco m. Tela fuerte de seda o lana y con dibujos formados con el tejido.

damasquinado m. Embutido de metales finos sobre hierro o acero.

damisela f. Moza bonita, alegre y que presume de dama.

damnación f. Condenación.

damnificar tr. Causar daño.

dáncing m. Palabra inglesa, con que se designan los establecimientos públicos de baile.

dandi m. Anglicismo por petimetre.

danés-a adj. y s. Dinamarqués. M. Lengua que se habla en Dinamarca.

danta f. Anta, cérvido de los países boreales. Tapir americano.

dantesco-a adj. Propio y característico de Dante. Que recuerda su obra.

danubiano-a adj. Dícese de los territorios a orillas del Danubio. Perteneciente o relativo a ellos.

danza f. Acción y efecto de danzar. Composición musical destinada a ser danzada. Danzantes que se juntan para bailar en una función. Ejercicio coreográfico.

danzar tr. Bailar, hacer mudanzas con los pies, el cuerpo y los brazos, en orden y a compás. Moverse algo con aceleración, bullendo y saltando. Mezclarse en un negocio.

danzarín-a m. y f. Persona que danza con destreza. Danzante.

dañar tr. Causar detrimento, dolor o molestia. Maltratar o echar a perder algo.

dañino-a adj. Que daña o causa perjuicio. Dañoso, pernicioso.

daño m. Efecto de dañar o dañarse. Lesión o menoscabo causado a un sujeto en su persona, reputación o bienes. En América, maleficio.

dañoso-a adj. Dañino.

dar tr. Donar. Entregar. Proponer, indicar. Conferir. Ordenar, aplicar. Conceder, otorgar. Suponer, considerar. Producir. Comunicar o hacer saber.

dardo m. Arma, semejante a una pequeña lanza, que se arroja con la mano o con lanzadordos. Dicho satírico o agresivo y molesto, Aguijón de los insectos.

dársena f. Parte resguardada artificialmente en aguas navegables para surgidero o para carga y descarga de buques.

darvinismo m. Doctrina formulada por Carlos Darwin para explicar la evolución y el origen de las especies biológicas.

data f. Indicación de lugar y tiempo en que se hace o sucede una cosa, en especial la que se pone al principio o fin de una carta. Partida de descargo en una cuenta. Orificio de salida determinada de agua.

datar tr. Poner la data. Intr. Haber tenido principio una cosa en el tiempo que se determina.

dátil m. Fruto de la palmera, de figura elipsoidal cubierto por una película amarillenta y de hueso con un surco a lo largo; comestible.

dativo m. Caso de la declinación que hace el oficio de complemento indirecto del verbo.

dato m. Antecedente necesario para conocer una cosa o deducir las consecuencias de un hecho. Documento, testimonio, fundamento.

ddt m. Diclorodifeniltricloroetano, insecticida que se presenta en polvo y se utiliza disuelto en queroseno.

de prep. Indica: posesión o pertenencia; modo de hacer o suceder; de dónde son, vienen o salen las cosas; materia de que está hecho algo; contenido; asunto o materia; naturaleza, condición o cualidad; desde; tiempo; refuerzo; ilación; para; por.

deambular intr. Andar, caminar sin dirección determinada; pasear.

deán m. Cabeza del cabildo después del prelado.

debajo adv. En lugar o puesto inferior. Con sumisión o sujeción a personas o cosas.

debate m. Controversia sobre alguna cosa. Contienda, altercado, discusión.

debatir tr. Altercar, contender, discutir sobre una cosa.

debe m. Parte de una cuenta en que se incluyen las cantidades que se cargan al individuo o entidad a quien se abre la cuenta.

debelar tr. Rendir a fuerza de armas al enemigo.

deber m. Aquello a que está uno obligado. Deuda. Tarea escolar. Obligación. Tr. Estar obligado a algo. Cumplir con las obligaciones o compromisos.

débil adj. De poco vigor, fuerza o resistencia. Escaso o deficiente en lo físico o en lo moral. Flojo, decaído, enteco.

debilitar tr. y r. Disminuir la fuerza, el vigor o el poder. Flaquear, decaer, desfallecer.

débito m. Deuda, obligación.

debut m. Palabra de origen francés: estreno, presentación por primera vez ante el púbico.

década f. Serie de diez. Período de diez días o de diez años.

decadencia f. Declinación, menoscabo, principio de debilidad o de ruina.

decaedro m. Poliedro de diez caras.

decaer *intr.* Ir a menos; perder alguna parte de las condiciones o propiedades: fuerza, bondad, importancia o valor. Debilitarse, desfallecer, menguar.

decágono *m.* Polígono de diez lados.

decagramo *m.* Peso de diez gramos.

decaimiento o descaimiento *m.* Decadencia, descaecimiento.

decalaje *m.* Diferencia de fase entre dos funciones armónicas simples, o entre dos magnitudes físicas.

decalitro *m.* Medida de capacidad de diez litros.

decálogo *m.* Nombre dado a los diez mandamientos de la ley de Dios.

decámetro *m.* Medida de longitud de diez metros.

decano *m.* El más antiguo de una comunidad, cuerpo, junta, etc. El que con título de tal, aunque no sea el más antiguo, preside una corporación.

decantar *tr.* Inclinar suavemente una vasija, para verter el líquido en otra. Propalar, ponderar, engrandecer.

decapitar *tr.* Cortar la cabeza.

decápodo *adj. y s.* Molusco de diez tentáculos. Crustáceo de diez patas.

decasílabo-a *adj. y s.* Que tiene diez sílabas.

decena *f.* Conjunto de diez unidades. Período de diez días.

decenal *adj.* Que sucede o se reite cada decenio. Que dura un decenio.

decencia *f.* Aseo, compostura y adorno correspondientes. Recato, honestidad, modestia. Dignidad en los actos y palabras. Conveniencia.

decenio *m.* Período de diez años.

decentar *tr.* Empezar a cortar o gastar de una cosa. Empezar a hacer perder lo que se había conservado sano. *R.* Ulcerarse una parte del cuerpo del enfermo, por estar echado mucho tiempo de un mismo lado.

decente *adj.* Honesto, justo, debido. Correspondiente, conforme al estado o calidad de la persona. Adornado con limpieza y aseo. Digno. De buena calidad o en cantidad suficiente.

decepción *f.* Engaño. Pesar por un Desilusión, desencanto.

deceso *m.* Muerte natural. Defunción, fallecimiento, óbito.

decidido-a *adj.* Resuelto, firme, determinado, dispuesto.

decidir *tr.* Cortar la dificultad, formar juicio definitivo sobre algo dudoso. Resolver. Tomar determinación.

decidor-a *adj. y s.* Que habla con facilidad y gracia.

deciduo-a *adj.* Caduco. Que cae después de la fecundación o antes de salir la hoja. No permanente.

decigramo *m.* Peso que es la décima parte de un gramo.

decilitro *m.* Medida de capacidad que tiene la décima parte de un litro.

décima *f.* Cada una de las diez partes iguales en que se divide un todo. Diezmo. Décima parte de un grado termométrico. Composición métrica de diez versos. Espinela.

decimal *adj.* Aplícase a cada una de las décimas. Perteneciente al diezmo. Dícese del sistema métrico cuyas unidades son múltiplos o divisores de diez, con respecto a la principal de cada clase. Número fraccionario cuyo denominador es una potencia de diez.

decímetro *m.* Medida de longitud que tiene la décima parte de un metro.

décimo-a *adj.* Que sigue al noveno. Dícese de cada una de las diez partes iguales en que se divide un todo. *M.* Décima parte del billete de la lotería.

decir *tr.* Manifestar con palabras el pensamiento. Asegurar, sostener, opinar. Nombrar o llamar. Denotar una cosa. *M.* Dicho, palabra o conjunto de palabras.

decisión *f.* Determinación, resolución que se toma. Firmeza de carácter.

decisivo-a *adj.* Dícese de lo que decide o resuelve. Terminante, definitivo, final.

declamación *f.* Acción de declamar. Oración o discurso. Arte de representar en teatro. Recitar con arte.

declamar *intr.* Hablar en público. Hablar con demasiado calor y vehemencia. Recitar con la entonación, los ademanes y el gesto convenientes.

declaración *f.* Acción y efecto de Manifestación de lo que otros dudan o ignoran. Manifestación del ánimo o de la intención. Deposición, bajo juramento, de un testigo o perito.

declarar *tr.* Manifestar o explicar lo que está oculto o no se entiende. Manifestar el ánimo, la intención o el afecto. Hacer confesión de amor. *Intr.* Manifestar los testigos ante el juez, o el reo, lo que saben acerca de los hechos.

declinación *f.* Caída, descenso. Decadencia o menoscabo. Angulo que forma la visual dirigida a un astro con el ecuador celeste. Angulo que forma un plano vertical con el meridiano del lugar. Exposición de los casos gramaticales.

declinar *intr.* Inclinarse. Decaer, menguar en salud, inteligencia, riqueza, etc. Caminar o aproximarse una cosa a su fin. *Tr.* Renunciar, rehusar. Poner los nombres o pronombres en los casos gramaticales.

declive *m.* Pendiente, cuesta o' inclinación de una superficie. Desnivel.

decocción *f.* Acción y efecto de cocer en agua substancias vegetales o animales. Producto que se obtiene. Amputación.

decolación *f.* Degüello, decapitación.

decomisar *tr.* Declarar que una cosa ha caído en comiso.

decoración *f.* Acción y efecto de decorar, adornar. Cosa que decora. Obra u obras artísticas para adornar objetos o edificios, externa o internamente.

decoro *m.* Honor y respeto que se debe a una persona. Circunspección, gravedad. Pureza, recato. Respetabilidad, pundonor.

decorticar *tr.* Quitar la corteza. Quitar la concha o caparazón a un animal. Descortezar.

decrecer *intr.* Menguar, disminuir.

decremento *m.* Disminución o amortiguamiento de una magnitud física en el transcurso del tiempo.

decrepitar *intr.* Crepitar por la acción del fuego. Detonar ciertas sales cristalizadas cuando se las calienta.

decrépito-a *adj.* Persona que por su vejez tiene muy menguadas las potencias. Lo que ha llegado a su última decadencia.

decretal *f.* Epístola del Papa a algunas iglesias o a todas ellas para sentar doctrina. *Pl.* Libro en que están recopiladas.

decretar *tr.* Resolver, decidir. Determinar el juez acerca de algunas peticiones. Ordenar por decreto.

decreto *m.* Resolución del jefe del Estado, del gobierno, de un tribunal o juez, sobre alguna materia o negocio. Constitución papal.

decúbito *m.* Posición del cuerpo al echarse sobre el suelo o en la cama.

decumbente *adj.* Que yace. Dícese de los órganos vegetales no erguidos.

décuplo *m.* y *adj.* Que contiene un número diez veces exactamente.

decurso *m.* Sucesión del tiempo. Declinación de una enfermedad.

decusado-a *adj.* Cruzado en forma de X o de cruz.

dechado *m.* Ejemplar, muestra para imitarse. Ejemplo y modelo. Tipo, pauta.

dedal *m.* Utensilio que se coloca en la extremidad de un dedo para empujar la aguja sin riesgo de herirse, cuando se cose.

dédalo *m.* Laberinto, lugar de muchas calles, encrucijadas y plazuelas que confunden al que está en ellas. Confusión y enredo. Maraña, embrollo. Construcción enredada.

dedeo *m.* Agilidad y destreza de los dedos al tocar un instrumento.

dedicación *f.* Acción y efecto de dedicar. Celebración de la consagración de un templo, altar, etc. Inscripción alusiva. Consagración de un santuario público.

dedicar *tr.* Consagrar una cosa al culto. Dirigir a una persona, a modo de obsequio, un objeto, especialmente una obra de entendimiento. Emplear, destinar, aplicar.

dedicatoria *f.* Carta o nota dirigida a la persona a quien se dedica una obra.

dedil *m.* Funda que se pone en los dedos para que no se lastimen o manchen.

dedo *m.* Cada una de las cinco prolongaciones en que terminan la mano y el pie del hombre y, en el mismo o menor número, en muchos animales. Porción de una cosa del ancho de un dedo.

deducir *tr.* Sacar consecuencias de un principio, proposición o supuesto. Inferir. Rebajar, restar, descontar algo de una cantidad.

defecar *intr.* Quitar las heces o impurezas. Expeler los excrementos.

defección *f.* Separación con deslealtad de la causa o partido al que se pertenecía. Abandono, traición, deserción.

defectivo-a *adj.* Defectuoso. Dícese del verbo que carece de alguna de las formas de la conjugación normal.

defecto *m.* Carencia de las cualidades propias de una cosa. Imperfección natural o moral. Deficiencia, vicio, tara.

defender *tr.* Amparar, proteger. Sostener una cosa contra el dictamen ajeno. Abogar, alegar en favor de uno.

defensa *f.* Acción y efecto de defender o defenderse. Arma, instrumento con que uno se defiende de un peligro. Amparo, protección, socorro. Abogado defensor. Jugador que cerca de la meta trata de impedir que el contrario la fuerce. En América, pieza que llevan delante y detrás los automóviles para aminorar golpes. *Pl.* Cuernos de un animal astado. Actos legítimos para proteger un derecho.

defensivo-a *adj.* Que defiende, repara o resguarda. *F.* Situación del que sólo trata de defenderse.

defensor-a *adj. y s.* Que defiende o protege. Quien defiende o patrocina en juicio los derechos de otra persona.

deferencia *f.* Adhesión al dictamen o proceder ajeno, por respeto o por excesiva moderación. Muestra de respeto o cortesía.

deferente *adj.* Que defiere al dictamen ajeno. Respetuoso, cortés. Condescendiente, complaciente. Que conduce algo del centro a la periferia.

deferir *intr.* Adherirse al dictamen ajeno por respeto, modestia o cortesía. Comunicar, dar parte de la jurisdicción o poder.

deficiencia *f.* Defecto o imperfección. Falta.

déficit *m.* Descubierto que resulta comparando el caudal existente o haber con el fondo o capital de la empresa. En la administración pública, parte que falta para sostener las cargas del Estado.

definición *f.* Determinación de la comprensión o contenido de un concepto. Declaración de cada uno de los vocablos de un diccionario. Decisión de una duda, pleito o contienda por autoridad legítima.

definido-a *adj.* Fijo, exacto, preciso. *M.* Cosa sobre la que versa la definición. Ramificación terminada en flor, por lo que no puede crecer más.

definir *tr.* Fijar con claridad, exactitud y precisión la significación de una palabra o la naturaleza de una cosa. Resolver una cosa dudosa. Concluir una obra pictórica en todas sus partes. Precisar.

definitivo-a *adj.* Dícese de lo que resuelve, decide o concluye. Terminante.

deflación *f.* Reducción del volumen de la circulación monetaria y fiduciaria.

deflagrar *intr.* Arder una substancia súbitamente con llama y sin explosión.

deflegmar *tr.* Separar de un cuerpo su parte acuosa. Desflemar.

deflexión *f.* Cambio de dirección. desviación.

deformación *f.* Acción y efecto de deformar o deformarse. Alteración de la forma del cuerpo.

deformar *tr.* Hacer deforme una cosa. Alterar, variar la forma.

deforme *adj.* Desproporcionado o irregular en la forma.

defraudación *f.* Acción y efecto de defraudar. Empleo de engaño o simulación, para perjudicar a otro en sus intereses.

defraudar *tr.* Privar a uno, con abuso de confianza o con infidelidad, de lo que le corresponde en derecho. Eludir o burlar el pago de los impuestos o contribuciones. Frustrar, dejar sin efecto una cosa en que se confiaba.

defuera *adv.* Exteriormente, por la parte exterior.

defunción *f.* Muerte, fallecimiento, deceso, óbito.

degeneración *f.* Acción y efecto de degenerar o degenerarse. Pérdida del aspecto y características funcionales de un organismo o tejido. Degradación progresiva. Decadencia.

degenerado-a *adj. y s.* Dícese de la persona afectada de degeneración física, intelectual o moral.

degenerar *intr.* Decaer, declinar. Corromper. Pasar a peor condición.

deglutir *intr.* Tragar los alimentos.

degolladero *m.* Parte del cuello por donde se degüella al animal. Sitio para degollarlo. Tablado o cadalso para degollar a un delincuente. Riesgo gravísimo.

degollar *tr.* Cortar la garganta o el cuello. Escotar el cuello de las vestiduras. Destruir, arruinar.

degollina *f.* Matanza, mortandad.

degradación *f.* Acción y efecto de degradar o degradarse. Humillación, bajeza. Degeneración. Destitución de los honores, empleos o prerrogativas.

degradar *tr.* Privar a una persona de las dignidades, honores, empleos que tiene. Humillar, rebajar, envilecer.

degüello *m.* Acción de degollar. Parte más delgada de un dardo, de otra arma o instrumento semejante.

degustación *f.* Acción de gustar o probar los alimentos y algunos líquidos.

dehesa *f.* Tierra acotada destinada a pastos.

dehiscente *adj.* Dícese del fruto cuyo pericarpio se abre naturalmente, para que salga la semilla.

deicida *adj. y s.* Dícese de los que dieron muerte a Jesucristo o contribuyeron a ella de algún modo.

deidad *f.* Ser divino. Cada uno de los dioses de gentiles o idólatras.

deificar *tr.* Divinizar. Ensalzar excesivamente.

deífico-a *adj.* Perteneciente a Dios.

deípara *f.* Título que se da exclusivamente a la Virgen, por ser madre de Dios.

deísmo *m.* Doctrina que reconoce la existencia de Dios, pero no admite la revelación ni la Providencia.

dejación *f.* Acción y efecto de dejar. Abandono tácito de un derecho.

dejadez *f.* Pereza, negligencia, descuido. Decaimiento de ánimo. Indolencia.

dejar *tr.* Soltar una cosa; retirarse de ella. Omitir. Consentir, no impedir. Valer, producir ganancia. Encomendar. Prestar. Faltar, ausentarse. Cesar, no proseguir lo empezado. Abandonar. *R.* Descuidarse a sí mismo. Entregarse a una cosa.

dejo *m.* Dejación, acción y efecto de dejar. Fin o término. Modo particular de hablar en determinada región. Gusto o sabor que queda de una comida o bebida. Dejadez, flojedad.

del *art.* Contracción de la prep. *de* y el art. *el.*

delación *f.* Acusación, denuncia. Designación de la persona a quien se otorga un cargo.

delantal *m.* Prenda que cubre la parte delantera del vestido.

delante *adv.* Antes, en la parte anterior. A la vista, en presencia. Enfrente.

delantero-a *adj.* Que está o va delante. *F.* Parte anterior de una cosa. Primera fila de asientos. Espacio que uno se adelanta a otro en el camino.

delatar *tr.* Revelar un delito a la autoridad designando al autor, sin ser parte obligada en el juicio. Acusar, descubrir, indicar.

deleble *adj.* Que puede borrarse o se borra fácilmente.

delectación o **deleitación** *f.* Deleite.

delegación *f.* Acción y efecto de delegar. Cargo de delegado. Su oficina. Reunión de delegados.

delegado-a *adj. y s.* Persona en quien se delega una facultad o jurisdicción. Comisionado, representante.

delegar *tr.* Dar una persona a otra la propia jurisdicción, para que haga sus veces o representarlo. Comisionar, encargar.

deleitar *tr.* Producir deleite. Agradar, causar placer.

deleite *m.* Placer del ánimo. Placer sensual. Goce, gusto, regalo.

deletéreo-a *adj.* Mortífero, venenoso.

deletrear *intr.* Pronunciar separadamente las letras de cada sílaba, las sílabas de cada palabra y luego la palabra entera. Interpretar lo dificultoso.

deleznable *adj.* Que se rompe, disgrega o deshace fácilmente. Que se desliza y resbala con facilidad. Poco durable, de poca resistencia. Frágil.

delfín *m.* Cetáceo carnívoro de hocico picudo, ojos pequeños con pestañas, y una sola abertura nasal. Título del primogénito de los reyes de Francia.

delga *f.* Lámina conductora que permite a las escobillas tomar la corriente eléctrica.

delgado-a *adj.* Flaco, de pocas carnes. Delicado, suave. Tierra de poco jugo, endeble.

deliberar *intr.* Considerar atenta y detenidamente el pro y el contra de una decisión antes de cumplirla o realizarla. *Tr.* Resolver con premeditación.

delicadez *f.* Debilidad, flaqueza. Nimiedad, escrupulosidad. Flojedad.

delicadeza *f.* Finura. Atención y miramiento con las personas y cosas, en obras o palabras. Ternura, suavidad.

delicado-a *adj.* Fino, atento, suave, tierno. Débil, flaco, enfermizo. Quebradizo. Sabroso. Difícil, expuesto a contingencias. Primoroso, exquisito. Bien parecido. Sutil, agudo. Suspicaz. Difícil de contentar. Escrupuloso.

delicia *f.* Placer intenso o vivo. Lo que causa deleite, goce.

delictuoso-a o **delictivo-a** *adj.* Perteneciente o relativo al delito.

delicuescente *adj.* Que atrae la humedad del aire y se liquida lentamente.

deligación *f.* Arte de preparar y aplicar vendajes y apósitos.

delimitar *tr.* Fijar, señalar los límites de algo.

delincuencia *f.* Calidad de delincuente. Comisión de un delito. Conjunto de delitos, en general o referidos a un país o época.

delincuente *adj.* Que delinque. *M. y f.* Reo, malhechor, criminal, culpable. Sujeto activo o agente del delito.

delineante *adj.* Que delinea. *M. y f.* Que tiene por oficio trazar planos.

delinear *tr.* Trazar las líneas de una figura.

delinquir *intr.* Cometer delito.

deliquio *m.* Desmayo, desfallecimiento.

delirar *intr.* Desvariar, tener perturbada la razón por una enfermedad o por una pasión violenta. Decir o hacer despropósitos o disparates. Desatinar.

delito *m.* Culpa, crimen, quebrantamiento de la ley. Acción u omisión voluntaria, imputable a una persona que infringe el Derecho y penada por la ley.

delta *f.* Cuarta letra del alfabeto griego, cuyo sonido corresponde a nuestra *d.*

delta *f.* Zona triangular ocupada por los sedimentos depositados en la desembocadura por los ríos que arrastran gran cantidad de aluviones.

deltoides *adj.* De figura de delta mayúscula, letra griega. Músculo triangular que cubre la articulación del hombro y sirve para levantar lateralmente el brazo.

deludir *tr.* Engañar, burlar.

demacrarse *r.* Perder carnes, enflaquecer por causa física o moral.

demagogia *f.* Corrupción de la democracia, sacrificando el interés general al de una clase. Halago a las masas.

demagogo-a *m. y f.* Cabeza o caudillo de una facción popular. Sectario de la demagogia. Orador que promete lo incumplible.

demanda *f.* Súplica, petición, solicitud. Pregunta. Empresa o intento. Empeño. Pedido o encargo de mercancías. Petición ante el juez para que mande a otra persona dar, hacer o no hacer una cosa.

demandado-a *m. y f.* Persona a quien se pide una cosa en juicio.

demandar *tr.* Pedir, rogar. Apetecer, desear. Preguntar. Solicitar, instar. Entablar demanda.

demarcación *f.* Acción y efecto de demarcar. Terreno demarcado. Parte comprendida en una jurisdicción territorial.

demarcar *tr.* Delimitar, señalar límites o confines.

demás *adj.* Lo otro, los restantes. *Adv.* Además, por demás, en vano.

demasía *f.* Exceso. Atrevimiento. Insolencia, descortesía. Maldad.

demasiado-a *adj.* Que se excede. *Adv.* En demasía.

demencia *f.* Locura. Insania, insensatez. Estado de debilidad mental.

demente *adj. y s.* Loco, falto de juicio.

demérito *m.* Falta de mérito. Acción por la que se desmerece.

demersión *f.* Sumersión, sumergir o sumergirse en un líquido.

democracia *f.* Doctrina política favorable a la intervención del pueblo en el gobierno. Predominio del pueblo en el gobierno de un Estado. Libre comunidad de hombres libres.

demócrata *adj. y s.* Partidario de la democracia.

demografía *f.* Estudio de la composición de la población de un país, región o ciudad utilizando los métodos estadísticos.

demoler *tr.* Deshacer, derribar, arruinar. Desbaratar, arrasar.

demoníaco-a *adj.* Perteneciente o relativo al demonio. Endemoniado.

demonial *m.* En México y otros países de América, muchísimo, en gran cantidad.

demonio *m.* Diablo.

demontre *m.* Demonio, diablo. *Interj.* ¡diablo!

demora *f.* Dilación. Retraso, espera. Tardanza en el cumplimiento de una obligación.

demorar *tr.* Retardar. *Intr.* Detenerse. Retrasar, tardar, diferir.

demostración *f.* Acción y efecto de demostrar. Señalamiento, manifestación. Prueba de una cosa. Comprobación de un principio. Fin del procedimiento demostrativo. Deducción para probar la verdad.

demostrar *tr.* Manifestar, declarar. Probar por demostración. Exponer, comprobar, justificar.

demostrativo-a *adj.* Que demuestra. Dícese del pronombre que se refiere a una persona o cosa indicando proximidad o lejanía con el que habla o a quien se habla.

demudar *tr.* Mudar, variar. Alterar, desfigurar. *R.* Cambiarse repentinamente el color, el gesto o la expresión del semblante. Inmutarse.

demulcente *adj. y s.* Dícese de la substancia que mitiga la irritación y protege del contacto con agentes externos.

denario-a *adj.* Que se refiere o contiene el número 10. Antigua moneda romana de plata o de oro.

dendrita *f.* Conjunto de cristales de forma arborescente. Arbol fósil. Prolongación arborescente de una neurona.

denegar *tr.* No conceder lo que se pide o solicita. *R.* En América, retractarse, desdecirse. Rehusar.

denegrido-a *adj.* De color que tira a negro.

dengoso-a *adj.* Melindroso. En América, persona que al andar contonea las caderas. Que hace dengues.

dengue *m.* Melindre mujeril. Esclavina de paño. En América, contoneo, movimiento de las caderas. Enfermedad febril, infecciosa, con erupción cutánea.

denigrar *tr.* Deslustrar, ofender la opinión y fama de una persona. Injuriar.

denodado-a *adj.* Intrépido, esforzado, atrevido. Valiente, animoso, resuelto.

denominación *f.* Nombre, título o renombre con que se distinguen las personas y las cosas.

denominador-a *adj.* Que denomina. *M.* Número que en los quebrados o fracciones expresa las partes iguales en que la unidad se considera dividida.

denominar *tr.* Nombrar, señalar o distinguir con título particular. Designar, intitular, apellidar.

denostar *tr.* Injuriar gravemente; infamar de palabra. Ultrajar.

denotar *tr.* Indicar, enunciar, significar.

densidad *f.* Calidad de denso. Cantidad de una substancia contenida en la unidad de volumen.

denso-a *adj.* Compacto, apretado. Espeso, apiñado. Obscuro, confuso.

dentadura *f.* Conjunto de piezas dentales que tiene en la boca una persona o un animal.

dentar *tr.* Formar dientes a una cosa: hoz, sierra, etc. *Intr.* Endentecer.

dentellada *f.* Acción de mover la quijada con fuerza sin masticar. Herida que dejan los dientes al morder. Mordedura.

dentellar *intr.* Dar diente con diente; batir los dientes unos contra otros con celeridad.

dentera *f.* Sensación desagradable en los dientes y encías al comer substancias ácidas, oir ciertos ruidos, tocar determinados cuerpos, etc. Envidia o pesar del bien ajeno. Ansia o deseo vehemente.

dentición *f.* Acción y efecto de endentecer. Tiempo en que se echa la dentadura. Proceso de formación y aparición de los dientes. Clase y número de dientes que caracterizan a un mamífero.

denticular *adj.* De figura de dientes.

dentículo *m.* Formación parecida a un diente. Adorno en esta forma del friso del orden dórico.

dentífrico *adj. y s.* Dícese de los preparados para limpiar y mantener sana la dentadura.

dentista *adj. y s.* Cirujano dedicado a conservar la dentadura, curar sus enfermedades y reponer artificialmente sus faltas. Odontólogo.

dentro *adv.* A o en la parte interior. Adentro. Por dentro.

denudación *f.* Acción y efecto de denudar o denudarse. Proceso geotectónico de desintegración de las rocas y transporte de los detritos dejando al descubierto otras rocas o materiales litológicos.

denudar *tr.* Desnudar, despojar. Privar a las rocas o al terreno de su capa superficial los agentes geológicos externos.

denuedo *m.* Brío, esfuerzo, valor, intrepidez.

denuesto *m.* Injuria grave de palabra o por escrito. Ofensa, ultraje.

denunciar *tr.* Avisar. Pronosticar. Promulgar. Delatar. Inculpar, acusar. Publicar solemnemente. Declarar oficialmente el estado ilegal, irregular o inconveniente de una cosa.

deparar *tr.* Suministrar, proporcionar, conceder. Presentar.

departamento *m.* Cada una de las partes en que se divide un territorio, edificio, etc. Ministerio o ramo de la administración pública. Distrito.

departir *intr.* Hablar, conversar, dialogar.

depauperar *tr.* Empobrecer. Debilitar, extenuar.

dependencia *f.* Subordinación. Oficina dependiente de otra superior. Relación de parentesco o amistad. Negocio, encargo. Conjunto de dependientes. *Pl.* Cosas accesorias de otra principal. Sujeción, sometimiento.

depender *intr.* Estar subordinado a una persona o cosa. Necesitar de otro.

dependiente *adj.* Que depende. *M.* El que sirve como subalterno. Subordinado.

depilar *tr.* Arrancar el pelo o producir su caída. Suprimir el vello.

depleción *f.* Vaciamiento, agotamiento. Mengua considerable de líquido orgánico, especialmente de sangre.

deplorar *tr.* Sentir viva y profundamente un suceso; lamentarse.

deponente *adj.* Que depone. Dícese del verbo latino de forma activa y significación pasiva o viceversa.

deponer *tr.* Dejar, separar, apartar de sí. Privar de empleo, degradar. Afirmar, atestiguar, aseverar. Bajar o quitar algo del lugar en que está. *Intr.* Evacuar el vientre. Exonerar. Vomitar. Declarar ante la autoridad judicial.

deportar *tr.* Desterrar a uno a un punto determinado. *R.* Divertirse, recrearse.

deporte *m.* Juego o ejercicio de destreza o fuerza, generalmene al aire libre, con arreglo a normas y procedimientos adecuados.

deportista *com.* Persona aficionada a los deportes o entendida en ellos.

deposición *f.* Declaración. Privación o degradación de empleo o dignidad. Evacuación del vientre.

depositar *tr.* Poner bienes o cosas de valor, bajo custodia de persona abonada. Confiar algo a alguien amigablemente y sobre palabra. Poner en sitio determinado. *R.* Separarse de un líquido una materia en suspensión.

depositario-a *adj.* Perteneciente al depósito. Que contiene o encierra una cosa. *M. y f.* Persona en quien se deposita una cosa.

depósito *m.* Acción y efecto de depositar. Lugar donde se deposita. Recipiente de grandes dimensiones para contener agua u otros líquidos. Sedimento.

depravar *tr. y r.* Viciar, adulterar, corromper, degenerar.

deprecar *tr.* Rogar, pedir, suplicar con instancia.

depreciar *tr.* Disminuir o rebajar el valor o precio de una cosa.

depredar *tr.* Robar, saquear con violencia y destrozo.

depresión *f.* Acción y efecto de deprimir o deprimirse. Decaimiento de ánimo. Reducción de la producción y empleo en el volumen de la economía de un país. Zona más baja con relación al nivel del mar. Desplazamiento hacia abajo o adentro.

deprimir *tr.* Disminuir el volumen de un cuerpo por medio de presión. Hundir alguna parte de un cuerpo. Humillar, negar las prendas y cualidades de una persona o cosa.

depurar *tr.* Purificar, limpiar. Expurgar, refinar, acendrar. Clarificar.

derecha *f.* Mano derecha. Parte más moderada de la sociedad o que guarda más respeto a las tradiciones.

derecho-a *adj.* Recto, igual, seguido, sin torcerse a un lado ni a otro. Que mira o cae hacia la mano derecha. Justo, razonable. *M.* Facultad natural del hombre para hacer legítimamente lo que conduce a su vida. Facultad de hacer o exigir lo que la ley establece en nuestro favor. Consecuencia natural del estado civil de una persona. Justicia, razón. Franquicia, privilegio. Cantidad que se cobra por ciertas actividades. Norma jurídica. Ciencia de la Jurisprudencia.

deriva *f.* Desvío de la nave, de una aeronave o de un proyectil de su rumbo.

derivación *f.* Descendencia, deducción. Acción de sacar o separar una parte del todo, o de su origen y principio. Procedimiento gramatical por el que se forman palabras procedentes de otras primitivas.

derivar *intr.* Traer su origen de alguna cosa. *Tr.* Encaminar, conducir de una parte a otra. Traer una palabra de cierta raíz. Establecer una corriente secundaria. Desviarse un buque o una aeronave de su rumbo.

dermatología *f.* Tratado de las enfermedades de la piel.

dermis *f.* Capa inferior y más gruesa de la piel.

derogar *tr.* Abolir, anular una cosa establecida como ley o costumbre.

derrama *f.* Repartimiento de un gasto eventual. Contribución temporal o extraordinaria.

derramar *tr.* Verter, esparcir cosas líquidas o menudas. Repartir, distribuir tributos o contribuciones entre varios. Divulgar una noticia. Desaguar.

derrame *m.* Acción y efecto de derramar. Porción que se desperdicia de algo. Sesgo o corte oblicuo para abrir puertas o ventanas en una pared o muro. Acumulación anormal de un líquido en una cavidad del cuerpo o salida del mismo.

derrapar *intr.* Patinar una rueda o ruedas en dirección oblicua a su plano. Desviarse lateralmente un aeroplano en un plano horizontal.

derredor *m.* Circuito o contorno de una cosa.

derrelinquir *tr.* Abandonar, desamparar.

derrengar *tr.* Descaderar, lastimar gravemente el espinazo o los lomos de un animal o de una persona. Torcer más a un lado que a otro.

derretimiento *m.* Acción y efecto de derretir o derretirse. Afecto vehemente, amor intenso que consume y como que derrite.

derretir *tr.* Liquidar, disolver por medio del calor una cosa sólida, congelada o pastosa. Consumir, disipar la hacienda, gastar. *R.* Enardecerse en el amor. Deshacerse, estar lleno de impaciencia o inquietud.

derribar *tr.* Arruinar, demoler, echar a tierra. Tirar contra la tierra, hacer dar en el suelo. Trastornar. Postrar, rendir. Hacer caer a tierra un avión enemigo. Malquistar a una persona, haciéndole perder poder, dignidad, estimación, cargo, etc.

derrocar *tr.* Despeñar, precipitar desde una peña o roca. Echar por tierra.

derrochar *tr.* Malgastar, destruir los bienes. Despilfarrar, disipar.

derrota *f.* Camino, vereda o senda. Destrucción, vencimiento, ruina. Rumbo o dirección de una embarcación.

derrotar *tr.* Disipar, rom, er, destrozar. Destruir, arruinar. Apartarse la embarcación de su r :bo. Vencer y hacer huir en desorden al enemigo.

derrote *m.* Cornada del toro levantando la cabeza.

derrotero *m.* Línea a seguir por los pilotos en los viajes. Libro que contiene estas líneas. Rumbo de la nave. Camino o medio que se toma para alcanzar un fin. Ruta.

derrotismo *m.* Tendencia a propagar desaliento con noticias pesimistas.

derrubiar *tr.* Robar lentamente el río o cualquier humedad la tierra de las riberas o tapias.

derruir *tr.* Derribar, destruir, arruinar un edificio. Demoler, socavar.

derrumbadero *m.* Despeñadero, precipicio. Peligro a que uno se expone.

derrumbar *tr.* Precipitar, despeñar. En México, venir a menos un negocio; derruir. Destruir.

derviche *m.* Monje mahometano que ha hecho voto de pobreza.

desbarrancar *tr.* Sacar de un barranco, barrizal o pantano lo que está atascado. Sacar a uno de la dificultad de la que no puede salir.

desabillé *m.* Palabra de origen francés: traje más o menos sencillo para estar en casa.

desabollar *tr.* Quitar las abolladuras.

desaborido-a *adj.* Sin sabor. Sin substancia. Soso.

desabrido-a *adj.* Dícese de la fruta o manjar que carece de gusto o que apenas lo tiene, o lo tiene malo. Aspero y desapacible en el trato. Insípido.

desabrigar *tr.* Descubrir, destapar, desarropar, quitar el abrigo.

desabrimiento *m.* Falta de sabor, sazón o buen gusto. Insulsez, sosería.

desabrochar *tr.* Desasir los broches o botones con que se ajusta la ropa. Desabotonar.

desacatar *tr.* Faltar a la reverencia o respeto debidos.

desacertar *intr.* No tener acierto, errar. Fallar, equivocarse.

desacomodar *tr.* Privar de la comodidad. Quitar la conveniencia, empleo u ocupación.

desaconsejar *tr.* Disuadir, persuadir de lo contrario de lo que se tiene pensado o resuelto.

desacorde *adj.* Dícese de lo que no está conforme o no concuerda con otra cosa, en especial de los instrumentos músicos. Disonante, disconforme. Desafinado.

desacostumbrado-a *adj.* Fuera del uso y orden común.

desacostumbrar *tr.* Hacer perder o dejar el uso o costumbre que uno tiene.

desacreditar *tr.* Disminuir la reputación de una persona o el valor de una cosa. *R.* Adquirir mal nombre. Perder el crédito.

desacuerdo *m.* Discordia o disconformidad. Error, desacierto. Olvido de algo. Enajenamiento, privación del sentido por accidente. Desavenencia, inconformidad.

desafecto-a *adj.* Que no muestra estima por una cosa o que muestra hacia ella desvío o indiferencia. Opuesto, contrario.

desaferrar *tr.* Desasir, soltar lo que está aferrado. Sacar a uno del capricho que tenazmente defiende.

desafiar *tr.* Retar, provocar a singular combate. Contender, competir en destreza, agilidad o fuerza. Afrontar, arrostrar.

desafinar *intr.* Alterar la correcta entonación de los sonidos. Disonar. Decir cosas indiscretas o inoportunas en una conversación.

desafío *m.* Acción y efecto de desafiar. Rivalidad, competencia. Duelo, reto.

desaforado-a *adj.* Que obra sin ley ni fuero, atropellando por todo. Privado de fuero. Despavorido, violento. Grande, con exceso, desmedido.

desafortunado-a *adj.* Sin fortuna. Infortunado, desdichado, desgraciado.

desafuero *m.* Acto violento contra la ley. Acción contraria a las buenas costumbres o a la sana razón. Hecho que priva de fuero al que lo tenía.

desagradable *adj.* Que desagrada o disgusta. Enojoso, fastidioso.

desagradecido-a *adj.* Que desagradece. Ingrato, olvidadizo.

desagrado *m.* Disgusto, descontento. Expresión con que se manifiesta. Enfado. Contrariedad.

desagraviar *tr.* Reparar el agravio dando satisfacción cumplida. Compensar el perjuicio ocasionado.

desaguadero *m.* Conducto o canal por donde se da salida a las aguas. Motivo continuo de gasto que empobrece.

desaguar *tr.* Extraer, sacar el agua de un sitio o lugar. Disipar, consumir. *Intr.* Entrar los ríos en el mar, desembocar en él. Drenar.

desagüe *m.* Acción y efecto de desaguar o desaguarse. Desaguadero. Drenaje.

desaguisado-a *adj.* Hecho contra la ley o la razón. *M.* Agravio, denuesto, acción descomedida, desatino. Desacierto, disparate.

desahogado-a *adj.* Descarado, descocado. Sitio desembarazado. Que vive desahogadamente.

desahogar *tr.* Dilatar el ánimo a uno; aliviarle en sus trabajos. Aliviar el ánimo de fatiga, cuidados, etc. Salir de deudas.

desahogo *m.* Alivio de la pena, trabajo o aflicción. Dilatación, esparcimiento. Desembarazo, libertad, desenvoltura. Improperio.

desahuciar *tr.* Quitar a uno la esperanza de conseguir algo. Desesperar los médicos de la salud de un enfermo. Despedir al inquilino o arrendatario por no haber cumplido. Desesperanzar; condenar; expulsar.

desairar *tr.* Deslucir, desatender a una persona. Desestimar una cosa. Desdeñar, menospreciar.

desajustar *tr.* Desigualar, desconcertar una cosa de otra. *R.* Apartarse del ajuste o concierto hecho o próximo a hacerse.

desalar *tr.* Quitar la sal a una cosa. Quitar las alas. Andar o correr aceleradamente. Sentir vehemente anhelo por conseguir algo.

desalentar *tr.* Hacer dificultoso el aliento por fatiga o cansancio. Quitar el ánimo, acobardar. Abatir, postrar.

desaliento *m.* Descaecimiento del ánimo, falta de vigor o de esfuerzo.

desalinear *tr.* Hacer perder la línea recta.

desaliñar *tr.* Descomponer, ajar el adorno, atavío o compostura.

desaliño *m.* Desaseo, falta de aliño. Negligencia, descuido.

desalmado-a *adj. y s.* Falto de conciencia. Cruel, inhumano. Bárbaro, feroz. Despiadado.

desalojar *tr.* Sacar o hacer salir de un lugar. Abandonar un puesto o lugar. Desplazar. *Intr.* Dejar el hospedaje, sitio o morada voluntariamente.

desalquilar *tr.* Dejar o hacer dejar una habitación o cosa alquilada. *R.* Quedar libre lo alquilado.

desamarrar *tr.* Quitar las amarras. Desasir. Dejar a un buque sobre una sola ancla o amarra.

desamoblar *tr.* Desamueblar.

desamor *m.* Falta de amor o amistad, sentimiento y afecto. Enemistad, aborrecimiento. Tibieza, desafecto.

desamortización *f.* Desvinculamiento de bienes pertenecientes a la Iglesia, a corporaciones civiles determinadas y a los mayorazgos, poniéndolos a la circulación y comercio en beneficio de la economía general del país.

desamortizar *tr.* Dejar libres ciertos bienes. Poner en venta los bienes de manos muertas, mediante disposiciones legales.

desamparar *tr.* Abandonar, dejar sin amparo. Ausentarse, abandonar un lugar.

desamueblar *tr.* Dejar sin muebles un edificio o parte de él.

desandar *tr.* Retroceder, volver atrás en el camino ya andado.

desangrar *tr.* Sacar la sangre de exceso, desaguar un lago, estanque, etc. Empobrecer a uno gastándole la hacienda insensiblemente. *R.* Perder mucha sangre; perderla toda. Sufrir hemorragia.

desanimar *tr.* Desalentar, acobardar. Amedrentar, abatir.

desanudar *tr.* Deshacer o desatar un nudo. Aclarar lo enmarañado.

desapacible *adj.* Que causa disgusto, enfado. Desagradable. Destemplado, duro.

desaparecer *tr.* Ocultar, quitar de delante con presteza alguna cosa. *Intr.* Ocultarse, quitarse de la vista con prontitud. Esconderse, retirarse.

desaparecido-a *adj. y s.* Individuo de ignorado paradero.

desapasionado-a *adj.* Falto de pasión, imparcial.

desapego *m.* Falta de afición o interés, desvío. Frialdad, tibieza.

desapercibido-a *adj.* Desprevenido, de lo necesario. Descuidado.

desapiadarse *r.* No tener lástima de la miseria ajena. Despiadarse.

desaplicación *f.* Falta de aplicación, ociosidad.

desapoyar *tr.* Quitar el apoyo con que se sostiene una cosa o persona.

desaprensión *f.* Falta de aprensión, miramiento, delicadeza, reparo.

desaprobar *tr.* Reprobar, no asentir a una cosa. Censurar, condenar, desechar.

desaprovechado-a *adj.* Que no adelanta. Que no produce el fruto o provecho debidos.

desaprovechar *tr.* Desperdiciar o emplear mal una cosa. *Intr.* Perder lo que se había adelantado. Malgastar, malbaratar.

desarbolar *tr.* Destruir o derribar los árboles o palos de una embarcación.

desarmador *m.* Que desarma. Disparador. En México, destornillador.

desarmar *tr.* Quitar o hacer entregar a una persona, cuerpo o plaza las armas que tiene. Separar las piezas de que se compone una cosa. Templar, minorar, desvanecer.

desarme *m.* Acción y efecto de desarmar o desarmarse. Limitar o reducir los armamentos de un Estado.

desarraigar *tr.* Arrancar de raíz un árbol o una planta. Extinguir, extirpar una pasión, vicio o costumbre. Desterrar a uno de donde vive.

desarraigar *tr.* Trastornar, desordenar, sacar de regla. Desvincular.

desarrollar *tr.* Descoger lo que está arrollado, deshacer un rollo. Dar incremento a una cosa. Explicar una teoría y llevarla a sus últimas consecuencias. Desenvolver, perfeccionar, ampliar. *R.* Evolucionar un órgano, organismo o especie. Hacer visible la imagen de una placa, papel o película fotográfica. Efectuar los cálculos necesarios para cambiar la forma de una expresión matemática. Trabajar una idea musical o literaria derivando de ella nuevas expresiones.

desarropar *tr. y r.* Quitar o apartar la ropa. Destapar, descubrir, desabrigar.

desarticular *tr.* Separar dos o más huesos articulados entre sí. Separar las piezas de una máquina o artefacto.

desarzonar *tr.* Hacer que el jinete salga violentamente de la silla.

desaseado-a *adj.* Falto de aseo. Sucio, mugriento, descuidado.

desasimilación *f.* Transformación de las materias nutritivas o la viviente en energía. Catabolismo.

desasir *tr.* y *r.* Soltar, desprender lo asido. Desprenderse de alguna cosa.

desasnar *tr.* Hacer perder la rudeza o rusticidad por medio de la enseñanza.

desasosiego *m.* Falta de sosiego. Desazón, inquietud, ansiedad.

desastrado-a *adj.* Infausto, infeliz. Persona rota y desaseada.

desastre *m.* Desgracia grande, suceso lamentable. Ruina, derrota, destrucción.

desatar *tr.* Desenlazar una cosa de otra. Soltar lo atado. Deshacer. Disolver. Excederse en el hablar. Proceder desordenadamente. Perder el temor.

desatascar *tr.* Sacar del atascadero. Desembarazar un conducto obstruido. Sacar a alguien de una dificultad.

desatención *f.* Falta de atención, distracción. Descortesía, falta de respeto. Desaire, desdén.

desatentar *tr.* Turbar el sentido o hacer perder el tiempo. Propasarse, obrar con poco concierto, hablar o proceder como frenético.

desatento-a *adj.* Persona que aparta la atención que debe a una cosa. Descortés, falto de urbanidad.

desatinar *tr.* Hacer perder el tino, desatentar. *Intr.* Decir o hacer desatinos. Perder el tino.

desatino *m.* Falta de tino, tiento o acierto. Locura, despropósito. Disparate, absurdo.

desatornillar *tr.* Destornillar.

desautorizar *tr.* Quitar a personas o cosas, autoridad, poder, estimación o crédito.

desavenencia *f.* Oposición, discordia, contrariedad. Desunión, desacuerdo.

desayunarse *r.* Tomar el desayuno. Tener la primera noticia de aquello que se ignoraba.

desayuno *m.* Alimento ligero que se toma por la mañana antes que otro alguno.

desazón *f.* Desabrimiento, falta de sabor y gusto. Falta de sazón en las tierras. Disgusto, pesadumbre. Molestia o inquietud interior. Desasosiego.

desbancar *tr.* Despejar, desembarazar un sitio de los bancos que lo ocupan. Ganar al banquero el dinero que puso en juegos de banca y de azar. Hacer perder la amistad, estimación o cariño de otra persona, en beneficio propio.

desbandarse *r.* Desparramarse, huir en desorden. Apartarse de la compañía de otros. Desertar. Dispersarse.

desbarajuste *m.* Desorden. Desconcierto, desarreglo.

desbaratar *tr.* Deshacer o arruinar una cosa. Disipar los bienes. *Intr.* Disparatar. *R.* Descomponerse. Estropearse.

desbarrancar *tr.* En México, hacer perder una buena posición. *R.* En América, caer de un lugar alto.

desbarrar *intr.* Tirar con la barra a cuanto alcance la fuerza. Discurrir fuera de razón. Errar en lo que se dice o hace. *Tr.* En América, quitar el barro.

desbastar *tr.* Quitar las partes bastas de una cosa que se haya de labrar. Gastar, disminuir, debilitar. Quitar lo basto y grosero de las personas rústicas.

desbloquear *tr.* Levantar el bloqueo de una cantidad o crédito.

desbocado-a *adj.* Pieza de artillería con boca más ancha que lo restante del ánima. Prenda de ropa con el cuello muy ensanchado por el uso. De boca mellada o gastada. Acostumbrado a decir palabras indecentes y desvergonzadas. Caballería insensible a la acción del freno.

desbordar *intr.* Salir de los bordes, derramarse. *R.* Exaltarse las pasiones o los vicios.

desboscar *tr.* En México, desembarazar o limpiar un terreno lleno de árboles y matas.

desbragado-a *adj.* Sin bragas. Descamisado, muy pobre; desharrapado.

desbravar *tr.* Amansar el ganado cerril. *Intr.* Perder parte de la braveza. Romperse, desahogarse el ímpetu de la cólera o de la corriente. Frenar.

desbrozar *tr.* Quitar la broza, desembarazar, limpiar.

descabalgar *intr.* Desmontar, bajar de una caballería.

descabellado-a *adj.* Dícese de lo que va fuera de orden, concierto o razón. Desatinado, disparatado, absurdo.

descabellar *tr.* Despeinar. Matar instantáneamente al toro hiriéndole en la cerviz con la punta de la espada.

descabezar *tr.* Quitar o cortar la cabeza. Cortar la parte superior o las puntas de algo.

descaecimiento *m.* Flaqueza, debilidad en el cuerpo o en el ánimo. Desaliento, desánimo.

descalabrar *tr.* Herir a uno en la cabeza. Herir o maltratar. Causar daño o perjuicio.

descalabro *m.* Contratiempo, infortunio, daño o pérdida. Desventura, derrota.

descalcificar o **decalcificar** *tr.* y *r.* Privar de sales de calcio al organismo, total o parcialmente.

descalificar *tr.* Privar de una calificación, hacer perder una cualidad. Inhabilitar.

descalzar *tr.* Quitar el calzado. Socavar. *R.* Perder las caballerías una o más herraduras.

descamarse *r.* Caerse la epidermis en forma de escamas.

descaminar *tr.* Sacar o apartar a uno del camino que debe seguir, o hacer de modo que yerre. Apartar a uno del buen propósito.

descamisado-a *adj.* Sin camisa. Muy pobre, desharrapado.

descampado-a *adj.* y *s.* Dícese del terreno o paraje desembarazado, descubierto, libre.

descansar *intr.* Cesar en el trabajo, reparar las fuerzas con la quietud. Tener algún alivio en los cuidados. Tener alivio o consuelo al comunicar a un amigo los males o trabajos. Reposar, dormir. Estar tranquilo en la confianza de los oficios o favor de otro. Estar una cosa asentada o apoyada sobre otra. Estar enterrado, reposar en el sepulcro.

descansillo *m.* Meseta en que terminan los tramos de una escalera.

descanso *m.* Quietud, reposo en el trabajo o fatiga. Causa de alivio en la fatiga y en los cuidados. Asiento. Sosiego, tregua, tranquilidad. Descansillo. Alto periódico en la marcha.

descantillar *tr.* Romper o quebrar las aristas o cantos. Desfalcar o rebajar algo de una cantidad.

descañonar *tr.* Quitar los cañones a las aves. Afeitar a contrapelo.

descapotar *tr.* Levantar o quitar la capota a un vehículo.

descarado-a *adj.* y *s.* Que habla u obra con desvergüenza, sin pudor ni respeto. Atrevido, desvergonzado, insolente.

descararse *r.* Hablar u obrar con desvergüenza o sin pudor.

descarga *f.* Acción y efecto de descargar. Aligeramiento. Pérdida de energía que sufre una pila eléctrica, acumulador o batería. Pérdida de líquido de un depósito. Disparo simultáneo de la tropa o policía. Salva. Andanada.

descargador *m.* El que tiene por oficio descargar mercancías. Estibador. Aparato que provoca la voladura de los explosivos.

descargar *tr.* Quitar o aliviar la carga. Disparar las armas de fuego. Anular la tensión eléctrica de un cuerpo. Dar con violencia algún golpe. *Intr.* Exonerar a uno de cargo u obligación. Deshocar los ríos, desaguar. Dar satisfacción los reos de los cargos que se les imputan.

descargo *m.* Acción de descargar, quitar o aliviar la carga. Data o salida que en las cuentas se contrapone al cargo o entrada. Satisfacción, excusa del cargo que se hace a alguno. Disculpa, defensa.

descarnado-a *adj.* Desnudo, enseñando las carnes. Flaco.

descarnar *tr.* Quitar al hueso la carne. Quitar la carne a la piel de un animal antes de curtirla.

descaro *m.* Desvergüenza, atrevimiento, insolencia, falta de respeto. Desfachatez.

descarriar *tr.* Apartar a uno del carril, echarlo fuera de él. *R.* Separarse o perderse una persona de aquellas con quienes iba en compañía. Apartarse de lo justo y razonable.

descarrilar *intr.* Salir fuera del carril. Perder el tino; salirse del asunto que se discute. Apartarse del camino recto.

descartar *tr.* Desechar una cosa o apartarla de sí. Suprimir, eliminar.

descascarar *tr.* Quitar la cáscara. En México y Chile, desconchar. *R.* Levantarse y caer la cáscara o superficie de algunas cosas.

descastado-a *adj.* Que manifiesta poco cariño a los parientes, o que no corresponde al cariño que le han demostrado. Desafecto, frío, indiferente. Ingrato.

descendencia *f.* Conjunto de hijos, nietos y demás generaciones sucesivas por línea recta descendente. Casta, linaje, estirpe. Sucesión, prole.

descender *intr.* Bajar, pasar a un lugar más bajo. Caer, fluir. Proceder de un principio o cosa común. Derivarse, proceder una cosa de otra.

descendiente *com.* Hijo, nieto o cualquiera persona que desciende de otra.

descenso *m.* Acción y efecto de descender. Bajada. Caída de un estado a otro inferior. Declinación, decadencia.

descentralizar *tr.* Transferir a diversas corporaciones u oficios parte de la autoridad que antes ejercía el gobierno supremo del Estado.

descentrar *tr.* Sacar una cosa de su centro.

desceñir *tr.* Desatar, quitar el ceñidor, faja u otra cosa que se trae alrededor del cuerpo.

descerrajar *tr.* Arrancar o violentar la cerradura de una puerta, cofre, escritorio, etc. Disparar uno o más tiros con arma de fuego.

descifrar *tr.* Aclarar lo que está escrito en cifra o en caracteres desconocidos. Penetrar o aclarar lo obscuro o intrincado.

desclavador *m.* Que desclava. Cincel de boca ancha para desclavar.

desclavar *tr.* Arrancar o quitar los clavos. Quitar o desprender una cosa del clavo con que está asegurada.

descoagular *tr.* Liquidar lo coagulado.

descocado-a *adj. y s.* Que muestra demasiada libertad y desenvoltura. Libre, desenvuelto, descarado.

descolgar *tr.* Bajar lo que está colgado. Quitar las colgaduras. *R.* Bajar escurriéndose por una cuerda u otra cosa. Ir bajando por una pendiente. Decir o hacer una cosa inesperada o intempestiva. Aparecer inesperadamente.

descolorar o **decolorar** *tr.* Quitar o amortiguar el color.

descolorido-a *adj.* De color pálido o bajo. Macilento, desvanecido.

descollar *intr.* Sobresalir. Resaltar, señalarse, distinguirse.

descombrar *tr.* Desembarazar un paraje de cosas o materiales que estorban. En México, escombrar.

descomedirse *r.* Faltar al respeto de obra o de palabra.

descompensar *tr.* Hacer perder la compensación, desequilibrar. Perder el corazón la compensación de una alteración valvular.

descomponer *tr.* Desordenar y desbaratar. Separar las partes que forman un compuesto. Indisponer los ánimos. *R.* Corromperse, entrar o hallarse un cuerpo en descomposición. Perder la serenidad, la compostura.

descompostura *f.* Descomposición. Desaseo, desaliño. Descaro. Desarreglo.

descompuesto-a *adj.* Inmodesto, descortés. En América, medio ebrio. Desareglado.

descomunal *adj.* Extraordinario, fuera de lo común, monstruoso, enorme. Gigantesco, inaudito.

desconcertar *tr.* Turbar, descomponer el orden y composición de una cosa. Sorprender, suspender el ánimo. Dislocar. *R.* Desavenirse. Hacer o decir las cosas sin serenidad ni miramiento.

desconchar *tr. y r.* Quitar a una pared parte de su enlucido o revestimiento, o el vidriado a una pieza de loza o porcelana.

desconectar *tr.* Interrumpir o cortar la corriente. Cortar un circuito separando los conductores.

desconfiar *intr.* No confiar, tener poca seguridad o esperanza.

descongelar *tr.* Deshelar, liquidar lo que está helado. Licuar.

descongestionar *tr.* Disminuir o quitar la congestión.

desconocer *tr.* No recordar, haber olvidado. No conocer o no reconocer una cosa como propia. Darse por desentendido. Mostrarse ingrato y esquivo. Ignorar.

desconocido-a *adj. y s.* Ignorado, no conocido antes. Ingrato.

desconsiderar *tr.* No guardar la consideración debida.

desconsolar *tr.* Privar de consuelo, afligir. Apesarar, acongojar.

descontagiar *tr.* Quitar el contagio, purificando una cosa apestada.

descontar *tr.* Rebajar una cantidad al tiempo de pagar una cuenta. Rebajar algo del mérito o virtudes. Dar por cierto o acaecido. Pagar una deuda no vencida aún, rebajando de su valor una cantidad convenida.

descontentadizo *adj. y s.* Que con facilidad se descontenta. Difícil de contentar.

descontentar *tr.* Disgustar, desagradar.

descorazonar *tr.* Arrancar, quitar, sacar el corazón. Desanimar, desmayar.

descorchar *tr.* Quitar o arrancar el corcho al alcornoque. Sacar el corcho que cierra una botella.

descornar *tr.* Quitar, arrancar los cuernos a un animal. *R.* Descalabrarse.

descorrer *tr.* Volver a correr el espacio que antes se había corrido. Plegar o reunir lo que estaba estirado. *Intr.* Correr o escurrir un líquido. Abrir.

descortesía *f.* Falta de cortesía.

descortezar *tr.* Quitar la corteza a un árbol, al pan, etc. Desbastar a las personas rústicas.

descoser *tr.* Soltar, desprender las puntadas. Descubrir algo indiscretamente. Desunir lo que estaba unido.

descosido-a *adj.* Desordenado, sin la trabazón correspondiente. *M.* Parte descosida de una prenda de vestir o de cualquier otro uso. Deshilvanado.

descoyuntar *tr.* Desencajar los huesos de su lugar. Molestar con pesadeces.

descrédito *m.* Disminución o pérdida de la reputación, o del valor y estima de las cosas. Mancilla, desdoro; deshonor.

descreído-a *adj. y s.* Incrédulo, falto de fe; sin creencia por haber dejado de tenerla.

descremado *m.* Separación de la crema o nata de la leche.

descremar *tr.* Quitar la crema, o la nata a la leche o a otros líquidos.

describir *tr.* Delinear, dibujar, representar una cosa. Hacerlo por medio del lenguaje. Pintar, reseñar, referir, trazar.

descripción *f.* Acción y efecto de describir. Relación, narración, relato.

descriptivo-a *adj.* Que describe. Dícese de la Geometría cuyas operaciones se efectúan en un plano y se representan en él las figuras de los sólidos.

descristianizar o **descristianar** *tr.* Apartar de la fe cristiana a un individuo o a un pueblo.

descuajar *tr.* Liquidar, descoagular, desunir lo condensado o cuajado. Arrancar de raíz o de cuajo plantas o malezas. Desarraigar.

descuartizar *tr.* Dividir un cuerpo haciéndolo cuartos. Hacer pedazos alguna cosa para repartirla.

descubierto *m.* Déficit. Acción y efecto de descubrir. Revelado.

descubrir *tr.* Manifestar, hacer patente. Destapar. Hallar lo que estaba ignorado o escondido. Registrar o alcanzar a ver. *R.* Quitarse el sombrero, gorra, etc. Ofrecer el enemigo un punto vulnerable.

descuento *m.* Acción y efecto de descontar. Rebaja, compensación de una parte de la deuda. Adquisición de valores endosables antes del vencimiento, con rebaja convenida por retribución.

descuidado-a *adj.* Omiso, negligente, falto de cuidado. Desaliñado. Desprevenido. Abandonado.

descuidar *tr.* Descargar a uno del cuidado u obligación que debía tener. *Intr.* No cuidar de las cosas o no poner en ellas atención o diligencia. Desatender.

descuido *m.* Omisión, negligencia, falta de cuidado. Acción reparable o desatención que desdice de aquel que la ejecuta. Desliz, tropiezo vergonzoso.

desde *prep.* Denota: el punto, en tiempo o lugar, de que procede una cosa. *Adv.* Después de.

desdecir *tr.* Negar la autenticidad de una cosa. *Intr.* Degenerar una persona o cosa de su origen, educación o clase. No convenir. Venir a menos. Desmentir. *R.* Retractarse de lo dicho.

desdén *m.* Indiferencia y desapego que denotan menosprecio.

desdentado-a *adj.* Que ha perdido los dientes. *M.* Dícese de los ma-

míferos que carecen de dientes incisivos y, a veces, de dentadura. Edentado.

desdeñar *tr.* Tratar con desdén. *R.* Tener a menos hacer o decir una cosa. Despreciar.

desdibujar *tr.* Esfumar, desvanecer, hacer borrosa una imagen. *R.* Perder una cosa la claridad y precisión de sus perfiles o contornos.

desdicha *f.* Desgracia, suerte adversa. Acontecimiento funesto. Pobreza, miseria. Infelicidad, desventura.

desdoblar *tr.* Extender lo que estaba doblado; descogerla. Separar los elementos de lo que estaba unido.

desdoro *m.* Deslustre, mancilla en la virtud, reputación o fama. Descrédito, mancha, baldón.

desear *tr.* Aspirar a algo con vehemencia. Anhelar que acontezca o deje de acontecer algo. Apetecer, ambicionar.

desecar *tr.* Secar, extraer la humedad.

desechar *tr.* Excluir, reprobar. Menospreciar, hacer poco caso y aprecio. Renunciar, no admitir una cosa. Expeler, arrojar. Apartar un pesar, temor o mal pensamiento. *Intr. americ.* Salvar un mal paso, atajar. Rechazar.

desecho *m.* Lo que queda después de haber escogido lo mejor. Cosa que ya no sirve. Desprecio, vilipendio. Residuo, sobra.

deselectrizar *tr.* Descargar de electricidad un cuerpo. Eliminar cargas eléctricas.

desembalar *tr.* Deshacer un fardo; quitar el forro o cubierta. Desempaquetar.

desembarazar *tr.* Quitar impedimentos. Dejar libre y expedito. Evacuar, desocupar. Exonerar de una obligación; librar de un apuro. *R.* Apartar de sí lo que incomoda o estorba.

desembarazo *m.* Despejo, desenfado. Soltura, desenvoltura. En América, parto de la mujer.

desembarcadero *m.* Lugar destinado para desembarcar. Andén de llegada en las estaciones.

desembarcar *tr.* Sacar de la nave y poner en tierra lo embarcado. *Intr.* Salir de una embarcación, de un carruaje, etc.

desembarco *m.* Acción de desembarcar, salir de una embarcación. Operación militar que realiza en tierra la dotación de un buque o las tropas que lleva.

desembargar *tr.* Quitar el impedimento o embarazo. Alzar el embargo o secuestro.

desembarque *m.* Acción y efecto de desembarcar mercancías o tropas.

desembarrancar *tr.* Sacar o salir a

flote una nave varada. *Intr.* Salir una nave de su encallamiento sin auxilios especiales.

desembebecerse *r.* Recobrarse de la suspensión y embargo de los sentidos.

desembocadura *f.* Paraje donde un río o canal desemboca en otro, en el mar o en un lago. Salida de una calle.

desembocar *intr.* Salir como por una boca o estrecho. Desaguar un río o canal. Tener una calle salida a otra, a una plaza o a otro lugar.

desembolsar *tr.* Sacar lo que está en la bolsa. Pagar o entregar dinero.

desembolso *m.* Entrega de dinero efectivo y de contado. Dispendio, erogación. Acto de desembolsar.

desembragar *tr.* Desconectar un mecanismo del eje motor.

desembravecer *tr.* Amansar, domesticar, quitar la braveza.

desembrollar *tr.* Desenredar, aclarar, desenmarañar.

desembuchar *tr.* Echar o expeler las aves lo que tienen en el buche. Decir cuanto se sabe y se tenía callado.

desemejanza *f.* Diferencia, diversidad.

desempacar *tr.* Sacar las mercancías de las pacas en que van. Abrir paquetes.

desempalmar *tr.* Deshacer los empalmes, como los de los conductores eléctricos.

desempapelar *tr.* Quitar a una cosa el papel que la envolvía o a una habitación el que revestía sus paredes. Deshacer el papel.

desempaquetar *tr.* Desenvolver lo que estaba en uno o más paquetes.

desempatar *tr.* Deshacer el empate. En México y Puerto Rico, desatar.

desempedrar *tr.* Arrancar las piedras de un empedrado. Pasear con mucha frecuencia por un lugar empedrado.

desempeñar *tr.* Sacar lo que estaba empeñado. Libertar a uno de empeños o deudas. Cumplir lo que uno debe o a lo que está obligado.

desempleo *m.* Desocupación o paro obligado de un cierto número de obreros o empleados.

desempolvar *tr.* Quitar el polvo. Reemprender lo que se tenía abandonado. En México, recobrar la pericia en algún arte o ciencia.

desencadenar *tr.* Quitar las cadenas al que está amarrado con ellas. Romper el vínculo de las cosas inmateriales. *R.* Romper o estallar con ímpetu y violencia.

desencajar *tr.* Sacar una cosa del lugar en que estaba encajada o trabada. Desfigurarse, descompo-

nerse el semblante, por enfermedad o por alguna pasión.

desencallar *tr.* Poner a flote una embarcación encallada.

desencaminar *tr.* Descaminar.

desencandilar *tr.* Despabilar, avivar, volver en sí. *R.* Moderarse, apaciguarse.

desencantar *tr.* Deshacer el encanto o ilusión.

desencapotar *tr.* Quitar el capote. Descubrir, manifestar. *R.* Despejarse el cielo, el horizonte. Aclarar. Deponer el ceño.

desencoger *tr.* Extender, estirar y dilatar lo doblado, arrollado o encogido. *R.* Esparcirse, perder el encogimiento.

desencorvar *tr.* Enderezar lo encorvado o torcido.

desencuadernar *tr.* Deshacer lo encuadernado.

desenchufar *tr.* Separar o extender lo que está enchufado.

desenfado *m.* Desahogo, desembarazo. Diversión o desahogo del ánimo. Desenvoltura, desparpajo.

desenfrenar *tr.* Quitar el freno. *R.* Desmandarse, entregarse a los vicios y maldades. Desencadenarse.

desenfreno *m.* Acción y efecto de desenfrenarse. Libertinaje, licencia.

desenfundar *tr.* Quitar la funda a una cosa. Sacar un arma.

desenganchar *tr.* Soltar, desprender lo que está enganchado. Quitar de un carruaje las caballerías de tiro.

desengañar *tr.* Hacer conocer el engaño o error. Quitar esperanzas o ilusiones.

desengaño *m.* Conocimiento de la verdad con que se sale del engaño o error. Efecto de ese conocimiento en el ánimo. *Pl.* Lecciones recibidas por una amarga experiencia. Desencanto, desilusión.

desengrasar *tr.* Quitar la grasa. *Intr.* Enflaquecer.

desenhebrar *tr.* Sacar la hebra de la aguja.

desenjaular *tr.* Sacar de la jaula. Poner en libertad.

desenlace *m.* Acción y efecto de desenlazar o desenlazarse.

desenlazar *tr.* Soltar los lazos. Dar desenlace a un asunto o a una dificultad. Desatar el nudo o enredo del poema dramático o del narrativo.

desenlutar *tr. y r.* Quitar o quitarse el luto.

desenmarañar *tr.* Desenredar, deshacer un enredo o maraña. Poner en claro.

desenmascarar *tr.* Quitar la máscara. Dar a conocer a una persona tal como es moralmente, descubriendo propósitos, sentimientos, etc., que procura ocultar.

desenmohecer *tr.* Limpiar, quitar el moho.

desenredar *tr.* Deshacer el enredo. Poner en orden. Salir de un empeño o lance. Desembrollar, desenmarañar.

desenrollar *tr.* Desarrollar.

desensartar *tr.* Deshacer la sarta; desprender lo ensartado. En América, desenhebrar una aguja.

desensillar *tr.* Quitar la silla a una caballería.

desentenderse *r.* Fingir que no se entiende una cosa; afectar ignorancia. Prescindir de un asunto o negocio; no tomar parte en él.

desenterrar *tr.* Exhumar, sacar lo que está debajo de tierra. Traer a la memoria lo olvidado y como sepultado en el silencio.

desentonar *tr.* Abatir el entono o humillar a alguien. *Intr.* Salir del tono y punto que compete. Desafinar. Incurrir en falta.

desentono *m.* Desproporción en el tono de la voz. Descompostura y descomedimiento en el tono de la voz.

desentorpecer *tr. y r.* Sacudir la torpeza o el pasmo. Hacer capaz al que antes era torpe.

desentrañar *tr.* Sacar, arrancar las entrañas. Penetrar en lo más hondo y recóndito de una materia. Esclarecer. *R.* Desapropiarse uno de cuanto tiene, dándoselo a otro, por amor o cariño.

desentumecer *tr.* Hacer que un miembro entorpecido recobre su agilidad.

desentumir *tr. y r.* Desentumecer.

desenvainar *tr.* Sacar de la vaina la espada u otra arma blanca. Sacar las uñas un animal que tiene garras. Desenfundar, extraer.

desenvoltura *f.* Desembarazo, desenfado. Desvergüenza. Facilidad o aplomo en el decir.

desenvolver *tr.* Desarrollar, descoger lo envuelto o arrollado. Descifrar o descubrir lo obscuro y enredado. Desarrollar, dar incremento a una cosa. *R.* Salirse de una dificultad. Manejarse, gobernarse.

deseo *m.* Aspiración al conocimiento o posesión de algo. Acción y efecto de desear. Ansia, anhelo, afán.

desequilibrado-a *adj.* Falto de equilibrio. Falto de sensatez y cordura, llegando a veces a parecer loco.

deserción *f.* Acción de desertar. Renuncia, apostasía, traición. Delito del militar o marino que abandona ilegalmente el cuerpo del que forma parte.

desertar *tr.* Desamparar, abandonar el militar sus banderas. Separarse o abandonar una causa o apelación.

desértico-a *adj.* Desierto. Propio, perteneciente o relativo al desierto.

desertor *m.* Militar que desampara su bandera. El que se retira de una opinión o causa, o de una concurrencia que solía frecuentar.

desesperación *f.* Pérdida total de la esperanza. Alteración extrema del ánimo causada por cólera, despecho o enojo.

desesperanzar *tr.* Quitar la esperanza. Quedarse sin esperanza.

desesperar *tr.* Desesperanzar. Impacientar, exasperar. *R.* Despecharse, intentando quitarse la vida o quitándosela en efecto. Importunar, enojar. Perder la esperanza.

desestimar *tr.* Tener en poco. Denegar, desechar. Rechazar.

desfachatez *f.* Descaro, desvergüenza.

desfalcar *tr.* Quitar parte de una cosa. Quedarse con un caudal que se tenía en custodia. Derribar a uno del favor o amistad que gozaba.

desfallecer *tr.* Causar desfallecimiento o disminuir las fuerzas. *Intr.* Descaecer perdiendo vigor, aliento y fuerzas. Debilitarse, desmayar.

desfallecimiento *m.* Disminución de ánimo, vigor y fuerzas. Desaliento.

desfavorable *adj.* Poco favorable, perjudicial, contrario, adverso.

desfigurar *tr.* Desemejar, afear la hermosura del semblante. Disfrazar y encubrir el semblante o las intenciones. Obscurecer e impedir que se perciban las formas y figuras. Deformar. Referir algo alterando sus verdaderas circunstancias. *R.* Inmutarse por un accidente o por alguna pasión del ánimo.

desfiladero *m.* Paso estrecho entre montañas.

desfilar *intr.* Marchar gente en fila. Salir unos tras otros de alguna parte. Marchar en orden y formación la tropa.

desflecar *tr.* Sacar flecos, destejiendo las orillas de una tela o cinta.

desflemar *intr.* Echar, expeler las flemas. Echar bravatas. *Tr.* Separar la flema de un líquido espirituoso. Remojar madera. Deflegmar.

desflorar *tr.* Ajar, quitar la flor o el lustre. Desvirgar. Tratar un asunto o materia superficialmente.

desfogar *tr.* Dar salida al fuego. Manifestar con vehemencia una pasión. Apagar la cal.

desfogue *m.* Acción y efecto de desfogar. En México, agujero en un conducto cubierto por donde se descarga el agua.

desfondar *tr.* Quitar o romper el fondo a un vaso o caja. Dar a la tierra labores profundas.

desgaire *m.* Desaliño, desaire en el manejo del cuerpo y acciones. Ademán con que se desprecia y desestima a una persona o cosa.

desgajar *tr.* Desgarrar, arrancar con violencia una rama. Despedazar, romper o deshacer una cosa unida y trabada.

desgalichado-a *adj.* Desaliñado, desgarbado. Descuidado.

desgana *f.* Inapetencia. Falta de aplicación; tedio, disgusto.

desgañitarse *r.* Esforzarse gritando o voceando.

desgañotar *tr.* En México y Puerto Rico, matar quitando el gañote.

desgarbado-a *adj.* Falto de garbo. Desvaído, desgalichado.

desgarbar *tr.* Rasgar, romper a viva fuerza. Destrozar.

desgarrón *m.* Rasgón o rotura grande del vestido o cosa semejante. Jirón.

desgastar *tr.* Quitar o consumir poco a poco, por el uso o el roce, parte de una cosa. Pervertir, viciar. Perder fuerza, vigor o poder. Debilitar.

desglosar *tr.* Quitar la glosa o nota a un escrito. Quitar algunas hojas a un documento, dejando nota o copia.

desgobernar *tr.* Perturbar y confundir el buen orden del gobierno. Dislocar, descoyuntar los huesos. descuidarse el timonel en el gobierno del timón.

desgobierno *m.* Desorden, falta de gobierno. Desconcierto, desbarajuste.

desgolletar *tr.* Quitar el gollete o cuello a una vasija. Aflojar o quitar la ropa que cubre el cuello.

desgracia *f.* Suerte adversa. Caso o acontecimiento adverso o funesto. Pérdida de gracia o favor. Falta de gracia o de maña. Desdicha, infortunio.

desgraciar *tr.* Desazonar, disgustar, desagradar. Echar a perder algo o a alguien o impedir su desarrollo. Malograrse.

desgranar *tr.* Sacar el grano. *R.* Soltarse las piezas ensartadas.

desgreñar *tr.* Descomponer, desordenar los cabellos. *R.* Andar a la greña.

desguarnecer *tr.* Quitar la guarnición de adorno. Quitar la fuerza de una cosa. Quitar las guarniciones a los animales de tiro. Desunir las piezas de un instrumento mecánico. Desamparar.

desguazar *tr.* Desbastar con el hacha un madero. Desbaratar o deshacer un buque total o parcialmente.

deshabitar *tr.* Dejar o abandonar la habitación. Dejar sin habitantes una población o un territorio.

deshabituar *tr.* y *r.* Hacer perder el hábito o la costumbre.

deshacer *tr.* Quitar la forma o figura a una cosa, descomponiéndola. Desgastar, atenuar. Derrotar, poner en fuga una tropa. Derretir, liquidar. Dividir, partir. Descomponer un tratado o negocio. *R.* Desbaratarse. Afligirse mucho. Estar impaciente o inquieto. Desaparecerse de la vista. Trabajar con ahinco y vehemencia. Estropearse gravemente. Destruir.

desharrapado-a *adj.* y *s.* Andrajoso, roto y lleno de harapos. Harapiento.

deshebrar *tr.* Sacar las hebras o hilos destejiendo una teia. Deshacer una cosa en partes muy delgadas. Separar las fibras de la carne.

deshecho-a *adj.* Impetuoso, fuerte, violento. En México, decaecido de insomnio, fatiga o cansancio.

deshelar *tr.* Liquidar lo que está helado. Licuarse la nieve.

desherbar *tr.* Quitar o arrancar las hierbas perjudiciales.

desheredar *tr.* Excluir a uno de la herencia expresamente y por causa legal.

deshidratar *tr.* y *r.* Privar a un cuerpo hidratado del agua que contiene. Perder los tejidos orgánicos cantidad considerable de su contenido normal de agua.

deshielo *m.* Acción y efecto de deshelar o deshelarse.

deshilachar *tr.* Sacar hilachas de una tela.

deshilar *tr.* Sacar los hilos de un tejido. Desflecar. Reducir a hilos.

deshilvanado-a *adj.* Sin enlace ni trabazón en el discurso o pensamiento.

deshinchar *tr.* Quitar la hinchazón. *R.* Deponer la presunción.

deshojar *tr.* Quitar las hojas a una planta o los pétalos a una flor.

deshollinar *tr.* Limpiar las chimeneas quitándoles el hollín.

deshonestidad *f.* Calidad de deshonesto. Dicho o hecho deshonesto. Impudicia, desvergüenza, procacidad.

deshonesto-a *adj.* Impúdico, falto de honestidad. No conforme a las ideas recibidas por buenas. Desvergonzado, procaz. Carente de honradez.

deshonor *m.* Pérdida del honor. Afrenta, deshonra. Oprobio, ignominia.

deshonorar *tr.* Quitar el honor. Quitar a uno su empleo, categoría o dignidad.

deshonra *f.* Pérdida de la honra. Cosa deshonrosa.

deshonrar *tr.* Quitar la honra. Injuriar. Escarnecer y despreciar.

Desflorar, forzar a una mujer. Afrentar, infamar, estuprar.

deshora *f.* Tiempo inoportuno, no conveniente.

deshuesar *tr.* Quitar los huesos a un animal.

desiderátum *m.* Objeto y fin de deseo vivo o constante. Lo más digno de ser apetecido en su línea.

desidia *f.* Negligencia, inercia. Descuido, incuria, dejadez.

desierto-a *adj.* Despoblado, inhabitado. Subasta, concurso o certamen en que nadie toma parte. *M.* Región desolada, extensa, de clima seco y suelo muy permeable y por tanto de vegetación muy pobre y discontinua

designar *tr.* Formar designio o propósito. Señalar o destinar una persona o cosa para determinado fin, Denominar, indicar. Elegir.

designio *m.* Pensamiento o propósito, intención, proyecto.

desigual *adj.* Que no es igual. Barrancoso, con quiebras y cuestas. Cubierto de asperezas. Dificultoso, arduo. Inconstante, vario, con altibajos.

desilusión *f.* Carencia o pérdida de las ilusiones. Desengaño, desencanto, decepción.

desilusionar *tr. y r.* Hacer perder a uno las ilusiones. Perder las ilusiones. Desengañarse.

desimanar *tr.* Desimantar.

desimantar *tr.* Hacer perder la imantación a un imán.

desinencia *f.* Manera de terminar las cláusulas. Letra o letras que siguen al radical de un vocablo; o que en la terminación indican el género y el número.

desinfectar *tr.* Quitar a una cosa la infección o el poder causarla, destruyendo los microbios patógenos o evitando su desarrollo.

desinflamar *tr.* Quitar la inflamación; hacer que se disuelva lo que está hinchado o inflamado.

desinflar *tr.* Quitar el aire o gas al cuerpo flexible que lo contenía.

desintegrar *tr.* Separar los diversos elementos que forman un todo. Destruir o viciar la integridad de una cosa. En América, perderse en un cuerpo deliberante el número que constituye el quórum.

desinterés *m.* Desapego y desprendimiento de todo provecho personal.

desinteresarse *r.* Perder uno el interés que tenía en alguna cosa.

desintonización *f.* Modificación de la frecuencia resonante de un circuito de resonancia, en forma que no coincida con la de la fuerza electromotora.

desintoxicar *tr.* Expulsar o neutralizar las substancias tóxicas.

desistir *intr.* Apartarse de una empresa o intento empezado a ejecutar. Renunciar, prescindir. Abdicar o abandonar un derecho.

desjarretar *tr.* Cortar las piernas por el jarrete. Debilitar a uno.

deslavar *tr.* Limpiar y lavar muy por encima. Quitar fuerza, color y vigor. Arrastrar la tierra el agua.

desleal *adj.* Que obra sin lealtad. Pérfido, traidor.

desleír *tr.* Disolver por medio de un líquido. Expresar ideas en forma desmayada y fría.

deslenguado-a *adj.* Mal hablado, desvergonzado. Lenguaraz, insolente.

desliar *tr.* Deshacer el lío. Desatar lo liado.

desligar *tr.* Desatar, soltar las ligaduras. Dispensar de una obligación contraída. Ejecutar los sonidos sueltos, picados, no ligados.

deslindar *tr.* Señalar y distinguir los términos de un lugar, comarca o heredad. Poner una cosa en sus propios términos, apurando y aclarándola. Fijar linderos.

desliz *m.* Acción y efecto de deslizar o deslizarse. Caso de debilidad o flaqueza. Falta, pecado. Resbalón, traspiés.

deslizar *intr.* Irse los pies por encima de una superficie lisa, mojada o helada; correr con celeridad un cuerpo sobre otro liso o mojado. Decir o hacer algo con descuido e indeliberadamente. Caer en una flaqueza. Resbalar, escurrirse.

deslomar *tr.* Quebrantar, romper o maltratar los lomos. En México, reducir la altura de los surcos al arar.

deslucir *tr.* Quitar la gracia, atractivo y lustre a una cosa. Desacreditar.

deslumbrar *tr.* Ofuscar la vista con exceso de luz. Dejar a uno dudoso y confuso, para que no conozca el designio o intento de otro. Impresionar con estudiado exceso de lujo.

deslustrar *tr.* Quitar el lustre. Quitar la transparencia al vidrio. Deslucir, desacreditar.

desmán *m.* Exceso, desorden, demasía en obras o palabras. Suceso infausto.

desmandar *tr.* Revocar la orden o mandato. Revocar la manda. *R.* Descomedirse, propasarse.

desmantelar *tr.* Echar por tierra los muros y fortificaciones de una plaza. Desamparar, abandonar una casa. Desarmar y desaparejar una embarcación.

desmañado-a *adj.* Falto de industria, destreza y habilidad.

desmañanarse *r.* En México, madrugar mucho contra la costumbre y sentirse molesto por esta causa.

desmarrido-a *adj.* Desfallecido, mustio, triste y sin fuerzas.

desmayado-a *adj.* Aplícase al color bajo y apagado. Muy hambriento.

desmayar *tr.* Causar desmayo. *Intr.* Perder el valor, desfallecer de ánimo. Acobardarse. *R.* Perder el sentido y el conocimiento.

desmayo *m.* Desaliento, desfallecimiento de las fuerzas, privación de sentido. Acción y efecto de desmayar o desmayarse.

desmedido-a *adj.* Desproporcionado, falto de medida, que no tiene término. Excesivo, desmesurado.

desmedirse *r.* Desmandarse, descomedirse o excederse.

desmedrar *tr.* Deteriorar. *Intr.* Descaecer, ir a menos.

desmejorar *tr. y r.* Hacer perder el lustre y perfección. *Intr.* Languidecer por pérdida de salud.

desmelenar *tr.* Descomponer y desordenar el cabello.

desmembrar *tr.* Dividir y apartar los miembros del cuerpo. Dividir o separar una cosa de otra.

desmemoriado-a *adj. y s.* Torpe de memoria o que la conserva sólo a intervalos; falto de ella.

desmentir *tr.* Decir a uno que miente. Sostener o demostrar la falsedad de un dicho o hecho. Proceder distintamente de lo que se esperaba de una persona. Rectificar.

desmenuzar *tr.* Deshacer una cosa dividiéndola en partes menudas. Examinar minuciosamente una cosa.

desmerecer *tr.* Hacerse indigno de premio, favor o alabanza. *Intr.* Perder una cosa parte de su mérito o valor. Ser una cosa inferior a otra.

desmesura *f.* Descomedimiento, falta de mesura.

desmesurado-a *adj.* Excesivo, mayor de lo común. Insolente. Enorme, extraordinario, exorbitante; desvergonzado.

desmigar o **desmigajar** *tr.* Hacer migajas una cosa; dividirla y desmenuzarla.

desmilitarizar *tr.* Quitar el carácter militar a alguna cosa u organización.

desmirriado-a *adj.* Flaco, extenuado, consumido.

desmochar *tr.* Quitar, cortar, arrancar o desgajar la parte superior de alguna cosa, dejándola mocha. Cortar parte de una obra.

desmografía *f.* Descripción anatómica de los ligamentos.

desmonetizar *tr.* Abolir el empleo de un metal para la acuñación de moneda. Quitar a la moneda su valor legal.

desmontar *tr.* Cortar en un monte árboles o matas. Deshacer un montón de tierra broza u otra cosa. Rebajar un terreno. Desarmar, separar las partes de una cosa. Deshacer un edificio o parte de él. Quitar la cabalgadura al que le corresponde tenerla. *Intr.* Echar pie a tierra.

desmoralizar *tr. y r.* Corromper las costumbres con malos ejemplos o doctrinas perniciosas. Descorazonar, desalentar.

desmorecerse *r.* Sentir con violencia una pasión. Perturbarse la respiración por el llanto o la risa excesivos.

desmoronar *tr.* Deshacer y arruinar poco a poco los edificios y las substancias de más o menos cohesión. *R.* Venir a menos, irse destruyendo los imperios, los caudales, el crédito, etc.

desmovilizar *tr.* Enviar a sus casas las tropas movilizadas. Licenciar, separar de filas.

desnacionalizar *tr. y r.* Hacer perder el carácter nacional.

desnatar *tr.* Quitar la nata a la leche o a otros líquidos. Escoger lo mejor de una cosa.

desnaturalizar *tr.* Privar a uno del derecho de naturaleza y patria. Variar la forma, propiedades o condiciones de una cosa.

desnivel *m.* Falta de nivel. Diferencia de alturas entre dos o más puntos.

desnivelar *intr.* Sacar de nivel. Desequilibrar.

desnucar *tr.* Sacar de su lugar los huesos de la nuca. *R. améric.* Romperse un instrumento cerca del mango.

desnudar *tr.* Quitar todo el vestido o parte de él. Despojar una cosa de lo que la cubre o adorna.

desnudez *f.* Calidad de desnudo. Pobreza, miseria, indigencia.

desnudo-a *adj.* Sin vestido. Muy mal vestido o indecente. Falto o despojado de lo que viste o adorna. Falto de recursos. Patente, sin rebozo ni doblez. Desprovisto de plumas, pelos, escamas, concha, hojas, etc. *M.* Figura humana desvestida o cuyas formas se perciben aunque esté vestida.

desnutrirse *r.* Depauperarse el organismo por trastorno de la nutrición.

desobedecer *tr.* No hacer uno lo que le ordenan las leyes o los superiores.

desobediente *adj.* Que desobedece. Propenso a desobedecer. Rebelde, inobediente; indisciplinado.

desocupación *f.* Falta de ocupación; ociosidad. Paro obligado de obreros por falta de demanda de mano de obra.

desocupar *tr.* Desembarazar un lugar, dejarlo libre. Sacar lo que hay dentro de alguna cosa. Dar a luz la mujer. *R.* Desembarazarse de un negocio u ocupación.

desodorante *adj.* Que destruye o encubre los olores molestos o nocivos.

desoir *tr.* Desatender, dejar de oir.

desolar *tr.* Asolar. *R.* Afligirse, angustiarse con extremo.

desoldar *tr.* y *r.* Quitar la soldadura.

desollar *tr.* Quitar la piel del cuerpo de un animal, o de alguno de sus miembros. Causar grave mal en la persona, honra o hacienda de alguien.

desorbitado-a *adj.* Salido de la órbita o marco habitual.

desorden *m.* Confusión y alteración del concierto propio de una cosa. Demasía, exceso. Trastorno, desbarajuste; alboroto, tumulto.

desordenar *tr.* Turbar, confundir y alterar el buen concierto de las cosas. *R.* Salir de regla, excederse. Desorganizar, revolver.

desorganizar *tr.* Desordenar en sumo grado, rompiendo las relaciones entre las diferentes partes de un todo.

desorientar *tr.* y *r.* Hacer perder la orientación o posición que se ocupa en un lugar o espacio. Extraviar, confundir. Despistar.

desosar *tr.* Deshuesar.

desovar *intr.* Soltar o poner las hembras de los animales sus huevos, especialmente cuando éstos son numerosos.

desove *m.* Acción y efecto de desovar. Epoca en que desovan las hembras de los peces y otros animales.

desoxidar *tr.* Quitar el oxígeno a una substancia. Quitar a un metal el óxido.

despabilar *tr.* Quitar la pavesa o parte ya quemada del pabilo o mecha. Robar, quitar ocultamente. Avivar el entendimiento o el ingenio. *R.* Sacudir el sueño.

despacio *adv.* Poco a poco, lentamente. En voz baja. Por tiempo dilatado. Paulatinamente. Pausadamente.

despachar *tr.* Abreviar y concluir un negocio u otra cosa. Resolver causas y negocios. Enviar a una persona a alguna parte. Dirigir o llevar una cosa a determinado lugar. Vender géneros o mercancías. Despedir a alguien. Matar. *Intr.* Darse prisa. Parir la mujer. *R.* Desembarazarse de una cosa.

despacho *m.* Acción y efecto de despachar. Aposento destinado a despachar negocios o para el estudio. Tienda o parte del establecimiento donde se venden determinados artículos. Comunicación escrita del gobierno a sus representantes. Expediente, resolución. Cédula, título o comisión para empleo o negocio. Comunicación telegráfica o telefónica.

despachurrar *tr.* Aplastar despedazando, estrujando o apretando con fuerza.

despampanante *adj.* Que desconcierta, deja atónito. Asombroso, pasmoso.

despanzurrar *tr.* Romper a uno la panza. Despachurrar, destripar, reventar.

desparejar *tr.* Deshacer una pareja. Sobresalir algo.

desparpajo *m.* Desembarazo y facilidad en el hacer o decir. Desenvoltura.

desparramar *tr.* Esparcir, extender por muchas partes lo que estaba junto. Disipar la hacienda, malbaratarla. *R.* Distraerse, divertirse desordenadamente.

despatarrar *tr.* Abrir excesivamente las piernas a uno. Llenar de miedo, espanto o asombro. *R.* Caerse al suelo, abierto de piernas.

despavorido-a *adj.* Lleno de pavor. Horrorizado, aterrado.

despectivo-a *adj.* Despreciativo. Altivo, desdeñoso. Aplícase a la palabra que echa a mala parte la significación del positivo de que procede.

despecho *m.* Malquerencia nacida de desengaños o desilusiones, humillaciones o repulsas. Desesperación.

despechugar *tr.* Quitar la pechuga. Mostrar el pecho o traerlo descubierto.

despedazar *tr.* Hacer pedazos una cosa. Maltratar o destruir. Destrozar.

despedir *tr.* Soltar, desprender, arrojar una cosa. Alejar a alguien, prescindiendo de sus servicios. Acompañar por algún rato a quien se va. Difundir o esparcir rayos, olores, etc. *R.* Decir algo afectuosamente al separarse de alguien.

despegar *tr.* Separar, desasir o desprender una cosa de otra a la que estaba pegada o junta. En México, desenganchar los caballos de tiro. *Intr.* Separarse del suelo o del agua el aeroplano al iniciar el vuelo. *R.* Desprenderse del afecto o afición a una persona o cosa, o de su compañía.

despejado-a *adj.* Que tiene desembarazo y soltura en su trato. De entendimiento claro y desembarazado. Espacioso, dilatado, ancho. Listo, inteligente; libre, desocupado; sereno, aclarado.

despejar *tr.* Desembarazar un sitio. Poner en claro. Alejar la pelota. *R.* Mostrar soltura en el trato. Aclararse, serenarse el tiempo. Separar por medio del cálculo una incógnita. Desalojar de un lugar a los que lo ocupan. Quitar obstáculos.

despeluzar o **despeluznar** *tr.* Descomponer el pelo de la cabeza, de la felpa, etc. Erizarse el cabello, generalmente por horror o miedo.

despeluznante *adj.* Que despeluzna. Pavoroso, horrible, espeluznante.

despellejar *tr.* Quitar el pellejo, desollar. Murmurar muy malamente de alguien.

despenar *tr.* Sacar a uno de pena. Consolar. Matar.

despensa *f.* Lugar en que se guardan las cosas comestibles. Provisión de las mismas.

despeñadero *adj.* Precipicio, lugar alto, peñascoso y escarpado. Riesgo y peligro a que uno se expone. Derrumbadero, barranco.

despeñar *tr.* y *r.* Precipitar una cosa desde un lugar alto y peñascoso o de una eminencia. Precipitarse ciegamente tras las pasiones, vicios o maldades.

despepitar *tr.* Quitar pepitas o semillas de algún fruto. *R.* Hablar o gritar con vehemencia o con enojo. Decir algo que se callaba.

despercudir *tr.* Limpiar o lavar lo percudido.

desperdiciar *tr.* Malbaratar o gastar mal una cosa. No aprovechar debidamente una cosa. Desaprovechar.

desperdicio *m.* Derroche de bienes. Residuo de lo que no se puede aprovechar o se deja de utilizar por descuido.

desperdigar *tr.* Separar, desunir, esparcir.

desperezarse *r.* Extender y estirar los miembros para sacudir la pereza o librarse del entumecimiento.

desperfecto *m.* Leve deterioro. Falta que deteriora algún tanto el valor, la utilidad y la buena apariencia de las cosas. Avería, detrimento.

despernado-a *adj.* Cansado, fatigado y harto de andar.

despertador-a *adj.* Que despierta. *M.* Persona que tiene el cuidado de despertar a otras. Reloj que a la hora en que se dispuso suena un timbre o campana para despertar al que duerme o dar otro aviso.

despertar *tr.* Cortar, interrumpir el sueño al que duerme. Recordar algo olvidado. Hacer que uno vuelva sobre sí y recapacite. Mover,

excitar. *Intr.* Dejar de dormir. Hacerse más advertido y avisado. Despabilarse.

despiadado-a *adj.* Impío, inhumano. Cruel.

despido *m.* Despedida.

despierto-a *adj.* Que no está dormido. Avisado, vivo; listo, astuto.

despilfarrar *tr.* Consumir el caudal en gastos desarreglados; malgastar, malbaratar. Derrochar, dilapidar.

despintar *tr.* Borrar o raer lo pintado. Desfigurar o desvanecer una cosa.

despiojar *tr.* y *r.* Quitar o quitarse los piojos. Sacar a uno de miseria.

despistar *tr.* y *r.* Perder la pista, o hacerla perder.

desplante *m.* Postura irregular en la danza y en la esgrima. Dicho o hecho arrogante. Ademán de arrogancia del torero ante el toro.

desplazamiento *m.* Acción y efecto de desplazar. Peso y volumen de aire desplazado por un globo. Desviación o separación de una magnitud física de su posición normal. Espacio que ocupa en el agua el casco de un buque.

desplazar *tr.* Desalojar el buque un volumen de agua igual al de la parte de su casco sumergida, y cuyo peso es igual al peso total del buque; o de otro cuerpo sumergido en un fluido. Echar a alguien de un sitio o empleo, para colocarse en su lugar; es galicismo.

desplegar *tr.* Desdoblar, extender lo plegado. Hacer patente lo que estaba obscuro o poco inteligible. Poner en práctica una actividad, o manifestar una cualidad. Hacer pasar las tropas al orden abierto.

desplomar *tr.* Hacer que algo pierda la posición vertical. *R.* Caerse algo por no estar en posición vertical, o por vicio de su base. Caer a plomo una cosa de gran peso. Caerse sin vida o sin conocimiento una persona. Perderse, arruinarse.

desplumar *tr.* Quitar las plumas al ave. Quitar sus bienes a otro; ganarle todo el dinero en el juego.

despoblado *m.* Desierto, yermo, sitio no poblado.

despoblar *tr.* Reducir a yermo o desierto lo que estaba poblado o habitado. Despojar un sitio de lo que hay en él. *R.* Salirse el vecindario con ocasión de una diversión o novedad. Abandonar un pueblo sus habitantes.

despojar *tr.* Privar a uno de lo que tiene. *R.* Desnudarse o quitarse las vestiduras. Desposeerse de una cosa voluntariamente.

despojo *m.* Acción y efecto de despojar o despojarse. Presa, botín del vencedor. vientre, asadura, cabeza y manos de las reses muertas. Alones, molleja, patas, pescuezo y cabeza de las aves muertas. Lo perdido por tiempo, muerte u otros accidentes. *Pl.* Sobras, residuos. Restos mortales.

despolarizar *tr.* Destruir o reducir un estado de polarización.

despopularizar *tr.* Privar a una persona o cosa de la popularidad.

desportillar *tr.* Deteriorar o maltratar una cosa haciendo portillo o abertura, al separarse fragmentos o astillas.

desposado-a *adj. y s.* Recién casado. Esposado, aprisionado con esposas.

desposar *tr.* Autorizar el sacerdote el matrimonio. *R.* Contraer esponsales. Contraer matrimonio.

desposeer *tr.* Privar a uno de lo que posee. *R.* Renunciar alguno a lo que posee. Desapropiarse.

desposorio *m.* Promesa mutua de contraer matrimonio que el hombre y la mujer se hacen.

despostillar *tr.* En México, desportillar.

déspota *m.* Soberano absoluto. Persona que abusa de su poder o autoridad para con sus súbditos o inferiores.

despotismo *m.* Autoridad absoluta; no limitada por las leyes. Abuso de superioridad, poder o fuerza. Poder del déspota. Tiranía, absolutismo.

despotricar *intr.* Hablar sin consideración ni reparo todo lo que a uno se le ocurre.

despreciar *tr.* Desestimar y tener en poco. Desdeñar o desairar.

desprecio *m.* Desestimación, falta de aprecio. Desaire, desdén.

desprender *tr.* Desunir, desatar lo que estaba fijo y unido. *R.* Desapropiarse de una cosa. Deducirse, inferirse.

desprendimiento *m.* Acción de desprenderse trozos de una cosa. Desapego. Larguerza, desinterés.

despreocupado-a *adj.* Que no sigue o hace alarde de no seguir las creencias, opiniones y usos generales. Indiferente.

despreocuparse *r.* Salir o librarse de una preocupación. Apartar de una persona o cosa la atención o el cuidado.

desprestigiar *tr.* Quitar el prestigio. Difamar, desacreditar, denigrar.

desprevenido-a *adj.* Desapercibido, desproveído, falto de lo necesario.

desproporción *f.* Falta de la proporción debida.

despropósito *m.* Dicho o hecho fuera de tiempo, de sentido o de conveniencia. Desatino, disparate, dislate.

desprovisto-a *adj.* Falto de lo necesario. Necesitado, privado.

después *adv.* Denota: posterioridad de tiempo, lugar o situación; en el orden, jerarquía o preferencia. Seguidamente, luego, posteriormente.

despuntar *tr.* Quitar o gastar la punta. En México, cortar al ganado las puntas de los cuernos. *Intr.* Empezar a brotar las plantas y los árboles. Manifestar agudeza o ingenio. Adelantarse, descollar. Empezar a amanecer.

desquebrar *tr.* Quebrar, hender alguna cosa, hacerle grietas.

desquiciado-a *adj.* Desordenado. Chiflado, loco. Fuera de lugar.

desquiciar *tr.* Desencajar, sacar de quicio. Quitar la firmeza a una cosa. Quitar a una persona la seguridad y apoyo.

desquijerar *tr.* Rasgar la boca dislocando las quijadas.

desquitar *tr. y r.* Restaurar la pérdida; reintegrarse de lo perdido. Tomar satisfacción, desquite o venganza. Resarcirse.

desratizar *tr.* Limpiar de ratas un paraje.

destacamento *m.* Porción de tropa destacada.

destacar *tr.* Sacar del cuerpo principal una porción de tropa con algún fin especial. Sobresalir, descollar; es galicismo. Hacer resaltar los objetos de un cuadro pictórico. Subravar.

destajo *m.* Obra u ocupación que se ajusta por un tanto alzado.

destapar *tr.* Quitar la tapa. Descubrir lo tapado quitando la cubierta. *Intr.* En México, arrancar a correr los animales.

destaponar *tr.* Quitar el tapón.

destartalado-a *adj.* Descompuesto, desproporcionado y sin orden.

destazar *tr.* Hacer piezas o pedazos.

destejer *tr.* Deshacer lo tejido. Desbaratar lo dispuesto y tramado.

destellar *tr.* Despedir destellos o emitir rayos, chispazos, ráfagas de luz, intensos y de breve duración. Centellear.

destello *m.* Acción de destellar, despedir destellos. Resplandor vivo y efímero. Manifestación brillante de talento o ingenio.

destemplado-a *adj.* Falto de temple o de mesura. Enfermizo. Desafinado, disonante. Disconforme en tonos de color. Inclemente.

destemplanza *f.* Intemperie, desigualdad del tiempo. Exceso en los afectos y en el uso de algunas cosas. Sensación general de malestar. Falta de ponderación, alteración en las palabras o acciones.

destemplar *tr.* Alterar la armonía, el buen orden. Poner en infusión. *Intr.* Sentir malestar. Perder el temple algunos metales. Descomponerse, perder la moderación. En América. sentir dentera.

desteñir *tr.* Quitar el tinte; borrar a apagar los colores. Decolorar, despintar.

desternillarse *r.* Romperse las ternillas. Reir con fuerza.

desterrar *tr.* Echar a uno por justicia de un territorio o lugar. Apartar de sí. Deportar, relegar; desechar, rechazar.

destetar *tr.* Hacer que dejen de mamar los niños o las crías de los animales. Apartar a los hijos del regalo de su casa cuando se los pone en carrera.

destiempo. Modo adverbial: a destiempo, fuera de tiempo, sin oportunidad.

destierro *m.* Expulsión en justicia de un lugar o territorio. Efecto de estar desterrado. Lugar en que vive el desterrado.

destilar *tr.* Separar por medio del calor una substancia volátil de otras más fijas, enfriando luego su vapor. Filtrar. *Intr.* Correr gota a gota.

destinar *tr.* Señalar una cosa para algún fin o efecto. Designar el lugar en que uno ha de servir el empleo, cargo o comisión. Designar la ocupación o empleo en que ha de servir una persona.

destinatario-a *m.* y *f.* Persona a quien va dirigida o destinada alguna cosa.

destino *m.* Encadenamiento de sucesos considerado como necesario y fatal. Señalamiento de una cosa para un determinado fin. Empleo, ocupación. Lugar en que se ejercita. Lugar a donde va dirigido un viajero o un envío.

destituir *tr.* Privar a alguien de alguna cosa. Separar a uno de su cargo como corrección disciplinaria. Desposeer, deponer, exonerar.

destornillar *tr.* Sacar un tornillo dándole vueltas. *R.* Desconcertarse hablando u obrando sin juicio ni seso.

destral *f.* Hacha pequeña que se maneja con una sola mano.

destreza *f.* Habilidad y arte con que se hace alguna cosa. Maestría, maña.

destripar *tr.* Quitar o sacar las tripas. Sacar lo interior de una cosa. Despachurrar. En México, abandonar los, estudios.

destripaterrones *m.* Gañán o jornalero que cava o ara la tierra.

destronar *tr.* Deponer y privar del reino a uno; echarle del trono. Quitar a uno su preponderancia.

destroncar *tr.* Tronchar un árbol por el tronco. Cortar o descoyuntar el cuerpo o parte de él. Arruinar a uno. Rendir de fatiga o de insomnio. Truncar, interrumpir algo. En México y Chile, arrancar plantas por el pie. En México, cansar con exceso a los animales.

destrozar *tr.* Despedazar, hacer trozos una cosa. Estropear, deteriorar. Aniquilar, causar gran quebranto moral. Derrotar al enemigo con muchas pérdidas.

destrucción *f.* Acción y efecto de destruir. Ruina, asolamiento, pérdida grave. Devastación. Desolación.

destructor-a *adj.* y *s.* Que destruye. Nave de guerra de poco desplazamiento y mucha velocidad, armada de torpedos y cañones de mediano calibre, para exploración y vigilancia.

destruir *tr.* Deshacer, arruinar o asolar. Deshacer, inutilizar. Quitar a uno los medios de vida o estorbarle para que los adquiera. Malgastar. Aniquilar. Anularse mutuamente dos cantidades iguales y de signo contrario.

desuello *m.* Acción y efecto de desollar. Desvergüenza, descaro, osadía.

desuncir *tr.* Quitar las bestias del yugo.

desunificar *tr.* Desunir, apartar, separar, disolver.

desunir *tr.* Apartar, separar una cosa de otra. Introducir discordia. Dividir.

desusado-a *adj.* Falto de uso; que no se usa, que no se acostumbra. Inusitado, extraño.

desvaído-a *adj.* Dícese de la persona alta y desgarbada. Color bajo y como disipado.

desvainar *tr.* Sacar los granos de las vainas en que se crían.

desvairse *tr.* Adelgazarse un objeto hasta treminar en punta.

desvalido-a *adj.* Desamparado, sin ayuda ni socorro. Inerme.

desvalijar *tr.* Quitar o robar el contenido de una maleta o valija. Despojar de dinero o bienes mediante robo, engaño, juego, etc.

desvalorizar *tr.* Hacer perder su valor a una cosa.

desván *m.* Parte más alta de una casa, inmediata al tejado. Buhardilla, sotabanco, chiribitil.

desvanecer *tr.* Disgregar las partículas de un cuerpo en otro. Inducir a presunción o vanidad. Deshacer o anular. Quitar de la mente un deseo, un recuerdo. etc. *R.* Atenuarse gradualmente los colores. Evaporarse. Turbarse la cabeza por un vahído; perder el sentido.

desvanecimiento *m.* Acción y efecto de desvanecerse. Presunción, altanería. Debilidad, flaqueza, perturbación del sentido. Desmayo, mareo, vértigo, vahido. Reducción periódica de la intensidad de un campo radioeléctrico.

desvariar *intr.* Delirar, decir locuras o despropósitos.

desvarío *m.* Dicho o hecho fuera de concierto. Delirio, pérdida de la razón. Capricho, disparate.

desvelar *tr. y r.* Impedir el sueño, quitarlo, no dejar dormir. R. Poner cuidado y atención en lo que se tiene a cargo, se desea hacer o conseguir.

desvencijar *tr.* Aflojar, desunir las partes de una cosa.

desventaja *f.* Mengua que se nota por comparación de dos cosas, personas o situaciones.

desventura *f.* Desgracia, suerte adversa; acontecimiento funesto; motivo de aflicción. Infortunio.

desventurado-a *adj. y s.* Desgraciado, desafortunado. Cuitado, sin espíritu. Avariento, miserable.

desvergonzado-a *adj.* Que habla u obra con desvergüenza. Atrevido, insolente, descarado. Cínico.

desvergonzarse *r.* Descomedirse, insolentarse faltando al respeto y hablando con demasiada libertad y descortesía.

desvergüenza *f.* Falta de vergüenza, insolencia; descarada ostentación de faltas y vicios. Dicho o hecho impúdico o insolente.

desvestir *tr. y r.* Desnudar o desnudarse.

desviación *f.* Acción y efecto de desviar o desviarse. Separación lateral de un cuerpo de su posición media. Separación de la aguja imantada del plano del meridiano magnético. Cambio de una estructura, disposición anatómica o actividad normales. Carretera exterior para desviar el tránsito.

desviar *tr.* Apartar, separar o alejar de lugar o camino. Disuadir de una intención, propósito o dictamen.

desvincular *tr.* Sacar del perpetuo dominio de una familia los bienes sujetos a él. Desamortizar. En América, deshacer el vínculo moral o material.

desvío *m.* Desviación. Desapego, desagrado.

desvirtuar *tr.* Quitar la virtud, substancia o vigor. Adulterar, mixtificar.

desvitalizar *tr.* Quitar la vitalidad o destruirla.

desvivirse *r.* Mostrar vivo interés, solicitud o amor por una persona o cosa.

detall *m.* Oficina administrativa de una unidad militar. Al detall: al por menor.

detallar *tr.* Tratar, referir una cosa por partes, circunstanciadamente. Puntualizar, particularizar.

detalle *m.* Pormenor, relación, cuenta o lista circunstanciada. Aspecto concreto de una obra, problema, cuestión, etc.

detallista *com.* Persona que cuida mucho los detalles; dícese en especial de los pintores. Comerciante que vende al por menor.

detección *f.* Demodulación.

detective *m.* Agente de policía secreta, generalmente de carácter particular.

detector *m.* Aparato para comprobar la continuidad de los circuitos eléctricos; para recoger una onda electromagnética o acusar la existencia de la misma. Demodulador o rectificador de frecuencia.

detención *f.* Acción y efecto de detener o detenerse. Dilatación, tardanza, prolijidad. Privación de la libertad; arresto provisional. Demora, retraso; parada. Aprehensión.

detener *tr.* Suspender una cosa, impedir que adelante. Arrestar, poner en prisión. Retener, conservar o guardar. R. Retardarse o ir despacio. Pararse a considerar alguna cosa. Aprehender.

detenido-a *adj. y s.* Minucioso. Embarazado, de poca resolución. Escaso, miserable. Arrestado, privado de libertad. Preso.

detentar *tr.* Retener uno sin derecho lo que manifiestamente no le pertenece.

detergente *adj. y s.* Que limpia o purifica. Disolvente para quitar el polvo, la pintura, limpiar tejidos y objetos diversos.

deteriorar *tr.* Estropear, menoscabar. Dañar, averiar, perjudicar.

deterioro *m.* Acción de deteriorar o deteriorarse. Desperfecto, avería, detrimento, merma, menoscabo.

determinación *f.* Acción y efecto de determinar o determinarse. Osadía, valor. Eliminación de toda ambigüedad. Fijación de la naturaleza o límite de un objeto. Decisión, resolución. Acuerdo.

detestable *adj.* Abominable, execrable, aborrecible. Odioso, infame.

detonación *f.* Acción y efecto de detonar. Tiro, disparo, estampido.

detonar *tr.* Dar estampido, trueno, estallido.

detractor-a *adj. y s.* Maldicente o infamador. Calumniador, difamador.

detraer *tr.* Restar, substraer, apartar o. desviar. Infamar, denigrar. Calumniar.

detrás *adv.* En la parte posterior, o con posterioridad de lugar, o en sitio delante del cual esta una persona o cosa. En ausencia.

detrimento *m.* Destrucción leve o parcial. Quebranto de salud o de intereses. Daño moral. Perjuicio. Menoscabo.

detrito *m.* Resultado de la descomposición de una masa sólida en partículas.

deuda *f.* Obligación de pagar, satisfacer o reintegrar a otro una cosa, por lo común dinero. Lo que se debe. Pecado, culpa, ofensa. Compromiso, deber, adeudo.

deudo-a *m.* Pariente. Allegado. M. Parentesco.

deudor-a *adj. y s.* Que debe, obligado a satisfacer una deuda. Cuenta en que se ha de anotar una cantidad en el debe.

deuterio *m.* Isótopo del hidrógeno: hidrógeno pesado.

deuterón *m.* Atomo de deuterio, ionizado por la pérdida de su electrón.

deuteropatía *f.* Enfermedad derivada de otra afección.

devaluación *f.* Pérdida de valor de la moneda de papel y reducción del valor legal de la moneda depreciada.

devanar *tr.* Arrollar hilo en ovillo o carrete.

devaneo *m.* Delirio, desatino. Distracción o pasatiempo vano o reprensible. Amorío pasajero.

devastar *tr.* Destruir un territorio arrasando sus edificios o asolando su campos. Destruir. Desolar.

devengar *tr.* Adquirir derecho a alguna percepción o retribución.

devenir *intr.* Sobrevenir, suceder, acaecer. Llegar a ser. Convertirse.

devoción *f.* Amor, veneración y fervor religiosos. Manifestación externa de estos sentimientos. Inclinación, afición especial.

devocionario *m.* Libro que contiene varias oraciones para uso de los fieles.

devolución *f.* Acción y efecto de devolver.

devolver *tr.* Volver una cosa al estado que tenía. Restituirla a la persona que la tenía. Corresponder a un favor o a un agravio. Vomitar.

devorar *tr.* Tragar con ansia y apresuradamente. Consumir, destruir. Consagrar atención ávida a una cosa.

devotería *f.* Beatería, acto de falsa devoción.

devoto-a *adj. y s.* Dedicado con fervor a obras de piedad y religión. Imagen, templo o lugar que mueve a devoción. Afecto, aficionado a una persona.

dextrina *f.* Substancia de composición análoga a la del almidón, cuyas soluciones desvían la luz polarizada, substitutiva de la goma.

dextrorso-a *adj.* Que se mueve hacia la derecha.

dextrosa *f.* Glucosa.

deyección *f.* Materia expelida o eliminada como residuo o detrito de alguna cosa. Defecación de los excrementos. Los excrementos mismos.

deyector-a *adj.* Aparato para impedir la incrustación que de ordinario se produce en las calderas.

día *m.* Tiempo que el Sol emplea en dar aparentemente una vuelta alrededor de la Tierra. Tiempo que dura la claridad del Sol sobre el horizonte. Tiempo que hace. Cumpleaños. Momento, ocasión. Vida. Festividad del santo de una persona. Onomástico.

diabetes *f.* Enfermedad del metabolismo por falta de insulina.

diablito *m.* Persona disfrazada de diablo. En México, aparato para impedir que corra el contador de las instalaciones eléctricas.

diablo *m.* Nombre general de los ángeles arrojados al abismo, y de cada uno de ellos. Persona de mal genio, o muy traviesa, temeraria y atrevida. Persona muy fea; astuta, sagaz.

diablura *f.* Travesura; acción temeraria.

diabólico-a *adj.* Perteneciente o relativo al diablo. Enrevesado, muy difícil; muy malo. Satánico, infernal.

diácono *m.* Ministro de grado inmediato al sacerdocio. Orden mayor que consagra a una persona al servicio del altar.

diacrítico-a *adj.* Dícese del signo ortográfico que indica algún valor especial de una letra; crema, diéresis. Acento que se emplea para distinguir el valor gramatical de una palabra escrita con las mismas letras que otra. Signo o signos característicos de una enfermedad que la distinguen de otra.

diadema *f.* Faja o cinta blanca, emblema de la dignidad real. Arco que cierra la parte superior de algunas coronas. Corona; aureola. Adorno femenino de la cabeza en forma de media corona abierta por detrás.

diáfano-a *adj.* Dícese del cuerpo totalmente transparente.

diaforesis *f.* Sudación abundante.

diafragma *m.* Músculo que separa la cavidad del pecho de la del vientre. Interceptor de comunicación entre dos partes de un aparato o de una máquina. Lámina vibrante que produce o intensifica sonidos. Pantalla con abertura graduable que limita el haz de rayos que se utiliza en un aparato o disposición instrumental.

diagnosticar *tr.* Determinar el carácter de una enfermedad mediante el examen de sus signos.

diagnóstico *m.* Conjunto de signos para fijar el carácter peculiar de una enfermedad. Calificación médica de una enfermedad. Determinación de las especies biológicas.

diagonal *f.* Línea recta que en un polígono va de un vértice a otro no inmediato; en un poliedro, une dos vértices no situados en la misma cara.

diagrama *m.* Dibujo geométrico para demostrar una proposición, resolver un problema o expresar gráficamente la ley de variación de un fenómeno. Esquema.

dialéctica *f.* Arte del diálogo y de la discusión. Arte de clasificar los conceptos para examinarlos o discutirlos.

dialecto *m.* Variedad regional de una lengua o idioma.

diálogo *m.* Plática entre dos o más personas.

diamagnético-a *adj.* Dícese de la substancia cuya permeabilidad magnética es menor que la unidad y que repelen los imanes.

diamante *m.* Piedra preciosa constituida por carbono puro nativo cristalizado.

diamantino-a *adj.* Perteneciente o relativo al diamante. Duro, persistente, inquebrantable.

diamantista *com.* Persona que labra o engasta diamantes y otras piedras preciosas; o que los vende.

diámetro *m.* Línea recta que pasa por el centro del círculo y termina por ambos extremos en la circunferencia. Eje de la esfera.

diana *f.* Toque militar al romper el día. Punto central de un blanco de tiro. En México, toque musical en obsequio de alguien.

diantre *m.* Eufemismo por diablo.

diapasón *m.* Barra de acero en forma de horquilla destinada a producir una nota pura.

diapositiva *f.* Positiva en vidrio o celuloide observable o proyectable por transparencia.

diario-a *adj.* Correspondiente a todos los días. *M.* Relación histórica de lo ocurrido día a día. Periódico que se publica todos los días. Valor o gasto de lo que se emplea cada día y lo que se gasta y come cada día. En México, diariamente.

diarista *com.* Persona que compone o publica un diario.

diarrea *f.* Síntoma morboso consistente en evacuaciones de vientre líquidas y frecuentes.

diartrosis *f.* Articulación movible.

diáspora *f.* Dispersión de los judíos por el mundo. Conjunto de comunidades hebreas en el seno de diversas poblaciones.

diástole *f.* Movimiento de dilatación del corazón al penetrar la sangre en él. Dilatación de las arterias al paso de la sangre.

diatermia *f.* Producción de calor en los tejidos orgánicos mediante corrientes eléctricas.

diatomea *f.* Vegetal unicelular acuático con cubierta o caparazón silíceo bivalvular, con hermosos relieves.

diatónico-a *adj.* Género del sistema músico que procede por los tonos y un semitono.

diatriba *f.* Discurso o escrito violento e injurioso contra personas o cosas.

dibujar *tr.* Delinear en una superficie y sombrear imitando la figura de un cuerpo. Describir con propiedad. *R.* Indicarse o revelarse lo callado u oculto.

dibujo *m.* Arte, o acción y efecto de dibujar o delinear. Figura y disposición de lo dibujado. Trazo, esbozo.

dicacidad *f.* Agudeza y gracia en zaherir con palabras. Mordacidad ingeniosa.

dicción *f.* Palabra. Manera de hablar, escribir o pronunciar.

diccionario *m.* Libro en que por orden alfabético se contienen y explican las dicciones o voces de uno o más idiomas, o las de una materia determinada. Vocabulario, léxico.

diciembre *m.* Duodécimo y último mes del año, de 31 días.

dicotiledóneo-a *adj. y s.* Planta en que el brión tiene dos cotiledones dispuestos lateralmente.

dictado *m.* Título o calificativo aplicado a una persona. Acción de dictar. Materia de un escrito. *Pl.* Inspiraciones o preceptos de la razón o de la conciencia.

dictador *m.* Persona que asume los distintos poderes del Estado y ejerce una autoridad omnímoda y arbitraria.

dictadura *f.* Cargo de dictador. Tiempo que dura. Gobierno que asume las funciones íntegras de la soberanía.

dictáfono *m.* Aparato en que se graba un dictado que luego puede transcribirse.

dictamen *m.* Opinión y juicio que se forma o emite sobre alguna cosa. Concepto, sentencia. Informe acerca de una consulta planteada.

dictaminar *intr.* Dar dictamen u opinión sobre una cosa. Orientar, asesorar.

díctamo *m.* Planta labiada de hojas blandas y gruesas y flores en espiga; ornamental. Planta rutácea de hojas ovaladas y flores en racimos terminales, que produce un aceite volátil usado en perfumería y Medicina.

dictar *tr.* Decir uno algo con las pausas convenientes para que otro las vaya escribiendo. Dar, expedir o pronunciar leyes, fallos, preceptos, etc. Inspirar, sugerir.

dictatorial *adj.* Perteneciente al cargo de dictador. Poder absoluto, arbitrario, no sujeto a leyes.

dicterio *m.* Dicho que insulta y provoca. Improperio, denuesto, injuria.

dicha *f.* Felicidad. Suerte feliz.

dicharachero-a *adj. y s.* Propenso a prodigar dicharachos. Que prodiga dichos agudos y oportunos. Bromista, parlanchín, ocurrente.

dicharacho *m.* Dicho bajo, excesivamente vulgar o poco decente.

dicho-a *adj.* Expresado, manifestado. *M.* Palabra o palabras con que se expresa oralmente un concepto cabal. Ocurrencia chistosa y oportuna. Expresión insultante y desvergonzada. Deposición del testigo.

dichoso-a *adj.* Feliz. Dícese de lo que incluye o trae dicha. Enfadoso, molesto.

didáctica *f.* Parte de la Pedagogía que trata de los procedimientos y técnica de la enseñanza.

didáctico-a *adj.* Perteneciente o relativo a la enseñanza; propio, adecuado para enseñar o instruir.

didascálico-a *adj.* Didáctico.

diecinueve *adj.* Diez y nueve.

dieciocho *adj.* Diez y ocho.

dieciséis *adj.* Diez y seis.

diecisiete *adj.* Diez y siete.

diedro *adj.* Dícese del ángulo formado por dos planos, cuya intersección es la arista.

dieléctrico-a *adj.* Dícese de los cuerpos que no son buenos conductores de la electricidad.

diente *m.* Cada uno de los órganos duros implantados en los alvéolos de las mandíbulas. Punta o resalto de ciertos instrumentos, como la sierra.

diéresis *f.* Figura de dicción y licencia poética consistente en pronunciar separadamente las vocales de un diptongo. División de felidos orgánicos. Signo ortográfico sobre la *u* para indicar que después de *g* debe pronunciarse, o sobre una vocal de diptongo para que se note la licencia poética.

diesel *adj.* Nombre de la destilación del petróleo después del queroseno. Dícese de los motores de

combustión interna de aceites llamados pesados.

diestra *f.* Derecha, mano derecha.

diestro-a *adj.* Derecho, que cae o mira hacia la mano derecha. Hábil, experto. Sagaz, prevenido, avisado. *M.* Persona que sabe jugar la espada u otras armas. Matador de toros.

dieta *f.* Régimen facultativo en el comer o beber; por extensión, dicha comida o bebida. Privación completa de comer. Junta o congreso deliberativo, en ciertos Estados confederados. Honorarios o estipendio.

dietética *f.* Parte de la Terapéutica que trata de los medios higiénicos en las enfermedades. Parte de la Higiene que prescribe y regula los alimentos.

diez *adj.* Nueve y uno. Décimo.

diezmar *tr.* Sacar de diez uno. Pagar el diezmo a la Iglesia. Castigar de cada diez a uno. Causar gran mortandad las guerras, el hambre, la peste.

diezmo *m.* Derecho del diez por ciento que se pagaba al rey. Décima de los frutos o del salario para contribuir a la subsistencia del culto y sus ministros. Décima parte del botín tomado al enemigo.

difamación *f.* Acción y efecto de difamar. Murmuración, calumnia, impostura. Privación o disminución de la buena fama de una persona, realizada injustamente.

difamar *tr.* Desacreditar. Poner en bajo concepto o estima. Denigrar, calumniar.

diferencia *f.* Cualidad por la que una cosa se distingue de otra. Variedad entre cosas de la misma especie. Controversia, disensión u oposición; debate. Residuo, resultado de la operación de restar.

diferencial *adj.* Perteneciente a la diferencia de las cosas. *M.* Sistema de engranajes que permite que dos ejes impulsados por un tercero giren a distintas velocidades. Dícese de la cantidad infinitamente pequeña.

diferenciar *tr.* Hacer distinción entre las cosas. Dar a cada cosa su valor. Variar, mudar el uso que se hace de las cosas. *Intr.* Discordar. *R.* Distinguirse una cosa de otra. Hacerse notable una persona; descollar.

diferente *adj.* Diverso, distinto. Desigual.

diferir *tr.* Retardar o suspender la ejecución de una cosa. *Intr.* Distinguirse una cosa de otra o ser diferente.

difícil *adj.* Que no se logra, ejecuta o entiende sin mucho trabajo. Laborioso, arduo, penoso.

dificultad *f.* Embarazo, inconveniente, oposición o contrariedad que impide conseguir, ejecutar o entender bien y pronto una cosa. Duda.

dificultar *tr.* Poner dificultades a las pretensiones de alguien. Hacer difícil una cosa. *Intr.* Tener por difícil. Entorpecer, estorbar, oponer.

difidencia *f.* Desconfianza. Falta de fe.

difluir *intr.* Difundirse, derramarse por todas partes.

difracción *f.* Formación de franjas brillantes u obscuras, cuando la luz de un foco es interceptada por el borde de una pantalla.

difteria *f.* Enfermedad infecciosa y contagiosa caracterizada por la formación de falsas membranas en las mucosas, con fiebre y postración.

difumino *m.* Forma incorrecta por esfumino.

difundir *tr.* Extender, derramar. Divulgar, propagar. Esparcir, publicar.

difunto-a *adj. y s.* Dícese de la persona muerta. Finado, extinto, fallecido.

difusión *f.* Acción y efecto de difundir o difundirse. Extensión, dilatación viciosa en lo hablado o escrito. Distribución de una substancia en todos los tejidos del cuerpo, por medio de la circulación.

difuso-a *adj.* Ancho, dilatado. Superabundante en palabras. Amplio. No limitado.

digerir *tr.* Convertir en el aparato digestivo los alimentos en substancia propia para la nutrición. Sufrir con paciencia. Meditar cuidadosamente.

digestión *f.* Acción y efecto de digerir. Conversión de los alimentos en substancias nutritivas, en el aparato digestivo.

digestivo-a *adj.* Dícese de las operaciones y de las partes del organismo que atañen a la digestión. A propósito para la digestión. Relativo o perteneciente a la digestión.

digitación *f.* Prolongación orgánica que semeja dedos. Parte de la técnica instrumental que enseña el uso conveniente de los dedos.

digital *adj.* Perteneciente o relativo a los dedos. *F.* Planta escrofulariácea herbácea, de hojas alternas, flores en racimo terminal con corola en forma de dedal y fruto capsular; el cocimiento y extracto de sus hojas se usa en Medicina como tónico cardiaco.

digitígrado-a *adj.* Que camina o marcha sobre los dedos.

dígito *adj.* Dícese del número que puede expresarse con un solo guarismo, del 1 al 9 inclusive.

dignatario *m.* Persona revestida de una dignidad.

dignidad *f.* Calidad de digno. Excelencia, realce. Cargo o empleo honorífico y de autoridad. Persona que lo ejerce. Gravedad y decoro en la manera de conducirse o comportarse.

dignificar *tr.* Hacer digna o presentar como tal a una persona o cosa.

digno-a *adj.* Que merece algo favorable o adverso. Proporcionado al mérito y condición de una persona o cosa. Decoroso, decente; merecedor, acreedor.

digresión *f.* Efecto de romper el discurso para tratar de cosas sin conexión o íntimo enlace con lo que se está tratando.

dije *m.* Joya, relicario o pequeña alhaja de adorno. Persona de relevantes cualidades o apta para muchas cosas.

dilacerar *tr.* Desgarrar, despedazar las carnes de personas o animales. Lastimar, destrozar la honra, el orgullo, etc. Herir profundamente.

dilación *f.* Retardo o detención de una cosa por algún tiempo. Tardanza, retraso, demora.

dilapidar *tr.* Malgastar los bienes propios o los que uno tiene a su cargo.

dilatar *tr.* Extender, alargar y hacer mayor una cosa, o que ocupe más lugar o tiempo. Diferir, dar. Propagar, extender, ampliar. *R.* Extenderse mucho en un discurso. En México y otros países de América, tardar, demorarse.

dilección *f.* Voluntad honesta, amor reflexivo.

dilema *m.* Alternativa en la que hay que escoger, sin que sea satisfactoria la opción. Disyuntiva. Razonamiento en que la alternativa comprende más de dos casos.

diletante *adj. y s.* Aficionado a una ciencia o arte sin capacidad suficiente para ejercitarlos, o que no llega a dominarlos o conocerlos a fondo.

diligencia *f.* Cuidado y actividad en ejecutar una cosa. Prontitud, agilidad, prisa. Coche grande arrastrado por caballerías, destinado al transporte de viajeros. Negocio, dependencia, solicitud. *Pl.* Medios para conseguir una cosa. Acto por el cual se cumple una resolución judicial.

diligente *adj.* Cuidadoso, exacto y activo. Pronto y ligero en el obrar.

dilucidar *tr.* Declarar y explicar un asunto o una obra de ingenio. Desarrollar, interpretar, elucidar, aclarar.

dilución *f.* Acción y efecto de diluir o diluirse. Medicamento diluido o atenuado.

diluir *tr.* Desleír. Añadir líquido en las disoluciones.

diluviar *intr.* Llover copiosamente a manera de diluvio.

diluvio *m.* Inundación de la tierra o de una parte de ella, producida por copiosas lluvias. Lluvia muy copiosa. Excesiva abundancia de algo. Sedimento de origen hídrico fluvial o glaciar.

dimanar *intr.* Proceder el agua de sus manantiales. Provenir, proceder una cosa de otra.

dimensión *f.* Longitud, extensión o volumen de un cuerpo, línea o superficie. Extensión de un objeto en dirección determinada. Capacidad, tamaño, talla.

dimes y diretes. Locución familiar: contestaciones, debates, altercados y réplicas entre dos o más personas.

diminutivo-a *adj.* Que tiene cualidad de disminuir o reducir una cosa. Dícese de los vocablos derivados que disminuyen la significación del primitivo.

diminuto-a *adj.* Excesivamente pequeño. Defectuoso.

dimisión *f.* Renuncia de algo que se posee: empleos, comisiones, cargos.

dimitir *tr.* Renunciar, hacer dejación de una cosa: empleo, comisión, etc.

din *m.* Apócope de dinero, moneda, caudal.

dina *f.* Unidad de fuerza en el sistema cegesimal, equivalente a la fuerza necesaria para comunicar a la masa de un gramo la aceleración de un centímetro por segundo.

dinamarqués-a *adj. y s.* Natural u oriundo de Dinamarca. Perteneciente a este país de Europa. Lengua de este país nórdico. Danés.

dinámica *f.* Parte de la Mecánica que estudia los movimientos, atendiendo a las fuerzas que los producen.

dinámico-a *adj.* Perteneciente o relativo a la Dinámica. Relativo a las fuerzas y a los efectos que producen. Activo, capaz de desarrollar gran actividad.

dinamita *f.* Mezcla explosiva de nitroglicerina con un cuerpo muy poroso.

dinamitar *tr.* Preparar la voladura o hacer estallar algo por medio de dinamita.

dínamo o dinamo *f.* Máquina que transforma la energía mecánica en corriente eléctrica o viceversa.

dinamómetro *m.* Instrumento para medir las fuerzas.

dinastía *f.* Serie de príncipes soberanos en un determinado país, pertenecientes a una familia. Familia en cuyos individuos se perpetúa el poder o la influencia política, económica, cultural, etc.

dineral *m.* Cantidad grande de dinero.

dinero *m.* Moneda corriente. Caudal, hacienda, bienes de cualquier especie.

dinosaurio *m.* Reptil fósil del triásico, de gran tamaño; el mayor de todos los animales conocidos vivientes y fósiles.

dintel *m.* Parte superior de las puertas, ventanas y otros huecos que carga sobre las jambas.

diocesano-a *adj.* Perteneciente a la diócesis. Dícese del obispo o arzobispo que tiene diócesis.

diócesis *f.* Distrito en que tiene y ejerce jurisdicción un prelado.

diodo *m.* Tubo termoiónico con dos electrodos.

dionisíaco-a *adj.* Perteneciente o relativo a Baco o Dionisos. Dícese de la pasión incontenible por la bebida.

dioptría *f.* Unidad de medida de la convergencia de una lente y, como caso particular, del ojo humano.

diorama *m.* Pantalla transparente iluminable por las dos caras, por lo que se pueden ver en el mismo sitio dos cosas diferentes.

dios *m.* Cualquiera de las deidades veneradas por los diversos pueblos del mundo. Nombre sagrado del Supremo Ser Criador del Universo.

diosa *f.* Deidad del sexo femenino.

diplococo *m.* Bacterias de forma redondeada que se agrupan de dos en dos.

diploma *m.* Título o credencial que expide una corporación, para acreditar un grado académico, una prerrogativa, un premio, etc.

diplomacia *f.* Ciencia de los intereses y relaciones de unas naciones con otras. Servicio de los Estados en sus relaciones internacionales. Cortesía, habilidad, astucia.

diplomático-a *adj.* Perteneciente a la diplomacia o al diploma. Negocio de Estado que se trata entre dos o más naciones. *M.* Funcionario al servicio de un Estado en sus relaciones internacionales.

dipolo o bipolo *m.* Conjunto de dos masas o cargas iguales y de signos contrarios, situadas a cierta distancia.

dipsomanía *f.* Psicosis recurrente que impulsa de modo irresistible al abuso de las bebidas alcohólicas.

díptero *m.* Insecto con dos alas membranosas y boca dispuesta para chupar.

díptico *m.* Cuadro o bajo relieve con dos tableros que se cierran por un costado, como las tapas de un libro.

diptongo *m.* Grupo de dos vocales que se pronuncian en una sola sílaba.

diputación *f.* Acción y efecto de diputar. Conjunto de diputados. Ejercicio del cargo de diputado. Duración de este cargo. Negocio que se encarga a un diputado. En México, casa consistorial, palacio municipal.

diputado-a *m. y f.* Persona legalmente elegida para representar a una nación, región o provincia y defender sus intereses.

diputar *tr.* Destinar o elegir a una persona para algún ministerio. Elegir a una o más personas para que representen a otra. Conceptuar, reputar.

dique *m.* Muro artificial para contener las aguas. Lugar abrigado en los puertos, para limpiar o carenar en seco los buques. Valladar, obstáculo.

dirección *f.* Acción y efecto de dirigir o dirigirse. Camino o rumbo que un cuerpo sigue en su movimiento. Consejo, enseñanza con que se encamina a alguien. Conjunto de personas que dirigen una sociedad, establecimiento, etc. Cargo de director. Oficina del director. Señas escritas para indicar a dónde y a quién se dirige un bulto, una carta fardo, caja, etc.

directivo-a *adj.* Que tiene facultad y virtud de dirigir. Relativo a la dirección. *F.* Mesa o junta de gobierno de una corporación, sociedad, etc.

directo-a *adj.* Derecho o en línea recta. Que va de una parte a otra sin detenerse en puntos intermedios. Sin intermediarios.

director-a *m. y f.* Que dirige. Persona a cuyo cargo está el régimen o dirección de un negocio, cuerpo o establecimiento.

directorio-a *adj.* Que es a propósito para dirigir. *M.* Lo que sirve para dirigir. Instrucción para gobernarse en algún negocio. *F.* Junta directiva. En América, lista de direcciones.

directriz *f.* Orientación, norma, tendencia. Línea recta en la parábola en que los puntos de la curva están entre sí, a la misma distancia que del foco. En una cónica, la polar del foco.

dirigente *adj.* Que dirige. En América, director.

dirigible *adj.* Que puede ser dirigido. *M.* Aeronave menos pesada que el aire que se mantiene en él por la fuerza ascensional del gas y, durante la marcha, por sustentación mecánica.

dirigir *tr.* Enderezar, llevar rectamente una cosa hacia un término o lugar señalado. Guiar, mostrando o dando las señas de un camino. Poner a una carta o a un bulto las señas de la dirección. Encaminar la intención y obras a un determinado fin. Gobernar, regir una empresa o pretensión. Aconsejar a una persona. Aplicar a una persona un dicho o un hecho. Indicar con gestos y ademanes a un conjunto de ejecutantes los aspectos de la ejecución de una obra musical o coreográfica.

dirimir *tr.* Deshacer, disolver, desunir. Ajustar una controversia. Zanjar, resolver.

discernir *tr.* Distinguir una cosa de otra, apreciando sus diferencias. Comprender, diferenciar, apreciar. Dar el juez a una persona un cargo de oficio.

disciplina *f.* Doctrina, instrucción. Arte, facultad, ciencia. Observancia de las leyes y reglamentos. Instrumento para azotar. Método, regla, obediencia.

disciplinar *tr.* Instruir, enseñar. Azotar, dar disciplinazos. Imponer, hacer guardar la disciplina. Someter.

discípulo-a *m. y f.* Persona que aprende una disciplina o doctrina del maestro, o que cursa en una escuela. Persona que sigue la opinión de una escuela. Escolar, colegial, alumno.

disco *m.* Cuerpo cilíndrico cuya base es muy grande respecto de su altura. Nombre corriente de las placas de gramófono. Repetición fastidiosa de algo. Figura circular y plana. Parte de la hoja comprendida entre sus bordes.

discóbolo *m.* Atleta que arroja el disco.

discoidal *adj.* A manera de disco.

díscolo-a *adj. y s.* Avieso, indócil, perturbador. Indisciplinado, rebelde.

disconformidad *f.* Diferencia de unas cosas con otras en cuanto a su esencia, forma o fin. Oposición, desunión, contrariedad en los pareceres o en las voluntades. Desacuerdo, discrepancia.

discontinuar *tr.* Romper o interrumpir la continuación de una cosa.

discontinuo-a *adj.* Interrumpido, intermitente, no continuo.

discordancia *f.* Contrariedad, diversidad, disconformidad. Disentimiento, desacuerdo, oposición.

discordar *intr.* Ser opuestas, desavenidas o diferentes entre sí dos o más cosas. No estar acordes las voces o los instrumentos musicales. Discrepar.

discordia *f.* Oposición, desavenencia de voluntades. Diversidad de opiniones. Desunión, desacuerdo.

discoteca *f.* Colección de discos gramofónicos. Mueble o lugar en que se guardan ordenadamente.

discreción *f.* Sensatez para formar juicio y tacto al hablar u obrar. Dicho o expresión discreta. Prudencia, cordura.

discrecional *adj.* Que se hace libre y prudencialmente. Potestad gubernativa en que las funciones no están regladas.

discrepancia *f.* Diferencia, desigualdad que resulta de comparar cosas entre sí. Disentimiento personal en opiniones o en conducta. Desacuerdo.

discreto-a *adj.* Dotado de discreción. Que la incluye o denota. Discontinuo.

discriminar *tr.* Separar, distinguir, diferenciar una cosa de otra.

disculpa *f.* Razón que se da y causa que se alega para excusarse de una culpa. Justificación, pretexto.

disculpar *tr. y r.* Dar razones o pruebas que descarguen de una culpa o delito. Perdonar las faltas u omisiones que otro comete. Justificar, tolerar.

discurrir *intr.* Andar, caminar, correr por diversas partes y lugares. Transcurrir el tiempo. Moverse de una parte a otra los fluidos. Reflexionar, pensar acerca de una cosa. *Tr.* Inventar una cosa; ocurrirse. Inferir, conjeturar.

discursear *intr.* Pronunciar un discurso. En America, pronunciar malos discursos.

discurso *m.* Facultad racional con que se infieren unas cosas de otras. Reflexión, raciocinio. Serie de palabras para manifestar lo que se piensa o siente. Razonamiento de alguna extensión dirigido a otra u otras personas. Escrito para enseñar o persuadir. Espacio, duración de tiempo. Oración, arenga.

discusión *f.* Acción y efecto de discutir. Altercado, disputa, controversia, polémica. Análisis a que se somete la solución de un problema.

discutir *tr.* Examinar y ventilar atenta y particularmente una materia. Contender y alegar razones contra el parecer de otro. Debatir. Polemizar.

disecar *tr.* Dividir en partes, por medio de cortes, un animal muerto, un cadáver o una planta, para estudiar su estructura, relaciones, etc. Despegar, separar un tejido u órgano de otro. Preparar animales muertos o plantas para ser guardados y estudiados.

diseminar *tr.* Sembrar, desparramar, esparcir.

disensión *f.* Oposición o contrariedad de varios sujetos en los pareceres o propósitos. División, discordia.

disentería *f.* Enfermedad intestinal con evacuaciones frecuentes con moco y sangre, cólico y pujos y lesiones ulcerosas, especialmente en el colon.

disentir *intr.* No ajustarse al sentir y parecer de otro; opinar de modo distinto. Discrepar, discordar.

diseño *m.* Traza, delineación de una figura, edificio, etc. Descripción o bosquejo de una cosa, hecha por medio de palabras.

disertar *intr.* Razonar, discurrir detenida y metódicamente sobre alguna materia, para exponerla o para refutar opiniones contrarias.

disfagia *f.* Dificultad o imposibilidad de tragar. Dolor al tragar.

disfavor *m.* Desaire o desatención. Suspensión del favor. Acción o dicho no favorable que ocasiona contrariedad o daño.

disforme *adj.* Que carece de forma regular, proporción o medida en sus partes. Feo, horroroso. Extraordinariamente grande y desproporcionado. Deforme.

disfraz *m.* Artificio para desfigurar una cosa. Vestido de máscara. Simulación.

disfrazar *tr.* Desfigurar la forma natural de las personas o de las cosas para que no sean conocidas. Disimular con palabras lo que se siente. Velar, embozar, encubrir.

disfrutar *tr.* Percibir o gozar los productos y utilidades de una cosa. Gozar de salud, comodidad. Aprovecharse del favor, protección o amistad de alguien. *Intr.* Gozar, sentir placer.

disgregar *tr.* Separar, desunir, apartar lo que estaba unido.

disgustar *tr.* Causar disgusto y desabrimiento al paladar. Causar enfado o pesadumbre. *R.* Perder la amistad con alguien, por contiendas.

disidencia *f.* Acción y efecto de disidir. Grave desacuerdo de opiniones. Separación, disconformidad, escisión. Discrepancia.

disidir *intr.* Separarse de la común doctrina, creencia o conducta. Disentir.

disílabo *adj. y s.* Bisílabo.

disimetría *f.* Defecto o falta de simetría.

disímil *adj.* Desemejante, diferente.

disimilar *tr. y r.* Alterar un sonido para diferenciarlo de otro igual o

semejante que influye sobre aquél.
disimular *tr.* Encubrir con astucia la intención. Desentenderse del conocimiento de una cosa. Ocultar lo que uno siente o padece. Tolerar un desorden afectando ignorarlo. Disfrazar, desfigurar las cosas. Fingir.

disimulo *m.* Arte con que se oculta lo que se siente, se sospecha o se sabe. Indulgencia, tolerancia. Fingimiento.

disipación *f.* Acción y efecto de disipar o disiparse. Conducta de una persona entregada enteramente a las diversiones frívolas.

disipar *tr.* Esparcir las partes que forman por aglomeración un cuerpo. Desperdiciar, malgastar la hacienda u otra cosa. *R.* Evaporarse. Desvanecerse una cosa, quedar en nada.

dislate *m.* Disparate. Desatino, despropósito.

dislocar *tr.* Sacar una cosa de su lugar. Descoyuntar.

disminución *f.* Merma o menoscabo de una cosa. Reducción, rebaja, descuento.

disminuir *tr.* Hacer menor la extensión, intensidad o número de algunas cosas. Rebajar, menguar, reducir.

disociar *tr.* y *r.* Separar una cosa de otra a que estaba unida, o los distintos componentes de una substancia.

disoluble *adj.* Soluble, que se puede disolver.

disolución *f.* Acción y efecto de disolver o disolverse. Compuesto que resulta de disolver una substancia en un líquido; solución. Relajamiento de vida y costumbres, de lazos o vínculos entre varias personas.

disoluto-a *adj.* y *s.* Licencioso, entregado a que vicios. Vicioso.

disolvente *adj.* Que disuelve. Acción, doctrina o propaganda que pueden perturbar el orden establecido. *M.* Substancia que se emplea para disolver.

disolver *tr.* Separar las partículas de un cuerpo por medio de un líquido. Separar, desunir. Deshacer, destruir. Disgregar, diluir.

disonancia *f.* Sonido desagradable. Falta de proporción en algunas cosas.

disonar *intr.* Sonar desapaciblemente; faltar a la consonancia y armonía. Discrepar. Parecer mal y extraña una cosa. Discordar.

dispar *adj.* Desigual, diferente.

disparador *m.* El que dispara. Pieza de una arma que sirve para dispararla. Escape de un reloj.

disparar *tr.* Hacer que una máquina despida el cuerpo arrojadizo. Arrojar con violencia una cosa. En México, invitar. *Intr.* Decir o hacer disparates. *R.* Partir o correr sin dirección y precipitadamente. Hablar u obrar con gran violencia. Tirar, lanzar; escaparse, fugarse; desbocarse.

disparatar *intr.* Decir o hacer una cosa fuera de razón y regla. Desatinar.

disparate *m.* Hecho o dicho disparatado. Atrocidad, exceso. Desatino, dislate, despropósito.

disparidad *f.* Desemejanza o desigualdad y diferencia de unas cosas respecto de otras.

disparo *m.* Acción y efecto de disparar. Cantidad de munición necesaria para un solo tiro. Tiro, detonación, estampido, balazo.

dispendio *m.* Gasto excesivo. Derroche.

dispensa *f.* Privilegio. Exención de carácter extraordinario respecto del cumplimiento de un precepto prohibitivo.

dispensar *tr.* Dar, conceder, otorgar. Eximir de una obligación. Absolver de una falta leve.

dispensario *m.* Establecimiento benéfico que presta asistencia a enfermos que no se alojan en él. Formulario de medicamentos.

dispepsia *f.* Cualquier trastorno de la digestión estomacal, no causado por úlcera, cáncer u otra lesión grave.

dispersar *tr.* Separar y diseminar. Desparramar. Poner en fuga al enemigo.

displicencia *f.* Desagrado e indiferencia en el trato. Desaliento en la ejecución de un hecho, por desconfiar de su resultado. Apatía, indolencia.

disponer *tr.* Colocar, poner las cosas en orden y situación conveniente. Determinar y mandar lo que ha de hacerse. Preparar, prevenir. *Intr.* Disponer de las cosas. Testar acerca de ellas. Valerse de una persona o cosa. *R.* Prepararse a morir. Ordenar, arreglar; prescribir.

disponible *adj.* Dícese de lo que se puede disponer libremente o utilizarse. Libre de compromiso. Aprovechable, utilizable.

disposición *f.* Acción y efecto de disponer o disponerse. Proporción para algún fin. Estado de la salud. Gallardía y gentileza en la persona. Desembarazo, soltura en preparar y despachar las cosas. Precepto legal o reglamentario. Facultad, capacidad, aptitud.

dispositivo-a *adj.* Dícese de lo que dispone. *M.* Mecanismo para obtener un resultado automático. Forma y colocación de los elementos militares.

disprosio *m.* Metal del grupo de las tierras raras; símbolo Dy.

dispuesto-a *adj.* Apuesto, gallardo. Hábil, despejado. Preparado, pronto. Expedito.

disputa *f.* Acción y efecto de disputar. Controversia, discusión, altercado.

disputar *tr.* Debatir. Porfiar y altercar con calor y vehemencia. Contender.

disquisición *f.* Examen riguroso de algo. Consideración extensa.

distal *adj.* La parte de cualquier órgano más alejada del eje del cuerpo.

distancia *f.* Espacio o intervalo de lugar o de tiempo. Diferencia notable entre las cosas. Alejamiento y desvío entre personas. Trecho, lapso, lejanía.

distanciar *tr.* Separar, apartar, poner a distancia o lejos. *R.* Separarse dos o más personas por resentimiento o enemistad.

distante *adj.* Que dista. Apartado, remoto, lejano, alejado.

distar *intr.* Estar apartada una cosa de otra cierto espacio de lugar o de tiempo. Diferenciarse notablemente una cosa de otra.

distender *tr.* Causar una tensión violenta en los tejidos, membranas, etc.

dístico *m.* Composición poética que sólo consta de dos versos y de concepto cabal.

distinción *f.* Acción y efecto de distinguir o distinguirse. Diferencia o desemejanza. Prerrogativa, excepción y honor. Buen orden, claridad y precisión en las cosas. Elevación sobre lo vulgar. Miramiento y consideración hacia una persona. Gusto, delicadeza, gracia.

distinguir *tr.* Conocer la diferencia entre cosas. Hacer que una cosa se diferencie de otra, por medio de una señal, divisa o particularidad. Diferenciar algo de otra cosa. Estimar particularmente a una persona. Otorgar a uno alguna dignidad o prerrogativa. *R.* Descollar, sobresalir entre otros.

distintivo-a *adj.* Que tiene facultad de distinguir. Dícese de la cualidad que distingue o caracteriza alguna cosa. *M.* Insignia, señal, marca.

distinto-a *adj.* Que no es lo mismo ni parecido. Inteligible, claro. Diverso, desigual, dispar; preciso.

distorsión *f.* Torsión de una parte del cuerpo. Deformación de una onda luminosa o eléctrica durante su propagación. Esguince.

distracción *f.* Acción y efecto de distraer o distraerse. Cosa que atrae

la atención apartándola de aquello a que está aplicada. Substracción o malversación de fondos que uno tiene a su cuidado. Diversión.

distraer *tr. y r.* Divertir, apartar, desviar; entretener, recrear. Apartar la atención del objeto a que se aplicaba o debía aplicarse. Apartar a uno de la vida honesta. Malversar fondos.

distraído-a *adj.* Dícese de la persona que por distraerse con facilidad habla y obra sin darse cuenta cabal de lo que pasa a su alrededor. Entregado a la vida licenciosa. En América, descuidado en el vestir, desaseado.

distribución *f.* Acción y efecto de distribuir. Lo que se reparte entre los asistentes. División ordenada y buen destino del tiempo. Reparto de las riquezas entre los que directa o indirectamente han contribuido a crearlas. Sistema o red de cables o alambres, para distribuir energía eléctrica entre los consumidores, agua, gas, etc.

distribuir *tr.* Dividir una cosa entre varios, asignando a cada uno lo que le corresponde. Dar a cada cosa su colocación y destino. Repartir.

distrito *m.* Demarcación en que se subdivide un territorio o una población a los efectos de una mejor administración.

distrofia *f.* Trastorno o defecto de la nutrición.

disturbar *tr.* Perturbar, causar disturbio.

disturbio *m.* Alteración, turbación de la paz y concordia. Motín, tumulto. Trastorno.

disuadir *tr.* Inducir, mover a uno con razones a mudar dictamen o a desistir de un propósito.

disyunción *f.* Acción y efecto de separar y desunir. División o separación de partes que ordinariamente están unidas. Juicio disyuntivo.

disyuntiva *f.* Alternativa entre dos cosas por una de las cuales hay que optar.

disyuntivo-a *adj.* Que desune o separa. Dícese de la conjunción que desune o separa dos vocablos, frases u oraciones.

disyuntor *m.* Conmutador para cortar bruscamente un circuito eléctrico.

ditirambo *m.* Composición poética antigua en honor de Baco; hoy es la de arrebatado entusiasmo. Alabanza exagerada: elogio desmedido.

diurético-a *adj.* Dícese de los medicamentos que aumentan la secreción y excreción de la orina.

diurno-a *adj.* Perteneciente al día.

diuturno-a *adj.* Que dura o subsiste mucho tiempo.

diva *f.* Diosa. Actriz o cantante de gran mérito.

divagar *intr.* Vagar, andar sin rumbo fijo. Separarse del asunto de que se trata; hablar o escribir sin concierto ni propósito fijo.

diván *m.* Antiguo supremo consejo turco. Banco con almohadones sueltos.

divergencia *f.* Acción y efecto de divergir. Diversidad de opiniones. Diferencia, discrepancia, desacuerdo. Evolución de un grupo de organismos que se separa cada vez más de aquel del que proceden.

divergir *intr.* Irse apartando gradualmente unas líneas o superficies de otras. Discordar, discrepar.

diversidad *f.* Variedad, desemejanza, diferencia. Abundancia de cosas distintas.

diversificar *tr.* Hacer diversa una cosa de otra. Diferenciar, variar.

diversión *f.* Acción y efecto de divertir o divertirse. Recreo, solaz. Distracción, esparcimiento.

divertir *tr.* Apartar, desviar. Entretener, recrear.

dividendo *m.* Cantidad que se divide entre otra. Utilidad. Interés. *Pl.* Beneficios que obtienen los accionistas o inversionistas en algunas empresas.

dividir *tr.* Partir, separar en partes. Distribuir, repartir. Desunir ánimos y voluntades introduciendo discordia. Fraccionar. Averiguar cuántas veces una cantidad está contenida en otra.

divieso *m.* Tumor inflamatorio puntiagudo y doloroso que se forma en el espesor de la dermis y termina por supuración. Forúnculo.

divinidad *f.* Naturaleza divina y esencia del ser de Dios. Ser divino que se atribuye a los dioses. Persona o cosa de gran beldad.

divinizar *tr.* Hacer o suponer divina a una persona o cosa. Santificar. Ensalzar desmedidamente.

divino-a *adj.* Perteneciente a Dios. Perteneciente a los dioses. Muy excelente o primoroso.

divisa *f.* Señal exterior para distinguir personas, grados, etc. Lazo de cintas con que se distinguen en la lidia los toros de cada ganadero. Lema. Parte dividida y separada de una cosa. Moneda extranjera referida a la unidad monetaria de un país dado.

divisar *tr.* Ver, percibir, distinguir, aunque confusamente un objeto.

divisible *adj.* Que puede dividirse. Aplícase a la cantidad entera que, dividida, da por cociente una cantidad también entera.

división *f.* Acción y efecto de dividir, separar o repartir. Operación de dividir.

divisor-a *adj. y s.* Submúltiplo. Cantidad por la cual ha de dividirse otra.

divisorio-a *adj.* Dícese de lo que sirve para dividir o separar. Línea que señala los límites entre regiones o zonas, o marca cuencas fluviales.

divo-a *adj.* Divino. Personaje ilustre. Cantante o actor de mérito grande.

divorciar *tr.* Separar el juez competente y por su sentencia a dos casados. Separar personas o cosas que estaban juntas o debíeranlo estar.

divorcio *m.* Acción y efecto de divorciar o divorciarse. Institución que permite y autoriza la separación de las personas y bienes de los cónyuges con o sin disolución del vínculo matrimonial.

divulgar *tr.* Publicar, poner al alcance del público una cosa. Propagar. Difundir.

do *m.* Primera nota de la escala modelo natural mayor.

do *adv.* Donde; hoy generalmente no se usa más que en poesía.

dobla *f.* Antigua moneda castellana de oro. En México, doblar la mata de maíz abajo de la mazorca cuando está en sazón; arar en sentido contrario a la labor anterior.

dobladillo *m.* Pliegue cosido en los bordes de una ropa. Hilo fuerte para hacer calcetas.

doblado-a *adj.* Bajo, recio y fuerte de miembros. Dícese del terreno desigual o quebrado. Que demuestra cosa distinta o contraria a lo que siente o piensa.

doblar *tr.* Aumentar al doble una cosa. Aplicar una sobre otra dos partes de una cosa flexible. Torcer encorvando. Prorrogar en Bolsa una operación a plazo. Pasar una embarcación por delante de un cabo, promontorio, punta, etc. Pasar a otro lado de una esquina, cerro, etc. En México, derribar a uno de un balazo. *Intr.* Tocar a muerto. Celebrar un sacerdote dos misas en en día festivo. Hacer un actor dos papeles en una obra. *R.* Ceder a la persuasión, a la fuerza o al interés. Grabar el diálogo de una película en idioma distinto del original. Echarse el toro herido de muerte. Concluir dos cursos en un año escolar.

doble *adj.* Duplo. Cosa acompañada de otra semejante y que sirven las dos para el mismo fin. Simulado, artificioso. *M.* Doblez. Suma que se paga por la prórroga de una operación de bolsa a plazo.

doblegar *tr.* Doblar o torcer encorvando. Blandir. Hacer desistir de un propósito y que se preste a otro. Inclinar, abatir; dominar.

doblete *adj.* Entre doble y sencillo. *M.* Piedra falsa que imita la buena. Objetivo formado por dos lentes asociadas.

doblez *m.* Parte que se dobla o pliega en una cosa. Señal que queda en la parte por donde se dobló. Astucia, fingimiento, disimulo.

doblón *m.* Moneda antigua española de oro equivalente a dos doblas.

doce *adj.* Diez y dos. Duodécimo.

docena *f.* Conjunto de doce cosas.

docente *adj.* Que enseña, instruye o adoctrina. Perteneciente o relativo a la enseñanza.

dócil *adj.* Suave, apacible, obediente. Metal o piedra que se puede labrar fácilmente. Sumiso, manso; maleable, dúctil.

dock *m.* Palabra inglesa: dársena y almacén de mercancías. Establecimiento comercial que se encarga de la carga y descarga de buques, almacenaje, etc.

docto-a *adj. y s.* Sabio, erudito, ilustrado, entendido.

doctor-a *m. y f.* Persona que ha recibido el último y preeminente grado universitario. Persona que enseña una ciencia o arte. Santo que con profundidad defendió la religión o la enseñó. Médico. Mujer que blasona de sabia y entendida.

doctorado *m.* Grado de doctor. Estudios para obtener este grado. Conocimiento pleno en alguna materia.

doctoral *adj.* Perteneciente o relativo al doctor o al doctorado.

doctrina *f.* Enseñanza para la instrucción de alguien. Ciencia o sabiduría. Opinión de uno o varios autores en cualquier materia. Catecismo. Sistema, escuela, dogma. Conjunto de enseñanzas de una escuela teológica, filosófica o científica.

documental *adj.* Que se funda en documentos o se refiere a ellos. Dícese de la película de carácter informativo.

documentar *tr.* Probar la verdad acerca de una cosa, con documentos. Instruir o informar a uno acerca de las noticias y pruebas que atañen a un asunto.

documento *m.* Diploma, carta, relación u otro escrito que ilustra acerca de algún hecho, principalmente histórico. Cosa que sirve para comprobar algo.

dodecaedro *m.* Sólido de doce caras; en el regular, las caras son pentágonos regulares.

dodecágono *m.* Polígono de doce ángulos y doce lados.

dodecasílabo-a *adj.* De doce sílabas.

dogal *m.* Cuerda o soga con la que se forma un nudo para atar las caballerías por el cuello. Cuerda para ahorcar a un reo o para otro suplicio. Atadura, compromiso amoroso.

dogma *m.* Proposición que se asienta como firme y cierta y como principio innegable de una ciencia. Verdad revelada por Dios y propuesta por la Iglesia para creerla los fieles. Fundamento o punto capital de todo sistema, ciencia, doctrina o religión.

dogmático-a *adj.* Perteneciente a los dogmas de la religión. Dícese del autor que trata de los dogmas. Intransigente en sus convicciones.

dogo-a *adj. y s.* Perro de cuerpo y cuello gruesos y cortos, hocico obtuso, labios colgantes y patas muy robustas.

dólar *m.* Unidad monetaria de Estados Unidos, Canadá y Liberia.

dolencia *f.* Indisposición, achaque, enfermedad.

doler *intr.* Padecer una parte del cuerpo. Sufrir, penar. Causar repugnancia o sentimiento hacer una cosa o pasar por ella. *R.* Arrepentirse de algo. Pesar por no poder hacer algo. Compadecerse del mal ajeno.

dolicocéfalo-a *adj. y s.* Aplícase al cráneo, persona o raza de cráneo alargado y de contorno oval.

doliente *adj.* Que duele o se duele. Enfermo. Dolorido, apenado, afligido. *M.* Pariente del difunto que preside el duelo.

dolmen *m.* Monumento megalítico de piedras rudamente desbastadas y clavadas en el suelo y una losa que las cubre.

dolo *m.* Engaño, fraude. Malicia, doblez. Maquinación insidiosa para lesionar o perjudicar un derecho ajeno.

dolor *m.* Sensación molesta y aflictiva de una parte del cuerpo. Sentimiento pena y congoja del ánimo. Pesar y arrepentimiento de haber hecho u omitido una cosa. Aflicción, sufrimiento.

dolorido-a *adj.* Que padece o siente dolor. Apenado, afligido, lleno de dolor y angustia.

doloroso-a *adj.* Lamentable, lastimoso, que mueve a compasión. Dícese de lo que causa dolor.

doloso-a *adj.* Engañoso, fraudulento, insidioso.

domador-a *m. y f.* Que doma. Que exhibe y maneja fieras domadas.

domar *tr.* Sujetar, amansar y hacer dócil a un animal a fuerza de ejercicio y enseñanza. Sujetar, reprimir, dominar.

domeñar *tr.* Someter, sujetar y rendir.

domesticar *tr.* Reducir, acostumbrar a la vista y compañía del hombre al animal fiero y salvaje. Someter a los animales al dominio del hombre. Hacer tratable a una persona que no lo era.

doméstico-a *adj.* Perteneciente o relativo a la casa u hogar. Animal sometido al dominio del hombre. Criado o sirviente de una casa.

domiciliar *tr.* Dar domicilio. En México, poner sobrescrito a una carta. *R.* Establecer, fijar el domicilio en un lugar. Avecindarse, establecerse; residir.

domiciliario-a *adj.* Perteneciente al domicilio. Que se ejecuta o cumple en el domicilio del interesado. Que tiene domicilio o vecindad en un lugar.

domicilio *m.* Morada fija y permanente. Lugar en que legalmente se considera establecida una persona. Casa en que uno habita o se hospeda; residencia.

dominar *tr.* Tener dominio sobre personas o cosas. Sujetar, reprimir. Poseer a fondo una ciencia o arte. *Intr.* Sobresalir, ser más alto. *R.* Reprimirse, ejercer dominio sobre sí mismo.

dómine *m.* Maestro o preceptor de Latín. Persona que sin mérito, adopta el tono de maestro.

domingo *m.* Primer día de la semana, dedicado especialmente al Señor y a su culto.

dominguero-a *adj.* Que se suele usar el domingo. Persona que sólo se compone y divierte los domingos o días de fiesta.

dominica *f.* En lenguaje eclesiástico, domingo.

dominical *adj.* Perteneciente a la dominica o al domingo. Perteneciente al derecho de dominio sobre las cosas.

dominio *m.* Poder de usar y disponer libremente de lo suyo. Superioridad legítima sobre las personas. Tierra o Estado bajo el dominio de un soberano o de una república. Potestad, autoridad, imperio, señorío.

dómino o **dominó** *m.* Juego con 28 fichas rectangulares con números marcados del 1 al 6 o sin ninguno. Traje talar con capucha, de uso en las funciones de máscara.

domo *m.* Cúpula. Masa de roca volcánica en forma de cúpula. Plegamiento anticlinal.

don *m.* Dádiva, presente o regalo. Gracia y habilidad especial. Obsequio.

donación *f.* Acción y efecto de donar. Manda, legado, dádiva, obsequio. Transmisión a título gratuito de una o varias cosas que pertenecen a uno.

donado-a *adj. y s.* Persona que ha entrado como sirviente en una orden religiosa, sin hacer profesión.

donador-a *adj. y s.* Que hace donación. Que hace un don o presente. Persona que suministra sangre para hacer la transfusión a otra. Donante.

donaire *m.* Discreción y gracia en lo que se dice. Chiste gracioso y agudo. Gallardía, gentileza y agilidad airosa de cuerpo para andar, danzar, etc.

donar *tr.* Traspasar a título gratuito a otro alguna cosa. Regalar, dar, obsequiar.

donatario *m.* Persona a quien se hace la donación.

donativo *m.* Dádiva, regalo, cesión.

doncel *m.* Joven noble, aun no armado caballero. Hombre que no ha conocido mujer. Paje. *Adv.* Suave, dulce.

doncella *f.* Mujer que no ha conocido varón. Criada ajena a la cocina. Camarera.

doncellez *f.* Estado de doncel o de doncella.

donde *adv.* En qué lugar, o en el lugar en que. *Pron.* relativo: en que; en el, la, lo que o cual.

dondequiera *adv.* En cualquiera parte.

dondiego *m.* Planta americana de tallos herbáceos, hojas lanceoladas, flores en corimbos terminales y fruto en aquenio; ornamental y de fragantes flores que sólo se cierran al salir el Sol.

donoso-a *adj.* Que tiene donaire y gracia.

donostiarra *adj. y s.* Natural de San Sebastián. Perteneciente a esta ciudad española.

donosura *f.* Donaire, gracia.

doña *f.* Distintivo con que se nombra a la mujer de calidad, casada o viuda.

doquier *adv.* Dondequiera.

dorada *f.* Nombre de diversos peces marinos, llamados así por su color.

doradillo *m.* Hilo delgado de latón. Cierta variedad de uva blanca.

dorado-a *adj.* De color de oro o semejante a él. Esplendoroso, feliz. *Pl.* Conjunto de adornos metálicos o de objetos de metal.

dorar *tr.* Cubrir con oro la superficie de una cosa; o darle color de oro. Encubrir con apariencia agradable acciones malas o noticias desagradables. Tostar ligeramente una cosa de comer.

dórico-a *adj. y s.* Perteneciente a la Dórida, antigua región del Asia Menor y también otra de Grecia. Orden arquitectónico cuyas características concretaron los dorios en el siglo V a. C.

dorio-a Natural de la Dórida. Perteneciente a este país de la Grecia antigua. Individuo de un pueblo indoeuropeo que formó una de las bases principales del pueblo griego.

dormán *m.* Chaqueta de uniforme con adornos de alamares y vueltas de piel, usado especialmente por los húsares.

dormilón-a *adj. y s.* Muy inclinado a dormir. *F.* Arete, pendiente con un brillante o una perla. Butaca para dormir la siesta. En México, cojín cilíndrico para el respaldo de los sillones.

dormir *intr.* Estar en reposo, inacción y suspensión de sentidos y de todo movimiento voluntario. Pernoctar. Descuidarse en algún negocio, por falta de atención. En América, descansar una cosa sobre otra. *R.* Adormecerse.

dormitar *intr.* Estar medio dormido.

dormitorio *m.* Pieza destinada para dormir.

dornajo *m.* Especie de artesa pequeña y redonda, para dar de comer a los cerdos, fregar u otros usos.

dorsal *adj.* Perteneciente al dorso, espalda o lomo.

dorso *m.* Revés de una cosa. Espalda. Superficie superior de un órgano, miembro o parte.

dos *m.* Uno y uno. Segundo.

doscientos-as *adj.* Dos veces ciento. Ducentésimo.

dosel *m.* Bastidor que cubre o resguarda un sitial, altar, trono o lecho, adelantándose en pabellón horizontal y que cae por detrás.

dosificar *tr.* Dividir o graduar las dosis de un medicamento.

dosis *f.* Toma de medicina que se da al enfermo cada vez. Cantidad de cualquier agente físico que debe aplicarse a un enfermo. Cantidad o porción de una cosa cualquiera.

dotación *f.* Acción y efecto de dotar. Aquello con que se dota. Tripulantes de un buque de guerra. Personal asignado al servicio de un establecimiento, oficina, fábrica, etc.

dotar *tr.* Constituir dote a la mujer que va a casarse o a profesar en alguna orden religiosa. Señalar bienes para una fundación. Adornar la naturaleza con particulares dones a alguien. Asignar personal a un buque, avión, establecimiento, fábrica, etc. Asignar sueldo a un empleado. Proveer.

dote *amb.* Caudal que lleva la mujer cuando se casa, o que adquiere después del matrimonio. Patrimonio que entrega al convento la que va a tomar estado religioso.

F. Excelencia o prendas de una persona.

dovela *f.* Cuña de piedra para formar arcos y bóvedas.

dozavado-a *adj.* Que tiene doce lados o partes.

dozavo-a *adj. y s.* Duodécimo; cada una de las doce partes iguales en que se divide un todo.

dracma *m.* Moneda griega de plata, de uso también entre los romanos. Unidad monetaria actual de Grecia. Octava parte de una onza ó 3.594 miligramos.

draconiano-a *adj.* Aplícase a las leyes o providencias excesivamente severas o sanguinarias, por alusión a las del legislador ateniense Dracón.

draga *f.* Máquina para limpiar y ahondar puertos de mar, ríos, etc. Barco que la lleva. Aparato para recoger ejemplares o productos marinos o de lagos o ríos de cierta profundidad.

dragaminas *m.* Buque destinado a limpiar de minas los mares.

dragar *tr.* Ahondar y limpiar con draga los puertos de mar, ríos, etc.

dragón *m.* Animal fabuloso como serpiente corpulenta con pies y alas, de extraña fiereza y voracidad. Planta ornamental de hojas carnosas, flores de hermosos colores en espigas terminales. Pequeño reptil arborícola inofensivo, brillantemente coloreado. Soldado que hace el servicio alternativamente a pie o a caballo.

dragona *f.* Hembra del dragón. En México, capa de hombre, con esclavina y capucha.

drama *m.* Composición literaria en que se representa una acción de la vida con sólo el diálogo de los personajes. Poema dramático de asunto lastimoso. Suceso de la vida real capaz de interesar y conmover vivamente.

dramático-a *adj.* Perteneciente o relativo al drama. Propio de la poesía de este género o apto o conveniente para ella. Autor o actor de estas obras. Suceso que interesa y conmueve vivamente.

dramatizar *tr.* Dar forma y condiciones dramáticas.

dramaturgo *m.* Autor de obras dramáticas.

dramón *m.* Drama terrorífico y malo.

drástico-a *adj.* Dícese del medicamento que purga con eficacia o energía. En América, enérgico, decisivo.

dren *m.* Tubo o mecha para el drenaje de una herida.

drenaje *m.* Avenamiento, desagüe, encañado.

drenar *tr.* Avenar. Facilitar la salida de líquido y exudados de una herida infectada. Desaguar, canalizar.

dríada o dríade *f.* Ninfa de los bosques.

dril *m.* Tela fuerte de hilo o de algodón crudos.

driza *f.* Cuerda o cabo con que se izan y arrían las vergas, velas y banderas o gallardetes. Cada uno de los elementos constitutivos de un cable de fibras vegetales.

droga *f.* Nombre genérico de ciertas substancias empleadas en Medicina, Industria o Bellas Artes. Mentira disfrazada con artificio. Trampa perjudicial. Cosa que desagrada o molesta. En México, Chile y Perú, deuda, trampa. Medicamento, pócima, medicina.

droguería *f.* Trato y comercio en drogas. Tienda en que se venden.

dromedario *m.* Raza de camellos de gran velocidad, adiestrados para ser montados.

drosera *f.* Cualquier especie de planta herbácea de pelos irritables, carnívora o insectívora.

druida *m.* Sacerdote de los antiguos galos y britanos.

drupa *f.* Fruto de epicarpio coriáceo o fibroso, mesocarpio carnoso y endocarpio fuerte y leñoso, llamado vulgarmente almendra o hueso, de una sola semilla.

dual *adj.* Dícese del número gramatical que significa el conjunto de dos.

dualidad *f.* Condición de reunir dos caracteres distintos una misma persona o cosa.

dubitativo-a *adj.* Que implica o denota duda.

ducado *m.* Título o dignidad de duque. Territorio en que ejercía jurisdicción un duque. Estado gobernado por él. Nombre de varias monedas antiguas.

dúctil *adj.* Aplícase a los metales que mecánicamente se pueden estirar en alambres o hilos. Maleable. Acomodaticio, de blanda condición. Flexible, hábil.

ducha *f.* Chorro de agua que se hace caer sobre el cuerpo, para limpieza o para refresco. Artefacto con que se aplica este chorro, que puede tener también propósitos terapéuticos, de gas, vapor u otros fluidos.

ducho-a *adj.* Experimentado, diestro, hábil.

duda *f.* Suspensión o indeterminación del ánimo entre dos juicios o dos decisiones, o bien acerca de un hecho o de una noticia. Vacilación del ánimo en materia religiosa. Indecisión, perplejidad, incertidumbre.

dudar *intr.* Hallarse el ánimo perplejo y suspenso entre resoluciones y juicios contradictorios. Dar poco crédito a una noticia. Titubear, fluctuar.

duela *f.* Tabla que forma las paredes curvas de las pipas, cubas, toneles, etc. En México, tabla para la construcción de pisos, en listones aserrados y preparados para ensamblar.

duelista *m.* El que se precia de saber y observar las leyes del duelo. El que fácilmente desafía a otros.

duelo *m.* Combate o pelea entre dos, precediendo desafío o reto. Dolor, lástima, aflicción o sentimiento. Reunión de parientes, amigos o invitados a la conducción del cadáver al cementerio, o a los funerales. Luto. Fatiga. Pena.

duende *m.* Espíritu travieso doméstico.

dueña *f.* Mujer que tiene el dominio de una finca u otra cosa. Nombre dado antiguamente a las mujeres de calidad, monjas o beatas.

dueño *m.* El que tiene dominio o señorío sobre persona o cosa. Amo de la casa. Propietario.

dueto *m.* Diminutivo de dúo.

dula *f.* Porción de tierra que por turno recibe el riego de una misma acequia. Sitio en que pastan juntos los ganados de un pueblo.

dulcamara *f.* Planta solanácea sarmentosa de hojas pecioladas agudas, flores en ramillete y frutos en baya roja; se empleó en Medicina.

dulce *m.* Manjar compuesto con azúcar. *Adj.* Que causa sensación suave y agradable al paladar. Dícese del manjar insulso. Grato, gustoso. Afable, dócil.

dulcera *f.* Vaso o vasija en que se guarda y sirve el dulce de almíbar.

dulcería *f.* Confitería, establecimiento donde se hacen o venden dulces.

dulcero-a *adj.* Aficionado al dulce. *M.* Que hace o vende dulces. Confitero.

dulcificar *tr.* Volver dulce una cosa. Mitigar la acerbidad o acrimonia de una persona o cosa. Azucarar, endulzar, calmar, sosegar.

dulcinea *f.* Mujer querida, por alusión a Dulcinea, dama ideal de don Quijote.

dulía *f.* Culto que se da a los ángeles y santos.

dulzaina *f.* Instrumento músico de viento parecido a la chirimía, pero más corto y de tonos más altos.

dulzarrón-a *adj.* De sabor dulce, pero desagradable y empalagoso.

dulzor o dulzura *m.* o *f.* Calidad de dulce. Sabor agradable como el azúcar. la miel. Suavidad, deleite. Afabilidad, docilidad.

duma *f.* Consejo o asamblea de carácter legislativo en la Rusia imperial.

dumping *m.* Lanzamiento al mercado de parte de un producto a precio inferior al de costo, con el fin de suprimir la competencia.

duna *f.* Colina de arena movediza originada por los vientos que se forma a la orilla del mar, de los ríos o en los desiertos.

dúo *m.* Composición vocal o instrumental para dos ejecutantes.

duodécimo-a *adj.* Que sigue inmediatamente en orden al undécimo. Cada una de las doce partes iguales en que se divide un todo.

duodeno *adj.* Duodécimo. *M.* Primera porción del intestino delgado, desde el píloro hasta el yeyuno.

duplicado-a *adj.* Doblado. *M.* Ejemplar doble o repetido de una obra. Segundo documento que se expide, por si el primero se pierde o por si se necesitan dos.

duplicador-a *adj.* Que duplica. *F.* Máquina de oficina para obtener varias copias de un escrito.

duplicar *tr.* Hacer doble una cosa. Multiplicar por dos una cantidad.

duplicidad *f.* Doblez. falsedad. Calidad de doble. Fingimiento, hipocresía.

duplo-a *adj. y s.* Que contiene un número dos veces exactamente.

duque *m.* Título honorífico de la nobleza más alta; antiguamente, general de un ejército o comandante general militar y político de una provincia.

duquesa *f.* Mujer del duque. La que posee título ducal. Mujer que afecta grandes maneras.

durable o duradero *adj.* Dícese de lo que dura o puede durar mucho.

duraluminio *m.* Aleación a base de aluminio, cobre, manganeso, magnesio y silicio que endurece y aumenta la resistencia.

duramadre o duramáter *f.* Membrana fibrosa que envuelve el encéfalo y la medula espinal.

duramen *m.* Parte más seca, compacta y obscura del tronco y de las ramas gruesas de un árbol; corazón. leño viejo.

duranguès-a o duragueño-a *adj. y s.* Natural de Durango. Perteneciente a esta población española o al Estado mexicano del mismo nombre.

durante *adv.* Mientras dura, a lo largo de, mientras.

durar *intr.* Continuar siendo, obrando, sirviendo, etc. Subsistir, permanecer, persistir.

duraznero *m.* Árbol variedad del melocotón, de fruto algo más pe-

queño. En América, cualquier especie de melocotonero, pérsico y durazno.

durazno *m.* Duraznero. En América, melocotonero y pérsico y fruto de ellos.

dureza *f.* Calidad de duro. Poder de penetración de los rayos X. Resistencia que opone un mineral a ser rayado por otro.

durmiente *adj. y s.* Que duerme. Madero horizontal sobre el que se apoyan otros. En América, traviesa de la vía férrea.

duro-a *adj.* Dícese del cuerpo resistente a ser labrado, cortado, comprimido o desfigurado. Lo que no está blando, mullido o tierno como debiera. Que resiste la fatiga. Aspero, excesivamente severo. Que no es liberal. Falto de armonía, rígido y poco fluido. *M.* Moneda española de plata, equivalente a cinco pesetas. *Adv.* Con fuerza o violencia.

duunviro *m.* Nombre de diferentes magistrados de la antigua Roma que debían ejercer el cargo junto con otro, elegido al mismo tiempo.

dux *m.* Dogo, príncipe o magistrado supremo de las antiguas repúblicas de Venecia y de Génova.

E

e *f.* Sexta letra del abecedario castellano y segunda de sus vocales.

¡ea! *interj.* Denota ánimo, estímulo, excitación para algo.

ebanista *m.* El que tiene por oficio trabajar en ébano y otras maderas finas.

ebanistería *f.* Arte y taller del ebanista.

ébano *m.* Arbol de copa ancha, tronco grueso de madera maciza, pesada, lisa y muy negra por el centro, hojas lanceoladas, flores verdosas y bayas amarillentas. Madera de este árbol.

ebonita *f.* Caucho vulcanizado con azufre, negro y duro, susceptible de pulimento. Vulcanita.

ebrio-a *adj. y s.* Embriagado, borracho. Poseído por alguna pasión.

ebullición *f.* Hervor, acción y efecto de hervir. Vaporización en el seno de la masa líquida, a presión y temperatura determinadas.

ebúrneo-a *adj.* De marfil o parecido a él.

eccehomo *m.* Imagen de Jesucristo como lo presentó Pilatos al pueblo. Persona lacerada, de lastimoso aspecto.

ecdémico-a *adj.* Dícese de las enfermedades cuya causa radica en lugar distinto de aquel en que ocurren.

eclecticismo m. Yuxtaposición de tesis conciliables de diferentes doctrinas o sistemas.

eclesiástico-a adj. Perteneciente o relativo a la Iglesia. M. Clérigo.

eclipsar tr. Causar un astro el eclipse de otro. Obscurecer, deslucir. R. Ausentarse, desaparecer una persona o cosa.

eclipse m. Ocultación transitoria, total o parcial, de un astro o pérdida de su luz, por interposición de otro cuerpo celeste entre él y la Tierra.

eclíptica f. Círculo máximo de la esfera celeste, que señala el curso aparente del Sol durante el año.

eclosión f. Nacimiento, brote, aparición. Salida de una larva o de un ser del huevo, del capullo o de la cubierta ninfal.

eco m. Repetición del sonido reflejado por un cuerpo duro. Sonido débil y confuso. El que imita o repite servilmente aquello que otro dice o que se dice en otra parte.

ecología f. Parte de la Biología que trata de la relación de los organismos entre sí y con el medio que los rodea.

economato m. Cargo de ecónomo. Almacén de artículos de primera necesidad. En México y Chile, oficina del ecónomo.

economía f. Administración recta y prudente de los bienes. Riqueza pública. Estructura y régimen de alguna institución u organización. Escasez o miseria. Buena administración del tiempo y otras cosas. Ahorro de trabajo, dinero, tiempo, etc. Pl. Ahorros; reducción de gastos.

económicamente adv. Con economía. Con respecto a la economía. Con baratura.

economizar tr. Ahorrar, cercenar y guardar alguna parte del gasto ordinario; evitar o excusar algún trabajo, riesgo, dificultad, etc. Administrar rectamente los bienes o rentas.

ecónomo adj. Aplícase al cura que ejerce las funciones de párroco. Administrador y cobrador de rentas. Encargado de la administración de una casa o establecimiento.

ectoparásito m. y s. Dícese del parásito que vive en la superficie del huésped. Parásito externo.

ecuación f. Igualdad que contiene una o más literales, llamadas incógnitas, y que sólo se verifica para determinados valores de ellas.

ecuador m. Paralelo de mayor radio en una superficie de revolución. Círculo máximo que se considera en la esfera celeste perpendicular al eje del mundo. Círculo máximo que equidista de los polos

de la Tierra y es perpendicular al eje terrestre.

ecuánime adj. Que tiene ecuanimidad. Imparcial, inalterable, constante, sereno.

ecuatorial adj. Perteneciente o relativo al Ecuador. M. Telescopio que puede girar alrededor de un eje paralelo al de la Tierra y mantener una estrella continuamente en su campo visual.

ecuatoriano-a adj. y s. Natural del Ecuador. Perteneciente a esta república de América.

ecuestre adj. Perteneciente o relativo al caballero, a la orden y al ejercicio de la caballería. Perteneciente o relativo al caballo. Figura montada a caballo.

ecumene m. Nombre que los geógrafos griegos aplicaban a la gran masa continental rodeada por el mar; modernamente, la Tierra habitable, en general y en particular, las zonas más habitadas.

ecuménico-a adj. Universal. Dícese de los concilios generales.

eczema amb. Afección cutánea que forma manchas irregulares y rojizas, y vejiguillas, con sensación de escozor; costras y escamas delgadas caedizas.

echar tr. Tirar algo con impulso de la mano o de otro modo. Despedir de sí una cosa. Hacer que una cosa caiga en sitio determinado. Hacer salir a uno de algún lugar, apartándolo con violencia o desprecio. Deponer a uno de su empleo, dignidad, etc. Salirle a una persona o animal un apéndice complementario. Brotar las plantas y arrojar raíces, flores, hojas, etc. Juntar los machos con las hembras, para la procreación. Comer o beber alguna cosa. Dar movimiento a llaves, cerrojos, etc. para cerrar. Remitir una cosa a la suerte. Llevar a cabo una partida de juego. Pronunciar, decir, proferir. R. Arrojarse, precipitarse, dejarse ir. Ponerse las aves sobre los huevos.

echarpe f. Adorno femenino en forma de faja de gasa, seda, lana, terciopelo o piel, sobre los hombros y que cae a los lados.

edad f. Tiempo que una persona ha vivido a contar desde que nació. Duración de las cosas. Período en que se considera dividida la vida humana. Período histórico.

edáfico-a adj. Relativo o perteneciente a la constitución física, química o geológica del suelo.

edecán m. Ayudante de campo. Auxiliar, acompañante.

edema m. Hinchazón motivada por acumulación de serosidad en el tejido celular.

edén *m.* Paraíso terrenal. Lugar muy ameno y delicioso.

edición *f.* Impresión de una obra o escrito para su publicación. Conjunto de ejemplares de una obra impresos de una sola vez.

edicto *m.* Mandato, decreto publicado por la autoridad.

edificar *tr.* Fabricar, hacer un edificio o mandar construirlo. Infundir sentimientos de piedad y de virtud en otros.

edificio *m.* Obra o fábrica construida para habitación u otros usos análogos: casa, templo, teatro, etc.

edil *m.* Antiguo magistrado romano que cuidaba de las obras públicas. Concejal, miembro de un Concejo o Ayuntamiento.

edilicio-a *adj.* Perteneciente o relativo al empleo de edil. Perteneciente a la municipalidad o que se relaciona con ella.

editar *tr.* Publicar por medio de la imprenta u otro medio de reproducción gráfica una obra, periódico, folleto, mapa, etc.

editor-a *adj.* Que edita. *M.* y *f.* Persona que saca a la luz pública una obra valiéndose de la imprenta o de otro medio gráfico para multiplicar los ejemplares.

editorial *adj.* Perteneciente o relativo a editores o ediciones. Artículo de fondo no firmado. *F.* Casa editora.

edredón *m.* Almohadón o colchoneta de plumas de eider y que se emplea como cobertor.

educación *f.* Acción y efecto de educar. Enseñanza que se da a los niños y jóvenes. Cortesía, urbanidad.

educar *tr.* Dirigir, encaminar, doctrinar. Desarrollar y perfeccionar las facultades intelectuales y morales del niño o del joven. Desarrollar las fuerzas físicas. Perfeccionar, afinar los sentidos. Enseñar los buenos usos de la urbanidad y cortesía.

educativo-a *adj.* Dícese de lo que educa o sirve para educar. En América, educador. Que pertenece a la educación o tiene relación con ella.

educir *tr.* Sacar una cosa de otra, deducir.

efebo *m.* Mancebo, adolescente.

efectismo *m.* Afán de producir o causar efecto o de impresionar el ánimo de otros.

efectivo-a *adj.* Real y verdadero. Dícese del empleo o cargo de plantilla. *M.* Numerario, moneda o dinero. Positivo, cierto, auténtico. Cantidad de hombres de un ejército, unidad o cuerpo.

efecto *m.* Lo que se sigue por virtud de una causa. Resultado de la acción de un agente físico, químico o biológico. Impresión hecha en el ánimo. Fin para que se hace una cosa. Artículo de comercio. Documento o valor mercantil. *Pl.* Bienes, muebles, enseres.

efectuar *tr.* y *r.* Poner en obra, ejecutar algo. Cumplirse, hacerse efectiva una cosa; realizarla.

efedrina *f.* Alcaloide semejante a la adrenalina que actúa como vasoconstrictor y midriático.

efélide *f.* Peca, especialmente la producida por el sol y el aire.

efemérides *f. pl.* Libro en que se refieren los hechos ocurridos cada día. Aniversario.

eferente *adj.* Que lleva impulsos o humores hacia la periferia.

efervescencia *f.* Desprendimiento de burbujas gaseosas a través de un líquido. Hervor de la sangre. Agitación, ardor, acaloramiento de los ánimos.

eficacia *f.* Virtud, actividad, fuerza y poder para obrar. Capacidad para producir un efecto. Aptitud.

eficaz *adj.* Activo, poderoso para obrar. Que logra hacer efectivo un intento o propósito. Que produce el efecto hacia el cual tiende. Apto.

eficiencia *f.* Virtud y facultad para lograr un efecto determinado. Acción con que se logra este efecto.

efigie *f.* Imagen, representación de una persona. Personificación.

efímero-a *adj.* Que sólo dura un día. Pasajero, de corta duración. Fugaz. Flor que se marchita el mismo día que se ha abierto.

efluente *adj.* Que mana o se desprende de un cuerpo.

efluvio *m.* Emisión de partículas sutilísimas. Emanación, irradiación en lo inmaterial. Luminosidad difusa o flujo de iones al descargarse, en ciertas circunstancias, un conductor.

efugio *m.* Evasión, salida, recurso para sortear una dificultad. Subterfugio.

efundir *tr.* Derramar, verter un líquido.

efusión *f.* Derramamiento de un líquido, comúnmente de la sangre. Expansión en los afectos generosos o alegres del ánimo. Ternura.

efusivo-a *adj.* Que siente o manifiesta efusión. Afectuoso, tierno, cariñoso. Roca eruptiva en estado fundido.

egeo-a *adj.* y *s.* Perteneciente o relativo al mar Egeo. Habitante de las islas y costas de dicho mar, entre Europa y Asia Menor.

égida o egida *f.* Piel de la cabra Amaltea que solía servir como escudo, en sus distintas versiones. Por extensión, escudo, protección, defensa, amparo.

egipciaco-a o egipcio-a *adj. y s.* Natural u oriundo de Egipto. Perteneciente a este país de África.

égloga *f.* Composición poética del género bucólico, de breve extensión y en que se trata de realzar los encantos de la vida campestre.

egoísmo *m.* Inmoderado y excesivo amor a sí mismo, descuidando el interés de los demás.

egregio-a *adj.* Insigne, ilustre.

egresar *intr. americ.* Salir dinero de la caja. Marcharse, partir.

egreso *m.* Salida, partida de descargo.

¡eh! *interj.* Se emplea para preguntar, llamar, reprender o advertir.

eider *m.* Ave anátida de los mares nórdicos; pato de flojel. Su plumón es el edredón.

eje *m.* Varilla que atraviesa un cuerpo giratorio y le sirve de sostén. Barra horizontal que entra en los bujes de las ruedas de un vehículo. Línea que divide por la mitad una calle, camino, etc. Idea fundamental en un raciocinio. Sostén principal de una empresa. Base, fundamento. Recta alrededor de la cual se considera que gira una línea para engendrar una superficie o una superficie para engendrar un sólido. Pivote.

ejecución *f.* Acción y efecto de ejecutar. Manera de ejecutar o hacer. Procedimiento judicial con embargo y venta de bienes para pago de deudas.

ejecutar *tr.* Poner por obra una cosa. Ajusticiar. Desempeñar con arte y facilidad una cosa. Tocar una pieza musical en un instrumento. Efectuar.

ejecutivo-a *adj.* Que no da espera ni permite que se difiera a otro tiempo la ejecución. *M.* En América, el poder ejecutivo representado por el Jefe de Estado. Junta directiva; miembro de ella que ejecuta los acuerdos.

ejecutoria *f.* Título o diploma en que consta legalmente la nobleza de una persona o familia. Timbre, acción gloriosa, cualidad que ensalza o ennoblece. Sentencia firme dictada por un juez o tribunal.

ejemplar *adj.* Que da buen ejemplo. *M.* Original. Prototipo, norma representativa. Cada uno de los escritos, impresos, dibujos, grabados, etc., sacados de un mismo original o modelo. Caso de escarmiento. Cada uno de los individuos de una misma especie o de un género.

ejemplificar *tr.* Demostrar, ilustrar o autorizar con ejemplos lo que se dice.

ejemplo *m.* Caso o hecho que se propone para que se imite o se siga. Hecho, texto o cláusula que se cita para autorizar un aserto. Norma, pauta, dechado.

ejercer *tr.* Practicar los actos propios de un oficio, facultad, virtud, etc.

ejercicio *m.* Acción de ejercitarse u ocuparse en una cosa. Acción y efecto de ejercer. esfuerzo corporal para conservar o recobrar la salud. Tiempo en que rige una ley de presupuestos. Pruebas a que se somete un opositor a cátedras, beneficios, etc.

ejercitar *tr.* Dedicarse al ejercicio de un arte, oficio o profesión. Hacer que uno aprenda mediante la enseñanza, ejercicio y práctica de ella. Hacer uso de un derecho. *R.* Repetir muchos actos, para adiestrarse en la ejecución de algo.

ejército *m.* Institución militar permanente de un Estado, encargada de la defensa terrestre de la nación. Gran unidad militar estratégica.

ejido *m.* Campo común de todos los vecinos de un pueblo y lindante con él. Parcela o unidad agrícola establecida por la Ley Agraria de México.

ejote *m.* Vaina tierna y comestible del frijol.

el *m.* Artículo determinado de número singular.

él *pron.* Nominativo del pronombre personal de tercera persona, masculino, singular; con preposición empléase también en los casos oblicuos.

elaborar *tr.* Preparar un producto por medio de trabajo adecuado. Transformar los alimentos en substancias nutritivas. Hacer, realizar.

elasmobranquio *adj. y s.* Vertebrado de un grupo que comprende los tiburones, las rayas y formas afines, vivientes y fósiles, con branquias lameliformes.

elástico-a *adj.* Dícese del cuerpo que puede recobrar más o menos completamente su figura y extensión cuando cesa la causa que las alteró. Acomodaticio. Cinta, cordón o prenda de vestir de punto menos rígido, para su mejor ajuste.

eléboro o elébor *m.* Planta ranunculácea de hojas anchas y coriáceas; comprende varias especies, todas ellas empleadas en Medicina.

elección *f.* Acción y efecto de elegir. Nombramiento de una persona para algún cargo por medio de votos. Facultad de elegir, obrar o deliberar. Designación.

electo-a *m. y f.* Persona elegida o nombrada mientras no toma posesión del cargo o dignidad.

elector-a *adj. y s.* Que elige con potestad o derecho para ello.

electorado *m.* Conjunto de electores. Dignidad de elector.

electricidad *f.* Energía o agente natural que determina diversos fenómenos mecánicos, caloríficos, luminosos, magnéticos, fisiológicos y químicos.

electricista *adj. y s.* Perito en aplicaciones científicas y mecánicas de la electricidad.

eléctrico-a *adj.* Que tiene o comunica electricidad. Perteneciente o relativo a ella.

electrificar *tr.* Transformar un procedimiento o medio mecánico en eléctrico.

electrizar *tr.* Comunicar o producir electricidad en un cuerpo. Exaltar, inflamar el ánimo o los ánimos. En América, irritar, exaltar, enfurecer.

electrocardiografía *f.* Registro gráfico de las corrientes eléctricas producidas en el miocardio.

electrocardiograma *m.* Registro fotográfico de los movimientos del filamento de un galvanómetro provocados por los fenómenos eléctricos que preceden y acompañan a cada latido cardíaco.

electrocutar *tr.* Matar por medio de una corriente o descarga eléctrica.

electrodinámica *f.* Estudio de las acciones mecánicas que ejercen entre sí las corrientes eléctricas.

electrodo *m.* Cada uno de los dos polos o conductores terminales de una pila, acumulador, cuba electrolítica o tubo de descarga, en gases o en el vacío.

electroimán *m.* Barra de hierro dulce, envuelta por un carrete que se imanta mientras la corriente eléctrica pasa por el carrete.

electrólisis *f.* Descomposición de ciertos cuerpos por el paso de la corriente eléctrica.

electrólito *m.* Substancia que puede descomponerse por el paso de la corriente eléctrica.

electromagnetismo *m.* Estudio de las acciones mutuas entre las corrientes y los imanes.

electromotor *adj.* Aparato o máquina que transforma la energía eléctrica en trabajo mecánico. *M.* Motor eléctrico.

electrón *m.* Atomo de electricidad negativa.

electrónica *f.* Rama de la Electricidad y de la Tecnología que estudia los fenómenos de la conducción eléctrica en el vacío, gases y semiconductores, así como los dispositivos, instrumentos y esquemas basados en estos fenómenos.

electroscopio *m.* Aparato para indicar la presencia de electricidad y clase de la misma.

electrostática *f.* Estudio de los fenómenos producidos por las cargas eléctricas en reposo.

electrotecnia *f.* Estudio de las aplicaciones técnicas e industriales de la energía eléctrica.

electroterapia *f.* Empleo de la electricidad en el tratamiento de las enfermedades.

elefante *m.* Mamífero de gran talla y corpulencia, casi sin pelo, con probóscide muy pronunciada, y dos incisivos muy desarrollados en la mandíbula superior.

elegante *adj.* Dotado de gracia, nobleza y sencillez; de buen gusto, bien proporcionado. Persona que viste a la moda, con trajes o cosas arregladas a ella.

elegía *f.* Composición lírica de carácter triste y de lamentación, por alguna pérdida sufrida.

elegíaco-a *adj.* Perteneciente o relativo a la elegía. Lastimero, triste.

elegible *adj.* Que se puede elegir, o que tiene capacidad legal para ser elegido.

elegir *tr.* Escoger, preferir a una persona o cosa para un fin. Nombrar por elección para un cargo o dignidad. Optar.

elemental *adj.* Perteneciente o relativo al elemento. Referente a los principios o elementos de una ciencia o arte. Obvio, de fácil comprensión. Fundamental, primordial. Dícese de cualquier magnitud física de valor diferencial o infinitamente pequeño.

elemento *m.* Principio físico o químico que entra en la composición de los cuerpos. Cuerpo simple. Parte integrante de una cosa. *Pl.* Primeros principios de las ciencias o de las artes. Pieza, órgano o instrumento parcial de un aparato o instalación. Datos determinantes de una figura.

elenco *m.* Catálogo, índice. Nómina de artistas. Tema, asunto o materia de una argumentación.

elevación *f.* Acción y efecto de elevar o elevarse. Altura, encumbramiento. Exaltación a un empleo, puesto o dignidad de consideración. Altura de un astro sobre el horizonte.

elevador-a *adj.* Que eleva. *Adj. y s.* Nombre de varios músculos con los que se designa su función. *M. améric.* Ascensor. Timón de profundidad de las aeronaves.

elevar *tr.* Alzar o levantar una cosa. Colocar a alguien en un empleo o cargo honorífico. Ascender.

Transportarse, enajenarse. **Enva- necerse.**

elidir *tr.* Frustrar, debilitar o desvanecer una cosa. Suprimir la vocal con que acaba una palabra cuando la que sigue empieza con otra vocal.

eliminar *tr.* Quitar, separar una cosa. Alejar, excluir de una agrupación. Matar, suprimir. Expeler una substancia nociva del organismo. Hacer desaparecer una incógnita en un conjunto de ecuaciones.

elipse *f.* Curva cerrada y simétrica respecto de dos ejes perpendiculares entre sí, con dos focos.

elipsis *f.* Omisión de una o más palabras en una oración, necesarias para la construcción gramatical, pero no para que resulte claro el sentido.

elíptico-a *adj.* Perteneciente o relativo a la elipse o a la elipsis.

elíseo *m.* Feliz residencia de las sombras virtuosas donde reinaba eterna primavera, según griegos y romanos.

elisión *f.* Acción y efecto de elidir, en Gramática.

élite *f.* Palabra francesa: lo mejor, lo más distinguido y sobresaliente. Minoría selecta.

élitro *m.* Cada una de las alas del primer par quitinizado de los ortópteros y coleópteros.

elixir o **elíxir** *m.* Piedra filosofal. Tintura aromatizada. Licor estomacal. Medicamento maravilloso.

elocución *f.* Manera de expresar los conceptos. Modo de elegir y ordenar los pensamientos en un discurso. Dicción, estilo.

elocuencia *f.* Facultad de hablar o escribir eficazmente para deleitar, conmover o persuadir a oyentes o lectores. Fuerza de expresión, eficacia para persuadir.

elogio *m.* Alabanza, ponderación de buenas prendas o méritos de una persona o cosa. Encomio.

elogioso-a *adj. americ.* Encomiástico, laudatorio.

elote *m.* En México y América Central, mazorca tierna de maíz que, cocida o asada, se consume como alimento.

elucidar *tr.* Poner en claro, dilucidar.

elucubración *f.* Lucubración.

eludir *tr.* Huir la dificultad; esquivarla o salir de ella con algún artificio. Hacer vana o que no tenga efecto una cosa, con algún artificio.

ella *f.* Nominativo del pronombre personal femenino de tercera persona, en singular. Con preposición se emplea también en los casos oblicuos.

ello *pron.* Nominativo del pronombre personal de tercera persona en género neutro. Con preposición, empléase también en los casos oblicuos.

ellos-as *pron.* Nominativos m. y f. del pronombre personal de tercera persona en número plural. Con preposición, se emplean también en los casos oblicuos.

emaculación *f.* Acción y efecto de quitar las pecas y manchas a la cara.

emanación *f.* Acción y efecto de emanar. Exhalación de substancias volátiles por los cuerpos que las contienen. Efluvio.

emanar *intr.* Proceder, derivar de una causa. Desprenderse de los cuerpos substancias volátiles. Provenir, originarse.

emancipar *tr.* Libertar de la patria potestad, de la tutela o de la servidumbre. *R.* Salirse de la sujeción en que se estaba.

emascular *tr.* Castrar.

embadurnar *tr.* Untar, embarrar, pintarrajear. Pintar mal.

embair *tr.* Ofuscar, embaucar, hacer ver lo que no es. Burlar, insultar. Embestir, acometer. Avergonzar, confundir.

embajada *f.* Mensaje para tratar algún asunto de importancia. Cargo de embajador. Casa en que éste reside. Conjunto de empleados que tiene a sus órdenes.

embajador-a *m. y f.* Agente diplomático perteneciente a la superior de las clases que reconoce el Derecho Internacional, representante de la persona misma del jefe del Estado que lo envía o acredita.

embalaje *m.* Acción y efecto de embalar. Caja o cubierta con que se resguardan los objetos que han de transportarse. Coste de este embalaje.

embalar *tr.* Colocar dentro de cajas o cubiertas mercancías u otros efectos que se deben transportar. *R.* En México, obstruirse una arma de fuego con la bala.

embaldosar *tr.* Solar con baldosas.

embalsamar *tr.* Preparar un cadáver para preservarlo de la corrupción o putrefacción. Disecar, en el sentido de conservar animales. Perfumar, aromatizar.

embalsar *tr.* Meter una cosa en balsa. Rebalsar.

embalse *m.* Balsa artificial donde se acopian las aguas de un río o arroyo. Cantidad de agua así acopiada.

embanquetar *tr.* En México, construir banquetas o aceras en las calles.

embarazar *tr.* Impedir, estorbar, retardar una cosa. Poner encinta a una mujer. *R.* Hallarse impedido por cualquier embarazo.

embarazo *m.* Impedimento, dificultad, obstáculo, estorbo. Preñado de la mujer.

embarazoso-a *adj.* Que embaraza e incomoda.

embarcación *f.* Barco. Embarco. Tiempo que dura la navegación. Buque, navío.

embarcadero *m.* Lugar destinado para embarcar gente, mercancías y otras cosas. Andén y muelle del ferrocarril.

embarcar *tr.* Dar ingreso en una embarcación a personas o cosas. Incluir a uno en una dependencia o negocio. Despachar viajeros o mercancías por ferrocarril.

embarco *m.* Acción de embarcar o embarcarse. Entrada de tropas en vehículos, barco, tren, camiones, automóviles o naves aéreas.

embargar *tr.* Embarazar, impedir, detener. Suspender, paralizar; dícese en especial de los sentidos del alma. Retener una cosa en virtud de mandamiento judicial, sujetándola a las resultas de un procedimiento o juicio.

embargo *m.* Indigestión, empacho. Embarazo, impedimento. Daño, incomodidad. Retención, traba o secuestro de bienes por mandamiento judicial o de autoridad competente.

embarque *m.* Depósito de mercancías en un barco o tren para transportarlas.

embarrancar *intr.* Varar con violencia, encallándose el buque en el fondo. *Tr.* Meter y mantener a alguien en un atolladero, comprometerle en asuntos de difícil salida. *R.* Atascarse en un barranco o atolladero.

embarrar *tr.* Untar y cubrir con barro. Manchar con barro. Embadurnar. Poner afeites. En América, manchar, envilecer. Complicar en un delito.

embarrizarse *r.* Enlodarse.

embarullar *tr.* Mezclar desordenadamente unas cosas con otras. Hacer las cosas atropelladamente.

embastar *tr.* Coser con puntadas. Poner bastas a los colchones. Hilvanar.

embaste *m.* Acción y efecto de embastar. Costura a puntadas largas.

embate *m.* Golpe impetuoso de mar. Acometida violenta.

embaucar *tr.* Engañar, prevaliéndose de la inexperiencia o candor del engañado.

embaular *tr.* Meter dentro de un baúl. Comer con ansia, engullir. En México, engañar.

embebecer *tr.* Entretener, divertir, embelesar. *R.* Quedarse embelesado o pasmado.

embeber *tr.* Absorber un cuerpo sólido otro en estado líquido. Empapar. Contener, encerrar una cosa dentro de otra. Incorporar, incluir algo dentro de otra cosa. *Intr.* Encogerse, tupirse. *R.* Embebecerse, quedarse absorto.

embelecar *tr.* Engañar con artificios y falsas apariencias.

embeleco *m.* Embuste, engaño. Persona o cosa fútil, molesta o enfadosa.

embelesar *tr.* Arrebatar, cautivar los sentidos. Pasmar, embobar.

embellecer *tr.* Hacer o poner bella a una persona o cosa. Adornar, acicalar.

emberrenchinarse o **emberrincharse** *r.* Enfadarse con demasía. Encolerizarse.

embestir *tr.* Venir con ímpetu sobre una persona o cosa, para apoderarse de ella o causarle daño. *Intr.* Acometer.

embijado-a *adj.* En México, dícese de la obra en varios tomos con pastas desiguales; manchado, sucio, untado.

emblandecer *tr.* Ablandar. *R.* Moverse a compasión, condescendencia o enternecimiento.

emblanquecer *tr.* Blanquear. *R.* Ponerse o volverse blanco.

emblema *m.* Jeroglífico o símbolo en que se representa alguna figura. Representación simbólica de otra cosa. Lema, escudo, representación.

embobar *tr.* Entretener a uno; tenerle suspenso y admirado. *R.* Quedarse uno suspenso y absorto. Asombrar, sorprender.

embocadura *f.* Acción y efecto de embocar una cosa por una parte estrecha. Bocado, parte del freno que entra en la boca de la caballería. Gusto, sabor de los vinos. Paraje por donde los buques pueden penetrar en los ríos. Boca del escenario de un teatro. Parte de un instrumento de viento a que se aplica directamente la boca.

embocar *tr.* Meter por la boca una cosa. Entrar por una parte estrecha. Comenzar un empeño o negocio. Aplicar los labios a la boquilla de un instrumento de viento.

embodegar *tr.* Meter y guardar en bodega.

embolar *tr.* Poner bolas de madera en las puntas de los cuernos del toro, para que no pueda herir con ellos. Dar bola o betún al calzado. *R.* En América, emborracharse.

embolia *f.* Oclusión de una arteria o vena, causada por un cuerpo arrastrado por la corriente sanguínea: coágulos, burbujas, conglo-merados de microbios.

émbolo *m.* Disco que se mueve alternativamente en el interior de un cuerpo de bomba o del cilindro de una máquina, para enrarecer o comprimir un fluido o para recibir de él el movimiento. Cuerpo que causa una embolia.

embolsar *tr. y r.* Guardar una cosa en la bolsa. Cobrar. Reembolsar.

embonar *tr.* Mejorar o hacer buena una cosa. En México, Cuba y Ecuador, empalmar, ensamblar. En México y Cuba, acomodar, ajustar, venir bien.

emboquillar *tr.* Poner boquillas a los cigarrillos. Preparar la entrada de una galería o túnel.

emborrachar *tr. y r.* Causar embriaguez. Atontar, perturbar, adormecer. Mezclarse y confundirse los varios colores de una tela, por efecto del agua o de la humedad. Embriagar, aturdir, marear.

emborrascar *tr. y r.* Irritar, alterar. Hacerse borrascoso el tiempo. Echarse a perder un negocio. En América, empobrecerse una mina o perderse la veta.

emborronar *tr.* Llenar de borrones, rasgos y garabatos un papel. Escribir de prisa y desaliñadamente. Borronear.

emboscada *f.* Ocultación de personas en parte retirada, para atacar por sorpresa. Asechanza, maquinación en daño de alguien. Trampa, celada.

emboscar *tr.* Poner encubierta una partida de gente para una operación militar. *R.* Ocultarse entre el ramaje. Escudarse con una ocupación cómoda, para mantenerse alejado del cumplimiento de otra.

embotamiento *m.* Acción y efecto de embotar o embotarse. Entorpecimiento de los sentidos o de la inteligencia.

embotar *tr.* Engrosar los filos y puntas de instrumentos cortantes. *R.* Enervar, debilitar.

embotellar *tr.* Echar en botellas. Acorralar, inmovilizar. Aprender de memoria un discurso, lección o frase. En México, encarcelar.

embozar *tr.* Cubrir el rostro hasta las narices o los ojos. Poner el bozal a las caballerías o perros. Disfrazar, ocultar una cosa para que no se entienda fácilmente.

embozo *m.* Parte de la capa con que se cubre uno el rostro. Doblez de la sábana que toca el rostro. Recato artificioso con que se dice o hace algo.

embragar *tr.* Abrazar un fardo o piedra con bragas. Hacer que un eje participe del movimiento de otro.

embrague *m.* Acción de embragar. Mecanismo para embragar un eje.

embravecer *tr. y r.* Irritar, enfurecer. Robustecerse las plantas.

embrazar *tr.* Meter el brazo izquierdo por el asa del escudo, rodela o adarga, para cubrir y defender el cuerpo.

embrear *tr.* Untar con brea los costados de un buque, cable, maroma, soga, etc.

embriagar *tr. y r.* Emborracharse. Enajenar, transportar. Atontar, perturbar.

embriaguez *f.* Turbación pasajera de las potencias por la abundancia de bebidas alcohólicas. Enajenamiento del ánimo. Intoxicación aguda con alcohol.

embriología *f.* Parte de la Biología que estudia el desarrollo de los seres vivos, desde la segmentación del huevo hasta su total formación.

embrión *m.* Germen o rudimento de un cuerpo orgánico. Producto de la concepción humana hasta fines del tercer mes del embarazo. Principio informe todavía de una cosa. Cualquiera de los primeros estados del desarrollo de un organismo.

embrocación *f.* Cataplasma. Acción de derramar un líquido lentamente sobre una parte enferma del cuerpo.

embrollar *tr.* Enredar, confundir las cosas.

embrollo *m.* Enredo, confusión, maraña. Mentira disfrazada con artificio. Situación embarazosa.

embromar *tr.* Meter broma y gresca. Engañar con trapacerías. Usar de chanzas y bromas con uno, por vía de diversión. En México, entretener el despacho de un asunto.

embrujar *tr.* Hechizar.

embrutecer o **embrutar** *tr.* Entorpecer y casi privar a uno del uso de razón. Atontar.

embuchado-a *adj.* Embutido. *M.* Tripa llena con carne picada. Intención oculta.

embuchar *tr.* Embutir carne picada en un buche o tripa de animal. Introducir comida en el buche de un ave. Comer mucho, de prisa y casi sin masticar.

embudo *m.* Instrumento hueco, en figura de cono para transvasar líquidos. Trampa, engaño.

embuste *m.* Mentira disfrazada con artificio. Engaño, farsa.

embutido-a *adj.* Lleno. *M.* Obra que se hace encajando y ajustando piezas dentro de otras de distinto color y formando figuras diversas.

Tripa rellena. En América, entredós de bordado o de encaje.

embutir *tr.* Hacer embutidos. Llenar, meter una cosa dentro de otra y apretarla. Imbuir, instruir. Tragar. Incrustar, taracear, rellenar.

emergencia *f.* Acción y efecto de emerger. Accidente que sobreviene. Salida de un rayo luminoso o de una radiación cualquiera de un medio, para pasar a otro.

emerger *intr.* Brotar, salir el agua u otro líquido. Salir de alguna parte.

emérito-a *adj.* Persona retirada de un empleo o cargo y que disfruta de alguna recompensa por sus buenos servicios.

emético-a *adj. y s.* Vomitivo.

emigración *f.* Acción de emigrar. Conjunto de habitantes de un país que salen para establecerse en otro.

emigrado *m.* El que ha salido de su patria y reside fuera, obligado por circunstancias políticas.

emigrante *adj.* Que emigra. *Com.* El que por motivos no políticos abandona su país para residir en otro.

emigrar *intr.* Dejar o abandonar una persona, familia o nación su propio país, con ánimo de domiciliarse o establecerse en otro. Cambiar periódicamente de clima o localidad algunas especies animales, por exigencias de alimentación o reproducción.

eminencia *f.* Elevación de terreno. Excelencia de ingenio, virtud u otra dote del espíritu. Persona eminente en su línea. Protuberancia, especialmente en un hueso. Título de honor que se da a los cardenales de la Iglesia Católica.

eminente *adj.* Alto, elevado, que descuella entre los demás. Que sobresale y aventaja en mérito, extensión u otra calidad. Excelente, ilustre.

emir *m.* Príncipe o caudillo árabe.

emisario-a *m. y f.* Mensajero; persona encargada de alguna misión o de comunicarse en secreto con tercera o terceras personas.

emisión *f.* Acción y efecto de emitir. Conjunto de títulos o valores que de una vez se crean para ponerlos en circulación. Expulsión de líquidos del cuerpo. Tiempo en que una emisora difunde un programa. Acto de lanzar un cuerpo partículas materiales o eléctricas o energía radiante.

emisor-a *adj. y s.* Que emite. *M.* Aparato productor de ondas electromagnéticas en la estación de origen. *F.* La misma estación que emite.

emitir *tr.* Arrojar, exhalar o echar hacia fuera una cosa. Producir y poner en circulación papel moneda, títulos o valores. Dar, manifestar un juicio, dictamen, opinión, etc. Lanzar ondas electromagnéticas. Radiar.

emoción *f.* Conmoción orgánica consiguiente a impresiones, ideas o recuerdos. Excitación, exaltación.

emocionar *tr.* Conmover el ánimo, causar emoción.

emoliente *adj.* Medicamento para ablandar una dureza o tumor o para relajar y ablandar partes inflamadas.

emolumento *m.* Gaje o utilidad que corresponde a un cargo o empleo. Beneficio, sueldo, remuneración.

emotivo-a *adj.* Relativo a la emoción o que la produce. Sensible a las emociones.

empacar *tr.* Empaquetar, encajonar. En América, envasar conservas alimenticias.

empachar *tr.* Estorbar, embarazar. Ahitar, causar indigestión. *R.* Avergonzarse, turbarse. En México, en la fabricación del pulque, echarse a perder el aguamiel, por no fermentar debidamente.

empacho *m.* Vergüenza, turbación. Embarazo, estorbo. Indigestión o ahíto.

empadronar *tr. y r.* Inscribir a uno en el padrón de vecinos.

empalagar *tr.* Causar hastío un manjar, principalmente dulce. Cansar, fastidiar con zalamerías y afectaciones.

empalar *tr.* Espetar a uno en un palo, como se espeta una ave en el asador.

empalizada *f.* Estacada, obra hecha con estacas para separo o defensa. Valla.

empalmar *tr.* Juntar maderos, tubos, sogas u otras cosas, de modo que queden en comunicación. Ligar o combinar planes, ideas, acciones, etc. *Intr.* Suceder una cosa a continuación de otra.

empalme *m.* Acción y efecto de empalmar. Punto en que se empalma. Modo de hacerlo.

empanada *f.* Manjar cubierto de pan o masa y cocido al horno.

empanar *tr.* Encerrar una cosa en masa o pan para cocerla en el horno. Rebozar con pan rallado un manjar para freírlo. Sembrar de trigo.

empanizar *tr.* En México y Bolivia, empanar.

empantanar *tr.* Llenar de agua un terreno, a modo de pantano. Meter a uno en un pantano. Detener el curso de un negocio. En América, enlodar, embarrar.

empañar *tr.* Envolver en pañales. Quitar la tersura, brillo o diafanidad. Obscurecer o manchar el honor o fama, amenguar el mérito o gloria de alguien.

empapar *tr.* y *r.* Humedecer una cosa hasta penetrar enteramente un líquido en ella. Absorber un líquido en un cuerpo esponjoso o poroso. *R.* Penetrarse bien de una idea, doctrina, afecto. Ahitarse, empacharse. Embeber, calar, mojar.

empapelar *tr.* Envolver en papel. Recubrir con papel. Seguirse pleito o causa a alguien.

empaque *m.* Acción y efecto de empacar. Materiales con que se empaca. Aire de una persona. Seriedad, gravedad con algo de afectación.

empaquetar *tr.* Formar paquetes. Acomodar a gran número de personas en lugar estrecho. *R.* En América, vestirse con empaque o lujo.

emparedado-a *adj.* y *s.* Recluso por castigo, penitencia o propia voluntad. *M.* Porción pequeña de vianda entre dos rebanadas de pan.

emparedar *tr.* Encerrar a una persona u ocultar una cosa entre paredes.

emparejar *tr.* Formar una pareja. Poner una cosa a nivel con otra. Juntar puertas, ventanas, etc., de modo que ajusten, pero sin cerrarlas. *Intr.* Llegar a ponerse alguien al lado o nivel de otro. Ser igual una cosa con otra. Juntarse dos personas o cosas formando pareja. Casarse.

emparentar *intr.* Contraer parentesco por casamiento u otros vínculos.

emparrado *m.* Armazón que sostiene a la parra u otra planta trepadora. Conjunto de estas plantas.

emparrillado *m.* Conjunto de barras o alambres trabados horizontalmente, para dar base firme a los cimientos en terrenos flojos.

emparrillar *tr.* Asar en parrillas.

empastar *tr.* Cubrir de pasta una cosa. Encuadernar en pasta los libros. Rellenar con amalgama dental un diente o muela.

empatar *tr.* Obtener igual número de votos o de puntos que el rival en una votación, oposición, concurso, partido de juego, etc.

empavesar *tr.* Engalanar una embarcación con banderas y gallardetes, o un monumento con telas o lienzos.

empecer *tr.* Dañar, ofender. *Intr.* Impedir, obstar.

empecinado-a *adj. americ.* Obstinado, terco, pertinaz. Testarudo, porfiado, tozudo.

empedernido-a *adj.* Insensible, duro de corazón.

empedernir *tr.* Endurecer mucho. *R.* Hacerse insensible, duro de corazón.

empedrar *tr.* Cubrir el suelo con piedras ajustadas. Llenar.

empeine *m.* Parte inferior del vientre, entre las ingles. Parte superior del pie, entre la caña de la pierna y el principio de los dedos.

empelechar *tr.* Unir, juntar o aplicar chapas de mármol o jaspe.

empelotarse *r.* Enredarse, confundirse. En México y otros países de América, desnudarse, quedarse en pelota.

empellar o **empeller** *tr.* Empujar, dar empellones.

empellón *m.* Empujón recio para sacar de su lugar o asiento a una persona o quitar una cosa.

empenachado-a *adj.* Que tiene penacho.

empenaje *m.* Sistema de planos en la cola de un avión.

empeñar *tr.* Dar o dejar una cosa en prenda de satisfacción o pago. Precisar, obligar. *R.* Endeudarse. Insistir con tesón en una cosa. Empezarse o trabarse una contienda, pelea, disputa, altercado.

empeño *m.* Acción y efecto de empeñar o empeñarse. Obligación de pagar el que se empeña y adeuda. Obligación en que uno se halla constituido por su honra, conciencia u otro motivo. Deseo de hacer o conseguir una cosa. Tesón y constancia. En México, casa de empeños.

empeorar *tr.* Hacer que lo que estaba malo se ponga peor. *Intr.* Irse haciendo, poniéndose peor lo que ya era o estaba malo.

empequeñecer *tr.* y *r.* Minorar una cosa, hacerla más pequeña; menguar su importancia o estimación. Aminorar, disminuir.

emperador *m.* Título de dignidad del jefe supremo del antiguo Imperio Romano. Título de mayor dignidad dado a ciertos soberanos de varios países.

emperatriz *f.* Mujer del emperador. Soberana de un imperio.

emperejilar *tr.* y *r.* Adornar con profusión y esmero.

emperezar *intr.* Dejarse dominar por la pereza. Retardar, entorpecer.

emperifollar *tr.* y *r.* Emperejilar. Ataviarse, acicalarse.

empero *conj.* adversativa. Pero, sin embargo.

emperrar *tr.* Irritar, encolerizar. *R.* Obstinarse, encapricharse, porfiar.

empezar *tr.* Comenzar, dar principio a una cosa. Iniciar el uso o consumo de ella. *Intr.* Tener principio una cosa. Principiar.

empicarse *r.* Aficionarse demasiado. En México, engolosinarse, picarse.

empiema *m.* Acumulación de pus en la cavidad pleural.

empinado-a *adj.* Muy alto. Estirado, orgulloso. En México, inclinado.

empinar *tr.* Enderezar y levantar en alto. Inclinar mucho el vaso, la jarra, etc., para beber. Beber mucho. *R.* Ponerse sobre las puntas de los pies y erguirse. Ponerse afectadamente muy tieso. Ponerse un cuadrúpedo sobre los dos pies y levantar las manos. En México elevar cometas.

empingorotado-a *adj.* Dícese de la persona elevada a posición social ventajosa y de la que por ello se engríe. Encopetado, ensoberbecido.

empíreo-a *adj.* Celestial, supremo, divino. Parte más alta de los cielos, según los antiguos.

empírico-a *adj.* Perteneciente o relativo al empirismo. Partidario del empirismo. Que exige el concurso de la experiencia.

empirismo *m.* Sistema o procedimiento fundado en mera práctica o rutina. Doctrina que considera la experiencia como la única o más importante fuente del conocimiento.

empitonar *tr.* Alcanzar la res al lidiador cogiéndola con los pitones.

emplasto *m.* Preparado farmacéutico sólido, plástico y adhesivo que se aplica a la parte enferma.

emplazamiento *m.* Acción y efecto de emplazar. Situación, ubicación, colocación. Citación, señalamiento de plazo.

emplazar *tr.* Citar a una persona en determinado tiempo y lugar. Colocar, situar.

empleado-a *adj. y s.* Persona al servicio público o particular para el despacho de negocios. Dependiente, oficinista, funcionario.

emplear *tr.* Ocupar a alguien, encargándole de un negocio, comisión o puesto. Destinar a uno al servicio público. Gastar el dinero en algo. Usar, hacer servir una cosa para algo.

empleo *m.* Acción y efecto de emplear. Destino, ocupación, oficio.

emplomar *tr.* Cubrir, asegurar o soldar una cosa con plomo. Poner sellos de plomo a fardos o cajones cuando se precintan.

emplumar *tr.* Poner plumas. En América, engañar dando una noticia falsa. *Intr.* En América, fugarse, huir.

emplumecer *intr.* Echar plumas las aves.

empobrecer *tr.* Hacer que uno venga al estado de pobreza. *Intr.* Venir al estado de pobreza. Decaer, venir a menos. Perder una cosa parte de sus cualidades.

empolvar *tr.* Echar polvo. Echar polvos en los cabellos o rostro. *R.* Cubrirse de polvo. En México, per-

der el conocimiento de la ciencia o arte por haberse abandonado su estudio y ejercicio.

empollar *tr.* Calentar el ave los huevos. Meditar y estudiar un asunto más de lo necesario.

empollón-a *adj.* Dícese del estudiante que prepara mucho sus lecciones y que se distingue más por su aplicación que por su talento.

emponzoñar *tr.* Dar ponzoña. Inficionar, echar a perder, dañar. Amargarle a uno la vida, llenarlo de sinsabores y pesar. Envenenar, intoxicar.

emporcar *tr.* Ensuciar, llenar de porquería.

emporio *m.* Mercado internacional de mercancías. Lugar famoso por el cultivo de las ciencias, artes, etc. Centro importante de comercio.

empotrar *tr.* Meter sólidamente una cosa en la pared o en el suelo.

emprendedor-a *adj.* Que emprende con resolución acciones o negocios dificultosos.

emprender *tr.* Acometer, comenzar una obra, negocio, empeño.

empresa *f.* Acción ardua y dificultosa que se emprende decididamente. Lema o divisa. Intento o designio. Sociedad mercantil o industrial, compañía, asociación con fines productivos.

empresario-a *m.* Persona que por concesión o por contrata ejecuta una obra o explota un servicio público. El que abre al público y explota un espectáculo o diversión.

emprestar *tr.* Pedir prestado.

empréstito *m.* Préstamo que toma el Estado, una corporación o empresa. Cantidad prestada. Deuda pública para cubrir gastos que no pueden satisfacerse con los ingresos normales.

empujar *tr.* Hacer fuerza contra una cosa para moverla, sostenerla o rechazarla. Hacer salir del puesto o empleo en que se halla una persona. Hacer presión, influir para conseguir, dificultar o impedir algo.

empuje *m.* Acción y efecto de empujar. Esfuerzo producido por un peso. Brío, resolución con que se acomete una empresa. Impulso, propulsión, ímpetu.

empujón *m.* Impulso violento. Avance rápido.

empuñadura *f.* Guarnición o puño de la espada, daga, puñal, etc.

empuñar *tr.* Asir por el puño una cosa. Asir estrechamente con la mano.

emulación *f.* Pasión que excita a imitar y aun a superar las acciones ajenas.

emulgente *adj.* Relacionado o relativo a la excreción. Que estimula la función de los órganos excretores.

emulsión *f.* Líquido de aspecto lácteo que tiene en suspensión pequeñas partículas de substancias insolubles. Capa que cubre una placa o película fotográfica, sensible a la acción de la luz.

en *prep.* Indica en qué lugar, tiempo o modo se determinan las acciones del verbo a que se refiere. Sobre; luego que, después que. Término de un verbo de movimiento.

enacerar *tr.* Hacer alguna cosa como de acero. Endurecer, vigorizar.

enaguachar *tr.* Llenar de agua una cosa en la que no conviene haya tanta. Causar estorbo y pesadez en el estómago la mucha agua o la mucha fruta.

enaguas *f.* Prenda de vestir femenina, especie de saya que se usa debajo de la falda exterior.

enajenación *f.* Acción y efecto de enajenar o enajenarse. Distracción, embelesamiento. Acto por el cual se transmite a una persona la propiedad de algo. Locura.

enajenar *tr.* Transmitir a otro el dominio de una cosa. Sacar a uno fuera de sí, entorpecerlo o turbarlo. *R.* Desposeerse, privarse de algo. Retraerse del trato con alguien.

enálage *f.* Cambio o mutación de algunas categorías gramaticales o de sus accidentes.

enaltecer *tr.* Ensalzar. Encumbrar, engrandecer, exaltar.

enamoradizo-a *adj.* Propenso a enamorarse.

enamorar *tr.* Excitar la pasión del amor en alguno. Decir amores o requiebros. Cortejar. *R.* Prendarse de amor de una persona. Aficionarse a una cosa.

enanismo *m.* Trastorno del crecimiento caracterizado por una talla o alzada inferior a lo normal.

enano-a *adj. y s.* Dícese de lo que es diminuto en su especie. Persona de extraordinaria pequeñez. Pigmeo, liliputiense.

enarbolar *tr.* Levantar en alto un estandarte, bandera, etc. *R.* Encabritarse.

enarcar *tr.* Arquear, dar figura de arco. Poner cercos o aros a una cosa. *R.* Encogerse, achicarse. En México, encabritarse el caballo.

enardecer *tr.* Excitar o avivar una pasión, pugna, disputa. *R.* Encenderse una parte del cuerpo de un animal, por congestión o inflamación.

enarenar *tr.* Echar arena; llenar o cubrir de ella. Encallar o varar las embarcaciones.

encabestrar *tr.* Guarnecer a una bestia con cabestro o poner guía a las reses bravas. Hacer que las reses bravas sigan a los cabestros.

encabezar *tr.* Registrar a uno para el cobro de los tributos. Dar principio, iniciar una subscripción o lista. Poner el principio de un libro o escrito. Titular un artículo periodístico. Acaudillar. Aumentar la parte espirituosa de un vino.

encabritarse *r.* Empinarse el caballo apoyándose sobre las patas traseras. Levantarse la parte delantera súbitamente en un avión, automóvil, nave, etc.

encadenar *tr.* Atar con cadena. Trabar y unir unas cosas con otras. Dejar a uno sin movimiento y acción. Sujetar, aherrojar, oprimir.

encajar *tr.* Meter ajustadamente una cosa dentro de otra. Hacerla entrar con fuerza sobre otra. Unir ajustadamente. Encerrar. Decir algo. Disparar o arrojar frases fuertes. Hacer tomar una cosa con engaño. *R.* Vestirse una prenda. Meterse en parte estrecha o donde no es llamado. Ensamblar, embutir.

encaje *m.* Acción de encajar una cosa en otra. Hueco en que se encaja algo. Tejido de mallas, lazadas o calados. Labor de taracea o embutido. Cantidad de moneda legal que tienen disponible los bancos para las operaciones diarias. Suma de materiales utilizados en la acuñación de monedas.

encajonar *tr.* Meter y guardar en cajones. Meter en sitio angosto. *R.* Correr un río o arroyo por una angostura.

encalabrinar *tr. y r.* Llenar la cabeza de vapor o hálito que la turbe. Excitar, irritar. Empeñarse en una cosa, encapricharse, emperrarse.

encalar *tr.* Dar de cal o blanquear una cosa. Meter en cal o espolvorear con ella alguna cosa. Enjalbegar.

encalmarse *r.* Sofocarse las bestias por el mucho trabajo, calor, gordura. Quedar en calma el tiempo. Serenarse.

encalvecer *intr.* Perder el pelo, quedar calvo.

encallar *intr.* Dar la embarcación en arenas o piedras, quedando sin movimiento. No poder seguir adelante en un negocio. *R.* Endurecerse algunos alimentos por interrumpirse su cocción.

encallecer *intr.* Criar callos o endurecerse la carne a manera de callo. *R.* Endurecerse con la costumbre, en los trabajos o en los vicios.

encamar *tr. y r.* Tender o echar una cosa en el suelo. Echarse o meterse en la cama, especialmente por enfermedad. Echarse o abatirse las mieses.

encaminar *tr.* Enseñar a uno el camino. Dirigir una cosa a un punto determinado. Guiar, orientar, conducir.

encampanar *tr.* En México, empujar a una empresa, entusiasmar; comprometer en malos manejos; dejar a uno con la responsabilidad de un acto reprobable. En México y Colombia, enamorarse. En México y Puerto Rico, enardecerse.

encanallar *tr.* Corromper, envilecer a uno haciéndole tomar costumbres abyectas, propias de la canalla.

encandilar *tr. o r.* Deslumbrar acercando a los ojos el candil, vela o mucha luz. Deslumbrar con apariencias o falsas razones. Avivar la lumbre. En México y Puerto Rico, exaltarse, entusiasmarse.

encanecer *intr.* Ponerse cano. Ponerse mohoso. Envejecer.

encantar *tr.* Ejercer poder sobrenatural sobre personas o cosas, según el vulgo. Cautivar por medio de la hermosura, gracia o talento. Hechizar.

encañar *tr.* Hacer pasar el agua por caños o conductos. Sanear un terreno por este medio. Poner cañas para sostener las plantas.

encañonar *tr.* Dirigir una cosa hacia un cañón. Encauzar las aguas de un río por un cauce cerrado o por una tubería. Fijar, precisar la puntería. Encajar un pliego dentro de otro. *Intr.* Echar canones las aves.

encapotar *tr.* Cubrir con el capote. *R.* Poner el rostro ceñudo. Ponerse el cielo cubierto de nubes, en especial tempestuosas. Nublarse.

encapricharse *r.* Empeñarse en sostener o conseguir su capricho. Enamorarse ciegamente.

encaramar *tr.* Levantar o subir a una persona o cosa. Alabar, encarecer. Colocar en puesto alto u honorífico. Trepar, escalar. *R.* En México, subirse la bebida.

encarar *intr.* Ponerse cara a cara, enfrente y cerca de otro. *Tr.* Apuntar, dirigir la puntería a alguna parte. Hacer frente a una dificultad.

encarcelar *tr.* Poner a uno preso en la cárcel. Encerrar.

encarecer *tr.* Aumentar o subir el precio a una cosa, hacerla cara. Ponderar, alabar mucho una cosa. Recomendar con empeño.

encargar *tr.* Encomendar, poner una cosa al cuidado de otro. Recomendar, aconsejar. Pedir que se traiga o envíe alguna cosa de otro lugar.

encargo *m.* Acción y efecto de encargar o encargarse. Cosa encargada. Cargo o empleo.

encariñar *tr. y r.* Aficionar, despertar cariño. Prendarse, enamorarse.

encarnación *f.* Acción de encarnar. Dícese especialmente del acto de haber tomado carne humana el Verbo Divino. Personificación de una idea, doctrina, situación, etc.

encarnado-a *adj.* De color de carne. Colorado, de color más o menos rojo.

encarnar *intr.* Revestir de cuerpo una idea o substancia espiritual. Ir tomando carne una herida al mejorar o sanar. Personificar una idea. Tomar color de carne. Tomar naturaleza humana.

encarnizamiento *m.* Acción de encarnizarse. Crueldad con que se ceba alguien en el daño o en la infamia de otro.

encarnizar *tr.* Cebar a un perro para que se haga fiero. Encruelecer, enfurecer. *R.* Cebarse con ansia en la carne los animales hambrientos. Mostrarse cruel contra una persona. Batirse con furor las tropas enemigas.

encarrerar *tr. americ.* Hacer tomar el paso de carrera o adiestrar para correr. Encarrilar.

encarrilar *tr.* Encaminar, dirigir una cosa sobre el camino o carril que debe. Dirigir hacia el acierto una pretensión. Gobernar, encauzar.

encartar *tr.* Proscribir a un reo constituido en rebeldía. Incluir a uno en una dependencia o negocio. *R.* En América, llenarse de cosas o papeles inútiles.

encartonar *tr.* Poner cartones. Resguardar con cartones una cosa.

encasillado *m.* Conjunto de casillas. Lista de candidatos adeptos al gobierno.

encasquetar *tr.* Encajar bien en la cabeza el sombrero, gorra, etc. Meter a uno algo en la cabeza, arraigada y obstinadamente.

encasquillar *tr.* Poner casquillos. En América, herrar. *R.* Atorarse una arma de fuego con el casquillo del cartucho.

encastillar *tr.* Fortificar con castillos un pueblo o región. Apilar. Armar un castillejo para la construcción de una obra. *R.* Encerrarse y hacerse fuerte en un castillo, paraje alto, riscos o sierras. Perseverar con tesón en su parecer y dictamen. Obstinarse.

encausar *tr.* Formar causa a uno; proceder judicialmente contra él.

encáustico-a *adj.* Pintura hecha al encausto. Preparado de cera para preservar de humedad y dar brillo a la piedra, madera o paredes. Preparación para pulimentar y proteger de la intemperie a los mármoles.

encausto o **encauste** *m*. Combustión. Pintura hecha por medio del fuego, con ceras coloridas y desleídas, con punzón o buril o con esmalte.

encauzar *tr*. Abrir cauce; encerrar o dar dirección por un cauce a una corriente. Encaminar, dirigir por buen camino.

encebollar *tr*. Echar cebolla en abundancia a un manjar.

encefalalgia *f*. Dolor profundo en parte de la cabeza.

encefalitis *f*. Inflamación del encéfalo.

encéfalo *m*. Conjunto del sistema nervioso central contenido dentro de la cavidad del cráneo.

enceguecer *tr. americ.* Ofuscar el entendimiento, cegar. *Intr.* Perder la vista, sufrir ceguera.

encelajarse *intr.* Cubrirse de celajes el cielo.

encelar *tr.* Dar celos. *R.* Concebir celos de una persona. Estar en celo un animal.

encenagar *tr.* Enlodar, ensuciar. Corromper, pervertir. *R.* Meterse en el cieno. Mancharse con cieno. Entregarse a los vicios.

encendedor-a *adj.* Que enciende. *M.* Aparato para encender por medio de llama, de chispa eléctrica o de piedra.

encender *tr.* Hacer que una cosa arda para que dé luz o calor. Pegar fuego, incendiar. Causar ardor o encendimiento. Suscitar, ocasionar guerras. Inflamar, enardecer.

encendido-a *adj.* De color rojo muy subido. Rubicundo, inflamado. *M.* Acto de dar fuego por medio de una chispa eléctrica.

encerado-a *adj.* De color de cera. *M.* Lienzo impermeabilizado con cera u otra materia bituminosa. Emplasto compuesto de cera y otros ingredientes. Cuadro de hule, lienzo barnizado, madera, etc., para escribir o dibujar en él con clarión y poder borrar fácilmente. Capa tenue de cera con que se cubren muebles y entarimados.

encerar *tr.* Aderezar con cera alguna cosa. Manchar con cera. *Intr.* Tomar color de cera o amarillear las mieses. Cubrir de cera el piso.

encerrar *tr.* Meter a una persona o cosa en parte de que no pueda salir. Incluir, contener. *R.* Retirarse del mundo, recogerse en clausura o religión.

encerrona *f.* Retiro o encierro voluntario. Situación, preparada de antemano, en que se coloca a una persona para obligarla a que ha-

ga algo malo. Lidia de toros en privado.

encía *f.* Carne que cubre la quijada y guarnece la dentadura.

encíclico-a *adj.* Que tiene figura de círculo. *F.* Carta dirigida por el Romano Pontífice a toda la Iglesia o a gran parte de ella, como pastor supremo, encargado de instruir, exhortar y dirigir.

enciclopedia *f.* Conjunto de todas las ciencias. Obra en que se trata de muchas de ellas. Diccionario enciclopédico.

enciclopédico-a *adj.* Perteneciente o relativo a la enciclopedia.

encierro *m.* Acción y efecto de encerrar o encerrarse. Lugar donde se encierra. Clausura, recogimiento. Reclusión voluntaria. Prisión estrecha y aislada. Toril. Calabozo.

encima *adv.* En lugar o puesto superior. Sobre sí, consigo. Además.

encimar *tr.* Poner en alto una cosa; ponerla sobre otra. *R.* Elevarse a mayor altura que otra cosa del mismo género.

encina *f.* Arbol fagáceo de tronco grande, copa redonda, hojas elípticas duras, florecillas verde amarillentas y por fruto bellotas dulces o amargas; de madera muy dura y compacta.

encinta *adj.* Embarazada. Grávida, preñada.

encintar *tr.* Adornar, engalanar con cintas.

enclaustrar *tr.* Encerrar en un claustro. Esconder en paraje oculto. Recluir.

enclavar *tr.* Clavar, asegurar con clavos. Traspasar, atravesar de parte a parte. Engañar. Encajar.

enclave *m.* Porción de territorio de un país o región, rodeado por el de otro u otra. Interposición de un material litológico dentro de otro.

enclenque *adj.* y *s.* Falto de salud, enfermizo. Débil, raquítico.

enclítico-a *adj.* y *s.* Dícese de la categoría gramatical o partícula que se añade al vocablo anterior y forma con él una sola palabra.

enclocar o **encloquecer** *intr.* Ponerse clueca un ave.

encobar *intr.* Echarse las aves y animales ovíparos sobre los huevos para empollarlos.

encocorar *tr.* Fastidiar con exceso, molestar. *R.* En América, irritarse, resentirse gravemente.

encofrar *tr.* Preparar el revestimiento de madera, para hacer el vaciado de una cornisa o colocar bastidores para mantener la tierra en las galerías de las minas.

encoger *tr.* Retirar contrayendo. Apocar el ánimo. *Intr.* Disminuir lo largo y ancho de algunas telas por apretarse el tejido al mojarse o lavarse. Disminuir el tamaño de algunas cosas al secarse. Contraerse, achicarse.

encolar *tr.* Pegar con cola una cosa. Clarificar vinos. Aplicar cola caliente a las superficies que han de pintarse al temple o al lomo de un libro.

encolerizar *tr. y r.* Hacer poner colérico. Irritar, exasperar, enfadar.

encomendar *tr.* Encargar a alguien del cuidado de una persona o cosa o que haga alguna cosa. Dar encomienda. *R.* Entregarse en manos de otro y fiarse de su amparo. Enviar recados o memorias.

encomendero *m.* El que lleva encargos de otro. En México, persona que tiene una encomienda.

encomiar *tr.* Alabar con encarecimiento a una persona o cosa. Elogiar. Exaltar.

encomienda *f.* Encargo, acción y efecto de encargar; cosa encargada. Dignidad de comendador. Institución por la que un grupo de familias de indios quedaba sometido a la autoridad de un español, quien se obligaba a protegerlo y a cuidar de su instrucción religiosa. Recomendación, elogio. Amparo, patrocinio. *Pl.* Recados, memorias.

enconar *tr.* Inflamarse la llaga o parte lastimada del cuerpo. Irritar, exasperar. Cargar la conciencia con alguna mala acción. Interesarse indebidamente en los haberes que uno maneja. En México, sisar, robar cosas pequeñas.

encono *m.* Animadversión, rencor. En América, enconamiento de una llaga.

encontrado-a *adj.* Puesto enfrente. Opuesto, contrario. Enemigo.

encontrar *tr.* Topar una persona con otra o con alguna cosa que busca. Hallar. *Intr.* Tropezar uno con otro. *R.* Oponerse, enemistarse. Hallarse y concurrir juntas a un mismo lugar dos o más personas. Opinar diferentemente.

encontronazo o encontrón *m.* Empellón, golpe, topetada, empujón.

encopetar *tr.* Elevar en alto o formar copete. *R.* Engreírse, presumir mucho.

encorajar o encorajinar *tr.* Dar valor, ánimo y coraje. *R.* Encenderse en coraje, encolerizarse.

encorar *tr.* Cubrir con cuero. Encerrar algo dentro de un cuero. Hacer que las llagas críen cuero.

encorazar *tr.* Cubrir con coraza. *R.* Ponerse la coraza. En México, rellenar con escombros para evitar resonancias en pisos, vigas, etc.

encordar *tr.* Poner cuerdas a los instrumentos musicales. Apretar con cuerda.

encordelar *tr.* Poner cordeles; proveer de cordeles; atar algo con ellos. Forrar con cordel en espiral alguna pieza.

encornadura *f.* Cornamenta. Forma y disposición de los cuernos en los animales que los tienen.

encorvar *tr.* Doblar y torcer una cosa poniéndola corva. *R.* Inclinarse, ladearse; mostrar parcialidad.

encrasar *tr.* Poner craso o espeso un líquido. Mejorar, fertilizar la tierra con abonos.

encrespar *tr.* Ensortijar, rizar. Erizar el pelo, plumaje, etc., por una impresión fuerte. Enfurecer, agitar e irritar. *R.* Levantarse y alborotarse las ondas del agua. Enredarse el asunto que se trata.

encrucijada *f.* Paraje en que se cruzan dos o más calles o caminos. Ocasión para hacer daño a alguien; emboscada, asechanza.

encrudecer *tr. y r.* Tener apariencia de crudo. Exasperar, irritar.

encruelecer o encrudelecer *tr.* Instigar a uno para que obre y piense con crueldad. *R.* Hacerse cruel, fiero, inhumano; airarse con exceso.

encuadernación *f.* Acción y efecto de encuadernar. Forro o cubierta que se pone a los libros. Taller donde se encuaderna.

encuadernar *tr.* Juntar, unir y coser varios pliegos o cuadernos y ponerles cubierta.

encuadrar *tr.* Encerrar en un marco o cuadro. Encajar, ajustar una cosa dentro de otra. Bordear, determinar los límites de una cosa. Enmarcar.

encubiertamente *adv.* A escondidas, con secreto. Con dolo, fraudulentamente. Recatadamente.

encubridor-a *adj. y s.* Que encubre. Hipócrita, falso.

encubrimiento *m.* Acción y efecto de encubrir. Participación posterior en un delito, aprovechándose de sus efectos, impidiendo que se descubra, favoreciendo la ocultación o fuga de los delincuentes, etc.

encubrir *tr.* Ocultar una cosa o no manifestarla. Impedir que se conozca. Hacerse responsable de encubrimiento en un delito.

encuentro *m.* Coincidencia de dos o más cosas en un punto. Acto de encontrarse dos o más personas. Oposición, contradicción. Hallazgo. Choque imprevisto con fuerzas enemigas. Contienda deportiva.

encuerado-a *adj.* En México, desnudo, pobre. Mujer vestida con muy poca ropa y marcando las formas.

encuerar *tr.* Desnudar, dejar en cueros a una persona. En América, ganar a una persona todo su dinero en el juego; despojarla de sus bienes.

encuesta *f.* Averiguación o pesquisa. Consulta a la opinión pública.

encumbrado-a *adj.* Elevado, alto.

encumbrar *tr. y r.* Levantar en alto. Ensalzar, engrandecer con puestos o empleos honoríficos. Subir la cumbre, pasarla. Ser muy elevada una cosa.

encurtir *tr.* Poner frutas o legumbres en vinagre, para que tomen este sabor y para que duren mucho tiempo.

encharcar *tr. y r.* Cubrir de agua un terreno quedando como charco. Enaguachar el estómago. En América, enfangarse.

enchilada *f.* En México y Guatemala, tortilla de maíz rellena de diversos manjares aderezados con chile.

enchilar *tr. americ.* Untar, aderezar con chile. R. En México, irritarse, enfurecerse.

enchinar *tr.* Empedrar con chinas o guijarros. R. En México, hacerse rizos en el pelo. Erizarse el cabello.

enchiquerar *tr.* Meter o encerrar el toro en el chiquero. Encarcelar.

enchuecar *tr. americ.* Torcer, encorvar. Desviar un asunto del curso normal.

enchufar *tr.* Ajustar la boca de un tubo en la de otro. Combinar, enlazar un negocio con otro. Obtener un enchufe o sinecura. Establecer conexión eléctrica encajando las dos piezas del enchufe.

enchufe *m.* Acción y efecto de enchufar. Parte de un caño o tubo que penetra en otro. Cargo o sinecura que se obtiene por influencia política. Aparato para establecer una conexión eléctrica.

ende *adv.* De allí o de aquí. De esto. Más de, pasados de.

endeble *adj.* Débil, de resistencia insuficiente. De poco mérito. Delicado.

endecágono *m.* Polígono de once ángulos y once lados.

endecasílabo-a *adj. y s.* De once sílabas.

endecha *f.* Canción triste y lastimosa. Composición musical de tema triste, luctuoso o trágico.

endemia *f.* Enfermedad arraigada en un país, región o localidad.

endemoniado-a *adj. y s.* Poseído del demonio. Sumamente perverso, malo. En México, alborotador, muy travieso. Muchacho inquieto.

endentar *tr.* Encajar una cosa en otra, como los dientes y los piñones de las ruedas. Poner dientes a una rueda.

endentecer *intr.* Empezar los niños a echar los dientes.

enderezar *tr.* Poner derecho lo que está torcido, inclinado o tendido. Remitir, dirigir, dedicar. Aderezar, preparar, adornar. Enmendar, corregir. *Intr.* Encaminarse en derechura a una persona o paraje.

endeudarse *r.* Llenarse de deudas. Reconocerse obligado.

endiablado-a *adj.* Muy feo, desproporcionado. Endemoniado. En América, intrincado, peligroso, arriesgado, difícil, complicado.

endilgar *tr.* Encaminar, dirigir, acomodar, facilitar. Encajar, endosar a otro algo desagradable o impertinente. Enjaretar, espetar.

endino-a *adj.* Indigno, perverso.

endiosar *tr.* Elevar a uno a la divinidad. R. Erguirse, entonarse, ensoberbecerse.

endocardio *m.* Membrana serosa que tapiza las superficies internas del corazón.

endocarpio *m.* Capa interior del pericarpio.

endocrino-a *adj.* Perteneciente o relativo a las hormonas o a las secreciones internas.

endocrinología *f.* Estudio de las glándulas de secreción interna, de las hormonas y de los productos endocrinos.

endomingarse *r.* Vestirse con la ropa de fiesta. En América, vestirse el pobre su mejor ropa.

endoparásito *m.* Parásito que vive en el interior de otro organismo.

endosar *tr.* Ceder a favor de otro un documento de crédito expedido a la orden, haciéndolo así constar al respaldo o dorso. Trasladar a otro una carga, trabajo o cosa no apetecible. Traspasar, encajar.

endósmosis o **endosmosis** *f.* Difusión osmótica de un líquido hacia el interior de una célula o vaso. Corriente del líquido disolvente desde la solución menos concentrada a la más concentrada.

endoso *m.* Acción y efecto de endosar un documento. Lo que se escribe para endosar.

endospermo *m.* Tejido nutritivo de las semillas.

endotérmico-a *adj.* Que almacena calor o energía potencial. Que absorbe calor.

endriago *m.* Monstruo fabuloso mezcla de facciones humanas y de fiera.

endrino-a *adj.* De color negro azulado. *M.* El ciruelo silvestre y otras especies afines. *F.* Fruto del endrino, negro azulado y áspero al gusto.

endulzar *tr.* Poner dulce una cosa. Suavizar, hacer llevadero un trabajo. Azucarar, mitigar. Suavizar las tintas y colores de una pintura.

endurecer *tr.* Poner dura una cosa. Robustecer los cuerpos. *R.* Negarse a la piedad, obstinarse en el rigor. Mostrarse inflexible.

eneágono *adj.* Aplícase al polígono de nueve ángulos y nueve lados.

enebro *m.* Árbol conífero de copa espesa, hojas lineales punzantes, flores en amentos axilares y fruto en bayas; su madera es rojiza, fuerte y olorosa; sus bayas sirven para aromatizar la ginebra.

eneldo *m.* Planta umbelífera de hojas en lacinias filiformes, flores en círculo; el cocimiento de los frutos se ha usado como carminativo.

enema *f.* Medicamento que se inyecta en el recto. Ayuda, lavativa.

enemigo-a *adj.* Contrario. *M. y f.* El que tiene mala voluntad a otro y le desea o hace mal. El contrario en la guerra. Adversario, hostil.

enemistad *f.* Aversión u odio entre dos o más personas.

enemistar *tr.* Hacer a uno enemigo de otro; hacer perder la amistad.

eneolítico-a *adj. y s.* Dícese del período prehistórico intermedio entre el neolítico y la edad de los metales.

energía *f.* Eficacia, poder o virtud para obrar. Fuerza de voluntad. Agente o elemento físico indestructible que acompaña a la materia, capaz de producir trabajo, luz, calor, electricidad, movimiento, etc.

energúmeno-a *m. y f.* Persona poseída del demonio, furiosa, alborotada, colérica.

enero *m.* Mes primero de los doce de que consta el año.

enervar *tr.* Debilitar, quitar las fuerzas. Debilitar la fuerza de razones o argumentos.

enésimo-a *adj.* Dícese del número indeterminado de veces que se repite una cosa. Lugar indeterminado en una serie.

enfadar *tr. y r.* Causar daño. Enojar, irritar, fastidiar.

enfadoso-a *adj.* Que de suyo causa entado. Enojoso, fastidioso, molesto.

enfaldar *tr. y r.* Recoger las faldas o las sayas. Cortar las ramas bajas de los árboles, para que formen copa las superiores.

enfangar *tr. y r.* Cubrir de fango una cosa o meterla en él. Mezclarse en negocios innobles o vergonzosos. En América, perder la reputación o mancharla.

enfardar *tr.* Hacer o arreglar fardos. Empaquetar mercancías.

énfasis *m.* Fuerza de expresión o entonación con que se realza la importancia de lo que se dice o se lee. Afectación en la expresión.

enfatizar *r.* Poner énfasis, subrayar.

enfermar *intr.* Contraer enfermedad. *Tr.* Causar enfermedad. *R.* En México, dar a luz o estar en su período la mujer.

enfermedad *f.* Alteración más o menos grave en el normal funcionamiento de un organismo. Pasión moral dañosa.

enfermería *f.* Casa o sala destinada a los enfermos. Arte o profesión de cuidar científicamente a los enfermos o heridos.

enfermero-a *m. y f.* Persona destinada para la asistencia de los enfermos.

enfermizo-a *adj.* Que tiene poca salud; que enferma con frecuencia. Propio de un enfermo.

enfermo-a *adj. y s.* Que padece enfermedad. Enfermizo. Paciente, doliente.

enfervorizar *tr. y r.* Infundir buen ánimo, fervor, celo ardiente. Animar.

enfilar *tr.* Poner en fila. Dirigir una visual. Ensartar. Enderezar.

enfisema *m.* Hinchazón causada por aire en los intersticio de algún tejido.

enflaquecer *tr.* Poner flaco a alguno minorando sus fuerzas o corpulencia. Debilitar, enervar. *Intr.* Ponerse flaco, adelgazar.

enfocar *tr.* Hacer o procurar que la imagen de un objeto producida en el foco de una lente se recoja con claridad en un plano determinado. Dirigir un haz de rayos o partículas en dirección conveniente o concentrarlos en un lugar dado. Descubrir y comprender los puntos esenciales de un problema o negocio, para tratarlo o resolverlo.

enfrascarse *r.* Enzarzarse, meterse en una espesura. Aplicarse con intensidad a un negocio, asunto o disputa. En México, engolfarse en diversiones y fiestas. Abstraerse, reconcentrarse, ensimismarse.

enfrenar *tr.* Poner el freno al caballo; enseñarle a que obedezca; contenerlo o sujetarlo. Refrenar, contener o reprimir. Frenar.

enfrentar *tr.* Afrontar, poner frente a frente. Hacer frente, oponer. Encarar, arrostrar.

enfrente *adv.* A la parte opuesta o que está delante de otro. En contra.

enfriamiento *m.* Acción y efecto de enfriar o enfriarse. Enfermedad muy leve caracterizada por congestión de mucosas de las vías aéreas superiores, cefalea y destemplanza con o sin fiebre. Romadizo, coriza, resfriado, catarro.

enfriar *tr., intr. y r.* Poner o hacer que se ponga fría una, cosa. Entibiar los afectos. Templar el ardor de las pasiones. Amortiguar la eficacia de las obras. En México y Puerto Rico, matar. *R.* Quedarse fría una persona. Helarse, resfriarse.

enfundar *tr.* Poner una cosa en su funda. Llenar, henchir. Guardar el arma.

enfurecer *tr.* y *r.* Irritar a uno o ponerle furioso. *R.* Alborotarse, alterarse. Enojar, encolerizar.

enfurruñarse *r.* Ponerse enfadado. Encapotarse el cielo.

enfurtir *tr.* Dar a los tejidos de lana el cuerpo correspondiente. Apelmazar el pelo.

engalanar *tr.* y *r.* Poner galana una cosa. Adornar, hermosear, embellecer.

engallarse *r.* Ponerse erguido y arrogante. Envalentonarse.

enganchar *tr.* Agarrar una cosa con gancho. Poner las caballerías a los carruajes para que tiren de ellos. Atraer, captar con afecto. Uncir. *R.* Sentar plaza de soldado.

engañabobos *com.* Persona embaucadora. Cosa que engaña a los incautos.

engañar *tr.* Dar a la mentira apariencia de verdad. Inducir a creer y tener por cierto lo que no es. Producir ilusión. Embaucar. Entretener, distraer. *R.* Cerrar los ojos a la verdad. Equivocarse.

engañifa *f.* Engaño artificioso con apariencia de utilidad.

engaño *m.* Falta de verdad en lo que se dice, hace, cree o piensa. Armadijo para pescar. Muleta o capa para engañar al toro. Embuste, mentira.

engargantar *tr.* Meter una cosa por la garganta. *Intr.* Engranar.

engarzar *tr.* Trabar formando cadena por medio de hilo de metal. Engastar.

engastar *tr.* Encajar y embutir una cosa en otra.

engatusar *tr.* Ganar la voluntad de uno con halagos para conseguir de él alguna cosa. Halagar, camelar, seducir.

engendrar *tr.* Procrear, propagar la propia especie. Causar, ocasionar. Concebir, producir.

engendro *m.* Feto. Criatura informe. Plan u obra intelectual mal concebidos.

englobar *tr.* Incluir o considerar reunidas varias cosas en una sola.

engolado-a *adj.* Engreído, enfatuado, de maneras afectadas.

engolfar *tr.* Meter una embarcación en un golfo. *Intr.* Entrar una embarcación mar adentro. Meterse mucho en un negocio; dejarse llevar por un pensamiento o afecto. *Tr.* Hacerse golfo, pillo.

engolosinar *tr.* Excitar el deseo con algún atractivo. *R.* Aficionarse, tomar gusto a una cosa. Atraer, incitar; encariñarse.

engolletado-a *adj.* Erguido, presumido, vano.

engomar *tr.* Dar goma desleída a las telas para que queden lustrosas. Untar con goma para lograr adherencia.

engordar *tr.* Cebar, dar mucho de comer para poner gordo. *Intr.* Ponerse gordo. Engrosar.

engorro *m.* Embarazo, impedimento, molestia. Estorbo, dificultad.

engranaie *m.* Efecto de engranar. Conjunto de las piezas que engranan. Conjunto de los dientes de una máquina. Enlace, trabazón.

engranar *intr.* Endentar, encajar una cosa en otra. Enlazar, trabar.

engrandecer *tr.* Aumentar, hacer grande una cosa. Alabar, exagerar. Exaltar, elevar a grado o dignidad superior. Acrecentar, realzar. Enaltecer.

engrane *m.* Rueda dentada empleada en muchos mecanismos, para transmitir el movimiento de un eje a otro.

engrapar *tr.* Asegurar, enlazar o unir con grapas.

engrasar *tr.* Dar grasa. Encrasar, fertilizar con abonos. Untar, manchar con grasa. Pringar, ensebar, lubricar.

engreído-a *adj.* Envanecido. En México, Colombia y Antillas, encariñado.

engreír *tr.* y *r.* Envanecer o envanecerse. Ensoberbecer, vanagloriar.

engrescar *tr.* Incitar a riña. Meter en broma, juego u otra diversión.

engrosar *tr.* Hacer gruesa o más corpulenta una cosa o darle espesor o crasitud. *Intr.* Hacerse más grueso y corpulento. Engordar, engruesar. Aumentar de volumen.

engrudo *m.* Masa con harina o almidón que se cuece en agua y sirve para pegar cosas ligeras.

engrumecerse *r.* Hacer grumos una masa fluida.

engualdrapar *tr.* Poner gualdrapa a una bestia. Cubrir, ocultar.

enguarapetarse *r.* En México y Antillas, embriagarse.

enguedejado-a *adj.* Dícese del cabello hecho guedejas. Persona que trae así la cabellera. Que cuida mucho de ellas.

enguijarrar *tr.* Empedrar con guijarros.

enguirnaldar *tr.* Adornar con guirnaldas.

engullir *tr.* Tragar la comida atropelladamente y sin mascarla. Ingurgitar.

enharinar *tr.* Manchar de harina; cubrir con ella la superficie de una cosa.

enhebrar *tr.* Pasar la hebra por el ojo de la aguja o por el agujero de las cuentas, perlas, etc. Ensartar, decir cosas sin orden ni concierto. Enhilar.

enhestar *tr.* Levantar en alto, poner derecha una cosa.

enhiesto-a *adj.* Levantado, derecho.

enhilar *tr.* Enhebrar. Ordenar las ideas de un escrito o discurso. Dirigir, guiar o encaminar con orden.

enhorabuena *f.* Felicitación. Con bien, con felicidad. Parabién, pláceme. Congratulación.

enigma *m.* Dicho o conjunto de palabras artificiosamente encubierto, para que resulte de difícil comprensión. Dicho o cosa que no se alcanza a comprender o que difícilmente puede interpretarse. Misterio. Adivinanza, acertijo.

enjabonar *tr.* Jabonar. Dar jabón, adular. Reprender, increpar.

enjaezar *tr.* Poner los jaeces a las caballerías.

enjalbegar *tr.* Blanquear las paredes con cal, yeso o tierra blanca. Componer el rostro con afeites. Encalar, enlucir.

enjalma *f.* Especie de albardilla ligera de bestia de carga.

enjambre *m.* Conjunto de abejas con una reina que salen de una colmena para formar otra colonia. Muchedumbre de personas o cosas juntas.

enjaretar *tr.* Hacer pasar un cordón, cinta o cuerda por una jareta. Hacer o decir algo atropelladamente. Endilgar, encajar algo molesto o inoportuno. En México y Venezuela, intercalar, incluir.

enjarrado-a *adj.* Con los brazos en jarras. En México, embarrado, aplanado.

enjaular *tr.* Encerrar, poner dentro de la jaula. Meter en la cárcel a uno.

enjoyar *tr.* Adornar con joyas. Hermosear, enriquecer. Engastar piedras preciosas en una joya.

enjoyelado-a *adj.* Aplícase al oro o plata convertido en joyas o joyeles. Adornado con joyeles.

enjuagar *tr.* Limpiar la boca y dentadura con algún líquido. Aclarar o limpiar con agua clara lo que se ha jabonado.

enjuague *m.* Acción de enjuagar. Líquido con que se enjuaga. Negociación artificiosa y oculta, para obtener lo que no se espera lograr por medios regulares.

enjugar *tr.* Quitar la humedad, secar. Quitar la humedad del cuerpo, lágrimas, sudor, etc. Cancelar,

extinguir una deuda o un déficit. Perder la gordura que se tenía.

enjuiciar *tr.* Someter una cuestión a examen, discusión y juicio. Instruir un procedimiento judicial. Juzgar, sentenciar. Sujetar a juicio o proceso.

enjundia *f.* Gordura que tienen las aves en la overa. Unto o gordura de cualquier animal. Lo más substancioso e importante de algo. Fuerza, vigor.

enjuto-a *adj.* Delgado, seco o de pocas carnes. Flaco, chupado, magro. *F.* Cada uno de los cuatro espacios triangulares que deja en un cuadrado el círculo inscripto en él.

enlace *m.* Acción de enlazar. Unión, conexión de una cosa con otra. Empalme de trenes. Parentesco, casamiento. Trabazón, liga, unión.

enladrillar *tr.* Solar, formar de ladrillos el pavimento.

enlatar *tr.* Meter algo en botes de hojalata. Envasar conservas en ellos.

enlazar *tr.* Coger o juntar con lazos. Dar enlace a unas cosas con otras. Casar, contraer matrimonio. Unirse en parentesco. Relacionar; amarrar.

enligar *tr.* Untar con liga. Prenderse el pájaro en la liga.

enlobreguecer *tr.* Obscurecer, poner lóbrego.

enlodar *tr.* Manchar con lodo. Embarrar. Manchar, infamar, envilecer.

enloquecer *tr.* Hacer perder el juicio a uno. *Intr.* Volverse loco. Trastornar, alocar, perturbar.

enlosar *tr.* Cubrir el suelo con losas unidas y ordenadas.

enlucido-a *adj.* Blanqueado. *M.* Ultima mano que se da y alisa sobre una pared.

enlucir *tr.* Poner una capa de yeso o mezcla a las paredes, techos o fachadas de los edificios. Limpiar, poner tersos y brillantes los metales.

enlutar *tr.* Cubrir de luto. Obscurecer. Entristecer, afligir.

enmaderar *tr.* Cubrir con madera techos, paredes u otras cosas. Construir el maderamen de un edificio.

enmangar *tr.* Poner mango a un instrumento.

enmarañar *tr.* Enredar, revolver una cosa. Confundir, hacer más difícil un asunto. *R.* Cubrirse el cielo de celajes.

enmascarar *tr.* Cubrir el rostro con máscara. Encubrir, disfrazar, disimular.

enmendar *tr.* Corregir, quitar defectos. Resarcir, subsanar los daños. Corregir o mejorar las cualidades del suelo.

enmienda f. Eliminación de un vicio o error. Satisfacción y pago de un daño. Propuesta de variación, de un proyecto o dictamen. Corrección de los defectos de la tierra de labor. Rectificación de errores. Arrepentimiento.

enmohecer tr. y r. Cubrir o cubrirse de moho una cosa. R. Inutilizarse, caer en desuso.

enmudecer tr. Hacer callar, detener y atajar para que no hable más. Intr. Quedar mudo, perder el habla. Guardar silencio cuando se debiera hablar.

ennegrecer tr. Teñir o poner negro. R. Ponerse muy obscuro, nublarse.

ennoblecer tr. Hacer noble a uno. Adornar, enriquecer. Ilustrar, dignificar. Elevar, ensalzar.

enojar tr. Causar enojo. Molestar. R. Enfurecerse.

enojo m. Movimiento que suscita ira contra alguien. Molestia, trabajo, desagrado, furor, disgusto.

enología f. Ciencia y arte de elaborar los vinos, conservarlos, lograr su mejora, estudiar sus enfermedades, etc.

enomel m. Preparado farmacéutico de vino y miel.

enorgullecer tr. y r. Llenar de orgullo. Envanecer, ensoberbecer.

enorme adj. Desmedido, excesivo. Desmesurado, colosal, exagerado.

enormidad f. Tamaño irregular y desmedido. Exceso de maldad. Despropósito, desatino. Atrocidad, barbaridad.

enquistarse r. Formarse un quiste. Pasar al estado de quiste ciertos parásitos.

enraizar intr. Arraigar, echar raíces.

enramada f. Conjunto de ramas espesas y entrelazadas. Adorno formado de ramas. Cobertizo hecho de ramas para sombra o abrigo.

enramar tr. Entretejer varias ramas para adorno o para hacer sombra. Intr. Echar ramas un árbol. R. Ocultarse entre ramas.

enranciar tr. Poner o hacer rancia una cosa. En México, arranciar.

enrarecer tr. y r. Hacer menos denso un cuerpo gaseoso. Hacer que escasee o que sea rara una cosa. Rarificar, rarefacer.

enrasar tr. Arrasar. Alcanzar dos elementos el mismo nivel. Hacer que quede plana y lisa una superficie. Igualar una obra con otra para que tengan la misma altura. Emparejar.

enredadera adj. Dícese de las plantas de tallo voluble o trepador.

enredar tr. Prender con red. Tender las redes o armarlas para cazar. Enlazar, entretejer, enmarañar una cosa con otra. Embrollar. Meter discordia. Meter a uno en negocios peligrosos. Intr. Travesear, inquietar. R. Sobrevenir dificultades y complicaciones en un negocio.

enredo m. Complicación que resulta de trabarse desordenadamente los hilos u otras cosas flexibles. Travesura, inquietud. Engaño, mentira que ocasiona disturbios o pleitos. Complicación difícil de salvar. Conjunto de sucesos o episodios que preceden al desenlace de los poemas dramáticos y de la novela.

enrejado-a adj. En forma de reja. M. Conjunto de rejas. Labor en forma de celosía. Emparrillado. El preso.

enrejar tr. Cercar con rejas o ponerlas. Disponer en forma de enrejado o emparrillado. En México, zurcir la ropa.

enrevesado-a adj. Revesado. Enmarañado, revuelto, enredado, intrincado, embrollado.

enrielar tr. Hacer rieles. Echar los metales en la riela. En México y Chile, meter en el riel, encarrilar.

enriquecer tr. y r. Hacer rica a una persona, comarca, fábrica, industria, etc. Engrandecer, adornar. Intr. Hacerse uno rico. Prosperar notablemente. Florecer, aumentar.

enriscado-a adj. Lleno de riscos o peñascos. Riscoso, escabroso.

enristrar tr. Poner la lanza en el ristre. Poner la lanza horizontal bajo el brazo derecho bien afianzada para acometer. Ir derecho hacia una parte; acertar.

enrocar tr. Revolver en la rueca el copo que ha de hilarse. Mover en la misma jugada de ajedrez el rey y la torre, bajo ciertas circunstancias.

enrojecer tr. Poner roja una cosa con el calor o el fuego. Dar color rojo. Intr. Ruborizarse. R. Encenderse el rostro. Abochornarse, sonrojarse.

enrolar tr. Inscribir en el rol de la tripulación. Alistar, enganchar.

enrollar tr. Arrollar. Empedrar con rollos o cantos.

enronquecer tr. Poner ronco a uno.

enroscar tr. Torcer, doblar en redondo; poner en forma de rosca. Introducir una cosa a vuelta de rosca.

ensabanado-a adj. Cubierto, envuelto en una sábana. M. Capa de yeso a las paredes que van a blanquearse. Toro de cabeza y extremidades obscuras y blanco el resto del cuerpo. En México, se aplica al color plateado o blanco brillante del ganado ovino.

ensaimada f. Bollo de pasta de hojaldre en tira espiral.

ensalada *f.* Hortaliza aderezada. Mezcla confusa de cosas. Composición poética en metros diferentes.

ensaladilla *f.* Manjar frío semejante a la ensalada. Bocados de dulce de diferentes géneros. Conjunto de piedras preciosas de diferentes colores engastadas en una joya. Conjunto de cosas menudas. En México, composición jocosa en verso, generalmente insultante.

ensalivar *tr.* Llenar o empapar de saliva.

ensalmar *tr.* Componer los huesos dislocados o rotos. Curar con ensalmos.

ensalmo *m.* Modo supersticioso de curar por medio de oraciones y aplicación empírica de medicinas.

ensalzar *tr.* Engrandecer, exaltar. Alabar, elogiar.

ensamblar *tr.* Unir, juntar; en especial ajustar piezas de madera.

ensanchar *tr.* Extender, dilatar, aumentar la anchura. *R.* Envanecerse, afectar gravedad y señorío. Hacerse de rogar. Ampliar, explayar.

ensanche *m.* Dilatación, extensión. Parte de tela que se remete en la costura. Terreno dedicado a nuevas edificaciones y conjunto de estos edificios.

ensangrentar *tr.* Manchar o teñir con sangre. Encenderse, irritarse demasiado en una contienda, ofendiéndose unos a otros.

ensañar *tr.* Irritar, enfurecer. Deleitarse en causar el mayor daño y dolor posibles a quien no está en condiciones de defenderse.

ensartar *tr.* Pasar por un hilo, cordón o alambre. Enhebrar. Espetar, atravesar. Decir muchas cosas sin conexión. *R.* En México, caer en la trampa, incurrir en un error que causa perjuicio.

ensayar *tr.* Probar, reconocer una cosa antes de usarla. Adiestrar. Hacer la prueba de una comedia, baile u otro espectáculo. Probar la calidad de los minerales o la ley de los metales preciosos. *R.* Probar a hacer una cosa para ejecutarla después más perfectamente o para no extrañarla.

ensayista *com.* Escritor de ensayos.

ensayo *m.* Acción y efecto de ensayar. Escrito, sin la extensión ni aparato de un tratado, en que se aportan datos, puntos de vista, experiencias personales del autor. Reconocimiento del metal o metales de una vena. Análisis de la moneda para descubrir su ley. Prueba, experimento, tentativa.

ensebar *tr.* Untar con sebo.

ensenada *f.* Seno que forma el mar en la costa. Bahía, rada, cala, caleta.

enseña *f.* Insignia, estandarte.

enseñanza *f.* Acción y efecto de enseñar. Sistema, método de dar instrucción. Transmisión de conocimientos sobre diferentes cuestiones. Adquisición de habilidad o destreza para algún arte, oficio o profesión.

enseñar *tr.* Instruir, amaestrar con reglas o preceptos, doctrinar. Dar advertencia, ejemplo o escarmiento que sirve de experiencia. Indicar, dar señas de una cosa. Mostrar, exponer una cosa. Dejar aparecer o ver algo involuntariamente. Aleccionar.

enseñorearse *r.* Hacerse señor y dueño de una cosa; dominarla. Adueñarse, posesionarse; someter, sojuzgar.

enseres *m. pl.* Utensilios, muebles, instrumentos necesarios o convenientes en una casa o para una profesión.

ensiforme *adj.* En forma de espada.

ensillar *tr.* Poner la silla al caballo, mula, etc. En México y Chile, molestar a una persona, avasallarla.

ensimismarse *r.* Abstraerse, concentrarse profundamente.

ensoberbecer *tr.* Causar o excitar soberbia. *R.* Agitarse el mar, encresparse las olas.

ensombrecer *tr. y r.* Obscurecer, cubrir de sombras. *R.* Entristecerse, ponerse melancólico.

ensordecer o ensordar *tr.* Ocasionar o causar sordera. *Intr.* Contraer sordera, quedarse sordo. Callar, no responder. Convertir una consonante sonora en sorda.

ensortijar *tr.* Torcer en redondo, rizar, encrespar el cabello, hilo, etc.

ensuciar *tr.* Manchar, poner sucia una cosa. Emporcar. Manchar el alma, la nobleza o la fama, con vicios o acciones indignas. *R.* Hacer las necesidades corporales en la cama, camisa, calzones, etc. Dejarse sobornar con dádivas.

ensueño *m.* Sueño o representación fantástica del que duerme. Ilusión, fantasía.

entabicar *tr. americ.* Tabicar.

entablado-a *adj.* Cubierto con tablas. *M.* Conjunto de tablas de una armadura. Suelo formado de tablas.

entablar *tr.* Cubrir, cercar o asegurar con tablas. Entablillar. Disponer, preparar, emprender algo. *Intr. americ.* Empatar, igualar.

entablillar *tr.* Asegurar con tablillas y vendaje el hueso quebrado.

entalegar *tr.* Meter en talegos o talegas. Ahorrar dinero, atesorarlo.

entallar *tr.* Hacer figuras de relieve en madera, bronce, mármol.

etc. Grabar o abrir en lámina. Cortar la corteza para extraer resina de algunos árboles. Hacer o formar el talle. *Intr.* Venir bien o mal el vestido al talle.

entallecer *intr.* Echar tallos las plantas y árboles.

entapizar *tr.* Cubrir con tapices. Tapizar. Forrar con telas.

entarimar *tr.* Cubrir el suelo con tablas o tarima. *R.* Elevarse, ganar jerarquía o posición social.

ente *m.* Lo que es, existe o puede existir. Sujeto ridículo.

enteco-a *adj.* Enfermizo, débil, flaco.

entenado-a *m. y f.* Alnado, hijastro, hijastra.

entender *tr.* Tener idea clara de las cosas; comprenderlas. Saber con perfección. Conocer, penetrar. Discurrir. Tener intención de hacer algo. Creer, pensar, juzgar. *R.* Conocerse, comprenderse a sí mismo. Ir de acuerdo.

entendido-a *adj. y s.* Sabio, docto, perito, diestro.

entendimiento *m.* Facultad humana de concebir las cosas, compararlas, juzgarlas y deducir otras. Razón humana. Facultad de comprender.

entenebrecer *tr. y r.* Obscurecer, llenar de tinieblas.

enteralgia *f.* Dolor intestinal agudo.

enterar *tr. y r.* Informar, instruir a uno de algo.

entereza *f.* Integridad, perfección, complemento. Fortaleza de ánimo. Rectitud en la administración de justicia.

enteritis *f.* Inflamación de la membrana mucosa del intestino.

enterizo-a *adj.* Entero. De una sola pieza.

enternecer *tr. y r.* Poner tierna y blanda una cosa. Mover a ternura por compasión. Conmover, compadecerse; ablandar.

entero-a *adj.* Cabal, cumplido, sin falta alguna. Animal no castrado. Robusto, sano. Recto, justo. Constante, firme. Dícese del número que consta de una o más unidades completas.

enterrar *tr.* Poner debajo de tierra. Dar sepultura a un cadáver. Sobrevivir a alguno. Arrinconar, olvidar. Clavar, meter, hundir cosas punzantes o delgadas. *R.* Retirarse del trato de los demás. Sepultar, inhumar.

entesar *tr.* Dar mayor fuerza y vigor a una cosa. Poner tirante y tesa una cosa.

entibiar *tr.* Poner tibio un líquido, darle calor moderado. Templar, moderar las pasiones. Disminuir, calmar.

entidad *f.* Lo que constituye la esencia o la forma de una cosa. Ente o ser. Valor e importancia de una cosa. Colectividad considerada como unidad.

entierro *m.* Acción y efecto de enterrar los cadáveres. Sepulcro o sitio en que se ponen. Fosa. Cadáver que se lleva a enterrar y su acompañamiento. Tesoro enterrado. Inhumación.

entintar *tr.* Manchar o teñir con tinta. Repasar con tinta un dibujo.

entoldado-a *adj.* Cubierto de toldo. *M.* Conjunto de toldos para dar sombra.

entoldar *tr.* Cubrir con toldos para evitar el calor. Cubrir con tapices, sedas o paños. Cubrir las nubes el cielo.

entomología *f.* Parte de la Zoología que trata de los insectos.

entompeatar *tr.* En México, embaucar, engañar. Meter en tompeate.

entonar *tr.* Cantar ajustado al tono; afinar la voz. Dar determinado tono. Fortalecer y vigorizar, tonificar. *R.* Engreírse. Empezar o iniciar un canto. Armonizar las tintas o graduarlas en una pintura, o los colores en un vestido.

entonces *adv.* En aquel tiempo u ocasión. En tal caso, siendo así.

entontecer *tr.* Poner a uno tonto. *Intr.* Volverse tonto. Atontar, alelar, embobar.

entorchado-a *adj.* Retorcido. Cuerda o hilo de seda cubierto con otro de seda o de metal retorcido para darle consistencia. Bordado en oro o plata, como distintivo de altos funcionarios.

entorchar *tr.* Retorcer varias velas y formar de ellas antorchas. Cubrir un hilo o cuerda enroscándole otro de metal.

entornar *tr.* Volver la puerta o ventana hacia donde se cierra. Dícese de los ojos cuando no se cierran por completo. Inclinar, ladear.

entorpecer *tr.* Poner torpe. Turbar, obscurecer el entendimiento. Retardar, dificultar. Embarazar, estorbar, obstaculizar.

entrada *f.* Espacio por donde se entra a alguna parte. Acción de ser recibido en un consejo, comunidad, etc., o de empezar a gozar de algún empleo, dignidad, etc. Conjunto de personas que asisten a un espectáculo. Producto de cada función. Principio de una obra. Vocablo que se explica en un diccionario o enciclopedia. Caudal que entra en una caja o en poder de uno. En México, embestida, zurra.

entrambos-as *adj. pl.* Ambos.

entrampar *tr.* Hacer que un animal caiga en la trampa. Engañar.

Enredar. Contraer muchas deudas. *R.* Meterse en un atolladero. Empeñarse, endeudarse.

entraña *f.* Cada uno de los órganos contenido en las principales cavidades del cuerpo humano o animal. Lo más íntimo o esencial de una cosa o asunto. *Pl.* Lo más oculto y escondido. Lo que está en medio. Voluntad, afecto. Indole y genio de una persona.

entrañable *adj.* Intimo, muy afectuoso. Cariñoso, amoroso.

entrañar *tr.* Introducir en lo más hondo. Contener, llevar dentro de sí. *R.* Unirse, estrecharse íntimamente con otro.

entrapajar *tr.* Envolver con trapos.

entrar *intr.* Ir o pasar de fuera adentro. Pasar por una parte para introducirse en otra. Poderse meter una cosa en otra. Desembocar. Penetrar o introducirse. Ser admitido en alguna parte. Empezar una estación del año. Empezar un discurso u obra.

entre *prep.* Denota: situación, estado o en medio de dos o más cosas; dentro de, en lo interior; estado intermedio; en el número de; cooperación; situación o calidad intermedia.

entreabrir *tr.* Abrir un poco o a medias.

entreacto *m.* Intermedio entre los actos de una pieza de teatro.

entrecano-a *adj.* Dícese del cabello o barba a medio encanecer.

entrecejo *m.* Espacio entre las cejas. Ceño, sobrecejo.

entrecoger *tr.* Coger a una persona o cosa de modo que no le sea fácil escapar. Estrechar, apremiar con argumentos, insidias o amenazas.

entrecortar *tr.* Cortar una cosa sin acabar de dividirla. Interrumpir. Hablar con pausas.

entrecote *f.* Palabra francesa: espinazo, solomillo.

entrecruzar *tr.* Cruzar dos o más cosas entre sí, entrelazar.

entrechocar *tr.* Chocar dos cosas una con otra.

entredicho *m.* Prohibición o mandato de no hacer o decir alguna cosa. Censura. Suspensión, interdicto.

entredós *m.* Tira bordada o de encaje que se cose entre dos telas.

entrefino-a *adj.* De calidad media entre lo fino y lo basto.

entrega *f.* Acción y efecto de entregar. Cuaderno de una obra que se publica por partes. Capitulación, rendición. Donación.

entregar *tr.* Poner en manos o poder de otro a una persona o cosa. *R.* Ponerse en manos de otro, sometiéndose a su dirección o arbi-

trio. Declararse vencido. Dedicarse enteramente a una cosa. Abandonarse, dejarse dominar. Ceder.

entrelazar *tr.* Enlazar, entretejer una cosa con otra.

entrelínea *f.* Lo escrito entre dos líneas. Entrerrenglonado.

entrelucir *intr.* Divisarse, dejarse ver una cosa entremedias de otra.

entremedias *adv.* Entre uno y otro tiempo, espacio, lugar o cosa.

entremés *m.* Cualquier manjar para picar de él mientras sirven los platos. Pieza teatral de carácter jocoso que solía representarse entre jornada y jornada de las comedias.

entremeter *tr.* Meter una cosa entre otras o mezclarlas. Introducir a alguien entre la gente; proporcionarle relaciones. *R.* Meterse una persona donde no la llaman o inmiscuirse donde no le toca. Ponerse en medio de otros.

entremezclar *tr.* Mezclar una cosa con otra sin confundirlas.

entrenar *tr.* Dirigir la preparación de los deportistas. *R.* Prepararse adecuadamente para un esfuerzo. Ejercitarse.

entrenudo *m.* Parte del tallo de algunas plantas comprendida entre dos nudos consecutivos.

entreoir *tr.* Oir una cosa sin percibirla bien o sin entenderla del todo.

entrepaño *m.* Parte de la pared comprendida entre dos pilastras, dos columnas o entre los huecos de las puertas o ventanas.

entrepiernas *f. pl.* Parte interior de los muslos.

entrerrenglonar *tr.* Escribir en el espacio que media de un renglón a otro.

entresacar *tr.* Sacar unas cosas de entre otras. Escoger, elegir, apartar, seleccionar.

entresijo *m.* Mesenterio; redaño. Cosa oculta, interior, escondida.

entresuelo *m.* Habitación entre el cuarto bajo y el principal de una casa.

entretalla o **entretalladura** *f.* Media talla o bajorrelieve.

entretallar *tr.* Trabajar a media talla o bajorrelieve. Grabar, esculpir. *R.* Trabarse unas cosas con otras.

entretanto *adv.* Entre tanto. Interín, mientras.

entretejer *tr.* Mezclar en la tela hilos de diferentes colores. Trabar y enlazar una cosa con otra. Incluir palabras, períodos o versos en un libro o escrito. Entrelazar, mezclar. Combinar.

entretela *f.* Lienzo que se pone entre la tela y el forro de una prenda de vestir. Lo íntimo del corazón, las entrañas.

entretener *tr.* Tener a alguien detenido y en espera. Hacer menos molesta y llevadera una cosa. Divertir, recrear a uno. Dar largas al despacho de un negocio. Mantener, conservar. *R.* Divertirse jugando, leyendo, etc.

entretenido-a *adj.* Chistoso, divertido. *F.* Querida, amante.

entretenimiento *m.* Acción y efecto de entretener o entretenerse. Cosa que sirve para entretener o divertir. Manutención, conservación de una empresa. Gastos que origina el uso y conservación de un vehículo.

entretiempo *m.* Tiempo de primavera y otoño.

entrever *tr.* Ver confusamente una cosa. Conjeturarla, adivinarla.

entreverar *tr.* Mezclar, introducir, deslizar una cosa entre otras.

entrevía *f.* Espacio libre entre los rieles del ferrocarril.

entrevista *f.* Conferencia entre dos o más personas. Artículo informativo sobre la conversación de un periodista y la persona entrevistada.

entrevistar *tr.* Tener una entrevista con una persona.

entristecer *tr.* Causar tristeza. Poner de aspecto triste. *R.* Ponerse triste y melancólico. Afligir, acongojar.

entrompetar *tr. y r.* En México, embriagar o emborracharse.

entroncar *tr.* Establecer parentesco de una persona con el tronco o linaje de otra. *Intr.* Contraer parentesco. En México y Puerto Rico, empalmar o combinarse un ferrocarril o carretera con otro u otros.

entronizar *tr.* Colocar en el trono. Ensalzar a uno. Exaltar.

entronque *m.* Relación de parentesco entre personas de un tronco común. En América, acción y efecto de entroncar, empalmar ferrocarriles, carreteras, etc.

entropillar *tr. americ.* Acostumbrar a los caballos a vivir en tropilla. *Intr. americ.* Obrar según la voluntad ajena, sin opinión propia.

entruchada *f.* Confabulación de algunos con engaño, malicia.

entubar *tr.* Poner tubos en alguna cosa.

entuerto *m.* Tuerto, agravio. Dolores de la mujer en los dos o tres días siguientes al parto.

entullecer *tr.* Detener la acción o movimiento de una cosa. *Intr.* Tullirse.

entumecer *tr.* Embarazar, entorpecer el movimiento de un músculo o nervio. *R.* Alterarse, hincharse.

Entumir, paralizar; abotagar, inflamar.

entumirse *r.* Entorpecerse un miembro o músculo, por haber estado encogido o sin movimiento, o por compresión de algún nervio.

enturbiar *tr.* Hacer o poner turbia una cosa. Turbar, alterar el orden, obscurecer lo que estaba claro y bien dispuesto. Empañar.

entusiasmar *tr.* Infundir entusiasmo; causar ferviente admiración.

entusiasmo *m.* Inspiración divina. Inspiración fogosa y arrebatada de artistas y escritores. Exaltación y fogosidad del ánimo, excitado por lo que admira y le cautiva. Adhesión fervorosa a una causa o empeño.

enuclear *tr.* Quitar el hueso o pepita a una fruta. Extirpar un tumor enquistado, de modo que salga entero de su envoltura.

enumerar *tr.* Expresar sucesiva y ordenadamente las partes de que consta un todo, las especies de un género, etc. Hacer cómputo o cuenta numeral de las cosas. Contar, referir, relatar.

enunciar *tr.* Expresar breve y sencillamente una idea.

envainar *tr.* Meter en la vaina una arma blanca. Envolver una cosa a otra a modo de vaina.

envalentonar *tr.* Infundir valentía o arrogancia. *R.* Cobrar valentía.

envanecer *tr. y r.* Causar o infundir soberbia y vanidad. Ufanarse, alabarse.

envarar *tr. y r.* Entorpecer, entumecer el movimiento de un miembro.

envasar *tr.* Echar un líquido en vasos o vasijas. Colocar una cosa en su envase. Beber con exceso.

envase *m.* Acción de envasar. Recipiente o vaso en que se conservan y transportan ciertos líquidos.

envejecer *tr.* Hacer vieja a una persona o cosa. *Intr.* Hacer viejo o antiguo. Durar, permanecer por mucho tiempo.

envenenar *tr. y r.* Emponzoñar, inficionar con veneno. Interpretar en mal sentido palabras o acciones. Echar a perder, dañar.

enverar *intr.* Empezar a tomar las frutas color de maduras.

envergadura *f.* Ancho de una vela. Distancia entre las puntas de las alas abiertas de las aves. Distancia entre los extremos de las alas. en la superficie de sustentación de un avión.

envés *m.* Revés. Espalda. Superficie ventral o inferior del limbo de una hoja.

enviado *m.* Mensajero, comisionado, recadero. Agente diplomático.

enviar *tr.* Hacer que alguna persona vaya a alguna parte; que una cosa sea llevada a alguna parte. Remitir.

enviciar *tr.* Corromper con algún vicio. *Intr.* Echar las plantas muchas hojas y poco fruto. *R.* Aficionarse demasiado a una cosa.

envidia *f.* Tristeza o pesar del bien ajeno. Emulación, deseo honesto.

envidiar *tr.* Tener envidia, sentir el bien ajeno. Desear, apetecer lo lícito y honesto. Codiciar, ambicionar.

envilecer *tr.* Hacer vil y despreciable una cosa. *R.* Abatirse, perder uno la estimación que tenía.

envinado-a *adj.* En México, de color de vino tinto; hecho con vino o bañado con él.

envinar *tr.* Echar vino en el agua. Sentir repugnancia por el vino, a causa de beberlo con exceso.

envío *m.* Acción y efecto de enviar; remesa. Dedicatoria de poema a libro.

envirotado-a *adj.* Persona entonada y tiesa en demasía.

enviscar *tr.* Untar con liga las ramas de las plantas para que se peguen y enreden los pájaros. *R.* Pegarse los pájaros y los insectos con la liga.

envite *m.* Apuesta en ciertos juegos de naipes, parando además de los tantos ordinarios, cierta cantidad a un lance o suerte. Ofrecimiento. Empujón.

enviudar *intr.* Quedar viudo o viuda.

envoltorio *m.* Lío hecho de paños. lienzos u otras cosas. Bulto, fardo, paquete.

envoltura *f.* Pañales, mantillas o paños con que se envuelven los niños. Capa exterior que cubre una cosa. Cubierta, forro.

envolver *tr.* Cubrir. Vestir al niño. Arrollar o devanar. Rodear a uno en una disputa dejándolo cortado y sin salida. Encerrar; enredarse. Forrar.

enyesar *tr.* Tapar o acomodar con yeso. Igualar o allanar con yeso las paredes. Agregar yeso a algo. Endurecer con yeso los apósitos y vendajes destinados a sostener huesos rotos o dislocados.

enzarzar *tr.* Poner o cubrir con zarzas. Enredarse entre sí sembrando discordias y disensiones. *R.* Enredarse en las zarzas, matorrales o espinos. Meterse en negocios arduos o difíciles.

enzima *f.* Fermento soluble: substancia orgánica que acelera las transformaciones químicas específicas en los seres vivos.

enzootia *f.* Enfermedad infecciosa de los animales, propia de una región.

eoceno-a *adj. y s.* Período inferior de los cuatro en que se divide la era cenozoica o terciaria.

eólico-a *adj. y s.* Dialecto, uno de los cuatro principales, de la lengua griega. Dícese de las acciones o fenómenos producidos por la acción del viento.

epéndimo *m.* Membrana que tapiza los ventrículos del cerebro y el conducto central de la medula espinal.

epéntesis *f.* Metaplasmo por adición de una letra en medio del vocablo.

eperiano *m.* Pez fisóstomo de río parecido a la trucha y con escamas plateadas con visos verdosos; de carne muy tierna y delicada.

épica *f.* Dícese de la poesía de carácter objetivo que canta hechos y hazañas gloriosos.

epicarpio *m.* Capa exterior del pericarpio de los frutos.

epiceno *adj.* Dícese del género gramatical correspondiente a los animales, cuando con una misma terminación y artículo designan al macho y la hembra.

epicentro *m.* Zona de la superficie terrestre donde un sismo se siente con mayor intensidad.

épico-a *adj.* Perteneciente o relativo a la epopeya o a la poesía épica. Dícese del poeta que cultiva este género.

epicureísmo *m.* Doctrina filosófica de Epicuro, que sostenía que el fin del hombre es el de gozar del modo más natural y perfecto esta vida. Refinado egoísmo que busca el placer exento de todo dolor. Sensualismo, voluptuosidad.

epidemia *f.* Enfermedad contagiosa que aflige temporalmente a un pueblo o comarca y que afecta a gran número de personas.

epidemiología *f.* Estudio de las causas, naturaleza y propagación de las epidemias y los medios de combatirlas y evitarlas.

epidermis *f.* Membrana que cubre la dermis en los animales.

epifito-a *adj.* Vegetal que crece sobre otro, sin ser parásito, y toma la humedad del aire.

epigastrio *m.* Región del abdomen desde la punta del esternón hasta cerca del ombligo, limitada en ambos lados por las costillas falsas.

epiglotis *f.* Cartílago en la parte posterior de la lengua que tapa la glotis al tiempo de la deglución.

epígono *m.* El que sigue las huellas de otro; especialmente se dice del que sigue una escuela o un estilo de una generación anterior.

epígrafe *m.* Resumen que precede a un capítulo o parte de una obra. Cita o sentencia que encabeza una obra científica o literaria. Escrito sucinto, grabado en piedra, metal u otra materia. Título, rótulo.

epigrafía *f.* Estudio de las inscripciones: su lectura, interpretación y deducciones correspondientes.

epigrama *m.* Epígrafe. Composición poética breve y aguda, festiva o satírica. Pensamiento breve y agudo, de burla o sátira.

epilepsia *f.* Enfermedad general con accesos repentinos, pérdida brusca del conocimiento y convulsiones.

epilogar *tr.* Resumir, compendiar una obra; ponerle un epílogo.

epílogo *m.* Recapitulación de lo dicho o expuesto en una composición. Resumen o sumario de sus partes esenciales.

epinicio *m.* Canto de victoria, canto triunfal.

episcopado *m.* Dignidad de obispo. Época y duración de su gobierno. Conjunto de obispos del orbe católico o de una nación.

episcopal *adj.* Relativo o perteneciente al obispo.

episodio *m.* Parte no integrante o acción secundaria de un poema épico o dramático, novela u obra semejante. Acción parcial o parte integrante de la acción principal. Digresión. Incidente, suceso enlazado con otros. Acontecimiento.

epistemología *f.* Teoría del saber. Teoría de las ciencias, estudio crítico de los principales métodos y resultados de las diversas ciencias.

epístola *f.* Carta misiva que se escribe a los ausentes. Composición poética en forma de carta, dirigida a persona real o figurada y sobre diversos tópicos. Cada una de las comunicaciones dirigidas por diversos apóstoles a los fieles de su jurisdicción religiosa.

epitafio *m.* Inscripción, real o supuesta, sobre un sepulcro. Composición poética corta dedicada a un difunto.

epitalamio *m.* Composición poética en celebridad de una boda. Canto nupcial.

epitelio *m.* Tejido que reviste todas las superficies libres del organismo, tanto exteriores como interiores.

epíteto *m.* Adjetivo que explica o caracteriza al sustantivo que acompaña.

epítome *m.* Resumen o compendio de una obra extensa.

epizootia *f.* Enfermedad infecciosa súbita que ataca a gran número de animales.

época *f.* Era. Período histórico de tiempo. Cualquier espacio de tiempo. Punto fijo y determinado de tiempo desde el cual se enumeran los años. Temporada de considera-

ble duración. Tiempo durante el cual se ha formado un piso geológico.

épodo *m.* Ultimo verso de la estancia, repetido muchas veces. Combinación métrica grecolatina compuesta de un verso largo y otro corto.

epónimo-a *adj.* Aplícase al héroe o a la persona que da nombre a un pueblo, a una tribu, a una ciudad o a un período o época.

epopeya *f.* Poema narrativo extenso, de elevado estilo, acción grande, personajes heroicos o importantes, en el que interviene lo sobrenatural o maravilloso. Conjunto de hechos gloriosos dignos de ser cantados.

épsilon *f.* Sonido o letra que en el alfabeto griego representa la *e* breve y equivale a la *e* castellana.

épulis *m.* Tumor de la encía, que radica en el maxilar o en su periostio.

equiángulo *adj.* Aplícase a las figuras y sólidos cuyos ángulos son todos iguales entre sí.

equidad *f.* Igualdad de ánimo. Dadivosa templanza habitual. Justicia natural. Moderación en el precio de las cosas que se compran o en las condiciones que se estipulan en los contratos. Rectitud, imparcialidad.

equidistar *intr.* Hallarse a igual distancia uno de otro.

équido *adj. y s.* Mamífero de una familia de perisodáctilos ungulados, de forma ágil y delgada, digitígrado. Solípedo.

equilátero-a *adj.* Aplícase a las figuras cuyos lados son todos iguales entre sí.

equilibrado-a *adj.* Ecuánime, sensato, prudente, sereno.

equilibrar *tr.* Hacer que una cosa se ponga o quede en equilibrio. Hacer que una cosa no exceda ni supere a otra, manteniéndolas proporcionalmente iguales.

equilibrio *m.* Estado de un cuerpo cuando las encontradas fuerzas que obran sobre él se compensan y contrarrestan mutuamente. Peso igual a otro y que lo contrarresta. Contrapeso, armonía entre cosas diversas. Ecuanimidad, sensatez en los actos y juicios. Ejecución armónica de dos o más funciones orgánicas. Nivelación de precios entre la oferta y la demanda.

equimosis *f.* Mancha lívida, negruzca o amarillenta de la piel o de los órganos internos, que resulta de la sufusión de la sangre a consecuencia de un golpe, ligadura, etc.

equino-a *adj.* Perteneciente o relativo al caballo. *M.* Erizo de mar.

equinoccio *m.* Epoca en que, por hallarse el Sol sobre el Ecuador, el día es igual a la noche, en toda la Tierra.

equinodermo *adj.* y *s.* Animal marino de simetría radiada, provisto de exoesqueleto y aparato locomotor: erizos, estrellas, cohombros, lirios de mar.

equipaje *m.* Conjunto de cosas que se llevan en los viajes. Tripulación.

equipar *tr.* Proveer de lo necesario para uso personal. Proveer a una nave de gente, víveres, municiones para su avío y defensa. Suministrar, abastecer.

equiparar *tr.* Comparar una cosa con otra, considerándolas iguales o equivalentes. Cotejar.

equipo *m.* Acción y efecto de equipar. Grupo de operarios organizados para un fin o servicio determinado. Cada uno de los grupos que se disputan el triunfo en ciertos deportes. Conjunto de ropas y utensilios para uso de una persona; el que se da a una mujer al casarse. Ajuar.

equisetácea *adj.* y *s.* Planta pteridofita, herbácea, vivaz, con rizoma subterráneo feculento, de hojas pequeñas verticiladas y esporangios sacciformes: colas de caballo.

equitación *f.* Arte de montar y manejar bien el caballo. Acción de montar a caballo.

equitativo-a *adj.* Que tiene equidad. Justo.

equivalencia *f.* Igualdad en el valor, estimación, potencia o eficacia de dos o más cosas. Igualdad de áreas en figuras planas, o de áreas y volúmenes en sólidos diferentes.

equivaler *intr.* Ser igual una cosa a otra en la estimación, valor, potencia o eficacia. Ser iguales las áreas o los volúmenes de dos cuerpos o figuras.

equivocación *f.* Acción y efecto de equivocar o equivocarse. Cosa hecha equivocadamente. Error, yerro, falta.

equivocar *tr.* y *r.* Tener o tomar una cosa por otra. Errar, confundir.

equívoco *m.* Palabra cuya significación conviene a cosas diferentes. *Adj.* Que puede entenderse o interpretarse en varios sentidos o dar ocasión a juicios diversos. En México. *adj.*

era *f.* Fecha determinada de un suceso, que sirve de punto de partida para cómputos cronológicos. Serie de años a partir de dicho punto. Temporada larga. Cada uno de los grandes períodos en que se divide la historia de la Tierra. Espacio de tierra limpia y firme donde se trillan las mieses. Cuadro pequeño de tierra donde se cultivan flores u hortalizas. Estanque en que se deposita la sal en las salinas.

eral *m.* Novillo que no pasa de dos años.

erario *m.* Tesoro público de una nación, provincia, Estado o pueblo. Lugar donde se guarda.

erasmismo *m.* Doctrina y movimiento intelectual europeo de los siglos XVI y XVII suscitado por Erasmo de Rotterdam.

erbio *m.* Metal del grupo de las tierras raras que se presenta en polvo gris verdoso; símbolo Er.

erección *f.* Acción y efecto de levantar, levantarse, enderezarse o ponerse rígida una cosa. Fundación o institución. Tensión.

eréctil *adj.* Que tiene la propiedad o facultad de levantarse, enderezarse o ponerse rígido.

eremita *m.* Ermitaño. Cenobita, anacoreta.

ergástico-a *adj.* Que tiene energía potencial.

ergio *m.* Unidad de energía en el sistema c.g.s.

erguir *tr.* Levantar y poner derecha una cosa. *R.* Engreirse, ensoberbecerse. Incorporarse.

erial *m.* Tierra o campo sin labrar ni cultivar.

ericáceo-a *adj.* Familia de matas, arbustos o arbolitos, de hojas casi siempre alternas, de frutos capsulares dehiscentes con semillas pequeñas; brezo.

erigir *tr.* Fundar, instituir o levantar. Constituir a una persona o cosa con un carácter que antes no tenía.

erisipela *f.* Inflamación aguda de la dermis que produce fiebre y fuerte enrojecimiento de la piel, con edema e infiltración del tejido subyacente.

eritema *m.* Enrojecimiento de la piel, circunscrito o difuso, por congestión de los vasos capilares superficiales.

eritrocito *m.* Glóbulo rojo de la sangre, hematíe.

erizado-a *adj.* Cubierto de púas o espinas. Organo vegetal provisto de cerdas, pelos o púas rígidas.

erizar *tr.* Levantar, poner rígida y tiesa una cosa, en especial el pelo. Llenar o rodear una cosa de obstáculos, inconvenientes, etc. *R.* Inquietarse, azorarse.

erizo *m.* Mamífero insectívoro con el dorso y los costados cubiertos de púas agudas; al perseguírsele se contrae y forma una bola. Persona de carácter áspero e intratable. Pez de cuerpo erizado de púas. La cúpula espinosa del fruto del castaño.

ermita *f.* Santuario o capilla, situado por lo común en despoblado.

ermitaño-a *m. y f.* Persona que vive en la ermita y cuida de ella. *M.* El que vive en soledad. Crustáceo marino con abdomen de gran tamaño que para protegerlo busca la concha de un molusco en la cual se aloja.

erogar *tr.* Distribuir; repartir bienes o caudales. Gastar.

erosión *f.* Depresión o rebajamiento producido en la superficie de un cuerpo por el roce de otro. Destrucción de las rocas, capas o masas terrestres por agentes geológicos externos.

erótico-a *adj.* Perteneciente o relativo al amor sensual. Poesía amatoria. Carnal, lascivo, lujurioso.

errabundo-a *adj.* Errrante.

erradicar *tr.* Arrancar de raíz. Desterrar.

errado-a *adj.* Que yerra. Desacertado, equivocado.

errante *adj.* Que anda de una parte a otra sin tener asiento fijo. Dícese de las aves de paso. Errabundo, vagabundo, errátil.

errar *tr.* No acertar. Faltar, no cumplir con lo que se debe. *Intr.* Andar vagando de una parte a otra. Divagar el pensamiento, la imaginación, la atención. *R.* Equivocarse.

errata *f.* Error material en lo impreso o manuscrito.

errático-a *adj.* Vagabundo, ambulante, sin domicilio cierto. Errabundo. Dolor de localización variable; calentura sin período fijo.

errátil *adj.* Errante, incierto, variable, inconstante, vagabundo.

erróneo-a *adj.* Que contiene error. Falso, inexacto, equivocado.

error *m.* Concepto equivocado, juicio falso. Acción equivocada. Cosa hecha erradamente. Equivocación, yerro, errata. Vicio del consentimiento, causado por equivocación de buena fe y que afecta el acto jurídico.

ersatz *m.* Palabra alemana: sucedáneo, substitutivo.

erso-a *adj.* Perteneciente a los montañeses de Escocia. *M.* Dialecto de estos montañeses, de origen celta, perteneciente a la rama gaélica.

erubescencia *f.* Rubor, vergüenza.

erubescente *adj.* Que se pone rojo o que se sonroja.

eructar *intr.* Expeler con ruido por la boca los gases del estómago.

eructo *m.* Gas del estómago expelido con ruido.

erudición *f.* Conocimientos en varias ciencias, artes y otras materias. Lectura varia, docta y bien aprovechada.

erudito-a *adj. y s.* Instruido en varias ciencias, artes y otras materias. Docto, ilustrado, culto.

erupción *f.* Aparición y desarrollo en la piel o en las mucosas, de granos, manchas o vesículas. Estos mismos granos o manchas. Proyección de materias sólidas, líquidas o gaseosas, por aberturas o grietas de la corteza terrestre.

eruptivo-a *adj.* Perteneciente a la erupción o procedente de ella.

esbeltez *f.* Estatura descollada, despejada y airosa de los cuerpos o figuras.

esbirro *m.* Alguacil. El que tiene por oficio prender a las personas. Corchete, gendarme, polizonte, policía.

esbozar *tr.* Bosquejar. Abocetar, proyectar.

escabechar *tr.* Echar en escabeche. Teñir las canas. Matar a mano airada. Suspender o reprobar en un examen.

escabeche *m.* Salsa o adobo con vino o vinagre, para conservar y hacer sabrosos los pescados y otros manjares. Líquido para teñir las canas.

escabel *m.* Tarima pequeña para apoyar los pies del que se sienta. Asiento pequeño y sin respaldo. Persona o cosa que se aprovecha para medrar.

escabies *f.* Sarna.

escabiosa *f.* Planta herbácea vivaz, de tallo velloso y hueco, flores en cabezuela y semillas abundantes; el cocimiento de sus raíces se empleó en Medicina.

escabroso-a *adj.* Desigual, lleno de tropiezos. Áspero, duro, de mala condición. Que está al borde de lo inconveniente o de lo inmoral. Abrupto.

escabullir *intr.* Escapar, salir de un encierro o peligro. *R.* Irse o escaparse de entre las manos una cosa. Salirse de alguna parte sin que lo echen de ver. Escurrirse, evadirse.

escafandra *f.* Aparato de vestidura y casco para que los buzos permanezcan y trabajen debajo del agua.

escafoides *m.* Hueso mayor y más externo de la primera fila del carpo. Navicular.

escala *f.* Escalera de mano. Sucesión de cosas distintas de la misma especie. Línea recta dividida en partes iguales, para dibujar a proporción. Tamaño de un mapa, plano o diseño, hecho a proporción. Regla graduada. Paraje o puerto donde toca una embarcación. Escalafón. Serie ordenada de sonidos según las leyes de tonalidad.

escalada *f.* Acción y efecto de escalar; subir, trepar por una gran pendiente o a una gran altura. Intensificación de una acción, especialmente de guerra.

escalafón *m.* Lista de individuos de una corporación, clasificados según su grado, antigüedad, méritos, etc.

escalamiento *m.* Acción y efecto de escalar. Causa agravante de la responsabilidad penal, por penetrar en el lugar de comisión del hecho delictivo, por una vía que no sea la destinada normalmente al efecto.

escálamo *m.* Estaca pequeña y redonda encajada en el borde de la embarcación y a la cual se ata el remo.

escalar *tr.* Entrar en un lugar valiéndose de escala. Subir, trepar por una gran pendiente o a una gran altura. Entrar subrepticia o violentamente en alguna parte o salir de ella. Subir a elevadas dignidades.

escaldado-a *adj.* Escarmentado, receloso. Dícese de la mujer ajada, libre y deshonesta. Desconfiado, escamado.

escaldar *tr.* Bañar con agua hirviendo una cosa. Abrasar con fuego. *R.* Escocerse, ponerse más o menos rubicundas algunas partes del cuerpo.

escaleno *adj.* Dícese del triángulo que tiene los tres lados desiguales.

escalera *f.* Serie de escalones para subir y bajar y para comunicar los pisos de diferente nivel. Reunión de naipes de valor correlativo.

escalfar *tr.* Cocer en agua hirviendo o en caldo los huevos sin cascar. Cocer el pan con demasiado fuego.

escalinata *f.* Escalera exterior de un solo tramo y hecha de fábrica. Gradería, gradas.

escalo *m.* Acción de escalar. Trabajo de zapa o boquete, para salir o entrar en lugar cerrado.

escalofrío *m.* Estremecimiento general con sensación de frío. Calofrío.

escalón *m.* Peldaño. Grado a que se asciende en dignidad.

escalonar *tr.* Situar ordenadamente personas o cosas de trecho en trecho. Distribuir en tiempos sucesivos las partes de una serie.

escalope *m.* Loncha, lonja, tajada.

escalpar *tr.* Arrancar con instrumento cortante la piel del cráneo.

escalpelo *m.* Cuchillo pequeño de hoja fina y puntiaguda, usado para las disecciones, autopsias y vivisecciones.

escama *f.* Membrana córnea y delgada, en forma de escudete que,

imbricada con otras muchas, cubre total o parcialmente la piel de los peces y reptiles. Lo que tiene su figura. Recelo, sospecha, cuidado. Bráctea, gluma. Laminilla de epitelio córneo que se desprende espontáneamente de la piel.

escamar *tr.* Quitar las escamas a los peces. Hacer que uno entre en cuidado, recelo o desconfianza.

escamocha o **escamocho** *f.* o *m.* En México, sobras de comida o bebida; especie de sopa de mala calidad; material arquitectónico procedente de alguna demolición.

escamondar *tr.* Quitar a los árboles las ramas inútiles y las hojas secas. Quitar a una cosa lo superfluo y dañoso.

escamonea *f.* Gomorresina medicinal sólida, obtenida de la raíz de una planta convolvulácea; purgante drástico.

escamoso-a *adj.* Que tiene escamas. Difícil.

escamotear *tr.* Hacer el jugador de manos que desaparezca a ojos vistas las cosas que maneja. Robar o quitar una cosa con agilidad y astucia. Hacer desaparecer de enmedio algo, arbitraria o ilusoriamente.

escampar *tr.* Despejar un sitio. *Intr.* Dejar de llover. En América, guarecerse de la lluvia.

escampavía *f.* Barco pequeño que acompaña a otro mayor y le sirve de explorador. Barco muy ligero para perseguir el contrabando.

escanciar *tr.* Echar el vino, servirlo en las mesas y convites. *Intr.* Beber vino.

escanda *f.* Especie de trigo de terrenos fríos y pobres, cuyo grano se separa difícilmente del cascabillo.

escandalizar *tr. y r.* Causar escándalo. Excederse, enojarse o irritarse. Alborotar, ofender.

escándalo *m.* Acción o palabra, causa de que otro obre o piense mal. Alboroto, ruido. Desenfreno, desvergüenza, mal ejemplo. Asombro, pasmo.

escandallo *m.* Parte extrema de una sonda, para reconocer la calidad del fondo del mar. Prueba, ensayo. Determinación del precio de coste o de venta de una mercancía.

escandinavo-a *adj. y s.* Natural de Escandinavia. Perteneciente a esta región del norte de Europa.

escandio *m.* Metal del grupo de las tierras raras, perteneciente al subgrupo del aluminio; símbolo Sc.

escandir *tr.* Medir el verso; examinar el número de pies o sílabas de que consta.

escaño *m.* Banco con respaldo capaz para tres o más personas. En

América, banco de un paseo o parque.

escapar *tr.* Hacer correr el caballo con gran violencia. Librar a uno de algún mal, trabajo o peligro. *Intr.* Salir de un encierro o peligro o, también, salir de prisa y ocultamente. *R.* Salirse un líquido o gas por algún resquicio. Huir.

escaparate *m.* Especie de alacena o armario para poner imágenes, barros finos, etc. Hueco en la fachada de las tiendas, para exponer muestras de los géneros que se venden.

escapatoria *f.* Acción y efecto de evadirse y escaparse. Excusa, efugio; salida, subterfugio.

escape *m.* Acción de escapar. Fuga de un fluido. Fuga apresurada para librarse de un daño. Válvula que abre y cierra la salida de los gases en el motor de un automóvil. Pieza que deja obrar a un muelle o rueda que sujetaba.

escapo *m.* Fuste de la columna. Bahordo, tallo herbáceo sin hojas que sostiene las flores y el fruto.

escápula *f.* Omóplato.

escapulario *m.* Tira que cuelga sobre el pecho y la espalda. Vendaje de dos tiras que pasan sobre los hombros para sostener un vendaje del cuerpo.

escaque *m.* Cada una de las casillas cuadradas e iguales en que se divide el tablero del ajedrez y el del juego de damas.

escara *f.* Costra que resulta de la mortificación o desorganización de una parte viva afectada de gangrena, o profundamente quemada.

escarabajo *m.* Insecto coleóptero de cuerpo ovalado, patas cortas, estercolero, por lo general. Persona baja y de mala figura. Imperfección de los tejidos, por no estar derechos los hilos de la trama. Letras y rasgos mal formados y torcidos.

escaramujo *m.* Especie de rosal silvestre, cuya baya se usa en Medicina; fruto de este arbusto.

escaramuza *f.* Ligero encuentro o refriega entre las avanzadas de dos ejércitos. Riña, pendencia. Acción de guerrilleros.

escarapela *f.* Divisa o distintivo formando lazadas alrededor de un punto. Riña o quimera entre mujeres, con insultos y arañazos; entre hombres, la que acaba en golpes con las manos. Zacapela.

escarapelar *intr.* Reñir, trabar escarapelas. *Tr. americ.* Descascarar, desconchar, resquebrajar. En México y Perú, ponérsele a uno carne de gallina. Intimidar, amenazar.

escarbar *tr.* Remover repetidamente la superficie de la tierra, ahondando algo en ella. Limpiar, mondar los dientes o los oídos. Avivar la lumbre. Escudriñar, investigar.

escarcela *f.* Especie de bolsa que se llevaba pendiente de la cintura. Mochila de cazador. Especie de cofia mujeril. Parte de la armadura que caía desde la cintura y cubría el muslo.

escarceo *m.* Movimiento de la superficie del mar con pequeñas olas ampolladas. Rodeo, divagación, jugueteo, escaramuza. Somera investigación. *Pl.* Tornos y vueltas que dan los caballos cuando están fogosos o a ello los obliga el jinete. Tentativa literaria.

escarcha *f.* Rocío congelado de la noche.

escarchar *tr.* Preparar confituras de modo que el azúcar cristalice en lo exterior como si fuese escarcha. Hacer cristalizar el azúcar sobre un ramo de anís en el aguardiente embotellado. Desleír los alfareros la arcilla en el agua. *Intr.* Producirse escarcha.

escardar *tr.* Entresacar y arrancar los cardos y otras hierbas nocivas en los sembrados. Separar y apartar lo malo de lo bueno.

escarificar *tr.* Labrar la tierra para cortar verticalmente la tierra y las raíces.

escarlata *f.* Color carmesí fino, menos subido que el de la grana. Tela de este color. Grana fina.

escarlatina *f.* Tela de lana de color encarnado o carmesí. Fiebre eruptiva contagiosa, con exantema difuso de la piel, de color rojo escarlata, angina y grandes elevaciones de temperatura.

escarmentar *tr.* Corregir con rigor, buscando enmienda. *Intr.* Tomar enseñanza por propia experiencia u observación, para guardarse y evitar peligros.

escarmiento *m.* Desengaño, aviso y cautela adquiridos por experiencia u observación. Castigo, pena. Advertencia; corrección.

escarnecer *tr.* Hacer mofa y burla de otro zahiriéndole con acciones o palabras.

escarnio *m.* Mofa tenaz con el propósito de afrentar. Injuria, afrenta.

escarola *f.* Planta compuesta cultivada en los huertos, del mismo género que la achicoria, para comer en ensalada.

escarolado-a *adj.* Rizado como la escarola. Antiguo cuello acanalado sobrepuesto al cabezón de la camisa.

escarpa *f.* Declive áspero. Pendiente pronunciada.

escarpado-a *adj.* Que tiene escarpa o gran pendiente. Dícese de las alturas de subida y bajada peligrosa. Escabroso, quebrado, fragoso.

escarpia *f.* Clavo con cabeza acodillada.

escarpín *m.* Zapato de una suela y de una costura. Calzado de abrigo.

escarzano *adj.* Dícese del arco que es menor que el semicírculo del mismo radio.

escasear *tr.* Dar poco, de mala gana y haciendo desear lo que se da. Ahorrar, excusar. *Intr.* Faltar, ir a menos una cosa. Reducir, mermar.

escasez *f.* Cortedad, mezquindad con que se hace una cosa. Poquedad, mengua de una cosa. Pobreza o falta de lo necesario para vivir. Insuficiencia.

escatimar *tr.* Cercenar, disminuir, escasear lo que se ha de dar, acortándolo todo lo posible.

escatología *f.* Doctrina referente al destino o fin último del universo y de la humanidad. Doctrina referente a las postrimerías del hombre y al fin del mundo.

escatología *f.* Tratado de cosas excrementicias.

escayola *f.* Yeso espejuelo calcinado. Estuco.

escena *f.* Parte del teatro en que se representa la obra. Lo que representa. Parte de una obra dramática sin cambio de personajes o decoración. Arte de la declamación. Acto o manifestación aparatosa, fingida o impresionante.

escenario *m.* Parte del teatro donde se colocan las decoraciones y se representan las obras. Conjunto de circunstancias que se consideran en torno a una persona o suceso.

escenificar *tr.* Dar forma dramática a una obra literaria, para ponerla en escena.

escenografía *f.* Perspectiva de un objeto desde un punto determinado. Arte de pintar decoraciones escénicas.

escepticismo *m.* Negación de que haya, en general, verdadero conocimiento. Incredulidad o duda acerca de la verdad o eficacia de algo.

escifoide *adj.* En forma de copa.

escindir *tr.* Cortar, dividir, separar.

escisión *f.* Rompimiento, desavenencia. Cisma, disidencia; incisión. Fragmentación de una molécula. Reproducción por división de un cuerpo orgánico en dos.

esclarecer *tr.* Iluminar, poner clara y luciente una cosa. Ilustrar, hacer famoso. Iluminar, ilustrar el entendimiento. Poner en claro. *Intr.*

Apuntar la luz y claridad del día. *R.* Hacerse célebre.

esclarecido-a *adj.* Claro, insigne, ilustre. Famoso, célebre, preclaro.

esclavina *f.* Vestidura de cuero o tela que cubre el cuello y los hombros, directamente o sobrepuesta.

esclavista *adj. y s.* Partidario de la esclavitud.

esclavitud *f.* Estado de esclavo. Sujeción rigurosa y fuerte a las pasiones o a un trabajo, obligación o a otra persona. Servidumbre.

esclavizar *tr.* Hacer esclavo a uno; reducirle a esclavitud. Tener a uno muy sujeto e intensamente ocupado.

esclavo-a *adj. y s.* Dícese del hombre o mujer que por estar bajo el dominio de otros, carece de libertad. Sometido a deber, pasión, vicio, afecto, etc., que priva de libertad. Pulsera sin adornos y que no se abre. Siervo.

esclerema *m.* Endurecimiento de un tejido, en especial de la piel.

esclerosis *f.* Endurecimiento morboso de cualquier tejido orgánico, por degeneración, calcificación, hipertrofia, etc.

esclerótica *f.* Membrana dura, opaca, blanca, que envuelve casi por completo el globo del ojo, dejando sólo una abertura en la parte anterior donde se encuentra la córnea transparente.

esclusa *f.* Recinto con puertas de entrada y salida que se construye en un canal de navegación, para que los barcos puedan pasar de un tramo a otro de diferente nivel.

escoba *f.* Manojo de ramas flexibles o raíces, atadas a veces al extremo de un palo, para barrer y limpiar.

escobajo *m.* Escoba vieja y estropeada por el mucho uso. Raspa del racimo después de quitarle las uvas.

escobar *tr.* Barrer con la escoba. En México y Cuba, sostener, apuntalar, acuñar, calzar. *Intr.* En México y Cuba, vivir a costa de otro.

escobazo *m.* Golpe dado con una escoba.

escobén *m.* Agujero a uno y otro lado de la roda de un buque para que pasen cables o cadenas.

escobeta *f.* Escobilla. En México, escobilla de raíz de zacatón, corta y recta, para limpiar suelos, trastos, etc.; mechón de cerda que sale en el papo a los pavos viejos.

escobilla *f.* Cepillo, para usos diversos de limpieza. Escobita de cerdas o de alambre para limpiar. Especie de brezo con que se hacen escobas. Cardencha. Mazorca de cardo silvestre para cardar la seda. Haz de hilos de cobre para mantener el contacto por frotación entre dos partes de una máquina eléctrica, una de las cuales está fija y la otra se mueve.

escobillar *tr.* Limpiar, cepillar. Levantar techos y paredes pintados al temple, antes de ser pintados de nuevo.

escobina *f.* Limadura de un metal cualquiera.

escocer *intr.* Producir una sensación muy desagradable parecida a la quemadura. Impresión molesta y amarga que se produce en el ánimo. *R.* Resentirse, dolerse. Ponerse rubicundas algunas partes del cuerpo.

escocés-a *adj. y s.* Natural de Escocia. Perteneciente a este país europeo. Dícese de las telas de cuadros y rayas de varios colores. *M.* Dialecto céltico hablado en Escocia.

escochiflarse *r.* En México, desconchinflarse.

escoda *f.* Martillo con corte en ambos lados para labrar piedras y picar paredes.

escofina *f.* Herramienta a modo de lima, de dientes gruesos y triangulares, usada para desbastar.

escoger *tr.* Tomar o elegir una o más personas o cosas, entre otras.

escogido-a *adj.* Selecto.

escolanía *f.* Conjunto, corporación o coro de niños cantores de una iglesia o convento.

escolapio-a *adj.* Perteneciente a la orden de las Escuelas Pías. *M.* Clérigo regular de ella. *M. y f.* Estudiante que recibe enseñanza en las Escuelas Pías.

escolar *adj.* Perteneciente al estudiante o a la escuela. *M.* Estudiante que cursa y sigue las escuelas.

escolástica o escolasticismo *f. o m.* Filosofía cristiana de la Edad Media. Movimiento filosófico iniciado por Escoto Erígena y San Anselmo; llegó a su apogeo con San Alberto Magno, Santo Tomás de Aquino y Duns Escoto, en el siglo XIII.

escoleta *f.* En México, banda de músicos aficionados; reunión o grupo de músicos para ensayar; reunión social para aprender a bailar.

escólex *m.* Porción de la extremidad anterior de la solitaria, abultada y provista de ventosas, algunas veces con ganchos.

escolio *m.* Nota explicativa de un texto. Consecuencia que se deduce de un teorema.

escolopendra *f.* Miriápodo con uñas venenosas, antenas filiformes; ciempiés.

escolta *f.* Partida de soldados, o embarcación destinada a escoltar. Acompañamiento de honor. Guardia, séquito.

escoltar *tr.* Resguardar, convoyar, conducir a una persona o cosa para que camine sin riesgo. Acompañar a una persona, imagen o enseña, a modo de escolta.

escollera *f.* Obra hecha, con piedras en el fondo del agua, para defensa, cimentación o resguardo. Conjunto de escollos.

escollo *m.* Peñasco a flor de agua o que no se descubre bien. Peligro, riesgo. Dificultad, obstáculo.

escombrar *tr.* Desembarazar de escombros; quitar lo que impide el paso u ocasiona estorbo. Limpiar, asear con escoba.

escombrera *f.* Conjunto de escombros. Sitio donde se echan los escombros o desechos de una mina.

escombro *m.* Desecho, broza y cascote de un edificio arruinado o derribado. Desechos de una explotación minera. Cualquier pez acantopterigio de la familia del orden de los percomorfos, como la caballa.

esconder *tr. y r.* Encubrir, ocultar, retirar de lo público una cosa a lugar o sitio secreto. Encerrar, incluir y contener en sí una cosa no manifiesta a todos.

escondite *m.* Escondrijo. Juego de muchachos en que unos se esconden y otros buscan a los primeros.

escondrijo *m.* Rincón o lugar oculto y retirado, propio para esconder y guardar algo.

escopeta *f.* Arma portátil de fuego, con uno o dos cañones, con mecanismos para cargar y descargar, montados en caja de madera.

escopetazo *m.* Tiro que sale de la escopeta. Herida hecha con este tiro. Noticia o hecho desagradable, súbito o inesperado. En América, alusión irónica u ofensiva.

escoplo *m.* Herramienta de hierro acerado, con mango de madera y boca formada con un bisel, para hacer cortes o agujeros en la madera.

escopolamina *f.* Alcaloide de varias plantas solanáceas, empleado como antiespasmódico, sedante, hipnótico y midriático.

escora *f.* Cada uno de los puntales que sostienen los costados del buque en construcción o en varadero. Inclinación que toma un buque por ladeamiento de la carga, al ceder al esfuerzo de sus velas, etc. Angulo de inclinación transversal de un vehículo aéreo.

escorar *tr.* Apuntalar un buque con escoras. *Intr.* Inclinarse un buque por la fuerza del viento o por otras causas. Llegar la marea a su nivel más bajo. En México, recalar, venir a dar.

escorbuto *m.* Enfermedad causada por gran escasez de vitamina C en la alimentación o por deficiente absorción de esta vitamina.

escorchar *tr.* Desollar.

escoria *f.* Residuo de la fundición de los metales. Lava esponjosa de los volcanes. Cosa vil, desechada.

escoriar *tr.* Excoriar. *R.* Desollarse, arrancarse el cutis dejando la carne al descubierto.

escorificar *tr.* Reducir a escorias. Separar del metal u otras materias las impurezas o escorias.

escorpión *m.* Alacrán. Máquina antigua de guerra en figura de ballesta, con tenazas a modo de pinzas de escorpión. Octavo signo del Zodíaco y constelación zodiacal. En México, saurio venenoso.

escorzar *tr.* Representar, acortándolas, las cosas que se extienden en sentido perpendicular u oblicuo al plano sobre el que se pinta.

escorzonera *f.* Hierba de la familia de las compuestas, de tallo erguido y ramoso, hojas abrazadoras y raíz gruesa y carnosa, usada en Medicina y como alimento.

escotadura *f.* Corte hecho en un vestido por la parte del cuello. Entrante en el borde de algún órgano. Sisa o corte en una armadura o coraza.

escotar *tr.* Pagar la parte o cuota que toca a cada uno del coste común. Cortar a la medida. Hacerle escote a un vestido.

escote *m.* Escotadura. Parte del busto que queda al descubierto por la escotadura. Parte o cuota que toca a cada uno por razón del gasto hecho en común.

escotilla *f.* Cada una de las aberturas en las diversas cubiertas para el servicio del buque.

escotillón *m.* Puerta o trampa corrediza en el suelo.

escozor *m.* Sensación dolorosa, como la que produce una quemadura. Sentimiento por una pena que duele y desazona. Picazón, resquemor.

escriba *m.* Doctor e intérprete de la ley judaica. Escribano. Copista o contador.

escribanía *f.* Oficio de escribano público. Oficina de éste. Papelera o escritorio. Recado de escribir.

escribano *m.* Secretario judicial.

escribiente *com.* Persona que por oficio copia o pone en limpio escritos ajenos o que escribe al dictado.

escribir *tr.* Representar las palabras o las ideas con letras u otros signos. Trazar las notas u otros signos de música. Componer libros, discursos u obras musicales. Comunicar a uno por escrito alguna cosa. *Intr.* Inscribirse.

escrito-a *adj.* Acción y efecto de escribir. *M.* Carta, documento u obra literaria o científica. Pedimento o alegato en pleito o causa.

escritor-a *m.* y *f.* Persona que escribe. Autor de obras escritas o impresas.

escritorio *m.* Mueble, con más o menos divisiones, para guardar papeles y escribir en él. Aposento, despacho.

escritura *f.* Arte de escribir. Sistema de signos usados al escribir. Documento o escrito en que se hace constar una obligación, convenio, contrato, etc., público o privado.

escriturar *tr.* Hacer constar con escritura pública y en forma legal un otorgamiento o un hecho.

escrófula *f.* Tumefacción fría de los ganglios linfáticos.

escrofulariácea *adj.* Planta así llamada por haberse usado contra las escrófulas, de una familia de dicotiledóneas, tubiflora con corola bilabiada, fruto en cápsula o baya, ampliamente extendida, pues se conocen más de mil cuatrocientas especies de ella.

escroto *m.* Bolsa formada por la piel que cubre los testículos y las membranas que los envuelven.

escrúpulo *m.* Duda o recelo sobre la bondad o verdad de alguna cosa. Peso antiguo usado en Farmacia. equivalente a 24 granos, o sea 1.198 miligramos.

escrupulosidad *f.* Exactitud en el examen de las cosas y en el estricto cumplimiento de lo que uno emprende o desempeña.

escrutar *tr.* Indagar, examinar cuidadosamente, explorar. Reconocer y computar votos secretos, en elecciones.

escrutinio *m.* Examen diligente y minucioso de una cosa. Reconocimiento y regulación de los votos, en las elecciones o actos análogos.

escuadra *f.* Insirumento de figura de triángulo rectángulo o compuesto sólo de dos reglas en ángulo recto, para dibujar u otros menesteres. Grupo de soldados al mando de un cabo. Conjunto de buques de guerra para determinado servicio. Flota. En aviación, unidad táctica y orgánica integrada por cierto número de grupos.

escuadrar *tr.* Labrar o disponer un objeto de modo que sus caras planas formen entre sí ángulos rectos. Labrar o tallar un cuadrado.

escuadrilla *f.* Escuadra compuesta de buques de pequeño porte. Unidad orgánica de avión militar, compuesta de cierto número de patrullas de aviones que realizan un mismo vuelo y están dirigidas por un jefe.

escuadron m. Unidad táctica de caballería mandada por un capitán. Grupo de escuadrillas.

escuálido-a adj. Sucio, asqueroso. Flaco, macilento.

escualo m. Pez de aletas cartilaginosas, cuerpo fusiforme, de cola potente y boca grande en la parte inferior de la cabeza: tiburón, cazón, lija, etc.

escucha f. Acción de escuchar. Centinela de noche adelantado en las inmediaciones del enemigo.

escuchar tr. Prestar atención a lo que se oye. Dar oidos, atender un aviso, consejo o sugestión. R. Hablar o recitar con pausas afectadas. Oir.

escudar tr. Amparar y resguardar con el escudo. Defender a una persona de un peligro. R. Valerse de algún medio, favor o amparo para justificarse, salir del riesgo o evitar un peligro.

escudero m. Paje o sirviente que llevaba el escudo al caballero. Hidalgo. Criado que servía a una señora.

escudete m. Objeto a modo de escudo pequeño. Planchuela de metal delante de la cerradura.

escudilla f. Vasija ancha semiesférica para servir la sopa y el caldo.

escudo m. Arma defensiva que se llevaba en el brazo izquierdo para cubrirse y resguardarse. Moneda antigua de oro o de plata. Amparo, defensa. Placa o lámina dura en el cuerpo de algunos animales. Superficie en que se pintan los blasones de un Estado, ciudad o familia.

escudriñar tr. Examinar, inquirir y averiguar cuidadosamente una cosa. Escrutar, rebuscar, indagar.

escuela f. Establecimiento de enseñanza. Enseñanza que se da o adquiere. Conjunto de profesores y alumnos. Método, estilo peculiar de cada maestro. Doctrina, principios y sistema de un autor. Conjunto de caracteres artísticos que se distinguen de los demás.

escuerzo m. Sapo. Persona flaca y desmedrada, repugnante.

escueto-a adj. Descubierto, libre, despejado. Sin adornos ni ambages, seco y estricto. Conciso, sobrio, sucinto.

escuincle o escuintle m. En México, perro callejero; muchacho.

esculapio m. Médico, por alusión a Esculapio, dios griego de la Medicina.

esculcar tr. Espiar, inquirir, escudriñar. En México y otras partes, registrar, especialmente los bolsillos.

esculpir tr. Labrar a mano una obra de escultura. Grabar. Modelar, tallar, cincelar.

escultismo m. Deporte de los que gustan de la exploración, alpinismo, etc.

escultor-a m. y f. Persona que profesa el arte de la escultura.

escultura f. Arte de modelar, tallar y esculpir en barro, piedra, madera, metal u otra materia apropiada, representando de bulto personas o cosas. La misma obra.

escultural adj. Perteneciente o relativo a la escultura. Que participa de alguno de sus caracteres. Esbelto, gallardo; bien proporcionado.

escupidera f. Recipiente para escupir en él.

escupir intr. Arrojar saliva por la boca. Tr. Arrojar por la boca algo como escupiendo. Echar de sí con desprecio. Despedir o arrojar violentamente una cosa.

escupitajo m. Saliva, sangre o flema escupida; escupidura, escupitina.

escurreplatos m. Mueble o armazón para poner y escurrir vasijas, platos, etc.

escurribanda f. Escapatoria. Desconcierto y flujo de vientre.

escurrir tr. Apurar las últimas gotas de un licor. Hacer que algo mojado despida sus últimas gotas. Deslizar una cosa por encima de otra. R. Escaparse, salir de prisa y ocultamente. Gotear, chorrear.

escutelo m. Placa ósea dérmica; osiculo. Escudo pequeño.

esdrújulo-a adj. y s. Dícese del vocablo cuya acentuación prosódica carga en la antepenúltima sílaba.

ese-a, -o, y -os-as m. f. y n. singular y plural. Formas del pronombre o del adjetivo demostrativo para indicar lo que está cerca de la persona con la que se habla.

esencia f. Naturaleza de las cosas. Lo permanente e invariable en ellas. Extracto, compendio. Extracto concentrado y muy aromático.

esencial adj. Perteneciente a la esencia. Substancial, principal. Dícese de las sales que se sacan de algunos cuerpos por destilación.

esfenoides m. Hueso del cráneo encajado como una cuña en la base, delante del occipital y detrás del etmoides.

esfera f. Sólido limitado por una superficie esférica, que es aquella cuyos puntos equidistan de otro interior llamado centro. Círculo en que giran las manecillas del reloj. Cielo. Clase o condición de una persona. Ambito, espacio a que se extiende o alcanza la virtud de un agente, las facultades o cometido de una persona.

esférico-a *adj.* Perteneciente a la esfera o que tiene su figura. Redondo, orbicular.

esferoide *m.* Cuerpo de forma parecida a la esfera. Se dice del elipsoide de revolución.

esferómetro *m.* Aparato para medir el radio de una superficie esférica o sus espesores.

esfinge *f.* Animal fabuloso con cabeza, cuello y pecho de mujer y cuerpo y patas de león. Persona enigmática por su aspecto o carácter.

esfínter *m.* Músculo en forma de anillo con que se abre y cierra el orificio de una cavidad del cuerpo.

esforzar *tr.* Dar o comunicar fuerza y vigor. Infundir ánimo o valor. *Intr.* Tomar ánimo. *R.* Hacer esfuerzos para algo.

esfuerzo *m.* Empleo enérgico de la fuerza física contra algún impulso o resistencia, o para conseguir una cosa venciendo dificultades. Ánimo, vigor, brío. Empleo de elementos costosos para algún fin.

esfumar *tr.* Extender el lápiz con el esfumino. Rebajar los tonos y contornos de un dibujo o pintura. *R.* Disiparse, desvanecerse. En América, fugarse, escaparse.

esfumino *m.* Rollito de papel estoposo o de piel suave para esfumar.

esgrima *f.* Arte de jugar y manejar la espada, el sable u otras armas blancas.

esgrimir *tr.* Jugar la espada u otra arma blanca, acometiendo o atacando. Usar de algo como medio para lograr un intento. Blandir, empuñar.

esguince *m.* Ademán hecho con el cuerpo para evitar un golpe. Torcedura o distensión violenta de una articulación.

eslabón *m.* Pieza cerrada que, enlazada con otras, forma cadena. Hierro acerado con que se saca fuego de un pedernal.

eslabonar *tr.* Unir unos eslabones con otros formando cadena. Enlazar las partes de un discurso o unas cosas con otras.

eslavo-a *adj. y s.* Individuo de la gran familia lingüística indoeuropea, que ocupa toda la parte centrooriental de Europa. Lengua eslava.

eslora *f.* Longitud de un buque sobre la principal cubierta, de proa a popa.

eslovaco-a *adj. y s.* Individuo de un grupo de eslavos occidentales establecidos en Checoslovaquia. Perteneciente o relativo a dicho pueblo.

esmaltar *tr.* Cubrir con esmalte. Adornar de varios colores y matices una cosa. Adornar, hermosear.

esmalte *m.* Barniz vítreo que por fusión se adhiere a la porcelana, loza, metales, etc. Objeto esmaltado. Labor de esmaltar. Lustre, esplendor. Substancia muy dura y traslúcida que cubre la corona de los dientes.

esmeralda *f.* Piedra fina más dura que el cuarzo y de hermoso color verde.

esmerar *tr.* Pulir, limpiar, lustrar. *R.* Extremarse, poner sumo cuidado en ser cabal y perfecto. Obrar con acierto y lucimiento.

esmeril *m.* Piedra ferruginosa muy dura usada en polvo para labrar las piedras preciosas, deslustrar el vidrio, pulimentar metales, afilar, etc.

esmero *m.* Sumo cuidado y atención diligente en hacer las cosas. Solicitud, celo, escrupulosidad.

esmirriado-a *adj.* Desmirriado. Flaco, extenuado, consumido.

esnobismo *m.* Anglicismo: exagerada admiración por todo lo que es de moda o muy reciente.

esófago *m.* Porción del aparato digestivo entre la faringe y el estómago.

esópico-a *adj.* Relativo o perteneciente al fabulista griego Esopo.

esotérico-a *adj.* Oculto, reservado. Recóndito, misterioso.

esotro-a *adj. o pron.* Ese otro, esa otra.

espaciar *tr.* Poner algún espacio entre las cosas, sea en el lugar o en el tiempo. Dilatar, difundir. *R.* Dilatarse en lo que se dice o escribe.

espacio *m.* Continente de los objetos sensibles. Capacidad. Transcurso del tiempo. Tardanza, lentitud. Ámbito. Región o cavidad orgánica. Extensión o lugar que ocupan los cuerpos.

espacioso-a *adj.* Ancho, dilatado, vasto. Lento, pausado. Amplio, capaz.

espada *f.* Arma blanca larga, recta, aguda y cortante, con guarnición y empuñadura. Hoja, acero, tizona. *M.* Torero matador de toros.

espadachín *m.* El que sabe manejar bien la espada. El que se precia de ser valiente y pendenciero. Matón, bravucón, perdonavidas, duelista.

espadaña *f.* Planta tifácea con las hojas en forma casi de espada, de tallo largo y flexible, flores en espiga, que prospera en terrenos pantanosos. Campanario de una sola pared, con huecos para las campanas.

espádice *m.* Espata que protege a una espiga. Inflorescencia protegida por ella.

espadilla *f.* Insignia roja en figura de espada que usan los caballeros de la orden de Santiago. Instrumento para macerar el lino. As de espadas. Timón provisional que se arma con cualquier pieza disponible.

espadín *m.* Espada muy estrecha y con empuñadura más o menos adornada, usada como prenda de ciertos uniformes.

espadón *m.* Personaje de elevada jerarquía militar.

espahí *m.* Spahi.

espalda *f.* Parte posterior del cuerpo humano, desde los hombros a la cintura. Parte del vestido que la cubre. Envés. Dorso.

espaldar *m.* Parte de la coraza que cubre y defiende la espalda. Respaldo. Espalda. Enrejado para las plantas trepadoras.

espaldarazo *m.* Golpe dado de plano con la espada o con la mano en las espaldas de uno. Ceremonia para conferir una orden de caballería.

espaldilla *m.* El omóplato. Parte del jubón que cubre la espalda. Cuarto delantero de algunas reses.

espalto *m.* Color obscuro, transparente y dulce, para veladuras.

espantable *adj.* Espantoso. Horripilante, pavoroso, aterrador.

espantada *f.* Huída repentina de un animal. Desistimiento súbito causado por el miedo.

espantajo *m.* Lo que se pone para espantar y, en especial, en los sembrados para espantar a los pájaros. Cualquier cosa que infunda vano temor. Persona molesta y despreciable. En México, persona sucia, harapienta o ridícula.

espantar *tr.* Causar espanto, susto, infundir miedo. Echar de un lugar a una persona o animal. En México, producir ruidos terroríficos en una casa, o apariciones de difuntos o fantasmas. *R.* Maravillarse, admirarse, asombrarse.

espanto *m.* Terror, asombro. Amenaza con que se infunde miedo. Fantasma, aparecido. Miedo, temor, pánico.

espantoso-a *adj.* Que causa espanto. Maravilloso, asombroso, pasmoso.

español-a *adj. y s.* Natural de España. Perteneciente a esta nación de Europa. Lengua española.

españolado-a *adj. y s.* Extranjero que en el aire, traje y costumbres parece español. *F.* Acción, espectáculo u obra literaria que exagera y falsea el carácter español.

españolismo *m.* Amor o apego a las cosas características o típicas de España. Carácter genuinamente español. Hispanismo.

españolizar *tr. y r.* Tomar las costumbres españolas. Imponer influencia española. Difundir el español.

esparadrapo *m.* Tira de tela o papel, con una cara cubierta de un emplasto adherente, para sujetar vendajes o como apósito directo o revulsivo.

esparaván *m.* Gavilán, ave rapaz. Tumor en la parte interna e inferior del corvejón de los solípedos.

esparavel *m.* Red redonda para pescar que se arroja a fuerza de brazo. Red para cazar pájaros. Tabla con mango para tener una porción de mezcla que se ha de emplear en la llana o paleta del albañil.

esparcir *tr.* Separar, extender lo que está junto o amontonado; derramar extendiendo. *R.* Divulgar, publicar una noticia. Divertir, recrear.

espárrago *m.* Planta liliácea de tallo herbáceo muy ramoso, hojas aciculares y flores de color blanco verdoso. Yema comestible y subterránea de esta planta. Tornillo roscado por sus dos extremos.

esparraguera *f.* Espárrago. Era de tierra para cultivar espárragos. Plato en que se sirven los espárragos.

esparrancarse *r.* Abrirse de piernas, separarlas. Espatarrarse.

espartería *f.* Oficio de espartero. Taller del mismo. Barrio, paraje o tienda donde se venden obras de esparto.

espartero-a *adj.* Aguja utilizada por los esparteros. *M. y f.* Persona que fabrica obras de esparto o que las vende.

esparto *m.* Planta gramínea de hojas radicales tan arrolladas sobre sí y a lo largo que aparecen como filiformes, duras y tenaces, flores en panoja y semillas muy menudas. Las mismas hojas de esta planta empleadas en la industria, para hacer sogas, esteras, estropajos, etc. Las fibras de esta planta.

espasmo *m.* Pasmo. Contracción involuntaria de los músculos producida generalmente por mecanismo reflejo.

espata *f.* Bráctea membranosa que cubre el espádice, como en el alcatraz.

espato *m.* Cualquier mineral de estructura laminar.

espátula *f.* Paleta con bordes afilados y mango largo, usada por farmacéuticos y pintores para ciertas mezclas. Ave de pico grande con ensanchamiento en su extremo. Pato cuchereto, paletón.

especia *f.* Producto vegetal con que se sazonan los manjares y guisados: clavo, pimienta, azafrán, etc.

especial *adj.* Singular o particular; que se diferencia de lo común o general. Apropiado para algún efecto.

especialidad *f.* Particularidad, singularidad. Ramo de la ciencia o del arte a que se consagra una persona.

especialista *adj. y s.* Dícese del que con especialidad cultiva un ramo de determinado arte o ciencia y sobresale en él. Autoridad en determinada materia.

especializar *intr.* Cultivar con especialidad un ramo determinado de la ciencia o del arte. Limitar una cosa a uso o fin determinado.

especie *f.* Conjunto de cosas semejantes entre sí por tener caracteres comunes. Imagen o idea de un objeto. Caso, suceso, asunto. Tema, noticia. Pretexto, apariencia. En América, especia. Grupo taxonómico fundamental inferior al género o subgénero. Cada una de las voces en la composición musical.

especiería *f.* Tienda en que se venden especias. Conjunto de éstas. Trato y comercio con ellas.

especificar *tr.* Explicar o determinar una cosa individualmente. Detallar, precisar, particularizar.

específico-a *adj.* Que caracteriza y distingue una especie de otra. Individual, particular. *M.* Medicamento especialmente apropiado para tratar una enfermedad determinada.

especímen *m.* Muestra, modelo, señal. Tipo, ejemplar.

especioso-a *adj.* Hermoso, precioso, perfecto. Aparente, engañoso. Artificioso, falso.

espectacular *adj.* Que tiene caracteres propios de espectáculo público. Aparatoso, ostentoso, teatral.

espectáculo *m.* Función o diversión pública. Lo que se ofrece a la vista o a la contemplación intelectual. Acción que causa escándalo o grande extrañeza.

espectador-a *adj. y s.* Que mira con atención un objeto. Que asiste a un espectáculo público.

espectro *m.* Imagen, fantasma que se presenta a los ojos de la fantasía. Aparición, visión. Conjunto o sucesión de las radiaciones simples que forman una radiación natural o compleja.

espectroscopio *m.* Aparato para la producción y observación visual de los espectros.

especulación *f.* Acción y efecto de especular. Operación comercial con

ánimo de obtener lucro. Retención de mercancías para romper el equilibrio entre la oferta y la demanda y provocar alza de precios.

especular *tr.* Registrar, mirar con atención algo para reconocerlo y examinarlo. Meditar, reflexionar. *Intr.* Comerciar, traficar. Procurar provecho y ganancia fuera del tráfico mercantil.

especulativo-a *adj.* Perteneciente o relativo a la especulación. Apto para especular. Que procede de la mera especulación sin haberse reducido a práctica. Referente a objetos inaccesibles a la experiencia.

espéculo *m.* Instrumento para dilatar y examinar ciertas cavidades orgánicas, mediante la luz que reflejan las superficies interiores de las mismas.

espejar *tr.* Despejar. *R.* Reflejarse, reproducirse como la imagen de un espejo.

espejismo *m.* Ilusión óptica debida a la reflexión total de la luz cuando atraviesa capas de aire de densidad distinta, con la que los objetos lejanos dan una imagen, ya por debajo del suelo, ya en la atmósfera a cierta altura.

espejo *m.* Tabla de cristal azogada o metal bruñido para reflejar los objetos que tenga delante. Superficie tranquila de una masa de agua. Aquello en que se ve una cosa como retratada. Modelo, dechado. Superficie reflectora de las radiaciones.

espejuelo *m.* Yeso cristalino en láminas brillantes. Hoja de talco. Cristales que se ponen en los anteojos. Anteojos.

espeleología *f.* Ciencia que estudia la naturaleza, el origen y formación de las cavernas o grutas y de su fauna y flora.

espelta *f.* Variedad de escanda.

espelunca *f.* Cueva, gruta, concavidad tenebrosa.

espeluznante *adj.* Que hace erizarse el cabello. Horrible, espantoso, horrendo.

espera *f.* Acción y efecto de esperar. Plazo o término. Calma, paciencia.

esperanto *m.* Idioma creado en 1887 por el médico ruso Zamenhof, para que sirviera como lengua universal.

esperanza *f.* Posibilidad de lo que deseamos. Virtud teologal por la que esperamos en Dios que nos dará los bienes prometidos. Confianza, fe, seguridad.

esperanzar *tr.* Dar esperanza. Alentar, consolar.

esperar *tr.* Tener esperanza de conseguir lo que se desea. Creer que ha de suceder alguna cosa. Permanecer en sitio adonde se cree que ha de ir alguna persona o en donde se presume ha de ocurrir algo. Detenerse hasta que suceda algo. Ser inminente alguna cosa.

esperma f. Semen, licor seminal.

espermatozoide o espermatozoo m. Célula sexual masculina madura, producida por las células germinales del testículo.

esperón m. Espolón, pieza aguda de hierro en la proa de algunos navíos.

esperpento m. Persona o cosa notable por su fealdad, desaliño o mala traza. Desatino, absurdo. Adefesio, mamarracho.

espesar tr. Condensar lo líquido. Unir, apretar una cosa con otra. R. Juntarse, reunirse, cerrarse y apretarse las cosas.

espeso-a adj. Dícese de la substancia fluida de mucha densidad o condensación. Junto, apretado. Macizo, grueso, corpulento.

espesor m. Grueso de un sólido. Densidad o condensación de un fluido.

espesura f. Calidad de espeso. Paraje muy poblado de árboles y matorrales. Desaseo, inmundicia y suciedad. Cabellera espesa.

espetar tr. Atravesar con el asador carne, aves, pescados, etc., para asarlos. Atravesar, clavar en un cuerpo un instrumento puntiagudo. Decir algo causando molestia o sorpresa. R. Ponerse tieso, afectando gravedad.

espetera f. Tabla con garfios en que se cuelgan utensilios o efectos de cocina. Irónicamente dícese del pecho cubierto de condecoraciones.

espetón m. Hierro largo y delgado para remover ascuas, asar, desahogar toberas. Alfiler grande. Golpe dado con él.

espía m. y f. Persona que con disimulo y secreto observa y escucha lo que pasa, para comunicarlo a otro.

espiar tr. Acechar; observar disimuladamente lo que se dice o hace.

espiciforme adj. Que tiene forma de espiga.

espícula f. Cuerpo pequeño y duro en forma de aguja.

espicular adj. En forma de flecha.

espichar tr. Pinchar. Intr. Morir. R. En México y Cuba, enflaquecer, adelgazar.

espiga f. Conjunto de flores o frutos sostenidos por un tallo común. Parte adelgazada de una herramienta, para introducirla en el mango. Parte superior de la espada en donde se asegura la guarnición. Extremo disminuido de un madero para que encaje en otro. Clavo de madera. Púa. Badajo. Espoleta.

espigado-a adj. Planta que se deja crecer hasta la madurez de la semilla. Árbol nuevo de tronco muy elevado. En forma de espiga. Joven alto, crecido de cuerpo.

espigar tr. Coger las espigas que han quedado. Rebuscar datos en los libros. Intr. Empezar a echar espigas. Crecer notablemente algunas plantas o las personas.

espigón m. Aguijón. Punta de un instrumento puntiagudo. Espiga áspera y espinosa. Mazorca. Cerro alto, pelado y puntiagudo. Macizo saliente para proteger márgenes o modificar la corriente.

espiguilla f. Cinta angosta o fleco con picos que sirve para guarniciones. Cada una de las espigas pequeñas que forman la principal.

espina f. Púa de algunas plantas. Astilla pequeña y puntiaguda. Es pinazo. Pesar íntimo y duradero. Apófisis ósea larga y delgada. Proceso duro, agudo e incisivo. Excrecencia protectora de punta aguda.

espinaca f. Planta salsolácea hortense anua, de tallo ramoso, hojas radicales agudas y suaves, flores sin corola.

espinal adj. Perteneciente a la espina o al espinazo. M. En América, lugar poblado de espinos.

espinar m. Sitio poblado de espinos. Dificultad, embarazo, enredo. tr. Punzar, herir con espina. Poner espinos. Herir y ofender con palabras picantes.

espinazo m. Conjunto de las vértebras que en el tronco de los mamíferos y de las aves van desde la nuca hasta la rabadilla. Clave de una bóveda o de un arco.

espinela f. Estancia compuesta de diez versos octosílabos; décima.

espinela f. Aluminato magnésico, piedra fina de diversos colores; la roja es el rubí espinela, que se utiliza en joyería y para el montaje de los ejes de los relojes.

espineta f. Instrumento antiguo de teclado y cuerdas, especie de clavicordio pequeño, antecedente del piano moderno.

espingarda f. Antigua pieza de artillería. Escopeta morisca muy larga y de chispa. Mujer alta y desgarbada.

espinilla f. Parte anterior de la canilla de la pierna. Especie de barro que aparece en la piel.

espinillera f. Pieza de la armadura antigua que protegía la espinilla. Hoy, pieza que protege la espinilla de ciertos operarios y deportistas.

espino m. Arbusto rosáceo de ramas espinosas, hojas aserradas, flores blancas en corimbo; de madera dura cuya cubierta se utiliza en tintotería.

espinoso-a *adj.* Que tiene espinas. Semejante a ella. Arduo, difícil, intrincado, enmarañado.

espión *m.* Espía. *Adj.* *americ.* Zalamero. Que vigila con curiosidad.

espionaje *m.* Acción de espiar. Servicio secreto de adquisición de noticias militares, industriales, de producción, transportes, etc., de otras potencias o países.

espira *f.* Parte de la columna que está encima del plinto. Cada una de las vueltas de una hélice o de una espiral. Espiral. Espiral curva que da vueltas en torno de un punto alejándose de él.

espiral *adj.* Perteneciente a la espira. *F.* Línea curva que da vueltas indefinidamente alrededor de un punto, alejándose de él más en cada una de ellas.

espirar *tr.* Exhalar, echar de sí un cuerpo buen o mal olor. Infundir ánimo, excitar. *Intr.* Tomar aliento, alentar. Expeler el aire aspirado.

espirilo *m.* Bacteria filiforme en espiral. Microorganismo en forma de espiral.

espiritado-a *adj.* Dícese de la persona que, por lo flaca y extenuada, parece no tener sino espíritu.

espiritismo *m.* Doctrina que afirma que los espíritus de los muertos pueden acudir al ser evocados y conversar con los presentes.

espiritoso-a *adj.* Vivo, animoso, eficaz. Dícese de lo que contiene mucho espíritu y es fácil de exhalarse.

espíritu *m.* Ser inmaterial dotado de razón. Don sobrenatural y gracia particular de Dios. Virtud, ciencia mística. Vigor natural que fortifica y alienta el cuerpo. Animo, valor, aliento. Vivacidad, ingenio. Vapor que exhalan el vino o los licores. Principio generador, tendencia general de un pueblo o sociedad.

espiritual *adj.* Perteneciente o relativo al espíritu. En el sentido de ingenioso, agudo, gracioso, es galicismo.

espirómetro *m.* Aparato para medir la capacidad respiratoria del pulmón.

espiroqueta *f.* Bacteria móvil, larga, en forma de espiral, carente de núcleo, que se reproduce por división transversal.

espita *f.* Medida lineal de un palmo. Canuto que se mete en una cuba u otra vasija para que salga el líquido que contiene. Persona borracha o que bebe mucho vino.

esplender *intr.* Resplandecer, brillar.

espléndido-a *adj.* Magnífico, liberal, ostentoso. Resplandeciente.

esplendor *m.* Resplandor. Lustre, nobleza.

esplenio *m.* Cada uno de los dos músculos simétricos largos y planos que unen las vértebras cervicales con la cabeza y contribuyen al movimiento de ésta.

esplenopatía *f.* Cualquiera enfermedad del bazo.

espliego *m.* Planta labiada de tallos leñosos, hojas casi lineales, flores azules en espiga y semilla elipsoidal; aromática, y de sus flores se obtiene un aceite esencial de aplicación en perfumería.

esplín *m.* Humor tétrico que produce tedio de la vida. Hastío.

espolear *tr.* Picar con la espuela a la cabalgadura. Avivar, incitar. Aguijonear.

espoleta *f.* Aparato en la boquilla de las bombas, granadas y torpedos para dar fuego a su carga. Mecanismo de los proyectiles de artillería para provocar su explosión.

espolón *m.* Prolongación córnea, encorvada y puntiaguda que tienen en el tarso varias aves gallináceas. Tajamar, parte de fábrica que se adiciona a las pilas de los puentes. Malecón. Punta en que remata la proa de una nave. Ramal corto y escarpado que parte de una sierra. Contrafuerte, machón saliente.

espolvorear *tr.* Despolvorear. Esparcir polvo de una cosa sobre otra.

espóndilo *m.* Vértebra.

esponja *f.* Masa fibrosa elástica que forma el esqueleto interno de estos metazoarios acuáticos. Animal que la produce. Substancia esponjosa. En América, borracho habitual.

esponjar *tr.* Ahuecar, hacer más poroso un cuerpo. *R.* Engreírse, envanecerse, inflarse.

esponjoso-a *adj.* Dícese del cuerpo muy poroso, hueco y más ligero de lo que corresponde a su volumen. Fofo.

esponsales *m.* Plural. Mutua promesa de casamiento, hecha legal y solemnemente.

espontáneo-a *adj.* Voluntario y de propio movimiento. Que se produce sin cultivo ni cuidados. Natural, franco, abierto. *M.* Aficionado que se lanza al ruedo en plena corrida para darse a conocer.

espora *f.* Corpúsculo reproductor de las plantas criptógamas. Célula que se reproduce asexualmente.

esporádico-a *adj.* Ocasional, sin ostensible enlace con antecedentes ni subsecuentes.

esporangio *m.* Organo que contiene esporas o que en él se originan.

esporozoario *m.* Animal que se reproduce por esporas.

esportillo *m.* Capacho de esparto o de palma para llevar provisiones a casa.

esposar *tr.* Sujetar a uno con esposas.

esposas *f. pl.* Manillas de hierro con que se sujeta a los presos por las muñecas.

esposo-a *m. y f.* Persona que ha contraído esponsales. Persona casada. *Pl.* Marido y mujer.

espuela *f.* Espiga de metal terminada en rodaja de puntas que se ajusta al talón del calzado, para picar a la cabalgadura. Estímulo, incitativo.

espuerta *f.* Receptáculo cóncavo con dos asas, hecho de esparto o palma, para transportar tierra, escombros o cosas semejantes.

espulgar *tr.* Limpiar la cabeza, el cuerpo o el vestido, de pulgas o piojos. Examinar una cosa con cuidado y minuciosamente.

espuma *f.* Conjunto de burbujas que se forman en la superficie de los líquidos. Impurezas y jugo que es necesario quitar al cocer substancias alimenticias. Nata, flor, lo más estimado.

espumadera *f.* Paleta circular y algo cóncava, llena de agujeros, para sacar la espuma del caldo o de un licor al purificarlo.

espumar *tr.* Quitar la espuma. *Intr.* Hacer espuma. Crecer, aumentar.

espumarajo *m.* Saliva arrojada en abundancia por la boca.

espumoso-a *adj.* Que tiene o hace mucha espuma. Que se convierte en ella.

espúreo-a o espurio-a *adj.* Bastardo. Falso, contrahecho o adulterado y que degenera de su origen.

espurrear *tr.* Rociar una cosa con agua u otro líquido expelido por la boca.

esputar *tr.* Expectorar, escupir.

esputo *m.* Lo que se arroja de una vez en cada expectoración.

esqueje *m.* Tallo o cogollo que se introduce en tierra para multiplicar la planta.

esquela *f.* Carta breve. Comunicación escrita o impresa para dar citas, pasar invitaciones o comunicar ciertas noticias.

esquelético-a *adj.* Muy flaco y exhausto. Enjuto, esmirriado.

esqueleto *m.* Armazón ósea del cuerpo de un vertebrado. Armadura, conjunto de piezas en que o sobre que se arma alguna cosa. Bosquejo, plan, esbozo. Persona muy flaca. En América, modelo o patrón impreso en que se dejan blancos para ser rellenados a mano.

esquema *m.* Representación gráfica y simbólica de una cosa, atendiendo a sus líneas o caracteres más significativos. Lista de temas o cuestionario que debe someterse a deliberación. Gráfica, plano, guión.

esquí *m.* Especie de patín largo, de madera, para deslizarse por la nieve.

esquiar *intr.* Patinar sobre esquís.

esquicio *m.* Apunte, dibujo ligero de algo para dar idea de lo mismo. Esquema.

esquife *m.* Barco pequeño para saltar a tierra o para otros usos que lleva una embarcación mayor.

esquila *f.* Cencerro pequeño, de hierro fundido y en forma de campana. Campana pequeña.

esquilar *tr.* Cortar con la tijera el pelo, vellón o lana de los ganados, perros y otros animales. Tras quilar.

esquilmar *tr.* Coger el fruto de las haciendas, heredades y ganados. Chupar con exceso las plantas el jugo de la tierra. Agotar una fuente de riqueza, sacando de ella mayor provecho que el debido. Despojar, estrujar.

esquilmo *m.* Frutos y provechos que se sacan de las haciendas y ganados. En México, provechos accesorios y de menor cuantía que se obtienen del cultivo de la tierra o de la ganadería.

esquimal *adj. y s.* Indígena norteamericano que vive en todo el litoral septentrional de América del Norte y regiones limítrofes.

esquina *f.* Arista, en especial la que resulta del encuentro de las paredes de un edificio; ángulo.

esquinado-a *adj.* Que hace o forma esquina. Persona de trato difícil.

esquinazo *m.* Esquina. En México, galanteo a la novia desde una esquina.

esquirla *f.* Astilla de hueso desprendida por caries o por fractura. Se dice también de las que se desprenden de la piedra, cristal, etc.

esquirol *m.* Ardilla. Obrero que sustituye a un huelguista.

esquisto *m.* Pizarra, roca metamórfica de estructura laminar.

esquite *m.* En México, Costa Rica y Honduras, rosetas, granos de maíz tostados.

esquivar *tr.* Evitar, rehusar. *R.* Retraerse, excusarse.

esquivo-a *adj.* Desdeñoso, áspero, huraño. Arisco, hosco, retraído.

esquizofrenia *f.* Grupo de enfermedades mentales que se declaran hacia la pubertad y que se caracterizan por disociación de las funciones psíquicas y conducen, en casos graves, a la demencia incurable.

estabilidad *f.* Permanencia, duración en el tiempo; firmeza, seguridad en el espacio. Estado de equilibrio de un sistema físico cualquiera.

estabilización *f.* Acción y efecto de estabilizar. Operación que tiende a impedir las oscilaciones de los cambios y a establecer precios fijos en el mercado.

estabilizador-a *adj. y s.* Que estabiliza. *M.* Mecanismo que se añade a un vehículo para aumentar su estabilidad. Dispositivo para lograr la constancia de la tensión o de la intensidad eléctrica. Catalizador negativo.

estabilizar *tr.* Dar estabilidad a una cosa. Fijar y garantizar el valor de una moneda en relación con el patrón oro.

estable *adj.* Constante, durable, firme, permanente. Substancia que no se altera por la acción de algún agente determinado.

establecer *tr.* Fundar, instituir, hacer de nuevo. Ordenar, mandar. Sentar, enunciar, probar. *R.* Avecindarse, fijar residencia en alguna parte. Abrir por cuenta de alguien un establecimiento mercantil o industrial.

establecimiento *m.* Ley, ordenanza, estatuto. Fundación, institución. Cosa fundada o establecida. Lugar donde se ejerce una industria o profesión.

establo *m.* Lugar cubierto en que se encierra ganado para su descanso y alimentación.

estabulación *f.* Cría y mantenimiento de los ganados en establo.

estaca *f.* Palo, con punta en un extremo, para fijarlo en tierra, pared u otra parte. Rama o palo verde sin raíces que se planta para que se haga árbol. Garrote. Clavo largo de hierro.

estacada *f.* Obra hecha de estacas. Palenque o campo de batalla. Lugar señalado para un desafío.

estacar *tr.* Fijar una estaca y atar a ella una bestia. Señalar con estacas una línea en un terreno. En América, sujetar, clavar con estacas. *R.* Quedarse inmóvil y tieso, a modo de estaca. En América, punzarse, clavarse una astilla.

estacazo *m.* Golpe dado con estaca o garrote. Daño o quebranto que uno recibe en sus intereses materiales o morales.

estación *f.* Estado actual de una cosa. Tiempo, temporada. Paraje en que se hace alto durante un viaje, correría o paseo. Parada. Estancia, morada, asiento. Sitio en que habitualmente parada los trenes y se admiten viajeros o mercancías. Edificio en que están las oficinas o dependencias del ferrocarril. Edificio para oficinas y cocheras de tranvías. Puesto y ofici-

na para expedir o recibir despachos de telecomunicación. Cada una de las cuatro partes o tiempos en que se divide el año. Visita a las iglesias en determinadas ocasiones.

estacionar *tr.* Situar en un lugar, colocar, asentar. *R.* Quedarse estacionario, estancarse.

estacionario-a *adj.* Que permanece en el mismo estado o situación, sin adelanto ni retroceso. Parado, invariable.

estada *f.* Mansión, detención, demora que se hace en un lugar o paraje.

estadía *f.* Detención, estancia. Tiempo que permanece el modelo ante el pintor o escultor. Cada uno de los días que transcurren después del plazo estipulado para la carga o descarga de un buque mercante.

estadillo *m.* Trabajo estadístico de cortas proporciones.

estadio *m.* Lugar público destinado a competencias deportivas. Fase, período relativamente corto.

estadista *m.* Perito en estadística. Persona versada en los negocios de la dirección de los Estados, o instruido en materias de política. Gobernante.

estadística *f.* Censo o recuento de la población, de sus recursos naturales o industriales, tráfico u otra manifestación. Estudio de los hechos que se prestan a numeración o recuento. Ciencia que recoge y coordina grupos de hechos de acuerdo con ciertos métodos que la caracterizan.

estadizo-a *adj.* Que está mucho tiempo sin moverse, orearse o renovarse.

estado *m.* Situación en que está una persona o cosa. Orden, clase, jerarquía y calidad de las cosas. Condición a que está sujeta la vida de cada uno. Cuerpo político de una nación. Porción de territorio de un país que se rige por leyes propias aunque sometido en ciertos asuntos al gobierno general.

estadounidense *adj. y s.* Natural de EE. UU. Relativo a esta nación norteamericana.

estafa *f.* Acción y efecto de estafar. Engaño, fraude. Apropiación ilegítima de valores patrimoniales ajenos, de modo gratuito y por medio de engaño.

estafar *tr.* Pedir o sacar dineros o cosas de valor, con artificios y engaños y con ánimo de no pagar.

estafeta *f.* Correo ordinario que iba a caballo. Oficina del correo. Correo especial para el servicio diplomático.

estafilino-a *adj.* En forma de racimo. Relativo o perteneciente a la úvula.

estafilococo *m.* Nombre dado a las bacterias de forma redondeada que se agrupan como en racimo.

estagirita *adj. y s.* Natural de Estagira. Perteneciente a esta antigua ciudad de Macedonia, patria de Aristóteles. *M.* Nombre dado por antonomasia a Aristóteles.

estalactita *f.* Concreción caliza que pende del techo de algunas cavernas, debida a la filtración lenta de aguas que llevan en disolución bicarbonato cálcico.

estalagmita *f.* Formación calcárea concrecionada que se forma en el suelo por el agua que escurre de las estalactitas.

estallar *intr.* Henderse o reventar de golpe alguna cosa, con chasquido o estruendo. Restallar. Ocurrir violentamente una cosa. Sentir y manifestar violentamente repentina ira, alegría o alguna pasión o afecto.

estallido *m.* Explosión. Acción y efecto de estallar.

estambre *m.* Parte del vellón de lana que se compone de hebras largas. Hilo formado de estas hebras. Urdimbre. Organo masculino de la flor, en las plantas fanerógamas o antofitas.

estameña *f.* Tejido de lana, sencillo y ordinario, que tiene la urdimbre y la trama de estambre.

estampa *f.* Efigie o figura trasladada al papel o a otra materia. Figura total de una persona o animal. Imprenta o impresión. Huella. Lámina, traza. En México, aspecto.

estampar *tr.* Imprimir, sacar en estampa una cosa. Reproducir por medio de presión. Señalar, dejar huella. Imprimir en el ánimo algún afecto. Arrojar a una persona o cosa o hacerla chocar contra algo.

estampero *m.* El que hace o vende estampas.

estampida *f.* Estampido. En México, Colombia, Guatemala y Venezuela, carrera rápida e impetuosa.

estampido *m.* Ruido fuerte y seco como el producido por el disparo de un cañón. Detonación, disparo.

estampilla *f.* Sello que contiene en facsímil la firma y rúbrica de una persona. Sello con letrero para estampar en ciertos documentos. En América, sello de correos o fiscal.

estancar *tr.* Detener y parar el curso y corriente de una cosa. Prohibir el curso corriente de una mercancía determinada, concediendo la venta a algunas personas o entidades. Detener el curso de un negocio o asunto.

estancia *f.* Mansión, habitación y asiento en un lugar, casa o paraje. Aposento o cuarto donde se habita ordinariamente. Cada uno de los días en que un enfermo está en el hospital. Cantidad que por ello se devenga.. Estrofa.

estanco *adj.* Dícese del barco o vasija bien dispuesto para no hacer agua por sus costuras. *M.* Embargo o prohibición del curso y venta libre de algunas cosas. Sitio donde se pueden vender.

estandarte *m.* Insignia de varias formas y para varios usos. Bandera.

estanque *m.* Receptáculo de agua, para proveer el riego, criar peces, etc.

estanquero-a *m. y f.* Persona que tiene a su cargo la venta pública de mercancías estancadas.

estanquillo *m.* Estanco. En México, tenducho, miscelánea.

estante *adj.* Permanente o fijo en un lugar. *M.* Mueble con anaqueles o entrepaños y sin puertas.

estantería *f.* Juego de estantes o anaqueles.

estantigua *f.* Procesión de fantasmas, o fantasma que causa pavor y espanto. Persona alta, seca y mal vestida.

estañar *tr.* Cubrir o bañar con estaño. Asegurar o soldar una cosa con estaño.

estaño *m.* Metal cristalino, brillante, blando y maleable; símbolo Sn. Estaño.

estapedio *m.* Estribo, huesecillo del oído medio.

estaquilla *f.* Espiga de madera o caña que sirve para clavar. Clavo pequeño de figura piramidal y sin cabeza. Brote tierno para la reproducción vegetativa.

estar *intr.* Existir, hallarse una persona o cosa con cierta permanencia en un lugar, condición o modo de ser. Tocar o atañer. *R.* Detenerse o tardarse.

estarcir *tr.* Estampar dibujos, letras o números pasando una brocha por una chapa en que están previamente recortados.

estatal *adj.* Perteneciente o relativo al Estado.

estática *f.* Parte de la Mecánica racional que estudia las leyes del equilibrio de los cuerpos.

estático-a *adj.* Perteneciente o relativo a la Estática. Que permanece en un mismo estado. Dícese del que se queda parado de asombro, admiración o emoción.

estatismo *m.* Tendencia que exalta la plenitud del poder y la preeminencia del Estado sobre los diferentes órdenes y entidades. Inmovilidad de lo estático.

estátor *m.* Parte fija de un motor o generador eléctrico.

estatoscopio *m.* Barómetro aneroide de gran precisión.

estatua *f.* Figura de bulto labrada a imitación del natural. Obra escultórica cuyo tema es la figura humana completa.

estatuaria *f.* Arte de hacer estatuas.

estatuir *tr.* Establecer, ordenar, determinar. Demostrar, asentar como verdad una doctrina o un hecho.

estatura *f.* Altura de una persona desde los pies a la cabeza.

estatuto *m.* Establecimiento, regla que tiene fuerza de ley para el gobierno de una corporación.

estay *m.* Cabo que sujeta la cabeza de un mástil al pie del más inmediato.

este-a, -o, -os, -as Formas del pronombre demostrativo en los tres géneros y en ambos números, o del adjetivo demostrativo, refiriéndose a lo más cercano de la persona que habla.

este *m.* Oriente, punto cardinal del horizonte por donde nace o aparece el Sol en los equinoccios. Viento que viene de la parte de Oriente.

esteárico-a *adj.* Relativo al sebo, a la estearina o al ácido esteárico, obtenido del sebo de carnero o de buey y del aceite de semilla de algodón.

estearina *f.* Substancia blanca, insípida, de escaso olor, que da consistencia a los cuerpos grasos, compuesta de ácido esteárico y de glicerina.

estela *f.* Señal o rastro de espuma y agua removida que deja tras sí una embarcación. Rastro que deja en el aire un cuerpo luminoso en movimiento o de humo o gas, etc. que deja un avión. Conjunto de haces leñosos que forman el cilindro central de la raíz, del tallo, etc. Monumento conmemorativo que se erige sobre el suelo en forma de lápida, pedestal o cipo.

estelar *adj.* Perteneciente a las estrellas. Principal, primerísimo.

estenocardia *f.* Angina de pecho.

estenografía *f.* Taquigrafía.

estenomecanografía *f.* Taquigrafía mecánica.

estentóreo-a *adj.* De voz o acento muy fuerte, ruidoso o retumbante.

estepa *f.* Erial llano y muy extenso, de pobre vegetación herbácea, discontinua y de tipo xerofítico.

éster *m.* Nombre genérico de los compuestos orgánicos formados por la unión de un ácido y un alcohol, con eliminación de agua.

estera *f.* Tejido grueso, de fibras vegetales, para cubrir el suelo de las habitaciones y otros usos.

estercolero o **estercolar** *m.* Lugar donde se recoge el estiércol. *Tr.* Echar estiércol en las tierras. *Intr.*

Echar de sí la bestia el excremento.

estercoráceo-a *adj.* Parecido al excremento o de su naturaleza. Fecal, que contiene heces.

estéreo *m.* Unidad de medida para leñas, equivalente a la que cabe en un metro cúbico.

estereocromía *f.* Procedimiento para fijar los colores en las pinturas murales.

estereografía *f.* Arte de representar los sólidos en un plano.

este ...ograma *m.* Prueba fotográfica o dibujo destinado a ser observado en el estereoscopio. Representación gráfica en relieve de un fenómeno cualquiera.

estereoscopio *m.* Aparato para mirar con ambos ojos simultáneamente dos fotografías o dibujos, tomados desde dos puntos de vista distintos, lo que produce la sensación de relieve.

estereotipado-a *adj.* Fijo, invariable.

estereotipar *tr.* Fundir en una plancha, por medio del vaciado, la composición de un molde de imprenta, formado con caracteres movibles. Imprir con estas planchas.

estéril *adj.* Que no da fruto, que no produce nada. Año de cosecha muy escasa. Infecundo, improductivo, árido. Libre de microorganismos.

esterilizar *tr.* Hacer infecundo y estéril lo que antes no lo era. Destruir los gérmenes que existen en los instrumentos, objetos de curación, agua, etc.

esterilla *f.* Galón o trencilla de hilo de oro o plata muy angosta. Pleita estrecha de paja. Tejido de paja.

esterlina *adj.* Se aplica al instrumento legal de pago en el Reino Unido de la Gran Bretaña. Unidad monetaria inglesa, o libra esterlina.

esternón *m.* Hueso plano, alargado, situado en la porción anterior de la caja torácica, con el que se articulan las costillas.

estero *m.* Terreno inmediato a la orilla de una ría por el cual se extienden las aguas de las mareas. Laguna litoral.

esterol Nombre genérico de ciertos alcoholes no saturados que se encuentran en las grasas vegetales (fitosterol) y en las grasas animales (colesterol).

esterquilinio *m.* Muladar. Sitio donde se juntan inmundicias o estiércol.

estertor *m.* Respiración anhelosa y ruidosa, que suele presentarse en los moribundos, por acumulación de mucosidades en la laringe, tráquea y bronquios.

estética *f.* Disciplina filosófica que trata de lo bello.

estético-a *adj.* Perteneciente o relativo a la Estética. Perteneciente o relativo a la percepción o apreciación de la belleza. Artístico, de bello aspecto.

estetoscopio *m.* Instrumento para oir los ruidos normales o anormales del corazón, respiración, intestinales, etc., por medio del método indirecto de auscultación.

esteva *f.* Pieza corva y trasera del arado, para dirigir la reja y que empuña el arador.

estevado-a *adj.* De piernas torcidas en arco, a semejanza de la esteva del arado. Patizambo, patituerto.

estiaje *m.* Caudal mínimo que en ciertas épocas del año tienen las aguas de un río, estero, laguna, etc., por causa de sequía. Período que dura.

estiba *f.* Lugar en donde se aprieta la lana en los sacos. Colocación conveniente de los pesos, en la carga de un buque.

estibar *tr.* Apretar, recalcar materiales o cosas sueltas, para que ocupen el menor espacio posible. Colocar y distribuir convenientemente todos los pesos dentro de un buque.

estibio *m.* Antimonio.

estiércol *m.* Excremento de cualquier animal. Materias orgánicas podridas, para abono de las tierras.

estigio-a *adj.* Perteneciente o relativo a la laguna del infierno mitológico. Infernal.

estigma *m.* Marca o señal en el cuerpo. Marca impuesta con hierro candente, como pena infamante o como signo de esclavitud. Mancilla, deshonra. Parte superior del pistilo en la extremidad del estilo. Aberturas de respiración de algunos artrópodos.

estigmatizar *tr.* Marcar a uno con hierro candente. Afrentar, infamar. Imprimir a una persona milagrosamente las llagas de Cristo.

estilar *intr.* Usar, acostumbrar, practicar. *Tr.* Ordenar, extender y arreglar una escritura, establecimiento, etc., conforme al estilo o formulario que corresponde.

estilete *m.* Punzón o estilo pequeño. Púa. Puñal de hoja muy estrecha y aguda. En América, verduguillo, estoque. Sonda metálica, delgada y flexible para explorar heridas, fístulas, etc.

estilista *com.* Escritor que se distingue por lo esmerado y elegante de su estilo.

estilizar *tr.* Interpretar convencionalmente la forma de un objeto haciendo resaltar sus rasgos más característicos, elemento integrante del arte. Esquematizar.

estilo *m.* Punzón con que escribían los antiguos en tablas enceradas. Indicador de las horas en los relojes solares. Modo, manera, forma. Uso, práctica, moda. Manera de escribir o de hablar peculiar de cada autor. Porción alargada del gineceo, en el extremo de la cual se encuentra el estigma.

estilográfico-a *adj.* Dícese de la pluma con mango hueco donde lleva la tin a. *F.* La misma pluma.

estiloide o **estiliforme** *adj.* En forma de estilo o punzón.

estima *f.* Consideración y aprecio que se hace de una persona o cosa. Cómputo aproximado de una magnitud. Estimación, cariño.

estimación *f.* Aprecio y valor que se da y en que se tasa o considera una cosa. Aprecio, consideración, afecto.

estimar *tr.* Apreciar, poner precio, evaluar las cosas. Juzgar y formar dictamen de algo. Calcular por aproximación la medida de una magnitud. Hacer aprecio y estimación de una persona o cosa. Querer.

estimativa *f.* Facultad de juzgar del aprecio que merecen las cosas. Instinto.

estimulante *m.* Agente o medicamento que excita la actividad funcional de un sistema, órgano o tejido. *Adj.* Que estimula.

estimular *tr.* Aguijonear, picar, punzar. Incitar, excitar con viveza. Excitar por medio de un estímulo.

estímulo *m.* Incitamiento para obrar o funcionar. Acicate, aliciente, incentivo. Cualquier agente que causa una reacción funcional.

estío *m.* Verano.

estipendio *m.* Paga o remuneración que se da a una persona por su trabajo y servicio. Sueldo, salario, honorarios.

estípite *m.* Pilastra en forma de pirámide truncada con la base menor hacia abajo. Tallo largo y no ramificado de las plantas arbóreas.

estíptico-a *adj.* Que tiene sabor astringente. Que padece estreñimiento de vientre. Que tiene virtud de astringir. Que detiene una hemorragia.

estípula *f.* Apéndice foliáceo en los lados del peciolo o en el ángulo que éste forma con el tallo.

estipulación *f.* Convenio verbal. Cláusula.

estipular *tr.* Hacer contrato verbal. Convenir, concertar, acordar.

estirado-a *adj.* Que afecta gravedad y esmero en su traje. Entonado, orgulloso. Nimiamente económico.

estirar *tr.* Alargar, dilatar una cosa, extendiéndola con fuerza. Restirar. Planchar ligeramente. Gastar el dinero con parsimonia. En América, matar de un tiro. En México, tirar. *R.* Desperezarse.

estirón *m.* Acción con que uno estira o arranca con fuerza una cosa. Crecimiento rápido en altura.

estirpe *f.* Raíz y tronco de una familia o linaje. Alcurnia, abolengo, cuna.

estival *adj.* Perteneciente al estío o verano. Dícese de las plantas que florecen en verano y de los animales que nacen en esta época del año.

estocada *f.* Golpe que se tira de punta con la espada o estoque. Herida que resulta de él.

estofa *f.* Tela o tejido de labores, por lo común de seda. Calidad, clase.

estofado *m.* Guiso a base de condimentar un manjar con aceite, vino o vinagre, ajo, cebolla y varias especias y ponerlo todo en crudo a fuego lento. Labrado.

estofar *tr.* Labrar a manera de bordado una tela acolchada haciendo que resalten las labores. Pintar sobre el oro bruñido algunos relieves al temple. Dar blanco a las esculturas, para dorarlas y bruñirlas después.

estoicismo *m.* Escuela filosófica materialista, panteísta, con la virtud como único medio de alcanzar la felicidad, libre de toda pasión e impasible ante el dolor y los males de la vida. Impasibilidad, austeridad; firmeza, perseverancia.

estola *f.* Vestidura amplia y larga que los griegos y romanos llevaban sobre la camisa. Ornamento sagrado, a modo de banda con tres cruces. Banda larga de piel que usan las señoras para abrigarse el cuello y los hombros.

estólido-a *adj.* y *s.* Falto de razón y discurso. Tonto, estúpido, insensato.

estolón *m.* Vástago rastrero que nace de la base del tallo y echa a trechos raíces que producen nuevas plantas, como en la fresa. Yema axilar de algunas plantas.

estoma *m.* Orificio formado por dos células epidérmicas reniformes, a través del cual las plantas efectúan sus cambios gaseosos. Orificio diminuto de una membrana serosa.

estomacal *adj.* Perteneciente al estómago. Que aprovecha al estómago. Digestivo.

estómago *m.* Organo hueco del aparato digestivo, a continuación del esófago y antes del intestino duodeno, donde los alimentos sufren la quimificación.

estomatitis *f.* Inflamación de la mucosa bucal.

estomatología *f.* Tratado de las enfermedades de la boca.

estoniano-a o estonio-a *adj.* y *s.* Natural de Estonia. Perteneciente a esta república soviética. Lengua finesa hablada por este pueblo.

estopa *f.* Parte basta o gruesa del lino, del cáñamo o de la seda. Tela gruesa que se teje y fabrica con esta hilaza. Rebaba, pelo o filamento que aparecen en algunas maderas al trabajarlas. Jarcia vieja y deshilada para calafatear y limpiar.

estopilla *f.* Parte más fina de la estopa. Hilado y tela que se fabrica con ella. Lienzo o tela sutil y delgada, pero muy rala. Tela ordinaria de algodón.

estopón *m.* Lo más grueso y áspero de la estopa que, hilándose, sirve para harpilleras y otros usos. Tejido hecho con ella.

estoque *m.* Espada angosta con la que sólo se puede herir de punta. El del matador de toros tiene la punta ligeramente encorvada.

estoquear *tr.* Herir de punta con espada o estoque.

estor *m.* Cortinón que cubre el hueco de una puerta, ventana o balcón.

estoraque *m.* Arbol tropical de hojas alternas ovaladas, flores blancas axilares y fruto carnoso elipsoidal; de él se obtiene una resina muy olorosa.

estorbar *tr.* Poner embarazo u obstáculo a la ejecución de una cosa. Molestar, incomodar. Dificultar, entorpecer, obstaculizar.

estorbo *m.* Persona o cosa que estorba. Obstáculo, molestia, inconveniente.

estornino *m.* Pájaro de pico fuerte y algo encorvado, de plumaje moteado; fácilmente aprende a cantar y vive enjaulado; de él hay numerosas especies.

estornudar *intr.* Despedir o arrojar con estrépito y violencia el aire que se recibe por espiración involuntaria y repentina.

estotro-a *pron.* Contracción de éste, ésta y otro, otra.

estrabismo *m.* Disposición viciosa de los ojos por la cual los dos ejes visuales no se dirigen a la vez al mismo objeto.

estrada *f.* Camino, tierra hollada por donde se transita. Vía que se construye para transitar.

estrado m. Tarima alfombrada sobre la que se pone la mesa presidencial, en actos solemnes. Pl. Sala de los tribunales. Testero de sala.

estrafalario-a adj. y s. Desaliñado en el vestido o en el porte. Extravagante en el modo de pensar o actuar.

estragar r. y tr. Viciar, corromper. Causar estrago. Arruinar, dañar.

estrago m. Daño hecho en guerra; matanza de gente; destrucción. Ruina, daño, asolamiento. Devastación, carnicería.

estragón m. Hierba de tallos delgados y ramosos, hojas lanceoladas y flores en cabezuelas; condimental.

estrambote m. Conjunto de versos que por gracejo se añaden al fin de una combinación métrica, especialmente del soneto.

estrambótico-a adj. Extravagante, irregular y sin orden. Estrafalario, raro, desorbitado.

estramonio m. Planta solanácea de tallos ramosos, hojas dentadas, flores grandes y fruto en caja; medicinal contra el asma. Toloache, hierba hedionda.

estrangulación f. Acción y efecto de estrangular. Estrechamiento. Muerte violenta por constricción del cuello. Detención de la circulación en un conducto por compresión.

estrangular tr. Ahogar a una persona o a un animal oprimiéndole el cuello hasta impedirle la respiración. Interceptar la comunicación de una parte del cuerpo, por medio de presión o ligadura.

estraperlo m. Sobreprecio con que se obtienen artículos sujetos a tasa. Chanchullo.

estrás m. Vidrio artificial muy refringente, usado para imitar piedras finas.

estratagema f. Ardid de guerra; engaño hecho con astucia y destreza.

estrategia f. Arte de dirigir las operaciones militares. Traza para dirigir un asunto. En América, estratagema; es barbarismo.

estratificar tr. y r. Formar estratos. Disponer en capas.

estrato m. Cada una de las capas de una roca o de un depósito sedimentario. Capa de células o de tejido sobrepuesta a otra. Nube en forma de capa o manto horizontal uniforme.

estratosfera f. Zona de la atmósfera terrestre situada sobre la troposfera hasta una altura variable de 80 a 100 kilómetros.

estraza f. Trapo, pedazo o desecho de ropa basta. Dícese del papel muy basto, sin cola y sin blanquear.

estrechar tr. Reducir a menor ancho o espacio una cosa. Apretar. Precisar a que se haga algo contra la voluntad. R. Ceñirse, recogerse, apretarse. Cercenar el gasto. Unirse una persona a otra con mayor trato o amistad..

estrecho-a adj. Que tiene poca anchura. Ajustado, apretado. Dícese del parentesco cercano y de la amistad íntima. Rígido, austero. Apocado, miserable, tacaño. Angosto, ahogado, reducido. M. Comunicación natural de los mares, comprendida entre tierras próximas.

estregar tr. Frotar, pasar con fuerza una cosa sobre otra, para dar a ésta calor, brillo, tersura, etc.

estrella f. Cada uno de los innumerables cuerpos que brillan en la bóveda celeste, a excepción del Sol y la Luna. Objeto de figura de estrella. Signo, hado destino. Persona que sobresale en su profesión, principalmente artista.

estrellado-a adj. Lleno o salpicado de estrellas. Dícese del huevo frito.

estrellamar f. Estrella de mar, equinodermo de cuerpo radiado, que se alimenta de moluscos.

estrellar tr. Sembrar o llenar de estrellas. Arrojar con violencia una cosa contra otra, haciéndola pedazos. Freír huevos. R. Quedarse malparado o matarse por efecto de un choque violento. Fracasar en una pretensión.

estremecer tr. Conmover, hacer temblar. Ocasionar alteración o sobresalto. R. Temblar con movimiento agitado y repentino.

estrena f. Dádiva o presente que se da en señal de felicidad o por un beneficio recibido.

estrenar tr. Hacer uso por primera vez de una cosa. Representar por primera vez un espectáculo. R. Empezar uno a desempeñar un empleo u oficio. Iniciarse.

estrenuo-a adj. Fuerte, ágil, valeroso, esforzado.

estreñir tr. Retrasar el curso del contenido intestinal y dificultar su evacuación.

estrépito m. Ruido considerable, estruendo. Ostentación, aparato en la realización de algo.

estreptococo Bacteria de forma redondeada que se agrupa con otras en cadena o rosario.

estreptomicina f. Substancia antibiótica de gran poder bactericida.

estría f. Media caña en hueco de arriba abajo, de algunas columnas o pilastras. Línea, raya en la superficie de la piel, de un hueso, membrana, etc.

estriar *tr.* Formar estrías, acanalar. R. Formarse surcos o canales en una cosa.

estribar *intr.* Descansar el peso de una cosa en otra sólida y firme. Apoyarse.

estribillo *m.* Expresión o cláusula en verso que se repite después de cada estrofa. Bordón, voz o frase que inadvertidamente repite una persona. Muletilla, cantilena.

estribo *m.* Pieza en que el jinete apoya el pie. Especie de escalón para subir o bajar de un carruaje. Ramal corto a uno y otro lado de una cordillera. Apoyo, fundamento. Huesecillo del oído medio, cuya cabeza se articula con el lenticular. Macizo para sostener una bóveda y contrarrestar su empuje. Contrafuerte o machón de un muro.

estribor *m.* Costado derecho del navío mirando de popa a proa.

estricnina *f.* Alcaloide muy venenoso extraído de las semillas de diversas plantas; tiene muchas aplicaciones en Medicina.

estricto-a *adj.* Estrecho, ajustado enteramente a la necesidad o a la ley. Preciso, exacto, riguroso, severo.

estridente *adj.* Aplícase al sonido agudo, desapacible y chirriante.

estrigiforme *adj. y s.* Ave de hábitos nocturnos, de plumaje suave y fofo, cabeza grande y ojos situados hacia delante: lechuzas, mochuelos, buhos, tecolotes.

estro *m.* Entusiasmo y ardor poético. Númen. Celo. Período o crisis de excitación venérea.

estróbilo *m.* Fruto de las coníferas. Cadena de segmentos que forman el cuerpo de una tenia o solitaria.

estroboscopia *f.* Procedimiento de observación de un fenómeno o una sucesión de fenómenos a intervalos constantes y conocidos, a través de una rendija que vibra o gira con una frecuencia conocida delante del ojo del observador.

estrofa *f.* Período poético que puede constituir una unidad completa o formar parte de otra. División de una composición poética de versos sujetos a simetría.

estroncio *m.* Metal alcalino térreo, blanco argentino; símbolo Sr.

estropajo *m.* Porción de esparto machacado que sirve principalmente para fregar. Desecho, persona o cosa inútil y despreciable.

estropajoso-a *adj.* Persona que pronuncia de manera confusa. Persona desaseada y andrajosa. Dícese de los alimentos fibrosos y ásperos que no se pueden mascar fácilmente.

estropear *tr.* Maltratar a uno dejándolo lisiado. Maltratar o deteriorar una cosa. Echar a perder, malograr un asunto o proyecto.

estropicio *m.* Destrozo, rotura estrepitosa de enseres de uso doméstico o de cosas frágiles. Trastorno ruidoso de escasas consecuencias.

estructura *f.* Distribución y orden de las partes de un edificio o de una obra de ingenio. Distribución de las partes de un cuerpo, de una célula, órgano, organismo o de otra cosa.

estruendo *m.* Ruido grande. Confusión, bullicio. Aparato, pompa. Estrépito, fragor.

estrujar *tr.* Apretar una cosa para sacarle el zumo. Apretar a uno o comprimirle tan fuerte y violentamente que se le llegue a lastimar. Agotar una cosa; sacar de ella todo el partido posible. Prensar, exprimir.

estuario *m.* Estero. Entrada de mar en la desembocadura de un río.

estucar *tr.* Dar a una cosa con estuco o blanquearla con él. Colocar las piezas de estuco.

estuco *m.* Masa de yeso blanco y agua de cola, con la que se hacen y preparan muchos objetos que después se doran o pintan. Pasta de cal apagada y mármol pulverizado para preparar con la llana habitaciones, barnizándolas después con aguarrás y cera.

estuche *m.* Caja o envoltura para guardar joyas o cosas delicadas. Conjunto de cosas que se guardan en ella.

estudiante *adj.* Que estudia. *Com.* Persona que cursa estudios. Escolar, alumno.

estudiantina *f.* Cuadrilla de estudiantes que salen tocando varios instrumentos por las calles del pueblo en que estudian o de lugar en lugar, para divertirse o para socorrerse con el dinero que recogen.

estudiar *tr.* Ejercitar el entendimiento para alcanzar o comprender una cosa. Cursar en las universidades u otros estudios. Aprender o tomar de memoria. Leer a otra persona lo que ha de aprender. Dibujar de modelo o del natural. Aplicarse, instruirse, observar.

estudio *m.* Esfuerzo del entendimiento aplicado a conocer alguna cosa; trabajo empleado en aprender y cultivar una ciencia o arte. Lugar donde se estudia o enseña. Pieza donde estudian y trabajan los artistas. Aplicación y habilidad con que se hace algo. Composición musical para ejercitar a los ejecutantes. Dibujo o pintura de tanteo.

estufa *f.* Hogar encerrado para calentar habitaciones. Aparato que se caldea y mantiene a temperatura constante. Aposento recogido y abrigado. Invernáculo. Aposento caldeado para provocar sudor copioso. Carroza grande y cerrada, con cristales.

estulticia *f.* Necedad, tontería. Estupidez. sandez.

estupefacción *f.* Pasmo o estupor. Sorpresa, asombro, admiración.

estupefaciente *adj.* Que produce estupefacción. *Adj.* y *s.* Substancia narcótica y analgésica que altera las condiciones fisiológicas y psíquicas del individuo, hasta acabar en una degeneración orgánica.

estupefacto-a *adj.* Atónito, pasmado. Sorprendido, asombrado, suspenso.

estupendo-a *adj.* Admirable, asombroso, pasmoso. Sorprendente, prodigioso.

estupidez *f.* Torpeza notable para comprender las cosas. Dicho o hecho propios de quien la padece.

estupor *m.* Disminución de la actividad intelectual, acompañada de asombro o indiferencia. Asombro, pasmo.

estupro *m.* Acceso carnal con una doncella, conseguido por seducción, o con mujer de buena fama o viuda.

esturión *m.* Pez ganoideo de gran tamaño, que penetra en los ríos para desovar; de carne comestible, con sus huevas se prepara el caviar y de su vejiga natatoria la llamada cola de pescado.

esviaje *m.* Oblicuidad de la superficie de un muro o del eje de una bóveda.

eta *f.* Nombre griego de la *e* larga, equivalente en castellano a *ee*.

etano *m.* Hidrocarburo gaseoso, uno de los componentes del gas que se desprende de los yacimientos petrolíferos.

etapa *f.* Ración que se da a la tropa en campaña o en marcha. Lugar en que la tropa hace alto durante la noche. Epoca o avance parcial en el desarrollo de una acción u obra.

etcétera *f.* Voz que indica omisión de lo que falta por decir.

éter *m.* Cielo, esfera aparente azul y diáfana que rodea la Tierra. Fluido sutil, imponderable y elástico que llena el espacio, según los físicos antiguos. Nombre genérico de los compuestos de la unión de dos moléculas de alcohol, con eliminación de una molécula de agua.

etéreo-a *adj.* Perteneciente o relativo al éter o cielo. Sublime, elevado.

eterificar *tr.* Transformar un alcohol en éter.

eterizar *tr.* Anestesiar por medio de éter. Combinar con éter una substancia.

eternidad *f.* Perpetuidad que no tiene principio ni tendrá fin. Duración dilatada de siglos y edades. Vida del alma después de la muerte. Calidad de lo que está fuera y por encima del tiempo.

eternizar *tr.* Hacer durar o prolongar demasiado una cosa. Perpetuar la duración de una cosa.

eterno-a *adj.* Que no tuvo principio ni tendrá fin. Que no tiene fin. Que dura mucho. Perpetuo, sempiterno, interminable. *M.* El Padre Eterno.

ética *f.* Ciencia filosófica de la Moral.

etileno *m.* Gas incoloro, inflamable y que forma con el aire mezclas explosivas; anestésico y empleado para hacer madurar algunas frutas.

etilo *m.* Radical monovalente cuyo hidruro es el etano.

etimología *f.* Ciencia que estudia la verdadera significación de las palabras, mediante el conocimiento de su estructura, orígenes y transformaciones.

etimólogo o etimologista *com.* Persona dedicada a investigar la etimología de las palabras, o entendida en esta materia.

etiología *f.* Estudio sobre las causas de las cosas. Parte de la Medicina que estudia el origen de las enfermedades.

etíope *adj.* y *s.* Natural de Etiopía, Africa. Abisinio.

etiqueta *f.* Ceremonial que debe guardarse en los actos públicos solemnes. Ceremonia con que deben tratarse las personas. Marbete.

etiquetar *tr.* Poner etiquetas o marbetes.

etmoides *m.* Hueso impar y simétrico en la parte anterior de la base del cráneo, delante del esfenoides.

étnico-a *adj.* Perteneciente a una nación o raza.

etnografía *f.* Estudio y descripción de las razas y los pueblos, relacionándolos y comparándolos.

etnología *f.* Ciencia que estudia las razas y los pueblos humanos, desde todos sus aspectos.

etrusco-a *adj.* y *s.* Natural de Etruria. Perteneciente a este país de Italia antigua. Lengua que hablaban los etruscos.

eucalipto *m.* Arbol mirtáceo de tronco derecho y copa cónica, hojas persistentes olorosas y lanceoladas, flores amarillas axilares y fruto capsular con muchas semillas; medicinal y curtiente.

eucaristía *f.* Sacramento instituido por Jesucristo, mediante el cual, por las palabras que el sacerdote pronuncia, se transubstancian el pan y el vino en el ·cuerpo y la sangre de Cristo.

eudemonismo *m.* Doctrina moral que considera como supremo bien la felicidad, es decir, la satisfacción espiritual duradera.

eufemismo *m.* Modo de decir suave y decorosamente lo que recta y francamente sería duro y malsonante.

eufonía *f.* Buen sonido de una palabra.

euforbiácea *adj. y s.* Planta dicotiledónea con vasos laticíferos que encierran látex tóxico.

euforia *f.* Sensación de bienestar, resultado de una perfecta salud. Capacidad para soportar el dolor y las adversidades.

eufuismo *m.* Estilo literario de moda en Inglaterra a fines del siglo XVI, análogo al culteranismo español.

eugenesia *f.* Aplicación de las leyes biológicas de la herencia al perfeccionamiento de la especie humana.

eunuco *m.* Hombre castrado.

eurásico-a *adj.* Perteneciente al continente formado por Europa y Asia. Mestizo de europeo y asiático.

¡eureka! Palabra griega que significa *he encontrado,* atribuida a Arquímedes cuando descubrió el peso específico. Exclamación de alegría ante la ansiada y repentina solución de algún problema.

euritmia *f.* Buena disposición y correspondencia de las diversas partes de una obra artística. Armonía, proporción. Ritmo cardíaco normal.

europeizado-a *adj.* Familiarizado con los usos y costumbres de Europa.

europeo-a *adj. y s.* Natural de Europa. Perteneciente a esta parte del mundo.

europio *m.* Metal del grupo de las tierras raras, de la familia del terbio; símbolo Eu.

euscalduna *adj. y s.* Aplícase al lenguaje vasco.

éuscaro-a *adj.* Perteneciente al lenguaje vascuence. *M.* Vascuence, vasco.

eutanasia *f.* Muerte tranquila y sin sufrimiento. Doctrina que aconseja la administración de narcóticos en dosis crecida a los moribundos de agonía muy penosa y a los enfermos desahuciados que padecen fuertes dolores.

eutocia *f.* Parto natural, fácil y sin complicaciones.

evacuación *f.* Acción y efecto de evacuar. Abandono de un punto o lugar con fines bélicos. Envío y transporte a retaguardia de todo lo que no resulte útil en las zonas avanzadas y de contacto con el enemigo.

evacuar *tr.* Desocupar alguna cosa. Expeler humores o excrementos. Desempeñar un encargo, informe o cosa semejante. Cumplir un trámite. Abandonar las tropas una plaza, ciudad o fortaleza.

evadir *tr.* Evitar un daño o peligro inminente; eludir con arte y astucia una dificultad prevista. *R.* Fugarse, escaparse. Esquivar, rehuir.

evaluar *tr.* Valorar. Estimar, apreciar el valor de las cosas no materiales. Valuar, tasar, calcular, justipreciar.

evangélico-a *adj.* Perteneciente o relativo al Evangelio. Perteneciente al protestantismo.

evangelio *m.* Historia de la vida, doctrina y milagros de Jesucristo. En la Misa, capítulo tomado de uno de los Evangelios. Religión cristiana. Verdad indiscutible.

evangelista *m.* Cada uno de los cuatro escritores sagrados que escribieron el Evangelio: San Mateo, San Marcos, San Lucas y San Juan. Persona encargada de leer el Evangelio al pueblo, durante la Misa. En México, memorialista, escribiente de cartas y otros papeles, para la gente que no sabe hacerlo.

evangelizar *tr.* Predicar la fe de Nuestro Señor Jesucristo o las virtudes cristianas.

evaporación o evaporización *f.* Acción y efecto de evaporar o evaporarse. Paso del estado líquido al gaseoso, en la superficie de los líquidos y a cualquier temperatura.

evaporar *tr.* Convertir en vapor. Disipar, desvanecer. *R.* Fugarse, desaparecer sin ser notado, con disimulo.

evasión *f.* Evasiva. Fuga. Efugio, salida, huída.

evasiva *f.* Efugio o medio para eludir una dificultad. Pretexto, subterfugio.

evento *m.* Acontecimiento, suceso imprevisto o de realización incierta.

eventual *adj.* Sujeto a cualquier evento o contingencia. Derechos o emolumentos anejos a un empleo fuera de su dotación fija. Fondos para gastos accidentales. Incierto, inseguro, fortuito.

evicción *f.* Privación, despojo que sufren el poseedor, y en especial el comprador de una cosa, o seria amenaza de ese mismo despojo.

evidencia *f.* Certeza clara, manifiesta y tan perceptible de una cosa, que nadie puede dudar racionalmente de ella. Verdad patente. Certidumbre.

evidenciar *tr.* Hacer patente y manifiesta la certeza de una cosa;

probar y mostrar que no sólo es cierta, sino clara.

evidente *adj.* Cierto, claro, patente y sin la menor duda. Indudable.

evitar *tr.* Apartar algún daño, peligro o molestia. Precaver, impedir que suceda. Excusar, huir de incurrir en algo. Huir de tratar a uno; apartarse de su comunicación. Eludir, evadir, librarse.

evocar *tr.* Llamar a los espíritus y a los muertos suponiéndolos capaces de acudir a los conjuros e invocaciones. Traer alguna cosa a la memoria o a la imaginación.

evolución *f.* Acción y efecto de evolucionar. Sucesiva y gradual transformación de una cosa o de un organismo durante su existencia o desarrollo. Cambio de formación de tropas, buques o aviones.

evolucionar *intr.* Desenvolverse, desarrollarse los organismos o las cosas, pasando de un estado o de una forma a otra. Transformarse. Hacer evoluciones las tropas.

evoluta *f.* Línea curva espiral. Lugar geométrico de los centros de curvatura de una línea.

ex *prep.* inseparable. Denota: fuera o más allá de cierto espacio o límite de lugar o tiempo; negación o privación; encarecimiento; que fue lo que se indica en el nombre o adjetivo a que precede.

ex abrupto *adv.* Viva y calurosamente ponerse a hablar. Arrebatadamente, sin guardar orden. *M.* Salida de tono, o ademán inconveniente e inesperado.

exacción *f.* Acción y efecto de exigir prestaciones, multas, deudas, etc. Cobro injusto y violento.

exacerbar *tr.* y *r.* Irritar, causar muy grave enfado o enojo. Agravar o avivar una enfermedad, molestia, pasión. Exasperar, encolerizar.

exactitud *f.* Puntualidad y fidelidad en la ejecución de una cosa. Precisión, justeza, regularidad.

ex aequo Locución latina: igualmente; equitativamente; con igual mérito. Que dos o más concursantes han llegado a la meta a un mismo tiempo.

exagerar *tr.* Encarecer, dar proporciones excesivas a lo verdadero, natural y justo. Abultar, agrandar, ponderar.

exaltar *tr.* Elevar a una persona o cosa a mayor auge o dignidad. Realzar el mérito con demasiado encarecimiento. Enaltecer. *R.* Dejarse arrebatar de una pasión.

examen *m.* Indagación y estudio acerca de las cualidades y circunstancias de una cosa o de un hecho. Prueba de idoneidad de un sujeto, para el ejercicio y profe-

sión de una facultad, oficio o ministerio, o para demostrar el aprovechamiento en los estudios.

examinar *tr.* Inquirir, investigar con diligencia y cuidado. Reconocer la calidad de una cosa, por si tiene defecto o errores. Practicar examen de idoneidad. *R.* Someterse a examen.

exangüe *adj.* Desangrado, falto de sangre. Sin fuerzas, aniquilado. Muerto.

exánime *adj.* Sin señal de vida, muerto. Sumamente debilitado; sin aliento, desmayado.

exantema *m.* Erupción cutánea de color rojo que termina con descamación, acompañada o precedida de calentura.

exasperar *tr.* y *r.* Lastimar, irritar una parte dolorida o delicada. Irritar, enfurecer, dar motivo de enojo grande. Exacerbar, disgustar.

excarcelar *tr.* Poner en libertad al preso.

ex cathedra Locución latina: ejercicio de la infalibilidad papal. En tono magistral y decisivo.

excavar *tr.* Quitar de una cosa sólida parte de su masa o grueso, haciendo cavidad en ella. Hacer en un terreno hoyos, zanjas, pozos, desmontes o galerías subterráneas. Cavar, zanjar, ahondar. Escarbar.

excedente *adj.* Que excede. Excesivo. Sobrante. Que no ejerce cargo en su carrera o cuerpo. *M.* Cantidad de mercancías o dinero que sobrepasa el nivel normal de la demanda.

exceder *tr.* Ser una persona o cosa mayor o más aventajada que otra. *Intr.* Propasarse, ir más allá de lo lícito o razonable. Sobrepujar, extralimitarse.

excelencia *f.* Superior bondad o calidad que hace digna una cosa de singular aprecio una cosa en su género. Tratamiento de respeto y cortesía que se da a algunas personas por su dignidad o empleo.

excelente *adj.* Que sobresale en bondad, mérito o estimación entre las cosas que son buenas. Optimo, superior, notable.

excelso-a *adj.* Muy elevado, alto, eminente. Usase también como elogio.

excéntrico-a *adj.* De carácter raro y extravagante. Que está fuera del centro o que tiene un centro diferente. *M.* Artista cómico de circo. *F.* Mecanismo que actúa como una manivela para accionar válvulas, émbolos, etc.

excepción *f.* Acción y efecto de exceptuar. Cosa que se aparta de la regla o condición general de las demás de su especie. Título o motivo que el demandado alega para hacer ineficaz la acción del demandante.

excepcional *adj.* Que forma excepción de la regla común. Que se aparta de lo ordinario o que ocurre rara vez.

exceptuar *tr.* Excluir a una persona o cosa de la generalidad de lo que se trata o de la regla común.

excesivo-a *adj.* Que excede y sale de regla. Desmesurado, exorbitante, enorme.

exceso *m.* Parte que excede y pasa más allá de la medida, regla o límites. Lo que una cosa excede a otra. Abuso. Demasía, sobrante.

excipiente *..* Substancia inerte que sirve para incorporar o disolver ciertos medicamentos.

excitar *tr.* Mover, estimular, provocar algún sentimiento, pasión o movimiento. *R.* Animarse por el enojo, el entusiasmo, la alegría, etc. Suministrar la corriente necesaria a una máquina dinamoeléctrica para que funcione, o una pequeña carga inicial a una electrostática.

exclamación *f.* Voz, grito o frase en que se refleja una emoción o afecto. Interjección.

exclamar *intr.* Emitir palabras con fuerza o vehemencia para expresar un vivo afecto o emoción, o para dar vigor y eficacia a lo que se dice.

excluir *tr.* Echar a una persona o cosa fuera del lugar que ocupaba. Descartar, rechazar o negar la posibilidad de alguna cosa. Eliminar, exceptuar especialmente.

exclusivamente *adv.* Con exclusión. Sola, únicamente.

exclusive *adv.* Exclusivamente. Excluyendo al último de una serie o límite o al último mencionado.

exclusivo-a *adj.* Que excluye o tiene fuerza y virtud para excluir. Unico, solo, excluyendo a cualquier otro.

excogitar *tr.* Hallar o encontrar una cosa con el discurso y la meditación.

excomulgar *tr.* Apartar de la comunión de los fieles y del uso de los sacramentos al contumaz y rebelde a los mandatos de la Iglesia. Declarar a una persona fuera del trato con los demás.

excoriar *tr.* Gastar, arrancar, corroer o rozar el cutis, quedando la carne descubierta.

excrecencia *f.* Carnosidad o tumor que altera la forma y estructura de los tejidos animales o vegetales.

excreción *f.* Acción y efecto de excretar o eliminar los productos de desasimilación de un organismo.

excremento *m.* Residuos del alimento que despide el cuerpo por el ano. Materia que despiden la boca, nariz y otros vías del cuerpo. Materia que produce la putrefacción de las plantas.

excretar *intr.* Expeler el excremento. Expeler las substancias elaboradas por las glándulas.

exculpar *tr.* y *r.* Descargar a uno de culpa.

excursión *f.* Correría. Ida a una ciudad o paraje para estudio, recreo o ejercicio físico. Paseo, jira, viaje, recorrido.

excusa *f.* Acción y efecto de excusar o excusarse. Motivo o pretexto para eludir una obligación o disculpar alguna omisión. Excepción o descargo.

excusado-a *adj.* Libre de pagar tributos. Superfluo e inútil. Preservado, separado del uso común. Lo que no hay precisión de hacer o decir. Disculpado, exceptuado. *M.* Común, retrete.

excusar *tr.* y *r.* Exponer y alegar causas o razones para sacar a uno libre de culpa. Impedir. Precaver que una cosa perjudicial se ejecute o suceda. Rehusar a hacer una cosa. Disculpar, perdonar, evadir.

execrar *tr.* Condenar y maldecir con autoridad sacerdotal o en nombre de cosas sagradas. Vituperar o reprobar severamente. Aborrecer.

exégesis *f.* Explicación, análisis, interpretación.

exención *f.* Efecto de eximir o eximirse. Franquicia, dispensa, privilegio.

exentar *tr.* y *r.* Eximir. Considerarse exceptuado, liberado.

exento-a *adj.* Libre, desembarazado de una cosa. Sitio o edificio descubierto por todas partes. Dícese de la columna aislada o sin arrimo.

exequias *f. pl.* Honras fúnebres.

exergo *m.* Parte de una moneda o medalla donde se pone una inscripción debajo del tipo o figura.

exfoliar *tr.* Dividir una cosa en láminas o escamas.

exhalación *f.* Acción y efecto de exhalar. Estrella fugaz. Rayo, centella. Vapor o vaho de un cuerpo.

exhalar *tr.* Despedir gases, vapores u olores. Lanzar o despedir suspiros, quejas, etc. *R.* Sentir anhelo por conseguir algo. Desalarse, correr a gran prisa.

exhausto-a *adj.* Enteramente agotado o apurado. Consumido, extenuado.

exhibición *f.* Acción y efecto de exhibir. Exposición. En México, pago de una cantidad, especialmente el que se hace a plazos.

exhibicionismo *m.* Prurito de exhibirse. Mostrar desnudez.

exhibir *tr.* y *r.* Manifestar, mostrar en público. En México, presentar algo curioso o raro al público; pagar, entregar una cantidad de dinero. Lucir, ostentar, exponer. Presentar escrituras, documentos, pruebas ante quien corresponda.

exhortar *tr.* Inducir con palabras, razones o ruegos a que se haga o deje de hacer alguna cosa.

exhumar *tr.* Desenterrar un cadáver o restos humanos. Traer a la memoria o sacar a luz lo perdido u olvidado.

exigir *tr.* Cobrar, percibir, sacar de uno por autoridad pública dinero u otra cosa. Necesitar una cosa algo para que se perfeccione o se haga. Demandar imperiosamente. Reclamar, requerir.

exiguo-a *adj.* Insuficiente, escaso. Pequeño, corto, reducido, insignificante.

exiliado-a *adj.* y *s.* Emigrado.

exilio *m.* Destierro.

eximio-a *adj.* Muy excelente. Excelso, relevante, superior.

eximir *tr.* Libertar, desembarazar de cargas, obligaciones, cuidados, culpas. Dispensar, exentar, exceptuar, condonar.

existencia *f.* Acto de existir. Vida del hombre. *Pl.* Cosas que no han tenido aún salida o empleo: frutos, mercancías, etc.

existencialismo *m.* Corriente filosófica que afirma como suprema decisión o motivo de estudio la vida humana, considerada concreta y singularmente.

existir *intr.* Tener una cosa ser real y verdadero. Tener vida. Vivir.

éxito *m.* Fin o terminación de un negocio o dependencia. Resultado feliz de un negocio, actuación, etc.

ex libris Locución latina: de los libros, seguida del nombre del dueño; significa "éste es uno de los libros de". Esta inscripción adherida al libro.

éxodo *m.* Emigración de un pueblo. Por antonomasia, la salida de los israelitas de Egipto.

exonerar *tr.* Aliviar, descargar de peso, carga u obligación. Separar, privar o destituir a alguien de su empleo o cargo.

exorbitante Que excede mucho del orden y término regular. Excesivo, desmesurado, enorme.

exorcismo *m.* Conjuro contra el espíritu maligno.

exordio *m.* Principio, introducción, preámbulo de una obra literaria. Preámbulo de un razonamiento o de una conversación. Origen, principio.

exornar *tr.* Adornar, hermosear. Amenizar y embellecer el lenguaje. Decorar.

exósmosis o **exosmosis** *f.* Difusión osmótica de un líquido de dentro a fuera de una célula o vaso. Entre dos soluciones de distinta concentración, separadas por una membrana permeable, corriente del disolvente desde la solución menos concentrada a la de mayor concentración.

exotérico-a *adj.* Común, accesible para el vulgo.

exótico-a *adj.* Extranjero, peregrino, extraño. Singular, raro.

expandir *tr.* Extender, dilatar, ensanchar, difundir.

expansión *f.* Acción y efecto de extenderse o dilatarse. Desahogo efusivo. Recreo, solaz. Aumento de volumen de un cuerpo, por elevación de temperatura o disminución de presión.

expansionarse Espontanearse, desahogarse. Confidenciarse.

expatriarse *r.* Abandonar uno su patria por necesidad o por cualquier otra causa. Emigrar.

expectación *f.* Intención con que se espera una cosa o suceso importante. Pausa tensa.

expectativa *f.* Esperanza de conseguir en adelante una cosa. Posibilidad de conseguir un derecho, acción, herencia o empleo, al ocurrir un suceso que se preve. Espera, acecho.

expectorar *tr.* Arrancar y arrojar por la boca las flemas y secreciones que se depositan en la faringe, laringe, tráquea o bronquios. Escupir, esputar.

expedición *f.* Acción y efecto de expedir. Facilidad y prontitud en decir o hacer algo. Excursión para realizar una empresa en punto distante. Conjunto de personas que la realizan. Excursión colectiva con fines científicos, artísticos o deportivos.

expediente *m.* Negocio judicial sin juicio contradictorio. Conjunto de papeles correspondientes a un asunto. Medio o arbitrio para salir de una duda o dificultad. Despacho de negocios o causas. Título, razón, motivo o pretexto.

expedir *tr.* Dar curso, despachar causas o negocios. Pronunciar un auto o decreto. Remitir, enviar mercancías, telegramas, despachos.

expeditar *tr. americ.* Dejar expedito o concluido un asunto.

expeditivo-a *adj.* Que tiene facilidad para despachar un asunto sin muchos miramientos y evitando trámites. Diligente. vivo. ágil.

expedito-a *adj.* Desembarazado, libre de estorbos. Pronto a obrar.

expeler *tr.* Arrojar, lanzar, echar de alguna parte a una persona o cosa. Expulsar.

expender *tr.* Gastar, hacer expensas. Vender efectos ajenos por encargo del dueño. Vender al menudeo.

expensas *f. pl.* Gastos, costas.

experiencia *f.* Advertimiento, enseñanza que se adquiere con el uso, la práctica o sólo con el vivir. Experimento. Hábito, costumbre.

experimentación *f.* Acción y efecto de experimentar. Método científico de investigación fundado en experimentos voluntarios de los fenómenos.

experimental *adj.* Fundado en la experiencia o que se sabe y alcanza por ella. Dícese de las ciencias en que se alcanza la verdad mediante experimentos o ensayos.

experimentar *tr.* Probar y examinar prácticamente la virtud y propiedades de una cosa. Provocar fenómenos para deducir consecuencias. Notar o echar de ver una cosa por sí mismo. Ensayar. Sufrir, padecer. Observar, sentir.

experimento *m.* Acción y efecto de experimentar. Ensayo, prueba de hecho, con el fin de sacar conclusiones.

experto-a *adj.* Práctico, hábil, experimentado. *M.* Perito. Conocedor.

expiar *tr.* Borrar las culpas; purificarse de ellas por medio de algún sacrificio. Sufrir el delincuente la pena impuesta por los tribunales. Sufrir trabajos por desaciertos o malos procederes.

expirar *intr.* Morir. Acabarse, fenecer una cosa. Fallecer, terminar. Concluir.

explanada *f.* Espacio de terreno allanado.

explanar *tr.* Allanar. Construir terraplenes, hacer desmontes, etc., hasta dar al terreno la nivelación o el declive que se desea. Declarar. explicar.

explayar *tr.* Ensanchar, extender. *R.* Difundirse, dilatarse, extenderse. Esparcirse, irse a divertir al campo. Confiarse a una persona comunicándole algún secreto o intimidad.

expletivo-a *adj.* Dícese de las voces o partículas que, sin ser necesarias para el sentido, se emplean para hacer más llena o armoniosa la locución.

explicación *f.* Declaración o exposición de una materia, doctrina o texto, con palabras claras o ejemplos, que sea más comprensible. Declaración de falta o intención de agravio. Manifestación de la causa o motivo de algo.

explicar *tr.* Declarar, manifestar, dar a conocer lo que uno piensa. Exponer una materia, doctrina o texto difícil. Enseñar en la cátedra. Declarar la falta o intención de agravio. Dar a conocer la causa o motivo de algo. *R.* Llegar a comprender la razón de alguna cosa; advertirla.

explícito-a *adj.* Claro, manifiesto, expreso.

exploración *f.* Acción y efecto de explorar. Investigación o examen de un órgano, región o función del organismo. Reconocimiento o examen de un terreno. Recorrido, por medio de un haz analizador, de la superficie de la figura que ha de transmitirse por televisión.

explorador-a *adj. y s.* Que explora. Muchacho aficionado a ciertas asociaciones educativas, patrióticas y deportivas.

explorar *tr.* Reconocer, registrar, inquirir o averiguar con diligencia una cosa o un lugar.

explosión *f.* Acción de reventar con estruendo un cuerpo. Formación repentina de gases en el interior de un cuerpo. Manifestación súbita y violenta de ciertos afectos. Cambio brusco de volumen en un cuerpo. Manifestación de la actividad volcánica. Inflamación violenta de una mezcla explosiva. Estallido.

explosivo-a *adj.* Que hace o puede hacer explosión. Que se incendia con explosión. Que causa sensación o produce gran escándalo. Que se articula con ligera explosión o expulsión repentina de aire. *M.* Substancia que por choque, elevación de temperatura o por medio de fulminante se descompone instantáneamente, con gran desprendimiento de calor y formación de gases que al expansionarse súbitamente causan explosión.

explotación *f.* Acción y efecto de explotar. Conjunto de elementos dedicados a una industria o empresa. Aprovechamiento de las fuentes de riqueza.

explotar *tr.* Extraer de las minas la riqueza que contienen. Barbarismo por estallar, hacer explosión. Sacar utilidad de un negocio. Aplicar en provecho propio las cualidades o sentimientos de una persona, suceso o circunstancia.

expoliar *tr.* Despojar con violencia o inicuamente. Desposeer, robar.

exponente *adj.* Que expone. *M.* En América, expresión del máximo de una cosa. Diferencia de una progresión aritmética o razón de una geométrica. Número o expresión algebraica que 'denota la potencia a que se ha de elevar otro número o expresión.

exponer *tr.* Presentar una cosa, ponerla de manifiesto, exhibirla. Colocarla para que reciba la acción de un agente. Explicar el sentido verdadero de una palabra, texto o doctrina. Poner una cosa en peligro de perderse o dañarse. Dejar a un recién nacido en un paraje público.

exportar *tr.* Enviar géneros del propio país a otro.

exposición *f.* Acción y efecto de exponer o exponerse. Representación por escrito ante la autoridad, pidiendo o reclamando una cosa. Manifestación pública de artículos para estimular la producción, el comercio o la cultura. Narración, relato. Situación de un objeto con relación a los puntos cardinales. Tiempo en que se expone a la luz una placa fotográfica o papel sensible.

expósito-a *adj. y s.* Dícese del que recién nacido fue expuesto en un paraje público.

expositor-a *adj. y s.* Que interpreta, aclara o expone una cosa. Que exhibe. Persona que concurre a una exposición pública.

exprés *adj. y s.* Aplícase al tren expreso. Mensajería, empresa de transportes. Café preparado haciendo pasar el vapor de agua a través del café molido.

expresar *tr.* Decir, manifestar con palabras. Dar a entender algo por medio de miradas, actitudes, gestos. Manifestar el artista con viveza los afectos propios del caso. *R.* Darse a entender por medio de la palabra.

expresión *f.* Declaración de una cosa para darla a entender. Palabra o locución. Efecto de expresar. Viveza y propiedad de las representaciones teatrales, pictóricas, etc. *Pl.* Memorias, saludo o recado cortés por escrito o por tercera persona. Conjunto de términos algebraicos que representan una cantidad. Zumo o substancia exprimida.

expresionismo *m.* Tendencia artística que no trata de expresar externamente las cosas, sino la sensación interna, subjetiva y brusca que causan.

expresivo-a *adj.* Dícese de la persona que manifiesta con viveza de expresión lo que siente o piensa. Afectuoso. Significativo, elocuente.

expreso-a *adj.* Claro, patente, especificado. Ex profeso, con particular intento. *M.* Correo extraordinario, con noticia o aviso determinado. Dícese del tren de viajeros que se detiene solamente en las estaciones principales del trayecto y marcha a gran velocidad.

exprimir *tr.* Extraer el zumo o líquido de una cosa que lo tenga o esté empapada de él, apretándola o retorciéndola. Estrujar, agotar una cosa. Prensar.

ex profeso Locución latina: de propósito, adrede, con particular intención.

expropiar *tr.* Desposeer de una cosa a su propietario, dándole en cambio una indemnización, por motivos de utilidad pública.

expuesto-a *adj.* Peligroso. Exhibido.

expugnar *tr.* Tomar por fuerza de armas una ciudad, plaza, fortaleza, etc.

expulsar *tr.* Expeler. Arrojar, echar, despedir.

expulsor-a *adj.* Que expulsa. *M.* Mecanismo para expulsar de un arma de fuego los cartuchos vacíos.

expurgar *tr.* Limpiar o purificar una cosa. Tachar algunas palabras, cláusulas o pasajes de los libros o impresos, por orden de la autoridad competente.

exquisito-a *adj.* De singular y extraordinaria invención, primor o gusto. Agradable, apetitoso. Delicado, primoroso, refinado.

extasiarse *r.* Arrobarse. Enajenarse, embelesarse.

éxtasis *m.* Estado del alma caracterizado por cierta unión mística con Dios y con suspensión mayor o menor del ejercicio de los sentidos. Arrebatarse por un sentimiento de admiración, alegría, etc. Arrobamiento, embelesamiento.

extemporáneo-a *adj.* Impropio del tiempo en que sucede o se hace una cosa. Inoportuno, inconveniente. Fuera de tiempo; tardío.

extender *tr.* Hacer que una cosa ocupe más lugar o espacio que el que antes ocupaba. Esparcir, desparramar lo que está amontonado, junto o espeso. Desenvolver, desplegar. Dar mayor amplitud y comprensión a un derecho, jurisdicción, autoridad, etc. *R.* Ocupar cierta extensión de terreno. Durar. Narrar o explicar dilatada o copiosamente.

extensión *f.* Acción y efecto de extender o extenderse. En México, línea telefónica o telegráfica accesoria.

extenso-a *adj.* Que tiene extensión. Vasto, dilatado, amplio.

extenuar *tr. y r.* Enflaquecer, debilitar. Agotar, enervar, rendir.

exterior *adj.* Que está por la parte de afuera. Relativo a otros países. *M.* Superficie externa de los cuerpos. Aspecto o porte de una persona. Apariencia.

exterioridad *f.* Cosa exterior o externa. Apariencia de las cosas. Porte o conducta ostensible de una persona. Ostentación.

exteriorizar *tr.* Hacer patente, revelar o mostrar algo.

exterminar *tr.* Acabar del todo con una cosa. Desolar, devastar por fuerza de armas. Aniquilar, destruir, extirpar.

externo-a *adj.* Dícese de lo que obra, está o se manifiesta al exterior. Alumno que sólo está en el colegio durante las horas de clase.

extinguir *tr. y r.* Hacer que cese el fuego o la luz. Hacer que desaparezcan del todo ciertas cosas: sonido, afecto, vida, etc. Acabar, cesar.

extinto-a *adj.* Extinguido, apagado. En México y Chile, muerto, fallecido.

extintor *adj.* Que extingue. *M.* Aparato para extinguir incendios. Extinguidor.

extirpar *tr.* Arrancar de cuajo o de raíz. Acabar del todo con una cosa. Suprimir o quitar quirúrgicamente un órgano o tejido enfermo o un tumor.

extornar *tr.* En México, cambiar en los libros de contabilidad una partida del debe al hacer, o viceversa; anular un asiento erróneo, por medio de una contrapartida.

extorsión *f.* Acción y efecto de arrebatar y usurpar por la fuerza una cosa. Daño, perjuicio.

extorsionar *tr.* Arrancar, arrebatar, tomar a viva fuerza. En América, ejercer coacción o violencia sobre alguien para que obre en determinado sentido.

extra *prep.* inseparable. Significa: fuera de, además. *Adj.* Extraordinario, óptimo. *M.* Gaje, plus. Artista para escenas de conjunto; comparsa.

extracción *f.* Acción y efecto de extraer. Origen, linaje. Separación de los componentes solubles de una mezcla, por medio de un disolvente.

extracto *m.* Resumen de un escrito, en que sólo se expresa lo más substancial. Producto obtenido por evaporación de una disolución de substancias vegetales o animales. Compendio, esencia, meollo.

extradición *f.* Entrega del inculpado refugiado en un país, hecha por el gobierno de éste a las autoridades del otro país que lo reclama para juzgarlo.

extradós *m.* Superficie convexa o exterior de un arco o una bóveda.

extraer *tr.* Sacar, poner una cosa fuera de donde estaba. Obtener el jugo de frutos, legumbres, etc. Averiguar las raíces de una cantidad dada. Separar algunas de las partes que se componen los cuerpos. Arrancar, extirpar.

extralimitarse *r.* Excederse en el uso de facultades o atribuciones. Abusar de la benevolencia ajena.

extramuros *adv.* Fuera del recinto de una ciudad, villa o lugar.

extranjerismo *m.* Afición desmesurada a costumbres extranjeras, al mezclarlas con las propias del país.

extranjero-a *adj.* Que es o viene de otro país. *Adj. y s.* Toda persona, país o nación que no sea el propio.

extrañar *tr. y r.* Desterrar a país extranjero. Apartar a uno del trato que se tenía con él. Ver u oír con extrañeza una cosa. Sentir la novedad de alguna cosa que usamos, echando de menos la que nos es habitual. Rehusarse a hacer una cosa. Maravillarse.

extrañeza *f.* Calidad de raro, extraño, extraordinario. Cosa rara, extraña, extraordinaria. Desvío, desavenencia entre amigos. Admiración, novedad.

extraño-a *adj.* De nación, familia o profesión distinta. Raro, singular. Dícese de lo que es ajeno a la naturaleza o condición de una cosa. Insólito.

extraordinario-a *adj.* Fuera del orden o regla común. *M.* Correo especial que se despacha con urgencia. Plato o manjar que se añade a la comida diaria. Número de un periódico que se publica además de los ordinarios.

extraplano-a *adj.* Aplícase a las cosas muy planas, en particular a los relojes.

extrapolar *intr.* Utilizar una fórmula, obtenida para valores de un intervalo, para calcular valores en puntos exteriores al intervalo.

extrarradio *m.* Parte o zona, la más exterior del término municipal que rodea el casco y radio de la población.

extraterritorial *adj.* Dícese de lo que está o se considera fuera del territorio de la propia jurisdicción.

extraterritorialidad *f.* Derecho o privilegio que considera el domicilio de los soberanos y agentes diplomáticos, buques de guerra, etc., como si estuviesen fuera del territorio donde se encuentran, para seguir sometidos a las leyes de su país de origen.

extravagancia *f.* Desarreglo en el pensar y obrar. Rareza, ridiculez, singularidad, anomalía.

extravagante *adj.* Que se hace o dice fuera de lo común y razonable. Que habla, viste o procede así. Ridículo, grotesco, anómalo.

extravasarse *r.* Salirse un líquido de un vaso. Salirse un líquido orgánico fuera de los vasos que lo contienen.

extraviar *tr.* Hacer perder el camino. Poner una cosa fuera de su lugar. No fijar la vista o la mirada en objeto determinado. *R.* No encontrarse una cosa en su sitio e ignorarse su paradero.

extravío *m.* Acción y efecto de extraviar o extraviarse. Desorden en las costumbres. Pérdida, exceso, demasía. Locura.

extremado-a *adj.* Excesivo, muy grande. Sumamente bueno o malo en su género.

extremar *tr.* Llevar una cosa al extremo. Hacer a uno el más excelente en su género. *R.* Emplear toda la habilidad y esmero en la ejecución de algo. Esmerarse, aplicarse.

extremaunción *f.* Sacramento que consiste en la unción, con óleo sagrado hecha por el sacerdote, a los fieles que se hallan en peligro inminente de morir.

extremeño-a *adj.* y *s.* Natural de Extremadura. Perteneciente a esta región de España. Que habita en los extremos de una región.

extremidad *f.* Parte extrema o última de una cosa. Grado último a que una cosa puede llegar. *Pl.* Cabeza, pies, manos y cola de los animales. Pies y manos del hombre.

extremista *adj.* y *s.* Dícese del partidario de ideas extremas o exageradas, especialmente en política.

extremo-a *adj.* Ultimo. Aplícase a lo más intenso, elevado o activo de una cosa. Excesivo, sumo, mucho. *M.* Parte primera o última de una cosa, su principio o fin. Punto último a que puede llegar una cosa. Remate.

extremoso-a *adj.* Que no guarda medio en afectos o acciones, sino que va a los extremos. Muy expresivo en su cariño.

extrínseco-a *adj.* Externo, no esencial. Exterior, accidental.

extrusión *f.* Operación de dar forma a una masa plástica, forzándola a pasar por una abertura de diseño especial en una máquina.

exuberancia *f.* Abundancia suma; plenitud y copia excesiva. Profusión, riqueza.

exudar *intr.* Salir un líquido fuera de sus vasos o continentes propios.

exultar *intr.* Saltar de alegría, transportarse de gozo. Regocijarse.

exvoto *m.* Don u ofrenda que los fieles dedican a Dios, a la Virgen o a los santos, en señal y por recuerdo de un beneficio recibido.

eyaculación *f.* Acción de expeler o expulsar del cuerpo una secreción, particularmente la del semen en el momento del orgasmo en el coito.

F

f *f.* Séptima letra del abecedario castellano y quinta de sus consonantes.

fa *m.* Sílaba con que se denomina la cuarta nota de la escala modelo natural mayor.

fabada *f.* Potaje asturiano de judías, tocino y morcilla.

fábrica *f.* Acción y efecto de fabricar. Lugar donde se fabrica una cosa. Edificio. Construcción hecha con piedra o ladrillo y argamasa. Invención o artificio de algo no material. Construcción destinada a producir en ella algo o fabricarlo.

fabricar *tr.* Hacer una cosa por medios mecánicos. Construir un edificio, un muro, un dique, etc. Elaborar. Hacer o disponer una cosa no material.

fabril *adj.* Perteneciente a las fábricas o a sus operarios.

fábula *f.* Rumor, hablilla. Relación falsa, mentirosa. Ficción artificiosa con que se encubre o disimula la verdad. Suceso o acción ficticia para deleitar. Composición literaria en que por medio de una ficción alegórica se da una enseñanza útil o moral. Cualquier ficción de la mitología. Relato de fantasía.

fabuloso-a *adj.* Falso, de pura invención. Extraordinario, increíble.

faca *f.* Cuchillo corvo. Navaja grande.

facción *f.* Parcialidad de gente amotinada o rebelada. Acción de guerra. Figura con que una cosa se distingue de otra. *Pl.* Cualquiera de las partes del rostro humano.

faccioso-a *adj.* y *s.* Perteneciente a una facción. Rebelde armado. Revoltoso, perturbador de la quietud pública.

faceta *f.* Cada una de las caras o lados de un poliedro, cuando son pequeñas. Cara tallada de las piedras preciosas. Aspecto en que se puede considerar un asunto.

facial *adj.* Perteneciente al rostro.

fácil *adj.* Que se puede hacer sin mucho trabajo. Que puede suceder con mucha probabilidad. Dícese de la mujer frágil y liviana.

facilidad *f.* Disposición para hacer algo sin gran trabajo. Oportunidad, ocasión propicia.

facilitar *tr.* Hacer fácil o posible la ejecución de algo o la consecución de un fin. Proporcionar o entregar. Suministrar, proveer; simplificar.

facineroso-a *adj.* y *s.* Delincuente habitual. *M.* Hombre malvado, de perversa condición. Bandido, criminal, forajido.

facoideo-a *adj.* En forma de lente.

facsímil o facsímile *m.* Calco o reproducción perfecta de una firma, escrito, dibujo, impreso, etc.

factible *adj.* Que se puede hacer. Posible, realizable.

facticio-a *adj.* Que no es natural y se hace por arte. Artificial, imitado.

factor *m.* El que hace una cosa. Entre comerciantes, apoderado para traficar en nombre y por cuenta del poderdante. Empleado que, en las estaciones de ferrocarril, recibe, expide y entrega encargos o mercancías. Elemento, concausa. Cada una de las cantidades que se multiplican para formar un producto. Agente, circunstancia o causa del medio que influye en un ser vivo.

factoría *f.* Empleo y encargo del factor. Establecimiento de comercio, especialmente el situado en país colonial. Fábrica.

factótum *m.* Sujeto que desempeña en una casa o dependencia todos los menesteres. Persona de plena confianza de otra y que en nombre de ésta despacha sus principales negocios.

factura *f.* Hechura. Relación de objetos o artículos en una venta, remesa u otra operación comercial. Cuenta detallada de estas operaciones.

facturar *tr.* Extender las facturas. Registrar, anotar los equipajes o mercancías que han de remitirse a su destino.

fácula *f.* Cada una de las regiones de la fotosfera del Sol, más brillantes que las zonas que las rodean.

facultad *f.* Aptitud, potencia física o moral. Poder, derecho para hacer alguna cosa. Ciencia o arte. Licencia, permiso. Capacidad funcional. Capacidad de sentir y experimentar. Cuerpo de doctores o maestros de una ciencia. Edificio donde se reúnen o explican dichos doctores o maestros.

facultar *tr.* Conceder facultades a uno para hacer lo que sin ellas no podría realizar.

facultativo-a *adj.* Perteneciente a una facultad. Dícese del que profesa una facultad. Potestativo. *M.* Médico o cirujano.

facundia *f.* Afluencia, facilidad en el hablar o concebir ideas.

facha *f.* Traza, figura, aspecto. Mamarracho, adefesio.

fachada *f.* Aspecto exterior y de conjunto que ofrece un edificio, buque, etc., por cada uno de los lados que puede ser mirado. Portada de los libros. Presencia, talle, figura del cuerpo.

fachenda *f.* Vanidad, jactancia. *M.* Que tiene vanidad, jactancioso, fatuo, presumido.

fachosear *intr.* En México, presumir.

fachoso-a *adj.* De mala facha, de figura ridícula. En México y Chile, fachendoso.

fado *m.* Poema narrativo popular portugués, de desenlace triste. Canción amorosa portuguesa de carácter melancólico.

faena *f.* Trabajo. Quehacer, tarea. En México, Guatemala y Cuba, trabajo que se hace en una hacienda en horas extraordinarias. Conjunto de lances que ejecuta el torero con la muleta.

faenza *f.* Cerámica italiana de arcilla caliza, cubierta con esmalte opaco y coloreada con óxidos metálicos.

faetón *m.* Carruaje descubierto, de cuatro ruedas, alto y ligero.

fagácea *adj. y s.* Planta dicotiledónea leñosa, de flores monoicas en amentos y frutos indehiscentes rodeados por una cúpula: roble, castaño, alcornoque. Cupulífera.

fagocito *m.* Célula orgánica que engloba y digiere partículas extrañas, microbios, etc., perjudiciales al organismo.

fagot *m.* Instrumento músico de viento, de tubo ligeramente cónico, doblado en forma de horquilla, con perforaciones que se obturan unas con los dedos y otras por medio de llaves.

faisán *m.* Ave galliforme, con ojos rodeados de una carúncula encarnada, de cola muy larga y tendida y de plumaje verde y rojizo con reflejos metálicos; el macho.

faja *f.* Tira de tela o de tejido de punto con que se rodea el cuerpo por la cintura, dándole varias vueltas. Cotilla flexible. Lista o listón mucho más largo que ancho. Moldura ancha y de poco vuelo.

fajar *tr.* Rodear, ceñir o envolver con faja o venda una parte del cuerpo. Envolver al niño o ponerle el fajero.

fajero *m.* Persona que fabrica o vende fajas. Faja de punto que se pone a los niños de teta.

fajín *m.* Ceñidor de seda de determinados colores y distintivos que usan los oficiales superiores del ejército o de la armada.

fajina *f.* Leña ligera para encender. Conjunto de haces de mies que se pone en las eras. Haz de ramas apretadas muy delgadas. Faena. En México, comida de mediodía, en el trabajo del campo; faena que se hace en la primera mitad de la jornada de trabajo en el campo. Toque de retirada de la tropa a sus alojamientos, o al término de una facción.

fajo *m.* Haz o atado. En México, cinturón para mujer.

falacia *f.* Engaño, fraude o mentira. Hábito de decir mentiras o falsedades. Sofisma.

falange *f.* Cuerpo de infantería pesadamente armada, de la antigua Grecia. Cuerpo numeroso de tropas o de personas. Cada uno de los huesos de los dedos.

falangeta *f.* Falange tercera o distal de los dedos.

falangina *f.* Falange segunda o media de los dedos.

falaz *adj.* Dícese de la persona que tiene el vicio de la falacia; o de lo que halaga y atrae con falsas apariencias. Engañoso, artero.

falbalá *m.* Adorno en forma de volante.

falca *f.* Cuna. Defecto de un madero que le impide ser liso o recto.

falce *f.* Hoz o cuchillo corvo.

falciforme *adj.* Que tiene forma de hoz.

falconiforme *adj. y s.* Con aspecto de halcón. Orden de aves que incluye todas las rapaces, excepto los buhos.

falda *f.* Parte de toda ropa talar desde la cintura abajo. Vestidura de mujer desde la cintura abajo. Carne de la res que cuelga de las agujas, sin asirse a hueso ni costilla. Regazo. Parte baja de los montes o sierras. Mujer o mujeres, en oposición al hombre.

faldellín *m.* Falda corta. Refajo.

faldero-a *adj.* Perteneciente a la falda. Aficionado a estar entre mujeres. Dícese del perro que por ser muy pequeño puede estar en las faldas de las mujeres.

faldistorio *m.* Asiento especial que usan los obispos en algunas ceremonias pontificales; úsanlo también los reyes y altos magistrados

faldón *m.* Falda corta y suelta. Parte inferior de alguna ropa o colgadura. Vertiente triangular de un tejado.

falible *adj.* Que puede engañar o engañarse. Que puede faltar o fallar.

falo *m.* Miembro viril.

falsario-a *adj. y s.* Que falsea o falsifica una cosa. Que acostumbra a decir falsedades o mentiras. Falsificador, embustero.

falsear *tr.* Adulterar, corromper o contrahacer una cosa. *Intr.* Flaquear o perder una cosa su resistencia o firmeza. Falsificar, torcer, desviar. Disonar.

falsedad *f.* Falta de verdad o autenticidad. Hipocresía, doblez. Alteración u ocultación de la verdad.

falsete *f.* Puerta pequeña y de una hoja, para pasar de una pieza a otra de la casa. Voz masculina que rebasa el ordinario agudo de la voz.

falsía *f.* Falsedad, deslealtad, doblez, hipocresía.

falsificar *tr.* Alterar, desnaturalizar, mixtificar.

falsilla *f.* Papel con líneas muy señaladas para que se transparenten y sirvan de guía en el papel en que ha de escribirse.

falso-a *adj.* Engañoso, fingido, falto de veracidad, hipócrita. Moneda que maliciosamente se hace para imitar la legítima. *M.* Ruedo, refuerzo de los vestidos talares.

falta *f.* Defecto o privación de lo necesario o útil. Defecto en el obrar, quebrantamiento de una obligación. Ausencia de una persona del sitio en que hubiera debido estar y nota en que se registra tal ausencia. Supresión de la regla menstrual en la mujer. Infracción voluntaria de la ley, de un reglamento u ordenanza a la que se señala sanción leve. Contravención, carencia, tacha.

faltar *intr.* No existir una prenda, calidad o circunstancia en lo que debiera tenerla. Consumirse, acabar. No acudir a una cita u obligación. Dejar de asistir a otro o no tratarlo con la consideración debida. Hallarse ausente del lugar en que suele estar una persona. Cometer falta.

falto-a *adj.* Defectuoso o necesitado de algo. Escaso, apocado.

faltriquera *f.* Bolsillo de las prendas de vestir o que se lleva colgando debajo del vestido o delantal.

falúa *f.* Embarcación menor destinada al uso de los jefes de marina y a las autoridades de los puertos.

falucho *m.* Embarcación costanera con una vela latina.

falla *f.* Defecto material que merma la resistencia de una cosa. Rotura, resbalamiento o hundimiento de un estrato o grupo de estratos con relación a una parte de los mismos. Hoguera.

fallar *intr.* Frustrarse, faltar o salir fallida una cosa. Perder una cosa su resistencia, rompiéndose o dejando de servir. *Tr.* Decidir, resolver un proceso o un asunto.

fallecer *intr.* Morir, expirar, fenecer.

fallido-a *adj.* Frustrado, sin efecto. Quebrado o sin crédito. Crédito o cantidad que se considera incobrable.

fallo *m.* Sentencia definitiva del juez. Decisión, tomada por una persona competente, sobre un asunto dudoso o disputado. Frustración.

falluca *f.* En México, comercio ambulante; contrabando.

fama *f.* Noticia o voz común de una cosa. Opinión de una persona que tienen las gentes. Celebridad, gloria, renombre. Nombradía, crédito.

famélico-a *adj.* Hambriento.

familia *f.* Gente que vive en una casa, bajo la autoridad del señor de ella. Conjunto de ascendientes, descendientes, colaterales y afines de un linaje. Parentela inmediata a una persona. Prole. Conjunto de individuos con alguna condición común. Grupo de plantas o animales de categoría superior al gé nero e inferior al orden.

familiar *adj.* Perteneciente a la familia. Aquello que uno tiene muy sabido, o en que es muy experto Trato llano y sin ceremonia. Lenguaje natural sencillo y corriente. *M.* Él que tiene trato de confianza con otro. Persona que vive bajo la autoridad del jefe de familia. Criado, sirviente; acompañante.

familiaridad *f.* Llaneza y confianza en el trato. Libertad, intimidad.

familiarizar *tr.* Hacer familiar o común una cosa. *R.* Acomodarse al trato familiar. Adaptarse, acostumbrarse a algunas circunstancias o cosas.

famoso-a *adj.* Que tiene fama y nombre. Bueno y perfecto en su género. Persona, hecho o dicho que llama la atención. Ilustre, renombrado, memorable.

fámulo-a *m.* y *f.* Sirviente de la comunidad de un colegio. Criado, doméstico.

fanal *m.* Farol grande en los puertos, como señal nocturna, o en la popa de los buques como insignia de mando. Campana para matizar, atenuar o proteger la luz puesta dentro de ella, o para proteger un objeto del polvo.

fanático-a *adj.* y *s.* Que defiende con tenacidad y apasionamiento creencias u opiniones religiosas. Entusiasmado ciegamente por una cosa. Apasionado, exaltado, intolerante.

fanatizar *tr.* Volver fanático.

fandango *m.* Antiguo baile popular español, de parejas, en compás de tres tiempos, acompañado de guitarra y castañuelas. Bullicio. En América, desorden, tumulto, fiesta.

fanega *f.* Medida de capacidad para áridos, de cabida muy variable; en Castilla equivale a 55 litros y medio; en México, 90.8 litros. Medida agraria también muy varia

ble: en Castilla equivale a 64.596 áreas; en México, 356.63.

fanerógama *f.* Grupo de plantas que tienen flores. Espermatofita, antofita.

fanfarria *f.* Baladronada, bravata, jactancia, bravuconería.

fanfarrón-a *adj.* y *s.* Que se precia y hace alarde de lo que no es, en particular de valiente. Cosa de mucha apariencia y hojarasca. Valentón, bravucón.

fanfarronada *f.* Dicho o hecho propio de fanfarrón. Bravata, baladronada.

fanfarronear *intr.* Hablar con arrogancia echando fanfarronadas.

tangal *m.* Sitio lleno de fango. Barrizal, lodazal.

fango *m.* Lodo espeso. Limo. Vilipendio, Depravación.

fantasear *intr.* Dejar correr la fantasía o imaginación. Preciarse vanamente. *Tr.* Imaginar algo fantástico.

fantasía *f.* Ficción imaginativa; grado superior de la imaginación. Cuento o novela elevado o ingenioso. Presunción y gravedad afectadas. Composición musical con motivos de otras obras.

fantasioso-a *adj.* Vano, presuntuoso, embustero. En América, valentón, bravucón.

fantasma *m.* Visión quimérica. Imagen impresa en la fantasía. *F.* Espantajo o persona disfrazada que sale por la noche para asustar. Espectro, aparición.

fantasmagoría *f.* Arte de representar figuras por medio de la ilusión óptica. Ilusión o figuración de los sentidos, desprovista de todo fundamento.

fantasmón-a *adj.* y *s.* Lleno de presunción y vanidad. Persona grave y presuntuosa; espantajo.

fantástico-a *adj.* Quimérico, fingido, sin realidad. Perteneciente a la fantasía. Presuntuoso y entonado. Maravilloso, extraordinario. Increíble.

fantoche *m.* Títere.

fantoma *m.* Modelo de una parte del cuerpo humano, construido para la enseñanza.

faquín *m.* Ganapán, mozo de cuerda.

faquir *m.* Santón mahometano que vive de limosna y practica actos de singular austeridad. Asceta hindú que exhibe extraños fenómenos de catalepsia voluntaria e insensibilidad al dolor físico.

faradio *m.* Unidad de capacidad eléctrica; prácticamente es la capacidad de un conductor que adquiere un culombio de carga bajo el potencial de un voltio.

faralá *m.* Volante, adorno de vestidos y enaguas de las mujeres.

de cortinas o tapetes. Adorno excesivo y de mal gusto.

farallón m. Roca alta y tajada que sobresale en el mar y alguna vez en tierra firme. Islote. Crestón.

faramalla f. Charla artificiosa encaminada a engañar. Cosa de mucha apariencia y poca entidad. En América, hojarasca, cosa nada importante. Morralla, paja, fárrago.

farándula f. Profesión de los farsantes. Compañia antigua de cómicos que andaba representando por los pueblos.

farandulero-a m. y f. Persona que recitaba comedias. Hablador, trapacero. Farsante, histrión, comediante. En México, farolero, vanidoso, presuntuoso.

faraón m. Antiguo rey de Egipto, anterior a la conquista de este país por los persas.

faraute m. Mensajero. Heraldo, introductor de comedias. Entremetido.

fardo m. Lío grande de cosas muy apretadas. Bulto.

fárfara f. Telilla de los huevos en la parte interior de la cáscara. Planta compuesta, herbácea, con bohordos de escamas coloridas, hojas radicales grandes, cuyo cocimiento se emplea como pectoral.

farfolla f. Vaina o envoltura de las panojas del maíz, mijo y panizo. Faramalla, cosa de mucha apariencia y poca entidad.

farfullar tr. Hablar muy de prisa y atropelladamente. Hacer una cosa con tropelía y confusión. Mascullar, tartamudear, tartajear.

farináceo-a adj. Que participa de la naturaleza de la harina o se parece a ella. Feculento.

faringe f. Organo del aparato digestivo situado entre la boca y el esófago, por delante de la columna vertebral.

faringitis f. Inflamación de la faringe.

fariseo m. Miembro de una secta judía que afectaba rigor y austeridad, pero que en realidad eludía el espíritu de la ley. Hipócrita.

farmacia f. Botica, oficina en que se preparan y despachan medicinas. Ciencia que enseña a conocer los cuerpos naturales y prepararlos como remedio para las enfermedades o para conservar la salud.

farmacopea f. Publicación que cataloga las substancias medicamentosas permitidas, con su descripción, preparación, posología máxima, etc.

faro m. Torre alta en las costas, con luz en la parte superior, para señal y aviso a los navegantes. Farol con potente reverbero. Lámpara con reflector en la parte delantera de un automóvil o locomotora. Lo que da luz en un asunto. Linterna, foco; norte, dirección.

farol m. Caja de vidrio u otra materia transparente, con luz en su interior. En México, vaso grande de pulque. Linterna, farola, fanal. Lance en que el torero pasa la capa en redondo sobre su cabeza.

farola f. Farol grande compuesto de varios brazos con sendas luces, para iluminación de plazas, calles, etc. Fanal.

farolear intr. Fachendear. Presumir, pedantear.

farolero-a adj. y s. Vano, ostentoso, amigo de llamar la atención. El que hace faroles o los vende. Persona que tiene a su cuidado los faroles del alumbrado.

fárrago m. Conjunto de cosas superfluas, mal ordenadas o inconexas. Párrafo confuso.

farro m. Cebada a medio moler, remojada y sin cascarilla. Semilla parecida a la escanda.

farruco-a adj. Gallego o asturiano recién salido de su tierra. Valiente, impávido.

farsa f. Pieza cómica breve para hacer reir. Compañia de farsantes. Obra dramática chabacana, grotesca y desarreglada. Enredo, tramoya para aparentar o engañar.

farsante m. Comediante. Persona que con vanas apariencias finge lo que no siente o pretende pasar por lo que no es. Tramposo, impostor.

fasces f. pl. Haz de varillas de abedul o de olmo, atadas con correas, que los lictores y altos magistrados de Roma tenían como insignia, con o sin hacha.

fascículo m. Hacecillo. Cuaderno impreso en que se suele dividir y expender un libro que se publica por partes.

fascinar tr. Hacer mal de ojo. Engañar, alucinar, ofuscar. Encantar, conquistar, atraer.

fascismo m. Dictadura italiana de Benito Mussolini de 1922 a 1945.

fase f. Aspecto de la Luna y de algunos planetas, según los ilumina el Sol. Cada uno de los diversos aspectos que presenta un fenómeno o estado por el que pasa. Cada uno de los circuitos eléctricos distintos, de una instalación, motor, alternador, etc., de corriente alterna. Estado vibratorio de un cuerpo o partícula respecto a su estado inicial. En un sistema evolutivo, estado en un momento determinado.

faseoliforme adj. En forma de judía o frijol. Reniforme.

fastidiar tr. Causar asco o hastío una cosa. Disgustar o ser molesto a alguien. En México y Puerto Rico, hacer una mala pasada, causar daño a alguien; hacer venir a menos; echar a perder, perjudicar. Aburrir.

fastidio *m.* Disgusto o desazón por mala digestión o por olor fuerte y desagradable de una cosa. Enfado, cansancio, hastío. Asco, aburrimiento, tedio.

fasto *adj.* Feliz, venturoso. *M.* Fausto, ornato grande, pompa.

fastuoso-a *adj.* Ostentoso, amigo de fausto y pompa.

fatal *adj.* Perteneciente al hado, inevitable. Desgraciado, infeliz. Malo. Funesto, nefasto, adverso. Terrible. Dícese del plazo o término improrrogable.

fatalidad *f.* Calidad de fatal. Desgracia, desdicha. Poder ciego e inflexible. Destino. Toda necesidad o determinación.

fatídico-a *adj.* Cosas o personas que anuncian o pronostican lo porvenir o que anuncian desgracias. Funesto, nefasto, aciago.

fatiga *f.* Agitación, cansancio, trabajo extraordinario. Molestia causada por la respiración frecuente o difícil. Náusea. Molestia, sufrimiento. Cansancio por efecto de trabajo físico o intelectual.

fatigar *tr. y r.* Causar fatiga. Vejar, molestar. Rendir, extenuar. Cansar.

fatuidad *f.* Falta de razón o de entendimiento. Dicho o hecho necio. Presunción, vanidad infundada y ridícula.

faucal *adj.* Perteneciente o relativo a las fauces.

fauces *f. pl.* Parte posterior de la boca desde el velo del paladar hasta el principio del esófago.

fauna *f.* Conjunto de animales que habitan un determinado medio, país, localidad o ambiente. Conjunto de fósiles animales de un terreno.

fauno *m.* Semidiós de los campos y selvas. Caprípedo.

fausto-a *adj.* Feliz, afortunado. *M.* Grande ornato y pompa exterior. Boato.

fautor-a *m. y f.* El que favorece y ayuda a otro a cometer o procurar algo malo.

favéola *f.* Celdilla, alvéolo.

favonio *m.* Céfiro, viento de poniente; cualquier viento suave y apacible.

favor *m.* Ayuda, socorro. Honra, beneficio. Asistencia, auxilio, amparo.

favorable *adj.* Que favorece. Propicio, benévolo.

favorecer *tr.* Ayudar, amparar, socorrer a uno. Apoyar un intento, empresa u opinión. Dar o hacer un favor.

favoritismo *m.* Preferencia dada al favor sobre el mérito o la equidad.

favorito-a *adj.* Que es con preferencia estimado y apreciado. *M. y f.* Persona que priva con un rey o personaje. Predilecto, privado, valido.

faz *f.* Rostro o cara. Vista o lado de una cosa. Anverso. Semblante, aspecto.

fe *f.* Virtud teologal que nos hace creer lo que Dios dice y la Iglesia propone. Confianza, buen concepto que se tiene de una persona o cosa. Creencia que se da a una cosa por la autoridad de quien lo dice. Palabra o promesa. Seguridad de que una cosa es cierta. Documento que certifica la verdad de alguna cosa. Fidelidad. Religión.

fealdad *f.* Calidad de feo. Torpeza, deshonestidad o acción indigna.

febeo-a *adj.* Perteneciente a Febo o al Sol.

febrero *m.* Segundo mes del año que en los comunes tiene 28 días y en los bisiestos 29.

febricida *adj.* Que quita la fiebre, Antipirético, febrífugo.

febrífugo-a *adj.* Que quita las calenturas, particularmente las intermitentes.

febrilmente *adv.* Con fiebre. Con afán, con vehemencia.

fecal *adj.* Perteneciente o relativo al excremento intestinal.

fécula *f.* Substancia blanca, ligera y suave al tacto; es un hidrato de carbono polisacárido, que se extrae de las semillas y raíces de varias plantas.

feculento-a *adj.* Que contiene fécula. Que tiene heces.

fecundar *tr.* Fertilizar, hacer productiva una cosa. Unirse el elemento reproductor o gameto masculino al femenino para dar origen a un nuevo ser.

fecundizar *tr.* Hacer a una cosa susceptible de producir o de admitir reproducción.

fecundo-a *adj.* Que produce o se reproduce por medios naturales. Fértil, copioso. Feraz, productivo, prolífico.

fecha *f.* Data. Cada uno de los días que transcurren desde uno determinado. Tiempo o momento actual.

fechar *tr.* Poner fecha a un escrito.

fechoría *f.* Mala acción, delito.

fedatario *m.* Denominación genérica aplicable al notario y otros funcionarios que gozan de fe pública.

federación *f.* Acción de federar. Entidad compuesta por los elementos federados. Estado federal. Poder central del mismo. Central de va-

rias organizaciones obreras. Asociación, liga.
federal *adj.* Federativo. Federalista. *M. pl.* Partidarios o soldados del gobierno de la Federación.
federalismo *m.* Sistema de federación entre corporaciones o Estados.
federativo-a *adj.* Perteneciente a la federación, a la confederación.
feérico-a *adj.* Galicismo por maravilloso, encantador, propio de los cuentos de hadas, deslumbrante.
fehaciente *adj.* Que hace fe en juicio. Fidedigno, auténtico, verdadero.
felandrio *m.* Planta umbelífera de fruto diurético, febrífugo o narcótico.
feldespato *m.* Mineral formado por silicatos de alúmina y sodio, potasio, calcio o bario, de brillo lapídeo que forma parte de las rocas eruptivas.
felguera *f.* Helecho común.
felicidad *f.* Complacencia en la posesión de un bien. Satisfacción, gusto, contento. Suerte feliz. Dicha, ventura, bienestar. Satisfacción completa que llena la conciencia.
felicitar *tr.* Manifestar a una persona la satisfacción que se experimenta con motivo de algún suceso feliz para ella. Desear a una persona ventura y felicidades.
feligrés-a *m. y f.* Persona que pertenece a una parroquia.
felino-a *adj.* Perteneciente o relativo al gato. Animal mamífero carnívoro de una familia que incluye el gato.
feliz *adj.* Que tiene o goza felicidad. Que la ocasiona. Manifestar un concepto, oportuna, eficaz y acertadamente. Que ocurre o sucede con felicidad. Dichoso, venturoso, afortunado.
felón-a *adj. y s.* Que comete felonía. Traidor, desleal, pérfido.
felonía *f.* Deslealtad, traición, acción mala. Infamia, perfidia.
felpa *f.* Tejido que tiene pelo por la haz. Zurra de golpes. Rapapolvo. Paliza, tunda, azotaina.
femenil *adj.* Perteneciente o relativa a la mujer.
femenino-a *adj.* Propio de las mujeres. Organismo dispuesto para poder ser fecundado. Perteneciente a él. Débil, endeble. Dícese del género a que pertenecen la mujer o un animal hembra y de lo que convencionalmente se incluye en él.
fementido-a *adj.* Falto de fe y palabra. Engañoso, falso. Pérfido, aleve.
feminismo *m.* Movimiento social que reivindica para la mujer la ple-

na igualdad de derechos con el hombre.
fémur *m.* Hueso del muslo, el más largo del esqueleto humano.
fenecer *tr.* Poner fin a una cosa, acabarla. *Intr.* Morir, fallecer. Concluirse, terminarse una cosa.
fenicio-a *adj. y s.* Natural de Fenicia. Perteneciente a este antiguo país de Asia. Mercader, judío. *M.* Idioma hablado por ellos.
fénico-a *adj.* Dícese del fenol o ácido fénico; se obtiene del alquitrán de hulla; es muy venenoso y se emplea en soluciones acuosas, como desinfectante antiséptico y germicida.
fénix *m.* Ave fabulosa del tamaño de una águila que renacía de sus propias cenizas. Lo que es exquisito y único en su especie.
fenomenal *adj.* Perteneciente o relativo al fenómeno o que participa de su naturaleza. Tremendo, muy grande. Descomunal, extraordinario, colosal, enorme.
fenómeno *m.* Apariencia o manifestación de algo. Cosa extraordinaria y sorprendente. Persona o animal monstruoso. Lo percibido por la conciencia. Hecho comprobado que constituye materia de la ciencia.
feo-a *adj.* Que carece de belleza y hermosura. Que causa horror o aversión. De mal aspecto. *Adv.* De mal sabor u olor. *M.* Desaire grosero.
feofícea *f.* Alga parda.
feracidad *f.* Fertilidad, fecundidad de los campos que dan abundantes frutos.
feraz *adj.* Fértil, copioso de frutos. Ubérrimo, productivo.
féretro *m.* Caja o andas en que se lleva a enterrar a los difuntos. Ataúd.
feria *f.* Cualquier día de la semana, excepto el sábado y el domingo. Descanso y suspensión del trabajo. Mercado importante en paraje público. Exposición comercial. *Pl.* En México, dinero menudo, cambio.
feriar *tr.* Comprar en la feria. Vender, comprar o permutar una cosa por otra. En México, cambiar moneda. *Intr.* Suspender el trabajo por uno o varios días, haciéndolos como de fiesta.
fermentación *f.* Acción y efecto de fermentar. Proceso bioquímico que determina la transformación o descomposición de los cuerpos orgánicos, por la acción de enzimas, las cuales aparecen sin modificación al final del fenómeno.
fermentar *intr.* Transformarse o descomponerse un cuerpo orgánico por la acción de otro que no se modi-

lica. Agitarse o alterarse los ánimos. *Tr.* Hacer o producir la fermentación.

fermento *m.* Cuerpo orgánico que, puesto en contacto con otro, lo hace fermentar.

ferocidad *f.* Fiereza, crueldad. Atrocidad, dicho o hecho insensato. Inhumanidad, ensañamiento.

feroz *adj.* Que obra con ferocidad y dureza. Despiadado, brutal, bárbaro.

ferrar *tr.* Guarnecer, cubrir con hierro una cosa. Marcar o señalar con hierro. Herrar.

férreo-a *adj.* De hierro o que tiene sus propiedades. Perteneciente al siglo o edad de hierro. Duro, tenaz.

ferrería *f.* Oficina en donde se beneficia el mineral de hierro, reduciéndolo a metal.

ferretería *f.* Ferrería. Comercio de hierro. Conjunto de objetos de hierro. En América, quincallería.

férrico-a *adj.* Aplícase a las combinaciones del hierro trivalente.

ferrocarril *m.* Camino con dos filas de barras paralelas, sobre las cuales ruedan los carruajes arrastrados por una locomotora. Conjunto de la explanación donde se sientan las vías, apartaderos, estaciones, cocheras, material rodante, etc.

ferrocarrilero-a *adj. y s.* En América, ferroviario.

ferroníquel *m.* Aleación de hierro y más del 30% de níquel.

ferroso-a *adj.* Aplícase a las combinaciones del hierro bivalente.

ferroviario-a *adj.* Perteneciente o relativo a las vías férreas. *M.* Empleado de ferrocarriles.

ferruco-a *adj. y s.* En México, vestido con afectación ridícula. Catrín.

ferruginoso-a *adj.* Dícese del mineral que contiene hierro visiblemente. Dícese de las aguas minerales en cuya composición entra alguna sal de hierro.

ferryboat *m.* Palabra inglesa: barco, balsa o pontón con que se trasbordan pasajeros, vehículos, mercancías, etc., en ríos, lagos, estrechos, etc. sin descargarlos.

fértil *adj.* Tierra que lleva o produce mucho o año de buenas cosechas. Capaz de producir fruto. Abundante, rico, fecundo, feraz.

fertilizar *tr.* Fecundizar la tierra para que dé abundantes frutos. Fecundar, abonar.

férula *f.* Cañaleja. Palmatoria. Tablilla resistente y flexible que se aplica a los miembros fracturados para inmovilizarlos.

férvido-a *adj.* Ardiente. Hirviente.

fervor *m.* Calor muy intenso. Celo ardiente y afectuoso hacia las cosas de piedad. Eficacia suma con que se hace alguna cosa. Ardor, entusiasmo.

festejar *tr.* Hacer festejos en obsequio de uno: cortejarle. Galantear. En México, azotar, golpear. *R.* Divertirse, recrearse.

festejo *m.* Acción y efecto de festejar. Galanteo. *Pl.* Regocijos públicos. Fiesta.

festín *m.* Festejo particular con baile, música, banquete u otros entretenimientos. Banquete espléndido.

festival *m.* Fiesta, especialmente musical.

festividad *f.* Fiesta o solemnidad con que se celebra una cosa. Día festivo en que la Iglesia celebra algún misterio o a un santo. Agudeza en el modo de decir.

festivo-a *adj.* Chistoso, agudo. Alegre, regocijado y gozoso. Solemne, digno de celebrarse. Producción literaria en que predomina comicidad satírica y humorística. Escritor de esta tendencia.

festón *m.* Bordado de realce en que cada puntada queda rematada con un nudo. Bordado, dibujo o recorte en forma de ondas o puntas, para adornar la orilla o borde de una cosa. Adorno a modo de guirnalda.

fetiche *m.* Ídolo u objeto de culto supersticioso entre pueblos salvajes o atrasados

fetichismo *m.* Culto a los fetiches. Idolatría, veneración excesiva.

fetidez *f.* Hediondez, hedor.

fétido-a *adj.* Hediondo. Pestilente, infecto, mefítico.

feto *m.* Producto de la concepción de una hembra vivípara, desde que pasa el período embrionario hasta el momento del parto. Producto de la concepción de la mujer, desde el tercer mes de su embarazo hasta el parto.

feudal *adj.* Perteneciente al feudo o al feudalismo.

feudalismo *m.* Sistema económico, social y político que existió en Europa durante la Edad Media, basado en el vasallaje y servidumbre.

feudo *m.* Contrato por el cual un señor concedía tierras en usufructo, a cambio de fidelidad y vasallaje.

fez *m.* Gorro de fieltro rojo y de figura de cubilete, usado especialmente por los moros y hasta 1925 por los turcos.

fiable *adj.* Persona a quien se puede fiar, o de quien se puede responder.

fiador-a *adj. y s.* Persona que fía a otra para la seguridad de aquello a que está obligada. Presilla

Pasador. Pieza con que se afirma una cosa.

fiambre *adj. y s.* Que después de asado o cocido se ha dejado enfriar para no comerlo caliente. *M.* El difunto. En México y Guatemala, plato de ensalada de lechuga, cerdo, aguacate y chiles.

fiambrera *f.* Cestón o caja para llevar el repuesto de cosas fiambres. Utensilio portátil para llevar la comida fuera de casa. Conjunto de cacerolas sobrepuestas e iguales, con braserillo debajo, para llevar comida caliente.

fianza *f.* Obligación que uno toma para seguridad de que otro pagará lo que debe o cumplirá con lo que se obligó. Prenda que se da en seguridad del cumplimiento de una obligación. Cosa a que se sujeta esta responsabilidad. Fiador.

fiar *tr.* Asegurar uno que otro cumplirá lo que promete, obligándose, en caso de que no lo haga, a satisfacer por él. Vender sin tomar el precio de contado, para recibirlo en adelante. Confiar en la buena fe de alguien. Dar o comunicar a alguien una cosa en confianza. En América, pedir fiado. *Intr.* Confiar.

fiasco *m.* Fracaso; falta de éxito.

fibra *f.* Cada uno de los filamentos que entran en la composición de los tejidos orgánicos. Filamentos que presentan en su textura ciertos minerales. Raíces pequeñas y delicadas de las plantas. Vigor, energía y robustez. Hebra.

fibrilado *adj.* De estructura fibrosa. Envuelto con fibrillas.

fibrilla *f.* Fibras o filamentos muy finos de que están formados los músculos, nervios y demás tejidos del cuerpo animal.

fibroso-a *adj.* Que tiene muchas fibras. Fuerte.

fíbula *f.* Hebilla a manera de imperdible. Peroné.

ficción *f.* Acción y efecto de fingir. Invención poética. Fábula, quimera, fantasía.

ficticio-a *adj.* Fingido o fabuloso. Aparente, convencional. Imaginario, supuesto.

ficha *f.* Pieza pequeña para señalar los tantos que se apuestas en el juego. Pieza del juego de dominó. Pieza pequeña que substituye la moneda, en algunos establecimientos. Cédula o tarjeta con datos que puede ser clasificada y guardada verticalmente en un archivero. Pillo, bribón, truhán.

fichar *tr.* Poner la ficha en el juego de dominó. Hacer la ficha antropométrica de un individuo. Ir contando con fichas los géneros que el camarero sirve en un café, ca-

sino, etc. Poner a una persona en el número de aquellas que se miran con prevención y desconfianza.

fichero *m.* Caja o mueble para colocar ordenadamente fichas, cedulas o tarjetas.

fidedigno-a *adj.* Digno de fe y crédito. Fehaciente, auténtico, verdadero, seguro.

fideicomiso *m.* Disposición testamentaria por la cual el testador deja su hacienda o parte de ella encomendada a la fe de uno para que en caso y tiempo determinados la transmita a otro o la invierta en el modo que se señale. Administración de un país por encargo e inspección de la ONU.

fidelidad *f.* Lealtad, observancia de la fe que uno debe a otro. Puntualidad y exactitud en la ejecución de una cosa. Probidad, sinceridad.

fideo *m.* Pasta de harina de trigo en forma de cuerda delgada, que sirve para sopa. Persona muy delgada.

fidería *f.* En México, fábrica de fideos y pastas para sopa y lugar donde se venden.

fiduciario-a *adj.* Heredero o legatario a quien encomienda u ordena el causante al todo o parte de la herencia. Que depende del crédito o confianza que merezca. Propiedad sobre la que se ha constituido un fideicomiso.

fiebre *f.* Elevación de la temperatura del cuerpo sobre la normal, que en el hombre es de 37° C. Agitación viva y ardorosa producida por una causa moral. Calentura, hipertermia, pirexia.

fiel *adj.* Que guarda fe. Exacto, conforme a la verdad. Cristiano sujeto a la Iglesia Católica. Exacto cumplidor de los preceptos. Aguja indicadora de la igualdad o desigualdad en los pesos comparados. Clavillo que asegura las hojas de las tijeras. Leal, perseverante.

fieltro *m.* Paño que resulta de conglomerar borra, lana o pelo, de espesor determinado.

fiera *f.* Bruto, indómito, carnicero. Persona cruel.

fiero-a *adj.* Perteneciente o relativo a las fieras. Duro, agreste o intransitable. Grande, excesivo. Horroroso, terrible. Brutal, sanguinario.

fierra *f.* En América, operación de marcar el ganado con hierro candente y temporada en que se ejecuta.

fierro *m.* Anticuado, hierro; es forma usada en América. En México, centavo; dinero usado.

fiesta *f.* Alegría, regocijo o diversión. Chanza, broma. Día de festividad solemne. Agasajo para ganarse la voluntad de alguien.

fifí *com.* En México, petimetre, vago y ocioso que viste bien, presumido, necio e insubstancial.

figón *m.* Casa donde se guisan y venden cosas ordinarias de comer.

figura *f.* Forma exterior de un cuerpo. Cara. Estatua, pintura o dibujo de un hombre o animal. Cosa que representa o simula otra. Mueca o ademán ridículo o afectado. Persona fea y de mala traza. Espacio cerrado por líneas o superficies. Alteración de los vocablos en su estructura o en su sentido o significación.

figurado-a *adj.* Dícese del sentido en que se toman las palabras, para que denoten idea diversa de la que recta y literalmente significan. Organizado. Dícese de los elementos celulares que existen en un líquido orgánico.

figurar *tr.*, Disponer, delinear y formar la figura de una cosa. Aparentar, suponer, fingir. *Intr.* Formar parte de un determinado número de personas o cosas. Hacer figura. *R.* Imaginarse, suponer uno algo que no conoce.

figurín *m.* Dibujo o modelo para los trajes y adornos de moda. Revista de modas. Lechuguino, gomoso. En México, lagartijo.

figurón *m.* Hombre fantástico y entonado que aparenta más de lo que es. Mascarón de proa.

fijador-a *adj.* Que fija. *M.* Substancia que se añade a un perfume para retardar la evaporación de los elementos más volátiles. Líquido para fijar el pelo, dibujos, fotografías, etc.

fijar *tr.* Hincar, clavar, asegurar un cuerpo en otro. Pegar con engrudo u otra materia anuncios o carteles en la pared. Hacer fija o estable una cosa. Determinar y precisar de modo cierto. Dirigir o aplicar directamente la mirada, la atención, etc.

fijeza *f.* Firmeza, seguridad de opinión. Persistencia, continuidad.

fijo-a *adj.* Firme, asegurado. Permanentemente establecido sobre reglas determinadas. Seguro, invariable, inalterable. Dícese de la substancia que no se volatiza con el calor.

fila *f.* Orden que guardan varias personas o cosas colocadas en línea. Tirria, odio, antipatía.

filamento *m.* Cuerpo filiforme, flexible o rígido. Hilo, fibra, hebra.

filantropía *f.* Amor al género humano, basado en la fraternidad, con socorro a los necesitados o desgraciados.

filarmonía *f.* Pasión por la música o por el canto.

filástica *f.* Hilos de que se forman todos los cabos y jarcias.

filatelia *f.* Arte del conocimiento de coleccionar sellos, principalmente de estampillas de correos.

filatería *f.* Tropel de palabras que un embaucador ensarta para engañar o persuadir de lo que quiere. Verborrea.

filete *m.* Miembro de moldura largo y angosto. Línea fina de adorno. Solomillo. Lonja de carne magra o de pescado, limpio de raspas. Espiral saliente del tornillo.

filfa *f.* Mentira, engaño, noticia falsa. Embuste, patraña. En México, pifia.

filiación *f.* Procedencia de los hijos respecto a los padres. Señas personales de cualquier individuo. Serie de descendientes que enlazan cada una de las generaciones. Dependencia de unos respecto de otros.

filial *adj.* Perteneciente al hijo. Sucursal; establecimiento que depende de otro.

filiar *tr.* Tomar la filiación a uno. Afiliarse. Fichar.

filibustero *m.* Nombre de ciertos piratas que por el siglo XVII infestaron el Mar de las Antillas.

filicida *adj. y s.* Que mata a su hijo.

filiforme *adj.* Que tiene forma o apariencia de hilo.

filigrana *f.* Obra formada de hilos de oro o plata, unidos y soldados con mucha perfección y delicadeza. Cosa delicada y pulida. Marca de agua en el papel.

filípica *f.* Invectiva, censura acre, por alusión a los discursos de Demóstenes contra el rey Filipo de Macedonia.

filipino-a *adj. y s.* Natural de las islas Filipinas. Perteneciente a ellas.

filisteo-a *adj. y s.* Individuo de un pueblo de la costa del Mediterráneo al norte de Egipto. Hombre de mucha estatura y corpulencia. Persona vulgar, incapaz de estimar los valores del espíritu.

film *m.* Palabra inglesa: película, cinta cinematográfica. Filme.

filmoteca *f.* Colección o archivo de películas cinematográficas.

filo *m.* Borde agudo de un instrumento cortante. Línea que divide una cosa en dos partes iguales. En México, hambre, apetito.

filogenia *f.* Evolución progresiva de un grupo biológico, a partir de una forma primitiva originaria.

filología *f.* Ciencia general de una lengua, desde todos sus aspectos: gramatical, literario, histórico, genealógico, lexicográfico, etc.

filón *m.* Masa metalífera o pétrea que rellena una antigua quiebra de las rocas de un terreno. Materia o negocio del que se espera sacar gran provecho.

filosofía *f.* Ciencia de las primeras causas, esencia, propiedades y efectos de las cosas.

filósofo-a *adj. y s.* El que crea, estudia, profesa o sabe Filosofía.

filoxera *f.* Insecto hemíptero, parecido al pulgón, que ataca las hojas y las raicillas de la vid. Enfermedad producida por este insecto.

filtrar *tr.* Hacer pasar un líquido por un filtro. *Intr.* Penetrar un líquido a través de un cuerpo sólido por sus poros, vanos o resquicios. *R.* Desaparecer inadvertida o furtivamente dinero o bienes. Colar, escurrirse.

filtro *m.* Materia porosa a través de la cual se hace pasar un líquido para clarificarlo. Manantial de agua dulce en la costa del mar. Depresión en la línea media del labio superior. Aparato para eliminar determinadas frecuencias en la corriente que lo atraviesa. Pantalla que deja pasar rayos de una longitud de onda y absorbe otros. Brebaje que supuestamente podía conciliar el amor de una persona.

filván *m.* Rebaba sutil que queda en el corte de una herramienta recién afilada.

fimo *m.* Estiércol.

fin *amb.* Término, remate o consumación de una cosa. *M.* Objeto o motivo con que se ejecuta una cosa. Desenlace, finalidad, muerte.

finado-a *m. y f.* Persona muerta, fallecida.

final *adj.* Que remata, cierra o perfecciona una cosa. Que constituye un fin o concierne a éste. Que presenta una finalidad. Dícese de la conjunción que introduce una oración subordinada que denota el fin u objeto de lo expresado en la principal. Punto que indica el fin de un período gramatical. Movimiento o fragmento último de una composición musical. *M.* Fin y remate de algo.

finalidad *f.* Fin con que o por que se hace una cosa. Objeto, propósito, designio.

finalista *com.* Cada uno de los que llegan a la prueba final, después de haber resultado vencedores en los concursos previos de un campeonato.

finalizar *tr.* Concluir una obra; darle fin. *Intr.* Extinguirse, consumirse una cosa. Terminar, consumar, acabar.

financiar *tr.* Galicismo por costear, aportar capital a una empresa.

financiero-a *adj.* Perteneciente o relativo a la hacienda pública, a las cuestiones bancarias o bursátiles o a los grandes negocios mercantiles. *M. y f.* Persona versada en estas materias. Hacendista, banquero, bolsista.

finanza *f.* Rescate. *Pl.* Hacienda, negocios, banca, asuntos económicos.

finar *intr.* Fallecer, morir. *R.* Consumirse por una cosa, apetecerla con ansia.

finca *f.* Propiedad inmueble. Predio, heredad.

fincar *intr.* Adquirir fincas, construir.

finchado-a *adj.* Ridículamente vano o engreído. Presuntuoso, vanidoso.

finés-a *adj.* Perteneciente a los fineses o finlandeses. Lengua predominante en Finlandia.

fineza *f.* Pureza y bondad de una cosa en su línea. Acción o dicho de benevolencia que se tiene a otro. Dádiva pequeña y de cariño. Delicadeza y primor.

fingir *tr.* Dar a entender lo que no es cierto. Dar existencia real a lo que no la tiene. Simular, aparentar.

finiquitar *tr.* Terminar, saldar una cuenta. Acabar, concluir, rematar.

finiquito *m.* Remate de las cuentas.

finito-a *adj.* Que tiene fin, término, límite.

finlandés-a *adj. y s.* Natural u oriundo de Finlandia. Perteneciente a este país de Europa. Finés.

fino-a *adj.* Delicado y de buena calidad. Delgado, sutil. Persona delgada, esbelta y de facciones delicadas. De exquisita educación. Amoroso, afectuoso. Astuto, sagaz. Dícese del metal muy depurado o acendrado.

finta *f.* Ademán o amago con intención de engañar a alguien. Ataque simulado.

finura *f.* Primor, delicadeza, buena calidad. Urbanidad, cortesía.

fiord o **fiordo** *m.* Larga, estrecha y profunda bahía, en las costas rocosas de elevadas latitudes, de laderas abruptas y escarpadas.

fique *m.* En México, Colombia y Venezuela, fibra de la pita de que se hacen cuerdas. Cabuya.

firma *f.* Nombre y apellido o título de una persona que ésta pone, con su rúbrica, al pie de un documento para darle autenticidad. Conjunto de documentos que se presentan a un jefe para firmarlos éste. Acto de firmarlos. Razón social, casa de comercio.

firmamento *m.* La bóveda celeste en que están aparentemente los astros. Cielo, espacio.

firmar *tr.* Poner uno su firma. *R.* Usar de tal o cual nombre o título en la firma. Suscribir.

firme *adj.* Estable, fuerte, que no se mueve ni vacila. Entero, constante, que no se deja dominar ni abatir. *M.* Capa sólida de terreno sobre que se puede cimentar. Capa de guijo o piedra machacada, para consolidar el piso de una carretera. Dícese de la sentencia que causa ejecutoria.

firmeza *f.* Estabilidad, fortaleza; estado de firme. Entereza, constancia, fuerza moral de quien no se deja dominar ni abatir. Seguridad, solidez.

fiscal *adj.* Perteneciente al fisco o al oficio de fiscal. *M.* Ministro encargado de promover los intereses del fisco. El que representa y ejerce el ministerio público en los tribunales. El que averigua y delata las operaciones de uno.

fiscalía *f.* Oficio y empleo de fiscal. Oficina o despacho de éste.

fiscalizar *tr.* Hacer el oficio de fiscal. Criticar y traer a juicio las acciones de otro.

fisco *m.* Erario, tesoro público.

fisga *f.* Arpón de tres dientes para pescar peces grandes. Burla con palabras irónicas o acciones disimuladas.

fisgar *tr.* Pescar con fisga. Husmear. Atisbar para ver lo que pasa en la casa del vecino. *Intr.* Burlarse de uno diestra y simuladamente.

fisgonear *tr.* Fisgar, husmear de continuo o por hábito; curiosear.

física *f.* Ciencia de los cuerpos, sus leyes y propiedades, mientras no cambia su composición; y de los agentes naturales, con los fenómenos que en los cuerpos produce su influencia.

físico-a *adj.* Perteneciente a la Física. *M.* El que profesa la Física. Exterior de una persona. Composición y propiedades de una cosa. Conjunto de fenómenos naturales.

físil *adj.* Que se hiende o escinde con facilidad.

fisiografía *f.* Parte de la Geología que estudia la forma y evolución del relieve terrestre y las causas que determinan su transformación.

fisiología *f.* Ciencia que estudia las funciones de los seres orgánicos y los fenómenos de la vida; estudio de las actividades de los animales y de las plantas.

fisión *f.* Segmentación. Rotura o desintegración del núcleo atómico.

fisionable *adj.* Dícese del material que puede ser sometido a fisión nuclear.

fisioterapia *f.* Tratamiento de ciertas enfermedades por medio de alguna de las fuerzas naturales.

fisonomía *f.* Aspecto particular del rostro de una persona, que resulta de la combinación de sus facciones. Aspecto exterior de las cosas. Semblante, figura.

fisonomista *adj. y s.* Que se dedica al estudio de la fisonomía. Con facilidad natural para recordar y distinguir a las personas por su fisonomía.

fistol *m.* En México, alfiler que se prende como adorno en la corbata.

fístula *f.* Cañón por donde cuela el agua u otro líquido. Conducto producido por ulceración, por donde sale pus o un líquido normal desviado de su curso ordinario.

fisura *f.* Hendidura, raja. Surco estrecho, hendedura o ranura. Fractura o hendedura longitudinal de un hueso. Úlcera lineal que afecta a la epidermis y a las partes superficiales de la dermis.

fitófago-a *adj. y s.* Que se alimenta de materias vegetales. Herbívoro. Vegetariano.

fitografía *f.* Parte de la Botánica que describe las plantas.

fitología *f.* Botánica.

flabelo *m.* Abanico grande con mango largo. Serie de fibras radiadas en un cuerpo estriado. Organo o parte en forma de abanico.

fláccido-a *adj.* Flaco, flojo, sin consistencia. Fofo, blando, relajado.

flaco-a *adj.* Dícese de la persona o animal de pocas carnes. Flojo, sin fuerzas. Espíritu falto de vigor y resistencia. Endeble, sin fuerza. *M.* Afición o defecto predominante en una persona.

flagelar *tr.* Azotar. Fustigar, vituperar. Zaherir, criticar.

flagelo *m.* Azote, látigo. Aflicción, calamidad, castigo grande; causa que los origina. Prolongación de una célula, a modo de un cilio largo y móvil.

flagrante *adj.* Que se está ejecutando en el momento actual. Ardiente, llameante.

flagrar *intr.* Arder o resplandecer como fuego o llama.

flama *f.* Llama. Reflejo o reverberación de la llama.

flamante *adj.* Lúcido, resplandeciente. Nuevo en una línea o clase; recién entrado en ella. Acabado de hacer o de estrenar.

flamear *intr.* Despedir llamas. Ondear las grímpolas y flámulas a la vela del buque, por estar al filo del viento. Ondular, llamear. Esterilizar un objeto pasándolo por una llama.

flamenco *m.* Ave acuática ciconiforme, de patas y cuello largos, pies palmeados y pico ancho y grueso; son sus plumas de color blanco y rosáceo.

flamenco-a *adj. y s.* Natural de la antigua región de Flandes o de las modernas provincias de este nombre, en Bélgica. Perteneciente a ellas. Dícese de lo andaluz que tiende a hacerse agitanado.

flamígero-a *adj.* Que arroja o despide llamas, o imita su figura.

flámula *f.* Especie de grímpola, banderola o gallardete

flan *m.* Dulce con yemas de huevo, leche y azúcar, puesto para que cuaje en el baño de María, aromatizado con café, naranja, vainilla, etc.

flanco *m.* Costado, lado. Región lateral del tronco, entre las costillas y el hueso ilíaco.

flanquear *tr.* Estar colocado al flanco o lado de una cosa.

flap *m.* Palabra inglesa: frenos aerodinámicos.

flaquear *intr.* Debilitarse, ir perdiendo la fuerza. Amenazar ruina o caída alguna cosa. Decaer de ánimo, aflojar en una acción.

flaqueza *f.* Extenuación, falta, mengua de carnes. Debilidad, falta de vigor. Fragilidad o acción defectuosa cometida por debilidad.

flash *m.* Denominación internacional del fogonazo o relámpago instantáneo que se emplea para tomar fotografías, en condiciones adversas de luz natural.

flato *m.* Acumulación molesta de gases en el tubo digestivo. En América, melancolía, tristeza.

flatulencia *f.* Indisposición o molestia por flatos. Acumulación de gases en el intestino.

flauta *f.* Instrumento músico de viento, en forma de tubo cilíndrico, cerrado en su extremo superior, con perforaciones que se obturan y abren con los dedos.

flavo-a *adj.* De color entre amarillo y rojo, como la miel o el oro

flébil *adj.* Digno de ser llorado. Lamentable, triste, lacrimoso.

flebitis *f.* Inflamación de la membrana interna de las venas.

fleco *m.* Adorno compuesto por una serie de hilos o cordoncillos colgantes de una tira de tela o de pasamanería. Porción de cabello recortado que dejan caer sobre la frente las mujeres.

flecha *f.* Saeta. En México y Puerto Rico, lanza del carro. eje Bóveda cónica o piramidal, de gran altura en relación con su base. Sagita.

flechar *tr.* Estirar la cuerda del arco colocando en él la flecha para arrojarla. Herir o matar con flechas. Inspirar amor, cautivar los sentidos repentinamente.

flechazo *m.* Acción de disparar la flecha. Golpe o herida que ésta causa. Amor repentino.

fleje *m.* Tira de chapa de hierro para envolver o arrollar algo. Resorte.

flema *f.* Mucosidad pegajosa que se arroja por la boca, procedente de las vías respiratorias. Tardanza o lentitud en las operaciones.

flemático-a *adj.* Perteneciente a la flema o que participa de ella. Tardo y lento en las acciones. Cachazudo, calmoso.

flemón *m.* Tumor en las encías. Inflamación aguda del tejido conjuntivo.

flequillo *m.* Porción de cabello recortado que a manera de fleco se deja caer sobre la frente.

fletar *tr.* Alquilar la nave o alguna parte de ella, para conducir personas o mercancías. Embarcarlas. En América, alquilar una bestia de carga, carro o carruaje.

flete *m.* Precio estipulado por el alquiler de una nave o parte de ella. Carga de un buque. En América, precio del alquiler de una nave o de otro medio de transporte.

flexible *adj.* Que puede doblarse fácilmente. Ánimo, genio o índole acomodaticio al dictamen o resolución de otro. *M.* Cordón de hilos de cobre con capa aisladora, para transmisión de energía eléctrica. Sombrero de fieltro no rígido.

flexión *f.* Acción y efecto de doblar o doblarse. Movimiento por el que una sección de un miembro se dobla sobre otra. Alteración que experimentan las palabras por el cambio de desinencias.

flexor-a *adj.* Que dobla o hace que se doble. Dícese de ciertos músculos que tienen esta disposición.

flirt *m.* Palabra inglesa: relaciones amorosas superficiales, amorío.

flirtear *intr.* Coquetear, galantear.

flogístico-a *adj.* Inflamatorio.

flojear *intr.* Obrar con pereza y descuido; aflojar en el trabajo. Flaquear.

flojel *m.* Tamo o pelusa del paño. Plumón de las aves.

flojo-a *adj.* Mal atado, poco apretado o poco tirante. Que no tiene mucha actividad o vigor. Perezoso, negligente, indolente.

flor *f.* Conjunto de los órganos de reproducción de las plantas fanerógamas, compuesto generalmente de cáliz, corola, estambres y pistilos. Lo más escogido de una cosa. Cubierta protectora de ciertas frutas. Nata del vino. Entereza virginal. Piropo, requiebro. Elogio. Parte exterior de una piel que admite pulimento. Óxido de un metal. En México y Chile, excremento de ave o de animal doméstico.

flora *f.* Conjunto de las plantas de un país o región. Conjunto de vegetales fósiles, de un terreno o formación geológica.

floración *f.* Florescencia. Tiempo que duran abiertas las flores.

floral *adj.* Perteneciente o relativo a la flor.

florear *tr.* Adornar con flores. Echar flores, piropear, elogiar. Sacar la parte más sutil de la harina. *Intr.* Vibrar, hacer mover la punta de la espada. En América, florecer. En México, hacer filigranas los charros en el manejo del lazo.

florecer *intr.* Echar o arrojar flor. Prosperar en riqueza o reputación. Existir, en un tiempo o época determinada, una persona o cosa insigne. *R.* Ponerse mohosos algunos objetos.

floreciente *adj.* Que florece. Próspero, adelantado, desarrollado.

florentino-a *adj. y s.* Natural de Florencia. Perteneciente a esta ciudad de Italia.

floreo *m.* Acción y efecto de florear. Conversación de pasatiempo. Dicho o expresión ingeniosa.

florero-a *adj.* Que usa de palabras lisonjeras y chistosas. *M. y f.* Florista, que vende flores. *M.* Vaso para poner flores. Maceta o tiesto con flores.

florescencia *f.* Acción de florecer. Época en que las plantas florecen. Aparición de las flores en un vegetal.

floresta *f.* Terreno frondoso y ameno poblado de árboles. Reunión de cosas agradables o de buen gusto. Bosque.

florete *m.* Esgrima con espadín. Espadín de cuatro aristas, para enseñanza de la esgrima. Lienzo o tela entrefina de algodón.

floricultura *f.* Cultivo de las flores. Arte que lo enseña.

florido-a *adj.* Que tiene flores. Dícese de lo más escogido de una cosa; o del lenguaje ameno y adornado. Selecto, lozano, elegante.

florilegio *m.* Colección de trozos literarios selectos. Antología.

floripondio *m.* Arbusto del Perú, de tronco leñoso, hojas grandes y vellosas, flores blancas solitarias en forma de embudo, de semillas venenosas y narcóticas. Flor grande, en adornos de mal gusto.

florista *com.* Persona que fabrica flores artificiales. Que vende flores.

florón *m.* Adorno hecho a modo de flor muy grande. Hecho que da lustre, que honra. Adorno a modo de flor, en el círculo de algunas coronas.

flósculo *m.* Florecilla tubular que se implanta en el disco de la cabezuela de una compuesta.

flota *f.* Conjunto de barcos o aviones mercantes o de guerra de un país.

flotador-a *adj.* Que flota o sobrenada en un líquido. *M.* Cuerpo ligero para determinar la velocidad de una corriente de agua, el nivel de un líquido, aprender a nadar, etc. Cuerpo hueco de un hidroavión para que flote. Cilindro hueco que regula el paso de la gasolina al carburador. Vejiga natatoria.

flotar *intr.* Sostenerse un cuerpo en equilibrio en la superficie de un líquido, o en suspensión sumergido en un fluido aeriforme. Ondear en el aire.

flotilla *f.* Flota compuesta de buques pequeños. Grupo reducido de aviones.

fluctuar *intr.* Vacilar un cuerpo sobre las aguas por el movimiento de éstas. Estar a riesgo de perderse o arruinarse una cosa. Oscilar o dudar. Ondear, ondular. Crecer y disminuir alternatiamente la intensidad de algo.

fluido-a *adj.* Que puede fluir; de poca coherencia y que toma la forma del recipiente en que está contenido. Dícese del estilo corriente y fácil. *M.* Substancia que puede fluir, líquida o gaseosa.

fluir *intr.* Correr un líquido. Salir un fluido del recipiente que lo contiene. Brotar, manar.

flujo *m.* Movimiento de las cosas fluidas. Movimiento de ascenso de la marea. Cantidad de substancia que atraviesa una superficie determinada. Derrame abundante de un líquido orgánico. Abundancia de cosas que fluyen.

fluminense *adj. y s.* Natural de Río de Janeiro. Relativo o perteneciente a esta ciudad brasileña.

flúor *m.* Metaloide gaseoso, de color amarillo claro, de olor penetrante; muy tóxico; símbolo F.

fluorescencia *f.* Propiedad de algunos cuerpos de emitir luz o radiaciones características, cuando son iluminados o excitados por luz de longitud de onda adecuada.

fluoroscopio *m.* Pantalla plana, fluorescente a los rayos X, en la que se ven las sombras de los cuerpos opacos a las radiaciones entre la pantalla y la fuente de radiación.

fluvial *adj.* Perteneciente a los ríos.

fluxión *f.* Congestión activa. Constipado de narices, resfriado. Congestión pulmonar.

fobia *f.* Apasionada aversión hacia una cosa. Odio.

foca *f.* Mamífero carnívoro marino pisciforme, con extremidades en forma de aleta; se alimenta de peces y animales marinos y habita en regiones frías.

foco *m.* Punto donde se reúnen o convergen los rayos luminosos y caloríficos reflejados o refractados; o un haz de partículas emitidas. Centro emisor de radiaciones. Manantial. Hipocentro. Lugar en que está concentrada alguna cosa con toda su fuerza y eficacia. Bombilla de luz eléctrica. Centro principal de un estado morboso.

fodongo-a *adj. y s.* En México, sucio; pedo; mujer que no sabe o no quiere ocuparse de las faenas de la casa.

fofo-a *adj.* Esponjoso, blando y de poca consistencia.

fogarada *f.* Llamarada.

fogata *f.* Fuego hecho con un combustible que levante llama. Hoguera.

fogón *m.* Sitio de la cocina para hacer fuego y guisar. Lugar destinado al combustible de las calderas.

fogonazo *m.* Llamarada que levantan la pólvora o el magnesio cuando prenden. Eclosión intensa de luz. En México, bebida engañosa que contiene licor.

fogonero *m.* El que cuida del fogon, sobre todo en las máquinas de vapor.

fogoso-a *adj.* Ardiente, demasiado vivo. Brioso, vehemente, arrebatado.

foguear *tr.* Limpiar con fuego una arma, cargándola con poca pólvora y disparándola. Acostumbrar a las personas o a los caballos al fuego de las armas. Acostumbrar a alguien a las penalidades y trabajos de un estado u ocupación.

foja *f.* Hoja de papel en un proceso, documento oficial, libro, etc.

foliáceo-a *adj.* Perteneciente o relativo a las hojas de las plantas. De estructura laminar. Delgado como la hoja.

foliación *f.* Acción y efecto de foliar. Serie numerada de folios. Acción de echar hojas las plantas, o modo de estar colocadas en la planta.

foliar *tr.* Numerar los folios del libro o cuaderno. *Adj.* Originado por las hojas; perteneciente o relativo a ellas.

folículo *m.* Organo en forma de saco. Fruto seco, dehiscente, que se abre por la sutura ventral. Glándula sencilla en forma de saquito, en el espesor de la piel o de las mucosas.

folículo *m.* Hojuela de una hoja compuesta.

folio *m.* Hoja del libro o del cuaderno. Encabezamiento de las páginas de un libro.

folklore *m.* Conjunto de tradiciones, creencias, costumbres, manifestaciones artísticas, etc., de los distintos pueblos, como agrupaciones étnicas.

follaje *m.* Conjunto de hojas de las plantas. Adorno foliar con que se engalana una cosa. Adorno superfluo, complicado y de mal gusto. Abundancia de palabras superfluas.

folletín *m.* Artículos de crítica, novelas, etc., que se publican en un periódico, sin relación directa con él. Publicación novelesca truculenta y de escaso mérito literario.

folletinesco-a *adj.* Perteneciente o relativo al folletín. Complicado y novelesco, pero de escaso mérito.

folleto *m.* Obra impresa, no periódica, que consta de menos de cien páginas.

follón-a *adj. y s.* Flojo, perezoso y negligente. Vano, cobarde y de ruin proceder. *M.* Cohete que revienta sin trueno. Ventosidad sin ruido.

fomentar *tr.* Dar calor que vivifique y preste vigor. Excitar, promover o proteger una cosa. Atizar, dar pábulo. Aplicar a una parte enferma paños empapados en un líquido.

fomento *m.* Calor, abrigo y amparo que se da a una cosa. Pábulo o materia con que se ceba. Auxilio, protección. Medicamento líquido que se aplica en paños calientes.

fon *m.* Unidad subjetiva de ruido, que es la presión que una onda aérea plana, de frecuencia de mil ciclos, ejerce sobre 1 cm².

fonda *f.* Establecimiento público donde se da hospedaje y se sirven comidas.

fondeadero *m.* Paraje con profundidad suficiente para que una embarcación pueda dar fondo.

fondear *tr.* Reconocer el fondo del agua. Registrar una embarcación las autoridades fiscales. Examinar con cuidado una cosa hasta llegar a sus principios. Bucear. Asegurar una embarcación con anclas o grandes pesos que descansen en el fondo. En América, hacerse rico.

fondillos *m. pl.* Parte trasera de los pantalones o calzones.

fondo *m.* Parte inferior de una cosa hueca. Superficie sólida sobre la que está el agua del mar, ríos o estanques. Extensión interior de un edificio. Color o dibujo que cubre una superficie. Grueso de los diamantes. Caudal o bienes de una persona o entidad. Indole. Lo esencial de una cosa. Conjunto de obras de una biblioteca, editorial o librería. Falda sobre la que se arma el vestido. En México, saya blanca de las mujeres debajo de las enaguas. Contenido de una obra literaria. Parte de un buque que va debajo del agua. Profundidad de una formación militar.

fonema *m.* Cada uno de los sonidos simples del lenguaje hablado.

fonética *f.* Parte de la Gramática que estudia los sonidos de un idioma y sus respectivos signos.

fonético-a *adj.* Perteneciente a la voz o al sonido. Dícese del alfabeto o escrituras con letras que representan sonidos, de cuya combinación resultan las palabras. Alfabeto u ortografía que trata de representar los sonidos con mayor exactitud que la escritura usual.

fónico-a *adj.* Perteneciente a la voz o al sonido. *F.* Arte de combinar los sonidos según las leyes de la Acústica.

fonógrafo *m.* Aparato para inscribir y reproducir los sonidos.

fonograma *m.* Sonido representado por una o más letras. Cada una de las letras del alfabeto. Disco fonográfico.

fonología *f.* Fonética. Tratado del sonido; acústica.

fonómetro *m.* Instrumento para medir la intensidad de la voz o de los sonidos.

fontana *f.* Fuente.

fontanela *f.* Cada uno de los espacios membranosos que hay en el cráneo de muchos animales, antes de su completa osificación.

fontanería *f.* Arte de encañar y conducir las aguas para los diversos usos de ellas. Conjunto de conductos por donde se dirige y distribuye el agua.

football *m.* Fútbol.

foque *m.* Vela triangular que se orienta y amura sobre el bauprés.

forajido-a *adj.* Persona facinerosa que anda fuera de poblado huyendo de la justicia.

foramen *m.* Agujero, taladro u hoyo. Orificio o abertura.

foráneo-a *adj.* Forastero, extraño.

forastero-a *adj. y s.* Que es o viene de fuera del lugar. Persona que vive en un lugar del que no es vecino y en donde no ha nacido. Extraño, ajeno.

forcear, forcejar o **forcejear** *intr.* Hacer fuerza para vencer alguna resistencia. Resistir, hacer oposición.

fórceps *m.* Instrumento en forma de tenaza para la extracción de las criaturas en los partos difíciles.

forcípulo *m.* Compás forestal para determinar el diámetro o grueso de los árboles.

forense *adj.* Perteneciente al foro.

forestal *adj.* Relativo a los bosques y a sus productos.

forfait *m.* Palabra para designar ciertos contratos en que una de las partes se obliga a una serie de prestaciones pormenorizadas

bajo su completa responsabilidad, a cambio de una cantidad fijada por ambas partes.

forja *f.* Fragua. Ferrería. Acción y efecto de forjar. Trabajo de los metales en estado plástico a elevada temperatura.

forjar *tr.* Dar la primera forma con el martillo a cualquier pieza de metal. Fabricar y formar. Inventar, fingir.

forma *f.* Figura exterior. Fórmula y modo de proceder. Molde. Tamaño de un libro en largo y ancho. Aptitud, modo y disposición de hacer algo. Manera de expresar las ideas. En México, horma. Requisitos externos en los actos jurídicos.

formal *adj.* Perteneciente a la forma. Que tiene formalidad. Serio, amigo de la verdad y enemigo de chanzas.

formalidad *f.* Exactitud, puntualidad y consecuencia en las acciones. Requisitos que se han de observar o llenar para ejecutar algunas cosas. Modo de realizar un acto público. Seriedad, compostura.

formalismo *m.* Rigurosa aplicación y observancia excesiva de reglas, normas y formalidades. Doctrina que atiende más a lo exterior o formulario que al contenido.

formalizar *tr.* Dar la última forma a una cosa. Revestir una cosa de los requisitos legales. Concretar, precisar. *R.* Ponerse serio.

formar *tr.* Dar forma a una cosa. Juntar, unir, reunir en un todo. Criar, educar, adiestrar. Organizar un texto para imprimirlo. *Intr.* Colocarse en una formación, cortejo, etc. *R.* Desarrollarse, hacerse apto o hábil en lo físico y en lo moral.

formato *m.* Forma, tamaño y dimensiones de un libro.

formicida *adj. y s.* Substancia para matar las hormigas.

fórmico *adj.* Dícese del ácido incoloro, de olor penetrante, que existe en el sudor y en las ortigas.

formidable *adj.* Muy temible y que infunde asombro y miedo. Excesivamente grande, enorme. Gigantesco, tremendo.

formidoloso-a *adj.* Que tiene mucho miedo. Espantoso, horrible.

formillón *m.* Horma para la abertura del sombrero.

formón *m.* Escoplo ancho de boca y poco grueso.

fórmula *f.* Modo establecido para explicar o pedir, ejecutar o resolver una cosa, con palabras precisas y determinadas. Receta, prescripción facultativa. Modelo, pauta. Expresión matemática reducida a sus más simples términos, como regla para resolución de casos análogos. Combinación de símbolos químicos que expresa los elementos componentes de una especie química.

formular tr. Reducir a términos claros y precisos un mandato, proposición o cargo. Recetar. Expresar, manifestar. Adj. Relativo o perteneciente a la fórmula o que tiene sus cualidades.

formulario-a adj. Relativo a las fórmulas o al formulismo. Dícese de lo que cubre sólo las apariencias. M. Libro o escrito que contiene las fórmulas que se han de observar para petición, ejecución o expedición de algo. Colección de recetas. Farmacopea.

formulismo m. Apego excesivo a las fórmulas. Tendencia a preferir la apariencia de las cosas a su esencia.

fornicar intr. Tener ayuntamiento o cópula carnal fuera del matrimonio.

fornido-a adj. Robusto, de mucho hueso. Vigoroso, corpulento, membrudo.

fornitura f. Provisión, suministro, abasto. Adorno, aderezo, guarnición. Correaje y cartucheras de los soldados.

foro m. Plaza donde se trataban en Roma los negocios públicos y donde el pretor celebraba los juicios. Sitio en que los tribunales oyen y determinan las causas. Curia y cuanto concierne al ejercicio de la abogacía y a la práctica de los tribunales. Parte del escenario opuesta a la embocadura.

forraje m. Pasto verde que se da al ganado, especialmente en primavera. Hierba, pasto seco o verde como alimento del ganado. En México y Argentina, pasto seco conservado para alimentación del ganado.

forrajear tr. Segar y coger el forraje. Salir a recogerlo.

forrar tr. Poner forro. Cubrir con forro o funda. R. Comer mucho, atiborrarse. Conseguir mucho dinero, reunir buen capital.

forro m. Resguardo o cubierta con que se reviste una cosa, interior o exteriormente. Tela o piel en el interior de los vestidos.

fortachón-a adj. Recio y fornido; de grandes fuerzas.

fortalecer tr. Fortificar. Infundir valor o ánimo. Reforzar, confortar.

fortaleza f. Fuerza y vigor. Virtud de vencer el temor y huir de la temeridad. Recinto fortificado o defensa natural. Nave artillada de gran porte. Avión de bombardeo de gran radio de acción y poderoso armamento. Denominación genérica de castillos, fuertes y plazas fortificados y artillados potentemente.

fortificación f. Acción de fortificar. Obra de defensa. Baluarte, ciudadela.

fortificar tr. Dar vigor y fuerza, material o moralmente. Hacer fuerte con obras de defensa. Fortalecer, vigorizar.

fortín m. Fuerte pequeño. Obra de defensa en los atrincheramientos de las tropas.

fortísimo adj. Superlativo de fuerte.

fortuito-a adj. Que sucede inopinada y casualmente. Imprevisto, inesperado

fortuna f. Suerte favorable o adversa. Hacienda, caudal, capital. Sino, destino, ventura; casualidad, acaso.

forzado-a adj. Ocupado o retenido por fuerza. M. Presidiario, galeote sujeto a trabajos rudos.

forzar tr. Hacer fuerza o violencia para conseguir algo. Rendir a fuerza de armas una plaza, fortaleza, etc. Gozar a una mujer contra su voluntad. Tomar u ocupar por fuerza. Obligar o precisar a que se ejecute una cosa. Violentar, compeler. Intensificar los cultivos.

forzoso-a adj. Que no se puede excusar. Violento, contra razón y derecho. Obligatorio, necesario, preciso.

fosa f. Sepultura, lugar en que está enterrado un cadáver. Cavidad orgánica. Depresión en algunos huesos.

fosco-a adj. Hosco. Obscuro.

fosfatar tr. Abonar o fertilizar los cultivos con abonos fosfatados. Formar un fosfato.

fosfato m. Sal de un ácido fosfórico.

fosforera f. Estuche o caja en que se guardan o llevan fósforos.

fosforescencia f. Propiedad de emitir luz o radiaciones algunos cuerpos cuando se les ilumina o excita por ondas o partículas.

fosforescer o fosforecer intr. Manifestar fosforescencia.

fosfórico-a adj. Perteneciente o relativo al fósforo. En América, violento, irritable. Cada uno de los ácidos que resultan de la acción del agua sobre el anhídrido fosfórico.

fósforo m. Metaloide blando, transparente y de aspecto céreo; expuesto al aire emite humos blancos, de olor aliáceo; es luminoso en la obscuridad; símbolo P. Trozo de cerilla, madera o cartón con cabeza inflamable para encender luz. El lucero del alba. En México, café con aguardiente.

fosfuro *m*. Nombre genérico de los compuestos de fósforo trivalente con metales.

fósil *m*. Cualquiera de los restos de organismos o huellas hallados en las capas de la corteza terrestre, pertenecientes a animales o plantas que vivieron en otras épocas geológicas. Viejo, anticuado. En México, estudiante que repite el curso varias veces.

fosilizarse *r*. Convertirse en fósil un cuerpo orgánico.

foso *m*. Hoyo. Piso inferior del escenario. Excavación que circuye una fortaleza. La cavidad más baja del cárter.

fot *m*. Unidad de flujo luminoso o centímetro-bujía.

fotingo *m*. Automóvil Ford de modelo anticuado; por extensión, cualquier otro, de análogas características.

foto *m*. Unidad de energía fotoquímica, equivalente a un lumen por cm². Apócope de fotografía.

fotocélula *f*. Célula fotoeléctrica.

fotocopia *f*. Copia fotográfica para reproducir páginas manuscritas o impresas.

fotoelectricidad *f*. Conjunto de fenómenos luminosos producidos por la electricidad, y recíprocamente, los fenómenos eléctricos provocados por la luz.

fotoelectrónica *f*. Estudio de las interacciones de la electricidad y de la luz, especialmente aquéllas en que intervienen electrones libres.

fotofobia *f*. Repugnancia morbosa y horror a la luz.

fotogénico-a *adj*. Que promueve o favorece la acción química de la luz. De buenas condiciones para ser reproducido por la fotografía.

fotograbado *m*. Procedimiento de grabar en clisé fotográfico sobre una plancha metálica y arte de estampar estas planchas por acción química de la luz.

fotografía *f*. Arte de fijar y reproducir las imágenes de los objetos mediante reacciones químicas con una superficie preparada con substancias sensibles para la luz.

fotografiar *tr*. Hacer fotografías. Describir en términos muy precisos, claros y verdaderos, de modo que parezca lo descrito como presente a la vista.

fotometría *f*. Parte de la Optica que estudia la intensidad de la luz, métodos para medirla y sus aplicaciones.

fotón *m*. Quanto o átomo de energía luminosa.

fotorama *m*. Aparato fotográfico con el que se obtienen fotografías panorámicas o que sirve para proyectarlas.

fotosfera *f*. Superficie visible del Sol.

fotosíntesis *f*. Proceso de síntesis orgánica que tiene lugar en los vegetales y que éstos realizan a la luz y por intervención de la energía luminosa.

fotostato *m*. Aparato fotográfico utilizado para obtener rápidamente copias directas de los originales.

fototipia *f*. Procedimiento de reproducir clisés fotográficos sobre una capa de gelatina bicromatada extendida sobre una lámina de cristal o de cobre y arte de estampar estas reproducciones.

fototropismo. *m*. Reacción de los organismos que se orientan con relación a un foco luminoso.

fox terrier *adj*. y *s*. Raza de perros domésticos muy inteligente y sociable.

fox trot *m*. Baile de sociedad para parejas a un ritmo intermedio entre la polca y el pasodoble

frac *m*. Vestidura de hombre, que por delante llega hasta la cintura y por detrás tiene dos faldones más o menos anchos y largos.

fracasado-a *adj*. y *s*. Dícese de la persona que ha tenido fracasos en sus intentos o aspiraciones.

fracaso *m*. Caída o ruina, de una cosa con estrépito y rompimiento. Suceso lastimoso, inopinado y funesto. Resultado adverso de una empresa o negocio.

fracción *f*. División de una cosa en partes. Cada una de estas partes. Pedazo, trozo, fragmento. Expresión aritmética o algebraica que indica una división. Quebrado, unidad fraccionaria o suma de varias de ellas.

fraccionar *tr*. Dividir una cosa en partes o fracciones.

fractura *f*. Acción y efecto de fracturar o fracturarse. Solución de continuidad en un hueso causada con violencia.

fracturar *tr*. y *r*. Romper o romperse una cosa o quebrantarla con esfuerzo.

fragancia *f*. Olor suave y delicioso. Buen nombre y fama de las virtudes de una persona. Perfume, aroma, efluvio.

fragante *adj*. Que tiene o despide fragancia. Perfumado, oloroso.

fragata *f*. Buque de tres palos, con cofas y vergas en todos ellos. Ha sido aplicado el nombre a barcos de muy diverso tipo. Modernamente, son buques destinados al servicio de escolta y vigilancia antisubmarina, de gran radio de acción y de menos de mil toneladas de desplazamiento.

frágil *adj.* Quebradizo y que con facilidad se hace pedazos. Dícese de la persona que cae fácilmente en algún pecado. Caduco y perecedero.

fragmentar *tr.* Fraccionar, reducir a fragmentos.

fragmentario-a *adj.* Perteneciente al fragmento. Formado de fragmentos. Incompleto, no acabado.

fragmento *m.* Parte o porción pequeña de algunas cosas quebradas, partidas o rotas. Parte que ha quedado o que se publica de un libro o escrito. Pedazo, añico.

fragor *m.* Ruido, estruendo.

fragoso-a *adj.* Aspero, intrincado, lleno de quiebras y malezas. Ruidoso, estrepitoso. Quebrado, escabroso.

fragua *f.* Fogón en que se caldean los metales para forjarlos.

fraguar *tr.* Forjar. Idear, discurrir alguna cosa. Tramar, urdir, maquinar. Llegar a trabar y endurecerse la cal, el yeso, cemento, etc.

fraile *m.* Nombre que se da a los religiosos de ciertas órdenes.

frailuno-a *adj.* Propio de fraile, tomado como despectivo.

frambuesa *f.* Fruto del frambueso, algo velloso, de color carmín, de sabor agridulce muy agradable; seméjase a la zarzamora.

frambueso *m.* Planta rosácea de tallos delgados erguidos, doblados en la punta y espinosos; su fruto es la frambuesa.

francachela *f.* Comida para regalarse y divertirse dos o más personas. Tremolina, juerga, holgorio.

francés-a *adj. y s.* Natural de Francia. Perteneciente a esta nación de Europa. Lengua oficial de Francia.

francio *m.* Elemento químico metálico; símbolo Fr.

franciscano-a *adj. y s.* Dícese del religioso de la orden de San Francisco. Perteneciente o relativo a esta orden.

francmasonería *f.* Asociación secreta en que se usan varios símbolos tomados de la albañilería: escuadras, niveles, etc. Masonería.

franco-a *adj.* Liberal, dadivoso, bizarro y galante. Desembarazado, libre y sin impedimento. Libre, exento o privilegiado. Ingenuo y leal en su trato. Dícese de todos los pueblos antiguos de la Germania inferior. Francés. *M.* Unidad monetaria en Francia, Bélgica. Suiza y Albania.

francófilo *adj. y s.* Amigo de los franceses.

francote-a *adj.* Dícese de la persona de carácter abierto y que procede con sinceridad y llaneza extremadas.

francotirador *m.* Individuo que combate como guerrillero. Perteneciente a un cuerpo ligero de tropas.

franela *f.* Tejido fino de lana ligeramente cardado por una de sus caras.

frangir *tr.* Partir o dividir algo en diferentes pedazos.

frangollo *m.* Trigo machacado y cocido. Pienso de legumbres y granos triturados. En América, comida hecha sin esmero.

franja *f.* Guarnición de hilo para adornar. Cenefa, borde, orla. Ban da, lista.

franquear *tr.* Libertar, exceptuar a alguien de contribuciones o tributos. Conceder algo libremente y con generosidad. Quitar impedimentos que estorben o impidan el curso; abrir camino. Pagar en timbres o sellos el porte de un objeto para que se remita por correo. *R.* Descubrir interioridades a otro.

franqueza *f.* Libertad, exención. Liberalidad, generosidad. Sinceridad, abertura de corazón. Llaneza, sencillez, naturalidad.

franquicia *f.* Libertad y exención que se concede para no pagar derechos por mercancías importadas o exportadas o por el aprovechamiento de un servicio público. Dispensa, fuero.

frasca *f.* Hojarasca y ramitas de árbol. En México, bulla, algazara.

frasco *m.* Vaso de cuello corto para tener y conservar líquidos.

frase *f.* Conjunto de palabras que expresa una o varias ideas, sin llegar a constituir oración. Locución enérgica. Estilo de cada escritor.

fraseología *f.* Modo peculiar de ordenar las frases según cada escritor. Exceso de palabras; verbosidad redundante.

frasquero *m.* En México, conjunto de frascos.

fraternal *adj.* Propio de hermanos.

fraternidad *f.* Unión y buena correspondencia entre hermanos o entre los que se tratan como iguales.

fraternizar *intr.* Unirse y tratarse como hermanos.

fraterno-a *adj.* Perteneciente a los hermanos; propio de su trato.

fratricida *adj. y s.* Que mata a su hermano.

fratricidio *m.* Muerte de una persona ejecutada por su propio hermano.

fraude *m.* Engaño, abuso de confianza. Dolo, simulación.

fraudulento-a *adj.* Engañoso, falaz. Mentiroso, doloso.

fray *m.* Apócope de fraile.

frazada *f.* Manta peluda que se echa sobre la cama. Cobija.

freático-a *adj.* Dícese de la capa acuífera subterránea y de las aguas que la forman, las cuales se aprovechan mediante pozos.

frecuencia *f.* Repetición frecuente de un acto o suceso. Rapidez de oscilación o alternación de una corriente alterna.

frecuentar *tr.* Repetir un acto a menudo. Concurrir con frecuencia a un lugar o a ver una persona.

frecuentativo-a *adj. y s* Dícese del verbo que indica una acción reiterada.

frecuente *adj.* Repetido a menudo. Usual, común. Corriente, acostumbrado.

fregadero *m.* Banco donde se ponen los barreños en que se friega. En América, acción de causar daño.

fregar *tr.* Restregar con fuerza una cosa con otra. Limpiar restregando. En América, fastidiar, molestar, dañar.

fregona o **fregatriz** *f.* Criada que sirve en la cocina y friega.

freiduría *f.* Tienda donde se fríe pescado para la venta. En México, puesto callejero en que se fríen diversos manjares.

freír *tr.* Hacer que un manjar crudo se pueda comer teniéndolo en aceite o grasa hirviendo. Mortificar pesada e insistentemente.

frémito *m.* Bramido. Estremecimiento o vibración en un órgano.

frenar *tr.* Enfrenar. Moderar o parar con el freno el movimiento de una máquina o de un carruaje. Contener, sujetar, reprimir.

frenesí *m.* Delirio furioso. Violenta perturbación y exaltación del ánimo.

frenillo *m.* Membrana muscular que sujeta la lengua por la línea media de la parte inferior. Ligamento que sujeta el prepucio al bálano. Pliegue mucoso en la cara interna de cada labio que lo une con la encía. Bozal.

freno *m.* Instrumento de hierro para sujetar y gobernar las caballerías. Artificio para moderar o detener máquinas y carruajes. Sujeción que se pone a uno para moderar sus acciones.

frenología *f.* Hipótesis fisiológica que considera el cerebro como una agregación de órganos, correspondiendo a cada uno de ellos diversa facultad intelectual, actividad o función.

frenopatía *f.* Cualquier trastorno mental.

frenoplejía *f.* Parálisis del diafragma. Acceso súbito de demencia. Pérdida o parálisis de las facultades mentales.

frente *f.* Parte superior de la cara entre una y otra sien, desde encima de los ojos hasta la vuelta del cráneo. Parte delantera de una cosa. Semblante, cara. *Amb.* Fachada. Anverso. *Adv.* Enfrente. *M.* Primera fila de tropa. Extensión de territorio en que combaten los ejércitos, con cierta permanencia o duración.

freón *m.* Nombre comercial de un grupo de gases, derivados fluorados de hidrocarburos, fácilmente liquidables por presión y de muy útiles aplicaciones.

fresa *f.* Planta rosácea de tallos rastreros con estolones, hojas vellosas divididas en tres folíolos y dentadas, de fruto redondeado, rojo, suculento y fragante. Este fruto. Nombre de varias herramientas o instrumentos para ampliar agujeros, labrar metales, ranurar, etc.

fresca *f.* Fresco, frío moderado. Frescor matutino o vespertino en tiempo caluroso. Palabra o frase franca y resuelta que se dice a alguien.

frescachón-a *adj.* Muy robusto y de color sano, juvenil.

frescales *com.* Persona fresca, que no tiene empacho, descarado.

fresco-a *adj.* Moderadamente frío. Reciente, acabado de hacer de coger, etc. Pronto, acabado de suceder. Sereno, impasible. Tela delgada y ligera. Desvergonzado, sin empacho. Pescado sin salar. *M.* Frío moderado. Pintura realizada sobre un muro, cuando la cal del enlucido está recién puesta.

frescura *f.* Calidad de fresco. Amenidad de un sitio delicioso y lleno de verdor. Desembarazo, desenfado. Chanza, dicho picante. Poco celo, negligencia. Serenidad, tranquilidad de ánimo.

fresera *f.* Fresa, planta rosácea.

fresno *m.* Árbol oláceo muy ramoso, con hojas compuestas dentadas, flores en panojas cortas, fruto seco y semilla elipsoidal. Madera de este árbol.

fresón *m.* Fruto de una fresera oriunda de Chile, mayor que la fresa y de sabor más ácido.

freza *f.* Estiércol o excremento de algunos animales. Desove de los peces. Pescado menudo recién nacido. Señal u hoyo que hace un animal escarbando u hozando.

friable *adj.* Que se desmenuza fácilmente.

frialdad *f.* Sensación de falta de calor. Impotencia para la generación. Flojedad y descuido en el obrar. Dicho insulso y fuera de propósito. Frigidez, desinterés, apatía.

fricandó *m.* Guisado de tocino, mantequilla, zanahorias y cebolla con que se hierve un trozo de carne y que se rocía después con caldo de legumbres.

fricar *tr.* Restregar, frotar.

fricativo-a *adj.* Dícese de los sonidos o letras consonantes cuya articulación resulta de cierta fricción o roce del aire en los órganos bucales.

fricción *f.* Acción y efecto de friccionar. Linimento preparado para dar friegas. Frotamiento de dos cuerpos que se rozan.

friccionar *tr.* Restregar, dar friegas o fricciones. Frotar.

friega *f.* Remedio que se hace restregando alguna parte del cuerpo con las manos, con un paño o cepillo. Molestia, fastidio. Tunda, zurra. Fricción, frotación.

frigidez *f.* Frialdad. Falta de apetito sexual.

frígido-a *adj.* Frío, indiferente.

frigio-a *adj. y s.* Natural de Frigia. Perteneciente a este antiguo país de Asia.

frigorífico-a *adj.* Que produce enfriamiento. Mezcla que lo produce. Dícese de las cámaras o espacios enfriados artificialmente.

fríjol *m.* Fréjol, alubia, judía. *Pl.* En México, la comida cotidiana; el alimento necesario.

frío *m.* Disminución notable de calor en los cuerpos. Sensación que se experimenta cuando la temperatura del cuerpo es mucho más elevada que la de otro cuerpo que le roba calor. *Adj.* Dícese del cuerpo cuya temperatura es muy inferior a la ordinaria del ambiente. Indiferencia o desapego a otra persona. Impotente, incapaz de engendrar o concebir. Sin gracia. Bebida enfriada.

friolento-a o friolero-a *adj.* Muy sensible al frío.

friolera *f.* Cosa de poca monta o importancia. Bagatela, menudencia.

frisar *tr.* Levantar y rizar los pelillos de algún tejido. Refregar. *Intr.* Congeniar, confrontar. Acercarse, aproximarse.

friso *m.* Parte del cornisamiento que media entre el arquitrabe y la cornisa. Faja más o menos ancha que suele pintarse en la parte inferior de las paredes.

frisón-a o frisio-a *adj. y s.* Natural de Frisia. Perteneciente a esta provincia de Holanda.

frita *f.* Mezcla de materias de que se hace el vidrio después de calentada. Mezcla de arenas, carbonatos y cloruro de sodio, para el esmalte de la loza.

fritada *f.* Conjunto de cosas fritas.

fritanga *f.* Fritada, especialmente la abundante en grasa.

fritura *f.* Fritada. Aparición de descargas en el transmisor y micró-

fonos de carbón que producen silbidos y crepitaciones en el receptor.

frívolo-a *adj.* Ligero, veleidoso, insubstancial. Fútil y de poca importancia.

fronda *f.* Hoja de una planta. Conjunto de hojas o ramas que forman la espesura. Parte foliácea de los helechos. Motivo de ornamentación que imita el follaje.

frondoso-a *adj.* Abundante de hojas y ramas. Abundante en árboles que forman espesura.

frontal *adj.* Perteneciente o relativo a la frente. Hueso craneal impar que constituye la frente y entra en la formación del techo de la órbita y de las fosas nasales.

frontera *f.* Confín de un Estado. Fachada. Límite.

fronterizo-a *adj.* Que está o sirve en la frontera. Que está enfrente de otra cosa. Limítrofe, lindante, frontero.

frontero-a *adj.* Puesto y colocado enfrente.

frontis *m.* Fachada o frontispicio de alguna cosa. Frente, portada.

frontispicio *m.* Fachada o delantera de un edificio, libro, etc. Remate triangular de una fachada o de un pórtico. Frontón.

frontón *m.* Edificio o sitio dispuesto para jugar a la pelota. Este mismo juego. Parte escarpada de una costa. Frontispicio.

frotar *tr.* Pasar con fuerza y muchas veces una cosa sobre otra. Estregar, restregar, refregar, friccionar.

frotis *o* **frote** *m.* Preparación microscópica sobre una lámina de vidrio con fijación y coloración subsiguientes.

fructífero-a *adj.* Que produce fruto. Productivo, provechoso.

fructificar *intr.* Dar fruto los vegetales. Producir utilidad una cosa.

frufrú *m.* Ruido del roce de las telas de seda.

frugal *adj.* Parco en comer y beber. Sobrio, moderado.

frugívoro-a *adj.* Animal que se alimenta de frutos.

fruición *f.* Goce o deleite muy vivo en el bien que uno posee. Complacencia, goce.

fruir *intr.* Gozar del bien que se ha deseado.

frumento *m.* Trigo.

fruncir *tr.* Arrugar la frente y las cejas en señal de desabrimiento o de ira. Hacer arrugas pequeñas en una tela. Estrechar y recoger una cosa reduciéndola a menor extensión. *R.* Afectar compostura, modestia y encogimiento. En México, amilanarse, apocarse.

fruslería *f.* Cosa de poco valor. Dicho o hecho de poca importancia. Friolera, bagatela, nadería.

frustrar *tr.* Privar a uno de lo que esperaba. Dejar sin efecto, malograr un intento.

fruta *f.* Fruto comestible de las plantas. Producto o consecuencia de una cosa.

frutal *adj. y s.* Dícese del árbol que lleva fruta.

frutear *intr.* En América, fructificar, producir.

frutería *f.* Tienda o puesto donde se vende fruta.

frutero-a *adj.* Que sirve para llevar o contener fruta. *M. y f.* Persona que vende fruta. *M.* Plato para servir fruta. Canastillo de frutas imitadas.

fruticoso-a *adj.* Dícese del tallo leñoso y delgado.

fruticultura *f.* Cultivo de los árboles y plantas frutales.

fruto *m.* Producto de la fecundación de las plantas que contiene las semillas. Producción de la tierra que rinde utilidad; la del ingenio o trabajo humano. Utilidad, provecho. *Pl.* Producciones de la tierra de que se hace cosecha. Lo que produce una cosa.

fu *m.* Bufido del gato. *Interj.* que denota desprecio, desdén.

fucilazo *m.* Relámpago sin ruido que ilumina la atmósfera por la noche.

fucívoro *ad* Que se alimenta de algas marinas.

fucsia *f.* Arbusto ornamental de ramos lampiños, hojas ovales y flores rojas colgantes, oriundo de Sudamérica.

fucsina *f.* Materia colorante. Rojo magenta, magenta.

fuego *m.* Calor y luz producidos por la combustión. Materia encendida en brasa o llama. Incendio. Disparo de arma de fuego. Encendimiento de la sangre, con alguna picazón y señales exteriores. Ardor que excitan algunas pasiones. Lo muy vivo y empeñado de una acción y disputa.

fueguino-a *adj. y s.* Natural de la Tierra del Fuego. Perteneciente a esta región sudamericana.

fuel oil *m.* Expresión inglesa: aceite combustible o de quemar; mazut.

fuelle *m.* Instrumento para recoger aire y lanzarlo con dirección determinada. Arruga del vestido. Cubierta de piel o tejido impermeable que puede recogerse o extenderse, para protección de pasajeros o mercancías de un carruaje. Persona soplona.

fuente *f.* Manantial de agua que brota de la tierra. Aparato o artificio con que se hace salir el agua en los jardines, casas, calles o plazas, trayéndola encañada desde los manantiales o depósitos. Pila bautismal. Plato grande para servir viandas. Principio o fundamento de una cosa. Aquello de que fluye en abundancia un líquido. *Pl.* Conjunto de documentos, datos, libros, etc., de que se sirve un autor para escribir una obra. Lo que proporciona o emite energía en cualquiera de sus formas.

fuer *m.* Apócope de fuero.

fuera *adv.* Denota: a o en la parte exterior de un espacio o término; de, aparte de. *Interj.* ¡Afuera!, denotando desaprobación.

fuereño-a *adj. y s.* En México, provinciano.

fuero *m.* Ley o código dado para un municipio en la Edad Media. Jurisdicción, poder. Privilegio o exención. Arrogancia, presunción. Nombre de algunas compilaciones de leyes.

fuerte *adj.* Que tiene fuerza y resistencia. Robusto, carpulento y de grandes fuerzas. Animoso, varonil. Duro, que no se deja labrar fácilmente. Lugar resguardado para resistir los ataques del enemigo. Moneda de plata. Grave, excesivo. Versado en una ciencia o arte.

fuerza *f.* Vigor, robustez y capacidad para mover una cosa pesada o resistente. Eficacia de las cosas. Acto de obligar a hacer o consentir. Parte principal o más fuerte de una cosa. Eficacia. Estado más vigoroso de algo. Causa capaz de modificar o alterar el estado de reposo o de movimiento de un cuerpo. *Pl.* Gente de guerra, tropas, efectivos militares.

fufar *intr.* Dar bufidos el gato.

fuga *f.* Huida apresurada. Salida accidental de un fluido por un orificio o abertura. Evasión. Composición musical para dos o más partes, sobre un tema único que reaparece sucesivamente, según los procedimientos del contrapunto.

fugarse *r.* Escaparse, huir, evadirse.

fugaz *adj.* Que con velocidad huye y desaparece. De muy corta duración. Efímero, breve.

fugitivo-a *adj. y s.* Que anda huyendo y escondiéndose. Que pasa muy aprisa y como huyendo. Prófugo.

fuina *f.* Garduña.

fulano-a *m. y f.* Voz con que se suple el nombre de una persona cuando se ignora o no se quiere expresar. Persona indeterminada o imaginaria.

fulcro *m.* Punto de apoyo de la palanca. Órgano de soporte o fijación de las plantas.

fulero-a *adj.* Chapucero, inaceptable, poco útil.

fulgente o **fúlgido-a** *adj.* Brillante, resplandeciente. Reluciente, radiante.

fulgir *intr.* Brillar, resplandecer.

fulgor o **fulgencia** *m.* o *f.* Resplandor, brillantez con luz propia. Brillo.

fulguración *f.* Acción y efecto de fulgurar. Fucilazo. Accidente causado por el rayo.

fulgurante *adj.* Que fulgura. Dícese de ciertos dolores que aparecen y desaparecen con la rapidez de un relámpago.

fulgurar *intr.* Brillar, resplandecer, despedir rayos de luz.

fuliginoso-a *adj.* Denegrido, obscurecido, tiznado.

fuligo *m.* Hollín. Negro de humo.

fulmicotón *m.* Algodón pólvora.

fulminante *adj.* Que fulmina. Aplícase a las enfermedades muy graves y repentinas. Dícese de las materias o compuestos que estallan con explosión. *M.* Mezcla detonante que va en la cápsula del cartucho y al estallar por percusión inflama la carga explosiva.

fulminar *tr.* Arrojar rayos. Arrojar bombas y balas. Dictar, imponer una excomunión, censura, sentencia, etc. Aniquilar, amenazar.

fullería *f.* Trampa y engaño que se comete en el juego. Astucia con que se pretende engañar.

fullero *adj.* y *s.* Jugador tramposo.

fumada *f.* Porción de humo que se aspira de una vez fumando un cigarro.

fumar *intr.* Humear. Aspirar y despedir el humo del tabaco, opio, anís y otras substancias. *R.* Gastar, consumir indebidamente una cosa. Dejar de acudir a una obligación.

fumarola *f.* Grieta de la corteza terrestre por donde salen gases, vapores o substancias ígneas. Emanación que por ella sale.

fumigar *tr.* Desinfectar, desinfestar, desratizar con humo o gas. Sahumar.

fumista *m.* El que hace o arregla cocinas, chimeneas o estufas. El que vende estos aparatos.

fumoso-a *adj.* Que abunda en humo, o lo despide en gran cantidad. Humoso.

funámbulo-a *m.* y *f.* Volatinero, que hace ejercicios en la cuerda o en el alambre.

función *f.* Ejercicio de un órgano o aparato de los seres vivos, máquinas o instrumentos; de un empleo, facultad u oficio. Acto público o espectáculo a que concurre mucha gente. Actividad de un ser hacia un fin determinado. Cantidad cuyo valor depende del de otra u otras cantidades variables.

funcional *adj.* Relativo a las funciones, especialmente a las vitales. Dícese de los edificios, muebles, instalaciones, etc., que se atienen exclusiva o principalmente a su utilidad y comodidad.

funcionar *intr.* Ejecutar una persona, máquina, etc., las funciones que le son propias. Marchar, caminar, moverse, actuar.

funcionario *m.* Persona dedicada al desempeño de alguna función o servicio público o privado.

funda *f.* Cubierta o bolsa con que se envuelve una cosa para conservarla y resguardarla.

fundación *f.* Acción y efecto de fundar. Principio o establecimiento de una cosa. Capital asignado a una entidad para su sostenimiento y cumplimiento de sus fines. Persona jurídica dedicada a la beneficencia, piedad, ciencia o enseñanza. Documento en que constan las cláusulas de estas instituciones.

fundamental *adj.* Que sirve de fundamento o es lo esencial en una cosa. Primordial, esencial.

fundamentar *tr.* Echar los fundamentos o cimientos de un edificio. Establecer, asegurar y hacer firme una cosa. Cimentar. Afirmar.

fundamento *m.* Principio o cimiento en que estriba y sobre que se funda un edificio u otra cosa. Seriedad, formalidad. Razón principal con que se pretende asegurar una cosa. Apoyo, sostén; causa, móvil; pie, base.

fundar *tr.* Edificar materialmente una ciudad, colegio, hospital, etc. Apoyar, estribar una cosa sobre otra. Erigir, instituir una fundación dándole rentas y estatutos. Establecer, crear. Apoyar, basar con motivos o razones una sentencia, dictamen, etc.

fundente *adj.* Que facilita la fundición o fusión. *M.* Flujo para soldadura. Medicamento que facilita la resolución de los tumores.

fundición *f.* Acción y efecto de fundir o fundirse. Fábrica, taller o establecimiento donde se funden metales. Hierro colado. Surtido de todos los moldes o letras de una clase, se, para imprimir.

fundiforme *adj.* Que tiene forma de honda.

fundir *tr.* Derretir y liquidar los metales, minerales u otros cuerpos sólidos. Dar forma en moldes al metal en fusión. *R.* Unirse intereses, ideas o partidos que estaban en pugna.

fundo *m.* Heredad o finca rústica.

fúnebre *adj.* Relativo a los difuntos. Muy triste, luctuoso. Tétrico, lúgubre, sombrío.

funeral *adj.* Perteneciente al entierro o exequias. *M.* Pompa y solemnidad con que se hacen un entierro o unas exequias. Exequias.

funeraria *f.* Empresa que se encarga de todo lo perteneciente a los entierros.

funesto-a *adj.* Aciago; que es origen de pesares. Triste y desgraciado. Infausto, doloroso.

fungible *adj.* Que se consume con el uso.

fungiforme *adj.* Que tiene forma de hongo o seta.

fungir *intr.* En México y Cuba, desempeñar una función, actuar.

fungoso-a *adj.* Esponjoso, fofo, ahuecado y lleno de poros.

funicular *adj.* Aparato cuya tracción se efectua por medio de una cuerda, cable o cadena. *M.* Medio de transporte utilizado en trayectos cortos de fuerte pendiente y cuya acción tractora se realiza por medio de una cadena o cable.

funículo *m.* El cordón umbilical. Cordón de substancia blanca de la medula espinal. Baquetón retorcido a manera de cable o maroma, propio de la arquitectura románica.

furcicular *adj.* Semejante a una horquilla.

furfuráceo-a *adj.* Parecido al salvado. Cubierto con escamas como de salvado.

furgón *m.* Carro largo, fuerte y cubierto, para transportar equipajes, municiones o víveres. Carruaje cerrado con pescante cubierto para transporte en las poblaciones.

furia *f.* Ira exaltada. Acceso de demencia. Persona muy irritada y colérica. Actividad y violenta agitación de las cosas. Prisa, velocidad y vehemencia con que se ejecuta una cosa. En México, copete, cabello revuelto.

furibundo-a *adj.* Airado, colérico, propenso a enfurecerse. Que denota furor. Delirante, frenético, apasionado por algo. En México, enfurriñado.

furioso-a *adj.* Poseído de furia. Loco de atar. Violento, terrible. Muy grande y excesivo.

furor *m.* Cólera, ira exaltada. Agitación violenta, en la demencia y delirios pasajeros. Arrebatamiento, entusiasmo del poeta. Furia, actividad y violencia de las cosas. Prisa con que se ejecuta una cosa. Impetuosidad.

furriña *f.* En México, coraje, enojo.

furris *adj.* En México y Venezuela, malo. despreciable, mal hecho.

furtivo-a *adj.* Que se hace a escondidas y como a hurto. Sigiloso, oculto.

furúnculo *m.* Divieso.

fusa *f.* Valor de nota musical equivalente a $\frac{1}{32}$ de redonda.

fusco-a *adj.* Obscuro, que carece de luz o claridad. De color casi negro o que se contrapone a otro más claro de su misma clase.

fuselaje *m.* Cuerpo principal del avión, así llamado por su figura fusiforme.

fusible *adj.* Que puede fundirse. *M.* Hilo de materia adecuada que al ser demasiado intensa la corriente se funde y la interrumpe. Cortacircuito.

fusiforme *adj.* De figura de huso.

fusil *m.* Arma de fuego, larga y portátil, dotada de bayoneta.

fusilamiento *m.* Ejecución de la pena de muerte por medio de tiros de fusil.

fusilar *tr.* Ejecutar por medio de descargas de fusil. Plagiar, copiar trozos o ideas de un original, sin citar el nombre del autor.

fusilazo *m.* Tiro disparado con el fusil.

fusilero-a *adj.* Perteneciente o relativo al fusil. *M.* Soldado armado de fusil perteneciente a la infantería de línea o de montaña.

fusión *f.* Efecto de fundir o fundirse. Unión de intereses, ideas o partidos que estaban en pugna. Agrupación de empresas industriales y comerciales que forma una nueva entidad superior. Tránsito de un cuerpo sólido al estado de líquido a temperatura constante.

fusionar *tr.* Producir una fusión, unir intereses encontrados o partidos separados. Unificar, refundir, fundir.

fusta *f.* Leña delgada. Matas, ramaje tierno usado como forraje o pasto. Látigo largo y delgado que usan los tronquistas para castigar a los caballos.

fustán *m.* Tela gruesa de algodón con pelo por una de sus caras. En México, enaguas blancas usadas como ropa interior.

fuste *m.* Madera. Parte maderable del tronco de los árboles. Vara. Palo en que está fijado el hierro de la lanza. Silla del caballo. Nervio, substancia de una cosa. Cuerpo de la columna, desde la basa al capitel.

fustigar *tr.* Azotar. Vituperar, censurar con dureza.

fútbol *m.* Juego de pelota entre dos equipos, con la finalidad de introducir el balón, impelido con los pies, en la portería contraria.

futesa *f.* Fruslería, nadería. Bagatela, friolera, nimiedad.

fútil *adj.* De poco aprecio o importancia. Baladí, pequeño, insubstancial.

futura *f.* Derecho a la sucesión de un empleo antes de estar vacante. Novia formal.

futurismo *m.* Tendencia artística moderna, culminación del dinamismo espasmódico. Actividad prematura en asuntos políticos.

futuro-a *adj.* Que está por venir. *M.* Novio formal. *Pl.* Operación de compraventa a plazo fijo, con el compromiso del pago de la difeencia de precio entre el día de la firma del compromiso y la fecha del vencimiento. Dícese en Gramática del tiempo verbal que indica la acción por venir.

G

g *f.* Octava letra del abecedario castellano y sexta de sus consonantes.

gabacho-a *adj.* Dícese de los naturales de algunos pueblos de las faldas de los Pirineos. Perteneciente a estos pueblos. Palomo de casta grande y calzado de plumas. Francés. Lenguaje castellano plagado de galicismos.

gabán *m.* Abrigo, sobretodo.

gabardina *f.* Sobretodo de tela impermeable. Tela de tejido diagonal.

gabarra *f.* Embarcación para transporte costero. Barco pequeño y chato para la carga y descarga en los puertos.

gabela *f.* Tributo, impuesto o contribución que se paga al Estado. Carga, gravamen.

gabinete *m.* Aposento para estudiar. Saloncito para visitas de confianza. Local en que se guardan objetos para el estudio de alguna ciencia o arte; sus muebles. Ministerio, cuerpo de ministros del Estado.

gacela *f.* Antílope de cuerpo esbelto, ágil y de ojos grandes, de extremada agudeza visual, astas encorvadas, patas muy finas y cola corta.

gaceta *f.* Periódico que publica noticias o trata de algún ramo de las ciencias o de las artes, de administración, etc. Correveidile. Periódico oficial de España, hoy Boletín Oficial del Estado.

gacetilla *f.* Noticia corta que se publica en un periódico. Persona que por hábito o inclinación lleva y trae noticias.

gacha *f.* Masa muy blanda y líquida. *Pl.* Comida compuesta de harina cocida con agua y sal, que puede aderezarse con leche, miel u otro aliño.

gachí *f.* Entre el pueblo bajo de Andalucía, mujer, muchacha.

gachó o **gaché** *m.* Entre el pueblo bajo de Andalucía, hombre en general.

gacho-a *adj.* Encorvado, inclinado hacia la tierra. Con uno de los cuernos inclinados hacia abajo, o con el hocico muy metido al pecho. En México y Antillas, bajo; feo. Doblado, agachado, inclinado.

gachón-a *adj.* Que tiene gracia, atractivo y dulzura.

gachupín *m.* En México, español.

gádido *adj. y s.* Pez teleosteo con los radios de sus aletas blandos: bacalao, merluza, etc.

gaditano-a *adj. y s.* Natural de Cádiz, antigua Gades. Perteneciente a esta ciudad española.

gadolinio *m.* Metal del grupo de las tierras raras; símbolo Gd.

gaélico-a *adj. y s.* Rama del céltico primitivo, a la que pertenecen el irlandés, el erso y el dialecto de las islas de Man.

gafa *f.* Grapa. *Pl.* Anteojos con enganches para afianzar éstos detrás de las orejas.

gafar *tr.* Arrebatar una cosa con las uñas o con un instrumento corvo. Componer con gafas o grapas los objetos rotos.

gafete *m.* Corchete. Broche. Placa con alfiler.

gafo-a *adj. y s.* Que tiene encorvados y sin movimiento los dedos de manos o pies. *M.* En México, gacho.

gaguera *f.* En América, tartamudez.

gaita *f.* Instrumento músico de viento consistente en un pellejo o vejiga de animal en el cual se insertan varios tubos.

gaje *m.* Emolumento correspondiente a un empleo. Soldada.

gajo *m.* Rama de árbol desprendida del tronco. Grupo de uvas en que se divide un racimo. Racimo apiñado. Cada una de las divisiones interiores de algunas frutas. Cada una de las puntas de las horcas, bieldos, etc.

gala *f.* Vestido sobresaliente y lucido. Gracia y bizarría en el hacer o decir. Lo más selecto de una cosa. En México y Antillas, moneda de corto valor dada como propina. *Pl.* Trajes, joyas y demás artículos de lujo que se tienen y ostentan. Regalos a los que van a contraer matrimonio.

galactófago-a *adj. y s.* Que se mantiene de leche.

galafate *m.* Ladrón sagaz que roba con arte, disimulo o engaño.

galaico-a *adj.* Gallego, perteneciente a Galicia, región española.

galán *adj.* Apócope de galano. *M.* Hombre de buen semblante y porte. El que galantea a una mujer. Actor principal en teatro o cine.

galano-a *adj.* Bien adornado; dispuesto con gusto e intención de agradar. Que viste bien, con aseo, compostura y primor. Elegante, gallardo, apuesto.

galante *adj.* Atento y obsequioso, especialmente con las mujeres. Mujer que gusta de galanteos, o de costumbres licenciosas.

galantear *tr.* Requebrar a una mujer. Procurar captarse su amor. Solicitar asiduamente una cosa o la voluntad de una persona. Cortejar, obsequiar.

galantería *f.* Acción o expresión obsequiosa y de urbanidad. Gracia y elegancia. Liberalidad, bizarría, generosidad.

galantina *f.* Ave deshuesada y rellena, que se sirve prensada y fría.

galanura *f.* Adorno vistoso. Gallardía que resulta de la gala. Gracia, gentileza, donosura. Elegancia y gallardía en el modo de expresarse.

galápago *m.* Reptil quelonio de vida acuática, parecido a la tortuga, con los dedos reunidos por membranas interdigitales, cabeza y extremidades retráctiles dentro del caparazón. Palo donde se encaja la reja del arado. Aparato para sujetar fuertemente una pieza que se trabaja. Molde en que se hace la tela. Lingote corto de plomo, estaño o cobre. En México, Honduras y Venezuela, silla de montar para señora.

galapo *m.* Pieza esférica de madera con unas canales donde se ponen los hilos o cordeles que se han de torcer para formar maromas.

galardón *m.* Premio o recompensa de los méritos o servicios.

galardonar o galardonear *tr.* Premiar o recompensar los servicios o méritos de una persona.

galaxia *f.* Vía Láctea. Agrupación inmensa de estrellas parecida a nuestra Galaxia.

galazima *f.* Leche fermentada con levadura y azúcar; especie de leche agria parecida al kefir y al yoghurt.

galbana *f.* Pereza, desidia o poca gana de hacer una cosa.

galbo *m.* Ensanchamiento del fuste de algunas columnas, en su parte media.

gálbula *f.* Fruto en forma de cono corto y de base redondeada, como el del ciprés.

galeiforme *adj.* De forma de casco.

galena *f.* Sulfuro de plomo, el mineral más común del plomo y su mena más frecuente.

galeno *m.* Médico, por alusión a Claudio Galeno, célebre médico griego.

galeón *m.* Bajel grande de vela con tres o cuatro palos, de guerra o mercante. Nave de gran porte que periódicamente salía de Cádiz, España, y tocaba puertos determinados del Nuevo Mundo.

galeote *m.* El que remaba forzado en las galeras.

galera *f.* Carro grande para transportar personas, al que se pone toldo o lienzo fuerte. Cárcel de mujeres. Embarcación de vela y remo la más larga de quilla y muy ligera. Crujía, sala larga en los hospitales. En México y Honduras, cobertizo, tinglado. Garlopa grande. En América, galerada. Crustáceo de cuerpo prolongado y caparazón muy corto; comestible.

galerada *f.* Carga que cabe en una galera de ruedas. Composición contenida en un galerín y la prueba que de ella se obtiene.

galería *f.* Pieza larga y espaciosa, adornada de muchas ventanas, para pasearse o, colocar en ella cuadros, adornos y otras cosas preciosas. Corredor descubierto o con vidrieras, para dar luz a las piezas interiores. Camino o paso subterráneo. Conjunto de asientos en el piso más alto de algunos teatros. Cada uno de los balcones de popa de un navío.

galerín *m.* Tabla de madera o plancha de metal larga y estrecha, en forma de ángulo recto, donde el cajista deposita las líneas de composición hasta que se llena, y forma una galerada.

galerna *f.* Ráfaga súbita y borrascosa que en la costa septentrional de España suele soplar de Oeste a Noroeste.

galés-a *adj. y s.* Natural de Gales. Perteneciente a este país de Inglaterra. Idioma hablado en él, de origen céltico.

galga *f.* Piedra grande que, desprendida de lo alto, baja rodando y dando saltos. Afección cutánea localizada en el cuello y parecida a la sarna. Palo grueso y largo que sirve de freno de un carro.

galgo *m.* Raza de perros de talla alta, cuerpo delgado, cuello largo y cabeza pequeña; muy veloz, se emplea en la caza de liebres a la carrera.

gálibo *m.* Arco de hierro en las estaciones de ferrocarril para comprobar la carga máxima en altura de los vagones para que puedan o no pasar por los túneles. Elegancia. Buen aspecto de una columna por sus acertadas proporciones. Plantilla para hacer las cuadernas y otras piezas de los barcos.

galicado-a *adj.* Dícese del estilo, frase o palabra en que se advierte la influencia de la lengua francesa.

galicismo *m.* Idiotismo propio de la lengua francesa. Vocablo o giro de esta lengua usado en otra.

galileo-a *adj.* Natural de Galilea. Perteneciente a este país de Tierra Santa.

galimatías *m.* Lenguaje obscuro por la impropiedad de la frase o por la confusión de las ideas. Jerigonza.

galio *m.* Hierba rubiácea de tallos erguidos y delgados, hojas lineales surcadas, flores amarillas en panojas y fruto en drupa; se ha usado en Medicina y sirve en la fabricación de quesos para cuajar la leche. Metal de color azulado; símbolo Ga.

galo-a *adj. y s* Natural de la Galia. Perteneciente a dicho antiguo país. Antigua lengua céltica de las Galias.

galocha *f.* Calzado de madera para andar por la nieve, el agua y el lodo.

galón *m.* Tejido fuerte y estrecho a manera de cinta para guarnecer vestidos u otras cosas. Medida inglesa para áridos y líquidos, donde equivale a 4.546 l. En EE. UU. sólo para líquidos, equivale a 3.7853 litros.

galop *m.* Baile de salón, y su música, en compás de $^2/_4$ y movimiento muy animado.

galopante *adj.* Que galopa. Aplícase a la tisis de carácter fulminante.

galopar *intr.* Ir el caballo a galope. Cabalgar en caballo que va a galope.

galope *m.* Marcha más levantada del caballo, que consiste en una serie de saltos sobre el cuarto trasero, ganando siempre terreno a su frente. En el galope tendido alcanza el animal el máximo de su capacidad para correr.

galopillo *m.* Criado que sirve en la cocina para los oficios más humildes.

galopín *m.* Muchacho mal vestido, sucio y desharrapado. Pícaro, bribón. En México, chiquillo o chiquilla para hacer recados, ayudar a la cocina, etc.

galvanismo *m.* Electricidad desarrollada por el contacto de dos metales diferentes con un líquido interpuesto.

galvanizar *tr.* Aplicar una capa de metal sobre otro mediante una corriente electrolítica. Dar un baño de zinc fundido a otro metal para que no se oxide. Animar, reanimar a una entidad que está en decadencia.

galvanómetro *m.* Aparato con que se mide la intensidad y se determina el sentido de una corriente eléctrica.

galvanoplastia *f.* Arte de sobreponer a cualquier cuerpo sólido una capa metálica valiéndose de la corriente eléctrica de una cuba electrolítica.

gallardete *m.* Tira o faja triangular hasta rematar en punta, que se pone en lo alto de los mástiles de la embarcación, como insignia, adorno, aviso o señal. Usase también en edificios o calles, etc. Banderola. grímpola.

gallardo-a *adj.* Desembarazado, airoso y galán. Bizarro, valiente. Grande y excelente en cosas del espíritu. Valeroso, gentil, hermoso, desenvuelto.

gallear *tr.* Cubrir el gallo a las gallinas. *Intr.* Alzar la voz con amenazas y gritería. Sobresalir entre otros.

gallego-a *adj. y s* Natural de Galicia. Perteneciente a esta región de España. En América, español; sobre todo, de la clase inculta.

gallera *f.* Gallinero en que se crían los gallos de pelea. Local para las riñas de gallos.

galleta *f.* Bizcocho. Pasta de harina, azúcar, huevo, manteca o confituras, de varias formas y cocida al horno. Cachete, bofetada. Variedad de antracita.

galliforme *adj. y s.* Ave de un orden cuyas especies tienen costumbres terrestres y de las cuales el gallo doméstico es el ejemplo más común.

gallina *f.* Hembra del gallo, de menor tamaño, cresta pequeña o rudimentaria y tarsos sin espolones. Persona cobarde, pusilánime y tímida.

gallináceo-a *adj.* Perteneciente a la gallina. *Adj. y s.* Galliforme.

gallinaza *f.* Aura, ave de rapiña. Excremento o estiércol de las gallinas y demás aves de corral.

gallinero *m. y f.* Persona que trata en gallinas. *M.* Lugar o cobertizo donde se recogen las gallinas u otras aves de corral para dormir. Paraíso, galería de los teatros. Lugar donde hay mucha gritería y no se entienden unos con otros.

gallipavo *m.* Pavo. Nota falsa que inadvertidamente emite el que canta, perora o habla. Gallo.

gallo m. Ave galliforme de aspecto arrogante, cabeza adornada con cresta carnosa de color rojo, carúnculas en ambos lados de la cara; de plumaje lustroso y abundante, con tarsos armados de espolones largos y agudos. Hombre entrado en años. Nota falsa, gallipavo. En México, serenata al aire libre en honor de alguien.

gallofa f. Comida que se daba a los peregrinos pobres que iban de Francia a Santiago de Galicia. Verdura u hortaliza que sirve de ensalada. Cuento, chisme. Publicación periódica de escándalo o combate.

gallogallina o gallogallino m. En México y Antillas, el capón de gallina que engorda. Cobardón que corre fácilmente.

gama f. Escala musical. Tabla en que se enseña la entonación de las notas musicales. Escala, gradación de colores.

gamarra f. Correa para impedir que el caballo despape o picotee.

gamba f. Crustáceo semejante al langostino, más pequeño; comestible.

gamberro-a adj. y s Libertino, disoluto.

gambeta f. Movimiento que se hace en la danza cruzando las piernas en el aire. Corveta. En América, esguince.

gambusino m. En México, práctico de minería, cateador; en lenguaje literario, aventurero, buscador de fortunas.

gamella f. Arco en cada extremo del yugo que se pone a los bueyes, mulas, etc. Artesa para dar de comer y beber a los animales, fregar, lavar y otros usos.

gameto m. Célula reproductora capaz de unirse a otra para originar el zigoto o célula huevo.

gamitar o gamitear intr. Dar gamitidos.

gamitido m. Balido del gamo o voz que lo imita.

gamma f. Tercera letra del alfabeto griego, equivalente a nuestra g suave. Microgramo, millonésima de un gramo.

gamo m. Mamífero rumiante cérvido, de pelaje rojizo obscuro salpicado de blanco, cabeza erguida y cuernos en forma de pala.

gamocito m. Célula sexual.

gamón m. Planta liliácea de hojas erguidas en figura de espada, flores blancas en espiga sobre un escapo; de raíces tuberosas fusiformes.

gamuza f. Rumiante bóvido del tamaño de una cabra grande, con astas negras encorvadas en su extremo, notable por su extraordinaria agilidad. Piel de este animal que después de adobada queda muy flexible y aterciopelada; tejido u otras pieles que la imitan.

gana f. Deseo, apetito, voluntad de una cosa; comer, dormir, etc.

ganadería f. Abundancia de ganado. Raza de ganado. Crianza, tráfico de ganados. Riqueza pecuaria de un país. Cuidado de los animales domésticos que forman ganados; crianza, explotación, organización, reproducción, selección y mejora de los mismos.

ganadero-a adj. y s. Dueño de ganados, que trata en ellos y hace comercio. El que cuida el ganado. Dícese de ciertos animales que acompañan al ganado.

ganado m. Conjunto de bestias mansas que se apacientan y andan juntas. Conjunto de abejas que hay en una colmena. Conjunto de personas. Rebaño.

ganancia f. Acción y efecto de ganar. Utilidad que resulta del trato, del comercio o de otra acción. En México y Chile, propina. Interés, fruto, producto.

ganancioso-a adj. Que ocasiona ganancia; que la obtiene.

ganapán m. Hombre que lleva y transporta cargas o lo que le mandan, de un punto a otro. Hombre rudo y tosco.

ganar tr. Adquirir caudal o aumentarlo con cualquier comercio, industria o trabajo. Obtener lo que se disputa. Conquistar algo. Llegar al sitio o lugar que se pretende. Captarse la voluntad de otro. Aventajar, exceder a uno en algo. Intr. Mejorar, medrar, prosperar. En América, refugiarse. En México, tomar rápidamente una dirección; seguir un camino.

ganchillo m. Aguja de gancho. Labor que con ella se hace.

gancho m. Instrumento corvo y puntiagudo en uno o ambos extremos, para prender, agarrar o colgar algo.

ganchudo-a adj. Que tiene forma de gancho. Dícese del hueso en forma de gancho o unciforme del carpo.

gándara f. Tierra baja, inculta y llena de malezas.

gandaya f. Tuna, vida holgazana. Redecilla, tejido de mallas de que se hacen las redes.

gandul-a adj. Tunante, vagabundo, holgazán. Haragán, perezoso.

gandulear intr Holgazanear.

gang m. Palabra inglesa: pandilla, cuadrilla, en especial la que actúa con fines delictuosos.

ganga f. Mineral que acompaña a la mena metalífera de un filón y no tiene utilización industrial. Cosa barata o que cuesta poco trabajo. En México, burla, mofa; ave lacustre.

ganglio m. Tumor pequeño que se forma en los tendones y en las aponeurosis. Abultamiento redondeado que se forma en el trayecto de un nervio o de un vaso linfático.

ganglitis o **gangilonitis** f. Inflamación de un ganglio.

gangoso-a adj. Que habla gangueando. Dícese de este modo de hablar.

gangrena f. Desorganización y muerte de un tejido orgánico por falta de riego sanguíneo, debida a un trauma o complicación infecciosa.

gangrenarse r. Ser atacada por la gangrena una parte del cuerpo animal.

gángster m. Miembro de un gang que actúa criminal o deshonestamente con fines lucrativos.

ganguear intr. Hablar con resonancia nasal producida por cualquier defecto en los conductos de la nariz. En América, gangosear.

ganoideo-a adj. Pez con escamas esmaltadas y duras, como los esturiones.

ganoso-a adj. Deseoso, que tiene gana de alguna cosa. En México y Chile, caballo brioso y ligero. Afanoso, anheloso.

ganso-a m. y f. Ave palmípeda, intermedia entre cisnes y patos, de cuello largo y fuerte, pico alto y algo comprimido; de ella hay bastantes especies salvajes y domésticas.

ganzúa f. Alambre fuerte y doblado a modo de garfio con que, a falta de llave, pueden correrse los pestillos de las cerraduras. Ladrón que roba con maña o saca lo muy encerrado y escondido. Persona con arte y maña para sonsacar a otra su secreto.

gañán m. Mozo de labranza. Hombre fuerte y rudo.

gañido m. Aullido del perro cuando lo maltratan. Quejido de otros animales.

gañir intr. Aullar el perro con gritos agudos y repetidos cuando lo maltratan. Quejarse algunos animales con voz parecida. Graznar las aves. Resollar o respirar con fuerza las personas.

gañote m. Garguero o gaznate. Garganta, cuello.

garabatear intr. Echar los garabatos para agarrar o asir una cosa. Garrapatear. Andar por rodeos o no ir derecho en lo que se dice o hace.

garabato m. Instrumento de hierro con punta volteada en semicírcu-

lo para asir o colgar algunas cosas. Aire, garbo de algunas mujeres Pl. Escarabajos, letras y rasgos mal formados.

garaje m. Local donde se guardan y reparan los automóviles.

garambaina f. Adorno de mal gusto y superfluo. Pl. Ademanes o visajes afectados o ridículos. Rasgos y letras mal formados y que no se pueden leer.

garantía f. Acción y efecto de afianzar lo estipulado. Fianza, prenda. Cosa que asegura y protege contra algún riesgo o necesidad. Caución, aval.

garantizar o **garantir** tr. Dar garantía. Avalar, asegurar, proteger.

garañón m. Asno grande para cubrir las yeguas y las burras. Camello padre. Caballo semental. En América, mujeriego.

garapiña f. Estado del líquido que se solidifica formando grumos. Galón adornado en uno de sus bordes con ondas de realce. En México, Cuba y Puerto Rico, bebida muy refrigerante hecha de la corteza de piña y agua con azúcar. En América, ratería, robo.

garapiñar tr. Poner un líquido en estado de garapiña. Bañar golosinas en el almíbar que forma grumos. En América, robar cosas de poco valor.

garapito m. Insecto hemíptero, que vive en aguas estancadas en las que nada generalmente de espaldas.

garatusa f. Halago y caricia para ganar la voluntad de una persona.

garbancero-a adj. Referente al garbanzo: terreno o tiempo en que se dan bien los garbanzos. M. y f. Persona que trata en garbanzos, o los vende torrados. En México, criado o criada joven.

garbanza f. En México y Chile, especie de garbanzo algo mayor que el común.

garbanzo m. Planta leguminosa herbácea, de tallo duro y ramoso, hojas compuestas aserradas, flores blancas axilares y fruto en legumbre inflado con una o dos semillas; se cultivan muchas variedades. Semilla de esta planta.

garbear intr. Afectar garbo, donaire o bizarría en lo que se hace o dice.

garbillo m. Especie de zaranda de esparto. Ahechaduras de las fábricas de harina para alimento de aves y ganado. Criba, cedazo.

garbo m. Gallardía, buena disposición del cuerpo. Gracia y perfección que se da a las cosas. Bizarría, donaire, rumbo.

garbullo *m.* Inquietud y confusión de muchas personas, revueltas unas con otras.

garceta *f.* Ave ciconiforme de plumaje blanco, cabeza con penacho corto con dos plumas filiformes.

gardenia *f.* Arbusto rubiáceo de tallos espinosos, hojas grandes ovaladas y flores terminales de pétalos gruesos, blancos y olorosos; fruto en baya. Flor de esta planta.

garduño-a *m. y f.* Ratero que hurta con maña y disimulo. *F.* Lo más despreciable de cualquier clase. Sociedad de pícaros y maleantes. Mamífero mustélido de cuello largo, cabeza pequeña y pelo castaño; muy perjudicial porque destruye las crías de muchos animales útiles.

garete Palabra que sólo se emplea en la frase *ir* o *irse al garete*, de aplicación a la nave que va a merced del viento o de la corriente; en sentido figurado, aplícase a quien o a lo que se desorienta y trastorna por falta de atención o dirección.

garfa *f.* Uña corva de los animales. Pieza que agarra, para sostenerlo colgado, el cable conductor de la corriente, para los tranvías y ferrocarriles eléctricos.

garfio *m.* Instrumento de ñierro, corvo y puntiagudo, para aferrar objetos. Gancho, garabato. Raíz fijadora o asidora.

gargajo *m.* Flema casi coagulada que se expele de la garganta.

garganta *f.* Parte anterior del cuello. Espacio comprendido entre el velo del paladar y la entrada de la laringe y del esófago. Voz del cantante. Parte superior del pie, por donde está unido con la pierna. Estrechura de montes, ríos y otros parajes. Parte más estrecha y delgada de un cuerpo.

gargantear *intr.* Cantar haciendo quiebros con la garganta.

gargantilla *f.* Collar. Cada una de las cuentas que se pueden ensartar para formar un collar.

gárgara *f.* Acción de mantener un líquido en la garganta arrojando el aliento con ruido semejante al agua en ebullición. *Pl.* En América, gargarismo, líquido para' hacer gárgaras.

gargarismo *m.* Hacer gárgaras. Líquido que se emplea.

gárgola *f.* Caño o canal, por lo común vistosamente adornado, por donde se vierte el agua de los tejados o de las fuentes.

garguero *m.* Parte superior de la tráquea. La caña del pulmón.

garita *f.* Torrecilla saliente de las fortificaciones, para abrigo y defensa de los centinelas. Casilla de madera para abrigo y comodidad de centinelas, vigilantes, guardafrenos, etc. En México, puerta, entrada de la ciudad.

garitero *m.* El que tiene por su cuenta un' garito. El que va a jugar con frecuencia a los garitos. En México, empleado de consumos.

garito *m.* Paraje o casa donde concurren a jugar los tahúres o fulleros. Ganancia que se saca de la casa de juego.

garlar *intr.* Hablar mucho y sin discreción. En México, parlotear.

garlito *m.* Especie de nasa dispuesta en tal forma que entrando el pez por la malla, no puede salir. Celada, lazo o acechanza.

garlopa *f.* Cepillo largo y con puño para igualar las superficies de la madera, especialmente en las junturas de las tablas.

garnacha *f.* Vestidura talar con mangas y sobrecuello grande, que usan los togados. En México, tortilla untada con chile u otro manjar. Uva roja que tira a morada, muy delicada y dulce; vino que se hace de ella.

garra *f.* Mano o pata de animal armada de uñas corvas, fuertes y agudas. Mano del hombre. En América, pedazo de cuero endurecido y arrugado. En México, fuerza, vigor, fibra.

garrafa *f.* Vasija esférica que remata en un cañón o cuello largo y angosto. Botellón.

garrafal *adj.* Guindas y cerezas mayores y menos tiernas que l⁸s comunes y árboles que las producen. Dícese de lo exorbitante, enorme y siempre en mala parte.

garrafón *m.* Damajuana o castaña. En México y Costa Rica, medida de capacidad para líquidos, de 25 botellas de contenido.

garrancha *f.* Espada. Espata.

garranchón *m.* En México, rasgón, jirón, desgarradura.

garrapata *f.* Arácnido hematófago vejigoso, de boca perforadora; alguna de las larvas, de la gran variedad que se conocen, es el pinolillo. En México, persona de cuerpo insignificante y de mala figura; cargante, porfiado.

garrapato *m.* Rasgo caprichoso e irregular hecho con la pluma o el lápiz. *Pl.* Escarabajos, letras y rasgos mal terminados, garabato.

garrear *tr.* Desollar las patas de la res. Robar, hurtar. En México, luchar por obtener la mejor ventaja en un trato. *Intr.* Vivir a expensas de otro.

garrido-a *adj.* Galano; fuerte.

garrir *intr.* Gritar el loro.

garrocha *f.* Vara terminada con un arponcillo para que agarre y no se desprenda. Pértiga. Vara larga para picar toros. En México, aguijada.

garrón *m.* Espolón del ave. Extremo de la pata por donde se cuelgan algunos animales después de muertos. En América y en algunas comarcas de España, calcañar.

garrotazo *m.* Golpe dado con el garrote. Bastonazo, estacazo.

garrote *m.* Palo grueso y fuerte que puede manejarse como bastón. Estaca, rama o palo verde para que se haga árbol. Compresión fuerte que se hace de las ligaduras retorciendo la cuerda con un palo. Ligadura fuerte que se da en los brazos y muslos comprimiendo la carne. Instrumento para ejecutar por estrangulamiento a los condenados a muerte.

garrotero *m.* En México, guardatrenes; salteador que usa el garrote como arma.

garrotillo *m.* Difteria de la laringe y a veces de la tráquea y otros puntos del aparato respiratorio, que suele ocasionar la muerte por sofocación.

garrotín *m.* Danza incorporada al repertorio llamado flamenco, en compás de $^2/_4$ y que ejecuta un solo danzante. Música que la acompaña.

garrucha *f.* Polea.

garrudo-a *adj.* Que tiene mucha garra. En México, forzudo, fornido.

gárrula *f.* Charla inútil, palabrería.

gárrulo-a *adj.* Aplícase al ave que canta, gorjea o chirría mucho. Dícese de la persona habladora o charlatana, o de las cosas que hacen ruido continuado.

garúa *f.* Neblina. Llovizna. En América, niebla muy húmeda y densa que se resuelve en pequeñas gotas.

garza *f.* Nombre de diversas aves ciconiformes, zancudas, con patas y cuello largos, pico largo y afilado con bordes cortantes, grandes alas y blando plumaje.

garzo-a *adj.* De color azulado, aplícase más comúnmente a los ojos de este color.

garzón *m.* Joven, mancebo, mozo. Niño, hijo varón.

gas *m.* Todo fluido aeriforme a la presión y temperatura ordinarias, sin volumen ni forma propia.

gasa *f.* Tela de seda o hilo, muy clara y sútil. Tejido muy ralo de algodón para mosquiteros, compresas, etc.

gascón-a *adj.* y Natural de Gascuña. Perteneciente a esta antigua provincia de Francia. Dialecto de esta región.

gasconada *f.* Fanfarronada.

gasear *tr.* Saturar un líquido de gases. Intoxicar o asfixiar con un gas.

gaseiforme *adj.* Que se parece a un gas o se halla en este estado.

gaseoso-a *adj.* Gaseiforme. Aplícase al líquido de que se desprenden gases. *F.* Bebida refrescante, efervescente y sin alcohol.

gasificar *tr.* Convertir en gas. Hacer pasar un líquido a gas. Disolver a presión gas carbónico en los vinos espumosos, licores, aguas minerales o potables.

gasoducto *m.* Tubo para conducir a distancia gases combustibles.

gasógeno-a Que produce gas. *M.* Aparato para obtener gases, y en particular ácido carbónico. Mezcla de bencina y alcohol para el alumbrado y para quitar manchas.

gasol o **gasóleo** *m.* Nombre genérico de los aceites que por su riqueza en hidrógeno se prestan a ser gasificados.

gasolina *f.* Mezcla líquida de hidrocarburos, incolora, muy volátil, fácilmente inflamable, empleada como combustible, especialmente en los motores de combustión interna.

gasolinera *f.* Lancha automóvil con motor de gasolina. Establecimiento donde se expende gasolina y se atiende a las necesidades del automóvil con distintos suministros, pequeñas reparaciones, etc.

gasómetro *m.* Instrumento para medir un gas. Depósito de las fábricas de gas del alumbrado, donde éste se almacena ya medido.

gastado-a *adj.* Debilitado, disminuido, borrado con el uso. Dícese de la persona decaída de su vigor físico o de su prestigio moral. Agotado, consumido.

gastar *tr.* Emplear el dinero en alguna cosa. Consumir agua, fuerzas, alimentos, etc. Destruir. Digerir. Echar a perder. Tener habitualmente cierto estado de ánimo. Usar, poseer, llevar. Desembolsar; agotar, apurar; lucir.

gasterópodo *adj.* y *s.* Que se arrastra sobre el vientre o que tiene allí un órgano locomotor. Molusco de simetría bilateral, boca con rádula y en la superficie ventral una masa muscular llamada pie.

gasto *m.* Acción de gastar. Lo que se ha gastado o se gasta. Dispendio, desembolso, consumo. Cantidad de fluido que se produce o sale de un manantial en determinada unidad de tiempo.

gástrico-a *adj.* Perteneciente al estómago.

gastritis *f.* Inflamación del estómago.

gastroenteritis *f.* Inflamación simultánea de la membrana mucosa del estómago e intestinos.

gastronomía *f.* Arte de preparar buenas y delicadas comidas. Afición a comerlas.

gata *f.* Hembra del gato. Mujer nacida en Madrid, España. En México, moza, sirvienta.

gatada *f.* Acción propia de gato. Acción vituperable en que median astucia, engaño y simulación.

gatear *intr.* Trepar como los gatos. Andar a gatas. En México, enamorar sirvientas. Hurtar, arrastrarse.

gatera *f.* Agujero que se hace en pared, tejado o puerta, para que puedan entrar y salir los gatos o con otros fines.

gatería *f.* Concurrencia de muchos gatos. Reunión de mozos o muchachos malcriados y alborotadores. Simulación, con especie de humildad y halago, con que se pretende lograr algo.

gatillo *m.* Instrumento a modo de tenazas con que se sacan muelas y dientes. Percusor de armas de fuego portátiles. Muchacho ratero.

gato *m.* Mamífero félido carnívoro doméstico, de cabeza redonda, lengua muy áspera, patas armadas con uñas fuertes y retráctiles, pelaje espeso y suave, útil por lo mucho que persigue a los ratones. Bolso en que se guarda el dinero. Máquina para levantar grandes pesos a poca altura. Ladrón que hurta con astucia y engaño. Hombre sagaz y astuto. En México, sirviente criado.

gatuna o **gatuña** *f.* Planta leguminosa herbácea, de tallos espinosos, hojas compuestas, flores solitarias axilares, fruto en legumbre oval; se ha usado como aperitivo.

gatuperio *m.* Mezcla de diversas substancias incoherentes de que resulta un todo desabrido o dañoso. Embrollo, intriga.

gaucho-a *adj.* y *s.* Dícese del natural de las pampas argentinas y uruguayas. Jinete de estas regiones. Relativo a ellos.

gausio o **gauss** *m.* Unidad de densidad de flujo magnético.

gaveta *f.* Cajón corredizo de escritorio.

gavia *f.* Zanja para desagüe o linde de propiedades. Vela del mastelero mayor de las naves. Cofa de las galeras.

gavilán *m.* Ave falconiforme similar al halcón brillante americano. Halcón de pequeño tamaño. Cualquiera de los dos lados de la pluma de escribir.

gavilla *f.* Conjunto de sarmientos, cañas, mieses, etc., mayor que el manojo y menor que el haz. Grupo de gente de baja estofa.

gaviota *f.* Cualquiera de las diversas aves palmípedas acuáticas, de largas alas; se alimentan de residuos de pescado y otros desperdicios.

gavota *f.* Antigua danza de origen francés, en compás de $^4/_4$ y movimiento moderado; introducida como uno de los movimientos de la suite.

gayo-a *adj.* Alegre, vistoso. *F.* Lista de color diverso que el fondo de una tela.

gayola *f.* Jaula. Cárcel. Prisión, calabozo.

gayuba *f.* Mata tendida y ramosa, de hojas lustrosas, flores de color rosa en racimos terminales y fruto farináceo en drupita roja; diurética.

gazapa *f.* Mentira, embuste.

gazapatón *m.* Cacofonía. Disparate de lenguaje.

gazapera *f.* Madriguera de los conejos. Reunión de gentes de mal vivir en sitios escondidos. Riña o pendencia.

gazapo *m.* Yerro que por inadvertencia deja escapar el que escribe o habla. Cría del conejo. Hombre sagaz y astuto. Gazapa.

gazmoño-a *adj.* y *s.* Que afecta devoción y virtudes que no tiene. Santurrón, mojigato.

gaznápiro-a *adj.* y *s.* Palurdo, simplón, torpe, embobado por cualquier cosa.

gaznate *m.* Garguero. En México, dulce hecho de piña o coco. Garganta, gañote.

gazpacho *m.* Sopa fría que regularmente se hace con pedacitos de pan y con aceite, vinagre, sal, ajo, cebolla y otros aditamentos. Especie de migas que se hace de la torta cocida en el rescoldo.

gea *f.* Conjunto del reino inorgánico de un país o región. Obra en que se describe.

gefireo *m.* Animal marino no metamerizado, con verdadero celoma y sistema nervioso y sexos separados.

gehenna *m.* Nombre con que Jesucristo designa el lugar donde el fuego no se extingue (infierno).

géiser *m.* Surtidor termal intermitente, de origen volcánico.

geisha *f.* Bailarina y cantante japonesa, con misión de entretener a los asistentes a reuniones, casas de té, etc.

gel *m.* Masa coherente elástica formada por floculación de una solución coloidal.

gelatina *f.* Substancia sólida y transparente, cuando pura; inodora, insípida y notable por su mucha coherencia; se obtiene de partes blandas de los animales y de sus huesos, cuernos y raeduras de pieles, haciéndolos hervir; es una proteína que se forma por hidrólisis del colágeno, al hervir con agua esta escleroproteína.

gelatinoso-a *adj.* Abundante en gelatina o parecido a ella.

gema *f.* Nombre genérico de las piedras preciosas. Yema o botón de los vegetales, corales, hidrozoarios y otros animales en colonia.

gemación *f.* Forma de reproducción asexual, en que el nuevo organismo se desarrolla de una proyección o protuberancia del cuerpo del progenitor. Desarrollo de la gema, yema o botón para la producción de una rama, hoja o flores.

gemebundo *adj.* Que gime profundamente. Gemidor, quejoso.

gemelípara *f.* Dícese de la hembra que pare gemelos.

gemelo-a *adj.* Dícese de cada uno de dos o más hermanos nacidos de un parto. Aplícase a los elementos iguales que, apareados, cooperan a un mismo fin. En México, cuate.

gemelos *m. pl.* Juego de dos botones iguales u objetos parecidos. Unidad de iluminación doble. Sistema de dos anteojos de corta longitud con un eje que permite acomodarlos a un y otro ojo, en visión binocular.

gemido *m.* Acción y efecto de gemir. Quejido, lamento, suspiro.

geminado-a *adj.* Dícese de los órganos dispuestos simétricamente por parejas: hojas, espinas, etc. Partido, dividido en dos.

gemir *intr.* Expresar con voz lastimera la pena y dolor que aflige el corazón. Aullar algunos animales o sonar algunas cosas, con semejanza al gemido del hombre.

gémula *f.* Yema terminal del embrión de la planta. Yema producida en la gemación.

genciana *f.* Planta vivaz de tallo sencillo, hojas grandes elípticas, flores amarillas en hacecillos y fruto capsular con muchas semillas; empléase como tónica y febrífuga.

gendarme *m.* Militar destinado en Francia y otros países a mantener el orden y la seguridad pública. En México, guardia o agente de policía uniformado.

gene o gen *m.* Partícula representativa de un carácter hereditario biológico.

genealogía *f.* Serie de progenitores y ascendientes de cada individuo. Filiación genética y evolutiva de las especies orgánicas, de sus razas y variedades o de los grupos toxonómicos, a través del tiempo. Linaje, estirpe.

generación *f.* Acción y efecto de engendrar. Casta, género o especie. Sucesión de descendientes en línea recta. Conjunto de todos los vivientes coetáneos, o hacia una misma fecha y período histórico.

generador-a *adj.* Que engendra. *M.* Parte de la máquina que produce la fuerza o energía. *F.* Línea o cuerpo que por su movimiento engendran, respectivamente, una figura o un sólido geométrico. En esta acepción, es generatriz.

general *adj.* Común y esencial a los que constituyen un todo. Frecuente, usual. *M.* Jefe superior del ejército o de la armada. Prelado superior de una orden religiosa. Que comprende o abarca muchas o todas las partes del cuerpo.

generala *f.* Mujer del general. Toque para que las fuerzas de una guarnición o campo se pongan sobre las armas.

generalato *m.* Oficio o ministerio del general de las órdenes religiosas. Tiempo que dura. Empleo o grado de general. Conjunto de generales de uno o varios ejércitos.

generalidad *f.* Muchedumbre, mayoría de individuos u objetos de que se compone una clase o un todo, sin determinación a persona o cosa particular. Vaguedad en la expresión.

generalísimo *m.* General en jefe de todas las fuerzas militares en paz o en guerra.

generalizar *tr.* Hacer pública o común una cosa. Considerar y tratar en común cualquier punto o cuestión, sin contraerla a caso determinado. Abstraer lo común y esencial a muchas cosas para formar un concepto general que las comprenda todas. Convertirse una enfermedad de local en general.

generar *tr.* Engendrar; dar vida.

generatriz *adj. y s f.* Generadora, en Geometría.

genérico-a *adj.* Común a muchas especies. Perteneciente al género.

género *m.* Conjunto de cosas semejantes entre sí por tener uno o varios caracteres comunes. Modo o manera de hacer una cosa. Clase u orden en que se consideran comprendidas diferentes cosas. Cualquier mercancía. Cualquier clase de tela. Las diversas modalidades que las obras artísticas pueden adoptar, según el tema que representen. Conjunto de especies con caracteres comunes. Accidente gramatical para indicar el sexo de las personas o de los animales y el que se atribuye a las cosas, o para dar a entender que no se les atribuye ninguno.

generoso-a *adj.* Noble y de ilustre prosapia. Que obra con magnanimidad y nobleza de ánimo. Liberal, dadivoso y franco. Excelente en su especie. Dícese del vino más fuerte y añejo que el común. Desinteresado, espléndido.

genésico-a *adj.* Perteneciente o relativo a la generación.

génesis *f.* Origen o principio de una cosa. Conjunto de fenómenos que dan por resultado un hecho. *M.* Por antonomasia, el primer libro de la Biblia, en que se narra el origen del mundo, de la humanidad y del pueblo escogido.

genética *f.* Parte de la Biología que estudia los fenómenos de la herencia y de la variación de los organismos.

genético-a *adj.* Relativo a la genesis u origen de las cosas, o a la Genética. Genésico.

geni *adj.* Aplícase a cada una de las cuatro pequeñas apófisis o tubérculos que existen en la cara interna y en la porción anterior de la mandíbula inferior. *M.* Barbilla o mentón.

genial *adj.* Propio del genio o inclinación de uno. Placentero; que causa deleite o alegría. Sobresaliente, que revela genio creador.

genialidad *f.* Peculiaridad de una persona. Condición o atisbo del genio.

geniculado-a *adj.* En forma de rodilla. Doblado en forma de ángulo.

genio *m.* Indole o inclinación según la cual uno dirige sus acciones. Disposición para una cosa. Ingenio grande capaz de crear o intentar cosas nuevas y admirables. Sujeto dotado de esta facultad. Fuerza y elevación de ánimo. Figura alegórica. Deidad o ángel guardián de los gentiles.

genital *adj.* Que sirve para la generación. *M.* Testículo.

genitivo-a *adj.* Que puede engendrar y producir una cosa. *M.* Caso de la declinación que denota propiedad, posesión o pertenencia.

genitor *m.* El que engendra.

genitriz *f.* La que concibe.

genocidio *m.* Destrucción sistemática de un pueblo, nación o raza.

genotipo *m.* Especie tipo de un género.

genovés-a *adj. y s.* Natural de Génova. Perteneciente a esta ciudad de Italia. Por extensión banquero en los siglos XVI y XVII.

gente *f.* Pluralidad de personas. Nación. Tropa de soldados. Nombre colectivo de cada una de las clases que pueden distinguirse en la sociedad. Conjunto de personas que viven reunidas o que trabajan a las órdenes de uno. Conjunto de

soldados y marineros de un buque.

gentil *adj.* Idólatra o pagano. Brioso, galán, gracioso. Noble, que goza de algún título nobiliario.

gentileza *f.* Gallardía, buen aire y disposición del cuerpo; garbo, bizarría. Ostentación, gala. Urbanidad, cortesía. Nobleza, hidalguía.

gentilhombre *m.* Buen mozo. El que servía en casa de los grandes para acompañar al señor o a la señora. Plural, gentileshombres.

gentilicio-a *adj.* Perteneciente a las gentes o naciones. Perteneciente al linaje o familia. Dícese del adjetivo que denota patria, nación o raza.

gentilidad o **gentilismo** *f. o m.* Religión que profesan los gentiles o idólatras. Conjunto o agregado de gentiles.

gentío *m.* Concurrencia de gran número de personas en un punto. Muchedumbre, aglomeración.

gentuza *f.* Gente la más despreciable de la plebe. Chusma, populacho, canalla.

genuflexión *f.* Acción y efecto de doblar la rodilla, bajándola hacia el suelo, ordinariamente en señal de reverencia.

genuino-a *adj.* Puro, natural, legítimo. Auténtico, verdadero.

geocéntrico-a *adj.* Perteneciente o relativo al centro de la Tierra. Que considera la Tierra como centro del Universo.

geodesia *f.* Ciencia matemática que estudia la forma y dimensiones del globo terrestre o de una gran parte de él, y levanta los mapas correspondientes.

geofísica *f.* Parte de la Geología que estudia la Física terrestre: calor, constitución interna, magnetismo, densidad, rigidez, etc.

geognosia *f.* Parte de la Geología que estudia la estructura y la composición de las rocas que forman la Tierra.

geografía *f.* Ciencia que tiene por objeto la descripción física, astronómica y humana de la Tierra, en su mayor amplitud y con relación a ciencias afines.

geoide *m.* Forma teórica de la Tierra determinada por la Geodesia: elipsoide de revolución achatado por los polos.

geología *f.* Estudio de la historia y evolución de las actividades de la Tierra: composición, disposición y origen de las rocas y demás minerales y los procesos que han dado lugar a su presente estructura.

geomagnetismo *m.* Estudio del magnetismo terrestre.

geometría *f.* Parte de las Matemáticas que trata de las propiedades y medida de la extensión.

geopolítica *f.* Ciencia que trata de las relaciones de dependencia que existen entre el suelo y los hechos políticos y sociales.

georama *m.* Gran planisferio en relieve.

geórgica *f.* Obra literaria sobre la agricultura.

geotécnica *f.* Parte de la Geología que estudia la disposición de los materiales de la corteza terrestre y sus condiciones de equilibrio.

geranio *m.* Planta herbácea ramosa con hojas de borde ondeado, flores en umbela densa y frutos en aquenio; ornamental.

gerencia *f.* Cargo de gerente. Gestión que le incumbe. Oficina del mismo. Tiempo que una persona dura en ese cargo.

gerente *m.* El que dirige los negocios y lleva la firma de una sociedad o empresa mercantil, o su director técnico y administrativo.

geriatría *f.* Rama de la Medicina que estudia la senectud y trata del cuidado y enfermedades de los ancianos.

gerifalte *m.* Cualquiera de las grandes aves rapaces falcónidas, como el halcón de cetrería, el de Islandia, de Asia.

germanía *f.* Jerga o manera de hablar de los gitanos, ladrones y rufianes. Jerigonza, caló. Amancebamiento.

germánico-a *adj. y s.* Perteneciente a la antigua Germania o a la actual Alemania. Cada una de las lenguas de la antigua Germania.

germanio *m.* Metal de color gris, quebradizo; símbolo Ge.

germano-a *m.* Hermano carnal. Natural u oriundo de la antigua Germania.

germen *m.* Principio rudimental de un nuevo ser orgánico. Primer tallo que brota de la semilla. Principio u origen de una cosa. Embrión, rudimento.

germicida *adj. y s.* Que destruye gérmenes Microbicida.

germinación *f.* Acción de germinar. Comienzo del crecimiento o desarrollo de una espora. Desarrollo de una yema. Conjunto de fenómenos que se producen en una semilla al pasar del estado de vida latente a la vida activa.

germinar *intr.* Brotar y comenzar a crecer las plantas. Brotar, desarrollarse cosas morales o abstractas.

geromarasmo *m.* Marasmo senil.

gerontología *f.* Estudio de los fenómenos de la vejez.

gerundense *adj. y s.* Natural de Gerona, la antigua Geruhda. Perteneciente a esta ciudad y provincia españolas.

gerundio *m.* Forma verbal que expresa la idea del verbo en abstracto y sujeta a diversas circunstancias, en especial de modo, tiempo y lugar; por esto se dice que es la forma adverbial de la significación del verbo.

gesta *f.* Conjunto de hechos memorables de algún personaje. Poesía que celebra estas hazañas.

gestación *f.* Tiempo que dura la preñez. Acción de germinar cosas morales o abstractas. Tiempo que dura el desarrollo de un ser hasta su nacimiento o hasta que está perfectamente constituido.

gestapo *f.* Haplología de *Policía Secreta del Estado*; organización policial alemana en el Estado nacionalsocialista.

gestatorio-a *adj.* Que ha de llevarse en brazos.

gesticular o gestear *intr.* Hacer gestos.

gestión *f.* Acción y efecto de gestionar o de administrar.

gestionar *tr.* Hacer diligencias conducentes al logro de un negocio o de un deseo.

gesto *m.* Expresión del rostro según los diversos afectos del ánimo. Movimiento exagerado del rostro por hábito o enfermedad. Mueca. Semblante, cara.

gestor-a *adj. y s.* Que gestiona. Miembro de una sociedad mercantil que participa en su administración.

ghetto *m.* Judería, barrio judío de algunas ciudades, hoy ya desaparecido.

giba *f.* Corcova. Molestia, incomodidad.

gibelino-a *adj. y s.* Partidarios de los emperadores de Alemania, contra los güelfos, defensores de los Papas, en la Edad Media.

gibón *m.* Mono antropoide muy primitivo, de costumbres arborícolas, de brazos muy largos, sin cola ni abazones.

giboso-a *adj. y s.* Que tiene giba o corcova.

gibraltareño-a *adj. y s.* Natural de Gibraltar. Perteneciente o relativo a esta ciudad inglesa de la Península Ibérica.

giganta *f.* Mujer que excede a las demás en estatura. Girasol, planta compuesta.

gigante *m.* El que excede mucho en estatura a la generalidad de los demás. Figura gigantesca que suele llevarse en algunas procesiones. El que excede o sobresale en fuerzas, ánimo o en cualquier virtud o vicio. Coloso, titán.

gigantesco-a *adj.* Perteneciente o relativo a los gigantes. Excesivo, muy sobresaliente en su línea. Titánico, ciclópeo, enorme.

gigantón-a *m.* y *f.* Figura gigantesca que suele llevarse en las procesiones. Especie de dalia de flores moradas. *M.* En América, girasol gigante.

gigote *m.* Guisado de carne picada, rehogada en manteca, u otra comida picada en pedazos menudos.

gimnasia *f.* Arte de desarrollar, fortalecer y dar flexibilidad al cuerpo, por medio de ciertos ejercicios.

gimnasio *m.* Lugar destinado a ejercicios de gimnasia, o a la enseñanza pública.

gimnasta *m.* Persona que ejecuta ejercicios de gimnasia.

gimnástico-a *adj.* Perteneciente o relativo a la gimnasia. *F.* Gimnasia.

gimnospermo-a *adj.* y *s.* Dícese de la semilla desnuda, no protegida en un ovario, y de la planta con este carácter.

gimotear *intr.* Despeetivo de gemir: hacerlo ridículamente, sin causa justificada.

ginebra *f.* Alcohol de semillas aromatizado con bayas de enebro.

ginebrés-a o **ginebrino-a** *adj.* y *s.* Natural de Ginebra. Perteneciente a esta ciudad de Suiza.

gineceo *m.* En la Grecia antigua, habitación para mujeres. Verticilo floral formado por los pistilos o carpelos.

ginecología *f.* Parte de la Medicina que trata de los órganos sexuales de la mujer, de su fisiología y de sus enfermedades.

ginesta *f.* Hiniesta, retama.

gingiva *f.* Encía.

gipsografía *f.* Sistema de estampación en yeso. Estampa obtenida por este procedimiento.

gira *f.* Paseo, excursión recreativa. En América, es generalmente de carácter político. En México, operación de cortar el maguey maduro para la fabricación del tequila.

girado-a *adj.* Persona a cuyo cargo se gira una letra de cambio.

girador-a *m.* y *f.* Librador o libradora de una letra de cambio.

giralda *f.* Veleta de torre en figura humana o de animal.

girándula *f.* Rueda llena de cohetes que gira despidiéndolos. Artificio en las fuentes para arrojar el agua con agradable variedad. Candelabro de sobremesa con varios brazos.

girar *intr.* Moverse alrededor o circularmente. Desarrollarse una conversación, negocio, trato, etc., en torno de un tema o interés dado. Desviarse o torcer la dirección inicial. Expedir libranzas, letras de cambio, etc. Moverse un cuerpo circularmente alrededor de un eje.

girasol *m.* Planta compuesta anua originaria del Perú, de tallo herbáceo derecho, hojas acorazonadas, cabezuelas amarillas terminales muy grandes y frutos en aquenio con semillas oláceas; ornamental.

giratorio-a *adj.* Que gira o se mueve alrededor. *F.* Mueble con estantes que gira en torno a un eje.

giro *m.* Movimiento circular. Acción y efecto de girar. Dirección que se da a una conversación o a un negocio. Estructura de una frase, según un concepto. Circunvolución cerebral. Movimiento de caudales por medio de letras, libranzas, etc. Conjunto de operaciones o negocios de una casa, compañía, etc.

girocompás *m.* Giróscopo, brújula giroscópica.

girola *f.* Nave que rodea el ábside en la arquitectura románica y gótica.

girón *adj.* En México, toro bragado, cuando el color blanco se prolonga hasta los ijares.

girondino-a *adj.* y *s.* Individuo que representaba el ala moderada en la Revolución francesa.

giroscopio o **giróscopo** *m.* Instrumento formado por un sólido homogéneo y macizo que gira alrededor de un eje, de tal manera que el campo de la fuerza centrífuga es grande con respecto al campo gravitatorio; de múltiples aplicaciones.

giróstato *m.* Aparato para dar estabilidad u orientación fija a otros que son movibles.

gis *m.* Clarión.

giste *m.* Espuma de la cerveza.

gitanada *f.* Acción propia de gitanos. Adulación, caricias y engaños con que suele conseguirse lo que se desea.

gitano-a *adj.* y *s.* Raza de gentes errantes procedentes del norte de la India y que antes se creía oriundos de Egipto. Que tiene arte y gracia para ganarse la voluntad de otras personas.

glabro-a *adj.* Calvo, lampiño. Desprovisto de vellos o pelo; liso.

glacial *adj.* Helado, muy frío. Que nace helar o helarse. Frío, desafecto, desabrido. Aplícase a las tierras y mares que están en las zonas polares.

glaciar *m.* Masa de hielo acumulada en las zonas altas de las cordilleras, por encima del límite de las nieves perpetuas, cuya parte inferior se desliza muy lentamente.

glacis o glasis m. Zona de terreno que delante de una fortificación se extiende en larga y suave pendiente, desde la cresta del parapeto o desde el borde de la contraescarpa. Extensión de terreno larga y lisa de menos pendiente que el talud.

gladiador m. El que en los juegos públicos romanos batallaba con otro o con una fiera, hasta quitarle la vida o perderla.

gladiolo-a o gladíolo-a m. o f. Cuerpo o porción media del esternón entre el manubrio y el apéndice ensiforme. Gladio, espadaña, planta tifácea. Cualquier especie ornamental de plantas iridáceas con hojas ensiformes largas.

glande m.. Bálano. Bellota. Extremidad del pene cubierta por el prepucio y compuesta de tejido esponjoso eréctil. Fruto seco, indehiscente monospermo, cubierto por un casquillo o cúpula en su parte superior, de algunas fagáceas: roble, encino, avellano.

glandiforme adj. De forma de bellota.

glándula f. Organo cuya función es extraer de la sangre substancias que han de ser eliminadas del cuerpo o que son convertidas en substancias nuevas utilizables por el organismo.

glasé m. Tafetán de mucho brillo. Por extensión, otras telas brillantes.

glasear tr. Dar brillo a las superficies de algunas cosas, como al papel, a algunos manjares, etc. Satinar.

glauco-a adj. Verde claro.

glaucoma m. Grave dolencia de los ojos a causa de la excesiva producción de humores oculares, que puede ocasionar la ceguera.

gleba f. Terrón que se levanta con el arado. Campesino.

glicerina f. Líquido incoloro, espeso y dulzón, muy higroscópico, que entra en la constitución de los cuerpos grasos; se obtiene como subproducto de la fabricación del jabón.

glicina f. Planta leguminosa ornamental y sarmentosa que se utiliza como enredadera de jardín, con flores en grandes y vistosos racimos colgantes.

glicona f. Supositorio de glicerina.

glifo m. Acanaladura en forma de media caña o triangular, en cualquier superficie.

glíptica f. Arte de grabar las piedras finas.

global adj. Tomado en conjunto.

globo m. Esfera. Tierra. Especie de fanal de cristal con que se cubre una luz, para que no moleste la vista o simplemente por adorno. Organo o parte de forma redondeada o esférica. Cuerpo esférico o de otra forma que flota en el espacio por estar lleno de un gas más ligero que el aire.

globoide adj. Que tiene forma de g'obo. Superficie engendrada por una circunferencia que gira alrededor de un eje que no está en su mismo plano.

globular adj. De figura de glóbulo. Relativo a los glóbulos de la sangre.

glóbulo m. Pequeño cuerpo esférico. Corpúsculo redondeado formado por una so'a célula, que se encuentra en varios humores orgánicos y especialmente en la sangre, la linfa, etc.

glomérulo m. Conglomerado pequeño de vasos capilares, fibras nerviosas u otro elemento anatómico, en forma de ovillo. Inflorescencia cimosa contraída y en forma de cabezuela compacta y sésil.

gloria f. Bienaventuranza. Reputación, fama y honor. Gusto y placer vehemente. Lo que ennob'ece o ilustra en gran manera una cosa. Majestad, esplendor. Celebridad, prez, reputación.

gloriar tr. Glorificar. R. Preciarse demasiado o alabarse de una cosa. Complacerse, alegrarse mucho.

glorieta f. Cenador de jardín, cercado de árboles y vestido de plantas trepadoras. Plazoleta. Plaza donde desembocan varias calles o paseos.

glorificar tr. Hacer glorioso al que no lo era. Reconocer, ensalzar y alabar al que es glorioso. R. Gloriarse.

glorioso-a adj. Digno de honor y a'abanza. Perteneciente a la gloria o bienaventuranza. Que goza de Dios en la gloria. Que se alaba demasiado. F. Por antonomasia, la Virgen María.

glosa f. Explicación de un texto obscuro o difícil de entender. Nota de aviso o reparo en las cuentas. Exégesis, acotación. Poesía en que se repiten uno o más versos anteriores.

glosario m. Catálogo de palabras obscuras o desusadas, con definición o explicación de cada una de ellas.

glosopeda f. Enfermedad epizoótica de los ganados que se manifiesta por fiebre y desarrollo de vesículas en la boca y entre las pezuñas. Fiebre aftosa.

glosoplejia f. Parálisis de la lengua.

glotis *f.* Orificio o abertura superior de la laringe.

glotón *adj. y s.* Que come con exceso y con ansia. Tragón, comilón.

glucemia *f.* Cantidad de glucosa contenida en la sangre. Exceso de glucosa en la sangre.

glucosa *f.* Azúcar que se encuentra en las uvas y otros frutos cuando están maduros, en la sangre normal y en alguna orina patológica.

gluma *f.* Cubierta floral de las plantas gramíneas.

gluten *m.* Cualquier substancia pegajosa que puede servir para unir una cosa a otra. Mezcla de proteínas que se obtiene de las harinas de los cereales, amasando la harina con agua y lavándola para separar el almidón.

glúteo-a *adj.* Perteneciente a la nalga o nalgas.

gnático-a *adj.* Referente a las quijadas.

gneis *m.* Roca metamórfica de estructura pizarrosa y de igual composición que el granito, es decir, formada especialmente por feldespato, cuarzo y mica.

gnomo *m.* Ser fantástico en figura de enano, genio o espíritu de la Tierra, guardián de sus metales preciosos o que trabaja los veneros de la misma.

gnomon *m.* Antiguo instrumento de Astronomía para determinar el acimut y altura del Sol. Indicador de las horas en los relojes solares más comunes. Escuadra, instrumento triangular, formado por dos reglas dispuestas en ángulo recto.

goa *f.* Masa de hierro más o menos esférica que se forma en la forja catalana.

gobelinos *m. pl.* Nombre de los famosos tapices franceses cuya manufactura se inició en París a principios del siglo XVII, en los locales de la familia de tintoreros Gobelin.

gobernación *f.* Gobierno y ejercicio del mismo. Administración del orden interior del Estado.

gobernador-a *adj. y s.* Que gobierna. Jefe superior de una provincia, ciudad, territorio o Estado federal. Representante del Gobierno en algún establecimiento público. En América, jefe del poder ejecutivo en un estado federado.

gobernalle *m.* Timón, pieza para gobernar las naves.

gobernar *tr.* Mandar con autoridad o regir una cosa. Guiar y dirigir. *Intr.* Obedecer el buque al timón.

gobierno *m.* Acción y efecto de gobernar o gobernarse. Orden de regir y gobernar una nación, Esta-

do, ciudad, provincia, plaza, etc. Empleo o cargo de gobernador. Edificio en que tiene su despacho y oficinas. Tiempo que dura su mandato. Conjunto de personas y órganos revestidos de poder para expresar la voluntad del Estado y hacer que se cumpla.

gobio *m.* Pez de aguas litorales acantopterigio, que corresponde a numerosas y diversas especies. Pez de agua dulce, de aletas blandas con una sola aleta dorsal y de boca sin dientes.

goce *m.* Acción y efecto de gozar o disfrutar una cosa. Deleite, disfrute.

godo-a *adj. y s.* Individuo de un antiguo pueblo germánico que invadió el Imperio Romano. En América meridional, nombre con que se designa a los españoles.

gol *m.* Tanto que obtiene un equipo de fútbol al introducir la pelota en la portería contraria. La misma portería.

gola *f.* Garganta, parte anterior del cuello. Gorguera. Canal por donde entran los buques en algunos puertos o rías. Moldura en figura de S. Pieza de la armadura antigua para cubrir y defender la garganta.

goleta *f.* Embarcación fina, de bordas poco elevadas, con dos o más palos y una cangreja en cada uno.

golf *m.* Deporte de origen escocés que consiste en impeler una pelota con unos palos como mazas e introducirla en una serie de agujeros muy espaciados y con obstáculos entre ellos.

golfo *m.* Gran porción de mar que se interna en la tierra, entre dos cabos. Escotadura de la costa ocupada por el mar. Pilluelo, vagabundo.

goliardo-a *adj.* Dado a la vida desordenada y a la gula. *M.* En la Edad Media, clérigo o estudiante vagabundo de vida irregular; última manifestación del tipo juglaresco.

golilla *f.* Cuello almidonado usado por los ministros togados y demás curiales.

golondrina *f.* Cualquiera de los numerosos pájaros que constituyen la familia de los hirundínidos, notables por su canto gracioso y sus migraciones regulares.

golondrino *m.* Pollo de la golondrina. *Adj.* En México, dícese de la bestia mular negra con el hocico y la ijada de color leonado; inflamación de un ganglio; tumor en las axilas.

golosina *f.* Manjar delicado que sirve más para el gusto que para el sustento. Deseo o apetito de una cosa. Cosa más agradable que útil.

goloso-a *adj. y s.* Aficionado a comer golosinas. Deseoso de alguna cosa. Apetitoso.

golpe *m.* Encuentro repentino y violento de dos cuerpos. Efecto del mismo encuentro. Multitud o abundancia de una cosa. Latido. Hoyo en que se pone la semilla o planta. Adorno de pasamanería sobrepuesto en una pieza de vestir. Gracia u oportunidad. Infortunio o desgracia que acomete de pronto. En México, especie de mazo de hierro para romper piedras.

golpear *tr.* Dar repetidos golpes. En México, tocar o llamar a la puerta fuertemente.

golpetear *tr.* Golpear viva y repetidamente.

golpiza *f.* En América, paliza, tunda.

gollería *f.* Manjar exquisito y delicado. Delicadeza, superfluidad, demasía. Ganga, sinecura.

gollete *m.* Parte superior de la garganta por donde se une a la cabeza. Cuello estrecho de algunas vasijas, botellas, etc. Parte del cartucho metálico en la que se engarza la bala.

goma *f.* Substancia viscosa que fluye de algunas plantas que después de seca es soluble en el agua y sirve para pegar. Tira o banda de goma elástica. Caucho. En América Central, malestar que se siente al pasar la borrachera. La sociedad elegante. Trozo de caucho para borrar algo escrito.

gomorresina *f.* Jugo lechoso que fluye de varias plantas y se solidifica al aire, compuesto de una resina mezclada con una materia gomosa y un aceite volátil.

gomoso-a *adj.* Que tiene goma, se parece a ella o es de su naturaleza. *M.* Pisaverde, lechugino, currutaco.

gonalgia *f.* Dolor en la rodilla.

góndola *f.* Embarcación de transporte de pasajeros en la laguna de Venecia. Carruaje en que pueden viajar juntas muchas personas. Barquilla de globo aerostático o de avión. En México, vehículo descubierto, de tracción mecánica o animal.

gong o **gongo** *m.* Instrumento músico consistente en un disco de bronce con los bordes retorcidos que se golpea con un mazo.

gongorismo *m.* Culteranismo. Estilo literario según modelo o inspiración de Góngora.

goniómetro *m.* Instrumento para medir ángulos.

gonitis *f.* Inflamación de la rodilla.

gonococo *m.* Bacteria patógena productora de la blenorragia en la mucosa de la uretra.

gonorrea *f.* Inflamación y flujo purulento de la membrana mucosa de la uretra.

gordiano *adj.* Dícese del nudo que sujetaba al yugo la lanza del carro de Gordio, rey de Frigia. Nudo muy enredado y difícil de desatar.

gordinflón-a o **gordiflón-a** *adj.* Excesivamente grueso y que tiene muchas carnes, aunque flojas.

gordo-a *adj.* Que tiene muchas carnes. Muy abultado y corpulento. Pingüe, craso y mantecoso. Que excede del grosor corriente en su clase. *M.* Sebo o manteca de animal. *F.* En México, tortilla de maíz más gruesa que la común.

gordura *f.* Grasa, tejido adiposo que se deposita alrededor de vísceras importantes. Abundancia de carnes y grasas, en las personas y animales.

gorgojo *m.* Insecto coleóptero de cuerpo ovalado que vive en diversas semillas, dentro de las cuales se desarrollan sus larvas que causan grandes destrozos.

gorgoritear *intr.* Hacer quiebros con la voz, especialmente en el canto.

gorgorito *m.* Quiebro que se hace con la voz al cantar.

górgoro *m.* En México y Chile, burbuja.

gorgoteo *m.* Ruido por el movimiento de un líquido o un gas en el interior de alguna cavidad.

gorguera *f.* Adorno del cuello hecho de lienzo plegado.

gorila *m.* El mayor de los monos antropoides, del África ecuatorial, alcanza la estatura de un hombre y es el más próximo a él anatómicamente; muy corpulento, membrudo y fiero.

gorja *f.* Garganta.

gorjear *intr.* Hacer quiebros con la voz en la garganta, hombres o pájaros. Trinar.

gorjeo *m.* Quiebro de la voz en la garganta. Articulaciones imperfectas en la voz de los niños.

gorra *f.* Prenda de tela, piel o punto, sin copa ni alas, para cubrir la cabeza. Gorro. Montera. Barretina.

gorrear *intr.* Comer, vivir de gorra.

gorrero-a *m. y f.* Persona que por oficio hace o vende gorras o gorros. *M.* Gorrón.

gorrino-a *m. y f.* Cerdo pequeño que no llega a los cuatro meses. Cerdo. Persona desaseada o de mal comportamiento social.

gorrión *m.* Pájaro paseriforme fringílido, de pico fuerte y cónico, de plumaje castaño salpicado de manchas negras y rojizas. Pardal.

gorro *m.* Pieza redonda de tela o de punto, para cubrir y abrigar la cabeza.

gorrón-a o **gorrista** *adj. y s.* Que tiene por hábito comer, vivir o divertirse a costa ajena. Vividor, parásito, pegote.

gota *f.* Partecilla de agua o de otro licor. Enfermedad de la nutrición, caracterizada por el exceso de ácido úrico y uratos en la sangre y ataques inflamatorios articulares.

gotear *intr.* Caer un líquido gota a gota. Comenzar a llover gotas esparcidas. Dar o recibir una cosa a pausas o intermitentemente.

gotera *f.* Caída de gotas en el interior de un edificio o espacio techado. Hendedura del techo por donde caen. Señal que deja. *Pl. americ.* Afueras, contornos, alrededores.

goterón *m.* Gota muy grande de agua llovediza.

gótico-a *adj.* Perteneciente a los godos. Aplícase a lo escrito o impreso en letra gótica. Noble, ilustre. *Adj. y s.* Arte surgido en Francia a mediados del siglo XII y extendido por Europa con el nombre que le dieron los artistas del Renacimiento por creerlo equivocadamente derivado de los godos; sus elementos principales son: la bóveda de crucería, el arco ojival, los contrafuertes, los calados, las columnas, las nervaduras y las agujas. Dícese de la letra de forma rectilínea y angulosa que se usó en lo antiguo y se emplea aún en Alemania.

gotoso-a *adj.* Que padece gota o que es de su naturaleza.

gozar *tr.* Tener o poseer alguna cosa. Tener gusto, complacencia y alegría de una cosa. Conocer, tener acto carnal con mujer. *Intr.* Sentir placer.

gozne o **gonce** *m.* Herraje articulado con que se fijan las hojas de las puertas y ventanas. Bisagra.

gozo *m.* Complacencia en la posesión o esperanza de bienes o cosas apetecibles. Alegría.

gozoso-a *adj.* Que siente gozo. Contento, alegre, satisfecho.

gozque *adj. y s.* Dícese del perro pequeño, muy sentido y ladrador.

grabación *f.* Registro de sonidos sobre un disco fonográfico o sobre la banda sonora de una película cinematográfica.

grabado *m.* Arte de grabar. Procedimiento para grabar. Estampa producida por medio de la impresión de láminas grabadas.

grabar *tr.* Señalar con incisión o abrir y labrar en hueco o en relieve, sobre una superficie de piedra, metal, madera, etc., un letrero, figura o representación de cualquier objeto. Registrar sonidos sobre un disco fonográfico. Fijar profundamente en el ánimo un concepto, sentimiento o recuerdo. Esculpir, entallar, incrustar.

gracejo *m.* Gracia, chiste o donaire festivo en el hablar o escribir.

gracia *f.* Don de Dios dirigido a nuestra salvación. Don natural que hace agradable a una persona. Donaire y atractivo. Concesión gratuita. Afabilidad y buen modo. Garbo, donaire. Benevolencia y amistad. Chiste agudo, discreto y de donaire. Perdón o indulto de pena que concede el Jefe del Estado. Nombre de cada persona. Encanto, hechizo, misericordia, favor.

grácil *adj.* Sutil, delgado o menudo.

gracioso-a *adj.* Que tiene gracia. Chistoso, agudo. Que se da de balde o de gracia. *M. y f.* Actor dramático con papel festivo.

grada *f.* Peldaño. Asiento a modo de escalón corrido. Tarima puesta al pie de los altares. *Pl.* Escalinata. Atrio de un edificio. *F.* Reja o locutorio. Máquina con que se desmenuza la tierra y se deshacen los terrones, para nivelar el suelo o para destruir el musgo en los prados húmedos.

gradación *f.* Serie de cosas ordenadas gradualmente. Período expresivo que se desarrolla de grado en grado, con objeto de intensificar el sentido.

gradería *f.* Conjunto o serie de gradas de un teatro, anfiteatro, cátedra.

gradiente *m.* Variación de un agente, elemento o magnitud en una dirección determinada. *F.* Pendiente entre dos puntos dados. En América, pendiente, declive.

gradilla *f.* Escalerilla portátil. Soporte a veces escalonado, para los tubos de ensayo de un laboratorio.

grado *m.* Peldaño. Cada una de las generaciones que marcan el parentesco entre personas. Título u honor que se confiere al que se gradúa en una facultad universitaria. Sección en que los alumnos se agrupan, según su edad o conocimientos. Unidad de medida en la escala de varios instrumentos para apreciar la cantidad o intensidad de una energía o de un estado físico. Número de orden que expresa el de factores que entran en un término algebraico. Exponente mayor de una variable. Cada una de las diferentes instancias en que puede encontrarse un pleito. Cada una de las partes iguales en que se considera dividida la circunferencia del círculo. Manera de significar la intensidad relativa de los adjetivos calificativos. Tamaño o cuerpo de las fundiciones tipográficas.

graduación *f.* Acción y efecto de graduar. División en grados de una escala. Cantidad proporcional de alcohol que contienen las bebidas espirituosas. Categoría de un militar.

gradual *adj.* Que está por grados o que va ue grado en grado. Cántico o recitación de la Misa, entre la Epístola y el Evangelio. Libro que contiene todos los cánticos de la Misa.

graduando-a *m. y f.* Persona que recibe o está próxima a recibir un grado universitario.

graduar *tr.* Dar a una cosa el grado o calidad que le corresponde, o apreciar la que tiene. Señalar los grados en que se divide una cosa. Dividir y ordenar en grados o estados correlativos una cosa. Dar el grado o título de bachiller, licenciado o doctor, en las universidades. Conceder grado o grados en las carreras militares.

grafía *f.* Modo de escribir o representar los sonidos.

gráfico-a *adj.* Perteneciente o relativo a la escritura. Aplícase a lo que se representa por medio de figuras o signos. Modo de hablar con la precisión de un dibujo. *M. y f.* Representación de datos numéricos por medio de líneas que hacen visible la gradación o relación de estos datos.

grafito *m.* Carbono natural con mezcla de impurezas hasta un 50%; masa blanda negrogrisácea de lustre metálico y untuoso al tacto. Se obtiene también artificialmente en el horno eléctrico por fusión del carbón.

grafología *f.* Estudio de la escritura en general y de la de los individuos en particular, para deducir características de cada persona.

gragea *f.* Confites muy menudos de varios colores. Confite medicamentoso.

grajeado *m.* En México, bizcocho de huevo con granos de azúcar por encima.

grajear *intr.* Cantar o chillar los grajos o los cuervos. Formar el niño sonidos guturales cuando no sabe aún hablar.

grajo *m.* Ave muy semejante al cuervo, con plumas de color violáceo negruzco, pico y patas rojos con uñas grandes y negras. Arrendajo. En América, olor desagradable que se desprende del sudor, en especial de los negros desaseados.

gralla *f.* Chirimía.

grama *f.* Planta gramínea medicinal, de tallo rastrero, hojas agu-

das y flores en espigas filiformes.

gramática *f.* Arte de hablar y escribir correctamente una lengua.

gramático-a *adj.* Relativo o perteneciente a la Gramática. *M.* El entendido en Gramática o que escribe acerca de ella.

gramatología *f.* Tratado filosófico de la Gramática.

gramil *m.* Instrumento para marcar paralelas al borde o en el canto de un objeto.

gramíneo-a *adj. y s.* Dícese de toda planta monocotiledónea herbácea, de tallos cilíndricos nudosos, hojas estrechas que nacen en estos nudos, flores muy sencillas dispuestas en espiguillas y fruto en cariópside.

gramo *m.* Unidad de peso en el sistema decimal, equivalente casi a un centímetro cúbico de agua destilada a la temperatura de 4° C.

gramófono *m.* Fonógrafo moderno que adopta discos planos obtenidos de otros originales de cera, por procedimiento galvanoplástico.

gramola *f.* Nombre industrial de ciertos gramófonos eléctricos.

gran *adj.* Apócope de grande. Principal o primero en su clase.

grana *f.* Cochinilla, insecto hemíptero de origen mexicano, que se tritura para emplearlo como materia tintórea. Quermes. Excrecencia que se forma con la coscoja y que exprimida produce color rojo. Color rojo así obtenido. Paño fino usado para trajes de fiesta.

granada *f.* Fruto del granado, de figura globosa coronado por un tubo corto con dientecitos, restos de los sépalos del cáliz. Bola llena de pólvora, con espoleta atacada con un mixto inflamable que llevan los granaderos para arrojarlas encendidas al enemigo. Bomba explosiva de humo o de señales que puede ser lanzada a mano, con honda o por medio del fusil. Proyectil para batir los objetivos por choque y explosión de su carga interna.

granadero *m.* Soldado de elevada estatura que se escogía para arrojar granadas de mano, o para formar la cabeza de un regimiento. Persona muy alta.

granadilla *f.* Flor, fruto y madera de la pasionaria.

granadillo *m.* Árbol americano de la familia de las leguminosas, con tronco y ramas tortuosos con espinas muy agudas, hojas coriáceas, flores en hacecillos y legumbre muy vellosa; su madera, dura y compacta, de color rojo y amarillo, es muy apreciada en ebanistería.

granadina *f.* Tejido calado con seda retorcida. Canto popular andaluz, uno de los géneros del canto flamenco. Refresco hecho con zumo de granada.

granadino-a *adj. y s.* Natural de Granada. Perteneciente a esta ciudad española.

granado *m.* Árbol mirtáceo de tronco liso y tortuoso, hojas opuestas, flores rojas casi sentadas, cuyo fruto es la granada.

granado-a *adj.* Notable y señalado; principal, ilustre y escogido. Maduro, experto. Espigado, alto, crecido.

granalla *f.* Metal reducido a granos irregulares. Granos o porciones menudas a que se reducen los metales para facilitar su fundición.

granar *intr.* Formarse y crecer el grano de los frutos.

granate *m.* Piedra fina, compuesta de silicato doble de alúmina y de hierro u otros elementos; su color varía desde el de los granos de granada al rojo, negro, verde, amarillo, violáceo y anaranjado.

granatense *adj. y s.* Natural de Granada, ciudad de Nicaragua. Perteneciente o relativo a dicha población centroamericana.

granazón *f.* Acción y efecto de granar las plantas.

grande *adj.* Que excede a lo común y regular. En México, de cierta edad. *M.* Prócer, magnate.

grandeza *f.* Tamaño excesivo de una cosa. Majestad y poder. Extensión, magnitud.

grandilocuencia *f.* Elocuencia muy abundante y elevada. Estilo sublime.

grandiosidad *f.* Admirable grandeza, magnificencia.

grandioso-a *adj.* Sobresaliente, magnífico. Imponente, magno, portentoso.

grandor *m.* Tamaño de las cosas.

graneado-a *adj.* Reducido a grano. Salpicado de pintas.

granear *tr.* Esparcir el grano o semilla en un terreno. Convertir en grano la masa de pólvora. *Intr.* Empezar a echar grano las plantas.

granel Modo adverbial: *a granel;* hablando de cosas menudas, sin orden, número o medida; género sin envase ni paquete; a montón, en abundancia, al menudeo.

granero *m.* Sitio en donde se recoge y guarda el grano. Territorio muy abundante en grano y que provee de él a otros países o comarcas.

granito *m.* Roca compacta y dura, compuesta de feldespato, cuarzo y mica. Piedra berroqueña.

granizada *f.* Abundancia de granizo que cae de una vez. Pedrisco. Multitud de cosas que caen o se manifiestan continua y abundantemente.

granizado *m.* Hielo machacado al que se agrega alguna esencia o jugo de fruta.

granizar *intr.* Caer granizo. Arrojar cosas con ímpetu haciendo que caigan espesas.

granizo *m.* Agua congelada que desciende con violencia de las nubes, en forma de granos más o menos duros y gruesos. Piedra.

granizo-a *adj.* En México, dícese de la caballería de pelaje obscuro con pequeñas manchas blancas por todo el cuerpo.

granja *f.* Hacienda de campo, a manera de huerta grande con caserío, donde se recogen la gente de labor y el ganado. Hacienda o explotación agrícola, dedicada a veces a un cultivo particular o a ensayos de agricultura.

granjear *tr.* Adquirir caudal, obtener ganancias traficando con ganados u otros objetos de comercio. Adquirir, conseguir, obtener. Captar.

granjería *f.* Beneficio de las haciendas de campo. Ganancia y utilidad que se obtiene traficando y negociando.

granjero-a *m. y f.* Persona que cuida de una granja, o que se emplea en granjerías.

grano *m.* Fruto de las mieses. Semilla pequeña de varias plantas. Porción o parte menuda de alguna cosa. Especie de tumorcillo que a veces contiene pus. Dozava parte del tomín, equivalente a 48 miligramos. Cuarta parte de un quilate. Flor de las pieles adobadas.

granuja *f.* Uva desgranada y separada de los racimos. Simiente de la uva y de otras frutas. *M.* Muchacho vagabundo, pilluelo. Bribón, pícaro, golfo.

granular *tr.* Reducir a granillos una masa pastosa o derretida. *R.* Cubrirse de granos pequeños alguna parte del cuerpo.

gránulo *m.* Bolita de azúcar y goma arábiga con muy corta dosis de un medicamento. Partícula en el citoplasma o núcleo de una célula.

granza *f.* Rubia, planta tintórea. *Pl.* Residuos de paja larga y gruesa, espigas, granos, etc., que quedan del trigo, cebada y otras semillas, cuando se avientan y criban. Superfluidades de un metal. En México, grano de los cereales con cascarilla.

grao *m.* Playa que sirve de desembarcadero.

grapa *f.* Pieza metálica cuyos dos extremos, doblados y aguzados, se clavan para unir o sujetar dos tablas, correas u otras cosas.

grasa *f.* Manteca. unto o sebo de un animal. Goma de enebro. Mugre o suciedad de la ropa por el continuado ludir de la carne. Lubricante graso. En México, la que se aplica al calzado para lustrarlo.

grasiento-a *adj.* Untado y lleno de grasa. Grasoso, lardoso.

graso-a *adj.* Pingüe, mantecoso y que tiene gordura.

grasoso-a *adj.* Que está impregnado de grasa. Relativo a la grasa.

gratificación *f.* Recompensa pecuniaria de un servicio eventual. Remuneración fija por el desempeño de un servicio o cargo, compatible con el sueldo.

gratificar *tr.* Recompensar con una gratificación. Dar gusto, complacer.

grátil o **gratil** *m.* Extremidad u orilla de la vela por donde se une y sujeta al palo, verga o nervio correspondiente.

gratin Palabra usada sólo en el modo adverbial: *al gratin*, o sea manjar que se cubre con pan rallado y se cuece al horno.

gratis *adv.* De gracia o de balde.

gratitud *f.* Sentimiento de el que nos consideramos obligados a estimar el beneficio o favor que se nos ha hecho o querido hacer y a corresponder de algún modo. Agradecimiento, reconocimiento.

grato-a *adj.* Gustoso, agradable. Gratuito, gracioso. En América, agradecido. Placentero, delicioso.

gratuito-a *adj.* Gratis. Arbitrario, sin fundamento.

gratular *tr.* Dar el parabién a uno. *R.* Alegrarse, complacerse.

grava *f.* Guijo. Piedra machacada con que se cubre y allana el piso de los caminos. Sedimento fluvial, marino o glacial, formado por piedrecillas sueltas y arena.

gravamen *m.* Carga, obligación de ejecutar o consentir alguna cosa. Carga impuesta sobre un inmueble o sobre un caudal. Impuesto, contribución, alcabala.

gravar *tr.* Cargar, pesar sobre una persona o cosa. Imponer gravamen.

grave *adj.* Que pesa. Grande, de mucha importancia. Enfermo de cuidado. Circunspecto, serio; que causa respeto y veneración. Arduo, difícil. Molesto, enfadoso. Dícese del sonido hueco y bajo. Palabra cuyo acento recae en su penúltima sílaba; llana.

gravedad *f.* Fuerza que atrae a los cuerpos hacia el centro de la Tierra. Compostura y circunspección. Enormidad, exceso. Grandeza, importancia. Padecimiento grave.

grávido-a *adj.* Cargado, lleno, abundante. Dícese de la mujer encinta.

gravímetro *m.* Instrumento para determinar el peso específico de los sólidos y líquidos.

gravitación *f.* Acción y efecto de gravitar. Atracción universal.

gravitar *intr.* Tener un cuerpo propensión a caer o cargar sobre otro, por razón de su peso. Descansar un cuerpo sobre otro. Cargar, imponer gravamen.

gravoso-a *adj.* Molesto, pesado y a veces intolerable. Que ocasiona gasto o menoscabo. Oneroso.

graznido *m.* Voz de algunas aves, como el cuervo, el grajo, el ganso, etc. Canto desigual y disonante.

greca *f.* Adorno en una faja más o menos ancha en que se repite la misma combinación de elementos decorativos y en especial la compuesta por líneas que forman ángulos rectos.

grecizar *tr.* Dar forma griega a voces de otro idioma. *Intr.* Usar afectadamente en otro idioma voces o locuciones griegas.

grecorromano-a *adj.* Perteneciente a griegos y romanos, o compuesto de elementos propios de uno y otro pueblo.

greda *f.* Arcilla arenosa blanco azulada para desengrasar paños y quitar manchas o para decolorar.

gregario-a *adj.* Dícese de quien está en compañía de otros sin distinción. Falto de ideas e iniciativas propias y que sigue servilmente las ajenas. Aplícase a los organismos animales o vegetales que viven reunidos formando asociaciones de diverso tipo.

gregoriano-a *adj.* Dícese del canto religioso reformado por el papa Gregorio I el Grande. Dícese del año, calendario, cómputo y era que reformó el papa Gregorio XIII.

greguería *f.* Algarabía, gritería confusa de personas que hablan a un tiempo.

gregüescos *m.* Calzones muy anchos que se usaron en los siglos XVI y XVII.

gremial *adj.* Perteneciente al gremio, oficio o profesión. *M.* Individuo de un gremio.

gremio *m.* Unión de los católicos con sus legítimos pastores, especialmente con el Papa. Cuerpo de doctores y catedráticos de universidad. Corporación formada por maestros, oficiales y aprendices de una misma profesión u oficio. Conjunto de personas que tienen un mismo ejercicio, profesión o estado social.

greña *f.* Cabellera revuelta y descuidada. Lo que está enredado o entretejido con otra cosa, sin poderse desenredar fácilmente. Maraña, enredo.

gres *m.* Pasta de arcilla figulina y arena cuarzosa, utilizada en alfarería, cañerías y para vasijas.

gresca *f.* Bulla, algazara. Riña, pendencia.

greta *f.* En México, escoria, residuo; litargirio; grasa empleada por los alfareros para vidriar el barro.

grey *f.* Rebaño de ganado menor. Congregación de fieles cristianos bajo sus legítimos pastores. Conjunto de personas que tienen algún carácter común.

griego-a *adj. y s.* Natural u oriundo de Grecia. Perteneciente a esta nación europea. Lengua hablada por el pueblo griego.

grieta *f.* Quiebra o abertura que se hace naturalmente en la tierra o en cualquier cuerpo sólido. Hendedura de poca profundidad en la piel de diversas partes del cuerpo. Rendija, resquicio.

grifo-a *adj.* Dícese de los cabellos crespos o enmarañados. En América, erizado, hirsuto. *M.* Animal fabuloso con cabeza y alas de águila y cuerpo de león. Llave en la boca de las cañerías y en calderas y otros depósitos de líquidos. En México y Puerto Rico, pelo pasudo, el ensortijado de los negros. Canilla, espita.

grillete o **grilletes** *m.* Aro o aros de hierro con dos agujeros, para fijar una cadena a la garganta del pie de un presidiario.

grillo *m.* Insecto ortóptero de cabeza redonda y ojos prominentes; el macho sacude y roza con tal fuerza los élitros que produce un sonido agudo y monótono característico. Tallo que producen las semillas al germinar. *Pl.* Conjunto de dos grilletes con un perno común.

grima *f.* Desazón, disgusto, horror que causa una cosa. Aversión, asco.

grímpola *f.* Gallardete muy corto que se usa generalmente como cataviento. Insignia militar antigua en forma triangular.

gringo-a *adj. y s.* Extranjero, especialmente el inglés. *M.* Griego, lenguaje ininteligible. *M. y f.* En México y Centroamérica, norteamericano; en Argentina y Uruguay, italiano.

gripa *f.* Enfermedad infecciosa aguda acompañada de fiebre y con manifestaciones variadas, especialmente catarrales.

griposis *f.* Curvatura anormal, muy particularmente de las uñas.

griposo-a *adj. y s.* Agripado.

gris *adj.* Dícese del color que resulta de la mezcla de blanco y negro. Triste, lánguido, apagado. *M.* Variedad de ardilla de Siberia, de piel muy estimada. Frío o viento frío.

grisáceo-a *adj.* De color que tira a gris.

grisón-a *adj. y s.* Natural del cantón suizo de los Grisones. Perteneciente a este país. *M.* Lengua neolatina hablada en la mayor parte de este cantón.

grisú *m.* Metano desprendido de las minas de hulla que al mezclarse con el aire se hace inflamable y produce violentas explosiones.

grita *f.* Gritería. Algazara y vocerío de desagrado. Vocerío, abucheo, pita.

gritar *intr.* Levantar la voz más de lo acostumbrado. Manifestar el público ruidosamente su desaprobación y desagrado. Llamar a voces.

gritería *f.* Confusión de voces altas y destentonadas. Vocerío, algazara.

grito *m.* Voz sumamente esforzada y levantada. Manifestación vehemente de un sentimiento. Alarido, clamor.

gritonear *intr.* En América, gritar sin consideración o desaforadamente.

gro *m.* Tela de seda sin brillo y de más cuerpo que el tafetán.

groenlandés-a *adj. y s.* Natural de Groenlandia. Perteneciente a esta región de América Septentrional.

grog *m.* Palabra inglesa: bebida caliente a base de aguardiente o ron, azúcar, limón y agua.

grosella *f.* Fruto del grosellero, es una baya globosa de color rojo muy hermoso, jugosa y de sabor agridulce; úsase en medicinas, bebidas y jalea.

grosellero *m.* Arbusto de tronco ramoso, hojas alternas pecioladas, flores en racimitos y por fruto la grosella.

grosería *f.* Descortesía, falta grande de atención y respeto. Tosquedad. Rusticidad, ignorancia.

grosor *m.* Grueso de un cuerpo.

grosura *f.* Substancia crasa y mantecosa o jugo untuoso y espeso. Extremidades y asadura de los animales. Comida de carne. En América, grosor, espesor.

grotesco-a *adj.* Ridículo y extravagante por la figura o por cualquier otra calidad. Irregular, grosero y de mal gusto.

grúa *f.* Máquina compuesta de un aguilón montado sobre un eje vertical, giratorio y con una o varias poleas, para levantar pesos y llevarlos de un punto a otro, dentro del círculo que el brazo describe.

gruesa *f.* Doce docenas.

grueso-a *adj.* Corpulento y abultado. Grande. *M.* Corpulencia o cuerpo de una cosa. Parte principal, mayor y más fuerte de un lodo. **Espesor de una cosa. Una de las tres dimensiones de los sólidos.**

gruiforme *adj. y s.* **Ave perteneciente a un orden típicamente representado por las grullas, de cuello largo, patas alargadas con pulgar rudimentario o nulo.**

gruir *intr.* **Gritar las grullas.**

grulla *f.* **Ave gruiforme de pico cónico y prolongado, cuello largo; ave de paso en España y de alto vuelo, que cuando emigra lo hace en grupos en forma de V.**

grullo *adj.* **En México, caballo de color ceniciento. En América, peso duro o peso en general.**

grumete *m.* **Marinero joven que en el barco aprende el oficio y, al mismo tiempo, desempeña funciones de criado.**

grumo *m.* **Parte de un líquido que se coagula. Conjunto de cosas apiñadas y apretadas. Yema o cogollo de los árboles. Extremidad del alón del ave.**

gruñido *m.* **Voz del cerdo. Voz ronca del perro y de otros animales cuando amenazan. Sonido inarticulado y ronco de una persona, en señal de mal humor.**

gruñir *intr.* **Dar gruñidos. Mostrar disgusto por una cosa murmurando entre dientes. Chirriar, rechinar una cosa. Rezongar, refunfuñar.**

grupa *f.* **Anca, parte posterior y superior de las caballerías.**

grupada *f.* **En México, cabriola.**

grupo *m.* **Pluralidad de seres o cosas que forman un conjunto.**

gruta *f.* **Cavidad natural abierta en riscos y peñas. Estancia subterránea artificial. Antro, espelunca.**

gruyere *m.* **Queso de leche de vaca, cocida, que antiguamente se fabricaba sólo en Gruyere, Suiza; el mejor es aquel cuyos agujeros son redondos, regulares y del tamaño de una nuez.**

guaca *f.* **Sepulcro de los antiguos indios, principalmente de Bolivia y Perú. En América, tesoro escondido o enterrado. En México, escopeta de dos cañones.**

guacal o huacal *m.* **Árbol americano de frutos redondos y pericarpio leñoso que partidos por la mitad y extraída la pulpa, se utilizan como vasijas. Jícaro, jícara. Especie de cesta o jaula de varillas de madera, para transporte de loza, cristal, frutas, etc.**

guacamaya o guacamayo *f. o m.* **Ave americana, especie de papagayo de mayor tamaño, de pico encorvado, cola muy larga y de vistosos colores. En México y Antillas, persona vestida de varios y abigarrados colores.**

guacamole *m.* **En México, Cuba y Repúblicas centroamericanas, ensalada de aguacate picado con cebolla, chile y tomate.**

guaco-a *adj. y s.* **En México, cuate, gemelo, mellizo. En América del Sur, labihendido.** *M.* **Objeto de cerámica que se encuentra en las guacas.**

guachapear *tr.* **Golpear y agitar con los pies el agua estancada. Hacer una cosa de prisa y chapuceramente. En México, lavar ligeramente.**

guácharo-a *adj.* **Dícese de la persona enfermiza.** *M.* **Polluelo que aún no tiene las alas fuertes. Ave americana de hábitos nocturnos, de la que los aborígenes sacan un aceite que emplean en vez de manteca: pájaro aceitero.**

guachinango-a *adj.* **En Cuba, mexicano. En la costa oriental de México, apodo del habitante oriundo del interior.** *M.* **Pez americano acantopterigio percomorfo, de gran tamaño, de coloración rojiza y de carne muy estimada.**

guacho-a *adj.* **En Sudamérica, expósito, huérfano. Se dice del animal no criado por su madre; silvestre.** *M.* **Cría de cualquier animal, especialmente el polluelo de una ave.**

guadalajareño-a *adj. y s.* **Natural de Guadalajara. Perteneciente a esta ciudad y provincia de España. En México, tapatío.**

guadamecí, guadalmecí, guadamací o guadamacil *m.* **Cuero adobado y adornado con dibujos de pintura o relieve.**

guadaña *f.* **Instrumento con cuchilla corva para segar a ras de tierra.**

guadarnés *m.* **Lugar donde se guardan las sillas y guarniciones de los caballos y mulas y todo lo demás perteneciente a la caballeriza.**

guadua *f. americ.* **Especie de bambú muy grueso y alto, con púas y tallos jugosos; de múltiples aplicaciones.**

guaimeño-a *adj. y s.* **Natural de Guaymas. Perteneciente o relativo a esta población mexicana.** *M.* **En México, cierto sombrero de palma.**

guajada *f.* **En México, tontería, necedad, sandez. torpeza.**

guaje *m.* **En México y Chile, calabaza vinatera.** *Adj. y s.* **En México, sandio, bobo, tonto.**

guajiro-a *m. y s.* **Campesino blanco de la isla de Cuba. En Cuba y México, individuo rústico, campesino.**

guajolote *m.* **En México, pavo, ave gallinácea; tonto, necio, bobo.**

gualdo-a *adj.* **De color de gualda o amarillo.** *F.* **Hierba de tallos ramosos, hojas lanceoladas, flores** amarillas en espigas compactas y fruto capsular con semillas reniformes; tintórea.

guaidrapa *f.* Cobertura larga, de seda o lana, que cubre y adorna las ancas de la mula o caballo.

guamazo *m.* En México, bofetada, manotazo.

guamil *m.* En México, rastrojera.

guamo *m.* Arbol leguminoso americano de tronco delgado y liso, hojas alternas compuestas y flores en espigas axilares; se planta para dar sombra al café.

guamúchil *m.* Arbol leguminoso mexicano, espinoso, con hojas compuestas, flores amarillentas en cabezuelas axilares, legumbres retorcidas con semillas negras provistas de arilo comestible carnoso; maderable y curtiente.

guanábano *m.* Arbol anonáceo antillano de copa hermosa, tronco recto de corteza lisa, hojas lanceoladas, flores grandes y fruto acorazonado con púas débiles, pulpa blanca de sabor muy grato, refrigerante y azucarado; la guanábana.

guanaco *m.* Mamífero rumiante de la América del Sur, de cabeza pequeña, orejas largas y puntiagudas, labio superior hendido y cuerpo cubierto de pelo largo, lustroso y abundante, de él parece que descienden la llama y la alpaca.

guanero-a *adj.* Perteneciente o relativo al guano. Dícese del ave que produce guano. *M.* El que se ocupa en la industria del guano. *F.* Sitio donde hay guano.

guango-a *adj.* En México y Guatemala, flojo, ancho, holgado.

guangoche o guangocho *m.* En México, tela basta, especie de harpillera para embalajes, cubiertas, etc.; guango.

guano *m.* Materia excrementicia de aves marinas, acumulada en gran cantidad en las costas y en varias islas del Perú y del norte de Chile; se utiliza como abono en la agricultura.

guanoche *m.* En México, ayate, tela de pita o ixtle.

guanta *f.* En México, disimulo.

guantazo o guantada *m.* o *f.* Golpe que se da con la mano abierta. En México, cachetada.

guante *m.* Abrigo de la mano hecho de piel, tela o punto. *Pl.* Gratificación que se suele dar sobre el precio de una cosa que se vende o traspasa.

guantelete *m.* Manopla.

guantería *f.* Arte u oficio de hacer guantes. Taller donde se hacen o tienda donde se venden.

guapetón-a *m.* y *f.* Persona pendenciera y perdonavidas.

guapeza *f.* Bizarría, ánimo y resolución en los peligros. Ostentación en los vestidos. Acción propia del guapetón.

guapo-a *adj.* Animoso, bizarro y resuelto. Ostentoso, galán y lucido. Bien parecido. En México y Chile, severo, rígido. *M.* Hombre pendenciero y perdonavidas. En estilo picaresco, galán, que festeja a una mujer.

guarache *m.* En México, especie de sandalia tosca de cuero; cacle; remiendo provisional de lona ahulada que se aplica a la llanta del automóvil, al calzarla.

guaraní *adj.* y *s.* Indígena sudamericano perteneciente al grupo tupí-guaraní y lengua hablada por ellos que aún subsiste en puntos de Argentina y Paraguay.

guarapo *m.* *améric.* Jugo de la caña dulce exprimida, que por vaporización produce el azúcar. Bebida fermentada hecha con este jugo.

guarda *com.* Persona que tiene a su cargo y cuidado la conservación de una cosa. *F.* Acción de guardar, conservar o defender. Tutela. Observancia y cumplimiento de un mandato, ley o estatuto. Guarnición, defensa que se pone en las espadas para preservar la mano.

guardabarrera *com.* Persona que en las líneas de ferrocarril custodia un paso a nivel y cuida de las barreras.

guardabarros *m.* Alero, en los carruajes y automóviles.

guardabosque *m.* El que cuida y vigila los bosques.

guardabrisa *m.* Fanal que protege las velas para que no se apaguen con el viento. Bastidor con cristal que lleva el automóvil en la parte delantera, para resguardar del aire que viene opuesto al movimiento. En México, mampara.

guardacantón *m.* Poste de piedra para resguardar de los carruajes las esquinas de un edificio; o en los caminos, para que no se salgan de él.

guardacostas *m.* Barco de poco porte para la defensa del litoral o para la persecución del contrabando.

guardaespaldas *m.* Individuo que cuida de la seguridad personal de otro.

guardafrenos *m.* Empleado que tiene a su cargo los frenos del ferrocarril. En México, garrotero.

guardagujas *m.* Empleado que tiene a su cargo el cambio de las agujas de las vías del ferrocarril. En México, cambiavías.

guardamano *m.* Guarda de las espadas.

guardameta *m.* Nombre que se da en los juegos de fútbol y otros al jugador encargado de la defensa de la puerta o portería del equipo; portero.

guardamonte *m.* Pieza para asegurar el disparador cuando el arma está montada. Capote de monte. En México, pedazo de piel sobre las ancas del caballo, para evitar la mancha del sudor.

guardapolvo *m.* Resguardo para preservar del polvo. Sobretodo de tela para preservar el traje de polvo y manchas.

guardar *tr.* Cuidar y custodiar algo. Tener cuidado y vigilancia de algo. Observar y cumplir las obligaciones. Conservar o retener una cosa. No gastar. Economizar. Impedir, evitar un daño. Atender o mirar a lo que otro hace. *R.* Recelarse y precaverse de un riesgo. Poner cuidado en lo que no debe hacerse.

guardarropa *m.* Armario donde se guarda la ropa. Dependencia para guardar ropa de los asistentes a un espectáculo, fiesta, etc. Persona encargada de custodiarla.

guardarropía *f.* Conjunto de trajes de teatro. Lugar en que se custodian.

guardavía *m.* Empleado que tiene a su cargo la vigilancia de un trozo o tramo de línea férrea.

guardería *f.* Ocupación y trabajo de guarda. Institución o local para la vigilancia y cuidado de los niños durante el tiempo en que sus padres no pueden atenderlos.

guardia *f.* Conjunto de soldados o gente armada que asegura o defiende a una persona o un puesto. Lugar en que se establece o aloja. Defensa, custodia, amparo, protección. Individuo que pertenece a una guardia.

guardián-a *m.* Persona que guarda y cuida de una cosa. Prelado ordinario de un convento de franciscanos.

guarecer *tr.* Acoger a uno; ponerle a cubierto de persecuciones o ataques; preservarle de algún mal. Guardar, conservar y asegurar una cosa. Curar, medicinar. *R.* Refugiarse, acogerse y resguardarse en alguna parte, para librarse de riesgos, daños o peligros.

guarida *f.* Cueva o espesura donde se recogen y guarecen los animales. Amparo o refugio para librarse de un daño o peligro. Paraje donde se concurre con frecuencia. Cubil, madriguera.

guarismo *m.* Cada uno de los signos o cifras arábigas que expresan una cantidad. Cantidad expresada con dos o más cifras.

guarnecer *tr.* Poner guarnición a alguna cosa. Vestir, adornar. Dotar, proveer, equipar. Engalanar, aderezar. Revocar o revestir las paredes de un edificio.

guarnición *f.* Adorno que se pone a alguna cosa. Engaste de oro, plata u otro metal en que se sientan y aseguran las piedras preciosas. Guarda. Tropa que guarnece una plaza, fortaleza o buque de guerra. *Pl.* Conjunto de correajes y demás efectos que se ponen a las caballerías para que tiren de un carruaje, para montarlas o cargarlas.

guarnicionero *m.* El que hace o vende guarniciones para caballerías.

guarro-a *m. y f.* Cochino.

guasa *f.* Falta de gracia o viveza. Chanza, burla, broma.

guasearse *r.* Chancearse.

guasón-a *adj. y s.* Que tiene guasa. Burlón, chancero.

guata *f.* Manta de algodón en rama. Napa.

guatemalteco-a *adj. y s.* Natural de Guatemala. Perteneciente a esta República de Centroamérica.

guatepín *m.* En México, puñetazo en la cabeza.

guateque *m.* Comida, convite. En América, baile bullanguero.

guau *m.* Onomatopeya con que se representa la voz del perro. Ladrido.

¡guay! *interj.* ¡Ay!

guayabera *f.* Chaquetilla corta de tela ligera.

guayabo *m.* Árbol mirtáceo americano de tronco torcido, hojas puntiagudas, flores blancas, olorosas y axilares, cuyo fruto es la guayaba, con la carne llena de semillas pequeñas; es maderable, medicinal y curtiente. *F.* Muchacha muy joven y agraciada.

guayaco *m.* Árbol americano de tronco grande, ramoso, hojas persistentes, flores en hacecillos terminales y fruto capsular; maderable, medicinal.

guayacol *m.* Uno de los productos de la destilación seca de la resina del guayaco; se usa en la tuberculosis pulmonar y en las bronquitis.

guayanés-a *adj. y s.* Natural de las Guayanas. Perteneciente o relativo a esta zona de América del Sur.

guaycura *adj. y s.* Lengua indígena mexicana independiente, hablada en la península de Baja California, excepto en su extremidad meridional.

guayule *m.* En México, planta espontánea y cultivada, compuesta, productora de caucho; jihuite.

gubernamental *adj.* Perteneciente al gobierno del Estado. Respetuoso y favorecedor del principio de autoridad.

gubia *f.* Formón angosto para labrar superficies curvas.

guedeja *f.* Cabellera larga. Melena del león.

güelfo *adj. y s.* Partidario de la independencia de las ciudades italianas y de los Papas en su lucha contra el Imperio alemán.

güero-a *adj.* En México, rubio; expresión de cariño y requiebro para la mujer.

guerra *f.* Desavenencia y rompimiento de paz entre dos o más potencias. Pugna, disidencia entre dos o más personas. Lucha, combate. Oposición de una cosa con otra. Conflicto armado entre Estados soberanos o entre facciones de un mismo Estado.

guerrear *intr.* Hacer guerra. Resistir, rebatir o contradecir. Pelear.

guerrero-a *adj.* Perteneciente o relativo a la guerra. Que guerrea. De genio marcial e inclinado a la guerra. *M.* Soldado. *F.* Chaqueta ajustada que forma parte de ciertos uniformes del ejército.

guerrilla *f.* Línea de tiradores que cubre el frente o los flancos del campo de batalla, o que hace las descubiertas y rompe las primeras escaramuzas. Partida de paisanos, que al mando de un jefe particular, acosa y molesta al enemigo, practicando una guerra irregular.

guerrillero *m.* Paisano que sirve en una guerrilla o es jefe de ella.

guerrista *adj. americ.* Niño que da guerra; travieso.

guía *com.* Persona que encamina, conduce y enseña a otra el camino, o el procedimiento para hacer o lograr alguna cosa. Poste o pilar de cantería para señalar la dirección. Tratado para encaminar o dirigir en cosas materiales o del espíritu. Pieza que obliga a otra a seguir un determinado movimiento. El o lo que sirve de cabeza o principio. Extremo del bigote retorcido. Maestro, preceptor.

guiar *tr.* Ir delante mostrando el camino. Hacer que una pieza de una máquina u otro aparato siga determinado movimiento o camino. Dirigir el crecimiento de las plantas. Conducir un carruaje. Dirigir a uno en algún negocio. *R.* Dejarse uno dirigir o llevar por otro, o por indicios, señales, etc. Gobernar, encaminar, aconsejar.

güichichi *m.* En México, colibrí, chupamirto.

guija *f.* Piedra rodada y chica en las orillas y madres de los ríos y arroyos. Almorta.

guijarrazo *m.* Golpe dado con un guijarro.

guijarro *m.* Canto rodado, o sea de superficie lisa y redondeada, producido por la erosión fluvial.

guijo *m.* Conjunto de guijas; se usa para consolidar y rellenar los caminos. En México y Colombia, eje de rueda hidráulica. En México y Cuba, eje del trapiche.

güijolo *m.* En México, guajolote, cócomo.

guijoso-a *adj.* Aplícase al terreno que abunda en guijo.

güilo-a *adj. y s.* En México, tullido, gafo; débil, enquencle; guajolote; ramera.

guilladura *f.* Chifladura.

guillame *m.* Cepillo estrecho de carpintero.

guillarse *r.* Irse, huirse. Chiflarse, perder uno la energía de las facultades mentales.

guillotina *f.* Máquina para decapitar a los reos de muerte. Máquina de cortar papel, formada por una cuchilla guiada entre un bastidor de hierro. Plazo que se fija para terminar una discusión obstruccionista y proceder a la votación. Instrumento para seccionar la úvula o las amígdalas.

guimbalete *m.* Palanca con que se da juego al émbolo de la bomba aspirante.

guinchar *tr.* Picar o herir con la punta de un palo.

guinda *f.* Fruto del guindo. Altura total de la arboladura de un buque.

guindilla *f.* Pimiento pequeño y encarnado que pica mucho. Agente de policía.

guindo *m.* Arbol rosáceo, especie de cerezo, de hojas más pequeñas y fruto más redondo y ácido: la guinda.

guindola *f.* Andamio volante. Salvavidas colocado en la popa de un buque.

guineo-a *adj.* Natural de Guinea. Perteneciente a esta región de Africa. *F.* Antigua moneda inglesa, equivalente a 21 chelines, aproximadamente.

guiñada *f.* Acción de guiñar. Desvío de la proa del buque hacia un lado u otro del rumbo a que se navega.

guiñapo *m.* Andrajo o trapo roto, viejo y deslucido. Persona con vestido roto y andrajoso, o envilecida, degradada.

guiñar *tr.* Cerrar momentáneamente un ojo quedando el otro abierto. *Rec.* Darse de ojo, hacerse guiños o señas con los ojos. Dar guiñadas el buque.

guiño *m.* Guiñada.

guión *m.* Cruz que va delante de un prelado o de la comunidad. Pendón pequeño o bandera arrollada delante de algunas procesiones. Escrito breve y ordenado para que sirva de guía. Argumento de una obra cinematográfica, con los pormenores necesarios para su realización. El que guía la cuadrilla en una danza. Ave delantera de las que van de paso. Signo ortográfico al fin de un renglón que termina con parte de la palabra; que separa las dos partes de una palabra compuesta u oraciones incidentales, o indica en un diálogo cambio de interlocutor.

guipur *f.* Encaje de malla ancha, sin fondo.

guipuzcoano-a *adj. y s.* Natural de Guipúzcoa. Perteneciente a esta provincia española.

guirigay *m.* Lenguaje obscuro y de dificultosa inteligencia. Gritería y confusión. Jerga, trifulca.

guirlache *m.* Pasta comestible de almendras tostadas y caramelo.

guirnalda *f.* Corona abierta, tejida de flores, hierbas o ramas con que se ciñe la cabeza. Tira tejida de flores y ramas que no forma círculo.

güiro *m.* Instrumento músico popular, especie de raspador, de calabaza vacía, usado en varios países americanos y, entre ellos, México.

guisa *f.* Modo, manera o semejanza de una cosa. Clase o calidad.

guisado-a *adj.* Dispuesto, preparado, prevenido de lo necesario. Justo, razonable. *M.* Guiso preparado con salsa, después de rehogado el manjar.

guisante *m.* Planta leguminosa hortense, de tallos volubles, hojas ondeadas, estípulas convertidas en zarcillos; flores axilares en racimos y fruto en vaina casi cilíndrica, con semillas casi esféricas. Su semilla. En México, chícharo.

guisar *tr.* Preparar los manjares por medio del fuego. Preparar los alimentos haciéndolos cocer, después de rehogados, en una salsa. Cuidar, ordenar, componer una cosa; cocinar, aderezar.

guiso *m.* Manjar guisado.

guisote *m.* Guisado ordinario y grosero, hecho con poco cuidado.

guita *f.* Cuerda delgada de cáñamo. Dinero.

guitarra *f.* Instrumento músico de cuerda, de caja plana, ovalada y con escotadura a cada lado, con un agujero circular en la tapa anterior y un mástil que lleva el clavijero para seis cuerdas.

guitarrear *intr.* Tocar la guitarra. En América, tocar mal la guitarra.

Golpear con ella. En México, sacudir una cosa colgante; rascarse el abdomen.

guitarrista *com.* Ejecutante profesional de guitarra.

guitón-a *adj. y s.* Pícaro pordiosero que con capa de necesidad anda vagando sin querer trabajar.

güizache *m.* Huisache. En México y Guatemala, tinterillo, picapleitos.

gul *m. americ.* Maíz de mazorca de granos arrugados y amarillos.

gula *f.* Exceso en la comida o bebida y apetito desordenado de comer y beber. Glotonería.

gules *m. pl.* Color rojo heráldico.

gulusmear *intr.* Golosinear, andar oliendo lo que se guisa.

gumía *f.* Arma blanca, como daga un poco encorvada, que usan los moros.

gumífero-a *adj.* Que contiene o produce goma.

gurbio-a *adj.* Dícese de los instrumentos de metal que tienen alguna curvatura.

gurdo-a *adj.* Necio, simple, insensato.

gurguciar *intr.* En México, gruñir.

gurgulio *m.* La úvula.

gurullada *f.* Cuadrilla de gente de mal vivir.

gurrumino-a *adj.* Ruin, desmedrado, mezquino. *M.* En México y Salamanca, España, chiquillo, niño, muchacho. En México, chiquitín, persona de baja estatura.

gusanear *intr.* Hormiguear.

gusanera *f.* Lugar o llaga donde se crían gusanos. Lugar para la cría de gusanos de seda; obrador. Pasión que más reina en el ánimo de uno. Sepulcro, fosa.

gusanillo *m.* Género de labor menuda en los tejidos. Hilo ensortijado para formar ciertas labores. Viva sensación de apetito.

gusano *m.* Nombre vulgar de los animales invertebrados, de cuerpo blando, cilíndrico, alargado, contráctil y como dividido en anillos. Lombriz. Oruga. Larva vermiforme de cualquier insecto. Hombre humilde y abatido.

gusarapo-a *m. y f.* Cualquiera de los animalejos de forma de gusano que se crían en los líquidos.

gustador-a *adj. y s.* Que gusta. En América, libertino. *M.* Cadenilla del freno.

gustar *tr.* Sentir y percibir en el paladar el sabor de las cosas. Experimentar, probar. *Intr.* Agradar una cosa; parecer bien, desear, querer y tener complacencia en una cosa. Paladear, satisfacer, placer.

gustatorio-a *adj.* Perteneciente al gusto. Propio del sentido del gusto.

gustazo *m.* Aumentativo de gusto.

Gusto grande que uno tiene o se promete de chasquear o hacer daño a otro.

gustillo *m.* Dejo o saborcillo que percibe el paladar en algunas cosas, además del sabor principal.

gusto *m.* Sentido por el que se percibe y distingue el sabor de las cosas. Este mismo sabor. Placer o deleite que se experimenta con algún motivo o de cualquier cosa. Propia voluntad, determinación arbitrio. Facultad de sentir o apreciar lo bello o lo feo. Manera de sentirse o ejecutar la obra artística. Capricho, antojo, diversión.

gutapercha *f.* Goma traslúcida, sólida, flexible e insoluble en el agua que se obtiene por incisiones en un árbol sapotáceo de la India. Tela barnizada con esta goma.

gutífero-a *adj.* Se aplica al vegetal que contiene o segrega jugo lechoso.

gutural *adj.* Perteneciente o relativo a la garganta. Dícese de la letra o sonido que se pronuncia contrayendo la garganta.

H

h *f.* Novena letra del abecedario castellano y séptima de sus consonantes.

haba *f.* Planta leguminosa herbácea de tallo ramoso y algo estriado, hojas compuestas y crasas, flores amariposadas y fruto en legumbre rolliza, con 5 ó 6 semillas comestibles.

habanero-a *adj y s.* Natural de La Habana. Perteneciente a esta ciudad capital de la isla de Cuba. Indiano. En México, licor originario de La Habana. *F.* Danza y música de La Habana.

habano-a *adj.* Perteneciente a La Habana y, por extensión, a la isla de Cuba. Tabaco de esta procedencia. Color de tabaco claro. *M.* Cigarro puro elaborado en la isla de Cuba.

haber *m.* Hacienda, conjunto de bienes y derechos pertenecientes a una persona natural o jurídica. Cantidad que se devenga periódicamente por servicios prestados. Cualidades positivas o méritos de una persona o cosa. Sumas que se acreditan en la cuenta corriente. *Tr.* Poseer, tener una cosa. *Intr.* Acaecer, ocurrir. Verificarse, efectuarse. Ser necesario o conveniente. Ser inútil, imposible. Estar realmente en alguna parte. Denota transcurso de tiempo. Verbo auxiliar para formar los tiempos compuestos.

habichuela *f.* Judía, planta herbácea y su fruto. La legumbre verde de la alubia o frijol.

hábil *adj.* Capaz, inteligente y dispuesto. Ingenioso, perito. Apto para una cosa, competente.

habilidad *f.* Calidad de hábil. Gracia y destreza. Competencia, pericia.

habilitar *tr.* Hacer a una persona o cosa hábil, apta o capaz para algo. Dar capital necesario para que uno pueda negociar por sí. Proveer a uno de lo que ha menester. Subsanar faltas de capacidad civil o deficiencias.

habitación *f.* Edificio o parte de él que se destina para habitarse. Vivienda. Cualquiera de los aposentos de la casa o morada. Mansión, cuarto, casa.

habitante *adj. y s.* Que habita *M.* Cada una de las personas que constituyen la población de un barrio, ciudad, provincia o nación.

habitar *tr.* Vivir, morar en un lugar o casa.

hábito *m.* Vestido, ropa exterior de cada uno, según su estado, ministerio o nación, y especialmente el que usan los religiosos. Costumbre. Facultad que se adquiere por larga y constante práctica.

habitual *adj.* Que se hace, padece o posee con continuación o por hábito, acostumbrado.

habituarse *tr. y r.* Acostumbrar o acostumbrarse. Familiarizar, avezar.

habla *f.* Facultad de hablar. Acción de hablar. Idioma, lenguaje, dialecto. Razonamiento, oración.

habladuría *f.* Rumor, cuento, mentira que corre en el vulgo. Dicho o expresión inoportuna, impertinente, desagradable o injuriosa.

hablar *intr.* Proferir palabras o articularlas para darse a entender. Conversar. Perorar. Tratar, convenir. Expresarse de un modo u otro. *Tr.* Emplear uno u otro idioma para hacerse entender. *Rec.* Comunicarse, tratarse una persona con otra.

hablista *com.* Persona que se distingue por la pureza, propiedad y elegancia del lenguaje.

haca *f.* Jaca.

hacedero-a *adj.* Que puede hacerse o es fácil de hacer.

hacedor-a *adj. y s.* Que hace, causa o ejecuta alguna cosa. Aplicado a Dios, como Supremo Hacedor.

hacendado-a *adj. y s.* Que tiene hacienda o haciendas agrícolas o ganaderas.

hacendista *com.* Persona versada en los problemas de la hacienda pública.

hacer *tr.* Producir una cosa, fabricarla, formarla, ejecutarla. Formar algo con la imaginación o concebirlo. Causar, ocasionar. Disponer, aderezar. Componer un número o cantidad. *Intr.* Importar, convenir. Corresponder, concordar. *R.* Crecer, aumentarse, transformarse. Hallarse, existir, situarse. *Imp.* Sobrevenir, haber transcurrido cierto tiempo.

hacia *prep.* Denota: movimiento, alrededor de, cerca de; donde o por donde; dirección.

hacienda *f.* Finca agrícola. Labor, faena casera. Asunto, negocio. Tesoro público; conjunto de haberes, bienes, rentas, impuestos, etc., correspondientes al Estado, para satisfacer las necesidades de la nación.

hacina *f.* Conjunto de haces ordenados unos sobre otros. Montón o rimero.

hacinar *tr.* Formar hacinas. Amontonar, acumular, juntar sin orden. Apilar.

hacha *f.* Vela de cera, ancha y gruesa y con cuatro pabilos. Antorcha, hachón. Dícese de las personas que sobresalen. Herramienta cortante enastada.

hachazo *m.* Golpe dado con el hacha. En América, herida causada con hacha o instrumento semejante.

hachero *m.* Candelero o blandón para poner el hacha. El que trabaja con el hacha para cortar y labrar maderas.

hacho *m.* Manojo de paja o esparto encendido para alumbrar. Leño resinoso para el mismo fin. Sitio elevado cerca de la costa, en que se solía hacer señales con el fuego.

hachón *m.* Hacha de viento. Brasero alto y fijo en que se encienden materias que levantan llama, para una festividad o regocijo público.

hada *f.* Ser fantástico, bajo la forma de mujer, dotado de poder mágico y con el don de adivinar el futuro. Mujer que seduce por su belleza o talento.

hades *m.* Entre los griegos el mundo de ultratumba, morada de Plutón.

hado *m.* Divinidad o fuerza que, según los gentiles, obraba irresistiblemente sobre los dioses, los hombres y los sucesos. Destino. Fortuna, estrella.

hafnio *m.* Metal dúctil; celtio; nombre que deriva de Hafnia, nombre latino de Copenhague; símbolo Hf.

hagiografía *f.* Historia de la vida de los santos.

haitiano-a *adj.* Natural de Haití. Perteneciente a este país de América. Idioma que hablaban los naturales de aquel país.

¡hala! o **¡hale!** *interj.* Se emplea para infundir aliento o meter prisa.

halagar *tr.* Dar a uno muestras de respeto con palabras o acciones que puedan serle gratas. Dar motivo de satisfacción o envanecimiento. Adular. Deleitar, agradar.

halagüeño-a *adj.* Que halaga, lisonjea o adula. Que atrae con dulzura y suavidad. Grato, satisfactorio.

halar *tr.* Tirar de un cabo, lona o remo en el acto de bogar.

halcón *m.* Ave falconiforme rapaz diurna, de cabeza pequeña, pico fuerte y dentado; muy audaz y enemiga de toda clase de aves; se emplea en cetrería por ser fácilmente domesticable.

halda *f.* Falda. Harpillera con que se empacan algunos géneros.

halieto *m.* Ave falconiforme rapaz diurna, afín al águila; habita en las costas y se alimenta de peces; águila pescadora.

haliéutico-a *adj.* Concerniente a la pesca. *F.* Arte de la pesca.

hálito *m.* Aliento que sale por la boca del animal. Vapor que arroja una cosa. Soplo suave y apacible del aire.

halitosis *f.* Fetidez del aliento.

halo *m.* Corona, meteoro luminoso que suele aparecer alrededor de los discos del Sol y de la Luna. Círculo, aureola. Ennegrecimiento difuso en las partes más impresionadas de una placa fotográfica.

halógeno *adj.* Que puede producir sales. Dícese del flúor, cloro, bromo y yodo, porque el cloro forma la sal común y los otros forman sales semejantes.

haloplancton *m.* Plancton marino o de las aguas salobres.

halterio *m.* Balancín o contrapeso de uso en los ejercicios gimnásticos.

hall *m.* Palabra inglesa: vestíbulo, zaguán, recibimiento.

hallar *tr.* Dar con una persona o cosa sin buscarla. Encontrar. Inventar. Ver, notar. Averiguar. Conocer, entender a fuerza de reflexión. *R.* Estar presente.

hallazgo *m.* Acción y efecto de hallar. Cosa hallada. Descubrimiento, invención. Premio que se da a quien halló una cosa perdida y la restituyó a su dueño.

hamaca *f.* Red que, asegurada por las extremidades, sirve de cama o columpio.

hamacar o **hamaquear** *tr. americ.* Mecer en hamaca; marear a uno; dar largas a un negocio.

hámago *m.* Substancia correosa, amarilla y amarga que labran las abejas y se halla en algunas celdillas de los panales. Fastidio o náusea.

hambre *f.* Gana y necesidad de comer. Escasez de frutos. Deseo ardiente.

hambrear *tr.* Causar a uno o hacerle padecer hambre, impidiéndole la provisión de víveres. *Intr.* Padecer hambre.

hambriento-a *adj.* Que tiene mucha hambre. Deseoso. Famélico, menesteroso.

hamburgués-a *adj. y s.* Natural de Hamburgo. Perteneciente a esta ciudad de Alemania. *F.* En México, picadillo frito de carne aderezada con perejil, en forma de torta.

hamiforme *adj.* En forma de anzuelo o gancho.

hampa *f.* Vida de holgazanería picaresca y maleante. Conjunto de pícaros o hampones.

hampón *adj. y s.* Valentón, bravo; bribón, haragán.

handicap *m.* Palabra inglesa: compensación de las posibilidades de victoria en las luchas deportivas que se alcanza dando determinadas ventajas.

hangar *m.* Cobertizo de techo ligero sostenido por pilares o postes, destinado a albergar aviones o dirigibles.

haplología *f.* Contracción por pérdida de una sílaba en palabra compuesta, cuando acaba y comienza con la misma consonante: idolatría por idololatría. Simplificación morfológica de una palabra compuesta: autobús por automóvil ómnibus.

haragán *adj. y s.* Que excusa y rehuye el trabajo y pasa la vida en el ocio.

haraganear *intr.* Pasar la vida en el ocio; no ocuparse en ningún género de trabajo.

harakiri *m.* Forma tradicional del suicidio en Japón y que consiste en abrirse el vientre.

harapiento-a o **haraposo-a** *adj.* Andrajoso, lleno de harapos.

harapo *m.* Andrajo, guiñapo, pingajo.

harca *f.* Expedición militar marroquí de tropas irregulares. Partida de rebeldes marroquíes.

harem o **harén** *m.* Departamento para las mujeres en las casas de los musulmanes. Conjunto de mujeres que viven bajo la dependencia de un jefe de familia, entre los musulmanes.

harina *f.* Polvo que resulta de la molienda del trigo o de otras semillas. Este mismo polvo despojado del salvado o la cascarilla. Polvo menudo a que se reducen algunas materias sólidas.

harinero-a *adj.* Perteneciente o relativo a la harina. *M.* El que trata y comercia en harina. Sitio en que se guarda la harina.

harinoso-a *adj.* Que tiene mucha harina. Farináceo.

harnero *m.* Criba.

harpía *f.* Arpía.

harpillera *f.* Tejido, por lo común de estopa muy basta, con que se cubren algunas cosas para defenderlas del polvo y del agua.

¡harre! *interj.* ¡Arre!

hartar *tr.* Saciar el apetito de comer o beber. Satisfacer el gusto o deseo de alguna cosa. Fastidiar, cansar. Atracar; aburrir, agobiar.

hartazgo o **hartazón** *m.* Replección que resulta de comer y beber con exceso.

harto-a *adj. y adv.* Bastante, sobrado. Lleno, repleto; ahíto, asaz.

hartura *f.* Replección de alimento. Abundancia. Logro cabal de un deseo o apetito. Hartazgo; profusión.

hasta *prep.* Denota: término de lugares, acciones y cantidades. *Conj.* Denota: exageración o ponderación; también, aun.

hastial *m.* Parte superior triangular de la fachada de un edificio, en la que descansan las dos vertientes del tejado o cubierta; por extensión, toda la fachada. Hombrón rústico y grosero.

hastiar *tr. y r.* Fastidiar o fastidiarse.

hastío *m.* Repugnancia a la comida. Disgusto, tedio. Desgana, aburrimiento.

hatajo *m.* Pequeño hato de ganado. Conjunto, abundancia. Montón, cúmulo.

hato *m.* Ropa y pequeño ajuar para uso ordinario y preciso. Porción de ganado. Provisión de víveres con que se abastece a pastores y mineros. Junta o compañía de gente malvada o despreciable. Conjunto, abundancia.

hawaiano-a *adj. y s.* Natural de Hawaii. Perteneciente o relativo a este archipiélago del Océano Pacífico.

haxix *m.* Estupefaciente compuesto de sumidades floridas de cierta variedad de cáñamo, mezcladas con substancias azucaradas o aromáticas. Mariguana, mota, juanita.

haya *f.* Árbol cupulífero de tronco grueso y liso, de copa redonda y espesa, hojas oblongas dentadas; maderable.

hayuco *m.* Fruto del haya, en forma de pirámide triangular; suele darse como pasto al ganado de cerda.

haz *m.* Porción atada de mieses, hierba, leña o cosas semejantes.

Conjunto de rayos luminosos de un mismo origen. *Pl.* Faces. *M.* Fascículo. *F.* Cara o rostro. Cara del paño o de cualquier cosa, opuesta al envés.

haza *f.* Porción de tierra labrantía o de sembradura.

hazaña *f.* Acción o hecho ilustre, señalado y heroico. Heroicidad, proeza.

hazmerreír *m.* Persona que por su figura ridícula y porte extravagante sirve de juguete y diversión a los demás. Bufón, pelele.

he *adv.* Junto con los adverbios *aquí* y *allí* o con pronombres personales, sirve para señalar o mostrar una persona o cosa.

hebdómada *f.* Semana. Espacio de siete años.

hebdomadario-a *adj.* Semanal, semanalmente.

hebetado-a *adj. americ.* Embrutecido, de inteligencia embotada.

hebilla *f.* Pieza de metal con una patilla y uno o más clavillos en medio, para ajustar y unir las orejas de los zapatos, correas, cintas.

hebra *f.* Porción de hilo, estambre, seda o cosa hilada que se suele meter por el ojo de una aguja. Fibra de carne. Filamento de las materias textiles. Vena o filón. Hilo del discurso. *Pl.* Los cabellos.

hebraico-a o **hebreo-a** *adj.* Aplícase al pueblo semita que conquistó la Palestina. Israelita, judío. Perteneciente o relativo a este pueblo. *M.* El que profesa la ley de Moisés. Idioma semítico del pueblo hebreo.

hebraísmo *m.* Giro o modo de hablar peculiar de la lengua hebrea. Empleo de los mismos en otro idioma.

hebraísta *m.* El que cultiva la lengua y literatura hebreas.

hecatombe *f.* Sacrificio de 100 bueyes u otras víctimas que hacían los paganos a sus dioses. Matanza, mortandad de personas en una batalla, asalto, derrumbes, etc.

hectárea *f.* Superficie de cien áreas. o sea 10 000 m².

héctico-a o **hético-a** *adj. y s.* Tísico. Dícese de la fiebre asociada a la tuberculosis.

hectiquez *f.* Estado morboso crónico por consunción y fiebre héctica.

hectogramo *m.* Medida de peso de 100 gramos.

hectolitro *m.* Medida de capacidad de 100 litros.

hectómetro *m.* Medida de longitud de 100 metros.

hectovatio *m.* Unidad de potencia eléctrica equivalente a 100 vatios.

hechicero-a *adj. y s.* Que parctica el supersticioso arte de hechizar. Que por su hermosura, gracias o buenas prendas atrae y cautiva. Mago, brujo; seductor, embelesador, encantador.

hechizar *tr.* Causar maleficio. Deleitar, embelesar, seducir, embrujar.

hechizo-a *adj.* Artificioso o fingido. Portátil, postizo, sobrepuesto. Bien adaptado o apropiado. *M.* Cosa supersticiosa de que se valen los hechiceros. Embeleso, seducción. *Pl.* Gracias y atractivos de una mujer.

hecho-a *adj.* Perfecto, maduro. Semejante a. Apropiado, habituado. *M.* Acción u obra. Suceso. Asunto o materia de que se trata. Caso sobre que se litiga o que da motivo a la causa.

hechura *f.* Acción y efecto de hacer. Cosa hecha o formada. Composición, organización del cuerpo. Forma o figura de las cosas. Imagen o figura de bulto. Persona respecto a la que debe su empleo, dignidad y fortuna.

heder *intr.* Despedir de sí olor malo y penetrante. Enfadar, ser intolerable.

hediondo-a *adj.* Que despide hedor de sí. Molesto, enfadoso e insufrible. Sucio y repugnante, torpe y obsceno. Apestoso, fétido, pestilente.

hedonismo *m.* Doctrina que considera el placer como el único bien.

hedor *m.* Olor desagradable.

hegemonía o **heguemonía** *f.* Supremacía que un Estado ejerce sobre otro u otros; o de una persona, entidad o institución política sobre las demás.

hégira o **héjira** *f.* Era de los mahometanos que se cuenta desde el 15 de julio de 622, día de la huída de Mahoma de La Meca a Medina.

helada *f.* Congelación de los líquidos por la frialdad del tiempo, que se produce con temperaturas inferiores a 0° C.

helado-a *adj.* Muy frío. Suspenso, atónito, pasmado. Esquivo, desdeñoso. *M.* Bebida o manjar muy frío. Sorbete.

helador-a *adj.* Que hiela. *F.* Aparato frigorífico para la producción de hielo y de helados. Sorbetera.

helar *tr.* Congelar, endurecer la acción del frío un líquido. Poner o dejar a uno suspenso y pasmado. Hacer decaer el ánimo a alguien. *R.* Ponerse una persona muy fría o yerta. Coagularse o consolidarse una cosa que se había liquidado por faltarle el calor para mantenerse líquida. Secarse las plantas por congelación de su savia y jugos.

helcosis *f.* Ulceración.

helecho *m.* Cualquiera de las plantas criptógamas fibrovasculares, vivaces y arborescentes; viven por lo regular en parajes húmedos y sombríos.

helénico-a *adj.* Griego, perteneciente a Grecia.

helenio *m.* Planta compuesta vivaz de hojas radicales muy grandes y jugosas, flores amarillas en cabezuelas terminales, fruto casi cilíndrico y raíz amarga y aromática; usada en Medicina.

helenismo *m.* Giro o modo de hablar peculiar de la lengua griega. Empleo de ellos en otra lengua. Influencia ejercida por la civilización griega sobre otros pueblos.

helenista *com.* Persona que cultiva la lengua y literatura griegas. El que conoce a fondo la cultura griega.

helenizar *tr.* Introducir costumbres, cultura y arte griegos en otra nación. *Intr.* Usar un otro idioma voces griegas. Dedicarse al estudio del griego. *R.* Adoptar las costumbres, literatura y arte griegos.

heleno-a *adj.* y *s.* Griego.

helero *m.* Masa de hielo acumulado en las zonas altas de las montañas por debajo del límite de las nieves perpetuas. Mancha de nieve. Ventisquero.

helgado-a *adj.* Que tiene los dientes ralos y desiguales.

helguera *f.* Sitio poblado de helechos. Helecho común o felguera.

hélice *f.* Conjunto de aletas helicoidales que giran alrededor de un eje e impulsan, por reacción, naves, dirigibles o aeroplanos. Parte más externa y periférica del pabellón de la oreja. Voluta. Espiral.

heliciforme *adj.* Que tiene forma de caracol.

helicoidal *adj.* En figura de hélice o espiral.

helicóptero *m.* Aparato de aviación cuya suspensión aerodinámica se produce por el giro de una o varias hélices de eje vertical y la propulsión por otra hélice de eje horizontal o por las mismas sustentadoras, al inclinar su eje.

helio *m.* Gas inerte que no forma compuestos y que existe en el aire atmosférico, muy ligero y de pequeña densidad; símbolo He.

heliocéntrico-a *adj.* Aplícase a los lugares y medidas astronómicos que han sido referidos al centro del Sol. Dícese de los sistemas de Copérnico y Galileo.

heliograbado *m.* Método de obtención de grabados en relieve en planchas metálicas por la acción de la luz solar. Estampa así obtenida.

heliógrafo *m.* Instrumento para hacer señales telegráficas por medio de la reflexión de la luz solar en un espejo plano.

helioterapia *f.* Método terapéutico consistente en exponer a la acción de los rayos solares todo el cuerpo del enfermo o parte de él.

heliotropo *m.* Planta borraginácea ornamental de hojas persistentes aovadas, flores pequeñas azuladas en cimas y vueltas todas al mismo lado y fruto en aquenio. Jaspe sanguíneo. Agata de color verde obscuro con manchas rojizas.

helminto *m.* Gusano; especialmente, gusano parásito.

helvético-a o **helvecio-a** *adj.* y *s.* Natural de la antigua Helvecia, hoy Suiza. Perteneciente a este país de Europa central.

hematermo *adj.* Animal de sangre caliente y de temperatura constante.

hematíe *m.* Eritrocito.

hematites o **hematita** *f.* Oligisto sesquióxido de hierro, rojizo, que por su dureza se emplea para bruñir objetos diversos.

hematocito *m.* Glóbulo de la sangre.

hematófago-a *adj.* Animal que se alimenta exclusivamente de sangre.

hematoma *m.* Tumor producido por una contusión en cualquier parte del cuerpo, por derrame de sangre en los intersticios del tejido conectivo areolar.

hembra *f.* Animal del sexo femenino. Planta que da fruto. Pieza en que otra se introduce o encaja. Molde. Mujer.

hembrilla *f.* Piececita en que otra se asegura o introduce. Armella.

hemeroteca *f.* Biblioteca en que principalmente se guardan y sirven al público diarios y publicaciones periódicas coleccionadas.

hemiciclo *m.* Semicírculo. Gradería semicircular.

hemiplejía *f.* Parálisis de todo un lado del cuerpo.

hemíptero *adj.* y *s.* Insecto chupador de cuatro alas, siendo las dos anteriores coriáceas: cigarra, pulgón, etc.

hemisferio *m.* Cada una de las dos mitades de una esfera dividida por un plano que pase por su eje. Cada mitad lateral del cerebro o del cerebelo.

hemistiquio *m.* Mitad o parte de un verso partido en dos por una cesura.

hemofilia *f.* Hemopatía hereditaria, caracterizada por la dificultad de coagulación de la sangre, lo que motiva que las hemorragias sean copiosas y hasta incoercibles.

hemoglobina *f.* Pigmento rojo de los eritrocitos de la sangre que transporta el oxígeno.

hemopatía *f.* Cualquier enfermedad de la sangre.

hemoptisis *f.* Expulsión por la boca de sangre procedente de las vías aéreas o del pulmón.

hemorragia *f.* Salida de la sangre del interior de los vasos sanguíneos arteriales, capilares o venosos.

hemorroide *f.* Almorrana, tumor lleno de sangre, formado por una o más venas del recto y del ano, dilatadas.

hemostasis o **hemostasia** *f.* Detención espontánea de una hemorragia, por cohibición de la misma o por medios quirúrgicos, químicos o mecánicos.

hemostático-a *adj.* Que cohibe la hemorragia. Medicamento que se emplea para ello.

henchir *tr.* Llenar, ocupar con algo un espacio vacío. Cargar, colmar abundantemente. *R.* Llenarse, hartarse de comida o bebida.

hender o **hendir** *tr.* Hacer o causar una hendidura. Atravesar o cortar un fluido. Abrirse paso rompiendo por entre una muchedumbre de gente o de otra cosa.

hendidura o **hendedura** *f.* Abertura prolongada en un cuerpo sólido, cuando no llega a dividirlo del todo. Raja, grieta, rendija.

henequén *m.* En México, Centroamérica y Colombia, varias amarilidáceas del género *Agave.* Fibra que se obtiene de las hojas de estas plantas.

henil *m.* Lugar donde se guarda el heno.

heno *m.* Planta graminea de hojas estrechas más cortas que la vaina y flores en panoja abierta y con aristas en el cascabillo. Se da el nombre de heno a otras plantas similares. Hierba segada y seca, para alimento del ganado.

henrio *m.* Unidad práctica de inductancia.

heñidor-a *m.* y *f.* Persona que hiñe. *F.* Máquina de heñir la masa, en la elaboración mecánica del pan.

heñir *tr.* Sobar la masa con los puños, en la elaboración del pan. Trabajar la masa con la heñidora.

hépar *m.* Hígado.

hepático-a *adj.* y *s.* Perteneciente o relativo al hígado. Que padece del hígado. *F.* Planta briofita caracterizada por un pequeño grupo de células originado por la espora, cuya reproducción asexuada se produce por gémulas y por propágulos; viven en lugares húmedos y sombríos.

hepatitis *f.* Inflamación del hígado.

heptaedro *m.* Cuerpo sólido de siete caras.

heptágono *m.* Polígono de siete lados.

heptasílabo-a *adj.* y *s.* Que consta de siete sílabas.

heráldica *f.* Ciencia del blasón, auxiliar de la Historia, que estudia los escudos de armas y blasones de una ciudad, linaje, comunidad, familia o persona.

heraldo *m.* Caballero que tenía el cargo de transmitir mensajes de importancia, ordenar las grandes ceremonias y llevar los registros de la nobleza; rey de armas. Portavoz, pregonero. Enviado especial para anunciar alguna nueva.

herbáceo-a *adj.* Que tiene la naturaleza o calidades de la hierba. Plantas que tienen poco desarrollado el sistema leñoso.

herbaje *m.* Conjunto de hierbas que se crían en los prados y dehesas. Tela de lana gruesa e impermeable usada por la gente de mar.

herbario *adj.* Perteneciente o relativo a las hierbas y plantas. *M.* Botánico. Colección de plantas secas o de sus partes para la observación y estudio. Masa de plantas acuáticas de un lago, estanque o remanso de un río. Panza, primera de las cuatro cavidades del estómago de los rumiantes.

herbazal *m.* Sitio poblado de hierbas.

herbecer *intr.* Empezar a nacer la hierba.

herbívoro-a *adj.* y *s.* Aplícase a todo animal que se alimenta de vegetales, y más especialmente al que pace hierbas.

herbolario-a *m.* y *f.* Persona que recoge hierbas y plantas medicinales para venderlas.

herborizar *intr.* Recoger plantas y hierbas por los campos para venderlas o estudiarlas.

herciano-a *adj.* Hertziano.

hercúleo-a *adj.* Perteneciente o relativo a Hércules o que se asemeja a él o a sus cualidades. Vigoroso, forzudo, fornido.

heredad *f.* Porción de terreno cultivado perteneciente a un mismo dueño. Hacienda de campo, bienes raíces o posesiones. Predio, finca rústica.

heredar *tr.* Suceder por disposición testamentaria o legal en los bienes y acciones que tenía uno al tiempo de su muerte. Sacar o tener los hijos las inclinaciones o temperamento de sus padres. Instituir a uno por su heredero.

heredero-a *adj.* y *s.* Dícese de la persona que por testamento o por ley sucede a título universal en todo o parte de una herencia. Que saca o tiene las inclinaciones o propiedades de sus padres.

hereditario-a *adj.* Perteneciente a la herencia o que se adquiere por ella. Aplícase a las inclinaciones, costumbres, virtudes, vicios o enfermedades que pasan de padres a hijos.

hereje *com.* Cristiano que en materia de fe se opone con pertinacia a lo que cree y propone la Iglesia Católica. Desvergonzado, descarado, procaz.

herejía *f.* Error en materia de fe, sostenido con pertinacia. Parecer erróneo contra los principios ciertos de una ciencia o arte.

herencia *f.* Derecho de heredar. Bienes y derechos que se heredan. Transmisión a la descendencia de los caracteres morfológicos, fisiológicos o psíquicos de los progenitores.

heresiarca *m.* Autor de una herejía.

herético-a *adj.* Perteneciente a la herejía o al hereje.

herida *f.* Rotura o incisión hecha en las carnes con un instrumento o por efecto de un fuerte choque. Golpe de las armas blancas al tiempo de herir. Ofensa, agravio. Lo que aflige y atormenta el ánimo. Lesión que sangra.

herido-a *adj.* Persona que ha recibido herida. Resentido, ofendido. Lesionado, contuso; agraviado.

herir *tr.* Causar herida. Golpear, batir, dar un cuerpo contra otro. Bañar una cosa el Sol. Pulsar, tocar un instrumento. Impresionar los objetos la vista o el oído. Mover, excitar el ánimo. Ofender, agraviar, lesionar. Hacer fuerza una letra sobre otra para formar sílaba.

hermafrodita *adj. y s.* Individuo que tiene órganos reproductores femeninos y masculinos.

hermanar *tr.* Unir, juntar, uniformar. Hacer a uno hermano de otro, en sentido místico o espiritual. En América, unir dos cosas formando pareja, parear.

hermanastro-a *adj. y s.* Hijo de uno de los dos consortes con respecto al hijo del otro.

hermandad *f.* Relación de parentesco entre hermanos. Amistad íntima. Correspondencia de varias cosas entre sí. Cofradía.

hermano-a *m. y f.* Persona que con respecto a otra tiene los mismos padres, o solamente el mismo padre o la misma madre. Tratamiento que mutuamente se dan los cuñados. Lego o donado de una comunidad regular. Persona con respecto a otra que tiene el mismo padre espiritual o superior, como

los fieles en Jesucristo. Individuo de una cofradía.

hermenéutica *f.* Interpretación del espíritu en todas sus formas y manifestaciones; en particular, de textos filosóficos o religiosos; interpretación de los símbolos.

hermético-a *adj.* Dícese de lo que cierra una abertura por completo. Impenetrable. En poesía, obscuro.

hermosear *tr.* Hacer o poner hermosa a una persona o cosa.

hermoso-a *adj.* Dotado de hermosura. Excelente y perfecto en su línea. Despejado, apacible y sereno. Precioso, agraciado, primoroso.

hermosura *f.* Belleza de las cosas, perceptible por la vista o el oído. Agradabilidad de una cosa. Proporción noble y perfecta de las partes con el todo y del todo con las partes. Mujer hermosa.

hernia *f.* Tumor blando producido por la dislocación y salida total o parcial de una víscera u otra parte blanda, fuera de la cavidad ordinaria.

herniado-a o **hernioso-a** *adj. y s.* Que padece hernia.

héroe-ína *m. y f.* Persona a quien creían los paganos nacida de un dios o diosa y de una persona humana. Persona ilustre y famosa por sus hazañas o virtudes; o que lleva a cabo una acción heroica. Personaje principal de una obra. Cualquiera de los personajes elevados en una epopeya.

heroico-a *adj.* Dícese de las personas famosas por sus hazañas o virtudes, y, por extensión, también de las acciones. Aplícase a la poesía en que con brío y elevación se narran o cantan hazañas gloriosas o hechos grandes y memorables. Época en que se supone vivieron los héroes del paganismo.

heroína *f.* Diacetilmorfina, éster acético de la morfina, sedante, analgésica e hipnótica; uno de los estupefacientes.

heroísmo *m.* Esfuerzo eminente de la voluntad y de la abnegación que lleva a ejecutar actos extraordinarios en servicio de Dios, del prójimo o de la patria. Acción heroica.

herpe *amb.* Erupción en puntos aislados del cutis, con escozor o comezón.

herrada *f.* Cubo de madera con grandes aros metálicos y más ancho por la base que por la boca.

herradero *m.* Acción y efecto de marcar o señalar con hierro candente los ganados. Sitio en que se ejecuta y tiempo en que se efectúa.

herrador *m.* El que por oficio hierra las caballerías.

herradura *f.* Hierro que se clava en los cascos de las caballerías, para que éstos no se maltraten con el piso.

herraje *m.* Conjunto de piezas metálicas con que se guarnece algo. Conjunto de herraduras y clavos con que éstas se aseguran. En América, conjunto de piezas de plata que adornan o guarnecen los arreos de montar.

herramienta *f.* Instrumento, por lo común metálico, con que trabajan los artesanos en las obras de su oficio. Conjunto de estos instrumentos. Cornamenta. Dentadura.

herrar *tr.* Ajustar y clavar las herraduras a las caballerías. Marcar con un hierro encendido los ganados y artefactos. Guarnecer de hierro alguna cosa.

herrería *f.* Oficio de herrero. Oficina en que se funde y forja y se labra el hierro en grueso.

herrero *m.* El que tiene por oficio labrar el hierro.

herrete *m.* Cabo metálico que se pone a las agujetas, cordones, cintas, etc., para que entren fácilmente por los ojillos, o para adorno.

herrumbre *f.* Orín. óxido que se forma en la superficie del hierro. Roya.

hertziano-a *adj.* Perteneciente o relativo a los descubrimientos eléctricos del físico alemán Enrique Hertz.

herventar *tr.* Meter una cosa en agua u otro líquido y tenerla dentro hasta que dé un hervor.

hervidero *m.* Movimiento y ruido que hacen los líquidos cuando hirven. Manantial donde surge el agua con desprendimiento abundante de burbujas. Ruido que hacen los humores estancados en el pecho al tiempo de respirar. Muchedumbre de personas o animales.

hervir *intr.* Entrar o estar en ebullición un líquido. Producir burbujas un líquido por su fermentación. Agitarse el mar haciendo mucho ruido y espuma. Bullir las pasiones y afectos con viveza, intensidad y vehemencia.

hervor *m.* Acción y efecto de hervir. Fogosidad y viveza de la juventud. Fervor, celo religioso.

hesitación *f.* Duda, titubeo.

hesperidio *m.* Fruto carnoso de corteza gruesa dividido en varias celdillas por telillas membranosas: naranja, limón.

heteróclito-a *adj.* Palabra que se aparta de las reglas gramaticales de la analogía. Irregular, anómalo, fuera de orden.

heterodino *m.* Pequeño oscilador de lámpara que induce constantemente una fuerza electromotriz de amplitud variable en el circuito de recepción, cerca del cual está situado.

heterodoxia *f.* Disconformidad con el dogma católico, o con la doctrina de cualquier secta o sistema.

heterogéneo-a *adj.* Compuesto de partes de diversa naturaleza. Número formado por un conjunto de elementos de diferente especie.

heterónomo-a *adj.* Que está sometido a un poder extraño que le impide el libre desarrollo de su naturaleza.

heurística *f.* Arte de inventar. Parte de la ciencia que tiene por objeto el descubrimiento de hechos; especialmente en Historia, busca de documentos.

hexaedro *m.* Sólido de seis caras.

hexágono *m.* Polígono de seis ángulos y seis lados.

hexasílabo *adj. y s.* De seis sílabas.

hez *f.* Parte de desperdicio que se deposita en el fondo de cubas o vasijas; poso. Lo más vil y despreciable de cualquier clase. Escoria, desecho. *Pl.* Excremento e inmundicias que arroja el cuerpo por el ano.

hialino-a *adj.* Diáfano como el vidrio o parecido a él. Cuarzo cristalizado, incoloro y transparente.

hialoides *f.* Membrana transparente que envuelve el humor vítreo.

hialurgia *f.* Arte de trabajar el vidrio o el cristal.

hiato *m.* Sonido desagradable que resulta de la pronunciación de dos vocablos seguidos cuando el primero termina en vocal y el segundo empieza por ella.

hibernés-a *adj.* Natural de Hibernia, hoy Escocia. Perteneciente a esta isla europea.

híbrido-a *adj.* Aplícase al animal o vegetal procreado por dos individuos de diversa especie. Dícese también de lo que es producto de elementos de distinta naturaleza. Vocablo compuesto formado por elementos de dos lenguas diferentes.

hidalgo-a *m. y f.* Persona que por su sangre es de clase noble o distinguida. Generoso, noble. En México, moneda de oro de 10 pesos que se acuñó en 1925.

hidatoide *adj.* Semejante al agua en transparencia y ausencia de color.

hidra *f.* Culebra marina venenosa, cubierta de escamas pequeñas y cola apropiada para la natación. Pólipo de agua dulce cerrado por un extremo y con varios tentáculos en el otro, situados en derredor de la boca.

hidrargirio o **hidrargiro** *m.* Mercurio, metal líquido.

hidratado-a *adj.* Dícese del compuesto químico que contiene agua en combinación.

hidratar *tr.* Combinar un cuerpo con el agua.

hidráulica *f.* Parte de la Mecánica que estudia el equilibrio y el movimiento de los fluidos, especialmente del agua, su aplicación mecánica y principios para conducir, contener, elevar y aprovechar las aguas.

hidráulico-a *adj.* Perteneciente o relativo a la Hidráulica. Que se mueve o actúa por medio del agua. Dícese de las cales y cementos que se endurecen en contacto con el agua.

hidroavión *m.* Aeroplano que puede emprender el vuelo y posarse en el agua.

hidrocarburo *m.* Carburo de hidrógeno. Nombre genérico de los compuestos orgánicos cuya molécula contiene sólo carbono e hidrógeno.

hidroeléctrico-a *adj.* Perteneciente a la energía eléctrica obtenida por fuerza hidráulica o recíprocamente.

hidrófilo-a *adj.* Dícese de la materia que puede absorber el agua fácilmente.

hidrofobia *f.* Horror al agua que padecen las personas mordidas por animales rabiosos. Rabia.

hidrófugo-a *adj.* Dícese del cuerpo o agente que expele la humedad o preserva de ella.

hidrógeno *m.* Elemento gaseoso, el más difundido de todos, incoloro, inodoro e insípido; símbolo H.

hidrografía *f.* Parte de la Geografía física que estudia sistemáticamente las condiciones físicas, químicas y fisiológicas de las aguas marítimas y continentales.

hidroide *adj.* Semejante al agua o al sudor.

hidromel o **hidromiel** *m.* Aguamiel, agua mezclada con miel.

hidrómetro *m.* Instrumento para medir el caudal, la velocidad o la fuerza de los líquidos en movimiento; su densidad o peso específico; su altura en un depósito. Llave de aforo.

hidropesía *f.* Derrame o acumulación anormal del humor seroso en cualquier cavidad del cuerpo animal, o su infiltración en el tejido celular.

hidrópico-a *adj.* Que padece hidropesía. Sediento con exceso. Insaciable.

hidroplano *m.* Embarcación, tipo canoa, provista de aletas inclinadas, parcialmente sumergidas y movida por hélice aérea. Plancha de madera alargada que por efecto de las olas se desliza sobre el agua. Hidroavión.

hidropónica *f.* Cultivo de plantas con las raíces sumergidas en una solución acuosa que contiene los principios nutritivos de la planta, en especial, flores y hortalizas. Cultivo de plantas sin tierra.

hidroscopio *m.* Instrumento para descubrir la presencia del agua.

hidrosfera *f.* Conjunto de las partes líquidas del globo terráqueo.

hidrostática *f.* Parte de la Mecánica que trata de las propiedades de los fluidos en equilibrio y sus aplicaciones mecánicas.

hidroterapia *f.* Método curativo a base de agua por vía externa.

hidróxido *m.* Se aplica al mineral de la clase de los óxidos. Los hidróxidos de los metales son bases, y los de los no metales son ácidos.

hiedra *f.* Planta trepadora con tronco y ramos sarmentosos de que brotan raíces adventicias que se agarran a los cuerpos inmediatos; de hojas coriáceas verdinegras, flores en umbela y fruto en baya.

hiel *f.* Bilis. Amargura, aspereza o desabrimiento. Trabajos, adversidades.

hielo *m.* Agua solidificada o congelada. Acción de helar o helarse. Frialdad en los afectos.

hiemación *f.* Acción de pasar en el invierno. Crecimiento, desarrollo o floración de ciertas plantas durante el invierno.

hiena *f.* Mamífero carnívoro de cuello largo y fuerte, garras débiles, cola corta y espesa; entre ésta y el ano tiene una especie de bolsa que segrega un líquido nauseabundo; es de hábitos nocturnos y se alimenta de carroña.

hierático-a *adj.* Perteneciente o relativo a las cosas sagradas y sacerdotales, según los antiguos y de cierta escritura de los antiguos egipcios, abreviatura de la jeroglífica. Dícese de la pintura y escultura religiosas que reproducen formas tradicionales. Estilo o además que tiene o afecta solemnidad extrema.

hierba *f.* Planta pequeña de tallo tierno que perece después de dar fruto en el mismo año, o a lo más al segundo. Conjunto de muchas hierbas que nacen en un terreno. Pasto para los ganados.

hierbabuena *f.* Planta labiada vivaz, de tallos erguidos, hojas vellosas, flores rojizas axilares y fruto seco con cuatro semillas; de olor agradable y condimental.

hierosolimitano-a *adj. y s.* Jerosolimitano, natural de Jesusalén.

hierro *m.* Metal dúctil, maleable y muy tenaz, el más empleado en la industria y en las artes; símbolo Fe. Arma, instrumento o pieza de hierro o acero. Marca que, con hierro candente, se pone a los animales. *Pl.* Grillos.

hifa *f.* Cada uno de los filamentos que forma el micelio de los hongos.

higadillo *m.* Hígado de los animales pequeños, particularmente de las aves.

hígado *m.* Víscera de color castaño que segrega la bilis, situada en el hipocondrio derecho y parte del epigastrio. Animo, valentía.

highlander *adj. y s.* Nombre dado generalmente a los montañeses de Escocia.

higiene *f.* Parte de la Medicina que tiene por objeto la conservación de la salud, precaviendo enfermedades. Conjunto de condiciones de limpieza y sanidad de una población, lugar o país; del hombre y de los animales domésticos.

higienizar *tr.* Disponer o preparar una cosa conforme a las prescripciones de la higiene.

higo *m.* Segundo fruto, o el más tardío de la higuera, blando, dulce, lleno de semillas menudas.

higrófilo-a *adj.* Dícese del animal o vegetación que vive en lugares húmedos.

higrometría *f.* Parte de la Física relativa a las causas productoras de la humedad atmosférica y de la medida de sus variaciones.

higroscopio *m.* Instrumento para indicar el estado de la humedad atmosférica.

higuera *f.* Arbol morácea de madera blanca y endeble, hojas grandes lobuladas, que produce dos clases de frutos: brevas e higos.

higuerilla *f.* En España. México y Colombia, el ricino.

hijastro-a *m. y f.* Hijo o hija de uno de los conyuges, respecto del otro que no lo procreó. Entenado, alnado.

hijo-a *m. y f.* Persona o animal respecto de su padre o de su madre. Cualquier persona respecto del país o pueblo de que es natural. Cualquier obra o producción del ingenio. Nombre que se suele dar al yerno y a la nuera respecto de los suegros. Expresión de cariño entre personas que se quieren bien. *Pl.* Descendientes.

hijuela *f.* Cosa aneja o subordinada a otra principal. Canal que conduce el agua desde una acequia al campo que se ha de regar. Documento en que se reseñan los bienes que tocan a uno de los participantes del caudal que dejó el difunto.

hijuelo *m.* Retoño, renuevo.

hila *f.* Hilera. Hebra que se saca de un lienzo. Acción de hilar.

hilacha o hilacho *f. o m.* Pedazo de hila que se desprende de la tela. *M.* En México, guiñapo, harapo.

hilada *f.* Hilera. Serie horizontal de ladrillos o piedras que se van poniendo en un edificio en construcción.

hilado-a *m. y f.* Acción y efecto de hilar. Porción de lino, cáñamo, seda, lana, algodón, etc., reducida a hilo.

hilandería *f.* Arte de hilar. Fábrica de hilados.

hilar *tr.* Reducir a hilo. Sacar el gusano de seda la hebra para formar el capullo. Discurrir o inferir unas cosas de otras.

hilarante *adj.* Que inspira alegría o mueve a risa.

hilaridad *f.* Risa y algazara.

hilatura *f.* Arte de hilar. Conjunto de operaciones mediante las cuales las fibras textiles pasan a formar hilo.

hilaza *f.* Hilado, fibra reducida a hilo. Hilo que sale gordo y desigual.

hilera *f.* Orden o formación en línea. Hilo o hilado fino. Línea de soldados uno detrás de otro. Instrumento para reducir a hilo los metales. Organo de las arañas que produce un líquido viscoso que al secarse con el aire forma el hilo con que tejen las telarañas.

hilio *m.* Hendidura o depresión de ciertos órganos por donde entran y salen los vasos y los nervios.

hilo *m.* Hebra larga y delgada que se forma retorciendo el lino, cáñamo u otra materia textil. Ropa de lino o cáñamo, por contraposición a la de algodón. Alambre muy delgado. Hebra que forman las arañas, gusanos, etc. Chorro delgado y sutil de un líquido. Filo. Continuación o serie de un discurso u otra cosa.

hilván *m.* Costuras de puntadas largas con que se une y prepara lo que se ha de coser en firme.

hilvanar *tr.* Apuntar o unir con hilvanes lo que se ha de coser después. Hacer o trabajar algo con prisa y precipitación. Trazar o proyectar una cosa.

himen *m.* Repliegue membranoso que reduce el orificio externo de la vagina, mientras conserva su integridad.

himeneo *m.* Boda o casamiento.

himenóptero *adj. y s.* Insecto con alas membranosas: abejas, hormigas, etc.

himno *m.* Composición poética en alabanza de Dios, de la Virgen o de los santos. Poesía para honrar a un grande hombre, celebrar una victoria u otro suceso memorable;

oda heroica o sagrada. Canto nacional.

hincapié *m.* Acción de hincar o afirmar el pie para sostenerse o hacer fuerza.

hincar *tr.* Introducir o clavar una cosa en otra. Apoyar una cosa en otra. *R.* Arrodillarse.

hincha *f.* Odio, encono, enemistad. *Com.* Fanático de un deporte, equipo, etc.

hinchado-a *adj.* Vano, presumido. Lenguaje o estilo redundante, hiperbólico y afectado. Henchido; engreído.

hinchar *tr.* Hacer que aumente de volumen algún objeto, llenándolo de aire u otra cosa. Aumentar el agua de un río, arroyo, etc. Exagerar una noticia o un suceso. *R.* Aumentar de volumen una parte del cuerpo por herida o golpe. Envanecerse, engreírse.

hinchazón *f.* Efecto de hincharse. Vanidad, presunción. Vicio o defecto del estilo hinchado. Tumefacción, tumescencia.

hindú *adj. y s.* Indo.

hiniesta *f.* Retama.

hinojo *m.* Rodilla. Planta umbelífera herbácea, de tallos erguidos algo estriados, hojas partidas en lacinias, flores pequeñas amarillas y frutos en aquenio; aromática, medicinal y condimental.

hioides *m.* Hueso impar en forma de herradura, suspendido de las apófisis estiloides de los huesos temporales; sostiene la lengua, y está situado entre ésta y la laringe en la porción anterior media del cuello.

hipar *intr.* Sufrir reiteradamente el hipo. Resollar los perros. Fatigarse por el mucho trabajo. Angustiarse con exceso. Gimotear. Desear con ansia.

hipérbaton *m.* Inversión del orden regular de las palabras en la oración.

hipérbola *f.* Lugar geométrico de los puntos de un plano cuya diferencia de distancias a dos puntos dados, llamados focos, es una cantidad constante.

hipérbole *f.* Aumento o disminución excesiva de la verdad de aquello de que se habla.

hiperbólico-a *adj.* Perteneciente o relativo a la hipérbola o de figura parecida a ella; que la encierra o incluye.

hiperbóreo-a *adj.* Dícese de las regiones muy septentrionales y de los pueblos, animales y plantas que viven en ellas.

hiperemia o **hiperhemia** *f.* Abundancia extraordinaria de sangre en una parte del cuerpo.

hiperestesia *f.* Exageración morbosa de la sensibilidad.

hipericácea *adj.* Planta dicotiledónea, cuyas especies tienen elementos secretores en todos sus órganos vegetativos.

hipermetropía *f.* Estado del ojo en que los rayos luminosos paralelos a su eje forman el foco detrás de la retina.

hipertensión *f.* Tensión excesivamente elevada de la sangre en las arterias.

hipertrofia *f.* Crecimiento morboso de un órgano o tejido, causado por el crecimiento de las células que lo forman, sin aumento del número de éstas.

hípico-a *adj.* Perteneciente o relativo al caballo.

hipismo *m.* Conjunto de conocimientos relativos a la cría y educación del caballo. Deporte hípico; equitación.

hipnosis *f.* Sueño producido por el hipnotismo. Sueño provocado por medios artificiales.

hipnótico-a *adj.* Referente o relativo a la hipnosis o al hipnotismo. Que provoca sueño.

hipnotismo *f.* Conjunto de técnicas destinadas a conseguir la hipnosis en un sujeto especialmente receptivo de sugestiones.

hipnotizar *tr.* Producir la hipnosis.

hipo *m.* Movimiento convulsivo del diafragma, que produce una respiración interrumpida y violenta y causa brusco ruido.

hipocentro *m.* Punto profundo de la corteza terrestre donde se supone se produce un terremoto; hipofoco, zona hipocéntrica.

hipocondría *f.* Sensibilidad excesiva del sistema nervioso, con tristeza habitual.

hipocondrio *m.* Cualquiera de las regiones laterales superiores del abdomen, por fuera de la primera costilla y por encima de la segunda, debajo de ellas.

hipocresía *f.* Fingimiento y apariencia de cualidades y sentimientos contrarios a los que se tienen o experimentan. Simulación, doblez, ficción.

hipócrita *adj. y s.* Que finge o aparenta lo que no es o lo que no siente, en especial del que finge virtud y devoción.

hipodérmico-a *adj.* Que está o se pone debajo de la piel.

hipódromo *m.* Lugar destinado para carreras de caballos y de carros.

hipófisis *f.* Glándula de secreción interna en la base del cráneo, que segrega muchas hormonas; pituitaria.

hipogastrio *m.* Parte inferior del vientre.

hipogeo-a *adj.* Que crece, vive o se desarrolla bajo tierra, o al abrigo de la luz. Bóveda subterránea para la guarda y conservación de los cadáveres. Capilla o edificio subterráneo.

hipogloso-a *adj.* Que está debajo de la lengua. *M.* Cualquiera de los grandes peces de los mares del norte, comestibles, de los que se aprovecha el hígado para obtener el aceite de hipogloso o de *halibut*, nombre inglés de esta especie, muy rico en vitaminas A y D.

hipógrifo *m.* Animal fabuloso, mitad caballo, mitad grifo.

hipometropía *f.* Miopía.

hipopótamo *m.* Mamífero de gran tamaño, de cabeza y boca muy grandes, orejas y ojos pequeños, piel lisa casi desnuda y patas muy cortas; de costumbres acuáticas.

hipoteca *f.* Derecho real por el que se grava uno o varios inmuebles en garantía del cumplimiento de una obligación.

hipotensión *f.* Disminución anormal de la tensión de la sangre en las arterias.

hipotenusa *f.* Lado opuesto al ángulo recto, en un triángulo rectángulo.

hipótesis *f.* Suposición, posible o no, para sacar una consecuencia.

hipotético-a *adj.* Perteneciente a la hipótesis o que se funda en ella. Opuesto a categórico.

hipotimia *f.* Emotividad reducida.

hipsómetro *m.* Instrumento para medir con precisión la temperatura de ebullición del agua y determinar así la altitud de un lugar.

hirco *m.* Cabra montés. El olor de los sobacos.

hirsuto-a *adj.* Dícese del pelo disperso y duro y de lo que está cubierto por él, o de púas o espinas. Híspido, erizado.

hirundínido-a *adj. y s.* Ave paseriforme; comprende las golondrinas.

hisopo *m.* Mata labiada muy olorosa, de tallos leñosos poblados de hojas lanceoladas, flores blanquecinas en espiga terminal y fruto en aquenios. Aspersorio para el agua bendita. En América, brocha para pintar o para afeitarse.

hispalense *adj. y s.* Sevillano: del nombre antiguo de Sevilla, Híspalis.

hispaiense o **hispánico-a** *adj. y s.* Español; del nombre antiguo de España, Hispania.

hispanidad *f.* Carácter genérico de todos los pueblos de lengua o cultura españolas. Conjunto y comunidad de los pueblos hispanos.

hispanismo *m.* Giro o modo de hablar peculiar de la lengua española. Vocablo o giro de esta lengua empleado en otra. Afición al estudio de la lengua y literatura españolas y de las cosas de España. Simpatía por lo hispano.

hispanista *com.* Persona versada en la lengua y literatura españolas.

hispanoamericano-a *adj. y s.* Perteneciente a españoles y americanos, o compuesto de elementos propios de ambos países. Dícese de las naciones de América en que se habla el español, y de los individuos de raza blanca nacidos o naturalizados en ella. Dícese también de las manifestaciones artísticas durante los siglos de dominación española en América.

hispanoárabe *adj. y s.* Árabe nacido en España. Cultura, costumbres, arte, etc., de influencia árabe y española.

hispanófilo-a *adj. y s.* Dícese del extranjero aficionado a la cultura, historia y costumbres de España.

hispanorromano-a *adj. y s.* Español de la época romana.

híspido-a *adj.* De pelo áspero y duro. Hirsuto, erizado.

histamina *f.* Producto de la descarboxilación de la histidina; estimulante de la secreción del jugo gástrico y vasodilatador.

histerectomía *f.* Extirpación total o parcial del útero.

histeria o **histerismo** *f. o m.* Psiconeurosis o cuadro de reacciones complejas, de mayor o menor intensidad, observado en personas con infantilismo psíquico.

hístico-a *adj.* Perteneciente o relativo a los tejidos animales y vegetales.

histidina *f.* Aminoácido indispensable en la alimentación animal; ácido que cristaliza en láminas incoloras.

histología *f.* Parte de la Anatomía que estudia los tejidos orgánicos animales y vegetales.

histopatología *f.* Histología de los tejidos enfermos.

historia *f.* Narración y exposición, lo más verídica posible, de los acontecimientos pasados y cosas memorables, de sus causas y efectos. Relación de cualquier aventura o suceso. Fábula, cuento o narración inventada. Chisme, enredo.

historiador-a *m. y f.* Persona que escribe historia. Cronista.

historial *adj.* Perteneciente a la Historia. *M.* Reseña circunstanciada de los antecedentes de un asunto o negocio, de los servicios o carrera de un funcionario, etc. Curriculum vitae.

historiar *tr.* Componer, contar o escribir historias. Exponer las vicisitudes porque ha pasado una persona o cosa. Pintar o representar un suceso histórico o fabuloso en cuadros, estampas o tapices.

historico-a *adj.* Perteneciente a la Historia. Averiguado, comprobado, cierto, por contraposición a lo fabuloso o legendario. Digno de figurar en la historia.

historieta *f.* Fábula, cuento o relación breve de una aventura o suceso de poca importancia.

historiología o **historiosofía** *f.* Filosofía de la Historia.

histotomía *f.* Disección de los tejidos.

histrión *m.* Actor de comedias o tragedias antiguas. Volantín, jugador de manos. Comediante, bufón, farsante.

hita *f.* Clavo pequeño sin cabeza y que queda embutido en la pieza que asegura. Hito, mojón.

hitar *tr.* Amojonar.

hitita *adj.* Individuo de un antiguo pueblo establecido en Asia Menor y que se extendió hasta Babilonia. Lengua indoeuropea de este pueblo.

hitleriano-a *adj.* Relativo a Hitler y a su obra de gobierno. Partidario de Adolfo Hitler y de su política.

hito-a *adj.* Unido, inmediato. Fijo, firme, asegurado. *M.* Mojón o poste de piedra para conocer la dirección de los caminos y señalar los límites en un territorio. Blanco a donde se dirige la vista o puntería para acertar el tiro.

hocicar *tr.* Hozar. Besuquear. *Intr.* Dar de hocicos en el suelo, contra la pared, puerta, etc. Tropezar con un obstáculo o dificultad insuperable. Hundir o calar la proa una nave.

hocico *m.* Parte más o menos prolongada de la cabeza de algunos animales en que están la boca y las narices. Boca de hombre, cuando tiene los labios muy abultados. Gesto de enojo o desagrado. Morro, jeta.

hocicudo-a *adj.* Dícese de la persona que tiene boca saliente. Animal de mucho hocico. En México y Puerto Rico, persona de mal talante, áspera, de cara avinagrada.

hociquear *intr.* Hocicar. En América, tocar con el hocico el animal a la persona que lo acaricia.

hockey *m.* Deporte que se juega al aire libre entre dos equipos de once jugadores, provistos de sendos palos encorvados con que impulsan la pelota para que entre a la meta.

hogaño *adv.* En este año en el año presente. En esta época. Actualmente, hoy.

hogar *m.* Sitio donde se coloca la lumbre en las cocinas, chimeneas, hornos de fundición, etc. Hoguera. Casa o domicilio.

hogareño-a *adj.* Amante del hogar y de la vida de familia.

hogaza *f.* Pan de más de dos libras. Pan de salvado o harina mal cernida.

hoguera *f.* Porción de materias combustibles que, encendidas, levantan mucha llama.

hoja *f.* Cada una de las partes verdes, planas y delgadas que nacen en los tallos y ramas de los vegetales. Lámina delgada de cualquier materia. Pétalo. Cada una de las partes iguales que resultan al doblar el papel para formar pliego, en los libros y cuadernos. Cuchilla de las armas blancas y herramientas. Cada una de las partes que se abren y cierran, en las puertas, ventanas, biombos, etc.

hojalata *f.* Lámina de hierro o acero estañada por las dos caras.

hojalatería *f.* Taller en que se hacen piezas de hojalata. Tienda donde se venden. Arte de fabricar hojalata y objetos de la misma.

hojaldre *amb.* Masa que de muy sobada con manteca hace, al cocerse el horno, muchas hojas delgadas sobrepuestas unas a otras.

hojarasca *f.* Conjunto de las hojas que han caído de los árboles. Excesiva frondosidad de algunos árboles o plantas. Cosa inútil y de poca importancia, especialmente en palabras y promesas.

hojear *tr.* Pasar ligeramente las hojas de un libro o cuaderno leyendo de prisa algunos pasajes, para darse un ligero conocimiento. *Intr.* Tener hoja un metal. Moverse las hojas de los árboles.

hojuela *f.* Fruta de sartén muy extendida y delgada. Hoja muy delgada de metal. Hoja o folio'o que forma parte de otra compuesta.

¡hola! *interj.* Denota: extrañeza placentera o desagradable; modo de salutación familiar; para llamar a los inferiores.

holán u **holanda** *m.* o *f.* Lienzo muy fino. Alcohol impuro de baja graduación.

holandés-a *adj.* y *s.* Natural de Holanda. Perteneciente a esta nación de Europa. Idioma de origen germánico hablado por los holandeses.

holgado-a *adj.* Desocupado. Ancho y sobrado para lo que ha de contener. Rico, acomodado, desahogado.

holganza *f.* Descanso, quietud, reposo. Ociosidad. Placer, diversión. Holgazanería.

holgar *intr.* Descansar, tomar aliento después de una fatiga. Estar ocioso. Estar sin ejercicio ni uso una cosa. Divertirse, entretenerse con gusto en algo.

holgazan-a *adj. y s.* Aplícase a la persona vagabunda y ociosa que no quiere trabajar. Haragán, perezoso, flojo.

holgorio *m.* Regocijo, fiesta, diversión bulliciosa. Jaleo, juerga, bullicio.

holgura *f.* Regocijo, diversión entre muchos. Anchura. Desahogo, amplitud, comodidad.

holmio *m.* Elemento de las tierras raras, de la familia del itrio; derivado de Holmia, nombre latino de Estocolmo; símbolo Ho.

holocausto *m.* Sacrificio especial entre los israelitas en que se quemaba toda la víctima. Sacrificio, acto de abnegación.

holopatía *f.* Enfermedad generalizada.

hollar *tr.* Pisar, comprimir una cosa poniendo sobre ella los pies. Abatir, humillar. Pisotear, menospreciar.

hollejo *m.* Pellejo o piel delgada que cubre algunas frutas y legumbres.

hollín *m.* Substancia crasa y negra que el humo deposita en la superficie de los cuerpos.

hombrada *f.* Acción propia de un hombre generoso o esforzado.

hombre *m.* Animal racional. Género humano. Varón. El que ha llegado a la edad viril o adulta. Marido.

hombrear *intr.* Querer el joven parecer hombre hecho. Querer igualarse con otro en saber, cualidad o prendas. Hacer fuerza con los hombros para sostener o empujar alguna cosa. En México y Colombia, ayudar, arrimar el hombro.

hombrecillo *m.* Hombre pequeño. Lúpulo.

hombrera *f.* Pieza de la armadura antigua que cubría y defendía los hombros. Labor o adorno en la parte del vestido correspondiente a los hombros. Pieza almohadillada para levantar y conformar los hombros del vestido.

hombría *f.* Calidad de hombre; virilidad.

hombro *m.* Parte superior y lateral del tronco del hombre de donde nace el brazo.

hombruno-a *adj.* Dícese de la mujer que por alguna cualidad o circunstancia se parece al hombre y de las cosas en que estriba esta semejanza.

homenaje *m.* Juramento solemne de fidelidad. Acto o serie de actos que se celebran en honor de una persona. Sumisión, veneración, respeto a una persona.

homeopatía *f.* Método curativo fundado en que la enfermedad debe tratarse con drogas que produzcan efectos análogos a los síntomas de la propia enfermedad, ya que ésta naturalmente tiende a curar.

homeopático-a *adj.* Perteneciente o relativo a la Homeopatía. De tamaño o en cantidad muy diminutos.

homérico-a *adj.* Propio y característico de Homero como poeta, o que tiene semejanza con cualquiera de las calidades que distinguen a sus producciones.

homicida *adj. y s.* Que ocasiona la muerte de una persona. Asesino, matador.

homicidio *m.* Muerte de una persona por otra, cometida ilegítimamente y con violencia.

homilía *f.* Razonamiento o plática para explicar al pueblo las materias de religión.

hominicaco *m.* Hombre pusilánime y de mala traza.

homínido *adj. y s.* Mamífero de una familia de primates de la que el hombre, es el tipo. Parecido al hombre.

homófono-a *adj.* Dícese de las palabras que con distinta significación suenan de igual modo. Dícese del canto o música en que todas las voces marchan al unísono.

homogéneo-a *adj.* Perteneciente a un mismo género. Compuesto cuyos elementos son de igual naturaleza o condición. Número que representa conjuntos formados por elementos de la misma especie. Polinomio cuyos términos son del mismo grado.

homologar *tr.* Dar por firme y válido. Dar validez oficial.

homólogo-a *adj.* Análogo, correspondiente. Similar, semejante. Dícese de los términos sinónimos o que significan la misma cosa. Organos de una misma estructura aunque tengan función distinta. Aplícase a los lados que en cada una de dos o más figuras semejantes están colocados en el mismo orden.

homónimo-a *adj.* Dícese de dos o más cosas que llevan un mismo nombre, y de las palabras que siendo iguales por su forma tienen distinta significación.

homóptero *adj. y s.* Dícees del insecto que tiene sus dos pares de alas iguales: cigarras, cochinillas, pulgones.

homosexual *adj. y s.* Dícese de quien busca los placeres carnales con personas de su mismo sexo. Del mismo sexo con relación al otro.

homúnculo *m.* Despectivo de hombrecito.

honda *f.* Tira de cuero o trenza de lana u otra materia, para tirar piedras o granadas con violencia.

hondear *tr.* Reconocer el fondo con una sonda. Sacar carga de una embarcación. Disparar la honda.

hondo-a *adj.* Que tiene profundidad. Terreno más bajo que el circundante. Profundo, intenso, extremado. *M.* Parte inferior de una cosa hueca o cóncava.

hondonada *f.* Terreno hondo.

hondura *f.* Profundidad de una cosa.

hondureño-a *adj. y s.* Natural de Honduras. Perteneciente a esta nación de América.

honestidad *f.* Compostura, decencia y moderación en la persona, acciones y palabras. Recato, pudor. Decoro, modestia, honradez.

honesto-a *adj.* Decente o decoroso. Recatado, pudoroso. Razonable, justo. Honrado, probo.

hongo *m.* Vegetal de las talofitas, de muchas especies, sin pigmentos clorofílicos; viven como saprófitos, parásitos o en simbiosis. Sombrero de copa aovada o chata, bombín.

honor *m.* Calidad moral que nos lleva al más severo cumplimiento de nuestros deberes respecto del prójimo y de nosotros mismos. Gloria o buena reputación. Honestidad y recato en las mujeres. Celebridad o aplauso de una cosa. Honradez, estima, probidad, decoro. Dignidad, cargo.

honorable *adj.* Digno de ser honrado o acatado. En América, título de cortesía de los jueces, diputados, algunas instituciones, etc.

honorar *tr.* Honrar, enzalzar.

honorario-a *adj.* Que sirve para honrar a uno. Aplícase al que tiene los honores de una dignidad o empleo, pero no la propiedad. *M. pl.* Estipendio o sueldo por algún trabajo en artes liberales.

honorífico-a *adj.* Que da honor. Honroso, decoroso.

honra *f.* Estima y respeto de la dignidad propia. Buena opinión y fama adquirida por virtudes o méritos. Pudor, honestidad y recato de las mujeres. Honor.

honradez *f.* Calidad de probo. Proceder recto. Rectitud, integridad.

honrar *tr.* Respetar a una persona. Enaltecer o premiar su mérito. *R.* Tener a honra lo que se hace o se es. Venerar, reverenciar.

honrilla *f.* Puntillo o vergüenza con que se hace o deja de hacer una cosa.

honroso-a *adj.* Que da honra y estimación. Decente, decoroso. Honorífico.

hontanar *m.* Sitio en que nacen fuentes o manantiales.

hopalanda *f.* Falda grande y pomposa, particularmente las que vestían los estudiantes que iban a las universidades. Capa, cubierta, afeite.

hopear *intr.* Menear la cola los animales. Corretear.

hopo *m.* Copete o mechón de pelo. Rabo o cola de mucho pelo o lana.

hora *f.* Cada una de las 24 partes en que se divide el día solar. Tiempo oportuno para una cosa.

horadar *tr.* Agujerear una cosa atravesándola de parte a parte. Perforar, traspasar.

horario-a *adj.* Perteneciente a las horas. *M.* Saetilla del reloj que señala las horas. Cuadro indicador de las horas en que deben ejecutarse determinados actos.

horca *f.* Aparato para ajusticiar, colgándolos, a los reos de esta pena. Palo que remata en dos puntas para sostener ramas, armar los parrales, etc. Palo con dos o más púas con que los labradores hacinan las mieses y las mueven.

horcajadas *f. pl.* Úsase sólo en la expresión *a horcajadas*, con que se denota que el jinete va a caballo echando cada pierna por su lado, o que la persona se sienta en silla o banco con una pierna a cada lado.

horchata *f.* Bebida que se hace de almendras u otras semillas o pepitas machacadas con agua y sazonada con azúcar.

horda *f.* Reunión o comunidad de salvajes nómadas. Banda de forajidos.

horizontal *adj.* Que está en el horizonte o paralelo a él.

horizonte *m.* Línea que limita la superficie terrestre a lo que alcanza la vista del observador. Límite, término o extensión de una cosa.

horma *f.* Molde con que se fabrica o forma una cosa. Pared de piedra seca.

hormazo *m.* Montón de piedras sueltas. Tapia o pared de tierra.

hormiga *f.* Insecto himenóptero, de diversas especies, social, que forma sus galerías excavando en el suelo o en los árboles, en los que almacena sus alimentos y cría su prole.

hormigón *m.* Mezcla compuesta de piedras menudas y mortero de cal y arena. El armado se cuela entre barras o varillas de hierro o acero, para resistir mejor.

hormigonera *f.* Aparato para la confección del hormigón.

hormiguear *intr.* Experimentar la sensación más o menos molesta semejante al caminar hormigas sobre la piel. Bullir, ponerse en movimiento.

hormiguero *m.* Lugar donde se crían y recogen las hormigas. Lugar en que hay mucha gente en movimiento.

hormona u **hormón** *f. o m.* Substancia química producida por las glándulas de secreción interna, que se vierte en el torrente circulatorio o en los espacios intersticiales; actúa en cantidad ínfima y rige los principales procesos orgánicos.

hornacina *f.* Hueco en forma de nicho en el grueso de una pared maestra para colocar estatuas, jarrones, etc.

hornada *f.* Cantidad de pan, pasteles, etc., que se cuecen de una vez en el horno. Conjunto de individuos que acaban al mismo tiempo una carrera. o reciben a la vez algún nombramiento.

hornaguera *f.* Carbón de piedra.

hornero-a *adj.* Persona que tiene por oficio cocer pan y templar para ello el horno. Pájaro que hace su nido de barro en forma de horno.

hornilla *f.* Hueco en una pared con rejuela horizontal para sostener la lumbre y dejar caer la ceniza. Hueco en el palomar para que aniden las palomas.

hornillo *m.* Horno pequeño y manual para calentar, fundir, cocer o tostar.

horno *m.* Fábrica para caldear, por lo general abovedada y provista de respiradero y una o varias bocas, para introducir lo que se somete a la acción del fuego. Montón de leña, piedra o ladrillo para la carbonización, calcinación o cochura.

horóscopo *m.* Observación que los astrólogos hacen del estado del cielo al tiempo de nacer una persona, para quien pretenden adivinar los sucesos de su vida.

horquilla *f.* Vara larga terminada en dos puntas para colgar, descolgar o afianzar y asegurar una cosa. Pieza de alambre doblado para sujetarse el pelo las mujeres.

horrendo-a *adj.* Que causa horror. Horrible, horroroso, aterrador.

hórreo *m.* Granero. Troje, silo. En Asturias y Galicia (España) están levantados sobre pilares o columnas con que se guardan y preservan de la humedad granos y otros productos agrícolas.

horrible *adj.* Horrendo, espantoso.

hórrido-a *adj.* **Horrendo.**

horripilar *tr.* Hacer que se ericen los cabellos. Causar horror y espanto. Espeluznar, horrorizar.

horro-a *adj.* Libre, exento, desemparazado. Yegua, burra, oveja, etc. que no queda preñada. Dícese del tabaco de baja calidad y que arde mal.

horror *m.* Movimiento de temor por algo terrible y espantoso. Atrocidad. Espanto, pavor; aversión, repulsión.

horrorizar *tr.* Causar horror. R. Tener horror o llenarse de pavor y espanto.

horroroso-a *adj.* Que causa horror. Muy feo. Horripilante, horrible.

hortaliza *f.* Cada una de las verduras y demás plantas comestibles que se cultivan en las huertas.

hortelano-a *adj.* Perteneciente a las huertas. M. El que por oficio cuida y cultiva huertas. Pájaro fringílido, de cola ahorquillada y de uñas ganchudas.

hortense *adj.* Perteneciente a las huertas.

hortensia *f.* Arbusto saxifragáceo ornamental originario de Japón, de hojas elípticas opuestas y flores hermosas en corimbos terminales.

hortera *f.* Escudilla o cazuela de palo.

horticultura *f.* Cultivo de las huertas y huertos, para el mejor aprovechamiento y calidad de las hortalizas.

hosanna *m.* Exclamación de júbilo usada en la liturgia católica; es palabra de origen hebreo: sálvanos.

hosco-a *adj.* Color moreno muy obscuro. Ceñudo, áspero e intratable; huraño.

hospedaje *m.* Alojamiento y asistencia que se da a una persona. Cantidad que se paga por estar de huésped.

hospedar *tr.* Recibir huéspedes en su casa; darles alojamiento. Alojar, albergar, aposentar.

hospedería *f.* Habitación en las comunidades para recibir a los huéspedes. Casa para alojamiento de visitantes o viandantes. Hospedaje, alojamiento.

hospiciano-a *m. y f.* Pobre que vive en hospicio.

hospicio *m.* Casa destinada para albergar y recibir peregrinos y pobres. Hospedería.

hospital *m.* Centro de albergue y tratamiento de enfermos, con exclusión de los mentales.

hospitalario-a *adj.* Que socorre y alberga a los extranjeros y necesitados. Dícese del que acoge con agrado y agasaja a quienes recibe en su casa, y también de la casa misma.

hospitalidad *f.* Buen recibimiento a los peregrinos, menesterosos y desvalidos al darles asistencia. Buena acogida que se hace a extranjeros y visitantes. Estancia de los enfermos en el hospital.

hospitalizar *tr.* Llevar a uno al hospital para prestarle la asistencia que necesita.

hostería *f.* Casa donde se da de comer y también alojamiento a todo el que lo paga. Posada, mesón, parador.

hostia *f.* Lo que se ofrece en sacrificio. Hoja de pan ázimo que se hace para el sacrificio de la Misa. Oblea de la cual se corta. Eucaristía.

hostigar *tr.* Azotar, castigar con látigo, vara, etc. Perseguir, molestar a uno, burlándose de él o contradiciéndole. Atosigar, fastidiar.

hostil *adj.* Contrario, enemigo.

hostilidad *f.* Calidad de hostil. Acción hostil. Agresión armada. *Pl.* Acciones de guerra. Lucha, enemistad, odio.

hostilizar *tr.* Hacer daño a enemigos; atacarlos en acciones frecuentes y de poca intensidad.

hotel *m.* Fonda de lujo. Casa particular aislada de las colindantes.

hotelero-a *adj.* Propio del hotel o relativo a él. Persona que está al frente de un hotel.

hotentote *adj. y s.* Natural de Hotentocia. Perteneciente o relativo a esta comarca de África del Sur. Hombre salvaje, tosco o brutal.

hoy *adv.* En este día, en el día presente. Actualmente, en el tiempo presente.

hoya *f.* Concavidad u hondura grande en la tierra. Llano extenso rodeado de montañas. Sepultura.

hoyada *f.* Terreno bajo que no se descubre hasta estar cerca de él.

hoyanca *f.* Fosa común que hay en los cementerios.

hoyo *m.* Concavidad u hondura formada naturalmente en la tierra o hecha de intento. Concavidad en algunas superficies. Sepultura.

hoyuelo *m.* Hoyo en el centro de la barba o barbilla; y también el que se forma en la mejilla de algunas personas cuando se ríen.

hoz *f.* Instrumento para segar mieses y hierbas, de hoja acerada y curva afianzada en un mango de madera. Angostura de un valle profundo o la que forma un río que corre por entre dos sierras. Repliegue falciforme.

hozar *tr.* Mover y levantar la tierra con el hocico, el puerco o el jabalí.

huapango *m.* En México, fiesta típica popular del Estado de Veracruz; música y baile de esta fiesta, y cantos populares que los acompañan.

huarache *m.* En México, cacle o guarache.

hucha *f.* Arca grande de los labradores para guardar sus cosas. Alcancía. Dinero que se ahorra y guarda para tenerlo de reserva.

hueco-a *adj.* Cóncavo o vacío. Presumido, hinchado, vano. Sonido retumbante y profundo. Mullido y esponjoso. *M.* Intervalo de tiempo y lugar. Empleo o puesto vacante. Presuntuoso, ahuecado; oquedad. Abertura en un muro para servir de puerta, ventana, chimenea, etc.

huecograbado *m.* Procedimiento de fotograbado sobre planchas de cobre que puede tirarse en máquinas rotativas. Estampa obtenida por este procedimiento.

huéhuetl *m.* Instrumento mexicano de percusión en uso entre los antiguos; se hacía de una sola pieza y utilizando un tronco de árbol ahuecado, sobre el que se colocaba un parche de piel.

huelga *f.* Espacio de tiempo en que uno está sin trabajar. Cesación del trabajo a causa de un paro colectivo de los obreros, originado por motivos de índole política, social o económica que puede ser general o parcial. Tiempo que media sin labrarse la tierra. Diversión, holganza, descanso.

huelgo *m.* Respiración, resuello, aliento. Holgura, anchura. Hueco entre dos carriles consecutivos, para que al dilatarse por el calor no se deformen.

huelguista *com.* Persona que toma parte en una huelga, cesación o paro en el trabajo.

huelveño-a *adj. y s.* Natural de Huelva. Perteneciente o relativo a esta ciudad y provincia españolas.

huella *f.* Señal que deja el pie del hombre o de un animal en la tierra por donde ha pasado. Acción de hollar. Rastro, pisada. Impronta.

huérfano-a *adj. y s.* Dícese de la persona de menor edad a quien han faltado su padre y madre, o alguno de los dos. Falto de alguna cosa y especialmente de amparo.

huero-a *adj.* Vano, vacío y sin substancia. En América, podrido, corrompido. En México y Guatemala, güero, rubio.

huerta *f.* Terreno destinado al cultivo de legumbres y árboles frutales, de mayor extensión que el huerto. Tierra de regadío muy feraz.

huerto *m.* Sitio de corta extensión en que se plantan verduras, legumbres y árboles frutales.

huesa *f.* Sepultura, hoyo para enterrar un cadáver.

hueso *m.* Cada una de las piezas duras que forman el esqueleto de los vertebrados. Parte dura en lo interior de algunas frutas que contiene la semilla. Lo que causa trabajo o incomodidad.

huésped-a *m. y f.* Persona alojada en casa ajena. Mesonero o amo de posada. Persona que hospeda en su casa a alguien. Anfitrión. Organismo que proporciona alojamiento o subsistencia a un parásito.

hueste *f.* Ejército en campaña. Conjunto de secuaces o partidarios de una persona o de una causa.

huesudo-a *adj.* Que tiene o presenta mucho hueso. Recio.

hueva *f.* Masa que forman los huevecillos de ciertos peces, encerrada en una bolsa oval.

huevera *f.* Mujer que trata en huevos. Mujer del huevero o tratante en huevos. Conducto membranoso de las aves desde el ovario hasta cerca del ano y en el cual se forma la clara y la cáscara de los huevos. Utensilio en forma de copa pequeña para poner el huevo pasado por agua y que va a comerse.

huevería *f.* Tienda donde se venden huevos.

huevo *m.* Cuerpo más o menos esférico u ovalado que ponen las aves, insectos, peces, etc., de donde sale el nuevo organismo.

huevón *m.* En México, Guatemala y Cuba, flojo para el trabajo.

hueytlatoani *m.* Jefe supremo, soberano o rey de los aztecas.

hugonote *adj. y s.* Protestante francés y, en particular, el que pertenecía a su organización político-militar durante las guerras de religión de los siglos XVI y XVII.

huichol *adj. y s.* Indígena mexicano del grupo sonora establecido en el extremo NO del actual Estado de Jalisco y en el SE de Nayarit. Lengua de estos indígenas.

huipil *m.* En México, en la región del Istmo de Tehuantepec, camisa sin mangas y bordada que usan las indígenas.

huir *intr.* Apartarse rápidamente de personas, animales o cosas, para evitar un daño, disgusto o molestia. Transcurrir o pasar velozmente el tiempo. Alejarse rápidamente una cosa.

huiztlacuache o **huistlacuache** *m.* En México, puerco-espín americano.

hule *m.* Caucho o goma elástica. Tela pintada al óleo, barnizada e impermeabilizada.

hulla *f.* Carbón mineral; hornaguera o carbón de piedra.

hullero-a *adj.* Perteneciente o relativo a la hulla. Carbonífero. F. Mina de hulla.

humanar *tr.* Hacer a uno humano, familiar y afable. R. Hacerse hom-

bre el Verbo Divino. En América, rebajarse, condescender.

humanidad *f.* La naturaleza o el género humano. Sensibilidad y compasión de las desgracias ajenas. Corpulencia, gordura.

humanismo *m.* Cultivo y conocimiento de las letras humanas. Doctrina de los humanistas del Renacimiento. Período literario del Renacimiento.

humanitario-a *adj.* Que mira o se refiere al bien del género humano.

humanitarismo *m.* Humanidad, sensibilidad y compasión por las desgracias ajenas.

humanizar *tr.* Humanar. R. Ablandarse, hacerse benigno.

humano-a *adj.* Perteneciente al hombre o propio de él. Persona que se compadece de las desgracias ajenas. Filantrópico, generoso.

humareda *f.* Abundancia de humo.

humazo *m.* Humo denso, espeso y copioso. Humo sofocante y venenoso. Humareda. Bocanada de humo.

humear *intr.* Exhalar, arrojar y echar de sí humo. Arrojar algo parecido al humo. Quedar algunas reliquias de antiguos odios, alborotos o riñas.

humedad *f.* Calidad de húmedo. Agua de que está impregnado un cuerpo o que, vaporizada se mezcla con el aire. Cantidad de vapor acuoso existente en un cuerpo o en el espacio.

humedecer *tr. y r.* Producir o causar humedad en una cosa.

húmedo-a *adj.* Acueo o que participa de la naturaleza del agua. Ligeramente impregnado de ella o de otro líquido.

humeral *adj.* Perteneciente o relativo al húmero. Paño blanco con que se cubre los hombros el sacerdote y con cuyos extremos toma la custodia.

humero *m.* Cañón de chimenea por donde sale el humo. En América, humareda.

húmero *m.* Hueso largo y único del brazo que se articula por arriba con el omóplato y por debajo con el cúbito y el radio.

humildad *f.* Virtud de reconocer nuestra bajeza y miseria y obrar conforme a ello. Bajeza de nacimiento. Sumisión, rendimiento.

humilde *adj.* Que tiene o practica humildad. Bajo, de poca altura. Que carece de nobleza. Sumiso, dócil; pobre, modesto.

humillar *tr.* Postrar, bajar, inclinar una parte del cuerpo en señal de sumisión y acatamiento. Abatir el orgullo y altivez de alguien. R. Hacer actos de humildad.

humo *m.* Producto que en forma gaseosa se desprende de una combustión incompleta. Vapor que exhala cualquier cosa que fermente. *Pl.* Hogares, casas. Vanidad, presunción, altivez.

humor *m.* Cualquiera de los líquidos orgánicos del cuerpo humano o animal, y por extensión de las plantas. Genio, índole de cada persona. Jovialidad, agudeza. Buena disposición para hacer algo.

humorada *f.* Dicho o hecho festivo, caprichoso o extravagante.

humorismo *m.* Estilo literario en que se hermanan la gracia con la ironía y lo alegre con lo triste.

humorístico-a *adj.* Perteneciente o relativo al humorismo. Jocoso, chistoso, satírico.

humus *m.* Mantillo, conjunto de materias orgánicas en descomposición que forma parte del suelo vegetal.

hundir *tr.* Sumir, meter en lo hondo. Abrumar, oprimir. Vencer o confundir a uno con razones. *R.* Arruinarse un edificio, sumergirse una cosa. Desaparecer algo. Clavar, hincar, naufragar, zozobrar.

húngaro-a *adj. y s.* Natural de Hungría. Perteneciente a este país de Europa. Idioma de los húngaros o magiares.

huno *adj. y s.* Individuo de un pueblo del grupo turco de la raza mogólica y que alcanzó su máximo poderío con su rey Atila.

huracán *m.* Viento impetuoso y temible, a modo de torbellino. Viento de fuerza extraordinaria. Ciclón.

huraño-a *adj.* Que huye y se esconde de las gentes. Esquivo, insociable, arisco.

hurgar *tr.* Menear o revolver una cosa. Tocar con la mano. Incitar, conmover.

hurgón *m.* Instrumento de hierro para remover y atizar la lumbre.

hurí *f.* Mujer bellísima, creada por la fantasía musulmana, para compañera de los bienaventurados en su Paraíso. Mujer muy hermosa.

hurón *m.* Mamífero mustélido carnívoro, de cuerpo muy flexible y largo, de cabeza pequeña y patas cortas, se emplea para la caza de los conejos. Persona que averigua y descubre lo escondido y secreto. Persona huraña.

huronear *intr.* Cazar con hurón. Procurar saber y escudriñar cuanto pasa. Fisgonear, husmear.

huronera *f.* Lugar en que se mete y encierra el hurón. Lugar oculto, escondido.

¡hurra! *interj.* Denota alegría y satisfacción o sirve para excitar el entusiasmo.

hurtadillas modo adverbial: a hurtadillas: furtivamente, sin que nadie lo note.

hurtar *tr.* Tomar o retener bienes ajenos sin la voluntad de su dueño, sin intimidación o fuerza. No dar el peso o medida cabal los que venden. Citar como propias frases o sentencias ajenas. Desviar, apartar. *R.* Ocultarse o desviarse.

hurto *m.* Acción de hurtar. Cosa hurtada.

húsar *m.* Soldado de caballería ligera vestido a la usanza húngara.

husiforme *adj.* Fusiforme, ahusado.

husillo *m.* Tornillo para el movimiento de las prensas y otras máquinas. Espiga de madera o de metal que llevan las bobinas en las máquinas de hilar o de tejer.

husmear *tr.* Rastrear con el olfato alguna cosa. Indagar con arte y disimulo. *Intr.* Empezar a oler mal una cosa. Olfatear, olisquear.

husmo *m.* Olor que despide de sí la carne al empezar a pasarse.

huso *m.* Instrumento manual de figura redondeada, más largo que grueso y sirve para hilar torciendo la hebra y devanando en él lo hilado. Instrumento para unir y retorcer dos o más hilos. Parte de la superficie de una esfera comprendida entre las dos caras de un ángulo diedro y que tiene por arista un diámetro de aquélla.

¡huy! *interj.* Denota: dolor físico agudo, melindre, asombro pueril y ridículo.

I

i *f.* Décima letra del abecedario castellano y tercera de sus vocales.

iatrología *f.* Ciencia de la salud. Medicina. Tratado de Medicina.

ibérico-a *adj.* Perteneciente a la Iberia europea o a la asiática. Idioma hablado en España antes de la dominación romana. Arte de los iberos.

ibero-a *adj. y s.* Natural de la Iberia europea o de la asiática. Perteneciente a cualquiera de estos dos países. Individuo de un antiguo pueblo que se estableció en España y que constituye una de las bases del pueblo español.

iberoamericano-a *adj. y s.* Dícese de los pueblos y países que fueron dominios de España y Portugal en América. Ideas, artes y costumbres que participan de los dos elementos.

íbice *m.* Cabra montés.

ibídem *adv.* latino. Allí mismo, en el mismo lugar.

ibis *m.* Ave ciconiforme, de pico largo, delgado y encorvado, con parte de la cabeza y garganta desnudas de plumas; el de Egipto fue animal sagrado.

iceberg *m.* Témpano de hielo flotante, de gran tamaño.

icnología *f.* Ciencia que trata de las impresiones o huellas fósiles que hay en las capas de la tierra.

icón o **icono** *m.* Imagen, efigie, figura de la Virgen o de los santos, pintadas sobre placas de madera lujosamente enmarcadas, de la Iglesia ortodoxa griega.

iconoclasta *adj. y s.* Dícese del que niega el culto a las imágenes. Adversario sistemático de los valores consagrados.

iconografía *f.* Descripción de imágenes, cuadros, estatuas o monumentos, especialmente de los antiguos.

iconoscopio *m.* Cámara electrónica de televisión, utilizada para la exploración de las imágenes. Aparato para observar las imágenes fotográficas, a fin de obtener un enfoque perfecto.

icosaedro *m.* Sólido limitado por veinte caras.

icoságono *m.* Polígono que tiene veinte vértices.

ictericia *f.* Coloración amarilla del plasma sanguíneo, la piel, las mucosas y excreciones, originada por pigmentos biliares, hemoglobina o colorantes diversos.

ictiófago-a *adj.* Que se alimenta de peces.

ictiología *f.* Parte de la Zoología que estudia los peces. Conjunto de peces de una región.

ictiosaurio o **ictiosauro** *m.* Reptil marino fósil, de gran tamaño, hocico prolongado y cuello corto.

id. *pron.* Abreviatura de ídem.

ida *f.* Acción de ir de un lugar a otro. Acción impensada e inconsiderada.

idea *f.* Simple conocimiento de una cosa. Imagen o representación de una cosa en la mente. Conocimiento puro y racional de nuestro entendimiento. Plan, intención de hacer una cosa. Ingenio, invención. Manía extravagante.

ideal *adj.* Perteneciente o relativo a la idea. Que está en la fantasía solamente. Excelente, perfecto en su línea. *M.* Prototipo, modelo o ejemplar de perfección. Lo que mueve a superación o perfección.

idealismo *m.* Doctrina filosófica que considera la idea como principio del ser y del conocer. Aptitud de la inteligencia para idealizar. Tendencia a representar la realidad en la forma más bella. Elevación de lo sensible a lo ideal. Creencia en el poder de las ideas para reformar lo que hay de malo o defectuoso en la naturaleza y en las sociedades humanas.

idealista *adj. y s.* Persona que profesa la doctrina del idealismo. Dícese de la que tiende a representarse las cosas de una manera ideal. Iluso, visionario, ideólogo.

idealizar *tr.* Elevar la realidad sensible a lo ideal, por medio de la inteligencia o fantasía. Exaltar, ennoblecer una idea, sentimiento, costumbre, etc.

idear *tr.* Formarse idea de una cosa. Trazar, inventar. Imaginar, proyectar.

ídem *pron.* latino. Lo mismo, el mismo.

idéntico-a *adj.* Igual, muy parecido, equivalente.

identidad *f.* Calidad de idéntico. Hecho de ser una persona o cosa la misma que se supone o busca. Igualdad completa. Igualdad que se verifica para cualquier valor que se dé a las literales.

identificación *f.* Acción de identificar. Reconocimiento y comprobación de ser una la persona o cosa que se busca o se supone. Datos personales o específicos de una persona o cosa.

identificar *tr. y r.* Hacer que dos o más cosas que en realidad son diversas aparezcan y se consideren como una misma. Reconocer si una persona o cosa es la misma que se supone o se busca. Ser una misma cosa o más que la razón considera como diferentes.

ideografía *f.* Expresión gráfica de las ideas por medio de figuras o símbolos.

ideología *f.* Conjunto de ideas, concepciones o doctrinas de una clase o grupo social o de un partido político.

idilio *m.* Composición poética tierna y delicada, sobre cosas del campo y afectos amorosos de los pastores. Coloquio amoroso y relaciones entre enamorados.

idiocia *f.* Escasez considerable o falta total de inteligencia y de las facultades afectivas.

idioma *m.* Lengua de una nación o de una comarca. Modo particular de hablar.

idiomático-a *adj.* Propio y peculiar de una lengua determinada.

idiosincrasia *f.* Índole y temperamento característico de cada individuo.

idiota *adj. y s.* Que padece idiotez. Falto de toda instrucción. Persona anormal de edad mental no mayor que la de un niño de tres años.

idiotez *f.* Falta de facultades mentales. Dicho o acción estúpida o necia.

idiotismo *m.* Ignorancia, falta de instrucción. Modismo lingüístico.

idolatrar *tr.* Adorar ídolos o falsas deidades. Amar con exceso a una persona o cosa.

idolatría *f.* Culto divino dado a falsos dioses. Adoración de ídolos.

ídolo *m.* Criatura, cosa o fenómeno al que se rinde culto divino. Objeto material al que se adora como imagen, representación o símbolo de una divinidad. Persona o cosa excesivamente amada.

idóneo-a *adj.* Que tiene buena disposición o suficiencia para una cosa. Capaz, suficiente.

idus *m. pl.* En el antiguo cómputo romano y en el eclesiástico, el día 15 de marzo, mayo, julio y octubre, y el 13 de los demás meses.

iglesia *f.* Congregación de los fieles de una religión. Estado eclesiástico que comprende a todos los ordenados. Gobierno eclesiástico general del Sumo Pontífice, concilios y prelados. Diócesis, territorio y jurisdicción de los prelados. Templo cristiano.

iglú *m.* Cabaña que los esquimales construyen con bloques de hielo.

ignaro-a *adj.* Ignorante.

ignavo-a *adj.* Indolente, flojo, cobarde.

ígneo-a *adj.* De fuego o que tiene alguna de sus cualidades. De color de fuego. Aplícase a los fenómenos o agentes que actúan por la elevación de temperatura y a las rocas originadas por ellos.

ignición *f.* Acción y efecto de estar un cuerpo encendido, o enrojecido por un fuerte calor. Inicio de la combustión en un motor de cohete.

ignífugo-a *adj.* Que hace ininflamable o incombustible una cosa.

ignominia *f.* Afrenta pública que uno padece con o sin causa.

ignorancia *f.* Falta general o particular de letras, ciencias o noticias.

ignorar *tr.* No saber una o muchas cosas, o no tener noticia de ellas.

ignoto-a *adj.* No conocido ni descubierto. Desconocido, ignorado, incierto.

igual *adj.* De la misma naturaleza, cantidad o calidad. Liso, sin cuestas ni profundidades. Muy parecido o semejante. Proporcionado. Constante. De la misma clase o condición. Uniforme, regular.

igualar *tr.* Poner al igual con otra a una persona o cosa. Juzgar, estimar o tener en la misma opinión o afecto a uno que a otro. Allanar, poner igual la superficie de algo. *Intr.* Ser una cosa igual a otra.

igualdad *f.* Conformidad de una cosa con otra, en naturaleza, forma, calidad o cantidad. Correspondencia o proporción de las partes de un todo. Expresión de la equivalencia de dos cantidades.

igualmente *adv.* Con igualdad. También, asimismo.

iguana *f.* Reptil saurio con cresta espinosa en el cuello y dorso y un gran saco en la garganta; inofensivo, herbívoro y comestible. En México, especie de guitarra con cinco cuerdas dobles.

ijada o ijar *f.* o *m.* Cualquiera de los dos espacios simétricamente colocados entre las costillas falsas y los huesos de las caderas. Dolor o mal en aquella parte.

ilación *f.* Acción y efecto de inferir una cosa de otra. Trabazón ordenada de las partes de un discurso. Enlace o nexo del consiguiente con sus premisas. Consecuencia, relación.

ilativo-a *adj.* Que se infiere o puede inferirse. Dícese de la conjunción que establece una relación de consecuencia entre oraciones; llámase también consecutiva o continuativa.

ilegal *adj.* Que es contra la ley. Ilícito, ilegítimo.

ilegible *adj.* Que no puede o no debe leerse. Indescifrable, ininteligible.

ilegítimo-a *adj.* No legítimo.

íleo *m.* Cualquier dificultad en el tránsito del intestino, que origina paro del curso y consecuencias gravísimas.

íleon *m.* La tercera porción del intestino delgado, entre el yeyuno y el principio del ciego.

ilerdense *adj. y s.* Natural de la antigua Ilerda, hoy Lérida. Perteneciente a esta ciudad y provincia de España. Leridano.

ileso-a *adj.* Que no ha recibido lesión o daño.

iletrado-a *adj.* Falto de cultura. Indocto, analfabeto.

ilíaco-a *adj.* Perteneciente o relativo al ilion. Dícese del hueso de la cadera o innominado. Músculo plano triangular que llena la fosa ilíaca.

ilicácea *adj. y s.* Planta dicotiledónea leñosa y siempre verde, con hojas coriáceas, flores con racimos axilares. Su género típico es el acebo.

ilícito-a *adj.* No permitido legal ni moralmente. Indebido, prohibido.

ilimitado-a *adj.* Que no tiene límites. Indefinido, inmenso.

ilinio *m.* Elemento del grupo de las tierras raras; símbolo Il.

ilion *m.* Porción superior y posterior del hueso innominado, coxal o de la cadera, llamado hueso ilíaco.

ilógico-a *adj.* Que carece de lógica o contrario a ella. Absurdo, disparatado.

ilota *com.* Esclavo de los lacedemonios. Desposeído de los goces y derechos de ciudadano.

iluminación *f.* Acción y efecto de iluminar. Adorno de muchas luces. Distribución de la luz en una obra pictórica. Inspiración. Cantidad de luz que cae sobre la unidad de superficie.

iluminar *tr.* Alumbrar, dar luz o bañar de resplandor. Adornar con muchas luces. Dar color. Ilustrar el entendimiento con ciencias o estudios. *R.* En América, emborracharse.

ilusión *f.* Concepto, imagen o representación sin verdadera realidad. Esperanza acariciada sin fundamento racional. Quimera, sueño, delirio.

ilusionar *tr. y r.* Causar ilusión, llenar de ilusión.

ilusionista *com.* Prestidigitador.

iluso-a *adj. y s.* Engañado, soñador; propenso a ilusionarse.

ilusorio-a *adj.* Capaz de engañar. De ningún valor o efecto. Falso, aparente, falaz.

ilustración *f.* Acción y efecto de ilustrar o ilustrarse. Estampa, grabado, dibujo o fotografía que adorna o explica un texto. Conjunto de extensos y variados conocimientos que posee una persona. Instrucción, cultura, erudición.

ilustrar *tr.* Dar luz al entendimiento. Aclarar un punto o materia. Adornar un texto con láminas o grabados alusivos. Hacer ilustre a una persona o cosa. Instruir, civilizar.

ilustre *adj.* De distinguida prosapia, casa, origen, etc. Insigne, célebre. Título de dignidad.

ilutación *f.* Tratamiento de ciertos males con lodo recogido en manantiales de aguas medicinales.

imagen *f.* Figura, representación, semejanza y apariencia de una cosa. Estatua, efigie o pintura de Jesucristo, de la Virgen o de un santo. Símbolo, copia, efigie. Reproducción de la figura de un objeto mediante los rayos de luz que parten de él por ser luminoso o estar iluminado. Representación literaria de una idea. Creación de la imaginación.

imaginación *f.* Representación mental de imágenes de las cosas reales o ideales. Juicio de una cosa inexistente. Fantasía, inventiva.

imaginar *intr.* Representar idealmente una cosa; crearla en la imaginación. *Tr.* Presumir, sospechar. Fantasear, forjar, concebir; inventar, idear.

imaginario-a *adj.* Que sólo tiene existencia en la imaginación. Ficticio, fantástico, ideal.

imaginativo-a *adj.* Que continuamente imagina o piensa. *F.* Potencia o facultad de imaginar. Sentido común. Fantaseador.

imaginería *f.* Talla o pintura de imágenes sagradas. Arte de bordar en seda dibujos de aves, flores y figuras imitando en lo posible la pintura.

imán *m.* Mineral de hierro negruzco y opaco que atrae al hierro, acero y otros cuerpos. Cuerpo que posee esta propiedad magnética. Atractivo.

imanación o **imantación** *f.* Acción y efecto de imanar o imanarse. Comunicación a otros cuerpos de la propiedad magnética de los imanes.

imanar o **imantar** *tr.* Magnetizar.

imbécil *adj.* Alelado, escaso de razón. Estúpido, idiota, tonto.

imbecilidad *f.* Alelamiento, escasez de razón. Trastorno del paciente cuyo desarrollo mental corresponde al de un niño de tres a siete años de edad.

imberbe *adj.* Dícese del joven que no tiene barba. Barbilampiño.

imbíbito-a *adj.* En México y Guatemala, implícito.

imbornal *m.* Boca o agujero del tejado por donde se vierte el agua de la lluvia. Agujero o registro por donde salen las aguas de un buque, especialmente en los golpes de mar.

imborrable *adj.* Indeleble. Inalterable, permanente, fijo.

imbricado-a *adj.* Que está sobrepuesto como las tejas de un tejado. Dícese de los órganos sobrepuestos unos a otros, al modo de las tejas de un tejado.

imbuir *tr.* Infundir, persuadir.

imitable *adj.* Que se puede imitar. Capaz o digno de imitación.

imitar *tr.* Ejecutar una cosa a ejemplo o semejanza de otra.

impaciencia *f.* Falta de paciencia. Inquietud, desasosiego, intranquilidad.

impacientar *tr.* Hacer que uno pierda la paciencia. *R.* Perder la paciencia.

impacto *m.* Choque del proyectil en el blanco. Huella o señal que deja en él.

impalpable *adj.* Que no produce sensación al tacto o que apenas la produce.

impar *adj.* Que no tiene par o igual. Non, desigual, singular, único.

imparcial *adj.* Que juzga o procede con imparcialidad. Que no se adhiere a ningún partido o no entra en ninguna parcialidad. Justo, equitativo.

imparcialidad *f.* Falta de designio anticipado o de prevención en favor o en contra de personas o cosas. Equidad, justicia, neutralidad.

impartir *tr.* Repartir, comunicar, dar, suministrar.

impasible *adj.* Incapaz de padecer. Imperturbable, insensible.

impávido-a *adj.* Libre de pavor; sereno ante el peligro, impertérrito.

impecable *adj.* Incapaz de pecar. Exento de tacha. Perfecto, irreprochable.

impedancia *f.* Resistencia aparente de un circuito al paso de una corriente alterna.

impedimenta *f.* Bagaje que suele llevar la tropa e impide la celeridad de las marchas y operaciones. Lastre, estorbo.

impedimento *m.* Obstáculo, estorbo para una cosa. Traba, dificultad. Circunstancia que se opone a la celebración del matrimonio entre ciertas personas.

impedir *tr.* Estorbar, imposibilitar la ejecución de una cosa. Detener, dificultar, empecer.

impeler *tr.* Dar empuje para producir movimiento. Incitar, estimular, excitar.

impenetrable *adj.* Que no se puede penetrar. Muy difícil de comprender o que no se logra comprender. Incomprensible, oculto, recóndito, ininteligible.

impenitente *adj. y s.* Que se obstina en el pecado; que persevera en él sin arrepentimiento. Empedernido, contumaz.

impensado-a *adj.* Aplícase a lo que sucede sin pensar en éllo y sin esperarlo. Fortuito, casual; involuntario.

imperar *intr.* Ejercer la dignidad imperial. Mandar, dominar.

imperativo-a *adj.* Que impera o manda. Dícese del mandato que debe ajustarse estrictamente a las instrucciones dadas. Dícese del modo verbal en que se manda, exhorta o ruega lo expresado.

imperceptible *adj.* Que no se puede percibir.

imperdible *adj.* Que no puede perderse. *M.* Alfiler que se abrocha de modo que no pueda abrirse fácilmente.

imperdonable *adj.* Que no se debe o puede perdonar. Inexcusable.

imperecedero-a *adj.* Que no perece. Dícese de lo que hiperbólicamente se quiere calificar de eterno, inmortal. Perpetuo, perdurable.

imperfección *f.* Falta de perfección. Falta o ligero defecto moral. Deficiencia.

imperfecto-a *adj.* No perfecto. Principiado y no concluido o perfeccionado. Dícese del tiempo del verbo cuya acción no se ha realizado aún, aunque se anuncia para tiempo inmediato o posterior; o que corresponde a lo ya pasado: futuro y pretérito imperfecto.

imperforado-a *adj.* No perforado. Dícese del sello de correo o fiscal de bordes cortados, que no presenta los dientes de la perforación.

imperial *adj.* Perteneciente al emperador o al imperio. *M.* Tejadillo o cobertura de las carrozas. Sitio con asientos encima de la cubierta de algunos vehículos.

imperialismo *m.* Tendencia de los pueblos a la expansión territorial y al predominio sobre otros.

impericia *f.* Falta de pericia.

imperio *m.* Acción de imperar o mandar con autoridad. Dignidad de emperador. Tiempo que dura. Conjunto de estados sujetos a un emperador. Potencia de alguna importancia, aunque su jefe no sea emperador.

imperioso-a *adj.* Que manda con imperio. Que implica exigencia o necesidad.

impermeable *adj.* Impenetrable al agua o a otro fluido. *M.* Sobretodo o abrigo hechos con alguna tela de esta clase.

impermutable *adj.* Que no se puede permutar o cambiar.

impersonal *adj.* Aplícase al tratamiento que se da al sujeto en tercera persona. Dícese del verbo que no tiene sujeto concreto o determinado.

impertérrito-a *adj.* Dícese de aquel a quien no se infunde fácilmente terror, o a quien nada intimida. Impávido, sereno, imperturbable.

impertinente *adj.* Que no viene al caso; que molesta de palabra o de obra. Nimiamente susceptible; que le desagrada todo. Que pide o hace cosas fuera de propósito. *M. pl.* Anteojos con manija que antes usaban las señoras. Pesado, fastidioso, importuno.

imperturbable *adj.* Que no se perturba. Sereno, tranquilo, impasible.

impétigo *m.* Enfermedad aguda y contagiosa de la piel, con vesículas y pústulas que acaban secándose y formando costras.

impetrar *tr.* Conseguir una gracia solicitada con ruegos. Solicitar con encarecimiento y ahínco.

ímpetu *m.* Movimiento acelerado y violento. La misma fuerza o violencia. Impulso, acometida.

impetuosidad Ímpetu.

IMPIO-A—IMPRESIONAR

impío-a *adj.* Falto de piedad. Irreligioso.

implacable *adj.* Que no se puede aplacar o templar. Inexorable, inflexible.

implantar *tr.* Establecer y poner en ejecución doctrinas nuevas, instituciones, prácticas o costumbres. Introducir, instaurar.

implicar *tr.* Envolver, enredar. *Intr.* Obstar, impedir, envolver contradicción. Contener, llevar en sí, significar.

implícito-a *adj.* Dícese de lo implicado o incluido en lo que se enuncia, sin ser ello mismo enunciado expresamente. Sobreentendido, tácito, supuesto.

implorar *tr.* Pedir con ruegos o lágrimas una cosa. Suplicar, deprecar, rogar.

implosivo-a *adj.* Dícese de la articulación o sonido oclusivo que termina sin explosión.

implume *adj.* Que no tiene plumas.

impolítico-a *adj.* Falto de política o contrario a ella. Descortés, incivil.

impoluto-a *adj.* Limpio, sin mancha. Inmaculado, albo.

imponderable *adj.* Que no puede pesarse. Que excede a toda ponderación. *M. pl.* Conjunto de circunstancias difíciles o imposibles de prever y estimar. Inestimable, incalculable, inapreciable.

imponer *tr.* Poner carga, obligación u otra cosa. Imputar. Instruir a uno en una cosa. Infundir respeto o miedo. Poner dinero a rédito o en depósito.

impopular *adj.* Que no es grato a la multitud.

importación *f.* Acción de importar. Introducir en un país géneros, artículos, costumbres o juegos extranjeros. Conjunto de cosas importadas.

importancia *f.* Calidad de lo que importa, de lo que es muy conveniente o interesante. Representación de una persona, por su dignidad o cualidades.

importante *adj.* Que importa; que es de importancia.

importar *tr.* Valer o llegar a tal cantidad una cosa comprada o ajustada. Introducir en un país géneros, artículos, costumbres o juegos extranjeros. Convenir, interesar, ser de mucha importancia.

importe *m.* Cuantía de un precio, crédito, deuda o saldo; monto.

importunar *tr.* Incomodar o molestar con una pretensión o solicitud. Fastidiar, aburrir.

importuno-a *adj.* Inoportuno. Molesto, enfadoso. Pesado, impertinente.

imposibilidad *f.* Falta de posibilidad para existir una cosa o para hacerla.

imposibilitado-a *adj.* Tullido, que ha perdido el movimiento del cuerpo o de alguno de sus miembros. Impedido de poder hacer o decir algo.

imposibilitar *tr.* Quitar la posibilidad de ejecutar o conseguir una cosa.

imposible *adj.* No factible. Sumamente difícil. Inaguantable, intratable. Muy sucio, desaseado. Irrealizable, arduo, dificultoso.

imposición *f.* Acción y efecto de imponer o imponerse. Carga, tributo y obligación que se impone. Exigencia, coacción.

imposta *f.* Hilada de sillares, algo voladiza, sobre la cual va sentado un arco. Faja de los edificios a la altura de los diversos pisos.

impostor-a *adj. y* Que atribuye falsamente a uno alguna cosa. Que finge o engaña con apariencias de verdad. Falsario, falaz, mentiroso.

impotente *adj.* Que no tiene potencia. Incapaz de engendrar o concebir.

impracticable *adj.* Que no se puede practicar. Caminos y parajes por donde no se puede pasar sin mucha incomodidad. Inaccesible, irrealizable.

imprecar *tr.* Proferir palabras con que se pida o se manifieste que alguien reciba algún mal. Maldecir, execrar.

impregnar *tr.* Introducir en un cuerpo algún líquido. Embeber, humedecer.

imprenta *f.* Arte de imprimir. Oficina o taller donde se imprime. Lo que se publica impreso.

imprescindible *adj.* Dícese de lo que no se puede prescindir. Indispensable.

imprescriptible *adj.* Que no puede prescribir.

impresión *f.* Acción y efecto de imprimir. Marca o señal que una cosa deja en otra apretándola. Calidad o forma de letra con que está impresa una obra. Obra impresa. Efecto que causa en un cuerpo otro extraño. Estado de ánimo que responde a una acción exterior.

impresionable *adj.* Fácil de impresionarse o de recibir una impresión. Sensible, afectable.

impresionar *tr.* Fijar en el ánimo de otro una especie, o hacer que la conciba con fuerza y viveza. Exponer una superficie preparada a la acción de vibraciones acústicas o luminosas que queden en ella y puedan ser reproducidas. Conmover hondamente el ánimo.

impresionismo *m.* Sistema pictórico y escultórico que atiende más a la impresión que las cosas causan en el ánimo que a las cosas mismas.

impreso *m.* Obra impresa.

impresor-a *adj.* Que imprime. Dícese de la máquina o aparato que imprime. Artífice que imprime. Dueño o dueña de una imprenta.

imprevisión *f.* Falta de previsión. Inadvertencia, irreflexión.

imprevisto-a *adj.* No previsto. *M.* Gasto para el cual no hay crédito habilitado y distinto. Inesperado, repentino, impensado.

imprimar *tr.* Preparar con los ingredientes necesarios las cosas que han de ser pintadas o teñidas.

imprimátur *m.* Licencia que da la autoridad eclesiástica para imprimir un escrito.

imprimir *tr.* Estampar en un papel u otra materia las letras o las formas, apretándolas con la prensa. Dar a las prensas una obra o escrito. Estampar por medio de presión. Fijar en el ánimo algún afecto o especie.

improbable *adj.* No probable.

improbo-a *adj.* Falto de probidad. malo. malvado. Aplícase al trabajo excesivo y continuado. Penoso, duro. rudo. fatigoso.

imprecedente *adj.* No conforme a derecho. Inadecuado, extemporáneo. Impropio.

improductivo-a *adj.* Dícese de lo que no produce.

impronta *f.* Reproducción de imágenes en hueco o de relieve. en cualquier materia blanda o dúctil. Huella perdurable.

impronto o impromptu *m.* Composición poética corta e improvisada. Obra musical con apariencia o realidad de improvisación.

improperio *m.* Injuria grave de palabra. Insulto reproche.

impropiedad *f.* Falta de propiedad, de significado o sentido exacto de las palabras.

impropio-a *adj.* Falto de las cualidades apropiadas, según las circunstancias; Ajeno o extraño a una persona o cosa. Inadecuado, indebido.

improvisación *f.* Acción y efecto de improvisar. Obra o composición improvisada. Medra rápida e inmerecida, en la carrera o fortuna de una persona.

improvisar *tr.* Hacer una cosa de pronto, sin estudio ni preparación. Hacer de este modo discursos, poesías, dibujos, música, etc.

improviso-a o improvisto-a *adj.* Que no se prevé o previene. Imprevisto, inesperado, repentino.

imprudencia *f.* Falta de prudencia. Hecho o dicho imprudente. Ligereza, falta leve. Culpabilidad dimanante de haber obrado sin la diligencia debida y causando algún daño previsible.

imprudente *adj.* Que no tiene prudencia. Precipitado, temerario, arriesgado.

impúber o impúbero-a *adj.* Que no ha llegado aún a la pubertad. Menor.

impudencia *f.* Descaro, desvergüenza. Desfachatez, atrevimiento.

impúdico-a *adj.* Deshonesto, sin pudor. Libertino, licencioso.

impudor *m.* Falta de pudor y honestidad. Cinismo, desvergüenza en defender o practicar acciones o doctrinas vituperables.

impuesto *m.* Tributo, carga. Gabela, contribución, gravamen, exacción. alcabala.

impugnar *tr.* Combatir, contradecir, refutar.

impulsar *tr.* Impeler.

impulsivo-a *adj.* Dícese de lo que impele o puede impeler. Que habla o procede sin reflexión ni cautela y llevado de la impresión del momento. Vehemente, impetuoso.

impulso *m.* Acción y efecto de impeler. Instigación, sugestión. Empuje, estímulo, incentivo. Producto de una fuerza constante por la duración de una acción. Tendencia espontánea a la acción. Corriente eléctrica de duración muy corta.

impune *adj.* Que queda sin castigo.

impunidad *f.* Falta de castigo. Estado de quedar un delito o falta sin la sanción correspondiente.

impureza *f.* Mezcla de partículas extrañas a un cuerpo o materia. Falta de pureza o castidad.

imputar *tr.* Atribuir a otro una culpa, delito o acción. Achacar, inculpar de algo a alguien.

inacabable *adj.* Que no se puede acabar, que no se le ve el fin. o que se retarda éste con exceso. Interminable, demasiado extenso.

inacción *f.* Falta de acción: ociosidad. inercia. Pereza, apatía, indolencia.

inacentuado-a *adj.* Átono.

inactivo-a *adj.* Sin acción o movimiento: ocioso, inerte.

inadaptado-a *adj.* Dícese del que no se adapta o aviene a ciertas condiciones o circunstancias.

inadvertido-a *adj.* No advertido. Dícese del que no advierte o repara en las cosas que debiera.

inagotable *adj.* Que no se puede agotar, interminable.

inaguantable *adj.* Que no se puede aguantar o sufrir. Insoportable.

inalámbrico-a *adj.* Aplícase a todo sistema de comunicación eléctrica sin alambres conductores.

inalienable *adj.* Que no se puede enajenar válidamente.

inalterable *adj.* Que no se puede alterar. Invariable, fijo, permanente. Inconmovible.

inamovible *adj.* Que no es amovible.

inane *adj.* Vano, fútil, inútil.

inanición *f.* Notable debilidad por falta de alimento o por otras causas.

inanimado-a *adj.* Que no tiene alma. Sin vida o energía.

inapelable *adj.* Sentencia o fallo del que no se puede apelar. Irremediable, inevitable.

inapetencia *f.* Falta de apetito o de gana de comer.

inaplazable *adj.* Que no se puede aplazar o posponer.

inaplicable *adj.* Que no se puede aplicar o acomodar a una cosa, o en una ocasión determinada.

inapreciable *adj.* Que no se puede apreciar, por su mucho valor o mérito, por su extremada pequeñez o por otra causa. Inestimable, incalculable.

inaprensible *adj.* Que no se puede apresar o sujetar.

inarticulado-a *adj.* No articulado. Dícese de los sonidos de la voz con que no se forman palabras. Que no tiene junturas, articulaciones o artejos.

inasequible *adj.* No asequible.

inastillable *adj.* Que no se puede astillar. Aplícase a los vidrios fabricados de modo que al romperse no se astillen.

inatacable *adj.* Que no puede ser atacado. Inexpugnable, incontrastable. Dícese del cuerpo que no reacciona químicamente con otro.

inaudito-a *adj.* Nunca oído. Monstruoso, extraordinariamente vituperable. Increíble, insólito.

inaugurar *tr.* Adivinar supersticiosamente por augurios. Dar principio a una cosa con cierta solemnidad. Abrir solemnemente un establecimiento público. Celebrar el estreno de una cosa. Iniciar, comenzar, principiar.

inca *adj. y s.* Rey, príncipe o varón de estirpe regia, entre los antiguos peruanos. Uno de los cinco grupos dialectales quechuas. Individuo sudamericano de una tribu quechua pobladora del antiguo Perú. Lengua y arte de este pueblo.

incaico-a *adj.* Perteneciente o relativo a los incas.

incalculable *adj.* Que no puede calcularse.

incalificable *adj.* Que no se puede calificar. Muy vituperable. Abominable, detestable.

incandescente *adj.* Candente, que se hace luminoso a causa de lo elevado de su temperatura.

incansable *adj.* Incapaz o muy difícil de cansarse. Infatigable, laborioso.

incapacidad *f.* Falta de capacidad para hacer, recibir o aprender una cosa. Carencia de aptitud legal para ejecutar válidamente determinados actos o para obtener determinados oficios públicos.

incapacitar *tr.* Declarar la falta de capacidad civil de personas mayores de edad. Decretar la carencia de condiciones legales para un cargo público.

incapaz *adj.* Que no tiene capacidad o aptitud para una cosa. Falto de talento. Inepto, torpe, inhábil.

incautarse *tr.* Tomar posesión de dinero o bienes en litigio un tribunal u otra autoridad competente. Requisar confiscar, decomisar.

incauto-a *adj.* Que no tiene cautela. Inocente, imprevisor.

incendiar *tr.* Poner fuego a una cosa no destinada a arder.

incendiario-a *adj. y s.* Que maliciosamente incendia un edificio, mieses, etc. Destinado para incendiar o que puede causar incendios. Escandaloso, subversivo.

incendio *m.* Fuego grande que abrasa lo que no está destinado a arder. Pasión que acalora y agita vehementemente el ánimo.

incensar *tr.* Dirigir con el incensario el humo hacia una persona o cosa. Lisonjear.

incensario *m.* Braserillo con cadenillas y tapa perforada que sirve para incensar.

incentivo *m.* Que mueve o excita a desear o hacer una cosa. Aliciente, estímulo.

incertidumbre *f.* Falta de certidumbre; duda, perplejidad. Vacilación, indecisión.

incesante *adj.* Que no cesa. Constante, continuo.

incesto *m.* Trato sexual entre parientes, dentro de los grados en que está prohibido el matrimonio, o entre personas unidas por algún vínculo espiritual.

incidencia *f.* Lo que sobreviene en el curso de un negocio o asunto y tiene con él alguna conexión. Suceso, lance, acontecimiento. Caída de una línea, de un plano, de un cuerpo o de un rayo de luz sobre otro cuerpo, línea, plano o punto.

incidente *adj. y s.* Que sobreviene o tiene incidencia. Cuestión distinta de la que se ventila como principal en un juicio, pero relacionada con ella y que se decide por separado.

incidir *intr.* Caer o incurrir en una falta, error, etc. Hacer incisión o cortadura.

incienso *m.* Gomorresina de factura lustrosa y de olor aromático al arder; se quema como perfume en las ceremonias religiosas. Lisonja, adulación.

incierto-a *adj.* No cierto o no verdadero. No seguro, no fijo. Dudoso, eventual.

incinerar *tr.* Reducir una cosa a cenizas. Dícese más comúnmente de los cadáveres.

incipiente *adj.* Que empieza. Novicio, principiante.

incisión *f.* Hendedura que se hace en algunos cuerpos con instrumento cortante. Cesura. Corte, sajadura.

incisivo-a *adj.* Apto para abrir o cortar. Cualquiera de los dientes situados en la parte anterior del maxilar y de la mandíbula, de borde afilado que sirve para cortar los alimentos. Punzante, mordaz, cáustico, satírico.

inciso-a *adj.* Cortado. Hoja con escotaduras grandes. *M.* Cada uno de los miembros que, en los períodos gramaticales, encierran un sentido parcial.

incitar *tr.* Mover o estimular a uno para que ejecute algo. Instigar, alentar.

incivil *adj.* Falto de civilidad o cultura. Descortés, grosero.

inclemencia *f.* Falta de clemencia. Rigor de la estación, especialmente en el invierno. Crueldad, severidad, dureza.

inclinación *f.* Acción y efecto de inclinar o inclinarse. Reverencia que se hace con la cabeza o el cuerpo. Afecto, propensión a una cosa. Dirección que una línea o superficie tiene con relación a otra línea u otra superficie.

inclinar *tr.* Apartar una cosa de su posición perpendicular a otra o al horizonte. Persuadir a uno a que haga y diga lo que dudaba hacer o decir. *Intr.* Parecerse o asemejarse un tanto un objeto a otro. *R.* Propender a hacer, pensar o sentir una cosa.

ínclito-a *adj.* Ilustre, esclarecido, afamado.

incluir *tr.* Poner una cosa dentro de otra o dentro de sus límites. Comprender un número menor en otro mayor, o una parte en su todo.

inclusa *f.* Casa donde se recogen y crían los niños expósitos.

inclusión *f.* Acción y efecto de incluir. Amistad. Partículas o trozos de materia extraña que se encuentran dentro de un metal o englobadas en la masa de un cristal.

inclusive o **inclusivamente** *adv.* Con inclusión.

incoar *tr.* Comenzar una cosa. Dícese comúnmente de un proceso, pleito, expendiente u otra actuación legal u oficial.

incobrable *adj.* Que no se puede cobrar o es de muy dudosa cobranza.

incógnita *f.* Cantidad desconocida que es preciso determinar en una ecuación o en un problema. Causa o razón oculta de un hecho.

incógnito-a *adj.* No conocido. Desconocido, ignorado, anónimo. Que no revela su personalidad públicamente.

íncola *m.* Morador o habitante de un pueblo o lugar.

incoloro-a *adj.* Que carece de color.

incólume *adj.* Sano, sin lesión ni menoscabo. Indemne, ileso, salvo.

incombustible *adj.* Que no se puede quemar. Incapaz de enamorarse.

income-tax Locución inglesa: impuesto sobre la renta.

incomodar *tr.* Causar incomodidad. Molestar, fastidiar, estorbar.

incomodidad *f.* Falta de comodidad. Molestia, disgusto.

incómodo-a *adj.* Que incomoda. Que carece de comodidad. Molesto, fastidioso.

incomparable *adj.* Que no tiene o no admite comparación. Singular, excelente.

incompatible *adj.* No compatible con otra cosa. Inconciliable, opuesto. Dícese de aquellas igualdades algebraicas que no pueden subsistir simultáneamente.

incompetente *adj.* No competente. Dícese del tribunal o juez que carece de competencia o jurisdicción para conocer de un determinado asunto.

incompleto-a *adj.* No completo. Imperfecto, defectuoso, trunco.

incomprensible *adj.* Que no se puede comprender. Ininteligible, inexplicable.

incomunicación *f.* Acción y efecto de incomunicar o incomunicarse. Aislamiento temporal de procesados o testigos.

incomunicar *tr.* Privar de comunicación a personas o cosas. *R.* Aislarse, negarse al trato con otras personas, por temor, melancolía u otras causas.

inconcebible *adj.* Que no puede concebirse o comprenderse. Increíble, incomprensible, inexplicable.

inconciliable *adj.* Que no puede conciliarse. Incompatible, antagónico.

inconcluso-a *adj.* No concluido.

inconcuso-a *adj.* Firme, sin duda ni contradicción. Seguro, indudable.

incondicional *adj.* Absoluto, sin restricción ni requisito. *M.* Adepto a una persona o idea, sin limitación o condición.

inconexo-a *adj.* Que no tiene conexión con una cosa. Incoherente.

inconfesable *adj.* Dícese de lo que por ser vergonzoso y vil, no puede confesarse.

inconfeso-a *adj.* Aplícase al presunto reo que no confiesa el delito acerca del cual se le pregunta.

incongruente *adj.* No congruente. Inadecuado, improcedente.

inconmensurable *adj.* No mensurable. Inmenso, ilimitado. Que no mide un número exacto de veces una cosa a otra ni a parte alícuota de ésta.

inconmovible *adj.* Que no se puede conmover o alterar; perenne, firme. Impávido, inalterable.

inconquistable *adj.* Que no se puede conquistar. Que no se deja vencer con ruegos y dádivas Irreducible, invencible, íntegro.

inconsciente *adj.* No consciente. Irresponsable. Dícese del individuo que no se da cuenta exacta del alcance de sus palabras o acciones; falto de conciencia.

inconsecuencia *f.* Falta de consecuencia en lo que se dice o hace.

inconsecuente *adj.* Que procede con inconsecuencia. Inconsiguiente.

inconsiderado-a *adj.* No considerado ni reflexionado. Inadvertido, irreflexivo, imprudente.

inconsiguiente *adj.* No consiguiente.

inconsistente *adj.* Falto de consistencia. Frágil, blando, incoherente.

inconsolable *adj.* Que no puede ser consolado o consolarse. Que muy difícilmente se consuela.

inconstancia *f.* Falta de estabilidad y permanencia de una cosa. Excesiva facilidad y ligereza con que uno cambia de opinión, de amigos, etc. Volubilidad.

inconstitucional *adj.* No conforme con la Constitución del Estado.

inconsútil *adj.* Sin costura; dícese comúnmente de la túnica de Jesucristo.

incontable *adj.* Que no puede contarse. Muy difícil de contar; numerosísimo. Innumerable, considerable.

incontenible *adj.* Que no puede ser contenido. Irreprimible, incoercible; que rebasa o desborda.

incontestable *adj.* Que no se puede impugnar ni dudar con fundamento. Indiscutible, incontrovertible.

incontinencia *f.* Vicio opuesto a la continencia, especialmente en el refrenamiento de las pasiones sexuales. Lujuria, lascivia. Expulsión involuntaria de materias cu-ya excreción está sujeta normalmente a la voluntad.

incontinenti o **incontinente** *adv.* Prontamente, al instante, sin dilación; en el acto.

incontrastable *adj.* Que no se puede vencer o conquistar. Que no puede impugnarse con argumentos ni razones sólidas. Que no se deja reducir o convencer.

incontrovertible *adj.* Que no admite duda o disputa. Indiscutible, incuestionable, irrebatible.

inconveniente *adj.* No conveniente. *M.* Impedimento u obstáculo que hay para hacer una cosa. Daño o perjuicio que resulta de ejecutarla.

incorporal o **incorpóreo-a** *adj.* No corpóreo, que no se puede tocar.

incorporar *tr.* Agregar, unir dos o más cosas para que hagan un todo y un solo cuerpo entre sí. Sentar o reclinar el cuerpo que estaba echado o tendido. *R.* Agregarse una o más personas a otras para formar un cuerpo.

incorrección *f.* Calidad de incorrecto. Dicho o hecho incorrecto.

incorrecto-a *adj.* No correcto.

incorregible *adj.* No corregible. Dícese del que por su terquedad no se quiere enmendar ni ceder a los buenos consejos. Rebelde, desobediente.

incorruptible *adj.* No corruptible. Que no se puede pervertir. Muy difícil de pervertirse. Íntegro, virtuoso, puro.

incorrupto-a *adj.* Que está sin corromperse. No dañado, ni pervertido.

incrédulo-a *adj. y s.* Que no cree lo que debe, especialmente los misterios de la religión. Descreído, desconfiado, receloso.

increíble *adj.* Que no puede creerse. Muy difícil de creer. Inverosímil, inconcebible.

incrementar *tr.* Aumentar, acrecentar, añadir.

increpar *tr.* Reprender con dureza y severidad. Reprochar enérgicamente.

incriminar *tr.* Acriminar con fuerza e insistencia. Exagerar un delito, culpa o defecto, presentándolo como crimen.

incruento-a *adj.* No sangriento; dícese especialmente del sacrificio de la Misa.

incrustar *tr.* Embutir en una superficie lisa y dura, piedras, metales, maderas, etc., formando dibujos. Cubrir con costra dura. Taracear, encajar.

incubación *f.* Acción y efecto de incubar. Época, fase o período en que tiene lugar. Desarrollo de una enfermedad, desde que empieza a obrar hasta que se manifiestan sus efectos.

incubador-a *adj.* Que incuba. *F.* Aparato para la incubación artificial de huevos de aves domesticas. Aparato en que se tienen por algun tiempo, a una temperatura conveniente, los niños prematuros.

incubar *tr.* Empollar. Elaborar sordamente un proyecto, plan o empresa. *Intr.* Encobar, echarse las aves sobre los huevos para empollarlos.

inculcar *tr.* Apretar una cosa contra otra. Repetir muchas veces una cosa a una persona; infundirle con ahinco una idea. *R.* Afirmarse, obstinarse en lo que siente o prefiere.

inculpar *tr.* Culpar, acusar a alguien de una cosa.

inculto-a *adj.* Que no tiene cultivo ni labor. Persona, pueblo o nación de modales rústicos y groseros o también de instrucción muy corta. Dícese del estilo desaliñado y grosero. Yermo, baldío; ignorante, tosco; descuidado.

incumbencia *f.* Obligación y cargo de hacer una cosa.

incumbir *intr.* Estar a cargo de una cosa.

incumplir *tr.* No llevar a efecto, dejar de cumplir.

incunable *adj.* Aplícase convencionalmente a las ediciones hechas desde la invención de la imprenta hasta 1500 inclusive; en América, las aparecidas antes de 1601.

incurable *adj.* Que no se puede curar o no logra sanar. Muy difícil de curarse. Que no tiene enmienda ni remedio.

incuria *f.* Poco cuidado, negligencia. Desidia, dejadez.

incurrir *intr.* Caer, incidir en culpa, pena. Causar o atraer odio, ira, desprecio, etc.

incursión *f.* Acción de incurrir. Penetración, a través de las líneas enemigas, para destruir elementos valiosos al adversario, tomar prisioneros, etc. Ataque aéreo con fines destructores.

indagar *tr.* Averiguar, inquirir una cosa, discurriendo con razón o fundamento o por conjeturas, atisbos o señales.

indebido-a *adj.* Que no es obligatorio ni exigible. Ilícito, injusto y falto de equidad.

indecente *adj.* No decente, indecoroso. Deshonesto, obsceno, inmoral.

indecible *adj.* Que no se puede decir o explicar.

indecisión *f.* Irresolución o dificultad de alguno en decidirse. Vacilación, perplejidad.

indeclinable *adj.* Que necesariamente tiene que hacerse o cumplirse. Inevitable, inexcusable, ineludible.

Aplícase a las categorías gramaticales que no se declinan. Jurisdicción que no se puede declinar.

indecoroso-a *adj.* Que carece de decoro o lo ofende. Indecente, vergonzoso.

indefectible *adj.* Que no puede faltar o dejar de ser.

indefenso-a *adj.* Que carece de medios de defensa o está sin ella. Inerme.

indefinible *adj.* Que no se puede definir.

indefinido-a *adj.* No definido. Sin término señalado o conocido. Ilimitado, indeterminado, vago. Dícese del artículo gramatical indeterminado. Pronombre que denota personas o cosas de una manera vaga y sin determinación.

indehiscente *adj.* No dehiscente.

indeleble *adj.* Que no se puede borrar o quitar. Imborrable, permanente.

indemne *adj.* Libre o exento de daño. Incólume, ileso, intacto.

indemnidad *f.* Estado o situación del que está libre de padecer daño o perjuicio. Dícese de la caución que se otorga para dejar a otro exento de alguna obligación.

indemnizar *tr.* Resarcir un daño o perjuicio. Compensar, reparar.

independencia *f.* Falta de dependencia. Libertad, autonomía, especialmente la de un Estado que no es tributario ni depende de otro. Libertad con respecto a cualquier poder o voluntad exterior. Entereza, firmeza de carácter.

independiente *adj.* Exento de dependencia. Autónomo. Persona que sostiene sus derechos u opiniones, sin que la doblen respetos, halagos ni amenazas.

independizar *tr.* Emancipar, hacer independiente.

indescifrable *adj.* Que no se puede descifrar. Hermético.

indescriptible *adj.* Que no se puede describir. Inenarrable.

indeseable *adj.* Dícese de la persona, especialmente extranjera, cuya permanencia en un país se considera peligrosa. Persona cuyos defectos aconsejan alejarla o alejarse de ella.

indestructible *adj.* Que no se puede destruir. Imperecedero, permanente.

indeterminado-a *adj.* No determinado, o que no implica ni denota determinación. Dícese del que no se resuelve a una cosa. Dícese de los problemas, ecuaciones, fórmulas, etc., que no tienen una solución o valor determinado. Artículo o pronombre que no determinan o precisan al nombre.

Indiada *f. americ.* Conjunto o muchedumbre de indios. Dicho o acción propios de indios. Ímpetu de ira, fuerte e indomable, como de indio o heredado de él.

Indiana *f.* Tela de lino o algodón, o de mezcla de uno y otro, pintada por un solo lado.

Indianista *com.* Persona amante de las cosas y costumbres aborígenes de América, o que cultiva las lenguas o la literatura de los países americanos.

Indiano-a *adj.* Natural, pero no originario de América. Perteneciente a ella. Dícese del español que se enriquece en América y vuelve a su país.

Indicar *tr.* Dar a entender o significar una cosa con indicios y señales. Señalar, advertir, manifestar, apuntar, mostrar.

Indicativo-a *adj.* Que indica o sirve para indicar. Modo del verbo que expresa realidad, objetividad.

Indice *m.* Indicio o señal de una cosa. Lista o enumeración breve y por orden, de libros, capítulos o cosas notables. Catálogo ordenado de las obras y de sus autores que se conservan en una biblioteca. Manecilla del reloj, o indicadores en termómetros, barómetros, etc. Número que indica el grado de una raíz. Segundo dedo de la mano.

Indicio *m.* Acción o señal que da a conocer lo oculto. Síntoma, asomo, dato.

Indico-a *adj.* Perteneciente a las Indias Orientales.

Indiferencia *f.* Estado de ánimo en que no se siente inclinación ni repugnancia por un objeto o negocio. Frialdad, tibieza hacia una persona o cosa. Carencia de preocupación o interés por algo.

Indígena *adj. y s.* Originario del país de que se trata.

Indigencia *f.* Falta de medios para alimentarse, vestirse, etc. Pobreza, miseria, inopia.

Indigenismo *m.* Condición de indígena. Corriente de estudios y dedicaciones hacia el indio. Movimiento político y social en favor del indígena de América, sin alterar su fisonomía étnica ni desvirtuar su personalidad.

Indigestarse *r.* No sentar bien un manjar o comida. No agradarle alguno a alguien.

Indigestión *f.* Cualquier trastorno en la digestión. Falta de digestión.

Indignación *f.* Enojo, ira, enfado vehemente contra una persona o contra sus actos. Irritación, cólera.

Indignar *tr. y r.* Irritar, enfadar vehementemente a uno. Enojar, encolerizar.

Indignidad *f.* Falta de mérito y disposición para una cosa. Acción reprobable, impropia de las circunstancias del sujeto que la ejecuta. Bajeza, vileza.

Indigno-a *adj.* Que no tiene mérito ni disposición para una cosa. Vil, ruin, despreciable.

Indigo *m.* Añil, materia colorante azul, que se extrae de las hojas de varias leguminosas.

Indio-a *adj. y s.* Natural de la India, o sea de las Indias Orientales. Perteneciente a ellas. Aplícase al antiguo poblador de América, o sea, de las Indias Occidentales. Traje, costumbres y lenguas de dichos naturales.

Indio *m.* Metal de color azul índigo y muy blando; símbolo In.

Indirecto-a *adj.* Que no va rectamente a un fin, aunque se encamine a él. Dícese del complemento que designa la persona o cosa que recibe el daño o beneficio de la acción del verbo; dativo. *F.* Dicho o medio de que uno se vale para no significar claramente una cosa y darla, sin embargo, a entender.

Indisciplina *f.* Falta de disciplina. Desobediencia, insubordinación.

Indiscreción *f.* Falta de discreción y de prudencia. Dicho o hecho sin discernimiento, sin discreción.

Indisculpable *adj.* Que no tiene disculpa. Que difícilmente se puede disculpar. Imperdonable, inexcusable.

Indiscutible *adj.* No discutible. Incontestable, incuestionable, innegable, incontrovertible.

Indisoluble *adj.* Que no se puede disolver o desatar. Inseparable, indivisible.

Indispensable *adj.* Que no se puede dispensar ni excusar. Que es necesario y muy regular que suceda. Obligatorio, esencial, imprescindible, necesario.

Indisponer *tr.* Privar de la disposición conveniente, o quitar la preparación necesaria para una cosa. Malquistar. Causar indisposición o falta de salud. *R.* Experimentar la indisposición.

Indispuesto-a *adj.* Que se encuentra algo enfermo o con alteración en la salud.

Indisputable *adj.* Que no admite disputa. Indiscutible, innegable.

Indistinto-a *adj.* Que no se distingue de otra cosa. Que no se distingue clara y distintamente. Confuso, obscuro.

Individual *adj.* Perteneciente o relativo al individuo. Particular, propio y característico de una cosa.

Individualidad *f.* Calidad particular de una persona o cosa, por la que se da a conocer o se señala particularmente. Condición o carácter de individuo.

Individualismo *m.* Aislamiento y egoísmo de cada cual. Propensión a obrar según el propio albedrío y no de acuerdo con la colectividad. Concepción del mundo basada en la primacía del individuo, de lo individual.

Individualizar o **individuar** *tr.* Especificar una cosa; tratar de ella con particularidad y pormenor. Determinar individuos comprendidos en la especie.

Individuo-a *adj.* Individual. Indivisible. *M.* Cada ser organizado, respecto de la especie a que pertenece. Persona perteneciente a una clase o corporación. La propia persona u otra, por abstracción de las demás. *M. y f.* Persona cuyo nombre y condición se ignoran.

Indivisible *adj.* Que no puede ser dividido. Cosa que no admite división.

Indiviso-a *adj.* No separado o dividido en partes.

Indo-a *adj.* Indio, natural de las Indias Orientales; perteneciente a ellas.

Indócil *adj.* Que no tiene docilidad. Rebelde, desobediente, díscolo, indisciplinado.

Indocto-a *adj.* Falto de instrucción, inculto. Ignorante, lego.

Indocumentado-a *adj.* Que no lleva consigo o no tiene documentación oficial para acreditar su personalidad. Persona sin arraigo ni respetabilidad.

Indoeuropeo *adj. y s.* Dícese de cada una de las razas y lenguas de un origen común, extendidas desde la India hasta el occidente europo. Raza y lengua que dio origen a todas ellas.

Índole *f.* Condición e inclinación natural propias de cada uno. Naturaleza, calidad y condición de las cosas.

Indolente *adj.* Que no se afecta o conmueve. Flojo, perezoso. Que no duele. Apático, negligente, desidioso, haragán.

Indomable *adj.* Que no se puede domar. Indómito, irreductible, bravío, cerril.

Indómito-a *adj.* No domado. Que no se puede domar. Difícil de sujetar o reprimir. Indomable, bravío, salvaje; arrebatado, impetuoso.

Indonesio-a *adj. y s.* De Indonesia

Indostanés-a o **indostano-a** *adj. y s.* Natural de Indostán.

Indostaní *m.* Lengua moderna hablada por los hindúes musulmanes.

Indubitado-a *adj.* Cierto y que no admite duda.

Inducción *f.* Acción y efecto de inducir. Acción de un agente sobre los elementos o seres vivos y que determina algún proceso funcional o modificación morfológica. Razonamiento o método que se eleva lógicamente de lo particular a lo general, de lo más especial o lo más universal. Acción de las cargas eléctricas o magnéticas unas sobre otras.

Inducir *tr.* Instigar, persuadir, mover a uno. Ascender lógicamente desde los fenómenos, hechos o casos a sus leyes o principios. Producir fenómenos eléctricos o magnéticos en un conductor situado a cierta distancia de otro cuerpo eléctrico o magnético.

Inductancia *f.* Propiedad de un circuito por el que circula una corriente eléctrica, que crea un campo magnético asociado al circuito. campo que al variar origina una inducción sobre sí mismo.

Inductivo-a *adj.* Que se hace por inducción o resulta de ésta. Perteneciente a ella.

Inductor-a *adj.* Que induce. Substancia química que determina el crecimiento y diferenciación de los tejidos embrionarios. Devanado de las máquinas eléctricas que produce el campo magnético inductor. Persona que induce directamente a la comisión de un delito: autor por inducción.

Indudable *adj.* Que no puede dudarse. Incuestionable, innegable.

Indulgencia *f.* Facilidad en perdonar o disimular las culpas o en conceder gracias. Remisión que hace al Iglesia de las penas debidas por los pecados. Benevolencia, condescendencia, benignidad; perdón. bondad.

Indultar *tr.* Perdonar a uno el todo o parte de la pena que tiene impuesta o conmutarla por otra. Eximirle de una ley u obligación.

Indumentaria *f.* Estudio histórico del traje. Vestido, conjunto de las principales piezas que cubren el cuerpo por decencia, por abrigo o por adorno.

Induración *f.* Endurecimiento. Aumento de consistencia de un tejido.

Industria *f.* Maña, destreza o artificio para hacer una cosa. Conjunto de operaciones para la producción; transformación de las materias primas en productos útiles. Suma de las industrias de un país o parte del mismo.

Industrial *adj.* Perteneciente a la industria. *M.* El que vive del ejercicio de una industria.

Industrializar *tr.* Hacer que una cosa sea objeto de industria o de elaboración.

industriar *tr.* Instruir, adiestrar, amaestrar a uno. *R.* Ingeniarse, sabérselas componer.

industrioso-a *adj.* Que obra con industria. Que se hace con industria. Que se dedica con ahinco al trabajo. Diestro, laborioso, ingenioso.

inebriar *tr.* Embriagar.

inédito-a *adj.* Escrito y no publicado. Persona o cosa que no se ha dado a conocer.

inefable *adj.* Que con palabras no se puede explicar o describir.

ineficaz *adj.* No eficaz.

ineluctable *adj.* Dícese de aquello contra lo cual no puede lucharse; inevitable.

ineludible *adj.* Que no se puede eludir. Inevitable, fatal, forzoso.

inenarrable *adj.* Inefable.

inepcia *f.* Necedad.

ineptitud *f.* Inhabilidad, falta de aptitud o capacidad.

inequívoco-a *adj.* Que no admite duda o equivocación. Indudable, cierto.

inercia *f.* Flojedad, desidia, inacción. Pereza, dejadez, indolencia. Resistencia de un cuerpo a cambiar su estado de reposo o de movimiento. Rutina.

inerme *adj.* Que está sin armas. Indefenso.

inerte *adj.* Inactivo, ineficaz, inútil. Flojo, desidioso. Sin acción o movimiento. Substancia que no tiene actividad química.

inervar *tr.* Actuar el sistema nervioso sobre los demás órganos o aparatos del organismo.

inescrutable *adj.* Que no se puede saber ni averiguar. Insondable, impenetrable.

inesperado-a *adj.* Que sucede sin esperarse. Imprevisto, repentino.

inestable *adj.* No estable. Dícese de un cuerpo cuando sufre un cambio espontáneo que lo convierte en otro cuerpo distinto.

inestimable *adj.* Que no puede ser estimado en el grado que merece. Inapreciable.

inevitable *adj.* Que no se puede evitar. Ineludible, forzoso.

inexacto-a *adj.* Que carece de exactitud. Erróneo, equivocado.

inexcusable *adj.* Que no se puede excusar. Imperdonable.

inexhausto-a *adj.* Que por su abundancia o plenitud no se agota ni acaba.

inexistente *adj.* Que carece de existencia. Dícese de lo que existe, pero que se considera totalmente nulo.

inexorable *adj.* Que no se deja vencer de los ruegos. Implacable, inflexible.

inexperto-a *adj. y s.* Falto de experiencia. Novato, principiante, novel.

inexplicable *adj.* Que no se puede explicar.

inexplorado-a *adj.* No explorado. Desconocido, ignorado.

inexpugnable *adj.* Que no se puede tomar o conquistar a fuerza de armas. Que no se deja vencer o persuadir.

inextinguible *adj.* No extinguible. De perpetua o larga duración. Inacabable, inagotable.

inextricable *adj.* Difícil de desenredar; muy intrincado y confuso.

infalible *adj.* Que no puede engañar ni engañarse. Cierto, indefectible.

infamar *tr.* Quitar la fama, honra y estimación a una persona o a cosa personificada.

infame *adj.* Que carece de honra, crédito y estimación. Muy malo y vil en su especie. Malvado, abyecto.

infamia *f.* Descrédito, deshonra. Afrenta, ignominia, bajeza.

infancia *f.* Edad del niño hasta los siete años. Conjunto de niños de tal edad. Primer estado de una cosa, después de su nacimiento o erección.

infante-a *m. y f.* Niño que no ha llegado aún a la edad de siete años. Hijo o hija legítimo del rey, nacidos después del príncipe o princesa. Soldado que sirve a pie.

infantería *f.* Tropa especialmente organizada, instruida y armada para el combate a pie.

infanticidio *m.* Muerte dada violentamente a un niño recién nacido o próximo a nacer.

infantil *adj.* Perteneciente a la infancia. Inocente, cándido.

infantilismo *m.* Falta de desarrollo físico, mental o mixto, con persistencia de caracteres infantiles en una persona mayor.

infanzón-a *m. y f.* Hidalgo con señorío y potestad limitados a lo que permitían sus privilegios y donaciones.

infarto *m.* Zona de necrosis en un tejido u órgano, originada por privación brusca de la circulación en la arteria correspondiente.

infatigable *adj.* Incansable.

infatuado-a *adj.* Envanecido, engreído.

infausto-a *adj.* Desgraciado, infeliz. Aciago, triste, funesto.

infección *f.* Acción y efecto de infectar o infectarse. Estado morboso causado por microbios.

infeccioso-a *adj.* Que es causa de infección. Que padece infección.

infectar *tr.* Invadir los microbios el organismo humano o una parte de él.

infeliz *adj. y s.* Desgraciado, desdichado. Bondadoso y apocado.

inferior *adj.* Que esta debajo de otra cosa o mas bajo que ella. Que es menos que otra cosa, en calidad o cantidad. Dicese de la persona sujeta o subordinada a otra.

inferir *tr.* Sacar consecuencia o inducir una cosa de otra. Llevar consigo, conducir a un resultado. Hacer o causar agravio, herida, ofensa, etc.

infernal *adj.* Que es del infierno o perteneciente a él. Muy malo, dañoso. Dicese de lo que causa mucho disgusto o enfado.

infernillo *m.* Lámpara de alcohol para calentar agua y otros usos analogos.

infestar *tr.* Inficionar, apestar. Causar daños y estragos con hostilidades y correrías. Causarlos los animales y plantas advenedizas en los campos cultivados. Invadir los zooparásitos el cuerpo del hombre o de los animales.

inficionar *tr.* Infectar. Corromper con malas doctrinas o ejemplos.

infidelidad *f.* Falta de fidelidad, deslealtad. Carencia de la fe católica. Conjunto y universidad de los infieles.

infidencia *f.* Falta a la confianza y fe debida a otro.

infiel *adj.* Falto de fidelidad; desleal. Para el creyente, quien no profesa su fe. Falta de exactitud. Erróneo, inexacto.

infierno *m.* Lugar de castigo eterno. Tormento y castigo de los condenados. Lugar de mucho alboroto y discordia.

infiltrar *tr. y r.* Introducir un líquido suavemente entre los poros de un sólido. Infundir en el ánimo ideas, nociones o doctrinas. Inspirar, imbuir. *R.* Penetrar una fuerza en el dispositivo del enemigo, burlando el servicio de vigilancia.

ínfimo-a *adj.* Que está muy bajo en su situación. Dicese de la cosa que es la última y menos que las demás. Muy vil y despreciable.

infinidad *f.* Calidad de infinito. Gran número o muchedumbre de personas o cosas. Inmensidad, sinnúmero.

infinitesimal *adj.* Aplícase a las cantidades infinitamente pequeñas. Dícese del cálculo diferencial e integral.

infinitivo *adj.* Dícese del modo del verbo que expresa la significación nominal. *M.* Voz que da nombre al verbo.

infinito-a *adj.* Que no tiene ni puede tener fin ni término. Muy numeroso, grande, excesivo. Ilimitado, inmenso. *M.* Signo en forma de ocho tendido que expresa un valor mayor que cualquier cantidad asignable.

inflación *f.* Acción y efecto de inflar. Engreimiento, vanidad. Excesiva emisión de billetes en reemplazo de moneda. En América, alza general de los precios.

inflamable *adj.* Fácil de inflamarse o de arder.

inflamación *f.* Acción y efecto de inflamar o inflamarse. Combustión rápida y violenta, con producción de llamas. Trastorno local originado en un tejido por irritantes físicos, químicos o biológicos.

inflamar *tr. y r.* Encender una cosa levantando llama. Acalorar, encender las pasiones y afectos del ánimo. *R.* Producirse inflamación.

inflar *tr.* Hinchar una cosa con aire u otro gas. Exagerar, abultar hechos, noticias, etc. Ensoberbecer, engreir.

inflexible *adj.* Incapaz de torcerse o doblarse. Que no se conmueve, ni desiste de su propósito. Firme, rígido.

inflexión *f.* Torcimiento o comba de una cosa que estaba recta y plana. Elevación o atenuación de la voz. Desviación de los rayos luminosos al pasar de un medio refringente a otro distinto. Punto de la curva en que cambia su sentido. Cada una de las terminaciones del verbo, en sus diferentes modos, tiempos, números y personas y de las demás categorías gramaticales en sus géneros y números.

infligir *tr.* Imponer castigos o penas corporales. Aplicar, inferir.

inflorescencia *f.* Orden o forma con que aparecen colocadas las flores al brotar en las plantas.

influencia *f.* Acción y efecto de influir. Poder, valimiento, autoridad de una persona, para con otra u otras. Influjo, ascendiente. Acción que ejerce un cuerpo o carga eléctrica sobre otro.

influenciar *tr.* Galicismo americano, por influir.

influenza *f.* Enfermedad infecciosa muy contagiosa causada por virus. Gripa.

influir *tr.* Producir unas cosas sobre otras ciertos efectos. Ejercer una persona o más o una cosa, cierto predominio sobre otras. Contribuir, inducir, ayudar.

influjo *m.* Influencia. Movimiento de ascenso de la marea.

influyente *adj. y s.* Que influye. Importante, poderoso.

infolio *m.* Libro en folio, o sea cuyo tamaño de hojas iguala a la mitad de un pliego de papel.

información *f.* Acción y efecto de informar o informarse. Averiguación jurídica. Pruebas sobre la calidad y circunstancias del aspirante a un empleo u honor. Informe, investigación.

informal *adj.* Que no guarda las reglas o normas estrictas. Que no tiene formalidad. En México, impuntual.

informar *tr.* Enterar, dar noticia de algo. Dictaminar un perito en asunto de su competencia. Hablar en estrados los fiscales o procuradores y los abogados. Dar forma substancial a una cosa.

informe *m.* Noticia que se da de un negocio o suceso o sobre una persona. Dictamen. Exposición total que hace un letrado o un fiscal ante el tribunal que ha de fallar el proceso. Que no tiene la forma, figura o perfección que le corresponde. De forma indeterminada.

infortunado-a *adj. y s.* Desafortunado.

infortunio *m.* Suerte desdichada o fortuna adversa. Hecho o acaecimiento desgraciado. Desventura, adversidad.

infracción *f.* Transgresión, quebrantamiento de una ley, pacto o tratado; o de una norma moral, lógica o doctrinal.

infraestructura *f.* Conjunto de trabajos subterráneos o internos de una obra.

infrahumano-a *adj.* Dícese del nivel de vida impropio del hombre, por su miseria o extremada pobreza.

infrangible *adj.* Que no se puede quebrar o quebrantar.

infranqueable *adj.* Imposible o difícil de franquear, por los impedimentos o estorbos.

infrarrojo-a *adj.* Dícese de las radiaciones invisibles, inferiores al límite del espectro visible en su extremo rojo.

infrascrito-a *adj. y s.* Que firma al fin de un escrito; dicho abajo o después del escrito.

infrasonoro-a *adj.* Dícese de la onda sonora cuya frecuencia y presión son más bajas que las del umbral de audibilidad del sonido.

infringir *tr.* Quebrantar, violar una ley, palabra u obligación.

infructuoso-a *adj.* Ineficaz, inútil para algún fin. Estéril, desaprovechado.

infrutescencia *f.* Fructificación formada por agrupación de varios frutillos procedentes de flores de la misma inflorescencia.

ínfulas *f. pl.* Tiras a manera de venda con que se ceñían en la cabeza algunas personas, a modo de adorno, y que hoy penden de la parte posterior de la mitra episcopal. Presunción o vanidad.

infumable *adj.* Dícese del tabaco pésimo por su calidad o por defecto de fabricación. En América, inaceptable.

infundado-a *adj.* Que carece de fundamento o razón o racional.

infundibuliforme *adj.* En forma de embudo.

infundio *m.* Patraña, especie falsa o equivocada. Embuste, mentira.

infundir *tr.* Comunicar Dios al alma un don o gracia. Causar en el ánimo un impulso moral o afectivo. Inspirar imbuir.

infusible *adj.* Que no puede fundirse o derretirse.

infusión *f.* Acción y efecto de infundir. Echar el agua sobre el que se bautiza. Extracción de la parte soluble de una droga, generalmente vegetal, mediante un disolvente calentado hasta la ebullición. Producto líquido así obtenido. En México, té medicinal.

infusorio *adj.* Protozoario ciliado; se encuentra en el agua, en lugares húmedos o es parásito.

ingeniar *tr.* Trazar o inventar algo ingeniosamente. *R.* Discurrir con ingenio algo para conseguir una cosa o ejecutarla.

ingeniería *f.* Ciencia y arte de aplicar los conocimientos de la ciencia pura a la técnica industrial o agrícola en todas sus ramas.

ingeniero *m.* El que profesa la Ingeniería y se ocupa, según su especialidad, en los trazados, ejecución y dirección de las obras.

ingenio *m.* Facultad de discurrir o inventar con prontitud y facilidad. Individuo con esta facultad. Intuición, facultades poéticas y creadoras. Industria, maña y artificio para conseguir lo que se desea. Máquina o artificio mecánico. En América, conjunto de aparatos para moler la caña y obtener el azúcar. Finca que contiene el cañamelar y las oficinas de beneficio.

ingenioso-a *adj.* Que tiene ingenio. Hecho o dicho con ingenio. Hábil, mañoso.

ingénito-a *adj.* No engendrado. Connatural y como nacido con uno.

ingente *adj.* Muy grande. Enorme, colosal.

ingenuo-a *adj.* Sincero, candoroso, sin doblez. Crédulo, fácil de ser víctima de la malicia ajena. Carente de prejuicios. Franco, sencillo. En el Derecho antiguo, el que nació libre y no perdió su libertad.

ingestión *f.* Acción de introducir por la boca en el estómago la comida o los medicamentos.

ingle *f.* Parte del cuerpo en que se juntan los muslos con el vientre.

inglés-a *adj. y s.* Natural de Inglaterra. Perteneciente a esta nación europea. Lengua, en su origen, de las Islas Británicas.

ingratitud *f.* Desagradecimiento, olvido o desprecio de los beneficios recibidos.

ingrato-a *adj. y s.* Desagradecido, que olvida o desconoce los beneficios recibidos. Desapacible, áspero. Dícese de lo que no corresponde al trabajo que cuesta.

ingravescente *adj.* Que se agrava poco a poco.

ingrávido-a *adj.* Ligero, suelto y tenue, como la gasa o la niebla.

ingrediente *m.* Cualquier cosa que entra con otras en un remedio, bebida, guisado u otro compuesto.

ingresar *intr.* Entrar, ir o pasar de fuera adentro. Dícese más comúnmente del dinero. Empezar a formar parte de una corporación.

ingreso *m.* Acción de ingresar. Entrada, espacio por donde se entra; acción de entrar en alguna parte; acto de ser recibido en un consejo, corporación. Caudal que pasa a poder de uno.

inguinal o inguinario-a *adj.* Perteneciente a las ingles.

ingurgitar *tr.* Engullir.

inhábil *adj.* Falto de habilidad, talento o instrucción. Que por alguna falta, tacha o delito no puede obtener o servir un cargo, empleo o dignidad. Días y horas feriados durante los cuales no deben practicarse actuaciones.

inhabilitar *tr.* Declarar a uno inhábil o incapaz para ejercer u obtener cargos públicos o ejercer derechos civiles o políticos. Imposibilitar para una cosa.

inhabitable *adj.* No habitable.

inhalar *tr.* Aspirar, con un fin terapéutico, ciertos gases, vapores o líquidos pulverizados.

inherente *adj.* Que por su naturaleza está de tal manera unido a otra cosa, que no se puede separar. Intrínseco, innato, privativo.

inhibición *f.* Acción y efecto de inhibir o inhibirse. Disminución o detención de un acto o función por influencia nerviosa, hormonal, etc.

inhibir *tr.* Impedir que un juez prosiga en el conocimiento de una causa. *R.* Echarse fuera de un asunto o abstenerse de entrar en él. Suspender transitoriamente una función o actividad orgánica.

inhospitalario-a *adj.* Falto de hospitalidad. Poco humano para con los extraños. Dícese de lo que no ofrece seguridad ni abrigo.

inhumano-a *adj.* Falto de humanidad, bárbaro, cruel, despiadado.

inhumar *tr.* Enterrar, dar sepultura a un cadáver.

iniciación *f.* Acción y efecto de iniciar o iniciarse. Comienzo, principio.

inicial *adj.* Perteneciente al origen o principio de una cosa. Dícese de la letra que empieza una palabra, un verso, nombre, apellido, etc.

iniciar *tr.* Admitir a una ceremonia o cosa secreta; enterarle de ella, descubrírsela. Instruir en cosas abstractas o de alta enseñanza. Comenzar o promover una cosa.

iniciativa *f.* Derecho de hacer una propuesta. Acto de ejercerlo. Acción de adelantarse a los demás en hablar u obrar. Cualidad personal que inclina a esta acción.

inicuo-a *adj.* Contrario a la equidad. Malvado, injusto. Infame, perverso.

inimaginable *adj.* No imaginable.

inimitable *adj.* No imitable. Perfecto, acabado.

ininteligible *adj.* No inteligible. Incomprensible, indescifrable.

inio *m.* Occipucio.

iniquidad *f.* Maldad, injusticia grande. Infamia.

initis *f.* Inflamación de las fibras musculares.

injerencia o ingerencia *f.* Acción y efecto de injerirse.

injerir *tr.* Introducir una cosa en otra. Tomar una substancia e introducirla en el aparato digestivo. Incluir una cosa en otra, haciendo mención de ella. *R.* Entremeterse. introducirse en una dependencia o negocio.

injertar *tr.* Injerir en la rama o tronco alguna parte de otro, con yema para que brote. Implantar un trozo de órgano o de tejido sobre otro.

injerto *m.* Acción de injertar. Planta injertada. Parte de un organismo implantada sobre otra.

injuria *f.* Toda expresión proferida o acción ejecutada en deshonra, descrédito o menosprecio de una persona. Agravio, ultraje.

injuriar *tr.* Agraviar, ultrajar con obras o palabras. Dañar o menoscabar. Ofender, afrentar.

injusto-a *adj.* No justo. Arbitrario, ilegal, inmerecido.

inmaculado-a *adj.* Que no tiene mancha. Impoluto, limpio. Dícese, por antonomasia, de la Virgen María.

inmanente *adj.* Dícese de lo que es inherente a un ser o va unido a su esencia. Constante, imperecedero.

inmarcesible *adj.* Que no puede marchitarse.

inmaterializar *tr.* Espiritualizar.

inmaturo-a *adj.* No maduro, o que no está en sazón. Que no ha alcanzado la madurez sexual.

inmediación *f.* Calidad de inmediato. *Pl.* Contornos, alrededores.

inmediato-a *adj.* Contiguo o muy cercano a otra cosa. Que sucede en seguida, sin tardanza. Próximo, vecino; rápido.

inmejorable *adj.* Que no se puede mejorar. Óptimo, excelente.

inmemorial *adj.* Tan antiguo que no hay memoria de cuando comenzó.

inmenso-a *adj.* Que no tiene medida; infinito o ilimitado. Muy grande o muy difícil de medirse o contarse.

inmergir *tr.* Neologismo, por sumergir.

inmersión *f.* Acción de introducir o introducirse una cosa en un líquido. Baño instantáneo de todo el cuerpo o de una parte del mismo.

inmigración *f.* Acción y efecto de inmigrar. Consecuencia de la emigración; su contrapartida.

inmigrado-a *adj. y s.* Dícese del individuo establecido en un país por inmigración.

inmigrar *intr.* Llegar a un país para establecerse en él los que estaban domiciliados en otro. Trasladarse las células desde su lugar de origen hasta otro donde se implantan.

inminencia *f.* Calidad de inminente, en especial hablando de un riesgo.

inminente *adj.* Que amenaza o está para suceder prontamente.

inmiscible *adj.* Dícese de las substancias que no se mezclan.

inmiscuir *tr.* Poner una substancia en otra para que resulte una mezcla. *R.* Entremeterse, tomar parte en un asunto cuando no hay razón o autoridad para ello.

inmobiliario-a *adj.* Perteneciente a cosas inmuebles.

inmoble *adj.* Que no puede ser movido. Constante, firme o invariable en las resoluciones o afectos del ánimo.

inmoderado-a *adj.* Que no tiene moderación. Excesivo, desenfrenado.

inmolación *f.* Acción y efecto de inmolar. Sacrificio, holocausto.

inmolar *tr.* Sacrificar, degollando una víctima. Hacer sacrificios; ofrecer o dar una cosa en reconocimiento de la divinidad. *R.* Dar la vida, hacienda, reposo, etc., en provecho u honor de una persona o cosa.

inmoral *adj.* Que se opone a la moral o a las buenas costumbres. Deshonesto, obsceno, disoluto.

inmortal *adj.* No mortal, o que no puede morir. Que dura tiempo indefinido. Imperecedero, perpetuo.

inmortalizar *tr.* Hacer perpetua una cosa en la memoria de los hombres.

inmóvil *adj.* Inmoble, que no se mueve; constante, firme e invariable. Inconmovible, quieto.

inmovilizar *tr.* Hacer que una cosa quede inmóvil. *R.* Quedarse o permanecer inmóvil. Paralizar, detener. Invertir un caudal en bienes de lenta o difícil realización. Coartar o dificultar la libre enajenación de bienes.

inmueble *adj. y s.* Dícese de los bienes raíces.

inmundicia *f.* Suciedad, basura, porquería. Impureza, deshonestidad.

inmundo-a *adj.* Sucio y asqueroso. Impuro.

inmune *adj.* Libre, exento de ciertos oficios, cargas, gravámenes o penas. No atacable por ciertas enfermedades.

inmunizar *tr.* Hacer inmune. Preservar el organismo de algunas enfermedades, mediante la inoculación de vacunas, sueros, antitoxinas, etc.

inmunología *f.* Estudio sistemático de los fenómenos de la inmunidad, sus causas y aplicaciones.

inmutable *adj.* No mudable. Invariable, inalterable, fijo.

inmutar *tr.* Alterar o variar una cosa. *R.* Sentir conmoción repentina del ánimo y manifestarla con un ademán, por la alteración del semblante o de la voz.

innato-a *adj.* Connatural y como nacido con el mismo sujeto. Ingénito, propio, congénito.

innecesario-a *adj.* No necesario. Superfluo, inútil.

innegable *adj.* Que no se puede negar. Indiscutible, evidente, cierto, incuestionable.

innoble *adj.* Que no es noble. Dícese de lo vil y abyecto.

innominado-a *adj.* Que no tiene nombre especial. Dícese del hueso que, en unión del sacro y del cóccix, forma la pelvis.

innovar *tr.* Mudar o alterar las cosas introduciendo novedades.

innumerable o **innúmero-a** *adj.* Que no se puede reducir a número. Incontable.

inobjetable *adj.* Que no admite objeción.

inocencia *f.* Estado y calidad del alma que está limpia de culpa. Exención de culpa en un delito o mala acción. Candor, sencillez, pureza.

inocentada *f.* Acción o palabra candorosa o simple. Engaño ridículo en que uno cae por descuido o por falta de malicia.

inocente *adj. y s.* Libre de culpa. Perteneciente a la inocencia. Cándido, sin malicia, fácil de engañar. Que no daña, que no es nocivo. Dícese del niño que no ha llegado a la edad de la discreción.

inocentón-a *adj.* y *s.* Cándido, sin malicia. Crédulo, simplón.

inocular *tr.* Transmitir por medios artificiales una enfermedad contagiosa. Pervertir a uno con malos ejemplos o falsas doctrinas. Sembrar microbios o materias infecciosas en medios de cultivo. Introducir en el cuerpo un suero inmunógeno, una vacuna u otro antígeno.

inocuo-a o innocuo-a *adj.* Que no hace daño. Inofensivo.

inodoro-a *adj.* Que no tiene olor. *M.* Aparato que se coloca en los excusados para impedir el paso de los malos olores y de las emanaciones infectas de las letrinas.

inofensivo-a *adj.* Incapaz de ofender. Que no puede causar daño o mo'estia.

inolvidable *adj.* Que no puede o no debe olvidarse.

inopia *f.* Indigencia, pobreza, escasez.

inopinado-a *adj.* Que sucede sin haber pensado en ello o sin esperarlo. Imprevisto, impensado, repentino.

inoportuno-a *adj.* Fuera de tiempo o de propósito. Intempestivo, extemporáneo.

inorgánico-a *adj.* Dícese de los cuerpos o cosas sin la organización característica de los seres vivos. Mal concertado u ordenado. Que no pertenecen al grupo de los compuestos de carbono.

inoxidable *adj.* Que no se puede oxidar.

inquietar *tr.* Quitar el sosiego, turbar la quietud. Desasosegar, alterar, molestar.

inquieto-a *adj.* Que no está quieto, o es de índole bulliciosa. Cosa que no se ha tenido o gozado con quietud. Intranquilo, agitado; travieso.

inquilinato *m.* Arriendo de una casa o parte de ella. Derecho que adquiere el inquilino. Contribución de cuantía relacionada con la de los alquileres.

inquilino-a *m.* y *f.* Persona que ha tomado una casa o parte de ella en alquiler, para habitarla. Arrendatario. Ser que vive sobre otro o en sus cavidades, para buscar alojamiento tan sólo.

inquina *f.* Aversión, mala voluntad. Ojeriza, tirria, rencor.

inquirir *tr.* Indagar, averiguar o examinar cuidadosamente. Investigar, escrutar.

inquisición *f.* Acción y efecto de inquirir. Tribunal eclesiástico establecido para inquirir y castigar los delitos contra la fe. Casa donde se juntaba el tribunal y cárcel correspondiente.

inquisidor-a *adj.* y *s.* Juez eclesiástico que conocía de las causas de la fe. Pesquisidor. Persona que inquiere o escudriña.

insaciable *adj.* Que tiene apetitos o deseos tan desmedidos que no puede saciarlos.

insacular *tr.* Poner en un saco o urna cedulas o boletas con numeros o con nombres, para sacar una o mas por suerte.

insalivar *tr.* Mezclar los alimentos con la saliva, en la cavidad de la boca.

insalubre *adj.* Malsano.

insania *f.* Locura.

insano-a *adj.* Loco, demente, furioso, trastornado. Malsano.

inscribir *tr.* Grabar letreros en metal, piedra u otra materia. Apuntar el nombre de una persona entre los de otras para un fin determinado. Anotar, matricular. Trazar una figura dentro de otra de modo que estén en contacto en varios puntos de sus perímetros.

insecticida *m.* Que sirve para matar insectos. Substancia propia para hacer desaparecer los insectos.

insectívoro-a *adj.* Que se alimenta de insectos.

insecto *m.* Artrópodo con tres regiones definidas en el cuerpo, tres pares de patas y un par de antenas.

inseguridad *f.* Falta de seguridad. Incertidumbre, duda, vacilación.

inseguro-a *adj.* Falto de seguridad, dudoso. Incierto, vacilante, inestable, poco firme.

inseminar *tr.* Introducir el semen en la vagina por medio del coito. Depositarlo por medios artificiales. Fecundar el óvulo.

insensato-a *adj.* y *s.* Tonto, fatuo, sin sentido.

insensatez *f.* Necedad, falta de sentido o de razón. Dicho o hecho insensato. Estupidez.

insensibilizar *tr.* Quitar la sensibilidad o privar a uno de ella.

insensible *adj.* Que carece de facultad sensitiva o que no tiene sentido. Privado de él por dolencia, accidente u otra causa. Imperceptible. Que no siente lo que causa dolor y pena, y mueve a lástima. Indiferente, impasible.

inseparable *adj.* Que no se puede separar. Dícese de lo que se separa ra con dificultad. Aplícase a las personas unidas estrechamente entre sí por vínculos de amistad o de amor. Indivisible, indisoluble, íntimo.

insepulto-a *adj.* Dícese del cadáver no sepultado.

inserir *tr.* Insertar. Injerir. Injertar.

insertar *tr.* Incluir, introducir una cosa en otra. Introducirse un órgano entre las partes de otro o adherirse a su superficie.

inservible *adj.* No servible o que no se halla en estado de servir.

insidia *f.* Asechanza. Engaño, perfidia, trampa.

insidioso-a *adj.* Que arma asechanzas. Que se hace con acechanzas. Malicioso o dañino, con apariencias inofensivas. Enfermedad grave con apariencia de benigna.

insigne *adj.* Célebre, famoso. Ilustre, preclaro, eximio.

insignia *f.* Señal, distintivo o divisa honorífica. Bandera o estandarte. Emblema. pabellón.

insignificancia *f.* Pequeñez, insuficiencia, inutilidad. Menudencia, bagatela. minucia.

insignificante *adj.* Baladí, pequeño, despreciable.

insinuar *tr.* Dar a entender una cosa no haciendo más que indicarla ligeramente. *R.* Introducirse mañosamente en el ánimo de uno ganando su gracia y afecto. Introducirse suavemente en el ánimo un afecto, vicio, virtud, etc.

insípido-a *adj.* Falto de sabor; que no tiene el que debiera o pudiera tener. Falto de espíritu, viveza y gracia. Insulso, soso, desabrido.

insipiente *adj. y s.* Falto de sabiduría o de ciencia. Falto de juicio. Ignorante.

insistir *intr.* Descansar una cosa sobre otra. Instar reiteradamente; persistir o mantenerse firme en una cosa.

insociable *adj.* Huraño o intratable e incómodo en la sociedad. Arisco, misántropo, intratable.

insolación *f.* Trastorno más o menos grave originado por la permanencia prolongada al Sol, por exposición a rayos ultravioletas u otros, o por excesivo calor. Tiempo que durante el día luce el sol sin nubes.

insolencia *f.* Acción desusada y temeraria. Atrevimiento, descaro. Dicho o hecho ofensivo e insultante.

insolente *adj. y s.* Que comete insolencias. Orgulloso, soberbio, desvergonzado. Descarado, atrevido, procaz, ofensivo.

insólito-a *adj.* No común ni ordinario; desacostumbrado. Inusitado, extraño.

insoluble *adj.* Que no puede disolverse ni diluirse. Que no se puede resolver o desatar. Indisoluble, inextricable.

insoluto-a *adj.* No pagado.

insolvente *adj.* Que no tiene con que pagar.

insomnio *m.* Vigilia, desvelo. Dificultad para dormir.

insondable *adj.* Que no se puede sondear. Que no se puede averiguar a fondo. Profundo, impenetrable.

insoportable *adj.* Insufrible, intolerable. Muy incómodo, molesto y enfadoso.

insospechable *adj.* Que no puede sospecharse.

insostenible *adj.* Que no se puede sostener. Que no se puede defender con razones.

inspección *f.* Acción y efecto de inspeccionar. Vigilancia oficial para velar por el cumplimiento de las normas y reglamentos que regulan diferentes actividades. Cargo y cuidado de velar sobre una cosa. Casa, despacho u oficina del inspector.

inspeccionar *tr.* Examinar, reconocer atentamente una cosa.

inspector-a *adj. y s.* Que reconoce y examina una cosa. *M.* Empleado que tiene a su cargo la inspección y vigilancia en el ramo a que pertenece.

inspiración *f.* Acción y efecto de inspirar. Efecto de sentir el escritor, orador o artista estímulo para producir espontáneamente. Cosa inspirada. Numen, musa, sugestión. Penetración del aire en los pulmones.

inspirar *tr.* Aspirar, atraer el aire exterior a los pulmones. Soplar el viento. Infundir o hacer nacer afectos, ideas, designios, etc. Iluminar Dios el entendimiento de uno o excitar y mover su voluntad. *R.* Enardecerse y avivarse el genio del orador, del literato o del artista.

instalación *f.* Acción y efecto de instalar o instalarse. Conjunto de cosas instaladas.

instalar *tr. y r.* Poner en posesión de un empleo, cargo o beneficio. Colocar en un lugar o edificio los enseres y servicios que en él se hayan de utilizar. Establecerse, fijar la residencia en alguna parte.

instancia *f.* Acción y efecto de instar. Memorial, solicitud. Petición, ruego, demanda. Cada uno de los grados jurisdiccionales que la ley establece para ventilar y sentenciar asuntos litigiosos.

instantánea *f.* Clisé o placa fotográfica que se obtiene en forma instantánea. Estampa así obtenida.

instantáneo-a *adj.* Que sólo dura un instante. Rápido, breve, momentáneo, fugaz.

instante *m.* Segundo, cada una de las 60 partes en que se divide el minuto. Tiempo brevísimo.

instar *tr.* Repetir la súplica o petición; insistir en ella con ahínco. *Intr.* Apretar o urgir la pronta ejecución de una cosa. Apremiar, apurar

instaurar *tr.* Renovar, restablecer, restaurar. En América, promover, incoar.

instigar *tr.* Incitar, provocar o inducir a alguien a que haga una cosa. Impulsar, excitar.

instilar *tr.* Echar poco a poco, gota a gota un licor en otra cosa. Infundir o introducir insensiblemente en el ánimo una cosa.

instintivo-a *adj.* Que es obra, efecto o resultado del instinto y no del juicio o reflexión.

instinto *m.* Estímulo interior que determina a los animales a acciones dirigidas a la conservación o a la reproducción. Impulso natural innato o adquirido que preside la conservación y el desenvolvimiento de la vida.

institución *f.* Establecimiento o fundación de una cosa. Casa establecida o fundada. Cada una de las organizaciones fundamentales de un Estado, nación o sociedad. *Pl.* Colección metódica de los principios o elementos de una ciencia, arte, etc. Organos constitucionales del poder soberano de la nación.

instituir *tr.* Fundar, establecer algo nuevo; dar principio a una cosa.

instituto *m.* Constitución o regla que prescribe formas y métodos de vida o de enseñanza. Corporación científica, literaria, artística, benéfica, etc. Edificio en que funciona alguna de estas corporaciones. Academia, sociedad.

institutor-a *adj.* Que instituye.

institutriz *f.* Maestra encargada de la instrucción o educación de uno o varios niños, en el hogar doméstico.

instrucción *f.* Acción y efecto de instruir o instruirse. Caudal de conocimientos adquiridos. Curso que sigue un proceso o expediente. Conjunto de reglas o advertencias. *Pl.* Ordenes que se dictan a jefes, agentes diplomáticos, etc. Educación, saber, cultura.

instructivo-a *adj.* Dícese de lo que instruye o sirve para instruir.

instructor-a *adj.* Que instruye.

instruir *tr.* Enseñar, doctrinar. Comunicar sistemáticamente ideas, conocimientos o doctrinas. Dar a conocer a uno el estado de una cosa. Formalizar un proceso o expediente conforme a las reglas de derecho. Aleccionar.

instrumental *adj.* Perteneciente a los instrumentos o escrituras públicas, o a los instrumentos músi-

cos. *M.* Conjunto de instrumentos de cirugía o músicos.

instrumentar *tr.* Transcribir una obra musical para un conjunto de instrumentos.

instrumentista *m.* Músico de instrumento. Fabricante de instrumentos músicos, quirúrgicos, etc.

instrumento *m.* Conjunto de diversas piezas, combinadas para que sirva en el ejercicio de las artes y oficios. Ingenio o máquina. Aquello que sirve para hacer una cosa, o de medio para hacerla o conseguir un fin. Sujeto al que otros utilizan para malos fines.

insubordinable *adj.* Que no se puede subordinar o ser reducido a la subordinación.

insubordinación *f.* Falta de subordinación. Indisciplina, desobediencia.

insubordinar *tr.* Introducir la insubordinación. *R.* Quebrantar la subordinación, sublevarse.

insubsanable *adj.* Que no puede subsanarse.

insuficiencia *f.* Falta de suficiencia o de inteligencia. Cortedad o escasez de una cosa. Ignorancia, penuria. Disminución de la capacidad de un órgano o sistema para cumplir sus funciones.

insuficiente *adj.* No suficiente. Poco, escaso, corto.

insuflar *tr.* Sugerir, inspirar. Introducir a soplos en un órgano o cavidad un gas, un líquido o una substancia pulverulenta.

insufrible *adj.* Que no se puede sufrir o muy difícil de sufrir. Insoportable. Inaguantable, intolerable.

insular *adj.* Isleño, aplicado a personas. Perteneciente a ciertas porciones aisladas del organismo.

insulina *f.* Hormona segregada por los islotes del páncreas que regula el metabolismo de los hidratos de carbono.

insulso-a *adj.* Insípido, zonzo, falto de sabor. Falto de gracia y viveza. Soso, desabrido, insubstancial.

insultar *tr.* Ofender a uno provocándolo e irritándolo con palabras o acciones. Agraviar, denostar.

insulto *m.* Acción y efecto de insultar. En México, torcedura, indisposición digestiva, atascamiento intestinal. Ofensa, afrenta, agravio.

insumisión *f.* Falta de sumisión.

insumiso-a *adj.* Inobediente, rebelde. Indócil, desobediente.

insuperable *adj.* No superable.

insurgente *adj.* y *s.* Levantado o sublevado. Insurrecto, rebelde, sedicioso.

insurrección *f.* Levantamiento, sublevación o rebelión de un pueblo o nación. Pronunciamiento, alzamiento.

insurreccionar *tr.* Concitar a las gentes para que se amotinen contra las autoridades. *R.* Alzarse, rebelarse, sublevarse contra las autoridades.

insustituible *adj.* Que no puede sustituirse. Irreemplazable.

intacto-a *adi.* No tocado o palpado. Que no ha padecido alteración, menoscabo o deterioro. Puro, sin mezcla. No ventilado o de que no se ha hablado. Incólume, íntegro, completo Intocado.

intachable *adj.* Que no admite o merece tacha. Irreprochable.

intangible *adj.* Que no puede o no debe tocarse.

integración *f.* Acción y efecto de integrar. Asimilación, anabolismo. Hallar una función que tenga una diferencial determinada. Concatenamiento en serie de la producción.

integral *adj.* Dícese de la parte que es necesaria para la integridad o totalidad de un compuesto, pero no su esencia. Dícese del cálculo que enseña a determinar las funciones, cuando se conocen sus diferenciales. Signo que indica la integración. Resultado de integrar una expresión diferencial.

integrante *adj.* Integral. Que integra.

integrar *tr.* Dar integridad a una cosa; comprender un todo con sus partes integrantes. Completar. Reintegrar. Determinar por el cálculo una cantidad de la que sólo se conoce la expresión diferencial.

integridad *f.* Calidad de íntegro. Pureza de las vírgenes.

íntegro-a *adj.* Aquello a que no falta ninguna de sus partes. Desinteresado, recto, probo. Entero, cabal; honrado, justo.

integumento *m.* Envoltura o cobertura. Disfraz, ficción.. Tegumento.

intelectivo-a *adj.* Que tiene virtud de entender. *F.* Facultad de entender.

intelecto *m.* Entendimiento.

intelectual *adj.* Perteneciente al entendimiento. Espiritual o sin cuerpo. *M.* y *f.* Dedicado preferentemente al cultivo de las ciencias y letras.

intelectualidad *f.* Entendimiento. Conjunto de personas cultas de un país, región, etc.

inteligencia *f.* Facultad intelectiva o de conocer. Conocimiento, comprensión, acto de entender. Sentido en que se puede tomar una expresión, parecer o dicho. Trato secreto de dos o más personas o naciones entre sí. Entendimiento, talento, razón; discernimiento, juicio; acuerdo, avenencia; capacidad, pericia.

inteligente *adj.* y *s.* Sabio, perito, instruido. Dotado de facultad intelectiva.

inteligible *adj.* Que puede ser entendido. Dícese de lo que es materia de puro conocimiento, sin intervención de los sentidos. Que se oye clara y distintamente.

intemperancia *f.* Falta de templanza. Destemplanza, incontinencia, impertinencia.

intemperie *f.* Destemplanza o desigualdad de tiempo.

intempestivo-a *adj.* Que es fuera de tiempo y razón. Inoportuno, extemporáneo.

intención *f.* Determinación de la voluntad en orden a un fin. Instinto dañino de algunos animales. Advertencia cautelosa en el hablar o proceder. Designio, propósito.

intencional *adj.* Perteneciente a los actos interiores del alma. Deliberado, hecho a sabiendas, adrede.

intendencia *f.* Dirección, cuidado y gobierno de una cosa. Distrito de la jurisdicción de un intendente. Su empleo, casa u oficina.

intendente *m.* Jefe superior económico. Jefe de fábrica o de otras empresas explotadas por cuenta del erario público. Jefe superior de los servicios de la administración militar.

intensar *tr.* Hacer que una cosa adquiera mayor intensidad que la que tenía. Intensificar.

intensidad *f.* Grado de energía de un agente natural o mecánico, de una cualidad, expresión, etc. Vehemencia de los afectos. Fuerza, viveza; potencia, tensión.

intensificar *tr.* Intensar. Reforzar, acrecentar.

intensión *f.* Intensidad.

intensivo-a *adj.* Que intensa.

intenso-a *adj.* Que tiene intensión. Muy vehemente y vivo.

intentar *tr.* Tener ánimo de hacer una cosa. Prepararla, iniciar su ejecución. Procurar o pretender. Tratar, ensayar, hacer tentativas.

intento *m.* Propósito, intención, designio. Cosa intentada.

intentona *f.* Intento temerario, y especialmente si se ha frustrado.

interacción *f.* Acción recíproca entre dos o más objetos, agentes, fuerzas, funciones, etc.

intercalar *tr.* Interponer o poner una cosa entre otras. Interpolar, entremeter.

intercambio *m.* Reciprocidad e igualdad de consideraciones y servicios entre corporaciones análogas de diversos países. Permuta, trueque, canje. Obtención de productos que no se poseen, mediante la cesión de los que se poseen.

interceder *intr.* Rogar o mediar por otro, para alcanzarle una gracia o librarle de un mal.

interceptar *tr.* Apoderarse de una cosa antes que llegue al lugar o a la persona a que se destina. Detener una cosa en su camino. Interrumpir, obstruir una vía de comunicación. Atajar, cortar.

intercesión *f.* Acción y efecto de interceder. Mediación, intervención.

intercesor-a *adj.* Que intercede. Mediador, intermediario.

intercolumnio *m.* Espacio entre dos columnas.

intercomunicarse *r.* Comunicarse recíprocamente.

interconexión *f.* Intercambio de corriente eléctrica.

intercontinental *adj.* Que llega de uno a otro continente.

intercostal *adj.* Que está entre las costillas.

interdecir *tr.* Vedar o prohibir.

interdicto *m.* Entredicho. Juicio sumario en que se ejercita alguna acción posesoria u otra especial, como medida precautoria para evitar un daño o perjuicio inminente.

interés *m.* Provecho, utilidad, ganancia. Lucro producido por el capital. Inclinación hacia un objeto, persona o narración que atrae o conmueve. *Pl.* Bienes de fortuna. Necesidad colectiva en el orden material o moral. Beneficio, renta; atractivo, afición.

interesado-a *adj. y s.* Que tiene interés en una cosa. Que se deja llevar excesivamente del interés, o sólo se mueve por él.

interesante *adj.* Que interesa. Atractivo, sugestivo; ameno, divertido.

interesar *intr. y r.* Tener interés en una cosa. *Tr.* Dar parte a uno en una negociación o comercio en que pueda tener utilidad o interés. Cautivar la atención. Inspirar interés o afecto una persona. Afectar, hacer impresión una cosa; producir alteración o mudanza en algún órgano.

interestelar *adj.* Dícese del espacio comprendido entre dos o más astros.

interfecto-a *adj. y s.* Dícese de la persona muerta violentamente.

interferencia *f.* Acción recíproca de las ondas, ya sea en el agua, en la propagación del sonido, del calor o de la luz, etc. de que resulta aumento, disminución o neutralización del movimiento ondulatorio. Interposición de una persona o cosa en un asunto o negocio, en el curso de los acontecimientos, etc. Dícese de la señal distinta de aquella a la cual se

desea que responda una estación radiorreceptora.

interferir *intr.* Producir interferencia.

interín *m.* Interinidad, tiempo que dura una interinidad. *Adv.* Entretanto, mientras.

interinidad *f.* Calidad de interino. Tiempo que dura el desempeño interino de un cargo.

interino-a *adj.* Que sirve por algún tiempo supliendo la falta de otra persona o cosa. Provisional, accidental. Suplente.

interior *adj.* Que está en la parte de adentro. Que está muy adentro. Habitación o cuarto sin vistas a la calle. Que sólo se siente en el alma. Perteneciente a la nación de que se habla, en oposición a lo extranjero. *M.* Animo. La parte interior de una cosa. *Pl.* Entrañas, adentros.

interioridad *f.* Calidad de interior. *Pl.* Cosas privadas, por lo común secretas, de las personas, familias o corporaciones.

interjección *f.* Voz con que se expresa alguna impresión súbita: asombro, dolor, sorpresa, molestia, entusiasmo, etc.

interlínea *f.* Espacio que hay entre dos líneas escritas o impresas. Regleta.

interlocutor-a *m. y f.* Cada una de las personas que toman parte en un diálogo, real o fingido.

interludio *m.* Breve composición que se ejecuta a modo de intermedio en la música instrumental.

intermediar *intr.* Mediar, existir o estar una cosa en medio de otras.

intermediario-a *adj. y s.* Que media entre dos o más personas, especialmente entre el productor y el consumidor de géneros o mercancías. Que establece relación entre otras personas o cosas. Mediador.

intermedio-a *adj.* Que está en medio de los extremos de lugar o tiempo. *M.* Espacio que hay de un tiempo a otro o de una acción a otra. Espacio de tiempo durante el cual queda interrumpido un espectáculo, en cada una de sus partes o actos. Entreacto.

interminable *adj.* Que no tiene término o fin; inacabable.

intermitente *adj.* Que se interrumpe y se repite, o que cesa y prosigue.

internacional *adj.* Relativo a dos o más naciones. Dícese de las relaciones de un Estado con otro.

internacionalismo *m.* Tendencia que pugna por la identidad de intereses de todos los hombres, con independencia de sus nacionalidades respectivas, y aspira a la creación de un régimen de fraternidad universal.

internacionalizar *tr.* Someter a la autoridad conjunta de varias naciones o de un organismo que las represente, territorios o asuntos que dependían de la autoridad de un solo Estado.

internado *m.* Estado del alumno interno. Conjunto de ellos. Establecimiento en que se alojan.

internar *tr.* Conducir o mandar trasladar tierra adentro a una persona o cosa. Llevar a una persona a un establecimiento educativo, sanatorio, hospital, etc. *Intr.* Penetrar, introducirse en lo interior de un espacio. *R.* Avanzar hacia adentro por tierra o por mar. Introducirse en los secretos y amistad de uno. Profundizar una materia.

internista *adj. y s.* Médico especialista en enfermedades internas no quirúrgicas o que suministra los datos clínicos al cirujano, para sus intervenciones.

interno-a *adj.* Interior. Dícese del alumno que vive en un internado. Aplícase a los cuatro ángulos comprendidos entre dos rectas cortadas por una tercera. Alumno de Medicina o médico recién graduado, con residencia más o menos fija en un hospital.

interoceánico-a *adj.* Que pone en comunicación dos océanos. Que está entre dos océanos.

interpelar *tr.* Implorar el auxilio de uno o recurrir a él como amparo y protección. Compeler a uno para que dé explicaciones o descargos sobre algún hecho. Interrogar, preguntar.

interplanetario-a *adj.* Dícese del espacio existente entre dos o más planetas.

interpolar *tr.* Poner una cosa entre otras. Intercalar palabras o frases en un texto. Interrumpir y luego proseguir el curso de una cosa. Interponer, ingerir. Determinar un número dado de términos de una progresión aritmética o geométrica, de la cual se conocen los dos términos extremos.

interponer *tr.* Interpolar. Poner por intercesor o medianero a uno. Pedir alguno de los recursos legales.

interpretar *tr.* Explicar o declarar el sentido de una cosa; en especial, textos faltos de claridad. Traducir de una lengua a otra. Tomar en buena o mala parte una acción o palabra. Comprender y expresar, bien o mal, el asunto o materia de que se trata, en especial los artistas.

intérprete *com.* Persona o cosa que interpreta. Persona que explica a otras, en idiomas que entienden,

lo dicho en lengua que les es desconocida. Traductor, comentador, exégeta; actor, artista.

interregno *m.* Espacio de tiempo en que un Estado no tiene soberano. Intervalo, tregua, espacio de tiempo. Lapso.

interrogación *f.* Pregunta. Signo ortográfico al principio y fin de la palabra u oración en que se hace la pregunta.

interrogante *adj. y s.* Que interroga. Interrogación.

interrogar *tr.* Preguntar.

interrogativo-a *adj.* Que implica o denota interrogación.

interrogatorio *m.* Serie de preguntas, comúnmente formuladas por escrito. Papel o documento que las contiene. Acto de dirigirlas a quien las ha de contestar.

interrumpir *tr.* Estorbar o impedir la continuación de una cosa. Suspender, detener o diferir por algún tiempo una acción u obra. Atravesarse uno con su palabra mientras otro está hablando. Interceptar, obstruir, parar.

interrupción *f.* Acción y efecto de interrumpir. Suspensión, interferencia. Corte accidental de un circuito eléctrico o apertura del mismo provocada voluntariamente.

interruptor-a *adj.* Que interrumpe. *M.* Aparato destinado a interrumpir o establecer una corriente eléctrica en un circuito.

intersección *f.* Punto común a dos líneas que se cortan. Encuentro de dos líneas, dos superficies o dos sólidos que recíprocamente se cortan.

intersticio *m.* Hendidura o espacio, por lo común pequeño, que media entre dos cuerpos o entre dos partes de un mismo cuerpo. Intervalo. Grieta, resquicio, rendija.

intertrigo *m.* Erupción eritematosa de la piel en sus pliegues.

intertropical *adj.* Perteneciente o relativo a los países situados entre los dos trópicos, y a sus habitantes.

interurbano-a *adj.* Dícese de las relaciones y servicios de comunicaciones entre diversos barrios de una misma ciudad.

intervalo *m.* Espacio o distancia que hay de un tiempo a otro o de un lugar a otro. Es la diferencia en posición o en tiempo entre dos fases de un fenómeno. Cociente de dividir la frecuencia o tono absoluto de una nota por la de otra tomada como referencia. Distancia entre los sonidos de dos notas musicales.

intervención *f.* Acción y efecto de intervenir. Oficina del interventor. Mediación, intromisión; operación.

Ingerencia de un Estado en los asuntos de otro. Mediacion del Estado en la vida economica del pais.

intervencionismo *m.* Ejercicio habitual de la intervencion en asuntos internacionales. Sistema que confia a la accion del Estado el dirigir y suplir, en la vida del pais, la iniciativa privada.

intervenir *intr.* Tomar parte en un asunto. Interponer alguien su autoridad. Mediar, interceder por uno. Interponerse entre personas que riñen o contienden, procurando reconciliarlos. *tr.* Examinar y censurar cuentas. Dirigir temporalmente una o varias potencias extranjeras asunto o asuntos interiores de otra. Operar quirúrgicamente.

interventor-a *adj. y s.* Que interviene. Empleado que fiscaliza o autoriza ciertas operaciones. Elector designado oficialmente por un candidato, para vigilar la regularidad de la votación y autorizar el resultado en unión del presidente y demás individuos de la mesa.

interview *f.* Palabra inglesa: entrevista.

intervocálico-a *adj.* Dícese de la consonante que se halla entre vocales.

intestado-a *adj.* Dícese de la persona que fallece sin dejar disposición testamentaria, ya por no haberla otorgado, ya por no ser válido el testamento.

intestinal *adj.* Perteneciente a los intestinos.

intestino-a *adj.* Interno. Civil, doméstico. *M.* Organo tubular de digestión y absorción en la cavidad abdominal y que se extiende desde el estómago hasta el ano.

intimar *tr.* Declarar, notificar, hacer saber una cosa con autoridad y fuerza para hacerse obedecer. Trabar amistad íntima. Apercibir, aficionarse.

intimidación *f.* Acción y efecto de intimidar. Temor, recelo, pánico.

intimidad *f.* Amistad íntima. Lo más íntimo y personal. Vida o mundo interior de la persona humana.

intimidar *tr.* Causar o infundir miedo. Amedrentar, atemorizar, arredrar.

íntimo-a *adj.* Más interior o interno. Dícese de la amistad muy estrecha. Amigo querido y de confianza. Profundo, reservado, entrañable.

intitular *tr.* Poner título a un libro o escrito. Dar título particular a una persona o cosa. Titular.

intocable *adj.* Dícese de la obra o pasaje musical de muy difícil ejecución. Hindú de casta ínfima cuyo contacto hace impuro al que lo sufre. Que no se puede o debe tocar.

intolerable *adj.* Que no se puede tolerar. Insoportable, inaguantable, insufrible.

intolerancia *f.* Falta de tolerancia, en especial en materia religiosa. Estado por el cual ciertos alimentos, drogas o similares causan trastorno.

intonso-a *adj.* Que no tiene cortado el pelo. Inculto, rústico. Encuadernado sin cortar las barbas a los pliegos de que se compone.

intoxicación *f.* Acción y efecto de intoxicar o intoxicarse. Envenenamiento, infección. Perturbación de la fisiología de un ser vivo por acción de un veneno.

intoxicar *tr. y r.* Envenenar.

intradós *m.* Superficie interior de un arco o de una bóveda. Cara interior de una dovela.

intraducible *adj.* Que no se puede traducir de un idioma a otro.

intramuscular *adj.* Que está dentro de los músculos o se introduce en ellos.

intranquilidad *f.* Falta de tranquilidad; inquietud, zozobra.

intransigencia *f.* Condición de quien no transige con lo que es contrario a sus gustos, hábitos, ideas, etc.

intransigente *adj.* Que no transige ni se presta a transigir. Intolerante, fanático.

intransitable *adj.* Lugar o sitio por donde no se puede transitar.

intransitivo-a *adj.* Dícese del verbo que se limita a expresar la acción, sin hacerla pasar a otra persona o cosa, por ser completo su sentido.

intratable *adj.* No tratable ni manejable. Lugar o sitio difícil de transitar. Insociable o de genio áspero. Huraño, arisco.

intrauterino-a *adj.* Referente al interior del útero o que ocurre dentro de él.

intravenoso-a *adj.* Que está, se pone o se refiere al interior de las venas.

intrepidez *f.* Arrojo, esfuerzo, valor en los peligros. Osadía.

intrépido-a *adj.* Que no teme en los peligros. Valiente, esforzado, atrevido.

intriga *f.* Manejo cauteloso, acción que se ejecuta con astucia y ocultamente, para conseguir un fin. Enredo, embrollo. Trama, ardid.

intrigar *intr.* Emplear intrigas, usar de ellas. *Tr.* Inspirar viva curiosidad.

intrincado-a *adj.* Enredado, complicado, confuso. Enrevesado.

intríngulis *m.* Intención solapada o razón oculta que se entrevé o supone en una persona o acción.

intrínseco-a *adj.* Intimo. esencial. Que pertenece a un objeto en sí mismo.

introducción *f.* Acción y efecto de introducir o introducirse. Preparación, disposición para llegar al fin propuesto. Trato familiar o íntimo con una persona. Preámbulo, prólogo o prefacio.

introducir *tr.* Dar entrada a una persona en un lugar. Meter, hacer entrar o penetrar una cosa en otra. Hacer figurar, hacer hablar a un personaje en una obra de ingenio. Hacer adoptar, poner en uso. *R.* Meterse en lo que no le importa. Entremeterse.

introito *m.* Entrada o principio de un escrito o discurso. Palabras con que principia la Misa. Introducción, prefacio, proemio.

intromisión *f.* Acción y efecto de entrometer o entrometerse. Entremetimiento, ingerencia.

introspección *f.* Observación interna del alma o de sus actos. Observación interna que hace la conciencia de sí misma y de sus fenómenos.

introvertido-a *adj.* Tipo psicológico de rica vida interior, distraido, ególatra y mal adaptado a su medio.

intrusión *f.* Acción de introducirse sin derecho en una dignidad, jurisdicción, oficio, propiedad, etc. Roca ígnea interpuesta en otra.

intruso-a *adj. y s.* Que se ha introducido sin derechos. Extraño. Detentador de alguna cosa alcanzada por intrusión. Que alterna con personas de condición superior a la suya propia.

intuición *f.* Acción y efecto de intuir. Adivinación instintiva, aprehensión inmediata, sin razonamientos, de hechos, relaciones, verdades u objetos no patentes.

intumescencia *f.* Hinchazón, efecto de hincharse. Tumefacción.

inundación *f.* Acción y efecto de inundar o inundarse. Multitud excesiva de una cosa. Riada, avenida; abundancia. Desbordamiento.

inundar *tr. y r.* Cubrir el agua los terrenos y a veces los poblados. Llenar un país de gentes extrañas o de otras cosas. Anegar, esparcir.

inusitado-a *adj.* No usado. Insólito, raro, desusado, poco frecuente.

inútil *adj.* No útil. Estéril, ocioso, innecesario.

invadir *tr.* Acometer, entrar por fuerza en alguna parte. Entrar injustificadamente en funciones ajenas.

invalidar *tr.* Hacer inválida, nula y de ningún valor y efecto una cosa. Abolir, derogar.

invalidez *f.* Calidad de inválido. Estado mental o físico que incapacita para el trabajo normal, a causa de accidente, enfermedad incurable, vejez o defecto de nacimiento.

inválido-a *adj. y s.* Que no tiene fuerza ni vigor. Nulo y de ningún valor. Militar inutilizado en el servicio de su patria.

invar *m.* Aleación de níquel y acero que tiene muy poca dilatación térmica.

invariable *adj.* Que no tiene o no puede tener variación. Inalterable.

invasión *f.* Acción y efecto de invadir. Penetración de bacterias patógenas en el organismo.

invectiva *f.* Discurso o escrito acre y violento contra personas o cosas. Diatriba, censura.

invencible *adj.* Que no puede ser vencido.

invención *f.* Acción y efecto de inventar. Cosa inventada. Hallazgo. Engaño, ficción. Invento, mentira.

inventar *tr.* Hallar o descubrir a fuerza de ingenio y meditación, o por mero acaso, una cosa nueva o no conocida. Crear su obra el poeta o el artista. Fingir hechos falsos; levantar embustes.

inventario *m.* Asiento de los bienes y demás cosas pertenecientes a una persona o corporación. Documento en que consta.

inventivo-a *adj.* Que tiene disposición para inventar. Dícese de las cosas inventadas. *F.* Facultad o disposición para inventar.

invento *m.* Invención.

inventor-a *adj. y s.* Que inventa. Que finge y discurre. Descubridor, autor, creador.

invernáculo *m.* Lugar cubierto y abrigado artificialmente para defender las plantas de la acción del frío. Invernadero.

invernada *f.* Estación de invierno.

invernadero *m.* Sitio cómodo y a propósito para pasar el invierno. Paraje para que pasten los animales en dicha estación. Invernáculo.

invernal *adj.* Perteneciente al invierno. *M.* Establo en los invernaderos, para guarecerse el ganado.

invernar *intr.* Pasar el invierno en una parte. Ser tiempo de invierno. Retirarse a los cuarteles de invierno las tropas.

inverosímil *adj.* Que no tiene apariencia de verdad. Increíble, fantástico.

inversión *f.* Acción y efecto de invertir. Compra de un activo por un individuo o sociedad. Transformar un negativo fotográfico en una positiva. Hipérbaton. Cambio introducido al formar cualquiera de las permutaciones posibles, en la situación que a dos números o elementos cualesquiera de éstos corresponde

inversionista *com.* Persona que emplea, gasta o coloca caudales en aplicaciones productivas.

invertebrado-a *adj. y s.* Dícese de los animales que carecen de columna vertebral; opuesto a vertebrado.

invertido-a *m. y f.* Homosexual. Sodomita.

invertir *tr.* Alterar, trastornar las cosas o el orden de ellas. Emplear caudales, gastarlos o colocarlos productivamente. Emplear u ocupar el tiempo de algún modo.

investidura *f.* Acción y efecto de investir. Carácter que se adquiere con la toma de posesión de ciertos cargos o dignidades.

investigar *tr.* Hacer diligencias para descubrir una cosa. Indagar, inquirir.

investir *tr.* Conferir una dignidad o cargo importante.

inveterado-a *adj.* Antiguo, arraigado. Dícese de la enfermedad crónica, de larga duración y de cura difícil.

invicto-a *adj.* No vencido; siempre victorioso.

invierno *m.* Epoca la más fría del año que en el Hemisferio Septentrional corresponde a los meses de diciembre, enero y febrero; y en el Austral, a junio, julio y agosto.

inviolable *adj.* Que no se puede o no se debe violar o profanar.

inviolado-a *adj.* Que se conserva en toda su integridad y pureza. Integro, incorrupto, inmaculado.

invisible *adj.* Incapaz de ser visto. Que no puede ser visto.

invitación *f.* Acción y efecto de invitar. Cédula o tarjeta con que se invita.

invitado-a *m. y f.* Persona que ha recibido invitación.

invitar *tr.* Convidar, incitar.

invocar *tr.* Llamar a otro en favor y auxilio. Acogerse a una ley, costumbre o razón; exponerla, alegarla.

involucionar *intr.* Experimentar los organismos modificaciones regresivas o degenerativas. Reducirse gradualmente un órgano y las funciones que desempeña.

involucrar *tr.* Injerir en los discursos o escritos cuestiones extrañas al objeto principal. Mezclar, confundir, agregar.

involucro *m.* Cualqu'er órgano envolvente.

involuntario-a *adj.* No voluntario. Movimiento físico o moral que sucede independientemente de la voluntad. Irreflexivo, maquinal.

invulnerable *adj.* Que no puede ser herido Indemne.

inyección *f.* Acción y efecto de inyectar. Fluido inyectado. Penetración de materia fluida en las grietas, junturas o hendiduras de las rocas.

inyectar *tr.* Introducir un fluido en un cuerpo, con algún instrumento.

inyector *m.* Aparato para introducir el agua en las calderas de vapor. Instrumento adecuado para inyecciones.

ion *m.* Cada uno de los elementos de los cuerpos disociados por la corriente y que llevan carga eléctrica.

ionizar *tr.* Disociar una molécula en iones o convertir un átomo o molécula en ion.

ionómetro *m.* Aparato para medir la cantidad de iones existentes en un medio o producidos por una radiación.

ionosfera *f.* Capa superior de la atmósfera terrestre en que dominan los fenómenos eléctricos y luminosos que acusan abundancia de iones.

iota *f.* Novena letra del alfabeto griego que corresponde a nuestra vocal *i*.

ipecacuana *f.* Planta rubiácea de América Meridional, de tallos sarmentosos, hojas elípticas, flores blancas en ramilletes terminales y fruto en bayas aovadas; su raíz, cilíndrica, llena de anillos, se usa en Medicina como emética, tónica, purgante y sudorífica.

ipsilon *f.* Vocal griega con sonido de *u* francesa y que suele transcribirse por *y*, en castellano.

ir *intr.* Moverse de un lugar hacia otro. Venir, ajustarse o acomodarse una cosa a otra o con otra. Caminar de acá para allá. Diferenciarse una persona o cosa de otra. Extenderse, ocupar, comprender desde un punto a otro. Obrar, proceder.

ira *f.* Pasión que mueve a indignación y enojo. Deseo de injusta venganza o de venganza según justicia. Furia o violencia de los elementos. Cólera, furor.

iracundo-a *adj.* Propenso a la ira. Aplícase a los elementos alterados. Colérico, irascible.

iranio-a *adj. y s.* Natural de Irán o Persia Perteneciente a este país de Asia Lengua de este pueblo o nación

irascible *adj.* Propenso a irritarse.

iridácea *adj. y s.* Planta monocotiledónea herbácea, con inflorescencias cimosas y flores actinomorfas y con semillas albuminosas: lirio.

iridio *m.* Metal del grupo del platino, blanco, duro y quebradizo; símbolo Ir.

iridiscente *adj.* Que muestra o refleja los colores del iris.

irire *m. americ.* Calabaza que se utiliza en Sudamérica para tomar chicha.

iris *m.* Dícese del arco formado con los colores del espectro que ve en la atmósfera un observador en ciertos días de lluvia, en el lado opuesto al Sol. Disco de color vario en cuyo centro está la pupila del ojo, entre el cristalino y la córnea, suspendido en el humor acuoso.

irisación *f.* Acción y efecto de irisar. *Pl.* Vislumbre que se produce en las láminas delgadas de los metales cuando, candentes, se pasan por el agua. Producción de los colores del iris por la luz que ilumina ciertos cuerpos.

irisar *intr.* Presentar un cuerpo fajas variadas o reflejos de luz, con todos o algunos de los colores del arco iris.

irlandés-a *adj. y s.* Natural de Irlanda. Perteneciente a esta isla de Europa. Lengua gaélica de los irlandeses.

ironía *f.* Burla fina y disimulada. Figura literaria consistente en decir lo contrario de lo que se quiere expresar.

irónico-a *adj.* Que denota o implica ironía, o concerniente a ella. Burlón, mordaz, sarcástico.

irracional *adj.* Que carece de razón. Opuesto a la razón o que va fuera de ella. Aplícase a las raíces o radicales que no pueden expresarse con números racionales. Radical que no se reduce por ningún exponente. *M.* Bruto, animal.

irradiar *tr.* Despedir un cuerpo rayos de luz, calor u otra energía, en todas direcciones. Difundir, esparcir. Tratar con rayos X o de otro tipo.

irrazonable *adj.* No razonable.

irreal *adj.* No real, ficticio, inexistente.

irrealizable *adj.* Que no se puede realizar.

irrebatible *adj.* Que no se puede rebatir o refutar. Incontrovertible, irrefutable, indiscutible.

irreconciliable *adj.* Dícese del que no quiere volver a la paz y amistad con otro.

irrecusable *adj.* Que no se puede recusar.

irreducible *adj.* Que no se puede reducir. Dícese de la dislocación, fractura, hernia, etc., cuando no es posible volver el miembro o parte lesionada a la posición normal. Fracción a la que no se pueda dar una forma más sencilla. Que no puede reducirse a sus elementos esenciales y simples.

irreductible *adj.* Irreducible.

irreflexivo-a *adj.* Que no reflexiona. Que se dice o hace sin reflexionar.

irrefragable *adj.* Que no se puede contrarrestar. Irrecusable, incontrastable.

irrefrenable *adj.* Que no se puede refrenar.

irrefutable *adj.* Que no se puede refutar o rebatir. Irrebatible. Incontrovertible.

irregular *adj.* Que va fuera o contra la regla. Que no sucede común y ordinariamente. Con defecto que le incapacita para ciertas dignidades. Anómalo, variable. Polígono o poliedro que no son regulares. Dícese del verbo que altera su radical, las terminaciones regulares o ambas cosas en su conjugación. Que no se efectúa o acontece a intervalos regulares. Soldados que no están regimentados.

irreligioso-a *adj.* Falto de religión. Impío, incrédulo.

irremediable *adj.* Que no se puede remediar. Irreparable, insubsanable.

irremisible *adj.* Que no se puede remitir o perdonar.

irreparable *adj.* Que no se puede reparar. Irremediable, insubsanable.

irreprensible *adj.* Que no merece reprensión. Irreprochable, intachable.

irreprochable *adj.* Que no puede ser reprochado.

irresistible *adj.* Que no se puede resistir. Insufrible, invencible.

irresoluble *adj.* Dícese de lo que no se puede resolver o determinar.

irresoluto-a *adj. y s.* Que carece de resolución. Indeciso, perplejo.

irrespetuoso-a *adj.* No respetuoso. Irreverente, descortés.

irrespirable *adj.* Que no puede respirarse, o se respira muy difícilmente.

irresponsable *adj. y s.* Dícese de la persona a quien no se puede exigir responsabilidad.

irrestañable *adj.* Que no se puede restañar.

irreverente *adj.* Contrario a la reverencia o respeto debido.

irreversible *adj.* Proceso o fenómeno que sólo puede verificarse en un sentido y no en el contrario.

irrevocable *adj.* Que no se puede revocar. Inapelable, firme.

irrigación *f.* Acción y efecto de irrigar. Suministro de agua para el riego de extensas zonas de cultivo. Inyección a escasa presión de agua u otro líquido, en cavidades orgánicas de fácil acceso. Riego.

irrigar *tr.* Regar. Rociar con un líquido alguna parte del cuerpo. Circular la sangre por una zona o región del cuerpo.

irrisión *f.* Burla con que se provoca a risa, a costa de una persona o cosa. Persona o cosa que puede ser o es objeto de esta burla. Mofa, escarnio.

irrisorio-a *adj.* Que mueve o provoca a risa y burla. Ridículo, mezquino.

irritable *adj.* Capaz de irritación. Irascible, iracundo, colérico.

irritación *f.* Acción y efecto de irritar o irritarse. Enojo, enfado; inflamación.

irritar *tr.* y *r.* Hacer sentir ira. Excitar vivamente otros afectos o inclinaciones naturales. Enojar, exasperar. Estimular. Causar excitación morbosa en un órgano o parte del cuerpo.

irrito-a *adj.* Inválido, sin fuerza ni obligación.

irrogar *tr.* Causar, ocasionar perjuicios o daños.

irrompible *adj.* Que no se logra romper.

irruir *tr.* Acometer con ímpetu, invadir un lugar.

irrumpir *intr.* Entrar violentamente en un lugar.

irrupción *f.* Acometimiento impetuoso e impensado. Invasión. Incursión, asalto, acometida.

isabelino-a *adj.* Perteneciente o relativo a cualquiera de las reinas que llevaron el nombre de Isabel; preferentemente inglesas. Dícese del color perla o entre blanco y amarillo de los caballos.

isla *f.* Porción de tierra circundada de agua por el mar, por un lago o un río. Manzana, conjunto aislado de varias casas contiguas.

islam *m.* Islamismo. Conjunto de hombres y pueblos que profesan el islamismo.

islamismo *m.* Religión fundada por Mahoma y, por extensión, la cultura de los musulmanes y el conjunto de éstos.

islamita *adj.* y *s.* Que profesa el islamismo. Musulmán, mahometano.

islandés-a *adj.* y *s.* Natural de Islandia. Perteneciente a esta isla del norte de Europa.

isleño-a *adj.* y *s.* Natural de una isla. Perteneciente a ella.

isleta *f.* Isla pequeña.

islote *m.* Isla pequeña y despoblada. Peñasco muy grande rodeado de mar. Grupo de células aislado o rodeado por células de otro tejido o de otra naturaleza.

ismaelita *adj.* y *s.* Descendiente de Ismael, hijo de Abraham y de Agar. Dícese de los árabes. Agareno, sarraceno.

isobárico-a *adj.* De igual presión atmosférica o de presión constante. De igual presión en todos los puntos. Línea que une los puntos de igual presión, en un diagrama físico o en un mapa meteorológico.

isóbaro-a *adj.* Dícese de los cuerpos que tienen el mismo peso o masa. Isobárico. Aplícase a los elementos que tienen el mismo peso atómico y con distintas propiedades químicas, o distinto número atómico.

isoclino-a *adj.* Que tiene igual inclinación magnética.

isócrono-a *adj.* Aplícase a los movimientos que se hacen en tiempos de igual duración, o a los fenómenos que se producen en tiempos iguales.

isógono-a *adj.* Que tiene ángulos iguales.

isogloso-a *adj.* Línea imaginaria que señala puntos geográficos de un mismo fenómeno lingüístico. *Pl.* Dícese de los pueblos de un mismo idioma o lengua.

isómero-a o isomérico-a *adj.* Aplícase a los cuerpos que con igual composición química tienen distintas propiedades físicas o químicas. Dícese de los órganos de igual constitución, número o forma.

isomorfo-a *adj.* Dícese del animal o planta que tiene similitud superficial con otro. Aplícase a los cuerpos de diferente composición química e igual forma cristalina.

isopía *f.* Igualdad de visión en ambos ojos.

isópodo-a *adj.* Que tiene todas sus patas semejantes entre sí.

isopreno *n.* Líquido que se forma en la destilación seca del caucho. Obtenido por otros medios, a partir de la esencia de trementina o del petróleo, es materia prima del caucho artificial.

isósceles *adj.* Triángulo con dos lados iguales y el otro desigual.

isoterapia *f.* Tratamiento de las enfermedades por medio de su agente causal.

isotermo-a *adj.* Que tiene igual temperatura.

isótopo *adj.* y *s.* Dícese de los elementos químicos que tienen el mismo número atómico, la misma carga nuclear, el mismo número y la misma distribución de electrones e idénticas propiedades químicas, pero sus núcleos difieren en el número de neutrones.

isótropo-a *adj.* Dícese de los cristales cuyas propiedades ópticas no varían con la dirección.

isquion *m.* Porción inferior del hueso innominado o de la cadera.

israelita *adj.* y *s.* Natural de Israel. Perteneciente a esta nación de Asia. Hebreo; perteneciente a quienes profesan la ley de Moisés.

istmo *m.* Lengua de tierra que une dos continentes o una península con un continente. Porción angosta de tejido o conducto estrecho que une dos porciones o cavidades de mayor tamaño.

itacate *m.* En México, las provisiones que se suelen llevar cuando se marcha de viaje.

italianismo *m.* Giro o modo de hablar propio y privativo de la lengua italiana. Vocablo o giro de esta lengua empleado en otra.

italiano-a *adj. y s.* Natural de Italia. Perteneciente a esta nación de Europa. Lengua neolatina de los italianos.

itálico-a *adj.* Italiano, perteneciente a Italia; en particular, a la antigua.

italiota *adj. y s.* Habitante de Italia antes de la época romana y, en especial, griego residente en la Italia meridional y en la Magna Grecia.

italo-a *adj. y s.* Individuo de un pueblo establecido desde la Edad del Hierro en Italia. Italiano.

item *adv.* latino: del mismo modo, también. Úsase para separar artículos, capítulos de una escritura, y también para señalar una adición.

iterable *adj.* Capaz de repetirse.

iterar *tr.* Repetir.

iterbio *m.* Metal del grupo de las tierras raras, de la familia del itrio; símbolo Yb.

itinerario-a *adj.* Perteneciente a los caminos. *M.* Dirección y descripción de un camino, con expresión de los lugares por donde se ha de transitar.

itrio *m.* Metal del grupo de las tierras raras; símbolo Y.

itzá *adj. y s.* Indígena mesoamericano, perteneciente a una tribu de la familia maya, establecida en la parte SE. de la península de Yucatán.

itzamate *m.* En México, ceiba.

ixtle o ixtli *m.* En México, cualquier amarilidácea textil del género *Agave*. La fibra de estas plantas; conjunto de fibras obtenidas del maguey, que se usan como estropajo.

izar *tr.* Hacer subir alguna cosa tirando de la cuerda en que está colgada.

izquierda *f.* Mano izquierda. En política, grupo o grupos que sustentan opiniones más radicales, en relación con los opuestos, llamados derecha.

izquierdo-a *adj.* Dícese de lo que cae o mira hacia la mano izquierda o está en su lado. Zurdo. Torcido, no recto.

J

j *f.* Undécima letra del abecedario castellano, y octava de sus consonantes.

jaba *f. amer.* Especie de cajón de forma enrejada en que se transportan objetos frágiles. En México, vasija de palma entretejida: tompeate o tenate.

jabalí *m.* Mamífero paquidermo, considerado como un cerdo salvaje, pero de cabeza más aguda, jeta más prolongada, orejas siempre rígidas y colmillos grandes y salientes. En América, se da este nombre al pécari, saíno o puerco de monte.

jabalina *f.* Hembra del jabalí. Arma arrojadiza a manera de venablo, antes usada en la caza mayor; su lanzamiento constituye un deporte.

jabardillo *m.* Bandada susurradora, arremolinada e inquieta de insectos o avecillas. Remolino de gente que mueve confusión y ruido.

jabardo *m.* Enjambre pequeño producido por una colmena. Jabardillo, remolino de mucha gente.

jabato *m.* Hijo pequeño o cachorro de la jabalina. Bravo, valiente.

jábega *f.* Red para la pesca del boquerón. Embarcación pequeña para pescar.

jabeque *m.* Embarcación costanera de tres palos y con velas latinas. Herida en el rostro hecha con arma blanca corta.

jabí o jabín *m.* Árbol de la América intertropical de la familia de las leguminosas y de madera muy apreciada en la construcción naval, por ser incorruptible debajo del agua.

jabillo *m.* Árbol de la América tropical, euforbiáceo, con madera muy fibrosa que se emplea para construir canoas.

jabón *m.* Pasta que resulta de la combinación de un álcali con los ácidos de un aceite u otro cuerpo graso; por sus propiedades detersorias sirve para lavar. Cualquier otra masa que tenga semejante uso. Adulación con fines interesados. Reprimenda, regaño.

jabonado-a *m. y f.* Jabonadura. Conjunto de ropa que se ha de jabonar o se ha jabonado. En México, represión.

jabonadura *f.* Acción de jabonar. *Pl.* Agua que queda con el jabón y su espuma. Espuma que se forma al jabonar.

jabonar *tr.* Fregar o estregar la ropa u otras cosas con jabón y agua, para lavarlas, emblanquecerlas o ablandarlas. Humedecer la barba con agua jabonosa, para afeitarla.

jaboncillo *m.* Pastilla de jabón de tocador. Árbol sapindáceo americano; la pulpa de su fruto produce en el agua una especie de jabón para lavar.

jabonero-a *adj.* y *s.* **Perteneciente o** relativo al jabon. Dícese del toro cuya piel es blanca tirando a amarilla. Persona que fabrica o vende jabón. *F.* Caja para el jabón, en los lavabos y tocadores. Planta herbácea, cuyo zumo y raíz hacen espuma con el agua y sirven para lavar.

jaboneso-a *adj.* Que es de jabón o de naturaleza de jabón.

jaca *f.* Caballo de poca alzada.

jacal *m.* En México, choza, por lo común de adobes.

jacalón *m.* En México, cobertizo; edificio destartalado, teatro de mala muerte, etc.

jácara *f.* Romance alegre y festivo. Ronda de gente alegre que por las noches canta y mete ruido. Molestia o enfado. Mentira o patraña. Cuento, historieta.

jacaranda o jacarandá *f.* Nombre de varias bignoniáceas americanas ornamentales.

jacarandoso-a *adj.* Donairoso, alegre, desenvuelto. Airoso, garboso.

jacarero-a *m.* y *f.* **Persona que anda** por las calles cantando jácaras. De genio alegre y chancero.

jácena *f.* Viga maestra.

jacinto *m.* Planta liliácea anual de hojas enhiestas, flores olorosas en racimo sobre un escapo central; se cultiva por sus flores.

jack *m.* Palabra inglesa con que se designan los receptáculos o enchufes de los tableros telefónicos.

jaco *m.* Cota de malla de manga corta. Jubón de tela tosca de pelo de cabra. Caballo pequeño y ruin.

jacobino-a *adj.* y *s.* Individuo del partido más radical de la Revolución Francesa. Demagogo partidario de la revolución violenta y sanguinaria.

jactancia *f.* Alabanza propia presuntuosa. Vanagloria, presunción, petulancia.

jactarse *r.* Alabarse uno excesiva y presuntuosamente. Presumir, vanagloriarse.

jaculatorio-a *adj.* Breve y fervoroso. *F.* Oración breve, dicha con vivo fervor.

jachalí *m.* Arbol anonáceo americano de madera sumamente dura, muy apreciada en ebanistería.

jade *m.* Piedra muy dura, tenaz, de aspecto jabonoso; es un silicato de magnesio y calcio con escasas porciones de alúmina y óxidos de hierro y manganeso. Dáse también el nombre a otros minerales de color verde.

jadear *intr.* Respirar anhelosamente por efecto de algún trabajo o ejercicio impetuoso.

jaenés-a *adj.* y *s.* **Natural de Jaén.** Perteneciente a esta ciudad y provincia españolas.

jaez *m.* Adorno de cintas con que se enjaezan las crines del caballo. Cualquier otro adorno. Calidad o propiedad de una cosa.

jagua *f.* Arbol rubiáceo de la América intertropical, de madera amarillenta, fuerte y elástica.

jaguar o yaguar *m.* Félido rugidor de gran tamaño, con piel adornada de grandes manchas negras. Tigre americano.

jagüey *m.* Bejuco moráceo de Cuba. En América, balsa, pozo o zanja llena de agua, artificial o naturalmente.

jaiba *f.* En México, crustáceo decápodo braquiuro, muy apreciado como marisco.

jaibo-a *adj.* y *s.* Nombre que dan en México a los naturales o habitantes de Tampico, Tamps.

jal *m.* En México, especie de piedra pómez.

jalado-a *adj.* *americ.* Ebrio, borracho. En México, persona obsequiosa en demasía.

jalapa *f.* Raíz de una planta vivaz americana, del tamaño y forma de una zanahoria, con jugo resinoso; se usa en Medicina como purgante enérgico. Planta que da esta raíz.

jalar *tr.* Ponerse en marcha. Tirar de.

jalbegar *tr.* Enjabegar. Componer el rostro con afeites.

jalde *adj.* Amarillo subido.

jalea *f.* Conserva transparente, hecha con el zumo de algunas frutas. Medicamento de consistencia gelatinosa.

jalear *tr.* Llamar a los perros a voces, para cargar o seguir la caza. Animar con palmadas, ademanes o expresiones a los que bailan, cantan, etc. En América, dar broma de buen humor y buena educación. *R.* Moverse con gracia al bailar.

jaleo *m.* Acción y efecto de jalear. Baile popular andaluz. Jarana, Bulla, fiesta.

jalifa *m.* Máxima autoridad indígena del antiguo protectorado español de Marruecos. En Marruecos, lugarteniente que sustituye a un funcionario.

jalisciense *adj.* y *s.* Natural de Jalisco. Perteneciente a ese Estado de México.

jalón *m.* Vara con regatón de hierro para clavarla en tierra y señalar puntos fijos. Hito, poste, señal.

jalón *m.* *americ.* Tirón, estirón. En México, trago de licor.

jalonar *tr.* Alinear por medio de jalones. *Intr.* Plantar o poner jalones. Amojonar.

jalonear *tr.* Jalonar. En México, dar tirones o jalones, con intención procaz. Regatear, discutir en un trato, para obtener ventaja.

jalotear *tr. americ.* Jalonear.

jamaica *f.* Madera que se produce en Jamaica. En México, fiesta benéfica; también la malvácea de cuyos cálices se hace una infusión diurética y refrescante.

jamaicano-a *adj. y s.* Natural de Jamaica. Perteneciente a esta isla de América. También: jamaiquense, jamaiqués, jamaiquino.

jamán *m.* En México, tela blanca, ruán.

jamás *adv.* Nunca.

jamba *f.* Cualquiera de las dos piezas que sostienen el dintel de las puertas o ventanas.

jamelgo *m.* Caballo hambriento, flaco y desgarbado.

jamón *m.* Carne curada de la pierna del cerdo.

jamona *f.* Mujer entrada en carnes y años.

jamoncillo *m.* En México, dulce hecho de leche.

jamugas *f. pl.* Silla de tijera sobre el aparejo de las caballerías, para montar a mujeriegas.

jangada *f.* Salida o idea necia, fuera de tiempo o ineficaz. Trastada.

jano *m.* Arco de triunfo cuadrado y con cuatro puertas opuestas dos a dos. Cabeza de dos caras opuestas, bifronte.

jansenismo *m.* Doctrina teológica de Cornelio Jansenio, holandés, y sus seguidores, según la cual el hombre carece de verdadera libertad; defienden una moral muy rigurosa.

japonés-a *adj. y s.* Natural del Japón. Perteneciente a este país de Asia. Lengua uraloaltaica de los japoneses.

jaque *m.* Lance del juego de ajedrez, en que el rey o la reina de un jugador están amenazados por alguna pieza del otro.

jaquear *tr.* Dar jaques en el juego de ajedrez. Hostigar al enemigo haciéndole temer un ataque. Pedir prestado.

jaqueca *f.* Dolor de cabeza más o menos intenso que ataca al paciente a intervalos y sólo en un lado o parte de ella.

jaquetón *m.* Valentón, perdonavidas. Cierto tiburón muy temible.

jáquima *f.* Cabezada de cordel que suple por el cabestro para atar las bestias y llevarlas.

jara *f.* Arbusto cistíneo siempre verde, de hojas viscosas, flores grandes pedunculadas y fruto capsular globoso. Palo de punta aguzada y endurecido al fuego, como arma arrojadiza.

jarabe *m.* Bebida hecha con azúcar en agua hasta que espese sin

formar hilos y añadiéndole zumos refrescantes o substancias medicinales. En algunos pueblos americanos, baile popular zapateado y con taconeo.

jaral *m.* Sitio poblado de jaras. Lo que está muy enredado o intrincado.

jaramago *m.* Planta crucífera herbácea de tallo enhiesto, hojas ásperas, grandes flores amarillas en espigas terminales, y fruto en silicuas delgadas; muy común entre los escombros.

jarana *f.* Diversión bulliciosa de gente ordinaria. Pendencia, alboroto, tumulto. Trampa, engaño, burla. En México, guitarra pequeña.

jaranear *intr.* Andar en jaranas.

jaranero-a *adj.* Aficionado a jaranas. En América Central, tramposo, fullero.

jarano *adj. y s.* Sombrero de fieltro muy duro, usado en América, de color blanco, falda ancha y bajo de copa.

jarcia *f.* Carga de muchas cosas distintas para un uso o fin. Aparejos y cabos de un buque. Conjunto de instrumentos y redes para pescar.

jarcio-a *adj.* En México, borracho, ebrio.

jardín *m.* Terreno en donde se cultivan plantas deleitosas por sus flores, con frecuencia árboles y arbustos de sombra y, a veces, con adornos de estanques, fuentes, estatuas, templetes, pérgolas, etc.

jardinería *f.* Arte de cultivar los jardines.

jardinero-a *m. y f.* Persona que por oficio cultiva y cuida un jardín. Mueble para poner macetas con plantas de adorno. Carruaje de cuatro ruedas y cuatro asientos, ligero y descubierto. Coche abierto que se usa en verano en los tranvías.

jardinista *com.* Persona entendida en jardinería, especialmente artística.

jarea *f.* En México, hambre, gazuza.

jareta *f.* Costura en la ropa, doblando la orilla y cosiéndola por un lado, de modo que quede un hueco para pasar una cinta o cordón, para encoger o ensanchar la vestidura.

jarifo-a *adj.* Rozagante, bien compuesto o adornado.

jaripeo *m.* Lidia taurina mexicana en que se ejecutan suertes a caballo. En México, fiesta charra o campirana en que se cabalgan potros cerriles, se hacen ejercicios de lazo, se montan becerros o novillos, se bailan y cantan canciones rancheras, etc.

jaro *m.* Aro, planta arácea.

jaro-a *adj. y s.* Animal de pelo rojizo. Cerdo mestizo de jabalí.

jarocho-a *adj. y s.* En México, habitante o natural de Veracruz; relativo a este Estado mexicano o al puerto del mismo nombre.

jarope *m.* Jarabe. Trago amargo o bebida desabrida e insípida.

jarra *f.* Vasija generalmente de loza con cuello y boca anchos y una o más asas. En México, medida de capacidad equivalente a 8.213 litros.

jarrazo *m.* Aumentativo de jarro. Golpe dado con jarra o jarro.

jarrero *m.* El que hace o vende jarros. El que cuida del agua o vino, que 'se pone en ellos.

jarrete *m.* Corva. Corvejón. Parte alta y carnuda de la pantorrilla hacia la corva.

jarretera *f.* Liga con su hebilla con que se ata la media o el calzón por el jarrete.

jarro *m.* Vasija de barro, loza, vidrio o metal, a manera de jarra y con sólo una asa.

jarrón *m.* Vaso, por lo general de porcelana, artísticamente labrado, para adornar consolas, chimeneas, etc. Pieza arquitectónica en forma de jarro con que se decoran edificios, galerías, escaleras, jardines, etc., como adorno de remate.

jasa *f.* Sajadura.

jaspe *m.* Piedra silícea de grano fino, opaca y de colores variados, susceptible de gran pulimento. Mármol veteado.

jaspeado-a *adj.* Veteado o salpicado de pintas como el jaspe. *M.* Acción y efecto de pintar imitando el jaspe.

jato *m.* En México y Guatemala, porción de ganado, hato.

jato-a *m. y f.* Ternero, ternera.

jaula *f.* Caja hecha con listones de madera, mimbres, etc., para encerrar animales pequeños. Encierro con enrejados. Embalaje de madera con listones distanciados. En América, vagón de ferrocarril sin techo y con rejas o barrotes a los lados. Armazón para subir y bajar de las minas.

jauría *f.* Conjunto de perros que cazan, dirigidos por un mismo perrero.

javanés-a *adj. y s.* Natural de Java. Perteneciente a esta isla del archipiélago malayo de la Sonda. Lengua de los javaneses.

jayán-a *m. y f.* Persona de grande estatura, robusta y de muchas fuerzas.

jazmín *m.* Arbusto de tallos delgados y flexibles, hojas alternas compuestas, flores en los extremos de los tallos, muy olorosas; ornamental. Flor de este arbusto.

jazz o **jazz-band** *m.* Término norteamericano con que se designa una orquesta y un género musical derivado de los cantos y danzas de los negros, en compás de 4/4, en uso constante de la síncopa y cambio de modulación.

jebe *m.* Alumbre. En América, goma elástica o caucho.

jedive *m.* Título que llevó el virrey de Egipto.

jeep *m.* Pequeño vehículo automóvil originalmente militar, de fabricación norteamericana, muy manejable y de múltiples aplicaciones.

jefa *f.* Superiora o cabeza de un cuerpo u oficio.

jefatura *f.* Cargo o dignidad de jefe. Cuerpo de guardia de seguridad bajo las órdenes de un jefe.

jefe *m.* Superior o cabeza de un cuerpo u oficio. Individuo muy señalado de algún partido, corporación o escuela. El que tiene el mando de la unidad o cuerpo, con independencia de su empleo personal.

jegüite o **jehuite** *m.* En México, hierbazal formado en un terreno inculto; maleza.

jején *m.* Insecto díptero, más pequeño que el mosquito y de picadura más irritante.

jeme *m.* Distancia desde la extremidad del dedo pulgar a la del dedo índice separados lo más posible. Palmito, cara de mujer.

jenabe *m.* Mostaza, planta crucífera.

jengibre *m.* Planta cingiberácea de la India, con hojas lanceoladas, flores en espiga y fruto capsular pulposo; su rizoma es usado en Medicina y como especia.

jenízaro *m.* Soldado de infantería de la guardia del antiguo emperador turco. En México, descendiente de cambujo y china o de chino y cambuja. Antiguamente, hijo de padres de diversa nación.

jeque *m.* Superior o régulo entre los musulmanes y otros pueblos orientales.

jerarca *m.* Superior y principal en la jerarquía eclesiástica.

jerarquía *f.* Orden entre los diversos coros de ángeles y los grados diversos de la Iglesia. Orden o grado de otras personas o cosas. Gradación, categoría.

jeremías *com.* Persona que continuamente se está lamentando, por alusión al profeta Jeremías, autor de unas célebres lamentaciones o trenos.

jerez *m.* Vino español, blanco y seco, de excelente calidad y aroma, obtenido de ciertas vides de Jerez de la Frontera.

jerga *f.* Tela gruesa y tosca. Jergón. En América, pieza de paño, entre otras dos, que se aplica sobre el lomo de las caballerías.

jerga *f.* Lenguaje especial y familiar que usan los individuos de ciertas profesiones y oficios: toreros, estudiantes, etc. Jerigonza.

jergón *m.* Colchón de esparto, paja o yerba y sin bastas. Vestido mal hecho y poco ajustado al cuerpo. Persona gruesa, pesada tosca y perezosa.

jerife *m.* Descendiente de Mahoma por su hija Fátima.

jerigonza *f.* Jerga. Lenguaje de mal gusto, complicado y difícil de entender. Acción extraña y ridícula.

jeringa *f.* Instrumento para inyectar líquidos, para echar ayudas o inyecciones. Instrumento de igual clase para impeler o introducir materias blandas. En América, molestia, impertinencia tenaz.

jeringar *tr.* Inyectar con jeringa. Introducir con jeringa un líquido en el intestino para limpiarlo y purgarlo. Molestar o enfadar.

jeringazo *m.* Acción de arrojar el líquido de la jeringa. Líquido así arrojado.

jeroglífico-a *adj.* Escritura simbólica o figurada del significado de las palabras. *M.* Cada uno de los caracteres o símbolos usados en esta escritura. Conjunto de signos y figuras con que se expresa una frase, por pasatiempo o juego de ingenio.

jerosolimitano-a *adj. y s.* Natural de Jerusalén. Perteneciente a esta ciudad de Palestina.

jersey *m.* Estambre fino; camiseta, jubón o elástico de lana o seda.

jesuita *adj. y s.* Individuo perteneciente a la Compañía de Jesús, orden religiosa de clérigos regulares, fundada por San Ignacio de Loyola.

jeta *f.* Boca saliente por su configuración o por tener los labios muy abultados. Cara. Hocico del cerdo. Grifo, llave en la boca de las cañerías y en otros depósitos de líquidos. Trompa corta de algunos animales.

jettatura *f.* Palabra italiana: mala suerte; mala sombra; mal de ojo.

ji *f.* Vigésima segunda letra del alfabeto griego, cuyo sonido equivale a nuestra *j.*

jíbaro-a *adj.* En las Antillas, campesino, silvestre. *M.* Indígena sudamericano de un pueblo que habita en la vertiente oriental de los Andes ecuatorianos. Idioma de este pueblo.

jibia *f.* Molusco cefalópodo de cuerpo oval con aletas en los lados y concha caliza en el dorso, blanca y ligera, cubierta por la piel; comestible.

jícama *f.* En México y Centroamérica, se da este nombre a varias plantas tuberosas, alimenticias o medicinales, de diversas familias, y a su raíz.

jícara *f. americ.* Vasija pequeña hecha de madera. Vasija, generalmente de loza, que suele emplearse para tomar chocolate.

jicarear *tr.* En México, medir por jícaras, especialmente el pulque.

jicarudo-a *adj.* En México, de cara ancha y frente abultada.

jiddish *m.* Lengua híbrida hablada por los judíos de la Europa oriental y de EE. UU., con base en el bajo alemán.

jifero-a *adj.* Perteneciente al matadero. Sucio, puerco y soez. *M.* Cuchillo con que se matan y descuartizan las reses. Oficial que lo hace.

jigote *m.* Gigote, guisado de carne picada rehogada en manteca.

jijona *adj. y s.* Variedad de trigo álaga. *M.* Turrón famoso que se fabrica en la ciudad española de Jijona, Alicante.

jilguero *m.* Pájaro de pico cónico y delgado, de plumaje polícromo, muy bonito y fácilmente domesticable; canta bien y puede cruzarse con el canario.

jilote *m. americ.* Mazorca de maíz, cuando sus granos no han cuajado aún.

jineta *f.* Mamífero vivérrido carnicero, de cuerpo muy esbelto, reemplaza con ventaja al gato común, pero la algalia que produce resulta intolerable. Piel de este animal.

jinete *m.* Soldado de a caballo que peleaba con lanza y adarga. El que cabalga. Diestro en la equitación. Caballo castizo y generoso.

jinetear *intr.* Andar a caballo alardeando de gala y primor. Subir en un toro. En México, obtener indebidamente lucro y ganancia con cosas ajenas; dícese especialmente del pagador que especula con el dinero a él confiado. *Tr.* En América, domar caballos cerriles.

jiote *m.* En México, empeine, enfermedad cutánea que produce escozor.

jipijapa *f.* Tira flexible y muy tenaz de ciertas hojas palmeadas, para tejer sombreros, petacas y diversos objetos muy apreciados.

jicuilpil *m.* Unidad del sistema de cuentas de los antiguos mexicanos equivalente a 20 onzas u 8 000 unidades simples.

jira *f.* Pedazo largo y grande que se corta o rasga de una tela. Banquete o merienda, especialmente campestre y entre amigos, con regocijo y bulla. Excursión de un grupo de personas; gira.

jirafa *f.* Mamífero rumiante africano de cuello largo y esbelto, de cabeza pequeña con dos cuernos poco desarrollados y de pelaje gris claro, con manchas leonadas poligonales.

jirón *m.* Faja que se echa en el ruedo del sayo o saya. Pedazo desgarrado del vestido o de otra ropa. Pendón o guión que remata en punta. Parte o porción pequeña de un todo.

jitomate *m.* En México, el tomate.

jiu-jitsu *m.* Método japonés de entrenamiento físico y de defensa personal sin armas.

jívaro *adj. y s.* Jíbaro, indígena sudamericano.

¡jo! *interj.* ¡So!

job *m.* Hombre de mucha paciencia, por alusión a la del patriarca Job.

jobo *m.* Árbol anacardiáceo americano de hojas alternas, flores en panojas y fruto parecido a la ciruela, llamado jobo o joba.

jockey *m.* Palabra inglesa: corredor profesional de carreras de caballos y, por extensión, todos los que montan a caballo.

joco-a *adj.* En México y El Salvador, aplícase a las frutas fermentadas agrias o acres.

jocoatole *m.* En México, bebida ácida de atole.

jocoque *m.* En México, alimento hecho con nata agria.

jocoserio-a *adj.* Que participa de lo serio y de lo jocoso.

jocoso-a *adj.* Gracioso, chistoso, festivo. Divertido, alegre.

jocundo-a *adj.* Plácido, alegre, agradable.

jofaina *f.* Vasija de poca profundidad y gran diámetro, para lavarse cara y manos.

jolón *adj.* En México, chincolo, sin cola; dícese principalmente de las aves de corral. *M.* Nido o panal de avispas silvestres.

joma *f.* En México, joroba.

jomado-a *adj. y s.* En México, jorobado.

jorguín-a *m. y f.* Persona que hace hechicerías.

joria *f.* En México, sombrero de paja.

jornada *f.* Camino que vendo de viaje se anda regularmente en un día. Camino o viaje, aunque dure más de un día. Expedición militar. Tiempo de duración del trabajo diario de los obreros. Lance, ocasión. Tiempo que dura la vida del hombre. Acto de un poema dramático.

jornal *m.* Estipendio que gana el trabajador por cada día de trabajo. Este mismo trabajo.

jornalero-a *m. y f.* Persona que trabaja a jornal. Obrero, trabajador, bracero.

joroba *f.* Corcova. Impertinencia y molestia enfadosa. Giba.

jorobado-a *adj. y s.* Corcovado. Apurado, en mala situación.

jorobar *tr.* Gibar, fastidiar, molestar a alguien.

jorongo *m.* Poncho o capote que usan los campesinos mexicanos en tierras frías.

josco-a *adj. americ.* Hosco, color obscuro del ganado. En México, dícese de la caballería espantadiza.

jota *f.* Cosa mínima; úsase siempre con negación. Baile popular muy usado en Aragón, Navarra y Valencia. Tañido y canto de este baile.

joto *m.* En México, hombre afeminado.

joven *adj. y s.* De poca edad.

jovial *adj.* Alegre, festivo.

joya *f.* Pieza de oro, plata o platino, con perlas o piedras preciosas o sin ellas, para adorno de las personas y especialmente de las mujeres. Persona o cosa de mucha valía. *Pl.* Conjunto de ropas y alhajas que lleva una mujer al casarse.

joyel *m.* Joya pequeña.

joyería *f.* Trato y comercio de joyas. Tienda donde se venden. Taller en que se construyen.

joyero-a *m. y f.* Persona con tienda de joyería. *M.* Estuche, caja o armario para guardar joyas.

juan *m.* En México y Bolivia, nombre que se suele dar popularmente al soldado de línea.

juanete *m.* Pómulo muy abultado o que sobresale mucho. Hueso del nacimiento del dedo grueso del pie, cuando sobresale demasiado. Cada una de las vergas que se cruzan sobre las gavias, y las velas en que aquéllas se envergan.

jubilación *f.* Acción y efecto de jubilar o jubilarse. Haber pasivo que disfruta la persona jubilada.

jubilar *tr.* Disponer que, por vejez o imposibilidad, o largos servicios, cese un funcionario civil en el ejercicio de su carrera o destino. Desechar por inútil y vieja una cosa. *Intr.* Alegrarse, regocijarse. *R.* Conseguir la jubilación.

jubileo *m.* Indulgencia plenaria solemne y universal concedida por el Papa en ciertos tiempos y en algunas ocasiones. Entrada y salida frecuente de muchas personas en una casa u otro sitio.

júbilo *m.* Alegría viva, especialmente la demostrada con signos exteriores. Regocijo, gozo, alborozo.

jubón *m.* Vestidura que cubre desde los hombros hasta la cintura, ceñida y ajustada al cuerpo.

júcaro *m.* Árbol antillano de tronco liso y madera durísima.

judaico-a *adj.* Perteneciente a los judíos.

judaísmo *m.* Profesión de la ley antigua o de Moisés.

judaizar *intr.* Abrazar la religión de los judíos. Practicar pública o privadamente ritos y ceremonias de la ley judaica.

judería *f.* Barrio que estaba destinado para habitación de los judíos. En América, barrabasada, diablura, travesura de muchachos.

judía *f.* Planta leguminosa herbácea americana, de tallos endebles y volubles, hojas grandes compuestas, flores blancas en grupos axilares y frutos en legumbres con varias semillas en forma de riñón; se cultiva por su fruto comestible seco o verde; sus semillas reciben los nombres de frijol, frejol, faséolo, frisol, habichuela, alubia, poroto, etc.

judiada *f.* Acción propia de los judíos. Acción inhumana. Lucro excesivo y escandaloso.

judicatura *f.* Ejercicio de juzgar. Dignidad o empleo de juez; tiempo que dura. Cuerpo constituido por los jueces de un país.

judicial *adj.* Perteneciente al juicio legal, a la administración de justicia o a la judicatura.

judío-a *adj. y s.* Hebreo. Natural de Judea. Perteneciente o relativo a este país de Asia antigua. Avaro, usurero.

juego *m.* Acción y efecto de jugar. Actividad compleja que proporciona solaz, recreo y descanso espiritual o físico, al cambiar la actividad habitual. Deporte. Ejercicio recreativo sometido a reglas, en el cual se gana o se pierde. Disposición en que están unidas dos cosas de modo que puedan tener movimiento. El mismo movimiento. Número de cosas relacionadas entre sí y que sirven al mismo fin. Visos y semblantes de las cosas. *Pl.* Espectáculos, fiestas y competencias deportivas.

juerga *f.* Holgorio, jarana, parranda.

juerguista *adj. y s.* Aficionado a la juerga.

jueves *m.* Quinto día de la semana, comenzando el domingo.

juez *m.* El que tiene autoridad y potestad para juzgar y sentenciar. El que cuida de que se observen las leyes, en las justas públicas y certámenes. El nombrado para resolver una duda.

jugada *f.* Acción de jugar el jugador cada vez que le toca hacerlo. Lance de juego que de este acto se origina. Acción mala e inesperada contra alguien.

jugador-a *adj. y s.* Que juega. Que tiene el vicio de jugar. Que tiene especial habilidad y destreza para el juego.

jugar *intr.* Hacer algo por espíritu de alegría y con el solo fin de entretenerse o divertirse. Travesear, retozar. Tomar parte en un juego sometido a reglas. Llevar a cabo un acto propio del juego. Poner en movimiento una cosa compuesta de piezas. Hacer uso de las armas. Intervenir o tener parte en un negocio. Perder al juego. Arriesgar, aventurar.

jugarreta *f.* Jugada mal hecha y sin conocimiento del juego. Truhanada, mala pasada. Pillería, picardía, treta.

juglandácea *adj. y s.* Planta dicotiledónea, cuyas hojas tienen substancias aromáticas en abundancia, del tipo del nogal.

juglar *adj.* Chistoso, picaresco. *M.* El que por dinero o dádiva cantaba, bailaba o hacía juegos y truhanerías ante el pueblo; o recitaba poesías de los trovadores o cantares de gesta.

juglaresa *f.* Mujer juglar.

juglaresco-a *adj.* Propio del juglar o relativo a él.

jugo *m.* Zumo de las substancias animales o vegetales sacado por presión, cocción o destilación. Lo provechoso, útil y substancial de una cosa. Secreción líquida. Preparado opoterápico de órganos animales.

jugoso-a *adj.* Que tiene jugo. Substancioso; de contenido útil.

juguete *m.* Objeto curioso y bonito con que se entretienen los niños. Chanza, burla. Composición musical o pieza teatral breve y ligera. Persona o cosa dominada por fuerza material o moral que la mueve y maneja a su arbitrio.

juguetear *intr.* Entretenerse jugando y retozando.

juguetería *f.* Comercio de juguetes. Tienda donde se venden.

juguetón-a *adj.* Dícese de la persona o animal que juega y retoza con frecuencia.

juicio *m.* Facultad por la que el hombre puede distinguir el bien del mal y lo verdadero de lo falso. Estado de sana razón. Opinión, parecer o dictamen. Seso y cordura. Ordenación legal dirigida por funcionarios judiciales, para lograr la efectividad de una acción, previa la discusión, justificación y pruebas, y mediante una decisión o fallo. Facultad y acto de juzgar.

juicioso-a *adj.* Que tiene juicio o procede con madurez y cordura. Cuerdo, sensato, discreto.

julepe *m.* Poción compuesta de agua destilada, jarabes y otras materias medicinales. Cierto juego de naipes. Reprimenda, castigo.

juliana *f.* Dícese de la sopa de verduras cortadas en tiritas y conservadas secas.

julio *m.* Séptimo mes del año, según nuestro cómputo; consta de 31 días.

julio *m.* Unidad eléctrica del sistema práctico, equivalente al trabajo realizado por una corriente de un amperio, durante un segundo, en un circuito de un ohmio de resistencia; igual a un voltio por un culombio.

julo *m.* Res o caballería que va delante de las demás, en el ganado o en la recua.

juma o **jumera** *f.* Borrachera.

jumento *m.* Burro, pollino.

jumil *m.* En México, nombre de varios insectos hemípteros parecidos a la chinche del campo; son comestibles secos, tostados o en salsa.

juncal *adj.* Perteneciente o relativo al junco. Gallardo, airoso, flexible.

juncia *f.* Planta ciperácea herbácea con cañas triangulares, hojas aquilladas, flores en espigas terminales y fruto en aquenio de albumen harinoso; medicinal y olorosa.

junco *m.* Planta herbácea con cañas o tallos flexibles y puntiagudos, hojas radicales, flores en cabezuelas y fruto capsular con muchas semillas; se cría en parajes húmedos. Cada uno de los tallos de esta planta. Bastón delgado. Embarcación china de quilla plana, tres palos y velas rectangulares de estera, usada también en otros países de Oriente.

jungla *f.* Terreno inculto baldío o desértico que tiende a cubrirse de maleza. Selva virgen tropical o ecuatorial.

junio *m.* Sexto mes del año, según nuestro cómputo; consta de 30 días.

júnior *m.* Hijo que lleva el mismo nombre de su padre. Socio más joven de una empresa. *Adj.* Más joven, menos adelantado.

junquillo *m.* Planta de jardinería, especie de narciso, de flores muy olorosas de color amarillo. Moldura redonda y más delgada que el bocel.

junta *f.* Reunión de varias personas para conferenciar o tratar de un asunto. Cada una de las sesiones que celebran. El todo que forman varias cosas. Conjunto de individuos nombrados para dirigir los asuntos de una colectividad. Juntura.

juntamente *adv.* Con unión o concurrencia de dos o más cosas en un mismo sujeto o lugar. A un mismo tiempo.

juntar *tr.* Unir unas cosas con otras. Congregar, acopiar. Entornar puertas o ventanas. *R.* Arrimarse, acercarse mucho a uno. Acompañarse, andar con uno. En América, unión marital, sin las formalidades del matrimonio legal.

junto-a *adj.* Unido, cercano. *Adv.* Juntamente, a la vez, en conjunto.

juntura *f.* Parte o lugar en que se juntan y unen dos o más cosas. Unión o mezcla de una cosa con otra. Trabazón, ensambladura.

jura *f.* Acto solemne de jurar. Juramento.

jurado-a *adj.* Que ha prestado juramento al encargarse del desempeño de su función u oficio. *M.* Individuo de un tribunal examinador. Conjunto de estos individuos. Conjunto de personas que, elegidas por suerte, cooperan a la administración de justicia al decidir sobre los hechos.

juramentar *tr.* Tomar juramento a uno. *R.* Obligarse con juramento.

juramento *m.* Afirmación o negación de una cosa, poniendo por testigo a Dios en sí mismo o en sus criaturas. Voto o reniego. Invocación de Dios en testimonio de la verdad.

jurar *tr.* Afirmar o negar una cosa poniendo por testigo a Dios. Someterse solemnemente y con igual juramento a los preceptos constitucionales de un país, estatutos, deberes graves, etc. *Intr.* Echar votos y reniegos.

jurásico-a *adj. y s.* Período de la era secundaria o mesozoica, entre el triásico y el cretáceo.

jurel *m.* Pez acontopterigio marino de cuerpo rollizo y carnoso, de escamas pequeñas y muy unidas.

juria *f.* En México, acto de arrojar monedas, dulces, etc., a los muchachos, en bautizos y otras ceremonias.

jurídico-a *adj.* Que atañe al Derecho o se ajusta a él.

jurisconsulto *m.* El que profesa con el debido título la ciencia del Derecho.

jurisdicción *f.* Poder o autoridad para gobernar y poner en ejecución las leyes o para aplicarlas en juicio. Término de un lugar, provincia o Estado. Territorio en que un juez ejerce sus facultades. Autoridad, poder o dominio sobre otro.

jurisperito *m.* El que conoce a fondo la ciencia del Derecho, aunque no se ejercite en las tareas del foro.

jurisprudencia *f.* Conjunto de decisiones de carácter definitivo de los tribunales de justicia y que establecen doctrina sobre puntos dudosos; fuente de Derecho al interpretar los tribunales la ley y llenar sus lagunas.

jurista *m.* El que estudia o profesa la ciencia del Derecho.

justa Pelea o combate singular, a caballo y con lanza. Torneo. Certamen en un ramo del saber.

justamente *adv.* Con justicia. Cabalmente, ni más ni menos. Ajustadamente.

justar *intr.* Pelear o combatir en las justas.

justicia *f.* Virtud que inclina a dar a cada uno lo que le pertenece. Derecho, razón, equidad. Lo que debe hacerse según derecho y razón. Pena o castigo público. Ministro o tribunal que ejerce justicia. Poder judicial. Supremo ideal de la verdad, en la apreciación y sanción de los actos humanos de carácter jurídico.

justiciero-a *adj.* Que observa y hace observar estrictamente la justicia. Justo, recto.

justificar *tr.* Hacer Dios justo a uno dándole la gracia. Probar una cosa con razones convincentes, testigos y documentos. Hacer justa una cosa. Arreglar, ajustar una cosa con exactitud. Probar la inocencia de alguien.

justificativo-a *adj.* Que sirve para justificar una cosa.

justillo *m.* Vestido interior sin mangas que ciñe el cuerpo y no baja de la cintura.

justipreciar *tr.* Apreciar o tasar una cosa. Valorar, estimar.

justo-a *adj.* Que obra según justicia y razón. Arreglado a justicia y razón. Que vive según la ley de Dios. Exacto en peso y medida. Apretado o ajustado. *Adv.* Justamente, debidamente, apretadamente.

juventud *f.* Edad que media entre la niñez y la edad viril. Conjunto de jóvenes.

juzgado *m.* Junta de jueces que concurren a dar sentencia. Tribunal de un solo juez. Término o territorio de su jurisdicción. Sitio donde se juzga. Dignidad o empleo de juez.

juzgar *tr.* Deliberar y establecer, quien tiene autoridad para ello, acerca de la culpabilidad de alguien, o de la razón que asiste en cualquier asunto y sentenciar lo procedente. Persuadirse de una cosa, creerla. Afirmar las relaciones que existen entre dos o más ideas.

juzgón-a *adj.* En México, criticón.

K

k *f.* Duodécima letra del abecedario castellano y novena de sus consonantes.

káiser *m.* Palabra alemana: emperador.

kaki *adj. y s.* Caqui, color pardo amarillento muy sufrido. Planta y fruta ebenácea del Japón.

kalenda *f.* Calenda.

kalium *m.* Nombre latino del potasio.

kamikaze *m.* Palabra japonesa: resistencia suicida. Pilotos aviadores o soldados suicidas.

kan *m.* Príncipe o jefe entre los tártaros.

kantismo *m.* Sistema filosófico de Manuel Kant o doctrina derivada inmediatamente de él o por él influida.

kappa *f.* Décima letra del alfabeto griego, substituida en los helenismos latinos y neolatinos generalmente por *c.*

katún *m.* En la numeración vigesimal maya, tercer orden de unidades, equivalente a 20 tunes o 7 200 días.

kayak *m.* Embarcación esquimal en forma de esquife, hecha con piel de foca o morsa.

kedive *m.* Jedive.

kefir *m.* Bebida del Cáucaso, hecha a base de leche fermentada.

kepis *m.* Quepis.

kermesse *f.* Diversión o fiesta en que suelen rifarse objetos, cuyo producto se destina a fines benéficos. Quermés.

keroseno *m.* Mezcla de hidrocarburos, producto de la destilación del petróleo, obtenida entre la gasolina y el gasóleo, empleado como combustible líquido.

kiliárea *f.* Medida de superficie de mil áreas, o sea diez hectáreas.

kilocaloría *f.* La caloría grande, o referida a un kilogramo-masa.

kilociclo *m.* Unidad de frecuencia equivalente a mil ciclos, revoluciones, vibraciones u oscilaciones por segundo.

kilográmetro *m.* Unidad de trabajo mecánico o esfuerzo para levantar un kilogramo de peso a un metro de altura, donde la gravedad tenga un valor normal.

kilogramo *m.* Unidad de masa, en el sistema métrico decimal. Peso de mil gramos.

kilolitro *m.* Medida de capacidad de mil litros.

kilometraje *m.* Distancia de un punto a otro medida en kilómetros.

kilométrico-a *adj.* Perteneciente o relativo al kilómetro. De larga duración o distancia.

kilómetro *m.* Medida de longitud de mil metros.

kilovatio *m.* Unidad práctica de potencia eléctrica igual a mil vatios.

kilovoltio *m.* Unidad de potencial eléctrico equivalente a mil voltios.

kimono *m.* Quimono.

kin *m.* En maya, el día, unidad básica del calendario.

kinescopio *m.* Tubo de rayos catódicos para la reproducción de las imágenes en televisión.

kiosco *m.* Quiosco.

kirieleisón *m.* Deprecación al Señor, después del introito de la Misa. Canto de los entierros y oficio de difuntos.

kirsch *m.* Palabra alemana: licor alcohólico obtenido por destilación del zumo de cerezas fermentadas.

knock-out *m.* Expresión inglesa: fuera de combate. En el boxeo, victoria sobre el adversario al golpearlo fuertemente y derribarlo por tiempo no inferior a diez segundos; puede ser también técnico, si la inferioridad de uno de los contendientes se manifiesta y la declara el árbitro.

kodak *f.* Aparato de fotografía inventado por Jorge Eastman y, por extensión, cualquier cámara fotográfica manual.

kola *f.* Cola, semilla del árbol de este nombre; nuez de cola.

krone *m.* Palabra danesa: corona. Unidad monetaria de Dinamarca, Noruega, Suecia e Islandia.

L

l *f.* Decimotercera letra del abecedario castellano y décima de sus consonantes.

la Artículo determinado, femenino y singular. Acusativo del pronombre personal de tercera persona en género femenino. Sexta nota de la escala musical.

lábaro *m.* Estandarte que usaban los emperadores romanos; desde Constantino llevaba la cruz y el monograma de Cristo; este mismo monograma; la cruz sin el monograma. En México, la bandera nacional.

labelo *m.* Pétalo superior de la corola de las orquidáceas. Borde de la concha de algunos moluscos. Pequeño apéndice en la vaina de la probóscide o trompa de algunos insectos dípteros.

laberíntico-a *adj.* Perteneciente o relativo al laberinto. Enmarañado, confuso a manera de laberinto. Ner-

vio auditivo, por su distribución en el laberinto del oído.

laberinto *m.* Lugar artificiosamente formado de calles, encrucijadas y plazuelas de difícil salida. Jardín con esa misma disposición. Cosa confusa y enredada. En América, confusión de voces, ruidos, etc.; algazara, griterío. Conjunto de órganos que forman el oído interno.

labia *adj. y s.* Verbosidad persuasiva y gracia en el hablar.

labiada *adj. o s.* Planta dicotiledónea tubiflora: tomillo, romero, etc.

labial *adj.* Perteneciente a los labios. Dícese de la letra consonante cuya pronunciación depende principalmente de los labios: *b, p.*

labiérnago *m.* Arbusto o arbolillo oláceo, de hojas opuestas correosas, flores blanquecinas en hacecillos axilares y fruto en drupa globosa.

labihendido-a *adj.* Que tiene hendido o partido el labio superior.

lábil *adj.* Que resbala o se desliza fácilmente. Frágil, caduco, débil. Que se desprende por una leve sacudida. Inestable, transformable, alterable.

labio *m.* Cada una de las dos partes exteriores, carnosas y movibles de la boca que cubren la dentadura. Borde de ciertas cosas. Organo del habla.

labiodental *adj.* Relativo a la cara labial de un diente. Relativo a los labios y a los dientes. Letra consonante que se pronuncia juntando el labio inferior con los dientes incisivos: *f, v.*

labor *f.* Trabajo. Acción y efecto de trabajar. Cosa hecha o producida por un agente. Adorno tejido en la tela. Labranza, trabajo campestre. Tarea, faena, quehacer, ocupación.

laborable *adj.* Que se puede laborar o trabajar.

laborar *tr.* Trabajar. *Intr.* Gestionar o intrigar con algún fin.

laboratorio *m.* Local, edificio o institución dedicado a investigaciones o experimentos científicos.

laborear *tr.* Labrar o trabajar una cosa. Practicar excavaciones en una mina.

laboreo *m.* Cultivo de la tierra o del campo. Arte de explotar las minas.

laborioso-a *adj.* Trabajador, aficionado o amigo del trabajo. Trabajoso, penoso.

laborismo *m.* Partido político obrero inglés. En América, sistema social que tiene por base el elemento obrero y tiende a su mejoramiento económico. Por extensión, conjunto de la clase proletaria.

labrado-a *adj.* Aplícase a las telas o géneros que tienen alguna labor. *M.* Acción y efecto de labrar: piedras, maderas, etc. Campo labrado.

labrador-a *adj. y s.* Que labra la tierra. Persona que posee hacienda de campo y la cultiva por su cuenta.

labrantín *m.* Labrador de escasos recursos económicos.

labrantío-a *adj.* Dícese de los campos o tierras de labor.

labranza *f.* Cultivo de los campos. Conjunto de atenciones y labores que necesita la tierra de labor. Labor o trabajo de cualquier arte u oficio.

labrar *tr.* Trabajar en un oficio. Trabajar una materia dejándola en estado o forma conveniente para usar de ella. Cultivar la tierra. Arar. Edificar. Coser, bordar o hacer otras labores mujeriles. Hacer, causar, formar. *Intr.* Hacer, causar fuerte impresión gradual y durable en el ánimo.

labriego-a *adj. y s.* Labrador rústico.

labro *m.* Labio. Pieza quitinosa. Labio superior de la boca de los insectos. Parte de la abertura de la concha de algunos moluscos.

labrusca *f.* Vid silvestre. Vid americana.

laca *f.* Substancia resinosa que se forma en las ramas de varios árboles de la India, por la exudación que producen las picaduras de ciertos insectos. Substancia semejante producida por ciertos árboles mexicanos. Barniz duro y brillante hecho con estas substancias. Objeto barnizado con él. Color rojo que se saca de la cochinilla, de la raíz de la rubia o del palo de Pernambuco.

lacandón *adj. y s.* Individuo de una tribu o subtribu maya, muy extendida anteriormente y que hoy vive en la cuenca del Usumacinta en vías de extinción.

lacayo *m.* Criado de librea. Mozo de espuelas. Servil, adulador, bajuno.

lacear *tr.* Adornar o atar con lazos. Coger con lazos la caza menor. Lazar.

lacedemonio-a *adj. y s.* Natural de Lacedemonia o Esparta. Perteneciente a este país de la antigua Grecia.

laceración *f.* Acción y efecto de lacerar; lastimar, golpear, herir. Desgarro; rotura.

lacerar *tr.* Lastimar, golpear, magullar, herir. Dañar, vulnerar. *Intr.* Padecer, pasar trabajos.

lacería *f.* Miseria, pobreza. Trabajo, fatiga, molestia.

lacería *f.* Conjunto de lazos, especialmente de adorno.

lacertiforme *adj.* De figura o forma de lagarto.

lacinia *f.* Cada una de las tirillas largas e irregulares en que se dividen las hojas o los pétalos de algunas plantas. Moldura ojival formada por hojas.

lacio-a *adj.* Marchito, ajado. Flojo, sin vigor. Dícese del cabello que cae sin formar ondas ni rizos.

lacónico-a *adj.* Breve, conciso, compendioso. Que habla o escribe de esta manera.

laconismo *m.* Calidad de lacónico. Brevedad, concisión, parquedad.

lacra *f.* Reliquia o señal de una enfermedad o achaque. Defecto o vicio de una cosa, físico o moral. En México, Honduras y Venezuela, úlcera, llaga; huella profunda.

lacrar *tr.* Cerrar con lacre.

lacre *m.* Pasta sólida compuesta de goma laca y trementina, coloreada; empléase derretida para cerrar y sellar cartas o cosas análogas.

lacrimal *adj.* Perteneciente a las lágrimas.

lacrimógeno-a *adj.* Que produce lagrimeo.

lacrimoso-a *adj.* Que tiene lágrimas. Que mueve a llanto.

lactación *f.* Acción de mamar o lactar.

lactancia *f.* Lactación. Alimentación de los mamíferos recién nacidos con la leche que segregan las mamas de la madre. Período que dura la lactación.

lactante *adj. y s.* Que lacta, que amamanta o que mama.

lactar *tr.* Amamantar. Criar con leche. Mamar.

lácteo-a *adj.* Perteneciente a la leche o parecido a ella. Que contiene leche. Dícese de los vasos quilíferos. Planta de jugo lechoso. Dieta consistente en el uso casi exclusivo de la leche.

lactífero-a *adj.* Que contiene leche. Aplícase a los conductos orgánicos por donde pasa la leche, hasta llegar a los pezones de las mamas.

lactosa *f.* Azúcar de leche, menos dulce que la sacarosa y que se encuentra en la leche de las hembras de los mamíferos.

lacustre *adj.* Perteneciente a los lagos. Plantas o animales que viven en los lagos. Depósito que se forma en el fondo de los lagos.

ladear *tr.* Inclinar o torcer una cosa hacia un lado. *Intr.* Caminar por las laderas. Desviarse del camino derecho. *R.* Inclinarse a una cosa o dejarse llevar por ella. Estar una persona o cosa al igual de otra.

ladera *f.* Declive de un monte o de una altura.

ladilla *f.* Insecto de color amarillento y aplastado que vive parásito en las partes vellosas del cuerpo humano; de picadura muy molesta.

ladino-a *adj.* Aplicábase al romance o castellano antiguo Que habla con facilidad alguna o algunas lenguas, además de la propia. Astuto, taimado. En América, dícese del indio o del negro africano, de habla española. *M.* Lengua o conjunto de formas dialectales neolatinas con centro en la población de los Alpes suizos e italianos.

lado *m.* Parte del cuerpo comprendida entre el brazo y el hueso de la cadera. Lo que está a la derecha o izquierda de una cosa. Paraje alrededor de un cuerpo o cosa. Anverso o reverso de una medalla. Sitio o lugar. Línea genealógica. Aspecto en que se puede considerar una persona o cosa. Arista de los poliedros regulares. Línea que forma o limita un polígono. Cada una de las líneas que forman un ángulo.

ladrar *intr.* Dar ladridos el perro. Amenazar sin acometer.

ladrido *m.* Grito que emite el perro. Murmuración, calumnia con que se zahiere a alguien.

ladrillado *m.* Solado de ladrillos.

ladrillar *m.* Sitio o lugar donde se fabrican ladrillos.

ladrillazo *m.* Golpe dado con un ladrillo.

ladrillería *f.* Fábrica de ladrillos. Industria de su fabricación.

ladrillo *m.* Masa de arcilla de forma prismática que, después de cocida, sirve para la construcción de edificios, muros, habitaciones, etc. Labor en figura de ladrillo que tienen algunos tejidos.

ladrocinio o **latrocinio** *m.* Hurto o costumbre de hurtar o defraudar en sus intereses a los demás.

ladrón-a *adj. y s.* Que hurta o roba. Artificio para sustraer alguna cantidad de corriente eléctrica, sin que pase por el contador.

ladronera *f.* Lugar en que se recogen y ocultan los ladrones. Alcancía. Matacán.

lagar *m.* Recipiente donde se pisa la uva para obtener el mosto. Sitio donde se prensa la aceituna para sacar el aceite, o se machaca la manzana para preparar la sidra.

lagarta *f.* Hembra del lagarto. Mujer pícara, taimada.

lagartija *f.* Lagarto pequeño muy ligero y espantadizo; insectívoro.

lagarto *m.* Nombre de numerosas especies de reptiles saurios terrestres, de cola aguzada, cubiertos de piel escamosa o tuberosa, de boca grande, patas cortas; ovíparos e insectívoros. En México, el reptil cocodrilo americano. Músculo grande del brazo entre el hombro y el codo. Hombre pícaro y taimado.

lageniforme *adj.* Que tiene forma de botella.

lago *m.* Masa de agua permanente depositada en una depresión de terreno donde se reúnen las aguas de su cuenca.

lagotería *f.* Zalamería para congraciarse con una persona o lograr una cosa.

lágrima *f.* Cada una de las gotas del humor acuoso, incoloro y alcalino que segrega la glándula lagrimal y que vierten los ojos por causas morales o físicas. Porción muy corta de cualquier licor. Gota de savia que destilan las vides y otras plantas, después de la poda.

lagrimal *adj.* Dícese de los órganos secretores de las lágrimas. Relativo o perteneciente a las lágrimas. Que secreta lágrimas. *M.* Extremidad del ojo próxima a la nariz.

lagrimear *intr.* Secretar con frecuencia lágrimas la persona que llora fácil o involuntariamente.

lagrimeo *m.* Acción de lagrimear. Flujo de lágrimas, independiente de toda emoción del ánimo, síntoma de un estado morboso.

lagrimoso-a *adj.* Dícese de los ojos húmedos y tiernos, por achaque, por vicio, por estar próximos a llorar o por haber llorado. Lacrimoso, que mueve a llanto. Que destila lágrimas.

laguna *f.* Depósito natural de agua de menores dimensiones que el lago. Hueco, vacío o solución de continuidad en un conjunto o serie.

lagunero-a *adj. y s.* Natural de La Laguna o Laguna de Duero, España, y de la región mexicana de La Laguna. Perteneciente o relativo a dichas poblaciones y región.

laicismo *m.* Doctrina que defiende y sostiene la independencia del hombre o de la sociedad y más particularmente del Estado, de toda influencia eclesiástica o religiosa.

laico-a *adj. y s.* Lego. Dícese de la escuela o enseñanza en que se prescinde de la instrucción religiosa.

laísta *adj. y s.* Aplícase a los que dicen siempre *la* y *las* tanto en el dativo como en el acusativo del pronombre *ella*.

laja *f.* Lancha, piedra plana lisa y de poco grueso. Bajo de piedra, a manera de meseta llana.

427

lajero *m.* En América, perro de mucha resistencia en la carrera.

lalopatía *f.* Todo trastorno morboso del lenguaje.

lama *f.* Cieno blando y pegajoso que se forma en el fondo de algunos parajes del mar, lagos, ríos y charcas. Ova. Lodo de mineral muy molido. Tela de oro o plata en que los hilos brillan por su haz, sin pasar al envés. Monje distinguido por su santidad y sabiduría y, en general, monje o sacerdote del lamaísmo.

lamaísmo *m.* Religión derivada del budismo, extendida por el Tibet, Mogolia y otras regiones asiáticas.

lambda *f.* Undécima letra del alfabeto griego que corresponde en sonido a nuestra *l.*

lambdacismo *m.* Vicio de pronunciar la *r* como *l.* Ineptitud para pronunciar la *l.*

lambetada *f.* En México y Puerto Rico, lengüetada, lametón; hecho o dicho adulatorio.

lambido-a *adj. y s. americ.* Relamido, presumido. Sirvergüenza, cínico.

lambiscón-a *adj.* En México, adulador.

lambisquear *tr.* Buscar los muchachos migajas o golosinas para comérselas. En México, adular.

lambriche *adj. y s.* En México, adulador. zalamero.

lambrusquear *intr.* En México, golosinear

lamedal *m.* Sitio o paraje donde hay mucha lama o cieno.

lamedura *f.* Acción y efecto de lamer.

lamelar *adj.* Dispuesto en laminillas.

lamelibranquio-a *adj.* Que tiene branquias en forma de láminas: almejas, ostras mejillones, etc.

lamentable *adj.* Que merece ser sentido o es digno de llorarse. Que infunde tristeza y horror.

lamentación *f.* Queja unida a llanto, suspiros y otras muestras de dolor.

lamentar *tr.* Sentir una cosa con llanto, sollozos u otras demostraciones de dolor.

lamento *m.* Lamentación. Gemido, clamor, plañido.

lameplatos *com.* Persona golosa. Persona que se alimenta de las sobras.

lamer *tr.* Pasar repetidamente la lengua por una cosa. Tocar blanda y suavemente.

lamia *f.* Monstruo fabuloso con rostro de mujer hermosa y cuerpo de dragón. Tiburón.

lamido-a *adj.* Persona muy flaca, muy pálida y limpia. Relamido. Gastado con el uso o con el roce

continuo. *F* Acción y efecto de lamer. Excesivamente trabajado y esmerado.

lámina *f.* Plancha delgada de metal. Plancha grabada con un dibujo para estamparlo. Estampa. Pintura hecha en cobre. Chapa de cualquier materia.

laminador-a *adj. y s.* Que lamina. El que por oficio hace láminas de metal. *M. y f.* Máquina para transformar por estirado los lingotes metálicos en objetos de diversas formas: carriles, varillas, planchas, láminas, etc.

laminar *tr.* Tirar láminas, planchas o barras con el laminador. Guarnecer con láminas.

laminar *adj.* De forma de lámina. Aplícase a la estructura de un cuerpo, cuando sus láminas u hojas están sobrepuestas y paralelamente colocadas.

lamiscar *tr.* Lamer aprisa y con ansia.

lamoso-a *adj.* Que tiene o cría lama. En América, mohoso.

lampadario *m.* Candelabro grande o de figura alegórica. Araña coronada de luces, suspendida por cadenas de las bóvedas de los templos.

lámpara *f.* Utensilio para dar luz, con mechero de boquilla y un globo de cristal. Cuerpo que despide luz. Mancha de aceite que cae en la ropa. Bulbo

lamparazo *m. americ.* Trago, porción de líquido que se bebe de una vez.

lamparería *f.* Taller en que se hacen lámparas. Tienda donde se venden lámparas. Almacén donde se guardan y arreglan.

lamparilla *f.* Mariposa, especie de candelilla para conservar luz durante la noche. Plato, vaso o vasija en que ésta se pone. Pequeña lámpara eléctrica.

lamparón *m.* Lámpara, mancha de aceite que cae en la ropa. Escrófula en el cuello. Muermo cutáneo.

lampazo *m.* Planta compuesta, de tallo grueso, hojas aovadas y en cabezuelas terminales, de raíz diurética. Escobón. Marinero de buque de guerra.

lampiño-a *adj.* Dícese del hombre que no tiene barba. Que tiene poco pelo o barba. Falto de pelos.

lamprea *f.* Ciclóstomo marino o fluvial, de cuerpo casi cilíndrico, liso y viscoso, terminado en cola puntiaguda; de carne muy estimada.

lampreazo *m.* Latigazo.

lana *f.* Pelo de las ovejas y carneros, que se hila y sirve para hacer paño y otros tejidos. Pelo de otros animales parecido a la lana. Tejido de lana y vestido que de él se hace. En México, vulgarismo por dinero.

lanar *adj.* Dícese del ganado o de la res que tiene lana. Relativo o perteneciente a la lana.

lance *m.* Acción y efecto de lanzar o arrojar. Acción de echar la red para pescar. Pesca que se saca de una vez. Trance u ocasión crítica. Situación interesante o notable. Encuentro, riña. Accidente notable en el juego. Suerte de capa, en tauromaquia.

lanceolado-a *adj.* De figura semejante al hierro de la lanza.

lancero *m.* Soldado que pelea con lanza. El que usa o lleva lanza, o que las hace o labra. *Pl.* Baile y música muy parecidos al rigodón.

lanceta *f.* Hoja de acero de corte muy sutil por ambos lados y punta agudísima, empleado en cirugía para sangrar, abrir tumores, etc. En América, aguijón.

lancinar *tr.* y *r.* Punzar, desgarrar.

lancha *f.* Piedra natural lisa, plana y de poco grueso. Bote grande de vela y remo, o de motor, para transportar pasajeros, carga o faenas de fuerza. Bote, barco pequeño y sin cubierta. Barca.

lanchero *m.* Conductor o patrón de la lancha.

lanchón *m.* Lancha grande para carga y descarga de buques y otros menesteres en puertos y arsenales.

landa *f.* Extensión grande de tierra llana en que sólo se crían plantas silvestres.

landó *m.* Coche de cuatro ruedas, con doble capota.

landre *f.* Tumor del tamaño de una bellota que se forma en los parajes glandulosos: cuello, sobaco, ingles. Bolsa escondida para llevar oculto el dinero.

lanería *f.* Casa o tienda donde se vende lana. Tejidos o géneros de lana; y el comercio de estos artículos.

langa *f.* Truchuela, bacalao curado.

lángara *com.* En México, persona que procede con doblez.

lángaro-a *adj.* y *s.* **En México, veleidoso, taimado, hambriento.**

langosta *f.* Insecto ortóptero con un tercer par de patas muy robustas para saltar, vive de vegetales y forma verdaderas nubes o mangas. Crustáceo marino decápodo, del que hay numerosas especies, todas muy distintas, dos pares de antenas y cinco de patas; viven en fondos rocosos y son comestibles. Lo que destruye o consume una cosa.

langostino *m.* Crustáceo marino de patas pequeñas, cuerpo comprimido, cola muy prolongada y capa-

razón poco resistente; de carne muy apreciada. En México, crustáceo homárido de aguas dulces y salobres, también comestible.

languidecer *intr.* Adolecer de languidez; perder el espíritu o vigor. Enflaquecer, desanimarse, decaer.

languidez *f.* Flaqueza, debilidad, fatiga. Falta de espíritu, valor o energía.

lánguido-a *adj.* Flaco, débil, fatigado. De poco espíritu, valor y energía. Marchito, mustio, abatido.

languso-a *adj.* En México, astuto, sagaz.

lanificación o **lanificio** *f.* o *m.* Arte de labrar la lana. Obra hecha de lana.

lanígero-a *adj.* Que lleva o tiene pelusa parecida a la lana.

lanilla *f.* Pelillo que le queda al paño por la haz. Tejido de poca consistencia, hecho con lana fina. Especie de pelusa de algunas plantas y flores.

lanolina *f.* Substancia grasa viscosa que se extrae de las aguas del lavado de la lana de oveja; se emplea en Farmacia y Perfumería.

lanosidad *f.* Pelusa o vello suave que tienen las hojas de algunas plantas, las frutas y otras cosas.

lanoso-a o **lanudo-a** *adj.* Que tiene mucha lana o vello.

lantano *m.* Metal del grupo de las tierras raras, de color gris plomizo; símbolo La.

lanuginoso-a *adj.* Que tiene lanosidad.

lanza *f.* Arma ofensiva compuesta de una asta en cuya extremidad está fijo un hierro puntiagudo y cortante. Vara de madera que unida al eje delantero de un carruaje sirve para darle dirección. Tubo en que rematan las mangas de las bombas para dirigir el chorro de agua. En México, lángara.

lanzabombas *m.* Dispositivo para soltar en momento oportuno las bombas que lleva una aeronave.

lanzada *f.* Golpe que se da con la lanza. Herida que con ella se causa. Unidad usual para la venta de adobes y que consta de 220 de éstos.

lanzadera *f.* Instrumento que usan los tejedores para tramar. O pieza de algunas máquinas de coser que lleva el hilo.

lanzahélices o **lanzaplatos** *m.* En el tiro de pichón, aparato que lanza los discos con que los tiradores se ejercitan.

lanzallamas *m.* Aparato militar para lanzar a distancia un chorro de líquido inflamado o inflamable.

lanzamiento *m.* Acción de lanzar o arrojar una cosa. Despojo de una posesión o tenencia, por decisión y fuerza judicial.

lanzaminas m. Variedad de mortero de campaña que lanza proyectiles de gran capacidad explosiva. Buque para el lanzamiento y colocación de minas.

lanzar tr. Arrojar. Soltar, dejar libre. Vomitar. Emplear, gastar. Brotar, echar. Despojar a uno judicialmente de la posesión o tenencia de una cosa.

lanzatorpedos adj. y s. Buque equipado para lanzar torpedos. Tubo con que se lanzan.

lanzazo m. Lanzada.

laña f. Grapa. Coco verde.

lañar tr. Trabar, unir, afianzar con lañas una cosa.

lapa f. Telilla o nata que diversos vegetales criptógamos forman en la superficie de algunos líquidos. Molusco gasterópodo de concha cónica que vive asido fuertemente a las piedras de las costas; hay muchas especies y todas son comestibles. Lampazo, planta compuesta.

laparotomía f. Incisión que se practica en el abdomen.

lapicero m. Instrumento en que se pone el lápiz. El mismo lápiz.

lápida f. Piedra plana en que ordinariamente se graba una inscripción.

lapidar tr. Apedrear, matar a pedradas.

lapidario-a adj. Perteneciente a las piedras preciosas, o a las inscripciones que se graban en las lápidas. M. El que tiene por oficio labrar piedras preciosas. El que comercia con ellas. F. Arte de labrar o pulir las piedras preciosas.

lapilli m. pl. Productos volcánicos más pequeños que las escorias y mayores que las cenizas.

lapislázuli m. Piedra de color azul con la que se fabrican objetos de adorno y se prepara el azul de ultramar; es un silicato de sodio y aluminio con sulfuro de sodio.

lápiz m. Nombre genérico de varias substancias minerales, suaves, crasas al tacto, que se usan para dibujar. Barrita o mina de grafito encerrada en un cilindro o prisma de madera y que sirve para escribir o dibujar. Barrita para pintar los labios.

lapo m. Cintarazo, bastonazo o varazo. En Aragón, España, México y Chile, bofetada. Trago o chisguete.

lapón-a adj. y s. Natural de Laponia. Perteneciente o relativo a esta región del norte de Europa.

lapso m. Transcurso de tiempo. Caída en una culpa o error. Caída, ptosis.

laquear tr. Barnizar con laca; recubrir un objeto con barniz de laca.

lardear tr. Untar con lardo o grasa lo que se está asando.

lardero-a adj. Antiguamente, graso. Dícese del jueves inmediato a las carnestolendas.

lardo m. Lo gordo del tocino. Grasa o unto de los animales. Sebo, gordura.

larga f. Pedazo de suela o fieltro en la horma, para que salga más largo el zapato. El más largo de los tacos del billar.

largar tr. Soltar, dejar libre. Aflojar, ir soltando poco a poco. R. Irse o ausentarse con presteza o disimulo. Tr. En la Marina, desplegar, soltar una cosa. R. Hacerse la nave a la mar, apartarse de tierra o de otra nave.

largo-a adj. Que tiene más o menos longitud, o que la tiene excesiva. Liberal, dadivoso. Astuto, listo. Abundante, excesivo. Que dura mucho. M. Longitud. Adv. Sin escasez, en abundancia. Interj. con que se manda marcharse pronto.

largor m. Longitud.

larguero m. Palo o barrote a lo largo de una obra de carpintería, unido con otro y combinado o separado de otras piezas. Palo superior de la portería o meta del juego de fútbol. Cabezal, almohada larga.

largueza f. Largura. Liberalidad.

larguirucho-a adj. Persona o cosa desproporcionadamente larga respecto a su ancho o grueso.

largura f. Largor, longitud.

laringe f. Organo formado por nueve cartílagos unidos por ligamentos que constituyen las cuerdas vocales, entre la tráquea y la base de la lengua, en la porción superior y anterior del cuello.

laringitis f. Inflamación de la laringe, en particular de la mucosa

laringología f. Parte de la Patología que estudia las enfermedades de la laringe.

laringoscopio m. Instrumento para observar la laringe.

larva f. Primera forma en que aparecen los animales que sufren metamorfosis al salir del huevo; la de las mariposas se llama oruga; la de los insectos, gusano; todas muy voraces. Batracio en la primera edad o renacuajo.

larval o larvario-a adj. Perteneciente o relativo a la larva, o que tiene su forma.

larvicida adj. Que destruye las larvas de insectos, parásitos, etc.

las Forma del artículo determinado femenino plural. Acusativo del pronombre personal de tercera persona, femenino y plural.

lasca *f.* Trozo pequeño y delgado desprendido de una piedra. En América, ventaja, utilidad.

lascar *tr. americ* Descascarar, desconchar, hacer saltar lascas. En México, lastimar, magullar, rozar.

lascivia *f.* Propensión a los deleites carnales. Lujuria, impudicia.

lascivo-a *adj.* Perteneciente a la lascivia o sensualidad. Que tiene este vicio. Lujurioso, impúdico. Juguetón, alegre.

laser *m.* Amplificador u oscilador mecanico-cuántico de radiaciones luminosas.

lasitud *f.* Desfallecimiento, cansancio, falta de vigor y de fuerzas. Languidez, flojedad.

laso-a *adj.* Cansado, desfallecido, falto de fuerzas. Flojo y macilento. Dícese del lino, cáñamo, seda sin torcer.

lastar *tr.* Suplir lo que otro debe pagar, con derecho de reintegrarse. Padecer en pago de una culpa.

lástima *f.* Enternecimiento y compasión que excitan los males ajenos. Objeto que excita la compasión. Quejido, lamento, expresión lastimera. Cosa que causa disgusto.

lastimado-a *adj.* Herido. *F.* En América, herida.

lastimar *tr.* Herir o hacer daño. Agraviar, ofender en la estimación u honra. *R.* Dolerse del mal de una persona. Quejarse, dar muestras de dolor y sentimiento.

lastimero-a *adj.* Aplícase a las quejas, gemidos, lágrimas que mueven a lástima y compasión. Que hiere o hace daño. Enternecedor, doloroso.

lastimoso-a *adj.* Que mueve a compasión y lástima.

lastra *f.* Lancha, piedra lisa.

lastrar *tr.* Poner el lastre a la embarcación.

lastre *m.* Piedra de mala calidad en la superficie de la cantera. Cosas de peso que se ponen en el fondo de la embarcación, para que ésta entre en el agua hasta donde convenga. Sacos de arena que lleva la barquilla de un globo y que se arrojan para darle mayor fuerza de ascensión. Peso que se pone en un cuerpo sumergido para equilibrarlo. Juicio, peso, madurez.

lata *f.* Hoja de lata. Envase hecho con ella. Tabla delgada sobre la que se aseguran las tejas. Cosa fastidiosa o que disgusta por prolija o impertinente. Molestia.

latebra *f.* Escondrijo, cueva, madriguera.

latente *adj.* Oculto y escondido. No manifiesto.

lateral *adj.* Que está al lado de una cosa. Que no viene por línea recta. Relativo o perteneciente a un lado.

lateranense *adj.* Perteneciente o relativo al templo de San Juan de Letrán, en Roma.

latería *f.* Conjunto de latas de conserva.

laterío *m.* En América, latería.

látex *m.* Jugo lechoso que producen muchas plantas en los vasos laticíferos, de composición muy compleja, unos venenosos, otros alimenticios y algunos industriales.

laticífero-a *adj.* Que lleva látex. Dícese de los vasos de los vegetales que lo llevan.

latido *m.* Ladrido entrecortado. Movimiento alternativo de contracción y dilatación del corazón y de las arterias. Palpitación.

latifundio *m.* Finca rústica de gran extensión.

latifundista *com.* Persona que posee uno o varios latifundios.

latigazo *m.* Golpe dado con el látigo. Chasquido de éste. Golpe semejante a él. Daño impensado que se hace a uno. Reprensión áspera e inesperada. Trago.

látigo *m.* Azote largo, delgado y flexible con que se aviva y castiga especialmente a las caballerías.

latiguillo *m.* Estolón, vástago rastrero de algunas plantas. Exceso declamatorio del actor o del orador, en busca de aplauso.

latín *m.* Lengua del Lacio hablada por los antiguos romanos y usada hoy por la Iglesia Católica; de ella se deriva la nuestra y demás lenguas neolatinas.

latinajo *m.* Latín malo y macarrónico. Latín, voz o frase latina empleada en escritos o discursos en español.

latinismo *m.* Giro o modo de hablar propio y privativo de la lengua latina. Empleo de tales giros y construcciones en otra lengua.

latinista *com.* Persona que cultiva la lengua y la literatura latinas.

latinizar *tr.* Dar forma latina a voces de otras lenguas.

latino-a *adj. y s.* Natural del Lacio o de cualquiera de los pueblos italianos de que era metrópoli la antigua Roma. Perteneciente a ellos. Aplícase a la Iglesia de Occidente, en contraposición de la griega. Dícese de las embarcaciones y aparejos de vela triangular. Que sabe latín. Perteneciente a la lengua latina.

latinoamericano-a *adj. y s.* Dícese de los países de América descubiertos por los españoles y portugueses y en los cuales se conserva su lengua y civilización. Natural de cualquiera de estos países. Perteneciente a ellos. Iberoamericano.

latir *intr.* Dar latidos el perro. Ladrar. Dar latidos el corazón y las arterias.

latitud *f.* La menor de las dos dimensiones principales de las cosas en contraposición a la mayor o longitud. Toda la extensión de un Estado, nación, provincia o distrito. Distancia que hay desde un punto de la superficie terrestre al Ecuador, contada por los grados de un meridiano.

lato-a *adj.* Dilatado, extendido. Aplícase al sentido que por extensión se da a las palabras y no es el que exacta o rigurosamente les corresponde.

latón *m.* Aleación de cobre y cinc, de color amarillo pálido, susceptible de gran brillo y pulimento.

latoso-a *adj.* Fastidioso, molesto, pesado, impertinente.

latría *f.* Reverencia, culto y adoración que sólo se debe a Dios.

laúd *m.* Instrumento músico de cuerda, cuya parte inferior es convexa y formada por pequeñas piezas a modo de costillas. Embarcación pequeña de un solo palo y con vela latina. Tortuga marina de concha coriácea con siete líneas salientes a lo largo del carapacho, que asemejan a las cuerdas del laúd.

laudable *adj.* Digno de alabanza. Plausible, loable, encomiable.

láudano *m.* Tintura hidroalcohólica de opio. Extracto de opio.

laudatorio-a *adj.* Que alaba o contiene alabanza.

laude *f.* Lápida o piedra que se pone en la sepultura, por lo común con inscripción o escudo de armas. *Pl.* Parte del oficio divino que se reza después de maitines.

laudo *m.* Fallo que dictan los árbitros o amigables componedores.

laurácea-a *adj. y s.* Planta dicotiledónea, generalmente leñosa, hojas coriáceas indivisas, flores en umbela o panoja y con frutos en bayas o drupas: laurel, canelo, alcanforero, aguacate.

laureado-a *adj.* Parecido al laurel.

laureado-a *adj. y s.* Que ha sido recompensado con honor y gloria. Graduado, premiado.

laurear *tr.* Coronar de laurel. Premiar, honrar.

laurel *m.* Árbol lauráceo siempre verde, de tronco liso, hojas aromáticas, flores blanco verdosas en grupillos axilares, y fruto en baya ovoidea; sus hojas son condimentales y usadas éstos y los frutos

en Farmacia. Corona, triunfo, premio.

láureo-a *adj.* De laurel, o de hoja de laurel.

aureola o laureola *f.* Corona de laurel. Aureola.

lauro *m.* Laurel. Gloria, alabanza, triunfo. Premio, corona, palma.

lava *f.* Materias fundidas o incandescentes arrojadas por los volcanes en su erupción, que avanzan por las laderas, formando corrientes fluidas.

lavable *adj.* Que puede ser lavado.

lavabo *m.* Mesa o mesilla, con jofaina y demás recado para la limpieza y aseo personal. Taza grande de adosada a la pared, para los mismos usos y con uno o dos grifos de agua corriente. Cuarto dispuesto para este aseo.

lavacaras *com.* Persona aduladora.

lavadero *m.* Lugar en que se lava.

lavado *m.* Pintura a la aguada hecha con un solo color. Irrigación.

lavador-a *adj. y s.* Que lava. Aparato para el lavado mecánico.

lavadura *f.* Lavamiento. Aguas sucias procedentes de lavar.

lavajo *m.* Charca de agua llovediza que rara vez se seca.

lavamanos *m.* Depósito de agua con caño, llave y pila para lavarse las manos. Aguamanil. Lavabo.

lavamiento *m.* Acción y efecto de lavar o lavarse. Lavativa.

lavandería *f.* En América, establecimiento que se dedica al lavado de ropa.

lavándula *f.* Espliego.

lavaojos *m.* Copita de cristal con borde adaptado a la órbita del ojo para aplicar a éste un líquido medicamentoso.

lavaplatos *com.* Persona que lava los platos. *M.* En América, fregadero.

lavar *tr.* Limpiar una cosa con agua u otro líquido. Dar color con aguadas a un dibujo. Purificar, quitar un defecto, mancha o descrédito. Purificar los minerales por medio del agua.

lavativa *f.* Ayuda, medicamento líquido que se introduce por el ano. Jeringa para este uso. Molestia, incomodidad.

lavatorio *m.* Acción de lavar o lavarse. Lavabo. Lavamanos. Jofaina, palangana para lavarse. Mueble en que ésta se coloca.

lavazas *f. pl.* Agua sucia de lo que se lavó en ella.

lavotear *tr.* Lavar aprisa, mucho y mal.

laxante *adj.* Que laxa. *M.* Medicamento para mover el vientre; purgante suave.

laxar *tr.* Aflojar, ablandar, disminuir la tensión de una cosa.

laxitud f. Calidad de laxo. Debilidad, flojedad, aflojamiento.

laxo-a adj. Flojo, que no tiene la tensión debida. Aplícase a la moral relajada, libre o poco sana.

laya f. Pala fuerte de hierro para labrar la tierra y removerla. Calidad, especie, género.

layar tr. Labrar la tierra con la laya.

lazada f. Atadura o nudo que se hace con hilo, cinta o cosa semejante, de modo que tirando de uno de los cabos pueda desatarse con facilidad. Lazo.

lazar tr. Coger o sujetar con lazo.

lazareto m. Hospital o lugar fuera de poblado, en donde hacen cuarentena los infestados o sospechosos de enfermedad contagiosa. Hospital para leprosos. En América, hospital de variolosos.

lazarillo m. Muchacho que guía y dirige a un ciego.

lazarino-a adj. y s. Que padece del mal de San Lázaro; leproso.

lázaro m. Mendigo pobre y andrajoso.

lazo m. Nudo de cinta que sirve de adorno. Lazada. Adorno de metal que imita el lazo de cinta. Artificio de cuerda o trenza para cazar conejos, perdices, etc. Cordel con que se asegura la carga. Ardid o artificio engañoso. Unión, vínculo, obligación.

le Dativo del pronombre personal de tercera persona, masculino o femenino singular.

leader m. Palabra inglesa: jefe; especialmente de un grupo político o de una organización obrera: suele escribirse *líder*, de acuerdo con su fonética.

leal adj. Que guarda a las personas o cosas la debida fidelidad. Dícese de las acciones propias de un hombre fiel. Aplícase a algunos animales domésticos que guardan cierta fidelidad y reconocimiento al hombre. Sincero, honrado y noble en el trato.

lealtad f. Cumplimiento de lo que exigen las leyes de la fidelidad, del honor y la hembría de bien. Gratitud y amor que muestran ciertos animales domésticos. Sinceridad, honradez, rectitud.

lebrato m. Liebre joven.

lebrel adj. y s. Dícese del perro de labio superior y orejas caídas, hocico recio y cuerpo largo, muy a propósito para cazar liebres.

lebrillo m. Vasija más ancha por los bordes que por el fondo, para lavar ropa, los pies y otros usos.

lección f. Lectura. Inteligencia o comprensión de un texto. Instrucción o conjunto de conocimientos teóricos o prácticos que da un maestro cada vez. Capítulo o parte de un escrito o libro docente. Lo que señala el maestro al alumno para que lo estudie. Amonestación, acontecimiento o ejemplo que enseña el modo de conducirse.

lecito m. Vitelo nutritivo o yema de huevo.

lectivo-a adj. Dícese del tiempo y días destinados para dar lección, en los establecimientos de enseñanza.

lector-a adj. y s. Que lee. M. Empleado que anota el consumo registrado por un contador automático de agua, gas o electricidad. Profesor auxiliar.

lectura f. Acción de leer. Obra o cosa leída. Lección. Reunión en que se da a conocer, leyéndola, una obra literaria, científica, etc.

lecha f. Licor seminal de los peces. Cada una de las dos bolsas que lo contienen.

lechada f. Masa muy fina de cal o yeso para blanquear paredes, unir piedras o hiladas de ladrillo.

lechal adj. y s. Animal de cría que mama. Lechoso, que tiene látex. M. Este mismo zumo o látex.

lechar tr. Ordeñar. En México, blanquear con lechada de cal.

leche f. Líquido blanco que se forma en las mamas de las hembras de los mamíferos y del que se nutren las crías. Zumo blanco de algunas plantas o frutos. Jugo blanco que se extrae de algunas semillas machacándolas.

lechecillas f. pl. Mollejas de cabrito, cordero, ternera, etc. Asadura.

lechera f. La que vende leche. Vasija en que se tiene la leche o en que se sirve.

lechero-a adj. Que contiene leche o tiene alguna de sus propiedades. Aplícase a las hembras de animales que se tienen para que den leche. M. El que vende leche.

lechigada f. Conjunto de animalillos que han nacido de un parto y se crían juntos. Cuadrilla de pícaros, de gente de un mismo oficio o género de vida.

lecho m. Cama para descansar o dormir. Escaño en que se reclinaban orientales y romanos, para comer. Cama o mullido de yerbas o paja, para que el ganado descanse y haga estiércol. Madre de río. Fondo de mar, de un lago. Estrato, capa sedimentaria.

lechón m. Cochinillo que todavía mama. Puerco macho. Hombre sucio, desaseado.

lechoso-a adj. Que tiene cualidades o apariencia de leche. Dícese de las plantas y frutos de jugo blanco parecido a la leche. M. Papayo.

lechuga *f.* Planta compuesta hortense, de hojas grandes radicales, flores en muchas cabezuelas y aquenio seco gris; sus hojas se comen en ensalada.

lechuguilla *f.* Lechuga silvestre. En México, cierto agave y otras especies afines, empleadas para hacer cuerdas, reatas, sogas.

lechuguino-a *adj.* y Persona joven que se compone mucho y sigue la moda. *M.* Lechuga pequeña antes de ser transplantada.

lechuza *f.* Ave rapaz nocturna de plumaje muy suave, de cabeza redonda con ojos grandes y brillantes, pico corto y encorvado en la punta; da un graznido estridente cuando vuela; se alimenta de insectos y pequeños animales. En México, ramera, prostituta.

ledo-a *adj.* Alegre, contento, plácido.

leer *tr.* Pasar la vista por lo escrito o impreso, para enterarse del contenido. Enseñar o explicar un profesor sobre un texto. Ejecutar una obra musical leyéndola. Penetrar en el interior de alguien por lo que exteriormente aparece.

lega *f.* Monja profesa que sirve en las faenas caseras.

legación *f.* Empleo o cargo de legado. Conjunto de empleados de un legado. Su casa u oficina. Conjunto de diplomáticos que representan a un país en el extranjero.

legado *m.* Manda que en un testamento o codicilo hace un testador. Lo que deja o transmite a sus sucesores. Sujeto que una suprema autoridad civil o eclesiástica envía a otra parte, para tratar ciertos negocios.

legajo *m.* Atado de papeles o conjunto de los que están reunidos por tratar de una misma materia.

legal *adj.* Prescrito por la ley; conforme a ella. Cumplido en las funciones de su cargo. Lícito, legítimo, justo.

legalista *adj.* Que antepone a cualquier otra consideración la aplicación literal de las leyes.

legalizar *tr.* Dar estado legal a una cosa. Comprobar y certificar la autenticidad de un documento o firma.

légamo o **légano** *m.* Cieno, lodo o barro pegajoso. Parte arcillosa de la tierra de labor.

legaña *f.* Secreción sebácea que se cuaja en el borde de los párpados y en los ángulos de la abertura ocular.

legar *tr.* Dejar alguna manda en testamento o codicilo. Enviar como legado a una persona. Mandar donar.

legatario-a *m.* y *f.* Persona favorecida por el testador con una o varias mandas.

legendario-a *adj.* Perteneciente o relativo a las leyendas. Tradicional, fabuloso, quimérico.

legible *adj.* Que se puede leer. Inteligible, leíble.

legión *f.* Cuerpo de tropa. Número indeterminado y copioso de personas. Hueste, muchedumbre.

legionario-a *adj.* Perteneciente a la legión. *M.* Soldado que servía o sirve en una legión.

legislación *f.* Conjunto de leyes que rigen en un Estado. Ciencia de los principios jurídicos a que debe ajustarse el legislador.

legislador-a *adj.* y *s.* Que legisla.

legislar *intr.* Dar, hacer o establecer leyes.

legislativo-a *adj.* Aplícase al derecho o potestad de hacer leyes; al cuerpo o código de leyes.

legislatura *f.* Tiempo durante el cual funcionan los cuerpos legislativos. En México, Cámara de Diputados.

legista *m.* Letrado o profesor de Leyes o de Jurisprudencia. Persona que estudia Leyes o Jurisprudencia.

legítima *f.* Porción de la masa hereditaria de que el testador no puede disponer, por haberla reservado la ley a determinados herederos.

legitimar *tr.* Probar o justificar la verdad de una cosa o la calidad de una persona o cosa conforme a las leyes. Hacer legítimo al hijo que no lo era. Habilitar a una persona para un oficio o empleo.

legítimo-a *adj.* Conforme a las leyes. Cierto, auténtico y verdadero. Fidedigno, original, legal. Dícese del hijo nacido de padres unidos en matrimonio legal.

lego-a *adj.* y *s.* Que no tiene órdenes clericales. Falto de letras o noticias. *M.* Profeso religioso que no tiene opción a las órdenes sagradas.

legua *f.* Medida itineraria de diversa longitud según los países; en España equivale a 5 572 metros; en México, 4 190 metros.

leguleyo *m.* El que trata de leyes conociéndolas sólo vulgar y escasamente.

legumbre *f.* Fruto comestible de las leguminosas, sus semillas o las plantas que las producen. Hortaliza. Fruto seco, unilocular, que se abre por dos hendiduras, llamado vaina, típico de las leguminosas.

leguminosa *adj.* y *s.* Planta dicotiledónea con raíces nudosas, hojas alternas, de inflorescencia racimosa y fruto en legumbre.

leíble *adj.* Legible.

leída *f.* Lectura.

leído-a *adj.* Dícese de quien ha leído mucho y es de mucha erudición. Culto, ilustrado.

leísmo *m.* Empleo de la forma *le* del pronombre como única en el acusativo masculino singular.

lejanía *f.* Parte remota o distante de un lugar, paisaje o vista panorámica.

lejano-a *adj.* Distante, apartado.

lejía *f.* Agua en que se han disuelto álcalis o sus carbonatos. La que se obtiene cociendo ceniza sirve para la colada.

lejiar *tr.* Poner la ropa u otra cosa en lejía, o limpiar con ella.

lejos *adv.* A gran distancia; en lugar o tiempo distante o remoto.

lelo-a *adj.* y *s.* Simple y como pasmado. Bobo, atontado, idiota.

lema *m.* Argumento o título que precede a ciertas obras literarias. Letra o mote en los emblemas y empresas, para hacerlos más comprensibles. Tema. Palabra o palabras de contraseña.

lemosín-a *adj.* y *s.* Natural de Limoges o de esta antigua provincia de Francia. *M.* Lengua de oc.

lempira *m.* Moneda de Honduras equivalente a medio dólar.

lémur *m.* Mamífero primate de Madagascar, de uñas planas, de cola muy larga anillada. *Pl.* Fantasmas, sombras, duendes.

len *adj.* Dícese del hilo o seda cuyas hebras están poco torcidas.

lencería *f.* Conjunto de lienzos de distintos géneros, o tráfico que se hace con ellos. Tienda de lienzos. Lugar en que se guarda la ropa blanca, en hospitales, colegios, etc.

lencero-a *m.* y *f.* Persona que trata en lienzos o los vende.

lendrera *f.* Peine de púas finas y espesas para limpiar la cabeza.

lendroso-a *adj.* Que tiene muchas liendres.

lene *adj.* Suave o blando al tacto. Dulce, agradable, benévolo. Leve, ligero.

lengua *f.* Organo muscular situado en la cavidad de la boca, para gustar, deglutir, o articular los sonidos de la voz. Modo de hablar o escribir de un pueblo o nación. Intérprete. Badajo de la campana. Fiel de la balanza romana. Espía.

lenguado *m.* Pez de cuerpo oblongo y muy comprimido; de carne comestible muy fina.

lenguaje *m.* Conjunto de sonidos articulados con que el hombre manifiesta lo que piensa y siente. Facultad de expresarse por estos sonidos. Idioma de un pueblo, nación o parte de ella. Estilo y modo de hablar. Por extensión, gritos, voces, cantos o señales de los animales con los que se supone se comunican unos con otros. Conjunto de señales que dan a entender algo.

lenguaraz *adj.* y *s.* Hábil, inteligente en dos o más lenguas. Deslenguado, atrevido en el hablar.

lengüeta *f.* Epiglotis. Fiel de la balanza romana. Laminilla movible de metal de algunos instrumentos músicos de viento y ciertas máquinas hidráulicas y de aire. Hierro en forma de anzuelo, de las saetas, banderillas, garrochas, etc. Tirilla de piel que tapa la abertura de los zapatos por el empeine. Espiga a lo largo del canto de una tabla para encajarla en la ranura de otra.

lenidad *f.* Blandura en exigir el cumplimiento de los deberes o en castigar las faltas.

lenificar *tr.* Suavizar, ablandar.

lenitivo-a *adj.* Que ablanda y suaviza. *M.* Medicamento para ablandar y suavizar. Medio para mitigar los sufrimientos del ánimo. Emoliente, calmante.

lente *amb.* Cristal con caras cóncavas o convexas que se emplea en varios instrumentos de óptica. Cristal para corregir defectos de visión. *Pl.* Cristales de igual clase, con armadura para acercarlos cómodamente a los ojos. Masa mineral en forma de lenteja.

lenteja *f.* Planta leguminosa herbácea anual, de tallos endebles, hojas lanceoladas, flores blancas pedunculadas y semillas pardas en forma de disco, de medio centímetro de diámetro. Semilla de esta planta. Pesa, en forma de disco en que remata la péndola del reloj.

lentejuela *f.* Planchita redonda de metal para adornar la ropa, a la que se une con puntadas a través del agujerito que tiene en medio. Huella de un grano en la piel.

lenticular *adj.* Parecido en la forma a una lenteja. Relativo o perteneciente a una lente, o al cristalino del ojo.

lentisco *m.* Arbusto anacardiáceo siempre verde, de tallos leñosos, hojas compuestas, flores en racimos axilares y frutos en drupa casi esférica; maderable e industrial.

lentitud *f.* Tardanza o espacio con que se ejecuta o acaece una cosa.

lento-a *adj.* Tardo y pausado en el movimiento o en la acción. Poco vigoroso y eficaz.

leña *f.* Parte de los árboles y matas que, cortada y hecha trozos, se destina para la lumbre. Castigo, paliza.

leñador-a *m.* y *f.* Persona que corta leña por oficio.

leñame *m.* Madera. Provisión o acopio de leña.

leñero-a *m. y f.* El que vende o compra la leña necesaria para una casa o comunidad. Sitio para guardar o hacinar leña.

leño *m.* Trozo de árbol después de cortado y limpio de ramas. Parte más o menos dura de los vegetales. Nave, embarcación. Persona de poco talento y habilidad.

leñoso-a *adj.* Parte más consistente de los vegetales. De la dureza y consistencia de la madera.

león *m.* Mamífero carnicero félido rugidor, de abundante melena, cola con borla, dientes y garras muy fuertes. Hombre audaz, valiente e imperioso. Puma, león americano.

leona *f.* Hembra del león. Mujer audaz, imperiosa y valiente.

leonado-a *adj.* De color rubio obscuro, semejante al del pelo del león.

leonero-a *m. y f.* Persona que cuida los leones. Tablajero, garitero. *F.* Lugar en que se tienen encerrados los leones. Habitación desarreglada. Casa de juego o de diversión.

leonés-a *adj. y s.* Natural de León. Perteneciente a esta ciudad y al antiguo reino de León, en España.

leonino-a *adj.* Perteneciente o relativo al león. Dícese del contrato oneroso en que toda la ventaja o ganancia es para una de las partes, sin equitativa conmutación entre éstas.

leopardo *m.* Mamífero carnicero félido, con aspecto de gato grande, de pelaje rojizo con manchas negras y redondas, cruel y sanguinario; se llama también pantera.

leopoldina *f.* Ros más bajo que el ordinario y sin orejeras.

lepe *com.* En México, becerro que mama de madre ajena, por haber muerto la propia.

leperada *f.* En México, acción villana de gente grosera; expresión obscena.

lépero-a *adj. americ.* Dícese del individuo soez, poco decente.

lepidóptero *m.* Insecto con cuatro alas membranosas cubiertas de pequeñas escamas microscópicas imbricadas y de pelos más o menos aplanados de colores brillantes; de metamorfosis completa: mariposas, polillas, palomillas, etc.

lepidosaurio *adj. y s.* Reptil de piel cubierta de escamas y ano en forma de hendidura transversal: saurios y ofidios.

leporiforme *adj.* Parecido a la liebre. *M.* Híbrido de liebre y conejo.

leporino-a *adj.* Perteneciente a la liebre. Dícese del labio o labios hendidos.

lepra *f.* Enfermedad contagiosa producida por un bacilo, con granulomas, atrofias, deformaciones y mutilaciones espontáneas.

leprocomio o **leprosería** *m. o f.* Lazareto, hospital de leprosos.

leproso-a *adj. y s.* Que padece lepra.

leptorrino-a *adj.* De nariz larga y delgada. Que tiene la probóscide, el pico o el hocico delgado y muy saliente.

leque *m.* En México, vasija hemisférica hecha del epicarpio leñoso de una calabaza.

lercha *f.* Junquillo con que se ensartan aves o peces muertos, para llevarlos de una parte a otra.

lerdo-a *adj.* Pesado y torpe en el andar, especialmente en las bestias. Tardo y torpe para comprender y ejecutar algo.

leridano-a *adj. y s.* Natural de Lérida. Perteneciente a esta ciudad y provincia de España.

les Dativo del pronombre personal de tercera persona, masculino o femenino y plural.

lesbio-a *adj. y s.* Natural de Lesbos. Perteneciente a esta isla del Mediterráneo. Dícese del amor sexual entre mujeres.

lesera *f. americ.* Tontería, necedad, torpeza. Calidad de leso.

lesión *f.* Daño o detrimento corporal causado por una herida, golpe o enfermedad. Cualquier daño, perjuicio o detrimento.

lesionar *tr.* Causar lesión.

lesivo-a *adj.* Que causa o puede causar lesión, daño o perjuicio.

leso-a *adj.* Agraviado, ofendido, lastimado. Dícese del entendimiento o de la imaginación pervertidos, trastornados.

letal *adj.* Mortífero, capaz de ocasionar la muerte.

letanía *f.* Rogativa, súplica que se hace a Dios con cierto orden, invocando a la Santísima Trinidad, por mediación de Jesucristo, la Virgen y los santos. Lista, retahíla.

letárgico-a *adj.* Que padece letargo. Perteneciente al letargo.

letargo *m.* Estado de somnolencia profunda, más o menos duradera, síntoma de diversos trastornos nerviosos. Torpeza, modorra, insensibilidad, enajenamiento del ánimo.

leticia *f.* Alegría, regocijo, deleite, satisfacción.

letificar *tr.* Alegrar, regocijar. Animar, excitar a una acción.

letón-a *adj. y s.* Natural de Letonia. Perteneciente o relativo a este país de Europa, hoy incorporado a la U.R.S.S. Lengua indoeuropea hablada por los letones.

letra *f.* Cada uno de los signos con que se representan los sonidos y articulaciones de un idioma. Los mismos sonidos y articulaciones. Modo peculiar de escribir, propio de una persona. Sentido propio y exacto de las palabras. Romance corto cuyos primeros versos se suelen glosar. Conjunto de palabras para cantar. Lema o mote en los emblemas. Documento de giro. *Pl.* Los diversos ramos del humano saber.

letrado-a *adj.* Sabio, docto, instruido. Que presume de discreto. *M.* Abogado.

letrero *m.* Palabra o conjunto de palabras escritas para noticiar o publicar una cosa.

letrilla *f.* Composición poética de versos cortos, de carácter amoroso, satírico o burlesco y con estribillo.

letrina *f.* Lugar destinado en las casas para verter las inmundicias y excrementos. Cosa que parece sucia y asquerosa.

leucemia *f.* Enfermedad aún incurable, causada por disfunción de los órganos hematopoyéticos, cuyo principal síntoma es la puesta en circulación de leucocitos muy jóvenes, casi siempre en número elevadísimo.

leucocito *m.* Célula globular incolora dotada de movimiento amiboideo que se halla en la sangre, la linfa y el tejido conjuntivo.

leucopenia o leucocitopenia *f.* Mengua del número de leucocitos en la sangre.

leudar *tr.* Dar fermento en la masa con levadura. *R.* Fermentar la masa con la levadura.

leva *f.* Partida de las embarcaciones del puerto. Recluta o enganche de gente para el servicio del Estado. Acción de levarse o irse. Diente de la rueda de batán o de otro mecanismo semejante.

levadizo-a *adj.* Que se levanta o puede levantar con algún artificio, quitándolo y volviéndolo a poner; se usa sobre todo hablando de puentes.

levadura *f.* Microorganismo capaz de actuar como fermento; masa que forma con otros.

levantado-a *adj.* Elevado, sublime. Altivo, orgulloso.

levantamiento *m.* Acción y efecto de levantar o levantarse. Sedición, alboroto popular. Sublimidad, elevación. Reproducción en dibujo, sobre un plano, de la configuración de un terreno.

levantar *tr.* Mover de abajo hacia arriba una cosa. Poner una cosa en lugar más alto que el que antes tenía. Poner derecha o en posición vertical a una persona o cosa inclinada, tendida, etc. Separar una cosa de otra. Dirigir hacia arriba la mirada, la puntería, etc. Recoger o quitar una cosa de donde está. Alzar, retirar la cosecha del campo. Construir, edificar. Abandonar un sitio llevándose lo que en él hay. Ahuyentar o hacer que salte la caza. Erigir, instituir. Aumentar, subir, dar mayor incremento o precio a una cosa. Dar mayor fuerza a la voz. Hacer que cesen algunas penas o vejámenes. Rebelar, sublevar. Engrandecer, ensalzar. Impulsar hacia cosas altas. Esforzar, vigorizar. Reclutar, alistar gente. Atribuir, imputar maliciosamente una cosa falsa. Trazar el mapa o plano de un lugar, región o país.

levante *m.* Oriente, punto cardinal del horizonte por donde nace o aparece el Sol en los equinoccios. Viento que sopla de la parte oriental. Países que están en la parte oriental del Mediterráneo. Comarcas mediterráneas de España.

levantisco-a *adj.* De genio inquieto y turbulento. Revoltoso, indócil, alborotador.

levar *tr.* Llevar. Hacer levas o levantar gentes para la guerra. Robar, quitar, hurtar. Recoger anclas. *R.* Hacerse a la vela.

leve *adj.* Ligero, de poco peso. De poca importancia, venial, de poca consideración.

levigar *tr.* Desleír en agua una materia en polvo, para separar la parte más tenue de la más gruesa que se deposita en el fondo de la vasija.

levita *m.* Israelita de la tribu de Leví, dedicado al culto del Templo. Vestidura larga de hombre, con faldones y mangas.

levitación *f.* Sensación alucinatoria, como de elevarse en el aire o flotar en él. Movimiento, según los espiritistas, de un cuerpo o de un objeto, debido al poder de un espíritu o a fuerzas ocultas.

levítico-a *adj.* Perteneciente a los levitas. Aficionado a la Iglesia o supeditado a los eclesiásticos. *M.* Libro de la Biblia, el tercero del Pentateuco.

levitón *m.* Levita más larga, más holgada y de paño más grueso que el usado en la de vestir.

léxico-a *adj.* Perteneciente o relativo al vocabulario de una lengua o región. *M.* Diccionario de la lengua griega. Por extensión, diccionario de cualquier otra lengua. Caudal de voces, modismos y giros de un autor.

lexicografía *f.* Arte de componer léxicos o diccionarios. Estudio de las voces en sus diversos cambios gramaticales.

lexicón *m.* Léxico, diccionario.

ley *f.* Regla y norma constante e invariable de las cosas, nacida de la causa primera o de sus propias cualidades y condiciones. Precepto dictado por la suprema autoridad, en que se manda o prohibe una cosa, en consonancia con la justicia y para el bien de los gobernados. Religión. Lealtad, fidelidad, amor. Calidad, peso o medida que tienen los géneros, según las leyes. Cantidad de oro o plata fina en las ligas de barras, alhajas o monedas de oro y plata. Cantidad de metal contenida en una mena. Estatuto o condición establecida para un acto particular. Código civil. *Pl.* Usos y costumbres o disposiciones que rigen sobre alguna cosa, en un país, sociedad, etc.

leyenda *f.* Acción de leer. Obra que se lee. Historia o relación de sucesos que tienen más de tradicionales o maravillosos que de verdaderos. Título, explicación o inscripción en un plano, mapa, cuadro, etc. Vida de uno o más santos o personas piadosas.

lezna *f.* Instrumento de punta muy fina para agujerear, coser y despuntar cueros o materias duras.

lía *f.* Soga de esparto machacado, tejida como trenza, para atar y asegurar fardos, cargas y otras cosas. *Pl.* Heces.

liana *f.* Bejuco.

liar *tr.* Atar y asegurar los fardos con lías. Envolver. Engañar a uno, envolverle en un compromiso. *R.* Envolverse, enredarse dos personas con fin deshonesto. Ligar, amarrar.

liásico-a *adj.* Período del jurásico inferior que sigue al triásico.

libación *f.* Acción de libar. Ceremonia religiosa de los antiguos consistente en llenar un vaso de vino o de otro licor y derramarlo después de haberlo probado.

libanés-a *adj. y s.* Natural del Líbano. Perteneciente o relativo al país o a la cordillera de este nombre, en el Asia Occidental.

libar *tr.* Chupar suavemente el jugo de una cosa. Hacer libación. Probar o gustar un licor.

libelo *m.* Escrito en que se denigra o infama a personas o cosas. Petición o memorial.

libélula *f.* Insecto de cabeza grande, ojos compuestos de varias facetas, abdomen alargado, con cuatro alas largas de nervios muy finos; es muy útil por la cantidad de larvas, moscas, mosquitos, etc., de que se alimenta; frecuenta las orillas del agua; caballito del diablo.

líber *m.* Capa fibrosa y vascular, debajo de la corteza, entre ésta y la madera propiamente dicha de los árboles.

liberación *f.* Acción de poner en libertad. Cancelación o declaración de caducidad de una carga que real o aparentemente grave un inmueble. Renuncia que de su crédito hace el acreedor en favor del deudor.

liberal *adj.* Que obra con liberalidad. Dícese de la cosa hecha con ella. Expedito, pronto para ejecutar cualquier cosa. Que profesa doctrinas favorables a la libertad. Tolerante, que respeta la independencia y creencias de los demás. Dícese del arte que requiere el ejercicio del entendimiento.

liberalidad *f.* Distribución generosa de los bienes, sin esperar recompensa. Generosidad, desprendimiento, esplendidez.

liberalismo *m.* Tendencia favorable a la libertad individual; en especial, tendencia moderna a liberar la persona humana de toda limitación trascendente y de toda autoridad dogmática.

liberalizar *tr.* Hacer liberar en el orden político a una persona o cosa.

liberar *tr.* Libertar; eximir a uno de una obligación. Arrancar del poder del enemigo a una persona, plaza o territorio.

liberiano-a *adj. y s.* Natural de Liberia. Perteneciente o relativo a esta república africana.

libérrimo-a *adj.* Superlativo de libre.

libertad *f.* Facultad natural del hombre de obrar de una manera o de otra, y de no obrar. Estado o condición de ser libre, del que no está preso. Falta de sujeción y de subordinación. Licencia u osada familiaridad. Desembarazo, franqueza. Facilidad, soltura.

libertar *tr.* Poner a uno en libertad; sacarle de la esclavitud o sujeción. Eximir de una obligación a alguien. Preservar.

libertario-a *adj.* Que defiende la libertad absoluta, y por tanto, la supresión de todo gobierno y de toda ley.

liberticida *adj.* Que anula la libertad.

libertinaje *m.* Desenfreno en las obras o en las palabras. Falta de respeto a la religión.

libertino-a *adj. y s.* Persona entregada al libertinaje. Licencioso, disoluto.

liberto-a *m. y f.* Esclavo a quien se ha dado la libertad, respecto a su patrono.

libidine *f.* Lujuria, lascivia.

libido *f.* Instinto sexual o apetito carnal que mueve a los animales hacia el sexo contrario para efectuar la cópula y conservar la especie.

libio-a *adj. y s.* Natural de Libia. Perteneciente o relativo a este reino del África septentrional.

libra *f.* Unidad antigua de peso, de diferente valor según los países. La de Castilla era equivalente a 460 gramos; en México, 460.246.

libración *f.* Movimiento como oscilación de un cuerpo, ligeramente perturbado en su equilibrio, efectúa hasta ·recuperarlo poco a poco.

librado-a *m. y f.* Persona contra la que se gira una letra de cambio.

librador-a *adj.* Que libra. *M. y f.* El que da, gira o expide un instrumento de crédito, en especial una letra de cambio.

libramiento *m.* Acción y efecto de librar de un trabajo, mal o peligro. Orden de pago.

libranza *f.* Orden de pago contra quien tiene fondos a disposición del que la expide. Libramiento.

librar *tr.* Sacar o preservar a uno de un trabajo, mal o peligro. Poner o fundar la confianza en una persona o cosa. Dar, entregar. Expedir letras de cambio, libranzas, cheques, etc. *Intr.* Parir la mujer.

libre *adj.* Que tiene libertad. Que no está preso. Licencioso, insubordinado. Atrevido, desenfrenado. Suelto, no sujeto. Exento, dispensado. Soltero. Independiente. Inocente. *M.* En México, automóvil de alquiler, taxímetro.

librea *f.* Traje de la servidumbre, generalmente de uniforme. Paje o criado que lo usa.

librecambio *m.* Sistema políticoeconómico basado en el cambio de mercancías, libremente desarrollado, sin intervención del Estado.

librepensador-a *adj. y s.* Partidario del librepensamiento.

librepensamiento *m.* Doctrina que reclama para la razón individual independencia absoluta de todo criterio sobrenatural en materia religiosa.

librería *f.* Biblioteca. Tienda donde se venden libros. Profesión de librero. Estantería o armario para libros.

librero-a *m. y f.* Persona que por oficio vende libros. En México, mal usado por armario o estante para libros.

libresco-a *adj.* Perteneciente o relativo al libro. Autor o enseñanza que se inspira más en las lecturas de libros que en la realidad de la vida o en la Naturaleza.

libreta *f.* Cuaderno destinado a escribir anotaciones o cuentas.

libretista *com.* Autor de uno o más libretos.

libreto *m.* Texto o letra de una ópera o zarzuela. Resumen o guión de una ópera que se entrega al espectador para mejor comprensión de la misma.

librillo *m.* Cuadernito de papel de fumar, de panes de oro o plata, etc.

libro *m.* Reunión de cuadernillos de papel, impresos, cosidos y encuadernados y que forman un volumen. Obra científica o literaria que forma volumen. Parte principal en que suele dividirse una obra científica o literaria, códigos o leyes de gran extensión. Para los efectos legales, todo impreso no periódico que contiene 200 páginas o más. Tercera de las cuatro cavidades en que se divide el estómago de los rumiantes.

licencia *f.* Facultad o permiso para hacer una cosa; documento en que consta. Abusiva libertad en decir u obrar. Grado de licenciado. Autorización para dejar de prestar servicio por tiempo limitado.

licenciado-a *adj.* Dícese de la persona que se precia de entendida. Dado por libre. *M. y f.* Persona que ha obtenido grado que la habilita para una profesión. Tratamiento que se da a los abogados. Soldado que ha recibido licencia.

licenciar *tr.* Dar permiso o licencia. Despedir a uno. Conferir el grado de licenciado. Dar a los soldados su licencia. *R.* Tomar el grado de licenciado.

licenciatura *f.* Grado de licenciado. Acto de recibirlo. Estudios necesarios para obtener este grado.

licencioso-a *adj.* Libre, atrevido, disoluto.

liceo *m.* Escuela aristotélica. Nombre de ciertas sociedades literarias o de recreo. Centro de Segunda Enseñanza.

licitar *tr.* Ofrecer precio por una cosa en subasta o almoneda.

lícito-a *adj.* Justo, permitido, según justicia y razón. Que es de la ley o calidad que se manda. Legítimo, legal, autorizado.

licopodio *m.* Planta criptógama, por lo común rastrera, de hojas imbricadas que se da por lo común en parajes húmedos y sombríos; sus esporas constituyen el polvo de licopodio o azufre vegetal.

licor *m.* Cuerpo líquido. Bebida espiritosa obtenida por destilación, maceración o mezcla de diversas substancias, compuesta de alcohol, agua, azúcar y esencias aromáticas varias. Nombre que se da a ciertos líquidos fisológicos, reactivos o disoluciones.

licorera /. Utensilio de mesa donde se colocan las botellas o frascos de licor y, a veces, los vasitos o copas en que se sirve.

licorería /. Tienda donde se expenden licores. En América, fábrica de licores.

licorista com. Persona que hace o vende licores.

licoroso-a adj. Aplícase al vino espirituoso o aromático.

líctor m. Guardia que precedía a los magistrados supremos de Roma y que llevaban las fasces apoyadas en el hombro izquierdo.

licuador-a adj. y s. Dícese de la persona que licua. F. Aparato con que se reducen a papilla legumbres, frutas y otros alimentos crudos o cocidos, a base de una pieza con cuatro cuchillas en forma de aletas que gira a gran velocidad, movida por un motor eléctrico.

licuar tr. Liquidar. Fundir un metal sin que se derritan las demás materias con que se encuentra combinado, a fin de separarlo de ellas.

licuefacción /. Acción y efecto de licuar o licuarse. Licuación. Transformación de un sólido o de un gas en líquido.

licuefacer o **licuecer** tr. Licuar.

licuescente adj. Susceptible o capaz de liquidarse. Que tiende a liquidarse.

licurgo-a Inteligente, astuto, hábil. Legislador; por alusión al célebre legislador espartano Licurgo, del siglo IX a. de C.

lid /. Combate, pelea. Disputa, contienda. Lucha, discusión.

líder m. Leader.

liderazgo o **liderismo** m. Funciones, calidad de líder. Dominación o influencia de los líderes.

lidia /. Acción y efecto de lidiar. En América, tarea fatigosa, esfuerzo, trabajo pesado.

lidiar intr. Batallar, pelear. Hacer frente a uno, oponérsele. Tratar con personas molestas y que ejercitan la paciencia. Tr. Burlar al toro luchando con él y esquivando sus acometidas hasta darle muerte, según las reglas del toreo.

lidio-a adj. y s Natural de Lidia. Perteneciente a este país del Asia antigua.

liebre /. Mamífero roedor de pelaje suave y espeso, de cabeza pequeña, orejas muy largas y cola corta; es tímido, solitario y de veloz carrera.

lien m. Bazo.

liendre /. Huevecillo del piojo, en el pelo de los mamíferos.

liento-a adj. Húmedo, poco mojado.

lienzo m. Tela de lino, cáñamo o algodón. Pañuelo para limpiar las narices y el sudor. Pintura sobre lienzo. Fachada del edificio o pared que se extiende de un lado a otro. Porción de muralla en línea recta; cortina.

liga /. Cinta o listón con que se aseguran las medias y los calcetines. Faja o venda. Materia viscosa del muérdago, para cazar pájaros. Unión o mezcla. Aleación. Confederación de Estados con fines defensivos y ofensivos. Agrupación de individuos, colectividades o Estados con algún designio común. Cantidad de cobre que se mezcla con el oro o la plata cuando se bate moneda o se fabrican alhajas.

ligado m. Unión o enlace de las letras en la escritura. Unión de dos o más notas musicales sin interrupción de sonido, por contraposición al picado.

ligadura /. Vuelta que se da apretando con liga, venda u otra atadura. Sujeción. Compromiso. Cinta que aprieta y agarrota.

ligamento m. Unión, mezcla. Cordón fibroso que une o liga los huesos de las articulaciones o sostiene y fija órganos en un sitio. Banda quitinosa que une y sujeta las valvas de los moluscos.

ligar tr. Atar. Alear, mezclar dos o más metales, fundiéndolos. Mezclar una porción de otro metal con el oro o la plata para batir monedas o fabricar alhajas. Unir o enlazar. Obligar a hacer o cumplir una cosa. Ganar la voluntad de uno con beneficios u obsequios. R. Confederarse, unirse para algún fin. Ejecutar dos o más notas musicales sin interrupción de sonido.

ligazón /. Unión, trabazón, enlace de una cosa con otra.

ligereza /. Presteza, agilidad, levedad. Inconstancia, volubilidad. Hecho o dicho irreflexivo o poco meditado. Rapidez, celeridad; imprudencia.

ligero-a adj. Que pesa poco. Agil, veloz, pronto. Aplícase al sueño que se interrumpe fácilmente por cualquier causa. Leve, de poca importancia. Alimento que pronto y fácilmente se digiere. Dícese de la persona que muda fácilmente de opinión. Liviano; rápido; superficial; irreflexivo.

lignina /. Substancia ternaria que impregna o incrusta las membranas de las células del tejido leñoso.

lignito m. Carbón fósil, que procede de los tejidos vegetales leñosos; por su poder calorífico es intermedio entre la turba y la hulla;

la calidad compacta susceptble de pulimento es el azabache.

ligulado-a *adj.* De forma de cinta o banda estrecha.

ligustro *m.* Alheña, planta olácea; su flor en el ligustre.

lija *f.* Pez selacio de cuerpo casi cilíndrico, de piel sin escamas pero cubierta de unos granillos muy duros que la hacen sumamente áspera; es carnívoro y muy voraz; de él se utilizan la carne, la piel y el aceite de su hígado. Piel seca de este pez. Papel de lija.

lijar *tr.* Alisar y pulir con lija o papel de lija.

lila *f.* Arbusto oláceo ornamental muy ramoso, de hojas acorazonadas, flores de color morado claro, olorosas, en ramilletes erguidos y cónicos y fruto capsular. Su flor. Co'or morado claro.

liliáceo-a *adj. y s.* Planta monocotiledónea, generalmente herbácea, de hojas radicales ensiformes, flores actinomorfas y fruto capsular o en baya; sus bulbos, tubérculos o rizomas son característicos: azucena, tulipán, ajo, cebolla, jacinto, etc.

liliforme *adj.* En forma de lis o lirio.

liliputiense *adj. y s.* Dícese de la persona extremadamente pequeña y endeble, por alusión a fantásticos personajes imaginados por el literato inglés Jonatán Swift.

lima *f.* Fruto del limero. Limero, planta arbórea rutácea. Instrumento de acero templado, con la superficie finamente estriada para desgastar y alisar los metales y otras materias duras. Madero que se coloca en el ángulo diedro que forman dos vertientes de una cubierta. El mismo ángulo.

limácido-a *adj. y s.* Molusco gasterópodo pulmonado, de concha oculta, rudimentaria o atrofiada, que incluye las babosas.

limadura *f.* Acción y efecto de limar. *Pl.* Partecillas muy menudas que con la lima se arrancan de alguna pieza de metal o materia semejante.

limalla *f.* Limaduras.

limar *tr.* Cortar o alisar metales, maderas, etc., con lima. Pulir una obra. Debilitar, cercenar alguna cosa.

limaza *f.* Babosa, molusco gasterópodo.

limazo *m.* Viscosidad o babaza.

limbado *adj.* Provisto de un limbo o rodeado de un reborde membranoso o de co'or distinto al resto.

limbo *m.* Lugar o seno en que estaban las almas de los justos en espera de la Redención. Lugar de las almas de los que, antes del uso de razón, mueren sin el Bautismo. Borde de una cosa; orla o extremo de la vestidura. Corona graduada en los instrumentos para medir ángulos. Contorno aparente de un astro. Parte ensanchada de la hoja, pétalo o sépalo.

limen *m.* Umbral.

limeño-a *adj. y s.* Natural de Lima. Perteneciente a esta ciudad capital del Perú, en América.

limero *m.* Árbol rutáceo de tronco liso y ramoso, hojas persistentes, flores blancas y olorosas y fruto en hesperidio, que es la lima.

limeta *f.* Botella de vientre ancho y corto y cuello bastante largo.

limícola *adj.* Dícese de los seres que viven en el fango, generalmente enterrados en él.

limitación *f.* Acción y efecto de limitar o limitarse. Término o distrito.

limitado-a *adj.* Dícese del que tiene corto entendimiento.

limitar *tr.* Poner límites a un terreno. Acotar, ceñir. Fijar la extensión mayor que puede tener la jurisdicción, autoridad, derecho o facultades de uno. *Intr.* Lindar, confinar.

límite *m.* Término, confín o lindero de Estados, provincias, posesiones, etc. Fin, término. Término del cual no puede pasar el valor de una cantidad.

limítrofe *adj.* Confinante, aledaño.

limo *m.* Lodo o légamo. Substancia fangosa formada de arcilla y materias orgánicas que se deposita en el fondo de los estanques, fuentes, etc.

limón *m.* Fruto del limonero, de color amarillo o amarillo verdoso; es un hesperidio de corteza glandulosa, rica en ácido cítrico. Limonero.

limonada *f.* Bebida compuesta de agua, azúcar y zumo de limón.

limonero-a *m. y f.* Persona que vende limones. *M.* Árbol rutáceo, siempre verde, florido y con fruto, de tronco liso y ramoso, hojas de hermoso color verde, flores olorosas y por fruto el limón.

limonero-a *adj. y s.* Aplícase a la caballería que va a varas en el carro, calesa, etc.

limosna *f.* Lo que se da por amor de Dios, para socorrer una necesidad.

limosnero-a *adj.* Caritativo, inclinado a dar limosna o que la da con frecuencia. *M.* Encargado de recoger y distribuir limosnas. En América, mendigo.

limoso-a *adj.* Lleno de limo o lodo.

limpia *f.* Limpieza, acción y efecto de limpiar. Arranque de ramas inútiles o muertas, o poda ligera de árboles y arbustos.

limpiabarros *m.* Utensilio a la entrada de las casas, para limpiar el barro del calzado.

limpiabotas *m.* El que por oficio limpia y lustra botas y zapatos.

limpiachimeneas *m.* El que por oficio deshollina chimeneas; deshollinador.

limpiadientes *m.* Mondadientes.

limpiapeines *m.* Instrumento de metal para limpiar las púas de los peines.

limpiapipas *m.* Escobilla en alambre flexible para limpiar pipas y boquillas.

limpiar *tr.* Quitar la suciedad o la inmundicia de una cosa. Purificar. Ahuyentar, echar de una parte a los que son perjudiciales en ella. Quitar a los árboles las ramas pequeñas que se dañan entre sí. Hurtar. En México y Panamá, castigar, azotar.

límpido-a *adj.* Limpio, terso, puro, sin mancha.

limpieza *f.* Calidad de limpio. Acción o efecto de limpiar o limpiarse. Pureza, castidad. Integridad en los negocios. Precisión, destreza en ejecutar algo. Observancia estricta de las reglas en un juego. Pulcritud.

limpio-a *adj.* Que no tiene mancha o suciedad. Sin mezcla de otra cosa. Que tiene el hábito del aseo y la pulcritud. Libre, exento de cosa que dañe o inficione. Depurado, despejado, desembarazado.

lináceo-a *adj.* Parecido al lino.

linaje *m.* Ascendencia o descendencia de cualquier familia. Clase o condición de una cosa. Abolengo, estirpe, prosapia, género.

linajudo-a *adj. y s.* Aplícase al que es o se precia de ser de gran linaje.

linaria *f.* Planta escrofulariácea herbácea, de tallos erguidos, hojas parecidas a las del lino, estrechas y agudas, flores amarillas en espiga; vive en terrenos áridos y se ha empleado en Medicina como depurativo y purgante.

linaza *f.* Simiente del lino, en forma de granillos elipsoidales; molida proporciona una harina muy usada para cataplasmas emolientes; su aceite secante es de gran empleo en la fabricación de pinturas y barnices.

lince *m.* Mamífero carnicero félido, con pelaje que tira a bermejo, orejas puntiagudas, muy parecido al gato cerval; los antiguos le atribuían una vista tan penetrante que atravesaba las paredes. Persona aguda y sagaz.

lincear *tr.* Descubrir o notar lo que difícilmente puede verse.

linchamiento *m.* Acción de linchar.

linchar *tr.* Ejecutar, dar muerte a un criminal, verdadero o supuesto, sin formación de proceso y tumultuariamente.

linche *m.* En México, especie de alforjas fabricadas con el filamento de las pencas de maguey.

lindar *intr.* Estar contiguos dos terrritorios, terrenos o fincas. Confinar, colindar.

linde *amb.* Límite, término, confín, lindero; fin. Línea que divide unas heredades de otras.

lindero-a *adj.* Que linda con una cosa. *M.* Linde.

lindeza o lindura *f.* Calidad de lindo. Hecho o dicho gracioso. *Pl.* Insultos o improperios.

lindo-a *adj.* Hermoso, bello, apacible y grato a la vista. Primoroso, exquisito. *M.* Hombre afeminado que presume de hermoso y cuida mucho su compostura y aseo. Bonito, agraciado.

línea *f.* Extensión, longitud. Medida longitudinal equivalente a dos milímetros. Raya, señal larga y estrecha. Renglón. Vía terrestre, marítima o aérea. Clase, género, especie. Serie de personas enlazadas por parentesco. Límite, término. Sedal. Circuito de transporte de energía. Lo que limita o sirve de contorno a una área; trayectoria que describe un punto. Formación de tropas en orden de batalla. Serie de trincheras. Cada una de las cinco paralelas del pentagrama.

lineal *adj.* Perteneciente a la línea. Dícese del dibujo que se representa por medio de líneas solamente. Expresión algebraica, función o ecuación de primer grado.

lineamiento o lineamento *m.* Delineación o dibujo de un cuerpo por el cual se distingue y conoce su figura. Perfil, esbozo, rasgo.

linear *tr.* Trazar líneas. Bosquejar.

linfa *f.* Humor orgánico amarillento, alcalino, que llevan los vasos linfáticos; se coagula como la sangre; contiene leucocitos y corpúsculos de grasa. Por extensión, cualquier líquido parecido a la linfa. Vacuna; líquido o suero obtenido de las pústulas variolosas. Agua.

linfático-a *adj.* Que abunda en linfa. Perteneciente o relativo a la linfa. Indolente, apático, perezoso.

lingote *m.* Trozo o barra de metal en bruto. Línea de impresión que se forma en la linotipia.

lingual *adj.* Perteneciente a la lengua. Dícese de la consonante cuya pronunciación depende principalmente de la lengua: l.

lingüiforme *adj.* De forma o figura de lengua.

lingüista *m.* El versado en Lingüística.

lingüística *f.* Ciencia general del lenguaje considerado como fenómeno humano y social.

lingüístico-a *adj.* Perteneciente o relativo a la Lingüística o a una lengua o al lenguaje.

linimento *m.* Preparado farmacéutico con algún vehículo oleoso, jabonoso o alcohólico, que se aplica a la piel, de ordinario por medio de fricciones, como anodino, estimulante o contrairritante.

lino *m.* Planta herbácea anual de raíz fibrosa, tallo recto y hueco, hojas lanceoladas, flores azules y fruto capsular con diez semillas; las fibras paralelas de que está formada la corteza producen la hilaza, materia textil. Tela hecha con ella. En América, tela muy ligera.

linóleo o linoleum *m.* Tela fuerte e impermeable de yute cubierta con una capa muy comprimida de corcho en polvo, amasado con aceite de linaza muy oxidado.

linón *m.* Tela de hilo muy ligera, clara y fuertemente engomada.

linotipia *f.* Máquina tipográfica provista de matrices, de la cual sale la línea o lingote formando una sola pieza. Arte de componer con dicha máquina.

linotipista *com.* Persona que maneja una linotipia.

linotipo *m.* Forma tipográfica obtenida con la linotipia.

lintel *m.* Dintel.

linterna *f.* Farol de mano con una sola cara de vidrio y una asa en la opuesta. Torrecilla con ventanas, como remate de algunos edificios y sobre las medias naranjas de las iglesias. Faro.

linternazo *m.* Golpe dado con la linterna o con cualquier otro instrumento.

lío *m.* Porción de ropa o de otras cosas atadas. Embrollo, confusión, trifulca.

lioso-a *adj.* Embrollador.

liplar *intr.* Imitar el grito del milano.

lípido *m.* Substancia que comprende las grasas y los ésteres de propiedades análogas a las de las grasas.

lipocardia *f.* Corazón adiposo.

lipoma *m.* Tumor compuesto de células de tejido adiposo.

liquen *m.* Planta criptógama constituida por la asociación de un hongo y de una alga en forma de simbiosis.

liquidación *f.* Venta por menor y con gran rebaja de precios que hace una casa comercial, por cese, quiebra, reforma, traspaso del establecimiento, etc.

liquidámbar *m.* Bálsamo de consistencia semilíquida, pegajoso, grisáceo, aromático que se obtiene de un árbol de Asia Menor; se emplea en Perfumería y en Medicina contra enfermedades parasitarias de la piel. Bálsamo del ocozol o estoraque líquido.

liquidar *tr.* Hacer líquida una cosa sólida o gaseosa. Hacer el ajuste formal de una cuenta. Poner término a una cosa o a un estado de cosas. Desistir de un negocio o empeño. Ruptura de relaciones personales. Matar. Licuar, fundir, derretir.

liquidez *f.* Calidad de líquido. Posibilidad que tienen los bancos para cambiar los depósitos por efectivo o en moneda de curso legal.

líquido-a *adj.* Dícese de todo cuerpo que no tiene forma propia y adopta la de la cavidad que lo contiene y tiende siempre a ponerse a nivel. Estado en que se presentan estos cuerpos. Saldo que resulta de la comparación del debe con el haber. En México, Centroamérica y Antillas, exacto, completo, único. *Pl.* Aplícase a muchos humores orgánicos y a las soluciones más diversas. *F.* Dícese de la consonante que precedida de otra, forma sílaba con ella; son únicamente la *r* y la *l*.

lira *f.* Instrumento antiguo de cuerda que se pulsaba con ambas manos. Numen o inspiración de un poeta. Estrofa o combinación de estrofas de cinco versos; o de seis versos de medida diversa. Unidad monetaria de Italia.

lírico-a *adj.* Perteneciente a la lira o a la poesía propia para el canto. Dícese del género poético en que el autor canta sus sentimientos personales. Dícese del poeta cultivador de este género. Propio, característico, apto o conveniente para esta poesía. En América, utópico, irrealizable. Dícese de las personas que no son egoístas o utilitarias. En México, empírico.

lirio *m.* Planta iridácea herbácea y vivaz, de hojas erguidas ensiformes, flores terminales grandes, fruto capsular con muchas semillas y rizoma rastrero y nudoso.

lirismo *m.* Cualidad de lírico, de inspiración lírica. Abuso de las cualidades características de la poesía lírica. En América, sueño, fantasía. Manera de ser de la persona que imagina cosas de difícil realización. Vehemencia, calor, entusiasmo.

lirón *m.* Mamífero roedor de pelaje gris obscuro, espeso y largo; pasa todo el invierno adormecido y oculto. Sujeto muy dormilón.

lis *f.* Lirio. Forma heráldica de la flor del lirio.

lisboeta, lisbonés-a o **lisbonense** *adj.* y *s.* Natural de Lisboa. Perteneciente a esta ciudad, capital de Portugal, en Europa.

lisiado-a *adj.* y *s.* Dícese de la persona que tiene alguna imperfección orgánica. Baldado, tullido, impedido, inválido.

lisiar *tr.* Producir lesión permanente en alguna parte del cuerpo.

lisina *f.* Cualquier anticuerpo que disuelve las células orgánicas o las bacterias.

lisina *f.* Virus de la rabia.

lisis *f.* Disolución o desintegración de las células. Período de remisión gradual de la fiebre y, en general, del estado de enfermedad.

liso-a *adj.* Igual, sin tropiezo ni asperezas; sin adornos ni realces. Cañón de las armas de fuego sin rayas interiores. Llano, plano. Sencillo en el trato. En América, desvergonzado, atrevido.

lisonja *f.* Alabanza afectada para ganar la voluntad de una persona.

lisonjear *tr.* Adular. Dar motivo de envanecimiento. Halagar. Deleitar, agradar las cosas.

lisonjero-a *adj.* Que lisonjea. Que agrada, deleita. Adulador, halagador; halagüeño, grato.

lista *f.* Tira. Señal larga y estrecha, línea o faja de color distinto. Catálogo, nómina. Inventario, relación. Recuento nominal de las personas que deben estar en un lugar.

listado-a *adj.* Que forma o tiene listas. Dícese de la tela con rayas de colores distintos.

listo-a *adj.* Diligente, pronto, expedito. Apercibido, preparado. Sagaz, avisado. Vivo, hábil, astuto.

listón *m.* Cinta de seda. En México, cinta de cualquier género. Pedazo angosto de tabla para hacer marcos y otros usos. Filete, moldura.

listonado *m.* Obra o entablado hecho de listones.

lisura *f.* Igualdad y tersura de la superficie de una cosa. Ingenuidad, sinceridad.

litargirio *m.* Protóxido de plomo que se presenta en escamas muy pequeñas, de color amarillo rojizo; se emplea para fabricar ciertos vidrios, barnices, esmaltes, etc.

litera *f.* Vehículo antiguo para una o dos personas, a manera de caja de coche, con dos varas laterales. Cama fija en los camarotes de barco, avión o ferrocarril.

literal *adj.* Conforme a la letra del texto o al sentido exacto y propio de las palabras. Traducción en que se vierten todas y por su orden las palabras del original.

literario-a *adj.* Perteneciente o relativo a la literatura.

literato-a *adj.* y *s.* Persona versada en Literatura, y quien la profesa o cultiva.

literatura *f.* Arte bello que emplea como instrumento el lenguaje. Técnica de la composición literaria. Conjunto de producciones literarias de una nación, de una época o de un género. Conjunto de obras que versan sobre un arte o ciencia.

litiasis *f.* Mal de piedra. Afección originada por la formación de cálculos en órganos diversos.

lítico-a *adj.* Perteneciente o relativo a la piedra. Obra hecha en piedra. Período de tiempo en que dominó esta clase de industria prehistórica. Relativo o perteneciente a los cálculos o de su naturaleza.

litigar *tr.* Pleitear, disputar en juicio sobre una cosa. *Intr.* Discutir, contender.

litigio *m.* Pleito, contienda judicial entre partes. Disputa.

litigioso-a *adj.* Dícese de lo que está en pleito o disputa. Propenso a mover pleitos y litigios.

litio *m.* Metal del grupo de los alcalinos, de color blanco argentino, muy reactivo; símbolo Li.

litogénesis o **litogenesia** *f.* Estudio de la formación de las rocas y de las causas y agentes que intervienen en este proceso.

litografía *f.* Arte de dibujar en piedra, para multiplicar los ejemplares de un dibujo o escrito. Ejemplar obtenido por este procedimiento. Taller en que se ejerce este arte.

litografiar *tr.* Dibujar o escribir en piedra. Obtener láminas para litografía.

litología *f.* Parte de la Geología que estudia las rocas. Petrografía.

litoral *adj.* Perteneciente a la orilla o costa del mar. *M.* Costa de un mar, país o territorio.

litosfera *f.* Capa sólida externa de la tierra; corteza terrestre.

litro *m.* Unidad de capacidad del sistema métrico decimal, equivalente prácticamente al volumen de un kilogramo de agua destilada a 4°C. o a la capacidad de un decímetro cúbico. Cantidad de áridos o líquidos que cabe en tal medida.

lituano-a *adj.* y *s.* Natural de Lituania. Perteneciente a este país de Europa, hoy una de las repúblicas de la Unión Soviética. Lengua indoeuropea de los lituanos, perteneciente al grupo báltico.

liturgia *f.* Orden y forma de celebrar los oficios divinos y, en especial, el sacrificio de la Misa. Culto. Rito.

liviano-a *adj.* Leve, ligero, de poco peso. Frágil, inconstante. De poca importancia. Lascivo, incontinente, libidinoso.

lividecer *intr.* Ponerse lívido.

lívido-a *adj.* Amoratado.

livor *m.* Color cárdeno. Malignidad, envidia, odio.

lixiviar *tr.* Hacer pasar un líquido a través de una substancia mineral u orgánica para extraer los componentes solubles.

liza *f.* Campo para que lidien dos o más personas. Lid. Combate, pelea; palestra, palenque.

ll *f.* Decimocuarta letra del abecedario castellano y undécima de sus consonantes.

llaga *f.* Úlcera, solución de continuidad con pérdida de substancia en los tejidos orgánicos. Daño o infortunio que causa pena, dolor y pesadumbre.

llama *f.* Masa gaseosa en combustión que se eleva de los cuerpos que arden y despide luz. Eficacia y fuerza de una pasión o deseo vehemente.

llama *f.* Mamífero rumiante doméstico camélido, propio de Sudamérica, donde aprovechan su leche, carne, cuero y pelo y como bestia de carga.

llamada *f.* Llamamiento. Señal que en impresos y manuscritos sirve para llamar la atención hacia notas, citas, correcciones o advertencias. Señal para pedir comunicación o llamar la atención. Además o movimiento para engañar o distraer. Toque de clarín o tambor para que la tropa tome las armas y entre en formación.

llamador-a *m. y f.* Persona que llama. *M.* Avisador, que lleva avisos. Aldaba. Botón, pulsador de un timbre eléctrico.

llamamiento *m.* Acción de llamar. Inspiración con que Dios mueve los corazones. Atracción de humores a una parte del cuerpo. Designación legítima para un cargo.

llamar *tr.* Dar voces o hacer ademanes a alguien para que venga o para advertirle alguna cosa. Invocar, pedir auxilio oral o mentalmente. Convocar, citar. Nombrar, apellidar. Atraer una cosa hacia una parte. *Intr.* Hacer sonar la aldaba, campanilla, timbre, etc., para que alguien abra la puerta o acuda donde se ha dado el aviso. *R.* Tener tal o cual nombre o apellido.

llamarada *f.* Llama que se levanta del fuego y se apaga pronto. Encendimiento repentino y momentáneo del rostro. Movimiento repentino del ánimo y de poca duración. Rubor.

llamativo-a *adj.* Aplícase al manjar que excita la sed. Que llama exageradamente la atención.

llamear *intr.* Echar, despedir llamas.

llana *f.* Herramienta de albañil para extender y allanar el yeso o la argamasa, compuesta de una plancha con manija o asa.

llanero-a *adj. y s.* Habitante de las llanuras o sabanas.

llaneza *f.* Sencillez, moderación en el trato, sin aparato ni cumplimiento. Familiaridad, igualdad en el trato de unos con otros. Sencillez notable en el estilo.

llano-a *adj.* Igual y extendido, sin altos ni bajos. Allanado. Conforme. Accesible, sencillo, sin presunción. Libre, franco. Claro, evidente. Aplícase al estilo sencillo y sin ornato. Dícese de la palabra grave o que carga el acento prosódico en la penúltima sílaba. *M.* Llanura, sabana.

llanta *f.* Cerco metálico exterior de las ruedas de los coches y carros. Pieza de hierro mucho más ancha que gruesa. Cerco de goma que cubre la llanta de los coches para suavizar el movimiento.

llantén *m.* Planta herbácea vivaz con hojas radicales, flores sobre un escapo en espiga larga y apretada y fruto capsular con semillas elipsoidales; el cocimiento de sus hojas se usa en Medicina.

llanto *m.* Efusión de lágrimas, acompañada frecuentemente de lamentos y sollozos.

llanura *f.* Igualdad de la superficie de una cosa. Campo o terreno dilatado e igual, sin altos ni bajos. Llano, planicie, sabana.

llapa *f.* Parte del volantín o sedal donde van los anzuelos.

llares *f. pl.* Cadena de hierro pendiente en el cañón de la chimenea, para colgar la caldera, subirla o bajarla.

llave *f.* Instrumento, comúnmente de hierro, con guardas que se acomodan a las de una cerradura y sirve para abrirla o cerrarla. Instrumento para dar cuerda a los relojes. Aparato en algunos instrumentos músicos de viento que abre o cierra el paso del aire. Cuña. Corchete, signo que abraza dos o más guarismos, palabras o renglones o dos o más pentagramas, en la música. Medio para descubrir lo oculto o secreto. Principio que facilita un conocimiento. Resguardo ó defensa. Clave. Instrumento para asegurar tuercas, regular el paso de un fluido, etc.

llavero-a *m. y f.* Persona que tiene a su cargo la custodia de las llaves de algún sitio o cosa importante. Anillo para conservar las llaves y traerlas.

llegada *f.* Acción y efecto de llegar. Arribo, venida.

llegar *intr.* Venir, arribar de un sitio o paraje a otro. Durar hasta época o tiempo determinado. Venir por su orden o tocar por turno. Conseguir el fin a que se aspira. Tocar, alcanzar a un sitio. Venir, verificarse. Ascender, importar, subir. *Tr.* Allegar, juntar. *R.* Acercarse una cosa a otra. Ir a paraje determinado y cercano. Unirse, adherirse.

llenamente *adv.* Copiosa y abundantemente.

llenar *tr.* Ocupar con alguna cosa un espacio vacío. Ocupar dignamente un lugar o empleo. Parecer bien, satisfacer una cosa. Fecundar el macho a la hembra. Cargar, colmar abundantemente. *Intr.* Llegar la Luna al plenilunio. *R.* Hartarse de comida o bebida. Irritarse de pronto, después de haber aguantado algún tiempo.

lleno-a *adj.* Ocupado o henchido de otra cosa. *M.* Concurrencia que ocupa todas las localidades de un teatro, cine, circo, etc. Abundancia de una cosa. Plenilunio.

lleta *f.* Tallo recién nacido de la semilla o del bulbo de una planta. Hebras o estilos del azafrán.

llevadero-a *adj.* Fácil de sufrir, tolerable.

llevar *tr.* Transportar, conducir una cosa de una parte a otra. Cobrar, percibir derechos o precio. Producir, rendir fruto los terrenos, árboles, etc. Cortar, separar violentamente una cosa de otra. Tolerar, sufrir. Persuadir, atraer a la propia opinión. Guiar, dirigir. Traer puesto el vestido, o en los bolsillos dinero, papeles u otras cosas. Lograr, conseguir. Manejar el caballo. Tener en arrendamiento una finca. Pasar, contar el tiempo que dura una cosa. Exceder en algo; aventajar.

lloraduelos *com.* Persona que frecuentemente llora y lamenta sus infortunios.

llorar *intr.* Derramar lágrimas. Caer o destilar un líquido gota a gota. *Tr.* Sentir vivamente una cosa.

llorido *m.* En México y Guatemala, gimoteo, lloriqueo.

lloriquear *intr.* Gimotear.

lloriqueo *m.* Gimoteo, expresión lastimera ridícula y sin causa justificada.

lloro *m.* Acción de llorar. Llanto.

llorón-a *adj.* Perteneciente o relativo al llanto. Que llora mucho o fácilmente. *M.* Penacho de plumas largas y péndulas. *F.* Plañidera.

lloroso-a *adj.* Que tiene señales de haber llorado. Cosa que causa llanto y tristeza.

llovedizo-a *adj.* Agua de lluvia. Techos o techumbres que, por defecto, dejan pasar el agua de lluvia al interior.

llover *intr.* Caer agua de las nubes. Venir, caer sobre uno con abundancia una cosa: trabajos, penas, palos, etc. *R.* Calarse con las lluvias, los techos, bóvedas, etc.

llovido *m.* Polizón, el que se embarca clandestinamente. En México, mosca.

llovizna *f.* Lluvia menuda que cae blandamente.

lloviznar *intr.* Caer de las nubes gotas menudas. Chispear.

lluvia *f.* Acción de llover. Agua que cae de las nubes. Abundancia o muchedumbre.

lluvioso-a *adj.* Aplícase al tiempo en que llueve mucho, o al país en que son frecuentes las lluvias.

lo Artículo determinado del género neutro. Acusativo del pronombre personal de tercera persona en género masculino o neutro en número singular.

loa *f.* Acción y efecto de loar. Representación dramática antigua corta, en alabanza de alguien o de algo, o como introducción a otra más extensa, para captarse la benevolencia del público.

loable *adj.* Laudable.

loar *tr.* Alabar. Celebrar, ensalzar, encomiar, elogiar.

loba *f.* Hembra del lobo. Sotana.

lobado-a *adj.* Lobulado.

lobanillo *m.* Tumor o bulto superficial no doloroso, como un quiste sebáceo, un ganglio endurecido o calcificado, etc. Excrecencia leñosa que se forma en el tronco o ramas de un árbol.

lobato *m.* Cachorro del lobo.

lobezno *m.* Lobo pequeño. Lobato.

lobo *m.* Mamífero carnicero cánido de pelaje amarillento o gris obscuro, cola larga con mucho pelo; astuto, rapaz y muy dañino.

lóbrego-a *adj.* Obscuro, tenebroso. Triste, melancólico.

lobulado-a *adj.* En figura de lóbulo. Que tiene lóbulos. Lobado.

lóbulo *m.* Parte a manera de onda que sobresale en el borde de una cosa. Parte más o menos abultada, redondeada y saliente de un órgano cualquiera, netamente limitada. Perilla de la oreja.

local *adj.* Perteneciente al lugar. Municipal o regional, por oposición a nacional o general. Limitado en un sitio o parte. *M.* Sitio o paraje cercado o cerrado y cubierto.

localidad *f.* Calidad de las cosas que las determina a lugar fijo. Lugar o pueblo. Sitio cerrado o cubierto. Plaza o asiento en los espectáculos públicos.

localizar *tr.* Fijar, encerrar en límites determinados. Determinar el lugar en que se halla una persona o cosa.

locatario-a *m.* y *f.* Arrendatario.

locativo-a *adj.* Caso de la declinación que expresa relación de lugar, en donde está o sucede algo.

loción *f.* Producto preparado para la limpieza del cabello, o perfumado para lavar o perfumar una parte del cuerpo.

lockout *m.* Palabra inglesa para designar el despido temporal y en bloque de los obreros, realizado por el patrono.

loco-a *adj.* y *s.* Que ha perdido la razón. De poco juicio, disparatado e imprudente. Que excede en mucho a lo ordinario o presumible. Que siente mucha afición o amor a una persona o cosa. Alienado, demente, orate. Dícese de lo que gira libre e inútilmente.

locomoción *f.* Traslación de un punto a otro y por medios muy diversos.

locomotor-a *adj.* Propio para la locomoción. *F.* Máquina para arrastrar los vagones de un tren de ferrocarril.

locomóvil *adj.* Que puede llevarse de un sitio a otro.

locuaz *adj.* Que habla mucho o demasiado.

locución *f.* Modo de hablar. Frase. Conjunto de dos o más palabras que no forman oración completa.

lóculo *m.* Espacio pequeño o celdilla. Saco polínico de un estambre. Compartimiento del ovario de las plantas.

locura *f.* Privación del juicio o del uso de la razón. Acción desconsiderada o gran desacierto. Exaltación del ánimo producida por algún afecto u otro incentivo. Demencia, enajenación; aberración, disparate.

locutor-a *m.* y *f.* Persona que habla ante el micrófono en las estaciones de radiotelefonía, para dar avisos, noticias, programas, etc.

locutorio *m.* Habitación o departamento destinado en conventos y cárceles para que los visitantes puedan hablar con las monjas o los presos. Departamento individual para el teléfono público.

locha *f.* Pez acontopterigio de cuerpo casi cilíndrico y de piel viscosa; se cría en los lagos y ríos de aguas frías y su carne es muy fina.

lodo *m.* Mezcla de tierra y agua, especialmente la que resulta de las lluvias. Fango, cieno, légamo.

loes *m.* Material sedimentario arcilloso, de origen eólico.

logaritmo *m.* Exponente a que es necesario elevar una cantidad positiva llamada base, para que resulte un número determinado.

logia *f.* Local donde se celebran asambleas de framasones. Asamblea de los mismos.

lógica *f.* Disciplina filosófica que trata de los pensamientos.

lógico-a *adj.* Perteneciente o relativo a la Lógica o al objeto de ésta. Que la estudia y sabe. Conforme a sus leyes o principios. Dícese comúnmente de toda consecuencia natural y legítima; del suceso cuyos antecedentes justifican lo sucedido, etc.

logística *f.* Disciplina que trata de formular de un modo más riguroso la Lógica tradicional empleando signos y reglas de cálculo, análogos a los del Álgebra. Técnica del cálculo numérico. Parte del arte militar que estudia el movimiento, transporte y estacionamiento de las tropas fuera del campo de batalla.

logógrafo-a *m.* y *f.* Calígrafo o copista. Prosista, entre los antiguos griegos. Historiador. Nombre dado al retórico que componía discursos para otro.

lograr *tr.* Conseguir o alcanzar lo que se intenta o desea. Gozar o disfrutar una cosa. *R.* Llegar a colmo o perfección una cosa.

logrero-a *m.* y *f.* Persona que da dinero a logro; que compra o guarda y retiene los frutos para venderlos después a precio excesivo. Usurero, acaparador.

logro *m.* Acción y efecto de lograr. Lucro. Usura. Ganancia, beneficio, utilidad.

logroñés-a *adj.* y *s.* Natural de Logroño. Perteneciente a esta ciudad y provincia de España.

loísmo *m.* Vicio de emplear la forma *lo* del pronombre de tercera persona en función de dativo.

loma *f.* Altura pequeña y prolongada.

lombriz *f.* Animal anélido de cuerpo blando, cilíndrico, compuesto de más de cien anillos con dos cerdas locomotoras cada uno; vive en los terrenos húmedos y contribuye a la formación de la tierra vegetal.

lomo *m.* Parte inferior y central de la espalda. En los cuadrúpedos, todo el espinazo, desde la cruz hasta las ancas. Carne de cerdo que forma esta parte del animal. Parte del libro opuesta al corte de las hojas. Tierra que levanta el arado entre surco y surco. Parte opuesta al filo de los instrumentos cortantes.

lona *f.* Tela fuerte de algodón o cáñamo para velas de navío, toldos, tiendas de campaña y otros usos. Saco hecho de esta tela. En México, harpillera o tela basta.

lonch *m.* Comida ligera que se toma antes de la principal; es anglicismo.

loncha *f.* Lancha, piedra lisa, plana y poco gruesa. Lonja, cosa larga y ancha.

lonchería *f.* En México, restaurante o tienda donde se sirven comidas ligeras.

londinense *adj. y s.* Natural de Londres. Perteneciente a esta ciudad capital de Inglaterra.

longanimidad *f.* Grandeza y constancia de ánimo en las adversidades.

longaniza *f.* Embutido de tripa angosta, rellena de carne de cerdo picada y adobada.

longevidad *f.* Largo vivir. Duración de la vida más allá del término habitual.

longevo-a *adj.* Muy anciano o de larga edad.

longímetro *m.* Nombre de cualquier instrumento usado en Topografía para medir longitudes. Cinta de agrimensor.

longincuo-a *adj.* Distante, lejano, apartado.

longitud *f.* La mayor de las dos dimensiones principales de una superficie. Distancia de un lugar respecto al primer meridiano, contada por grados en el Ecuador.

longitudinal *adj.* Perteneciente a la longitud; hecho o colocado en el sentido o dirección de ella.

longitudinalmente *adv.* A lo largo.

lonja *f.* Cualquier cosa larga, ancha y poco gruesa que se corta y separa de otra. Edificio público donde se reúnen los comerciantes para sus tratos. Abacería.

lontananza *f.* Lejanía. En un cuadro, términos más distantes del plano principal.

loor *m.* Alabanza.

loquear *intr.* Decir o hacer locuras. Regocijarse con demasiada bulla y alboroto.

loquero *m.* El que por oficio cuida y guarda locos.

lord *m.* Título inglés de nobleza. Se da oficialmente a los pares del reino y forma parte del nombre de algunos altos cargos públicos.

loricado-a *adj.* Dícese de cualquier animal, vegetal u órgano protegido por una cubierta o loriga.

loriga *f.* Armadura antigua para defensa del cuerpo, hecha de láminas pequeñas e imbricadas, por lo común de acero. Caparazón quitinoso de ciertos animales.

loro-a *adj.* De color amulatado o de un color moreno que tira a negro. *M.* Papagayo y más particularmente el que tiene el plumaje con fondo verde.

los Forma del artículo determinado masculino y plural. Acusativo del pronombre personal de tercera persona masculino y plural.

losa *f.* Piedra llana y de poco grueso. Sepulcro.

losange *m.* Figura de rombo colocado de suerte que uno de los ángulos agudos quede por pie y su opuesto por cabeza.

lote *m.* Cada una de las partes en que se divide un todo que se ha de distribuir entre varias personas. Lo que le toca a cada uno en la lotería o en otros juegos en que se sortean sumas desiguales.

lotería *f.* Rifa pública en que se premian números sacados por suerte. Juego casero en que se imita el anterior. Casa en que se despachan billetes de la rifa pública. Edificio donde se verifican los sorteos.

loto *m.* Planta ninfácea acuática de hojas muy grandes y peciolo largo, flores terminales solitarias blanco azuladas y olorosas y fruto globoso con semillas comestibles; hay muchas especies. Flor y fruto de esta planta. Arbol ramnáceo parecido al azufaifo.

loza *f.* Barro fino, cocido y barnizado con que se hacen platos, tazas, jícaras, etc. Vajilla o conjunto de estos objetos.

lozanía *f.* El mucho verdor y frondosidad de las plantas. Viveza y gallardía nacidas del vigor y robustez de personas o animales. Orgullo, altivez, buena salud.

lozano-a *adj.* Que tiene lozanía.

lúa *f.* Guante de esparto para limpiar las caballerías.

lubina *f.* Róbalo.

lubricante o **lubrificante** *adj. y s.* Dícese de toda substancia útil para lubricar.

lubricar o **lubrificar** *tr.* Hacer lúbrica o resbaladiza una cosa. Engrasar con substancia que disminuya el rozamiento entre piezas en contacto.

lúbrico-a *adj.* Resbaladizo. Propenso a un vicio y particularmente a la lujuria. Libidinoso, lascivo.

lucera *f.* Ventana o claraboya abierta en la parte alta de algunos edificios.

lucerna *f.* Araña grande para alumbrar. Lumbrera, abertura en el techo de una habitación o desde la bóveda de una galería, para dar luz y ventilación.

lucero *m.* El planeta Venus. Astro que aparece más grande y brillante que otros. Lustre, esplendor. Cada uno de los dos ojos de la cara.

lucidamente *adv.* Con lucimiento.

lúcidamente *adv.* Con lucidez.

lucidez *f.* Calidad de lúcido.

lucido-a *adj.* Que hace o desempeña las cosas con gracia, esplendor y eficacia.

lúcido-a *adj.* Luciente. Claro en el razonamiento, en las expresiones, en el estilo, etc.

luciérnaga *f.* Insecto coleóptero de cabeza oculta por el coselete, alas tenues y patas finas; su hembra carece de alas y élitros y tiene abdomen con anillos negruzcos que despiden una luz fosforescente blanco verdosa.

lucifer *m.* Hombre soberbio y maligno, por alusión al príncipe de los ángeles rebeldes.

lucio-a *adj.* Terso, lúcido. *M.* Lagunajo que queda en las marismas al retirarse el agua.

lucir *intr.* Brillar, resplandecer. Sobresalir, aventajar. Corresponder el provecho al trabajo. *Tr.* Iluminar. Adelantar en conocimientos, riqueza, etc. *R.* Vestirse y adornarse con esmero.

lucrar *tr.* Lograr. *R.* Sacar provecho de un negocio o encargo. Aprovecharse, beneficiarse.

lucrativo-a *adj.* Que produce utilidad y ganancia. Fructífero, provechoso.

lucro *m.* Ganancia o provecho que se saca de una cosa.

luctuoso-a *adj.* Triste, que mueve a llanto.

lucubración *f.* Vigilia y tarea consagrada al estudio. Obra o producto de este trabajo.

lucha *f.* Pelea entre dos, en que cada cual procura dar con su contrario en tierra. Lid, combate. Contienda, pugna.

luchar *intr.* Contender dos personas a brazo partido. Pelear, combatir. Disputar, bregar.

luchón-a *adj.* En México, persona que brega con tesón por ganar dinero, empleando todos los medios lícitos.

ludibrio *m.* Escarnio, desprecio, mofa, burla.

lúdicro-a *adj.* Relativo o perteneciente al juego.

ludir *tr.* Frotar, estregar, rozar una cosa con otra.

luego *adv.* Prontamente, sin dilación. Después. *Conj.* que denota la deducción o consecuencia de un antecedente.

luengo-a *adj.* Largo.

lúes *f.* Nombre aplicado a las enfermedades infecciosas, especialmente a la sífilis.

lugar *m.* Espacio ocupado o que puede ser ocupado por un cuerpo. Sitio o paraje. Ciudad, villa o aldea. Pasaje, texto, autoridad o sentencia. Tiempo, ocasión, oportunidad. Puesto, empleo, oficio o ministerio. Causa, motivo u ocasión.

lugareño-a *adj. y s.* Natural de un lugar o población pequeña. Que habita en ellos, o perteneciente a dichas poblaciones.

lugarteniente *m.* El que tiene autoridad y poder para hacer las veces de otro, en un ministerio o empleo.

luge *m.* Trineo pequeño para deslizarse sobre la nieve por un terreno en declive.

lúgubre *adj.* Triste, funesto, melancólico.

lugués-a *adj. y s.* Natural de Lugo. Perteneciente a esta ciudad y provincia de España.

luir *tr.* En México, y en lenguaje marinero, ludir.

luisa *f.* Planta verbenácea de origen peruano, de tallos duros y estriados, hojas elípticas agudas y ásperas, flores pequeñas en espigas y fruto seco con semillas negras; ornamental y sus hojas en infusión se suelen usar como tónico, estomacal y antiespasmódico.

lujar *tr. americ.* Bruñir, alisar, pulir, sacar lustre.

lujo *m.* Demasía en el adorno, en la pompa y en el regalo. Boato, fausto, suntuosidad.

lujoso-a *adj.* Que tiene o gasta lujo. Cosa con que se demuestra el lujo.

lujuria *f.* Uso ilícito y apetito desordenado de deleites sexuales. Exceso o demasía en algunas cosas. Lascivia, impudicia.

lujuriante *adj.* Muy lozano, que tiene excesiva abundancia.

lujurioso-a *adj.* Entregado a la lujuria. Lascivo, lúbrico, libidinoso.

lulú *adj. y s.* Nombre de varias razas de perros pequeños, especialmente los de raza pomerania.

lumbago *m.* Dolor en la región lumbar, no de origen renal.

lumbar *adj.* Perteneciente a los lomos y caderas.

lumbrada *f.* Cantidad grande de lumbre.

lumbre *f.* Carbón, leña u otra materia combustible encendida. Espacio que deja franco el paso de luz. Luz. Esplendor. Ilustración, noticia, doctrina.

lumbrera *f.* Cuerpo que despide luz. Abertura, tronera que comunica luz y ventilación. Orificio que se abre y cierra para dar paso o no al vapor de una máquina, al combustible de un motor o al líquido de un cuerpo de bomba. Persona insigne que enseña e ilumina a otros.

lumbricida *adj.* Que mata las lombrices.

lumen *m.* Unidad de flujo luminoso.

luminal *adj.* Relativo al lumen. *M.* Fenobarbital.

luminar *m.* Cualquiera de los astros que despiden luz y claridad. Lumbrera, persona insigne y esclarecida.

luminaria *f.* Luz o luces que se ponen en señal de fiesta o regocijo público. Luz que arde continuamente en las iglesias, delante del Santísimo Sacramento.

luminiscencia *f.* Propiedad de despedir luz, sin gran elevación de temperatura y visible casi sólo en la obscuridad. Emisión de radiaciones luminosas.

luminosidad *f.* Calidad de luminoso. Cantidad de luz que un cuerpo luminoso emite por unidad de superficie.

luminoso-a *adj.* Que despide luz. Dícese de las ideas oportunas, originales y felices.

luminotecnia *f.* Arte y técnica de la iluminación y de la producción de efectos luminosos con propósitos decorativos o artísticos.

luna *f.* Luz nocturna que la Luna refleja. Lunación. Satélite. Vidrio azogado de un espejo.

lunación *f.* Intervalo de tiempo entre dos oposiciones o conjunciones sucesivas de la Luna.

lunado-a *adj.* Que tiene figura o forma de media luna. *F.* En México, fiesta a la luz de la Luna.

lunar *adj.* Perteneciente a la Luna. *M.* Pequeña mancha en el rostro o parte del cuerpo, producida por exceso de pigmento en la piel. Mancha por haber hecho algo vituperable. Defecto o tacha de poca importancia.

lunático-a *adj. y s.* Que padece locura no continua, sino por intervalos.

lunch *m.* Palabra inglesa: lonch.

lunes *m.* Segundo día de la semana empezando por el domingo.

luneta *f.* Cristal o vidrio de los lentes o anteojos. Asiento con respaldo y brazos, frente al escenario y en la planta inferior. Baluarte pequeño y aislado.

lunetario *m.* En México, conjunto de lunetas que ocupan el patio de un teatro.

lunícola *adj. y s.* Selenita.

lúnula *f.* Espacio semilunar y blanquecino en la base de las uñas. Soporte para el viril de la custodia. Figura compuesta de dos arcos de círculo que se cortan volviendo la concavidad hacia el mismo lado. Mancha en forma de media luna.

lupa *f.* Lente o cristal de aumento.

lupanar *m.* Mancebía; casa de prostitutas.

lupercales *f. pl.* Fiestas que en el mes de enero celebraban los romanos, en honor del dios Pan.

lupia *f.* Lobanillo. Goa.

lúpulo *m.* Planta trepadora de tallos sarmentosos, hojas parecidas a las de la vid, flores en racimo y cabezuela, e infrutescencia en forma de piña globosa que se emplea para aromatizar y dar sabor amargo a la cerveza.

lupus *m.* Enfermedad de la piel con infiltraciones de pequeñas granulaciones en la dermis, de carácter destructor de vasos, glándulas y nervios de la piel.

luridoso-a o lúrido-a *adj.* Dícese del color amarillento de la piel, en las caquexias.

lusitanismo *m.* Giro o modo de hablar peculiar de la lengua portuguesa. Vocablo o giro de esta lengua empleado en otra.

lusitano-a *adj. y s.* Natural de Lusitania. Perteneciente a esta región de la antigua Hispania.

luso-a *adj. y s.* Lusitano.

lustrador-a *adj.* Que lustra. *F.* Máquina para dar lustre a las telas.

lustrar *tr.* Dar lustre y brillantez a una cosa.

lustre *m.* Brillo de las cosas tersas y bruñidas. Esplendor, gloria.

lustrina *f.* Tela lustrosa de mucho brillo.

lustro *m.* Espacio de cinco años.

lustroso-a *adj.* Que tiene lustre.

lutecio *m.* Metal del grupo de las tierras raras, no aislado todavía; símbolo Lu.

luteranismo *m.* Secta de Lutero. Comunidad o cuerpo de sus sectarios.

luto *m.* Signo exterior de pena y duelo por la muerte de una persona. Duelo, pena, aflicción.

lux *m.* Unidad de iluminación.

luxación *f.* Dislocación de un hueso.

luxemburgués-a *adj. y s.* Natural de Luxemburgo. Perteneciente a la ciudad o al Estado de Europa de este nombre.

luz *f.* Agente físico que ilumina los objetos y los hace visibles. Claridad que irradian los cuerpos en combustión, ignición o incandescencia. Aparato o utensilio para alumbrar. Persona o cosa capaz de ilustrar y guiar. Día, tiempo que dura la claridad del Sol. Dimensión. Distancia horizontal entre los ejes de dos apoyos consecutivos de una viga, puente, arco, etc. *Pl.* Ilustración, cultura.

M

m *f*. Decimoquinta letra del abecedario castellano y duodécima de sus consonantes.

maca *f*. Señal que queda en la fruta por algún daño que ha recibido. Daño ligero que tienen algunas cosas. Simulación, engaño.

macabro-a *adj*. Que participa de la fealdad de la muerte y de la repulsión que ésta suele causar.

macaco *m*. Cuadrumano parecido a la mona, de hocico aplastado; corresponde a diversas especies de platirrinos.

macadam *m*. Firme de piedra machacada y arena, al que se da consistencia con rodillos compresores.

macanudo-a *adj*. Chocante por lo grande y extraordinario. En Argentina, Guatemala y Puerto Rico, admirable, excelente, estupendo. En Colombia y Ecuador, arduo, difícil. En Chile, grande, abultado, desproporcionado.

macarse *r*. Empezar a pudrirse las frutas por golpes y magulladuras.

macarrón *m*. Pasta alimenticia de harina de trigo, en forma de tubos o cañutos largos.

macarrónico-a *adj*. Palabra, giro o expresión vulgar o común con terminaciones y apariencia latinas.

macear *tr*. Dar golpes con el mazo o la maza. *Intr*. Machacar, porfiar sobre una cosa.

macedonia *adj*. Salsa a base de manteca y harina, añadiendo huevos duros, alcaparras, anchoas, etc, Ensalada de frutas o de verduras.

macedonio-a *adj*. Natural de Macedonia. Perteneciente a aquel reino de la Grecia antigua.

macehual *m*. En México, indio plebeyo o muy rústico.

macerar *tr*. Ablandar una cosa estrujándola, golpeándola o manteniéndola sumergida por algún tiempo en un líquido. Mortificar, afligir la carne con penitencias.

macero *m*. El que lleva la maza delante de los cuerpos o personas que usan esta señal de autoridad.

maceta *f*. Diminutivo de maza. Empuñadura o mango de algunas herramientas. Martillo de los canteros. En América, pieza corta de madera dura para machacar o golpear.

maceta *f*. Vaso de barro cocido, con agujero en la parte inferior y que lleno de tierra sirve para criar plantas. Pie de plata u otro metal o de madera pintada, donde se ponen ramilletes de flores artificiales. En México, la cabeza, y por extensión, mata de pelo.

macetear *tr*. Batir las pieles con mazos para estirarlas. En América, golpear con maceta para clavar estacas, etc.

macetero *m*. Aparato o sostén de hierro o de madera para colocar macetas de flores.

macfarlán *m*. Especie de gabán sin mangas y con esclavina.

macilento-a *adj*. Flaco, descolorido, triste.

macizo-a *adj*. Lleno, sin huecos ni vanos; sólido. Bien fundado. *M*. Prominencia del terreno; grupo de alturas o montañas. Conjunto de construcciones apiñadas o cercanas entre sí. Agrupación de plantas de adorno con que se decoran los cuadros de los jardines. Parte de una pared entre dos vanos.

macla *f*. Agregado cristalino formado por dos o más cristales que tienen un plano común, con respecto al cual son simétricos.

macolla *f*. Conjunto de vástagos, flores o espigas que nacen de un mismo pie.

macollo *m*. *americ*. Macolla; más propiamente, el hijo o retoño de la planta.

macrocéfalo-a *adj*. *y s*. Que tiene la cabeza desproporcionadamente grande con relación al cuerpo.

macruro-a *adj*. Animal de cola muy larga.

macuache *com*. En México, indio miserable, sin instrucción ni medios de vida.

mácula *f*. Mancha. Cosa que deslustra y desdora. Engaño, trampa. Mancha obscura que se observa en el disco del Sol o de la Luna.

maculatura *f*. Pliego mal impreso que se desecha por manchado; o el que se mete en la prensa para limpiar la forma. Papel que se intercala entre hojas recién impresas para que no se manchen. Las envolturas de las resmas.

macuteno *m*. En México, ladrón ratero.

machaca *f*. Instrumento con que se machaca. Persona pesada que fastidia con su conversación necia e inoportuna.

machacar *tr*. Golpear una cosa para quebrantarla o deformarla. Porfiar e insistir importuna y pesadamente. Triturar, moler.

machacón-a *adj*. *y s*. Importuno, pesado, que repite las cosas o las dice difusamente.

machetazo *m*. Golpe que se da con el machete.

machete *m*. Arma más corta que la espada; ancha, de mucho peso y de un solo filo. Cuchillo grande de diversas formas para desmontar, cortar cañas, etc.

machetear *tr.* Amachetear. Porfiar. En México, trabajar con tesón.

machetero *m.* El que desmonta por oficio pasos embarazados con árboles o maleza usando el machete; o que corta las cañas de azúcar. En México, obrero para la carga y descarga de mercancías a bordo de los vehículos; alumno muy estudioso pero torpe; empollón, matado.

machiega *adj.* Hembra fecunda de las abejas, única en cada colmena.

machihembrar *tr.* Ensamblar dos piezas de madera a caja y espiga o a ranura y lengüeta.

machincuepa *f.* En México, volteretta.

machito *m.* En México, bocadillo frito de tripa de res, especialmente de cerdo, o de menudencias de estos animales.

macho *m.* Animal del sexo masculino. Mulo. Planta que fecunda a otra de su especie. Flor de esta planta. Parte del corchete que se engancha en la hembra. Pieza que entra dentro de otra. Pilar que sostiene un techo o arco. Hombre necio. *Adj.* Fuerte, vigoroso. En México, valiente.

macho *m.* Mazo grande de los herreros. Banco en que está el yunque pequeño. Yunque cuadrado.

machorra *f.* Hembra estéril. En México, marimacho.

machote *m.* En México, Centroamérica, Bolivia y Ecuador, borrador, modelo, patrón.

machucar *tr.* Herir, golpear una cosa maltratándola con alguna contusión. En México, Colombia y Puerto Rico, fatigar a un caballo haciéndole correr mucho en el adiestramiento.

machucho-a *adj.* Sosegado, juicioso. Entrado en días.

made in Expresión inglesa: fabricado en.

madeja *f.* Hilo recogido en vueltas iguales sobre un torno o aspadera, para que se pueda devanar fácilmente. Mata de pelo. Hombre flojo y dejado.

madera *f.* Parte sólida de los árboles debajo de la corteza. Pieza de madera labrada para obra de carpintería. Materia del casco de las caballerías. Disposición natural para determinada actividad.

maderable *adj.* Aplícase al árbol, bosque, etc., que da madera útil para construcciones.

maderada *f.* Conjunto de maderos que se transportan por un río. Conjunto de maderas para una construcción.

maderería *f.* Sitio donde se recoge la madera para su venta.

maderero-a *adj.* Perteneciente o relativo a la industria de la madera. *M.* El que trata en madera. El que conduce maderadas por los ríos. Carpintero.

maderista *adj. y s.* Partidario de Francisco I. Madero, jefe de la revolución armada contra la dictadura de Porfirio Díaz.

madero *m.* Pieza larga de madera escuadrada o rolliza. Pieza de madera labrada a cuatro caras destinada a la construcción. Persona muy necia y torpe, o insensible.

madona *f.* Representación artística de la Virgen María.

mador *m.* Ligera humedad que cubre la superficie del cuerpo, sin llegar a ser verdadero sudor.

madraza *f.* Madre muy condescendiente y que mima mucho a sus hijos.

madre *f.* Hembra que ha parido. Hembra respecto a su hijo o hijos. Título que se da a ciertas religiosas. Mujer anciana del pueblo. Matriz. Causa u origen de donde proviene una cosa. Aquello en que concurren algunas circunstancias propias de la maternidad. Terreno por donde corren las aguas de un río o arroyo. Acequia principal. Alcantarilla o cloaca maestra. Materia más crasa o heces del mosto, vino o vinagre que se sientan en el fondo de la cuba, tinaja, etc. Madero, eje o viga principal. Dícese de la lengua que es o ha sido tronco u origen de otras.

madreperla *f.* Molusco de concha bivalva obscura y escabrosa por la parte exterior y lisa e iridiscente en lo interior; se pesca para recoger las perlas que suele contener y aprovechar la concha como nácar.

madrépora *f.* Pólipo que forma un pelipero pétreo, arborescente y poroso; a veces forman sus conjuntos arrecifes, islotes o atolones.

madreselva *f.* Mata fruticosa de tallos sarmentosos y trepadores, hojas enteras, flores olorosas en grupos terminales y fruto en baya; es común en las selvas y matorrales.

madrigal *m.* Composición poética, ligera y galana, corta y con pensamiento delicado.

madriguera *f.* Cuevecilla en que habitan ciertos animales, especialmente los conejos. Lugar retirado y escondido donde se oculta la gente de mal vivir.

madrileño-a *adj.* Natural de Madrid. Perteneciente o relativo a esta villa capital de España, o a su provincia.

madrina *f.* Mujer que tiene, presenta o asiste a otra al recibir ésta el sacramento del Bautismo, de la Confirmación, del Matrimonio o del Orden o al profesar. La que acompaña a otra persona que recibe algún honor, grado, etc. La que favorece o protege a otra. Poste o puntal de madera. Yegua que sirve de guía a una manada.

madroño m. Arbusto ericáceo de hojas con peciolo corto y lanceoladas, flores en panoja arracimada y fruto esférico, rojo exteriormente y granuloso, comestible. Este mismo fruto.

madrugada f. Alba. Acción de madrugar.

madrugar intr. Llevantarse al amanecer o muy temprano. Ganar tiempo en una solicitud o empresa.

madurar tr. Dar sazón a los frutos. Poner en su punto, con la meditación, una idea, proyecto, designio, etc. Intr. Ir sazonándose los frutos. Crecer en edad, juicio y prudencia. Ir haciéndose la supuración de un tumor.

madurez f. Sazón de los frutos. Buen juicio y prudencia con que el hombre se gobierna.

maduro-a adj. Que está en sazón. Prudente, juicioso, sesudo. Persona entrada en años. En América, dolorido, maltratado, estropeado.

maesa f. Abeja maestra o fecunda; machiega.

maese m. Maestro; es término antiguado.

maestra f. Mujer que enseña un arte, oficio o labor. Mujer que enseña a los niños o niñas, en una escuela o colegio. Mujer del maestro. Listón a plomo para que sirva de guía al construir una pared.

maestranza f. Sociedad de caballeros con finalidad de practicarse en la equitación. Conjunto de talleres, personal y oficinas de un arsenal. En México y Chile, taller donde se repara el material ferroviario.

maestrazgo m. Dignidad de maestre de una orden militar. Territorio de su jurisdicción.

maestre m. Superior de una orden militar.

maestrescuela m. Dignidad de algunas catedrales a cuyo cargo estaba enseñar religión. En algunas universidades, cancelario.

maestría f. Arte y destreza en enseñar o ejecutar una cosa. Título de maestro.

maestril m. Celdilla del panal de miel dentro de la cual se transforma en insecto perfecto la larva de la abeja maesa.

maestro-a adj. Dícese de la obra de relevante mérito entre las de su clase. M. El que enseña una ciencia, arte u oficio, o tiene título para hacerlo. Práctico en una materia. El que está aprobado en un oficio mecánico o lo ejerce públicamente. Compositor de música.

mafia f. Asociación delictuosa siciliana. Grupo u organización indeseable por sus procedimientos y finalidades.

magaña f. Ardid, astucia, engaño.

magazine m. Palabra inglesa, con que se nombra a los grandes almacenes modernos; y por extensión, revista destinada al gran público, a modo de almacén de información.

magdalena f. Bollo de varias formas con más harina y menos huevo que el bizcocho. Mujer penitente o muy arrepentida de sus pecados.

magdaleniense adj. Ultimo período del paleolítico superior, con industria muy perfecta de sílex.

magenta m. Aplícase al color carmesí obscuro dado con la fucsina.

magia f. Ciencia o arte que enseña a hacer cosas extraordinarias o admirables. Encanto, hechizo o atractivo con que una cosa suspende y deleita.

magiar adj. y s. Pueblo de tronco mogol que se estableció en Hungría. Perteneciente a este pueblo. Su lengua.

mágico-a adj. Perteneciente a la magia. Maravilloso, estupendo. M. El que profesa y ejerce la magia. Encantador.

magín m. Imaginación, talento, capacidad.

magisterio m. Enseñanza y gobierno que el maestro ejerce con sus discípulos. Cargo, profesión o grado de maestro. Conjunto de maestros de una nación. Estado, ciudad, etc. Gravedad afectada.

magistrado m. Superior en el orden civil; ministro de justicia; corregidor, oidor, consejero, etc.

magistral adj. Perteneciente al magisterio. Dícese de lo que se hace con maestría. M. Medicamento que sólo se prepara por prescripción facultativa.

magistralmente adv. Con maestría. Con tono de maestro.

magistratura f. Oficio y dignidad de magistrado. Tiempo que dura. Conjunto de los magistrados.

magma m. Residuo que deja cualquier substancia después de ser exprimida para extraer el jugo o zumo. Masa vítrea o pasta sin cristalizar que forma parte de muchas rocas eruptivas. Masa ígnea que se supone existe en el interior de la tierra. Pasta fluida.

magnanimidad f. Grandeza y elevación de ánimo.

magnate m. Persona muy ilustre y principal por su cargo y poder.

magnesia *f.* Oxido de magnesio, terroso, blanco y suave.

magnesio *m.* Metal de color blanco argentino, muy ligero, dúctil y maleable; se emplea en la pirotecnia, en la fotografía, señales luminosas, bombas incendiarias y en varias aleaciones; símbolo Mg.

magnético-a *adj.* Perteneciente a la piedra imán. Que tiene las propiedades del imán. Dícese de la propiedad de la piedra imán, de los imanes y de los electroimanes de atraer el hierro y el acero. Perteneciente o relativo al magnetismo animal.

magnetismo *m.* Virtud atractiva de la piedra imán. Conjunto de fenómenos producidos por cierto género de corrientes eléctricas. Acción que una persona ejerce sobre el sistema nervioso de otra, en circunstancias dadas y por medio de ciertas prácticas.

magnetita *f.* Oxido ferroso, férrico, fuertemente magnético.

magnetizar *tr.* Comunicar a un cuerpo la propiedad magnética. Imanar. Atraer, subyugar a una persona.

magneto *m.* Generador de electricidad de alto potencial que, en los motores de explosión, hace saltar la chispa que inflama la mezcla detonante. Generador electromagnético cuyo campo inductor es creado por un imán permanente.

magnetofónico-a *adj.* Dícese de la cinta magnética para registro del sonido.

magnetófono *f.* Aparato electromagnético que transmite las corrientes ondulatorias a un receptor telefónico. Grabadora de registro magnético sobre cinta magnetofónica.

magnetotecnia *f.* Aplicación del magnetismo o del electromagnetismo a diversos usos. Arte de magnetizar.

magnificar *tr.* Engrandecer, alabar, ensalzar.

magnificencia *f.* Liberalidad para gastos grandes y disposición para grandes empresas. Ostentación, grandeza.

magnificentísimo-a *adj.* Superlativo de magnífico.

magnífico-a *adj.* Espléndido, suntuoso. Excelente, admirable. Título de honor que se da a algunas personas ilustres o por su cargo.

magnitud *f.* Tamaño de un cuerpo. Grandeza, excelencia o importancia de una cosa. Tamaño aparente de una estrella, por efecto de su mayor o menor brillo.

magno-a *adj.* Grande.

magnolia *f.* Arbol ornamental de origen americano, de tronco liso y copa siempre verde, hojas grandes lanceoladas, flores terminales solitarias muy blancas olorosas y fruto seco elipsoidal. Flor y fruto de este árbol.

mago-a *adj. y s.* Persona que ejerce la magia. Dícese de los tres reyes que fueron a adorar a Jesús recién nacido.

magra *f.* Lonja de jamón.

magrez, magreza o **magrura** *f.* Calidad de magro.

magro-a *adj.* Flaco o enjuto y con poca o ninguna grosura. *M.* Carne magra del cerdo próxima al lomo.

maguer *conj.* Aunque. *Adv.* A pesar; son palabras anticuadas.

maguey *m. americ.* Pita. En México y en otros países de América, se aplica a numerosas especies del género *Agave*, propias de las regiones áridas; se utilizan para la obtención del alcohol, como textiles y por el aguamiel.

maguillo *m.* Manzano silvestre.

magullar *tr. y r.* Causar contusión a un cuerpo, pero no herida, comprimiéndolo o golpeándolo violentamente. En América, ajar.

maherir *tr.* Señalar, buscar, prevenir.

mah-jongg *m.* Juego chino de fichas; comprende 144 y cada 14 forman un dibujo, que se llama con este nombre, que significa: yo gano.

mahometano-a *adj. y s.* Que profesa la religión de Mahoma, caudillo y profeta de los árabes. Perteneciente a Mahoma o a su religión. Musulmán, islamita.

mahonés-a *adj. y s.* Natural de Mahón. Perteneciente a esta ciudad de España, en la isla de Menorca. Baleares. Dícese de la salsa que se hace batiendo yema de huevo con aceite crudo; mayonesa.

maicero-a *adj.* Que pertenece o se refiere al maíz. *M. y f.* Dueño o empleado de un establecimiento en que se vende maíz.

maillot *m.* Palabra francesa que designa un vestido de niños de pecho que cubre cuerpo y piernas dejando cierta libertad de movimientos. Traje de punto con el que se visten las danzarinas, acróbatas, etc. Breve prenda para tomar baños o practicar el deporte.

maitinada *f.* Alborada, amanecer; música al amanecer.

maitines *m. pl.* Primera de las horas canónicas que se reza antes de amanecer.

maíz *m.* Planta graminea de América tropical, de tallo grueso, hojas largas y puntiagudas, flores masculinas en racimos terminales y femeninas en espigas axilares resguardadas por una vaina; sus mazorcas tienen granos gruesos y amarillos muy nutritivos; es el cereal más importante de América.

maizal m. Tierra sembrada de maíz.

majada f. Redil, conjunto de redes para proteger de noche a los rebaños. Estiércol de los animales. Lugar o paraje donde se recoge de noche el ganado y se albergan los pastores.

majadear intr. Hacer noche el ganado en una majada; albergarse en un paraje. Abonar la tierra.

majadería f. Dicho o hecho necio, imprudente o molesto. Tontería, idiotez, necedad.

majadero-a adj. y s. Necio y porfiado. M. Mano de almírez o de mortero. Maza o pértiga para majar.

majar tr. Machacar. Molestar, cansar, importunar.

majestad f. Calidad de una cosa grave, sublime y capaz de infundir admiración y respeto. Título o tratamiento que se da a Dios y también a emperadores y reyes.

majestuoso-a adj. Que tiene u ostenta majestad.

majeza f. Calidad de majo. Ostentación de esta calidad.

majo-a adj. Dícese de la persona que en su porte, acciones y vestido afecta libertad y guapeza, más propia de la gente ordinaria que de la fina. Lindo, hermoso, vistoso.

majuela f. Correa de cuero con que se ajustan y atan los zapatos.

majuelo m. Viña nueva.

majuelo m. Espino de hojas cuneiformes dentadas, flores muy olorosas en corimbo y de fruto rojo, dulce y de un solo huesecillo.

mal adj. Apócope de malo. M. Negación del bien; lo contrario a él; lo que se aparta de lo lícito y honesto. Daño u ofensa en la persona o hacienda de alguien. Desgracia, calamidad. Enfermedad, dolencia. Adv. Sin razón, contrariamente a lo debido. De mala manera. Difícilmente. Insuficientemente o poco.

mala f. Valija del correo o posta ordinaria de Francia y de Inglaterra. Este mismo correo.

malabarismo m. Combinaciones artificiosas de conceptos con que se pretende deslumbrar al público.

malabarista com. Persona que hace juegos malabares, o sea ejercicios de agilidad y destreza.

malaca f. En México, peinado de trenzas que rodean la cabeza y se sujetan en la frente.

malacariento-a adj. En México, de gesto duro o de mala cara; hosco.

malacate m. Máquina a modo de cabrestante que tiene el tambor en lo alto y debajo de las palancas a

que se enganchan las caballerías que lo mueven, muy usado en las minas y para sacar agua. En México y Honduras, huso.

malacología f. Parte de la Zoología que trata de los moluscos.

malaconsejado-a adj. y s. Que obra desatinadamente llevado de malos consejos.

malacopterigio-a adj. Dícese de los peces de esqueleto óseo con los radios de sus aletas blandos y articulados.

malacostumbrado-a adj. De malos hábitos y costumbres. Que goza de excesivo regalo y está muy mimado y consentido.

málaga m. Vino dulce de color muy obscuro que se elabora con uva de la tierra de Málaga, España.

malagana f. Desfallecimiento, desgana.

malagradecido-a adj. americ. Desagradecido, ingrato.

malagueño-a adj. y s. Natural de Málaga. Perteneciente a esta ciudad y provincia de España. F. Copla popular característica de Málaga, de cuatro versos octosílabos y compás de $^3/_4$; la acompañan castañuelas y guitarra.

malandante adj. Desafortunado, infeliz.

malandrín-a adj. y s. Maligno, perverso, bellaco.

malaquita f. Carbonato básico de cobre; es un mineral concrecionado, de hermoso color verde con zonas más obscuras, susceptible de pulimento y que suele emplearse en chapear objetos de lujo.

malar adj. Perteneciente a la mejilla. M. Pómulo.

malaria f. Paludismo.

malato-a adj. y s. Leproso.

malaventura f. Desventura, desgracia, infortunio.

malaxación f. Forma de masaje que se ejecuta cogiendo y oprimiendo una parte con las yemas de los dedos o con toda la mano.

malayo-a adj. y s. Individuo de una de las cinco grandes razas humanas, de color pardo aceitunado y que se extendieron por amplias zonas, con eje en la Península de Malaca.

malbaratar tr. Vender la hacienda a bajo precio. Disiparla.

malcasar tr. y r Casar a una persona sin las circunstancias que se requieren para la felicidad del matrimonio.

malcomer tr. Comer escasamente o con poco gusto, por la calidad de los manjares.

malcontento-a adj. Descontento o dsgustado. Revoltoso, perturbador.

malcriado-a adj. Falto de buena educación, descortés. Dícese por lo común de los niños consentidos y mal educados.

maldad *f.* Calidad de malo. Acción mala e injusta. En México, travesura.

maldecir *tr.* Echar maldiciones contra una persona o cosa. *Intr.* Hablar contra una persona o cosa. *Intr.* Hablar con mordacidad en perjuicio de alguien, denigrándolo.

maldiciente *adj.* Que maldice. Detractor por hábito.

maldición *f.* Imprecación que se dirige contra una persona o cosa, manifestanda enojo y aversión y con deeso de que le venga algún daño.

maldito-a Perverso, de mala intención y dañadas costumbres. Condenado y castigado por la justicia divina. De mala calidad, ruin, miserable.

maldoso-a *adj.* En México, acostumbrado a cometer maldades; que tiene o implica maldad.

maleable *adj.* Aplícase a los metales que pueden batirse y extenderse en planchas o láminas. Acomodaticio, excesivamente flexible.

maleante *adj.* Que malea. Burlador, maligno. Individuo de los bajos fondos, de mala conducta o con antecedentes penales.

malear *tr.* Dañar o echar a perder una cosa. Pervertir, corromper.

malecón *m.* Murallón o terraplén que se levanta para defensa de los daños que puedan causar las aguas.

maledicencia *f.* Acción de maldecir, hablar con mordacidad.

maleficiar *tr.* Causar daño a una persona o cosa. Hechizar, embrujar.

maleficio *m.* Daño causado por arte de hechicería. Hechizo empleado para causarlo, según vulgarmente se cree.

maléfico-a *adj.* Que causa daño a otro con maleficios. Que ocasiona o es capaz de causar daño. *M.* Hechicero.

máleo *m.* Martillo, huesecillo del oído medio. Muermo.

maléolo *m.* Tobillo. Cada una de las eminencias óseas del tobillo que señalan la articulación de la pierna con el pie.

malestar *m.* Desazón, incomodidad indefinible. Desasosiego, inquietud, ansiedad.

maleta *f.* Cofre pequeño de cuero o lona para guardar cosas y que se puede llevar a mano. *M.* El que practica con torpeza o desacierto la profesión que ejerce. En América, lío de ropa.

maletero *m.* El que tiene por oficio hacer o vender maletas. Mozo de estación que se encarga de llevar las maletas.

malévolo-a *adj. y s.* Inclinado a hacer mal.

maleza *f.* Abundancia de hierbas ma.as que perjudican a los sembrados. Espesura de muchos arbustos, zarzales, jarales, etc.

malgastar *tr.* Disipar el dinero gastándolo en cosas malas o inútiles; por extensión, dícese también del tiempo, la paciencia, etc. Despilfarrar, derrochar.

malhablado-a *adj. y s.* Desvergonzado o atrevido en el hablar.

malhadado-a *adj.* Infeliz, desgraciado, desventurado.

malhecho-a *adj.* Aplícase a la persona de cuerpo mal formado o contrahecho. *M.* Acción mala o fea.

malhechor-a *adj. y s.* Que comete un delito y especialmente que los comete por hábito. Delincuente.

malherir *tr.* Herir gravemente.

malhumorado-a *adj.* Que tiene malos humores. Que está de mal humor; desabrido o displicente.

malicia *f.* Maldad. Inclinación a lo ma.o y contrario a la virtud. Perversidad. Ocultación maliciosa de la intención con que se procede. Propensión a pensar mal. Calidad que hace a una cosa perjudicial y maligna. Penetración, sagacidad.

maliciar *tr. y r.* Recelar, sospechar, presumir algo con malicia. Malear.

malicioso-a *adj.* Que por malicia echa las cosas a mala parte. Que contiene malicia. Desconfiado, suspicaz, receloso.

maligno-a *adj.* Propenso a pensar u obrar mal. De índole perniciosa.

malinchismo *m.* En México, tendencia a preferir lo extranjero a lo nacional.

malintencionado-a *adj. y s.* Que tiene mala intención.

malmeter *tr.* Malbaratar, malgastar. Inclinar, inducir a uno a hacer cosas malas. Malquistar.

malmirado-a *adj.* Malquisto, desconceptuado. Descortés, inconsiderado.

malo-a *adj.* Que carece de la bondad que le corresponde. Dañoso o nocivo. Que se opone a la razón o a la ley. Que es de mala vida y costumbres. Enfermo. Desagradable, molesto. Dificultoso, deteriorado. Travieso.

malogrado-a *adj.* Que no se logra, que se estropea o muere antes de tiempo.

malograr *tr.* Perder, no aprovechar una cosa, ocasión, tiempo, etc. *R.* Frustrarse lo que se pretendía o esperaba conseguirse. No llegar una persona o cosa a su natural desarrollo o perfeccionamiento.

malogro *m.* Efecto de malograrse una cosa.

maloliente *adj.* Que exhala mal olor.

malora *adj.* En México, dícese del que acostumbra a hacer travesuras o maldades.

malpaís *m.* Nombre con que se designan los antiguos mantos de lava, ásperos y erizados, sobre los que es difícil caminar.

malparado-a *adj.* Que ha sufrido notable menoscabo. Maltrecho.

malparir *intr.* Abortar.

malpensado-a *adj. y s.* Que piensa mal o que forma mala opinión de las personas o de las acciones.

malquerencia *f.* Mala voluntad a determinada persona o cosa. Malevolencia, aversión.

malquerer *tr.* Tener mala voluntad a una persona o cosa.

malquistar *tr. y r.* Poner mal a una persona con otra u otras.

malquisto-a *adj.* Que está mal con una o varias personas.

malrotar *tr.* Disipar, malgastar la hacienda.

malsano-a *adj.* Dañoso a la salud. Enfermizo. Insano, insalubre.

malsín *m.* Cizañero, soplón.

malsonante *adj.* Que suena mal. Que ofende los oídos de las personas decentes y honestas.

malta *amb.* Cebada que, germinada artificialmente y tostada, se emplea en la fabricación de la cerveza; y también, como substitutivo del café.

maltés-a *adj. y s.* Natural de Malta. Perteneciente a esta isla del Mediterráneo.

maltraer *tr.* Maltratar, injuriar. Reprender con severidad.

maltratamiento *o* **maltrato** *m.* Acción y efecto de maltratar o maltratarse.

maltratar *tr.* Tratar mal a alguien de obra o de palabra. Menoscabar, echar a perder. Lastimar, dañar, ofender.

maltrecho-a *adj.* Maltratado, malparado.

maltusianismo *m.* Conjunto de teorías que Tomás Roberto Malthus preconiza sobre la sociedad y la población, en relación con los medios de subsistencia.

malva *f.* Planta de tallo áspero y ramoso, hojas con estípulas, flores moradas axilares y fruto con muchas semillas secas; muy usada en Medicina.

malvácea *adj. y s.* Planta dicotiledónea, cuyo género tipo es Malva.

malvado-a *adj.* Muy malo, perverso.

malvasía *f.* Uva muy dulce y fragante, de una variedad de vid de origen griego y que prevalece en varias partes de España, en especial en Cataluña.

malvavisco *m.* Planta malvácea de hojas suaves muy vellosas, flores axilares, fruto con semillas secas y raíz gruesa, que se usa como emoliente. Dulce ovoideo hecho con grenetina, azúcar, glucosa y clara de huevo, aromatizado con vainilla o fresa.

malvender *tr.* Vender a bajo precio, con poca o ninguna utilidad.

malversar *tr.* Invertir ilícitamente los caudales públicos o equiparados a ellos, en usos distintos de aquellos para los cuales están destinados.

malvís *m.* Tordo de pico y patas negras, plumaje verde obscuro manchado de negro y rojo.

malla *f.* Cada uno de los cuadriláteros que forman el tejido de la red. Tejido de pequeños anillos o eslabones de metal enlazados entre sí, con que se hacían las cotas y otras armaduras, y actualmente portamonedas, bolsas, etc. Tejido semejante al de la red. Rejilla.

mallo *m.* Mazo.

mallorquín-a *adj. y s.* Natural de Mallorca. Perteneciente a esta isla española del Mediterráneo. Variedad dialectal de catalán, hablada en esta isla.

mama *f.* Órgano glandular que segrega la leche de las hembras de los mamíferos. Teta. Mamá.

mamá *f.* Voz equivalente a madre de que usan muchos y especialmente los niños. Mamá grande, en México, abuela.

mamada *f.* Acción de mamar. Cantidad de leche que mama la criatura cada vez que se pone al pecho. En América, ganga, ventaja obtenida con poco esfuerzo.

mamar *tr.* Absorber, sacar, chupar con los labios y la lengua la leche de los pechos. Adquirir un sentimiento o cualidad moral en la infancia. Comer, engullir. Obtener, alcanzar algo sin mérito suficiente.

mamarracho *m.* Figura defectuosa y ridícula, o adorno mal hecho o mal pintado. Hombre informal, no merecedor de respeto. Esperpento, adefesio.

mambo *m.* Baile antillano, de ritmo vivo y fuertemente sincopado.

mameliforme *adj.* En forma de pezón o mama.

mamelón *m.* Colina baja, en forma de pezón de teta. Pezón. Eminencia carnosa semejante a un pezoncillo.

mameluco *m.* Soldado de una antigua milicia de Egipto, guardia particular del sultán. Hombre necio y bobo. En América, vestido de niño, especie de overol.

mamey *m.* Árbol americano gutífero de tronco recto, copa hermosa, hojas elípticas y coriáceas, flores blancas olorosas y fruto casi redondo de corteza verduzca y pulpa amarilla, aromática y sabrosa. Fruto de este árbol. Arbol sapotáceo americano, de tronco grueso y copa cónica, hojas lanceoladas, flores axilares solitarias y fruto ovoide de cáscara muy áspera, pulpa roja, dulce y muy suave. Fruto de este árbol.

mamífero *adj.* y *s.* Aplícase a los animales cuyas hembras alimentan a sus crías con la leche de sus mamas o tetas; son vertebrados muy evolucionados, en los que se incluye al hombre.

mamila *f.* Parte principal de la teta o pecho de la hembra, exceptuando el pezón. Tetilla en el hombre. En México, biberón.

mamola *f.* Caricia o burla pasando la mano por debajo de la barba de alguien.

mamón-a *adj.* y *s.* Que todavía está mamando. Que mama mucho o más tiempo del regular. Vástago. En México, especie de bizcocho muy blando, de almidón y huevo. Arbol americano sapindáceo, corpulento, de copa tupida, hojas alternas compuestas, flores en racimo y fruto en drupa de pulpa acídula y comestible, como su almendra.

mamotreto *m.* Libro o cuaderno de notas o agenda. Libro o legajo muy abultado, especialmente cuando es irregular y deforme. Armatoste.

mampara *f.* Cancel movible para resguardar una puerta o substituirla, y para otros usos.

mamparo *m.* Tabique de tablas o planchas con que se divide en compartimientos lo interior de un barco. Amparo o defensa.

mamporro *m.* Golpe o coscorrón que hace poco daño.

mampostería *f.* Obra hecha con mampuestos colocados y ajustados.

mampuesta *f.* Hilada, serie horizontal de ladrillos o piedras en la construcción de un edificio.

mampuesto-a *adj.* Dícese del material que se emplea en la obra de mampostería. *M.* Piedra sin labrar que se puede colocar en obra con la mano. Reparo, parapeto.

mamut *m.* Especie de elefante fósil de las regiones frías, en la época cuaternaria.

maná *m.* Manjar milagroso enviado por Dios al pueblo de Israel en el desierto. Jugo exudado de algunos árboles.

manada *f.* Hato o rebaño de ganado al cuidado de un pastor. Conjunto de animales de la misma especie que andan reunidos. Lo que cabe en una mano.

manager *m.* Palabra inglesa: gerente, apoderado. En el boxeo, apoderado, representante, cuidador de un pugilista.

managüero-a *adj.* Natural de Managua. Perteneciente o relacionado con dicha ciudad, capital de Nicaragua.

manantial *m.* Nacimiento de las aguas. Origen y principio de donde proviene una cosa. Fuente.

manar *intr.* Brotar o salir de una parte un líquido. Abundar, tener mucho de una cosa.

manatí *m.* Mamífero sirenio acuático americano, de cabeza redonda y cuello corto, de cuerpo muy grueso; herbívoro, de carne y grasa muy estimadas.

mancamiento *m.* Acción de mancar o mancarse. Falta, privación, defecto de algo.

mancar *tr.* Lisiar, estropear, herir a uno en las manos imposibilitándole el uso de las mismas. Hacer manco o defectuoso.

manceba *f.* Concubina.

mancebía *f.* Casa pública de mujeres mundanas. Diversión deshonesta. Prostíbulo, burdel.

mancebo *m.* Mozo de pocos años. Hombre soltero. Dependiente, auxiliar práctico en algunas artes u oficios.

mancera *f.* Esteva.

mancilla *f.* Mancha, deshonra. Desdoro, afrenta.

mancillar *tr.* Amancillar.

manco-a *adj.* y *s.* Aplícase a la persona o animal a quien falta un brazo o una mano o que ha perdido el uso de los mismos. Defectuoso, falto de una parte necesaria.

mancomunar *tr.* Unir personas, fuerzas o caudales para un fin. *R.* Unirse, asociarse, obligarse de común acuerdo. *Tr.* Obligar a dos o más personas a la paga o ejecución de una cosa, entre las obligadas de común acuerdo, entre todas y por partes.

mancomunidad *f.* Acción y efecto de mancomunar o mancomunarse. Corporación regional, estatal, provincial o municipal por la unión de dichos organismos, con carácter temporal o permanente y generalmente para el desempeño de funciones administrativas.

mancornar *tr.* Sujetar, atar por los cuernos. Unir dos cosas de una misma especie que antes se hallaban separadas.

mancuerna *f.* Pareja de animales o cosas mancornadas. En México, par de gemelos para puños de camisa.

mancha *f.* Señal que una cosa hace en un cuerpo ensuciándolo o echándolo a perder. Parte de una cosa con distinto color del general o dominante. Deshonra, desdoro. Mácula.

manchar *tr.* Poner sucia una cosa, haciéndole perder en alguna de sus partes el color que tenía. Deslustrar la buena fama de una persona, familia o linaje. Mancillar.

manchego-a *adj. y s.* Natural de La Mancha. Perteneciente a esta región de España.

manchu o manchuriano-a *adj. y s.* Natural de Manchuria. Perteneciente a esta región asiática.

manda *f.* Oferta que uno hace a otro de darle una cosa. Legado. Mal usado, por voto o promesa a Dios o a un santo.

mandadero-a *m. y f.* Persona que cumple encargos, comisiones o mandados.

mandado *m.* Orden, precepto, mandamiento. Comisión por desempeñar en sitio distinto de aquel en que está el comitente.

mandamás *com.* Jefe, director, autoridad.

mandamiento *m.* Precepto u orden de un superior a un inferior. Cada uno de los preceptos del Decálogo o de la Iglesia. Despacho escrito por el juez que manda ejecutar una cosa.

mandar *tr.* Ordenar el superior al súbdito; imponer un precepto. Legar, dejar a otro una cosa en testamento. Ofrecer, prometer una cosa. Enviar. Encargar. *Intr.* Regir, gobernar, tener el mando. *R.* Moverse, manejarse uno por sí mismo. Invitar a la realización de algo favorable. En México y Cuba, faltar al respeto a alguien, propasarse. Dominar al caballo, regirlo con seguridad y destreza.

mandarín *m.* Alto funcionario de la vieja China. Persona que ejerce un cargo y es tenida en poco.

mandarino *m.* Arbolillo rutáceo de fruto muy estimado, la mandarina, globoso, y de pulpa dulce.

mandatario *m.* Persona que acepta representar a otra, gestionar o desempeñar uno o más negocios o cargos.

mandato *m.* Orden o precepto que el superior impone a los súbditos. Encargo o representación que por elección se confiere a una persona.

mandíbula *f.* Quijada. Cada una de las dos piezas córneas que forman el pico de las aves. Pieza a los lados o alrededor de la boca de otros animales para prender, sujetar o despedazar los alimentos.

mandil *m.* Prenda de cuero o tela fuerte para proteger la ropa desde lo alto del pecho hasta por abajo de las rodillas. Delantal.

mandioca *f.* Arbusto euforbiáceo de las regiones cálidas americanas,

con raíz muy grande y carnosa, de la que se extrae almidón, harina y tapioca. Esta misma harina.

mando *m.* Autoridad y poder que tiene el superior sobre los que están bajo su jurisdicción. Control de una máquina, aparato, etc.

mandoble *m.* Espada grande. Cuchillada o golpe que se da con ambas manos al esgrimir el arma.

mandola o mandolina *f.* Especie de laúd piriforme, de cuerdas punteadas, cuello corto y dorso abombado.

mandón-a *adj. y s.* Que ostenta demasiado su autoridad y manda más de lo que le toca.

mandrágora *f.* Planta solanácea herbácea, sin tallo, de hojas muy grandes, flores malolientes en campanilla y fruto en baya; se ha usado en Medicina.

mandril *m.* Cuadrumano primate africano, de cabeza pequeña y hocico largo, pelaje espeso y nariz roja.

mandril *m.* Pieza cilíndrica en que se asegura lo que se ha de tornear.

manducar *intr.* Comer, tomar alimento.

manecilla *f.* Broche para cerrar libros. Signo en figura de mano, con el índice extendido, para llamar la atención en libros o escritos. Saetilla para marcar la hora, señalar grados, etc. Manilla.

manejar *tr.* Usar o traer entre las manos una cosa. Gobernar los caballos. Dirigir, gobernar. En América, conducir un automóvil. *R.* En México, portarse o comportarse.

manejo *m.* Acción y efecto de manejar o manejarse. Arte de manejar los caballos. Dirección y gobierno de un negocio. Maquinación, intriga.

manera *f.* Modo y forma en que se ejecuta o acaece una cosa. Porte y modales de una persona. Maña, destreza, habilidad.

manes *m. pl.* Divinidades protectoras de la casa y de la familia, entre los romanos.

maneto-a *adj. y s. americ.* De una o ambas manos deformes. Patizambo.

manga *f.* Parte del vestido en que se mete el brazo. Parte del eje donde entra y voltea la rueda. Tubo largo que se adapta a las bombas o bocas de riego, para aspirar o para dirigir el agua. Tela dispuesta en forma cónica para colar líquidos. Tromba marina. Tubo de ventilación. Anchura mayor de un buque. En México, capa de monte, generalmente impermeable.

mangana *f.* Lazo para hacer caer a una caballería o toro y sujetarlo. En México, trampa, engaño, mala pasada.

manganeso m. Metal blanco grisáceo, componente de diversos minerales, muy oxidable; símbolo Mn.

mangante m. Sablista, persona sin escrúpulos que no trabaja y vive de expedientes.

manglar m. Sitio poblado de mangles.

mangle m. Arbusto tropical de ramas largas y extendidas que dan raíces aéreas que descienden hasta llegar al suelo y arraigar en él, hojas enteras elípticas, flores axilares y fruto seco coriáceo; sus frutos y corteza se emplean en tenería.

mango m. Parte por donde se afirma con la mano un instrumento o utensilio.

mango m. Árbol anacardiáceo, originario de la India y muy cultivado en América, de tronco recto, corteza negra, hojas persistentes lanceoladas, flores pequeñas amarillentas en panoja, y de fruto oval arriñonado, aromático y de sabor agradable. Fruto de este árbol.

mangonear intr. Andar vagueando sin saber qué hacer. Entretenerse con cosas que no incumben, ostentando autoridad e influencia en su manejo. En América, entremeterse con fines de lucro a manejar lo ajeno.

mangosta f. Mamífero carnívoro vivérrido de la India, muy ágil y domesticable.

manguera f. Tubo a propósito para conducir líquidos. Manga para sacar el agua de las embarcaciones. Tubo para aspirar o dirigir el agua, o tubo para regar.

manguito m. Rollo o bolsa con aberturas en ambos lados, de piel fina y peluda, para llevar las señoras abrigadas las manos. Cilindro hueco para sostener o empalmar piezas unidas a tope en una máquina. Entrerrosca.

maní m. Cacahuate.

manía f. Extravagancia, preocupación caprichosa por un tema o cosa determinada. Exaltación intelectual, forma de trastorno mental. Afecto o deseo desordenado.

maníaco-a, maniaco-a o maniático-a adj. y s. Enajenado, que padece manía.

maniatar tr. Atar las manos.

manicomio m. Hospital para la reclusión temporal o definitiva de enfermos mentales.

manicorto-a adj. y s. Poco generoso o dadivoso. Tacaño.

manicuro-a m. y f. Persona que tiene el oficio de cuidar las manos y principalmente cortar y pulir las uñas.

manido-a adj. Sobado, ajado; pasado de sazón. F. Lugar o paraje donde un hombre o animal se recoge y hace mansión.

manifestación f. Acción y efecto de manifestar o manifestarse. Reunión pública, generalmente al aire libre, en la que dan a conocer las personas que concurren, con sólo su asistencia, sus deseos o sentimientos en pro o en contra de algo.

manifestante com. Persona que toma parte en una manifestación o reunión pública.

manifestar tr. Declarar, dar a conocer. Descubrir, poner a la vista.

manifiesto m. Escrito en que se hace pública declaración de doctrinas o propósitos de interés general. Declaración en que se expone la clase, cantidad, destino y tras circunstancias de las mercancías que conduce un buque.

manifiesto-a adj. Descubierto, patente, claro.

manigua f. En las Antillas, terreno cubierto de maleza.

manija f. Mango, puño o manubrio de ciertos utensilios y herramientas. Abrazadera.

manilargo-a adj. Que tiene largas las manos. Liberal.

manilense o manileño-a adj. y s. Natural de Manila. Perteneciente a esta ciudad, capital de las Islas Filipinas.

manilla f. Pulsera de adorno. Anillo que por prisión se echa a la muñeca. Cierto juego de naipes entre cuatro jugadores. Manecilla.

manillar m. Pieza de las motocicletas y bicicletas en que se apoyan las manos y sirve para guiar.

maniobra f. Operación manual. Artificio, manejo de un asunto. Pl. Operaciones apropiadas para la formación, división o pasos de los trenes, o con otros vehículos, para cambiar el rumbo. Arte de manejar aparatos, velas, timón, anclas, etc., de las embarcaciones. Ejercicios prácticos y combinados de unidades del ejército.

maniobrar intr. Ejecutar maniobras.

manipulador-a adj. y s. Que manipula. M. Aparato para abrir y cerrar el circuito en las líneas telegráficas.

manipular tr. Operar con las manos. Manejar uno los negocios a su modo o mezclarse en los ajenos.

maniquí m. Figura de articulación movible que puede ser colocada en diversas actitudes. Armazón en figura de cuerpo humano para probar y arreglar prendas de ropa. Persona utilizada para tales fines. Persona débil que se deja gobernar por los demás.

manir tr. Hacer que las carnes y algunos otros manjares se pongan más tiernos y sazonados.

manirroto-a adj. y s. Demasiado liberal, pródigo.

manisero-a *m. y f. americ.* Vendedor de maní o cacahuate.

manita *f.* Barbarismo por manecita.

manivela *f.* Manubrio, cigüeña.

manjar *m.* Cualquier comestible. Deleite o recreo del espíritu.

mano *f.* Parte del cuerpo humano comprendida desde la muñeca a la punta de los dedos. Extremidad animal con dedo pulgar oponible. Cualquiera de los dos pies delanteros de un cuadrúpedo. Trompa del elefante. Cada uno de los dos lados en que cae o sucede una cosa. Manecilla, saetilla del reloj y de otros instrumentos. Rodillo u otro instrumento para moler, desmenuzar o quebrantar algo. Capa de color o de barniz. Cantidad de 34 panecillos. Conjunto de 5 cuadernillos de papel. El primero en el juego. Palmo menor. Vez o vuelta en una labor material. Medio para hacer o alcanzar una cosa. Persona que ejecuta algo. Mujer pretendida por esposa. Habilidad, destreza. Poder, mando. Patrocinio, favor. Auxilio, socorro. Represión, castigo. En México y Centroamérica, conjunto de cinco cosas de la misma especie.

mano-a *m. y f.* En México y por aféresis de hermano, camarada, amigo.

manojo *m.* Hacecillo de yerbas o de otras cosas que se puede coger con la mano.

manolo-a *m. y f.* Mozo o moza del pueblo bajo de Madrid.

manómetro *m.* Aparato para medir la presión atmosférica o la de los gases encerrados en un recinto.

manopla *f.* Pieza de la armadura que guarnecía la mano. Látigo corto para avivar a los animales. Férula para conservar extendida la mano y para ciertos vendajes.

manosear *tr.* Tocar repetidamente una cosa, a veces ajándola o desluciéndola.

manotada o manotazo *f. o m.* Golpe dado con la mano.

manotear *tr.* Dar golpes con las manos. *Intr.* Mover las manos para dar mayor fuerza a lo que se habla. En México y Argentina, apoderarse fraudulentamente de lo ajeno; prevaricar.

manquedad *f.* Falta de mano o de brazo. Impedimento para el uso de estos miembros. Falta o defecto.

mansalva Voz que entra en la expresión: a mansalva, sin ningún peligro, sobre seguro.

mansamente *adv.* Con mansedumbre. Lentamente. Quedito y sin hacer ruido.

mansarda *f.* Buharda.

mansedumbre *f.* Suavidad y benignidad en la condición o en el tra-to. Apacibilidad de los animales o de las cosas.

mansión *f.* Detención o estancia en una parte. Morada, albergue. Residencia o casa lujosa.

manso-a *adj.* Benigno y suave en la condición. Dícese de los animales no bravos. Apacible, sosegado. *M.* Macho o buey que sirve de guía a otros animales.

manta *f.* Prenda suelta muy tupida para abrigarse en la cama. Prenda de abrigo para la intemperie o en los viajes. Ropa suelta de la gente del pueblo, para abrigarse o llevarla en todo tiempo. Tela ordinaria de algodón que se fabrica y usa en México. Cubierta para abrigo de las caballerías. Zurra, azotaina.

mantarraya *f.* Diablo de mar, pez diablo; nombre de varios peces de alta mar, elasmobranquios de cuerpo deprimido romboideo.

mantear *tr.* Levantar con violencia en el aire a una persona, bruto o mamarracho puesto en una manta, tirando a un tiempo de las orillas varias personas.

manteca *f.* Gordura de los animales, especialmente del cerdo. Substancia crasa y oleosa de la leche y de algunos frutos. Pomada.

mantecada *f.* Rebanada de pan untada con manteca de vaca y azúcar. Bollo de harina, huevo, azúcar y manteca de vaca, cocido en una cajita cuadrada de papel.

mantecado-a *adj.* Mantecoso. *M.* Bollo amasado con manteca de cerdo. Especie de sorbete.

mantecoso-a *adj.* Que tiene mucha manteca, o que se asemeja a ella.

mantel *m.* Tejido de lino, algodón, etc., con que se cubre la mesa de comer. Lienzo con que se cubre la mesa del altar.

mantelería *f.* Juego de mantel y servilletas.

mantenedor *m.* Encargado de mantener un torneo, justa, etc. El encargado de pronunciar el discurso de rigor en los Juegos Florales.

mantener *tr.* Proveer a uno del alimento necesario. Conservar una cosa, darle vigor y permanencia. Sostener una cosa para que no caiga o se tuerza. Proseguir lo que se está ejecutando. Sostener un torneo, justa, etc. *R.* Perseverar, no variar de estado o de resolución.

mantenido *m.* En México y Guatemala, el que vive a expensas del trabajo de una mujer.

mantenimiento *m.* Efecto de mantener. Manjar o alimento. Combustible, lubricante. *Pl.* Víveres.

manteo *m.* Capa larga con cuello, que traen los eclesiásticos sobre la sotana.

mantequera *f.* La que hace o vende mantequilla. Vasija en que se hace o sirve.

mantequería *f.* Casa donde se elabora o vende mantequilla.

mantequilla *f.* Masa de consistencia de ungüento, producto graso obtenido de la leche o de la crema. Pasta blanda y suave de manteca de vaca, batida y mezclada con azúcar.

mantilla *f.* Paño con guarnición de tul o de encaje que usan las mujeres para cubrirse la cabeza. Pieza de tela con que se abriga a los niños por encima de los pañales. Paño, más o menos adornado, con que se cubre el lomo de las caballerías.

mantillo *m.* Capa superficial del suelo y de tierra vegetal originada por la descomposición de materias orgánicas. Humus. Estiércol fermentado y putrefacto.

mantillón *m.* *americ.* Gualdrapa que sirve de sudadero. En México, mantenido, sirvergüenza.

mantisa *f.* Fracción decimal que sigue a la característica en un logaritmo.

manto *m.* Prenda femenina a modo de capa para cubrirse de pies a cabeza. Especie de mantilla grande sin guarnición. Vestidura de ceremonia que cubre todo el cuerpo hasta arrastrar por tierra. Ropa talar usada en ciertos actos o ceremonias. Lo que cubre y oculta una cosa. Capa mineral de poco espesor. Fachada de la campana de una chimenea.

mantón *m.* Pañuelo grande y generalmente de abrigo. Capa o manteo.

mantuano-a *adj. y s.* Natural de Mantua. Perteneciente a esta ciudad de Italia.

manuable *adj.* Fácil de manejar.

manual *adj.* Que se ejecuta con las manos. De fácil ejecución. Fácil de entender. Persona dócil. *M.* Libro en que se compendia lo más substancial de una materia. Libro o libreta de notas.

manubrio *m.* Empuñadura o manija de un instrumento. Pieza de dos ramas en ángulo recto para dar vueltas a una rueda, al eje de una máquina, etc. Dispositivo de algunos instrumentos musicales mecánicos para hacerlos funcionar dando vueltas al mango con la mano. Porción superior del esternón que tiene esta forma. Apófisis inferior del martillo o máleo.

manufactura *f.* Obra hecha a mano o con auxilio de máquina. Fábrica, lugar donde se elabora una cosa.

manufacturar *tr.* Fabricar.

manumitir *tr.* Dar libertad al esclavo.

manuscrito-a *adj.* Escrito a mano. *M.* Papel o libro escrito a mano.

manutención *f.* Acción y efecto de mantener o mantenerse. Conservación y amparo. Alimento, sustento.

manzana *f.* Fruto del manzano, de forma globosa y de pulpa carnosa con sabor acídulo ligeramente azucarado. Conjunto aislado de casas contiguas. Pomo de la espada. En América, nuez, prominencia que forma la laringe en la garganta.

manzanilla *f.* Hierba de tallos débiles, hojas abundantes y flores en cabezuelas solitarias con centro amarillo y circunferencia blanca; camomila. Flor de esta planta. Infusión de esta flor, empleada como estomacal, antiespasmódica y febrífuga. Vino blanco de Andalucía.

manzanillo *m.* Árbol euforbiáceo americano de tronco delgado y ramas derechas que por incisiones en su corteza dan un jugo blanquecino y cáustico, flores y fruto semejantes a las del manzano; su jugo y fruto son venenosos. En México, una especie cultivada de plátano, el manzano.

manzano *m.* Árbol rosáceo de tronco tortuoso, hojas puntiagudas dentadas, flores en umbela blanco sonrosadas y olorosas; su fruto es la manzana.

maña *f.* Destreza, habilidad. Artificio o astucia. Vicio, mala costumbre, resabio. Manojo pequeño.

mañana *f.* Tiempo que transcurre desde que amanece hasta mediodía; o desde medianoche hasta mediodía. *M.* Tiempo futuro próximo a nosotros *Adv.* En el día que seguirá inmediatamente al de hoy. En tiempo venidero. Antes de mucho tiempo.

mañanero-a *adj.* Madrugador. Que se hace por la mañana. Que pertenece o se refiere a las horas de la mañana.

mañanitas *f. pl.* En México, canto popular con que de madrugada se agasaja a una persona, por lo general, del sexo femenino.

maño-a *m. y f.* Aragonés-a. En Aragón (España) y en Chile, hermano-a; expresión de cariño entre personas que se quieren bien.

mañoso-a *adj.* Que tiene maña. Que se hace con maña. Que tiene mañas o resabios.

mapa *m.* Representación geográfica de la Tierra, o parte de ella, sobre una superficie plana.

mapache *m.* Mamífero carnívoro americano, nocturno y arborícola, gris con manchas blancas y negras y cola peluda con anillos obscuros; su piel se usa en peletería.

mapamundi *m.* Mapa que representa la superficie de la Tierra dividida en dos hemisferios.

mapuche *adj. y s.* Araucano.

mapurite *m.* Especie de mofeta de América Central con una faja obscura a lo largo del lomo. Zorrillo.

maque *m.* Laca, barniz duro y brillante.

maqueta *f.* Modelo plástico en tamaño reducido, de un monumento, edificio, construcción, etc.

maquiavelismo *m.* Doctrina de Nicolás Maquiavelo que preconizaba la necesidad de que el príncipe no reparara en medios para llegar a un fin. Modo de proceder con astucia, doblez y perfidia.

maquila *f.* Porción de grano, harina o aceite que corresponde al molinero por la molienda.

maquillar *tr. y r.* Pintar el rostro, ponerle afeites, retocarlo.

máquina *f.* Artificio para aprovechar, dirigir o regular la acción de una fuerza. Aparato de diversos tipos, más o menos complejo, que efectúa algún trabajo mecánico. Por antonomasia, locomotora. Tramoya, en el teatro. Traza o proyecto de pura imaginación.

maquinación *f.* Proyecto o acechanza artificiosa y oculta, dirigida a mal fin.

maquinal *adj.* Perteneciente a los movimientos y efectos de la máquina. Aplícase a los actos y movimientos ejecutados sin deliberación.

maquinar *tr.* Urdir, tramar algo oculta y artificiosamente.

maquinaria *f.* Arte de fabricar máquinas. Conjunto de máquinas para un fin determinado. Aparato o resorte que da movimiento a un ingenio o artefacto.

maquinismo *m.* Empleo predominante de las máquinas en la industria moderna.

maquinista *com.* Persona que inventa o fabrica máquinas. La que las dirige o gobierna, especialmente si son de vapor, gas o electricidad.

maquis *m.* Terreno cubierto de matorral y de arbustos. Garriga. Movimiento activo de resistencia frente a los alemanes ocupantes de Francia, en la segunda Guerra Mundial.

mar *amb.* Gran masa de agua salada que cubre la mayor parte de la superficie de la Tierra. Cada una de las partes en que se considera dividida. Lago de gran extensión. Abundancia extraordinaria de algo.

mara *f.* Roedor cávido de América del Sur, de piel fina y sedosa y carne comestible. Liebre de la Pampa o de Patagonia.

marabú *m.* Ave zancuda africana de cabeza, cuello y buche desnudos, de plumaje negro verdoso en el dorso, blanco debajo de las alas, y de pico amarillo grande y grueso; sus plumas blancas son muy apreciadas en Europa, para adorno.

maraca *f.* Instrumento musical formado de una calabaza con semillas o piedrecitas dentro y mango de palo; originario de América, su uso se ha extendido por todo el mundo.

maraña *f.* Maleza, espesura de arbustos. Conjunto de hebras, bastas y enredadas que forman la parte exterior de los capullos de seda. Tejido hecho con ellas. Enredo de los hilos o del cabello. Embuste para enredar o descomponer algo. Lance intrincado y de difícil salida.

marañón *m.* Árbol anacardiáceo de la América Central de tronco torcido y madera blanca, hojas coriáceas, flores en panojas terminales y por fruto una nuez de cubierta cáustica y almendra comestible.

marasmo *m.* Agotamiento y enflaquecimiento progresivo graves. Suspensión, paralización, inmovilidad en la moral o en lo físico.

maratón *m.* Carrera pedestre de 42 Km. que figura entre los deportes olímpicos, en recuerdo de la realizada por Diomedón, desde Maratón a Atenas, para anunciar la victoria de los griegos sobre los persas.

maravedí *m.* Antigua moneda española de diferentes valores y calificativos, según su uso y tiempo.

maravilla *f.* Suceso o cosa extraordinaria que causa admiración. Admiración. Planta herbácea compuesta, de hojas lanceoladas y flores en cabezuelas terminales. Especie de enredadera americana de flores azules con listas púrpuras, ornamental.

maravillar *tr. y r.* Admirar. Asombrar, sorprender, pasmar.

maravilloso-a *adj.* Extraordinario, excelente, admirable.

marbete *m.* Papel que por lo común se adhiere a una cosa para escribir o imprimir la marca de fábrica, lo que contiene, cualidades, uso, precio, etc. Papel que se pega en los bultos de equipaje, fardos, etc., para anotar el punto a donde se envían y el número de registro. Orilla, perfil, filete.

marca *f.* Provincia, distrito fronterizo. Instrumento para medir la estatura de las personas o de los caballos. Instrumento con que se marca o señala una cosa. Acción de marcar. Señal distintiva. Huella, cicatriz, estigma.

marcar *tr.* Señalar y poner marca. Bordar en la ropa iniciales o blasones. Dejar cicatriz de un golpe o herida. Señalar a uno o advertir en él una cualidad digna de notarse. Aplicar, destinar. Hacer girar el disco del teléfono con el número con que se desea comunicar. Contrarrestar un jugador el juego de otro contrario.

marcasita *f.* Sulfuro de hierro, de color más pálido que la pirita.

marcial *adj.* Perteneciente a la guerra. Bizarro, varonil.

marciano-a *adj.* Relativo al planeta Marte o propio de él. *M.* Supuesto habitante de este planeta.

marco *m.* Antigua unidad de peso aplicada al oro o a la plata, equivalente a 230 gr. Patrón por el cual deben contrastarse las pesas y medidas. Cerco que rodea algunas cosas o en el cual están encajadas. Moneda de algunos países.

marcha *f.* Acción de marchar. Forma de locomoción del hombre en que siempre hay una pierna apoyada en el suelo. Manera de andar de una caballería a diferentes velocidades. Grado de celeridad en el andar de un buque, locomotora, etc. Movimiento de tropa formada para ir de un punto a otro. Pieza de música destinada a indicar el paso reglamentario de la tropa, o de un numeroso conjunto, en ciertas solemnidades.

marchamar *tr.* Señalar o marcar los géneros o fardos en la aduana.

marchamo *m.* Señal o marca en los fardos o bultos que se pone en la aduana en prueba de que están despachados o reconocidos.

marchante *adj.* Mercantil. *M.* Traficante, mercader. En América, parroquiano que acostumbra comprar en la misma tienda. En México, *m.* y *f.* se aplica a la persona que vende a quien le compra por costumbre.

marchar *intr.* Caminar, hacer viaje, ir o partir de un lugar. Andar, moverse un artefacto o máquina para ejecutar sus funciones. Funcionar o desenvolverse una cosa. Caminar la tropa con cierto orden y compás.

marchitar *tr.* y *r.* Ajar, deslucir y quitar el jugo o frescura a las hierbas, flores u otras cosas, haciéndoles perder frescor y lozanía. Enflaquecer, debilitar, quitar la robustez, lozanía, etc.

marchito-a *adj.* Ajado, falto de vigor y lozanía.

marchoso-a *adj.* De porte y andar gallardo y con plebeya afectación.

marea *f.* Movimiento periódico y alternativo de ascenso y descenso de las aguas del mar.

mareaje *m.* Arte o profesión de marear o navegar. Rumbo o derrota que llevan las embarcaciones en su navegación.

marear *tr.* Poner en movimiento una embarcación, gobernarla o dirigirla. Vender en público o despachar las mercancías. Enfadar, molestar. *R.* Desazonarse uno, turbársele la cabeza, revolvérsele el estómago con el movimiento de una embarcación, de un carruaje y al principio o en el curso de una enfermedad. Averiarse los géneros en el mar.

marejada *f.* Movimiento tumultuoso de grandes olas, aunque no haya borrasca. Exaltación de ánimos, murmuración o censura manifestada sordamente por varias personas.

maremoto *m.* Agitación violenta y ondulatoria de las aguas del mar a consecuencia de una sacudida sísmica del fondo.

mareo *m.* Efecto de marearse. Molestia, enfado, ajetreo. Trastorno en los órganos que intervienen en el mantenimiento del equilibrio.

marfil *m.* Substancia de que están formados los colmillos de los elefantes; de naturaleza semejante a la del hueso, pero de diferente textura; la de los dientes del hipopótamo y los colmillos de la morsa. Obra artística de esta substancia. Parte dura de los dientes cubierta por el esmalte.

marga *f.* Roca sedimentaria, más o menos dura, compuesta principalmente de carbonato cálcico y arcilla.

margarina *f.* Substancia compuesta procedente del sebo, leche descremada y algún aceite vegetal; adicionada, a veces, de substancias aromáticas y colorantes; se usa como substitutivo de la mantequilla.

margarita *f.* Perla, producción de la madreperla. Caracol chico descortezado y anacarado. Planta compuesta herbácea de hojas casi abrazadoras, flores terminales de centro amarillo y circunferencia blanca, muy común en los sembrados.

margen *amb.* Extremidad y orilla de una cosa. Espacio en blanco a cada uno de los cuatro lados de una página escrita o impresa. Apostilla. Ocasión, motivo para un acto o suceso. Cuantía del beneficio que se puede obtener en un negocio, tomado en cuenta en precio de coste y el de venta.

margoso-a *adj.* Dícese del terreno o de la roca en cuya composición entra la marga. De la naturaleza de la marga.

mariachi *m.* En México, música popular procedente del Estado de Jalisco. Conjunto popular que interpreta esta música.

mariano-a *adj.* Perteneciente a la Virgen María y, señaladamente, a su culto.

marica *f.* Urraca. M. Hombre afeminado y de poco ánimo y esfuerzo.

maricón *adj. y s.* Marica. Sodomita.

maridaje *m.* Enlace, unión y conformidad de los casados. Unión, analogía y correspondencia de unas cosas con otras.

maridar *intr.* Casar, contraer matrimonio. Hacer vida marital. Unir o enlazar.

marido *m.* Hombre casado, con respecto a su mujer. Esposo, cónyuge.

mariguana *f.* Nombre que se da en México y otros países americanos a las hojas y sumidades floridas del cáñamo, variedad índica, que produce estupefacción, si se aspira en forma de cigarrillos.

marimacho *m.* Mujer que en su corpulencia o acciones parece hombre.

marimba *f.* Especie de tambor de algunos negros africanos. Instrumento musical de tablillas de madera sobre un soporte, cuya percusión las hace vibrar; muy popular en México y otras naciones.

marina *f.* Parte de tierra junto al mar. Cuadro o pintura que representa el mar. Arte de navegar o gobernar las embarcaciones Conjunto de buques de un Estado. Armada.

marinar *tr.* Dar cierta sazón al pescado para conservarlo. Poner marineros en un buque apresado. Tripular de nuevo un buque.

marinera *f.* Blusa de marinero, abotonada por delante y ajustada a la cintura por medio de una jareta.

marinería *f.* Profesión o ejercicio de hombre de mar. Conjunto de marineros.

marinero-a *adj.* Dícese del buque que obedece a las maniobras con facilidad y seguridad. Lo que pertenece a la marina o a los marineros. M. Hombre de mar que sirve en las maniobras de las embarcaciones.

marinesco-a *adj.* Perteneciente a los marineros.

marino-a *adj.* Perteneciente al mar. M. El que se ejercita en la náutica. El que sirve en la marina.

marioneta *f.* Títere, muñeco.

mariposa *f.* Insecto lepidóptero, principalmente el que vuela de día. Especie de candelilla, afirmada en

una ruedecita flotante en una vasija o vaso para conservar luz de noche.

mariposear *intr.* Variar con frecuencia de aficiones y caprichos. Andar insistentemente en torno de alguien.

mariquita *f.* Insecto coleóptero semiesférico de alas membranosas muy desarrolladas y patas cortas, con tres puntos negros en cada uno de sus élitros encarnados y otro en medio del coselete. Otros pequeños insectos reciben también este nombre.

marisabidilla *f.* Mujer presumida de sabia.

mariscal *m.* Oficial muy preeminente en la milicia antigua, juez del ejército. El que antiguamente estaba encargado de aposentar la caballería. Albéitar. En Francia, general con mando sobre los demás generales.

marisco *m.* Cualquier animal marino invertebrado y, especialmente, el molusco o crustáceo comestible.

marisma *f.* Terreno bajo y pantanoso que se inunda por las aguas del mar.

marisquero-a *m. y f.* Persona que pesca o vende mariscos.

marital *adj.* Perteneciente al marido o a la vida conyugal.

marítimo-a *adj.* Perteneciente al mar, por su naturaleza, por su cercanía, por su relación o tráfico.

maritornes *f.* Moza de servicio, ordinaria, fea y hombruna, por alusión a la Maritornes del Quijote.

marjal *m.* Terreno bajo y pantanoso.

marjoleto *m.* Espino arbóreo de ramas inferiores muy espinosas, hojas de borde velloso, flores en corimbo; su fruto es la marjoleta, de madera muy dura.

marlo *m. améric.* Maslo. Panoja de maíz desgranada.

marmita *f.* Olla de metal, con tapadera ajustada y con una o dos asas.

marmitón *m.* Galopín de cocina.

mármol *m.* Piedra caliza de textura compacta y cristalina, susceptible de buen pulimento. Obra artística hecha con ella.

marmolería *f.* Conjunto de mármoles en un edificio. Obra de mármol. Taller donde se trabaja.

marmolista *m.* Artífice que trabaja en mármol, o lo vende.

marmolizar *tr.* Dar la forma o apariencia de mármol. Modificarse una roca en su estructura hasta convertirse en mármol.

marmóreo-a *adj.* Que es de mármol. Semejante al mármol en alguna de sus propiedades.

marmota *f.* Mamífero roedor de cabeza aplastada, pelaje muy espeso, cola larga terminada en un mechón negro; es herbívora, pasa el invierno dormida en su madriguera y es domesticable. Persona que duerme mucho.

maró m. Planta labiada herbácea, de tallos erguidos vellosos, hojas lanceoladas, flores purpúreas en racimos axilares y fruto seco con semillas menudas; es de olor fuerte, sabor amargo y medicinal, como excitante y antiespasmódico.

maroma f. Cuerda gruesa de esparto o cáñamo. En América, función de volatines.

maromear intr. Bailar el acróbata o volatinero en la maroma o ejecutar en ella otros ejercicios. Inclinarse, según los sucesos a un bando u otro.

marota f. En México, marimacho.

marqués m. Señor de una tierra que estaba en la comarca o región fronteriza del reino. Título honorífico con que se remuneraba a alguien por sus servicios o por su distinguida nobleza.

marquesa f. Mujer o viuda del marqués, o que por sí gozaba de este título.

marquesado m. Título o dignidad de marqués. Su territorio o jurisdicción.

marquesina f. Cubierta o pabellón sobre la tienda de campaña para guardarse de la lluvia. Cobertizo que avanza sobre una puerta, escalinata o andén para resguardarlos de la lluvia.

marquesote m. En México y Centroamérica, torta en figura de rombo, hecha de harina de arroz o de maíz, con huevo, azúcar, etc. y cocida al horno.

marqueta f. Pan o porción de cera sin labrar. En México y Ecuador, pasta de chocolate no labrada.

marquetería f. Ebanistería. Taracea. Arte de efectuar taladros en madera.

marrajo-a adj. Dícese del toro o buey malicioso que no arremete sino a golpe seguro. Cauto, astuto, difícil de engañar. M. Tiburón.

marrana f. Hembra del marrano. Puerca. Mujer sucia y deseaseada, o que procede o se porta mal.

marranada f. Cochinada.

marrano m. Puerco. Hombre sucio y desaseado o que no hace las cosas con limpieza, o que procede o se porta mal. Cochino, cerdo, guarro.

marrar intr. Faltar, errar. Desviarse de lo recto.

marras Voz que entra en la locución: de marras, lo de marras; o sea, que ocurrió en tiempos u ocasión pasada.

marrasquino m. Licor hecho con el zumo de cierta variedad de cerezas amargas y mucho azúcar.

marrazo m. Hacha de dos bocas que usaban los soldados para hacer leña. En México, machete corto.

marro m. Ciertos juegos de bolos o de persecución. Falta, yerro.

marrón adj. De color de castaña. M. Castaña confitada.

marroquí adj. y s. Natural de Marruecos. Perteneciente a este país de África.

marrubio m. Planta labiada herbácea de tallos blanquecinos y vellosos, hojas aovadas rugosas, flores blancas en espiga y fruto seco con semillas menudas; medicinal.

marrullería f. Astucia halagadora con que se pretende alucinar.

marsellés-a adj. y s. Natural de Marsella. Perteneciente a esta ciudad de Francia. Chaquetón de paño burdo con adornos sobrepuestos de pana o pañete.

marsopa o marsopia f. Cetáceo parecido al delfín, de boca grande, hocico obtuso y cuerpo grueso y liso.

marsupial m. Mamífero con cerebro sin cuerpo calloso, sin placenta, con las crías muy atrasadas, por lo que se alojan en la bolsa materna en que se abren las mamas: comadrejas, zarigüeyas, tlacuaches.

marta f. Mamífero carnicero de cabeza pequeña y hocico agudo, cuerpo delgado y patas cortas, de pelaje espeso y suave. Piel de este animal.

martajar tr. En México y Centroamérica, triturar maíz en la piedra; hablar defectuosamente el español; saber a medias una cosa.

martellina f. Martillo de cantero con las dos bocas guarnecidas de dientes prismáticos.

martes m. Tercer día de la semana.

martillada o martillazo f. o m. Golpe que se da con el martillo.

martillar tr. Batir y dar golpes con el martillo. Oprimir, atormentar.

martillete m. Martillo pequeño de hojalatero, para repasar y perfeccionar piezas metálicas.

martillo m. Herramienta de percusión compuesta de una cabeza, por lo común de hierro, y un mango. Llave con que se templan algunos instrumentos de cuerda. Huesecillo que hay en el oído medio y forma parte de la cadena entre el tímpano y la ventana oval. El perseguidor de una cosa con el fin de sofocarla y acabar con ella.

martinete m. Ave zancuda de cabeza pequeña con penacho de plumas blancas y pico negruzco, patas largas y cola corta; vive cerca de ríos y lagos; piscívora.

martinete *m.* Macillo, pieza del piano. Mazo de gran peso para batir metales, abatanar paños, etc. Máquina con este mazo.

martingala *f.* Artimaña o astucia para engañar a uno, o para otro fin. Maña, ardid, treta.

mártir *com.* Persona que padece muerte en defensa de otras creencias, convicciones o causas, o que padece grandes afanes o trabajos.

martirio *m.* Muerte o tormentos padecidos por causa de la religión o por otro ideal o causa. Cualquier trabajo largo y penoso.

martirizar *tr.* Atormentar a uno o matarle por causa de su religión. Afligir, atormentar.

martirologio *m.* Libro o catálogo de los mártires. Por extensión, el de todos los santos conocidos.

marxismo *m.* Doctrina y movimiento político social fundados por Carlos Marx con la colaboración de Federico Engels.

marzo *m.* Tercer mes del año, según nuestro cómputo; tiene 31 días.

mas *conj.* Pero.

más *adv.* Denota: exceso, aumento, ampliación o superioridad en comparación expresa o sobreentendida. Signo de suma o adición.

masa *f.* Mezcla que resulta de la incorporación de un líquido con una materia pulverizada. La que resulta de la harina con agua y levadura para hacer el pan. Volumen, conjunto, reunión. Cuerpo o todo de una cosa. Conjunto o concurrencia. Cantidad de materia que contiene un cuerpo. Conglomerado o cuerpo en un órgano o tejido. Metal derretido o fundido. Conjunto o agrupación de tropas.

masacoate *m.* En México, boa.

masacre *f.* Galicismo, por carnicería, matanza colectiva.

masaje *m.* Procedimiento terapéutico o higiénico frotando, amasando o percutiendo con la mano o con instrumentos, el cuerpo o una parte de él.

masajista *com.* Persona que tiene por oficio dar masajes.

masaliota *adj. y s.* Natural de Marsella, la antigua Massalia de los griegos. Perteneciente a esta ciudad francesa o a sus habitantes.

masar *tr.* Amasar.

masato *m.* En América, bebida que se prepara con maíz o arroz, agua, azúcar y zumo de frutas. En México, porción de maíz molido que se lleva como provisión de viaje.

mascabado-a *adj.* Dícese del azúcar de caña de segunda producción.

mascada *f. americ.* Cantidad de tabaco que se mete en la boca de una vez para mascarlo. En México, pañuelo de seda que se lleva al cuello.

mascar *tr.* Partir o desmenuzar el manjar con los dientes. Masticar.

máscara *f.* Figura hecha de cartón, tela o alambre con que una persona puede taparse el rostro para no ser conocida. Traje de disfraz. Careta para diversos usos. Pretexto, disfraz, velo.

mascarada *f.* Fiesta o sarao de personas enmascaradas. Comparsa de máscaras. Dícese de las reuniones, festejos o representaciones que resultan ridículas o grotescas sin pretenderlo.

mascarilla *f.* Máscara que sólo cubre el rostro desde la frente hasta el labio superior. Antifaz. Vaciado que se saca sobre el rostro de una persona o escultura y principalmente de un cadáver. Aparato para anestesiar enfermos.

mascarón *m.* Cara disforme o fantástica como adorno en ciertas obras de arquitectura. Persona muy fea. Figura colocada como adorno en lo alto del tajamar de los barcos: mascarón de proa.

mascón-a *adj.* En México, ventajista.

mascota *f.* Persona o cosa que, según opinión del vulgo, da buena suerte.

mascujar *tr.* Mascar mal o con dificultad. Mascullar.

masculinidad *f.* Calidad del sexo masculino, o lo que es propio de él.

masculinizar *tr.* Dar género masculino a una palabra. *R.* Adoptar una mujer ademanes e indumento masculinos.

masculino-a *adj.* Dícese del ser que está dotado de órganos para fecundar. Perteneciente o relativo a este ser. Varonil, enérgico. Dícese de la flor con estambres y sin pistilo, o de la planta criptógama que sólo tiene anteridios. Dícese del género gramatical que se refiere al varón, al animal macho o a las cosas que tradicional y convencionalmente son de este género.

mascullar *f.* Hablar entre dientes o pronunciar tan mal las palabras que difícilmente se entienden. Musitar, barbotar.

masera *f.* Artesa grande para amasar. Paño o piel en que se amasa la torta, o en que se abriga la masa para que fermente.

masiliense *adj. y s.* Masiliota, marsellés.

masilla *f.* Pasta de tiza y aceite de linaza que se usa para asegurar los vidrios. Pasta de composición variada para cubrir junturas u otros usos.

masivo-a *adj.* En masa. Dosis de un medicamento muy próxima al límite de tolerancia.

maslo *m.* Tronco de la cola de los cuadrúpedos. Astil o tallo de un vegetal.

masón-a *adj. y s.* Francmasón-a.

masonería *f.* Asociación universal, filosófica, reformista y filantrópica de personas que profesan los principios de fraternidad.

masoterapia *f.* Método terapéutico basado en el empleo del masaje.

mastaba *f.* Nombre dado por los egiptólogos modernos a ciertas tumbas en forma de pirámide truncada.

mastate *m.* En México y Costa Rica, corteza fibrosa de varios árboles que emplean los indígenas para confeccionar sus taparrabos, redes y otros objetos.

mastelero *m.* Palo menor que se pone en los navíos y demás embarcaciones de vela redonda, sobre cada uno de los mayores, asegurado en la cabeza de éste.

masticar *tr.* Mascar. Rumiar o meditar.

mastigóforo *m.* Protozoario flagelado.

mástil *m.* Palo, madero redondo fijo en una embarcación. Mastelero. Palo derecho para mantener una cosa. Parte del ástil de una pluma donde nacen las barbas. Parte más estrecha de la guitarra y de otros instrumentos de cuerda que es donde en aquélla están los trastes. Faja ancha que usan los indios, en lugar de calzones.

mastín-a *adj. y s.* Perro grande, fornido, de cuello corto y grueso; valiente y leal, el mejor para la guarda de los ganados.

mástique *m.* Almáciga, resina del lentisco. Pasta de yeso mate y agua de cola para igualar superficies que se han de pintar o decorar.

mastodonte *m.* Mamífero fósil del terciario, parecido al elefante, con dos dientes incisivos de gran longitud y con molares en los que sobresalen puntas redondeadas a manera de pezones de teta.

mastoides *adj.* Apófisis del hueso temporal, situada en la base de la región petrosa y en la parte posteroinferior del hueso, de forma de pezón.

mastranzo o mastranto *m.* Planta labiada herbácea, de tallos erguidos, hojas dentadas rugosas, flores en espiga terminal y fruto seco con cuatro semillas; crece en las orillas de las aguas corrientes, úsase en Medicina y contra los insectos parásitos.

mastuerzo *m.* Planta crucífera hortense de tallos torcidos, hojas glaucas, flores en racimo y fruto seco capsular con dos semillas; de sabor picante, se come en ensalada.

masturbarse *r.* Procurarse solitariamente goce sexual.

masurio *m.* Elemento mineral que no se ha logrado aislar puro y se encuentra asociado a otros minerales raros; símbolo Ma.

mata *f.* Planta que vive varios años, de tallo bajo, ramificado y leñoso. Ramito o pie de una hierba. En México, monte pequeño.

matacabras *m.* Bóreas, especialmente muy fuerte y frío. Granizo pequeño que cae con gran violencia.

matacán *m.* Composición venenosa para matar perros. Nuez vómica. Obra voladiza en lo alto de un muro, torre o puerta fortificada, con parapeto y suelo aspillerado, para observar y hostilizar al enemigo.

matacandelas *m.* Cucurucho metálico en forma de embudo, fijo en el extremo de una caña o vara, para apagar velas o cirios colocados en alto.

matachín *m.* Jifero, oficial que mata las reses y las descuartiza. Hombre pendenciero, camorrista.

matadero *m.* Sitio donde se mata y desuella el ganado destinado para el abasto público. Trabajo o afán de mucha incomodidad.

matador *m.* Espada, torero que mata los toros con espada.

matadura *f.* Llaga o herida que se hace la bestia por ludirle el aparejo.

matafuego *m.* Instrumento o aparato para apagar fuegos. Extintor. Oficial destinado para acudir a apagar los incendios.

matalobos *m.* Acónito.

matalón *adj. y s.* Dícese de la caballería, flaca, endeble, que rara vez se halla libre de mataduras.

matalotaje *m.* Prevención de comida que se lleva en una embarcación. Conjunto de cosas diversas y mal ordenadas. En América, equipaje y provisión que se llevan a lomo, en los viajes por tierra.

matalote *m.* Buque anterior y buque posterior a cada uno de los que forman escuadra.

matamoros *adj. y s.* Valentón.

matamoscas *adj.* Aplícase a los productos insecticidas para combatir las moscas. *M.* Instrumento para matar moscas.

matancero *m. americ.* Matarife o jifero.

matanza *f.* Acción y efecto de matar. Mortandad. Faena de matar los cerdos y las de salar el tocino, aprovechar los lomos, etc.

Epoca del año en que se hace. Porción de ganado de cerda destinada para matar. Hecatombe, degollina, carnicería.

mataperros *m.* Muchacho callejero y travieso.

matapolvo *m.* Lluvia o riego tan pasajero y menudo que apenas baña la superficie del suelo.

matar *tr.* Quitar la vida. Apagar. Llagar a la bestia el aparejo. Quitar la fuerza a la cal o al yeso echándoles agua. Apagar el brillo de los metales. Redondear o aplanar esquinas, vértices, aristas, etc. Estrechar, violentar. Incomodar a uno con necedades y pesadeces. Extinguir, aniquilar. *R.* Trabajar con afán y sin descanso.

matarife *m.* Oficial que mata las reses y las descuartiza. Jifero.

matarratas *m.* Nombre de los diversos preparados tóxicos que se utilizan para matar ratones. Aguardiente de ínfima calidad y muy fuerte.

matasanos *m.* Curandero o mal médico.

matasellos *m.* Estampilla con que se inutilizan en las oficinas de correos los sellos de las cartas.

matasiete *m.* Fanfarrón, hombre preciado de valiente.

matatena *f.* En México, peladilla, piedra redonda.

match *m.* Palabra inglesa: lucha deportiva reglamentada entre dos personas, equipos, etc.

mate *adj.* Amortiguado, apagado, sin brillo. *M.* Lance que pone término al juego de ajedrez porque el rey no puede salvarse de las piezas que lo amenazan.

mate *m.* Calabaza que, seca, vaciada y abierta o cortada, sirve para muchos usos domésticos en Sudamérica. Jícara o vasija de coco u otro fruto semejante. Infusión de hojas de hierba del Paraguay, convenientemente preparadas, que se considera estomacal, excitante y nutritiva.

matemática o matemáticas *f.* Ciencia que trata de la cantidad en cuanto es mensurable o calculable.

matemático-a *adj.* Perteneciente o relativo a las Matemáticas. Exacto, preciso. *M.* El que sabe o profesa las Matemáticas.

materia *f.* Substancia extensa e impenetrable, capaz de recibir toda especie de formas. Substancia de las cosas consideradas con respecto a un agente determinado. Pus. Punto o negocio de que se trata. Asunto de una obra literaria, científica, etc. Causa, ocasión, motivo.

material *adj.* Perteneciente o relativo a la materia. Opuesto a lo espiritual, o a la forma. Grosero,

sin ingenio ni agudeza. *M.* Ingrediente. Materia necesaria para una obra o el conjunto de ellas. Conjunto de máquinas, herramientas u objetos necesarios para un servicio o ejercicio de una profesión.

materialismo *m.* Doctrina que sólo reconoce existencia substancial a los cuerpos o a la materia.

materialista *adj. y s.* Partidario del materialismo. *M.* Persona que se dedica a la venta de materiales de construcción.

materializar *tr.* Considerar como material una cosa que no lo es. *R.* Ir dejando uno que preponadere en sí mismo la materia sobre el espíritu.

maternal *adj.* Materno; dícese ordinariamente de las cosas del espíritu.

maternidad *f.* Estado o calidad de madre. Clínica de atención a las madres.

materno-a *adj.* Perteneciente a la madre. Dícese de la lengua que se habla en un país, respecto a los naturales de él.

matinal o matutinal *adj.* Matutino.

matiné *f.* Prenda de vestir, parecida a la chambra o peinador, que usan las señoras para andar por casa. Función o espectáculo público en las primeras horas de la tarde; también espectáculos de la mañana, principalmente en América.

matiz *m.* Unión de diversos colores mezclados con proporción, en las pinturas, bordados y otras cosas. Gradación que puede recibir un color sin perder el nombre que lo distingue de los demás. Grado o variedad, rasgo o tono especial de una cosa, argumento, estilo, etc.

matizar *tr.* Juntar, casar con hermosa proporción, diversos colores. Dar a un color determinado matiz. Graduar sonidos, expresiones y conceptos.

matlatzinca *adj. y s.* Individuo de un pueblo indígena al S. del Valle de México, en el actual Estado de Morelos, de donde expulsaron a los otomíes y de cultura prenáoa.

matlazagua o matlazahua *m.* En México, el tabardillo o tifo exantemático.

mato *m.* Matorral.

matón *m.* Guapetón, espadachín y pendenciero.

matonismo *m.* Conducta del que quiere imponer su voluntad por la amenaza o el terror.

matorral *m.* Campo inculto lleno de matas y malezas.

matraca *f.* Rueda de tablas fijas en forma de aspa en que golpean unos mazos produciendo ruido desapacible. Burla y chasco. Insistencia molesta en un tema o pretensión.

469

matraz *m.* Vasija de vidrio o cerámica de forma esférica y terminada en tubo angosto; otras son de fondo plano.

matriarcado *m.* Institución social primitiva caracterizada por la primacía de la mujer o madre en la comunidad doméstica.

matricida *com.* Persona que mata a su madre.

matrícula *f.* Lista o catálogo de personas que se inscriben para un fin determinado por las leyes o reglamentos. Documento en que se acredita esta inscripción.

matricular *tr.* Inscribir o hacer inscribir el nombre de alguien en una matrícula. *R.* Hacer uno que lo inscriban.

matrimonial *adj.* Perteneciente o relativo al matrimonio.

matrimonio *m.* Unión de un hombre y una mujer con arreglo a Derecho. Sacramento por el cual hombre y mujer se ligan perpetuamente, con arreglo a las prescripciones de la Iglesia. Marido y mujer. Casamiento, enlace, boda.

matritense *com.* Madrileño, aplicado sólo a personas.

matriz *f.* Víscera hueca en el interior de la pelvis de la mujer y de las hembras de los mamíferos, donde se produce la hemorragia menstrual y se desarrolla el feto hasta el momento del parto. Molde en que se funden objetos de metal. Tuerca. Parte del libro talonario al cortar o separar los talones, cheques, títulos, etc., que lo forman. Roca en cuyo interior se ha formado un mineral. Molde en que se funden los tipos de imprenta. *Adj.* Principal, materna, generadora. Aplícase a la escritura o instrumento público que queda en el protocolo, para que se puedan cotejar las copias o traslados.

matrona *f.* Madre de familia, noble y virtuosa. Comadre, comadrona.

matusalén *m.* Hombre de mucha edad por alusión a dicho patriarca que vivió muchos años.

matute *m.* Contrabando. Casa de juegos prohibidos.

matutino-a *adj.* Perteneciente o relativo a las horas de la mañana. Que ocurre o se hace por la mañana. Matinal, mañanero.

maula *f.* Cosa inútil y despreciable. Retal. Engaño o artificio encubierto. *Com.* Persona tramposa o mal pagadora; perezosa o poco cumplidora de sus obligaciones.

maulero-a *m. y f.* Persona que vende retales de diferentes telas. Persona embustera y engañadora con artificio y disimulo.

maullar *intr.* Dar maullidos el gato.

maullido o maúllo *m.* Voz del gato.

mauritano-a *adj. y s.* Natural de Mauritania. Perteneciente a esta región de Africa antigua.

máuser *m.* Fusil de repetición, con cartucho metálico y alcance de 2 Kms.; puede adaptársele una bayoneta y ser usado como arma blanca.

mausoleo *m.* Sepulcro magnífico y suntuoso, por alusión al de Mausolo, rey de Caria, una de las siete maravillas del mundo antiguo.

maxila *f.* Término empleado para designar los dos huesos maxilares que constituyen la mandíbula superior, o su totalidad.

maxilar *adj.* Perteneciente o relativo a uno de los maxilares, superior o inferior; el inferior tiene forma de herradura que rodea la mitad inferior de la boca; mandíbula; el superior lo forman dos huesos y forma el suelo de las fosas nasales y la bóveda palatina; maxila.

máxima *f.* Regla, principio o proposición generalmente admitida por los que profesan una facultad o ciencia. Sentencia para la dirección de las acciones morales. Idea, norma o designio a que se ajusta la manera de obrar.

máxime *adv.* Principalmente.

máximo-a *adj.* Superlativo de grande. Valor mayor de una serie. Dícese de lo que es tan grande en su especie que no lo hay mayor ni igual. Límite o extremo superior a que puede llegar una cosa.

máximum *m.* Máximo, límite superior a que puede llegar una cosa.

maxvelio o maxvell Unidad de flujo magnético.

maya *f.* Planta compuesta herbácea y perenne, así llamada por florecer en mayo; margarita.

maya *adj. y s.* Individuo perteneciente a un antiguo pueblo indígena de Mesoamérica, que desarrolló una interesantísima cultura en partes de Guatemala, Honduras, Belice y SE. del actual México.

mayestático-a *adj.* Propio o relativo a la majestad.

mayo *m.* Quinto mes del año, según nuestro cómputo; tiene 31 días.

mayólica *f.* Loza común con esmalte metálico.

mayonesa *f.* Mahonesa, plato aderezado con salsa mahonesa.

mayor *adj.* Comparativo de grande, que excede a otra cosa en calidad, cantidad, o en edad. *M.* Superior o jefe de una comunidad o cuerpo. Caudillo, capitán, comandante. Grado militar entre capitán y teniente coronel. *F.* Primer juicio de un silogismo. *Pl.* Abuelos, antepasados.

mayoral *m.* Pastor principal que cuida de los rebaños o cabañas.

El que gobierna el tiro de mulas o caballos en las galeras, diligencias u otros vehículos. Capataz de segadores o cavadores, o que manda a otros mozos de labranza. Mayor, superior o jefe de una corporación.

mayorazgo *m.* Institución de Derecho Civil cuyo objeto era perpetuar en una familia la propiedad de ciertos bienes, forma de vinculación perpetua. Poseedor de estos bienes. Hijo mayor de una persona que gozaba y poseía dicha propiedad. Hijo primogénito de cualquier persona.

mayordomo *m.* Criado principal a cuyo cargo está la administración de una casa o hacienda.

mayoría *f.* Calidad de mayor. Mayor edad. Mayor número de votos conformes, en una votación. Parte mayor de individuos que componen una nación, ciudad o cuerpo. Oficina administrativa de un regimiento.

mayoridad *f.* Mayoría, calidad de mayor. Mayor edad.

mayorista *m.* Comerciante que vende por mayor. *Adj.* Comercio en que se vende o compra por mayor.

mayoritario-a *adj.* Relativo a las mayorías; dícese especialmente de cuestiones electorales o análogas en que se decide por votación.

mayormente *adv.* Principalmente, con especialidad.

mayúsculo-a *adj.* Algo mayor que lo ordinario en su especie. Dícese de la letra de mayor tamaño y diversa figura que la minúscula.

maza *f.* Arma antigua de palo guarnecido de hierro, o toda de hierro, con la cabeza gruesa. Insignia de los maceros. Instrumento para machacar el esparto, el lino y para otros usos. Pelota forrada de cuero y con mango para tocar el bombo. Ensanchamiento en la parte terminal de las antenas de muchos insectos.

mazacote *m.* Barrilla, cenizas de esta planta. Hormigón, hecho mezcla de piedras menudas, y mortero de cal y arena. Cosa más sólida que elegante. Masa seca, dura y pegajosa. Hombre molesto y pesado.

mazada o mazazo *f. o m.* Golpe dado con maza o mazo.

mazahua *adj. y s.* Indígena mexicano perteneciente a una tribu otomí, establecido al NO. del Estado de México y zonas próximas de Michoacán.

mazamorra *f.* Comida a base de harina de maíz; alimento sudamericano. Bizcocho averiado o fragmentos de él. Cosa desmoronada y reducida a piezas menudas.

mazapán *m.* Pasta hecha con almendras molidas y azúcar, y cocida al horno.

mazateca *adj. y s.* Indígena mexicano, habitante al NO. del Estado de Oaxaca y zonas limítrofes de Guerrero y Puebla.

mazmorra *f.* Prisión subterránea.

maznar *tr.* Amasar, ablandar o estrujar una cosa con las manos. Machacar el hierro cuando está caliente.

mazo *m.* Martillo grande de madera. Porción de mercancías u otras cosas, juntas, atadas o unidas formando grupo. Hombre molesto y pesado.

mazonería *f.* Fábrica de cal y canto. Obra de relieve. Conjunto de piezas de plata y oro para el servicio de las iglesias.

mazorca *f.* Husada. Espiga densa y apretada en que se crían algunos frutos muy juntos. Baya del cacao. Panocha.

mazurca *f.* Danza popular polaca en compás de $3/4$, parecida a la polca. Música de esa danza.

mazut *m.* Residuo de la destilación del petróleo ruso, empleado como combustible de gran poder calorífico, en calderas de barcos, locomotoras y en instalaciones de calefacción central.

me. Dativo o acusativo del pronombre personal de primera persona, género masculino o femenino y número singular.

meada *f.* Porción de orina expelida de una vez; sitio que moja o señal que deja.

meadero *m.* Lugar destinado o usado para orinar.

meandro *m.* Recoveco de un camino o río. Adorno formado por enlaces sinuosos y complicados.

mear *intr.* Orinar.

meato *m.* Cada uno de los diminutos espacios huecos que hay en el tejido celular de las plantas. Cada uno de ciertos orificios o conductos del cuerpo.

mecánica *f.* Mecanismo. Actividad o dinamismo de un agente geológico. Conjunto de medios que simplifica el trabajo humano o animal. Parte de la Física que trata del equilibrio y movimiento de los cuerpos y de las causas que pueden producirlo, así como de las leyes y aprovechamiento de las máquinas.

mecanicismo *m.* Sistema biológico y médico que pretende explicar los fenómenos vitales por las leyes de la actividad inorgánica y por la acción de las formas de la energía.

mecánico-a *adj.* Perteneciente a la mecánica. Que se ejecuta por un mecanismo o máquina. Perteneciente a los oficios u obras de los menestrales. Bajo e indecoroso. *M.* El que profesa la mecánica. Obrero dedicado al manejo y arreglo de las máquinas y en especial de automóviles. Conductor de automóviles.

mecanismo *m.* Artificio o estructura de un cuerpo natural o artificial y combinación de sus partes constitutivas. Medios prácticos que se emplean en las artes. Todo proceso que se puede descomponer por análisis en una serie de fases subordinadas y dependientes una de otra.

mecanizar *t.* Dotar de medios mecánicos a la industria, agricultura y a otras actividades o instituciones, para el más rápido desempeño de sus funciones. Dotar de los vehículos de combate necesarios a las fuerzas armadas.

mecanografía *f.* Arte de escribir con máquina.

mecanógrafo-a *m. y f.* Persona diestra en mecanografía y especialmente quien la tiene por oficio.

mecapal *m.* En México, faja de cuero, con dos cuerdas en los extremos, para llevar carga a cuestas.

mecatazo *m.* En México y Centroamérica, latigazo dado con un mecate o cordel. En México, trago de licor.

mecate *m.* En México, Centroamérica y Filipinas, bramante, cordel o cuerda de pita. En América, persona soez. Medida agraria mexicana equivalente a 404.50 m².

mecatear *tr.* En México, amarrar o zurrar con mecate.

mecedor-a *adj.* Que mece, puede mecer o servir para mecer. *M.* Instrumento de madera para mecer el vino en las cubas, el jabón en las calderas u otros usos semejantes. Columpio. *F.* Silla de brazos con respaldo, cuyos pies descansan sobre dos arcos, en la cual puede mecerse el que se sienta.

mecenas *m.* Príncipe o persona poderosa que patrocina a los literatos o artistas en general, por alusión a Mecenas, ministro de Augusto, protector de las letras y de los literatos.

mecer *tr.* Menear y mover un líquido para que se mezcle o incorpore. Mover una cosa acompasadamente de un lado a otro sin que cambie de lugar.

meclapil *m.* En México, metlapil.

meclascal o metlaxcal *m.* En México, tortilla que se hace con la parte blanda del maguey.

meco-a *adj.* En México, dícese de los animales de color bermejo con mezcla de negro; persona grosera y mal educada; indio salvaje.

meconio *m.* En Farmacia, jugo que se saca de la cabeza de las adormideras.

meconismo *m.* Intoxicación por el opio.

mecual o mecuate *m.* En México, raíz del maguey, usada como jabón; renuevo del maguey al reproducirse.

mecha *f.* Cuerda o cinta de material combustible que se pone en las piqueras o mecheros de algunos aparatos de alumbrado y dentro de las velas y bujías. Tubo de algodón, trapo o papel relleno de pólvora para dar fuego a minas o barrenos. Tejido de algodón que, impregnado de alguna substancia química, arde con facilidad y suele emplearse como encendedor de cigarros. Gasa retorcida que se introduce en una herida o fístula para mantenerla abierta y facilitar la salida del exudado. Lonjilla de tocino gordo para mechar aves, carnes, etc. Mechón.

mechar *tr.* Introducir mechas de tocino gordo en la carne de las aves o de otras viandas que se han de asar o empanar.

mechera *f.* Ladrona de tiendas que oculta entre las faldas lo hurtado. Máquina que inicia el hilado.

mechero *m.* Cañutillo o canalita donde se pone la mecha o torcida para alumbrar o encender lumbre. Cañón de los candeleros donde se pone la vela. Boquilla en donde se produce la llama en los aparatos de alumbrado. Encendedor de bolsillo. En México, conjunto de mechas, pelo revuelto.

mechiguales *m. pl.* En México, espinas laterales de las pencas del maguey.

mechinal *m.* Agujero cuadrado que se deja en las paredes de un edificio en construcción para meter en él un palo del andamio. Habitación o cuarto muy reducido.

mechón *m.* Porción de pelos, hebras o hilos, separada de un conjunto de la misma clase.

mechoso-a *adj.* Que tiene mechas en abundancia. En América, harapiento, andrajoso.

medalla *f.* Pieza de metal batida y acuñada con alguna inscripción, figura, símbolo o emblema.

medallón *m.* Bajorrelieve de figura redonda o elíptica. Joya en forma de cajita chata donde se colocan retratos, pinturas, rizos u otros objetos de recuerdo.

médano *m.* Duna. Montón de arena casi a flor de agua en parajes en que el mar tiene poco fondo.

media *f.* Calzado de punto que cubre el pie y la pierna hasta la rodilla o poco más arriba.

mediacaña *f.* Moldura cóncava, cuyo perfil es, por lo regular, un semicírculo. Formón de boca arqueada. Tenacillas para rizar el pelo. Filete compuesto de raya fina y negra, en tipografía.

mediado-a *adj.* Dícese de lo que sólo tiene la mitad, poco más o menos, de su cabida. *Adv.* Hacia la mitad del tiempo que se indica.

mediador-a *adj. y s.* Que media. Intermediario, intercesor.

medial *adj.* Que pertenece al medio; relativo a la mitad. Dícese de la consonante que se halla en el interior de una palabra. Interno.

mediana *f.* Taco algo mayor que los comunes en el juego de billar. La mitad de una hogaza. Recta que une el vértice de un triángulo con el punto medio del lado opuesto.

medianamente *adv.* Sin tocar en los extremos. No muy bien; de manera mediana.

medianejo-a *adj.* Menos que mediano.

medianería *f.* Pared común a dos casas u otras construcciones contiguas. Cerca, vallado o seto común a dos propiedades rústicas que colindan.

medianero-a *adj.* Dícese de la cosa que está en medio de otras dos. Aplícase a la persona que media o intercede para que otra consiga una cosa o para un arreglo o trato. Dueño de una casa que tiene medianería con otra.

medianía *f.* Término medio entre dos extremos. Persona que carece de prendas relevantes.

mediano-a *adj.* De calidad intermedia. Ni muy grande ni muy pequeño; moderado. Mediocre, regular.

medianoche *f.* Hora en que el Sol está en el punto opuesto al del mediodía. Bollo pequeño relleno de carne.

mediante *adv.* Respecto, en atención, por razón.

mediar *intr.* Llegar a la mitad de una cosa, real o figuradamente. Interceder o rogar por uno. Interponerse entre dos o más que riñen o contienden. Hacer o servir de intermediario. Estar una cosa en medio de otras. Transcurrir el tiempo. Ocurrir alguna cosa entre medias.

mediatizar *tr.* Privar al gobierno de un Estado de la autoridad suprema, que pasa a otro Estado, pero conservando aquél la soberanía nominal. Por extensión, aplícase a personas.

mediato-a *adj.* Próximo a una cosa en tiempo, lugar o grado, pero mediando otra entre las dos.

médica *f.* Mujer autorizada legalmente para ejercer la Medicina. Mujer del médico. Doctora.

medicación *f.* Administración metódica de los medicamentos. Conjunto de medicamentos y medios curativos que tienden a una misma finalidad.

medicamento *m.* Substancia que aplicada, interior o exteriormente al cuerpo, puede producir un efecto curativo. Medicina.

medicamentoso-a *adj.* Que tiene virtud de medicamento.

medicastro *m.* Médico indocto. Curandero.

medicina *f.* Medicamento. Tratamiento de las enfermedades para aliviarlas o curarlas. Ciencia y arte de conocer, prevenir, aliviar y curar las enfermedades.

medicinal *adj.* Perteneciente a la Medicina. Dícese de lo saludable y contrario a un mal o achaque.

medicinar *tr.* Administrar o dar medicinas al enfermo.

medición *f.* Acción y efecto de medir o comparar.

médico-a *adj.* Perteneciente o relativo a la Medicina. *M.* El que se halla legalmente autorizado para ejercer la Medicina. Doctor, facultativo.

medida *f.* Expresión comparativa de las dimensiones o cantidades. Lo que sirve para medir. Número y clase de sílabas que ha de tener un verso para definirse. Proporción o correspondencia de una cosa con otra. Disposición o prevención. Cordura, prudencia. Regla, mesura, tasa; providencia.

medidor-a *adj.* Que mide una cosa. *M.* Contador de gas, electricidad, agua, etc.

mediero-a *m. y f.* Cada una de las personas que van a medias en la explotación de tierras, cría de ganados u otras cosas del campo.

medieval *adj.* Perteneciente a la Edad Media de la Historia.

medievo *m.* Edad Media de la Historia.

medio-a *adj.* Igual a la mitad de una cosa. Estilo exornado y elegante, pero no tanto como el sublime. Situado a igual distancia de los extremos. Que divide una cosa en dos partes iguales. *M.* Parte que equidista de sus extremos. Medium. Corte o sesgo que se toma en un negocio o dependencia. Diligencia para conseguir algo. Elemento en que vive o se mueve un organismo. Moderación. *Pl.* Caudal, rentas o hacienda que uno posee o goza. *Adv.* No del todo, a medias. *M.* Quebrado que tiene por denominador el número 2. Substancia en que se cultivan bacterias u otros organismos o células. En el silogismo, término intermediario entre el término mayor y el menor.

mediocre *adj.* Mediano, ni bueno ni malo. En México, regular.

mediodía *m.* Hora en que está el Sol en el más alto punto de su elevación sobre el horizonte. Viento procedente del Sur.

medir *tr.* Examinar y determinar la longitud, extensión, volumen o capacidad de una cosa. Igualar y comparar una cosa no material con otra. *R.* Contenerse, moderarse en decir o ejecutar una cosa. Dar a cada verso o nota su valor.

meditabundo-a *adj.* Que medita, cavila o reflexiona en silencio.

meditar *tr.* Aplicar con profunda atención el pensamiento a la consideración de una cosa, o discurrir sobre los medios de conocerla o conseguirla. Pensar, reflexionar.

mediterráneo-a *adj.* Dícese de lo que está rodeado de tierra. Perteneciente al Mar Mediterráneo, o a los territorios que baña.

medium o **medio** *m.* Persona que en el magnetismo animal o en el espiritismo tiene condiciones para que en ella se manifiesten los fenómenos magnéticos y se supone puede establecer comunicación con los espíritus.

medo-a *adj. y s.* Natural de Media. Perteneciente a esta región de Asia antigua. Persa.

medrar *intr.* Crecer los animales y plantas. Mejorar uno de fortuna, aumentar sus bienes, reputación, etc. Prosperar, progresar.

medro o **medra** *m. o f.* Aumento; mejora, adelantamiento o progreso de una cosa. Progreso, adelanto, disposición de crecer.

medroso-a *adj.* Temeroso, pusilánime, que de cualquier cosa tiene miedo. Que infunde o causa miedo. Miedoso, tímido.

medula o **médula** *f.* Substancia grasa, blanquecina y amarillenta que se halla dentro de algunos huesos de los animales. Tejido parenquimatoso dentro del cilindro central del tallo y de la raíz de las plantas dicotiledóneas. Substancia principal de una cosa. Tuétano, meollo.

medular *adj.* Perteneciente o relativo a la medula.

medusa *f.* Animal acalefo marino con el cuerpo en forma de campana o de casquete semiesférico gelatinoso, provisto de tentáculos.

mefistofélico-a *adj.* Perteneciente o relativo a Mefistófeles, personaje de la leyenda de Fausto, el demonio. Diabólico, perverso, de aguda inteligencia y perversa ironía.

mefítico-a *adj.* Dícese de lo que, respirado, puede causar daño, y especialmente cuando es fétido.

megaciclo *m.* Un millón de ciclos; o sea que en cada segundo hay un millón de períodos completos.

megáfono *m.* Instrumento acústico dispuesto en el aparato receptor para ampliar las ondas sonoras. Bocina grande para reforzar la voz.

megalgia *f.* Dolor muy intenso.

megalito *m.* Monumento construido con grandes piedras sin labrar, durante la época prehistórica.

megalomanía *f.* Manía o delirio de grandezas.

megalómano-a *adj.* Que padece megalomanía.

megaloscopio *m.* Lente o espéculo de aumento.

megaterio *m.* Mamífero desdentado fósil americano, de cuerpo muy grueso y patas cortas; herbívoro, de principios del cuaternario.

megavoltio *m.* Medida eléctrica que equivale a un millón de voltios.

megaohmio *m.* Medida de resistencia eléctrica que equivale a un millón de ohmios.

mejicano-a *adj. y s.* Mexicano-a.

mejilla *f.* Cada una de las dos prominencias que hay en el rostro humano debajo de los ojos.

mejillón *m.* Molusco acéfalo de valvas simétricas convexas negruzcas; vive fuertemente adherido a las rocas que cubre y descubre el mar; comestible.

mejor *adj.* Comparativo de bueno; superior a otra cosa. Comparativo de bien; más conforme con lo bueno o lo conveniente. *Adv.* Más bien, antes.

mejora *f.* Medra, adelantamiento y aumento de una cosa. Puja de los licitadores. Mejoría. En México, primera escarda de la caña de azúcar. *Pl.* Obras voluntarias, útiles o necesarias, ejecutadas en las cosas para aumentar su valor.

mejorana *f.* Hierba labiada vivaz, de tallos leñosos en la base, hojas aovadas, flores blancas en espiga y fruto seco con semillas menudas y rojizas; ornamental, muy olorosa, y usada en Medicina como antiespasmódica.

mejorar *tr.* Adelantar, acrecentar una cosa haciéndola pasar a un estado mejor. Recobrar la salud perdida. Pujar los licitadores. *Intr.* Ir recobrando la salud, restablecerse. Ponerse el tiempo más favorable y benigno. *Tr.* Aumentar la fertilidad de las tierras mediante abonos o enmiendas. Medrar.

mejoría *f.* Mejora. Alivio en una dolencia. Ventaja o superioridad de una cosa respecto de otra.

mejunje m. Cosmético o medicamento formado por la mezcla de varios ingredientes.

melada f. Rebanada de pan tostado empapada en miel. Pedazos de mermelada seca.

melado-a adj. De color de miel. M. americ. Jarabe que se obtiene por evaporación del jugo purificado de la caña de azúcar. Torta pequeña y rectangular, hecha con miel y cañamones.

melancolía f. Tristeza vaga, profunda, sosegada y permanente, nacida de causas físicas o morales. Fase negativa de la psicosis maniacodepresiva.

melanina f. Nombre genérico de los pigmentos negruzcos que dan color a la coroides del ojo, a la piel, al cabello, etc.

melanoide adj. y s. De color negro u obscuro.

melar intr. Dar la segunda cochura al zumo de la caña de azúcar, hasta que se pone en consistencia de miel. Hacer las abejas la miel.

melaza f. Líquido más o menos viscoso, residuo de la fabricación del azúcar de caña o de remolacha.

melcocha f. Miel que, muy caliente y concentrada, se echa en agua fría y queda correosa. En México, producto de la cocción y evaporación del jugo de las tunas.

melena f. Cabello colgante junto al rostro y sobre los ojos o que cae por detrás y cuelga sobre los hombros. Cabello suelto. Crin del león.

melenudo-a adj. Que tiene el pelo abundante y largo.

melga f. Aféresis de amelga. En México y Argentina, parcela de regadío.

meliácea adj. y s. Planta dicotiledónea del orden de las geraniales o terebintales; su género tipo es *Melia:* fresno.

mélico-a adj. Perteneciente al canto; a la poesía lírica.

melífero-a adj. Que lleva o tiene miel, o jugos azucarados. Dulce, suave, blando.

melifluo-a adj. Que tiene miel o es parecido a ella. Dulce, suave, delicado y tierno en el trato o en la expresión.

meliloto m. Planta leguminosa de tallo ramoso, hojas trifoliadas, flores amarillentas y olorosas y fruto en legumbre oval; espontánea en los sembrados, sus flores se usan en Medicina como emolientes.

melindre m. Fruta de sartén hecha con miel y harina. Dulce de pasta de mazapán con baño espeso de azúcar. Delicadeza afectada y excesiva en palabras, acciones y ademanes. Remilgo.

melindrero-a o **melindroso-a** adj. Que afecta demasiada delicadeza en acciones y palabras.

melisa f. Toronjil.

melocotón m. Fruto del melocotonero, esférico, aromático, con un surco poco profundo, de pulpa jugosa amarillenta muy agradable.

melocotonero m. Arbol variedad del pérsico, de climas templados, de crecimiento rápido y que produce muy pronto y florece antes de la foliación; su fruto es el melocotón.

melodía f. Suavidad y dulzura de la voz cuando se canta, o del sonido de un instrumento músico cuando se toca. Cualidad de melódico. Sucesión de sonidos, combinados rítmicamente. Composición musical independiente de su acompañamiento.

melódico-a adj. Perteneciente o relativo a la melodía. Bello y expresivo, como resultante de la melodía y de sus calidades.

melodioso-a adj. Dulce y agradable al oído.

melodrama m. Drama puesto en música; ópera. Especie de drama de acción complicada y jocoseria, con objeto de provocar en el auditorio vulgar curiosidad y emoción.

melografía f. Arte de escribir música.

melomanía f. Amor desordenado a la música.

melómano-a m. y f. Persona fanática por la música.

melón m. Planta cucurbitácea anual herbácea, de tallos tendidos y ásperos con zarcillos, hojas en cinco lóbulos, flores solitarias de color amarillo y fruto elipsoidal de carne olorosa, abundante y dulce. Fruto de esta planta.

melonada f. Necedad, tontería.

melonar m. Terreno sembrado de melones.

melopea f. Composición poética recitada al compás de una determinada música, sin llegar a ser propiamente canto. Melopeya.

melopeya f. Arte de producir melodías. Melopea. Entonación rítmica con que puede recitarse algo en verso o en prosa.

meloso-a adj. **De calidad o naturaleza de miel. Blando, suave y dulce.**

mella f. Rotura o hendedura en el filo de una arma o herramienta o en el borde de un ángulo saliente. Vacío o hueco en una cosa por haber faltado lo que lo ocupaba. Menoscabo, merma.

mellado-a adj. Falto de uno o más dientes.

mellar tr. Hacer mellas. Menoscabar, disminuir una cosa no material.

mellizo-a *adj.* Gemelo. Hermano, igual, uniforme.

membrana *f.* Piel delgada o túnica, a modo de pergamino. Capa delgada y elástica que cubre algún órgano, tapiza una cavidad o se extiende entre órganos diversos. Parte diferenciada que limita a la célula.

membrete *m.* Memoria o anotación que se hace de una cosa y la reduce a lo substancial. Aviso, escrito o nota en que se recuerda o se recomienda una pretensión. Nombre o título de una persona, o corporación puesto en cabeza de una plana o estampado en la esquina superior izquierda del papel de escribir.

membrillate *m.* Carne o pulpa del membrillo.

membrillero *m.* Membrillo. El que hace o vende carne de membrillo.

membrillo *m.* Arbusto rosáceo muy ramoso, con hojas aovadas, flores solitarias y fruto en pomo, amarillo, muy aromático, de carne áspera y granujienta, que se come crudo, asado, en conserva o en forma de membrillate. Fruto de este arbusto.

membrudo-a *adj.* Fornido y robusto de cuerpo y miembros.

memela *f.* En México, tortilla de maíz más gruesa que la ordinaria y de forma generalmente ovalada.

memo-a *adj. y s.* Tonto, simple, mentecato.

memorable *adj.* Digno de memoria. Famoso, célebre.

memorándum *m.* Librito o cartera en que se anotan las cosas de que uno tiene que acordarse. Comunicación diplomática en que se recapitulan hechos y razones para que se tengan presentes en un asunto grave. Papel membretado, por lo común del tamaño de media carta.

memorar *tr.* Recordar una cosa; hacer memoria de ella.

memoria *f.* Potencia del alma por la que se retiene y recuerda lo pasado. Recuerdo. Monumento para recuerdo o gloria de una cosa. Relación de gastos hechos en una dependencia, o apuntamiento de otras cosas. Exposición de hechos o motivos referentes a determinado asunto. Estudio o disertación escrita sobre alguna materia. *Pl.* Saludo o recado cortés a un ausente. Libro o cuaderno en que se anotan cosas para tenerlas presentes.

memorial *m.* Libro o cuaderno para anotaciones. Escrito en que se pide una merced o gracia, alegando méritos o motivos.

memorialista *com.* Persona que por oficio redacta memoriales y otros documentos que se le piden.

memorión o memorioso-a *adj. y s.* Que tiene feliz memoria.

memorismo *m.* Abuso de la memoria en la enseñanza.

mena *f.* Mineral metalífero tal como se extrae del criadero y antes de limpiarlo. Mineral del cual se beneficia un metal.

menaje *m.* Palabra francesa: muebles de una casa; material pedagógico de una escuela.

mención *f.* Recuerdo o memoria que se hace de una persona o cosa, nombrándola, contándola o refiriéndola.

mencionar *tr.* Hacer mención de una persona. Referir, contar o recordar una cosa para que se tenga noticia de ella.

menchevique *adj. y s.* Partidario ruso del socialismo moderado.

mendacidad *f.* Hábito o costumbre de mentir.

mendaz *adj. y s.* Mentiroso.

mendelevio *m.* Elemento químico radiactivo que se desintegra por fisión espontánea; símbolo Mv.

mendelismo *m.* Conjunto de leyes acerca de la herencia de los caracteres de los seres orgánicos, derivadas de los experimentos del fraile agustino austríaco Juan Mendel.

mendicante *adj. y s.* Que mendiga o pide limosna de puerta en puerta. Dícese de las órdenes que tienen por institución pedir limosna.

mendicidad *f.* Estado y situación de mendigo. Acción de mendigar por necesidad o por vicio.

mendigar *tr.* Pedir limosna de puerta en puerta o en cualquier lugar público. Solicitar el favor de alguien con importunidad y humillación.

mendigo-a *adj. y s. m. y f.* Persona que habitualmente pide limosna. Pordiosero, pobre.

mendoso-a *adj.* Errado, equivocado o mentiroso.

mendrugo *m.* Pedazo de pan duro o desechado y especialmente el sobrante que se suele dar a los mendigos. Zoquete, necio, tonto.

menear *tr.* Mover una cosa de una parte a otra. Manejar, dirigir, gobernar o guiar una dependencia o negocio. *R.* Hacer con prontitud y diligencia una cosa o andar de prisa. Moverse lúbrica o deshonestamente.

meneo *m.* Acción y efecto de menear o menearse. Vapuleo.

menester *m.* Falta o necesidad de una cosa. Ejercicio, empleo o ministerio. *Pl.* Necesidades corporales precisas a la naturaleza. Instrumento o cosas necesarias para los oficios u otros usos.

menesteroso-a *adj. y s.* Falto, necesitado, que carece de algo. Pobre, indigente.

menestra *f.* Guisado de hortalizas y trozos de carne o jamón. Legumbre seca.

menestral-a *m. y f.* Persona que gana de comer en un oficio mecánico. Artesano, obrero.

menfita *adj. y s.* Natural de Menfis, ciudad del antiguo Egipto. *F.* Onice de capas blancas y negras, a propósito para camafeos.

mengano-a *m. y f.* Aplícase a una tercera persona indeterminada o imaginaria y siempre después de *fulano.*

mengua *f.* Acción y efecto de menguar. Falta que sufre una cosa para ser cabal y completa. Pobreza, necesidad y escasez de algo. Descrédito, deshonra, especialmente si procede de falta de valor o espíritu.

menguado-a *adj. y s.* Cobarde, pusilánime. Tonto, falto de juicio. Miserable, ruin, mezquino.

menguante *f.* Mengua y escasez que padecen los ríos por el calor o la sequedad. Descenso de la marea. Tiempo que dura. Decadencia de una cosa. Intervalo entre el plenilunio y el novilunio, en que disminuye la parte iluminada de la Luna.

menguar *intr.* Disminuirse o consumirse física o moralmente una cosa; decaer. Disminuir la parte iluminada de la Luna visible desde la Tierra. *Tr.* Amenguar.

menhir *m.* Monumento megalítico prehistórico consistente en una piedra larga hincada verticalmente en el suelo por uno de sus extremos.

menina *f.* Señora de corta edad que servía a la reina o a las infantas niñas.

meninge *f.* Cualquiera de las tres membranas que cubren el encéfalo y la médula espinal: duramadre, piamadre y aracnoides.

meningitis *f.* Inflamación de las meninges.

menino *m.* Caballero que desde niño servía a la reina o a los príncipes niños.

menisco *m.* Vidrio cóncavo por una cara y convexo por la otra. Superficie libre del líquido contenido en un tubo estrecho, cóncavo si moja las paredes y convexo si no las moja. Figura plana o sólido que tiene una cara cóncava y otra convexa.

menjurje o menjunje *m.* Mejunje.

menopausia *f.* Cese natural de la menstruación en la mujer.

menor *adj.* Comparativo de pequeño. Que tiene menos cantidad que otra cosa de la misma especie. *M.*

Menor de edad. Religioso de la orden de San Francisco. *F.* El segundo juicio de un silogismo.

menoría *f.* Inferioridad o subordinación de una persona a otra. Menor de edad. Tiempo de la menor edad de una persona. Minoría.

menos *adv.* Denota idea de falta, disminución, restricción o inferioridad en comparación expresa o sobreentendida. Excepto. *M.* Signo de substracción o resta.

menoscabar *tr.* Disminuir una cosa quitándole parte; acortarla, reducirla a menos. Deteriorar y deslustrar algo. Causar mengua o descrédito. Perjudicar, dañar.

menospreciar *tr.* Tener a una persona o cosa en menos de lo que se merece. Despreciar.

mensaje *m.* Comunicación o recado que envía una persona a otra. Comunicación oficial de carácter político entre altos dignatarios o corporaciones. Noticia, aviso. Parte, informe o noticia de índole militar.

mensajería *f.* Carruaje de servicio público. Empresa que tiene establecido este servicio. Dícese también de las compañías de transporte marítimo.

mensajero-a *m. y f.* Persona que lleva un recado, despacho o noticia a otra. *Adj.* Dícese de la paloma con instinto de volver al palomar desde largas distancias; se utiliza para enviar de una parte a otra escritos de corta extensión.

menso-a *adj.* En México, tonto, simple, necio, bobo.

menstruación *f.* Acción de menstruar. Menstruo; flujo menstrual.

menstruar *intr.* Evacuar el menstruo.

menstruo-a *adj.* Menstruoso, perteneciente o relativo al menstruo. *M.* Menstruación. Sangre que todos los meses evacuan naturalmente las mujeres y las hembras de ciertos mamíferos.

mensual *adj.* Que sucede o se repite cada mes. Que dura un mes.

mensualidad *f.* Sueldo o salario mensual. Mesada.

ménsula *f.* Miembro arquitectónico perfilado con diversas molduras, que sobresale de un plano vertical para recibir o sostener alguna cosa.

mensurable *adj.* Que se puede medir.

menta *f.* Hierbabuena; extracto de esta planta.

mentado-a *adj.* Que tiene fama o nombre; célebre, famoso.

mental *adj.* Perteneciente o relativo a la mente. Intelectual.

mentalidad *f.* Capacidad, actividad mental. Cultura y modo de pensar que caracteriza a una persona, a un pueblo, a una generación, etc.

mentar *tr.* Nombrar o mencionar una cosa.

mente *f.* Potencia intelectual. Designio, pensamiento, propósito. Razon, espíritu.

mentecatería o mentecatez *f.* Necedad, tontería, falta de juicio.

mentecato-a *adj. y s.* Tonto, falto de juicio. Flaco de entendimiento. Imbécil, menguado.

mentidero *m.* Sitio en que se junta la gente ociosa para conversar.

mentido-a *adj.* Mentiroso, engañoso.

mentir *intr.* Decir o manifestar lo contrario de lo que se sabe, cree o piensa. Inducir a error. Fingir, mudar o disfrazar una cosa haciendo que parezca otra.

mentira *f.* Expresión o manifestación contraria a lo que se sabe, cree o piensa. Manchita blanca que suele aparecer en las uñas. Embuste, patraña, engaño.

mentiroso-a *adj. y s.* Que tiene costumbre de mentir. Engañoso, fingido y falso.

mentís *m.* Voz injuriosa y denigrante con que se desmiente a una persona. Hecho o demostración que contradice o niega categóricamente un aserto.

mentol *m.* Extracto de la esencia de menta, de múltiples aplicaciones junto con otros componentes.

mentón *m.* Barbilla o prominencia de la mandíbula inferior.

mentor *m.* Consejero o guía de otro, por alusión a Méntor, amigo de Ulises y guía de Telémaco.

menú *m.* Minuta, lista de platos de una comida; es galicismo.

menudamente *adv.* Con suma pequeñez. Circunstanciadamente, con distinción y menudencia.

menudear *tr.* Hacer y ejecutar una cosa muchas veces. *Intr.* Caer o suceder una cosa con frecuencia. Referir las cosas menudamente, o preferir las de poca importancia.

menudencia *f.* Pequeñez de una cosa. Exactitud, esmero y escrupulosidad. Cosa de poco aprecio o estimación. Despojos que se sacan del cerdo. Menudillos o menudos. Bagatela, minucia.

menudeo *m.* Acción de menudear. Venta por menor.

menudillo *m.* Articulación entre la caña y la cuartilla de los cuadrúpedos. *Pl.* Higadillo, molleja, sangre, madrecilla y yemas de las aves.

menudo-a *adj.* Pequeño, chico y delgado. Despreciable, de poca o ninguna importancia. Dícese del dinero en monedas pequeñas o fraccionarias. Que examina las cosas con cuidado y menudamente. *M. pl.* Vientre, manos y sangre de las reses que se matan. En las aves,

pescuezo, alones, patas, intestinos, higadillo, molleja, etc.

meñique *adj. y s.* El quinto y más pequeño dedo de la mano. Muy pequeño.

meollo *m.* Seso, masa nerviosa contenida en la cavidad del cráneo. Medula. Substancia o lo más importante de una cosa. Juicio o entendimiento.

meón-a *adj. y s.* Que mea mucho o frecuentemente. Niebla de la que se desprenden gotas menudas que no llegan a ser llovizna.

mequetrefe *m.* Hombre entremetido, bullicioso y de poco provecho.

mequiote *m.* En México, bohordo o quiote del maguey. Vástago.

meramente *adv.* Solamente, simplemente, sin mezcla de otra cosa.

merar *tr.* Mezclar un licor con otro o mezclar agua con el vino.

mercachifle *m.* Buhonero. Mercader de poca importancia.

mercadear *intr.* Hacer trato o comercio de mercancías. Comerciar.

mercader *m.* El que trata o comercia con géneros vendibles. Traficante, negociante, tratante.

mercado *m.* Contratación pública en paraje destinado al efecto y que se celebra en días señalados. Sitio permanente para vender, comprar o permutar géneros o mercancías. Concurrencia de gente en dicho lugar. Plaza o país de especial importancia en un orden comercial cualquiera.

mercadotecnia *f.* Estudio amplio del mecanismo comercial.

mercancía o mercadería *f.* Trato de vender o comprar géneros. Todo género vendible. Cosa mueble que es objeto de trato o venta.

mercante *adj.* Mercantil. Dícese del buque o navío empleado en la conducción de pasajeros y mercancías. *M.* Mercader.

mercantil *adj.* Perteneciente o relativo al mercader, a la mercancía o al comercio.

mercantilismo *m.* Doctrina económica y política comercial tendiente a que el Estado se enriquezca con la adquisición de la mayor cantidad posible de oro y plata, para conseguir una balanza comercial favorable.

mercantilista *adj. y s.* Partidario del mercantilismo. Experto en Derecho Mercantil.

mercar *tr.* Comprar. Adquirir.

merced *f.* Premio o galardón. Dádiva o gracia. Beneficio que se hace graciosamente a alguien. Voluntad o arbitrio de uno. Tratamiento o título de cortesía. Recompensa, servicio.

mercedario-a *adj. y s.* Religioso de Nuestra Señora de la Merced, primitivamente fundada para el rescate de cautivos; hoy dedicada a las misiones, enseñanza y obras de caridad.

mercenario-a *adj.* Aplícase a la tropa que sirve en la guerra a un país extranjero, por cierto estipendio. Persona que supedita indecorosamente su voluntad a la merced ajena. *M.* Trabajador jornalero del campo. Que sirve por estipendio.

mercería *f.* Trato y comercio de cosas menudas y de poco valor; alfileres, botones, cintas, etc. Conjunto de artículos de esta clase. Tienda en que se venden.

mercerizar *tr.* Tratar los hilos y tejidos de algodón con una solución de lejía de sosa, para que resulten brillantes.

mercurio *m.* Metal líquido, llamado vulgarmente azogue, de color blanco argentino, de múltiples aplicaciones; símbolo Hg.

merecer *tr.* Hacerse digno de premio. Lograr. Tener una cosa cierto grado de estimación. *Intr.* Hacer méritos, buenas obras, ser digno de premio.

merecido *m.* Castigo que uno se merece.

merendar *intr.* Tomar la merienda. Comer al mediodía. Lo que se toma en la merienda.

merendero *m.* Sitio en que se merienda, generalmente en las afueras de una población.

merendona o **merendola** *f.* Merienda espléndida y abundante.

merengue *m.* Dulce hecho con claras de huevo y azúcar y dorado al horno.

merequetengue *m.* En Antillas y América Central, juerga, jaleo, diversión bulliciosa.

meretriz *f.* Ramera, prostituta.

mergo o **mergánsar** *m.* Cualquier especie de ave anseriforme anátida, llamada también serrata o pato sierra.

meridano-a o **merideño-a** *adj.* Natural de Mérida, México o Venezuela. Perteneciente o relativo a cualquiera de dichas poblaciones americanas.

meridiano-a *adj.* Perteneciente o relativo a la hora del mediodía. Clarísimo, luminosísimo. Círculo máximo que pasa por los polos. Cualquier semicírculo que va de polo a polo. *F.* Especie de sofá para sentarse o tenderse en él. Siesta.

meridional *adj.* Perteneciente o relativo al Sur o Mediodía.

merienda *f.* Comida ligera que se toma por las tardes, antes de la cena. Comida de mediodía, en algunas partes.

merino-a *adj.* Dícese de los carneros y ovejas de lana muy fina,

corta y rizada. Tejido de cordoncillo fino, de lana escogida y peinada. Antiguo juez real.

meristemo *m.* Tejido embrionario o no diferenciado de células ricas en protoplasma y capaces de reproducirse activamente, localizado en los focos de crecimiento.

merito *adv.* En México, muy pronto, a punto de; allí mismo, allí precisamente.

mérito *m.* Acción que hace al hombre digno de premio o de castigo. Lo que hace tener valor a las cosas. Merecimiento, valía. Resultado de las buenas acciones que hace digna de aprecio a una persona.

meritorio-a *adj.* Digno de premio o galardón. *M.* y *f.* Persona que trabaja sin sueldo y sólo para hacer méritos u ocupar una plaza remunerada.

merluza *f.* Pez marino de cuerpo alargado, escamas pequeñas y con barbilla en la mandíbula inferior. muy apreciado por su carne; al pequeño se llama pescadilla. Borrachera.

merma *f.* Acción y efecto de mermar. Porción que se consume naturalmente, o que se substrae o sisa de una cosa. Disminución, pérdida.

mermar *intr.* Bajar o disminuirse una cosa o consumirse en parte. Quitar a uno parte de cierta cantidad que por derecho le corresponde.

mermelada *f.* Dulce de fruta cortada o triturada, cocida y mezclada con azúcar o almíbar y sometida a nueva cocción hasta obtener el punto adecuado.

mero *m.* acantopterigio marino de cuerpo casi oval, de cabeza grande, con agallas armadas de aguijones; de carne muy delicada.

mero-a *adj.* Puro, simple y sin mezcla, en sentido moral e intelectual. Decíase, con la palabra imperio, de la potestad que residía en el soberano y por su delegación en ciertos magistrados en lo penal. En México y Centroamérica, precisa, justa, exactamente, verdaderamente. En México, propio, verdadero; en un tris, a punto.

merodear *intr.* Apartarse algunos soldados de su cuerpo para reconocer lo que puedan tomar o robar. Vagar por el campo, con el mismo fin, cualquier persona o cuadrilla.

merovingio-a *adj.* Perteneciente a la familia o a la dinastía de los primeros reyes de Francia, que inició el hijo de Meroveo. *M. pl.* Los reyes de esta dinastía.

mes *m.* Cada una de las doce partes en que se divide el año. Número de días consecutivos desde uno señalado hasta otro de igual fecha del mes siguiente. Menstruo de las mujeres. Mensualidad.

mesa f. Mueble con tabla lisa de cualquier materia, con uno o varios pies para sostenerla; sirve para comer, escribir, jugar, etc. Conjunto de personas que dirigen o presiden una asamblea, colegio electoral u otras corporaciones. Conjunto de negocios que pertenecen a un oficial, en las secretarías y oficinas. Terreno elevado y llano rodeado de valles o barrancos. Meseta. Plano principal de las piedras preciosas labradas. Comida, conjunto de manjares que la constituyen.

mesada f. Porción de dinero u otra cosa que se da o paga todos los meses. Mensualidad, mes, sueldo.

mesalina f. Mujer poderosa o aristócrata y de costumbres disolutas, por alusión a Mesalina, esposa del emperador romano Claudio.

mesana f. Mástil que está más a popa, en el buque de tres palos. Vela que va contra este mástil.

mesar tr. y r. Arrancar los cabellos o barbas con las manos.

mesartería f. Túnica media o muscular de las arterias.

mesenterio m. Pliegue peritoneal que une el intestino con la pared posterior del abdomen.

mesero-a m. y f. americ. Persona que sirve la mesa en cafés y restaurantes.

meseta f. Porción de piso horizontal en que termina un tramo de escalera. Mesa, terreno elevado y extenso con altura media superior a los 200 m sobre el nivel del mar.

mesianismo m. Doctrina relativa al Mesías. La expectación del Mesías en el pueblo de Israel. Confianza inmotivada o desmedida en un agente bienhechor que se espera.

mesiote m. Capa exterior y muy fina del maguey que emplearon los aztecas como papel, después de preparada debidamente.

mesmerismo m. Doctrina del magnetismo animal, expuesta por el médico alemán Mesmer, en la segunda mitad del siglo XVIII.

mesnada f. Compañía de gente de armas que servía bajo el mando del rey o de un caballero principal. Compañía, junta, congregación.

mesocondrio m. La masa fundamental del cartílago.

mesocracia f. Forma de gobierno en que la clase media tiene preponderancia. Burguesía.

mesolítico-a adj. Dícese del período prehistórico de transición entre el paleolítico y el neolítico.

mesón m. Posada pública en que se da albergue a viajeros, caballerías y carruajes. Hostería, albergue, venta.

mesón o mesotrón m. Partícula elemental de los rayos cósmicos, de masa intermedia entre la del electrón y la del protón; electrón pesado.

mesonero-a adj. Perteneciente o relativo al mesón. M. y f. Patrón o dueño de un mesón.

mesotórax m. Parte media del pecho.

mesozoico-a adj. y s. Dícese de los estratos o formaciones geológicos correspondientes a la era secundaria.

mester m. Menester. Arte u oficio; es arcaísmo.

mestizaje m. Resultado del cruzamiento de razas o formas biológicas diferentes de animales y plantas, y más concretamente, de las humanas. Condición de mestizo y conjunto de individuos que lo son. Hibridismo.

mestizo-a adj. y s. Aplícase a la persona nacida de padre y madre de raza diferente y, con especialidad, al hijo de blanco e india o de indio y blanca. Híbrido.

mesura f. Gravedad y compostura en la actitud y el semblante. Cortesía. Moderación, comedimiento. Medida.

meta f. Término señalado a una carrera. En algunos deportes, portería. En México, pilote. Fin a que se dirigen las acciones o deseos de una persona.

metabolismo m. Conjunto de procesos biológicos mediante los cuales los organismos incorporan a su propia materia viva substancias diversas que toman del medio ambiente.

metacarpo m. Parte de la mano comprendida entre el carpo o muñeca y los dedos.

metafísica f. Parte de la Filosofía que considera lo trascendente o suprasensible. Modo de discurrir con demasiada sutileza en cualquier materia.

metafísico-a adj. Perteneciente o relativo a la Metafísica. Dícese de la aspiración o tendencia a lo trascendente o suprasensible. Obscuro y difícil de entender. M. El que profesa la Metafísica.

metáfora f. Tropo o figura literaria que consiste en dar sentido figurado a palabras de sentido recto, en virtud de una comparación tácita.

metagalaxia f. Conjunto de los sistemas de galaxias con todos sus elementos; prácticamente equivale a todo el Universo material.

metal *m.* Cuerpo simple conductor del calor y de la electricidad, que se distingue por su brillo característico llamado metálico. Timbre de la voz. Calidad o condición de una cosa.

metálico-a *adj.* De metal o perteneciente a él. Dícese del dinero amonedado, por oposición al papel moneda.

metalífero-a *adj.* Que contiene metal.

metalismo *m.* Sistema monetario basado en el patrón metálico: oro, plata u otro metal.

metalizado-a *adj.* Que es indiferente a cualquier estímulo que no sea el del interés material. Acaudalado, rico, avaro.

metalizar *tr.* Hacer que un cuerpo adquiera propiedades metálicas. *R.* Convertirse una cosa en metal o impregnarse de él. Dejarse llevar sólo por amor al dinero. *Tr.* Tratar con algún metal, en Química.

metalografía *f.* Estudio de la constitución y de la estructura de los metales y de sus aleaciones.

metaloide *m.* Cuerpo simple no metálico, mal conductor del calor y la electricidad y que forma iones negativos, aniones, simples o complejos.

metalurgia *f.* Arte de beneficiar los minerales y de extraer los metales que contienen, para ponerlos en disposición de elaborarlos.

metamorfismo *m.* Transformación natural ocurrida en un mineral o en una roca, después de su consolidación primitiva.

metamorfosis *f.* Transformación de una cosa en otra. Mudanza que hace una persona o cosa de un estado a otro. Transformación de un órgano en otros de distinta función pero conservando su estructura anatómica. Cambio que experimentan muchos animales durante su desarrollo, no sólo en la variación de forma, sino también en las funciones y en el género de vida.

metano *m.* Gas incoloro, inodoro e inflamable producido en la descomposición pútrida de la celulosa; gas de los pantanos, grisú de las minas de hulla.

metaplasma *m.* Porción del citoplasma que contiene los productos de secreción o excreción.

metaplasmo *m.* Nombre genérico de las figuras de dicción.

metapsíquica *f.* Ciencia que trata de fenómenos psíquicos o físicos cuya existencia es discutida y con manifestaciones poco conocidas: telepatía, clarividencia, telequinesis, etc. Parasicología o Parapsicología.

metatarso *m.* Parte del pie comprendida entre el tarso y los dedos. Tarso de las patas posteriores de un insecto.

metate *m.* Piedra cuadrilonga sostenida por tres pies en plano inclinado para moler con un cilindro, también de piedra, el maíz y otros granos; úsase en México y Centroamérica; en España, para hacer el chocolate a brazo.

metátesis *f.* Metaplasmo consistente en alterar el orden de las letras en un vocablo. Desplazamiento de un proceso patológico de un punto a otro. Doble descomposición química.

metazoario *adj. y s.* Animal pluricelular con diferenciación morfológica y anatómica, correlativa a una marcada especialización funcional.

metempsicosis *f.* Doctrina religiosa y filosófica según la cual las almas transmigran después de la muerte a otros cuerpos más o menos perfectos, conforme a los merecimientos alcanzados en la existencia anterior.

metemuertos *m.* El que tenía obligación de poner o retirar los muebles en las mutaciones escénicas del teatro. Entremetido, servidor oficioso e impertinente.

meteorito *m.* Masa de tamaño variable que circula por los espacios interplanetarios y que a veces cae en la Tierra. Aerolito. Bólido.

meteoro *m.* Fenómeno atmosférico: aéreo, acuoso, luminoso o eléctrico.

meteorología *f.* Ciencia que trata de la atmósfera y los meteoros que se producen en ella.

meteorologista o meteorólogo-a *com. o m. y f.* Persona que profesa la Meteorología o que tiene especiales conocimientos de ella.

meter *tr.* Encerrar, introducir o incluir una cosa dentro de otra o en alguna parte. Introducir contrabando. Promover o levantar chismes, enredos, etc. Ocasionar miedo, ruido, etc. Inducir o mover a uno a determinado fin. Poner. Gastar, invertir. *R.* Introducirse en una parte o en el trato y comunicación con una persona. Seguir una profesión, oficio o estado.

meticuloso-a *adj. y s.* Medroso, miedoso. Escrupuloso, minucioso.

metilamina *f.* Nombre de los derivados del amoníaco, en que uno o más hidrógenos de éste se substituyen por el radical metilo.

metilo *m.* Carburo de hidrógeno, primer término de la serie de los radicales de los cuerpos grasos, cuyo hidruro es el metano.

metlapil *m.* En México, rodillo para moler el maíz en el metate; mano del mismo.

metódico-a *adj.* Hecho con método, o que lo usa. Ordenado, cuidadoso.

metodismo *m.* Movimiento religioso evangélico fundado en Inglaterra por los hermanos Wesley, tendiente a promover un renacimiento cristiano dentro de la iglesia anglicana, como método de perfeccionamiento religioso.

método *m.* Modo de decir o hacer con orden una cosa. Modo de obrar o proceder. Libro didáctico de tipo elemental dedicado a la enseñanza de disciplinas que requieren ejercitación. Orden, regla, norma; procedimiento, sistema. Medio o procedimiento para indagar hechos o verdades científicas, o el que se emplea para su exposición.

metodología *f.* Ciencia del método, parte especial de la Lógica.

metomanía *f.* Deseo irresistible de tomar bebidas embriagantes. Demencia causada por el alcoholismo.

metonimia *f.* Tropo o figura retórica consistente en designar algo por su causa o efecto, al autor por su obra, a una persona por el instrumento de su profesión, etc.

metopa o métopa *f.* Espacio que media entre dos triglifos en el friso griego, o loseta que lo cubre.

metralla *f.* Munición menuda con que se cargaban las piezas de artillería. Pedazos menudos de hierro colado que saltan de los moldes al hacer los lingotes.

métrica *f.* Arte de la versificación; o sea de la medida y estructura de los versos, de sus varias especies y combinaciones; parte de la técnica poética en literatura preceptiva.

métrico-a *adj.* Perteneciente o relativo al metro o medida, o a la métrica.

metrificar *intr.* Versificar.

metritis *f.* Inflamación del útero.

metro *m.* Verso. Unidad de medida del verso clásico. Unidad de longitud, base del sistema métrico decimal, definido como la diezmillosésima parte del cuadrante del meridiano terrestre, cuyo patrón es una barra de platino e iridio de sección en forma de X, que se depositó en el pabellón de Breteuil, en Sevres, cerca de París.

metro *m.* Apócope de metropolitano, ferrocarril subterráneo.

metrología *f.* Ciencia o estudio de los sistemas de pesas y medidas, la manera de hacer las mediciones y los aparatos empleados para ello.

metrónomo *m.* Aparato para medir el tiempo e indicar el ritmo con que ha de ejecutarse una composición musical.

metrópoli *f.* Ciudad principal, cabeza de provincia o de Estado. Iglesia arzobispal. La nación respecto de sus colonias.

metropolitano-a *adj.* Perteneciente o relativo a la metrópoli. Arzobispal. *M.* Arzobispo. Tranvía o ferrocarril subterráneo de las grandes ciudades.

mexicanismo *m.* Vocablo, giro o modo de hablar propio de los mexicanos.

mexicanista *com.* Persona erudita en asuntos científicos, históricos, arqueológicos o lingüísticos referentes a México.

mexicano-a *adj. y s.* Natural de México. Perteneciente a esta república de América. *M.* Azteca, náhuatl.

mezale *m.* En México, virutas de maguey raspado.

mezcal *m.* En México, nombre de varias plantas amarilidáceas industriales; aguardiente que se saca por destilación de la penca o de la parte superior de varias especies de magueyes a las que se da este nombre; cabeza o parte superior del maguey de que se destila.

mezcalería *f.* En México, lugar donde se destila el mezcal y tienda donde se vende.

mezcla *f.* Acción y efecto de mezclar o mezclarse. Agregación o incorporación de varias substancias o cuerpos que no tienen entre sí acción química. Tejido hecho de hilos de diferentes clases y colores. Mixtura, amalgama, liga. Argamasa. Masa no homogénea de propiedades parecidas a las de sus componentes.

mezclar *tr.* Juntar, unir, incorporar una cosa con otra. *R.* Introducirse o meterse uno entre otros. Enlazarse familias o linajes unos con otros. Revolver.

mezclilla *f.* Tejido hecho como la mezcla pero de menos cuerpo.

mezcolanza *f.* Mezcla extraña y confusa, y a veces ridícula.

mezontete *m.* En México, tronco hueco de cualquier maguey, después de raspado y seco.

mezote *m.* En México, maguey seco.

mezquicopal *m.* En México, la goma del mezquite.

mezquino-a *adj.* Pobre, necesitado. Avaro, miserable. Pequeño, diminuto. Infeliz, desdichado. *M.* En México, Colombia y Honduras, verruga que aparece en los dedos.

mezquita *f.* Templo mahometano.

mezquital *m.* Sitio poblado de mezquites.

mezquitamal *m.* En México, pasta o pan que los indígenas preparan con las semillas molidas del mezquite.

mezquite *m.* Arbol leguminoso americano, parecido a la acacia, que produce una goma, y de cuyas hojas se saca un extracto que se emplea en las oftalmías, lo mismo que el zumo de la planta. Madera de este árbol.

mi *m.* Tercera nota de la escala musical; signo gráfico que la representa; cuerda, tecla, etc. de algunos instrumentos que la producen.

mí. Forma del genitivo, dativo y acusativo del pronombre personal de primera persona, masculino o femenino y número singular; úsase siempre con preposición.

miaja *f.* Migaja.

mialgia o miodinia *f.* Dolor muscular.

miar *intr.* Maullar.

miasis *f.* Cualquiera infestación causada por moscas o sus larvas.

miasma *f.* Efluvio o emanación nociva.

miau *m.* Onomatopeya del maúllo del gato. Maullido.

mica *f.* Hembra del mico. En México y Centroamérica, embriaguez, borrachera. En México y Guatemala, coqueta.

mica *f.* Mineral perteneciente a un grupo numeroso, cuya característica es su fácil exfoliación laminar, separable en hojas brillantes, flexibles, elásticas, sumamente delgadas.

micada *f.* En México y Centroamérica, monada.

micado *m.* Título que se da en el extranjero al emperador y al imperio del Japón.

micción *f.* Acción y efecto de orinar.

micelio *m.* Aparato de nutrición de los hongos.

micénico-a *adj. y s.* Perteneciente o relativo a Micenas, antigua ciudad de la Argólida, en el Peloponeso.

micer *m.* Título honorífico en la corona de Aragón, que se aplicó también a los letrados en las Islas Baleares.

mico *m.* Mono de cola larga. Hombre lujurioso.

micología o micetología *f.* Parte de la Botánica que trata de los hongos.

micra *f.* Medida de longitud, equivalente a una millonésima parte del metro o milésima de milímetro. Micrón.

microbicida *adj. y s.* Que mata los microbios. Bactericida, germicida.

microbiología *f.* Estudio de los organismos microscópicos o microbios y ultramicroscópicos.

microbio *m.* Organismo microscópico.

microfaradio *m.* Unidad de capacidad eléctrica o capacitancia, igual a la millonésima parte de un faradio.

microfilm *m.* Película fotográfica con la que se obtienen fotografías muy pequeñas de libros, documentos, objetos de arte, etc., de las que se sacan positivas del tamaño deseado o se proyectan sobre una pantalla, para su más fácil examen.

micrófono *m.* Aparato para la recepción, producción y amplificación de los sonidos, que transforma las vibraciones acústicas en corrientes eléctricas variables oscilantes, o recíprocamente.

microfotografía *f.* Fotografía de tamaño muy pequeño. Fotografía de objetos microscópicos.

micrómetro *m.* Aparato óptico y mecánico para medir cantidades lineales o angulares muy pequeñas.

micronesio *adj. y s.* Individuo de un pueblo que vive en los archipiélagos del Pacífico integrantes de la llamada Micronesia.

microonda *f.* Onda electromagnética cuya longitud en el espacio libre es menor de 20 centímetros.

microorganismo *m.* Microbio.

microscopia *f.* Arte y técnica de usar el microscopio. Examen o investigación realizada por medio del microscopio.

microscópico-a *adj.* Perteneciente o relativo al microscopio. Hecho con ayuda de él. Tan pequeño que no puede verse sino con el microscopio; extremadamente pequeño.

microscopio *m.* Aparato óptico que da imágenes virtuales y amplificadas de los objetos, por lo que se utiliza para examinar los extraordinariamente diminutos.

microsismo *m.* Sismo o temblor de tierra tan ligero que sólo se registra mediante el sismógrafo.

microteléfono *m.* Asociación de un micrófono y un receptor telefónico.

michoacano-a *adj. y s.* Natural de Michoacán. Perteneciente o relativo a ese Estado mexicano.

miedo *m.* Perturbación angustiosa del ánimo, por un riesgo o mal que realmente amenaza o que la imaginación se forja. Recelo, aprehensión de que suceda algo contrario a lo deseado.

miedoso-a *adj. y s.* Medroso, que tiene miedo o lo siente.

miel *f.* Substancia espesa, amarillenta y muy dulce depositada en las celdillas de los panales por las abejas. Substancia que se escurre de las cañas de azúcar al molerlas, después de darles la segunda cochura. Jarabe saturado.

mielalgia *f.* Dolor en la medula espinal.

mielga *f.* Planta leguminosa herbácea anual, de hojas aserradas compuestas, flores azules en espiga y fruto en espiral. Alfalfa. Pez selacio de cuerpo casi plano y aquillado, de piel gruesa sin escamas; de carne comestible, aunque dura y fibrosa.

mielocito *m.* Glóbulo blanco que se origina en la medula ósea y que moviliza el organismo en las infecciones piógenas.

miembro *m.* Cualquiera de las extremidades del hombre o de los animales, articuladas con el tronco. Organo copulador del hombre y de algunos animales. Individuo que forma parte de una comunidad o corporación. Parte de un todo unida con él. Parte o pedazo de una cosa separada de ella. Parte principal de un orden arquitectónico o de un edificio. Cualquiera de las dos cantidades de una igualdad o de una desigualdad.

mientes *f. pl.* Pensamiento, mente.

mientras *adv. y conj.* Durante el tiempo en que.

miércoles *m.* Cuarto día de la semana.

mierda *f.* Excremento humano. Por extensión, el de algunos animales.

mies *f.* Planta madura de cuyo grano se hace el pan. Tiempo de la siega y cosecha de granos. Muchedumbre convertida a la fe católica o pronta a su conversión. *Pl.* Los sembrados.

miga *f.* Migaja, porción pequeña de cualquier cosa. Parte interior y más blanda del pan, rodeada y cubierta de la corteza. Substancia de las cosas físicas o morales. *Pl.* Pan desmenuzado, humedecido con agua y frito en aceite o grasa.

migaja *f.* Parte más pequeña y menuda del pan, que suele saltar o desmenuzarse al partirse. Porción pequeña de cualquier cosa. Nada o casi nada. *Pl.* Las de pan que caen de la mesa o quedan en ella. Desperdicios o sobras que utilizan otros.

migalón *m.* Miga de pan o parte de ella. Substancia y virtud interior de una cosa.

migración *f.* Emigración. Acción y efecto de pasar de un país a otro para establecerse en él. Viaje periódico de las aves de paso.

migraña *f.* Jaqueca.

migratorio-a *adj.* Perteneciente o relativo a las migraciones de personas o de aves.

miguelete *m.* Fusilero de montaña en Cataluña. Individuo de la milicia foral de Guipúzcoa, España.

mihrab *m.* Nicho u hornacina que en las mezquitas señala el sitio a donde han de mirar los que oran, por estar orientado hacia La Meca.

mije *m.* En México, el tabaco de mala calidad.

mijo *m.* Planta gramínea de hojas planas, flores en panojas terminales, con los tallos ramificados desde la base; de grano pequeño, redondo y brillante que se utiliza como alimento del ganado y, en algunas partes, del hombre.

mil *adj.* Diez veces ciento. Milésimo. Cantidad o número grande. Millar.

milagrería *f.* Narración o cuento de hechos maravillosos que el vulgo suele tomar como milagros.

milagro *m.* Acto del poder divino, superior al orden natural y a las fuerzas humanas. Cualquier suceso o cosa rara, extraordinaria y maravillosa.

milagroso-a *adj.* Que excede a las fuerzas de la Naturaleza. Que obra o hace milagros. Maravilloso, asombroso, pasmoso.

milanés-a *adj. y s.* Natural de Milán. Perteneciente a esta ciudad o provincia de Italia. *F.* En América, filete de carne rebozado con pan y frito.

milano *m.* Ave falconiforme diurna, de pico y tarsos cortos, cola y alas largas, de vuelo fácil y sostenido; se alimenta de roedores, insectos y carroñas. Azor, ave falconiforme. Pez marino acantopterigio, de aletas pectorales muy desarrolladas.

mildeu, mildio o mildew *m.* Nombre de distintas enfermedades micósicas de los vegetales; en especial, la producida por un hongo microscópico en la vid, que seca los tejidos afectados.

milenario-a *adj.* Perteneciente al número mil o al millar. Espacio o lapso de mil años. Milésimo aniversario de un suceso notable.

milenio *m.* Espacio de mil años.

milenrama *f.* Planta herbácea compuesta, de hojas dos veces divididas en lacinias muy estrechas, flores en corimbos apretados y fruto seco con una semilla suelta; el cocimiento de sus flores se ha usado como tónico y astringente.

milésimo-a *adj.* Que sigue inmediatamente en orden al o a lo noningentésimo nonagésimo nono. Dícese de cada una de las 1 000 partes iguales en que se divide un todo.

milhombres *m.* Apodo que por burla se da al hombre pequeño y bullicioso, o que no sirve para nada.

miliamperio m. La milésima parte del amperio.

millar adj. Dícese del hito, piedra o columna que antiguamente indicaba la distancia de 1 000 pasos.

miliar adj. De tamaño y forma de un grano de mijo. Dícese de la erupción de vejiguillas del tamaño de granos de mijo.

milicia f. Arte de hacer la guerra y de disciplinar a los soldados para ella. Servicio o profesión militar. Tropa o gente de guerra.

miliciano-a adj. Perteneciente a la milicia. M. Individuo de una milicia.

miligrado m. Unidad de ángulo equivalente a una milésima de grado.

miligramo m. Milésima parte de un gramo.

mililitro m. Milésima parte de un litro.

milimétrico-a adj. Graduado en milímetros.

milímetro m. Milésima parte de un metro.

militar adj. Perteneciente o relativo a la milicia o a la guerra, por contraposición a civil. M. El que profesa la milicia. Individuo perteneciente a los cuadros permanentes del Ejército de tierra.

militar intr. Profesar la milicia o servir en la guerra. Figurar en un partido o en una colectividad.

militara f. Esposa, viuda o hija de militar.

militarismo m. Predominio del elemento militar en el gobierno de un Estado.

militarizar tr. Infundir la disciplina o el espíritu militar. Someter a la disciplina militar. R. Tomar el aire o las maneras del soldado.

milite m. Soldado.

milivoltio m. Unidad de fuerza electromotriz, equivalente a la milésima parte del voltio.

miloguate m. En México, la caña del maíz.

milonga f. En Argentina, Bolivia y Paraguay, baile y canto populares, que se acompañan con la guitarra. Copla.

milord m. Transcripción española del tratamiento que se da en Inglaterra a los lores, o señores de la nobleza; pl., milores.

milpa f. En México y Centroamérica, tierra destinada al cultivo del maíz, y a veces de otros granos y semillas.

milpear intr. En México, trabajar la tierra; comenzar a brotar el maíz en las milpas.

milla f. Medida itineraria, usada principalmente por los marinos, equivalente a la tercera parte de la legua, o sea 1 852 m. La milla terrestre inglesa equivale a 1 609.3 metros.

millar m. Conjunto de mil unidades. Pl. Número grande indeterminado.

millón m. Mil millares. Número muy grande, indeterminado.

millonada f. Cantidad como de un millón.

millonario-a adj. y s. Ricazo, poderoso, muy acaudalado.

millonésimo-a adj. Dícese de cada una del millón de partes iguales en que se divide un todo. Que ocupa el último lugar en una serie de un millón.

mimar tr. Hacer caricias y halagos. Tratar con excesivo regalo y condescendencia a uno, y en especial a los niños.

mimbre amb. Mimbrera. Cada una de las varitas correosas y flexibles de la mimbrera.

mimbrear intr. y r. Moverse o agitarse con flexibilidad, como el mimbre.

mimbrera f. Arbusto salicáceo, de tronco formado por mimbres, hojas lanceoladas muy estrechas, flores en amentos apretados y fruto capsular con muchas semillas; crece a orillas de los ríos y sus mimbres se usan en cestería. Nombre vulgar de varias especies de sauces.

mimeógrafo m. Aparato para obtener copias de escritos, dibujos, etc.

mimetismo o mimesis m. o f. Propiedad de algunos organismos de asemejarse a otros seres o a los objetos que los rodean y con los que viven, como medio de protección o agresión.

mímica f. Arte de imitar, representar o hacerse entender por medio de gestos o actitudes.

mímico-a adj. Perteneciente al mimo o a la mímica. Imitativo.

mimo m. Entre griegos y romanos, farsante del género cómico más bajo, bufón, hábil en gesticular y en imitar a otras personas. Cariño, halago o demostración de ternura. Condescendencia excesiva, especialmente con los niños.

mimosa f. Planta leguminosa que comprende muchas especies; algunas de ellas notables por los movimientos de repliegue cuando se las toca o agita.

mimoso-a adj. Melindroso, muy dado a caricias, delicado y regalón.

mina f. Unidad de peso y moneda teórica griega antigua, equivalente a 100 dracmas.

mina f. Criadero, agregado de substancias inorgánicas de útil explotación. Excavación subterránea o a cielo abierto para extraer un mineral. **Mena.** Paso subterráneo abierto artificialmente para comunicar, conducir o establecer algo. Barrita de grafito en el interior de los lápices. Oficio, empleo o negocio de poco trabajo y mucho provecho. Galería subterránea en que se mete una carga explosiva para producir alguna voladura. Cajas con potentes explosivos que se entierran a profundidad variable y que estallan a muy poca presión.

minador-a *adj.* Que mina. Dícese del buque destinado a colocar minas submarinas. *M.* Ingeniero o artífice que abre minas. Soldado especializado en la instalación y manejo de minas.

minar *tr.* Abrir caminos o galerías subterráneos. Hacer grandes diligencias para conseguir una cosa. Consumir, destruir poco a poco. Colocar minas.

minarete *m.* Alminar; es galicismo.

mineral *adj.* Perteneciente al grupo de substancias inorgánicas o a alguna de sus partes. *M.* Material constitutivo de la corteza terrestre, homogéneo, bien definido por su composición química invariable y propiedades físicas constantes. Origen y principio de las fuentes. Parte útil de una explotación minera. Mina o minero de metales o de piedras preciosas. Principio, origen y fundamento que produce algo abundantemente. En México, mina de mena metálica.

mineralogía *f.* Conjunto de minerales de un país, región o yacimiento. Parte de la Geología que trata de los minerales.

minería *f.* Arte y técnica de laborar y explotar las minas. Conjunto de minas y explotaciones mineras de una nación o comarca.

minero-a *adj.* Perteneciente o relativo a la minería. *M.* El que trabaja en las minas. Origen, principio o nacimiento de una cosa.

minerva *f.* Aparato para mantener la cabeza en posición conveniente en casos de tortícolis o artritis de las articulaciones vertebrales cervicales. Máquina pequeña para imprimir prospectos, facturas, membretes, etc.

mingitorio-a *adj.* Perteneciente o relativo a la micción. *M.* Urinario.

miniatura *f.* Pintura de pequeñas dimensiones, con colores desleídos en agua de goma, sobre vitela, marfil u otra superficie sutil o delicada.

miniaturista *com.* Pintor de miniaturas.

minifundio *m.* Finca rústica que, por su reducida extensión, no pue-

de ser objeto de cultivo en condiciones remuneradoras.

mínimo-a *adj.* Superlativo de pequeño. Dícese de lo que es tan pequeño en su especie que no lo hay menor ni igual. Minucioso. Dícese del religioso de San Francisco de Paula. *M.* Límite inferior o extremo a que se puede reducir una cosa.

mínimum *m.* Mínimo, límite inferior a que se puede reducir una cosa.

minino-a *m. y f.* Gato, gata.

minio *m.* Oxido plumboso plúmbico, polvo de color rojo anaranjado, que se emplea mucho en pintura.

ministerial *adj.* Perteneciente al gobierno o ministerio del Estado, o a alguno de sus ministros. Dícese del que en el Parlamento o en la prensa apoya a un ministerio.

ministerio *m.* Gobierno del Estado. Empleo de ministro. Tiempo que dura su ejercicio. Cuerpos de ministros del Estado. Edificio en que se halla la oficina o secretaría de cada departamento ministerial. Cargo, empleo u oficio.

ministrar *tr.* Servir o ejercitar un oficio, empleo o ministerio. Dar, suministrar algo a alguien.

ministril *m.* Ministro inferior que se ocupa de los más ínfimos ministerios de justicia. Tañedor o tocador de algún instrumento en la iglesia u otras solemnidades.

ministro *m.* El que ministra alguna cosa. Juez. El que está empleado en el gobierno para resolver negocios políticos y económicos. Jefe responsable de cada uno de los departamentos en que se divide la gobernación del Estado. Enviado, mensajero. Representante o agente diplomático. El que ayuda a Misa. Persona que ejecuta lo que otra manda.

mink *m.* Visón.

minoico-a *adj.* Relativo o perteneciente a la antigua cultura que se desarrolló en la isla de Creta y que toma nombre de su legendario rey Minos.

minorar *tr.* Disminuir, acortar o reducir a menos una cosa.

minoría *f.* En las asambleas, juntas, etc., conjunto de votos dados en contra de lo que opina la mayoría. Parte menor de los individuos que componen una nación, ciudad o cuerpo. Parte de población que difiere de la mayoría, por raza, lengua, religión. Menoría, menor de edad.

minoridad *f.* Minoría, menor edad.

minorista *adj.* Aplícase al comercio por menor. *Com.* Comerciante por menor.

minucia *f.* Menudencia, cortedad, cosa de poco valor. Bagatela, nimiedad.

minucioso-a *adj.* Que se detiene en las cosas más pequeñas. Meticuloso.

minué o minueto *m.* Baile francés para dos personas que ejecutan diversas figuras y mudanzas Composición musical de compás ternario que acompaña a este baile.

minuendo *m.* Cantidad de que ha de restarse otra.

minúsculo-a *adj.* De muy pequeñas dimensiones, o de poca importancia. *F.* Dícese de la letra que es menor que la mayúscula y que se usa corrientemente, sin más excepción que la de los casos en que deba emplearse la mayúscula.

minuta *f.* Extracto, borrador o nota de algún contrato, acta, etc. para extenderlo después. Borrador de un oficio, carta, etc. Nota recordatoria. Cuenta de honorarios de abogados y curiales. Lista o catálogo de personas o cosas, como dependientes, empleados, manjares que deben servirse, etc.

minutero *m.* Manecilla que señala los minutos en el reloj.

minuto-a *adj.* Menudo. *M.* Sexagésima parte de una hora. Cada una de las 60 partes iguales en que se divide un grado de círculo.

mío-a, -os, -as Formas del pronombre posesivo de primera persona.

miocardio *m.* Tejido muscular del corazón.

mioceno *adj. y s.* Período del terciario o cenozoico, situado entre el oligoceno y plioceno, en que se produce el movimiento orogénico alpino.

miología *f.* Parte de la Anatomía descriptiva que trata de los músculos y del sistema muscular.

miopía *f.* Cortedad de vista.

mira *f.* Pieza que, en ciertos instrumentos, sirve para dirigir la vista, tirar visuales o asegurar la puntería.

mirabel *m.* Planta quenopodiácea herbácea de forma piramidal, de hermoso aspecto y verde durante todo el verano; ornamental. Girasol, planta compuesta.

mirada *f.* Acción de mirar. Modo de hacerlo.

miradero *m.* Persona o cosa objeto de la atención pública. Lugar desde donde se mira.

mirado-a *adj.* Dícese de la persona cauta, circunspecta y reflexiva. Merecedor de buen o mal concepto.

mirador *m.* Corredor, galería o terrado desde el cual puede extenderse la vista. Balcón cerrado de persianas o cristales y cubierto con un tejadillo.

miraguano *m.* Palmera de poca altura con hojas grandes abanicadas, flores axilares en racimo y fruto seco lleno de materia algodonosa muy fina que envuelve la semilla. Esta misma materia, que se emplea para rellenar almohadas.

miramiento *m.* Acción de mirar, atender o considerar una cosa. Respeto, atención y circunspección que se debe observar en la ejecución de algo.

miranda *f.* Paraje alto desde el cual se descubre gran extensión de terreno. En México, mirador.

mirar *tr.* Fijar la vista atentamente en un objeto. Tener o llevar uno por finalidad u objeto alguna cosa que ejecuta. Observar las acciones de otro. Apreciar, atender, estimar una cosa. Estar situada una cosa enfrente de otra. Concernir, pertenecer, tocar. Pensar, juzgar. Proteger o amparar una cosa. Inquirir, informarse de una cosa.

mirasol *m.* Girasol, mirabel.

miríada *f.* Cantidad muy grande, pero indefinida.

miriagramo *m.* Medida de peso que tiene diez mil gramos.

mirialitro *m.* Medida de capacidad que tiene diez mil litros.

miriápodo *adj. y s.* Artrópodo de cuerpo constituido por numerosos segmentos provistos, cada uno de ellos, de uno o dos pares de patas articuladas.

mirífico-a *adj.* Admirable, maravilloso portentoso.

mirilla *f.* Abertura en el suelo o en la pared correspondiente al portal o a la escalera de la casa para observar a quien llama a la puerta. Ventana pequeña en la puerta exterior de las casas. Abertura de algunos instrumentos para dirigir visuales.

miringitis *f.* Inflamación de la membrana del tímpano.

miriñaque *m.* Alhajuela de poco valor. Zagalejo interior de tela rígida o muy almidonada y a veces con aros para dar vuelo a la falda exterior.

mirística *f.* Arbol lauráceo de la India, de corteza negruzca, hojas lanceoladas, flores blancas inodoras y fruto en baya globosa, cuya semilla es la nuez moscada.

mirlarse *r.* Entonarse afectando gravedad y señorío en el rostro.

mirlo *m.* Pájaro túrdido que aprende a repetir sonidos y aun la voz humana, fácilmente domesticable; el macho es enteramente negro con pico amarillo y la hembra de color pardo oscuro lo mismo que el pico.

mirmecófago-a *adj.* Aplícase al animal que se alimenta de hormigas. *M.* Oso hormiguero.

mirón-a *adj. y s.* Que mira mucho, demasiado o con curiosidad. Dícese del que, sin jugar, presencia una partida de juego.

mirra *f.* Gomorresina aromática, de gusto amargo, semitransparente, frágil y brillante, proveniente de un árbol terebintáceo de Arabia y Abisinia; tiene varias aplicaciones medicinales y es substitutivo del incienso.

mirruña *f.* En México y Centroamérica. pedacillo de una cosa.

mirtácea *adj. y s.* Planta dicotiledónea. arbustiva o arbórea, con glándulas oleíferas, de fruto seco e indehiscente con semillas sin albumen· incluye el mirto.

mirtiforme *adj.* Que tiene la forma de hoja de mirto.

mirto *m.* Arrayán, arbusto con hojas opuestas, de color verde vivo, lustrosas, pequeñas, duras y persistentes.

misa *f.* Sacrificio incruento en que, bajo las especies de pan y de vino, ofrece el sacerdote al Eterno Padre el cuerpo y sangre de Jesucristo.

misacantano *m.* Clérigo que está ordenado de todas las órdenes y celebra Misa. Sacerdote que dice o canta la primera Misa.

misandria *f.* Aversión morbosa de la mujer al hombre.

misanteco-a *adj. y s.* Natural de Misantla. Perteneciente o relativo a dicho municipio del Estado mexicano de Veracruz.

misántropo *m.* El que, por su humor tétrico y desapacible, manifiesta aversión al trato humano.

miscelánea *f.* Mezcla, unión y entretejimiento de unas cosas con otras. Obra o escrito sobre materias inconexas y mezcladas. En México, tienda pequeña en que se venden mercancías muy diversas de consumo doméstico.

miscible *adj.* Mezclable, que se puede mezclar

miserable *adj.* Desdichado, infeliz. Abatido, sin valor ni fuerza. Avariento. Perverso, abyecto, canalla.

miseración *f.* Misericordia.

miserere *m.* Salmo penitencial que se canta en oficio de difuntos, ceremonias fúnebres o penitenciales.

miseria *f.* Desgracia, trabajo, infortunio. Estrechez, falta de lo necesario. Avaricia, mezquindad. Plaga pedicular por desaseo. Cosa corta o pequeña.

misericordia *f.* Virtud que inclina a compadecerse de los trabajos y miserias ajenos. Piedad, compasión, conmiseración.

mísero-a *adj.* Miserable, pero no perverso o canalla.

misión *f.* Acción de enviar. Poder o facultad que se da a una persona de ir a desempeñar algún cometido. Potestad y encargo de predicar y enseñar la palabra y las leyes divinas. Comisión temporal dada por un Gobierno a un diplomático o agente especial. Tierra en que se predica el Evangelio y habitación de los misioneros.

misionero-a *adj. y s.* Predicador evangélico en una misión. Eclesiástico que en tierra de infieles predica y enseña la religión cristiana.

misivo-a *adj.* Aplícase al billete, papel o carta que se envía a alguien.

mismo-a *adj.* Denota ser una persona o cosa la que se ha visto o de la que se hace mérito. Semejante, igual.

misogamia *f.* Aversión al matrimonio.

misógino *adj. y s.* Que odia a las mujeres.

misquito *adj. y s.* Indígena centroamericano que habita en la parte central y septentrional de la región costera de Nicaragua y la oriental de Honduras.

miss *f.* Tratamiento que se da a las señoritas en los países de lengua inglesa.

mistela *f.* Bebida que se hace con aguardiente, agua, azúcar y algo de canela. Líquido resultante de añadir alcohol al mosto de la uva. Vino dulce muy rico en azúcar o alcohol

mister *m.* Tratamiento que se da en inglés y que significa *señor*.

misterio *m.* Arcano o cosa secreta en cualquier religión. En la religión cristiana, cosa inaccesible a la razón y que debe ser objeto de fe. Cosa muy recóndita, incomprensible e inexplicable. Negocio muy secreto o reservado. *Pl.* Ceremonias secretas del culto de algunas divinidades entre los antiguos griegos y romanos. Representación dramática medieval de asunto religioso.

misterioso-a *adj.* Que encierra o incluye misterio. Aplícase al que hace misterios y los aparenta en cosas en que no los hay. Secreto, oculto, enigmático.

mística *f.* Parte de la Teología que trata de la vida espiritual y contemplativa y del conocimiento y dirección de los espíritus. Literatura que trata de estos temas.

místico-a *adj.* Que incluye misterio o razón oculta. Perteneciente a la Mística. Que se dedica a la vida espiritual

mistificar *tr.* Galicismo por embaucar, burlar, engañar.

misto-a *adj.* Mixto.

mistral, minestral o **maestral** *adj*. Dícese del viento que viene de la parte intermedia entre el poniente y la tramontana, en el Mediterráneo.

mitad *f*. Cada una de las dos partes iguales en que se divide un todo. Medio, parte en que una cosa equidista de sus extremos.

mítico-a *adj*. Perteneciente o relativo al mito.

miticultura *f*. Arte de criar mejillones.

mitigar *tr. y r*. Moderar, aplacar, disminuir o suavizar una cosa rigurosa o áspera.

mitin *m*. Reunión donde se discuten públicamente asuntos políticos o sociales.

mito *m*. Fábula, ficción alegórica, especialmente en materia religiosa. Relato fabuloso de origen popular. Imagen de un futuro ficticio.

mitología *f*. Conjunto de mitos o leyendas referentes a los dioses y héroes de las diversas religiones gentiles. Ciencia que trata del origen y explicación de los mitos.

mitón *m*. Especie de guante de punto que deja libres los dedos.

mitosis *f*. Carioquinesis.

mitote *m*. Especie de baile o danza que usaban los indios, en que entraba gran número de ellos. En América, fiesta casera. Melindre, aspaviento. Bulla, pendencia, alboroto.

mitotero-a *adj*. En México, amigo de aspavientos y chismes. Bullanguero, pendenciero. Chismoso, enredador.

mitra *f*. Toca o adorno de la cabeza que usaban los persas. Toca alta y apuntada con que, en las grandes solemnidades, se cubren la cabeza los arzobispos, obispos y otros eclesiásticos que disfrutan de este honor. Dignidad de arzobispo u obispo.

mítulo *m*. Mejillón.

miura *m*. Toro de la ganadería que en 1842 fundó en Sevilla Antonio Miura; tienen fama de ser difíciles, bravos y peligrosos.

mixe *m. americ*. Tabaco silvestre.

mixe o **mije** *adj. y s*. Indígena mexicano establecido en la región del Istmo de Tehuantepec, junto con los zoques.

mixiote *m*. En México, el albumen de la penca del maguey.

mixoide *adj*. Semejante al moco o al tejido mucoso.

mixteca *adj. y s*. Indígena mexicano perteneciente a un pueblo que se extendió por toda la parte O. del actual Estado de Oaxaca, E. de Guerrero y S. de Puebla.

mixtión *f*. Mezcla, mixtura.

mixto-a *adj*. Mezclado e incorporado a una cosa. Compuesto de varios elementos. *M*. Fósforo. Tren que transporta mercancías y pasajeros.

mixtura *f*. Mezcla, juntura o incorporación de varias cosas. Pan de varias semillas. Poción compuesta de varios ingredientes, alguno o algunos de los cuales son insolubles.

mnemotecnia o **nemotecnia** *f*. Arte de aumentar, por medio de varias reglas, las facultades y alcance de la memoria.

moabita *adj. y s*. Natural de la región de Moab, en la Arabia Pétrea, al oriente del Mar Muerto. Perteneciente a esta región.

mobiliario-a *adj*. Aplícase por lo común a los efectos públicos al portador o transferibles por endoso. *M*. Moblaje.

moblaje *m*. Conjunto de muebles de una casa.

moblar *tr*. Amueblar.

moca o **moka** *m*. Café muy apreciado de los valles interiores de Arabia. Café de buena calidad, tostado y molido.

mocar *tr. y r*. Sonar, limpiar de mocos las narices.

mocasín *m*. Especie de calzado que usan los indios americanos, hecho de piel sin curtir. Serpiente muy venenosa, parecida a la serpiente de cascabel, pero más rápida.

mocedad *f*. Época de la vida humana desde la pubertad hasta la edad adulta. Travesura o desorden propios de la gente moza.

mocerío *m*. Agregado o conjunto de mozos o de mozas.

mocetón-a *m. y f*. Persona joven, alta, corpulenta y membruda.

moción *f*. Acción y efecto de moverse o ser movido. Alteración del ánimo que se mueve e inclina hacia lo que se le ha sugerido. Proposición que se dirige o sugiere en una junta que delibera.

mocito-a *adj. y s*. Que está en el principio de la mocedad.

moco *m*. Humor espeso y pegajoso que segregan las membranas mucosas y especialmente el que fluye por las ventanas de la nariz. Porción derretida de las velas que corre y se va cuajando a lo largo de ellas.

mococoa *adj*. En México, enfermo.

mocoso-a *adj*. Que tiene las narices llenas de mocos. Aplícase al niño atrevido o malmandado, y también al mozo a quien se quiere tachar de poco experimentado o advertido. Insignificante.

mocosuelo-a *adj. y s*. Niño atrevido o malmandado. Mozo poco experimentado.

mochada *f.* Topetada de un animal.

mocheta *f.* Extremo grueso, romo y contundente opuesto a la parte punzante o cortante de ciertas herramienttas. Rebajo en el marco de las puertas y ventanas, donde encaja el renvalso.

mochicuán-a *adj.* En México, egoísta, cicatero, avaro.

mochila *f.* Caja de tabla delgada forrada de tela o cuero que usan los soldados para llevar el equipo, poniéndosela en la espalda sujeta con correas. Morral. En México, maleta, cofre pequeño.

mocho-a *adj.* Dícese de todo aquello a lo que falta la punta o la debida terminación. Con el pelo cortado. Remate grueso y romo de un instrumento o utensilio largo. En México, aplícase despectivamente al conservador, reaccionario o retrógrado, y antiguamente al falso devoto, hipócrita.

mochuelo *m.* Ave estrigiforme rapaz nocturna, de plumaje leonado, cuerpo erguido, cabeza sin mechones, de ojos grandes de iris amarillo. Asunto o trabajo difícil y enojoso del que nadie quiere encargarse.

moda *f.* Uso, modo o costumbre que está en boga durante algún tiempo o en determinado país, especialmente en trajes, telas y adornos y, por extensión, los gustos literarios o artísticos de un determinado momento.

modal *adj.* Que comprende o incluye modo o determinación particular. *M. pl.* Acciones externas de cada persona que la singularizan.

modalidad *f.* Modo de ser o de manifestarse una cosa.

modelar *tr.* Formar una figura o adorno de cera, barro u otra materia. Presentar con exactitud el relieve de las figuras. *R.* Ajustarse a un modelo.

modelo *m.* Ejemplar que uno se propone y sigue en la ejecución de una obra, o que por su perfección se debe seguir o imitar. *F.* Mujer que exhibe prendas de vestir en tiendas de modas. Persona que posa para un escultor o pintor, mediante remuneración. Tipo, ejemplar, dechado. •

moderación *f.* Acción y efecto de moderar o moderarse. Cordura, sensatez, templanza en las palabras o acciones.

moderado-a *adj.* Que tiene moderación. Que guarda el medio entre los extremos. Comedido, morigerado, templado.

moderador-a *adj. y s.* Que modera. Dícese del poder político que frena e impide los abusos o los conflictos entre los poderes del Estado y que recae en el jefe del Estado en las monarquías o repúblicas que no sean de régimen presidencialista. Barrita imantada que impide o disminuye las oscilaciones de la aguja magnética. Material que disminuye la velocidad de los neutrones.

moderar *tr.* Templar, ajustar, arreglar una cosa, evitando el exceso. Atemperar, suavizar, calmar.

modernismo *m.* Afición excesiva a las cosas modernas, especialmente en artes y religión. Movimiento de renovación literaria, adaptación en idioma castellano, de la musicalidad y de las imágenes, con gran riqueza de combinaciones métricas.

modernizar *tr. y r.* Dar forma o aspecto modernos a cosas antiguas.

moderno-a *adj.* Que existe desde hace poco tiempo. Que ha sucedido recientemente. Dícese de la persona que lleva poco tiempo ejerciendo un empleo. Aplícase a los últimos tiempos de la geología histórica y más concretamente a la época cuaternaria. Dícese de la edad posterior a la Edad Media y que para España y América se inició en 1492. En literatura, desde mediados del siglo XVIII.

modestia *f.* Virtud que modera, templa y regla las acciones externas, conteniendo al hombre en los límites de su estado, según lo conveniente a él. Recato en el porte y estimación de sí mismo. Honestidad, decencia en acciones y palabras.

módicamente *adv.* Con escasez o estrechez; con moderación.

módico-a *adj.* Moderado, escaso, limitado.

modificar *tr.* Limitar, determinar o restringir las cosas a un cierto estado o calidad en que se singularicen y distingan unas de otras. Reducir a límites justos, templando el exceso. Cambiar, transformar, enmendar.

modillón *m.* Saliente con que se adorna por la parte inferior el vuelo de una cornisa, simulando un verdadero sostén.

modismo *m.* Modo particular de hablar y privativo de una lengua que se suele apartar en algo de las reglas estrictas de la Gramática.

modista *com.* Persona que tiene por oficio hacer trajes o prendas de vestir para señoras. La que tiene tienda de modas.

modistilla *f.* Modista de poco valer en su arte. Oficiala o aprendiza de modista.

modisto *m.* Sastre de señoras.

modo *m.* Forma variable y determinada que puede recibir o no un ser. Moderación o templanza. Urbanidad y decencia en el porte o trato. Forma o manera particular de hacer una cosa. Cada una de las distintas maneras de expresar la significación del verbo. Disposición o arreglo de los sonidos que forman una escala musical.

modorra *f.* Sueño muy pesado. Sopor, letargo leve.

modoso-a *adj.* Que guarda modo y compostura en su conducta y ademanes.

modulación *f.* Acción y efecto de modular. Regulación de la intensidad de iluminación. Rectificación de una alta frecuencia con otra baja frecuencia.

modular *intr.* Variar de modos en el habla o en el canto dando los tonos correspondientes con facilidad y suavidad. Pasar de un tono a otro en una composición musical.

módulo *m.* Medida comparativa de las partes del cuerpo humano en los tipos étnicos de cada raza. Medida de las proporciones de los cuerpos arquitectónicos. Regulador de la cantidad de agua que se introduce en una acequia o canal, caño u orificio. Cantidad que sirve de medida o tipo de comparación en determinados cálculos. Diámetro de una medalla o moneda.

mofa *f.* Burla y escarnio que se hace de una persona o cosa, con palabras, acciones o señales exteriores.

mofar *intr. y r.* Hacer mofa.

mofeta Emanación gaseosa en una mina o subterráneo, integrada por anhídrido carbónico, nitrógeno, anhídrido sulfuroso, etc. Fumarola fría, última fase de la actividad volcánica. Grieta por donde salen estos gases. Mamífero carnicero parecido a la comadreja, de pelaje blanco en los costados y cola y que al verse perseguido lanza un líquido de olor infecto; zorrillo, mapurite o mapurito.

mollete *m.* Carrillo muy grueso y carnoso que parece estar como hinchado.

mogol-a *adj. y s.* Natural de la Mogolia. Perteneciente a este país de Asia. Lengua de los mogoles.

mogoloide o mongoloide *adj.* Que tiene los rasgos característicos de la raza mogólica: tipo amarillo o asiático, pómulos salientes y con repliegue típico de los párpados.

mogón-a *adj.* Dícese de la res vacuna a la cual le falta una asta, la tiene rota o muy desgastada por la punta.

mogote *m.* Montículo aislado de forma cónica y rematado en punta roma. Montón de heces en forma piramidal. Cornamenta poco crecida de los gamos y venados.

moharra *f.* Punta de la lanza que comprende la cuchilla y el cubo con que se asegura en el asta.

moheda o mohedal *f. o m.* Monte alto con jarales y maleza.

mohín *m.* Mueca o gesto.

mohina *f.* Enojo o enfado contra alguno.

mohíno-a *adj.* Triste, melancólico, disgustado.

moho *m.* Hongo muy pequeño que se cría formando capas en la superficie de los cuerpos orgánicos, produciendo su descomposición. Capa en la superficie de un cuerpo metálico por alteración química de su materia.

mohoso-a *adj.* Cubierto de moho.

moisés *m.* Cuna de mimbre con encajes, para recién nacidos, por alusión a la en que Moisés fue depositado para salvarle la vida.

mojado-a *adj.* Que se ha mojado. Dícese del sonido pronunciado con un contacto relativamente amplio del dorso de la lengua contra el paladar.

mojama *f.* Cecina de atún.

mojar *tr.* Humedecer una cosa con agua u otro líquido. Dar de puñaladas a uno. *Intr.* Introducirse o tener parte en un negocio o dependencia.

mojarra *f.* Pez acantopterigio marino, de cuerpo ovalado y comprimido lateralmente, cabeza ancha y ojos grandes; de carne estimada.

mojicón *m.* Bizcocho de mazapán y azúcar, cortado en trozos y bañado. Bollo fino para tomar chocolate. Puñetazo en la cara.

mojiganga *f.* Fiesta pública con disfraces ridículos y máscaras. Obrilla dramática muy breve, para hacer reír. Cosa ridícula con que parece que uno se burla de otro.

mojigato-a *adj. y s.* Disimulado, que afecta humildad y cobardía para lograr su intento en la ocasión. Beato que hace escrúpulo de todo.

mojo o moje *m.* Caldo de cualquier guisado.

mojón *m.* Señal permanente para fijar linderos de heredades, términos y fronteras. Señal que sirve de guía en despoblado. Hito, poste, coto.

mojonera *f.* Lugar o sitio donde se ponen los mojones. Serie de ellos.

mol *m.* Unidad de peso de un elemento o de un compuesto, igual a su peso molecular en gramos.

molar *adj.* Perteneciente o relativo a la muela. Apto para moler. Dícese de cada uno de los dientes posteriores a los premolares que sirven para moler los alimentos, para lo cual tienen coronas anchas y cuadradas.

molcajete *m.* En México, morterillo de piedra con tres pies cortos y resistentes.

molcate *m.* En México, mazorca pequeña de maíz que no llega a su total desarrollo.

molde *m.* Pieza o conjunto de piezas acopladas en que se hace en hueco la figura que en sólido quiere darse a la materia fundida vaciada en él. Instrumento para estampar, dar forma o cuerpo a una cosa. Pauta, patrón. Huella de un ser orgánico prehistórico.

moldear *tr.* Moldurar. Sacar el molde de una figura. Vaciar, formar un objeto echando en un molde hueco metal derretido u otra materia blanda.

moldura *f.* Parte saliente de perfil uniforme para adornar obras artísticas. En joyería, hilera.

mole *f.* Cosa de gran bulto o de gran corpulencia.

mole *m.* Guisado mexicano de carne con salsa de chile colorado, ajonjolí y otros ingredientes.

molécula *f.* Agrupación definida de átomos, de volumen pequeñísimo que se considera como primer elemento inmediato de la composición de los cuerpos. Cualquier masa de tamaño muy pequeño.

molecular *adj.* Perteneciente o relativo a las moléculas. Atracción que las mantiene unidas.

moler *tr.* Quebrantar un cuerpo reduciéndolo a menudas partes, hasta hacerlo polvo. Cansar o fatigar mucho materialmente. Destruir, maltratar. Molestar gravemente y con impertinencia. Triturar, desmenuzar.

molestar *tr.* Causar molestia. Incomodar, fastidiar, enfadar.

molestia *f.* Fatiga, perturbación, extorsión. Enfado, fastidio, inquietud de ánimo. Desazón por daño físico o falta de salud. Falta de comodidad o impedimento para los movimientos del cuerpo. Estorbo, embarazo, pesadez.

molesto-a *adj.* Que causa molestia. Que la siente. Enfadoso, pesado, incómodo.

molibdeno *m.* Metal de color blanco semejante al del platino, dúctil y maleable en caliente, y estable al aire; símbolo Mo.

molicie *f.* Blandura. Afición al regalo, nimia delicadeza, afeminamiento.

molido-a *adj.* Derrengado, cansado, fatigado. Oro en polvo. Cosa excelente en su especie.

molienda *f.* Acción de moler. Porción de una cosa que se muele a la vez. Temporada que dura la operación de moler la aceituna o la caña de azúcar. Fatiga, molestia; cosa que la causa.

molificar *tr. y r.* Ablandar o suavizar.

molinera *f.* Mujer del molinero. La que tiene a su cargo un molino o que trabaja en él.

molinero *m.* El que tiene a su cargo un molino. El que trabaja en él. *Adj.* Perteneciente al molino.

molinete *m.* Ruedecilla con aspas que se pone en las vidrieras para renovar el aire. Juguete consistente en una varilla en cuya punta hay una estrella de papel que gira movida por el viento. Remate de un pase de muleta. En México, girándula, rueda de cohetes. Movimiento circular que se hace con el sable, la lanza, etc., alrededor de la cabeza.

molinillo *m.* Instrumento pequeño para moler. Palillo cilíndrico para batir el chocolate u otras bebidas.

molino *m.* Máquina para moler. Artefacto para quebrantar, machacar, laminar o estrujar una cosa. Casa o edificio en que está. Torniquete para que las personas entren o salgan una a una. Persona sumamente inquieta y bulliciosa y que parece que nunca se detiene. En México, rueda de fuegos artificiales.

molón-a *adj. y s.* En México, fastidioso, molesto, insistente.

molote *m.* En México y Centroamérica, motín, asonada, alboroto. En México, empanada rellena de papas, sesos, etc.; ovillo; enredo, lío; moño o pelo trenzado que se ponen las mujeres en la cabeza.

molturar *tr.* Moler.

molusco *adj. y s.* Animal invertebrado de simetría bilateral, de cuerpo blando no segmentado y protegido casi siempre por una concha caliza.

mollar *adj.* Blando y fácil de partir o quebrantar. Cosa que da mucha utilidad sin carga considerable. Fácil de engañar o de persuadir.

molledo *m.* Parte carnosa y redonda de un miembro, especialmente la de los brazos, muslos y pantorrillas Miga del pan.

molleja *f.* Estómago muscular que tienen las aves; muy robusto especialmente en las granívoras.

mollejón *m.* Piedra de amolar colocada en un eje horizontal. Hombre muy gordo y flojo, o muy blando de genio.

mollera *f.* Parte más alta del casco de la cabeza. Caletre, seso.

moma *f.* En México, gallina ciega, juego de muchachos; momita,

momentáneo-a *adj.* Que se pasa luego; que no dura o no tiene permanencia. Que prontamente y sin dilación se ejecuta. Transitorio, pasajero, fugaz.

momento m. Mínimo espacio de tiempo. Importancia, entidad o peso. Producto de una magnitud física por su distancia a un elemento de referencia.

momia f. Cadáver que naturalmente o por preparación artificial se deseca con el transcurso del tiempo sin entrar en putrefacción. Persona muy seca y morena.

momificar tr. y r. Convertir en momia un cadáver.

momio-a adj. Magro y sin gordura. M. Lo que se da u obtiene sobre lo que corresponde legítimamente. Ganga, cosa que se adquiere a poca costa.

momisco m. Parte de muela cubierta por la encía.

momita f. En México, juego infantil variante de la gallina ciega.

momo m. Gesto, figura o mofa; ejecútase regularmente en juegos, mojigangas y danzas.

mona f. Hembra del mono. Persona que hace las cosas por imitar a otra. Borrachera; persona ebria. En México, cobarde. Mamífero cuadrumano primate catarrino del Peñón de Gibraltar y África, fácilmente domesticable.

monacal adj. Perteneciente o relativo a los monjes. Conventual, monástico.

monacato m. Estado o profesión de monje. Institución monástica.

monacillo m. Niño que sirve en los monasterios e iglesias para ayudar a Misa y otros ministerios del altar. Monaguillo.

monada f. Acción propia de mono. Gesto o figura afectada y enfadosa. Cosa pequeña, delicada y primorosa. Acción impropia de persona cuerda y formal. Halago, zalamería. Monería, gesto o acción graciosa de los niños.

monaguillo o **monago** m. Monacillo.

monarca m. Príncipe soberano de un Estado.

monarquía f. Estado regido por un monarca. Forma de gobierno en que el poder supremo corresponde con carácter vitalicio a un príncipe designado según orden hereditario o por elección.

monasterio m. Casa o convento donde viven en comunidad los monjes. Por extensión, cualquier casa de religiosos o religiosas.

monástico-a adj. Perteneciente al estado de los monjes o al monasterio.

mondadientes m. Instrumento de oro, plata, madera u otra materia, pequeño y rematado en punta, para limpiar los dientes y sacar lo que se mete entre ellos.

mondadura f. Acción y efecto de mondar. Pl. Despojos, cáscaras o desperdicios de las cosas que se mondan.

mondar tr. Limpiar o purificar una cosa quitándole lo superfluo o lo extraño. Limpiar el cauce de un río, canal o acequia. Podar. Quitar la cáscara a las frutas, la corteza o piel a los tubérculos o la vaina a las legumbres. Cortar el pelo. Quitar a uno lo que tiene, especialmente el dinero.

mondingo-a adj. y s. En México, aplícase a la caballería de pasos cortos y rápidos que mueve mucho los cuartos traseros al caminar.

mondo-a adj. Limpio y libre de cosas superfluas, mezcladas, añadidas o adherentes.

mondongo m. Intestinos y panza de las reses, especialmente del cerdo. Los del hombre.

monear intr. Hacer monadas. En América, presumir, alardear.

moneda f. Signo representativo del precio de las cosas, para hacer efectivos los contratos y cambios. Pieza de oro, plata, cobre u otro metal acuñada que, bien por su valor efectivo o por el que se le atribuye, sirve de medida común para el precio de las cosas y para facilitar los cambios.

monedero m. Portamonedas. El que fabrica moneda.

monería f. Monada. Gesto, ademán o acción graciosa de los niños. Cosa fútil y de poca importancia.

monetario-a adj. Perteneciente o relativo a la moneda. M. Colección ordenada de monedas y medallas. Pieza o sitio donde se colocan.

monetizar tr. Dar curso legal como moneda a billetes de banco u otros signos pecuniarios. Amonedar.

mongol-a adj. y s. Galicismo por mogol.

monigote m. Lego de convento. Persona ignorante, ruda y de ningún valer. Muñeco o figura ridícula hecha de trapo o cosa semejante. Pintura o estatua mal hecha.

moniliforme adj. De forma de rosario o de collar.

monís f. Cosa pequeña o pulida. Pecunia, dinero.

monitor m. El que amonesta o avisa. Barco de guerra de pequeño calado, apropiado para el servicio de exploración fluvial. Aviso, buque para la defensa costera.

monja f. Religiosa profesa con votos solemnes.

monje m. Solitario o anacoreta. Religioso de una de las órdenes monacales.

monjil adj. Propio de las monjas o relativo a ellas. M. Hábito o túnica de monja.

mono-a adj. Pulido, delicado o gracioso. Rubio, de cabellos de color de oro. M. Nombre genérico de los animales cuadrumanos, con cierto parecido al hombre, particular inteligencia e instinto de imitación. Joven de poco seso y afectado en sus modales. Persona muy gesticuladora. Figura humana o de animal, pintada o dibujada. Traje de faena generalmente de lienzo azul. Pl. Caricaturas, grabados, historietas hechas con dibujos.

monocarril m. Procedimiento de transporte en que los vehículos ruedan sobre un solo carril.

monocotiledóneo-a adj. y s. Dícese de la planta cuyo embrión tiene un solo cotiledón.

monóculo m. Lente para un solo ojo. Vendaje que se aplica a un solo de los ojos. Adj. Que tiene un solo ojo. Cíclope.

monocultivo o **monocultura** m. o f. Cultivo de una sola planta o en que ésta es predominante.

monogamia f. Calidad de estar casado con una sola mujer. Régimen familiar que veda la pluralidad de esposas.

monografía f. Tratado especial de determinada parte de una ciencia, o de algún asunto en particular.

monograma m. Cifra, enlace de dos o más letras que se emplea como distintivo.

monolito m. Monumento de piedra de una sola pieza.

monólogo m. Soliloquio. Especie de obra dramática en que habla un solo personaje.

monomanía f. Locura o delirio parcial sobre una sola idea o un solo orden de ideas. Preocupación o afición desmedida sobre una cosa.

monomio m. Expresión algebraica que consta de un solo término.

monopétalo-a adj. De un solo pétalo; dícese de las flores y de sus corolas.

monoplano-a adj. Que tiene una sola superficie plana. M. Aeroplano con sólo un par de alas que forman un mismo plano.

monopolio m. Aprovechamiento exclusivo de alguna industria o comercio. Convenio entre comerciantes para vender los géneros a un determinado precio.

monopolizar tr. Adquirir, usurpar o atribuirse uno el exclusivo aprovechamiento de una industria, facultad o negocio.

monorriel m. Sistema de transporte ferroviario en que el tren corre sobre un solo carril y el equilibrio se obtiene por un sistema giroscópico.

monorrimo-a adj. De una sola rima.

monosabio o **mono sabio** m. Mono adiestrado en varios ejercicios para exhibirlo en circos o barracas. Mozo que cuida del caballo del picador y le presta servicio en la plaza.

monosilábico-a adj. Dícese de la palabra de una sola sílaba.

monospermo-a adj. Aplícase al fruto que sólo contiene una semilla.

monoteísmo m. Creencia en un solo Dios. Doctrina o sistema religiosos fundados en esta creencia.

monotipo f. Máquina de componer mediante teclado, al fundir aisladamente cada uno de los tipos con los que se va haciendo la composición tipográfica.

monotonía f. Uniformidad, igualdad de tono en el que se habla, en la voz, en la música, etc. Falta de variedad en el estilo, en un paisaje, en la manera de vivir, etc.

monóxido m. Oxido que contiene un solo átomo de oxígeno.

monóxilo m. Embarcación hecha de un solo tronco o leño.

monseñor m. Título que se da en Italia a los prelados de dignidad; en Francia al delfín y a otros sujetos de alta jerarquía.

monserga f. Lenguaje confuso y embrollado.

monstruo m. Producción contra el orden regular de la naturaleza. Deformación de la realidad por la imaginación humana. Cosa excesivamente grande o extraordinaria. Persona o cosa muy fea; cruel o perversa. Aborto, engendro.

monstruosidad f. Desorden grave en la proporción de las cosas, según lo natural o regular. Suma fealdad o desproporción en lo físico o en lo moral. Deformidad congénita, insólita y grave.

monta f. Acción y efecto de montar. Suma de varias partidas. Valor, calidad y estimación intrínseca de una cosa.

montacargas m. Ascensor o elevador de carga, movido a brazo o por motores de diversos tipos.

montaje m. Acción y efecto de montar, armar o poner en su lugar las piezas de un aparato o máquina. Conjunto de trabajos para instalar una máquina en el sitio en que ha de funcionar.

montante m. Espadón que se esgrime con ambas manos. Mandoble. Pie derecho de una máquina o armazón. Columnita que divide el vano de una ventana. Ventana sobre la puerta de una habitación. Pleamar.

montaña *f.* **Monte, elevación natural de terreno. Territorio erizado de montes.**

montañés-a *adj.* **Natural de una montaña. Perteneciente o relativo a la montaña. Natural de la Montaña. Perteneciente a esta región de la hoy provincia de Santander, España.**

montañoso-a *adj.* **Perteneciente o relativo a las montañas. Abundante en ellas.**

montar *intr.* **Ponerse o subirse encima de una cosa. Subir en un caballo u otra cabalgadura. Cabalgar. Ser una cosa de importancia.** *Tr.* **En las cuentas, importar o subir a una cantidad total las partidas diversas. Armar, poner en su lugar las piezas de un aparato o máquina. Amartillar, poner una arma en condición de hacer fuego. Establecer servicios de guardia, seguridad, vigilancia, etc.**

montaraz *adj.* **Que anda o está hecho a andar por los montes o se ha criado en ellos. Agreste, grosero, feroz.** *M.* **Guardia de montes o heredades.**

monte *m.* **Gran elevación natural de terreno. Terreno extenso cubierto de vegetación espontánea o artificial que proporciona madera, leña, caza, carbón o evita la erosión. Estorbo difícil de vencer o superar. Cabellera espesa y desaseada. Cierto juego de naipes de envite y azar.**

montear *tr.* **Buscar y perseguir la caza en los montes u ojearla hacia un paraje donde la esperan los cazadores.**

montepío *m.* **Depósito de dinero, formado ordinariamente de los descuentos hechos a los individuos de un cuerpo, o de otras contribuciones de los mismos, para socorrer a sus viudas y huérfanos o para facilitarles auxilios. Establecimiento público o particular fundado con el mismo objeto.**

montera *f.* **Prenda para cubrir la cabeza, hecha de paño u otra materia y de diversas hechuras. Prenda con que se cubren la cabeza los toreros. Cubierta de cristales sobre un patio, galería, etc.**

montería *f.* **Arte de cazar. Caza mayor. En México y Guatemala, establecimiento en las grandes selvas vírgenes dedicado a la corta y explotación de maderas preciosas.**

montero-a *m. y f.* **Persona que busca y persigue la caza en el monte o la ojea hacia el sitio en que la esperan para tirarle.**

montés *adj.* **Que anda, está o se cría en el monte.**

montevideano-a *adj. y s.* **Natural de Montevideo. Perteneciente a esta ciudad, capital de Uruguay.**

montículo *m.* **Monte pequeño natural o hecho por mano del hombre. Prominencia dorsal media del cerebelo.**

monto *m.* **Monta, suma de varias partidas.**

montón *m.* **Conjunto de cosas puestas sin orden unas encima de otras. Número considerable.**

montonera *f. améric.* **Guerrilla. En México y Puerto Rico, lío, montón de cosas en desorden.**

montuoso-a *adj.* **Relativo a los montes. Abundante en ellos.**

montura *f.* **Cabalgadura. Conjunto de arreos de una caballería de silla. Montaje. Soporte mecánico de los instrumentos atronómicos.**

monumental *adj.* **Perteneciente o relativo al monumento. Aplícase a la obra científica, artística o literaria que se hace memorable por su mérito excepcional. Muy excelente o señalado en su línea.**

monumento *m.* **Obra pública y patente puesta en memoria de una acción heroica u otro hecho singular. Altar o aparato que se coloca el día Jueves Santo en las iglesias, con una urna para la segunda hostia que se consagra aquel día. Objeto o documento de utilidad para la Historia. Obra científica o literaria de mérito excepcional. Sepulcro.**

monzón *m.* **Viento estacional que sopla en diversas partes, sobre todo en las regiones tropicales, notable por su intensidad en el Océano Índico y mares de China.**

moña *f.* **Muñeca. Maniquí para trajes y vestidos de mujer. Lazo de adorno en la cabeza. Adorno en lo alto de la divisa de los toros. Lazo grande de cintas negras que, sujeto con la coleta, se ponen los toreros.**

moño *m.* **Atado de cabello para recogerlo o por adorno en las mujeres. Lazo de cintas. Grupo de plumas que sobresale en la cabeza de algunas aves.** *Pl.* **Adornos superfluos y de mal gusto que usan algunas mujeres.**

moñón-a o moñudo-a *adj.* **Que tiene moño, especialmente las aves.**

moquear *intr.* **Echar mocos. Llorar.**

moqueo *m.* **Secreción nasal abundante.**

moquete *m.* **Puñada dada en el rostro, especialmente en las narices.**

moquetear *intr.* **Moquear frecuentemente.** *Tr.* **Dar moquetes.**

moquillo *m.* **Enfermedad catarral de algunos animales, en especial de los perros y gatos jóvenes. Pepita de las gallinas.**

mora *f.* **Fruto del moral, infrutescencia de globulillos carnosos; fruto de la morera, dulce y blanco**

amarillento; fruto de la zarza o zarzamora.

morabito *m.* Especie de ermitaño o anacoreta mahometano. Ermita en que vive.

morácea *adj. y s.* Planta dicotiledónea urtical, leñosa, con latex, hojas con estípulas, e infrutescencias cimosas: .morera blanca, moral, morera roja, etc.

morada *f.* Casa habitación. Estancia o residencia algo continuada en un paraje o lugar.

morado-a *adj.* De color entre carmín y azul.

moral *adj.* Perteneciente o relativo a la moral; conforme con ella. Perteneciente o relativo al espíritu, por oposición a lo físico o material. Correspondiente a la acción o al sentimiento. Concerniente al fuero interno. *F.* Etica. Disciplina práctica que trata de erigir o justificar normas de conducta.

moral *m.* Arbol moráceo de tronco derecho y grueso, copa hermosa, hojas acorazonadas, flores en amentos, cuyo fruto es la mora.

moraleja *f.* Lección o enseñanza provechosa que se deduce de un cuento, fábula, ejemplo, anécdota, etc.

moralidad *f.* Conformidad de una acción o doctrina con los preceptos de la sana moral. Moraleja. *Pl.* Representación dramática medieval, con intervención de personajes alegóricos. Probidad, honradez, decencia.

moralista *m.* Profesor de Moral. Autor de obras morales. El que estudia Moral.

moralizar *tr.* Reformar las malas costumbres enseñando las buenas. *Intr.* Discurrir sobre un asunto con aplicación a la enseñanza de las buenas costumbres.

moralmente *adv.* Según las reglas morales; con moralidad. Según el juicio general y el común sentir de los hombres.

morar *intr.* Habitar o residir de asiento en un lugar.

moratorio-a *adj.* Que demora o difiere. *F.* Plazo que se otorga para solventar una deuda vencida.

morbidad o morbilidad *f.* Número proporcional de personas que enferman en población y tiempo determinados.

mórbido-a *adj.* Que padece enfermedad o la ocasiona. Blando, muelle, delicado, suave.

morbo *m.* Enfermedad. Germen patógeno.

morbosidad *f.* Calidad de morboso. Estado o condición de enfermedad. Conjunto de casos patológicos que caracterizan el estado sanitario de un país.

morboso-a *adj.* Enfermo. Que causa enfermedad o concierne a ella. Dícese de las acciones humanas y de las creaciones del espíritu en que late un fondo anormal, enfermizo y decadente.

morcilla *f.* Trozo de tripa de cerdo, carnero o vaca, rellena de sangre cocida y condimentada con cebolla y especias. Tripa o piltrafa envenenada para matar a los perros callejeros. Añadidura de palabras o frases de su invención que hace.n a veces los comediantes al papel que representan.

morcillo-a *adj.* Dícese del caballo o yegua de color negro con viso rojizo.

mordaz *adj.* Que corroe o tiene acrimonia y actividad corrosiva. Aspero, picante y acre al gusto. Que murmura o critica con acritud o malignidad. Que hiere u ofende con maledicencia punzante.

mordaza *f.* Instrumento que se pone en la boca para impedir el hablar. Una de las piezas en forma de pinza de cualquier aparato o herramienta usado para sujetar algo. Aparato que impide al perro morder.

mordelón *adj. y s.* En México, funcionario público venal que admite o exige propina por un servicio o para no imponer una sanción.

mordente *m.* Mordiente. substancia empleada en tintorería. Quiebro musical.

morder *tr.* Asir y apretar con los dientes una cosa clavándolos en ella. Asir una cosa a otra haciendo presa en ella. Gastar insensiblemente desfalcando partes muy pequeñas. Corroer el agua fuerte la parte dibujada de la plancha o lámina. Murmurar o satirizar hiriendo y ofendiendo. En América, engañar, estafar. En México, exigir indebidamente un funcionario una cantidad por su servicio.

mordido-a *adj.* Menoscabado, escaso, desfalcado. *F.* En América, engaño, estafa. En México, cantidad que un funcionario exige indebidamente a un particular para hacerle un servicio o por evitarle una sanción.

mordiente *m.* Substancia que en tintorería y otras artes sirve de intermedio eficaz para fijar los colores o los panes de oro.

mordiscar o mordisquear *tr.* Morder frecuente o ligeramente sin hacer presa.

mordisco *m.* Acción y efecto de mordiscar o mordisquear. Mordedura que se hace en un cuerpo vivo sin causar grave lesión. Pedazo que se saca de una cosa mordiéndola.

moreliano-a adj. y s. Natural de Morelia. Que pertenece o se refiere a dicha ciudad mexicana, capital del Estado de Michoacán.

morena f. Pez malacopterigio marino, de cuerpo casi cilíndrico y sin aletas pectorales, viscoso y sin escamas; su mordedura es dolorosa y a veces venenosa; es comestible.

morena f. Hogaza o pan de harina que, por tener mucho salvado, hace el pan moreno.

moreno-a adj. Aplícase al color oscuro que tira a negro. El menos claro en la raza blanca. Por eufemismo, negro.

morera f. Arbol moráceo de tronco recto, hojas ovales dentadas o lobuladas, flores verdosas, cuyo fruto es la mora; sus hojas sirven de alimento al gusano de seda.

morería f. Barrio de algunas poblaciones que se destinaba a los moros. País de moros.

moretón m. Equimosis, mancha que resulta de la sufusión de la sangre a consecuencia de un golpe.

morfema m. Seudodesinencia o seudosufijo. Porción literal que se añade a la raíz de una palabra, para darle forma definitiva.

morfina f. Alcaloide sólido, el principal del opio, analgésico y calmante; es droga sujeta a restricciones legales.

morfinismo m. Estado patológico producido por el abuso o empleo prolongado de la morfina o de otros enervantes.

morfología f. Parte de la Biología que trata de la forma y estructura de los seres orgánicos, de las modificaciones o transformaciones que experimentan en su desarrollo y las causas que las producen. Teoría o estudio de las formas o estructuras en las ciencias del espíritu. Parte de la Geología que estudia las formas del modelado terrestre, su origen y formación. Parte de la Gramática que estudia las palabras aisladamente según su forma, equivalente a la Analogía tradicional.

morganático-a adj. Dícese del matrimonio contraído entre un príncipe y una mujer de linaje inferior, o viceversa, en el cual cada contrayente conserva su condición anterior. Dícese del que contrae este matrimonio.

moribundo-a adj. y s. Que está muriendo o muy cercano a morir.

morigerado-a adj. Bien criado; de buenas costumbres. Moderado, comedido.

morigerar tr. Templar o moderar los excesos de los afectos y acciones.

morillo m. Caballete de hierro que se pone en el hogar para sustentar la leña. En México, larguero o viga sobre la que se clavan las tablas que forman el techo de construcciones rústicas.

morir intr. Acabar o fenecer la vida. Acabar del todo una cosa. Padecer o sentir vivamente algún afecto, pasión u otra cosa. Apagarse o dejar de arder la luz. Expirar, perecer, sucumbir. R. Dejar de vivir.

morisco-a adj. Moruno. Moro que al tiempo de la restauración de España se quedó en ella bautizado. En México, dícese del descendiente de mulato y europea o de mulata y europeo.

morisma f. Secta o multitud de moros.

moríaco m. Toro de lidia. Persona que finge tontería o ignorancia. En América, patacón, peso duro.

mormado-a adj. En México, amormado, constipado.

mormonismo m. Secta religiosa fundada en EE. UU., mezcla de cristianismo y de prácticas, ritos, máximas y costumbres muy peculiares; si bien establecieron la poligamia, la abolieron en 1890.

moro-a adj. y s. Natural de la parte del Africa Septentrional, la antigua provincia romana de Mauritania. Por extensión, mahometano. Dícese que no ha sido bautizado. En América, aplícase al caballo tordo.

moroco m. americ. Pantorrilla. En México tejolote.

morondanga f. Mezcla de cosas inútiles y de poco valor.

moronga f. En México y Honduras, morcilla, salchicha; también, determinado guiso.

morosidad f. Lentitud, dilación, demora. Falta de actividad o puntualidad.

moroso-a adj. Que incurre en morosidad. Que la denota o implica.

morra f. Parte superior de la cabeza.

morrada f. Golpe dado con la cabeza, especialmente cuando topan dos. Guantada, bofetada.

morral m. Talego que contiene el pienso y se cuelga de la cabeza de las bestias para que coman, cuando no están en el pesebre. Saco que usan los cazadores, soldados y viandantes para echar la caza, llevar provisiones o transportar alguna ropa. Hombre zote y grosero.

morrena f. Sedimentos de grava y arena que son depositados o transportados por los glaciares.

morrillo m. Porción carnosa que tienen las reses en la parte superior y anterior del cuello. Por extensión, cogote abultado.

morriña *f.* **Tristeza o melancolía.**

morrión *m.* **Armadura de la parte superior de la cabeza y que en lo alto suele tener un plumaje o adorno. Prenda militar a manera de sombrero sin alas y con visera.**

morro *m.* **Cosa redonda cuya figura se asemeja a la cabeza. Monte o peñasco pequeño y redondo. Monte o peñasco escarpado en la costa que sirve de marca a los navegantes. Saliente que forman los labios, especialmente los abultados o gruesos.**

morrocotudo-a *adj.* **De mucha importancia o dificultad. En México, grande, fuerte, temible, formidable.**

morronga *f.* **Gata. En México, moza, sirvienta.**

morrongo *m.* **Gato. En México, mozo, sirviente; hoja de tabaco sin adobo, enrollada para fumar.**

morsa **Mamífero pinípedo carnívoro, muy parecido a la foca, que por lo común vive en el mar, con dos caninos que se prolongan fuera de la mandíbula superior, de marfil muy fino.**

mortaja *f.* **Vestidura, sábana u otra cosa en que se envuelve un cadáver para el sepulcro.**

mortal *adj.* **Que ha de morir, o sujeto a la muerte. Que ocasiona o puede ocasionar muerte espiritual o corporal. Pasión que mueve a desear la muerte. Muy cercano a morir o que parece estarlo. Fatigoso, abrumador. Decisivo, concluyente. Mortífero, letal.**

mortaldad *f.* **Calidad de mortal. Número proporcional de defunciones en población o tiempo determinados.**

mortandad *f.* **Multitud de muertes causadas por epidemias, cataclismos, pestes o guerra.**

mortar *tr.* **En México, descascarar granos, arroz o café especialmente, en el mortero, mediante golpes de mazo.**

mortecino-a *adj.* **Dícese del animal muerto naturalmente y de su carne. Bajo, apagado y sin vigor. Que está casi muriendo o apagándose.**

mortera *f.* **Especie de cuenco de madera que sirve para beber o llevar la merienda.**

morterete *m.* **Pieza pequeña de artillería o de hierro para hacer salvas.**

mortero *m.* **Utensilio a modo de vaso o vasija para machacar en él especias, semillas, drogas, etc. Piedra plana, circular y de gran espesor en que se echa la aceituna para molerla. Argamasa o mezcla. Boca de fuego de corta longitud de tubo en relación con su calibre, para lanzar proyectiles con gran-**

des ángulos de elevación y de caída.

mortífero-a *adj.* **Que ocasiona o puede ocasionar la muerte.**

mortificar *tr.* **Privar de vitalidad alguna parte del cuerpo. Domar las pasiones castigando el cuerpo y refrenando la voluntad. Afligir, desazonar o causar pesadumbre o molestia. En México, avergonzarse, cortarse.**

mortinatalidad o natimortalidad *f.* **Proporción de niños nacidos muertos o muertos a poco de nacer.**

mortual *f.* **Testamentaría. En México y Centroamérica, sucesión, bienes que se heredan.**

mortuorio-a *adj.* **Perteneciente o relativo al muerto o a las honras que por él se hacen.**

morucho *m.* **Novillo embolado para que los aficionados lo lidien en la plaza de toros.**

morueco *m.* **Carnero padre o que ha servido para la procreación.**

mórula *f.* **Demora o detención muy breve.**

mórula *f.* **Fase de evolución de los metazoarios constituida por un conjunto de células que tiene el aspecto de una mora.**

moruno-a *adj. y s.* **Moro; natural de la antigua Mauritania. Aplícase al caballo berberisco o bereber.**

mosaico *m.* **Aplícase a la obra taraceada de piedras o vidrios, generalmente de varios colores. Superficie fotoeléctrica constituida por gran número de gránulos de un material fotoemisor depositado sobre un soporte aislante.**

mosaísmo *m.* **Ley de Moisés. Civilización de él derivada.**

mosca *f.* **Insecto díptero muy común, de cuerpo oscuro y cabeza elíptica, ojos salientes, alas transparentes, muy fecundo y de rápido desarrollo. Dinero, moneda corriente. Persona molesta e impertinente. En México, quien viaja sin abonar su pasaje; agarrado a las partes exteriores de los vehículos.**

moscada *adj.* **Dícese del fruto de la mirística, de forma ovoide a modo de nuez y con una sola almendra que se emplea como condimento y por el aceite que contiene en abundancia.**

moscarda *f.* **Especie de mosca grande, de ojos encarnados que se alimenta de carne muerta, sobre la cual deposita sus larvas.**

moscardón *m.* **Especie de mosca, muy vellosa, que deposita sus huevos entre el pelo de los rumiantes y solípedos. Moscón. mosca zumbadora. Avispón. Persona pesada, impertinente y molesta.**

moscareta *f.* **Pájaro de pico delgado, con una mancha negra en las** alas; de canto agradable, rara vez está quieto; se alimenta de moscas y otros insectos que caza al vuelo.

moscatel *adj. y s.* Dícese de la uva blanca o morada de grano redondo y muy liso, sumamente dulce, del viñedo que la produce y del vino que se hace de ella.

mosco *m.* Mosquito.

moscón *m.* Especie de mosca, mayor que la común, con alas manchadas de rojo. Especie de mosca zumbadora. Hombre que con porfía logra lo que desea, fingiendo ignorancia. Persona molesta, impertinente y pesada.

moscovita *adj.* Natural de Moscovia. Perteneciente a esta región rusa. Ruso.

mosén *m.* Título que se daba a los nobles de segunda clase en la antigua corona de Aragón. Título que se da a los clérigos en dicha región.

mosqueado-a *adj.* Sembrado de pintas.

mosquear *tr.* Espantar o ahuyentar las moscas. *R.* Apartar violentamente los estorbos. Resentirse uno por el dicho de otro, creyendo que lo profirió para ofenderle. Enfadarse.

mosquete *m.* Antigua arma de fuego portátil, más pesada y de mayor calibre y alcance que el arcabuz.

mosquetero *m.* Soldado armado de mosquete. Individuo de la Guardia Real Francesa del siglo XVII.

mosquetón *m.* Carabina corta antigua. Arma de fuego portátil intermedia entre la carabina y el fusil, armamento propio de la tropa montada.

mosquitero *m.* Pabellón o colgadura de cama, hecho de gasa para impedir que entren a molestar los mosquitos. Dispositivo para evitar su picadura.

mosquito *m.* Insecto díptero culícido, de cuerpo cilíndrico, cabeza con dos antenas, dos palpos y una trompa armada de aguijón, patas largas y muy finas, dos alas que producen un zumbido agudo; el macho chupa jugos de las flores y la hembra chupa la sangre de las personas y de los animales de piel fina. Otros insectos parecidos. Larva de la langosta.

mostacera *f.* Tarro o frasco para la mostaza.

mostacilla *f.* Munición muy pequeña para la caza de pájaros. Abalorio de cuentillas muy menudas.

mostacho *m.* Bigote.

mostaza *f.* Planta crucífera de tallo algo velloso, hojas lanuginosas, flores pequeñas en espiga y fruto en silicuas con varias semillas de un milímetro de diámetro de sabor picante, cuya harina es condimental y medicinal. Semilla de esta planta. Salsa que se hace con ella. Mostacilla.

mostear *intr.* Arrojar o destilar las uvas el mosto. Llevar o echar el mosto en las tinajas o cubas. Remostar.

mostillo *m.* Masa de mosto cocido que suele condimentarse con anís, canela o clavo. Salsa de mosto y mostaza.

mosto *m.* Zumo exprimido de la uva, antes de fermentar y hacerse vino. Por extensión, otros zumos antes de fermentar. Vino.

mostrador-a *adj.* Que muestra. *M.* Mesa o tablero que hay en las tiendas para presentar los géneros. Esfera de reloj. Indicador de un reloj solar.

mostrar *tr.* Manifestar o exponer a la vista una cosa; enseñarla o señalarla para que se vea. Convencer de la certidumbre de una cosa. Hacer patente un afecto. Dar a entender con las acciones un estado de ánimo. *R.* Portarse como corresponde al oficio, cargo o dignidad de uno.

mostrenco-a *adj.* Dícese de los bienes sin dueño conocido, que se aplican al Estado. Persona sin casa ni hogar ni señor o amo conocido. Ignorante o tardo en el discurso o aprender. Sujeto muy gordo y pesado.

mota *f.* Nudillo o granillo que se forma en el paño. Partícula de hilo o cosa semejante que se pega a los vestidos o a otras partes. Pella de tierra con que se ataja el paso del agua en una acequia. Defecto muy ligero o de poca importancia. En México, mariguana o juanita.

mote *m.* Sentencia breve que incluye secreto o misterio. Apodo. Sobrenombre, remoquete; divisa, lema.

motear *tr.* Salpicar de motas una tela para darle variedad y hermosura.

motejar *tr.* Censurar a uno con motes o apodos.

motel *m.* Hotel con estacionamiento amplio para automóviles.

motete *m.* Composición musical breve que se cantar en las iglesias sobre algunas cláusulas de la Escritura.

motilidad *f.* Movilidad. Facultad de realizar movimientos espontáneos, característica de la materia viva.

motilón-a *adj.* Pelón. Lego, falto de letras o instrucción.

motín *m.* Movimiento desordenado de una muchedumbre, por lo común contra la autoridad constituida.

motivar *tr.* Dar causa o motivo para una cosa. Dar o explicar la razón o motivo que se ha tenido para hacer una cosa.

motivo *m.* Causa o razón que mueve para una cosa. Tema o asunto de una composición musical. *Adj.* Que mueve o tiene eficacia para mover.

moto *m.* Hito o mojón.

motocicleta o **motociclo** *f.* Bicicleta automóvil. Apócope, moto.

motocultivo o **motocultura** *m.* o *f.* Cultivo agrícola con máquinas movidas por motores.

motonave *f.* Buque movido por motores de combustión interna.

motor *m.* Máquina que transforma en movimiento cualquier otra forma de la energía. *F.* Embarcación menor provista de motor. *Adj.* Que produce movimiento. Músculo, órgano o agente que provoca movimiento.

motorismo *m.* Deporte de los aficionados a viajar en automóvil, motocicleta, etc.

motorista *com.* Persona que guía un vehículo automóvil y cuida del motor. Persona que practica el motorismo.

motorizar *tr.* Dotar de medios mecánicos de tracción o transporte a un ejército, industria, explotación agrícola, etc.

motril *m.* Muchacho del servicio de una tienda o que sirve a los labradores para llevar o traer recados.

motriz *adj. f.* Motora.

movedizo-a *adj.* Fácil de moverse o ser movido. Inseguro, que no está firme. Inconstante, fácil de mudar de criterio o intento.

mover *tr.* Hacer que un objeto cambie de lugar. Menear o agitar una cosa. Dar motivo para una cosa; persuadir, incitar a ella. Causar u ocasionar. Alterar, conmover.

movible *adj.* Que por sí puede moverse, o es capaz de recibir movimiento. Variable; voluble.

móvil *adj.* Movible. Que no tiene estabilidad o permanencia. *M.* Lo que mueve material o moralmente a una cosa. Motivo, razón. Dícese de la tropa apta para desplazarse con rapidez. Impulso que determina la voluntad.

movilizar *tr.* Poner en actividad o movimiento tropas, gentes, etc. Convocar, incorporar a filas, poner en pie de guerra tropas y otros elementos bélicos.

movimiento *m.* Acción y efecto de mover o moverse. Estado de los cuerpos al cambiar de lugar continuada o sucesivamente. Adelanto o atraso de un reloj en un intervalo fijo. Alteración, conmoción. Variedad y animación en el estilo. Cambio de posición en el espacio determinado por la trayectoria y la velocidad. Velocidad del compás musical.

moyote *m.* En México, mosquito.

moza *f.* Criada que sirve en menesteres humildes. Mujer que tiene trato ilícito con alguien.

mozalbete *m.* Mozo de pocos años.

mozárabe *adj. y s.* Cristiano que vivió antiguamente entre los moros de España y mezclado con ellos. Iglesia que continuó la tradición visigótica. Arquitectura y miniatura artística de estos cristianos.

mozo-a *adj. y s.* Joven. Soltero. Hombre que sirve en oficios humildes. Individuo sometido al servicio militar. Muchacho, zagal, mancebo.

mozuelo-a *adj. y s.* Muchacho, muchacha.

mu *m.* Mugido. Onomatopeya con que se representa la voz del toro o de la vaca.

muaré o **moaré** *m.* Tela fuerte de seda, lana o algodón, labrada o tejida de manera que forma aguas.

muceta *f.* Esclavina que cubre el pecho y la espalda, abotonada por delante; úsanla en señal de dignidad los prelados, doctores, licenciados, etc.

muciforme *adj.* Que tiene apariencia de moco.

mucílago o **mucilago** *m.* Substancia viscosa, más o menos transparente que se halla en ciertos vegetales o que se prepara disolviendo en agua materias gomosas.

mucina *f.* Nombre de unas glucoproteínas que producen soluciones acuosas muy viscosas; se encuentran en los cartílagos, tendones, saliva, moco gástrico, humor vítreo, etc.

mucosidad *f.* Materia glutinosa de la misma naturaleza que el moco y semejante a éste.

mucoso-a *adj.* Semejante al moco, que lo tiene o lo produce. Aplícase a la membrana que tapiza cavidades del cuerpo animal que tienen comunicación con el exterior.

mucronado-a o **mucronato-a** *adj.* Terminado en punta. Xifoides.

muchachada *f.* Acción propia de muchachos, reprensible en los adultos.

muchacho-a *m. y f.* Niño o niña que mama, o que no ha llegado a la adolescencia. Mozo o moza que sirve de criado. Persona que se halla en la mocedad.

muchedumbre *f.* Abundancia y multitud de personas o cosas.

mucho-a *adj.* Abundante, numeroso; que excede a lo ordinario, regular o preciso. *Adv.* Con abundancia, en alto grado, en gran número; más de lo regular, ordinario o preciso.

muda *f.* Acción de mudar una cosa. Conjunto de ropa que se cambia de una vez, regularmente la ropa blanca. Tiempo o acto en que las aves cambian las plumas u otros animales el tegumento. Paso de un timbre de voz a otro cuando se entra en la pubertad.

mudanza *f.* Acción y efecto de mudar o mudarse. Traslado de una habitación o casa a otra. Inconstancia o variedad de los afectos o pareceres. Mutación, variación.

mudar *tr.* Dar o tomar otro ser o naturaleza, otro estado, figura, lugar, etc. Dejar una cosa por otra. Remover o cambiar de un sitio. Efectuar la muda de plumas, tegumento, pelaje, etc.; del canto, la voz, el grito, etc. Variar, cambiar. *R.* Dejar el modo de vida o un afecto por otro. Tomar otra ropa o vestido. Dejar la casa o habitación por otra.

mudéjar *adj.* Dícese del mahometano que durante la Reconquista española conservaba su religión y quedaba por vasallo de los reyes cristianos. Aplícase al estilo arquitectónico que conserva los elementos del arte cristiano y la ornamentación árabe.

mudez *f.* Imposibilidad de hablar, congénita o adquirida. Silencio deliberado y persistente.

mudo-a *adj.* y *s.* Privado físicamente de la facultad de hablar. Muy silencioso o callado. Dícese de la consonante que no puede pronunciarse sola sin auxilio de vocal.

mueblaje *m.* Moblaje.

mueble *m.* Cada uno de los enseres, efectos o alhajas que sirven para la comodidad o adorno de las casas, o para necesidades profesionales. *Pl.* Dícese de los bienes que sin sufrir alteración pueden trasladarse de una parte a otra.

mueblería *f.* Taller en que se hacen muebles. Tienda en que se venden.

mueca *f.* Contorsión del rostro, generalmente burlesca.

muela *f.* Disco de piedra que se hace girar rápidamente alrededor de un eje y sobre la solera, para moler lo que entre ambas piedras se interpone. Disco para afilar herramientas. Cada uno de los dientes posteriores a los caninos y que sirven para moler o triturar los alimentos. Cerro escarpado y de cima plana. Almorta.

muelle *adj.* Delicado, suave, blando. Voluptuoso. *M.* Pieza de material elástico que al volver de una posición violenta a la natural produce fuerza aprovechable.

muelle *m.* Obra construida en dirección conveniente a la orilla del mar o de un río navegable, para facilitar el embarque y desembarque de personas o cosas y, a veces, para abrigo de las embarcaciones. Andén alto en las estaciones de ferrocarril que se destina para la carga y descarga de mercancías.

muérdago *m.* Planta parásita siempre verde que vive sobre los troncos y ramas de los árboles, viscosa y con hojas crasas o carnosas.

muermo *m.* Enfermedad virulenta y contagiosa de las caballerías, con ulceración y flujo de la mucosa nasal e infarto de los ganglios linfáticos próximos; transmisible al hombre.

muerte *f.* Cesación o término de la vida. Separación del cuerpo y del alma. Homicidio. Figura del esqueleto humano como símbolo de ella. Aniquilamiento, ruina. Afecto y pasión violenta que inmuta gravemente o parece que pone en peligro de morir, por no poderse tolerar. Fallecimiento, defunción, óbito, deceso.

muerto-a *adj.* Que está sin vida. Aplícase al yeso o a la cal apagados con agua. Apagado, desvaído, marchito.

muesca *f.* Concavidad o hueco que hay o se hace en una cosa para encajar otra.

muestra *f.* Rótulo. Signo convencional en alguna tiendas que indica lo que se vende. Trozo o porción de un género, producto o mercancía para dar a conocer su calidad. Ejemplar o modelo que se ha de copiar o imitar. Marca de fábrica. Porte, ademán. Señal, indicio, demostración o prueba de una cosa.

muestrario *m.* Colección de muestras de mercancías.

muestreo *m.* Recolección de muestras minerales para determinar su riqueza; o de rocas, fósiles, etc., para el estudio de un yacimiento minero.

mufa *f.* Caja metálica para separar los conductores en los extremos de los cables.

mufla *f.* Hornillo semicilíndrico o acopado que se coloca dentro de un horno para reconcentrar el calor y conseguir la fusión de diversos cuerpos.

mufti *m.* Jurisconsulto musulmán con autoridad pública y cuyas decisiones son consideradas como leyes.

muga *f.* Mojón, término o límite. Desove. Fecundación de las huevas de peces y anfibios.

mugido *m.* Voz del toro o de la vaca.

mugir *intr.* Dar mugidos la res vacuna. Bramar, manifestar la ira con voces. Hacer ruido estrepitoso el viento, el mar, etc.

mugre *f.* Grasa o suciedad de la lana, vestidos, etc. Porquería, pringue, cochambre.

muguete o **muguet** *m.* Planta liliácea vivaz con sólo dos hojas radicales, de pecíolo largo que abraza el escapo que sostiene un racimo terminal de flores blancas y globosas de olor muy suave; medicinal.

mujer *f.* Persona del sexo femenino. La que ha llegado a la edad de la pubertad. La casada con relación al marido. Hembra, esposa, señora, dama.

mujerero *adj. americ.* Mujeriego.

mujeriego *adj.* Dícese del hombre dado a mujeres. *M.* Agregado o conjunto de mujeres.

mujeril *adj.* Perteneciente o relativo a la mujer. Adamado, afeminado.

mujerzuela o **mujercilla** *f.* Mujer de poca estimación y porte. Aplícase a la que se ha echado al mundo.

mújol *m.* Pez acantopterigio de cabeza aplastada, hocico corto, cuerpo casi cilíndrico; sus carnes y huevas son muy estimadas.

mula *f.* Hembra del mulo. En México, mercancía invendible. Persona informal o de mal proceder. Mujer estéril, infecunda.

mula *f.* Múleo. Calzado que usan hoy los papas, semejante al múleo.

muladar *m.* Lugar o sitio donde se echa el estiércol o basura. Lo que ensucia o infecciona, material o moralmente.

muladí *adj. y s.* Cristiano español que durante la dominación árabe abrazó el islamismo y vivía entre los musulmanes.

mular *adj.* Perteneciente o relativo al mulo o a la mula. Dícese del ganado constituido por mulos, mulas y burdéganos.

mulato-a *adj. y s.* Persona que ha nacido de negra y blanco o de blanca y negro. De color moreno. *M. americ.* Mineral de plata, de color obscuro o verde.

múleo *m.* Calzado de los antiguos patricios romanos.

muleta *f.* Palo con travesaño que sirve para afianzarse y apoyarse el que tiene dificultad de andar. Bastón o palo del que cuelga un paño, generalmente rojo,

de que se sirve el torero para lidiar al toro en el último tercio y hacerle bajar la cabeza cuando va a matarlo. Cosa que ayuda a mantener otra.

muletilla *f.* Muleta de torero. Bordón, voz o frase que por hábito vicioso repite una persona.

mulillas *f. pl.* Nombre del tiro de arrastre del toro muerto en la lidia.

mulito *m.* En México, guajolote.

mulo *m.* Cuadrúpedo hijo de asno y yegua, fuerte y sufrido. El híbrido obtenido del caballo con la burra origina el burdégano o macho romo.

multa *f.* Pena pecuniaria que se impone por una falta o exceso, o por contravenir a lo que con esta condición se ha pactado.

multar *tr.* Imponer a uno una multa o pena pecuniaria.

multicelular *adj.* Pluricelular, compuesto de muchas células.

multicopista o **multígrafo** *adj. y s.* Máquina para reproducir mecánicamente escritos o dibujos.

multifamiliar *adj. y s.* Que sirve para muchas familias. Enfermedad que se presenta en varias generaciones sucesivas de una familia.

multimillonario-a *adj.* Dícese de la persona cuya fortuna asciende a muchos millones de pesos, pesetas, etc., según la unidad monetaria del país.

multípara *adj. y s.* Que tiene varios hijos de un solo parto. Mujer que ha tenido más de un parto.

múltiple *adj.* Vario, de muchas maneras; opuesto a simple o único.

múltiplex *adj. y s.* Aparato telegráfico con el que pueden transmitirse al mismo tiempo y por el mismo hilo varios telegramas, en igual sentido o en sentido contrario.

multiplicación *f.* Acción y efecto de multiplicar o multiplicarse. Reproducción asexual por división, gemación, esporulación, etc. Operación que tiene por objeto hallar el producto de dos números.

multiplicador-a *adj. y s.* Que multiplica. Multicopista. Aplícase al factor que indica las veces que el otro, o multiplicando, se ha de tomar como sumando.

multiplicando *adj. y s.* Aplícase al factor que ha de ser multiplicado.

multiplicar *tr.* Aumentar considerablemente los individuos de una especie. Hallar el producto de dos factores. *R.* Afanarse, desvelarse, reproducirse, atarearse.

multiplicidad *f.* Calidad de múltiple. Muchedumbre, abundancia de algunos hechos, especies o individuos.

múltiplo-a *adj. y s.* Dícese del número o cantidad que contiene a otro u otra varias veces exactamente.

multitud *f.* Número grande de personas o cosas. Vulgo. Gentío, infinidad, muchedumbre.

multívoco-a *adj.* Equívoco, palabra cuya significación conviene a diferentes cosas.

mullir *tr.* Ahuecar y esponjar una cosa para que esté blanda y suave. Cavar alrededor de las cepas ahuecando la tierra.

mundano-a o **mundanal** *adj.* Perteneciente o relativo al mundo. Dícese de la persona que atiende excesivamente a las cosas del mundo, a sus pompas y placeres. Dícese de la mujer pública o ramera.

mundial *adj.* Perteneciente o relativo a todo el mundo.

mundillo *m.* Conjunto de personas o cosas de clase determinada. Almohadilla cilíndrica para hacer encaje. Arbusto ornamental muy ramoso, de hojas lobulares y dentadas, flores blancas agrupadas y fruto en baya carnosa con una sola semilla.

mundo *m.* Conjunto de todo lo creado. Tierra. Totalidad de los hombres; género humano. La totalidad de los objetos de una misma clase. Sociedad humana. Parte de ella caracterizada por alguna cualidad o circunstancia. Vida secular, en oposición a la monástica. Placeres, pompa y vanidad de los hombres. Esfera en que se representa el globo terráqueo.

munición *f.* Pertrechos y bastimentos necesarios en un ejército o plaza. Pedazos esféricos de plomo con que se cargan las escopetas para caza menor. Carga que se pone en las armas de fuego.

municipal *adj.* Perteneciente o relativo al municipio. *M.* Guardia municipal.

municipalidad *f.* Municipio, ayuntamiento.

municipalizar *tr.* Asignar al municipio un servicio público de los que han solido estar a cargo de empresas privadas.

munícipe *m.* de un municipio.

municipio *m.* Conjunto de habitante de un mismo término jurisdiccional, regido en sus intereses vecinales por un ayuntamiento. El mismo ayuntamiento. El término municipal. Concejo, municipalidad.

munificencia *f.* Generosidad espléndida. Largueza, liberalidad de un magnate.

munificente o **munífico-a** *adj.* Que ejerce la liberalidad con magnificencia.

muñeca *f.* Parte del cuerpo humano en donde se articula la mano con el antebrazo; carpo. Figurilla de mujer que sirve de juguete a las niñas. Maniquí para trajes y vestidos de mujer. Pieza o bola de trapo que se embebe en un líquido, para barnizar, refrescar la boca de un enfermo u otros usos. Pieza de trapo que ceñida con un hilo encierra algún ingrediente que no se debe mezclar con el líquido en que se sumerge y empapa. Mozuela frívola y presumida.

muñeco *m.* Figurilla de hombre que sirve de juguete o adorno. Mozuelo afeminado e insubstancial.

muñeira *f.* Baile popular de Galicia. Són con que se baila.

muñequera *f.* Manilla, por lo común de cuero o metal, en la cual se lleva sujeto el reloj. Pulsera.

muñir *tr.* Llamar o convocar a las juntas o a otra cosa. Concertar, disponer, manejar.

muñón *m.* Parte de un miembro cortado que permanece adherida al cuerpo. El músculo deltoides y la región del hombro limitada por él.

mural *adj.* Perteneciente o relativo al muro. Aplícase a las cosas, pinturas, mapas, fotografías que, extendidas, ocupan una buena parte de pared o muro.

muralla *f.* Muro u obra defensiva que rodea y defiende una plaza o territorio. En México, casa de vecindad con una sola puerta a la calle.

murallón *m.* Muro robusto.

murar *tr.* Cercar y guarnecer con muro una ciudad, fortaleza o recinto.

murciano-a *adj. y s.* Natural de Murcia. Perteneciente a esta ciudad y provincia españolas.

murciélago *m.* Quiróptero insectívoro de fuertes caninos, nocturno, se pasa el día colgado de las patas, cabeza abajo.

murga *f.* Compañía de músicos callejeros malos.

muriático-a *adj.* Clorhídrico.

múrice *m.* Molusco marino de concha univalva y pie deprimido; segrega un licor muy usado en la antigua tintorería, como la púrpura. Color de púrpura.

múrido-a *adj.* Semejante al ratón. Familia de mamíferos roedores, que incluye el ratón.

murmujear *intr.* Murmurar o hablar quedo.

murmullo *m.* Ruido que se hace hablando, especialmente cuando no se percibe lo que se dice. Ruido suave que se percibe normalmente al auscultar el tórax.

murmuración *f.* Conversación en perjuicio de un ausente. Crítica, maledicencia.

murmurar *intr.* Hacer ruido blando y apacible la corriente de las aguas u otras cosas, como el viento, las hojas de los árboles, etc. Hablar entre dientes manifestando queja o disgusto. Susurrar; rezongar, gruñir.

murmureo *m* Murmullo continuado.

muro *m.* Pared o tapia. Muralla.

murria *f.* Especie de tristeza y cargazón de cabeza que hace andar cabizbajo y melancólico al que la padece.

mus *m.* Cierto juego de naipes y de envite.

musa *f.* Cada una de las nueve deidades secundarias de la mitología clásica a quienes se asignó el patrocinio de una determinada actividad artística. Numen o inspiración del poeta. Ingenio poético peculiar de cada poeta. Poesía. *Pl.* Ciencias y artes liberales.

musácea *adj. y s.* Planta monocotiledónea herbácea y perenne, algunas gigantescas, de hojas con pecíolos envainadores, flores irregulares y frutos en bayas o drupas con semillas harinosas y carnosas: plátano, abacá.

musaraña *f.* Musgaño. Por extensión, cualquier sabandija, insecto o animal pequeño. Figura contrahecha o fingida de una persona. Especie de nubecilla que se suele poner delante de los ojos.

musciforme *adj.* Parecido a la mosca.

muscívoro-a *adj.* Que se alimenta de moscas.

muscular *adj.* Perteneciente a los músculos. Dícese del tejido formado por elementos celulares contráctiles, largos y finos que constituyen los músculos.

musculatura *f.* Conjunto y disposición de los músculos.

músculo *m.* Cualquiera de los órganos activos del movimiento y la locomoción del organismo animal, formado por haces de fibras contráctiles y elásticas.

musculoso-a o musculado-a *adj.* Aplícase a la parte del cuerpo que tiene músculos. De músculos muy abultados y visibles. Fuerte, fornido, membrudo.

muselina *f.* Tela fina y poco tupida de algodón, lana, seda, etc.

museo *m.* Edificio o lugar destinado para el estudio de las ciencias, letras y artes liberales. Lugar en que se guardan objetos notables pertenecientes a las ciencias y artes.

museografía *f.* Catálogo o descripción de uno o varios museos. Téc-

nica y arte de ordenar, organizar y presentar las colecciones que forman parte de un museo.

muserola *f.* Correa de la brida que asegura la posición del bocado.

musgaño *m.* Pequeño mamífero insectívoro, semejante a un ratón, pero de hocico puntiagudo, habita en las huertas y el vulgo le atribuye falsamente propiedades venenosas. En México, metora o metorito.

musgo *m.* Planta briofita herbácea muy pequeña, de tallitos muy frondosos que llevan los órganos sexuales en los extremos. Conjunto de estas plantas que cubren una determinada superficie.

musgoso-a *adj.* Perteneciente o relativo al musgo; cubierto de él o que tiene su apariencia.

música *f.* Ciencia, arte y técnica de combinar sonidos de modo que produzcan deleite y emoción. Combinación de melodía y armonía. Concierto de instrumentos o voces de ambos. Compañía de músicos que cantan o tocan juntos. Composición musical o papeles en que está escrita.

musical *adj.* Perteneciente o relativo a la música o a sus cualidades.

music hall *m.* Establecimiento con orquesta, en que se baila, come y bebe. Café cantante.

músico-a *adj.* Perteneciente o relativo a la música. *M. y f.* Persona que ejerce, profesa o sabe el arte de la música.

musicógrafo-a *m. y f.* Persona que escribe obras sobre música.

musicología *f.* Estudio científico de la teoría y de la historia de la música.

musino o musmón *m.* Híbrido de carnero y cabra.

muslime *adj. y s.* Musulmán.

muslo *m.* Parte de la pierna desde la juntura de las caderas hasta la rodilla, cuyo hueso es el fémur.

mustela *f.* Comadreja. mamífero carnívoro. Pez selacio marino de hocico prolongado, sin escamas pero con dentículos dérmicos muy ásperos; comestible.

musteriense *adj. y s.* Período de la época paleolítica que corresponde a la última época interglaciar.

mustio-a *adj.* Melancólico, triste. Lánguido, marchito. En México, hipócrita, falso.

musulmán-a *adj. y s.* Mahometano.

mutación *f.* Mudanza. Cada una de las diversas perspectivas que se forman en el teatro. Variación brusca que presentan los descendientes y que difieren de los progenitores en algunos caracteres muy evidentes. Destemple de la estación del año.

mutilación *f.* Acción y efecto de mutilar o mutilarse. Pena que se establecía en las antiguas legislaciones.

mutilar *tr.* Cortar o cercenar una parte del cuerpo y más particularmente del cuerpo viviente. Cortar o quitar una parte o porción de otra cualquier cosa.

mutis *m.* Voz que se usa en el teatro para hacer que un actor se retire de la escena. El acto de retirarse.

mutismo *m.* Silencio voluntario o impuesto. Mudez.

mutual o **mutuo-a** *adj.* Aplícase a lo que recíprocamente se hace entre dos o más personas, animales o cosas. Contrato de préstamo.

mutualidad *f.* Calidad de mutual o de mutuo. Régimen de prestaciones mutuas que sirve de base a determinadas asociaciones de servicios recíprocos.

mutualista *adj.* Perteneciente o relativo a la mutualidad. *Com.* Accionista de una mutualidad o sociedad de socorros mutuos.

muy *adv.* Grado sumo o superlativo de la significación de nombres, adjetivos, participios, adverbios y modos adverbiales.

N

n *f.* Decimosexta letra del abecedario castellano y decimotercera de sus consonantes.

naba *f.* Planta crucífera bienal de hojas grandes, ásperas y rugosas, flores pequeñas amarillas y fruto seco en silicua cilíndrica con muchas semillas; su raíz carnosa es comestible. Raíz de esta planta.

nabab *m.* Gobernador de una provincia en la India mahometana. Hombre sumamente rico.

nabina *f.* Semilla del nabo, redonda, pardusca, picante al gusto y que por presión da un aceite semejante al de colza.

nabiza *f.* Hoja tierna del nabo cuando empieza a crecer. Raicillas tiernas de la naba.

nabo *m.* Planta crucífera anua de hojas rugosas grandes, flores en corimbo terminal amarillas, fruto seco en silicuas cilíndricas y raíz carnosa, ahusada y comestible. Raíz de esta planta.

naborí *com.* Indio libre que en América se empleaba en el servicio doméstico.

nácar *m.* Capa interna irisada de la concha de los moluscos formada por delgadas láminas alternadas de carbonato cálcico y materia orgánica.

nacarado-a *adj.* Del color y brillo del nácar. Adornado con nácar.

nacarino-a *adj.* Propio del nácar o parecido a él.

nacatamal *m.* En México y Centroamérica, tamal relleno de carne y salsa de chile, envuelto en hojas de plátano.

nacatete o **nacatón** *m.* En México, pollo que aún no tiene plumas.

nacela *f.* Moldura cóncava. Fosa navicular de la uretra.

nacer *intr.* Salir el animal del vientre materno. Salir el huevo un animal ovíparo. Empezar a salir un vegetal de su semilla. Salir vello, pelo o pluma en el cuerpo del animal, o aparecer brotes, hojas, flores o frutos en un vegetal. Descender de una familia o linaje. Empezar a dejarse ver un astro en el horizonte. Tomar principio o inferirse una cosa de otra. Prorrumpir o brotar. Criarse en uno hábito o costumbre.

nacianceno-a *adj. y s.* Natural de Nacianzo. Perteneciente a esta antigua ciudad de Capadocia, en Asia Menor.

nacido-a *adj.* Connatural y propio de una cosa. Apto y a propósito para algo. Ser humano que ha pasado o que al presente existe. *M.* Tumor, bulto o divieso que sin causa manifiesta aparece en el cuerpo.

naciente *adj.* Que nace. Muy reciente; que principia a ser o manifestarse. *M.* Oriente.

nacimiento *m.* Acción y efecto de nacer. Por antonomasia, el de Jesucristo. Lugar o sitio donde brota un manantial. El manantial mismo. Lugar donde tiene alguien su origen o principio. Principio de una cosa o tiempo en que empieza. Origen y descendencia de una persona.

nación *f.* Conjunto o agrupación de personas ligadas por una comunidad étnica, lingüística, histórica y cultural, por unas mismas tradiciones, por análogas costumbres y fines sociales y políticos, que viven casi siempre establecidas sobre un determinado territorio.

nacional *adj.* Perteneciente o relativo a una nación, en contraposición a extranjero.

nacionalidad *f.* Condición y carácter peculiar de los pueblos e individuos de una nación. Estado de la persona nacida o naturalizada en una nación.

nacionalismo *m.* Apego de los naturales de una nación a cuanto le es propio y peculiar. Doctrina que exalta en todos los órdenes la personalidad nacional.

nacionalizar *tr.* Naturalizar, admitir en un país, como si fuera natural del mismo, a persona extranjera. Atribuir al Estado bienes o empresas de personas individuales o colectivas. Pasar bienes, derechos o títulos extranjeros a manos de tenedores nacionales.

nacionalsindicalismo *m.* Doctrina política sustentada por la Falange Española como sistema de gobierno, con sindicatos verticales y Auxilio Social.

nacionalsocialismo *m.* Movimiento político alemán fundado por Adolfo Hitler, semejante al facismo italiano, pero de ideología racista.

nada *f.* El no ser, o carencia absoluta de todo ser. Cosa mínima o de escasa importancia. *Pron.* Ninguna cosa. Poco o muy poco. De ninguna manera, de ningún modo.

nadadera *f.* Vejiga o calabaza que se suele usar para aprender a nadar. Aleta de los peces.

nadador-a *adj. y s.* Que nada. Persona diestra en nadar. Organo o apéndice animal que sirve para nadar o que permite nadar.

nadar *intr.* Mantenerse una persona o un animal sobre el agua o ir por ella sin tocar el fondo. Flotar en un líquido cualquiera. Abundar en una cosa.

nadería *f.* Cosa de poco valor o importancia.

nadie *pron.* Ninguna persona. *M.* Persona insignificante.

nadir *m.* Punto de la esfera celeste diametralmente opuesto al cenit.

nafta *f.* Petróleo, especialmente las variedades más volátiles. Cualquiera de los líquidos volátiles inflamables que se obtienen por destilación de materias ricas en carbono.

naftalina o **naftaleno** *f.* o *m.* Compuesto aromático sólido, blanco, cristalino y volátil que se obtiene en la destilación fraccionada del alquitrán de hulla; se usa en la fabricación de algunos colores, productos químicos y como insecticida.

nagual *m.* En México, brujo, hechicero. *F.* Mentira.

náhoa o **nahua** *adj. y s.* Indígena americano establecido en México y Centroamérica, de la rama prima nahua de la familia uto-azteca.

náhuatl *adj. y s.* Lengua de los náhoas.

nahuatlato-a *adj. y s.* Persona que domina el náhuatl.

nahuo *m.* En México, elote.

naipe *m.* Cada una de las cartulinas rectangulares con un dibujo uniforme en una cara y cierto número de objetos en la otra, de uno a nueve en la baraja española y de uno a diez en la francesa, correspondientes a cada uno de los cuatro palos de la baraja. Baraja.

naja *f.* Género de ofidios venenosos al que pertenecen la cobra y el áspid de Egipto.

nalga *f.* Cada una de las dos porciones carnosas y redondeadas que constituyen el trasero. Asentaderas, posaderas.

nalgada *f.* Pernil de puerco. Golpe dado con las nalgas o recibido en ellas.

nalgón-a o **nalgudo-a** *adj.* Que tiene gruesas las nalgas.

nambimba *f.* En México, pozole muy espumoso, hecho de masa de maíz, miel, cacao y chile.

nana *f.* Abuela. En México, niñera, nodriza; criada fiel.

nanacate *m.* En México, hongo, seta.

nansa *f.* Nasa. Estanque pequeño para tener peces.

nao *f.* Nave.

naonato-a *adj. y s.* Dícese de la persona nacida en una embarcación que navega.

napalm *m.* Mezcla de aceite que se agrega a la gasolina para darle una consistencia especial y evitar su combustión rápida.

napea *f.* Ninfa de los bosques y colinas o de los valles y praderas.

napolitano-a *adj. y s.* Natural de Nápoles. Perteneciente a esta ciudad de Italia.

naranja *f.* Fruto del naranjo, esperidio de corteza rugosa, de color típico, mezcla de rojo y amarillo, con la pulpa dividida en gajos, jugosa y de sabor muy agradable.

naranjada *f.* Agua de naranja. Dicho o hecho grosero.

naranjero-a *adj.* Perteneciente o relativo a la naranja. Dícese del caño o tubería cuyo diámetro interior es de 8 a 10 centímetros. Dícese del trabuco de boca acampanada y gran calibre. *M.* y *f.* Persona que vende naranjas.

naranjo *m.* Arbol rutáceo siempre verde, florido y con fruto, de tronco liso y ramoso, hojas alternas ovaladas; su flor es el azahar y su fruto la naranja.

narcisismo *m.* Introversión de la personalidad, con todas sus consecuencias.

narciso *m.* El que cuida con exceso de su adorno y compostura, o se precia de galán y hermoso, como enamorado de sí mismo, por alusión a Narciso, personaje mitológico muy pagado de su belleza.

narciso m. Planta amarilidácea herbácea anual, con hojas radicales largas y puntiagudas, flores agrupadas en el extremo de un bohordo grueso, muy olorosas, de fruto capsular v raíz bulbosa. Flor de esta planta ornamental.

narcomanía f. Hábito morboso e irrefrenable para los narcóticos.

narcótico-a adj. Que produce sopor o entorpecimiento, como el opio y la belladona.

nardo m. Planta amarilidácea ornamental, de tallo sencillo y derecho, hojas radicales, flores blancas muy olorosas, especialmente de noche; úsase en perfumería.

nares f. pl. Aberturas nasales anteriores.

narguile m. Pipa compuesta de un largo tubo flexible, del recipiente en que se quema el tabaco y de un vaso lleno de agua perfumada, al través de la cual se aspira el humo; muy usada por los orientales.

narigón-a adj. Narigudo. M. Agujero que se practica en la ternilla de la nariz. Argolla que se engancha en el agujero de la nariz de las reses vacunas.

narigudo-a adj Que tiene grandes las narices. De figura de nariz.

nariguera f. Pendiente que se ponen algunos indios en la ternilla que divide las dos ventanas de la nariz.

nariz f. Facción saliente del rostro humano, entre la frente y la boca, con dos orificios que comunican con las fosas nasales, revestidas por la pituitaria, y a través de ellas con el aparato respiratorio. Parte del rostro de los vertebrados en que se abren las fosas nasales y que contribuye a formar el hocico. Cada uno de los dos orificios que hay en la base de la nariz. Sentido del olfato. Olor fragante y delicado que exhalan los vinos generosos. Extremidad aguda o en punta, en algunas obras, para cortar el aire o el agua. Proa o extremidad frontal del avión.

narizudo-a adj. En México, Centroamérica y Antillas, narigudo.

narración f. Acción y efecto de narrar. Parte corta del discurso oratorio en que se refieren los hechos, para esclarecimiento del asunto.

narrar tr. Contar, referir lo sucedido.

narrativo-a adj. Perteneciente o relativo a la narración. F. Narración. Habilidad o destreza en referir o contar las cosas.

narria f. Cajón o escalera de carro a propósito para llevar arrastrando cosas de gran peso. Mujer gruesa y pesada.

narro-a adj. En México, sin pelo; aplícase especialmente al cerdo.

narval m. Cetáceo de cabeza grande, hocico obtuso y boca pequeña; en el macho existen dos incisivos superiores, uno corto y otro que se prolonga horizontalmente hasta cerca de tres metros; se utiliza por su grasa y por el marfil del incisivo mayor.

nasa f. Artificio de pesca, de forma cilíndrica. Cesta a modo de tinaja para guardar pan, harina o cosas semejantes.

nasal adj. Perteneciente o relativo a la nariz. Dícese del sonido articulado en cuya pronunciación el aire espirado sale parcialmente por la nariz: m, n, ñ.

nasalizar tr. Hacer nasal, o pronunciar como tal, un sonido o letra.

naso m. Nariz grande.

nata f. Substancia espesa, untuosa y blanca que se forma sobre la leche que se deja en reposo; batida, produce la manteca. Substancia que sobrenada en algunos licores. Nata batida con azúcar. Natillas. Lo principal y más estimado en cualquier línea.

natación f. Acción y efecto de nadar. Arte de nadar.

natal adj. Perteneciente al nacimiento. Nativo, perteneciente al país o lugar en que uno ha nacido. M. Nacimiento. Día del nacimiento de una persona.

natalicio-a adj. y s. Perteneciente al día del nacimiento; fiestas y regocijos que se hacen en él.

natalidad f Número proporcional de nacimientos en población y tiempo determinados.

natátil adj. Capaz de nadar o flotar sobre las aguas.

natatorio-a adj. Perteneciente a la natación. Que sirve para nadar. Aplícase al lugar destinado para nadar o bañarse.

natillas f. l. Plato de dulce que se obtiene mezclando yemas de huevo, leche y azúcar con harina o almidón, y haciendo cocer hasta que tome consistencia.

natividad f. Nacimiento, y especialmente el de Jesucristo, el de la Virgen María y el de San Juan Bautista. Navidad.

nativo-a adj. Que nace naturalmente. Perteneciente al país o lugar en que uno ha nacido. Natural, nacido. Innato, propio de la naturaleza de cada cosa. Dícese de los metales y otras substancias minerales que se encuentran libres en la Naturaleza.

nato-a *adj.* Aplícase al título de honor o al cargo que está anejo a un empleo o a la calidad de un sujeto.

natura *f.* Naturaleza. Partes genitales. Escala natural del modo mayor.

natural *adj.* Conforme a la Naturaleza, o a la calidad o propiedad de las cosas. Nativo, originario de un pueblo o nación. Hecho sin artificio, mezcla ni composición. Ingenuo y sin doblez. Regular y que comúnmente sucede y por eso, fácilmente creíble. *M.* Genio, índole, temperamento, complexión o inclinación propia de cada uno. Instinto de los irracionales. Forma exterior de una cosa que se toma por modelo y ejemplar para la pintura y escultura. Nota no modificada por sostenido ni bemol.

naturaleza *f.* Esencia y propiedad característica de cada ser. Virtud, calidad o propiedad de las cosas. Instinto, propensión o inclinación. Fuerza o actividad natural. Sexo. Origen individual. Estado civil. Genio, índole de cada uno. Conjunto, orden y disposición de las cosas que componen el Universo.

naturalidad *f.* Calidad de natural. Ingenuidad, sencillez. Conformidad de las cosas con las leyes ordinarias y comunes.

naturalismo *m.* Doctrina filosófica según la cual nada existe fuera de la Naturaleza y trata de explicarlo todo según los métodos de las Ciencias Naturales. Escuela literaria que tiende a reproducir la Naturaleza sin ambages, sin idealizaciones que la transformen.

naturalista *adj. y s.* Perteneciente o relativo al naturalismo. Que profesa este sistema filosófico. *Com.* Persona que profesa la Historia Natural o tiene en ella especiales conocimientos.

naturalización *f.* Acción y efecto de naturalizar o naturalizarse. Cambio voluntario de una nacionalidad por otra, de acuerdo con las leyes vigentes en el país en que se pide.

naturalizar *tr.* Admitir en un país, como si de él fuera natural, a persona extranjera. Introducir y emplear en un país cosas de otros países.

naturismo *m.* Doctrina que preconiza el empleo de los agentes naturales para conservar la salud y curar las enfermedades. Doctrina que propugna la vuelta a la Naturaleza en las instituciones sociales y en la manera de vivir.

Fisioterapia. Culto a la Naturaleza.

naufragar *intr.* Irse a pique o perderse la embarcación. Dícese también de las personas que van en ella. Perderse o salir mal un intento o negocio.

naufragio *m.* Pérdida o ruina de la embarcación en mar, en río o en lago navegable. Pérdida grande; desgracia o desastre.

náusea *f.* Basca, ansia de vomitar. Repugnancia o aversión que causa una cosa.

nauseabundo-a *adj.* Que causa o produce náuseas. Propenso a vómito. Repugnante, asqueroso.

nauta *m.* Hombre de mar.

náutico-a *adj.* Perteneciente o relativo a la navegación. *F.* Ciencia o arte de navegar.

nava *f.* Tierra baja y llana, a veces pantanosa, situada entre montañas.

navaja *f.* Cuchillo cuya hoja puede doblarse sobre el mango. Colmillo de jabalí y de algunos otros animales. Aguijón cortante de algunos insectos. Lengua de los maldicentes y murmuradores.

navajazo o **navajada** *m.* o *f.* Golpe que se da con la navaja. Herida que resulta de este golpe.

navajo *adj. y s.* Indígena norteamericano perteneciente a una tribu pobladora de la región limítrofe septentrional de los Estados de Nuevo México y Arizona, en cuyas reservas vive actualmente.

naval *adj.* Perteneciente o relativo a las naves o a la navegación.

navarro-a *adj. y s.* Natural de Navarra. Perteneciente a esta región de España.

nave *f.* Buque, barco. Embarcación de cubierta, con velas y sin remos. Cualquier vehículo de transporte acuático en el mar, lagos, canales, ríos, etc. Cada uno de los espacios que entre muros o filas de arcadas se extiende a lo largo de los templos u otros edificios importantes. Crujía seguida, de un edificio.

navegable *adj.* Dícese del río, lago, canal, etc., donde se puede navegar.

navegación *f.* Náutica, arte y ciencia de navegar y de la maniobra de la nave. Acción y efecto de navegar. Viaje que se hace con la nave. Tiempo que éste dura.

navegante *adj.* y s. Que navega.

navegar *intr.* Hacer viaje o andar por el agua con embarcación o nave. Andar el buque. Por analogía, hacer viaje por el aire en globo o en aeroplano. Transitar o trajinar de una parte a otra.

naveta *f.* Vasija o cajita que, regularmente en forma de navecilla, sirve en la iglesia para ministrar el incienso. Gaveta.

navicert *m.* Haplología de *navigation* y *certificate;* documento que acredita que un barco es neutral y que su mercancía o pasaje no va destinado a un país enemigo.

navicular *adj.* De forma abarquillada o de navecilla.

navidad *f.* Día en que se celebra el nacimiento de Nuestro Señor Jesucristo. Tiempo inmediato a este día.

navideño-a *adj.* Perteneciente al tiempo de Navidad. Dícese de algunas frutas que se guardan para este tiempo.

naviero-a *adj.* Concerniente a naves o a navegación. M. Dueño de un navío u otra embarcación capaz de navegar en alta mar. El que avitualla un buque mercante; armador.

navío *m.* Buque grande, de guerra o mercante. Bajel. Nave. Barco.

náyade *f.* Cada una de las ninfas que presidían las fuentes y cursos de agua.

nazareno-a *adj. y s.* Natural de Nazaret. Perteneciente a esta ciudad de Galilea. Entre los hebreos, el que se consagraba particularmente al culto de Dios, no bebía licores embriagantes ni se cortaba la barba ni el cabello. Cristiano. M. Imagen de Jesucristo con ropón morado. Penitente de las procesiones de Semana Santa.

nazismo *m.* Doctrina y conjunto de los nacionalsocialistas o hitlerianos.

neandertal o neanderthal *f.* Raza o especie humana prehistórica, de pequeña talla, de cráneo muy dolicocéfalo, huesos gruesos y frente huidiza, correspondiente al período musteriense.

nebli *m.* Ave de rapiña falcónida, que por su valor y rápido vuelo era muy estimada para la caza de cetrería.

neblina *f.* Niebla espesa y baja.

nebulífero-a *adj.* Que tiene manchas difusas e imprecisas a modo de nebulosas.

nebulizar *tr.* Convertir un líquido en partículas finísimas que formen una especie de niebla, generalmente con fines medicinales. Atomizar, pulverizar.

nebulosa *f.* Materia cósmica celeste, difusa y luminosa de contorno impreciso; unas son conglomerados estelares y otras de gases luminiscentes.

nebulosidad *f.* Calidad de nebuloso. Pequeña obscuridad, sombra. Nubosidad.

nebuloso-a *adj.* Abundante en nieblas o cubierto de ellas. Obscurecido por las nubes. Sombrío. Falto de lucidez y claridad. Difícil de comprender.

necear *intr.* Decir necedades. Porfiar neciamente en una cosa.

necedad *f.* Calidad de necio. Dicho o hecho necio. Tontería, simpleza, estupidez. Terquedad.

necesario-a *adj.* Que precisa, forzosa o inevitablemente ha de ser o suceder. Dícese de lo que se hace o ejecuta obligatoriamente. Que hace falta o es menester para un fin. Imprescindible, obligatorio, ineludible.

neceser *m.* Caja o estuche con diversos objetos de tocador, costura, etc.

necesidad *f.* Impulso irresistible que hace que las causas obren infaliblemente en cierto sentido. Todo aquello a lo cual es imposible substraerse, faltar o resistir. Falta de lo necesario para vivir. Riesgo o peligro especial y en que se precisa de pronto auxilio. Evacuación corporal.

necesitado-a *adj. y s.* Pobre, que carece de lo necesario.

necesitar *tr.* Obligar a ejecutar una cosa. *Intr.* Haber menester o tener precisión o necesidad de una persona o cosa.

necio-a *adj.* Ignorante y que no sabe lo que debe hacer. Imprudente o falto de razón. Terco y porfiado en lo que hace o dice.

necrocomio *m.* Sitio en que se depositan los cadáveres hasta que empiezan a dar señales de descomposición. Depósito judicial de cadáveres no identificados.

necrofobia *f.* Temor morboso a los muertos. Temor exagerado a la muerte.

necrología *f.* Noticia o biografía de una persona notable muerta recientemente. Lista o noticia de muertes.

necrópolis *f.* Cementerio de gran extensión en que abundan los monumentos fúnebres.

necropsia o necroscopia *f.* Autopsia o examen de los cadáveres.

necrosis *f.* Mortificación o gangrena de los tejidos orgánicos, principalmente del tejido óseo.

néctar *m.* Licor suavísimo que se fingía destinado para el uso y regalo de los dioses. Jugo azucarado de las flores, que chupan las abejas y otros animales. Cualquier licor deliciosamente suave y gustoso.

nectario *m.* Glándula de las flores de ciertas plantas que segregan el néctar.

neerlandés-a *adj. y s.* **Holandés.** Lengua de Holanda.

nefando-a *adj.* Indigno, torpe, de que no se puede hablar sin repugnancia u horror. Dícese especialmente del pecado de sodomía, por su torpeza y obscenidad.

nefasto-a *adj.* Aplicado al día o a otra división del tiempo, triste, funesto. Dícese también de personas o acontecimientos.

nefelio o **nefelión** *m.* Nube, mancha blanquecina en la córnea.

nefritis *f.* Inflamación renal.

nefrolito *m.* Cálculo renal.

negación *f.* Acción y efecto de negar. Falta o carencia total de una cosa. Negativa. Denegación.

negado-a *adj. y s.* Incapaz o inepto para una cosa.

negar *tr.* Decir uno que no es verdad, que no es cierta una cosa acerca de la cual se pregunta. Dejar de reconocer alguna cosa, no admitir su existencia. Decir que no a lo que se pretende o se pide, o no concederlo. Esquivar, no reconocer una cosa como propia. Ocultar, disimular. *R.* Excusarse de hacer una cosa, no admitirla o mezclarse en ella. Rehusar, denegar.

negativo-a *adj.* Que incluye o contiene negación o contradicción. Perteneciente a la negación. Que se opone a una afirmación sin sustituirla, con resultado puramente destructivo.

negligencia *f.* Descuido, omisión. Falta de aplicación. Desidia, dejadez.

negociado *m.* Cada una de las dependencias que, en una organización administrativa, está destinada para despachar determinadas clases de asuntos. Negocio.

negociar *intr.* Tratar y comerciar. Ajustar el traspaso, cesión o endoso de un vale, efecto o letra de cambio. Descontar valores. Procurar el mejor logro de un asunto. Tratar por la vía diplomática un asunto.

negocio *m.* Cualquier ocupación, empleo o trabajo. Pretensión, tratado o agencia. Negociación. Utilidad o interés que se logra en lo que se trata, comercia o pretende.

negrear *intr.* Mostrar una cosa la negrura que en sí tiene. Tirar a negro.

negrecer *intr. y r.* Ponerse negro. Ennegrecer.

negrero-a *adj. y s.* Dedicado a la trata de negros. Persona de condición dura, cruel para sus subordinados.

negrilla o **negrita** *f.* Tipo de imprenta de perfil más grueso que el común.

negro-a *adj. y s.* De color totalmente obscuro o falto de todo color. Dícese del individuo cuya piel es de color negro. Moreno o que no tiene la blancura que le corresponde. Sumamente triste y melancólico. Infeliz, desventurado. Individuo perteneciente a la raza negra.

negroide *adj.* Perteneciente o relativo a la raza negra o parecido a ella.

negrura o **negror** *f. o m.* Calidad de negro.

negruzco-a *adj.* De color moreno algo negro.

negundo *m.* Arbol aceráceo con flores apétalas, ornamental; es un arce del que se obtiene azúcar.

negus *m.* Emperador de Abisinia.

neiayote *m.* En México, agua amarillenta en que se ha cocido el maíz, con cal.

nematelminto *adj. y s.* Animal de simetría bilateral, cuerpo vermiforme alargado no metamerizado, cubierto de una cutícula resistente, sin apéndices locomotores.

nemertino o **nemerte** *adj. y s.* Animal acuático de simetría bilateral, de cuerpo alargado blando, contráctil, no segmentado, provisto de probóscide.

nemoricola *adj. y s.* Animal, ave o insecto, que vive en los bosques.

nene-a *m. y f.* Niño pequeñito.

nenepile *m.* En México, guiso preparado con la lengua de ciertos animales.

nenúfar *m.* Planta ninfácea acuática, con rizoma largo y feculento, hojas casi redondas de peciolo central que llega a la superficie del agua donde flota la hoja, flores terminales blancas y solitarias y fruto capsular; se cultiva en los estanques de los jardines.

neocelandés-a *adj. y s.* Natural de Nueva Zelandia. Perteneciente a este país de Oceanía.

neoclasicismo *m.* Corriente literaria y artística del siglo XVIII, inspirada en la imitación de los clásicos grecolatinos, con predominio de la razón y neta distinción de los géneros literarios.

neocolonialismo *m.* Nueva forma del colonialismo, basada en la dominación económica de países que han alcanzado ya su independencia nacional.

neodimio *m.* Elemento del grupo de las tierras raras, de color amarillo claro; símbolo Nd.

neoescocés-a *adj. y s.* Natural de Nueva Escocia, provincia de Canadá.

neófito-a *m. y f.* Persona recién convertida a nueva religión; o recién admitida a estado eclesiástico o religioso. Persona recientemente adherida a una causa o incorporada a una agrupación.

neolatino-a *adj.* Que procede o se deriva de los latinos o de la lengua latina.

neolítico-a *adj.* Perteneciente o relativo a la segunda edad de la piedra, o sea la de la piedra pulimentada.

neologismo *m.* Vocablo, acepción o giro nuevo en una lengua. Uso de los mismos.

neón *m.* Elemento perteneciente al grupo de los gases nobles o inertes, incoloro, inodoro e insípido, menos denso que el aire; símbolo Ne.

neoplasma *m.* Conglomerado de tejido nuevo, tumor que se forma en cualquier parte del cuerpo, con vida independiente de los otros tejidos normales en que está situado y que destruye.

neoyorquino-a *adj. y s.* Natural de Nueva York. Perteneciente a esta ciudad de los Estados Unidos.

nepote *m.* Pariente o privado del Papa.

nepotismo *m.* Desmedida preferencia que algunos dan a sus parientes para las gracias o empleos públicos.

neptunio *m.* Elemento radiactivo transuránico; símbolo Np.

nequicia *f.* Maldad, perversidad.

nereida *f.* Cada una de las cincuenta ninfas del mar, amiga de los navegantes.

nerón *m.* Hombre muy cruel, por alusión a Nerón, emperador romano.

nervación *f.* Disposición que presentan los nervios en las hojas u otros órganos foliados.

nervadura *f.* Moldura saliente. Conjunto de los nervios de una hoja o del ala de un insecto.

nerviación o **nervatura** *f.* Disposición de los nervios en las hojas de las plantas o en las alas de los insectos.

nervio *m.* Cada uno de los haces fibrosos que partiendo del cerebro, la medula espinal u otros centros, se distribuye por todo el cuerpo y son los órganos de la sensibilidad y del movimiento. Haz fibroso vascular, en forma de hilo o cordoncillo, que corre a lo largo de las hojas por su envés. Cuerda de los instrumentos músicos. Vigor y fuerza. Eficacia de la razón. Arco saliente en el intradós de una bóveda.

nerviosidad *f.* Estado pasajero de alteración o excitación morbosa del sistema nervioso, acompañado de inquietud.

nervioso-a *adj.* Perteneciente o relativo a los nervios, o que los tiene. Dícese de la persona cuyos nervios se excitan fácilmente. Fuerte y vigoroso. Dícese del sistema orgánico formado por el encéfalo, la medula espinal, los ganglios simpáticos y parasimpáticos y los nervios que proceden de estos órganos.

nervosidad *f.* Fuerza y actividad de los nervios. Propiedad de algunos metales de textura fibrosa de dejarse doblar sin romperse ni agrietarse. Fuerza y eficacia de las razones y argumentos.

nervudo-a *adj.* Que tiene fuertes y robustos nervios. Vigoroso.

nesga *f.* Tira o pieza de lienzo o paño que se añade o entreteje a las ropas o vestidos para darles vuelo o el ancho que necesitan.

nesgar *tr.* Cortar una tela en dirección oblicua a la de sus hilos.

neto-a *adj.* Limpio y puro. Líquido de una cuenta, después de comparar el debe con el haber. Precio o valor, después de deducir los gastos.

neumática *f.* Parte de la Mecánica que estudia los gases en equilibrio y en movimiento, y en particular, el aire.

neumático-a *adj.* Aplícase a los aparatos, piezas o instalaciones en que se opera con el aire o se utiliza la compresión o enrarecimiento del mismo. *M.* Tubo de goma lleno de aire comprimido que sirve de llanta a las ruedas de los automóviles, bicicletas, etc., formado por la cámara y su cubierta protectora.

neumatología *f.* Estudio de la atmósfera y de los gases, especialmente en relación con los fenómenos respiratorios.

neumocirugía *f.* Cirugía pulmonar.

neumococo *m.* Microorganismo agente patógeno de ciertas pulmonías; se presenta en parejas rodeadas por una cápsula. Pneumococo, pneumobacilo.

neumología *f.* Suma de conocimientos acerca de los pulmones y sus enfermedades.

neumonía *f.* Inflamación del pulmón, producida por neumococo, y que afecta por lo menos a todo un lóbulo pulmonar. Pulmonía.

neumotórax *m.* Penetración y acumulación de aire o gas en la cavidad pleural. El producido para fines terapéuticos mediante la inyección de aire u otro gas, con el fin de inmovilizar el pulmón.

neural *adj.* Relativo o perteneciente a un nervio, a los nervios o al sistema nervioso.

neuralgia *f.* Dolor intermitente o continuo en el trayecto de un nervio, sin manifestación de lesión orgánica.

neurastenia *f.* Conjunto de estados nerviosos caracterizados por síntomas muy diversos, como tristeza, cansancio, temor, emotividad. Debilitamiento o agotamiento nervioso.

neuritis *f.* Inflamación de un nervio y de sus ramificaciones.

neurología *f.* Estudio anatómico, funcional o patológico del sistema nervioso.

neurona *f.* Célula nerviosa con sus prolongaciones protoplasmáticas y su cilindroeje.

neurópata *com.* Persona que padece enfermedades nerviosas.

neuropatía *f.* Cualquier enfermedad del sistema nervioso.

neurosis *f.* Conjunto de enfermedades cuyos síntomas indican un trastorno del sistema nervioso, sin que aparezcan lesiones de dicho sistema. Trastorno funcional del sistema nervioso. Trastorno mental sin lesión orgánica aparente.

neurótico-a *adj.* Relativo o perteneciente a la neurosis o que la padece. Dícese del sujeto de temperamento nervioso que se deja fácilmente dominar por sus emociones e impulsos.

neutral *adj.* Dícese de las personas o cosas que no son ni de una ni de otra de las partes contendientes, ni se inclinan por ninguna de ellas.

neutralismo *m.* Política de neutralidad en la llamada "guerra fría", más o menos efectiva, adoptada por la mayoría de países que han alcanzado en los últimos tiempos su independencia nacional.

neutralizar *tr.* Hacer neutral. Debilitar el efecto de una causa por la concurrencia de otra diferente u opuesta. Hacer neutra una sustancia.

neutro-a *adj.* Sin estambres ni pistilos. Dícese del cuerpo en que no se observan fenómenos eléctricos. Lo que separa dos polaridades opuestas. Dícese del género gramatical que no es masculino ni femenino, y también del verbo intransitivo. Aplícase al estado de indiferencia. Dícese del compuesto químico en que no predominan las propiedades de ninguno de sus elementos. Se dice de ciertos animales que no tienen sexo y, a veces, de los machos o hembras estériles.

neutrón *m.* Partícula elemental de materia nuclear carente de carga eléctrica.

nevada *f.* Acción y efecto de nevar. Porción o cantidad de nieve que ha caído de una vez y sin interrupción sobre la tierra.

nevado-a *adj.* Cubierto de nieve. Blanco como ella. *M. americ.* Monte elevado y con nieves perpetuas.

nevar *intr.* Caer nieve. *tr.* Poner blanca una cosa, dándole este color o esparciendo en ella cosas blancas.

nevasca *f.* Nevada. Ventisca.

nevera *f.* La que vende nieve. Sitio en que se guarda o conserva nieve. Armario revestido de materia aisladora y provisto de depósito de hielo para enfriamiento o conservación de alimentos y bebidas. Refrigerador. Pieza o habitación demasiado fría.

nevisca *f.* Nevada corta de copos menudos. Granizo pequeño y esponjoso que se confunde con el copo de nieve del mismo nombre.

nevoso-a *adj.* Que frecuentemente tiene nieve. Tiempo dispuesto para nevar.

nexo *m.* Nudo, unión o vínculo de una cosa con otra. Liga.

ni *conj.* Como copulativa, enlaza vocablos o frases denotando negación; como disyuntiva, equivale a o. *Adv.* Y no.

ni *f.* Letra griega equivalente en sonido a nuestra n.

niara *f.* Pajar en el campo, protegido con ramaje.

nibelungos *m. pl.* Raza de enanos poseedores de un tesoro que logró arrebatarles Sigfrido; a la muerte de éste el tesoro pasó a manos de los borgoñones que fueron llamados también, por ello, nibelungos.

nicaragüense o **nicaragüeño-a** *adj.* Natural de Nicaragua. Perteneciente a esta república centroamericana.

niceno-a *adj.* Natural de Nicea. Perteneciente a esta antigua ciudad de Bitinia, en Asia Menor.

nicotina *f.* Alcaloide oleoso que existe en el tabaco; úsase como insecticida y parasiticida; muy tóxico.

nicotismo *m.* Trastornos morbosos causados por el abuso del tabaco.

nicromo *m.* Aleación de níquel y cromo.

nicho *m.* Concavidad en el espesor de un muro, para poner alguna cosa de adorno; o también para colocar algo, como en los cementerios o bóvedas, un cadáver.

nidada *f.* Conjunto de los huevos puestos en el nido. Conjunto de los pajarillos mientras están en el nido.

nidal *m.* Lugar donde las aves domésticas van a poner sus huevos.

Sitio donde una persona acude con frecuencia y le sirve de acogida, o donde se reserva o esconde una cosa.

nidificar *intr.* Hacer nido las aves.

nido *m.* Abrigo o refugio que construyen las aves para poner sus huevos y criar sus polluelos. Cavidad, agujero o conjunto de celdillas donde procrean diversos animales. Casa, patria o habitación de uno. Lugar donde se juntan gentes de mala conducta y se acaban de pervertir unos a otros. Conglomerado de células malignas.

niebla *f.* Nube en contacto con el suelo y que oscurece más o menos la atmósfera. Nube, pequeña mancha blanquecina en el ojo. Añublo. Confusión y oscuridad. Neblina.

niel *m.* Labor en hueco sobre metales preciosos, relleno con esmalte negro.

nietastro-a *m. y f.* Respecto de una persona, hijo o hija de su hijastro o de su hijastra.

nieto-a *m. y f.* Respecto de una persona, hijo o hija de su hijo o de su hija.

nieve *f.* Agua helada que se desprende de las nubes en cristales muy pequeños y que agrupándose al caer llegan al suelo en copos blancos. Tiempo en que nieva mucho. Suma blancura de alguna cosa. En América, helado de jugo de fruta, agua y azúcar.

nigromancia *f.* Arte supersticioso de querer adivinar el futuro evocando a los muertos. Magia negra o diabólica.

nigua *f.* Insecto americano parecido a la pulga, más pequeño, pero de trompa más larga; su hembra penetra bajo la piel de los animales y del hombre y ocasiona picazón y úlceras graves.

nihilismo *m.* Negación de toda creencia, de todo principio religioso, político y social. Movimiento político y filosófico ruso, de la segunda mitad del siglo XIX, que rechaza toda coacción sobre el individuo y que practicó el terrorismo.

nilad *m.* Arbusto rubiáceo filipino de hojas aovadas y lampiñas, flores axilares blancas en ramillete y fruto en drupa; abunda en los contornos de Manila, ciudad que tomó su nombre.

nilón o nylon *m.* Nombre genérico de un grupo de amidas formadas por reacciones entre ácidos dibásicos y diaminas que se hacen pasar por una hilera para formar filamentos; compite con la seda en finura y resistencia a la tensión.

nimbar *tr.* Circuir de nimbo o au-

reola una figura o imagen; idealizarla.

nimbo *m.* Aureola. Nimbus.

nimbus *m.* Nubes que se presentan en capas espesas, de color gris oscuro, sin formas definidas y con los bordes desgarrados; características de la lluvia.

nimiedad *f.* Prolijidad. Poquedad, cortedad.

nimio-a *adj.* Prolijo. Tacaño, cicatero.

ninfa *f.* Cada una de las divinidades menores de la mitología clásica, representadas en forma de graciosas doncellas que formaban parte del cortejo de Baco, de Artemisa cazadora y de Afrodita; presidían los bosques, las fuentes, los montes, las plantas, etc. Joven hermosa. Cualquiera de los dos labios menores de la vulva. Estado del desarrollo de algunos insectos que procede de la larva y da origen al insecto adulto.

ningún *adj.* Apócope de ninguno.

ningunear *tr.* En México, menospreciar, hacer menos a alguien, ignorarlo.

ninguno-a *adj.* Ni uno solo. *Pron.* Nulo y sin valor. Nadie.

ninivita *adj. y s.* Natural de Nínive. Perteneciente a esta ciudad del Asia antigua.

niña *f.* Pupila, abertura que el iris tiene en su parte media.

niñada *f.* Hecho o dicho propio de niños.

niñera *f.* Criada destinada a cuidar niños.

niñería *f.* Acción de niños o propia de ellos, como juegos y diversiones. Poquedad o cortedad de las cosas. Hecho o dicho de escasa importancia. Niñada.

niñez *f.* Período de la vida humana desde el nacimiento hasta la adolescencia. Principio o primer tiempo de cualquier cosa. Niñería.

niño-a *m. y f.* Que se halla en la niñez. Que tiene pocos años, poca experiencia. En las zonas rurales de México, tratamiento por señorito. señorita.

niobio *m.* Elemento metálico pulverulento, de color gris; símbolo Nb. En América se ha venido llamando colombio.

niple *m.* Empalme para unir tuberías. Tuerca que regula la rigidez de los radios en las ruedas de las bicicletas.

nipón-a *adj. y s.* Japonés.

níquel *m.* Metal blanco argentino, duro dúctil y maleable, magnético, prácticamente inoxidable, usado principalmente en aleaciones; símbolo Ni.

niquelar *tr.* Cubrir con un baño de níquel otro metal.

nirvana *m.* En el budismo, bienaventuranza obtenida por absorción e incorporación del individuo en la esencia divina.

níspero *m.* Árbol rosáceo de tronco tortuoso, hojas pecioladas grandes, flores blancas axilares y por fruto la níspola.

níspola *f.* Fruto del níspero, aovado, coronado por las lacinias del cáliz, acerbo cuando se desprende del árbol; blando pulposo y dulce cuando está pasado.

nítido-a *adj.* Limpio, terso, claro, puro, resplandeciente.

nitrato *m.* Sal del ácido nítrico.

nítrico-a *adj.* Perteneciente o relativo al nitro o nitrógeno. Dícese del ácido fuertemente oxidante, incoloro y muy corrosivo.

nitro *m.* Nitrato potásico.

nitrógeno *m.* Elemento gaseoso incoloro, inodoro e insípido, ligeramente menos denso que el aire, del que forma el 78 por ciento de su volumen: símbolo N.

nitroglicerina *f.* Líquido aceitoso, incoloro, éster de la glicerina; explosivo potente que estalla por el calor, por el choque o por medio de un fulminante; en Medicina se usa como vasodilatador.

nivel *m.* Instrumento para averiguar la diferencia de altura entre dos puntos o comprobar si tienen la misma. Horizontalidad. Altura a que llega la superficie de un líquido. Altura que una cosa alcanza o a que está colocada.

nivelar *tr.* Comprobar con el nivel la existencia o falta de horizontalidad. Poner un plano en la posición horizontal justa. Poner dos o más cosas a igual altura.

nixcómil *m.* En México, olla en que se prepara el maíz dispuesto para hacer tortilla: nixcome.

nixtamal *m.* En México, maíz que se ablanda con agua de cal y con el que se hacen las tortillas, luego de molido.

nizardo-a *adj. y s.* Natural de Niza. Perteneciente a esta ciudad de Francia.

no *adv.* Expresa negación.

nobiliario-a *adj.* Perteneciente o relativo a la nobleza. Aplícase al libro que trata de la nobleza y genealogía de las familias.

noble *adj.* Preclaro, ilustre, generoso. Principal en cualquier línea; excelente o aventajado en ella. Dícese de la persona que por su ilustre nacimiento o por gracia usa algún título. Honroso, estimable. Aplícase al caballo por la fidelidad con que obedece al jinete.

nobleza *f.* Calidad de noble. Conjunto o cuerpo de los nobles por nacimiento o gracia. Lealtad, caballerosidad.

nocaut *m.* Knock-out, victoria que en el boxeo se alcanza sobre el adversario al derribarlo por tiempo no inferior a diez segundos.

nocedal *m.* Nogueral.

nocible *adj.* Nocivo.

noción *f.* Conocimiento o idea que se tiene de una cosa. Conocimiento elemental.

nocivo-a *adj.* Dañoso, pernicioso, perjudicial.

noctámbulo-a *adj. y s.* Noctívago. Que tiene costumbre de trasnochar.

noctiluca *f.* Luciérnaga. Organismo microscópico luminoso que existe en las aguas del mar.

noctívago-a *adj. y s.* Que anda vagando durante la noche.

nocturnidad *f.* Circunstancia agravante de la responsabilidad penal, resultante de ejecutarse de noche ciertos delitos.

nocturno-a *adj.* Perteneciente a la noche, o que se hace en ella. Animal que de día está oculto y de noche sale a buscar el alimento. Planta que sólo de noche abre sus flores. *M.* Cada una de las tres partes del oficio de maitines. Pieza musical a manera de serenata. Poesía acerca de la noche.

noche *f.* Tiempo en que falta sobre el horizonte la claridad del Sol. Tiempo que hace durante ella. Confusión, oscuridad o tristeza.

nochebuena *f.* Noche de la vigilia de Navidad.

nochote *m.* En México, bebida que se hace con el zumo de la tuna o nopal fermentado.

nodo *m.* Cada uno de los dos puntos opuestos en que la órbita de un astro corta la Eclíptica. Protuberancia, nódulo. Tumor producido por el depósito del ácido úrico en los huesos, tendones o ligamentos. Lugar en que la interferencia de dos o más ondas sonoras superpuestas da lugar a una onda estacionaria.

nodriza *f.* Ama de cría. Aparato del motor que suministra gasolina a los cilindros sin necesidad de dar presión al depósito. Avión o buque que proporciona combustible a otro.

nódulo *m.* Concreción de poco volumen. Nodo. Masa esferoidal que suele encontrarse entre las rocas.

nogal *o* noguera *m. o f.* Árbol juglándáceo de tronco robusto, hojas compuestas y aromáticas, flores blanquecinas y por fruto la nuez. Madera de este árbol.

nómada *o* nómade *adj. y s.* Dícese del pueblo o persona que no tiene residencia fija.

nombradia *f.* Nombre, fama, opinión, reputación o crédito.

nombrado-a *adj.* Célebre, famoso.

nombramiento *m.* Acción y efecto de nombrar. Cédula o despacho en que se designa a alguien para un cargo, empleo, etc.

nombrar *tr.* Decir el nombre de una persona o cosa. Hacer mención particular de ellas. Elegir o señalar a alguien para un cargo, empleo u otra cosa. Llamar, apellidar.

nombre *m.* Categoría gramatical con que se designan o dan a conocer las personas o cosas. Sustantivo. Fama, opinión, reputación o crédito. Apodo. Nombradía.

nomenclatura *f.* Nómina. Conjunto de las voces técnicas y propias de una facultad o ciencia.

nomeolvides *f.* Flor de la raspilla.

nómina *f.* Lista o catálogo de nombres de personas o cosas. Relación nominal de los individuos que han de percibir haberes en una oficina.

nominal *adj.* Perteneciente al nombre. Que tiene el nombre de una cosa y le falta la realidad de ella en todo o en parte.

nominativo-a *adj.* Aplícase a los títulos, inscripciones, acciones, etc., extendidas precisamente a nombre de persona determinada, en oposición a los que son al portador. Caso de la declinación que designa al sujeto de la significación del verbo y al predicado nominal.

non *adj. y s.* Impar. *M. pl.* Negación repetida de una cosa.

nonagenario-a *adj. y s.* Que ha cumplido la edad de 90 años y no llega a la de ciento.

nonagésimo-a *adj.* Que sigue inmediatamente en orden al octogésimo nono. Dícese de cada una de las 90 partes iguales en que se divide un todo.

nonato-a *adj.* No nacido naturalmente, sino sacado del claustro materno. Dícese de lo que no ha acaecido o de lo no existente aún.

nonio *m.* Pieza que se aplica contra una regla graduada o un limbo para apreciar fracciones de las divisiones menores. Nonius, vernier.

nono-a *adj.* Noveno.

nopal *m.* Planta cactácea originaria de México, de tallos aplastados y carnosos formados de una serie de paletas ovales erizadas de espinas, flores grandes sentadas; por fruto la tuna, de pulpa comestible. Penca de esta planta.

noquear *tr.* Dejar nocaut un boxeador a su contrario.

nordeste *m.* Punto del horizonte entre el Norte y el Este, a igual distancia de ambos. Viento que sopla de esta parte.

nórdico-a o nórtico-a *adj.* Perteneciente o relativo al Norte. *M.* Lengua germánica, llamada también escandinava, de la que son dialectos el danés, el sueco, noruego e islandés.

noria *f.* Máquina compuesta esencialmente de dos ruedas, una horizontal movida por una palanca de que tira una caballería y otra vertical que engrana en la primera y que lleva colgada una maroma con arcaduces para sacar agua de un pozo. Negocio en que se trabaja sin adelantar y se anda como dando vueltas.

norma *f.* Escuadra para ajustar maderos, piedras y otras cosas. Regla que se debe seguir o a que se deben ajustar las operaciones. Ideal, regla, fin o modelo. Proyección ortogonal que se hace del cráneo según diferentes planos.

normal *adj.* Dícese de lo que se halla en su natural estado. Que sirve de norma o regla. Regular, ordinario, usual. Aplícase a la línea recta o al plano perpendiculares a la recta o al plano tangentes, en el punto de contacto. Dícese de la escuela donde se forman los maestros.

normalista *adj. y s.* Perteneciente o relativo a la Escuela Normal. *Com.* Alumno o alumna de una Escuela Normal.

normalizar *tr.* Regularizar o poner en buen orden lo que no lo estaba. Hacer que una cosa sea normal.

normando-a *adj.* Aplícase a ciertos individuos del norte de Europa, en especial a los que hicieron incursiones en varios países de dicha región y se establecieron en ellos. Arte que desarrollaron. Fundición tipográfica de trazo negro con perfiles.

normar *tr. americ.* Amoldar, regir.

noroeste *m.* Punto del horizonte entre el Norte y el Oeste, a igual distancia de ambos. Viento que sopla de esta parte.

norte *m.* Polo ártico. Lugar de la Tierra o de la esfera celeste que cae del lado del Polo Artico. Punto cardinal del horizonte que cae frente a un observador a cuya derecha esté el Oriente. Viento que sopla de esta parte. Dirección, guía, por alusión a la estrella polar que sirve de guía a los navegantes.

norteamericano-a *adj. y s.* Natural de un país de la América del Norte, y especialmente de los Estados Unidos de ella. Perteneciente a la América del Norte.

norteño-a *adj.* Perteneciente o relativo a las gentes, tierras o cosas situadas hacia el Norte.

noruego-a *adj.* y *s.* Natural de Noruega. Perteneciente a esta nación de Europa. Lengua que se habla en ella.

nos *pron.* Forma del dativo y del acusativo del pronombre personal de primera persona, masculino o femenino, en número plural.

nosocomio *m.* Hospital.

nosología *f.* Parte de la Medicina que tiene por objeto describir, diferenciar y clasificar las enfermedades.

nosotros-as. Nominativo masculino y femenino del pronombre personal de primera persona en número plural.

nostalgia *f.* Pena de verse ausente de la patria, de la familia o de los amigos. Pesar que causa el recuerdo de algún bien perdido. Añoranza.

nota *f.* Marca o señal. Apunte. Advertencia, explicación o comentario fuera de texto, al pie o al margen de los folios. Reparo, censura. Fama, concepto o crédito. Calificación de un examen. Comunicación diplomática. Signo usado en Música para representar un sonido y su duración.

notabilidad *f.* Calidad de notable. Persona notable por sus méritos o cualidades.

notable *adj.* Digno de nota, atención o cuidado. Que se hace notar en su línea. *Pl.* Personas principales en una localidad o colectividad.

notación *f.* Anotación. Sistema de signos convencionales para expresar ciertos conceptos matemáticos. Escritura musical.

notal *adj.* Dorsal.

notar *tr.* Señalar una cosa para que se conozca o se advierta\ Reparar, observar o advertir. Apuntar brevemente una cosa para extenderla después o acordarse de ella. Poner notas, advertencias o reparos a los escritos o libros. Censurar, reprender. Causar descrédito o infamia.

notariado-a *adj.* Dícese de lo que está autorizado ante notario. *M.* Carrera, profesión o ejercicio de notario. Colectividad de notarios.

notario *m.* Funcionario público autorizado para dar fe de los contratos, testamentos y otros actos extrajudiciales, conforme a las leyes.

noticia *f.* Noción, conocimiento elemental. Suceso o novedad que se comunica.

noticiar *tr.* Dar noticia o hacer saber una cosa.

noticiero-a *adj.* Que da o facilita noticias. *M.* y *f.* Persona que da noticias como por oficio. Película con imágenes de cosas recientes.

notición *m.* Noticia extraordinaria o poco digna de crédito.

notificación *f.* Acción y efecto de notificar. Documento en que se hace constar.

notificar *tr.* Hacer saber una resolución de la autoridad, con las formalidades del caso. Dar noticia de una cosa.

noto *m.* Espalda, dorso; específicamente, superficie dorsal en el segmento torácico de un insecto.

noto-a *adj.* Sabido, publicado y notorio.

notoriedad *f.* Calidad de notorio. Nombradía, fama.

notorio-a *adj.* Público y sabido de todos. Patente, palmario.

nova *f.* Estrella temporaria que se presenta de repente con un brillo muy intenso y después disminuye lentamente hasta declinar a magnitud muy débil.

novar *tr.* Sustituir una obligación a otra otorgada anteriormente, la cual queda anulada.

novatada *f.* Vejamen y molestias causados por los alumnos de algunos centros docentes a sus compañeros de nuevo ingreso. Contrariedad, tropiezo por falta de experiencia en algún asunto o negocio.

novato-a *adj.* y *s.* Nuevo o principiante en cualquier facultad o materia.

novecientos-as *adj.* Nueve veces ciento. Noningentésimo.

novedad *f.* Estado de las cosas recién hechas o discurridas, o nuevamente vistas, oídas o descubiertas. Mutación de las cosas fijas o que se creía que lo eran. Noticia. Alteración de la salud. Extrañeza o admiración que causan las cosas antes no vistas ni oídas. *Pl.* Géneros o mercancías adecuados a la moda.

novel *adj.* Nuevo, principiante o sin experiencia en las cosas.

novela *f.* Obra literaria extensa en que se narra una acción fingida en todo o en parte. Ficción o mentira.

novelar *intr.* Componer o escribir novelas. Contar, publicar novelas, cuentos y patrañas.

novelería *f.* Afición o inclinación a novedades, fábulas, novelas; a leerlas o escribirlas. Cuentos, fábulas o novedades fútiles.

novelesco-a *adj.* Propio o característico de las novelas. Fingido, de pura invención. Singular, interesante. Exaltado, sentimental, soñador.

novelista *com.* Persona que escribe novelas. Narrador de aliento.

novelístico-a *adj.* Perteneciente o relativo a la novela. *F.* Tratado histórico o preceptivo de la novela. Literatura novelesca.

novelizar *tr.* Dar forma y condiciones novelescas a una narración.

novelón *m.* Novela prolija, muy dramática y mal escrita.

noveno-a *adj.* Que sigue inmediatamente en orden al o a lo octavo. Dícese de cada una de las nueve partes iguales en que se divide un todo. *F.* Ejercicio devoto que se practica durante nueve días. Grado noveno de la escala diatónica. Equipo de béisbol por los nueve jugadores de que se compone.

noventa *adj.* Nueve veces diez. Nonagésimo.

noviazgo *m.* Condición o estado de novio o de novia. Tiempo que duran estas condiciones.

noviciado *m.* Tiempo destinado para la probación en las religiones, antes de profesar. Casa o cuarto en que habitan los novicios. Conjunto de ellos. Tiempo primero empleado en aprender, experimentar y sopesar ventajas e inconvenientes de una carrera o facultad. Iniciación, comienzo.

novicio-a *adj. y s.* Persona que, en la religión donde tomó el hábito, no ha profesado todavía. Principiante, en cualquier actividad, arte o facultad.

noviembre *m.* Undécimo mes del año, según nuestro calendario; consta de 30 días.

novilunio *m.* Conjunción de la Luna con el Sol.

novillada *f.* Conjunto de novillos. Lidia o corrida de novillos.

novillero *m.* El que cuida de los novillos cuando los separan de la vaca. Lidiador de novillos. El que hace novillos o falta a clases.

novillo-a *m. y f.* Toro o vaca de dos o tres años, en especial cuando no está domado. *Pl.* Novillada, lidia de novillos. Hacer novillos, dejar uno de asistir a alguna parte contra de lo debido o acostumbrado.

novio-a *m. y f.* Persona recién casada. La que está próxima a casarse o la que mantiene relaciones amorosas en expectativa de futuro matrimonio.

novísimo-a *adj.* Superlativo de nuevo. Último en el orden de las cosas. *M.* Cada una de las cosas últimas o postrimerías que aguardan al hombre, según la doctrina cristiana: muerte, juicio, infierno y gloria.

novocaína *f.* Clorhidrato de procaína; anestésico local menos tóxico que la cocaína.

noxal *adj.* Perjudicial a la salud.

nubada o **nubarrada** *f.* Golpe abundante de agua que cae de una nube en paraje determinado. Concurso abundante de alguna cosa.

nubarrón *m.* Nube grande y densa separada de las otras.

nube *f.* Masa de vapor acuoso suspendida en la atmósfera y que por la acción de la luz aparece matizada entre blanco y oscuro. Agrupación de cosas que oscurece el Sol. Cualquier cosa que oscurece o encubre otra. Chal muy ligero. Pequeña mancha blanquecina que se forma en la capa exterior de la córnea y oscurece la vista.

núbil *adj.* Dícese de la persona que ha llegado a la edad en que es apta para el matrimonio, y más propiamente de la mujer.

nublado *m.* Nube, especialmente la que amenaza tempestad. Suceso que produce riesgo inminente de adversidad o daño. Multitud, abundancia de cosas que caen o se ven reunidas.

nublar *tr. y r.* Anublar.

nubloso-a *adj.* Cubierto de nubes. Desgraciado, adverso.

nuca *f.* Parte alta de la cerviz, correspondiente al lugar en que se une el espinazo con la cabeza.

nuciforme *adj.* Que tiene figura de nuez.

nucleado-a *adj.* Provisto de núcleo. Dícese del fruto que tiene hueso.

núcleo *m.* Almendra o parte mollar de los frutos que, como la nuez, tienen cáscara dura. Hueso de las frutas. Barra de hierro dulce alrededor de la cual se arrolla el hilo para formar un carrete de inducción o un electroimán. Elemento primordial al que se agregan otros para formar un todo. Parte o punto central de una cosa. Conglomerado de neuronas en el sistema nervioso central. Parte más densa y luminosa de un astro, en particular de un cometa. Elemento fundamental de la célula en el seno del citoplasma, en forma de corpúsculo generalmente globular. Parte interna del átomo en donde está concentrada la casi totalidad de la masa y la carga eléctrica positiva.

nucléolo *m.* Corpúsculo que se encuentra en el núcleo de las células; a veces hay más de uno.

nucleón *m.* Nombre con que se designa indistintamente a los protones y neutrones.

núcula *f.* Fruto seco indehiscente, de pericarpio óseo o coriáceo: bellota, avellana. Nuececilla, pequeño hueso de un fruto.

nudibranquio m. Molusco gasterópodo marino, sin concha en el estado adulto y con branquias plumosas de formas y disposición variadas.

nudillo m. Parte exterior de las articulaciones de los dedos. Cada uno de los puntos que forman la costura de las medias.

nudismo m. Doctrina basada en el naturismo que preconiza la práctica de los deportes a pleno aire y en completo estado de desnudez.

nudo m. Lazo que se estrecha y cierra de modo que con dificultad se puede soltar. Parte del tronco de las plantas por donde salen las ramas. Parte del tallo y de las ramas de donde salen otros vástagos. Bulto o tumor óseo o en los tendones cuando, después de rotura, se vuelven a unir. Ligamen. Enlace y trabazón de sucesos que preceden al desenlace de un drama o novela. Principal dificultad o duda en algunas materias. Unión, lazo, vínculo. Lugar donde se unen o cruzan dos o más sistemas de montañas. Trayecto de navegación que se mide con cada una de las divisiones de la corredera, equivalente a una milla.

nudoso-a adj. Que tiene nudos.

nuera f. Mujer del hijo, respecto a los padres de éste.

nuestro-a, -os, -as pron. Posesivo de primera persona, en género masculino, femenino y neutro; concuerda con la persona o cosa poseída.

nueva f. Noticia de una cosa que no se ha dicho o no se le ha oído antes.

nueve adj. Ocho y uno. Noveno.

nuevo-a adj. Recién hecho o fabricado. Que se ve u oye por primera vez. Repetido o reiterado para renovarlo. Distinto o diferente. Que sobreviene o añade. Recién llegado a un país o lugar. Novicio, novato, principiante. Poco o nada usado. Incipiente.

nuez f. Fruto del nogal, de forma ovoide, de mesocarpio carnoso y endocarpio duro y leñoso. Fruto de otros árboles que tiene parecido con el del nogal. Prominencia que forma la laringe en la garganta.

nugatorio-a adj. Engañoso, frustráneo; que burla la esperanza que se había concebido o el juicio formado.

nulidad f. Calidad de nulo. Vicio que disminuye o anula la estimación de algo. Incapacidad, ineptitud. Persona incapaz, inepta.

nulo-a adj. Falto de valor y fuerza para obligar o tener efecto. In-

capaz física o moralmente para una cosa. Ninguno.

numen m. Cualquiera de los dioses adorados por los gentiles. Inspiración del orador, escritor o artista.

numerable adj. Que se puede reducir a número.

numeración f. Acción y efecto de numerar. Arte de expresar, de palabra o por escrito, todos los números con una cantidad limitada de vocablos y de guarismos.

numerador m. Cifra que señala el número de partes iguales de la unidad que contiene un quebrado. Aparato con que se marca la numeración correlativa.

numeral adj. Perteneciente o relativo al número.

numerar tr. Contar por el orden de los números. Expresar con números la cantidad. Marcar algo con números.

numerario-a adj. Que es del número o perteneciente a él. M. Moneda acuñada o dinero efectivo.

numérico-a adj. Perteneciente o relativo a los números. Compuesto o ejecutado con ellos.

número m. Expresión de la cantidad computada con relación a la unidad. Signo o signos con que se expresa esta cantidad. Cantidad de personas o cosas de determinada especie. Tratándose de publicaciones periódicas, cada una de las hojas o cuadernos publicados en su serie cronológica. Medida o cadencia de los períodos musicales, poéticos o retóricos. Parte del programa de un espectáculo o audición. Accidente gramatical que expresa unidad o pluralidad de cosas o grupos.

numeroso-a adj. Que incluye gran número o muchedumbre de cosas. Innumerable, considerable.

númida adj. y s. Natural de Numidia. Perteneciente a esta antigua región de Africa del Norte.

numismático-a adj. Perteneciente o relativo a la Numismática. M. El que profesa esta ciencia o tiene de ella especiales conocimientos. F. Ciencia que trata del conocimiento de las monedas y medallas, principalmente de las antiguas.

numulita f. Concha fósil perteneciente a un género de protozoarios que en gran número existen en las formaciones geológicas del período terciario.

nunca adv. En ningún tiempo. Ninguna vez. Jamás.

nunciatura f. Cargo o dignidad de nuncio. Casa en que vive el nuncio y está su tribunal.

nuncio *m.* El que lleva aviso, noticia o encargo de un sujeto a otro. Anuncio o señal. Representante diplomático del Papa que ejerce además, como legado, ciertas facultades pontificias.

nupcial *adj.* Perteneciente o relativo a las bodas.

nupcialidad *f.* Número proporcional de matrimonios en un tiempo y lugar determinados.

nupcias *f. pl.* Boda, matrimonio, casamiento.

nutación *f.* Oscilación periódica del eje de la Tierra sobre el abultamiento escuatorial de la Tierra. Oscilación habitual de la cabeza característica del llamado temblor senil.

nutria *f.* Mamífero mustélido carnívoro de cabeza ancha, orejas pequeñas, patas cortas, cuerpo delgado cubierto de pelaje espeso muy suave; se alimenta de peces y su piel es muy estimada.

nutricio-a *adj.* Nutritivo. Que procura alimento para otra persona. Que lo suministra.

nutrición *f.* Acción y efecto de nutrir. Función mediante la cual los seres vivos reparan sus pérdidas materiales y energéticas por medio de los alimentos.

nutrido-a *adj.* Lleno, abundante.

nutrimento o nutrimiento *m.* Nutrición. Sustancia asimilable de los alimentos. Causa o materia del aumento, actividad o fuerza de una cosa.

nutriología *f.* Estudio, tratado o ciencia de los procesos nutritivos en los seres vivos, en especial en el hombre.

nutrir *tr.* Aumentar la sustancia de un cuerpo vivo por medio del alimento. Aumentar, dar nuevas fuerzas. Llenar, cargar, colmar abundantemente. Alimentar, mantener, robustecer.

nutritivo-a *adj.* Capaz de nutrir.

nutriz *f.* Nodriza. Dícese de las abejas que cuidan de las larvas.

Ñ

ñ *f.* Decimoséptima letra del abecedario castellano y decimocuarta de sus consonantes.

ñame *m.* Planta herbácea de tallos endebles y volubles, hojas acorazonadas grandes, flores pequeñas y verdosas en espigas axilares y con rizoma grande tuberculoso, de carne parecida a la de la batata y que cocida o asada es comestible. Rizoma de esta planta.

ñandú *m.* Avestruz de América meridional con tres dedos en cada pie y de plumaje gris poco fino; buena nadadora y veloz en la carrera.

ñango-a *adj.* En México, débil, delgado y anémico.

ñapa *f. americ.* Añadidura, dádiva pequeña que hace el vendedor al comprador. En México, pilón.

ñaque *m.* Conjunto o montón de cosas inútiles y ridículas.

ñato-a *adj. americ.* Chato, -a, tanto aplicado a la nariz como a la persona que la tiene así.

ñeque *m.* En México y Centroamérica, bofetada, golpe.

ñiquiñaque *m.* Sujeto o cosa muy despreciable.

ñocio *m.* Especie de melindre hecho de masa de harina, azúcar, manteca de vaca, huevos, vino y anís que se cuecen al horno, sobre papeles espolvoreados de harina.

ñoñería *f.* Acción o dicho propio de persona ñoña.

ñoño-a *adj.* Dícese de la persona sumamente apocada y de corto ingenio. Soso, de poca sustancia.

ñu *m.* Antílope africano de gran tamaño, de cabeza parecida a la del toro, con la crin corta, de cuernos existentes en ambos sexos; gnu, bucéfalo.

O

o *f.* Decimoctava letra del abecedario castellano, cuarta de sus vocales.

o *conj.* Denota diferencia, separación o alternativa entre personas, cosas o ideas; equivalencia.

oasis *m.* Sitio con vegetación, y a veces con manantiales, en medio de los arenales desiertos. Tregua, descanso, refugio en las penalidades o contratiempos de la vida.

oaxaqueño-a *adj. y s.* Natural de Oaxaca. Perteneciente o relativo al Estado y ciudad de este nombre, en México.

obcecar *tr. y r.* Cegar, deslumbrar u ofuscar.

obduración *f.* Porfía en resistir lo que conviene; obstinación y terquedad.

obedecer *tr.* Cumplir la voluntad de quien manda. Ceder un animal con docilidad a la dirección que se le da. Ceder una cosa inanimada al esfuerzo para cambiar su forma o su estado. *Intr.* Dimanar, provenir, proceder.

obediencia *f.* Acción de obedecer. Precepto del superior, especialmente en las órdenes regulares. Sumisión voluntaria a la voluntad o ley de Dios y a las leyes y autoridades de la Iglesia.

obediente *adj.* Que obedece. Propenso a obedecer. Manejable, sumiso, dócil.

obelisco *m.* Pilar muy alto, de cuatro caras algo convergentes y terminado por una punta piram.-dal; ornamental, lo emplearon los egipcios, principalmente cubierto de inscripciones jeroglíficas.

obenque *m.* Cada uno de los cabos gruesos que sujetan la cabeza de un palo o de un maste.ero.

obertura *f.* Composición musical sinfónica que por lo común precede a una ópera, un oratorio, etc.

obesidad *f.* Calidad de obeso. Gordura excesiva.

obeso-a *adj.* Dícese de la persona que tiene gordura en demasía.

óbice *m.* Obstáculo, estorbo, impedimento.

obispado *m.* Dignidad de obispo. Territorio de su jurisdicción y funciones.

obispo *m.* Prelado superior de una diócesis, a cuyo cargo está la cura espiritual, la dirección y el gobierno eclesiástico de los diocesanos.

óbito *m.* Fallecimiento de una persona.

obituario *m.* Libro parroquial en que se anotan las actas de defunción y de entierro. Registro de las fundaciones de aniversario de óbitos.

objeción *f.* Razón que se propone o dificultad que se presenta en contrario de una opinión o designio, o para impugnar una proposición. Reparo, observación.

objetar *tr.* Oponer reparo a una opinión, plan o designio; proponer una razón contraria a lo dicho o intentado.

objetivo-a *adj.* Perteneciente o relativo al objeto en sí. Desinteresado, desapasionado. *M.* Objeto, fin o intento a que se dirige una acción u operación. Blanco real que debe batirse con las armas de fuego o bombas de aviación. Lente o sistema óptico en la parte más próxima al objeto que se observa. Meta militar.

objeto *m.* Todo lo que puede ser materia de conocimiento o sensibilidad de parte del sujeto, incluso éste mismo. Término o fin de los actos de las potencias. Fin o intento a que se dirige o encamina una acción u operación. Materia y sujeto de una ciencia. Cosa.

oblación *f.* Ofrenda y sacrificio que se hace a Dios.

oblato-a *adj. y s.* Persona que, sin ingresar en una orden religiosa, se somete a la dirección de ésta y comparte así los méritos y beneficios espirituales de la misma.

oblea *f.* Hoja muy delgada de masa de harina y agua, cocida en molde, para pegar sobres o cubiertas de oficios o cartas. Cada uno de estos trozos. Persona o animal extremadamente escuálidos o desmedrados. Cápsula de pan ácimo en que se encierran medicamentos, para tragarla entera. Sello, disco, capsu.a amilácea, etc.

oblicuángulo *adj.* Poliedro o figura geométrica en que no es recto ninguno de sus ángulos.

oblicuo-a *adj.* Sesgado, inclinado al través o desviado de la horizontal. Dícese del plano o recta que no es perpendicular ni paralelo a otro u otra. Aplícase a las coordenadas cartesianas cuyos ejes no son perpendiculares.

obligación *f.* Imposición o exigencia moral que debe regir la voluntad libre. Vínculo que sujeta a hacer o no hacer una cosa. Correspondencia que se debe tener y manifestar al beneficio recibido. Documento en que se reconoce una deuda. Cargo o incumbencia inherentes al estado, dignidad o condición de una persona. Título de crédito expedido por comerciantes o sociedades mercantiles anónimas a favor de sus acreedores, negociable, nominativo, a la orden o al portador. *Pl.* Familia que cada uno debe mantener.

obligacionista *com.* Portador o tenedor de obligaciones mercantiles.

obligar *tr.* Mover e impulsar·a hacer o cumplir una cosa. Ganar la voluntad de alguien con beneficios u obsequios. Hacer fuerza en una cosa para conseguir un efecto. *R.* Comprometerse a cumplir una cosa. Sujetar los bienes al cumplimiento de pago de deudas u otras prestaciones exigibles.

obligatorio-a *adj.* Dícese de lo que obliga a su cumplimiento o ejecución.

obliterar *tr. y r.* Obstruir o cerrar un conducto o cavidad de un cuerpo orgánico.

oblongo-a *adj.* Más largo que ancho.

obnubilación *f.* Ofuscamiento. Estado de torpor mental de cierta intensidad, más o menos pasajero.

oboe u óboe *m.* Instrumento músico de viento, de madera, con seis agujeros y de dos a trece llaves. Persona que toca por oficio este instrumento.

óbolo *m.* Peso y moneda de los antiguos griegos. Cantidad exigua con que se contribuye para un fin determinado. Medio escrúpulo, 12 granos.

obra *f.* Cosa hecha o producida por un agente. Cualquier producción del entendimiento, en especial la que tiene alguna importancia. Libro o libros que contienen un trabajo literario completo. Edificio en construcción. Medio, virtud o poder. Trabajo que cuesta o tiempo que requiere la ejecución de algo. Labor de un artesano. Acción moral en beneficio o perjuicio del alma.

obrador-a *adj. y s.* Que obra. **M.** Taller.

obraje *m.* Manufactura. Taller o paraje donde se labran paños u otras cosas para el uso común. En México, carnicería y lugar de venta de los productos del cerdo, donde también se hacen las morcillas, etc.

obrar *tr.* Hacer una cosa, trabajar en ella. Ejecutar o practicar una cosa no material. Causar, producir o hacer efecto una cosa. Construir, edificar. *Intr.* Exonerar el vientre. Existir una cosa en sitio determinado.

obrerismo *m.* Régimen económico fundado en el predominio del trabajo obrero como elemento de producción y creador de riqueza. Conjunto de obreros considerado como entidad económica. Movimiento político y sindical de la clase trabajadora en defensa de sus intereses económicos y sociales.

obrero-a *adj.* Que trabaja. **M. y f.** Trabajador manual retribuido. Jornalero, proletario, operario.

obrizo *adj.* Denominación que se da al oro puro y acendrado.

obsceno-a *adj.* Impúdico, torpe, ofensivo al pudor. Lúbrico, indecente.

obscurantismo u oscurantismo Oposición sistemática a que se difunda la instrucción en las clases populares.

obscurecer u oscurecer *tr.* Privar de luz y claridad. Disminuir la estimación y esplendor de las cosas. Ofuscar la razón, alterando la realidad de las cosas. *Intr.* Ir anocheciendo. *R.* Nublarse el cielo, el día, la mañana, etc.

obscuridad u oscuridad. Falta de luz y claridad. Densidad muy sombría. Falta de conocimientos. Carencia de noticias.

obscuro-a u oscuro-a *adj.* Que carece de luz o claridad. Color que casi llega a ser negro o contrapuesto a otro más claro de su misma clase. Poco conocido, humilde, comúnmente hablando de linajes. Confuso, ininteligible. Incierto, peligroso. Sombrío, tenebroso.

obsecrar *tr.* Rogar, pedir, suplicar, invocar.

obsecuente *adj.* Obediente, rendido, sumiso.

obsequiar *tr.* Agasajar a uno con atenciones, servicios o regalos. Cortejar, galantear.

obsequio *m.* Acción de obsequiar. Regalo. Rendimiento deferente, afabilidad.

obsequioso-a *adj.* Rendido y dispuesto a hacer la voluntad de otro.

observación *f.* Acción y efecto de observar. Examen y comprobación de los fenómenos tal como éstos se presentan espontáneamente.

observador-a *adj. y s.* Que observa. Persona que sistemáticamente efectúa observaciones en un observatorio meteorológico o astronómico. Persona que asiste, en representación de una entidad o país, a reuniones locales o internacionales con el solo fin de observar, sin derecho a intervenir en los debates y acuerdos.

observancia *f.* Cumplimiento exacto y puntual de lo que se manda ejecutar. Reverencia y acatamiento a los superiores y mayores.

observar *tr.* Examinar atentamente. Guardar y cumplir exactamente lo que se manda y ordena. Advertir, reparar.

observatorio *m.* Lugar o posición que sirve para hacer observaciones. Edificio, personal e instrumentos apropiados a observaciones astronómicas, meteorológicas, magnéticas, etc.

obsesión *f.* Idea morbosa y fija que domina constantemente al individuo.

obsesionar *tr.* Causar obsesión.

obsidiana *f.* Roca volcánica efusiva, de lustre vítreo, generalmente de color negro; hoy ornamental, antiguamente se utilizaba, sobre todo en América, para hacer puntas de flecha, espejos y armas cortantes.

obsoleto-a *adj.* Anticuado o poco usado.

obstaculizar *tr.* Obstruir, poner

obstáculo *m.* Impedimento, embarazo, inconveniente.

obstar *intr.* Impedir, estorbar, oponer contradicción o repugnancia. *Impers.* Oponerse o ser contraria una cosa a otra.

obstetricia *f.* Parte de la Medicina que estudia el embarazo y el parto en estado normal y patológico.

obstinación *f.* Pertinacia, porfía, terquedad.

obstinarse *r.* Mantenerse uno en su resolución y tema; porfiar con necedad y pertinacia.

obstrucción *f.* Acción y efecto de obstruir u obstruirse. Táctica enderezada a impedir o retardar los acuerdos de una asamblea o cuerpo deliberante.

obstruir *tr.* Estorbar el paso, cerrar un conducto o camino. Impedir la acción de un agente. *R.* Cerrarse o taparse un agujero, grieta, conducto, etc.

obtemperar *tr.* Obedecer, asentir.

obtener *tr.* Alcanzar, conseguir y lograr una cosa que se merece, solicita o pretende. Tener, conservar y mantener.

obturador-triz *adj. y s.* Dícese de lo que sirve para obturar. Dícese del orificio que existe en la pelvis y de los órganos próximos o relacionados con él. Dispositivo de las cámaras fotográficas que regula el tiempo y velocidad de exposición de la placa o película sensible.

obturar *tr.* Tapar o cerrar una abertura o conducto introduciendo o aplicando otro cuerpo.

obtuso-a *adj.* Romo, sin punta. Torpe, tardo de comprensión. Dícese del ángulo mayor que un recto.

obús *m.* Pieza de artillería de tiro curvo, propia para batir por elevación objetivos ocultos. Proyectil que se dispara con ella.

obviar *tr.* Evitar, rehuir, quitar de en medio obstáculos o inconvenientes.

obvio-a *adj.* Que se encuentra o pone delante de los ojos. Muy claro o que no tiene dificultad. Patente, manifiesto.

oc. Dícese de la lengua neolatina que se hablaba antiguamente en el mediodía de Francia.

oca *f.* Ansar, ganso.

ocal *adj. y s.* Dícese de ciertas peras, manzanas y otras frutas muy gustosas y delicadas y de cierta especie de rosas.

ocarina *f.* Instrumento musical de viento, por lo común de barro cocido y de forma ovoide, con agujeros decrecientes.

ocasión *f.* Oportunidad o comodidad de tiempo o lugar que se ofrece para ejecutar o conseguir una cosa. Causa, motivo. Peligro, riesgo.

ocasional *adj.* Dícese de lo que causa o motiva algo. Que acaece accidentalmente.

ocasionar *tr.* Ser causa o motivo para que suceda algo. Mover o excitar. Poner en riesgo o peligro.

ocaso *m.* Puesta del Sol o de otro astro. Occidente. Oeste. Decadencia. Crepúsculo vespertino.

occidental *adj.* Perteneciente al Occidente.

occidente *m.* Lugar o punto de la Tierra o de la esfera celeste que, respecto de otro, cae hacia donde se pone el Sol. Punto cardinal del horizonte por donde se pone el Sol en los días equinocciales. Conjunto de naciones de la parte occidental de Europa o de su civilización.

occipital *adj.* Perteneciente o relativo al occipucio. *M.* Hueso del cráneo situado en la parte posterior de la cabeza, en que se abre el agujero a través del cual pasa la medula espinal.

occipucio *m.* Parte de la cabeza por donde ésta se une con las vértebras del cuello.

occiso-a *adj. y s.* Muerto violentamente.

oceánico-a *adj.* Perteneciente o relativo al Océano. Que vive o crece en él.

océano *m.* Grande y dilatado mar que cubre la mayor parte de la superficie terrestre. Cada una de las grandes subdivisiones de este mar. Extensión o inmensidad de algunas cosas.

oceanografía *f.* Ciencia que estudia los mares en el triple aspecto físico, químico y biológico.

ocelo *m.* Ojo simple de los insectos. Cada uno de los elementos del ojo compuesto.

ocelote *m.* Carnívoro félido americano, poco temible, de cuerpo proporcionado y esbelto, con dibujos de varios matices; caza de noche y se alimenta de aves, monos, ratas, etc.

ocena *f.* Rinitis crónica con fetidez y formación de costras.

ocio *m.* Cesación del trabajo, inacción o total omisión de la actividad. Diversión u ocupación reposada; entretenimiento.

ociosidad *f.* Vicio de no trabajar; perder el tiempo o gastarlo inútilmente. Efecto del ocio. Holgazanería, haraganería.

ocioso-a *adj. y s.* Dícese de la persona que está sin trabajar o sin hacer alguna cosa. Sin uso ni ejercicio para lo que está destinado. Desocupado. Inútil, sin fruto ni provecho. Holgazán, perezoso.

ocluir *tr. y r.* Cerrar un conducto con algo que lo obstruya.

oclusión *f.* Acción y efecto de ocluir u ocluirse. Contacto de los dientes de ambos maxilares al masticar. Obstáculo al aire espirado cuando se quiere pronunciar ciertas consonantes.

oclusivo-a *adj.* Perteneciente o relativo a la oclusión. Que la produce. Dícese de las consonantes en cuya pronunciación se interrumpe la salida del aire espirado: p, b, t, k.

ocote *m.* En México, especie de pino muy resinoso. Madera de este árbol.

ocozoal *m.* Culebra de cascabel, de México, de lomo pardo y vientre amarillento rojizo.

ocre *m.* Mineral terroso, de color amarillo, óxido de hierro hidratado; sirve como mena de hierro y se emplea en pintura.

octaedro *m.* Sólido de ocho caras triangulares; el regular tiene ocho planos que son triángulos equiláteros.

octágono *m.* Polígono de ocho ángulos y ocho lados.

octano *m.* Nombre genérico de los hidrocarburos parafínicos de ocho átomos de carbono.

octava *f.* Espacio de ocho días durante los cuales la Iglesia celebra una fiesta solemne. Último de los ocho días. Estrofa de ocho versos de rima consonante. Sonido que forma con otro consonancia perfecta, producido por un número doble de vibraciones. Serie diatónica de los siete sonidos de una escala y la repetición del primero de ellos.

octavilla *f.* Octava parte de un pliego de papel, en blanco o con texto. Combinación métrica de ocho versos octosílabos que riman de muy diversas maneras, según las épocas y los autores.

octavo-a *adj.* Que sigue inmediatamente al o a lo séptimo. Dícese de cada una de las ocho partes iguales en que se divide un todo.

octingentésimo-a *adj.* Que sigue inmediatamente al o a lo septigentésimo nonagésimo nono. Dícese de cada una de las 800 partes iguales en que se divide un todo.

octogenario-a *adj. y s.* Que ha cumplido la edad de 80 años y no llega a la de 90.

octogésimo-a *adj.* Que sigue inmediatamente al o a lo septuagésimo nono. Dícese de cada una de las 80 partes iguales en que se divide un todo.

octosílabo-a *adj.* De ocho sílabas. *M.* Verso de ocho sílabas.

octubre *m.* Décimo mes del año, según nuestro cómputo; tiene 31 días.

óctuple u **óctuplo-a** *adj.* Que contiene ocho veces una cantidad.

oculteca *adj. y s.* Indígena mexicano de una tribu otomí establecida en la parte S. del actual territorio del Estado de México; llamado también malinalca. Uno de los dialectos integrantes de la familia matlatzinca.

ocular *adj.* Perteneciente a los ojos o que se hace por medio de ellos. *M.* Lente o sistema de lentes por donde mira o se aplica el ojo del observador.

oculista *com.* Médico que se dedica especialmente a curar las enfermedades de los ojos; oftalmólogo.

ocultar *tr. y r.* Esconder, tapar, disfrazar, encubrir a la vista. Callar advertidamente lo que se pudiera

o debiera decir, o disfrazar la verdad.

ocultismo *m.* Creencia en las llamadas ciencias ocultas; cultivo de las mismas; práctica de la magia, adivinación, alquimia, etc.

oculto-a *adj.* Escondido, ignorado, que no se da a conocer ni se deja ver ni sentir. Dícese de las ciencias o creencias, y de las fuerzas sobrenaturales, secretas y misteriosas, como la magia, adivinación, cábala, alquimia y aun del espiritismo.

ocupación *f.* Acción y efecto de ocupar. Trabajo o cuidado que impide ocupar el tiempo en otra cosa. Empleo, oficio o dignidad. Profesión, quehacer, labor, tarea. Aprehensión de una cosa que no pertenece a nadie.

ocupar *tr.* Tomar posesión, apoderarse de una cosa. Obtener, gozar un empleo o dignidad. Llenar un espacio o lugar. Habitar una casa. Dar qué hacer o en qué trabajar. Llamar la atención de uno; darle en qué pensar. *R.* Emplearse en un trabajo, ejercicio o tarea. Poner atención en un asunto o cosa.

ocurrencia *f.* Encuentro, suceso casual, ocasión. Cosa inesperada, pensamiento, dicho agudo u original que ocurre a la imaginación.

ocurrir *intr.* Prevenir, anticiparse o salir al encuentro. Acaecer, acontecer, suceder algo. Recurrir, demandar. Venir a la imaginación una cosa de repente y sin esperarla. Acudir, concurrir.

ocurso *m. americ.* Petición escrita, memorial.

ochava *f.* Octava parte de un todo. Octava, espacio de ocho días. En América, chaflán, esquina de una calle. Cualquiera de las caras de una figura octogonal.

ochavado-a *adj.* Dícese de toda figura con ocho ángulos iguales y ocho lados, cuatro alternados iguales y los otros cuatro también iguales entre sí, desiguales a los primeros.

ochavo *m.* Moneda española de cobre con peso de un octavo de onza. Edificio o lugar de figura ochavada.

ochenta *adj.* Ocho veces diez. Octogésimo.

ochentón-a *adj. y s.* Octogenario.

ocho *adj.* Siete y uno. Octavo.

ochocientos-as *adj.* Ocho veces ciento. Octingentésimo.

oda *f.* Composición lírica de asuntos muy diversos y de muy varios tonos y formas: sagrada, heroica, anacreóntica, etc. Composición poética de gran elevación y arrebato. Canto.

odalisca *f.* Esclava dedicada al servicio del harén del gran turco. Concubina turca.

odeón *m.* Teatro o lugar destinado en Grecia para los espectáculos musicales. Hoy, teatro de canto.

odiar *tr.* Tener odio. Aborrecer, detestar.

odio *m.* Antipatía y aversión hacia alguna persona o cosa cuyo mal se desea. Aborrecimiento, encono, saña.

odioso-a *adj.* Digno de odio. En América, fastidioso, inoportuno, detestable.

odisea *f.* Viaje largo lleno de aventuras, por alusión al de Ulises antes de tornar a su patria.

odontalgia *f.* Dolor de dientes o de muelas.

odontología *f.* Parte de la Medicina que estudia la anatomía, fisiología, patología, terapéutica e higiene de los dientes y de los tejidos que les sirven de soporte.

odorífero-a *adj.* Que huele bien, que tiene buen olor o fragancia.

odre *m.* Cuero, generalmente de cabra, que cosido y empegado sirve para contener líquidos. Persona muy bebedora o borracha. En la gaita y cornamusa, depósito del aire para alimentar el sonido.

oeste *m.* Occidente. Viento que sopla de esta parte.

ofender *tr.* Hacer daño a alguien físicamente, hiriéndolo o maltratándolo. Injuriar de palabra, denostar. *R.* Enfadarse por un dicho o hecho.

ofensivo-a *adj.* Que ofende o puede ofender. *F.* Situación o estado del que trata de ofender o atacar.

oferta *f.* Promesa que se hace de dar, cumplir o ejecutar una cosa. Don que se presenta a alguien para que lo acepte. Propuesta para contratar. Presentación de mercancías en solicitud de venta.

ofertorio *m.* Parte de la Misa en que el sacerdote ofrece a Dios la hostia y el vino. Composición musical o vocal que se interpreta durante este acto.

offset *m.* Procedimiento de impresión por medio de una matriz elástica colocada sobre un rodillo que toma la tinta del molde para pasarla al papel.

oficial *adj.* Que tiene autenticidad y emana de la autoridad del Estado. *M.* El que se ocupa y trabaja en un oficio o que en él ha terminado el aprendizaje y no es maestro aún. Empleado que, bajo las órdenes de un jefe, estudia y prepara el despacho de los negocios de una oficina. Militar que tiene un grado, desde alférez o

segundo teniente hasta capitán inclusive.

oficialía *f.* Empleo de oficial de contaduría, secretaría o cosa semejante.

oficialidad *f.* Conjunto de oficiales del ejército o de parte de él.

oficiar *tr.* Ayudar a cantar las misas y demás oficios divinos. Celebrarlos. Comunicar una cosa oficialmente y por escrito.

oficina *f.* Sitio donde se trabaja, ordena o se hace alguna cosa. Departamento donde trabajan los empleados públicos o particulares. Laboratorio de Farmacia.

oficinal *adj.* Dícese de cualquier planta o animal que se usa como medicina. Medicamento que se halla en las boticas, preparado según las reglas de la Farmacopea.

oficinesco-a *adj.* Perteneciente a las oficinas del Estado, o propio y característico de ellas; tómase generalmente en mala parte.

oficinista *com.* Empleado en una oficina del Estado o particular.

oficio *m.* Ocupación habitual. Cargo o profesión. Función propia de alguna cosa. Acción o gestión. Comunicación escrita referente a los asuntos del servicio público. Oficina. Rezo diario al que los eclesiásticos están obligados. *Pl.* Funciones de iglesia.

oficioso-a *adj.* Persona hacendosa y solícita en el trabajo. Que se manifiesta solícito para ser agradable y útil. Que se entremete en asuntos que no le incumben. Mediación benévola en una disputa o controversia. Dícese de lo que se hace o dice sin forma oficial.

ofidio *m.* Reptil lepidosaurio, sin extremidades, boca dilatable y con dientes, de cuerpo alargado y estrecho, lengua bífida y protáctil: boa, víbora, pitón, etc.

ofrecer *tr.* Prometer, obligarse. Presentar y dar voluntariamente una cosa. Manifestar y poner patente una cosa para que todos la vean. *R.* Venirse una cosa impensadamente a la memoria. Ocurrir o sobrevenir. Entregarse voluntariamente a otro para ejecutar alguna cosa.

ofrendar *tr.* Ofrecer dones y sacrificios a Dios en señal de adoración o por un beneficio recibido. Contribuir con dinero u otros dones para un fin.

oftalmía *f.* Inflamación de uno o de ambos ojos.

oftalmología *f.* Parte de la Medicina que estudia la fisiología, patología y terapéutica de los órganos de la visión.

oftalmólogo-a *m. y f.* Oculista.

oftalmoscopio *m.* Instrumento para reconocer el interior del ojo.

ofuscar *tr.* y *r* Deslumbrar, turbar la vista. Oscurecer y hacer sombra. Trastornar, conturbar o confundir las ideas; alucinar.

ógmico-a *adj.* Aplícase a la antigua escritura que se halla en varios lugares de Escocia e Irlanda y que se supone sea ibérica.

ogro *m.* Gigante que, según la mitología nórdica de Europa, se alimentaba de carne humana. Persona huraña, intratable y feroz.

¡oh! *interj.* Denota muchos sentimientos del alma; particularmente asombro, pena o alegría.

ohm *m.* Nombre del ohmio en la nomenclatura internacional.

ohmio *m.* Unidad de resistencia eléctrica.

oído *m.* Sentido del oir. Organo de la audición colocado a uno y otro lado de la cabeza. Aptitud para percibir y reproducir los sonidos musicales.

oidor-a *adj.* Que oye. *M.* Magistrado que oía y sentenciaba causas y pleitos.

oir *tr.* Percibir los sonidos. Atender los ruegos, súplicas o avisos de uno. Admitir la autoridad peticiones, razonamientos o pruebas antes de resolver.

oíslo *com.* Persona querida y estimada, principalmente la mujer respecto del marido.

ojal *m.* Hendedura a propósito para abrochar un botón. Agujero que atraviesa alguna cosa.

¡ojalá! *interj.* Denota vivo deseo de que suceda una cosa.

ojeada *f.* Mirada pronta y ligera.

ojear *tr.* Dirigir los ojos y mirar con atención a determinada parte. Aojar. Espantar la caza para que se levante. Espantar, ahuyentar.

ojén *m.* Aguardiente preparado con anís y azúcar hasta la saturación.

ojera *f.* Mancha más o menos lívida, perenne o accidental, alrededor de la base del párpado inferior. Pieza de cristal que guarda la figura de la cuenca del ojo para bañar éste con algún líquido medicinal. Lavaojos.

ojeriza *f.* Enojo y mala voluntad contra uno. Manía, malquerencia.

ojeroso-a *adj.* Que tiene ojeras.

ojete *m.* Abertura pequeña y reforzada para meter por ella un cordón que afiance. Ano.

ojiva *f.* Figura formada por dos arcos de círculo iguales que se cortan en uno de sus extremos, volviendo la concavidad uno al otro. Arco que tiene esta figura.

ojival *adj.* De figura de ojiva. Dícese del arte arquitectónico que emplea la ojiva para toda clase de arcos; gótico.

ojo *m.* Organo de la vista. Agujero de la aguja, cerradura, queso, pan, etc. Manantial que surge en un llano. Espacio entre dos estribos o pilas de un puente. Atención, cuidado que se pone en una cosa. Malla. *Pl.* Anillos de la tijera por donde entran los dedos. Expresión de gran cariño o por el objeto de él. *Interj.* Denota la atención que debe ponerse en algo.

ojolote *m.* En México, fibra vegetal con que se hace una especie de hilo; planta que la proporciona.

ola *f.* Onda de gran amplitud que se forma en la superficie de las aguas. Variación repentina en la temperatura de un lugar. Movimiento impetuoso de mucha gente apiñada. Impulso colectivo.

olé *m.* Baile andaluz. Música de este baile.

¡olé! *interj.* Con ella se anima o aplaude.

oleácea *adj.* y *s.* Planta dicotiledónea de especies leñosas; ornamental, industrial, maderable o alimenticia.

oleada *f.* Ola grande. Embate y golpe de la ola. Movimiento impetuoso de mucha gente apiñada; ola.

oleaginoso-a *adj.* Aceitoso. Que produce aceite.

oleaje *m.* Sucesión continuada de olas.

oleicultura *f.* Arte de cultivar el olivo y mejorar la producción de aceite.

óleo *m.* Aceite de oliva. Por antonomasia, el que usa la Iglesia en los sacramentos y otras ceremonias. Pintura al óleo.

oleoducto *m.* Tubería de conducción del petróleo desde los campos petrolíferos a los lugares de embarque, a las refinerías o a los centros de consumo.

oleografía *f.* Cromo que imita la pintura al óleo.

oleomargarina *f.* Grasa de consistencia de manteca obtenida del sebo.

oleorresina *f.* Jugo procedente de varias plantas formado por resina disuelta en aceite volátil, como la trementina.

oleoso-a *adj.* Aceitoso.

oler *tr.* Percibir los olores. Conocer o adivinar una cosa que se juzgaba oculta. Inquirir con curiosidad lo que hacen los otros con algún fin. *Intr.* Exhalar o echar de sí fragancia deleitosa o hedor apestoso. Tener señas o aviso de una cosa, que por lo regular es mala.

oleráceo-a *adj.* Aplícase a la planta herbácea que se usa como ali-
olfacción *f.* Acción de oler.
olfatear *tr.* Oler con ahínco y persistentemente. Indagar, averiguar con curiosidad y empeño.
olfato *m.* Sentido con que se perciben los olores. Sagacidad para descubrir o entender lo que está disimulado o. encubierto. Olfacción.
olibano *m.* Incienso, gomorresina.
olifante *m.* Trompa pequeña o cuerno de marfil que se fabricaba con un colmillo de elefante, con fines guerreros o cinegéticos.
oligarquía *f.* Gobierno de pocos. Forma de gobierno en que éste es ejercido por un reducido grupo de personas de una misma clase social. Conjunto de comerciantes poderosos que se aúnan para que los negocios dependan de su arbitrio.
oligoceno *adj. y s.* Período del terciario que corresponde al paleógeno superior, entre el eoceno y el mioceno.
olimpíada *f.* Fiestas o juegos que se celebraban cada cuatro años en la antigua ciudad de Olimpia, en la Élida, Grecia, a partir del 776 a. C.; la primera de las modernas tuvo lugar en Atenas, en 1896.
olímpico-a *adj.* Perteneciente al Olimpo, monte de Grecia, en Tesalia, que en la mitología griega figura como morada de los dioses. Perteneciente a los juegos que se celebraban en Olimpia. Altanero, soberbio.
oliscar *tr.* Oler con cuidado y persistencia, y buscar con el olfato una cosa. Averiguar, inquirir o procurar saber un acaecimiento o noticia. *Intr.* Empezar a oler mal una cosa.
olisco-a u oliscoso-a *adj. americ.* Dícese de la carne, pescado u otros alimentos que comienzan a oler mal.
oliva *f.* Olivo. Aceituna. Lechuza. Paz.
oliváceo-a *adj.* De color de aceituna.
olivar *m.* Terreno plantado de olivos.
olivo *m.* Arbol oláceo de tronco retorcido, copa ancha y ramosa, hojas coriáceas persistentes, flores blancas en ramitos axilares y por fruto la aceituna, drupa ovoide con hueso grande y duro que encierra la semilla.
olmeca *adj. y s.* Pueblo de origen incierto establecido desde muy antiguo en territorios mexicanos de Veracruz y Tabasco, de marcada fuerza expansionista y que desarrolló característica civilización,

que algunos consideran como madre de la mesoamericana.
olmo *m.* Arbol ulmáceo de tronco robusto y derecho, corteza gruesa y resquebrajada, de hojas elípticas vellosas por el envés, de flores precoces en hacecillos y fruto seco con una semilla de ala membranosa en su contorno; maderable.
ológrafo-a *adj. y s.* Aplícase al testamento o a la memoria testamentaria de puño y letra del testador. Autógrafo.
olor *m.* Sensación que producen en el olfato las emanaciones de los cuerpos. Aroma. Fama, opinión y reputación.
oloroso-a *adj.* Que exhala de sí fragancia. Fragante, perfumado, aromático.
oloíe *m.* En México, raspa del maíz después de desgranada.
olvidadizo-a *adj.* Que con facilidad se olvida de las cosas. Ingrato.
olvidar *tr. y r.* Perder la memoria de una cosa. Dejar el cariño que antes se tenía por alguien o por algo. Omitir, descuidar, abandonar, desatender.
olvido *m.* Falta de memoria. Cese de un cariño. Descuido de algo que se debía tener presente.
olla *f.* Vasija redonda de barro o metal para cocer, calentar agua, etc. Vianda preparada con carne, tocino, legumbres y hortalizas que se cuece y sazona.
ollar *m.* Cada uno de los dos orificios de la nariz de las caballerías.
omalgia *f.* Dolor en el hombro.
ombligo *m.* Cicatriz redonda y arrugada que se forma en medio del vientre, después de romperse y secarse el cordón umbilical. Cordón que va desde el vientre del feto a la placenta. Centro de una cosa.
omega *f.* Ultima letra del alfabeto griego, equivalente a una o larga castellana.
ómicron *f.* O breve del alfabeto griego, correspondiente a nuestra o.
ominoso-a *adj.* Azaroso, de mal agüero, abominable, vitando.
omisión *f.* Abstención de hacer o decir. Falta por haber dejado de hacer algo necesario o conveniente. Flojedad o descuido del que está encargado de un asunto.
omitir *tr.* Dejar de hacer una cosa. Pasarla en silencio. Olvidar, suprimir.
ómnibus *m.* Carruaje de gran capacidad para transporte de pasajeros dentro de las poblaciones o aledaños. Tren que lleva carruajes de todas clases y para en todas las estaciones.

omnímodo-a *adj.* Que lo abraza y comprende todo.

omnipotencia *f.* Poder omnímodo, atributo únicamente de Dios. Poder muy grande.

omnisciencia *f.* Atributo exclusivo de Dios, que consiste en el conocimiento de todas las cosas reales o posibles.

omnívoro-a *adj.* Dícese de los animales que se alimentan de toda clase de substancias orgánicas.

omóplato u omoplato *m.* Cada uno de los dos huesos anchos, casi planos, situados a uno y otro lado de la espalda, donde se articulan con los brazos; paletilla.

ona *adj. y s.* Indígena sudamericano que vive en la extremidad meridional de América, en la Tierra del Fuego; muy atrasado.

onagro *m.* Equido silvestre de orejas y cola largas, muy veloz, que en grandes manadas habita en algunas regiones de Asia y África.

onanismo *m.* Masturbación. Extracción del pene en el coito antes del orgasmo para evitar la concepción.

once *adj.* Diez y uno. Undécimo.

onceno-a *adj.* Undécimo.

oncocercosis u oncocerciasis *f.* Enfermedad causada por un nematelminto, con formación de nódulos en la cabeza, cara, espacios intercostales, etc:; una de sus manifestaciones tardías es la ceguera.

onda *f.* Porción de agua que alternativamente se eleva y deprime en la superficie de las aguas. Ondulación, movimiento circular de un líquido o un fluido. Reverberación de la llama. Curvatura natural o artificial de algunas cosas flexibles. Propagación periódica de un fluido en el espacio o en el tiempo, sin que las partículas del medio se adelanten o retrocedan.

ondear *intr.* Hacer ondas el agua impelida por el aire. Ondular. Formar ondas una cosa flexible. *R.* Mecerse en el aire, con sostén de alguna cosa.

ondina *f.* Ninfa de las aguas.

ondulación *f.* Acción y efecto de ondular. Movimiento de carácter ondulatorio que adquiere un fluido. Onda.

ondular *intr.* Moverse una cosa formando giros en figuras de eses. *Tr.* Hacer ondas en el pelo.

ondulatorio-a u ondulante *adj.* Que se extiende en forma de ondulaciones.

oneroso-a *adj.* Pesado, molesto o gravoso. Que incluye prestaciones recíprocas, en oposición a lo lucrativo.

ónice u ónix *m.* Ágata listada de colores alternativamente claros y oscuros.

onicosis *f.* Enfermedad o deformidad de las uñas.

onomástico-a *adj.* Perteneciente o relativo a los nombres y, especialmente, a los propios.

onomatopeya *f.* Imitación del sonido de una cosa, en el vocablo que se forma para significarla. Este mismo vocablo.

ontología *f.* Parte de la Metafísica que estudia el ser en general; las substancias, las cosas en sí; teoría de los objetos; ciencia de las esencias.

onubense *adj. y s.* Natural de la antigua Onuba, hoy Huelva. Perteneciente a esta antigua ciudad de los tudertanos. Huelveño.

onza *f.* Peso equivalente a 287 decigramos; en México, a 28.75 g.

onza *f.* Mamífero félido carnicero, semejante a la pantera, con pelaje como el del leopardo; domesticable.

onzavo-a *adj. y s.* Undécimo, cada una de las once partes iguales en que se divide un todo.

opa *adj. americ.* Tonto, idiota.

opacar *tr.* Hacer opaca una cosa. En México, superar a otra persona en alguna cualidad; oscurecer.

opacificarse *r.* Perder la transparencia un cuerpo o un órgano, como el cristalino, al hacerse opaco en el proceso de las cataratas.

opacle *m.* En México, hierba que se añade al pulque para facilitar su fermentación.

opaco-a *adj.* Que impide el paso de la luz. Oscuro, sombrío. Triste y melancólico. Dícese del cuerpo que absorbe totalmente los rayos de las longitudes de onda en ella comprendidas.

opal *m.* Tela de algodón de colores claros.

opalescencia *f.* Reflejos de ópalo. Aspecto lechoso e iridiscente que presentan algunas soluciones.

opalescente u opalino-a *adj.* Que parece de ópalo o irisado como él. De color entre blanco y azulado con reflejos irisados.

ópalo *m.* Mineral silíceo amorfo, con algo de agua, de lustre resinoso, duro y quebradizo y de colores diversos; se clasifica entre las piedras preciosas.

opata *adj. y s.* Indígena mexicano del grupo sonora, establecido en la parte oriental del actual Estado de Sonora, en los altos valles de los ríos Hermosillo y Yaqui; teguima.

opción *f.* Libertad o facultad de elegir. La misma elección. Derecho a un oficio, dignidad, etc.

opcional *adj.* Que está sujeto a opción. Que pertenece o se refiere a la opción.

ópera *f.* Poema dramático puesto en música todo él. Su música; el poema escrito para que varios actores lo canten.

operación *f.* Acción y efecto de operar. Ejecución de una cosa. Negociación o contrato sobre valores o mercancías. Procedimiento o método para obtener un resultado. Intervención quirúrgica. Maniobras o marchas militares.

operador-a *adj. y s.* Médico que realiza operaciones quirúrgicas. Persona encargada de proyectar la película en la pantalla, de dirigir un vehículo, etc.

operar *tr.* Ejecutar sobre el cuerpo vivo, a mano o con instrumento, algún trabajo importante, para curar una enfermedad, corregir defectos, etc. *Itr.* Obrar una cosa. Maniobrar. Especular sobre valores, negociar, comerciar.

operario-a *m. y f.* Obrero, trabajador manual retribuido.

opérculo *m.* Pieza a modo de tapadera para cerrar ciertas aberturas. Tejido o parte de él en forma de párpado.

opereta *f.* Opera musical de carácter ligero, con partes declamadas y partes musicales.

opimo-a *adj.* Rico, abundante, fértil.

opinable *adj.* Que puede ser defendido en pro y en contra.

opinar *intr.* Formar o tener opinión. Expresarla de palabra o por escrito. Discurrir sobre la verdad o certeza de una cosa. Juzgar, pensar.

opinión *f.* Concepto o parecer que se forma de una cosa cuestionable. Concepto en que se tiene a una persona o cosa.

opio *m.* Látex desecado de las cápsulas verdes de la adormidera que lo exudan por incisiones; se usa en Medicina como analgésico, antiespasmódico e hipnótico; es droga sujeta a la restricción de estupefacientes.

opíparo-a *adj.* Copioso y espléndido, tratándose de comida, banquetes, etc.

oploteca u **hoploteca** *f.* Galería o museo de armas antiguas, preciosas o raras.

oponer *tr.* Poner una cosa contra otra para estorbarle o impedirle su efecto. Proponer una razón en contra de otra. *R.* Ser una cosa contraria o repugnante a otra. Estar una cosa situada enfrente de otra. Impugnar, contradecir, estorbar un designio. Presentar oposiciones. Enfrentar.

oporto *m.* Vino tinto fabricado principalmente en Oporto, ciudad de Portugal.

oportunidad *f.* Sazón, coyuntura, conveniencia de tiempo y de lugar.

oportunismo *m.* Sistema político que prescinde en cierta medida de los principios fundamentales, tomando en cuenta las circunstancias de tiempo y lugar.

oportunista *adj. y s.* Partidario del oportunismo. Dícese también de la persona que actúa según las conveniencias del momento, sin miras a ningún principio, ideal o ética.

oportuno-a *adj.* Que se hace o dice en tiempo a propósito y cuando conviene. Ocurrente y pronto en la conversación.

oposición *f.* Acción y efecto de oponer u oponerse unas cosas a otras. Disposición de las cosas, una enfrente de otra. Contrariedad o repugnancia de una cosa con otra. Concurso de pretendientes a una cátedra, empleo, destino, etc., por medio de ejercicios que demuestren su suficiencia. Contradicción o resistencia a lo que uno hace o dice. Minoría parlamentaria que impugna habitualmente los actos y doctrina del gobierno. Por extensión, minoría de otros cuerpos deliberantes. Relación contraria o contradictoria entre dos términos.

oposicionista *adj.* Perteneciente o relativo a la oposición. *M.* Persona que pertenece o es adicta a la oposición política.

opositor-a *m. y f.* Persona que se opone a otra, en cualquier materia. Pretendiente a un empleo, prebenda, cátedra, etc., que se ha de proveer por oposición.

opoterapia *f.* Procedimiento curativo por el empleo de órganos animales crudos, de sus extractos o de las hormonas aisladas de las glándulas endocrinas.

opresor-a *adj. y s.* Que violenta a uno, lo aprieta y obliga con vejación o molestia.

oprimir *tr.* Ejercer presión sobre una cosa. Sujetar a alguien vejándolo, tiranizándolo o afligiéndolo.

oprobio *m.* Ignominia, afrenta, deshonra, ofensa.

optar *tr.* Escoger una cosa entre varias. Entrar en una dignidad, empleo, u otra cosa a la que se tiene derecho.

óptica *f.* Parte de la Física que estudia la luz, su naturaleza, propiedades; fenómenos, leyes, causas y aplicaciones que de ella proceden.

óptico-a *adj.* Perteneciente o relativo a la Optica. El que fabrica instrumentos o aparatos de Optica. El que estudia los defectos del ojo humano y medios de corregirlos. Comerciante en objetos de Optica.

optimismo *m.* Tendencia a considerar las cosas bajo el aspecto más favorable. Doctrina que considera que, este mundo es el mejor de todos los posibles.

óptimo-a *adj.* Superlativo de bueno. Sumamente bueno, que no puede ser mejor.

optometría *f.* Medición de la agudeza visual, del límite de la visión y del estado de refracción del ojo, para corregir los defectos.

opuesto-a *adj.* Enemigo, contrario. Dícese de las fuerzas de igual intensidad y dirección, y de sentido contrario; o de los números de igual valor y signo contrario. Que está enfrente o frente a otro y no junto a él.

opugnar *tr.* Hacer oposición con fuerza y violencia. Contradicción por fuerza de razones.

opulencia *f.* Abundancia, riqueza y sobra de bienes. Sobreabundancia de cualquier cosa.

opuncia *f.* Nopal. Cacto.

opus *m.* Pieza musical de un compositor que, seguida del número correspondiente, indica el lugar que le corresponde en la serie.

opúsculo *m.* Obra científica o literaria de poca extensión.

oquedad *f.* Espacio vacío en un cuerpo sólido. Insustancialidad de lo que se habla o escribe.

oquedal *m.* Monte sólo de árboles altos, limpio de hierbas o matas.

ora *conj.* Aféresis de ahora; es distributiva.

oración *f.* Obra de elocuencia destinada al público para persuadirlo o moverlo a reflexionar, dar, conmover, etc. Súplica o ruego a Dios o a los santos. Palabra o conjunto de palabras con que se expresa un juicio. Rezo.

oráculo *m.* Respuesta que da Dios por sí mismo o por sus ministros. Contestación que las pitonisas o sacerdotes de la gentilidad daban como divinas a las consultas que ante sus ídolos se hacían. Persona a quien todos escuchan con respeto y veneración.

orador-a *m. y f.* Persona que ejerce la oratoria; que habla en y para el público. Persona que pide y ruega. Predicador.

oral *adj.* Expresado con la boca o con la palabra, por oposición a lo escrito.

oralmente *adv.* Verbalmente.

orangután *m.* Mono antropomorfo selvático, de cuerpo robusto y pelaje espeso; de joven es dócil, pero adulto se hace feroz.

orar *intr.* Hablar en público. Hacer oración a Dios. Rogar, pedir, suplicar.

orate *com.* Persona que ha perdido el juicio. De poca moderación o prudencia.

oratoria *f.* Arte de hablar con elocuencia; de deleitar, persuadir y conmover por medio de la palabra.

oratorio *m.* Lugar destinado para retirarse a hacer oración a Dios. Composición musical sobre un texto de tipo histórico o religioso.

oratorio-a *adj.* Perteneciente o relativo a la oratoria, a la elocuencia o al orador.

orbe *m.* Redondez o círculo. Esfera celeste o terrestre. Mundo.

orbicular *adj.* Redondo o circular. Dícese de los músculos en forma de círculo o anillo.

órbita *f.* Trayectoria que sigue un astro; o un electrón alrededor de su núcleo. Cada una de las dos cavidades óseas que contienen el globo ocular y los tejidos blandos que lo rodean.

orca *f.* Cetáceo delfínido, de cabeza redonda, cuerpo robusto y largo, con aletas pectorales muy largas; vive en todos los mares y persigue a las ballenas y focas.

ordalías *f. pl.* Pruebas diversas que en la Edad Media hacían los acusados, llamadas comúnmente juicios de Dios, para probar su inocencia.

orden *amb.* Colocación de las cosas en el lugar que les corresponde. Concierto de las cosas entre sí. Regla o modo para hacer las cosas. Serie o sucesión de las cosas. Relación o respecto de una cosa a otra. Sacramento por el cual se da potestad espiritual para desempeñar debidamente los cargos eclesiásticos. Sociedad legítima de personas que viven en comunidad, hacen los tres votos solemnes y perpetuos de castidad, pobreza y obediencia y siguen una regla para mejor alcanzar la perfección evangélica. Mandato que se debe obedecer. Instituto civil o militar creado para premiar, por medio de condecoraciones, a las personas beneméritas. En México, ración, plato. Disposición y proporción de los cuerpos que forman un edificio. Grupo en que se clasifica un organismo.

ordenado-a *adj.* Con o en orden. *F.* Coordenada vertical, en el sistema cartesiano.

ordenancista *adj.* Dícese del jefe u oficial que cumple y aplica con rigor la ordenanza. Rigorista.

ordenanza *f.* Método, orden y concierto en las cosas que se ejecutan. Conjunto de preceptos referentes a una materia. Mandato, disposición. Ordenación. Disposición legal para la aplicación concreta de una ley. *M.* Empleado subalterno encargado de llevar recados o cumplir pequeños menesteres. Soldado a las órdenes de un jefe u oficial para los asuntos del servicio.

ordenar *tr.* Poner en orden, concierto y buena disposición una cosa. Mandar y prevenir que se haga una cosa. Encaminar y dirigir a un fin. Conferir las órdenes a uno. *R.* Recibir las órdenes sagradas. Disponer los términos de un polinomio en forma ascendente o descendente, según los exponentes.

ordeñar *tr.* Extraer la leche exprimiendo la ubre. Recoger la aceituna de los ramos.

ordinal *adj.* Referente al orden. Dícese del número que expresa idea de orden o sucesión.

ordinariez *f.* Falta de urbanidad y cultura.

ordinario-a *adj.* Común y regular. Plebeyo, opuesto a noble. Bajo, basto, vulgar. Sin grado o distinción en su línea. Dícese del juez, o tribunal civil, en oposición a los de fuero privilegiado. Dícese del obispo diocesano. Recadero regular.

orear *tr.* Dar el viento en una cosa, refrescándola. Dar en una cosa el aire para que se seque o pierda el olor contraído. *R.* Salir uno a, tomar el aire.

oreja *f.* Oído, sentido del oír. Aparato de la audición. Ternilla externa del órgano del oído. Pieza lateral de algunas cosas. Pieza saliente o resalto de algunas herramientas, tubos, placas, etc.

orejear *intr.* Mover las orejas un animal. Hacer una cosa de mala gana y con violencia. En México y Puerto Rico, desconfiar, temer. *Tr.* Tirar de la oreja a alguien.

orejera *f.* Piezas de la gorra o montera que cubren las orejas y se atan debajo de la barba. Rodaja ornamental que se metían los indios en un agujero abierto en la parte inferior de la oreja.

orejón *m.* Pedazo de fruta secado al aire y al sol. Tirón de orejas. *Adj.* Orejudo, de orejas grandes.

orejudo-a *adj.* Que tiene orejas grandes o largas.

orensano-a *adj. y s.* Natural de Orense. Perteneciente a esta provincia y ciudad española, en Galicia.

oreo *m.* Soplo del aire que da suavemente en una cosa.

orexia *f.* Apetito, necesidad de tomar alimento.

orfanato *m.* Asilo de huérfanos.

orfandad *f.* Estado en que quedan los hijos por la muerte de sus padres, o sólo del padre. Pensión de que disfrutan algunos huérfanos. Falta de ayuda o valimiento en que una persona se encuentra.

orfebre *m.* Artífice que trabaja en orfebrería.

orfebrería *f.* Obra o bordadura de oro o plata.

orfelinato *m.* Galicismo por orfanato.

orfeón *m.* Sociedad de cantantes en coro, sin instrumentos que los acompañen.

organdí *m.* Tela de algodón, lino o seda muy fina o transparente, usada en el traje femenino.

orgánico-a *adj.* Dícese del cuerpo que está con disposición de vivir. Que tiene armonía y consonancia. Dícese de lo que atañe a la constitución de corporaciones o entidades o a sus funciones. Dícese de lo compuesto de miembros o partes que pueden cumplir funciones diferentes y coordinadas. Dícese de la substancia cuyo componente constante es el carbono.

organillero *m. y f.* Persona que por ocupación toca el organillo.

organillo *m.* Instrumento musical de cuerdas, popular y portátil, parecido al piano, que se hace sonar dando vueltas a una manivela; piano de manubrio.

organismo *m.* Conjunto de órganos del cuerpo animal o vegetal y de las leyes por que se rige. Conjunto de oficinas, dependencias o empleos que forman un cuerpo, entidad o institución. Individuo animal o vegetal. Todo constituido por partes o miembros diferentes y coordinados.

organista *com.* Persona que profesa el arte de tocar el órgano.

organización *f.* Acción y efecto de organizar u organizarse. Disposición de los órganos de un ser vivo, o manera de estar organizado el cuerpo animal o vegetal Disposición, orden.

organizar *tr.* Disponer el órgano para que esté acorde y templado. Establecer o reformar una cosa, sujetando a reglas el número, orden, armonía y dependencia de las partes que la componen. Ordenar, arreglar.

órgano *m.* Instrumento musical de viento que se compone de una serie de tubos donde se produce el sonido, fuelles que impulsan el aire y uno o varios teclados y de diversos registros. Cualquiera de las partes diferenciadas del cuerpo animal o vegetal que ejercen una función. Pieza o conjunto de piezas de una máquina. Medio o conducto de comunicación. Persona o cosa que sirve para la ejecución de un acto o de un designio.

organología *f.* Tratado de los órganos de los animales o de los vegetales.

orgasmo *m.* Momento de la más alta excitación sexual, que en el varón coincide con la eyaculación seminal.

orgía *f.* Festín en que se come y bebe inmoderadamente y se cometen otros excesos.

orgullo *m.* Arrogancia, vanidad, exceso de estimación propia, a veces disimulable por nacer de causas nobles y virtuosas.

oriental *adj.* Perteneciente al Oriente. Natural de él, o de sus regiones.

orientalista *com.* Persona que cultiva las lenguas, literaturas, historia, etc., de los países de Oriente.

orientar *tr.* Colocar una cosa en posición determinada respecto a los puntos cardinales. Informar a uno de lo que ignora y desea saber. Dirigir o encaminar una cosa hacia un fin determinado.

oriente *m.* Nacimiento de una cosa. Lugar de la Tierra o de la esfera celeste que, respecto de otro, cae hacia donde sale el Sol. Viento que sopla de esta parte. Brillo especial de las perlas. Punto cardinal del horizonte por donde nace o aparece el Sol en los equinoccios.

orificar *tr.* Rellenar con oro la picadura de una muela o un diente.

orífice *m.* Artífice que trabaja en oro. Orfebre.

orificio *m.* Boca o agujero. Abertura de ciertos conductos.

oriflama *f.* Estandarte, pabellón, bandera o gallardete de colores, que se despliega al viento.

origen *m.* Principio, nacimiento, raíz y causa de una cosa. Patria, país donde uno ha nacido. Ascendencia o familia.

original *adj.* Perteneciente al origen. Dícese de la obra producida directamente por su autor; lengua en que se ha escrito. Singular, extraño. *M.* Manuscrito o impreso que se da a la imprenta para que se imprima o reimprima. Persona retratada, respecto del retrato.

originar *tr.* Ser instrumento, motivo, principio u origen de una cosa. *R.* Traer una cosa su principio u origen de otra. Causar, engendrar, producir; proceder, nacer, resultar, crear.

originario-a *adj.* Que da origen a una persona o cosa. Que trae su origen de algún lugar, persona o cosa. Oriundo, nativo.

orilla *f.* Término, límite o extremo de la extensión superficial de algunas cosas. Extremo o remate de una tela. Límite de la tierra que la separa del mar, lago, río, etc.; faja de tierra más inmediata al agua. Senda que se toma en las calles para poder andar por ella, protegido y sin enlodarse.

orillar *tr.* Concluir, arreglar, ordenar, desenredar un asunto. *Intr.* Arrimarse a las orillas; dejarlas en un paño o tela; guernecerlas.

orín *m.* Óxido rojizo que se forma en la superficie del hierro, por la acción del aire húmedo; herrumbre.

orina *f.* Líquido excrementicio que, secretado en los riñones pasa a la vejiga de donde es expelido por la uretra.

orinal *m.* Vaso de vidrio, loza, barro o metal para recoger la orina.

orinar *intr.* Expeler naturalmente la orina. *Tr.* Expeler por la uretra algún otro líquido.

oriundo-a *adj.* Originario, que trae su origen de algún lugar, persona o cosa.

orla *f.* Orilla de paños, telas, etc., con algún adorno. Adorno que se dibuja, pinta o graba en las orillas de una hoja de papel, vitela o pergamino, en torno a lo escrito o impreso. Viñeta, cifra.

orlar *tr.* Adornar con orlas.

ornamentación *f.* Acción y efecto de ornamentar, adornar.

ornamentar u ornar *tr.* Adornar.

ornamento *m.* Adorno, atavío que hace vistosa una cosa. Calidades o prendas morales de un sujeto que le hacen más recomendable. *Pl.* Vestiduras sagradas y adornos del altar.

ornato *m.* Adorno, atavío, aparato.

ornitología *f.* Parte de la Zoología que trata de las aves.

oro *m.* Metal amarillo, el más dúctil y maleable de todos y uno de los más pesados; símbolo Au. Moneda o monedas de oro. Joyas y otros adornos de este metal. Caudal, riquezas. *Pl.* Palo de la baraja en cuyos naipes se representa una o varias monedas de oro.

orogenia *m.* Parte de la Geología que estudia la formación de las montañas.

orografía *f.* Parte de la Geografía Física que describe las montañas. Disposición y estructura de las montañas y cordilleras de una región.

531

orometría *f.* Medición de la altura de las montañas.

orondo-a *adj.* Persona llena de presunción y muy satisfecha de sí misma. Vasija de mucha concavidad, hueco o barriga. Hueco, hinchado, esponjado.

oropel *m.* Lámina de latón, muy batida y adelgazada que imita al oro. Cosa de poco valor y mucha apariencia. Adorno de una persona.

oropéndola *f.* Pájaro de plumaje amarillo, con alas y cola negras; muy hermoso, hace sus nidos de modo que se mezan al impulso del viento; se alimenta de insectos, gusanos y frutas.

oroterapia *f.* Tratamiento de algunas enfermedades por la estancia en lugares de clima de altura.

oroya *f.* Cesta o cajón del andarivel.

orozuz *m.* Planta leguminosa de tallos casi leñosos, hojas compuestas, flores azuladas en racimos axilares, fruto con pocas semillas y rizomas largos cuyo jugo, dulce y mucilaginoso, se usa mucho en Medicina como pectoral y emoliente; regaliz, palo dulce.

orquesta *f.* Conjunto de los diversos instrumentos que se tocan de acuerdo con el contenido de una obra musical. Conjunto de los diversos instrumentistas que integran una agrupación destinada a tocar en teatros, conciertos, etc. Lugar destinado a los músicos entre la escena y las lunetas o butacas.

orquestar *tr.* Instrumentar para orquesta.

orquídea *f.* Planta monocotiledónea herbácea, con hojas envolventes, inflorescencia en racimos con flores muy vistosas y de extraña apariencia, fruto en cápsula; ornamental muy estimada. Flor de esta planta.

orquidopatía *f.* Cualquier enfermedad de los testículos.

orquitis *f.* Inflamación aguda o crónica de uno o ambos testículos.

ortiga *f.* Planta urticácea de tallos prismáticos, hojas opuestas cubiertas de pelos que segregan un líquido urente, flores verdosas en racimos axilares y de fruto seco y comprimido.

orto *m.* Salida del Sol o de otro astro por el horizonte.

ortodoncia *f.* Rama de la Odontología que trata de la corrección de las irregularidades y anomalías de los dientes.

ortodoxia *f.* Rectitud dogmática o conformidad con el dogma católico; por extensión, con la doctrina fundamental de cualquier religión o escuela.

ortodoxo-a *adj. y s.* Conforme con el dogma católico o con la doctrina fundamental de cualquier religión o escuela. Calificativo que sus adeptos dan a ciertas religiones orientales europeas, como la griega y la rumana.

ortoedro *m.* Prisma recto de base rectangular.

ortogonal *adj.* Dícese de lo que esta en ángulo recto.

ortografía *f.* Parte de la Gramática que enseña a escribir correctamente, por el acertado empleo de las letras y de los signos auxiliares de la escritura.

ortología *f.* Arte de pronunciar bien.

ortopedia *f.* Arte de corregir o de evitar las deformidades del cuerpo humano, por medio de aparatos, ejercicios corporales o intervenciones quirúrgicas.

ortóptero *adj. y s.* Insecto de boca masticadora, metamorfosis sencilla y con cuatro alas, de las que las del segundo par son membranosas y se pliegan a lo largo de su nerviación, y las anteriores son elitroideas: saltamontes, langostas, grillos, cucarachas, etc.

oruga *f.* Planta crucífera de tallos vellosos, hojas lanceoladas, flores axilares y fruto en silicua cilíndrica; sus hojas se usan como condimento. Larva en forma de gusano de los insectos lepidópteros. Larvas similares de otros insectos; vulgarmente, gusanos.

orujo *m.* Hollejo de la uva después de exprimida. Residuo de la aceituna molida y prensada. Residuos de distintos frutos.

orza *f.* Vasija de barro vidriado, alta y sin asas.

orzar *intr.* Inclinar la proa hacia la parte de donde viene el viento.

orzuela *f.* En México, horquilla, enfermedad del cabello.

orzuelo *m.* Divieso pequeño que nace en el borde de uno de los párpados. En México, perrilla.

os. Dativo y acusativo del pronombre de segunda persona, masculino o femenino, y en número plural.

osa *f.* Hembra del oso.

osadía *f.* Atrevimiento, audacia, resolución.

osamenta *f.* Esqueleto. Conjunto de huesos de que se compone el esqueleto.

osar *intr.* Atreverse, emprender una cosa con audacia u osadía.

osario *m.* Lugar destinado para reunir los huesos que se sacan de las sepulturas, a fin de volver a enterrar en ellas. Lugar donde se hallan huesos.

oscense *adj. y s.* Natural de Osca, hoy Huesca. Perteneciente a esta antigua ciudad de la España Tarraconense.

oscilación *f.* Acción y efecto de oscilar. Espacio recorrido por el cuerpo oscilante entre sus dos posiciones extremas. Diferencia entre los valores máximo y mínimo que adquiere una magnitud. Generación de corrientes alternas.

oscilador *m.* Aparato destinado a producir oscilaciones eléctricas o mecánicas. Partícula cuyo movimiento periódico determina la producción de ondas.

oscilar *intr.* Moverse alternativamente de un lado para otro; describir moviéndose en opuestos sentidos, la misma línea. Crecer y disminuir alternativamente la intensidad de algunas manifestaciones o fenómenos. Vacilar, titubear, fluctuar.

oscilógrafo *m.* Aparato que registra gráficamente las oscilaciones o variaciones alrededor de un valor normal, de una magnitud mecánica o eléctrica.

oscilómetro *m.* Aparato para medir oscilaciones. Aparato de precisión con que se miden las oscilaciones del pulso y la presión arterial.

oscitar *intr.* Bostezar.

osco-a *adj.* Perteneciente a los oscos. *Adj. y s.* Individuo de un antiguo pueblo itálico, establecido al S. de la Península. Lengua indoeuropea de este pueblo.

ósculo *m.* Beso. Boca o abertura pequeña. Orificio.

oscuridad *f.* Obscuridad.

óseo-a *adj.* De hueso, o de su naturaleza.

osículo *m.* Huesecillo. Formación calcárea del esqueleto de los equinodermos y de otros invertebrados.

osificar *tr. y r.* Convertir en hueso una substancia orgánica.

osifragia *f.* Quebrantamiento, rotura de huesos.

osmático-a *adj.* Relativo al sentido del olfato.

osmio *m.* Metal perteneciente al grupo del platino, el más denso de los cuerpos conocidos, duro, brillante, de color blanco azulado; símbolo Os.

ósmosis u **osmosis** *f.* Paso de algún líquido a través de una membrana permeable.

oso *m.* Mamífero carnicero plantígrado, de cabeza grande, ojos pequeños, extremidades fuertes y gruesas, con uñas recias y ganchudas y cola muy corta; se conocen unas 20 especies.

ososo-a *adj.* Perteneciente al hueso, o que lo tiene. Oseo.

osteítis *f.* Inflamación de un hueso.

ostensible *adj.* Que puede manifestarse o mostrarse. Manifiesto, patente, claro.

ostentación *f.* Acción y efecto de ostentar. Jactancia y vanagloria. Magnificencia exterior y visible.

ostentar *tr.* Mostrar o hacer patente una cosa. Hacer gala de grandeza, lucimiento y boato.

ostentoso-a *adj.* Magnífico, suntuoso, aparatoso y digno de verse.

osteología *f.* Parte de la Anatomía que trata de los huesos. Tratado de las enfermedades de los huesos.

osteomielitis *f.* Inflamación del tejido de la médula ósea.

ostial *adj.* Relativo o perteneciente a un orificio o abertura bucal.

ostión *m.* Ostrón. En América, ostra.

ostionería *f.* En México, establecimiento donde se venden y consumen ostras u ostiones y otros mariscos.

ostra *f.* Molusco marino bivalvo, de concha rugosa irregular; por dentro es lisa, blanca y nacarada; se alimenta de vegetales y animales microscópicos; es extremadamente fecunda; muy estimada como alimento.

ostracismo *m.* Destierro político, entre los antiguos atenienses. Exclusión voluntaria o forzosa de los oficios públicos, de la que suelen ser causa los trastornos políticos.

ostrero-a *adj.* Perteneciente o relativo a las ostras. *M. y f.* Persona que vende ostras; lugar en que se venden, se crían o conservan vivas. Lugar en que se crían las madreperlas.

ostrícola *adj.* Perteneciente o relativo a la cría y conservación de las ostras. Dícese del organismo que vive sobre ellas.

ostricultura *f.* Arte de criar y cultivar las ostras para obtenerlas de las mejores calidades.

ostrogodo *adj. y s.* Individuo perteneciente al grupo de los godos orientales que invadió y dominó a Italia y desapareció en el siglo VI.

ostrón *m.* Especie de ostra mayor y más basta que la común, no cultivada.

osuno-a *adj.* Perteneciente al oso.

otalgia *f.* Dolor de oídos.

otate *m.* En México, gramínea de tallos fuertes que se utiliza para levantar cercas, setos y en la fabricación de cestos, plumeros, etc.

otear *tr.* Registrar desde lugar alto lo que está abajo. Escudriñar, registrar o 'mirar con cuidado.

otero *m.* Cerro aislado que domina un llano.

otitis *f.* Inflamación del oído.

oto *m.* Autillo, ave estrigiforme.

otología *f.* Rama de la Medicina que estudia el oído, sus enfermedades y su tratamiento.

otomana *f.* Sofá otomano, o sea, al estilo de los que usan los turcos o los árabes.

otomano-a *adj. y s.* Turco.

otomí *adj. y s.* Indígena de un antiguo pueblo mexicano anterior a los nahuas y que ocupó un amplio territorio del centro de México, hoy muy diseminados. Lengua monosilábica de este pueblo.

otoñada *f.* Tiempo o estación del otoño. Otoño. Sazón, de la tierra y abundancia de pastos en el otoño.

otoñal *adj.* Propio del otoño o perteneciente a él. Hombre o mujer que está en la edad madura.

otoño *m.* Estación del año que sigue al verano y precede al invierno. Tiempo próximo a la vejez.

otorgar *tr.* Consentir, condescender o conceder una cosa que se pide o se pregunta. Disponer, establecer, estipular una cosa, por lo común cuando interviene la fe notarial.

otorrinolaringología *f.* Parte de la Medicina que trata de las enfermedades del oído, nariz y laringe.

otro-a *adj.* Aplícase a la persona o cosa distinta de aquella de que se habla. Usase también para indicar gran semejanza entre cosas o personas distintas.

otrora *adv.* En otro tiempo.

otrosí *adv.* Además, además de esto.

oulorragia *f.* Hemorragia de las encías.

ova *f.* Planta del grupo de las algas, con frondas más o menos filamentosas, que se cría en las aguas corrientes y en las estancadas y flota o está fija al fondo por apéndices rizoides.

ovación *f.* Aplauso ruidoso que colectivamente se tributa a una persona o cosa.

ovachón *m.* En México, persona de muchas carnes que suda mucho y es floja para el trabajo; caballo castrado que engorda mucho por ejercicio escaso y suda mucho en cuanto trabaja.

oval u **ovalado-a** *adj.* De figura de óvalo.

óvalo *m.* Cualquier curva cerrada, con la convexidad vuelta siempre hacia afuera y simétrica respecto de uno o de dos ejes.

ovario *m.* Moldura adornada con óvalos. Parte inferior del pistilo que contiene los óvulos. Principal órgano reproductor en la hembra y en el cual se forma el óvulo; en la mujer es un cuerpecillo oval situado en el ligamento ancho, por detrás del oviducto y debajo de él.

oveja *f.* Hembra del carnero, que se cría y explota por su carne, lana y piel.

ovejuno-a *adj.* Perteneciente, relativo o semejante a las ovejas.

overa *f.* Ovario de las aves.

overo-a *adj. y s.* Aplícase a los animales de color amarillento con manchas encarnadas, y especialmente al caballo.

overol *m. americ.* Mono, traje de faena, generalmente de mezclilla azul, propio de mecánicos, motoristas, aviadores y otros obreros.

ovetense *adj. y s.* Natural de Oviedo. Perteneciente a esta ciudad española.

óvido u ovino *adj. y s.* Rumiante de una familia que comprende los carneros, ovejas, cabras, etc.

oviducto *m.* Cada una de los dos tubos por los que pasa el óvulo, antes de salir al exterior.

ovil *m.* Redil, aprisco.

ovillar *intr.* Hacer ovillos. *R.* Encogerse y recogerse haciéndose un ovillo.

ovillejo *m.* Combinación métrica de tres versos octosílabos seguidos cada uno de un pie quebrado que con él forma consonancia, y de una redondilla cuyo último verso se compone de los tres pies quebrados.

ovillo *m.* Bola o lío que se forma devanando hilo. Cosa enredada y de figura redonda. Montón de cosas sin trabazón ni arte.

ovíparo-a *adj. y s.* Aplícase a las especies de animales cuyas hembras ponen huevos.

óvulo *m.* Célula sexual femenina de los animales o de las plantas, capaz de producir un nuevo individuo después de ser fecundada.

oxálico-a *adj.* Perteneciente o relativo a las acederas o productos análogos. Acido dibásico, el más sencillo entre los orgánicos, venenoso, reductor muy enérgico; de diversos usos en la industria.

oxear *tr.* Espantar las gallinas u otras aves domésticas.

oxeol *m.* El vinagre, como vehículo de medicamentos.

oxhídrico-a *adj.* Que está compuesto de oxígeno e hidrógeno.

oxidar *tr.* Cubrir de óxido un metal o aleación, por la acción del aire, oxígeno u otro oxidante. Combinar una substancia con oxígeno.

óxido *m.* Cualquier combinación formada por oxígeno y otro elemento.

oxigenar *tr.* Combinar el oxígeno formando óxidos. *R.* Airearse, respirar al aire libre.

oxígeno *m.* Cuerpo simple gaseoso, esencial a la respiración, algo más pesado que el aire y parte integrante de él, del agua, de los óxidos, de casi todos los ácidos y de la mayoría de las substancias orgánicas; símbolo O.

oxigenoterapia *f.* Administración de oxígeno con fines curativos.

oxítono-a *adj. y s.* Denominación griega de las palabras de acentuación aguda.

oyamel *m.* En México, cierta conífera industrial, parecida al pino abeto.

oyente *adj.* Que oye. *M.* Asistente a una aula, no matriculado como alumno.

ozonizar *tr.* Tratar con ozono. Convertir parcialmente en ozono el oxígeno aislado o el del aire.

ozono *m.* Estado alotrópico del oxígeno que se forma cuando éste es sometido a descargas eléctricas, especialmente las no luminosas; de aplicación en Medicina y en la industria.

P

p *f.* Decimonona letra del abecedario castellano y decimoquinta de sus consonantes.

pabellón *m.* Tienda de campaña en forma de cono. Colgadura plegadiza. Bandera nacional. Pirámide truncada que en las piedras preciosas forma las facetas del tallado. Edificio aislado que forma parte de otro o está contiguo a él. Nación a que pertenecen las naves mercantes. Patrocinio, protección. Cosa que cobija a manera de bóveda. Tela de un paracaídas. Parte extrema inferior de los instrumentos de viento. Oreja, parte ensanchada del oído externo. Parte superior ensanchada de la pelvis.

pabilo o pábilo *m.* Torcida o cordón que está en el centro de la vela o antorcha para que, encendida, alumbre. Parte carbonizada de esta torcida.

pabulación *f.* Acción y efecto de pacer. Recolección de pasto para el ganado.

pábulo *m.* Pasto, comida, alimento. Sustento o mantenimiento de las cosas inmateriales.

paca *f.* Fardo o lío, especialmente de lana o de algodón en rama. Bala, bulto.

paca *f.* Mamífero roedor sudamericano de pelaje espeso y lacio con fajas de manchas blancas, gruñe como el cerdo y es fácilmente domesticable; de carne muy estimada.

pacato-a *adj.* De condición pacífica, tranquila y moderada. Tímido, apocado.

paceño-a *adj. y s.* Natural de La Paz. Perteneciente a esta ciudad capital de Bolivia, en Sudamérica.

pacer *intr.* Comer el ganado la hierba en el campo, prado, monte o dehesa. Comer, roer o gastar una cosa. Apacentar.

paciencia *f.* Virtud de sufrir sin perturbación del ánimo los infortunios y trabajos. Espera y sosiego en las cosas que se desean mucho. Calma, resignación.

paciente *adj.* Que sufre y tolera los trabajos y adversidades sin perturbación del ánimo. Sufrido. *M. y f.* Persona que padece físicamente; doliente, enfermo. Sujeto que recibe o padece la acción de un agente.

pacificar *tr.* Establecer la paz donde había guerra o discordia; reconciliar a los que están opuestos o discordes. *Intr.* Tratar de asentar paces. *R.* Sosegarse y aquietarse las cosas turbadas o alteradas. Apaciguar, tranquilizar, calmar.

pacífico-a *adj.* Quieto, sosegado y amigo de la paz.

pacifismo *m.* Conjunto de opiniones y corrientes encaminado a mantener la paz entre las naciones y a resolver por medio de acuerdos las diferencias internacionales.

paco *m.* Tirador aislado que hostiga al enemigo, francotirador.

pacómetro *m.* Aparato para medir el espesor de los espejos y lunas.

pacota *f.* En México, objeto de mala clase o de calidad inferior; persona de escaso valer.

pacotilla *f.* Porción de géneros que los marineros pueden embarcar por su cuenta libres de fletes. Conjunto de géneros o cosas de comercio. Cosa de inferior calidad o hecha sin esmero.

pactar *tr.* Asentar, poner condiciones o conseguir estipulaciones para concluir un negocio u otra cosa entre partes, obligándose mutuamente a su observancia. Concertar, convenir, acordar.

pacto *m.* Convenio, acuerdo entre dos o más personas o entidades. Tratado, ajuste, concierto.

pacuache *adj. y s.* Indígena mexicano de una tribu coahuilteca establecido en el actual Estado de Coahuila.

pachanga *f.* En México, fiesta casera, informal; fiesta o espectáculo de calidad muy inferior a la prevista.

pachiche *com.* En México, persona muy vieja y arrugada.

pacho-a *m. y f. americ.* Rechoncho.

pachol *m.* En México, cabello enmarañado.

pachón-a *adj.* Dícese del perro muy parecido al perdiguero, pero con patas más cortas y torcidas y de boca muy grande. Hombre de genio pausado y flemático.

pachorra *f.* Flema, tardanza, indolencia.

padecer *tr.* Sentir corporalmente un daño, dolor, enfermedad, pena o castigo. Sentir los agravios, injurias, pesares, etc. Estar poseído de algo nocivo o desventajoso. Soportar, sufrir, tolerar. Recibir daño las cosas.

padrastro *m.* Marido de la madre respecto de los hijos habidos antes por ella. Mal padre. Obstáculo, impedimento que estorba o daña. Pellejo que se levanta de la carne inmediata a las uñas de las manos y causa ardor y estorbo.

padrazo *m.* Padre muy indulgente con sus hijos.

padre *m.* Varón o macho que ha engendrado. Varón o macho respecto de sus hijos. Macho destinado a la generación y procreación. Cabeza de una descendencia, familia o pueblo. Religioso o sacerdote, en señal de veneración y respeto. Cosa de quien proviene o procede otra. Autor de una obra; inventor. *Pl.* El padre y la madre; abuelos y demás progenitores de una familia.

padrenuestro o **padre nuestro** *m.* Oración dominical cristiana, que empieza con estas palabras.

padrino *m.* El que tiene, presenta o asiste a otra persona que recibe el Bautismo, la Confirmación, el Matrimonio o la Orden o que profesa. Persona que presenta o acompaña a otra que recibe algún honor, grado, etc. El que favorece o protege a otro en sus pretensiones o designios. *Pl.* El padrino y la madrina.

padrón *m.* Nómina o lista que se levanta en los pueblos, para saber el número de vecinos o moradores. Lista de votantes. Patrón o dechado. Nota pública de infamia.

paella *f.* Plato de arroz seco, con carne, legumbres, etc., que se usa mucho en España, en la región valenciana.

paga *f.* Acción de pagar o satisfacer una cosa. Cantidad de dinero que se da en pago. Satisfacción de la culpa, delito o yerro. Sueldo de un mes. Correspondencia del amor u otro beneficio. Emolumento, salario.

pagadero-a *adj.* Que se ha de pagar o satisfacer a cierto tiempo señalado. Que puede pagarse fácilmente.

pagador-a *adj.* Que paga. *M.* Persona encargada de satisfacer sueldos, pensiones, salarios, créditos, etc.

pagaduría *f.* Casa, sitio o lugar público donde se paga.

pagamento o **pagamiento** *m.* Paga.

paganismo *m.* Gentilidad. Conjunto de creencias e instituciones religiosas del mundo grecorromano.

pagano-a *adj. y s.* Idólatra politeísta. Infiel no bautizado.

pagar *tr.* Dar uno a otro, o satisfacer, lo que le debe. Satisfacer el delito, falta o yerro, por medio de la pena correspondiente. Corresponder al afecto, cariño u otro beneficio. *R.* Prendarse, aficionarse. Ufanarse de una cosa; hacer estimación de ella.

pagaré *m.* Papel de obligación por un cantidad pagadera a tiempo determinado.

pagel *m.* Pez acantopterigio marino, de cabeza y ojos grandes con aletas y cola encarnadas; de carne comestible estimada.

página *f.* Cada una de las dos planas de la hoja de un libro, cuaderno, etc. Lo escrito o impreso en ellas. Suceso, lance o episodio.

paginar *tr.* Numerar páginas o planas.

pago *m.* Entrega de un dinero o especie que se debe. Satisfacción, premio o recompensa.

pago *m.* Distrito de tierras o heredades, especialmente de viñas u olivares. Aldea, lugar.

pagoda *f.* Nombre que se da a algunos templos de Oriente, de forma piramidal y de varios pisos.

pagua o **pahua** *f.* En México y Cuba, aguacate de gran tamaño.

paidología *f.* Ciencia que estudia lo relativo a la infancia y a su desarrollo físico e intelectual.

paila *f.* Vasija grande de metal, redonda y poco profunda.

pailebote o **pailebot** *m.* Goleta pequeña, sin gavias, muy rasa y fina.

paipay o **paipai** *m.* Abanico de palma en forma de pala y con mango.

pairar *intr.* Estar quieta la nave con las velas tendidas y largas las escotas.

país *m.* Región, reino, provincia o territorio; patria, comarca, nación.

paisaje *m.* Pintura o dibujo que representa cierta extensión de terreno. Porción de terreno considerada en su aspecto estético.

paisajista *adj. y s.* Pintor de paisajes.

paisano-a *adj. y s.* Persona que es del mismo país o lugar que otra. *M.* El que no es militar. Campesino. En México, español. Compatriota, conciudadano.

paja *f.* Caña de las gramíneas, seca y separada del grano. Conjunto de estas cañas. Cosa ligera, de poca consistencia o valer. Lo inútil y desechado.

pajalate *adj. y s.* Indígena mexicano de una tribu coahuilteca establecida en el actual territorio del Estado de Coahuila.

pajar *m.* Sitio o lugar donde se encierra y conserva paja.

pájara *f.* Pájaro. Cometa, armazón sujeta con un hilo. Papel con ciertos dobleces que viene a quedar con cierta figura como de pájaro.

pajarear *intr.* Cazar pájaros. Andar vagando, sin trabajar o sin ocuparse de cosa útil. En América, ahuyentar los pájaros en los sembrados. En México, observar, oir con disimulo.

pajarera *f.* Jaula grande o aposento donde se crían pájaros.

pajarería *f.* Abundancia o muchedumbre de pájaros. Tienda donde se venden. Arte de criarlos o amaestrarlos.

pajarero-a *adj.* Relativo a los pájaros. Aplícase a la persona de genio excesivamente festivo y chancero. Dícese de las telas, adornos o pinturas de colores demasiado fuertes y mal casados. En América, caballo o yegua asustadizos. *M.* El que se dedica a cazar, criar o vender pájaros.

pajarete *m.* Vino licoroso, muy fino y delicado.

pajarita *f.* Pájara, cometa; figurilla de papel doblado.

pájaro *m.* Nombre genérico que comprende toda especie de aves, especialmente las pequeñas. Hombre astuto, sagaz y cauteloso.

pajarota *f.* Noticia falsa y engañosa. En México, borrego.

pajarraco *m.* Pájaro grande y desconocido o cuyo nombre no se sabe. Hombre disimulado y astuto.

paje *m.* Criado acompañante de sus amos, asistente en las antesalas, servidor de la mesa y de otros quehaceres domésticos. Muchacho de limpieza que en las embarcaciones aprende el oficio de marinero. Familiar de un prelado.

pajizo-a *adj.* Hecho o cubierto de paja. De color de paja.

pajolero-a *adj.* Cosa despreciable y molesta a la persona que habla.

pajón *m.* Caña alta y gruesa de las rastrojeras. *Adj.* En México, crespo, rizado.

pajoso-a *adj.* Que tiene mucha paja. De paja o semejante a ella.

pala *f.* Instrumento compuesto de una tabla o plancha rectangular de madera o metal, con mango más o menos largo, para diferentes usos. Hoja de hierro con filo por un lado y ojo para enastarla. Parte ancha de diversos objetos. Raqueta. Parte ancha del remo. Parte del calzado que abraza el pie por encima. Lo ancho y plano de los dientes. Cada una de las divisiones del tallo del nopal. Destreza o habilidad.

palabra *f.* Sonido o conjunto de sonidos articulados que expresan una idea. Representación gráfica de estos sonidos. Facultad de hablar. Aptitud oratoria. Empeño que hace uno a su fe y probidad. Promesa u oferta. Derecho, turno para hablar en asambleas, reuniones, etc. *Pl.* Pasaje o texto de un autor o escrito. Las que constituyen la forma de los sacramentos. Voz, término, vocablo.

palabrería *f.* Abundancia de palabras vanas y ociosas.

palabrita *f.* Palabra sensible o que lleva mucha intención.

palabrota *f.* Dicho ofensivo, indecente o grosero. Vocablo procaz.

palacete *m.* Casa de recreo construida y alhajada como palacio pequeño.

palaciego-a *adj.* Perteneciente o relativo al palacio. Dícese del que sirve o asiste en palacio y sabe sus estilos y modas. Cortesano.

palacio *m.* Casa destinada para residencia de los reyes. Casa suntuosa para habitación de grandes personajes o para juntas de corporaciones elevadas. Casa solariega de una familia noble.

palada *f.* Porción que la pala puede recoger de una vez. Golpe en el agua con la pala del remo.

paladar *m.* Parte superior e interior de la boca de un animal. Gusto y sabor que se percibe de los manjares. Sensibilidad para discernir o repugnar algo inmaterial o espiritual.

paladear *tr.* Tomar poco a poco el gusto de una cosa. Aficionar a una cosa o quitar el peso de ella por medio de otra que dé gusto o entretenga.

paladín *m.* Caballero fuerte y valeroso. Defensor denodado de alguna persona o cosa.

paladino-a *adj*. Público, claro y patente.

paladio *m*. Metal del grupo del platino, substitutivo de éste en joyería y en la prótesis dental; símbolo Pd.

paladión *m*. Objeto en que estriba o se cree que consiste la defensa y seguridad de una cosa.

palafito *m*. Vivienda lacustre primitiva construida sobre estacas hincadas en el fondo de un lago, río, orilla del mar o en tierras pantanosas.

palafrén *m*. Caballo manso que solían montar las damas o los reyes o príncipes, al hacer su entrada en las poblaciones.

palafrenero *m*. Criado que lleva del freno al caballo. Mozo de caballos.

palanca *f*. Barra inflexible, recta, angular o curva, que se apoya y puede girar sobre un punto y en la cual obran la potencia o fuerza motriz y la resistencia que se ha de vencer. Valimiento, intercesión poderosa o influencia que se emplea para lograr algún fin.

palangana *f*. Jofaina.

palanganero *m*. Mueble donde se coloca la palangana para lavarse; a veces con jarro, jabón y otros útiles de aseo.

palangre *m*. Cordel largo y grueso del que penden ramales con anzuelos y que se cala en parajes de mucho fondo donde no es posible pescar con red.

palanqueta *f*. Barreta de hierro para forzar las puertas y las cerraduras. En México, dulce de azúcar quemada y maíz.

palanquín *m*. Ganapán o mozo de cordel. Especie de andas usadas en Oriente para llevar personas.

palastro *m*. Chapa o planchita sobre la que se coloca el pestillo de una cerradura. Hierro o acero laminado.

palatal o paladial *adj*. Perteneciente o relativo al paladar. Dícese de la consonante que se pronuncia con movimientos de la lengua para agitar el aire contra el paladar, como la *ch*.

palatizar *tr*. Dar a una consonante sonido palatal.

palatino-a *adj*. Perteneciente al paladar. Dícese del hueso que contribuye a formar la bóveda del paladar.

palatino-a *adj*. Perteneciente o propio de palacio.

palco *m*. Localidad independiente con balcón, en los teatros y otros lugares de recreo. Tabladillo donde se coloca la gente para ver una función.

palenque *m*. Valla o estacada defensiva. Terreno cercado por una estacada, para celebrar algún acto solemne.

palentino-a *adj. y s*. Natural de Palencia. Perteneciente a esta ciudad y provincia de España.

paleografía *f*. Estudio e interpretación de las escrituras antiguas, sus orígenes y evolución.

paleolítico-a *adj. y s*. Perteneciente o relativo a la primitiva Edad de la Piedra, o sea de la piedra tallada.

paleontología *f*. Ciencia que estudia los seres orgánicos cuyos restos o vestigios se encuentran fósiles.

paleozoico-a *adj. y s*. Segunda era de la historia de la Tierra y de lo relativo o perteneciente a ella. Era que sigue a la arcaica y precede a la secundaria, con fauna y flora de tipo primitivo.

palero *m*. El que hace o vende palas. En América, quien juega de acuerdo con el banquero, sirviendo de gancho a otras personas. El que hace solapadamente el juego a una persona, organismo, etc.

palestra *f*. Sitio o lugar donde se lidia o lucha; donde se celebran ejercicios literarios o se discute sobre cualquier asunto. La misma lucha.

paleta *f*. Tabla de poco espesor en que el pintor dispone los colores y que sostiene con el pulgar izquierdo. Utensilio de palastro de los albañiles para manejar la mezcla o mortero. Badil. Omóplato. Pieza llana o curva de las ruedas hidráulicas o del ventilador que recibe la acción del agua o del aire. Mujer rústica y zafia. En América, helado o golosina con un palito encajado a manera de mango.

paletada *f*. Porción que la paleta puede coger de una vez. Golpe que se da con ella.

paletilla *f*. Omóplato. Ternilla en que termina el esternón. Palmatoria.

paleto *m*. Gamo. Persona rústica y zafia.

paletó *m*. Gabán de paño grueso, largo y entallado, sin faldas.

paletón *m*. Parte de la llave en que se forman los dientes y guardas de ella.

pali *m*. Lengua hindú, hermana del sánscrito pero menos antigua, en que Buda predicó su doctrina; se conserva como lengua literaria y litúrgica.

palia *f*. Lienzo sobre que se extienden los corporales para decir Misa. Cortina exterior que se pone delante del sagrario. Hijuela.

pedazo de lienzo que se pone encima del cáliz.

paliacate *m.* En México, pañuelo grande de colores vivos.

paliar *tr.* Encubrir, disimular, cohonestar. Mitigar la violencia de ciertas enfermedades, haciéndolas más llevaderas.

paliativo-a *adj. y s.* Dícese de los remedios que mitigan la violencia o rapidez de las enfermedades incurables.

palidecer *intr.* Ponerse pálido. Disminuir o atenuar la importancia o esplendor de una cosa.

palidez *f.* Amarillez, decaecimiento del color natural.

pálido-a *adj.* Amarillo, macilento o descaecido de su color natural. Desvaído; aplícase al color bajo y como disipado. Desanimado, falto de expresión y colorido, especialmente si se trata de obras literarias.

palillo *m.* Varilla en que se encaja la aguja para hacer media. Mondadientes de madera. Bolillo. Vena gruesa de la hoja del tabaco. *Pl.* Las dos varillas o baquetas con que se tocan el tambor y la caja. Castañuelas, en algunas partes.

palimpsesto *m.* Manuscrito antiguo que conserva huellas de una escritura anterior borrada artificialmente. Tablilla antigua en que se podía borrar lo escrito para volver a escribir.

palinodia *f.* Retractación pública de lo que se ha dicho, reconocer el yerro, aunque sea en privado.

palio *m.* Pieza principal y exterior del traje griego a manera de manto, sujeta al pecho por una hebilla o broche. Capa o balandrán. Insignia pontifical que da el Papa a los arzobispos y a algunos obispos que es como faja blanca con cruces negras que pende de los hombros sobre el pecho. Especie de dosel sobre varas largas, para cubrir al Santísimo Sacramento y al sacerdote que lo lleva. Cosa en forma de dosel.

palique *m.* Conversación de poca importancia. Plática, charla.

palisandro *m.* Madera del guayabo, muy estimada para la construcción de muebles de lujo. Madera purpúrea o roja jaspeada de negro, de varios árboles tropicales.

palitroque *m.* Palo pequeño, tosco y mal labrado. Banderilla.

paliza *f.* Zurra de golpes dados con un palo. Disputa en que uno queda confundido. Tunda, felpa, vapuleo.

palizada *f.* Sitio cercado de estacas. Defensa hecha de estacas y

terraplenada para impedir la salida de los ríos y dirigir su corriente.

palma *f.* Palmera. Su hoja. Parte cóncava de la mano, desde la muñeca hasta los dedos. Gloria, triunfo. *Pl.* Palmadas de aplauso. Parte inferior del casco de las caballerías.

palmácea-a *adj.* Perteneciente a las palmas o palmeras o parecido a ellas.

palmada *f.* Golpe dado con la palma de la mano. Ruido que se hace golpeando una con otra las palmas de las manos.

palmar *adj.* Dícese de las cosas de palma. Perteneciente o relativo a la palma de la mano y a la de las caballerías. Perteneciente al palmo o que consta de un palmo. Claro, patente y manifiesto. *M.* Sitio en que se crían palmas.

palmario-a *adj.* Palmar, claro, patente y manifiesto.

palmatoria *f.* Palmeta. Especie de candelero bajo y con asa, generalmente en forma de platillo.

palmera *f.* Árbol palmáceo de tronco cilíndrico y áspero, copa formada por las hojas partidas en muchas lacinias, flores amarillentas y por fruto los dátiles en grandes racimos. Cualquier especie de palmáceas de porte arbóreo.

palmeral *m.* Bosque de palmeras.

palmero *m.* Peregrino de Tierra Santa que traía palma. El que cuida de las palmas. En América, palmera.

palmesano-a *adj. y s.* Natural de Palma de Mallorca. Perteneciente a esta ciudad de España, capital de las Islas Baleares.

palmeta *f.* Tabla pequeña usada por los maestros de escuela para castigar a los muchachos.

palmetazo *m.* Golpe dado con la palmeta. Corrección hecha con desabrimiento o descortesía.

palmicho *m. americ.* Palma cuyas hojas se emplean para cubrir techos de edificios rústicos.

palmilla *f.* Plantilla del zapato.

palmípedo-a *adj.* Dícese de las aves que tienen los dedos en figura de palma, a propósito para la natación: ganso, gaviota, pelícano, etc.

palmito *m.* Planta palmácea del tronco muy poco saliente, hojas en figura de abanico partidas en lacinias que parten de un peciolo armado de aguijones, flores amarillas en panojas y fruto elipsoidal comestible. Cara de mujer.

palmo *m.* Medida de longitud dividida en 12 partes iguales o dedos; se supone que es el largo de la mano abierta y extendida del pulgar hasta el meñique; varía según los países y regiones: en Madrid tiene 21.07 cm; en Barcelona, 19.43; en México, 20.95.

palmotear *intr.* Dar palmadas en señal de regocijo y aplauso.

palo *m.* Trozo de madera mucho más largo que grueso. Golpe que se da con él. Cada una de las cuatro series en que se divide la baraja de naipes. Trazo que sobresale de algunas letras.

paloma *f.* Ave doméstica de muchas variedades, columbiforme, granívora, vive aparejada, voladora, muy voraz y prolífica; es emblema de paz, inocencia, ternura, amor y fidelidad conyugal. Persona de genio apacible.

palomar *m.* Recinto o construcción donde se recogen y crían las palomas.

palomilla *f.* Mariposa nocturna, cenicienta, de alas horizontales y estrechas; habita en los graneros y causa en ellos grandes daños. Cualquier mariposa muy pequeña. En México, Guatemala y Perú, grupo de personas que se reúnen para divertirse, o que viven juntas.

palomina *f.* Excremento o guano de la paloma; es abono de gran poder fertilizante.

palomino *m.* Pollo de la paloma.

palomo *m.* Macho de la paloma.

palote *m.* Palo mediano. Cada uno de los trazos que los niños hacen en el papel, para aprender a escribir. En México, horcajo de madera, arreo para la caballería de tiro.

palpable *adj.* Que puede tocarse con las manos. Patente, evidente y tan claro que parece que se puede tocar.

palpar *tr.* Tocar con las manos una cosa, para percibirla o reconocerla por el sentido del tacto. Andar a tientas o a obscuras valiéndose de las manos para no caer o tropezar. Conocer una cosa tan claramente como si se tocara.

palpitación *f.* Acción y efecto de palpitar. Movimiento involuntario y trémulo de algunas partes del cuerpo. Latido del corazón, sensible para el enfermo, y más frecuente que el normal.

palpitar *intr.* Contraerse y dilatarse alternativamente el corazón. Aumentar la palpitación normal. Agitarse una parte del cuerpo interiormente y con movimiento trémulo. Manifestar con vehemencia un afecto.

palpo *m.* Apéndice articulado y movible de los artrópodos alrededor de la boca, para palpar o reconocer lo que comen. Prolongación táctil de otros animales.

palta, paltai o palto *f. o m.* Aguacate, fruto de esta planta laurácea.

palúdico-a *adj.* Palustre, perteneciente a la laguna o pantano; por extensión, a terrenos pantanosos. Perteneciente o relativo al paludismo. Que padece paludismo.

paludismo *m.* Enfermedad febril ocasionada por un parásito de la sangre y de la que se distinguen diversas variedades.

palurdo-a *adj. y s.* Tosco, grosero. Dícese por lo común de la gente del campo y de las aldeas.

palustre *adj.* Perteneciente o la laguna o pantano.

palla *f. americ.* Separación del mineral beneficiable del inútil o estéril.

pambazo *m.* En México, panecillo ovoide, casi sin miga, para rellenar; el mismo pan relleno y frito.

pame *adj. y s.* Indígena mexicano de una tribu otomí, establecida en todo el territorio del actual Estado de Querétaro, N. de Hidalgo, SE. de Guanajuato y San Luis Potosí, llamado también chichimeca. Uno de los dialectos integrantes de la familia otomí.

pamela *f.* Sombrero de paja, bajo de copa y ancho de alas, usado por las mujeres, especialmente en el verano.

pamema *f.* Hecho o dicho futil a que se ha querido o pretendido dar importancia.

pampa *f.* Llanura extensa de la América del Sur sin vegetación arbórea.

pámpana *f.* Hoja de la vid.

pámpano *m.* Sarmiento verde o pimpollo de la vid. Pámpana.

pampeano-a *adj. americ.* Pampero.

pampero-a *adj. y s.* Perteneciente o relativo a las pampas. Dícese del viento impetuoso procedente de la región de las pampas, en el Río de la Plata.

pampirolada *f.* Salsa que se hace con pan y ajos machacados en el mortero y desleídos en agua. Necedad o cosa insubstancial.

pamplina *f.* Alsine. Planta papaverácea anual, con hojas partidas en lacinias, flores amarillas en panojas pequeñas y con fruto seco en vainillas; infesta los sembrados de suelo arenisco. Cosa de poca importancia, fundamento o utilidad. Tontería, simpleza.

pamplonés-a *adj. y s.* Natural de Pamplona. Perteneciente a esta ciudad de España, capital de Navarra.

pan *m.* Porción de masa de harina y agua que después de fermentada y cocida en horno sirve de principal alimento del hombre; se entiende que es de trigo cuando no se axpresa el grano de que se hace. Masa muy sobada y delicada, dispuesta con aceite o grasa que se usa en las pastelerías. Masa de otras cosas en forma de pan. Lo que en general sirve de alimento. Hoja de harina cocida para hostias, obleas y cosas semejantes. Hoja muy delgada de oro, plata u otros metales. Trigo.

pana *f.* Tela gruesa, semejante, en el tejido, al terciopelo.

panacea *f.* Medicamento al que se atribuye eficacia para curar diversas enfermedades. Remedio que buscaban los antiguos alquimistas para curar todas las enfermedades y dolencias.

panadería *f.* Oficio de panadero. Sitio, casa o lugar donde se hace o vende el pan.

panadero-a *m.* y *f.* Persona que tiene por oficio hacer o vender pan.

panadizo *m.* Inflamación aguda y supuración del tejido celular de la falange distal de cualquier dedo. Persona de color pálido y enfermiza.

panal *m.* Conjunto de celdillas prismáticas hexagonales de cera que las abejas forman dentro de la colmena para depositar la miel y los huevecillos.

panamá *m.* Sombrero de jipijapa. Sombrero flexible de paja.

panameño-a *adj.* y *s.* Natural de Panamá. Perteneciente a esta república de América Central.

panamericanismo *m.* Movimiento destinado a fomentar la paz, la solidaridad, la seguridad, las relaciones comerciales y la prosperidad de los países de toda la América.

panatela *f.* Especie de bizcocho grande y delgado. En México, panetela.

pancarta *f.* Pergamino que contiene copiados varios documentos. Cartelón con alusiones políticas o sociales, que suele llevarse en las manifestaciones.

pancista *adj.* y *s.* Dícese de quien mirando sólo a su interés personal procura no pertenecer a ningún partido político o de otra clase, para medrar y estar en paz con todos.

páncreas *m.* Glándula racimosa exocrina y endocrina, situada en la cavidad abdominal detrás del estómago, y cuya secreción interna, la insulina, regula el metabolismo de los hidratos de carbono.

pancromático-a *adj.* Sensible a todos los colores del espectro.

pancho *m.* Cría del besugo. Panza.

panda *m.* Mamífero plantígrado asiático del Himalaya oriental y nordeste de China, de piel pardorrojiza, con manchas blancas y fajas oscuras. Cada una de las galerías o corredores de un claustro.

pandear *intr.* Torcerse una cosa encorvándose, especialmente en medio.

pandemia *f.* Enfermedad epidémica que se extiende a muchos países o que ataca a casi todos los individuos de una localidad, comarca o región.

pandemonium *m.* Capital imaginaria del reino infernal. Lugar en que hay mucho ruido y confusión.

pandero *m.* Instrumento rústico de percusión, formado por uno o dos aros superpuestos, provistos de sonajas o cascabeles, cubierto o cubiertos por piel muy lisa y estirada. Persona necia y que habla excesivamente.

pandilla *f.* Liga o unión. La que forman algunos para engañar a otros o hacerles daño. Cuadrilla, caterva, partida.

pandit *m.* Título honorífico hindú que significa *doctor*.

pando-a *adj.* Que se pandea. Dícese de lo que se mueve lentamente, como los ríos cuando van por tierra llana. Sujeto pausado y espacioso. En México, dícese de la res de lomo hundido. *Pl.* Terreno casi llano entre dos montañas.

pandora *f.* Instrumento musical del tipo de la mandolina.

pandorga *f.* Cometa que se arroja al aire. Mujer muy gorda y pesada, o floja en sus acciones.

pane, pana o pan *f.* Galicismo por parada, avería o detención del mecanismo de un automóvil; desperfecto.

panecillo *m.* Pan pequeño de mollete esponjado. Lo que tiene forma de pan pequeño.

panegírico *m.* Discurso oratorio en alabanza de una persona. *Adj.* Perteneciente o relativo a la oración o discurso en alabanza de una persona. Laudatorio, encomiástico.

panel *m.* Cada uno de los compartimientos en que, para su ornamentación, se dividen los lienzos de una pared, las hojas de puertas, etc.

panera *f.* Troje o cámara donde se guardan los cereales, el pan o la harina. Cesta grande y sin asa para transportar pan.

panero *m.* Canasta redonda para echar el pan que se va sacando del horno.

paneslavismo *m.* Tendencia política que aspira a la confederación de todos los pueblos de origen eslavo.

panetela /. Manjar de papas, caldo, gallina picada, pan rallado, yemas de huevo, etc. Cigarro puro largo y delgado.

paneuropeismo m. Movimiento tendiente a evitar nuevas guerras mediante pactos entre las naciones europeas e impedir el avance del comunismo hacia Occidente.

panfilo-a adj. y s. Muy pausado, desidioso y flojo en obrar.

panfleto m. Galicismo por libelo, folleto.

pangermanismo m. Movimiento que proclama y propugna la unión y predominio de todos los pueblos de origen germánico.

pangolin m. Mamífero edentado de cuerpo cubierto, desde la cabeza hasta las patas y cola, de escamas córneas y puntiagudas que el animal puede erizar.

panhelenismo m. Aspiración o tendencia de los pueblos de raza helena a constituir una sola nacionalidad.

paniaguado m. Servidor de una casa que recibe del dueño de ella habitación, alimento y salario. El allegado a una persona y favorecido o protegido por ella.

panico adj. y s. Aplícase al miedo grande o temor excesivo. Pavor, espanto, terror. M. Estado psicológico colectivo, generalmente transitorio, que determina una baja súbita de valores y precios y contracción general de los negocios.

paniculo m. Panoja.

paniego-a adj. Que come mucho pan, o es aficionado a él. Dícese del terreno que lleva trigo.

panificar o panadear tr. Hacer pan para venderlo.

panislamismo m. Tendencia de los pueblos musulmanes a lograr, mediante la unión de todos ellos, su independencia política, religiosa y cultural, respecto de las demás naciones.

panizo m. Planta graminea anual de hojas planas y ásperas y flores en panojas grandes. Grano de esta planta, empleado como alimento. Maíz.

panoja o panocha /. Mazorca del maíz, del panizo o del mijo.

panoplia /. Colección de armas ordenadamente colocadas. Tabla, generalmente en forma de escudo, donde se colocan floretes, sables y otras armas de esgrima.

panorama m. Vista de un horizonte muy dilatado. Vista pintada en la parte interior de un gran cilindro que lo imita.

panoramico-a adj. Perteneciente o relativo al panorama. F. Vista hasta un horizonte muy dilatado. Plano cinematográfico que abarca una vista lejana de paisaje.

panormitano-a adj. y s. Natural de Palermo. Perteneciente a esta ciudad de Silicia, Italia.

panque m. Especie de bizcocho o pasta hecha de harina, manteca y huevo, con azúcar.

pantaletas /. pl. americ. Bragas, prenda interior femenina.

pantalon m. Prenda de vestir masculina que se ciñe al cuerpo en la cintura y baja cubriendo cada pierna hasta los tobillos. Prenda interior femenina, más ancha y corta que el pantalón de los hombres.

pantalla /. Lámina de diversas formas y materias que se sujeta delante de la luz artificial, para que no ofenda los ojos y dirigirla hacia donde se desee. Mampara delante de las chimeneas, para resguardarse del calor excesivo o del resplandor de la llama. Superficie plana y opaca sobre la que se proyecta la imagen real de un aparato óptico o cinematográfico. Cinematógrafo. En México, estafermo. Cuerpo opaco a ciertas radiaciones. Superficie sobre la que aparece la figura de televisión.

pantano m. Hondanada donde se recogen las aguas, con fondo más o menos cenagoso. Gran depósito de agua que se forma cerrando la boca de un valle y sirve para alimentar las acequias de riego.

panteismo m. Doctrina, o creencia que identifica a Dios con el mundo; que niega la existencia de un Dios personal y trascendente al Universo.

panteón m. Monumento funerario destinado a enterramiento de varias personas. En América, cementerio.

pantera /. Leopardo. Agata amarilla mosqueada de pardo o rojo, que imita la piel de la pantera.

pantografo m. Instrumento para copiar, ampliar o reducir un plano o dibujo. Toma de corriente en los sistemas de tracción eléctrica con hilo de contacto aéreo.

pantometro m. Compás de proporción. Instrumento de topografía para medir ángulos horizontales.

pantomima /. Representación escénica por figura y gestos, sin que intervengan palabras.

pantorrilla /. Parte carnosa y abultada de la pierna, por debajo de la corva.

pantufla o pantuflo /. o m. Especie de chinela sin orejas ni talón.

panucho m. En México, especie de pastel o pan formado por dos tortillas unidas por el borde y rellenas de frijoles y carne picada.

panza *f.* Barriga o vientre, comúnmente el abultado. Parte convexa o más saliente de ciertas vasijas u otras cosas. Primera de las cuatro cavidades en que se divide el estómago de los rumiantes: herbario.

panzada *f.* Golpe que se da con la panza. Hartazgo.

panzón-a o **panzudo-a** *adj.* Que tiene mucha panza.

pañal *m.* Sabanilla o pedazo de lienzo en que se envuelve a los niños de teta. Faldón o caídas de la camisa del hombre. Primeros principios de la crianza y nacimiento. Niñez, usado en plural.

pañería *f.* Comercio o tienda de paños. Conjunto de paños.

pañero-a *adj.* Perteneciente o relativo a los paños. *M. y f.* Persona que vende paños.

paño *m.* Tela de lana muy tupida. Tela, en general. Tapiz o colgadura. Pedazo de lienzo u otra tela. Accidente que disminuye el brillo o la transparencia de algunas cosas. Enlucido que se da a las paredes. Lienzo de pared.

pañol *m.* Compartimiento del buque en que se guardan víveres, municiones, pertrechos, herramientas, etc.

pañoleta *f.* Prenda triangular, a modo de medio pañuelo que, como adorno o abrigo, usan las mujeres al cuello y que rebasa la cintura. Corbata estrecha de nudo y del color de la faja, que usan los toreros con el traje de luces.

pañuelo *m.* Pedazo cuadrado de tela que sirve para diversos usos, en especial para secarse el sudor y limpiarse las narices.

papa *m.* Sumo pontífice romano, vicario de Cristo y sucesor de San Pedro en el gobierno universal de la Iglesia Católica.

papa *f.* Paparrucha. Cualquier especie de comida. Sopas blandas. Gacha, comida compuesta de harina cocida con agua y sal.

papa *f.* Patata. En México también, mentira.

papá *m.* Padre. *Pl.* Padre y madre.

papacla *f.* En México, hoja ancha del maíz.

papachar *tr.* En México, apapachar, hacer papachos.

papacho *m.* En México, caricia, sobo.

papada *f.* Abultamiento carnoso anormal que se forma debajo de la barba, o entre ella y el cuello. Pliegue cutáneo que sobresale en el borde inferior del cuello de ciertos animales y se extiende hasta el pecho.

papado *m.* Dignidad de Papa. Tiempo que dura.

papagayo *m.* Ave psitaciforme de plumaje brillante, pico fuerte, grueso y encorvado, patas con dedos muy largos, con los que coge el alimento para llevarlo a la boca; aprende a decir palabras y aun frases enteras.

papalina *f.* Gorra o birrete con dos puntas que cubre las orejas. Cofia de mujer. Borrachera.

papamoscas *m.* Pájaro con cerdas en la comisura del pico; se alimenta de insectos y principalmente de moscas. Papanatas.

papanatas *m.* Hombre simple y crédulo, fácil de engañar. Bobalicón, simple.

papar *tr.* Comer cosas blandas sin mascar. Comer.

paparrucha *f.* Noticia falsa y desatinada de un suceso, esparcida entre el vulgo. Escrito, obra literaria, etc., insubstancial y desatinada.

papaverácea *adj. y s.* Planta dicotiledónea herbácea, rara vez arbustiva, con tubos lacticíferos, flores con cuatro pétalos y semillas oleaginosas en cápsula.

papayo *m.* Árbol tropical coronado por grandes hojas palmeadas, tronco fibroso poco consistente; la planta contiene un jugo lechoso muy corrosivo y que mezclado con agua sirve para ablandar las carnes; su fruto es la papaya, oblongo, hueco y que encierra en su cavidad las semillas, de pulpa amarilla y dulce que se consume mucho en América.

papel *m.* Hoja delgada hecha con pasta de trapos molidos, de pulpa de cáñamo, esparto, paja de arroz y madera; de aplicaciones muy variadas. Pliego, hoja o pedazo de esta hoja en blanco, manuscrito o impreso. Conjunto de resmas, cuadernos o pliegos. Carta, credencial, título, etc. Impreso que no llega a formar libro. Parte de cada actor, en una obra dramática. Carácter, representación, oficio con que se interviene en los negocios de la vida. Conjunto de valores mobiliarios que salen a negociación en el mercado.

papelear *intr.* Revolver papeles buscando en ellos alguna noticia, dato, etc.

papeleo *m.* Acción y efecto de papelear o revolver papeles. Tramitación larga y lenta de un asunto en las oficinas públicas.

papelera *f.* Escritorio, mueble para guardar papeles. Cesto u otro recipiente donde se arrojan los papeles inútiles.

papelería *f.* Conjunto de papeles esparcidos y sin orden. Tienda en que se venden papel y demás útiles de escritorio, dibujo, etc.

papelerío *m. americ.* Papelería, conjunto de papeles sin orden.

papelero-a *adj. y s.* Farolero, papelón. *M. y f.* Persona que fabrica o vende papel. En México, vendedor de periódicos. Voceador.

papeleta *f.* Cédula. Asunto difícil de resolver. En México, nómina teatral.

papelina *f.* Tela muy delgada de urdimbre de seda fina con trama de seda basta.

papelista *m.* El que maneja papeles y los entiende. Fabricante o almacenista de papel.

papelón-a *adj. y s.* Persona que aparenta más que es. *M.* Papel en que se ha escrito acerca de algún asunto y que se desprecia por algún motivo. Ridículo. Cartón delgado.

papelote *m.* Papelucho. Conjunto de papeles inútiles. Recortes de papel que se venden al peso.

papelucho *m.* Papel o escrito despreciable.

papera *f.* Bocio. Inflamación de la parótida. Escrófulas, lamparones.

papila *f.* Cada una de las pequeñas prominencias cónicas que tienen ciertos órganos de algunos vegetales. Pequeña prominencia, de forma y disposición varia, semejante a pequeño mamelón que se encuentra en distintos órganos: lengua, piel, dermis, etc.

papilionácea *adj. y s.* Planta dicotiledónea leguminosa, caracterizada por la corola amariposada.

papilla *f.* Papas que se dan a los niños, sazonadas por lo común con miel o azúcar. Cautela o astucia para engañar a uno.

papillote *m.* Rizo de pelo formado y sujeto con un papel.

papiro *m.* Planta ciperácea vivaz, de hojas radicales, cañas cilíndricas desnudas terminadas por un penacho de espigas. Lámina sacada del tallo de esta planta que empleaban los antiguos para escribir en ella.

papista *adj. y s.* Nombre que herejes y cismáticos dan al católico romano porque obedece al Papa. Defensor incondicional del Papa.

papo *m.* Parte abultada del animal entre la barba y el cuello. Buche de las aves.

papú *adj. y s.* Natural de la Papuasia. Perteneciente a esta región de la Nueva Guinea.

papudo-a *adj.* Que tiene papo crecido y grueso; dícese comúnmente de las aves.

pápula *f.* Tumorcillo eruptivo que se presenta en la piel, sin pus ni serosidad. Vesícula o glándula papilar, blanda y redondeada.

paquear *tr.* Hostilizar con disparos aislados.

paquebote *m.* Embarcación que lleva la correspondencia pública y pasajeros.

paquete *m.* Lío o envoltura bien dispuesto y no muy abultado. Conjunto de cartas o papeles que forman mazo. Envase con diez cargadores de cinco cartuchos. Hombre que sigue rigurosamente la moda y va muy compuesto. En México, asunto difícil.

paquidermia *f.* Engrosamiento morboso de la piel. Elefantíasis.

paquidermo *adj. y s.* Mamífero de piel gruesa y dura: elefante, hipopótamo, rinoceronte y cerdo.

par *adj.* Igual o semejante. *M.* Conjunto de dos personas o cosas de la misma especie; de dos animales de labranza. Título de nobleza en Inglaterra. Dícese del número divisible entre dos. Grupo formado por dos fuerzas. Órgano que corresponde simétricamente a otro. *F. pl.* Placenta.

para *prep.* Denota fin o término de una acción; hacia; lugar o tiempo a que se difiere algo; uso que conviene o puede darse a una cosa; relación o adversidad; motivo o causa; aptitud o capacidad.

pará *m.* En México, mijo.

parabién *m.* Felicitación.

parábola *f.* Narración de un suceso fingido del que se deduce por comparación una enseñanza o una verdad importante. Curva abierta simétrica, respecto a un eje y con un solo foco.

parabrisas *m.* Guardabrisa del automóvil.

paracaídas *m.* Aparato en forma de gran paraguas de tela fuerte y resistente, usado por los aeronautas para moderar la velocidad de la caída; para saltar del avión, para la caída lenta de luces, armas, alimentos, etc.

paracaidista *m.* Persona adiestrada en el manejo del paracaídas. Soldado que se transporta en avión y se deja caer con el paracaídas en la retaguardia de las líneas enemigas.

paracleto o paráclito *m.* Nombre que se da al Espíritu Santo, enviado para consolar a los fieles.

parachoques *m.* Aparato amortiguador de los choques que puede sufrir un vehículo, o que sirve para detener su marcha.

parada *f.* Acción de parar o detenerse. Lugar o sitio donde se para. Fin o término de un movimiento. Suspensión o pausa. Punto en que los tiros de relevo están apostados. Presa hecha en los ríos. Dinero que en el juego se expone a una sola suerte. En México, apostadero de los tiradores en una cacería. Empaque, apostura. Desfile, procesión cívica. Quite, movimiento defensivo. Reunión de tropas para pasarles revista en una solemnidad.

paradero *m.* Lugar o sitio donde se para o se va a parar. Fin o término de una cosa.

paradigma *m.* Ejemplo o ejemplar. Tipo, modelo, arquetipo.

paradisíaco-a *adj.* Perteneciente o relativo al Paraíso.

parado-a *adj.* Remiso, tímido o flojo en palabras, movimientos o acciones. Desocupado, sin ejercicio o empleo. En América, derecho, en pie.

paradoja *f.* Cosa extraña u opuesta a la común opinión y al sentir de los hombres. Aserción inverosímil o absurda que se presenta con apariencia de verdadera. Figura de pensamiento que consiste en emplear expresiones o frases que envuelven aparente contradicción.

parador-a *adj.* Que para o se para. Dícese del caballo o yegua que se para con facilidad, y también del que lo hace quedando cuadrado y en buena postura. Jugador que para mucho. *M.* Mesón.

parafernales *adj. y s.* Bienes propios de la mujer que no son administrados por el marido.

parafina *f.* Substancia que se obtiene de las últimas fracciones de la destilación de petróleo o de los esquistos bituminosos, mezcla de hidrocarburos saturados; sólida, blanca, traslúcida, inodora, de aspecto céreo, menos densa que el agua; de múltiples aplicaciones industriales.

parafrasear *tr.* Hacer la paráfrasis de un texto o escrito.

paráfrasis *f.* Explicación o interpretación amplificativa de un texto, para ilustrarlo o hacerlo más inteligible. Traducción o versión de un original sin verterlo con escrupulosa exactitud.

paragoge *f.* Metaplasmo que consiste en añadir una letra al fin de un vocablo: *felice* por feliz. Reducción de una luxación.

paraguas *m.* Utensilio portátil para resguardarse de la lluvia, compuesto de un bastón y un varillaje cubierto de tela que puede extenderse o plegarse.

paraguayo-a *adj. y s.* Natural de Paraguay. Perteneciente o relativo a dicha república sudamericana.

paragüería *f.* Tienda de paraguas.

paragüero-a *adj. y s.* Persona que hace o vende paraguas. *M.* Mueble dispuesto para colocar paraguas y bastones.

parahúso *m.* Instrumento manual para taladrar, con barrena cilíndrica rotatoria, movida por dos cuerdas o correas que se arrollan y desenrollan alternativamente al subir y bajar un travesaño al cual están atadas.

paraíso *m.* Lugar amenísimo en donde Dios puso a Adán luego que lo creó. Cielo, morada de Dios. Cualquier lugar delicioso. Conjunto de asientos en el piso más alto de algunos teatros; en México, gallinero.

paraje *m.* Lugar, sitio o estancia. Estado, ocasión y disposición de una cosa.

paralaje *f.* Diferencia entre las posiciones aparentes que en la bóveda celeste tiene un astro, según el punto desde donde se supone observado. Angulo que forman dos visuales dirigidas al objeto desde dos puntos distintos.

paralela *f.* Trinchera con parapeto ante la defensa de una plaza. Dícese de la línea que equidista de otra en todos sus puntos. *Pl.* Barras en que se hacen ejercicios gimnásticos.

paralelepípedo *m.* Sólido terminado por seis paralelogramos, de los que son iguales y paralelos cada dos opuestos entre sí. Prisma cuyas bases son paralelogramos.

paralelo-a *adj.* Aplícase a las líneas o planos equidistantes entre sí y que por más que se prolonguen no pueden encontrarse. Correspondiente o semejante. *M.* Cotejo o comparación de una cosa con otra. Cada uno de los círculos menores equidistantes del Ecuador que sirve, con los meridianos, para determinar la posición de cualquiera de sus puntos o lugares. Cada uno de los círculos que, en una superficie de revolución, resulta de cortarla por planos perpendiculares a su eje.

paralelogramo *m.* Cuadrilátero cuyos lados opuestos son paralelos entre sí.

parálisis *f.* Privación o disminución del movimiento de una o varias partes del cuerpo.

paralítico-a *adj. y s.* Enfermo de parálisis. Tullido, baldado.

paralizar *tr. y r.* Causar parálisis. Detener, entorpecer o impedir la acción y movimiento de una cosa.

paralogismo *m.* Razonamiento incorrecto. Lenguaje ilógico de los dementes.

paramento m. Adorno o atavío con que se cubre una cosa. Sobrecubiertas del caballo. Cualquiera de las dos caras de una pared. Cualquiera de las seis caras de un sillar labrado.

paramera f. Región o vasta extensión de territorio, donde abundan los páramos. Páramo.

páramo m. Terreno yermo, raso y desabrigado. Planicie poco elevada sobre los valles. Cualquier lugar muy frío y desamparado.

parangón m. Comparación o semejanza.

paraninfo m. Padrino de las bodas. El que anuncia una felicidad. En las universidades, el que anunciaba la apertura del curso, estimulando a los alumnos con una oración académica. Salón de actos académicos, en algunas universidades.

paranoia f. Enfermedad mental que se distingue por la aberración del juicio se vuelve unilateral y egocéntrico; el individuo se cree superior a sus semejantes, o busca un ideal, según él, grandioso, verdadero e indestructible y quien se oponga debe ser destruido. Delirio de grandezas, de persecución; místico, imaginativo, etc.

parapetarse r. Resguardarse con parapetos u otras cosas. Precaverse de un riesgo por algún medio de defensa.

parapeto m. Pared o baranda para evitar caídas, en puentes, escaleras, etc. Terraplén para resguardarse de los tiros enemigos.

paraplejia f. Parálisis de las extremidades inferiores y de la mitad inferior del tronco, que por lo común suprime el movimiento y la sensibilidad.

parapsicología f. Metapsíquica.

parar intr. Cesar en el movimiento o en la acción. Ir a dar a un término o llegar al fin. Reducirse o convertirse una cosa en otra distinta de la que se esperaba. Habitar, hospedarse. Tr. Detener, impedir el movimiento. Prevenir o preparar. Arriesgar dinero a una suerte del juego. Ordenar, mandar. R. Estar pronto o aparejado a exponerse a un peligro. En América, ponerse en pie.

pararrayos o **pararrayo** m. Artificio que se coloca sobre un edificio o buque para preservarlo de la electricidad de las nubes.

parasceve f. Entre los judíos, víspera del sábado en que preparaban todo para no trabajar el día del Señor. Viernes Santo, para los cristianos.

parasíntesis f. Formación de vocablos en que intervienen la composición y la derivación, como en *encañonar*.

parasintético-a adj. Dícese de los vocablos compuestos de prefijo y sufijo a la vez.

parasiticida adj. Substancia para destruir parásitos.

parasitismo m. Costumbre o hábito de los que viven a costa de otros a manera de parásitos. Asociación biológica entre seres de distinta especie, en la que uno de ellos, el parásito, vive a expensas de otro llamado huésped.

parásito-a o **parasito-a** adj. o s. Aplícase al organismo que se alimenta y crece con el jugo y substancia de otro a quien vive asido. Ruidos que perturban las transmisiones radioeléctricas. El que se arrima a otro para comer a su costa.

parasitología f. Parte de la Biología que trata de los parásitos.

parasitosis f. Infestación con parásitos.

parasol m. Quitasol.

paratifoidea f. Infección con manifestaciones intestinales que produce la mayor parte de los síntomas de la tifoidea, aunque con menor gravedad.

parca f. Cada una de las tres deidades, hijas de la Noche, que hilaban el hilo de la vida de los hombres. La muerte.

parcela f. Porción pequeña de terreno, por lo común sobrante de otra mayor. En el catastro, cada una de las tierras de distinto dueño. Partícula.

parcelar tr. Medir, señalar las parcelas para el catastro. Dividir una finca grande, para venderla o arrendarla en parcelas.

parcial adj. Relativo a una parte del todo. No cabal o completo. Que juzga o procede con parcialidad; que la incluye o denota. Que sigue el partido de otro, o está siempre de su parte.

parcialidad f. Unión de algunos que se confederan para un fin. Conjunto de muchos que componen una familia o facción. Amistad, familiaridad en el trato. Designio anticipado o prevención en favor o en contra de personas o cosas.

parco-a adj. Corto, escaso o moderado en el uso o concesión de las cosas. Sobrio, templado y moderado en la comida o bebida. Mesurado, frugal.

parchar tr. améric. Remendar, componer.

parche m. Pedazo de lienzo u otra cosa en que se pega un ungüento, bálsamo u otra sustancia y se pone en una herida o parte enferma del cuerpo. Pedazo de tela, papel, piel, etc., que por medio de un aglutinante se pega sobre una cosa. Tambor. Pegote o retoque mal hecho. Piel o membrana de los tambores, panderos, bombos, etc.

parchear *tr.* Poner parches, remendar.

pardal *adj.* Aplícase a la gente de las aldeas por andar regularmente vestida de pardo. *M.* Leopardo. Gorrión. Pájaro, en sentido general.

¡pardiez! *interj.* ¡Por Dios!

pardo-a *adj.* Dícese del color de la tierra, intermedio entre blanco y negro con tinte rojo amarillento más obscuro que el gris. Aplícase a la voz que no tiene timbre claro y es poco vibrante. Castaño. Mulato.

pardusco-a *adj.* De color que tira a pardo.

pareado-a *adj.* Dícese de los órganos o estructuras dispuestos en pares. Dícese de los dos versos que van juntos y tienen rima consonántica.

parear *tr.* Juntar, igualar dos cosas. Formar pares de las cosas poniéndolas de dos en dos.

parecer *m.* Opinión, juicio o dictamen. Orden de las facciones del rostro y disposición del cuerpo.

parecer *intr.* Aparecer o dejarse ver. Opinar, creer. Hallarse o encontrarse lo que se tenía por perdido. Tener determinada apariencia o aspecto. *R.* Asemejarse.

parecido-a *adj.* Dícese del que se parece a otro. Que tiene buena o mala disposición de facciones. Bien o mal visto. *M.* Semejanza.

pared *f.* Obra de fábrica levantada a plomo, para cerrar un espacio o sostener las techumbres. Tabique. Conjunto de personas o cosas que se aprietan o unen estrechamente. Seto vivo. Tapia, muro. Parte limitante de una cavidad o conducto. Cara o superficie lateral de un cuerpo.

paredón *m.* Pared que queda en pie, como ruina de un edificio antiguo. Pared grande y gruesa. Tapia o muro a que se arrima a aquellos a quienes se va a fusilar.

pareja *f.* Conjunto de dos personas o cosas que tienen alguna correlación o semejanza. Compañero o compañera en los bailes.

parejo-a *adj.* Igual o semejante. Liso, llano.

parénquima *m.* Tejido con escasa substancia intercelular.

parentela *f.* Conjunto de todo género de parientes.

parentesco *m.* Vínculo, conexión, enlace por consanguinidad o afinidad. Vínculo, conexión o liga que tienen las cosas.

paréntesis *m.* Oración o frase incidental, sin enlace necesario con los demás miembros del período. Signo ortográfico en que suele encerrarse esa oración. Suspensión o interrupción. Signo matemático para indicar que toda la expresión encerrada en él está afectada de alguna operación.

paresa *f.* Mujer del par, título de nobleza.

paresia *f.* Parálisis benigna, con trastornos o privación del movimiento, pero no de la sensibilidad.

parhelio *m.* Fenómeno luminoso consistente en la aparición simultánea de varias imágenes del Sol reflejadas en las nubes, dispuestas simétricamente sobre un halo.

paria *com.* Conjunto de castas inferiores de la India, a las que pertenecen los individuos privados de todos los derechos religiosos y sociales. Persona a la que se tiene por vil y excluida de las ventajas de que gozan los demás.

parián *m.* Porcelana que imita el mármol de Paros. En México, mercado.

parias *f. pl.* Placenta, órgano embrionario. Tributo que paga un príncipe a otro, en reconocimiento de superioridad.

paridad *f.* Comparación de una cosa con otra por ejemplo o símil. Igualdad de las cosas entre sí.

pariente-a *adj. y s.* Respecto de una persona, cada uno de los ascendientes, descendientes y colaterales de su misma familia, por consanguinidad o afinidad. Allegado, semejante o parecido. *M. y f.* El marido respecto de la mujer y la mujer respecto del marido.

parihuela *f.* Mueble compuesto de dos varas gruesas con tablas atravesadas en que se coloca el peso o carga, para llevarlo entre dos. Camilla para la conducción de enfermos y heridos.

paripinnada *adj.* Dícese de la hoja compuesta con folíolos en disposición pinnada y en que el pecíolo principal no acaba en folíolo.

parir *intr.* Expeler la hembra, en tiempo oportuno, el feto que tenía concebido. Aovar. Producir una cosa. Alumbrar, dar a luz.

parisién *adj. y s.* Galicismo por parisiense.

parisiense *adj. y s.* Natural de París. Perteneciente a esta ciudad, capital de Francia.

parisílabo-a *adj.* Aplícase al vocablo o verso que consta de igual número de sílabas que otro.

parisino-a *adj. y s.* Barbarismo por parisiense.

paritario-a *adj.* Dícese de los organismos de carácter social constituidos por representantes de patronos y obreros en número igual y con los mismos derechos.

parla *f.* Acción de parlar, hablar con desembarazo. Labia. Verbosidad insubstancial.

parlamentar *intr.* Hablar o conversar unos con otros. Tratar de ajustes; capitular para la rendición de una fuerza o plaza, o para un contrato.

parlamentario-a *adj.* Perteneciente al Parlamento judicial o político. *M.* Persona que va a parlamentar. Ministro o individuo de un Parlamento.

parlamentarismo *m.* Sistema político que se basa en la institución del Parlamento, como elemento esencial del Estado constitucional y democrático.

parlamento *m.* Asamblea legislativa y edificio donde funciona. Organo o institución política de carácter representativo, con funciones legislativas soberanas y de control de los actos del poder ejecutivo.

parlanchín-a *adj. y s.* Que habla mucho y sin oportunidad, o que dice lo que debía callar. Hablador, charlatán.

parlar *intr.* Hablar con desembarazo. Hablar mucho y sin substancia. Proferir palabras ciertas aves. Revelar y decir lo que se debe callar o lo que no hay necesidad de que se sepa.

parlería *f.* Flujo de hablar o parlar. Chisme, cuento o habilla.

parlotear *intr.* Hablar mucho y sin substancia unos con otros por diversión o pasatiempo.

parmesano-a *adj. y s.* Natural de Parma. Perteneciente a esta ciudad, antiguo ducado de Italia.

parnasianismo *m.* Tendencia poética, surgida como reacción contra el romanticismo, con ideales de realizar una poesía más severa y de cultivar el arte por el arte.

parnaso *m.* Conjunto de todos los poetas, o de los de un pueblo o tiempo determinados. Colección de poesías de varios autores.

paro *m.* Suspensión o término de la jornada industrial o agrícola. Interrupción del trabajo o actividades económicas, por diversas causas.

parodia *f.* Imitación burlesca de una obra seria de literatura, escrita las más de las veces en verso. Cualquier imitación burlesca de una cosa seria.

parónimo-a *adj.* Aplícase a cada uno de dos o más vocablos que tienen entre sí relación o semejanza, o por su etimología o solamente por su forma o sonido.

parótida *f.* Cada una de las dos glándulas salivales mayores, situada en cada lado de la cara por debajo y delante de la oreja.

paroxismo *m.* Exacerbación o acceso violento de una enfermedad. Accidente muy grave en que el paciente pierde el sentido y la acción por mucho tiempo. Exaltación extrema de los afectos o pasiones. Momento de máxima intensidad de una erupción volcánica.

paroxítono-a *adj.* Dícese del vocablo que lleva acento tónico en la penúltima sílaba; grave, llano.

parpadear *intr.* Menear los párpados, o abrir y cerrar los ojos.

párpado *m.* Cada uno de los órganos protectores del ojo, situados por delante del globo ocular que lo tapan cuando el superior se aproxima al inferior, al cerrar los ojos.

parque *m.* Terreno cercado y con plantas, para caza o para recreo, generalmente inmediato a un palacio o a una población. Conjunto de instrumentos, aparatos o materiales destinados a un servicio público. Paraje para estacionar transitoriamente automóviles y otros vehículos. En México, conjunto de municiones de guerra y también el cargador completo de una pistola. Lugar en que se guardan, cuidan y almacenan los materiales de guerra.

parquedad *f.* Moderación prudente en el uso de las cosas. Parsimonia, circunspección, templanza.

parquet *m.* Palabra francesa: taracea; entarimado.

parra *f.* Vid, y en especial la que está levantada artificialmente y extiende mucho sus vástagos.

parrafada *f.* Conversación detenida y confidencial entre dos o más personas.

párrafo o parágrafo *m.* Cada una de las divisiones de un escrito señaladas por letra mayúscula al principio del renglón y punto y aparte al final. Signo ortográfico con que se señala cada una de estas divisiones.

parral *m.* Conjunto de parras Viña que se ha quedado sin podar y cría muchos vástagos.

parranda *f.* Holgorio, fiesta, jarana. Cuadrilla de músicos o aficionados que salen de noche tocando instrumentos o cantando para divertirse.

parrandear *intr.* Andar de parranda; disfrutarla.

parricida *com.* Persona que mata a su padre, a su madre o a su cónyuge. Por extensión también a alguno de sus parientes o de los que son tenidos por padres.

parricidio *m.* Muerte violenta que alguien da a su ascendiente, descendiente o cónyuge, o a otros parientes, según las diversas legislaciones.

parrilla *f.* Utensilio de hierro en figura de rejilla, con mango y pies, a propósito para poner en la lumbre lo que se ha de asar o tostar. Lugar, con armazón de barras de hierro, donde se quema el combustible en las máquinas de vapor o en los hornos de reverbero.

párroco *m.* Cura, sacerdote. Sacerdote a quien se ha conferido una parroquia en título, con cura de almas, bajo la autoridad del obispo del lugar.

parroquia *f.* Iglesia en que administran los sacramentos y se atiende a los feligreses. Feligresía. Territorio bajo la jurisdicción de un párroco. Conjunto de personas que acuden a surtirse de una misma tienda, que se sirven del mismo sastre, se valen del mismo facultativo, etc.

parroquial *adj.* Perteneciente o relativo a la parroquia.

parroquiano-a *adj. y s.* Perteneciente a determinada parroquia. *M. y f.* Persona que acostumbra a comprar en una misma tienda, o a servirse siempre de un artesano, oficial o facultativo, con preferencia a otros. Cliente.

parsimonia *f.* Frugalidad y moderación en los gastos. Circunspección, templanza.

parte *f.* Porción indeterminada de un todo. Cantidad o porción especial o determinada de un agregado numeroso. Porción que se da en un repartimiento. Sitio o lugar. División principal, comprensiva de otras menores. Cada uno de los ejércitos, facciones, sectas o banderías que se enfrentan o luchan. Cada una de las personas que contratan entre sí o que tienen participación o interés en un negocio. Papel representado por un actor. *M.* Escrito, ordinariamente breve, que se envía a una persona para darle aviso o noticia urgente. Comunicado transmitido por telégrafo o teléfono. *Pl.* Dotes o prendas naturales que adornan a una persona. Facción o partido. Organos de la generación. Litigante. Comunicación de novedades a un superior. Porción de una obra compuesta de varios fragmentos. Papel destinado a un instrumento o a una voz.

partenogénesis o partenogenesia *f.* Reproducción de la especie sin el concurso directo del sexo masculino.

partero o partera *m. o f.* Comadrón o comadrona.

partición *f.* División o repartimiento que se hace de alguna herencia, hacienda o cosa semejante. Operación de dividir.

participación *f.* Acción y efecto de participar. Aviso, parte o noticia que se da a alguien.

participar *intr.* Tener uno parte en una cosa o tocarle parte de ella. *Tr.* Dar parte, comunicar.

partícipe *adj. y s.* Que tiene parte en una cosa o entra con otros a la parte en la distribución de ella.

participio *m.* Parte del verbo que denota, además, adjetivo o sustantivo.

partícula *f.* Parte pequeña. Parte indeclinable de la oración, monosilábica o muy breve.

particular *adj.* Propio y privativo de una cosa. Especial, extraordinario o pocas veces visto. Singular o individual. Que no tiene título o empleo que lo distinga de los demás. Acto extraoficial o privado de quien tiene oficio o carácter público. *M.* Punto o materia de que se trata.

particularidad *f.* Singularidad, especialidad, individualidad. Distinción en el trato o cariño. Circunstancia o parte menuda de algo.

particularizar *tr.* Expresar una cosa con todas sus circunstancias y particularidades. Hacer distinción especial de una persona en el afecto o atención. *R.* Distinguirse, singularizarse en una cosa. Detallar, pormenorizar.

partida *f.* Acción de partir o salir de un punto para ir a otro. Registro o asiento de bautismo, confirmación, matrimonio o entierro que se escribe en el registro de las parroquias o en el registro civil; su copia certificada. Cantidad parcial que contiene una cuenta. Cantidad o porción de un género o mercancía. Guerrilla de tropa ligera, o grupo de paisanos que acosa al enemigo. Cuadrilla. Mano o conjunto de manos de un juego. Muerte. Parte o lugar.

partidario-a *adj. y s.* Que sigue un partido o bando, o entra en él. Adicto a una persona o idea. *M.* Guerrillero.

partidismo *m.* Celo exagerado a favor de un partido, tendencia u opinión.

partido *m.* Parcialidad o coligación entre los que siguen una misma opinión o interés. Provecho, ventaja o conveniencia. Amparo, favor o protección. Trato, convenio o concierto. Medio apto para conseguir una cosa. Distrito o territorio de una jurisdicción. Conjunto de personas que siguen y defienden una misma causa u opinión. Competencia entre jugadores. Aparcería.

partiquino *m. y f.* Cantante que ejecuta partes muy breves o de escasa importancia, en las óperas u otras obras musicales.

partir *tr.* Dividir una cosa en dos o más partes. Hender, rajar. Repartir o distribuir una cosa entre varios. Distinguir o separar una cosa de otra, determinando lo que a cada quien corresponde. Distribuir o dividir en clases. Acometer en pelea, batalla o conflicto. *Intr.* Tomar un hecho, una fecha o cualquier otro antecedente como base para un razonamiento o cómputo. Empezar a caminar, ponerse en camino. Resolver o determinarse. Desbaratar, desconcertar a uno. *R.* Dividirse en opiniones o parcialidades. Dividir una cantidad o efectuar la operación de dividir.

partitivo-a *adj.* Que puede partirse o dividirse. Dícese del nombre o del adjetivo numeral que expresa división de un todo en partes.

partitura *f.* Papel de música en el que aparecen escritas todas las partes, instrumentales o vocales, que integran una obra.

parto *m.* Acción de parir. Ser que ha nacido. Cualquier producción física. Producción del entendimiento o ingenio humano. Cosa que puede suceder y se espera que sea de importancia.

parturienta o **parturiente** *adj. y s.* Aplícase a la mujer que está de parto o recién parida.

parulis *f.* Flemón de la encía.

parva *f.* Parvedad, corta porción de alimento que se toma por las mañanas en los días de ayuno. Mies tendida en la era para trillarla, o después de trillada, antes de separar el grano. Montón o cantidad grande de una cosa.

parvada *f.* Conjunto de parvas. Pollada.

parvedad *f.* Pequeñez, poquedad, cortedad.

parvificar *tr.* Achicar. Empequeñecer, escasear, atenuar.

parvo-a *adj.* Pequeño.

párvulo-a *adj.* Pequeño. *M. y f.* Niño. Inocente, que sabe poco o es fácil de engañar. Humilde, cuitado. Niño desde que termina la lactancia hasta los seis años.

pasa *f.* Uva secada, enjugada naturalmente en la vid, o artificialmente al sol o al aire. Cada uno de los mechones de cabellos cortos, crespos y ensortijados de los negros.

pasable *adj.* Galicismo por pasadero.

pasacalle *m.* Marcha popular de compás vivo que tocan las rondallas o bandas cuando desfilan por las calles. Danza grave semejante a la chacona.

pasada *f.* Acción de pasar de una parte a otra. Partida de juego. Paso o lugar por donde se pasa o se puede pasar de un lugar a otro. Cada uno de los vuelos de bombardeo o de ametrallamiento sobre un objetivo. Mal comportamiento de una persona.

pasadero-a *adj.* Que se puede pasar con facilidad. Medianamente bueno de salud. Tolerable y que puede pasar, aunque tenga defecto o tacha.

pasadizo *m.* Paso estrecho para ir de una parte a otra atajando camino en una casa o calle. Medio que sirve para pasar de una parte a otra.

pasado-a *adj.* Estropeado, echado a perder. *M.* Tiempo que pasó; cosas que sucedieron en él. *Pl.* Ascendientes o antepasados.

pasador-a *adj. y s.* Que pasa de un lugar a otro. *M.* El que pasa contrabando. Barreta para cerrar puertas, ventanas o tapas. Varilla que une las palas de una bisagra o charnela. Aguja u horquilla para sujetarse el pelo las mujeres. Colador. Eje de una polea.

pasaje *m.* Acción de pasar de una parte a otra. Derecho que se paga por pasar por un paraje. Sitio o lugar por donde se pasa. Precio que se paga por los viajes. Totalidad de viajeros que utilizan el mismo transporte. Estrecho entre dos islas o entre una isla y tierra firme. Trozo o lugar de un libro o escrito; texto de un autor. Paso público entre dos calles. Fragmento de una obra musical que presenta cierta unidad.

pasajero-a *adj.* Aplícase al lugar o sitio por donde pasa continuamente mucha gente. Que pasa presto o dura poco. *M.* Que pasa o va de camino sin tener cargo en el vehículo. Viajero.

pasamanería *f.* Obra y fábrica de pasamanos; taller donde se fabrican o tienda donde se venden.

pasamano *m.* Género de trencilla, cordones, borlas, flecos y demás adornos de oro, plata, seda, algodón o lana con que se guarnecen y adornan vestidos u otras cosas. Barandal. Paso en los navíos de popa a proa, junto a la borda.

pasamontaña *m.* Especie de capuchón de punto de lana que cubre la cabeza y sólo deja libres la nariz y los ojos.

pasante *m.* El que asiste o acompaña al maestro de una facultad para imponerse en la práctica de la enseñanza. En México, estudiante que ha terminado sus estudios facultativos, pero al que le falta el examen final para recibirse.

pasaporte *m.* Documento personal e intransferible, para poder pasar libre y seguramente de un país a otro. Documento para poder viajar por cuenta del Estado.

pasar *tr.* Llevar o conducir de un lugar a otro. Mudar, trasladar a uno. Atravesar cruzando de una parte a otra. Enviar una cosa. Ir más allá de un punto. Penetrar o traspasar. Introducir o extraer géneros de contrabando. Exceder, aventajar, superar. Transferir. *Intr.* Sufrir, tolerar. Llevar tocando una cosa por encima de otra. Introducir una cosa por el hueco de otra. Colar un líquido. Tragar, comer. No poner tacha o censura a una cosa. Callar u omitir algo indebidamente. Disimular no darse por entendido de una cosa. Desecar una cosa al sol o al aire. Comunicarse una cosa de unos a otros. Tener lo necesario para vivir. Ocupar el tiempo bien o mal. Ir a realizar algo. Vivir, tener salud. Cesar, acabarse una cosa.

pasarela *f.* Puente pequeño o provisional.

pasatiempo *m.* Diversión y entretenimiento en que se pasa el rato.

pasavolante *m.* Acción ejecutada ligeramente o con brevedad y sin reparo.

pascua *f.* Fiesta judaica conmemorativa de la libertad del cautiverio de Egipto. Fiesta solemne, en la Iglesia Católica de la Resurrección del Señor, de su Natividad, de la adoración de los Santos Reyes o de Pentescostés.

pase *m.* Permiso que da un tribunal o un superior para que se use de un privilegio, licencia o gracia. Licencia para algunos actos: entrar en un local, viajar gratuitamente, transitar por algún sitio, etc. Paso del toro por la muleta.

paseante *adj. y s.* Persona que pasea o se pasea.

pasear *intr. y r.* Andar por diversión. Ir por diversión a caballo, en carruaje, embarcación, etc. *Tr.*

Hacer ver una cosa en una parte y otra. *R.* Discurrir acerca de algo vagamente.

paseo o **paseata** *m.* o *f.* Acción de pasear o pasearse. Lugar público destinado para pasearse en coche, a pie o a caballo. Distancia que puede recorrerse paseando.

paseriforme *adj. y s.* Ave de un orden en que se incluyen los llamados vulgarmente pájaros.

pasible *adj.* Que puede o es capaz de padecer.

pasilla *f.* En México, variedad de chile.

pasillo *m.* Pieza de paso, larga y angosta, de cualquier edificio. Paso, pieza dramática muy breve. En México, estera larga y angosta, para pisar sobre ella y no manchar o maltratar los pisos. Corredor, pasadizo, crujía.

pasión *f.* Acción de padecer. Por antonomasia, la de Jesucristo. Lo contrario a la acción. Estado pasivo en el sujeto. Perturbación o afecto desordenado del ánimo. Inclinación viva de una persona a otra. Apetito o afición vehemente a una cosa.

pasional *adj.* Perteneciente o relativo a la pasión, especialmente amorosa.

pasionaria *f.* Planta originaria del Brasil, de tallos ramosos y trepadores, hojas pecioladas lobuladas, flores olorosas, axilares y solitarias; se llama así por la semejanza entre las distintas partes de la flor y los atributos de la Pasión de Jesucristo; ornamental.

pasivamente *adv.* Con pasividad, sin operación ni acción de parte del sujeto. De un modo pasivo; en sentido pasivo.

pasividad *f.* Calidad de pasivo.

pasivo-a *adj.* Aplícase al sujeto que recibe la acción del agente sin cooperar en ella. El que debe obrar a los otros sin hacer por sí cosa alguna. Haber o pensión que disfrutan algunas personas, en virtud de servicios que prestaron o que fue transmitido. Dícese de la voz verbal que indica que el sujeto recibe la acción ejecutada por otra persona o cosa. *M.* Importe total de los débitos y gravámenes que tiene contra sí una persona o entidad. Que indica o denota pasión gramatical.

pasmar *tr. y* Enfriar mucho o bruscamente. Helarse las plantas hasta quedar secas y abrasadas. Quedar con los sentidos suspensos y con pérdida del movimiento. Asombrar con extremo. Empañarse los colores o los barnices.

pasmarote *m.* Estafermo, persona que está parada y como embobada.

pasmazón *m.* En México, hinchazón que causa la silla en el lomo de las caballerías.

pasmo *m.* Efecto de un enfriamiento que se manifiesta por romadizo, dolor de huesos y otras molestias. Admiración y asombro extremados.

paso *m.* Movimiento de cada uno de los pies para ir de una parte a otra. Espacio que comprende la longitud de un pie. Peldaño. Acción de pasar. Movimiento regular y cómodo de una caballería cuando sólo tiene un pie en el aire. Huella del pie al andar. Pase. Ascenso de clase en los estudios. Adelantamiento en ingenio, virtud, estado, ocupación, etc. Efigie o grupo que representa un acto de la Pasión de Jesucristo. Mudanza que se hace en los bailes. Cláusula o pasaje de un libro o escrito. Estrecho de mar. Obra escénica muy breve, de argumento más simple que el del entremés y con pocos personajes. Tránsito de las aves de una región a otra.

pasodoble *m.* Especie de marcha, de movimiento vivo que suele usarse como reglamentaria en la tropa. Pieza bailable de carácter popular, del mismo movimiento que el anterior.

pasquín *m.* Escrito anónimo que se fija en sitio público contra el gobierno, alguna persona o corporación. Propaganda impresa de carácter político, que se fija en lugares públicos.

pasta *f.* Masa hecha de una o diversas cosas machacadas. Masa con manteca o aceite y otras cosas para pastelería; con harina de trigo para fideos y otras cosas para sopa. Porción de metal fundido y sin labrar. Cartón hecho de papel deshecho y machacado. Encuadernación de cartón recubierto. Empaste de colores y tintes bien unidos.

pastar *tr.* Llevar o conducir el ganado al pasto. *Intr.* Pacer. Apacentar.

pastel *m.* Masa de harina y manteca con otros ingredientes y cocida al horno, rellena o en capas. Lapiz de materia colorante y agua de goma. Pintura con estos lápices. Convenio secreto con malos fines o excesiva transigencia. Líneas o planas desordenadas en los impresos.

pastelería *f.* Oficina donde se hacen pasteles o pastas. Tienda donde se venden. Arte de hacerlos. Conjunto de ellos.

pastelillo *m.* Dulce de masa delicada y rellena de conservas.

pastelista *com.* Persona que practica la pintura al pastel.

pasterizar *tr.* Esterilizar la leche, el vino y otros líquidos, según el procedimiento de Pasteur, o sea calentar hasta 70° durante unos 30 minutos y producir en seguida un enfriamiento rápido a 10° o menos.

pasteurizar *tr.* Pasterizar.

pastiche *m.* Palabra para indicar las imitaciones modernas de obras antiguas, literarias y pictóricas.

pastilla *f.* Porción de pasta, de varias figuras y tamaños. Porción muy pequeña de pasta compuesta de azúcar y alguna substancia medicinal o simplemente agradable.

pastizal *m.* Terreno de abundante pasto para caballerías.

pasto *m.* Acción de pastar. Hierba que el ganado pace. Lo que sirve de sustento del animal. Sitio en que pasta el ganado.

pastor-a *m. y f.* Persona que guarda, guía y apacienta el ganado. *M.* Prelado que tiene súbditos y obligación de cuidar de ellos.

pastoral *adj.* Pastoril. Perteneciente a los prelados. Relativo a la poesía en que se canta la vida de los pastores. Drama bucólico. Composición musical, instrumental o vocal, de ambiente bucólico.

pastorear *tr.* Llevar los ganados al campo y cuidar de ellos mientras pacen. Cuidar vigilantemente los prelados de sus súbditos, dirigirlos y gobernarlos. En América, acechar, atisbar.

pastorela *f.* Tañido y canto sencillo y alegre a modo del que usan los pastores. Egloga o idilio. En México, obra teatral sobre el anuncio que hace el arcángel San Miguel a unos pastores, del Nacimiento del Niño Dios.

pastoril *adj.* Propio o característico de los pastores. Dícese de la novela que presenta episodios de la vida del campo y tiene como personajes principales pastores y pastoras, de carácter más o menos convencional.

pastoso-a *adj.* Aplícase a las cosas suaves al tacto. Voz que sin resonancia es agradable al oído. Lengua cubierta de una capa de mucosidad de aspecto viscoso. Cuadro al óleo pintado con abundancia de materia pictórica.

pastura *f.* Pasto o hierba de que se alimentan los animales. Porción de comida que se da de una vez a los bueyes. Pasto, sitio en que pasta el ganado.

pata *f.* Pie y pierna de los animales. Pie, base o parte en que se apoya alguna cosa. Hembra del pato. Pierna del hombre.

patacho *m.* En México y Honduras, yunta de mulas.

patada *f.* Golpe dado con la planta del pie o con lo llano de la pata del animal. Por extensión, puntapié. Paso. En México, rechazo, desdén.

patagón-a *adj. y s.* Natural de Patagonia. Perteneciente a esta región de la América Meridional. Indígena tehuelche, poblador de esta región.

patalear *intr.* Mover las piernas o patas violenta y rápidamente, para herir con ellas o en fuerza de un accidente o dolor. Dar patadas en el suelo por enfado o pesar.

pataleta *f.* Convulsión, especialmente cuando se cree que es fingida.

patán *m.* Aldeano o rústico. Hombre zafio y tosco.

patarata *f.* Cosa ridícula y despreciable. Demostración afectada y ridícula de un sentimiento o cuidado. Exceso en cortesías y cumplimientos.

pataratada *f.* En México, patarata.

patata *f.* Planta solanácea herbácea anual, americana de origen, de tallos ramosos, hojas profundamente partidas, flores en corimbos terminales, fruto en baya carnosa y raíces fibrosas con gruesos tubérculos; uno de los alimentos más útiles para el hombre. Cada uno de estos tubérculos. Batata. Papa.

patatal o **patatar** *m.* Terreno plantado de patatas.

patatús *m.* Congoja o accidente de tipo convulsivo. Soponcio, desmayo, desvanecimiento.

patear *tr.* Dar golpes con los pies. *Intr.* Dar patadas en señal de enojo, dolor o desagrado. Estar sumamente encolerizado. Andar mucho haciendo diligencias para conseguir una cosa. Patalear.

patena *f.* Platillo de oro o plata, o de otro metal dorado, en que se pone la hostia en la Misa.

patentar *tr.* Conceder y expedir patentes. Obtenerlas, tratándose de las de propiedad industrial.

patente *adj.* Manifiesto, visible. Claro, perceptible. *M.* Documento que autoriza el ejercicio de una profesión o industria. Testimonio que acredita una cualidad o mérito.

paternal *adj.* Propio del afecto, cariño o solicitud de padre.

paternidad *f.* Calidad de padre. Tratamiento reverencial a los religiosos.

paterno-a *adj.* Perteneciente al padre o propio suyo, o derivado de él.

paternóster *m.* Padrenuestro.

patético-a *adj.* Dícese de lo que es capaz de mover y agitar el ánimo. Conmovedor, emocionante.

patiabierto-a *adj.* Que tiene las piernas torcidas y separadas una de otra.

patibulario-a *adj.* Que por su repugnante aspecto o aviesa condición, produce horror y espanto, como en general los condenados al patíbulo.

patíbulo *m.* Tablado o lugar en que se ejecuta la pena de muerte. Cadalso.

patidifuso-a *adj.* Patitieso, muy sorprendido.

patilla *f.* Remate de pelo entre las orejas y la cara. Porción de barba que se deja crecer en cada uno de los carrillos. Gozne de las hebillas.

patín *m.* Ave palmípeda marina que se alimenta de moluscos y peces, que apresa al volar o nadar sobre las aguas; vive formando grandes bandadas.

patín *m.* Aparato de patinar, consistente en una plancha que se adapta a la suela del calzado y lleva una especie de cuchilla o dos pares de ruedas, según sea para ir sobre el hielo o sobre pavimento duro y liso.

pátina *f.* Especie de barniz duro, aceitunado y reluciente que por acción de la humedad se forma en los objetos antiguos de bronce. Tono sentado y suave que da el tiempo a las pinturas al óleo o a otros objetos antiguos.

patinaje *m.* Deporte consistente en deslizarse sobre una superficie lisa o resbaladiza, natural o artificial, por medio de patines.

patinar *intr.* Deslizarse o ir resbalando con patines sobre el hielo o sobre un pavimento duro, llano o muy liso. Deslizarse o resbalar las ruedas de un carruaje, sin avanzar, por falta de adherencia con el suelo.

patinete *m.* Juguete consistente en una plancha montada sobre dos o tres ruedas, dirigida la delantera por un manillar, que remata un mástil. En México, patín del diablo.

patio *m.* Espacio cerrado con paredes o galerías que en las casas u otros edificios se deja descubierto. Planta baja de los teatros ocupada por las butacas. Espacio en las estaciones del ferrocarril para maniobras de los trenes.

patitieso-a *adj.* Dícese del que por accidente repentino se queda sin movimiento, insensible de las piernas o pies. Sorprendido. Dícese del que por presunción o afectación anda muy erguido y tieso.

patituerto-a *adj.* Que tiene torcidas las piernas o patas. Dícese de lo que se desvía de la línea que debe seguir, por estar mal hecho o torcido.

patizambo *adj. y s.* Que tiene las piernas torcidas hacia afuera y arqueadas.

pato *m.* Ave palmípeda con el pico más ancho en la punta que en la base, de cuello corto y también los tarsos, por lo que anda con dificultad; se encuentra en estado salvaje y se domestica con facilidad; de carne menos apreciada que la de la gallina.

patochada *f.* Disparate, despropósito, dicho necio o grosero.

patógeno-a *adj.* Dícese de los elementos o medios que originan y desarrollan las enfermedades.

patología *f.* Rama de la Medicina que estudia todo lo concerniente a las enfermedades.

patólogo-a *m. y f.* Profesor que ejerce especialmente la Patología.

patoso-a *adj.* Dícese de la persona que presume de chistosa y aguda sin serlo.

patraña *f.* Mentira o noticia de pura invención. Embuste, farsa.

patria *f.* Nación propia de cada uno, con la suma de cosas materiales e inmateriales, pasadas, presentes y futuras que cautivan la amorosa adhesión de los patriotas. Lugar, ciudad o país en que se ha nacido.

patriarca *m.* Personaje del Antiguo Testamento, cabeza de dilatadas y numerosas familias. Cualquiera de los fundadores de las órdenes religiosas. Persona que por su edad y sabiduría ejerce autoridad moral en una familia o en una colectividad. Obispo o arzobispo de una iglesia muy principal.

patriarcado *m.* Dignidad de patriarca; territorio de su jurisdicción; tiempo que dura. Organización social primitiva en la que el varón, ascendiente de más edad en la familia, ejercía sobre ella la autoridad y gobierno.

patriarcal *adj.* Perteneciente o relativo al patriarca y a su autoridad y gobierno. Dícese de la autoridad y gobierno ejercidos con sencillez y benevolencia.

patricio *m.* Individuo que por su nacimiento, riqueza o virtudes descuella entre sus conciudadanos.

patrimonial *adj.* Perteneciente al patrimonio. Perteneciente a uno por razón de su patria, padre o antepasados.

patrimonio *m.* Hacienda que una persona ha heredado de sus as-

cendientes. Bienes propios adquiridos por cualquier título. Conjunto de bienes que constituyen el activo y el pasivo de una persona.

patrio-a *adj.* Perteneciente a la patria. Perteneciente al padre o que proviene de él.

patriota *com.* Persona que tiene amor a su patria y procura siempre su bien.

patriotero-a *adj. y s.* Que alardea excesiva e inoportunamente de patriotismo.

patriótico-a *adj.* Perteneciente al patriota o a la patria.

patriotismo *m.* Amor a la patria.

patrística *f.* Conocimiento de la doctrina, obras y vidas de los padres de la Iglesia y escritores eclesiásticos de la antigüedad.

patrocinar *tr.* Defender, proteger, amparar, favorecer. Auspiciar.

patrocinio *m.* Amparo, protección, auxilio.

patrología *f.* Patrística. Tratado sobre los Santos Padres. Colección de sus escritos.

patrón-a *m. y f.* Patrono, protector, defensor; el que tiene derecho de patronato. Santo titular de una iglesia o cofradía. Protector especial de una nación, ciudad, profesión, etc. Dueño de la casa donde uno se hospeda o aloja. Amo, señor. *M.* El que manda un pequeño buque mercante. Dechado que sirve de muestra para sacar otra cosa igual. Metal tipo para la evaluación de la moneda. Planta en que se hace un injerto. Magnitud física base. Papel, cartón o tela que representa una de las piezas de la prenda que se desea confeccionar. En México y Guatemala, tratamiento popular y afectuoso que se da al superior. Patrono, persona que emplea obreros.

patronato *m.* Derecho, poder o facultad que tienen el patrono o patronos. Corporación de patronos. Fundación de una obra pía. Cargo de cumplir algunas obras pías. Junta encargada de la protección y cuidado de museos o instituciones similares.

patronímico-a *adj.* Aplícase al apellido formado con el nombre de los padres.

patrono-a *m. y f.* Defensor, protector. El que tiene derecho o cargo de patronato. Santo titular de una iglesia, pueblo, congregación, etc. Persona que emplea obreros en trabajo u obra. Amo, señor.

patrulla *f.* Partida de soldados o de gente armada que ronda para mantener el orden y seguridad en plazas y campamentos. Corto número de personas que van acuadrilladas. Formación de barcos ligeros de guerra con misiones de vigilancia o exploración. Formación de tres aviones, fracción de la escuadrilla.

patrullero m. En México, individuo de una patrulla de vigilancia.

patulea f. Soldadesca desordenada. Gente desbandada y maleante.

patullar intr. Pisar con fuerza y desatentadamente. Dar muchos pasos o hacer muchas diligencias para conseguir una cosa. Conversar.

paular m. Pantano o atolladero.

paulatino-a adj. Que procede u obra despacio o lentamente. Lento, tardo, pausado.

paulina f. Reprensión áspera y fuerte. Carta ofensiva anónima.

paulista adj. y s. Natural de San Pablo. Perteneciente o relativo a esta ciudad y Estado brasileños.

pauperismo m. Existencia de gran número de pobres en un Estado, en particular por causas permanentes.

paupérrimo-a adj. Superlativo de pobre: muy pobre.

pausa f. Breve interrupción del movimiento, acción o ejercicio. Tardanza, lentitud. Breve intervalo en que cesa el sonido musical.

pausado-a adj. Que obra con pausa o lentitud. Que se ejecuta o acaece de este modo. Adv. Con lentitud, tardanza o pausa.

pauta f. Instrumento para rayar el papel para escribir; estas rayas. Instrumento o norma que sirve para gobernarse en la ejecución de una cosa. Dechado o modelo. Regla, patrón, guía. Líneas paralelas en series de cinco, sobre las que se escriben los caracteres de la música.

pava f. Hembra del pavo. Mujer sosa y desgarbada.

pavada f. Manada de pavos. Sosería, insulsez.

pavana f. Danza antigua de carácter pomposo. Tañido de esta danza.

pavesa f. Partecilla ligera que salta de una materia inflamada o acaba por una vela encendida, y acaba por convertirse en ceniza.

pávido-a adj. Tímido, medroso o lleno de pavor.

pavimentar tr. Solar, revestir el suelo con ladrillos, losas u otro material.

pavimento m. Suelo, superficie artificial que se hace para que el piso esté sólido y llano.

pavipollo m. Pollo del pavo.

pavo m. Ave gallinácea, oriunda de América del Norte, de plumaje pardo verdoso, cabeza y cuello cubiertos de carúnculas rojas, con membrana eréctil encima del pico;

de carne sabrosa. Hombre soso e incauto.

pavón m. Pavo real, ave gallinácea oriunda de Asia, con vistoso penacho de plumas verdes con cambiantes de oro; en épocas de celo endereza y extiende su cola para hacer la rueda; pavo real. Color azul, negro o café con que a modo de barniz se cubre la superficie de los objetos para preservarlos de la oxidación.

pavonado-a adj. Azulado obscuro. M. Pavón, color para preservar de la oxidación los objetos de hierro o acero.

pavonar tr. Dar pavón al hierro o acero.

pavonear intr. y r. Hacer vana ostentación de gallardía u otras prendas. Alardear, presumir.

pavor m. Temor grande con espanto o sobresalto.

pavoroso-a adj. Que causa pavor. Aterrador, terrorífico.

pavura f. Pavor.

payador m. Coplero y cantor popular y errante de América del Sur, de preferencia, argentino.

payanar tr. En México, ablandar sacudiendo; quebrar el maíz con la piedra.

payaso m. Titiritero que hace de gracioso, con traje, ademanes y gestos ridículos.

payo-a adj. y s. Aldeano. Campesino ignorante y rudo.

paz f. Tranquilidad y sosiego. Pública tranquilidad y quietud de los Estados. Sosiego y buena correspondencia de unos con otros. Convenio entre potencias para dar quietud a sus pueblos, especialmente después de las guerras.

pazguato-a adj. y s. Simple, que se pasma y admira de lo que ve u oye.

pazote m. Planta salsolácea aromática y condimental, de tallo asurcado y muy ramoso, hojas lanceoladas, flores en racimos y semillas de margen obtusa.

pea f. Embriaguez, borrachera.

peaje m. Derecho de tránsito.

peal m. Parte de la media que cubre el pie. Paño con que se cubre el pie. Persona inútil y torpe.

peana f. Basa, apoyo o pie para colocar encima una figura u otra cosa. Tarima delante del altar y arrimada a él.

peatón m. El que camina o anda a pie. Valijero o correo entre pueblos cercanos.

pebete m. Pasta aromática en forma de varilla que, encendida, exhala humo fragante.

pebete-a m. y f. En Argentina y Uruguay, niño, chiquillo.

pebetero m. Perfumador, vaso o aparato para quemar perfumes y esparcirlos.

peca f. Mancha pequeña y parda que sale en el cutis, especialmente en la cara, cuello y brazos.

pecado m. Transgresión voluntaria de la ley divina. Cosa que se aparta de lo recto y justo.

pecador-a adj. y s. Que peca. Sujeto al pecado o que puede cometerlo. F. Ramera.

pecaminoso-a adj. Perteneciente o relativo al pecado o al pecador. Aplícase a las cosas que están o parecen estar contaminadas de pecado.

pecar intr. Quebrantar la ley de Dios. Faltar absolutamente a cualquier obligación y a lo que es debido y justo, o a las reglas del arte o política. Dejarse llevar de la afición a una cosa. Dar motivo para un castigo o pena.

pecera f. Vasija o globo de cristal, que llena de agua, sirve para tener peces de colores a la vista.

pecina f. Cieno negruzco.

pecíolo m. Pezón de la hoja.

pécora f. Res o cabeza de ganado lanar.

pecoso-a adj. Que tiene pecas.

pectiniforme adj. De figura de peine o dentado como un peine.

pectoral adj. Relativo o perteneciente al pecho. Util y provechoso para el pecho. M. Cruz que traen sobre el pecho los obispos y otros prelados.

pecuario-a adj. Perteneciente al ganado. F. Arte de conservar y criar el ganado.

peculado m. Delito que consiste en el hurto de caudales del erario público, hecho por aquel a quien está confiada su administración.

peculiar adj. Propio o privativo de cada persona o cosa.

peculio m. Hacienda o caudal que el padre o señor permitía al hijo o siervo, para su uso y comercio. Dinero que particularmente tiene cada uno, sea o no hijo de familia.

pecunia f. Moneda o dinero.

pecuniario-a adj. Perteneciente al dinero en efectivo.

pechblenda o **pechblenda** f. Mineral de uranio; en este mineral fue descubierto el radio.

pechera f. Pedazo de lienzo o paño que se pone en el pecho para abrigarlo. Parte de la camisa y otras prendas de vestir que cubre el pecho. Parte exterior del pecho, especialmente en las mujeres.

pechero-a adj. y s. Obligado a pagar tributo. Plebeyo.

pechina f. Concha de peregrino. Molusco bivalvo. Cada uno de los cuatro triángulos curvilíneos que forma el anillo de la cúpula con los arcos torales sobre los que estriba.

pecho m. Parte del cuerpo humano que se extiende desde el cuello hasta el vientre y en cuya cavidad se contienen el corazón y los pulmones. Lo exterior de esta misma parte. Parte del tronco de los cuadrúpedos entre el cuello y las patas anteriores. Cada una de las mamas de la mujer. Valor, esfuerzo, fortaleza.

pechón-a adj. En México, descarado, gorrón.

pechuga f. Pecho del ave. Pecho del hombre o de la mujer.

pedagogía f. Arte de enseñar o educar a los niños.

pedagogo m. Ayo. Maestro de escuela. Perito en Pedagogía.

pedal m. Palanca que pone en movimiento un mecanismo oprimiéndola con el pie. Palanca o resorte que al pasar el tren hace funcionar una señal.

pedalear intr. Poner en movimiento un pedal, especialmente los de las bicicletas.

pedante adj. y s. Aplícase al ridículamente engreído que hace alarde de erudición, téngala o no en realidad. Sabihondo, jactancioso.

pedazo m. Parte o porción de una cosa separada del todo.

pederastia f. Abuso deshonesto cometido con los niños. Sodomía.

pedernal m. Variedad de sílice, que da chispas herido por el eslabón. Suma dureza, en cualquier aspecto.

pedestal m. Cuerpo sólido con basa y cornisa que sostiene una columna, estatua, etc. Peana. Fundamento en que se asegura o afirma una cosa o la que sirve de medio para alcanzarla.

pedestre adj. Que anda a pie. Deporte del andar y correr. Vulgar, llano, inculto.

pediatría f. Parte de la Medicina que estudia la fisiología y patología de los niños.

pedicelo m. Pedúnculo pequeño que sostiene un órgano.

pedículo m. Pedúnculo. Pedicelo. Pilar aislado que sirve de soporte. Piojo.

pediculosis f. Infestación con piojos.

pedicuro-a adj. y s. Callista. Quiropodista.

pedido m. Encargo hecho a un fabricante o vendedor, de géneros de su tráfico. Petición.

pedigree m. Palabra inglesa internacional para expresar el árbol genealógico, linaje, estirpe o línea de ascendencia de un animal doméstico.

pedigüeño-a *adj. y s.* Que pide con frecuencia o importunidad.

pediluvio *m.* Baño de pies tomado por medicina.

pedimento *m.* Petición. Cada una de las solicitudes o pretensiones que en un escrito se formulan.

pedir *tr.* Rogar o demandar a uno que dé o haga una cosa, de gracia o de justicia. Por antonomasia, solicitar limosna. Aducir ante el juez derecho o acción contra otro. Poner precio a una mercancía el que vende. Querer, desear, apetecer.

pedo *m.* Ventosidad ruidosa que se expele del vientre por el ano. Borrachera.

pedorrero-a o **pedorro-a** *adj. y s.* Que frecuentemente o sin reparo expele las ventosidades del vientre.

pedrada *f.* Acción de lanzar o arrojar la piedra dirigida a una parte. Golpe que se da con la piedra tirada. Expresión dicha con intención de que otro la sienta o se dé por enterado.

pedrea *f.* Acción de apedrear o apedrearse. Combate a pedradas. Hecho de caer granizo grueso.

pedregal *m.* Sitio o terreno cubierto de piedras sueltas. En México, malpaís.

pedregoso-a *adj.* Aplícase al terreno naturalmente cubierto de piedras. Que padece mal de piedra.

pedrera *f.* Cantera.

pedrería *f.* Conjunto de piedras preciosas.

pedrisca o **pedrisco** *f. o m.* Piedra o granizo grueso que cae de las nubes en abundancia. Multitud de piedras arrojadas o tiradas. Conjunto de piedras sueltas.

pedrusco *m.* Pedazo de piedra sin labrar.

pedúnculo *m.* Tallo o porción delgada que sirve de sostén a un tejido, órgano o tumor. Pezón, rabillo que sostiene diversos órganos vegetales.

peer *intr. o r.* Arrojar o expeler ruidosamente la ventosidad del vientre por el ano.

pega *f.* Acción de pegar o conglutinar una cosa con otra. Baño que se da con la pez a los vasos o vasijas. Rémora, pez marino. Chasco. Pregunta difícil de contestar en exámenes. Zurra de golpes o azotes.

pegadizo-a *adj.* Pegajoso. Contagioso. Dícese de la persona que se arrima a otra para comer o divertirse a su costa. Gorrón. Postizo.

pegajoso-a *adj.* Que con facilidad se pega. Contagioso. Suave, meloso. Dícese de los oficios y empleos en que se manejan intereses de los que fácilmente puede abusarse.

pegamento *m.* Materia adherente que sirve para pegar.

pegar *tr.* Adherir, conglutinar una cosa con otra. Unir o juntar atando, cosiendo o encarando una cosa con otra. Arrimar o aplicar una cosa a otra sin dejar espacio entre ellas. Comunicarse uno a otro una cosa por el contacto, trato, etc., especialmente enfermedades, vicios, costumbres u opiniones. Castigar dando golpes. *R.* Quemarse los guisos por haberse adherido a la olla, cazuela, etc. Agregarse uno a donde no es llamado. Aficionarse o inclinarse mucho a una cosa.

pegote *m.* Emplasto o bizma de pez u otra materia pegajosa. Guisado muy espeso y pegajoso. Persona impertinente que se pega a otra, particularmente en las horas que se suele comer. Parche. Adición inútil e impertinente a alguna obra literaria o artística.

peguera *f.* Hoyo en que se quema lena de pino para sacar de ella alquitrán y pez. Paraje donde se calienta la pez para marcar el ganado.

peguero *m.* El que por oficio saca o fabrica la pez; o trata en ella.

peguntar *tr.* Marcar las reses con pez derretida.

pehuenche *adj. y s.* Indígena sudamericano poblador de ambas vertientes de los Andes, de la familia araucana.

peinado *m.* Adorno y compostura del pelo. *Adj.* Dícese del estilo nimiamente cuidado.

peinador-a *adj.* Que peina. *M.* Toalla que cubre el cuerpo del que se peina o afeita. Bata corta que usan las mujeres cuando se peinan. En América, tocador, mueble o aposento para el aseo personal.

peinar *tr. y r.* Desenredar, limpiar o componer el cabello. Limpiar o desenredar el pelo o lana de algunos animales. Ordenar las fibras textiles mediante aparatos o máquinas especiales.

peine *m.* Utensilio de muchos dientes espesos o púas con que se limpia y compone el pelo. Carda, instrumento para peinar fibras.

peineta *f.* Peine convexo que usan las mujeres para adorno o para asegurar el peinado.

peje *m.* Pez; úsase acompañando a otros vocablos: pejesapo, pejerrey, peje araña.

pejiguera *f.* Cosa que, sin traernos gran provecho, nos pone en dificultades.

pela *f.* En México, fatiga excesiva, trabajo grande; reprimenda.

peladez *f.* En México, hecho o dicho propio del pelado; ordinariez.

peladilla *f.* Almendra confitada y lisa. Canto rodado pequeño.

pelado-a *adj.* Dícese de las cosas que carecen de otras que las vistan, cubran, adornen o rodeen. Dícese del número que consta de decenas, centenas o millares justos. En América, persona sin recursos. *M. v f.* En México, tipo desharrapado e inculto, pero con gracia por su lenguaje picaresco e ingenio; persona mal educada, grosera; lépero.

pelafustán-a *m. y f.* Persona holgazana, perdida y pobretona.

pelagatos *m.* Hombre pobre y desvalido, a veces despreciable.

pelágico-a *adj.* Perteneciente al piélago. Propio del mar y sus costas. Que vive en las aguas alejadas de las costas o en las superficiales de alta mar.

pelagra *f.* Enfermedad crónica, con manifestaciones cutáneas y perturbaciones digestivas y nerviosas, producida por defecto de alimentación, sobre todo de ciertas vitaminas.

pelaje *m.* Naturaleza y calidad del pelo o de la lana de un animal. Capa o color del pelo del ganado. Calidad o disposición de una persona o cosa.

pelamen o pelambre *m.* Conjunto de pelo en todo el cuerpo o en algunas partes de él.

pelamesa *f.* Riña o pelea en que los contendientes se asen y mesan los cabellos o barbas. Porción de pelo que se puede asir o mesar.

pelar *tr.* Cortar, arrancar, quitar o raer el pelo. Desplumar. Quitar la piel, película o corteza a una cosa. Mondar, quitar la cáscara, corteza o piel. *R.* Perder el pelo por enfermedad u otro accidente.

peldaño *m.* Cada una de las partes de un tramo de escalera que sirven para apoyar el pie al subir o bajar por ella.

pelea *m.* Combate, batalla, contienda. Riña de los animales. Afán, fatiga o trabajo en la ejecución o consecución de algo. Lid, pendencia.

pelear *intr.* Batallar, combatir o contender con armas, o sólo de palabra. Luchar los brutos entre sí. Afanarse o trabajar continuamente. *R.* Reñir entre sí dos o más personas. Enemistarse, separarse en discordia; disputar.

pelechar *intr.* Echar los animales pelo o pluma. Comenzar a medrar, o mejorar de fortuna o de salud.

pelele *m.* Figura humana de paja o trapos que se suele poner en los balcones o que el pueblo bajo mantea en las carnestolendas. Traje de punto de una pieza que se pone a los niños para dormir. Persona simple o inútil. Dícese del gobierno y del Estado independiente manejado o dirigido por una potencia extranjera.

pelerina *f.* Especie de esclavina. En México, capa militar de gala.

peletería *f.* Oficio de adobar y componer pieles finas o hacer con ellas prendas de abrigo. Comercio o industria de pieles; conjunto o surtido de ellas.

peletero *m.* El que tiene por oficio trabajar en pieles o venderlas.

peliagudo-a *adj.* Animal de pelo largo y delgado. Dícese del negocio o cosa que ofrece gran dificultad en su inteligencia o ejecución. Intrincado, difícil.

pelícano *m.* Ave palmípeda acuática de plumaje blanco, de pico muy largo y ancho que bajo la mandíbula inferior lleva una membrana grande en forma de bolsa, donde deposita los alimentos; hay de diversas especies.

película *f.* Piel delgada y delicada. Telilla de ciertas heridas y úlceras. Hollejo. Cinta de celuloide que contiene una serie sucesiva de imágenes fotográficas para proyectarlas en la pantalla del cinematógrafo. Asunto representado en ella.

peliculesco-a *adj.* Fantástico, extravagante.

peligrar *intr.* Estar en peligro.

peligro *m.* Riesgo inminente de que suceda algún mal. Paraje, obstáculo u ocasión en que aumenta la inminencia del daño.

peligroso-a *adj.* Que tiene riesgo o puede ocasionar daño. Aplícase a la persona de genio turbulento y arriesgado.

pelillo *m.* Diminutivo de pelo. Causa y motivo leve de desazón y que se debe despreciar.

pelirrojo-a *adj.* Que tiene rojo el pelo.

pelitre *m.* Planta compuesta herbácea anual, con tallos inclinados, hojas partidas en lacinias, cabezuelas terminales con centro amarillo y raíz casi cilíndrica, de sabor salino muy fuerte, usada como masticatorio y para provocar salivación; del polvo de las cabezuelas se obtiene un extracto que disuelto en keroseno forma un insecticida de mucho uso.

pelma *m.* Pelmazo, cosa apretada o aplastada. *Com.* Pelmazo, persona tarda o pesada o que importuna.

pelma *f.* Planta del pie.

pelmazo *m.* Culquier cosa apretada o aplastada más de lo conveniente. Manjar que se asienta en el estómago. *Com.* Persona tarda o perezosa en sus acciones.

pelo *m.* Filamento que nace y crece entre los poros de la piel de casi todos los mamíferos. Conjunto de estos filamentos. Cabello. Plumón. Vello. Seda en crudo. Cosa mínima o de poca importancia.

pelón-a *adj.* Que no tiene pelo o tiene muy poco. De pocos recursos económicos, o de facultades muy limitadas.

peloponense *adj. y s.* Natural del Peloponeso. Perteneciente a esta península de la Grecia antigua.

peloso-a *adj.* Que tiene pelo.

pelota *f.* Bola pequeña de lana o pelote apretada con hilo o cuerda, forrada de cuero o paño. Juego que se hace con ella. Bala antigua de piedra. Acumulación de deudas o desazones que, juntas, resultan graves. Giro hecho por un librador a cargo de otra persona de distinta plaza quien acepta la letra y se reembolsa girando a su vez contra el librador.

pelotari *com.* Persona que juega a la pelota vasca.

pelotazo *m.* Golpe dado con la pelota.

pelote *m.* Pelo de cabra para rellenar muebles de tapicería y otros usos industriales.

pelotear *tr.* Repasar y cotejar las partidas de una cuenta. Jugar a la pelota por entretenimiento. Arrojar una cosa de una parte a otra. Reñir dos o más personas sobre una cosa.

pelotera *f.* Riña, pendencia o contienda. En México, alzamiento.

pelotón *m.* Conjunto de pelos o de cabellos unidos, apretados o enredados. Conjunto de personas sin orden y como en tropel. Unidad militar mandada por un sargento; los sirvientes de una pieza de artillería; número variable de soldados o reclutas para determinados servicios.

peltado-a *adj.* Que tiene forma de escudo o que es abroquelado.

peltre *m.* Aleación de cinc, plomo y estaño usada para utensilios caseros y artículos ornamentales.

peluca *f.* Cabellera postiza. Persona que la trae o usa. Reprensión acre y severa dada a un inferior.

pelucona *f.* Onza de oro, especialmente de las acuñadas con el busto de uno de los reyes españoles de la casa de Borbón, hasta Carlos IV inclusive.

peluche *m.* Galicismo por felpa.

peludo-a *adj.* Que tiene mucho pelo.

peluquero-a *m. y f.* Persona que tiene por oficio peinar, cortar el pelo o hacer y vender pelucas, rizos, etc.

peluquín *m.* Peluca pequeña o que sólo cubre parte de la cabeza.

pelusa *f.* Vello de que están cubiertas algunas frutas o plantas. Pelo menudo que se desprende de las telas.

pélvico-a o pelviano-a *adj.* Perteneciente o relativo a la pelvis.

pelvis *f.* Cavidad del cuerpo humano, en la parte interior del tronco, en cuya formación entran los huesos sacro, cóccix y coxales y las partes blandas. Receptáculo membranoso en forma de embudo, en el interior de cada riñón y es el principio del uréter; pelvis renal.

pella *f.* Masa que se une y aprieta. Masa de metal fundido y sin labrar.

pelleja *f.* Piel quitada del cuerpo de un animal. Vellón, zalea. Pellejo.

pellejero-a *m. y f.* Persona que tiene por oficio adobar o vender pieles.

pellejo *m.* Piel. Odre. Persona ebria.

pellico *m.* Zamarra de pastor. Vestido de pieles que se le parece.

pelliza *f.* Prenda de abrigo hecha o forrada de pieles finas. Chaqueta de abrigo que usan por lo común los trabajadores.

pellizcar *tr.* Asir con el dedo pulgar y cualquiera de los otros una pequeña porción de piel y carne apretándola de forma que cause dolor. Tomar, quitar o poner una pequeña cantidad de una cosa.

pena *f.* Castigo impuesto por autoridad legítima al que ha cometido un delito o falta. Cuidado, aflicción o sentimiento interior grande. Dolor o sentimiento corporal. Dificultad, trabajo. Pesar, sufrimiento; correctivo.

pena *f.* Cada una de las plumas mayores del ave.

penacho *m.* Grupo de plumas que tienen algunas aves en la parte superior de la cabeza. Adorno de plumas que sobresale en los cascos o morriones, en el tocado de las mujeres, en la cabeza de las caballerías engalanadas, etc. Vanidad, presunción o soberbia.

penado-a *adj.* Penoso, lleno de penas. Difícil, trabajoso. *M. y f.* Persona que se halla purgando una pena privativa de libertad.

penal *m.* Lugar en que los penados cumplen condena superior al arresto. Cárcel, prisión, penitenciaría. *Adj.* Perteneciente o relativo a la pena o que la incluye. Dícese del Derecho constituido por el conjunto de reglas jurídicas que definen las infracciones, responsabilidad de los infractores y penas u otras sanciones que se fijan según la naturaleza del delito y las características del delincuente.

penalidad *f.* Trabajo aflictivo, molestia, incomodidad. Sanción impuesta por la ley penal, las ordenanzas, etc. .

penar *tr.* Imponer pena. *Intr.* Padecer, sufrir, tolerar un dolor o pena.

penates *m. pl* Entre los romanos, dioses protectores del hogar.

penca *f.* Hoja carnosa de ciertas plantas; tallos aplanados o palas del nopal. Parte carnosa de ciertas hojas, especialmente del maguey.

penco *m.* Jamelgo.

pendencia *f.* Contienda, riña con palabras u obras. Pelea, reyerta.

pendenciero-a *adj.* Propenso a riñas o pendencias. Camorrista, buscabullas.

pender *intr.* Estar colgada, suspendida o inclinada alguna cosa. Depender. Estar por resolverse o terminar un pleito o negocio.

pendiente *adj.* Que pende; que está por resolverse o terminarse. *M.* Arete, arracada, zarcillo. En México, preocupación, aprensión. *F.* Cuesta o declive de un terreno.

péndola *f.* Pluma del cuerpo del ave.

péndola *f.* Varilla con un peso en su parte inferior, que con sus oscilaciones regula el movimiento de los relojes fijos. Reloj que la tiene. Varilla vertical que sostiene, junto con otras, el piso de un puente colgante.

pendolista *com.* Persona que escribe diestra y gallardamente.

pendón *m.* Insignia militar, como bandera más larga que ancha, de las antiguas milicias; o la que tienen las iglesias, cofradías, etc. Persona muy alta, desaliñada o moralmente despreciable. Bandera, estandarte.

péndulo-a *adj.* Pendiente. *M.* Cuerpo grave que puede oscilar suspendido de un punto por un hilo o varilla.

pene *m.* Miembro viril.

peneque *adj.* Borracho. Dícese de la persona que al andar se tambalea. *M.* En México, tortilla doblada y rellena de queso, envuelta con huevo y guisada con salsa de tomate.

penetración *f.* Acción de penetrar. Inteligencia de una cosa difícil. Perspicacia de ingenio, agudeza.

penetrante *adj.* Que penetra. Profundo, que penetrta mucho o va muy adentro. Agudo, alto, subido, hablando de la voz, del grito, etc.

penetrar *tr.* Introducir un cuerpo en otro por sus poros. Introducirse en lo interior de un espacio aunque haya dificultad o estorbo. Hacerse sentir con violencia y demasiada eficacia una cosa. Llegar lo agudo del dolor, sentimiento u otro afecto a lo interior del alma. Comprender el interior de uno, o de una cosa dificultosa.

penfigo *m.* Enfermedad de la piel cuyo principal síntoma es la formación sucesiva de ampollas que se presentan súbitamente, con intenso prurito y ardor y trastornos generales, más o menos intensos; de ordinario es mortal.

pengo *m.* Unidad monetaria de Hungría, dividida en 100 filler.

penicilina *f.* Nombre que se da a cada uno de los ácidos orgánicos producidos al desarrollarse diversos hongos en medio adecuado; antibióticos y bactericidas.

peniforme *adj.* Que tiene la forma de una pluma o pena.

penillanura *f.* Región baja, ligeramente ondulada, por lo que no llega a ser llanura.

península *f.* Tierra cercada por el agua y que sólo por una parte, relativamente estrecha, está unida con otra tierra de extensión mayor.

peninsular *adj. y s.* Natural de una península; perteneciente a ella. En Europa, español.

penique *m.* Moneda inglesa de cobre, duodécima parte del chelín.

penitencia *f.* Sacramento en el cual, por la absolución del sacerdote, se perdonan los pecados cometidos después del Bautismo. Serie de ejercicios penosos con que uno mortifica sus pasiones y sentidos para satisfacer a la justicia divina. Pena que impone el confesor al penitente.

penitenciaría *f.* Establecimiento en que sufren condena los penados.

penitente *adj.* Perteneciente a la penitencia. *Com.* Persona que se confiesa sacramentalmente. Persona que en las procesiones o rogativas públicas viste túnica en señal de penitencia.

pennado-a *adj.* Alado, plumado. Que tiene forma de ala. Pinado.

penol *m.* Punta o extremo de las vergas.

penología *f.* Ciencia de las sanciones represivas, penas y medidas de seguridad.

penoso-a *adj.* Trabajoso; que causa pena o tiene gran dificultad. Que padece una aflicción o pena.

pensador-a *adj.* Que piensa, medita o reflexiona con intensidad y eficacia. *M.* Persona que se dedica a estudios muy elevados y profundiza mucho en ellos.

pensamiento *m.* Potencia o facultad de pensar. Acción y efecto de pensar. Idea inicial, principal o capital de una obra cualquiera. Sospecha, malicia, recelo. Idea o sentencia notable de un autor. Concepto, juicio, razonamiento.

pensar *tr.* Imaginar, considerar o discurrir. Reflexionar, examinar con cuidado una cosa para formar opinión. Intentar o formar ánimo de hacer una cosa.

pensil *adj.* Pendiente o colgando en el aire. *M.* Jardín delicioso.

pensión *f.* Renta o canon anual que perpetua o temporalmente se impone sobre una finca. Cantidad anual que se asigna a una persona por méritos o gracia. Pupilaje, casa donde se reciben huéspedes mediante precio convenido; este mismo precio. Prestación o seguro social que se asigna a una persona por su invalidez, vejez, enfermedad, etc.

pensionado-a *adj. y s.* Que tiene o cobra una pensión. *M.* Lugar en que se alojan los alumnos internos de un colegio.

pensionar *tr.* Imponer una pensión o gravamen. Conceder pensión a una persona o establecimiento.

pensionista *com.* Persona con derecho a una pensión. Persona que está en un colegio o casa particular y paga cierta pensión por sus alimentos y enseñanza.

pentaedro *m.* Sólido que tiene cinco caras o bases.

pentágono *adj. y s.* Aplícase al polígono de cinco ángulos y cinco lados.

pentagrama *m.* Conjunto de cinco líneas rectas paralelas y equidistantes, sobre las que se escriben los caracteres de la música.

pentámero-a *adj.* Compuesto de cinco partes; dividido en cinco partes.

pentano *m.* Nombre de los tres hidrocarburos saturados isómeros, muy volátiles, inflamables, que existen en el gas natural y en el petróleo crudo.

pentasílabo-a *adj.* Que consta de cinco sílabas.

pentatlón *m.* Conjunto de los cinco ejercicios gímnicos de la antigua Grecia: lucha, carrera, salto, lanzamiento del disco y de jabalina; constituye una prueba clásica de las modernas olimpíadas.

penúltimo-a *adj.* Inmediatamente antes de lo último o postrero.

penumbra *f.* Sombra débil entre la luz y la obscuridad. Sombra parcial entre los espacios enteramente obscuros y los enteramente iluminados.

penuria *f.* Escasez, falta de las cosas más precisas o de alguna de ellas.

peña *f.* Piedra grande sin labrar, según la produce la Naturaleza. Monte o cerro peñascoso. Corro o grupo de amigos o camaradas. Nombre que toman algunos círculos de recreo.

peñascal *m.* Sitio cubierto de peñascos.

peñasco *m.* Peña grande y elevada.

peñascoso-a *adj.* Aplícase al sitio, lugar o montaña donde hay muchos peñascos.

péñola *f.* Pluma de ave que sirve para escribir.

peñón *m.* Monte peñascoso.

peón *m.* El que camina o anda a pie. Jornalero que trabaja en cosas materiales que no requieren arte o habilidad. Infante o soldado de a pie. Cada uno de los toreros de a pie que forman la cuadrilla del matador de toros. Pieza menor del juego de ajedrez; ficha del juego de damas. Peonza.

peonada *f.* Obra que un peón hace en un día. Peonaje, conjunto de peones que trabajan en una obra.

peonaje *m.* Conjunto de peones o soldados de infantería. Conjunto de peones que trabajan en una obra.

peonía *f.* Saltaojos, planta perenne ranunculácea, ornamental y medicinal.

peonza *f.* Juguete que se hace girar, azotándolo con un látigo. Persona chiquita y bulliciosa.

peor *adj.* Comparativo de malo. De mala condición o de inferior calidad respecto de otra cosa. *Adv.* de comparación de mal, más mal.

pepenado *m.* En México, huérfano recogido o adoptado por una familia.

pepenador-a *m. y f.* En México, persona que recoge desperdicios del suelo o que rebusca entre la basura.

pepenar *tr.* En México y Centroamérica, recoger, rebuscar. En América, separar en las minas el metal del cascajo.

pepescle *m.* En México, capa de hojas puestas en el fondo de las ollas donde se cuecen los tamales.

pepinillo *m.* En varias regiones de América, cucurbitácea de fruto parecido al pepino común.

pepino *m.* Planta cucurbitácea anual herbácea, de tallos rastreros, hojas lobuladas, flores amarillas y fruto pulposo cilíndrico, comestible. Fruto de esta planta, de la que hay muchas variedades.

pepita *f.* Enfermedad que las gallinas suelen tener en la lengua, y es un tumorcillo que no las deja cacarear.

pepita *f.* Simiente de algunas frutas: melón, pera, manzana, etc. Trozo rodeado de oro u otros metales nativos que suelen hallarse en los terrenos de aluvión. En América, almendra de cacao.

pepitoria *f.* Guisado de ave, con salsa que tiene yema de huevo. Conjunto de cosas diversas y sin orden.

peplo *m.* Vestidura amplia, suelta y sin mangas que usaban las mujeres de la antigua Grecia.

pepón *m.* Sandía.

pepona *f.* Muñeca grande de cartón, para que jueguen las niñas.

pepónide *m.* Fruto carnoso unido al cáliz, típico de las cucurbitáceas: calabaza, pepino, melón.

pepsina *f.* Fermento proteolítico del jugo gástrico, secretado por las glándulas del estómago.

péptico-a *adj.* Relativo o perteneciente a la digestión. Concerniente a la pepsina.

peptona *f.* Nombre de las substancias no coloidales, que se forman de la desintegración de las proteínas por acción de la pepsina y otras enzimas proteolíticas.

peque *m.* Apócope de pequeño, referente a niños o personas jóvenes.

pequeñez Calidad de pequeño. Infancia. Cosa de poca importancia. Mezquindad, ruindad, bajeza de ánimo.

pequeño-a *adj.* Corto, limitado. De muy corta edad. Bajo, humilde, en contraposición a poderoso, soberbio. Breve o de poca importancia. Insignificante, minúsculo, modesto, párvulo.

pequinés *adj. y s.* Perro faldero, muy pequeño, originario de China; chato, de ojos prominentes, cola larga y sedosa y pelaje abundante.

pera *f.* Fruto del peral, carnoso, de tamaño, piel y forma distintos, según las variedades; es comestible, aguanoso, áspero, etc. Porción de pelo que se deja crecer en la punta de la barba. Perilla de una jeringa. Interruptor periforme.

peral *m.* Árbol rosáceo de tronco recto y liso, hojas lampiñas aovadas, flores blancas en corimbos terminales y que tiene por fruto la pera; maderable.

peralte *m.* Lo que en la altura de un arco, bóveda o armadura excede del semicírculo. Desnivel entre el carril o borde exterior y el interior en las curvas de los ferrocarriles, carreteras, pistas o caminos. Alto de un peldaño

peralto *m.* Altura de un punto con relación al nivel del mar. Distancia vertical desde la base de un cuerpo hasta su parte más elevada.

perca *f.* Pez acantopterigio de río, con escamas duras y ásperas, de carne comestible delicada.

percal *m.* Tela de algodón, más o menos fina, blanca o pintada.

percalina *f.* Percal de un solo color, para forros de vestidos y otros usos.

percance *m.* Utilidad o provecho eventual sobre el sueldo o salario. Contratiempo, daño, perjuicio imprevistos.

percatar *intr. y r.* Advertir, considerar, cuidar. Observar, enterarse.

percebe *m.* Crustáceo marino, de concha compuesta de cinco valvas y un pedúnculo carnoso con el que se adhiere a los peñascos de las costas; comestible. Tonto, ignorante.

percepción *f.* Acción y efecto de percibir. Sensación interior que resulta de una impresión material y sensible. Idea. Hecho de darnos cuenta de objetos externos mediante los sentidos.

perceptible *adj.* Que se puede comprender o percibir. Que se puede recibir o cobrar.

percibir *tr.* Recibir una cosa. Recibir por los sentidos las especies o impresiones de un objeto. Comprender o conocer una cosa.

percloruro *m.* Cloruro que contiene la cantidad máxima de cloro.

percluso-a *adj.* Que no puede ejecutar movimiento.

percolador *m.* Lixiviador.

percomorfo o **perciforme** *adj.* Semejante a una perca.

percudir *tr.* Maltratar o ajar la tez o el lustre de las cosas. Penetrar la suciedad en alguna cosa.

percusor *m.* El que hiere. Pieza que golpea en cualquier máquina. Martillo que hace detonar el cebo fulminante de algunas armas de fuego. Instrumento a modo de martillo con que se dan golpes ligeros sobre alguna porción del cuerpo, como método de diagnóstico.

percutir *tr.* Golpear.

percutor *m.* Percusor. Pieza del mecanismo de disparo en forma de punzón que hiere la cápsula del cartucho.

percha *f.* Madero o estaca larga y delgada para sostener algunas cosas. Mueble con colgaderos para ropa, sombreros, etc. Tronco enterizo de árbol para la construcción de arboladuras, vergas, botalones, palancas, etc.

percherón-a *adj. y s.* Caballo o yegua de una raza francesa de gran fuerza y corpulencia.

perder *tr.* Dejar de tener o no hallar la cosa que se poseía. Desperdiciar o malgastar una cosa. No conseguir lo que se espera, desea o ama. Ocasionar daño a las cosas. No obtener la victoria en juegos, batallas, oposiciones, pleitos, etc. *Intr.* Decaer uno del concepto, crédito o situación en que estaba. Faltar a la obligación en algo. Desteñirse una tela al lavarse. *R.* Errar el camino o rumbo. No hallar camino o salida. No hallar modo de salir de una dificultad. Arrebatarse y no poder darse razón de sí mismo. Entregarse ciegamente a los vicios. Romper la ilación de un discurso por no recordar. Naufragar o irse a pique. Hallarse a riesgo de perder la vida o sufrir un grave daño. Amar mucho y con ciega pasión. Sufrir un daño o ruina espiritual o corporal, especialmente la joven que pierde la honra.

perdición *f.* Acción de perder o perderse. Ruina o daño grave material o espiritual. Pasión desenfrenada de amor. Condenación eterna. Desarreglo en las costumbres o en el uso de los bienes materiales. Causa o sujeto que ocasiona un grave daño.

pérdida *f.* Privación de lo que se poseía. Daño o menoscabo. Cosa perdida. Nombre aplicado a los flujos orgánicos meno y metrorrágicos. Cantidad de electricidad que deriva de un circuito por ser el aislamiento imperfecto.

perdidamente *adv.* Con exceso, con vehemencia, con abandono e inconsideración. Inútilmente, sin provecho.

perdido-a *adj.* Que no tiene o no lleva destino determinado. Aplícase a la mujer de mala vida. Destituido de estimación o crédito.

perdidoso-a *adj.* Que pierde o padece una pérdida. Que es fácil de perder o perderse.

perdigón *m.* Pollo de la perdiz. Perdiz nueva. Perdiz macho empleada como reclamo. Cada uno de los granos de plomo que forman la munición de caza. El que pierde mucho en el juego. Alumno que repite curso. Mozo que malbarata su hacienda.

perdigonada *f.* Tiro de perdigones. Herida que produce.

perdiguero-a *adj.* Dícese del animal que caza perdices. Perro de talla mediana, cuerpo recio, cabeza fina, hocico saliente; buen cazador que olfatea y sigue las pistas.

perdis *m.* Calavera, hombre de poco juicio.

perdiz *f.* Ave gallinácea de cuerpo grueso, con plumaje ceniciento y rojizo en la cabeza y cuello; se alimenta de semillas de plantas silvestres; de carne sabrosa y sana.

perdón *m.* Remisión de la pena merecida, de la ofensa recibida o de alguna deuda u obligación pendiente. Indulgencia de las penas debidas por los pecadores.

perdonar *tr.* Remitir la deuda, ofensa, falta, delito u otra cosa. Exceptuar a alguien de una obligación. Con el adverbio *no* atribuye gran intensidad a la acción que se expresa. Absolver, eximir, dispensar, excusar.

perdonavidas *m.* Baladrón que se jacta de atrocidades o valentías. Fanfarrón, matasiete.

perdulario-a *adj. y s.* Sumamente descuidado en sus intereses o en su persona. Vicioso incorregible.

perdurable *adj.* Perpetuo o que dura siempre. Que dura mucho tiempo.

perdurar *intr.* Durar mucho, subsistir, mantenerse en un mismo estado.

perecer *intr.* Acabar, fenecer o dejar de ser. Padecer el daño, trabajo, fatiga o molestia de una pasión que reduce al último extremo. Padecer una ruina espiritual, especialmente la eterna condenación. Tener suma pobreza, carecer de lo necesario para la vida. *R.* Desear con ansia una cosa. Morir, sucumbir.

peregrinación o **peregrinaje** *f. o m.* Viaje por tierras extrañas. Viaje a un santuario por devoción o voto. La vida humana como paso para la eterna.

peregrinamente *adv.* De un modo raro, extraño, extraordinario. Con gran primor.

peregrinar *intr.* Andar uno por tierras extrañas. Ir en romería a un santuario por devoción o por voto. Estar en esta vida de paso para la eterna.

peregrino-a *adj.* Aplícase al que anda por tierras extrañas. Dícese de la persona que por devoción o por voto va a visitar un santuario. Ave pasajera. Dícese del animal o cosa procedente de países extraños. Extraño, especial, raro, pocas veces visto. Adornado de singular hermosura, perfección o excelencia.

perejil *m.* Planta umbelífera herbácea, de tallos angulosos y ramificados, hojas lustrosas en gajos dentados, flores blancas o verdosas y semillas menudas; condimental.

perendengue _m._ Pendiente, arete. Adorno mujeril de poco valor.

perengano-a _m._ y _f._ Palabra con que se alude a una persona cuyo nombre se ignora o no se quiere expresar, después de haber aludido a otra u otras con palabras de igual indeterminación, como fulano, mengano, zutano.

perenne o perennal _adj._ Continuo, incesante, que no tiene intermisión. Perpetuo, constante, permanente. Vivaz, dícese de la planta que vive más de dos años.

perentorio-a _adj._ Dícese del último plazo que se concede, o de la resolución final que se toma en cualquier asunto. Concluyente, decisivo. Urgente, apremiante.

pereza _f._ Negligencia, tedio o descuido en las cosas a que estamos obligados. Flojedad o tardanza en las acciones o movimientos. Aborrecimiento del trabajo, dejadez.

perezoso-a _adj._ y _s._ Negligente, descuidado o flojo en hacer lo que se debe o necesita ejecutar. Tardo, lento, pesado en el movimiento o en la acción. El que se levanta de la cama tarde o con repugnancia Gandul, holgazán, indolente. _F._ Mueble en forma de sillón con asiento alargado para extender las piernas sobre él. _M._ Nombre que se da a diversos mamíferos desdentados arbóreos, de Centro y Sudamérica.

perfección _f._ Acción de perfeccionar o perfeccionarse. Calidad de perfecto. Cosa perfecta. Concurrencia de todos los requisitos para que un acto tenga validez jurídica.

perfeccionar _tr._ Acabar enteramente una obra, dándole la mayor bondad o excelencia posible. Completar un acto para que tenga plena fuerza jurídica.

perfecto-a _adj._ Que tiene el mayor grado posible de bondad o excelencia en su línea. De plena eficacia jurídica. Dícese del acorde integrado exclusivamente por consonancias.

perfidia _f._ Deslealtad, traición o quebrantamiento de la fe debida. Felonía, alevosía.

pérfido-a _adj._ y _s._ Desleal, ınfiel o traidor; que falta a la fe que debe.

perfil _m._ Adorno sutil y delicado. especialmente al canto o extremo de una cosa. Postura en que no se deja ver sino una sola de las dos mitades laterales de un cuerpo. Figura de un cuerpo cortado real o imaginariamente por un plano vertical. Contorno aparente de una figura. _Pl._ Complementos o retoques con que se remata una obra. Miramientos o conducta en el trato social.

perfilado-a _adj._ Dícese del rostro adelgazado y largo, o de la nariz perfecta y bien formada.

perfilar _tr._ Dar, presentar el perfil o sacar los perfiles a una cosa. Afinar, rematar esmeradamente una cosa. _R._ Colocarse de perfil. Aderezarse, componerse. Colocarse el diestro en posición para la suerte de matar.

perforación _f._ Acción y efecto de perforar. Cada uno de los orificios que lleva la película cinematográfica para su arrastre. Abertura producida en un órgano quirúrgicamente o por accidente.

perforar _tr._ Horadar, practicar agujeros.

performance _f._ Palabra inglesa, que en deportes significa actuación notable de atletas, equipos, caballos, etc.

perfumado-a _adj._ Que está lleno de esencia, que despide aroma o perfume.

perfumar _tr._ Sahumar, aromatizar una cosa, quemando materias olorosas. Dar o esparcir cualquier olor bueno. _Intr._ Exhalar perfume, fragancia.

perfume _m._ Materia odorífica y aromática que puesta al fuego echa humo fragante y oloroso. El mismo humo u olor. Cualquier materia que exhala buen olor. Aroma, esencia, fragancia, efluvio.

perfumería _f._ Laboratorio donde se preparan perfumes. Arte y técnica de preparar perfumes de tocador, limpieza, aseo e higiene para la piel y los cabellos. Conjunto de productos y materias de esta industria. Tienda donde se venden.

perfumista o perfumero-a _m._ y _f._ o _com._ Persona que prepara o vende perfumes.

perfusión _f._ Baño, untura. Aspersión de agua fría o o caliente en la cabeza.

pergamino _m._ Piel de la res, limpia del vellón o del pelo, raída, adobada y estirada, para escribir en ella, cubrir libros y otros usos. Título o documento escrito en esta piel.

pergeñar _tr._ Disponer o ejecutar una cosa con más o menos habilidad.

pergeño _m._ Traza, apariencia, disposición exterior de una persona o cosa.

pérgola _f._ Emparrado Jardín que tienen algunas casas sobre la techumbre.

periantio o perigonio m. Envoltura de los órganos sexuales de una planta.

pericardio m. Saco membranoso, cónico, que envuelve al corazón y a las raíces de los grandes vasos.

pericarpio m. Parte exterior del fruto, que cubre las semillas de las plantas.

pericia f. Práctica, experiencia y habilidad en una ciencia o arte.

pericial adj. Perteneciente o relativo al perito.

perico m. Ave psitácida trepadora, de plumaje con variados colores, vive en los bosques durante el celo y la cría, y el resto del año en las tierras cultivadas en las que causa daños; da gritos agudos y desagradables y se domestica fácilmente; corresponde a diversas especies de loros. Abanico grande. Espárrago de gran tamaño.

pericón-a adj. y s. Aplícase al que suple por todos. Caballo o mula que en el tiro sirve en todos los puestos. M. Abanico muy grande. Baile popular de la República Argentina, de tiempo muy vivo.

pericú adj. y s. Lengua indígena mexicana independiente, hablada en la extremidad meridional de la Península de la Baja California.

perieco adj. Morador del globo terrestre con relación a otro que ocupa un punto del mismo paralelo que el primero y diametralmente opuesto a él.

periferia f. Circunferencia. Término o contorno de una figura curvilínea. Espacio que rodea un núcleo cualquiera.

perifollo m. Planta umbelífera herbácea anual, de tallos finos y huecos, hojas lobuladas, flores blancas en umbelas pequeñas y fruto menudo y estriado; sus hojas son aromáticas y de gusto agradable. Pl. Adornos de mujer en el traje y peinado, especialmente los excesivos, recargados y de mal gusto.

perifonear tr. Transmitir por radiodifusión una pieza de música, un discurso, noticia, etc.

periforme o piriforme adj. En forma de pera.

perífrasis f. Circunloquio o circunlocución.

perigeo m. Punto en que la Luna, un planeta o cualquier otro astro se encuentra a su menor distancia de la Tierra.

perihelio m. Punto en que un planeta se halla más inmediato al Sol.

perilla f. Adorno en figura de pera. Porción de pelo que se deja crecer en la punta de la barba. Extremo del cigarro puro por donde se fuma.

perillán-a m. y f. Persona pícara, astuta.

perímetro m. Ámbito. Contorno de una figura.

perinclito-a adj. Grande, heroico, ínclito en sumo grado.

perineo m. Espacio comprendido entre el ano y los órganos genitales externos.

perinola f. Peonza pequeña que baila haciéndola girar rápidamente con dos dedos por un manguillo que tiene en la parte superior. Perilla. Mujer pequeña de cuerpo y vivaracha.

periódico-a adj. Que mantiene período determinado. Dícese del impreso que lo guarda. Fracción decimal que tiene período.

periodismo m. Ejercicio o profesión de periodista.

periodista m. Redactor, autor o editor de un periódico. El que tiene por oficio escribir en él.

periodístico-a adj. Relativo o perteneciente a periódicos y periodistas.

periodo m. Tiempo en que una cosa tarda en volver al estado o posición que tenía al principio. Espacio que incluye toda la duración de una cosa. Menstruación. Cifra o grupo de cifras que se repiten indefinidamente, después del cociente entero, si la división no es exacta. Ciclo. Tiempo que transcurre en cualquier fenómeno periódico entre dos fases idénticas. Conjunto de oraciones gramaticales que forman sentido cabal.

periostio m. Membrana fibrovascular que envuelve los huesos, excepto en el cartílago articular; sirve para recibir los ligamentos, tendones, etc. y para la nutrición y renovación del hueso.

peripatético-a adj. Que sigue la filosofía o doctrina de Aristóteles. Perteneciente a ella y a sus seguidores.

peripecia f. Mudanza repentina de situación. Accidente imprevisto que cambia el estado de las cosas.

periplo m. Circunnavegación, término de la Geografía antigua.

peripuesto-a adj. Que se aderaza y viste con demasiado esmero y afectación.

periquete m. Brevísimo espacio de tiempo.

periquito m. Perico, ave psitaciforme. Nombre de diversas aves de este género, que parecen pequeños loros; fácilmente domesticables.

periscio-a adj. y s. Dícese del habitante de las zonas polares en torno del cual gira su sombra cada 24 horas en la época del año en que no se pone el Sol en dichas zonas.

periscopio *m.* Cámara lúcida instalada en la parte superior de un tubo metálico que sobresale de una superficie para ver los objetos exteriores desde cierta profundidad.

perisodáctilo-a *adj.* Que tiene una sola pezuña. Imparidigitado; con los dedos en número impar: caballo, tapir, rinoceronte, etc.

peristaltismo o **peristalsis** *m.* Movimiento ondulado, peculiar de ciertos órganos tubulares provistos de fibras musculares lisas, longitudinales y transversales, como el intestino.

peristilo *m.* Lugar o sitio rodeado de columnas por la parte anterior. Galería de columnas que rodean un edificio o parte de él.

perito-a *adj.* y *s.* Experimentado, hábil, práctico en una ciencia o arte. El que como tal rinde informes oficiales a los jueces y tribunales para el esclarecimiento de ciertos hechos.

peritoneo *m.* Membrana serosa transparente que recubre la cavidad del abdomen.

peritonitis *f.* Inflamación aguda o crónica del peritoneo.

perjudicar *tr.* Ocasionar daño o menoscabo material o moral. Dañar, lesionar.

perjudicial *adj.* Que perjudica o puede perjudicar.

perjuicio *m.* Efecto de perjudicar o perjudicarse. Privación de utilidad, lucro o provecho, lícito y seguro, o al menos muy probable, causada en el patrimonio de una persona, por un acto u omisión imputable a otra, que da lugar a indemnización.

perjurar *intr.* Jurar en falso. Jurar mucho o por vicio. *R.* Faltar a la fe ofrecida en el juramento.

perjuro-a *adj.* y *s.* Que jura en falso. Que quebranta maliciosamente el juramento que ha hecho.

perla *f.* Concreción esferoidal producida por diversos moluscos, especialmente por la madreperla. Persona de excelentes prendas, o cosa preciosa o exquisita en su clase. Especie de píldora llena de alguna substancia.

perlé *m.* Hilo de algodón mercerizado, muy brillante, que se usa en bordados, encajes y otras labores.

perlero-a *adj.* Perteneciente o relativo a la perla.

perlesía *f.* Debilidad muscular producida por la mucha edad o por otras causas y acompañada de temblor.

pericultura *f.* Industria de cultivar las madreperlas en parques especiales y provocar en ellas la producción de perlas.

permaloy *m.* Aleación de níquel y hierro con pequeñas cantidades de otros metales.

permanecer *intr.* Mantenerse sin mutación en un mismo lugar, estado o calidad. Persistir.

permanencia *f.* Duración firme. Constancia, perseverancia, estabilidad, inmutabilidad.

permanganato *m.* Sal del ácido permangánico del manganeso heptavalente; se emplea en Medicina como antiséptico y desinfectante.

permeabilidad *f.* Calidad de permeable. Estado físico del suelo que permite la penetración de los agentes atmosféricos y particularmente del agua.

permeable *adj.* Que puede ser penetrado por el agua u otro fluido.

pérmico-a *adj.* y *s.* Dícese del período del paleozoico que descansa sobre el carbonífero superior y a su vez está por debajo del trías, con formaciones desérticas o lagunares y reptiles típicos.

permisible *adj.* Que se puede permitir. Autorizable.

permiso *m.* Licencia o consentimiento para hacer o decir una cosa. Autorización, aquiescencia.

permitir *tr.* Dar consentimiento, el que tenga autoridad, para que otros hagan o dejen de hacer una cosa. No impedir lo que se pudiera o debiera evitar. *R.* Tomarse una libertad. Consentir, tolerar, autorizar.

permutación o **permuta** *f.* Acción y efecto de permutar. Acto de cambiar una cosa por otra. Cambio de posición, dentro de una misma palabra, de dos sonidos diversos que permutan sus lugares respectivos. Cada uno de los grupos que se pueden formar con determinado número de elementos, ordenándolos de todos los modos posibles y entrando todos los elementos en cada grupo.

permutar *tr.* Cambiar una cosa por otra y transfiriéndose recíprocamente los contratantes el dominio de ellas. Variar la disposición u orden en que estaban dos o más cosas.

pernada *f.* Golpe que se da con la pierna. Rama o pierna de algún objeto.

pernear *intr.* Mover violentamente las piernas. Andar mucho o hacer muchas diligencias para un negocio. Impacientarse por no lograr lo que se desea.

pernera *f.* Pernil, parte del calzón o pantalón que cubre cada pierna.

pernicioso-a *adj.* Gravemente dañoso y perjudicial. Calificativo de una forma de anemia. Peligroso, dañino.

pernil m. Anca y muslo del animal; por antonomasia, el del puerco. Parte del calzón o pantalón que cubre cada pierna.

pernio m. Gozne.

perniquebrar tr. y r. Romper, quebrar una pierna o las dos.

perno m. Pieza de hierro u otro metal, larga y cilíndrica, con cabeza redonda por un extremo y que por el otro se asegura con una chaveta, una tuerca o un remache. Pieza del pernio en que está la espiga.

pernoctar intr. Pasar la noche en alguna parte, fuera del propio domicilio y especialmente, al viajar.

pernod m. Nombre comercial de cierto tipo de absenta que se elabora en Francia.

pero conj. Denota: contraposición de conceptos; énfasis o fuerza de expresión; sino; mas. M. Defecto o dificultad.

pero m. Variedad de manzano de fruto más largo que grueso. Fruto de este árbol.

perogrullada f. Verdad que por notoriamente sabida es necedad o simpleza el decirla.

perol m. Vasija de metal semiesférica para cocer diferentes cosas.

peroné m. Hueso largo y delgado de la pierna, detrás de la tibia.

perorar intr. Pronunciar un discurso u oración. Pedir con instancia. Hablar como si se estuviera pronunciando un discurso.

perorata f. Oración o razonamiento molesto o inoportuno.

peroxidar tr. Oxidar en el mayor grado posible.

perpendicular adj. Aplícase a la línea o al plano que forma ángulo recto con otra línea u otro plano.

perpendicularmente adv. Rectamente, derechamente, sin torcerse a un lado ni a otro.

perpendículo m. Plomada. Altura de un triángulo. Péndulo.

perpetrar tr. Cometer, consumar un delito.

perpetua f. Planta amarantácea ornamental, de tallo derecho y ramoso, hojas opuestas vellosas, flores en cabezuela globosa que, cogidas poco antes de madurar, persisten meses enteros sin alteración, por lo que de ellas se hacen guirnaldas, coronas u otros adornos semejantes; siempreviva. Flor de esta planta.

perpetuamente adv. Perdurablemente, para siempre.

perpetuar tr. y r. Hacer perpetua o perdurable una cosa. Dar larga duración a las cosas.

perpetuo-a adj. Que dura y permanece para siempre. Aplícase a los cargos vitalicios. Imperecedero, inmortal, perenne.

perplejidad f. Irresolución, confusión, duda de lo que se debe hacer en una cosa. Indecisión, incertidumbre, titubeo.

perplejo-a adj. Dudoso, incierto, irresoluto, confuso, indeciso.

perpunte m. Jubón fuerte, colchado con algodón y pespuntado, para preservar el cuerpo de las armas blancas.

perquirir tr. Investigar, buscar una cosa con cuidado y diligencia.

perra f. Hembra del perro. Borrachera. Rabieta de niño. Moneda de cinco céntimos (perra chica); moneda de diez céntimos (perra gorda) de peseta, en España.

perrada f. Conjunto de perros. Acción villana, faltando bajamente a la fe prometida o a la debida correspondencia.

perrera f. Lugar o sitio donde se guardan o encierran los perros. Empleo de mucho trabajo y poca utilidad. Perra, rabieta de niño. Capricho infantil.

perrería f. Muchedumbre de perros. Conjunto de personas malvadas. Perrada, acción villana.

perrezno m. Perrillo o cachorro.

perro m. Mamífero carnicero, doméstico, de olfato muy fino; uno de los animales más inteligentes y muy leal al hombre; de gran cantidad de variedades y razas. Nombre que se daba por afrenta y desprecio a los moros y judíos. Hombre tenaz, firme y constante en alguna opinión o empresa.

perro-a adj. Muy malo, indigno.

perruno-a adj. Perteneciente o relativo al perro.

persa adj. y s. Natural de Persia. Perteneciente a esta nación de Asia. Idioma que se habla en ella.

persecución f. Acción de perseguir o insistencia en hacer o procurar daño. Por antonomasia, cada una de las crueles y sangrientas que ordenaron algunos emperadores romanos contra los cristianos, en los tres primeros siglos de la Iglesia. Instancia enfadosa y continua con que se acosa a uno a fin de que condescienda a lo que de él se solicita.

perseguir tr. Seguir al que va huyendo, con ánimo de alcanzarlo. Buscar en todas partes con frecuencia e importunidad. Molestar, dar que padecer a uno; procurar hacerle el daño posible. Solicitar con frecuencia, instancia o molestia. Acosar, hostigar.

perseverancia f. Firmeza y constancia en la ejecución de los propósitos y en las resoluciones del ánimo. Duración permanente o continua de una cosa.

perseverar *intr.* Mantenerse constante en la prosecución de lo comenzado. Durar permanentemente o por largo tiempo.

persiana *f.* Especie de celosía que deja pasar el aire y no el sol. Tela de seda con grandes flores y diversidad de matices.

pérsico-a *adj.* Relativo a Persia. *M.* Árbol frutal amigdaláceo originario de Persia, de hojas aovadas, flores de color de rosa claro y fruto carnoso con el hueso lleno de arrugas asurcadas. Fruto de este árbol.

persignar *tr. y r.* Signar, firmar. Signar y santiguar a continuación. Manifestar uno, haciéndose cruces, admiración, sorpresa o extrañeza. Comenzar a vender.

persistencia *f.* Insistencia, constancia en el intento, deseo o ejecución de una cosa. Duración permanente de una cosa.

persistente *adj.* Que persiste. Dícese de un órgano vegetal de duración relativamente larga.

persistir *intr.* Mantenerse firme o constante en una cosa. Durar por largo tiempo. Perdurar.

persona *f.* Individuo del género humano. Hombre o mujer cuyo nombre se ignora o se omite. Hombre de prendas, capacidad, disposición y prudencia. Accidente gramatical del pronombre y del verbo que indica la primera, segunda o tercera del singular o del plural, o sea la que habla, aquella a quien se habla o de quien se habla. Ente físico o moral capaz de derechos u obligaciones jurídicas.

personaje *m.* Sujeto de distinción, calidad o representación. Cada una de las personas que toman parte en la acción de una obra literaria.

personal *adj.* Perteneciente a la persona, o propio o particular de ella. *M.* Conjunto de personas que pertenecen a determinada clase, corporación o dependencia.

personalidad *f.* Diferencia individual que constituye a cada persona y la distingue de otra. Conjunto de caracteres que distinguen a cada individuo y lo hacen peculiar.

personalizar *tr.* Incurrir en sátiras o agravios contra determinada persona o personas. Usar como personales algunos verbos que generalmente son impersonales.

personarse *r.* Avistarse. Presentarse personalmente en una parte. Apersonarse, comparecer como parte en un negocio.

personificar *tr.* Atribuir vida, acciones o cualidades humanas al ser irracional o a las cosas inanima-

das. Representar una persona determinada un suceso, sistema, opinión, etc.

perspectiva *f.* Arte que enseña el modo de representar en una superficie los objetos, en la forma y disposición con que aparecen a la vista del observador. Obra o representación ejecutada con este arte. Representación engañosa y falaz de las cosas. Contingencia previsible.

perspicacia *f.* Agudeza y penetración de la vista. Penetración de ingenio o entendimiento.

perspicaz *adj.* Dícese de la vista, la mirada, la atención y comprensión muy agudas y que alcanzan mucho. Aplícase al ingenio agudo y penetrante y al que lo tiene.

perspicuo-a *adj.* Claro, transparente y terso. Dícese de la persona que se explica con claridad y del estilo inteligible.

persuadir *tr.* Inducir, mover, obligar a uno con razones a creer o hacer una cosa.

pertenecer *intr.* Tocar a uno o ser propia de él una cosa, o serle debida. Ser una cosa del cargo, ministerio u obligación de uno. Ser parte integrante de una cosa. Concernir, atañer, incumbir.

pertenencia *f.* Acción o derecho que alguien tiene a la propiedad de una cosa. Espacio o término que toca a uno por jurisdicción o propiedad. Cosa accesoria o consiguiente a la principal y que entra con ella en la propiedad. Unidad superficial para las concesiones mineras, generalmente reducida a un cuadrado de una hectárea.

pértiga *f.* Vara larga, garrocha.

pértigo *m.* Lanza del carro.

pertinacia *f.* Obstinación, terquedad o tenacidad en mantener una opinión, doctrina o resolución. Grande duración o persistencia.

pertinaz *adj.* Obstinado, terco o muy tenaz en sus opiniones o resoluciones. Muy duradero o persistente.

pertinente *adj.* Perteneciente a una cosa. Dícese de lo que viene a propósito. Oportuno.

pertrechar *tr. y r.* Abastecer de pertrechos. Disponer o preparar lo necesario para la ejecución de una cosa.

pertrechos *m. pl.* Municiones, armas, máquinas y demás instrumentos necesarios para el uso de los soldados y defensa de las fortificaciones o de los buques de guerra. Instrumentos necesarios para cualquier operación.

perturbar *tr.* Inmutar, trastornar el orden y concierto de las cosas o su quietud y sosiego. Impedir el orden del discurso al que está hablando.

peruano-a *adj. y s.* Natural del Perú. Perteneciente a este país de América del Sur.

perulero-a *m. y f.* Persona llegada desde el Perú a España, especialmente la adinerada.

peruviano-a *adj. y s.* Peruano.

perversidad *f.* Suma maldad o corrupción de las costumbres o de la calidad o estado debido. Depravación, perversión, malignidad.

perversión *f.* Acción de pervertir o de pervertirse. Estado de error y corrupción de costumbres. Anormalidad o degeneración de las tendencias humanas.

perverso-a *adj. y s.* Sumamente malo, depravado en las costumbres u obligaciones de su estado.

pervertir *tr.* Perturbar el orden o estado de las cosas. Viciar con malas doctrinas o ejemplos las costumbres, la fe, el gusto, etc. Adulterar, falsear, desnaturalizar.

pesa *f.* Pieza de determinado peso para cerciorarse del que tienen las cosas, equilibrándolas con ella en una balanza. Pieza de peso suficiente para dar movimiento a determinados relojes, o que sirve de contrapeso para subir y bajar lámparas, etc.

pesacartas *m.* Balanza con un solo platillo que se emplea para pesar cartas.

pesada *f.* Cantidad que se pesa de una vez. Acción y efecto de pesar.

pesadez *f.* Calidad de pesado. Pesantez. Obesidad. Terquedad o impertinencia de la persona molesta y enfadosa. Cargazón, molestia. Trabajo, fatiga.

pesadilla *f.* Opresión del corazón y dificultad de respirar durante el sueño. Ensueño angustioso y tenaz. Preocupación grave y continua.

pesado-a *adj.* Que pesa mucho. Intenso, profundo sueño. Cargado de humores, vapores o cosa semejante. Tardo o muy lento. Molesto, enfadoso, impertinente. Ofensivo. Fuerte, violento.

pesadumbre *f.* Pesadez, calidad de pesado; pesantez. Injuria, agravio. Molestia o desazón. Causa del pesar. Riña o contienda que ocasiona disgusto.

pésame *m.* Expresión con que se significa el sentimiento que uno tiene de la pena o aflicción de otro.

pesantez *f.* Gravedad.

pesar *m.* Sentimiento o dolor interior que molesta y fatiga. Dicho o hecho que lo causa. Arrepentimiento o dolor de los pecados o de una cosa mal hecha. Aflicción, pesadumbre.

pesar *intr.* Tener gravedad o peso. Tener mucho peso. Tener una cosa estimación o valor. Causar un hecho o dicho arrepentimiento o dolor. Hacer fuerza en el ánimo la razón o el motivo de una cosa. *Tr.* Determinar el peso de una cosa. Examinar con prudencia las razones de una cosa para hacer juicio de ella.

pesaroso-a *adj.* Sentido o arrepentido de lo que se ha dicho o hecho. Que tiene pesadumbre o sentimiento por causa ajena.

pesca *f.* Acción y efecto de pescar. Oficio y arte de pescar. Lo que se pesca o ha pescado.

pescadera *f.* En México y Centroamérica, pecera.

pescadería *f.* Sitio, puesto o tienda donde se vende pescado.

pescadero-a *m. y f.* Persona que vende pescado, especialmente por menor.

pescadilla *f.* La merluza joven.

pescado *m.* Pez comestible sacado del agua por cualquiera de los procedimientos de pesca.

pescador-a *adj. y s.* Que pesca.

pescante *m.* Pieza saliente de madera o hierro sujeta a una pared o poste, al costado de un buque, etc., para sostener o colgar de ella alguna cosa. En los coches, asiento exterior desde donde el cochero gobierna las mulas o caballos. Delantera del automóvil desde donde lo dirige el conductor. En los teatros, tramoya para hacer subir o bajar en el escenario personas o figuras.

pescar *tr.* Coger con redes, cañas u otros instrumentos a propósito, peces, mariscos u otros animales que viven en el agua. Coger, tomar o agarrar una cosa cualquiera. Sorprender a uno en las palabras o en los hechos cuando no lo esperaba. Lograr astutamente lo que se pretendía o anhelaba. Sacar alguna cosa del fondo del mar o de un río.

pescozón *m.* Golpe que se da con la mano en el pescuezo o en la cabeza.

pescuezo *m.* Parte del cuerpo del animal desde la nuca hasta el tronco.

pesebre *m.* Especie de cajón donde comen las bestias. Sitio destinado para ello.

peseta *f.* Unidad monetaria en España. En México, veinticinco céntimos o centavos.

pesetero o pesero *adj.* Dícese de lo que cuesta o vale una peseta o un peso.

pesimismo *m.* Propensión a ver y juzgar las cosas en su aspecto más desfavorable. Doctrina que cree que el mal predomina sobre el bien, o que atribuye al universo la mayor imperfección posible.

pésimo-a *adj.* Superlativo de malo. Sumamente malo, que no puede ser peor.

peso *m.* Pesantez. Fuerza de gravitación o resultante de las acciones de la gravedad sobre un cuerpo. El que por ley o convenio debe tener una cosa. Conjunto de pesas que se necesitan para equilibrar una cosa en la balanza. Moneda española de una onza de plata. Entidad o importancia de una cosa. Carga o gravamen que uno tiene a su cuidado. Unidad monetaria de algunos países de América, que se divide en cien centavos o céntimos.

pespuntar o Coser o hacer labor de pespunte, o hacer pespuntes.

pespunte *m.* Labor de costura, con puntadas unidas, que se hacen volviendo la aguja hacia atrás después de cada punto, para meter la hebra en el mismo sitio por donde pasó antes.

pesquera *,* Sitio o lugar donde frecuentemente se pesca.

pesquería *f.* Trato o ejercicio de los pescadores. Acción de pescar. Pesquera. Establecimiento industrial de pesca.

pesquero-a *adj.* Que pesca; aplícase a las embarcaciones o industrias con ella relacionadas.

pesquís *m.* Cacumen, agudeza, perspicacia.

pesquisa *f.* Indagación o información que se hace de una cosa para averiguar la realidad de ella o sus circunstancias.

pestaña *f.* Cada uno de los pelos que hay en los bordes de los párpados para defensa de los ojos. Fleco, encaje o cosa semejante que sobresale del borde de una tela o vestido. Parte saliente y angosta de alguna cosa.

pestañear *intr.* Mover los párpados. Tener vida.

peste *f.* Enfermedad contagiosa y grave que causa gran mortandad en los hombres o en los brutos. Cualquier cosa mala o de mala calidad que puede ocasionar daño grave. Corrupción de las costumbres y desórdenes de los vicios. Excesiva abundancia de cosas en cualquier línea. *Pl.* Palabras de enojo o amenaza y execración. Plaga, azote; pestilencia, fetidez.

pestífero-a *adj.* Que puede ocasionar peste o grave daño. Que tiene muy mal olor. Contagioso.

pestilencia *f.* Peste. Hedor, hediondez, fetidez.

pestillo *m.* Pasador con que se asegura una puerta, corriéndolo a modo de cerrojo. Pieza prismática que sale de la cerradura por la acción de la llave o a impulso de un muelle y entra en el cerradero.

pesuño *m.* Cada uno de los dedos, cubierto con su uña, de los animales de pata hendida.

petaca *f.* Arca de cuero, de madera o mimbres con cubierta de piel. Estuche para llevar cigarros o tabaco picado. En México, maleta. *Pl.* En México, las asentaderas.

pétalo *m.* Cada una de las hojas que forman la corola de la flor.

petar *tr.* Agradar, complacer.

petardo *m.* Morterete para hacer saltar una puerta. Artefacto con pólvora para producir gran detonación. Estafa, engaño, petición de una cosa con ánimo de no volverla. En México, sablazo.

petate *m.* Esterilla de palma o de tule, que se usa en los países cálidos para dormir en ella. Lío de la cama y ropa de cada marinero, soldado o de un penado en la cárcel. Hombre embustero y estafador.

petatearse *r.* En México, morir.

petatillo *m.* *americ.* Tejido fino de esparto para asientos y muebles corrientes.

petazol o **petasol** *m.* En México, petate usado y gastado.

petenera *f.* Canto y baile populares parecidos a la malagueña, de origen andaluz.

petición *f.* Acción de pedir. Cláusula u oración con que se pide algo. Solicitud, ruego, súplica, pedimento. Demanda.

petigrís *m.* Ardilla común; nombre usado sólo en el comercio de pieles. Variedad de ardilla que vive en las regiones septentrionales de Rusia y Siberia; de pelaje gris por el dorso y blanquecino por la parte ventral. Piel de este animal.

petimetre-a *m. y f.* Persona que cuida mucho de su compostura y de seguir las modas. Pisaverde, currutaco, lechuguino.

petirrojo *m.* Pájaro con el cuello, frente, garganta y pecho de color rojo vivo, las demás partes, aceitunadas y blanco amarillentas.

petitorio-a *adj.* Perteneciente o relativo a petición o súplica, o que la contiene.

peto *m.* Armadura del pecho. Adorno o vestidura que se pone en el pecho para entallarse. Parte opuesta a la pala de una herramienta.

petral *m.* Correa o faja que ciñe y rodea el pecho de la cabalgadura. En México, pretal.

petrel *m.* Ave palmípeda muy voladora, común en todos los mares, donde se la ve a enormes distancias de la tierra, nadando en las crestas de las olas para coger los huevos de peces, moluscos y crustáceos con que se alimenta.

pétreo-a *adj.* De piedra, roca o peñasco. De calidad de piedra. Pedregoso. Firme, duro.

petrificación *f.* Acción y efecto de petrificar o petrificarse. Substitución de una substancia orgánica en substancia inorgánica. Fosilización.

petrificar *tr. y r.* Transformar o convertir en piedra, o endurecer una cosa de modo que lo parezca. Dejar a uno inmóvil de asombro o miedo.

petrogénesis *f.* Origen y formación de las rocas. Estudio de este proceso.

petroglifo *m.* Grabado prehistórico hecho en la roca o en un canto rodado, al que se atribuye carácter simbólico.

petrografía *f.* Parte de la Geología que estudia las rocas, basada en la observación en el campo, en algunos ejemplares y en el de sus secciones microscópicas delgadas.

petróleo *m.* Líquido oleoso de color obscuro y olor fuerte, mezcla de hidrocarburos, que se encuentra nativo en el interior de la tierra; a veces forma grandes manantiales, y después de refinado tiene diversas aplicaciones.

petrolero-a *adj.* Perteneciente o relativo al petróleo. *Adj. y s.* Buque tanque que transporta petróleo. Persona que vende petróleo por menor.

petrolífero-a *adj.* Que contiene o produce petróleo.

petrolizar *tr.* Esparcir petróleo crudo en lagunas, pantanos, charcos, etc., para destruir las larvas de mosquitos. Cubrir con petróleo un camino.

petroquímica *f.* Rama de la química industrial que trata de la obtención de substancias químicas del petróleo y gas natural, y de la elaboración de substancias partiendo de componentes de aquellos productos naturales.

petroso-a *adj.* Sitio o paraje en que hay muchas piedras. Dícese de la porción del hueso temporal denominada peñasco. Pedregoso.

petulancia *f.* Insolencia, atrevimiento o descaro. Vana y ridícula pretensión. Fatuidad, vanidad.

petunia *f.* Planta solanácea sudamericana, muy ramosa, con hojas aovadas enteras y flores infundibuliformes olorosas; ornamental y de muchas variedades.

peyorativo-a *adj.* Que empeora; dícese principalmente de los conceptos morales.

peyote *m.* En México, la cactácea venenosa medicinal, espontánea en el norte y centro del país; sus botones florales contienen varios alcaloides que producen un estado de embriaguez acompañado de alucinaciones.

pez *m.* Animal vertebrado acuático con respiración branquial, de sangre fría y generación ovípara.

pez *f.* Substancia resinosa, sólida, lustrosa y quebradiza que se obtiene echando en agua fría el residuo que deja la trementina acabada de sacarle el aguarrás. Substancia pastosa que queda como residuo en la destilación del alquitrán y del petróleo.

pezón *m.* Rabillo que sostiene la hoja, la flor o el fruto en las plantas. Parte saliente y eréctil de la mama, adaptable a los labios, por donde maman los pequeñuelos de los mamíferos. Parte saliente de ciertas frutas u otras cosas.

pezuña o **pesuña** *f.* Conjunto de los pesuños de una misma pata en los animales que la tienen hendida.

phi *f.* Vigésimaprimera letra del altabeto priego, equivalente en sonido a nuestra *f.*

pi *f.* Decimosexta letra del alfabeto griego correspondiente en sonido a nuestra *p.*

piadoso-a *adj.* Benigno, blando, misericordioso. Aplícase a las cosas que mueven a compasión o se originan de ella. Religioso, devoto.

piafar *intr.* Alzar el caballo, ya una mano ya otra, dejándolas caer con fuerza y rapidez casi en el mismo sitio de donde las levantó.

piamadre o **piamater** *f.* Membrana interna de las tres meninges que envuelven el encéfalo y la medula espinal.

piamontés-a *adj. y s.* Natural del Piamonte. Perteneciente a este país de Italia.

pianista *com.* Fabricante de pianos. Persona que los vende. Persona que profesa o ejercita el arte de tocar este instrumento.

piano *m.* Instrumento músico de teclado y cuerdas metálicas, percutidas por unos macillos.

pianola *f.* Piano mecánico, movido por pedales o por corriente eléctrica.

piar *intr.* Emitir algunas aves, especialmente el pollo, cierta clase de sonido o voz.

piara *f.* Manada de cerdos, y por extensión, la de yeguas, mulas, etc.

piastra *f.* Moneda de plata de valor variable según los países que la usan, equivalente a unos veinticinco céntimos de peseta

pica *f.* Especie de lanza larga con hierro pequeño y agudo. Garrocha del picador de toros. Medida para profundidades equivalente a 3.89 m.

picacho *m.* Punta aguda que tienen algunos montes y riscos.

picada *f.* Picotazo. Picadura. Descenso muy veloz de un avión, en posición muy próxima a la vertical.

picadero *m.* Lugar o sitio cerrado donde los picadores adiestran y trabajan los caballos y las personas aprenden a montar. Cuarto de soltero

picadillo *m.* Lomo de cerdo picado que se adoba para hacer chorizos. Guisado a base de carne cruda picada con tocino, verduras y ajos, bien sazonado y cocido.

picado-a *adj.* Aplícase a lo que está labrado con picaduras. Resentido, molesto. Dícese del animal que está en la época del celo. Modo de ejecutar las notas clara y desligadamente.

picador-a *adj.* Que pica. *M.* El que tiene por oficio domar y adiestrar caballos. Torero de a caballo que pica con garrocha a los toros.

picadura *f.* Acción y efecto de picar una cosa. Pinchazo. Fisura artificiosa para adorno o conveniencia en zapatos y vestidos. Mordedura o punzada de una ave, insecto o reptil Tabaco picado para fumar. Principio de caries en la dentadura. Alteración de los vinos al comenzar la fermentación acética. Corrosión superficial de las planchas metálicas. Pequeños agujeros en algunas superficies barnizadas.

picajoso-a *adj. y s.* Que fácilmente se pica o da por ofendido.

picamaderos *m.* Pájaro carpintero.

picanear *tr.* En Sudamérica, picar, aguijar.

picante *adj.* Que pica. Aplícase a lo dicho con cierta acrimonia o mordacidad, o a lo dicho con cierta libertad picaresca. *M.* Acerbidad y acrimonia de algunas cosas que avivan el sentido del gusto. En México, chile, o salsa hecha con chile.

picaño *m.* Remiendo que se echa al zapato. *Adj.* Pícaro, holgazán, andrajoso y de poca vergüenza.

picapica *f.* Polvos, hojas o pelusilla que, aplicados sobre la piel de las personas, causan gran comezón.

picapleitos *m.* Pleitista. Abogado sin pleitos y que anda buscándolos. Abogado enredador, rutinario y de pocos alcances.

picaporte *m.* Instrumento para cerrar de golpe las puertas y ventanas. Llave con que se abre. Llamador, aldaba.

picar *tr.* Herir leve y superficialmente con instrumento punzante. Herir el picador al toro en el morrillo, con la garrocha. Punzar o morder las aves; los insectos y ciertos reptiles. Cortar o dividir en trozos muy menudos. Tomar las aves la comida con el pico. Morder el pez el cebo puesto en el anzuelo. Producir comezón en alguna parte del cuerpo. Enardecer el paladar ciertas cosas excitantes. Adiestrar el picador al caballo. Aguijerear papel o tela haciendo dibujos. Golpear con pico o piqueta la superficie de las piedras. Enojar y provocar a otro con palabras o acciones. *Intr.* Calentar mucho el sol. Tomar ligera porción de un manjar. Empezar a concurrir compradores. *R.* Aguijerearse la ropa por la polilla. Dañarse o pudrirse una cosa. Ponerse los animales en celo. Agitarse la superficie del mar. Ofenderse o enojarse. Jactarse de alguna cualidad. *Intr.* Poner al avión en picada.

picardía *f.* Acción baja, ruindad, vileza, engaño o maldad. Bellaquería, astucia o disimulo en decir o hacer una cosa. Travesura de muchachos. *Pl.* Dichos injuriosos, denuestos.

picaresco-a *adj.* Perteneciente o relativo a los pícaros. Aplícase a las producciones literarias en que se pinta la vida de los pícaros y a este género de literatura. Picante, atrevido, maliciosamente ameno.

picaro-a *adj. y s.* Bajo, ruin, doloso, falto de honra y vergüenza. Astuto, taimado. Tipo de persona descarada, atrevida, bufona, de mal vivir, sin oficio ni beneficio, ingenioso y audaz y que sale adelante en las situaciones más críticas y apuradas.

picatoste *m.* Rebanadilla de pan, tostada con manteca o frita.

picaza *f.* Urraca.

picazón *f.* Desazón y molestia que causa una cosa que pica en alguna parte del cuerpo. Enojo, desabrimiento o disgusto.

piceo-a *adj.* De pez o parecido a ella.

pick-up *m.* Palabra inglesa que se aplica a diferentes aparatos utilizados en la inscripción y reproducción electroacústica.

picle *m.* Anglicismo, por encurtido.

picnic *m.* Palabra inglesa: partida de campo en la que se come al aire libre.

pico *m.* Parte saliente de la cabeza de las aves que termina generalmente en punta y les sirve para tomar el alimento. Parte puntiaguda que sobresale en la superficie o en el borde o límite de alguna cosa. Instrumento para remover tierras duras, piedras, etc., formado por una barra de hierro o acero algo encorvada, enastada en un mango de madera. Cúspide aguda de una montaña. Parte pequeña que excede a un número redondo. Facundia, expedición y facilidad en el decir.

piconero-a *m. y f.* Persona que fabrica o vende carbón muy menudo hecho de ramas y que sólo sirve para los braseros. *M.* Picador de toros.

picor *m.* Escozor que resulta de comer algo picante. Picazón.

picoso-a *adj.* Aplícase al que está muy picado o señalado de viruelas. Vivaracho, mordaz. En México, picante, que pica.

picota *f.* Columna en que se exponía la cabeza de los ajusticiados, o los reos a la vergüenza. Parte superior en punta de una torre o montaña muy alta.

picotazo o picotada *m. o f.* Golpe que dan las aves con el pico, o punzada repentina y dolorosa de un insecto; señal que dejan.

picotear *tr.* Golpear o herir las aves con el pico. *Intr.* Hablar mucho y de cosas inútiles. *R.* Contender o reñir las mujeres entre sí diciéndose palabras desagradables. Probar manjares.

picotero-a *adj. y s.* Que habla mucho y sin substancia, o dice lo que debía callar.

pícrico *adj.* Acido, trinitrofenol simétrico, amarillo, cristalino, amargo; se emplea como tintóreo, explosivo, reactivo y en Medicina contra ciertas dermatosis.

pictografía *f.* Pintura incompleta, especie de escritura ideográfica, de la que se diferencia en que los signos no son convencionales sino imitativos, aunque más o menos estilizados.

pictórico-a *adj.* Perteneciente o relativo a la pintura. Adecuado para ser representado en pintura.

picudo-a *adj.* Que tiene pico. Hocicudo. Agudo. Aplícase a la persona que habla mucho y sin substancia.

pichel *m.* Vaso alto y redondo con tapa engoznada en el remate del asa.

pichicato-a *adj. améric.* Cicatero.

pichón *m.* Pollo de la paloma casera. Pollo de cualquier ave, salvo de la gallina. Cariñito.

pichonear *intr.* En México y Colombia, ganar a un inexperto en el juego.

pie *m.* Extremidad de cualquiera de los dos miembros inferiores del hombre que sirve para sostener el cuerpo y andar. Parte análoga de muchos animales. Base o parte en que se apoya alguna cosa. Tronco de los árboles y plantas. Arbol o planta joven. Poso, sedimento. En las medias, calcetas o botas, parte que cubre el pie. Grupo de sílabas, en la versificación, reunidas bajo un acento rítmico. Cada uno de los metros usados en la poesía castellana. Medida de longitud usada en muchos países, pero de varia dimensión; en Madrid equivale a 0.281 m; en México, 0.2787. Parte final de un escrito. Parte opuesta a la cabecera.

piedad *f.* Virtud que inspira, por el amor a Dios, a tierna devoción a las cosas santas, y por el amor al próximo, actos de abnegación y compasión. Lástima, misericordia.

piedra *f.* Substancia mineral, más o menos dura y compacta que no es terrosa ni de aspecto metálico. Cálculo, concreción en algunas partes del cuerpo. Granizo grueso.

piel *f.* Tegumento extendido sobre todo el cuerpo animal. Cuero, odre. Cuero curtido. Parte exterior de algunas frutas. Cutis, pellejo, corteza.

pienso *m.* Porción de alimento seco que se da al ganado.

pierna *f.* Parte del animal entre el pie y la rodilla, y también se dice comprendiendo el muslo. En los cuadrúpedos y aves, muslo. Cada una de las dos piezas que forman el compás.

pieza *f.* Pedazo o parte de una cosa. Moneda, alhaja, herramienta, utensilio o mueble trabajado con arte. Cada una de las partes de un artefacto. Porción de tejido o tira de papel que se fabrica de una vez. Cualquier sala o aposento de una casa. Espacio de tiempo o de lugar. Animal de caza o pesca. Figura que sirve para jugar al ajedrez, damas, etc. Obra dramática, especialmente la que sólo tiene un acto y final feliz. Composición musical.

piezo o pieza *m. o f.* Unidad de presión en el sistema M.T.S. (metro, tonelada, segundo), equivalente a la presión que ejerce la fuerza de 1 esteno sobre una superficie de 1 m².

piezoelectricidad *f.* Propiedad de algunos cristales de electrizarse al ser sometidos a presión u otra acción mecánica.

piezómetro *m.* Instrumento para medir el grado de compresibilidad de los líquidos.

pífano *m.* Flautín de tesitura muy aguda. Persona que toca este instrumento.

pifia *f.* Golpe en falso. Error, descuido, paso o dicho desacertado.

pigal *adj.* Relativo a las nalgas o a la región glútea.

pigmento *m.* Cualquier materia colorante de las células o los tejidos orgánicos, animales o vegetales.

pigmeo-a *adj. y s.* Dícese de un pueblo fabuloso y de sus individuos que, según los griegos, sólo tenían un codo de alto, pero muy belicosos y hábiles flecheros. Muy pequeño. Antiguo y primitivo pueblo africano de las selvas tropicales, de talla media muy baja; negrillos.

pignorar *tr.* Empeñar.

pigricia *f.* Pereza, ociosidad, negligencia, abulia.

pijama *m.* Traje de casa, ligero y de tela lavable y que se usa también para dormir.

pijotería *f.* Menudencia molesta, dicho o pretensión desagradable.

pila *f.* Pieza cóncava y profunda donde cae o se echa el agua para varios usos. Recipiente con pedestal y tapa que hay en las parroquias para administrar el sacramento del Bautismo. Montón, rimero o cúmulo. Aparato para producir corrientes eléctricas mediante acciones químicas, térmicas o luminosas.

pilar *m.* Pilón, receptáculo de piedra que se construye en las fuentes. Hito o mojón. Pilastra para sostener una fábrica o armazón. Columna, persona o cosa que sirve de amparo o protección.

pilastra *f.* Columna cuadrada.

píldora *f.* Bolita que se hace mezclando un medicamento con un excipiente, para tragarla entera. Pesadumbre o mala nueva que se da a alguien.

pileo *m.* Moño, penacho o cresta de algunas aves. Capelo de los cardenales. Sombrerillo o sombrilla de algunos hongos.

pileta *f.* Pila pequeña para tomar agua bendita.

pilgüije *adj.* En México, miserable, mequetrefe, infeliz.

piliforme *adj.* En forma de pelo o filamento; filiforme.

pilinque *adj.* En México, arrugado.

pilmama *f.* En México, niñera, nodriza.

pilón *m.* Pila grande para abrevadero de los animales, lavadero y otros usos. Mortero para majar granos. Pan de azúcar refinado y de forma cónica. Pesa que pende del brazo mayor de la balanza romana. Montón de cal mezclada con arena y agua que se deja algún tiempo para que frague mejor. En México y Venezuela, adehala, propina.

piloncillo *m.* En México, azúcar morena en panecillos de figura de cucurucho o cono truncado.

pilongo-a *adj.* Flaco, extenuado y macilento. Dícese de la castaña que se ha secado al humo y se guarda todo el año.

píloro *m.* Abertura inferior del estómago por la cual pasan las substancias digeridas al intestino.

piloso-a *adj.* Peludo. Relativo o perteneciente al pelo.

pilotaje *m.* Ciencia y arte del piloto. Conjunto de maniobras para conducir o gobernar una nave marina o aérea. Conjunto de pilotes hincados en tierra para consolidar los cimientos.

pilotar o **pilotear** *tr.* Dirigir un buque, un automóvil, globo, aeroplano, etc. Poner pilotes.

pilote *m.* Madero rollizo que se hinca en tierra para consolidar los cimientos. Pieza de acero o de hormigón armado, para el mismo fin. Estaca grande, madero u árbol rollizo que forma la pila de un puente militar.

piloto *m.* El que gobierna y dirige un buque en la navegación, un automóvil, globo o aeroplano. El que guía la acción en una empresa o en investigaciones o estudios.

piltoncle *m.* En México, niño de corta edad o animal de cuerpo muy pequeño.

piltrafa *f.* Parte de carne que casi no tiene más que el pellejo. Parte menuda o residuos de viandas y otros desechos.

pillaje *m.* Hurto, latrocinio, rapiña. Saqueo hecho por los soldados en país enemigo.

pillar *tr.* Hurtar, robar, tomar por fuerza una cosa. Agarrar o aprehender una cosa. Sorprender a uno en un descuido.

pillete o **pillín** *adj.* Diminutivo de pillo.

pillo, pillastre o **pilluelo** *m.* Pícaro sin crianza ni buenos modales. Sagaz, astuto.

pima *adj. y s.* Indígena americano perteneciente a una de las tribus más importantes del grupo sonora, establecidas en la cuenca del río Gila hasta la cuenca inferior del río Yaqui.

pimentero *m.* Arbusto trepador piperáceo, de tallos ramosos con nudos de los que nacen raíces adventicias, hojas alternas aovadas, flores en espigas pequeñas y cuyo fruto es la pimienta. Vasija en que se pone la pimienta molida a la mesa.

pimentón *m.* Pimiento grande. Polvo que se obtiene moliendo pimientos encarnados secos.

pimienta *f.* Fruto del pimentero, baya redonda, carnosa, rojiza, que al secarse toma color pardo o negruzco, se arruga algo y contiene una semilla esférica aromática, ardiente, de gusto picante, muy usada como condimento.

pimiento *m.* Planta solanácea herbácea anual hortense, de tallos ramosos, hojas lanceoladas, flores blancas axilares y fruto en baya hueca muy variable en forma o tamaño, según las especies. Esta baya.

pimpante *adj.* Vistoso, rozagante.

pimpinela *f.* Planta rosácea herbácea vivaz, de tallos erguidos, hojas compuestas, flores terminales en espigas apretadas sin corola y con cáliz purpurino; se ha empleado en Medicina como tónico y diaforético.

pimpollo *m.* Pino nuevo, Arbol nuevo. Vástago o tallo nuevo. Rosa por abrir. Niño o niña o joven que se distingue por su belleza, gallardía y donosura.

pina *f.* Mojón terminado en punta. Cada uno de los trozos curvos que forman en círculo la rueda de madera de un coche o carro y donde encajan los radios y, en lo exterior, las llantas de hierro.

pinacate *m.* En México, escarabajo de color negruzco, hediondo y que expulsa un líquido repelente.

pinácea *adj. y s.* Planta conífera, árboles o arbustos de hojas aciculares, con conos que se transforman en piñas; las más son maderables e industriales.

pinacoteca *f.* Galería o museo de pinturas.

pináculo *m.* Parte superior y más alta de un templo o edificio magnífico. Parte más sublime de una ciencia o de otra cosa inmaterial. Apogeo, cúspide.

pinado-a *adj.* Dícese de la hoja compuesta de hojuelas insertas como las barbas de una pluma. Organo con partes dispuestas de esta manera.

pinar, pinedo o **pineda** *m. o f.* Sitio o lugar plantado de pinos.

pinatar *m.* Pinar o plantío de pinos nuevos.

pincel *m.* Instrumento con mango en el que se meten pelos de al-gunos animales apropiados y con que el pintor asienta los colores en el lienzo, cuadro, etc. Mano o sujeto que pinta. Obra pintada.

pincelada *f.* Trazo o golpe que el pintor da con el pincel. Expresión compendiosa de una idea o de un rasgo muy característico.

pincelar *tr.* Pintar, cubrir con color o colores la superficie de las cosas. Retratar. Dar pinceladas.

pinchar *tr.* Picar, punzar o herir con una cosa aguda o punzante. Mover, estimular; enojar y provocar a otro.

pinchazo *m.* Punzadura o herida que se hace con instrumento o cosa que pincha. Hecho o dicho mortificante. Estocada frustrada cuando el toro recibe menos de un tercio del estoque.

pinche *m.* Mozo ordinario o galopín de cocina. *Adj. y s.* En México, vil, de calidad inferior, despreciable. Insignificante.

pincho *m.* Aguijón o punta aguda de hierro u otra materia. *Adj.* Chulo, guapo, rufián, matón.

pindárico-a *adj.* Propio y característico del poeta griego Píndaro. o que tiene semejanza con sus dotes o cualidades.

pindonga *f.* Mujer callejera.

pineal *adj.* En forma de la piña de pino. Dícese del cuerpecillo o glándula en forma de piña que descansa sobre el mesencéfalo, entre los dos tubérculos cuadrigéminos superiores.

pingajo *m.* Harapo que cuelga de alguna parte. Andrajo, guiñapo.

pingar *intr.* Gotear lo que está empapado de algún líquido. Brincar, saltar. *Tr.* Inclinar.

pingo *m.* Pingajo. Persona moralmente despreciable. En México, el diablo; niño muy travieso. *Pl.* Vestidos de mujer, cuando son de poco precio.

pingorotudo-a *adj.* Empinado, alto o elevado.

ping-pong *m.* Juego de mesa, forma modificada del tenis, con pelota hueca de celuloide y palas de madera.

pingüe *adj.* Craso, gordo, mantecoso. Abundante, copioso, fértil.

pingüino *m.* Pájaro bobo o pájaro niño. Ave palmípeda de los mares árticos; impropiamente también la de los mares antárticos.

pinito *m.* Primer paso que empiezan a dar los niños cuando se quieren soltar, o los convalecientes cuando empiezan a levantarse.

pinna *f.* Aleta.

pinniforme *adj.* Dícese del órgano locomotor en forma de aleta natatoria.

pinnípedo-a *adj. y s.* Aplícase a los mamíferos unguiculados de cuatro extremidades cortas y anchas a propósito para la natación: focas, otarias y morsas.

pino *m.* Arbol conífero con flores masculinas y femeninas separadas en distintas ramas; tiene por fruto la piña y por semilla el piñón, su tronco contiene trementina y es maderable.

pino-a *adj.* Pendiente. *M.* Primer paso que dan los niños al empezar a soltarse o los convalecientes cuando empiezan a levantarse.

pinocha *f.* Hoja del pino.

pinolate *m.* En México y Centroamérica, bebida de pinole, agua, azúcar y cacao.

pinole *m.* Harina de maíz tostado, para beberse batida con agua, sola o mezclada con azúcar, cacao, canela, etc. La bebida así preparada.

pinolillo *m.* En América Central, pinole. En México, formas jóvenes o larvarias de distintos ácaros, así llamadas por parecer polvo de pinole, y que producen picaduras muy irritantes.

pinta *f.* Mancha o señal pequeña en el plumaje, pelo o piel de los animales y en la masa de los minerales. Adorno en forma de lunar o mota. Gota. Medida de capacidad para líquidos: en Inglaterra, 0.5682; en Estados Unidos, 0.4732 l. Calidad o muestra exterior de personas o cosas. Tabardillo.

pintado-a *adj.* Matizado naturalmente de diversos colores. Que tiene pintas.

pintamonas *com.* Pintor de corta habilidad.

pintar *tr.* Representar o figurar un objeto en una superficie con las líneas o colores convenientes. Cubrir con un color la superficie de las cosas. Describir animadamente personas o cosas por medio de la palabra. *Intr.* Empezar a tomar color y madurar ciertos frutos. En México, hacer novillos los muchachos. *R.* Darse colores y afeites en el rostro.

pintarrajar, pintarrajear o **pintorrear** *tr.* Manchar de varios colores y sin arte una cosa.

pintiparado-a *adj.* Parecido o semejante a otro. Dícese de lo que viene justo y medido a otra cosa o es a propósito para el fin propuesto.

pinto-a *adj.* Pintado. En América, dícese especialmente del animal de colores blanco y negro. Que padece vitíligo.

pintor-a *m. y f.* Persona que profesa o ejercita el arte de la pintura.

pintoresco-a *adj.* Aplícase a las cosas que presentan una imagen agradable, deleitosa y digna de ser pintada. Dícese del lenguaje, estilo, etc., con que se pintan viva y animadamente las cosas.

pintura *f.* Arte de pintar. Tabla, lámina, lienzo o cosa en que está pintado algo. La misma obra pintada. Color preparado para pintar. Descripción o representación viva y animada de personas o cosas por medio de la palabra.

pinturero-a *adj.* Persona que alardea ridícula y afectadamente de bien parecida, fina o elegante.

pínula *f.* Tablilla para dirigir visuales en los instrumentos astronómicos y topográficos por una abertura que la misma tiene. Folíolo secundario. Aleta pequeña o partes destacadas de una aleta.

pinzas *f. pl.* Instrumento a modo de tenacillas para coger o sujetar cosas menudas. Tenacillas de cirujano. Organo prensil de ciertos animales.

pinzón *m.* Ave paseriforme del tamaño de un gorrión, multicolorado; se alimenta de insectos y canta muy bien.

piña *f.* Fruto del pino y de otros árboles, de figura aovada, más o menos aguda, compuesta de varias piezas leñosas colocadas a modo de escamas a lo largo de un eje común. Ananás. Conjunto de personas o cosas unidas estrechamente. Coscorrón.

piñata *f.* Olla. Olla o cosa semejante llena de golosinas que en algunas fiestas se procura romper a bastonazos y con los ojos vendados.

piñón *m.* Simiente del pino. Almendra comestible de la semilla del pino piñonero. Arbusto euforbiáceo americano de fruto carnoso con semillas crasas que se emplean como purgante y para extraer su aceite. Burro trasero de la recua en que suele montar el arriero. Rueda pequeña y dentada que engrana, con otra mayor, en una máquina.

piñuela *f.* Tela o estofa de seda. Nuez o fruto del ciprés.

pío *m.* Voz que forma el pollo de cualquiera ave, y que también se usa para llamarlos a comer.

pío-a *adj.* Devoto, benigno, misericordioso, compasivo.

pío-a *adj.* Dícese del caballo, mulo o asno cuyo pelo, blanco en el fondo, presenta manchas de otro color.

piocha *f.* Joya de varias figuras que usan las mujeres como adorno en la cabeza. Flor de mano, hecha de plumas delicadas de aves.

Herramienta de albañilería de boca cortante.

piocha *f.* En México, barba, perilla. *Adj.* Excelente, agradable.

piogenia *f.* Formación de pus.

piojento-a *adj.* Perteneciente o relativo a los piojos. Que tiene piojos. Piojoso.

piojillo *m.* Insecto áptero de cuerpo ovalado y liso, de cabeza con antenas pequeñas, parásito de las aves.

piojo *m.* Insecto de piel flexible y resistente, de cuerpo chato y ovalado con seis patas y dos uñas, antenas muy cortas y boca chupadora en forma de trompa; parásito de los mamíferos cuya sangre chupa; de fecundidad extraordinaria. Se da este nombre a otros insectos o pequeños arácnidos, crustáceos, etc., que viven sobre otros animales o plantas y que chupan su sangre o jugos.

piojoso-a *adj. y s.* Que tiene muchos piojos. Miserable, mezquino.

pionero *m.* El primero, el que se adelanta a los demás en una exploración o en otra empresa cualquiera.

piorrea *f.* Flujo de pus.

pipa *f.* Tonel para transportar o guardar vino u otros licores. Utensilio para fumar tabaco picado que encendido en el recipiente pasa el humo por la boquilla a medida que se aspira. Pepita, simiente de algunas frutas.

pipar *intr.* Fumar en pipa.

piperácea *adj. y s.* Planta dicotiledónea, herbácea o leñosa, de flores en racimos o en espigas densas y fruto en drupa o baya: pimentero y algunas otras.

pipeta *f.* Tubo de cristal ensanchado en su parte media, para trasladar pequeñas porciones de líquido de un vaso a otro. Tubo de vidrio calibrado y graduado para dar salida a una determinada cantidad de líquido.

pipián *m.* Guiso americano compuesto de carnero o de ave, con pepitas de calabaza tostadas y molidas y otros ingredientes colorantes.

pípila *f.* En México, pava, hembra del pavo.

pipilo *m.* En México, pavipollo.

pipilol *m.* En México, hojuela de harina con azúcar que comen los niños de corta edad.

pipiolo-a *m. y f.* Principiante, novato o inexperto.

pipirigallo *m.* Planta leguminosa, herbácea y vivaz, de tallos torcidos, hojas compuestas, flores encarnadas, olorosas y en espigas axilares, cuyo conjunto semeja la cresta y carúnculas del gallo, y

fruto seco con una sola semilla; ornamental y pratense.

pique *m.* Resentimiento, desazón o disgusto ocasionado por una disputa o cosa semejante. Empeño en hacer una cosa por amor propio o por rivalidad.

pique *m.* Tela de algodón que forma cañutillo, grano u otro labrado.

piquera *f.* Agujero o puertecilla en las colmenas para que puedan entrar y salir las abejas. Agujero en los toneles y alambiques para que pueda salir el líquido. Mechero. En México, taberna de ínfima categoría.

piquero *m.* Soldado armado de pica.

piqueta *f.* Zapapico. Herramienta de albañilería con mango y dos bocas opuestas, una plana y otra aguzada.

piquetazo *m. americ.* Picotazo, pinchazo.

piquete *m.* Golpe o herida de poca importancia hecha con instrumento agudo o punzante. Agujero pequeño en las ropas u otras cosas. Jalón pequeño. En México, picadura de un insecto; salsa o aderezo picante; inyección; pequeña cantidad de alguna bebida alcohólica que se añade al café o a otro preparado. Fracción pequeña de tropa para servicios extraordinarios, escoltas, ejecuciones, etc.

pira *f.* Hoguera en que se queman los cuerpos de los difuntos y las víctimas de los sacrificios. Hoguera.

piragua *f.* Embarcación larga y estrecha con bordas de tabla o cañas, que navega a remo y vela, generalmente de una sola pieza; la usan los indios de América y Oceanía.

piramidal *adj.* De forma de pirámide.

pirámide *f.* Sólido que tiene por base un polígono y por caras laterales triángulos con un vértice común, en el que forman un ángulo poliédrico. Monumento en forma de pirámide. Porción de un órgano, tejido o hueso de forma piramidal.

pirata *m.* Ladrón de mar. Sujeto cruel y despiadado.

piratear *intr.* Apresar o robar embarcaciones o aeroplanos, más comúnmente cuando navegan.

piratería *f.* Ejercicio de pirata. Robo o presa que hace el pirata. Destrucción o robo de bienes de otro. Edición de libros u otros trabajos intelectuales sin el pago de los derechos legítimos del autor.

pirenaico-a *adj.* Perteneciente o relativo a los montes Pirineos.

pireno *m.* Endocarpio o porción dura de las drupas.

pirético-a *adj.* Relativo o perteneciente a la fiebre o de su naturaleza. Febril.

piriforme *adj.* En forma de pera.

pirinda *adj. y s.* Indígena mexicano perteneciente a una tribu del pueblo otomí, establecida en la parte S. del actual Estado de México y zona próxima de Michoacán, llamado también malalzinca y toloque. Matlatzinca.

pirita *f.* Bisulfuro de hierro con cantidades variables de niquel, cobalto, estaño, cobre y arsénico, de lustre metálico muy brillante.

pirofobia *f.* Temor morboso a los incendios y a sus peligros.

pirógeno-a *adj.* Que tiene su origen en el fuego. Que produce fiebre.

pirograbado *m.* Técnica de grabado sobre madera, cuero, piel, terciopelo, etc., que utiliza un instrumento incandescente en forma de punzón.

piromanía *f.* Impulso de ciertos dementes a causar incendios.

pirómetro *m.* Instrumento para medir temperaturas muy elevadas.

piropear *tr.* Decir piropos. En México, florear.

piropo *m.* Variedad de granate de color rojo de fuego, muy apreciada como piedra fina. Carbúnculo. Lisonja, requiebro.

pirosfera *f.* Zona de rocas fundidas o incandescentes que algunos geólogos han supuesto forma parte de la Tierra, o que se supone es una capa discontinua relativamente superficial y que alimenta los volcanes.

pirosis *f.* Sensación como de quemadura que sube desde el estómago hasta la faringe, acompañada de flatos y excreción de saliva clara.

pirotecnia o pirotécnica *f.* Arte de fabricar y utilizar los fuegos artificiales con fines militares, o para diversión o festejo.

pirú o pirul *m.* En México, árbol anacardiáceo procedente del Perú y aclimatado en el país.

pírrico-a *adj.* Dícese de las victorias o éxitos obtenidos con excesivas pérdidas, por alusión a la de Pirro, rey de Epiro, sobre los romanos.

pirueta *f.* Cabriola. Vuelta rápida que se hace dar al caballo, obligándole a alzarse de manos y a girar apoyándose sobre los cascos.

pirulí *m.* Caramelo largo y puntiagudo, sostenido por un palillo.

pisa *f.* Acción de pisar. Porción de aceituna o uva que se estruja de una vez en el molino o lagar. Zurra de patadas o coces que se da a alguien.

pisada *f.* Acción y efecto de pisar. Huella o señal del pie en la tierra. Patada.

pisapapeles *m.* Objeto que se pone sobre los papeles, para que no se muevan.

pisar *tr.* Poner el pie sobre alguna cosa. Apretar o estrujar una cosa con los pies, a golpe de pisón o maza. En las aves, especialmente en la paloma, cubrir el macho a la hembra. Apretar con los dedos las cuerdas o teclas de un instrumento músico. Hollar, conculcar. Pisotear, humillar.

pisaverde *m.* Hombre presumido y afeminado.

piscatorio-a *adj.* Perteneciente o relativo a la pesca o a los pescadores. Composición poética en que se pinta o canta la vida de los pescadores.

piscicultura *f.* Arte de fomentar la reproducción de los peces comestibles y de adorno, a fin de aumentar el rendimiento económico de las aguas dulces y marinas.

pisciforme *adj.* De forma de pez.

piscina *f.* Estanque para tener peces. Estanque o alberca donde pueden bañarse varias personas a la vez.

piscívoro-a *adj. y s.* Que se alimenta de peces; ictiófago.

piscle *m.* En México, caballo malo, matalón.

piscolabis *m.* Ligera refacción que se toma por festejo y regalo, no tanto por necesidad.

pisiforme *adj.* Que tiene la figura y el tamaño de un guisante.

piso *m.* Suelo de las diversas habitaciones de una casa. Pavimento natural o artificial de un terreno. Conjunto de habitaciones que constituyen vivienda independiente en una casa de varios altos. Suela de calzado. Grupo de estratos o capas correspondientes a cada una de las divisiones de un período geológico.

pisón *m.* Instrumento de madera, pesado y grueso, con su mango, que sirve para apretar la tierra, piedras, etc.

pisotear *tr.* Pisar repetidamente maltratando o ajando una cosa. Humillar, maltratar de palabra a una o más personas.

pisotón *m.* Pisada fuerte sobre el pie de una persona.

pista *f.* Huella o rastro que dejan los animales en la tierra por donde han pasado. Sitio dedicado a las carreras y demás ejercicios. Autopista. Conjunto de indicios o señales que pueden conducir a la averiguación de un hecho. Superficie dura terminada en forma adecuada para facilitar el aterrizaje o el despegue de aviones.

pistache m. Fruto del pistachero. Dulce que se hace con este fruto.

pistachero m. Alfóncigo, planta anacardiácea que se cultiva por sus almendras oleaginosas comestibles, llamadas pistaches y por la resina que fluye del tallo.

pistar tr. Machacar, aprensar una cosa o sacarle el jugo.

pistero m. Vasija con un cañoncito a modo de pico y una asa en la parte opuesta, para dar caldo u otro líquido a los enfermos que no pueden incorporarse para beber.

pistilo m. Organo femenino de la flor, compuesto de ovario, estilo y estigma.

pisto m. Jugo o substancia que se saca de la carne del ave y que se administra caliente al enfermo que no puede tragar cosas sólidas. Fritada de pimientos, tomates, huevo, cebolla y otros manjares picados y revueltos. Mezcla confusa de ideas. Vanagloria.

pistola f. Arma corta de fuego que se amartilla, apunta y dispara con una sola mano. Barrena corta y gruesa. Pulverizador para pintar.

pistolera f. Funda de cuero en que se guarda la pistola.

pistolerismo m. Bandidaje o bandolerismo que practican los pistoleros. Conjunto de ellos.

pistolero m. Individuo que, muchas veces por cuenta de otro, hace profesión del uso de la pistola para cometer atentados. Guardaespaldas.

pistoletazo m. Tiro de pistola. Herida que resulta de él.

pistolete m. Arma de fuego manual, de llave de rueda, que substituyó a la escopeta y ha caído en desuso. Cachorrillo.

pistón m. Embolo. Llave en forma de émbolo de algunos instrumentos músicos. Cápsula metálica que contiene el fulminante de las armas de fuego.

pistraje o **pistraque** m. Licor, condimento o bodrio desabrido o de mal gusto.

pita f. Planta amarilidácea oriunda de México, con hojas o pencas radicales, con espinas en el margen, flores amarillentas en ramillete sobre un bohordo central; de sus hojas se saca buena hilaza; de una variedad de esta planta se saca un líquido azucarado del que se hace el pulque. Hilo que se hace de sus hojas. Maguey.

pita f. Silba.

pitada f. Sonido o golpe de pito. Salida de tono; concepto inoportuno o extravagante.

pitahaya f. Planta cactácea de hermosas flores encarnadas o blancas, según sus variedades; algunas dan fruto comestible; las hay de muchas especies y entre ellas, los candelabros u órganos.

pitanza f. Distribución diaria de una cosa, ya sea comestible o pecuniaria. Ración de comida que se distribuye a los que viven en comunidad o a los pobres. Alimento cotidiano.

pitar intr. Tocar o sonar el pito.

pítcher m. Palabra inglesa que en el juego de béisbol indica al jugador que inicia cada jugada lanzando la pelota.

pitecántropo m. Supuesto ser intermedio entre el mono antropoide y el hombre.

pitido m. Silbido del pito o de los pájaros. Sonido agudo que produce el vapor al salir de una máquina.

pitillera f. Mujer que hace pitillos. Petaca para guardar pitillos.

pitillo m. Cigarrillo.

pitima f. Socrocio que se aplica sobre el corazón. Borrachera.

pito m. Flauta pequeña, como un silbato, de sonido agudo. Persona que toca este instrumento. Cigarrillo de papel.

pitógeno-a adj. Relativo o perteneciente a la putrefacción; causado por ella.

pitón m. Cuerno que empieza a salir a los animales. Punta del cuerno del toro. Renuevo del árbol cuando empieza a abotonar. Bohordo de la pita. Dícese de cualquier especie de serpiente de gran tamaño, no venenosa, de los países tropicales del Antiguo Continente y de Australia.

pitonisa f. Sacerdotisa de Apolo que daba sus oráculos en el templo de Delfos. Encantadora, hechicera.

pitorrearse r. Guasearse, burlarse o mofarse de otro.

pitorro m. Tubo cónico de botijos, porrones, pisteros, etc., por donde sale el líquido.

pituita f. Humor blanquecino y viscoso que segregan varios órganos del cuerpo animal, principalmente las membranas de la nariz y los bronquios.

pituitaria adj. Dícese de la glándula de secreción interna situada en la base del cráneo, sobre el esfenoides.

pituso-a adj. y s. Pequeño, gracioso, lindo, refiriéndose a los niños.

pivote m. americ. **Eje vertical.**

pixide f. Copón o cajita en que se guarda el Santísimo Sacramento o se lleva a los enfermos.

pixidio *m.* Fruto en cápsula cuya parte superior se desprende por dehiscencia circular, a modo de tapadera: murajes, beleño.

pizarra *f.* Roca sedimentaria, en general de color obscuro, formada por capas muy finas separables. Trozo o plancha de esta roca, algo pulimentada, para escribir en ella con el pizarrín, yeso o lápiz blanco. Tablero pintado de negro u otro color obscuro, para escribir en él con tiza o gis.

pizarrín *m.* Barrita de lápiz o de pizarra no muy dura que se usa para escribir o dibujar en las pizarras de piedra. En México, obsidiana.

pizarrón *m. americ.* Pizarra, para escribir o dibujar.

pizarroso-a *adj.* Abundante en pizarra o que tiene su apariencia.

pizca *f.* Porción mínima o muy pequeña de una cosa.

pizca *f.* En México, la recolección de frutos, especialmente las del maíz y el algodón; cosecha.

pizpireta *adj.* Aplícase a la mujer viva, pronta y aguda.

placa *f.* Lámina, plancha o película que se forma o está superpuesta en un objeto. Cierta moneda antigua española de los Países Bajos. Insignia de algunas órdenes de caballería. Electrodo de un acumulador. Superficie conductora de un condensador. Vidrio con substancia alterable por la luz, en la que puede obtenerse una prueba negativa o una diapositiva. Película de medio de cultivo más o menos sólido y el cultivo mismo.

placar *tr.* Aplacar.

placebo *m.* Medicamento inerte o inofensivo que se da a algunos pacientes para complacerlos.

pláceme *m.* Felicitación. Parabién

placenta *f.* Organo plano que se forma dentro de la matriz de la madre de los mamíferos y que sirve de unión entre la madre y el feto, por medio del cordón umbilical. Parte vascular del fruto a la que están unidos los óvulos o semillas.

placentero-a *adj.* Agradable, apacible, alegre.

placer *m.* Contento del ánimo. Sensación agradable. Consentimiento, beneplácito. Diversión, entretenimiento. Gusto.

placer *m.* Banco de arena o piedra en el fondo del mar y de bastante extensión. Arenal donde las corrientes de agua depositan partículas de oro; yacimiento con menas metálicas. Pesquería de perlas en las costas de América.

placer *tr.* Agradar o dar gusto.

plácet *f.* Fórmula para expresar acuerdo y ratificación; lo contrario de veto. Fórmula diplomática para expresar el asentimiento del gobierno de un país al nombramiento de un representante ante él.

plácido-a *adj.* Quieto, sosegado y sin perturbación. Grato, apacible.

plafón o pafón *m.* Sofito.

plaga *f.* Calamidad grande que aflige a un pueblo. Daño grave o enfermedad que sobreviene a una persona. Infortunio, contratiempo. Abundancia de algo nocivo, aunque impropiamente de lo que no lo es. Azote que aflige a la agricultura.

plagar *tr. y r.* Llenar o cubrir con algo nocivo o no conveniente.

plagiar *tr.* Copiar en lo substancial obras ajenas, dándolas como propias. En América, apoderarse de una persona, generalmente para obtener rescate por su libertad.

plan *m.* Altitud o nivel. Intento, proyecto. Plano. Piso. Extracto o escrito en que por mayor se apunta una cosa. En México, compromiso político de carácter revolucionario, y movimiento desencadenado en virtud de dicho compromiso. Organización y coordinación de las actividades económicas.

plana *f.* Llana, herramienta de albañilería. Cada una de las dos caras de una hoja de papel, y escrito que se hace en ellas. Porción extensa de país llano; llanura.

planctón *m.* Conjunto de organismos animales y vegetales que se encuentran, flotando o en equilibrio, en el agua de los mares, lagos y ríos.

plancha *f.* Lámina o pedazo de metal llano y delgado respecto de su tamaño. Utensilio de hierro para planchar. Conjunto de ropa planchada. Posición horizontal del cuerpo flotante en el agua o asido a un barrote. Reproducción estereotípica o galvanoplástica preparada para la impresión. Desacierto o error en que la persona que lo comete queda desairada o ridícula.

planchado-a *adj.* En México, competente, valiente. *M.* Acción y efecto de planchar.

planchar *tr.* Pasar la plancha caliente sobre la ropa blanca algo húmeda para asentarla, estirarla o darle brillo. En México, dejar a uno plantado o esperando.

planchazo *m.* Golpe dado con una plancha. Equivocación que deja en evidencia.

planeador *m.* Avión que vuela sin motor arrastrado y lanzado al aire con algún mecanismo, o por deslizamiento en la ladera de un monte.

planeamiento *m.* Proyecto de trabajos que va a realizar metódicamente una institución. Plan para regular ciertas actividades económicas.

planear *tr.* Trazar o formar el plan de una obra. Hacer o forjar planes. *Intr.* Volar sin motor o con motor parado. Descender un avión en planeo.

planeo *m.* Descenso de un aeroplano sin la acción del motor y en condiciones normales. Vuelo de un planeador.

planeta *m.* Cuerpo celeste opaco, que sólo brilla por la luz reflejada del Sol, alrededor del cual describe su órbita con movimiento propio y periódico.

planetario-a *adj.* Perteneciente o relativo a los planetas. *M.* Modelo mecánico del sistema solar que muestra los movimientos relativos de los planetas y satélites; hoy se han ampliado a los de las constelaciones.

planicie *f.* Llanura, campo o terreno igual y dilatado.

planificar *tr. americ.* Levantar el plano de una ciudad. Hacer un proyecto de construcción y edificación. Regular con carácter colectivo ciertas actividades económicas.

planilla *f.* En México, lista de personas cuyos nombres se someten a elección; cierto boleto especial de pasaje, en tranvías y camiones.

planimetría *f.* Arte de medir superficies planas. Parte de la Topografía que representa en una superficie plana una porción terrestre, más o menos extensa.

planípedo-a *adj.* Que tiene los pies planos.

planisferio *m.* Mapa en que se representa en un plano la esfera celeste o la terrestre.

plano-a *adj.* Llano, liso, sin estorbos ni tropiezos. Encuadre de una cámara cinematográfica, según la mayor o menor amplitud del campo que abarque. Cualquier superficie plana del cuerpo. Superficie determinada geométricamente por tres puntos no en línea recta. Representación gráfica en una superficie de un terreno, plaza, fortaleza u otra cosa semejante.

planta *f.* Parte inferior del pie. Vegetal, ser orgánico, en especial los provistos de raíces, tallos y hojas. Arbol u hortaliza que nacida en una parte, puede trasplantarse a otra. Plantío. Diseño en que se da idea para la formación de una cosa. Cada uno de los distintos pisos de un edificio. Proyecto para asegurar el acierto y buen logro de un negocio o pretensión. Plan que determina y especifica las dependencias y empleados de una oficina, universidad u otro establecimiento. Figura que forman sobre el terreno los cimientos de un edificio o la sección horizontal de las paredes de cada uno de los pisos. Pie de la perpendicular bajada desde un punto al plano horizontal.

plantar *tr.* Meter en tierra una planta o un vástago, esqueje, etc., para que arraigue. Poblar de plantas un terreno. Fijar y poner derecha y enhiesta una cosa. Plantear, establecer o poner en ejecución sistemas, instituciones, etc. Dar algún golpe a alguien o a algo. Poner a uno en una parte contra su voluntad. Decir claridades o injurias a uno, que lo deje sin respuesta. *R.* Ponerse de pie firme ocupando un lugar o sitio. Resolverse a no hacer o a resistir alguna cosa.

plantel *m.* Criadero de plantas para ser cambiadas de lugar. Establecimiento en que se forman personas hábiles en algún ramo del saber, profesión, ejercicio, etc.

plantificar *tr.* Plantear, tantear, trazar, establecer. Poner a uno en alguna parte contra su voluntad. *R.* Plantarse, llegar con brevedad a un lugar.

plantígrado-a *adj.* Dícese de los cuadrúpedos que al andar apoyan en el suelo toda la planta de los pies y las manos: oso, tejón, mapache, etc.

plantilla *f.* Suela sobre la cual los zapateros arman el calzado. Pieza de badana, tela, etc., con que interiormente se cubre la planta del calzado. Soleta que se echa en la parte interior de los pies de las medias y calcetines, cuando están rotos. Patrón para cortar o labrar una pieza. Plano reducido o parcial de una obra. Planta de dependencias y empleados de una oficina o establecimiento.

plantío-a *adj.* Tierra o sitio plantado o que se puede plantar. *M.* Acción de plantar. Lugar plantado recientemente de vegetales. Conjunto de éstos.

plantón *m.* Pimpollo o arbolito nuevo que ha de ser trasplantado. Estaca o rama de árbol plantada para que arraigue. Soldado obligado a permanecer de guardia más tiempo del regular. Portero de una casa, oficina, etc.

plañidera *f.* Mujer llamada y pagada para ir llorando en los entierros.

plañidero-a *adj.* Lloroso y lastimero.

plañir *intr.* Gemir y llorar sollozando o clamando.

plaqueta *f.* Plancha o placa de metal o porcelana con relieves artísticos. Trombocito.

plasma *m.* Parte líquida de la sangre en circulación, donde se encuentran las substancias que sirven para la nutrición, renovación y reconstitución de los tejidos y en la que flotan los eritrocitos, leucocitos y plaquetas. Parte líquida de cualquier tejido orgánico.

plasmar *tr.* Figurar, hacer o formar una cosa, especialmente de materia plástica.

plasmocito *m.* Célula que se encuentra flotando en un plasma.

plasmoterapia *f.* Empleo de plasma sanguíneo como medio terapéutico.

plaste *m.* Masa de yeso mate y agua de cola, para llenar agujeros y hendeduras de una cosa que se ha de pintar.

plasticidad *f.* Calidad de plástico. Propiedad de algunas substancias de alterar su forma por débiles tensiones o presiones persistiendo la nueva forma después de cesar la presión o tensión. Propiedad del protoplasma celular, células, tejidos y órganos de modificar su forma y función.

plástico-a *adj.* Dúctil, blando, que se deja modelar fácilmente. Formativo. Aplícase al estilo y a la frase concisa, exacta y de fuerza expresiva. *M.* Substancia cualquiera de las que forman un extenso grupo de productos orgánicos artificiales que se pueden moldear, vaciar, laminar o labrar para hacer objetos de variadas formas; resinas artificiales o sintéticas. *F.* Arte de moldear.

plastificante *adj.* Todo compuesto que mantiene blanda y viscosa una substancia y evita su agrietamiento.

plastilina *f.* Masa plástica que se usa para modelar, a base de arcilla y de diversos colores.

plastocito *m.* Plaqueta, trombocito.

plastrón *m.* Pechera de camisa que suele usarse con trajes de mucho valor o de etiqueta. Corbata que se lleva anudada en lazo. Peto, parte inferior del caparazón de una tortuga.

plata *f.* Metal blanco brillante, sonoro, dúctil y maleable, que se estima como precioso; símbolo Ag. Moneda o monedas de este metal. Dinero, riqueza.

platabanda *f.* Arriate, en los jardines. Moldura lisa.

plataforma *f.* Tablero horizontal, descubierto y elevado sobre el suelo, donde se colocan personas o cosas. Vagón descubierto y con bordes de poca altura. Parte anterior y posterior de algunos vehículos en que van de pie algunos viajeros o pasajeros. Causa o ideal cuya representación toma un sujeto, para algún fin generalmente interesado. En América, programa de gobierno de un partido político o de cualquier candidato a un puesto de elección popular. Terraza.

platanar o platanal *m.* Sitio poblado de plátanos.

plátano o platanero *m.* Árbol de tronco recto, tipo de su familia, sin ramas en la parte baja, de corteza correosa blanca, hojas grandes y hendidas, flores en cabezuelas esféricas y frutos en aquenios. Planta herbácea de gran porte, musácea, de tallo envuelto por las enormes vainas de sus grandes hojas que forman un penacho terminal, flores sésiles blancoamarillentas, y fruto en baya larga cubierta por piel correosa, comestible. Fruta de esta planta, llamada también banana.

platea *f.* Patio, planta baja en los teatros.

platear *tr.* Pintar o cubrir de plata una cosa.

platelminto *m.* Animal invertebrado de simetría bilateral, de cuerpo aplanado, sin aparato circulatorio, ni respiratorio, como la tenia.

plateresco-a *adj.* Estilo español de ornamentación empleado por los plateros del siglo XVI, aprovechando elementos de las arquitecturas clásica y ojival. Dícese del estilo arquitectónico renacentista español en que se emplean estos adornos.

platería *f.* Arte y oficio del platero. Obrador en que éste trabaja. Tienda en que se venden objetos de plata u oro.

platero-a *adj. y s.* Artífice que labra la plata. El que vende objetos labrados de plata u oro; o joyas con pedrería. Dícese de la caballería de pelaje blanquecino o ligeramente agrisado.

plática *f.* Conversación entre dos o más personas. Sermón para exhortar a los fieles a actos de virtud, para instruirles en la doctrina o reprender los vicios, abusos y faltas.

platicar *tr.* Conversar, hablar unos con otros. Tratar de un negocio o materia. Charlar.

platija *f.* Pez marino malacopterigio, semejante al lenguado, de carne poco apreciada.

platillo *m.* Pieza pequeña a modo de plato, suelta o fija como parte de un artefacto, mueble o máquina. Cada una de las dos piezas, en forma de plato o disco que tiene la balanza. Guisado de carne y verduras picadas. Objeto o tema de murmuración. En México, plato, manjar preparado. *Pl.* Instrumento músico de percusión formado por dos piezas circulares de bronce, con una correa doblada para empuñarlas y hacerlas chocar una con otra.

platina *f.* Parte del microscopio en que se coloca el objeto que se quiere observar. Mesa fuerte y ancha para ajustar, imponer y acuñar las formas de imprenta. Superficie plana de la prensa o máquina de imprimir sobre la cual se coloca la forma.

platinar *tr.* Cubrir un objeto con una capa de platino.

platino *m.* Metal muy denso y pesado, de color de plata, difícilmente fusible; símbolo Pt.

platirrino-a *adj.* Dícese de los animales que tienen la nariz ancha con exceso. Mamífero primate con el tabique nasal ancho, como son los monos de América.

plato *m.* Vasija baja y redonda con una concavidad en medio y borde plano, para servir las viandas. Platillo de la balanza. Disco para sujetar la pieza que se trabaja en algunas máquinas. Vianda o manjar que se sirve en los platos. Comida o gasto diario para la comida. Ornato que se pone en el friso del orden dórico, sobre la metopa y entre los triglifos.

platón *m.* En México, América Central, Puerto Rico y Venezuela, plato grande para servicio en común.

platonismo *m.* Doctrina de Platón, filósofo griego, o las que se basan o inspiran en ella.

plausible *adj.* Digno o merecedor de aplauso. Admisible, recomendable.

playa *f.* Ribera del mar o de un río grande, formada de arenales.

playero-a *adj.* Que pertenece o se refiere a la playa. *F.* En México, especie de camiseta de manga corta, de uso en las playas y demás lugares de veraneo o de descanso. Poesía y música de playa.

plaza *f.* Lugar ancho y espacioso dentro de poblado, donde por lo común se celebran tratos, ferias, mercados o fiestas públicas. Lugar fortificado. Sitio para una persona o cosa en la que cabe con otras de su especie. Espacio o lugar. Oficio, ministerio, puesto o empleo. Población en que se verifican operaciones considerables de comercio por mayor, y principalmente de giro.

plazo *m.* Término o tiempo señalado para una cosa. Vencimiento del término. Cada parte de una cantidad pagadera en dos o más veces. Tiempo o término concedido para dar, hacer, no hacer alguna cosa, o prestar algún servicio.

plazoleta *f.* Espacio, a manera de plazuela, que suele haber en jardines y alamedas.

plazuela *f.* Diminutivo de plaza.

pleamar *f.* Fin de la creciente del mar. Tiempo que esa creciente dura.

plebe *f.* Estado llano. Populacho. Clase social que existió en Roma en situación de inferioridad respecto a los patricios.

plebeyo-a *adj.* Propio de la plebe o perteneciente a ella. Dícese de la persona que no es noble ni hidalga.

plebiscito *m.* Resolución tomada por todo un pueblo a pluralidad de votos. Consulta al voto popular directo para que apruebe o desapruebe un cambio político de importancia.

pleca *f.* Filete pequeño y de una sola raya.

plectro *m.* Pieza de madera, hueso, marfil, etc., con que se punteaban las cuerdas de la lira y de la cítara. En poesía, inspiración, estilo.

plegadizo-a *adj.* Fácil de plegarse o doblarse; que se dobla y desdobla.

plegamiento *m.* Acción de plegar una cosa. Acción de las fuerzas, o impulsos orogénicos, sobre los estratos terrestres que determina la formación de pliegues que dan origen a cordilleras y a la modificación del relieve.

plegar *tr.* Hacer pliegues en una cosa. Doblar e igualar con la debida proporción los pliegues de que se compone un libro que se ha de encuadernar. *R.* Doblarse, ceder, someterse, dejarse dominar.

plegaria *f.* Deprecación o súplica ferviente y humilde para pedir una cosa. Señal que se hace con la campana para que los fieles oren.

pleistoceno *adj.* y *s.* El piso inferior de la Era Cuaternaria, correspondiente al período paleolítico.

pleita *f.* Faja o tira de esparto, de pita, palma, etc., trenzada en varios ramales y cosida con otras, para hacer esteras, sombreros, petacas y otras cosas.

pleitear *tr.* Litigar o contender judicialmente sobre una cosa.

pleitesía *f.* Exteriorización de acatamiento o de homenaje.

pleitista *adj.* y *s.* Dícese del sujeto revoltoso y que con ligero motivo mueve y ocasiona contiendas y pleitos.

pleito *m.* Contienda, diferencia, disputa, litigio judicial entre partes. Riña o pendencia doméstica o privada. Proceso o cuerpo de autos sobre una causa.

plenario-a *adj.* Lleno, entero, cumplido, que no le falte nada. Parte del proceso penal que sigue al sumario hasta la sentencia, y durante el cual se exponen los cargos y las defensas en forma contradictoria. Reunión a la que asiste la mayoría de miembros de una asamblea. Pleno.

plenilunio *m.* Luna llena, o sea cuando está en oposición con el Sol, y está iluminada toda la parte de su cuerpo que mira a la Tierra.

plenipotenciario-a *adj.* Dícese de la persona que envían los gobiernos a los congresos o a otros Estados, con pleno poder y facultad de tratar, concluir y ajustar negocios de importancia.

plenitud *f.* Abundancia o exceso de un humor en el cuerpo. Totalidad, integridad o calidad de pleno.

pleno-a *adj.* Lleno. *M.* Reunión o junta general de una corporación.

pleonasmo *m.* Figura gramatical que consiste en el uso de vocablos innecesarios en el lenguaje, pero que dan realce, vigor o belleza a la expresión. Demasía o redundancia viciosa de palabras.

plesiosaurio *m.* Reptil fósil de gran tamaño y de cuello desmesurado, con miembros dispuestos para la natación; se encuentra en el período liásico, dentro del jurásico inferior.

plétora *m.* Plenitud de sangre. Abundancia de otros humores. Gran cantidad de una cosa.

pleura *f.* Membrana serosa en forma de saco, que cubre cada pulmón y se une por detrás de la porción media del esternón.

pleuresía o pleuritis *f.* Inflamación aguda o crónica de la pleura.

pleuroneumonia *f.* Inflamación de la periferia del pulmón que interesa también a la pleura.

plexiglás *m.* Resina artificial vítrea, empleada en la fabricación de vidrios de seguridad o inastillables.

plexo *m.* Red formada por varios filamentos nerviosos o vasculares entrelazados.

pléyade *f.* Grupo de personas notables, especialmente en las letras y que brillan por el mismo tiempo, por alusión a las Pléyades o cúmulo estelar muy notable, a modo de mancha blanquecina o nube, en la constelación del Toro.

plica *f.* Sobre cerrado y sellado en que se reserva algún documento o noticia que no debe publicarse hasta fecha u ocasión determinada.

pliego *m.* Porción o pieza de papel cuadrangular doblada por medio. Papel o memorial que comprende las cláusulas que se aceptan en un contrato, concesión gubernativa, subasta, etc. Carta o documento que se envía cerrado. Total de páginas que entran en una misma forma de imprenta.

pliegue *m.* Doblez, surco o arruga que queda al doblarse un papel, tela u otra cosa flexible. Curvatura que presentan los estratos terrestres por efecto de los movimientos orogénicos.

plinto *m.* Parte cuadrada inferior de la basa. Base cuadrada de poca altura.

plioceno *adj. y s.* Período geológico correspondiente a la era terciaria, época en que aparecen los caballos, mastodontes, elefantes, etc., con fauna marina muy semejante a la actual.

plisar *tr.* Galicismo por plegar, fruncir.

plomada *f.* Estilo o barrita de plomo para señalar o reglar una cosa. Pieza de plomo u otra materia pesada que, colgada de una cuerda, señala la línea vertical. Sonda para medir la profundidad de las aguas. Conjunto de plomos que se ponen en la red de pescar.

plomazo *m.* Golpe o herida que causa el perdigón disparado con arma de fuego. En México y Guatemala, balazo.

plombagina *f.* Grafito.

plomería *f.* Arte del plomero. Almacén o depósito de plomo. Taller del plomero. Cubierta de plomo en los edificios.

plomero *m.* El que trabaja o fabrica cosas de plomo.

plomizo-a *adj.* Que tiene plomo, de su color, o parecido al plomo, en alguna de sus cualidades.

plomo *m.* Metal pesado, dúctil, maleable, blando, fusible, de color gris ligeramente azulado; símbolo Pb. Plomada. Bala. Persona pesada y molesta.

pluma *f.* Cada una de las producciones tegumentarias de que está cubierto el cuerpo de las aves. Conjunto de plumas. La que, preparada convenientemente, sirve para escribir. Instrumento de metal, semejante al pico de la pluma que sirve para el mismo efecto. Adorno hecho de plumas. Pluma artificial hecha a imitación de la verdadera. Habilidad o destreza caligráfica. Escritor o autor de libros u otros escritos. Estilo o manera de escribir.

plumada *f.* Acción de escribir una cosa. Rasgo o letra que se hace sin levantar la pluma del papel.

plumaje *m.* Conjunto de plumas que adornan y visten al ave. Penacho de plumas para adorno de sombreros, morriones y cascos.

plumazo *m.* Trazo fuerte de pluma y especialmente el que se hace para tachar lo escrito. Colchón o almohada grande llena de pluma.

plúmbeo-a *adj.* De plomo o que pesa como él.

plúmbico-a *adj.* Perteneciente o relativo al plomo. Aplícase especialmente a los compuestos de plomo en que este elemento es tetravalente.

plumboso-a *adj.* Que contiene plomo. Aplícase especialmente a los compuestos en que este elemento es divalente.

plumear *tr.* Formar líneas con el lápiz o la pluma para sombrear un dibujo. Escribir con pluma.

plumero *m.* Mazo o atado de plumas para quitar el polvo. Vaso o caja donde se ponen las plumas. Penacho de plumas.

plumón *m.* Pluma muy delgada que tienen las aves debajo del plumaje exterior, o de que están cubiertos los polluelos al nacer.

plúmula *f.* Vástago diminuto que en el embrión de la planta es el rudimento del tallo.

plural *adj.* Dícese del número que, en Gramática, indica dos o más personas o cosas.

pluralidad *f.* Multitud o abundancia de algunas cosas, o el mayor número de ellas. Calidad de ser más de uno.

pluralizar *tr.* Dar número plural a las palabras que ordinariamente no lo tienen. Referir o atribuir una cosa que es peculiar de uno a dos o más sujetos, pero sin generalizar.

pluriglandular *adj.* Relativo o perteneciente a varias glándulas.

plus *m.* Gratificación o sobresueldo que suele darse a la tropa en campaña y en otras circunstancias extraordinarias. Adehala o gaje suplementario u ocasional.

pluscuamperfecto *adj. y s.* Dícese del tiempo del verbo que enuncia que una cosa ya estaba hecha o podía estarlo cuando otra cosa se hizo; en la nomenclatura de Bello, antecopretérito.

plusvalía *f.* Mayor valor. Incremento de valor, especialmente en los inmuebles.

plutocracia *f.* Preponderancia de los ricos en el gobierno del Esta-

do. Predominio de la clase más rica de un país.

plutomanía *f.* Variedad del delirio de grandezas que hace al individuo creerse muy rico.

plutónico-a *adj.* Perteneciente o relativo al plutonismo. Dícese de los agentes internos o endógenos del globo, y de las rocas u otros materiales engendrados por ellos.

plutonio *m.* Elemento transuránico, derivado del neptunio, radiactivo y fácilmente fisionable por bombardeo con neutrones; símbolo Pu.

plutonismo *m.* Interpretación o teoría geológica que atribuye la formación de los materiales de la corteza terrestre a la acción del fuego interior, opuesto al neptunismo; su nombre deriva de Plutón, dios mitológico de las regiones subterráneas.

pluvial *adj.* Perteneciente o relativo a la lluvia.

pluviógrafo *m.* Pluviómetro registrador.

pluviómetro *m.* Aparato para medir la lluvia que cae en lugar y tiempo dados.

población *f.* Acción y efecto de poblar. Número de personas que componen un pueblo, provincia, nación, etc. Ciudad, villa o lugar. Los organismos, considerados colectivamente, que habitan una zona o región.

poblacho *m.* Pueblo ruin y destartalado.

poblado *m.* Población, ciudad, villa o lugar.

poblano-a *adj. y s.* Natural de Puebla de Zaragoza, México. Perteneciente o relativo a esta población y Estado de la República Mexicana.

poblar *tr.* Fundar uno o más pueblos. Ocupar con gente un sitio para que habite o trabaje en él. Procrear mucho. R. Cubrirse, llenarse de árboles o de cosas capaces de aumento.

pobre *adj. y s.* Necesitado, menesteroso, falto de lo necesario para vivir o que lo tiene con mucha escasez. Escaso y limitado. Humilde, de poco valor o importancia. Infeliz, desdichado y triste. Corto de ánimo y espíritu. Mendigo.

pobrete-a *adj. y s.* Desdichado, infeliz. Dícese de la persona inútil o de corta habilidad, ánimo o espíritu, pero de buen natural.

pobreza *f.* Necesidad, estrechez, carencia de lo necesario para el sustento de la vida. Falta, escasez. Dejación voluntaria de lo que se posee, de la que hacen voto solemne los religiosos el día en que profesan. Escaso haber de la gente pobre. Indigencia, miseria. penuria; mezquindad.

pocchile m. Chile seco y ahumado que se come con tortillas.

pocero m. El que hace pozos o trabaja en ellos. El que los limpia.

pocilga f. Establo para el ganado de cerda. Lugar hediondo y asqueroso. Choza misérrima.

pocillo m. Tinaja o vasija empotrada en la tierra. Jícara. En América, vaso cilíndrico de loza para tomar sus bebidas la gente pobre.

pócima f. Cocimiento medicinal de materias vegetales. Cualquier bebida medicinal. Brebaje, potingue.

poción f. Bebida. Pócima. Bebida desagradable.

poco-a adj. Escaso, limitado y corto en calidad o cantidad. M. Cantidad corta o escasa. Adv. Con escasez, en corto grado, en reducido número o cantidad, menos de lo regular, ordinario o preciso.

pocho-a adj. Descolorido, quebrado de color. Adj. y s. Dícese de los norteamericanos descendientes de españoles, y de los extranjeros residentes en EE. UU. del mismo origen; también, especialmente en México, del hispanoamericano que imita las costumbres o el léxico norteamericanos.

poda f. Acción y efecto de podar. Operación para modificar la forma de las copas de los árboles y adaptarlas a su mayor y mejor producción, eliminando las ramas superfluas. Tiempo en que se ejecuta esta operación.

podadera f. Herramienta acerada con corte curvo y mango de madera o de hierro que se usa para podar.

podagra f. Enfermedad de gota, y especialmente cuando se padece en los pies.

podar tr. Cortar o quitar las ramas superfluas de los árboles, vides y otras plantas, para que fructifiquen con más vigor.

podenco-a adj. Dícese del perro de cuerpo menor pero más robusto que el del lebrel, de orejas tiesas, de manos y pies pequeños pero muy fuertes, poco ladrador y sumamente sagaz y ágil para la caza.

poder m. Dominio, imperio, facultad y jurisdicción que uno tiene para mandar o ejecutar una cosa. Fuerza de un Estado, especialmente la militar. Acto o instrumento en que uno consta la facultad que uno da a otro para que en lugar suyo y representándole pueda ejecutar una cosa. Posesión actual o tenencia de una cosa. Suprema potestad rectora y coactiva del Estado. Fuerza, vigor, capacidad, poderío.

poder tr. Tener expeditas la facultad y potencia de hacer una cosa. Tener facilidad, tiempo o lugar para hacerla. Impers. Ser contingente o posible que suceda una cosa.

poderdante com. Persona que da poder o facultades a otra para que la represente.

poderhabiente com. Persona que tiene poder o facultad de otra para representarla, administrar una hacienda o ejecutar alguna cosa.

poderío m. Facultad de hacer o impedir una cosa. Hacienda, bienes y riquezas. Poder, dominio, señorío, imperio. Potestad, facultad, jurisdicción. Vigor o fuerza muy grandes.

poderoso-a adj. y s. Que tiene poder. Muy rico. Grande, excelente o magnífico en su línea. Activo, eficaz, que tiene virtud para una cosa.

podio m. Pedestal largo en que estriban varias columnas.

podología o **podiatría** f. Estudio anatómico y fisiológico de los pies y de sus enfermedades.

podómetro m. Aparato, en forma de reloj de bolsillo, para contar el número de pasos que da la persona que lo lleva y la distancia recorrida.

podre f. Pus.

podrecer tr. y r. Pudrir o pudrirse.

podredumbre f. Calidad dañosa que toman las cosas y las pudre. Podre. Putrefacción, corrupción.

poema m. Obra en verso, o perteneciente a la esfera de la poesía, especialmente si es de alguna extensión.

poesía f. Expresión de la belleza mediante la creación artística por medio de la palabra, regulada generalmente por las normas del ritmo y la rima. Arte de componer obras poéticas y obras en verso. Fuerza de invención, de exquisita sensibilidad, elevación o gracia, riqueza y novedad de expresión.

poeta m. El que compone obras poéticas y está dotado de las facultades necesarias para componerlas.

poetastro m. Mal poeta.

poético-a adj. Perteneciente o relativo a la poesía. Propio y característico de ella; apto o conveniente para ella. F. Arte de la poesía; ciencia de sus principios y esencias.

poetisa f. Mujer que compone obras poéticas y está dotada de las facultades necesarias para componerlas.

poetizar tr. Embellecer alguna cosa con el encanto de la poesía; darle carácter poético. Intr. Hacer o componer obras poéticas.

pogoniasis *f.* Exceso de pelo en la barba. Crecimiento de pelo en la barba de la mujer.

pogrom *m.* Matanza de judíos.

póker *m.* Juego de naipes de origen americano, de envite, entre tres o hasta siete jugadores.

polaco-a *adj. y s.* Natural de Polonia. Perteneciente a este país de Europa. Idioma que se habla en él, perteneciente a la familia eslava.

polaina *f.* Especie de media calza, de paño o cuero, que cubre por lo común la pierna hasta la rodilla y se abrocha por la parte de afuera.

polar *adj.* Perteneciente o relativo a los polos. En Aviación, curva. Dícese de todo compuesto químico cuyos átomos están unidos por atracción electrostática entre iones.

polaridad *f.* Propiedad de algunas magnitudes físicas de acumularse en los extremos opuestos de un cuerpo; de adquirir una orientación fija en el espacio o de poseer un sentido constante de circulación. Propiedad de los organismos vivos de ordenar sus partes con los planos de simetría de su cuerpo.

polarizar *tr.* Modificar los rayos luminosos por medio de la refracción o de la reflexión, en condiciones adecuadas para que la luz vibre en un solo plano perpendicular a la dirección de propagación. Producir el estado de polaridad. Concentrar la atención en una cosa. Disminuir la corriente de una pila eléctrica por aumentar la resistencia del circuito, a consecuencia del depósito de hidrógeno sobre el electrodo positivo.

polaroide *m.* Denominación comercial de láminas cristalinas especiales que polarizan la luz.

polca *f.* Danza polaca de origen checo, en compás de dos por cuatro. Música de este baile. En México, juego de botellón y vaso para el tocador.

polea *f.* Rueda acanalada en su circunferencia y móvil alrededor de su eje, por cuya canal pasa una cuerda o cadena, en los extremos de la cual actúan la potencia y la resistencia.

poleadas *f. pl.* Gachas o puches.

polémica *f.* Arte militar que enseña los ardides con que se debe ofender y defender cualquier plaza. Controversia por escrito sobre materias teológicas, políticas, artísticas o cualesquiera otras.

polemizar *intr.* Sostener o entablar una polémica.

polemonio *m.* Planta herbácea ornamental, de tallos rollizos, hojas lanceoladas, flores olorosas de corola azul, morada o blanco y fruto con muchas semillas puntiagudas.

polen *m.* Polvillo fecundante contenido en la antera de las flores.

polenta *f.* Puches de harina de maíz.

poliandria *f.* Estado de la mujer casada simultáneamente con dos o más hombres. Condición de la flor con muchos estambres.

polibásico-a *adj.* Dícese de los ácidos que tienen varios átomos de hidrógeno substituibles por metal.

pólice *m.* Pulgar, dedo de la mano.

policía *f.* Buen orden que se observa y guarda en las ciudades. Cuerpo encargado de vigilar por el mantenimiento del orden público y la seguridad de los ciudadanos, a las órdenes de las autoridades políticas. Cortesía y urbanidad en el trato y costumbres. Limpieza, aseo.

policlínica *f.* Consultorio médico donde se atienden enfermos de distintas dolencias, por especialistas en cada una de ellas.

policromado-a *adj.* Pintado o decorado de muchos colores.

polichinela o pulchinela *m.* Personaje burlesco de las farsas o pantomimas.

poliedro *m.* Sólido limitado por superficies planas, llamadas caras.

polifonía *f.* Conjunto simultáneo de voces o sonidos en el que cada línea o melodía forma con las restantes un todo armónico.

poligamia *f.* Estado del hombre que tiene a un mismo tiempo muchas mujeres en calidad de esposas. Condición de las plantas que tienen flores masculinas, femeninas y hermafroditas en el mismo o en distintos pies de plantas.

poligloto-a o poligloto-a *adj.* Escrito en varias lenguas. *Adj. y s.* Persona versada en varias lenguas.

poligonáceo-a *adj.* Planta dicotiledónea, arbusto o hierba, de tallos y ramos nudosos, hojas sencillas, flores hermafroditas o unisexuales por aborto y fruto en cariópside o aquenio con una sola semilla de albumen feculento; muchas de sus especies son ornamentales; otras, medicinales, y varias se cultivan como forrajeras.

poligonal *adj.* Perteneciente o relativo al polígono. Dícese del prisma o pirámide cuyas bases son polígonos.

polígono *m.* Porción de plano limitado por segmentos rectilíneos. Campo permanente de tiro con fuego real para la práctica de los ejercicios de las tropas.

polígrafo *m.* Autor que ha escrito sobre diferentes materias.

polilla *f.* Mariposa nocturna, cuya oruga se alimenta de borra y hace una especie de capullo destruyendo para ello la materia donde anida, que suele ser de lana, tejidos, pieles, papel, etc. Larva de este insecto. Lo que menoscaba o destruye insensiblemente una cosa.

polímero-a *adj.* Dícese del monstruo que tiene órganos supernumerarios. Dícese del compuesto químico que contiene los mismos elementos que otro, con la misma composición centesimal y tiene un peso molecular múltiplo del de éste.

polimorfo-a *adj.* Que puede tener varias formas.

polín *m.* Rodillo. Trozo de madera prismático, de longitud variable, para levantar del suelo diversos objetos. Viga en que se clavan las duelas de un piso.

polinesio-a *adj. y s.* Perteneciente o relativo a la Polinesia. Dícese de los habitantes de este país de Oceanía.

polinización *f.* Paso o tránsito del polen desde el estambre en que se ha producido hasta el pistilo en que ha de germinar.

polinomio *m.* Expresión algebraica que consta de dos o más monomios enlazados por los signos más o menos.

polioencefalitis *f.* Inflamación de la materia gris del encéfalo.

poliomielitis *f.* Inflamación de la substancia gris de la medula espinal.

polipasto o polispasto *m.* Aparejo, sistema de poleas.

pólipo *m.* Neoplasma pedunculado, de superficie lisa, que se forma principalmente en la piel y las mucosas. Celentéreo. Cada uno de los zooides de una colonia de celentéreos. Pulpo.

polisépalo-a *adj.* De muchos sépalos; dícese de las flores y de sus cálices.

polisílabo-a o polisilábico-a *adj.* Aplícase a la palabra que consta de varias sílabas.

polisilogismo *m.* Serie de silogismos en la cual la conclusión de uno es premisa del siguiente.

polista *com.* Jugador de polo.

politburó o politbureau *m.* Comisión ejecutiva del Comité Central del Partido Comunista en la URSS.

politécnico-a *adj.* Que abarca muchas ciencias o artes. Que comprende muchas ciencias aplicadas o técnicas. Dícese de los establecimientos docentes, generalmente de carácter superior, en los que se siguen diversas carreras técnicas o se estudian ciencias aplicadas.

politeísmo *m.* Religión o doctrina que admite la existencia de varios dioses.

política *f.* Arte de gobernar y mantener la tranquilidad y seguridad públicas y conservar el orden, progreso y buenas costumbres. Cortesía y buenas maneras. Arte o traza con que se conduce un asunto o se emplean los medios para alcanzar un fin determinado. Tacto para tratar un negocio o problema.

politicastro *m.* Político inepto o de ruines propósitos.

político-a *adj.* Perteneciente o relativo a la política. Cortés, urbano. Versado en las cosas del gobierno y negocios del Estado. Dícese del parentesco por afinidad.

politiquear *intr.* Frecuentar más de lo necesario los cuidados de la política, o introducir fuera de sazón en la plática asuntos o noticias políticas.

poliuria *f.* Secreción y excreción de gran cantidad de orina.

polivalente *adj.* Dotado de varias valencias o eficacias. Dícese del elemento o radical químico que tiene varias unidades de valencia.

póliza *f.* Libranza en que se da orden de cobrar algún dinero. Guía de entrada legítima de géneros o mercancías. Papeleta de entrada en algunas funciones. Documento justificativo del contrato de seguro, fletamiento, operaciones de bolsa, etc. Sello suelto con que se satisface el impuesto del timbre en determinados documentos.

polizón *m.* Sujeto ocioso y sin destino que anda de corrillo en corrillo. El que viaja clandestinamente y sin billete.

polizonte *m.* Policía, agente de policía, dicho despectivamente.

polo *m.* Cualquiera de los dos extremos del eje de rotación de una esfera o cuerpo redondeado. Fundamento en que estriba otra cosa. Cada uno de los puntos extremos de un organismo o de un órgano. Cada uno de los dos puntos opuestos de un cuerpo en que se acumulan en mayor cantidad las cargas eléctricas o las magnéticas. En las coordenadas polares, punto que se escoge para trazar desde él los radios vectores.

polo *m.* Juego de pelota entre dos equipos formados por jinetes, cuatro por bando.

polonés-a *adj. y s.* Polaco.

polonesa *f.* Prenda de vestir de mujer, a modo de gabán corto y ceñido y guarnecido con pieles. Danza cortesana con movimiento de marcha, en compás de $3/4$ y de ritmo característico; pieza instrumental escrita con sus características.

polonio *m.* Elemento radioactivo de la serie del uranio, llamado también radio F; símbolo Po.

poltrón-a *adj.* Flojo, perezoso, haragán. Regalón, comodón entregado a la vida muelle y voluptuosa.

polución *f.* Efusión del semen, sin coito.

poluto-a *adj.* Sucio, inmundo.

polvareda *f.* Cantidad de polvo que se levanta de la tierra, agitada por el viento o por otra causa cualquiera. Efecto causado entre las gentes por dichos o hechos que las alteran o apasionan.

polvera *f.* Vaso de tocador para contener los polvos y la borla con que suelen aplicarse.

polvo *m.* Parte más menuda y deshecha de la tierra muy seca, que por cualquier movimiento se levanta. Lo que queda de las cosas sólidas moliéndolas en partes muy menudas. Partículas de sólidos que flotan en el aire y se posan sobre los objetos.

pólvora *f.* Mezcla, por lo común de salitre, azufre y carbón, que a cierto grado de calor se inflama, desprendiendo bruscamente gran cantidad de gases. Mal genio de uno, que con leve motivo u ocasión se irrita y enfada.

polvorear *tr.* Echar, esparcir o derramar polvo o polvos sobre una cosa.

polvoriento-a o **polvoroso-a** *adj.* Lleno o cubierto de polvo.

polvorilla *f.* Persona activa y vivaracha, irritable en muchos casos.

polvorín *m.* Pólvora muy menuda y otros explosivos, para cebar las armas de fuego. Lugar o edificio para guardar la pólvora, explosivos y municiones de guerra.

polvorón *m.* Torta, comúnmente pequeña, de harina, manteca y azúcar, cocida en horno fuerte y que se deshace en polvo al comerla.

polvos *m. pl.* Los que se hacen de almidón, harina, cascarilla de huevo, etc. y que se utilizan como afeite femenino.

polla *f.* Gallina nueva que aún no pone huevos o que hace poco tiempo que empezó a ponerlos. Mocita. En México, ponche frío que se hace con huevo batido, leche, canela y algún licor.

pollada *f.* Conjunto de pollos que de una vez sacan las aves, particularmente las gallinas.

pollera *f.* La que tiene por oficio criar y vender pollos. Lugar en que se crían los pollos. Cesto para criarlos y guardarlos. Andaderas.

Falda externa del vestido femenino, en Sudamérica.

pollería *f.* Sitio, casa o calle donde se venden gallinas, pollos y otras aves comestibles. Comercio de pollos. Conjunto de gente moza.

pollino-a *m. y f.* Asno joven y cerril. Borrico. Persona simple, ignorante o ruda.

pollito-a *m. y f.* Niño o niña próximos a la adolescencia.

pollo *m.* Cría de las aves y particularmente de las gallinas. Cría de las abejas. Persona de pocos años. Hombre astuto y sagaz.

polluelo-a *m. y f.* Pollo muy pequeño.

poma *f.* Manzana. Perfumador, vaso para quemar perfumes o esparcirlos. Pomo para perfumes.

pomada *f.* Mixtura de una substancia grasa y otros ingredientes que se emplea como afeite o medicamento.

pomar *m.* Sitio, lugar o huerta donde hay árboles frutales, especialmente manzanos.

pomarrosa *f.* Fruto del yambo, semejante a una manzana pequeña, de sabor dulce, olor de rosa y con una sola semilla.

pómez *f.* Piedra volcánica, esponjosa, frágil y de textura fibrosa, que raya el vidrio y el acero, muy usada para desgastar y pulir.

pomo *m.* Fruto o fruta, especialmente de los árboles como el manzano. Frasco o vaso pequeño para contener y conservar confecciones líquidas olorosas. Extremo de la guarnición de la espada que está encima del puño y sirve para tenerla unida y firme con la hoja.

pompa *f.* Acompañamiento suntuoso y de gran aparato en una función. Procesión solemne. Fausto, vanidad y grandeza. Ampolla que forma el agua. Ahuecamiento de la ropa cuando toma aire.

pomposo-a *adj.* Ostentoso, magnífico, grave y autorizado. Hueco, hinchado y extendido circularmente. Dícese del lenguaje, estilo, expresión ostentosamente adornado.

pómulo *m.* Hueso de cada una de las mejillas, situado en la parte superior y lateral de la cara; malar. Parte de la cara correspondiente al lugar en que está dicho hueso.

ponchar *tr. y r.* En México y Cuba, anglicismo por pinchar, dicho de vehículos y de sus ruedas.

ponche *m.* Bebida con ron u otro licor espiritoso con agua, limón y azúcar.

ponchera *f.* Vaso, generalmente semiesférico y con pie, en que se prepara el ponche.

poncho *m.* En Sudamérica, manta espesa cuadrangular de lana, con abertura al medio, por donde pasa la cabeza. Capote militar con mangas y esclavina ceñido con cinturón. Capote de monte.

ponderación *f.* Atención, consideración, cuidado con que se dice o hace alguna cosa. Exageración, encarecimiento. Acción de pesar una cosa. Compensación o equilibrio entre dos pesos.

ponderado-a *adj.* Dícese de la persona que procede con tacto y prudencia.

ponderar *tr.* Pesar, determinar el peso de una cosa. Examinar con atención las razones de algo. Exagerar, encarecer. Contrapesar, equilibrar.

ponderoso-a *adj.* Pesado. Grave, circunspecto y bien considerado.

ponedero-a *adj.* Que se puede poner o está para ponerse en alguna parte. Dícese de las aves que ya ponen huevos. *M.* Nidal, lugar donde la gallina va a poner sus huevos.

ponencia *f.* Cargo de ponente. Informe o dictamen dado por el ponente.

ponente *adj. y s.* Aplícase al magistrado, funcionario o miembro de un cuerpo colegiado a quien toca hacer relación de un asunto y proponer la resolución.

poner *tr.* Colocar en un sitio o lugar una persona o cosa, o disponerla en el lugar o grado que debe tener. Disponer o prevenir una cosa. Suponer. Apostar. Reducir, obligar a uno a que ejecute una cosa contra su voluntad. Dejar una cosa a la resolución o arbitrio de otro. Escribir una cosa en el papel. Soltar el huevo las aves y otros animales ovíparos. Dedicar a uno a un empleo u oficio. Representar una obra de teatro. Aplicar, adaptar. Exponer, arriesgar. Añadir algo a una narración. Tratar a uno mal de palabra. *R.* Oponerse a uno. Vestirse, ataviarse. Ocultarse los astros debajo del horizonte.

poniente *m.* Occidente. Viento que sopla de la parte occidental.

pontazgo o pontaje *m.* Derechos que se pagan en algunas partes, para pasar por los puentes.

pontevedrés-a *adj. y s.* Natural de Pontevedra. Perteneciente a esta ciudad y provincia de España.

pontificado *m.* Dignidad de pontífice. Tiempo que dura.

pontifical *adj.* Perteneciente o relativo al sumo pontífice, a un obispo o arzobispo. Libro que contiene las ceremonias pontificias y las de las funciones episcopales.

pontificar *intr.* Ser pontífice o tener la dignidad de pontífice. Hablar de un tema en tono de autoridad.

pontífice *m.* Obispo o arzobispo de una diócesis. Por antonomasia, prelado supremo de la Iglesia Católica; úsase comúnmente con los calificativos sumo o romano.

ponto *m.* Poéticamente, el mar.

pontón *m.* Barco chato para pasar los ríos o construir puentes; en los puertos, para limpiar su fondo con auxilio de algunas máquinas. Buque viejo que sirve de almacén, hospital o de depósito de prisioneros, etc. Puente de maderos o de una sola tabla.

pony *adj. y s.* Raza de caballos de tipo primitivo, de pequeña alzada, pelaje largo y áspero, crines cortas muy espesas y cola larga.

ponzoña *f.* Substancia nociva para la salud o destructiva de la vida. Doctrina o práctica nociva y perjudicial a las buenas costumbres.

pool *m.* Palabra inglesa de uso internacional que designa la agrupación de productores o empresas independientes para evitar la competencia entre ellas, o para reunir en un fondo común los beneficios y repartírselos luego en proporción convenida de antemano.

popa *f.* Parte posterior de las naves, donde es coloca el timón.

pope *m.* Sacerdote de la Iglesia Ortodoxa.

popelina o popelín *f.* o *m.* Cierta tela delgada, distinta de la papelina.

poples *f.* Cara posterior de la rodilla.

popoloca *adj. y s.* Indígena mexicano perteneciente a una tribu del pueblo mazateca; hay dos grupos, los de Puebla y los de Oaxaca, llamados también chochos.

popote *m.* En México, especie de paja de la que se hacen escobas; tubo o paja para tomar refrescos.

popozahui *adj.* En México, fruta sazonada o que pinta ya para madurar.

populachería *f.* Fácil popularidad que se alcanza entre el vulgo, halagando sus pasiones.

populachero-a *adj.* Perteneciente o relativo al populacho. Propio para halagarlo o para ser comprendido y estimado por él.

populacho *m.* Lo ínfimo de la plebe.

popular *adj.* Perteneciente o relativo al pueblo. Del pueblo o de la plebe. Que es grato al pueblo.

popularidad *f.* Aceptación y aplauso que uno tiene en el pueblo.

popularizar *tr.* Dar carácter popular a una cosa. Hacerla popular.

populoso-a *adj.* Aplícase a la ciudad, villa, provincia o Estado que abunda de gente.

popurrí *m.* Revoltillo, mezcolanza, miscelánea. Composición musical de fragmentos de origen diverso que se ejecutan sin interrupción.

poquedad *f.* Escasez, cortedad o miseria; corta porción o cantidad de una cosa. Timidez, pusilanimidad y falta de espíritu. Cosa de ningún valor o de poca importancia.

poquitero-a *m.* y *f.* En México y Guatemala, comerciante que vende al menudeo cosas de escaso valor; que invierte poco.

por *prep.* Indica: persona agente en las oraciones pasivas; tránsito; tiempo determinado; en clase o calidad de; causa; medio de ejecutar una cosa; precio o cuantía; a favor o en defensa de; en lugar de; en opinión de; multiplicación de números; proporción; comparación; sin.

porcelana *f.* Especie de loza fina, translúcida, clara y lustrosa, fabricada con caolín, al que se agregan feldespato y arenas cuarcíferas y a veces algo de arcilla.

porcentaje *m.* Tanto por ciento; cantidad de rendimiento útil que dan cien unidades de alguna cosa en su estado normal; es galicismo. Porciento.

porcino-a *adj.* Perteneciente al puerco. *M.* Puerco pequeño.

porción *f.* Cantidad segregada de otra mayor. Cuota individual en cosa que se distribuye entre varios partícipes. Cantidad de vianda que diariamente se da a uno para su alimento. Número considerable e indeterminado de personas o cosas.

porcuno-a *adj.* Perteneciente o relativo al puerco. Porcino.

porche *m.* Soportal, cobertizo, atrio.

pordiosear *intr.* Mendigar o pedir limosna de puerta en puerta. Pedir porfiadamente y con humildad una cosa.

pordiosero-a *adj.* y *s.* Dícese del pobre mendigo que pide limosna implorando en nombre de Dios.

porfiado-a *adj.* Dícese del sujeto terco y obstinado en su opinión o parecer.

porfiar *intr.* Disputar y altercar obstinadamente y con tenacidad. Importunar con insistencia por el logro de una cosa. Insistir en una acción para el logro de una intención en que se halla resistencia.

pórfido *m.* Roca dura y compacta de color obscuro, formada con cristales de feldespato y cuarzo, muy estimada en la ornamentación.

porfolio *m.* Conjunto de fotografías que forman un tomo o volumen encuadernable.

pormenor *m.* Reunión de circunstancias menudas y particulares de una cosa. Cosa o circunstancia secundaria.

pormenorizar *tr.* Describir o enumerar minuciosamente.

pornografía *f.* Tratado acerca de la prostitución. Carácter obsceno de obras literarias o artísticas. Estas mismas obras.

pornográfico-a *adj.* Dícese del autor de obras obscenas. Perteneciente o relativo a la pornografía.

poro *m.* Espacio que hay entre las moléculas de los cuerpos. Orificio invisible a simple vista que hay en la superficie de los animales y vegetales, en alguno de sus órganos. Orificio de salida de los conductos glandulares, pilosos y sudoríparos sebáceos.

poroso-a *adj.* Que tiene poros.

porque *conj.* causal: por causa o razón de que. *Conj.* final: para que.

porqué *m.* Causa, razón o motivo. Cantidad, porción.

porquería *f.* Suciedad, inmundicia, basura. Acción sucia o indecente. Grosería, desatención. Cosa de poco valor. Golosina, fruta o legumbre dañosa a la salud. Insignificancia.

porqueriza *f.* Sitio o pocilga donde se crían y recogen los puercos.

porquerizo o porquero *m.* El que guarda los puercos.

porra *f.* Clava. Cachiporra. Vanidad, jactancia o presunción. Sujeto pesado, molesto o porfiado. En México, claque; también conjunto de individuos que con aclamaciones y voces acompañan la actuación de sus favoritos, en política, juegos, deportes, etc.

porrada *f.* Porrazo, golpe que se da con la porra o cachiporra. El que se da con la mano o con un instrumento. Golpe que se recibe por una caída. Necedad, disparate. Conjunto o montón de cosas, cuando es abundante. Cúmulo.

porrazo *m.* Golpe que se da con la porra o con otro instrumento. El que se recibe por una caída o por topar con un cuerpo duro.

porrería *f.* Necedad, tontería. Tardanza, pesadez. Mala pasada.

porro *m.* Puerro.

porrón *m.* Redoma de vidrio para beber vino a chorro por el largo pitón que tiene en la panza. Botijo.

portaaviones o portavios *m.* Buque de superficie para el transporte y servicio de aeronaves, de modo que éstas puedan partir en vuelo desde el barco y posarse en él.

portabandera *f.* Especie de bandolera con un seno a manera de cuja, donde se mete el regatón del asta de la bandera, para llevarla desplegada.

portada *f.* Ornato de arquitectura en las fachadas principales de los edificios suntuosos. Primera plana de un libro impreso. Frontispicio o cara principal de una cosa.

portador-a *adj. y s.* Que lleva o trae una cosa de una parte a otra. Tenedor de efectos públicos o valores comerciales que no son nominativos, transmisibles sin endoso, a favor de quienquiera que sea el poseedor de ellos.

portaestandarte *m.* Oficial que lleva el estandarte de un regimiento montado.

portafolio *m.* Cartera para papeles.

portafusil *m.* Correa para echar a la espalda, dejando colgado en el hombro, el fusil y otras armas de fuego semejantes.

portal *m.* Zaguán o primera pieza de la casa por donde se entra a las demás y en la que está la puerta principal. Soportal, pórtico a manera de claustro.

portalámparas *m.* Accesorio en que se enchufa una lámpara eléctrica que lleva los contactos unidos a la fuente de corriente.

portalibros *m.* Correas, con tablas o, sin ellas, en que los escolares llevan sus libros y cuadernos.

portalón *m.* Puerta grande que cierra, no la casa, sino un patio descubierto. Abertura a modo de puerta en el costado del buque para la entrada y salida de personas y cosas.

portamonedas *m.* Bolsita o cartera, comúnmente con cierre, para llevar dinero a mano.

portañola *f.* Cañonera, tronera.

portañuela *f.* Tira de tela con que se tapa la bragueta o abertura que tienen los calzones o pantalones por delante. En México y Colombia, puerta de carruaje.

portaobjetos *m.* Laminilla de vidrio sobre la que se colocan los objetos que han de ser examinados con el microscopio. Platina de esta laminilla.

portaplumas *m.* Mango en que se coloca la pluma metálica para escribir.

portar *tr.* Llevar o traer. *R.* Gobernarse bien o mal en los negocios, o con acierto, cordura y lealtad o, por el contrario, con necedad, falsedad o engaño. Distinguirse, quedar con lucimiento en cualquier empeño.

portarretrato o portarretratos *m.* Marco de metal, madera, cuero u otra materia para colocar retratos en él.

portátil *adj.* Movible y fácil de transportarse de una parte a otra. Dícese del arma de fuego que puede ser manejada y transportada por un solo hombre.

portaviandas *m.* Fiambrera, conjunto de cacerolas iguales y sobrepuestas sostenidas por aros.

portavoz *m.* Megáfono. El que por tener autoridad en una escuela, secta u otra colectividad suele representarla o llevar su voz.

portazgo *m.* Derechos que se pagan por pasar por un sitio determinado de un camino. Edificio donde se cobran.

porte *m.* Acción de portear, conducir o llevar una cosa. Cantidad que se paga por ello. Modo de gobernarse y portarse en conducta y acciones. Buena o mala disposición de una persona y mayor o menor decencia o lucimiento con que se presenta o se trata. Grandeza o capacidad de una cosa.

portear *tr.* Conducir o llevar de una parte a otra por el porte o precio convenido o señalado. *Intr.* Dar golpes las puertas o ventanas o darlos con ellas.

portento *m.* Cualquier cosa, acción o suceso que por su extrañeza o novedad causa admiración o terror. Prodigio, maravilla.

portentoso-a *adj.* Singular, extraño y que por su novedad causa admiración, terror o pasmo.

porteño-a *adj. y s.* Natural de Puerto de Santa María. Perteneciente a esta ciudad española. Bonaerense.

portería *f.* Pabellón, garita o pieza del zaguán desde donde el portero vigila la entrada y salida de las personas, carruajes, etc. Empleo u oficio de portero. Su habitación. En algunos deportes, espacio limitado por dos postes y un larguero, por donde hay que hacer pasar la pelota para lograr un tanto.

portero-a *adj.* Aplícase al ladrillo que no se ha cocido bastante. *M. y f.* Persona que tiene a su cuidado guardar, cerrar y abrir las puertas, el aseo del portal y de otras habitaciones. Jugador que en algunos deportes defiende la meta de su bando.

portezuela *f.* Puerta de carruaje. Entre sastres, cartera, golpe.

pórtico *m.* Sitio cubierto y con columnas delante de los templos u otros edificios suntuosos. Galería con arcadas o columnas a lo largo de un muro o de un patio.

portier *m.* Cortina de tejido grueso que se pone entre las puertas de habitaciones que dan a los pasillos, escaleras y partes menos interiores de la casa.

portilla *f.* Paso, en los cerramientos de las fincas rústicas, para carros, ganados o peatones. Abertura pequeña en los costados de un buque y que se cierra con un cristal grueso, para dar ventilación y claridad a pañoles, alojamientos, etc.

portillo *m.* Abertura en murallas, paredes o tapias. Postigo o puerta chica de otra mayor. Camino angosto entre dos alturas. Mella o hueco en una cosa quebrada.

portón *m.* Puerta que separa el zaguán de lo demás de la casa.

portorriqueño-a o puertorriqueño-a *adj. y s.* Natural de Puerto Rico. Perteneciente o relativo a la isla de este nombre.

portuario-a *adj.* Perteneciente o relativo al puerto de mar o a las obras del mismo.

portugués-a *adj. y s.* Natural de Portugal. Perteneciente a esta nación de Europa. Lengua hablada en Portugal y Brasil, una de las neolatinas o romances.

porvenir *m.* Suceso o tiempo futuro. Situación favorable a la que se aspira para lo futuro.

pos o post *prep.* inseparable; detrás o después de.

posa *f.* En México, pequeña capilla en cada uno de los ángulos del atrio de los más antiguos conventos, donde se detenían las procesiones, o en donde se daba enseñanza religiosa a los indígenas.

posada *f.* Casa propia de cada uno, donde habita y mora. Mesón. Casa de huéspedes. Campamento. Hospedaje. En México, fiesta popular navideña con recorrido de puerta en puerta, llevando figuras de la Virgen y San José, para quienes se pide alojamiento.

posar *intr.* Alojarse u hospedarse en una posada o casa particular. Descansar, asentarse o reposar. Pararse, asentarse las aves u otros animales voladores. *Tr.* Soltar la carga para descansar o tomar aliento. *R.* Depositarse en el fondo las partículas sólidas que están en suspensión en un líquido, o caer el polvo sobre las cosas. *Intr.* Servir de modelo a un pintor, escultor o fotógrafo.

posdata o postdata *f.* Lo que se añade a una carta ya concluida y firmada.

pose *f.* Postura, actitud de una persona que sirve de modelo. Actitud afectada, presunción, petulancia. Tiempo de una exposición fotográfica.

poseer *tr.* Tener uno en su poder una cosa. Saber suficientemente

una ciencia, arte, doctrina, idioma, etc.

poseído-a *adj. y s.* Poseso. Dícese del que ejecuta acciones furiosas o malas.

posesión *f.* Acto de poseer o tener una cosa corporal con ánimo de conservarla para sí o para otro. Cosa poseída. Apoderamiento del espíritu del hombre por otro espíritu que obra en él.

posesionar *tr. y r.* Poner en posesión de una cosa.

posesivo-a *adj.* Que denota posesión. Dícese del pronombre que indica la persona gramatical como poseedora.

posesorio-a *adj.* Perteneciente o relativo a la posesión, o que la denota.

posguerra *f.* Tiempo inmediato a la terminación de una guerra y durante el cual subsisten las perturbaciones ocasionadas por la misma.

posibilidad *f.* Aptitud, potencia u ocasión para ser o existir las cosas. Medios, caudal o hacienda de uno. Lo que puede ser.

posible *adj.* Que puede ser o suceder, que se puede ejecutar. *M.* Posibilidad, medios disponibles para hacer algo. *Pl.* Bienes, rentas o medios que uno posee o goza. Hacedero, realizable, factible.

posición *f.* Postura. Acción de poner. Categoría o condición social de cada persona. Suposición. Situación o disposición. Línea o zona de terreno que militarmente se guarnece para detener y rechazar al enemigo. Situación del feto en el vientre de la madre.

positivismo *m.* Calidad de atenerse a lo positivo. Excesiva afición a comodidades y goces materiales. Doctrina o tendencia a considerar que lo único real son los hechos y sin admitir más conocimiento que el basado en la experiencia. Doctrina de Augusto Comte.

positivo-a *adj.* Cierto, efectivo, verdadero. Aplícase al derecho promulgado, en contraposición al natural. Dícese del que busca la realidad de las cosas y no esperanzas y lisonjas. Aplícase en Algebra al término afectado por el signo no más y a los números mayores que cero. En electricidad, el electrodo o punto particular de un circuito de potencial más elevado que el de otro que se considera. Término de afirmación. Dícese del adjetivo con significación elemental y simple.

pósito *m.* Instituto de carácter municipal destinado a mantener acopio de granos y prestarlos en condiciones módicas a los labradores y vecinos. Sitio en que se guardan. Asociación de tipo cooperativista o de mutuo auxilio entre personas de oficios humildes.

positrón *m.* El electrón positivo, de la misma masa y carga que las del electrón, pero de signo contrario.

positura *f.* Postura. Estado o disposición de una cosa.

posma *f.* Pesadez, flema, cachaza. *Com.* Persona lenta y pesada en su modo de obrar.

poso *m.* Sedimento del líquido contenido en una vasija. Descanso, reposo.

posología *f.* Parte de la Terapéutica que trata de las dosis en que deben administrarse los medicamentos.

posponer *tr.* Poner o colocar a una persona o cosa después de otra. Apreciar a una persona o cosa menos que a otra; darle inferior lugar en el juicio o la estimación.

pospretérito *m.* Nombre dado por Andrés Bello al condicional o potencial simple de la Academia.

posta *f.* Conjunto de caballerías prevenidas o apostadas en los caminos, a distancias de dos o tres leguas, de 10 a 15 Km, para que los correos o personas caminen con toda diligencia. Casa o lugar donde están, o distancia que hay entre una y otra. Bala pequeña de plomo, pero mayor que el perdigón, como munición de algunas armas de fuego. Apostadero o puesto militar.

postal *adj.* Concerniente al ramo de correos.

poste *m.* Madero, piedra o columna colocada verticalmente para apoyo o señal.

postema *f.* Absceso supurado. Persona pesada o molesta.

postergar *tr.* Hacer sufrir atraso, dejar atrasada una cosa. Perjudicar a un empleado dando a otro más moderno el ascenso u otra recompensa que correspondía por antigüedad al primero.

posteridad *f.* Descendencia o generación venidera. Fama póstuma.

posterior *adj.* Que fue o viene después, o está o queda detrás.

postigo *m.* Puerta falsa en sitio excusado de la casa. Puerta chica abierta en otra mayor. Cada una de las puertecillas que hay en las ventanas o puertaventanas.

postilla *f.* Costra que se cría en las llagas o granos cuando se van secando.

postillón *m.* Mozo de a caballo delante de los que corren la posta, o que monta en una de las caballerías delanteras del tiro de un carruaje para llevar en buena dirección el ganado.

postín *m.* Entono, boato, importancia afectados o sin fundamento.

postizo-a *adj.* Que no es natural ni propio, sino agregado, imitado, fingido o sobrepuesto. *M.* Añadido de pelo para suplir la falta o escasez de éste.

postmeridiano-a o **posmeridiano-a** *adj.* Perteneciente o relativo a la tarde o que es después de mediodía. *M.* Cualquiera de los puntos del paralelo de un astro a occidente del meridiano del observador.

postmórtem *adj.* Que acaece o se efectúa después de la muerte.

postoperatorio-a *adj.* Que acaece o se efectúa después de una operación quirúrgica.

postónico-a *adj.* Sílaba que sigue a la tónica.

postor *m.* Licitador en una subasta.

postración *f.* Acción y efecto de postrar o postrarse. Abatimiento por enfermedad, aflicción o preocupaciones.

postrar *tr.* Rendir, humillar o derribar una cosa. *Tr.* y *r.* Enflaquecer, debilitar, quitar el vigor y fuerzas a uno. *R.* Hincarse de rodillas; ponerse a los pies de otro en señal de respeto, veneración o ruego.

postre *adj.* Postrero. *M.* Fruta, dulce y otras cosas que se sirven al fin de las comidas o banquetes.

postremo-a *adj.* Postrero o último.

postrero-a *adj.* y *s.* Ultimo en orden. Que está, se queda o viene al final.

postrimería *f.* Ultimo período o últimos años de la vida. Período último de la duración de una cosa. Novísimo, cada una de las cuatro últimas cosas que aguarda al hombre: muerte, juicio, infierno y gloria.

postulado *m.* Proposición cuya verdad se admite sin pruebas, base en ulteriores razonamientos. Supuesto que se establece para fundamentar una demostración, una teoría o un cuerpo de doctrina.

postulante-a *m.* y *f.* Persona que pide ser admitida en una comunidad religiosa o que aspira a un puesto.

postular *tr.* Pedir, pretender.

póstumo-a *adj.* Que sale a luz después de la muerte del padre o autor.

postura *f.* Figura, situación o modo en que uno está puesta una persona, animal o cosa. Acción de poner o plantar árboles o plantas. Precio que el comprador ofrece por una cosa que se vende o arrienda, particularmente en almoneda o por justicia. Pacto, convenio. Porción o cantidad en apuesta. Huevo de cualquier animal ovíparo.

potabilizar *tr.* Hacer potable el agua que no lo era.

potable *adj.* Que se puede beber.

potaje *m.* Caldo de olla u otro guisado. Legumbres secas. Bebida o brebaje en que entran muchos ingredientes. Conjunto de cosas mezcladas, inútiles y confusas.

potamología *f.* Estudio de los ríos: su régimen, cuenca, perfil, cauce, profundidad, perímetro mojado, caudal, etc.

potasa *f.* Oxido o hidróxido de potasio.

potasio *m.* Metal que se extrae de la potasa, de color blanco argentino, más blando que la cera, muy fusible y alterable; símbolo K.

pote *m.* Especie de vaso de barro, alto, para beber o guardar licores y confecciones. Tiesto en figura de jarra. Vasija para cocer viandas. Puchero, gesto que precede al llanto. En México, bote.

potencia *f.* Virtud para ejecutar una cosa o producir un efecto. Imperio, dominación. Virtud generativa. Poder y fuerza de un Estado. Cualquiera de las tres facultades del alma: memoria, entendimiento y voluntad. Nación o Estado soberano. Fuerza que produce el movimiento de una máquina. Trabajo realizado en cierta unidad de tiempo. Caballo de vapor. Producto de una cantidad multiplicada una o más veces por sí misma.

potencial *adj.* Que tiene o encierra en sí potencia, o perteneciente a ella. Que puede suceder o existir. Conjunto de fuerzas que pueden ser empleadas por un sistema económico. Modo del verbo que expresa posibilidad. Función matemática de la que se deduce, a veces, un campo vectorial.

potenciar *tr.* Elevar a una potencia.

potenciómetro *m.* Voltímetro. Aparato para la determinación de pequeñas diferencias de potencial de una corriente eléctrica.

potentado *m.* Persona poderosa y opulenta.

potente *adj.* Que tiene poder, eficacia o virtud para una cosa. Poderoso. Dícese del hombre capaz de engendrar. Grande, abultado, desmesurado.

potenzado-a *adj.* Dícese de la cruz que tiene pequeños travesaños en sus cuatro extremidades.

poterna *f.* Puerta menor de las antiguas fortificaciones que daba al foso o al extremo de una rampa.

potestad *f.* Dominio, poder, jurisdicción o facultad que se tiene sobre una cosa. Potencia, producto que resulta de multiplicar una

cantidad por sí misma una o varias veces.

patestativo-a *adj.* Que está en la facultad o potestad de uno.

potingue *m.* Cualquier bebida de botica.

potísimo-a *adj.* Principalísimo, fortísimo.

potosí *m.* Riqueza extraordinaria.

potosino-a *adj. y s.* Natural o perteneciente a Potosí, Bolivia, o San Luis Potosí, México.

potra *f.* Yegua desde que nace hasta que muda los dientes de leche, a los cuatro años y medio de edad aproximadamente.

potrada *f.* Reunión de potros de una yeguada o de un dueño.

potranca *f.* Yegua que no pasa de los tres años.

potrero *m.* El que cuida de los potros cuando están en la dehesa. Sitio destinado a la cría y pasto de ganado caballar. En América, finca rústica para la cría y sostenimiento de toda clase de ganado. En México, llanura.

potrillo *m.* En América, potro hasta que se ensilla o hasta antes de procrear.

potro *m.* Caballo desde que nace hasta que muda los dientes de leche, sobre los cuatro años y medio. Aparato de tormento. Lo que molesta o desazona gravemente.

poyo *m.* Banco de piedra o de otra materia, arrimado a las paredes, junto a las puertas de las casas, en los zaguanes y en otras partes.

poza *f.* Charca. Balsa o alberca para empozar y macerar el cáñamo o el lino.

pozal *m.* Cubo o zaque con que se saca el agua del pozo. Brocal del pozo. Pocillo.

pozanco *m.* Poza que queda en las orillas de los ríos al retirarse las aguas después de una avenida.

pozo *m.* Perforación vertical que se practica en el terreno hasta llegar a la capa freática, para obtener agua potable, riego y otros menesteres. Sitio o paraje en que los ríos tienen mayor profundidad. Hoyo profundo aunque esté seco. Cosa llena, profunda o completa en su línea. Hueco del recorrido de un elevador o ascensor.

pozole o pozol *m.* En México, bebida nutritiva y refrescante hecha de nixtamal reventado, molido en grueso que se bate en agua fría en jícara. Guisado de cabeza de puerco y maíz.

pracrito o prácrito *m.* Idioma vulgar de la India, en oposición al sánscrito o lengua clásica.

práctica *f.* Ejercicio de cualquier arte o facultad conforme a sus reglas. Destreza adquirida en este ejercicio. Uso continuado, costumbre o estilo de una cosa. Modo o método en las operaciones. Aplicación de una idea o doctrina; comprobación experimental de una teoría.

practicante *adj.* Que practica. *M.* El que posee título para el ejercicio de la cirugía menor. El que por tiempo determinado practica la Cirugía y Medicina, al lado y bajo la dirección de un facultativo.. *Com.* Persona que en los hospitales hace curaciones y administra medicinas. Persona que en las boticas, bajo la dirección del farmacéutico, prepara y despacha los medicamentos.

practicar *tr.* Ejercitar, poner en práctica algo que se ha aprendido y especulado. Usar y ejercer continuamente una cosa. Ejercer algunos profesores la práctica, al lado y bajo la dirección de un maestro, por tiempo determinado. Hacer, realizar, ejecutar.

práctico-a *adj.* Perteneciente a la práctica. Aplícase al modo de hacer una cosa. Experimentado, versado y diestro en algo. *M.* El que dirige el rumbo de las embarcaciones por el conocimiento del lugar.

pradera *f.* Pradería. Prado grande

pradería *f.* Conjunto de prados.

prado *m.* Tierra muy húmeda o de regadío en la cual se deja crecer o se siembra la hierba para pasto de los ganados. Terreno con vegetación herbácea destinado a la producción de hierba que se emplea en fresco como forraje, o para ser transformada en heno, para pastizales y el pastoreo. Sitio ameno para pasear, en algunas poblaciones.

pragmática *f.* Ley emanada de autoridad competente, diferente de los decretos y órdenes generales, en las fórmulas de su publicación.

pragmatismo *m.* Doctrina filosófica que mantiene que el pensamiento existe para la acción; que el conocimiento verdadero es el que es útil; que el éxito es el criterio para la verdad.

praseodimio *m.* Metal perteneciente al grupo de las tierras raras, trivalente, de color amarillo, fuertemente paramagnético; símbolo Pr.

pratense *adj.* Que se produce o vive en el prado.

praticultura *f.* Parte de la Agricultura que trata del cultivo de los prados.

pravo-a *adj.* Perverso, malvado y de pésimas costumbres.

preámbulo *m.* Exordio, prefación, lo que se dice antes de dar principio a lo que se trata de narrar, probar, mandar, pedir, etc. Rodeo

o digresión impertinente antes de entrar en materia. Prólogo, proemio, introducción.

prebenda *f.* Renta anexa a un canonicato u otro oficio eclesiástico. Dote a una mujer para casarse, entrar en religión, o a un estudiante para seguir los estudios. Oficio, empleo o ministerio lucrativo y con poco trabajo.

preboste *m.* Cabeza de una comunidad que la preside y gobierna.

precario-a *adj.* De poca estabilidad o duración. Que se tiene algo sin título, por tolerancia o por inadvertencia de su dueño.

precaución *f.* Reserva, cautela para evitar o prevenir los inconvenientes, embarazos o daños que pueden temerse.

precaver *tr.* Prevenir un riesgo, daño o peligro para guardarse de él y evitarlo.

precavido-a *adj.* Sagaz, cauto, que sabe prevenir los riesgos.

precedencia *f.* Anterioridad, prioridad de tiempo; antelación en el orden. Preeminencia o preferencia en el lugar y asiento y en algunos actos honoríficos. Primacía, superioridad.

precedente *adj.* Que precede o es anterior y primero en el orden de la colocación o de los tiempos. *M.* Antecedente, acción, dicho o circunstancia anterior. Resolución anterior en caso igual o semejante; ejemplo; práctica ya iniciada o seguida.

preceptivo-a *adj.* Que incluye o encierra en sí preceptos.

precepto *m.* Mandato u orden que el superior hace observar y guardar al inferior o súbdito. Instrucción o regla para el conocimiento o manejo de un arte o facultad. Por antonomasia, cada uno de los del Decálogo o de los mandamientos de la Ley de Dios.

preceptor-a *m. y f.* Maestro o maestra; persona que enseña.

preces *f. pl.* Ruegos, súplicas. Oraciones dirigidas a Dios, a la Virgen o a los santos. Súplica o instancias con que se pide y obtiene una bula o despacho de Roma.

preclado-a *adj.* Precioso, excelente y de mucha estimación. Jactancioso, vano.

preciar *tr.* Apreciar. *R.* Gloriarse, jactarse y hacer vanidad de una cosa buena o mala.

precinta *f.* Pequeña tira, de metal o cuero, que se pone en los cajones o cajas para reforzar sus esquinas.

precintar *tr.* Asegurar y fortificar los cajones o cajas con precintas que abracen las junturas de las tablas. Poner precinto o precinta.

precinto *m.* Acción y efecto de precintar. Ligadura sellada con que se atan cajones, baúles, fardos, paquetes, legajos. etc., para que no se abran, sino cuando y por quien corresponda.

precio *m.* Valor pecuniario en que se estima una cosa. Estimación, importancia o crédito. Esfuerzo, pérdida o sufrimiento que sirve para conseguir una cosa o que se padece con ocasión de ella.

preciosismo *m.* Escuela literaria francesa, paralela al culteranismo español, lleno de artificiosidades y retorcimientos.

preciosidad o **preciosura** *f.* Calidad de precioso. Cosa preciosa.

precioso-a *adj.* Excelente, exquisito, primoroso y digno de estimación o aprecio. De mucho valor o elevado coste. Chistoso, agudo. Hermoso.

precipicio *m.* Despeñadero o derrumbadero, por cuya proximidad no se puede andar sin riesgo de caer. Caída precipitada y violenta. Ruina temporal o espiritual.

precipitación *f.* Acción y efecto de precipitar o precipitarse. Formación de un sólido insoluble, mediante la reacción que tiene lugar en una solución. Agua procedente de la atmósfera: lluvia, nieve, granizo.

precipitado-a *adj.* Atropellado, alocado. *M.* Materia que por resultado de reacciones químicas se separa del líquido en que estaba disuelta y se posa más o menos rápidamente.

precipitar *tr.* Atropellar, acelerar. Incitar a alguien a ruina espiritual o material. *Tr.* y *r.* Despeñar, arrojar o derribar de un lugar alto. Producir químicamente un precipitado. *R.* Arrojarse. inconsideradamente y sin prudencia, a ejecutar o decir una cosa.

precipuo-a *adj.* Señalado o principal.

precisamente *adv.* Justa y determinadamente; con precisión. Necesaria, forzosa o indispensablemente. Sin poderse evitar.

precisar *tr.* Fijar o determinar de modo preciso. Obligar, forzar determinadamente y sin excusa a ejecutar una cosa.

precisión *f.* Obligación o necesidad indispensable que fuerza y precisa a ejecutar una cosa. Exactitud, puntualidad, concisión.

preciso-a *adj.* Necesario, indispensable, que es menester para un fin. Puntual, fijo, exacto, cierto, determinado. Claro y formal. Lenguaje, estilo, expresión clara y rigurosamente exacta.

precitado-a *adj.* Antes citado.

preclaro-a *adj.* Esclarecido, ilustre, famoso y digno de admiración y respeto.

precocidad *f.* Calidad de precoz.

precognición *f.* Conocimiento anterior de algo.

precolombino-a *adj.* Se dice de lo relativo a América antes de su descubrimiento por Cristóbal Colón.

preconcebido-a *adj.* Pensado, reflexionado con anterioridad.

preconcebir *tr.* Establecer previamente y con sus pormenores algún pensamiento o proyecto que ha de ejecutarse.

preconizar *tr.* Encomiar, tributar elogios públicamente a una persona o cosa. Proclamar solemnemente el Papa el nombramiento de un obispo en el consistorio.

preconocer *tr.* Prever, conjeturar, conocer anticipadamente una cosa.

precoz *adj.* Dícese del fruto temprano, prematuro. Persona que en su corta edad muestra cualidades que de ordinario son más tardías; la que despunta en talento, agudeza, valor de ánimo, etc.

precursor-a *adj.* y *s.* Que precede o va delante. *M.* Por antonomasia, San Juan Bautista, que nació antes que Jesucristo y anunció su venida al mundo. Que profesa o enseña doctrinas o acomete empresas que no tendrán razón ni hallarán acogida sino en tiempo venidero.

predecesor-a *m.* y *f.* Antecesor.

predecir *tr.* Anunciar por revelación, ciencia o conjetura algo que ha de suceder.

predestinación *f.* Destinación anterior de una cosa. Elección por Dios, desde la eternidad, de sus elegidos a la gloria.

predeterminar *tr.* Determinar o resolver con anticipación una cosa.

predial *adj.* Perteneciente o relativo al predio.

prédica *f.* Sermón o plática del ministro de la iglesia protestante. Por extensión, perorata, discurso vehemente.

predicado *m.* Lo que se afirma o niega del sujeto, en la oración gramatical.

predicador-a *adj.* y *s.* Que predica. Orador evangélico que predica o declara la palabra de Dios.

predicamento *m.* Dignidad, opinión, lugar o grado de estimación en que se halla una persona y que ha merecido por sus obras. Categoría lógica.

predicar *tr.* Publicar, hacer patente, precisa y clara una cosa. Pronunciar un sermón. Alabar con exceso a un sujeto. Reprender agriamente; amonestar, hacer observaciones. Enunciar un predicado del sujeto.

predicción *f.* Acción y efecto de predecir. Presagio, pronóstico, vaticinio, profecía.

predilección *f.* Cariño especial con que se distingue a una persona o cosa entre otras. Preferencia, inclinación.

predilecto-a *adj.* Preferido por amor o afecto especial.

predio *m.* Heredad, hacienda, tierra o posesión inmueble.

predisponer *tr.* Preparar, disponer anticipadamente algunas cosas o el ánimo de las personas para un fin determinado.

predispuesto-a *adj.* Propenso, inclinado a algo. Dispuesto de antemano.

predominar *tr. e intr.* Prevalecer, preponderar. Exceder mucho en altura una cosa respecto de otra.

predominio *m.* Imperio, poder, superioridad, influjo o fuerza dominante que se tiene sobre una persona o cosa.

preeminencia *f.* Privilegio, exención, ventaja o preferencia que goza uno respecto de otro por razón o mérito especial.

preeminente *adj.* Sublime, superior, honorífico y que está más elevado.

preexistencia *f.* Existencia anterior. Existencia real de una cosa o de un derecho antes del acto o momento en que haya de tratarse de ella.

preexistir *intr.* Existir antes o realmente, o con antelación de naturaleza u origen.

prefacio *m.* Prólogo. Parte de la Misa que precede inmediatamente al cánon.

prefecto *m.* Jefe militar o civil; en Francia, jefe de la administración civil de un departamento. Persona que cuida de que se desempeñen debidamente ciertos cargos u obligaciones.

prefectura *f.* Dignidad, empleo o cargo de prefecto; terrritorio gobernado por él; su oficina o despacho.

preferencia *f.* Primacía, ventaja o mayoría que una persona o cosa tiene sobre otra, en valor o merecimiento. Elección de una persona o cosa entre varias; inclinación favorable o predilección hacia ella.

preferir *tr.* Dar la preferencia. Exceder, aventajar. *R.* Ufanarse. Anteponer, escoger, optar, elegir.

prefijo *m. o adj.* Afijo que va antepuesto.

pregón *m.* Promulgación o publicación que en voz alta se hace, en los sitios públicos, de una cosa que conviene que todos sepan.

pregonar *tr.* Publicar, hacer notoria en voz alta una cosa para que todos tengan noticia de ella. Publicar a voces una mercancía para venderla. Publicar lo que estaba oculto o lo que debía callarse. Alabar en público los hechos, virtudes o cualidades de una persona.

pregonero-a *adj. y s.* Que publica o divulga una cosa que se ignoraba. *M.* Oficial público que da los pregones.

pregunta *f.* Demanda o interrogación que se hace para que uno responda lo que sabe de un negocio u otra cosa.

preguntar *tr.* Demandar, interrogar o hacer preguntas a uno para que diga y responda lo que sabe sobre un asunto.

prehistoria *f.* Suma de conocimientos acerca de la evolución de la humanidad antes de la existencia de documentos históricos escritos.

prejuicio *m.* Acción y efecto de prejuzgar.

prejuzgar *tr.* Juzgar de las cosas antes del tiempo oportuno, o sin tener de ellas cabal conocimiento.

prelación *f.* Antelación o preferencia con que una cosa debe ser atendida respecto de otra con la cual se compara.

prelado *m.* Superior eclesiástico constituido en una de las dignidades de su Iglesia: abad, obispo, arzobispo, etc. Superior de un convento o comunidad eclesiástica.

prelatura o **prelacía** *f.* Dignidad u oficio de prelado.

preliminar *adj.* Que sirve de preámbulo o proemio para tratar una materia. Que antecede o se antepone a una acción, empresa, litigio, escrito, etc. *M.* Cada uno de los artículos generales que sirven de fundamento para el ajuste o tratado de paz definitivo.

preludio *m.* Lo que precede y sirve de entrada, preparación o principio a una cosa. Arpegios, escalas, etc., con que se prueba la voz o un instrumento antes de interpretar una composición. Composición musical independiente y de forma libre. Obertura o sinfonía que precede a las óperas y otras obras escénicas.

prelusión *f.* Preludio, introducción de un discurso o tratado.

prematuro-a *adj.* Que no está en sazón. Que ocurre antes de tiempo. Dícese del niño que nace antes del término del embarazo, y de la mujer que no ha llegado a edad de admitir varón.

premeditar *tr.* Pensar reflexivamente una cosa antes de ejecutarla. Proponerse perpetrar un delito tomando al efecto previas disposiciones.

premiar *tr.* Remunerar, galardonar con mercedes, privilegios, empleos o rentas los méritos y servicios de uno.

premio *m.* Recompensa, galardón o remuneración que se da por algún mérito o servicio. Cantidad que se añade al precio o valor de una cosa por vía de compensación o de incentivo. Aumento de valor dado a algunas monedas. Cada uno de los lotes sorteados en la lotería nacional.

premioso-a *adj.* Tan ajustado o apretado que dificultosamente se puede mover. Gravoso, molesto. Que apremia o estrecha. Rígido, estricto. Que carece de soltura en obrar, hablar o escribir.

premisa *f.* Cada una de las dos proposiciones del silogismo de donde se infiere y saca la conclusión. Señal, indicio por donde se infiere una cosa o se viene en conocimiento de ella.

premolar *adj. y s.* Cualquiera de las dos primeras muelas o molares anteriores de la dentición definitiva.

premonición *f.* Conocimiento supranormal de un hecho futuro.

premonitorio-a *adj.* Que da señales de sí antes de hacerse manifiesto. Dícese de ciertos movimientos sísmicos tenues que preceden a los macrosismos. Síntoma precursor de alguna enfermedad.

premorir *intr.* Morir una persona antes que otra.

premura *f.* Aprieto, apuro; prisa, urgencia, instancia.

prenda *f.* Cosa mueble que se sujeta especialmente a la garantía o cumplimiento de una obligación. Alhajas, muebles o enseres que se dan a vender. Parte que compone el vestido y calzado de una persona. Lo que se da o hace en señal, prueba o demostración de una cosa. Lo que se ama intensamente: hijos, mujer, padres, etc. Cualidad o perfección del cuerpo o del alma.

prendar *tr.* Sacar una prenda o alhaja para garantía de una deuda o para satisfacción de un daño recibido. Ganar la voluntad de alguien. *R.* Aficionarse, enamorarse de una persona o cosa.

prendedero o prendedor *m.* Instrumento para prender o asir una cosa. Broche, cinta usada para prender el pelo u otra cosa.

prender *tr.* Asir, sujetar una cosa. Asegurar a una persona privándola de libertad. Hacer presa una cosa en otra; enredarse. Cubrir, juntarse el macho con la hembra

para fecundarla. *Intr.* Arraigar la planta en la tierra. Empezar a ejercitar su cualidad o comunicar su virtud una cosa a otra, especialmente el fuego cuando se empieza a cebar en una materia.

prendería *f.* Tienda en que se compran y venden prendas, alhajas o muebles usados.

prenombrado-a *adj.* Que se ha nombrado con anterioridad.

prensa *f.* Máquina que sirve para comprimir, estrujar, imprimir, estampar, etc., de diversas formas según su objeto. Imprenta. Conjunto o generalidad de las publicaciones periódicas y especialmente las diarias. Periodismo.

prensar *tr.* Apretar en la prensa una cosa. Comprimir.

prensil *adj.* Que sirve para asir o coger.

prensista *m.* Oficial que en las imprentas trabaja en la prensa.

prenupcial *adj.* Relativo a lo que antecede en las nupcias.

preñado-a *adj.* Dícese de la mujer o de la hembra de cualquier animal que ha concebido y que tiene el feto en el vientre. Lleno o cargado. Que incluye en sí una cosa que no se descubre. *M.* Estado de la hembra preñada; tiempo en que lo está. Feto o criatura en el vientre materno.

preñez *f.* Preñado, estado de la hembra preñada y tiempo en que lo está. Estado de un asunto que no ha llegado a su resolución. Confusión, obscuridad incluida en una cosa que la da a conocer de algún modo.

preocupación *f.* Anticipación o prevención que una cosa obtiene o merece. Primera impresión que causa una cosa en el ánimo. Ofuscación del entendimiento causada por pasión, error de los sentidos, educación o ejemplo de aquellos en quienes se trata. Cuidado, desvelo, previsión de alguna contingencia azarosa o adversa.

preocupar *tr.* Ocupar antes o anticipadamente una cosa, o prevenir a alguien en la adquisición de ella. Prevenir el ánimo de uno de modo que dificulte el asentimiento a otra opinión. Poner el ánimo en cuidado, mantenerle fijo en algo. *R.* Estar prevenido o encaprichado en favor o en contra de una persona o cosa.

preopinante *adj. y s.* Dícese de cualquiera que en una discusión ha hablado o manifestado su opinión antes que otro

preparación *f.* Acción y efecto de preparar o prepararse. Producto elaborado con una o varias substancias medicinales. En Armonía.

empleo de una consonancia que precede a una disonancia.

preparador-a m. y f. Persona que prepara. Persona que un museo, laboratorio, taller, etc., dispone alguna cosa para exhibición, experiencia, observación u otra operación adecuada. Anatomista que diseca o dispone una pieza anatómica para la enseñanza o para ser exhibida.

preparar tr. Prevenir, disponer y aparejar una cosa para que sirva a un efecto. Prevenir a un sujeto o disponerle para una acción o para darle una gran noticia. R. Disponerse, prevenirse y aparejarse para algún fin. Fabricar, predisponer.

preparatorio-a adj. Dícese de lo que prepara y dispone. Curso de preparación. F. En América, cursos que preceden inmediatamente a los de enseñanza superior; centro donde se dan estos cursos.

preponderancia f. Exceso de peso, o mayor peso, de una cosa respecto de otra. Superioridad de crédito, Cconsideración, fuerza, autoridad, etc.

preponderar intr. Pesar más una cosa respecto de otra. Prevalecer una cosa sobre otra. Ejercer una persona o un conjunto de ellas influjo dominante o decisivo.

preposición f. Categoría gramatical invariable cuyo oficio es denotar el régimen o relación que entre sí tienen dos palabras y que se usa también como prefijo.

prepositivo-a adj. Perteneciente o relativo a la preposición. Dícese de la partícula que antepuesta a otra palabra forma con ella un vocablo compuesto; prefijo.

prepósito m. Primero y principal en una junta o comunidad que preside y manda en ella. Prelado de algunas religiones o comunidades; en algunas catedrales o colegiatas, es dignidad.

prepotencia f. Poder superior al de otros, o gran poder.

prepucio m. Repliegue cutáneo que cubre el glande y se inserta por abajo de éste.

prerrogativa f. Privilegio, gracia o exención que se concede a uno y es, generalmente, aneja a una dignidad, empleo o cargo.

presa f. Acción de prender o tomar alguna cosa. Cosa apresada o robada. Acequia. Muro grueso que se construye a través de un río, arroyo o canal para detener el agua a fin de derivarla fuera del cauce, aumentar su nivel y embalsarla con fines de riego, navegación, producir saltos de agua para la producción de electricidad, mover molinos, etc. Tajada, pedazo o porción pequeña de una cosa comestible. Cada uno de los colmillos o dientes agudos y grandes que tienen en ambas quijadas algunos animales y con los cuales agarran lo que muerden. Uña del ave de rapiña. Ave o animal prendido por ella.

presagiar tr. Anunciar o prever una cosa, induciéndola de presagios o conjeturas. Predecir, vaticinar, pronosticar.

presagio m. Señal que indica, previene y anuncia un suceso favorable o contrario. Adivinación.

présago-a o **presago-a** adj. Que anuncia, adivina o presiente algo favorable.

presbicia f. Defecto o imperfección del présbita; ametropía que resulta del debilitamiento de la facultad de acomodación, de origen patológico, o más comúnmente por la edad, a partir de los 45 ó 50 años; se corrige con lentes convergentes.

presbiterado m. Sacerdocio; dignidad u orden del sacerdote.

presbiterianismo m. Doctrina protestante que no reconoce la autoridad episcopal sobre los presbíteros, fundada por Calvino.

presbiterio m. Zona del altar mayor hacia el pie de las gradas por donde se sube a él. Reunión de los presbíteros con el obispo.

presbítero m. Clérigo ordenado de misa; sacerdote.

presciencia f. Conocimiento de las cosas futuras, atributo sólo de Dios.

prescindir intr. Hacer abstracción de una persona o cosa; pasarla en silencio, omitirla. Abtenerse, privarse de ella, evitarla.

prescribir tr. Preceptuar, ordenar, determinar una cosa. Intr. Perderse o mermarse una cosa por el transcurso del tiempo. Concluir o extinguirse una carga, obligación o deuda por el transcurso de cierto tiempo y también la responsabilidad penal. Tr. Recetar, ordenar el facultativo un tratamiento.

presea f. Alhaja, joya o cosa parecida.

presencia f. Asistencia personal a un lugar. Talle, figura o disposición del cuerpo. Representación, pompa, fausto. Memoria actual de una cosa o representación de ella.

presenciar tr. Hallarse presente a un acontecimiento. Ver, contemplar, asistir.

presentación f. Acción y efecto de presentar o presentarse. En el teatro, arte de presentar obras en escena. Acción de presentarse el feto en el parto.

presentar tr. Hacer manifestación de una cosa; ponerla en la presencia de uno. Dar una cosa graciosa y voluntariamente. Proponer a un sujeto para un oficio, dignidad o beneficio eclesiástico. *R*. Ofrecerse voluntariamente para un fin. Comparecer en algún lugar o acto, o en juicio. Manifestarse alguna porción del feto en el parto.

presente *adj* Que está delante o en presencia de uno, o concurre con él en el mismo sitio. Tiempo en que está uno cuando refiere una cosa. Dícese del tiempo del verbo que denota actualidad. *M*. Don, regalo que una persona da a otra en señal de reconocimiento o de afecto.

presentimiento *m*. Cierto movimiento del ánimo que hace antever y presagiar lo que ha de acontecer.

presentir *tr*. Antever por cierto movimiento del ánimo lo que ha de suceder. Adivinar una cosa antes de que suceda, por algunos indicios o señales que la preceden. Barruntar, sospechar.

presepio *m*. Pesebre. Caballeriza. Establo.

preservar *tr*. y *r*. Poner a cubierto anticipadamente a una persona o cosa, de algún daño o peligro. Resguardar, proteger.

preservativo-a *adj*. Que tiene virtud o eficacia de preservar. Que evita la producción o el desarrollo de una enfermedad o los daños de ésta.

presidencia *f*. Dignidad, empleo o cargo de presidente. Acción de presidir. Sitio que ocupa el presidente, su oficina o morada. Tiempo que dura el cargo.

presidenciable *adj*. Con méritos para ser presidente o con posibilidades de serlo.

presidencialismo *m*. Sistema de organización política en que el presidente de la República es efectivamente jefe del Poder Ejecutivo, que ejerce a través de ministros o secretarios que sólo de él dependen.

presidenta *f*. La que preside. Mujer del presidente.

presidente *m*. El que preside. Cabeza o superior de un consejo, tribunal, junta o sociedad. En las repúblicas, jefe electivo del Estado.

presidiario *m*. Penado que cumple en presidio su condena.

presidio *m*. Guarnición de soldados en las plazas, castillos y fortalezas para defenderlos y custodiarlos. Establecimiento penitenciario en que cumplen sus condenas los penados por graves delitos. Auxilio, ayuda, amparo.

presidir *tr*. Tener el primer lugar en una asamblea, corporación, jun-

ta o tribunal en un acto o en una empresa. Predominar, tener una cosa principal influjo. Dirigir como presidente.

presilla *f*. Cordón pequeño en forma de lazo con que se prende o asegura una cosa. Costurilla de puntos unidos para que la tela no se abra, en los ojales y otras partes del traje.

presión *f*. Acción y efecto de apretar o comprimir. Acción de un cuerpo pesado sobre otro. Fuerza que ejercen los fluidos en todas direcciones. Fuerza de expansión del vapor de agua.

presionar *tr*. Galicismo, por hacer presión. coaccionar, oprimir.

preso-a *m*. y *f*. Persona privada de libertad por auto formal de prisión o por encontrarse cumpliendo pena de prisión en virtud de sentencia firme.

prest *m*. Haber diario que se da a los soldados.

prestación *f*. Acción y efecto de prestar. Cosa o servicio exigido por la autoridad o convenido en un pacto. Renta, servicio o tributo pagadero al señor, al propietario o a alguna entidad.

prestamista *com*. Persona que entrega dinero a préstamo.

préstamo *m*. Empréstito. Contrato por el cual una persona, prestamista, entrega a otra, prestatario, una cosa para que se sirva de ella y la restituya después de haberla utilizado.

prestancia *f*. Excelencia.

prestar *tr*. Entregar a uno dinero u otra cosa para que por algún tiempo tenga el uso de ella, con la obligación de restituir igual cantidad o la cosa misma. Ayudar o contribuir al logro de una cosa. Dar o comunicar. Observar, tener atención, paciencia, silencio, etc. *Intr*. Aprovechar, ser útil o conveniente para la consecución de un intento. *R*. Ofrecerse, avenirse a una cosa.

prestatario-a *adj*. y *s*. Que toma dinero a préstamo.

preste *m*. Sacerdote que celebra la Misa cantada asistido de diácono y subdiácono, o el que con capa pluvial preside oficios divinos públicos.

presteza *f*. Prontitud, diligencia y brevedad en hacer o decir alguna cosa.

prestidigitación *f*. Arte o habilidad para hacer juegos de manos y otros embelecos para distracción del público.

prestigiar *tr*. Trabajar en favor de una cosa o idea procurando darle autoridad, ascendiente o prestigio.

prestigio *m.* Fascinación que se atribuye a la magia o es causada por medio de un sortilegio. Engaño, ilusión o apariencia con que los prestidigitadores emboban y embaucan al pueblo. Ascendiente, influencia, autoridad.

prestigioso-a *adj.* Que logra prestigio o lo tiene.

presto *adv.* Luego, al instante, con gran prontitud o brevedad. Ejecución más rápida de la música que la del allegro. Vivo. *Adj.* Pronto, diligente, ligero en la ejecución de algo. Aparejado, preparado o dispuesto.

presumido-a *adj. y s.* Que presume; jactancioso, vanidoso, fatuo.

presumir *tr.* Sospechar, juzgar o conjeturar una cosa por tener indicios o señales para ello. *Intr.* Vanagloriarse, tener alto concepto de sí mismo.

presunción *f.* Acción y efecto de presumir. Suposición; petulancia, fatuidad, engreimiento. Cosa que por ministerio de la ley se tiene como verdad, mientras no se demuestre lo contrario.

presunto-a *adj.* Supuesto; verdadero con arreglo a la ley.

presuntuoso-a *adj. y s.* Lleno de persunción y orgullo. Vanidoso, presumido, fatuo.

presuponer *tr.* Dar por sentada, cierta, notoria y constante una cosa para pasar a tratar de otra.

presupuestar *intr.* Neologismo, en el sentido económico y financiero de formar presupuestos.

presupuesto *m.* Motivo, causa o pretexto con que se ejecuta una cosa. Supuesto o suposición. Cómputo anticipado del coste de una obra, de los gastos o de las rentas de una corporación o empresa. Cálculo y balance previos de los gastos e ingresos del Estado u otras corporaciones públicas o especiales de un ramo.

presura *f.* Opresión, aprieto, congoja. Prisa, prontitud y ligereza. Porfía, ahínco. Panadizo situado en la raíz de la uña.

presuroso-a *adj.* Pronto, ligero, veloz.

pretencioso-a *adj.* Presuntuoso, pedantesco, afectado.

pretender *tr.* Solicitar una cosa haciendo las diligencias para conseguirla. Procurar.

pretendiente *adj. y s.* El que pretende o solicita una cosa. Solicitante, candidato, aspirante.

pretensión *f.* Solicitud para conseguir una cosa que se desea. Derecho, bien o mal fundado, que uno juzga tener sobre una cosa.

preterir *tr.* Hacer caso omiso de una persona o cosa. Omitir en la institución de herederos a los que lo son forzosos.

pretérito-a *adj.* Dícese de lo que ya sucedió o ha pasado. Tiempo del verbo que indica que la acción corresponde a lo pasado.

pretextar *tr.* Valerse de un pretexto.

pretexto *m.* Motivo o causa simulada o aparente que se alega para hacer una cosa o para excusarse de ño haberla ejecutado. Disculpa.

pretil *m.* Murete o vallado que se pone en los puentes y en otros parajes para prevenir caídas. Paso o paseo a lo largo de éste.

pretina *f.* Correa o cinta con hebilla o broche para sujetar en la cintura ciertas prendas de ropa. Parte de los calzones y otras ropas que se ciñe y ajusta a la cintura. Lo que ciñe o rodea una cosa.

pretor *m.* Magistrado romano que administraba justicia.

pretoriano-a *adj.* Perteneciente o relativo al pretor. *M. pl.* Soldados de la guardia personal del jefe del Estado en la antigua Roma, de un general en jefe o para la seguridad del país.

prevalecer *intr.* Sobresalir una persona o cosa; tener superioridad o ventaja sobre otras. Conseguir, obtener una cosa en oposición de otros. Arraigar las plantas o semillas en la tierra; ir creciendo. Crecer y aumentar una cosa.

prevaler *intr.* Prevalecer. *R.* Valerse o servirse de una cosa.

prevaricar *intr.* Delinquir los funcionarios públicos dictando o suponiendo a sabiendas, o por ignorancia inexcusable, resolución de manifiesta injusticia. Desvariar, delirar. Cometer alguien una falta menos grave en el ejercicio de sus deberes.

prevención *f.* Acción y efecto de prevenir. Preparación y disposición que se hace anticipadamente para evitar un riesgo o ejecutar una cosa. Provisión de algo para un fin. Concepto, por lo común desfavorable, que se tiene de una persona o cosa. Puesto de policía y vigilancia donde se lleva preventivamente a las personas que han cometido un delito o falta. Guardia del cuartel. Advertencia.

prevenir *tr.* Preparar, aparejar y disponer con anticipación las cosas necesarias para un fin. Prever, conocer de antemano un daño o perjuicio. Precaver, evitar, impedir una cosa. Impresionar la voluntad de uno induciéndole a prejuzgar personas o cosas. Instruir las primeras diligencias para asegurar los bienes y las resultas de un juicio. *R.* Disponer con anticipación; prepararse de antemano para una cosa. Advertir.

preventivo-a *adj.* Dícese de lo que previene; Profiláctico.

prever *tr.* Ver con anticipación; conocer, conjeturar por algunas señales o indicios lo que ha de suceder.

previo-a *adj.* Anticipado, que va delante o sucede primero.

previsible *adj.* Que puede ser previsto o entra dentro de las previsiones normales.

previsión *f.* Acción y efecto de prever.

prez *amb.* Honor, estima o consideración que se adquiere o gana con acción gloriosa.

priesa *f.* Prisa.

prima *f.* Primera de las cuatro partes iguales en que los romanos dividían el día artificial. Hora canónica que se canta en la primera hora de la mañana. Vigésima parte de un grano. Precio concedido por el gobierno para estimular operaciones o empresas, en ciertos casos. Precio que el asegurado paga al asegurador, de cuantía fija o proporcional. Cuerda que en los instrumentos produce los sonidos más agudos. Precio por rescindir ciertos contratos bursátiles.

primacía *f.* Superioridad, ventaja de una cosa respecto de otra, en tiempo o en orden. Precedencia de una cosa a otra que depende o procede de alguna otra.

primada *f.* Acción propia de la persona incauta.

primado *m.* Primer lugar, grado, superioridad o ventaja que una cosa tiene respecto de otras de su especie. Primero y más preeminente de todos los arzobispos y obispos de un Estado o de una región.

primario-a *adj.* Principal o primero en orden o grado. *F.* Enseñanza que proporciona el mínimo de cultura general que todos deben poseer. Perteneciente a uno o varios de los terrenos sedimentarios más antiguos.

primate *m.* Personaje distinguido, prócer. Mamífero placentario con pulgar oponible y con sistema nervioso en alto grado de evolución; cuadrumano.

primavera *f.* Estación del año que antecede al verano. Tejido de seda sembrado y matizado de flores de varios colores. Tiempo en que una cosa comienza a adquirir vigor y hermosura.

primeramente *adv.* Previamente, anticipadamente, antes de todo.

primerizo-a *adj.* Que hace por primera vez una cosa o es novicio o principiante en un arte, profesión o ejercicio. Dícese de la hembra que pare por primera vez.

primero-a *adj.* Dícese de la persona o cosa que precede a las demás de su especie, en orden, tiempo, lugar, situación, clase o jerarquía. Excelente, grande y que sobresale y excede a otros. *Adv.* Primeramente. Antes, más bien, de mejor gana.

primicia *f.* Fruto primero de cualquier cosa. Prestación de frutos y ganados que además del diezmo se daba a la iglesia. *Pl.* Principios o primeros frutos que produce cualquier cosa no material.

primigenio-a *adj.* Primitivo, originario, oriundo.

primitivo-a *adj.* Primero en su línea, que no tiene ni toma origen de otra cosa. Antiguo, sencillo; primario, primero, aborigen.

primo-a *adj.* Primero. Primoroso, excelente. *M.* y *f.* Respecto de una persona, hijo o hija de su tío o tía. Persona incauta que se deja engañar fácilmente.

primogénito-a *adj.* y *s.* Aplícase al hijo que nace primero.

primogenitura *f.* Dignidad, prerrogativa o derecho del primogénito. Mayorazgo.

primor *m.* Destreza, habilidad, esmero o excelencia en hacer o decir una cosa. Artificio y hermosura de la obra así ejecutada.

primordial *adj.* Primitivo, primero. Principio fundamental.

primordio *m.* Conjunto celular embrionario o esbozo embrionario que dará origen a un órgano determinado.

primoroso-a *adj.* Excelente, delicado y perfecto. Diestro, experimentado y que hace o dice con perfección alguna cosa. Bello.

princesa *f.* Mujer del príncipe. La que por sí goza o posee un Estado con título de principado. Hija de rey.

principado *m.* Título o dignidad de príncipe. Territorio o lugar sobre que recae este título, o que está sujeto a la potestad de un príncipe. Primacía.

principal *adj.* Dícese de la persona o cosa que tiene el primer lugar en estimación o importancia y se antepone o prefiere a otras. Ilustre, esclarecido en nobleza. Dícese del que es el primero en un negocio o en cuya cabeza está. Esencial o fundamental. Piso situado sobre el bajo o entresuelo. *M.* Jefe de una empresa o casa de comercio, fábrica, almacén, etc. Poderdante, con respecto a su apoderado.

principalmente *adv.* Primeramente, antes que todo, con antelación o preferencia.

príncipe *m.* El primero y más excelente, superior o aventajado en una cosa. Por antonomasia, hijo primogénito del rey. Individuo de familia real o imperial. Soberano de un Estado. Título de honor que dan los reyes. Cualquiera de los grandes de un reino o monarquía. *Adj.* Dícese de la edición primera, cuando se han hecho varias de una misma obra.

principesco-a *adj.* Dícese de lo que es o parece propio de un príncipe o princesa.

principiante *m.* Que principia, comienza, empieza a estudiar, aprender o ejercer un oficio, arte, facultad o profesión.

principiar *tr.* Comenzar, dar principio a una cosa.

principio *m.* Primer instante del ser de una cosa. Punto que se considera primero en una extensión o cosa. Basa, fundamento, origen, razón fundamental. Causa primitiva o primera de una cosa. Plato que se sirve en las comidas antes de los postres. Cosa que entra juntamente con otra en la composición de un cuerpo. Máxima particular por donde cada uno se rige en sus acciones. Ley a que obedecen los fenómenos estudiados en las ciencias experimentales. Raíz, comienzo; precepto; encabezamiento.

pringar *tr.* Empapar con pringue el pan u otro alimento. Manchar con pringue. Herir haciendo sangre. Denigrar, infamar. En América, lloviznar.

pringue *amb.* Grasa que suelta el tocino u otra cosa semejante sometida a la acción del fuego. Suciedad, grasa, porquería que se pega a la ropa o a otra cosa.

prior *m.* En algunas religiones, superior o prelado ordinario del convento. En otras, segundo prelado después del abad.

priora *f.* Prelada de algunos conventos de religiosas, o segunda prelada después de la superiora.

priorato *m.* Oficio, dignidad o empleo de prior o de priora; distrito o territorio de su jurisdicción.

priorato *m.* Vino de la comarca catalana de su nombre, de mucha fama.

prisa *f.* Prontitud y rapidez con que sucede, se ejecuta o desea una cosa. Premura.

prisión *f.* Acción de prender, asir o tomar. Cárcel o sitio donde se encierra y asegura a los presos.

Cosa que ata o detiene físicamente. Lo que une estrechamente voluntades y afectos. *Pl.* Grillos, cadenas para asegurar delincuentes.

prisionero-a *m. y f.* Persona que en campaña cae en poder del enemigo. El que está como cautivo de un afecto o pasión.

prisma *m.* Poliedro con dos caras que son polígonos iguales, llamados bases, y tantos paralelogramos, llamados caras laterales, cuantos lados tenga cada base. El de cristal que se usa para producir la reflexión de la luz.

prismático-a *adj.* Que tiene figura de prisma. Perteneciente o relativo al prisma. Dícese del anteojo o anteojos de campo o terrestre en que la inversión de la imagen se produce mediante prismas de reflexión total.

pristino-a *adj.* Antiguo, primero, primitivo, original.

privación *f.* Acción de despojar, impedir o privar. Carencia o falta de una cosa en sujeto capaz de tenerla. Pena con que se desposee a uno de su empleo, derecho o dignidad.

privada *f.* Letrina. En México, calle estrecha con una sola salida a otra calle principal.

privado-a *adj.* Que se ejecuta a vista de pocos, familiar o domésticamente, sin formalidad ni ceremonia. Particular y personal de cada uno. *M.* El que tiene privanza.

privanza *f.* Primer lugar en la gracia y confianza de un príncipe o alto personaje y, por extensión, de cualquier otra persona.

privar *tr.* Despojar a alguien de una cosa que poseía. Destituir a uno de un empleo, ministerio o dignidad. Prohibir o vedar. Quitar o suspender el sentido. *Intr.* Tener privanza. Tener general aceptación una persona o cosa. *R.* Dejar voluntariamente una cosa de gusto, interés o conveniencia.

privativamente *adv.* Propia y singularmente, con exclusión de los demás.

privativo-a *adj.* Que causa privación o la significa. Propio y peculiar de una cosa o persona, y no de otras.

privilegiar *tr.* Conceder privilegio.

privilegio *m.* Gracia o prerrogativa que concede el superior, exceptuando o libertando de una carga o gravamen, concediendo exención de que no gozan otros. Documento en que consta.

pro *amb.* Provecho. Dícese del hombre de bien.

proa *f.* Parte delantera de la nave con la cual corta las aguas.

probabilidad *f.* Verosimilitud o fundada apariencia de verdad. Calidad de probable.

probable *adj.* Verosímil, o que se funda en razón prudente. Que puede probarse. Dícese de todo aquello que hay buenas razones para creer que sucederá o se efectuará.

probado-a *adj.* Acreditado por la experiencia. Dícese de la persona que ha sufrido con paciencia grandes tribulaciones o adversidades.

probar *tr.* Hacer examen y experimento de las cualidades de personas o cosas. Examinar si una cosa tiene la medida, muestra o proporción de otra a que se debe ajustar. Justificar, manifestar y hacer patente la certeza de un hecho o la verdad de una cosa. Gustar una pequeña porción de un manjar o líquido.

probatorio-a *adj.* Que sirve para probar o averiguar la verdad de una cosa.

probeta *f.* Manómetro de mercurio en forma de tubo en U; barómetro truncado. Máquina para probar la calidad o violencia de la pólvora. Tubo de cristal cerrado por un extremo para contener líquidos o gases. Recipiente cilíndrico de vidrio, graduado, más alto que ancho, que sirve para experimentos y mediciones de laboratorio.

probidad *f.* Bondad, rectitud de ánimo, hombría de bien, integridad y honradez.

problema *m.* Cuestión que se trata de aclarar; proposición dudosa. Dificultad, enigma. Incógnita difícil de descifrar. Proposición dirigida a averiguar el modo de obtener un resultado cuando ciertos datos son conocidos.

problemático-a *adj.* Dudoso, incierto, o que se puede defender por una y otra parte. Dícese del juicio cuando lo enunciado en él es sólo posible.

probo-a *adj.* Que tiene probidad.

probóscide *f.* Prolongación de la región cefálica de diversos animales. Parte del aparato bucal de algunos insectos para succionar. Trompa, como la del elefante, tapir y otros animales.

procacidad *f.* Desvergüenza, insolencia, atrevimiento, majadería.

procaz *adj.* Desvergonzado, atrevido, lépero.

procedencia *f.* Origen, principio de donde nace o se deriva una cosa. Punto de donde ha salido o donde ha hecho su última escala un barco, otro vehículo o una persona. Conformidad con la moral, la razón o el derecho.

procedente *adj.* Que procede o dimana de una persona o cosa. Arreglado a la prudencia, a la razón o al fin que se persigue. Conforme a derecho, práctica o conveniencia.

proceder *m.* Modo, forma y orden de portarse y gobernar uno sus acciones. Comportamiento, conducta.

proceder *intr.* Ir en realidad o, figuradamente algunas personas o cosas unas tras otras guardando cierto orden. Seguirse, nacer u originarse una cosa de otra. Comportarse, gobernarse bien o mal. Pasar o poner en ejecución una cosa a la cual precedieron algunas diligencias. Continuar en la ejecución de algo. Ser conforme a razón, mandato, práctica o conveniencia.

procedimiento *m.* Acción de proceder. Método de ejecutar algunas cosas. Sistema.

proceloso-a *adj.* Borascoso, tormentoso, tempestuoso.

prócer, procero o prócero *adj.* Alto, eminente o elevado. *M.* Persona de alta distinción o constituida en alta dignidad.

procesado-a *adj. y s.* Persona contra la que, en causa penal, se dicta auto de procesamiento, por aparecer contra ella indicios racionales de culpabilidad.

procesamiento *m.* Acto de procesar.

procesar *tr.* Formar autos y procesos. Encausar, enjuiciar. Declarar y tratar a una persona como presunto reo de delito.

procesión *f.* Acción de proceder una cosa de otra. Acto de ir ordenadamente de una parte a otra muchas personas con algún fin público y solemne, por lo común religioso. Hilera de personas o animales que van de un lugar a otro.

proceso *m.* Progreso. Transcurso del tiempo. Conjunto de las fases sucesivas de un fenómeno. Prolongación, parte u órgano que sobresale del resto del organismo. Agregado de los autos y demás escritos en cualquier causa civil o penal. Causa penal.

proclama *f.* Notificación pública; amonestaciones. Alocución política o militar, de viva voz o por escrito.

proclamación *f.* Publicación solemne de un decreto, bando o ley. Actos públicos y ceremonias con que se declara e inaugura un nuevo reinado, régimen, etc. Alabanza pública y común.

proclamar *tr.* Publicar en alta voz una cosa para que se haga notoria a todos. Declarar so'emnemente el principio o inauguración de un reinado, república, independencia, etc. Aclamar. Dar señales inequívocas de un afecto, pasión, etc. *R.* Declararse uno investido de un cargo, autoridad o mérito.

proclítico-a *adj.* Dícese de la voz monosilábica átona que se liga en la frase con la palabra siguiente a ella, como los pronombres mi, tú, su, etc.

proclive *adj.* Inclinado o propenso a una cosa, especialmente a 'lo malo.

procónsul *m.* Gobernador de una provincia, entre los antiguos romanos, con jurisdicción e insignias consulares.

procrear *tr.* Engendrar, multiplicar una especie.

proctitis *f.* Inflamación del ano o de la última porción del intestino recto.

procurador-a *adj. y s.* Que procura. *M.* El que con poder o facultad de otro ejecuta en su nombre alguna cosa. En México, procurador de justicia o fiscal.

procurar *tr.* Hacer diligencias o esfuerzos para conseguir lo que se desea. Ejercer el oficio de procurador. Tratar, pretender.

prodición *f.* Alevosía, traición.

prodigar *tr.* Disipar, gastar con gran exceso y desperdicio una cosa. Dar con profusión y abundancia. Dispensar profusa y repetidamente elogios, favores, etc. *R.* Excederse indiscretamente en la exhibición personal o en los escritos.

prodigio *m.* Suceso extraño que excede los límites regulares de la Naturaleza. Cosa especial, rara o primorosa en su línea. Milagro.

prodigioso-a *adj.* Maravilloso, extraordinario, que encierra prodigio. Excelente, primoroso, exquisito.

pródigo-a *adj. y s.* Disipador, manirroto; que desperdicia y consume su hacienda en gastos inútiles y vanos, sin medida, orden ni razón. Que desprecia una cosa estimable. Muy dadivoso.

proditorio-a *adj.* Que incluye traición, o perteneciente a ella.

producción *f.* Acción de producir. Cosa producida. Acto o modo de producirse. Suma de los productos del suelo o de la industria. Conjunto de actividades y operaciones, referentes al proceso económico, que convierte algo en un bien de uso o utilizable.

producir *tr.* Engendrar, procrear, criar. Dar, llevar, rendir fruto los terrenos, árboles, etc. Redituar interés, utilidad o beneficio una cosa. Procurar, originar, ocasionar. Fabricar, elaborar cosas útiles. *R.* Explicarse, darse a entender.

producto *m.* Cosa producida. Caudal que se obtiene de una cosa que se vende o el que ella reditúa.

Lucro, provecho. Cantidad que resulta de la multiplicación.

proemio *m.* Prólogo. Introducción.

proeza *f.* Hazaña, valentía o acción valerosa.

profanar *tr.* Tratar una cosa sagrada sin el debido respeto, o aplicarla a usos profanos. Deslucir, deshonrar, hacer uso indigno de cosas respetables.

profano-a *adj.* Que no es sagrado ni sirve a usos sagrados, sino puramente secular. Que es contra la reverencia debida a las cosas sagradas. Libertino o muy dado a cosas del mundo. Que carece de conocimientos y autoridad en una materia.

profecía *f.* Don sobrenatural de conocer por inspiración divina las cosas distantes o futuras. Vaticinio, presagio, augurio.

proferir *tr.* Pronunciar, decir, articular palabras.

profesar *tr.* Ejercer una ciencia, arte, oficio, etc. Enseñar una ciencia o arte. Obligarse para toda la vida, en una orden religiosa, a cumplir los votos propios de su instituto. Ejercer una cosa con inclinación voluntaria y continua. Creer, confesar.

profesión *f.* Acción y efecto de profesar. Empleo, facultad u oficio que cada uno tiene y ejerce públicamente.

profesional *adj.* Perteneciente a la profesión o magisterio de ciencias y artes. Dícese de la enfermedad originada por riesgos inherentes a la profesión u ocupación del individuo. *Com.* Persona que hace hábito o profesión de alguna cosa.

profesionalismo *m.* Cultivo o utilización de ciertas disciplinas, artes o deportes, como medio de lucro.

profesionista *com. americ.* Profesional con título académico.

profesor-a *m. y f.* Persona que ejerce o enseña una ciencia o arte.

profesorado *m.* Cargo de profesor. Cuerpo de profesores.

profeta *m.* El que posee el don de profecía. El que por algunas señales conjetura y anuncia el fin de una cosa.

profético-a *adj.* Perteneciente o relativo a la profecía o al profeta.

profetisa *f.* Mujer que posee el don de profecía.

profetizar *tr.* Anunciar o predecir las cosas distantes o futuras, en virtud del don de profecía. Conjeturar o hacer juicios del éxito de alguna cosa, por algunas señales que se han observado.

profilaxis *f.* Conjunto de métodos y disposiciones encaminados a evitar enfermedades o su propagación. Preservación.

prófugo-a *adj. y s.* Dícese del que nuye de la justicia o de otra autoridad legítima. *M.* Mozo que llegado el momento de su incorporación a filas, deja de presentarse sin causa justificada.

profundidad *f.* Calidad de profundo. Hondura. Dimensión de los cuerpos perpendicular a una superficie dada.

profundizar *tr.* Cavar una cosa para que esté más honda. Discurrir con la mayor atención y examinar o penetrar una cosa para llegar a su perfecto conocimiento.

profundo-a *adj.* Que tiene el fondo muy distante de la boca o borde de la cavidad. Más cavado y hondo que lo regular. Extendido a lo largo, o que tiene gran fondo. Dícese de lo que penetra mucho o va hasta muy adentro. Intenso, muy vivo y eficaz. Difícil de penetrar o comprender. Dícese de la persona cuyo entendimiento ahonda y penetra mucho. *M.* Profundidad. Mar. Infierno. Sima.

profusión *f.* Abundancia sin medida de lo que se da, expende, derrama, etc.

profuso-a *adj.* Abundante, copioso, superfluamente excesivo.

progenie *f.* Casta, generación, raza o familia de la cual se origina o desciende una persona.

progenitor *m.* Pariente en línea recta, ascendente de una persona. Padre, antepasado.

progenitura *f.* Progenie. Calidad de primogénito. Derecho de primogénito.

progeria *f.* Senilidad prematura.

prognato-a *adj. y s.* Dícese de la persona que tiene salientes las mandíbulas. Dícese del cráneo, individuo o raza con ángulo facial que oscila entre 70° y 79.9°.

prognosis *f.* Conocimiento anticipado de algún suceso. Pronóstico.

programa *m.* Edicto, bando o aviso público. Declaración previa de lo que se piensa hacer en alguna materia u ocasión. Tema que se da para un discurso, diseño, cuadro, etc. Sistema o distribución de las materias de un curso o asignatura. Anuncio o exposición de las partes de que se han de componer ciertas cosas o de las condiciones a que han de sujetarse. Orden de un espectáculo.

progresar *intr.* Hacer progresos o adelantamientos en una materia. Mejorar, adelantar, prosperar.

progresión *f.* Acción de avanzar o proseguir una cosa. Serie de números o términos algebraicos en la cual cada tres consecutivos forman proporción continua. Repetición de una fórmula o diseño me-

lódico o armónico, en orden ascendente o descendente.

progresista *adj. y s.* Partidario del progreso; que lo incluye.

progresivo-a *adj.* Que avanza, favorece el avance o lo procura. Que progresa o aumenta en cantidad o en perfección.

progreso *m.* Acción de ir hacia adelante. Aumento, adelantamiento, perfeccionamiento. Movimiento de avance de la civilización y de las instituciones políticas sociales.

prohibición *f.* Acción y efecto de prohibir o vedar.

prohibicionismo *m.* Sistema de política económica que prohíbe la importación de artículos manufacturados que puedan competir en condiciones de ventaja en el mercado nacional. Prohibición de fabricar y vender bebidas alcohólicas.

prohibir *tr.* Vedar o impedir el uso o ejecución de una cosa.

prohibitivo-a o **prohibitorio-a** *adj.* Dícese de lo que prohíbe.

prohijar *tr.* Adoptar. Acoger como propias las opiniones o doctrinas ajenas. Patrocinar.

prohombre *m.* El que goza de especial consideración entre los de su clase.

prójimo *m.* Cualquier ser humano respecto de otro.

prolapso *m.* Caída o salida parcial o total de un órgano o víscera, hacia delante o abajo.

prole *f.* Linaje, hijos o descendencia de alguien.

prolegómenos *m. pl.* Establecimiento previo de los principios o fundamentos generales de una materia y que se han de tratar después.

proletariado *m.* Clase social constituida por los proletarios.

proletario-a *adj. y s.* Dícese del que carece de bienes y que sólo está comprendido en las listas vecinales por su persona y familia. Asalariado, obrero, trabajador. Plebeyo, vulgar.

proliferación *f.* Multiplicación de formas similares, especialmente de células, tumores y quistes morbosos. Multiplicación del huevo fecundado.

proliferar *intr.* Engendrar partes semejantes a sí mismo: pólipos, tallos, raíces, células, etc. Multiplicarse o segmentarse el huevo y las células originadas por él.

prolífico-a *adj.* Que se multiplica rápidamente.

prolijo-a *adj.* Largo, dilatado con exceso. Demasiadamente cuidadoso o esmerado. Impertinente, pesado, molesto.

prólogo *m.* Escrito antepuesto al cuerpo de una obra para dar cuenta de los fines que se persiguen o para hacer alguna advertencia. Acción previa de la que es consecuencia la principal que va a desarrollarse, en algunas novelas u obras dramáticas. Lo que sirve de exordio o principio para ejecutar una cosa.

prolongar *tr.* y *r.* Alargar; dilatar o extender una cosa a lo largo. Hacer que dure una cosa más tiempo de lo regular.

proloquio *m.* Proposición, sentencia.

prolusión *f.* Prelusión.

promanar *intr.* Provenir.

promecio *m.* Nuevo elemento químico, producto de la fisión del uranio; símbolo Pm.

promediar *tr.* Igualar o repartir una cosa entre dos partes iguales o que lo sean con poca diferencia. *Intr.* Interponerse entre dos o más personas para ajustar un negocio. Llegar a su mitad un espacio de tiempo determinado.

promedio *m.* Punto en que una cosa se divide por mitad o casi por la mitad. Cociente que resulta de dividir la suma de varios números entre el número de ellos.

promesa *f.* Expresión de la voluntad de dar a uno o hacer por él a.guna cosa. Ofrecimiento. Indicio o señal que hace esperar algún bien.

prometer *tr.* Obligarse a hacer, decir o dar alguna cosa. Dar una persona buenas muestras de sí para lo venidero. *R.* Esperar una cosa o mostrar gran confianza en lograrla. Ofrecerse a Dios. *R.* Darse mutuamente palabra de casamiento, por sí o por tercera persona.

prometida *f.* Futura, novia que tiene con su novio compromiso formal.

prometido *m.* Futuro, novio que tiene con su novia compromiso formal. Promesa.

prominencia *f.* Elevación de una cosa sobre lo que está alrededor o cerca de ella. Parte sobresaliente de un órgano; apófisis.

prominente *adj.* Que se levanta sobre lo que está a su inmediación o alrededores.

promiscuar *intr.* Tomar carne y pescado en una misma comida en los días prohibidos por la Iglesia. Participar indistintamente en dos cosas heterogéneas u opuestas, físicas o inmateriales.

promiscuidad *f.* Mezcla, confusión. Unión carnal que se efectúa indistintamente entre un grupo de individuos.

promiscuo-a *adj.* Mezclado confusa o indiferentemente. Que tiene dos sentidos o se puede usar igualmente de un modo o de otro, por ser ambos equivalentes.

promisión *f.* Promesa.

promisorio-a *adj.* Que encierra en sí promesa.

promoción *f.* Acción de promover. Conjunto de individuos que al mismo tiempo han obtenido un grado o empleo. Venta de propaganda a buen precio.

promontorio *m.* Altura muy considerable de tierra, y la que avanza dentro del mar. Cosa que hace demasiado bulto y causa grande estorbo.

promotor-a *adj.* y *s.* Que promueve una cosa, haciendo las diligencias conducentes para su logro. Organizador.

promover *tr.* Iniciar o adelantar una cosa, procurando su logro. Elevar a una persona a dignidad o empleo superior al que tenía.

promulgar *tr.* Publicar solemnemente una cosa; hacerla saber a todos. Hacer que una cosa se divulgue y propague mucho entre el público. Publicar formalmente una ley.

prono-a *adj.* Inclinado excesivamente a una cosa. Que está echado sobre el vientre, o acostado boca abajo.

pronombre *m.* Categoría gramatical que designa una persona o cosa sin nombrarla y denota a la vez las personas gramaticales.

pronominal *adj.* Perteneciente al pronombre o que participa de su índole o naturaleza. Dícese del verbo que lleva en su conjugación la forma reflexiva.

pronosticar *tr.* Conocer lo futuro por algunos indicios. Presagiar, vaticinar, augurar.

pronóstico *m.* Acción y efecto de pronosticar. Predicción de las cosas futuras por medio de señales observadas. Calendario en que se incluye el anuncio de los fenómenos astronómicos y metereológicos. Designación del competidor con mayores probabilidades de triunfo. Anuncio de los cambios probables del tiempo. Juicio médico sobre los cambios en el curso de una enfermedad, su duración y terminación.

prontitud *f.* Celeridad, presteza o velocidad en ejecutar una cosa. Viveza de ingenio o de imaginación. Rapidez.

pronto-a *adj.* Veloz, acelerado, ligero. Dispuesto, aparejado para la ejecución de una cosa. *M.* Movimiento repentino a impulsos de una pasión u ocurrencia inesperada. *Adv.* Presto, con prontitud.

prontuario *m.* Resumen o apuntamiento en que se anotan ligeramente varias cosas a fin de tenerlas presentes. Compendio de las reglas de una ciencia o arte.

pronunciamiento *m.* Rebelión o alzamiento militar. Cada una de las declaraciones, condenas o mandatos del juzgador.

pronunciar *tr.* Emitir y articular sonidos para hablar. Determinar, resolver. Levantar, sublevar. Publicar una sentencia o auto.

propaganda *f.* Acción y efecto de propagar, extender el conocimiento de una cosa o la afición a ella. Difusión de ideas u opiniones, productos o materias.

propagar *tr.* y *r.* Multiplicar por generación u otra vía de reproducción. Extender o dilatar una cosa. Extender el conocimiento de una cosa o la afición a ella. Difundir, divulgar, publicar.

propalar *tr.* Divulgar una cosa oculta.

propano *m.* Hidrocarburo gaseoso, incoloro, inflamable, que existe en el gas natural; se emplea como refrigerante.

proparoxítono-a *adj.* Esdrújulo.

propasar *tr.* y *r.* Pasar más adelante de lo debido. Excederse de lo razonable en lo que se hace o dice.

propedéutica *f.* Enseñanza preparatoria para el estudio de una disciplina.

propender *intr.* Inclinarse uno a una cosa por especial afición, genialidad u otro motivo.

propensión *f.* Inclinación de una persona o cosa a lo que es de su gusto o naturaleza.

propiciar *tr.* Ablandar, aplacar la ira de alguien, haciéndole favorable, benigno y propicio.

propicio-a *adj.* Benigno, inclinado a hacer bien.

propiedad *f.* Derecho o facultad de gozar y disponer de una cosa, con exclusión del ajeno arbitrio y de reclamar la devolución de ella si está en poder de otro. Cosa objeto de dominio, sobre todo bien inmueble o raíz. Cualidad esencial de una persona o cosa. Semejanza o imitación perfecta. Posesión, predio, heredad; pertenencia, naturalidad. Significado peculiar y exacto de las palabras o frases.

propietario-a *adj.* y *s.* Que tiene derecho de propiedad sobre una cosa y especialmente sobre bienes inmuebles. Que tiene cargo y oficio que le pertenece.

propileo *m.* Vestíbulo de un templo; peristilo de columnas.

propina *f.* Colación o agasajo. Gratificación pequeña con que se recompensa un servicio eventual.

propinar *tr.* Dar a beber. Ordenar, administrar una medicina. Pegar, maltratar a alguien dando golpes, palos, puñetazos, etc.

propincuo-a *adj.* Allegado, cercano, próximo.

propio-a *adj.* Perteneciente a uno. Característico, peculiar de cada persona o cosa. Conveniente y a propósito para un fin. Natural, mismo. *M.* Persona que expresamente se envía de un punto a otro con carta o recado. Heredad, dehesa, casa.

propóleos *m.* Substancia cérea con que las abejas bañan las colmenas, reparan los desperfectos de la colmena o cubren los cadáveres de los animales que se introducen en ella.

proponer *tr.* Manifestar con razones una cosa para conocimiento de uno, o para inducirlo a adoptarla. Determinar o hacer propósito de ejecutar o no una cosa. Consultar o presentar a alguien para un empleo, cargo o beneficio. Hacer una propuesta, o una proposición.

proporción *f.* Disposición o correspondencia debida de las partes de una cosa con el todo, o entre cosas relacionadas entre sí. Disposición u oportunidad para hacer o lograr una cosa. Coyuntura, conveniencia. Tamaño. En Matemáticas, igualdad de dos razones.

proporcionado-a *adj.* Regular, competente, apto para lo que es menester. Que guarda proporción.

proporcional *adj.* Perteneciente a la proporción o que la incluye. Dícese del nombre o del adjetivo numeral que expresa cuántas veces una cantidad contiene en sí otra inferior.

proporcionar *tr.* Disponer y ordenar una cosa con la debida correspondencia en sus partes. Poner en aptitud o disposición las cosas a fin de conseguir lo que se desea. Poner a disposición de uno lo que necesita o le conviene. Adecuar; proveer, facilitar.

proposición *f.* Acción y efecto de proponer. Enunciado de un juicio. Enunciación de una verdad demostrada o que se trata de demostrar.

propósito *m.* Animo o intención de hacer o de no hacer una cosa. Objeto, mira. Materia de que se trata o en que se está entendiendo. Intento, proyecto, designio.

propuesta *f.* Proposición o idea que se manifiesta y ofrece a alguien para un fin. Consulta dirigida al superior para un empleo o beneficio. Consulta de un asunto a la persona, junta o cuerpo que lo ha de resolver.

propulsar *tr.* Repulsar. Impeler hacia adelante.

propulsión *f.* Repulsa. Acción de propulsar, impeler hacia adelante. Aplícase a los motores de propulsión a chorro de los aviones, que producen el empuje por la reacción de los gases que escapan a presión.

propulsor-a *adj. y s.* Que propulsa. *M.* Órgano que origina un movimiento de propulsión.

prorrata *f.* Cuota o porción que toca a uno de lo que se reparte entre varios.

prorratear *tr.* Repartir una cantidad entre varios, según la parte que proporcionalmente toca a cada uno.

prórroga o **prorrogación** *f.* Continuación de una cosa por un tiempo determinado.

prorrogar *tr.* Continuar, dilatar, extender una cosa por tiempo determinado. Suspender, aplazar.

prorrumpir *intr.* Salir con ímpetu una cosa. Producir repetidamente y con fuerza una voz, suspiro u otra demostración de dolor o pasión vehemente.

prosa *f.* Forma natural del lenguaje, sin sujeción a medida ni cadencia determinadas. Demasía de palabras en cosas de poca importancia. Aspecto o parte de las cosas que se oponen al ideal y a la perfección de ellas.

prosaico-a *adj.* Perteneciente o relativo a la prosa o escrito en prosa. Dícese de la obra poética falta de armonía o entonación o que tiene excesiva llaneza de expresión, o temas insulsos o triviales. Falto de idealidad o elevación. Vulgar.

prosapia *f.* Ascendencia, linaje o generación de una persona.

proscenio *m.* Parte del escenario más inmediata al público, o sea la que media entre el borde del escenario y el primer orden de bastidores.

proscribir *tr.* Echar a uno del territorio de su patria, comúnmente por causas políticas. Excluir, prohibir el uso de una cosa.

prosecución *f.* Acción de proseguir. Seguimiento, persecución.

proseguir *tr.* Seguir, continuar, llevar adelante lo que se tenía empezado.

proselitismo *m.* Celo de ganar prosélitos.

prosélito *m.* Partidario que se gana para una religión, doctrina, etc. Secuaz, satélite.

prosificar *tr.* Poner en prosa una composición poética.

prosista *com.* Escritor o escritora de obras en prosa.

prosobranquio *adj. y s.* Molusco gasterópodo con las branquias y la aurícula situadas delante del ventrículo.

prosodia *f.* Parte de la Gramática que enseña la recta pronunciación y acentuación de las letras, sílabas y palabras.

prosopografía *f.* Descripción del exterior de una persona o de un animal.

prosopopeya *f.* Figura que consiste en atribuir a las cosas inanimadas, incorpóreas o abstractas, acciones y cualidades del ser animado y corpóreo. Afectación de gravedad y pompa.

prospección *f.* Exploración que, previamente a su explotación, se hace en los yacimientos minerales. Pensamiento que se refiere al futuro; opuesto al retrospectivo.

prospecto *m.* Exposición o anuncio breve que se hace al público sobre una obra, espectáculo, mercancía, etc.

prosperar *tr.* Ocasionar, tener o gozar prosperidad. Mejorar, progresar; medrar, enriquecerse.

prosperidad *f.* Curso favorable de las cosas; buena suerte o éxito féliz en lo que se emprende, sucede u ocurre.

próspero-a *adj.* Favorable, propicio, venturoso.

próstata *f.* Glándula genital irregular, pequeña, de color rojizo, que tienen los machos de los mamíferos unida al cuello de la vejiga urinaria y a la uretra.

prosternarse *r.* Postrarse.

prostíbulo *m.* Mancebía, lupanar.

prostitución *f.* Acción y efecto de prostituir o prostituirse.

prostituir *tr. y r.* Exponer públicamente a todo género de torpeza y sensualidad. Exponer, entregar, abandonar una mujer a la pública deshonra; corromperla. Deshonrar, vender uno su empleo, autoridad, etc., abusando bajamente de él, por interés o por adulación.

prostituta *f.* Ramera, meretriz.

protactinio *m.* Elemento radioactivo, semejante químicamente al tantalio, y primero de la serie del actinio; símbolo Pa.

protagonista *com.* Personaje principal de cualquier poema dramático, relato, obra de ficción o suceso.

protal *adj.* Original, primitivo. Congénito.

prótasis *f.* Primera parte de un poema dramático; exposición. Primera parte del período gramatical donde queda pendiente el sentido, que se completa y cierra en la segunda o apódosis.

protección *f.* Acción y efecto de proteger. Defensa, amparo, refugio; socorro, apoyo. Coraza o blindaje parcial de algunas naves de guerra. Cobertura. Fuerza combatiente para defensa y apoyo de otras actividades.

proteccionismo *m.* Doctrina económica que protege la agricultura y la industria de un país gravando o prohibiendo la importación de productos extranjeros y favoreciendo por otros medios los nacionales. Régimen aduanero fundado en esta doctrina.

protector-a *adj. y s.* Que protege, Que por oficio cuida de los derechos e intereses de una comunidad. Defensor.

protectorado *m.* Dignidad o cargo de protector. Parte de soberanía que un Estado ejerce sobre otro. Territorio en que se ejerce esta soberanía compartida. Alta dirección e inspección que se reserva el poder público sobre las instituciones de beneficencia particular.

proteger *tr.* Amparar, favorecer, defender.

protegido-a *adj. y s.* Favorito, animado.

proteico-a *adj.* Que cambia de formas o de ideas. Dícese de los compuestos nitrogenados que fundamentalmente constituyen el protoplasma celular.

proteína *f.* Substancia nitrogenada, extremadamente compleja, que siempre contiene carbono, hidrógeno y oxígeno, constituyente esencial de las células vivas de plantas y animales.

protervia *f.* Obstinación en la maldad; perversidad, contumacia.

prótesis *f.* Procedimiento con que se repara artificialmente la falta de un órgano o parte de él. Metaplasmo consistente en añadir una o más letras eufónicas al principio de un vocablo.

protesta *f.* Acción y efecto de protestar. Promesa con aseveración o atestación de ejecutar una cosa.

protestante *adj.* Que protesta. Adepto a cualquiera de las ramas o grupos del protestantismo. Perteneciente o relativo a él.

protestantismo *m.* Creencia religiosa de los protestantes. Conjunto de ellos.

protestar *tr.* Declarar el ánimo que uno tiene en orden a ejecutar una cosa. Confesar públicamente la fe y creencia que uno profesa. Asevera con ahinco y firmeza. Hacer el protesto de una letra de cambio. Oponerse a algo.

protesto *m.* Protesta. Justificación auténtica de la falta de aceptación o pago de las letras de cambio. Acta notarial en que se acredita.

protocolizar *tr.* Incorporar al protocolo una escritura matriz u otro documento.

protocolo *m.* Serie ordenada de escrituras matrices y otros documentos que un notario o escribano autoriza y custodia con ciertas formalidades. Convención internacional entre dos o más agentes diplomáticos y el ministro de Relaciones Exteriores de una nación dada. Conjunto de datos clínicos referentes a un enfermo.

protohistoria *f.* Período histórico en que faltan la cronología y los documentos, basado solo en tradiciones e inducciones; transición entre la Prehistoria y la Historia propiamente dicha.

protomártir *m.* El primero de los mártires; nombre que se da a San Esteban por haber sido el primero de los discípulos del Señor que padeció martirio, y a San Felipe de Jesús, en México.

protón *m.* El corpúsculo nuclear del átomo de hidrógeno, con carga positiva igual a uno. Partícula elemental idéntica al núcleo de un átomo de hidrógeno.

protónico-a *adj.* Dícese de la sílaba átona que precede a la tónica del vocablo.

protoplasma *m.* Substancia viviente de constitución coloidal muy compleja, que forma la célula.

prototipo *m.* Ejemplar original o primer molde en que se fabrica una figura u otra cosa. El más perfecto ejemplar y modelo de una virtud, vicio o cualidad. Tipo que sintetiza la organización de un grupo biológico. Arquetipo.

protóxido *m.* Cuerpo que resulta de la combinación del oxígeno con un radical simple o compuesto, en el primer grado de oxidación de éstos, según sus valencias ordinarias.

protozoario o protozoo *adj. y s.* Animal que incluye las formas más sencillas de cuantos existen, constituido por una sola célula que realiza todas las funciones vitales.

protráctil *adj.* Que puede prolongarse o extenderse hacia adelante, como la lengua de algunos reptiles.

protuberancia *f.* Prominencia más o menos redonda. Eminencia o saliente del disco del Sol.

provecto-a *adj.* Antiguo, adelantado o que ha aprovechado en una cosa. Maduro, entrado en años. Dícese de la edad madura que se acerca a la ancianidad.

provecho *m.* Beneficio o utilidad que se consigue o se origina de una cosa o por algún medio. Aprovechamiento en las ciencias, artes o virtudes. Emolumento que se permite fuera del sueldo o salario.

provechoso-a *adj.* Que causa provecho o es de provecho o utilidad. Beneficioso, lucrativo, fructífero.

proveedor-a *m. y f.* Persona que tiene a su cargo proveer o abastecer de lo necesario a los ejércitos, armadas, comunidades u otras corporaciones de gran consumo.

proveer *tr.* Prevenir, juntar y tener prontos los mantenimientos u otras cosas necesarias para un fin. Dar o conferir una dignidad, empleo u otra cosa. Suministrar o facilitar lo necesario o conveniente para un fin. Dictar un juez o tribunal una resolución que no es la sentencia definitiva.

provenir *intr.* Nacer, proceder, originarse una cosa de otra.

provenzal *adj. y s.* Natural de Provenza. Perteneciente a esta antigua provincia de Francia. Lengua que se habla en ella.

proverbial *adj.* Perteneciente o relativo al proverbio o que lo incluye. Muy notorio. Dícese de la frase vulgar que expresa una sentencia a modo de proverbio.

proverbio *m.* Sentencia, adagio o refrán. Obra dramática cuyo objeto es poner en acción un proverbio.

providencia *f.* Disposición anticipada o prevención que mira o conduce al logro de algún fin. Disposición que se toma en un lance sucedido, para componerlo o remediar el daño que pueda resultar. Suprema sabiduría o la superior disposición de Dios que rige y conserva el mundo. Resolución judicial breve y sencilla para dar al proceso la tramitación legal correspondiente.

providencial *adj.* Perteneciente o relativo a la Providencia.

providente *adj.* Avisado, prudente. Próvido.

próvido-a *adj.* Prevenido, cuidadoso y diligente para proveer y acudir con lo necesario al logro de un fin. Propicio, benévolo.

provincia *f.* Cada una de las grandes divisiones de un territorio o Estado, sujeta por lo común a una autoridad administrativa. Conjunto de casas o conventos de religiosos en un determinado territorio.

provincial *adj.* Perteneciente o relativo a una provincia. *M.* Religioso que tiene el gobierno sobre todas las casas y conventos de una provincia.

provincialismo *m.* Predilección que se da a los usos, producciones, etc., de la provincia en que se ha nacido. Voz o giro que se usa sólo en una provincia o comarca.

provinciano-a *adj. y s.* Dícese del habitante de una provincia, en contraposición al de la capital.

provisión *f.* Acción y efecto de proveer. Prevención de mantenimientos, caudales u otras cosas, para que no hagan falta ni se echen de menos. *Pl.* Mantenimientos o cosas que se previenen y tienen prontas para un fin.

provisional *adj.* Dispuesto o mandado interinamente. Transitorio, accidental.

provisorio-a *adj.* Provisional.

provocación *f.* Acción y efecto de provocar.

provocar *tr.* Excitar, incitar, inducir a alguien a que ejecute una cosa. Irritar o estimular a uno con palabras u obras para que se enoje. Facilitar, ayudar. Mover. Vomitar.

provocativo-a *adj.* Que tiene virtud o eficacia de provocar, excitar o precisar a ejecutar una cosa.

proxeneta *com.* Alcahuete.

proximidad *f.* Calidad de próximo. Cercanía, contorno.

próximo-a *adj.* Cercano, que dista poco. Inmediato, junto, confinante.

proyección *f.* Acción y efecto de proyectar. Imagen de un objeto recogida sobre una superficie, generalmente en una pantalla plana. Movimiento comunicado a un cuerpo por una fuerza instantánea. Acción y efecto de proyectar una película sobre la pantalla. Figura que resulta en una superficie, de proyectar en ella todos los puntos de otra figura. Representación en un plano de los detalles geográficos de una zona.

proyectar *tr.* Lanzar, dirigir hacia adelante o a distancia. Idear, trazar o proponer el plan y los medios para la ejecución de una cosa. Hacer visible sobre un cuerpo o una superficie la figura o sombra de otro. Trazar líneas rectas desde todos los puntos de un sólido u otra figura hasta que encuentren una superficie, por lo común plana. Arrojar, despedir, disparar un cuerpo al aire con auxilio de una máquina o sin ella.

proyectil *m.* Cualquier cuerpo arrojadizo: saeta, bala, bomba. Cuerpo pesado lanzado al espacio en cualquier dirección y con cualquier velocidad y abandonado a la acción de la gravedad. Cuerpo susceptible de ser lanzado a través del espacio para herir a un adversario o destruir sus defensas.

proyectista *com.* Persona que hace proyectos o los facilita.

proyecto *m.* Planta y disposición que se forma para un tratado o para la ejecución de una cosa. Designio de ejecutar algo. Conjunto de escritos, cálculos y dibujos para dar idea de cómo ha de ser y lo que ha de costar una obra de arquitectura o de ingeniería. Plan, empresa. *Adj.* Representado en perspectiva.

proyector *m.* Que proyecta. Linterna de proyección. Aparato que proyecta las imágenes de una película sobre la pantalla y reproduce los sonidos de la banda sonora. Reflector para lanzar haces de luz muy potentes en dirección determinada. Artificio para lanzar proyectiles.

prudencia *f.* Virtud que consiste en discernir y distinguir lo que es bueno o malo para seguirlo o huir de ello. Templanza, moderación. Discernimiento, buen juicio.

prudente *adj. y s.* Que tiene prudencia y obra con circunspección y recato. Discreto, cuerdo, previsor, mesurado.

prueba *f.* Acción y efecto de probar. Razón, argumento, instrumento u otro medio con que se pretende mostrar y hacer patente la verdad o falsedad de una cosa. Indicio, señal o muestra que se da de una cosa. Cantidad pequeña de un género comestible para examinar si es bueno o malo. Operación para comprobar la exactitud de otra ya hecha. Demostración. Ensayo. Muestra de composición tipográfica. Técnica utilizada en el diagnóstico. *Pl. americ.* Ejercicios acrobáticos.

prurigo *m.* Inflamación crónica de la piel con formación de pápulas blanquecinas o rosadas, recurrentes, dispersas y que dan comezón intensa.

prurito *m.* Comezón, picazón. Deseo persistente y excesivo. Trastorno funcional de la piel que origina intensa comezón, con alteración cutánea estructural o sin ella.

prusiano-a *adj. y s.* Natural de Prusia. Perteneciente a esta región de Alemania.

prusiato *m.* Sal de ácido prúsico.

prúsico *adj.* Ácido cianhídrico.

psi *f.* Vigésima tercera letra del alfabeto griego, equivalente a nuestro sonido *ps.*

psicoanálisis o sicoanálisis *m.* Método de exploración o tratamiento de ciertas enfermedades nerviosas o mentales, basado en el análisis

retrospectivo de las causas morales y afectivas que determinaron el estado morboso.

psicología o sicología *f.* Ciencia de los fenómenos psíquicos, de los hechos de conciencia, de la conducta de los organismos, de sus reacciones, o ciencia del espíritu.

psicólogo-a *m. y f.* Persona que profesa la Psicología o tiene en ella especiales conocimientos.

psicometría o sicometría *f.* Medición de los hechos psíquicos, ya sea de su duración, frecuencia o intensidad.

psicópata *com.* El que padece una enfermedad mental.

psicosis o sicosis *f.* Enfermedad mental. Locura, demencia.

psicosomático-a *adj.* Relativo o perteneciente a la mente y al cuerpo. Aplícase a los síntomas objetivos de origen psíquico.

psicotecnia *f.* Aplicación de la Psicología a la práctica: a la Pedagogía, a la vida económica, publicidad, orientación profesional, a la racionalización de las actividades humanas.

psicroterapia o sicroterapia *f.* Tratamiento de ciertas enfermedades por el frío.

psique *f.* Conciencia, espíritu, alma; todo supuesto metafísico. lo consciente y lo inconsciente, etc.

psiquiatría o siquiatría *f.* Parte de la Medicina que trata de las enfermedades mentales y su tratamiento.

psíquico-a o síquico-a *adj.* Relativo o perteneciente al alma, al espíritu. a la psique. Mental, psicológico.

psitaciforme *adj. y s.* Ave de un orden con especies de pico fuerte, encorvado y ganchudo, lengua carnosa y patas con dos dedos hacia delante y otros dos hacia atrás: loros, cacatúas, cotorras, guacamayos, pericos, etc.

psora *f.* Sarna.

pteridofita *f.* Planta cuyo tipo es el helecho.

pterobranquio-a *adj.* Con branquias en forma de alas o aletas.

ptialismo *m.* Secreción de saliva anormalmente abundante.

ptiriasis *f.* Infestación con piojos; pediculosis.

ptosis *f.* Caída o prolapso de un órgano.

púa *f.* Cuerpo delgado y rígido que acaba en punta aguda. Vástago o tallo en el árbol que se introduce en otro para injertarlo. Diente de un peine. Ganchito o diente de alambre de la carda. Chapa de carey que se usa para tocar la bandurria, guitarra, etc. Persona sutil y astuta.

púber-a *adj.* y *s.* Que ha llegado a la pubertad.

pubertad *f.* Período de la vida del hombre o de la mujer, en que entran en funciones los órganos de la generación y queda el individuo apto para reproducirse.

pubescencia *f.* Pubertad. Vellosidad.

pubis o **pubes** *m.* Parte inferior del vientre, que en la especie humana se cubre de vello en la pubertad.

publicación *f.* Acción y efecto de publicar. Obra literaria o artística publicada.

publicano *m.* Entre los romanos, arrendador de los impuestos o rentas públicas y de las minas del Estado.

publicar *tr.* Hacer notoria o patente una cosa que se quiere hacer llegar a noticia de todos. Hacer patente y manifiesta una cosa al público. Revelar lo que estaba secreto y se debía callar. Correr las amonestaciones para el matrimonio. Difundir por medio de la imprenta u otro medio, un escrito, estampa, libro, etc. Divulgar, anunciar, editar.

publicidad *f.* Calidad o estado de público. Conjunto de medios para divulgar una noticia. Propaganda comercial.

publicista *com.* Autor que escribe sobre Derecho Público, o persona muy versada en esta ciencia. Persona que escribe para el público. En América, agente de publicidad.

público-a *adj.* Notorio, patente, manifiesto, visto o sabido por todos. Vulgar, común y notado de todos. Jurisdicción, potestad y autoridad para hacer una cosa, como contrapuesto a privado. *M.* Común del pueblo o ciudad. Conjunto de personas que concurren a determinado lugar, espectáculo, etc. Auditorio, concurrencia.

puchada *f.* Cataplasma de harina desleída a modo de puches. Gachas de salvado, harina de centeno o habas para engordar los cerdos. Argamasa clara poco consistente.

pucherazo *m.* Golpe dado con un puchero. Fraude electoral consistente en computar votos no emitidos en favor del candidato al que se adjudican.

puchero *m.* Vasija de barro o hierro fundido, de panza abultada y cuello ancho, para cocer la comida. Olla, cocido. Alimento diario y regular. Gesto o movimiento que precede o sigue al llanto.

puches *amb. pl.* Gachas, harina cocida.

puchteco *m.* En México, buhonero indígena.

pudelar *tr.* Hacer dulce el hierro colado, quemando parte de su carbono en hornos de reverbero.

pudendo-a *adj.* Torpe, feo, que debe causar vergüenza. Relativo a los órganos genitales externos.

pudibundez *f.* Afectación o exageración del pudor.

pudibundo-a *adj.* Pudoroso.

pudicia *f.* Virtud de guardar y observar honestidad en acciones y palabras.

púdico-a *adj.* Honesto, casto, pudoroso.

pudiente *adj.* y *s.* Poderoso, rico, hacendado.

pudinga *f.* Roca sedimentaria detrítica formada por cantos rodados o gravas redondeadas cementados por una substancia caliza o silícea.

pudor *m.* Honestidad, modestia, recato.

pudoroso-a *adj.* Lleno de pudor.

pudrición *f.* Putrefacción. Descomposición de la madera.

pudridero *m.* Sitio o lugar en que se pone una cosa para que se pudra o corrompa. Cámara para los cadáveres, antes de colocarlos en el panteón.

pudrir *tr.* y *r.* Resolver en podre una cosa; corromperla o dañarla. Consumir, molestar, causar suma impaciencia y demasiado sentimiento. *Intr.* Haber muerto, estar sepultado.

puebla *f.* Población, pueblo, lugar; es voz anticuada.

pueblerino-a *adj.* Lugareño.

pueblo *m.* Población, ciudad, villa o lugar. Población pequeña. Conjunto de personas de un lugar, región o país. Gente común y humilde de una población. Nación.

puente *amb.* Fábrica de piedra, ladrillo, cemento, madera, hierro u hormigón armado que se construye y forma sobre los ríos, fosos y otros sitios para poder pasarlos. Suelo con tablas sobre barcas, odres u otros cuerpos flotantes para pasar un río. Masa de tejido que une dos órganos u órgano que relaciona otros dos. Trozo corto de conductor para establecer una conexión eléctrica. Plataforma que va de banda a banda de un buque, a cierta altura sobre la cubierta. Cubierta con batería en los buques de guerra. Pieza dental postiza que reemplaza a uno o varios dientes perdidos y que se sujeta en los dientes contiguos.

puerca *f.* Hembra del puerco. Cochinilla. Escrófula. Mujer desaliñada y sucia, grosera, sin cortesía ni crianza, ruin, interesada y venal.

puerco *m.* Mamífero artiodáctilo paquidermo doméstico, de orejas caídas, jeta cilíndrica, cuerpo muy grueso y patas cortas; se cría y ceba para aprovechar su carne, grasa y otros productos.

puercoespín o **puerco espín** *m.* Mamífero roedor de cuerpo rechoncho, con el lomo y costados cubiertos de púas córneas.

puericia *f.* Edad que media entre la infancia y la adolescencia, o sea de 7 a 14 años, aproximadamente.

puericultura *f.* Crianza y cuidado de los niños durante los primeros años de la infancia.

pueril *adj.* Perteneciente o relativo al niño o a la puericia. Fútil, trivial, infundado.

puerilidad *f.* Calidad de pueril. Hecho o dicho propio de niño o que parece de niño. Cosa de poca importancia.

puérpera *f.* Mujer recién parida.

puerperio *m.* Sobreparto. Período que comprende desde el momento en que nace la criatura hasta la recuperación de los órganos genitales, de unas 6 a 8 semanas.

puerro *m.* Planta liliácea con cebolla alargada y sencilla, hojas planas, largas y estrechas y flores en umbela, cuyo bulbo es apreciado como condimento.

puerta *f.* Vano regular abierto en pared, cerca o verja desde el suelo hasta la altura conveniente, para entrar y salir. Armazón de madera, hierro u otra materia para impedir la entrada y salida. Camino, principio o entrada para entablar una pretensión, cuestión, etc.

puerto *m.* Lugar en la costa, defendido de los vientos y dispuesto para seguridad de las naves y operaciones de tráfico y salvamento. Asilo, amparo o refugio. Paso, desfiladero o garganta entre montañas.

puertorriqueño-a o **portorriqueño-a** *adj. y s.* Natural de Puerto Rico. Perteneciente o relativo a la isla americana de este nombre.

pues *conj.* causal que denota causa, motivo o razón; condición; continuación, ilación; interrogación; encarecimiento.

puesta *f.* Acción de ponerse un astro. Huevo o conjunto de huevos que deposita el animal al desovar. Acto de desovar.

puestear *intr.* En México, poner puesto para la venta de artículos en la vía pública.

puestero-a *m. y f.* Persona que tiene o atiende un puesto para la venta de artículos en la vía pública.

puesto *m.* Sitio o lugar que ocupa una cosa. Sitio o paraje señalado para la ejecución de una cosa.

Tiendecilla para la venta al por menor. Empleo, dignidad, oficio o ministerio. Estado o disposición en que se halla una cosa. Lugar o paraje ocupado por una fracción de tropa, destacada de la unidad principal.

¡puf! *interj.* Denota molestia o repugnancia causada por malos olores o cosas nauseabundas.

púgil *m.* Gladiador que contendía o combatía a puñadas. Luchador que por oficio contiende a puñadas. Boxeador.

pugilato o **pugilismo** *m.* Contienda o pelea a puñadas entre dos o más hombres. Disputa en que se extrema la porfía. Boxeo.

pugna *f.* Batalla, pelea. Oposición de persona a persona, o entre naciones, bandos, parcialidades.

pugnar *intr.* Batallar, contender, pelear. Solicitar con ahínco, procurar con eficacia; porfiar con tesón.

puja *f.* Acción y efecto de pujar, aumentar los licitadores el precio puesto a una cosa. Cantidad que un licitador ofrece.

pujanza *f.* Fuerza grande o robustez para impulsar y ejecutar una acción. Fortaleza, vigor, poder.

pujar *tr.* Hacer fuerza para pasar adelante o proseguir una acción, procurando vencer el obstáculo que se encuentra. *Intr.* Tener dificultad en expresarse. Vacilar y detenerse en la ejecución de una cosa. Hacer ademanes para prorrumpir en llanto o quedar haciéndolos después de haber llorado.

pujar *tr.* Aumentar los licitadores, en subasta, el precio puesto a una cosa que se vende o arrienda.

pujo *m.* Sensación muy penosa en la gana continua o frecuente de hacer cámaras o de orinar, con gran dificultad de lograrlo y acompañada de dolores. Gana violenta de prorrumpir en un afecto exterior: risa, llanto, etc. Ansia de lograr un propósito.

pulcritud *f.* Esmero en el adorno y aseo de la persona y también en la ejecución de un trabajo manual delicado. Delicadeza, esmero extremado en la conducta, acción o habla. Decoro.

pulcro-a *adj.* Aseado, esmerado, bello, bien parecido. Delicado, esmerado en la conducta y el habla.

pulga *f.* Insecto áptero de color pardo rojizo, de boca chupadora y con patas posteriores largas y aptas para el salto, vive parásito en el hombre y animales.

pulgada *f.* Medida equivalente a la duodécima parte del pie, o sea a unos 23 milímetros; la castellana y mexicana, 23.22 mm; la inglesa, 25.4 mm.

pulgar *m.* Dedo primero y más grueso de los de la mano, oponible a los cuatro restantes.

pulgarada *f.* Golpe que se da apretando el dedo pulgar. Polvo, porción de cosa menuda que se puepe tomar de una vez con las yemas de los dedos.

pulgón *m.* Insecto hemíptero de cuerpo ovoide, partenogenético; las hembras viven en gran número reunidas en las partes tiernas de los vegetales causando graves daños; piojo o piojillo de las plantas.

pulido-a *adj.* Agraciado y de buen parecer; pulcro. primoroso.

pulidor-a *adj. y s.* Que pule, adorna y compone. Instrumento con que se pule. Máquina para pulir.

pulimentar *tr.* Pulir.

pulir *tr.* Alisar o dar tersura y lustre a una cosa. Componer, perfeccionar una cosa, dándole la última mano. Adornar, aderezar, componer. Quitar a uno la rusticidad instruyéndo'e en el trato civil.

pulmón *m.* Organo de la respiración humana, de estructura esponjosa, que se comprime y dilata, y ocupa parte de la cavidad torácica. Organo de la respiración de otros animales.

pulmonía *f.* Inflamación del pulmón o de una parte de él. Neumonía.

pulmotor *m.* Aparato para producir la respiración artificial a las personas accidentadas o que padecen sofocación.

pulpa *f.* Parte mollar de las carnes, sin huesos ni ternillas. Carne, parte mollar de la fruta. Médula o tuétano de las plantas leñosas. Fruta fresca deshuesada y triturada. Residuo de la remolacha después de extraer el jugo azucarado. Cualquier tejido blando, pero compacto y jugoso. Tejido blando y vascular contenido en la cámara de los dientes.

pulpejo *m.* Parte carnosa y mollar de un miembro pequeño del cuerpo humano, y más comúnmente, parte de la palma de la mano de que sale el dedo pulgar.

pulpería *f.* En América del Sur y Puerto Rico, tienda donde -se venden artículos diversos para el consumo, excluyendo la lencería.

púlpito *m.* Plataforma pequeña, con antepecho y tornavoz, que hay en las iglesias, para predicar desde ellas, cantar la epístola, el Evangelio y dirigir otros ejercicios religiosos.

pulpo *m.* Molusco cefalópodo marino con ocho tentáculos provistos de ventosas, muy voraz y de carne comestible.

pulque *m.* Bebida alcohólica, característica de México, que se obtiene haciendo fermentar la savia, o aguamiel de varias especies de maguey; es un líquido viscoso, y blanquecino, dulzón acídulo, de olor poco grato, que contiene de 4 a 7% de alcohol.

pulquería *f.* En México, tienda donde se expende pulque al menudeo; lugar donde se hace esta bebida en el tinacal.

pulquérrimo-a *adj.* Superlativo de pulcro.

pulsación *f.* Acción de pulsar. Cada uno de los latidos de una arteria. Movimiento periódico de un fluido.

pulsador-a *adj. y s.* Que pulsa. Aparato para succionar la leche de las ubres de las vacas. Dispositivo que abre y cierra un circuito eléctrico, por medio de la presión ejercida con un dedo sobre un pequeño botón.

pulsar *tr.* Tocar, golpear. Reconocer el estado del pulso o latido de las arterias. Tantear un asunto para descubrir el medio de tratarlo. *Intr.* Latir el corazón, la arteria u otra cosa de movimiento sensible.

pulsear *intr.* Probar dos personas, asida mutuamente la mano derecha y puestos los codos en lugar firme, quien de ellas tiene más fuerza en el pulso.

pulsera *f.* Venda con que se sujeta en el pulso de un enfermo algún medicamento confortante. Guedeja que cae sobre la sien. Cerco de metal o de otra materia, adornado o no. que las mujeres se ponen en las muñecas, como adorno. Reloj que se lleva en la muñeca formando o no parte del adorno. Ajorca, brazalete.

pulso *m.* Latido intermitente de las arterias, que se siente en varias partes del cuerpo y se observa especialmente en la muñeca. Parte de la muñeca en que se siente. Seguridad o firmeza en la mano para ejecutar una cosa con acierto: escribir. jugar la espada, etc. Tiento o cuidado en un negocio.

pultáceo-a *adj.* De consistencia blanda. De apariencia de podrido o gangrenado, o que de hecho lo está.

pulular *intr.* Empezar a brotar renuevos o vástagos un vegetal. Originarse, provenir una cosa de otra. Abundar. multiplicarse los insectos o sabandijas en un paraje. Abundar o bullir en un paraje personas o cosas.

pulverizador *m.* Aparato para pulverizar un líquido, o que reduce a polvo un material sólido, aunque éste dícese más propiamente, triturador.

pulverizar tr. Reducir a polvo una cosa. Reducir un líquido a partículas muy tenues, a manera de polvo.

puiviscular adj. De grano muy fino.

pulla f. Palabra o dicho obsceno. Dicho con que indirecta o embozadamente se zahiere o reconviene a una persona. Expresión aguda y picante dicha con prontitud.

pullman m. Coche salón para el transporte de pasajeros. En México, tresillo acolchado y con muelles.

¡pum! Voz que se usa para expresar ruido, disparo, explosión o golpe.

puma m. Mamífero carnívoro americano, félido, corpulento y membrudo, ojos grandes acomodados para ver en la obscuridad, pelaje leonado, de extremidades robustas con uñas retráctiles; león de América, o de montaña.

puna f. En América Meridional, tierra alta, próxima a la cordillera de los Andes. Páramo.

punción f. Acción y efecto de punzar. Introducción en los tejidos, cavidades u órganos de algún instrumento punzante, con fines diagnósticos o terapéuticos.

puncha f. Púa, espina, punta delgada y aguda. Borra o desperdicio del peinado de la lana.

pundonor m. Punto de honor o de honra. Honra o crédito de una persona.

pundonoroso-a adj. Que incluye pundonor o lo causa; que lo tiene.

pungir tr. Punzar. Herir las pasiones el ánimo o el corazón.

punible adj. Que merece castigo.

punición f. Castigo. Pena.

púnico-a adj. y s. Cartaginés, perteneciente a Cartago. M. Lengua semítica hablada por los cartagineses.

punitivo-a adj. Perteneciente o relativo al castigo.

punta f. Extremo agudo de una arma o instrumento con que se puede herir. Extremo de una cosa. Colilla. Porción de ganado que se separa del hato. Protuberancia de las astas del ciervo. Asta del toro. Lengua de tierra que penetra en el mar. Parada del perro ante la caza. Sabor que va tirando a agrio. Algo, un poco. En América, varios, muchos. Pl. Encaje que forma ondas en una de sus orillas.

puntada f. Cada uno de los agujeros hechos con la aguja, lezna u otro instrumento semejante, en la tela, cuero u otra materia que se va cosiendo. Espacio entre dos

de estos agujeros próximos entre sí. Razón o palabra dicha como al descuido para recordar algo o que se hable de ello. En México, agudeza, golpe de ingenio.

puntal m. Madero hincado en firme para sostener una pared. Prominencia de un terreno que forma como punta. Apoyo, fundamento.

puntapié m. Golpe que se da con la punta del pie.

puntazo m. Contusión o herida poco profunda producida con el extremo de un cuerno o punta.

puntear tr. Marcar, señalar puntos en una superficie. Dibujar, pintar o grabar con puntos. Coser o dar puntadas. Tocar la guitarra hiriendo las cuerdas cada una con un dedo. Compulsar una cuenta partida por partida.

puntera f. Remiendo en el calzado, y renovación en los calcetines de la parte que cubre la punta del pie. Puntapié.

puntería f. Acción de apuntar un arma arrojadiza o de fuego. Dirección del arma apuntada. Destreza del tirador para dar en el blanco.

puntero-a adj. Aplícase la persona que tiene puntería. El que descuella entre sus compañeros de deporte, profesión u otra actividad cualquiera. M. Punzón o vara con que se señala una cosa para llamar la atención sobre ella. Cincel de los canteros, de boca puntiaguda y cabeza plana.

puntiagudo-a adj. Que tiene aguda la punta.

puntilla f. Encaje muy angosto que se suele añadir y coser a la orilla de otro encaje, o para guarnecer pañuelos, escotes de vestido, etc. Instrumento, a modo de cuchillito, de punta redonda para trazar, en lugar de lápiz. Cachetero, puñal con que se remata a las reses.

puntillazo m. Puntapié.

puntillero m. Cachetero, quien remata al toro con la puntilla.

puntillo m. Cosa leve en que una persona, nimiamente pundonorosa, repara y hace consistir el honor y la estimación.

puntilloso-a adj. Dícese de la persona que tiene muchos puntillos.

punto m. Señal de dimensiones poco o nada perceptibles en una superficie. Puntada de costura. Tejido o tela hecha con lazaditas. Rotura pequeña en las medias por soltarse alguna lazadita. Diferente manera de lazar los hilos que forman ciertas telas. Medida de longitud, duodécima parte de la línea. Agujero que tienen de trecho en trecho ciertas piezas. Sitio, lugar. Paraje público para coches de alquiler. Valor convencional de las cartas de la baraja. Persona ligera y de pocos escrúpulos, o que es poco de fiar. Parte mínima de una cosa. Instante, momento. Ocasión oportuna. Sitio en que se debe leer o que se elige para una lección. Asunto o materia de un discurso, sermón, conferencia, etc. Fin o intento de una acción. Estado perfecto a que llega o debe llegar una cosa. Pundonor. Límite mínimo de la extensión. Zona de referencia anatómica. Signo que indica que la nota debe ejecutarse picada. Signo ortográfico que indica final de sentido gramatical y lógico, y que se escribe también después de toda abreviatura.

puntoso-a *adj.* Que tiene muchas puntas. Que tiene punto de honra, o que procura conservar la buena opinión y fama. Puntilloso.

puntuación *f.* Acción y efecto de puntuar. Conjunto de signos que sirven para puntuar.

puntual *adj.* Pronto, diligente, exacto en hacer las cosas a su tiempo. Indubitable, cierto. Conforme, conveniente, adecuado. Perteneciente o relativo a un punto.

puntualizar *tr.* Grabar profundamente y con exactitud las cosas en la memoria. Referir un suceso o describir algo con todas sus circunstancias. Dar la última mano a una cosa, perfeccionarla. Precisar.

puntuar *tr.* Poner en la escritura los signos ortográficos necesarios y convenientes.

puntura *f.* Herida con instrumento punzante. Punción.

punzada *f.* Herida o picada de punta. Dolor agudo, repentino y pasajero. Sentimiento interior que causa una aflicción.

punzar *tr.* Herir de punta. Avivarse un dolor de cuando en cuando. Hacerse sentir una aflicción.

punzón *m.* Instrumento de hierro o acero que remata en punta, de múltiples usos. Buril. Troquel. Pitón. Instrumento prehistórico de hueso o asta o de extremos agudos.

puñada *f.* Golpe dado con el puño cerrado; puñetazo.

puñado *m.* Porción de cualquier cosa que se puede contener en el puño. Cortedad de una cosa de que debe o suele haber cantidad.

puñal *m.* Arma ofensiva de acero, que sólo hiere de punta.

puñalada *f.* Golpe que se da de punta con el puñal u otra arma semejante. Herida que resulta de este golpe. Pesadumbre grande dada de repente.

puñeta *f.* Bocamanga adornada con encajes o bordados, que se usan en las togas de los magistrados. En México, masturbación.

puñetazo *m.* Golpe que se da con el puño; puñada.

puño *m.* Mano cerrada. Puñado. Parte de la manga de la camisa y de otras prendas de vestir que rodea la muñeca. Adorno de encaje o tela fina que se pone en la bocamanga. Mango de algunas armas blancas. Parte por donde se coge el bastón, paraguas, sombrilla y que suele estar guarnecida.

pupa *f.* Erupción en los labios. Postilla que queda cuando se seca un grano. Voz que los niños emplean cuando quieren señalar un daño que no saben explicar. Fase del desarrollo de los insectos correspondiente al de ninfa.

pupila *f.* Huérfana menor de edad, respecto de su tutor. Mujer de la mancebía. Colegiala que vive y come en el colegio. Diafragma que elimina los rayos marginales. Abertura que el iris tiene en su parte media.

pupilaje *m.* Estado o condición del pupilo o de la pupila. Casa donde se reciben huéspedes, mediante precio convenido. Este precio. Persona sujeta a la voluntad de otra porque le da de comer.

pupilo *m.* Huérfano menor de edad respecto de su tutor. Persona que se hospeda en casa particular por precio ajustado. Alumno que vive en el colegio.

pupitre *m.* Mueble de madera, con tapa inclinada, para escribir sobre él.

puque *adj.* En México, podrido; dícese principalmente de los huevos de ave.

puré *m.* Pasta que se hace de cosas comestibles y blandas, cocidas y pasadas por colador. Sopa formada por esta pasta desleída en caldo.

purépecha *adj.* En México, entre los michoacanos, paria, esclavo; actualmente se usa como sinónimo de pobre, desheredado. Lengua indígena de los michoacanos.

pureza *f.* Calidad de puro. Virginidad, doncellez. Castidad en sumo grado.

purga *f.* Medicina bucal para descargar el vientre. Residuos que se deben eliminar o expeler. Eliminación física o expulsión en un organismo político, de aquellos individuos que no leales o incondicionales.

purgación *f.* Acción y efecto de purgar o purgarse. Sangre que naturalmente evacuan las mujeres todos los meses y después de haber parido. *Pl.* Líquido purulento que se produce en la uretra y sale por el orificio exterior de ésta. Blenorragia. Evacuación mucosa.

purgar *tr.* Limpiar, purificar una cosa. Satisfacer una pena en todo o en parte, por culpa o delito. Padecer el alma las penas del Purgatorio. Dar al enfermo la medicina conveniente para exonerar el vientre. Evacuar un humor. Expiar. Corregir, moderar las pasiones.

purgatorio *m.* Lugar o estado de castigo temporal para las almas de los que cometieron pecado venial. Lugar en que se pasa la vida con trabajos y penalidades. *Adj.* Purgativo, que purga o tiene virtud de purgar.

puridad *f.* Pureza. Secreto, reserva, sigilo.

purificar *tr. y r.* Quitar de una cosa lo que le es extraño. Limpiar de toda imperfección una cosa no material. Acrisolar Dios las almas con aflicciones y trabajos.

purismo *m.* Calidad de purista. Tendencia a eliminar del lenguaje los vocablos o giros de origen extranjero, voces y expresiones arcaicas y aun los neologismos, en lo posible.

purista *adj. y s.* Que escribe o habla con pureza. El que con afán de purismo, adolece de afectación.

puritanismo *m.* Secta o doctrina de los puritanos. Exagerada escrupulosidad en el proceder. Calidad de puritano.

puritano-a *adj. y s.* Individuo de un partido religioso surgido en Inglaterra que trataba de purificar la Iglesia Anglicana, con fe y formas más sencillas. Perteneciente o relativo al puritanismo. Rígido, austero.

puro-a *adj.* Libre y exento de toda mezcla de otra cosa. Casto. Exento de vicios, íntegro en las costumbres. Cigarro puro. Mero, solo. De estilo correcto, exacto y ajustado, exento de voces y construcciones extrañas o viciosas.

púrpura *f.* Molusco gasterópodo marino, de concha áspera, que segrega en corta cantidad una substancia amarilla que con el contacto del aire y en presencia de la luz, se torna en verde y después en rojo; se usaba en pintura y tintorería. Tela teñida con esta substancia. Color rojo subido que tira a violáceo. Dignidad imperial, real, consular, cardenalicia, etc., por usar telas de púrpura, símbolo de su gran dignidad. Sangre. Estado morboso que ocasiona manchas purpúreas.

purpurado *m.* Cardenal del Sacro Colegio.

purpúreo-a *adj.* De color de púrpura. Perteneciente o relativo a la púrpura.

purulencia *f.* Calidad de purulento. Supuración.

purulento-a *adj.* Que tiene pus.

pus *m.* Substancia espesa, amarillenta, que se forma como consecuencia de inflamaciones infectadas; compuesta de leucocitos muertos y de un líquido albuminoso.

pusilánime *adj. y s.* Falto de ánimo y valor para tolerar las desgracias o para intentar cosas grandes. Tímido, apocado, miedoso.

pústula *f.* Lesión inflamatoria de la piel, constituida por una vesícula llena de pus.

puta *f.* Ramera. Meretriz.

putativo-a *adj.* Reputado o tenido por padre, hermano, etc., no siéndolo.

puto *m.* Sodomita, varón que practica la sodomía.

putrefacción *f.* Acción y efecto de pudrir o pudrirse. Podredumbre. Corrupción, podre. Descomposición de materias orgánicas.

putrefacto-a *adj.* Podrido, corrompido.

pútrido-a *adj.* Podrido, corrompido. Acompañado de putrefacción.

puya *f.* Punta acerada que tienen las varas o garrochas de los picadores y vaqueros con que estimulan o castigan a las reses. Frase mortificante; verdad amarga.

puyazo *m.* Herida que se hace con puya.

puzcua *f.* En México, maíz cocido con cal y reventado, para hacer tortillas o atole.

pyrex *m.* Nombre patentado de un vidrio constituido por borosilicato sódico, muy duro y resistente al calor, con que se fabrican utensilios de laboratorio y recipientes de cocina que pueden calentarse al fuego directo.

Q

q *f.* Vigésima letra del abecedario castellano y decimosexta de sus consonantes.

que *pron.* relativo: el cual, la cual, lo cual, los cuales. Denota también: cualidad, cantidad, ponderación, encarecimiento; qué cosa. *Conj.* copulativa que enlaza el verbo con otras categorías; es comparativa y se usa en otras locuciones adverbiales.

quebracho *m.* En América se da este nombre a diversas plantas de diferentes familias, pero todas son de madera muy dura; quebrahacha. Corteza curtiente de muchas de estas especies.

quebrada f. Abertura estrecha y áspera entre montañas. Quiebra, hendedura de la tierra en los montes. En América, arroyo, riachuelo.

quebradero m. Quebrador; hoy sólo se usa en la frase: quebradero de cabeza, para significar lo que perturba e inquieta el ánimo, u objeto de cuidado amoroso.

quebradizo-a adj. Fácil de quebrarse. Delicado en la salud y disposición corporal. Dícese de la voz ágil para hacer quiebros en el canto. Frágil.

quebrado-a adj. Que ha hecho bancarrota o quiebra. Que padece quebradura o hernia. Camino o terreno desigual, tortuoso. Dícese del numero que expresa una o varias partes alicuotas de la unidad.

quebrador-a adj. y s. Que quiebra una cosa. Que quebranta una ley o estatuto. F. americ. Máquina empleada para descascarar el café, las nueces, avellanas, etc.

quebradura f. Hendedura, rotura o abertura. Hernia.

quebraja f. Grieta, rendija, raja.

quebrantahuesos m. Ave rapaz falconiforme, de pico corvo rodeado de cerdas; la mayor de las aves rapaces de Europa. Sujeto pesado y molesto.

quebrantamiento m. Acción y efecto de quebrantar. Violación, transgresión o infracción de una norma, ley o contrato.

quebrantar tr. Romper, separar con violencia las partes de un todo. Cascar o hender una cosa. Moler o machacar una cosa. Violar o profanar algo sagrado, asegurado o vetado. Traspasar, violar una ley, palabra u obligación. Forzar, romper, venciendo una dificultad, impedimento o estorbo que embaraza para la libertad. Disminuir las fuerzas o el brío. Molestar, fastidiar. Causar lástima o compasión. Ablandar el rigor o la ira. R. Experimentar las personas algún malestar a causa de golpe, caída, trabajo continuo o ejercicio violento; o por efecto de la edad, enfermedades o disgustos.

quebranto m. Acción y efecto de quebrantar o quebrantarse. Descaecimiento, desaliento, falta de fuerzas. Lástima, conmiseración, piedad. Pérdida grande o daño. Perjuicio, deterioro, detrimento.

quebrar tr. Quebrantar, romper con violencia; violar una ley, palabra u obligación. Doblar o torcer. Templar, suavizar. Ajar, deslustrar, afear. Intr. Romper la amistad de uno. Ceder, flaquear. Interrumpirse alguna cosa. R. Relajarse, formársele hernia a uno. Intr. Cesar en el comercio por sobreseer en el pago corriente de las obligaciones contraídas y no alcanzar el activo a cubrir el pasivo.

quecuesque m. En México, picazón o comezon.

queche m. Embarcación usada en los mares del norte de Europa, de un solo palo y de igual figura por la popa que por la proa.

queda f. Hora de la noche, señalada en algunos lugares o plazas cerradas, para que todos se recojan. Toque que la señala. Retreta.

quedar intr. y r. Estar, detenerse en un paraje, para permanecer en él o para pasar después a otro. Subsistir, permanecer o restar parte de una cosa. Cesar, terminar, convenir en una cosa. Disminuir la fuerza del viento, o del oleaje.

quedo-a adj. Quieto. Adv. En voz baja o que apenas se oye. Con tiento.

quehacer m. Ocupación, tarea, negocio.

queilitis f. Inflamación de uno o de ambos labios.

queja f. Expresión de dolor, pena o sentimiento. Resentimiento, desazón.

quejarse r. Expresar con la voz el dolor o la pena que se siente. Manifestar el resentimiento que uno tiene de otro. Querellarse, presentar querella contra alguien.

quejicoso-a adj. Que se queja demasiado y las más de las veces sin causa, con melindre o afectación.

quejido m. Voz lastimosa motivada por un dolor o pena que aflige y atormenta.

quejigo m. Arbol cupulífero de tronco grueso y copa recogida, hojas grandes algo vellosas por el envés, flores muy pequeñas y por fruto bellotas parecidas a las del roble. Roble que no ha alcanzado aún su desarrollo regular.

quejoso-a adj. Dícese del que tiene queja de otro. Descontento, agraviado, ofendido.

quejumbroso-a adj. Que se queja con poco motivo, o por hábito.

quelado-a adj. Dícese del animal provisto de apéndices prensores en forma de pinzas, como el cangrejo, escorpión, etc.

quelite m. En América, nombre de varias plantas herbáceas comestibles, o de cualquier brote o cogollo tierno utilizado como verdura; el brote comestible de la chayotera y de varias amarantáceas, como el quelite de cocina.

quelonio m. Reptil de cuerpo ancho encerrado en una especie de caparazón o carapacho, sin dientes y con mandíbulas provistas de pico córneo, ovíparo.

quema *f.* Acción y efecto de quemar o quemarse. Incendio, fuego, combustión.

quemaca *f.* En México, cobija de lana de los indígenas tarahumaras confeccionada por ellos mismos, de tejido muy apretado y grueso.

quemada *f.* Quemado, rodal de monte consum.do total o parcialmente por el fuego. En México, quemadura; incendio.

quemado-a *adj.* Irritado, enojado. Rodal de monte consumido del todo o en parte por el fuego. Cosa quemada o que se quema.

quemadura *f.* Descomposición de un tejido orgánico producida por el contacto del fuego o de una substancia cáustica o corrosiva. Señal, llaga, ampolla o impresión que hace el fuego o una cosa muy caliente o cáustica aplicada a otra. Tizón.

quemar *tr.* Abrasar o consumir con fuego. Calentar con mucha actividad. Abrasar, secar el excesivo calor o frío a una planta. Causar sensación ardiente una cosa muy caliente o cáustica. Malbaratar, destruir o vender una cosa a menos de su justo precio. Impacientar o desazonar a uno. *R.* Padecer o sentir mucho calor. Padecer la fuerza de una pasión o afecto.

quemarraya *f.* En México, quema de un cañaveral, después de haberse efectuado el corte, para estimular la salida de nuevos retoños.

quemazón *f.* Quema. Calor excesivo. Comezón. Dicho, razón o palabra picante con que se zahiere o provoca a uno para sonrojarlo.

quemón *m.* En México, chasco, sorpresa.

quena *f.* Flauta o caramillo de algunos indígenas sudamericanos.

quenopodiácea *adj. y s.* Planta dicotiledónea cuyas especies presentan cambium extrafacial, flores hermafroditas en glomérulos o espigas, pétalos herbáceos y fruto utricular, envuelto hasta la madurez por el periantió; salsolácea.

quepis *m.* Gorra militar ligeramente cónica y con visera horizontal.

queque *n.* En México y Cuba, galleta ordinaria, dulzona, de color ocre, que se hace con restos de pan viejo.

queratitis *f.* Inflamación de la córnea.

querella *f.* Queja. Discordia, pendencia. Acusación en que se ejercita una acción penal y se quiere ser parte en el proceso.

querellarse *r.* Quejarse. Manifestar resentimiento. Presentar querella ante el juez.

querencia *f.* Acción de amar o querer bien. Inclinación del hombre y de ciertos animales a volver al sitio en que se han criado o tienen costumbre de acudir.

querer *tr.* Desear o apetecer. Amar, tener cariño, voluntad o inclinación a una persona o cosa. Resolver, determinar. Pretender, intentar o procurar. Estar próxima a efectuarse una cosa. Ser conveniente una cosa a otra; pedirla, requerirla. Dar ocasión para que se ejecute algo contra uno.

quermes *m.* Insecto hemíptero, parecido a la cochinilla, que vive en la coscoja y cuya hembra forma las agallitas que dan el color de grana. Mezcla de color rojizo, obtenida por precipitación de óxido y sulfuro de antimonio, usada en las enfermedades de los órganos respiratorios.

quermese *f.* Kermesse.

querub o **querube** *m.* Querubín.

querubín *m.* Cada uno de los espíritus celestes que forman el primer coro de ángeles, caracterizados por la plenitud de ciencia con que ven y contemplan la belleza divina. Persona de singular belleza.

quesadilla *f.* Pastel compuesto de queso y masa. Dulce a modo de pastelillo relleno de almíbar, conserva u otro manjar. En México, Centroamérica y Ecuador, especie de empanadilla de masa de maíz rellena de queso o picadillo, patata, flor de calabaza, etc. y frita.

quesalite *n.* En México, obsidiana a la que se atribuyen propiedades mágicas y curativas.

quesera *f.* La que hace o vende queso. Lugar o sitio donde se fabrican los quesos. Mesa o tabla a propósito para hacerlos. Vasija para guardar y conservar los quesos. Recipiente en que se sirve el queso a la mesa.

quesería *f.* Tiempo a propósito para hacer queso. Quesera, lugar donde se hacen los quesos. Sitio en que se vende queso.

queso *m.* Masa que se hace de la leche, cuajándola primero y comprimiéndola y exprimiéndola, para que deje el suero y añadiéndole sal para que se conserve; se dispone en varias figuras.

quesquémil o **quemémil** *m.* En México, especie de pañoleta que cubre pecho y espalda de la mujer.

quetzal *m.* Ave trogoniforme propia de la América Central, de plumaje suave y colores brillantes y con moño sedoso. Unidad monetaria de Guatemala.

quevedos *m. pl.* Lentes de forma circular con armadura a propósito para que se sujete en la nariz.

¡quia! *Interj* Denota incredulidad o negación.

quiasmo *m.* Reunión o punto de contacto de dos cosas que forman cruz. Figura retórica compuesta de una doble antítesis cuyos términos se cruzan.

quicio *m.* Parte de las puertas y ventanas en que entra el espigón del perno y bisagra y en que se mueve y revuelve.

quiché *adj. y s.* Indígena centroamericano perteneciente a una tribu importante de la familia maya, establecida en Guatemala. Dialecto de esta tribu. Perteneciente o relativo a estos indígenas y a su idioma.

quichua o **quechua** *adj. y s.* Familia de indígenas sudamericanos cuya área abarcó todo el antiguo Imperio Inca, con centro en el Perú. Lengua de esta familia. Perteneciente a esta familia y a su lengua.

quid *m.* Esencia, razón, porqué de una cosa.

quídam *m.* Sujeto a quien se designa indeterminadamente. Sujeto despreciable, de poco valor, cuyo nombre se ignora o se quiere omitir adrede.

quiebra *f.* Rotura o abertura de una cosa. Pérdida o menoscabo. Acción y efecto de quebrar. Estado económico y jurídico en que incurre un comerciante que sobresee en el pago de sus obligaciones legítimas y vencidas.

quiebro *m.* Ademán que se hace con el cuerpo, como quebrándolo por la cintura. Adorno en el acompañamiento de una nota musical con otra nota, para subrayar su expresividad. Lance en que el torero hurta el cuerpo con rápido movimiento de la cintura, al embestirle el toro.

quien *pron.* relativo. El cual. *Pron.* indeterminado: la persona que. *Pron.* disyuntivo. Unos y otros.

quienquiera *pron.* indefinido. Persona indeterminada, alguna, sea el que fuere. *Pl.* Quienesquiera.

quietamente *adv.* Pacíficamente, con quietud y sosiego.

quieto-a *adj.* Que no tiene o no hace movimiento. Pacífico, sosegado, sin turbación o alteración.

quietud *f.* Carencia de movimientos. Sosiego, reposo, descanso.

quijada *f.* Cada uno de los dos huesos de la cabeza del animal en que están encajados los dientes y las muelas.

quijero *m.* Lado en el declive de una acequia o brazal.

quijones *m.* Planta umbelífera herbácea de tallo erguido, hojas partidas, flores blancas y fruto seco de semilla piramidal, muy aromática.

quijotada *f.* Acción propia de un quijote.

quijote Pieza del arnés destinada a cubrir el muslo. Parte superior de las ancas de las caballerías.

quijote *m.* Hombre exageradamente grave y serio. Hombre nimiamente puntilloso. El que pugna con las opiniones y los usos corrientes por excesivo amor a lo ideal. Dícese del que quiere ser juez y defensor de cosas que no le atañen; todo por alusión a Don Quijote de la Mancha.

quilate *m.* Unidad de peso para las perlas y piedras preciosas, 205 miligramos. Cada una de las veinticuatroavas partes en peso de oro puro que contiene cualquier aleación de este metal y que a su vez se divide en cuatro granos. Grado de perfección en cualquier cosa no material.

quilífero-a *adj* Que transporta quilo. Dícese de cada uno de los vasos linfáticos del intestino que absorben el quilo y lo conducen al canal torácico.

quilmole *m.* En México, potaje de hierbas cuyo principal ingrediente es el quelite.

quilo *m.* Substancia semilíquida, lechosa, en que se transforman los alimentos en el intestino, después de la digestión gástrica, y que es absorbida por los vasos quilíferos.

quilla *f.* Pieza de madera o hierro que va de proa a popa por la parte inferior del barco y en la que se asienta toda su armazón. Parte saliente y afilada del esternón de las aves. Pieza longitudinal que corre a lo largo de la parte inferior del casco de una aeronave. Cualquier eminencia en forma de cresta.

quille *m.* En México, botijo de tres asas y boca grande en el que se guarda el tepache.

quimera *f.* Lo que se propone a la imaginación como posible y verdadero, pero sin serlo. Desvarío, ilusión, ficción, delirio. Pendencia, riña o contienda.

quimérico-a Fabuloso, fingido o imaginario. Utópico.

química *f.* Ciencia que estudia las transformaciones conjuntas de la materia y de la energía.

químico-a *adj.* Perteneciente o relativo a la Química. *M.* El que pro- fesa la Química. *F.* Tratado en el que se hace estudio de la Química. Conjunto de propiedades de una substancia o conjunto de substancias incluidas en la Química.

quimicultura *f.* Cultivo de las plantas con las raíces sumergidas en una solución acuosa que contiene los principios nutritivos necesarios para el desarrollo del vegetal. Cultivo de plantas sin tierra. Hidropónica.

quimificación *f.* Acción y efecto de convertir o convertirse en quimo los alimentos.

quimil *m.* En México, lío de ropas. Cantidad de objetos.

quimioterapia *f.* Rama de la Terapéutica en que se tratan las enfermedades infecciosas mediante fármacos sintéticos, creados con el fin de atacar a los agentes patógenos respetando las células del enfermo.

quimismo *m.* Actividad química. Propiedad o relación química. Aplicación a la Medicina de los conocimientos químicos.

quimo *m.* Substancia compleja de consistencia de papilla, de reacción ácida y que resulta de la acción del jugo gástrico sobre los alimentos, durante la digestión gástrica o quimificación.

quimón *m.* Tela de algodón muy fina estampada o pintada.

quimono *m.* Túnica o bata japonesa que usan las mujeres.

quina *f.* Corteza del tronco y de las ramas del quino, muy usada en Medicina por sus propiedades febrífugas.

quincalla *f.* Conjunto de objetos de metal de escaso valor: tijeras, dedales, imitaciones de joyas, etc.

quincallería *f.* Fábrica de quincalla. Tienda o lugar donde se vende. Comercio de quincalla.

quince *adj.* Diez y cinco.

quincena *f.* Espacio de quince días. Paga que se recibe cada quince días. Detención gubernativa durante quince días.

quincenal *adj.* Que sucede o se repite cada quincena. Que dura una quincena.

quincuagésimo-a *adj.* Que sigue inmediatamente en orden al o a lo cuadragésimo nono. Cada una de las 50 partes iguales en que se divide un todo.

quingentésimo-a *adj.* Que sigue inmediatamente en orden al o a lo cuadrigentésimo nonagésimo nono. Dícese de cada una de las 500 partes iguales en que se divide un todo.

quiniela *f.* Juego de pelota vasca entre cinco jugadores o parejas, de los cuales gana el que alcanza el número fijado previamente para

la partida. Apuesta en que el ganador debe acertar en los dos primeros caballos ganadores de la carrera.

quinientos-as *adj.* Cinco veces ciento.

quinina *f.* Alcaloide vegetal que se extrae de la quina y que es el principio activo febrífugo de este medicamento.

quino *m.* Árbol americano rubiáceo, de varias especies, de hojas opuestas ovales y apuntadas, fruto seco capsular; cuya corteza es la quina. En México, el jugo extraído de la corteza del mang,e .

quínola *f.* Lance del juego de naipes cuando se reúnen cuatro cartas de un palo. Rareza, extravagancia.

quinqué *m.* Especie de lámpara de petróleo, con tubo de cristal y mecha cilíndrica de algodón, generalmente con pantalla. Tener vista, perspicacia, astucia.

quinquenal *adj.* Que sucede o se repite cada quinquenio. Que dura un quinquenio.

quinquenio *m.* Tiempo de cinco años.

quinta *f.* Casa de recreo en el campo. Acción y efecto de quintar. Reemplazo anual para el ejército. Acceso de tos, particularmente el de la tos ferina. Intervalo musical de cinco grados.

quintacolumnista *adj.* y *s.* Individuo simpatizante con el enemigo y decidido a colaborar activamente con éste en la ocupación del propio territorio nacional, para derrocar al régimen vigente.

quintaesencia *f.* Refinamiento, última esencia o extracto de alguna cosa. Lo más sutil y puro de una cosa.

quintal *m.* Peso de cuatro arrobas, equivalente en Castilla a 46 Kg. El métrico equivale a cien kilogramos.

quintar *tr.* Sacar por suerte uno de cada cinco. Sacar por suerte los nombres de los que han de servir en la tropa en clase de soldados.

quinteto *m.* Combinación métrica de cinco versos de arte mayor aconsonantados y ordenados como los de la quintilla. Composición musical para cinco partes instrumentales o vocales. Conjunto de cinco ejecutantes que actúan individualmente como solistas.

quintilla *f.* Combinación métrica de cinco versos octosílabos con dos diferentes consonancias.

quinto-a *adj.* Que sigue inmediatamente en orden al o a lo cuarto. Dícese de cada una de las cinco partes iguales en que se divide un todo. *M.* Aquel a quien toca en sorteo ser soldado y mientras recibe la instrucción militar. En México y Chile, moneda de cinco centavos.

quintuplicar *tr. y r.* Hacer cinco veces mayor una cantidad.

quintuplo o **quíntuple** *adj. y s.* Que contiene un número cinco veces exactamente.

quinzavo-a *adj. y s.* Dícese de cada una de las 15 partes iguales en que se divide un todo.

quiñón *m.* Parte que uno tiene con otros en una cosa productiva. Porción de tierra productiva de dimensión variable según los usos locales.

quiosco *m.* Templete o pabellón de estilo oriental, generalmente abierto por los lados, en las azoteas, jardines, etc., para descansar, tomar el fresco, recrear la vista, etc. Pabellón en plazas y otros parajes públicos para vender periódicos, dulces, flores, fósforos, etc.

quiote *m.* En México, el bohordo del maguey.

quipo *m.* Utensilio de cuerda usado por los antiguos peruanos con fines estadísticos o mnemotécnicos.

quiquiriquí *m.* Voz imitativa del canto del gallo. Persona que quiere sobresalir y gallear.

quirite *m.* Ciudadano de la antigua Roma.

quirófano *m.* Sala de operaciones quirúrgicas en clínicas, hospitales y facultades de Medicina.

quiromancia o **quiromancía** *f.* Pretendida adivinación supersticiosa por las rayas de las manos.

quiropodista *adj. y s.* Dícese de la persona que trata callos y otras enfermedades o trastornos de las manos o los pies.

quiropráctico-a *adj.* Relativo o perteneciente a la quiropráctica. Que profesa la quiropráctica. *F.* Sistema curativo por medio de manipulaciones, en particular de la columna vertebral, para corregir supuestas desviaciones de las vértebras que causan trastornos nerviosos, origen de todas las enfermedades.

quiróptero *m.* Mamífero de un orden en el que se incluyen las especies adaptadas para el vuelo, de dedos largos que sostienen una membrana voladora; son de costumbres nocturnas: murciélagos, vampiros, orejudos, paniques, etc.

quirúrgico-a *adj.* Perteneciente o relativo a la Cirugía.

quisicosa *f.* Enigma u objeto de pregunta muy dudosa y de difícil averiguación.

quisquilla *f.* Dificultad de poca importancia. Camarón, crustáceo decápodo.

quisquilloso-a *adj. y s.* Que se para en quisquillas. Demasiado delicado en el trato común. Fácil de agraviarse u ofenderse. Susceptible, puntilloso.

quistarse *r.* Hacerse querer, o llevarse bien con los demás.

quiste *m.* Vejiga membranosa que se desarrolla anormalmente en diferentes regiones del cuerpo y que contiene humores o materias alteradas. Tumor en que hay una substancia líquida o semisólida. Cuerpo con cubierta protectora que alberga una larva de gusano parásito.

quistectomía *f.* Extirpación quirúrgica de un quiste.

quita *f.* Remisión o liberación que de la deuda o parte de ella hace el acreedor al deudor.

quitamanchas *com.* Persona que por oficio quita manchas de las ropas. Producto natural o preparado que sirve para quitar manchas.

quitamotas *com.* Persona lisonjera, aduladora, como que, de puro obsequiosa, anda quitando las motas de la ropa a otra persona.

quitanieves *m.* Aparato destinado a quitar la nieve de las calles, caminos y vías férreas, movido a mano o a máquina.

quitanza *f.* Finiquito, liberación o carta de pago que se da al deudor cuando paga.

quitapón *m.* Adorno de colores y borlas que suele ponerse en la testera de las cabezadas del ganado mular y de carga.

quitar *tr.* Tomar una cosa separándola y apartándola de otras, o del lugar o sitio en que estaba. Hurtar. Impedir o estorbar. Prohibir o vedar. Derogar, abrogar una ley, sentencia, etc. Librar a uno de una pena, carga o tributo. *R.* Dejar una cosa o apartarse totalmente de ella. Irse, separarse de un lugar.

quitasol *m.* Especie de paraguas o sombrilla para resguardarse del sol.

quitasueño *m.* Lo que causa preocupación o desvelo.

quite *m.* Acción de quitar o estorbar. Suerte que ejecuta el torero para librar a otro del peligro de ser acometido por el toro. Movimiento defensivo en la esgrima con que se detiene o evita el ofensivo.

quiteño-a *adj. y s.* Natural de Quito. Perteneciente a esta ciudad capital de la República de Ecuador.

quitina *f.* Materia de aspecto córneo que endurece los élitros y otros órganos de los insectos.

quizá o **quizás** *adv.* Denota duda; acaso.

quórum *m.* Número necesario de individuos para que se reúna válidamente o tome ciertos acuerdos un cuerpo deliberante.

R

r /. Vigésima primera letra del abecedario castellano y decimoséptima de sus consonantes.

raba /. Cebo para pescar, hecho de huevas de bacalao, usado especialmente en la pesca de la sardina.

rabada /. Cuarto trasero de las reses, después de matarlas.

rabadán m. Mayoral que cuida y gobierna los hatos de ganado de una cabaña y manda a los zagales y pastores.

rabadilla /. Punta o extremidad del espinazo. Extremidad movible de las aves en donde están las plumas de la cola.

rabanero-a adj. Aplícase al vestido corto, especialmente de la mujeres. Dícese de los ademanes y modo de hablar inmodestos y desvergonzados.

rabanillo m. Sabor del vino repuntado. Desdén y esquivez en el trato. Deseo vehemente e inquieto de hacer una cosa. Planta crucífera herbácea anual, con hojas radicales ásperas, flores con venas casi negras y fruto seco en silicua; muy perjudicial para los sembrados.

rábano m. Planta crucífera herbácea anual, de tallo ramoso velludo, hojas ásperas, flores en racimos terminales, fruto seco en silicua con muchas semillas menudos, la rabaniza, y raíz carnosa casi redonda o fusiforme, de sabor picante, que suele comerse como entremés.

rabdomancia /. Procedimiento para hallar yacimientos minerales y agua, no confirmado científicamente, por medio de varitas mágicas.

rabear intr. Menear el rabo hacia una parte y otra. Mover la popa el buque excesivamente a uno y otro lado.

rabel m. Instrumento músico de cuerda que producía sonidos agudos que imitaban la voz femenina. Instrumento musical compuesto por una caña, un bordón y una vejiga llena de aire; la cuerda se hace sonar por medio de un arco de cerdas.

rabí m. Rabino.

rabia /. Enfermedad infecciosa y contagiosa de ciertos animales, especialmente del perro y del lobo que se transmite al hombre por la mordedura de un animal rabioso, en cuya saliva se halla el virus. Ira, enojo, enfado grande.

rabiar tr. Padecer o tener el mal de rabia. Padecer un dolor que obliga a prorrumpir en gritos o quejidos. Desear una cosa con vehemencia. Impacientarse o enojarse, con muestras de cólera o enfado. Exceder en mucho a lo usual y ordinario.

rabieta /. Enfado o enojo grande, especialmente cuando dura poco y la causa leve motivo.

rabillo m. Pecíolo. Pedúnculo. Cizaña. Tira resistente de tela doble que por medio de una hebilla aprieta y afloja la cintura de los pantalones o chalecos. Angulo externo del ojo.

rabino m. Maestro judío que interpreta la Sagrada Escritura, director espiritual de la sinagoga y encargado de la cura de almas.

rabioso-a adj. Que padece rabia. Colérico, enojado, airado. Vehemente, violento, furioso.

rabiza /. Punta de la caña de pescar en la que se pone el sedal.

rabo m. Cola, región posterior del cuerpo de los animales, especialmente la de los cuadrúpedos. Cola de un cometa. Rabillo, pecíolo, pedúnculo. Cosa que cuelga a semejanza de la cola de un animal.

rabón-a adj. Dícese del animal que tiene el rabo más corto que lo ordinario en su especie, o que no lo tiene. F. En América, mujer que suele acompañar a los soldados en las marchas y en campaña. Soldadera.

rabosear tr. Chafar, deslucir o rozar levemente una cosa.

rabotada /. Acción destemplada o injuriosa, con ademanes groseros.

rabudo-a adj. Que tiene el rabo largo.

rábula m. Abogado indocto, charlatán y vocinglero.

racemiforme adj. En forma o aspecto de racimo.

racial adj. Perteneciente o relativo a la raza.

racimo m. Porción de uvas o granos que produce la vid, presos a unos piezezuelos y éstos a un tallo que pende del sarmiento. Por extensión, dícese de otras frutas. Conjunto de cosas menudas dispuestas con alguna semejanza de racimo.

raciocinar intr. Usar de la razón para conocer y juzgar.

raciocinio /. Facultad de raciocinar. Argumento o discurso. Acto de nuestra mente que consiste en sacar unos juicios de otros.

ración /. Porción que se da para alimento en cada comida, así a personas como a animales. Asignación diaria que se da en especie o dinero se da a cada soldado, marinero, criado, etc., para su alimento. Porción de vianda que se da por determinado precio.

racional adj. Perteneciente o relativo a la razón. Arreglado a ella. Dotado de razón. Justo, lógico, razonable. Expresión algebraica que no contiene cantidades irracionales.

racionalismo m. Doctrina filosófica cuya base es la omnipotencia e independencia de la razón humana.

racionalización f. Sistema de organización de la producción o del trabajo que aumenta los rendimientos o reduce los costos con el mínimo esfuerzo.

racionar tr. Distribuir raciones o proveer de ellas a las tropas. Señalar una ración máxima para el consumo, cuando escasean los alimentos o las circunstancias lo aconsejan.

racismo m. Tendencia a valorizar una raza humana sobre las demás, así como la doctrina de que las razas son desiguales y de que la génesis, desarrollo y carácter de una civilización o cultura se debe sobre todo al factor racial.

racha f. Raja, parte de un leño abierto al hilo. Astilla grande de madera. Ráfaga, movimiento violento del aire. Período breve de fortuna o de desgracia, comúnmente en el juego.

rad m. Unidad establecida para la dosis radiológica equivalente a 100 ergios por gramo de material irradiado.

rada f. Bahía, ensenada, donde las naves pueden estar ancladas al abrigo de algunos vientos.

radar m. Aparato para descubrir y localizar objetivos por medio de radioemisiones.

radiación f. Todo tipo de energía o de partículas emitidas por los cuerpos y lanzadas al espacio.

radiactividad f. Energía de los cuerpos radiactivos. Desintegración espontánea del núcleo de ciertos cuerpos simples, denominados radiactivos que origina otro elemento de número atómico mayor o menor y va acompañada de emisión de radiaciones.

radiactivo-a o radioactivo-a adj. Dícese de los cuerpos o substancias que emiten radiaciones y con ello se transforman. Dotado de radiactividad o relativo a ella.

radiado-a adj. Compuesto de rayos. Se dice de los órganos o de los organismos que tienen sus partes principales dispuestas alrededor de un eje, como los radios de una rueda.

radiador-a adj. Que radia. M. Aparato de calefacción compuesto de uno o más cuerpos huecos, a través de los cuales pasa una corriente de agua o vapor a elevada temperatura. Serie de tubos por los que circula el agua destinada a refrigerar los cilindros de algunos motores de explosión. Cuerpo que emite ondas electromagnéticas o radiaciones corpusculares integradas por partículas elementales.

radial adj. Relativo o perteneciente a un radio o rayo; al hueso radio o contiguo a él; o a ciertas arterias y nervios del antebrazo. Perteneciente o relativo al radio geométrico.

radián m. Unidad de medida circular, que se define como el ángulo central que comprende entre sus lados un arco de longitud igual al radio.

radiante adj. Aplícase a cualquier partícula emitida, o a la energía que se transmite a distancia, sin necesidad de contacto inmediato. Dícese del foco o cuerpo emisor de radiaciones. Brillante, resplandeciente. Esclarecido, egregio, ilustre. Lleno, satisfecho.

radiar tr. Emitir radiaciones. Difundir por medio de la telefonía sin hilos noticias, música, etc. Emitir rayos un cuerpo. Irradiar.

radicación f. Acción y efecto de radicar o radicarse. Establecimiento, larga permanencia, práctica y duración de una costumbre.

radical adj. Perteneciente o relativo a la raíz. Fundamental. Partidario de reformas extremas, especialmente en sentido democrático. Dícese de la parte de una planta que nace inmediatamente de la raíz. Concerniente o relativo a las raíces de las palabras. M. Letra o letras de una palabra que se conserva en sus vocablos derivados. Parte que se conserva de la palabra al quitarle la terminación o la desinencia. Signo que indica la operación matemática de extraer raíces. Átomo o grupo de átomos no saturados que pasan de unos compuestos a otros, sin experimentar alteración.

radicalsocialismo m. Orientación política republicana y democrática que propugna reformas avanzadas, pero sin carácter clasista.

radicando m. Número del cual se busca la raíz.

radicar intr. Arraigar. Estar o encontrarse ciertas cosas en determinado lugar.

radicela f. Raíz muy pequeña. Raíz pequeña que sale de la principal.

radícula f. Rejo o raicilla. Cualquiera de las fibrillas que se unen par formar un nervio. Vénula que unida a otras forman una vena.

radio *m*. Segmento rectilíneo que une el centro del círculo con un punto de su circunferencia. Rayo, cada una de las piezas que unen el cubo a las pinas de una rueda. Hueso contiguo al cúbito y con el cual forma el antebrazo. Varilla ósea, cartilaginosa o córnea que sostiene la membrana de la aleta de un pez. División de un animal radiado. Parte radiada de una flor o una planta.

radio *m*. Metal rarísimo, conocido principalmente por sus sales, en que se observan los fenómenos de desprendimiento espontáneo e indefinido de calor y de radiaciones eléctricas, de núcleo atómico muy inestable; símbolo Ra.

radio *m*. o *f*. Apócope de radiograma, radiocomunicación, radiodifusión, radiorreceptor, etc.

radiobiología *f*. Rama de la Biofísica que estudia las acciones de la radiación en los organismos vivos.

radiocomunicación *f*. Comunicación telegráfica o radiotelefónica.

radiodifusión *f*. Emisión radiotelefónica destinada al público.

radioelectricidad *f*. Ciencia que estudia la producción y propagación de las ondas hertzianas.

radioelemento *m*. Elemento químico radiactivo.

radioemisora *f*. Estación emisora de radiodifusión.

radiofonía *f*. Estudio acerca de los fenómenos acústicos producidos por la acción de las ondas electromagnéticas. Radiotelefonía.

radiografía *f*. Procedimiento para hacer fotografías por medio de los rayos X, de partes internas de un cuerpo opaco a la luz ordinaria. Fotografía obtenida mediante los rayos X.

radiograma *m*. Despacho transmitido por la telegrafía o la telefonía sin hilos. Radiografía. Registro gráfico o fotográfico de las ondas de radio.

radiointerferencia *f*. Conjunto o compuesto de ruidos que alteran la recepción de las señales o transmisiones de radio.

radiolario *adj*. y *s*. Protozoo marino con seudópodos filiformes de estructura radial.

radiología *f*. Parte de la Medicina que estudia la aplicación terapéutica de los rayos X, o de cualquier otra radiación.

radionavegación *f*. Navegación aérea o por mar, con ayuda de radar, radiobrújula, radiofaros, etc.

radiooperador o radioperador *m*. Persona que maneja los aparatos esenciales de radiotelefonía o radiotelegrafía.

radiorreceptor *m*. Aparato para recoger y transformar en señales o sonidos las ondas emitidas por el radiotransmisor.

radioscopia *f*. Examen del interior del cuerpo humano o de sus cavidades accesibles, por medio de la imagen que proyectan en una pantalla al ser atravesados por los rayos X.

radiotecnia o radiotécnica *f*. Técnica relativa a la radiotelecomunicación, y especialmente a la construcción, reparación, instalación y manejo de aparatos de radiotelefonía o radiotelegrafía.

radiotelefonía *f*. Sistema de comunicación telefónica por medio de ondas electromagnéticas.

radiotelegrafía *f*. Sistema de comunicación telegráfica por medio de ondas electromagnéticas.

radioterapia *f*. Aplicación de los rayos X y de otras substancias radioactivas a la curación y tratamiento de algunas enfermedades.

radiotransmisor *m*. Aparato empleado en radiotelegrafía y radiotelefonía para producir y enviar las ondas portadoras de señales o de sonidos.

radioyente *com*. Persona que oye lo que se transmite por la radiotelefonía.

radón *m*. Gas radiactivo, último de la serie de los gases nobles o inertes, formado por la desintegración espontánea del radio; símbolo Rn.

rádula *f*. Organo bucal de los moluscos formado por muchos y diminutos dientes, dispuestos en series paralelas y que sirve para desmenuzar el alimento.

raedura *f*. Acción y efecto de raer. Parte menuda que se rae de una cosa.

raer *tr*. Quitar, como cortando y raspando la superficie, pelos, barba, vello, etc., con instrumento áspero o cortante.

ráfaga *f*. Movimiento violento del aire, que hiere repentinamente y es por lo común de poca duración. Golpe de luz vivo e instantáneo. Serie de proyectiles disparados sin interrupción por arma automática en tiro concentrado o repartido sobre un objetivo.

rafe *com*. Cordoncillo saliente que se forma en algunas costuras o uniones orgánicas.

raicita o raicilla *f*. Radícula.

raid *m*. Palabra inglesa para indicar una incursión o expedición militar en territorio enemigo. Carrera aérea.

raido-a *adj*. Dícese del vestido o tela muy gastado por el uso, aunque no roto. Desvergonzado y libre, que no atiende al decoro ni a otros respetos.

raigambre /. Conjunto de raíces de los vegetales unidas y trabadas entre sí. Conjunto de antecedentes, intereses, hábitos o afectos que hacen firme y estable una cosa.

raigón m. Raíz de las muelas y dientes, en especial la que queda incrustada en el alvéolo, después de la destrucción o extracción de la corona.

rail m. Carril, en las vías férreas.

raíz /. Organo de las plantas que crece en dirección inversa a la del tallo e introducido en tierra absorbe las materias necesarias para el desarrollo del vegetal y le sirve de fijación y sostén. Cada una de las ramas por la que nacen los nervios espinales de la medula. Porción del diente enclavada en el alvéolo y cubierta por el cemento. Finca. Parte oculta de una cosa de la que procede lo que está manifiesto. Parte inferior o pie de alguna cosa. Origen, causa o principio de algo. Cada uno de los valores que puede tener la incógnita de una ecuación. Cantidad que se ha de multiplicar por sí misma una o más veces para obtener un número determinado. Elemento puro y simple de una palabra, o sea lo que de ella queda quitándole prefijos, sufijos y desinencias. El valor de un radical.

raja /. Cada una de las partes de un leño que resultan de abrirlo al hilo. Hendedura, abertura o quiebra de una cosa. Pedazo que se corta a lo largo o a lo ancho de un fruto u otro comestible.

rajá m. Soberano índico.

rajar tr. y r. Dividir en rajas. Hender, partir, abrir. Intr. o contar muchas mentiras. Hablar mucho. R. Volverse atrás, no cumplir la palabra dada o desistir del propósito formado. En América, huir, escapar.

rajón-a m. y /. En México y Cuba, el que se raja por falta de valor.

ralea /. Especie, género, calidad. Raza, casta o linaje, aplicado a personas.

ralear intr. Hacerse rala una cosa al perder la densidad, opacidad o solidez que tenía.

ralo-a adj. Dícese de las cosas cuyas partes están separadas más de lo regular en su clase.

rallador m. Utensilio de cocina para desmenuzar el pan, el queso, etc., estregándolos con él.

rallar tr. Desmenuzar una cosa restregándola con el rallador. Molestar, fastidiar con importunidad y pesadez.

rallo m. Rallador. Chapa con agujeros para otros usos que el de rallar. Lima de dientes muy gruesos. Alcarraza.

rama /. Cada una de las partes que nacen del tronco o del tallo principal de las plantas. Serie de personas que traen origen de un mismo tronco o familia. Parte secundaria de una cosa que nace o se deriva de otra principal.

ramada /. Ramaje. Por extensión arboleda que da sombra.

ramadán m. Noveno mes del año lunar de los mahometanos, en que observan riguroso ayuno diurno.

ramaje m. Conjunto de ramas o ramos. Fronda, follaje, enramada.

ramal m. Cada uno de los cabos de que se componen las cuerdas, sogas, etc. Ronzal asido al cabezón de una bestia. Tramo de una escalera. Parte que arranca de la línea principal de un camino, acequia, mina, cordillera, etc. Parte que deriva de una cosa en relación y dependencia con ella.

ramalazo m. Golpe que se da con el ramal. Señal que deja este golpe. Señal o pinta que deja en el rostro o en otra parte del cuerpo un golpe o una enfermedad. Dolor agudo e improvisado a lo largo de una parte del cuerpo. Adversidad que sobrecoge y sorprende a uno. Viento fuerte y de poca duración.

rambla /. Lecho natural de las aguas pluviales. Nombre de algunos paseos que anteriormente eran ramblas.

rameado-a adj. Dícese del dibujo o pintura que representa ramos, especialmente en tejidos, papeles, etc.

ramera /. Mujer que hace ganancia de su cuerpo, entregada a la lascivia. Prostituta, meretriz.

ramificarse r. Esparcirse y dividirse en ramas una cosa. Propagarse, extenderse las consecuencias de un hecho o suceso.

ramillete m. Ramo pequeño de flores o hierbas olorosas. Colección de cosas exquisitas y útiles en una materia. Conjunto de flores que forman una cima o copa apretada.

ramilletero-a m. y /. Persona que hace o vende ramilletes. M. Florero; maceta o tiesto con flores.

ramio m. Planta urticácea de tallo herbáceo y ramoso, hojas alternas, flores en grupos axilares y fruto elipsoidal algo carnoso; textil.

ramiza /. Conjunto de ramas cortadas. Lo que se hace de ramas.

ramnacea adj. y s. Planta de una familia de dicotiledóneas que comprende árboles o arbustos, muchas veces espinosos, de hojas sencillas, flores pequeñas y fruto en drupa o cápsula con tres divisiones.

ramo *m.* Rama de segundo orden o que sale de la rama madre. Rama cortada del árbol. Conjunto o manojo de flores, ramas o hierbas, natural o artificial. Ristra. Cada una de las partes en que se considera dividida una ciencia, arte, industria, etc.

ramonear *intr.* Cortar las puntas de las ramas de los árboles. Pacer los animales las hojas o las puntas de los ramos de los arbustos.

ramoso-a *adj.* Que tiene muchos ramos o ramas.

rampa *f.* Plano inclinado. Calambre.

rampante *adj.* Aplícase al animal que está en el campo del escudo de armas con la mano abierta y las garras tendidas en ademán de agarrar o asir.

ramplón-a *adj.* Aplícase al calzado tosco y de suela gruesa y ancha. Tosco, vulgar, desaliñado.

ramplonería *f.* Calidad de ramplón, tosco o chabacano.

rampollo *m.* Rama que se corta del árbol para plantarla.

rana *f.* Cualquiera de los numerosos anfibios saltadores, sin cola, de hábitos acuáticos, piel lisa y patas palmeadas; su canto es el croar.

ranciedad o **rancidez** *f.* Calidad de rancio. Cosa anticuada.

rancio-a *adj.* Dícese del vino y comestibles grasientos que con el tiempo adquieren sabor u olor más fuertes mejorándose o echándose a perder. Dícese de las cosas antiguas y de las personas apegadas a ellas. Anticuado.

ranchería o **rancherío** *f. o m.* Conjunto de ranchos o chozas que forman como un poblado.

ranchero *m.* El que guisa el rancho y cuida de él. El que gobierna un rancho. En México, entendido en las labores campesinas. *Adj.* En México, apocado; cerril; ridículo y basto.

rancho *m.* Comida que se hace para muchos en común. Lugar fuera de poblado donde se albergan diversas familias o personas. Choza o casa pobre con techumbre de paja o ramas y fuera de poblado. Casa de labor con terrenos para cultivo y cría de ganado.

randa *f.* Adorno en vestidos y ropas, especie de encaje grueso. *M.* Ratero, granuja.

rantastos *m.* Tucán.

rango *m.* Índole, clase, jerarquía, calidad. En América, pompa, lujo, rumbo. Posición social elevada.

ranina *adj.* Se dice de una vena y una arteria que riegan la parte inferior de la lengua.

ranunculácea *adj. y s.* Planta dicotiledónea, hierba o arbusto, de hojas simples con peciolos abrazadores, flores brillantes, fruto seco o carnoso con semillas de albumen córneo: acónito, anémona, peonía.

ranúnculo *m.* Planta ranunculácea, herbácea y anual, de tallo hueco, hojas lobuladas, flores amarillas y fruto seco; de jugo acre muy venenoso.

ranura *f.* Canal estrecha y larga que se abre en un madero, piedra u otro material para hacer un ensamble, guiar una pieza, etc.

raña *f.* Instrumento para pescar pulpos en fondos de roca, formado por una cruz de madera o de hierro erizada de garfios.

rapa *f.* Flor del olivo.

rapabarbas *m.* Barbero.

rapacidad *f.* Calidad de rapaz, inclinado al robo.

rapapolvo *m.* Reprensión áspera.

rapar *tr.* Afeitar, raer con navaja o máquina, la barba, bigote, etc. Cortar el pelo al rape. Hurtar o quitar con violencia alguna cosa.

rapaz *adj.* Inclinado o dado al robo, hurto o rapiña. Dícese del ave falconiforme y estrigiforme.

rapaz, rapaza *m. y f.* Muchacho de corta edad. En México, chamaco.

rape *m.* Corte de la barba hecho de prisa y sin cuidado. *Adv.* Al rape, a la orilla o casi a raíz.

rapé *adj. y s.* Tabaco en polvo.

rapidez *f.* Velocidad impetuosa o movimiento acelerado. Celeridad, prontitud, ligereza.

rápido-a *adj.* Veloz, pronto, impetuoso y como arrebatado. *M.* Lugar del curso de un río donde la velocidad de las aguas es muy rápida.

rapiña *f.* Robo, expoliación o saqueo que se ejecuta arrebatando con violencia.

raposa *f.* Zorra, hembra del zorro. Persona astuta y solapada. Vulpeia.

raposear *intr.* Usar de ardides y trampas, como la raposa.

raposo *m.* Zorro, mamífero carnívoro. El que afecta simpleza, especialmente para no trabajar; hombre muy taimado y astuto.

rapsoda *m.* El que en la Grecia antigua iba de pueblo en pueblo cantando trozos de los poemas homéricos u otras poesías épicas.

rapsodia *f.* Trozo de un poema, y especialmente, de alguno de los de Homero. Centón, obra literaria compuesta de sentencias y expresiones ajenas. Pieza musical compuesta de fragmentos de otras obras. Modernamente, pieza instrumental, a manera de fantasía, con temas de diferente carácter, aunque del mismo origen.

raptar *tr.* Robar, sacar a una mujer violentamente o con engaño de la casa y potestad de sus padres o parientes.

rapto *m.* Impulso, acción de arrebatar. Extasis. Accidente que priva del sentido. Delito por raptar a una mujer.

raptor-a *adj. y s.* Que comete con una mujer el delito de rapto.

raque *m.* Acto de recoger los objetos perdidos en las costas por algún naufragio o echazón.

raqueta *f.* Bastidor de madera con mango, que sujeta una red o pergamino, y que se emplea como pala en el juego del volante, del tenis y otros semejantes. El mismo juego. Utensilio en forma de raqueta que se usa en las mesas de juego para mover el dinero de las posturas.

raquis *m.* Eje o pedúnculo común de las flores y frutos de una espiga o racimo. Espinazo, columna vertebral. Parte de la pluma del ave que sostiene las barbillas.

raquítico-a *adj.* Que padece raquitismo. Exiguo, mezquino, desmedrado, enclenque.

raquitismo *m.* Enfermedad de la nutrición que se caracteriza por anomalías del esqueleto, que se descalcifica por falta de vitamina D en la alimentación.

rara *f.* Ave del tamaño de una codorniz, de pico grueso y dentado, dañosa a las huertas y sembradíos por comerse las plantas tiernas.

raramente *adv.* Por maravilla, rara vez. Con rareza, de modo extraordinario, o ridículo.

rarefacer *tr.* Enrarecer.

rareza *f.* Calidad de raro. Cosa rara. Acción característica de la persona rara o extravagante.

raro-a *adj.* Que tiene poca densidad y consistencia; especialmente dícese de los gases enrarecidos. Extraordinario, poco común o frecuente. Escaso en su clase o especie. Insigne, sobresaliente en su línea. Extravagante de genio y propenso a singularizarse.

ras *m.* Igualdad en la superficie o la altura de las cosas.

rasar *tr.* Igualar con el rasero las medidas de trigo, cebada y otras cosas. Pasar rozando ligeramente un cuerpo con otro.

rasarse *r.* Ponerse rasa o limpia un cosa, como el cielo sin nubes.

rascacielo Edificio de gran altura y muchos pisos.

rascar *tr.* Refregar o frotar fuertemente la piel con una cosa aguda o áspera, y por lo regular con las uñas. Arañar. Limpiar rascando. *R.* En América, emborracharse.

rascatripas *com.* Persona que con poca habilidad toca el violín u otro instrumento de arco.

rascuache *adj.* En México, dícese del individuo mezquino, tacaño o mediocre.

rasera *f.* Rasero. Paleta de metal con agujeros para volver los fritos y otros usos de cocina. Cepillo de alisar madera que saca virutas muy estrechas.

rasero *m.* Palo cilíndrico para rasar medidas de los áridos.

rasgado-a *adj.* Dícese del balcón o ventana grande que se abre mucho y tiene mucha luz. Agujero de la base del cráneo, de contorno irregular. *M.* Rasgón.

rasgar *tr.* Romper o hacer pedazos a viva fuerza y sin instrumentos cosa de poca consistencia: papel, tejidos, etc. Rasguear.

rasgo *m.* Línea de adorno trazada airosamente con la pluma para adornar las letras al escribir. Expresión feliz. Acción gallarda y notable en cualquier concepto. Facción del rostro.

rasgón *m.* Rotura de un vestido o tela.

rasguear *tr.* Tocar la guitarra u otro instrumento rozando varias cuerdas a la vez con la punta de los dedos. *Intr.* Hacer rasgos con la pluma.

rasguñar *tr.* Arañar o rascar con las uñas o con algún instrumento cortante una cosa, especialmente el cuero. Dibujar en apuntamiento o esbozo.

raso-a *adj.* Plano, liso, desembarazado de estorbos. Aplícase al asiento o silla que no tiene respaldar. Que no tiene título que lo distinga. Atmósfera lisa y libre de nubes y nieblas. Que pasa o se mueve a poca altura del suelo. *M.* Tela de seda lustrosa.

raspa *f.* Arista, filamento de algunas gramíneas. Pelo, brizna o raspilla de la pluma para escribir. Espina de pescado. En algunos frutos, zurrón, cáscara primera y más tierna. Zuro, corazón de la mazorca del maíz después de desgranada. En México, alboroto con chanzas pesadas o con chistes de mal gusto. Baile popular mexicano de origen jarocho.

raspadura *f.* Acción y efecto de raspar. Lo que raspado se quita de la superficie. En América, azúcar morena que va quedando pegada en la paila de los trapiches. En México, piloncillo.

raspar *tr.* Raer ligeramente una cosa quitándole alguna parte superficial. Picar el vino u otro licor al paladar. Hurtar, quitar una cosa. Rasar, pasar rozando un cuerpo con otro. En México, zaherir, ofender en forma indirecta.

raspear *intr.* Correr con aspereza y dificultad la pluma y despedir chispillas de tinta, por tener un pelo o raspa.

raspilla *f.* Planta borraginácea de tallos casi hendidos con espinitas revueltas hacia abajo, hojas ásperas y flores azules llamadas nomeolvides.

rasqueta *f.* Plancheta de cantos afilados y con mango para raer y limpiar.

rastacuero o **rastacueros** *m.* Vividor, advenedizo.

rastra *f.* Rastro, instrumento agrícola; vestigio que deja una cosa. Grada, instrumento con que se allana la tierra. Recogedor de piedra. Cosa que se arrastra y cuelga. Sarta de fruta seca.

rastracueros *m. americ.* Persona enriquecida en el comercio de cueros. Individuo, principalmente extranjero, muy ostentoso y cuyos recursos no se conocen. Por extensión, caballero de industria.

rastrear *tr.* Seguir el rastro o buscar alguna cosa por él. Vender por mayor la carne en el rastro. Inquirir, indagar, averiguar una cosa, discurriendo por conjeturas o señales. *Intr.* Ir por el aire, pero casi tocando al suelo.

rastrero-a *adj.* Que va arrastrando. Aplícase a las cosas que van por el aire, pero casi tocando el suelo. Bajo, vil y despreciable. Dícese del tallo de una planta que, tendido por el suelo, echa raicillas de trecho en trecho.

rastrillar *tr.* Limpiar el lino o el cánamo de la arista y estopa. Recoger con el rastro la parva en las eras o la hierba segada en los prados. Limpiar con el rastrillo. En América, descerrajar un tiro; encender un fósforo frotándolo.

rastrillo *m.* Tabla con muchos dientes de alambre grueso, a manera de carda, para apartar la estopa y separar bien las fibras del lino o del cáñamo. Reja o verja para defender la entrada de plazas de armas.

rastro *m.* Instrumento de mango largo cruzado en uno de sus extremos por un travesaño armado de púas, para recoger hierbas, paja, broza, etc. Utensilio a modo de azada pero con dientes fuertes y gruesos, para extender piedra partida y usos análogos. Vestigio, señal o indicio que deja una cosa. Mugrón. Lugar para vender la carne por mayor. Matadero.

rastrojo *m.* Residuo de las cañas de la mies que queda en la tierra después de segar. El mismo

campo antes de recibir nueva labor.

rasurar *tr. y r.* Afeitar, raer la barba.

rata *f.* Mamífero roedor de cabeza pequeña, cola larga, hocico puntiagudo, cuerpo grueso y patas cortas; es animal muy fecundo, destructor, voraz y peligroso para el hombre, como transmisor de muy serias enfermedades. *M.* Ratero.

ratafía *f.* Rosoli en que entra zumo de ciertas frutas, principalmente de cerezas o de guindas.

rataplán *m.* Voz onomatopéyica con que se imita el sonido del tambor.

ratería *f.* Hurto de cosas de poco valor. Acción de hurtarlas con maña y cautela.

ratero-a *adj. y s.* Aplícase al ladrón que hurta cosas generalmente de poco valor y huye de afrontar riesgos mayores.

raticida *adj.* Que mata las ratas.

ratificar *tr.* Aprobar y confirmar actos, palabras o escritos dándoles por valederos y ciertos.

rato *m.* Espacio de tiempo, especialmente cuando es corto.

ratón *m.* Mamífero roedor de pelaje gris, muy fecundo y ágil y que vive en las casas donde causa daño por lo que come, roe y destruye.

ratonera *f.* Trampa en que se cogen o cazan los ratones. Agujero que hace el ratón en las paredes, arcas, etc., para entrar y salir por él. Madriguera de ratones.

raudal *m.* Abundancia de agua que corre arrebatadamente. Abundancia de cosas que rápidamente y como de golpe concurren y se derraman.

raudo-a *adj.* Rápido, veloz, precipitado.

ravioles *m. pl.* Emparedados de masa con carne picada que se sirven con salsa y queso rallado.

raya *f.* Señal larga y estrecha que por combinación de un color con otro, por pliegue o por hendedura se hace o forma natural o artificialmente en un cuerpo. Término, confín o límite. Punto o tanto que se gana en algunos juegos. Señal al dividir el cabello con el peine. Línea o faja estrecha que se observa en un espectro de emisión. En México, paga, jornal, remuneración; relación de salarios y conjunto de los que se hacen efectivos el día de pago. Guión algo más largo que el común, para separar oraciones incidentales o cambio de interlocutor en un diálogo.

raya *f.* Pez elasmobranquio marino, de cuerpo aplanado y romboidal, de cola larga y delgada; vive en el fondo del mar donde descansa; comestible.

rayado-a *m.* Acción de rayar. Conjunto de rayas o listas de una tela, papel, etc. *Adj.* Dícese del cañón de arma de fuego que tiene rayadas en el ánima estrías, para imprimir al proyectil un movimiento de rotación y mantenerlo con la punta hacia adelante.

rayano-a *adj.* Que confina o linda con una cosa. Que está en la raya que divide dos territorios. Cercano, con semejanza que se aproxima a igualdad.

rayar *tr.* Hacer o tirar rayas. Tachar lo manuscrito o impreso con una o varias rayas. Subrayar. *Intr.* Confinar una cosa con otra. Amanecer, alborear el día. Asemejarse una cosa a otra. En México, pagar a los trabajadores asalariados, y cobrar éstos.

rayo *m.* Cada una de las líneas que parten del punto en que se produce una determinada forma de energía y señalan la dirección en que ésta se transmite. Línea de luz que procede de un cuerpo luminoso. Chispa eléctrica de gran intensidad producida por descarga entre dos nubes o entre una nube y la tierra. Pieza, a modo de radio, que une el cubo de una rueda con las pinas. Cosa de gran fuerza y eficacia en la acción. Persona viva y pronta de ingenio. Sentimiento intenso y pronto de dolor. Estrago, infortunio o castigo improviso.

rayón *m.* Seda artificial. Tejido hecho con ella.

rayos X *m. pl.* Ondas electromagnéticas de longitud de onda más corta que la de la luz, usadas en cristalografía, fotografía y Medicina, por su poder penetrante en los cuerpos opacos a la acción de la luz ordinaria.

raza *f.* Casta o linaje. Estirpe, prosapia, abolengo, alcurnia, cuna, familia. Conjunto de individuos de una especie o subespecie que se diferencia de los demás en uno o más caracteres morfológicos o funcionales secundarios.

razón *f.* Facultad o acto de discurrir. Palabras o frases con que se expresa el discurso. Argumento o demostración que se aduce en apoyo de algo. Motivo o causa. Orden y método. Cuenta, relación, cómputo. Justicia, derecho. Resultado de la comparación entre dos cantidades.

razonable *adj.* Arreglado, justo, conforme a razón. Mediano, regular, suficiente en cantidad o calidad.

razonamiento *m.* Acción y efecto de razonar. Operación de sacar unos juicios de otros o unas proposiciones de otras.

razonar *intr.* Discurrir manifestando lo que se discurre, o hablar dando razones para probar una cosa. Computar o reglar. Alegar, decir en derecho, abogar.

razzia *f.* Incursión o correría de gente armada sin más objeto que el botín. Por extensión, incursión de la fuerza pública o de la policía en una zona, en busca de maleantes.

re *m.* Segunda nota de la escala musical de *do*.

reabsorber *tr.* Absorber de nuevo o tornar a absorber.

reacción *f.* Acción que resiste o se opone a otra acción, obrando en sentido contrario a ella. Tendencia tradicionalista en lo político, opuesta a las innovaciones. Acción recíproca entre dos o más substancias, de la que resultan otra u otras diferentes de las primitivas. Período de calor y frecuencia de pulso que en algunas enfermedades sucede al frío. Respuesta a un estímulo.

reaccionar *intr.* Cambiar de disposición una persona, o modificarse una cosa en virtud de una acción opuesta a otra anterior. Responder a uno o más estímulos algún tejido, órgano o parte de un organismo. Alterarse el estado de un enfermo cuando se le aplica algún medicamento. Experimentar alteración dos o más substancias cuando se ponen en contacto o se mezclan por efecto de cierta acción recíproca.

reaccionario-a *adj. y s.* Que propende a restablecer lo abolido. Opuesto a las innovaciones.

reacio-a *adj.* Inobediente, remolón, renuente.

reactivar *tr.* Volver a activar o hacer que una cosa que había dejado de ser activa, vuelva a serlo.

reactivo-a *adj.* Dícese de lo que produce reacción. *M.* Nombre de toda substancia que, puesta en contacto con otra, produce un fenómeno que descubre la presencia de una substancia determinada o perteneciente a cierta clase.

reactor-a *adj.* Reactivo. Nombre genérico dado a los motores de aviación en los que la totalidad del aire empleado para la propulsión pasa por el interior de ellos, acelerándose.

readaptar *tr.* Volver a adaptar, adaptar de nuevo.

readmitir *tr.* Admitir de nuevo.

reafirmar *tr.* Volver a afirmar.

reajustar *tr.* Volver a ajustar, ajustar de nuevo.

real *adj.* Que tiene existencia verdadera y efectiva. Lo que es o existe. Dícese del punto donde se reúnen los rayos luminosos o caloríficos que se reflejan en un espejo o atraviesan una lente.

real *adj.* Perteneciente o relativo al rey o a la realeza. Regio, suntuoso. Aplícase a algunos animales y cosas superiores o notables. Muy bueno. *M.* Sitio en que está la tienda del rey o del general y, por extensión donde está acampado el ejército. Campo donde se celebra una feria. Sede minera. Moneda española equivalente a 25 céntimos de peseta.

realce *m.* Adorno o labor que sobresale de la superficie de una cosa. Lustre, estimación, grandeza sobresaliente.

realengo-a *adj.* Dícese de los terrenos pertenecientes al Estado.

realeza *f.* Dignidad o soberanía del rey.

realidad *f.* Existencia real y efectiva de una cosa. Verdad, sinceridad.

realismo *m.* Doctrina filosófica que atribuye realidad a las ideas generales. Sistema estético que tiene por fin la imitación fiel de la Naturaleza o de la realidad, en la forma más concreta posible.

realizar *tr.* Verificar, hacer real y efectiva una cosa. Ejecutar, efectuar. Vender, convertir en dinero mercancías o bienes.

realzar *tr.* Levantar o elevar una cosa más de lo que estaba. Labrar en realce. Ilustrar, engrandecer. Exagerar, ponderar el mérito y las cualidades de una persona.

reanimar *tr.* Confortar, dar vigor, restablecer las fuerzas. Infundir ánimo y valor al que está abatido.

reanudar *tr.* Renovar, volver al trato, estudio, trabajo, etc.

reaparecer *intr.* Volver a aparecer o a mostrarse.

reargüir *tr.* Argüir de nuevo sobre el mismo asunto. Redargüir.

rearmar *tr.* Equipar nuevamente con armamento militar o reforzar el que ya existía.

reasumir *tr.* Volver a tomar lo que antes se tenía o se había dejado. Tomar, en casos extraordinarios, una autoridad superior las facultades de las demás.

reata *f.* Cuerda o correa que ata y une dos o más caballerías para que vayan en hilera, una detrás de otra. La misma hilera. En México, soga.

reavivar *tr.* Volver a avivar, o avivar intensamente.

rebaba *f.* Porción de materia sobrante que forma resalto en los bordes o en la superficie de un objeto.

rebaja *f.* Disminución, desfalco o descuento de una cosa.

rebajar *tr.* Hacer más bajo el nivel o superficie horizontal de un terreno u otra cosa. Hacer nueva baja de una cantidad en las posturas. Humillar, abatir. Disminuir la altura de un arco o bóveda a menos de semicírculo.

rebalsa *f.* Porción de agua que detenida en su curso, forma balsa. Porción de humor detenido en una parte del cuerpo.

rebalsar *tr. y r.* Detener y estancar las aguas corrientes.

rebalse *m.* Acción y efecto de rebalsar. Estancamiento de agua corriente.

rebanada *f.* Porción delgada, ancha y larga que se saca de una cosa, y especialmente del pan, cortando de un extremo a otro.

rebanar *tr.* Cortar en rebanadas. Cortar o dividir una cosa de una parte a otra.

rebañar *tr.* Juntar y recoger alguna cosa sin dejar nada. Recoger de un plato o vasija los residuos de alguna cosa comestible hasta apurarla.

rebaño *m.* Hato grande de ganado, especialmente lanar. Congregación de los fieles respecto de sus pastores espirituales. Manada, grey.

rebasar *tr.* Pasar o exceder de cierto límite. Pasar, navegando, más allá de un buque, cabo, escollo o cualquier otro estorbo o peligro. Adelantar un automóvil a otro.

rebatir *tr.* Rechazar o contrarrestar la fuerza o violencia de uno. Volver a batir. Batir mucho. Redoblar, reforzar. Rebajar de una suma una cantidad que no debió comprenderse en ella. Impugnar, refutar.

rebato *m.* Ataque repentino. Toque de fuego. Llamado a los vecinos con el fin de defenderse de un peligro. Alarma, susto o sobresalto por algún mal o riesgo de peligro inminente.

rebelarse *r.* Levantarse, faltando a la obediencia debida. Retirarse o dejar una amistad o correspondencia que se tenía. Oponer resistencia.

rebelde *adj. y s.* Que se rebela o subleva. Indócil, desobediente. Voluntad que no se rinde; pasión que no cede. Insurgente, sublevado; indisciplinado, indómito.

rebeldía *f.* Calidad de rebelde. Acción propia del rebelde. Desobediencia u oposición a un mandato legítimo.

rebelión /. Acción y efecto de rebelarse. Insurrección, levantamiento, alzamiento.

rebenque m. Látigo de cuero o cáñamo embreado con que se castigaba a los galeotes. Látigo recio de jinete. Cuerda o cabo cortos.

reblandecer tr. y r. Ablandar una cosa o ponerla tierna.

rebociño m. Mantilla o toca corta usada por las mujeres para rebozarse.

rebollo m. Arbol cupulífero de tronco grueso y copa ancha, hojas caedizas sinuosas, flores en amento y bellotas solitarias, parecido al roble.

reborde m. Faja estrecha y saliente a lo largo del borde de una cosa.

rebosar intr. Derramarse un líquido por encima de los bordes de un recipiente. Abundar mucho una cosa.

rebotar intr. Botar repetidamente un cuerpo elástico. Tr. Redoblar o volver la punta de una cosa aguda. Alterar el color o la calidad de una cosa.

rebote m. Acción y efecto de botar repetidamente un cuerpo elástico. Cada uno de los botes después del primero que da un cuerpo que rebota.

rebotica /. Pieza detrás de la principal de la botica y que le sirve de desahogo. Trastienda.

rebozar tr. Cubrir casi todo el rostro con la capa o manto. Bañar una vianda con huevo batido, harina, miel, etc.

rebozo m. Modo de llevar la capa o el manto cuando con él se cubre casi todo el rostro. Rebociño. Simulación, pretexto. En América, especie de chal o pañolón que usan las mujeres modestas o humildes; en México, se fabrican también de materiales muy finos y costosos.

rebramar intr. Volver a bramar. Bramar fuertemente. Responder a un bramido con otro.

rebujiña /. Alboroto, bullicio de la gente del pueblo.

rebujo m. Embozo usado por las mujeres para no ser conocidas. Envoltorio mal hecho.

rebullir intr. Empezar a moverse o agitarse lo que estaba quieto.

rebuscamiento m. Hablando del lenguaje y estilo, exceso de atildamiento que degenera en afectación; manera, porte atildado de las personas.

rebuscar tr. Escudriñar y buscar con excesivo cuidado. Recoger el fruto que queda en los campos después de alzadas las cosechas.

rebuznar intr. Dar rebuznos.

rebuzno m. Voz del asno.

recabar tr. Alcanzar, conseguir con instancias o súplicas lo que se desea.

recadero-a m. y /. Persona que tiene por oficio llevar recados de un punto a otro.

recado m. Mensaje o respuesta que de palabra se da o se envía a otro. Memoria o recuerdo de la estimación o cariño que se tiene a una persona. Regalo, presente. Provisión diaria para el surtido de la casa. Conjunto de objetos necesarios para hacer ciertas cosas. Precaución, seguridad.

recaer intr. Volver a caer. Caer nuevamente enfermo de la misma dolencia. Reincidir en los vicios o errores pasados. Parar en uno o caerle beneficios o gravámenes.

recaída /. Acción y efecto de recaer. Reincidencia.

recalar tr. Penetrar poco a poco un líquido en un cuerpo dejándolo húmedo o mojado. Ir a dar en un sitio; aparecer en él. Intr. Llegar un buque a la vista de la costa.

recalcar tr. Ajustar, apretar mucho una cosa con otra o sobre otra. Llenar mucho un receptáculo con algo, apretando para que quepa más cantidad. Decir las palabras con lentitud y exagerada fuerza para que queden bien entendidas. R. Repetir, reiterar una cosa muchas veces. Machacar, insistir; comprimir.

recalcificar tr. y r. Suministrar al organismo las sales de calcio perdidas por alguna enfermedad o por defecto de ellas en los alimentos.

recalcitrante adj. Terco, reacio, reincidente, obstinado en la resistencia.

recalcitrar intr. Retroceder, volver atrás los pies. Resistir con tenacidad a quien se debe obedecer.

recalentar tr. Volver a calentar. Calentar demasiado. Avivar la pasión amorosa. R. Echarse a perder algunos frutos por exceso de calor.

recalzar tr. Arrimar tierra alrededor de las plantas o árboles. Reparar los cimientos de un edificio ya construido.

recamar tr. Bordar de réalce.

recámara /. Cuarto después de la cámara para guardar vestidos o alhajas. Sitio en el interior de las minas para guardar los explosivos. Lugar del cañón de las armas de fuego en que se coloca el cartucho. Cautela, reserva, segunda intención. En México, dormitorio, alcoba.

recamarera /. En México, doncella o criada que atiende las habitaciones.

recambiar *tr.* Hacer segundo cambio o trueque. Girar letra de cambio de resaca.

recancanilla *f.* Modo de andar los muchachos simulando cojear. Enfasis en las palabras.

recapacitar *tr.* Recorrer la memoria refrescando asuntos, combinándolos y meditando sobre ellos.

recapitular *tr.* Recordar sumaria y ordenadamente lo que por escrito o de palabra se ha manifestado con extensión. Resumir.

recargar *tr.* Volver a cargar. Aumentar la carga. Hacer nuevo cargo o reconvención. Agravar una cuota de impuesto u otra prestación. Adornar con exceso una persona o cosa.

recatar *tr.* Encubrir u ocultar lo que no se quiere que se vea o se sepa. *R.* Mostrar recelo en tomar una resolución.

recato *m.* Cautela, reserva. Honestidad, modestia.

recauchutar *tr.* Reparar el caucho de las cubiertas de los neumáticos de los automóviles.

recaudación *f.* Acción de recaudar. Tesorería u oficina destinada para la percepción de caudales públicos.

recaudar *tr.* Cobrar o percibir caudales o afectos. Asegurar, tener o poner en custodia.

recaudería *f.* En México, especiería, tienda en que se venden especias.

recaudo *m.* Recaudación. Precaución, cuidado. Caución, fianza, seguridad. En México, verdura surtida.

recazo *m.* Guarnición, parte media entre la hoja y la empuñadura de la espada y de otras armas blancas. Parte del cuchillo opuesta al filo.

recelar *tr.* Temer, desconfiar y sospechar.

recensión *f.* Noticia o reseña de una obra literaria o científica.

recental *adj. y s.* Cordero o ternero que no ha pastado aún.

recepción *f.* Acción y efecto de recibir. Admisión en un empleo, oficio o sociedad. Fiesta en que desfilan por delante de las personas reales, jefes de Estado u otras autoridades, los representantes de cuerpos o clases y otras personas que acuden para rendirles acatamiento o felicitarlos por algún motivo. Reunión con carácter de fiesta que se celebra en algunas casas particulares. Examen judicial de testigos. Otorgamiento de un grado.

receptáculo *m.* Cavidad en que se contiene o puede contenerse cualquier substancia. Acogida, asilo, refugio. Extremo del pedúnculo donde se sientan las hojas o las flores.

receptividad *f.* Capacidad de recibir. Predisposición a contraer ciertas enfermedades infecciosas.

receptor-a *adj. y s.* Que recibe. Dícese del motor que recibe la energía de un generador instalado a distancia. Aparato para recibir señales eléctricas, telegráficas o telefónicas. Parte de una máquina a la que se aplica la fuerza motriz. Aparato orgánico sensorial que recibe los estímulos. Persona a quien se transfunde la sangre del donador.

recesión *f.* Neologismo creado para designar una depresión económica relativamente breve y moderada.

receso *m.* Separación, desvío, apartamiento. En América, suspensión, cesación, vacación.

receta *f.* Prescripción facultativa. Nota en que consta esta prescripción. Nota de qué debe componerse una cosa y cómo debe hacerse. Memoria de cosas que se piden.

recetar *tr.* Prescribir el médico un medicamento, con expresión de su dosis, preparación y uso. Pedir algo de palabra o por escrito.

recetario *m.* Nota de todo lo que el médico ordena que se administre al enfermo, así de alimentos como de medicinas. Cuaderno para escribir estas notas. Farmacopea.

recibí *m.* Expresión, en un documento, de haberse recibido lo que se consigna.

recibidor-a *adj. y s.* Que recibe. *M.* Antesala, pieza que da entrada a los cuartos habitados por una familia. *F.* En América, mujer no comadrona que atiende a una parturienta.

recibimiento *m.* Recepción. Acogida buena o mala que se hace al que viene de fuera. Antesala. Sala principal. Recibidor. Visita general en que una persona recibe a las de su amistad y estimación.

recibir *tr.* Tomar uno lo que le dan o le envían. Percibir. Sustentar, sostener un cuerpo a otro. Padecer uno el daño que otro le hace. Admitir dentro de sí una cosa a otra. Admitir, aceptar, aprobar una cosa. Admitir visitas, amistades, compañía. Esperar, hacer frente al que acomete con ánimo de resistirle. *R.* Tomar uno la investidura, o el título para ejercer alguna facultad o profesión.

recibo *m.* Recepción. Recibimiento. Escrito o resguardo firmado en que se declara haber recibido dinero u otra cosa.

reciedumbre *f.* Fuerza, fortaleza o vigor.

recién *adv.* Recientemente; úsase siempre antepuesto a los participios pasivos.

reciente *adj.* Nuevo, fresco, acabado de hacer.

recientemente *adv.* Poco tiempo antes.

recinchar *tr.* Fajar una cosa con otra, ciñéndola.

recinto *m.* Espacio comprendido dentro de ciertos límites.

recio-a *adj.* Fuerte, robusto, vigoroso. Grueso, gordo o abultado. Aspero, duro de genio, difícil de soportar. Substancioso, de mucha miga. Dícese del tiempo riguroso. Veloz, impetuoso.

recipendario *m.* El que es recibido solemnemente en una corporación para formar parte de ella.

recipiente *adj.* Que recibe. *M.* Receptáculo. Persona a quien se transfunde la sangre del donador. Receptor.

reciprocidad *f.* Correspondencia mutua de una persona o cosa con otra.

recíproco-a *adj.* Igual en la correspondencia de uno a otro. Dícese del verbo que lleva la forma reflexiva en su conjugación y sirve para devolver mutuamente la acción que a la vez realizan diversos sujetos.

recitado *m.* Composición musical usada en la poesía narrativa y en los diálogos, intermedio entre declamación y canto. Solo.

recital *m.* Reunión pública o privada en que se recitan poesías. Concierto musical.

recitar *tr.* Referir, contar o decir en voz alta un discurso, una oración. Decir y pronunciar de memoria y en voz alta, poesías, discursos, etc.

reclamar *intr.* Clamar contra una cosa; oponerse a ella de palabra o por escrito. Resonar. *Tr.* Clamar o llamar con repetición o mucha instancia. Pedir o exigir con derecho o con instancia una cosa. Llamar a las aves con el reclamo.

reclamo *m.* Ave amaestrada que con su canto atrae a otras de su especie. Voz con que una ave llama a otra de su especie. Instrumento para llamar a las aves en la caza imitando su voz. Voz o grito con que se llama a uno. Llamada, señal para llamar la atención. Anuncio ponderativo de una obra, producto, invento, etc.; es galicismo. Señuelo, espejuelo. Reclamación.

reclinar *tr.* y *r.* Inclinar el cuerpo o parte de él, apoyándolo sobre alguna cosa. Inclinar una cosa apoyándola sobre otra. Alejar de la vertical.

reclinatorio *m.* Cosa acomodada y dispuesta para reclinarse. Mueble acomodado para arrodillarse y orar.

recluir *tr.* y *r.* Encerrar o poner en reclusión.

reclusión *f.* Encierro o prisión voluntaria o forzada. Pena de privación de libertad por el período fijado por la ley.

recluso-a *m.* y *f.* Persona que está en reclusión voluntaria o forzada.

recluta *f.* Reclutamiento. *M.* El que libre y voluntariamente sienta plaza de soldado. Por extensión, mozo alistado por sorteo para el servicio militar; soldado muy bisoño.

reclutamiento *m.* Acción y efecto de reclutar. Conjunto de los reclutas de un año.

reclutar *tr.* Alistar reclutas. Reunir o alistar personas para algún fin.

recobrar *tr.* Volver a tomar o adquirir lo que antes se tenía o poseía. *R.* Repararse de un daño recibido. Desquitarse, reintegrarse de lo perdido. Volver en sí de la enajenación del ánimo o de los sentidos, de un accidente o enfermedad.

recocer *tr.* Volver a cocer. Cocer mucho una cosa. Caldear los metales para que adquieran la ductilidad o el temple que suelen perder al trabajarlos. *R.* Atormentarse, consumirse interiormente por la vehemencia de una pasión.

recodar *intr.* y *r.* Recostarse o descansar sobre el codo. Formar recodo un río, un camino, etc.

recodo *m.* Angulo o revuelta que forman las calles, caminos, ríos y otras cosas, torciendo notablemente la dirección que traían.

recogedor-a *adj.* Que recoge o da acogida. *M.* Instrumento para recoger la parva de la era, la basura, etc.

recoger *tr.* Volver a coger; tomar segunda vez una cosa. Juntar o congregar personas o cosas separadas o dispersas. Recolectar los frutos, coger la cosecha. Encoger, estrechar o ceñir. Guardar una cosa. Ir juntando y guardando poco a poco unas cosas, especialmente dinero. *R.* Retirarse, acogerse a una parte. Ceñirse, moderarse en los gastos. Retirarse a dormir o descansar. Retirarse a casa.

recogido-a *adj.* Que tiene recogimiento y vive retirado del trato y comunicación de las gentes. Mujer que vive retirada en determinada casa, con clausura voluntaria o forzosa. Dícese del animal corto de tronco.

recolección *f.* Recopilación, resumen o compendio. Cosecha de los frutos. Cobranza, recaudación de frutos o dineros.

recolectar *tr.* Recoger, hacer la recolección de los frutos.

recoleto-a *adj.* Aplícase al religioso que guarda la observancia más estrecha de la regla. Convento en que esta práctica se observa. Dícese del que vive en retiro o viste modestamente.

recomendación *f.* Acción y efecto de recomendar o recomendarse. Encargo o súplica que se hace a otro poniendo a su encargo o diligencia una cosa. Alabanza de un sujeto para presentarlo a otro. Autoridad, representación o calidad por que se hace más apreciable y digna de respeto una cosa.

recomendar *tr.* Encargar, pedir o dar orden a alguien para que tome a su cuidado a una persona o negocio. Hablar por uno elogiándolo.

recompensar *tr.* Compensar, dar alguna cosa o hacer algún beneficio en merecimiento del daño que se ha causado. Retribuir o remunerar algún servicio. Premiar un beneficio, favor, virtud o mérito.

recomponer *tr.* Componer de nuevo, reparar.

reconcentrar *tr.* Introducir, internar una cosa en otra. Reunir en un punto las personas o cosas que estaban esparcidas. Disimular o callar un sentimiento o afecto. *R.* Abstraerse, ensimismarse.

reconciliar *tr. y r.* Volver a las amistades o acordar los ánimos desunidos. Oir en breve o ligera confesión. Lograr la paz y amistad con Dios.

recondítez *f.* Cosa recóndita.

recóndito-a *adj.* Muy escondido, reservado y oculto. Profundo, hondo.

reconducción *f.* Renovación tácita de un contrato de arrendamiento.

reconfortar *tr.* Confortar de nuevo o con energía y eficacia. Reanimar, consolar, alentar.

reconocer *tr.* Examinar con cuidado a una persona o cosa para enterarse de su identidad. Registrar, mirar por todos sus lados o aspectos una cosa para comprenderla o para rectificar un juicio. Registrar una cosa para enterarse de su contenido. Aceptar un nuevo estado de cosas. Confesar la dependencia en que se está respecto de otro. Confesar la obligación de gratitud. Dar uno por suya y que es legítima una deuda, firma, pagaré, etc. Distinguir de las demás a una persona o cosa. *R.* Dejarse comprender por ciertas señales una cosa. Confesarse culpable de un error o falta. Tenerse uno por sí propio por lo que es en realidad.

hablando de mérito, talento, fuerzas, recursos, etc.

reconocido-a *adj.* Dícese del que reconoce el favor o beneficio que otro le ha hecho; agradecido.

reconocimiento *m.* Acción y efecto de reconocer o reconocerse. Gratitud. Acto de identificar y admitir como propio un acto de trascendencia jurídica. Hecho de percibir algo dándonos cuenta de que lo hemos percibido antes.

reconquistar *tr.* Volver a conquistar una plaza, provincia o reino. Recuperar la opinión, el afecto, la hacienda, etc.

reconstituir *tr.* Volver a constituir, rehacer. Dar o devolver a la sangre y al organismo sus condiciones normales.

reconstituyente *adj.* Que reconstituye. Dícese especialmente del medicamento que tiene virtud de reconstituir.

reconstruir *tr.* Volver a construir. Unir, allegar, evocar cosas, recuerdos o ideas para completar el conocimiento de algo.

recontar *tr.* Contar o volver a contar, numerar las cosas; referir, narrar.

reconvenir *tr.* Hacer cargo a uno, arguyéndole con su propio hecho o palabra. Recriminar, reprochar, censurar. Ejercitar el demandado en juicio, una acción, cuando contesta, contra el demandante.

recopilación *f.* Compendio, resumen o reducción breve de una obra o de un discurso. Colección de escritos diversos.

recopilar *tr.* Juntar en compendio, recoger o unir diversas cosas, especialmente escritos literarios.

récord *m.* Palabra inglesa empleada para designar el nivel más alto alcanzado en una prueba deportiva, comprobado y homologado. Registro, relación.

recordar *tr.* Traer a la memoria una cosa. Excitar a uno a que tenga presente una cosa de que se hizo cargo o que tomó a su cuidado. *Intr.* Despertar el que está dormido. Volver en sí el que está desmayado. Evocar, acordarse.

recordatorio *m.* Aviso, advertencia, comunicación o medio para hacer recordar alguna cosa.

recorrer *tr.* Ir o transitar por algún lugar. Registrar, mirar con cuidado, andando de una parte a otra, para averiguar lo que se desea saber o hallar. Repasar o leer ligeramente un escrito. *Intr.* Recurrir, acudir o acogerse.

recorrido *m.* Espacio que recorre o ha de recorrer una persona o cosa. Reparación. Ajuste.

recortado *m.* Figura de papel recortada. Acción y efecto de recortar. *Adj.* Dícese de las hojas y otras partes de la planta cuyos bordes tienen muchas desigualdades; Reducido.

recortar *tr.* Cortar o cercenar lo que sobra de una cosa. Cortar con arte el papel u otra cosa en varias figuras. Señalar los perfiles de una figura pintada. Acortar.

recorte *m.* Acción y efecto de recortar. Suelto o noticia breve de un periódico. Movimiento corto y rápido para evitar el toreo la cogida del toro. *Pl.* Porciones excedentes de cualquier materia que se trabaja cortándola.

recoser *tr.* Volver a coser. Componer, zurcir o remendar la ropa.

recostar *tr. y r.* Reclinar la parte superior del cuerpo, el que está de pie o sentado. Reclinar, inclinar una cosa apoyándola sobre otra.

recova *f.* Compra y venta de huevos, gallinas, etc. En Sudamérica, mercado de comestibles.

recoveco *m.* Vuelta y revuelta de un callejón, pasillo, arroyo, etc. Artificio simulado o rodeo de que uno se vale para conseguir un fin.

recreación *f.* Acción y efecto de recrear o recrearse. Diversión para alivio del trabajo.

recrear *tr.* Crear o producir de nuevo alguna cosa.

recrear *tr. y r.* Divertir, alegrar o deleitar.

recrecer *tr.* Aumentar, acrecentar una cosa. *Intr.* Ocurrir u ofrecerse de nuevo una cosa. *R.* Reanimarse, cobrar bríos.

recreo *m.* Recreación. Sitio o lugar apto o dispuesto para diversión. Distracción, entretenimiento, pasatiempo.

recriar *tr.* Fomentar, aumentar a fuerza de pasto y pienso, el desarrollo de potros u otros animales criados en región distinta. Dar a un organismo nuevos elementos de vida y fuerza para su desarrollo.

recriminar *tr.* Responder a cargos o acusaciones con otras u otras. *Rec.* Acriminarse dos o más personas; hacerse cargos las unas a las otras. Reprochar, reconvenir.

recrudecer *intr. y r.* Tomar nuevo incremento un mal físico o moral, un afecto o cosa perjudicial o desagradable, después de haber empezado a remitir o cesar.

rectal *adj.* Perteneciente o relativo al intestino recto. Calificativo de la vena hemorroidal interna.

rectangular *adj.* Perteneciente o relativo al ángulo recto. Que tiene uno o más ángulos rectos. Perteneciente o relativo al rectángulo.

Que contiene uno o más rectángulos.

rectángulo *adj.* Rectangular, que tiene uno o más ángulos rectos; aplícase particularmente al triángulo y al paralelepípedo. *M.* Paralelogramo que tiene los cuatro ángulos rectos y los lados contiguos desiguales.

rectificador-a *adj.* Que rectifica. *Adj. y s.* Dícese de la máquina que transforma una corriente alterna en corriente de sentido constante. Alambique con el que se da un grado determinado de concentración a un líquido volátil por medio de la destilación.

rectificar *tr.* Reducir una cosa a la exactitud que debe tener. Ajustar un aparato o máquina para que funcione con la mayor precisión y dé el máximo rendimiento. *R.* Enmendar uno sus actos o proceder. *Tr.* Tratándose de una línea curva, hallar una recta cuya longitud sea igual a la de aquélla. Purificar los líquidos destilados sometiéndolos a nueva destilación.

rectilíneo-a *adj.* Que se compone de líneas rectas. Aplícase al carácter recto de algunas personas, a veces con exageración.

rectitud *f.* Derechura o distancia más breve entre dos puntos o términos. Calidad de recto o justo. Conocimiento de lo que debemos hacer o decir. Exactitud o justificación en las operaciones. Justicia, imparcialidad, integridad.

recto-a *adj.* Que no se inclina a un lado, ni a otro. Justo, severo y firme en sus resoluciones. Dícese del sentido primitivo o literal de las palabras. Derecho, justiciero, imparcial. *Adj. y s.* Dícese de la última porción del intestino grueso que empieza en el colon y termina en el ano. Dícese de la línea engendrada por un punto que se mueve constantemente en la misma dirección; o de la que representa el orden y sucesión de generaciones, de padres a hijos.

rector-a *adj. y s.* Que rige o gobierna. *M. y f.* Superior a cuyo cargo está el gobierno y mando de una comunidad, hospital o colegio. Superior de una universidad.

rectorado *m.* Oficio, cargo u oficina del rector. Tiempo en que éste ejerce sus funciones.

rectoría *f.* Empleo, oficio o jurisdicción del rector. Su oficina.

recua *f.* Conjunto de animales de carga para trajinar. Muchedumbre de cosas que van o siguen unas detrás de otras.

recuadro *m.* Efecto de cuadrar o cuadricular, y de encuadrar. Compartimiento o división en forma de cuadro o cuadrilongo, en una superficie.

recubrir *tr.* Volver a cubrir. Cubrir con eficacia o totalmente una cosa.

recuelo *m.* Lejía muy fuerte. Café cocido segunda vez.

recuento *m.* Cuenta o segunda cuenta o enumeración que se hace de una cosa.

recuerdo *m.* Memoria que se hace o aviso que se da de una cosa pasada o de que ya se habló. Regalo en testimonio de buen afecto. *Pl.* Memorias, saludo o recado cortés a un ausente. Reproducción de una experiencia psíquica, sin que haya percepción.

recuesto *m.* Sitio o paraje en declive.

recular *intr.* Cejar o retroceder. Ceder en el dictamen u opinión.

recuperación *f.* Acción y efecto de recuperar o recuperarse. Adiestramiento de mutilados y heridos, para incorporarlos a sus actividades; reeducación profesional.

recuperar *tr.* Recobrar. *R.* Recobrarse, volver en sí.

recurrir *intr.* Acudir a un juez o autoridad para una demanda o petición. Acogerse, en caso de necesidad, al favor de una persona, o emplear medios no comunes para el logro de un fin. Volver una cosa al lugar de donde salió. Entablar recurso contra una resolución.

recurso *m.* Acción y efecto de recurrir. Vuelta o retorno de una cosa al lugar de donde salió. Solicitud, petición por escrito. *Pl.* Bienes, medios de subsistencia. Expedientes, medios para salir airoso de una empresa.

recusar *tr.* No querer admitir o aceptar una cosa, o señalar a una persona de carencia de aptitud o de imparcialidad. Poner tacha legítima a un funcionario público para que no actúe en determinado procedimiento.

rechazar *tr.* Resistir un cuerpo a otro, forzándolo a retroceder. Resistir al enemigo, obligándolo a ceder. Contradecir lo que otro expresa, o rehusar lo que propone u ofrece. Repudiar; recusar; refutar.

rechazo *m.* Vuelta o retroceso que hace un cuerpo por encontrarse con una resistencia.

rechiflar *tr.* Silbar con insistencia. *R.* Burlarse con extremo. Mofarse de uno o ridiculizarlo.

rechinar *intr.* Producir ruido una cosa por ludir con otra. Obrar o actuar de mala gana o con disgusto. En México, rabiar.

rechoncho-a *adj.* Dícese de la persona o animal grueso y de poca altura.

rechupete. Voz que se emplea en la locución adverbial: muy exquisito o agradable.

red *f.* Aparejo hecho con hilos, cuerdas o alambres, para pescar, cazar, cercar, sujetar, etc. Labor o tejido de mallas. Prenda de malla para recoger el cabello. Verja o reja. Ardid o engaño. Conjunto de calles afluentes a un mismo punto. Sistema de caños, tuberías, hilos conductores, vías de comunicación, agencias o servicios para determinado fin. Entrelazamiento de vasos, fibras o nervios.

redacción *f.* Acción y efecto de redactar. Lugar u oficina donde se redacta. Conjunto de redactores de una publicación periódica.

redactar *tr.* Poner por escrito cosas sucedidas, acordadas o pensadas con anterioridad.

redactor-a *adj. y s.* Que redacta. Que forma parte de una redacción.

redada *f.* Lance de red. Conjunto de personas o cosas que se toman o apresan de una vez.

redaño *m.* Prolongación de peritoneo que cubre los intestinos formando un extenso pliegue adherido al estómago, al colon transverso y a otras vísceras; epiplón mayor, omento mayor; *Pl.* Fuerzas, brío, valor.

redargüir *tr.* Convertir el argumento contra el que lo presenta. Contradecir, impugnar alguna cosa por vicio que contiene.

redecilla *f.* Red pequeña. Tejido de mallas de que se hacen las redes. Prenda de mallas para recoger el cabello o adornar la cabeza. Segundo estómago de los rumiantes, cuyas paredes forman celdas hexagonales.

redención *f.* Acción y efecto de redimir. Por antonomasia, la que hizo Jesucristo del género humano.

redentor-a *adj. y s.* Que redime. Por antonomasia, Jesucristo.

redhibir *tr.* Deshacer el comprador la venta, según derecho.

redicho-a *adj.* Aplícase a la persona que habla pronunciando las palabras con una perfección afectada.

redil *m.* Aprisco cerrado con vallado de estacas.

redimir *tr.* Rescatar o sacar de la esclavitud al cautivo, mediante precio. Comprar de nuevo lo que se había vendido, poseído o tenido por alguna razón. Dejar libre una cosa hipotecada, empeñada o sujeta a gravamen. Librar, extinguir una obligación. Poner término a un vejamen, dolor, penuria u otra adversidad o molestia.

redingote *m.* Capote de poco vuelo y mangas ajustadas.

rédito m. Renta, utilidad o beneficio renovable que rinde un capital.

reditua tr. Rendir, producir utilidad periódicamente.

redivivo-a adj. Aparecido, resucitado.

redoblado-a adj. Dícese del hombre iornido y no muy alto. Cosa o pieza más gruesa o resistente que de ordinario. Dícese del paso militar ordinario de la táctica moderna.

redoblar tr. Aumentar una cosa otro tanto o al doble de lo que antes era. Volver la punta del clavo u otra cosa semejante en dirección opuesta a la de su entrada. Repetir, volver a hacer una cosa. Tocar redob.es en el tambor.

redoble m. Acción y efecto de redoblar; redoblamiento. Toque vivo y sostenido que se produce hiriendo rápidamente el tambor con los palillos.

redoma f. Vasija de vidrio ancha en su fondo y que va angostándose hacia la boca.

redomado-a adj. Muy cauteloso y astuto.

redomón-a adj. americ. Dícese de la caballería no domada por completo. En México, rústico no habituado del todo a la vida de la ciudad. En México y Chile, persona no adiestrada por completo en su oficio o empleo.

redondear tr. Poner redonda una cosa. Sanear un caudal, negocio o finca, liberándolos de gravámenes o deudas. Hacer un número redondo, o darlo en unidades completas de cierto orden. Adquirir bienes que den bienestar suficiente.

redondel m. Círculo, área o superficie plana contenida dentro de la circunferencia. Espacio destinado a la lidia, en las plazas de toros.

redondez f. Calidad de redondo. Circuito de una superficie curva, o de un cuerpo redondo.

redondo-a adj. De figura circular o esférica, o semejante a ella. Claro, sin rodeo. F. Comarca. Nota musical que adopta la figura redonda o ligeramente ovalada.

redova f. Danza popular polaca, parecida a la polca. Música de esta danza.

reducción f. Acción y efecto de reducir o reducirse. Simplificación. Conversión del valor de una cantidad a unidades de especie distinta. Restablecimiento de una parie del organismo a su lugar normal. Reacción química inversa de la oxidación y simultánea con ésta.

reducido-a adj. Estrecho, pequeño, limitado.

reducir tr. Volver una cosa al lugar en que antes estaba o al es-

tado que tenia. Disminuir o aminorar, estrechar o ceñir. Mudar una cosa en otra equivalente. Cambiar moneda o papel moneda. Resumir un discurso, narración, etc. Dividir un cuerpo en partes menudas. Hacer que un cuerpo pase del estado sólido al de líquido o de vapor, o viceversa. Comprender, incluir bajo de cierto numero o cantidad. Sujetar a obediencia. Persuadir o atraer a uno con razones. R. Moderarse en el modo de vida o porte. Resolverse por motivos poderosos a ejecutar una cosa. Restablecer huesos o hernias a su lugar natural.

reducto m. Obra de campaña, cerrada, que consta ordinariamente de parapeto y una o más banquetas.

redundancia f. Sobra o demasiada abundancia de cualquier cosa, especialmente de palabras.

redundar intr. Rebosar, salirse una cosa de sus límites. Resultar, ceder o venir a parar una cosa en beneficio o daño de alguien.

reduplicar tr. Redoblar, aumentar una cosa al doble; repetir, volver a hacer una cosa.

reedificar tr. Volver a edificar o construir de nuevo lo arruinado o lo que se derriba con este intento.

reeditar tr. Volver a editar.

reeducar tr. Adiestrar a una persona mutilada o incapacitada física o mentalmente con el fin de que recupere los movimientos de algún miembro, aprenda a valerse de algún aparato ortopédico, etc.

reelegir tr. Volver a elegir.

reembolsar o rembolsar tr. Volver una cantidad a poder del que la había desembolsado.

reemplazar tr. Substituir una cosa por otra. Suceder a uno en el empleo, cargo o comisión, o hacer accidentalmente sus veces.

reemplazo m. Acción y efecto de reemplazar. Renovación parcial del contingente del ejército activo en los plazos establecidos por la ley. Hombre que entra a servir en lugar de otro, en la milicia.

reencarnación f. Encarnarse el alma en otro cuerpo, según antiguas creencias; metempsicosis.

reencarnar intr. y r. Volver a encarnar.

reensayo m. Segundo u ulterior ensayo de una comedia, máquina, etc.

reestreno m. Representación de una obra que ha dejado de representarse durante mucho tiempo.

refacción f. Alimento moderado que se toma para reparar las fuerzas. Lo que se da al comprador sobre la medida exacta, por vía de aña-

didura. Reparación, compostura.
En América, pieza para proveer a
la reparación de un aparato mecánico cualquiera. En México y
Antillas, gasto que ocasiona una
hacienda para su sostenimiento o
impulso.

refaccionario-a *adj.* Perteneciente o
relativo a la refacción. Dícese de
los créditos que proceden del dinero invertido en fabricar o reparar una cosa.

refajo *m.* Falda corta que usan las
mujeres, encima de las enaguas.
Falda interior de abrigo.

refectorio *m.* Comedor de algunas
comunidades y colegios.

réferee o réteri *m.* Palabra inglesa
usada en fútbol y significa árbitro.

referencia *f.* Narración o relación
de una cosa. Dependencia o semejanza de una cosa respecto de
otra. Remisión, en un escrito. *Pl.*
Informe acerca de la probidad, solvencia u otras cualidades de una
persona.

referéndum *m.* Consulta a la voluntad del pueblo, mediante sufragio directo.

referir *tr.* Dar a conocer, de palabra o por escrito, un hecho verdadero o ficticio. Dirigir, encaminar
una cosa a un fin determinado.
Poner en relación personas o cosas. Atribuir. *R.* Remitir, atenerse
a lo dicho o hecho por otra persona. Aludir.

refilón. Modo adverbial con la preposición *de*: de soslayo, de pasada.

refinado-a *adj.* Sobresaliente, primoroso. Astuto, malicioso. Dícese
del azúcar de la mayor pureza.

refinar *tr.* Hacer más fina o más
pura una cosa. Perfeccionar una
cosa adecuándola a un fin determinado.

refinería *f.* Fábrica para refinar
azúcar u otros productos: petróleo, aceite, etc.

refistolero-a *adj.* En México, Cuba,
Ecuador y Puerto Rico, presumido,
orgulloso, fatuo, jactancioso.

reflector-a *adj. y s.* Dícese del cuerpo que refleja. Telescopio o anteojo astronómico. Aparato de superficie bruñida para reflejar rayos
luminosos o térmicos.

reflejar *intr.* Hacer cambiar de dirección un rayo de luz, calor, sonido u otra onda elástica o electromagnética. Manifestar o hacer
patente una cosa. *R.* Dejarse ver
una cosa en otra.

reflejo-a *adj.* Que ha sido reflejado. Aplícase al conocimiento o consideración que se forma de una cosa para conocerla mejor. *M.* Luz
o imagen reflejada. Representación,

imagen, muestra. Respuesta a un
estímulo.

reflexión *f.* Acción y efecto de reflejar o reflejarse; de reflexionar.
Vuelta de la conciencia sobre sí
misma.

reflexionar *intr.* Considerar nueva
o detenidamente una cosa.

reflexivo-a *adj.* Que refleja. Acostumbrado a hablar y obrar con reflexión. Dícese del verbo que devuelve la acción al mismo sujeto
que la realiza mediante alguna de
las formas del pronombre personal.

refluir *intr.* Volver hacia atrás o
hacer retroceso un líquido. Redundar una cosa en beneficio o daño
de alguno.

reflujo *m.* Movimiento de descenso
o retroceso de las aguas del mar
durante la marea. Condensación
total o parcial de los vapores de
un líquido en ebullición y caída
del líquido condensado en el vaso
de que proceden.

refocilar *tr.* Recrear, alegrar;
dícese en especial de las cosas
que calientan o dan vigor.

reforestación *f.* *améric.* Repoblación
forestal.

reforma *f.* Acción y efecto de reformar o reformarse. Lo que se
propone, proyecta o ejecuta como
innovación o mejora en alguna cosa. Movimiento religioso iniciado
en el siglo XVI por Lutero, que
separó de la Iglesia Católica a
gran parte de Europa y creó nuevas iglesias y confesiones cristianas.

reformar *tr.* Volver a formar, rehacer. Reparar, restaurar, restablecer. Arreglar, corregir, enmendar.
Restituir una orden o instituto religioso a su primitiva observancia
o disciplina. Extinguir, deshacer
un establecimiento o cuerpo. *R.* Enmendarse, corregirse. Contenerse,
moderarse en lo que uno dice o
ejecuta.

reformatorio *m.* Establecimiento en
donde, por medios educativos se-
veros, se trata de modificar la viciosa inclinación de algunas personas.

reformismo *m.* Doctrina política partidaria de la realización en tiempo oportuno de reformas sociales,
políticas y económicas, a fin de
prevenir convulsiones y trastornos
revolucionarios.

reforzar *tr.* Engrosar o añadir nuevas fuerzas a una cosa. Fortalecer,
o reparar lo que padece ruina o
detrimento. Animar, alentar.

refractar *tr.* Hacer que cambie de
dirección el rayo de luz que pasa
oblicuamente de un medio, a otro
de diferente densidad.

refractario-a *adj.* Aplícase a la persona que rehusa cumplir una promesa u obligación. Opuesto, rebelde a aceptar una idea, opinión o costumbre. Dícese del cuerpo o de las substancias que resisten la acción del fuego sin cambiar de estado ni descomponerse. Dícese del centro nervioso que no reacciona a los estímulos; o de la enfermedad que no cura con el tratamiento habitual.

refrán *m.* Dicho agudo y sentencioso de uso común. Proverbio, adagio.

refrangible *adj.* Que puede refractarse.

refregar *tr.* Estregar una cosa con otra. Dar en cara a uno con una cosa que le ofende, insistiendo en ella.

refreír *tr.* Volver a freír. Freír mucho o muy bien una cosa. Freírla demasiado.

refrenar *tr.* Sujetar al caballo con el freno. Contener, reprimir o corregir; úsase también como reflexivo.

refrendar *tr.* Autorizar un documento o despacho por medio de la firma de persona facultada para ello. Revisar un pasaporte y anotar su presentación.

refrescar *tr. y r.* Atemperar, disminuir el calor de una cosa. Tomar el fresco. Beber algo temperante, frío o helado. *Tr.* Renovar, reproducir una acción, sentimiento, dolor o costumbre antigua. *Intr.* Tomar fuerzas, vigor o aliento. Templarse o moderarse el calor del aire.

refresco *m.* Alimento moderado para fortalecerse y continuar el trabajo. Bebida fría o del tiempo. Agasajo de bebidas, dulces, etc., que se da en las visitas u otras concurrencias.

refresquería *f.* En México, lugar donde se expenden helados y refrescos.

refriega *f.* Reencuentro o combate poco empeñado o con poca cantidad de combatientes.

refrigerador-a *adj. y s.* Dícese de los aparatos o instalaciones para refrigerar. Aparato en que se produce una baja temperatura.

refrigerar *tr. y r.* Refrescar, atemperar, moderar o disminuir el calor de una cosa. Reparar las fuerzas. *Intr.* Refrescar, templarse o moderarse el calor del aire.

refrigerio *m.* Alivio que se siente con el fresco. Consuelo y alivio en un apuro, incomodidad o pena. Parco alimento que se toma para reparar las fuerzas.

refringir *tr.* Refractar.

refrito *m.* Cosa rehecha o de nuevo aderezada. Refundición de una obra dramática o de otro escrito.

refuerzo *m.* Mayor grueso que se da a una cosa para hacerla más resistente. Reparo para fortalecer y afirmar una cosa que puede flaquear o amenazar ruina. Socorro o ayuda.

refugiado-a *adj. y s.* Emigrado acogido a la protección de un país que no es el suyo. Asilado.

refugiar *tr. y r.* Acoger o amparar a uno, sirviéndole de resguardo y asilo.

refugio *m.* Asilo, amparo. Hermandad al servicio y socorro de los pobres. Zanja, trinchera o construcción subterránea para defenderse de los bombardeos aéreos o terrestres o atenuar sus efectos.

refulgente *adj.* Que emite resplandor.

refulgir *intr.* Resplandecer, emitir fulgor.

refundir *tr.* Volver a fundir o liquidar los metales. Comprender o incluir. Dar nueva forma y disposición a una obra de ingenio, con el fin de mejorarla o ponerla al día. *Intr.* Redundar, resultar una cosa en beneficio o daño de alguien.

refunfuñar *intr.* Emitir voces confusas, palabras mal articuladas o entre dientes, en señal de enojo o desagrado.

refutar *tr.* Contradecir, rebatir, impugnar con argumentos lo que otros dicen.

regadera *f.* Vasija o recipiente portátil para regar. En México, aparato de duchas.

regadío *adj. y s.* Aplícase al terreno que se puede regar.

regalado-a *adj.* Suave y delicado. Placentero, deleitoso.

regalar *tr.* Dar a uno graciosamente una cosa en señal de afecto y consideración. Halagar, acariciar o decir expresiones de afecto y benevolencia. Recrear o deleitar. *R.* Tratarse bien, procurando tener las comodidades posibles.

regalar *tr. y r.* Derretir.

regalía *f.* Preeminencia, prerrogativa o excepción particular y privativa. Privilegio. Gaje o provecho que, además del sueldo, perciben algunos empleados. Parte que corresponde a un autor por su obra.

regaliz, regaliza o **regalicia** *m.* o *f.* Orozuz. Su raíz seca es medicinal.

regalo *m.* Dádiva que se hace voluntariamente o por costumbre. Gusto o complacencia que se recibe. Comida o bebida delicada y exquisita. Comodidad o descanso que se procura en orden a la persona.

regalón-a *adj.* Que se cría o se trata con mucho regalo.

regañada *f.* En México y América Central, regaño, reprimenda, gesto de enfado, acompañado de palabras ásperas.

regañadientes (a). Modo adverbial: con repugnancia, mostrando disgusto.

regañar *intr.* Gruñir el perro, sin ladrar y mostrando los dientes. Dar muestras de enfado con palabras y gestos. Reñir. *Tr.* Reprender, reconvenir.

regaño *m.* Gesto o descomposición del rostro acompañado, por lo común, de palabras ásperas, con que se muestra enfado o disgusto. Reprensión.

regar *tr.* Esparcir agua sobre una superficie para beneficiar la tierra, limpiar una calle, sala, etc., o para refrescarla. Atravesar un río o canal una comarca o territorio. Esparcir, desparramar alguna cosa.

regata *f.* Carrera entre embarcaciones en el mar, en los ríos o en los lagos. Surco para conducir agua en huertas y jardines. Zanja estrecha.

regate *m.* Movimiento hurtando el cuerpo a una parte y otra. Escape o salida hábilmente buscado en una dificultad.

regatear *tr.* Debatir el comprador y el vendedor el precio de una cosa. Vender por menor. Rehusar la ejecución de una cosa. *Intr.* Hacer regates.

regateo *m.* Acción de regatear en la compra.

regatón *m.* Casquillo en el extremo de un bastón, lanza, etc., para mayor firmeza.

regatón-a *adj.* Que vende por menor los comestibles. Que regatea mucho.

regazo *f.* Enfaldo de la saya que hace seno desde la cintura hasta las rodillas. Parte del cuerpo donde se forma ese enfaldo. Cosa que recibe en sí a otra, dándole amparo, gozo o consuelo.

regelación *f.* Fusión del hielo sometido a grandes presiones, con la congelación subsiguiente cuando cesan éstas.

regencia *f.* Acción de regir o gobernar. Empleo de regente. Gobierno de un Estado durante la menor edad, ausencia o incapacidad de su legítimo príncipe. Tiempo que dura este gobierno.

regeneración *f.* Acción y efecto de regenerar o regenerarse. Capacidad de algunos organismos de restaurar o reemplazar las partes perdidas por algún motivo.

regenerar *tr. y r.* Restablecer, mejorar; dar nuevo ser a una cosa que degeneró. Restaurar o restaurarse un tejido orgánico perdido o lesionado.

regenta *f.* Mujer del regente. En algunos establecimientos docentes, profesora.

regentar *tr.* Desempeñar temporalmente ciertos cargos o empleos.

regente *adj.* Que rige o gobierna. *Com.* Persona que gobierna un Estado en la menor edad de su príncipe, o por otro motivo. Que gobierna y rige los estudios. En las imprentas, boticas, etc., el que sin ser el dueño, dirige las operaciones. Dícese de la palabra que rige a otra en la oración gramatical.

regicida *adj. y s.* Matador de un rey o reina. El que atenta contra la vida del soberano, aunque no consuma el hecho.

regicidio *m.* Muerte violenta dada al rey o a su consorte, o al príncipe heredero o al regente.

regidor-a *adj.* Que rige o gobierna. *M.* Concejal sin otro cargo municipal.

régimen *m.* Modo de gobernarse o regirse en una cosa. Constituciones, reglamentos o prácticas de un gobierno o de una de sus dependencias. Conjunto de condiciones naturales que regulan un fenómeno, o periodicidad con que éste se presenta. Estructura, forma y funciones del gobierno del Estado. Dependencia que entre sí tienen las palabras en la oración. Uso metódico de los medios para el sostenimiento de la vida.

regimiento *m.* Acción y efecto de regir o regirse. Cuerpo de regidores de un Ayuntamiento. Oficio o empleo de regidor. Unidad orgánica de una misma arma o cuerpo militar cuyo jefe es el coronel.

regio-a *adj.* Real, perteneciente o relativo al rey o a la realeza. Suntuoso, grande, magnífico.

regiomontano-a *adj. y s.* Natural de Monterrey. Perteneciente o relativo a cualquiera de las poblaciones que llevan este nombre.

región *f.* Parte de un territorio caracterizada por sus antecedentes históricos y por su geografía. Todo espacio que se imagina ser de mucha capacidad. Parte de un órgano en la que reside una función especial. Porción en que se considera dividido el cuerpo de un animal.

regionalismo *m.* Tendencia o doctrina política según las cuales en el gobierno de un Estado debe atenderse especialmente al modo de ser y a las aspiraciones de cada región. Amor o apego a determinada región de un Estado y a las cosas pertenecientes a ella.

regir *tr.* Dirigir, gobernar o mandar. Guiar, llevar o conducir una cosa. Traer bien gobernado el vientre, descargarlo. *Intr.* Estar vigente. *Tr.* Tener una palabra bajo su dependencia a otra parte de la oración o categoría gramatical. Obedecer la nave al timón.

registrador-a *adj.* Que registra. Dícese de la caja que se usa en el comercio para señalar y sumar automáticamente el importe de las ventas. Aparato que anota automáticamente las indicaciones variables de su función propia. *M.* Funcionario que tiene a su cargo algún registro público.

registrar *tr.* Mirar, examinar una cosa con cuidado y diligencia. Inscribir un asiento en un registro. Anotar, señalar. *R.* Presentarse y matricularse.

registro *m.* Acción de registrar. Lugar desde donde se puede registrar o ver algo. Pieza que sirve para disponer o modificar el movimiento de una máquina. Abertura con tapa o cubierta para examinar, conservar o reparar lo que está subterráneo, empotrado en un muro, pavimento, etc. Padrón y matrícula. Protocolo. Lugar u oficina donde se registra. Asiento que queda de lo que se registra. Libro donde se apuntan noticias o datos. Placa giratoria para regular el tiro de una chimenea. Extensión de una voz o de un instrumento musical; pieza para modificar el timbre o la intensidad de los sonidos. Cinta o cordón que se pone entre las hojas de un libro para mejor consultarlos o señalar lugares convenientes.

regla *f.* Instrumento rectangular, por lo común de poco grueso, para trazar principalmente líneas rectas. Ley, estatuto, constitución o modo de ejecutar una cosa. Precepto, principio o máxima en las ciencias y artes. Razón que debe servir de medida para las acciones. Templanza, tasa, moderación. Orden y concierto que guardan las cosas naturales. Menstruación. Norma obligatoria. Método para efectuar una operación matemática.

reglaje *m.* Ajuste relativo o alineamiento de los diversos componentes de una aeronave.

reglamentar *tr.* Sujetar a reglamento un instituto o una materia determinada.

reglamentario-a *adj.* Perteneciente o relativo al reglamento. Preceptuado y exigido por alguna disposición obligatoria.

reglamento *m.* Disposición o conjunto de disposiciones orgánicas emanadas del poder público administrativo, para hacer efectivo el cumplimiento de las leyes. Normas fijadas por las corporaciones, asociaciones y sociedades, dentro de las leyes generales, para ordenar su buen gobierno, administración y funcionamiento.

reglar *tr.* Tirar o hacer líneas, valiéndose de la regla. Sujetar a reglas una cosa. Medir las acciones conforme a regla. *R.* Medirse, reducirse o reformarse.

regleta *f.* Planchuela de metal para espaciar la composición tipográfica.

regocijar *tr.* Alegrar, festejar, causar gusto o placer. *R.* Recrearse, recibir gusto o júbilo interior.

regocijo *m.* Júbilo. Acto con que se manifiesta alegría.

regodearse *r.* Deleitarse o complacerse en lo que gusta o se goza, deteniéndose en ello. Hablar o estar de chacota.

regodeo *m.* Acción y efecto de regodearse. Diversión, fiesta.

regoldar *intr.* Eructar, expeler con ruido por la boca los gases del estómago.

regolfar *intr.* Retroceder el agua contra su corriente haciendo un remanso. Cambiar la dirección del viento por la oposición de un obstáculo.

regordete-a *adj.* Dícese de la persona o de la parte de su cuerpo, pequeña y gruesa.

regraciar *tr.* Mostrar uno su agradecimiento de palabra, o con otra expresión.

regresar *intr.* Volver al lugar de donde se partió. En México, úsase como transitivo y aun reflexivo. En México, devolver, restituir una cosa.

regresión *f.* Retrocesión, acción de volver hacia atrás. Degeneración, atrofia o reducción de determinados órganos por falta de función. Retorno a una fase evolutiva anterior. Cambio en el sentido contrario a la progresión. Movimiento de retroceso del mar.

regreso *m.* Acción de regresar. Retorno, vuelta.

regruñir *intr.* Gruñir mucho.

regüeldo *m.* Eructo.

reguera *f.* Canal de riego.

reguero *m.* Corriente, a modo de chorro o de arroyuelo, que se hace de una cosa líquida. Señal que queda de una cosa que se va vertiendo. Reguera.

reguilete *m.* Rehilete.

regulador-a *adj.* Que regula. *M.* Mecanismo para ordenar o norma-

lizar el movimiento o los efectos de una máquina o de alguna pieza de ella. Válvula de seguridad. Reloj que sirve de norma para regiar la marcha de los demás. Aparato que modifica la cantidad de combustible o de vapor. Signo musical para indicar el aumento o disminución de la intensidad del sonido.
regular *adj.* Ajustado a regla. Medido y arreglado en el modo de vivir. Mediano. Aplícase a las personas y a lo que pertenece al estado religioso de los que viven bajo una regla. Dícese del polígono cuyos lados y ángulos son iguales entre sí, y del poliedro cuyas caras y ángulos sólidos son también iguales. Dícese de la palabra derivada, formada según las reglas de su clase.
regular *tr.* Medir, ajustar o computar una cosa por comparación o deducción. Ajustar, reglar o poner en orden una cosa.
regularidad *f.* Calidad de regular. Observancia de las reglas.
regularizar *tr.* Regular, ajustar, poner en orden una cosa.
régulo *m.* Señor de un pequeño Estado. Reyezuelo, pájaro, Basilisco.
regurgitar *intr.* Expeler por la boca, sin esfuerzo ni vómito, las substancias contenidas en el estómago o en el esófago. Salir un líquido de su continente o vaso, por su mucha abundancia. Volver los rumiantes a la boca el alimento desde la panza o herbario para rumiarlo.
rehabilitar *tr.* Habilitar de nuevo o restituir a una persona o cosa a su antiguo estado.
rehacer *tr.* Volver a hacer lo que se había deshecho. Reponer, reparar, restablecer lo disminuido o deteriorado. *R.* Reforzarse, restablecerse, tomar nuevo brío. Serenarse, dominar una emoción, mostrar tranquilidad.
rehecho-a *adj.* De estatura mediana, grueso, fuerte y robusto.
rehén *m.* Persona de estimación y calidad que como prenda queda en poder del enemigo o parcialidad.
rehenchir *tr.* Volver a henchir una cosa reponiendo lo que se había menguado. Rellenar de cerda, pluma o lana, o cosa semejante, algún mueble o parte de él.
rehilar *tr.* Hilar demasiado o torcer mucho lo que se hila. *Intr.* Moverse una persona o cosa como temblando. Zumbar por el aire.
rehilete *m.* Flechilla con púa en uno de sus extremos y papel o plumas en el otro, que se lanza por diversión para clavarla en un blanco. Volante o zaquetillo que se lanza al aire con raquetas. Dicho malicioso, pulla. Banderilla.
rehogar *tr.* Sazonar una vianda a fuego lento, sin agua y muy tapada, para que la penetren la manteca o aceite y otras cosas que se echan con ella.
rehuir *tr.* Retirar, apartar una cosa como con temor, sospecha o recelo de un riesgo. Llevar mal una cosa. Rehusar o excusarse de admitir algo. Evitar, esquivar, eludir.
rehusar *tr.* Excusar, no querer aceptar una cosa. Negar, rechazar, rehuir.
reimploración *f.* Colocación en su sitio de un órgano o víscera que estaba fuera de lugar.
reimprimir *tr.* Volver a imprimir o repetir la impresión de un escrito u obra.
reina *f.* Esposa del rey. La que ejerce la potestad real por derecho propio. Pieza del juego de ajedrez, la más importante después del rey. Mujer, animal o cosa del género femenino que sobresale de las demás de su clase. Dama que se escoge para presidir festejos, reuniones conmemorativas, etc. Hembra fértil de cualquier sociedad de insectos.
reinado *m.* Espacio de tiempo en que gobierna un rey o reina. Por extensión, aquel en que predomina o está en auge una cosa.
reinar *intr.* Regir un rey o príncipe un Estado. Dominar o tener predominio una persona o cosa sobre otra. Prevalecer o persistir una cosa.
reincidencia *f.* Reiteración de una misma culpa o defecto. Acción y efecto de reincidir.
reincidir *intr.* Volver a caer o incurrir en un mismo error, falta o delito.
reincorporar *tr.* Volver a incorporar, agregar o unir a un cuerpo político o moral lo que se había separado de él.
reingresar *intr.* Volver a ingresar.
reino *m.* Territorio o Estado que, con sus habitantes, están sujetos a un rey. Campo, extensión o espacio real o imaginario en que cabe o por donde corre o se dilata una cosa material o inmaterial. Cada uno de los tres grandes grupos en que se consideran distribuidos todos los seres naturales por razón de sus caracteres comunes: animal, vegetal y mineral; otros establecen sólo dos: orgánico e inorgánico.
reintegrar *tr.* Restituir o satisfacer íntegramente una cosa. Reconstruir la mermada integridad

de una cosa. *R.* Recobrarse de lo perdido o dejado de poseer.

reintegro *m.* Reintegración, acción de reintegrar o reintegrarse. Pago, entrega de un dinero que se debe. En la lotería, premio igual a la cantidad jugada.

reír *intr.* y *r.* Manifestar alegría y regocijo con la expresión de la mirada y con determinados movimientos de la boca y otras partes del rostro. Hacer burla o zumba. Tener las cosas aspecto deleitable. *Tr.* Celebrar con risa alguna cosa.

reiter *m.* Palabra alemana para designar una pesa de hilo de platino u otro metal no oxidable para medir fracciones de gramo inferiores a un centigramo. Jinetillo, caballero.

reiterar *tr.* Volver a decir o ejecutar; repetir una cosa.

reinvindicar *tr.* Reclamar lo que por razón de dominio pertenece a uno.

reja *f.* Instrumento de hierro, parte del arado, para romper y revolver la tierra. Labor que se da con el arado.

reja *f.* Red formada de barras de hierro de varios tamaños y figuras que se pone en las ventanas y otras aberturas de los muros para seguridad o adorno. En México, zurcido en la ropa.

rejalgar *m.* Sulfuro de arsénico que se funde y volatiliza fácilmente.

rejería *f.* Arte de construir rejas o verjas. Conjunto de estas obras.

rejilla *f.* Celosía fija o movible, red de alambre, tela metálica, etc., que se suele poner por recato o para seguridad en algunas aberturas. Ventanilla de confesonario. Tejido de tiritas de tallos resistentes y flexibles para asientos y respaldos de sillas y otros usos. Rejuela, braserillo. Armazón de barras de hierro que sostiene el combustible en un hogar. Red que se pone sobre los asientos del ferrocarril y otros vehículos, para colocar cosas de poco peso. Electrodo que regula la intensidad de la corriente eléctrica entre otros dos electrodos y que suele ser de malla de alambre.

rejo *m.* Punta o aguijón de hierro; por extensión, el de otra especie. Clavo o hierro redondo. Hierro que se pone en el cerco de las puertas. Robustez, fortaleza. Organo del que se forma la raíz en el embrión de la planta.

rejón *m.* Barra de hierro cortante que remata en punta. Asta con una moharra en la punta y que sirve para rejonear. Especie de puñal.

rejonazo *m.* Golpe y herida de rejón.

rejonear *tr.* En el toreo de a caballo, herir con el rejón al toro.

rejuela *f.* Red de barras de hierro que se pone en ventanas y otras aberturas. Braserito en forma de arquilla y con rejilla en la tapa, para calentarse los pies.

rejuvenecer *tr.* y *r.* Remozar, dar a uno fortaleza y vigor, cual se suele tener en la juventud. *Tr.* Renovar, dar modernidad o actualidad a lo desusado, olvidado o postergado.

relación *f.* Acción de referir o referirse un hecho o una cosa a cierto fin. Lista o catálogo de personas, hechos, cosas, etc. Conexión, correspondencia de una cosa con otra. Informe de lo substancial de un proceso o de alguna incidencia.

relacionar *tr.* Hacer relación de un hecho. *Tr.* y *r.* Poner en relación personas o cosas.

relajación o **relajamiento** *f.* o *m.* Acción y efecto de relajar o relajarse. Disminución de la tensión. Hernia. Proceso físico que requiere cierto período de tiempo para reaccionar ante cambios bruscos a los que está sometido un sistema.

relajar *tr.* Aflojar, laxar o ablandar. Esparcir o divertir el ánimo con algún descanso. Hacer menos severa o rigurosa la observancia de leyes, reglas o estatutos. *R.* Laxarse o dilatarse una parte del cuerpo. Formársele a uno hernia. Viciarse en las costumbres. Aliviar a uno la pena o castigo.

relajo *m.* En México, Cuba y Puerto Rico, relajación de costumbres; acción inmoral; barullo, jaleo.

relamer *tr.* Volver a lamer. *R.* Lamerse los labios una o muchas veces. Saborearse. Componerse mucho el rostro. Gloriarse o jactarse de lo que se ha ejecutado, mostrando el gusto de haberlo hecho.

relamido-a *adj.* Afectado, demasiadamente pulcro.

relámpago *m.* Resplandor vivísimo y casi instantáneo producido en las nubes por una descarga eléctrica. Cualquier fuego o resplandor repentino. Cosa que pasa ligeramente o persona que es pronta en sus operaciones. Golpe. Nubecilla que se forma a los caballos en los ojos.

relampaguear *intr.* Haber relámpagos. Arrojar luz o brillar mucho con algunas intermisiones. Dícese de los ojos muy vivos o iracundos.

relapso-a *adj.* y *s.* Que reincide en un pecado de que ya había hecho penitencia, o en una herejía de que había abjurado. *M.* Recaída, recurrencia.

relatar *tr.* Referir. Hacer relación de un proceso o pleito.

relatividad *f.* Calidad de relativo. Doctrina que establece que no hay movimiento absoluto en Física. que todo es relativo, ya que no se conocen ejes absolutos en reposo.

relativismo *m.* Doctrina que considera que el bien, el mal, lo útil, etc., sólo lo es respecto a un individuo, pero acaso no para otro, sin haber una verdad ni un bien absolutos.

relativo-a *adj.* Que hace relación a una persona o cosa. Que no es absoluto. Dícese del pronombre que se refiere a una persona o cosa ya nombrada o consabida que se llama antecedente.

relato *m.* Acción de relatar. Narración, cuento.

relator-a *adj. y s.* Que relata o refiere una cosa. *M.* Letrado que hace relación de los autos o expedientes en los tribunales superiores.

relé *m.* Parte de un aparato que con muy poca energía eléctrica regula un circuito más potente. Dispositivo accionado electromagnéticamente por la corriente de un circuito auxiliar y que abre y cierra automáticamente otro principal.

relegar *tr.* Desterrar. Apartar, posponer.

relente *m.* Humedad que en noches serenas se nota en la atmósfera. Sorna, frescura.

relevante *adj.* Sobresaliente, excelente, descollante.

relevar *tr.* Hacer de relieve una cosa. Exonerar de un peso o gravamen, y también de un empleo o cargo. Remediar o socorrer. Absolver, perdonar o excusar. Exaltar o engrandecer una cosa. Mudar un centinela o cuerpo de tropa que da una guardia o guarnece un puesto. Reemplazar o substituir a una persona con otra. Resaltar una figura fuera del plano. Pintar de relieve.

relevo *m.* Acción de relevar, mudar una centinela; substituir a una persona con otra en un empleo o comisión. Substitución de un atleta o grupo de atletas por otro en el curso de una prueba. El deportista o grupo que efectúa la substitución. Soldado o cuerpo que releva.

relicario *m.* Lugar donde están guardadas las reliquias. Caja o estuche, comúnmente precioso, en que se guardan.

relicto-a *adj.* Dícese de los bienes o caudal que dejó uno o quedaron de él a su fallecimiento. Aplícase

al organismo u organismos que sobreviven, a pesar de haber desaparecido las condiciones de ambiente que les son propicias.

relieve *m.* Labor o figura que resalta sobre el plano. Mérito, renombre. Realce o bulto que aparentan algunas cosas pintadas. *Pl.* Residuos de la comida.

religar *tr.* Volver a atar. Ceñir más estrechamente. Volver a ligar un metal con otro.

religión *f.* Conjunto de creencias o dogmas acerca de la divinidad, de sentimientos de veneración y temor hacia ella, de normas morales y de prácticas rituales para la conducta individual y social. Relación del hombre con Dios.

religiosidad *f.* Práctica y esmero en cumplir las obligaciones religiosas. Puntualidad y exactitud en hacer, observar o cumplir una cosa.

religioso-a *adj.* Perteneciente o relativo a la religión o a los que la profesan. Que tiene religión, que la profesa con celo. *Adj. y s.* Que ha tomado hábito en una orden o congregación regular. Fiel y exacto en el cumplimiento del deber. Moderado, parco.

relimpio-a *adj.* Muy limpio.

relinchar *intr.* Emitir con fuerza su voz el caballo.

relincho *m.* Voz del caballo. Voz de alegría o de fiesta, en algunos lugares.

relinga *f.* Cuerda o soga en que van colocados los plomos y corchos con que se calan y sostienen las redes en el agua. Cabo con que se refuerzan las orillas de las velas.

reliquia *f.* Residuo que queda de un todo. Parte del cuerpo de un santo, o lo que por haberlo tocado es digno de veneración. Vestigio de cosas pasadas. Dolor o achaque habitual que resulta de una enfermedad o accidente.

reloj *m.* Máquina dotada de movimiento uniforme para medir e indicar el tiempo, dividiéndolo en horas, minutos y segundos.

relojería *f.* Arte de hacer relojes. Taller donde se hacen o componen. Tienda donde se venden.

relojero-a *m. y f.* Persona que hace, compone o vende relojes.

relucir *intr.* Despedir o reflejar luz una cosa. Lucir mucho o resplandecer una cosa. Resplandecer uno en alguna cualidad excelente o por hechos loables.

reluctancia *f.* Repugnancia o dificultad para hacer o decir una cosa. Resistencia de un campo magnético.

reluctante *adj.* Reacio, opuesto.

relumbrar *intr.* Dar una cosa viva luz o alumbrar con exceso.

relumbrón *m.* Golpe de luz vivo y pasajero. Oropel.

rellano *m.* Meseta, porción de piso en que termina un tramo de escalera. Llano que interrumpe la pendiente de un terreno.

rellena *f.* En México y Cuba, morcilla, embutido de cerdo.

rellenar *tr. y r.* Volver a llenar una cosa. Llenar enteramente. Dar de comer hasta la saciedad. *Tr.* Llenar de carne picada u otros ingredientes una ave u otro manjar.

relleno-a *adj.* Muy lleno. *M.* Picadillo sazonado, de carne, hierbas u otros manjares con que se llenan tripas, aves, hortalizas, etc. Acción y efecto de rellenar o rellenarse. Parte superflua que alarga un discurso o escrito.

remachar *tr.* Machacar la punta o la cabeza del clavo para mayor firmeza. Percutir el extremo del roblón colocado en el correspondiente taladro hasta formarle cabeza que lo sujete y afirme. Recalcar, afianzar.

remache *m.* Acción y efecto de remachar. Roblón.

remanente *m.* Residuo de una cosa.

remangar *tr.* Levantar, recoger hacia arriba las mangas o las ropas. *R.* Tomar enérgicamente una resolución.

remansarse *r.* Detenerse o suspenderse el curso o la corriente de un líquido.

remanso *m.* Detención o suspensión de la corriente del agua o de otro líquido. Flema, pachorra, lentitud.

remar *intr.* Trabajar con el remo para impeler la embarcación en el agua. Trabajar con gran fatiga y afán en una cosa.

remarcable *adj.* Galicismo por notable, señalado, sobresaliente.

rematado-a *adj.* Dícese de la persona que está en tan mal estado que es imposible, o punto menos, su remedio. Condenado a alguna pena por fallo ejecutorio.

rematante *com.* Persona a quien se adjudica la cosa subastada.

rematar *tr.* Dar fin o remate a una cosa. Poner fin a la vida de la persona o del animal que está en trance de muerte. Hacer remate en la venta o arrendamiento de una cosa. *Intr.* Terminar o fenecer. *R.* Perderse, acabarse o destruirse una cosa.

remate *m.* Fin o cabo, extremidad o conclusión de una cosa. Lo que en los edificios se sobrepone para coronarlo o adornarlo. Postura que obtiene la preferencia y logra la adjudicación en las subastas o almonedas.

remedar *tr.* Imitar o contrahacer una cosa; hacerla semejante a otra. Seguir las mismas huellas y ejemplos de otro. Hacer uno las mismas acciones, visajes y ademanes que otro hace.

remediar *tr.* Poner remedio al daño, repararlo; corregir o enmendar una cosa. Socorrer una necesidad o urgencia. Librar, apartar o separar de un riesgo.

remedio *m.* Medio que se toma para reparar un daño o inconveniente. Enmienda o corrección. Todo lo que en las enfermedades sirve para producir un cambio favorable.

remedo *m.* Imitación de una cosa, especialmente cuando no es perfecta la semejanza.

remembranza *f.* Recuerdo, memoria de una cosa pasada.

rememorar o remembrar *tr.* Recordar, traer a la memoria.

remendado-a *adj.* Que tiene manchas como recortadas o remiendos. Recosido.

remendar *tr.* Reforzar con remiendo lo que está viejo o roto. Corregir o enmendar. Aplicar, acomodar una cosa a otra para suplir lo que le falta.

remendón-a *adj. y s.* Que tiene por oficio remendar; dícese especialmente de los sastres y zapateros de viejo.

remero-a *m. y f.* Persona que rema o que trabaja al remo. *F.* Cada una de las plumas grandes con que terminan las alas de las aves.

remesa *f.* Remisión de una cosa de una parte a otra. La cosa enviada.

remesar *tr.* Mesar repetidas veces la barba o el cabello. Hacer remesas de dinero o géneros.

remezón *m. americ.* Terremoto ligero o sacudimiento breve de la tierra.

remiendo *m.* Pedazo de paño u otra tela que se cose a lo que está viejo o roto. Reparación ligera en una obra. Mancha de la piel de los animales, de distinto color que el fondo.

remilgado-a *adj.* Que afecta suma pulidez, compostura, delicadeza y gracia en porte, gestos y acciones.

remilgo *m.* Melindre, afectada y excesiva delicadeza en palabras, acciones y ademanes.

remilgoso-a *adj.* En México, se dice da persona extremadamente delicada en las comidas.

reminiscencia *f.* Acción de representarse u ofrecerse a la memoria una cosa que pasó. Facultad de traer a la memoria aquello de que se está trascordado o que no se tiene presente. Lo que es idéntico o muy semejante a lo compuesto anteriormente por otro autor.

remirado-a *adj.* Dícese del que reflexiona escrupulosamente sobre sus acciones.

remisión *f.* Acción y efecto de remitir o remitirse. Indicación del lugar de un escrito a que se remite al lector. Envío, remesa. Disminución de la intensidad de un padecimiento. Tiempo en que dura esta mitigación. Condonación de los pecados.

remiso-a *adj.* Flojo, dejado, irresoluto, perezoso.

remitido *m.* Artículo o noticia cuya publicación interesa a un particular y que se inserta en un periódico mediante pago.

remitir *tr.* Enviar. Perdonar, alzar la pena. Dejar, diferir o suspender. Ceder o perder una cosa parte de su intensidad. Dejar al juicio de otro la resolución de una cosa. Indicar en un escrito en dónde se habla del punto tratado. R. Atenerse a lo dicho o a lo que ha de decirse o hacerse.

remo *m.* Instrumento de madera, en forma de pala larga y estrecha, para mover las embarcaciones haciendo fuerza en el agua. Deporte de remar. Brazo o pierna en el hombre y en los cuadrúpedos. Ala del ave. Trabajo grande y continuado. Pena de remar en galeras. Aleta.

remoción *f.* Acción y efecto de remover o removerse. Privación de cargo u oficio. Destitución.

remojar *tr.* Empapar con agua o poner en remojo una cosa. Convidar a beber a los amigos para celebrar algo.

remojo *m.* Acción de remojar o empapar con agua. En América, estrena, regalo; propina, gratificación.

remolacha *f.* Planta quenopodiácea herbácea anual, de tallo grueso, hojas grandes con nervio central rojizo; flores en espiga terminal y fruto seco con semilla lenticular; de raíz grande, carnosa, comestible, de la que se extrae azúcar. Raíz de esta planta.

remolcador-a *adj. y s.* Que sirve para remolcar, especialmente embarcaciones.

remolcar *tr.* Llevar una embarcación u otra cosa sobre el agua tirando de ella. Por semejanza, llevar por tierra o aire un vehículo a otro. Traer una persona a otra u otras, contra la intención de éstas, al intento que se quiere acometer o consumar.

remolinar *intr. y r.* Hacer o formar remolinos. R. Arremolinarse.

remolino *m.* Movimiento giratorio y rápido del aire, del agua, polvo, humo, etc. Retorcimiento del pelo. Amontonamiento de gente, o confusión de unos con otros. Disturbio, inquietud, alteración.

remolón-a *adj. y s.* Flojo, pesado y que huye del trabajo maliciosamente. M. Colmillo de la mandíbula superior del jabalí. Corona de las muelas de las caballerías.

remolonear *intr.* Rehusar moverse, detenerse en hacer o admitir una cosa, por flojedad y pereza.

remolque *m.* Acción y efecto de remolcar. Cabo o cuerda que se da a una embarcación o vehículo para remolcarlos. Cosa que se lleva remolcada.

remonta *f.* Compostura del calzado. Parche de paño o de cuero que se pone al pantalón de montar para evitar su desgaste en el roce con la silla. Servicio que, con el de cría caballar, garantiza la existencia, selección y reposición del ganado de silla necesario al ejército.

remontar *tr.* Ahuyentar o espantar una cosa, especialmente la caza. Proveer de nuevos caballos a la tropa o a la caballeriza de un personaje. Rehenchir o recomponer una silla de montar. Echar nuevos pies o suelas al calzado. Elevar, encumbrar. R. Subir o volar muy alto las aves o las aeronaves. Ascender hasta el origen de una cosa.

remoquete *m.* Moquete o puñada. Dicho agudo y satírico. Cortejo o galanteo.

rémora *f.* Pez acantopterigio marino, con una aleta dorsal y otra anal que nacen en la mitad del cuerpo, tiene un disco oval adhesivo encima de la cabeza a modo de ventosa, que se adhiere a los objetos flotantes, o a otros peces. Cosa que detiene o suspende.

remorder *tr.* Morder reiteradamente. Exponer por segunda vez a la acción del ácido partes de la lámina que se graba al agua fuerte. Inquietar, desasosegar interiormente una cosa; punzar un escrúpulo.

remordimiento *m.* Inquietud, pesar interno que queda después de ejecutar una mala acción.

remosquearse *r.* Mostrarse receloso a causa de lo que se oye o advierte. Mancharse de tinta el pliego recién tirado y perder las letras su limpieza.

remoto-a *adj.* Distante o apartado. No verosímil o que está muy distante de suceder.

remover *tr. y r.* Pasar o mudar una cosa de un lugar a otro. Quitar, apartar un inconveniente. Conmover, alterar o revolver alguna cosa o asunto. Deponer a alguien de su empleo o destino.

remozar *tr.* Dar o comunicar la robustez o lozanía propias de la mocedad.

remtrón *m.* Tipo de tubo de gas usado en calculadoras electrónicas y en contadores de partículas.

remudar *tr. y r.* Reemplazar a una persona o cosa con otra.

remunerar *tr.* Recompensar, premiar, galardonar, retribuir.

renacentista *adj.* Relativo o perteneciente al Renacimiento. Dícese del que cultiva los estudios o arte propios del Renacimiento.

renacer *intr.* Volver a nacer. Adquirir por el Bautismo la vida de la gracia.

renacimiento *m.* Período de transición entre la Edad Media y la Moderna, en los siglos XV y XVI, caracterizado por la vuelta al estudio de las producciones literarias y artísticas grecolatinas, la decadencia del Imperio y del feudalismo, menor influjo de la Iglesia y mayor interés por el hombre y por la Naturaleza.

renacuajo o ranacuajo *m.* Cría de la rana, mientras tiene cola y respira por branquias. Muchacho contrahecho o enclenque, antipático o molesto. En México, atepocate.

renadío *m.* Sembrado que retoña después de cortado en hierba.

renal *adj.* Perteneciente o relativo a los riñones.

renano-a *adj. y s.* Natural de Renania. Dícese de los territorios situados en las orillas del Rin, en la Europa Central.

rencilla *f.* Cuestión o riña de que queda algún encono.

renco-a *adj. y s.* Cojo por lesión de las caderas.

rencor *m.* Resentimiento arraigado y tenaz.

rendición *f.* Acción o efecto de rendir o rendirse. Producto, utilidad o rendimiento que da una cosa. Acto de sumisión y entrega al vencedor de una fuerza armada, plaza o posición militar.

rendido-a *adj.* Sumiso, obsequioso, galante.

rendija *f.* Hendidura, raja o abertura larga y angosta en un cuerpo sólido, pared, tabla, etc. y que lo atraviesa de parte a parte.

rendimiento *m.* Rendición, fatiga, cansancio; descaecimiento de las fuerzas. Sumisión, subordinación, humildad. Producto o utilidad que da una cosa, o el que se obtiene de los distintos campos de la producción agrícola e industrial. Trabajo hecho por una máquina medido con respecto a su trabajo má-

ximo teórico. Relación entre la energía producida por una máquina y la energía que se le suministra.

rendir *tr.* Vencer, sujetar, obligar a las tropas, plazas o embarcaciones enemigas a que se entreguen. Sujetar, someter una cosa al dominio de una persona. Dar a uno lo que le toca, o restituirle aquello de que se le había desposeído. Cansar, fatigar. Vomitar. Dar, entregar. Terminar, llegar a su fin un viaje, crucero, etc. Hacer con ciertas cosas actos de sumisión y respeto.

renegado-a *adj. y s.* Que pasa de una religión o culto a otro. Persona áspera de condición y maldiciente. Apóstata.

renegar *tr.* Negar con instancia una cosa. Detestar, abominar. *Intr.* Pasarse de una religión o culto a otro. Blasfemar. Decir injurias o baldones contra alguien.

renegrido-a *adj.* Dícese del color cárdeno muy obscuro, en especial hablando de contusiones.

renglón *m.* Serie de palabras o caracteres escritos o impresos en línea recta. Parte de renta, utilidad o beneficio que uno tiene, o del gasto que hace. Cualquier escrito o impreso. Géneros de cosas.

reniego *m.* Blasfemia. Execración, dicho injurioso y atroz.

reniforme *adj.* Que tiene forma de riñón.

renio *m.* Elemento metálico, usado como catalizador en la deshidrogenación de alcoholes; símbolo Re.

renitencia *f.* Repugnancia, aversión o resistencia que se opone a consentir o hacer una cosa. En Física, resistencia a la presión.

reno *m.* Cérvido de las regiones septentrionales, con astas muy ramosas y pelaje espeso; se utiliza como bestia de tiro y por su carne, leche, cuero y huesos; el americano es el caribú.

renombrado-a *adj.* Célebre, famoso.

renombre *m.* Apellido o sobrenombre propio. Fama y celebridad.

renovar *tr.* Hacer como de nuevo una cosa, o volverla a su primer estado. Restablecer una relación o cosa que se había interrumpido. Remudar, poner de nuevo una cosa o reemplazarla. Trocar o sustituir una cosa vieja o que ya ha servido por otra nueva. Reiterar o publicar de nuevo.

renquear *intr.* Andar como renco, meneándose a un lado y a otro.

renta *f.* Utilidad o beneficio que rinde periódicamente una cosa, o lo que de ella se cobra. Lo que paga un arrendatario. Deuda pública o títulos que la representan.

Producto neto de una fuente periódica de riqueza. Valor de cada pago periódico.

rentar *tr.* Producir o rendir beneficio o utilidad periódicamente una cosa.

rentista *com.* Persona que tiene conocimientos o práctica en materias de hacienda pública. Persona que principalmente vive de sus rentas.

renuencia *f.* Repugnancia que se muestra a hacer una cosa.

renuente *adj.* Indócil, remiso.

renuevo *m.* Vástago que echa el árbol después de cortado o podado. Renovación.

renuncia *f.* Acción de renunciar. Instrumento o documento que la contiene. Acto consciente, libre y legalmente expresado, por el cual una persona se desprende y hace abandono de un derecho reconocido a su favor. Renunciamiento, abandono, abdicación.

renunciar *tr.* Hacer dejación voluntaria de una cosa que se tiene, o que se puede. tener. No querer admitir o aceptar una cosa. Despreciar o abandonar.

reñidero *m.* Sitio destinado a la riña de algunos animales, y principalmente de los gallos.

reñir *intr.* Contender o disputar altercando de obra o de palabra. Pelear. Desavenirse, enemistarse. *Tr.* Reprender o corregir a alguien con algún rigor o amenaza. Ejecutar, llevar a cabo desafíos, batallas, peleas, etc.

reo *com.* Persona que por haber cometido una culpa merece castigo. El inculpado por un delito, acusado, condenado.

reojo. Palabra empleada en la frase adverbial: mirar de reojo, que significa mirar disimuladamente por encima del hombro, o con prevención hostil o enfado.

reología *f.* Estudio de las propiedades de fluidez de la materia.

reorganizar *tr. y. r.* Volver a organizar una cosa.

reóstato *m.* Instrumento para variar o regular la intensidad de una corriente eléctrica, o medir la resistencia de los conductores.

repantigarse o repanchigarse *r.* Arrellanarse en el asiento, y extenderse para mayor comodidad.

reparar *tr.* Componer, enmendar el menoscabo que ha padecido una cosa. Mirar con cuidado; notar, advertir una cosa. Atender o reflexionar. Corregir o remediar. Desagraviar, satisfacer al ofendido. Detenerse. Restablecer las fuerzas; dar aliento o vigor. *Intr.* Detenerse, hacer alto en una parte. En México y Guatemala, encabritarse, dar coces.

reparo *m.* Restauración o remedio. Obra para componer una edificación deteriorada. Advertencia, nota, observación sobre una cosa. Duda, dificultad, inconveniente. Cosa para defensa o resguardo. Parada o quite, en esgrima.

repartimiento *m.* Acción y efecto de repartir. Documento en que consta lo que a cada uno se ha repartido. Contribución o carga con que se grava a los que voluntariamente, en obligación o por necesidad, la aceptan o consienten. Concesión de solares, de tierras de pasto o de labor que, a proporción de servicios prestados en descubrimientos y conquistas, se hacía entre primeros pobladores.

repartir *tr.* Distribuir entre varios una cosa, dividiéndola por partes. Cargar una contribución o gravamen por partes. Dar a cada cosa su oportuna colocación o el destino conveniente.

reparto *m.* Repartimiento. Distribución.

repasar *tr.* Volver a pasar por un mismo sitio o lugar. Volver a mirar, examinar o registrar una cosa. Volver a explicar la lección. Recorrer ligeramente lo anteriormente estudiado para mayor comprensión y firmeza en la memoria. Leer ligeramente o de corrida un escrito. Examinar una obra ya terminada para corregir sus imperfecciones. Recoser.

repatriar *tr. y r.* Hacer que uno regrese a su patria.

repechar *intr.* Subir por un repecho. *Tr.* En México, apoyar el pecho contra algo.

repecho *m.* Cuesta muy pendiente y no larga.

repelar *tr.* Tirar del pelo o arrancarlo. Hacer dar al caballo una carrera corta. Cortar las puntas a la hierba. Cercenar, quitar, disminuir. En México, refunfuñar, gruñir con enojo, poner reparos con disgusto.

repelente *adj.* Que repela. *M.* Substancia que perjudica a los insectos, los ahuyenta e impide sus ataques. En América, impertinente, cargante. En México, chocante.

repeler *tr.* Arrojar, lanzar o echar de sí una cosa con impulso o violencia. Rechazar, contradecir una idea, proposición o aserto.

repelo *m.* Lo que no va al pelo. Parte pequeña de una cosa que se levanta contra lo natural. Conjunto de fibras torcidas de una madera. Riña o encuentro ligero. Repugnancia que se muestra al ejecutar una cosa. En México, andrajo, harapo.

repelón *m.* Tirón que se da del pelo. Hebra de las medias que, saliendo, encoge los puntos intermedios. Porción o parte misma o saca de una cosa, bien arrebatándola o arrancándola. En México, regaño, reprensión. Carrera impetuosa y pronta que da el caballo.

repente *m.* Movimiento súbito o no previsto de personas o animales. *Adv.* De repente, prontamente.

repentino-a *adj.* Pronto, impensado, no prevenido. Súbito, inesperado. De improviso.

repentizar *intr.* Ejecutar o recitar una composición que no se conoce, a la vez que se va leyendo.

repercusión *f.* Acción y efecto de repercutir.

repercutir *intr.* Retroceder o mudar de dirección un cuerpo al chocar con otro. Reverberar. Producir eco el sonido. Trascender, causar efecto una cosa en otra ulterior. En México, exhalar mal olor. *Tr.* Rechazar, hacer que un humor retroceda o refluya.

repertorio *m.* Libro abreviado o prontuario. Copia de obras dramáticas o musicales estudiadas por un artista o compañía, representadas o próximas a representarse. Colección o recopilación de obras o de noticias de una misma clase.

repetición *f.* Acción y efecto de repetir o repetirse. Mecanismo del reloj para que dé la hora siempre que se toca un muelle. Acción civil de resarcimiento que tiene la persona que ha hecho un pago indebido o ha solventado una obligación de otro.

repetir *tr.* Volver a hacer lo que se había hecho, o decir lo que se había dicho. *Intr.* Volver a la boca el sabor de lo que se ha comido o bebido. Reiterar, reproducir. Reclamar contra tercero, a consecuencia de evicción, pago o quebranto.

repicar *tr.* Picar mucho una cosa; reducirla a partes muy menudas. Tañer o sonar repetidamente y con cierto compás las campanas en señal de fiesta o regocijo. Volver a picar o punzar. *R.* Picarse, preciarse, presumir de una cosa.

repintar *tr.* Pintar sobre lo ya pintado, para restaurar cuadros o para perfeccionar más las pinturas ya concluidas. *R.* Pintarse o usar de afeites con esmero y cuidado. Señalarse las letras de una página en otra por estar reciente la impresión.

repique *m.* Acción y efecto de repicar o repicarse. Altercado ligero que uno tiene con otro.

repiquetear *tr.* Repicar con mucha viveza las campanas u otro instrumento sonoro. *R.* Reñir dos o más personas diciéndose mutuamente palabras picantes o de enojo.

repisa *f.* Ménsula que tiene más longitud que vuelo.

replantar *tr.* Volver a plantar en el suelo que ha estado plantado. Trasplantar.

replantear *tr.* Trazar en el terreno o sobre el plano de mientos, la planta de una obra ya estudiada y proyectada.

replegar *tr.* Plegar o doblar muchas veces. Reunir o agrupar las tropas que estaban desplegadas. *R.* Retirarse en buen orden las tropas avanzadas.

repleto-a *adj.* Muy lleno. Aplícase a la persona muy llena de humores o de comida. Pletórico.

réplica *f.* Acción de replicar. Expresión, argumento o discurso con que se replica. Copia de una obra artística. Escrito en que se permite al actor contestar al demandado cuando éste ya contestó la demanda.

replicar *intr.* Argüir contra la respuesta o argumento. Responder como repugnando lo que se dice o manda. Objetar, contradecir.

repliegue *m.* Pliegue doble. Retirada en buen orden de las tropas.

repoblar *tr. y r.* Volver a poblar.

repollo *m.* Col de hojas firmes y apiñadas. Grumo o cabeza que forman algunas plantas apiñándose las hojas unas contra otras.

repolludo-a *adj.* Dícese de la planta que forma repollo. De figura de repollo. Aplícase a la persona gruesa y chica.

reponer *tr.* Volver a poner; colocar a una persona o cosa en el empleo, lugar o estado que antes tenía. Reemplazar lo que falta o lo que se había sacado de alguna parte. Replicar, oponer. Volver a poner en escena una obra dramática ya estrenada en una temporada anterior. *R.* Recobrar la salud o la hacienda. Serenarse, tranquilizarse.

reportaje *m.* Información publicada en un periódico o revista y que puede ilustrarse con fotografía. Información cinematográfica o televisada.

reportar *tr.* Refrenar, reprimir o moderar una pasión o al que la tiene. Alcanzar, conseguir, lograr. Traer o llevar. En México y América Central, acusar, denunciar; notificar, informar; úsase también como reflexivo.

reporte *m.* Noticia, suceso o novedad que se comunica. Chisme.

reportero-a *adj.* y *s.* Dícese del periodista que se dedica a los reportes o noticias.

reposado-a *adj.* Sosegado, quieto, tranquilo.

reposar *intr.* Descansar, dar una pausa a la fatiga o al trabajo. Descansar durmiendo un breve sueño. Permanecer en quietud y paz. Estar enterrado, yacer. Posarse los líquidos.

reposo *m.* Acción y efecto de reposar o reposarse. Barbecho. Estado de una célula entre dos períodos sucesivos de reproducción. Que no cambia de posición.

repostería *f.* Sitio donde se hacen y venden dulces, pastas, fiambres, embutidos y algunas bebidas. Lugar donde se guardan los utensilios del servicio de mesa. Conjunto de provisiones e instrumentos pertenecientes al oficio de repostero. Oficio y arte de éste.

repostero *m.* El que se dedica por oficio a la repostería.

reprender *tr.* Corregir, amonestar a uno desaprobando lo que ha dicho o hecho.

reprensión *f.* Acción de reprender. Razonamiento con que se reprende. Reprimenda, amonestación.

represa *f.* Acción de represar, recobrar la embarcación apresada por los enemigos. Detención o estancamiento de una cosa, especialmente del agua. Embalse. Esclusa que contiene el agua.

represalia *f.* Derecho que se arrogan los enemigos para causarse recíprocamente igual o mayor daño que el que han recibido. Retención de bienes de una nación enemiga o de sus individuos. Mal que uno causa a otro en venganza o satisfacción de un agravio.

represar *tr.* Detener o estancar el agua corriente. Detener, contener, reprimir. Recobrar la nave apresada por el enemigo.

representación *f.* Acción y efecto de representar o representarse. Autoridad, dignidad carácter de la persona. Figura, imagen o idea que substituye a la realidad. Súplica apoyada en razones o documentos. Conjunto de personas que representan a una entidad o corporación.

representante *adj.* Que representa. *Com.* Persona que representa a un ausente, entidad comercial, cuerpo o comunidad. En algunos países de América, diputado a Cortes. Actor, comediante.

representar *tr.* Hacer presente una cosa con palabras o figuras. Informar o referir. Manifestar uno el afecto de que está poseído. Recitar o ejecutar en público una obra dra-

mática. Substituir a uno o hacer sus veces. Mostrar, figurar, encarnar.

represión *f.* Acción y efecto de represar o represarse; de reprimir o reprimirse. Relegación al subconsciente de percepciones de naturaleza desagradable.

reprimenda *f.* Represión vehemente y prolija.

reprimir *tr.* y *r.* Contener, refrenar, templar o moderar.

reprise *f.* Palabra francesa: reposición, especialmente en lenguaje teatral.

reprobable *adj.* Digno de reprobación o que puede reprobarse.

reprobar *tr.* No aprobar, dar por malo.

réprobo-a *adj.* y *s.* Condenado a las penas eternas.

reprochar *tr.* y *r.* Reconvenir, echar en cara.

reproche *m.* Acción de reprochar. Expresión con que se reprocha.

reproducción *f.* Acción y efecto de reproducir o reproducirse. Cosa reproducida. Generación. Proceso por medio del cual los organismos dan origen a su descendencia o prole.

reproducir *tr.* y *r.* Volver a producir o producir de nuevo. Volver a hacer presente lo que antes se dijo o alegó. *R.* Producir descendencia, los seres vivos.

reproductivo-a *adj.* Que produce beneficio o provecho.

reproductor-a *adj.* y *s.* Que reproduce. Animal destinado a mejorar su raza. Dispositivo que sostiene la aguja que sigue el surco del disco de gramófono y reproduce el sonido; pick-up.

reps *m.* Palabra francesa: tela de seda o de lana, fuerte y bien tejida, que se usa en tapicería.

reptar *intr.* Andar arrastrándose como algunos reptiles.

reptil *adj.* y *s.* Vertebrado de respiración pulmonar, esqueleto osificado, cuerpo cubierto de escamas o escudetes córneos y con piel sin glándulas mucosas; son animales de sangre fría: cocodrilos, lagartos, serpientes, tortugas y numerosas especies fósiles.

república *f.* Estado, cuerpo político de una nación. Forma de gobierno representativo en que el poder reside en el pueblo, personificado éste por un jefe supremo llamado presidente. Causa pública, el común o su utilidad.

republicano-a *adj.* Perteneciente o relativo a la república. Aplícase al ciudadano de una república. Partidario de este género de gobierno.

repúblico *m.* Hombre de representación, capaz de los oficios públicos. Estadista. Buen patricio.

repudiar *tr.* Desechar a la mujer propia. Renunciar.

repudio *m.* Acción y efecto de desechar al cónyuge; acto de separarse del cónyuge por propia y unilateral voluntad y quedar ambos libres para contraer nuevo matrimonio.

repudrir *tr.* Pudrir mucho. *R.* Consumirse interiormente, por callar o disimular un sentimiento o pesar.

repuesto-a *adj.* Apartado, retirado, escondido. *M.* Provisión de comestibles u otras cosas para cuando sean necesarias. Aparador o mesa con lo necesario para el servicio del comedor.

repugnancia *f.* Oposición o contradicción entre dos cosas. Aversión a las personas o cosas. Resistencia que se opone a consentir o hacer una cosa.

repugnante *adj.* Que repugna. Que causa repugnancia o aversión. Repulsivo.

repugnar *tr.* Ser opuesta una cosa a otra. Contradecir o negar algo. Rehusar, hacer de mala gana una cosa o admitirla con dificultad. Causar aversión. Implicar contradicción.

repujar *tr.* Labrar a martillo chapas metálicas, de modo que en una de sus caras resulten figuras de relieve, o hacerlas resaltar en cuero u otra materia adecuada.

repulgo *m.* Dobladillo. Borde labrado que hacen las empanadas o pasteles alrededor de la masa. Excrecencia en las heridas de los árboles.

repulir *tr.* Volver a pulir una cosa. Acicalar, componerse con demasiada afectación.

repulsar *tr.* Desechar, repeler o despreciar una cosa. Negar lo que se pide o pretende.

repulsión *f.* Acción y efecto de repelar o de repulsar. Repugnancia, aversión, desvío. Fuerza que tiende a separar los cuerpos, sus átomos o moléculas.

repulsivo-a *adj.* Que tiene virtud o acción de repeler. Que causa repulsión o desvío.

repuntar *intr.* Empezar la marea a crecer o menguar. En América, asomar, aparecer. *R.* Empezar a volverse el vino, tener punta de vinagre. Desazonarse, indisponerse levemente una persona con otra.

reputación *f.* Fama, opinión de las gentes sobre la calidad de un sujeto en su profesión o arte.

reputar *tr.* Estimar, juzgar del estado o calidad de una persona o cosa. Apreciar, reconocer y estimar el mérito de las personas o cosas.

requebrar *tr.* Volver a quebrar en piezas más menudas lo que estaba ya quebrado. Lisonjear a una mujer alabando sus atractivos. Adular. En México, florear.

requemar *tr.* Volver a quemar. Tostar con exceso. Privar de jugo a las plantas haciéndoles perder su verdor. Resquemar. *R.* Dolerse interiormente y sin darlo a conocer.

requerir *tr.* Intimar, avisar o hacer saber una cosa con autoridad pública. Reconocer o examinar el estado en que se halla una cosa. Necesitar o hacer necesaria una cosa. Solicitar, pretender, explicar alguien su deseo o pasión amorosa. Inducir, persuadir.

requesón *m.* Masa blanca y mantecosa que se hace cuajando la leche en moldes de mimbres por entre los cuales se escurre el suero sobrante. Cuajada de los residuos de la leche después de hecho el queso.

requiebro *m.* Acción y efecto de requebrar. Dicho o expresión con que se requiebra. Cortejo.

réquiem *m.* Oración que la Iglesia reza por los difuntos. Composición musical escrita sobre el texto litúrgico de la misa de difuntos.

requilorio *m.* Formalidad y rodeo con que se pierde el tiempo antes de hacer o decir algo obvio, fácil o sencillo.

requisa *f.* Revista o inspección de las personas o de las dependencias de un establecimiento. Requisición.

requisar *tr.* Hacer requisición de caballos, vehículos, alimentos y otras cosas para el servicio militar.

requisición *f.* Recuento y embargo de caballos, vehículos, bagajes, alimentos, etc., que para el servicio militar se hace en tiempo de guerra.

requisito *m.* Circunstancia o condición necesaria para una cosa.

requisitorio-a *adj.* Aplícase al despacho o comunicación del juez instructor para la busca y captura del inculpado cuando no se encuentre en su domicilio y se ignore su paradero.

res *f.* Animal cuadrúpedo de ciertas especies domésticas, como del ganado vacuno, lanar, etc., o de las salvajes, como venados, jabalíes, etc.

resabiar *tr. y r.* Hacer tomar un vicio o mala costumbre. Disgustarse o desazonarse. Saborear, deleitarse en las cosas que agradan.

resabio *m.* Sabor desagradable de una cosa. Vicio o mala costumbre que se toma o adquiere.

resaca *f.* Movimiento en retroceso de las olas después que han llegado a la orilla. En México, Centroamérica y Colombia, aguardiente de mejor calidad, y también el de ínfima clase. Letra de cambio que el tenedor de otra que ha sido protestada gira a cargo del librador o de uno de los endosantes, para reembolsarse de su importe y de los gastos de protesto y recambio.

resalado-a *adj.* Que tiene mucha sal, gracia y donaire.

resaltar *intr.* Rebotar. Saltar, desprenderse una cosa de donde estaba unida. Sobresalir en parte un cuerpo de otro en los edificios u otras cosas. Distinguirse o sobresalir mucho una cosa entre otras.

resalte *m.* Parte que sobresale de la superficie de una cosa.

resalto *m.* Acción y efecto de resaltar. Resalte.

resanar *tr.* Cubrir con oro las partes de un dorado que han quedado defectuosas. En América, tapar los desconchados de una pared revocada y, en general, cualquier desperfecto que altere la superficie de un cuerpo.

resarcir *tr.* Indemnizar, reparar, compensar un daño, perjuicio o agravio.

resbaladero-a *adj.* Resbaladizo, aplicado al paraje en que hay peligro de resbalar o de incurrir en algún desliz. *M.* Lugar resbaladizo.

resbaladizo-a *adj.* Dícese de lo que se resbala o escurre fácilmente. Paraje en que hay peligro de resbalar. Dícese de lo que expone a incurrir en algún desliz.

resbalar *intr. y r.* Escurrirse, deslizarse. Incurrir en un desliz.

resbalón *m.* Acción y efecto de resbalar o resbalarse. Desliz, traspiés.

resbaloso-a *adj.* Resbaladizo. En México, atrevido, insinuante con las personas del otro sexo.

rescatar *tr.* Recobrar por precio o por fuerza lo que el enemigo ha tomado y, por extensión, cualquier cosa que pasó a manos ajenas. Cambiar oro u otros objetos preciosos por mercancías ordinarias. Redimir la vejación; libertar del trabajo o contratiempo. Recobrar el tiempo o la ocasión perdida. En México, revender.

rescate *m.* Acción y efecto de rescatar. Dinero con que se rescata o que se pide para ello.

rescindir *tr.* Dejar sin efecto un contrato, obligación, etc., por causa legítima.

rescoldo *m.* Brasa menuda resguardada por la ceniza. Escozor, recelo, escrúpulo.

rescripto *m.* Decisión del papa, de un emperador o de cualquier soberano para resolver una consulta o responder a una petición.

resecar *tr. y r.* Secar mucho. Efectuar la resección de un órgano.

resección *f.* Operación quirúrgica de separar el todo o parte de uno o más órganos.

reseco-a *adj.* Excesivamente seco. Seco, flaco. *M.* Parte seca del árbol o arbusto.

reseda *f.* Planta herbácea anual de tallos ramosos, hojas alternas y flores amarillentas; olorosa y ornamental. Flor de esta planta. Gualda.

resellar *tr.* Volver a sellar la moneda u otra cosa. *R.* Pasarse de uno a otro partido.

resentimiento *m.* Acción y efecto de resentirse. Sentimiento contra una o varias personas por un daño producido por éstas o a un fracaso de quien lo experimenta.

resentirse *r.* Empezar a flaquear una cosa. Tener sentimiento, pesar o enojo por una cosa.

reseña *f.* Revista de tropa. Nota de las señales más distintivas del cuerpo de una persona, animal o cosa para conocerlo fácilmente. Narración sucinta. Noticia y examen somero de una obra literaria.

reseñar *tr.* Hacer una reseña. Examinar un libro y dar noticia crítica de él.

resequedad *f. americ.* Resecación, resecamiento.

reserva *f.* Guarda o custodia que se hace de una cosa, o prevención de ella para que sirva a su tiempo. Reservación. Prevención para no descubrir algo que se sabe o piensa. Discreción. Acción de reservar solemnemente el Santísimo Sacramento. Lugar que en los Estados Unidos se destina a residencia de las tribus de indios para su protección. Situación a la que pasan los hombres sometidos al servicio militar después de cumplir los servicios activos. Tropas y elementos no destinados inicialmente a la primera línea de combate y que el mando conserva en previsión de futuras contingencias.

reservado-a *adj.* Cauteloso, reacio en manifestar su interior. Comedido, discreto. Que se reserva o debe reservarse. Compartimiento que se destina sólo a personas o a usos determinados.

reservar *tr.* Guardar para en adelante o para cuando sea necesaria una cosa de las que actualmente se manejan. Dilatar para otro tiempo lo que se podía o debía ejecutar o comunicar al presente. Destinar un lugar o una cosa, de un modo exclusivo para uso o personas determinadas. Apartar algo de lo que se distribuye reteniéndolo para sí. Encubrir, Ocultar, callar una cosa. Encubrir el Santísimo Sacramento que estaba manifiesto.

reservista *adj.* y *s.* Dícese del militar perteneciente a la reserva.

resfriado *m.* Destemple general del cuerpo, ocasionado por interrumpirse la transpiración. Desorden catarral de las mucosas provocado por la exposición al frío o a la humedad. Catarro, resfrío, romadizo.

resfriar *tr.* Enfriar. Entibiar, templar el ardor o fervor. *Intr.* Empezar a hacer frío. *R.* Contraer resfriado. Entibiarse el amor o la amistad.

resfrío *m.* Resfriado. Enfriamiento.

resguardar *tr.* Defender o reparar. *R.* Cautelarse, precaverse o prevenirse contra un daño.

resguardo *m.* Guardia, seguridad que se pone en una cosa. Seguridad que por escrito se hace en las deudas o contratos. Documento en que ésta consta. Guarda para impedir que se introduzca contrabando por un litoral, frontera, etc. Distancia prudencial que por precaución toma un buque al pasar cerca de un punto peligroso.

residencia *f.* Acción y efecto de residir. Lugar en que se reside. Acción y efecto de residenciar. Edificio donde una autoridad o corporación tiene su domicilio o ejerce sus funciones. En América, vivienda confortable y lujosa.

residencial *adj.* Aplícase al empleo que pide residencia personal. En América, dícese de la zona urbana donde no hay establecimientos industriales y en donde se levantan las mejores y más lujosas viviendas.

residenciar *tr.* Tomar cuenta un juez a otro, o a otra persona que ha ejercido cargo público, de la conducta que en su desempeño ha observado.

residente *adj.* y *s.* Que reside habitualmente en un lugar.

residir *intr.* Estar o tener asiento en un lugar. Asistir personalmente en determinado lugar por razón de su empleo o dignidad. Estar o radicar en un punto una cosa o cuestión. Morar, habitar, vivir.

residual *adj.* Perteneciente o relativo al residuo. Relicto.

residuo *m.* Parte o porción que queda de un todo o de un conjunto. Lo que resulta de la destrucción o descomposición de una cosa. So-

brante, resto, sobras. Resultado de la operación de restar. Resto de la división.

resignación *f.* Entrega voluntaria que uno hace de sí poniéndose en las manos y voluntad de otro. Conformidad, tolerancia y sufrimiento en las adversidades. Paciencia.

resignar *tr.* Entregar una autoridad al mando a otra, en determinadas circunstancias. Resignar un beneficio en favor de otro. *R.* Conformarse, someterse.

resiliencia *f.* Elasticidad.

resina *f.* Substancia sólida o pastosa, insoluble en el agua y capaz de arder en contacto con el aire; se obtiene como producto que fluye de varias plantas y, artificialmente, por destilación de las trementinas.

resinoso-a *adj.* Que tiene o destila resina. Que participa de alguna de sus cualidades.

resistencia *f.* Acción y efecto de resistir o resistirse. Aguante, firmeza, solidez; oposición. Poder defensivo del organismo contra los agentes nocivos. Dificultad que opone un conductor al paso de la corriente eléctrica. Causa que se opone a la acción de una fuerza.

resistente *adj.* Que resiste o se resiste. Firme, fuerte, vigoroso.

resistero *m.* Siesta. Calor causado por la reverberación del Sol. Lugar en que especialmente se nota este calor.

resistir *intr.* Oponerse un cuerpo o una fuerza a la acción o violencia de otra. Repugnar, contrariar, contradecir. *Tr.* Tolerar, aguantar o sufrir. Combatir las pasiones, deseos, etc.

resistor *m.* Circuito que en un horno eléctrico origina el calor que lo hace funcionar.

resma *f.* Conjunto de veinte manos de papel, o sea de cien cuadernillos.

resmilla *f.* Paquete de veinte cuadernillos de papel de cartas.

rosobado-a *adj.* Dícese de los temas o asuntos de conversación o literarios muy trillados.

resobrino-a *m.* y *f.* Hijo de sobrino carnal.

resol *m.* Reverberación del Sol.

resolana *f.* Sitio donde se toma el Sol sin que ofenda el viento.

resolución *f.* Acción y efecto de resolver o resolverse. Ánimo, valor. Actividad, prontitud, viveza. Decreto, disposición o fallo de autoridad gubernativa. Determinación del valor de la incógnita o cálculo de algunos de los elementos de una expresión o figura geométrica. Terminación de un proceso inflamatorio con regularización de los desórdenes circulatorios y reabsorción del exudado. Relajación, especialmente la provocada por la anestesia quirúrgica.

resolver *tr.* Tomar determinación decisiva. Resumir, recapitular. Dar solución a una duda o dificultad. Hallar la solución de un problema. Deshacer, destruir. Analizar. *R.* Decidirse a decir o hacer alguna cosa. Determinar, solucionar. Reducirse, venir a parar una cosa en otra. Terminar las enfermedades y, en especial, las inflamaciones.

resollar *intr.* Respirar, absorber el aire los seres vivos; descansar, aliviarse del trabajo; hablar. Respirar fuertemente y con algún ruido; resoplar. Dar noticia de sí, después de algún tiempo, la persona ausente o hablar la que ha permanecido callada.

resonancia *f.* Prolongación del sonido, que va disminuyendo por grados. Sonido producido por repercusión de otro. Sonido elemental que acompaña al principal en una nota musical y que comunica el timbre particular a cada voz o instrumento. Gran divulgación o propagación de un hecho o de las cualidades de una persona.

resonar *intr.* Hacer sonido por percusión o sonar mucho. Entrar en vibración un cuerpo por la acción de vibraciones u oscilaciones exteriores.

resoplar *intr.* Dar resoplidos.

resoplido *m.* Resuello fuerte. Expiración violenta con expulsión de mucosidad de algunos animales: caballo, toro, etc.

resorber *tr. y r.* Recibir o recoger dentro de sí una persona o cosa un líquido que ha salido de ella misma.

resorte *m.* Muelle, pieza elástica, generalmente metálica. Fuerza elástica de una cosa. Medio para lograr un fin.

respaldar *tr.* Notar o apuntar algo en el respaldo de un escrito. En América, apoyar, corroborar. *R.* Inclinarse de espaldas o arrimarse al respaldo de la silla o banco.

respaldo *m.* Parte de la silla o banco en que descansan las espaldas. Vuelta del papel o escrito, en que se anota alguna cosa. Lo que allí se escribe.

respectar *tr.* Tocar, pertenecer, decir, atañer.

respectivo-a *adj.* Que atañe o se contrae a persona o cosa determinada.

respecto *m.* Razón, relación o proporción de una cosa a otra.

résped o réspede *m.* Lengua de la culebra o de la víbora. Aguijón de la abeja o de la avispa. Intención malévola en las palabras.

respetable *adj.* Digno de respeto. Considerable.

respetar *tr.* Tener respeto *Intr.* Respectar.

respeto *m.* Obsequio, veneración, acatamiento que se hace a uno. Miramiento, consideración, atención. Cosa que se tiene de prevención o repuesto.

respetuoso-a *adj.* Que causa o mueve a veneración o respeto. Que observa cortesía y respeto.

réspice *m.* Respuesta seca y desabrida. Represión corta pero fuerte.

respigón *m.* Padastro, pedacito de pellejo.

respingar *intr.* Sacudirse la bestia y gruñir porque la lastima o molesta una cosa. Elevarse el borde de la falda o de la chaqueta por estar mal hecha o mal colocada la prenda. Resistir, repugnar, hacer gruñendo lo que se manda.

respingo *m.* Acción de respingar. Sacudida violenta del cuerpo. Frunce, arruga. Expresión de enfado y despego con que se muestra la repugnancia en ejecutar lo que se manda.

respingón-a o respingado-a *adj.* Dícese de las cosas de punta levantada, en especial de la nariz.

respiración *f.* Acción y efecto de respirar. Aire que se respira. Entrada y salida de aire en una habitación cerrada.

respiradero *m.* Abertura por donde entra y sale el aire. Lumbrera, tronera. Ventosa. Respiro, rato de descanso. Organo o conducto de la respiración.

respirar *intr.* Absorber el aire los seres vivos, por pulmones, tráqueas, etc., tomando parte de las substancias que lo componen, y expelerlo modificado. Exhalar, despedir de sí un olor. Animarse, cobrar aliento. Tener comunicación con el aire externo un fluido encerrado. Descansar, aliviarse del trabajo, salir de la opresión. Hablar; dar noticia de sí.

respiro *m.* Respiración. Rato de descanso en el trabajo, para volver a él con nuevo aliento. Alivio en medio de fatigas, penas, o dolores. Prórroga que obtiene el deudor al expirar el plazo convenido para pagar.

resplandecer *intr.* Despedir rayos de luz o lucir mucho una cosa. Sobresalir, brillar.

resplandor *m.* Luz muy clara que despide el Sol u otro cuerpo luminoso. Brillo de algunas cosas. Esplendor o lucimiento.

responder *tr.* Contestar, satisfacer a lo que se pregunta o propone. Contestar uno al que le llama o al que toca a la puerta. Contestar al billete o carta recibida. Cantar o recitar en correspondencia con lo que otro canta o recita. Replicar a un pedimento o alegato. *Intr.* Corresponder, repetir el eco. Mostrarse agradecido. Corresponder con una acción a la realizada por otro. Replicar, ser respondón. Estar obligado a la pena y resarcimiento de un daño. Garantizar la verdad de una cosa. Rendir o fructificar. Abonar, salir fiador de uno.

respondón-a *adj. y s.* Que tiene el vicio de replicar irrespetuosamente.

responsabilidad *f.* Deuda, obligación de reparar y satisfacer por sí o por otro, a consecuencia de delito, de culpa o de otra causa legal. Cargo u obligación moral que resulta para uno del posible yerro en cosa o asunto determinado.

responsabilizar *tr.* Neologismo, usado principalmente en América, por hacer responsable, culpar. *R.* Responder de algo o de alguien.

responsable *adj.* Obligado a responder de alguna cosa o por alguna persona.

responsiva *f.* En México, fianza.

responso *m.* Responsorio que, separado del rezo, se dice por los difuntos. Una de las partes cantadas del oficio divino.

responsorio *m.* Preces y versículos que se dicen en el rezo, después de las lecciones en los maitines y después de los capítulos de otras horas. En Música, responso.

respuesta *f.* Satisfacción a una pregunta, duda o dificultad. Réplica. Refutación. Contestación a una carta o billete. Acción con que uno corresponde a la de otro. Reacción a un estímulo exterior, en los organismos.

resquebradura o **resquebrajadura** *f.* Hendidura, grieta.

resquebrajar *tr. y r.* Hender ligera y a veces superficialmente algunos cuerpos duros, en especial el yeso, la loza, la madera, etc.

resquebrar *tr. y r.* Empezar a quebrarse, henderse o saltarse una cosa.

resquemar *tr.* Causar algunos alimentos o bebidas calor picante y mordaz en la lengua y paladar. Requemar, tostar con exceso. Escocer, producir en el ánimo una impresión molesta o amarga.

resquemo o **resquemazón** *m. o f.* Acción y efecto de resquemar o

resquemarse. Calor mordicante que producen algunos manjares o bebidas en la lengua y paladar. Sabor y olor desagradables de los alimentos al quemarse al fuego.

resquemor *m.* Escozor, sentimiento causado en el ánimo, por una impresión molesta o amarga.

resquicio *m.* Abertura entre el quicio y la puerta. Por extensión, hendidura pequeña. Ocasión que se proporciona para un fin.

resta *f.* Operación de restar. Sustracción. Residuo o parte que queda de un todo; resto. Residuo, resultado de la operación de restar.

restablecer *tr.* Volver a establecer una cosa o ponerla en el estado que antes tenía. *R.* Recuperarse de una dolencia, enfermedad u otro daño o menoscabo.

restallar *intr.* Chasquear, estallar una cosa; como la honda y el látigo en el aire y con violencia. Crujir, hacer fuerte ruido.

restante *m.* Lo que queda de un todo; residuo.

restañar *tr.* Estancar, parar o detener el curso de un líquido o humor, especialmente el sanguíneo.

restar *tr.* Sacar el residuo de una cosa, rebajando una parte del todo. Disminuir, rebajar, cercenar. *Intr.* Faltar o quedar. Hallar la diferencia entre dos cantidades.

restauración *f.* Acción y efecto de restaurar. Restablecimiento del régimen político que existía en un país y que había sido substituido por otro. Retorno al estado de salud. Restablecimiento.

restaurante *adj.* Que restaura. *M.* Establecimiento donde se sirven comidas.

restaurar *tr.* Recobrar o recuperar. Reparar, renovar o volver a poner una cosa en el estado o estimación que antes tenía. Reparar una pintura, escultura, etc., del deterioro que ha sufrido.

restiforme *adj.* En forma de cordón.

restinga *f.* Punta o lengua de arena o piedra debajo del agua y a poca profundidad. Cordón litoral que separa una albufera o laguna litoral del mar libre.

restitución *f.* Acción y efecto de restituir. Obligación de devolver lo que injustamente se quitó a alguien, para reparar el daño cometido en su persona, reputación o propiedad.

restituir *tr.* Volver una cosa a quien la tenía antes. Restablecer una cosa en el estado que antes tenía. *R.* Volver uno al lugar de donde había salido.

resto *m.* Residuo, parte que queda de un todo. Jugador que devuelve la pelota al saque. *Pl.* Cadáver.

restregar *tr.* Estregar mucho y con ahínco.

restricción *f.* Limitación o modificación. En Economía, úsase a veces como sinónimo de deflación.

restrictivo-a *adj.* Dícese de lo que tiene virtud o fuerza para restringir y apretar; lo que restringe, limita o coarta.

restringir *tr.* Ceñir, circunscribir, reducir a menores límites. Restriñir. Limitar.

restriñir *tr.* Astringir.

resucitar *tr.* Volver la vida a un muerto. Restablecer, renovar, dar nuevo ser a una cosa. *Intr.* Volver uno a la vida.

resudar *intr.* Sudar ligeramente. *R.* Rezumarse.

resuelto-a *adj.* Muy determinado, audaz, arrojado y libre. Pronto, diligente, expedito.

resuello *m.* Aliento o respiración, especialmente la violenta.

resulta *f.* Efecto, consecuencia. Lo que últimamente se resuelve en una deliberación o conferencia. Vacante por ascenso. *Pl.* Atenciones presupuestarias que no pudieron pagarse y que pasan a nuevo presupuesto.

resultado *m.* Efecto y consecuencia de un hecho, operación o deliberación.

resultando *m.* Cada uno de los fundamentos de hecho que se enumeran en las resoluciones judiciales o gubernativas.

resultante *adj. y s.* Que resulta. Relación necesaria y suficiente que han de satisfacer los coeficientes de las incógnitas para que el sistema de ecuaciones tenga solución. Magnitud vectorial que equivale a un sistema de magnitudes vectoriales de igual naturaleza y que actúan simultáneamente. Dícese de la fuerza que equivale al conjunto de otras varias.

resultar *intr.* Resaltar o resurtir. Redundar, venir a parar una cosa en provecho o daño de una persona o de algún fin. Originarse una cosa de otra. Manifestarse o comprobarse una cosa. Salir, venir a ser, quedar, tener buen o mal éxito.

resumen *m.* Acción y efecto de resumir o resumirse. Exposición resumida de un asunto o materia.

resumir *tr.* Reducir a términos breves y precisos, o considerar tan sólo lo esencial de un asunto o materia. *R.* Convertirse, resolverse una cosa en otra.

resurgencia *f.* Afloramiento de un curso subterráneo de agua.

resurgir *intr.* Surgir de nuevo, volver a aparecer. Resucitar, volver a la vida. Renacer.

resurrección *f.* Acción de resucitar. Por antonomasia, la de Jesucristo.

resurtir *intr.* Retroceder un cuerpo de resultas del choque con otro.

retablo *m.* Conjunto o colección de figuras pintadas o de talla que representan en serie una historia o suceso. Obra de arquitectura, hecha de piedra, madera u otra materia, que compone la decoración de un altar.

retacería *f.* Conjunto de diversos géneros de tejido.

retaco *m.* Escopeta corta muy reforzada en la recámara. Taco más corto que los regulares, más grueso y más ancho de boca, en el juego de billar. Hombre rechoncho.

retaguardia *f.* Espacio que se extiende detrás de una formación militar. Parte de la zona de los ejércitos, intermedia entre la zona avanzada y la del interior del país. Última fracción de una columna en marcha, separada del núcleo principal, para atender a la seguridad del conjunto y recoger los elementos rezagados. Población del país propio y del ocupado durante la guerra.

retahíla *f.* Serie de muchas cosas que están, suceden o se mencionan por su orden. Cadena, sarta, letanía.

retajar *tr.* Cortar en redondo una cosa. Circuncidar.

retal *m.* Pedazo sobrante de una tela, piel, chapa metálica, etc., después de recortadas.

retama *f.* Planta leguminosa de tallo muy ramoso, hojas escasas lanceoladas, flores amarillas en racimos laterales y fruto en legumbre globosa.

retar *tr.* Desafiar, provocar a duelo, batalla o contienda. Reprender, echar en cara.

retardación *f.* Acción y efecto de retardar o retardarse. Aceleración negativa, o disminución de la velocidad de un móvil en la unidad de tiempo.

retardar *tr. y r.* Diferir, detener, entorpecer, dilatar.

retardo *m.* Retardación. Efecto armónico consistente en prolongar una nota de un acorde sobre el acorde siguiente.

retazo *m.* Retal o pedazo de una tela. Trozo o fragmento de un razonamiento o discurso. En México, piltrafa.

retemblar *tr.* Temblar con movimiento repetido.

retén *m.* Repuesto o prevención de una cosa. Tropa que se pone sobre las armas para reforzar, especialmente de noche, uno o más puestos militares.

retención *f.* Acción y efecto de retener. Parte o totalidad retenida de un sueldo o salario. Detención o depósito en el cuerpo humano de un humor que debiera expelerse.

retener *tr.* Detener, conservar, guardar en sí. Conservar la memoria de una cosa. Conservar el empleo cuando se pasa a otro. Suspender el uso de un rescripto que procede de la autoridad eclesiástica. Suspender en todo o en parte el pago del sueldo, salario u otro haber devengado, hasta que satisfaga lo que debe, por disposición judicial o gubernativa. Imponer prisión preventiva, arrestar.

retentiva *f.* Memoria, facultad de acordarse.

retentividad *f.* Propiedad de los materiales magnéticos de conservar una imantación residual, cuando cesa la fuerza magnetizante exterior.

reteñir *tr.* Volver a teñir del mismo o de otro color alguna cosa.

retesar *tr.* Atiesar o endurecer una cosa.

reticencia *f.* Efecto de no decir sino en parte, o de dar a entender claramente que se oculta o calla algo que debiera o pudiera decirse.

reticente *adj.* Que usa reticencias; que la envuelve o incluye.

reticular *adj.* De figura de redecilla o red.

retículo *m.* Tejido en forma de red. Conjunto de dos o más hilos cruzados o paralelos que se ponen en el objetivo de ciertos instrumentos ópticos, para precisar la visual o efectuar medidas delicadas. Redecilla formada por filamentos finos. Redecilla, porción del estómago de los rumiantes.

retiforme *adj.* En forma o figura de red.

retina *f.* Membrana interior del ojo formada por la expansión del nervio óptico, en la cual se reciben las impresiones luminosas y se representan las imágenes de los objetos.

retintín o **retinte** *m.* Sonido que deja en los oídos la campana u otro cuerpo sonoro. Tonillo y modo de hablar, por lo común para zaherir a uno.

retinto-a *adj.* De color castaño muy obscuro; dícese de ciertos animales.

retiñir *intr.* Durar el retintín.

retirada *f.* Acción y efecto de retirarse. Terreno o sitio que sirve de acogida segura. Retreta. Terreno que va quedando en seco cuando cambia el cauce natural de un río. Movimiento retrógrado de una fuerza militar que abandona la situación ocupada en su avance para alcanzar sus bases o una nueva línea a retaguardia.

retirado-a *adj.* Distante, apartado, desviado. Dícese del militar que deja oficialmente el servicio conservando algunos derechos.

retirar *tr.* Apartar o separar a una persona o cosa de otra o de un sitio. Apartar de la vista una cosa, ocultándola. Obligar a uno a que se retire, rechazarlo. *Intr.* Parecerse, asemejarse una cosa a otra. *R.* Apartarse o separarse del trato, comunicación o amistad.

retiro *m.* Acción y efecto de retirarse. Lugar apartado y distante del concurso y bullicio de la gente. Recogimiento, abstracción. Situación del militar retirado. Sueldo o haber pasivo que éste disfruta. Aislamiento, refugio.

reto *m.* Provocación o citación al duelo o desafío. Amenaza.

retocar *tr.* Volver a tocar. Tocar repetidamente. Dar a un dibujo, cuadro o fotografía ciertos toques para quitarle imperfecciones. Restaurar las pinturas deterioradas. Dar la última mano a una obra. *R.* Perfeccionar el afeite o arreglo la mujer.

retoñar *intr.* Volver a echar vástagos la planta. Reproducirse, volver de nuevo lo que había dejado de ser o estaba amortiguado.

retoño *m.* Vástago o tallo que echa de nuevo la planta. Forraje que se obtiene de un prado después de cada una de las sucesivas siegas. *Com.* Hijo o hija.

retoque *m.* Acción y efecto de retocar. Pulsación repetida y frecuente. Última mano que se da a cualquier obra. Amago o principio ligero de ciertas enfermedades.

rétor *m.* El que escribe o enseña Retórica.

retorcer *tr.* Torcer mucho una cosa, dándole vueltas alrededor. Dirigir un argumento o raciocinio contra el mismo que lo hace. Dar maliciosamente sentido diferente a una cosa.

retórico-a *m.* y *f.* Versado en Retórica. Arte de bien decir, de embellecer la expresión de los conceptos, dando eficacia al lenguaje para deleitar, persuadir o conmover.

retornar *tr.* Devolver, restituir. Volver a torcer una cosa. Hacer que una cosa retroceda o vuelva atrás. *Intr.* Volver al lugar o a la situación en que se estuvo.

retornelo *m.* Ritornello. Lo que se repite con frecuencia.

retorno m. Acción y efecto de retornar. Paga o recompensa del beneficio recibido. Cambio o trueque. Regreso, vuelta.

retorromano-a adj. Rético. M. Conjunto de dialectos neolatinos hablados en la Suiza meridional, afines de los italianos.

retorsión f. Acción y efecto de retorcer. Acción de devolver o inferir a uno el mismo daño o agravio que de él se ha recibido.

retorta f. Vasija con cuello largo y encorvado, a propósito para diversas operaciones químicas. Tela de hilo con la trama y urdimbre muy torcidas.

retortero m. Vuelta y revuelta alrededor.

retortijón m. Ensortijamiento de una cosa. Demasiado torcimiento de ella. Dolor breve y vehemente que se siente en los intestinos.

retozar intr. Saltar y brincar alegremente. Travesear unos con otros, personas o animales. Travesear con desenvoltura personas de distinto sexo. Excitarse impetuosamente en lo interior algunas pasiones.

retozón-a adj. Inclinado a retozar o que retoza con frecuencia.

retracción f. Acción de retraerse o retraer. Reducción persistente de volumen en ciertos tejidos orgánicos.

retractar tr. y r. Revocar expresamente lo que se ha dicho; desdecirse de ello. Rectificar.

retráctil adj. Que puede retraerse quedando envuelto y oculto al exterior, como las uñas del gato.

retraer tr. Volver a traer. Reproducir una cosa en imagen o retrato. Apartar o disuadir de un intento. R. Acogerse, refugiarse, guarecerse. Retirarse, retroceder. Hacer vida retirada.

retraído-a adj. Que gusta de la soledad. Poco comunicativo, tímido.

retranca f. Correa ancha que llevan las bestias de tiro rodeando los ijares y las ancas.

retransmitir tr. Volver a transmitir. Transmitir desde una emisora de radiodifusión o televisión lo que se ha transmitido a ella desde otro lugar.

retrasar tr. Atrasar, diferir o suspender la ejecución de una cosa. Intr. Ir atrás o a menos en alguna cosa. Demorar.

retratar tr. Copiar o dibujar la figura de alguna persona o cosa. Hacer su descripción. Imitar, asemejarse.

retratista com. Persona que hace retratos.

retrato m. Pintura, efigie o fotografía que representa alguna persona o cosa. Descripción de ella,

con sus cualidades físicas y morales. Lo que se asemeja mucho a una persona o cosa.

retrechería f. Artificio disimulado y mañoso para eludir la confesión de la verdad o el cumplimiento de lo debido. Zalamería o expresión afectada para atraer y ganar la voluntad de uno.

retreparse r. Echar hacia atrás la parte superior del cuerpo. Recostarse en la silla de modo que ésta se incline también hacia atrás.

retreta f. Toque militar que se usa para marchar en retirada, y para avisar a la tropa que se recoja por la noche al cuartel. Fiesta nocturna en la que las tropas de diferentes armas recorren las calles con faroles, hachas de viento, músicas y, a veces, con carrozas con atributos varios. En América, serie, retahíla.

retrete m. Aposento en que se encuentran los recipientes para recibir los excrementos y los mecanismos para su evacuación.

retribución f. Recompensa o pago de una cosa.

retribuir tr. Recompensar o pagar un servicio, favor, etc. En América, corresponder al favor o al obsequio que uno recibe.

retroactivo-a adj. Que obra o tiene efecto sobre lo pasado.

retrocarga (de). Modo adverbial que indica que las armas de fuego se cargan por la recámara y no por la boca del cañón.

retroceder intr. Volver hacia atrás.

retrógrado-a adj. Que retrocede. Adj. y s. Partidario de instituciones políticas y sociales propias de tiempos pasados.

retrogresión f. Neologismo por retroceso.

retropropulsión f. Impulsión obtenida en ciertos motores de aviación por la reacción elástica, provocada por gases que escapan a gran presión.

retrospectivo-a adj. Que se refiere a tiempo pasado.

retrotraer tr. Fingir que una cosa sucedió en un tiempo anterior a aquel en que realmente ocurrió.

retrovisor-a adj. y s. Dícese del espejo que permite al conductor de un vehículo ver detrás de sí.

retrucar intr. Volver la bola de billar a herir a la que le causó el movimiento. Replicar como repugnando lo que se dice o manda. En México, reflejar sobre uno las consecuencias de un hecho ajeno.

retruécano m. Inversión de los términos de una proposición o cláusula en otra subsiguiente, para formar contraste con la anterior. Juego de palabras. En México, albur.

retumbar *intr.* Resonar mucho o hacer gran ruido o estruendo una cosa.

reuma *amb.* Reumatismo. Fluxión de humores hacia algún órgano.

reumatismo *m.* Designación general que se aplica a multitud de estados dolorosos de las articulaciones, músculos, etc., y especialmente al articular agudo o fiebre reumática.

reunión *f.* Acción y efecto de reunir o reunirse. Conjunto de personas reunidas. Junta.

reunir *tr.* y *r.* Juntar, congregar, amontonar.

revalidar *tr.* Ratificar, confirmar o dar nuevo valor y firmeza a una cosa. *R.* Recibirse o aprobarse en una facultad ante tribunal superior.

revalorar *tr.* Mejorar el valor de la moneda depreciada, o de lo que se había depreciado.

revancha *f.* Galicismo, por desquite, venganza, represalia.

revejido-a *adj.* Envejecido antes de tiempo.

revelación *f.* Acción y efecto de revelar. Manifestación de una verdad secreta u oculta. Por antonomasia, la manifestación divina.

revelado *m.* Conjunto de operaciones necesarias para revelar una imagen fotográfica.

revelador *adj.* y *s.* Líquido que se emplea en fotografía para revelar las placas, películas y papeles.

revelar *tr.* Descubrir o manifestar un secreto. Manifestar Dios a los hombres lo futuro u oculto. Hacer visible la imagen latente impresa en la placa, película o papel fotográfico.

revendedor-a *adj.* y *s.* Que revende.

revender *tr.* Volver a vender, en seguida o al poco tiempo, lo que se ha comprado con ese intento.

revenir *intr.* Retornar o volver una cosa a su estado propio. *R.* Encogerse, consumirse una cosa poco a poco. Acedarse o avinagrarse vinos y conservas. Escupir una cosa hacia afuera la humedad que tiene. Ponerse una masa, pasta o fritura blanda y correosa con la humedad o el calor. Ceder en lo que se afirmaba con tesón, porfía o tozudez.

reventa *f.* Acción y efecto de revender. Segunda venta.

reventadero *m.* Paraje escabroso o terreno muy pendiente, difícil de escalar. Trabajo grande y penoso.

reventar *intr.* Abrirse una cosa por impulso interior. Deshacerse en espuma las olas del mar por la fuerza del viento o por el choque contra los peñascos o playas. Brotar, nacer o salir con ímpetu. Tener ansia o deseo vehemente de una cosa. Estallar, sentir y manifestar repentina y violentamente alguna pasión del ánimo. Morir violentamente. *Tr.* Deshacer o desbaratar una cosa aplastándola con violencia. Hacer enfermar o morir al caballo por exceso de carrera. Fatigar mucho a uno con exceso de trabajo. Molestar, cansar, enfadar. Causar gran daño a una persona.

reventón *adj.* Aplícase a ciertas cosas que revientan o parece que van a reventar. *M.* Acción y efecto de reventar. Cuesta muy pendiente y dificultosa de subir. Aprieto grave o dificultad en que uno se halla. Trabajo o fatiga que se da o se toma en un caso urgente y preciso.

rever *tr.* Volver a ver o examinar con cuidado una cosa.

reverberación *f.* Acción y efecto de reverberar. Reflexión viva de la luz cuando ésta hiere en un cuerpo bruñido. Calcinación hecha en el horno de reverbero. Propiedad acústica de algunas salas o habitaciones de persistir el sonido emitido por una fuente, cuando ya cesó la recepción directa del mismo.

reverberar *intr.* Hacer reflexión la luz de un cuerpo luminoso en otro bruñido.

reverbero *m.* Reverberación. Cuerpo de superficie bruñida en que la luz reverbera. Farol que hace reverberar la luz. Horno en que gran parte del calor procede del que reverbera o refleja el techo bajo de un laboratorio sobre cuya solera o plaza se coloca la carga. En América, cocinilla, infernillo.

reverdecer *intr.* Cobrar nuevo verdor los campos o plantíos que estaban mustios o secos. Renovarse o tomar nuevo vigor.

reverencia *f.* Respeto o veneración que tiene una persona a otra. Inclinación del cuerpo en señal de respeto o veneración. Tratamiento que se da a los religiosos condecorados. En México, caravana.

reverenciar *tr.* Respetar o venerar. *Intr.* Hacer reverencias.

reverendísimo-a *adj.* Superlativo de reverendo. Aplícase como tratamiento a los cardenales, arzobispos y otras personas constituidas en alta dignidad eclesiástica.

reverendo-a *adj.* Digno de reverencia. Aplícase a las dignidades eclesiásticas y a los prelados y graduados de las religiones. Muy circunspecto.

reverente *adj.* Que muestra reverencia o respeto.

reversible *adj.* Que puede o debe revertir. Dícese de toda transformación física o fisicoquímica que se produce en un sentido o en el sentido opuesto, según el estado de los factores que en ella influyen.

reversión *f.* Restitución de una cosa al estado que tenía. Atavismo. Acción de revertir.

reverso-a *m. y f.* **Revés. Haz de las** monedas opuesta al anverso.

revertir *intr.* Volver una cosa a la propiedad del dueño que antes tuvo.

revés *m.* Espalda o parte opuesta de una cosa. Golpe que se da a otro con la mano vuelta. Infortunio, desgracia, contratiempo.

revesado-a *adj.* Difícil, intrincado, obscuro o que con dificultad puede entenderse. Travieso, indomable, pertinaz.

revestimiento *m.* Capa o cubierta con que se resguarda o adorna una superficie.

revestir *tr.* Vestir una ropa sobre otra, dicho regularmente del sacerdote para celebrar la Misa. Cubrir con un revestimiento. Exornar un pensamiento con las galas oratorias; disimular la realidad de una cosa añadiéndole un adorno; afectar una pasión del ánimo demostrándolo exteriormente. *R.* Dejarse llevar con fuerza por una idea o cosa. Engreírse con el empleo o dignidad. Poner a contribución, en trance difícil, la energía correspondiente.

revisar *tr.* Rever. Volver a ver algo.

revisión *f.* Acción de revisar o rever. Recurso contra una sentencia firme a la que sirvieron de base hechos falsos o equivocados, situaciones de violencia o actos delictivos.

revisionismo *m.* Doctrina, teoría o tendencia que se propone corregir determinados principios, políticos, religiosos o morales. Movimiento de revisión de los principios marxistas.

revisor-a *adj.* Que revisa o examina con cuidado una cosa. *M.* El que tiene por oficio revisar o reconocer. Inspector.

revista *f.* Segunda vista o examen hecho con cuidado y diligencia. Inspección que un jefe hace de las personas o cosas sometidas a su autoridad. Publicación periódica con escritos sobre varias materias, o sólo sobre una. Espectáculo teatral con cuadros sueltos, en que se canta, baila y declama.

revistar *tr.* Pasar revista.

revistero-a *m. y f.* Persona encargada de escribir revistas en un periódico.

revivificar *tr.* Vivificar, reavivar.

revivir *intr.* Resucitar, volver a la vida. Volver en sí el que parecía muerto. Renovarse o reproducirse una cosa. Evocar.

reviviscencia *f.* Proceso biológico por el que los seres que se encuentran en estado de vida latente recuperan sus actividades normales.

revocación *f.* Acción y efecto de revocar. Acto jurídico por el que se priva de validez a otro anteriormente otorgado, como testamentos, mandatos, donaciones, etc. y aun los que son objeto de recursos de apelación, alzada, casación, etc.

revocar *tr.* Dejar sin efecto una concesión, un mandato, una resolución. Retraer, apartar, disuadir a uno de un designio. Hacer retroceder ciertas cosas. *Intr.* Enlucir o pintar de nuevo por la parte exterior las parades de un edificio.

revolar *intr.* Dar segundo vuelo el ave. Revolotear.

revolcar *tr.* Derribar a uno y maltratarlo, pisotearlo, revolverlo, especialmente el toro al lidiador. Vencer y deslucir al adversario en altercado o controversia. Reprobar, suspender en un examen. *R.* Echarse sobre una cosa, restregándose y refregándose en ella. Obstinarse en algo.

revolera *f.* Lance de capa, al final de una serie de verónicas o de un quite, con que se adorna el espada, y que hace que el capote describa un círculo en torno al cuerpo del lidiador.

revolotear *intr.* Volar haciendo tornos o giros en poco espacio. Venir una cosa por el aire dando vueltas. *Tr.* Arrojar una cosa a lo alto con ímpetu, que parezca que da vueltas.

revoltijo o **revoltillo** *m.* Conjunto de muchas cosas sin orden ni método. Trenza o conjunto de tripas de carnero o de otra res. Confusión o enredo.

revoltoso-a *adj.* Sedicioso, alborotador, rebelde. Travieso, enredador. Intrincado; que tiene muchas vueltas y revueltas.

revoltura *f.* En México, mezcla de fundentes que se agrega a los minerales de plata para facilitar su fusión. Revoltijo. Mezcla de albañilería.

revolución *f.* Acción y efecto de revolver o revolverse. Cambio violento de las instituciones políticas de una nación, o llevadas a cabo con más tesón que violencia. Inquietud, alboroto, sedición. Motín. insurrección. Cambio fundamental en el estado de las cosas. Movimiento de un astro en todo el curso de su órbita. Cuerpo geométrico engendrado por la rotación de una línea o de una superficie alrededor de un eje.

revolucionar *tr.* Sublevar, solivantar; alterar, perturbar el orden. Producir una alteración en las ideas; transformarlas.

revolucionario-a *adj.* Perteneciente o relativo a la revolución. *Adj.* y *s.* Partidario de ella. Alborotador, turbulento.

revolver *tr.* Menear una cosa de un lado a otro, alrededor o de arriba abajo. Envolver una cosa en otra. Volver la cara al enemigo para embestirlo. Inquietar, enredar; mover sediciones, causar disturbios. Discurrir, imaginar o vacilar en varias cosas o circunstancias, reflexionándolas. Volver el jinete al caballo en poco terreno y con rapidez. Volver a andar lo andado. Meter en pendencia, pleito, etc. Dar una cosa vuelta entera hasta llegar al punto de donde salió. Alterar el orden y disposición de las cosas. *R.* Moverse de un lado a otro. Hacer mudanza el tiempo, ponerse borrascoso. Hacer su carrera un astro, retornando a un punto de su órbita.

revólver *m.* Pistola de repetición con depósito central de cartuchos dispuestos en un tambor rotatorio. Pieza del microscopio con varios objetivos u oculares que permite la substitución rápida de uno por otro. Cámara fotográfica con objetivos intercambiables.

revoque *m.* Acción y efecto de revocar las casas y paredes. Capa o mezcla de cal y arena u otro material análogo con que se revoca.

revuelco *m.* Acción y efecto de revolcar o revolcarse.

revuelo *m.* Segundo vuelo de las aves. Turbación, movimiento confuso. Agitación entre personas.

revuelta *f.* Revolución, alboroto, sedición. Riña, pendencia. Punto donde una cosa empieza a torcer su dirección y a tomar otra. Este mismo cambio. Vuelta o mudanza de un estado a otro, o de un parecer a otro.

revuelto-a *adj.* Dícese del tiempo muy variable. Revoltoso, travieso. Intrincado, difícil de entender.

revulsión *f.* Medio curativo de algunas enfermedades internas, consistente en producir congestiones o inflamaciones en la piel o en las mucosas, por medio de agentes físicos, químicos y también orgánicos.

rey *m.* Monarca o príncipe soberano de un reino. Pieza principal del juego de ajedrez. Carta de la baraja que lleva pintada la figura de rey. Hombre, animal o cosa del género masculino que por su excelencia sobresale entre los demás de su clase o especie.

reyerta *f.* Contienda, disputa, altercado.

reyezuelo *m.* Pájaro con alas cortas y redondeadas, plumaje vistoso por la variedad de sus colores, correspondiente a varias especies; abadejo.

rezaga *f.* Retaguardia.

rezagar *tr.* Dejar atrás una cosa. Atrasar, suspender por algún tiempo la ejecución de una cosa. *R.* Quedarse atrás.

rezago *m.* Atraso. Residuo que queda de una cosa.

rezar *tr.* Orar oralmente. Recitar la Misa, una oración, etc., en contraposición a cantarla. Decir o decirse en un escrito una cosa. Gruñir, refunfuñar. Tocar o pertenecer una cosa a uno.

rezno *m.* Larva del moscardón que se desarrolla en las paredes del estómago de los rumiantes o solípedos.

rezo *m.* Acción de rezar. Oficio eclesiástico que se reza diariamente. Conjunto de los oficios particulares de cada festividad.

rezón *m.* Ancla pequeña de cuatro uñas y sin cepo. En México, punta de banderilla.

rezongar *intr.* Gruñir, refunfuñar a lo que se manda, ejecutándolo con repugnancia, o de mala gana.

rezumar *tr.* Dejar pasar un cuerpo sólido a través de sus poros o intersticios gotitas de algún líquido. *Intr.* Salir un líquido al exterior en gotas, a través de los poros o intersticios de un cuerpo. *R.* Translucirse o susurrarse algo.

ría *f.* Parte de un río próxima a su entrada en el mar y hasta donde llegan las mareas y se mezclan las aguas dulces con las salobres. Parte inferior de un valle fluvial invadido por las aguas del mar, a causa de un movimiento de inmersión del terreno.

riachuelo o riacho *m.* Río pequeño y de poco caudal.

riada *f.* Avenida, inundación, crecida.

ribaldo-a *adj.* y *s.* Pícaro, bellaco, rufián. Soldado de ciertos cuerpos antiguos de infantería, en Francia y otros países de Europa.

ribazo o riba *m.* o *f.* Porción de tierra con alguna elevación y declive.

ribera *f.* Margen y orilla del mar o río. Por extensión, tierra cercana a los ríos. Huerto cercado que linda con un río.

ribereño-a *adj.* Perteneciente a la ribera o propio de ella. Dícese del dueño o morador de un predio contiguo al río.

ribete *m.* Cinta o cosa análoga para guarnecer y reforzar la orilla del vestido, calzado, etc. Añadidura, aumento. *Pl.* Asomo, indicio.

ribetear *tr.* Poner, echar ribetes.

riboflavina *f.* Substancia termoestable, soluble en agua, único producto natural con actividad de vitamina B_2, sintetizada por muchas plantas y microorganismos; se encuentra en la leche, levadura de cerveza, verduras, etc.

ricacho-a *adj.* y *s.* Persona acaudalada, aunque de humilde condición, o vulgar en su trato y porte.

ricachón-a *adj.* y *s.* Despectivo de rico, o de ricacho.

ricamente *adv.* Opulentamente, con abundancia. Preciosamente. Muy a gusto; con toda comodidad.

riciforme *adj.* Parecido a los granos de arroz.

ricino *m.* Planta euforbiácea arborescente, con tallo ramoso, hojas muy grandes partidas en lóbulos lanceolados, flores en racimos axilares y fruto capsular esférico y espinoso, con tres semillas, de las que se extrae un aceite purgante e industrial.

rico-a *adj.* y *s.* Noble o de alto linaje, o de estimable bondad. Adinerado, acaudalado. Abundante, opulento y pingüe. Gustoso, sabroso. Muy bueno en su línea. Aplícase a las personas como expresión de cariño.

ricohombre *m.* El que en tiempo antiguo pertenecía a la primera nobleza de España.

rictus *m.* Contracción de los labios que deja al descubierto los dientes y da a la boca aspecto de risa.

ricura *f.* Calidad de rico, gustoso, sabroso, muy bueno en su línea.

ridiculez *f.* Dicho o hecho extravagante e irregular. Nimia delicadeza de genio o natural.

ridiculizar *tr.* Burlarse de una persona o cosa por las extravagancias o defectos que tiene o se le atribuyen.

ridículo-a *adj.* Que por su rareza o extravagancia mueve o puede mover a risa. Escaso, de poca estimación. Extraño, irregular y de poco aprecio y consideración. De genio irregular, nimiamente delicado o reparón *M.* Situación en que cae una persona, por estos mo vos.

riego *m.* Acción y efecto de regar. Agua disponible para regar.

riel *m.* Barra pequeña de metal en bruto. Carril, barra de hierro sobre la que se desliza un vehículo.

rielar *intr.* Brillar con luz trémula.

rielero *m.* En México, trabajador del ferrocarril.

rienda *f.* Correa, cinta o cuerda que, unida al freno, lleva asida el que gobierna la caballería. Sujeción, moderación en acciones o palabras. *Pl.* Gobierno, dirección de una cosa.

riesgo *m.* Contingencia o proximidad de un daño. Peligro, exposición.

rifa *f.* Juego de sortear una cosa entre varios por medio de billetes de cierto valor, que todos juntos suman, por lo menos, el precio en que se la ha estimado. Contienda, enemistad.

rifar *tr.* Efectuar el juego de la rifa. *Intr.* Reñir, contender, enemistarse con uno.

rifeño-a *adj.* y *s.* Natural del Rif. Perteneciente a esta comarca de Marruecos, en África.

rifirrafe *m.* Contienda o bulla ligera y sin trascendencia.

rifle *m.* Arma de fuego de cañón rayado, más corto que el fusil, de retrocarga y de repetición.

rigidez *f.* Calidad de rígido. Tiesura morbosa. Rigor, severidad.

rígido-a *adj.* Inflexible, o poco flexible; tieso. Riguroso, severo.

rigodón *m.* Danza de origen provenzal, en compás de $2/4$ y movimiento animado.

rigor *m.* Nimia y escrupulosa severidad. Aspereza, dureza en el genio o en el trato. Último término a que pueden llegar las cosas. Tensión, vehemencia. Propiedad y precisión.

rigorismo *m.* Exceso de severidad, principalmente en materias morales o disciplinarias.

rigorista *adj.* y *s.* Extremadamente severo, sobre todo en materias morales o disciplinarias.

riguroso-a *adj.* Áspero y acre. Muy severo, cruel. Austero, rígido. Dicho del temporal, de una desgracia o de otro mal, extremado, duro de soportar.

rija *f.* Pendencia, inquietud o alboroto.

rijoso-a *adj.* Pronto, dispuesto para reñir o contender. Inquieto y alborotado a vista de la hembra. Lujurioso, sensual.

rima *f.* Identidad de sonido en las terminaciones de las dos palabras finales de dos versos próximos; consonancia. Identidad de vocales tónica y últimas de las dos palabras finales de dos versos próximos; asonancia. Vicio de dicción cuando al hablar o escribir en prosa no se evitan las asonancias. *Pl.* Composición en verso del género lírico. Conjunto de los consonantes o asonantes de una lengua o de un poeta.

rima *f.* Rimero. Fisura, hendidura.

rimar *intr.* Componer en verso. Ser una palabra asonante o consonante de otra.

rimbombante *adj.* Que retumba, resuena, suena mucho o hace eco. Ostentoso, llamativo.

rimero *m.* Conjunto de cosas puestas unas sobre otras.

rinalgia *f.* Dolor en la región nasal.

rincón *m.* Angulo entrante que se forma en el encuentro de dos paredes o de dos superficies. Escondrijo o lugar retirado. Espacio pequeño.

rinconada *f.* Angulo entrante que se forma en la unión de dos casas, calles, caminos, o entre dos eminencias de un terreno.

rinconera *f.* Mesita, armario o estante, comúnmente triangular que se coloca en un rincón o ángulo de una sala o habitación.

ring *m.* Palabra inglesa usada en las carreras de caballos para indicar el conjunto de personas que cruzan apuestas y lugar donde se reúnen; también, recinto, cerco, pista para pruebas y luchas deportivas, en general; reborde o ceja de las ruedas de un automóvil en el que se apoya la llanta de goma.

ringlera, ringla o ringle *f. o m.* Fila o línea de cosas puestas unas tras otras. Alineamiento.

ringorrango *m.* Rasgo de pluma exagerado e inútil. Adorno superfluo y extravagante.

rinitis *f.* Inflamación de la mucosa de las fosas nasales.

rinoceronte *m.* Mamífero paquidermo de cuerpo muy grueso, patas cortas, cabeza estrecha con hocico puntiagudo y labio superior movedizo, con uno o dos cuernos cortos y encorvados; se alimenta de vegetales.

riña *f.* Pendencia, contienda entre dos personas o grupos de personas que pasan de las palabras a la obra, de las ofensas verbales a la agresión y la lucha.

riñón *m.* Cualquiera de los dos órganos glandulares en forma de judía, de color rojo obscuro que secretan la orina, situados en la región lumbar, a cada lado de la columna vertebral. Interior o centro de un terreno, sitio, asunto, materia, etc.

río *m.* Corriente de agua continua, más o menos caudalosa, que va a desembocar en otra o en el mar. Gran abundancia de una cosa.

rioja *m.* Vino que se elabora en la comarca española de este nombre. en la provincia de Logroño.

rioplatense *adj. y s.* Natural de Río de la Plata. Perteneciente o relativo a los países de la cuenca del río de la Plata, entre Uruguay y Argentina.

riostra *f.* Pieza que, puesta oblicuamente, asegura la invariabilidad de una armazón.

riparío-a o ripícola *adj.* Dícese del animal que vive en las riberas de los ríos o en las costas del mar.

ripia *f.* Tabla delgada, desigual y sin pulir.

ripio *m.* Residuo que queda de una cosa. Cascajo para rellenar huecos o pisos. Palabra o frase superflua con sólo el fin de completar el verso o darle consonancia o asonancia. Palabras inútiles en los discursos, escritos o conversaciones.

riqueza *f.* Abundancia de bienes y cosas preciosas. Cualidades o atributos excelentes. Patrimonio de un individuo o sociedad.

risa *f.* Movimiento de la boca y otras partes del rostro que demuestra alegría. Lo que mueve a reír.

risco *m.* Peñasco alto y escarpado.

risible *adj.* Capaz de reirse. Que causa risa o es digna de ella.

risotada *f.* Carcajada, risa estrepitosa y descompuesta.

ríspido-a *adj.* Aspero, desabrido, rígido, falto de suavidad.

rispo-a *adj.* Ríspido. Arisco, intratable.

ristra *f.* Trenza hecha de los tallos de ajos o cebollas con un número de ellos o de ellas. Conjunto de ciertas cosas colocadas unas tras de otras.

ristre *m.* Hierro donde encajaba el cabo de la lanza para afianzarlo en él, en la armadura antigua.

risueño-a *adj.* Que muestra risa en el semblante. Que con facilidad se ríe. De aspecto deleitable o alegre.

ritmo *m.* Grata y armoniosa combinación de voces, cláusulas y pausas en el lenguaje. Metro o verso. Orden acompasado en la sucesión de las cosas. Ordenada colocación de sílabas y de acentos en el verso. Proporción guardada entre el tiempo de un movimiento musical y el de otro diferente.

rito *m.* Costumbre o ceremonia. Conjunto de reglas establecidas para el culto y ceremonias religiosas. Cualquier función litúrgica.

ritornello *m.* Parte común a las diversas estrofas en los madrigales italianos. Breve introducción instrumental antes de que intervenga la voz del canto. Repetición de un motivo o parte del tema musical, al principio, en medio o al final de una composición.

ritual *adj*. Perteneciente o relativo al rito. *M*. Conjunto orgánico de ritos o ceremonias.

ritualismo *m*. Exagerado predominio de formalidades y trámites reglamentarios en los actos oficiales. Movimiento en la Iglesia Anglicana de enriquecer el ritual de la misma, a base del ceremonial católico anteriormente suprimido.

rival *com*. Persona que rivaliza. Competidor.

rivalidad *f*. Oposición entre dos o mas personas que aspiran a obtener una misma cosa. Enemistad.

rivalizar *intr*. Competir.

rivera *f*. Arroyo, caudal corto de agua y cauce por donde corre.

riza *f*. Destrozo o estrago que se hace en una cosa.

rizar *tr*. Formar artificialmente en el pelo anillos o sortijas, bucles, tirabuzones, etc. Mover el viento la mar, formando olas pequeñas. Hacer en la tela, papel o cosa similar, dobleces menudos que formen diversas figuras. *R*. Ensortijarse el pelo naturalmente.

rizo *m*. Mechón de pelo que natural o artificialmente tiene forma de sortija, bucle o tirabuzón. Vuelta completa del aeroplano sobre sí mismo. Pedazo de cabo para acortar las velas de una embarcación.

rizoma *m*. Tallo horizontal y subterráneo de algunas plantas.

rizópodo *m*. Protozoario unicelular cuyo protoplasma emite prolongaciones no permanentes con las que camina y engloba sus alimentos.

rizoso-a *adj*. Dícese del pelo que tiende a rizarse naturalmente.

ro o rho *f*. Letra del alfabeto griego, equivalente a la *r* castellana.

roa o roda *f*. Pieza de madera o hierro que forma la proa de la nave.

roadster *m*. Palabra inglesa para designar al caballo de silla, tiro de coche o para trabajos ligeros. Automóvil de caja abierta, para dos personas y con cajuela grande para equipaje, en la que hay, a veces, uno o dos asientos abatibles.

roano-a *adj*. Aplícase al caballo o yegua de pelo mezclado de blanco, gris y bayo. En Sudamérica, ruano.

robalo o róbalo *m*. Pez marino acantopterigio de cuerpo oblongo, cabeza puntiaguda, boca grande y cola recta; de carne muy apreciada y del que hay varias especies

y aun otros peces que reciben el mismo nombre.

robar *tr*. Quitar o tomar para sí con violencia o con fuerza lo ajeno. Hurtar, de cualquier modo que sea. Raptar a una mujer. Llevarse los ríos y corrientes parte de la tierra contigua o de aquella por donde pasan. Atraer con eficacia y como violentamente el afecto o ánimo.

robin *m*. Orín o herrumbre de los metales.

robinia *f*. Acacia falsa.

roblar *tr*. Doblar o remachar una pieza de hierro para que esté más firme.

roble *m*. Arbol fagáceo o cupulífero de tronco grueso y grandes ramas, hojas perennes de margen lobulado, flores en amentos axilares y por fruto bellotas pedunculadas amargas; su madera es dura y compacta, muy apreciada en construcciones. Madera de este árbol. Otras especies reciben este mismo nombre.

robledal o robledo *m*. Sitio extenso poblado de robles.

roblón *m*. Clavija de hierro u otro metal dulce que, después de pasar por el taladro, se remacha hasta formar otra cabeza. Lomo que en el tejado forman las tejas por su parte convexa.

robo *m*. Acción y efecto de robar. Cosa robada.

roborante *adj*. Que robora. Aplícase a los medicamentos que tienen virtud de confortar.

roborar *tr*. Dar fuerza y firmeza a una cosa. Corroborar, reforzar con raciocinios o datos.

robot *m*. Artificio mecánico muy ingenioso que actúa como si fuera un ser humano. Proyectil aéreo de retropropulsión. Piloto automático. Persona que trabaja automáticamente y sin afición.

robustecer *tr*. y *r*. Dar robustez.

robustez *f*. Calidad de robusto. Resistencia, fortaleza, fuerza, salud.

robusto-a *adj*. Fuerte, vigoroso, firme. Que tiene fuertes miembros y firme salud.

roca *f*. Piedra muy dura y sólida. Peñasco que se levanta en la tierra o en el mar. Cosa muy dura, firme y constante.

rocalla *f*. Conjunto de piedrecitas desprendidas de las rocas por la acción del tiempo o del agua, o que han saltado al labrar las piedras. Abalorio grueso.

roce *m*. Acción y efecto de rozar o rozarse. Trato frecuente con alguna persona.

rociada *f*. Acción y efecto de rociar. Rocío. Conjunto de cosas que se esparcen al arrojarlas. Murmuración con que se comprende y zahiere a muchos. Represión áspera.

rociar *intr.* Caer sobre la tierra el rocío o la lluvia menuda. *Tr.* Esparcir en menudas gotas el agua u otro líquido. Arrojar algunas cosas de modo que caigan diseminadas. Humedecer, salpicar, espurrear.

rocín *m.* Potro de poca edad, maltratado o de mala raza que no merece el nombre de caballo. Caballo de trabajo. Hombre tosco, ignorante y mal educado.

rocío *m.* Vapor que con la frialdad de la noche se condensa en la atmósfera en muy menudas gotas que aparecen sobre la superficie de la tierra o sobre las plantas. Lluvia menuda, corta y pasajera. Gotas menudas esparcidas sobre una cosa para humedecerla.

rococó *adj.* Estilo artístico, especialmente decorativo del mueble, en que se unen maderas, porcelanas y herrajes, en conjunto de gran belleza; llámase también estilo Luis XV de Francia.

rocoso-a o roqueño-a *adj.* Aplícase al sitio o paraje lleno de rocas. Duro como roca.

roceña *f.* Roza, tierra rozada y limpia de matas para sembrar en ella.

rodada *f.* Señal que deja impresa la rueda en el suelo por donde pasa.

rodado-a *adj.* Dícese del caballo o yegua con manchas redondas más obscuras que el color general de su pelo. Dícese del canto o trozo de piedra de superficie lisa y redondeada, producido por la erosión fluvial. Aplícase al período o cláusula gramatical que se distingue por su fluidez o facilidad.

rodaja *f.* Pieza circular y plana de madera, metal u otra materia. Tajada circular de fruta, carne o pescado. Estrella de la espuela.

rodaje *m.* Conjunto de ruedas. Impuesto o arbitrio sobre los carruajes. Acción de rodar una cinta cinematográfica. Período de tiempo en que se sientan las partes del motor y aun todo el vehículo, cuando el automóvil es nuevo o el motor está recién ajustado.

rodapié *m.* Paramento con que se cubren los pies de las camas, mesas y otros muebles, o la parte inferior de la barandilla de los balcones. Friso, faja que suele pintarse en la parte inferior de las paredes.

rodar *intr.* Dar vueltas un cuerpo alrededor de su eje. Moverse una cosa por medio de ruedas. Caer un cuerpo dando vueltas o resbalando por una pendiente. No tener

una cosa colocación fija, por desprecio o por descuido. Ir de un lado para otro, sin establecerse en sitio determinado. Abundar. Suceder unas cosas a otras.

rodear *intr.* Andar alrededor. Ir por el camino más largo que el ordinario o regular. Usar rodeos en lo que se dice. *Tr.* Poner una cosa o varias alrededor de otra. *R.* Revolverse, removerse, rebullirse.

rodela *f.* Escudo redondo y delgado que cubría el pecho. En México y Chile, rosca, rodete.

rodeo *m.* Acción de rodear. Camino más largo o desvío del camino recto. Vuelta para librarse de un perseguidor. Reunión de ganado para reconocerlo, contar las cabezas o para otro fin. Manera indirecta para hacer alguna cosa, o para decirla. Escape o efugio.

rodete *m.* Rosca de pelo que se hacen las mujeres para recogerlo o para adorno. Rosca de lienzo, paño u otra materia que se pone en la cabeza para cargar un peso. Pieza giratoria cilíndrica en diferentes maquinarias. Rueda horizontal hidráulica con paletas. Parte giratoria de una turbina o bomba centrífuga.

rodezno *m.* Rueda hidráulica con paletas curvas y eje vertical. Rueda dentada que engrana con otra.

rodilla *f.* Conjunto de partes blandas y duras que forman la unión del muslo con la pierna y, particularmente, la región prominente de dicho conjunto. Paño basto para limpiar. Rodete para la cabeza.

rodillada *f.* Rodillazo. Golpe que se recibe en la rodilla. Postura de la rodilla en tierra.

rodillazo *m.* Golpe dado con la rodilla.

rodillera *f.* Cosa que se pone para comodidad, defensa o adorno de la rodilla. Pieza o remiendo para cubrir la rodilla. Deformación de las prendas que cubren las rodillas.

rodillo *m.* Madero redondo y fuerte que se hace rodar por el suelo para llevar sobre él una cosa de mucho peso. Cilindro muy pesado de piedra o de hierro para allanar y apretar la tierra o consolidar el firme de las calles o carreteras. Cilindro de materia gelatinosa para distribuir la tinta e impregnar con ella el molde de la prensa de imprimir.

rodio *m.* Metal raro del grupo del platino y con el que se encuentra asociado, de uso industrial; símbolo Rh.

rodio-a *adj. y s.* Natural de Rodas. Perteneciente a esta isla del archipiélago griego

rododendro *m.* Arbolillo ericáceo de hojas persistentes, flores en corimbo, y fruto capsular; ornamental y de muchas variedades.

rodofita *f.* Alga multicelular y macroscópica de color rojo vivo.

rodomontada *f.* Fanfarronada, baladronada.

rodrigar *tr.* Poner rodrigones a las plantas.

rodrigón *m.* Vara, palo o caña que se clava al pie de una planta y sirve para sostener, sujetos con ligaduras, sus tallos y ramas. Criado anciano que servía para acompañar señoras.

roedor-a *adj.* Que roe. Que conmueve, punza o agita el ánimo. *Adj. y s.* Animal ungulado mamífero, con uñas en forma de garras, incisivos cortados a bisel, sin raíces y de crecimiento indefinido; ratas, conejos, ardillas, ratones, castores, etc.

roela *f.* Disco de oro o de plata en bruto.

rpentgen *m.* Unidad internacional de radiación de rayos X.

roentgenología *f.* Parte de la Medicina que estudia la aplicación de los rayos X al diagnóstico y tratamiento de las enfermedades; radiología.

roer *tr.* Cortar, descantillar menuda y superficialmente con los dientes parte de una cosa dura. Quitar poco a poco con los dientes la carne pegada a un hueso. Molestar, afligir interiormente y con frecuencia.

roete *m.* Vino medicinal hecho con zumo de granadas.

rogar *tr.* Pedir por gracia una cosa. Instar con súplicas. Implorar, suplicar. Orar.

rogativa *f.* Oración pública hecha a Dios para conseguir remedio de una grave necesidad, la bendición de las cosechas, etc.

rogo *m.* Hoguera, pira.

roído-a *adj.* Corto, despreciable, dado con miseria.

rojear *intr.* Mostrar una cosa el color rojo que en sí tiene. Tirar a rojo.

rojez o **rojura** *f.* Calidad de rojo.

rojo-a *adj.* Encarnado muy vivo; primer color del espectro solar. Rubio. Dícese del pelo de rubio muy vivo, casi colorado. En política, radical, revolucionario, comunista.

rol *m.* Lista, nómina o catálogo. Galicismo, por papel de actor de carácter, representación.

roldana *f.* Vasija para vino. Rodaja por donde corre la cuerda en un montón o garrucha.

roldano *m.* Tronco o pieza de madera no labrada que está abandonada en el bosque.

rollizo-a *adj.* Redondo, en figura de rollo. Robusto y grueso. *M.* Madero en rollo.

rollo *m.* Cualquier materia que toma forma cilíndrica para rodar o dar vueltas. Cilindro o cono truncado de madera, piedra, metal, etc., que sirve para ser labrada en ciertos oficios. Madero redondo descortezado pero sin labrar. Porción de tejido, papel, etc., que se tiene enrollada en forma cilíndrica.

romadizo *m.* Catarro de la membrana pituitaria.

romaico-a *adj. y s.* Aplícase a la lengua griega moderna.

romana *f.* Instrumento para pesar, compuesto de una palanca de brazos muy desiguales, con el fiel sobre el punto de apoyo en el extremo del brazo menor y que se equilibra con un pilón que se hace correr sobre el brazo mayor donde se halla grabada la escala de los pesos.

romance *adj. y s.* Aplícase a cada una de las lenguas modernas derivadas del latín. Idioma castellano. Composición poética, característica del idioma español, generalmente en versos octosílabos, siempre asonantados los pares y libres los impares. Novela o libro de caballerías. En América, idilio, amorío. *Pl.* Bachillerías, excusas.

romancear *tr.* Traducir al romance. Explicar con otras palabras la oración castellana para facilitar el ponerla en latín. *Intr.* Galantear, enamorar.

romancero-a *m. y f.* Persona que canta romances. *M.* Colección de romances.

románico-a *adj.* Aplícase al estilo arquitectónico de los siglos XI, XII y parte del XIII, caracterizado por el empleo del arco de medio punto, bóvedas en cañón, columnas exentas y a veces resaltadas en los machones, y molduras robustas. Neolatino.

romanismo *m.* Conjunto de instituciones, cultura o tendencias políticas de Roma. Nombre que suelen dar al catolicismo los disidentes de la Iglesia Católica.

romanista *adj. y s.* Dícese del que profesa el Derecho Romano o tiene en él especiales conocimientos; también de la persona versada en las lenguas romances y en sus correspondientes literaturas.

romanizar *tr.* Difundir la civilización, leyes y costumbres romanas, o la lengua latina. *R.* Adoptar la civilización romana o la lengua latina.

romano-a *adj. y s.* Natural de Roma. Perteneciente a esta ciudad, capital de Italia, o a cada uno de los Estados antiguos o modernos de que ha sido metrópoli. Natural o habitante de cualquiera de los países de que se componía el antiguo Imperio Romano. Aplícase a la religión católica y a lo perteneciente a ella.

romanticismo *m.* Escuela literaria y artística de la primera mitad del siglo XIX, extremadamente individualista y que prescindía de las reglas o preceptos tenidos por clásicos. Propensión a lo sentimental, generoso, libre y fantástico.

romántico-a *adj.* Perteneciente al romanticismo, o que participa de sus calidades. Partidario del romanticismo. Sentimental, generoso, libre, fantástico.

romanza *f.* Aria de carácter sentimental. Composición musical del mismo carácter y meramente instrumental.

romaza *f.* Planta de la familia de las poligonáceas, de tallo nudoso, hojas envainadoras, flores en verticilos apretados, fruto seco con una sola semilla y raíz con venas sanguíneas; se come en potaje y su raíz se ha usado como tónico y laxante.

rombo *m.* Paralelogramo de lados iguales, con dos de sus ángulos mayores que los otros dos.

romboedro *m.* Prisma oblicuo de bases en rombo. Forma cristalina formada por seis caras que son rombos.

romboide *m.* Paralelogramo cuyos lados contiguos son desiguales y dos de sus ángulos, mayores que los otros.

romeo-a *adj. y s.* Griego bizantino.

romeral *m.* Terreno poblado de romeros.

romería *f.* Viaje o peregrinación, especialmente la que se hace por devoción a un santuario. Fiesta popular que con meriendas, bailes, etc., se celebra en el campo inmediato a alguna ermita o santuario el día de la festividad religiosa del lugar. Gran número de gentes que afluye a un sitio.

romero *m.* Arbusto leguminoso de tallos ramosos, hojas opuestas lineales de olor muy aromático, flores en racimos axilares de color azulado y fruto seco; medicinal y usado en perfumería.

romero-a *adj. y s.* Aplícase al peregrino que va en romería con bordón y esclavina.

romo-a *adj.* Obtuso y sin punta. De nariz pequeña y poco puntiaguda.

rompecabezas *m.* Problema, negocio o acertijo de difícil solución. Juego de paciencia consistente en componer determinada figura, combinando cierto ·número de pedacitos, en cada uno de los cuales hay una parte de la figura.

rompehielos *m.* Buque acondicionado para navegar por mares donde abunda el hielo. Espolón que ciertos barcos tienen en la proa para romper los hielos y abrirse paso entre ellos.

rompehuelgas *m.* Persona que reemplaza voluntariamente en su trabajo al obrero, en caso de huelga. Esquirol.

rompeolas *m.* Dique avanzado en el mar, para procurar abrigo a un puerto o rada.

romper *tr.* Separar con más o menos violencia las partes de un todo, deshaciendo su unión. Quebrar o hacer pedazos una cosa. Gastar, destrozar. Desbaratar un cuerpo de gente armada. Hacer abertura en un cuerpo, o causarla hiriendo. Roturar. Dividir o separar por breve tiempo un cuerpo fluido al atravesarlo. Interrumpir la continuidad de algo inmaterial. Abrir espacio suficiente para pasar por un sitio ocupado de gente u obstruido de otro modo. Interrumpir al que está hablando o cortar la conversación. Quebrantar la observancia de la ley, precepto, contrato u otra obligación. *Intr.* Reventar, deshacerse en espuma las olas del mar. Empezar, tener principio una cosa. Cesar de pronto. Brotar, abrirse las flores.

rompiente *m.* Bajo, escollo o costa donde, cortando el curso de la corriente de un río o el de las olas, rompe y se levanta el agua.

rompimiento *m.* Acción y efecto de romper. Quiebra en un cuerpo sólido. Desavenencia o riña. Accesorio teatral que deja ver un telón de fondo.

rompope *m. americ.* Bebida que se prepara con yemas de huevo batidas, leche y azúcar, mezclado todo con ron o coñac, vino de Jerez, etc., con esencia de vainilla, canela o alguna otra.

ron *m.* Licor alcohólico de olor y sabor fuertes, que se obtiene por destilación de una mezcla fermentada de melazas y zumo de caña de azúcar.

ronca *f.* Grito del gamo cuando está en celo, llamando a la hembra; tiempo en que éste está en celo. Reprimenda, bronca. Amenaza con jactancia de valor, en competencia con otro.

roncar *intr.* Hacer ruido bronco con el resuello, cuando se duerme. Llamar el gamo a la hembra. Hacer ruido bronco o sordo algunas cosas: el mar, el viento, la tempestad, etc.

roncear *intr.* Entretener, dilatar o retardar la ejecución de una cosa por hacerla de mala gana. Halagar con algún fin. *Tr. americ.* Atisbar con cautela. Voltear, ronzar, mover una cosa pesada ladeándola a un lado y otro.

ronco-a *adj.* Que tiene o padece de ronquera. Dícese de la voz o sonido áspero y bronco.

roncha *f.* Bultillo que se eleva en el cuerpo después de una picadura. Cardenal, equimosis. Daño recibido por hurto, cuando se lo sacan a una persona con cautela y engaño.

roncha *f.* Tajada delgada de cualquier cosa, cortada en redondo.

ronda *f.* Acción de rondar. Grupo de personas que andan rondando. Reunión nocturna de mozos para tocar y cantar por las calles. Espacio entre la parte interior del muro y las casas de una plaza fuerte. Camino exterior e inmediato al muro de circuito de un pueblo, o contiguo al límite del mismo. Distribución de copas de vino o cigarros a personas reunidas en corro. Visita nocturna para comprobar la vigilancia de los centinelas y puestos de guardia. Danza popular infantil.

rondalla *f.* Cuento, patraña o conseja. Ronda.

rondar *intr.* Andar de noche visitando una población para impedir los desórdenes, el que tiene este oficio. Andar paseando por las calles. Pasear los mozos las calles donde viven las mozas a quienes galantean. *Tr.* Dar vueltas alrededor de una cosa. Andar alrededor de una persona. Amagar a uno una cosa, como el sueño, la enfermedad, etc.

rondín *m.* Ronda que hace regularmente un cabo de escuadra para celar la vigilancia de los centinelas.

rondís o rondiz *m.* Mesa, plano principal del labrado de las piedras preciosas.

rondó *m.* Composición musical en la que la primera frase, el estribillo, se repite a intervalos regulares y alterna con otras frases, llamadas estrofas o coplas. Letra de la misma.

rondón, Palabra usada en la frase adverbial *de rondón:* intrépidamente y sin reparo.

ronquear *intr.* Estar ronco.

ronquera *f.* Afección de la laringe que cambia el timbre de la voz haciéndolo bronco y poco sonoro.

ronquido *m.* Ruido o sonido que se hace roncando Ruido o sonido bronco. Estertor seco y áspero que

se oye cuando hay oclusión parcial de un bronquio.

ronronear *intr.* Producir el gato una especie de ronquido en demostración de contento.

ronzal *m.* Cuerda que se ata al pescuezo o a la cabeza de las caballerías, para sujetarlas o para conducirlas caminando.

ronzar *tr.* Comer un manjar quebradizo, produciendo ruido al quebrantarlo con los dientes.

ronzar *tr.* Mover una cosa pesada ladeándola por medio de palancas, como se hace con la artillería.

roña *f.* Sarna del ganado lanar. Cualquier enfermedad de las plantas que deje manchas parecidas a costras en las partes atacadas. Moho. Rova. Porquería y suciedad pegada fuertemente. Corteza del pino. Farsa, treta. En México, cierto juego infantil.

roñería *f.* Miseria, mezquindad, tacañería.

roñoso-a *adj.* Que tiene o padece roña. Puerco, sucio o asqueroso. Oxidado o cubierto de orín. Miserable, mezquino, tacaño.

ropa *f.* Todo género de tela que sirve para el uso o adorno de las personas o las cosas. Prenda de tela para vestir. Vestidura de autoridad.

ropaje *m.* Vestido u ornato exterior del cuerpo. Vestidura larga, vistosa y de autoridad. Conjunto de ropas. Forma, modo de expresión, lenguaje.

ropavejero-a *m.* y *f.* Persona que vende ropas y vestidos viejos y baratijas usadas.

ropería *f.* Oficio de ropero. Tienda donde se vende ropa hecha. Habitación donde se guarda y dispone la ropa de los individuos de una colectividad. Empleo de guardar ropa y cuidar de ella.

ropero-a *m.* y *f.* Persona que vende ropa hecha. Persona que guarda la ropa de una comunidad. *M.* Armario o cuarto donde se guarda ropa. Asociación que distribuye ropa entre los necesitados, u ornamentos a las iglesias pobres.

ropón *m.* Ropa larga que regularmente se pone suelta sobre los demás vestidos.

roque *m.* Torre, pieza del ajedrez.

roquedal o roqueda *m.* Lugar abundante en rocas.

roqueño-a *adj.* Aplícase al lugar o paraje lleno de rocas. Duro como roca.

roquero-a *adj.* Perteneciente a las rocas o edificado sobre ellas. Dícese de los seres que viven o se crían entre los peñascos o rocas, o cerca de ellas.

roquete *m.* Especie de sobrepelliz cerrada y con mangas cortas.

rorro *m.* Niño pequeñito. En México, muñeca, juguete con que juegan las niñas.

ros *m.* Chacó de fieltro de la infantería española.

roscual *m.* Especie de ballena con aleta dorsal pequeña y triangular, de piel asurcada, y de gran tamaño, pues alcanza una longitud hasta de 24 metros.

rosa *f.* Flor del rosal, notable por su belleza, la suavidad de su fragancia y su color. Mancha redonda, encarnada o rosa que suele salir en el cuerpo. Fruta de sartén, hecha con masa de harina.

rosáceo-a *adj. y s.* Planta dicotiledónea, árbol, arbusto o hierba, de hojas alternas con estípulas, flores cíclicas de corola regular y fruto poliaquenio formando infrutescencia, con semillas sin albumen. De color parecido al de la rosa Perteneciente a la rosa.

rosado-a *adj.* Aplícase al color de la rosa. Compuesto con rosas. Aplícase a la bebida helada a medias. *F.* Escarcha.

rosal *m.* Arbusto tipo de la familia de las rosáceas, de tallos ramosos llenos de aguijones, hojas alternas ásperas y con estípulas, flores terminales; ornamental, de cultivo muy extendido y de muchas variedades.

rosaleda o **rosalera** *f.* Sitio en que hay muchos rosales.

rosario *m.* Rezo en que se conmemoran y meditan los quince misterios de la Virgen y su Hijo, divididos en tres grupos de misterios: de dolor, de gozo y de gloria. Sarta de cuentas para hacer ordenadamente este rezo. Sarta de sucesos o cosas no materiales, iguales o análogas. Máquina elevadora de agua, parecida a la noria.

rosbif *m.* Carne soasada de vaca.

rosca *f.* Conjunto de tornillo y tuerca. Círculo u óvalo de cualquier materia. Pan o bollo de esta forma. Cada una de las vueltas de una espiral o el conjunto de ellas. Faja o fajas que forman un arco o bóveda. Carnosidad que rebosa a las personas gruesas, especialmente a los niños, alrededor del cuello, muñecas o piernas.

roscón o **Rosca**, pan o bollo en forma de rosca.

rosellonés-a *adj. y s.* Natural de Rosellón. Perteneciente a esta comarca de Francia.

róseo-a *adj.* De color de rosa.

roséola *f.* Erupción cutánea caracterizada por la aparición de pequeñas manchas rosáceas.

roseta *f.* Chapeta, mancha de color encendido en las mejillas. Rallo de la regadera. Arete o zarcillo adornado con una piedra preciosa a la que rodean otras pequeñas. Abertura del centro de la caja armónica de los instrumentos de cuerda. *Pl.* Granos de maíz que al tostarse se abren en forma de flor.

rosetón *m.* Ventana circular calada y con adornos. Adorno circular que se coloca en los techos.

rosicler *m.* Color rosado, claro y suave de la aurora. Plata roja, o sulfuro de plata.

rosillo-a *adj.* Rojo claro. Aplícase a la caballería de pelo mezclado de blanco, negro y castaño. Entrecano.

roso-a *adj.* Raído, sin pelo. Rojo.

rosoli *m.* Licor de aguardiente rectificado, mezclado con azúcar y aromatizado con algún ingrediente.

rosquilla *f.* Especie de masa dulce y delicada, en figura de rosca pequeña. Larva de insecto que se enrosca con facilidad.

rostrado-a *adj.* Que remata en una punta semejante al pico del pájaro o al espolón de la nave. Que tiene pico.

rostro *m.* Pico del ave. Cara. Hocico. Espolón, punta en que remata la proa de la nave.

rota *f.* Derrota, rumbo de las embarcaciones. Vencimiento completo de tropas enemigas.

rota o **roten** *f. o m.* Planta vivaz palmácea, de hojas abrazadoras y flexibles y de tallo nudoso muy fuerte, del que se fabrican bastones. Bastón hecho de este tallo.

rotación *f.* Acción y efecto de rodar. Giro de un astro sobre un eje que pasa por su centro. Siembra alternativa o simultánea para evitar que el terreno se agote en la excesiva alimentación de una sola especie vegetal.

rotario-a *adj. y s.* Perteneciente a un club de personas que se reúnen sucesiva y periódicamente en los lugares de trabajo de cada uno de ellos; está formado por hombres de negocios y profesionales, para fomentar el servicio mutuo, la moralidad en los negocios y profesiones y la comprensión internacional.

rotativo-a *adj. y s.* Máquina de imprimir que con movimiento seguido y de gran velocidad imprime los ejemplares de un periódico. Periódico impreso en estas máquinas, en que la superficie impresora y el molde son cilíndricos.

rotatorio-a *adj.* Que tiene movimiento circular.

rotiforme *adj.* Que tiene forma de rueda.

roto-a *adj.* **Andrajoso. Aplícase al sujeto licencioso, libre y de costumbres desarregladas.** En México, petimetre del pueblo.

rotograbado *m.* Grabado en hueco por medio de cilindros de metal; huecograbado.

rotonda *f.* Templo, edificio o sala de planta circular.

rotor *m.* Sistema de planos en movimiento de giro, sobre los cuales se produce una fuerza ascensional por reacción. Parte móvil que gira en el interior del campo inductor de un motor de corriente alterna.

rótula *f.* Trocisco. Hueso triangular plano, en la cara anterior de la articulación de la rodilla.

rotular *adj.* Perteneciente o relativo a la rótula.

rotular *tr.* Poner un rótulo a alguna cosa o en alguna parte.

rótulo *m.* Título, palabra o frase que anuncia la materia de una obra, o indica el contenido, objeto o destino de otras cosas. Cartel que da la noticia o aviso de una cosa. Letrero.

rotundo-a *adj.* Redondo. Dícese del lenguaje lleno y sonoro. Completo, preciso y terminante.

rotura *f.* Rompimiento, acción y efecto de romper o romperse. Espacio abierto en un cuerpo sólido, o quiebra que se aprecia en él. Desgarradura de un órgano.

roturar *tr.* Ara· o labrar por primera vez las t erras eriales o los montes descuajados, para ponerlos en cultivo.

round *m.* Palabra inglesa para designar cada uno de los asaltos en una pelea o combate de boxeo.

roya *f.* Honguillo parásito que se cría en varios cereales y otras plantas. Enfermedad que producen estos hongos.

roza *f.* Acción y efecto de rozar. Tierra rozada y limpia de malezas.

rozadura *f.* Acción y efecto de ludir una cosa con otra. Raspadura, arañazo. Herida superficial de la piel con desprendimiento de la epidermis y alguna porción de la dermis.

rozagante *adj.* Aplícase a la vestidura vistosa y muy larga. Vistoso, ufano.

rozamiento *m.* Roce. Disensión o disgusto leve entre dos o más personas o entidades. Resistencia que se opone a la rotación o al resbalamiento de un cuerpo sobre otro.

rozar *tr.* Limpiar las tierras de las matas y hierbas inútiles, antes de labrarlas, para que retoñen las plantas o para otros fines. Cortar leña menuda o hierba para aprovecharse de ella. Cortar los animales con los dientes la hierba para comerla. Raer o quitar una parte de la superficie de una ·cosa. *Intr.* Pasar una cosa tocando y oprimiendo ligeramente la superficie de otra. *R.* Tropezarse o herirse un pie con otro. Tener entre sí dos o más personas familiaridad y confianza. Embarazarse las palabras pronunciándolas mal o con dificultad. Tener una cosa semejanza o conexión con otra.

roznar *tr.* Ronzar, comer un manjar quebradizo y hacer ruido al mascarlo. *Intr.* Rebuznar.

rozno *m.* Borrico pequeño.

rúa *f.* Calle de un pueblo. Camino carretero.

rubaza *f.* Piedra preciosa de escaso valor, como ciertas variedades de rubí, topacio o cuarzo.

rubefacción *f.* Rubicundez producida en la piel por la acción de un medicamento o por alteraciones de la circulación sanguínea.

rubela *f.* Enfermedad aguda, infecciosa, eruptiva, muy contagiosa, con catarro nasal y conjuntival, pápulas de color rosáceo; de curso rápido y benigno.

rúbeo-a o **rubescente** *adj.* Que tira a rojo.

rubéola *f.* Nombre que se aplica indistintamente al sarampión, a la rubela y a la paraescarlatina.

ruberoide *m.* Material para techar, de fieltro impregnado con plásticos sintéticos que dan una superficie lisa, dura, impermeable e incombustible.

rubí *m.* Piedra preciosa formada de mineral cristalizado compuesto de alúmina y magnesia, más duro que el acero, de color rojo y brillo intenso.

rubia *f.* Pececillo malacopterig'o de agua dulce, tenue, casi cilíndrico; se come generalmente frito. Planta rubiácea vivaz, de tallo voluble y espinoso, hojas lanceoladas con espinas marginales, flores en racimos axilares, fruto carnoso, y raíces largas, delgadas y rojizas, usadas en tintorería. Raíz de esta planta.

rubiácea *adj.* *f.* Planta dicotiledónea, árbol, arbusto o hierba, cuyo tipo es la rubia, de flores regulares, fruto en baya, caja o drupa; de muchas especies.

rubicán-a *adj.* Aplícase al caballo o yegua de pelo mezclado de blanco y rojo.

rubicundez *f.* Calidad de rubicundo. Color rojo o sanguíneo que se presenta en la piel y en las membranas mucosas.

rubicundo-a *adj.* Rubio que tira a rojo. Dícese de la persona de buen color y que parece gozar de completa salud. Dícese del pelo que tira a colorado.

rubidio m. Metal más blando que el potasio, alcalino, muy oxidable al aire, empleado en las células fotoeléctricas de televisión, películas sonoras, etc.; símbolo Rb.

rubiginoso-a adj. Herrumbroso. Dícese de ciertos exudados de color pardo como de herrumbre.

rubio-a adj. De color rojo claro parecido al del oro. Dícese especialmente del cabello de este color y de la persona que lo tiene. M. Pez acantopterigio marino, con dorso de color amarillo obscuro; de carne poco apreciada.

rublo m. Moneda de plata que se usó en Rusia como unidad monetaria. Unidad monetaria de la U.R.S.S. de valor de cien kopecs.

rubor m. Color encarnado o rojo muy encendido. Color que la vergüenza saca al rostro y que lo pone encendido. Empacho y vergüenza. Sonrojo, bochorno.

ruborizar tr. Causar rubor o vergüenza. R. Teñírsele de rubor el rostro a una persona. Sentir vergüenza. Sonrojarse, avergonzarse.

rúbrica f. Señal encarnada o roja. Rasgo o conjunto de rasgos que como parte de la firma pone cada cual después de su nombre o título. Epígrafe o rótulo. Cada una de las reglas rituales. Conjunto de estas reglas.

rubricar tr. Poner uno su rúbrica. Suscribir, firmar un despacho y ponerle el sello. Suscribir o dar testimonio de una cosa.

rucio-a adj. De color pardo claro, blanquecino o canoso; aplícase a las bestias. Dícese de la persona entrecana.

ruco-a adj. americ. Viejo, inútil; aplicado especialmente a las caballerías, matalón.

ruda f. Planta rutácea perenne, de tallos erguidos y ramosos, hojas compuestas, flores amarillas pequeñas en corimbos terminales y fruto capsular; es de olor fuerte y desagradable y de sus hojas se extrae un aceite volátil usado en Medicina, en perfumería y para fabricar esencia de coñac.

rudera f. Cascote, ripio, escombros de un edificio.

rudeza f. Calidad de rudo.

rudimentario-a adj. Perteneciente o relativo al rudimento o a los rudimentos. Aplícase a los órganos o estructuras orgánicas de poco desarrollo y función muy atenuada.

rudimento m. Embrión, germen, estado primordial e informe de un ser orgánico. Parte de un ser orgánico imperfectamente desarrollada. Pl. Primeros estudios de cualquier ciencia o profesión. Elementos, principios.

rudo-a adj. Tosco, sin pulimento, basto. Que no se ajusta a las reglas del arte. Poco inteligente. Descortés, grosero. Violento, impetuoso. Torpe, brusco.

rueca f. Instrumento para hilar, compuesto de una vara delgada con una armazón para colocar el copo hacia la extremidad superior. Vuelta o torcimiento de una cosa.

rueda f. Máquina elemental en forma circular y de poco grueso respecto a su radio y que puede girar sobre un eje. Tajada circular de algunas frutas, carnes o pescados. Turno, vez, orden sucesivo. Círculo, corro.

ruedo m. Acción de rodar. Parte colocada alrededor de una cosa. Estera pequeña y redonda. Círculo o circunferencia de una cosa. Contorno, límite. Redondel, espacio destinado a la lidia en las plazas de toros.

ruego m. Súplica, petición hecha a alguien para alcanzar lo que se pide.

rufián m. El que hace infame tráfico de mujeres públicas. Hombre sin honor, perverso, despreciable.

rufianesco-a adj. Perteneciente o relativo a los rufianes o a la alcahuetería.

rufo-a adj. Rubio, rojo o bermejo. Que tiene el pelo ensortijado.

rugby m. Una de las formas del juego de fútbol, pero con pelota ovalada que se corre con las manos, pies y brazos, entre equipos de 11 ó 15 jugadores.

rugido m. Voz del león. Bramido, grito o voz fuerte del hombre cuando está colérico. Estruendo, retumbo. Ruido que hacen las tripas.

rugir intr. Bramar el león. Bramar con voces y violencia, manifestando ira. Crujir o rechinar, y hacer ruido fuerte.

rugoso-a adj. Que tiene arrugas, arrugado.

ruibarbo m. Planta poligonácea vivaz con hojas radicales grandes y de borde dentado, flores pequeñas en espigas sobre un escapo fistuloso, fruto seco de una sola semilla y rizoma compacto de sabor amargo, usado como purgante.

ruido m. Sonido inarticulado y confuso más o menos fuerte. Litigio, pendencia, alboroto. Apariencia grande en las cosas que de hecho no tienen substancia.

ruidoso-a adj. Que causa mucho ruido. Dícese de la acción o lance notable y de que se habla mucho. Estrepitoso, resonante; escandaloso.

ruin *adj.* Vil, bajo y despreciable. Pequeño, desmedrado y humilde. Aplícase a la persona baja, de malas costumbres y procedimientos. Mezquino y avariento. Dícese de los animales falsos y de malas mañas.

ruina *f.* Acción de caer o destruirse una cosa. Pérdida grande de bienes de fortuna. Destrozo, decadencia y caída de una persona, familia, comunidad o Estado. Perdición física o moral. *Pl.* Restos de uno o más edificios arruinados.

ruindad *f.* Calidad de ruin. Acción ruin.

ruinoso-a *adj.* Que se empieza a arruinar o amenaza ruina. Pequeño, desmedrado y que no puede aprovecharse. Que arruina y destruye.

ruiseñor *m.* Pájaro de plumaje pardo rojizo y gris claro en el vientre, de pico fino y tarsos delgados y largos, la más celebrada de las aves canoras.

ruleta *f.* Juego de azar para el que se usa una rueda horizontal giratoria dividida en 37 casillas radiales numeradas y pintadas alternativamente de negro y rojo; está colocada en el centro de una mesa en cuyo tablero están pintados los números del 0 al 36 y gana el número donde ha quedado la bola que se ha tirado sobre y en sentido inverso de la rueda giratoria.

ruleteo *m.* En México, acto de recorrer las calles conduciendo un coche de alquiler, en busca de pasaje.

ruletero-a *m. y f. americ.* Dueño o arrendatario de una ruleta de juego. En México, conductor de un automóvil de alquiler que no tiene sitio fijo y recorrre las callles con su vehículo en busca de pasaje.

rulo *m.* Bola gruesa u otra cosa redonda que rueda fácilmente. Rodillo, cilindro muy pesado para allanar y apretar la tierra. Cilindro para sacar pruebas de imprenta. En Sudamérica, rizo.

rumano-a *adj. y s.* Natural de Rumania. Perteneciente a esta nación de Europa. Lengua neolatina de esta nación.

rumba *f.* Francachela. Baile popular cubano, de procedencia africana, interpretado generalmente por una pareja, con música sincopada de gran variedad de ritmos, en compás de $^2/_4$.

rumbantela *f.* En México y Cuba, francachela, parranda.

rumbo *m.* Dirección comprendida en la rosa náutica. Camino y senda que uno se propone seguir en lo que intenta o procura. Pompa, ostentación y aparato costoso. Garbo desinterés, desprendimiento Angulo de dirección de una onda de radio.

rumboso-a *adj.* Pomposo y magnífico. Desprendido, dadivoso.

rumí *m.* Nombre dado por los moros a los cristianos.

rumia *f.* Acción y efecto de rumiar.

rumiante *adj. y s.* Que rumia. Mamífero artiodáctilo con estómago dividido generalmente en cuatro cavidades, cuyo alimento es de plantas herbáceas, tragadas y sin masticar que acumula en la panza y luego regurgitado en pequeñas masas, es rumiado y mezclado con saliva.

rumiar *tr.* Masticar los rumiantes el alimento devuelto a la boca desde el herbario o panza. Considerar despacio y pensar con reflexión y madurez una idea.

rumor *m.* Voz que corre entre el público. Ruido confuso de voces. Ruido vago, sordo y continuado. Habladuría, chisme, noticia.

rumorearse o **rumorarse** *impers.* Correr un rumor entre la gente.

runa *f.* Nombre que se da a los caracteres de los alfabetos germánicos y escandinavos.

runa-simi *adj. y s.* En quechua, lenguaje popular o del pueblo; nombre primitivo de la misma lengua quechua.

runcinado-a *adj.* Encorvado en forma de gancho.

runfla *f.* Serie de cosas de una misma especie.

rúnico-a *adj.* Perteneciente o relativo a las runas, o escrito en ellas.

runrún *m.* Rumor. Susurro. Ronroneo.

rupestre *adj.* Dícese de algunas cosas pertenecientes o relativas a las rocas; especialmente de las pinturas y dibujos prehistóricos existentes en algunas rocas o cavernas.

rupia *f.* Moneda de oro o plata de Persia y de la India.

rupicapra o **rupicabra** *f.* Gamuza, mamífero rumiante.

rupícola *adj.* Aplícase a los animales, plantas y formaciones vegetales que viven entre las rocas.

ruptura *f.* Rompimiento, desavenencia o riña entre algunas personas. Rotura.

rural *adj.* Perteneciente o relativo al campo y a las labores de él. Inculto, tosco, apegado a las cosas lugareñas.

rusiente *adj.* Que se pone rojo o candente con el fuego.

ruso-a *adj. y s.* Natural de Rusia. Perteneciente a esta nación de Europa. La lengua rusa.

rusticidad *f.* Calidad de rústico.

rústico-a *adj.* Perteneciente o relativo al campo. Tosco, grosero. *M.* Hombre del campo.

ruta *f.* Rota o derrota de un viaje; itinerario para él. Camino, derrotero, rumbo que se toma para llegar al fin propuesto. Galicismo, por carretera.

rutácea *adj.* y *s.* Planta dicotiledónea, árbol, arbusto o hierba, a menudo con glándulas aromáticas, hojas alternas u opuestas, con semillas menudas y albuminosas; su tipo es la ruda. Naranjo, limonero y árboles de frutos cítricos.

rutenio *m.* Metal del grupo del platino, blanco argentino o gris, duro y quebradizo; se emplea para endurecer otros metales del grupo del platino; símbolo Ru.

rutilar *intr.* Brillar como el oro, o resplandecer y despedir rayos de luz.

rútilo-a *adj.* De color rubio subido, o de brillo como de oro; resplandeciente.

rutina *f.* Costumbre inveterada, hábito adquirido de hacer las cosas por mera práctica y sin razonarlas.

rutinero-a *adj.* y *s.* Que ejerce un arte u oficio, o procede en cualquier asunto, por mera rutina.

ruzafa *f.* Jardín, parque.

S

s *f.* Vigésima segunda letra del abecedario castellano y decimoctava de sus consonantes.

sábado *m.* Séptimo y último día de la semana.

sábalo *m.* Pez marino malacopterigio, de cuerpo en forma de lanzadera, cubierto de escamas grandes con reborde áspero, desova en los ríos que desembocan en el mar, en los cuales penetra a gran distancia.

sabana *f.* Llanura tropical o subtropical, cubierta de vegetación herbácea, con escasos árboles o con palmeras dispuestas en grupos.

sábana *f.* Cada una de las dos piezas de lienzo de tamaño suficiente para cubrir la cama y colocar el cuerpo entre ambas.

sabandija *f.* Cualquier reptil pequeño o insecto, particularmente si es asqueroso y molesto. Persona despreciable.

sabanilla *f.* Cubierta exterior de lienzo con que se cubre un altar. Pieza pequeña de lienzo: pañuelo, toalla, etc.

sabañón *m.* Perturbación de la piel y tejidos subyacentes, causada por frío excesivo y que origina prurito al calentarse la piel.

sabático-a *adj.* Perteneciente o relativo al sábado. Aplícase al séptimo año en que los hebreos dejaban descansar sus tierras, viñas y olivares.

sabedor-a *adj.* Instruido o noticioso de una cosa.

sabélico-a *adj.* Perteneciente a los sabinos o samnitas.

sabelotodo *com.* Persona que presume de entendida y docta sin serlo o sin venir a cuento. Sabidillo.

sabeo-a *adj.* y *s.* Natural de Saba o Sabá. Perteneciente a esta región de la Arabia antigua.

saber *m.* Sabiduría, conocimiento profundo en ciencias, letras o artes. *Tr.* Conocer una cosa, tener noticia de ella. Ser docto en alguna cosa o tener habilidad o destreza para ejecutarla. *Intr.* Estar informado de la existencia, paradero o estado de una persona o cosa. Ser muy sagaz y divertido. Tener sabor una cosa, o semejanza o apariencia de otra. Tener una cosa proporción o aptitud para un fin. Sujetarse o acomodarse a una cosa.

sabidillo-a *adj.* y *s.* Sabelotodo.

sabiduría *f.* Conducta prudente en la vida o en los negocios. Conocimiento profundo en ciencias, artes o letras. Noticia, conocimiento.

sabiendas. Palabra que entra en el modo adverbial *a sabiendas:* de un modo cierto, a ciencia segura, con conocimiento y deliberación.

sabihondo-a *adj.* y *s.* Que presume de sabio sin serlo. Sabelotodo. Sabidillo.

sabina *f.* Árbol conífero de poca altura, siempre verde, de hojas casi cilíndricas, fruto redondo y pequeño; es de madera encarnada y olorosa, ornamental.

sabio-a *adj.* y *s.* Persona que posee sabiduría. Dícese de las cosas que instruyen o que contienen sabiduría. Cuerdo. Aplícase a los animales que tienen muchas habilidades.

sablazo *m.* Golpe dado con el sable. Herida hecha con él. Acto de sacar dinero a uno, o de comer, vivir o divertirse a su costa.

sable *m.* Arma blanca semejante a la espada, pero algo corva y, por lo común, de un solo corte.

sablista o **sableador** *adj.* y *s.* Persona hábil en sacar dinero a otra, o que tiene este hábito.

sabor *m.* Sensación que producen en el gusto ciertos cuerpos. Impresión que una cosa produce en el ánimo. Semejanza de una cosa con otra con la que se la compara.

saborear *tr.* Dar sabor y gusto a las cosas. Percibir con deleite el sabor de lo que se come o bebe, u otra cosa grata. R. Comer o beber una cosa despacio, con ademán y expresión de particular deleite. Deleitarse en las cosas que agradan.

sabotaje *m.* Modalidad de la acción directa en la lucha obrera, al deteriorar herramientas, desperdiciar materias primas, atenuar el esfuerzo en el trabajo. Todo acto que redunde en impedimento, daño o perjuicio de la vida económica del país o de su capacidad bélica.

saboyano-a o **saboyardo-a** *adj. y s.* Natural de Saboya. Perteneciente a esta región de Francia.

sabroso-a *adj.* Sazonado y grato al gusto. Delicado, gustoso, deleitable al ánimo. Ligeramente salado. Apetitoso, agradable. En México, en expresiones de sentido negativo, indica fanfarronería, presunción sin motivo ni gracia.

sabueso *adj. y s.* Dícese del perro, variedad del podenco, de olfato muy fino. *M.* Pesquisidor, persona que sabe indagar y olfatear. Agente de policía.

sabuloso-a *adj.* Que tiene arena o está mezclado con ella.

saburra *f.* Secreción mucosa espesa que se acumula en las paredes del estómago. Materia maloliente compuesta de residuos de alimentos, fragmentos de epitelio y microbios que se acumula en la lengua, en los dientes y en los labios de enfermos febriles.

saca *f.* Costal muy grande de tela fuerte, más largo que ancho, para transportar correspondencia, lana y otros efectos.

sacabocados *m.* Instrumento que sirve para taladrar. Medio eficaz con que se consigue lo que se pretende o se pide.

sacabuche *m.* Trombón. El que toca este instrumento. Muchacho contrahecho y enclenque. En México, cuchillo de punta.

sacacorchos *m.* Instrumento para sacar los tapones de corcho a los frascos y botellas.

sacadineros o **sacadinero** *m.* Espectáculo de poco o ningún valor, pero de buena vista y apariencia, que atrae a los muchachos y gente incauta. Persona que tiene arte para sacar dinero al público con cualquier engañifa.

sacamanchas *m.* Quitamanchas.

sacamuelas *com.* Persona que tiene por oficio sacar muelas. Charlatán.

sacapotras *m.* Mal cirujano.

sacapuntas *m.* Instrumento para sacar punta a los lápices. En América, muchacho que en carpintería saca los clavos.

sacar *tr.* Poner una cosa fuera del lugar en que estaba encerrada o contenida. Quitar, apartar a una persona o cosa del sitio o condición en que se halla. Aprender, averiguar, resolver una cosa por medio del estudio. Hacer con fuerza o maña que uno diga o dé una cosa. Ganar por suerte una cosa. Conseguir, lograr, obtener una cosa. Alargar, adelantar una cosa. Exceptuar, excluir. Copiar lo que está escrito. Quitar cosas feas o que desluzcan. Producir, inventar o imitar una cosa. Desenvainar. En México y Ecuador, echar en cara, reprochar. En México, quitarse, apartarse, cambiar de sitio.

sacarificar *tr.* Convertir por hidrólisis las substancias azucaradas en azúcar.

sacarino-a *adj.* Que tiene azúcar. Que se asemeja a él. De sabor dulce. *F.* Polvo blanco cristalino que se obtiene a partir del tolueno y se emplea como substituto del azúcar; de mucho mayor poder edulcorante.

sacarosa *f.* Nombre científico del azúcar común.

sacciforme *adj.* Que tiene forma de saco.

sacerdocio *m.* Dignidad y estado de sacerdote. Ejercicio y ministerio propio del sacerdote. Consagración activa y celosa al desempeño de una profesión o ministerio elevado y noble.

sacerdote *m.* Hombre dedicado y consagrado a hacer, celebrar u ofrecer sacrificios. Hombre consagrado a Dios, ungido y ordenado para celebrar y ofrecer el sacrificio de la Misa.

sacerdotisa *f.* Mujer dedicada a ofrecer sacrificios a ciertas deidades gentílicas y cuidar de sus templos.

saciar *tr. y r.* Hartar y satisfacer de bebida o de comida. Hartar y satisfacer en las cosas del ánimo.

saciedad *f.* Hartura producida por satisfacer con exceso el deseo de una cosa.

saco *m.* Receptáculo de tela, cuero, papel, etc., por lo común rectangular, abierto por uno de los lados. Lo contenido en él. Vestidura tosca y áspera, de paño burdo o sayal. Vestidura holgada que no se ajusta al cuerpo. Cualquier cosa que en sí incluye otras muchas, real o aparentemente. Saqueo. Saque. Chaqueta americana. Órgano en forma de cavidad cerrada o con una comunicación angosta con el exterior. Bahía, ensenada, entrada de mar en la tierra. Depósito de aire de la gaita e instrumentos similares.

sacra *f.* Cada una de las tres hojas, impresas o manuscritas, que se suelen poner en el altar para que el sacerdote pueda leer cómodamente algunas oraciones y otras partes de la Misa, sin recurrir al misal.

sacramentado-a *adj.* Dícese de Jesucristo en la Eucaristía. Aplícase al que ha recibido la Extremaunción.

sacramental *adj.* Perteneciente a los sacramentos. Dícese de los remedios de la Iglesia para sanar el alma y limpiarla de los pecados veniales: signo de la cruz, bendiciones, crucifijos, agua bendita, rosarios, escapularios, etc. Consagrado por la ley, el uso o la costumbre.

sacramentar *tr.* Convertir el pan en el cuerpo de Jesucristo, en el sacramento de la Eucaristía. Administrar a un enfermo el Viático y la Extremaunción y, a veces también, el sacramento de la Penitencia. Ocultar, disimular, esconder.

sacramento *m.* Signo sensible de efecto interior y espiritual que Dios obra en nuestras almas. Cristo Sacramentado en la hostia. Misterio.

sacratísimo *adj.* Superlativo de sagrado.

sacrificar *tr.* Hacer sacrificios; ofrecer o dar una cosa en reconocimiento de la divinidad. Matar, degollar las reses para el consumo. Poner a una persona o cosa en algún riesgo o trabajo y abandonarla después, en interés o provecho que se estima de mayor importancia. *R.* Dedicarse, ofrecerse particularmente a Dios. Sujetarse con resignación a una cosa violenta o repugnante.

sacrificio *m.* Ofrenda a una deidad en señal de homenaje o expiación. Acto del sacerdote al ofrecer en la Misa el cuerpo de Cristo bajo las especies de pan y vino, en honor de Su Eterno Padre. Peligro o trabajo grave a que se somete una persona. Acto de abnegación inspirado por la vehemencia de un cariño.

sacrilegio *m.* Lesión o profanación de cosa, persona o lugar sagrados.

sacrílego-a *adj.* Que comete o contiene sacrilegio; que sirve para cometerlo; perteneciente o relativo al sacrilegio.

sacristán *m.* El que en las iglesias tiene cargo de ayudar al sacerdote en el servicio del altar, cuidar de los ornamentos y de la limpieza y aseo de la iglesia y sacristía.

sacristana *f.* Mujer del sacristán. Religiosa destinada en su convento a cuidar de las cosas de la sacristía y tener lo necesario para el servicio de la iglesia.

sacristía *f.* Lugar de las iglesias donde se revisten los sacerdotes y están guardados los ornamentos del culto.

sacro-a *adj.* Sagrado. Relativo o perteneciente a la región en que está situado el hueso sacro. *M.* Hueso de forma triangular, situado entre los huesos coxales, y que junto con el cóccix, forma la pared inferior de la pelvis y la porción inferior de la columna vertebral.

sacrosanto-a *adj.* Que reúne las dos cualidades de sagrado y de santo.

sacudida o **sacudimiento** *f. o m.* Acción y efecto de sacudir o sacudirse.

sacudidor *adj. y s.* Que sacude. *M.* Instrumento con que se sacude y limpia.

sacudir *tr.* Mover violentamente una cosa a una y otra parte. Golpear una cosa o agitarla en el aire con violencia, para quitarle el polvo, enjugarla, etc. Golpear, dar golpes. Arrojar, tirar una cosa o apartarla violentamente de sí. *R.* Apartar de sí con aspereza de palabras a una persona o rechazar una acción, proposición o dicho, con libertad, viveza o despego.

sáculo *m.* Urna, saco pequeño o caja para un escrutinio. Saquillo.

sachar *tr.* Escardar la tierra sembrada para quitar las malas hierbas.

sádico-a *adj. y s.* Perteneciente o relativo al sadismo. Pervertido sexual que practica el sadismo.

sadismo *m.* Perversión sexual del que provoca su propia excitación cometiendo actos de crueldad en otra persona.

saduceo-a *adj. y s.* Individuo de una secta judaica que negaba la inmortalidad del alma y la resurrección del cuerpo. Perteneciente o relativo a estos sectarios.

saeta *f.* Arma arrojadiza compuesta de una asta delgada y ligera con punta afilada, de hierro u otra materia, con algunas plumas para evitar que cabecee al salir disparada por el arco. Manecilla del reloj. Brújula. Sagita. Nombre que se da en algunas máquinas a! árbol principal o eje sobre el que gira la misma. Copla popular, breve y sentenciosa, que se canta en la iglesia o en la calle para excitar a devoción y penitencia.

saetazo o **saetada** *m. o f.* Acción de tirar o de herir con la saeta. Herida hecha con ella.

saetera *f.* Aspillera para disparar saetas. Ventanilla estrecha de las que se suelen abrir en las escaleras y otras partes.

saetín *m.* Clavito delgado y sin cabeza de que se hace uso en varios oficios. Canal angosta por donde se precipita el agua, desde la presa a la rueda hidráulica de los molinos, para hacerla andar.

safena *adj. y s.* Cada una de las dos venas superficiales de la pierna. Dícese de una rama accidental de la arteria femoral común. Aplícase a diversos nervios de la pierna.

sáfico-a *adj.* Perteneciente o relativo a la poetisa lírica griega Safo, creadora del verso de su nombre.

saga *f.* Cada una de las leyendas poéticas de las primitivas tradiciones heroicas y mitológicas de la antigua Escandinavia.

sagaz *adj.* Avisado, astuto y prudente, que prevé y previene las cosas. Aplícase al perro que saca por el rastro la caza.

sagita *f.* Porción de recta comprendida entre el punto medio de un arco de círculo y el de su cuerda. Saeta, flecha.

sagital *adj.* De figura de saeta. Dícese del plano de simetría que divide el cuerpo de los animales de simetría bilateral en dos partes simétricas. Dícese de la sección longitudinal del cuerpo, según este plano. Dícese de la sutura que existe entre los dos parietales o interparietal.

sagitario o saetero *m.* El que pelea con arco y saetas. Noveno signo del Zodíaco, que el Sol recorre aparentemente en el último tercio del otoño. Constelación que en otro tiempo coincidía con el signo de este nombre.

sagrado-a *adj.* Dedicado a Dios y al culto divino. Venerable, respetable. A veces, como en latín, detestable, execrable. *M.* Cualquier recurso o sitio que asegura de un peligro.

sagrario *m.* Parte interior del templo en que se reservan o guardan las cosas sagradas, como las reliquias. Lugar donde se guarda y deposita a Cristo sacramentado. En algunas catedrales, capilla que sirve de parroquia.

sahárico-a *adj.* Propio del gran desierto de Sahara, en Africa.

sahornarse *r.* Escocerse o excoriarse una parte del cuerpo, comúnmente por rozarse o ludir con otra.

sahumar *tr. y r.* Dar humo aromático a una cosa, a fin de purificarla o para que huela bien.

sahumerio *m.* Acción y efecto de sahumar o sahumarse. Humo que produce una materia aromática que se echa en el fuego para sahumar. Esta misma materia.

saín *m.* Grosura de un animal. Grasa de la sardina que se usa como aceite. Grasa que, con el uso, suele mostrarse en los paños, sombreros, etc.

sainete *m.* Salsa que se pone en ciertos manjares para hacerlos más apetitosos. Pieza dramática jocosa en un acto. Representación teatral, típicamente española, menos extensa que la comedia, llena de ironía y de humorismo. Bocadillo delicado y gustoso al paladar.

saíno *m.* Mamífero artiodáctilo parecido al cerdo, pero sin cola, con cerdas largas y fuertes y con una glándula en lo alto del lomo y de forma de ombligo, por donde segrega una substancia maloliente; su carne es apreciada; pécari.

saja o sajadura *f.* Cortadura hecha en la carne.

sajar *tr.* Hacer sajaduras.

sajón-a *adj. y s.* Individuo de un antiguo pueblo germano, parte del cual, unida a los anglos, invadió a Inglaterra en el siglo V y constituyó una de las bases del actual pueblo británico. Natural de Sajonia. Perteneciente a este país de Europa.

sal *f.* Substancia ordinariamente blanca, cristalina, de sabor característico, muy soluble en agua y que se emplea para sazonar los manjares y conservar las carnes muertas; es el cloruro de sodio, abundante en las aguas del mar y en masas sólidas en la tierra, o disuelta en lagunas y manantiales. Agudeza, donaire, chiste en el habla. Garbo, gracia, gentileza en los ademanes. En América, desgracia, infortunio, mala suerte. Producto de la reacción de un ácido con una base.

sala *f.* Pieza principal de la casa donde se reciben las visitas de cumplimiento. Aposento de grandes dimensiones. Pieza donde se constituye un tribunal de justicia para celebrar audiencia y despachar los asuntos a él sometidos. Conjunto de magistrados o jueces que, dentro del tribunal colegiado de que forman parte, tiene jurisdicción privativa sobre determinadas materias.

salacot *m.* Sombrero usado en Filipinas y otros países cálidos, de casquete esférico y, a veces con espacio entre sus bordes para dejar circular el aire; fabrícase de tiras de cañas corcho y otras materias. Salacof, es vulgarismo.

saladar *m.* Laguna en que se cuaja la sal en las marismas. Terreno esterilizado por abundar en él las sales. Salobral, terreno salobreño.

salado-a *adj.* Dícese del terreno estéril por demasiado salitroso. Aplícase a los manjares que tienen más sal de la necesaria. Gracioso, agudo, chistoso. En América, desgraciado, infortunado, maldito.

salamandra *f.* Batracio, parecido en su forma al lagarto, de piel de color negro intenso, con manchas amarillas simétricamente colocadas; es insectívoro y de él hay varias especies. Especie de calorífero de combustión lenta.

salamanqués-a *adj. y s.* Salmantino.

salamanquesa *f.* Saurio de cuerpo comprimido y ceniciento, con dedos que le permite adherirse a las superficies más lisas; es insectívoro.

salar *tr.* Echar en sal; curar con sal carnes, pescados y otras substancias para su conservación. Sazonar con sal. Echar más sal de la necesaria. En América, desgraciar, echar a perder; causar mala suerte, maldecir.

salario *m.* Estipendio o recompensa que los amos dan a los criados por su servicio o trabajo. Estipendio con que se retribuyen servicios personales. Paga, jornal.

salaz *adj.* Muy inclinado a la lujuria, libidinoso.

salazón *f.* Acción y efecto de salar. Acopio de carnes o pescados salados. Industria y tráfico que se hace con estas conservas.

salbanda *f.* Capa, generalmente arcillosa, que separa el filón de la roca estéril.

salcochar *tr.* Cocer carnes, pescados, legumbres y otras viandas, sólo con agua y sal.

salcocho *m. améric.* Preparación de un alimento cociéndolo en agua y sal para después condimentarlo.

salchicha *f.* Embutido, en tripa delgada, de carne de cerdo magra y gorda, bien picada, que se sazona con sal, pimienta y otras especias, y se consume en fresco o en conserva.

salchichería o salchichonería *f.* Tienda donde se venden embutidos.

salchichón *m.* Embutido de carne de cerdo, condimentada con pimienta en grano, prensado y curado, que se come crudo.

saldar *tr.* Liquidar enteramente una cuenta satisfaciendo el alcance, o recibiendo el sobrante que resulta de ella. Vender a bajo precio una mercancía para salir pronto de ella; rematar en barata.

saldista *m.* El que compra y vende géneros procedentes de saldos y de quiebras mercantiles. El que vende a bajo precio una mercancía para salir pronto de ella.

saldo *m.* Pago y finiquito de deuda u obligación. Cantidad que de una cuenta resulta en favor o en contra de uno. Resto de mercancías que el fabricante o el comerciante vende a bajo precio para salir pronto de ellas.

saledizo-a *adj.* Saliente, que sobresale. Salidizo.

salegar *m.* Sitio en que se da sal a los ganados en el campo. *Intr.* Tomar el ganado la sal que se le da.

salep *m.* Fécula que se saca de los tubérculos de algunas orquídeas, es muy alimenticia y de fácil digestión.

salera *f.* Piedra o recipiente de madera en que se echa la sal, para que allí la coma el ganado.

salero *m.* Vaso, de diferentes formas y materias, para servir la sal en la mesa. Sitio o almacén donde se guarda la sal. Salegar. Gracia, donaire.

saleroso-a *adj.* Que tiene gracia y donaire.

salesa *adj. y s.* Dícese de la religiosa que pertenece a la orden de la Visitación de Nuestra Señora, fundada por San Francisco de Sales y Santa Juana Francisca Frémiot de Chantal.

salesiano-a *adj. y s.* Dícese del religioso perteneciente a la Sociedad de San Francisco de Sales, y de la religiosa perteneciente al Instituto de las Hijas de María Auxiliadora; fundados por San Juan Bosco.

salicaria *f.* Planta herbácea anual que crece a orillas de los ríos y arroyos, con tallo ramoso y prismático, hojas enteras parecidas a las del sauce, flores purpúreas en espigas y fruto seco capsular; se emplea en Medicina como astringente.

salicilato *m.* Sal o éster del ácido salicílico, medicamento antipirético y diaforético que obra como analgésico; aplícase contra la inflamación de las articulaciones y otras enfermedades.

salicílico *m.* Dícese del ácido cuyas sales forman el salicilato, de varias aplicaciones medicinales e industriales.

sálico-a *adj.* Perteneciente o relativo a los salios o francos. Dícese de la ley que excluía a las mujeres de la sucesión a la corona.

salida *f.* Acción y efecto de salir o salirse. Parte por donde se sale fuera de un sitio o lugar. Campo de recreo en las afueras de los pueblos. Parte que sobresale en alguna cosa. Despacho o venta de géneros. Partida de descargo o data de una cuenta. Escapatoria, pretexto. Medio o razón con que se vence un argumento, dificultad o peligro Fin o término de un negocio. Ocurrencia inesperada. Velocidad con que navega un buque. Acometida repentina de tropas de una plaza sitiada, contra los sitiadores. Introducción musical para preparar la entrada de la voz.

salidizo m. Parte del edificio que sobresale fuera de la pared maestra.

saliente adj. Que sale. M. Oriente, este, levante. Salida, parte que sobresale en alguna cosa.

salificar tr. Convertir en sal una substancia.

saliginoso-a adj. Que produce sal.

salina f. Mina de sal. Establecimiento donde se beneficia la sal de las aguas del mar o de ciertos manantiales. Yacimiento de sal gema.

salinero m. El que fabrica, extrae o transporta sal y el que trafica con ella. Adj. Dícese del toro que tiene el pelo jaspeado de colorado y blanco.

salinidad f. Calidad de salino. Cantidad de sales que contiene un líquido. Concentración de sales disueltas en las aguas fluviales o marítimas, expresada al tanto por mil.

salino-a adj. Que naturalmente contiene sal. Que participa de los caracteres de la sal. Dícese de las reses vacunas manchadas de pintas blancas.

salir intr. Pasar de la parte de adentro a la de afuera Partir o pasar de un lugar a otro. Desembarazarse o librarse de algún lugar estrecho, peligroso o molesto. Aparecer, mostrarse, descubrirse. Nacer, brotar. Sobresalir, estar una cosa más alta o más afuera que otra. Deshacerse de una cosa vendiéndola o despachándola. Decir o hacer una cosa inesperadamente. Ocurrir, ofrecerse de nuevo una cosa. Importar, costar una cosa que se compra. Tratándose de cuentas, resultar que están bien hechas y ajustadas. Cesar en un oficio o cargo. Ir a parar. Viajar. R. Derramarse por una rendija o rotura el líquido de una vasija. Rebasar un líquido al hervir.

salitral adj. Salitroso. M. Sitio o paraje donde se cría y halla el salitre.

salitre m. Nitro.

salitroso-a adj. Que tiene salitre.

saliva f. Líquido alcalino algo viscoso, opalescente, segregado por las glándulas salivales cuyos conductos se abren en la cavidad de la boca y que sirve para reblandecer los alimentos.

salivazo o salivajo m. Porción de saliva que se escupe de una vez.

salmantino-a o salmanticense adj y s. Natural de Salamanca. Perteneciente a esta ciudad y provincia de España.

salmear intr. Rezar o cantar los salmos.

salmista m. El que compone salmos; por antonomasia, el rey profeta David. El que canta los salmos y las horas canónicas en las iglesias catedrales y colegiatas.

salmo m. Composición o cántico que contiene alabanzas a Dios. Pl. Por antonomasia, los de David.

salmodia f. Canto usado en la Iglesia para los salmos. Canto monótono, sin gracia ni expresividad.

salmodiar intr. Salmear. tr. Cantar algo con cadencia monótona.

salmón m. Pez fluvial y marino de cuerpo rollizo, cabeza apuntada, carne rojiza y sabrosa; desova en los ríos y después emigra al mar.

salmonete m. Pez acantopterigio marino, de color rojo en el lomo y blanco rosado en el vientre, cabeza con los ojos muy altos; carne apreciada.

salmuera f. Agua cargada de sal. Agua que sueltan las cosas saladas.

salobre adj Que por su naturaleza tiene sabor de sal. Dícese del agua cargada de sales, impropia para la bebida.

salobreño-a adj. Aplícase a la tierra que es salobre o contiene en abundancia alguna sal.

saloma f. Són cadencioso con que acompañan los marineros y otros operarios su faena, para hacer simultáneo el esfuerzo de todos.

salomónico-a adj. Perteneciente o relativo a Salomón, rey de Israel. Dícese de la columna que tiene el fuste contorneado en espiral.

salón m. Pieza de grandes dimensiones para visitas y fiestas en las casas particulares, o donde se celebran los actos públicos de una corporación. Reunión de personas distinguidas por su condición o por su cultura. Galicismo, por exposición.

salpicadera f. Guardafangos del automóvil, alero o guardabarro.

salpicar tr. Rociar, esparcir en gotas una cosa líquida. Esparcir varias cosas, como rociando con ellas una superficie u otra cosa. Pasar de una cosa a otra, sin continuación ni orden.

salpicón m. Fiambre de carne picada aderezado con pimienta, sal, aceite, vinagre y cebolla. Cosa hecha en pedazos menudos. Acción de salpicar.

salpimentar tr. Adobar una cosa con sal y pimienta. Amenizar, sazonar una cosa con palabras y hechos.

salpimienta f. Mezcla de sal y pimienta.

salpingitis *f.* Inflamación de la trompa uterina o de Falopio; o de la trompa de Eustaquio.

salpresar *tr.* Aderezar con sal una cosa, prensándola para que se conserve.

salpullido *m.* Erupción breve y pasajera en el cutis, formada por muchos granitos o ronchas. Señales que dejan en el cutis las picaduras de las pulgas.

salsa *f.* Composición o mezcla de varias substancias comestibles desleidas, para aderezar o condimentar la comida. Cosa que mueve o excita el gusto.

salsera *f.* Vasija en que se sirve salsa.

salsifí *m.* Planta compuesta herbácea y bienal, de tallo hueco y lampiño, hojas rectas envainadoras y cabezuelas terminales purpúreas; su raíz, fusiforme, blanca y tierna, es comestible.

salsoláceo-a *adj. y s.* Dícese de las plantas quenopodiáceas.

saltabancos o **saltabanco** *m.* Charlatán que, puesto sobre un banco o mesa, junta al pueblo y relata grandes virtudes de hierbas, confecciones, etc., que trae y vende como remedios singulares. Titiritero. Hombre bullidor y de poca substancia. Saltimbanqui.

saltador-a *adj.* Que salta. *M. y f.* Persona que tiene oficio o ejercicio de saltar y que por lo común lo hace para divertir al público.

saltamontes *m.* Insecto ortóptero de color verde amarillento, cabeza gruesa, ojos prominentes, antenas finas, patas anteriores cortas y muy robustas y largas las posteriores, con las cuales da grandes saltos; se alimenta de vegetales. Cualquier otro insecto saltador ortóptero y fitófago.

saltar *intr.* Levantarse del suelo con impulso y ligereza, ya para dejarse caer en el mismo sitio, ya para pasar a otro. Arrojarse desde una altura para caer de pie. Levantarse una cosa del suelo con violencia. Salir un líquido hacia arriba con ímpetu. Desprenderse una cosa de donde está unida o fija. Ofrecerse algo repentinamente a la memoria o a la imaginación. Picarse o resentirse, dándolo a entender exteriormente. Ascender o subir a un puesto más alto sin haber ocupado el intermedio. *Tr.* Salvar de un salto un espacio o distancia. Cubrir el macho cuadrúpedo a la hembra. Pasar de una cosa a otra. Omitir voluntaria o inconscientemente parte de un relato o escrito.

saltarín-a *adj. y s.* Que danza o baila. Dícese del mozo inquieto y de poco juicio.

saltatorio-a *adj.* Relativo o perteneciente al salto. Dícese de la enfermedad que se acompaña de movimientos convulsivos, como de salto o baile.

salteador *m.* El que asalta y roba en los despoblados o caminos.

saltear *tr.* Salir a los caminos y robar a los pasajeros. Asaltar, acometer. Hacer una cosa discontinuadamente, saltando y dejando de hacer parte de ella. Tomar una cosa anticipándose a otro. Asaltar, sobrevenir de pronto alguna cosa. Sofreir un manjar a fuego vivo en manteca o aceite hirviendo.

salterio *m.* Libro de coro que contiene sólo los salmos. Instrumento musical de cuerdas, de forma triangular y de dimensiones reducidas. Libro de los Salmos.

saltimbanco o **saltimbanqui** *m.* Saltabancos.

salto *m.* Acción y efecto de saltar. Lugar alto y proporcionado para saltar, o que no se puede pasar sino saltando. Despeñadero muy profundo. Espacio entre el punto de donde se salta y aquel a que se llega. Palpitación violenta del corazón. Asalto. Pillaje, robo, botín. Tránsito desproporcionado de una cosa a otra. Omisión voluntaria o inadvertida de una parte de un discurso o escrito. Ascenso a puesto más alto que el inmediato superior, dejando de ocupar éste.

saltón-a *adj.* Que anda a saltos, o salta mucho. Dícese de algunas cosas, ojos, dientes, etc., que sobresalen más de lo regular. *M.* Saltamontes.

salubérrimo-a *adj.* Superlativo de salubre.

salubre *adj.* Saludable.

salubridad *f.* Calidad de salubre. En América, sanidad, conjunto de servicios gubernativos.

salud *f.* Estado en que el ser orgánico ejerce normalmente todas sus funciones. Libertad o bien público de cada uno. Estado de gracia espiritual. Salvación.

saludable *adj.* Que sirve para conservar o restablecer la salud corporal. Provechoso para un fin, particularmente para el bien del alma.

saludador-a *m. y f.* Persona que saluda. Embaucador, curandero.

saludar *tr.* Hablar a otro cortésmente, deseándole salud, o mostrarle con algunas señales benevolencia o respeto. Enviar saludos. Tomar o aprender rudimentos tan sólo, de alguna ciencia o arte. Dar señales de obsequio o festejo con descargas de artillería o fusilería.

toques de instrumentos militares, movimientos de arma; arriar los buques un poco y por breve tiempo sus banderas, etc.

saludo m. Acción y efecto de saludar; la que se hace con armas de fuego.

salutación f. Saludo. Por antonomasia la que hizo el arcángel San Gabriel a la Virgen cuando le anunció la concepción del Verbo Eterno.

salva f. Saludo, bienvenida. Saludo con armas de fuego. Juramento, promesa solemne.

salvación f. Acción y efecto de salvar o salvarse. Consecución de la gloria y bienaventuranza eternas.

salvado m. Cáscara del grano desmenuzada por la molienda.

salvador-a adj. y s. Que salva. M. Por antonomasia, Jesucristo, como Salvador del mundo.

salvadoreño-a adj. y s. Natural de El Salvador. Perteneciente a esta nación de la América Central.

salvaguarda o **salvaguardia** f. Guardia que se pone para la custodia de una cosa. Papel o señal que se da a uno para que no sea ofendido o detenido en lo que va a ejecutar. Custodia, amparo, garantía.

salvaguardar tr. Galicismo, por defender, proteger, guardar, poner a salvo.

salvajada f. Dicho o hecho propio de un salvaje. Brutalidad, atrocidad, barbaridad.

salvaje adj. Aplícase a las plantas silvestres y sin cultivo, o al animal que no es doméstico. Dícese del terreno montuoso, áspero e inculto. Adj. y s. Perteneciente al pueblo primitivo que vive en estado natural, no civilizado o muy primitivo. Sumamente necio, terco, zafio o rudo. Feroz, bárbaro, brutal. Montaraz, agreste, selvático, arisco.

salvajismo m. Modo de obrar o de ser propio de los salvajes.

salvamento o **salvamiento** m. Acción y efecto de salvar o salvarse. Lugar o paraje en que uno se asegura de un peligro.

salvar tr. y r. Librar de un riesgo o peligro; poner en seguro. Tr. Dar Dios la gloria y bienaventuranza eternas. Evitar un inconveniente, impedimento, dificultad o riesgo. Exceptuar, dejar aparte, excluir una cosa. Pasar por encima o a través de un obstáculo. Recorrer un espacio determinado. Exculpar, probar jurídicamente la inocencia de una persona o el derecho a una cosa. R. Alcanzar la gloria eterna, ir al cielo.

salvavidas m. Aparato con que los náufragos pueden salvarse sobrenadando. Instrumento, artefacto o dispositivo que mantiene a flote el cuerpo del individuo que está en peligro en el agua, por naufragio o por accidente. Por extensión, dispositivo que tiene por fin proteger la vida humana.

¡salve! interj. Se emplea para saludar.

salvedad f. Razonamiento o advertencia de excusa o descargo de lo que se va a decir o hacer. Nota con que se salva una enmienda en un documento.

salvia f. Mata de la familia de las labiadas, de tallos duros y vellosos, hojas de borde arrugado, de olor fuerte y aromático, flores azuladas en espiga y fruto seco; sus hojas se usan como tónico y estomacal.

salvo-a adj. Ileso, librado de un peligro. Exceptuado, omitido. Adv. Excepto, a excepción de.

salvoconducto m. Documento expedido por una autoridad para que el que lo lleva pueda transitar sin riesgo por donde aquélla es reconocida. Libertad para hacer algo sin temor de castigo.

sámara f. Fruto seco, indehiscente, que es realmente un aquenio en que el pericarpio está extendido a manera de ala, como el del olmo y el fresno.

samario m. Uno de los metales de las tierras raras, perteneciente al grupo del cerio, gris y duro como el acero; símbolo Sa.

samaritano-a adj. y s. Natural de Samaria. Perteneciente a esta ciudad antigua de Palestina, hoy del Estado de Israel.

samba f. Canto y danza afrobrasileña de ritmo quebrado y compás de $2/4$; no es la zamba.

sambenito m. Capotillo que se ponía a los penitentes reconciliados por la Inquisición. Mala nota que queda de una acción. Difamación, descrédito, calumnia.

samovar m. Especie de tetera con hornillo, usada por los rusos.

sampán m. Embarcación ligera de China y del Extremo Oriente, para transporte costero y fluvial usada también como habitación.

samuco adj. y s. Indígena sudamericano de raza pámpida, de lengua independiente y atrasada cultura, vive en el Chaco entre los ríos Paraguay y Parapetí.

samurai m. Nombre con que se designaba en el Japón a los guerreros al servicio de poderosos jefes militares y que gozaban de ciertos privilegios; están abolidos.

san adj. Apócope de santo; úsase sólo antes de los nombres propios de santos, salvo los de Tomás o Tomé, Toribio y Domingo.

sanable *adj.* Que puede ser sanado o adquirir sanidad.

sanalotodo *m.* Medio que se intenta aplicar para componer cualquier daño.

sanamente *adv.* Con sanidad. Sinceramente, sin malicia.

sanar *tr.* Restituir a uno la salud que había perdido. *Intr.* Recobrar el enfermo la salud.

sanatorio *m.* Establecimiento para que residan en él los enfermos o convalecientes sometidos a cierto régimen curativo, basado principalmente en la higiene y las condiciones de altitud y clima.

sanción *f.* Estatuto o ley. Acto solemne por el que el jefe del Estado confirma una ley o estatuto. Pena que la ley establece para el que la infringe. Mal que dimana de una culpa o yerro y que es como su castigo o pena. Aprobación de un acto, uso o costumbre. Premio o castigo que recibimos por nuestros actos.

sancionar *tr.* Dar fuerza de ley a una disposición. Autorizar o aprobar un acto, costumbre, opinión o parecer. Aplicar una sanción o castigo.

sancochar *tr.* Cocer la vianda, dejándola medio cruda y sin sazonar. En México, guisar de prisa.

sancocho *m.* Vianda a medio cocer. En México y Puerto Rico, embrollo, lío.

sanctasantórum *m.* Parte interior y más sagrada del tabernáculo de los judíos. Lo que para una persona es de singular aprecio. Lo muy reservado y misterioso.

sancho *m.* Carnero de cualquier edad. Animal criado por otra hembra que no es su madre. Buey acostumbrado a la silla. Cabrón.

sanchopancesco-a *adj.* Propio de Sancho Panza, el escudero de don Quijote. Falto de idealidad.

sandalia *f.* Calzado compuesto de una suela que se asegura con correas o cintas.

sándalo *m.* Planta labiada herbácea, vivaz, olorosa, de tallo ramoso, hojas pecioladas y flores rosáceas; ornamental. Árbol muy semejante al nogal, con hojas elípticas muy verdes, flores pequeñas en ramos axilares, fruto parecido a la cereza; maderable; leño oloroso de este árbol.

sandáraca *f.* Resina amarillenta que se saca del enebro y de otras coníferas y que se emplea para fabricar barnices y, en polvo, con el nombre de grasilla. Rejalgar.

sandez *f.* Calidad de sandio. Despropósito, simpleza, necedad.

sandía *f.* Planta cucurbitácea herbácea, anual, de tallo velloso, flexible y rastrero, hojas partidas, flores amarillas y fruto casi esférico de corteza verde y pulpa encarnada, aguanosa y dulce; muy cultivada y de distintas variedades. Fruto de esta planta.

sandio-a *adj.* Necio o simple.

sandunga *f.* Gracia, donaire, salero. En México, Chile, Perú y Puerto Rico, jarana, jolgorio, parranda. Baile popular de Tehuantepec, México.

sandwich *m.* Emparedado, lonja de jamón u otra vianda entre dos rebanadas de pan.

saneamiento *m.* Acción y efecto de sanear. Eliminación del exceso de humedad de un terreno o sitio antes de edificar en él o de cultivarlo. Reorganización de una empresa u organismo productor para mejorar su rendimiento.

sanear *tr.* Afianzar o asegurar la satisfacción del daño que pueda sobrevenir. Reparar o remediar una cosa. Dar condiciones de salubridad a un terreno, edificio, etc. Indemnizar el vendedor al comprador del perjuicio que haya experimentado por vicio de la cosa comprada, por haber sido perturbado en la posesión, o despojado de ella.

sanedrín *m.* Consejo supremo de los judíos. Sitio donde se reunía este consejo.

sanforización *f.* Operación a que se someten los tejidos para evitar que encojan al lavarse o al mojarse; se efectúa después del acabado haciendo que el tejido se encoja en el sentido de la urdimbre y en el de la trama.

sangradera *f.* Lanceta. Vasija para recoger la sangre cuando sangran a uno.

sangradura *f.* Sangría, parte de la articulación del brazo opuesta al codo. Cisura de la vena. Salida que se da a las aguas de un río o canal, o de un terreno encharcado.

sangrar *tr.* Abrir una vena y dejar salir determinada cantidad de sangre. Dar salida a un líquido en todo o en parte, abriendo conducto por donde corra. Hurtar, sisar, tomando disimuladamente parte de un todo. Empezar un renglón más adentro que los otros de la plana, como se hace con el primero de cada párrafo. *Intr.* Arrojar sangre. *R.* Hacerse dar una sangría.

sangre *f.* En el hombre y en los animales vertebrados, fluido que circula por el sistema vascular, de color rojo vivo en las arterias y obscuro en las venas; está compuesto de un líquido o plasma en que flotan corpúsculos de tres clases: glóbulos rojos (eritrocitos), glóbulos blancos (leucocitos) y plaquetas (trombocitos). Linaje, parentesco.

sangría /. Acción y efecto de sangrar. Sangradura. Corte o brecha somera que se hace en un árbol para que fluya la resina. Bebida refrescante que se compone de agua y vino con azúcar y limón u otros aditamentos. Extracción quirúrgica de sangre para aliviar congestiones. En los hornos de fundición, chorro de metal al que se le da salida.

sangriento-a adj. Que echa sangre. Teñido o mezclado en sangre. Sanguinario. Que causa efusión de sangre. Que ofende gravemente. De color de sangre.

sangrigordo-a adj. En México y Puerto Rico, antipático, pesado, chocante, sangrón.

sangrón-a adj. y s. En México y Cuba, dícese de la persona impertinente, cargante, molesta, antipática y fastidiosa.

sanguijuela /. Anélido de boca chupadora y con un disco alrededor del ano con el que puede también hacer succión; vive en las lagunas, pozos y arroyos y se alimenta con la sangre que chupa a los animales, por lo que se ha utilizado en Medicina para conseguir evacuaciones sanguíneas en los enfermos. Persona que va sacando a uno poco a poco, dinero, alhajas u otras cosas.

sanguina /. Lápiz rojo obscuro, fabricado con hematites en forma de barritas. Dibujo hecho con este lápiz.

sanguinario-a adj. Feroz, vengativo, iracundo, que se goza en derramar sangre.

sanguíneo-a adj. De sangre. Que contiene sangre o abunda en ella. Dícese de la complexión en que predomina este humor. De color de sangre. Perteneciente a ella.

sanguinolento-a adj. Sangriento, que echa sangre; teñido en sangre o mezclado con ella.

sanguinoso-a adj. Que participa de la naturaleza de la sangre. Sanguinario.

sanidad /. Calidad de sano. Salubridad. Conjunto de servicios gubernativos para preservar la salud del común de los habitantes de la nación, provincia, Estado o municipio.

sanitario-a adj. Perteneciente o relativo a la sanidad. M. Individuo del cuerpo de sanidad militar. En México, excusado, retrete de tipo moderno.

sano-a adj. Que goza de perfecta salud. Seguro, sin riesgo. Saluda-

ble. Libre de error o vicio. Sincero, de buena intención. Entero, no roto ni estropeado.

sánscrito o sanscrito m. Antigua lengua de los brahmanes, que sigue siendo la sagrada del Indostán, y lo referente a ella, es lengua nacida del indoeuropeo común.

sanseacabó m. Expresión con que se da por terminado un asunto.

sansón m. Hombre muy forzudo, por alusión al Sansón de la Biblia.

santabárbara /. Pañol o paraje destinado en las embarcaciones para custodiar la pólvora.

santanderino-a adj. y s. Natural de Santander. Perteneciente a esta ciudad y provincia de España.

santelmo m. Dícese del fuego o meteoro ígneo que, al hallarse la atmósfera muy cargada de electricidad, suele dejarse ver en los mástiles y vergas de las embarcaciones, especialmente después de la tempestad.

santero-a adj. Dícese del que tributa a las imágenes un culto indiscreto y supersticioso. M. y /. Persona que cuida de un santuario. Persona que pide limosna, llevando de casa en casa la imagen de un santo.

santiamén m. En un decir amén, en un instante.

santidad /. Calidad de santo. Tratamiento honorífico que se da al Papa.

santificar tr. Hacer a uno santo por medio de la gracia. Dedicar a Dios una cosa. Hacer venerable una cosa por la presencia o contacto de lo que es santo. Reconocer al que es santo, honrándole y sirviéndole como a tal.

santiguar tr. Hacer con la mano derecha la señal de la cruz invocando a la Santísima Trinidad. Castigar o maltratar a uno de obra. R. Hacerse cruces, demostrar la admiración o extrañeza que causa alguna cosa.

santísimo-a adj. Superlativo de santo. Aplícase al Papa, como tratamiento honorífico. Dícese por antonomasia del Santísimo Sacramento del Altar.

santo-a adj. y s. Perfecto y libre de toda culpa. Dícese de la persona a quien la Iglesia declara tal. Persona de especial virtud y ejemplo. Dícese de lo que está consagrado o dedicado a Dios. Dícese de los 6 días de la Semana Mayor que siguen al Domingo de Ramos. Sagrado, inviolable. M. Imagen de un santo. Festividad del día del onomástico.

santón m. El que profesa vida austera y penitente fuera de la religión cristiana. Hombre hipócrita y que aparenta santidad. **Persona entrada en años y muy influyente en una colectividad determinada.**

santónico *m.* Planta perenne compuesta, de tallo ramoso, hojas alternas hendidas, flores en cabezuelas y por frutos, aquenios terminados por un disco; sus cabezuelas se usan en Medicina, como tónicas y vermífugas.

santoral *m.* Libro que contiene vidas o hechos de santos. Libro de coro con los oficios de los santos. Lista de los santos cuya festividad se conmemora en cada uno de los días del año.

santuario *m.* Templo en que se venera la imagen o reliquia de un santo de especial devoción. Depósito de objetos prehistóricos, en especial de figurillas.

santurrón-a *adj. y s.* Nimio en los actos de devoción. Gazmoño, hipócrita que aparenta ser devoto.

saña *f.* Furor, enojo ciego. Intención rencorosa y cruel.

sañudo-a *adj.* Propenso a la saña, o que tiene saña.

sápido-a *adj.* Aplícase a la substancia que tiene algún sabor.

sapiencia *f.* Sabiduría.

sapiente *adj. y s.* Sabio.

sapientísimo-a *adj.* Superlativo de sapiente. Muy sabio.

sapindácea *adj. y s.* Planta dicotiledónea que comprende árboles o arbustos de flores en espiga y fruto capsular; se utiliza por su madera, jugo, frutos y semillas comestibles.

sapo *m.* Anfibio anuro, de cuerpo corto cubierto por una piel granulosa en la que se encuentran glándulas que segregan un líquido acre e irritante; suele buscar su alimento de noche: gusanos, insectos, etc.; es inofensivo y útil al hombre.

saponáceo-a *adj.* Jabonoso.

saponificar *tr. y r.* Convertir en jabón un cuerpo graso, por la combinación de los ácidos que contiene con un álcali u otros óxidos metálicos.

sapotácea *adj. y s.* Planta dicotiledónea ebenal, que comprende árboles y arbustos de hojas coriáceas, flores axilares solitarias o en umbela y por fruto drupas o bayas casi siempre indehiscentes.

saprófago-a *adj.* Que se alimenta de materias orgánicas en descomposición.

saque *m.* Acción de sacar, particularmente en el juego de pelota. Raya o sitio desde el cual se saca la pelota. El que la saca.

saquear *tr.* Apoderarse violentamente los soldados de lo que hallan en un paraje. Entrar a saco.

sarampión *m.* Enfermedad febril, contagiosa y, a veces, epidémica que se manifiesta por multitud de manchas cutáneas, precedida y acompañada de lagrimeo, estornudos, tos, etc.

sarao *m.* Reunión nocturna de personas de distinción, para divertirse con baile o música.

sarape o zarape *m.* En México, especie de frazada de lana o colcha de algodón que se usa comúnmente como cobija o capa.

sarcasmo *m.* Burla sangrienta, ironía mordaz y cruel con que se ofende o maltrata a personas o cosas.

sarcástico-a *adj.* Que denota o implica sarcasmo. Aplícase a la persona propensa a emplearlo. Cáustico, mordaz.

sarcidia *f.* Verruga o carúncula.

sarcobio *m.* Dícese de los insectos o de sus larvas que viven en la carne y se nutren de ella.

sarcodario *adj. y s.* Protozoario cuya característica principal es la formación de seudópodos que actúan, por lo general, como elementos de locomoción y de prensión de los alimentos.

sarcófago *m.* Sepulcro, féretro. Especie de ataúd, tallado por lo general en piedra.

sarcoma *m.* Neoplasma maligno formado de tejido conjuntivo embrionario.

sardana *f.* Danza típica de Cataluña, España; se baila formando corro y acompañada por la tenora y el tamboril o por una cobla entera.

sardina *f.* Pez malacopterigio marino, parecido al arenque; de cuerpo fusiforme con aleta dorsal muy delantera; su carne es más delicada que la del arenque, y su pesca es de un enorme valor económico.

sardinel *m.* Obra hecha de ladrillos sentados de canto, de modo que coincida en toda su extensión la cara de uno con la del otro.

sardinero-a *adj.* Perteneciente a las sardinas. *M. y f.* Persona que vende sardinas o trata en ellas.

sardo-a *adj. y s.* Natural de Cerdeña. Perteneciente a esta isla de Italia. *M.* Lengua hablada en dicha isla, perteneciente al grupo de las neolatinas.

sardónica o sardónice *f.* Agata de color amarillento con zonas más o menos obscuras.

sardónico-a *adj.* Dícese de la risa afectada y que no nace de la alegría interior.

sarga *f.* Tela cuyo tejido forma líneas diagonales. Tela pintada, para adornar o decorar las paredes de las habitaciones.

sarga /. Arbusto saliciláceo de tronco delgado, ramas mimbreñas, hojas lanceoladas, flores en amentos cilíndricos y fruto capsular ovoide.

sargadilla /. Planta quenopodiácea perenne, de tallo rollizo y ramoso, hojas amontonadas glaucas, flores axilares y semilla lenticular.

sargazo m. Planta marina del grupo de las algas pardas, cuyas frondas simulan hojas alternas, con vejiguillas axilares llenas de gas para sostener la planta dentro o en la superficie del agua; algunas son tan abundantes que cubren una gran extensión en el Océano Atlántico, con el nombre de mar de los sargazos.

sargento m. Individuo de la clase de tropa, que tiene empleo superior al de cabo, bajo las inmediatas órdenes de los oficiales; cuida del orden, administración y disciplina de una compañía o parte de ella.

sarmentoso-a adj. Que tiene semejanza con los sarmientos. Con abundantes sarmientos. Dícese de los tallos que tienen apariencia de bejucos.

sarmiento m. Vástago de la vid, largo, delgado, flexible y nudoso, de donde brotan las hojas y los racimos.

sarna /. Enfermedad parasitaria y contagiosa de la piel, causada por el ácaro de la sarna o arador, el cual forma surcos o galerías microscópicas en la epidermis, en las que se alojan las hembras para poner los huevos.

sarnoso-a adj. y s. Que tiene sarna.

sarpullido m. Salpullido.

sarraceno-a adj. y s. Natural de la Arabia Feliz u oriundo de ella. Dícese de los mahometanos en general, y especialmente de árabes y berberiscos.

sarracina /. Pelea entre muchos, especialmente cuando es confusa y tumultuaria.

sarro m. Sedimento que se adhiere al fondo y paredes de una vasija. cuando ésta contiene un líquido que precipita. Substancia amarillenta de naturaleza calcárea que se adhiere al esmalte de los dientes. Saburra, capa blanquecina que cubre la lengua. Roya, hongo parásito.

sarta o sartal /. o m. Serie de cosas metidas por orden en un hilo, cuerda, etc. Serie de sucesos o cosas iguales o análogas. Fila, hilera de gentes o cosas.

sartén /. Vasija de hierro, circular, más ancha que honda, de fondo plano y con mango largo, para freir, tostar o guisar algún manjar.

sartenada /. Lo que de una vez se fríe en la sartén, o lo que cabe en ella.

sartenazo m. Golpe que se da con la sarten. Golpe recio dado con una cosa. aunque no sea sartén.

sasafrás m. Arbol lauráceo americano de tronco recio, hojas gruesas partidas, flores amarillas en racimos colgantes, fruto en baya con una sola semilla; tiene varias aplicaciones en Medicina, Farmacia e Industria.

sascab m. En México, tierra blanca y caliza muy usada en construcción; constituye una capa importante en la formación cársica de Yucatán.

sastre m. El que tiene por oficio cortar y coser vestidos, principalmente de hombre.

sastrería /. Oficio de sastre. Obrador de sastre.

satánico-a adj. Perteneciente, propio o característico de Satán, príncipe de los ángeles rebeldes. Extremadamente perverso.

satélite m. Cuerpo celeste opaco que sólo brilla por la luz refleja del Sol y gira alrededor de un planeta primario. Persona o cosa que depende de otra. Estado independiente que sigue con docilidad la política de otro. Alguacil. Piñón del diferencial de los automóviles.

satinar tr. Dar al papel o a la tela tersura y lustre por medio de la presión.

sátira /. Composición poética u otro escrito cuyo objeto es censurar acremente o poner en ridículo a personas o cosas. Discurso o dicho agudo, picante y mordaz, dirigido a este mismo fin.

satírico-a adj. Perteneciente a la sátira. Perteneciente o relativo al sátiro o sujeto mordaz. Escritor que cultiva la sátira. Punzante, irónico, cáustico.

satirio m. Rata de agua.

satirión m. Planta orquidácea herbácea, vivaz, de flores blancas y olorosas y raíces con dos tubérculos parejos y aovados, de que puede sacarse salep.

satirizar intr. Escribir sátiras. Tr. Zaherir y motejar.

sátiro-a adj. y s. Mordaz. M. Composición escénica lasciva y desvergonzada. Hombre lascivo. Monstruo o semidiós que fingieron los gentiles, medio hombre y medio cabra, que representaba la vida de la Naturaleza en sus diversas formas.

satisfacción /. Acción y efecto de satisfacer o satisfacerse. Parte del sacramento de la Penitencia que consiste en pagar con obras expiatorias la pena debida por las culpas propias. Razón, acción o modo con que se sosiega y responde enteramente a una queja, sentimiento o razón contraria. Presunción, vanagloria. Cumplimiento del deseo o del gusto.

satisfacer tr. Pagar enteramente lo que se debe. Hacer una obra que merezca el perdón de la pena debida. Sosegar las pasiones del ánimo. Saciar un apetito, pasión, etc. Dar solución a una duda o dificultad. Deshacer un agravio u ofensa. Premiar los méritos que se tienen hechos. R. Vengarse de un agravio. Vo.ver por su propio honor el que estaba ofendido. Aquietarse con una eficaz razón de la duda o queja que se había formado.

satisfactorio-a adj. Que puede satisfacer o pagar una cosa debida, una duda, una queja o deshacer un agravio. Grato, próspero.

satisfecho-a adj. Presumido o pagado de sí mismo. Complacido, contento.

sátrapa m. Gobernador de una provincia de la antigua Persia. Hombre ladino, astuto e inteligente en los tratos y comercio humanos.

saturación /. Acción y efecto de saturar o saturarse. Equilibrio entre la fase líquida del sistema y la fase sólida del soluto; o entre una fase gaseosa y la fase líquida. Completa neutralización entre un ácido y una base.

saturar tr. Saciar. Impregnar de otro cuerpo un fluido hasta el punto de no poder éste admitir mayor cantidad de aquél. Combinar dos o más cuerpos en las proporciones atómicas máximas en que pueden unirse.

saturnal adj. Perteneciente o relativo a Saturno. F. Orgia desenfrenada. Pl. Fiestas que tenían lugar en Roma, del 17 al 19 de diciembre, en recuerdo de la felicidad e igualdad de los hombres bajo el imperio de Saturno; reinaba en la ciudad el más desenfrenado regocijo y el último dia los esclavos gozaban de plena libertad, vestían los trajes de sus amos y eran servidos por éstos.

saturnino-a adj. Perteneciente o relativo al plomo. Dícese de la enfermedad producida por intoxicación de sales de plomo. Persona de genio triste y taciturno.

sauce o **salce** m. Arbol salicáceo de tronco grueso y derecho, copa irregular, hojas angostas lanceoladas,

flores sin cáliz ni corola en amentos verdosos y fruto capsular.

saucedal, sauceda, saucedo o **salceda** m. o /. Sitio poblado de sauces o salces.

saúco m. Arbusto de la familia de las caprifoliáceas, de tallo muy ramoso con medula blanca muy abundante, hojas compuestas, flores blancas y fruto en bayas negruzcas; el cocimiento de las flores se usa en Medicina como diaforético y resolutivo.

saudade /. Soledad, nostalgia, añoranza.

saurio adj. Reptil de cuerpo alargado, con cuatro extremidades, párpados movibles, ovíparo generalmente: lagartos, iguanas, etc.

sauz m. Sauce.

sauzgatillo m. Arbusto verbenáceo de ramas abundantes, hojas digitadas, flores azules en racimos terminales y fruto redondo y negro.

savia /. Jugo que nutre las plantas y que circula por ellas. Energía, elemento vivificador.

sáxeo-a adj. De piedra; úsase sólo en lenguaje científico y en poesía.

saxifragácea adj. y s. Planta dicotiledónea del orden de las rosales, árboles, arbustos o hierbas, de hojas alternas u opuestas, flores hermafroditas y fruto capsular con muchas semillas de albumen carnoso.

saxófono m. Instrumento musical metálico de viento, en forma de tubo cónico, con lengüeta sencilla; se emplea en las bandas de música y en los conjuntos de jazz; saxofón es galicismo.

saya /. Faldas que usan las mujeres; en la ciudad es, por lo general, ropa interior, en los pueblos ropa exterior.

sayal m. Tela muy basta, labrada de lana burda.

sayo m. Casaca hueca, larga y sin botones. Cualquier vestido.

sayón m. Verdugo. Cofrade que va en las procesiones de Semana Santa vestido con túnica larga. Hombre de aspecto feroz.

sazón /. Punto o madurez de las cosas, o estado de perfección en su línea. Ocasión, tiempo oportuno o coyuntura. Gusto y sabor que se percibe en los manjares.

sazonar tr. Dar sazón al manjar. Tr. y r. Poner las cosas en la sazón, punto y madurez que deben tener.

score m. Palabra inglesa empleada en ciertos deportes, para indicar el número de puntos o tantos logrados hasta cada momento del juego.

se *pron.* Dativo y acusativo del pronombre personal de tercera persona. Como indefinido sirve, además, para formar oraciones impersonales y pasivas.

sebáceo-a *adj.* Que participa de la naturaleza del sebo o se parece a él. Dícese de las glándulas de la piel que secretan grasa.

sebestén *m.* Arbolito borragináceo de tronco recto, copa irregular, hojas persistentes elípticas y enteras, flores blancas terminales y fruto de pulpa dulce y viscosa, el cual macerado da un mucílago emoliente y pectoral.

sebo *m.* Grasa sólida y dura de los animales herbívoros. Cualquier género de gordura. Producto de la secreción de las glándulas sebáceas.

seborrea *f.* Aumento patológico de la secreción de las glándulas sebáceas.

seca *f.* Sequía. Secano, banco de arena no cubierto por el agua, o islita árida y próxima a la costa.

secadero-a *adj.* Apto para conservarse seco. *M.* Lugar para el secamiento de las cosechas, para su conservación o para fines industriales.

secador-a *adj. y s.* Que seca; que sirve para secar. *M. y f.* Aparato para secar algo: cabellos, ropa, hojas de algunos vegetales, frutos, etc.

secamente *adv.* Con pocas palabras o sin pulimento, adorno ni composición. Asperamente, sin atención ni urbanidad.

secamiento o secado *m.* Acción y efecto de secar o secarse.

secano o secadal *m.* Tierra de labor que no tiene riego y sólo participa del agua llovediza. Cualquier cosa que está muy seca.

secante *adj.* Que seca. Dícese del aceite que se seca y endurece al aire, al oxidarse. El de linaza, cocido con ajos, vidrio molido y litargirio para que sequen pronto los colores. Aplícase al papel esponjoso y sin cola para enjugar lo escrito.

secante *adj.* Aplícase a las líneas o superficies que cortan a otras.

secar *tr.* Extrae la humedad o hacer que se exhale de un cuerpo mojado. Gastar o consumir el humor o jugo de los cuerpos. Fastidiar, aburrir. *R.* Enjugarse la humedad de una cosa. Quedarse sin agua un río, una fuente, etc. Perder una planta su verdor, vigor o lozanía. Enflaquecer o extenuarse una persona o animal. Tener mucha sed. Embotarse, perder su generosa compasión o inclinación el corazón o el ánimo.

sección *f.* Cortadura. Cada una de las partes en que se considera dividido un todo continuo o un conjunto de cosas. Dibujo o figura que resultaría si se cortara un edificio, una máquina, etc., por un plano dado, con objeto de dar a conocer su estructura o su disposición interior. Subdivisión convencional de un grupo taxonómico. Figura resultante de la intersección de una superficie o un sólido con otra superficie. Subdivisión táctica de una compañía, escuadrón, batería o unidad, que manda un oficial subalterno.

seccionar *tr.* Dividir en secciones, fraccionar, cortar.

secesión *f.* Acto de separarse de una nación parte de su pueblo y territorio. Retraimiento de los negocios públicos.

seco-a *adj.* Que carece de jugo o de humedad. Falto de agua. Aplícase a los guisos en que se prolonga la cocción hasta que quedan sin caldo. Falto de verdor, vigor y lozanía; muerto, sin vida. Aplícase a las frutas, especialmente a las de cáscara dura y las que se conservan y preparan sin mayor humedad que la precisa. Flaco, de muy pocas carnes. Dícese del tiempo en que no llueve. Aspero, poco cariñoso. Riguroso, estricto. Arido, falto de amenidad. Aguardiente puro, sin anís ni otro ingrediente. Dícese del vino que no tiene sabor dulce. Aplícase al golpe fuerte, rápido y que no resuena.

secoya *f.* Conífera gigantesca de California, que alcanza hasta 150 metros de altura.

secreción *f.* Apartamiento, separación. Acción y efecto de secretar.

secretar *tr.* Elaborar y despedir las células, los tejidos orgánicos y especialmente las glándulas, una substancia líquida.

secretaria *f.* Mujer del secretario. La que hace oficio de secretario.

secretaría *f.* Destino o cargo de secretario. Su oficina. En América, ministerio.

secretariado *m.* Carrera, profesión o ejercicio de secretario. Colectividad de secretarios. Secretaría.

secretario-a *adj. y s.* Sujeto encargado de escribir la correspondencia, extender las actas, dar fe de los acuerdos y custodiar los documentos de una oficina, asamblea o corporación. Amanuense. Escribano. En algunos países de América, ministro.

secretear *intr.* Hablar en secreto una persona con otra.

secreter *m.* Escritorio. mueble con tablero para escribir y cajoncitos para guardar papeles.

secreto *m.* Lo que cuidadosamente se tiene reservado y oculto. Reserva, sigilo. Conocimiento exclusivo de alguna cosa. Misterio. Asunto muy reservado. Escondrijo que suelen tener algunos muebles para guardar papeles, dinero u otras cosas.

secreto-a *adj.* Oculto, ignorado, escondido. Callado, silencioso, reservado.

secretorio-a *adj.* Que secreta. Aplícase a los órganos que tienen la facultad de secretar.

secta *f.* Doctrina particular enseñada por un maestro que la halló o explicó, y seguida o defendida por otros. Religión o doctrina heterodoxa enseñada por un maestro famoso. Conjunto de sectarios que profesan dicha doctrina o religión.

sectario-a *adj. y s.* Que profesa y sigue una secta. Secuaz, fanático, intransigente de un partido o de una idea.

sector *m.* Porción de círculo comprendido entre un arco y los dos radios que pasan por sus extremidades. Parte de una clase o de una colectividad que presenta caracteres peculiares.

secuaz *adj. y s.* Que sigue el partido, doctrina u opinión de otro. Prosélito, partidario.

secuela *f.* Consecuencia o resulta de una cosa.

secuencia *f.* Prosa o verso que se dice en ciertas misas después del gradual. Sucesión de planos que integran una unidad en el tiempo y en el espacio. dentro de la película. Serie o sucesión de fenómenos o términos, tanto en Física como en Matemáticas.

secuestrar *tr.* Depositar judicial o gubernativamente una cosa en poder de un tercero. hasta que se decida a quien pertenece. Embargar. Aprehender los ladrones a una persona, exigiendo dinero por su rescate.

secuestro *m.* Acción y efecto de secuestrar. Bienes secuestrados. Porción de hueso mortificada separada de la parte viva. Depósito judicial por embargo o aseguramiento de bienes.

secular *adj.* Seglar. Que sucede o se repite cada siglo. Que dura un siglo, o desde hace siglos. Dícese del sacerdote o clero que vive en el sig'o y no en clausura.

secularizar *tr. y r.* Hacer secular lo que era eclesiástico. *Tr.* Autorizar a una religiosa para que pueda vivir fuera de la clausura.

secundar *tr.* Ayudar. favorecer.

secundario-a *adj.* Segundo en orden y no principal; accesorio. Aplícase a la Segunda Enseñanza. Era interpuesta entre el periodo paleozoico o primario y el cenozoico o terciario, época de enorme desarrollo de los reptiles de gran talla y de numerosos grupos acuáticos, terrestres y voladores; la flora es de transición y se forman los grandes yacimientos metalíferos.

secundinas *f. pl.* Placenta y membranas que envuelven el feto y que se expelen durante el parto.

sed *f.* Gana y necesidad de beber. Necesidad de agua o de humedad. especialmente los campos. Apetito y deseo ardiente de una cosa.

seda *f.* Secreción viscosa que se solidifica en el aire y que poseen ciertos animales. Hilo formado con varias de las hebras producidas por el gusano de seda para coser o tejer telas finas, suaves y lustrosas. Obra o tela hecha de esta materia. Cerda de algunos animales.

sedal *m.* Hilo o cuerda que se ata por un extremo al anzuelo y por el otro a la caña de pescar. Cinta o cordón para excitar una supuración.

sedalina *f.* Especie de tejido sedoso, hecho de algodón y seda.

sedán *adj. y s.* Automóvil cerrado. de cubierta y capota fija.

sedante *adj. y s.* Sedativo, calmante. paliativo. lenitivo.

sedar *tr.* Apaciguar. sosegar. calmar.

sedativo-a *adj. y s.* Que calma o sosiega los dolores y la excitación nerviosa.

sede *f.* Asiento o trono de un prelado con jurisdicción. Capital de una diócesis. Diócesis. Jurisdicción y potestad del Sumo Pontífice.

sedentario-a *adj.* Aplícase al oficio o vida de poca agitación o movimiento. Dícese de los pueblos y razas que no son emigrantes; o de los animales que no salen de la región donde han nacido o que permanecen fijos en un lugar.

sedente *adj.* Que está sentado.

sedeño-a *adj.* De seda o semejante a ella. Que tiene sedas o cerdas.

sedería *f.* Mercancía o género de seda. Conjunto o tráfico de ellas. Tienda donde se venden.

sedero-a *adj.* Perteneciente a la seda. *M. y f.* Persona que labra la seda o trata en ella.

sediciente *adj.* Galicismo. por pretenso, imaginado, supuesto.

sedición *f.* Alzamiento colectivo y violento contra la autoridad. el orden público o la disciplina militar sin llegar a la gravedad de la rebelión. Sublevación de las pasiones

sedicioso-a *adj. y s.* Dícese de la persona que promueve una sedición o toma parte en ella. Acto o palabra que la incluye o supone.

sediento-a *adj. y s.* Dícese de la persona que tiene sed. Aplícase a los campos, tierras o plantas que necesitan de humedad o riego. Que con ansia desea una cosa.

sedimentar *tr.* Depositar sedimento un líquido con las materias en suspensión. *R.* Formar sedimento las materias suspendidas en un líquido.

sedimento *m.* Materia que, habiendo estado suspensa en un líquido, se posa en el fondo, por su mayor gravedad.

sedoso-a *adj.* Parecido a la seda.

seducción *f.* Acción de seducir.

seducir *tr.* Engañar con arte y maña; persuadir suavemente al mal. Cautivar, ejercer irresistible influencia en el ánimo, por medio del atractivo físico o moral.

sefardí o **sefardita** *adj. y s.* Aplícase al judío oriundo de España, o al que acepta las prácticas religiosas que en el rezo mantienen los judíos españoles.

segador-a *adj. y s.* Que siega. Dícese de las personas, instrumentos o máquinas que cortan las mieses.

segar *tr.* Cortar mieses o hierbas con la hoz, la guadaña o cualquier máquina a propósito. Cortar, impedir desconsiderada y bruscamente el desarrollo de algo: esperanzas, ilusiones, actividades. Cortar lo que sobresale o está más alto.

seglar *adj.* Perteneciente a la vida, estado o costumbre del siglo o mundo. Lego.

segmentación *f.* Acción y efecto de dividirse un cuerpo en partes semejantes. División en segmentos. En Genética, segregación.

segmentar *tr.* Dividir en segmentos.

segmento *m.* Pedazo o parte cortada de una cosa. Porción o zona limitada de un modo convencional. Porción de una extremidad comprendida entre dos articulaciones consecutivas.

segoviano-a *adj. y s.* Natural de Segovia. Perteneciente a esta ciudad y provincia de España.

segregación *f.* Acción y efecto de segregar. En Genética, separación de los factores, genes o cromosomas alelomorfos de las células sexuales durante la meiosis.

segregar *tr.* Separar o apartar una cosa de otra u otras. Secretar.

segueta *f.* Sierra de marquetería.

seguidilla *f.* Composición métrica de siete versos, integrada por un cuarteto y un terceto. *Pl.* Aires populares y danzas de este nombre en Andalucía, España.

seguido-a *adj.* Continuo, secesivo, sin intermisión de lugar o tiempo. Que está en línea recta.

seguir *tr.* Ir después o detrás de uno. Ir en busca de una persona o cosa; dirigirse, caminar hacia ella. Proseguir o continuar lo empezado. Ir en compañía de uno. Profesar o ejercer una ciencia, arte o estado. Conformarse, ser del dictamen o parecer de una persona. Perseguir, acosar a uno. Imitar lo hecho por otro. *R.* Inferirse, ser consecuencia una cosa de otra. Suceder una cosa a otra por turno, orden o número.

según *prep.* Conforme o con arreglo a. *Adv.* Conforme, correspondiente, al modo que. Eventualidad, contingencia.

segundar *intr.* Ser segundo, o seguirse al primero. *Tr.* Barbarismo por secundar, ayudar.

segundero-a *adj.* Dícese del segundo fruto que dan ciertas plantas dentro del año. *M.* Manecilla que señala los segundos en el reloj.

segundo-a *adj.* Que sigue inmediatamente en orden al o a lo primero. *M.* Persona que en una institución sigue en jerarquía al jefe o principal. Cada una de las 60 partes iguales en que se divide el minuto.

segundón *m.* Hijo segundo de la casa. Por extensión, cualquier hijo no primogénito.

segur *f.* Hacha grande para cortar. Hoz. Guadaña.

seguridad *f.* Calidad de seguro. Fianza u obligación de indemnidad a favor de uno, regularmente en materia de intereses. Certeza; tranquilidad, calma.

seguro-a *adj.* Libre y exento de peligro, daño o riesgo. Cierto, indubitable. Firme, constante. Ajeno de sospecha. *M.* Seguridad, certeza, confianza. Lugar o sitio libre de peligro. Salvoconducto. Muelle para evitar que se disparen inadvertidamente las armas de fuego. Contrato bilateral, aleatorio y oneroso por el que una de las partes se compromete a indemnizar a la otra de las consecuencias dañosas de ciertos riesgos a que se hallan expuestas personas y cosas, mediante prima o cantidad que la otra parte ha de satisfacer por dicha garantía.

seis *adj.* Cinco y uno. Sexto.

seisavo-a *adj.* Sexto, cada una de las seis partes iguales en que se divide un todo. Hexágono.

seiscientos-as *adj.* Seis veces ciento. Sexcentésimo.

selacio o seláceo *adj. y s.* Pez elasmobranquio; comprende tiburones y rayas.

selección *f.* Elección de una persona o cosa entre otras, como separándola de ellas y prefiriéndola. Acto de disponer los circuitos de antena y del aparato receptor, para que recoja éste una onda de determinada frecuencia.

seleccionar *tr.* Elegir, escoger por medio de una selección.

selectivo-a *adj.* Que implica selección. Dícese del aparato radiorreceptor que permite escoger la transmisión que se desea, entre otras de diferentes frecuencias.

selecto-a *adj.* Que es o se reputa por mejor entre otras cosas de su especie.

selenio *m.* Metaloide de color pardo rojizo y brillo metálico; muchas de sus propiedades son semejantes a las del azufre; símbolo Se

selva *f.* Bosque muy intrincado y de gran extensión.

selvático-a *adj.* Perteneciente o relativo a las selvas, o que se cría en ellas. Tosco, rústico, falto de cultura.

selvoso-a *adj.* Propio de la selva. Aplícase al país o territorio en que hay muchas selvas.

sellar *tr.* Imprimir el sello. Estampar, imprimir o dejar señalada una cosa en otra, o comunicarle determinado carácter. Concluir, poner fin a una cosa. Cerrar, tapar, cubrir, lacrar.

sello *m.* Utensilio de metal o caucho para estampar las armas, divisas o cifras en él grabadas. Lo que queda estampado, impreso o señalado con él. Casa u oficina donde se estampa y pone un sello. Carácter distintivo dado a una obra. Conjunto de dos obleas redonda entre las cuales se encierra una dosis de medicamento para tragarlo sin percibir su sabor.

semáforo *m.* Telégrafo óptico en las costas para comunicarse con los buques. Aparato de señales para dar a los conductores de trenes indicaciones sobre maniobras. Aparato o sistema de señales ópticas urbano para regular el tráfico.

semana *f.* Serie de siete días naturales consecutivos, empezando por el domingo y acabando por el sábado. Período de siete días consecutivos. Salario ganado en una semana.

semanal *adj.* Que sucede o se repite cada semana. Que dura una semana o a ella corresponde.

semanario-a *adj.* Semanal. *M.* Periódico que se publica semanalmente.

semántica o semasiología *f.* Estudio de la significación de las palabras.

semántico-a *adj.* Referente a la significación de las palabras.

semblante *m.* Representación de algún afecto del ánimo en el rostro. Cara. Apariencia y representación del estado de las cosas, sobre el cual formamos el concepto de ellas.

semblanza *f.* Bosquejo biográfico.

sembrado *m.* Tierra sembrada, hayan o no germinado y crecido las semillas.

sembrador-a *adj. y s.* Que siembra. *F.* Máquina para sembrar; también, sembradera.

sembrar *tr.* Arrojar y esparcir las semillas en la tierra preparada para este fin. Desparramar, esparcir otra cosa. Dar motivo, causa o principio a una cosa. Esparcir, publicar una noticia. Hacer algo con vistas a su fruto o ganancia. Inocular con microbios algún medio de cultivo.

semejante *adj.* Que semeja a una persona o cosa. *M.* Semejanza, imitación. Prójimo. Análogo, parecido, afín, similar. Dícese de dos figuras distintas sólo por el tamaño y cuyas partes guardan respectiva proporción.

semejanza *f.* Calidad de semejante. Símil.

semejar *intr. y r.* Parecerse una persona o cosa a otra; tener conformidad con ella.

semen *m.* Líquido blanquecino, espeso, producido por los testículos y evacuado por el pene y que contiene los espermatozoides, que para la generación secretan los animales del sexo masculino. Líquido seminal. Semilla, simiente.

semental *adj.* Perteneciente o relativo a la siembra o sementera. *M.* Animal macho que se destina a la reproducción.

sementera *f.* Acción y efecto de sembrar. Tierra sembrada. Tiempo a propósito para sembrar. Semillero, origen y principio de que nacen o se propagan algunas cosas.

semestral *adj.* Que sucede o se repite cada semestre. Que dura un semestre o a él corresponde.

semestre *m.* Espacio de seis meses. Renta, sueldo o pensión que se cobra o se paga cada seis meses.

semicircular *adj.* Perteneciente o relativo al semicírculo. De figura de semicírculo o semejante a ella.

semicírculo *m.* Cada una de las mitades del círculo separadas por un diámetro.

semicircunferencia *f.* Cada una de las mitades de la circunferencia.

semiconsonante *f.* Aplícase en general a las vocales *i, u,* en principio de diptongo o triptongo, y más propiamente cuando en dicha posición se pronuncian con sonido de duración momentánea.

semicorchea *f.* Nota musical que vale la mitad de una corchea. Figura que la representa.

semicultismo *m.* Palabra menos evolucionada que la popular y más que la culta o cultismo.

semideponente *adj.* Dícese del verbo latino que sólo es deponente en los tiempos compuestos.

semidiós-a *m. y f.* Hijo de un mortal y de una deidad. Deidad inferior, héroe o varón esclarecido por sus hazañas a quien los gentiles colocaban entre sus fabulosas deidades. Ser humano divinizado.

semiesfera *f.* Hemisferio.

semifinal *adj. y s.* En los deportes, dícese de cada uno de los dos juegos para la selección de la pareja que habrá de jugar los finales.

semifusa *f.* Nota que vale la mitad de una fusa. Figura que la representa.

semilunar *adj. y s.* Que tiene figura de media luna. Dícese de uno de los huesos del carpo, por su forma.

semilla *f.* Parte del fruto de la planta que la reproduce cuando germina. Cosa que es causa u origen de que proceden otras. Simiente.

semillero *m.* Sitio donde se siembran y crían los vegetales que después han de trasplantarse. Origen y principio de que nacen o se propagan algunas cosas.

seminal *adj.* Perteneciente o relativo al semen o a la semilla.

seminario *m.* Semillero. Clase en que se reúne el profesor con los discípulos para realizar trabajos de investigación. Casa destinada para la educación de jóvenes que se dedican al estado eclesiástico.

seminola *adj. y s.* Indígena norteamericano perteneciente a una tribu de la familia muscogi, pobladora del N. de la Península de la Florida.

semiótica o **semiología** *f.* Parte de la Medicina que trata de los signos y síntomas de las enfermedades, desde el punto de vista del diagnóstico y del pronóstico.

semisuma *f.* Resultado de dividir entre dos una suma.

semita *adj.* Descendiente de Sem; dícese de los árabes, hebreos, ara-

meos, caldeos, cananeos, acadios, amoritas, etc. Semítico.

semítico-a *adj.* Perteneciente o relativo a los semitas, a sus doctrinas, instituciones, costumbres y lenguas.

semitono *m.* Cada una de las dos partes desiguales en que se divide el intervalo de un tono.

semivocal *adj.* Dícese de la letra consonante que puede pronunciarse sin que se perciba directamente el sonido de una vocal.

sémola *f.* Trigo candeal desnudo de su corteza. Trigo quebrantado. Pasta de harina flor, reducida a granos y que se usa para sopa.

semoviente *adj.* Que se mueve a sí mismo o por sí mismo. *Pl.* Ganado.

sempiterno-a *adj.* Eterno. Perdurable.

sen *m.* Arbol leguminoso parecido a la casia, cuyas hojas se usan en infusión como purgantes. Otros árboles reciben el mismo nombre.

senado *m.* Consejo supremo de la antigua Roma. Institución parlamentaria que, con el Congreso o Cámara de diputados, asume las funciones legislativas en los Estados democráticos y constitucionales.

senadoconsulto *m.* Decreto o determinación del antiguo Senado romano. Decreto senatorial del Imperio francés.

senador-a *m. y f.* Persona que pertenece al Senado.

senario-a *adj.* Compuesto de seis elementos o unidades. Dícese del verso compuesto de seis pies, en la antigua versificación latina.

senatorial *adj.* Perteneciente o relativo al senado o al senador.

sencillo-a *adj.* Sin artificio ni composición. De menos cuerpo que otras cosas de su especie. Sin ostentación ni adornos. Que expresa natural e ingenuamente los conceptos. Incauto, fácil de engañar.

senda o **sendero** *f. o m.* Camino más estrecho que la vereda, generalmente sólo para peatones. Ruta. Medio o arbitrio para hacer o comenzar alguna cosa.

sendecho *m.* En México, bebida preparada con maíz cocido y molido, azúcar de piloncillo y algún licor.

senderear *tr.* Guiar o encaminar por el sendero. Abrir senda. *Intr.* Echar por caminos extraordinarios en el modo de obrar o discurrir.

sendos-as *adj.* Uno o una parte para cada cual de dos o más personas o cosas.

senectud *f.* Edad senil, período de la vida que comúnmente empieza a los sesenta años. Vejez, ancianidad, senilidad.

senegalés-a *adj.* Natural de Senegal. Perteneciente o relativo a este país de Africa.

senescal *m.* Antiguo mayordomo mayor de alguna casa real. Jefe o cabeza principal de la antigua nobleza.

senil *adj.* Perteneciente a los viejos o a la vejez.

Senectud. Estado o calidad de senil.

senilismo *m.* Estado de vejez prematura.

senior *m.* Anticuado. Señor o senador. *Adj.* Dícese de la persona mayor que otra del mismo nombre o familia.

seno *m.* Concavidad o hueco. Concavidad que forma una cosa encorvada. Pecho humano. Espacio o hueco entre el vestido y el pecho. Matriz, útero. Parte de mar entre dos puntas o cabos de tierra. Regazo, cosa que recibe en sí a otra dándole amparo, gozo o consuelo. Parte interna de alguna cosa. Cavidad en el espesor de un hueso o formada por la reunión de varios huesos.

sensación *f.* Impresión que las cosas producen en el alma por medio de los sentidos. Emoción causada por un suceso o noticia de importancia.

sensacional *adj.* Que causa sensación o emoción.

sensacionalismo *m.* Desorbitamiento o exageración de las noticias, a fin de producir en la opinión pública una exaltación de las pasiones o despertar en ella un interés morboso.

sensatez *f.* Calidad de sensato. Cordura, discreción, prudencia, circunspección.

sensato-a *adj.* Prudente, cuerdo, de buen juicio.

sensibilidad *f.* Facultad de sentir, propia de los seres animados. Propensión natural del hombre a dejarse llevar de los afectos de compasión, humanidad y ternura. Calidad de sensible, de ceder fácilmente a la acción de algunos agentes naturales. Grado de precisión de un aparato de medida. Facultad de recibir sensaciones, en general.

sensibilizar *tr.* Hacer sensibles a la acción de la luz ciertas materias usadas en fotografía. Hacer que una célula se vuelva sensible a los efectos de un complemento. Lograr que un tejido, órgano o célula sea excitable; o hacer que se vuelvan alérgicos.

sensible *adj.* Capaz de sentir, física y moralmente. Que puede ser conocido por medio de los sentidos. Perceptible, patente al enten-

dimiento. Que causa sentimientos de pena o de dolor. Dícese de la persona que se deja llevar fácilmente del sentimiento. Dícese de las cosas que ceden fácilmente a la acción de ciertos agentes naturales. Aplícase a la séptima nota de la escala diatónica.

sensiblería *f.* Sentimentalismo exagerado, trivial o fingido.

sensitiva *f.* Planta leguminosa de tallo con aguijones ganchosos, hojas compuestas, flores de color rojo obscuro y fruto con varias simientes; si se la toca o sacude, la hoja queda pendiente y como marchita.

sensitivo-a *adj.* Perteneciente a los sentidos corporales. Capaz de sensibilidad. Que tiene la virtud de excitar la sensibilidad.

sensorial o sensorio-a *adj.* Perteneciente o relativo a la sensibilidad, facultad de sentir. *M.* Centro común de todas las sensaciones.

sensual *adj.* Sensitivo. Aplícase a los gustos o deleites de los sentidos, a las cosas que los incitan o satisfacen y a las personas aficionadas a ellos. Perteneciente al apetito carnal.

sentado-a *adj.* Juicioso, sesudo, quieto. Aplícase a las hojas, flores y demás órganos vegetales que carecen de peciolo, pedúnculo o pedicelo que les sirva de sostén.

sentar *tr.* Poner o colocar a uno en silla, banco, etc., de manera que quede apoyado y descansando sobre la región glútea. *Intr.* Ser bien recibidas y digeridas la comida o la bebida. Hacer provecho al cuerpo. Agradar, ser del gusto de uno. Cuadrar, convenir una cosa a otra. *R.* Asentarse.

sentencia *f.* Dictamen o parecer que uno tiene o sigue. Dicho grave o sucinto que encierra doctrina o moralidad. Decisión de un árbitro. Máxima, aforismo. Resolución judicial que decide las cuestiones planteadas en un proceso.

sentenciar *tr.* Dar o pronunciar sentencia. Condenar por sentencia en materia penal. Expresar el parecer, juicio o dictamen que decide a favor de una de las partes contendientes lo que se disputa o controvierte.

sentencioso-a *adj.* Aplícase al dicho, oración o escrito que encierra moralidad o doctrina. Dícese del tono de la persona que habla con cierta afectada gravedad, como si cuanto dice fuera una sentencia.

sentido-a *adj.* Que incluye o explica un sentimiento. Dícese de la persona que se siente u ofende con facilidad. *M.* Cada una de las aptitudes que tiene el alma de percibir, por medio de determinados órganos corporales, las impresiones de los objetos externos. Cada uno de estos órganos. Entendimiento o razón, en cuanto discierne las cosas. Modo particular de entender una cosa o juicio que se hace de ella. Razón de ser, finalidad. Significación cabal de una oración gramatical o de una cláusula.

sentimental *adj.* Que expresa o excita sentimientos tiernos. Propenso a ellos. Que afecta sensibilidad de un modo ridículo o exagerado. Sensible, impresionable, romántico.

sentimiento *m.* Acción y efecto de sentir o sentirse. Impresión y movimiento que causan en el alma las cosas espirituales. Estado del ánimo afligido por un suceso triste o doloroso.

sentina *f.* Cavidad inferior de la nave que está sobre la quilla y en la que se reúnen las aguas de distintas procedencias y que se expulsan con las bombas. Lugar lleno de inmundicias de mal olor. Sitio donde abundan o donde se propagan los vicios. Sumidero, albañal, cloaca, vertedero.

sentir *m.* Sentimiento. Dictamen, parecer, opinión.

sentir *tr.* Experimentar sensaciones, producidas por causas internas o externas. Percibir por medio del oído. Experimentar una sensación, placer o dolor corporal, o espiritual. Lamentar, tener por dolorosa y mala una cosa. Juzgar, formar parecer. Presentir, barruntar lo porvenir. Empezar a rajarse o abrirse una cosa, o a corromperse o pudrirse.

sentón *m. americ.* Acción y efecto de sentarse o ser sentado de manera violenta. En México y Ecuador, sofrenada que se da al caballo sentándolo sobre los cuartos traseros.

seña *f.* Nota o indicio para dar a entender una cosa o venir en conocimiento de ella. Señal. *Pl.* Indicación del lugar y el domicilio de una persona.

señal *f.* Marca o nota que se pone o hay en las cosas para darlas a conocer y distinguirlas de otras. Signo con que se comunican a distancia avisos o noticias. Hito o mojón para marcar un término. Signo para acordarse de algo. Signo, nota o distintivo. Indicio o muestra de algo inmaterial. Vestigio o impresión que queda de una cosa. Cicatriz. Incisión o marca para indicar la propiedad del ganado. Imagen o representación de una cosa. Prodigio, cosa extraordinaria. Cantidad que se adelanta en algunos contratos. Aviso, Seña, estandarte o bandera militar. Sello o escudo de armas.

señalado-a *adj.* Insigne, famoso, célebre.

señalar *tr.* Poner o estampar señal en una cosa para darla a conocer o distinguirla de otra, o para acordarse después. Rubricar, suscribir, firmar un despacho. Llamar la atención hacia una persona o cosa. Nombrar o determinar persona, día, hora, lugar o cosa para algún fin. Hacer herida o señal que cause imperfección o defecto. Hacer señal para dar noticia de algo. *R.* Distinguirse o singularizarse, especialmente en materias de reputación, crédito y honra.

señera *f.* Seña, estandarte o bandera militar.

señero-a *adj.* Solo, solitario, separado de toda compañía. Único, sin par.

señor-a *adj.* Dueño de una cosa; que tiene dominio y propiedad en ella. Noble, decoroso. Grande, enorme. *M.* Por antonomasia, Dios. Jesús, en el sacramento eucarístico. Título nobiliario. Amo. Término de cortesía que se aplica a cualquier persona.

señora *f.* Mujer del señor. La que por sí posee algún señorío. Ama. Término de cortesía que se aplica a una mujer, especialmente si es casada o viuda. La casada, con relación al marido.

señorear *tr.* Dominar o mandar en una cosa como dueño de ella. Mandar imperiosamente y como si fuera el dueño. Enseñorearse. Estar una cosa en situación superior o en mayor altura que otra y como dominándola. Sujetar uno las pasiones a la razón. *R.* Usar de gravedad y mesura en el porte, vestido o trato.

señoría *f.* Tratamiento que se da a las personas a quienes compete por su dignidad. Soberanía de ciertos Estados que se gobernaban como repúblicas.

señorial *adj.* Perteneciente o relativo al señorío. Majestuoso, noble.

señorío *m.* Dominio o mando sobre una cosa. Territorio perteneciente a un señor. Gravedad y mesura en el porte o en las acciones. Dominio y libertad en obrar, sujetando las pasiones a la razón. Conjunto de señores o personas de distinción.

señorita *f.* Hija de un señor o persona de distinción. Término de cortesía que se aplica a la mujer soltera.

señorito *m.* Hijo de un señor o persona de distinción. Amo, el que tiene uno o más criados. Joven acomodado y ocioso.

señorón-a *adj. y s.* Muy señor o muy señora, por serlo, por conducirse como tal o por afectar señorío o grandeza.

señuelo *m.* Cosa que sirve para atraer a las aves. Lo que sirve para atraer, persuadir o inducir con alguna falacia.

seo *f.* Iglesia catedral.

sépalo *m.* Cada una de las divisiones del cáliz de la flor.

separación *f.* Acción y efecto de separar o separarse. Interrupción de la vida conyugal por conformidad de las partes o por fallo judicial, sin quedarse extinguido el vínculo matrimonial.

separar *tr.* Poner a una persona o cosa fuera del contacto o proximidad de otra. Apartar, distinguir cosas o asuntos. Destituir de un empleo o cargo al que lo servía. *R.* Retirarse uno de algún ejercicio u ocupación. Desistir.

separatista *adj. y s.* Que trabaja y conspira para que un territorio o colonia se separe o emancipe de la soberanía a que está sometida. Partidario de la separación de un país del Estado de que forma parte, para lograr la independencia o para incorporarse a otro Estado.

sepelio *m.* Acción de inhumar la Iglesia a los fieles. Entierro.

sepia *f.* Jibia, molusco cefalópodo. Materia colorante que se obtiene de la jibia y se emplea en pintura. De color pardo rojizo.

sepsis o **sepsia** *f.* Putrefacción. Presencia de organismos patógenos en la sangre o en los tejidos. Septicemia.

septena *f.* Conjunto de siete cosas por orden.

septenario-a *adj.* Aplícase al número compuesto de siete unidades, o a todo lo que consta de siete elementos. *M.* Tiempo de siete días.

septenio *m.* Tiempo de siete años.

septentrional *adj.* Perteneciente o relativo al Norte, como polo, punto cardinal o viento de esta dirección. Que cae al Norte.

septeto *m.* Composición musical para siete voces o instrumentos que actúan como solistas. Conjunto de estas siete voces o instrumentos.

septicemia *f.* Nombre general de cualquier infección de la sangre, originada por microbios patógenos vivos.

séptico-a *adj.* Que produce putrefacción. Perteneciente o relativo a la sepsis. Que padece sepsis o infección.

septiembre o **setiembre** *m.* Séptimo mes del año, según la cuenta de los antiguos romanos, y noveno según nuestro actual calendario; consta de 30 días.

séptimo-a *adj.* Que sigue inmediatamente en orden al o a lo sexto. Dícese de cada una de las siete partes iguales en que se divide un todo.

septingentésimo-a *adj.* Que sigue inmediatamente en orden al o a lo sexcentésimo nonagésimo nono. Dícese de cada una de las 700 partes iguales en que se divide un todo.

septo *m.* Tabique orgánico.

septuagenario-a *adj. y s.* Que ha cumplido la edad de 70 años y no llega a 80.

septuagésimo-a *adj.* Que sigue inmediatamente en orden al o a lo sexagésimo nono. Dícese de cada una de las 70 partes iguales en que se divide un todo.

septuplicar *tr.* Multiplicar por siete una cantidad o una cosa.

sepulcral *adj.* Perteneciente o relativo al sepulcro.

sepulcro *m.* Obra para dar sepultura en ella al cadáver de una persona. Hueco del ara donde se depositan las reliquias y que después se cubre y sella. Sarcófago, tumba, sepultura, túmulo.

sepultar *tr.* Poner en la sepultura a un difunto; enterrar su cuerpo. Sumir, esconder, ocultar una cosa como enterrándola.

sepultura *f.* Acción y efecto de sepultar. Hoyo que se practica en la tierra para enterrar un cadáver. Lugar en que está enterrado un cadáver.

sepulturero *m.* El que tiene por oficio abrir las sepulturas y sepultar a los muertos.

sequedad *f.* Calidad de seco. Dicho, expresión o ademán áspero y duro. Estado del aire cuando contiene poco vapor acuoso.

sequedal o **sequeral** *m.* Terreno muy seco.

sequete *m.* Pedazo de pan, bollo o rosca seco y duro. Golpe seco para poner una cosa en movimiento o para detenerla. Aspereza en el trato o en el modo de responder.

sequía *f.* Tiempo seco de larga duración.

séquito *m.* Agregación de gente que en obsequio a alguien lo acompaña y sigue.

ser *m.* Esencia o naturaleza. Ente. Valor, precio, estimación de las cosas. Modo de existir.

ser *intr.* Haber o existir. Servir, aprovechar para una cosa. Estar en lugar o situación. Suceder, acontecer. Valer, tener las cosas un precio determinado. Pertenecer a la posesión o dominio de uno. Corresponder, tocar. Formar parte de una corporación o comunidad. Proceder, originarse. Afirmar o negar.

sera *f.* Espuerta grande, generalmente sin asas, para llevar carbón y otros usos.

seráfico-a *adj.* Perteneciente o parecido a un serafín. Pobre, humilde. Suele aplicarse a San Francisco de Asís y a la orden religiosa que fundó.

serafín *m.* Cada uno de los espíritus bienaventurados que se distinguen por su intenso y fervoroso amor a las cosas divinas; forman el segundo coro de ángeles.

serba *f.* Fruto del serbal, de figura de pera pequeña, de color encarnado amarillento, y comestible cuando madura.

serbal *m.* Árbol rosáceo de tronco recto y liso, hojas compuestas y flores blancas pequeñas en corimbos axilares, y cuyo fruto es la serba.

serenar *tr. y r.* Aclarar, sosegar, tranquilizar una cosa. Enfriar agua al sereno. Sentar y aclarar los licores turbios. Templar, moderar o cesar en el enojo o señas de una pasión en el semblante.

serenata *f.* Música en la calle o al aire libre y durante la noche para festejar a alguien. Composición poética o musical destinada a este objeto.

serenísimo-a *adj.* Superlativo de sereno. Tratamiento que se daba en España a los hijos del rey. Título que se ha dado también a algunas repúblicas y personas.

sereno *m.* Humedad de que está impregnada la atmósfera por la noche. Vigilante nocturno.

sereno-a *adj.* Claro, despejado de nubes o nieblas. Apacible, sosegado.

sergas *f. pl.* Hechos, proezas, hazañas.

seri *adj. y s.* Indígena mexicano de una antigua familia, hoy reducida a la región costera del Estado de Sonora a ambos lados del río de este nombre y a la vecina isla del Tiburón. Dialecto integrante de la familia hoca.

seriar *tr.* Poner en serie, formar series.

sericicultura o sericultura *f.* Industria que tiene por objeto la producción de la seda.

serie *f.* Conjunto de cosas relacionadas entre sí y que se suceden unas a otras. Sucesión de fenómenos, de cantidades, de compuestos de períodos, de categorías, más o menos relacionadas entre sí y en forma progresiva.

serio-a *adj.* Grave, sentado y compuesto en las acciones y en el modo de proceder. Severo en el semblante, en el modo de mirar o hablar. Real, verdadero. Sincero y sin engaño ni doblez. Grave, importante, de consideración.

sermón *m.* Discurso cristiano u oración evangélica para la enseñanza de los fieles. Amonestación, represión insistente y larga.

sermonear *intr.* Predicar, echar sermones. Amonestar o reprender.

serna *f.* Porción de tierra de sembradura.

serología o suerología *f.* Rama de la Bioquímica que estudia los sueros, su preparación, aplicación, efectos, etc.

serón *m.* Especie de sera más larga que ancha que sirve regularmente para carga de una caballería.

serosidad *f.* Exudado de una inflamación. Líquido que segregan ciertas membranas. Humor que se acumula en las ampollas de la epidermis, causadas por quemaduras, cáusticos, ventosas, rozamientos, etc.

seroso-a *adj.* Perteneciente o relativo al suero o a la serosidad, o semejante a estos líquidos. Que produce serosidad.

serpentear o serpear *intr.* Andar, moverse o extenderse formando vueltas y tornos como la serpiente.

serpentín *m.* Tubo largo en espiral o en línea quebrada para facilitar el enfriamiento de la destilación en los alambiques. Superficie envolvente de las posiciones de una esfera cuyo centro se mueve describiendo una hélice.

serpentina *f.* Tira arrollada de papel que en días de fiesta se arroja una persona a otra, teniéndola sujeta por un extremo, de modo que se desarrolle en el aire. Piedra de color verdoso, silicato de magnesia teñido por óxidos de hierro, con manchas o venas más o menos obscuras, de mucha aplicación en las artes decorativas, pues admite hermoso pulimento.

serpentón *m.* Instrumento músico de viento de tonos graves, encorvado en forma de U, con agujeros y llaves, y terminado en un pabellón de metal que figura una cabeza de serpiente.

serpiente *f.* Culebra, reptil ofidio, por lo común de gran tamaño y ferocidad. El demonio.

serpigo o sérpigo *m.* Llaga que cunde a lo largo, cicatrizándose por un extremo y extendiéndose por el otro. Erupción de la piel con estos caracteres; en particular, la tiña y el herpes.

697

serpol m. Tomillo de tallos rastreros y hojas planas y obtusas; segrega un aceite volátil usado en perfumería.

serpollo m. Cada una de las ramas nuevas y lozanas que brotan al pie de un árbol o en la parte por donde se le ha podado. Renuevo, retoño de una planta.

serraduras f. pl. Serrín.

serrallo m. Lugar en que los mahometanos tienen a sus mujeres y concubinas.

serranía f. Espacio de terreno cruzado por montañas y sierras.

serranilla f. Composición lírica española de asunto villanesco o rústico; por sus personajes es semejante a la pastorela y a la vaqueira.

serrano-a adj. Que ha nacido o que habita en una sierra. Perteneciente a las sierras o serranías o a sus moradores.

serrar tr. Cortar o dividir con sierra la madera u otra cosa.

serrín m. Conjunto de partículas que se desprenden de la madera cuando se sierra; de varias aplicaciones industriales.

serrucho m. Sierra de hoja ancha y regularmente con una sola manija.

serventesio m. Género poético provenzal de asunto generalmente moral o político y a veces de tendencia satírica. Cuarteto endecasílabo de rimas cruzadas.

servicial adj. Que sirve con cuidado, diligencia y agrado. Pronto a complacer y servir a otros.

servicio m. Acción y efecto de servir. Estado de criado o sirviente. Rendimiento y culto que se debe a Dios. Mérito que se hace sirviendo al Estado o a otra entidad o persona. Obsequio que se hace en beneficio del igual o amigo. Utilidad o provecho que resulta a uno de lo que otro ejecuta en atención suya. Lavativa. Cubierto que se pone a cada comensal. Organización y personal destinados a cuidar intereses o satisfacer necesidades del público o de alguna entidad. Acto, misión o cometido que cumple un individuo o cuerpo militar.

servidor-a m. y f. Persona que sirve como criado. Persona adscrita al manejo de un arma, máquina u otro artefacto. Nombre que por cortesía y obsequio se da a sí misma una persona respecto de otra. M. El que corteja y festeja a una dama.

servidumbre f. Trabajo o ejercicio propio del siervo. Estado o condición de siervo. Conjunto de criados que sirven a un tiempo o en una casa. Sujeción grave u obligación inexcusable de hacer una cosa. Sujeción a las pasiones o afectos que coarta la libertad. Derecho real sobre una heredad ajena que autoriza a gozar de un uso determinado de la misma.

servil adj. Perteneciente a los siervos y criados. Bajo, humilde y de poca estimación. Rastrero, que obra con servilismo. Dícese de los oficios mecánicos o bajos, en oposición a las artes liberales.

servilismo m. Ciega y baja adhesión a la autoridad de otra persona. Abyección, envilecimiento.

servilleta f. Paño o papel que sirve de limpieza y aseo a cada persona sentada a la mesa.

servio-a adj. y s. Natural u oriundo de Servia. Perteneciente a este país de Europa. Idioma de sus habitantes.

serviola f. Pescante muy robusto instalado en las proximidades de la amura y hacia la parte exterior del costado del buque. Vigía que se establece de noche cerca de este pescante.

servir intr. Estar al servicio de otro. Estar sujeto a otro por cualquier motivo. Ser a propósito una cosa para determinado fin. Ejercer un empleo o cargo. Aprovechar, ser de uso o utilidad. Ser soldado en activo. Asistir a la mesa y a los comensales. Dar culto a Dios y a Sus Santos. Hacer algo en favor de uno. Cortejar o festejar a una dama. Hacer plato o llenar el vaso o la copa al que va a comer o beber. R. Querer o tener a bien hacer alguna cosa. Valerse de una cosa para el uso propio de ella.

servofreno m. Freno auxiliar de los grandes coches y camiones.

servomotor m. Motor auxiliar para aumentar en un momento dado la energía disponible.

sésamo m. Alegría, planta oleaginosa y el nuégado de ajonjolí.

sesear intr. Pronunciar la c como s por vicio, por defecto orgánico o por modismo peculiar.

sesenta adj. Seis veces diez. Sexagésimo.

sesentavo-a adj. Dícese de cada una de las 60 partes iguales en que se divide un todo.

sesentón-a adj. y s. Sexagenario.

sesera f. Parte de la cabeza del animal en que están los sesos. Seso, masa nerviosa contenida en la cavidad del cráneo.

sesgar tr. Cortar o partir en sesgo. Torcer a un lado o atravesar una cosa hacia un lado.

sesgo-a adj. Torcido, cortado o situado oblicuamente. Grave, serio o torcido en el semblante. M. Oblicuidad o torcimiento de una cosa hacia un lado. Curso o rumbo que toma un negocio.

sésil *adj.* Sentado, que carece de pedúnculos.

sesión *f.* Acción y efecto de sentarse. Cada una de las juntas de un concilio, congreso u otra corporación. Conferencia, consulta entre varios para determinar una cosa.

sesionar *intr.* *americ.* Celebrar sesión.

seso *m.* Cerebro, parte superior y anterior del encéfalo. Masa nerviosa contenida en la cavidad del cráneo. Prudencia, madurez.

sesquiáltero-a *adj.* Aplícase a las cosas que contienen la unidad y una mitad de ella, y también a las cantidades que están en razón de 3 a 2.

sesquióxido *m.* Oxido que contiene una mitad más de oxígeno que el protóxido.

sesquiplano *m.* Biplano con un par de alas mucho menor que el otro.

sestear *intr.* Pasar la siesta durmiendo o descansando.

sesudo-a *adj.* Que tiene seso, prudencia, madurez. Juicioso, prudente, discreto.

seta *f.* Cerda de algunos animales, especialmente del jabalí. Aparejo para pescar anguilas en los ríos.

seta *f.* Cualquier especie de hongo cuyo aparato esporífero tiene forma de sombrero o casquete sostenido por un piececillo.

setecientos-as *adj.* Siete veces ciento. Septingentésimo.

setenta *adj.* Siete veces diez. Septuagésimo.

setentavo-a *adj* Cada una de las 70 partes iguales en que se divide un todo.

setentón-a *adj.* Septuagenario.

setiforme *adj.* Que tiene forma o aspecto de seda, crin, cerda, etc.

seto *m.* Cercado hecho de palos o varas entretejidas. El seto vivo es el cercado de matas o arbustos vivos.

setter *adj.* y *s.* Raza de perros de caza, de origen escocés, de pelo largo, fino y ondulado, de color blanco con manchas negras o rojizas.

seudónimo o **pseudónimo** *adj.* Dícese del autor que oculta con un nombre falso el suyo verdadero. Aplícase también a la obra de este autor. *M.* Nombre empleado por un autor en vez del suyo verdadero.

seudópodo o **pseudópodo** *m.* Prolongación protoplasmática que emiten muchos seres unicelulares, como órganos de locomoción o prensión, especialmente.

severidad *f.* Rigor y aspereza en el modo y trato, o en el castigo y reprensión. Exactitud y puntualidad en la observancia de una ley, precepto o regla. Gravedad, seriedad, mesura.

severo-a *adj.* Riguroso, áspero, duro en el trato o castigo. Exacto, puntual y rígido en la observancia de una ley, precepto o regla. Grave, serio.

sevicia *f.* Crueldad excesiva. Malos tratos.

sevillano-a *adj.* y *s.* Natural de Sevilla. Perteneciente a esta ciudad y provincia de España.

sexagenario-a *adj.* y *s.* Que ha cumplido la edad de 60 años y no llega a 70.

sexagésimo-a *adj.* Que sigue inmediatamente en orden al o a lo quincuagésimo nono. Dícese de cada una de las 60 partes iguales en que se divide un todo.

sexagonal *adj.* Hexagonal.

sex appeal *m.* Expresión inglesa empleada en otras lenguas: atractivo especial en la mujer.

sexcentésimo-a *adj.* Que sigue inmediatamente en orden al o a lo quingentésimo nonagésimo nono. Dícese de cada una de las 600 partes iguales en que se divide un todo.

sexenal *adj.* Que sucede cada seis años. Que dura seis años.

sexenio *m.* Período de seis años.

sexo *m.* Condición orgánica, anatómica y fisiológica que distingue al macho de la hembra. Aparato genital.

sexta *f.* Tercera de las cuatro partes iguales en que dividían los romanos el día artificial, de mediodía a media tarde. Intervalo de una nota a la sexta ascendente o descendente en la escala.

sextante *m.* Instrumento manual para medir la distancia angular entre dos puntos o de un punto a un plano, usado por los navegantes.

sexteto *m.* Composición para seis instrumentos o seis voces. Conjunto de los mismos.

sexto-a *adj.* Que sigue inmediatamente en orden al o a lo quinto. Dícese de cada una de las seis partes iguales en que se divide un todo.

séxtuplo-a *adj.* y *s.* Que incluye en sí seis veces una cantidad.

sexuado-a *adj.* Que tiene sexo perfectamente acusado.

sexual *adj.* Perteneciente o relativo al sexo.

sherry *m.* Nombre que dan los ingleses al vino de Jerez.

shunt *m.* Palabra inglesa con que se designa un circuito eléctrico que se conecta en paralelo con otro, para derivar parte de la corriente que procede del generador y reducir a una fracción dada la intensidad de la corriente en el circuito principal.

si m. Séptima voz o nota de la escala musical.

si conj. Denota: condición o suposición, aseveración, ponderación o encarecimiento, aunque, contraposición.

sí adv. Denota: afirmación, aseveración, énfasis, consentimiento, permiso. Pron. Forma reflexiva del pronombre personal de tercera persona.

sial m. Una de las supuestas capas de la corteza terrestre, formada de silicio y aluminio y en equilibrio hidrostático sobre el sima.

sialismo m. Salivación.

siamés-a adj. y s. Natural u oriundo de Siam, ahora Tailandia. Perteneciente a esta nación de Asia. Idioma de sus habitantes.

sibarita adj. Dícese de la persona muy dada a regalos y placeres, por alusión a la riqueza y abundancia de los habitantes de la ciudad Síbaris, en la Italia antigua.

siberiano-a adj. y s. Natural de Siberia. Perteneciente a esta región de Asia.

sibila f. Mujer sabia a quien los antiguos atribuían espíritu de profecía.

sibilante adj. Que silba. Ruido torácico propio de las bronquitis profundas. Dícese de la consonante que se pronuncia produciendo una especie de silbido.

sibilino-a adj. Perteneciente o relativo a la sibila. Misterioso, obscuro con apariencia de importante.

siboney com. Nombre histórico de los aborígenes de Cuba o habitantes precolombinos. Relativo a Cuba o a sus habitantes.

sic adj. Úsase en los impresos y manuscritos para indicar que una palabra o frase que pudiera parecer inexacta es textual; es adjetivo latino que significa *así, de esta manera.*

sicalíptico-a adj. Lascivo, deshonesto, pornográfico.

sicario m. Asesino asalariado.

siciliano-a, sicanio-a, sicano-a o sículo-a adj. y s. Natural de Sicilia. Perteneciente a esta isla de Italia.

sicofanta o sicofante m. Impostor, calumniador.

sicomoro o sicómoro m. Planta morácea, higuera propia de Egipto, de fruto pequeño, blanco amarillento y de madera incorruptible que usaban los antiguos egipcios para fabricar las cajas en que encerraban las momias.

sicono m. Fruto carnoso, cuyo tipo es el higo, formado por un receptáculo cóncavo o hueco sobre el cual se hallan insertas las flores, ordinariamente abundantes y muy pequeñas.

sicosis f. Erupción papular y pustulosa, localizada en los folículos pilosos, en forma de placas y que hace que el pelo se caiga.

side car o sidecar m. Palabra inglesa para indicar el pequeño coche acoplado a una motocicleta.

sideral o sidéreo-a adj. Perteneciente o relativo a las estrellas y, por extensión, a los astros en general.

siderolito m. Meteorito formado por hierro y una roca básica.

siderurgia f. Arte de extraer el hierro y de trabajarlo, comprendiendo todos los procesos seguidos para beneficiar los minerales de hierro y sus productos comerciales laminados, fundidos o forjados.

sidra f. Bebida alcohólica que se produce por la fermentación del zumo de las manzanas.

siega f. Acción y efecto de segar las mieses. Tiempo en que se siegan. Mieses segadas.

siembra f. Acción y efecto de sembrar. Operación de esparcir o enterrar las semillas en el campo de cultivo, para obtener nuevas plantas y recoger nuevas cosechas. Tiempo en que se siembra. Tierra sembrada. Inoculación de bacterias en un medio de cultivo.

siempre adv. En todo o en cualquier tiempo. En todo caso o cuando menos.

siempreviva f. Planta herbácea vivaz de la familia de las compuestas y cuyas cabezuelas, separadas de la planta poco antes de abrirse del todo, se conservan meses enteros sin alteración. Flor de esta planta.

sien f. Cada una de las dos partes laterales de la cabeza comprendidas entre la frente, la oreja y la mejilla.

sienita f. Roca eruptiva de color rojo de muy difícil descomposición.

sierpe f. Serpiente. Persona fea, muy feroz, o que está muy colérica. Cosa que se mueve con rodeos a manera de sierpe.

sierra f. Herramienta consistente en una hoja de acero con dientes agudos y triscados en el borde, sujeta a un mango, un bastidor u otra armazón adecuada, para cortar madera, piedra, hierro, etc. Cordillera de montes o peñascos cortados.

siervo m. y f. Esclavo. Nombre que una persona se da a sí misma para mostrar a otra obsequio y rendimiento. Persona sometida a alguna servidumbre.

siesta *f.* Tiempo después del mediodía en que aprieta más el calor. Tiempo para dormir o descansar después de comer.

siete *adj.* Seis y uno. Séptimo.

sietemesino-a *adj. y s.* Aplícase a la criatura que nace a los siete meses de engendrada. Enclenque.

sífilis *f.* Enfermedad venérea contagiosa, transmisible por contacto sexual y originada por la bacteria *Treponema pallidum*, y que acaba con una parálisis general progresiva y otras muy graves lesiones.

sifón *m.* Tubo encorvado para trasegar líquidos del vaso que los contiene, elevándolos a un nivel superior. Botella cerrada herméticamente con una tapa por la que pasa un sifón con llave para abrir o cerrar el paso del agua cargada de ácido carbónico. Tubo doblemente acodado en que el agua retenida dentro impide la salida de gases al exterior. Embudo natatorio de un cefalópodo.

sigilación *f.* Acción y efecto de sigilar. Marca que deja una cicatriz.

sigilar *tr.* Sellar, imprimir con sello. Callar u ocultar una cosa.

sigilo *m.* Sello, y lo que con él queda estampado, impreso y señalado. Secreto que se guarda de una cosa o noticia.

sigiloso-a *adj.* Que guarda sigilo.

sigla *f.* Letra inicial que se emplea como abreviatura de una palabra. Cualquier signo que sirve para ahorrar letras o espacio en la escritura.

siglo *m.* Espacio de cien años. Tiempo en que existió o floreció una persona, sucedió o se inventó algo muy notable. Mucho o muy largo tiempo. Trato y relaciones humanas, en la vida común y política.

sigma *f.* Decimoctava letra del alfabeto griego, equivalente a la *s* castellana, en su sonido.

sigmatismo *m.* Repetición desmedida de la letra *s* al hablar o escribir. Forma de tartamudeo en que se hce difícil pronunciar la letra *s.*

signar *tr.* Hacer, poner o imprimir el signo. Firmar. Hacer la señal de la cruz sobre una persona o cosa. Persignarse.

signatario-a *adj. y s.* Firmante.

signatura *f.* Señal, especialmente la de letras, números o clasificadores.

significación *f.* Acción y efecto de significar. Sentido de una palabra o frase. Objeto que se significa.

Importancia. Significado, acepción. Lo expresado por un signo.

significado-a *adj.* Conocido, importante, reputado. *M.* Significación, sentido de una palabra o frase; objeto que se significa.

significar *tr.* Ser una cosa representación, indicio o signo de otra cosa distinta. Ser una palabra o frase expresión o signo de una idea, de un pensamiento o de una cosa material. Hacer saber, declarar o manifestar una cosa. *R.* Hacerse notar o distinguirse por alguna cualidad o circunstancia.

significativo-a *adj.* Que da a entender con propiedad una cosa. Que tiene importancia, por representar o significar algún valor. Dícese de las cifras con valor propio, por oposición al cero.

signo *m.* Cosa que natural o convencionalmente evoca otra cosa. Cualquiera de los caracteres usados en la escritura o en la imprenta. Señal a modo de bendición. Figura que los notarios agregan a su firma. Hado o destino, determinado por el influjo de los astros, según vulgar creencia. Cada una de las doce partes iguales en que se considera dividido el Zodíaco. Manifestación o indicio de alguna enfermedad. Señal para indicar la naturaleza de las cantidades o las operaciones que se han de ejecutar con ellas.

siguiente *adj.* Que sigue. Ulterior, posterior.

sil *m.* Ocre, mineral de hierro.

sílaba *f.* Sonido o sonidos articulados que constituyen un solo núcleo fónico en la emisión de la voz.

silabario *m.* Librito o cartel con sílabas sueltas y palabras divididas en sílabas que sirve para enseñar a leer.

silabear *intr.* Ir pronunciando separadamente cada sílaba.

silábico-a *adj.* Perteneciente a la sílaba.

silba *f.* Acción de silbar, manifestar el público desagrado o desaprobación.

silbar *intr.* Dar o producir silbos o silbidos. Producir algunos animales sonidos parecidos al silbido. Manifestar el público desaprobación o desagrado con silbidos u otras manifestaciones ruidosas. Agitar el aire con violencia de la que resulte un sonido como de silbo.

silbato *m.* Instrumento que, soplando en él con fuerza, suena como el silbo.

silbido o silbo *m.* Sonido agudo que hace el aire, o que resulta de hacer pasar con fuerza el aire por la boca, con los labios fruncidos o con los dedos colocados convenientemente en ella. Sonido de igual clase que resulta de soplar con fuerza un silbato, llave, etc. Voz aguda y penetrante de algunos animales.

silbón *m.* Ave palmípeda que vive en las costas y lanza un sonido fuerte; fácil de domesticar.

silenciador-a *adj.* Que silencia. Aparato para amortiguar el ruido de armas, motores, etc.

silenciar *tr.* Mal usado por pasar en silencio, callar. En América, acallar, imponer silencio.

silencio *m.* Abstención de hablar. Falta de ruido. Breve intervalo en que se deja de tocar o cantar. No decir, no manifestar algo, de viva voz o por escrito.

silencioso-a *adj.* Dícese del que calla o tiene hábito de callar. Aplícase al lugar o tiempo en que hay o se guarda silencio. Que no hace ruido. *M.* Amortiguador de ruido.

silense *adj. y s.* Natural de Santo Domingo de Silos. Perteneciente a este pueblo español, de la provincia de Burgos o al famoso monasterio benedictino que hay en él.

silente *adj.* Silencioso, tranquilo, sosegado.

silepsis *f.* Figura de construcción consistente en quebrantar las leyes de concordancia gramatical. Uso recto y figurado de una palabra en una misma expresión.

sílex *m.* Sílice criptocristalina, pedernal, piedra molar, etc.; de sus diversas formas están hechos gran número de instrumentos prehistóricos.

sílfide *f.* Ninfa, ser fantástico que puebla el aire. Mujer esbelta y graciosa.

silicato *m.* Sal del ácido silícico.

sílice *f.* Combinación del silicio con el oxígeno; si es anhidra, forma el cuarzo; si es hidratada, el ópalo.

silíceo-a *adj.* De sílice o semejante a ella.

silícico-a *adj.* Perteneciente o relativo a la sílice.

silicio *m.* Metaloide que se extrae de la sílice, amarillento, infusible, elemento central del mundo inorgánico; símbolo Si.

silicón *m.* Nombre genérico de unos compuestos orgánicos que contienen silicio, de notables propiedades para la industria: estabilidad al calor, resistencia a la humedad, acción antiespumosa, poder dieléctrico, etc.

silicosis *f.* Enfermedad del aparato respiratorio producida por el polvo de sílice.

silicúa *f.* Fruto simple, seco, bivalvo, cuyas semillas se hallan alternativamente adheridas a las dos suturas.

silo *m.* Lugar subterráneo y seco en donde se guarda el trigo u otros granos, semillas o forrajes. Los modernos son construcciones hechas sobre la superficie del terreno, con madera, ladrillo, piedra, hierro o, sobre todo, cemento, casi siempre cilíndricos o cónicos y altos.

silogismo *m.* Razonamiento deductivo en el cual de dos juicios llamados premisas, resulta necesariamente otro juicio llamado conclusión.

silueta *f.* Dibujo sacado siguiendo los contornos de la sombra de un objeto. Forma que presenta a la vista la masa de un objeto más obscuro que el fondo sobre el cual se proyecta. Perfil.

silúrico-a *adj. y s.* Período de la era paleozoica, con restos fósiles característicos y rocas metamórficas, pizarras, cuarcitas, etc.

silva *f.* Colección de varias materias escritas sin método ni orden. Combinación de versos de siete y once sílabas, sin regularidad ni orden y sobre los más diversos temas.

silvestre *adj.* Crecido naturalmente y sin cultivo en selvas y campos. Inculto, agreste y rústico.

silvicultura o selvicultura *f.* Ciencia que trata del cultivo de bosques y montes.

silla *f.* Asiento con respaldo, por lo general de cuatro patas y en que sólo cabe una persona. Aparejo para montar a caballo. Sede. Dignidad de Papa y de otras dignidades eclesiásticas.

sillar *m.* Cada una de las piedras labradas que forma parte de una construcción de sillería. Parte del lomo de una caballería donde sienta la silla, el albardón, etc.

sillería *f.* Conjunto de sillas, sillones y canapés de una misma clase con que se amuebla una habitación. Conjunto de asientos unidos unos a otros. Taller donde se fabrican, reparan o venden sillas.

sillería *f.* Fábrica hecha de sillares asentados unos sobre otros y en hileras. Conjunto de estos sillares.

silleta *f.* Piedra sobre la cual se labra o muele el chocolate. Vaso para excretar en la cama los enfermos.

silletazo *m.* Golpe dado con una silla.

sillín *m.* Silla de tijera para montar cómodamente las mujeres. Silla de montar más ligera y sencilla que la común. Asiento de la bicicleta y otros vehículos análogos para montar en ellos.

sillón *m.* Silla de brazos mayor y más cómoda que la ordinaria.

sima *f.* Cavidad grande y muy profunda en la tierra. Cueva cuya entrada es una galería vertical.

sima *f.* La capa más profunda de la corteza terrestre, formada supuestamente de silicio y magnesio sobre la cual se encuentran los bloques de sial en equilibrio hidrostático.

simbiosis *f.* Asociación de organismos de diferentes especies que se favorecen mutuamente en su desarrollo.

simbólico-a *adj.* Perteneciente o relativo al símbolo o expresado por medio de él.

simbolismo *m.* Sistema de símbolos con que se representan creencias, conceptos o sucesos.

simbolizar *tr.* Servir una cosa como símbolo de otra, representarla y explicarla por alguna relación o semejanza que entre ellas hay.

símbolo *m.* Imagen, figura o divisa con que materialmente o de palabra se representa una cosa, una idea, un sentimiento, etc. Letra o letras convenidas con que se designa un cuerpo simple. Fórmula que contiene los artículos de la fe; credo, símbolo de los apóstoles.

simetría *f.* Proporción adecuada de las partes de un todo. Armonía en posición de las partes o puntos similares unos respecto de otros y con referencia a punto, línea o plano determinado.

símido *adj. y s.* Primate de una familia que incluye los monos antropomorfos: gorila, chimpancé, orangután y gibón.

simiente *f.* Semilla. Semen.

símil *m.* Comparación, semejanza entre dos cosas. *Adj.* Semejante, parecido a otro.

similar *adj.* Que tiene semejanza o analogía con una cosa.

similicadencia *f.* Figura retórica consistente en emplear al fin de dos o más cláusulas o períodos nombres en el mismo caso oracional, verbos en el mismo modo, tiempo o persona, o palabras de sonido semejante.

similitud *f.* Semejanza.

similor *m.* Aleación de cobre y zinc y que tiene el mismo color y brillo que el oro.

simio *m.* Mono, mamífero primate.

simonía *f.* Compra o venta deliberada de cosas espirituales.

simpatía *f.* Conformidad, inclinación o analogía de una persona respecto de los afectos o sentimientos de otra. Relación de ac-

tividad fisiológica o patológica de algunos órganos que no tienen entre sí conexión directa.

simpático-a *adj.* Que inspira simpatía. Dícese de la tinta que no aparece en lo escrito hasta que no se le aplica el reactivo conveniente. Dícese de la cuerda que resuena por sí sola cuando se hace sonar otra. Aplícase al sistema nervioso autónomo que determina la vasoconstricción, dilatación de los bronquios, aceleración de los latidos cardíacos, dilatación de las pupilas, aumento de la presión sanguínea y que, en general, acelera las funciones del organismo.

simpatizar *intr.* Sentir simpatía.

simple *adj.* Sin composición. Sencillo, no doblado o duplicado. Dícese de la copia o traslado de una escritura, documento, etc., que se saca sin firmar ni autorizar. Desabrido, falto de sazón y de sabor. Manso, apacible e incauto. Mentecato, tonto. Aplícase a la palabra que no se compone de otras.

simpleza *f.* Bobería, necedad. Tontería.

simplicidad *f.* Sencillez, candor. Calidad de simple.

simplificar *tr.* Hacer más sencilla, más fácil o menos complicada una cosa. Reducir algo a su mínima expresión.

simposio *m.* Entre los antiguos griegos y romanos, parte del banquete destinada a la conversación, a discursos, cantos, juegos, etc. Reunión en la que se discute un tema científico o literario. Publicación en que estos temas aparecen.

simulación *f.* Acción de simular. Alteración de la verdad sobre personas, cosas o actos. Imitación o fingimiento de una enfermedad.

simulacro *m.* Imagen hecha a semejanza de una cosa o persona, especialmente sagrada. Especie que forma la fantasía. Acción de guerra fingida para adiestrar las tropas.

simular *tr.* Representar una cosa fingiendo o imitando lo que no es. Aparentar, fingir.

simúlido *m.* Díptero o pequeño mosquito, de cuerpo casi oval y como jorobado, de larvas acuáticas, y que se reúne en grandes enjambres para atacar a los animales doméstico o al hombre; sus picaduras son dolorosas y a veces transmiten al hombre serias enfermedades, como la oncocercosis.

simultanear *tr.* Realizar en el mismo espacio de tiempo dos operaciones o propósitos. Cursar al mismo tiempo dos o más asignaturas correspondientes a distintos años académicos.

simultáneo-a *adj.* Dícese de lo que se hace u ocurre al mismo tiempo que otra cosa.

simún *m.* Viento abrasador que sopla en los desiertos de Africa y de Arabia y suele producir grandes tormentas de arena.

sin *prep.* Denota: carencia o falta; fuera de o además de.

sinagoga *f.* Congregación o junta religiosa de los judíos. Templo de los judíos.

sinalefa *f.* Trabazón o enlace de sílabas por lo que se forma una sola de la última de un vocablo y de la primera del siguiente, cuando ambos enfrentan dos vocales.

sinaloense *adj. y s.* Natural del Estado de Sinaloa. Perteneciente o relativo a dicho Estado mexicano.

sinapismo *m.* Tópico hecho amasando harina o polvo de mostaza y agua tibia, que extendido sobre una tela se aplica como revulsivo. Persona o cosa que molesta o exaspera por insistente.

sinarquía *f.* Gobierno simultáneo de varios príncipes que administran los distintos distritos, regiones o provincias, pertenecientes al mismo Estado. Gobierno compartido.

sinartrosis *f.* Articulación no movible.

sincerar *tr. y r.* Justificar la inculpabilidad de uno en el dicho o hecho que se le atribuye.

sincero-a *adj.* Ingenuo, veraz y sin doblez. Franco, abierto, sencillo.

sinclasa *f.* Grieta o fisura de las rocas terrestres producida por enfriamiento y contracción.

sinclinal *adj.* Dícese de las capas o de los estratos que están inclinados los unos hacia los otros de tal modo que convergen. *M.* Parte inferior de un pliegue en forma de V en la que los dos flancos convergen hacia la charnela.

síncopa *f.* Metaplasmo que suprime letras en medio de un vocablo. Enlace de dos sonidos iguales, de los cuales el primero se halla en el tiempo o parte débil del compás, y el segundo en el fuerte, o al contrario.

sincopar *tr.* Hacer síncopa. Abreviar.

síncope *m.* Síncopa gramatical. Pérdida repentina del conocimiento y de la debilidad, a causa de súbito descenso de la presión sanguínea.

sincretismo *m.* Sistema filosófico que trata de conciliar doctrinas diferentes. Mezcla o fusión de dos o más religiones, a consecuencia de haber entrado en contacto.

sincrónico-a *adj.* Dícese de las cosas que ocurren, suceden o se verifican al mismo tiempo.

sincronizar *tr.* Hacer que coincidan en el tiempo dos o más movimientos o fenómenos.

sindical *adj.* Perteneciente o relativo al síndico, o al sindicato.

sindicalismo *m.* Sistema de organización obrera por medio del sindicato. Movimiento sindical organizado. Acción que realizan los sindicatos obreros en defensa de sus afiliados. Doctrina que atribuye a los sindicatos profesionales la función rectora de la sociedad y aspiran a reemplazar con ellos los organismos del Estado.

sindicalista *adj.* Perteneciente o relativo al sindicalismo. Partidario de él.

sindicar *tr.* Acusar o delatar. Poner una nota, tacha o sospecha. Ligar a varias personas de una misma profesión, o de intereses comunes, para formar un sindicato. *R.* Entrar a formar parte de un sindicato.

sindicato *m.* Asociación formada para la representación y defensa de intereses económicos comunes a todos los asociados. Sociedad constituida por obreros de una profesión o rama industrial determinada, con el propósito de defender sus intereses individuales y colectivos.

síndico *m.* El encargado de liquidar el activo y el pasivo de un deudor en quiebra o en suspensión de pagos. Persona elegida por una comunidad o corporación para cuidar de sus intereses.

síndrome *m.* Conjunto de síntomas de una enfermedad o que tienen una significación clínica determinada.

sinécdoque *f.* Tropo o figura literaria que consiste en designar el todo por la parte o la parte por el todo; el género por la especie o viceversa, la materia por la obra o el continente por el contenido.

sinecura *f.* Empleo o cargo retribuido que ocasiona poco o ningún trabajo.

sinéresis *f.* Contracción de un coágulo con separación del suero. Reducción a una sola sílaba, en una misma palabra, de vocales que normalmente se pronuncian en sílabas distintas.

sinergia *f.* Concurso activo y concentrado de varios órganos para realizar una función. Coordinación de movimientos para ejecutar determinados actos.

sinfín *m.* Infinidad, sinnúmero.

sínfisis *f.* Conjunto de partes orgánicas que aseguran las relaciones de determinados huesos entre sí. Línea que señala la unión de las dos porciones de que estuvo compuesto un hueso, en los primeros períodos de la vida. Articulación en que las superficies óseas están unidas por fibrocartílago, el cual presenta en su centro una cavidad rudimentaria.

sinfonía *f.* Conjunto de voces, de instrumentos o de ambas cosas, que suenan acordes a la vez. Composición instrumental para orquesta, de amplia duración, y que consta por lo general de tres o cuatro tiempos. Pieza de música instrumental que precede por lo común a las óperas y otras obras teatrales. Colorido acorde, armonía de colores.

singladura *f.* Distancia recorrida por una nave en 24 horas. Intervalo de 24 horas en la navegación.

singlar *intr.* Navegar, andar la nave con rumbo determinado.

singular *adj.* Unico. Extraordinario, raro, excelente. Dícese del número gramatical que indica unidad de personas o grupos. Dícese del juicio que lo que afirma o niega se refiere a un solo sujeto.

singularizar *tr.* Distinguir o particularizar una cosa entre otras. *R.* Distinguirse, particularizarse o apartarse del común de las gentes. Dar número singular a las palabras que regularmente no lo tienen.

singulto *m.* Sollozo. Hipo.

siniestra *f.* Izquierda.

siniestrado-a *adj. y s.* Aplícase a la persona o cosa víctima de un siniestro.

siniestro-a *adj.* Aplícase a la parte o sitio que está a la mano izquierda. Avieso y mal intencionado. Infeliz, funesto o aciago. *M.* Avería grave, destrucción fortuita o pérdida importante que sufren las personas o la propiedad, especialmente por muerte, incendio o naufragio.

sinistrotorsión *f.* Desviación o torcedura hacia la izquierda.

sinnúmero *m.* Número incalculable de personas o cosas. Infinidad, multitud, muchedumbre.

sino *m.* Signo, hado, destino.

sino *conj.* Denota: adversidad a un concepto negativo; excención; solamente, tan sólo; adición.

sinodal *adj.* Perteneciente al sínodo. En México, vocal de un tribunal académico.

sínodo *m.* Concilio, junta o congreso de obispos y otros eclesiásticos. Junta de ministros de otras religiones.

sinojaponés-a *adj.* Que pertenece o se refiere simultáneamente a China y al Japón.

sinónimo-a *adj. y s.* Dícese de los vocablos y expresiones que tienen una misma o parecida significación.

sinopsis *f.* Compendio o resumen de una ciencia o tratado, expuesto en forma sinóptica.

sinóptico-a *adj.* Dícese de lo presentado con brevedad y claridad, de tal modo que a primera vista permita apreciar las diversas partes de un todo.

sinovial *adj.* Dícese de las glándulas que secretan la sinovia, o humor viscoso que lubrica las articulaciones.

sinrazón *f.* Acción hecha contra justicia y fuera de lo razonable o debido.

sinsabor *m.* Desabor. Pesar, desazón, pesadumbre.

sinsonte o cenzontle *m.* Pájaro americano semejante al mirlo, pero de plumaje pardo, con extremidades, pecho y vientre blancos; su canto es muy variado y melodioso y notable por imitar los cantos de otros pájaros.

sintáctico-a *adj.* Perteneciente o relativo a la sintaxis.

sintagma *m.* Tratado metódico; tratado en general.

sintaxis *f.* Parte de la Gramática que enseña a coordinar y unir las palabras para formar las oraciones y expresar conceptos.

síntesis *f.* Composición de un todo por la reunión de sus partes. Suma o compendio de una materia o cosa. Formación de un compuesto por combinación de sus elementos, o de compuestos más sencillos que los contienen.

sintético-a *adj.* Perteneciente o relativo a la síntesis. Que procede componiendo, o que pasa de las partes al todo. Dícese de productos obtenidos por procedimientos industriales que reproducen la composición y propiedades de algunos cuerpos naturales.

sintoísmo *m.* Religión primitiva y popular de los japoneses, basada en el culto a los antepasados.

síntoma *m.* Manifestación, indicio que denota el estado de un sujeto y que ordinariamente sirve para reconocer las enfermedades o su curso. Señal, indicio de una cosa que está sucediendo o va a suceder.

sintomático-a *adj.* Perteneciente al síntoma. Dícese de la fiebre ocasionada por cualquiera enfermedad localizada en un órgano.

sintonía *f.* Igualdad entre los períodos de dos circuitos oscilantes. Ajuste del tono de una nota a otra. Existencia de una frecuencia común de resonancia en dos o más circuitos.

sintonizador *m.* Sistema que permite aumentar o disminuir la longitud de onda propia del aparato receptor, adaptándolo a la longitud de las ondas que se trata de recibir. Parte del aparato receptor que se utiliza para recibir una determinada señal y eliminar las otras.

sinuosidad *f.* Calidad de sinuoso. Seno, concavidad.

sinuoso-a *adj.* Que tiene senos, ondulaciones o recodos. Dícese de las acciones que tratan de ocultar el propósito o el fin a que se dirigen. Torcido, tortuoso, ondulado.

sinusitis *f.* Inflamación de cualquier seno orgánico. Inflamación de la mucosa de los paranasales.

sinvergüenza *adj. y s.* Pícaro, bribón, descarado.

sionismo *m.* Aspiración histórica de los judíos a recobrar Palestina como patria.

siquiera *conj.* Denota: adversidad; a bien que, aunque; o, ya. *Adv.* Por lo menos, tan sólo.

sire *m.* Tratamiento de soberano, usado en algunas naciones.

sirena *f.* Cualquiera de las ninfas marinas con busto de mujer y cuerpo de ave que extraviaban a los navegantes; indebidamente, con medio cuerpo de mujer y el otro medio de pez; personificaban los encantos y peligros del mar. Silbato que se oye a mucha distancia y que se emplea en buques, automóviles, fábricas, etc., para avisar.

sirga *f.* Maroma para tirar las redes o para tirar de las embarcaciones desde tierra, en la navegación fluvial y para otros usos.

sirgar *tr.* Llevar la embarcación a la sirga.

siringa *f.* Especie de zampoña compuesta de varios tubos de caña que forma escala musical. Flauta.

siringe *m.* Organo del canto de las aves, en la base de la tráquea.

sirio-a o **siríaco-a** *adj. y s.* Natural de Siria. Perteneciente a esta región de Asia.

sirle *m.* Excremento del ganado lanar y cabrío.

siroco *m.* Viento que sopla del Sudeste.

sirte *f.* Bajo de arena.

siruposo-a *adj.* Parecido al jarabe, o que tiene su consistencia.

sirvienta *f.* Mujer dedicada al servicio doméstico.

sirviente *m.* Servidor, persona que sirve como criado; persona adscrita al manejo de alguna cosa.

sisal *m.* Planta textil de la familia de las amarilidáceas y otras especies afines. Fibra procedente de las hojas de estas plantas. Fibra del henequén.

sisar *tr.* Cometer defraudación o hurto en la compra diaria de comestibles y otras cosas menudas. Sesgar.

sisear *intr.* Manifestar desaprobación o desagrado pronunciando repetidamente el sonido de *s* o de *ch*.

sisique *m.* En México, bebida destilada preparada con aguamiel de maguey silvestre.

sísmico-a *adj.* Perteneciente o relativo al terremoto.

sismo o **seismo** *m.* Terremoto o sacudida de la tierra producida por causas internas.

sismógrafo *m.* Instrumento que señala, durante un terremoto, la dirección y amplitud de las oscilaciones y sacudimientos de la tierra.

sismología *f.* Parte de la Geología que trata de los terremotos o fenómenos sísmicos y cuanto con ellos se relaciona.

sismómetro *m.* Instrumento para medir durante el terremoto la fuerza de las oscilaciones y sacudimientos.

sistema *m.* Conjunto de reglas o principios sobre una materia, enlazados entre sí. Conjunto de cosas que ordenadamente relacionadas contribuyen a determinado fin. Método, plan, procedimiento. Conjunto de órganos y tejidos que cooperan al desarrollo de una misma función. Clasificación de los seres vivos, según sus caracteres y subordinados unos a otros. Conjunto de variables, magnitudes físicas, partículas o cuerpos ligados entre sí por alguna ley de mutua dependencia. Conjunto de terrenos que corresponden a un período geológico.

sistemático-a *adj.* Que sigue o se ajusta a un sistema. Relativo o perteneciente a un sistema. *F.* Parte de la Historia Natural que agrupa los seres según un sistema o método de clasificación.

sístole *f.* Movimiento de contracción del corazón y de las arterias para empujar la sangre que contienen. Contracción rítmica de una vacuola contráctil.

sitial *m.* Asiento de ceremonia para algunas personas de alta dignidad.

sitiar *tr.* Cercar una plaza o fortaleza para combatirla y apoderarse de ella. Cercar a uno para rendir su voluntad. Asediar

sitio *m.* Acción y efecto de sitiar. Lugar. Paraje o terreno a propó-

SITIOFOBIA—SOBRASADA

sito para alguna cosa. Casa campestre o hacienda de recreo. En México, estacionamiento permanente de automóviles de alquiler.

sitiofobia *f.* Aversión morbosa a la comida.

sito-a *adj.* Situado o fundado.

sitófago-a *adj.* Que se alimenta de trigo y otros granos.

situación *f.* Acción y efecto de situar. Disposición de una cosa respecto del lugar que ocupa. Situado. Estado o constitución de las personas y cosas.

situar *tr.* Poner a una persona o cosa en determinado sitio o situación. Determinar o asignar fondos para algún pago o inversión.

siux *adj. y s.* Indígena norteamericano perteneciente a varias tribus que poblaron las estepas centrales del país.

sixtino-a *adj.* Referente a cualquiera de los pontífices romanos llamados Sixto. Dícese de la capilla edificada dentro del Vaticano por orden del papa Sixto IV y célebre por los frescos que en ella pintó Miguel Angel por encargo del papa Julio II.

slogan *m.* Expresión de lucha o propaganda empleada por un partido, grupo o casa comercial; es palabra inglesa. Lema.

smoking *m.* Traje masculino de media etiqueta: de chaqueta negra o blanca y con vueltas de seda o raso, chaleco de forma especial y pantalón ribeteado negro; es palabra inglesa.

so *prep.* Bajo, debajo de.

¡so! *interj.* Se emplea para hacer que se paren o detengan las caballerías.

soasar *tr.* Medio asar o asar ligeramente.

soba *f.* Acción y efecto de sobar. Aporreamiento o zurra.

sobaco *m.* Concavidad que forma el arranque del brazo con el cuerpo. Axila.

sobado-a *adj.* Aplícase al bollo o torta a cuya masa se ha agregado aceite o manteca. Manido, muy usado. *M.* Soba.

sobajar *tr.* Manosear una cosa con fuerza, ajándola. En América, humillar, abatir, rebajar.

sobaquera *f.* Abertura que se deja en algunos vestidos en la parte del sobaco. Pieza con que se refuerza el vestido en esta parte. Pieza impermeable con que se resguarda del sudor esta parte del cuerpo. En México y Puerto Rico, sobaquina.

sobaquina *f.* Sudor de los sobacos, de olor característico y desagradable. Paliza.

sobar *tr.* Manejar y oprimir una cosa para ablandarla o suavizarla. Castigar, dando algunos golpes. Palpar, manosear a una persona. Molestar, fastidiar con trato impertinente. En América, concertar el hueso dislocado.

sobarcar *tr.* Poner o llevar debajo del sobaco una cosa que hace bulto. Levantar o subir hacia los sobacos los vestidos.

soberanía *f.* Calidad de soberano. Autoridad suprema del poder público. Excelencia no superada en cualquier orden inmaterial.

soberano-a *adj. y s.* Que ejerce o posee la autoridad suprema e independiente. Elevado, excelente y no superado.

soberbia *f.* Altivez, presunción del ánimo y apetito desordenado de ser preferido a otros. Satisfacción en la consideración de las propias prendas, con menosprecio de los demás. Magnificencia, suntuosidad.

soberbio-a *adj.* Que tiene soberbia o se deja llevar de ella. Altivo, arrogante y elevado. Alto, fuerte y excesivo en las cosas inanimadas. Grandioso, magnífico. Fogoso, orgulloso y violento.

sobina *f.* Clavo de madera.

sobón-a *adj. y s.* Persona que por su excesiva familiaridad, caricias y halagos se hace fastidiosa. Dícese de la persona taimada y que elude el trabajo.

sobordo *m.* Revisión de la carga de un buque. Libro o documento en que el capitán anota los efectos o mercancías del barco. Remuneración adicional que en tiempo de guerra se paga a cada uno de los tripulantes, a base de un tanto por ciento del valor de los fletes.

sobornar *tr.* Corromper a uno con dádivas para conseguir de él una cosa. Cohechar, comprar.

sobra *f.* Demasía o exceso en cualquier cosa. Injuria, agravio. *Pl.* Lo que queda de la comida al levantar la mesa. Desperdicios, desechos.

sobradillo *m.* Guardapolvo, tejadillo para desviar las aguas llovedizas.

sobrado-a *adj.* Demasiado, que sobra. Atrevido, audaz, licencioso. Rico y abundante de bienes. *M.* Desván. *Adv.* Sobradamente.

sobrante *adj. y s.* Que sobra. Superfluo, innecesario, excedente.

sobrar *intr.* Haber más de lo que se necesita para una cosa. Estar de más. Quedar, restar.

sobrasada o sobreasada *f.* Embuchado grueso de carne de cerdo muy picada y sazonada con sal y pimiento molido.

707

sobre *prep.* Encima de. Acerca de. Además de. Aproximación. En prenda de. A, hacia. Después de. *M.* Cubierta, por lo común de papel, en que se incluye la carta, tarjeta, etc., que ha de remitirse, y en donde se escribe la dirección del destinatario.

sobreabundar *intr.* Abundar mucho.

sobrealiento *m.* Respiración difícil y fatigosa.

sobrealimentar *tr. y r.* Dar a un individuo más alimento del que ordinariamente necesita para su manutención.

sobrecama *f.* Colcha.

sobrecargar *tr.* Cargar con exceso. Recoser una costura para que quede bien rematada.

sobrecargo *m.* El que en los buques mercantes y aviones comerciales lleva a su cuidado y bajo su responsabilidad el cargamento.

sobreceja *f.* Parte de la frente inmediata a las cejas.

sobrecejo *m.* Ceño, demostración de enojo que se hace con el rostro. Borde o canto que sobresale de una pieza.

sobreceño *m.* Ceño muy sañudo.

sobrecoger *tr.* Coger de repente y desprevenido. *R.* Sorprenderse, intimidarse.

sobrecubierta *f.* Segunda cubierta que se pone a una cosa para resguardarla mejor.

sobredicho-a *adj.* Dicho arriba o antes.

sobreexcitar *tr. y r.* Aumentar o exagerar las propiedades vitales de todo el organismo o de alguna o algunas de sus partes.

sobregirar *tr.* Exceder en un giro del crédito disponible.

sobrehilar *tr.* Dar puntadas sobre el borde de una tela cortada, para que no se deshilache.

sobrehumano-a *adj.* Que excede a lo humano.

sobrellevar *tr.* Llevar uno encima o a cuestas una carga o peso para aliviar a otro. Ayudar a sufrir los trabajos y molestias de la vida. Resignarse a ellos. Disimular y suplir los defectos o descuidos de otro.

sobremanera *adv.* Sobre manera; más allá de lo común; con exceso.

sobremarcha *f.* Caja de cambio de velocidades, complementaria de la corriente, por lo que se puede adquirir una velocidad superdirecta mayor que la directa.

sobremesa *f.* Tapete que por limpieza, adorno o comodidad se pone sobre la mesa. Tiempo que se está en la mesa después de haber comido.

sobrenadar *intr.* Mantenerse encima del agua o de otro líquido sin hundirse.

sobrenatural *adj.* Que excede los términos de la Naturaleza. Milagroso.

sobrenombre *m.* Nombre que se añade a veces al apellido, para distinguir a dos personas que tienen el mismo. Calificativo con que se distingue especialmente a una persona. Mote, apodo, remoquete.

sobreentender o **sobrentender** *tr. y r.* Entender una cosa que no está expresa, pero que se supone.

sobrepaga *f.* Aumento de paga, ventaja en ella.

sobreparto *m.* Tiempo que sigue inmediatamente al parto. Estado delicado de salud que suele ser consiguiente al parto.

sobrepasar *tr.* Exceder, aventajar, superar, sobrepujar.

sobrepelliz *f.* Vestidura blanca de lienzo fino, con mangas muy anchas que llevan los eclesiásticos sobre la sotana y aun los legos que sirven en las funciones de iglesia y que llega desde el hombro hasta más abajo de la cintura.

sobreponer *tr.* Añadir una cosa o ponerla encima de otra. *R.* Dominar los impulsos del ánimo, hacerse superior a las adversidades o a los obstáculos que ofrece un negocio.

sobreprecio *m.* Recargo en el precio ordinario.

sobreproducción *f.* Exceso de producción sobre las necesidades normales del consumo.

sobrepujar *tr.* Exceder una persona o cosa a otra en cualquier línea. Aventajar, superar.

sobresaliente *adj.* Que sobresale. *Com.* Persona destinada a suplir la falta de otra, como entre comediantes y toreros.

sobresalir *intr.* Exceder una persona o cosa a otras en figura, tamaño, calidad, etc. Aventajarse uno a otros; distinguirse entre ellos.

sobresaltar *tr. y r.* Saltar, venir y acometer de repente. Asustar, alterar a uno repentinamente. *Intr.* Venirse una cosa a los ojos.

sobresalto *m.* Sensación que proviene de un acontecimiento repentino e imprevisto. Temor o susto repentino.

sobresaturación *f.* Estado de un líquido que contiene disuelta mayor cantidad de substancia sólida de la que corresponde a la saturación.

sobrescribir *tr.* Escribir o poner un letrero sobre una cosa. Poner la dirección en la cubierta de las cartas, pliegos cerrados, etc.

sobresdrújulo-a *adj.* Dícese de la palabra que lleva el acento en sílaba anterior a la esdrújula

sobreseer *intr.* Desistir de la pretensión o empeño que se tenía. Cesar en el cumplimiento de una obligación. Dejar sin curso ulterior un procedimiento, judicial, administrativo, gubernativo, etc.

sobrestante *m.* Capataz.

sobresueldo *m.* Retribución que se añade al sueldo fijo.

sobretiro *m.* *americ.* Tirada aparte de un escrito impreso, artículo, etc.

sobretodo *m.* Prenda de vestir, ancha, larga y con mangas que se lleva sobre el traje ordinario, más ligera que el gabán.

sobrevenir *intr.* Acaecer o suceder una cosa además o después de otra. Venir improvisamente.

sobrevivir *intr.* Vivir uno más que otro, después de la muerte de otro, o después de un determinado suceso o plazo.

sobrexceder *tr.* Exceder, sobrepujar, aventajar a otro.

sobriedad *f.* Calidad de sobrio. Moderación, templanza, parquedad.

sobrino-a *m.* y *f.* Respecto de una persona, hijo o hija de su hermano o hermana, o de su primo o prima.

sobrio-a *adj.* Templado, moderado, especialmente en comer y beber.

soca *f.* *americ.* Ultimo retoño de la caña de azúcar que suele servir para trasplantarla. En México, rastrojo de la siembra anterior.

socaire *m.* Abrigo, defensa que ofrece una cosa en su lado opuesto a aquel de donde sopla el viento.

socaliña *f.* Ardid o artificio con que se saca a uno lo que no está obligado a dar.

socapa *f.* Pretexto fingido o aparente para disfrazar la verdadera intención.

socapar *tr.* En México, Bolivia y Ecuador, encubrir faltas ajenas; solapar.

socarrar *tr.* y *r.* Quemar o tostar ligera y superficialmente una cosa.

socarrina *f.* Chamusquina.

socarrón-a *adj.* Astuto, disimulado, taimado.

socavar *tr.* Excavar por debajo alguna cosa, dejándola en falso. Minar lenta y paulatinamente una cosa.

socavón *m.* Cueva que se excava en la ladera de un cerro o monte y, a veces, prolongándola como galería subterránea.

sociable *adj.* Inclinado a la sociedad o que tiene disposición para vivir en ella.

social *adj.* Perteneciente o relativo a la sociedad o a las contiendas entre unas y otras clases. Perteneciente o relativo a una compañía o sociedad, a los socios o compañeros aliados o confederados. Dí-

cese de la razón, nombre o denominación que adoptan las compañías o sociedades mercantiles para su giro y tráfico.

socialismo *m.* Sistema de organización social basado en la supresión de la propiedad privada, en cuanto permite la explotación económica del hombre por el hombre. Doctrinas y movimientos que lo propugnan.

socialista *adj.* y *s.* Perteneciente al socialismo o que profesa esta doctrina.

socializar *tr.* Transferir al Estado u a otro órgano colectivo, las propiedades, industrias, etc., de los particulares.

sociedad *f.* Reunión mayor o menor de personas, familias, pueblos o naciones. Agrupación de personas que constituyen unidad distinta de cada uno de sus individuos, para cumplir todos o algunos de los fines de la vida. Reunión de gentes para la tertulia, el juego u otras diversiones; la de comerciantes, hombres de negocios o accionistas de alguna compañía. Contrato por el cual dos o más personas se obligan a poner en común dinero, bienes o industria, con ánimo de partir entre sí las ganancias.

socio-a *m.* y *f.* Persona asociada con otra u otras para algún fin. Individuo de una sociedad, agrupación natural o pactada de personas. Amigo, compañero, compinche.

sociología *f.* Ciencia de la sociedad o de los fenómenos sociales considerados desde un punto de vista general.

sociologismo *m.* Tendencia a hacer de la Sociología una especie de ciencia universal dando a todos los fenómenos y hechos humanos una explicación sociológica.

socolor *m.* Pretexto y apariencia para disimular y encubrir el motivo o el fin de una acción.

soconusco *m.* *americ.* Cacao de excelente calidad, por alusión al que se produce en la región de este nombre, en el Estado de Chiapas, México. Por extensión, chocolate, principalmente, el de buena calidad.

socorrer *tr.* Ayudar, favorecer er un peligro o necesidad. Dar a uno a cuenta, parte de lo que se le debe, o de lo que ha de devengar.

socorrido-a *adj.* Dícese del que con facilidad socorre la necesidad de otros. Aplícase a aquello en que se halla con facilidad lo que es menester. Vulgar.

socorro *m.* Acción y efecto de socorrer. Dinero, alimento u otra cosa con que se socorre. Tropa que acude en auxilio de otra.

socoyote *m.* En México, el hijo menor. También, xocoyote.

sochantre *m.* Director del coro en los oficios divinos.

soda *f.* Sosa. Agua gaseosa, que contiene ácido carbónico en disolución.

sódico-a *adj.* Relativo o perteneciente al sodio. Que contiene sodio.

sodio *m.* Metal de color y brillo argentino, blando y ligero; símbolo Na.

sodomía *f.* Trato carnal entre personas de un mismo sexo, o contra el orden natural.

soez *adj.* Bajo, grosero, indigno, vil.

sofá *m.* Asiento cómodo para dos o más personas, que tiene respaldo y brazos.

sofaldar *tr.* Alzar las faldas. Levantar cualquier cosa para descubrir otra.

soflón *m.* Bufido, expresión de enojo y enfado.

sofisma *m.* Razón o argumento aparente con que se quiere defender o persuadir lo que es falso.

sofista *adj.* Que se vale de sofismas. En la Grecia antigua, equivalía a filósofo, pero después fue adquiriendo sentido peyorativo, con todo y reconocerles un valor de críticos agudos.

sofisticar *tr.* Adulterar, falsificar con sofismas.

sofito *m.* Plano inferior del saliente de una cornisa o de otro cuerpo voladizo.

soflama *f.* Llama tenue o reverberación del fuego. Bochorno o ardor que sube al rostro por enojo, accidente, vergüenza, etc. Expresión con que se intenta engañar o chasquear. Discurso, alocución, perorata. Arrumaco.

soflamar *tr.* Fingir, usar de palabras afectadas para chasquear o engañar. Dar motivo para que uno se avergüence o abochorne. Tostarse, requemarse con la llama lo que se asa o cuece.

sofocar *tr.* Ahogar, impedir la respiración. Apagar, extinguir, oprimir, dominar. Acosar, importunar demasiado a uno. *Tr. y r.* Avergonzar, abochornar, poner colorado con insultos o de otra manera.

sofoco *f.* Efecto de sofocar o sofocarse. Grave disgusto que se da o se recibe.

sofocón *m.* Desazón, disgusto que sofoca o aturde.

sofreír *tr.* Freír un poco o ligeramente una cosa.

sofrenar *tr.* Reprimir el jinete a la caballería tirando violentamente de las riendas. Responder con violencia a uno. Refrenar una pasión del ánimo.

soga *f.* Cuerda gruesa de esparto.

soguilla *f.* Trenza delgada hecha con el pelo. Trenza delgada de esparto. *M.* Mozo que transporta objetos de poco peso en los mercados, estaciones, etc.

soirée *f.* Palabra francesa usada en castellano y otros idiomas, en el sentido de reunión, sarao, tertulia que se celebra después de la tarde, al anochecer.

soja *f.* Planta leguminosa anual oriunda de Asia, de fruto parecido al del frijol, con semillas muy nutritivas y de múltiples aplicaciones.

sojuzgar *tr.* Sujetar, dominar, mandar con violencia. Avasallar, someter.

sol *m.* Astro alrededor del cual giran la Tierra y los demás planetas de nuestro sistema.

sol *m.* Luz, calor o influjo del Sol. En los espectáculos públicos al aire libre, sección en que da el sol a los espectadores. Unidad monetaria del Perú.

sol *m.* Quinta voz y nota de la escala musical.

sol. Abreviatura de solución. Solución coloidal, o suspensión de partículas sólidas de dimensiones coloidales en un líquido.

solamente *adv.* De un solo modo, en una sola cosa, o sin otra cosa. Unicamente.

solana *f.* Sitio o paraje donde el sol da de lleno. Corredor o pieza de la casa para tomar el sol.

solanácea *adj. y s.* Planta de una familia de dicotiledóneas, hierbas, matas o arbustos de hojas simples y alternas, flores acampanadas y fruto en baya o caja, con semillas de albumen carnoso: tomatera, patata, berenjena, pimiento, tabaco, etc.

solano *m.* Viento que sopla de donde nace el sol.

solapa *f.* Parte del vestido correspondiente al pecho y que suele ir doblada hacia fuera, sobre la misma prenda de vestir. Nombre que se da a las hojas anterior y posterior de los forros de los libros encuadernados en rústica y texto en ellas se imprime.

solapado-a *adj.* Dícese de quien oculta maliciosamente sus pensamientos. Disimulado, taimado, astuto, encubierto.

solapar *tr.* Poner solapas a los vestidos. Ocultar maliciosa o cautelosamente la verdad o la intención.

solar *m.* Casa, descendencia, linaje noble. Porción de terreno donde se ha edificado o se va a edificar.

En México y Venezuela, corral o huerto contiguo o alrededor de la casa habitación. *Adj.* Perteneciente al Sol.

solar *tr.* Revestir el suelo con ladrillos, losas u otro material. Echar suelas al calzado.

solariego-a *adj.* Perteneciente al solar de antigüedad y nobleza. Aplícase a las propiedades que pertenecen con pleno derecho a sus dueños. Antiguo y noble. Aplícase a la casa más antigua y noble de una familia.

solario o solárium *m.* Habitación, terraza o corredor para tomar baños de sol. Por extensión, habitaciones donde se hacen aplicaciones de rayos ultravioleta.

solaz *m.* Consuelo, placer, esparcimiento, alivio de los trabajos.

solazar *tr. y r.* Dar solaz.

solazo *m.* Sol fuerte y ardiente que calienta y se deja sentir mucho.

soldadera *f.* Juglaresa. En México, mujer que acompaña al soldado, cuando la unidad en que está encuadrado sale fuera de su acuartelamiento y le atiende en la comida, limpieza de ropa, etc.; mujer de malas maneras y baja condición.

soldadesca *f.* Ejercicio y profesión de soldado. Conjunto de soldados. Tropa indisciplinada.

soldado *m.* El que sirve en la milicia. Militar sin graduación. El que es esforzado y diestro en la milicia. Mantenedor, servidor, partidario.

soldador *m.* El que tiene por oficio soldar. Instrumento con que se suelda.

soldadote *adj. y s.* Aplícase principalmente al militar de alta graduación que se distingue por la brusquedad de sus modales.

soldadura *f.* Acción y efecto de soldar. Material para soldar. Unión rígida entre piezas metálicas por fusión y posterior consolidación de las partes en contacto o por interposición de otro metal, aleación, etc.

soldar *tr.* Pegar y unir sólidamente dos cosas o dos partes de una misma cosa, con alguna substancia igual o semejante a ellas. Componer, disculpar un desacierto.

solear *tr. y r.* Tener expuesta al sol una cosa por algún tiempo. En México, asolear.

soleares *f. pl.* Canción y danza de carácter popular en Andalucía y que forma parte del cante y baile flamencos, con gran variedad de figuraciones melódicas, que se acompañan con la guitarra.

solecismo *m.* Falta de sintaxis; error contra la exactitud y pureza de un idioma.

soledad *f.* Carencia voluntaria o involuntaria de compañía. Lugar desierto o tierra no habitada. Pesar y melancolía por la ausencia, muerte o pérdida de alguna persona o cosa.

solemne *adj.* Que se hace de año a año. Celebrado públicamente con pompa o ceremonias extraordinarias. Formal, grave, válido. Interesante, de mucha importancia. Majestuoso, imponente. Indica encarecimiento de algunos conceptos peyorativos.

solemnidad *f.* Calidad de solemne. Acto o ceremonia solemne. Festividad eclesiástica. Conjunto de requisitos legales para la validez de los documentos que la ley califica de públicos y solemnes.

solemnizar *tr.* Festejar o celebrar un suceso de manera solemne. Aplaudir o encarecer una cosa.

solenoide *m.* Conductor arrollado en hélice y recorrido por una corriente eléctrica, la cual crea un campo magnético; actúa como un imán y se orienta en dirección norte sur según el meridiano magnético.

soler *intr.* Acostumbrar, tener costumbre de alguna cosa. Ser frecuente un hecho, una cosa.

solera *f.* Madero asentado para que en él se ensamblen o descansen otros. Piedra plana sobre el suelo para sostener pies derechos u otras cosas semejantes. Muela fija del molino. Suelo del horno. Superficie del fondo en canales y acequias. Dícese del vino más añejo y generoso que se destina para dar vigor al nuevo.

solevantar *tr. y r.* Levantar una cosa empujando de abajo arriba. Soliviantar.

solfa *f.* Arte que enseña a leer y entonar las diversas voces de la música. Conjunto o sistema de signos con que se escribe la música. Zurra de golpes. Mofa, burla.

solfatara *f.* Abertura en los terrenos volcánicos por donde salen vapores sulfurosos.

solfear *tr.* Cantar marcando el compás y pronunciando el nombre de las notas. Reprender o censurar con insistencia.

solicitar *tr.* Pretender o buscar una cosa con diligencia y cuidado. Gestionar negocios. Requerir o procurar amores con una persona. Atraer una o más fuerzas a un cuerpo.

solícito-a *adj.* Diligente, cuidadoso. Afectuoso, atento.

solicitud *f.* Diligencia o instancia cuidadosa. Memorial en que se solicita algo.

solidaridad *f.* Obligación mancomunada en derecho. Adhesión circunstancial a la causa o a la empresa de otros. Comunidad e interdependencia de intereses, sentimientos y aspiraciones. Ayuda prestada por razones de orden social o político.

solidario-a *adj.* Aplícase a las obligaciones contraidas mancomunadamente y por entero. Aplícase al acreedor o deudor que, respectivamente, pueden exigir o están obligados a satisfacer una deuda o prestación por entero. Adherido o asociado a la causa, empresa u opinión de otro.

solidarizar *tr.* y *r.* Hacer a una persona o cosa solidaria con otra.

solideo *m.* Casquete de seda u otra tela ligera que usan los eclesiásticos para cubrirse la tonsura.

solidez *f.* Calidad de sólido. Volumen.

solidificar *tr.* y *r.* Hacer sólido un fluido.

sólido-a *adj.* Firme, macizo, denso y fuerte. Dicese del cuerpo u objeto material que puede apreciarse en las tres dimensiones principales, tiene forma definida y ofrece resistencia a la deformación. Asentado, establecido con razones fundamentales y verdaderas.

soliloquio *m.* Discurso de una persona que habla sola o consigo misma. Obra literaria o dramática en que figura este modo de expresarse. Monólogo.

solio *m.* Trono, silla real con dosel.

solípedo *adj.* y *s.* Mamífero ungulado con las extremidades terminadas por un solo dedo encerrado en un casco duro: caballo, mula, asno.

solista *com.* Persona que ejecuta un solo vocal o instrumental.

solitario-a *adj.* Desamparado, desierto. Solo, sin compañía. Retirado, amante de la soledad o que vive en ella. *M.* Diamante grueso que se engasta solo en una joya. *F.* Tenia, cestodo parásito del intestino humano.

sólito-a *adj.* Acostumbrado; que se suele hacer ordinariamente.

solitud *f.* Soledad, carencia de compañía; lugar desierto.

soliviantar *tr.* y *r.* Mover el ánimo para inducirlo a adoptar alguna actitud rebelde u hostil. Excitar, estimular.

soliviar *tr.* Ayudar a levantar una cosa por debajo. *R.* Alzarse un poco el que está sentado, echado o apoyado sobre una cosa.

solo-a *adj.* Unico en su especie. Sin compañía. Que no tiene quien lo ampare, socorra o consuele. *M.* Juego o paso que ejecuta una sola persona. Composición o parte de ella que canta o toca una persona sola.

sólo *adv.* Solamente.

solomillo *m.* En los animales de matadero, capa muscular que se extiende por entre las costillas y los lomos.

solsticio *m.* Cada uno de los puntos de la Eclíptica en los que el Sol alcanza sus declinaciones máxima y mínima, en uno de los dos paralelos celestes, correspondientes a los dos trópicos.

soltar *tr.* y *r.* Desatar o desceñir. Dejar ir o dar libertad. Desasir lo que estaba sujeto. Dar salida. Evacuar. Romper en una señal de afecto interior. Anular, quitar. Decir palabras necias, groseras, injuriosas, etc., que debieran callarse. *R.* Adquirir agilidad; abandonar el encogimiento y la modestia. Empezar a hacer algunas cosas: hablar, andar, escribir, etc.

soltero-a *adj.* y *s.* Célibe. Suelto, libre.

solterón-a *adj.* y *s.* Célibe ya entrado en años.

soltura *f.* Acción y efecto de soltar. Agilidad, prontitud, gracia y facilidad en lo material o en lo inmaterial. Facilidad y lucidez de dicción.

soluble *adj.* Que se puede disolver o desleir. Que se puede resolver.

solución *f.* Acción y efecto de desatar o disolver. Satisfacción que se da a una duda o dificultad. Desenlace del poema o drama. Paga, satisfacción. Cada una de las cantidades que satisfacen las condiciones de un problema o de una ecuación. Líquido que lleva en disolución otro líquido, gas o sólido.

solucionar *tr.* Resolver un asunto, hallar solución o término a un negocio.

soluto *m.* Substancia que está disuelta en un disolvente.

solutrense *adj.* y *s.* Período del paleolítico superior, con industria lítica en forma de hojas de laurel, puntas pedunculadas, y con la típica de muesca.

solventar *tr.* Arreglar cuentas, pagando lo debido. Dar solución a un asunto difícil.

solvente *adj.* Que desata o resuelve. Desempeñado de deudas. Capaz de satisfacerlas, de cumplir alguna obligación, cargo, etc. Disolvente.

sollado *m.* Uno de los pisos o cubiertas inferiores de los buques en donde se suelen instalar alojamientos y pañoles.

sollozar *intr.* Fenómeno nervioso que suele acompañar al llanto convulsiones, inspiraciones entrecortadas y bruscas, seguidas de espiraciones rápidas.

soma *f.* Cabezuela, harina más gruesa del trigo, después de sacada la flor.

somanta *f.* Tunda, zurra.

somático-a *adj.* Dícese de lo que es material o corpóreo en un ser animado. Relativo o perteneciente al cuerpo de los seres vivos. Síntoma material de una enfermedad, para diferenciarlo del síntoma funcional.

somatología *f.* Estudio del cuerpo de los seres vivos, incluso del hombre, y de sus actividades corpóreas, prescindiendo de las anímicas.

sombra *f.* Obscuridad, falta de luz, más o menos completa. Proyección obscura de un cuerpo. Espectro o aparición vaga y fantástica de la imagen de una persona ausente o difunta. En un espectáculo al aire libre, sección en la que no da el sol a los espectadores. Asilo, favor, defensa. Obscuridad espiritual o mental. Apariencia o semejanza de una cosa. Mácula, defecto. Persona que sigue a otra por todas partes. Suerte, fortuna. Gracia, donaire. Color obscuro, opuesto al claro.

sombraje *m.* Reparo o resguardo de ramas, mimbres, esteras, etc., para hacer sombra. Sombra que hace uno, de modo que estorbe al que necesita la luz.

sombrear *tr.* Dar o producir sombra. Poner sombra en una pintura o dibujo.

sombrerazo *m.* Golpe dado con el sombrero. Saludo precipitado que se hace quitándose el sombrero.

sombrerera *f.* Mujer del sombrerero; la que hace sombreros y la que los vende. Caja para guardar el sombrero.

sombrerería *f.* Oficio de hacer sombreros. Fábrica donde se hacen. Tienda donde se venden.

sombrerero *m.* El que hace sombreros y el que los vende.

sombrerete *m.* Cubierta o caperuza de chimenea. Parte superior y redondeada del aparato esporífero de las setas.

sombrero *m.* Prenda de vestir para cubrir la cabeza y que consta generalmente de copa y ala. Techo que cubre el púlpito. Sombrerete, píleo de las setas.

sombría *f.* Umbría.

sombrilla *f.* Quitasol. Umbrela.

sombrío-a *adj.* Dícese del lugar de poca luz y en que frecuentemente hay sombra. Tétrico, melancólico. Taciturno, triste.

somero-a *adj.* Casi encima o muy inmediato a la superficie. Ligero, superficial, hecho con poca meditación y reflexión.

someter *tr.* Sujetar, humillar a una persona, tropa o facción; conquistar, subyugar. Subordinar el juicio, decisión o afecto propios al de otra persona. Proponer razones o reflexiones a otra persona. Encomendar a una o más personas la resolución de un negocio o litigio.

somier o **sommier** *m.* Palabra francesa para indicar el colchón de muelles sobre el que se coloca el colchón propio de la cama.

sonámbulo-a *adj. y s.* Dícese de la persona que padece sueño anormal y durante el cual tiene cierta aptitud para ejecutar algunas funciones de cuando está despierto: hablar, levantarse, andar.

somnífero-a *adj.* Que da o causa sueño; hipnótico.

somnolencia *f.* Pesadez y torpeza de los sentidos motivada por el sueño. Gana de dormir. Pereza, falta de actividad. Sopor, amodorramiento.

somorgujo o **somormujo** *m.* Ave palmípeda de pico recto y agudo, con un pincel de plumas detrás de cada ojo, vuela poco y puede mantener por mucho tiempo sumergida la cabeza bajo el agua.

son o **són** *m.* Sonido agradable, especialmente el producido con arte. Noticia, fama. Pretexto. Tenor, modo o manera. En México Antillas y Centroamérica, nombre genérico de diversos bailes de tipo popular.

sonado-a *adj.* Famoso. Divulgado con mucho ruido y admiración.

sonaja *f.* Par de chapas de metal atravesadas por un alambre para hacerlas sonar agitándolas. *Pl.* Instrumento rústico consistente en un aro de madera delgada con varias sonajas colocadas en otras tantas aberturas.

sonajero *m.* Juguete que, sujeto a un mango o pendiente de un cordón, tiene sonajas o cascabeles para entretener a los niños de pecho.

sonar *intr.* Hacer o causar ruido una cosa. Tener valor fónico una letra. Citarse, mencionarse. Ofrecerse alguna cosa vagamente al recuerdo como ya era anteriormente. *Tr.* Tocar o tañer alguna cosa para que suene con arte y armonía. Limpiar de mocos las narices haciéndolos salir con una espiración violenta. *Impers.* Susurrarse, esparcirse rumores de una cosa.

sonata *f.* Composición instrumental que consta de varios tiempos de diverso movimiento y carácter.

sonatina *f.* Sonata de dimensiones breves y por lo general de fácil ejecución.

sonda *f.* Acción y efecto de sondar. Cuerda con un peso para medir la profundidad de las aguas. Barrena para abrir taladros de gran profundidad en los terrenos. Instrumento quirúrgico para explorar, dilatar, evacuar, irrigar órganos o partes del cuerpo. Sitio o paraje del mar cuyo fondo es conocido.

sondaleza *f.* Maroma que se cruza de una orilla a otra de un río, con señales para determinar los diferentes sondeos hechos en él. Cuerda larga con la cual y con el escandallo se sondea y se cuentan las brazas de agua que hay desde la superficie hasta el fondo.

sondar o sondear *tr.* Echar el escandallo al agua para averiguar la profundidad y calidad del fondo. Averiguar la naturaleza del subsuelo con una sonda. Inquirir con cautela y disimulo la intención, habilidad o discreción de alguien o las circunstancias y estado de una cosa. Introducir una sonda en el cuerpo.

sonecillo *m.* Son que se percibe poco. Son alegre, vivo y ligero.

soneto *m.* Composición poética de 14 versos endecasílabos, en rima consonante y distribuidos en dos cuartetos y dos tercetos.

sonido *m.* Sensación producida en el órgano del oído por el movimiento vibratorio de los cuerpos, transmitido por un medio elástico, como el aire. Valor y pronunciación de las letras. Significación y valor literal de las palabras.

sonochar *intr.* Velar en las primeras horas de la noche.

sonora *adj. y s.* Indígena mexicano de la familia yuto-azteca que se extendía, dividido en varias tribus, por todo el NO. de México hasta Arizona, en Estados Unidos; buenos agricultores de cultura superior a la de sus vecinos.

sonoridad *f.* Calidad de sonoro. Medida subjetiva de la intensidad de un sonido, de la música o del ruido.

sonorizar *tr.* Convertir una consonante en sonora. Acompañar o agregar a una película muda una banda de sonido, a fin de que la proyección sea sonora.

sonoro-a *adj.* Que suena o puede sonar. Que suena bien o agradablemente. Dícese de las letras, sonidos o articulaciones que durante su pronunciación van acompañados de una vibración de las cuerdas vocales. Resonante, vibrante, ruidoso.

sonreir *intr.* Reirse un poco o levemente y sin ruido. Mostrarse favorable, o halagüeño. Infundir gozo o alegría a algunas cosas.

sonrojar *tr. y r.* Hacer salir los colores al rostro, diciendo o haciendo algo que cause empacho o vergüenza.

sonrosado-a *adj.* De color de rosa.

sonsacar *tr.* Sacar arteramente algo por debajo del sitio en que está. Procurar con maña que uno diga o descubra lo que sabe y reserva.

sonso-a *adj. y s. améric.* Zonzo.

sonsonete *m.* Sonido producido por pequeños golpes que se dan en una parte, imitando un son de música. Ruido poco intenso, continuado y desapacible. Tonillo o modo especial en la risa o palabras que denota desprecio o ironía. Retintín, estribillo.

soñador-a *adj.* Que sueña mucho. Que cuenta patrañas y ensueños o les da crédito fácilmente. Que discurre fantásticamente, sin tener en cuenta la realidad.

soñar *tr.* Representarse en la fantasía cosas o sucesos durante el sueño. Discurrir fantásticamente y dar por cierto y seguro lo que no lo es. *Intr.* Anhelar persistentemente una cosa.

soñera o soñarrera *f.* Propensión a dormir. Sueño pesado.

soñoliento-a *adj.* Acometido del sueño o muy inclinado a él. Que está dormitando. Que causa sueño. Tardo o perezoso.

sopa *f.* Pedazo de pan empapado en cualquier líquido. Plato compuesto de rebanadas de pan, fécula, arroz, fideos, etc. y el caldo de la olla en que se ha cocido. Plato compuesto de un líquido alimenticio y de rebanadas de pan. Comida para los pobres que se da en ciertos conventos. En México, pedazo de tortilla que a modo de cuchara usan los indígenas para comer.

sopapear *tr.* Dar sopapos. Maltratar o ultrajar a uno.

sopapo *m.* Golpe que se da con la mano debajo de la papada. Bofetada.

sope *m.* En México, especie de tortilla de maíz rebordeada que contiene varios manjares y que luego se sofríe por la parte inferior.

sopera *f.* Vasija honda en que se sirve la sopa a la mesa.

sopesar *tr.* Levantar una cosa como para tantear el peso que tiene o para reconocerlo.

sopetear *tr.* Mojar repetidas veces o frecuentemente el pan en el caldo de un guisado.

sopetón *m.* Golpe fuerte y repentino dado con la mano. De sopetón, de improviso, inesperadamente, de golpe.

sopista *com.* Persona que vive de limosna.

soplar *intr.* Despedir aire con violencia por la boca, alargando los labios. Hacer que los fuelles u otros artificios arrojen el aire que han recibido. Correr el viento, haciéndose sentir. *Tr.* Apartar con el soplo una cosa. Inflar. Hurtar o quitar una cosa a escondidas. Sugerir a uno lo que debe decir y no acierta o ignora. Acusar o delatar. *R.* Beber o comer mucho. Hincharse, engreírse, entonarse.

soplete *m.* Tubo para echar la corriente gaseosa, que recibe por un extremo, a la llama para dirigirla sobre los objetos que se han de fundir o examinar a muy alta temperatura.

soplo *m.* Acción y efecto de soplar. Instante o tiempo brevísimo. Aviso que se da en secreto y con cautela. Delación. Sonido suave que se oye al auscultar en algunas regiones del cuerpo, parecido al que se produce al soplar con la boca.

soplón-a *adj. y s.* Dícese de la persona que acusa en secreto y cautelosamente.

soponcio *m.* Desmayo, congoja.

sopor *m.* Modorra morbosa persistente. Adormecimiento, somnolencia.

soporífero-a *adj. y s.* Que mueve o inclina al sueño; propio para causarlo. Fastidioso, aburrido; estupefaciente, narcótico.

soportable *adj.* Que se puede soportar o sufrir. Llevadero, tolerable.

soportal *m.* Espacio cubierto que en algunas casas precede a la entrada principal. Pórtico, a manera de claustro, que tienen algunos edificios o manzanas de casas en sus fachadas, y delante de las puertas y tiendas, para preservar del sol, de la lluvia y para paseo en invierno.

soportar *tr.* Sostener o llevar sobre sí una carga o peso. Sufrir, tolerar. Sobrellevar, resistir, aguantar.

soporte *m.* Apoyo o sostén.

soprano *m.* Tiple. *Com.* Persona que tiene esta voz, la más aguda de las voces humanas.

sor *f.* Hermana religiosa. Monja.

sorber *tr.* Beber aspirando. Atraer dentro de sí algunas cosas aunque no sean líquidas. Absorber. tragar. Apoderarse el ánimo con avidez de alguna cosa apetecida.

sorbete *m.* Refresco de zumo de frutas, azúcar, agua, leche, yemas de huevo, todo aromatizado, y con

cierto grado de congelación. En México, sombrero de seda de copa alta.

sorbo *m.* Acción de sorber. Porción de líquido que se puede tomar de una vez en la boca. Cantidad pequeña de un líquido.

sorción *f.* Término general que engloba los fenómenos de absorción y adsorción, cuando resulta difícil diferenciarlos.

sordera *f.* Privación o disminución de la facultad de oír.

sordidez *f.* Calidad de sórdido. Mezquindad, tacañería, avaricia.

sórdido-a *adj.* Sucio. Impuro, indecente o escandaloso. Mezquino, avariento. Dícese de la úlcera que produce supuración icorosa.

sordina *f.* Pieza para variar en los instrumentos músicos la intensidad y el timbre del sonido. Registro en los órganos y pianos con que se produce el mismo efecto. Muelle para impedir que suenen los relojes de repetición.

sordo-a *adj. y s.* Que no oye o no oye bien. Callado, silencioso, sin ruido. Que suena poco o sin timbre claro. Insensible a las súplicas o al dolor ajenos. Dícese de las letras o sonidos en cuya pronunciación no suenan las cuerdas vocales. Dícese del dolor no agudo o no preciso, pero continuo.

sordomudo-a *adj. y s.* Privado, por sordera nativa, de la facultad de hablar.

sorgo *m.* Zahina.

sorianense *adj. y s.* Natural de Soria. Perteneciente a esta ciudad y departamento del Uruguay.

soriano-a *adj. y s.* Natural de Soria. Perteneciente a esta ciudad y provincia de España.

sorites *m.* Silogismo abreviado.

sorna *f.* Espacio o lentitud con que se hace una cosa. Disimulo y bellaquería con que se hace o se dice una cosa con alguna tardanza voluntaria.

soro *m.* Conjunto de esporangios en el reverso de las hojas de los helechos.

sorprendente *adj.* Que sorprende o admira. Peregrino, raro, extraordinario, excepcional.

sorprender *tr.* Tomar desprevenido. Conmover, suspender o maravillar con algo imprevisto, raro o incomprensible. Descubrir lo que otro ocultaba o disimulaba.

sorpresa *f.* Acción y efecto de sorprender o sorprenderse. Cosa que da motivo para que alguien se sorprenda.

sorpresivo-a *adj. americ.* Que implica o causa sorpresa.

sorrascar *tr.* En México, soasar o asar a medias, y especialmente la carne sobre brasas de leña.

sortear *tr.* Someter a personas o cosas al resultado de los medios fortuitos o casuales, que se emplean para fiar a la suerte una resolución. Lidiar a pie y hacer suertes a los toros. Evitar con maña o eludir un compromiso, dificultad, riesgo o conflicto.

sortija *f.* Anillo, aro pequeño de metal u otra materia, para el dedo. Rizo del cabello.

sortilegio *m.* Adivinación que se hace por suertes supersticiosas.

s.o.s. *m.* Señal de petición de socorro, de uso universal en la telegrafía sin hilos.

sosa *f.* Barrilla; cenizas de esta planta. Oxido de sodio, muy cáustico. En México, carbonato sódico, obtenido de las aguas del lago de Texcoco, concentrados en unos estanques en forma espiral, llamados caracol.

sosal o sosar *m.* Lugar donde abunda la sosa.

sosegar *tr. y r.* Aplacar, pacificar, aquietar. Aquietar las alteraciones del ánimo. *Intr.* Descansar, reposar, cesar la turbación o el movimiento. Dormir.

sosería o sosera *f.* Insulsez, falta de gracia y de viveza. Dicho o hecho insulso y sin gracia.

sosiego *m.* Quietud, tranquilidad, serenidad.

soslayar *tr.* Poner una cosa ladeada, de través u oblicua, para pasar una estrechura. Pasar por alto o de largo, dejando de lado alguna dificultad.

soso-a *adj.* Que no tiene sal, o tiene poca. Dícese de la persona, acción o palabra que carecen de gracia y viveza.

sospechar *tr.* Imaginar una cosa por conjeturas fundadas en apariencias o visos de verdad. *Intr.* Desconfiar, dudar, recelar de una persona. Maliciar, conjeturar, presumir.

sospechoso-a *adj.* Que da fundamento o motivo para sospechar. Dícese de la persona que sospecha. *M.* Individuo de conducta o antecedentes que hacen dudar de buena conducta.

sosquil *m.* En México, la fibra del henequén que se utiliza para fabricar el hilo de engavillar.

sostén *m.* Acción de sostener. Persona o cosa que sostiene. Apoyo moral, protección. Prenda de vestir para sostener la mujeres el pecho.

sostener *tr.* Sustentar, mantener firme una cosa. Mantener una proposición. Sufrir, tolerar. Prestar apoyo, dar aliento. Dar a uno lo necesario para su manutención. Mantener un sonido durante todo el tiempo prescrito.

sostenido-a *adj.* Dícese de la nota cuya entonación excede en un semitono mayor a la que corresponde a su sonido natural. Signo que la representa.

sota *f.* Carta décima de cada palo de la baraja española, que tiene estampada la figura de un paje o infante. Mujer insolente y desvergonzada.

sotabanco *m.* Piso habitable colocado por encima de la cornisa general de la casa.

sotana *f.* Vestidura talar que usan los eclesiásticos católicos, y los legos que sirven en las funciones de iglesia.

sótano *m.* Pieza subterránea, entre los cimientos de un edificio.

sotavento *m.* Costado de la nave opuesto al barlovento. Parte que cae hacia aquel lado.

sotechado *m.* Cobertizo, techado.

soterrar *tr.* Enterrar, poner una cosa debajo de tierra. Esconder una cosa de modo que no aparezca.

soto *m.* Sitio que en las riberas o vegas está poblado de árboles y arbustos. Sitio poblado de malezas, matas y árboles.

sotol *m.* En México, planta liliácea de la que se obtiene la bebida alcohólica de su nombre.

sotole *m.* En México, palma gruesa y basta para fabricar chozas.

soviet *m.* Organo de gobierno local que ejerce la dictadura comunista en la Unión Soviética; la palabra en ruso significa consejo o junta. Conjunto de la organización del Estado o de su poder supremo en aquel país.

sovoz *adv.* En voz baja y suave.

soya *f.* Soja.

spaghetti *m. pl.* Palabra italiana para designar fideos, macarrones y otras pastas alimenticias.

spahí *m.* Soldado de caballería, en Turquía, Argelia, Túnez y Marruecos.

spaniel *adj. y s.* Raza de perros de tamaño pequeño, de patas cortas, pelo ondulado, cola plumosa y orejas grandes colgantes.

speaker *m.* Palabra inglesa: locutor. En Inglaterra, Presidente de la Cámara de los Comunes y el de la Cámara de los Lores.

sport *m.* Palabra inglesa: deporte.

spray *m.* Palabra inglesa, para designar la neblina formada por aspersión de un líquido antiséptico para desinfectar el aire; aplícase también para ciertos líquidos de tocador de mujer.

sprint m. Palabra inglesa para designar la carrera de velocidad y la parte última de la carrera en la cual se aumenta la velocidad.

staccato m. Procedimiento de ejecución musical consistente en hacer sonar por separado cada nota y acortando considerablemente la duración de su sonido.

stajanovismo m. Sistema soviético de trabajo desarrollado racionalmente por equipos, basado en la emulación.

stand m. Palabra inglesa: en los hipódromos, tribuna; en las exposiciones, lugar reservado a un expositor; en los campos de tiro, lugar cerrado para practicar.

stándard adj. y s. Palabra inglesa: norma, pauta, patrón, modelo, ley, regla fija. Norma que fijan el Estado o las asociaciones profesionales para reducir a un tipo o modelo cualquier artículo o construcción: trajes, habitaciones, etc. Nivel de vida.

standarizar tr. Dar a un objeto la forma y las dimensiones de un patrón o modelo. Uniformar.

statu quo Locución latina que se usa para designar, especialmente en la diplomacia, el estado de las cosas en determinado momento.

st.ck m. Palabra ing.esa que significa palo o bastón. Mazo o palo usado en varios deportes.

stock m. Palabra inglesa para expresar mercancías en existencia, depósito o reserva, valores, acciones, capital comercial, etc.

stop m. Palabra ing.esa que se emplea con el sentido de ¡alto! y, en telegrafía, con el de punto.

su, sus adj. Posesivo de tercera persona, en ambos géneros y números; úsase sólo antepuesto al nombre.

suasorio-a adj. Perteneciente a la persuación, o propio para persuadir.

suato-a adj. En México, zonzo, simple, tonto.

suave adj. Liso y blando al tacto. Dulce, grato a los sentidos. Tranquilo, quieto, manso. Lento, moderado. Dócil, manejable, apacible.

suavizador-a adj. Que suaviza. M. Pedazo de cuero u otra materia para suavizar el filo de las navajas de afeitar. Líquido para suavizar la piel.

suavizar tr. Hacer suave. Pulir, alisar, pulimentar; templar, mitigar, calmar. Quitar asperezas.

subalimentación f. Alimentación defectuosa o insuficiente.

subalterno-a adj. Inferior, que está debajo de una persona o cosa. M. Empleado de categoría inferior.

subálveo-a adj. Que está debajo del lecho de un río o arroyo.

subarrendar tr. Dar o tomar en arriendo una cosa de otro arrendatario de la misma.

subasta f. Venta pública de bienes o arrendamientos al mejor postor. Licitación, remate.

subastar tr. Vender efectos o contratar servicios, arriendos, etc., en pública subasta.

subconsciencia f. Grado o nivel de la atención superior a la inconsciencia e inferior a la conciencia propiamente dicha.

subconsumo m. Consumo inferior a la producción.

subcutáneo-a adj. Que está inmediatamente debajo de la epidermis.

subdesarrollado-a adj. Dícese de los países, regiones, etc., de desarrollo económico escaso, en relación con sus recursos naturales y humanos; por lo que pudiera representar de despectivo, hoy se suelen llamar países en desarrollo o insuficientemente desarrollados.

subdiácono m. Clérigo ordenado de epístola, quien, además de cantar ésta, debe asistir al diácono en el altar. Seglar que lo reemplaza.

subdirector-a m. y f. Persona que sirve inmediatamente a las órdenes del director o lo substituye en sus funciones.

súbdito-a adj. y s. Persona sujeta a la autoridad de un superior, con obligación de obedecerle. Natural o ciudadano de un país, sujeto a las autoridades políticas de éste.

subdividir tr. y r. Dividir una parte señalada por una división anterior.

súber m. Corcho, parte exterior de la corteza del alcornoque, o capa externa similar de cualquier árbol.

suberoso-a adj. Parecido al corcho.

subida f. Acción y efecto de subir o subirse. Sitio o lugar en declive, que va subiendo.

subido-a adj. Dícese de lo último y más fino de su especie. Aplícase al color o al olor que impresiona fuertemente. Muy elevado, que excede al término ordinario.

subir intr. Pasar de un sitio o lugar a otro superior o más alto. Cabalgar, montar. Crecer en altura ciertas cosas. Importar una cuenta. Ascender en empleo o dignidad. Crecer en caudal o hacienda. Agravarse o difundirse ciertas enfermedades. Tr. Hacer más alta una cosa. Enderezar o poner derecha una cosa. Dar a las cosas mayor precio.

súbito-a adj. Improviso, repentino. Precipitado, violento en obras o palabras. Adv. De manera repentina.

subjetivismo m. Predominio de lo subjetivo. En general, doctrina según la cual nuestros juicios sobre la verdad y el bien tienen sólo valor para un sujeto individual.

subjetivo-a adj. Perteneciente o relativo al sujeto. Relativo al modo de pensar o de sentir del sujeto. Signo o síntoma perceptible por el sujeto paciente, pero no comprobable por el médico.

subjuntivo-a adj. y s. Dícese del modo del verbo que expresa deseo, temor, esperanza, posibilidad, etc. y es el esencial en la subordinación de oraciones.

sublevación f. Acción y efecto de sublevar o sublevarse. Rebelión, sedición, motín.

sublevar tr. y r. Alzar en sedición o motín. Tr. Causar indignación, promover sentimientos de protesta.

sublimar tr. Engrandecer, exaltar, ensalzar o poner en altura. Volatilizar un cuerpo sólido y condensar sus vapores.

sublime adj. Excelso, eminente, de elevación extraordinaria, especialmente hablando de conceptos morales o intelectuales.

submarino-a adj. Que está bajo la superficie del mar. M. Buque de guerra de navegación submarina y de superficie, generalmente armado de cañones y de tubos lanzatorpedos.

submultiplo-a adj. y s. Aplícase al número o cantidad que es cociente exacto de otro u otra por un número entero.

subordinación f. Sujeción a la orden, mando o dominio de una persona. Procedimiento gramatical mediante el cual una oración, sin sentido por sí misma, se hace depender de otra en el discurso, para completar, aclarar, precisar el significado de ésta.

subordinar tr. y r. Sujetar personas o cosas a la dependencia de otras.

subproducto m. Material que se obtiene como resultado de la fabricación de un producto principal; su aprovechamiento puede ser directo o indirecto.

subrayar tr. Señalar, con una raya por debajo, alguna letra, palabra o frase que se quiera recordar o sobre la que se llama la atención. Recalcar, decir algo con lentitud y exagerada fijeza de expresión.

subrepticio-a adj. Que se hace o toma ocultamente y a escondidas. Secreto.

subrogar tr. y r. Substituir o poner una persona o cosa en lugar de otra.

subsanar tr. Disculpar o excusar un desacierto o delito. Reparar o remediar un defecto, o resarcir un daño.

subscribir o **suscribir** tr. Firmar al pie o al final de un escrito. Convenir con el dictamen de otro; acceder a él. R. Obligarse uno a contribuir con alguna cantidad para cualquier obra o empresa. Abonarse para recibir alguna publicación periódica, libros, etc.

subscritor, suscriptor, subscriptor-a m. y f. Persona que suscribe o se subscribe.

subsecuente o **subsiguiente** adj. Que sigue inmediatamente a otra cosa. Después del siguiente.

subsidiario-a adj. Que se da o se manda en socorro o subsidio de alguien. Aplícase a la acción o responsabilidad que suple o robustece a otra principal.

subsidio m. Socorro, ayuda o auxilio extraordinario. Contribución impuesta al comercio y a la industria. Ayuda económica que se presenta, generalmente con carácter oficial, para satisfacer determinadas necesidades individuales o colectivas.

subsistencia f. Permanencia, estabilidad y conservación de las cosas. Pl. Conjunto de medios necesarios para el sustento de la vida.

subsistir intr. Permanecer, durar una cosa o conservarse. Vivir y pasar la vida.

substancia o **sustancia** f. Cosa de la que se alimenta y nutre algo o alguien y sin la cual se acaba. Jugo que se extrae de ciertas materias alimenticias. Ser, esencia, naturaleza de las cosas. Parte nutritiva de los alimentos. Juicio, madurez.

substancial o **sustancial** adj. Perteneciente o relativo a la sustancia. Substancioso. Dícese de lo esencial y más importante en una cosa.

substancioso-a o **sustancioso-a** adj. Que tiene substancia o que la tiene abundante.

substantivo-a o **sustantivo-a** adj. Que tiene existencia real, independiente, individual. Nombre o palabra que se da para designar a personas, animales o cosas. Dícese del verbo que expresa esencia o substancia.

substituir o **sustituir** tr. Poner a una persona o cosa en lugar de otra.

substitutivo-a o **sustitutivo-a** adj. Que puede reemplazar a otra cosa en el uso; sucedáneo.

substituto-a o **sustituto-a** m. y f. Persona que hace las veces de otra en empleo o servicio. Suplente.

substracción o **sustracción** f. Acción y efecto de substraerse. Hurto. Hecho de separarse de una obligación. Operación aritmética que tiene por objeto, dada la suma de dos sumandos y uno de ellos, hallar el otro.

substraendo o **sustraendo** *m.* Cantidad que ha de restarse de otra.

substraer o **sustraer** *tr.* Apartar, separar o extraer. Hurtar, robar fraudulentamente. *R.* Separarse de lo que es de obligación, de lo que se tenía proyectado, etc. Restar.

subsuelo *m.* Terreno debajo de la capa labrantía; en general, debajo de una capa de tierra. Parte profunda del terreno, de dominio público y sobre la que pueden otorgarse concesiones mineras.

subtender *tr.* Unir en una línea recta los extremos de un arco de curva o de una línea quebrada.

subteniente *m.* Oficial de categoría inmediatamente inferior a la de teniente; segundo teniente.

subterfugio *m.* Efugio, escapatoria, excusa artificiosa.

subterráneo-a *adj.* Que está debajo de tierra. *M.* Cualquier lugar o espacio que está debajo de tierra.

subtítulo *m.* Título secundario que se pone a veces después del título principal.

subulado-a *adj.* Que termina en punta aguda y fina como una lezna.

suburbano-a *adj.* Aplícase al edificio, terreno o campo próximo a la ciudad. Perteneciente o relativo a un suburbio. *M.* Habitante de un suburbio.

suburbio *m.* Barrio, arrabal o aldea cerca de la ciudad o dentro de su jurisdicción.

subvencionar *tr.* Favorecer con una cantidad u otra cosa.

subvenir *intr.* Venir en auxilio de alguno o acudir a las necesidades de alguna cosa.

subversivo-a *adj.* Capaz de subvertir o que tiende a ello, en especial el orden público.

subvertir *tr.* Trastornar, revolver, destruir.

subyacente *adj.* Que yace o está debajo de otra cosa.

subyugar *tr.* Avasallar, sojuzgar, dominar poderosa o violentamente.

succión *f.* Acción de chupar.

sucedáneo-a *adj. y s.* Dícese de la substancia que, por tener cualidades parecidas a las de otra, puede reemplazarla o substituirla.

suceder *intr.* Entrar una persona o cosa en lugar de otra o seguirse a ella. Entrar como heredero o legatario en la posesión de los bienes de un causante. Descender, proceder, provenir. *Impers.* Efectuarse un hecho.

sucesión *f.* Acción y efecto de suceder. Herencia, bienes y derechos que se heredan. Prole, descendencia directa. Cadena, serie, sarta.

sucesivo-a *adj.* Dícese de lo que sucede o sigue a otra cosa.

suceso *m.* Cosa que sucede. Transcurso del tiempo. Éxito, resultado, término de un negocio. Galicismo, por buen éxito, triunfo.

sucesor-a *adj. y s.* Que sucede a uno o sobreviene en su lugar, como continuador de él.

suciedad *f.* Calidad de sucio Inmundicia, porquería. Dicho o hecho sucio.

sucinto-a *adj.* Breve, compendioso, resumido.

sucio-a *adj.* Que tiene manchas o impurezas. Que se ensucia fácilmente. Deshonesto u obsceno. Dícese del color turbio y confuso. Con daño, infección, imperfección o impureza. Dícese del juego en que no se observan las normas o reglas que le son propias.

suco *m.* Jugo.

sucre *m.* Moneda de plata del Ecuador, veinticincoavo del cóndor.

suctorio-a *adj.* Apto o a propósito para chupar.

suculento-a *adj.* Jugoso, substancioso, muy nutritivo. Dícese del tallo u hoja grueso, carnoso y jugoso.

sucumbir *intr.* Ceder, rendirse, someterse. Morir, perecer.

sucursal *f.* Dícese del establecimiento que sirve de ampliación a otro, del cual depende.

sudamericano-a *adj. y s.* Natural de la América del Sur. Perteneciente a esta parte de América.

sudanés-a *adj. y s.* Natural del Sudán. Perteneciente a esta región de África.

sudar *intr.* Exhalar y expeler el sudor. Destilar los árboles, plantas y frutos algunas gotas de su jugo. Trabajar con fatiga y desvelo. *Tr.* Empapar en sudor.

sudario *m.* Lienzo que se pone sobre el rostro de los difuntos o en que se envuelve el cadáver.

sudeste *m.* Punto del horizonte entre el Sur y el Este, a igual distancia de ambos. Viento que sopla de esta parte.

sudoeste *m.* Punto del horizonte entre el Sur y el Oeste, a igual distancia de ambos. Viento que sopla de esta parte.

sudor *m.* Serosidad clara y transparente que sale por los orificios de las glándulas sudoríparas de la piel; de reacción débilmente ácida y que, además de su función catabólica, regula la temperatura del cuerpo. Trabajo y fatiga.

sudorífico-a o **sudorífero-a** *adj.* Aplícase al medicamento que hace sudar

sudoríparo-a *adj.* Que produce el sudor. Dícese de las glándulas de la piel que secretan el sudor.

sueco-a *adj.* y *s.* Natural u oriundo de Suecia. Perteneciente a esta nación de Europa. Lengua de los suecos, del grupo nórdico de las lenguas germánicas.

suegra *f.* Madre del marido respecto de la mujer, o de la mujer respecto del marido.

suegro *m.* Padre del marido respecto de la mujer, o de la mujer respecto del marido.

suela *f.* Parte del calzado que toca al suelo. Cuero vacuno curtido. Lenguado. Zócalo.

sueldo *m.* Remuneración por un cargo o servicio. Mensualidad, estipendio.

suelo *m.* Superficie de la tierra. Superficie interior de algunas cosas. Solar de un edificio. Superficie artificial para que el piso esté sólido y llano. Piso de un cuarto o vivienda. Casco de las caballerías.

suelto-a *adj.* Ligero, veloz. Poco compacto, disgregado. Ágil o hábil para ejecutar una cosa. Libre y poco sujeto. Aplícase al que sufre diarrea. Lenguaje o estilo fácil y corriente. Que no hace juego ni se combina con otras cosas. Dícese de las monedas fraccionarias, con relación a otra de más valor. Escrito periodístico entre el artículo y la gacetilla.

sueño *m.* Acto de dormir. Representación en la fantasía de sucesos o cosas mientras uno duerme. Gana de dormir. Que no tiene realidad ni fundamento.

suero *m.* Parte líquida de la sangre, del quilo o de la linfa, que se separa del coágulo de estos humores, cuando salen del organismo.

suerte *f.* Encadenamiento de los sucesos, considerado como fortuito o casual. Circunstancia de ser, por mera casualidad, favorable o adverso lo que ocurre o sucede. Lo que es favorable. Casualidad a que se fía la resolución de una cosa. Estado, condición. Manera o modo de hacer una cosa. Género o especie de una cosa. Parte de tierra de labor, separada de otra u otras por sus lindes. Billete de lotería. Cada uno de los períodos o episodios de la lidia.

suéter *m.*, *americ.* Jersey, chaqueta de punto de lana.

suevo-a *adj.* y *s.* Individuo de un antiguo pueblo germánico y que junto con los vándalos y alanos, invadieron las Galias y España; fundaron un reino al noroeste de la Península, hasta ser absorbidos por los visigodos.

suficiencia *f.* Capacidad, aptitud.

suficiente *adj.* Bastante para lo que se necesita. Apto o idóneo.

sufijo-a *adj.* y *s.* Dícese del afijo que va incorporado al final del vocablo, y da lugar a las llamadas palabras enclíticas o a las derivadas.

sufragáneo-a *adj.* Que depende de la jurisdicción y autoridad de alguno.

sufragar *tr.* Ayudar o favorecer. Costear, satisfacer.

sufragio *m.* Ayuda, favor o socorro. Obra buena que se aplica para almas del Purgatorio. Voto, dictamen o parecer. Sistema electoral para la provisión de cargos.

sufragista *adj.* y *s.* Partidario del voto femenino.

sufrible *adj.* Que se puede sufrir o tolerar.

sufrido-a *adj.* Que sufre, que recibe con resignación un daño moral o físico. Dícese del marido consentidor. Aplícase al color que disimula lo sucio.

sufrir *tr.* Padecer, sentir física y corporalmente un daño, dolor, enfermedad, pena o castigo; sentir los agravios, injurias, etc. Recibir con resignación un daño moral o físico. Resistir, sostener. Aguantar, tolerar, soportar. No impedir o permitir lo que se pudiera o debiera evitar.

sufusión *f.* Derrame de un líquido orgánico en los tejidos que circundan la cavidad que lo contiene. Obstrucción de la pupila del ojo por un coágulo sanguíneo.

sugerencia *f.* Insinuación, inspiración, sugestión. Idea que se sugiere.

sugerir *tr.* Hacer entrar en el ánimo de otro una idea, sentimiento, etc., insinuándosela, inspirándosela o haciéndole caer en ella.

sugestión *f.* Acción de sugerir. Cosa sugerida. Acción y efecto de sugestionar. Fascinación, insinuación.

sugestionar *tr.* Inspirar en otra persona palabras o actos involuntarios. Dominar la voluntad de una persona, llevándola a obrar en determinado sentido. Fascinar, seducir.

sugestivo-a *adj.* Que sugiere, atrayente.

suicida *com.* Persona que se suicida. Dícese del acto o la conducta que daña o destruye al propio agente.

suicidarse *r.* Quitarse voluntariamente la vida.

suicidio *m.* Acción y efecto de suicidarse.

suite *f.* Composición musical en varios tiempos, constituida por diversos aires de danza, escritos todos en la misma tonalidad. Habitaciones en serie.

suizo-a *adj. y s.* Natural de Suiza. Perteneciente a esta nación de Europa.

sujeción *f.* Acción de sujetar o sujetarse. Unión con que una cosa está sujeta a otra y de la que no puede separarse, dividirse o inclinarse.

sujetar *tr. y r.* Someter al dominio, señorío o disposición de alguno. Afirmar o contener una cosa con la fuerza.

sujeto-a *adj.* Expuesto o propenso a una cosa. *M.* Asunto o materia sobre que se habla o escribe. Persona innominada. El ser que conoce o piensa. Persona o cosa de quien se dice algo.

sulfamida *f.* Diamida del ácido sulfúrico.

sulfatar *tr.* Impregnar o bañar con un sulfato alguna cosa.

sulfatiazol *m.* Polvo cristalino blanco y poco soluble en agua; es la sulfonamida más eficaz contra algunas infecciones.

sulfato *m.* Sal del ácido sulfúrico.

sulfhídrico-a *adj.* Perteneciente o relativo a las combinaciones del azufre con el hidrógeno.

sulfitar *tr.* Tratar con anhídrido sulfuroso o con ácido sulfuroso los mostos, vinos, vinagres, jarabes, etc., con fines de conservación, blanqueo o purificación, o para conseguir una buena fermentación destruyendo microorganismos que la perturban.

sulfito *m.* Sal o éster del ácido sulfuroso, cuerpo resultante de la combinación del ácido sulfuroso con un radical mineral u orgánico.

sulfonamida *f.* Amida de un ácido sulfónico. Nombre genérico de los agentes quimioterápicos orgánicos que tienen la constitución química de amidas de ácidos sulfónicos o derivados de estas amidas; son de fuerte acción bactericida.

sulfónico *adj.* Dícese del ácido sulfónico. Nombre genérico de un grupo de compuestos orgánicos que tienen el radical sulfónico unido directamente a un carbono; son fuertemente ácidos y tienen mucha importancia en la industria de materias colorantes.

sulfurar *tr.* Combinar un cuerpo con azufre. Irritar, encolerizar.

sulfúreo-a *adj.* Perteneciente o relativo al azufre. Que tiene azufre.

sulfúrico-a *adj.* Sulfúreo. Dícese del ácido correspondiente al trióxido de azufre o anhídrido sulfúrico, formado por la combinación de éste con una molécula de agua.

sulfuro *m.* Cuerpo que resulta de la combinación del azufre con un metal o alguno de ciertos metaloides.

sulfuroso-a *adj.* Sulfúreo. Que participa de las propiedades del azufre. Dícese del ácido que se obtiene saturando el agua con gas sulfuroso y que se usa como antiséptico. Dícese del anhídrido o dióxido de azufre.

sultán *m.* Emperador de los turcos. Príncipe o gobernador mahometano.

sultana *f.* Mujer del sultán o la que sin serlo gozaba de igual consideración. Embarcación principal que usaban los turcos en la guerra.

suma *f.* Agregado de muchas cosas, especialmente de dinero. Acción de sumar. Lo más substancial e importante de una cosa. Recopilación de todas las partes de una ciencia o facultad. Cantidad equivalente a dos o más homogéneas. Resultado de la adición. Conjunto, cúmulo.

sumando *m.* Cada una de las cantidades parciales que han de acumularse para formar la suma o cantidad total que se busca.

sumar *tr.* Recopilar, compendiar y abreviar una materia. *R.* Agregarse uno a un grupo o adherirse a una doctrina u opinión. *Tr.* Reunir en una sola varias cantidades homogéneas.

sumario-a *adj.* Reducido a compendio; breve, sucinto. *M.* Resumen, compendio o suma. Aplícase a determinados juicios civiles en que se procede brevemente y sin algunas de las formalidades o trámites del juicio ordinario. Conjunto de actuaciones previas del juicio penal.

sumergible *adj.* Que se puede sumergir. Dícese del buque submarino.

sumergir *tr. y r.* Meter una cosa debajo del agua o de otro líquido. Hundir.

sumidad *f.* Ápice o extremo más alto de una cosa. Nombre que se da al extremo de las ramas provisto de hojas y a los ramos que llevan flores, o flores y hojas.

sumidero *m.* Conducto o canal por donde se sumen las aguas. Vertedero, cloaca, alcantarilla.

suministrar *tr.* Proveer a uno de algo que necesita. Surtir, proporcionar, facilitar, dar.

suministro *m.* Acción y efecto de suministrar. *Pl.* Provisión de víveres o utensilios para las tropas, penados, presos, asilados, etc.

sumir *tr.* Hundir o meter debajo de la tierra o del agua. Sumergir, abismar, hundir. *R.* Hundirse o formar una concavidad anormal alguna parte del cuerpo. En México, quedarse callado. Acobardarse.

Quedarse maliciosamente con lo ajeno.

sumisión *f.* Acción y efecto de someter o someterse. Acatamiento, subordinación.

sumiso-a *adj.* Obediente, subordinado. Rendido, subyugado.

súmmum *m.* El colmo, lo sumo.

sumo-a *adj.* Supremo, altísimo; que no tiene superior en su línea. Muy grande, enorme.

suntuario-a *adj.* Relativo o perteneciente al lujo.

suntuoso-a *adj.* Magnífico, grande y costoso. Dícese de la persona magnífica en su gesto y porte.

supedáneo-a *adj.* Relativo o perteneciente a la planta del pie. Dícese de los sinapismos y remedios rubefacientes que se aplican a las plantas de los pies. *M.* Especie de peana, estribo o apoyo.

supeditar *tr.* y *r.* Sujetar, oprimir con rigor o violencia. Avasallar.

superabundar *intr.* Abundar en extremo o rebosar.

superar *tr.* Sobrepujar, exceder, vencer.

superávit *m.* Exceso del haber o caudal sobre el debe u obligaciones; en la administración pública, exceso de los ingresos sobre los gastos.

supercarburante *m.* Carburante especialmente preparado para un clima determinado.

superconductibilidad *f.* Propiedad de algunos metales de alcanzar un grado de conductibilidad casi perfecta a temperatura próxima al 0' absoluto.

superchería *f.* Engaño, dolo, fraude, mentira.

superestructura *f.* Estructura encima de una construcción. En una fortificación permanente, parte no enterrada de la obra y que se eleva sobre el terreno. En Marina, obra muerta.

superficial *adj.* Perteneciente o relativo a la superficie. Que está o se queda en ella. Aparente, sin solidez ni substancia. Frívolo, sin fundamento.

superficie *f.* Límite o término de un cuerpo que lo separa y distingue de lo que no es él. Cara, o porción externa, de algún cuerpo, tejido u órgano sólido. Extensión en que sólo se consideran la longitud y la latitud.

superfino-a *adj.* Muy fino.

superfluo-a *adj.* No necesario, que está de más. Sobrante.

superfosfato *m.* Fosfato ácido de cal que se emplea como abono.

superheterodino *adj.* y *s.* Aparato receptor radiofónico de gran sensibilidad y selectividad.

superhombre *m.* Tipo de hombre muy superior a los demás.

superintendente *com.* Persona a cuyo cargo está la dirección y cuidado de una cosa, con superioridad a las demás que sirven en ella.

superior *adj.* Dícese de lo que está más alto y en lugar preeminente respecto de otra cosa. Dícese de lo más excelente y digno. Que excede a otras cosas en virtud, vigor o prendas. Excelente, muy bueno. *M.* El que manda, gobierna o dirige una congregación o comunidad, principalmente religiosa. Aplícase a algunos lugares o países que están en la parte alta de la cuenca de los ríos.

superiora *f.* La que manda, gobierna o dirige una congregación o comunidad principalmente de religiosas.

superioridad *f.* Preeminencia, excelencia o ventaja de una persona o cosa respecto de otra. Persona, conjunto de personas de superior calidad.

superlativo-a *adj.* Muy grande y excelente en su línea. Sumo, excelso, supremo. Dícese del adjetivo que significa la cualidad del nombre en grado extraordinario o máximo.

supermercado *m.* Establecimiento comercial de venta al por menor de artículos alimenticios y domésticos y en que el cliente se sirve a sí mismo y paga a la salida.

supernumerario-a *adj.* Que excede, supera o está fuera del número señalado o establecido. Excedente. *M.* y *f.* Empleado de una oficina pública que no figura en la nómina general.

superponer *tr.* y *r.* Sobreponer.

supersónico-a *adj.* Dícese de las vibraciones, ondas o aparatos vibrantes en que la frecuencia es mayor que el límite de la audibilidad, o sea de unas 20 000 vibraciones por segundo. Dícese de la velocidad superior a la del sonido.

superstición *f.* Creencia extraña a la religión y contraria a la razón.

supérstite *adj.* Superviviente.

supervivencia *f.* Acción y efecto de sobrevivir. Prolongación de la vida de las células del organismo, después de la muerte de éste.

supino-a *adj.* Que está tendido sobre el dorso. Dícese de la ignorancia que procede de negligencia en aprender lo que puede y debe saberse. *M.* Substantivo verbal latino que expresa, en los verbos de movimiento, la finalidad propuesta.

suplantar *tr.* Falsificar un escrito con palabras o cláusulas que alteren su sentido original. Ocupar con malas artes el lugar de otro, perjudicándolo.

suplementario-a *adj.* Que sirve para suplir una cosa o complementarla.

suplemento *m.* Acción y efecto de suplir. Complemento. Hoja o cuaderno independiente del número ordinario de un periódico o revista. Angulo que falta a otro para sumar dos rectos.

suplente *adj. y s.* Que suple. Substituto.

suplicar *tr.* Rogar, pedir con humildad y sumisión una cosa. Implorar, solicitar. Recurrir ante un tribunal superior por resolución dictada por él mismo.

suplicio *m.* Lesión corporal o muerte infligida como castigo. Lugar donde el reo padece este castigo. Grave tormento físico o moral.

suplir *tr.* Cumplir o integrar lo que falta en una cosa, o remediar la carencia de ella. Ponerse en lugar de alguien para hacer sus veces. Disimular el defecto de otro. Dar por supuesto y explícito lo que sólo se contiene implícitamente en la oración o frase.

suponer *tr.* Dar por sentada y existente una cosa. Fingir una cosa. Importar, traer consigo. *Intr.* Tener autoridad o representación.

suposición *f.* Acción y efecto de suponer. Lo que se supone o da por sentado. Autoridad, distinción, lustre y talento. Impostura o falsedad.

supositorio *m.* Preparación farmacéutica en pasta y de forma cónica u ovoide que, introducida en el recto, provoca evacuación y otros efectos terapéuticos; por extensión, los óvulos vaginales y las candelillas uretrales.

suprarrenal *adj.* Situado encima de los riñones.

suprasensible *adj.* Superior a los sentidos; que no es asequible a éstos.

supremacía *f.* Grado supremo en cualquier línea. Preeminencia, superioridad jerárquica. Predominio, hegemonía.

supremo-a *adj.* Superlativo de alto: altísimo. Que no tiene superior en su línea. Sumo, máximo, culminante.

suprimir *tr.* Hacer cesar; hacer desaparecer. Omitir, callar, pasar por alto. Eliminar, derogar, revocar.

supuesto-a *adj.* Sentado, fingido, hipotético. *M.* Objeto o materia que no se expresa, pero se presupone. Hipótesis.

supurar *intr.* Formar o echar pus.

sur *m.* Punto cardinal que cae del lado del polo antártico, res-

pecto de otro con el cual se compara. Viento que sopla de esta parte.

sura *m.* Cualesquiera de las lecciones o capítulos en que se divide el Alcorán.

surcar *tr.* Hacer surcos en la tierra al ararla. Rayar, a modo de hacer surcos. Ir o caminar por un fluido rompiéndolo o cortándolo.

surco *m.* Hendedura que se hace en la tierra con el arado. Señal prolongada que deja una cosa al pasar sobre otra. Arruga en el rostro o en otra parte del cuerpo. Depresión lineal, fisura o hendidura en cualquier órgano o tejido.

sureño-a *adj. y s. americ.* Natural o habitante del sur del país. Perteneciente o relativo a las comarcas del sur del país.

surgir *intr.* Surtir, brotar, manar. Dar fondo la nave. Alzarse, manifestarse, aparecer.

suripanta *f.* Corista del género bufo. Mujer liviana.

surrealismo *m.* Movimiento artístico que se propone expresar la actividad real del pensamiento sin control de la razón, de la estética o de la moral, o sea una expresión del subconsciente.

surtido-a *adj.* Aplícase al artículo de comercio que se ofrece como mezcla de diversas clases. *M.* Acción y efecto de surtir o surtirse. Lo que se previene o sirve para surtir.

surtidor-a *adj.* Que surte o provee. *M.* Chorro de agua que brota o sale, especialmente hacia arriba.

surtir *intr.* Brotar, saltar, salir el agua y, particularmente hacia arriba. *Tr.* Proveer a alguno de alguno de alguna cosa.

susceptible *adj.* Capaz de recibir modificación o impresión. Quisquilloso, puntilloso. Propenso a padecer alguna enfermedad o los efectos de algún agente morboso.

suscitar *tr.* Levantar, promover.

susodicho-a *adj.* Sobredicho.

suspender *tr.* Levantar, colgar o detener una cosa en alto o en el aire. Detener por algún tiempo una obra o acción. Causar admiración. Privar temporalmente a uno del sueldo o empleo. Negar la aprobación a un examinado, hasta nuevo examen.

suspensión *f.* Acción y efecto de suspender. Sistema elástico que une los ejes de las ruedas al bastidor o chasis de un automóvil, una máquina motriz o un carruaje, a fin de amortiguar las sacudidas por las desigualdades del terreno. Retardo musical. Mezcla en que las partículas más densas no precipitan por la viscosidad del fluido menos denso.

suspenso-a *adj.* Admirado, perplejo. *M.* Nota de haber sido suspendido en un examen.

suspensorio-a *adj.* Que sirve para suspender, levantar o colgar en alto. *M.* Vendaje o faja para sostener el escroto u otro miembro.

suspicacia *f.* Calidad de suspicaz. Idea o cosa sugerida por la sospecha o desconfianza.

suspicaz *adj.* Propenso a concebir sospechas o a tener desconfianza.

suspirar *intr.* Dar suspiros.

suspiro *m.* Aspiración fuerte y prolongada, seguida de una espiración y que denota pena, ansia o deseo. Golosina de harina, azúcar y huevo. Pausa musical breve.

sustentáculo *m.* Apoyo o sostén de una cosa.

sustentar *tr.* Mantener, proveer del alimento necesario. Conservar una cosa en su ser. Sostener algo para que no se caiga o tuerza. Defender una opinión o sistema.

sustento *m.* Mantenimiento, alimento. Lo que da vigor y permanencia a una cosa. Sostén o apoyo.

susto *m.* Impresión repentina causada en el ánimo por sorpresa, miedo, espanto o pavor. Preocupación vehemente por alguna adversidad o daño que se teme.

susurrar *intr.* Hablar quedo produciendo un murmullo o ruido sordo. Empezarse a divulgar un secreto o cosa que no se sabía. Moverse con ruido suave y remiso el aire, el arroyo, etc.

susurro *m.* Ruido suave y remiso resultado de hablar quedo, o el que naturalmente producen algunas cosas. Murmullo, en particular el que se percibe en los aneurismas y tumores vasculares.

sutil *adj.* Delgado, delicado, tenue. Agudo, perspicaz, ingenioso.

sutileza o **sutilidad** *f.* Calidad de sutil. Dicho o concepto excesivamente agudo y falto de verdad, profundidad o exactitud.

sutilizar *tr.* Adelgazar, atenuar. Limar, pulir y perfeccionar cosas no materiales. Discurrir ingeniosamente.

sutorio-a *adj.* Aplícase al arte de hacer zapatos, o a lo perteneciente al mismo.

sutura *f.* Cordoncillo que forma la juntura de las partes de un fruto. Costura con que se reúnen los labios de una herida. Línea sinuosa a modo de sierra que forma la unión de ciertos huesos del cráneo.

suturar *tr.* Coser los labios de una herida.

suyo-a, -os, -as *pron.* y *adj.* posesivo de tercera persona.

svástica *adj.* y *s.* Diagrama de buen agüero. Dícese de la cruz simbólica cuyos brazos están doblados en ángulo recto hacia la derecha.

T

t *f.* Vigésima tercera letra del abecedario castellano y decimonona de sus consonantes.

taba *f.* Astrágalo, hueso del tarso. Juego de muchachos en que se tira al aire una taba de carnero y se gana si al caer queda hacia arriba el lado llamado carne.

tabacal *m.* Sitio sembrado de tabaco.

tabacalero-a *adj.* Perteneciente o relativo al cultivo, elaboración y venta del tabaco. Dícese de la persona que lo cultiva.

tabaco *m.* Planta solanácea de raíz fibrosa, hojas alternas grandes lanceoladas, flores en racimo y fruto en cápsula cónica con muchas semillas; es planta de olor fuerte y narcótica. Sus hojas secas y preparadas se fuman en forma de cigarros y en hebra o picadura, en cigarrillo o en pipa.

tabacomanía *f.* Uso excesivo y desmedido del tabaco.

tabalear *tr.* Menear o mecer una cosa a una parte y otra. *Intr.* Hacer son con los dedos imitando el toque del tambor.

tabanazo *m.* Golpe que se da con la mano. Bofetada.

tabanco *m.* Puesto, tienda o cajón que se pone en las calles o en los mercados, para la venta de comestibles.

tábano *m.* Insecto díptero de vuelo rápido, cuerpo pubescente y boca con trompa fuerte, apta para picar y con la que las hembras taladran la piel de los ganados vacuno y caballar especialmente, para chupar su sangre y cuyas picaduras dolorosas ocasionan grandes molestias y, a veces, transmisión de enfermedades infecciosas.

tabaquería *f.* Puesto o tienda donde se vende tabaco. En México y Cuba, fábrica donde se elabora el tabaco en sus diversas formas industriales.

tabaquero-a *adj.* y *s.* Persona que tuerce el tabaco, que lo vende o comercia con él. Cajita para tabaco en polvo. Receptáculo del tabaco en la pipa de fumar. En América, petaca o bolsa para llevar en el bolsillo tabaco picado.

tabardillo *m.* Insolación. Persona alocada y molesta. En México y en tiempos pasados, tifo.

tabardo *m.* Prenda de abrigo ancha y larga que usan los labradores. Especie de gabán sin mangas, de paño o de piel. Ropón blasonado de los antiguos reyes de armas y de los maceros.

tabarra *f.* Lata, molestia, pesadez.

tabasqueño-a *adj. y s.* Natural de Tabasco. Perteneciente a este Estado mexicano.

taberna *f.* Tienda donde se vende vino por menor y otras bebidas alcohólicas.

tabernáculo *m.* Lugar donde los hebreos tenían colocada el arca del Testamento. Sagrario.

tabernario-a *adj.* Propio de la taberna o de las personas que la frecuentan. Bajo, grosero, vil.

tabernero-a *adj. y s.* El que vende vino en la taberna o es dueño de ella.

tabes *f.* Atrofia progresiva del organismo o de una parte de él; consunción, extenuación. Por antonomasia, la ataxia locomotriz o tabes dorsal.

tabica *f.* Tablilla con que se cubre un hueco, como el de un escalón de madera.

tabicar *tr.* Cerrar con tabique una cosa. Cerrar, tapar.

tabique *m.* Pared delgada para división de los cuartos o aposentos de las casas. División plana y delgada que separa dos huecos. En México, ladrillo.

tabla *f.* Pieza de madera plana, más larga que ancha, de poco grueso y caras paralelas. Pieza plana y de poco espesor de cualquier materia rígida. Cara más ancha de un madero. Índice de materias de un libro. Lista o catálogo. Cuadro de números dispuestos para facilitar los cálculos. Faja de tierra labrantía. Cuadro o plantel de tierra para sembrar verduras o flores. Mostrador de carnicería. Empate en una partida de juego. Escenario del teatro. Primer tercio de las plazas de toros, a partir de la barrera. Pliegue ancho en la tela.

tablado *m.* Suelo plano formado de tablas unidas o juntas por el canto. Pavimento del escenario de un teatro. Patíbulo.

tablajería *f.* Carnicería, puesto o despacho en que se vende carne.

tablajero *m.* Carpintero que hace tablados. Carnicero, persona que vende carne.

tablar *m.* Conjunto de tablas de huerta o de jardín.

tablear *tr.* Dividir un madero en tablas. Dividir en tablas el terreno de una huerta o jardín. Reducir las barras cuadradas de hierro a figura de llanta, pletina o fleje. Hacer tablas en la tela.

tablero *m.* Madero a propósito para hacer tablas, serrándolo. Tablado. Tabla cuadrada con cuadritos de dos colores alternados, para ciertos juegos de fichas. Mostrador. Mesa grande en que cortan los sastres. Tablar. Encerado o pizarrón, en las escuelas. Ábaco, parte plana y superior del capitel. Tabla entre los largueros y peinazos de las puertas y ventanas. En México, cuadro de distribución eléctrica.

tableta *f.* Tabla pequeña, especialmente la que sirve para entarimar. Pastilla comprimida que contiene algún medicamento; comprimido.

tabletear *intr.* Hacer chocar tabletas o tablas para producir ruido.

tablilla *f.* Tableta. Tabla para exponer al público un anuncio, edicto o lista de personas.

tabloide *m.* Periódico diario de pequeño formato, por lo común la mitad del tamaño ordinario, con fotograbados informativos.

tablón *m.* Tabla gruesa. Borrachera.

tabloncillo *m.* Asiento de la fila más alta de las gradas y tendidos de las plazas de toros. Tabla que forma el asiento del retrete.

tabú *m.* Prohibición magicorreligiosa de ciertas cosas, personas, lugares o circunstancias, tanto por su carácter benéfico como maléfico.

tabuco *m.* Aposento pequeño o habitación estrecha.

tabulador *m.* Mecanismo en las máquinas de escribir, para ordenar en columnas las cantidades de los documentos de contabilidad.

tabular *adj.* Que tiene forma de tabla. Dícese de los estratos horizontales extensos y de poco espesor. *Tr.* Colocar en forma de tabla aritmética. Construir una tabla de valores de una función o expresión algebraica.

taburete *m.* Asiento sin brazos ni respaldo, para una persona. Silla con el respaldo muy estrecho, guarnecida de vaqueta, terciopelo, etc.

tac *m.* Ruido acompasado; úsase repetido: *tac-tac*.

tacada *f.* Golpe dado con la boca o la maza del taco a la bola del billar. Serie de carambolas hecha sin perder golpe. Tacazo.

tacañería *f.* Calidad de tacaño. Acción propia del tacaño. Mezquindad, avaricia, ruindad.

tacaño-a *adj. y s.* Astuto, pícaro, bellaco, que engaña con sus embustes y ardides. Miserable, ruin, mezquino, avaro.

tácito-a *adj.* Callado, silencioso. Que no se entiende, percibe, oye o dice formalmente, sino que se infiere o supone.

tacíturno-a *adj.* Callado, silencioso, que le molesta hablar. Triste, melancólico o apesadumbrado.

taco *m.* Pedazo de madera u otra materia, corto y grueso, que se encaja en algún hueco. Pedazo de madera corto y grueso. Cilindro de trapo, estopa u otra materia, para apretar la carga de un explosivo. Baqueta. Vara de madera con que se impelen las bolas del billar. Conjunto de hojas de papel de los calendarios de pared. Embrollo, lío. Bocado o comida muy ligera que se toma fuera de las horas de comer. Trago de vino. Voto o juramento. En México, tortilla de maíz enrollada, que contiene viandas diversas.

tacómetro *m.* Instrumento para medir la velocidad de rotación del árbol de una máquina.

tacón *m.* Pieza semicircular, más o menos alta, que va unida exteriormente a la suela del zapato o bota, en la parte ue corresponde al calcañar.

taconazo *m.* Golpe dado con el tacón.

taconear *intr.* Pisar haciendo ruido y estribando en el tacón. Pisar con valentía y arrogancia.

táctica *f.* Arte que enseña a poner en orden las cosas. Sistema especial que se emplea disimulada y hábilmente para conseguir un fin. Rama del arte militar que regula el modo de operar de las fuerzas terrestres, navales y aéreas; ciencia de la conducción del combate.

táctico-a *adj.* Perteneciente o relativo a la táctica. *M.* El que sabe o practica la táctica.

táctil *adj.* Referente al tacto.

tacto *m.* Sentido corporal por el cual y mediante el contacto con las cosas, se puede percibir alguna de sus cualidades: tamaño, forma, consistencia, dureza, blandura, aspereza, suavidad, temperatura, etc. Tino, acierto, destreza.

tacha *f.* Falta o defecto de una cosa y que la hace imperfecta. Mácula, mancha. Razón o motivo legal para desvirtuar la fuerza probatoria de las declaraciones de un testigo.

tachar *tr.* Poner falta o tacha en una cosa. Borrar lo escrito. Alegar tacha contra algún testigo. Culpar, censurar.

tachigual *m.* En México, cierto tejido de algodón; blonda, trama o encaje no tejido sino trabajado a mano.

tachón *m.* Raya para borrar lo escrito. Galón, cinta, etc., sobrepuesto en la ropa o tela para adornarla. Tachuela grande de cabeza dorada o plateada para adornar cofres, sillerías, etc.

tachonar *tr.* Adornar una cosa sobreponiéndole tachones o cosas parecidas.

tachuela *f.* Clavo corto y de cabeza grande.

tael *m.* Cierta moneda y peso usados en Filipinas. Unidad monetaria de China con la paridad de 0.75 tael = 1 dólar.

tafetán *m.* Tela delgada de seda, muy tupida. Cinta de tafetán cubierta por una cara con cola de pescado, empleada como aglutinante para cubrir y juntar los bordes de las heridas. *Pl.* Las banderas Galas de mujer.

tafia *f.* Aguardiente de caña.

tafilete *m.* Cuero de cabra, carnero o ternerilla, bruñido y lustroso, mucho más delgado que el cordobán.

tagalo-a *adj. y s.* Individuo de un pueblo malayo, con mezcla de sangre china, que vive en la isla de Luzón y es uno de los grupos filipinos de más alta civilización. Idioma de este pueblo.

tagarnina *f.* Cardillo, planta compuesta. Cigarro puro muy malo. En América, borrachera.

tagora *m.* Nombre del taparrabo que usan los indígenas tarahumaras.

tahalí *m.* Tira de lienzo o cuero que cruza desde el hombro derecho hasta la cintura, donde se juntan los dos cabos y se pone la espada.

tahona *f.* Molino de harina. Casa en que se cuece el pan y se vende al público.

tahur-a *adj. y s.* Jugador, diestro en el juego. El que frecuenta las casas de juego. Jugador fullero.

taifa *f.* Bandería, parcialidad. Régulo de uno de los Estados en que se dividió la España árabe, al disolverse el califato cordobés. Reunión de personas de mala vida o de poco juicio.

taiga *f.* Bosque o selva de coníferas, muy intrincado y de subsuelo helado, entre la estepa y la tundra.

taimado-a *adj.* Bellaco, astuto, disimulado y pronto en advertirlo todo.

taino-a *adj. y s.* Indígena perteneciente a la familia arauca que habitaba la parte occidental de Puerto Rico y Santo Domingo, en la época del descubrimiento.

tajada *f.* Porción cortada de una cosa, especialmente comestible. Ronquera o tos ocasionada por un resfriado.

tajadera *f.* Cuchilla, a modo de media luna, con que se taja alguna cosa. Cortafrío.

tajadero *m.* Tajo, pedazo de madera grueso, para partir y picar carne.

tajamanil *m.* En México, tejamanil.

tajamar *m.* Tablón curvo para hender el agua cuando el buque marcha. En América, malecón, dique. Parte curva o angular que se adiciona a los pilares de los puentes, para cortar el agua de la corriente y repartirla con igualdad por ambos lados.

tajar *tr.* Dividir una cosa en dos o más partes, con instrumento cortante.

tajo *m.* Corte hecho con instrumento cortante. Sitio hasta donde llega en su faena la cuadrilla de operarios que trabaja avanzando sobre el terreno. Tarea, labor que debe hacerse en tiempo limitado. Escarpa alta y cortada casi a plomo. Filo o corte. Madero para partir o picar carne. Banquillo rústico. Trozo de madera grueso y pesado sobre el cual se decapitaba a los condenados.

tal *adj.* Igual, semejante, parecido, de la misma forma o figura. Tanto o tan grande. *Pron.* Alguien, alguno.

tala *f.* Acción y efecto de talar. Defensa formada con árboles cortados por el pie y a modo de barrera. Devastación, destrucción, arrasamiento de los bosques.

talabarte *m.* Pretina o cinturón, ordinariamente de cuero, del que se lleva colgante la espada.

talabartero *m.* Guarnicionero que hace talabartes y otros correajes.

talacha o **talacho** *f. o m.* En México, instrumento de labranza que se usa como hacha y azadón, para romper la tierra dura y cortar dentro de ella tallos o raíces.

taladrador-a *adj. y s.* Que taladra. *F.* Máquina de taladrar, para perforar metales, madera, piedras, etc.

taladrar *tr.* Horadar una cosa con taladro u otro instrumento semejante. Herir fuertemente los oídos un sonido agudo. Comprender una materia obscura y dudosa.

taladro *m.* Instrumento agudo o cortante con que se agujerea la madera u otra cosa. Agujero hecho con este instrumento. Taladradora. Organo perforante de las hembras de algunos himenópteros para depositar los huevos.

álamo *m.* Lugar prominente donde los novios celebraban sus bodas y recibían los parabienes. Lecho conyugal. Receptáculo, extremo del pedúnculo floral donde se insertan los verticilos.

talante *m.* Modo o manera de ejecutar una cosa. Semblante o disposición personal, estado o calidad de las cosas. Voluntad, deseo, gusto.

talar *adj.* Dícese del traje o vestidura que llega hasta los talones.

talar *tr.* Cortar por el pie masas de árboles, para dejar rasa la tierra. Destruir, arruinar o quemar a mano, campos, edificios o poblaciones.

talasocracia *f.* Imperio o dominio de una nación sobre los mares.

talcacahuate *m.* En México, cacahuate. En Cuba, maní.

talco *m.* Metasilicato ácido de magnesio, de textura hojosa, muy suave al tacto, lustroso y muy blando.

talega *f.* Saco o bolsa ancha y corta, de lienzo basto u otra tela, para llevar o guardar las cosas. Lo que se guarda o lleva en ella. Cantidad de mil pesos duros en plata. Dinero.

taleguilla *f.* Talega pequeña. Calzón que forma parte del traje usado en la lidia por los toreros.

talento *m.* Conjunto de dotes intelectuales, ingenio, capacidad, prudencia, etc., que resplandecen en una persona. Por antonomasia, entendimiento.

talio *m.* Metal raro parecido al plomo, de color gris, blando, de varias aplicaciones en la industria; símbolo Tl.

talión *m.* Pena de hacer sufrir al delincuente un daño igual al que causó.

talismán *m.* Figura o imagen, en correspondencia a los signos celestes, a la que se atribuyen virtudes portentosas.

talmente *adv.* De tal manera, así, en tal forma.

talo *m.* Cuerpo u órgano vegetativo en que no se aprecian raíz, hojas y tallo.

talofita *f.* Vegetal cuyo aparato vegetativo carece de raíces, tallos y hojas: algas, hongos, líquenes.

talón *m.* Calcañar. Parte del calzado que cubre el calcañar. Patrón monetario. Documento o resguardo expedido de un talonario en que consta la matriz, para comprobar su legitimidad.

talonario *m.* Dícese del documento que se corta de un libro, quedando en él una parte de cada hoja, para acreditar con ella su legitimidad o para ulterior recuento o comprobación.

talud *m.* Inclinación del paramento de un muro o de un terreno. Cantil.

talla *f.* Obra de escultura, especialmente en madera. Estatura o altura del hombre. En México, amolada, friega; exceso de trabajo.

tallar *tr.* Hacer obras de talla o escultura. Llevar la banca en algunos juegos de naipes. Labrar piedras preciosas. Grabar en hueco. Medir la estatura de una persona. En México, recargar el trabajo.

tallarines *m. pl.* Tiras estrechas de pasta alimenticia que se sirven en sopa o en otras preparaciones de cocina.

talle *m.* Proporción o disposición del cuerpo humano. Cintura. Forma o parte del vestido que corresponde a la cintura. Traza, disposición o apariencia.

tallecer *intr.* Entallecer. Echar tallo las semillas, bulbos o tubérculos de las plantas.

taller *m.* Local donde se trabaja alguna manufactura, sin gran complicación de maquinaria. Estudio de escultor o pintor.

tallo *m.* Organo de las plantas que se prolonga en sentido contrario al de la raíz y sirve para sostener hojas, flores y frutos. Renuevo. Germen que ha brotado de una semilla. Eje, soporte, vástago.

talludo-a *adj.* Que ha echado tallo grande. Crecido y alto.

tamal *m. americ.* Especie de empanada de masa de maíz trabajada con manteca, envuelta en hoja de plátano o de la mazorca del maíz, y cocida al vapor. Lío, embrollo, intriga.

tamaño-a *adj.* Tan grande o tan pequeño. Muy grande o muy pequeño. *M.* Volumen o dimensión de una cosa.

tamarindo *m.* Arbol de la familia de las leguminosas, de tronco grueso y elevado, hojas compuestas, flores amarillentas en espiga y fruto en legumbres pulposas, con varias semillas, de sabor agradable, usado como purgante y que con azúcar se hacen refrescos; fruto de esta planta.

tamaulipeco-a *adj. y s.* Natural de Tamaulipas. Perteneciente a este Estado mexicano.

tambache *m.* En México, envoltorio de ropa; maleta, equipaje o hato; provisiones que se guardan en ellos; mujer muy gruesa de carnes fofas.

tambalear *intr. y r.* Menearse una cosa a lado y lado, como que va a caerse por falta de fuerza o de equilibrio.

también *adv.* Tanto, así; asimismo, igualmente, además.

tambor *m.* Instrumento músico de percusión, de forma cilíndrica, hueco y abierto por sus dos bases, cubiertas con piel estirada y que se toca con dos palillos. Caja. El que toca este instrumento. Tamiz. Tostador de café, castañas, etc. Aro en que se tiende una tela para bordarla. En México y Cuba, envase metálico, grande y cilíndrico. En México, cilindro metálico para contener gases a presión. Muro cilíndrico que sirve de base a una cúpula. Tímpano del oído.

tamboril *m.* Tambor de pequeño tamaño, que se toca con un solo palillo o baqueta y también con los dedos.

tameme *m. americ.* Cargador, mozo de cuerda.

tamiz *m.* Cedazo muy tupido.

tamo *m.* Pelusa que se desprende del lino, algodón o lana. Polvo o paja muy menuda de varias semillas trilladas. Pelusilla que se cría debajo de las camas y otros muebles, por falta de aseo.

tampiqueño-a *adj. y s.* Natural de Tampico. Perteneciente o relativo a esta población mexicana del Estado de Tamaulipas.

tampoco *adv.* Sirve para negar una cosa después de haberse negado otra.

tampón *m.* Almohadilla impregnada de tinta para humedecer los sellos de metal o de caucho.

tamujo *m.* Planta euforbiácea de ramas mimbreñas y espinosas, hojas en hacecillos, flores verdosas y fruto capsular; con sus ramas se hacen escobas muy rústicas para barrer las calles, eras, etc.

tan *adv.* Apócope de tanto. Siquiera, solamente.

tanate *m.* En México y Centroamérica, mochila, zurrón de cuero o de palma, con tapa.

tanda *f.* Alternativa o turno. Tarea, obra o trabajo. Cada uno de los grupos que alternan en un trabajo. Número indeterminado de cosas de un mismo género. En América, cada una de las sesiones teatrales populares, integradas por números de variedades, zarzuelas, comedias frívolas, etc.

tándem *m.* Bicicleta para dos personas que se colocan una delante de otra. Colocación de diferentes elementos, en la que uno queda situado detrás de otro.

tangente *adj.* Línea o superficie que toca a otra o que tiene puntos comunes con otra. En un triángulo rectángulo, se llama tangente de un ángulo agudo a la razón del cateto opuesto al cateto adyacente.

tangible *adj.* Que se puede tocar. Palpable, efectivo, real.

tango *m.* Baile argentino escrito en compás de $^2/_4$ y de forma musical binaria. Letra y música de este baile.

tanino *m.* Substancia astringente contenida en la corteza de varios árboles y frutos, y que se disuelve en agua, para curtir pieles y otros usos.

tanque *m.* Carro de guerra moderno, blindado y artillado, con sistema propulsor de bandas, apto para moverse en toda clase de terrenos. Depósito de agua transportable en un carro. Barco aljibe. Depósito de líquidos de diversas clases.

tantalio *m.* Metal raro de color gris, tan pesado como la plata, dúctil y maleable, muy tenaz y resistente a los agentes corrosivos; símbolo Ta.

tanteada *f.* Acción y efecto de tantear. En México, doblez, procedimiento para burlar a una persona, después de haber explorado su ánimo; engaño.

tantear *tr.* Medir o comparar una cosa con otra, para ver si viene bien o ajustada. Apuntar los tantos en juego para saber quien gana. Considerar y reconocer con prudencia y reflexión las cosas antes de ejecutarlas. Examinar a una persona o cosa para conocer sus cualidades. Explorar el ánimo o la intención de uno sobre un asunto. Dar por una cosa el mismo precio en que ha sido rematada en favor de otro, por preferencia de derecho. Comenzar un dibujo, trazar sus primeras líneas.

tanteo *m.* Acción y efecto de tantear. Número de tantos que se ganan en el juego. Reconocimiento de un terreno antes de trazar una vía de comunicación. Ensayar, probar.

tanto-a *adj.* Aplícase a la cantidad, número o porción de una cosa indeterminada o indefinida; correlativo de cuanto. Tan grande o muy grande. *Pron.* Eso. *M.* Cantidad cierta o número determinado de una cosa. Copia o ejemplar que se da de un escrito. Ficha, moneda u objeto que se da para señalar los puntos que se ganan en ciertos juegos. *Pl.* Número que se ignora o no se quiere expresar.

tañer *tr.* Tocar, hacer sonar un instrumento. Avisar con campana u otro instrumento. *Intr.* Tabalear.

tañido *m.* Sonido particular de un instrumento músico, campana, etc.

taoísmo *m.* Sistema filosófico atribuído a Lao-tsé y religión popular de los chinos.

tapa *f.* Pieza que cierra por la parte superior las cajas, cofres, vasos o cosas semejantes. Cubierta córnea que rodea el casco de las caballerías. **Capa** de suela de que se compone el tacón de un zapato.

Cada una de las cubiertas de un libro encuadernado. **Compuerta.** En la ternera de matadero, carne que corresponde al medio de la pierna trasera. Bocadillo para acompañar la bebida.

tapaboca o **tapabocas** *m.* Bufanda. Golpe dado en la boca con la mano abierta. Dicho con que se hace callar a una persona en una conversación.

tapada *f.* Mujer que se tapa con el manto o el pañuelo para no ser conocida. En México, desmentida, mentís.

tapadera *f.* Pieza con que se ajusta y tapa la boca de alguna cavidad: pucheros, tinajas, pozos, etc. Persona que encubre o disimula lo que otra desea que se ignore.

tapado-a *adj. amer.* Torpe, cerrado de inteligencia. *M.* En México, presunto candidato a elecciones, cuyo nombre se guarda en secreto hasta la última hora.

tapagujeros *m.* Albañil de poca habilidad. Persona de quien se echa mano para que supla a otra.

tapanco *m.* En México, desván.

tapar *tr.* Cubrir o cerrar lo que está descubierto o abierto. Abrigar o cubrir con ropa u otra defensa contra los temporales. Encubrir, disimular, callar u ocultar un defecto.

taparrabo *m.* Pedazo de tela u otra cosa con que los salvajes se cubren de la cintura a los muslos. Calzón muy corto que se usa como traje de baño.

tapatío-a *adj. y s.* En México, natural de Guadalajara y, por extensión, del Estado de Jalisco. Perteneciente o relativo a esta ciudad o Estado. En Guadalajara, Jalisco, terno de tortillas.

tapete *m.* Alfombra pequeña. Cubierta de hule, paño u otro tejido que para ornato o resguardo se suele poner en las mesas y otros muebles.

tapia *f.* Cada uno de los trozos de pared que de una sola vez se hacen con tierra amasada y apisonada en una horma. Pared así formada. Muro de cerca.

tapial *m.* Horma para hacer tapias. Tapia.

tapiar *tr.* Cerrar con tapias. Cerrar con muro o tabique.

tapicería *f.* Juego de tapices. Local donde se guardan y recogen los tapices. Arte de tapicero. Tienda del mismo. Arte o industria textil que tiene como objeto representar temas pictóricos originales, o la reproducción de cuadros o pinturas murales.

tapicero *m.* Oficial que teje tapices o los adereza y compone. El que tiene por oficio poner alfombras, tapices o cortinajes, guarnecer almohadones, sofás, etc.

tapioca *f.* Fécula blanca y granulada que se saca de la raíz de la mandioca; cocida con caldo o leche es una sopa muy agradable al paladar.

tapir *m.* Cualesquiera de los diferentes ungulados perisodáctilos, con proboscide corta, cola rudimentaria, fuertes patas y con el cuerpo cubierto uniformemente de pelo; anteburro, danta, vaca mocha, beorí.

tapiscar *tr.* En México y parte de Centroamérica, cosechar la milpa.

tapiz *m.* Paño grande, tejido de lana o seda, en que se copian cuadros de histotria, países, blasones, etc., y sirve como abrigo y adorno de las paredes o como paramento de cualquier otra cosa.

tapizar *tr.* Entapizar. Cubrir, forrar con tela los muebles o las paredes. Forrar una cosa con algo que se adapte perfectamente a ella.

tapón *m.* Pieza de corcho, cristal, madera, etc. con que se tapan botellas, frascos, toneles y otras vasijas. Bola de hilas o de algodón en rama, gasa, etc. con que se obstruye una herida a efecto de contener hemorragias o de aplicar substancias medicinales.

taponar *tr.* Cerrar con tapón un orificio. Obstruir con tapones una herida o una cavidad natural del cuerpo.

taponazo *m.* Golpe dado con el tapón de una botella de líquido espumoso, al destaparla. Estruendo que este acto produce.

taponería *f.* Conjunto de tapones. Fábrica de tapones. Tienda en que se venden. Industria de tapones.

tapujarse *r.* Taparse con rebozo o embozarse.

tapujo *m.* Embozo o disfraz con que una persona se tapa para no ser conocida. Disimulo con que se disfraza u obscurece la verdad. Simulación, ocultamiento.

taque *m.* Ruido o golpe que da una puerta al cerrarrse. Ruido del golpe con que se llama a una puerta.

taquear *tr. americ.* Apretar el taco de una arma de fuego. Llenar, atestar, atiborrar. En México, comer tacos fuera de las horas de comer. En México y Río de la Plata, jugar al billar por mero pasatiempo.

taquería *f.* En México, puesto o lugar donde se venden tacos.

taquero-a *adj. y s.* Persona que hace o vende tacos. *F.* Estantería

donde se colocan los tacos de billar.

taquicardia *f.* Frecuencia excesiva del ritmo de las contracciones cardíacas.

taquigrafía *f.* Arte y técnica de escribir tan de prisa como se habla, por medio de ciertos signos y abreviaturas.

taquígrafo-a *m. y f.* Persona que sabe o profesa la taquigrafía.

taquilla *f.* Armario para guardar papeles en una oficina. Casillero para billetes de teatro, ferrocarril, etc. Despacho de billetes y lo que de él se recauda.

taquillero-a *m. y f.* Persona encargada de un despacho de billetes o taquilla. *Adj.* En México, dícese del espectáculo, película, obra teatral, actor o actriz, etc., que atraen al gran público y proporcionan buena taquilla.

taquimecanógrafo-a *m. y f.* Persona versada en taquigrafía y en mecanografía.

taquímetro *m.* Aparato para medir la velocidad de un cuerpo en movimiento. Instrumento para medir directamente ángulos acimutales y verticales, y las distancias, de una manera indirecta.

tara *f.* Parte de peso que se rebaja en los géneros o mercancías, por razón de su embalaje.

tarabilla *f.* Tablilla que golpea continuamente contra la piedra del molino. Persona que habla mucho, de prisa y sin orden ni concierto. Zoquetillo de madera clavado al marco de una puerta o ventana y que puede girar para cerrarlas. Listón de madera que por torsión mantiene tirante la cuerda de un bastidor de la sierra. Telera del arado.

taracea *f.* Embutido hecho con pedazos menudos de chapa de madera en sus colores naturales, o de madera teñida, concha, nácar y otras materias.

tarado-a *adj.* Dícese de la persona que tiene taras o defectos.

tarahumara *adj. y s.* Indígena mexicano perteneciente a una importante tribu del grupo sonora que vive al SO del Estado de Chihuahua, en la sierra de su nombre y comarcas vecinas.

tarambana *com.* Persona alocada, de poco juicio.

tarantela *f.* Baile popular napolitano de movimiento vivo. Aire musical con que se ejecuta este baile.

tarántula *f.* Araña grande de picadura venenosa, de cuerpo negro por encima y rojizo por debajo, de patas fuertes. En América, araña que excava guaridas subterráneas.

tararear *tr.* Cantar entre dientes y sin articular palabras.

tarasca *f.* Serpiente monstruosa. Persona muy voraz. Mujer fea y de mal natural.

tarascada *f.* Golpe, mordedura o herida hecha con los dientes. Respuesta áspera o dicho desatento contra el que blandamente propone o cortésmente pretende una cosa.

tarascar *tr.* Morder o herir con los dientes; dícese más comúnmente hablando de los perros.

tarasco-a *adj. y s.* Indígena perteneciente a un antiguo pueblo mexicano que en la actualidad vive en la mayor parte del Estado de Michoacán y en zonas próximas de los de Guerrero, Querétaro y Guanajuato. Lengua de este pueblo, llamada más exactamente purépecha.

tardanza *f.* Detención, demora, lentitud, pausa.

tardar *intr.* Detenerse, no llegar oportunamente, retrasar la ejecución de una cosa. Emplear tiempo en hacer las cosas.

tarde *f.* Tiempo desde el mediodía hasta anochecer. Ultimas horas del día. *Adv.* A hora avanzada del día o de la noche; fuera de tiempo.

tardecer *intr.* Empezar a caer la tarde.

tardío-a *adj.* Que tarda en venir a sazón y madurez. Que sucede después del tiempo oportuno. Pausado, que camina u obra lentamente.

tardo-a *adj.* Lento, perezoso en obrar. Que sucede después de lo que convenía o se esperaba. Torpe, no expedito en la comprensión o explicación.

tardón-a *adj. y s.* Que tarda mucho y gasta mucha flema. Que comprende tarde las cosas.

tarea *f.* Cualquier obra o trabajo. Trabajo que debe hacerse en tiempo limitado. Afán o cuidado causado por un trabajo continuo.

tarifa *f.* Tabla o catálogo de los precios, derechos o impuestos que se deben pagar por alguna cosa o trabajo.

tarifar *tr.* Señalar o aplicar una tarifa. *Intr.* Reñir con uno, enemistarse.

tarima *f.* Entablado movible de varias dimensiones, según el uso a que se destina.

tarja *f.* Escudo grande que cubría todo el cuerpo. Tablita o chapa que sirve de contraseña. Golpe o azote. En México, programa de fiestas religiosas.

tarjeta *f.* Membrete de los mapas y cartas. Pedazo pequeño de cartulina rectangular, con el nombre, título o cargo de una o más personas y que en el trato social se emplea para visitas, felicitaciones, etc.

tarjetero *m.* Cartera para llevar tarjetas de visita. En América, tarjetera.

tarlatana *f.* Tejido ralo de algodón, semejante a la muselina, pero de mayor consistencia que ésta.

tarpón *m.* Pez marino de cuerpo alargado y comprimido, con escamas muy anchas brillantemente plateadas, de carne poco estimada; sábalo.

tarraconense *adj. y s.* Natural de la antigua Tarraco, hoy Tarragona, en Cataluña, España. Perteneciente a esta ciudad de la España antigua. Perteneciente a la antigua provincia romana del mismo nombre.

tarro *m.* Vaso de barro cocido y vidriado, generalmente más alto que ancho. En México, Antillas y Uruguay, cuerno.

tarso *m.* Parte posterior del pie, compuesta de 7 huesos estrechamente unidos entre sí. Cartílago del párpado. Parte más delgada de la pata de las aves. Parte comprendida entre la pierna y el metatarso, en los vertebrados.

tarta *f.* Tortera, cazuela. Torta rellena con dulce de frutas, crema, miel, etc.

tártago *m.* Planta euforbiácea anual de tallo corto, hojas lanceoladas, flores sin corola y fruto seco capsular con semillas arrugadas; purgante y emética muy fuerte. Suceso infeliz, chasco pesado.

tartajear *intr.* Hablar pronunciando las palabras con torpeza o trocando sus letras, por algún impedimento en la lengua.

tartalear *intr.* Moverse trémula y precipitadamente. Turbarse uno de modo que no acierta a hablar.

tartamudear *intr.* Hablar o leer con pronunciación entrecortada y repitiendo las sílabas.

tartán *m.* Tela de lana con cuadros o listas cruzadas y de diferentes colores.

tartana *f.* Embarcación menor, de vela latina y con un solo palo, de mucho uso para la pesca y tráfico de cabotaje. Carruaje con cubierta abovedada y asientos laterales, por lo común de dos ruedas y con limonera.

tartárico *m.* Acido que se encuentra libre y en forma de sal potásica ácida, en las uvas y otros frutos, empleado en la preparación de polvos efervescentes, bebidas gaseosas, polvos de hornear, etc.

tártaro-a *adj. y s.* Natural de Tartaria. Perteneciente a esta región de Asia. *M.* Tartrato ácido de potasio, que forma costra en la vasija donde el mosto fermenta. Sarro dental. El infierno.

tartera *f.* Tortera, cazuela. Fiambrera, cacerola para llevar la comida fuera de casa.

tartrato *m.* Sal del ácido tartárico.

tartufo *m.* Hipócrita, santurrón, mojigato, falso, por alusión a Tartufo, personaje de una comedia de Molière, encarnación de la maldad y de la hipocresía.

tarugada *f.* En México, acción propia de un tarugo o zoquete. Torpeza, tontería.

tarugo *m.* Clavija gruesa de madera. Zoquete. Trozo grueso de madera prismático, para pavimentar calles.

tas *m.* Yunque pequeño y cuadrado de los plateros, hojalateros y plomeros.

tasa *f.* Acción y efecto de tasar. Precio máximo o mínimo a que por disposición de la autoridad puede venderse una cosa. Documento en que consta. Precio que se ha de pagar por el consumo individual de los servicios públicos especiales.

tasación *f.* Justiprecio, avalúo de las cosas.

tasajo *m.* Pedazo de carne seco y salado o acecinado, para que se conserve.

tasar *tr.* Poner tasa a las cosas vendibles. Graduar el valor o precio de las cosas. Regular o estimar el trabajo de alguien para darle premio o paga. Poner método, regla o medida para que no haya exceso de una cosa.

tasca *f.* Garito o casa de juego de mala fama. Taberna.

tascar *tr.* Espadar. Quebrantar con ruido la hierba o el verde las bestias cuando pacen. Morder el caballo el freno.

tasto *m.* Sabor desagradable que toman algunas viandas cuando se han pasado o revenido.

tata *f.* Nombre infantil con que designa a la niñera. M. En América, padre, papá; úsase también como tratamiento de respeto.

tatarabuelo-a *m. y f.* Tercer abuelo.

tataranieto-a *m. y f.* Tercer nieto.

¡tate! *interj.* Equivale a ¡detente! o, poco a poco. Denota haber venido en conocimiento de algo que antes no se ocurría o no se había podido comprender.

tatemar *tr.* En México, asar ligeramente carnes, raíces o frutas.

tato-a *adj.* Tartamudo que vuelve la *c* y *s* en *t*.

tatole *m.* México, convenio, acuerdo; conspiración.

tatuar *tr. y r.* Grabar dibujos en la piel humana con materias colorantes y mediante diversos procedimientos.

taumaturgia *f.* Facultad de realizar prodigios.

taumaturgo-a *m. y f.* Persona admirable en sus obras; autor de cosas estupendas y prodigiosas.

taurino-a *adj.* Perteneciente o relativo al toro, o a las corridas de toros.

taurófilo-a *adj. y s.* Aficionado a las corridas de toros.

tauromaquia *f.* Arte de lidiar toros.

tautología *f.* Repetición de un mismo pensamiento, expresado de distintas maneras; suele ser viciosa e inútil.

tautológico-a *adj.* Perteneciente o relativo a la tautología. Dícese del eco que repite varias veces algunas sílabas.

taxativo-a *adj.* Que limita, circunscribe y reduce un caso a determinadas circunstancias.

taxi o **taxis** *m.* Apócope de taxímetro.

taxidermia *f.* Arte de disecar los animales muertos, para conservarlos con apariencia de vivos.

taxímetro *m.* Aparato de que están provistos algunos coches de alquiler y que marcan automáticamente la distancia recorrida y la cantidad devengada. Coche de alquiler provisto de este aparato.

taxista *com.* Persona que conduce un taxímetro.

taxonomía *f.* Estudio de la clasificación de los seres naturales.

taylorismo *m.* Organización científica del trabajo para obtener el máximo rendimiento en un mínimo de tiempo y de esfuerzo.

taza *f.* Vasija pequeña de loza o de metal y con asa, que generalmente se usa para tomar líquidos. Lo que cabe en ella. Receptáculo redondo y cóncavo donde vacían el agua las fuentes. El de la misma forma que es parte de la guarnición de algunas espadas.

tazón *m.* Taza grande y sin asa.

te *f.* Nombre con que se especifica la forma de T de ciertos materiales y accesorios: hierro T, unión T. Empalme en ángulo recto doble, para tubos.

te *pron.* Dativo o acusativo del pronombre personal de segunda persona en ambos géneros y número singular.

té *m.* Arbusto procedente del Extremo Oriente, de hojas perennes alternas, flores blancas pedunculadas y axilares y fruto capsular globoso; sus hojas desecadas, torrefactas y aromatizadas se usan en infusión estimulante, estomacal y alimenticia. Reunión de personas por la tarde, en que suele tomarse un refrigerio y se sirve la infusión dicha. En México, cualquier infusión de plantas medicinales, aun cuando no sean té.

tea *f.* Astilla o raja de madera muy impregnada en resina y que, encendida, alumbra como un hachón.

team *m.* Palabra inglesa que significa tronco, yunta, atelaje y también equipo, grupo organizado de jugadores.

teatino-a *adj. y s.* Dícese de los clérigos regulares de San Cayetano y de las monjas de la Concepción, ambos fundados en el siglo XVI.

teatral *adj.* Perteneciente o relativo al teatro. Aplícase a ciertas actitudes, tono y aparato muy estudiados y a propósito para llamar la atención.

teatro *m.* Edificio o sitio destinado a la representación de obras dramáticas o a otros espectáculos públicos propios de la escena. Escenario o escena. Conjunto de producciones dramáticas de una época, nación o autor. Profesión de actor. Arte de componer o representar obras dramáticas. Lugar donde una cosa está expuesta a la estimación o censura de las gentes, o donde se ejecuta algo notable a la vista de numeroso concurso.

teca *f.* Cajita donde se guarda una reliquia. Cubierta o envoltura que rodea o protege a un órgano u organismo.

teca *f.* Arbol verbenáceo corpulento de las Indias orientales, de hojas grandes, flores en panojas terminales y drupas con una nuez durísima; su madera se usa para construcciones navales.

tecali *m.* En México, alabastro veteado, traslúcido, de fácil talla, empleado como piedra ornamental y para fabricar variados objetos de adorno; su nombre procede de Tecali, en el Estado de Puebla, México, donde abunda este alabastro.

tecla *f.* Pequeña palanca sobre la cual actúa el dedo, para poner en movimiento un mecanismo del piano, órgano, etc., y hacer que suene la nota deseada. Pieza de ciertos aparatos que, al pulsarla con los dedos, efectúa una acción determinada: máquina de escribir, componer, calculadora, etc. Materia delicada que debe tratarse con cuidado.

teclado *m.* Conjunto ordenado de teclas en el piano, calculadora, máquina de escribir, etc.

teclear *intr.* Mover las teclas. Menear los dedos a manera del que toca las teclas. *Tr.* Intentar o probar diversos caminos y medios para conseguir un fin.

tecnetio *m.* Nombre del masurio, o nuevo nombre de este elemento; símbolo Tc.

técnica *f.* Conjunto de procedimientos y recursos de que se sirve una ciencia o arte. Pericia o habilidad para usarlos. Aplicación de los conocimientos científicos en dirección utilitaria.

tecnicismo *m.* Calidad de técnico. Conjunto de voces técnicas empleadas en el lenguaje de un arte, ciencia, oficio, etc. Cada una de estas voces.

técnico-a *adj.* Perteneciente o relativo a las aplicaciones de las ciencias y las artes. Tecnicismo. *M.* El que posee los conocimientos especiales de una ciencia o arte.

tecnicolor *m.* Procedimiento para la obtención de películas cinematográficas en color, basado en la tricromía.

tecnocracia *f.* Gobierno o dirección de la sociedad por los técnicos.

tecnología *f.* Conjunto de conocimientos propios de un oficio mecánico o arte industrial. Lenguaje propio y técnico de una ciencia o arte.

tecnológico-a *adj.* Perteneciente o relativo a los procedimientos y medios para transformar en objetos usuales y útiles los productos naturales.

tecol *m.* En México, gusano que se cría en el maguey.

tecolota *f.* En México, colilla del cigarro.

tecolote *m.* En México, nombre que se da a diversas variedades de buho; gendarme; borrachera, embriaguez; cierto lance en el juego de albures.

tecomate *m.* En México, especie de calabaza de cuello estrecho y corteza dura, de la cual se hacen vasijas; estas mismas vasijas y por extensión vasija ordinaria de barro en forma de jícara.

tecpaneca o **tepaneca** *adj. y s.* Individuo de un pueblo náhoa que se estableció en el valle de México, con centro en Azcapotzalco y al que estuvieron sometidos los aztecas al principio.

tectónico-a *adj.* Perteneciente o relativo a los edificios y otras obras de arquitectura. *F.* Geotectónica.

tecuco-a *adj.* En México, avaro, mezquino, tacaño.

techado *m.* Techo.

techar *tr.* Cubrir un edificio formando el techo.

techichi *m.* En México, especie de perro no ladrador que vivía en el país antes de la conquista y que los indígenas utilizaban como alimento.

techo *m.* Parte interior y superior de un edificio, que lo cubre y cierra. Casa, habitación o domicilio. Altura máxima a que es utilizable un avión. Parte alta de un bosque, formada por la copa de los árboles que lo constituyen.

techumbre *f.* Techo, parte que cubre y cierra un edificio, sobre todo los muy altos.

tedéum *m.* Himno cristiano solemne para dar gracias a Dios.

tedio *m.* Hastío, fastidio, desgana, repugnancia.

tegumento *m.* Tejido que cubre algunas partes de las plantas. Capa o membrana que cubre el cuerpo de un animal, o las cavidades de éste que comunican ampliamente con el exterior.

teísmo *m.* Creencia en un Dios personal y providente, creador y conservador del mundo.

teja *f.* Pieza de barro cocido en forma de canal, para cubrir por fuera los techos y recibir y dejar escurrir el agua de lluvia. En México, parte trasera de la silla de montar, en forma de arco o abanico.

tejabán *m.* Dícese, en México, de una casa rústica y pobre con pared de carrizos o adobes, pero con techo de tejas.

tejadillo *m.* Tapa o cubierta de la caja de un coche. Superficie saliente que para protección de la lluvia se coloca sobre una puerta, ventana, etc.

tejado *m.* Parte superior del edificio, cubierta comúnmente por tejas.

tejamanil *m.* En México, Cuba, Colombia y República Dominicana, tabla delgada y cortada en listones, que se coloca como teja en los techos de las casas.

tejano-a *adj. y s.* Natural del Estado norteamericano de Texas. Perteneciente o relativo a dicho territorio. Sombrero de fieltro de copa alta terminada en punta y por lo regular de cuatro golpes.

tejar *m.* Sitio donde se fabrican tejas, ladrillos y adobes. *Tr.* Cubrir de tejas las casas y demás edificios.

tejavana *f.* Edificio techado a teja vana o sea sin otro techo que el tejado, cobertizo, o tinglado.

tejedor-a *adj. y s.* Que teje. Persona que tiene por oficio tejer. *M.* Insecto acuático de cuerpo alargado, con las patas posteriores muy largas y delgadas que le permiten correr por la superficie del agua.

tejer *tr.* Formar en el telar la tela con la trama y la urdimbre. Entrelazar hilos, cordones, espartos, etc., para formar trencillas, esteras, etc. Formar ciertos animales sus telas o capullos, superponiendo unos hilos a otros. Componer, ordenar una cosa. Discurrir, maquinar con variedad de ideas.

tejera *f.* La que fabrica tejas y ladrillos. Tejar, sitio donde se fabrican tejas.

tejería *f.* Tejar, lugar donde se fabrican tejas.

tejero *m.* El que fabrica tejas o ladrillos.

tejido *m.* Tela obtenida por el entrecruzamiento o enlace de varios hilos. Cosa tejida. Unidad fundamental formada por la suma de unidades biológicas elementales o células, o por elementos derivados de ellas.

tejo *m.* Pedazo redondo de teja o cosa semejante que sirve para jugar. Plancha metálica gruesa y de figura circular. Pedazo de oro en pasta. Cospel.

tejo *m.* Árbol conífero siempre verde, de tronco grueso y poco elevado, ramas casi horizontales y copa ancha; su madera se emplea en ebanistería.

tejocote *m.* En México, planta rosácea de fruto amarillento con varios huesos o semillas. Fruto de esta planta, fresco o preparado.

tejoleta *f.* Pedazo de teja. Pedazo de barro cocido. Especie de castañuelas de barro.

tejón *m.* Mamífero mustélido de piel dura y pelo largo y espeso, habita en madrigueras profundas y se alimenta de pequeños animales y de frutas. En México, este nombre se aplica con cierta imprecisión al mapache, al coatí y a veces al cacomixtle; también al puerco juin o tejón americano.

tejón *m.* Pedazo de oro en pasta, tejo.

tejotlale *m.* En México, tierra azul que reducida a polvo se emplea para decorar platos y jícaras.

tejuelo *m.* Tejo, pedazo redondo de teja. Cuadrito de papel o piel que se pega al lomo de un libro para poner el rótulo. El mismo rótulo, aunque no sea sobrepuesto. Hueso corto y muy resistente que sirve de base al casco de las caballerías.

tela *f.* Obra hecha de muchos hilos entrecruzados alternativa y regularmente en toda su longitud y que forman como una lámina. Membrana, tejido orgánico. Nata superficial de algunos líquidos. Túnica de algunas frutas por debajo de la cáscara o corteza. Tejido que forman la araña y otros animales semejantes. Enredo, maraña. **Asunto o materia.** Galicismo, por lienzo pintado.

telar *m.* Máquina para tejer. Aparato en que los encuadernadores colocan los pliegos para coserlos. Parte superior del escenario, oculta a la vista del público, de donde bajan o a donde suben los telones y bambalinas.

telaraña *m.* Tela que forma la araña. Cosa sutil, de poca importancia.

teleautógrafo *m.* Aparato telegráfico por el que se reproduce a distancia un autógrafo, escrito o dibujo.

telebrejo *m.* En México, trasto de escaso valor; hombre de poca importancia, mequetrefe.

telecámara *f.* Cámara de televisión.

telecinematografía *f.* Cinematografía de objetos muy distantes. Transmisión de películas cinematográficas por medio de la televisión.

telecomunicación *f.* Sistema de comunicación a distancia, telegráfica, telefónica, radiotelegráfica o por otro procedimiento análogo.

teledifusión *f.* Radiodifusión.

teleferaje *m.* Transporte eléctrico automático por medio de vagonetas suspendidas de cables aéreos que sirven de carriles.

teleférico-a *adj.* Aplícase al transporte aéreo con vehículos suspendidos de cables en un sistema de teleferaje. Esta misma instalación. Dícese del vehículo o del transbordador que es arrastrado por medio de cables aéreos.

telefonazo *m. americ.* Breve comunicación por teléfono. Llamada telefónica.

telefonear *tr.* Dirigir comunicaciones por medio del teléfono.

telefonema *m* Despacho telefónico.

telefonía *f.* Arte de construir, instalar y manejar los teléfonos. Transmisión de los sonidos a distancia; en particular, de la palabra.

telefónico-a *adj.* Perteneciente o relativo al teléfono o a la telefonía.

telefonista *com.* Persona ocupada en el servicio de los aparatos telefónicos.

teléfono *m.* Conjunto de aparatos e hilos conductores con los cuales se transmite a distancia la palabra y toda clase de sonidos mediante corrientes eléctricas.

telefoto *m.* Aparato para transmitir a distancia imágenes luminosas por procedimiento eléctrico. Fotografía que se transmite a distancia por medios eléctricos.

telefotografía *f.* Arte de transmitir la imagen de un objeto a gran distancia mediante la acción de la luz y de la electricidad. Fotografía a distancia con cámaras que llevan objetivos análogos a los de los telescopios.

telegrafía *f.* Arte de construir, instalar y manejar los telégrafos. Transmisión a distancia de señales convencionales.

telegrafiar *tr.* Manejar el telégrafo. Dictar comunicaciones para su expedición telegráfica.

telegráfico-a *adj.* Perteneciente o relativo al telégrafo o a la telegrafía.

telegrafista *com.* Persona que se ocupa en la instalación o el servicio de los aparatos telegráficos.

telégrafo *m.* Conjunto de aparatos que sirven para transmitir comunicaciones o despachos a larga distancia.

telegrama *m.* Despacho telegráfico.

telemando *m.* Mando a distancia de un mecanismo, por medio de corrientes eléctricas o de ondas electromagnéticas.

telemecánica *f.* Transmisión del movimiento a distancia por medio de corrientes eléctricas u ondas electromagnéticas.

telemetría *f.* Arte de medir a distancia o de medir indirectamente la distancia a que se encuentran objetos lejanos.

teleobjetivo *m.* Objetivo fotográfico que permite fotografiar objetos lejanos, con gran distancia focal y cámara relativamente corta.

teleología *f.* Doctrina de las causas finales, de los fines, de la relación de medio a fin: o la que explica el Universo mediante causas finales, como un orden dirigido a un fin.

teleósteo *adj.* y *s.* Pez con el esqueleto completamente osificado.

telepatía o telestesia *f.* Percepción de un fenómeno ocurrido fuera del alcance de los sentidos.

telera *f.* Travesaño que sujeta el dental a la cama del arado. Redil formado con pies derechos clavados en tierra y tablas que se afirman en ellos. Valla portátil. En México, panecillo de forma ovalada, hecho de harina de trigo.

telescopaje *m.* Disposición de objetos tubulares unos dentro de otros, como los tubos de un telescopio.

telescópico-a *adj.* Relativo o perteneciente al telescopio. Dícese de los instrumentos que tienen unas piezas enchufadas dentro de otras, como están los tubos de un telescopio. Que no se puede ver sino con el telescopio. Hecho con auxilio del telescopio.

telescopio *m.* Anteojo de gran alcance para observar los astros.

telesismo *m.* Sismo o terremoto ocurrido a mucha distancia, que se registra por los aparatos de las estaciones sismológicas.

teletipo *m.* Aparato telegráfico transmisor de mensajes que, mecanografiados en origen, son reproducidos automáticamente e impresos en una cinta de papel en el aparato receptor.

televisión *f.* Transmisión eléctrica de escenas o imágenes visuales, con sucesión tan rápida que dan la sensación al espectador de estar presenciando los acontecimientos en el preciso instante en que se producen en el extremo emisor.

televisor *m.* Aparato transmisor de televisión.

telilla *f.* Tejido delgado de lana. Tela, flor o nata que producen algunos líquidos.

telón *m.* Lienzo pintado que se pone en el escenario de un teatro, como parte principal de la decoración, o para ocultar al público la escena.

telúrico-a *adj.* Perteneciente o relativo a la Tierra, como planeta. Perteneciente o relativo al telurio.

telurio *m.* Cuerpo simple considerado como metaloide, quebradizo y fácilmente fusible, buen conductor del calor y de la electricidad; símbolo Te.

telurómetro *m.* Instrumento electrónico que mide directamente la distancia entre dos puntos de una triangulación.

tema *m.* Proposición o texto que se toma por asunto o materia de un discurso. Este mismo asunto o materia. Porfía, obstinación. Especie de idea fija que suelen tener los dementes. Oposición caprichosa a alguien. Elemento esencial invariable de un vocablo, llamado también radical. Melodía que sirve de motivo a una composición.

temático-a *adj.* Que se arregla, ejecuta o dispone según el tema o asunto de cualquier materia. Temoso. Perteneciente o relativo al tema de una palabra.

temazcal *m.* En México y Centroamérica, baño de vapor de los indígenas, antes de la conquista.

tembereco *m.* En México, embeleco que utilizan las nodrizas para asustar al niño llorón.

temblar *intr.* Agitarse con movimientos frecuentes e involuntarios. Vacilar, moverse rápidamente una cosa a uno y otro lado de su posición o asiento. Tener mucho miedo, o recelar con demasiado temor una cosa.

temblequear *intr.* Temblar con frecuencia. Afectar temblor.

temblor *m.* Movimiento involuntario, repetido y continuado del cuerpo o de algunas partes de él. Terremoto.

tembloroso-a *adj.* Que tiembla mucho.

tememe *m.* En México, indígena que carga a la espalda los bultos, en viajes y largas caminatas. Tameme.

temer *tr.* Tener a una persona o cosa por objeto de temor. Recelar un daño. Sospechar, recelar, creer. *Intr.* Sentir temor.

temerario-a *adj.* Inconsiderado, imprudente; que se expone y arroja a los peligros sin meditado examen de ellos. Que se dice, hace o piensa sin fundamento, razón o motivo.

temeridad *f.* Calidad de temerario. Acción, juicio temerario. Proceder del litigante de mala fe que pretende algo sin derecho a ello, o que sin motivo legal se opone a una reclamación justa.

temerón-a *adj. y s.* Dícese de la persona que afecta valentía y esfuerzo, para infundir miedo con sus ponderaciones.

temeroso-a *adj.* Que causa temor. Medroso, cobarde, irresoluto. Que recela un daño.

temible *adj.* Digno o capaz de ser temido.

temor *m.* Pasión del ánimo que hace huir o rehusar las cosas consideradas como dañosas, arriesgadas o peligrosas. Presunción o sospecha. Recelo de un daño futuro. Miedo, espanto; timidez.

temoso-a *adj.* Tenaz y porfiado en sostener un propósito, una idea.

témpano *m.* Timbal, especie de tambor. Piel extendida del pandero, tambor, etc. Pedazo de una cosa dura, extendida o plana, como un pedazo de hielo o de tierra unida. Hoja del tocino, quitados los perniles. Tapa de cuba o tonel. Tímpano, espacio triangular que queda entre las dos cornisas individuales de un frontón.

temperamental *adj.* Perteneciente o relativo al temperamento. Que tiene mucho temperamento para resolver u obviar dificultades.

temperamento *m.* Arbitrio para terminar las contiendas u obviar dificultades. Estado de ánimo. Constitución particular de cada uno que resulta del predominio fisiológico del sistema orgánico.

temperar *tr.* Atemperar. Templar, calmar la excesiva acción o excitación orgánicas por medio de calmantes y antiespasmódicos. *Intr. americ.* Mudar de aires, veranear.

temperatura *f.* Grado mayor o menor de calor en los cuerpos.

temperie *f.* Estado de la atmósfera, según los diversos grados de calor o frío, sequedad o humedad.

tempero *m.* Sazón y buena disposición en que se halla la tierra para las sementeras y labores.

tempestad *f.* Perturbación del aire, con nubes gruesas de mucha agua, granizo, truenos, rayos y relámpagos. Perturbación de las aguas del mar, debida principalmente al ímpetu o violencia de los vientos. Conjunto de palabras ásperas o injuriosas dichas con grande enojo. Tormenta, violenta manifestación del estado de los ánimos enardecidos.

tempestuoso-a *adj* Que causa o constituye una tempestad. Expuesto o propenso a tempestades.

templado-a *adj.* Moderado, contenido y parco en la comida y bebida, o en algún otro apetito o pasión. Que no está frío ni caliente, sino en un término medio. Valiente, con serenidad. En México y Centroamérica, competente, listo.

templanza *f.* Virtud que consiste en moderar los apetitos y el uso excesivo de los sentidos, sujetándolos a la razón. Moderación, sobriedad y continencia. Benignidad del aire o clima de un país o región. Armonía y buena disposición de los colores.

templar *tr.* Moderar, entibiar o suavizar la fuerza de una cosa. Quitar el frío de una cosa, calentarla ligeramente. Dar el punto de dureza o elasticidad que requieren ciertos materiales. Poner en tensión o presión moderada una cosa. Mezclar una cosa con otra para disminuir su actividad. Moderar, sosegar la cólera, el enojo o violencia de genio de una persona. Acción de enfriar rápidamente el acero para endurecerlo. Afinar un instrumento músico. Dar al engaño la velocidad que requiera el empuje del toro, a fin de que éste vaya siempre embebido en los vuelos de la capa o de la muleta. *R.* Contenerse, evitar excesos.

templario-a *adj. y s.* Individuo de una orden de caballería creada para asegurar los caminos a los que iban a visitar los Santos Lugares de Jerusalén; subsistió durante los siglos XII al XIV.

temple *m.* Temperie. Temperatura. Punto de temple. Calidad o estado del genio y natural de cada individuo. Arrojo, valentía, energía de la persona. Medio término. Afinación de los instrumentos músicos. Dícese de la pintura con colores preparados con líquidos glutinosos y calientes.

templete *m.* Armazón pequeña en figura de templo, para cobijar una imagen o que forma parte de un mueble o alhaja. Pabellón o quiosco.

templo *m.* Edificio o lugar destinado pública y exclusivamente a un culto. Lugar real o imaginario en que se rinde o se supone rendirse culto al saber, a la justicia, a las artes, etc.

temporada *f.* Espacio de varios días, meses o años que se consideran aparte formando un conjunto. Tiempo durante el cual se realiza habitualmente alguna cosa.

temporal *adj.* Perteneciente al tiempo. Que dura por algún tiempo. Secular, profano. Que pasa con el tiempo. *M.* Tempestad, perturbación de la atmósfera o del mar. Tiempo de lluvia persistente.

temporal *adj.* Perteneciente o relativo a las sienes. *Adj. y s.* Cada uno de los dos huesos laterales del cráneo.

temporalmente *adv.* Por algún tiempo. En orden a lo temporal y terreno.

témporas *f. pl.* Tiempo de ayuno en el comienzo de cada una de las cuatro estaciones del año.

temporero-a *adj. y s.* Dícese de la persona destinada temporalmente al ejercicio de un oficio o empleo; subalterno que en un ministerio u oficina no es de planta.

temporizar *intr.* Contemporizar. Ocuparse en alguna cosa por mero pasatiempo.

tempranal *adj. y s.* Aplícase a la tierra y plantío de fruto temprano.

temprano-a *adj.* Adelantado, anticipado o que es antes del tiempo regular u ordinario. Precoz. *M.* Sembrado o plantío de fruto temprano. *Adv.* En las primeras horas del día o de la noche. En tiempo anterior al oportuno, convenido o acostumbrado.

temulento-a *adj.* Borracho, embriagado.

tenacear *intr.* Insistir o porfiar con pertinacia y terquedad en una cosa.

tenacidad *f.* Calidad de tenaz. Resistencia de un cuerpo al alargamiento mediante la tracción, a la deformación o a romperse.

tenacillas *f. pl.* Tenazas. Despabiladeras. Tenaza pequeña de muelle. Pinzas.

tenamaste o **tenamaxtle** *m.* En México, cada una de las tres piedras que componen el fogón y sobre las cuales se coloca la olla para cocinar.

tenaz *adj.* Que se prende o pega a una cosa y es dificultoso de separar. Que opone mucha resistencia a romperse o deformarse. Firme, terco, porfiado en un propósito.

tenaza o tenazas /. Instrumento de metal compuesto de dos brazos trabados por un clavillo o eje que permite abrirlos y volverlos a cerrar, para tomar, sujetar, arrancar o cortar una cosa. Pinzas. Formación de combate con frente angular entrante y el centro más retirado, para resistir y, en su caso, envolver al enemigo atacante.

tenazuelas /. pl. Tenacillas, pinzas para arrancar el pelo.

tenca /. Pez malacopterigio de agua dulce, verdoso por el lomo y blanquecino por debajo, de cabeza pequeña, aletas débiles, de carne blanca y sabrosa, pero llena de espinas y, a veces, de sabor a cieno.

tencolote m. En México, jaula para aves.

tencua adj. En México, dícese de la persona con labio leporino.

tendal m. Toldo, pabellón o cubierta de tela para hacer sombra. Conjunto de cosas tendidas para que se sequen.

tendalera / Desorden de las cosas que se dejan tendidas por el suelo.

tendedera /. En México y Cuba, cordel para tender la ropa.

tendedero m. Sitio o lugar donde se tiende una cosa, como la ropa.

tendejón m. Tienda pequeña. Barraca mal construida; cobertizo.

tendencia /. Propensión o inclinación de las personas o cosas hacia un determinado fin.

tendencioso-a adj. Que manifiesta o incluye tendencia hacia determinados fines o doctrinas.

tendente adj. Que tiende, se encamina, dirige o refiere a algún fin.

tender tr. Desdoblar, extender o desplegar lo que está encogido, doblado, arrugado, amontonado. Echar por el suelo una cosa, esparciéndola. Extender al aire, al sol o al fuego la ropa mojada para que se seque. Alargar o extender. Propender, referirse una cosa a un fin. R. Echarse, tumbarse a la larga. Descuidarse, abandonar un asunto por negligencia.

ténder m. Carruaje que se engancha a la locomotora y lleva el combustible y agua necesarios para alimentarla durante el viaje.

tenderete m. Puesto de venta por menor, instalado al aire libre. Tendalera.

tendero-a m. y /. Persona que tiene tienda; que vende por menor. M. El que hace tiendas de campaña; el que cuida de ellas.

tendidamente adv. Extensa o difusamente.

tendido-a adj. Aplícase a la carrera violenta del hombre o de cualquier animal. Aplícase al tallo vegetal que descansa sobre el suelo. M. Acción de tender. Gradería descubierta y próxima a la barrera en las plazas de toros. Conjunto de ropa que se tiende. En México, Colombia y Ecuador, ropa de cama.

tendinoso-a adj. Que tiene tendones o se compone de ellos. Relativo o perteneciente a un tendón. De la naturaleza del tendón.

tendón m. Haz de tejido fibroso, denso y conjuntivo que forma la terminación de los músculos y los une a los huesos o a otros tejidos.

tenducha /. Tienda de mal aspecto, pobremente abastecida.

tenebroso-a adj. Obscuro, cubierto de tinieblas.

tenedor m. El que tiene o posee una cosa. El que posee legítimamente una letra de cambio u otro valor endosable. Utensilio de mesa de un astil con tres o cuatro púas para clavarlo en los manjares y llevarlos a la boca.

teneduría /. Arte de llevar los libros de contabilidad.

tenencia /. Ocupación y posesión actual y corporal de una cosa. Cargo u oficio de teniente.

tener tr. Asir o tener asida una cosa. Poseer y gozar. Mantener, sostener. Contener o comprender en sí. Dominar o sujetar. Detener, parar. Guardar, cumplir. Estar en precisión de hacer una cosa u ocuparse de ella. Juzgar, reputar y entender. R. Afirmarse o asegurarse uno para no caer. Resistir o hacer oposición. Atenerse, adherirse, estar por alguien o por una cosa.

tenería /. Curtiduría.

tenescle m. En México, la cal de piedra, o la piedra quemada y hecha cenizas.

tenia /. Tira plana de tejido orgánico en forma aproximada de cinta. Listel o filete. Platelminto cestodo parásito del intestino del hombre y de algunos animales.

tenida /. Sesión de una logia masónica. En México, Chile y Venezuela, reunión, en general.

teniente adj. Que tiene o posee alguna cosa. Dícese de la fruta no madura. Sordo o tardo en el oir. M. El que ejerce el cargo o ministerio de otro y es como substituto. Oficial del ejército, de categoría inferior a capitán y superior a la del alférez o subteniente, y le corresponde el mando táctico de una sección.

tenífugo-a *adj.* Dícese del medicamento eficaz para la expulsión de la tenia.

tenis *m.* Juego de pelota con raqueta, en el que intervienen dos o cuatro personas, sobre pista dividida con una red, por encima de la cual lanzan la pelota los jugadores, con la raqueta.

tenología *f.* Parte de la Anatomía que estudia los tendones.

tenor *m.* Constitución u orden firme y estable de una cosa. Contenido literal de un escrito u oración.

tenor *m.* Voz masculina, de tesitura más elevada que la del barítono y que corresponde aproximadamente a la de soprano en las mujeres y en los niños. Cantante cuya voz corresponde a esta tesitura.

tenorio *m.* Galanteador audaz y pendenciero, por alusión a don Juan Tenorio, personaje creado por fray Gabriel Téllez, Tirso de Molina.

tensil *adj.* Perteneciente o relativo a la tracción.

tensímetro *m.* Aparato para medir tensiones.

tensión *f.* Estado de un cuerpo estirado por la acción de fuerzas que lo solicitan. Fuerza que impide separar el cuerpo estirado. Intensidad de la fuerza con que los gases tienden a dilatarse. Grado de energía eléctrica que se manifiesta en un cuerpo, según sea su voltaje.

tenso-a *adj.* Que se halla en estado de tensión.

tensor-a *adj.* y *s.* Que tesa, origina tensión o dispuesto para producirla. Que extiende o estira. *M.* Magnitud física que en cada punto del espacio tiene una intensidad, dirección y sentido que dependen de la superficie a la que se considera aplicada en dicho punto.

tentación *f.* Instigación o estímulo que induce o persuade a una cosa mala. Impulso repentino que excita a hacer una cosa, aunque no sea mala. Sujeto que induce o persuade. Incitación a pecar, ya por persuasión, ya por el ofrecimiento de algún placer.

tentáculo *m.* Cualquier apéndice móvil y blando que tienen muchos moluscos, crustáceos, zoófitos, etc. y que les sirve para tocar o hacer presa.

tentadero *m.* Corral o sitio cerrado en que se hace la tienta de becerros.

tentar *tr.* Ejercitar el sentido del tacto, palpando o tocando una cosa materialmente. Reconocer por el tacto lo que no se puede ver.

Instigar, inducir o estimular. Intentar o procurar. Examinar, probar o experimentar. Probar a uno; hacer examen de su fortaleza o constancia. Reconocer con la tienta la cavidad de una herida.

tentativa *f.* Acción con que se intenta, experimenta o prueba una cosa.

tentempié *m.* Refrigerio, corto alimento para reparar las fuerzas.

tenue *adj.* Delicado, delgado y débil. De poca substancia, valor o importancia. Sencillo, sin ornamentación.

teñir *tr.* Dar a una cosa un color distinto del que tenía. Imbuir de una opinión, idea o afecto.

teocali o teocalli *m.* Templo de los antiguos mexicanos.

teocracia *f.* Gobierno ejercido directamente por Dios. Gobierno en que el poder supremo está sometido al sacerdocio. Gobierno de la clase sacerdotal o del príncipe, como ministro de Dios, o de supremo sacerdote.

teodolito *m.* Intrumento de precisión, usado en Topografía y Geodesia, para medir ángulos con la mayor precisión posible.

teogonía *f.* Generación de los dioses del paganismo.

teologal *adj.* Perteneciente o relativo a la Teología. Dícese de cada una de las tres virtudes: fe, esperanza y caridad, cuyo objeto directo es Dios.

teología *f.* Ciencia que trata de Dios, de sus atributos y de las cosas divinas.

teólogo-a *m.* y *f.* Persona que profesa la Teología o tiene en esta materia especiales conocimientos. Estudiante de Teología.

teomel *m.* En México, especie de maguey que produce pulque fino.

teorema *m.* Proposición que afirma una verdad demostrable.

teorético-a *adj.* Especulativo, contemplativo, intelectual. Perteneciente o relativo al teorema.

teoría *f.* Conocimiento especulativo considerado con independencia de toda aplicación. Serie de leyes que sirven para relacionar un determinado orden de fenómenos. Contemplación, reflexión o especulación.

teórico-a *adj.* Perteneciente a la teoría. Que conoce las cosas o las considera tan sólo especulativamente.

teorizar *tr.* Tratar un asunto sólo en teoría. Exponer teorías.

teosofía *f.* Supuesta ciencia infusa de la esencia divina. En especial, conocimiento de fuerzas suprasensibles, de leyes ocultas y reservadas.

tepache *m.* En México, bebida a base de jugo fermentado de la caña o de la piña, con azúcar morena o panocha.

tepalcate *m.* En México y Guatemala, tiesto o trasto inútil; por lo común, de barro.

tepalcuana *f.* En México, persona que come con voracidad. Manceba, concubina.

tepe *m.* Pedazo de tierra cubierta de césped, muy trabado con las raíces de esta hierba y que sirve para hacer paredes y malecones.

tepehua *adj. y s.* Uno de los dialectos integrantes de la familia totonaca.

tepehuano *adj. y s.* Indígena mexicano perteneciente a una importante familia del grupo sonora que se extendía por todo el centro del Estado de Durango.

tepestate *m.* En México, batea en que la molendera recoge la masa, a medida que la va moliendo en el metate.

tepetate *m.* En México, capa caliza muy ligera que se corta como la cantería y sirve para la construcción de casas. Tierra o roca de una mina en la que no hay metal.

teponáztli, **teponaxtle** o **teponescle** *m.* En México, tambor construido con un tronco de árbol, ahuecado longitudinalmente; produce dos sonidos distintos al golpearlo con unos palillos relativamente gruesos.

tequesquite *m.* Carbonato sódico mezclado con otras sales que se deposita por evaporación de las aguas de ciertos lagos mexicanos.

tequila *com.* Aguardiente obtenido del mezcal. Mezcal azul, del que se extrae un aguardiente o licor.

terapéutica *f.* Parte de la Medicina que estudia el tratamiento de las enfermedades.

teratología *f.* Estudio de las anomalías y monstruosidades en los seres vivos.

terbio *m.* Metal perteneciente al grupo de las tierras raras; símbolo Tb.

tercer *adj.* Apócope de tercero: úsase siempre antepuesto al substantivo.

tercería *f.* Incidente judicial que surge en un juicio de embargo y venta de bienes, promovido por persona tercera en litigio, para reivindicar los bienes embargados o para obtener declaración de que su derecho es preferente al del ejecutante.

tercerilla *f.* Composición métrica de tres versos de arte menor, de los cuales dos riman o hacen consonancia.

tercero-a *adj.* Que sigue inmediatamente en orden al o a lo segundo. Que media entre dos o más personas para el ajuste o ejecución de una cosa. Alcahuete. Persona que no es ninguna de las que intervienen en un negocio, asunto o acto.

tercerola *f.* Arma de fuego usada por la caballería, un tercio más corta que la carabina. Barril de mediana cabida. Flauta más pequeña que la ordinaria y mayor que el flautín.

tercerón-a *adj.* Dícese del hijo o hija de blanco y mulata o de mulato y blanca. El hijo tercero de una familia.

terceto *m.* Estrofa de tres versos endecasílabos en la que riman el primero y el tercero; el segundo es libre, pero rima con el primero y el tercero del terceto siguiente; la última estrofa suele ser de cuatro versos, para no dejar uno de ellos sin rima. Tercerilla. Trío.

terciana *f.* Calentura intermitente que se repite cada tercer día contando como primero el día del acceso, o sea cada 48 horas.

terciar *tr.* Poner una cosa, generalmente el cuerpo humano, atravesada diagonalmente o al sesgo, o ladearla. Dividir una cosa en tres partes. En México y Colombia, cargar a la espalda una cosa. En México, Colombia, Cuba, Chile y Ecuador, aguar el vino o un licor cualquiera. Dar tercera labor a las tierras. *Intr.* Interponerse y mediar para componer algún ajuste, disputa o discordia. Llegar al número tres. *R.* Venir bien una cosa.

tercio-a *adj.* Tercero. *M.* Cada una de las tres partes iguales en que se divide un todo. Cuerpo de infantería española de los siglos XVI y XVII, equivalente aproximadamente a un regimiento. Cada una de las tres divisiones de que se compone la lidia: picar, banderillear y estoquear. Parte del redondel más próxima a la barrera.

terciopelo *m.* Tela velluda y tupida de seda, formada por dos urdimbres y una trama. Tela tejida con hilos que no son de seda, pero en la misma forma.

terco-a *adj.* Pertinaz, obstinado. Dícese de lo que es bronco o más difícil de labrar que lo ordinario en su clase. Testarudo, tozudo.

terebinto *m.* Arbolillo anacardiáceo de tronco ramoso y lampiño, hojas alternas compuestas, flores en racimos laterales y drupas por fruto; de madera dura y compacta, exuda por su corteza gotitas de trementina blanca muy olorosa.

tergiversar *tr.* Forzar, torcer las razones o argumentos, o las relaciones de los hechos y sus circunstancias, para defender o excusar alguna cosa. Sofisticar, desfigurar.

tergo *m.* Dorso o espalda. Parte dorsal media de los segmentos de los artrópodos.

terliz *m.* Tela fuerte de lino o de algodón, por lo común de rayas o cuadros.

termal *adj.* Perteneciente o relativo a las termas o caldas. Dícese del agua que en todo tiempo brota del manantial con temperatura superior a la media del país.

termas *f. pl.* Caldas. Baños públicos de aguas termales.

termes *m.* Insecto isóptero que vive en sociedades muy numerosas, formadas por distintas clases de individuos con funciones diversas.

térmico-a *adj.* Pertetneciente o relativo al calor.

terminación *f.* Acción y efecto de terminar o terminarse. Parte final de una cosa u obra. Letra o letras que subsiguen a. la radical de los vocablos; la o las que determinan el género y el número de las categorías gramaticales; la o las que determinan la asonancia o consonancia de unos vocablos con otros.

terminacho *m.* Voz o palabra poco culta, mal formada o indecente, bárbara o mal usada.

terminal *adj.* Final, último y que pone término a una cosa. Dícese de lo que está en el extremo de cualquier parte de la planta. *F.* En América, término o fin de las líneas de comunicación. *M.* Extremo de un circuito eléctrico dispuesto para la conexión.

terminante *adj.* Que termina. Claro, preciso, concluyente.

terminar *tr.* Poner término a una cosa, acabarla. Acabar, perfeccionar. *Intr.* y *r.* Tener término una cosa, acabar. Finalizar, concluir. Entrar una enfermedad en su último período.

terminista *com.* Persona que usa términos rebuscados.

término *m.* Ultimo punto hasta donde llega o se extiende una cosa. Ultimo momento de la duración o existencia de una cosa. Límite, extremo. Mojón, línea divisoria. Porción de territorio sometido a la autoridad de un ayuntamiento. Paraje señalado para algún fin. Tiempo determinado. Hora, día o punto preciso para hacer una cosa. Objeto, fin. Palabra, vocablo. Forma o modo de portarse o hablar. Cada uno de los elementos necesarios en una relación gramatical. Cada una de las cantidades que

componen un polinomio o forman una razón, una proporción o un quebrado. Punto, tono musical. Plano en que se representa algún objeto en un cuadro.

terminología *f.* Conjunto de términos o vocablos propios de determinada profesión, ciencia o materia.

termita o **termite** *f.* Termes.

termita *f.* Mezcla de aluminio en polvo y de óxidos de diversos metales, que al inflamarse produce elevadísima temperatura.

termitero *m.* Nido de termes.

termo o **termos** *m.* Vasija para conservar la temperatura de las substancias calientes o frías que en ella se ponen, aislándolas de la temperatura exterior. Unidad calorífica equivalente a mil kilocalorías; se usa para apreciar el valor calórico de los alimentos.

termocauterio *m.* Cauterio hueco, de platino, que se mantiene candente por la electricidad u otro medio.

termodinámica *f.* Ciencia que estudia el calor como forma de la energía.

termoelectricidad *f.* Energía eléctrica producida por el calor. Parte de la Física que estudia el desarrollo de calor producido por acciones eléctricas;/ y recíprocamente, la producción de fuerzas electromotrices, corrientes eléctricas y emisiones de partículas eléctricas por la acción del calor.

termógrafo *m.* Aparato que automáticamente registra las variaciones de la temperatura. Termómetro registrador.

termolábil *adj.* Que se altera por el calor.

termolisis *f.* Pérdida del calor orgánico por radiación, secreciones o sudación. Desintegración o descomposición química por medio del calor.

termómetro *m.* Instrumento para medir la temperatura.

termonuclear *adj.* Dícese de la fusión de núcleos atómicos ligeros, para la síntesis de núcleos atómicos de mayor número de masa.

termopila *f.* Asociación de termoelementos para formar una pila, muy usada en las medidas del calor radiante, para medir a distancia la temperatura de un foco, etc.

termoplástico-a *adj.* Dícese de la substancia que se hace plástica por el calor y vuelve a solidificarse al enfriarse, sin alteración apreciable.

termoplejía *f.* Desfallecimiento causado por el calor excesivo.

termosifón *m.* Aparato que sirve para calentar agua y distribuirla a los lavabos, baños y pilas de una casa. Sistema de calefacción por medio del agua caliente.

termostato m. Artificio que regula automáticamente la temperatura y la conserva en un grado constante en un lugar determinado.

terna f. Conjunto de tres personas propuestas para un cargo o empleo.

ternario-a adj. Compuesto de tres elementos, unidades o guarismos. M. Espacio de tres días.

ternera f. Cría hembra de la vaca. Carne de este animal o de ternero.

ternero m. Cría macho de la vaca.

terneza f. Ternura. Requiebro.

ternilla f. Cartílago.

terno m. Conjunto de tres cosas de la misma especie. Pantalón, chaleco y chaqueta de la misma tela. En México y Colombia, juego de jícara y platillo, o de taza y platillo. Juramento, voto.

ternura f. Calidad de tierno. Requiebro. Amor, cariño, afecto.

terquedad f. Calidad de terco. Porfía, disputa molesta y cansada, inflexible a la razón.

terracota f. Relieve, adorno arquitectónico o escultura ejecutada en barro cocido.

terrado m. Sitio de una casa descubierto y elevado, desde el cual se puede explayar la vista.

terraja f. Tabla recortada para hacer molduras de yeso. Herramienta para labrar las roscas de los tornillos. En México, tarraja.

terral adj. y s. Dícese del viento que viene o sopla de tierra.

terramicina f. Antibiótico obtenido de un actinomiceto que actúa sobre diversos gérmenes y se administra por vía digestiva.

terranova adj. y s. Raza de perros de gran alzada, corpulentos, de lomo ancho y cabeza grande, pelo largo y ondulado.

terraplén m. Macizo de tierra con que se rellena un hueco o que se levanta para hacer una defensa, un camino u obra semejante.

terraplenar tr. Llenar de tierra un vacío o hueco. Acumular tierra para levantar un terraplén.

terráqueo-a adj. Compuesto de tierra y agua; aplícase sólo al globo o esfera terrestre.

terrateniente com. Dueño o poseedor de tierras o haciendas.

terraza f. Jarra vidriada de dos asas. Espacio algo levantado alrededor de una pared, en los jardines y patios. Terrado. Parte más o menos extensa, poco elevada y plana, situada a distintos niveles que se origina a la orilla del mar o en las márgenes de los ríos.

terregal m. En México, tierra suelta y abundante que se levanta con facilidad formando densas polvaredas.

terremoto m. Concusión o sacudida violenta de la tierra ocasionada por fuerzas que actúan en lo interior del globo.

terrenal adj. Perteneciente a la tierra, a este mundo. Dícese del paraíso en donde Dios puso a Adán luego que lo crió; edén.

terreno-a adj. Terrestre. Terrenal. M. Espacio de tierra. Campo o esfera de acción en que con mayor eficacia pueden mostrarse la índole o cualidades de personas o cosas. Orden de materias o de ideas de que se trata. Formación geológica de diversa magnitud y significado, según su constitución, naturaleza, origen, época, etc.

térreo-a adj. De tierra; parecido a ella.

terrestre adj. Perteneciente o relativo a la tierra. Dícese de la fauna y de la flora que pueblan la tierra.

terrible adj. Digno o capaz de ser temido; que causa terror. Aspero y duro de genio o condición. Atroz, muy grande o desmesurado. Espantoso, horrible.

terrícola com. Habitador de la Tierra.

terrier adj. y s. Nombre genérico de diversidad de razas de perros, generalmente pequeños, empleados para buscar las piezas de caza.

terrífico-a adj. Que amedrenta, pone espanto o terror.

terrígeno-a adj. Natural o engendrado de la tierra.

territorio m. Porción de la superficie terrestre perteneciente a una nación, provincia, región, etc. Circuito o término de una jurisdicción. Entidad política que no goza de completa autonomía interior y es regida por un gobernador designado por el Jefe del Estado. Región ocupada por un pueblo, sometida a la misma soberanía y separada de los pueblos vecinos por límites o fronteras.

terrón m. Masa pequeña y suelta de tierra compacta, o de otras substancias.

terror m. Miedo, espanto, pavor de un mal que amenaza o de un peligro que se teme.

terrorismo m. Dominación por el terror. Sucesión de actos de violencia para infundir terror, con fines revolucionarios o de represión.

terroso-a adj. Que participa de la naturaleza o propiedades de la tierra. Que tiene mezcla de tierra.

terruño m. Terrón, trozo de tierra. Comarca o tierra, especialmente el país natal.

terso-a *adj.* Limpio, claro, bruñido y resplandeciente. Lenguaje, estilo puro, limado, fluido, fácil.

tersura *f.* Calidad de terso.

tertulia *f.* Reunión habitual de personas para conversar amigablemente o para distraerse honestamente.

tertuliano-a *adj. y s.* Dícese del que concurre a una tertulia.

tesar *tr.* Poner tirantes los cabos y cadenas, velas, toldos y cosas semejantes. *Intr.* Andar hacia atrás los bueyes uncidos.

tesauro *m.* Tesoro, diccionario o catálogo.

tescal *m.* En México, terreno basáltico cubierto de lavas o malpaís; las mismas lavas.

tesela *f.* Pieza cúbica con que se forma el pavimento de un mosaico.

tesgüino o **tecuín** *m.* Bebida embriagante que los tarahumaras obtienen por fermentación del grano de maíz.

tesis *f.* Conclusión, proposición que se mantiene con razonamientos. Disertación escrita que presenta el aspirante a un título académico, ante un tribunal competente.

tesitura *f.* Altura propia de cada voz o de cada instrumento musical. Actitud o disposición del ánimo. Serie de sonidos más conveniente a una determinada voz, para que ésta los pueda emitir de la manera más favorable.

tesón *m.* Firmeza, constancia, inflexibilidad, tenacidad.

tesonería *f.* Terquedad, pertinacia.

tesorería *f.* Cargo u oficio de tesorero. Oficina o despacho del mismo.

tesorero-a *m. y f.* Persona encargada de custodiar y distribuir los caudales de una dependencia pública o particular.

tesoro *m.* Cantidad de dinero, valores u objetos preciosos, reunida y guardada. Abundancia de la misma. Persona o cosa de mucho precio o de mucha estimación. Nombre de algunos diccionarios, catálogos o antologías.

tesoro o **tesoro público** *m.* Patrimonio de un Estado, llamado también Erario o patrimonio público, que consiste en el conjunto de contribuciones, impuestos, rentas, valores y derechos constitutivos del haber de la Hacienda nacional.

tesqui *adj. y s.* En México, india semisalvaje.

test *m.* Palabra inglesa que, en Psicología y Pedagogía, significa prueba.

testa *f.* Cabeza. Frente, cara o parte anterior de algunas cosas materiales. Entendimiento, capacidad y prudencia. Tegumento externo o

cubierta exterior de una semilla. Caparazón de las tortugas. Cubierta mineral que protege el cuerpo de un animal.

testáceo-a *adj. y s.* Dícese de los animales que tienen concha. Aplícase a los minerales concrecionados que tienen láminas o costras superpuestas.

testador-a *m. y f.* Persona que hace o dicta testamento.

testaferro *m.* Persona que presta su nombre en un contrato, pretensión o negocio que en realidad es de otra persona.

testamentaría *f.* Ejecución de lo dispuesto en el testamento. Sucesión o caudal de ella, desde que transcurre la muerte del testador hasta que termina la liquidación y división. Junta de los testamentarios. Juicio universal para inventariar, conservar, liquidar y partir la herencia del testador.

testamentario-a *adj.* Perteneciente o relativo al testamento. *M. y f.* Persona encargada por el testador de cumplir su última voluntad.

testamento *m.* Declaración que de su última voluntad hace una persona, disponiendo de bienes y asuntos que le atañen, para después de su muerte. Documento en que consta. Serie de resoluciones que por interés personal dicta una autoridad cuando va a cesar en sus funciones.

testar *intr.* Hacer testamento.

testarada *f.* Golpe dado con la testa. Terquedad, inflexibilidad y obstinación en una aprensión particular.

testarudo-a *adj. y s.* Porfiado, terco, temoso.

testera *f.* Frente o fachada principal de una cosa. Asiento en que se va de frente en el coche. Parte anterior y superior de la cabeza de un animal.

testículo *m.* Cualquiera de los órganos que producen el semen que llevan los machos, en los animales unisexuales o coexisten con los ovarios, en los hermafroditas.

testificar *tr.* Afirmar o probar de oficio una cosa, con referencia a testigos o documentos auténticos. Deponer como testigo en algún acto judicial. Testimoniar, atestiguar.

testigo *com.* Persona que da testimonio de una cosa o la atestigua. Persona que presencia o adquiere directo y verdadero conocimiento de una cosa. Cosa por la cual se arguye o infiere la verdad de un hecho.

testimoniar *tr.* Atestiguar; servir de testigo para alguna cosa.

testimonio *m.* Atestación o aseveración de una cosa. Instrumento autorizado por escribano o notario en que se da fe de un hecho. Prueba, justificación y comprobación de la certeza o verdad de una cosa.

testo-a *adj.* En México, lleno, atestado; cansado, harto, aburrido.

testosterona *f.* Hormona secretada por las células intersticiales del testículo.

testudíneo-a *adj.* Propio de la tortuga o parecido a ella. Quelonio; relativo o perteneciente a él.

testuz *m.* En algunos animales, frente; en otros, nuca.

teta *f.* Organo glanduloso y saliente que en las hembras de los mamíferos secreta la leche. Mama. Pezón, parte saliente de la mama.

tetánico-a *adj.* Perteneciente o relativo al tétanos.

tétanos *m.* Rigidez y tensión convulsiva de los músculos que en salud están sometidos al imperio de la voluntad. Estado espasmódico o contracción continua funcional de un músculo. Enfermedad infecciosa causada por un microbio que penetra en el organismo por alguna herida y que ocasiona espasmos tónicos que pueden llevar a la muerte por trastorno de los músculos respiratorios; existe una vacuna profiláctica contra él.

tetelque *adj.* En México y Centroamérica, desabrido, astringente y desagradable al paladar.

tetepón-a *adj. y s.* En México, persona gruesa y de baja estatura.

tetera *f.* Vasija de metal, loza, porcelana o barro, con tapadera y pico, provisto de colador, que se usa para hacer o servir el té. En México, Centroamérica y Puerto Rico, mamadera, biberón.

tetilla *f.* Cada una de las tetas de los machos, menos desarrollada que las de las hembras. Especie de pezón de goma o de cuero, para que el niño haga la succión.

tetina *f.* Cada una de las cuatro tetas de la vaca.

tetlachihue *m.* En México indígena, hechicero, brujo que todavía practica las tradiciones supersticiosas de la raza.

tetrabranquio-a *adj.* Que tiene cuatro branquias.

tétrada *f.* Conjunto de cuatro elementos o porciones semejantes.

tetraedro *m.* Sólido terminado por cuatro planos o caras triangulares.

tetragrama *m.* Conjunto formado por cuatro líneas paralelas equidistantes, colocadas horizontalmente, utilizado para la escritura del canto gregoriano.

tetralogía *f.* Conjunto de cuatro obras dramáticas que los antiguos poetas griegos presentaban en los concursos públicos.

tetramotor *adj. y s.* Dícese del avión provisto de cuatro motores.

tetrarca *m.* Señor de la cuarta parte de un reino o provincia. Gobernador de una provincia o territorio.

tetrasílabo-a *adj.* Vocablo, o verso compuesto de cuatro sílabas.

tetrástrofo-a *adj.* Dícese de la composición que consta de cuatro estrofas y de la estrofa de cuatro versos.

tétrico-a *adj.* Triste, demasiadamente serio, grave y melancólico.

tetróxido *m.* Oxido que tiene cuatro átomos de oxígeno.

teul *m.* Nombre que dieron los aztecas a los españoles, creyéndolos enviados de los dioses o hijos del Sol.

teutón-a *adj. y s.* Individuo de un antiguo pueblo germánico. Aplícase a veces para designar a todos los pueblos germanos. Alemán.

textil *adj. y s.* Dícese de la materia capaz de reducirse a hilos o ser tejida. Relativo o perteneciente a la elaboración de tejidos.

texto *m.* Lo dicho o escrito por una ley o un autor. Pasaje de una obra literaria. Por antonomasia, sentencia de la Sagrada Escritura. Libro que sirve en las aulas para que por él estudien los escolares.

textual *adj.* Conforme con el texto o propio de él. Apegado al texto.

textura *f.* Disposición y orden de los hilos en una tela. Operación de tejer. Estructura de una obra, cuerpo o tejido.

teyolote *m.* Piedra o cascote que utilizan en México los albañiles para rellenar los intersticios de piedras grandes.

tez *f.* Superficie, especialmente la del rostro humano. Cutis.

tezonclale o tezonclate *m.* En México, tezontle triturado que se utiliza con grava.

tezontle *m.* En México, roca volcánica muy porosa que se usa en construcciones.

theta *f.* Octava letra del alfabeto griego, equivalente en sonido a nuestra *z*; pero que en latín se transcribió *th* y en castellano *t*, abandonando la pronunciación griega y adoptando la latina: *teatro, teológico.*

ti *pron.* Forma del pronombre personal de segunda persona singular, común a los casos genitivo, dativo, acusativo y ablativo, con preposición antepuesta.

tía *f.* Respecto de una persona, hermana o prima de su padre o madre. Tratamiento popular y de respeto que se da a la mujer casada o entrada en edad. Mujer rústica y grosera.

tiamida *f.* Nombre de los compuestos orgánicos que tienen la estructura de las amidas con un átomo de azufre en lugar del oxígeno.

tiamina *f.* Compuesto orgánico hidrosoluble, más conocido como vitamina B₁, que se halla en la levadura de cerveza, en el salvado de arroz, hígado, cerebro y en muchos productos vegetales; su carencia produce polineurosis, dilatación cardiaca y depresión nerviosa general; beriberi.

tianguis *m.* En México, mercado, feria.

tiara *f.* Gorro truncado que llevaban los reyes y los dioses en Oriente. Mitra alta ceñida por tres coronas y una cruz sobre un globo por remate, usada por el Papa como insignia de su autoridad suprema. Dignidad del Sumo Pontífice.

tibetano-a *adj. y s.* Natural del Tibet. Perteneciente a esta región de Asia. Lengua de los tibetanos, de la familia indochina.

tibia *f.* Flauta. Hueso principal y anterior de la pierna que se articula con el fémur y el astrágalo.

tibio-a *adj.* Templado, medio entre caliente y frío. Flojo, descuidado y poco fervoroso.

tibor *m.* Vaso grande de barro, de China o del Japón, por lo regular en forma de tinaja y decorado exteriormente. En México, jícara.

tiburón *m.* Pez elasmobranquio escualo, con hendiduras branquiales laterales, boca situada en la parte inferior de la cabeza en forma de media luna, de piel áspera; es muy voraz y su carne basta y comestible; de su hígado se obtiene un aceite muy rico en vitaminas, especialmente la D.

tic *m.* Movimiento convulsivo habitual de uno o varios músculos.

ticket *m.* Palabra inglesa para indicar billete de ferrocarril, vale, cédula, boleta, etc.

tico-a *adj. y s. améric.* Costarricense; es palabra de uso familiar.

tictac *m.* Ruido acompasado que produce el escape de un reloj.

tiempo *m.* Duración de las cosas sujetas a mudanza. Parte de esta duración. Edad, época en que vive una persona o en que sucede algo. Estación del año. Oportunidad, coyuntura para hacer una cosa. Lugar o espacio libre para hacer algo. Cada uno de los actos sucesivos en que se divide la ejecución de una cosa. Estado atmosférico. Cada una de las divisiones de la conjugación, indicadoras del momento en que sucede o se realiza la acción significada por el verbo. Cada una de las partes de igual duración en que se divide el compás. Cada una de las carreras de trabajo de un motor.

tienda *f.* Armazón de palos hincados en tierra y cubierta con telas que sirve de alojamiento en el campo. Toldo de algunas embarcaciones. Casa o puesto donde se venden al público artículos de comercio por menor, en especial comestibles o mercería.

tienta *f.* Prueba de la bravura de los becerros para destinarlos a la lidia o para castrarlos. Sagacidad y arte con que se pretende averiguar una cosa. Instrumento de cirugía para explorar cavidades y conductos naturales, o la profundidad y dirección de las heridas.

tiento *m.* Ejercicio del sentido del tacto. Palo de los ciegos para guiarse. Pulso, seguridad y firmeza para hacer algo. Consideración prudente, miramiento y cordura en lo que se hace o emprende. Varita o bastoncillo de los pintores en que apoyan la mano derecha.

tierno-a *adj.* Blando, delicado, flexible y fácil a cualquier impresión. Reciente, moderno. Dícese de la edad de la niñez por su delicadeza y docilidad. Propenso al llanto. Afectuoso, cariñoso y amable. En América, dícese de los frutos verdes o en agraz, que no han llegado a sazón.

tierra *f.* Parte superficial del globo terráqueo no ocupada por el mar. El planeta que habitamos. Materia inorgánica de que se compone principalmente el suelo natural. Suelo o piso. Terreno dedicado al cultivo. Patria. País, región, territorio. Pobladores de un territorio o comarca.

tieso-a *adj.* Duro, firme, rígido; que con dificultad se rompe o se dobla. Robusto de salud. Tenso, tirante. Valiente, animoso, esforzado. Afectadamente grave, circunspecto y mesurado. Terco, inflexible y tenaz en sus propias ideas.

tiesto *m.* Pedazo de una vasija de barro. Maceta.

tiesura *f.* Dureza o rigidez de alguna cosa. Gravedad excesiva o con afectación.

tifácea *f.* Planta monocotiledónea acuática, perenne, de tallos cilíndricos, hojas angostas alternas unidas en la base de cada tallo, flores en espiga y fruto dehiscente con semillas de albumen carnoso; tipo la espadaña.

tiflitis /. Inflamación del intestino ciego.

tiflón m. El intestino ciego.

tifoideo-a adj. Perteneciente o relativo al tifus, o parecido a él. Dícese de la fiebre o enfermedad infecciosa causada por un bacilo que penetra en el organismo por la vía digestiva y que causa fiebre elevada.

tifón m. Manga, tromba marina. Ciclón huracanado del mar de la China.

tifus o tifo m. Género de enfermedades infecciosas, graves, con alta fiebre, delirio y postración, producidas por microorganismos que se transmiten por pulgas de las ratas, ciertos ácaros y el piojo.

tigre m. Mamífero félido carnicero, muy feroz, de gran tamaño, de pelaje blanco en el vientre, amarillento en el lomo con rayas negras; vive del ganado y ataca al hombre. Persona cruel y sanguinaria. En América, jaguar o yaguar.

tigresa /. Tigre hembra.

tijera o tijeras /. Instrumento compuesto de dos hojas de acero de un solo filo, con ojo para meter los dedos y que pueden moverse en torno de un eje que las traba; sirven para cortar lo que se pone entre dichas hojas.

tijereta /. Zarcillo de los sarmientos de las vides. Nombre familiar que se da a ciertas aves.

tijeretada, tijerada o tijeretazo /. o m. Corte hecho de un golpe con las tijeras.

tijeretear tr. Dar cortes con las tijeras, y por lo común sin arte ni tino.

tila /. Tilo. Flor de tilo. Bebida antiespasmódica que se hace con las flores del tilo en infusión de agua caliente.

tildar tr. Poner tilde a las letras que lo necesitan. Tachar lo escrito. Señalar con alguna nota denigrante a una persona.

tilde amb. Comilla, virgulilla o rasgo que se pone sobre algunas abreviaturas, la letra ñ o para denotar la acentuación. Tacha, nota denigrante. Cosa mínima.

tiliácea /. Planta dicotiledónea malval, árboles, arbustos o hierbas, con hojas alternas de nervios muy señalados, flores axilares y fruto capsular con semillas de albumen carnoso; el tilo, la patagua.

tilico-a adj. En México y Bolivia, enclenque, flacucho; tonto, cobarde, apocado, débil.

tiliches m. pl. améric. Baratijas, cachivaches, bujerías.

tilín m. Sonido de la campanilla.

tilingo-a adj. En México, Perú y Río de la Plata, memo, lelo, bobo.

tilma /. En México, manta de algodón que llevan los campesinos a modo de capa, en la que, por una abertura se introduce la cabeza.

tilo m. Árbol tiliáceo de tronco grueso y recto, corteza lisa, hojas acorazonadas, flores blanquecinas olorosas y medicinales, fruto redondo y velloso; ornamental y maderable.

tillado m. Entablado, suelo de tablas.

tímalo m. Pez salmónido malacopterigio, con aleta dorsal muy larga.

timar tr. Quitar o hurtar con engaño. Engañar con promesas o esperanzas. R. Entenderse con la mirada, hacerse guiños los enamorados.

timba /. Partida de juego de azar. Casa de juego, garito. En México y Centroamérica, vientre abultado.

timbal m. Instrumento musical de percusión, de caja semiesférica de cobre, cerrada por una membrana o piel de tensión regulable; se hace sonar con dos palos o baquetas terminados en unas bolas de fieltro. Atabal.

timbiriche m. En México, árbol rubiáceo de fruto comestible; árbol bromeliáceo de fruto también comestible y bebida alcohólica hecha con los frutos de esta planta machacados y fermentados en agua. Juego que consiste en unir puestos contiguos con reatas para formar cuadros.

timbrar tr. Poner timbre en el escudo de armas. Estampar un timbre, sello o membrete.

timbre m. Insignia que se coloca encima del escudo de armas para distinguir los grados de nobleza. Sello, especialmente el que se estampa en seco. Aparato de llamada o de aviso, compuesto de una campana y un macito que la hiere, movido por un resorte, la electricidad u otro agente. Acción gloriosa o cualidad personal que ensalza y ennoblece. Modo propio y característico de sonar un instrumento músico o la voz de una persona. Renta del Tesoro constituida por el importe de los sellos, papel sellado y otras imposiciones que gravan la emisión, uso o circulación de documentos.

timiama m. Confección olorosa, reservada al culto divino, entre los judíos.

timidez /. Calidad de tímido. Actitud de inhibición delante de otras personas, por temor injustificado.

tímido-a *adj.* Temeroso, miedoso, encogido y corto de ánimo.

timo *m.* Acción y efecto de timar. Frase o muletilla que corre de boca en boca durante cierto tiempo.

timo *m.* Glándula endocrina situada detrás del esternón y que se atrofia en la época de la pubertad.

timol *m.* Compuesto fenólico cristalizado que se obtiene de las esencias del tomillo y se emplea como antiséptico en lociones y enjuagatorios.

timón *m.* Pértigo. Palo derecho que sale de la cama dal arado y sirve para gobernarlo. Varilla del cohete que le sirve de contrapeso y le da dirección. Dirección o gobierno de un negocio. Pieza de madera o de hierro para gobernar la nave. Por extensión, pieza o piezas similares de submarinos, aeroplanos, etc.

timonel *m.* El que gobierna el timón de la nave.

timorato-a *adj.* Que tiene el santo temor de Dios y se gobierna por él en sus operaciones. Tímido, indeciso, encogido.

tímpano *m.* Atabal, tamborcillo. Membrana extendida y tensa que separa el conducto auditivo externo del oído medio. Oído medio. Espacio triangular que queda entre las dos cornisas inclinadas de un frontón y la horizontal de su base. Instrumento músico compuesto de varias tiras desiguales de vidrio, colocadas de mayor a menor y que se toca con una especie de macillo de corcho o forrado de badana.

tina *f.* Tinaja, vasija grande y ventruda. Vasija de madera de forma de media cuba. Baño, pila, bañera.

tinacal *m.* En México, bodega o pieza de las haciendas pulqueras donde están las tinas en las que fermenta el aguamiel hasta convertirse en pulque.

tinaco *m.* Tina pequeña de madera. En México y Ecuador, especie de tinaja grande para guardar la chicha. En México, gran depósito donde se almacena agua en las casas, colocado en la azotea y del que descienden las cañerías que surten los cuartos o pisos.

tinada *m.* Montón o hacina de leña. Cobertizo para tener recogidos los ganados, particularmente los bueyes.

tinaja *f.* Vasija grande de barro cocido, muy ventruda, encajada en un pie o aro o empotrada en el suelo, para guardar agua, vino, aceite u otros líquidos. Líquido que cabe en una tinaja.

tinajero-a *m. y f.* Que hace o vende tinajas. *M.* Sitio o lugar donde se ponen o empotran las tinajas.

tinción *f.* Acción y efecto de teñir; teñido.

tinerfeño-a *adj. y s.* Natural de Tenerife. Perteneciente a esta isla, una de las Canarias, España.

tingible *adj.* Teñible.

tinglado *m.* Cobertizo. Tablado armado a la ligera. Artificio, enredo, maquinación.

tinieblas *f. pl.* Falta de luz. Suma ignorancia y confusión por falta de conocimientos. Obscuridad, falta de luz en lo abstracto y moral.

tino *m.* Hábito o facilidad de acertar a tientas con las cosas que se buscan. Acierto o destreza para dar en el blanco u objeto a que se tira. Juicio y cordura para el gobierno y dirección de un negocio o empresa.

tinta *f.* Color que se sobrepone a una cosa o con que se tiñe. Líquido para escribir. Tinte. Líquido de color negro o pardo obscuro que segregan los cefalópodos y que expulsan en momentos de inquietud y peligro. *Pl.* Matices, degradaciones de color. Mezcla de colores para pintar.

tintar *tr.* Teñir, dar a una cosa un color distinto al que tenía. Entintar.

tinte *m.* Acción y efecto de teñir. Color con que se tiñe. Casa, tienda o paraje donde se tiñen telas, ropas u otras cosas. Artificio mañoso con que se desfiguran o se da otro color a las cosas no materiales.

tinterillo *m.* Empleado subalterno de oficina, cagatintas. En América, abogado malo, leguleyo; curial que pretende actuar de abogado sin serlo. Picapleitos. Persona de escasa importancia, pero con pretensiones.

tintero *m.* Vaso en que se pone la tinta de escribir. Depósito que en las máquinas de imprimir recibe la tinta.

tintillo *adj. y s.* Dícese del vino poco subido de color.

tintín *m.* Sonido de la esquila, campanilla o timbre, del choque de las copas, etc.

tintinear o tintinar *intr.* Producir el sonido especial del tintín.

tinto-a *adj.* Dícese de la uva de zumo negro que sirve para dar color a ciertos mostos. Dícese del vino de color muy obscuro. En América, rojo ennegrecido.

tintóreo-a *adj.* Aplícase a las plantas u otras substancias colorantes.

tintorería *f.* Oficio de tintorero. Arte de teñir hilos, fibras, tejidos, cueros, etc., de tal modo que el colorante penetre en todo el espesor y comunique al objeto un color uniforme. Tinte, lugar donde se tiñe.

tintorero m. El que tiene por oficio teñir o dar tintes.

tintura f. Tinte, acción de teñir y color que se usa para ello. Afeite en el rostro, especialmente de las mujeres. Líquido en que se ha hecho disolver una substancia que le comunica color. Noción superficial y leve de una ciencia o arte. Solución de una substancia medicinal en un líquido, que disuelve de ella ciertos principios.

tiña f. Nombre genérico aplicado a varias enfermedades causadas por hongos en diversas plantas. Enfermedad contagiosa del hombre y los animales domésticos en la piel, cuero cabelludo y uñas, producida por diversas clases de hongos. Miseria, escasez, mezquindad.

tío m. Respecto de una persona, hermano o primo de su padre o madre. Tratamiento de respeto al hombre casado o entrado en edad. Hombre rústico y grosero.

tiónido m. Nombre genérico de los minerales perteneciente al grupo del azufre y sus compuestos.

tiovivo m. Recreo de feria consistente en un círculo giratorio en que se colocan asientos, figuras de animales, barquitas, etc., sobre las que montan los muchachos; caballitos.

tipejo m. Persona ridícula y despreciable.

tipiadora f. Máquina de escribir. Mecanógrafa.

tipicidad f. Cualidad de una persona, cosa o concepto, por la cual sus caracteres resultan conformes a los de un tipo predeterminado.

típico-a adj. Que incluye en sí la representación de otra cosa, siendo emblema o figura de ella. Característico, peculiar.

tiple m. y f. La más aguda de las voces humanas, propia especialmente de mujeres y niños. Guitarrita de voces muy agudas. Persona que posee esta voz o que toca el tiple.

tipo m. Modelo, ejemplar. Símbolo representativo de cosa figurada. Letra de imprenta. Cada una de las clases de letra. Figura o talle de una persona. Persona extraña y singular. Cada una de las grandes agrupaciones en que se dividen animales y vegetales, constituida por la reunión de clases.

tipografía f. Imprenta, arte de imprimir y lugar donde se imprime.

tipógrafo m. Operario que sabe o profesa la tipografía. Impresor.

tipula f. Insecto díptero, semejante al mosquito, aunque algo mayor; no pica se alimenta del jugo de las flores.

tiquismiquis m. pl. Escrúpulos o reparos vanos o de poquísima importancia. Expresiones o dichos ridículamente corteses o afectados.

tira f. Pedazo largo y angosto de tela, papel, cuero u otra cosa delgada. En América, andrajos, harapos rotos.

tirabuzón m. Sacacorchos. Rizo de cabello largo y pendiente en espiral.

tirada f. Acción de tirar. Distancia que hay de un lugar a otro, o de un tiempo a otro. Serie de cosas que se dicen o escriben de un tirón. Acción de imprimir. Número de ejemplares de una edición.

tiradero m. Lugar o paraje donde el cazador se pone para tirar. En México, cantidad de cosas tiradas y esparcidas por el suelo.

tirador-a m. y f. Persona que tira. La que tira con destreza y habilidad. Persona que estira. M. Instrumento con que se estira. Asidero del cual se tira para cerrar una puerta, abrir un cajón, una gaveta, etc. Cordón para hacer sonar la campanilla o timbre de una puerta. Pluma metálica que sirve de tiralíneas. Horquilla con mango, a los extremos de la cual se sujetan dos gomas unidas por una badana, en la que se colocan piedrecillas o perdigones para dispararlos.

tiraje m. Galicismo por acción y efecto de tirar, tiro o tirada, según los casos.

tiralíneas m. Instrumento de metal, a modo de pinzas, cuya separación se gradua por medio de un tornillo y sirve para trazar líneas de tinta, más o menos gruesas según dicha separación.

tiranía f. Gobierno ejercido por un tirano.

tiranicidio m. Muerte dada a un tirano.

tiránico-a adj. Perteneciente o relativo a la tiranía.

tiranizar tr. Gobernar un tirano algún Estado. Dominar de manera tiránica.

tirano-a adj. y s. Aplícase a quien obtiene contra derecho el gobierno de un Estado, o al que lo rige sin justicia y a medida de su voluntad. Dícese del que abusa de su poder, autoridad o fuerza o que impone ese poder o superioridad en grado extraordinario. Dícese de la pasión o efecto que domina el ánimo o arrastra el entendimiento.

tirante *adj.* Tenso. Dícese de las relaciones de amistad próximas a romperse. Cuerda o correa para tirar de un artefacto, o las caballerías de un carruaje. Cada una de las tiras de piel o tela para suspender de los hombros el pantalón. Pieza de hierro o acero para soportar un esfuerzo o tensión.

tirantez *f.* Calidad de tirante. Distancia en línea recta entre los extremos de una cosa.

tirapié *m.* Correa que usan los zapateros para tener sujeto el zapato en su horma al coserlo.

tirar *tr.* Despedir de la mano una cosa. Arrojar, lanzar en dirección determinada. Derribar. Disparar la carga de una arma de fuego, o un artificio de pólvora. Estirar o extender. Reducir a hilo un metal. Trazar líneas o rayas. Sacar, hacer salir a uno de algún sitio; apartarlo, desviarlo. Imprimir. *R.* Echarse sobre algo o alguien. Arrojarse, lanzarse.

tirilla *f.* Lista o tira de lienzo que se pone por cuello o cabezón en las camisas, para fijar en ella el cuello postizo.

tiritar *intr.* Temblar o estremecerse de frío.

tiro *m.* Acción y efecto de tirar. Señal o impresión que hace lo que se tira. Pieza de cañón de artillería. Disparo de una arma de fuego. Estampido que éste produce. Cantidad de munición para cargar una vez el arma de fuego. Alcance de cualquier arma arrojadiza. Lugar donde se tira al blanco. Conjunto de caballerías que tiran de un carruaje. Corriente de aire que produce el fuego de un hogar, o la producida entre puertas y ventanas de una casa. Tramo de escalera. Daño grave. Chasco o burla. Indirecta, ataque. Longitud de una pieza de tejido.

tirocinio *m.* Aprendizaje, noviciado.

tiroides *com.* Glándula de secreción interna, situada por delante del cuello y a los lados de los primeros anillos de la tráquea que secreta la tiroxina.

tirolés-a *adj. y s.* Natural del Tirol. Perteneciente a este país de Euro pa. *F.* Canción popular del Tirol, de movimiento moderado y compás ternario.

tirón *m.* Aprendiz, novicio.

tirón *m.* Acción y efecto de tirar con violencia, de golpe. Estirón.

tirotear *tr. y r.* Repetir los tiros de fusil o de arma corta, de una parte a otra. *Rec.* Andar en dimes y diretes.

tiroxina *f.* Componente activo de la hormona secretada por la glándula tiroides. Componente yodado

cristalizable que se extrae de dicha glándula, para su uso terapéutico.

tirria *f.* Manía o tema contra uno, oponiéndose a él en cuanto dice o hace. Odio, mala voluntad, ojeriza.

tirso *m.* Vara enramada, cubierta de hojas de hiedra y parra, que suele llevar como cetro la figura de Baco. Inflorescencia racimosa de forma aovada o fusiforme como la de la lila.

tisana *f.* Bebida medicinal que resulta del cocimiento ligero en agua de una o varias yerbas y otros ingredientes.

tísico-a *adj. y s.* Que padece de tisis. Perteneciente a la tisis.

tisiología *f.* Suma de conocimientos científicos acerca de la tisis o tuberculosis pulmonar.

tisis *f.* Enfermedad en que hay consunción gradual y lenta, fiebre héctica y ulceración en algún órgano. Tuberculosis pulmonar.

tiste *m. americ.* Especie de chocolate de maíz, cacao y azúcar, batido en frío, que se usa como refresco.

tisú *m.* Tela de seda entretejida con hilos de oro o plata que pasan desde el haz al envés.

titán *m.* Sujeto de extraordinario poder, que descuella en algún aspecto. Grúa gigantesca para mover pesos grandes.

titánico-a *adj.* Perteneciente o relativo a los Titanes o gigantes mitológicos de la antigüedad. Desmesurado, excesivo.

titanio o **titano** *m.* Metal pulverulento de color gris, fácil de combinar con el nitrógeno; se emplea en la fabricación de aceros muy tenaces; símbolo Ti.

títere *m.* Figurilla de pasta u otra materia, revestida y adornada que se mueve con alguna cuerda o artificio. Idea fija que preocupa mucho. Sujeto de figura ridícula o pequeña, añiñado o muy presumido. Sujeto informal, necio y casquivano. *Pl.* Diversión pública de volatines, sombras chinescas u otras cosas de igual clase.

tití *m.* Mamífero cuadrumano muy pequeño, de cara blanca, con mechones blancos alrededor de las orejas; habita en la América Meridional, es tímido y fácil de domesticar.

titilar *intr.* Agitarse con ligero temblor alguna parte del organismo animal. Centellear un cuerpo luminoso con ligero temblor.

titipuchal *m.* En México, multitud, muchedumbre, cosas muy revueltas y desordenadas.

titiritar *intr.* Temblar de frío o de miedo.

titiritero-a *m. y f.* Persona que trae o gobierna los títeres Volatinero.

tito *m.* Almorta. Sillico, vaso para excrementos.

titubear *intr.* Oscilar, perdiendo la estabilidad y firmeza. Tropezar o vacilar en la elección o pronunciación de las palabras. Sentir perplejidad en algún punto o materia.

titulado-a *m. y f.* Persona que posee un título académico, o título de nobleza.

titular *adj.* Que tiene algún título. Que da su nombre por título a otra cosa. Dícese del que ejerce oficio o profesión con cometido propio. Dícese de la letra mayúscula.

titular *tr.* Poner título, nombre o inscripción a una cosa. *Intr.* Obtener una persona título nobiliario.

título *m.* Palabra, frase con que se enuncia o da a conocer el asunto o materia de una obra científica o literaria; parte o división de un escrito. Letrero o inscripción con que se indica o da a conocer el contenido, destino u objeto de una cosa. Renombre o distintivo de una persona. Causa, razón o motivo. Origen y fundamento de un derecho u obligación; documentación auténtica del mismo. Testimonio o instrumento para ejercer un empleo, dignidad o profesión. Persona condecorada con dignidad nobiliaria. Documento que representa deuda pública o valor comercial.

tiza *f.* Arcilla terrosa blanca que se usa para escribir en los encerados y, pulverizada, para limpiar metales.

tizate *m.* En México y América Central, tiza.

tiznar *tr. y r.* Manchar con tizne, hollín u otra materia. Deslustrar o manchar la fama u opinión. En México, molestar, fastidiar.

tizne *amb.* Humo que se pega a las sartenes, peroles y otras vasijas que han estado a la lumbre. *M.* Tizón, palo a medio quemar.

tiznón *m.* Mancha de tizne u otra materia semejante.

tizo *m.* Pedazo de leña mal carbonizado que despide humo al arder.

tizón *m.* Palo a medio quemar. Hongo parásito negruzco de olor hediondo que destruye los granos de los cereales. Mancha, borrón en la fama o estimación

tizona *f.* Espada, por alusión a la célebre espada del Cid Campeador.

tizonazo o **tizonada** *m. o f.* Golpe dado con un tizón.

tlacatillo *m.* En México, muchacho que desempeña en el campo tareas propias de un hombre.

tlaco *m.* En México, centavo y medio, moneda del siglo XIX.

tlacote *m.* En México, divieso, furúnculo.

tlacuache *m.* En México, marsupial didélfido, especie de zarigüeya que ataca los gallineros, de cola larga y sin pelo; se hace el muerto cuando se le persigue o teme por su vida.

tlacual *m.* En México, nomore con que los indígenas designan a la comida o yantar.

tlacuilo *m.* Nombre azteca de los individuos que tenían por oficio trazar la escritura jeroglífica.

tlachique *m.* En México, aguamiel.

tlachiquero *m.* En México, persona que recoge el tlachique. Maguey.

tlahuica *adj. y s.* Individuo de una tribu náhoa localizada en el actual Estado de Morelos, con centro en Cuernavaca.

tlalmetate *m.* En México, especie de metate liso que se utiliza en la molienda de los colores.

tlalpiloya *m.* En México y entre las gentes del pueblo, cárcel.

tlaltel *m.* En México, isleta que se forma en los lagos y que apenas sobresale de la superficie.

tlalzahuate *m.* En México, ácaro parecido al pinolillo que ataca al hombre y que causa comezón.

tlancualli *m.* Palo fuerte en que se ata un cordel en forma de lazo, en el que se mete el labio o parte superior del hocico de las bestias y con el cual, retorciendo el cordel, se las tiene sujetas para herrarlas o curarlas.

tlaoli *m.* Nombre azteca del maíz: tlautlin.

tlapalería *f.* En México, tienda donde se venden materias colorantes, útiles para pintar, objetos para la limpieza, artículos para diversos oficios manuales, etc.

tlapaneca *adj. y s.* Indígena mexicano de un antiguo pueblo de la familia hoca, cuyos escasos descendientes viven en territorios del actual Estado de Guerrero.

tlapegual *m.* En México, trampa rústica para cazar animales; estratagema, ardid, emboscada.

tlaxcal *m.* En México, la tortilla y todo manjar que se sirve cocido.

tlaxcalatole *m.* En México, bebida nutritiva para convalecientes y que consiste en atole de tortillas quemadas.

tlaxcalteca *adj. y s.* Natural de Tlaxcala. Perteneciente a esta ciudad y Estado de México. Individuo perteneciente al pueblo chichimeca que se estableció en la región del actual Estado de Tlax-cala.

tlazole m. En México, punta de la caña de maíz o de azúcar que sirve de forraje.

tlecuil m. En México, hogar, brasero u hornilla.

t. n. t. m. Abreviatura del trinitrotolueno; potente explosivo.

toa f. Maroma o sirga.

toalla f. Lienzo para limpiarse y secarse las manos, cara y otras partes del cuerpo.

toallero m. Mueble para colgar toallas.

toast m. Palabra inglesa: brindis.

toba f. Piedra caliza, muy porosa y ligera, formada por el bicarbonato de calcio que llevan en disolución las aguas de algunos manantiales y que van depositando en el fondo, sobre las plantas u otros objetos que hallan a su paso; travertino. Sarro, substancia que se deposita sobre los dientes.

tobera f. Abertura tubular por donde entra el aire en un horno o en una forja. Orificio, provisto de válvula de inyección, por donde se introduce el combustible en el cilindro de los motores de aceite pesado. Continuación del conducto o cono de salida de los motores de turbina, los estatorreactores y pulsorreactores.

tobillera f. Jovencita que deja de vestir de niña, pero que todavía no se ha puesto de largo. Calcetín corto y ceñido. Prenda de tela elástica para proteger la garganta del pie y evitar torceduras.

tobillo m. Protuberancia de cada uno de los dos huesos de la pierna llamados tibia y peroné. Por extensión, garganta del pie.

tobogán m. Vehículo para deslizarse en la nieve, en pistas en forma de surco. Surco por donde se desliza. Aparato de feria en rampa recta o espiral para deslizarse por él con rapidez.

toca f. Prenda femenina para cubrir, abrigar o adornar la cabeza. Prenda ceñida al rostro para cubrir la cabeza y que usan las monjas.

tocadiscos m. Aparato para reproducir discos de gramófono, de muchos modelos y variedades y algunos con conexión a un receptor de radio.

tocado m. Prenda con que se cubren, peinan y adornan la cabeza las mujeres.

tocador m. Mueble con espejo para el peinado y aseo de una persona. Aposento destinado a este fin. Neceser.

tocar tr. Ejercitar el sentido del tacto. Llegar a una cosa con la mano, sin asirla. Hacer sonar artísticamente un instrumento. Avisar con la campana u otro instrumento. Tropezar ligeramente una cosa con otra. Herir una cosa para reconocer su calidad con el sonido. Saber o conocer una cosa por experiencia. Estimular, persuadir, inspirar. Hablar leve o superficialmente de una cosa. *Intr.* Pertenecer por algún derecho o título. Llegar o arribar de paso a algún sitio. Ser de obligación o cargo de uno. Importar, ser de interés o conveniencia. Caber parte o porción de una cosa que se reparte. Caer en suerte una cosa. Estar una cosa cerca de otra sin que quede distancia entre ellas. Ser pariente de otro o tener alianza con él. En América, ponerse medio loco, trastornarse.

tocata f. Composición de breve duración, destinada a instrumentos de teclado. Zurra, azotaina.

tocatoca m. En México, muchacho travieso, curioso, inquieto.

tocayo-a m. y f. Respecto de una persona, otra que tiene su mismo nombre; homónimo.

tocinería f. Tienda, puesto o lugar donde se vende tocino.

tocino m. Carne gorda del puerco, especialmente la salada que se guarda para la olla u otros guisados. Lardo. Témpano de la canal del cerdo.

tocología f. Obstetricia.

tocólogo m. Profesor o médico que ejerce especialmente la Tocología. Partero.

tocón m. Parte del tronco de un árbol que queda unida a la raíz cuando lo cortan por el pie. Muñón.

tocho-a adj. Tosco, inculto, tonto, necio.

todavía adv. Hasta un momento determinado desde tiempo anterior. Con todo eso, no obstante, sin embargo. Aún. Encarecimiento, ponderación.

todo-a adj. Dícese de lo que se toma o se comprende entera y cabalmente. Úsase también como ponderativo. *M.* Cosa íntegra. *Adv.* Enteramente.

todopoderoso-a adj. Que todo lo puede. Por antonomasia, Dios.

toga f. Prenda principal exterior del traje nacional romano, sobre la túnica, como una capa de mucho vuelo de varios y graciosos pliegues. Traje de ceremonia que usan los magistrados, catedráticos, letrados, doctores, etc., encima del ordinario.

togado adj. Que viste toga. Dícese comúnmente de los magistrados superiores y de los jueces letrados.

toilette /. **Palabra francesa, por tocado, atavío; tocador.**

toldilla /. **Cubierta parcial que tienen algunos buques a la altura de la borda, desde el palo mesana al coronamiento de popa.**

toldillo m. **Silla de manos cubierta. En Sudamérica, mosquitero.**

toldo m. **Pabellón o cubierta de lienzo u otra tela que se tiende para hacer sombra en algún paraje. Engreimiento, pompa o vanidad.**

tole m. **Confusión o griterío popular. Rumor que cunde entre las gentes contra una persona o cosa.**

toledano-a adj. y s. **Natural de Toledo. Perteneciente a esta ciudad y provincia de España.**

tolerable adj. **Que se puede tolerar.**

tolerancia /. **Acción y efecto de tolerar. Respeto y consideración hacia las opiniones y prácticas de los demás. Permiso, diferencia, margen que se consiente en la calidad o cantidad de las cosas fabricadas u obras contratadas. Condescendencia, indulgencia. Aptitud para resistir la administración continuada o creciente de algún medicamento.**

tolerar tr. **Sufrir con paciencia. Disimular algunas cosas que no son lícitas, sin consentirlas expresamente. Soportar, aguantar.**

tolete m. **Escálamo. En América, garrote corto.**

tolmo m. **Peñasco elevado parecido a un gran hito o mojón.**

tololoche m. **En México, contrabajo.**

tolondro-a adj. y s. **Aturdido, desatinado y que no tiene tiento en lo que hace. M. Bulto o chichón, especialmente en la cabeza, de resultas de un golpe.**

tolteca adj. y s. **Individuo de un pueblo nahoa que se estableció en el valle de México y Puebla y creó la ciudad y civilización de Tula. Idioma de este pueblo.**

toluqueño-a adj. y s. **Natural de Toluca de Lerdo. Perteneciente a esta ciudad mexicana, capital del Estado de México.**

tolva /. **Caja en forma de tronco de pirámide o de cono invertido, abierta por abajo, dentro de la cual se echan granos u otros cuerpos para que caigan poco a poco entre las piezas de un mecanismo, para triturarlos, molerlos, limpiarlos, clasificarlos o para facilitar su descarga.**

tolvanera /. **Remolino de polvo. En México, arrastre de polvo fino por el aire.**

toma /. **Acción de tomar o recibir una cosa. Conquista de una plaza o ciudad por medio de las armas.** Porción de alguna cosa que se toma o recibe de una vez. Data, en los depósitos de agua. Lugar por donde se deriva una corriente de fluido. Cada una de las escenas filmadas de una sola vez.

tomar tr. **Coger o asir una cosa. Recibir o aceptar. Percibir. Ocupar una plaza, fortaleza o ciudad. Comer o beber. Adoptar, emplear una cosa. Contratar a una o varias personas. Alquilar, tomar en alquiler. Entender, juzgar o interpretar una cosa en determinado sentido. Ocupar un sitio para cerrar el paso. Quitar o hurtar. Emprender una cosa. Elegir. Intr. Encaminarse, empezar a seguir una dirección determinada. R. Cubrirse de moho u orín.**

tomatada /. **Fritada de tomate.**

tomatal m. **Plantación de tomateras.**

tomatazo m. **Golpe dado con un tomate.**

tomate m. **Fruto de la tomatera, casi rojo, blando, compuesto de varias celdillas llenas de simientes. Tomatera. En México, jitomate.**

tomatera /. **Planta solanácea herbácea anual, originaria de América, de tallos vellosos, huecos y endebles, hojas recortadas, flores amarillas en racimos y por fruto el tomate.**

tomavistas adj. y s. **Dícese del aparato o cámara fotográfica con que se toman las fotografías cinematográficas.**

tombac m. **Latón con elevada proporción de cobre, que le comunica color parecido al del oro. Tumbago.**

tómbola /. **Especie de lotería o rifa en que los premios son objetos; suele tener carácter benéfico.**

tomento m. **Estopa basta del lino o cáñamo después de rastrillado. Capa de pelos cortos, suaves y entrelazados que cubre los tallos, hojas y otros órganos de algunas plantas.**

tomillo m. **Planta labiada perenne muy olorosa, con tallos leñosos, hojas pequeñas lanceoladas y flores en cabezuelas axilares; el cocimiento de sus hojas suele usarse como tónico estomacal.**

tomismo m. **Sistema escolástico contenido en las obras de Santo Tomás de Aquino y de sus discípulos.**

tomo m. **Parte de una obra; división más o menos extensa de la misma, análoga a la división en libros, secciones, capítulos, etc. Importancia, valor o estima.**

tompeate *m.* En México, canasta de palma tejida.

tonada *f.* Composición métrica para cantarse. Música de la misma. En América, tonillo, dejo, sonsonete. Entonación que tiene al hablar la gente de una región o lugar.

tonadilla *f.* Tonada alegre y ligera. Especie de entremés con música. Canción breve a modo del couplet francés.

tonal *adj.* Perteneciente o relativo al tono o a la tonalidad.

tonalidad *f.* Sistema de sonidos que sirve de fundamento a una composición musical. Leyes que determinan las relaciones de los sonidos en la constitución de una escala. Sistema de colores y tonos en Pintura.

tonar *intr.* Tronar o arrojar rayos.

tonel *m.* Cuba grande en que se echa el vino u otro líquido, especialmente el que se embarca. Acrobacia aérea que consiste en hacer girar el avión alrededor de su eje longitudinal.

tonelada *f.* Unidad de peso o de capacidad para calcular el desplazamiento de los buques. Medida antigua para el arqueo de las embarcaciones. Peso de 20 quintales. La tonelada métrica equivale a mil kilogramos.

tonelaje *m.* Arqueo, cabida de una embarcación. Número de toneladas que mide un conjunto de buques mercantes.

tonelería *f.* Arte u oficio del tonelero. Taller del mismo. Provisión de toneles.

tonelero-a *adj.* Perteneciente o relativo al tonel. Industria de toneles. *M.* El que hace toneles o los vende.

tonelete *m.* Falda corta que llega sólo hasta las rodillas.

tonga *f.* Tongada. En México y Cuba, pila o porción de cosas apiladas en orden.

tongada *f.* Capa, substancia que cubre o baña una cosa. Porción de algunas cosas extendidas sobre otras.

tonicidad *f.* Grado de tensión en los órganos del cuerpo vivo. Estado normal de tensión y vigor del organismo.

tónico-a *adj.* Que entona, que da tensión o vigor al organismo. Que se halla en estado de tensión continua. Relativo o perteneciente al tono o tonicidad de los tejidos y órganos. Dícese de la nota fundamental del tono, al que aquélla da nombre. Aplícase a la vocal o sílaba de una palabra en que carga la pronunciación. *F.* Lo que caracteriza y figura como nota

predominante en cualquier actividad o disciplina humanas.

tonificar *tr.* Entonar, dar tensión y vigor al organismo.

tonillo *m.* Tono monótono y desagradable con que algunos leen, oran o hablan. Entonación enfática al hablar.

tonina *f.* Atún, pez marino. Delfín, pez cetáceo marino.

tonino-a *adj.* En México, persona que no tiene dedos, o le falta una mano o un pie.

tono *m.* Mayor o menor elevación del sonido. Inflexión de la voz y modo particular de decir una cosa, según la intención o el estado de ánimo del que habla. Carácter, estilo literario. Tonada Energía, vigor, fuerza. Tensión de ciertos órganos. Intervalo que separa dos notas consecutivas de la gama musical. Modo, disposición de los sonidos en una escala musical. Vigor o relieve de todas las partes de una pintura y armonía de su conjunto.

tonsila *f.* Amígdala.

tonsura *f.* Acción y efecto de tonsurar. Grado preparatorio para recibir las órdenes sagradas menores y en el que se corta al aspirante un poco de cabello. Calvicie en la coronilla de la cabeza.

tonsurar *tr.* Cortar el pelo o la lana a las personas o animales. Dar a uno el grado de la tonsura.

tontear *intr.* Hacer o decir tonterías.

tontería, tonteada o tontera *f.* Calidad de tonto. Dicho o hecho tonto, o sin importancia, nadería.

tonto-a *adj.* y *s.* Mentecato, falto o escaso de entendimiento o razón. Hecho o dicho que le son propios.

topacio *m.* Piedra fina amarilla, muy dura, compuesta generalmente de sílice, alúmina y flúor.

topar *tr.* Chocar una cosa con otra. Hallar casualmente. Encontrar lo que se buscaba. *Intr.* Topetar. Consistir una cosa en otra y causar embarazo. Tropezar o embarazarse en algo por algún obstáculo. Entrechocar.

tope *m.* Parte por donde una cosa puede topar con otra. Pieza para impedir que algo se pase de un punto determinado. Tropiezo, estorbo, impedimento. Reyerta, riña o contienda. Extremo superior de un palo de arboladura.

topera *f.* Madriguero del topo.

topetada o topetazo *f.* o *m.* Golpe que dan con la cabeza los toros, carneros, etc. Golpe que da uno con la cabeza en alguna cosa.

topetar *tr.* Dar con la cabeza en alguna cosa. Topar.

tópico-a *adj.* Perteneciente a determinado lugar. *M.* Expresión vulgar o trivial. En México, tema, asunto, materia. Medicamento de uso externo.

topo *m.* Mamífero insectívoro del tamaño de una rata, de ojos pequeños y casi ocultos por el pelo; sus robustas manos tienen cinco dedos armados de fuertes uñas, para socavar y abrir galerías subterráneas donde vive; produce graves daños a los cultivos y destroza las raíces. Persona que tropieza con cualquier cosa. Persona de cortos alcances.

topografía *f.* Arte de describir y delinear detalladamente la superficie de un terreno o territorio de no mucha extensión.

topología *f.* Rama de las Matemáticas que estudia las propiedades de una figura que se conservan por deformaciones continuas de la misma. Anatomía topográfica.

toponimia *f.* Estudio etimológico sobre el origen y significación de los nombres de lugar. Terminología o conjunto de términos anatómicos que expresan posición y situación de los órganos.

topónimo *m.* Nombre de lugar.

toque *m.* Acción de tocar una cosa, tentándola, palpándola o llegando inmediatamente a ella. Ensayo de un objeto de oro o plata. Tañido de las campanas o de ciertos instrumentos con que se anuncia una cosa. Punto esencial de una cosa. Prueba, examen de una cosa o de una persona. Golpe que se da a alguien. Aplicación ligera de una substancia medicamentosa en un punto muy limitado. Pincelada ligera.

toquilla *f.* Pañuelo que se ponen las mujeres en el cuello o en la cabeza, para adorno o abrigo.

tora *f.* Tributo que pagaban los judíos por familias. Denominación hebrea del Pentateuco. Contenido total de la revelación hecha por Dios a Israel.

torácico-a *adj.* Perteneciente o relativo al tórax. Dícese del canal o gran vena linfática que recoge la linfa de los vasos situados debajo del diafragma y de los del lado izquierdo del campo por encima del diafragma.

torada *f.* Manada de toros.

toral *adj.* Principal, que tiene más fuerza y vigor en cualquier concepto. Dícese de cada uno de los cuatro arcos en que estriba la bóveda o cúpula semiesférica de un edificio.

tórax *m.* Porción del tronco de los vertebrados, entre el cuello y el abdomen. Cavidad del pecho.

torbellino *m.* Remolino de viento. Cantidad de cosas que ocurren a un mismo tiempo. Persona demasiado viva e inquieta y que hace o dice las cosas atropelladamente o con rapidez.

torcaz *adj.* Dícese de la paloma que tiene la cabeza, dorso y cola de color gris azulado, el cuello verdoso y cortado por un collar incompleto muy blanco.

torcedura *f.* Acción y efecto de torcer o torcerse. Distensión de las partes blandas que rodean las articulaciones de los huesos. Desviación de un miembro u órgano de su dirección normal.

torcer *tr. y r.* Dar vueltas a una cosa sobre sí misma, de modo que tome forma helicoidal y se apriete. Encorvar o poner angulosa una cosa recta. Desviar una cosa de su dirección normal. Dar al rostro expresión de desagrado, enojo u hostilidad. Mudar, cambiar la voluntad o parecer de alguno. *R.* Avinagrarse y enturbiarse el vino. Cortarse la leche. Dificultarse o frustrarse un negocio o pretensión que iba por buen camino.

torcido-a *adj.* Que no es recto; que hace curvas o está oblicuo o inclinado. Dícese de la persona que no obra con rectitud. *M.* Hebra gruesa y fuerte de seda torcida. *F.* Mecha de algodón o trapo torcido que se pone en los velones, candiles, velas, etc.

torcijón *m.* Retorcimiento. Retortijón de tripas.

tórculo *m.* Prensa y, en especial, la que se usa para estampar grabados en cobre, acero, etc.

tordillo-a *adj.* Tordo, que tiene el pelo mezclado de negro y blanco.

tordo *m.* Pájaro de cuerpo grueso, lomo gris aceitunado, vientre blanco amarillento con manchas pardas redondeadas o triangulares y las cobijas de color amarillo rojizo; entre sus especies se encuentran algunos de los mejores cantores. En América, estornino.

torear *intr.* Lidiar los toros en la plaza. Echar los toros a las vacas. *Tr.* Entretener las esperanzas de uno engañándole. Burlarse de alguien con cierto disimulo. Fatigar a uno llamando su atención a diversas partes u objetos.

toreo *m.* Acción de torear. Arte de lidiar toros en la plaza.

torero-a *adj.* Perteneciente o relativo al toreo. *M. y f.* Persona que por oficio o por afición acostumbra torear en las plazas. *F.* Chaquetilla ceñida al cuerpo, sin abotonar y que no pasa de la cintura, a semejanza de la chaqueta que usan los toreros.

torete *m.* Asunto, pregunta o cuestión que hace trabajar mucho la inteligencia y de no fácil solución. Asunto o novedad de que se trata en las conversaciones. Toro pequeño.

toréutica *f.* Arte de cincelar en relieve.

toril *m.* Sitio donde se tienen encerrados los toros que han de lidiarse.

torio *m.* Metal radiactivo de color plomizo; símbolo Th.

tormenta *f.* Tempestad. Adversidad, desgracia de una persona. Violenta manifestacción del estado de los ánimos enardecidos por algún suceso reprobable o que da motivo a empeñada controversia.

tormento *m.* Acción y efecto de atormentar o atormentarse. Angustia o dolor físico. Dolor corporal que se causaba al reo para obligarlo a confesar o declarar. Congoja, aflicción del ánimo. Tortura.

tormentoso-a *adj.* Que ocasiona tormenta. Dícese del tiempo en que hay o amenaza tormenta. Dícese del buque que, por algún defecto, trabaja mucho con la mar y el viento.

torna *f.* Acción de tornar, devolver o regresar. Obstáculo que se pone en una reguera para cambiar el curso del agua.

tornaboda *f.* Día después de la boda. Celebridad de este día.

tornachile *m.* En México, pimiento gordo.

tornadizo-a *adj.* Que se torna, muda o varía fácilmente; en especial, que abandona su creencia, partido u opinión.

tornado *m.* Huracán ciclónico del golfo de Guinea. En EE. UU. y Australia, tempestad de carácter ciclónico de gran poder destructivo.

tornar *tr.* Devolver, restituir. Mudar a una persona o cosa su naturaleza o su estado. *Intr.* Regresar, volver al lugar de donde se salió. Recobrar el sentido, volver en sí.

tornasol *m.* Girasol, planta compuesta. Cambiante reflejo o viso que hace la luz en algunas telas o en otras cosas muy tersas. Materia colorante azul violácea y cuya tintura sirve de reactivo para reconocer los ácidos, que la tornan roja.

tornavoz *m.* Sombrero del púlpito, concha del apuntador en los teatros o cualquier aparato para que el sonido repercuta y se oiga mejor.

tornear *tr.* Labrar o redondear una cosa al torno, puliéndola y alisándola. *Intr.* Dar vueltas alrededor o en torno. Combatir o pelear en torneo.

torneo *m.* Combate a caballo entre varias personas unidas en cuadrillas y bandos de una parte y otra, en que batallan y se hieren, dando vueltas en torno para perseguir cada cual a su contrario. Fiesta pública en que se imitan estos combates. Certamen, competencia.

tornero *m.* El que hace obras al torno. El que hace tornos.

torrillero *m.* Soldado desertor.

tornillo *m.* Cilindro de metal, madera, etc. con resalto en hélice que entra y juega en la tuerca. Clavo con resalto en hélice. Fuga o deserción del soldado. En México, medida de capacidad para el pulque, equivalente a un litro aproximadamente.

torniquete *m.* Palanca angular de hierro para comunicar el movimiento del tirador a la campanilla. Torno en forma de la cruz que gira horizontalmente sobre un eje y sirve para dejar pasar a personas sólo de una a una. Instrumento quirúrgico para evitar o contener la hemorragia, en operaciones y heridas de las extremidades.

torno *m.* Máquina con un cilindro que gira alrededor de su eje y actúa sobre la resistencia por medio de una cuerda que se va arrollando al cilindro. Armazón giratoria entre un suelo y un techo circulares que se ajusta al hueco de una pared y sirve para pasar objetos de una parte a otra, sin que se vean las personas que los dan o reciben. Máquina en que por algún artificio se hace que una cosa dé vueltas sobre sí misma. Freno de algunos carruajes que se maneja con un manubrio. Instrumento de dos brazos paralelos que al girar se aprietan. Movimiento circular. Contorno. Máquina o herramienta para labrar circularmente la madera o el metal.

toro *m.* Mamífero rumiante de cabeza gruesa armada de dos cuernos, de piel dura y pelo corto; algunas razas son fieras cuando se las irrita, otras son mansas; vive doméstico; su hembra es la vaca; el toro castrado es el buey. Hombre muy robusto y fuerte. Fiesta o corrida de estos animales.

toro *m.* En Arquitectura, bocel; en Matemáticas, superficie de revolución engendrada por el giro de una circunferencia o una elipse alrededor de una recta de su plano que no la corta.

torón *m.* Nombre del isótopo radiactivo del radón, producido por

desintegración del torio; símbolo Tn.

toronja *f.* Cidra de forma globosa como la naranja. Fruto de varios cítricos.

toronjil *m.* Planta herbácea de tallos rectos, hojas ovales olorosas, flores blancas en verticilos axilares y de fruto seco; de sus hojas y sumidades floridas se hace un remedio tónico y antiespasmódico.

toronjo *m.* Variedad de cidro que produce las toronjas.

torozón *m.* Inquietud, desazón, sofoco. Enteritis de las caballerías y otros animales, con dolores cólicos.

torpe *adj.* De movimientos tardos, pesados y lentos. Falto de habilidad y destreza. Tardo en comprender. Deshonesto, impúdico. Indecoroso, infame.

torpedear *tr.* Lanzar torpedos.

torpedero *m.* Barco de guerra, especialmente construido para usar el torpedo como medio de ataque y defensa.

torpedo *m.* Proyectil submarino, aéreo o terrestre, minas u obuses cargados de alto explosivo. Pez elasmobranquio marino, vive en los fondos arenosos y produce una conmoción eléctrica a la persona o animal que lo toca.

torpeza *f.* Calidad de torpe. Acción o dicho torpe.

torpor *m.* Torpeza mental. Falta de reacción a los estímulos exteriores normales.

torrar *tr.* Tostar.

torre *f.* Edificio fuerte, más alto que ancho, para defenderse de los enemigos desde él o para defender una ciudad o plaza. Edificio más alto que ancho que sirve para adorno y esparcimiento de la vista, en las casas. Campanario de las iglesias. Pieza grande del juego de ajedrez que camina en línea recta en todas direcciones. Reducto acorazado que se alza sobre la cubierta de los buques de guerra, para que dentro de él jueguen una o más piezas de artillería. Estructura de acero en celosía que soporta los conductores de una línea de transporte de energía a considerable altura sobre el suelo.

torrefacto-a *adj.* Tostado.

torrencial *adj.* Parecido al torrente.

torrente *m.* Corriente o avenida impetuosa de aguas que sobreviene en tiempos de muchas lluvias o rápidos deshielos. Abundancia de personas que fluyen a un lugar o de cosas que concurren a un mismo tiempo.

torreón *m.* Torre grande para defensa de una plaza o de un castillo.

torrero *m.* El que tiene a su cuidado una atalaya o un faro.

torrezno *m.* Pedazo de tocino frito o preparado para freir.

torrija *f.* Rebanada de pan empapada en vino, leche u otro líquido, frita en manteca o aceite y endulzada con miel, almíbar o azúcar; suele rebozarse con huevo y se hace también con otros ingredientes. En México, torreja.

torsión *f.* Acción y efecto de torcer o torcerse. Torcedura de fibras o hilos al fabricarlos. Deformación que sufre un cuerpo sometido a la acción de un par de fuerzas que lo hace girar alrededor de un eje. Desviación del meridiano vertical del ojo.

torso *m.* Tronco del cuerpo humano. Estatua falta de cabeza, brazos y piernas.

torta *f.* Masa de harina de figura redonda que con otros ingredientes se cuece a fuego lento. Golpe dado con la palma de la mano. Bofetada. En México, bocadillo de carne, fiambre, jamón, etc., con lechuga, crema, tomate, cebolla y otros ingredientes.

tortada *f.* Torta grande de masa delicada, rellena de carne, huevos, dulce, etc. Capa de yeso o de mortero.

torticieramente *adv.* Contra derecho, razón o justicia.

torticolis *o* **tortícolis** *f.* Dolor inflamatorio o reumático del cuello, que obliga a tener éste torcido o impide volver la cabeza.

tortilla *f.* Fritada de huevos batidos en que suele incluirse algún otro manjar. En México, Antillas y Centroamérica, la que se hace con masa de harina de maíz, rica en cal.

tórtola *f.* Ave columbiforme, de plumaje ceniciento azulado, pardo con manchas rojizas en el lomo, de pico agudo negruzco y de patas rosadas.

tórtolo *m.* Macho de la tórtola. Hombre amartelado. *Pl.* Pareja de enamorados.

tortuga *f.* Reptil quelonio marino, con las extremidades en forma de paleta que no pueden ocultarse; se alimenta de vegetales marinos y su carne y huevos son comestibles. Reptil quelonio terrestre, con los dedos reunidos en forma de muñón; se alimenta de hierbas, insectos y caracoles y es de carne delicada y sabrosa.

tortuoso-a *adj.* Que tiene vueltas y rodeos. Solapado, cauteloso.

tortura *f.* Calidad de tuerto o carencia de la vista en un ojo. Tormento. Dolor, angustia, pena o aflicción grandes.

torturar *tr. y r.* Dar tortura, atormentar.

torva *f.* Remolino de lluvia o nieve.

torvisco *m.* Mata ramosa, con hojas persistentes, flores blanquecinas en racimillos terminales y fruto en baya redonda; su corteza sirve para cauterios.

torvo-a *adj.* Fiero, espantoso, terrible a la vista.

torzal *m.* Cordoncillo delgado de seda para coser y bordar. Unión de varias cosas en hebra, torcidas y dobladas unas con otras.

tos *f.* Movimiento convulsivo y ruidoso del aparato respiratorio del hombre y de algunos animales.

tosca *f.* Toba, piedra caliza muy porosa y ligera. Sarro de los dientes.

toscano-a *adj. y s.* Natural de Toscana. Perteneciente a este país de Italia. *M.* Lengua italiana.

tosco-a *adj.* Grosero, basto, sin pulimento ni labor. Inculto, rudo.

toser *intr.* Hacer fuerza y violencia con la respiración para arrancar del pecho lo que le fatiga y molesta; tener y padecer la tos.

tósigo *m.* Ponzoña. Angustia y pena muy grandes.

tostada *f.* Rebanada de pan tostada y, por lo común, untada con manteca, miel u otra cosa. Lata, tabarra.

tostar *tr.* Poner una cosa a la lumbre para que se vaya desecando y tomando color, sin quemarse. Calentar demasiado. Curtir, atezar el sol o el viento, la piel del cuerpo.

tostón *m.* Garbanzo tostado. Pedazo de pan tostado con aceite nuevo. Cosa demasiado tostada. Cochinillo asado. Lata, tabarra.

tostón *m.* En México, moneda de plata de 50 centavos. Moneda portuguesa de plata que vale cien reis.

total *adj.* General, universal y que lo comprende todo en su especie. *Adv.* En suma, en resumen, en conclusión. *M.* Suma, resultado de la operación de sumar.

totalidad *f.* Calidad de total. Todo, cosa íntegra, sin que falte parte alguna. Conjunto de todas las personas o cosas que forman una clase o especie.

totalitario-a *adj.* Dícese de lo que incluye la totalidad de las partes o atributos de una cosa. Dícese del Estado que subordina de modo absoluto los derechos e intereses del individuo a los de la colectividad y está organizado en forma de dictadura personal o de grupo; el Estado regula todas las actividades de la vida social del país.

totalizador-a *adj. y s.* Que totaliza; que da el total de una serie de operaciones. Aparato eléctrico que señala automáticamente la totalidad de las apuestas y la forma en que se han planteado en el hipódromo.

totalizar *tr.* Sumar, hacer total de varias sumas.

totem *m.* Objeto de la Naturaleza, generalmente un animal, que en la mitología de algunas tribus salvajes se toma como emblema protector y, a veces, como ascendiente o progenitor.

totonaca *adj. y s.* Indígena mexicano perteneciente a un pueblo establecido en la región costera del golfo de México, correspondiente al centro del Estado de Veracruz y en la parte oriental de Puebla e Hidalgo.

totoposte *m.* En México y Centroamérica, torta o rosquilla de harina de maíz muy tostada.

toxemia *f.* Envenenamiento general del organismo causado por acumulación de substancias venenosas en la sangre.

toxicidad *f.* Calidad de tóxico. Grado de virulencia de una bacteria o de un tóxico.

tóxico-a *adj. y s.* Aplícase a las substancias venenosas.

toxicología *f.* Estudio médico y químico de los venenos.

toxicomanía *f.* Hábito patológico de intoxicarse con substancias que procuran sensaciones agradables o que suprimen el dolor y determinan en el paciente la necesidad de uso constante.

toxina *f.* Substancia elaborada por los seres vivos, en especial por los microbios y que obra como veneno, aun en pequeñísimas proporciones.

tozo-a *adj.* Enano, de baja estatura.

tozudo-a *adj.* Obstinado, testarudo, terco.

traba *f.* Acción y efecto de trabar o triscar. Instrumento con que se junta, une y sujeta una cosa con otra. Ligadura. Piedra o cuña con que se calzan las ruedas de un carro. Cosa que impide o estorba la fácil ejecución de otra. *M.* Embargo de bienes o derechos, o impedimento para disponer de ellos.

trabacuenta *f.* Error o equivocación que enreda o dificulta una cuenta. Discusión, controversia.

trabado-a *adj.* Robusto, nervudo.

trabajador-a *adj. y s.* Que trabaja. Muy aplicado al trabajo. Jornalero, obrero.

trabajar *intr.* Ocuparse en cualquier ejercicio, obra u ocupación. Aplicarse con cuidado a la ejecución de alguna cosa. Poner conato y fuerza para vencer alguna cosa. Funcionar una máquina, un buque u otra cosa. *tr.* Formar o ejecutar una cosa arreglándose a método y orden. Hacer sufrir trabajos a una persona. Molestar, inquietar.

trabajo *m.* Acción y efecto de trabajar. Obra, cosa hecha por un agente, y producción del entendimiento. Operación de la máquina, pieza, herramienta o utensilio que se emplea para algún fin. Esfuerzo humano aplicado a la producción de riqueza. Producto del valor de una fuerza por la distancia que recorre su punto de aplicación. Dificultad, impedimento. Penalidad, molestia. *Pl.* Estrechez, miseria y pobreza con que se pasa la vida.

trabajoso-a *adj.* Que da, cuesta o causa mucho trabajo. Que padece trabajos, miserias o penalidades. Delicado, enfermizo. En México, aplícase a quien tiene mal carácter y es difícil de tratar.

trabalenguas *m.* Palabra o locución difícil de pronunciar.

trabar *tr.* Juntar o unir una cosa con otra, para mayor fuerza o resistencia. Prender, agarrar o asir. Echar trabas. Espesar o dar mayor consistencia a un líquido o a una masa. Emprender, comenzar, iniciar una batalla, contienda, disputa, etc. Embargar o retener bienes o derechos. *R. améric.* Entorpecérsele a uno la lengua al hablar, tartamudear.

trabazón *f.* Juntura o enlace de dos o más cosas que se unen entre sí. Espesor o consistencia que se da a un líquido o masa. Conexión o dependencia de una cosa con otra.

trabe *f.* Viga, madero largo y grueso.

trabucar *tr.* Trastornar, descomponer el buen orden de las cosas, volviendo lo de arriba abajo o lo de un lado a otro. Ofuscar, confundir el entendimiento. Equivocar las letras, sílabas o palabras al hablar o escribir.

trabucazo *m.* Disparo del trabuco. Tiro dado con él. Pesadumbre o susto que, por inesperado, sobrecoge y aturde.

trabuco *m.* Arma de fuego corta y de boca ancha, de mayor calibre que la escopeta ordinaria.

traca *f.* Artificio de pólvora que se hace con una serie de petardos colocados a lo largo de una cuerda y que estallan sucesivamente.

trácala *f.* En México y Puerto Rico, trampa, ardid, engaño.

tracalero-a *adj. y s.* En México y Puerto Rico, tramposo.

tracción *f.* Acción y efecto de tirar de alguna cosa para moverla o arrastrarla.

tracería *f.* Decoración arquitectónica formada por combinación de figuras geométricas.

tracoma *m.* Conjuntivitis granulosa y contagiosa, de difícil tratamiento, que frecuentemente conduce a la ceguera.

tracto *m.* Espacio que media entre dos lugares. Lapso, espacio de tiempo. Aparato, órgano o estructura en que predomina la longitud y tiene función de transporte o de conducción. Columna, cordón, fascículo, vía, tubo orgánico.

tractor *m.* Máquina que produce tracción. Vehículo automóvil de gran potencia destinado al arrastre de artefactos diversos, maquinaria agrícola o militar, en carretera o a campo traviesa.

trade-mark *f.* Expresión inglesa que significa *marca de fábrica.*

trade union *f.* Expresión inglesa que significa *sindicato obrero.*

tradición *f.* Comunicación o transmisión de noticias, composiciones literarias, doctrinas, ritos, costumbres, hechas de padres a hijos al correr los tiempos y sucederse las generaciones. Noticia de un hecho antiguo transmitida de este modo. Entrega de bienes con ánimo de transferir el dominio. Transmisión oral de verdades reveladas por Dios, pero que no se encuentran consignadas en la Sagrada Escritura.

tradicional *adj.* Perteneciente o relativo a la tradición, o que se transmite por medio de ella.

tradicionalismo *m.* Doctrina filosófica que pone el origen de las ideas en la revelación y sucesivamente en la enseñanza que el hombre recibe de la sociedad. Sistema político consistente en mantener o restablecer las instituciones antiguas en el régimen de la nación y en la organización social.

traducción *f.* Acción y efecto de traducir. Obra del traductor. Sentido o interpretación que se da a un texto o escrito.

traducir *tr.* Expresar en una lengua lo que está escrito o se ha expresado antes en otra. Convertir, trocar, mudar. Explicar, interpretar.

traer *tr.* Conducir o trasladar una cosa al lugar donde se habla o de que se habla. Atraer o tirar hacia sí. Causar, ocasionar, acarrear. Llevar, tener puesta una cosa. Alegar, aplicar razones o autoridades para comprobación de algo. Obligar, persuadir a una persona a que haga o siga determinada cosa.

tráfago *m.* Tráfico. Conjunto de negocios, ocupaciones o faenas que ocasionan mucha fatiga o molestia.

traficante *adj. y s.* Que trafica o comercia.

traficar *intr.* Comerciar, negociar con dinero y mercancías, trocando, comprando o vendiendo.

tráfico *m.* Acción de traficar. Mal usado por tránsito, acción de transitar. Cantidad de transmisiones que se efectúan en una línea o estación emisora.

tragacanto *m.* Arbusto leguminoso con ramas abundantes, hojas compuestas, flores blancas en espigas axilares y fruto en legumbres pequeñas; de su tronco y ramas fluye una goma muy usada en Farmacia y en la industria. Esta goma.

tragaderas *f. pl.* Tragadero. Facilidad de creer cualquier cosa. Poco escrúpulo en admitir y tolerar cosas inconvenientes, sobre todo en materia de moralidad.

tragadero *m.* Faringe. Boca o agujero que traga o sorbe una cosa.

tragahombres *m.* Perdonavidas, bravucón.

trágala *m.* Canción con que los liberales españoles zaherían a los absolutistas, durante el primer tercio del siglo XIX. Manifestaciones o hechos por los que se obliga a uno a reconocer, admitir o soportar alguna cosa que rechazaba o de que era enemigo.

tragaldabas *com.* Persona muy tragona.

tragaleguas *com.* Persona que anda mucho y de prisa.

tragaluz *m.* Ventana abierta en un techo o en la parte superior de una pared, generalmente con derrame hacia adentro.

tragantada *f.* El mayor trago que se puede pasar de una vez.

tragaperras *f.* Máquina en la que se introduce moneda fraccionaria para obtener la indicación del peso, un billete o algún objeto determinado.

tragar *tr.* Hacer que una cosa pase por el tragadero. Comer vorazmente. Abismar la tierra o las aguas lo que está en su superficie. Dar fácilmente crédito a las cosas, aunque sean inverosímiles. Soportar o tolerar cosas repulsivas o vejatorias. Disimular, no darse entendido de algo desagradable. Absorber, consumir, gastar.

tragasantos *com.* Persona beata que frecuenta mucho la iglesia.

tragavino *m.* Embudo.

tragavirotes *m.* Hombre que sin motivo ni fundamento es serio y erguido.

tragedia *f.* Cantos de los griegos en loor del dios Baco. Obra dramática de acción grande, capaz de infundir lástima y terror, de estilo y tono elevados y desenlace generalmente funesto. Composición lírica destinada a lamentar sucesos infaustos. Género trágico. Suceso de la vida real capaz de infundir terror y lástima. Suceso fatal, infausto, desgraciado.

trágico-a *adj.* Perteneciente o relativo a la tragedia. Dícese del autor de tragedias, o del actor que representa papeles de tragedia. Infausto, muy desgraciado, capaz de infundir terror y lástima.

tragicomedia *f.* Poema dramático que participa de lo trágico y de lo cómico. Obra de este tipo escrita en diálogo, pero no destinada a la representación teatral. Suceso que mueve juntamente a risa y a piedad.

trago *m.* Porción de agua u otro líquido que se bebe o se puede beber de una vez. Adversidad, infortunio que con dificultad se sufre.

trago *m.* Prominencia de la oreja, delante del conducto auditivo, cubierta, en el hombre adulto, de pelos largos y ralos.

tragón-a *adj. y s.* Que traga, que come vorazmente.

traición *f.* Delito que se comete quebrantando la fidelidad que se debe guardar o tener.

traicionar *tr.* Hacer traición a una persona o cosa.

traidor-a *adj. y s.* Que comete traición. Que implica o denota traición o falsía.

tráiler *m.* Remolque, vehículo remolcado, especialmente el que lleva un automóvil y sirve de alojamiento durante una excursión. Película cinematográfica integrada por diversas escenas de otra a la que sirve de anuncio o propaganda.

trailla *f.* Cuerda o correa con que se lleva atado el perro a las cacerías, para soltarlo a su tiempo. Par de perros atraillados. Conjunto de esas traíllas unidas por una cuerda. Aparato para allanar o igualar la tierra.

traje *m.* Vestido peculiar de una clase de personas o de los naturales de un país. Indumentaria. Vestido completo de una persona.

trajear *tr. y r.* Proveer de traje a una persona.

trajinar *tr.* Acarrear o llevar géneros o mercancías de un lugar a otro. *Intr.* Andar y tornar de un sitio a otro con cualquier diligencia u ocupacióón. Afanarse.

tralla *f.* Cuerda más gruesa que el bramante. Trencilla de cordel o de seda que se pone al extremo del látigo, para que restalle. Látigo provisto de ella.

trallazo *m.* Golpe dado con la tralla. Chasquido de la tralla. Latigazo, represión áspera e inesperada.

trama *f.* Conjunto de hilos que, cruzados y enlazados con los de la urdimbre, forman una tela. Artificio, dolo, confabulación con que se perjudica a alguien. Contextura, disposición y ligazón entre partes de un asunto y, en especial, el enredo de una obra dramática o novelesca. Placa constituida por dos láminas rayadas que se emplea para hacer las fotografías y planchas del fotograbado de medio tono.

tramar *tr.* Atravesar los hilos de la trama entre los de la urdimbre, para tejer alguna tela. Disponer con astucia y dolo un enredo, engaño o traición. Disponer con habilidad la ejecución de una cosa complicada o difícil.

tramitar *tr.* Hacer pasar un negocio por los trámites debidos.

trámite *m.* Paso de una parte a otra, o de una cosa a otra. Cada uno de los estados y diligencias que hay que recorrer en un negocio o asunto hasta su conclusión.

tramo *m.* Trozo de terreno o de suelo contiguo a otro u otros y separado de ellos por una línea divisoria, señal o distintivo. Parte de una escalera, comprendida entre dos mesetas o descansos. Cada uno de los trechos o partes en que está dividido un andamio, canal, camino, etc.

tramojo *m.* Ligadura para atar los haces de la siega. Trabajo, apuro.

tramontana *f.* Norte, punto cardinal y viento que sopla del Norte. Vanidad, soberbia, altivez o pompa.

tramontar *intr.* Pasar del otro lado de los montes, respecto del país o territorio de que se habla. Dícese del Sol cuando en el ocaso se oculta detrás de los montes. *Tr.* Disponer que uno se escape o huya de un peligro que le amenaza.

tramoya *f.* Máquina para figurar en el teatro transformaciones o casos prodigiosos. Conjunto de estas máquinas. Enredo dispuesto con disimulo y maña.

tramoyista *m.* Inventor, constructor o director de tramoyas de tea-

tro. Operario que las coloca o las hace funcionar. El que trabaja en las mutaciones escénicas. *Com.* Persona que usa de ficciones o engaños.

trampa *f.* Artificio para cazar, compuesto ordinariamente de una excavación y una tabla que la cubre y puede hundirse al ponerse encima el animal. Puerta en el suelo para comunicar parte del edificio con otra inferior. Ardid para burlar o perjudicar a alguien. Deuda cuyo pago se demora.

trampantojo *m.* Ilusión, trampa, enredo o artificio con que se engaña a alguien haciéndole ver lo que no es.

trampear *intr.* Pedir prestado o fiado con ardides y engaños. Arbitrar medios lícitos para hacer más llevadera la penuria o alguna otra adversidad. Conllevar los achaques o la vida valetudinaria. *Tr.* Usar de artificios para engañar a otro o eludir alguna dificultad.

trampolín *m.* Plano inclinado u horizontal, generalmente elástico, en el que toma impulso el gimnasta para dar grandes saltos. Persona, cosa o suceso de que uno se aprovecha para conseguir aumentos desmedidos o apresurados.

tramposo-a *adj. y s.* Embustero, petardista, mal pagador. Que hace trampas en el juego.

tranca *f.* Palo grueso y fuerte. Barra o palo que se pone para mayor seguridad, a manera de puntal o travesaño, detrás de una puerta o ventana cerrada. En América y Canarias, borrachera.

trancar *tr.* Atrancar, echar la tranca a una puerta o ventana. Cerrarla por cualquier otro medio. *Intr.* Dar pasos largos.

trancazo *m.* Golpe que se da con la tranca. Gripa.

trance *m.* Momento crítico y decisivo de algún suceso o acción. Último estado o tiempo de la vida, próximo a la muerte. Extasis. Embargo de bienes del deudor.

tranco *m.* Paso largo; salto que se da abriendo mucho las piernas. Umbral de la puerta.

tranquilizar *tr. y r.* Poner tranquilo, sosegar.

tranquilo-a *adj.* Quieto, sosegado, pacífico.

tranquilón *m.* Mezcla de trigo con centeno, en la siembra y en el pan.

transacción *f.* Acción y efecto de transigir. Trato, convenio, negocio. Arreglo.

transahariano-a *adj.* Dícese de las regiones que, con relación a Europa o al norte de Africa, están situadas al otro lado del Sahara

Dícese del tráfico y de los medios de locomoción que atraviesan el Sahara.

transalpino-a *adj.* Dícese de las regiones que, desde Italia, están situadas al otro lado de los Alpes. Dícese del tráfico y de los medios de locomoción y vías que cruzan los Alpes.

transandino-a *adj.* Dícese, con relación al que habla, de las regiones situadas al otro lado de los Andes. Dícese del tráfico y de los medios de locomoción que cruzan los Andes.

transatlántico-a *adj.* Dícese, con relación · al que habla, de las regiones situadas al otro lado del Atlántico. Dícese del tráfico y medios de locomoción que atraviesan el Atlántico. *M.* Buque de gran porte destinado a hacer la travesía del Atlántico, o de otro gran mar.

transbordador-a *adj.* Que transborda. *M.* Barco que circula entre dos puntos, marchando alternativamente en ambos sentidos y sirve 'para transportar viajeros y · vehículos.

transbordar *tr.* Trasladar efectos o personas de una embarcación a otra; de un vehículo a otro.

transcontinental *adj.* Que atraviesa un continente; dícese especialmente de un ferrocarril y otras vías de comunicación.

transcribir *tr.* Copiar un escrito. Escribir en un sistema de caracteres lo que está escrito en otro. Arreglar para un instrumento la música escrita para otro u otros.

transcripción *f.* Acción y efecto de transcribir. Traspaso o incorporación, mediante copia íntegra y literal de un documento o título público, a otro documento, libro, registro o protocolo. Registro de una emisión de radio, para ser radiada más tarde o para otros fines. Arreglo de una composición para voces o instrumentos diferentes de los que figuran en la versión original.

transcriptor *m.* Parte de la calculadora electrónica que transcribe la información o programa recibido en el lenguaje de la máquina o, al contrario, expresa en forma comprensible los resultados obtenidos por la misma.

transcurrir *intr.* Pasar, correr; aplícase por lo común al tiempo.

transcurso *m.* Paso o carrera del tiempo.

transepto *m.* Crucero, espacio que comprende la nave mayor de un templo y la que atraviesa en el punto en que se cruzan.

transeúnte *adj. y s.* Que transita o pasa por un lugar. Que está de paso. Transitorio.

transferencia *f.* Acción y efecto de transferir. Desplazamiento de un síntoma de un lugar a otro del cuerpo. Comunicación que se establece en una central entre abonados que pertenecen a diferentes cuadros o secciones, mediante enlaces o líneas que la permitan.

transferir *tr.* Pasar o llevar una cosa desde un lugar a otro. Diferir, demorar, retardar o suspender. Extender o trasladar el sentido de una palabra a que signifique figuradamente otra cosa distinta. Ceder o renunciar en otro un derecho, dominio o atribución que se tiene sobre una cosa.

transfiguración *f.* Acción y efecto de transfigurar o transfigurarse. Por antonomasia, la de Jesucristo.

transfigurar *tr. y r.* Hacer cambiar de figura a una persona o cosa.

transfixión *f.* Acción de herir pasando de parte a parte. Acción y efecto de perforar un miembro, órgano o tejido, de parte a parte.

transformación *f.* Acción y efecto de transformar o transformarse. Cambio de una magnitud física en otra de iguales dimensiones, pero de caracteres distintos.

transformador-a *adj.* Que transforma. *M.* Aparato que transforma una corriente eléctrica, alterando su intensidad y fuerza electromotriz, si es continua; transformándola en intermitente o alterna; o modificando la frecuencia, amplitud o fase de ésta; específicamente, aparato que convierte la corriente de alta tensión y débil intensidad en otra de baja tensión y gran intensidad o viceversa.

transformar *tr. y r.* Hacer cambiar de forma a una persona o cosa. Transmutar una cosa en otra. Hacer mudar de porte o de costumbres a una persona.

transformismo *m.* Nombre que se aplica a la doctrina biológica de la evolución.

transformista *adj.* Perteneciente o relativo al transformismo. *Com.* Partidario de esta doctrina. Actor o payaso que hace mutaciones rapidísimas en sus trajes y en los tipos que representa.

tránsfuga *com.* Persona que pasa huyendo de una parte a otra. Persona que pasa de un partido a otro.

transfundir *tr.* Echar un líquido poco a poco de un vaso a otro. Comunicar sucesivamente una cosa entre diversos sujetos.

transfusión *f.* Acción y efecto de transfundir o transfundirse. Dícese especialmente de la operación de hacer pasar cierta cantidad de sangre de un individuo a otro.

transgredir *tr.* Quebrantar, violar un precepto, ley o estatuto.

transiberiano-a *adj.* Dícese del tráfico y de los medios de locomoción que atraviesan la región de Siberia.

transición *f.* Acción y efecto de pasar una cosa de un modo de ser o de estar a otro distinto. Paso más o menos rápido de una prueba, idea o materia a otra, en discursos o escritos. Cambio repentino de tono y de expresión. Forma que tiene caracteres intermedios entre otras dos o entre dos grupos.

transido-a *adj.* Fatigado, acongojado por alguna necesidad, angustia o penalidad. Miserable, escaso y ridículo en el modo de portarse y gastar.

transigir *intr.* Consentir en parte con lo que no se cree justo, razonable o verdadero, a fin de llegar a un ajuste o concordia.

transistor *m.* Dispositivo amplificador, consistente en una base formada por un semiconductor extrínseco o una unión de ellos, con dos o más electrodos unidos al material; puede cumplir las funciones de un tubo electrónico.

transitable *adj.* Dícese del sitio o paraje por donde se puede transitar.

transitar *intr.* Ir o pasar de un punto a otro, por vías o parajes públicos. Viajar o caminar haciendo tránsitos.

transitivo *adj.* Dícese del verbo cuya acción pasa del sujeto a otra persona o cosa llamada complemento.

tránsito *m.* Acción de transitar. Paso, lugar por donde se pasa de una parte a otra. Lugar para hacer alto y descanso en alguna jornada o marcha. Paso de un estado o empleo a otro. Muerte de las personas santas o virtuosas.

transitorio-a *adj.* Pasajero, temporal. Caduco, perecedero, fugaz.

translimitar *tr. y r.* Traspasar los límites morales o materiales.

translúcido-a o **traslúcido-a** *adj.* Dícese del cuerpo a través del cual pasa la luz, pero que no deja ver sino confusamente lo que hay detrás de él.

transmediterráneo-a *adj.* Dícese de las regiones situadas al otro lado del Mediterráneo, con respecto al que habla. Dícese del tráfico y de los medios de locomoción que atraviesan el Mediterráneo.

transmigrar o **trasmigrar** *intr.* Pasar o otro país para vivir en él, especialmente toda una nación o parte considerable de ella. Pasar el alma de un cuerpo a otro, según la metempsicosis.

transmisión o **trasmisión** *f.* Acción y efecto de transmitir. Contagio de enfermedades. Comunicación de ciertos caracteres transmisibles de padres a hijos. Paso de un bien patrimonial de una persona a otra.

transmisor-a *adj.* Que transmite o puede transmitir. *M.* Aparato telefónico o telegráfico que produce las corrientes que han de actuar en el receptor.

transmitancia *f.* Capacidad de transmisión de un material para la energía radiante.

transmitir o **trasmitir** *tr.* Trasladar, transferir. Enajenar, ceder o dejar a otro un derecho u otra cosa.

transmudar o **trasmudar** *tr. y r.* Trasladar, llevar de un lugar a otro. Transmutar. Reducir o hacer trocar los afectos o inclinaciones con razones persuasivas.

transmutar o **trasmutar** *tr. y r.* Convertir, mudar una cosa en otra.

transoceánico-a *adj.* Perteneciente o relativo a las regiones situadas al otro lado del océano. Dícese del tráfico y de los medios de locomoción que atraviesan el océano.

transpacífico-a *adj.* Perteneciente o relativo a las regiones situadas al otro lado del Pacífico, respecto del que habla. Dícese del tráfico y de los medios de locomoción que atraviesan el Pacífico.

transparentarse o **trasparentarse** *r.* Dejarse ver la luz u otra cosa a través de un cuerpo transparente. Ser transparente un cuerpo. Dejarse descubrir o adivinar lo patente o declarado en otra cosa que no se manifiesta o declara.

transparente o **trasparente** *adj.* Dícese del cuerpo a través del cual pueden verse los objetos distintamente. Que se deja adivinar o vislumbrar, sin declararse o manifestarse abiertamente. *M.* Tela o papel que sirve para templar la luz o mitigarla, puesto ante una lámpara, ventana, balcón, etc.

transpirar o **traspirar** *intr.* Pasar los humores de la parte interior a la exterior del cuerpo, a través de los poros de la piel. Exhalar una membrana u otro órgano un vapor por su superficie. Sudar.

transpirenaico-a *adj.* Dícese de las regiones situadas al otro lado de los Pirineos, respecto de España. Dícese del comercio y medios de locomoción que cruzan los Pirineos.

transponer o **trasponer** *tr.* Poner a una persona o cosa más allá, en lugar diferente del que ocupaba. Trasplantar. Ocultarse a la vista de uno alguna persona o cosa doblando una esquina, un cerro, etc.

Ocultarse del horizonte el Sol u otro astro. Quedarse uno algo dormido.

transportador-a o trasportador-a *adj.* Que transporta *M.* Círculo graduado de materia, metal, etc., que sirve para medir o trazar ángulos. Funicular aéreo.

transportar o trasportar *tr.* Llevar una cosa de un lugar a otro. Portear. *R.* Enajenarse por pasión, éxtasis o accidente. Cambiar la tonalidad de una composición musical.

transporte o trasporte *m.* Acción y efecto de transportar. Buque de transporte. Acción de transportarse. Serie de operaciones y conjunto de medios por lo que las personas y los bienes económicos pueden transportarse de diversos sitios. Arrastre de materiales por diversos agentes geológicos. Transposición musical.

transposición o trasposición *f.* Acción y efecto de transponer o transponerse. Caso de metátesis que consiste en el cambio de posición, dentro de una palabra, de uno solo de sus sonidos. Alteración del orden normal de las palabras en la oración. Intercambio de conductores de las líneas de comunicación y de aquellas fases de las líneas de transmisión de energía. Operación matemática que consiste en pasar los términos de una ecuación de uno a otro miembro. Cambio de la tonalidad de una escala musical, melodía, pasaje u obra, elevándola o bajándola en uno o varios grados.

transubstanciación *f.* Conversión total de una substancia en otra. Por antonomasia, la del pan y el vino en el cuerpo y sangre de Jesucristo.

transuránico-a o transuraniano-a *adj.* Dícese de los elementos radiactivos obtenidos por transmutación partiendo del uranio: neptunio, plutonio, americio, etc.

transvasar o trasvasar *tr.* Trasegar, pasar un líquido de una vasija a otra.

transverberar *tr.* Atravesar, pasar de parte a parte.

transversal o trasversal *adj.* Que se halla o se extiende atravesado de un lado a otro. Que se aparta o desvía de la dirección principal o recta. Dícese del pariente colateral. Dícese del plano perpendicular al eje longitudinal.

transverso-a o trasverso-a *adj.* Colocado o dirigido al través.

tranvía *m.* Ferrocarril establecido en una calle o camino carretero. Coche de este ferrocarril. Vehículo urbano eléctrico.

tranviario-a *adj.* Perteneciente o relativo a los tranvías. *M.* Empleado en el servicio de tranvías.

trapacear *intr.* Usar de trapazas u otros engaños.

trapacería o trapaza *f.* Engaño ilícito con que se perjudica y defrauda a una persona en alguna compra, venta o cambio. Fraude.

trapajoso-a *adj.* Roto, desaseado o hecho pedazos. Estropajoso.

trápala *f.* Ruido, movimiento y confusión de gente. Ruido acompasado del trote o galope de un caballo. Embuste, engaño. *Com.* Persona que habla mucho y sin substancia. Persona falsa y embustera.

trapatiesta *f.* Riña, alboroto, desorden.

trapeador *m.* En México, pedazo de trapo para limpiar los suelos.

trapear *tr. améric.* Limpiar con trapo húmedo.

trapecio *m.* Palo horizontal suspendido de dos cuerdas por sus extremos y que sirve para ejercicios gimnásticos. Cuadrilátero irregular que tiene paralelos solamente dos de sus lados. Dícese de ciertos músculos y huesos que tienen esta figura aproximada.

trapense *adj. y s.* Monje de la Trapa, instituto religioso de observancia muy estricta.

trapero-a *m. y f.* Persona que tiene por oficio recoger trapos de desecho para traficar con ellos. El que compra y vende trapos y otros objetos usados.

trapezoide *m.* Cuadrilátero irregular que no tiene ningún lado paralelo a otro.

trapiche *m.* Molino para extraer el jugo de algunos frutos de la tierra, como aceituna o caña de azúcar. En América, ingenio de azúcar.

trapichear *intr.* Ingeniarse, buscar trazas no siempre lícitas, para el logro de algún objeto. Comerciar al menudeo.

trapío *m.* Aire garboso de algunas mujeres. Buena planta y gallardía del toro de lidia; codicia con que éste acude al capote o a la muleta del torero.

trapisonda *f.* Bulla y riña. Embrollo, enredo.

trapisondear *intr.* Armar con frecuencia trapisondas o embrollos.

trapo *m.* Pedazo de tela desechado por viejo, roto o inútil. Velamen. Capote de brega. Tela de la muleta del espada. Talón del escenario del teatro. *Pl.* Prendas de vestir, especialmente de la mujer.

traque *m.* Estallido que da el cohete. Ventosidad con ruido.

traquea *f.* Conducto cilíndrico cartilaginoso y membranoso, situado delante y a lo largo del esófago, que conduce el aire inspirado que va a los pulmones y el espirado que de ellos procede. Tubo conductor de aire del sistema respiratorio de muchos insectos, miriápodos, arácnidos, etc.

traqueotomía *f.* Abertura artificial que se practica en la tráquea, para impedir, en ciertos casos, la sofocación de los enfermos.

traquetear o traquear *intr.* Hacer ruido, estruendo o estrépito. *Tr.* Mover o agitar una cosa, especialmente líquidos, de una parte a otra. Manejar mucho una cosa.

traqueteo *m.* Ruido continuo del disparo de los cohetes en los fuegos artificiales. Movimiento de una persona o cosa que se golpea al transportarla de un punto a otro.

traquido *m.* Estruendo causado por el tiro o disparo de un arma de fuego. Chasquido, ruido seco y súbito que produce una cosa al rajarse.

tras *prep.* Denota: después de, a continuación de, detrás de, en situación posterior, en busca o seguimiento de.

trascendencia o transcendencia *f.* Penetración, perspicacia. Resultado, consecuencia. Cambio de un ser a otro. Relación entre el objeto y el sujeto.

trascendental o transcendental *adj.* Que se comunica o extiende a otras cosas. Que es de mucha importancia o gravedad, por sus probables consecuencias. Relativo a la trascendencia.

trascendente o transcendente *adj.* Que trasciende. Que va más allá de los límites de algo.

trascender o transcender *intr.* Exhalar olor vivo y subido que penetra y se extiende a gran distancia. Empezar a ser conocido o sabido un hecho que estaba oculto. Extender o comunicarse los efectos de unas cosas a otras produciendo consecuencias.

trascocina *f.* Pieza que está detrás de la cocina y para desahogo de ella.

trascordarse *r.* Perder la noticia puntual de una cosa por olvido o por confusión con otra.

trascoro *m.* Sitio que en las iglesias está detrás del coro.

trasdós *m.* Superficie exterior de un arco o bóveda. Pilastra que está inmediatamente detrás de una columna. Superficie superior de una ala de avión; extradós.

trasegar *tr.* Trastornar, revolver. Mudar las cosas de un lugar a otro; en especial, un líquido de una vasija a otra. Clarificar el vino.

trasero-a *adj.* Que está, se queda o viene detrás. *M.* Parte posterior del animal. *F.* Parte de atrás o posterior de un coche, una casa, una puerta, etc.

trasgo *m.* Duende, espíritu que travesea, según el vulgo. Niño vivo, enredador e inquieto.

trashojar *tr.* Hojear.

trashumar *intr.* Pasar el ganado con sus conductores desde las dehesas de invierno a las de verano y viceversa.

trasiego *m.* Acción y efecto de trasegar.

traslación o translación *f.* Acción y efecto de trasladar o trasladarse. Transmisión telegráfica que se emplea en las líneas de gran extensión, por otras líneas de mayor intensidad, procedentes de estaciones intermedias. Uso de un tiempo del verbo fuera de su natural significación. Movimiento en que cada punto del móvil describe trayectorias iguales y paralelas. Movimiento de los astros a lo largo de sus órbitas. Metáfora.

trasladar *tr.* Llevar o mudar a una persona o cosa de un lugar a otro. Hacer pasar a una persona de un puesto o cargo a otro de la misma categoría. Hacer que una junta, función, etc., se efectúe o celebre en fecha diferente a la que debía verificarse. Traducir de un idioma a otro. Copiar un escrito.

traslado *m.* Copia de un escrito. Acción y efecto de trasladar a una persona o cosa, de un puesto a otro.

traslaticio-a o translaticio-a *adj.* Aplícase al sentido en que se usa un vocablo para que signifique o denote cosa distinta de la que con él se expresa en su acepción original o más propia y corriente.

traslativo-a o translativo-a *adj.* Que transfiere.

traslucirse *r.* Ser traslúcido un cuerpo. Conjeturarse o inferirse una cosa, en virtud de algún antecedente o indicio.

traslumbrar *tr. y r.* Deslumbrar a alguno una luz viva y repentina. Pasar o desaparecer repentinamente una cosa.

trasluz *m.* Luz que pasa a través de un cuerpo translúcido. Luz reflejada de soslayo por la superficie de un cuerpo.

trasmano *com.* Segundo en orden, en ciertos juegos.

trasmochar *tr.* Podar mucho los árboles para aprovechar su leña.

trasnochado-a *adj.* Aplícase a lo que, por haber pasado una noche por ello, se altera o echa a perder. Dícese de la persona desmjorada, macilenta. Falto de novedad y de oportunidad.

trasnochar *intr.* Pasar uno la noche velando o sin dormir. Pernoctar. *Tr.* Dejar pasar la noche sobre una cosa cualquiera.

trasoir *tr.* Oir con equivocación o error lo que se dice. Oir defectuosamente.

trasojado-a *adj.* Caído, descaecido, macilento de ojos o con ojeras, por un accidente, hambre o pesar.

trasoñar *tr.* Concebir o comprender con error una cosa, como si se soñara.

trasovada *adj.* Dícese de la hoja de una planta más ancha por la punta que por la base.

traspapelarse *r.* Confundirse, desaparecer un papel entre otros; faltar del lugar o colocación que tenía.

traspasar *tr.* Pasar o llevar una cosa de un sitio a otro. Pasar adelante, hacia otra parte o a otro lado. Atravesar de parte a parte con alguna arma o instrumento. Renunciar o ceder a favor de otro el derecho o dominio de una cosa, especialmente de lo que se tiene arrendado o alquilado. Volver a pasar. Transgredir. Exceder de lo debido; contravenir a lo razonable. Hacerse sentir un dolor físico o moral con extraordinaria violencia.

traspaso *m.* Acción y efecto de traspasar. Conjunto de géneros traspasados. Precio de la cesión de éstos, o del local donde se ejerce un comercio o industria. Ardid, astucia. Aflicción, angustia o pena que atormenta. Sujeto que la causa.

traspié *m.* Resbalón o tropezón. Zancadilla que se echa a uno para derribarlo.

traspintarse *r.* Salir una cosa al contrario de como se esperaba. Clarearse por el revés del papel, tela, etc., lo escrito o dibujado por el derecho.

trasponer *tr.* Transponer.

trasplantar *tr.* Mudar un vegetal del sitio donde está plantado a otro. *R.* Trasladarse una persona del lugar de nacimiento a otro.

traspontín *m.* Colchoncillo que se pone debajo de los colchones de la cama. Trasero, asentaderas.

traspunte *m.* Apuntador que previene a cada actor cuando ha de salir a la escena y le apunta las primeras palabras que ha de decir.

traspuntín o **traspontín** *m.* Traspontín. Asiento suplementario y plegadizo.

trasquilar *tr.* Cortar el pelo a trechos, sin orden ni arte. Esquilar a los animales. Menoscabar o disminuir una cosa quitando o separando parte de ella.

trastada *f.* Acción propia de un trasto o persona informal. Mala pasada.

trastajo *m.* Trasto inútil.

trastazo *m.* Porrazo.

traste *m.* Cada uno de los resaltos de metal o hueso que se colocan a trechos en el mástil de la guitarra para que, oprimiendo entre ellos las cuerdas, quede la longitud libre correspondiente a los diversos sonidos. En América, trebejo.

trastear *tr.* Poner o echar los trastes a la guitarra. *Intr.* Revolver, mudar trastos de una parte a otra. Discurrir con viveza y travesura. *Tr.* Dar el espada pases de muleta al toro. Manejar con habilidad a una persona o un negocio.

trastero-a *adj.* y *s.* Dícese de la pieza o desván destinado para guardar o poner los trastos que no son de uso diario. *F.* En México, alacena de aparador donde se guardan los trastos de uso diario.

trastesón *m.* Abundancia de leche que tiene la ubre de una res.

trastienda *f.* Aposento, cuarto o pieza que está detrás de la tienda. Cautela en el modo de proceder o en el gobierno de las cosas.

trasto *m.* Mueble o utensilio de una casa. Mueble inútil arrinconado. Artificio de la decoración teatral. Persona inútil o embarazosa; informal y de mal trato. *Pl.* Espadas, dagas y otras armas de uso. Utensilios o herramientas de algún arte o ejercicio.

trastornar *tr.* Volver una cosa de abajo arriba o de un lado a otro, haciéndola dar vuelta. Invertir el orden regular de una cosa. Inquietar, perturbar, causar disturbios. Perturbar el sentido o la cabeza los vapores o un accidente. Inclinar o vencer el ánimo o parecer de alguien, haciéndole deponer el que antes tenía.

trastrabarse *r.* Trabarse, entorpecerse la lengua.

trastrabillar *intr.* Dar traspiés o tropezones. Tambalear, vacilar, titubear. Tartamudear, trabarse la lengua.

trastrocar *tr.* Mudar el ser o estado de una cosa, dándole otro diferente.

trastumbar *tr.* Dejar caer o echar a rodar alguna cosa. En México, tramontar, trasponer.

trasudado *m.* Substancia líquida o semisólida que es trasudada. Líquido seroso que sale de la sangre a través de los vasos sanguíneos y se deposita en los tejidos o cavidades del cuerpo.

trasudar *tr.* Exhalar o echar de sí trasudor. Salir un líquido a través de la superficie de un organo. Pasar el suero u otro líquido orgánico a través de una membrana.

trasudor *m.* Sudor tenue o leve, ocasionado por algún temor, fatiga o congoja.

trasunto *m.* Copia o traslado que se saca del original. Figura o representación que imita con propiedad una cosa.

trasver *tr.* Ver a través de alguna cosa. Ver mal y equivocadamente una cosa.

trasverter *intr.* Rebosar el líquido contenido en un vaso, de modo que se vierta por los bordes.

trasvolar *tr.* Pasar volando de una parte a otra.

trata *f.* Tráfico de negros bozales. Tráfico de mujeres atrayéndolas a los centros de prostitución para especular con ellas.

tratable *adj.* Que se puede o deja tratar fácilmente. Cortés, accesible, razonable, afable.

tratadista *m.* Autor que escribe tratados sobre una materia determinada.

tratado *m.* Ajuste, convenio o conclusión de un negocio o materia, después de haberse hablado sobre ella: especialmente el que celebran entre sí dos o más gobiernos. Escrito o discurso sobre una materia determinada.

tratamiento *m.* Trato. Título de cortesía que se da o con que se habla a una persona. Procedimiento empleado en la elaboración de un producto. Sistema o método para tratar enfermedades o defectos.

tratante *adj.* Que trata. *M.* El que se dedica a comprar géneros para revenderlos.

tratar *tr.* Manejar una cosa; traerla entre las manos y usar materialmente de ella. Manejar, gestionar o disponer algún negocio. Comunicar, relacionarse con un individuo. Tener relaciones amorosas. Proceder bien o mal con una persona. Cuidar bien o mal a uno, especialmente con la comida, vestido, etc. Discurrir o disputar sobre un asunto. Someter una substancia a la acción de otra. Dar título de cortesía a una persona o aplicarle un adjetivo despectivo o injurioso.

trato *m.* Acción y efecto de tratar. Trato, ajuste, convenio, pacto. Tratamiento, título de cortesía. Ocupación u oficio de tratante.

trauma *o* traumatismo *m.* Lesión de los tejidos orgánicos por agentes mecánicos, generalmente externos.

travertino *m.* Toba calcárea precipitada por las aguas de ciertas fuentes.

través *m.* Inclinación o torcimiento de una cosa hacia algún lado. Desgracia, fatalidad que acaece a uno. Muro o parapeto que permite ponerse al abrigo de los fuegos del enemigo.

travesaño *m.* Pieza de madera o hierro que atraviesa de una parte a otra. Almohada larga que ocupa toda la cabecera de la cama.

travesear *intr.* Andar inquieto o revoltoso de una parte a otra; dícese frecuentemente de los muchachos y de la gente joven y, por extensión, de las cosas inanimadas. Discurrir con variedad, ingenio y viveza. Vivir desenvueltamente y con deshonestidad o vicio sus costumbres.

travesero-a *adj.* Dícese de lo que se pone de través. *F.* Calle transversal de una población. *M.* Travesaño.

travesía *f.* Camino transversal entre otros dos. Callejuela que atraviesa entre calles principales. Distancia entre dos puntos de tierra o mar. Viaje por mar. Modo de estar una cosa al través.

travesío *m.* Sitio o terreno por donde se atraviesa. *Adj.* Aplícase al viento que da por alguno de los lados, y no de frente.

travestido-a *adj.* Disfrazado o encubierto con un traje que hace que se desconozca al sujeto que usa de él.

travesura *f.* Acción y efecto de travesear. Viveza y sutileza de ingenio para conocer las cosas y discurrir en ellas. Acción culpable y digna de represión y castigo, verificada con destreza e ingenio.

traviesa *f.* Travesía. Cada uno de los maderos que se atraviesan en una vía férrea para asentar sobre ellos los rieles. Pared maestra que no está en fachada ni en medianería.

travieso-a *adj.* Atravesado. Sutil, sagaz. Inquieto y revoltoso. Que vive distraído en vicios.

trayecto *m.* Espacio que se recorre o puede recorrerse de un punto a otro. Acción de recorrerlo.

trayectoria *f.* Línea descrita en el espacio por un punto que se mueve. Curva que sigue el proyectil lanzado por una arma de fuego. Conjunto de posiciones sucesivas de un punto en movimiento. Curso que sigue el cuerpo de un huracán o tormenta giratoria o una masa de aire.

traza *f.* Planta o diseño de un edificio u otra obra. Plan. Invención, recurso. Figura o apariencia de una persona o cosa. Intersección de una línea o de una superficie con cualquiera de los planos de proyección.

trazado *m.* Acción y efecto de trazar. Traza. Recorrido o dirección de un camino, canal, vía, etc.

trazador-a *adj. y s.* Que traza o planea una obra. Bala o proyectil que se inflama al iniciar su movimiento y marca su trayectoria, visible en la obscuridad de la noche.

trazar *tr.* Hacer trazos. Delinear o diseñar la traza de un edificio u otra cosa. Discurrir y disponer los medios oportunos para el logro de una cosa. Describir, dibujar, exponer por medio del lenguaje los rasgos característicos de una persona o asunto.

trazo *m.* Delineación con que se forma el diseño o planta de una cosa. Línea, raya, rasgo.

trébedes *m.* Aro o triángulo de hierro con tres pies que sirve para poner al fuego sartenes, ollas, peroles. etc.

trebejo *m.* Cualquiera de los trastos, instrumentos o utensilios de que nos servimos para una cosa. Juguete o trasto con que uno enreda o se divierte. Cada una de las piezas del juego de ajedrez. Burla, chanza.

trébol *m.* Planta leguminosa herbácea anual. de tallos vellosos que arraigan de trecho en trecho, folíolos casi redondos unidos de tres en tres, flores en cabezuelas apretadas y fruto en vainillas con semillas menudas; se cultiva como planta forrajera muy estimada.

trece *adj.* Diez y tres. Decimotercio.

trecemesino-a *adj.* De 13 meses.

trecho *m.* Espacio, distancia de lugar o tiempo.

trefilar *tr.* Estirar los metales en la hilera para convertirlos en hilos.

tregua *f.* Cesación de hostilidades por determinado tiempo. entre los enemigos que tienen guerra. Intermisión, descanso.

treinta *adj.* Tres veces diez. Trigésimo.

treintena *f.* Conjunto de 30 unidades.

tremante *adj.* Que tiembla. Trémulo.

trematodo *adj.* Platelminto parásito de diversos animales. provistos de ventosas ventrales para adherirse al huésped.

tremebundo-a *adj.* Espantable. horrendo. que hace temblar.

tremedal o tremadal *m.* Terreno pantanoso de escasa consistencia que retiembla cuando se anda sobre él.

tremendo-a *adj.* Terrible y formidable; digno de ser temido. Digno de respeto y reverencia. Muy grande y excesivo en su línea.

trementina *f.* Oleorresina casi líquida, pegajosa, odorífera, que fluye de los pinos, abetos, alerces y terebintos.

tremer *intr.* Temblar.

tremolar *tr.* Enarbolar los pendones, banderas o estandartes, batiéndolos o moviéndolos en el aire. Ostentar ciencia, virtud, poder, etc.

tremolina *f.* Movimiento ruidoso del aire. Bulla, confusión de voces y personas que gritan, enredan o riñen.

trémolo *m.* Repetición rápida de un mismo sonido, determinada por figuras de idéntico valor. Mecanismo del armonio y del órgano que comunica a los sonidos una vibración semejante a la de la voz humana.

tremor *m.* Temblor. Comienzo del temblor.

trémulo-a *adj.* Que tiembla. Aplícase a las cosas que tienen un movimiento o agitación semejante al temblor, como la luz.

tren *m.* Prevención de cosas necesarias para un viaje o expedición. Conjunto de instrumentos, máquinas y útiles que se emplean para una misma operación o servicio. Ostentación o pompa. Serie de carruajes enlazados unos a otros que, a impulso del vapor, electricidad, fuerza animal u otro motor a propósito, conducen pasajeros y mercancías por los caminos de hierro. En México, tranvía.

trencilla *f.* Galoncillo de seda algodón o lana para adornos de pasamanería. bordados y otros usos.

treno *m.* Canto fúnebre por alguna calamidad o desgracia. Por antonomasia, cada una de las lamentaciones del profeta Jeremías.

trenza *f.* Conjunto de tres o más ramales que se entretejen, cruzándolos alternativamente para formar un mismo cuerpo. La que se hace entretejiendo el cabello largo.

trenzado *m.* Trenza. Paso que hace el caballo piafando. Golpe de un pie contra otro cruzándolos, al tiempo en que el ejecutante se eleva por medio de un salto.

trenzar *tr.* Hacer trenzas. Hacer trenzados.

trepa *f.* Acción y efecto de trepar. Adorno o guarnición a orillas del vestido y que da vueltas por ella. Astucia, malicia, engaño. Castigo con azotes, patadas, etc.

trepado *m.* Trepa, adorno de los vestidos. Línea de puntos taladrados a máquina, para separar fácilmente los documentos de sus matrices o los sellos y timbres fiscales, de correos. etc.

trepador-a *adj.* Que trepa. Planta que trepa por medio de zarcillos, tallos volubles. etc. Aves de pico

débil o recto, con patas a propósito para trepar con facilidad. *M.*
Sitio adecuado para trepar. *F.* Máquina de taladrar u horadar.
trepanar *tr.* Horadar el cráneo u
otro hueso, con fines curativos o
de diagnóstico.
trepar *intr.* Subir a un lugar alto, áspero o dificultoso, valiéndose de manos y pies. Crecer y subir las plantas agarrándose a los
árboles u otros soportes, comúnmente por medio de cirros, zarcillos, ganchos, etc.
trepar *tr.* Taladrar, horadar, agujerear. Guarnecer con trepa.
trepidar *intr.* Temblar, estremecerse
treponema *f.* Género de bacterias
de forma espiral; espiroquetas pa-
rásitas y patógenas.
tres *adj.* Dos y uno. Tercero.
tresañal o **tresañejo-a** *adj.* Que es
de tres años.
tresbolillo (a o al) *adv.* Dícese de
la colocación de las plantas puestas en filas paralelas, de modo
que las de cada fila correspondan
al medio de los huecos de la fila
inmediata.
trescientos-as *adj.* Tres veces ciento. Trecentésimo.
tresillo *m.* Juego de naipes entre
tres personas, cada una de las
cuales recibe nueve cartas. Conjunto de un sofá y dos butacas
que hacen juego. Sortija con tres
piedras que hagan juego. Conjunto de tres notas iguales que han
de ser ejecutadas en el mismo
tiempo que dos o cuatro de idéntico valor.
treta *f.* Artificio sutil e ingenioso
para conseguir algún intento.
tría *f.* Acción y efecto de triar o
triarse.
triache *m.* Café de calidad inferior, compuesto del residuo o desperdicio de los granos requema-
dos, partidos, quebrantados, etc.
tríada *f.* Conjunto de tres personas, unidades o elementos. Grupo
de tres signos o síntomas característicos de una enfermedad. El
acorde perfecto mayor.
triangular *adj.* De figura de triángulo o semejante a él. *Tr.* Ligar
por medio de triángulos ciertos
puntos determinados de una comarca, para levantar el plano de
la misma.
triángulo *m.* Figura plana formada por tres rectas que se cortan
mutuamente y que forman, por tanto tres ángulos. Instrumento de
percusión consistente en una varilla de acero doblada en forma
de triángulo y abierta por uno de
sus ángulos y que se hace sonar
con un palillo del mismo metal

Área del organismo, más o menos,
triangular. Trío de amantes.
triar *tr.* Escoger, entresacar. *R.*
Clarearse una tela por usada o
mal tejida.
triásico-a *adj. y s.* Período geológico de la era mesozoica, compuesto de areniscas, con sal y
yeso; adquieren en él gran desarrollo los dinosaurios y otros fósiles característicos.
tribu *f.* Grupo étnico natural formado por un conjunto de familias,
por lo común del mismo origen y
que obedecen a un mismo jefe.
tribual o **tribal** *adj.* Perteneciente o
relativo a la tribu.
tribulación *f.* Congoja, pena, aflicción o tormento que inquieta y turba el ánimo.
tribuna *f.* Plataforma elevada y
con antepecho, desde donde los
oradores dirigen la palabra al pueblo. Gradería destinada a espectadores. Conjunto de oradores de
un país o época.
tribunal *m.* Lugar destinado a los
jueces, para administrar justicia.
Ministro o ministros que conocen
de los asuntos de justicia y pronuncian la sentencia. Conjunto de
jueces ante el cual se verifican
exámenes, oposiciones y otros certámenes o actos análogos.
tribuno *m.* Orador político que mueve a la multitud con elocuencia
fogosa y apasionada. Antiguo magistrado romano elegido por el
pueblo.
tributar *tr.* Entregar cierta cantidad de dinero el súbdito al Estado para las cargas y atenciones
públicas. Ofrecer o manifestar, a
modo de tributo y reconocimiento
de superioridad, algún obsequio y
veneración.
tributo *m.* Lo que se tributa. Carga u obligación de tributar. Cualquier carga continua.
tricentenario-a *m.* Tiempo de trescientos años. Fecha en que se
cumplen trescientos años del nacimiento o muerte de alguna persona ilustre o de algún suceso
famoso. Fiestas que se celebran
por alguno de estos motivos.
tricentésimo-a *adj.* Que sigue inmediatamente en orden al o a lo ducentésimo nonagésimo nono. Dicese de cada una de las 300 partes
iguales en que se divide un todo.
tríceps *adj. y s.* Dícese del músculo que tiene tres porciones o cabezas.
triciclo *m.* Vehículo o velocípedo
provisto de tres ruedas. Tren de
aterrizaje de un avión, compuesto
de dos ruedas o dos juegos de
ruedas principales, generalmente
debajo de las alas, y una rueda

delantera o una pareja de ruedas colocadas en la nariz.

triclinio *m.* Cada uno de los lechos, capaces por lo común para tres personas, en que los antiguos griegos y romanos se reclinaban para comer. Comedor de los antiguos griegos y romanos.

tricolor *adj.* De tres colores.

tricopatía *f.* Cualquiera enfermedad del pelo.

tricornio *adj. y s.* Dícese del sombrero de tres picos.

tricot *m.* Palabra francesa, muy usada en español, que significa tejido de punto hecho a mano con agujas o máquinas especiales.

tricotomía *f.* División en tres partes. Ramificación terminal en tres ramas. Método de clasificación en que las divisiones y subdivisiones tienen tres partes.

tricromía *f.* Estampación tipográfica hecha mediante la combinación de los tres colores fundamentales: amarillo, rojo y azul. Procedimiento fotográfico para obtener pruebas en color, basado en el mismo procedimiento.

tridente *adj.* De tres dientes. *M.* Cetro en forma de arpón de tres dientes o púas que tienen en la mano las figuras de Neptuno.

tridentino-a *adj. y s.* Natural de Trento. Perteneciente a esta ciudad de Italia. Perteneciente al concilio ecuménico que en esta ciudad se reunió a partir de 1545.

triduo *m.* Ejercicios devotos que se practican durante tres días.

triedro *adj. y s.* Dícese del ángulo formado por tres planos que concurren en un punto y consta de tres, caras.

trienal *adj.* Que sucede o se repite cada trienio. Que dura un trienio.

trienio *m.* Tiempo o espacio de tres años.

trifásico-a *adj.* Que tiene tres fases, o está formado por la asociación de tres elementos, con fase distinta cada uno.

trifulca *f.* Desorden y camorra entre varias personas.

trifurcado-a *adj.* De tres ramales, brazos o puntas. Dividido en tres ramas de horquilla.

trigal *m.* Campo sembrado de trigo.

trigémino-a *adj.* Que consta de tres partes, pliegues o ramas. Dícese de cada uno de los tres hermanos nacidos del mismo parto; trillizo, triate. Dícese del nervio del quinto par encefálico que se divide en tres ramas: oftálmica, maxilar superior y mandibular.

trigésimo-a *adj.* Que sigue inmediatamente en orden al o a lo vigésimo nono. Dícese de cada una de las 30 partes iguales en que se divide un todo.

triglifo *m.* Miembro arquitectónico en forma de rectángulo saliente y surcado por tres canales que decora el friso del orden dórico.

trigo *m.* Planta gramínea con espigas terminales, compuestas de cuatro o más carreras de granos, de los cuales, triturados, se saca la harina con la que se hace el pan. Grano de esta planta. Dinero, caudal.

trigonometría *f.* Parte de las Matemáticas que trata del cálculo o resolución analítica de los elementos de los triángulos.

trigueño-a *adj.* De color del trigo entre moreno y rubio.

trilingüe *adj.* Que habla tres lenguas. Escrito en tres lenguas.

trilobites *m.* Crustáceo artrópodo fósil de cuerpo dividido en tres lóbulos.

trilocular *adj.* Dividido en tres partes. Que consta de tres cavidades

trilogía *f.* Conjunto de tres obras trágicas de un mismo autor, presentadas a concurso en los juegos solemnes de Grecia antigua. Conjunto de tres obras, dramáticas o no, que tienen entre sí enlace histórico o unidad de pensamiento.

trilla *f.* Acción de trillar. Tiempo en que se trilla.

trillado-a *adj.* Dícese del camino muy frecuentado. Común y sabido.

trillador-a *adj. y s.* Que trilla. *F.* Máquina destinada a efectuar la trilla de un modo mecánico.

trillar *tr.* Quebrantar la mies tendida en la era y separar el grano de la paja. Maltratar, quebrantar. Frecuentar y seguir una cosa continuamente o de ordinario.

trillizo-a *adj.* Dícese de cada uno de los tres hermanos nacidos del mismo parto; trigémino.

trillo *m.* Instrumento para trillar, compuesto de un tablón armado con pedazos de pedernal o cuchillas de acero por una de sus caras y con los cuales se corta la paja y se separa el grano.

trillón *m.* Un millón de billones, que se expresa por la unidad seguida de dieciocho ceros.

trimensual *adj.* Que se repite tres veces en un mes.

trimestral *adj.* Que sucede o se repite cada trimestre. Que dura un trimestre.

trimestre *m.* Espacio de tres meses. Renta, sueldo, pensión, etc., que se cobra o que se paga al fin de cada trimestre. Conjunto de los números de un periódico o revista publicados durante un trimestre.

trimotor *m.* Avión provisto de tres motores.

trinar *intr.* En Música, hacer trinos. Gorjear las aves. Rabiar, impacientarse, encolerizarse.

trinca *f.* Junta de tres cosas de la misma clase. Conjunto de tres personas designadas para argüir recíprocamente en las oposiciones a cátedras o prebendas. En México, Cuba y Puerto Rico, borrachera.

trincar *tr.* Partir o desmenuzar en trozos. Atar fuertemente. Sujetar a uno con los brazos o las manos como amarrándolo. En América, apretar, oprimir. Beber vino o licor.

trincha *f.* Ajustador de chalecos, pantalones o capotes. Formón estrecho y más delgado que el escoplo.

trinchante *adj. y s.* Que trincha. El que corta y separa las piezas de la vianda en la mesa. Instrumento con que se afianza y asegura lo que ha de tricharse. Trinchero. Escoda.

trinchar *tr.* Partir en trozos la vianda para servirla. Disponer de una cosa, decidir en algún asunto, con aire y tono de satisfacción y autoridad.

trinchera *f.* Defensa hecha de tierra y dispuesta de modo que cubra el cuerpo del soldado. Desmoche hecho en el terreno para un camino y con taludes por ambos lados.

trinchero *adj.* Dícese del plato que sirve para trinchar en él los manjares. Plato menos hondo que el sopero en que se come cualquier manjar, menos sopas y postres. *M.* Mueble de comedor que sirve principalmente para trinchar sobre él las viandas.

trineo *m.* Vehículo sin ruedas para ir o caminar por deslizamiento sobre la nieve o el hielo.

trinidad *f.* Unión de tres personas en algún negocio. Distinción de las Tres Personas Divinas en una sola y única esencia.

trinitaria *f.* Planta violácea herbácea anual, de ramos delgados, hojas festonadas, flores en largos pedúnculos con cinco pétalos de tres colores, y fruto seco capsular con muchas semillas; ornamental.

trinitario-a *adj. y s.* Religioso o religiosa de la Orden de la Santísima Trinidad, fundada en Francia en 1198 para el rescate de cautivos.

trinitrotolueno *m.* Derivado trinitrado simétrico del tolueno; potente explosivo de manejo peligroso, usado como explosivo rompedor en granadas de artillería, bombas de aviación y torpedos.

trino-a *adj.* Que contiene en sí tres cosas distintas, o que participa de ellas. Ternario. *M.* Sucesión rápida de dos sonidos de igual duración, entre los cuales media la distancia de un tono o de un semitono.

trinomio *m.* Expresión algebraica que consta de tres términos.

trinquete *m.* Verga mayor que se cruza sobre el palo de proa. Vela que se larga en ella. Palo que se arbola inmediato a la proa, en las embarcaciones que tienen más de uno. Juego de pelota cerrado y cubierto.

trinquete *m.* Garfio que gira por uno de sus extremos y por el otro resbala sobre los dientes oblicuos de una rueda, para impedir que ésta vuelva hacia atrás. En México, fraude, estafa.

trinquis *m.* Trago de vino o licor.

trío *m.* Composición musical escrita para tres voces o para tres instrumentos. Conjunto de ellos.

triodo *m.* Tubo de tres electrodos.

trióxido *m.* Cuerpo resultante de la combinación de un elemento o radical con tres átomos de oxígeno.

tripa *f.* Intestino. Vientre. Panza de una vasija y de otros objetos. Relleno del cigarro puro. Lo interior de ciertas cosas.

tripanosoma *m.* Cualquier especie de mastigóforos protomonadinos patógenos.

tripartito-a *adj.* Dividido en tres partes, órdenes o clases. Integrado por tres partes.

triplay *m. americ.* Tabla de madera formada por un número impar de chapas, unidas entre sí por un adhesivo y colocadas de modo que las fibras de cada una estén a 90° con la inmediata; madera contrachapada.

triple o **triplo** *adj. y s.* Dícese del número que contiene a otro tres veces exactamente. Cosa que va acompañada de otras dos semejantes, para servir a un mismo fin.

triplicar *tr.* Multiplicar por tres. Hacer tres veces una misma cosa.

triplice *adj.* Triple o triplo.

trípode *m.* Mesa, banquillo, pebetero, armazón, etc., de tres pies.

tripolitano-a *adj. y s.* Natural de Trípoli. Perteneciente a esta ciudad y país de África, o a la de igual nombre del Líbano.

tríptico *m.* Tablita antigua para escribir, dividida en tres hojas. Libro o tratado que consta de tres partes. Pintura, grabado o relieve distribuido en tres hojas, unidas de modo que puedan doblarse las dos de los lados sobre la del centro.

triptongo *m.* Grupo de tres vocales en sílaba.

tripudo-a o **tripón-a** *adj.* y *s.* Que tiene tripa muy grande y abultada.

tripulación *f.* Personas que van en una embarcación o en un aparato de locomoción aérea o terrestre, dedicadas a su maniobra y servicio.

tripulante *m.* Persona que forma parte de una tripulación.

tripular *tr.* Dotar de tripulación. Ir la tripulación en su vehículo.

trique *m.* Estallido leve. En México. cacharro, vasija, puchero.

trique *adj.* y *s.* Indígena mexicano perteneciente a una tribu del pueblo mazateca.

triquina *f.* Helminto parásito del interior de los músculos de los vertebrados; se transmite de unos a otros por vía digestiva.

triquinosis *f.* Enfermedad gravísima ocasionada por la presencia de la triquina en el organismo, causada por ingerir carne de cerdo infestada.

triquiñuela *f.* Rodeo, efugio, artería para evitar o eludir algo.

triquitraque *m.* Ruido como de golpes repetidos y desordenados. Los mismos golpes. Rollo delgado de papel con pólvora. y que atado y prendido. da sucesivas detonaciones; traca.

trirreme *adj.* y *s.* De tres órdenes de remos. Embarcación antigua que los usó.

tris *m.* Leve sonido que hace una cosa delicada al quebrarse. Golpe ligero que produce este sonido. Porción muy pequeña de tiempo o de lugar; poca cosa, casi nada.

trisagio *m.* Himno en honor de la Santísima Trinidad.

trisar *tr.* Cantar o chirriar la golondrina y otros pájaros.

triscar *intr.* Hacer ruido con los pies o dando patadas. Retozar, travesear. *Tr.* Enredar, mezclar una cosa con otra. Torcer alternativamente y a uno y otro lado los dientes de la sierra, para que corra fácilmente.

trisecar *tr.* Cortar o dividir una cosa en tres partes iguales; dícese comúnmente del ángulo.

trisílabo-a *adj.* De tres sílabas.

triste *adj.* Afligido. apesadumbrado. De carácter o genio melancólico. Que denota pesadumbre o melancolía. Funesto. deplorable. Doloroso, enojoso, difícil de soportar. Insignificante, insuficiente, ineficaz.

tritio *m.* Isótopo del hidrógeno, elemento radiactivo artificial cuyo núcleo está constituido por un protón y dos neutrones.

tritón *m.* Cada una de las deidades marinas a que se atribuía figura de hombre, de la cabeza hasta la cintura y de pez el resto. Anfibio urodelo acuático salamándrido. Caracola.

triturador-a *adj.* Que tritura. *F.* Máquina que reduce a trozos muy pequeños substancias diversas

triturar *tr.* Moler, desmenuzar una materia sólida, sin reducirla enteramente a polvo. Mascar. Maltratar, molestar gravemente. Desmenuzar, rebatir aquello que se examina y considera.

triunfante *adj.* Que triunfa o sale victorioso. Que incluye **triunfo**.

triunfar *intr.* Quedar victorioso. Jugar del palo del triunfo en ciertos juegos de naipes. Gastar mucho y aparatosamente.

triunfo *m.* Victoria. Lo que sirve de despojo o trofeo que acredita el triunfo. Exito feliz en un empeño dificultoso. Acción de triunfar, gastar con ostentación. Carta del palo preferido que vence a las de los otros palos.

triunvirato *m.* Magistratura de la Roma antigua, en que intervenían tres personas. Junta de tres personas para cualquier empresa o asunto.

triunviro *m.* Miembro de un triunvirato.

trivalente *adj.* Que tiene la valencia tres; dícese del elemento o del radical que se combina con tres átomos de hidrógeno o de otro elemento monovalente o que puede substituirlos.

trivial *adj.* Vulgarizado, común y sabido de todos. Que no sobresale de lo ordinario y común; que carece de importancia o novedad.

trivialidad *f.* Calidad de trivial. vulgar; que no sobresale de lo común. Dicho o expresión trivial.

trivio *m.* División de un camino en tres ramales, y punto en que éstos concurren. Grupo integrado antiguamente por tres de las artes liberales: Gramática, Retórica y Dialéctica.

triza *f.* Pedazo pequeño o partícula dividida de un cuerpo.

trizar *tr.* Destrizar, hacer trizas.

trocar *tr.* Cambiar, dar una cosa por otra. Intercambiar. Mudar. Vomitar, arrojar por la boca lo que se ha comido. Equivocar, tomar o decir una cosa por otra. Permutar.

trocisco *m.* Masa pequeña de substancia medicinal.

trocla *f.* Polea.

tróculo *m.* Aparejo formado por grupos de poleas enlazadas, para vencer grandes resistencias con poco esfuerzo.

trocha *f.* Vereda o camino angosto, o que sirve de atajo para ir a una parte. Camino abierto en la maleza. Línea de fortines en cordón o línea continua de blocaos, que tratan de impedir el enlace entre dos partes de un territorio en guerra.

trochemoche Palabra que entra en los modos adverbiales: a trochemoche, a troche y moche: disparatada e inconsideradamente.

trofeo m. Monumento, insignia o señal de un victoria. Despojo obtenido en la guerra. Victoria o triunfo conseguido.

trófico-a adj. Perteneciente o relativo a la nutrición de los tejidos o de los organismos.

troglodita adj. y s. Que habita en cavernas. Dícese del hombre bárbaro y cruel. Muy comedor. Retrógrado, reaccionario.

trogónido adj. y s. Ave trepadora, de pico corto y fuerte con cerdas en la base, patas cortas y débiles, y de plumaje suave y de brillantes colores; habita las zonas cálidas de América, India y África.

troika o **troica** f. Nombre ruso de un carruaje, especie de trineo, tirado por tres caballos alineados.

troj o **troje** m. Espacio limitado por tabiques para guardar frutos y especialmente cereales.

trola f. Engaño, falsedad, mentira.

trole m. Pértiga de hierro para transmitir a los carruajes de los tranvías eléctricos la corriente del cable conductor.

trolebús m. Vehículo de tipo ómnibus de tracción eléctrica, con ruedas de llanta neumática para marchar sobre el pavimento de las poblaciones y sin carriles.

tromba f. Vientos arremolinados de rápido movimiento, producido por un intenso mínimo de presión y que afecta sólo a zonas reducidas; en el mar provoca la elevación de columnas de agua con movimiento helicoidal. Manga.

trombo m. Coágulo de sangre, fijo en las cavidades del corazón o de un vaso sanguíneo y que puede ocluirlo parcial o totalmente.

trombocito m. Corpúsculo incoloro de la sangre de los vertebrados, que tiene forma oval o discoidal, sin núcleo y que interviene en la coagulación; plaqueta, hematoblasto.

trombón m. Instrumento músico de viento formado por un tubo metálico, doblado en forma característica y de pabellón acampanado; los hay de pistones y de varas. Músico que toca este instrumento.

trombosis f. Formación de trombos. Oclusión de un vaso sanguíneo por un trombo.

trompa f. Instrumento musical de viento, compuesto por un tubo cónico metálico arrollado en espiral y que termina con un ancho pabellón acampanado. Trompo grande y hueco, con una abertura lateral para que zumbe. Prolongación muscular, hueca y elástica de la nariz de algunos animales, capaz de absorber fluidos. Aparato chupador de algunos insectos. Tromba. Nariz prominente. Bóveda voladiza fuera del paramento de un muro.

trompada o **trompazo** f. o m. Golpe dado con la trompa o con el trompo. Encontrón de dos personas dándose en las narices. Puñetazo, golpazo.

trompeta f. Instrumento músico de viento, de tubo metálico, cilíndrico y arrollado en los dos primeros tercios de su longitud y cónico en el resto, con pabellón acampanado. Clarín. M. El que toca este instrumento en las bandas de música. Aparato de señales acústicas empleado en la navegación.

trompetazo o **trompetada** m. o f. Sonido destemplado o excesivamente fuerte de la trompeta. Por extensión, el de cualquier otro instrumento semejante. Clarinada, dicho intempestivo o desentonado.

trompetilla f. Instrumento o modo de trompeta para que los sordos perciban los sonidos, aplicándoselo al oído. En México, Cuba y Puerto Rico, sonido burlesco soplando al través de los labios fruncidos.

trompicar tr. Hacer tropezar violenta y repetidamente. Promover a uno, sin el orden debido, al oficio que a otro pertenecía. Intr. Tropezar violenta y repetidamente.

trompis m. Trompada, puñetazo.

trompiza f. americ. Riña a puñetazos.

trompo m. Peón, juguete de madera. Peonza. Hombre ignorante y poco hábil.

tronada f. Tempestad de truenos.

tronado-a adj. Deteriorado por efecto del uso. Que habiendo sido rico ha venido a la pobreza.

tronar intr. Haber truenos. Causar estampido. Perder uno el caudal hasta el punto de arruinarse. Hablar, escribir violentamente contra alguien o algo. En exámenes, suspender, reprobar. En México, estallar, romperse con ruido; pasar por las armas, fusilar, matar a tiros.

tronco m. Cuerpo truncado. Tallo fuerte y macizo de los árboles y arbustos. Cuerpo humano o animal, sin la cabeza y las extremidades. Par de mulas o caballos que tiran de un carruaje. Conducto o canal principal del que salen o al que concurren otros menores. Ascendiente común de dos o más ramas, líneas o familias. Persona insensible, inútil o despreciable.

tronchar tr. Partir o romper con violencia el tronco, tallo o ramas de un vegetal, u otras cosas parecidas.

troncho m. Tallo de las hortalizas.

tronera f. Abertura en el costado de un buque, en el parapeto de una muralla o baluarte, en el espaldón de una batería, para disparar con seguridad y acierto los cañones. Aspillera. Ventana pequeña y angosta por donde entra escasamente la luz. Abertura en las mesas de billar para que entren las bolas. En México, buchaca. Persona desbaratada en sus acciones y palabras, y que no guarda método ni orden en ellas.

tronido m. Estampido del trueno.

trono m. Asiento con gradas y dosel de que usan los monarcas y otras personas de alta dignidad, en los actos de ceremonia. Tabernáculo donde se expone a la veneración pública el Santísimo Sacramento. Sitio en que se coloca la efigie de un santo cuando se le quiere honrar con culto más solemne. Dignidad de rey o soberano. Pl. Tercer coro de ángeles que pueden conocer inmediatamente en Dios las razones de las obras divinas o del sistema de las cosas.

tronzar tr. Dividir, quebrar o hacer trozos. Hacer pliegues en las faldas, iguales y muy menudos. Cansar excesivamente, rendir de fatiga corporal.

tropa f. Turba, muchedumbre de gentes. Gente militar. En América, recua de ganado. M. En México, calavera, perdido. Toque para que los tropas tomen las armas y formen, cuando va unido al de llamada.

tropel m. Movimiento acelerado y ruidoso de varias personas o cosas, cuando se mueven con desorden. Conjunto de cosas mal ordenadas o amontonadas y sin concierto.

tropelía f. Aceleración confusa y desordenada. Atropellamiento o violencia en las acciones. Hecho violento y contrario a las leyes. Vejación, atropello. Engaño, ilusión producida por el prestidigitador.

tropezar intr. Dar con los pies en un estorbo que pone en peligro de caer. Detenerse o ser impedida una cosa por un estorbo. Deslizarse en alguna culpa o faltar poco para cometerla. Reñir con

uno u oponerse a su parecer. Hallar casualmente una persona a otra. R. Rozarse las bestias una mano con la otra.

tropezón-a adj. Que tropieza con frecuencia. M. Tropiezo. Pedacito de jamón u otra vianda que se mezcla con las sopas o las legumbres.

tropical adj. Perteneciente o relativo a los trópicos.

trópico m. Cada uno de los dos círculos menores que se consideran en la esfera celeste y que tocan a la Ecliptica. Cada uno de los dos círculos menores que se consideran en el globo terrestre en correspondencia con los dos de la esfera celeste. Adj. Perteneciente o relativo al tropo; figurado.

tropiezo m. Aquello en que se tropieza. Lo que sirve de estorbo o impedimento. Falta, culpa o yerro. Dificultad, embarazo o impedimento en un trabajo, negocio o pretensión. Riña, oposición de pareceres.

tropismo m. Reacción de los organismos o de sus órganos que produce su orientación con respecto a las excitaciones o estímulos.

tropo m. Empleo de las palabras en sentido distinto al que propiamente les corresponde, pero que tiene con éste alguna conexión, correspondencia o semejanza: sinécdoque, metonimia y metáfora.

tropológico-a adj. Figurado, expresado por tropos. Doctrinal, moral, que se dirige a la reforma o enmienda de las costumbres.

troposfera f. Zona inferior de la atmósfera donde se desarrollan los meteoros aéreos, acuosos y algunos eléctricos.

troquel m. Molde de acero dulce empleado en la acuñación de monedas, medallas, etc. Molde metálico para obtener piezas u otros objetos de forma determinada.

troqueo m. Pie de la poesía griega y latina compuesto de dos sílabas, la primera larga y la segunda breve. Pie de la poesía española compuesto de una sílaba tónica y otra átona.

troquillo m. Moldura cóncava a modo de mediacaña. Cualquier pájaro de los llamados colibríes o pájaros mosca.

trotamundos com. Persona aficionada a viajar y recorrer países.

trotar intr. Ir el caballo al trote. Cabalgar una persona en caballo que va al trote. Andar mucho y con celeridad una persona.

trote m. Modo de caminar acelerado de las caballerías, moviendo a un tiempo pie y mano contrapuestos, arrojando sobre ellos el

cuerpo con ímpetu. Trabajo apresurado y fatigoso.

trotón-a *adj.* Aplícase a la caballería cuyo paso ordinario es el trote. *M.* Caballo, corcel. *F.* Señora de compañía; carabina.

troupe *f.* Palabra francesa para designar grupo o conjunto de comediantes, de saltimbanquis o de artistas de circo.

trousseau *m.* Palabra francesa para designar el ajuar del novio o de la novia, o bien la caja de utensilios indispensables para la asistencia médica de un parto.

trova *f.* Verso. Composición métrica escrita generalmente para el canto. Canción amorosa compuesta o cantada por los trovadores.

trovador-a *adj.* Que trova. Poeta medieval, provenzal en su origen, que componía la letra y la música de sus canciones. *M.* y *f.* Poeta, poetisa.

trovar *intr.* Hacer versos. Componer trovas.

trovero *m.* Poeta francés de la Edad Media.

troy *adj.* Perteneciente al sistema de medidas, usado en Inglaterra y en Estados Unidos, para pesar oro y plata; la libra troy tiene 12 onzas troy, que equivalen a 373.2418 gramos.

troyano-a *adj.* Natural de Troya. Perteneciente o relativo a esta ciudad del Asia antigua.

troza *f.* Tronco aserrado por los extremos para sacar tablas.

trozar *tr.* Romper, hacer pedazos. Dividir en trozas el tronco de un árbol.

trozo *m.* Pedazo de una cosa que se considera aparte del resto.

truck *m.* Palabra inglesa que, en los ferrocarriles, designa plataforma, vagón descubierto y con bordes bajos.

truco *m.* Apariencia engañosa hecha con arte.

truculento-a *adj.* **Cruel, atroz y tremendo.**

trucha *f.* Pez salmónido de agua dulce, de color pardo con pintas rojizas, de carne muy estimada. Persona astuta.

truchuela *f.* Bacalao curado más delgado que el común.

trueno *m.* Estampido o estruendo producido en las nubes por una descarga eléctrica. Ruido o estampido del tiro de una arma de fuego o de un artificio de fuego. Joven atolondrado, alborotador y de mala conducta. En México, cierta planta olácea ornamental.

trueque *m.* Acción y efecto de trocar o trocarse. Permuta.

trufa *f.* Hongo ascomiceto que forma aparatos esporíferos subterrá-

neos, obscuros, aromáticos y sabrosos. Mentira, fábula, cuento, patraña.

trufar *tr.* Rellenar de trufas las aves, embutidos y otros manjares. *Intr.* Inventar trufas o mentiras. Mentir, engañar.

truhán-a *adj.* y *s.* Dícese de la persona sinvergüenza que vive de engaños y estafas. Dícese de quien con bufonadas, gestos, cuentos o patrañas procura divertir o hacer reír.

trujal *m.* Prensa donde se estrujan las uvas o se exprime la aceituna. Molino de aceite. Lagar.

trujamán *m.* El que por experiencia advierte el modo de ejecutar una cosa, especialmente el comprar, vender o cambiar.

truncar *tr.* Cortar parte de alguna cosa. Cortar la cabeza al cuerpo del hombre o de un animal. Callar, omitir palabras de un escrito, de intento y con malicia. Interrumpir una acción, u obra, dejándola incompleta.

trunco-a *adj.* Truncado, mutilado, incompleto.

trupial *m.* Pájaro americano muy parecido a la oropéndola; doméstica ble y aprende a hablar, como la urraca. Turpial.

trusas *f.* *pl.* Gregüescos con cuchilladas. En América, braga de punto para caballero.

trusión *f.* Empuje, propulsión.

trust *m.* Palabra inglesa para designar la organización permanente, industrial o comercial, que se propone dirigir un grupo, más o menos numeroso de empresas, para fijar precios en el mercado, evitar sus fluctuaciones y suprimir la competencia.

tse-tsé *f.* Dícese de la mosca transmisora de la enfermedad del sueño.

tú *pron.* Nominativo y vocativo del pronombre personal de segunda persona, en género masculino y femenino y número singular.

tu, tus *adj.* Posesivo de segunda persona del singular, apócope de tuyo,-a,-os,-as; no se emplea sino antepuesto al nombre.

tuba *f.* Instrumento músico de viento, de tubo cónico metálico con cilindros o pistones; es de gran tamaño y su tesitura corresponde a la del contrabajo.

tubercular *adj.* Relativo a un tubérculo. Semejante a un tubérculo.

tubérculo *m.* Abultamiento que se presenta en algunas partes de ciertas plantas y especialmente el que ofrecen algunas raíces o tallos, como en la patata. Producto morboso, redondeado, duro al principio y de reblandecimiento después. Abultamiento o tumor pequeño de la piel. Tuberosidad pequeña de un hueso. Protuberancia en el tegumento, la superficie de cualquier órgano o el dermatoesqueleto de muchos animales: Lesión típica de la tuberculosis o masa translúcida compuesta de pequeñas células esféricas, algunas gigantes, rodeadas por células fusiformes y células de tejido conjuntivo.

tuberculosis /. Enfermedad del hombre y de muchos animales producida por el bacilo de Kock y que adopta muy diversas formas según el órgano atacado, la intensidad de la afección, etc.; su lesión habitual es un pequeño nódulo llamado tubérculo. Infección producida por gérmenes acidorresistentes que originan una lesión anatomopatológica típica; el tubérculo, que da nombre al proceso.

tuberculoso-a adj. Perteneciente o relativo al tubérculo. De figura de tubérculo. Que tiene tubérculos. Adj. y s. Que padece tuberculosis. Relativo o perteneciente a ella, o causado por ella.

tubería /. Conducto formado de tubos por donde se lleva el agua, los gases combustibles, etc. Conjunto de tubos. Fábrica, taller o comercio de tubos.

tuberiforme adj. Que tiene forma o aspecto de tubérculo.

tuberosa /. Nardo, planta ornamental.

tuberosidad /. Tumor, hinchazón. tubérculo. Prominencia ancha e irregular de un hueso, de mayor tamaño que un tubérculo.

tubiflora adj. y s. Planta dicotiledónea, con gran número de familias, todas con flores de cáliz en forma de tubo.

tubo m. Pieza hueca, generalmente cilíndrica y abierta por ambos extremos. Parte del organismo animal o vegetal constituida de esta forma.

tubulado-a o tubular adj. Que tiene tubos; perteneciente a un tubo; que tiene su figura o está formado de ellos. Dícese de la construcción de aviones cuyo esqueleto está formado de tubos de duraluminio.

tucán m. Ave americana trepadora de pico arqueado y casi tan largo como el cuerpo, muy grueso, de cabeza pequeña, alas cortas y cola larga; su plumaje es negro pero con manchas en el pecho de colores vivos.

tucho-a m. y f. En México, mono particularmente el mono araña.

tudesco-a adj. y s. Natural de una comarca de la Sajonia interior.

Perteneciente a ella. Por extensión, alemán.

tuerca /. Pieza con un hueco labrado en espiral que ajusta exactamente en el filete de un tornillo, del cual es la hembra.

tuero m. Leño grueso que arrimado a la pared del hogar, conserva la lumbre. Leña, parte de los árboles y matas que se destina para la lumbre.

tuerto-a adj. Falto de la vista de un ojo. M. Agravio, sinrazón o injuria. Entuerto.

tuétano m. Medula o médula.

tufarada /. Olor vivo o fuerte que se percibe de pronto.

tufo m. Emanación gaseosa que se desprende de las fermentaciones y de las combustiones imperfectas. Olor activo y molesto que despide de sí una cosa. Pl. Soberbia, vanidad o entonamiento.

tufo m. Cada una de las dos porciones de pelo que caen por delante de las orejas.

tugurio m. Choza o casilla de pastores. Habitación pequeña y mezquina.

tuitivo-a adj. Que guarda, ampara y defiende.

tul m. Tejido de seda, algodón o hilo que forma malla, generalmente en octágonos, usado por las mujeres para bordar sobre él, para mantillas, velos y otras cosas o prendas.

tularemia /. Enfermedad infecciosa de ciertos roedores, transmisible de un animal a otro por la picadura de ciertos dípteros y transmisible también al hombre en quien ocasiona lesiones cutáneas, escalofríos, pirexia, postración y otros signos de infección aguda.

tule m. En México, junco o espadaña cuyas hojas se emplean para tejer petates y cortinas.

tulio m. Elemento perteneciente al grupo de metales de las tierras raras; símbolo Tm.

tulipa /. Tulipán pequeño. Pantalla de vidrio a modo de fanal, de forma algo parecida a la de un tulipán.

tulipán m. Planta liliácea herbácea vivaz, de tallo liso, hojas grandes lanceoladas, flor única en lo alto del escapo, globosa, inodora, de seis pétalos de hermosos colores, y fruto capsular con muchas semillas. Flor de esta planta. En México se da este nombre a cierta malvácea ornamental y a una magnoliácea medicinal y ornamental.

tullido-a adj. y s. Que ha perdido el movimiento del cuerpo o de alguno de sus miembros.

tullir *tr.* Hacer que uno quede tullido. *R.* Perder uno el movimiento de su cuerpo o de un miembro.

tumba *f.* Sepulcro. Armazón en forma de ataúd para la celebración de las honras de un difunto. Cubierta arqueada de ciertos coches.

tumbaga *f.* Liga metálica muy quebradiza, compuesta de oro y de igual o menor cantidad de cobre, que se emplea en joyería. Sortija hecha de esta liga. Anillo, aro de metal u otra materia que se lleva en los dedos. Similor.

tumbaollas *com.* Persona comedora y glotona.

tumbar *tr.* Hacer caer o derribar a una persona o cosa. Turbar o quitar a uno el sentido una cosa fuerte, como el vino o un olor. *Intr.* Caer, rodar por tierra. *R.* Echarse, especialmente a dormir. Aflojar en un trabajo o desistir de él.

tumbo *m.* Vaivén violento. Ondulación de la ola del mar, o de un terreno. Retumbo, estruendo.

tumbón-a *adj. y s.* Socarrón. Perezoso, holgazán.

tumefacción *f.* Hinchazón.

tumefacer *tr. y r.* Producir tumefacción o hinchazón en alguna parte del cuerpo.

túmido-a *adj.* Hinchado. Dícese del arco o bóveda que es más ancho hacia la mitad de la altura que en los arranques.

tumor *m.* Tumefacción en ciertas partes de las plantas, en la raíz o en el tallo especialmente. Hinchazón morbosa cualquiera, sea de carácter inflamatorio, hipertrófico o de otra índole.

túmulo *m.* Sepulcro levantado de la tierra. Armazón que se erige para la celebración de las honras de un difunto, suponiéndole presente.

tumulto *m.* Motín, confusión, alboroto producido por una multitud.

tuna *f.* Vida holgazana, libre y vagabunda. Estudiantina.

tuna *f.* Higuera de tuna. Higo de tuna. Chumbera; fruto del nopal.

tunanta *adj. y s.* Pícara, bribona, taimada.

tunantada o tunantería *f.* Acción propia del tunante, pícaro, bribón.

tunante *adj. y s.* Que tuna. Pícaro, bribón, taimado.

tunar *intr.* Andar vagueando en vida holgazana y libre, y de lugar en lugar.

tunda *f.* Acción y efecto de tundir los paños. Castigo riguroso de palos, azotes, etc.

tundidor-a *adj. y s.* El que tunde los paños. Dícese de la máquina que lo hace. Instrumento para esquilar animales.

tundir *tr.* Cortar o igualar con tijera el pelo de los paños. Castigar con golpes, palos y azotes.

tundra *f.* Terreno abierto y llano de clima subglacial, falto de vegetación arbórea, cubierto sólo de musgos y líquenes; se extiende por Siberia y Alaska, al norte del círculo polar.

tunear *intr.* Hacer vida de tuno o pícaro. Proceder como tal. En México, cortar o cosechar tunas.

tuneci o tunecino-a *adj. y s.* Natural de Túnez. Perteneciente a esta ciudad y nación de Africa.

túnel *m.* Paso subterráneo abierto artificialmente para establecer una comunicación a través de un monte, por debajo de un río u otro obstáculo, de modo que puede pasar por él una carretera, ferrocarril, tranvía, acueducto o canal.

tunera *f.* Tuna, nopal con tunas.

tungsteno *m.* Volframio.

túnica *f.* Vestidura sin mangas que usaban los antiguos y les servía como de camisa. Vestidura de lana que usan los religiosos debajo de los hábitos. Vestidura exterior amplia y larga. Tegumento natural interno de algún órgano. Membrana sutil que cubre algunas partes del cuerpo.

tunicado *adj. y s.* Protocordado con gruesa capa exterior, segregada por el manto.

tuno-a *adj. y s.* Tunante, bribón.

tuntún *m.* Voz que entra en los modos adverbiales al o al buen tuntún; sin reflexión ni previsión; sin certidumbre, sin conocimiento del asunto.

tupé *m.* Copete, pelo que se trae levantado sobre la frente. Atrevimiento, desfachatez.

tupí *adj. y s.* Individuo de una importante familia de indígenas sudamericanos, llamada también tupiguaraní, que con centro en la región del Chaco, al parecer se extendieron mucho, hasta alcanzar la costa brasileña, las Guayanas y los Andes.

tupido-a *adj.* Espeso, apretado. Dícese del entendimiento y los sentidos obtusos, torpes, cerrados. En América, abundante, copioso.

tupir *tr.* Apretar mucho una cosa cerrando sus poros o intersticios. *R.* Hartarse de un manjar o bebida; comer o beber con gran exceso. Ofuscarse la inteligencia por cansancio.

turba *f.* Muchedumbre de gente confusa y desordenada. Tropel, plebe, populacho.

turba *f.* Combustible fósil o actual, formado de residuos vegetales acumulados en sitios pantanosos; es de poco peso y al arder produce humo denso.

turbacion *f.* Acción y efecto de turbar o turbarse. Confusión, desorden, desconcierto.

turbamulta *f.* Multitud confusa y desordenada.

turbante *m.* Tocado propio de las naciones orientales consistente en una faja larga de tela rodeada a la cabeza.

turbar *tr. y r.* Alterar o conmover el curso natural de las cosas. Enturbiar. Sorprender o aturdir a alguien de modo que no acierte a hablar o proseguir lo que estaba haciendo. Interrumpir violenta o molestamente la quietud.

turbelario *adj. y s.* Platelminto acuático de cuerpo alargado, con epidermis provista de pestañas vibrátiles o cilios, sin ganchos ni ventosas.

turbina *f.* Rueda hidráulica con paletas curvas colocadas en su periferia, que recibe el agua por el centro y la despide en dirección tangente a la circunferencia. Aparato en el cual se transforma en trabajo la energía cinética de un fluido en movimiento.

turbinto *m.* Arbol anacardiáceo de la América Meridional, de tronco recto y de corteza resquebrajada, hojas compuestas lanceoladas, flores en panojas axilares y fruto en bayas redondas; da buena trementina y con sus bayas se hace una bebida muy grata; lentisco del Perú.

turbio-a *adj.* Mezclado con algo que le quita su claridad natural, o alterado por algo que lo obscurece. Revuelto, dudoso, turbulento. Visión confusa, poco clara. Lenguaje confuso y poco claro.

turbión *m.* Aguacero con viento fuerte que viene repentinamente y dura poco. Multitud de cosas que caen de golpe, llevando tras sí lo que encuentran, o que vienen juntas violentamente y ofenden o lastiman.

turbocompresor *m.* Máquina centrífuga para la compresión del aire.

turbogenerador *m.* Turbina de vapor directamente acoplada a un generador eléctrico.

turbomotor *m.* Motor compuesto por el conjunto de un compresor y una turbina montados sobre el mismo eje, que se alimenta por aire que entra al compresor, del cual pasa a una o varias cámaras de combustión, y de allí a la turbina.

turbonada *f.* Chubasco muy fuerte de viento y agua, acompañado de relámpagos, truenos y rayos. Torbellino de aire atmosférico de eje horizontal.

turbopropulsor *adj.* Aplícase al sistema de propulsión de los aviones, en el cual la hélice se mueve por medio de motores de turbina.

turborreactor *m.* Motor a reacción cuyo aire es suministrado mediante un compresor, accionado a su vez por una turbina, la cual es activada por los gases del motor lanzados por su tubo de escape.

turbulencia *f.* Alteración de las cosas claras y transparentes que se obscurecen con alguna mezcla que reciben. Confusión, alboroto. Agitación de las aguas del mar, cuando se ponen en contacto con aguas de desigual temperatura y salinidad.

turbulento-a *adj.* Turbio. Confuso, alborotado y desordenado.

turco-a *adj. y s.* Natural de Turquía. Perteneciente o relativo a esta nación de Europa y Asia. Lengua de sus habitantes.

túrdido *adj. y s.* Pájaro de cuerpo robusto, alas de mediano tamaño, pico recto y tarsos fuertes.

turgente *adj.* Abultado, elevado. Aplícase al humor que hincha alguna parte del cuerpo.

turíbulo *m.* Incensario.

turismo *m.* Afición a viajar, por gusto de recorrer uno o varios países. Organización de los medios conducentes a facilitar estos viajes.

turista *com.* Persona que recorre uno o varios países por distracción y recreo.

turmalina *f.* Piedra fina cuyas variedades presentan diversos colores; son un silicato complejo de boro, aluminio, hierro, magnesio, metales alcalinos y flúor.

turnar *intr.* Alternar una o más personas en el repartimiento sucesivo de una cosa o en el servicio de algún cargo.

turnio-a *adj. y s.* Dícese de los ojos torcidos. Que los tiene. Que mira con ceño o demasiada severidad.

turno *m.* Orden o alternativa que se observa entre varias personas, para la ejecución de una cosa, o en la sucesión de éstas. Cada una de las intervenciones en pro o en contra de una propuesta que se permiten en las Cámaras legislativas o en otras coporaciones.

turón *m.* Mamífero carnicero mustélido, de cuerpo flexible y alargado, despide olor fétido y habita en los sitios montuosos abundantes en caza, de la que se alimenta; en algunas partes se da este nombre al tejón.

turpial *m.* Trupial.

turquesa *f.* Fosfato hidratado de aluminio y cobre, capaz de hermoso pulimento; de color azul y verdoso, se utiliza en joyería como piedra preciosa.

turquesco-a o **turqui** *adj. y s.* Turco.

turron *m.* Masa hecha de almendras, piñones y avellanas, nueces o cacahuate, tostado todo y mezclado con miel.

turulato-a *adj.* Alelado, sobrecogido, estupefacto.

¡tus! *interj.* Voz para llamar a los perros, generalmente repetida.

tusicula *f.* Tosecilla ligera y sin importancia.

tutear *tr. y rec.* Hablar a uno tratándolo de tú.

tutela *f.* Autoridad y cargo de tutor. Dirección, amparo, protección o defensa.

tutelar *adj.* Perteneciente o relativo a la tutela. Que guía, ampara, protege o defiende.

tuteo *m.* Acción de tutear o tutearse.

tutiplén *m.* Palabra que entra en la expresión adverbial *a tutiplén:* en abundancia, a porrillo.

tutor-a *m. y f.* Persona encargada de cuidar a otra de capacidad incompleta y de administrar sus bienes. Defensor, protector, director.

tutoria *f.* Tutela. Cargo de tutor.

tuxpaneco-a *adj. y s.* Natural de Tuxpán. Perteneciente o relativo a cualquiera de las poblaciones mexicanas de este nombre.

tuyo-a-os-as *pron.* Es el posesivo de segunda persona en género masculino y femenino y ambos números; con la terminación masculina y singular, úsase también como neutro.

tuza *f.* En México se da este nombre a varios mamíferos roedores, cavadores, con garras muy fuertes que producen graves daños a los cultivos.

tzeltal *adj y s.* Indígena mexicano perteneciente a una tribu de la familia maya, establecida en el actual Estado de Chiapas y actualmente en la región de San Cristóbal.

tzotzil *adj. y s.* Indígena mexicano perteneciente a una tribu de la familia maya, establecida en territorio del actual Estado de Chiapas, junto a los tzeltales.

U

u *f.* Vigesimacuarta letra del abecedario castellano y quinta y última de sus vocales.

u *conj.* Es disyuntiva y que para evitar el hiato se emplea en vez de *o* ante palabras que empiezan por esta última o por ho.

uberrimo-a *adj.* Superlativo, muy abundante y fértil.

ubicar *intr. y r.* Estar en un determinado espacio o lugar.

ubicuo-a *adj.* Que esta presente a un mismo tiempo en todas partes; dícese solamente de Dios. Dícese, en sentido figurado, de la persona que por celo de su cargo, por curiosidad o por natural inquietud lo quiere presenciar todo y vive en continuo movimiento.

ubre *f.* Cada una de las tetas de la hembra de los mamíferos. Conjunto de ellas.

ucase *m.* Decreto del zar. Orden gubernativa injusta y tiránica.

¡uf! *interj.* Denota: cansancio, fastidio, sofocación, repugnancia.

ufanarse *r.* Engreirse, jactarse, gloriarse.

ufano-a *adj.* Arrogante, presuntuoso, engreído. Satisfecho, alegre, contento.

ujier *m.* Portero de estrados de un palacio o tribunal.

ukulele *m.* Pequeña guitarra de cuatro cuerdas, usada por los hawaianos.

ulano *m.* Soldado de caballería ligera armado de lanza, que existía en los ejércitos austríaco, alemán y ruso.

úlcera *f.* Solución de continuidad con pérdida de substancia en los tejidos orgánicos, acompañada ordinariamente de secreción de pus, con poca o ninguna tendencia a la cicatrización; llaga. Daño en la parte leñosa de las plantas, con exudación de savia corrompida.

ulcerar *tr. y r.* Causar úlcera.

ulema *m.* Doctor de la ley mahometana, entre los turcos.

ulitis *f.* Inflamación de las encías; gingivitis.

ulmáceo-a *adj. y s.* Planta dicotiledónea del orden de las urticales, leñosa, con hojas alternas aserradas, flores precoces y fruto seco en sámara: el olmo, como tipo de este género.

ulótrico-a *adj.* Dícese del individuo o de la raza que tiene los cabellos muy rizados o ensortijados.

ulterior *adj.* Que está de la parte de allá de un sitio o territorio. Que se dice, sucede o se ejecuta después de otra cosa.

ultimadamente *adv.* Usase en México por últimamente.

últimamente *adv.* Por último.

ultimar *tr.* Acabar, concluir, finalizar una cosa. En América, rematar, poner fin a la vida del que está en trance de muerte.

ultimátum *m.* En lenguaje diplomático, resolución terminante y definitiva, comunicada por escrito. Resolución definitiva.

último-a *adj.* Aplícase a lo que en su línea no tiene otra cosa después de sí. Lo que está en lugar postrero en una serie o sucesión de cosas. Dícese de lo más remoto, retirado o escondido. Recurso definitivo en un asunto. Lo mayor, más excelente, singular y superior en su línea. Aplícase al blanco, fin o término de las acciones o designios. Dícese del precio que se pide como mínimo y del que se ofrece como máximo.

ultra *adv.* Además de. En composición, significa: más allá de, al otro lado de; exceso, muchísimo.

ultrafótico-a *adj.* Dícese de los rayos infrarrojos y ultravioletas que están fuera de la región visible del espectro de la luz.

ultrafrecuencias *f. pl.* Frecuencias muy elevadas de ondas electromagnéticas, en la región de las microondas.

ultrajar *tr.* Ajar o injuriar de obra o de palabra. Despreciar o tratar con desvío a una persona. Insultar, agraviar, afrentar; deshonrar.

ultramar *m.* País o sitio que está de la otra parte del mar. Variedad muy pura de lapislázuli.

ultramarino-a *adj.* Que está o se considera del otro lado o a la otra parte del mar. *Pl.* Aplícase a los géneros o comestibles traídos de la otra parte del mar, y en general, a los que no se alteran fácilmente.

ultramicroscópico-a *adj.* Dícese de lo que por su pequeñez sólo puede ser visto por medio del ultramicroscopio.

ultramicroscopio *m.* Microscopio para observar objetos de dimensiones inferiores al límite de visibilidad del microscopio ordinario, por medio de un sistema de iluminación lateral.

ultramontano-a *adj. y s.* Que está más allá o de la otra parte de los montes. Partidario y defensor del más amplio poder y amplias facultades del Papa.

ultranza *f.* Palabra que entra en la expresión *a ultranza:* a todo trance, resueltamente, a muerte.

ultrarradiación *f.* Nombre que se da a los rayos cósmicos.

ultrasonido *m.* Sonido inaudible cuya frecuencia oscilatoria excede del límite superior de percepción del oído humano.

ultratumba *adv.* Más allá de la tumba. Después de la muerte.

ultravioleta o **ultraviolado-a** *adj.* Perteneciente o relativo a la parte invisible del espectro luminoso que se extiende a continuación del color violado, pero cuya existencia se revela por acciones químicas.

ultravirus *m.* Virus, entidad o substancia de dimensiones generalmente ultramicroscópicas.

ulular *intr.* Dar gritos o alaridos.

umbela *f.* Inflorescencia en la que los pedúnculos de cada una de las flores que la constituyen salen del mismo punto y todos llegan a la misma altura. Guardapolvo, tejadillo.

umbelífera *adj. y s.* Planta dicotiledónea con inflorescencia en umbela.

umbeliforme *adj.* Que tiene forma de sombrilla.

umbilical *adj.* Perteneciente al ombligo.

umbráculo *m.* Sitio cubierto de ramaje, aireado, pero que resguarda las plantas de la fuerza del sol. Umbrela.

umbral *m.* Parte inferior o escalón contrapuesto al dintel, en la puerta o entrada de una casa. Frecuencia límite de una radiación que incide sobre un metal. Paso primero y principal o entrada a cualquier cosa.

umbrela *f.* Parte acampanada del cuerpo de las medusas.

umbrío-a *adj.* Sombrío.

umbroso-a *adj.* Que tiene sombra o la da.

un-a *art.* Es indefinido, en número singular.

unánime *adj.* Dícese del conjunto de las personas que convienen en un mismo parecer, dictamen, voluntad o sentimiento. Este mismo parecer, dictamen, etc.

uncial *adj.* Dícese de la escritura medieval manuscrita en letras mayúsculas, con ciertas características de algunas letras.

unciforme *adj.* Que tiene forma de gancho.

unción *f.* Acción de ungir. Excitación del alma hacia la virtud y perfección. Devoción, recogimiento y fervor con que uno se entrega a la exposición de una idea, a la realización de una obra, etc.

uncir *tr.* Atar o sujetar al yugo bueyes, mulas u otras bestias.

undécimo-a *adj.* Que sigue inmediatamente en orden al o a lo décimo. Dícese de cada una de las once partes iguales en que se divide un todo.

undoso-a *adj.* Que se mueve haciendo ondas.

undulación *f.* Acción y efecto de undular. Ondulación.

undular *intr.* Moverse una cosa formando giros en figura de eses.

ungir *tr.* Aplicar a una cosa aceite u otra materia pingüe, extendiéndola superficialmente. Signar con óleo sagrado a una persona.

ungüento m. Todo lo que sirve para ungir o untar. Medicamento que se aplica al exterior, compuesto de varias substancias, con cera amarilla, aceite de olivas y sebo de carnero. Pomada. Cosa que suaviza y ablanda el ánimo o la voluntad, trayéndola a lo que se desea conseguir.

unguis m. Hueso lagrimal.

ungulado-a adj. y s. Que tiene casco o pezuña.

unicelular adj. Que consta de una sola célula.

único-a adj. Solo y sin otro de su especie. Singular, extraordinario, excelente, raro.

unicornio m. Animal fabuloso de figura de caballo y con un cuerno recto en mitad de la frente. Rinoceronte.

unidad f. Propiedad de todo ser y por la cual no puede dividirse sin que su esencia se destruya o altere. Singularidad en número o calidad. Unión o conformidad. Cualidad de una obra artística en que sólo hay un pensamiento general que es el lazo de unión de todo lo que se dice, ocurre o representa. Cantidad que se toma por medida o término de comparación de las demás de su especie. Cantidad de una droga, suero, antígeno, etc., necesaria para producir cierto resultado. Fracción de tropa organizada para obrar independientemente.

unido-a adj. De acuerdo en lo esencial; en asociación o pacto para determinados fines; ligado estrechamente a otro por el afecto o la identidad de sentimientos o ideas.

unificar tr. y r. Hacer de muchas cosas una o un todo, uniéndolas, mezclándolas o reduciéndolas a una misma especie.

uniformar tr. y r. Hacer uniformes dos o más cosas. Dar traje igual a los individuos de un cuerpo o comunidad.

uniforme adj. Dícese de dos o más cosas que tienen la misma forma. Igual, conforme, semejante. M. Vestido peculiar y distintivo que usan los militares y otros empleados, o los individuos que pertenecen a un mismo cuerpo o colegio.

uniformidad f. Calidad de uniforme.

unigénito-a adj. Aplícase al hijo único. M. Por antonomasia, el Verbo eterno, Hijo de Dios Padre.

unilateral adj. Dícese de lo que se refiere o se circunscribe solamente a una parte o a un aspecto de alguna cosa. Que afecta a un solo lado del cuerpo.

unión f. Acción y efecto de unir o unirse. Correspondencia y conformidad de una cosa con otra. Conformidad y concordia de ánimos, voluntades o pareceres. Casamiento. Resultado de la mezcla de algunas cosas que se incorporan entre sí. Alianza, confederación, compañía. Pieza que sirve para unir a dos o más. Consolidación de los labios de una herida, o restablecimiento de la continuidad de un hueso fracturado. Asociación voluntaria o forzosa que da nacimiento a un Estado, institución u organismo social.

unipersonal adj. Que consta de una sola persona. Que corresponde o pertenece a una sola persona. Dícese del verbo que tiene un sujeto supuesto y se construye en tercera persona y en el infinitivo; se refiere siempre a fenómenos de la naturaleza.

unir tr. Juntar dos o más cosas entre sí, haciendo de ellas un todo. Mezclar o trabar algunas cosas entre sí, incorporándolas. Atar o juntar. Acercar una cosa a otra, para que formen un conjunto o concurran al mismo objeto. Casar, unir en matrimonio. Concordar o conformar voluntades, ánimos o pareceres. R. Confederarse o convenirse varios para el logro de algo, ayudándose mutuamente. Juntarse en un sujeto dos o más cosas antes separadas y distintas, o cesar la oposición entre ellas. Juntarse uno a la compañía de otro.

unísono-a adj. Dícese de lo que tiene el mismo tono o sonido que otra cosa. Dícese de dos o más ejecutantes cuando interpretan la misma parte vocal o instrumental. Sin discrepancia, con unanimidad.

unitario-a adj. Partidario de la unidad. Dícese cuando no hay disconformidad en materias políticas. Que propende a la unidad o la conserva.

unitarismo m. Doctrina u opinión de los unitarios. Secta que no reconoce en Dios más que una sola Persona.

universal adj. Que comprende o es común a todos en su especie. Que lo comprende todo en la especie de referencia. Que pertenece o se extiende a todo el mundo, a todos los países y a todos los tiempos. Dícese de la persona versada en muchas ciencias.

universalísimo-a adj. Género supremo que comprende otros géneros inferiores. M. Doctrina que considera la realidad como un todo único o universal.

universalizar tr. Hacer universal una cosa; generalizarla mucho.

universidad f. Establecimiento de enseñanza superior donde se cursan todas o varias de las facultades o ciencias y se confieren los grados correspondientes. Edificio destinado a dichos estudios y oficinas correspondientes. Mundo. Universalidad.

universitario-a *adj.* Perteneciente o relativo a la universidad. *M.* Catedrático de universidad; persona que tiene título de formación de universidad.

universo-a *adj.* Universal. *M.* Mundo, conjunto de todas las cosas creadas.

unívoco-a *adi. y s.* Aplícase a lo que tiene igual naturaleza o valor que otra cosa. Dícese del término predicable a varios individuos con la misma significación. En Matemáticas, de un solo valor o modo.

uno-a *adj.* Que no está dividido en sí mismo. Idéntico, lo mismo. Unico. *Pl.* Algunos. *Pron.* Indeterminado que en singular, significa una y en plural, dos o más personas cuyo nombre se ignora o no quiere decirse. *M.* Unidad. Signo o guarismo que expresa la unidad sola. Individuo de cualquier especie, conjunto o raza.

untar *tr.* Ungir. Corromper o sobornar a uno con dones o dinero. *R.* Mancharse casualmente con una materia untuosa o sucia. Quedarse con algo de las cosas que se manejan, especialmente dinero.

unto *m.* Materia pingüe a propósito para untar. Gordura interior del cuerpo animal. Ungüento.

untuoso-a *adj.* Craso, pingüe y pegajoso.

uña *f.* Parte dura, de naturaleza cornea que nace y crece en las extremidades superiores de los dedos. Casco o pezuña de los animales que no tienen dedos separados. Espina corva de algunas plantas. Punta corva con que remata la cola del alacrán y con la cual pica. Garfio o punta corva de algunos instrumentos de metal. Destreza o gran inclinación a defraudar o hurtar.

uñada *f.* Impresión que se hace en una cosa apretando sobre ella con el filo de la uña. Rasguño o arañazo que se hace con las uñas.

uñero *m.* Inflamación de la raíz de la uña. Herida que produce la uña cuando al crecer se introduce en la carne.

uñeta *f.* Cincel de boca ancha que usan los canteros. Herramienta para sacar clavos. Pestaña en una tarjeta de fichero.

uralita *f.* Silicato doble de magnesio y calcio. Nombre comercial de láminas para cubiertas y otros productos moldeados, fabricados con asbesto y cemento.

uranio *m.* Metal muy denso, de color blanco de níquel, fusible a elevadísima temperatura; símbolo U. *Adj.* Perteneciente a los astros y al espacio celeste.

urbanidad *f.* Cortesanía, comedimiento, atención y buen modo.

urbanismo *m.* Conjunto de conocimientos sobre la creación, desarrollo, reforma y progreso de los poblados en orden a las necesidades materiales de la vida humana.

urbanista *m.* Persona versada en urbanismo.

urbanizar *tr.* Hacer urbano y sociable a uno. Convertir en poblado una porción de terreno o prepararlo para ello, abriendo calles, dotándolas de luz, pavimento y demás servicios municipales.

urbano-a *adj.* Perteneciente a la ciudad. Cortesano, atento y de buen modo.

urbe *f.* Ciudad, especialmente la muy populosa.

urca *f.* Embarcación grande, muy ancha por el centro, para el transporte de granos y otros géneros.

urce *m.* Brezo, planta ericácea.

urchilla u orchilla *f.* Liquen que vive en las rocas bañadas por las aguas del mar. Color de violeta que se saca de esta planta.

urdidera *f.* Urdidora. Máquina donde se realiza el urdido de los hilos de una tela.

urdimbre *f.* Estambre o pie después de urdido. Conjunto de hilos que se colocan en el telar, paralelamente unos a otros, para formar una tela. Acción de urdir, maquinar algo.

urdir *tr.* Preparar los hilos en la urdidera para pasarlos al telar. Maquinar cautelosamente una cosa contra alguien, o para la consecución de algún designio.

urea *f.* Principio que contiene gran cantidad de nitrógeno y constituye la mayor parte de la materia orgánica contenida en la orina en su estado normal; es el producto final del catabolismo de las proteínas en los mamíferos.

uredo *m.* Sensación de escozor o quemadura en la piel. Urticaria.

uremia *f.* Acumulación en la sangre y en los tejidos de venenos derivados del metabolismo orgánico que debe eliminar el riñón en estado normal.

urente *adi.* Que quema, escuece; ardiente, abrasador.

uréter *m.* Cada uno de los conductos por donde desciende la orina a la vejiga desde los riñones.

uretra *f.* Conducto por donde se expele la orina.

urgencia *f.* Calidad de urgente. Necesidad o falta apremiante de lo que es menester para algún negocio. Hablando de leyes o preceptos, actual obligación de cumplirlos.

urgente *adj.* Que urge.

urgir *intr.* Instar o precisar una cosa a su pronta ejecución o remedio. Obligar actualmente la ley o el precepto.

úrico *adj.* Dícese del ácido bibásico que en pequeña cantidad existe en la orina humana, como producto final del catabolismo de las nucleoproteínas y que cuando no es excretado por el riñón se acumula en los tendones y articulaciones o en los cálices y pelvis del riñón, donde forma cálculos renales.

urinario-a *adj.* Perteneciente o relativo a la orina. *M.* Lugar destinado para orinar.

urna *f.* Vaso o caja de metal, piedra u otra materia para usos variados que utilizaban los antiguos. Arquita de hechura variada para depositar células, números o papeletas, en sorteos o en votaciones secretas. Caja de cristales planos para guardar dentro, visibles y resguardados del polvo, efigies y objetos preciosos.

uro *m.* Toro salvaje ya extinguido, del cual descienden las razas domésticas.

urodelo *adj. y s.* Anfibio de cuerpo lacertiforme, de patas cortas y con cola: salamandras, tritones, gallipatos, etc.

urología *f.* Rama de la Medicina que se ocupa del aparato urinario.

uropatía *f.* Cualquiera enfermedad de las vías urinarias.

uropigio *m.* Prominencia ósea que en la extremidad posterior de la columna vertebral, tiene un ave, y sobre la cual se implantan las plumas de la cola.

uroscopio *m.* Instrumento para investigar la albúmina y la glucosa de la orina.

urraca *f.* Pájaro de la familia de los córvidos, de cola larga gradualmente estrechada, de plumaje blanco y negro con reflejos metálicos; es vocinglera, se domestica fácilmente, remeda palabras y trozos cortos de música; marica, picaza. Persona charlatana.

úrsido *adj. y s.* Mamífero de una familia de carnívoros plantígrados, de cuerpo pesado y cola corta; su tipo es el oso.

u.r.s.s. Siglas de la Unión de Repúblicas Socialistas Soviéticas.

ursulina *f.* Monja de la orden religiosa, aprobada en 1544, bajo la advocación de Santa Ursula; dedicada a la educación de niñas y al cuidado de enfermos.

urticáceo-a *adj. y s.* Planta dicotiledónea arquiclamídea, generalmente herbácea, con hojas de pelos urticantes, flores en cabezuelas, amentos o espigas y cuyo tipo es la ortiga.

urticante *adj.* Que produce comezón, semejante a las picaduras de la ortiga.

urticaria *f.* Enfermedad eruptiva de la piel, que produce una comezón parecida a la que causan las picaduras de ortiga y con formación de ronchas rojizas o blanquecinas; su causa es al acrecentamiento de la permeabilidad de los vasos capilares, de resultas de algún proceso de alergia.

uruguayo-a *adj. y s.* Natural de Uruguay. Perteneciente a esta nación de la América del Sur.

u.s.a. Siglas de *United States of America*, Estados Unidos de América del Norte.

usado-a *adj.* Gastado y deslucido por el uso. Habituado, ejercitado, práctico en alguna cosa.

usagre *m.* Erupción pustulosa, seguida de costras, en la cara y alrededores de las orejas durante la primera dentición y que tiene por causa la diátesis escrofulosa.

usanza *f.* Uso, ejercicio o práctica general de una cosa; moda.

usar *tr.* Hacer servir una cosa para algo. Disfrutar de alguna cosa. Ejecutar o practicar alguna cosa habitualmente o por costumbre. *Intr.* Acostumbrar.

usía *com.* Metaplasmo por vuestra señoría.

uso *m.* Acción y efecto de usar. Ejercicio o práctica general de una cosa. Moda. Modo determinado y particular de hacer las cosas. Empleo continuado y habitual de una persona o cosa. Costumbre, hábito, usanza, estilo.

usted *com.* Voz de tratamiento cortesano y familiar, que lleva el verbo en tercera persona.

usual *adj.* Que común o frecuentemente se usa o se practica. Dícese de las cosas que se pueden usar con facilidad.

usuario-a *adj. y s.* Que usa ordinariamente una cosa. Aplícase al que tiene derecho de usar de la cosa ajena, aunque con ciertas limitaciones. Dícese del que goza un aprovechamiento de aguas derivadas de corrientes públicas.

usufructo *m.* Derecho de usar legalmente una cosa ajena y aprovecharse de todos sus frutos sin deteriorarla. Utilidad, frutos o provechos que se sacan de una cosa.

usufructuar *tr.* Tener o gozar el usufructo de una cosa. *Intr.* Fructificar, producir utilidad alguna cosa.

782

usufructuario-a *adj. y s.* Persona que posee y disfruta una cosa de otro.

usura *f.* Interés que se lleva por el dinero o el género en el contrato de préstamo. Este mismo contrato. Interés excesivo en un préstamo. Ganancia, fruto, utilidad o aumento que se saca de una cosa, especialmente cuando son excesivos.

usurario-a *adj.* Aplícase a los tratos y contratos en que hay usura.

usurear *intr.* Dar o tomar a usura. Ganar o adquirir con utilidad, provecho y aumento, señaladamente si es con exceso.

usurero-a *adj. y s.* Persona que presta con usura o interés excesivo. Persona que en otros contratos obtiene lucro desmedido.

usurpar *tr.* Quitar a uno lo que es suyo, o quedarse con ello, generalmente con violencia. Arrogarse la dignidad, empleo u oficio de otro y usar de ellos como si fueran propios.

utensilio *m.* Lo que sirve para el uso manual y frecuente. Herramienta o instrumento de un oficio o arte.

uterino-a *adj.* Perteneciente o relativo al útero. Dícese del hermano que sólo lo es por una misma madre.

útero *m.* Matriz. Organo del aparato genital femenino en el que se efectúa la gestación.

útil *adj.* Que trae o produce provecho, comodidad, fruto o interés. Que puede servir y aprovechar en algo. *M.* Utilidad. Utensilio.

utilidad *f.* Calidad de útil. Provecho, conveniencia, interés o fruto que se saca de una cosa. Cualidad de los bienes de satisfacer una necesidad.

utilitario-a *adj.* Que sólo propende a conseguir lo útil; que antepone la utilidad a todo.

utilitarismo *m.* Doctrina que admite la utilidad como valor supremo, atendiendo a los resultados que produce la conducta.

utilizar *tr.* Aprovecharse de una cosa.

utilaje o **utillería** *m. o f.* Conjunto de útiles, herramientas, máquinas o enseres empleados en una industria, taller o en trabajos de muy diverso tipo.

uto-azteca *adj. y s.* Familia de indígenas americanos que se extendía por Norte y Centroamérica, desde las Montañas Rocosas hasta Panamá, dividida en grupos y tribus numerosas.

utopía *f.* Plan, proyecto, doctrina o sistema halagüeño pero irrealizable.

utrículo *m.* Odre pequeño. Parte posterior, superior y elíptica del oído interno de los vertebrados.

uva *f.* Fruto de la vid; es una baya redonda, jugosa, que crece formando racimos.

uvada *f.* Abundancia de uvas.

uval *adj.* Parecido a la uva.

uvate *m.* Conserva hecha de uvas, regularmente cocidas con el mosto, hasta que toma el punto de arrope.

uvero-a *adj.* Perteneciente o relativo a las uvas. *M. y f.* Persona que vende uvas. Arbol poligonáceo de Antillas y América Central, muy frondoso y de poca altura; su fruto es la uva de playa.

úvula *f.* Parte media del velo palatino, que divide el velo en dos mitades a modo de arcos; campanilla.

uxoricida *adj. y s.* Dícese del que mata a su mujer.

uxoricidio *m.* Muerte causada a la mujer por su marido.

V

v *f.* Vigésima quinta letra del abecedario castellano y vigésima de sus consonantes.

vaca *f.* Hembra del toro. Carne de vaca o de buey que se emplea como alimento. Cuero de vaca después de curtido. Dinero que juegan en común dos o más personas.

vacación *f.* Suspensión de los negocios o estudios por algún tiempo. Tiempo que dura la cesación del trabajo. Acción de vacar un empleo o cargo.

vacada *f.* Manada de ganado vacuno. Conjunto de ganado vacuno con que negocia un ganadero.

vacante *adj.* Que vaca. Aplícase al cargo, empleo o dignidad que está sin proveer.

vacar *intr.* Cesar uno por algún tiempo en sus habituales negocios, estudios o trabajo. Quedar un empleo, cargo o dignidad sin persona que lo desempeñe o posea. Dedicarse o entregarse enteramente a un ejercicio determinado. Carecer.

vacarí *adj.* De cuero de vaca, o cubierto de este cuero.

vaccínico-a *adj.* Perteneciente o relativo a la vacuna.

vaciado *m.* Acción de vaciar en un molde un objeto de metal, yeso, etc. Figura o adorno de yeso, estuco, etc., que se ha formado en el molde. *Adj.* En México, muy bueno.

vaciar *tr.* Dejar vacía alguna vasija u otra cosa. Formar un objeto echando en un molde hueco, metal derretido u otra materia blanda. Formar un hueco en alguna cosa. Sacar filo muy agudo a los instrumentos cortantes delicados. *Intr.* Desaguar los ríos o corrientes. Menguar el agua de los ríos, lagos, etc. Decir sin reparo lo que se debía callar o mantener secreto.

vaciedad *f.* Necedad, sandez, simpleza.

vacilar *intr.* Moverse indeterminadamente una cosa. Estar poco firme una cosa en su sitio, o tener riesgo de caer o arruinarse. Titubear, estar uno perplejo e irresoluto. *Tr.* En México, embromar a alguien, hacerle alguna jugarreta como diversión.

vacío-a *adj.* Falto de contenido. Vano, sin fruto, malogrado. Ocioso. Aplícase a la casa o pueblo sin habitantes, o a los sitios que están sin la gente que suele concurrir. Hueco, falto de solidez. Vano, presuntuoso. *M.* Concavidad o hueco de algunas cosas. Vacante de algún empleo, dignidad o cargo que alguno ocupaba y deja. Falta, carencia o ausencia de una persona o cosa que se echa de menos. Enrarecimiento, en mayor o menor grado, del aire u otro gas contenido en un recipiente cerrado.

vacuidad *f.* Calidad de vacuo.

vacuna *f.* Grano o viruela que sale a las vacas en las tetas y que se transmite al hombre por inoculación, para preservarlo de las viruelas. Pus de estos granos; linfa que se extrae de estos granos y que contiene el virus de la viruela de la vaca. Cualquier virus que, preparado, se inocula para preservar al hombre de una enfermedad, por un proceso de inmunización.

vacunar *tr.* Aplicar el virus vacuno a una persona para preservarla de la viruela. Inocular a la vaca o a la ternera el virus vacuno con objeto de conservarlo. Inocular a una persona o animal un virus preparado para preservarlos de una enfermedad determinada.

vacuno-a *adj.* Perteneciente al ganado bovino. De cuero de vaca.

vacuo-a *adj.* Vacío. Vacante. *M.* Concavidad o hueco.

vacuola *f.* Vesícula del citoplasma de una célula que contiene jugo celular.

vadear *tr.* Pasar un río u otra corriente de agua profunda por el vado o por un sitio donde se pueda hacer pie. Vencer una grave dificultad. Tantear o inquirir el ánimo de uno. *R.* Manejarse, portarse, conducirse.

vademécum *m.* Libro de poco volumen para llevar uno consigo y que contiene las nociones más necesarias de una ciencia o arte.

vado *m.* Paraje de un río, con fondo firme, llano y poco profundo por donde se puede pasar andando, cabalgando o en carruaje. Remedio o alivio en las cosas que ocurren.

vaho *m.* Soplo o aliento fuerte.

vagabundo-a *adj. y s.* Que anda errante de una parte a otra. Holgazán u ocioso, sin domicilio determinado, o sin oficio ni beneficio.

vagancia *f.* Acción de vagar, o de estar sin oficio u ocupación.

vagante *adj.* Que vaga, que anda suelto y libre. Que está ocioso o que tiene tiempo suficiente para hacer una cosa.

vagar *intr.* Tener tiempo y lugar suficiente o necesario para hacer una cosa. Estar ocioso, sin oficio ni beneficio. Andar por varias partes, sin sitio o lugar determinado, o sin especial detención en ninguno. Andar libre y suelta una cosa. *M.* Tiempo libre para hacer una cosa. Espacio, lentitud, pausa o sosiego.

vagido *m.* Gemido o llanto del recién nacido.

vagina *f.* Conducto de paredes musculosas que en las hembras de los mamíferos se extiende desde la vulva hasta la matriz. La vaina ensanchada y envolvente de algunas hojas.

vaginal *adj.* Perteneciente o relativo a la vagina. En forma de vaina.

vago-a *adj.* Vacío, desocupado. Dícese del hombre sin oficio. Sin firmeza ni consistencia, o con riesgo de caerse; sin apoyo. En vano. Que anda de una parte a otra. Aplícase a las cosas que no tienen objeto o fin determinado. Indeciso, indefinido. Dícese del nervio que nace en el bulbo raquídeo e inerva el corazón, los pulmones y el estómago, de impresiones sensitivas vagas.

vagón *m.* Carruaje de viajeros o de mercancías y equipajes, en los ferrocarriles. Carro grande de mudanzas.

vagoneta *f.* Vagón pequeño y descubierto, para transporte.

vaguada *f.* Línea que marca la parte más honda en el valle y es el camino de las aguas de las corrientes naturales.

vaguear *intr.* Vagar, andar por varias partes sin rumbo fijo.

vaguedad *f.* Calidad de vago. Expresión o frase vaga.

vaguido-a *adj.* Turbado, o que padece vahidos. *M.* Vahido.

vaharada *f.* Acción y efecto de arrojar o echar el vaho, aliento o respiración.

vahear o vahar *intr.* Echar de sí vaho o vapor.

vahido *m.* Desvanecimiento, turbación breve del sentido por alguna indisposición.

vaho *m.* Vapor que despiden los cuerpos en determinadas condiciones.

vaída *adj.* Dícese de la bóveda integrada por un hemisferio cortado con cuatro planos verticales, cada dos de ellos paralelos entre sí. .

vaina *f.* Funda en que se encierran y guardan algunas armas o instrumentos de hierro u otro metal. Cáscara tierna y larga en que están encerradas algunas simientes. En América, contrariedad, molestia. *M.* Persona despreciable.

vainica *f.* Deshilado menudo que por adorno se hace en el borde interior de los dobladillos.

vainilla *f.* Planta orquidácea americana, de tallos muy largos y trepadores, hojas enteras, flores grandes verdosas y fruto capsular que contiene muchas simientes menudas. que se utiliza por sus propiedades aromáticas. Fruto de esta planta.

vaivén *m.* Movimiento alternativo de un cuerpo de andar y desandar. Inconstancia de las cosas en su duración o logro. Riesgo.

vajilla *f.* Conjunto de platos, vasos, fuentes, tazas, jarros, etc., que se destinan al servicio de la mesa.

val *m.* Apócope de valle; úsase mucho en composición.

valar *adj.* Perteneciente al vallado, muro o cerca.

valdepeñas *m.* Vino tinto procedente de Valdepeñas, Ciudad Real, España, y de los pueblos próximos. Cepa blanca cultivada en La Mancha.

vale *m.* Papel o seguro a favor de una persona, que obliga a pagarle una cantidad de dinero. Nota o apunte firmado que se da al que ha de entregar una cosa, para que acredite la entrega y pueda cobrar el importe.

vale *m.* Palabra latina usada, a veces, para despedirse en estilo familiar y que significa: consérvate sano.

valedero-a *adj.* Que debe valer, ser firme y subsistente.

valedor-a *m. y f.* Persona que protege o ampara a otra.

valencia *f.* Capacidad de combinación de un elemento.

valenciano-a *adj. y s.* Natural de Valencia. Perteneciente a esta ciudad y antiguo reino de España, y a cualquiera de las ciudades españolas y americanas de este nombre.

valentía *f.* Esfuerzo, aliento, vigor. Hecho o hazaña heroica ejecutados con valor. Expresión arrogante o jactancia de las acciones de valor o esfuerzo. Gallardía. Acción esforzada y vigorosa.

valentino-a *adj.* Valenciano, relativo a Valencia.

valentón-a *adj. y s.* Arrogante o que se jacta de guapo o valiente.

valentonada *f.* Jactancia o exageración del propio valor.

valer *tr.* Amparar, proteger, patrocinar. Redituar, fructificar o producir. Montar, sumar o importar, hablando de números y cuentas. Tener las cosas un precio determinado. *Intr.* Equivaler. Tener alguna cualidad que merezca aprecio y consideración. Tener una persona poder, autoridad o fuerza. Ser una cosa de importancia y utilidad. Prevalecer una cosa, en oposición a otra. Ser o servir de defensa. Tener cabida, aceptación o autoridad con uno. *R.* Usar o servirse de una cosa. Recurrir al favor o interposición de otro para un intento.

valeriana *f.* Planta herbácea vivaz, de tallo erguido y algo velloso, hojas partidas en hojuelas dentadas, flores en corimbos terminales y fruto seco con una sola semilla; es de rizoma fragante que se utiliza en Medicina como antiespasmódico.

valeroso-a *adj.* Eficaz, que puede mucho. Valiente, esforzado, animoso. Valioso.

valetudinario-a *adj. y s.* Enfermizo, delicado, de salud quebrada.

valgo-a *adj.* De piernas defectuosas, cuando sus rodillas quedan más juntas que lo normal y las piernas separadas hacia afuera; zambo.

valía *f.* Estimación, valor o aprecio de una cosa. Valimiento, privanza. Facción, parcialidad.

validar *tr.* Dar fuerza o firmeza a una cosa; hacerla válida.

valido-a *adj.* Recibido, creído, apreciado o estimado. *M.* El que tiene el primer lugar en la gracia de un personaje. Primer ministro.

válido-a *adj.* Firme, subsistente y que vale o debe valer legalmente. Robusto, fuerte, esforzado.

valiente *adj. y s.* Fuerte y robusto en su línea. Esforzado, animoso y de valor. Eficaz y activo en su línea. Excelente, primoroso. Grande y excesivo.

valija *f.* Maleta. Saco de cuero. cerrado con llave, donde llevan la correspondencia los correos. .El mismo correo.

valimiento *m.* Acción de valer una cosa o de valerse de ella. Privanza o aceptación particular que una persona tiene en otra. Amparo, favor, protección.

valioso-a *adj.* Que vale mucho o tiene mucha estimación o poder. Adinerado, rico.

valisoletano-a o **vallisoletano-a** *adj.* y *s.* Natural de Valladolid. Perteneciente a esta ciudad y provincia de España.

valón-a *adj.* y *s.* Natural del territorio del SE de Bélgica. Perteneciente a él. Idioma, dialecto del francés antiguo, hablado por ellos.

valona *f.* Cuello grande y vuelto sobre las espaldas, hombros y pecho. En América, crines recortadas que cubren el cuello de las bestias asnales y mulares. En México, favor, ayuda, valimento.

valor *m.* Grado de utilidad o aptitud de las cosas, para satisfacer las necesidades o proporcionar bienestar o deleite. Calidad de las cosas por la que se da cierta suma de dinero o algo equivalente. Al cance de la significación o importancia de una cosa, acción o frase. Cualidad del alma que mueve a acometer grandes cosas, sin miedo ni temor. Subsistencia y firmeza de algún acto. Rédito, fruto o producto de una hacienda o de un empleo. Equivalencia de una cosa a otra. *Pl.* Títulos representativos de haberes o créditos en sociedades, de cantidades prestadas, de fondos o servicios y que son materia de operaciones mercantiles. Grado de intensidad de un color. Duración relativa de un sonido musical.

valorar o **valorear** *tr.* Señalar a una cosa el valor correspondiente a su estimación; ponerle precio. Aumentar el valor de una cosa. Dar a una persona o cosa su verdadero valor. Valorizar.

valorizar *tr.* Valorar, evaluar. Aumentar el valor de una cosa.

valquiria *f.* Cada una de ciertas vírgenes divinas de la mitología nórdica europea que presidían la suerte de las batallas, elegían a los héroes destinados a morir y los conducían a la morada celeste, el Walhalla.

vals *m.* Danza escrita en compás de $3/4$ y de movimiento vivo, ejecutada por una pareja enlazada y que dando vueltas realiza un movimiento de traslación. Música de esta danza.

valsar *intr.* Bailar el vals

valuar *tr.* Valorar. Calcular un precio.

valuta *f.* Sistema monetario de un país; moneda.

valva *f.* Cada una de las partes en que se divide la cubierta de un fruto. Cada una de las dos piezas duras y móviles que constituyen la concha de los moluscos acéfalos y de algunos cirrópodos. Por extensión, la concha única de los gasterópodos.

válvula *f.* Pieza que sirve para colocarla en una máquina o instrumento e interrumpir alternativa o permanentemente la comunicación entre dos de sus órganos, o entre éstos y el medio exterior, moviéndose a impulsos de fuerzas contrarias. Pliegue membranoso que impide el retroceso de los humores que circulan por los vasos o conductos del cuerpo animal.

valla *f.* Vallado o estacada para defensa. Obstáculo o impedimento. En México, formación de tropas o de personas civiles para cubrir la carrera en dos filas separadas por el ancho de la calle o calzada, dándose frente.

valladar *m.* Vallado. Obstáculo de cualquier clase para impedir que sea invadida o allanada una cosa.

valladear *tr.* Vallar, cercar con vallado.

vallado *m.* Cerco que se levanta y forma de tierra apisonada, o de barbas, estacas, etc., para defender un sitio e impedir la entrada en él.

vallar *m.* Valladar, vallado. *Tr.* Cercar o cerrar un sitio con vallado.

valle *m.* Llanura de tierra entre montes o alturas. Depresión situada entre dos montañas o alineaciones de montañas, generalmente inclinada hacia el mar, hacia otro valle o hacia una cuenca lacustre; por ella corren las aguas fluviales. Cuenca de un río. Conjunto de casas, lugares o aldeas situados en esa depresión.

vampiresa *f.* Mujer atrayente y seductora capaz de arruinar física y moralmente a sus amantes.

vampiro *m.* Espectro o cadáver que, según creencia del vulgo, va por las noches a chupar poco a poco la sangre de los vivos hasta matarlos. Persona codiciosa que se enriquece por malos medios y como chupando la sangre del pueblo. Murciélago americano que tiene encima de la cabeza un apéndice membranoso a modo de lanza; se alimenta de insectos y lame la sangre de las heridas que causa al morder a personas o animales dormidos.

vanadio *m.* Metal blanco argentino; forma parte de varias aleaciones de aplicaciones industriales y también de algunos aceros a los cuales da gran resistencia; símbolo V.

vanagloria *f.* Jactancia del propio valor y cualidades.

vanagloriarse *r.* Jactarse del propio valer y cualidades.

vandalismo *m.* Devastación propia de los antiguos vándalos Espíritu y ánimo de destrucción que no respeta cosa alguna, ni sagrada ni profana

vándalo-a *adj. y s.* Dícese del individuo de un pueblo de la antigua Germania que invadió la España romana y que pasó luego al Africa, señalándose en todas partes por el furor con que destruía los monumentos. El que comete acciones propias de gente inculta, forajida o desalmada.

vanguardia *f.* Parte de una fuerza armada que va delante del cuerpo principal. Espacio que se extiende delante de una tropa formada.

vanguardismo *m.* Movimiento artístico moderno en que se comprende el conjunto de escuelas y tendencias surgidas por reacción contra el romanticismo y el realismo: impresionismo, expresionismo, ultraísmo, cubismo, estetismo, surrealismo, etc.

vanidad *f.* Calidad de vano. Fausto, pompa, vana ostentación. Palabra inútil, vana e insubstancial. Ilusión o ficción de la fantasía.

vanidoso-a *adj. y s.* Que tiene vanidad y la da a conocer.

vanilocuencia *f.* Verbosidad inútil e insubstancial.

vanistorio *m.* Vanidad ridícula y afectada. Persona vanidosa.

vano-a *adj.* Falto de realidad, o contenido. Hueco, vacío, falto de solidez. Inútil, infructuoso. Arrogante, presuntuoso. Insubsistente, poco durable y estable. Parte del muro o fábrica en que no hay sustentáculo o apoyo para el techo o bóveda: huecos de ventanas, puertas o intercolumnios.

vapor *m.* Fluido aeriforme, en que, por la acción del calor, se convierten ciertos cuerpos, generalmente los líquidos y, por antonomasia, el agua. Gas de los eructos. Especie de vértigo o desmayo. Buque de vapor.

vaporizador *m.* Aparato que sirve para vaporizar.

vaporizar *tr. y r.* Convertir un líquido en vapor, por la acción del fuego. Dispersar un líquido en menudas gotas.

vaporoso-a *adj.* Que arroja de sí vapores o los ocasiona. Tenue, ligero, parecido de algún modo al vapor.

vapular o **vapulear** *tr.* Azotar.

vaquería *f.* Vacada. Lugar donde hay vacas o se vende su leche.

vaquerillo *m.* En México, parte trasera de la silla de montar que cubre las ancas de la caballería.

vaquerizo-a *adj.* Perteneciente o relativo al ganado bovino. *M. y f.* Corral o estancia donde se recoge el ganado bovino en el invierno.

vaquero-a *adj.* Propio de los pastores de ganado bovino. *M. y f.* Pastor o pastora de reses vacunas.

vaqueta *f.* Cuero de ternera, curtido y adobado.

vaquetón-a *adj. y s.* En México, calmado, tardo, tranquilo, pesado. En México y Cuba, descarado, trapacero, atrevido u osado.

var *m.* Unidad de medida para la potencia reactiva de un circuito inductivo; es la abreviatura de voltamperio reactivo.

vara *f.* Ramo delgado, largo, limpio de hojas y liso. Palo largo y delgado. Bastón de mando. Antigua medida de longitud, que en Castilla equivalía a 835 milímetros; en México, a 838. Garrochazo dado al toro por el picador. Bohordo con flores. Cada una de las dos piezas en que se afirman los largueros de la escalera del carro y entre las cuales se engancha la caballería. Parte móvil del tubo del trombón que se alarga o acorta por deslizamiento y hace bajar o subir el sonido.

varada o **varadura** *f.* Acción y efecto de varar un barco.

varadero *m.* Lugar donde varan las embarcaciones para resguardarlas, para limpiar fondos o componerlas.

varal *m.* Vara muy larga y gruesa. Persona muy alta.

varapalo *m.* Palo largo a modo de vara. Golpe dado con palo o vara. Daño o quebranto que uno recibe en sus intereses materiales o morales. Pesadumbre o desazón grande.

varar *intr.* Encallar la embarcación en la costa, en las peñas o en un banco de arena. Quedar parado o detenido un negocio. *Tr.* Sacar a la playa y poner en seco una embarcación, para resguardarla de la resaca, de los golpes de mar o para carenarla.

varazo *m.* Golpe dado con una vara.

varear *tr.* Derribar con una vara los frutos de algunos árboles. Dar golpes con vara o palo. Herir a los toros o fieras con varas o cosa semejante. Medir o vender por varas. *R.* Enflaquecer.

varenga *f.* Brazal. Pieza curva que se coloca atravesada sobre la quilla para formar la cuaderna.

vareta *f.* Palito delgado, junco o esparto untado, para cazar pájaros. Lista de color diferente del fondo de un tejido. Expresión dicha con ánimo de herir a alguien. Indirecta.

varetazo *m.* Golpe de lado que da el toro con el asta.

varga *f.* Parte más pendiente de una cuesta.

variable *adj.* Que varía o puede variar. Inestable, inconstante y mudable. Dícese en Matemáticas de la cantidad que no tiene valor constante y determinado, sino que crece o mengua según ciertas condiciones.

variación *f.* Acción y efecto de variar. Modificación estructural, morfológica o fisiológica en los caracteres de la descendencia con respecto de sus progenitores.

variado-a *adj.* Que tiene variedad. De varios colores. Dícese del movimiento cuya velocidad no es constante.

variante *adj.* Que varía. *F.* Diferencia o variación entre varias copias o ejemplares de códices, manuscritos o libros, cuando se cotejan los de una edición o época con los de otra. Modificación más o menos importante de un motivo musical, determinada por el compositor o confiada al ejecutante.

variar *tr.* Hacer que una cosa sea diferente en algo de lo que antes era. Dar variedad. *Intr.* Cambiar una cosa de forma, propiedad o estado. Ser una cosa diferente de otra. Ejecutar una tropa un movimiento, una variación.

varice o **várice** *f.* Dilatación permanente de una vena, por la acumulación de sangre en su cavidad, a causa de la relajación y pérdida de elasticidad de sus paredes.

varicela *f.* Enfermedad contagiosa, aguda y febril, con erupción parecida a la viruela benigna y con pústulas superficiales; su acceso confiere inmunidad permanente; viruelas locas.

varicocele *m.* Tumor formado por la dilatación de las venas del escroto y del cordón espermático.

varicoso-a *adj.* Perteneciente o relativo a las varices. Que las tiene.

variedad *f.* Calidad de vario. Diferencia dentro de la unidad; conjunto de cosas diversas. Inconstancia, inestabilidad de las cosas. Mudanza o alteración en la substancia de las cosas o en su uso. Variación. *Pl.* Género de espectáculos, que abarca canciones, bailes, números musicales, etc. Revista musical.

varilla *f.* Barra larga y delgada. Cada una de las tiras de madera, marfil, etc., que forma la armazón de un abanico. Cada una de las costillas de metal u otra materia que forma la armazón de un paraguas, quitasol, etc. Hierro forjado en barras redondas de poco diámetro.

varillaje *m.* Conjunto de varillas de un utensilio: abanicos, paraguas, quitasoles. Conjunto de palancas de una máquina de escribir.

vario-a *adj.* Diverso o diferente. Inconstante o mudable. Indiferente o indeterminado. Que tiene variedad o está compuesto de diversos adornos o colores. *M.* y *f. pl.* Algunos, unos cuantos.

varioloide *adj.* Parecido a la viruela. *F.* Viruela atenuada y benigna.

varioloso o **variolento** *adj. y s.* Perteneciente o relativo a la viruela. Que tiene oquedades parecidas a las cicatrices de las viruelas.

varo-a *adj. y s.* Dícese de las piernas defectuosas, cuando las rodillas quedan más separadas que lo normal y las piernas metidas hacia dentro; estevado.

varón *m.* Criatura racional del sexo masculino. Hombre que ha llegado a la edad viril. Hombre de respeto, autoridad u otras prendas relevantes.

varonil *adj.* Perteneciente o relativo al varón. Esforzado, valeroso, fuerte.

vasallaje *m.* Vínculo de dependencia y fidelidad que una persona tenía respecto de otra. Rendimiento o reconocimiento con dependencia a cualquier otro, de una cosa a otra.

vasallo-a *adj.* Sujeto a un señor con vínculo de vasallaje. Feudatario. *M.* y *f.* Súbdito de un soberano o de cualquier otro gobierno supremo e independiente. Cualquiera que reconoce a otro por superior o tiene dependencia de él.

vasar *m.* Apoyo o anaquelería para poner vasos, platos, etc., en las cocinas, despensas, etc.

vasco-a *adj. y s.* Vascongado. Natural de una parte del territorio francés comprendido en el departamento de los Bajos Pirineos. Vascuence, lengua de los vascos y vascongados.

vascongado-a *adj.* Natural de alguna de las provincias de Alava, Guipúzcoa y Vizcaya. Perteneciente a ellas, en España. Vascuence, idioma de los vascos y vascongados.

vascuence *adj. y s.* Dícese de la lengua hablada por parte de los naturales de las provincias vascongadas, de parte de Navarra y del territorio vasco francés. Lo que está tan confuso y obscuro que no se puede entender.

vascular *adj.* Relativo o perteneciente a los vasos orgánicos, animales o vegetales: sanguíneos, linfáticos, lechosos, laticíferos, liberianos, etc. Que tiene vasos.

vaselina *f.* Mezcla de hidrocarburos saturados, residuo de la destilación del petróleo que hierve a más de 300°; es una substancia crasa, semisólida, mantecosa, inodora e insípida; úsase en la industria general, perfumería y Farmacia.

vasera *f.* Vasar. Caja o funda en que se guarda el vaso.

vasiforme *adj.* En forma de vaso o tubo.

vasija *f.* Toda pieza cóncava y pequeña de barro u otra materia y de forma ordinaria, para contener líquidos o cosas alimenticias. Por extensión, a veces, las medianas y las grandes. Conjunto de cubas y tinajas en las bodegas y depósitos.

vaso *m.* Pieza cóncava, de mayor o menor tamaño, para contener alguna cosa. Recipiente de forma cilíndrica para beber. Cantidad de líquido que cabe en él. Bacín. Jarrón, florero o pebetero para adorno. Receptáculo o depósito natural que contiene algún líquido. Cualquiera de los conductos por donde circulan los fluidos en los seres orgánicos.

vasoconstrictor-a *adj.* Que produce la contracción de los vasos orgánicos. Dícese de los nervios que la producen.

vasodilatador-a *adj.* Que produce la dilatación de los vasos orgánicos. Dícese de los nervios que la producen.

vasomotor-a *adj. y s.* Que regula los movimientos de dilatación y contracción de los vasos del cuerpo animal, principalmente de los sanguíneos.

vástago *m.* Renuevo o ramo tierno que brota del árbol o planta. Persona descendiente de otra. Barra que da movimiento o lo transmite a algún mecanismo.

vastedad *f.* Dilatación, anchura o volumen de una cosa.

vasto-a *adj.* Dilatado, muy extendido, muy grande.

vate *m.* Adivino. Poeta.

vaticano-a *adj.* Perteneciente o relativo al monte Vaticano. Perteneciente o relativo al Vaticano, palacio, Estado o ciudad en que ordinariamente reside el Papa. Perteneciente al Papa o a la corte pontificia.

vaticinar *tr.* Pronosticar, adivinar, profetizar.

vatio o Wat *m.* Unidad de potencia eléctrica, equivalente a un julio o joule por segundo.

vaudeville o vodevil *m.* Palabra francesa que designa, en la actualidad, comedia frívola y atrevida.

vaya *f.* Burla o mofa que se hace de uno o chasco que se le da.

vecera o vecería *f.* Manada de ganado, por lo común porcino, perteneciente a un vecindario.

vecero-a *adj.* Aplícase a las plantas que en un año dan muchos frutos y poco o ninguno en otro. *M. y f.* Parroquiano de un establecimiento. Persona que guarda turno o vez para una cosa.

vecinal *adj.* Perteneciente al vecindario o a los vecinos de un pueblo. Dícese del camino construido y conservado por el municipio, cuyas necesidades sirve y suele ser más estrecho que las carreteras.

vecindad *f.* Calidad de vecino. Conjunto de personas que viven en los distintos departamentos de una misma casa o en varias inmediatas las unas de las otras. Vecindario. Contorno o cercanías de un sitio o paraje. En México, casa modesta en que habitan varios vecinos.

vecindario *m.* Conjunto de los vecinos de una población o parte de ella. Vecinos de un municipio o solo de una parte; calidad de vecino. Padrón de los vecinos de un pueblo.

vecino-a *adj. y s.* Que habita con otros en un mismo pueblo, barrio o casa, en habitación independiente. Que tiene casa y hogar en un pueblo y contribuye a las cargas del mismo. Cercano, próximo o inmediato; colindante, contiguo, limítrofe.

vector *adj. y s.* Segmento o porción rectilínea de longitud definida, trazada desde un punto dado, en dirección y sentido determinados. Línea recta tirada en una curva desde su foco, o desde uno de sus focos, a cualquier punto de la curva misma. En las coordenadas polares, distancia de un punto cualquiera al polo. Persona, animal o cosa que transporta microbios patógenos de un individuo a otro.

veda *f.* Acción y efecto de vedar. Espacio de tiempo en que está vedado cazar o pescar.

vedado *m.* Campo o sitio acotado o cerrado, por ley u ordenanza.

vedar *tr.* Prohibir por ley, estatuto u ordenanza. Impedir, estorbar.

vedeja *f.* Guedeja.

védico-a *adj.* Perteneciente o relativo a los Vedas y al idioma sánscrito arcaico en que están escritos.

vedija *f.* Mechón de lana. Pelo enredado y ensortijado, difícil de peinar y desenredar.

veedor-a *adj. y s.* Que ve, mira o registra con curiosidad las acciones de los otros. Antiguamente, inspector, visitador.

vega *f.* Parte de tierra baja, llana y fértil.

vegetación *f.* Acción y efecto de vegetar. Conjunto de vegetales propios de un paraje, región, o existentes en un terreno determinado. Excrecencia fungiforme de la piel o de las membranas mucosas.

vegetal *adj.* Que vegeta. Perteneciente o relativo a las plantas. *M.* Ser orgánico que crece y vive, pero no muda de lugar por impulso voluntario, ni tiene sensibilidad.

vegetar *intr.* Germinar, nutrirse, crecer y aumentarse las plantas. Vivir maquinalmente una persona con vida meramente orgánica, comparable a la de las plantas. Disfrutar voluntariamente de vida tranquila, exenta de trabajo y de cuidados.

vegetariano-a *adj. y s.* Persona que se alimenta exclusivamente de vegetales o de substancias de origen vegetal

vehemente *adj.* Que mueve o se mueve con ímpetu o violencia, u obra con mucha fuerza y eficacia. Dícese de lo que se expresa con viveza e ímpetu.

vehículo *m.* Artefacto, carruaje, embarcación, avión, globo, narria, litera, etc., para transportar personas o cosas de una parte a otra. Lo que conduce o transmite fácilmente una cosa, como sonido, electricidad, calor, etc. Medio por el cual se transmite un impulso.

veinte *adj.* Dos veces diez. Vigésimo. *M.* En México y Chile, nombre vulgar de la moneda de veinte centavos.

veintena *f.* Conjunto de 20 unidades.

veinticinco *adj.* Veinte y cinco. Vigésimo quinto.

veinticuatro *adj.* Veinte y cuatro. Vigésimo cuarto.

veintidós *adj.* Veinte y dos. Vigésimo segundo.

veintinueve *adj.* Veinte y nueve. Vigésimo nono.

veintiocho *adj.* Veinte y ocho. Vigésimo octavo.

veintiséis *adj.* Veinte y seis. Vigésimo sexto.

veintisiete *adj.* Veinte y siete. Vigésimo séptimo.

veintitrés *adj.* Veinte y tres. Vigésimo tercero.

veintiún *adj.* Apócope de veintiuno; siempre antepuesto al substantivo.

veintiuno-a *adj.* Veinte y uno. Vigésimo primero.

vejamen *m.* Reprensión festiva y satírica con que se ponen de manifiesto y se ponderan los defectos físicos o morales de una persona.

vejar *tr.* Maltratar, molestar, perseguir a uno, perjudicarlo o hacerlo padecer. Dar vejamen.

vejestorio *m.* Persona muy vieja.

vejete *adj. y s.* Dícese, especialmente en el teatro, de la figura del viejo ridículo.

vejez *f.* Calidad de viejo. Senectud. Último período de la vida de los organismos, caracterizado por la declinación de las actividades fisiológicas, que por término medio comienza en el hombre a los setenta años y termina con la muerte.

vejiga *f.* Organo muscular y membranoso a manera de bolsa, en el cual se va depositando la orina segregada por los riñones. Ampolla. Pústula formada por la viruela. Organo en forma de bolsita en que se va depositando la bilis.

vejigatorio-a *adj. y s.* Aplícase a la substancia irritante que se aplica para levantar vejigas con fines revulsivos y provocar una derivación contrairritante.

vejigoso-a *adj.* Lleno de vejigas.

vela *f.* Velación, acción de velar. Tiempo que se vela. Asistencia por horas o por turno delante del Santísimo Sacramento. Tiempo que se destina por la noche para trabajar. Cilindro o prisma de cera, sebo, etc., con pabilo en el eje para que pueda encenderse y dar luz. Romería. En México, reprimenda.

vela *f.* Conjunto de piezas de lona o lienzo fuerte que, cortadas de diversos modos y cosidas, se amarran a las vergas para recibir el viento que impele la nave. Toldo, pabellón o cubierta de tela fuerte para hacer sombra. Barco de vela.

velación *f.* Acto de cubrir con un velo a los cónyuges, en la Misa nupcial

velacho *m.* Gavia del trinquete.

velada *f.* Acción de velar o estar sin dormir el tiempo destinado al sueño. Concurrencia nocturna a una plaza o paseo nocturno, iluminado con motivo de alguna festividad. Reunión nocturna de varias personas para solazarse de algún modo. Fiesta musical o literaria que se efectúa por la noche o muy entrada la tarde.

velado-a *adj. y s.* Marido o mujer legítimos. Dícese de la voz que no emite sonidos claros o limpios

velador-a *adj.* Que vela. Dícese del que con vigilancia y solicitud cuida de alguna cosa. *M.* Candelero. Mesa o mesita de un solo pie. En México, vela gruesa y corta que se tiene encendida delante de alguna imagen santa, principalmente de noche. Guardián nocturno.

velamen u velaie m. Conjunto de velas de una embarcación.

velar adj. Que vela u obscurece. Perteneciente o relativo al velo del paladar. Dícese de la vocal o consonante cuya articulación se caracteriza por la aproximación o contacto del dorso de la lengua y el velo del paladar: u, g.

velar intr. Estar sin dormir el tiempo destinado regularmente al sueño. Continuar trabajando después de la jornada ordinaria. Cuidar solícitamente de una cosa. Tr. Asistir de noche a un enfermo o a un difunto. Observar atentamente una cosa. Hacer centinela o guardia durante la noche.

velar tr. y r. Cubrir con velo. En fotografía, borrarse total o parcialmente la imagen de la placa, papel o película por la acción de la luz. Celebrar la ceremonia nupcial de la velación. Tr. Cubrir, ocultar a medias una cosa, atenuarla, disminuirla.

velatorio m. Acto de velar a un difunto.

veleidad f. Voluntad antojadiza. Inconstancia, ligereza, mutabilidad reprensible en los pareceres o determinaciones. Versatilidad, antojo.

veleidoso-a adj. Inconstante, mudable.

velejar intr. Usar o valerse de las velas en la navegación.

velero-a adj. y s. Dícese de la persona que asiste a velas y romerías. Persona que fabrica velas o las vende.

velero-a adj. Aplícase a la embarcación muy ligera o que navega mucho. M. El que hace velas para los buques. Buque de vela. Aeroplano planeador.

veleta f. Pieza de metal, en forma de saeta o cosa parecida, que se coloca en lo alto de un edificio, de modo que pueda girar alrededor de un eje vertical impulsada por el viento, para señalar la dirección de éste. Banderola de la lanza de los soldados de caballería. Persona fácil, inconstante y mudable.

velicar tr. Punzar en alguna parte del cuerpo para dar salida a los humores.

veliforme adj. En forma de velo.

vélite m. Soldado de las milicias ligeras de la antigua Roma.

velo m. Cortina o tela que cubre una cosa. Prenda del traje femenino de calle, hecha de tul, gasa u otra tela delgada con que las mujeres suelen cubrirse la cabeza, el cuello y a veces el rostro. Manto con que cubren las religiosas la cabeza y la parte superior del cuerpo. Banda de tela blanca que en la misa de velación se pone al marido por los hombros y a la mujer sobre la cabeza. Pretexto o excusa con que se intenta ocultar, atenuar u oscurecer la verdad. Confusión u obscuridad de entendimiento. Porción orgánica en forma de cortina o membrana. Opacidad que cubre toda la imagen en las placas fotográficas cuando reciben exceso de luz.

velocidad f. Ligereza o prontitud en el movimiento. Relación entre el espacio recorrido por un cuerpo o agente en movimiento y el tiempo empleado en recorrerlo.

velocímetro m. Instrumento aeronáutico para indicar la velocidad del avión con relación al aire. Aparato acoplado a la caja de velocidades o al árbol transmisor de un vehículo que indica la velocidad por kilómetro hora. Tacómetro.

velocípedo m. Vehículo que se mueve con los pies del que va montado en él.

velódromo m. Lugar destinado para carreras de bicicleta.

velón m. Lámpara de metal para aceite común, con un vaso de uno o varios picos o mecheros, y un eje en que puede girar, subir y bajar, terminado por arriba con una asa y por abajo en un pie en forma de platillo. En México, Chile y Perú, vela de sebo gruesa y corta.

velorio m. Reunión con bailes, cantos, historietas, etc., que durante la noche se celebra en casas de pueblos hispanos, por lo común, con ocasión de celebrarse alguna faena doméstica, hilar, matar el puerco, etc. Velatorio de un difunto. Fiesta poco concurrida y desanimada.

veloz adj. Acelerado, ligero y pronto en el movimiento. Ágil y pronto en lo que se ejecuta o discurre.

vello m. Pelo que sale más corto y suave que el de la cabeza en algunas partes del cuerpo humano. Pelusilla de algunas frutas y plantas.

vellocino m. Vellón, lana de un carnero u oveja que, esquilada, sale junta; zalea.

vellón m. Toda la lana de un carnero o de una oveja que, esquilada, sale junta. Zalea. Vedija o guedeja de lana.

vellón m. Liga de plata y cobre con que se labró moneda antiguamente. Moneda de cobre que se usó en lugar de la fabricada con liga de plata.

vellori o vellorín *m*. Paño entrefino, de color pardo ceniciento o de lana sin teñir.

vellosidad *f*. Abundancia de vello. Calidad de velloso.

vellosilla *f*. Planta compuesta herbácea, anual, de hojas lanuginosas, cabezuelas amarillas con pedúnculos velludos, fruto seco con semillas negras y de raíz rastrera; se ha usado en Medicina como astringente.

velloso-a *adj*. Que tiene vello. Parecido a él, o que participa de sus propiedades.

velludo-a *adj*. Que tiene mucho vello. *M*. Felpa o terciopelo.

vena *f*. Cualquiera de los vasos por donde la sangre vuelve al corazón. Cada uno de los cordones o filamentos que se perciben en las alas de los insectos y que sostienen la membrana que las forma. Cada uno de los hacecillos de fibras y vasos que sobresalen en el envés de las hojas de las plantas. Filón metálico. Cada una de las listas onduladas o ramificadas y de diversos colores que tienen ciertas piedras y maderas. Inspiración poética.

venablo *m*. Dardo o lanza corta y arrojadiza.

venado *m*. Ciervo.

venal *adj*. Vendible o expuesto a la venta. Que se deja sobornar con dádivas.

venalidad *f*. Calidad de venal, vendible o sobornable.

venático-a *adj*. y *s*. Que tiene vena de loco, o ideas extravagantes.

venatorio-a *adj*. Perteneciente o relativo a la montería.

vencedor-a *adj*. Que vence, que triunfa.

vencejo *m*. Ligadura con que se atan los haces de las mieses. Pájaro semejante a la golondrina, insectívoro, de cola larga y ahorquillada y alas puntiagudas; anida en los aleros de los tejados. Otras especies reciben el mismo nombre, sobre todo en América.

vencer *tr*. Rendir o sujetar al enemigo. Rendir a uno ciertos impulsos de la naturaleza. Aventajarse o salir preferido en una competencia o comparación. Rendir las pasiones a la razón. Superar dificultades o estorbos. Prevalecer una cosa sobre otra. Sufrir, llevar con paciencia un dolor o calamidad. Subir, superar la altura o aspereza de un sitio o camino. Ladear, torcer o inclinar una cosa. *Intr*. Cumplirse un término o plazo. Salir uno victorioso

en una contienda, disputa o pleito. Refrenar los ímpetus del genio o de la pasión.

vencimiento *m*. Acción de vencer o ser vencido. Inclinación o torcimiento de una cosa. Cumplimiento del plazo de una deuda, obligación, etc.

venda *f*. Tira de lienzo u otra materia, para ligar un miembro o para sujetar los apósitos. Faja para tapar los ojos.

vendaje *m*. Ligadura que se hace con vendas u otras piezas, que se acomode a la forma de la región del cuerpo donde se aplica.

vendar *tr*. Atar, ligar o cubrir con venda. Poner un impedimento o estorbo para que no se vean las cosas como son en sí.

vendaval *m*. Viento fuerte y duro que no llega a ser temporal declarado.

vendedor-a *adj*. y *s*. Persona que vende.

vendehumos *com*. Persona que finge valimiento con un poderoso, para vender su favor a los pretendientes.

vender *tr*. Traspasar a otro, por el precio convenido, la propiedad de lo que uno posee. Exponer u ofrecer al público los géneros o mercancías, propias o ajenas, para el que las quisiera comprar Sacrificar al interés cosas por valor material. *R*. Dejarse sobornar.

vendí *m*. Certificado que da el vendedor, corredor o agente que ha intervenido en una venta de mercancías o efectos públicos, para acreditar la procedencia y precio de lo comprado.

vendible *adj*. Que se puede vender o está de manifiesto para venderse.

vendimia *f*. Cosecha de la uva. Tiempo en que se hace. Provecho grande que se saca de alguna cosa.

vendimiar *tr*. Recoger el fruto de las viñas. Disfrutar una cosa o aprovecharse de ella, especialmente cuando es con violencia o injusticia. Matar.

veneciano-a *adj*. y *s*. Natural de Venecia. Perteneciente a esta ciudad de Italia. Tratándose de iluminaciones en festejos, las hechas con gran profusión de farolillos de colores vistosos.

veneno *m*. Cualquier substancia que, introducida en el cuerpo c aplicada a él en poca cantidad, le ocasiona la muerte o graves trastornos. Cualquier cosa nociva a la salud, o que puede causar un daño moral. Tóxico, ponzoña.

venenoso-a *adj*. Que incluye veneno. Que tiene la propiedad de en venenar o llevar veneno.

venera /. Concha semicircular de dos valvas, una plana y otra muy convexa, con dos hojuelas laterales y 14 estrías radiales; pertenece a un molusco muy común en los mares de Galicia y que los peregrinos que volvían de Santiago solían traer cosidas en las esclavinas; conchas de peregrino.

venerable adj. Digno de veneración, de respeto. Aplícase a las personas de reconocida, virtud, o a los prelados y dignidades eclesiásticas. Primer título que se concede por decreto de la Congregación de Ritos, a los que mueren con fama de santidad.

venerando-a adj. Venerable, digno ue veneración.

venerar tr. Respetar en sumo grado a una persona por su santidad o dignidad, o a una cosa por lo que representa o recuerda. Dar culto a Dios, a los santos o a las cosas sagradas.

venéreo-a adj. Perteneciente o relativo al deleite sensual o acto carnal. Dícese del mal contagioso contraido por este acto.

venero m. Manantial de agua. Criadero mineral. Raya o línea horaria en los relojes de sol. Origen y principio de donde procede una cosa.

venezolano-a adj. y s. Natural de Venezuela. Perteneciente a esta nación de América.

venganza /. Satisfacción que se toma del agravio o daño recibidos. Vindicta, represalia.

vengar tr. y r. Tomar satisfacción de un agravio o daño.

vengativo-a adj. Inclinado o determinado a tomar venganza de cualquier agravio.

venia /. Perdón o remisión de la ofensa o culpa. Licencia o permiso pedido para ejecutar una cosa. Inclinación que se hace con la cabeza para saludar a alguien.

venial adj. Dícese de lo que se opone levemente a la ley o precepto y es de fácil remisión. Dícese del pecado leve que se opone a la ley de Dios, o por la parvedad de la materia o por la falta de plena advertencia.

venida /. Acción de venir. Regreso. Avenida, creciente impetuosa de un río o arroyo. Impetu, prontitud o acción inconsiderada.

venidero-a adj. Que está por venir o suceder. M. pl. Sucesores. Los que han de nacer después.

venir intr. Caminar una persona o moverse una cosa de allá hacia acá. Llegar una persona o cosa a donde está el que habla. Com-parecer una persona ante otra. Acomodarse, ajustarse una cosa a otra. Volver a tratar del asunto, después de alguna digresión. Inferirse, deducirse o ser una cosa consecuencia de otra. Acercarse o llegar el tiempo en que una cosa ha de acaecer. Excitarse, comenzar un afecto, pasión o apetito. Ofrecerse una cosa a la imaginación o a la memoria. Suceder, acontecer, subrevenir. R. Perfeccionarse algunas cosas; fermentar debidamente.

venoso-a adj. Que tiene venas. Perteneciente o relativo a la vena.

venta /. Acción y efecto de vender. Contrato por el que se transfiere a dominio ajeno una cosa propia por el precio pactado. Casa establecida en los caminos o despoblados para hospedaje de los pasajeros.

ventada /. Golpe de viento.

ventaja /. Superioridad o mejoría de una persona o cosa respecto de otra. Excelencia o condición favorable que una persona o cosa tiene. Ganancia anticipada que un jugador concede a otro, para compensar la superioridad que el primero tiene o se atribuye en habilidad o destreza.

ventajoso-a adj. Dícese de lo que tiene ventaja o la reporta.

ventalla /. Válvula. Cada una de las partes de la cáscara de un fruto y que juntas por una o más suturas, encierran la semilla o semillas.

ventana /. Abertura, más o menos elevada sobre el suelo, que se deja en una pared para dar luz y ventilación. Hoja u hojas de madera, metal y cristales que se cierran esta abertura. Cada uno de los dos orificios de la nariz. Abertura u orificio de un órgano.

ventanaje m. Conjunto de ventanas de un edificio.

ventanal m. Ventana grande.

ventanazo m. Golpe recio que se da al cerrarse la ventana. Acción de cerrar violentamente las ventanas, en señal de enojo o desaire a persona que se halla en la parte de afuera.

ventanear intr. Asomarse o ponerse a la ventana con frecuencia.

ventanilla /. Abertura pequeña en pared o tabique de los despachos de billetes de banco y otras oficinas, para que los empleados comuniquen desde dentro con el público que está en la parte de fuera. Cada uno de los dos orificios de la nariz.

ventanillo m. Postigo pequeño de puerta o ventana. Abertura redonda o de otra forma, hecha en la puerta exterior de las casas y resguardada por lo común con rejilla, para ver a la persona que llama, o hablar con ella sin franquearle la entrada.

ventarrón m. Viento que sopla con mucha fuerza.

ventear intr. Soplar el viento o hacer aire fuerte. Poner, sacar, arrojar una cosa al viento. Inquirir una cosa. Ventosear. R. Relajarse o henderse una cosa por la diferente dilatación de sus moléculas. Adulterarse algunas cosas por la acción del aire.

ventero-a adj. Que ventea o toma el viento con el olfato. M. y f. Persona que tiene a su cuidado y cargo una venta de hospedaje.

ventilación f. Acción y efecto de ventilar o ventilarse. Abertura para ventilar un aposento. Corriente de aire que se establece al ventilarlo.

ventilador m. Aparato que impulsa o remueve el aire de una habitación. Abertura que se deja hacia el exterior de una habitación para que se renueve el aire de ésta, sin necesidad de abrir las puertas o ventanas.

ventilar tr. Hacer correr o penetrar el aire en algún sitio. Agitar una cosa en el aire. Exponer una cosa al viento. Renovar el aire de un aposento o pieza cerrada. Controvertir, dilucidar o examinar una cuestión o duda, buscando la verdad.

ventisca o ventisco f. o m. Borrasca de viento y nieve.

ventiscar o ventisquear imps Nevar con viento fuerte. Levantarse la nieve por la violencia del viento.

ventisquero m. Ventisca. Altura de los montes más expuesta a las ventiscas. Sitio en las alturas de los montes donde se conserva la nieve y el hielo. Masa de nieve o de hielo reunida en este sitio. Glaciar.

ventolera f. Golpe de viento recio y poco durable. Jactancia, soberbia. Pensamiento o determinación inesperada y extravagante.

ventolina f. Viento leve y variable.

ventor-a adj. Dícese del animal que guiado por su olfato y el viento, busca un rastro o huye del cazador. M. Perro de caza que sigue a ésta por el olfato y el viento.

ventorrero m. Sitio alto y despejado, muy combatido de los vientos.

ventorrillo m. Ventorro. Bodegón o casa de comidas en las afueras de una población.

ventorro m. Venta de hospedaje pequeña y mala.

ventosa f. Abertura que se practica en algunas cosas para dar paso al viento. Tubo de ventilación de las atarjeas. Organo de algunos animales para adherirse, agarrarse o succionar, mediante el vacío, al andar o hacer presa. Vaso o campana, generalmente de vidrio, que se aplica sobre una parte de los tegumentos y que enrareciendo el aire se entumece y pone colorada, por el flujo de los humores.

ventosear intr. Expeler del cuerpo gases intestinales.

ventoseo m. Acción de ventosear.

ventosidad f. Calidad de ventoso o flatulento. Gases intestinales encerrados o comprimidos en el cuerpo, especialmente cuando se expelen.

ventoso-a adj. Que contiene viento o aire. Aplícase al día o tiempo en que hace aire fuerte, y al sitio combatido por los vientos. Flatulento. Ventor.

ventral adj. Relativo o perteneciente al vientre. Dícese de la superficie o plano inferior del cuerpo de los animales en que se encuentra la boca.

ventrecha f. Vientre de los pescados.

ventregada f. Conjunto de animalillos que han nacido de un parto. Abundancia de cosas que vienen de una vez. Lechigada.

ventrera f. Faja que ciñe y aprieta el vientre.

ventricular adj. Relativo o perteneciente a un ventrículo.

ventrículo m. Nombre que reciben diversas cavidades de distintos órganos que comunican con otras, por orificios o aberturas pequeñas. Por antonomasia, cualquiera de las dos cavidades inferiores del corazón, derecha e izquierda. Estómago, órgano digestivo de algunos animales.

ventrílocuo-a adj. y s. Dícese de la persona que tiene el arte de modificar su voz de manera que parezca venir de lejos, y que imita las de otras personas o diversos sonidos, sin mover los labios.

ventrudo-a adj. Que tiene abultado el vientre. Dícese del cáliz o corola que parecen abultados, como si estuviesen hinchados.

ventura f. Felicidad. Contingencia o casualidad. Riesgo, peligro.

venturero-a adj. Aplícase al sujeto que anda vagando, ocioso, pero dispuesto a trabajar en lo que le saliere. Venturoso. Aventurero.

venturina f. Cuarzo pardo amarillento con laminitas de mica dorada en su masa.

venturo-a *adj.* Que ha de venir o de suceder.

venturoso-a *adj.* Afortunado, que tiene buena fortuna. Feliz.

venus *f.* Mujer muy hermosa. Deleite sensual o acto carnal.

venustidad o **venustez** *f.* Hermosura perfecta o muy agraciada.

ver *tr.* Percibir por los ojos la forma y color de los objetos mediante la acción de la luz. Observar, considerar alguna cosa. Visitar a una persona o estar con ella para tratar de algún asunto. Considerar, advertir o reflexionar. Prevenir las cosas de lo futuro. Conocer, juzgar. Tratar de realizar alguna cosa. *R.* Hallarse constituido en algún estado o situación. Avistarse una persona con otra para algún asunto. Darse una cosa a conocer. Hallarse en un sitio o lance.

vera *f.* Orilla.

veracidad *f.* Calidad de veraz.

veracruzano-a *adj. y s.* Natural de Veracruz. Perteneciente o relativo a esta ciudad y Estado mexicanos.

veranada *f.* Temporada de verano, respecto de los ganados.

veranda *f.* Galería o balcón que corre a lo largo de las casas. Mirador, balcón cubierto, con cierre de cristales.

veranear *intr.* Pasar el verano en alguna parte, principalmente con fines de recreo o descanso.

veraniego-a *adj.* Perteneciente o relativo al verano. Dícese del que en tiempo de verano suele ponerse flaco o enfermo. Ligero, de poco fuste.

veranillo *m.* Tiempo breve en que suele hacer calor durante el otoño.

verano *m.* Estío. Epoca más calurosa del año.

veras *f. pl.* Realidad, verdad en las cosas que se dicen o hacen. Eficacia, fervor y actividad con que se ejecutan o desean las cosas.

verascopio o **veráscopo** *m.* Estereoscopio en que las diapositivas se observan por transparencia. Cámara fotográfica estereoscópica.

veraz *adj.* Que dice, usa o profesa la verdad.

verba *f.* Habla, locuacidad.

verbal *adj.* Dícese de lo que se refiere a la palabra, o se sirve de ella. Que se hace o estipula sólo de palabra. Perteneciente al verbo. Aplícase a las palabras que se derivan de un verbo.

verbalismo *m.* Propensión a fundar las razones más en las palabras que en los conceptos. Procedimiento de enseñanza en que se cultiva con preferencia la memoria verbal.

verbalmente *adv.* De palabra; con sólo palabras o por medio de ellas.

verbena *f.* Planta verbenácea herbácea anual, de tallo erguido y ramoso, hojas ásperas y hendidas, flores terminales en espigas largas y fruto seco; su cocimiento es amargo y astringente. Velada y feria para regocijo popular.

verbenáceo-a *adj. y s.* Planta dicotiledónea del orden de las tubifloras, comprende hierbas, arbustos y árboles con hojas opuestas y verticiladas. Flores en inflorescencias racimosas o cimosas y fruto en drupa o seco; su tipo es la verbena.

verbenear *intr.* Gusanear, hormiguear, bullir. Abundar personas o cosas en un paraje.

verberar *tr.* Azotar, fustigar, castigar con azotes. Azotar el viento o el agua en alguna parte.

verbigracia *adv.* Por ejemplo.

verbo *m.* Palabra, vocablo. Categoría gramatical que expresa acción, pasión, estado o existencia de una persona o cosa, expresa o tácita, indicando generalmente tiempo, número y persona.

verborragia o **verborrea** *f.* Verbosidad excesiva.

verbosidad *f.* Abundancia de palabras en la elocución.

verdacho *m.* Arcilla de color verde claro y que se usa para la pintura al temple.

verdad *f.* Conformidad de las cosas con el concepto que de ellas se forma la mente. Conformidad de lo que se dice con lo que se piensa o siente. Juicio o proposición que no se puede negar racionalmente. Expresión clara, sin embozo ni lisonja. Realidad.

verdadero-a *adj.* Que contiene verdad. Real y efectivo. Ingenuo, sincero. Veraz.

verdasca *f.* Vara o ramo delgado, ordinariamente verde.

verde *adj.* De color semejante al de la hierba fresca, la esmeralda, etc.; es el cuarto color del espectro solar. Dícese de los árboles y plantas que aún conservan alguna savia. Dícese de la leña recién cortada del árbol vivo. Dícese de las legumbres que se consumen frescas. Lo que no está maduro. Dícese del color parecido al de las cosas que el substantivo designa: verde mar, verde oliva. Aplícase también a los primeros años de la vida y a la juventud. *M.* Follaje. Hierba que consume el ganado sin dejarla secar. Sabor áspero del vino de uvas no maduras. *Pl.* Hierba, edad de los animales.

verdea *f.* Vino de color verdoso.

verdear o verdeguear *intr.* Mostrar una cosa el color verde que en sí tiene. Tirar un color a verde. Empezar a brotar plantas en los campos, o cubrirse los árboles de hojas y tallos.

verdecer *intr.* Reverdecer, vestirse de verde la tierra o los árboles.

verdecillo *m.* Verderón, pájaro.

verdegay *adj. y s.* De color verde claro.

verdejo-a o verdal *adj.* Dícese de ciertas frutas que tienen color verde aun después de maduras. Dícese también de los árboles que las producen.

verdemar *m.* Color semejante al verdoso que suele tomar el mar.

verderón o verderol *m.* Ave canora del orden de los pájaros, de plumaje verde con manchas amarillas; se acomoda fácilmente a la cautividad y se reproduce en ella.

verdete *m.* Cardenillo. Color verde claro hecho con el acetato o el carbonato de cobre, empleado en pintura y tintorería.

verdín *m.* Primer color verde que tienen las hierbas o plantas cuando no han llegado a sazón. Capa verde de plantas criptógamas que se cría en las aguas dulces estancadas, en las paredes y lugares húmedos y en la corteza de algunos frutos cuando se pudren. Cardenillo del cobre.

verdiondo-a *adj.* En México, se aplica al fruto que no está completamente maduro.

verdiseco-a *adj.* Medio seco.

verdolaga *f.* Planta herbácea anual, de tallos tendidos y jugosos, hojas carnosas, flores amarillas y fruto capsular con semillas menudas y negras; es planta hortense y se usa como verdura.

verdor *m.* Color verde vivo de las plantas. Color verde. Vigor, lozanía, fortaleza. Edad de la mocedad o juventud.

verdoso-a *adj.* Que tira a verde.

verdugo *m.* Renuevo del árbol. Estoque muy delgado. Azote hecho de cuero, mimbre u otra materia flexible. Señal que levanta el golpe del azote. Ministro de justicia que ejecuta las penas de muerte. Aro de sortija. Persona muy cruel o que castiga demasiado y sin piedad. Cosa que atormenta o molesta mucho. Hilada de ladrillo horizontal, en una fábrica de otro material.

verduguillo *m.* Especie de roncha que suelen levantarse en las hojas de algunas plantas. Navaja para afeitar, más angosta y pequeña que las regulares. Estoque muy delgado. Arete, pendiente. Galón o listón estrecho en forma de mediacaña.

verdulera *f.* La que vende verduras. Mujer desvergonzada y raída.

verdulería *f.* Tienda o puesto de verduras.

verdura *f.* Verdor, color verde vivo de algunas plantas, y color verde en general. Hortaliza, y especialmente la que se come cocida. Follaje que se pinta en los paisajes y tapicerías.

verdusco-a *adj.* Que tira a verde obscuro.

verecundo-a *adj.* Vergonzoso, que se avergüenza con facilidad.

vereda *f.* Camino angosto para el tránsito de peatones y ganado. Vía pastoril para los ganados trashumantes.

veredicto *m.* Definición sobre un hecho dictada por el jurado. Por extensión, parecer, dictamen o juicio emitido reflexiva y autorizadamente.

verga *f.* Miembro genital de los mamíferos. Tira de plomo para asegurar los vidrios de las ventanas. Percha a la cual se asegura el grátil de una vela.

vergajazo *m.* Golpe dado con un vergajo.

vergajo *m.* Verga del toro, después de cortada, seca y retorcida, se usa como látigo.

vergel *m.* Huerto con variedad de flores y árboles frutales.

verglás *m.* Palabra francesa para designar la escarcha menuda que se extiende sobre la tierra, producida por niebla espesa y por lluvia ligera y que a medida que desciende se va helando.

vergonzante *adj.* Dícese del pobre que pide limosna con cierto disimulo o encubriéndose. Que tiene vergüenza.

vergonzoso-a *adj.* Que causa vergüenza. Que se avergüenza con facilidad; úsase también como sustantivo.

vergüenza *f.* Turbación del ánimo que suele encender el color del rostro, ocasionada por alguna falta cometida o por alguna acción deshonrosa y humillante, propia o ajena. Pundonor, estimación de la propia honra. Encogimiento o cortedad para ejecutar una cosa. *Pl.* Partes pudendas.

vergueta *f.* Varita delgada.

vericueto *m.* Lugar o sitio áspero, alto y quebrado, por donde no se puede andar sino con dificultad. Conjunto de enredos y dificultades.

verídico-a *adj.* Que dice verdad; que la incluye.

verificación *f.* Acción de verificar o verificarse.

verificador-a *adj. y s.* **Que verifica.**
Aparato para la comprobación de un servicio reglamentario; de la exactitud o de la posición de otros aparatos o mecanismos.

verificar *tr.* Probar que una cosa que se dudaba es verdadera. Comprobar o examinar la verdad de una cosa. Realizar, efectuar. *R.* Salir cierto y verdadero lo que se dijo o pronosticó.

verijón-a *adj.* En México, perezoso, flojo, vago, lento.

veril *m.* Orilla o borde de un bajo, sonda, etc.

verismo *m.* Sistema estético en el que predomina con exceso la representación directa de la realidad, sin excluir lo feo o desagradable.

verja *f.* Enrejado que sirve de puerta ventana o cerca.

verme *m.* Lombríz intestinal

vermicida *adj. y s.* Que mata los gusanos, especialmente los intestinales.

vermicular *adj.* Que tiene gusanos o vermes, o que los cría. Que se parece a los gusanos o participa de sus cualidades. Dícese del apéndice vermiforme o cecal, prolongación delgada y hueca que se halla en la parte interna e inferior del intestino ciego.

vermiforme. *adj.* De figura de gusano.

vermífugo-a *adj.* Que tiene virtud de expulsar los vermes y otros gusanos parásitos del intestino.

verminoso-a *adj.* Que está infestado de vermes o gusanos. Aplícase a las úlceras que crían gusanos, que realmente son larvas de dípteros.

vermívoro-a *adj.* Que come gusanos.

vermut *m.* Licor aperitivo compuesto de vino blanco, ajenjo y otras substancias amargas y tónicas.

vernáculo-a *adj.* Doméstico, nativo, de la propia casa o país. Dícese especialmente del idioma o lengua.

vernal *adj.* Perteneciente a la primavera.

vernier *m.* Nonio.

vero-a *adj.* Verdadero.

verónica *f.* Planta escrifulariácea, vivaz, herbácea, de tallos delgados y rastreros, hojas opuestas vellosas, flores azules con espigas axilares y fruto seco con semillas menudas; se ha usado como tónica y sudorífica. Lance en que el lidiador espera la acometida del toro teniendo la capa extendida con ambas manos enfrente de la res.

verosímil o verisímil *adj.* Que tiene apariencia de verdadero. Creíble.

verraco *m.* Cerdo padre que se echa a las puercas para cubrirlas.

verraquear *intr.* Gruñir o dar señales de enfado y enojo. Llorar con rabia y continuamente los niños.

verriondo-a *adj.* Aplícase al puerco y otros animales cuando están en celo. Dícese de las hierbas o cosas semejantes marchitas, o mal cocidas y duras.

verruciforme *adj.* Que tiene forma de verruga.

verruga *f.* Excrecencia cutánea, por lo general redondeada. Abultamiento que la acumulación de savia produce en algún punto o sitio de la planta. Persona o cosa que molesta y de que no se puede uno librar.

verrugo *m.* Hombre tacaño y avaro.

verrugoso-a *adj.* Que tiene muchas verrugas.

versado-a *adj.* Ejercitado, práctico, instruido.

versal *adj.* Dícese de la letra mayúscula.

versalita o versalilla *adj.* Dícese de la letra mayúscula de igual tamaño que la minúscula, o de caja baja de la misma fundición.

versallesco-a *adj.* Propio y característico de Versalles. Aparatoso y excesivamente refinado en la cortesía, en los modales, etc.

versar *intr.* Dar vueltas alrededor. Tratar un libro, discurso o conversación sobre alguna materia determinada. *R.* Hacerse uno perito o práctico por el ejercicio de una cosa, en su manejo o inteligencia.

versátil *adj.* Que se vuelve o se puede volver fácilmente. De genio o carácter voluble e inconstante. En México, anglicismo con el que se indica que una persona, generalmente un artista, descuella en diversos aspectos o facetas de sus actividades.

versículo *m.* Cada una de las breves divisiones de un capítulo de ciertos libros, especialmente de las Sagradas Escrituras.

versificación *f.* Acción y efecto de versificar. Exposición en verso del pensamiento.

versificar *intr.* Hacer o componer versos. *Tr.* Poner en verso.

versión *f.* Traducción. Modo que tiene cada uno de referir el mismo suceso.

verso *m.* Palabra o conjunto de palabras sujetas a medida y cadencia, según reglas fijas y determinadas. Obra escrita en esta forma, por contraposición a prosa. Línea de una estrofa.

verso-a *adj.* **Vuelto, inverso.**

versta *f.* Medida itineraria rusa, equivalente a 1.067 metros.

vértebra *f.* Cada uno de los huesos enlazados entre sí, que forman el espinazo de los vertebrados.

vertebrado *adj.* Que tiene vértebras. Dícese de los animales que tienen esqueleto con columna vertebral.

vertebral *adj.* Perteneciente a las vértebras. Dícese de la columna o región ósea formada por todas las vértebras que dan lugar a un conjunto flexible, que se extiende desde la cabeza hasta la pelvis.

vertedera *f.* Especie de orejera que sirve para voltear y extender la tierra levantada por el arado.

vertedero *m.* Sitio o paraje adonde o por donde se vierte algo.

vertedor-a *adj.* Que vierte. *M.* Canal o conducto que en los puentes y otras fábricas sirve para dar salida al agua y a las inmundicias.

verter *tr.* Derramar o vaciar líquidos, y también cosas menudas: sal, harina, etc. Inclinar una vasija o volverla boca abajo para vaciar su contenido. Traducir, expresar en una lengua lo escrito o dicho en otra. *Intr.* Correr un líquido por una pendiente.

vertible *adj.* Que puede volverse o mudarse.

vertical *adj. y s.* Aplícase a la recta o plano perpendicular al del horizonte. Dícese del sindicato único y forzoso, dependiente directamente de las autoridades estatales.

vértice *m.* Punto en que concurren dos lados de un ángulo. Parte sobresaliente o culminante de un órgano. Parte más elevada de la cabeza humana. Punto donde concurren tres o más planos. Cúspide de la pirámide o del cono.

verticilo *m.* Conjunto de tres o más ramos, hojas, pétalos y otros órganos que se insertan en un mismo nudo alrededor de un tallo. Conjunto de órganos dispuestos en círculo alrededor de un punto, generalmente en su eje o tallo.

vertiente *amb.* Declive o sitio por donde corre o puede correr el agua.

vertiginoso-a *adj.* Perteneciente o relativo al vértigo. Que lo causa. Que padece vértigos.

vértigo *m.* Trastorno nervioso que produce al enfermo la sensación de que él o los objetos que lo rodean giran u oscilan. Vahído. Turbación del juicio, repentina y pasajera. Apresuramiento anormal de la actividad de una persona o colectividad.

vesania *f.* Demencia, locura, furia.

vesánico-a *adj.* Perteneciente o relativo a la vesania. Que padece de vesania.

vesical *adj.* Perteneciente o relativo a la vejiga.

vesicante *adj.* Dícese de la substancia que produce ampollas en la piel. Vejigatorio.

vesícula *f.* Vejiga pequeña en la epidermis, llena generalmente de líquido seroso. Organo que tiene forma de pequeña vejiga. Ampolla llena de aire de ciertas plantas acuáticas.

vesicular *adj.* En forma de vesícula. Relativo o perteneciente a una vesícula.

veso *m.* Turón.

vespertilio *m.* Murciélago.

vespertino-a *adj.* Perteneciente o relativo a la tarde. Dícese de los astros que transponen el horizonte después del ocaso del Sol.

véspido *adj. y s.* Himenóptero que comprende las avispas que viven en colonias parecidas a las de las abejas.

vestal *adj.* Perteneciente o relativo a la diosa Vesta, la del fuego. Sacerdotisa de Vesta destinada a mantener el fuego sagrado en la antigua ciudad de Roma.

vestíbulo *m.* Atrio o portal que está a la entrada de un edificio. Cavidad irregular del oído interno y de otros órganos.

vestido *m.* Lo que sirve para cubrir el cuerpo humano por honestidad, decencia, abrigo o adorno. Conjunto de las principales piezas que sirven para este uso.

vestidor *m.* En los talleres de modistas, sastres, campos de juego, etc., lugar para que se vistan y desvistan las personas.

vestidura *f.* Vestido. Vestido sobrepuesto al ordinario.

vestigio *m.* Huella. Memoria o noticia de las acciones de los antiguos y que se conservan por imitación y ejemplo. Señal que queda de un edificio u otra fábrica antigua. Indicio por donde se infiere la verdad de una cosa o se sigue su averiguación. Porción u órgano rudimentario.

vestimenta *f.* Vestido. Vestidura.

vestir *tr.* Cubrir o adornar el cuerpo con el vestido. Guarnecer o cubrir una cosa con otra para defensa o adorno. Dar a uno la cantidad necesaria para que se haga vestidos. Ser una prenda, por su materia o color, a propósito para el lucimiento y la elegancia del vestido. Adornar la dicción con las galas del lenguaje. Disfrazar o disimular la realidad de una cosa añadiéndole algún adorno. Cubrir la hierba los campos; la hoja, los árboles; la piel, el pelo o la pluma, los animales. Hacer los vestidos para otro. *Intr.* Vestirse. Llevar un traje de color, forma o distintivo especial. *R.* Dejar la cama el que ha estado un tiempo enfermo. Engreírse vanamente. Sobreponerse una cosa a otra, encubriéndola.

vestuario *m.* Vestido, conjunto de prendas de vestir. Conjunto de trajes necesarios para una representación escénica. Lo que se da para vestirse. Parte de las iglesias donde se revisten los eclesiásticos. Sitio del teatro en que están los cuartos o aposentos donde se visten los actores. Uniforme de los soldados y demás individuos de tropa.

veta *f.* Faja o lista de una materia que por su calidad, color, etc., se distingue de la masa en que está interpuesta. Vena, filón metálico, y cada una de las listas de ciertas piedras y maderas

vetar *tr. americ.* Poner veto a una persona o cosa.

veteado-a o **vetado-a** *adj.* Que tiene vetas.

veterano-a *adj. y s.* Aplícase a los militares que, por haber servido mucho tiempo, son expertos en las cosas de su profesión. Antiguo y experimentado en cualquier profesión o ejercicio.

veterinario-a *adj. y s.* Profesor de Veterinaria. Persona que cultiva o practica esta ciencia. Perteneciente o relativo a la Veterinaria. Albéitar. *F.* Ciencia y arte de prevenir y curar las enfermedades de los animales.

veto *m.* Derecho que tiene una persona o corporación para vedar o impedir una cosa. Por extensión, acción y efecto de vedar.

vetusto-a *adj.* Muy antiguo o de mucha edad.

vez *f.* Alternación de las cosas por turno u orden sucesivo. Tiempo u ocasión en que se ejecuta una acción, o de hacerla por turno u orden. *Pl.* Ministerio o jurisdicción que una persona ejerce supliendo a otra o representándola.

veza *f.* Arveja

vía *f.* Camino, tierra hollada por donde se transita habitualmente. Medio para corregir alguna cosa. Carril. Parte del suelo explanado en que se asientan los carriles. Cualquiera de los conductos orgánicos por donde pasan el aire, los alimentos, los residuos de la digestión, los productos reproductores, etc. Camino o dirección que deben tomar los correos. Calidad del estado que uno toma para vivir. *Pl.* Medios de los que se sirve Dios para conducir las cosas humanas.

viable *adj.* Que puede vivir; dícese principalmente de las criaturas que salen a luz con robustez y fuerza. Aplícase al asunto que, por sus circunstancias, tiene probabilidades de poder llevarse a cabo.

vía crucis *m.* Conjunto de 14 cruces, cuadros o imágenes que se recorre rezando, en memoria de los pasos que dio Jesucristo caminando al Calvario.

viaducto *m.* Obra sobre una hondonada para el paso de un camino. Camino semisubterráneo o en zanja profunda que permite que otros lo crucen por encima.

viajante *adj. y s.* Que viaja. Dependiente comercial que hace viajes para negociar ventas o compras.

viajar *intr.* Hacer viaje.

viaje *m.* Jornada que se hace de una parte a otra por mar, por tierra o por aire. Camino por donde se hace. Ida a cualquier parte, aunque no sea jornada. Carga o peso que se lleva de un lugar a otro de una vez. Relación de lo que ha visto u observado un viajero.

viajero-a *adj. y s.* Que viaja. Persona que hace un viaje, especialmente largo, o por varias partes.

vial *adj.* Perteneciente o relativo a la vía. *M.* Calle formada por dos filas paralelas de árboles u otras plantas.

vialidad *f.* Conjunto de servicios pertenecientes a las vías públicas.

vianda *f.* Sustento y comida de los racionales. Comida que se sirve a la mesa.

viandante *com.* Persona que hace viaje o anda camino. Persona que pasa lo más del tiempo por los caminos, vagabunda.

viaticar *tr.* Administrar el Viático a un enfermo.

viático *m.* Prevención en especie o en dinero de lo necesario para el sustento del que hace un viaje. Subvención que en dinero se abona a los diplomáticos y a otros funcionarios, para trasladarse al punto de su destino o de su gestión. Sacramento de la Eucaristía administrado a los enfermos en trance de muerte.

víbora *f.* Culebra venenosa, ovovivípara, escamosa, con dos colmillos huecos en la mandíbula superior por donde se vierte, cuando muerde, el veneno procedente de las glándulas venenosas; corresponde el nombre a diversos ofidios vipéridos.

viborezno-a *adj.* Perteneciente o relativo a la víbora. *M.* Cría de la víbora.

vibración *f.* Acción y efecto de vibrar. Movimiento periódico de las partículas y moléculas de un cuerpo material o de una carga elemental, en dirección alternativamente opuesta, desde la posición normal de equilibrio.

vibrador-a *adj.* Que vibra. *M.* Aparato transmisor de las vibraciones eléctricas.

vibrante *adj.* Que vibra. Dícese del sonido o letra cuya pronunciación se realiza por un rápido contacto oclusivo entre los órganos de la articulación, como la -.

vibrar *tr.* Dar un movimiento trémulo a la espada o a otra cosa larga, delgada y elástica. Dícese del sonido trémulo de la voz. Moverse rápidamente las moléculas de un cuerpo elástico alrededor de sus posiciones naturales de equilibrio.

vibrátil *adj.* Capaz de vibrar. Dícese de los cilios o pestañas de que están revestidas algunas células y del movimiento de que están dotados.

vibratorio-a *adj.* Que vibra o es capaz de vibrar.

vibrión *m.* Cualquier especie de bacterias con un flagelo polar, en forma típica de una coma o de S.

vibrisa *f.* Cada uno de los pelos que existen en los orificios nasales de muchos mamíferos. Cada una de las plumas, parecidas a vello, que se encuentran cerca del pico de muchas aves.

viburno *m.* Arbusto caprifoliáceo ramoso, con hojas ovales dentadas, flores blanquecinas y olorosas en grupos terminales, frutos en bayas negras, ácidas y amargas, y con raíz rastrera; se emplea su corteza en Medicina.

vicaria *f.* Segunda superiora en algunos conventos de monjas.

vicaría *f.* Oficio o dignidad de vicario. Oficina o tribunal en que despacha. Territorio de su jurisdicción.

vicariato *m.* Vicaría, oficio o oficina del vicario. Tiempo que dura el oficio de vicario.

vicario *m.* Que tiene las veces, poder y facultades de otro o lo substituye. *Adj.* Dícese de la acción fisiológica o afección que substituye a otra.

vicealmirante *m.* Oficial general de la armada, inmediatamente inferior al almirante.

vicecónsul *f.* Funcionario de la carrera consular, inmediatamente inferior al cónsul.

vicenal *adj.* Que sucede o se repite cada 20 años. Que dura 20 años.

vicepresidente *m.* Persona que hace o está facultada para hacer las veces del presidente.

vicerrector *m.* Persona que hace o está facultada para hacer las veces del rector.

vicesecretario-a *m. y f.* Persona que hace o está facultada para hacer las veces del secretario o de la secretaria.

viceversa *adv.* Al contrario; por lo contrario; cambiadas dos cosas recíprocamente. *M.* Cosa, dicho o acción al revés de lo que lógicamente debe ser o suceder.

viciado-a *adj.* Dícese del aire no renovado de un local habitado. Deforme, torcido.

viciar *tr.* Dañar o corromper física o moralmente. Falsear o adulterar los géneros, o no suministrarlos conforme a su debida ley, o mezclarlos con otros de inferior calidad. Falsificar un escrito introduciendo, quitando o enmendando alguna palabra, frase o cláusula. Anular o quitar el valor o validación de un acto jurídico. Pervertir o corromper las buenas costumbres o modo de vida. *R.* Entregarse uno a los vicios. Enviciarse, aficionarse con exceso a una cosa. Alabearse o pandearse una superficie.

vicio *m.* Mala calidad, defecto o daño físico en las cosas. Falta de rectitud o defecto moral en las acciones. Falsedad, yerro, engaño en lo que se escribe o propone. Hábito de obrar mal; opuesto a virtud. Gusto especial o demasiado apetito de una cosa. Desviación, pandeo, alabeo que presenta una superficie apartándose de la forma que debe tener. Lozanía o frondosidad excesiva. Mala costumbre que adquiere un animal. Mimo, cariño o condescendencia excesivos para con los niños.

vicioso-a *adj.* Que tiene, padece o causa vicio, error o defecto. Entregado a los vicios. Vigoroso y fuerte, especialmente para producir. Abundante, provisto, deleitoso. Dícese del niño mimado, caprichoso o mal criado.

vicisitud *f.* Orden sucesivo o alternativo de alguna cosa. Inconstancia o alternativa de sucesos prósperos y adversos.

víctima *f.* Persona o animal sacrificado o destinado al sacrificio. Persona que se expone u ofrece a un grave riesgo en obsequio de otra. Persona que padece daño por culpa ajena o por causa fortuita.

victoria *f.* Superioridad o ventaja que se consigue del contrario en disputa o lid. Vencimiento o sujeción que se consigue de los vicios o pasiones. *Interj.* que sirve para aclamar la que se ha conseguido del enemigo.

VICTORIOSO-A—VIGESIMO-A

victorioso-a *adj.* Que ha conseguido una victoria, en cualquier línea. Aplícase también a las acciones con que se consigue.

vicuña *f.* Mamífero camélido artiodáctilo herbívoro, de cuello erguido, sin cuernos, orejas tiesas y piernas largas; su pelo y su piel son muy apreciados; vive salvaje en manadas, en los Andes del Ecuador, Bolivia y Perú.

vid *f.* Planta ampelidácea vivaz y trepadora, de tronco retorcido, vástagos muy largos y flexibles, hojas alternas grandes y pecioladas, flores verdosas en racimos y por fruto la uva.

vida *f.* Estado de actividad de los seres orgánicos. Espacio de tiempo que transcurre desde el nacimiento hasta la muerte. Duración de las cosas. Modo de vivir, tanto en orden a la fortuna cuanto a la profesión o empleo. Alimento necesario para vivir. Persona o ser humano. Estado del alma después de la muerte. Mala vida, vida airada, dicho de las mujeres. Cosa que origina suma complacencia. Expresión, viveza, especialmente de los ojos. Biografía.

vidente *adj. y s.* Que ve. Profeta.

video *m.* Señal formada por la imagen de televisión, separada de los impulsos de sincronización; empiézase a usar la palabra como sinónimo de televisión. El video-tape es el sistema de grabación electrónica de imagen o sonido sobre una película, que puede reproducirse después.

vidriado-a *adj.* Vidrioso. *M.* Barro o loza con barniz vítreo. Barniz vítreo brillante y uniforme que se aplica a los productos cerámicos para hacerlos más duros e impermeables a los líquidos.

vidriar *tr.* Dar a las piezas de barro o loza un barniz que, fundido al horno, toma la transparencia y lustre del vidrio. *R.* Ponerse vidriosa una cosa.

vidriera *f.* Bastidor con vidrios con que se cierran puertas y ventanas.

vidriería *f.* Taller donde se labra y corta el vidrio. Tienda donde se venden vidrios.

vidrio *m.* Substancia dura, frágil, transparente por lo común, de brillo especial, insoluble en casi todos los cuerpos conocidos y fusible a elevada temperatura; está formada por la combinación de la sílice con potasa o sosa y pequeñas cantidades de otras bases; se fabrica generalmente en hornos y crisoles. Pieza de esta materia. Cosa muy delicada y quebradiza.

vidrioso-a *adj.* Que fácilmente se quiebra o salta, como el vidrio.

De la transparencia del vidrio. Dícese del piso cuando está muy resbaladizo por haber helado. Aplícase a la persona que fácilmente se resiente, enoja o desazona, o al genio de esta condición. Dícese de los ojos que se vidrian.

vidual *adj.* Perteneciente o relativo a la viudez.

viejo-a *adj. y s.* Dícese de la persona de mucha edad o anciana; dícese igualmente de los animales, especialmente de los de servicio y uso doméstico. Antiguo o del tiempo pasado. Que no es reciente ni nuevo. Deslucido, estropeado por el uso. *M. y f.* Tratamiento cariñoso que se da a los padres y a otras personas de edad. En México, es frecuente también entre los cónyuges.

vienés-a *adj. y s.* Natural de Viena, Austria. Perteneciente a esta ciudad capital de Austria.

viento *m.* Corriente de aire producida en la atmósfera. Aire, atmósfera. Olor que como rastro dejan las piezas de caza. Olfato de ciertos animales. Cosa que mueve o agita el ánimo con violencia o variedad. Vanidad y jactancia. Ventosidad, gases intestinales. Dícese del instrumento que se hace sonar impeliendo aire dentro de él.

vientre *m.* Cavidad del cuerpo animal en la que se contienen los órganos principales del aparato digestivo y del genitourinario. Conjunto de las vísceras contenidas en esta cavidad. Región exterior y anterior del cuerpo humano, correspondiente al abdomen. La misma región de un cuadrúpedo, que tiene posición inferior o ventral. Feto o preñado. Panza, parte convexa de ciertas vasijas y otras cosas. Porción carnosa más prominente de un músculo. Parte más ensanchada de las ondulaciones vibratorias.

viernes *m.* Sexto día de la semana.

vierteaguas *m.* Resguardo de superficie inclinada para escurrir las aguas llovedizas.

viga *f.* Madero largo y grueso para formar techos en los edificios y sostener y asegurar las fábricas. Hierro de doble T destinado a las construcciones modernas a los mismos usos que la viga de madera.

vigencia *f.* Calidad de vigente.

vigente *adj.* Aplícase a las leyes, ordenanzas, estilos y costumbres que están en vigor y observancia.

vigesimal *adj.* Dícese al modo de contar o al sistema de subdividir de 20 en 20.

vigesimo-a *adj.* Que sigue inmediatamente en orden al o a lo decimonono. Dícese de cada una de las 20 partes iguales en que se divide un todo.

vigia /. Atalaya. Persona destinada a vigiar o atalayar el mar o la campiña. Cuidado de descubrir a larga distancia un objeto. Escollo que sobresale algo sobre la superficie del mar.

vigiar *tr.* Velar o cuidar de hacer descubiertas desde el paraje en que se está.

vigilancia /. Cuidado y atención exacta en los cosas que están a cargo de cada uno. Servicio público ordenado y dispuesto para vigilar.

vigilante *adj.* Que vigila. Que vela o está despierto. *M.* Persona encargada de velar por algo. Agente de policía. Guardia.

vigilar *intr.* Velar sobre una persona o cosa; atender exacta y cuidadosamente a ella.

vigilia /. Acción de estar despierto o en vela. Trabajo intelectual, especialmente el que se ejecuta de noche. Víspera, cualquier cosa que antecede a otra. Víspera de una festividad. Falta de sueño o dificultad de dormirse. Comida con abstinencia de carne.

vigor *m.* Fuerza o actividad notable de las cosas animadas o inanimadas. Viveza o eficacia en la ejecución de las cosas. Fuerza de obligar en las leyes y ordenanzas. Duración de las costumbres o estilos. Expresión enérgica en las obras artísticas o literarias.

vigorizar *tr.* Dar vigor. Animar, esforzar.

vigoroso-a *adj.* Que tiene vigor. Ejecutado con vigor.

viguería /. Conjunto de vigas de una fábrica o edificio.

vigués-a *adj. y s.* Natural de Vigo. Perteneciente o relativo a esta ciudad de Pontevedra, España.

vigueta /. Viga pequeña. Barra de hierro laminado para la edificación.

vihuela /. Instrumento antiguo de cuerda que se pulsaba como la guitarra.

vikingo *adj. y s.* Nombre que se aplicó en las sagas islandesas a los piratas normandos, expertos navegantes que recorrían enormes distancias en sus expediciones de invasión, conquista y pillaje.

vil *adj.* Abatido, bajo o despreciable. Indigno, torpe, infame. Aplícase a la persona que falta o corresponde mal a la confianza que en ella se pone.

vilano *m.* Apéndice de pelos y filamentos que corona el fruto de muchas plantas compuestas. Flor del cardo.

vilayato *m.* Cualesquiera de las grandes provincias de Turquía.

vileza /. Calidad de vil. Acción o expresión indigna, torpe o infame.

vilipendiar *tr.* Despreciar alguna cosa o tratar a uno con vilipendio.

vilipendio *m.* Desprecio, falta de estima, denigración de una persona o cosa.

vilo (en). Modo adverbial: suspendido; sin el fundamento o apoyo necesario; sin estabilidad. Con indecisión, inquietud y zozobra.

vilorta /. Aro hecho con una vara flexible de madera que sirve de anilla o vencejo. Arandela.

villa /. Casa de recreo situada aisladamente en el campo. Población con algunos privilegios con que se distingue de las aldeas y lugares. Ayuntamiento o cabildo secular; casa o sitio en donde se juntan los consistoriales.

villanaje *m.* Gente del estado llano en los lugares.

villancico, villancejo o villancete *m.* Canción popular de carácter pastoril, aunque de tema religioso por lo común, que se interpreta en Navidad y en otras festividades.

villanería /. Villanía. Villanaje.

villanesco-a *adj.* Perteneciente a los villanos. *F.* Antigua canción de carácter rústico y danza con que se acompañaba este canto.

villanía /. Bajeza de nacimiento, condición o estado. Acción ruin. Expresión indecorosa.

villano-a *adj. y s.* Vecino del estado llano en una villa o aldea, a distinción de noble o hidalgo. Rústico o descortés. Ruin, indigno o indecoroso.

villorrio *m.* Población pequeña y poco urbanizada.

viminal *adj.* Que participa de la naturaleza del mimbre o se parece a éste. Perteneciente o relativo al mimbre.

vinagrada /. Refresco compuesto de agua, vinagre y azúcar.

vinagre *m.* Líquido agrio y astringente, producido por la fermentación ácida del vino, y compuesto principalmente de ácido acético y agua. Persona de genio agrio y desapacible.

vinagrero-a *m. y /.* Persona que hace o vende vinagre. *F.* Vasija destinada a contener vinagre para el uso diario. Acedera. *Pl.* Pieza de metal, vidrio o madera con dos o más frascos para el aceite, vinagre y, a veces, para otros ingredientes: sal, mostaza, pimienta, etc., que se suele poner a la mesa. En México, se llamó convoy.

vinagrillo *m.* Vinagre de poca fuerza. Vinagre aromático para aderezar el tabaco en polvo. Cosmético a base de vinagre, alcohol y esencias aromáticas.

vinariego *m.* El que tiene hacienda de viñas y es práctico en su cultivo.

vinario-a *adj.* Perteneciente al vino.

vinatería *f.* Tráfico y comercio de vino. Tienda en que se vende vino.

vinatero-a *adj.* Perteneciente al vino. *M.* El que trafica con el vino o lo conduce de una parte a otra para su venta.

vinaza *f.* Especie de vino que se saca a lo último, de los posos y las heces.

vinazo *m.* Vino muy fuerte y espeso.

vincular *tr.* Sujetar o gravar los bienes a vínculo. Atar o fundar una cosa en otra. Perpetuar o continuar una cosa o el ejercicio de ella. *Adj.* Perteneciente o relativo al vínculo.

vínculo *m.* Unión o atadura de una cosa con otra. Sujeción de los bienes, con prohibición de enajenarlos, a que sucedan en ellos los parientes, por el orden que señala el fundador. Signo matemático para indicar que es el resultado y no los datos lo que se somete a nuevas operaciones.

vindicar *tr.* Vengar. Defender, especialmente por escrito, al que se halla injuriado, calumniado o injustamente notado o tachado.

vindicta *f.* Venganza.

vínico-a *adj.* Perteneciente o relativo al vino. Dícese de los ésteres ácidos del alcohol etílico.

vinícola *adj.* Relativo a la fabricación del vino. *M.* Vinariego.

vinicultor-a *m. y f.* Persona que se dedica a la vinicultura o elaboración de vinos.

vinificación *f.* Fermentación del mosto de la uva, o transformación del zumo de ésta en vino.

vinilo *m.* Radical hipotético del alcohol vínico.

vinillo *m.* Vino muy flojo.

vino *m.* Bebida alcohólica fermentada que se hace del mosto o zumo de las uvas. Líquido alcohólico procedente de la fermentación de diversos zumos vegetales, generalmente de frutos.

vinolento-a *adj.* Dado al vino o que acostumbra beberlo con exceso.

vinoso-a *adj.* Que tiene la calidad, fuerza, propiedad o apariencia del vino. Vinolento.

viña *f.* Terreno plantado de muchas vides.

viñador o viñadero *m.* El que cultiva las viñas. Guarda de una viña.

viñedo *m.* Terreno plantado de vides.

viñeta *f.* Dibujo o estampita para adorno en el principio o en el fin de los libros o capítulos, y algunas veces en los contornos de las planas.

viola *f.* Instrumento de la misma figura que el violín, aunque algo mayor y de cuerdas más fuertes, que entre los de su clase equivale al contralto. Persona que por oficio toca este instrumento.

violácea *adj. y s.* Planta dicotiledónea cuya familia comprende hierbas, matas o arbustos, con hojas festonadas, flores solitarias o dispuestas en diversos tipos de inflorescencias, con dos bractéolas en el pedúnculo y fruto en cápsula o baya con muchas semillas, generalmente ornamentales y medicinales; su tipo es la violeta.

violación *f.* Acción y efecto de violar. Quebrantamiento, ruptura o infracción de una norma jurídica. Delito especial contra la honestidad por tener alguien conjunción carnal con una mujer sin la concurrencia de su voluntad.

violado-a o violáceo-a *adj.* De color de violeta, morado claro. *M.* Séptimo color del espectro solar.

violar *tr.* Infringir o quebrantar una ley o precepto. Tener acceso carnal con una mujer por fuerza o cuando se halla privada de sentido, o cuando es menor de 12 años. Profanar un lugar sagrado. Ajar o deslucir una cosa.

violencia *f.* Calidad de violento. Acción y efecto de violentar o violentarse. Acción violenta o contra el natural modo de proceder.

violentar *tr.* Aplicar medios violentos a personas o cosas para vencer su resistencia. Forzar. Dar interpretación o sentido violento a lo dicho o escrito. Entrar en una casa u otra parte contra la voluntad de su dueño. *R.* Vencer uno su repugnancia a hacer alguna cosa.

violento-a *adj.* Que está fuera de su natural estado, situación o modo. Que actúa con ímpetu y fuerza. Dícese de lo que hace uno contra su gusto, forzado por ciertos respetos o consideraciones. Aplícase al genio arrebatado o impetuoso. Falso, torcido, fuera de lo natural. Que se ejecuta contra el modo regular o fuera de razón y justicia.

violeta *f.* Planta violácea herbácea y vivaz, de tallos rastreros, hojas radicales, flores casi siempre de color morado claro y a veces blancas de suavísimo olor y fruto capsular con muchas semillas; ornamental y medicinal. *Adj. y s.* Color morado claro, análogo al de la violeta. Substancia colorada de tinte violado.

violetero-a *m.* Florero pequeño para poner violetas. *F.* Vendedora de violetas.

violín *m.* Instrumento músico de arco de cuatro cuerdas, compuesto de una caja de madera con dos aberturas en forma de S en la tapa superior y un mástil al que va superpuesto el diapasón, que no tiene trastes; es el más pequeño instrumento de su clase y equivale al tiple.

violinista *com.* Persona que ejerce o profesa el arte de tocar el violín.

violón *m.* Instrumento músico antiguo, de cuerda y arco, que equivalía al contrabajo actual.

violonchelista o violoncelista *com.* Persona que ejerce o profesa el arte de tocar el violonchelo. Por abreviatura, chelista.

violonchelo o violoncelo *m.* Instrumento músico de cuatro cuerdas y arco, de mayor tamaño que el violín; equivale al barítono entre los de su clase.

viperiforme *adj.* Que tiene la forma o constitución de una víbora, o que se le parece.

vipérido *adj. y s.* Serpiente de una familia de ofidios vivíparos venenosos, en la que se incluyen las víboras.

viperino-a *adj.* Perteneciente a la víbora. Que tiene sus cualidades.

vira *f.* Especie de saeta delgada y de punta muy aguda. Tira de tela, badana o vaqueta que, para dar fuerza al calzado, se cose entre la suela y la pala.

virago *f.* Mujer varonil.

viraje o virada *m. o f.* Acción y efecto de virar.

virar *tr.* Volver, dar vuelta. En fotografía, substituir la sal de plata del papel impresionado por otra sal más estable o que produzca un color determinado. *Intr.* Mudar de dirección en la marcha de un automóvil. Cambiar de rumbo o de bordada, de modo que el viento que daba al buque por un costado lo dé por el opuesto. Dar vueltas el cabrestante de un buque para levar anclas o para suspender pesos.

virazón *f.* Viento que en las costas sopla de la parte del mar durante el día, alternando con el terral que sopla de noche.

virgen *com.* Persona que no ha tenido comercio carnal. *F.* Por antonomasia, María Santísima, Madre de Dios. *Adj.* Dícese de la tierra que no ha sido arada o cultivada. Aplícase a las cosas que están en su primera entereza y no han servido aún para aquello que se destinan, o que no han tenido artificio en su formación.

virginal *adj.* Perteneciente a la virgen. Puro, inmaculado.

virgíneo-a *adj.* Virginal.

virginidad *f.* Entereza corporal de la persona que no ha tenido comercio carnal.

vírgula *f.* Vara pequeña. Rayita o línea muy delgada. Bacilo encorvado, agente del cólera morbo asiático.

virgulilla *f.* Cualquier signo ortográfico de figura de coma, rasguillo o trazo: apóstrofo, zedilla, tilde de la ñ. Vírgula.

viril *m.* Vidrio muy claro y transparente que se pone delante de algunas cosas para preservarlas o defenderlas, dejándolas patentes a la vista. Relicario o estuche formado generalmente por dos cristales circulares y paralelos entre los cuales se coloca la Sagrada Forma en el centro de la custodia o ostensorio, para ser expuesta a la pública adoración.

viril *adj.* Varonil. Perteneciente o relativo al hombre o varón.

virilidad *f.* Calidad de viril. Dícese de la edad viril, o sea aquella en que el hombre ha adquirido ya todo el vigor de que es susceptible, de los 30 a los 50, aproximadamente.

virola *f.* Abrazadera de metal que se pone por remate o por adorno en algunos instrumentos. Anillo ancho de hierro en la extremidad de la garrocha de los vaqueros, a fin de que la púa no pueda penetrar más de lo necesario, para avivar al toro sin maltratarlo.

virolento-a *adj. y s.* Que tiene viruelas. Señalado de ellas.

virología *f.* Suma de conocimientos científicos acerca de los virus y de las enfermedades causadas por ellos.

virote *m.* Especie de saeta guarnecida con un casquillo. Mozo soltero, ocioso, paseante y preciado de guapo. Hombre erguido y excesivamente serio.

virreina *f.* Mujer del virrey. La que gobierna como virrey.

virreinal *adj.* Relativo al virrey o al virreino.

virreinato o virreino *m.* Dignidad o cargo de virrey. Tiempo que dura este empleo o cargo. Distrito gobernado por un virrey.

virrey *m.* El que, con este título, gobierna en nombre y con autoridad del rey.

virtual *adj.* Que tiene virtud para producir un efecto. Implícito, tácito. Que tiene existencia aparente o hipotética y no real.

virtud *f.* Actividad o fuerza de las cosas para producir o causar sus efectos. Fuerza, vigor, valor. Poder o potestad de obrar. Integridad de ánimo y bondad de vida. Hábito del alma de proceder según la ley moral o rectitud de proceder. *Pl.* Coro de ángeles formado por aquéllos que tienen fuerza indomable para la ejecución de la voluntad de Dios.

virtuosidad o virtuosismo *f.* o *m.* Gran habilidad técnica en la ejecución musical.

virtuoso-a *adj.* Que se ejercita en la virtud y obra según ella. *M.* y *f.* Persona dotada de talento natural para la música y, más especialmente, ejecutante que se distingue por su dominio de la técnica.

viruela *f.* Enfermedad aguda, febril y contagiosa, con erupción de pústulas o granos en la piel, causada por un virus que se halla en la sangre del paciente y en las lesiones cutáneas en todas sus fases; la enfermedad deja inmunidad prácticamente absoluta y definitiva.

virulencia *f.* Calidad de virulento. Grado relativo de malignidad de una infección, que depende de la potencia invasora del microbio o del abatimiento de las defensas orgánicas. Dícese de la manera venenosa de algunos escritos o discursos.

virulento-a *adi* Ponzoñoso, maligno, ocasionado por un virus, o que participa de la naturaleza de éste. Dícese del estilo, del escrito o del discurso, ardiente, sañudo, ponzoñoso o mordaz en sumo grado.

virus *m.* Podre, humor maligno. Germen de varias enfermedades, principalmente contagiosas. Cualquiera de las entidades o substancias de naturaleza indeterminada y dimensiones generalmente ultramicroscópicas, productoras de enfermedades en toda clase de seres vivos.

viruta *f.* Hoja delgada que se saca con el cepillo u otras herramientas, al labrar la madera o los metales y que sale, por lo común, arrollada en espiral.

vis *f.* Fuerza, vigor; úsase sólo en la locución *vis cómica,* que, aplicada a algunas personas, denota en ellas gracejo, comicidad, etc.

visado *m.* Referido a pasaportes y otros documentos, visto bueno, aprobación, conformidad de la persona autorizada para ello.

visaje *m.* Gesto, expresión del rostro o movimiento exagerado del mismo.

visar *tr.* Reconocer y examinar un documento, certificación, etc. y ponerle el visto bueno, o darle validez para determinado fin o por cierto tiempo.

visar *tr.* Dirigir la puntería o la visual a un objetivo.

vis a vis *locución adv.* Frente a frente, cara a cara.

víscera *f.* Entraña. Cualesquiera de los órganos grandes que se encuentran dentro de alguna de las cavidades orgánicas, particularmente en la abdominal.

visceral *adj.* Perteneciente o relativo a las vísceras.

visco *m.* Liga, materia viscosa, para cazar pájaros.

viscosa *f.* Filamento de celulosa regenerada, variedad de seda artificial, utilizada como materia textil.

viscosidad *f.* Calidad de viscoso. Materia viscosa. Propiedad que tienen los fluidos de ofrecer resistencia a los cambios de forma, y en particular al deslizamiento, por acciones internas moleculares.

viscoso-a *adj.* Pegajoso, glutinoso.

visera *f.* Parte del yelmo, movible por lo común, sobre dos botones laterales para poder alzarla o bajarla, con agujeros o hendeduras, que cubría y defendía el rostro. Ala pequeña delantera de las gorras, chacós y otras prendas para resguardar la vista. Especie de ala que se coloca frente a los ojos para defenderlos de la luz directa.

visibilidad *f.* Calidad de visible. Condiciones que determinan las posibilidades de que un objeto o un fenómeno sea observable.

visible *adj.* Que se puede ver. Tan cierto y evidente que no admite duda.

visigodo *aj.* y *s.* Dícese del individuo de la parte del pueblo godo occidental que, después de largas correrías, se estableció en España y en ella fundó un reino que subsistió hasta la invasión arábiga.

visigótico-a *adj.* Perteneciente o relativo a los visigodos.

visillo *m.* Cortinilla.

visión *f.* Acción y efecto de ver. Objeto de la vista, especialmente cuando es ridículo o espantoso. Fantasía o imaginación que no tiene realidad y se toma como verdadera. Persona fea y ridícula.

visionario-a *adj.* y *s.* Dícese del que, en fuerza de su fantasía exaltada, se figura y cree con facilidad cosas quiméricas. Dícese del paranoico con alucinaciones visuales.

visionero-a *adj.* y *s.* En México, dícese de la persona extravagante, especialmente en el vestido.

visir *m.* Ministro de un soberano musulmán.

visita *f.* Acción de visitar. Persona que visita.

visitación *f.* Visita. Por antonomasia, la visita de María Santísima a su prima Santa Isabel.

visitador-a *adj.* y *s.* Que visita frecuentemente. *M.* Juez, ministro o empleado que tiene a su cargo hacer visitas de reconocimiento o inspección.

visitar *tr.* Ir a ver a uno en su casa por atención, amistad u otro motivo. Ir a un templo o santuario por devoción o para ganar indulgencias. Informarse el juez superior u otra autoridad, personalmente o por un enviado, del proceder de los ministros inferiores. Ir el médico a la casa del enfermo para asistirlo. Informarse personalmente de una cosa.

visiteo *m.* Acción de recibir o hacer muchas visitas, o de hacerlas y recibirlas frecuentemente.

visitón *m.* Visita muy larga y enfadosa.

vislumbrar *tr.* Ver un objeto tenue o confusamente, por la distancia o por falta de luz. Conjeturar por leves indicios.

vislumbre *m.* Reflejo de la luz, o tenue resplandor por la distancia de ella. Conjetura, sospecha o indicio. Corta o dudosa noticia. Leve semejanza de una cosa con otra.

visnaga *f.* Biznaga, planta umbelífera.

viso *m.* Altura desde donde se ve y descubre mucho terreno. Superficie de las cosas lisas y tersas que hieren la vista con un especial color o reflexión de la luz. Onda de resplandor que hacen algunas cosas heridas de la luz. Forro de color o prenda de vestir, que se coloca debajo de una tela clara que por ella se transparenta. Apariencia de las cosas. Vista. Cara.

visón *m.* Mamífero mustélido carnívoro, semejante a la nutria; habita en el norte de América y es muy apreciado por su piel.

visor *m.* Prisma o sistema óptico que llevan algunos aparatos fotográficos para enfocar rápidamente y encuadrar la escena que se desea fotografiar. En Astronomía, buscador. Anteojo guía.

víspera *f.* Día que antecede inmediatamente a otro determinado, especialmente si es fiesta. Inmediación a una cosa que ha de suceder.

vista *f.* Sentido corporal en cuya virtud se perciben la luz, los colores, la forma y aspecto de las cosas, y cuyo órgano es el ojo. Apariencia o disposición de las cosas en orden al sentido de ver. Campo que se descubre desde un punto, y en especial cuando presenta extensión, variedad y agrado. Ojo o conjunto de ambos ojos. Encuentro en que uno se ve con otro. Visión o aparición. Cuadro, dibujo, grabado, etc., que representa un lugar, monumento, etc., tomado del natural. Conocimiento claro de las cosas. Relación de unas cosas respecto de otras. Parte de una cosa que no se oculta. *M.* Empleado de aduanas a cuyo cargo está el registro de los géneros. *F. pl.* Ventana, galería por donde, desde un edificio, se ve lo exterior.

vistazo *m.* Mirada superficial o ligera. Ojeada.

vistillas *f.* Lugar alto desde el cual se ve y descubre mucho terreno.

visto *m.* Cada uno de los preceptos legales que se citan antes de la parte dispositiva de los autos y sentencias. Fórmula con que se da por terminada la vista pública de un negocio. *Visto bueno*, fórmula que se pone al pie de algunas certificaciones y otros instrumentos públicos con que se da a entender la conformidad de los mismos.

vistoso-a *adj.* Que atrae mucho la atención por su brillantez, viveza de colores o apariencia ostentosa.

visual *adj.* Perteneciente a la vista como medio de ver. *F.* Línea recta que se considera tirada desde el ojo del espectador hasta el objeto.

visualidad *f.* Efecto agradable que produce el conjunto de objetos vistosos.

visuauditivo-a *adj.* Visual y auditivo a la vez; audiovisual.

vitácea *adj.* y *s.* Planta dicotiledónea que comprende plantas leñosas, trepadoras, con zarcillos caulinares, hojas alternas, flores pequeñas y fruto en baya; su tipo es la vid.

vital *adj.* Perteneciente o relativo a la vida. De suma importancia o trascendencia.

vitalicio-a *adj.* Que dura desde que se obtiene hasta el fin de la vida. Dícese de la persona que disfruta de ciertos cargos de este tipo. Póliza de seguro sobre la vida. Pensión duradera hasta el fin de la vida del perceptor.

vitalidad *f.* Que tiene vida. Actividad o eficacia de las facultades vitales.

vitalio *m.* Aleación inoxidable de cobalto, cromo y tungsteno, de muchas aplicaciones en la industria.

vitalismo *m.* Doctrina biológica que sostiene que las actividades de los seres vivos están determinadas por un principio o fuerza vital distinta de las fuerzas o formas de las energías físicas o químicas.

vitalizar *tr.* Dar o infundir vida; vivificar, revivir.

vitamina *f.* Nombre genérico para designar un grupo de substancias de naturaleza compleja, indispensables para el crecimiento y la nutrición normales de los animales y el hombre, que se encuentran en los vegetales y animales; son catalizadores orgánicos.

vitaminar *tr.* Producir o agregar vitaminas a los alimentos. Suministrar vitaminas el organismo humano que padece insuficiencia o carencia de ellas.

vitaminología *f.* Suma de conocimientos científicos acerca de las vitaminas y su aplicación a la Terapéutica.

vitando-a *adj.* Que se debe evitar. Odioso, execrable, abominable.

vitela *f.* Piel de vaca o ternera, adobada y muy pulida, en particular la que sirve para pintar o escribir en ella.

vitelina *f.* Fosfoproteína de la yema del huevo. Globulina de las lentejas y otras semillas y de los granos de los cereales. Membrana que envuelve el huevo humano y el de algunos animales. *Adj.* Dícese de la bilis de color amarillo obscuro.

vitelo *m.* La yema del huevo. Conjunto de substancias nutritivas que residen en el huevo.

vitícola *adj.* Perteneciente o relativo a la viticultura. *Com.* Viticultor.

viticultor-a *m.* y *f.* Persona perita en viticultura.

viticultura *f.* Cultivo de la vid. Arte de cultivar las vides.

vitivinicultura *f.* Arte de cultivar las vides y elaborar el vino.

vitola *f.* Plantilla para calibrar balas de cañón o de fusil. Marca o medida con que por su tamaño se diferencian los cigarros puros. Traza o facha de una persona.

vítor *interj.* Denota la alegría con que se aplaude a una persona o acción. *M.* Función pública en este objeto. Cartel o tabla en que se exponen elogios, en aplauso de una persona por alguna hazaña, acción o promoción gloriosa.

vitorear *tr.* Aplaudir o aclamar con vítores a una persona o acción.

vitoriano-a *adj.* y *s.* Natural de Vitoria. Perteneciente a esta ciudad española, capital de Alava.

vitral *m.* Obra de arte formada por vidrios de colores, debidamente recortados y unidos, sobre los cuales se pintan figuras, escenas o motivos decorativos, la cual puesta en los vanos de los edificios, especialmente religiosos, se contempla por transparencia.

vítreo-a *adj.* Hecho de vidrio o que tiene sus propiedades. Parecido al vidrio.

vitrificar *tr.* Convertir en vidrio una substancia. Hacer que una cosa adquiera las apariencias del vidrio.

vitrina *f.* Escaparate, armario o caja con puertas o tapas de cristales, para tener expuestos a la vista, con seguridad y sin deterioro, objetos de arte, productos naturales o artículos de comercio.

vitriólico-a *adj.* Perteneciente al vitriolo o que tiene sus propiedades. El ácido vitriólico es el antiguo nombre del ácido sulfúrico.

vitriolizar *tr.* Impregnar o mezclar con vitriolo.

vitriolo *m.* Sulfato. El aceite de vitriolo es el nombre comercial del ácido sulfúrico.

vitrografía *f.* Reproducción de escritos y dibujos que se graban sobre una lámina de vidrio, que hace las veces de piedra litográfica.

vitualla *f.* Conjunto de cosas necesarias para la comida, especialmente en los ejércitos. Abundancia de comida, y sobre todo, de menestras o verdura.

vitular o **vitulino-a** *adj.* Relativo o perteneciente a la ternera, o parecido a ella.

vituperable *adj.* Que merece vituperio.

vituperar *tr.* Decir mal de una persona o cosa, calificándola de viciosa, indigna, o incompetente.

vituperio *m.* Baldón u oprobio que se dice a uno. Acción o circunstancia que causa afrenta o deshonra.

viuda *f.* Planta herbácea bienal, de tallos rollizos y ramosos, hojas radicales festoneadas, flores en ramos axilares de color morado obscuro y de fruto seco capsular; ornamental.

viudal *adj.* Perteneciente al viudo o a la viuda.

viudedad *f.* Pensión que percibe la viuda de un empleado y que le dura el tiempo que permanece en tal estado. En América, viudez. Derecho que corresponde al cónyuge supérstite sobre los bienes del premuerto o sobre el caudal común hasta su división, en atención al estado de viudez y mientras éste subsista.

viudez *f.* Estado de viudo o de viuda.

viudo-a *adj. y s.* Dícese de la persona a quien se le ha muerto su cónyuge y no ha vuelto a casarse.

¡viva! *interj.* Denota alegría o aplauso.

vivacidad *f.* Calidad de vivaz. Viveza, esplendor y lustre de algunas cosas.

vivandero-a *m. y f.* Persona que vende víveres a los militares en marcha o en campaña.

vivaque o **vivac** *m.* Guardia principal en las plazas de armas. Campamento de tropas en campaña, sin tiendas ni barracones.

vivaquear *intr.* Pasar las tropas la noche al raso.

vivar *m.* Paraje donde crían los conejos. Vivero de peces.

vivaracho-a *adj.* Muy vivo de genio, travieso y alegre; despierto.

vivaz *adj.* Que vive mucho tiempo. Eficaz, vigoroso. Dícese de la planta que vive más de dos años.

vivencia *f.* En Filosofía y Psicología, lo vivido o experimentado por la conciencia, a diferencia de lo representado.

víveres *m. pl.* Provisiones de boca de un ejército, plaza o buque. Comestibles necesarios para el alimento de las personas.

vivero *m.* Terreno a donde se trasplantan desde la almáciga los arbolitos, para transportarlos, después de recriados, a su lugar definitivo. Lugar donde se mantienen vivos o se crían dentro del agua peces, moluscos u otros animales. Semillero.

vivérrido *adj. y s.* Animal perteneciente a una familia de mamíferos carnívoros, de cuerpo esbelto y alargado, patas cortas, cola larga y colgante, como la civeta o gato de algalia.

viveza *f.* Prontitud o celeridad en las acciones o agilidad en la ejecución. Ardimiento o energía en las palabras. Agudeza o perspicacia de ingenio. Esplendor y lustre de algunas cosas, especialmente de los colores. Gracia y actividad especial de los ojos en el modo de mirar o moverse. Palabra que se suelta sin reflexión.

vividero-a *adj. y s.* Aplícase al sitio o cuarto que puede habitarse.

vívido-a *adj.* Dícese, en las obras literarias, de lo que parece producto de la inmediata experiencia del autor y fue parte de su vida.

vivido-a *adj.* Vivaz, eficaz, vigoroso; de pronta comprensión o ingenio.

vividor-a *adj.* Que vive. Vivaz. Aplícase a la persona laboriosa y económica y que busca modos de vi-

vir. *M.* El que vive a expensas de los demás, buscando por malos medios lo que necesita o le conviene.

vivienda *f.* Morada, habitación. Género de vida o modo de vivir.

viviente *adj. y s.* Que vive, que está vivo.

vivificar *tr.* Dar vida. Confortar, refrigerar, reanimar.

vivífico-a *adj.* Que incluye vida o nace de ella.

vivíparo-a *adj. y s.* Dícese del animal que pare hijos vivos y aptos para tener vida independiente desde el momento que nacen.

vivipercepción *f.* Estudio de las funciones y actividades vitales en el sujeto vivo.

vivir *intr.* Tener vida. Durar con vida. Durar las cosas. Pasar y mantener la vida. Habitar o morar en un lugar o país. Actuar siguiendo algún tenor o modo en las acciones, según razón y ley. Mantenerse o durar en la fama o en la memoria después de muerto. Acomodarse a las circunstancias y aprovecharlas para lograr las propias conveniencias.

vivisección *f.* Disección de los animales vivos, con el fin de hacer estudios fisiológicos o investigaciones patológicas.

vivo-a *adj.* Que tiene vida. Intenso, fuerte. Que está en actual servicio. Sutil, ingenioso. Demasiadamente pronto, o poco considerado, en las expresiones o acciones. Perseverante, durable en la memoria. Diligente, pronto y ágil. Muy expresivo o persuasivo. *M.* Borde, canto u orilla de alguna cosa. Filete, cordoncillo o trencilla que se pone por adorno de las prendas de vestir. Dícese de la arista o ángulo agudo bien determinados.

vizcacha *f.* Roedor, especie de chinchilla, del tamaño de una liebre, con pelaje lanoso y cola larga; es de hábitos nocturnos, se alimenta de vegetales y es de carne comestible; vive en el Perú, Chile y Argentina.

vizcainada *f.* Acción o dicho propio de vizcaino. Palabras o expresiones mal concertadas.

vizcaino-a *adj. y s.* Natural de Vizcaya. Perteneciente a esta provincia de España. Dialecto vascuence hablado en gran parte de Vizcaya.

vizcaitarra *adj. y s.* Partidario o defensor de la independencia o autonomía de Vizcaya.

vizcondado *m.* Título o dignidad de vizconde. Territorio o lugar de su jurisdicción.

vizconde *m.* Persona que el conde dejaba o ponía antiguamente como vicario suyo, especialmente el que era gobernador de una provincia. Título de nobleza con que los soberanos distinguen a una persona.

vizcondesa *f.* Mujer del vizconde. La que por sí goza este título.

vocablo *m.* Palabra, sonido. Voz o conjunto de ruidos que expresan una idea; su representación gráfica.

vocabulario *m.* Diccionario. Conjunto o diversidad de vocablos de que se usa en alguna ciencia o materia determinada. Conjunto de palabras de un idioma o dialecto. Catálogo, lista de palabras por orden alfabético y con definiciones o explicaciones sucintas.

vocabulista *m.* Autor de un vocabulario. Persona dedicada al estudio de los vocablos.

vocación *f.* Inspiración con que Dios llama a algún estado, especialmente al de la religión. Inclinación a cualquier estado, profesión o carrera.

vocal *adj.* Perteneciente a la voz. Dícese de lo que se expresa materialmente con la voz. Dícese de la letra que se pronuncia mediante una simple espiración que hace vibrar la laringe. *Com.* Persona que tiene voz en un consejo o junta.

vocálico-a *adj.* Perteneciente o relativo a la vocal.

vocalismo *m.* Sistema vocálico, conjunto de vocales.

vocalización *f.* Ejercicio preparatorio en el arte del canto, consistente en ejecutar, valiéndose de cualquiera de las vocales, una serie de modulaciones, trinos, adornos, etc.

vocalizar *tr.* Solfear sin nombrar las notas, empleando solamente una de las vocales. Ejecutar los ejercicios de vocalización.

vocativo *m.* Caso de la declinación que sirve para llamar, nombrar, invocar a una persona o cosa personificada.

voceador-a *adj. y s.* Que vocea o da muchas voces. *M.* Pregonero. En México, vendedor callejero de periódicos.

vocear *intr.* Dar voces o gritos. *Tr.* Publicar o manifestar con voces una cosa. Aplaudir o aclamar con voces.

vocejón *m.* Voz muy áspera y bronca. Vozarrón.

vocería *f.* Cargo de vocero o pregonero. Gritería.

vocerío *m.* Gritería.

vocero *m.* El que habla a nombre de otro, llevando su voz y representación.

vociferador o **vociferante** *adj. y s.* Que vocifera.

vociferar *tr.* Publicar jactanciosamente una cosa. *Intr.* Vocear o dar grandes voces.

vocinglero-a *adj. y s.* Que da muchas voces o habla muy recio. Que habla mucho y vanamente.

vodka o **vodca** *f.* Especie de aguardiente ruso que se obtiene del centeno, de la patata o del maíz.

vodú *m.* Religión de origen africano, practicada entre los negros de Haití.

vola *f.* Palma de la mano. Planta del pie.

volada *f.* Vuelo a corta distancia.

voladero-a *adj.* Que puede volar. Que pasa o se desvanece ligeramente. *M.* Precipicio.

voladizo-a *adj.* Que vuela o sale de lo macizo en las paredes o edificios.

volado-a *adj.* Dícese del tipo de imprenta de menor tamaño, que se coloca en la parte superior del renglón y se usa generalmente en las abreviaturas. En México, chiflado, perturbado. *M.* En México, juego de cara o cruz, águila o sol, con una moneda que se lanza al aire.

volador-a *adj.* Que vuela. Que está pendiente de manera que el aire lo pueda mover. Que corre o va con ligereza. *M.* Cohete. Juego espectacular que los indios totonacas ejecutan dando vueltas y descendiendo poco a poco desde de un alto palo, atados por los pies.

voladura *f.* Acción y efecto de volar. Ir por el aire una cosa arrojada con violencia, especialmente por medio de un explosivo.

volandas (en) Modo adverbial: por el aire o levantado del suelo y como volando; en sentido figurado, rápidamente, en un instante.

volandero-a *adj.* Dícese del pájaro que está por salir a volar. Suspenso en el aire y que se mueve a su impulso. Accidente casual, imprevisto. Que no hace asiento, ni se fija ni se detiene en ningún lugar. *F.* Arandela. Muela, piedra de molino. Mentira.

volante *m.* Pantalla movible y ligera. Rueda grande y pesada de una máquina motora para regularizar su movimiento y, por lo común, para transmitirlo al resto del mecanismo. Pieza del reloj que detiene y deja libres alternativamente los dientes de la rueda de escape. Hoja de papel en la que se manda, recomienda, pide, pregunta o hace constar en términos precisos alguna cosa. Rueda que unida al eje de dirección, se mueve con las manos y sirve para guiar el automóvil. *Adj.* Que vue-

la. Que va o se lleva de una parte a otra, sin sitio ni asiento fijo.
volantín-a *adj.* Volante, que va de
una parte a otra. Especie de anzuelo múltiple para pescar. En
América, cometa, juguete que se
hace volar.

volapié *m.* Suerte que consiste en
herir de corrida el espada al toro cuando éste está parado.

volar *intr.* Ir o moverse por el aire, sosteniéndose con las alas; es
propio de las aves y de muchos
insectos. Elevarse en el aire y moverse de un punto a otro en un
aparato de aviación. Caminar o ir
con gran prisa y aceleradamente.
Desaparecer rápida e inesperadamente una cosa. Sobresalir fuera
del paramento de un edificio. Ir
por el aire una cosa arrojada con
violencia. Hacer las cosas con gran
prontitud y ligereza. Extenderse y
propagarse con celeridad una noticia entre muchas personas. *Tr.*
Hacer saltar con violencia alguna
cosa, especialmente por medio de
un explosivo. Irritar, enfadar a
uno. En México, enamorar por mera diversión.

volatería *f.* Caza de aves por medio de otras enseñadas al efecto.
Conjunto de diversas aves.

volátil *adj.* Que vuela o que puede volar. Aplícase a las cosas que
se mueven ligeramente y andan
por el aire. Mudable, inconstante. Dícese de las substancias o
cuerpos que tienen la propiedad de
volatizarse.

volatilizar o volatizar *tr.* Transformarse un cuerpo sólido o líquido en vapor o gas. *R.* Exhalarse,
desvanecerse o disiparse una substancia o cuerpo.

volatín *m.* Volatinero. Cada uno
de los ejercicios de éste. En México, volantín.

volatinero-a *m. y f.* Persona que
con habilidad y arte anda y voltea por el aire sobre una cuerda
o alambre, y hace otros ejercicios
semejantes.

vol-au-vent o volován *m.* Especie
de pastel de hojaldre que se rellena de carne o de pescado.

volcán *m.* Abertura en la tierra
por donde salen de tiempo en tiempo humo, llamas o materias encendidas o derretidas del interior de
la tierra. El mucho fuego o la violencia del ardor. Cualquiera pasión ardiente.

volcánico-a *adj.* Perteneciente o relativo al volcán. Muy ardiente y
fogoso.

volcar *tr.* Torcer o trastornar una
cosa hacia un lado o totalmente,
de modo que caiga o se vierta lo
contenido en ella. Turbar a uno la

cabeza un olor o fuerza que lo
ponga en riesgo de caer. Hacer
mudar de parecer a fuerza de per-
suasiones o razones. Molestar a
uno con zumbas o chascos hasta
irritarlo. *R.* Caer de costado un vehículo.

volear *tr.* Herir una cosa en el
aire para impulsarla. Sembrar a
voleo.

voleo *m.* Golpe dado en el aire
a una cosa, antes que caiga al
suelo. Movimiento rápido de la
danza española que consiste en
levantar un pie de frente y lo más
alto que se puede. Bofetón muy
fuerte. Acción de arrojar la semilla a puñados esparciéndola al
aire.

volframio o volfram *m.* Cuerpo simple metálico, muy duro, de color
gris acero, muy denso y difícilmente fusible, de muchas aplicaciones en la industria del acero;
símbolo W.

volición *f.* Acto de la voluntad en
el que se distinguen tres tiempos: deliberación, decisión y ejecución.

volitar *intr.* Revolotear.

volitivo-a *adj.* Aplícase a los actos
y fenómenos de la voluntad.

volquearse *r.* Revolcarse o dar vuel-
cos.

volquete *m.* Carro formado por un
cajón que se puede vaciar girando sobre el eje, cuando se quita
un pasador que lo sujeta. Vagoneta que se descarga en forma
semejante. Camión automóvil que
puede inclinar su plataforma automáticamente.

volt *m.* Nombre del voltio en la
nomenclatura internacional.

voltaico-a *adj.* Relativo o perteneciente al voltaísmo o galvanismo.

voltaísmo *m.* Galvanismo.

voltaje *m.* Potencial medido en
voltios que actúa en un aparato
o sistema eléctrico. Fuerza electromotriz de una corriente; diferencia de potencial en los terminales de un conductor o un circuito.

voltámetro *m.* Aparato para demostrar la descomposición del agua
por la corriente eléctrica. Aparato para medir la intensidad de una
corriente eléctrica.

voltario-a *adj.* Versátil, de genio o
carácter voluble.

voltear *tr.* Dar vueltas a una persona o cosa. Volver una cosa de
una parte a otra, hasta ponerla al
revés de como estaba. Trastocar,
mudar una cosa a otro estado o
sitio. *Intr.* Dar vueltas una persona o cosa, o cayendo y rodando
por ajeno impulso, o voluntariamente y con arte. *R.* En México,

volverse del otro lado; derramar, volcar; volver el rostro.

voltejar *tr.* Voltear, volver. Navegar de bolina, virando de cuando en cuando para ganar el barlovento.

voltereta *f.* Vuelta ligera dada en el aire.

volterianismo *m.* Conjunto de las doctrinas de Voltaire. Espíritu de incredulidad o impiedad, manifestado con burla o cinismo.

voltímetro *m.* Aparato para medir potenciales eléctricos.

voltio *m.* Unidad de potencial eléctrico y fuerza electromotriz: corriente de un amperio en un conductor de un ohmio de resistencia.

voltizo-a *adj.* Retorcido, ensortijado. Versátil, de carácter voluble.

voluble *adj.* Que fácilmente se puede volver alrededor. Versátil, de genio voltizo. Dícese del tallo que crece formando espiras alrededor de los objetos.

volumen *m.* Corpulencia o bulto de una cosa. Libro, en especial el manuscrito en la antigüedad. División material de una obra, dependiente únicamente de su encuadernación. Sonoridad general de los sonidos, o magnitud de las corrientes eléctricas que la producen. Espacio ocupado por un cuerpo. Grosor de una moneda o medalla.

volumetría *f.* Ciencia de la determinación de los volúmenes de los cuerpos.

voluminoso-a *adj.* Que tiene mucho volumen o bulto.

voluntad *f.* Potencia del alma que mueve a hacer o no hacer una cosa. Decreto, determinación y disposición de Dios. Libre albedrío. Elección de una cosa, sin precepto o impulso externo que a ello obligue. Amor, cariño, afición, benevolencia o afecto. Gana o deseo de hacer una cosa. Disposición, precepto o mandato de una persona. Consentimiento, asentimiento, aquiescencia.

voluntariado *m.* Alistamiento voluntario para el servicio militar. Conjunto de voluntarios alistados.

voluntario-a *adj.* Dícese del acto que nace de la voluntad y no de una fuerza o necesidad. Que se hace por espontánea voluntad. Voluntarioso. *M.* y *f.* Persona que por propia voluntad se presta a hacer algo. Dícese de la jurisdicción que ejerce el juez en asuntos sin contienda entre partes o que no admiten contradicción.

voluntarioso-a *adj.* Que por capricho quiere hacer siempre su voluntad. Que hace con voluntad o gusto una cosa.

voluptuosidad *f.* Complacencia en los deleites sensuales.

voluptuoso-a *adj.* Que inclina a la voluptuosidad, la inspira o la hace sentir. Dado a los placeres o deleites sensuales.

voluta *f.* Adorno en forma de espira o caracol que se coloca en los capiteles de los órdenes dórico y compuesto, como para sostener el ábaco. Curva o figura que tiene forma espiral. Parte extrema superior del mástil en los instrumentos de arco.

volver *tr.* Dar vuelta o vueltas a una cosa. Corresponder, pagar, retribuir. Dirigir, encaminar una cosa a otra. Traducir. Devolver, restituir. Hacer que se mude o trueque una persona o cosa de un estado a otro. Mudar la haz de las cosas poniéndolas a la vista por el envés. Vomitar. Dar el vendedor al comprador la vuelta o cambio. Hacer girar una puerta o ventana para cerrarla o entornarla. Despedir o rechazar por repercusión o reflexión. Torcer o dejar el camino o línea recta. Anudar el hilo de una historia o discurso. Restituirse a su sentido o acuerdo el que lo había perdido por un accidente o letargo. *R.* Acedarse, avinagrarse ciertos líquidos, especialmente el vino.

volvocácea *adj.* y *s.* Vegetal de una familia de cloroficeas que forman cenobios; se reproducen por división y se agrupan dentro de la célula madre en un nuevo cenobio; se reproducen también sexualmente por gametos.

vómer *m.* Huesecillo impar que forma la parte posterior de la pared o tabique de las fosas nasales.

vomitar *tr.* Arrojar violentamente por la boca lo contenido en el estómago. Arrojar de sí violentamente una cosa algo que tiene dentro. Proferir dicterios, injurias, maldiciones, etc. Revelar uno lo que tiene secreto y se resiste a descubrir.

vomitivo-a *adj.* y *s.* Medicina que mueve o excita el vómito.

vómito *m.* Acción de vomitar. Lo que se vomita.

vomitón-a *adj.* Aplícase al niño de teta que vomita mucho. *F.* Vómito grande.

voquible *m.* Vocablo dicho humorísticamente y en sentido familiar.

voracidad *f.* Calidad de voraz.

vorágine *f.* Remolino impetuoso que hacen, en algunos parajes, las aguas del mar, de los ríos o de los lagos. Dícese también de los acontecimientos y sucesos, del curso de la vida, del tiempo, etc.

voraz *adj.* Aplícase al hombre que come mucho y con ansia. Animal muy comedor. Que destruye o consume rápidamente.

vórtice *m.* Torbellino, remolino. Centro de un ciclón.

vos *pron.* Forma del pronombre personal de segunda persona en género masculino o femenino y número singular, cuando esta voz se emplea como tratamiento.

vosear *tr.* Dar a uno el tratamiento de vos en lugar de tú.

vosotros-as *pron.* Nominativos masculino y femenino del pronombre personal de segunda persona en número plural. Con preposición, empléase también en los casos oblicuos.

votación *f.* Acción y efecto de votar. Conjunto de votos emitidos.

votante *adj.* y *s.* Que da su voto. Que vota.

votar *intr.* Hacer voto a Dios o a los santos. Echar votos o juramentos. Dar uno su voto o decir su parecer en una reunion o cuerpo deliberante.

votivo-a *adj.* Ofrecido por voto o relativo a él. Dícese de la Misa que se puede celebrar en ciertos días por devoción.

voto *m.* Promesa hecha a Dios, a la Virgen o a un santo. Promesa de pobreza, castidad y obediencia para entrar en religión. Parecer u opinión explicados en una junta o que se da sin fundarlos. Parecer sobre una materia. Persona que da o puede dar su voto. Ruego con que se pide a Dios una gracia. Juramento o execración en demostración de ira. Exvoto.

voz *f.* Sonido que sale por la boca del hombre. Calidad, timbre o intensidad de este sonido. Sonido que forman algunas cosas inanimadas, heridas del viento o hiriendo en él. Grito. Vocablo. Músico que canta. Autoridad o fuerza que reciben las cosas por el dicho u opinión común. Poder, derecho para hacer lo conveniente. Voto, parecer o dictamen. Facultad de hablar, aunque no de votar, en una asamblea. Opinión, rumor. Precepto o mandato del superior. Accidente verbal que indica si el sujeto ejecuta la acción o la recibe de otra persona o cosa.

vozarrón *m.* Voz muy fuerte y gruesa.

Vuecencia *com.* Síncopa de vuestra excelencia.

vuelco *m.* Acción y efecto de volcar o volcarse. Movimiento con que una cosa se vuelve o trastorna enteramente.

vuelillo *m.* Adorno de encaje u otro tejido ligero en la bocamanga de algunos trajes.

vuelo *m.* Acción de volar. Espacio que se recorre volando sin posarse. Amplitud o extensión de una vestidura en la parte que no se ajusta al cuerpo. Vuelillo. Parte de una fábrica que sale fuera del paramento de la pared que la sostiene.

vuelta *f.* Movimiento de una cosa alrededor de un punto, o girando sobre sí misma. Curvatura en una línea, o apartamiento del camino recto. Cada una de las circunvoluciones de una cosa alrededor de otra a la cual se aplica. Regreso. Devolución de una cosa a quien la tenía o poseía. Recompensa. Repetición. Vez, alternación de las cosas por turno. Parte de una cosa opuesta a la que se tiene a la vista. Adorno que se sobrepone al puño de las camisas, camisolas, etc. Embozo de la capa. Mudanza de las cosas. Dinero sobrante que se devuelve a la persona que, al hacer la compra, entrega cantidad superior a la debida. Curva de intradós de un arco o bóveda.

vuelto *m. americ.* Vuelta, dinero que se devuelve a quien paga con una cantidad superior a la debida.

vuestro-a, -os, -as *pron.* Posesivo de segunda persona del plural.

vulcanismo *m.* Plutonismo. Conjunto de fenómenos geológicos causados por actividades internas de la Tierra.

vulcanita *f.* Nombre genérico de las rocas volcánicas. Ebonita.

vulcanizar *tr.* Combinar azufre con la goma elástica, para que ésta conserve su elasticidad en frío y en caliente.

vulcanología *f.* Parte de la Geología que estudia los fenómenos volcánicos: volcanes y sus erupciones, géiseres, fumarolas, volcanes de barro, etc.

vulgacho *m.* Infimo pueblo o vulgo; es despectivo.

vulgar *adj.* Perteneciente al vulgo. Común o general, por contraposición a especial o técnico. Aplícase a las lenguas habladas actualmente, en contraposición a las sabias. Que no tiene especialidad particular en su línea.

vulgaridad *f.* Calidad de vulgar. Noticia, dicho o hecho vulgar que carece de novedad e importancia, o de verdad y fundamento.

vulgarismo *m.* Dicho o frase especialmente usados por el vulgo.

vulgarizar *tr.* Hacer vulgar o común una cosa. Exponer una ciencia o una materia técnica cualquiera, en forma fácilmente asequible al vulgo. Traducir un escrito de otra lengua a la común y vulgar. R. Darse uno al trato y relaciónes de la gente del vulgo, o portarse como ella.

vulgo *m.* El común de la gente popular. Conjunto de personas que en cada materia no conocen más que la parte superficial.

vulnerable *adj.* Que puede ser herido o recibir lesión, física o moralmente.

vulnerar *tr.* Herir. Dañar, perjudicar. Quebrantar una ley u ordenanza.

vulnerario-a *adj. y s.* Aplícase al remedio o medicina que cura las llagas y heridas.

vulpécula o **vulpeja** *f.* Zorra, mamífero carnívoro.

vulpino-a *adj.* Perteneciente o relativo a la zorra. Que tiene sus propiedades.

vultuoso-a *adj.* Dícese del rostro o cara abultados por congestión.

vultúrido *adj. y s.* Ave rapaz de la familia de los falconiformes, en que se incluyen algunas especies de buitres.

vulva *f.* Abertura externa de la vagina. Orificio externo de las vías genitales femeninas, o el oviducto de un insecto o de cualquier otro invertebrado.

W

w *f.* Llamada *ve doble*; no pertenece propiamente a la escritura española, pues ha sido substituida generalmente por la *v* sencilla.

wager-boat *m.* Palabra inglesa para designar la embarcación pequeña, propia para regatas fluviales.

wagón *m.* Vagón. *Wagón-lit*, coche cama.

wat o **watt** *m.* Nombre del vatio en la nomenclatura internacional.

water-closet *m.* Palabra inglesa para designar el excusado o retrete provisto de agua corriente.

water-polo *m.* Palabra inglesa para designar el deporte de pelota que se desarrolla en una piscina o alberca, en el río o en el mar, entre dos equipos que han de procurar meter el balón en la red del contrario.

weekend *m.* Palabra inglesa que significa *fin de semana*, empleada para designar la vacación desde el sábado hasta la mañana del lunes.

whisky *m.* Licor espirituoso inglés obtenido de granos de centeno, cebada, avena, trigo, etc.; el de clase inferior se hace con patatas, remolachas, etc.

whist *m.* Juego de naipes de diversas variedades que se practica entre cuatro jugadores, divididos en dos bandos.

wolframio *m.* Volframio.

wyandotte *adj. y s.* Raza de gallinas cruzadas, muy ponedoras y de fácil desarrollo, obtenida en el condado norteamericano de Wyandotte.

X

x *f.* Vigésima sexta letra del abecedario castellano y vigésima primera de sus consonantes.

xantina *f.* Base purínica que se encuentra en la orina de los carnívoros, en el guano, en el hígado y en la sangre; por oxidación en el organismo, se convierte en ácido úrico.

xantodermia *f.* Coloración amarilla de la piel.

xenófilo-a *adj.* Amigo de los extranjero o de lo extranjero en general.

xenofobia *f.* Odio, repugnancia u hostilidad hacia los extranjeros.

xenón *m.* Gas raro perteneciente al grupo de los gases nobles o inertes, el menos abundante de los que componen el aire; símbolo Xe.

xerófito-a *adj. y s.* Dícese de las plantas o de las formaciones vegetales adaptadas a vivir con escasa humedad.

xerosis *f.* Sequedad de la piel, de la conjuntiva o de otras membranas mucosas.

xi *f.* Decimocuarta letra del alfabeto griego, correspondiente al sonido de la *x* castellana.

xifoides *adj. y s.* Dícese del cartílago o apéndice cartilaginoso y de figura algo parecida a la punta de una espada, en que termina el esternón.

xilema *m.* Conjunto del sistema leñoso de una planta vascular, o de una entidad morfológica o histológica determinada.

xilófago-a *adj. y s.* Dícese de los insectos que roen la madera. Por extensión, cualquier animal que hace galerías en las maderas, como varios moluscos y crustáceos.

xilófono *m.* Instrumento de percusión formado por una serie de listones de madera de diversos tamaños que se hacen sonar por medio de unos palillos; modernamente se hacen de metal, cristal, etc., pero conservan el nombre.

xilografía *f.* Arte de grabar en madera. Impresión con moldes en relieve hechos de madera.

xilometría *f.* Determinación del volumen de los árboles en pie o apeados y de las agrupaciones arbóreas, con la que se puede valorar la riqueza forestal en madera de un bosque.

xochimilca *adj. y s.* Antigua tribu indígena mexicana, aliada de los olmecas y que fundó el señorío de Xochimilco, sometida más tarde por los aztecas.

Y

y *f.* Vigésima séptima letra del abecedario castellano y vigésima segunda de sus consonantes.

y *conj.* Su oficio es el de unir palabras o cláusulas en concepto afirmativo y por ello se llama copulativa.

ya *adv.* Denota: tiempo pasado o que hace relación a él; en tiempo u ocasión futura; finalmente, últimamente; luego, inmediatamente; distribución; concesión o apoyo. *Interj.* Denota recuerdo, que no se hace caso de lo que se dice o encarecimiento en bien o en mal.

yacaré *m. americ.* Caimán. Nombre de diversas especies de reptiles crocodílidos americanos.

yácata *f.* Nombre de restos arquitectónicos michoacanos, de forma generalmente en T y con lados redondeados en cuerpos piramidales.

yacente *adj.* Que yace. Dícese de la herencia no aceptada aún por el heredero.

yacer *intr.* Estar echada o tendida una persona. Estar un cadáver en la fosa o en el sepulcro. Estar real o figuradamente una persona o cosa en algún lugar. Tener trato carnal con una persona.

yacija *f.* Lecho o cama, o cosa en que se está acostado. Sepultura.

yacimiento *m.* Sitio donde se halla naturalmente un mineral, una roca o un fósil.

pelambre.

yagual *m.* Rodete, rosca que se pone en la cabeza para cargar y llevar sobre ella algún peso.

yaguar o **jaguar** *m.* Félido rugidor de gran tamaño, con la piel moteada de manchas negras; yaguará, tigre americano.

yak *m.* Bóvido de las altas montañas del Tibet y del Asia Central, domesticable; de él se aprovechan la carne, leche, cuero y

yambo *m.* Pie de la poesía griega y latina compuesto de dos sílabas, la primera breve y la segunda larga. Por extensión, pie de la poesía española que tiene una sílaba átona seguida de otra tónica.

yanqui *adj. y s.* Natural de Nueva Inglaterra, en los Estados Unidos de América del Norte, y por extensión, natural de esa nación.

yantar *m.* Manjar o vianda. *Tr.* Comer, tomar alimento. Comer al medio día.

yapigio, iapigio o **yápiga** *adj. y s.* Individuo perteneciente a un pueblo indoeuropeo que vivió en Calabria, Italia, sometido por los romanos.

yaqui *adj. y s.* Cahita.

yaraví *m.* Composición lírica de origen incaico, de tono melancólico o elegíaco.

yarda *f.* Medida inglesa de longitud, de tres pies de doce pulgadas, equivalente a 914 milímetros.

yatagán *m.* Especie de sable o alfanje que usan los orientales.

yate *m.* Embarcación de gala o de recreo.

yedra *f.* Hiedra.

yegua *f.* Hembra del caballo. La que, por contraposición a potra, tiene cinco o más yerbas.

yeísmo *m.* Defecto o modismo de pronunciar la *ll* como *y*.

yelmo *m.* Parte de la armadura antigua que resguardaba la cabeza y el rostro.

yema *f.* Renuevo que en forma de botón escamoso nace en el tallo de los vegetales y produce ramos, hojas y flores. Porción central del huevo de los vertebrados ovíparos. La parte mejor de una cosa. Dulce hecho con azúcar y yema de huevo de gallina. Parte del dedo opuesta a la uña.

yemenita *adj. y s.* Natural de Yemen. Perteneciente o relativo a este país asiático.

yen *m.* Unidad monetaria de Japón, nominalmente equivalente a 84,8 centavos de dólar.

yerba *f.* Hierba.

yermar *tr.* Despoblar o dejar yermo un lugar, campo, etc.

yermo-a *adj.* Inhabitado. Inculto. *M.* Terreno deshabitado e inculto.

yerno *m.* Respecto de una persona, marido de su hija.

yero *m.* Planta leguminosa herbácea anual, de tallo erguido, hojas compuestas, flores rosáceas y fruto en legumbre inflada; se usa como alimento del ganado vacuno.

yerro *m.* Falta o delito contra los preceptos y reglas divinos y humanos y contra los preceptos y reglas de un arte. Equivocación por descuido o inadvertencia.

yerto-a *adj.* Tieso o rígido. Dícese de la persona que así ha quedado por el frío, y del cadáver u otra cosa en que se produce el mismo efecto.

yesca, *f.* Materia seca y preparada para que cualquier chispa prenda en ella. Lo que está sumamente seco y susceptible de quemarse, encenderse o abrasarse. Incentivo de cualquier pasión o afecto, y de la gana de beber.

yesería *f.* Fábrica de yeso. Tienda o sitio en que se vende yeso. Obra hecha de yeso.

yesero-a *adj.* Perteneciente al yeso. *M.* El que fabrica, vende o trafica en yeso.

yeso *m.* Sulfato cálcico hidratado, blanco por lo común, tenaz y tan blando que se raya con la uña; de múltiples preparaciones, según el uso. Obra de escultura vaciada en yeso.

yesoso-a *adj.* De yeso o parecido a él. Dícese del terreno que abunda en yeso.

yesquero *adj.* Dícese del cardo borriquero, y del hongo que nace al pie de los robles y encinas, muy a propósito para hacer yesca. *M.* El que fabrica yesca o el que la vende.

yeyuno *m.* Segunda porción del intestino delgado, que principia en el duodeno y acaba en el íleon.

yo *pron.* personal de primera persona en género masculino o femenino y número singular.

yod *f.* Sonido palatal de la *y*; es propiamente una semiconsonante o una semivocal, como en *pie* o *baile*.

yodato *m.* Sal del ácido yódico.

yodismo *m.* Conjunto de trastornos causados por la prolongada administración de yodo o de sus compuestos.

yodo *m.* Metaloide de textura laminosa, de color gris negruzco y brillo metálico; volatiliza a temperatura poco elevada desprendiendo vapores de color azul violeta y de olor parecido al del cloro; símbolo I.

yodoformo *f.* Polvo amarillento compuesto de un átomo de carbono, uno de hidrógeno y tres de yodo; se usa como antiséptico externo.

yoduro *m.* Cuerpo resultante de la combinación del yodo con un radical simple o compuesto.

yoga *m.* Antiquísima práctica hindú para liberar la personalidad de su sujeción al mundo exterior, mediante el dominio por el espíritu de todas las funciones fisiológicas y psíquicas y adquirir facultades y poderes sobrenaturales.

yogui *m.* Asceta hindú que practica el sistema yoga.

yogurt, yoghourt o yoghurt *m.* Preparado de leche, de consistencia semisólida y caseiforme que se obtiene por la fermentación del bacilo búlgaro; se utiliza en Medicina para el régimen alimenticio de las personas que padecen trastornos gastrointestinales.

yola *m.* Embarcación muy estrecha y ligera movida a remo.

yo-yo *m.* Antiquísimo juego que consta de un disco de madera, marfil, plástico o metal, con una ranura en su borde a cuyo eje va unida una cuerda por la que asciende y desciende el disco.

ypsilon *f.* Vigésima letra del alfabeto griego, de sonido parecido al de la *u* francesa.

yuca *f.* Planta liliácea de la América tropical, de tallo arborescente lleno de cicatrices, coronado por un penacho de hojas largas, gruesas y rígidas, flores blancas casi globosas; ornamental, de sus hojas se obtienen fibras muy útiles. Nombre de algunas especies de mandioca, en especial del arbusto euforbiáceo de las regiones cálidas de América, de cuya raíz se extrae almidón, harina y tapioca.

yucatanense o yucateco-a *adj. y s.* Natural de Yucatan. Perteneciente o relativo a dicha península o Estado de México.

yugada *f.* Espacio de tierra de labor que puede arar una yunta en un día. Yunta, especialmente la de bueyes.

yugo *m.* Instrumento de madera al cual, formando yunta, se uncen por el cuello las mulas, o por la cabeza o el cuello los bueyes, y en el que va sujeta la lanza del carro, el timón del arado, etc. Armazón de madera unida a la campana y que sirve para voltearla. Velo, banda de tela blanca que se pone a los desposados en la Misa de velaciones. Cualquier carga pesada, prisión o atadura.

yugoslavo-a *adj. y s.* Natural de Yugoslavia. Perteneciente o relativo a este país de Europa.

yuguero *m.* Mozo que labra la tierra con un par de bueyes, mulas u otros animales.

yugular *adj.* Relativo o perteneciente al cuello. Dícese de cada una de las dos venas que hay a uno y otro lado del cuello. *Tr.* Detener súbitamente el curso de una enfermedad o impedir que se produzca. Cortar rotundamente una cuestión o asunto; aplastar un movimiento político o social desde el poder.

yuma *adj. y s.* Indígena norteamericano perteneciente a un pueblo que se instaló al S. del Estado de California, SO. del de Arizona y dos terceras partes de la Baja California, en México. Lengua indígena mexicana del subgrupo yumano-seri, hablada en la extremidad NO. de Sonora, en los límites con los Estados Unidos.

yumano-seri *adj. y s.* Grupo lingüístico americano integrante de la familia hoca, que comprende los dialectos yuma, cochimí y seri.

yunque m. Prisma de hierro acerado, de sección cuadrada, a veces con punta en uno de los lados, encajado en un tajo de madera fuerte y a propósito para trabajar en él y a martillo, los metales. Persona firme y paciente en las adversidades, o asidua y perseverante en el trabajo. Uno de los huesecillos del oído medio, entre el martillo y el lenticular.

yunta f. Par de bueyes, mulas u otros animales que sirven en la labor del campo o en los acarreos.

yute m. Materia textil que se saca de la corteza inferior de una planta tiliácea del Extremo Oriente y de América; úsase para cordelería, telas ordinarias y, en Cirugía, para apósitos absorbentes. Tejido o hilado de esta materia.

yuxtalineal adj. Dícese de la traducción que acompaña a su original de modo que se correspondan línea por línea, para su más cómoda comparación.

yuxtaponer tr. Poner una cosa junto a otra o inmediata a ella.

yuxtaposición f. Acción y efecto de yuxtaponer o yuxtaponerse. Procedimiento gramatical de composición, consistente en unir dos palabras independientes para formar un compuesto cuyos elementos se unen por medio de guión. Unión de oraciones simples independientes, pero unidas por el pensamiento general y sin que medie conjunción o partícula alguna.

Z

z f. Vigésima octava y última letra del abecedario castellano y vigésima tercera de sus consonantes.

zabila o **zabida** f. Áloe.

zabordar intr. Tropezar, varar y encallar el barco en tierra.

zacamecate m. En México, clase de estropajo que se fabrica con fibras vegetales y se emplea para fregar y para el baño.

zacapela o **zacapella** f. Riña o contienda con ruido y bulla.

zacatal m. americ. Pastizal.

zacate m. En diversas regiones de América, se aplica a varias plantas gramíneas forrajeras. En México, estropajo hecho con diferentes clases de fibras vegetales, que se usa para fregar.

zacateco-a o **zacatecano-a** adj. y s. Natural de Zacatecas. Perteneciente a esta ciudad y Estado de México.

zacatín m. Plaza o calle donde en algunos pueblos se venden ropas.

zacatón m. En México, nombre de varias gramíneas forrajeras y alguna empleada en la industria por su raíz y sus tallos floríferos; fibra de estos vegetales; nombre de algunos insectos ortópteros.

zafar tr. Adornar, guarnecer, hermosear o cubrir.

zafar tr. En lenguaje marinero, desembarazar. R. Escaparse o esconderse para evitar un encuentro o riesgo. Salirse del canto de la rueda la correa de una máquina. Excusarse de hacer una cosa. Librarse de una molestia.

zafarrancho m. Acción y efecto de desembarazar una parte de la embarcación, para dejarla dispuesta para una faena. Riza, destrozo. Riña, chamusquina.

zafio-a adj. Tosco, inculto, grosero.

zafíreo-a o **zafirino-a** adj. De color de zafiro.

zafiro o **zafir** m. Piedra preciosa, variedad del corindón cristalizado, de color azul.

zafo-a adj. En lenguaje marinero, libre y desembarazado. Libre, suelto y sin daño.

zaira f. Vasija grande de metal en que se guarda aceite. Escombro, desecho que queda en una mina.

zafra f. Cosecha de la caña dulce. Fabricación del azúcar de caña, y por extensión, del de remolacha. Tiempo que dura esta fabricación.

zaga f. Parte posterior o trasera de una cosa. M. El postrero en el juego.

zagal m. Muchacho que ha llegado a la adolescencia. Mozo fuerte, animoso y gallardo. Pastor mozo subordinado al rabadán. Mozo que ayuda al mayoral en los carruajes de transporte.

zagala f. Muchacha soltera. Pastora joven.

zagalón-a m. y f. Adolescente muy crecido.

zagual m. Remo corto de pala acorazonada, sin apoyarse en la embarcación y que sólo sirve para las embarcaciones pequeñas.

zaguán m. Parte cubierta que sirve de vestíbulo en la entrada de una casa.

zaguero-a adj. Que va, se queda o está atrás. Jugador que se queda detrás, en el juego de pelota. En algunos deportes, defensa.

zahareño-a adj. Desdeñoso, esquivo, intratable e irreductible.

zaherir tr. Reprender a uno dándole en el rostro con alguna acción o beneficio. Mortificar a uno con represión maligna y acerba; lastimar.

zahina *f.* Planta gramínea anual, originaria de la India, cuyos granos sirven para hacer pan y de alimento a las aves, y toda la planta, de pasto a las vacas y otros animales.

zahón *m.* Especie de calzón de cuero o paño, con perniles abiertos que llegan a media pierna y se atan a los muslos, propio de cazadores y gente del campo, para resguardar el traje.

zahorí *m.* Persona a quien el vulgo atribuye la facultad de ver lo que está oculto, aunque sea debajo de la tierra. Persona perspicaz y escudriñadora.

zahúrda *f.* Pocilga.

zaida *f.* Ave zancuda con moño eréctil de plumas blancas y filiformes que le caen sobre el cuello; habita en el NO. de África y se domestica fácilmente.

zaino-a *adj.* Traidor, falso, poco seguro en el trato. Caballo o yegua de color único, castaño obscuro. En el ganado vacuno, el de color negro.

zalagarda *f.* Emboscada. Escaramuza. Lazo que se arma para que caigan en él los animales. Astucia hipócrita y maliciosa. Alboroto repentino para espantar a los descuidados. Pendencia, regularmente fingida, en que hay bulla, voces y estruendo.

zalamería o **zalama** *f.* Demostración de cariño afectada y empalagosa.

zalea *f.* Cuero de oveja o carnero, curtido de modo que conserve la lana; sirve para preservar del frío y de la humedad.

zalear *tr.* Arrastrar o menear una cosa de un lado a otro y como sacudiendo una zalea.

zalema *f.* Reverencia o cortesía humilde, en muestra de sumisión. Zalamería.

zamacuco *m.* Hombre tonto, torpe y abrutado. Hombre solapado que calla y hace su voluntad. Embriaguez o borrachera.

zamarra *f.* Prenda de vestir rústica, hecha de piel con su lana o pelo. Piel de carnero.

zamarrico *m.* Alforja o zurrón hecho de zalea.

zamarrilla *f.* Planta labiada anual, de tallos leñosos y velludos, hojas lanuginosas muy estrechas, flores en cabezuelas cubiertas de tomento; aromática y medicinal.

zamarro *m.* Zamarra. Piel de cordero. Hombre tosco, lerdo y pesado; astuto, pillo.

zambí *adj. y s.* Nacido de negra y americano o de americana y negro.

zambo-a *adj.* Dícese de la persona que por mala configuración tiene juntas las rodillas y separadas las piernas hacia afuera; patizambo. Dícese en América del hijo de negro e india o de indio y negra.

zambomba *f.* Instrumento músico popular, usado especialmente en las fiestas de Navidad, consistente en un recipiente hueco de barro cocido, madera u hoja de lata, cubierto por una membrana bien estirada, en cuyo centro se introduce un palo que, friccionado con la mano humedecida, produce un sonido ronco y monótono. *Interj.* que expresa sorpresa.

zambra *f.* Fiesta morisca con bulla, regocijo y baile; éste se conserva entre los gitanos. Algazara, bulla y ruido de muchos.

zambucar *tr.* Meter de pronto una cosa entre otra para que no sea vista ni reconocida.

zambullir *tr. y r.* Meter debajo del agua con ímpetu o de golpe. Esconderse o meterse en alguna parte, o cubrirse con algo.

zamorano-a *adj. y s.* Natural de Zamora. Perteneciente a esta ciudad y provincia de España.

zampa *f.* Cada una de las estacas que se clavan en un terreno para hacer el firme sobre el cual se va a edificar.

zampabollos o **zampatortas** *com.* Persona que come con exceso y brutalidad. Persona incapaz, torpe y mal criada.

zampalimosnas *com.* Persona pobretona o estrafalaria que anda de puerta en puerta pidiendo en todas partes y sin ningún recato.

zampar *tr.* Meter una cosa en otra de prisa y de suerte que no se vea. Comer apresurada, descompuesta y excesivamente. *R.* Meterse de golpe en alguna parte.

zampeado *m.* Obra de pilotes y mampostería, para fabricar sobre terrenos falsos o invadidos por el agua.

zampear *tr.* Afirmar el terreno con zampeados.

zampón-a *adj. y s.* Comilón, tragón, glotón.

zampoña *f.* Instrumento rústico a modo de flauta, o compuesto de muchas flautas. Chirimía. Dicho trivial y sin substancia.

zampuzar *tr.* Zambullir. Zampar.

zanahoria *f.* Planta umbelífera anual, de tallos estriados y pelosos, hojas recortadas, flores en umbela, fruto seco y raíz fusiforme, amarilla o rojiza, jugosa y comestible; las hay de muchas variedades; raíz de esta planta.

zanca *f.* Pierna larga de las aves desde el tarso hasta la juntura del muslo. Pierna del hombre o de cualquier animal, en especial, larga y delgada.

zancada /. Paso largo.

zancadilla / Acción de cruzar uno su pierna por detrás de la de otro para derribarlo. Engaño, trampa o ardid.

zancajear intr. Andar mucho de una parte a otra, por lo común aceleradamente.

zancajo m. Hueso del pie que forma el talón. Parte del pie donde sobresale el talón. Parte del zapato o media que cubre el talón. Persona de mala figura o demasiado pequeña.

zancajoso-a adj. Que tiene los pies torcidos y vueltos hacia afuera. Dícese del caballo con los corvejones muy próximos.

zancarrón m. Cualquiera de los huesos de la pierna despojados de carne. Hombre flaco, viejo y desaseado. El que enseña ciencias o artes de que entiende poco.

zanco m. Cada uno de los dos palos altos y dispuestos con sendas horquillas en que se afirman los pies, para andar sin mojarse por donde hay agua, y también para juegos de agilidad y equilibrio. Tarso muy largo de algunas aves.

zancón-a adj. Zancudo. En América, aplícase al traje demasiado corto.

zancudo-a adj. Que tiene las zancas largas. M. americ. Mosquito, insecto díptero. Adj. y s. Ave de tarsos o zancas muy largos, con la parte interior de la pierna desprovista de pluma: cigüeña, grulla.

zanfonía / Antiguo instrumento musico de cuerda que se tocaba haciendo girar un manubrio o un cilindro armado de púas.

zangala / Tela de hilo muy engomada.

zanganada / Hecho o dicho impertinente y torpe, de zángano.

zanganear intr. Andar vagando de una parte a otra sin trabajar.

zángano m. Macho de la abeja maestra o reina. Hombre holgazán que se sustenta de lo ajeno. Hombre flojo, desmañado y torpe.

zangarilleja /. Muchacha desaseada y vagabunda.

zangarrear intr. Tocar o rasguear sin arte en la guitarra.

zangarriana /. Enfermedad leve y pasajera que repite con frecuencia Tristeza, melancolía, disgusto.

zangolotear tr. Mover continua y violentamente una cosa. Intr. Moverse una persona de una parte a otra sin concierto ni propósito. R. Moverse ciertas cosas por estar flojas o mal encajadas.

zagón m. Muchacho alto, desvaído y que anda ocioso, teniendo ya edad para poder trabajar. Indolente, embrutecido por la pereza.

zanja /. Excavación larga y angosta.

zanjar tr. Echar zanjas o abrirlas. Remover todas las dificultades e inconvenientes que puedan impedir el arreglo o terminación de un asunto o negocio.

zanquear intr. Torcer las piernas al andar. Andar mucho a pie y con prisa de una parte a otra. Persona de piernas delgadas y cortas, o muy pequeña.

zapa /. Especie de pala herrada de la mitad abajo, con un corte acerado. Excavación de galería subterránea, o de zanja al descubierto, que forma parte de los trabajos de sitio de una plaza.

zapa /. Lija, piel seca de la lija o otro selacio, para limpiar o pulir metales o madera. Piel o metal labrado de modo que forme grano como el de la lija.

zapador m. Soldado destinado a trabajar con la zapa.

zapalote m. En México, plátano de fruto largo. Maguey de tequila.

zapapico m. Herramienta a modo de pico, con un extremo en punta y el otro en corte angosto.

zapar intr. Trabajar con la zapa, excavar.

zaparrada /. Zarpazo.

zaparrastrar intr. Llevar arrastrando los vestidos y ensuciándolos.

zapata /. Calzado que llega a media pierna. Calce. Pieza de refuerzo en alguna máquina o instrumento.

zapatazo m. Golpe dado con un zapato. Caída y ruido que resulta de él.

zapateado m. Baile español que se ejecuta en compás ternario y con gracioso zapateo. Música de este baile.

zapatear tr. Golpear con el zapato. Dar golpes con los pies calzados en el suelo. Acompañar al tañido dando palmadas y alternativamente con las manos en los pies. Tener a uno a maltraer. R. Resistir animosamente a uno al reñir o disputar.

zapateo m. Acción y efecto de zapatear.

zapatería /. Taller donde se hacen zapatos. Tienda donde se venden. Oficio de zapatero.

zapatero-a Aplícase a las legumbres que se endurecen por echar agua fría en la olla cuando se están cociendo. M. El que por oficio hace zapatos o los vende. *F.* Mujer del zapatero. La que hace zapatos o los vende.

zapateta *f.* Golpe o palmada que se da en el pie o zapato, brincando al mismo tiempo en señal de regocijo.

zapatilla *f.* Zapato ligero y de suela delgada. Zapato de comodidad o abrigo para estar en casa. Suela del taco con que se juega al billar. Uña o casco de los animales de pata hendida. Zapata o calce en algunas máquinas.

zapato *m.* Calzado que no pasa del tobillo.

zapatón *m.* Zapato grande. En América, chanclo o zapato de goma.

zapatudo-a *adj.* Asegurado o reforzado con una zapata.

¡zape! *interj.* Usase para ahuyentar a los gatos, para manifestar extrañeza o miedo, o propósito de no exponerse a un riesgo.

zapote *m.* Arbol sapotáceo americano de tronco liso y madera poco resistente, hojas alternas parecidas a las del laurel, flores en racimos axilares y fruto comestible, de carne dulce y aguanosa; destila este árbol un jugo lechoso que se coagula fácilmente que es el chicle; hay muchas variedades.

zapoteca *adj. y s.* Indígena mexicano perteneciente a un importante pueblo que vive en el actual Estado de Oaxaca, de cultura muy desarrollada.

zapotillo *m.* Zapote. En México, se da el nombre a muchas otras plantas.

zapoyol *m.* Hueso o cuesco del zapote.

zaque *m.* Odre pequeño. Persona borracha.

zaquear *tr.* Mover o trasegar líquidos de unos zaques a otros. Transportar líquidos en zaques.

zaquizamí *m.* Desván o último cuarto de la casa, comúnmente a teja vana. Cuarto pequeño revuelto y poco limpio.

zar *m.* Título que llevaban el emperador de Rusia y el soberano de Bulgaria.

zara *f.* Maíz.

zarabanda *f.* Danza picaresca antigua de España; música alegre y ruidosa de esta danza. Copla que se cantaba con esta música. Cosa que causa ruido y estrépito. En México, zurra, tunda.

zaragalla *f.* Carbón vegetal menudo.

zaragata *f.* Pendencia, alboroto, tumulto.

zaragatona *f.* Planta herbácea anual de tallo velludo, hojas lanceoladas, flores pequeñas verdosas en espigas ovales y fruto capsular con muchas semillas menudas, que cocidas dan una substancia mucilaginosa empleada en Medicina y para aprestar telas.

zaragozano-a *adj. y s* Natural de Zaragoza. Perteneciente a esta ciudad y provincia de España.

zaragüelles *m. pl.* Especie de calzones anchos y follados en pliegues. Calzones muy anchos, largos y mal hechos. Planta gramínea, de cañas débiles, hojas envainadoras y flores en panoja de espiguillas colgantes.

zarambeque *m.* Tañido y danza de negros, alegre y bulliciosa.

zaranda *f.* Criba. Cedazo rectangular. Pasador de metal.

zarandajas *f. pl.* Cosas menudas, sin valor, o de importancia muy secundaria o insignificantes.

zarandear *tr.* Zarandar, pasar o limpiar el grano, o colar el dulce con la zaranda. Ajetrear. Sacudir.

zarape *m.* Sarape.

zarapito *m.* Ave zancuda, del tamaño del gallo, de pico delgado y encorvado, alas muy agudas y de plumaje pardo en el dorso; vive en las playas y sitios pantanosos.

zaraza *f.* Tela de algodón muy ancha y fina, con listas de colores o con flores estampadas sobre fondo blanco.

zarazón-a *adj.* En México se aplica al grano o fruto cuya madurez ha comenzado; medio borracho, achispado.

zarcear *tr.* Limpiar los conductos y cañerías introduciendo zarzas largas y moviéndolas para que despeguen la toba y otras inmundicias. *Intr.* Entrar el perro en los zarzales en busca de la caza. Andar de una parte a otra, cruzando con diligencia un sitio.

zarceño-a *adj.* Perteneciente o relativo a la zarza.

zarcillo *m.* Pendientes, arete. Cada uno de los órganos en forma de filamento que tienen las plantas trepadoras, con los cuales se sujetan. Escardillo, almocafre.

zarco-a *adj.* De color azul claro; úsase hablando de las aguas y con más frecuencia de los ojos.

zarevich *m.* Hijo del zar; en particular, príncipe primogénito del zar reinante.

zarigüeya *f.* Mamífero didelfo americano, de cabeza parecida a la de la zorra, de color pardo rojizo y de cola prensil; de hábitos nocturnos y buena trepadora, se alimenta de pequeños animales, huevos y algunos frutos.

zarina *f.* Esposa del zar. Emperatriz de Rusia.

zarpa *f.* Garra de ciertos animales, provista de dedos y uñas.

zarpa *f.* Parte que en la anchura de un cimiento excede a la del muro que se levanta sobre él.

zarpar *intr.* Levar anclas un buque.

zarpazo o **zarpada** *m.* o *f.* Golpe dado con la zarpa. Batacazo.

zarracatería *f.* Halago fingido y engañoso.

zarramplín *m.* Hombre chapucero y de poca habilidad en una profesión o arte. Pelagatos, pobre diablo.

zarrapastroso-a o **zaparrastroso-a** *adj.* y *s.* Desaseado, desaliñado y roto; astroso.

zarria *f.* Cazcarria. Pingajo, harapo.

zarza *f.* Arbusto rosáceo de tallos sarmentosos y con aguijones fuertes, hojas divididas en cinco hojuelas, flores blancas en racimos terminales y cuyo fruto es la zarzamora; el cocimiento de las hojas y el jarabe del fruto se emplean en Medicina contra las inflamaciones de la garganta.

zarzagán *m.* Cierzo muy frío, aunque no muy fuerte.

zarzal *m.* Sitio poblado de zarzas.

zarzamora *f.* Fruto de la zarza que maduro es una baya compuesta de granillos negros y lustrosos. Zarza.

zarzaparrilla *f.* Arbusto liliáceo, de tallos delgados volubles, hojas pecioladas con muchos nervios, flores verdosas en racimos axilares, fruto en baya globosa y raíces fibrosas casi cilíndricas. Raíz de esta planta usada como sudorífico y depurativo.

zarzarrosa *f.* Flor del escaramujo o rosal silvestre.

zarzo *m.* Tejido de varas, cañas, mimbres o juncos, de superficie plana.

zarzoso-a *adj.* Que tiene muchas zarzas.

zarzuela *f.* Obra dramática típica de España, en que alternativamente se canta y se declama.

¡zas! Voz expresiva del sonido que hace un golpe, o del golpe mismo.

zascandil *m.* Hombre despreciable, ligero y enredador.

zátara o **zata** *f.* Armazón de madera, a modo de balsa, para transportes fluviales.

zazo-a o **zazoso-a** *adj.* Tartajoso.

zéjel *m.* Composición poética de origen arábigo-español, con estribillo de dos versos, consonantes entre sí, y de un cuarto verso libre que sirve de vuelta al estribillo y con el cual rima.

zenit *m.*

zentzontle *m.* Sinsonte.

zibelina *f.* Cebelina.

zigzag *m.* Serie de líneas que forman alternativamente ángulos entrantes y salientes.

zigzaguear *intr.* Serpentear, andar en zigzag.

zima *f.* Fermento.

zinc *m.* Cinc.

zipizape *m.* Riña ruidosa y con golpes.

zoca *f.* Plaza pública; mercado público. Zoco.

zoca *f. améric.* Segunda cosecha de la caña de azúcar.

zócalo *m.* Cuerpo inferior de un edificio u obra. Friso o faja en la parte inferior de las paredes. Miembro inferior del pedestal. En México, parte central de la plaza mayor, en algunas poblaciones y, por extensión, la plaza entera.

zocato-a *adj.* Dícese del fruto que se pone amarillo y acorchado sin madurar. *Adj.* y *s.* Zurdo.

zoco *m.* Plaza. Mercado, en Marruecos.

zodiacal *adj.* Perteneciente o relativo al Zodíaco. Dícese de la débil iluminación del cielo, de aspecto fusiforme, provocada por la luz del Sol; se observa, en las latitudes medias, en el mes de febrero, después de la puesta del Sol y en octubre, antes de la salida del mismo.

zolocho-a *adj.* y *s.* Simple, mentecato, aturdido.

zollipo *m.* Sollozo con hipo, y regularmente con llanto y aflicción.

zona *f.* Lista o faja. Extensión considerable de terreno que tiene forma de banda o franja. Extensión de terreno de límites determinados por razones administrativas, políticas, militares, etc. Zoster, ganglionitis posterior aguda. Región o parte diferenciada del resto, en cualquier animal o vegetal. Parte de la superficie de la esfera comprendida entre dos planos paralelos.

zoncera *f. améric.* Sosera.

zonte o **zontle** *m.* En México, medida para contar maíz, frutos, leña, etc. y que vale 400 unidades.

zonzo-a *adj.* Soso, sin gracia ni viveza. Torpe.

zoófago-a *adj.* y *s.* Que se alimenta de materias animales.

zoofito *m.* Animal con apariencia de planta.

zoología *f.* Parte de la Biología que trata de los animales.

zoológico-a *adj.* Perteneciente o relativo a la Zoología. Dícese del parque o lugar donde se conservan, para su exhibición, animales en cautividad procedentes de diferentes regiones y países.

zoospora *f.* Espora provista de cilios o flagelos, con que se desplaza en un medio líquido.

zootecnia *f.* Ciencia aplicada que trata de la cría, multiplicación, mejora y explotación racional de los animales domésticos.

zopas *com.* Persona que cecea mucho.

zopenco-a *adj. y s.* Tonto y abrutado. Necio.

zopilotada o zopilotera *f.* Conjunto de zopilotes; bandada de los mismos, cuando se agrupan para comer.

zopilote *m.* En México, Costa Rica y Honduras, aura, ave catartoidea, vive en regiones cálidas o templadas, de plumaje negro; se nutre de cadáveres y desperdicios, que contribuye a eliminar.

zopisa *f.* Brea. Resina de pino.

zopo-a *adj.* Dícese del pie o mano torcidos o contrahechos, o de la persona que los tiene así.

zoqueana *adj. y s.* Familia lingüística indígena mexicana, integrada por los grupos zoque, mixe, popoloca de Veracruz y huave.

zoquete *m.* Pedazo de madera corto y grueso sobrante al labrar o utilizar un madero. Pedazo de pan grueso e irregular. Hombre feo y de mala traza, pequeño y gordo. Persona ruda y tarda en aprender o percibir las cosas que se le enseñan o dicen. Muy torpe.

zoquetudo-a *adj.* Basto y mal hecho.

zoquiaqui *m.* En México, lodo, fango, barrizal.

zorra *f.* Mamífero carnicero de cabeza ancha y hocico agudo, de pelamen largo y abundante de color pardo rojizo; vive en madrigueras y persigue con astucia la caza, en especial las aves de corral, campea de noche y da alaridos semejantes a los perros. Hembra de esta especie. Pelo y piel de este animal. Persona astuta y solapada.

zorra *f.* Carro bajo y fuerte para transportar pesos grandes.

zorrera *f.* Cueva de zorros.

zorrero-a *adj.* Astuto, capcioso. Que va detrás de otros o queda rezagado. Embarcación pesada en navegar.

zorrillo *m.* Se da este nombre al conepatl de México, Guatemala y Honduras. Mofeta.

zorro *m.* Macho de la zorra. Piel de la zorra, curtida y con su pelo. Hombre muy taimado y astuto. En América, mofeta, mamífero carnívoro americano. *Pl.* Tiras de piel, colas de cordero, etc., que unidas y puestas en un mango, sirven para sacudir el polvo de muebles y paredes.

zorrongón-a *adj. y s.* Aplícase al que ejecuta pesadamente, de mala gana y murmurando o refunfuñando, las cosas que le mandan.

zorruno-a *adj.* Perteneciente o relativo a la zorra.

zorzal *m.* Pájaro de la familia de los túrdidos de cuerpo grueso, cabeza pequeña, pico delgado amarillo y de punta negra, de plumaje pardo por encima.

zoster *f.* Herpes zoster, enfermedad producida por virus.

zote *adj. y s.* Ignorante, torpe y muy tardo en aprender.

zoyatanate *m.* En México, cesta, bolsa, o espuerta hecha de zoyate.

zoyate *m.* En México se da este nombre a varias liliáceas y amarilidáceas textiles, así como a algunas palmáceas.

zozobra *f.* Acción y efecto de zozobrar. Contraste de vientos que impide la navegación y ponen al barco en peligro de naufragar. Inquietud, aflicción y congoja de ánimo, que no deja sosegar.

zozobrar *intr.* Peligrar la embarcación por el contraste de los vientos. Perderse o irse a pique. Estar en gran riesgo y muy cerca de perderse el logro de una cosa o de lo que ya se posee. Acongojarse y afligirse en una duda. *Tr.* Hacer zozobrar.

zuaca *f.* En México, azotaina.

zuavo *m.* Soldado de un cuerpo de tropas coloniales francesas, que fue en su origen exclusivamente argelino.

zubia *f.* Lugar o sitio por donde corre, o por donde afluye, mucha agua.

zueco *m.* Zapato de madera, de una pieza, que usan en varios países los campesinos y gente pobre. Zapato de cuero con suela de corcho o de madera.

zulaque *m.* Betún en pasta hecho con estopa, cal, aceite y escorias, para tapar las juntas de los arcaduces en las cañerías de agua y otras obras hidráulicas.

zulú *adj. y s.* Dícese del individuo perteneciente a una rama de los cafres, de raza negra, y que habita en el África austral. Bárbaro, salvaje, bruto.

zulla *f.* Planta leguminosa, herbácea, vivaz, de tallo ramoso, flores purpurinas y olorosas y fruto en vainillas ásperas; excelente pasto para ganado.

zullarse *r.* Hacer uno sus necesidades. Ventosear.

zullenco-a *adj. y s.* Que ventosea con frecuencia e involuntariamente.

zumaque *m.* Arbusto anacardiáceo de tallos leñosos, hojas compuestas y dentadas, flores en panoja y fruto drupáceo; se emplea para adobar pieles.

zumaya *f.* Autillo. ave. Chotacabras. Ave de paso, zancuda, de pico negro, grueso y encorvado; se alimenta de peces, moluscos, etc., que caza de noche.

zumba *f.* Cencerro grande que lleva una caballería delantera o el buey que hace de cabestro. Bramadera. Moscarda o moscardón. Chanza o chasco ligero. En América, tunda, zurra. En México, borrachera.

zumbador-a *adj.* Que zumba. *M. americ.* Bramadera. Juguete infantil. Pájaro mosca o chupamirtos. Tipo de timbre eléctrico de sonido grave.

zumbar *intr.* Hacer una cosa ruido o sonido continuado y bronco. Dar chasco a uno. Dar azotes o golpes. Estar una cosa muy inmediata a otra, hablando de cosas inmateriales.

zumbel *m.* Cuerda que se arrolla al peón o trompo para hacerlo bailar. Semblante ceñudo.

zumbido o **zumbo** *m.* Acción y efecto de zumbar. Golpe o porrazo que se da a uno. Ruido subjetivo continuado, monótono y sordo.

zumbón-a *adj.* Burlón, festivo, poco serio.

zumo *m.* Líquido de las hierbas, flores, frutas u otras cosas que se saca exprimiéndolas o majándolas. Jugo. Utilidad y provecho que saca de una cosa el que la posee, disfruta o maneja.

zumoterapia *f.* Empleo de zumos vegetales con fines terapéuticos.

zuncho *m.* Abrazadera de hierro o de otra materia para fortalecer cosas que requieren hacer gran resistencia.

zupia *f.* Poso de vino. Vino turbio. Líquido de mal aspecto y sabor. Lo más inútil y despreciable de una cosa.

zurcido *m.* Unión o costura de las cosas zurcidas.

zurcir *tr.* Coser la rotura de una tela sujetando los pedazos con puntadas ordenadas, de modo que la unión resulte disimulada. Suplir con puntadas muy juntas o entrecruzadas los hilos que faltan en el agujero de un tejido. Unir y juntar sutilmente una cosa con

otra, o varias mentiras para dar apariencia de verdad a lo que se relata.

zurdo-a *adj. y s.* Que usa de la mano izquierda del modo y para lo que las demás personas usan de la derecha. Perteneciente o relativo a la mano izquierda.

zuro *m.* Corazón o raspa de la panoja del maíz después de desgranada.

zurra *f.* Acción de zurrar las pieles. Castigo de azotes o golpes. Pendencia o contienda.

zurrado-a *adj. y s. americ.* Corrido, avergonzado, azorado.

zurrapa *f.* Brizna, pelillo o sedimento que se halla en los líquidos, que poco a poco se va sentando. Cosa vil y despreciable. Muchacho desmedrado y feo.

zurrar *tr.* Curtir y adobar las pieles quitándoles el pelo. Castigar con azotes o golpes. Llevar a uno a maltraer en riñas o pendencias. Censurar a uno con dureza y especialmente en público.

zurrarse *r.* Irse de vientre involuntariamente. Estar poseído de gran temor o miedo.

zurriagazo *m.* Golpe dado con el zurriago o con otra cosa flexible como él. Desgracia inesperada que sobreviene en el negocio emprendido. Golpe imprevisto. Mal trato o desdén de quien no se creyera que pudiese hacer algún daño o perjuicio.

zurriago o **zurriaga** *m.* o *f.* Látigo con que se castiga o zurra. Correa larga y fuerte con que los muchachos hacen bailar el trompo.

zurrón *m.* Bolsa grande de pellejo de que usan los pastores para guardar su comida u otras cosas. Cualquier bolsa de cuero. Cáscara de algunos frutos. Quiste. En América, persona corta de ingenio, de poco valor moral.

zurullo *m.* Pedazo rollizo de materia blanda.

zurupeto *m.* Corredor de bolsa no matriculado. Intruso en la profesión notarial.

zutano-a *m. y f.* Vocablo usado como complemento de *fulano* y *mengano* y con la misma significación cuando se alude a tercera persona.

LOS VERBOS CASTELLANOS

Por ser el verbo la categoría gramatical más variable de la oración y que expresa acción, pasión, estado o existencia de las personas o de las cosas, resulta ser el elemento indispensable de la expresión de los juicios y, en consecuencia, su importancia es básica en cualquier idioma.

Según su estructura, en Castellano tenemos tres clases de verbos: **a)** regulares; **b)** irregulares; **c)** defectivos.

Verbos regulares son los que siempre, en el transcurso de su conjugación, conservan intacta la raíz y sus terminaciones o desinencias son las que corresponden a las normales de sus distintas personas: cantar, comer, partir.

Verbos irregulares son los que alteran, en algunos tiempos y personas, su raíz, sus terminaciones o ambas: contar, caber, reir.

Verbos defectivos son los que carecen de algunos tiempos o personas en su conjugación: abolir, balbucir, adir.

La clasificación de los verbos se reduce a tres conjugaciones: 1a., que comprende todos los verbos cuyo infinitivo simple termina en -ar; 2a., los verbos con infinitivo terminado en -er; 3a., los verbos con infinitivo terminado en -ir.

La nomenclatura de los tiempos varía según se adopte la de don Andrés Bello, que es la más común en América, o la de la Academia Española. Por ello, damos primero la de Bello y seguidamente la académica.

MODELO DE VERBOS REGULARES

Primera conjugación

Modo indicativo

B. Presente
Ac. Presente

yo canto
tú cantas
él canta
nosotros cantamos
vosotros cantáis
ellos cantan

B. Pretérito
Ac. Pretérito indefinido

yo canté
tú cantaste
él cantó
nosotros cantamos
vosotros cantasteis
ellos cantaron

B. Futuro
Ac. Futuro imperfecto

yo cantaré
tú cantarás
él cantará
nosotros cantaremos
vosotros cantaréis
ellos cantarán

B. Antepresente
Ac. Pretérito perfecto

yo he cantado
tú has cantado
él ha cantado
nosotros hemos cantado
vosotros habéis cantado
ellos han cantado

B. Antepretérito
Ac. Pretérito anterior

yo hube cantado
tú hubiste cantado
él hubo cantado
nosotros hubimos cantado
vosotros hubisteis cantado
ellos hubieron cantado

B. Antefuturo
Ac. Futuro perfecto

yo habré cantado
tú habrás cantado
él habrá cantado
nosotros habremos cantado
vosotros habréis cantado
ellos habrán cantado

VERBOS CASTELLANOS

B. Copretérito
Ac. Pretérito imperfecto
yo cantaba
tú cantabas
él cantaba
nosotros cantábamos
vosotros cantabais
ellos cantaban

B. Antecopretérito
Ac. Pretérito pluscuamperfecto
yo había cantado
tú habías cantado
él había cantado
nosotros habíamos cantado
vosotros habíais cantado
ellos habían cantado

B. Pospretérito
Ac. Potencial simple o imperfecto
yo cantaría
tú cantarías
él cantaría
nosotros cantaríamos
vosotros cantaríais
ellos cantarían

B. Antepospretérito
Ac. Potencial compuesto o perfecto
yo habría cantado
tú habrías cantado
él habría cantado
nosotros habríamos cantado
vosotros habríais cantado
ellos habrían cantado

Modo imperativo

B. Imperativo

Ac. Imperativo presente

canta tú   cantad vosotros

Modo subjuntivo

B. Presente
Ac. Presente
yo cante
tú cantes
él cante
nosotros cantemos
vosotros cantéis
ellos canten

B. Antepresente
Ac. Pretérito perfecto
yo haya cantado
tú hayas cantado
él haya cantado
nosotros hayamos cantado
vosotros hayáis cantado
ellos hayan cantado

B. Pretérito
Ac. Pretérito imperfecto
yo cantara o cantase
tú cantaras o cantases
él cantara o cantase
nosotros cantáramos o cantásemos

vosotros cantarais o cantaseis

ellos cantaran o cantasen

B. Antepretérito
Ac. Pretérito pluscuamperfecto
yo hubiera o hubiese cantado
tú hubieras o hubieses cantado
él hubiera o hubiese cantado
nosotros hubiéramos o hubiésemos cantado
vosotros hubierais o hubieseis cantado
ellos hubieran o hubiesen cantado

B. Futuro
Ac. Futuro imperfecto
yo cantare
tú cantares
él cantare
nosotros cantáremos
vosotros cantareis
ellos cantaren

B. Antefuturo
Ac. Futuro perfecto
yo hubiere cantado
tú hubieres cantado
él hubiere cantado
nosotros hubiéremos cantado
vosotros hubiereis cantado
ellos hubieren cantado

B. Derivados verbales

Ac. Modo infinitivo

B. Infinitivo simple
Ac. Infinitivo
cantar

B. Infinitivo compuesto
Ac. Infinitivo compuesto
haber cantado

826

VERBOS CASTELLANOS

B. Gerundio simple	B. Gerundio compuesto	B. Participio
Ac. Gerundio	Ac. Gerundio compuesto	Ac. Participio
cantando	habiendo cantado	cantado

Segunda conjugación

Modo indicativo

B. Presente
Ac. Presente

yo como
tú comes
él come
nosotros comemos
vosotros coméis
ellos comen

B. Antepresente
Ac. Pretérito perfecto

yo he comido
tú has comido
él ha comido
nosotros hemos comido
vosotros habéis comido
ellos han comido

B. Pretérito
Ac. Pretérito indefinido

yo comí
tú comiste
él comió
nosotros comimos
vosotros comisteis
ellos comieron

B. Antepretérito
Ac. Pretérito anterior

yo hube comido
tú hubiste comido
él hubo comido
nosotros hubimos comido
vosotros hubisteis comido
ellos hubieron comido

B. Futuro
Ac. Futuro imperfecto

yo comeré
tú comerás
él comerá
nosotros comeremos
vosotros comereis
ellos comerán

B. Antefuturo
Ac. Futuro perfecto

yo habré comido
tú habrás comido
él habrá comido
nosotros habremos comido
vosotros habréis comido
ellos habrán comido

B. Copretérito
Ac. Pretérito imperfecto

yo comía
tú comías
él comía
nosotros comíamos
vosotros comíais
ellos comían

B. Antecopretérito
Ac. Pretérito pluscuamperfecto

yo había comido
tú habías comido
él había comido
nosotros habíamos comido
vosotros habíais comido
ellos habían comido

B. Pospretérito
Ac. Potencial simple o imperfecto

yo comería
tú comerías
él comería
nosotros comeríamos
vosotros comeríais
ellos comerían

B. Antepospretérito
Ac. Potencial compuesto o perfecto

yo habría comido
tú habrías comido
él habría comido
nosotros habríamos comido
vosotros habríais comido
ellos habrían comido

Modo imperativo

B. Imperativo
Ac. Imperativo presente

come tú   comed vosotros

Modo subjuntivo

B. Presente
Ac. Presente

yo coma
tú comas
él coma
nosotros comamos
vosotros comáis
ellos coman

B. Antepresente
Ac. Pretérito perfecto

yo haya comido
tú hayas comido
él haya comido
nosotros hayamos comido
vosotros hayáis comido
ellos hayan comido

VERBOS CASTELLANOS

B. Pretérito
Ac. Pretérito imperfecto
yo comiera o comiese
tú comieras o comieses
él comiera o comiese
nosotros comiéramos o comiésemos

vosotros comierais o comieseis

ellos comieran o comiesen

B. Futuro
Ac. Futuro imperfecto
yo comiere
tú comieres
él comiere
nosotros comiéremos
vosotros comiereis
ellos comieren

B. Antepretérito
Ac. Pretérito pluscuamperfecto
yo hubiera o hubiese comido
tú hubieras o hubieses comido
él hubiera o hubiese comido
nosotros hubiéramos o hubiésemos comido
vosotros hubierais o hubieseis comido
ellos hubieran o hubiesen comido

B. Antefuturo
Ac. Futuro perfecto
yo hubiere comido
tú hubieres comido
él hubiere comido
nosotros hubiéremos comido
vosotros hubiereis comido
ellos hubieren comido

B. Derivados verbales

Ac. Modo infinitivo

B. Infinitivo simple
Ac. Infinitivo
comer
B. Gerundio simple
Ac. Gerundio
comiendo

B. Infinitivo compuesto
Ac. Infinitivo compuesto
haber comido
B. Gerundio compuesto
Ac. Gerundio compuesto
habiendo comido

B. Participio
Ac. Participio
comido

Tercera conjugación

Modo indicativo

B. Presente
Ac. Presente
yo parto
tú partes
él parte
nosotros partimos
vosotros partís
ellos parten

B. Pretérito
Ac. Pretérito indefinido
yo partí
él partió
tú partiste
nosotros partimos
vosotros partisteis
ellos partieron

B. Futuro
Ac. Futuro imperfecto
yo partiré
tú partirás
él partirá
nosotros partiremos
vosotros partiréis
ellos partirán

B. Antepresente
Ac. Pretérito perfecto
yo he partido
tú has partido
él ha partido
nosotros hemos partido
vosotros habéis partido
ellos han partido

B. Antepretérito
Ac. Pretérito anterior
yo hube partido
él hubo partido
tú hubiste partido
nosotros hubimos partido
vosotros hubisteis partido
ellos hubieron partido

B. Antefuturo
Ac. Futuro perfecto
yo habré partido
tú habrás partido
él habrá partido
nosotros habremos partido
vosotros habréis partido
ellos habrán partido

828

VERBOS CASTELLANOS

B. Copretérito
Ac. Pretérito imperfecto
yo partía
tú partías
él partía
nosotros partíamos
vosotros partíais
ellos partían

B. Pospretérito
Ac. Potencial simple o perfecto
yo partiría
tú partirías
él partiría
nosotros partiríamos
vosotros partiríais
ellos partirían

B. Antecopretérito
Ac. Pretérito pluscuamperfecto
yo había partido
tú habías partido
él había partido
nosotros habíamos partido
vosotros habíais partido
ellos habían partido

B. Antepospretérito
Ac. Potencial compuesto o perfecto
yo habría partido
tú habrías partido
él habría partido
nosotros habríamos partido
vosotros habríais partido
ellos habrían partido

Modo imperativo
B. Imperativo
Ac. Imperativo presente
parte tú   partid vosotros

Modo subjuntivo

B. Presente
Ac. Presente
yo parta
tú partas
él parta
nosotros partamos
vosotros partáis
ellos partan

B. Pretérito
Ac. Pretérito imperfecto
yo partiera o partiese
tú partieras o partieses
él partiera o partiese
nosotros partiéramos o partiésemos

vosotros partierais o partieseis

ellos partieran o partiesen

B. Futuro
Ac. Futuro imperfecto
yo partiere
tú partieres
él partiere
nosotros partiéremos
vosotros partiereis
ellos partieren

B. Antepresente
Ac. Pretérito perfecto
yo haya partido
tú hayas partido
él haya partido
nosotros hayamos partido
vosotros hayáis partido
ellos hayan partido

B. Antepretérito
Ac. Pretérito pluscuamperfecto
yo hubiera o hubiese partido
tú hubieras o hubieses partido
él hubiera o hubiese partido
nosotros hubiéramos o hubiésemos
   partido
vosotros hubierais o hubieseis partido
ellos hubieran o hubiesen partido

B. Antefuturo
Ac. Futuro perfecto
yo hubiere partido
tú hubieres partido
él hubiere partido
nosotros hubiéremos partido
vosotros hubiereis partido
ellos hubieren partido

B. Derivados verbales
Ac. Modo infinitivo

B. Infinitivo simple
Ac. Infinitivo
partir
B. Gerundio simple
Ac. Gerundio
partiendo

B. Infinitivo compuesto
Ac. Infinitivo compuesto
haber partido
B. Gerundio compuesto
Ac. Gerundio compuesto
habiendo partido

B. Participio
Ac. Participio
partido

RELACION DE VERBOS IRREGULARES Y DEFECTIVOS CON SU CONJUGACION APROPIADA

A

abarse. Apartarse. Defec. Usase casi únicamente en el Infinit. e Imperat.

abastecer. Proveer. Como *agradecer*.

ablandecer. Ablandar. Como *agradecer*.

abnegar. Renunciar. Como *acertar*.

abolir. Derogar. Usase tan sólo en las formas en que la desinencia comienza con -i-. *Indic. Pres.*: abolimos, abolís; *Pret.*: abolí, etc.; *Fut.*: aboliré, ás, etc.; *Copret.*: abolía, -as, etc.; *Pospret.*: aboliría, -ías, etc.; *Imperat.*: abolid; *Subj. Pret.*: aboliera o aboliese, abolieras o abolieses, etc.; *Fut.*: aboliere, -eres, etc.; *Ger.*: aboliendo; *Part.*: abolido.

aborrecer. Tener aversión. Como *agradecer*.

absolver. Liberar de algún cargo. Como *mover*.

abstenerse. Privarse. Como *tener*.

abstraer. Aislar. Como *traer*.

abuñolar. Freir como buñuelo. Como *contar*.

acaecer. Suceder. Como *agradecer*.

acertar. Dar en el punto. *Indic. Pres.*: acierto, -as, -a, acertamos, acertáis, aciertan; *Pret.*: acerté, acertaste, etc.; *Fut.*: acertaré, -ás, etc.; *Copret.*: acertaba, -as, etc.; *Pospret.*: acertaría, -ías, etc.; *Imperat.*: acierta, acertad; *Subj. Pres.*: acierte, aciertes, acierte, acertemos, acertéis, acierten; *Pret.*: acertara o acertase, -aras o -ases, etc.; *Fut.*: acertare, -ares, etc.; *Ger.*: acertando; *Part.*: acertado.

aclarecer. Aclarar. Como *agradecer*.

aclocar. Enclocar. Como *contar*.

acollar. Cobijar con tierra el pie de las plantas. Como *contar*.

acontecer. Suceder. Como *agradecer*.

acordar. Determinar de común acuerdo. Como *contar*.

acornar. Acornear. Como *contar*.

acostar. Echarse para descansar. Como *contar*.

acrecentar. Aumentar. Como *acertar*.

acrecer. Aumentar. Como *agradecer*.

adestrar. Adiestrar. Como *acertar*.

adherir. Pegarse una cosa con otra. Como *sentir*.

adir. Aceptar. Usase sólo en la frase: *adir la herencia.*

adolecer. Padecer habitualmente. Como *agradecer*.

adonecer. Aumentar. Como *agradecer*.

adormecer. Causar sueño. Como *agradecer*.

adormir. Adormecer. Como *dormir*.

adquirir. Ganar, conseguir. *Indic. Pres.*: adquiero, adquieres, adquiere, adquirimos, adquirís, adquieren; *Pret.*: adquirí, -iste, etc.; *Fut.*: adquiriré, -ás, etc.; *Copret.*: adqui-ría, -ías, etc.; *Pospret.*: adquiriría, -ías, etc.; *Imperat.*: adquiere, adquirid; *Sub. Pres.*: adquiera, adquieras, adquiera, adquiramos, adquiráis, adquieran; *Pret.*: adquiriera o adquiriese, adquirieras o adquirieses, adquiriera o adquiriese, adquiriéramos o adquisiésemos, adquiriérais o adquisieseis, adquirieran o adquisiesen; *Fut.*: adquiriere, -es, etc.; *Ger.*: adquiriendo; *Partic.*: adquirido.

aducir. Alegar. Como *conducir*.

advenir. Venir o llegar. Como *venir*.

advertir. Observar. Como *sentir*.

afeblecerse. Debilitarse. Como *agradecer*.

aferrar. Agarrar con fuerza. Como *acertar*. Usase también regular.

afluir. Acudir en abundancia. Como *huir*.

afollar. Soplar con fuelle. Como *contar*.

aforar. Dar fueros. Como *contar*. En las demás acepciones es regular.

agorar. Predecir supersticiosamente lo futuro. Como *contar*.

agradecer. Corresponder con gratitud. *Indic. Pres.*: agradezco, agradeces, agradece, agradecemos, agradecéis, agradecen; *Pret.*: agradecí, -iste, etc.; *Fut.*: agradeceré, -rás, etc.; *Copret.*: agradecía, -ías, etc.; *Pospret.*: agradecería, -ías, etc.; *Imperat.*: agradece, agradeced; *Subj. Pres.*: agradezca, agradezcas, agradezca, agradezcamos, agradezcáis, agradezcan; *Pret.*: agradeciera o agradeciese, agradecieras o agradecieses, etc.; *Fut.*: agradeciere, -res, etc.; *Ger.*: agradeciendo; *Partic.*: agradecido.

agredir. Acometer. Defec. Como *aguerrir*.

aguerrir. Acostumbrar a la guerra. Defec. Usase sólo en las desinencias que comiencen con -i-, como en las de *abolir*: aguerrimos, aguerrís, aguerría, etc.

alebrarse. Apegarse al suelo como las liebres. Acobardarse. Como *acertar*.

alentar. Respirar. Como *acertar*.

aliquebrar. Quebrar las alas. Como *quebrar*.

almorzar. Tomar almuerzo. Como *contar*.

alongar. Alejar. Alargar. Como *contar*.

aloquecerse. Enloquecerse. Como *agradecer*.

altivecer. Causar altivez. Como *agradecer*.

amanecer. Aparecer el día. Como *agradecer*.

amarillecer. Ponerse amarillo. Como *agradecer*.

amoblar. Amueblar. Como *contar*.

amodorrecer. Causar modorra. Como *agradecer*.

amohecer. Enmohecer. Como *agradecer.*

amolar. Sacar corte. Como *contar.*

amorecer. Cubrir el morueco a la oveja. Como *agradecer.*

amortecer. Amortiguar. Como *agradecer.*

amover. Remover. Como *mover.*

andar. Ir de un lugar a otro. *Indic. Pres.:* ando, andas, anda, andamos, andáis, andan; *Pret.:* anduve, anduviste, anduvo, anduvimos, anduvisteis, anduvieron; *Fut.:* andaré, -ás, etc.; *Copret.:* andaba, -as, etc.; *Pospret.:* andaría, -ías, etc.; *Imperat.:* anda, andad; *Subj. Pres.:* ande, andes, ande, andemos, andéis, anden; *Pret.:* anduviera o anduviese, anduvieras o anduvieses, anduviera o anduviese, anduviéramos o anduviésemos, anduvierais o anduvieseis, anduvieran o anduviesen; *Fut.:* anduviere, anduvieres, anduviere, anduviéremos, anduviereis, anduvieren; *Ger.:* andando; *Partic.:* andado.

aneblar. Cubrir de niebla. Como *acertar.*

anochecer Venir la noche. Como *agradecer.*

antedecir. Predecir. Como *decir.*

anteponer. Poner delante. Como *poner.*

antevenir. Preceder. Como *venir.*

antever. Ver antes que otro. Como *ver.*

apacentar. Dar pasto. Como *acertar.*

aparecer. Manifestarse. Como *agradecer.*

apercollar. Asir por el cuello. Como *contar.*

apernar. Asir el perro a una res por la pierna. Como *acertar.*

apetecer. Tener gana de algo o desearlo. Como *agradecer.*

aplacer. Agradar. Como *nacer.*

apostar. Pactar en disputa sobre premio. Como *contar.* Pero en la acepción de situar en sitio determinado es regular.

apretar. Estrechar con fuerza. Como *acertar.*

aprevenir. Prevenir. Como *venir.*

aprobar. Dar por bueno. Como *contar.*

arbolecer. Arborecer. Como *agradecer.*

arborecer. Hacerse como árbol. Como *agradecer.*

argüir. Sacar en claro. Como *huir.*

aridecer. Hacerse árido. Como *agradecer.*

arrecirse. Entumecerse. Defec. Como *aguerrir.*

arrendar. Ceder o adquirir en arrendamiento. Como *acertar.*

arrepentirse. Tener pesar de algo. Como *sentir.*

arrevolver. Revolver. Como *mover.*

ascender. Subir. Como *entender.*

asentar. Poner en silla. Como *acertar.*

asentir. Admitir. Como *sentir.*

aserrar. Cortar con sierra. Como *acertar.*

asir. Tomar, coger. *Indic. Pres.:* asgo, ases, ase, asimos, asís, asen; *Pret.:* así, asiste, asió, asimos, asisteis, asieron; *Fut.:* asiré, -ás, etc.; *Copret.:* asía, -ías, etc.; *Pospret.:* asiría, -ías, etc.; *Imperat.:* ase, asid; *Subj. Pres.:* asga, asgas, asga, asgamos, asgáis, asgan; *Pret.:* asiera o asiese, asieras o asieses, etc.; *Fut.:* asiere, -eres, etc.; *Ger.:* asiendo; *Partic.:* asido.

asolar. Destruir. Como *contar.*

asoldar. Tomar a sueldo. Como *contar.*

asonar. Hacer asonancia. Como *contar.*

asosegar. Sosegar. Como *acertar.*

astreñir. Astringir. Como *ceñir.*

astriñir. Astringir. Como *tañer.*

atañer. Pertenecer. Defec. Usase sólo en las terceras personas. Como *tañer.*

atardecer. Caer la tarde. Como *agradecer.*

atender. Esperar. Como *entender.*

atenerse. Adherirse. Ajustarse. Como *tener.*

atentar. Irse con tiento. Como *acertar.* En la acepción de intentar un delito, cometer atentado, etc., es regular.

aterecerse. Aterirse. Como *agradecer.*

aterir. Pasmar de frío. Defec. Usase sólo en *Infinit.* y en el *Partic.:* aterir, aterido.

aterrar. Bajar al suelo. Como *acertar.* Pero en derribar y causar terror es verbo regular.

atestar. Henchir. Como *acertar.* También se usa regular. En la acepción de testificar o atestiguar es regular siempre.

atorar. Partir leña con tueros. Como *contar.* En otras acepciones es regular.

atraer. Traer hacia sí. Como *traer.*

atravesar. Pasar de parte a parte. Como *acertar.*

atribuir. Aplicar algo a alguien. Como *huir.*

atronar. Asordar con ruido. Como *contar.*

avanecerse. Acorcharse la fruta. Como *agradecer.*

avenir. Concordar. Como *venir.*

aventar. Hacer aire. Como *acertar.*

avergonzar. Causar vergüenza. Como *contar.*

azolar. Desbastar con azuela. Como *contar.*

B

balbucir. Hablar con dificultad. Defec. Usase sólo en las formas en que la desinencia comienza con -i-: balbucimos, balbucís, etc. Como *abolir*.

beldar. Aventar con bieldo. Como *acertar*.

bendecir. Ensalzar. Como *decir*, excepto en el *Fut.*, *Pospret.* e *Imperat.*, que es regular: bendeciré, bendeciría, bendecid.

bienquerer. Estimar. Como *querer*.

blanquecer. Limpiar y sacar color.

Blanquear. Como *agradecer*.

bullir. Hervir. Como *mullir*.

C

caber. Tener lugar. *Indic. Pres.:* quepo, cabes, cabe, cabemos, cabéis, caben; *Pret.:* cupe, cupiste, cupo, cupimos, cupisteis, cupieron; *Fut.:* cabré, -ás, etc.; *Copret.:* cabría, -ías, etc.; *Pospret.:* cabría, -ías, etc.; *Imperat.:* cabe, cabed; *Subj. Pres.:* quepa, quepas, quepa, quepamos, quepáis, quepan; *Pret.:* cupiera o cupiese, cupieras o cupieses, etc.; *Fut.:* cupiere, cupieres, etc.; *Ger.:* cabiendo; *Partic.:* cabido.

caer. Venir abajo. *Indic. Pres.:* caigo, caes, cae, caemos, caéis, caen; *Pret.:* caí, caíste, cayó, caímos, caísteis, cayeron; *Fut.:* caeré, -rás, etc.; *Copret.:* caía, caías, etc.; *Pospret.:* caería, -rías, etc.; *Imperat.:* cae, caed; *Subj. Pres.:* caiga, caigas, caiga, caigamos, caigáis, caigan; *Pret.:* cayera o cayese, cayeras o cayeses, cayera o cayese, etc.; *Fut.:* cayere, -res, etc.; *Ger.:* cayendo; *Partic.:* caído.

calecer. Ponerse caliente. Como *agradecer*.

calecerse. Corromperse la carne. Como *agradecer*.

calentar. Hacer subir la temperatura. Como *acertar*.

carecer. Faltar algo. Como *agradecer*.

cegar. Perder la vista. Como *acertar*.

ceñir. Ajustar. *Indic. Pres.:* ciño, ciñes, ciñe, ceñimos, ceñís, ciñen; *Pret.:* ceñí, ceñiste, ciñó, ceñimos, ceñisteis, ciñeron; *Fut.:* ceñiré, -rás, etc.; *Copret.:* ceñía, -ñías, etc.; *Pospret.:* ceñiría, -rías, etc.; *Imperat.:* ciñe, ceñid; *Subj. Pres.:* ciña, ciñas, ciña, ciñamos, ciñáis, ciñan; *Pret.:* ciñera o ciñese, ciñeras o ciñeses, etc.; *Fut.:* ciñere, -res, etc.; *Ger.:* ciñendo; *Partic.:* ceñido.

cerner. Separar con cedazo. Como *entender*.

cernir. Cerner. Como *entender*.

cerrar. Meter que no pueda verse. Como *acertar*.

cimentar. Echar cimientos. Como *acertar*.

circuir. Rodear. Como *huir*.

circunferir. Circunscribir. Como *sentir*.

clarecer. Amanecer. Como *agradecer*.

clocar. Cloquear. Como *contar*.

cocer. Preparar un manjar al fuego. Como *mover*.

coextenderse. Extenderse a la vez que otro. Como *entender*.

colar. Hacer pasar un líquido por cedazo. Como *contar*.

colegir. Juntar. Deducir. Como *pedir*.

colgar. Suspender. Como *contar*.

comenzar. Empezar. Como *acertar*.

compadecer. Compartir una desgracia. Como *agradecer*.

comparecer. Presentarse. Como *agradecer*.

competir. Contender. Como *pedir*.

complacer. Acceder. Como *agradecer*.

componer. Formar una cosa de otras varias. Como *poner*.

comprobar. Verificar. Como *contar*.

concebir. Quedar preñada la hembra. Como *pedir*.

concernir. Pertenecer. Defec. Usase en las terceras personas: concierne, concernía, etc. Como *discernir*.

concertar. Ajustar. Como *acertar*.

concluir. Acabar. Como *huir*.

concordar. Poner de acuerdo. Como *contar*.

condecir. Convenir. Como *decir*.

condescender. Acomodarse por bondad. Como *entender*.

condolecerse. Condolerse. Como *agradecer*.

condolerse. Compadecer, sentir lástima. Como *mover*.

conducir. Llevar de una parte a otra. *Indic. Pres.:* conduzco, conduces, conduce, conducimos, conducís, conducen; *Pret.:* conduje, condujiste, condujo, condujimos, condujisteis, condujeron; *Fut.:* conduciré, -ás, etc.; *Copret.:* conducía, -cías, etc.; *Pospret.:* conduciría, -rías, etc.; *Imperat.:* conduce, conducid; *Subj. Pres.:* conduzca, conduzcas, conduzca, conduzcamos, conduzcáis, conduzcan; *Pret.:* condujera o condujese, condujeras o condujeses, etc.; *Fut.:* condujere, condujeres, etc.; *Ger.:* conduciendo; *Partic.:* conducido.

conferir. Conceder. Como *sentir*.

confesar. Reconocer. Como *acertar*.

confluir. Juntarse corrientes de agua. Como *huir*.

conmover. Perturbar. Como *mover*.

conocer. Entender. Saber. *Indic. Pres.:* conozco, conoces, conoce, conocemos, conocéis, conocen; *Pret.:* conocí, conociste, conoció, conocimos, etc.; *Fut.:* conoceré, -rás, etc.; *Pospret.:* conocería, -rías, etc.; *Imperat.:* conoce, conoced; *Subj. Pres.:* conozca, conozcas, conozca, conozcamos, conozcáis, conozcan; *Pret.:*

conociera o conociese, conocieras o conocieses, etc.; *Fut.:* conociere, conocieres, etc.; *Ger.:* conociendo; *Partic.:* conocido.

conseguir. Alcanzar. Como *pedir.*

consentir. Permitir. Como *sentir.*

consolar. Aliviar la pena. Como *contar.*

consonar. Formar consonancia. Como *contar.*

constituir. Formar. Componer. Como *huir.*

constreñir. Obligar. Como *ceñir.*

construir. Fabricar. Edificar. Como *huir.*

contar. Numerar o computar. *Indic. Pres.:* cuento, cuentas, cuenta, contamos, contáis, cuentan; *Pret.:* conté, contaste, contó, contamos, contasteis, contaron; *Fut.:* contaré, -rás, etc.; *Copret.:* contaba, -bas, etc.; *Pospret.:* contaría, -rías, etc.; *Imperat.:* cuenta, contad; *Subj. Pres.:* cuente, cuentes, cuente, contemos, contéis, cuenten; *Pret.:* contara o contase, contaras o contases, etc.; *Fut.:* contare, -res, etc.; *Ger.:* contando; *Partic.:* contado.

contender. Lidiar, pelear. Como *entender.*

contener. Llevar dentro de sí. Como *tener.*

contorcerse. Sufrir contorsiones. Como *mover.*

contradecir. Decir lo contrario. Como *decir.*

contraer. Estrechar. Como *traer.*

contrahacer. Hacer algo parecido o remedar. Como *hacer.*

contraponer. Comparar lo contrario. Como *poner.*

contravenir. Obrar contra lo ordenado. Como *venir.*

contribuir. Concurrir voluntariamente. Como *huir.*

controvertir. Discutir. Como *sentir.*

convalecer. Recobrar las fuerzas. Como *agradecer.*

convenir. Ser de un mismo parecer. Como *venir.*

convertir. Mudar una cosa en otra. Como *sentir.*

corregir. Enmendar. Como *pedir.*

corroer. Desgastar. Como *roer.*

costar. Comprar por precio. Como *contar.*

crecer. Aumentar. Como *agradecer.*

D

dar. Donar, entregar. *Indic. Pres.:* doy, das, da, damos, dáis, dan; *Pret.:* di, diste, dio, dimos, disteis, dieron; *Fut.:* daré, -rás, etc.; *Copret.:* daba, dabas, etc.; *Pospret.:* daría, -rías, etc.; *Imperat.:* da, dad; *Subj. Pres.:* dé, des, dé, demos, deis den; *Pret.:* diera o diese, dieras o dieses, etc.; *Fut.:* diere, -res, etc.; *Ger.:* dando; *Partic.:* dado.

decaer. Ir a menos. Como *caer.*

decentar. Empezar a cortar o gastar. Ulcerarse. Como *acertar.*

decir. Manifestar. *Indic. Pres.:* digo, dices, dice, decimos, decís, dicen; *Pret.:* dije, dijiste, dijo, dijimos, dijisteis, dijeron; *Fut.:* diré, -rás, etc.; *Copret.:* decía, -cías, etc.; *Pospret.:* diría, -rías, etc.; *Imperat.:* di, decid; *Subj. Pres.:* diga, digas, diga, digamos, digáis, digan; *Pret.:* dijera o dijese, dijeras o dijeses, etc.; *Fut.:* dijere, -res, etc.; *Ger.:* diciendo; *Partic.:* dicho.

decrecer. Menguar. Como *agradecer.*

dedolar. Cortar oblicuamente. Como *contar.*

deducir. Sacar consecuencia. Como *conducir.*

defender. Amparar, proteger. Como *entender.*

defenecer. Finiquitar una cuenta. Como *agradecer.*

deferir. Adherirse a un dictamen. Como *adquirir.*

degollar. Cortar el cuello. Como *contar.*

demoler. Derribar. Como *mover.*

demostrar. Declarar. Probar. Como *contar.*

denegar. No conceder. Como *acertar.*

denegrecer. Ennegrecer. Como *agradecer.*

denostar. Injuriar gravemente. Como *contar.*

dentar. Formar dientes. Como *acertar.*

deponer. Dejar. Atestiguar. Como *poner.*

derrenegar. Aborrecer. Como *acertar.*

derrengar. Descaderar. Como *acertar.*

derretir. Liquidar, disolver. Como *pedir.*

derrocar. Despeñar, derribar. Como *contar.* Úsase también como regular.

derruir. Derribar, destruir. Como *huir.*

desbastecer. Desproveer. Como *agradecer.*

desacertar. Errar. Como *acertar.*

desacordar. Destemplar. Como *contar.*

desadormecer. Despertar. Como *agradecer.*

desadvertir. No reparar. Como *sentir.*

desaferrar. Desasir. Como *acertar.*

desaforar. Quebrantar los fueros. Descomponerse. Como *contar.*

desagradecer. Desconocer el beneficio. Como *agradecer.*

desalentar. Dificultar el aliento. Como *acertar.*

desamoblar. Dejar sin muebles. Como *contar.*

desandar. Retroceder. Como *andar.*

desaparecer. Perderse de vista. Como *agradecer.*

desapretar. Aflojar. Como *acertar.*

desaprobar. Reprobar. Como *contar.*

desarrendar. Quitar la rienda. Dejar un arrendamiento. Como *acertar.*

desasentar. Remover, quitar. Como *acertar.*

desasir. Soltar. Como *asir.*

desasosegar. Privar de sosiego. Como *acertar.*

desatender. No prestar atención. Como *entender.*

desatentar. Hacer perder tiempo. Como *acertar.*

desatraer. Apartar. Como *traer.*

desbravecer. Desbravar. Como *agradecer.*

descaecer. a menos. Como *agradecer.*

descender. Bajar. Como *entender.*

desceñir. Quitar el ceñidor. Como *ceñir.*

descerrar. Abrir. Como *acertar.*

descimentar. Deshacer los cimientos. Como *acertar.*

descocer. Digerir. Desazonarse. Como *mover.*

descolgar. Bajar lo colgado. Como *contar.*

descollar. Sobresalir. Como *contar.*

descomedirse. Faltar al respeto. Como *pedir.*

descomponer. Desbaratar. Como *poner.*

desconcertar. Turbar. Como *acertar.*

desconocer. No recordar. Desentenderse. Como *conocer.*

desconsentir. No consentir. Como *sentir.*

desconsolar. Privar de consuelo. Como *contar.*

descontar. Rebajar. Como *contar.*

desconvenir. No convenir. Como *venir.*

descordar. Desencordar. Como *contar.*

descornar. Quitar los cuernos. Como *contar.*

descrecer. Decrecer. Como *agradecer.*

desdar. Dar vueltas para deshacer otras. Como *dar.*

desdecir. No convenir. Desmentir. Como *decir.*

desdentar. Quitar los dientes. Como *acertar.*

desembebecerse. Recobrar los sentidos. Como *agradecer.*

desenbravecer. Amansar. Como *agradecer.*

desempedrar. Arrancar un empedrado. Como *acertar.*

desencarecer. Abaratar. Como *agradecer.*

desencerrar. Sacar de encierro. Como *acertar.*

desencordar. Quitar las cuerdas. Como *contar.*

desenfurecer. Hacer cesar el furor. Como *agradecer.*

desengrosar. Adelgazar. Como *contar.*

desenmohecer. Quitar el moho. Como *agradecer.*

desenmudecer. Libertarse del impedimento de hablar. Como *agradecer.*

desensoberbecer. Deponer la soberbia. Como *agradecer.*

desentenderse. Afectar ignorancia. Prescindir. Como *entender.*

desenterrar. Exhumar. Como *acertar.*

desentorpecer. Sacudir la torpeza. Como *agradecer.*

desentumecer. Recobrar agilidad de un miembro. Como *agradecer.*

desenvolver. Desarrollar. Como *mover.*

deservir. Faltar a la obligación de obedecer. Como *pedir.*

desfallecer. Disminuir las fuerzas. Como *agradecer.*

desfavorecer. Dejar de favorecer. Desairar. Como *agradecer.*

desflocar. Sacar flecos destejiendo. Como *contar.*

desflorecer. Perder la flor. Como *agradecer.*

desfortalecer. Demoler una fortaleza. Como *agradecer.*

desgobernar. Deshacer el orden gubernamental. Como *acertar.*

desguarnecer. Quitar la guarnición. Como *agradecer.*

deshacer. Descomponer. Como *hacer.*

deshelar. Liquidarse lo helado. Como *acertar.*

desherbar. Quitar la hierba. Como *acertar.*

desherrar. Quitar los hierros. Como *acertar.*

deshumedecer. Desecar. Como *agradecer.*

desimponer. Quitar la imposición. Como *poner.*

desinvernar. Salir las tropas de los cuarteles de invierno. Como *acertar.*

desleir. Disolver por un líquido. Como *reir.*

desliendrar. Quitar las liendres. Como *acertar.*

deslucir. Quitar la gracia o lustre. Como *lucir.*

desmajolar. Soltar las majuelas. Como *contar.*

desmedirse. Desmandarse, excederse. Como *pedir.*

desmelar. Quitar la miel de las colmenas. Como *acertar.*

desmembrar. Dividir los miembros. Como *acertar.*

desmentir. Decir que se miente. Como *sentir.*

desmerecer. Perder mérito. Como *agradecer.*

desmoler. Desgastar. Digerir. Como *mover*.

desmorecerse. Sentir con violencia una pasión. Como *agradecer*.

desmullir. Descomponer lo mullido. Como *mullir*.

desnegar. Contradecir. Como *acertar*.

desnevar. Derretirse la nieve. Como *acertar*.

desobedecer No obedecer. Como *agradecer*.

desobstruir. Desembarazar. Como *huir*.

desoir. Dejar de oir. Como *oir*.

desolar. Asolar, derruir. Como *contar*.

desoldar. Quitar la soldadura. Como *contar*.

desollar. Quitar la piel. Como *contar*.

desosar. Quitar los huesos, deshuesar. *Indic. Pres.*: deshueso, deshuesas, deshuesa, desosamos, desosáis, deshuesan; *Pret.*: desosé, desosaste, desosó, desosamos, desosasteis, desosaron; *Fut.*: desosaré, -rás, etc.; *Copret.*: desosaba, -bas, etc.; *Imperat.*: deshuesa, desosad; *Subj. Pres.*: deshuese, deshueses, deshuese, desosemos, desoséis, deshuesen; *Pret.*: desosara o desosase, etc.; *Fut.*: desosare, -res, etc.; *Ger.*: desosando; *Partic.*: desosado.

desosegar. Desasosegar. Como *acertar*.

desparecer. Hacer desaparecer. Como *agradecer*.

despavorir. Llenar de pavor. Defec. Usase sólo en los tiempos y personas con desinencia en -i-, como *abolir*: despavorimos, despavoriría, etc.

despedir. Soltar. Apartar. Como *pedir*.

desperecerse. Consumirse por el logro de una cosa. Como *agradecer*.

despernar. Estropear las piernas. Como *acertar*.

despertar. Cortar el sueño. Como *acertar*.

despezar. Adelgazar un tubo por el extremo. Como *acertar*.

desplacer. Disgustar. Como *agradecer*.

desplegar. Extender. Como *acertar*.

despoblar. Reducir a yermo. Como *contar*.

desquerer. Dejar de querer. Como *querer*.

destentar. Quitar la tentación. Como *acertar*.

desteñir. Quitar el tinte. Como *ceñir*.

desterrar. Echar de un territorio. Como *acertar*.

destituir. Privar, separar. Como *huir*.

destorcer. Deshacer lo torcido. Como *mover*.

destrocar. Deshacer el trueque. Como *cohtar*.

destruir. Arruinar. Como *huir*.

desvanecer. Disgregar. Como *agradecer*.

desventar. Sacar aire encertado. Como *acertar*.

desvergonzarse. Insolentarse. Como *contar*.

desvestir. Desnudar. Como *pedir*.

desvolver. Alterar. Preparar la tierra. Como *mover*.

detener. Parar. Como *tener*.

detraer. Restar. Desviar. Como *traer*.

devenir. Sobrevenir. Como *venir*.

devolver. Volver al estado anterior. Restituir. Como *mover*, excepto el *Participio*: devuelto.

diferir. Retardar. Como *sentir*.

difluir. Difundirse. Como *huir*.

digerir. Pasar los alimentos. Como *sentir*.

diluir. Desleir. Como *huir*.

diminuir. Disminuir. Como *huir*.

discernir. Distinguir. *Indic. Pres.*: discierno, disciernes, discierne, discernimos, discernís, disciernen; *Pret.*: discerní, discerniste, discernió, etc.; *Fut.*: discerniré, -rás, etc.; *Copret.*: discernía, -nías, etc.; *Pospret.*: discerniría, -rías, etc.; *Imperat.*: discierne, discernid; *Subj. Pres.*: discierna, disciernas, discierna, discernamos, etc.; *Pret.*: discerniera o discerniese, discernieras o discernieses, discerniera o discerniese, etc.; *Fut.*: discerniere, -res, etc.; *Ger.*: discerniendo; *Partic.*: discernido.

disconvenir. Desconvenir. Como *venir*.

discordar. No avenir. Como *contar*.

disentir. Opinar distinto. Como *sentir*.

disminuir. Achicar. Como *huir*.

disolver. Desunir por medio de líquido, separar. Como *mover*.

disonar. Sonar desapaciblemente. Como *contar*.

displacer. No gustar. Como *agradecer*.

disponer. Colocar en orden. Como *poner*.

distender. Causar tensión. Como *entender*.

distraer. Divertir. Como *traer*.

distribuir. Dividir entre varios. Como *huir*.

divertir. Apartar. Recrear. Como *sentir*.

dolar. Desbastar con doladera. Como *contar*.

doler. Padecer. Como *mover*.

dormir. Descansar. *Indic. Pres.*: duermo, duermes, duerme, dormimos, dormís, duermen; *Pret.*: dormí, dormiste, durmió, dormimos, dormisteis, durmieron; *Fut.*: dormiré, -rás, etc.; *Copret.*: dormía, -mías, etc.; *Pospret.*: dormiría, -rías, etc.; *Im-

EDUCIR—ENGORAR

perat.: duerme, dormid; *Subj. Pres.:*
d,erma, duermas, duerma, durma-
mos, durmáis, duerman; *Pret.:* dur-
miera o durmiese, durmieras o dur-
mieses, etc.; *Fut.:* durmiere, ·res,
etc.; *Ger.:* durmiendo; *Partic.:* dormido.

E

educir. Deducir. Como *conducir.*
eflorecerse. Ponerse en eflorescen-
cia. Como *agradecer.*
elegir. Escoger. Como *pedir.*
embair. Embaucar. Defec. Usase
sólo en las personas cuyas desinencias comienzan con -i-: embaí-
mos, embaís, embaía, embairé, etc.
Como *abolir.*
embarbecer. Salir la barba. Como
agradecer.
embarnecer. Engordar. Como *agradecer.*
embastecer. Engrosar, Como *agradecer.*
embebecer. Embelesar. Como *agradecer.*
embellaquecerse. Hacerse uno bellaco. Como *agradecer.*
embellecer. Poner bello. Como *agradecer.*
embermejar o embermejecer. Dar
color bermejo. Como *agradecer.*
embestir. Acometer con ímpetu. Como *pedir*
emblandecer. Ablandar. Como *agradecer*
emblanquecer. Blanquear, poner
blanca alguna cosa. Como *agradecer.*
embobecer. Volver bobo. Como *agradecer.*
embosquecer. Convertirse en bosque un terreno. Como *agradecer.*
embravecer. Enfurecer. Como *agradecer.*
embrutecer. Entorpecer o disminuir
la razón. Como *agradecer.*
emolir. Ablandar. Defec. Usase sólo en las formas con desinencia
en -i-: emolimos, emolís, emolí,
etc. Como *abolir.*
emparentar. Contraer parentesco.
Como *acertar.*
empecer. Dañar, obstar. Como *agradecer.*
empedernir. Endurecer. Defec. Usase sólo en aquellas personas cuya desinencia comienza con i-:
empedernimos, empederniría, etc.
Como *abolir.*
empedrar. Cubrir con piedras el
suelo. Como *acertar.*
empeller. Empujar. Como *tañer.*
empequeñecer. Aminorar. Como *agradecer.*
empezar. Comenzar. Como *acertar.*
emplastecer. Llenar e igualar una
superficie. Como *agradecer.*

emplumecer. Echar plumas. Como
agradecer.
empobrecer. Venir a pobreza. Como *agradecer.*
empodrecer. Pudrir. Como *agradecer.*
empoltronecerse. Apoltronarse. Como *agradecer.*
emporcar. Ensuciar. Como *contar.*
enaltecer. Ensalzar. Como *agradecer.*
enardecer. Avivar. Como *agradecer.*
encabellecerse. Criar cabello. Como *agradecer.*
encalvecer. Perder el cabello. Como *agradecer.*
encallecer. Criar callos. Como *agradecer.*
encandecer. Hacer ascua. Como *agradecer.*
encanecer. Ponerse cano. Como
agradecer.
encarecer. Aumentar el precio. Como *agradecer.*
encarnecer. Tomar carnes. Como
agradecer.
encender. Hacer arder. Como *entender.*
encentar. Decentar. Como *acertar.*
encerrar. Meter en parte que no
se salga. Como *acertar.*
enclocar. Ponerse clueca. Como *contar.*
encloquecer. Enclocar. Como *agradecer.*
encomendar. Encargar. Como *acertar.*
encontrar. Hallar lo que se busca.
Como *contar.*
encorar. Cubrir de cuero. Como
contar.
encordar. Poner cuerdas. Como *contar.*
encorecer. Criar cuero las llagas.
Como *agradecer.*
encovar. Poner en cueva o hueco.
Como *contar.*
encrudecer. Aparentar estar crudo. Irritar. Como *agradecer.*
encruelecer. Instigar a la crueldad:
hacerse cruel. Como *agradecer.*
encubertar. Cubrir con paños. Como *acertar.*
endentar. Encajar como dientes.
Como *acertar.*
endentecer. Empezar a echar dientes. Como *agradecer.*
endurecer. Poner duro. Como *agradecer.*
enflerecerse. Ponerse hecho fiera.
Como *agradecer.*
enflaquecer. Ponerse flaco. Como
agradecer.
enflorecer. Florecer. Como *agradecer.*
enfranquecer. Hacer franco o libre Como *agradecer.*
enfurecer. Irritar. Como *agradecer.*
engerirse. Engurruñarse. Como *sentir.*
engorar. Enhuerar. Como *contar.*

engrandecer. Hacer grande. Como *agradecer*.

engravecer. Hacer grave alguna cosa. Como *agradecer*.

engreír. Envanecer. Como *reir*.

engrosar. Hacer grueso. Como *contar*.

engrumecerse. Hacerse grumos. Como *agradecer*.

engullir. Tragar atropelladamente. Como *mullir*.

enhestar o inhestar. Levantar en alto. Como *acertar*.

enlenzar. Poner tiras de lienzo. Como *acertar*.

enlobreguecer. Poner lóbrego, obscurecer. Como *agradecer*.

enloquecer. Hacer perder el juicio. Volverse loco. Como *agradecer*.

enlucir. Poner capa a una superficie. Como *lucir*.

enlustrecer. Poner lustroso. Como *agradecer*.

enllentecer. Reblandecer. Como *agradecer*.

enmagrecer. Enflaquecer. Como *agradecer*.

enmalecer. Echar a perder. Como *agradecer*.

enmarillecerse. Ponerse amarillento. Como *agradecer*.

enmelar. Untar con miel. Como *acertar*.

enmendar. Corregir. Como *acertar*.

enmohecer. Cubrirse de moho. Como *agradecer*.

enmollecer. Ablandar. Como *agradecer*.

enmudecer. Hacer callar o callar. Como *agradecer*.

enmugrecer. Cubrir de mugre. Como *agradecer*.

ennegrecer. Poner negro. Como *agradecer*.

ennoblecer. Hacer noble. Como *agradecer*.

ennudecer. Anudarse. Como *agradecer*.

enorgullecer. Llenar de orgullo. Como *agradecer*.

enralecer. Ponerse ralo. Como *agradecer*.

enrarecer. Dilatarse un cuerpo gaseoso. Como *agradecer*.

enriquecer. Hacer rico. Como *agradecer*.

enrocar. Revolver el copo en la rueca. Como *contar*. Pero en la acepción de mudar al rey de lugar en el juego de ajedrez es regular.

enrodar. Imponer el suplicio de la rueda. Como *contar*.

enrojecer. Poner rojo. Como *agradecer*.

enronquecer. Poner ronco. Como *agradecer*.

enrudecer. Hacer rudo; entorpecer. Como *agradecer*.

enruinecer. Hacerse ruin. Como *agradecer*.

ensandecer. Volverse tonto o sandio. Como *agradecer*.

ensangrentar. Manchar o teñir con sangre. Como *acertar*.

ensarmentar. Acodar la vid. Como *acertar*.

ensarnecer. Llenarse de sarna. Como *agradecer*.

ensilvecerse. Convertirse en selva un campo. Como *agradecer*.

ensoberbecer. Causar soberbia. Como *agradecer*.

ensombrecer. Obscurecer. Como *agradecer*.

ensoñar. Soñar. Como *contar*.

ensordecer. Causar sordera. Como *agradecer*.

entallecer. Echar tallos. Como *agradecer*.

entender. Comprender. *Indic. Pres.*: entiendo, entiendes, entiende, entendemos, entendéis, entienden; *Pret.*: entendí, entendiste, entendió, entendimos, entendisteis, entendieron; *Fut.*: entenderé, -rás, etc.; *Copret.*: entendía, -días, etc.; *Pospret.*: entendería, -rías, etc.; *Imperat.*: entiende, entended; *Subj. Pres.*: entienda, entiendas, entienda, entendamos, entendáis, entiendan; *Pret.*: entendiera o entendiese, entendieras o entendieses, etc.; *Fut.*: entendiere, -res, etc.; *Ger.*: entendiendo; *Partic.*: entendido.

entenebrecer. Obscurecer. Como *agradecer*.

enternecer. Sentir ternura. Como *agradecer*.

enterrar. Inhumar. Como *acertar*.

entesar. Poner tenso. Como *acertar*.

entestecer. Apretar o endurecer. Como *agradecer*.

entigrecerse. Enfurecerse. Como *agradecer*.

entontecer. Poner tonto. Como *agradecer*.

entorpecer. Poner torpe. Como *agradecer*.

entortar. Torcer. Como *contar*.

entrecerrar. Entornar puerta o ventana. Como *acertar*.

entredecir. Poner entredicho. Como *decir*.

entrelucir. Dejarse ver una cosa entremedias de otra. Como *lucir*.

entremorir. Acabarse. Como *dormir*.

entreoír. Oír mal. Como *oir*.

entreparecerse. Traslucirse. Como *agradecer*.

entrepernar. Poner entre piernas. Como *acertar*.

entretener. Tener en espera. Como *tener*.

entrever. Ver confusamente. Como *ver*.

entristecer. Causar tristeza. Como *agradecer*.

entullecer. Suspender, detener. Tullirse. Como *agradecer*.

entumecer. Entorpecerse un miembro. Como *agradecer.*

envanecer. Infundir vanidad. Como *agradecer.*

envejecer. Hacer viejo. Como *agradecer.*

enverdecer. Reverdecer. Como *agradecer.*

envestir. Investir. Como *pedir.*

envilecer. Hacer despreciable. Como *agradecer.*

envolver. Cubrir. Como *mover.*

enzurdecer. Hacerse zurdo. Como *agradecer.*

equivaler. Ser igual. Como *valer.*

erguir. Levantar y poner derecho. *Indic. Pres.:* irgo o yergo, irgues o yergues, irgue o yergue, erguimos, erguís, irguen o yerguen; *Pret.:* erguí, erguiste, irguió, erguimos, erguisteis, irguieron; *Fut.:* erguiré, -ás, etc.; *Copret.:* erguía, -guías, etc.; *Pospret.:* erguiría, -rías, etc.; *Imperat.:* irgue o yergue, erguid; *Subj. Pres.:* irga o yerga, irgas o yergas, irga o yerga, irgamos o yergamos, irgáis o yergáis, irgan o yergan; *Pret.:* irguiera o irguiese, irguieras o irguieses, etc.; *Fut.:* irguiere, -res, etc.; *Ger.:* irguiendo; *Partic.:* erguido.

errar. Equivocar. Como *acertar.*

escabullir. Escapar de un peligro. Como *mullir.*

escarmentar. Corregir con rigor. Tomar enseñanza. Como *acertar.*

escarnecer. Hacer mofa. Como *agradecer.*

esclarecer. Poner en claro. Como *agradecer.*

escocer. Sentir escozor. Como *mover.*

escolar. Colar por sitio estrecho. Como *contar.*

escullir. Resbalar. Escabullirse. Como *mullir.*

esmorecer Desfallecer. Como *agradecer.*

esforzar. Dar vigor. Como *contar.*

esmuir. Coger las olivas con la mano. Como *huir.*

esmuñir. Entresacar hojas de morera. Desprender olivas con la mano. Como *mullir.*

establecer. Instituir. Como *agradecer.*

estar. Hallarse. *Indic. Pres.:* estoy, estás, está, estamos, estáis, están; *Pret.:* estuve, estuviste, estuvo, estuvimos, estuvisteis, estuvieron; *Fut.:* estaré, -rás, etc.; *Copret.:* estaba, -bas, etc.; *Pospret.:* estaría. -rías, etc.; *Imperat.:* está, estad; *Subj. Pres.:* esté, estés, esté, estemos, estéis, estén; *Pret.:* estuviera o estuviese, estuvieras o estuvieses, etc.; *Fut.:* estuviere, -res, etc.; *Ger.:* estando; *Partic.:* estado.

estatuir. Establecer. Como *huir.*

estregar. Frotar. Como *acertar.*

estremecer. Conmover. Como *agradecer.*

estreñir. Dificultarse la evacuación. Como *ceñir.*

esturdecer. Aturdir Como *agradecer.*

excandecer. Irritar. Como *agradecer.*

excluir. Echar fuera. Como *huir.*

expedir. Dar curso. Como *pedir.*

exponer. Poner de manifiesto. Como *poner.*

extender. Esparcir. Como *entender.*

extraer. Sacar Como *traer.*

fallecer. Morir. Como *agradecer.*

favorecer. Ayudar. Como *agradecer.*

ferrar. Guarnecer con hierro. Como *acertar.*

florecer. Echar flor. Como *agradecer.*

fluir. Correr un líquido. Como *huir.*

follar. Soplar con fuelle. Como *contar.*

fornecer. Proveer de lo necesario para un día. Como *agradecer.*

fortalecer. Fortificar. Como *agradecer.*

forzar. Hacer fuerza. Como *contar.*

fosforecer Manifestar luminiscencia. Como *agradecer.*

fregar. Restregar. Como *acertar.*

freir. Cocer de cierto modo. Como *reir.*

fruir. Gozar de lo deseado. Como *huir.*

frutecer. Empezar a dar fruto. Como *agradecer.*

gañir. Aullar el perro aguda y repetidamente. Como *mullir.*

garantir. Garantizar. Defec. Usase sólo en las formas con desinencia en -i-: garantimos, garantíamos, garantirían, etc. Como *abolir.*

gemir. Expresar dolor. Como *pedir.*

gobernar. Mandar, regir. Como *acertar.*

gruir. Gritar las grullas. Como *huir.*

gruñir. Dar gruñidos. Como *mullir.*

guarecer. Poner a cubierto. Como *agradecer.*

guarnecer Poner guarnición; adornar. Como *agradecer.*

haber. Poseer. *Indic. Pres.:* he, has, ha o hay, hemos o habemos, habéis, han; *Pret.:* hube, hubiste, hubo, hubimos, hubisteis, hubieron; *Fut.:* habré, -brás, etc.; *Copret.:* había, -bías, etc.; *Pospret.:* habría, -brías, etc.; *Imperat.:* he, habed; *Subj. Pres.:* haya, hayas, haya, hayamos, hayáis, hayan; *Pret.:* hubiera o hubiese, hubieras o hubieses, etc.; *Fut.*. hubiere, -res, etc.; *Ger.:* habiendo; *Partic.:* habido.

hacendar. Conferir una hacienda. Como *acertar.*

hacer. Producir. *Indic. Pres.:* hago, haces, hace, hacemos, hacéis, hacen; *Pret.:* hice, hiciste, hizo, hicimos, hicisteis, hicieron; *Fut.:* haré, -rás, etc.; *Copret.:* hacía, -cías, etc.; *Pospret.:* haría, -rías, etc.; *Imperat.:* haz, haced; *Subj. Pres.:* haga, hagas, haga, hagamos, hagáis, hagan; *Pret.:* hiciera o hiciese, hicieras o hicieses, etc.; *Fut.:* hiciere, -res, etc.; *Ger.:* haciendo; *Partic.:* hecho.

heder. Arrojar mal olor. Como *entender.*

helar. Congelar. Como *acertar.*

henchir. Llenar. Como *pedir.*

hender. Causar hendidura. Como *entender.*

heñir. Sobar con los puños. Como *ceñir.*

herbar. Aderezar con hierbas. Como *acertar.*

herbecer. Nacer hierba. Como *agradecer.*

herir. Romper las carnes. Como *sentir.*

hermanecer. Nacer un hermano. Como *agradecer.*

herventar. Dar un hervor. Como *acertar.*

hervir. Moverse el líquido por gran temperatura. Como *sentir.*

herrar. Poner hierros. Como *acertar.*

holgar. Descansar. Como *contar.*

hollar. Pisar. Como *contar.*

huir. Escapar. *Indic. Pres.:* huyo, huyes, huye, huimos, huís, huyen; *Pret.:* huí, huiste, huyó, huimos, huisteis, huyeron; *Fut.:* huiré, -rás, etc.; *Copret.:* huía, huías, etc.; *Pospret.:* huiría, -rías, etc.; *Imperat.:* huye, huid; *Subj. Pres.:* huya, huyas, huya, huyamos, huyáis, huyan; *Pret.:* huyera o huyese, huyeras o huyeses, etc.; *Fut.:* huyere, -res, etc.; *Ger.:* huyendo; *Partic.:* huido.

humedecer. Producir o causar humedad. Como *agradecer.*

I

imbuir. Infundir. Como *huir.*

impedir. Estorbar. Como *pedir.*

imponer. Poner obligación. Como *poner.*

improbar. Desaprobar. Como *contar.*

incensar. Hacer humo de incienso. Como *acertar.*

incluir. Contener. Como *huir.*

indisponer. Malquistar. Como *poner.*

inducir. Instigar. Como *conducir.*

inferir. Inducir algo. Como *sentir.*

infernar. Ocasionar la pena del infierno. Como *acertar.*

influir. Producir efecto sobre algo. Como *huir.*

injerir o **ingerir.** Introducir una cosa en otra. Como *sentir.*

inmiscuir. Mezclar. Entremeterse. Como *huir.*

inquirir. Indagar. Como *adquirir.*

inserir. Insertar. Como *sentir.*

instituir. Fundar. Instruir. Como *huir.*

instruir. Enseñar. Como *huir.*

interdecir. Vedar. Como *decir.*

interferir. Causar interferencia. Como *sentir.*

interponer. Interpolar. Como *poner.*

intervenir. Tomar parte en un asunto. Como *venir.*

introducir. Dar entrada. Como *conducir.*

intuir. Percibir como a la vista. Como *huir.*

invernar. Pasar el invierno. Como *acertar.*

invertir. Trastornar. Como *sentir.*

investir. Conferir una dignidad. Como *pedir.*

ir. Moverse de un lugar a otro. *Indic. Pres.:* voy, vas, va, vamos, vais, van; *Pret.:* fui, fuiste, fue, fuimos, fuisteis, fueron; *Fut.:* iré, irás, irá, etc.; *Copret.:* iba, ibas, iba, íbamos, ibais, iban; *Pospret.:* iría, irías, etc.; *Imperat.:* vé, id; *Subj. Pres.:* vaya, vayas, vaya, vayamos, vayáis, vayan; *Pret.:* fuera o fuese, fueras o fueses, etc.; *Fut.:* fuere, -res, etc.; *Ger.:* yendo; *Partic.:* ido.

irruir. Acometer con ímpetu. Como *huir.*

J

jimenzar. Quitar la simiente al lino. Como *acertar.*

jugar. Entretenerse, divertirse. Como *volar.*

L

languidecer. Adolecer de languidez. Como *agradecer.*

lividecer. Ponerse lívido. Como *agradecer.*

lobreguecer. Hacerse lóbrego. Como *agradecer.*

lucir. Brillar. *Indic. Pres.:* luzco, luces, luce, lucimos, lucís, lucen; *Pret.:* lucí, luciste, lució, lucimos, lucisteis, lucieron; *Fut.:* luciré, -rás, etc.; *Copret.:* lucía, -cías, etc.; *Pospret.:* luciría, -rías, etc.; *Imperat.:* luce, lucid; *Subj. Pres.:* luzca, luzcas, luzca, luzcamos, luzcáis, luzcan; *Pret.:* luciera o luciese, lucieras o lucieses, etc.; *Fut.:* luciere. -res, etc.; *Ger.*: luciendo; *Partic.*: lucido.

LI

llover. Caer agua de las nubes. Como *mover*.

M

maherir. Señalar, buscar. Como *sentir*.

maldecir. Echar maldición. Como *decir*, excepto en *Fut.*: maldeciré, -rás, etc.; *Pospret.*: maldeciría, -rías, etc.; *Imperat.*: maldice.

malherir. Herir gravemente. Como *sentir*.

malquerer. Tener mala voluntad a una persona o cosa. Como *querer*.

mancornar. Sujetar por los cuernos. Como *contar*.

manifestar. Declarar. Como *acertar*.

manir. Preparar alimentos. Defec. Usase sólo en las personas con desinencia en -i-: maníamos, maníais, etc. Como *abolir*.

mantener. Proveer de lo necesario. Como *tener*.

manutener. Mantener, amparar. Como *tener*.

medir. Determinar con medida. Como *pedir*.

melar. Dar segunda cochura al zumo de la caña. Como *acertar*.

mentar. Mencionar. Como *acertar*.

mentir. Decir lo contrario de lo que se piensa. Como *sentir*.

merecer. Hacerse digno. Como *agradecer*.

merendar. Tomar merienda. Como *acertar*.

mobiar. Amueblar. Como *contar*.

moler. Quebrantar un cuerpo. Como *mover*.

morder. Asir y apretar con los dientes. Como *mover*.

morir. Acabar la vida. Como *dormir*.

mostrar. Exponer a la vista. Como *contar*.

mover. Cambiar de lugar. *Indic. Pres.*: muevo, mueves, mueve, movemos, movéis, mueven; *Pret.*: moví, moviste, movió, etc.; *Fut.*: moveré, -rás, etc.; *Copret.*: movía, -vías, etc.; *Pospret.*: movería, -rías, etc.; *Imperat.*: mueve, moved; *Subj. Pres.*: mueva, muevas, mueva, movamos, mováis, muevan; *Pret.*: moviera o moviese, movieras o movieses, etc.; *Fut.*: moviere, -res, etc.; *Ger.*: moviendo; *Partic.*: movido.

mullir. Esponjar. *Indic. Pres.*: mullo, mulles, mulle, mullimos, mullís, mullen; *Pret.*: mullí, mulliste, mulló, mullimos, mullisteis, mulleron; *Fut.*: mulliré, -rás, etc.; *Copret.*: mullía, -ías, etc.; *Pospret.*: mulliría, -rías, etc.; *Imperat.*: mulle, mullid; *Subj. Pres.*: mulla, mull s, mulla, etc.; *Pret.*: mullera o mullese, mulleras o mulleses, etc.; *Fut.*: mullere, -res, etc.; *Ger.*: mullendo; *Partic.*: mullido.

muñir. Convocar a junta. Como *mullir*.

N

nacer. Venir al mundo. *Indic. Pres.*: nazco, naces, nace, nacemos, nacéis, nacen; *Pret.*: nací, naciste, nació, nacimos, nacisteis, nacieron; *Fut.*: naceré, -rás, etc.; *Copret.*: nacía, -cías, etc.; *Pospret.*: nacería, -rías, etc.; *Imperat.*: nace, naced; *Subj. Pres.*: nazca, nazcas, nazca, nazcamos, nazcáis, nazcan; *Pret.*: naciera o naciese, nacieras o nacieses, etc.; *Fut.*: naciere, -res, etc.; *Ger.*: naciendo; *Partic.*: nacido.

negar. Decir que no. Como *acertar*.

negrecer. Ponerse negro. Como *agradecer*.

nevar. Caer nieve. Como *acertar*.

O

obedecer. Cumplir la voluntad de quien manda. Como *agradecer*.

obscurecer. Privar de luz. Como *agradecer*.

obstruir. Estorbar, impedir. Como *huir*.

obtener. Alcanzar. Como *tener*.

ocluir. Cerrar un conducto. Como *huir*.

ofrecer. Prometer. Como *agradecer*.

oir. Percibir los sonidos. *Indic. Pres.*: oigo, oyes, oye, oímos, oís, oyen; *Pret.*: oí, oiste, oyó, oímos, oísteis, oyeron; *Fut.*: oiré, -rás, etc.; *Copret.*: oía, oías, etc.; *Pospret.*: oiría, -rías, etc.; *Imperat.*: oye, oíd; *Subj. Pres.*: oiga, oigas, oiga, oigamos, oigáis, oigan; *Pret.*: oyera u oyese, oyeras u oyeses, etc.; *Fut.*: oyere, -res, etc.; *Ger.*: oyendo; *Partic.*: oído.

oler. Percibir olores. Como *mover*. Antes del diptongo -ue- débese poner -h-: huelo, hueles, huele, huela, etc.; pero: olemos, oléis, olía, etc., sin -h-.

oponer. Poner en contra. Como *poner*.

P

pacer. Apacentar. Como *nacer*.

padecer. Sentir un daño. Como *agradecer*.

palidecer. Ponerse pálido. Como *agradecer.*

parecer. Aparecer. Opinar. Como *agradecer.*

patiquebrar. Romper las patas a un animal. Como *quebrar.*

pedir. Rogar. *Indic. Pres.:* pido, pides, pide, pedimos, pedís, piden; *Pret.:* pedí, pediste, pidió, pedimos, pedisteis, pidieron; *Fut.:* pediré, -rás, etc.; *Copret.:* pedía, -días, etc.; *Pospret.:* pediría, -rías, etc.; *Imperat.:* pide, pedid; *Subj. Pres.:* pida, pidas, pida, pidamos, pidáis, pidan; *Pret.:* pidiera o pidiese, pidieras o pidieses, etc.; *Fut.:* pidiere, -res, etc.; *Ger.:* pidiendo; *Partic.:* pedido.

pensar. Discurrir. Como *acertar.*

perder. Dejar de tener por descuido o desgracia. Como *entender.*

perecer. Acabar. Como *agradecer.*

permanecer. Quedarse. Como *agradecer.*

perniquebrar. Quebrar la o las piernas. Como *quebrar.*

perquirir. Investigar. Como *adquirir.*

perseguir. Seguir al que huye. Como *decir.*

pertenecer. Ser propio. Como *agradecer.*

pervertir. Perturbar. Viciar. Como *sentir.*

pimpollecer. Brotar pimpollos o renuevos. Como *agradecer.*

placer. Dar gusto. *Indic. Pres.:* plazco, places, place, placemos, placéis, placen; *Pret.:* plací, placiste, plació o plugo, placimos, placisteis, placieron o pluguieron; *Fut.:* placeré, -rás, etc.; *Copret.:* placía, -cías, etc.; *Pospret.:* placería, -rías, etc.; *Imperat.:* place, placed; *Subj. Pres.:* plazca, plazcas, plazca o plegue o plega, plazcamos, plazcáis, plazcan; *Pret.:* placiera o placiese, placieras o placieses, placiera o placiese, pluguiera o pluguiese, placiéramos o placiésemos, placierais o placieseis, placieran o placiesen; *Fut.:* placiere, placieres, placiere o pluguiere, placiéremos, etc.; *Ger.:* placiendo; *Partic.:* placido.

plastecer. Llenar con plaste. Como *agradecer.*

plañir. Gemir. Como *tañer.*

plegar. Hacer pliegues. Como *acertar.*

poblar. Fundar un pueblo. Como *contar.*

poder. Tener facultad. Ser posible. *Indic. Pres.:* puedo, puedes, puede, podemos, podéis, pueden; *Pret.:* pude, pudiste, pudo, pudimos, pudisteis, pudieron; *Fut.:* podré, podrás, podrá, etc.; *Copret.:* podía, -días, etc.; *Pospret.:* podría, -drías, etc.; *Imperat.:* puede, poded; *Subj. Pres.:*

pueda, puedas, pueda, podamos, podais, puedan; *Pret.:* pudiera o pudiese, pudieras o pudieses, etc.; *Fut.:* pudiere, -res, etc.; *Ger.:* pudiendo; *Partic.:* podido.

podrecer. Pudrir. Como *agradecer.*

podrir o pudrir. Se ha usado y se usa indistintamente con -o- o con -u-. La Academia prefiere con u en todos los tiempos y personas, excepto para el *Infinitivo*, de uso indistinto: *podrir* o *pudrir* y para el *Partic.:* podrido. (Véase la conjugación de *pudrir.*)

poner. Colocar. *Indic. Pres.:* pongo, pones, pone, ponemos, ponéis, ponen; *Pret.:* puse, pusiste, puso, pusimos, pusisteis, pusieron; *Fut.:* pondré, -drás, etc., *Copret.:* ponía, -nías, etc.; *Pospret.:* pondría, -drías, etc.; *Imperat.:* pon, poned; *Subj. Pres.:* ponga, pongas, ponga, pongamos, pongáis, pongan; *Pret.:* pusiera o pusiese, pusieras o pusieses, etc.; *Fut.:* pusiere, -res, etc.; *Ger.:* poniendo; *Partic.:* puesto.

posponer. Colocar después. Como *poner.*

preconcebir. Establecer previamente un proyecto. Como *pedir.*

preconocer. Prever. Como *conocer.*

predecir. Anunciar antes. Como *decir.*

predisponer. Preparar anticipadamente. Como *poner.*

preelegir. Elegir con anticipación; Como *pedir.*

predestinar. Como *pedir.*

preferir. Dar preferencia. Como *sentir.*

prelucir. Lucir con anticipación. Como *lucir.*

premorir. Morir antes. Como *dormir.*

preponer. Preferir. Como *poner.*

presentir. Adivinar. Como *sentir.*

presuponer. Dar por sentado. Como *poner.*

preterir. Hacer caso omiso. Como *sentir.*

prevalecer. Tener superioridad. Como *agradecer.*

prevaler. Valerse de algo. Como *valer.*

prevenir. Preparar con anticipación. Como *venir.*

prever. Ver o conocer anticipadamente. Como *ver.*

probar. Hacer examen. Como *contar.*

producir. Engendrar. Como *conducir.*

proferir. Pronunciar. Como *adquirir.*

promover. Iniciar. Como *mover.*

proponer. Hacer proposición. Como *poner.*

proseguir. Continuar. Como *decir.*

prostituir. Deshonrar. Como *huir.*

provenir. Proceder. Como *venir.*

pudrir o podrir. Corromper. *Indic. Pres.:* pudro, pudres, pudre, pudrimos, pudrís, pudren; *Pret.*: pudrí, -diste, etc.; *Fut.*: pudriré, -rás, etc.; *Copret.*: pudría, -drías, etc.; *Pospret.*: pudriría, -dririas, etc.; *Imperat.*: pudre, pudrid; *Subj. Pres.*: pudra, -dras, etc.; *Pret.*: pudriera o pudriese, pudrieras o pudrieses, etc.; *Fut.*: pudriere, -res, etc.; *Ger.*: pudriendo; *Partic.*: podrido.

Q

quebrar. Quebrantar, romper. *Indic. Pres.*: quiebro, quiebras, quiebra, quebramos, quebráis, quiebran; *Pret.*: quebré, quebraste, quebró, quebramos, quebrasteis, quebraron; *Fut.*: quebraré, -rás, etc.; *Copret.*: quebraba, -bas, etc.; *Pospret.*: quebraría, -rías, etc.; *Imperat.*: quiebra, quebrad; *Subj. Pres.*: quiebre, quiebres, quiebre, quebremos, quebréis, quiebren; *Pret.*: quebrara o quebrase, quebraras o quebrases, etc.; *Fut.*: quebrare, -res, etc.; *Ger.*: quebrando; *Partic.*: quebrado.

querer. Apetecer. Amar. *Indic. Pres.*: quiero, quieres, quiere, queremos, queréis, quieren; *Pret.*: quise, quisiste, quiso, quisimos, quisisteis, quisieron; *Fut.*: querré, querrás, querrá, querremos, querréis, querrán; *Copret.*: quería, -rías, etc.; *Pospret.*: querría, querrías, querría, querríamos, querríais, querrían; *Imperat.*: quiere, quered; *Subj. Pres.*: quiera, quieras, quiera, queramos, queráis, quieran; *Pret.*: quisiera o quisiese, quisieras o quisieses, etc.; *Fut.*: quisiere, -res, etc.; *Ger.*: queriendo; *Partic.*: querido.

R

raer. Quitar cortando y raspando. Como *traer*. La Academia recoge, además, las formas rayo y raya para los Pres. de Indic. y de Subj., respectivamente, si bien prefiere *raigo* y *raiga* a las otras, para así dferenciar las formas del verbo *rayar*.

rarefacer. Enrarecer. Como *hacer*.

reaparecer. Aparecer de nuevo. Como *agradecer*.

reapretar. Volver a apretar. Como *acertar*.

reargüir. Argüir de nuevo. Como *huir*.

reaventar. Aventar de nuevo. Como *acertar*.

reblandecer. Ablandar otra vez. Como *agradecer*.

rebullir. Empezar a moverse. Como *mullir*.

recaer. Volver a caer. Como *caer*.

recalentar. Volver a calentar. Como *acertar*.

recentar. Poner levadura en la masa. Renovarse. Como *acertar*.

receñir. Volver a ceñir. Como *ceñir*.

recluir. Encerrar. Como *huir*.

recocer. Volver a cocer. Como *mover*.

recolar. Volver a colar. Como *contar*.

recolegir. Juntar, reunir. Como *pedir*.

recomendar. Encargar de algo a alguien. Como *acertar*.

recomenzar. Volver a comenzar. Como *acertar*.

recomponer. Componer de nuevo. Como *poner*.

reconducir. Prorrogar un arrendamiento. Como *conducir*.

reconocer. Examinar con cuidado. Como *conocer*.

reconstituir. Constituir de nuevo. Como *huir*.

reconstruir. Volver a construir. Como *huir*.

recontar. Volver a contar. Numerar. Referir. Como *contar*.

reconvalecer. Volver a convalecer. Como *agradecer*.

reconvenir. Hacer cargos. Como *venir*.

recordar. Traer a la memoria. Como *contar*.

recostar. Reclinar. Como *contar*.

recrecer. Aumentar, acrecentar. Como *agradecer*.

recrudecer. Renovarse un mal. Como *agradecer*.

redargüir. Contradecir. Como *huir*.

redecir. Repetir porfiadamente. Como *decir*.

reducir. Volver una cosa a su lugar. Disminuir. Como *conducir*.

reelegir. Volver a elegir. Como *pedir*.

reexpedir. Expedir lo recibido. Como *pedir*.

referir. Dar a conocer. Como *sentir*.

reflorecer. Volver a florecer. Como *agradecer*.

refluir. Regresar la corriente de un líquido. Como *huir*.

reforzar. Añadir nuevas fuerzas. Como *contar*.

refregar. Estregar una cosa con otra. Como *acertar*.

refreír. Volver a freír. Como *reir*.

regañir. Gañir reiteradamente. Como *mullir*.

regar. Esparcir agua. Como *acertar*.

regimentar. Reducir a regimientos. Como *acertar*.

regir. Dirigir, gobernar. Como *pedir*.

regoldar. Eructar. Como *contar*.

regruñir. Gruñir mucho. Como *mullir*.

845

rehacer. Volver a hacer. Como *hacer*.

rehenchir. Volver a henchir. Como ceñir.

reherir. Rebatir; rechazar. Como *sentir*.

reherrar. Volver a herrar. Como *acertar*.

rehervir. Volver a hervir. Como *sentir*.

rehollar. Volver a pisar. Como *contar*.

rehuir. Apartar con recelo. Como *huir*.

rehumedecer. Humedecer bien. Como *agradecer*.

reir. Manifestar alegría con gestos de la boca. *Indic. Pres.:* rio, ríes, ríe, reímos, reís, ríen; *Pret.:* rei, reíste, rió, reímos, reísteis, rieron; *Fut.:* reiré, -rás, etc.; *Copret.:* reía, reías, etc.; *Pospret.:* reiría, -rías, etc.; *Imperat.:* ríe, reid; *Subj. Pres.:* ría, rías, ría, riamos, riáis, rían; *Pret.:* riera o riese, rieras o rieses, etc.; *Fut.:* riere, -res, etc.; *Ger.:* riendo; *Partic.:* reído.

rejuvenecer. Remozar. Como *agradecer*.

relentecer. Reblandecerse. Como *agradecer*.

relucir. Despedir ò reflejar luz. Como *lucir*.

remanecer. Aparecer de nuevo. Como *agradecer*.

remedir. Volver a medir. Como *pedir*.

remembrar. Rememorar. Como *acertar*.

remendar. Reforzar con remiendo. Como *acertar*.

remolar. Falsear un dado. Como *contar*.

remoler. Moler mucho. Como *mover*.

remorder. Volver a morder. Inquietar. Como *mover*.

remostecerse. Remostarse las uvas. Como *agradecer*.

remover. Pasar de un lugar a otro. Quitar. Como *mover*.

remullir. Mullir mucho. Como *mullir*.

renacer. Volver a nacer. Como *nacer*.

rendir. Vencer. Como *pedir*.

renegar. Negar insistentemente. Como *acertar*.

renovar. Hacer como nuevo. Como *contar*.

reñir. Contender. Como *ceñir*.

repacer. Pastar hasta apurar la hierba. Como *nacer*.

repensar. Volver a pensar. Como *acertar*.

repetir. Reiterar. Como *pedir*.

replegar. Plegar muchas veces. Retirarse. Como *acertar*.

repoblar. Volver a poblar. Como *contar*.

repodrir. (Véase repudrir.)

reponer. Volver a poner. Como *poner*.

reprobar. No aprobar. Como *contar*.

reproducir. Volver a producir. Como *conducir*.

repudrir. (Véase la nota a podrir.) Pudrir mucho. Como *pudrir*.

requebrar. Volver a quebrar. Como *quebrar*.

requerir. Intimar. Como *sentir*.

resaber. Saber muy bien. Como *saber*.

resalir. Resaltar; sobresalir. Como *salir*.

rescontrar. Compensar cuentas. Como *contar*.

resegar. Volver a segar. Como *acertar*.

reseguir. Quitar las ondas a los filos de las espadas. Como *pedir*.

resembrar. Volver a sembrar. Como *acertar*.

resentirse. Empezar a flaquear. Como *sentir*.

resolver. Tomar determinación. Como *mover*.

resollar. Respirar con ruido. Como *contar*.

resonar. Sonar por percusión. Como *contar*.

resplandecer. Despedir rayos de luz. Como *agradecer*.

resquebrar. Empezar a quebrarse. Como *quebrar*.

restablecer. Volver a establecer. Como *agradecer*.

restituir. Restablecer. Como *huir*.

restregar. Estregar mucho. Como *acertar*.

restriñir. Astringir. Como *ceñir*.

retallecer. Volver a echar tallos. Como *agradecer*.

retemblar. Temblar repetidamente. Como *acertar*.

retener. Detener. Conservar. Como *tener*.

retentar. Volver a amenazar un mal. Como *acertar*.

reteñir. Volver a teñir. Como *ceñir*.

retiñir. Durar el retintín. Como *mullir*.

retoñecer. Retoñar. Como *agradecer*.

retorcer. Torcer mucho. Como *mover*.

retostar. Volver a tostar. Como *contar*.

retraducir. Volver à traducir. Como *conducir*.

retraer. Volver a traer. Reproducir. Como *traer*.

retribuir. Recompensar. Como *huir*.

retronar. Producir estruendo retumbante. Como *contar*.

retrotraer. Fingir una cosa en tiempo anterior. Como *traer*.

revejecer. Avejentarse. Como *agradecer*.

revenir. Retornar. Como *venir*.

reventar. Abrirse por impulso interior. Como *acertar*.

rever. Volver a ver. Como *ver*.
reverdecer. Cobrar nuevo verdor. Renovarse. Como *agradecer*.
reverter. Rebosar. Como *entender*.
revertir. Volver una cosa a la propiedad de su dueño. Como *sentir*.
revestir. Vestir una ropa sobre otra. Cubrir. Disfrazar. Como *pedir*.
revolar. Dar segundo vuelo. Como *volar*.
revolcar. Derribar, pisotear. Como *contar*.
revolver. Menear de un lado a otro. Como *mover*.
robustecer. Dar robustez. Como *agradecer*.
rodar. Dar vueltas. Como *contar*.
rogar. Pedir por gracia. Como *contar*.
roer. Cortar menuda y superficialmente con los dientes. Se presenta como irregular en algunas formas, como *roigo*, o *royo*, en el *Indic. Pres.: roiga* o *roya*, en el *Subj. Pres.* La Academia prefiere las formas regulares roo, roes, etc.; roa, roas, roamos, etc.

S

saber. Conocer. *Indic. Pres.:* sé, sabes, sabe, sabemos, sabéis, saben; *Pret.:* supe, supiste, supo, supimos, supisteis, supieron; *Fut.:* sabré, sabrás, etc.; *Copret.:* sabía, -bías, etc.; *Pospret.:* sabría, -brías, etc.; *Imperat.:* sabe, sabed; *Subj. Pres.:* sepa, sepas, sepa, sepamos, sepáis, sepan; *Pret.:* supiera o supiese, supieras o supieses, etc.; *Fut.:* supiere, -res, etc.; *Ger.:* sabiendo; *Partic.:* sabido.
salir. Pasar de dentro afuera. *Indic. Pres.:* salgo, sales, sale, salimos, salís, salen; *Pret.:* salí, saliste, salió, salimos, salisteis, salieron; *Fut.:* saldré, -drás, etc.; *Copret.:* salía, salías, etc.; *Pospret.:* saldría, -drías, etc.; *Imperat.:* sal, salid; *Subj. Pres.:* salga, salgas, salga, salgamos, salgáis, salgan; *Pret.:* saliera o saliese, salieras o salieses, etc.; *Fut.:* saliere, -res, etc.; *Ger.:* saliendo; *Partic.:* salido.
salpimentar. Adobar con sal y pimienta. Como *acertar*.
salpullir. Levantar salpullidos. Como *mullir*.
sarmentar. Recoger sarmientos. Como *acertar*.
satisfacer. Pagar una deuda. Saciar. Como *hacer*. La segunda persona del *Imperat.:* satisfaz o satisface.
seducir. Engañar con maña. Persuadir al mal. Como *conducir*.
segar. Cortar mieses. Como *acertar*.
seguir. Ir detrás de otro. Como *pedir*.

sembrar. Esparcir semilla. Como *acertar*.
sementar. Sembrar. Como *acertar*.
sentar. Asentar. Como *acertar*.
sentir. Experimentar sensaciones. *Indic. Pres.:* siento, sientes, siente, sentimos, sentís, sienten; *Pret.:* sentí, sentiste, sintió, sentimos, sentisteis, sintieron; *Fut.:* sentiré, -rás, etc.; *Copret.:* sentía, -tías, etc.; *Pospret.:* sentiría, -rías, etc.; *Imperat.:* siente, sentid; *Subj. Pres.:* sienta, sientas, sienta, sintamos, sintáis, sientan; *Pret.:* sintiera o sintiese, sintieras o sintieses, etc.; *Fut.:* sintiere, -res, etc.; *Ger.:* sintiendo; *Partic.:* sentido.
ser. Existir. Verbo substantivo o auxiliar. *Indic. Pres.:* soy, eres, es, somos, sois, son; *Pret.:* fui, fuiste, fue, fuimos, fuisteis, fueron; *Fut.:* seré, -rás, etc.; *Copret.:* era, eras, era, éramos, erais, eran; *Pospret.:* sería, -rías, etc.; *Imperat.:* sé, sed; *Subj. Pres.:* sea, seas, sea, seamos, seáis, sean; *Pret.:* fuera o fuese, fueras o fueses, etc.; *Fut.:* fuere, eres, etc.; *Ger.:* siendo; *Partic.:* sido.
serrar. Cortar con sierra. Como *acertar*.
servir. Estar al servicio de otro. Como *pedir*.
sobrecrecer. Exceder en crecimiento. Como *agradecer*.
sobrentender. Entender lo que no está expreso. Como *entender*.
sobreponer. Poner encima. Como *poner*.
sobresalir. Exceder. Como *salir*.
sobresembrar. Sembrar sobre lo sembrado. Como *acertar*.
sobresolar. Coser suela sobre otra gastada. Como *contar*.
sobrevenir. Suceder después de algo o improvisadamente. Como *venir*.
sobreverterse. Verterse en abundancia. Como *entender*.
sobrevestir. Poner vestido sobre otro. Como *pedir*.
sofreir. Freir ligeramente. Como *reir*.
solar. Revestir el suelo. Como *contar*.
soldar. Pegar sólidamente. Como *contar*.
soler. Acostumbrar. Defec. Usase sólo en *Pres.* y *Copret.* de *Indic.:* poco en *Subjuntivo;* el *Partic.* sólo en los tiempos compuestos: he solido, habían solido, etc. Como *mover*.
soltar. Desatar. Como *contar*.
sonar. Hacer ruido. Como *contar*.
sonreir. Reirse levemente. Como *reir*.
sonrodarse. Atascarse las ruedas. Como *contar*.

soñar. Tener representaciones de fantasía durante el sueño. Como *contar.*

sorregar. Regar accidentalmente. Como *acertar.*

sosegar. Aplacar. Como *acertar.*

sostener. Sustentar. Como *tener.*

soterrar. Enterrar. Como *acertar.*

subarrendar. Dar o tomar en subarriendo. Como *acertar.*

subentender. Entender; sobrentender. Como *entender.*

subseguir. Seguir inmediatamente. Como *pedir.*

substituir. Poner en lugar de otro. Como *huir.*

substraer. Apartar. Extraer. Como *traer.*

subtender. Unir en línea recta. Como *entender.*

subvenir. Auxiliar. Como *venir.*

subvertir. Trastornar. Como *sentir.*

sugerir. Insinuar. Apuntar. Como *sentir.*

superentender. Inspeccionar. Gobernar. Como *entender.*

superponer. Sobreponer. Como *poner.*

supervenir. Sobrevenir. Como *venir.*

suponer. Dar por sentado algo. Como *poner.*

T

tallecer. Entallecer. Echar tallos. Como *agradecer.*

tañer. Tocar un instrumento músico. *Indic. Pres.:* taño, tañes, tañe, tañemos, tañéis, tañen; *Pret.:* tañí, tañiste, tañó, tañimos, tañisteis, tañeron; *Fut.:* tañiré, -rás, etc.; *Copret.:* tañía, -ñías, etc.; *Pospret.:* tañería, -ñerías, etc.; *Imperat.:* tañe, tañed; *Subj. Pres.:* taña, tañas, etc.; *Pret.:* tañera o tañese, tañeras o tañeses, etc.; *Fut.:* tañere, -res, etc.; *Ger.:* tañendo; *Partic.:* tañido.

tardecer. Caer la tarde. Como *agradecer.*

temblar. Agitarse frecuente e involuntariamente. Como *entender.*

tener. Asir; poseer. *Indic. Pres.:* tengo, tienes, tiene, tenemos, tenéis, tienen; *Pret.:* tuve, tuviste, tuvo, tuvimos, tuvisteis, tuvieron; *Fut.:* tendré, tendrás, etc.; *Copret.:* tenía, -nías, etc.; *Pospret.:* tendría, -drías, etc.; *Imperat.:* ten, tened; *Subj. Pres.:* tenga, tengas, tenga, tengamos, tengáis, tengan; *Pret.:* tuviera o tuviese, tuvieras o tuvieses, etc.; *Fut.:* tuviere, -res, etc.; *Ger.:* teniendo; *Partic.:* tenido.

tentar. Examinar con el tacto. Intentar. Como *acertar.*

teñir. Dar tinte. Como *ceñir.*

terrecer. Causar terror. Como *agradecer.*

torcer. Dar vueltas en forma elicoidal, desviar. Como *mover.*

tostar. Poner a la lumbre para secar y calentar. Como *contar.*

traducir. Trasladar a otra lengua. Como *conducir.*

traer. Conducir. Atraer. *Indic. Pres.:* traigo, traes, trae, traemos, traéis, traen; *Pret.:* traje, trajiste, trajo, trajimos, trajisteis, trajeron; *Fut.:* traeré, -rás, etc.; *Copret.:* traía, traías, etc.; *Pospret.:* traería, -rías, etc.; *Imperat.:* trae, traed; *Subj. Pres.:* traiga, traigas, traiga, traigamos, traigáis, traigan; *Pret.:* trajera o trajese, trajeras o trajeses, etc.; *Fut.:* trajere, -res, etc.; *Ger.:* trayendo; *Partic.:* traído.

transferir. Pasar una cosa de un lugar a otro. Como *sentir.*

transfregar. Restregar; manosear. Como *acertar.*

transgredir. Violar un precepto. Defec. Úsase sólo en los tiempos y personas en que la desinencia comienza con -i-: transgredía, transgredíamos, etc. Como *abolir.*

transponer. Poner en sitio diferente. Ocultarse el Sol. Como *poner.*

trascender. Exhalar olor vivo. Empezar a conocerse algo oculto. Como *entender.*

trascolar. Colar a través. Como *contar.*

trascordarse. Perder noticia puntual. Como *contar.*

trasegar. Trastornar. Mudar. Como *acertar.*

traslucir. Ser traslúcido. Como *lucir.*

trasoír. Oír con error. Como *oír.*

trasoñar. Concebir algo con error. Como *contar.*

trastocar. Trastornar. Como *contar.*

trasver. Ver a través. Como *ver.*

trasverter. Rebosar. Como *entender.*

trasvolar. Pasar volando. Como *volar.*

travesar. Atravesar. Como *acertar.*

trocar. Cambiar, permutar. Como *contar.*

tronar. Hacer truenos. Como *contar.*

tropezar. Dar con los pies en algo. Como *acertar.*

tullecer. Dejar a uno tullido. Como *agradecer.*

tullir. Perder el uso o movimiento de los miembros. Como *mullir.*

U

usucapir. Adquirir por usucapión. Defect. Úsase sólo en el *Infinit.*

V

valer. Amparar. Tener precio. *Indic. Pres.:* valgo, vales, vale, valemos, valéis, valen; *Pret.:* valí, valiste, valió, valimos, valisteis, valieron; *Fut.:* valdré, valdrás, valdrá, etc.; *Copret.:* valía, -lías, etc.; *Pospret.:* valdría, valdrías, etc.; *Imperat.:* vale, valed; *Subj. Pres.:* valga, valgas, valga, valgamos, valgáis, valgan; *Pret.:* valiera o valiese, valieras o valieses, etc.; *Fut.:* valiere, lieres, etc.; *Ger.:* valiendo; *Partic.:* valido.

venir. Caminar hacia acá. *Indic. Pres.:* vengo, vienes, viene, venimos, venís, vienen; *Pret.:* vine, viniste, vino, vinimos, vinisteis, vinieron; *Fut.:* vendré, -drás, etc.; *Copret.:* venía, venías, etc.; *Pospret.:* vendría, vendrías, etc.; *Imperat.:* ven, venid; *Subj. Pres.:* venga, vengas, venga, vengamos, vengáis, vengan; *Pret.:* viniera o viniese, vinieras o vinieses, etc.; *Fut.:* viniere, -nieres, etc.; *Ger.:* viniendo; *Partic.:* venido.

ventar. Soplar. Como *acertar.*

ver. Percibir por los ojos. *Indic. Pres.:* veo, ves, ve, vemos, veis, ven; *Pret.:* vi, viste, vio, vimos, visteis, vieron; *Fut.:* veré, -rás, etc.; *Copret.:* veía, veías, etc.; *Pospret.:* veía, -rías, etc.; *Imperat.:* ve, ved; *Subj. Pres.:* vea, veas, vea, veamos, veáis, vean; *Pret.:* viera o viese, vieras o vieses, etc.; *Fut.:* viere, -eres, etc.; *Ger.:* viendo; *Partic.:* visto.

verdecer. Reverdecer. Como *agradecer.*

verter. Derramar. Como *entender.*

vestir. Cubrir con ropa. Como *pedir.*

volar. Ir o moverse por el aire. *Indic. Pres.:* vuelo, vuelas, vuela, volamos, voláis, vuelan; *Pret.:* volé, volaste, voló, volamos, volasteis, volaron; *Fut.:* volaré, -rás, etc.; *Copret.:* volaba, -abas, etc.; *Pospret.:* volaría, -rías, etc.; *Imperat.:* vuela, volad; *Subj. Pres.:* vuele, vueles, vuele, volemos, voléis, vuelen; *Pret.:* volara o volase, volaras o volases, etc.; *Fut.:* volare, -ares, etc.; *Ger.:* volando; *Partic.,* volado.

volcar. Torcer o trastornar al caer. Como *contar.*

volver. Dar vuelta. Regresar. Como *mover.*

Y

yacer. Estar echado. *Indic. Pres.:* yazco, yazgo o yago, yaces, yace, yacemos, yacéis, yacen; *Pret.:* yací, yaciste, yació, yacimos, yacisteis, yacieron; *Fut.:* yaceré, -rás, etc.; *Copret.:* yacía, -cías, etc.; *Pospret.:* yacería, -rías, etc.; *Imperat.:* yace o yaz, yaced; *Subj. Pres.:* yazca, yazga o yaga, yazcas, yazgas o yagas, yazca, yazga o yaga, yazcamos, yazgamos o yagamos, yazcáis o yazgáis, yazgan o yagan; *Pret.:* yaciera o yaciese, yacieras o yacieses, etc.; *Fut.:* yaciere, -eres, etc.; *Ger.:* yaciendo; *Partic.:* yacido.

yuxtaponer. Poner junto. Como *poner.*

Z

zabullir. Zambullir. Como *mullir.*

zaherir. Mortificar. Como *sentir.*

zambullir. Meter debajo del agua con ímpetu. Como *mullir.*

Esta obra se acabó de imprimir
en el mes de junio de 2016, en los talleres de
EDITORIAL PENAGOS, S.A. DE C.V.
Lago Wetter No. 152 Col. Pensil
11490, México, D.F.

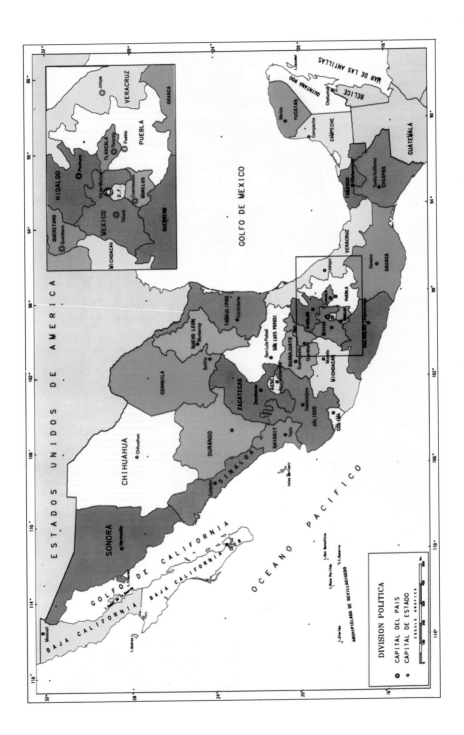

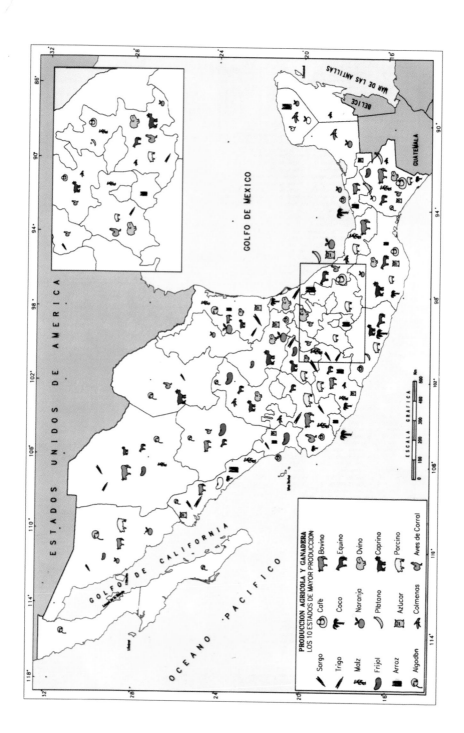

PRODUCCION AGRICOLA Y GANADERA
LOS 10 ESTADOS DE MAYOR PRODUCCION

Sorgo
Trigo
Maíz
Frijol
Arroz
Algodón
Café
Coco
Naranja
Plátano
Azúcar
Colmenas
Bovino
Equino
Ovino
Caprino
Porcino
Aves de Corral

ESCALA GRAFICA
0   100   200   300   400   500   Km

ESTADOS UNIDOS DE AMERICA

GOLFO DE MEXICO

GOLFO DE CALIFORNIA

OCEANO PACIFICO

MAR DE LAS ANTILLAS

BELICE

GUATEMALA

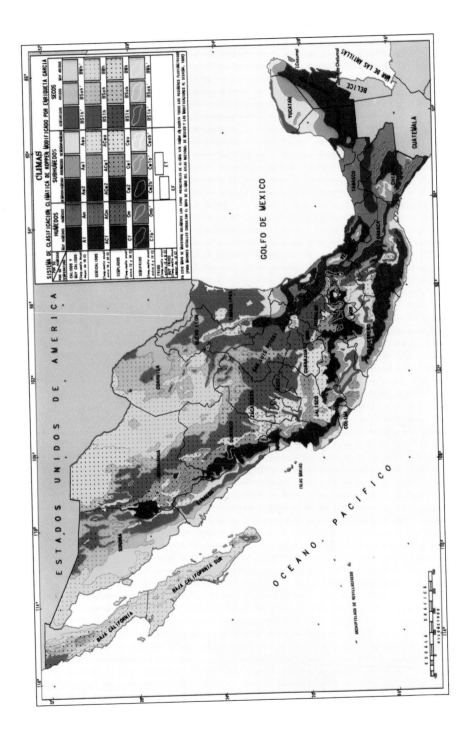

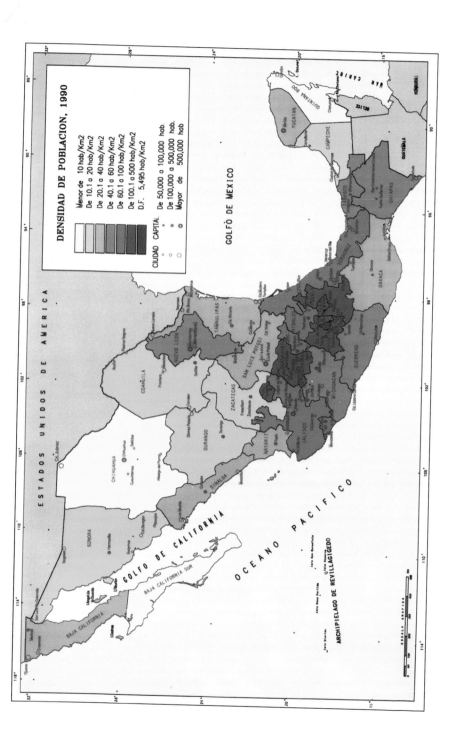

DENSIDAD DE POBLACION, 1990

Menor de 10 hab/Km2
De 10.1 a 20 hab/Km2
De 20.1 a 40 hab/Km2
De 40.1 a 60 hab/Km2
De 60.1 a 100 hab/Km2
De 100.1 a 500 hab/Km2
D.F. 5,495 hab/Km2

CIUDAD   CAPITAL

De 50,000 a 100,000 hab.
De 100,000 a 500,000 hab.
Mayor de 500,000 hab

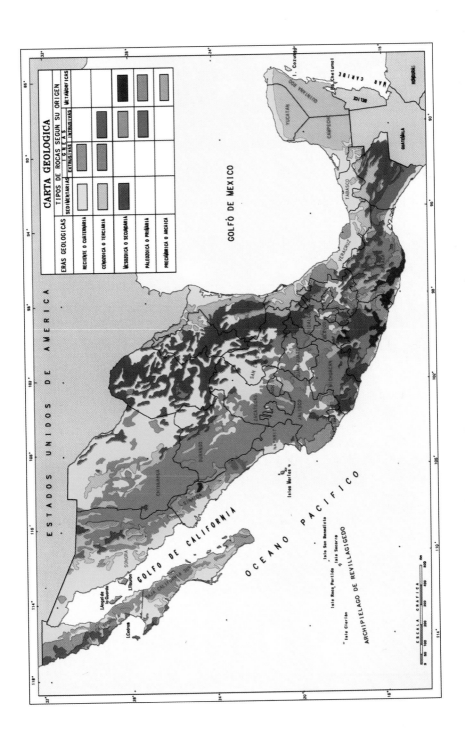

CARTA GEOLOGICA

TIPOS DE ROCAS SEGUN SU ORIGEN

ERAS GEOLOGICAS	SEDIMENTARIAS	IGNEAS		METAMORFICAS
		EXTRUSIVAS	INTRUSIVAS	
RECIENTE O CUATERNARIA				
CENOZOICA O TERCIARIA				
MESOZOICA O SECUNDARIA				
PALEOZOICA O PRIMARIA				
PRECAMBRICA O ARCAICA				

ESTADOS UNIDOS DE AMERICA

GOLFO DE MEXICO

OCEANO PACIFICO

GOLFO DE CALIFORNIA

MAR CARIBE

ESCALA GRAFICA

ARCHIPIELAGO DE REVILLAGIGEDO

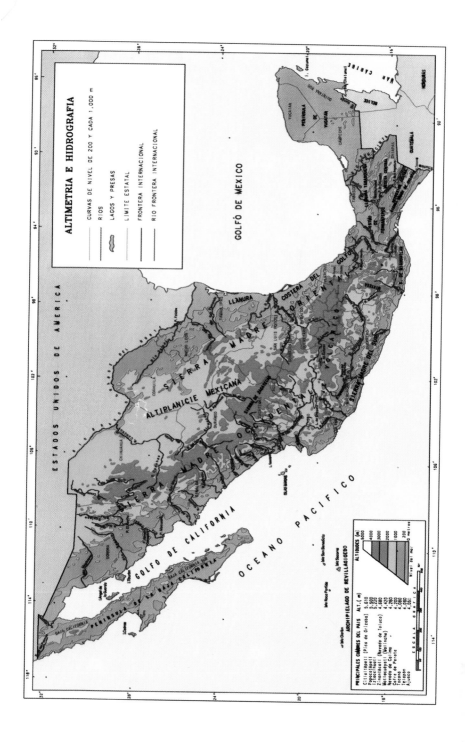

ALTIMETRIA E HIDROGRAFIA

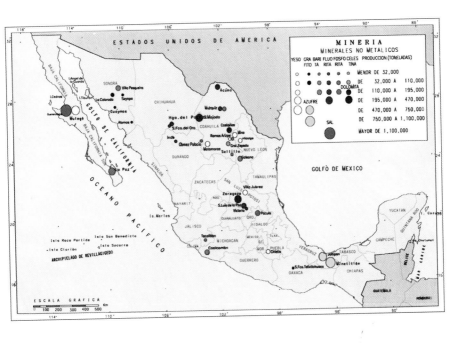

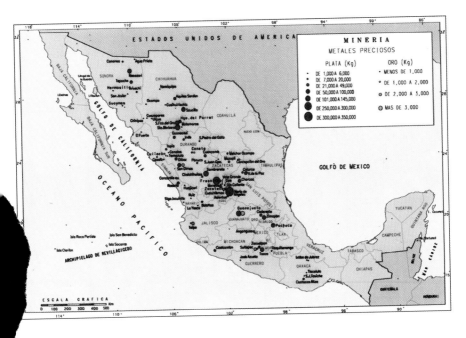

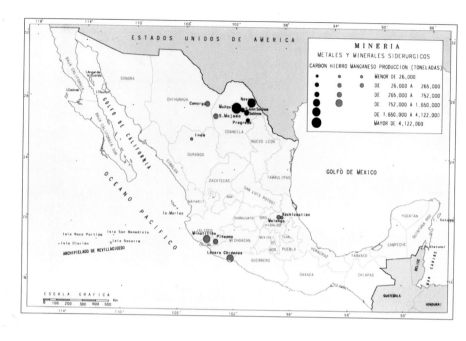

MINERIA
METALES Y MINERALES SIDERURGICOS
CARBON HIERRO MANGANESO PRODUCCION (TONELADAS)

MENOR DE 26,000
DE 26,000 A 265,000
DE 265,000 A 752,000
DE 752,000 A 1,650,000
DE 1,650,000 A 4,122,000
MAYOR DE 4,122,000

MINERIA
METALES INDUSTRIALES NO FERROSOS

PLOMO COBRE ZINC PRODUCCION (TON)

MENOR DE 1,000
DE 1000 A 6,000
DE 6,000 A 16,000
DE 16,000 A 45,000
DE 45,000 A 80,000
MAYOR DE 80,000